戰國策集注彙考

（增補本）

㊤

鳳凰出版社

圖書在版編目（CIP）數據

戰國策集注彙考：增補本 / 諸祖耿編撰. --南京：鳳凰出版社，2008.12（2016.11重印）
ISBN 978-7-80729-206-7

Ⅰ.戰… Ⅱ.諸… Ⅲ.①中國—古代史—戰國時代—史籍 ②戰國策—研究 Ⅳ.K231.04

中國版本圖書館CIP數據核字(2008)第176902號

書　　名	戰國策集注彙考(增補本)
編　　著	諸祖耿
責任編輯	王華寶
出版發行	鳳凰出版傳媒股份有限公司 鳳凰出版社(原江蘇古籍出版社) 發行部電話025-83223462
出版社地址	南京市中央路165號,郵編:210009
出版社網址	http://www.fhcbs.com
印　　刷	金壇古籍印刷廠有限公司 江蘇省金壇市晨風路186號,郵編:213200
開　　本	850×1168毫米　1/32
印　　張	70.5
字　　數	1649千字
版　　次	2008年12月第1版　2016年11月第2次印刷
標準書號	ISBN 978-7-80729-206-7
定　　價	280.00圓(全三册)

(本書凡印裝錯誤可向承印廠調換,電話:0519-82338389)

出版説明

《戰國策》也稱《國策》，是一部獨特的國别體著作。此書記事年代大約在春秋之後、楚漢相争之前，達二百四十多年。它主要記載了戰國時期策士游説諸侯、國君的活動和説辭，以及一些相關史實和歷史人物。它以策士的游説活動爲中心，展示了戰國時代的歷史特點和社會風貌，是研究戰國歷史的重要典籍。諸祖耿先生認爲，《戰國策》的作者不是一人，是戰國時代的一群「游士」；「戰國策」名稱的意義應該是戰國時代的書本。

《戰國策》最早是分散的書册，名稱不一，有「國事」、「短長」、「國策」、「事語」、「長書」、「修書」等説。這些書一直流傳到西漢，劉向（前七七—前六年）去其重複，校其脱誤，考訂整理後，定名爲《戰國策》，按國别記述、分篇，計有東周一、西周一、秦五、齊六、楚四、趙四、魏四、韓三、燕三、宋、衛合爲一、中山一，總計爲十二國、三十三篇。

《戰國策》雖然因其史學價值、文學價值和豐富的思想資源等，歷來受到世人的重視，但是在傳承過程中仍有散佚。東漢高誘注，北宋時已有殘缺，《戰國策》原書亦有缺佚。隨着出版業的發展，到北宋末期有了近十種「印賣本」，其中曾鞏訂補本影響最大。南宋形成兩種重要版本，一是姚宏注本，世稱「剡川姚氏本」；一是鮑彪改變原書次序所作新注，世稱「縉雲鮑氏本」，爲國内現存最早的宋刻本。元吴師道在鮑本基礎上作《校注》。近人金正煒有《補釋》，今人整理研究成果有郭人民《戰國策校注繫年》、繆文遠《戰國策新注》、諸祖耿《戰國策集注彙考》、何建章《戰國策注釋》等。一九七三年，湖南長沙馬王堆出土西漢帛書，記述戰國時事，定名《戰國縱横家書》，與《戰國策》部分内容相同，可以參閲。

章太炎先生的入室弟子諸祖耿教授撰著的《戰國策集注彙考》，由江蘇古籍出版社一九八四年出版，於一九八八年榮獲「江蘇省第二次哲學社會科學成果榮譽獎」，一九九二年榮獲「全國首屆古籍整理圖書獎」等。該書至今仍有很高的參考價值，受到學術界的重視。本次重印，補入了諸祖耿先生原來撰寫而未及放入的《前言》，相關的《戰國策》研究論文和資料，即《帛書別本〈戰國策〉初探》、《論〈蘇秦書〉、〈蘇秦法百家書説〉》、《漢墓蘇秦法書説存卷二十七章考釋》、《關於〈戰國策〉及蘇秦問題與徐中舒先生商榷》、《關於蘇秦問題的考察報告》等；對明顯訛誤作了訂正。

本次修訂重印，得到了諸祖耿先生子女的大力支持，以及南京師範大學古文獻整理與研究所原所長李靈年教授、文學院博士生導師張采民教授的無私幫助，增補了一些珍貴的資料和圖片；出版社編輯也對原書的一些標點與專名綫做了技術處理，對新增補的學術論文的體例格式和語言文字等進行了編輯加工等。希望通過修訂，增補新的内容，讓諸祖耿先生的學術成果得到較完整的體現，也使本書臻於完善。我們限於水平，可能有不當之處，希望得到讀者指正，以便再版時修訂。

鳳凰出版社二〇〇八年九月

總目録

前言

這是一部《戰國策》的集釋。是把自有《戰國策》以來，有關這部書的各家注解，各種説明，彙齊集合在一起。目的是幫助以後研究這部書的同志，在理解本文和深入研究、參考一些必要的材料時，不必東翻西閲，向渺茫的書海中搜尋資料，在閲讀上、研究上取得一些方便，減少一些困難。

《戰國策》，是戰國秦漢之間各個不同作家的作品。開始各自獨立，互不相關，有着各種不同的名稱，秦始皇焚書的時候，這些作品没有被燒掉，後來續有增加，被保存在西漢王朝的皇家書庫。司馬遷編寫《史記》，把它作爲戰國史料的主要依據。西漢末期，劉向整理書庫，把它彙編成書，給它題上一個名字，稱爲《戰國策》。

《戰國策》的基本内容，是記載戰國秦漢之間，一群謀臣策士針對當時各種不同情況進行分析、研究，提出各種不同的意見，作爲解決當前問題的建議——説辭。這些謀臣策士，絶大部分從統治階級利益、包括自己個人利益出發，運用機智，展開雄辯，攛掇當時統治階級之間進行尖鋭的鬬爭。其中含有樸素的唯物辯證的因素。無論從史學的角度來看，或是從文學的角度來看，都有它一定的價值。

在長期的封建社會裏，一大批爲封建制度服務，爲維護封建皇朝利益效勞的自名爲「衛道」的正統的「大人先生」們是含着毒意敵視這部書的。他們說它是「詐僞權譎」的書，是「壞人心術」的書。只有東晉時代的袁悦，認識到這部書是「天下要物」，價值在《論語》、《老子》、《莊子》、《周易》之上。

由於這部書一向没有受到應有的重視，到了五代以後，就已經殘缺不全。殘存的本子，也是衍文脱字，錯誤百出。明清兩代，坊間流行兩種不同的本子，一是縉雲鮑氏本，一是剡川姚氏本，都不大好讀。清代學者譚獻指出這部書：「自漢至唐，無巨儒碩學編正論列。宋時館閣讐書，（曾）子固諸人理董亦有未緒。」（見《復堂日記》五）又説：「勼合参正，有待後賢。」（見《復堂日記》六）在他之前，黄丕烈、顧廣圻都有整理這部書的意圖，也都部分地做了一些校勘工作，可是没有全面地展開作一番綜合性的闡述。在他之後，南匯于鬯進行勘研，寫成了一部《戰國策注》，但也未見刊行。這部《戰國策集注彙考》，企圖把過去有關《戰國策》的注解、説明彙齊集合在一起，一方面便利讀者閱讀，另一方面，也有助於讀者作進一步的研究。

現在爲了把《戰國策》這問題説得比較清楚些，下面分幾個部分來叙述：

一、《戰國策》的作者及《戰國策》名稱的意義

中國古代歷史，從專制主義的奴隸制國家周王朝中衰，到專制主義的中央集權的封建國家秦皇朝建立，不久便掀起了大澤鄉的農民大起義，接着劉邦取得了起義的勝利果實，推翻了秦皇朝，建立了漢皇朝。繼續着秦皇朝的中央集權的封建統治，這裏包括了二百多年長期的分裂戰亂的時期。歷史上就叫做戰國時期。

一般的記載，都認爲戰國開始，是從韓、趙、魏三家分晉（前四〇三年）算起，戰國結束，到秦始皇統一天下（前二二一年）爲止。這裏説的戰國時期，時間要延長一些，從《史記・六國年表》開始的一年（前四七六年）到秦王子嬰降漢（前二〇七年）爲止。

戰國時期，是兩種社會形態交替的時期，是奴隸社會轉化到封建社會的過渡時期，是一個歷史大轉變的時期。這一時期的時代特點，突出地表現在一群游士的活躍。

這時期的社會各階級是這樣的：

甲、統治階級

萬乘之主、君，

相、群臣、吏。

乙、被統治階級

市人、商賈之人，

農夫，

奴役、厮養士、厮役之人、僕、妾、帑。

丙、介於統治階級和被統治階級之間而爲統治階級服務的，有貴族、士大夫没落下來的「士」、也有從村社庶民上升的一批「士」，特别是庶民上升的「士」，占着多數，於是有「大師」、有「門徒」。

《管子・小匡》：「鄉建賢士，使教於國。」又説：「是故農之子常爲農，樸野而不慝。其秀才之能爲士者，則足賴也，故以耕則多粟，以仕則多賢，生以聖王敬畏戚農。」可知「士」是從農奴中間培養出來的。過去説「士農工商」士爲「四民之首」，這個概念，就是在這樣的情況下產生的。

自從春秋末年孔子開門授徒，門下「子張學干祿，顔回請適衛，子貢一出而存魯亂齊破吴彊晉霸越」之後，中牟的鄙人甯越，爲了「苦耕稼之勞」學十五年而爲周威公師。「中章胥己仕而中牟之民棄田圃而隨文學者邑之半。」（見《韓非子·外儲説左上》）一方面「士」向上爬，向統治階級靠攏；一方面，統治階級也向下拉，争先恐後地吸引這批「士」，首先表現在魏文侯的禮賢，以子夏段干木爲師，魯穆公的用賢，優禮公儀休子思，接着齊威宣大興稷下學派。在這時期，一般游士、政客輕視勞動，脱離生產，安心過着寄生生活，暗中操縱着政治。這種情況越來越嚴重。成爲戰國時代所特有的情況，超過了中國古代歷史上任何一個時期。孟軻「後車數十乘，從者數百人以傳食於諸侯」。孟嘗、信陵、平原、春申四公子養士都有三千人之衆，後來李斯諫秦逐客，所有這些，都可以從中看出這個時代的特點。這種情況，一直延長到漢皇朝吴楚七國叛變的時候。

文學舞臺，是政治舞臺的縮影。哪個階級在政治舞臺上占了統治地位，哪個階級必然要在文學舞臺上表現自己，成爲文學舞臺的主角。現在看《戰國策》這個舞臺上所出現的人物，更多的是哪一批「游士」，這就説明了戰國時代，是「游士」階層參與政治活躍的時代。我們從韓非子的書裏，看出當時韓非如何竭力反對文學游説之士，這從反面來看，也足够證明當時游士的活躍。

這些游士，當他學習的時候，都有自己書寫的秘本書籍，作爲參攷資料。劉向《上晏子序》説：「又有頗不合經術，似非晏子言疑後世辯士所爲者。」這裏所説的「後世」是晏子之後的戰國時代。所謂「辯士」，就是「游士」。游士著書在戰國時代是普遍的事實。從遺存的史料來看：「墨子南游使衛，關中（注：關中猶言扃中）載書甚多。」（見《墨子·貴義》）他也説：「今天下士君子之書，不可勝載。」(見《墨子・天志上》)莊子説：「惠施多方，其書五車。」又説自己：「其書雖瓌瑋而連犿，無傷也。」(見《莊子・天下》)韓非子説：「藏書策，習談論，聚徒役，服文學而議説，世主必從而禮之，曰敬賢士。」(見《韓非子・顯學》)《吕氏春秋・常務篇》説：「備説非三王五帝。」什麽是「備説」呢？清代學者惠棟説：「備説是戰國書名。」從這名目上看來，顧名思義就可以知道備説就是準備游説的參攷資料。我們從「備説非三王五帝」一句來看，可以知道當時游士們對於過去的歷史是能够採用批判的精神來對待的，和效法先王的儒家一味墨守陳規不同。魯仲連遺燕將書，(見《齊策六》)説：「三者世主不臣，説士不載也。」他們説的三者，是指忠、勇、智謀。可以知道忠勇智謀的故事，一般説士，是都把它記在本子上，作爲他們學習的資料的。韓非的書，有《説林》、《内外儲》，林有衆多的意思，儲，意味着積累，是積累衆多的材料，主要的目的是便於揣摩學習。後來漢代劉安有《説山》、《説林》，劉向也有《説苑》、《新序》，都是記載些叢殘小説，瑣屑語句，它的作用也和備忘待用相等。這就無怪蘇秦「簡練以爲揣摩」的對象，乃是「太公陰祕之謀」的一部奇書了。

由此可知，戰國是游士活躍的時期。戰國游士都有他們的祕本書籍，而這祕本書籍，有的是他們自己搜集材料把它記下來的。

戰國游士記下來的這份材料，經過秦皇朝的焚書，没有被毁滅，後來保存在漢皇朝的書庫。我們看一看歷史記載，可以知道一些情況：

秦始皇三十四年(前二一三年)下令燒書，燒詩書百家語。特别定了一條法律，叫「挾書律」，凡是挾帶書籍的人，都要按律定罪。當時所燒的書，據記載，「史官非秦紀皆燒之」。可以知道六國史官所記的檔案材料，都是被燬滅了的。記載又説：「非博士官所藏，敢有藏詩書百家語者，悉詣守尉雜燒之。」可以知道當時民間是不許私藏圖書的。但是詩書百家語還被保存在博士官手裏，沒有燬掉。後來蕭何跟着劉邦入關「收秦丞相御史律令圖書藏之」。這些書後來被保存在西漢皇朝書庫。

禁止挾帶書籍的「挾書律」，一直到西漢惠帝四年（前一九一年）才明令取消。但在始皇三十四年（前二一三年）到惠帝四年（前一九一年），這裏二十多年之間，民間雖然不准藏書，可是畢竟還是有私藏着的，「詩書所以復見者多藏人家」。張良從圯上老人受「太公兵法」，就是一個明顯的例子。

漢文帝劉恒（前一七九—前一五七年）使晁錯受《尚書》，使博士作「王制」，又置《論語》、《孝經》、《爾雅》、《孟子》博士，這是西漢初年開始對讀書的提倡和獎勵。漢武帝劉徹建元六年（前一四〇年），丞相衛綰奏「所舉賢良，或治申、商、韓非、蘇秦、張儀之言，亂國政者，請皆罷」。從衛綰這個建議中，可以知道西漢初年「申、商、韓非、蘇秦、張儀之言」，一般是爲人們所歡迎學習的。人們歡迎學習，一定有他們的書籍流傳。武帝時候，「建藏書之策，置寫書之官，諸子傳說，皆充秘府」。《漢書·劉歆傳》也說：「天下衆書，往往頗出，皆諸子傳說。」武帝太初元年（前一〇四年），司馬遷開始寫《史記》，取材於所看到的皇家書籍。到漢成帝劉驁河平三年（前二五年），「使謁者陳農求遺書於天下」，這年八月劉向（前七七—前六年）校中祕書，劉向根據保存在西漢皇朝書庫裏的材料，發現戰國時期游士們所遺留下來的材料，「中書餘卷錯亂相糅莒」，經過他一番整理之後，便出現了《戰國策》。《戰國策》作者究竟是誰？這問題過去一向很少有人提出來討論過，就是涉及這問題的說明，也很含糊，不甚明瞭。

首先說到《戰國策》作者的是劉向。劉向在他的校書録中說：

臣向以爲戰國時游士輔所用之國，爲之筴謀，宜爲戰國策。

劉向這話，提出主名是「戰國游士」，可是戰國時間很長，游士又很多，究竟是那一個？ 他没有搞清楚，他只説： 「游説權謀之徒……皆高才秀士度時君之所能行出奇策異智轉危爲安，運亡爲存。」他雖然提出了「蘇秦、張儀、公孫衍、陳軫、代、厲之屬生縱横長短之説」，但始終没有確定哪一個人寫，而且還有問題，如果是這些人的話，是自己説了自己寫下來的呢？ 還是别人的記録追叙？ 也不曾交代明白。

在劉向之後，班固寫《漢書・藝文志》，把《戰國策》列入「春秋家」，没有説明什麽人撰，但很簡單地交代了一句，説這部書是： 「記春秋後。」究竟什麽人記？ 什麽時候記？ 班固也没有搞清楚。北宋嘉祐年間（一〇五六—一〇六三），曾鞏編校史館書籍，重定《戰國策》，在他的序文中，同意劉向的看法，在涉及作者問題時，説是「戰國之謀士」、「戰國之游士」，也具體地提出了「蘇秦、商鞅、孫臏、吴起、李斯之徒」。 情況也和劉向一樣，没有確實説明是哪一個。

南宋鮑彪爲《戰國策》作注，在他的序文中，認爲「國策」是「史家流」，「雜以短長之號而有蘇張縱横之説」。 又説： 「史氏之法具記一時事辭，善惡必書，初無所决擇。」我們體會他這些話的意思，可能是他認爲《戰國策》是一人一手之作，這一人一手，一定是一個史家，而這史家，又是兼擅縱横之學的。 但這個人是誰？ 他也没有明言。

南宋乾道間（一一六五—一一七三），晁公武作《郡齋讀書志》，把《戰國策》編入縱横家類，説：

歷代以其紀諸國事載於史類，予謂其紀事不皆實録，難盡信，蓋出於學縱横者所著，當附於縱横家。

晁公武否定了《戰國策》是史家的手筆，明確地提出《戰國策》是「學縱横者所著」。在認識上進了一步，但也没有指出誰是作者。

南宋淳熙年間（一一七四——一一八九），葉適作《習學記言》，説：

《戰國策》國别必列蘇、張縱横，且載代、厲始末，意其宗蘇氏學者所次輯也。

葉適的話，是值得重視的，他根據《戰國策》的具體内容，指出該書是「宗蘇氏學者所次輯」。雖然他没有明確指出哪一個？但畢竟有了線索可以探求。

可是，南宋端平間（一二三四——一二三六），陳振孫編寫《直齋書録解題》，還把《戰國策》編入雜史類，説：

《戰國策》三十卷，司馬遷《史記》所本，劉向所校者也，但無撰人名氏。

他非但没有指出誰是作者，却又承認書的内容是真實的歷史故事。

清代康熙進士陸隴其，根據晁公武的話，説《戰國策》是：「大抵皆縱横家言。」

同時另一個進士張尚瑗説：

短長十二國之書，實出自一手，與《國語》列國册書各爲體例者不同。詞多重複，由其剪裁未施。事必照應，由其旨趣歸一。一時策士揣摩情勢，有擬之議之而未必其言之行之者，若慎子、蘇子之爲楚太子謀是也。有如剳記奏牘，不必造膝面陳，若黄歇、韓非上書是也。其書出自六國之人，而非秦人，故於齊趙燕之亡，咨嗟忼慨，扼腕流涕。而蘇秦始將連横一篇，純乎排抑秦人之辭，偏載之秦策之首。

又説：

其人偏出自縱人。

作者「出自六國之人而非秦人」，「其人偏出自縱人」，他説這話，比前面所説的幾個，又有了一些進步。但他認爲「出自一手」，實際上是有問題的。

乾隆貢生牟庭相，根據《史記·田儋傳》、《漢書·蒯通傳》，説：

> 《戰國策》即蒯通所作八十一首，劉向校中書，餘卷錯亂相糅，因除去四十八首爲三十三篇耳。

牟庭相認爲《戰國策》的作者是蒯通。

近人羅根澤，基本上同意牟庭相的看法，認爲《戰國策》出於蒯通之手，但不同意牟庭相的「除去四十八首爲三十三篇」之説，以爲「由八十一首變爲三十三篇，是出於劉向的改編，不是出於蒯通的除去」。

近人金德建也認爲《戰國策》「中司馬遷所採及的一部分，是秦漢之交的蒯通所作，其餘是蒯通、主父偃以後的一派人所作，其作期最遲也不得後於劉向的時候」。

從「戰國游士」、「學縱横者」、「宗蘇氏學者」、「出自縱人」，最後落實到蒯通，可以説是經過一段長時間的努力得出來的結果。但蒯通是不是真正作《戰國策》的呢？這還需要作進一步研究。

現在，檢查一下《戰國策》裏及有關《戰國策》的記載中，估計可能有關《戰國策》作者的人名，略舉如下：

虞卿（三章）

魯仲連（五章）

荀況（「佹詩」不見於「荀子」，而見於《楚策》「客見春申君」章。又「蘇秦説秦惠王」一段中的

「堯伐驩兜，舜伐三苗，禹伐共工，湯伐有夏，文王伐崇，武王伐紂」諸句，見《荀子·議兵篇》。）

蘇秦　（十六章）

張儀　（二十六章）

蒯通　（一章，説韓信，見司馬貞《史記索隱》。）

鄒陽　（據司馬貞、李昉所引四事，並出「上梁王書」。前一四八年，漢景帝劉啓中元二年，鄒陽爲梁王説王長君。鄒陽上書，殆在此時前後。《史記》鄒陽與魯仲連同傳，《漢書·藝文志》鄒陽七篇，入縱横家。）

除了上面所舉蒯通、鄒陽之外，還可以知道和《戰國策》有關的漢初人名，有：

主父偃（《漢書·藝文志》縱横家，有「主父偃」二十八篇。《主父偃傳》：「主父偃，齊人，學長短縱横術。」服虔曰：「蘇、秦法百家説也。」《説苑·善説篇》，有一段主父偃「人而無辭，安所用之」的話，其中引子産、王孫滿、蘇秦、蒯通等事，結論説：「辭不可不修，説不可不善。」根據服虔的話，主父偃學「蘇秦法百家説」，必然和《戰國策》有關。）

邊通　（《漢書·張湯傳》：「邊通學短長。」師古曰：「短長術興於六國時。」張晏曰：「蘇秦、張儀之謀，戰國策名短長術。」這裏可見《戰國策》和邊通的關係。）

蒯通、鄒陽、主父偃，都是齊人。今本《戰國策》三十三卷，「齊策」占六卷，於數爲最多，其他各書所引《戰國策》超出今本之外而涉及齊事的，不下十餘條，孫臏、龐涓、田單事都在內。此外，散見於其他子部著作中有關齊人的「説士」，爲數也不少。齊從稷下興學以後，游士一直不斷，我們可以説絶大部分的游士出於東方。

從《戰國策》裏有鄒陽上梁王書，可以知道《戰國策》決非蒯通一人所作。

爲了搞清楚這個問題，下面兩個問題首先應當加以研究解決。

一、《戰國策》是不是史家的記載？

二、《戰國策》是不是全是縱横家言？

戰國時期，列國是有史官擔負記載的責任的。可是秦并天下，「燒天下詩書，諸侯史記尤甚」。可見燒書的結果，最不幸而終於滅亡的，是諸侯的史記，而被保存下來的《戰國策》，決不是史官記載的諸侯史記可知。在此之前，魯史官記載的《春秋》，終於魯哀公十四年，即周敬王三十九年（前四八一年），《左傳》終於魯悼公元年，即周貞定王二年（前四六七年），從《左傳》之終，到周顯王三十五年（前三三四年），列國稱王並紀年天子致文武胙於秦（見《繹史》），其間有一百四十年之久，没有文獻資料，這是歷史記載的空白時期。

戰國時期，本來有列國史官的記載，可是給秦火毀滅了，所以論史官的記載，戰國時期，也是一段空白。我們今天所以能够知道一些戰國的事迹，主要是靠保留下來的「諸子傳説」，以及《戰國策》裏的材料。但是，《戰國策》不是史家言。

《戰國策》不是史家言，《戰國策》是不是全是縱横家言呢？也不盡然。《魏策一》有田子方吳起。田子方學於子貢（見《呂氏春秋·當染篇》），吳起學於曾子（見《史記·吳起傳》），他倆都是儒家嫡系，《趙策三》有虞卿、魯仲連，《漢書·藝文志》二人同列儒家，而他倆都有排難解紛的話，記在《戰國策》裏。至於孫卿之爲儒家，這是他自己承認而且也是大家所公認的，現在《楚策四》有他的謝春申君書，另外還有一首俛詩，不見於《荀子》，僅見於《戰國策》。這可見《戰國策》裏有儒家言。《宋策》開首第二節，就有墨子救宋一段，可見《戰國策》裏有墨家言。《魏策二》有惠子，惠施是名家，可見《戰國策》裏有名家言。《魏策二》有公孫鞅，《秦策一》有衛鞅。公孫鞅、衛鞅，就是法家的商鞅；《秦策五》有韓非，而《秦策一》的「張儀説秦王」一章，就是《韓非子》裏的「初見秦」。韓非是法家，可見《戰國策》裏有法家言。《齊策四》顔歜對齊宣王引「老子曰雖貴必以賤爲本，雖高必以下爲基，是以侯王稱孤寡不穀」。策又稱歜「知足反樸終身不辱」。二語並見《老子》。《魏策一》「故老子曰聖人無積，既以爲人己愈有；既以與人己愈多」。這話亦見《老子》。《韓策二》「楚王問曰客何方所循？曰治列子圉寇之言」。老子、列子都是道家，可見《戰國策》裏有道家言。

儒、墨、名、法、道，《戰國策》裏都有，可見《戰國策》不全是縱横家言。《戰國策》不是史家的記載，不全是縱横家言。那末它是怎樣的一部書呢？我説，它是戰國到漢楚之際，一群游士各自記録下來的或者雜集抄撮的一部分材料。這其間各家各派都有，而占最多部分的，則是縱横家的游説。因此，《戰國策》並不出於一人之手，説它是蒯通所著，這是與事實不符的。

《戰國策》這份材料，平時以各種不同的本子散在各人自己的手裏，它的作用在於揣摩、參考。這些材料没有給秦火所燒，後來被保存於漢家皇朝的書庫。

由於私家筆記不同，説士所載忠勇智謀之事，彼此所寫互有出入，有的多，有的少，有的詳，有的略，有的甲乙殊名，張冠李戴，有的既見於此而又別見於彼，加以傳授不同，譬如「墨離爲三，儒分爲八」。所以互相歧異。同一件事，難免有簡有繁，或長或短。看《管子》、《韓非子》、《呂氏春秋》、《淮南子》諸書，其中援引故事往往前後重複，詳略互異，而故事的本身，則是一致的。現在看諸子百家所説故事，往往互相沿襲，所以這種情況很普遍。

由於各家本子不同，就有各種不同的名稱，有的可能是依照國别來編寫，所以叫「國策」、叫「國事」；有的可能是依照書的形式和内容、性質來題上名稱，所以叫「短長」、叫「長書」、叫「修書」。這些材料，被保存於漢家皇朝的「中書」，就出現了所謂中書複重的現象。

劉向校書，已經把「複重」的部分删了許多，但現存的《戰國策》裏，還有幾處，存留着「複重」的痕迹。例如《燕策一》，蘇秦引用「尾生之信，伯夷之廉，曾參之孝」，來説燕王；《燕策一》蘇代也用「孝如曾參孝己，信如尾生高，廉如鮑焦史鰌」，來説燕昭王。在蘇秦的一段中有「妾僵棄酒」以「全主父主母」事，在蘇代的一段，也引用這一件故事，事迹完全相同，可以知道是同一内容，而分爲兩個主名，一個説是蘇秦，一個説是蘇代。又《燕策》陳翠説燕太后的話，和《趙策》觸龍説趙太后的話，内容亦很相像。這些，都可以説是一事兩傳，究竟不知誰是主名。這種現象，既可以説明《戰國策》是各個「游士」不同的記載，也可以説明《戰國策》的内容，有許多不一定是歷史真實。總之，書本的名號不同，書本的内容重複，就從這一點來看，就可以知道作者不是一個，所以説《戰國策》的作者是蒯通，顯然不對的。

説到這裏，我們可以進一步研究「戰國策」這個名稱了。

班固説司馬遷作《史記》，曾採《戰國策》，他説：

司馬遷據《左氏》、《國語》，採《世本》、《戰國策》，述《楚漢春秋》，接其後事，訖於大漢，其言秦漢詳矣。

司馬遷自己說：

遷爲太史令，紬史記石室金匱之書。

但是《史記》裏却從没有提到《戰國策》這名字。

《戰國策》這名字，是劉向校書時新取的，事在司馬遷死後五六十年，司馬遷當然不會預先知道這名字。

「天下遺聞古事靡不畢集太史公」。(班固的話)，所以當時司馬遷做了太史令而「紬石室金匱之書」，當時他有備悉「天下遺聞古事」的條件。他寫《史記》關於戰國時期所依據的材料，應該就是後來劉向所見的「國策」、「國事」、「短長」、「事語」、「長書」、「修書」這六種。這六種，劉向校書，把它合而爲一，互相增補，除去複重，得三十三篇，替它裝上新的名字，叫做《戰國策》。

劉向校書，可能是相當認真的，可是有些地方也顯得很馬虎。例如現存八十六篇的《管子》，實際上是戰國時期一批零碎著作的總集，一部份是齊國的舊檔案，一部份是漢代初期開獻書之路時由齊地彙獻而來的材料。(説本郭沫若，見《青銅器時代》二六〇頁)劉向却没有加以仔細區別，把它不分皂白地凑在一起，裝上名字，叫做《管子》。現存這八十六篇的《管子》裏，其中第七十一篇，名爲「事語」的，恰恰和劉向所見「中書六名」的第四名「事語」相同。關於這一點，清人張佩綸說：

此篇亦名事語，疑子政校中秘書時，以事語之述六國時事近於國策者入國策，而其述齊桓時事類於管子者入管子，故仍以事語名篇。其爲戰國游士依託管子無疑。

張佩綸這話很有道理。我們從這一點中，可以想像「中書」沒有經過劉向整理之前，和劉向已經整理之後的出入是很大的。這是劉向雖然有功，但也不能無過。

《戰國策》這名字，劉向加得對不對呢？回答這問題是：他所加的這名字是對的，但他所說的理由則不對。劉向說：

臣向以爲戰國時游士輔所用之國爲之筴謀，宜爲《戰國策》。

「筴謀」是「策劃」、「謀算」的意思，兩個都是動詞。現在我們看《戰國策》的內容實際，一部份是策劃、謀算，另一部份是歷史故事。內容本身，不完全是策劃、謀算，那末《戰國策》這個「策」字，決不能理解爲「策劃」、「謀算」，換句話說，就是不能用動詞的「策」字來概括這部書的內容。我們知道「策」的本義，是一件具體的東西，是一個名詞，這就是「簡策」的「策」，「策」和「冊」是字形雖異而音義皆同的字。

《聘禮》：「百名以上書於策。」《左傳》：「名藏在諸侯之策」，「滅不告敗，克不告勝，不書於策。」

這個「策」字和《尚書》「史乃冊祝」，「王命作冊，逸作冊」；三個「冊」字，是同一個字，同音同義，同一實物。

《說文》：「冊，符命也。諸侯進受于王，象其札，一長一短，中有二編之形。古作笧，通作策、筴。」

「冊」和「策」，是把竹片編連起來，用以刻字的名稱。古代用竹片刻字，單獨一個竹片，叫做

「簡」，連綴幾個竹片，叫做「策」。《小雅》「畏此簡書」，就是指單獨的一片。賈公彦《禮》疏：「簡據一片而言，策是連編之稱。」就是説明了這一點。現在我們看册字篆文作「冊」三長兩短，中有兩編，具體地形象地畫出了簡策的樣子。

根據文獻記載，我們知道秦漢年代用竹簡編成的册子，有大有小，有長有短。其中所用最長的竹簡，是長達二尺四寸的官書六經，和所謂「三尺法」的律。律是當時的法令。是道道地地的官書，律所用的竹片，實際上只有二尺四寸長，所以説「二尺四寸之律」。因爲表示尊重，夸大些，所以説成「三尺法」。這和六經算是最闊氣的大本子。此外則是長一尺二寸的《孝經》，鄭康成所謂「《孝經》謙半之」。再次，則是六寸長的《論語》，鄭康成所謂「《論語》又半之」。現在《論語》第一篇裏「傳不習乎」一句，在古本《論語》作「專不習乎」，「專」依據東漢許慎的解釋是「六寸簿」，清人段玉裁以爲「專」就是「笏」，就是「手版」。六寸長的竹片編成的小本子，携帶起來很方便，這就叫做「專」。《論語》在當時是六寸長的小本子，這和我們今天通行常用的小筆記本，作用是相同的。

中書六名，其中有的叫「短長」，這可能就是「國策」的「策」字的具體形象。這裏語帶雙關，既有形式方面的意義，又包含内容方面的意義。有的叫「長書」、「修書」則是指它被重視而寫成大本子的意思。「國語」、「國事」、「國策」，都是以國作分别「語」和「事」，説明了書中内容謀議策略和歷史故事的兩大類别。因此「國策」的「策」字，應該是書册、本子的意思。《戰國策》這個名稱，應該是戰國時代所保存下來的本子。這本子的内容，包括歷史故事和謀議策略兩大類。這樣説，我們認爲比較全面，而劉向的話，則未免過於片面。

關於這一點，葉德輝的《書林清話》裏「書之稱册」一則中有明白的叙述，同時也糾正了劉向解釋

「策」字的錯誤。他說：

> 冊，本通作策。《說文解字》「策，馬箠也」，別爲一義。然漢人通借策作冊。《禮記・中庸》，文武之政，布在方策。《周禮・内史》，凡命諸侯及孤卿大夫，則策命之。《左傳・僖二十八年》，王命尹氏及王子虎内史叔興父策命晉侯爲侯伯。昭三年，鄭伯如晉，晉侯嘉焉，授之以策。是冊即策之證。至漢末，則通行以策爲冊。蔡邕《獨斷》云：策者簡也。《禮》曰：不滿百文不書於策，其制長二尺，短者半之。

在這段之後，他自己又加上了注釋，說：

> 王充《論衡》云：短書俗記，即策之短者。劉向《戰國策叙録》云：或曰國策，或曰國事，或曰短長，或曰事語，或曰長書，或曰修書。余意當時以一國之事爲一策，而其策有長有短，故又謂之短長。劉向又謂爲游士策謀，蓋不知策爲簡策之義。

又在「書之稱本」的一則中說：

> 吾謂書本由卷子摺叠而成。卷不如摺本翻閲之便。其制當興於秦漢之間。《戰國策》劉向叙録云：或曰國策，或曰國事，或曰短長，或曰事語，或曰長書，或曰修書。意其時以一國爲一策，隨其策之長短，而名之以短長書。亦有改策爲本者。《戰國策序》高誘注云：六國時縱横之說，一曰短長書，一曰國本，蓋以一國爲一本，猶之以前策式，以一國爲一策也。

這是完全對的。王國維在他所著的《簡牘檢署考》裏，也有同樣的看法。他說：

> 古書之以策名者，有《戰國策》。劉向《上戰國策書序》中，本號或曰國策，或曰國事，或曰長短，或曰事語，或曰長書，或曰修書。竊疑周秦游士，甚重此書，以策書之，故名爲策。以其策一

長一短，故謂之短長。比尺籍短書其簡獨長，故謂之長書、修書。劉向以戰國時游士輔所用之國爲之策謀，定其名曰《戰國策》，以策爲策謀之策，蓋已非此書命名之本義……

這樣，我們對於《戰國策》之所以以「策」爲名，可以有比較清楚、比較正確的認識了。

古代書名，一般都是摘取首句一二字作爲名稱。《詩經》和部分的周秦諸子都是這樣。《戰國策》這名稱是新起的，這名稱和後來的《漢書》、《三國志》性質相同。「策」就是「册」。這和「書」、「志」差不多。

綜上所述：

一、《戰國策》的作者，不是一人。是戰國時代的一群「游士」，其中可能有蒯通，但不一定全是蒯通手筆。

二、《戰國策》這名稱的意義應該是戰國時代的書本。等於後來説《漢書》、《三國志》一樣。

二、傳寫中的《戰國策》與板印後的《戰國策》

劉向校書，是在西漢成帝河平三年（前二五年）八月以後，《戰國策》的編訂成書，就在此時。以後，從西漢末年到北宋初期，《戰國策》一直在傳寫中流布，没有雕版印行。

當時劉向編訂完成《戰國策》，被保存在西漢皇朝的書庫。王莽之亂，「長安爲虚」，據説書庫三萬三千九十卷「焚燒無遺」，但據清人成瓘的考證：

光武起兵早，即位，紀元建武。元年九月，赤眉入長安，二年正月，又入長安，肆焚掠。三年閏正月，親征赤眉，降之。六年四月，帝幸長安，還遷洛陽，其經牒秘書，載之二千餘乘。是中秘書無大放失可知矣。

可見在長安城裏的西漢皇朝書庫，經過王莽之亂，損失不是很大的。很有可能劉向編訂的《戰國策》原本，當時没有遭到損害，後來給劉秀移到洛陽。

東漢後期，和帝劉肇時（八九—一〇五年），在京都洛陽有「東觀」，靈帝劉宏時（一六八—一八九年）有「秘書監」，這裏都收藏了一些書籍，毫無疑問，這裏是有《戰國策》的，而且那時洛陽已經有了書肆，出賣各種書籍。據《漢書·王充傳》：

常游洛陽市肆，閲所賣書，一見輒能誦記。

洛陽書肆裏有没有《戰國策》，雖然我們不敢斷言，但據常情推測該是有這部書的。有兩件事足以説明東漢末期《戰國策》曾從皇家書庫流傳到民間：

一、京兆尹延篤，曾寫《戰國策論》一卷，篤是桓帝劉志（一四七—一六七年）時人，永康初（一六七年）卒。

二、東郡濮陽令高誘，曾爲《戰國策注》，據他自己説獻帝劉協建安十年（二〇五）辟司空掾，十七年（二一二）從濮陽令遷河東監。就是在這時他爲《淮南王書》作注。他注《戰國策》的年月，現在没有明文可據，但大概可以知道是在注《淮南王書》的前後。

京兆、濮陽相去不遠，假如洛陽皇家書庫的書，没有傳抄流傳到外面，延篤、高誘何從而爲它作論和作注呢？

公元一九〇年，董卓移都，從洛陽遷還長安。那時兵荒馬亂，社會秩序遭到了破壞。東漢皇家書庫無論是「辟雍」、「東觀」、「蘭臺」、「石室」、「宣明」、「鴻都」所有的「典策文章」，都遭到損壞。「縑帛圖書，大則連爲帷蓋，小乃制爲縢囊」。在這兵荒馬亂中王允收集了一些遺留下來的書籍，運到長安去，據記載，「允所收而西者，載七十餘乘，道路艱遠，復棄其半」。那末，當時洛陽皇家書庫裏所藏的劉向原本《戰國策》，也許是不復存在的了。在這之後，長安又遭到一次戰亂，在烈火延燒之中，王允從洛陽搬來的「七十餘乘」書籍，「莫不泯盡」。由此可見劉向編定的《戰國策》原本，最晚也逃不了這一次的災難的。成瓘説得好，「據此，則中秘之厄，至此而極」（《蒻園日札》卷二）。這可能是事實。

可是，皇家所藏的原本雖然亡滅，洛陽書肆裏出賣的《戰國策》，可能有的會在地方或民間流傳，所以，三國時，李權要向秦宓借《戰國策》，秦宓對李權説：「戰國縱横，用之何爲？」拒絶了他。宓是「益州學士」，可見在四川地區，這時存在着這本《戰國策》。

東晉明帝司馬紹（三二三—三二五年）時，廣陵太守孔衍，以爲《戰國策》裏的記載，在他看來，「未爲盡善」，於是他根據司馬遷的《史記》和《戰國策》本身「參異同，删彼二家，聚爲一録」，寫成一部十卷的《春秋後語》，孔衍是魯國人，廣陵就是揚州，可見在東晉年代華東地區，存在着這本《戰國策》。

東晉孝武帝司馬昌明太元年間（三七六—三九六年）謝玄的參軍，陳郡陽安人袁悦之「丁憂去職，服闋還都，止齎《戰國策》」。他説：「天下要物正（只）有《戰國策》。讀《論語》《老子》《莊》《易》，皆是病痛事。」可見在東晉末年，江南地區有這本《戰國策》。

圖書目録方面，魏秘書監荀勗有《中經簿》，晉有《義熙秘閣書目》，宋謝靈運、王儉並有《四部目録》，王儉又有《七志》，齊王亮、謝朏也有《四部書目》，梁阮孝緒有《七録》，這些圖書目録中，有没有

《戰國策》，現在無從考查，但後來的《隋書·經籍志》史部有「劉向録」的「戰國策三十二卷」，「高誘撰注」的「戰國策二十一卷」，以及「延篤撰」的「戰國策論一卷」，可見隋以前的南朝皇家書庫也一定會有這一部書的。

這裏，有一件事值得一提。荀勗的《中經簿》總括群書，分爲甲乙丙丁四部。其中丙部裏有一部書叫做《皇覽簿》。這部《皇覽》據《三國志·魏志·劉劭傳》，説：「劭黄初中（黄初是魏文帝曹丕年號，二二〇—二二六年）受集五經群書，以類相從，作《皇覽》」，這實在是我國「類書」的開山祖師。這部類書《皇覽》，據《隋書·經籍志》雜家説：「《皇覽》，百二十卷，注稱繆卜等撰，何承天、徐爰合之，蕭琛抄之。」《唐書·藝文志》在歷代史志中，第一個標出類書的名目，就把這部《皇覽》作爲第一部書，接着就是唐代歐陽詢等編著的《藝文類聚》，虞世南編著的《北堂書鈔》。《藝文類聚》、《北堂書鈔》，都採取了《戰國策》，而《皇覽》這書，後來失傳了，不知道其中有沒有採取《戰國策》。

號稱「四大類書」的，除了前面所舉的《藝文類聚》、《北堂書鈔》之外，還有唐代徐堅等編寫的《初學記》，宋代李昉等編寫的《太平御覽》，這兩部書，也採取了《戰國策》。

「類書」之外，歷代注家引用《戰國策》的，在劉宋時，有裴松之的《三國志注》，在唐代有顏師古的《漢書注》、李善的《文選注》、司馬貞的《史記索隱》、張守節的《史記正義》等。可見《戰國策》從劉宋到唐是廣泛流傳的，曾被注家普遍引用。

值得注意的是，《戰國策》在唐代，似乎全書具存，沒有缺佚，還是劉向所録的那個原樣子。

劉知幾（六六一—七二一年）作《史通》。在《内篇六家》這一篇裏説：

《戰國策》，其篇有東西二周，秦、齊、燕、楚、三晉、宋、衛、中山，合十二國爲三十三卷。

劉知幾所説的篇卷數字，和劉向自己的叙録國别次序，以及《漢書·藝文志》所説的卷數完全符合。可以知道劉知幾所見的《戰國策》，還是劉向原本的本來面目。

但是，劉知幾所説的篇卷數字，和《隋書·經籍志》、《舊唐書·經籍志》、《新唐書·藝文志》並不相同。《隋書·經籍志》：「戰國策三十四卷，劉向録。」（案今本《隋書·經籍志》作「三十二卷」，誤，姚宏、姚寬《戰國策》序跋，鄭樵《通志·藝文略》並作三十四卷，可證）比《漢書·藝文志》多了一卷。我想這多一卷的原因，可能是在正文三十三卷之外，把劉向校書叙録另作一卷，所以合成三十四卷。實際上還是三十三卷。新、舊《唐書》並説「戰國策三十二卷」，這比《漢書·藝文志》少了一卷，比《隋書·經籍志》少了兩卷。姚宏説「《唐·藝文志》劉向所録已闕二卷」，姚氏所説的「闕二卷」，這個數字是根據《隋書》三十四卷、《唐書》三十二卷兩個數字比較而得的，假如依照前面所述劉向校書叙録作爲一卷的話來算，實際上只少了一卷。

新、舊《唐書》，是五代、宋人所寫的，而《隋書》則是唐人所寫的。劉知幾和《隋書》作者都是唐人，所説雖差一卷，但是假如劉向叙録别爲一卷的話是確實的，則實際上是相同的。這就是説《隋志》三十四卷之數，是正文三十三卷之外，加上「劉向校書序録一卷」。《漢書·藝文志》和劉知幾所説三十三卷，則是不計劉向校書序録。

《戰國策》在唐代，特别是在劉知幾的眼中，没有殘缺，這也可以根據從宋、陳經隋、唐到北宋諸家（包括類書編者和各書注家）所引超出今本《戰國策》之作這一點來作證明。

北宋初年，《戰國策》還是完整的，以後不知怎樣就成爲殘缺的了。

公元一〇四一年，這是北宋仁宗趙禎的慶曆元年，這年，北宋皇朝的皇家書庫進行了一番整理，這時上距劉知幾《史通》的寫作，已經過了三百四十一年（《史通》是劉知幾在唐中宗李哲景龍四年仲春時寫成的，見其自序，景龍四年，相當於公元七一〇年）。在這三百四十一年中，中國社會起了重大的變化，封建統治由唐皇朝的崩潰，接着就是梁、唐、晉、漢、周的所謂五代十國的長期紛亂。在這長時期的紛亂中，書籍遭殃而導致殘缺失傳，這是不足爲奇的，北宋皇朝建立（九六〇年）之後，經過了八十年之久，到慶曆元年，才將皇家書庫進行了一番整理，經過整理之後，由王堯臣等寫成了一部六十六卷的《崇文總目》，這是當時北宋皇朝存書的總目，總計當時存書共有三萬零六百九十三卷。在這個總目録上，記載當時《戰國策》的卷數，共有兩條：

一條說：「戰國策二十二卷。」

又一條說：「戰國策八卷。」

在第二條下面原來的解釋中，於叙述本書原委之後，又說：

今篇卷亡缺，第二至十，三十一至三十三，闕。又有漢高誘注本二十卷，今缺第一、第五、第十一至二十，止存八卷。

根據這個《崇文總目》，知道在一〇四一年時，《戰國策》實存第一卷、第十一卷、第十二卷、第十三卷、第十四卷、第十五卷、第十六卷、第十七卷、第十八卷、第十九卷、第二十卷、第二十一卷、第二十二卷、第二十三卷、第二十四卷、第二十五卷、第二十六卷、第二十七卷、第二十八卷、第二十九卷，共計二十卷。比劉向原書，實缺十三卷。數目是相當大的，缺數占原書近百分之四十。高誘注本二十卷，實存第二卷、第三卷、第四卷、第六卷、第七卷、第八卷、第九卷、第十卷，共計八卷。實缺十二卷，占總數百分之六十，數字更大。但是這裏有一個問題，不難看出，這就是高誘的注，不會脱離《戰國策》的原文而獨立，必然是既有原文，又有注解的。若是用高注的實存卷數，和《戰國策》的實存卷數，互相補充一下，缺本《戰國策》裏沒有的原文，可以在實存的高注中取得補足。這樣一來，可以知道《戰國策》在當時實缺多少，可惜高誘注的分卷和《戰國策》的分卷不同，一個是二十卷，一個是三十三卷，這樣，就很難查考這實缺的數字了。

北宋仁宗趙禎嘉祐二年（一〇五七），曾鞏中了進士，此後他擔任了「編校史館書籍」的任務。他對《戰國策》進行了三次的校對，最後寫成了一個定本，又寫了一篇序文，在序文中，他說：

劉向所定著《戰國策》三十三篇，《崇文總目》稱十一篇者，闕。臣訪之士大夫家，始盡得其書，正其誤謬，而疑其不可考者，然後《戰國策》三十三篇復完。

他又説：

此書有高誘注者二十一篇，或曰三十二篇。《崇文總目》存者八篇，今存者十篇。

這裏他説的篇數，除「《戰國策》三十三篇」符合於《漢書·藝文志》所説之外，關於高誘注的記載，不説卷數，而説篇數，而且數目也和《崇文總目》不符，《崇文總目》也没有《戰國策》存十一篇的記載。爲什麽他這樣説，現在還搞不清這個問題。

至於他所説的「《戰國策》三十三篇復完」，也存在着問題，他手裏的「三十三篇」，是否還是劉向三十三篇的真面目，還是和唐代劉知幾所看到的「三十三卷」一模一樣呢？當然答案是不可能肯定的。這樣，《戰國策》到北宋時期，殘缺無善本，是可以斷定的了。（朱一新《〈漢書〉管見》：「今高誘姚宏注本雖分三十三卷，實已缺一篇，蓋後人分析以求合三十三篇之數也。」）

北宋末期，蘇軾的朋友，李清照的父親，趙明誠的岳父李格非《書戰國策後》説：

今《戰國策》宜有善本傳於世，而舛錯不可疾讀。

宜有善本而無善本，所有本子「舛錯不可疾讀」。這就是《戰國策》到了北宋末期存在着的情況。北宋初年，雕板印書還没有廣泛開展，蘇軾説：

余猶及見老儒先生自言其少時欲求《史記》、《漢書》而不可得，幸而得之，皆手自書。

《史記》、《漢書》還未雕板，《戰國策》當然也不會雕板的。可是不久以後，《戰國策》也居然有了「印賣本」。現在我們根據記載，調查一下，在北宋末期，《戰國策》大概有下面所列的十種不同的本子。

①館中孫固本

這裏所説的「館」，可能是「昭文館」的簡稱。據《文獻通攷》卷五十一職官攷，唐代初年，設置修文館，後來改爲弘文館，又改爲昭文館，館中有四部書。宋代的昭文館，有「大學士一人，以宰相充。學士直學士不常置。直館以京朝官充，掌經史子集四庫圖籍修寫校讎之事」。曾鞏「編校史館書籍」的「館」就是此館，後來孫朴説：「臣自元祐元年十二月入館」的「館」，也就是此館。這個本子，姚寬於宣和間(一一一九—一一二五年)得之。

②館中孫覺本

姚寬於宣和間得之。

③館中錢藻本

孫朴説此本「不足」。此本姚寬於宣和間得之。

④曾鞏三次校定本

孫朴據爲底本。姚寬於宣和間得之。

⑤劉敞手校書肆印賣本

劉敞即劉原父，曾據書肆印賣本手校，曾云「吾老當得定本」。現存的姚本第三十卷後有「劉原父所傳本至三十卷而止」一行十二字，可以知道劉敞校本，僅有三十卷。這個本子，姚寬於宣和間得之。《戰國策》最早的刻本，首先要算這個本子。

⑥館中蘇頌本

孫朴説此本「不足」。這個本子姚寬於宣和間得之。

⑦集賢院新本

孫朴據以校定，説：「集賢本最脱漏。」這個集賢院本，姚寬曾於宣和間得之。

⑧錢塘顔氏印本

治平初王覺所得，云「字句脱誤」。治平是北宋英宗趙曙的年號，治平元年，當公元一〇六四年。知道在此之前，《戰國策》已有刻本，這與劉敞所校書肆印賣本，不知哪個在前哪個在後，可能這就是《戰國策》最早的刻本。

⑨孫朴寫成的定本（黄本）

孫朴即孫原忠，自哲宗趙煦元祐元年（一〇八六）十二月入館，據曾鞏、蘇頌、錢藻、劉敞本參校，八年（一〇九三）又用集賢院新本參校。是歲癸酉（一〇九三）十一月，遂爲定本，修寫黄本入秘閣。

⑩晁以道本

晁以道名説之，號景迂，神宗趙頊元豐（一〇七八—一〇八五年）進士，蘇軾薦之，元祐中以黨籍放歸。

姚寬云：「晚得晁以道本並校之，得十二焉。」這裏所説的「晚」當在南宋初年，因爲姚寬寫作此文（《戰國策後序》）是在高宗趙構紹興三十年庚辰，當公元一一六〇年。

此外，當公元一〇六七年英宗趙曙治平四年丁未王覺「在京師（開封）借館閣諸公家藏數本參校」，這裏所説的「數本」可能就是孫固、孫覺、錢藻、劉敞、蘇頌等幾個不同本子，上面已經列舉，不再重複。但既然説是「家藏」，也有可能出於孫固等人的本子之外的本子，由於他没有説明，這裏也就無從查究了。又有兩個刻本，時間已入南宋，一是「浙建原小字刊行本」，姚寬説這就是「南豐所校本」。一是「括蒼耿氏所刊本」，姚寬説這個本子「鹵莽尤甚」。據耿延禧序，此書依曾本參校，刻於紹興四年（一一三四）十月。兩個本子，實際上都是曾鞏三次所校定本，所以這裏不列舉。

根據上面所舉十種不同的本子來看，可以知道北宋時期的《戰國策》，曾鞏校定之後，要算孫朴的本子最爲完善。但是，話得説回來，在這十種不同的本子校來校去之中，儘管精密細緻，總是難免有走失原樣的地方，所以《戰國策》經過這許多人的校，總要又打了些折扣。

進入南宋，《戰國策》有了兩個不同的本子：

① 剡川姚宏根據孫朴的本子，雜採曾、蘇、錢、劉並集賢院本，進行續校，到紹興丙寅（紹興十六年，公元一一四六）中秋完成。注其異文，揔四百八十餘條。這個本子，分爲三十三卷（卷數雖同於劉向的篇數，實際上還是殘缺的，不同於劉向原本），稱爲善本。紹興三十年（一一六〇）宏弟姚寬，寫了一個題跋，語與姚宏所題，大體相同，黄丕烈認爲這是一稿的先後兩書。很有可能這部書是他們弟兄倆合作的，這就是「剡川姚氏本」。

②和姚宏同時，縉雲鮑彪也注《戰國策》，他把「西周策」移在「東周策」的前面，又重新安排了次序，衍文脱文，加以補正，並把全書加上了注解。紹興十七年（一一四七）丁卯冬至，自己寫了一篇序，説：「高注疏略不全，於是考《史記》諸書爲之注，定其章條，正其衍脱。」又説：「凡四易稿而後繕寫。」己巳（一一四九年）仲春，又加重校。這個本子，共有十卷。這就是「縉雲鮑氏本」。

這兩個本子，鮑氏的可以説是新本，他非但殘缺，還把原來的次序和卷數甚至個别文字都改變了。姚氏的可以説是老本，雖然殘缺，次序文字和卷數都還保持着原樣。

元泰定帝泰定二年（一三二五）乙丑，到至順四年（一三三三）癸酉七月蘭谿吴師道寫了一部《國策校注》，寫了一篇序。他並取姚、鮑兩家的本子，進行研究，認爲姚本「具有典則」，鮑本「繆妄」「淺陋」。對於鮑本表示不滿，他的校注，就在鮑氏的本子上，「存其是而正其非」，做了一翻糾正補充的工作。清人顧廣圻説他「駁正鮑注，用功甚深，發疑正讀，殊有出於伯聲（姚宏）外者」。這算是新本之後，又出了一個新本，要算是《戰國策》傳本中研究性最豐富的了。

前面已經提過，北宋時劉敞曾經根據書肆印賣本《戰國策》進行校對。公元一〇六四年時，王覺也得到「錢塘顔氏印本」的《戰國策》。這兩個本子應該是最早的刻本。可惜這兩個本子，早已失傳，現在無從尋究了。

現存的宋刻本《戰國策》，剡川姚氏本，有紹興（一一三一—一一六二）刻的《戰國策注》三十三卷，六册，藏在北京圖書館，書有黄丕烈、顧廣圻跋並題詩。鈕樹玉、袁廷梼、夏文燾題詩。縉雲鮑氏本，有光宗趙惇紹熙二年（一一九一）會稽郡齋刻的《鮑氏戰國策校注》十卷，八册，也藏在北京圖書館。這算是國内現存宋刻《戰國策》最早的本子。

元明兩代，姚氏本不甚流行，未見翻刻。普遍流行而且有刻本的，是鮑本。至正二十五年（一三六五）有平江路儒學刻的《戰國策校注》十卷八本，原藏江南圖書館，現藏南京圖書館，這就是商務印書館《四部叢刊》影印的原本，另外北京圖書館也藏有一部，十卷十二本。這兩個本子都是鮑注吳校的本子，算是鮑氏本的佳本。另外，在明代萬曆九年（一五八二）有張一鯤刻的《戰國策校注》十卷八本，北京圖書館、南京圖書館、英國倫敦牛津圖書館都藏有這個本子，也可稱爲善本。没有吳校，單是鮑注的本子，明代嘉靖七年（一五二八）吳郡龔雷影宋校刻的《鮑氏戰國策校注》十卷，現在北京圖書館藏的是四本，南京圖書館藏的有八本。嘉靖三十一年（一五五二）吳郡杜詩刻的《鮑氏國策校注》十卷八本，北京大學圖書館、杭州大學圖書館都藏有這個本子，這兩個本子，都只有鮑注，没有吳校，也算是鮑氏本的佳本。

姚氏本明代没有刻本，現在北京圖書館藏有三個鈔本，一是明穴硯齋影宋鈔本《戰國策注》三十三卷八本，二是明穴硯齋影宋鈔本《戰國策注》三十三卷六本（有缺），三是清初影宋鈔本《戰國策注》三十三卷四本。明代没有刻姚氏本，可見姚氏本在明代的不被重視。

另外還有兩個本子值得附帶一提的，一、據黄丕烈《士禮居題跋》曾説：「松江韓氏（绿卿）藏宋本《戰國策》，後歸潘銘勛。」這個本子，不知是姚本還是鮑本，下落亦不明白。二、解放前友人潘承弼（景鄭）在上海書肆，見到清初馮班（定遠）鈔南宋殘本《戰國策》，没有注，後來這本書歸北京某書店，現在下落不明，這本是姚是鮑也不得而知。

到了清代，姚氏本驟然爲學者們重視起來，這個轉變開始於明末清初的錢謙益。

錢謙益在明代天啓（一六二一——一六二七）中以「二十千」錢從梁溪安氏處購得一個宋刻姚氏

本，書上有前人「勘對疑誤」處，行間又有吳氏補注的鈔録處，他十分喜歡，以爲「不啻獲一珍珠船」。後來不久，又在梁溪高氏處得到另一個宋刻善本姚氏本，比前一個本子，更爲「精好」，這兩個本子，他認爲是「闕一不可」的「雙璧」。清順治七年（一六五〇）庚寅，絳雲樓失火，錢謙益家藏書全部遭殃，這兩個本子幸而沒有燒掉，後來，常熟陸貽典（敕蘇），從錢謙益孫錢遵王處借録了一個安氏本，又從錢家借得高氏本印鈔一部。乾隆丙子（一七五六）盧見曾根據陸貽典抄校錢氏所藏安氏本，刻入《雅雨堂叢書》。剡川姚氏本在清初就此廣爲流傳。

乾隆四十七年（一七八二），《四庫全書》編纂完成時，有《戰國策》三種：

（一）《戰國策注》三十三卷，是高誘注本，說是衍聖公孔昭煥家藏本。

（二）《鮑氏戰國策注》十卷，說是內府藏本。

（三）《戰國策校注》十卷，是吳師道補正本，說是「兵部侍郎紀昀家藏本」。

嘉慶癸亥（一八〇三），黄丕烈又根據從鮑廷博處所得錢氏舊藏梁溪高氏本重刊，入《士禮居叢書》，號爲《剡川姚氏本戰國策》，並作「札記」三卷，附於書末。於是《戰國策》一書，要算這一個本子最爲精詳。顧廣圻說這本「據姚本訂今本之失，取吳校益姚校之未備，所下己意又足以益二家之未備，凡於不可讀者已稍稍通之」。又說：「《戰國策》傳於世者，莫古於此本矣，然就中舛誤不可讀者，往往有焉。」這算是姚本的好本子。

從此《戰國策》通行着兩種本子：

一、《剡川姚氏本戰國策》，這個本子的篇目是

東周　一卷

西周　一卷
秦　五卷
齊　六卷
楚　四卷
趙　四卷
魏　四卷
韓　三卷
燕　三卷
宋衛　一卷
中山　一卷
共三十三卷

二、《戰國策校注》。這個本子的篇目是

西周　一卷　安、赧　原一卷
東周　一卷　惠公　原一卷
秦　一卷　孝、惠文君、武王、昭襄王、孝文王、莊襄王、始皇帝　原五卷
齊　一卷　威、宣、閔、襄、王建　原六卷
楚　一卷　宣、威、懷、頃襄、考烈王　原四卷
趙　一卷　襄子、烈侯、肅侯、武靈王、惠文王、孝成王、悼襄王、幽王　原四卷

魏	一卷	桓子、文侯、武侯、惠王、襄王(哀王)、昭王、安釐王、景閔王	原四卷
韓	一卷	康子、烈侯、昭侯、宣惠王、襄王、釐王、桓惠王	原三卷
燕	一卷	文公、易王、王噲、昭王、惠王、王喜	原三卷
宋	一卷	景公、剔成、君偃	原一卷
衛		靈公、悼公、嗣君	
中山		(不分君)	原一卷
	共十卷		

這是《戰國策》從劉向編定後，由傳寫到刻板印行的一些變遷情況。

三、從諸家所引逸文推測古本《戰國策》的面貌

《戰國策》的前身，是保存在西漢皇朝皇家書庫的戰國時代一群游士各自記録的有關史事及説辭的材料，劉向整理彙合，才把它輯成《戰國策》，在他所謂「補除複重」的工作中，很有可能把材料改了樣，打了一些折扣。劉知幾之後，到北宋曾鞏重新編校，「正其誤謬而疑其不可考者」，把殘缺的本子，重新劃分爲三十三篇，這裏面必然又打了些折扣，離開《戰國策》的本來面目，又走了一些樣。曾鞏之後，又有許多人進行校勘，這裏當然有好處，但也不可避免地存在着一些問題，這就説明曾鞏的本子，也有可能走一些樣了。現在姚、鮑兩本，都是不全的。鮑氏新本，根據老本加一些工。姚氏老本，沿襲曾鞏、孫朴校定的本子。但和唐代中期劉知幾以及劉知幾同時人所看到的本子都

不同了。

完整的古本《戰國策》今天無法見到。從東漢以後到北宋初年，許多著作家引用《戰國策》，提出《戰國策》的原文，有好多超出今本《戰國策》的範圍，是現存《戰國策》所没有的。我們從這一些材料中，可以大致推測古本《戰國策》是怎樣的面貌。

宋代學者知道《戰國策》有逸文，姚宏首先提出「正文遺逸」的話，並舉出逸文六條（見《戰國策校序》）。姚寬又提出逸文二十五條（見《戰國策後序》），後來洪邁、王應麟、清人方苞等也曾提到這個問題。我在一九三七年輯得六十六條，到一九四〇年時，又擴充到七十四條，比姚氏兄弟所得，多了三倍。這裏，依據引用的人的時代先後，介紹幾條重要的值得注意的來説明問題：

一、劉宋裴松之《三國志注》引「有以九九見齊桓公」一段五十六字。又引桓譚《新論》「雍門周以琴見孟嘗君」一段四百七十九字。據《廣韵》門字下注，知道這是《戰國策》逸文。這段文字，寫得相當漂亮（詳見拙著《戰國策逸文考》）。

二、唐虞世南《北堂書鈔》引「楚人有好以弱弓微繳加歸雁之上者」一段，全文當如《太平御覽》八百三十二所引「春秋後語」，共一百五十四字，文字亦漂亮（詳見拙著《戰國策逸文考》）。

三、唐顔師古《漢書注》引「嗚犢鐸犨」。顔師古所引，雖然只有這四個字，但這故事詳見於《史記·孔子世家》，文字是相當長的。

四、唐歐陽詢《藝文類聚》引「蘇秦爲楚合從，元戎以鐵爲矢」。這條全文亡佚，無從探求。猜想起來，亦可能是一段長文。

五、唐李善《文選注》引「衛行人燭過免胄横戈而進」。全文當如《吕氏春秋·貴直篇》趙簡子攻衛一段，共二百五十四字（詳見拙著《戰國策逸文考》）。

六、唐徐堅《初學記》引「齊國將亡亦有妖乎」。

七、唐李賢《後漢書注》引「廉頗爲人勇鷙」。今本《戰國策》根本没有廉頗，但《太平御覽》二百八十二、二百九十二引《戰國策》並有廉頗，加上《後漢書注》所引，已有三條之多，可見古本《戰國策》裏有廉頗（詳拙著《戰國策逸文考》）。

八、唐司馬貞《史記索隱》引「蒯通説韓信」一段，有一千二百三十字。又引「桀之狗可使吠堯而蹠之客可使刺由」十五字。這兩段最值得注意。因爲前者是楚漢之間事，後者則是鄒陽《上梁王書》裏的話。鄒陽是漢景帝劉啓時（前一五六—前一四一年）人，二者都已超出了一般所説的戰國的範圍。

九、唐張守節《史記正義》引「趙武靈王改爲九門」。

十、宋李昉《太平御覽》引《戰國策》有二十七條之多，超出於今本《戰國策》的，不但有廉頗事，而且還有孫臏、龐涓、趙奢、藺相如等事，都是今本《戰國策》所没有的，這些材料，比今本《戰國策》豐富得多了（詳拙著《戰國策逸文考》）。

李善、徐堅、李賢、司馬貞等人，都是和劉知幾同時代的人，他們所看到的《戰國策》該是相同的傳抄本，而這個傳抄本，則是没有殘缺的完本。

此外，現存的《莊子》雜篇裏有「説劍」一段，行文很像《戰國策》，關於説劍的主者「莊子」，近人錢穆説，這是莊辛。莊辛在《戰國策》裏有以蜻蛉黄雀説楚襄王一段，在《説苑》裏有以鄂君子晳泛舟事説襄成君一段，和莊子説劍很有類似之處。説不定説劍的主者就是莊辛，由於姓莊的緣故，被後人錯誤地收入《莊子》。假如以説楚襄王一段在《戰國策》爲例的話來對待，那麽説劍、説襄成君兩段，也有資格録入《戰國策》。

還有一個問題值得注意。李斯《諫逐客書》，是《戰國策》今本所没有的。這篇文章，多用比喻，多用排句，和後來賈誼、鄒陽等人的作品風格相近。《戰國策》裏原來有幾篇「書」，例如樂毅給燕惠王，荀卿給春申君等，李斯這篇「書」，也有資格採入《戰國策》，不知爲了什麽，《戰國策》没有收入。但明人張文燿的《戰國策談概》十卷本，李斯這篇，和「楚人以弱弓微繳説頃襄王」、「中山君饗都士大夫」三章，一同被增入了。張文燿的本子，是根據吴師道的鮑注補正本，這三篇，鮑本都没有的。

前面所説七十四條逸文，材料是相當豐富的。而這裏最突出的是讓我們知道古本《戰國策》裏的材料，涉及到西漢初年的事。關於這一點，劉向是早已説明了的。劉向在《戰國策》「校書叙録」裏説：

> 其事繼春秋以後，訖楚漢之起，二百四十五年間之事。

這幾句，在馬端臨《文獻通考》裏所引是不同的。他根據《崇文總目》，引的是：

> 繼春秋以後，記楚漢之興，總二百五十年事。

又引鼂氏所引，是：

> 其事則上繼春秋，下記楚漢之起，凡二百四五十年之間。

無論説是「二百四十五年」，或是「二百五十年」，或是「二百四五十年」，總之涉及到楚漢。而今本《戰國策》，最後只到「荆軻刺秦王」，以及「唐且不辱君命」。没有涉及楚漢，不符合劉向的原文。由此可知，劉向的原本《戰國策》是有蒯通、鄒陽這些材料的。

明人張照，不了解這個情況，説：「《戰國策》安得有韓信、蒯通之事，《索隱》誤。」這是不對的。

由此我們可以斷言，古本《戰國策》的全貌，要比今天我們所見到的材料豐富得多。日本瀧川龜太郎《史記會注考證》在《趙世家》篇注中引陳仁錫的話，説：

楚趙田齊諸世家多《戰國策》所遺漏之文，可見今之《戰國策》非完書。

陳氏這話，完全正確。

四、歷來對於《戰國策》的考研

在漫長的封建時代，一批又一批的封建士大夫所謂「文人學士」，對於這部《戰國策》，一向以兩種不同的矛盾心理來對待它。一方面從思想内容着眼，説它是壞，給予否定；一方面從文字形式着眼，説它是好，作出了肯定。往往同是一人，表現爲首鼠兩端。例如：

一、劉向一面説「詐譎」、「詐僞」、「權謀」，一面又説「奇筴異智」。

二、曾鞏一面説「邪説」，一面又説「上繼春秋……不得而廢」。

三、李格非一面説「從横捭闔，譎誑相輕，傾奪之説」，一面又説「著書文辭，駸駸乎上薄六經而下絶來世」。

四、王覺一面説「變詐百出」，一面又説「辯麗横肆，亦文辭之最」。

五、陸隴其一面説「文章之奇，足以悦人耳目」，一面説「其機變之巧，足以壞人心術」。

此外，從思想上否定的，如：

一、王廷相認爲「其心隱忍，其事欺謾，其術鄙陋委瑣，畔於正軌」。

二、朱鶴齡認爲「策士者不過市魁盜俠之輩」。
三、劉大櫆認爲「詐謀、詭譎」。
四、王棻認爲「機械變詐，人心陷溺」。

從文辭上肯定的，如：

一、韓愈認爲「下逮莊騷，太史所録。子雲相如，同工異曲」。他所説的「太史所録」，當然指的是《戰國策》，可見韓愈對於《戰國策》是用過一番工的。
二、葉適認爲「飾辭成理，有可觀聽」。
三、張一鯤認爲「文家之郭郛」。
四、姜宸英認爲「周秦之際，莫衰於左傳，莫盛於國策」。
五、張士元認爲「史記權輿」。
六、吴曾祺認爲「文章之美，自左史外，鮮有能及之者」。

只有袁悦，説「天下要物，正（只）有戰國策」。作了全盤的肯定，可惜歷史記載缺乏，找不到他對於《戰國策》如何學習運用的具體材料。

封建時代「文人學士」研究這部書，成績是有的，但還有限得很。

一、考訂派　　從劉向開始，通過宋代的孫固、蘇頌、錢藻、劉敞、曾鞏、孫朴、姚宏、姚寬等的努力，總算有一個比較完整的本子，鮑彪、吴師道繼續努力，加上清代盧見曾、黄丕烈等的校刻，這個本子終算免於失傳。

二、注釋派　　高誘的注，是否全面，現在無從得知，就它被保存流傳下來的看，實在過於簡略，清人畢沅説：「《戰國策》高誘注非真本，唯此書（案指《吕氏春秋》）及《淮南王書》注最爲可信。」（見所著《吕氏春秋新校正序》）高注是不是真本現在無從考求，總之，這個注是不完善的，可以斷言。姚宏續注，也不够完備。鮑彪的注，詳了一些，但有謬誤，吴師道作了些補充糾正，成績比較可觀，缺點是他知道姚本可以根據而不注姚本，不走大路，儘在歧路上兜圈子，教人看了不够清楚。清代考證學派興起，音韻、文字、訓詁之學盛極一時，高郵王念孫父子雖然没有注《戰國策》，但在他們的《讀書雜志》、《經傳釋詞》有關《戰國策》方面的文字考釋，功績也是可取的，後來又有金正煒的「補釋」和于鬯的《戰國策注》。其他有關《戰國策》地理方面的著作有張琦的《戰國策釋地》，程恩澤、狄子奇的《國策地名考》，管同的《戰國地理考》，顧觀光的《七國地理考》等。

三、評論派　這派起於東漢延篤的《戰國策論》，這部書雖然在五代以後失傳，内容無從得知，但是根據他的書名，可以知道他是對於《戰國策》的評論。明代嘉靖間穆文熙編《七雄策纂》，取《戰國策》的文章加上評語，並採集諸家議論，附於其上。張文爟也作《戰國策談棷》，採録諸家的評語，到清代陸隴其編《戰國策去毒》，「舉文士所共讀者」，「繩以儒理」，「指示其得失」。這要算是用正統思想的眼光對待《戰國策》的最突出的例子。

四、編纂派　這一派除司馬遷之外，要從孔衍的《春秋後語》算起，其後，北宋蘇轍寫作《古史》，採取《戰國策》原文，按時間先後來作安排。南宋吕祖謙，接着寫《大事記》，依據蘇轍的方法，採取事由，加以編排。到了清代，有黄式三的《周季編略》，林春溥的《戰國紀年》，顧觀光的《國策編年》，而馬驌《繹史》也採取了《戰國策》的部份材料，分類編入他所規定的項目。在他們的編排中，自然也下了一些研究工夫。

這四派中姚宏的「校定舛誤」，鮑彪的「校考補注」、「論是非，辨得失，考興亡」，最爲特出，但還留着不少的問題等待着後人的鑽研。清代中葉，顧廣圻有心「欲仿杜征南於《左氏春秋》之意撰爲《戰國策釋例》五篇，一曰疑年譜，二曰土地名，三曰名號歸一圖，四曰詁訓微，五曰大目録」。自己説：「粗屬草稿，牽率未就。」後來于鬯問張文虎，説「顧氏此五篇有其書否？」張文虎不答。看來顧廣圻開了一個空砲，實際上是没有做的。

《戰國策》這部書在過去封建社會裏的影響是巨大的，但由於封建社會封建制度的壓迫，正統思想束縛重重，人們諱莫如深，記載不多，所以現在看來，材料很缺乏，就拿袁悦這個例子來看，無論《世説新語》，還是《晉書》，都是把他作爲反面人物來叙述的，這就可以看出其中的消息了。在封建社會裏找他們的正面人物，有些像《戰國策》裏的「説士」行徑的：張良的「借箸」代謀，諸葛亮的求救於孫權，話都説得煒曄而譎誑。很像《戰國策》裏的記載。

唐代偉大詩人李白，受《戰國策》的思想影響可能也很深，他的一生，就很像《戰國策》裏的俠義之士。他的老師趙蕤曾經寫作《長短經》十卷，李白有一些縱横氣概，當然直接受到了他的啓發。韓愈作《董晉行狀》，叙述董晉對李懷光的一段話，既流利，又漂亮，真是口若懸河。這可能是韓愈造出來的。韓愈之後，杜牧作《燕將録》，記載譚忠爲燕州劉濟使説魏博節度使田季安，又元和十四年（八一九）譚忠説劉濟的兒子劉忠，兩段話都慷慨軒昂，像蘇秦。這也可能是杜牧造出來的。從韓愈、杜牧的粉飾夸張，這樣在文章寫作方面，顯然是受到《戰國策》的影響。至於蘇軾的文章，充滿着縱横家的氣息。他受《戰國策》的影響，也就不用説了。

縱横家在漢代封建皇朝統一中國之後，不可能再發展，但是它的精神還繼續存在，特别在文章的寫作上，形成了詞賦家的興起。這是文學發展史上的問題，這裏就不多談了。

五、從今天來看《戰國策》的性質和特點

《戰國策》是「百家争鳴」的產物，它不是史家言，也不全是縱横家的書，前面已經説過。在這裏爲了進一步搞清《戰國策》的性質和特點，特別對於《戰國策》不是史家言，這一點還要深入地弄個明白。

自從班固《漢書·藝文志》把《戰國策》列入「春秋家」一類之後，極大多數的學者，把《戰國策》看成是一部歷史書，看成是史官的手筆。這種錯誤的看法，就是大文評家劉勰，大史評家劉知幾也不能免。

劉勰《文心雕龍·史傳篇》説：

> 縱横之世史職猶存，秦并七王，而戰國有策。蓋録而不叙，故即簡而爲名也。

他説「録而不叙，故即簡爲名」，這是説對了的。後來清代姚範在他著的《援鶉堂筆記》第四十也説：

> 録而不叙，即簡爲名，劉知幾亦同彥和此説，余謂此較向序爲優。

《戰國策》的「策」字，是「簡策」的意思，不是「策謀」的意思，《戰國策》是雜集鈔撮的一部分材料。這在我們今天來看是完全有事實根據的。所以劉勰「即簡爲名」這一句是符合真實的。可是他説「縱横之世，史職猶存，秦并七王，而戰國有策」，這句話的意思是説《戰國策》是「七王」的「史職」所記，那就完全不是事實了。不僅劉勰對於這點搞不清楚，就是劉知幾也是模糊的。劉知幾《史通·内篇》

「六家」中說：

逮孔子沒，經傳不作，於時文籍，唯有《戰國策》及《太史公書》而已。

又在《外篇》「史官」中說：

降及戰國，史官無廢，趙鞅，晉之一大夫耳，猶有直臣書過操簡筆於門下。田文，齊之一公子耳，每坐對賓客，侍史記於屏風。至若秦趙二主，澠池交會，各命其御史書某年某月鼓瑟鼓缶。此則《春秋》君舉必書之義也。

兩段文字合起來看，他把《戰國策》和《太史公書》並舉，可能在劉知幾的心目中也認爲《戰國策》是史官的作品。這就未免是錯誤的了。不僅劉知幾如此，在他稍後的蕭穎士，在他《爲陳正卿進續尚書表》裏，也有這樣一段話：

古者右史記事，左史記言。孔聖没而微言絶，暴秦興而挾書罪。雖戰國遺策，舊章駁亂於縱橫；漢臣著記，新體互記於表志。其道末者其文雜，其才淺者其意煩。

「遺策」「駁亂」，貫串於「右史」「左史」之下，很顯然，他的用意也是説《戰國策》是「史官」寫的，那也未免是錯誤了。

這種錯誤的看法，流傳得不但長久，而且相當普遍。最顯著的例子，是清代焦袁熹在其《此木軒雜著》裏駁正王士禛的一段話。對《韓策二》楚圍雍氏宣太后對尚靳（當作靳尚）的幾句話：

妾事先王也，先王以其髀加妾之身，妾困弗支也；盡置其身妾之上，而妾弗重也。何也？以其少有利焉！

王士禛作了批評，説：

出於婦人之口，入於使者之耳，載之國史之筆，可謂大奇！

焦氏駁道：

宣太后之行，國人知之，異國人皆知之。當時執管之士，因有此事，故作此言，用相調笑。史家增飾之辭，美惡皆有之，後人或泥其一兩言以議當時之是非得失，其不爲咸丘高叟者幾希！《國策》非實録之比，尤不足據。

王士禛認爲《戰國策》是「國史之筆」，固然是大大的錯誤，焦袁熹雖然知道「國策非實録之比」，但還説是「史家增飾之辭」，仍然離不開史家之筆，未免還是「五十步笑百步」之見。比王士禛高明不了多少。我們説《戰國策》是「説士」談説之資，本來不是史家之筆，那末問題就解決了。

《戰國策》不是史家之筆，而是一群「游士」學習「游説」的參攷資料。所以其中相對地保存了口頭語言的真實。劉知幾有幾句話説得對，他説：

戰國虎争，馳説雲湧。人持弄丸之辯，家挾飛鉗之術，劇談者以譎誑爲宗，利口者以寓言爲主（《史通・言語》）。

「劇談利口」，的確是當時的現實，這種現實反映在《戰國策》裏。

《戰國策》的行文，和《左傳》不同，和《國語》也不同。《左傳》、《國語》，用四字句的句式占多數。《戰國策》裏雖然有些地方也用四字句句式，但極大部分，是散行的語句，使用虛字助字，流利圓熟，接近於一般口語。由於説士所録，主要目的是在保存口語的真實，便於學習揣摩，聳人聽聞，所以有很多材料，張大其辭，有心在那裏誇張。例如：

① 魯國本身原只是「百里之封」，而《齊策》六「曹沫爲魯君將，三戰三北，而喪地千里」。試問原

來只有「百里之封」的魯國，哪裏會有「喪地千里」的事實呢？

②據我們現在所知古代青銅器的遺存品來看，最大的鼎，商代晚期的司母戊鼎，重量不過八百七十五公斤，猜測古代最重的鼎，至多也不會過二千斤，這樣一鼎，至多也只須百把人來挽，可是《東周策》竟說「一鼎而九萬人挽之，九九八十一萬人」。試問哪裏有這樣重的鼎？

③據樂毅報燕惠王書，當時和燕國一同伐齊的，實際上只有楚、魏、趙三國，連燕一起也只有四國。而《燕策》二「以樂毅爲上將軍，與秦楚三晉合謀伐齊」。這哪裏會有「秦楚三晉」一起伐齊的事？

這些都是顯而易見的誇大之辭。又如「秦兵不出函谷十五年」、「諸侯二十九年不相攻」。所有這些，都是虛假的。

《戰國策》有許多誇大之辭，聳人聽聞。又運用一些由民間來的寓言故事，來引人入勝。這樣，就近於後代的小說。所有這些，便不是歷史的實録了。

一群游士，從人民中間上升，他們多少帶來了一些人民氣息，語言形式，思想內容，都是比較新穎的，他們從實際出發，突破了陳舊的束縛，寫出比較接近口語的文章，這在語言文字使用的發展過程中，毫無疑問地是前進了一步。所以，從文章的體裁來講，《戰國策》在當時歷史範疇中是比較進步的文學作品，應該和先秦諸子同樣看待。

總的說來，《戰國策》是戰國到楚漢之起一段時間裏的歷史故事彙編，謀臣策士的說詞彙編，說士揣摩學習的底本。其中突出的是「蘇秦法百家說」、「蘇秦張儀之謀」。它帶有人民氣息，含有豐富的智慧，足以啓發人們的思想。元代作《文獻通考》的馬端臨，懂得這個道理，在他編寫《經籍考》的時候，把《戰國策》列入子部縱橫家。他說：

歷代以其記諸國事，入於史類。予謂其記事不皆實録，難盡信，蓋出於學縱横者所著，當附於此。

清代譚獻也説：

《國策》舊疑縱横家言。自漢至唐無巨儒碩學編正論列。宋時館閣讐書，子固諸人理董亦未有緒。予謂策紀多設詞，如諸子之寓言，非可以實事求之。君臣年代棼蹐，不可究詰。

他們説，「不是實録」、「多設詞，如諸子之寓言，非可以實事求之」。這些話都值得重視。一向編書分目的人們，有些是很糊塗的，他們脱離實際，不曾好好地調查研究，「想當然耳」地處理問題，「見名不見書，看前不看後」，特别對於史部的書籍，更是「謬亂」。馬端臨説：

蓋有實故事而以爲雜史者，實雜史而以爲小説者。

這些都是不肯「實事求是」地下一番工夫的錯誤。關於這一點，我們應該特别注意這部《戰國策》。《戰國策》不是史家言，也不全是縱横家言，但是其中縱横家的説詞相當地多。縱横家最主要地體現了戰國時期百家争鳴的情况，體現了文權離開了政權而獨立，它對於推動文學的發展，影響最大，這一點，我們應該特别重視。

宋代朱熹説《戰國策》是「亂世之文」。朱熹説這句話時，當然是從輕視這部書的衛道觀點出發的，可是，我們却正因爲它是「亂世之文」，特别重視它。因爲它反映了當時社會的某些現實。存在着樸素唯物主義因素，啓發人們，針對現實，重視客觀條件，分析問題，解决問題。這只能啓發智慧，提高認識，並没有什麽「壞人心術」之處。這在研究來説，是具有重要的意義的。

《戰國策》是「一時代的記録」（魯迅的話，見《關於小説題材的通信》）。這記録不出於史官而出於遊士，在這份記録中，體現了當時的時代面貌。

《戰國策》是「兩種社會形態交替的期間」的産品，（何其芳同志的話，見一九六〇年《文學評論》第四期第三十四頁）這産品反映了這時期統治階級内部矛盾和階級鬥争越來越激烈的情況。這是我們值得特别注意的。

以上簡單地談了些《戰國策》的性質和特點。

六、《戰國策》所反映的時代面貌

戰國時代是中國古代由奴隸社會過渡到封建社會的大轉變的時代。這個時代農村公社逐漸瓦解，封建經濟開始發展。由於新興的鐵製生産工具大量使用，生産力大大提高，促進社會制度發生急劇而巨大的變化。這個變化，表現爲周王朝的解體，七國的分立，最後秦王朝的統一。

東漢許慎在他的《説文解字叙》中，追述當時的情況説：

> 戰國之時，諸侯力政，不統於王，惡禮樂之害己而皆去其典籍。分爲七國，田疇異畝，車涂異軌，律令異法，衣冠異制。言語異聲，文字異形。

這裏六個「異」字，説明了分化的情況。但是分化之後，終於趨向統一。在分化向統一的過程中，有些情況是值得注意的：

一、大城市興起，齊有臨淄，趙有邯鄲，楚有郢，秦有咸陽。還有「居天下之中」的定陶。

二、大城市裏，有出賣農産品、手工業産品各種商品的市肆。各地物資，得以交流。燕地的植物，會移植到齊國，戎人的大葱和蠶豆，也普遍地種在各處。

三、七國之間，不斷地進行大規模的戰爭。戰爭的結果，有的小國被滅，改成了縣，有的城市被奪，人民被俘，改變了原有的秩序。

四、各地都在興修水利，使得地面上的水馴服地爲生産和運輸服務，但是因爲各國分立，不可能統一管理，這就有産生一個統一國家來管理水利防治水灾的迫切要求。

就是這樣，分化之後，終於統一了。

戰國時代，是一個争奇鬥智的時代，是一個舊制度逐漸崩潰，新制度逐漸産生形成的時代。在政治上，奴隸主貴族的没落，「士」的活躍，戰争的頻繁，一些國家的滅亡。在思想領域裏面，獨創、直捷，摧毁舊的，建立新的，大膽勇敢，推陳出新。所有言論，表現爲機警、雄辯，辨别是非得失利害極其明瞭。這是一個全新的時代。

從公元前六世紀到前三世紀，中國階級鬥争和統治階級内部的鬥争日益加劇。這時，各國諸侯、公卿大夫，以及代表新興地主階級的學者們，在政治舞臺上，大肆活躍。特别是「士」的活躍，形成了「處士横議」、「百家争鳴」的局面。反映在思想派别上有儒、墨、道、法等幾家。而當時的政治活動家和傑出的外交人才，則是有名的縱横家。

在《戰國策》這份材料積聚的先後同時成書的劉安《淮南要略》中説：

晚世之時，六國諸侯，谿異谷别，山絶水隔，各自治其境内，守其分地，握其權柄，擅其政令，下無方伯，上無天子，力征争權，勝者爲右，恃連與國，約重致，剖信符，結遠援，以守其國家，持其社稷，故縱横修短生焉。

「上無天子，力征争權」，這説明了轉變過程中的動蕩、分化的情況。這段文字，序述在「管子之書」、「晏子之諫」的後面，「刑名之書」、「商鞅之法」的前面，這説明「縱横修短」的掌握和運用，是在戰國時期漫長的一段歲月裏。這也可以從旁體會到《戰國策》反映時代面貌的久長性。

「縱横」兩字的含義，究竟是什麼呢？就一般所理解的是「合縱連横」的意思。《韓非子・忠孝》云：「故世人多不言國法而言縱横。諸言從者曰：從成必霸。而言横者曰：横成必王。山東之言縱横，未嘗一日而止也。」《秦策四》頓弱也説：「横成則秦帝，縱成則楚王。」

但我們看《秦策三》蔡澤對范睢的話，説「吴起爲楚……破横散縱，使馳説之士，無所開其口」，可以知道，這「縱横」兩字，使用得很早。含義可能是很廣泛的。我們看「縱横」兩字，往往和「長短」兩字聯合在一起使用，説成爲「縱横長短」，或者是「縱横修短」，例如前面所舉《淮南要略》裏所説的一般。他的正確含義，可能是指兩種相反不同的理論。當時「説士」所掌握的一種理論，就是兩種相反不同的理論，統一在一起使用，這就是縱横家的技術高明之所在。早在春秋時代鄭國的鄧析「操兩可之説，設無窮之辭」（見於《列子》）。《吕氏春秋》也記載一段富人贖屍鄧析根據現實兩面應付得很好的故事。現在所傳的《鄧析子》裏，也講到他所説的「言之術」，在於根據實際情況而各不相同，這已經有着縱横的苗頭。大概「縱横」兩字的含義，很有些像後來所説的「横説豎説」一般，不一定像一般所理解的那麼狹隘。

横説豎説，左説右説，今天説，明天説，這邊説，那邊説。他們這批「游士」，參加了政治活動，這處不合，轉到那處，這國不合，轉到那國，「朝秦暮楚」，説來説去，很是活躍，這時列國的統治者，實際上成了傀儡，而實際上操縱政權的就是這批「游士」們，把分化了的局面，終於進展成爲秦皇朝的統一。

就六國文化情况來看，當時齊國的文化最高，楚國次之，秦國最爲落後。《齊策六》載，秦始皇説「齊多知」，因此把玉連環送給齊國「君王后」，問她會不會解開。從「齊多知」這句話裏，可以體會到齊人知識豐富，是當時公認的事實。《楚策三》「唐且見春申君曰齊人飾身修行得爲益，然臣羞而不學也」。這句話也足够説明齊人都是好學的。《齊策四》談到「養士」及「士」的架子的章節很多，這可以和稷下學派參看，還有一點，顔斶、王斗，都是齊人，都是齊宣王時，這都是和稷下學派有關係的。

拿「鑄錢」這個例子來説，在當時齊國的鑄錢技術最高，秦國不但在戰國時期没有接受東方齊國的進步技術，就是到了統一六國之後，還趕不上齊國（根據王獻唐的話，見《考古》一九六三第十一期第六百二十九頁）。可見秦文化的落後。文化落後的國家，終於成功地統一了整個中國，這説明生産發展能够推進歷史進步的重要意義。

現在我們研究一下反映在《戰國策》裏的當時的時代面貌，特別是生産情況，經濟情況，和當時一群「游士」們在社會上的活動情況。

①生産情况。

我們知道戰國時代，是「争城以戰」、「争地以戰」的時代，各國争奪土地，爲的是擴張領土，多占財富。所以「闢草萊，任土地」，是當時各國諸侯所重視的政治措施。秦國自從商鞅變法之後，重農重戰，在當時生産上掌握了先進的技術。《趙策一》説「秦以牛田，水通糧」，秦又開鄭國渠、築都江堰，大大地興修水利。秦的東鄰魏國，受到秦國的影響，也有史起知道引漳水溉鄴。西門豹治鄴，也能「發民鑿十二渠，引河水灌田」，知道興修水利的重要。

當時各國人民的生産情況是： 耕種、織紝、漁釣、射獵、樵採、溉園。這些，都是農人。此外有匠人，《趙策一》「匠人以繩墨規矩刻鏤」。有工人，《趙策三》「工人爲冠」。《燕策一》「令工人作爲金斗」。《秦策五》「使工人爲木杖以接手」。《燕策三》「使工以藥淬之」。《秦策三》「此四寶者工之所失也」。

農人、匠人、工人，都是這時代的生産能手。但是這些生産能手，都是被壓迫被剥削的奴隸，生活是非常艱苦的。

② 經濟情況。

現在看一看當時生産物資的價值。

當時生産物資的價值，從耕織兩項來看，大概是這樣：

耕，一個農夫，一年耕種土地一百畝，每年收成不過二十鍾（合一百四十八石），值金二金，錢八千文。

《管子·輕重篇》：「一農之事，終歲耕百畝，百畝之收，不過二十鍾。一農之事，乃中二金之財耳。」

《管子·輕重篇》又説「粟價平四十，則金價四千；粟價釜四十，則鍾四百也，十鍾四千也，二十鍾者爲八千也。金價四千，則二金中八千也」。

《管子》不是春秋時代的作品，該出於戰國秦漢之間的人的手筆，這裏可以大概估計當時的金價。當時金一鎰算是一斤，一鎰是二十兩，稱爲「一金」。一農歲耕百畝，收不過二十鍾。一鍾粟，值四百文，二十鍾粟，值八千文。黄金一斤，值四千文，那麽農夫百畝一年所得，充其量不過二金，值八千文。

依容量來算：一鍾等於十釜。「鬴十則鍾」，《考工記》㮚氏「量之以爲鬴」注。「釜十曰鍾」，《廣雅・釋器》。

一釜等於六斗四升。《管子・輕重丁》「今齊西之粟，釜百泉」。「六斗四升曰釜」，《論語・雍也》注，《左傳・昭三年傳》注，《考工記》㮚氏注，《論語・雍也》皇疏並同。

又：一鍾等於六斛四斗。《管子・輕重乙》「十鍾之家不行」注「六斛四斗爲鍾」。

一斛等於十斗。「十斗爲斛」，《説文》。《漢書・律曆志》，《儀禮・聘禮記》同。

石等於十斗　「石今之斛也」，《國語》「関石和鈞」注。「十斗爲一石」，《説苑・辨物》。

那麽，一鍾等於六石四斗。一鍾粟值四百文，那末，一石米值五十三文錢多一些。

《漢書・食貨志》又載當時魏國李悝分析農民戰國初期的情况，説：

一夫挾五口，治田百畝，歲收畝一石半，爲粟百五十石。除十一之税十五石，餘百三十五石。食，人月一石半，五人終歲爲粟九十石，餘有四十五石。石三十，爲錢千三百五十。除社閭嘗新春秋之祠，用錢三百，餘千五十。衣，人率用錢三百，五人終歲用千五百，不足四百五十。不幸疾病死喪之費，及上賦斂，又未與此。此農夫所以常困，有不勸耕之心。

根據李悝的計算，一個五口之家，每年耕田爲百畝，所得米一百五十石，除食用衣着之外，每年要凈虧四百五十文錢，賦斂、疾病、死喪還不在内。因此可見要靠耕田來維持生活，是要失望的，結果非借債度日不可。再看看織布的情况：

織一匹帛，有的闊二尺二寸，長四丈；有的闊三尺二寸，長三丈六尺。一般的都是二尺二寸闊，四丈長。這就叫做「制幣」。

一個婦女，一天的織，「織縑日一匹，織素五丈餘」。（《漢樂府·上山採蘼蕪》）織得最快的，一天也只能織六丈四尺。東漢末年，劉蘭芝「鷄鳴入機織，夜夜不得息」。「三日斷五匹，大人故嫌遲」。劉蘭芝一天織一匹又十分之六，等於六丈四尺，比「織素五丈餘」的要多了一些。

縑是黄絹，價賤； 素是白絹，價貴。

王國維《釋幣下》說：「以錢計之，自周末以至漢魏，帛一匹率不踰千錢，至晉乃有直千錢以上者。」

大概西漢時代，一匹布值五百二十六文錢。一匹絹，值二百六十餘文錢。一匹縑，值四百文錢。一匹白素值八百文錢。

根據「流沙墜簡」現存的材料，在東漢時代的山東地區，任城亢父，縑一匹，六百十八文錢。

假如一個婦女，天天在織，一年到頭不停，而她的織也像劉蘭芝一般地快，那麽織了一年可織縑六百匹，依東漢任城亢父的價格來算，值三十七萬零八百文錢，折金九十二點七金，這當然是不會有的。

蘇秦的妻子，當時就是織布的，每年收入，必然也不會很多。假如蘇秦的妻子靠織布能够發財致富的話，也不致於在蘇秦説秦惠王失意歸來時對他冷淡得「不下紝」，而在他説趙王得意歸來時要「側目而視，側耳而聽」的了。

現在，我們試把當時從事生産勞動的人們和不勞而食的剥削者作一個對比，來看看當時社會貧富懸殊的一般情況：《齊策四》：「田駢不官，而訾養千鍾，徒百人。」又：《齊策四》：「梁王遣使者黄金千斤車百乘，往聘孟嘗君。」又：「孟嘗君予車五十乘，金五百斤，西游於梁。」他們一動就是「訾養千鍾」，要化一個農夫二十年的勞動。一動就是「金五百斤」，要化一個農夫二百五十年的勞動。甚至一動就是「黄金千斤」，要化一個農夫五百年的勞動。而《秦策一》記蘇秦從趙入秦，「黄金百斤盡」。《齊策一》：「使人操十金而往卜於市。」從山西到陝西，一用就是「黄金百斤」，一件小小的占卜，一用就是「十金」。當時河南地區有「梁囿」、「温囿」的出産「歲八十金」（《西周策》）。當時貴重的手工業産品，「象床之直千金，傷此若髮漂，賣妻息不足以償」（見《齊策三》）。這樣對比，當時剥削者和被剥削者的生活距離是可以想見的了。

我們今天從首都中國歷史博物館裏封建社會館看所陳列的河南信陽楚墓出土的富麗堂皇的全套隨葬物品，和河北省石家莊村落遺址出土的簡陋的陶器和石器，可以看出當時剥削階級與勞動人民的生活天差地别。

在《戰國策》裏，當時的社會情況、時代面貌，反映是顯著的。

從《秦策》吕不韋的話裏，知道當時農夫「力田疾作不得煖衣餘食」。從《秦策四》頓弱的話裏，知道當時農夫「解凍而耕，暴背而耨，無積粟之實」。從《秦策四》頓弱的話裏，又知道當時商人「無把銚推耨之勞而有積粟之實」。從《齊策》孟嘗君派馮煖「收責於薛」載「券契」而行的事實，知道當時高利貸的剥削，正在流行。從《韓策一》張儀的話，「韓地險惡，山居五穀所生，非麥而豆，民之所食，大抵豆飯藿羹，一歲不收，民不厭糟糠」。知道當時河南西部地區農民是這樣的困苦。從《楚策三》蘇秦的話「楚國之食貴於玉，薪貴於桂」，知道當時湖南湖北廣大地區，物價昂貴的情況。從《秦策三》「守閭嫗曰其夕某孺子内某士」一句話裏，知道當時已經出現了性交易的行爲。此外，從《漢書·食貨志》所引董仲舒的話「（秦）用商鞅之法，改帝王之制，除井田，民得買賣，富者田連阡陌，貧者無立錐之地，又顓川澤之利，管山林之饒……邑有人君之尊，里有公侯之富，小民安得不困？……一歲屯戍，一歲力役，三十倍於古；田租口賦，鹽鐵之利，二十倍於古；或耕豪民之田，見稅什伍；故貧民常衣牛馬之衣，食犬彘之食」。可以知道當時秦國貧富懸殊的具體情況。

西到秦，東到齊，南自楚，北至韓，整個中原地區，當時社會生活情況，就是這樣。

這還是承平時候的景象，至於一遇戰亂，《齊策五》説：「戰……民之所費……士大夫之所匿，厮養士之所竊，十年之田而不償」，那麽人民生活的困苦，更是不堪設想的了。當時農民掙扎在天災人禍變化劇烈的年代裏，生活的苦痛，達到了頂點，無怪孟子要説「民之憔悴於虐政，未有甚於此時者也」了。

於是，許多人從自身利益出發，企圖從生活的苦難中，自己振作起來，前有寧越「苦耕稼之勞」學十五年而「爲周威王師」。後有馮煖，爲了「貧乏不能自存」，要「寄食門下」，擠入孟嘗君的政治集團。

③ 當時一群「游士」們在社會上的活動情況。

厭惡勞動不願意種田，不願意做工，脱離生産，追求享受，這一群「游士」是當時的知識分子，他們來自民間，追求知識，積極向上爬，過着寄生生活，成爲寄生階層，受統治階級的豢養，爲統治階級服務。前面所提到的馮煖，「願寄食門下」成爲孟嘗君的「食客」，也就是孟嘗君的「門徒」。這種人在當時有普遍的代表性。他們做了「門徒」，成爲「食客」，吃的穿的住的都不成問題，他們有魚吃，有車子坐，還有家庭贍養費，他們比「解凍而耕，暴背而耨，無積粟而食」的農夫，生活好得多了。而且作爲「食客」的主人的，不是當時的大官，就是當時的大師，他們有權力，有地位，可以介紹他們的「門徒」、「食客」，給高級統治者做官，謀職務。《齊策一》「鄒忌事宣王，仕人衆」，《齊策三》「淳于髡一日而見七士於宣王」，都可以證明當時向上爬的門路，都是由當時有權力、有地位的公卿、大師們掌握着的。這批「好逸惡勞」的「游士」，就集中在這些公卿、大師的身邊。除了上面所舉的鄒忌、淳于髡之外，孟軻、田駢的事例，基本上都是一致的。

這群「游士」，成爲一個階層，自然在他們之間，存在着各種不同的區别，於是有所謂「賢士」（《韓策三》「申不害一世之賢士也」）、有所謂「賢良之士」（《魏策一》「子入而問其賢良之士而師事之」）、有所謂「高士」（《趙策三》「魯連先生齊國之高士也」、《齊策四》「士之高者乃稱匹夫，徒步而處農畝」）、有所謂「材士」（《東周策二》「材士十萬」）、有所謂「國士」（《趙策一》「知伯以國士遇臣」）、有所謂「天下之士」（《趙策三》「知先生爲天下之士」）、有所謂「巧士」（《楚策三》「韓侈巧士也」）、有所謂「博士」（《趙策三》「子南方之傳士也」注「傳一作博」）、有所謂「健士」（《東周策》「此健士也」）、有所謂「辯士」（《趙策四》「諒毅者，辯士也」、《秦策一》「夫軫天下之辯士也」、《齊策三》「今蘇秦天下之辯士也」）、有所謂「辯知之士」（《東周策》「不如備兩周辯知之士」）、有所謂「天下雄俊弘辯之士」（《秦策三》「燕客蔡澤，天下雄俊弘辯之士也」）。

除了這些拔尖的人物之外，也就有所謂「窮士」（《東周策》「君必施於今之窮士不必且爲大人者」）、有所謂「恒士」（《秦策二》「甘茂賢人，非恒士也」）。「恒士」、「窮士」，從表面上看，似乎不如「知士」、「巧士」，但「窮士」有可能變而爲「大人」的。春秋末年，「蘆中人豈非窮士乎」的楚人伍員，不是到吴國，爲吴王夫差所重用，因此使吴國地位增高的嗎？這事還在戰國之前，養士之風，還没有像戰國時期那樣的盛行，自然，到了戰國，稍有遠見的統治者，要競相收買這批「窮士」了。

「士」這個階層，爲數是不少的。他們的活動，也很頻繁。這只要看一看《韓策三》「中國白頭游敖之士」這一句，「游敖」而至於「白頭」，他們仆仆風塵的形象，也就不難想像的了。這實際上和孔丘的「一車二馬周游天下」，孟軻的「後車數十乘，從者數百人以傳食於諸侯」，從本質來看，没有什麽區别。孔孟以後，特别是在古代東方，「游士」是不少的。《齊策三》勝瞀對孟嘗君曰：「臣願以足下之府庫財物，收天下之士，能爲君決疑應卒，若魏文侯之有田子方、段干木。」《燕策二》：「客謂燕王，何不陰出使，散游士。」《齊策六》：「后勝相齊，多受秦間金，使賓客入秦，皆爲變辭，勸王朝秦。」《趙策二》蘇秦説趙王：「是以外客游談之士，無敢自進於前。」天下之士、游士、賓客、外客、游談之士，都是一樣的知識分子。這些知識分子發揮智力，針對現實，提出問題，解決問題，他們在歷史發展的軌道上，存在着一些推動作用，是無疑的。

戰國初期，豫讓刺趙襄子，聶政刺韓傀；戰國後期，荊軻刺秦王，李園殺春申君，這些事例具體説明了這個時期鬥爭的劇烈，矛盾的尖鋭。

從當時統治階級分立的各個政權來看，開始，中原的晉政權掌握在六卿手裏，後來分裂爲趙、韓、魏三國。東方的齊政權，由於田氏的善於欺騙人民，終於攫取了政權。西方的秦政權，由於地利條件的特殊，和東方的交涉，没有那麽頻繁，所以從穆公以後，一直在「務農」、「備戰」上用工夫，特别是孝公任用商鞅以後，實力增强，更加顯著，造成了國富兵强的事實。而東方諸國，吳起、申不害以及屈原等人，也都在變法圖强上努力。總的趨勢，説明歷史的車輪正在前進。由於生産發展，社會經濟隨着發展，各地商業也隨着發達起來，各地區之間的貨物交流，相當頻繁。因此分裂的局面有進而趨向統一的要求。

時代在變，一切需要有應變的知識。早在春秋末期，「有教無類」的孔子開門授徒，把掌握在王家貴族手中的文化，轉移到平民手裏。在他失意的時候，門徒自然減少了一些，當他得意的時候，門徒特別旺盛起來，「孔氏之門三盈三虛」，説明了「士」的怎樣追求知識，結交權要。而他對「子張學干禄」的具體指示，首先提到「多聞」、「多見」，顯示了知識的重要。在他之後，接着就有鬼谷先生把縱横之學教給蘇秦、張儀。所有這些，都可以顯示出當時對追求知識的迫切要求。而「士」這一階層的發展活躍，也就可想而知。由於他們感到生活的苦難，更加增强他們向上爬的企圖，滿足他們的個人利益。最典型的例子，表現在蘇秦身上。

蘇秦生長在當時東西南北交通要道的洛陽，這裏是周王朝的統治中心，這裏存在着重要典籍，存在着歷代相傳的文物寶器，無論在經濟條件上，文化條件上都相當優越。可是蘇秦的家庭，却没有「洛陽附郭田二頃」，可能只是一個中等偏下的人家。他和寧越一樣，不願意勞動耕作，而要憑藉知識，取得政治上的地位，來達到不勞而獲的目的。他和張儀一同就學於隱居潁川陽城的鬼谷先生（見《史記·蘇秦傳》）。鬼谷先生是當時雄辯術的大師，鬼谷先生説：

人之不善而能矯之者難矣。説之不行，言之不從者，其辯之不明也。……辯之明之持之固之，又中其人之所善，……此之謂善説（《説苑》）。

從這段話中，可以知道他是怎樣地重視雄辯術的。據東漢時王充的記載，當時蘇秦、張儀在鬼谷先生那裏學縱横雄辯，鬼谷先生「掘地爲坑」，對蘇秦説，你下去説我，能够説得我「泣出」，則耐（同能）分人君之地。蘇秦下説，鬼谷先生泣下沾襟」（《論衡》）。王充寫書，是很踏實的，他有《書虛篇》，諷刺古人著書，多有不情不實的地方。他自己寫這段話，大概是有事實根據的。

蘇秦在鬼谷先生那裏學會了一套本領，後來成爲叱咤風雲的人物，蘇秦自己曾經説過：「僕者進取之臣也。」（見《燕策一》）「進取」是當時游士共同的意圖。蘇秦的弟弟蘇代也説：「今臣爲進取者也。」（見《燕策一》）果然在後來蘇秦身佩六國相印，在當時和他身後，引起了不少的人的仰幕，艷羡，向他學習。甚至竟有人把他死後的人事，附會到他身上，因此有「人間異事，皆附蘇秦。海内奇言，盡歸方朔」的話（見王國維《清真先生遺事尚論三》及錢穆的《蘇秦考》）。

現在看來，蘇秦的合縱，張儀的連横，實在是在演雙簧。本質上是同樣的貨色（《鬼谷子》有「蘇秦、張儀一體也」之説，可證）。

當時景春問孟子：「公孫衍、張儀豈不誠大丈夫哉！一怒而諸侯懼，安居而天下息。」這句話雖然没有涉及蘇秦，但也包括着蘇秦。我們今天從景春的問話，可以知道當時怎樣對蘇秦、張儀這批人的歆羡了（《吕氏春秋·知度篇》有「齊用蘇秦而天下知其亡」一句，案齊亡最後。《吕氏春秋》的作者是秦人，他的思想意識是重秦輕齊的。這句話不足以責備齊和蘇秦。這話當然不足信，但也可以證明當時蘇秦的確是煊赫一時的）。這樣的人物，在他們之前，歷史上是没有過的。這就成爲典型人物，給後代封建社會中追求功名利禄的人們造成了榜樣，悠久地起着壞影響。

蘇秦的成就是這樣，蘇秦的動機是爲了個人利益。這在《秦策》中反映很明顯。當蘇秦初出茅廬，從趙到秦，説秦惠王話不投機没精打彩地回到洛陽後，憤憤地説：「安有説人主不能出其金玉錦繡、取卿相之尊者乎？」目的是爲了「金玉錦繡，取卿相之尊」。换句話説，是爲了「富貴」。等到他得意之後，他高興地説：「嗟乎！貧窮則父母不子，富貴則親戚畏懼，人生世上，勢位富厚，盍（即「盍」字）可以忽乎哉！」這種「躊躇滿志」的得意姿態，明白充分地説穿了他的拜金主義和權位思想。

究竟蘇秦憑藉怎樣的本領，取得轟動一時的效果的呢？這裏再來考察一下。

《史記·蘇秦傳》記蘇秦的話，有這樣一句：「願君慎勿出於口，請别白黑所以異，陰陽而已矣。」這裏值得注意的是「陰陽」兩字。這句話，《戰國策·趙策》作：「請屏左右，白言所以異，陰陽而已矣。」司馬貞《史記索隱》説《史記》「語與《戰國策》異」。現在我們看，兩句話的確有些不同，但意思是没有什麽大區别，兩處都提到「陰陽」兩字。日本瀧川氏説：「請别白黑所以異句，白黑猶言利害，陰陽暗斥縱横。」瀧川氏用「縱横」來解釋「陰陽」，這是適當的。縱横家最重視的是「時」、「機」。所謂「短長」、「捭闔」、「縱横」、「陰陽」、「白黑」，都是對立的名詞。這裏含有「矛盾對立」、「對立統一」的意義。利用矛盾，解决矛盾，取得勝利，這是縱横家共同的企圖。蘇秦得力的書，是《太公陰符》。所謂「陰符」，有暗合的意義。主觀努力，符合於客觀形勢，這是暗合，也就是所謂「陰符」。這是無往而不勝的道理。

戰國時代的學術思想，易（主要是講變化），陰陽（講五德終始，也是講變化），道（主要是講變化），都是後起的。現在看來，都和縱横家有同條共貫、一脉相承的痕迹。值得注意的是，後出的《鬼谷子》書，對於「闢闔張翕之機」，很是重視，這從本質上看都是屬於唯物主義的範疇的。而鬼谷子就是蘇秦的老師鬼谷先生，《鬼谷子》這一部書和蘇秦的關係又是非常密切的。在這一點上，更可以理解他們之間的共通之處。

從學術思想的演變情况來看：西漢初年，黄老之學，盛極一時。統治階級的「君主」有文帝、景帝，宫闈有竇太后，宗室、將相、名臣有劉德、曹參、陳平、張良、汲黯、鄭當時、直不疑、斑嗣。處士群中有蓋公、鄧章、王生、黄子、楊王孫、安丘望之。而東方朔戒子以「首陽爲拙，柱下爲工」。他們都是宗黄老的。黄老在當時，實在是從戰國末期發展起來的新興的時髦學派。

西漢初年的雜學，有黄帝老子之術（《陳平傳》治黄帝老子之術。《田叔傳》學黄老術於樂鉅公。）、申商刑名（《張歐傳》「孝文時以治刑名事太子。」《鼂錯傳》「學申商刑名於軹張生所。與雒陽宋孟及劉帶同師」）、盤盂書（《田蚡傳》「學盤盂諸書」）、雜説（《韓安國傳》「受韓子雜説鄒田生所」。韓子該是韓非子，《韓非子》裏有《説林》《内外儲》等）、長短縱横術（《主父偃傳》「學長短縱横術」。《張湯傳》「王朝 齊人，以術至右内史」）、短長（《酷吏列傳》「邊通學短長」）。

這六項之中，除「盤盂書」是講求文字之學的一種純技術性的學問之外，其他五項都是有關政治、哲學各方面的學問，「短長」和「長短縱横」該是同一内容。「雜説」是「説士」所掌握的小説瑣事的材料，而「黄帝老子」和「長短縱横」都稱爲「術」。這亦可以證明它們兩者之間的共同之處。在這些事實中，我們可以看出從戰國末期到西漢初年，當時學術思想的情況，黄老是哲學思想的主流，刑名是政治措施的要點，而縱横則是政治措施的運用。

西漢初年，司馬遷的父親司馬談《論六家要旨》，六家的次序是「陰陽、儒、墨、名、法、道德」，這裏，儒、墨是不同的學派，儒是統治階級思想的保守派，墨是統治階級思想的革新派。名、法和刑名實際上是一家，而陰陽、道德，也有它共通之處。這裏值得注意的是，六家之中，司馬談没有把縱横家計算在内。這是什麽理由呢？我的猜測，縱横家主要在當機立斷的運用方面，它的運用的靈活性是極其微妙的，一般的説辭，都是跡象，都是參考的材料，而運用，則是隨着「時間」，隨着「機會」、

(條件)而變化不測，不能呆板地死守其一點，所以司馬談就不把它列入六家了。

陰陽、道德、縱横，有它共通之處。他們重視對立統一，矛盾轉化，特別重視運用，而這種運用，在於「時」和「機」。「時」和「機」，是一個「訣竅」、「關鍵」之所在。這個「訣竅」、「關鍵」，要在能够認識，能够掌握。

這裏有一件實事，可以藉它説明問題。

西漢元帝劉奭初元元年(前四八年)爲了滿足擴張國土的企圖，於西域三十六國都護之外，另設一官，叫做「戊己校尉」。「戊己校尉」這個名稱很特別。據解説，一，因爲這個官「無常居，故取戊己爲名」。二，因爲「戊己居中，鎮覆四方」，所以取戊己爲名。現在看來，這兩個解説，應該合起來看。「無常居」和「居中」，實在是同一件事。這個官，官無常職，居無定所，用現在的名詞來解釋，應該是一個間諜組織，同時又是一個游擊組織，這是侵略性的前哨。它是一個乘虚而入的尖兵。這在侵略意義上起着重大的作用。這個意義，歷史上一向没有人注意。清代中葉的龔自珍，他看透了這個道理，他説：

戊己校尉，古用兵之法，盡此官矣。戊己之爲德，無專治，無所不治，擊之也無方，而善擊天下之虚。負戊己以爲治，百戰百勝，不戰亦勝。戊己之名，以孤爲名者也。孤不自孤，得虚而孤。使漢官盡如此，匈奴何足平，三十六城郭何足有，大宛何足通邪(見《定菴文集補編》卷一「表孤虚」)。

龔自珍，懂得游擊、間諜的靈活性、機動性，批隙導窾，乘虚而入的作用。這是真正懂得「戊己校尉」這個實質的。

這是陰陽、道德、縱横的精神，具體運用到「兵謀」方面，運用到軍事方面，的確是一個無往而不勝的戰術。

西漢，在武帝劉徹没有罷黜百家表彰儒術之前，盛行的是黄老，以及「申、商、韓非、蘇秦、張儀之言」，建元元年（前一四〇年）丞相衛綰奏罷之後，到劉奭初元元年，還設立這樣一個官，這也如鄭殺鄧析而用其竹刑用意差不多了。話説得遠了，主要的意圖，是借此説明陰陽、道德、縱横同樣地注意運用。

現在話説回來，再來看蘇秦。《史記·蘇秦傳》：

是故，明主外料其敵之强弱，内度其士卒賢不肖，不待兩軍相當，而勝敗存亡之機，固已形於胸中矣。豈揜於衆人之言而以冥冥決事哉？

不以「冥冥決事」，一切掌握了客觀情況，看準形勢，當機立斷，作出決定。這完全不是主觀主義、教條主義的，這裏有多種多樣的靈活性。這不是很明白嗎？《蘇秦傳》又兩次説到「轉禍爲福，因敗爲功」。一次是蘇秦説齊王，説的是「轉禍爲福，因敗爲功」，蘇秦説這是「古之善制事者」。一次是蘇代遺燕昭王書，説的是「因禍爲福，轉敗爲功」。蘇代説這是「智者舉事」。這裏的「善制事」和「智者」都是指能够機動靈活、能够看準形勢的訣竅、關鍵來進行措施的。而「轉」和「因」，都是在原有的客觀存在的形勢上，下一着巧妙的棋子，就起了扭轉乾坤的作用，這不是很明白的指出機關巧妙的所在嗎？司馬遷在這篇傳的論贊裏説：

蘇秦兄弟三人，皆游説諸侯以顯名，其術長於權變。

「權變」之爲言，就是像一根秤秤東西一般，隨着東西本身的輕重，而「秤錘」（這就是「權」）毫不遲疑地、機動靈活地移出移進。這就説明事前没有一定的成見，一定要根據實際情況，考慮至當然後作出決定。也像秤錘一樣，隨着東西輕重而移出移進。（變），斟酌形勢，處理得當，這就是所謂「長於權變」。這是完全符合於唯物辯證的道理的。所以縱横家的最大的本領，在於「靈活運用」。這「靈活運用」，也就是所謂「術」。

《史記·張儀傳》明明説：「張儀者魏人也，始嘗與蘇秦俱事鬼谷先生學術。」蘇秦約縱的時候，張儀去見他，蘇秦有心折辱張儀，激怒張儀，逼得他跑到秦國去。後來張儀在秦見用，才知道自己的入秦，是蘇秦計謀資助他去的。所以張儀説：「嗟乎！此在吾術中而不悟。」可見這「計謀」和「運用」就是所謂「術」，是他們所最重視的。這就是蘇秦的本領。

戰國時代的「游士」，他們利用矛盾，抓住機會，參加政治活動。擠上政治舞臺，自己提高自己。這在《魏策一》「蘇子爲趙合從説魏王」章裏，反映了一些情況，他説：

夫爲人臣割其主之地，以求外交，偷取一旦之功而不顧其後，破公家而成私門，外挾彊秦之勢，以内劫其主，以求割地。

這雖然是指斥連横事秦的一批人，但也可以從另一方面知道合縱這一邊的情況。在《趙策四》「馮忌請見趙王」章，從馮忌的話裏，可以知道一些一般「游士」進説的情況。這情況是：一，「望見而笑」，表示趨奉迎合；二，「談語不稱師」，表示自己了不起，有一套；三，「交淺而言深」，表示高度的關切。這裏活畫出一個「游士」的姿態。

總的説來，戰國時代的知識分子，他們都從個人利益出發，因此，人與人之間，鈎心鬥角，爾詐我虞，庸俗的享受，無恥的傾軋，成爲一時的風氣，這個影響，一直到後來没有停止。

七、《戰國策》的思想内容及其寫作方法

《戰國策》在思想方面具有社會意義的題材上，提出了哪些重要的真實問題，解決了哪些真實問題呢？

我們知道：戰國時代，各國的統治者都重視生産、重視兵力、重視法令、重視功績、重視應變、重視時機。這些，都是當時眼前嶄新的問題，都是當前須要解決的切切實實的問題。

現在看來，《戰國策》裏所表現的主要思想，有下面的五點：

第一，懂得「變」的道理，反對「復古」，主張針對當前具體問題，進行具體解決。

這有兩個突出的例子：

（一）對商鞅變法的肯定。如《魏策一》：「公孫鞅……西之秦，孝公受而用之，秦果日以强。」《秦策一》：「商君治秦，法令至行，公平無私，罰不諱强大，賞不私親近，法及太子，黥劓其傅。期年之後，道不拾遺，民不妄取。兵革大强，諸侯畏懼。」

（二）對趙武靈王改用胡服的强調。

「趙策」有四大章詳細叙述趙武靈王堅定不移地對於胡服騎射的主張，展開了對反對派不同意見的尖鋭争論，最後作出決定，堅決貫徹執行，取得「辟地千里」的效果。其中最精闢的語句，有：「制今者不法古。」「古今不同俗，何古之法？帝王不相襲，何禮之循？」「以書爲御者，不盡於馬之情；以古制今者，不達於事之變。循法之功，不足以高世；法古之學，不足以制今。」「觀時而制

法，因事而制禮。法度制令，各順其宜；衣服器械，各便其用。」「知學之人，能與聞遷。達禮之變，能與時化。」等等。胡服，在當時實際上是武裝。冠，惠文。帶，具帶。服，上褶下袴。履，鞾。袴褶是古代的戎衣。《通雅》：衣服，說「古袴上連衣，故戎衣謂之袴褶」。趙武靈王改用戎衣作爲常服，這是一種大改革，它比褒衣博帶的原來的禮服要便利得多。這種革新精神，是當時守舊派所堅決反對的。可是趙武靈王堅決執行自己的主張，而《戰國策》的作者，予以大力的宣傳，這可以看出當時游士們的思想趨向。趙武靈王教他的兒子「勿令溺苦於學」。這是他對於「死讀書」的反對。這也可以看出他的革新態度。

這在當時，實際上是富於革命性的舉動，是符合發展規律的。當時一般人所認爲的「聖人」是「不凝滯於物而能與世推移」的通才，而不是執一不化的書呆子，這也可以看出當時的時代動態。

第二，重視客觀形勢，一切要從實際出發。

尊重客觀現實，一切從客觀實際出發，這是《戰國策》裏謀議之士唯一的特點，他們都能針對情況，針對具體問題，進行分析、研究，從交互聯係的矛盾中，分析利害得失，從而得出解決的方案。最顯著的例子，是蘇秦游說六國，都是先從山川形勢，兵甲強弱，粟米多寡具體情況談起，然後進行分析，指陳利害，提出策略。張儀的連横，亦是如此。其他游士當他進説每一個人每一件事時也都抱着這種精神。他們對人對事，都有着洞察能力，了解人的思想和心理特點。他們能够考慮事件各方面的關係。他們和一般主觀唯心的空口説大話的儒家不同。「儒家迂遠而闊於事情」，是脱離實際的書呆子，和《戰國策》裏的「游士」，根本上有區別。縱横、捭闔、反復、短長，在這些術語中，它的含義，基本上含有衡情量勢、知己知彼、矛盾對立、提出問題、分析問題、解決問題的意義。他們主要是掌握關鍵，重視運用。關於這一點，上面已經説過，這裏不多贅了。

第三，注意掌握時機，不要在條件不成熟時進行一切。這有下面幾個例子可以説明：

一、《楚策一》「江乙可謂善謀。安陵君可謂知時矣」一章，叙述江乙向楚國寵臣安陵君建議「自結於王」，安陵君接受了江乙的建議，三年之内，没有什麽表示，直到楚王出獵，十分得意之後，問起安陵君「萬歲千秋之後，誰與同樂」，安陵君才趁機表示自己願意自己在楚王死後，以身同殉，結果得到楚王的重賞。這是完全在時機上考慮問題。

二、《宋衛策》「衛人迎新婦」一章，叙述新婦過門時的三次發表意見，她三個意見，實在是完全正確的，但是因爲她是一個新婦，在剛剛過門時就這樣老三老四地發表意見，引起了「主人」的笑話。這是顯明地諷刺一種人，他們雖然抱着正確的意見，但是不識時務，不爲人們所重視。

三、《戰國策》逸文中蒯通説韓信的最後一段話裏，明顯地提出「時」的重要，説「功者難成而易敗，時者難得而易失，時乎時乎不再來」。這正面説明時間和機會的重要。

第四，一切要看效果，要看成績。有功勞、有貢獻，才有資格享受待遇。

重視效果，注重成績，這在《戰國策》裏是始終貫串着的一個綱領。這裏舉兩條明顯的例子，説明在階級社會裏，不消説是一般人民，就是貴族子弟也一定要有功勞才能保持地位。

一、《燕策》，陳翠説令燕王之弟爲質於齊，勸燕太后不要阻擋。

二、《趙策四》，觸讋説趙太后讓少子長安君出質於齊。

在《趙策》這一章的結尾，作者引用了子義的話，點清主題，説：「人主之子，猶不能恃無功之尊，無勞之奉，而況人臣乎？」可見當時一般人都重視勞績，没有勞績，是不能取得享受的。所以《齊策四》趙威后主張要殺「上不臣於王，下不治其家，中不索交諸侯」的於陵子仲，認爲於陵子仲是「率民而出於無用者」，非殺不可。

第五，重視人民，先民後君。

這裏舉兩個例子，《齊策五》「臣聞善爲國者順民之意而料兵之能，然後從於天下」。《齊策四》「齊王使使者問趙威后」章，威后的話，「苟無歲何以有民，苟無民何以有君」？ 說明「民貴君輕」的思想，在孟軻之後，就是在統治者方面，也有了一些認識，當然這種認識可能是裝着幌子，作用是在企圖欺騙人民。

以上五點，都是具有社會意義的問題，而且相當地有進步性，這是值得注意的。

在《戰國策》裏，也有一些反動的、消極的落後思想。例如「歸真返樸」、「知足常樂」等等。這是當時没落階級老莊思想的影響，但這在《戰國策》裏比重不大，只是一小部分，不是《戰國策》裏的主流。總之，《戰國策》很少找得到消極情緒，這是很難得的，值得我們注意。

以上扼要地介紹了一些《戰國策》的思想内容，下面談談《戰國策》的寫作方法。

《戰國策》的作者不是一人，因此文章的風格也就多種多樣，文體也就很不一致。有許多篇幅，文辭宏肆，語氣暢達； 有許多篇幅語意晦澀，簡奥難懂。有的是長篇大論，有的是短篇小品，有的精悍、老辣，有的偉麗燏煌，其中深淺、巧拙，出入很大。

具體地説： 《東》、《西周策》是一種文筆。《秦策》又是一種文筆。《齊策》文氣大都流利，和周秦作風不相類。《楚策》風格和《齊策》又不同，《楚策》一、二多短篇，多單行文句，很像《東》、《西周策》，也没有長文。《趙策》又是一種風格，文字勁峭險窄。有些地方不盡可曉。《魏策》多精粹勁鍊，與齊、楚、趙又不同，《魏策四》多短文，很踏實。《韓策一》糾紛多，語言不甚可解，但《韓策》二、三則頗有流利生動、文氣充沛遒健的章節。《燕策》故事成分多。有特出的長文，例如荆軻一節，文特奇偉。《宋衛策》裏有個别的章節，用「荆」字代「楚」字，這可能是秦人的作品。又《秦策》裏没有秦人自己的話，這也可以注意。《中山策》文字多明白淺顯。

這是就大體來講，其中還有應當特别提出的是使用疊字、聯緜字、駢句，用韻的情況，例如《秦策》「衛鞅亡魏入秦章」多四字句，「蘇秦始將連横章」也多四字句，有的地方用駢句，也還用韻。《楚策一》「安陵君」一章有對句，有描繪，像賦。《楚策四》「莊辛」一章用排句，逐層深入，亦像賦，「汗明驥服鹽車」一章亦像賦。「或謂楚王曰」章，根據《文選》李善注引，這是唐且對楚王的話，這段文字，形式排比整齊，其中也有幾句用韻，也有賦意。而《楚策四》孫子已有「賦曰」的話，可見賦的體裁和楚人的關係是很深厚的。《趙策二》蘇秦説趙王一段，有的地方用疊字、聯緜字，「秦攻趙蘇子爲秦王」章，多駢句。「張儀説趙王」章，「武靈王平晝閑居」章，都用聯字駢語。《魏策一》也有個别的字句有駢文風格。戰國末期，在當面口説之外，出現了「獻書」。《燕策二》樂毅報燕惠王書，《燕策三》燕王謝樂間書，多駢語對稱。總之，賦和駢體，在這時期，已經有了萌芽。

《戰國策》文體多樣，風格不一，但有一個共同之點，這就是多用散行，一般地説，絶大多數是純粹的散文，使用着接近口語的言詞。雖然其中也有一些駢儷對偶的文字，有時也還用韻，但這是極個别的。這是從形式來看。從内容來看，另一個共同之點，則是都或多或少地部分反映了當時的現實。所以，我們可以説《戰國策》是充滿着現實主義精神的作品。但因爲它是出於游士之手，他們又都善於運用誇大的手法，所以也帶了一些浪漫主義的色彩。

現在看《戰國策》裏的代表作，大概有下列幾種類型：

①有小説風味的長篇巨製，如：

智伯率趙韓魏而伐中行氏（趙策一）

蘇秦始將連横説秦惠王（秦策一）

蘇秦合從（齊策一、楚策一、趙策二、魏策一、韓策一、燕策一）

張儀連横（齊策一、楚策一、趙策二、魏策一、韓策一、燕策一）

趙武靈王胡服（趙策二）

馮煖客孟嘗君（齊策四）

范睢相秦（秦策三）

蔡澤代范睢（秦策三）

魯連解紛

楚考烈王無子（楚策四）

荆軻刺秦（燕策三）

蒯通説韓信

②幽默諷刺的短篇瑣事，如：

鄒忌諷齊王（齊策一）

荆王不死之藥（楚策四）

蘇秦因鬼見帝（楚策三）

宣太后愛魏醜夫（秦策二）

③鋪張排比，類似賦一般的作品，如：

莊辛諫楚襄王（楚策四）

雍門周以琴見孟嘗君

楚王游於雲夢（楚策一）

蘇秦説齊閔王（齊策五，這是全書中最長的一篇議論文，多用排句，多用設問，文氣十分充沛）

④來自民間的寓言故事，如：

畫蛇添足（齊策二）

鷸蚌相爭（燕策二）

狐假虎威（楚策一）

土偶人與桃梗（齊策三）

從語言文字的發展過程來看，紀事、記言的歷史散文，自卜辭、銅器銘文、《尚書》誓誥，到《春秋左傳》、《國語》《國策》，達到相當高度的成就。從體裁方面來説，以後司馬遷的人物傳記、賈誼的政論、枚乘的詞賦，《戰國策》都開了先路，有了苗頭。從語言使用和句式變化這一方面來説，由於作者大都來自民間，採用了民間的語言，多用虛字，創造長句，使文字接近口語，體現了文體解放。從表現手法這一角度來説，由於「説士」們的目的在於聳人聽聞，特別重視説服力，他們突出地運用兩種手法：一、比喻、寓言；二、鋪陳排比。關於前者，在戰國時代已經產生了小説家，例如「上説下教……強聒不舍」的宋榮子（即宋鈃、宋牼），他基本上就是「説士」的一類。瑣屑淺近，動人聽聞的小故事，他們是歡喜稱述的（現在，《齊策五》「説齊閔王曰」一長篇，前面有「蘇秦」二字，作爲蘇秦的話，但是另一個本子没有這「蘇秦」二字。我懷疑這一長篇話可能即是宋鈃禁攻寢兵的話。其中亦引了很多歷史故事）。而説「寓言十九重言十七」的莊周也明白地説明自己編造出來的寓言故事的動人作用。這在《戰國策》裏，可以找到很多的例子的。關於後者，他們爲了目的在於説服人，所以列舉事實，一條條的羅列着，小的化爲大的，少的化爲多的，極盡鋪張揚厲的能事，使得聽者眉飛色舞，不知不覺的接受了他的意見。這在《戰國策》裏例子也很不少。

而這些「説士」在立論方面的一個基本共同點，是他們善於從多方面來考慮問題，善於運用演繹和歸納來分析和推理。他們能够初步掌握樸素的唯物辯證規律，所以「論事多雙照，使左右無間隙，故彼我之懷俱盡」（譚獻語，見《復堂日記》六）。

所有這些，都是《戰國策》在寫作上的特點。而這些特點，是超過了在它之前的《左傳》、《國語》的。清代古文家姜宸英説：

周秦之文，莫衰於《左傳》，莫盛於《國策》。人以爲詭激，吾以爲知言。

譚獻復述了他的話，而加以肯定，説：

這是頗有道理的。我們從發展的過程來看，《國語》、《左傳》遠不如《戰國策》的細致、生動、委曲入情。《國語》着重記言，多用四字句，未免呆板、生硬。《左傳》着重叙事，有交織繁密的情節，人物多樣的活動，但在語言文字的使用上，還是偏於典雅簡奥。而《戰國策》則每一章節，都幾乎是一篇完整的故事，有的雖然只是生活的片段，但却是完整的片段，人物、情節、結構，緊湊生動，富於戲劇性，有時事件複雜，也描叙得有條不紊，層次分明，結構嚴密，富有小説風味。這些都超過了《國語》、《左傳》，在語言文字的使用方面，它比《國語》、《左傳》更爲流暢，接近口語化。

毫無疑問，《戰國策》在《國語》《左傳》之後，在語言文學的發展上，跨進了一大步。它實在是爲古代偉大的文學家、史學家司馬遷寫作《史記》奠定了基礎，做好了開路先鋒。

八、《戰國策》裏論斷語的研究

在叙事文裏夾雜議論，表達作者的思想、看法，加以批評、判斷，這叫做「夾叙夾議」，是我們今天寫作文章的常用方法，就在古代，也早有先例。司馬遷寫作《史記》《屈原傳》、《伯夷傳》，就是這樣寫的。其他如《趙世家》裏的：

> 以至父子俱死，爲天下笑，豈不痛哉！

《魏世家》裏的：

> 惠王之所以身不死、國不分者，二家謀不和也。若從一家之謀，魏必分矣。故曰君終無適子，其國可破也。

這些議論都直接表示了作者對那個事實的看法。值得注意的是，這些議論，插在篇章裡面，前面没有標出主名。

在叙事文裏，發表議論，前面標出主名的，在古代也有不少的例子。《左傳》、《國語》都有「君子曰」，在這「君子曰」之後，就是一些或多或少的議論，表示作者對那一事實的看法。《左傳》裏的「君子曰」，有四十五則之多，除此之外還用「君子謂」、「君子以爲」等詞語，作爲批判論斷的開頭。在《晏子春秋》裏，也有不少的「君子曰」。這是標出主名的寫法。標出主名的議論，有時也引用別人的論斷。例如《左傳》，有好幾處引用了臧文仲、孔子的話，來批評當時發生的事件。

標出主名的議論，《左傳》、《國語》、《晏子春秋》之後，發展成司馬遷《史記》的「太史公曰」。這「太史公曰」，寫在一篇作品的末尾，作爲論贊評語，等於總結性的發言，後來成爲史書體裁的一般公式，有的稱「贊曰」，例如班固《漢書》，有的稱「評曰」，例如陳壽《三國志》，有的稱「論曰」，例如范曄《後漢書》，有的稱「史官曰」，例如《宋書》，名字雖然不同，實質則是一致的，都是作者自己作出的論斷。

《戰國策》裏也有表示作者看法的論斷語。由於全書殘缺，不能確實知道這些論斷語究竟有多少條。根據現在的本子來看，還有三十四條之多。我們從這些論斷語中，可以看出作者有哪些具體主張，也可以推測作者是怎樣的人。

這三十四條論斷語，絕大多數没有主名，只有一條稱「君子聞之曰」，一條稱「齊人聞之曰」，一條稱「子義聞之曰」，又有一條稱「故老子曰」，一條稱「故曰」。其他都是没有主名的。無論有主名也好，無主名也好，一般地説，它都表示了作者自己的意見，值得我們重視。

現在看這三十四條，究竟有哪些内容，表示着哪些意見。

一、不用賢以致亡國。

《秦策五》「文信侯出走」章：「平原令見諸公，必爲言之曰：嗟嗞乎司空馬！又以爲司空馬逐於秦，非不知也。去趙非不肖也。趙去司空馬而國亡。國亡者非無賢人，不能用也。」這是説不用賢則國亡，言外之意是用賢可以興國，正説明用賢的重要。

《趙策一》「知伯帥趙韓魏」章：「知伯身死國亡，地分爲三，爲天下笑，此貪欲無厭也。夫不聽知過，亦所以亡也。」這指出知伯不聽知果，造成了身死國亡的後果，也説明了用賢的重要。

這是第一點，「説士」總自認爲是賢人，要求對方聽他的話，假如不聽，後果是危險的。「説士」就靠這一點來煽動當時的統治者。

《戰國策》裏的「説士」，對於「用」字都十分重視的。統治者用賢是用，統治者利用固有的形勢，來發揮作用，也是「用」，而這個關鍵，主要在於任用賢士。《齊策三》國子批評齊國有了好的形勢，而不能發揮作用，就是這個意思。「秦得齊則權重於中國，趙魏楚得齊則足以敵秦，故秦趙魏楚得齊者重，失齊者輕，齊有此勢不能以重於天下者何也，其用者過也。」

二、用賢則明。

《趙策一》「張孟談既固趙宗」章：「故曰賢人之行明主之政也。」這是横插在敘事裏的一句論斷語，是前面一條的另一方面。不用賢則亡，反之，用了賢人，則成明主。「説士」希望對方信用自己，以此來打動統治者。這是第二點。

三、悖者之患，以不悖者爲悖。

《魏策一》「魏公叔痤病」章：「此非公叔之悖也，惠王之悖也。悖者之患，固以不悖者爲悖。」這是説不聽話的人，往往固執成見，自以爲是，不肯接受别人正確的意見。他非但不覺得自己是不正確，反而將正確的看成不正確的。「説士」們進説而不見用，可以藉此故事來扭轉對方。

四、轉禍爲功是善事。

《齊策三》「齊人聞之曰：孟嘗君可謂善爲事矣，轉禍爲功」。

這是説懂事的人，善於處理事情的人，他的本領，就在於能够把壞事變成好事。這一點相當重要，「説士」們所以提出建議，就在於事情的關鍵所在，掌握機要，扭轉局面。

五、貴因。

《燕策二》「客謂燕王」章：「故曰：因其強而強之，乃可折也；因其廣而廣之，乃可缺也。」這是説先讓敵人照着原來的路子走下去，等他到了極度的發展，然後利用機會來挫敗他。這樣做容易使敵人走進圈套。貴「因」是「游士」共同的一個信念。《燕策一》蘇秦的話「轉禍而爲福，因敗而爲功」，蘇代的話「知者之舉事也，轉禍而爲福，因敗而成功者也」，都是同一作用的。這可與上面第四點合看。

六、先知。

《楚策三》「秦伐宜陽楚王謂陳軫」章：「陳軫先知之也。」這是重視先見之明，指明預見性的重要。有了預見，然後可以分清階段，按照步驟，採取措施，取得成效。

七、善説不用強力。

《齊策三》「孟嘗君在薛」章：「顛蹶之請，望拜之謁，雖得則薄矣。善説者陳其勢，言其方，人之急也，若自在隘窘之中，豈用強力哉。」這是説明擺着的當前形勢，只要點破機關，就可以説明問題，讓對方自己明白，好比庖丁解牛一般，在節骨眼上，輕輕一撥，自然迎刃而解，不須花許多氣力。「説士」們就是要創造條件，掌握這種機會，適當利用。

八、善謀與知時。

《楚策一》「江乙説安陵君」章："「君子聞之曰：江乙可謂善謀，安陵君可謂知時矣。」《宋衛策》「宋康王之時」章："「見祥而不爲祥，反爲禍。」《宋衛策》「衛人迎新婦」章："「此三言者，皆至言也。然而不免爲笑者，蚤晚之時失也。」這三條，都是説時間、機會的重要。不能掌握時間、利用機會，俗語所謂「當着勿着」，一定要失敗的。《趙策三》記樓緩的話「其言一也，言者異，則人心變矣」。也説明説話有地位、身份、時間和地點的區别，和「衛人迎新婦」有共同的意義。

關於「時」的重視，在戰國時代一群「游士」的心目中，是十分注意的。《秦策三》秦客卿造説："「聖人不能爲時，時至而失。」《趙策三》「希寫説建信君」："「良商不與人争買賣之賈，而謹司時（「司時」等於「伺時」，就是等待時機）。時賤而買，雖貴已賤矣；時貴而賣，雖賤已貴矣。」《齊策五》「聖人從事，必藉於權而務興於時。無權藉，倍時勢，而能事成者，寡矣」。他們都是教人要抓緊時間，掌握客觀的機會，不要錯過。這是很有現實意義的。

九、説行之功。

《秦策一》「蘇秦始將連横」章："「故蘇秦相於趙而關不通。當此之時，天下之大，萬民之衆，王侯之威，謀臣之權，皆欲决於蘇秦之策。不費斗糧，未煩一兵，未戰一士，未絶一弦，未折一矢，諸侯相親，賢於兄弟。夫賢人在而天下服，一人用而天下從，故曰：式於政，不式於勇；式於廊廟之内，不式於四境之外。當秦之隆，黄金萬溢爲用，轉轂連騎，炫熿於道，山東之國，從風而服，使趙大重。且夫蘇秦特窮巷掘門桑户棬樞之士耳！伏軾撙銜，横歷天下，廷説諸侯之主，杜左右之口，天下莫之能抗。」

這一段是叙事裏插進去的一段議論，説得意氣風發，精神昂揚。但是主要的意思，只是指出蘇秦一説成功，趙國頓時振奮起來，而蘇秦自己也顯得十分闊綽，這算是「説士」成功的典範。當然這裏頭，多數是夸大之詞，但的確可以看出作者的傾向，是十分重視這一點的。

《齊策四》「齊人有馮煖」章：「孟嘗君爲相數十年，無纖介之禍者，馮諼之計也。」這一條，特别抬高馮諼，儘管孟嘗君在事實上並没有「爲相數十年」（見《史記志疑》卷三十），但在作者的筆下，作出了「夸張」，正可以見得他是如何地看重「説士」的得意。

《齊策六》「燕將攻下聊城」章：「故解齊國之圍，救百姓之死，仲連之説也。」這一條，作者艷羡着魯仲連的説辭成功。

《秦策四》「秦王欲見頓弱」章：「齊王入朝，四國畢從，頓子之説也。」這一條，由於秦聽從了頓弱，取得成效，所以作者盛贊頓子。

《齊策一》「鄒忌修八尺有餘」章：「此所謂戰勝於朝廷。」這一條，作者叙述齊威王聽用了鄒忌的建議，去蔽納諫，改變了措施，使得燕趙韓魏四國臣服於齊。之後，顯示了言聽計從的重要，標明作者對「説士」成功的重視。而「戰勝於朝廷」和《秦策一》所説的「式於政」、「式於廊廟之内」，含意相同，説明這兩個作者，有着同樣的觀點。

《魏策二》「魏惠王死」章：「惠子非徒行其説也，又令魏太子未葬其先王而又因説文王之義。説文王之義以示天下，豈小功也哉！」這一條，作者誇張惠施勸説魏太子緩期改葬魏惠王，説是了不起的「文王之義」，這也表明了作者對於説辭成功的景仰。

上面五條，作者的思想傾向很明顯，一句話，希望「説士」要麽不説，説則要能成功。這個成功，無論説者聽者，都是雙方有利的。《説苑・善説》篇有一段話：「主父偃曰：人而無辭，安所用之。昔子產修其辭而趙武致其敬；王孫滿明其言而楚莊以慙；蘇秦行其説而六國以安；蒯通陳其説而身得以全。夫辭者乃所以尊君、重身、安國、全性者也。故辭不可不修而説不可不善。」主父偃是西漢武帝劉徹元光時（前一三四—前一二九）「學長短縱横之術」的一個（見《史記・主父偃傳》），他這樣重視説辭，和上面所舉五條的作者意見是一致的。這正足以證明《戰國策》的作者，確是「學長短縱横之術」的「游士」。特別是學蘇秦之學的「游士」，所以他們突出地贊揚蘇秦。

十、一計數可。

《齊策三》「楚王死」章：「蘇秦之事，可以請行；可以令楚王亟入下東國；可以益割於楚；可以忠太子而使楚益入地；可以爲楚王走太子；可以忠太子，使之亟去；可以惡蘇秦於薛公；可以爲蘇秦請封於楚；可以使人説薛公以善蘇子；可以使蘇子自解於薛公。」這是作者插在中間的一段議論。其中有十個可以，説明用這一計，這樣那樣的靈活，以後逐條假作説辭，每一條説完，又用「故曰」兩字，作出斷案，回應上文。在這裏作者是滿懷信心地指出用計的靈活性，和計的作用的多樣性。

《中山策》「司馬憙三相中山」章：「可以爲司馬憙，可以爲陰簡，可以令趙勿請也。」這裏三個「可以」，也指出了用計的靈活性。這條善弈的國手，下一着棋，總是八面玲瓏的不是一着死子。

十一、計與聽。

《韓策一》「秦韓戰於濁澤」章：「韓氏之兵，非削弱也，民非蒙愚也，兵爲秦禽，智爲楚笑，過聽於陳軫，失計於韓明也。」

《秦策二》「齊助楚攻秦」章：「故楚土壤士民非削弱，僅以救亡者，計失於陳軫，過聽於張儀。」《秦策二》「楚絶齊」章：「計者事之本也，聽者存亡之機。計失而聽過，能有國者寡也。故曰：計有一二者難悖；聽無失本末者難惑。」

這三條如出一人之手，都有「計失」、「聽過」的詞語，可見作者，對於「計」和「聽」的重視，尤其不滿的是「計失而聽過」。

十二、善爲計者不見内行。

《韓策三》「秦大國也」章：「故善爲計者，不見内行。」這是説保密的重要。

十三、用知之術貴於不爲近習之人所蔽。

《魏策四》「魏王與龍陽君」章：「由此觀之，近習之人，其摯諂也固矣，其自纂繁也完矣。今由千里之外欲進美人，所效者庸必得幸乎？假之得幸，庸必爲我用乎？而近習之人，相與怨我，見有禍，未見有福，見有怨，未見有德，非用知之術也！」這段議論，是在敘述一個魏王寵愛的美人，利用自己和王的親近，用計進言，固寵於王之後發的。這是説身邊接近的人，最容易阻礙賢人的進説。用知之術，要能打破這一關，不給自己周圍親近的人所障蔽。這條作者的意圖，是希望聽他話的人，不要爲近習之人所蔽，很是明顯。

《秦策二》「醫扁鵲見秦武王」章：「君與知之者謀之，而與不知者敗之。使此知秦國之政也，則君一舉而亡國矣。」這一條「君」字前面姚、鮑兩本都無「曰」字，但劉本及《太平御覽》七三八引都有「曰」字。這一條是在敘述扁鵲爲秦武王醫病，秦武王聽了「左右」親近的話而扁鵲發怒的話，有了「曰」字，知道這話是扁鵲説的。作者記載這條的目的，和上一條相同，也是希望聽話的人，不要爲近習所蔽。

《齊策一》「靖郭君善齊貌辯」章：「當是時，靖郭君可謂能自知人矣！能自知人，故人非之不爲沮。此齊貌辯之所以外生樂患趣難者也。」這一條，正面贊揚靖郭君不聽左右近習的話，因此取得了好的效果，作者用意和前二條相同。

以上三條，從正反兩方面來論述用知之術貴於不爲近習之人所蔽。

十四、重視功勞。

《趙策四》「趙太后新用事」章：「子義聞之曰：人主之子也，骨肉之親也，猶不能恃無功之尊，無勞之奉，而守金玉之重也！而況人臣乎？」這是作者引用子義的話，指出一定要有功勞才可以享受俸禄。從這一點，可以看出當時對於無功受禄的鄙視。

十五、重視復收。

《燕策二》「燕昭王且與天下伐齊」章：「當此之時也，燕、齊不兩立，然而常獨欲有復收之志若此也。」這一條，是要在敵對方面，布置一個間諜，作爲未來的内應。所謂「復收」，是取得後效的意思。俗語説「長綫放遠鷂」，或「伸一着後脚」，都是這個意思。

十六、「名」與「實」。

《韓策二》「韓傀相韓」章：「晉、楚、齊、衛聞之，曰：非獨政之能，乃其姊者亦列女也。聶政之所以名施於後世者，其姊不避菹醢之誅，以揚其名也。」這一條，通過聶政的姊姊用自殺的行動來表揚聶政的故事，作者引用「晉、楚、齊、衛」的一般輿論，指出「名」的重要。

《宋衛策》「梁王伐邯鄲」章：「故兵退難解，德施於梁，而無怨於趙。故名有所加，而實有所歸。」這一條，通過宋君表面上舉兵入趙來幫助魏國伐趙，骨子裏是出兵很少來敷衍魏國，實際上是回護趙國的故事，作者指出「名」和「實」的並不一致。這裏，指出「名」的重要和「名」、「實」的關係。

十七、「不侵」與「足使」。

《齊策四》「孟嘗君爲從」章：「公孫弘可謂不侵矣！昭王，大國也；孟嘗，千乘也；立千乘之義而不可陵，可謂足使矣！」這一條，作者稱道公孫弘的不畏強權，不辱使命。指出這是「使臣」的榜樣。「不侵」是不可侵犯的意思；「足使」是完成使命的意思。

十八、蘇氏合從。

《燕策二》「秦召燕王」章：「蘇代復重於燕，燕又約諸侯從親如蘇秦時，或從或不，而天下由此宗蘇氏之從約。代、厲皆以壽死，名顯諸侯。」這一條，和前面第九點第一條同看，更可以看出，作者是學「蘇氏之學」的「游士」。

十九、知足不辱。

《齊策四》「齊宣王見顔斶」章：「斶知足矣！歸反樸，則終身不辱也。」這一條，通過顔斶對齊宣王「士貴耳，王者不貴」的對話，作者指出「知足不辱」說明當時「游士」的架子，抬高了「游士」的地位和身份。

二十、提倡捨己爲人。

《魏策一》「魏公叔痤爲魏將」章：「故老子曰：聖人無積，既以爲人，己愈有；既以與人，己愈多。公叔當之矣。」這一條，通過公叔痤讓功加賞的故事叙述，作者指出捨己爲人的值得重視。

今本《戰國策》裏三十四條論斷語，把它歸納爲上面所説的二十點，從這二十點中，我們清楚地看出當時「游士」的主張與態度。

這裏附帶説明一句：

《戰國策》裏的論斷語，有些是和其他書籍有關的，就是説其他書籍裏也有《戰國策》裏的同樣的論斷語。例如《吕氏春秋》裏就有好多條。吕不韋《吕氏春秋》的寫作年代，據《吕氏春秋・序意篇》，有「唯秦八年歲在涒灘」之文，據高誘注，八年是秦始皇即位八年。《戰國策・楚策四》「楚考烈王無子」章：「是歲，秦始皇立九年矣，嫪毐亦爲亂於秦，覺，夷三族，而吕不韋廢。」我們現在知道《戰國策》有先於《吕氏春秋》之文，也有後於《吕氏春秋》之文。《戰國策》裏論斷語和《吕氏春秋》相同的地方，究竟誰鈔誰呢，我們知道《吕氏春秋》是雜抄的書，《吕氏春秋》成書之前，《百家説》已經流行，很有可能《吕氏春秋》有同於《戰國策》裏的論斷語，是從《百家説》裏抄來的。這《百家説》留傳到西漢皇朝書庫而成爲後來的《戰國策》，那麽，《戰國策》裏就有相同於《吕氏春秋》中的論斷語。這是不足爲奇的。

綜上所述，對於《戰國策》這份材料，我們可以歸結爲下列幾點：

一、現存的《戰國策》，姚、鮑兩本，都是殘缺不全的本子。

二、完整的《戰國策》應該「上繼春秋，下迄楚漢之起」，包括蒯通、鄒陽等的文字。

三、《戰國策》的作者，是戰國、秦、漢之間各個不同時間、不同地域的游士，他們記載歷史故事，記載謀議策略，作爲學習的參攷資料，各人本子，各不相同，因此互相重複，也存在着不同的書名。

劉向編定的《戰國策》，它的性質，應該看作是戰國時代的文獻彙編。

四、這部文獻彙編，不是統治階級的官書，而是來自民間的游士們的私人著作，因此文學價值比較高，在文學史上的地位也比較重要。

五、這部書的思想内容，反映了時代大轉變的精神面貌，同時也反映了一群游士的活躍情況。在具體問題方面提出並解决了下列幾個主要問題：①懂得「變」的道理，反對法古，主張利今。②重視客觀形勢。③注意掌握時機。④重視效果，要有功勞、成績，才有資格享受待遇。這些都是比較進步的。缺點是各人都從個人利益出發，從統治階級利益出發，因此表現爲鈎心鬥角、互相排擠，形成了後來整個封建社會中一群讀書人招摇撞騙，拼命向上爬的壞影響。這是必須批判的。

六、這部書的寫作特點、風格、文體，是多種多樣的，主要有下列幾點：①看問題能够掌握樸素的唯物辯證規律。②善於運用演繹和歸納的方法，進行分析和推理。③寓言、比喻，富有小説風味。④鋪張、排比，開漢賦的先路。⑤文體比《左傳》、《國語》更進一步地接近口語化，在語言文字的使用上，有了顯著的進步性。

七、從三十四條論斷語中，了解作者們的主要意圖。其中有許多問題，值得研究。尤其是「聖人無積，既以爲人，己愈有；既以與人，己愈多」。積極發揮創造性，並破除利己主義，應該肯定，應該發揚。

八、我們要重新估價這部書在思想史、文學史上的地位，特别注意它在文學發展過程中的作用。

爲了姚、鮑兩本編排不同，先後次序不一致，彼此注釋，有略有詳，吴師道的補正，僅僅對鮑彪本做些補充糾正，明知鮑本的次序有問題，也不曾另行編排。這兩個不同的本子，留給我們在閱讀上、研究上帶來了不少的麻煩和困難。因此我在一九二八年開始做集釋的工作。由於水平低、條件差，又爲生活雜務所擾，時斷時續在搞，到現在才算初步完成。

這部《戰國策集注彙考》，所有正文、次序，一概沿用姚本，爲了便於閱讀，所有錯誤脱漏的地方，依據校勘，改正補充。雖然黄丕烈説過「事莫大於存古，學莫大於闕疑」「不欲苟取文從字順」，但爲讀者便利起見，還是以改正爲是。所有改正補充之處，仍在注中説明原字原文，就是改錯，也可以從注中看出，留待日後研究。每章摘録開頭一句，作爲標題，標在正文前面，依照次序，排定數字，便於翻閲檢查。在標題下面，注明鮑本次序，以及吴氏辨正的文字，林氏紀年，黄氏編略，顧氏編年，以及其它有關疑年之説亦附在後面。正文與其它書籍互見的也注明於標題之下。所有注釋，先列文字異同，次高注，次鮑注，次吴氏補正，次其他名家的疏釋考訂。所有注釋，不列入正文，依照先後，用數目字標出，附在正文後面。這樣做，可以便於閲讀。關於文字寫作的評論，義理優劣的評論，以及一切膚廓浮泛、不切實際的評論，一概不加採録。

自己深深感到學力不够，工作繁重，雖然花了許多時間，但還存在着許多錯誤，希望讀者切實指正，提出批評。

一九六六年四月九日

自序

殷、周之訓誥，戰國之策書，前者上告下，後者下説上，此千載人文之一大進也。自春秋入於戰國，士流日益務於仕宦。子貢一出，存魯亂齊破吴彊晉而霸越。子張學干禄，又問行於仲尼，仲尼誨以言行忠信篤敬之道，子張以書於紳。之後，飾小説以干縣令者，不乏其人。中牟甯越，苦耕稼之勞，學十五年而爲周威公師，其影響之尤著者也。説士所載謀言軼聞，以爲揣摩學習之資者，簡牘紛如。糅莒複重，交相錯亂。傳至漢室，中書有「國策」、「國事」、「事語」、「長書」、「脩書」、「短長」等名，皆秦焚之所幸免，而或有所附益者也。劉向校書，謂爲「戰國時游士輔所用之國，爲之筴謀，宜爲戰國策」。

戰國策三十三篇，自劉向編校寫定傳世，延篤作戰國策論，書佚不傳。高誘作注，亦不全存。晉代孔衍，依戰國策作春秋後語，又復殘闕不備。北宋曾鞏時，戰國策僅存十有一篇，鞏「訪之士大夫家」，稱「盡得其書，三十三篇復完」。實則已缺一篇，非劉向之舊矣。蓋析分以合三十三篇之數而已。

東晉袁悦，嘗言「少時讀論語、老子，又看莊、易，此皆病痛事。天下要物，惟有戰國策。」清代姜宸英，謂文章「自六經而下，衰於左傳而再振於戰國策」。譚獻以爲知言。

今傳世通行之本，有剡川姚本，縉雲鮑本，二書不盡相同。姚宏之本，曾鞏之所校定，次第一依向書。高注之外，姚復加以續注。鮑彪之本，升西周策於東周策前，每國策文，分別加標王號，不采高誘，而自爲之注；吳師道爲作補正。兩書并陳，翻閱爲勞。黃丕烈據宋槧重刊姚本，并用家藏至正乙巳吳氏本互勘，爲「札記」三卷。顧廣圻擬爲「戰國策釋例五篇」，「一曰疑年譜，二曰土地名，三曰名號歸一圖，四曰詁訓微，五曰大目錄」。南匯于鬯詢於其師張文虎：「顧氏五篇，有其書否？」張氏不答，蓋虛願耳。譚獻評論此書，云：「縱橫家言，自漢至唐，無巨儒碩學，編正論列。宋時館閣讎書，子固諸人，理董亦未有緒。獻謂策紀多設詞，如諸子之寓言，非可以實事求之」也。清末于鬯作新注，金正煒作「補釋」，金書傳布甚稀，于書未及刊行。

余幼年聞馮諼客孟嘗君事，又讀蘇、張、魯連之說，及諸選篇，頗知愛好，請於師長，願畢讀全書。師曰「選篇易讀，全書難通」，並告所以難通之故。余雖不敏，未敢畏難，全讀之志，不懈益堅。壯歲以還，廣求有關諸籍，參互瀏覽，愈入而疑愈多，始信師長之言不余欺也。或爲國策勘研，舛駮瑣屑，則作短評糾之，刊於章氏國學講習會學報。乃益自奮，力加探討。初爲校記，後考逸文，復集諸家序跋論述目錄瑣聞，都爲一帙，題曰「考研錄」。又師顧氏大目錄之意，羅列姚鮑章次篇目異同，旁及古籍所載相涉之名，爲「目錄表」一卷。又爲「人名索引」、「地名索引」，以便檢閱。然後依姚本次序，分章備錄諸家注解之辭於正文之下，創爲「集釋」，繼更補緝地理、年代諸所考辨，隸入三十三卷之中，命曰戰國策集注彙考。蓋自始草至此，歷四五十年矣。因循遷延，業始有緒。於此期中，先後撰爲「楚圍雍氏考」、「昭奚恤考」、「韓公仲公叔考」、「史記、戰國策九十六事異同考」等文，思於此書，節節爬梳，凡所考核，猶有未盡，專己自祕，不遑請益。七年之前，長沙馬王堆漢軑侯利蒼墓所藏帛書出土，中有類似戰國策者二十七章，內十六章爲司馬遷、劉向所未見，餘則二家之書並有其文。反覆推尋，益信自戰國迄於秦漢，縱橫游說之風，相沿未替，辯士所爲，遞相祖述。不韋、韓非既嘗援引於前，齊人蒯通，亦嘗論列，而著雋永於後。秦火之所未及，漢士之所誦習，降至桓、靈，服虔猶見蘇秦書、蘇秦法百家書說。遷、向二家采摭之外，民間舊藏，散亡湮滅者蓋亦多矣；不然，相如歸璧，如姬盜符，恢詭譎怪，類此者衆，史公何所據而詳言之耶？劉知幾謂史公『采訪家人』，『家人』云者，轅固生所謂『家人言』也，猶言編户平民之言，爲說士所記述者耳。利蒼墓藏，蓋即服虔所謂『蘇秦書、蘇秦法書說』者矣。於是作『馬王堆漢墓帛書類似戰國策部分二十七章之名稱問題』、『論蘇秦書、蘇秦法百家書說』、『帛書別本戰國策初探』、『漢墓蘇秦法書說存卷二十七章考釋』、『蘇秦問題考察報告』，皆所以羽翼吾書所謂戰國策集注彙考者也。

自惟謭陋，聞見不廣，稿雖屢易，審核尚疏。然於自便翻閱之餘，不敢過於徇私，竊願公之同好，俾省尋查搜檢之勞，研治古代文史，或有涓埃之助，而亦可以藉此求正於博雅君子之前云。

國有上庠，邦多賢達，倘或屬意戰國舊聞，齒及是書，願順下風，恭待教益，引領顒望，何能須臾忘之。

是爲序。

公曆一九七九年十一月二十八日，八一老人諸祖耿書於小倉山麓之隨園寓舍。

凡例

一、凡正文，國別、章次，悉依剡川姚氏本。文字校勘，詳於注首。如或改字，必具引徵。

二、凡正文，與別書相關，如墨子、商君書、荀子、韓非子、呂氏春秋、淮南子、孔叢子、韓詩外傳、史記及諸宮舊事、春秋後語、水經注等，其文字異同，皆分別著於各章注中。

三、凡策與史記共有之章，其內容無大出入者，記其字數多寡，以便審閱。其文字異同過甚者，分別詳於當句注下。

四、凡注釋考辨，列於每章正文之後，依次序列，各標數目，分行別起，便於省覽。

五、凡注釋考辨所采各家：高氏誘、姚氏宏、鮑氏彪、吳氏師道、金氏正煒而外，自史記集解·索隱·正義裴駰、司馬貞、張守節三家之說，並采錄之。後來各家，如董說、顧炎武、馬驌、黃生、顧祖禹、焦袁熹、浦起龍、惠棟、趙翼、畢沅、王念孫、梁玉繩、張宗泰、黃丕烈、阮元、洪頤煊、洪亮吉、梁紹壬、盧文弨、顧廣圻、王引之、林春溥、楊潮觀、俞正燮、崔適、張文虎、俞樾、黃以周、李慈銘、王先謙、孫詒讓、王先慎、朱亦棟、王國維、郭希汾、吳昌瑩、朱起鳳、吳曾祺、錢穆、郭沫若、楊樹達、羅根澤等，凡有所述，摘要入錄。

六、凡注地理，采張琦戰國策釋地、程恩澤國策地名考、顧觀光七國地理考，間及其他。

七、凡注年代先後，首列顧觀光國策編年，間亦采及黃式三周季編略，近人考辨，擇要附入。

八、凡類書及注家所引戰國策，其有不見於今本者，輯爲逸文一種，作附錄之一。

九、會集有關論述戰國策之文爲考研錄，内包序跋、瑣記、雜語及書目提要諸項，爲附錄之二。

一〇、顧氏五篇，其『名號歸一圖』、『土地名』、『詁訓微』，並無傳本。爲便檢查，作戰國策人名索引、戰國策地名索引各一種，爲附錄之三之四。至於訓詁，則采段、王諸家之説，附入注中，不另述焉。

目録 四百九十六篇

卷一 東周 二十八篇

卷二 西周 十七篇

卷三　秦一　十三篇

卷四　秦二　十六篇

卷五　秦三 十八篇

卷六　秦四 十一篇

卷七　秦五八篇

卷八　齊一十七篇

卷九 齊二 八篇

卷十 齊三 十二篇

卷十一 齊四 十一篇

卷十二　齊五 一篇

卷十三　齊六 十篇

卷十四　楚一 二十篇

卷十五　楚二 九篇

卷十六　楚三 十篇

卷十七　楚四 十三篇

卷十八　趙一　十七篇

卷十九　趙二　七篇

卷二十　趙三　二十二篇

卷二十一　趙四 十九篇

卷二十二　魏一　二十七篇

卷二十三　魏二 十七篇

卷二十四　魏三 二十一篇

卷二十五　魏四 二十七篇

卷二十六　韓一　二十五篇

卷二十七　韓二　三十一篇

卷二十八　韓三　二十三篇

卷二十九　燕一　十五篇

卷三十三 中山十篇

卷一　東周

祖耿案：戰國策，劉向定三十三篇。北宋殘缺，曾鞏訪之士大夫家，云盡得其書，三十三篇復完。世傳剡川姚宏本，縉雲鮑彪本。姚本首東周次西周，鮑本反之。此姚本也，首東周。姚本東周策二十一章，今據原文並參鮑次定爲二十八章。説詳目録表及考研録。　又案：文選過秦論李善注引戰國策東周齊明謂東周君曰云云，是唐本戰國策有東周、西周之目也。劉向原本蓋如是。向序稱所校中戰國策書有國別者八篇，而未言國別何名。若秦、齊、楚、趙、韓、魏、燕七國各爲一篇，諸小國東周、西周、宋、衛、中山合成一篇，則適合八篇之數矣，未知然否。

晉書地理志：至於戰國遂有七王，韓、魏、趙、燕、齊、秦、楚；又有宋、衛、中山。又曰：周孝王（祖耿案：當作周考王）封周桓公孫（又案：當作曾孫）惠公於鞏，號東周。故戰國時有東、西周號，芒山、首陽其界也。

鮑彪曰：漢志：河南鞏，東周君所居。　又曰：東周惠公，周紀：考王封其弟河南，是爲桓公。桓公子威公，威公子惠公，惠公封其子於鞏，號東周惠公。然則河南、鞏父子同謚。又紀：西周武公，赧王則謚也。蓋以避秦，不敢稱尊。楚紀：頃襄王十八年，王赧使武公。此武公，赧王臣也。而徐注以爲惠公之子，疎矣！惠公之子，自爲東周君，豈爲西周用耶？兩周，西先亡，至秦莊襄元年，俱滅。

吴師道曰：東周當從舊，居卷首。大事記云：西周者，河南也；東周者，洛陽也。周考王封其弟揭於河南，是爲河南桓公。桓公卒，子威公立。威公卒，子惠公立。考王十五年，河南惠公復自封其少子班於鞏，號東周，没亦謚惠。　又曰：大事記云：東周惠公班秉政洛陽，采邑在鞏。漢志説非。　又曰：東周止有惠公，名著策，有文君，他無見。徐廣云：紀年：顯王九年，東周惠公傑薨。皇極經世：東周惠公卒，子傑嗣。二書不同，則其世系亦難明矣！此策所書，豈得皆爲惠公時事邪？又曰：赧王非謚武公。鮑引宋忠說，誤。索隱謂：謚法無赧，赧然慚愧，故以爲號。戰國相王，周之王號自若，不聞其爲秦貶損也。「王赧使武公」，徐廣謂：即西周武公。大事記從之。西周惠公封子於鞏，爲東周惠公，實同謚者。繼西周之惠公，則武公也。既曰武公，則周君也。謂別爲一人，可乎？東、西周雖分治，王猶在上，爲東周君敬奉王命，而王使之，又何不可乎？

趙與時曰：戰國策舊傳高誘注，殘缺疏略，殊不足觀。姚令威寬補注，亦未周盡。獨縉雲鮑氏彪校注爲優。雖間有小疵，多不害大體。惟東、西二周一節，極其舛謬，深誤學者，反不若二氏之說是。然高氏但云東周成周今洛陽，西周王城今河南，其說甚略。姚氏特作世系譜，似稍詳矣，而亦未備。其指鞏爲東周，則又未免小誤。今世學者，但知鎬京之爲西周，東遷之爲東周而已。若敬王之遷成周，固已曼漶，至于兩周公之東、西周，則自非熟于考古者，蓋茫不知其所以也。此鮑氏之誤所以不得不辨。余故博采載籍，究極本末而論焉。周之先，后稷始封于邰，不窋自竄於戎狄，公劉徙居於豳，至於太王，徙居岐周，文王降崇，乃作豐邑，自岐而徙都焉。武王之時，復營鎬京而居之。詩、書稱宗周者，指鎬京也。迄東遷之前，無所遷徙。然武成云：王來自商，至于豐。召誥序云：成王在豐。周官序云：還歸在豐。左傳亦曰：康有酆宮之朝。則雖改邑于鎬，而豐宮元不廢。蓋豐在京兆鄠縣，鎬在長安縣西北十八里，相距纔二十五里，往來不爲勞也。武王克商之後，嘗曰：我南望三塗，北望岳鄙，顧瞻有河，粵瞻伊洛，毋遠天室，營周居于洛邑。蓋洛邑居土地之中，宜作天邑。武王既得天下，有都洛之意矣，而未暇及也，先于其地遷九鼎焉。武王崩，周公相成王，成武王之志，營以爲都，是爲王城。其地實郟鄏，亦名河南。洛誥所謂：我乃卜澗水東瀍水西，惟洛食者也。

洛陽者，周公營下都以遷殷頑民，是爲成周。其地在王城之東。洛誥所謂：我又卜瀍水東，亦惟洛食者也。洛誥序云：周公往營成周。則成周乃東都總名。河南，成周之王城也。洛陽，成周之下都也。王城非天子時會諸侯則虛之，下都則保釐大臣所居治事之地。周人朝夕受事，習見既久，遂獨指以爲成周矣。按洛誥：王祀于新邑。召誥：王來紹上帝，自服于土中。則成王固嘗居之，然卒駕而西也。宣王中興，嘗一會諸侯于東都，下至幽王，爲犬戎所滅。宗周迫近戎狄，平王之立，不得已而東遷，都于王城，始奠居焉。自是始有東、西周之名，謂之東者，以別于鎬京之爲西耳。河南、洛陽，未分畫也。王子朝之亂，其餘黨多在王城，敬王畏之，徙都成周。後九十餘年，考王弑兄而自立，懼弟揭之議己，遂以王城封之，以續周公之官職，是爲西周桓公。此時未有東周公，而稱西周者，後人推本而言之也。桓公傳威公，威公傳惠公。考王十五年，西周惠公封其少子班于鞏以奉王，是爲東周惠公（父子同謚），而西周惠公長子，自爲西周武公。自是周公之國，始分東、西。成周爲東周，王城復爲西周矣。蓋自河南桓公續周公之職，而秉政三世，蓋專所以別封少子使奉王者，殆欲獨擅河南之地，不復奉王。且王城、成周皆爲東、西周君所有，天子直寄焉耳。東周者，指周王所居之洛陽也。鞏，班之采邑也。世本曰：東周惠公名班，居洛陽。是班秉政于洛陽，而采邑則在鞏。前漢地理志曰：鞏，東周所居。姚令威用其說，非也。赧王時，東、西周分治，王復徙都西周。至五十九年，秦昭王使將軍摎攻西周，西周君奔秦，頓首受罪，盡獻其邑三十六。秦受其獻，歸其君于周。蓋權移于下，其極乃至于盡獻其邑于它人，亦不出于天子之命矣。是年王赧卒，其國先絕。西周武公亦卒。秦遷西周公于𢠸狐，實武公之子公子咎者，而東周惠公之後，亦尚能一傳。後七歲，秦莊襄王盡滅東、西周，周始不祀。大略如此。戰國策之西周，即揭之西周；戰國策之東周，即班之東周。西周建國在東周之前，而舊書躋東周于西周之上，爲失其次。鮑氏正之是矣。但其說曰：西周正統也，不可以後于東周。其注「韓使人讓周」，則曰：此時周之命已不行于諸侯矣；其注「周君謀主也」，則曰：猶爲天子故。它如此類不一。又盡以西周之策，分繫之安、赧二王，蓋直以西周爲天子，而不知實桓、威諸公之事也。余嘗反覆考之，東、西二周之策，皆曰周君。周君之自謂，必曰小國，曰寡人。皆當世諸侯之稱。其間或及周王，則直稱王，或稱天子，非不明白。鮑氏乃比而一之，可乎？原其致誤之由，蓋亦有說。温人之辭云：「今周君天下，則我天子之臣。」「周君天下」者，言周王之君天下也。鮑必誤以爲周君有天下矣。又「東周與西周戰，韓救西周。爲東周謂韓王曰：『西周者，故天子之國也，多名器重寶。』」是時周王未徙西周，「故天子之國」者，謂敬王故都也。鮑必愈疑西周君即天子矣。不特此也，周王、周公國號既同，史記不爲二周公立世家，而混書其事于周紀。宋忠注周君、王赧卒，又不知周君與王赧此年俱卒，但見二者連文，遂謂赧王卒謚西周武公。小司馬、張守節輩皆能辨之，然世多承其誤，雖如司馬文正公亦不能免，通鑑直以奔秦獻邑者爲赧王。稽古錄中復誤以西周桓公爲東周，無責乎鮑也。東周策首章書秦臨周求鼎事，鼎實在西，不在東也。豈周王在東，故東周君猶能挾天子以制命歟？不然，則錯簡也。注家皆無發明者，因併及之。（賓退錄卷五）

趙翼曰：東周乃自西周之王城分出，非敬王所都之成周也。分封於鞏者，曰東周；而河南惠公本在王城，則仍西周之號。此東、西周皆在河南，而周王之都於成周，自若也。國策所謂周王者，都於成周之王也；所謂東周君、西周君者，則河南之都於王城，及分封於鞏者也。（國策地名考卷一引）

雷學淇曰：兩周初分時，穀城、緱氏與王城，爲西周；平陰、偃師與鞏，爲東周；天子居洛陽：周止此七城而已。（竹書紀年義證）

張琦曰：徐廣曰：「周比亡之時，凡七縣」。則自王赧以上，非但七縣可知。周紀云：「以應爲秦太后養地」。應在今汝州魯山縣東，蓋後爲秦、韓所侵耳。漢志主天官分野爲言，故止得七縣也。策文首東周，鮑改首西周，吳氏最以爲譏。今考：西周居河南，今府城西北，故王城是。東周居鞏，今縣是。洛陽則王所都也。漢志鞏縣下云：東周君所居。通典曰：東周君居鞏。史索隱曰：西周，河南也；東周，鞏也。正義曰：兩周謂河南及鞏。呂氏謂東周爲洛陽，本世本及高誘注，未審也。史蘇秦傳云：東周洛陽人。正義謂：敬王以子朝之亂，從王城東遷洛陽，乃號東周。故公羊傳曰：成周者何？東周也。是乃春秋之東、西周，王赧以上所居，史公仍舊號而稱之，不可以説戰國矣。東、西並爲列國，而西封在前。又王赧徙都於西，則首西周，未爲失也。又史周紀：考王十五年崩，子威烈王午立，考王封其弟於河南，云云。蓋綜其事如此。呂氏謂東周惠公之封，在考王十五年。按桓公封自考王，歷威至惠，又封其少子，豈猶在考王之世？王伯厚通鑑地理通釋引呂氏曰：威烈王嗣位，西周惠公封其少子，與此異。則吳氏引大事記而亂其辭也。（戰國策釋地）

程恩澤曰：杜氏曰：「洛陽、平陰、偃師、鞏四邑，屬東周；河南、緱氏、穀城三邑，屬西周。」（國策地名考）

祖耿案：姚本首東周二十一章，次西周十七章。鮑本卷一爲西周，凡十九章。以原在東周策末之嚴氏爲賊章冠首，前加安王名號；餘十八章，全列赧王名下，以爲赧王時事。卷二爲東周，凡二十六章，並以爲惠公時事，前加惠公之名。吳師道譏其亂易舊次，爲開卷第一謬。然趙氏以爲西周建國在東周前，鮑氏正之是矣。張氏亦云鮑首西周，未爲失也。二家並以封國先後爲準，故其説如是。若依二家之説，則全書次序，燕封最早，今則居後；齊由田篡，不應先楚；宋、衛之封，並在秦前，烏得次於末尾哉？故二家先後之説，非篤論也。　又案：周爲地名，本無東、西之分也，詩大雅：「周原膴膴」，其地在今陝西扶風，毛公所謂周原漆沮之間是也。後爲后稷子孫姬姓有天下之號，初亦無東、西之別。自平王避犬戎之難，由文、武所居之豐、鎬，東遷於洛邑。後之史家，據周室都城所在，稱平王以後之周爲東周；平王以前文、武至幽之周爲西周。下至戰國，在東周者，復有東、西之目。約而言之，其事有三：平王十三傳至敬王，避王子朝之亂，出奔于晉。敬王曾孫考王，封其弟揭於河南，稱西周桓公。河南者郟鄏，即王城也。於時考王實都洛邑。自洛邑視王城則在西，自王城視洛邑則在東，故稱在王城者曰西周桓公也。此考王時之東、西周也。此其一。西周桓公之後，由威公而至惠公，西周惠公封少子班於鞏，號東周惠公。此東周者，指在鞏之藩國；而西周者，指在王城之藩國。皆列國之周也，非王朝之周也。東、西周並爲列國時，在周顯王二年，即趙成侯八年。史記趙世家：成侯七年，『與韓攻周。八年，與韓分周以爲兩。』即指此事。此周顯王二年後事也。此其二。自顯王二年，東、西周並爲列國，至王赧徙都西周，寄居郟鄏，王位雖在，虛名而已。於是自敬王徙於成周之東周無聞焉矣！此時列國之西周，與列國之東周，分主理政。西周云者，西周桓公之後，居於郟鄏者：威公、惠公、武公、共太子、文君是也；東周云者，東周惠公之後，居於鞏者，君傑是也。並爲列國，並以君稱，而王赧之所謂王者，徒寄焉而已。此戰國後期王赧時之東、西周也。此其三。本書所列即此，詳史記周本紀及諸家考釋。

一

秦興師臨周而求九鼎〔一〕，周君患之，以告顏率〔二〕。顏率曰：『大王勿憂！臣請東借救於齊。』顏率至齊，謂齊王曰〔三〕：『夫秦之爲無道也〔四〕，欲興兵臨周而求九鼎。周之君臣內自畫計〔五〕：與秦，不若歸之大國。夫存危國，美名也；得九鼎，厚實也〔六〕。願大王圖之。』齊王大悦〔七〕，發師五萬人，使陳臣思將〔八〕，以救周，而秦兵罷。齊將求九鼎，周君又患之。顏率曰：『大王勿憂，臣請東解之〔九〕。』顏率至齊，謂齊王曰：『周賴大國之義，得君臣父子相保也，願獻九鼎，不識大國何塗之從而致之齊？』齊王曰：『寡人將寄徑於梁〔一〇〕。』顏率曰：『不可。夫梁之君臣，欲得九鼎，謀之暉臺之下〔一一〕，沙海之上〔一二〕，爲日久矣〔一三〕。鼎入梁，必不出。』齊王曰：『寡人將寄徑於楚〔一四〕。』對曰：『不可。楚之君臣，欲得九鼎，謀之於葉庭之中〔一五〕，爲日久矣。若入楚，鼎必不出。』王曰：『寡人終何塗之從而致之齊？』顏率曰：『弊邑固竊爲大王患之。夫鼎者，非效醯壺醬甀〔一六〕耳，可懷挾提挈以至齊者非效鳥集烏飛兔興馬逝〔一七〕，灕然可至於齊者〔一八〕。昔周之伐殷〔一九〕，得九鼎〔二〇〕，凡一鼎而九萬人輓之〔二一〕，九九八十一萬人，士卒師徒〔二二〕器械被具所以備者稱此〔二三〕。今大王縱有其人，何塗之從而出？臣竊爲大王私憂之。』齊王曰：『子之數來者〔二四〕，猶無與耳〔二五〕！』顏率曰：『不敢欺大國，疾定所從出，弊邑遷鼎以待命。』齊王乃止〔二六〕。

〔一〕姚注：周顯王。後語。　吳師道曰：大事記云：姚氏考春秋後語，周顯王、齊宣王也。今附載於顯王三十三年，宋太丘社亡之前。　祖耿案：顧觀光依大事記，附此於顯王三十三年，曰：姚注據春秋後語：周顯王、齊宣王也。

〔二〕姚注：率，名也，當如字，或云力出切。後語注。　鮑彪曰：顏率，周人。　程恩澤曰：案元和姓纂引王儉譜云：顏出自魯侯伯禽支庶，食采顏邑，因氏焉。真卿尚書譜云。未知何憑。然姓氏急就篇亦載此說，但其地不知所在耳。

〔三〕姚注：齊宣王。後語。

〔四〕祖耿案：爲，鮑本作於。

〔五〕畫，原作盡。　姚注：劉、曾、集一作畫；錢作盡。　鮑彪曰：盡，盡其心思；計，猶謀。　吳師道曰：姚云：盡字，劉、曾、集作畫。　金正煒曰：左氏哀二十六年傳：君請六子畫。杜注：畫，計策。漢書劉澤傳：以畫奸澤。服虔曰：以計畫干之。作畫是也。　祖耿案：御覽七五六引作「內自畫計」，今從。下章云「或謂昭翦曰：爲公畫陰計」。秦策蔡澤見逐章：「昭王新說蔡澤計畫」。均可作證。

〔六〕實，原作寶。　鮑彪曰：大國，謂齊。周有秦兵危；厚猶重。　黃丕烈曰：今本寶作實，鮑本作寶。金正煒曰：寶當爲實字之譌也。文選吳都賦劉注引鄭氏：「軍所討獲曰實」。秦策司馬錯與張儀章：「是我一舉而名實兩附」。頃襄王二十年章：「是王有毀楚之名，而無得地之實也」。名實並舉，策文屢見。又史記魯仲連傳：「此兩計者，顯名厚實也。」荀悅昌邑王論：「夫行至易以立至難，便計也。與至福而隆至禍，厚實也。」並爲此文之證。　祖耿案：今依黃、金兩家，改爲實字。後凡改字例此。

〔七〕黃丕烈曰：悦，鮑本無。吳補：一本大說。

〔八〕鮑彪曰：陳臣思，即後田臣思。凡陳、田皆齊公族。

〔九〕鮑彪曰：東，之齊；解，免之。

〔一〇〕鮑彪曰：問其路所從出。禮：遂上有徑，洫上有塗。徑，步道也。寄徑，猶言假塗。　董說曰：魏惠王徙治大梁，國號曰梁。顧觀光曰：史記：魏惠王三十一年徙大梁，自後魏亦稱梁。漢志：陳留郡浚儀，故大梁。魏世家正義曰：今汴州浚儀也。在今開封府城西北。

〔一一〕渾，原作暉。鮑彪曰：臺名曰暉，故孟子稱梁有臺池之樂。程恩澤曰：臺名曰暉，今無考。祖耿案：御覽七五六引作渾臺，注云：渾，徒旱切。魏都大梁，今開封地。古有師曠吹臺，漢梁孝王增築之，亦曰平臺。後繁氏居其側，因曰繁臺。策云：「梁之君臣欲得九鼎，謀之渾臺之下，沙海之上」。渾臺、沙海，地當密邇。今依改。又案：顧祖禹讀史方輿紀要開封府祥符縣條云：「繁臺在府南五里，沙海在府城西北十二里」，則繁臺去沙海不及二十里，疑渾臺即繁臺地也。然御覽一七八引郡國志云：「繁臺西有崇臺，即顏率云：蟬臺之下，沙海之上是也」。則繁臺非渾臺，渾臺去沙海更近矣。疑當作蟬臺。

〔一二〕沙，原作少。鮑彪曰：九域圖：開封有沙海，引此。黄丕烈曰：鮑改少爲沙。吴氏補曰：少當作沙。丕烈案：此不當輒改。張琦曰：沙海在今開封府西北十二里。程恩澤曰：案寰宇記：沙海在開封縣西北十二里，即顏率所云也。今無水。洪亮吉曰：今在祥符縣西北十二里。又少海見韓非子，乃齊地，故從鮑注。（輿地廣記亦作沙海）。顧觀光曰：鮑據九域圖，開封有沙海，改少爲沙。按元和志引戰國策，亦作沙。又云：沙海在汴州開封縣北二里。祖耿案：初學記八，御覽一五八引，均作沙。九域圖：開封有沙海引此，元和志引亦然，云沙海在汴州開封縣。顧祖禹讀史方輿紀要云：沙海在開封城西北十二里。戰國策：沙海之上，指此。隋文帝疏鑿舊渠，引汴水注之，習舟師以伐陳，今塞。又案：淮南子墬形訓：「東方大渚曰少海」。高注：東方多水，故曰少海，亦澤名也。朱起鳳曰：少海即小海，古少、小字通，大、小相對爲文。劉文典曰：謹案初學記地理部上引，少，作沙。

〔一三〕爲，原作其。祖耿案：其，御覽一五八引作爲，今從。下同。

〔一四〕鮑彪曰：楚非適齊之途，既不可入梁，亦無從至楚。其云然，不可曉也。張琦曰：由淮陽、臨淮，以至鄒、魯，正適齊之道。既不可入梁，少迴遠，亦得也。鮑以齊王爲閔，若當分宋之後，則由陳而沛，道更徑矣。楚策云：北有汾陘之塞。後志：密縣有陘山。史正義曰：陘山在鄭州新鄭縣西南。王伯厚云：蓋南北之隘道，楚以爲塞，以禦北方。蘇秦於韓曰：南有陘山。於楚曰：北有陘塞。其地一也。山在今新鄭、密縣間，與周之平陰、緱氏相接。又周紀：以應爲秦太后養地。應與葉密邇。西周策云：楚請道於兩周，以伐韓、魏。不可謂無由至楚也。

〔一五〕姚注：後語作「章華之庭」。注云：徐廣曰：「華容有章華亭」。鮑彪曰：葉庭即南陽葉也。吳師道曰：姚云後語作章華之庭。程恩澤曰：案楚章華臺甚多，然未有以爲葉庭者，當依本文解之爲是。金正煒曰：姚云後語作章華之庭。注云：徐廣曰：華容有章華亭。鮑注即南陽葉也。按葉當作華，章華之庭，省稱華庭，猶楚策之言章臺。秦策華陽君，趙策作葉陽君。史記范雎傳華陽君，徐廣曰：華，一作葉。漢書劉向傳亦作葉。二形相近，易以致誤。朱起鳳曰：華、葉字形略相似，古每混用，華雄作葉雄，是其例也。容字作庭，乃音近而訛。姚注：後語引國策作「章華之庭」，注徐廣曰：「華容有章華亭」，是不知葉庭即華容之誤，又從而爲之辭也。

〔一六〕甀，鮑本作瓺。姚注：甀，一作瓺。鮑彪曰：壺，昆吾圜器；瓺，甗也。黃丕烈曰：醠壺，鮑本作壺醠。吳補：一本醠壺。此文殽次。

〔一七〕姚注：馬逝，曾、集作彘逝。鮑彪曰：並喻其輕疾。

〔一八〕可至，原作止。姚注：止，一作可至。今從。鮑彪曰：集韻：灕，滲流貌。

〔一九〕伐，鮑本作代。程恩澤曰：案殷之邦畿，不常厥邑，自契至成湯凡八遷。自湯至盤庚又五遷。其後盤庚復自奄遷于殷，武乙又徙朝歌。

〔二〇〕姚注：一本得上有凡字。

〔二一〕姚注：一本無「凡一」二字，「鼎而」作「而鼎」。鮑彪曰：輓，引也。

〔二二〕鮑彪曰：士，一人也。二千五百人爲師。徒，步行者。吳師道曰：左傳注：步卒七十二人，甲士三人。又：百人爲卒。徒，衆也。此士卒師徒，亦大概言之耳。張宗泰曰：按鼎之重，以千斤爲度，至矣。千斤之鼎，載以一車，百人輓之，足矣。九萬人何所用之？九九八十一萬人，又何其侈也！（魯巖集）

〔二三〕鮑彪曰：械，器之總名。被具，士卒所服用之具，備人之所應用，使稱足此八十一萬人。吳師道曰：稱此者，彼此均等，猶史言「他物稱是」，謂士衆賚械具，備輓鼎之役者，又且八十一萬也。

〔二四〕祖耿案：者，鮑本無。

〔二五〕鮑彪曰：言許之而實不與也。

〔二六〕吳師道曰：洪氏邁云：策首載此，以爲奇謀，此特兒童之見爾。疑必無是事，而好事者飾之。愚按左氏嘗載楚子問鼎事，當時爭欲得鼎，以見其强，不可以爲無。黄式三曰：鼎在西周，知此爲西周事。

祖耿案：史記：王赧使武公謂楚相昭子曰：「西周之地，絕長補短，不過百里」，而好事之君喜攻之，何也？見祭器在焉。「今子將欲誅殘天下之共主，居三代之傳器」云云。又，馬犯謂梁王：「請以九鼎自入于王」。赧王卒，秦取九鼎。是九鼎固有其物，窺鼎亦有其事，然此顏率所云蓋游士誇飾之詞，此章未必實有其事。讀者詳之。

二

秦攻宜陽〔一〕，周君謂趙累〔二〕曰：『子以爲何如？』對曰：『宜陽必拔也。』君曰：『宜陽城方八里，材士十萬〔三〕，粟支數年；公仲之軍二十萬〔四〕；景翠以楚之衆臨山而救之〔五〕；秦必無功。』對曰：『甘茂，羈旅也〔六〕。攻宜陽而有功，則周公旦也〔七〕。無功，則削迹於秦〔八〕。秦王不聽群臣父兄之議〔九〕而攻宜陽，宜陽不拔，秦王恥之。臣故曰拔。』君曰：『子爲寡人謀，且奈何？』對曰：『君謂景翠曰：「公爵爲執圭，官爲柱國〔一〇〕，戰而勝，則無加焉矣〔一一〕；不勝，則死；不如胥秦拔宜陽〔一二〕，公進兵。秦恐公之乘其弊也〔一三〕，必以寶事公。公仲慕公之爲己乘秦也〔一四〕，亦必盡其寶。」』秦拔宜陽，景翠果進兵，秦懼，遽效煮棗〔一五〕。韓氏果亦效重寶。景翠得城於秦，受寶於韓，而德東周〔一六〕。

〔一〕鮑彪曰：宜陽，韓邑，屬弘農。秦武三年，攻宜陽，赧之七年也。吳師道曰：大事記云：「今河南有福昌縣，城東、南、北三面，峭絶天險，黽池、二殽，皆在境内，蓋控扼之地。」又曰：此據甘茂傳文。年表，拔宜陽在次年。宜陽之役，五月而不拔，凡涉兩歲也。通鑑、大事記皆于赧七年書伐，八年書拔。景翠救韓在八年。張琦曰：宜陽今縣屬河南府，故城在縣東北十四里。程恩澤曰：案漢志，宏農郡有宜陽縣，故在澠池。索隱：宏農之縣，在澠池西南。括地志：故韓城，一名宜陽，城在洛州福昌縣東十四里，即韓宜陽城也。此韓之大郡，伐取之，三川路乃通。通典：宜陽即魏之一合塢城。水經注：一合塢，惟築一面是也（王應麟引作一金塢，蓋誤）。通雅：黽池縣治南，對金門塢水，南五里，舊宜陽縣治（亦見水經注）。今在河南府宜陽縣東北（洪志作西）十四里。本周初召伯聽訟之所。戰國時爲韓地。策云：「宜陽城方八里，材士十萬，粟支數年」。名爲縣，其實郡也，則亦險要矣。（據通典，宜陽即今福昌山。則宜陽本山名，蓋依山以爲固，即因山以名縣也。）　顧觀光七國地理考曰：史記：列侯九年，」秦伐我宜陽，取六邑。」又昭侯二十四年，秦拔我宜陽。又襄王五年，「秦拔我宜陽，斬首六萬」。錢竹汀謂：戰國時，大郡連十數城，非一時所能盡拔。然秦策甘茂曰：「宜陽，大縣也，上黨、南陽，積之久矣，名爲縣，其實郡也。」是宜陽非郡，安得復有屬縣？恐其間有失而復得之事，史略其文耳。正義引括地志云：故韓城，一名宜陽城，在洛州福昌縣東北十四里（福昌縣今爲宜陽縣，屬河南府）。東周策：「宜陽城方八里」。大事記云：「東、南、北三面，峭絶天險，黽池、二殽皆在境内，蓋控扼之地。」故張儀說楚王曰：秦下甲兵，據宜陽，韓之上地不通。蘇秦說趙王曰：韓絶則效宜陽，宜陽效則上郡絶。張儀說韓王曰：秦下甲據宜陽，斷絶韓之上地，則王之國分矣。

祖耿案，顧觀光隸此於赧王八年。

〔二〕黄丕烈曰：趙，鮑本作周。吴補：一本趙累。大事記引。

〔三〕鮑彪曰：材士，士之有材武者。

〔四〕祖耿案：公仲，韓相國也，見下西周策雍氏之役章；名朋，見秦策二秦武王謂甘茂章。鮑彪曰：「朋，公仲名。此書後或名朋，或名侈。朋、侈字近，故誤。史並作侈。然韓策言公仲侈，又言韓侈，爲兩人。今定公仲名朋，別韓侈也。」吴師道曰：「史田齊世家韓馮，徐廣云：即公仲侈。大事記取。韓又有韓明、韓侈。

馮、朋音混，而侈、明、朋字訛故也，且當各存舊文。」（以上並見秦武王章注）　王引之曰：史記作馮，馮與朋聲相近，則作朋者是也。藝文類聚寶部下引六韜曰：九江得大貝百馮，鴻烈道應篇作大貝百朋，是朋、馮古字通也。其作侈者，乃倗字之譌，倗、朋古字亦通。韓子十過篇及漢書古今人表，並作公仲朋。梁玉繩曰：人表譌公中用。

〔五〕鮑彪曰：景翠，楚將。楚與韓隣，而與秦相圖，故救之。　金正煒曰：楚兵在山南章，鮑注「山，吴岳，屬扶風」。疑此文即謂山南之軍，「而」或「南」字之譌。

〔六〕鮑彪曰：甘茂，下蔡人，仕秦。集韵：羈旅，寓也。　吴師道曰：茂，一作戊，後多有。說苑亦作戊，古字通。　程恩澤曰：案郡國志，河南有甘城。

〔七〕鮑彪曰：言且相秦。

〔八〕鮑彪曰：言不得留。

〔九〕議，原作義。祖耿案：義，鮑本作議，今從。

〔一〇〕祖耿案：圭，鮑本作珪。　鮑彪曰：柱國，楚卿。　董說曰：國策，楚國之法：破軍殺將者，其官爲上柱國，封上爵，執珪。

〔一一〕姚注：矣，集、曾作耳，劉、錢作矣。

〔一二〕胥，原作背。拔，原作援。　鮑彪曰：翠時蓋援宜陽，有秦私，故説之云。　吴師道曰：秦策，馮章許楚漢中，楚懽而不進，所説有秦私者。竊謂此策，上既言秦之必拔，翠之不勝則死，而又曰「不如背秦援宜陽」，意殊不類，恐此句有缺誤。背下或有之字，或秦下復有秦字。援字當作拔。勸之避秦兵，待秦既拔，然後進兵乘其敝，當秦懼之、韓德之而交得賂以爲利。下文「秦拔宜陽，景翠果進兵」，「果」字可見。

又秦策，「楚畔秦而合於韓」句，意似與此同。然彼指翠未救時言之爾。其後韓、楚雖合，楚不爲韓氏，謂先戰，固已預知之矣！　金正煒曰：背字義不可通，當爲胥字之誤。史記趙奢傳：「胥後命」。正義：胥，猶須也。管子大匡篇：「將胥有所定也」注：胥，待。六朝人書胥作骨，因致誤「背」。援，當從吴說作拔，言待秦既拔宜陽而後進兵也。　祖耿案：背、援二字，今從金、吴二氏之説改。

〔一三〕鮑彪曰：乘，謂因而攻之。

〔一四〕仲，原作中。　黄丕烈曰：今本中作仲。鮑本同。今從。

〔一五〕鮑彪曰：煮棗，屬濟陰宛句。　程恩澤曰：煮棗有二。正義：煮棗故城，在冀州信都縣東北五十里。寰宇記：故城在棗强縣西南十五里，六國時於此煮油棗。此河北之煮棗也，在今直隸冀州棗强縣西南十五里。郡國志：濟陰郡宛句縣有煮棗城。此濟陰之煮棗也，在今山東曹州府菏澤縣西南。國策所云煮棗，指此。　顧觀光曰：蘇秦説魏曰：「東有煮棗」。徐廣曰：在宛句。正義曰：宛朐，曹州縣（漢志屬濟陰，在今曹州府城西南）。按水經濟水注云：「北濟東逕濟陽縣故城北，東北逕煮棗城南，又南北逕宛朐縣故城北，又東北逕定陶縣故城北。」據此，則煮棗在宛句西矣，故元和志云：煮棗故城在曹州宛句縣西北四十里。史記田齊世家：湣王十二年攻魏。魏王曰：「煮棗將拔，齊兵又進」。正義曰：煮棗故城在冀州信都縣東北五十里。與蘇秦傳注不同。王伯厚云：蘇秦謂「東有煮棗」，當從宛句之説。東周策：「秦拔宜陽，景翠果進兵，秦懼，遽效煮棗」（在齊湣王十七年）。據此，則煮棗又嘗入秦，今不可考。

〔一六〕鮑彪曰：德，恩之也。　吴師道曰：爲寡、爲己之爲，去聲。餘如字。

三

東周與西周戰，韓救西周〔一〕。爲東周謂〔二〕韓王曰〔三〕：「西周者，故天子之國也，多名器重寶〔四〕。案兵而勿出〔五〕，可以德東周，西周之寶可盡矣〔六〕。」

〔一〕祖耿案：此章見史記周本紀王赧八年下，凡五十字，較策多兩字，內容相同。顧觀光隸此於赧王八年。

〔二〕姚注：謂，集本改作謫，一作謂。

〔三〕鮑彪曰：韓王，襄。金正煒曰：按周君之秦章，「謂周最曰」，高注：「謂，有人謂周最，姓名不見也」。高氏出注於後，足證此本章次已淆。

〔四〕金正煒曰：公羊昭二十二年傳：「王城者何？西周也。」及考王封弟揭於王城，其後遂稱西周。周自敬王以後，皆居成周，故謂西周爲天子之故國，明非當時之京師也。呂覽明理篇：「有狼入於國」，高注：國，都也。東周君爲惠公少子班之後，其國在鞏，未嘗爲天子所都。因爲是言。又左氏莊二十年傳：「王及鄭伯入於鄔，遂入成周，取其寶器而還。」竹書紀年：「鄭人入王府，多取玉。」是則武王俘商舊玉億有百萬，惟故都尚有存者矣！

〔五〕祖耿案：案，鮑本作按。鮑彪曰：按，下，與舉反。

〔六〕張守節曰：或人爲東周說韓王，令按兵無出，則周德韓矣。張守節又曰：韓出兵助西周，雖不攻東周，西周媿其佐助，寶器必盡歸於韓。以上是或人說韓，令無救西周也。鮑彪曰：欲韓出兵，故賂之。

紀八年有。

四

東周與西周争〔一〕，西周欲和於楚、韓〔二〕。齊明〔三〕謂東周君曰：『臣恐西周之與楚、韓寶，令之爲己求地於東周也。不如謂楚、韓曰：「西周之欲入寶，持二端〔四〕，今東周之兵不急西周，西周之寶不入楚、韓。」楚、韓欲得寶，即且趣我攻西周〔五〕。西周寶出，是我爲楚、韓取寶以德之也〔六〕。西周弱矣〔七〕。』

〔一〕祖耿案：此章姚本連上，鮑本別提，鮑本是也。史記：西周之寶必可以盡矣句下，無此一百二字，知此章不與上連，乃別一時事。非上章八年時事也。黄式三周季編略編此入赧王十五年云：「吕氏曰：本紀載於楚圍雍氏、韓徵甲粟之前，今從之。皇極經世書於八年，不知楚圍雍氏非一役也。」案楚圍雍氏前後三次：一在王赧三年；一在王赧八年；一在王赧十五年。説詳馬驌繹史。此策所云，當在十五年。知者，策云：「西周欲和於楚、韓」。又云：「西周之與楚、韓寶。」八年之役，周方得韓之高都，何由與楚、韓寶耶？知此必十五年事也。顧觀光附此於赧王八年。

〔二〕鮑彪曰：和二國以爲己援。

〔三〕鮑彪曰：齊明，疑楚人，兩見楚策。吴師道曰：無明徵。鮑氏例，以國姓者，皆其國人，齊明豈不可爲齊人邪？故大事記止云：當時之辯士也。

〔四〕鮑彪曰：言東兵急，則入；不急則已。

〔五〕鮑彪曰：趣，疾也，督使疾戰。我，謂東周。

〔六〕鮑彪曰：言有恩於楚、韓。

〔七〕黄式三曰：此見周之所以亡也。

五

東周欲爲稻〔一〕，西周不下水〔二〕，東周患之。蘇子〔三〕謂東周君曰：「臣請使西周下水，可乎？」乃往見西周之君曰：「君之謀過矣！今不下水，所以富東周也。今其民皆種麥，無他種矣〔四〕。君若欲東周之乏〔五〕，不若一爲下水，以病其所種。下水，東周必復種稻。種稻而復奪之，若是，則東周之民可令一仰西周而受命於君矣〔六〕。」西周君曰：「善。」遂下水。蘇子亦得兩國之金也〔七〕。

〔一〕鮑彪曰：爲，謂種之。　祖耿案：顧觀光附此於赧王八年。

〔二〕鮑彪曰：稻宜濕，西周居河之上流。　吳師道曰：未知專指河否？　張琦曰：河、洛二水，西周皆居上流，然非可壅以專利者，當是陂堰之水蓄以灌溉者也。　祖耿案：水經伊水注引，「稻」作「田」。

〔三〕鮑彪曰：非代則厲。　程恩澤曰：案通志氏族略：蘇，己姓，顓頊裔，封於蘇，鄴西蘇城是也。

〔四〕鮑彪曰：麥宜燥也。

〔五〕「東周之乏」，原作「害之」二字。　祖耿案：御覽四六〇引作：「君若欲東周之乏。」水經伊水注引作「欲貧之」。今依御覽改。

〔六〕鮑彪曰：有望於上則仰。吳師道曰：爲，去聲。仰，疑向反。

〔七〕鮑彪曰：彪謂此策不可行。東、西周壤地相接，豈不能候其所種？蘇子，東人也，爲東游說而豈得不疑？且今下水，安能保其不奪？雖一爲下，何補哉！吳師道曰：據此策，則西人可以制周，必不疑於其說。蘇子公爲反覆以得金，豈顧其復奪哉！大事記云：其微如此，其所爭又如此，可不哀哉！然則又何足深辨也。祖耿案：御覽四六〇引作「蘇子亦得兩全之矣。」

六

昭獻在陽翟〔一〕，周君將令相國往〔二〕，相國將不欲〔三〕。蘇厲爲之謂周君曰：「楚王與魏王遇也，主君令陳封之楚〔四〕，令向公之魏〔五〕。楚、韓之遇也，主君令許公之楚〔六〕，令向公之韓。今昭獻非人主也，而主君令相國往。若其王在陽翟，主君將令誰往〔七〕？」周君曰：「善。」乃止其行。

〔一〕鮑彪曰：屬潁川。吳師道曰：韓策：楚昭獻相韓。程恩澤曰：案漢志，潁川郡有陽翟縣，夏禹國。徐廣曰：夏居河南，初在陽城，後居陽翟。師古曰：禹所受封也。應劭、臣瓚以爲禹都，非是。縣西有鈞臺陂，所謂鈞臺之享也。後爲鄭櫟邑（西南有高氏亭，見左傳）。戰國時并於韓。韓景侯自平陽徙都此。（按地理志作韓景侯自新鄭徙此。於新鄭下云：韓自平陽徙都之。韓世家：貞子徙平陽，哀侯徙新鄭，獨不言景侯徙陽翟。疑景侯時本未都陽翟。地理志所云自新鄭徙此者，蓋是實錄，但景侯當是懿侯之誤耳。張氏琦曰：韓世家哀侯二年「滅鄭，因徙都鄭。」若徙新鄭在景侯之前，時鄭尚在，無由都之。新鄭下當云自陽翟，陽翟下當云自平陽，孟堅蓋誤次耳。說亦可存。）　顧觀光曰：漢志：潁水郡陽翟（今許州府禹州），周末韓景侯自新鄭徙此。按史記，哀侯徙鄭在景侯後，不言其後又徙陽翟，不知漢志何所本也。越世家云：「韓之攻楚，覆其軍，殺其將，則葉、陽翟危。」韓策，冷向謂鄭彊曰：「今已令楚王奉幾瑟以車百乘，居陽翟，令昭獻轉而與之處。」則陽翟乃韓之南境與楚爲隣者。　祖耿案：顧觀光附此於赧王十五年。

〔二〕鮑彪曰：往與獻會。

〔三〕董說曰：趙武靈王傳國於少子何，肥義爲相國。見趙世家。應劭曰：相國之名始此，秦、漢因之。金正煒曰：按韓策：「楚王奉幾瑟以車百乘，居陽翟，令昭獻轉而與之處」。此策當即其時，吳氏以爲昭獻相韓時事，恐非。相國猶管、韓諸書之稱相室。左氏僖二十三年傳：「吾觀晉公子之從者，皆足以相國。」趙策：「趙國豪傑之士，多在君右，而君爲相國者以親。」蓋以爲執政者之美稱，非即以之名官也。呂覽異寶篇稱宋子罕爲相國，無義篇稱樗里子爲相國，不苟篇稱百里奚爲相國：皆追述之辭，非當時即拜此官。漢書百官公卿表：相國、丞相，皆秦官。是先秦雖有是稱，名官實始於不韋。韓非之以相室爲文，正以別於秦之新制。惟漢官儀云：相國、丞相，皆六國時官。則以其時嘗有此稱，因以意爲說耳。次將字，辭也，見文選甘泉賦注引韓詩章句。又侯鯖錄載蘇東坡云：古人以將爲初。則此文「將不欲」，猶言「雅不欲」。吳曾祺曰：下將字，疑因上衍。　祖耿案：春秋之際，正卿當國，皆謂之相，後亦謂之相國。七國時，秦、楚、趙、韓、燕，並有相國。秦有相國呂不韋，趙有相國肥義，惠文王以相國印授樂毅，是也。

〔四〕鮑彪曰：此言疇昔之事，陳、向、許皆仕周，而位在相下。

〔五〕程恩澤曰：案急就篇：向，國名，姜姓，其後以爲氏。地理通釋：軹縣有地名向上。
〔六〕黄丕烈曰：今本許作葉。鮑本作葉。　鮑彪曰：亦其王遇。
〔七〕姚注：曾作「誰往周」，集、劉、錢無「周」字。　鮑彪曰：言必君自往。

七

秦假道於周以伐韓〔一〕，周恐假之而惡於韓，不假而惡於秦〔二〕。史黶謂周君曰〔三〕：「君何不令人謂韓公叔曰〔四〕：『秦敢絶塞而伐韓者〔五〕，信東周也。公何不與周地，發重使使之楚，秦必疑，不信周〔六〕。是韓不伐也〔七〕。』又謂秦王曰〔八〕：『韓强與周地〔九〕，將以疑周於秦，寡人不敢弗〔一〇〕受。』秦必無辭而令周弗受。是得地於韓，而聽於秦也〔一一〕。」

〔一〕張琦曰：時秦已取宜陽，蓋欲過周以攻滎陽、成皋也。　祖耿案：此篇姚本與昭獻在陽翟章連篇，鮑本另列一篇。據文義應另列。顧觀光依史記，隸此於赧王八年。
〔二〕姚注：史記兩「惡」作畏。
〔三〕姚注：一作史厭。　鮑彪曰：韓史，疑即厭。　吳師道曰：黶，正義云：烏減、於點二反。　司馬貞曰：周君，西周武公也。時王赧微弱，不主盟會，寄居西周耳。
〔四〕鮑彪曰：公叔，韓公族。

〔五〕鮑彪曰：絶，横渡；塞，障也。爲垣壘，以遮止鄰國往來。

〔六〕鮑彪曰：使周發使。秦、楚，相圖之國也。周使使楚，故秦疑其圖己。

〔七〕鮑彪曰：不受秦伐。

〔八〕鮑彪曰：秦武王。

〔九〕張守節曰：又謂秦曰：『韓强與周地，令秦疑周親韓，則周不敢不受。秦必無巧辭而令周不敢不受韓地也。』吴師道曰：强，巨兩反。

〔一〇〕姚注：集一去弗字。

〔一一〕司馬貞曰：此史厭説韓，令與周地，使質於楚，令秦疑楚、不信周，得不假道伐韓，而猶聽命於秦。鮑彪曰：紀八年。彪謂戰國之士，設心措辭，無不出於詐。若此者，君子之所恕也。下章次之。吴師道曰：鮑意尊周，故謂行詐免難所可恕，與楚兵在山南章注失，同。

八

楚攻雍氏〔一〕，周粻秦、韓〔二〕，楚王怒周〔三〕，周之君患之。爲周謂楚王曰：『以王之强而怒周，周恐，必以國合於所與粟之國，則是勁王之敵也〔四〕，故王不如速解周恐〔五〕。彼前得罪而後得解，必厚事王矣。』

〔一〕鮑彪曰：雍氏之役，周紀注：陽翟有雍氏城。韓記注：赧王三年、十五年，楚再圍雍氏。東周策：楚攻雍氏。此亦赧之十五年也。　張琦曰：史正義云：括地志：故雍城在陽翟縣東北二十五里。按陽翟今禹州治，雍氏城在今陳州府扶溝縣西南四十里，與禹州接界。　程恩澤曰：　案郡國志：潁川郡陽翟縣有雍氏城。杜預曰：在縣東北。括地志：故雍城在洛州陽翟縣東北二十五里。　故志云：黄帝臣雍父作杵臼所封也。按其地時屬韓。路史謂雍氏城在冀州堂陽縣東北三十六里（即寰宇記之高堤城）。羅萍注反以杜注爲非。恐未可信。今開封禹州東北（或云在扶溝西南四十里，似非），有雍氏城。顧祖禹曰：即左傳雍梁也。（洪亮吉主此説。江永曰：雍、梁二邑，雍即雍氏，梁則南梁。今按襄三十年傳云：「伯有奔雍梁」。當爲一地，不可分而爲二。江説似誤。）　祖耿案：顧觀光隸此於赧王八年，曰：此章與西周策雍氏之役韓徵甲與粟於周章，注家並謂是赧王十五年事。今按楚後圍雍氏爲納幾瑟。而韓策云：「幾瑟之能爲亂也，内得父兄，而外得秦、楚也。」楚策云：「韓公叔有齊、魏，而太子有楚、秦，以爭國。」是其時楚與秦合，策文不可通矣，今正之。又曰：史記（韓）襄王十二年，楚圍雍氏。徐廣云：在陽翟。正義引括地志云：故雍氏城在洛州陽翟縣東北二十五里。　祖耿又案：楚圍雍氏前後三次：其一在王赧三年；其二在王赧八年；其三在王赧十五年。周得高都，秦師下殽，楚不拔雍氏而去。此王赧八年事也，見史記周本紀、甘茂傳。又韓世家：「楚圍雍氏」，至「於是楚解雍氏圍」一段，及西周策第四章，韓策二第一、第二章，與此策爲同時事，爲第二次楚圍雍氏，實王赧八年事。顧氏説是，八年是也。梁氏志疑卷四謂在赧王九年，實一役也。

〔二〕鮑彪曰：粻，食米也。時秦救韓，周以米餉之。　吴師道曰：詩傳：粻，糧也。音張。

〔三〕鮑彪曰：楚懷王。

〔四〕鮑彪曰：勁，强也。

〔五〕鮑彪曰：周以楚怒之，故恐。

九

周最謂呂禮曰〔一〕：『子何不以秦攻齊？臣請令齊相子〔二〕，子以齊事秦，必無處矣〔三〕。子因令周最居魏以共之〔四〕。是天下制於子也。子東重於齊，西貴於秦。秦、齊合，則子常重矣。』

〔一〕呂，原作石。黄丕烈曰：石，鮑本作呂。丕烈案：呂字是也。鮑彪曰：凡呂皆齊人。禮以秦昭十三年奔魏，十九年復歸秦。其相齊，在薛公歸薛後，見孟嘗君傳，蓋赧二十一年後也。吳師道曰：『呂皆齊人』，此類無據，當缺。晉有呂錡、呂相，本魏氏，不必呂尚後也。又曰：注『奔魏』，據秦紀。按穰侯傳：冄相秦，欲誅呂禮，禮出奔齊。大事記從之。『歸秦』據秦紀及穰侯傳。按秦紀下接齊破宋之文，年表破宋在秦昭二十一年。則紀誤矣。按呂禮相齊，孟嘗君遺穰侯書，勸秦伐齊而禮亡事，當在齊滅宋前，大事記書於赧王二十九年之首（即秦昭二十一年），則禮自奔齊至去齊，首尾九年。然解題亦據紀爲說，謂後六年來歸，則未改也。金正煒曰：周最，史記作周聚。按策文本蓋作冣而譌也。說文：『冣，積也』。徐鍇曰：古以聚物之聚爲冣。殷本紀：大冣樂戲于沙丘。徐廣曰：冣，一作聚。趙策：使趙蔥及顏冣代將。史作顏聚。並可爲證。錢穆曰：呂禮相齊，與蘇代、孟嘗相嫉。秦昭王十九年，齊、秦稱東、西帝，而蘇代勸齊釋帝號，背秦約而攻宋。是歲齊稱帝二月即去之，秦亦不果稱帝。呂禮即以是年亡歸秦。不二年，齊遂滅宋。

蓋當時欲合齊於秦者，呂禮也；欲離齊於秦者，蘇代、孟嘗也。齊合於秦則存宋，齊離於秦而宋滅。齊去帝號即離秦，故呂禮亡歸。黄氏編略定呂禮逃歸秦在齊滅宋後，恐未是。荀子王霸篇：「齊閔、薛公彊，南足以破楚，西足以詘秦，北足以敗燕，中足以舉宋。及以燕、趙起而攻之，若振槁然。」若齊滅宋，孟嘗未去齊，尚預其事，亦非也。（考辨三六三頁） 祖耿案：史記孟嘗君傳正義云：周最，周之公子。高誘説同，見下西周策。 又案：呂禮自秦奔齊，爲避魏冉之逼，時在王赧二十一年，其相齊在二十一年之後。此策所言，是禮未相時，周最在齊也。顧觀光編此於赧王二十一年。

〔二〕鮑彪曰：秦攻齊，禮使之也。齊欲免攻，故可使之相禮。

〔三〕黄丕烈曰：鮑改處爲慮。吴氏正曰：前後章有此字，義當同。丕烈案：後策文有「必不處矣」！又有「請謂王聽東方之處」，吴氏指此也。 金正煒曰：按呂覽愛士篇：陽城胥渠處。高注：處，猶病也。無處，謂無患。鮑改處爲慮，義亦相近。

〔四〕鮑彪曰：周字衍。共，與齊俱事秦也。

十

周相呂倉見客於周君〔一〕，前相工師藉恐客之傷己也〔二〕，因令人謂周君曰：「客者辯士也，然而所以不可者，好毁人〔三〕。」

〔一〕鮑彪曰：言之於君使得見。 吴師道曰：見，賢遍反。 程恩澤曰：案呂有三，一爲申、呂之呂，潛夫論：宛西三十里有呂；一爲呂、郤之呂，左傳：「呂、郤畏偪」，今霍州西三里有呂鄉，西南十里有呂城；

一爲呂留之呂，地理志：楚國有呂縣，今在徐州府城北。祖耿案：顧觀光附此於顯王三十六年。

〔二〕鮑彪曰：傷猶毁。工師籍即後工陳籍。黄丕烈曰：楚策，韓求相工陳籍，即此也。「陳」乃「師」字形近之譌。

〔三〕鮑彪曰：不可聽用。彪謂工師籍非端人也。德義不愆，何恤人之言。

祖耿案：藉，鮑本作籍。下同。

十一

周文君免工師藉〔一〕，相呂倉，國人不説也。倉有閔閔之心〔二〕。謂周文君曰：『國必有誹譽〔三〕。忠臣令誹在己，譽在上。宋君奪民時以爲臺。而民非之〔四〕，無忠臣以掩蓋之也。子罕釋相爲司空〔五〕，民非子罕而善其君。齊桓公宮中九市〔六〕、女閭七百〔七〕，國人非之，管仲故爲三歸之家〔八〕，以掩桓公之非也〔九〕。春秋記臣弑君者以百數〔一〇〕，皆大臣見譽者也〔一一〕。故大臣得譽，非國家之美也〔一二〕。故衆庶成彊〔一三〕，增積成山〔一四〕。』周君遂不問〔一五〕。

〔一〕免下原有士字。姚注：集、曾一去士字。黄丕烈曰：鮑衍士字。吴氏補曰：疑衍。金正煒曰：士字即「工」之誤衍。楚策張儀相秦謂昭睢章，亦無士字。當從鮑本省。鮑彪曰：史書東周略甚，豈惠公後有此君耶？不然，則惠公别稱也。鴻烈道應訓亦稱周昭文君。金正煒曰：呂覽諭大篇：「杜赫説周昭文君以安天下」。高注：昭文君，周末世分東、西之後君號也。務大篇注，則以爲東周之君。此策文君，蓋昭文之省稱。　祖耿案：此章姚本與周相呂倉見客於周君連篇，鮑本另列一章。顧觀光附此於顯王三十六年。曰：呂氏春秋言：張儀西遊於秦，過東周，昭文君送而資之。按張儀入秦在顯王三十六年。據徐廣六國表注引紀年：顯王九年，東周惠公傑薨。若昭文君爲惠公子，則是年爲昭文君之二十七年。

〔二〕倉，原作君。　鮑彪曰：閔閔，亦不說也。　金正煒曰：君字當爲倉之譌，謂呂倉也。左氏昭三十二年傳：「閔閔焉如農夫之望歲」。注：閔閔，憂也。倉見國人不說，因以爲憂，故使人以下文說東周君也。

〔三〕鮑彪曰：誹，謗也。

〔四〕鮑彪曰：見襄十一年。

〔五〕鮑彪曰：司空主土工。傳言子罕親執朴以行築者是也。

〔六〕九，原作七。　祖耿案：七，依御覽八二七引改作九。市，當爲姊字之脫壞（湯炳正說）。九姊云者，左氏僖十七年傳：「齊侯之夫人三：王姬、徐嬴、蔡姬」，「內嬖如夫人者六人」：長衛姬、少衛姬、鄭姬、葛嬴、密姬、宋華子也。

〔七〕鮑彪曰：閭，里中門也。爲門、爲市於宮中，使女子居之。　吳師道曰：宮中爲七市，女閭此七百也。

〔八〕鮑彪曰：婦人謂嫁曰歸，夫家曰家。仲蓋三取女也。　俞正燮曰：論語：「管氏有三歸。」集解，包云：三歸，三姓女。案東周策云：桓公宮中有女市，女閭七百……管仲故爲三歸之家，以掩桓公，非自傷於民。說苑則云：築三歸之臺，自傷於民。集注取其義，毛奇齡極詈之。說苑、新序者，雅記所不盡載，彙存其說，故事多兩見，佳書也。北魏太祖以與經典正義多違失，別撰新義三十篇，則類書也。曾鞏校書，又極舉劉失，皆爲不達。說苑所以改三歸義爲臺者，取三姓女則三內子，當曰不知禮。論語於反坫云不知禮，於三歸云不儉，故存其異義，非謂其必是也。漢書地理志說管仲取三歸，即不用其義。韓非子外儲說云：管仲言臣貧，桓公使有三歸之家。三歸者，諸侯禮也。不聞諸侯臺名三歸，三姓女曰三歸者。據左傳，魯文公有二妃敬嬴；齊桓公有三夫人；邾文公有元妃、二妃；鄭文公有夫人芈氏、姜氏（僖二十二年），又娶于江（宣三年），又娶于蘇；陳哀公有元妃、二妃、下妃。則諸侯本具三妃。禮祭義云：「卜三宮之夫人，世婦之吉者。」僖公二十年公羊傳云：「魯子曰：以有西宮，亦知諸侯之有三宮也。」故曰：三宮，諸侯之禮；卿、大夫、士，則一宮。禮云：命士以上，父子異宮是也。白虎通云：卿、大夫一妻二妾，一妻則一宮。管子則三人者皆爲妻。古者，夫家餘子，受田懸殊，立一妻，則多一室家禮節之費。桓公夫人三人，有如夫人者六人。管子有內子一人，有如內子者二人。以卿、大夫一妻二妾之制推之，管子家有三宮之費，故論語曰「焉得儉」？言其費三倍於人，雖欲儉而不可得也。管子三宮，以名近君諱之，若爲前後三娶者，以爲此三女歸於我也。後人就其實，則以三歸爲諸侯三宮之禮。

〔九〕非上原無之字，非下原有「自傷於民」四字。鮑彪曰：管仲爲此，人皆毀之。仲非樂於毀也，其意欲掩蓋桓公耳。一說仲欲掩公之非，寧自毀也。　祖耿案：「以掩桓公非自傷於民也」，御覽八二七引作「以掩桓公之非也」。今從。

〔一〇〕張宗泰曰：按春秋二百四十二年，弑君三十六，已極人倫之變。如策所云，則是春秋之世，率二年有餘而一弑君也，有是事乎？（魯巖集）

〔一一〕金正煒曰：見，當作得。古書得作「㝵」，因誤爲見。趙策：「踰年歷歲，未得一城」，今誤得爲見。呂覽首時篇「聖人之得時」，今誤爲見時。下文「故大臣得譽」，正作得。

〔一二〕鮑彪曰：此言掩君之非可耳，而齒見譽者於殺君之列，則後世名卿賢相，何道而可以安於朝廷之上？不仁哉，此言也！　吳師道曰：漢高帝繫治蕭何曰：「吾聞李斯相秦，有善歸主，有惡自與」云云。

王衛尉曰：『秦以不聞其過亡天下，李斯之分過，又何足法哉！』

〔三〕鮑彪曰：言師籍之得衆。

〔四〕祖耿案：成，鮑本作如。

〔五〕問，原作免。　鮑彪曰：卒相倉也。　金正煒曰：免，當爲問。免，亦讀文運切，與問字同音，又因上文免工師籍而譌也。不問，謂國人不説相倉，周君遂亦不求其故也。上文稱工師籍爲前相，不得更言不免，且與大臣得譽非美之文不合，故知爲問之誤。

十二

温人之周〔一〕，周不納〔二〕。問曰：『客耶？』對曰：『主人也〔三〕。』問其巷而不知也〔四〕。吏因囚之。君使人問之曰：『子非周人，而自謂非客，何也？』對曰：『臣少而誦詩，詩曰：「普天之下，莫非王土。率土之濱，莫非王臣〔五〕。」今周君天下，則我天子之臣，而又爲客哉〔六〕？故曰主人。』君乃使吏出之。

〔一〕鮑彪曰：温，時爲西周邑，綦毋恢請之也。　吴師道曰：西周得温囿耳。　張琦曰：温，今懷慶府温縣，與鞏縣分河。　程恩澤曰：温即今懷慶府温縣，時原爲周地，在今濟源，比温較遠，則温亦可屬周，但據策文審之，當非周邑。　又曰：案漢志：河内郡有温縣，故國，己姓（昆吾之後），蘇忿生所封。左傳，『蘇忿生以温爲司寇』是也。（王氏卮言：左傳，王與鄭以蘇田十二，温居其一。則始封於蘇，而温特爲蘇田耳，其後遂以爲國。高士奇曰：蘇蓋其初封，温則續封而尋滅者也。）後屬晉，戰國時爲魏地。括地志：古温城在温縣西南三十里（寰宇記、路史並同），今同屬懷慶府。顧觀光曰：史記（魏）昭王十年，宋王死我温。漢志，屬河内。在今懷慶府温縣西南三十里。祖耿案：顧觀光附此於赧王二十二年。黄編入王赧二十三年。

〔二〕鮑彪曰：並東周。黄式三曰：温人之東都，東都不納。祖耿案：顧廣圻讀「周不納客」爲句。

〔三〕客上原無「問曰」二字。耶，原作即。姚注：一本「周不内，問曰：『客耶？』對曰。」韓非子文與一本同。鮑彪曰：矯稱東人。王念孫曰：一本是也。俗書邪字作耶，卽字作即，二形相近，故邪譌爲即，又脱去「問曰」二字耳。「問曰：『客邪』」，與「對曰：『主人也』」相對爲文。若無「問曰」二字，則對字之義不可通。顧廣圻曰：周策無「問之曰客」四字，耶作即，非。姚校一本同此者，是。

〔四〕吴師道曰：韓非子作「巷人」。王先慎曰：人字衍。周策無人字，御覽六百四十二引，無人字。

〔五〕鮑彪曰：小雅北山詩。普，徧；率，從也。

〔六〕吴昌瑩曰：「又」通「有」，猶「寧」也。而又，言「而寧」也。

十三

或爲周最謂金投曰〔一〕：「秦以周最之齊疑天下〔二〕，而又知趙之難予齊人戰〔三〕，恐齊、韓之合，必先合於秦〔四〕。秦、齊合，則公之國虚矣〔五〕。公不如收齊〔六〕，因佐秦而伐韓、魏，上黨、長子〔七〕，趙之有已〔八〕。公西收寶於秦〔九〕，南取地於韓、魏，因以因徐爲之東〔一〇〕，則有合矣〔一一〕。」

〔一〕鮑彪曰：金投，蓋趙人之不善齊者。　祖耿案：史記秦本紀昭襄王九年，孟嘗君薛文來相秦。十年，薛文以金受免。正義：金受，秦丞相姓名。免，奪其丞相。是金受嘗奪孟嘗君丞相者也。孟嘗君傳：「孟嘗君爲秦相，人或説秦昭王曰：『孟嘗君賢，而又齊族也。今相秦，必先齊而後秦，秦其危矣！』於是秦昭王乃止。囚孟嘗君，謀欲殺之。」此謂孟嘗君者，史未著其名氏，疑即金受其人也。然金受，正義謂奪孟嘗君丞相，而史記昭襄王十年，薛文免相之後，樓緩爲丞相，則非金受奪相矣。策文金投，其人無考，疑史金受即此金投，鮑所謂不善齊者也。　又案：顧觀光隸此於赧王二十九年。

〔二〕鮑彪曰：周使最之齊，秦以此疑周、齊與天下合而謀己。　吳師道曰：無考。

〔三〕予，原作子。　姚注：曾本作予，集本改作予，劉作子。　王念孫曰：作予是也。「而又知趙之難予齊人戰」爲句，「恐齊、韓之合」爲句，予讀爲與。下文曰：「秦知趙之難與齊戰也，將恐齊、趙之合也」，是其明證。　金正煒曰：魏策周最入齊章：「大國欲急兵，則趣趙而已。」亦即此事。

〔四〕祖耿案：鮑本「齊人戰恐」爲句。鮑彪曰：秦既疑齊，投又不善齊，故齊懼伐。下句「齊韓之合」，鮑衍韓字。吳氏補曰：疑衍。　金正煒曰：韓，疑當作趙，秦，疑當作齊。即後章所云：「將恐齊、趙之合也。」此承上文，皆就秦爲言。

〔五〕鮑彪曰：言趙必破而爲墟。墟、虛字同，大丘也。

〔六〕收，原作救。　金正煒曰：救，當爲收字之誤也。爲周最謂魏王章：「王不去周最，合與收齊」。此亦其義。秦、齊先合，故收齊即可因以佐秦。

〔七〕鮑彪曰：長子屬上黨，蓋韓地也。張琦曰：長子，今潞安府縣。程恩澤曰：案上黨乃韓之別都，遠韓近趙，後卒降趙。地理志：趙分晉，西有上黨。則趙本有上黨也。正義曰：秦上黨郡，今澤、潞、儀（唐書地理志：儀州即遼州。先天元年，避元宗諱改。中和三年，復曰遼州。）、沁等四州之地，兼相州之半，韓總有之。至七國時，趙得儀、沁二州之地，韓猶有潞州及澤州之半，半屬趙、魏。沁州在羊腸坂之西，儀、并、代三州在句注之南。輿地廣記：秦上黨郡，今澤、潞、遼州，平定、威勝軍之地，今山西潞安府、澤州府、遼州、沁州皆是。（張氏琦曰：今河南彰德府武安、涉縣，直隸廣平府之磁州，亦其地。）釋名：黨，所也。在山上其所最高，故曰上黨（志云：郡地極高，與天爲黨，故曰上黨。非是）。上黨記：高平赤壤，其地山阻，百姓不居。即此郡也。漢志：上黨郡有長子縣，周史辛甲所封。（按劉向別錄：辛甲事紂，七十五諫而不聽，之周，文王以爲公卿，封之長子。此説恐不足信，文王未有天下，何得以長子封辛甲？元和姓纂作封其長子，較是。）唐十道圖：長子城，丹朱所築。丹朱，堯之長子，因名（師古讀長如字，似非）。亦曰丹朱城。本晉地（見左傳），後屬趙。國語：智伯攻趙，襄子將出，從者曰：長子近，且城厚完是也。又屬韓。趙世家：成侯五年，韓與我長子是也。（竹書：「梁惠成王十二年，鄭取純留、尚子。」尚子即長子也，故屬韓。）今山西潞安府長子縣治西南，有長子城。顧觀光曰：漢志：上黨郡縣十四。今潞安府、澤州府、遼州、沁州，皆其地。七國時大半屬趙，故齊策云：「趙令樓緩求講於秦，以上黨二十四縣許秦王。」趙世家：「韓之上黨，去邯鄲百里。」漢志：「上黨本韓之別都也，遠韓近趙，後卒降趙。」趙策馮亭曰：「今有城市之邑七十。」史七十作十七。韓非説秦王，亦云上黨十七縣，則策文誤倒也。史記正義曰：秦上黨郡，今澤、潞、儀、沁四州之地，兼相州之半，韓總有之。至七國時，趙得儀、沁二州之地，韓猶有潞州及澤州之半，半屬趙、魏。然則三國之上黨地，趙最大，韓次之，魏最小也。趙世家：成侯五年，「韓與我長子，」而水經注引竹書紀年云：梁惠成王十二年，鄭取屯留、尚子（當趙成侯十六年）。尚子即長子，是其地亦入於韓矣，故策文云云。

〔八〕鮑彪曰：二國有秦兵，故趙得取其邊地。

〔九〕西，原作東。鮑彪曰：收寶於秦，佐秦故。　張琦曰：東，當作西。　金正煒曰：東，當爲西。

〔一〇〕鮑彪曰：韓、魏唇齒之國故也。爲，猶謀也。東，謂齊。　黄丕烈曰：今本下因字作困，鮑本同。　金正煒曰：因徐，蓋謂齊也。濟東爲徐州，因字未詳，鮑本作困亦非，疑泗之脱爲半字而譌。呂覽有始篇：「泗上爲徐州，魯也。」首時篇：「齊以東帝困於天下，而魯取徐州。」則泗、徐本屬齊。

〔一一〕鮑彪曰：齊合趙也。始時趙與齊隙，無合理，今得秦、韓，故齊懼而合。其實最時相齊，慮有趙患，故爲最謀者侈之韓、魏也。　金正煒曰：有字本當爲肖，肖即趙之缺損。劉向叙所云以趙爲肖也。合，亦全字之譌。

十四

周最謂金投曰〔一〕：「公負合秦與强齊戰〔二〕，戰勝〔三〕，秦且收齊而封之〔四〕，使無多割而德天下〔五〕。之戰不勝〔六〕，國大傷，不得不聽秦〔七〕。秦盡韓、魏之上黨，大原之西，秦之有已〔八〕。秦地天下之半也，制齊、楚、三晉之命〔九〕。復國，且身危〔一〇〕。是何計之道也〔一一〕。」

〔一〕祖耿案：此篇姚本與或爲周最謂金投連篇，鮑本另列一篇。顧觀光隸此於赧王二十九年。

〔二〕合，原作令。姚注：令，錢、劉作全。　鮑彪曰：負，猶失也，其失在此。　吳師道曰：負，恃也。令字疑合。　金正煒曰：合，誤爲令。

〔三〕鮑彪曰：勝齊。

〔四〕鮑彪曰：封，謂疆理之。　金正煒曰：封，疑當爲勁，勁誤爲到，因致誤封。猶三國攻秦章之或爲到，或爲利也。

〔五〕德，原作聽。鮑本「而聽天下之戰」斷句。　鮑彪曰：割，謂出地。諸國求地於齊，齊不多割，則必戰。此秦弱齊之計。　吳師道曰：此秦制齊之命。　金正煒曰：聽，當作德，涉下文聽秦而誤。使無多割者，恐益趙也。天下謂山東諸國，上文云「秦以周最之齊疑天下」是也。

〔六〕鮑本「不勝，國大傷」爲句。　鮑彪曰：趙傷也。時趙令秦與齊戰，戰不勝則秦必咎趙，能無傷乎？　吳師道曰：趙恃合於秦，以與齊戰，不勝則國大傷而聽命於秦矣。　金正煒曰：之，猶若也。韋昭注晉語：若，之也。則之亦可訓爲若。亦見王引之經傳釋詞。

〔七〕鮑彪曰：趙聽也。

〔八〕之西，原作西止。　姚注：曾、錢、集作西，錢一作而。　鮑彪曰：太原，魏地，後爲秦郡。　又曰：秦之所難者，齊也。已收齊，則韓、魏不守。　黃丕烈曰：鮑改止爲土。丕烈案：此有誤，但所改未是。　金正煒曰：止，當作之，篆文相似而誤。本在西字之上，又誤乙於下，遂至義不可通。言秦盡韓、魏之上黨，則趙自太原以西，皆將爲秦所有也。史記秦紀：莊襄王二年，使蒙驁攻趙，定太原。太原即晉陽，詳顧祖禹讀史方輿紀要。鮑氏以爲魏地，又改止爲土，並不足據。　張琦曰：上黨句絕。太原西土趙地。秦盡上黨，則趙自太原以西亦不能守。程恩澤曰：案太原趙地，即晉陽也。言秦誠盡得韓、魏之上黨，則趙之太原以西，亦當爲秦有。故曰制三晉之命。鮑以爲魏地，非是。漢志：并州有太原郡。尚書大傳曰：大而高平者曰太原。春秋説題辭曰：高平曰太原。原，端也，平而有度。一曰大鹵。昭元年，晉荀吳敗狄於大鹵。傳曰：即太原也。（穀梁傳：中國曰太原，夷狄曰大鹵。廣雅：大鹵，太原也。）又曰大夏。傳云：遷實沈于大夏。杜注：大夏，晉陽也。又曰夏虚。定四年，封于夏虚。杜注：夏虚即大夏（此相沿舊説，今不從）。又曰鄂。隱六年，納諸鄂。宋忠曰：鄂地在大夏。（元和志，太原六名，一作平陽，無稱鄂之説。）又曰唐。地理志：晉陽，故詩唐國是也，凡有七名。郡邑記：太原有三城。一曰大明城，古晉陽城也。左氏謂董安于所築。城東有汾水，南流與城西晉水滙，故智伯引汾水以灌城。春秋後語謂決晉水也（韓世家亦作晉水）。地理通釋，隋唐地理志所謂晉陽縣，乃古龍山縣；所謂太原縣，乃古晉陽縣。（北齊分晉陽，置龍山縣。隋開皇十年，改龍山曰晉陽，而以古晉陽爲太原。）顧觀光曰：史記秦本紀：莊襄王二年攻趙，定太原。三年，攻趙榆次、新城、狼孟，取三十七城。正義曰：三十七城，并、代、朔三州之地。又云：四年攻上黨，初置太原郡。正義曰：上黨又反秦，故攻之。上黨以北皆太原地，即上三十七城也。又云：始皇八年，以河西太原郡更爲毐國。徐廣曰：河，一作汾。漢志：太原郡，秦置縣二十一。

〔九〕鮑彪曰：趙以大傷，故亦見制。

〔一〇〕祖耿案：復，鮑本改作覆。鮑彪曰：覆，如覆器然。國，趙也。身，謂投。吳師道曰：復、覆通。

〔一一〕鮑彪曰：言非計。此策最爲齊使趙拒秦也。

十五

右行秦〔一〕謂大梁造曰〔二〕：『欲决霸王之名，不如備兩周辯知之士。』〔三〕謂周君曰〔四〕：『君不如令辯知之士爲君争於秦〔五〕。』

〔一〕右，原作石。姚注：劉本作右行楚。鮑彪曰：右行秦，周人。吴師道曰：無考。一本石作右。右行，秦官也。

〔二〕姚注：商子作大梁造。祖耿案：顧觀光附此於赧王四十五年。鮑彪曰：大梁造，秦爵，梁作良。秦孝十年衛鞅，惠文五年公孫衍，昭襄十五年白起皆爲之，此蓋起也。吴師道曰：無考。金正煒曰：姚云劉本作右行楚。吴曰一作右，右行，秦官也。按左氏成十八年傳『右行辛爲司空』。注：辛將右行，因以爲氏。則亦不必秦官。惟與大梁造並舉，似以吴説爲近。梁與良同。左傳注：古字聲同皆相假借。此其類也。

〔三〕鮑彪曰：備，謹待之。

〔四〕鮑彪曰：謂，行秦謂之。

〔五〕鮑彪曰：秦欲卑周，争者争此也。既謹待之，則争必得矣。吴師道曰：王應麟云：周赧王卒於乙巳，明年丙午，秦遷西周君，而東周君猶存。壬子，秦遷東周君而周遂不祀。作史者當自丙午至壬子係周統於七國之上，乃得春秋存陳之義。大事記周赧後即係秦，朱子以爲未當，綱目以七國如楚、漢並書之。今案解題云：自赧王降，周統已絶。東周雖未亡，特郳、莒附庸之類耳，所以存而未論也。朱子雖以七國並書，而赧王之後，亦不以東周係統者，其意亦不異。綱目之成在乾道壬辰，而淳熙辛丑吕子卒，大事記始出，非矯之也。

十六

謂薛公曰〔一〕：「周最於齊王厚也，而逐之〔二〕。聽祝弗〔三〕，相呂禮者，欲取秦。秦、齊合〔四〕，弗與禮重矣〔五〕。有用齊〔六〕，秦必輕君。君弗如急北兵趨趙以秦魏〔七〕，收周最以厲行〔八〕。是反齊王之信〔九〕，又禁天下之變〔一〇〕。齊無秦，天下謀，弗必走〔一一〕，齊王誰與爲其國〔一二〕？」

〔一〕姚注：劉本題起「謂」字。　鮑彪曰：薛公，田文也。　張琦曰：今兗州府滕縣南四十里，有薛城。　程恩澤曰：案漢志，魯國有薛縣，本仲虺國。戰國時爲齊所滅。（先滅薛，以遷邳；後又滅邳，以封田嬰。）封田嬰於此，謂之薛公。今在兗州府滕縣南四十里（正義作四十四里）。胡三省以薛爲薛陵，非是。洪亮吉曰：薛陵，在今陽穀縣東北。　祖耿案：史記孟嘗君傳作：「秦亡將呂禮相齊，欲困蘇代。代乃謂孟嘗君曰」云云。與此章小異。　又案：此篇姚本與右行秦謂犬梁造曰連篇，鮑本另列一篇。據文義，另爲一篇。顧觀光隸此於赧王二十九年。

〔二〕王下原無厚字。　黃丕烈曰：今本王下有厚字。鮑本有。吳氏補曰：史：「周最於齊，至厚也，而齊王逐之。」策文省而勝。丕烈案：有者當是。　張守節曰：周最，周之公子。　鮑彪曰：齊王，齊閔王。　吳師道曰：史：秦亡將呂禮相齊，欲困蘇代，代乃謂云云。

〔三〕姚注：祝弗，史記作親弗。注云：人姓名。索隱引戰國策作祝弗，蓋祝爲得也。　鮑彪曰：祝弗，齊人。　吳師道曰：祝弗，史作親弗，索隱謂策得之。一本況弗。　黃丕烈曰：吳補一本況弗。丕烈案：鮑當本不作祝弗，故吳校如此。詳姚校云：「索隱引戰國策作祝弗」，疑亦本不作祝弗也。今無可考。　程恩澤曰：案樂記：武王封黄帝之後于祝。或曰：其子孫因氏焉。通雅：今濟南府長清縣即祝也，春秋謂之祝阿。

〔四〕祖耿案：「欲取秦」下，鮑本無秦字。鮑補「也秦」二字。曰：補此二字。又曰：上章所謂以齊事秦。　吳師道曰：注據史補二字。然言齊合，則秦自見，省文爾。下章「齊合」，亦然。一本「欲取秦，秦、齊合」。

〔五〕鮑彪曰：與，猶如也。言二國合，則齊所重無如禮者。　吳師道曰：史：「親弗與呂禮重矣」。言二國合，則二人重。策：「齊合，弗與禮重矣」。言齊與秦合，則一人重於齊。視史語簡而勝。上文秦字省尤可見。

〔六〕用，原作周。鮑彪曰：有下衍「周」字。有齊，秦有之。　吳師道曰：周，史作「用」。「有用齊」者，言二子用齊。　金正煒曰：史作「用」，言有見用於齊者，則秦必輕君，以其無齊重也。

〔七〕奏，原作秦。鮑彪曰：趨趙，亦與趙攻秦。能左右之曰以。以，猶使。　吳師道曰：從史，「以」下有和字是。「急北兵」（讀），「秦、魏」（句）。是時秦怒齊，齊、趙交惡，秦欲合魏。前章魏貴合秦以攻齊，趙難與齊戰。下章齊合則趙恐伐。可見皆一時事也。秦、趙、魏合，爲攻齊也。故云「急北兵趨趙以和秦、魏」也。　趨即趣，促也。謂不如急北方之兵，促趙之應秦、魏，而相與以攻齊也。魏策：周最入齊，秦讓魏，魏謂秦曰：「大國欲急兵，則趨趙而已。」趨，即趣也，此語正同。雖時有後先，而事理不誤爾！（魏策載周最入齊，知在後，）史載此策，在文謝病歸薛後。文從其計，而呂禮嫉害文，文乃勸秦伐齊，呂禮亡。其後齊滅宋，文乃奔魏。且文在齊，豈敢召穰侯之兵哉？召秦伐齊必文也，去齊而史失之也。此策云：「收周最」，「反齊王」，則亦文奔魏之後、召秦兵之前乎？　金正煒曰：秦當作奏。史記蕭相國世家索隱注：奏者，趨向之也。此策當是薛公在魏時事，故以趣趙奏魏説之。　朱起鳳曰：秦、魏上有和字，應依史記改正。

〔八〕屬，原作「爲後」二字。　鮑彪曰：齊初逐最，欲取秦合也。今攻秦，收最用之，可圖後舉。行，猶舉。吳師道曰：當從史，無「爲」字。後作「厚」。行，下孟反。最本厚於齊，今齊逐之，故收最以厚其行。上文厚字同義。　金正煒曰：當從史，省「爲」字。後作「厚」，厚又「屬」之譌也。趙世家：「天下屬行，以謀王也。」燕策：「因犀首屬行以攻趙。」此亦其義。周禮大宰疏：盟會立位之序，次國之士爲後行。與此文不合。

〔九〕是，原作且。　司馬貞曰：周最本厚於齊，今欲逐之而相秦之亡將。蘇代謂孟嘗君：令齊收周最以自厚其行，又且得反齊王之有信，以不逐周最也。　鮑彪曰：齊前與秦合。今與趙攻之。信反也。　吳師道曰：齊用禮以合秦取信，今反之，使不合也。　金正煒曰：且爲是之誤。犀武敗周章：行而免，且輕秦也。且亦當作是。策文且、是二字，往往互誤。漢書五行志言爽曰：反其信。韋昭國語解：反，違也。

〔一〇〕變，原作率。　鮑彪曰：率，猶從也，謂從齊。　吳師道曰：率，史作變。索隱云：齊、秦合則弗、禮用，用則輕孟嘗。二説皆通。

〔一一〕謀，原作果。　鮑彪曰：果，猶決也；走，去音，趨之也。言不趨齊。　吳師道曰：史：「齊無秦，則天下集齊，親弗必走」。此果字，當從史作「集」。謂齊無秦合，而秦、趙、魏合，則天下之兵集於齊，祝弗必走。言弗而不及禮者，齊聽弗而相禮，弗走，禮不待言矣。　金正煒曰：果，本作某，形似而譌。某者，謀之缺損。趙策今：「之諸侯孰謀我？」韓策：「韓必謀矣。」此言爲天下所謀也。楚兵在山南章：「周君所以事吾得者器，必名曰謀。」錢、劉作「某」。謀之爲某，猶某之爲謀也。史作集，亦字之誤。

〔一二〕鮑彪曰：言必重文。孟嘗傳有。　吳師道曰：以章參之史，可以互正。如弗乃祝弗名，易知，而注乃釋以他說，其誤甚矣！

十七

齊聽祝弗〔一〕，外周最。謂齊王曰〔二〕：『逐周最、聽祝弗、相呂禮者，欲深取秦也〔三〕。秦得天下，則伐齊深矣〔四〕。秦、齊合〔五〕，則趙恐伐，故急兵以示秦。秦以趙攻齊〔六〕，與之齊伐趙〔七〕，其實同理〔八〕。必不處矣〔九〕。故用祝弗即天下之理也〔一〇〕。』

〔一〕姚注：劉本題起齊字。　祖耿案：此篇姚本與上章連篇，鮑本另列一篇。據文義，另爲一篇。　顧觀光隸此於赧王二十九年。

〔二〕鮑彪曰：齊王，齊閔王。

〔三〕吳師道曰：深取之深，恐因下文衍。　金正煒曰：深取，策文屢見，吳說非也。秦策：「秦之深讎也」注：深，重也。或爲探之譌。說文：「探，遠取之也。」易繫辭上傳：「探賾」。索隱疏謂闚探、求取。言闚探秦人之意以取合，於義亦通。

〔四〕鮑彪曰：秦得齊則益强，故能得天下；得天下則亦不能存齊。

〔五〕秦，原作夫。　黃丕烈曰：鮑本夫下補秦字。　吳師道曰：說見上（第十六章第四注），此下云「急兵以示秦」，則無秦字尤明矣。　金正煒曰：夫字疑是秦之壞文。趙欲移禍於齊，必將自結於秦。此文與魏策：「大國欲急兵，則趨趙而已」，當屬一時之事。示字疑本作市，形聲並近而譌也。史記項羽紀：「以市於齊。」索隱引韋昭云：市利於齊也。劉氏云：市，猶要也。
〔六〕攻下原無齊字。 鮑彪曰：恐伐，秦伐之，急兵，趙兵攻齊。攻，攻齊。 金正煒曰：攻下疑遺「齊」字。
〔七〕鮑彪曰：之，猶趨。 金正煒曰：國語魯語：若從君而走患，則不如違君以避難。韋解：走，之也。則之亦可訓爲走。趨與走義同。
〔八〕鮑彪曰：以趙攻齊則得齊；趙齊受趙亦得趙：故其理同。
〔九〕鮑彪曰：處，猶據也。秦不據齊，理同。而獨不據齊，齊無兵而趙已出兵故也。 吳師道曰：注難通，處義未詳。 金正煒曰：齊策：猿獮猴錯木據水，則不若魚鼈。注：據猶處。與此義得轉注。不處，謂變動不居也。
〔一〇〕鮑彪曰：理在受兵於趙。 吳師道曰：言天下必將歸秦。 金正煒曰：即字疑當爲郤。呂覽任地篇：「使其民而郤之」注：郤，逆之也。禮記樂記：「理之不可易者也」注：理，猶事也。俗書郤作却，因誤爲即。 祖耿案：此與上章並呂禮初相齊時事，當在王赧二十一年之後不久，顧氏謂在二十九年，殆不然也。

十八

蘇厲爲周最謂蘇秦曰〔一〕：『君不如令王聽最以地合於魏〔二〕，趙必恐，合於齊〔三〕。是君以全齊與強楚，事產于君〔四〕。若欲困最之事〔五〕，則合齊者君也，割地者最也〔六〕。』

〔一〕黄丕烈曰：鮑改秦爲子。丕烈案：此有誤，但所改未是。　祖耿案：此策當是周最自魏返齊後事，當在王赧二十七年之後。於時蘇秦已死，蘇代、蘇厲在齊。策云蘇秦，即司馬遷所謂異時事有類之者，皆附之蘇秦者是也。蘇秦當作蘇代，代爲厲之兄，故厲以君稱之。　又案：顧觀光隸此於赧王二十九年。

〔二〕鮑彪曰：地，周地。君，謂蘇子。王，周君也。此時與赧俱王，其稱公，後避秦也。　吳師道曰：尤謬。祖耿案：鮑本「合於魏、趙」斷句。

〔三〕趙下原有「故」字。恐，原作「怒」。　姚注：曾無故字。怒，一作恐。今從。　鮑彪曰：稱故者，特爲之。怒，蘇子怒最，怒最而反其所合。　金正煒曰：此策當爲蘇、周在齊時事。王，謂齊王也。最自魏復齊，其時或有楚釁，故說齊王以地合於魏。怒，當爲恐字之譌也。齊、魏合則趙孤，故必恐，而亟合於齊矣。

〔四〕全，原作合。事，原作吏。于，原作子。姚注：「以合」，一作「全以」。　鮑本「吏產子」斷句。鮑彪曰：時齊與楚善，合齊，則得與楚爲與國，可至再世。產子，言易世也。與，黨與也。　吳師道曰：劉辰翁云：吏字當作更，平聲。　金正煒曰：合齊，當從一本作全齊，不出地而得與國，故曰全齊。與，猶當也。秦策：「以此與天下，天下不足兼而有也。」與此義同。「吏產子」句，義不可通。吳氏引劉辰翁云，於文仍晦，疑當作「事產於君」。古書「事」作「叓」，與吏相似而誤。子亦于字之譌。于與於同。君字當屬上爲句，言以全齊當楚，事產於蘇子也。

〔五〕困，原作因。　鮑彪曰：與最同合魏、趙，此厲本謀也，前皆游辭耳。故爲，爲周最。　金正煒曰：「因最」，當作「困最」。最割地而秦全齊，則最之事困矣。鮑注並失其義。

〔六〕吳師道曰：最欲合趙、魏，而蘇秦欲合齊，厲爲最故言：若不廢最之事，則君合齊而最合趙、魏也。祖耿案：吳氏信此爲蘇秦事，非也，說見第一注。

十九

謂周最曰：『仇赫之相宋〔一〕，將以觀秦之應趙、宋，敗三國〔二〕。三國不敗，將與趙、宋合於東方以孤秦〔三〕，亦將觀韓、魏之於齊也。不固，則將與宋敗三國〔四〕，則賣趙、宋於三國〔五〕。公何不令人謂韓、魏之王曰〔六〕：「欲秦、趙之相賣乎〔七〕？何不令周最兼相，視之不可離〔八〕。則秦、趙必相賣以合於王也。」』

〔一〕祖耿案：此章與西周策薛公以齊爲韓魏攻楚又與攻秦章，秦策三國攻秦入函谷章，趙策三國攻秦趙攻中山章，皆孟嘗君攻秦時事，應互參。趙三魏因富丁且合於秦章言：「公不如令主父以地資周最，而請相之于魏。周最以天下辱秦者也。」亦同時事。時趙惠文王初即位，武靈王稱主父，故文云。然時周最在齊，欲兼相韓、魏也。鮑謂赧十八年。吳師道曰：當作十七年。案顧觀光隸此於赧王十七年是也。姚注：仇赫，史記作机郝。吳師道曰：赫，本作郝。祖耿案：趙策四有仇郝，趙策三有机郝。史記趙世家：「使樓緩之秦，仇液之韓。」索隱云：戰國策作仇郝。史記穰侯傳：「趙人樓緩來相秦，趙不利，乃使仇液之秦，請以魏冉爲秦相。」索隱云：戰國策作仇郝。蓋一人而所記傳寫生異也。

〔二〕鮑本「將」上有「一」字。鮑彪曰：「應趙、宋」絶句。又曰：三國，韓、魏、齊也。魏紀哀二十一年，與韓、齊敗秦函谷。蓋此時秦欲敗之，反爲所敗也。赧十八年。吳師道曰：哀，當作襄，下同。十八當作十七。年表文、大事記從之。

〔三〕與，原作興。鮑本作與，今從。鮑彪曰：東方，即三國。

〔四〕鮑彪曰：「與宋敗三國，」應秦也。

〔五〕鮑彪曰：此應三國也。以國情輸之曰賣。言赫不忠於宋：不應秦，則應三國。以此知赫本非宋人。吳師道曰：一本「則賣趙、宋。」　金正煒曰：與，猶以也。史記袁盎傳：「妾主豈可與同坐哉？」漢書與作以。呂覽貴直篇：「王胡不能與野士乎」注：與，猶用也。廣雅釋詁：以，用也。與、以，音近義同，故字得通用。左氏僖二十六年傳：「能左右之曰以。」公羊桓十四年傳：「以者何？行其意也。」魏敗楚於陘山章：主父「结秦連楚、宋之交，令仇赫相宋。」故赫能用趙、宋二國。　錢穆曰：是時孟嘗新自秦歸，方怨秦，故率韓、魏以攻秦，而趙、宋則持兩端。趙策：「富丁欲以趙合齊、魏，樓緩欲以趙合秦、楚，」亦其時事。（考辨三六六頁）　又曰：史穰侯傳仇液，即仇赫。蓋宋、趙時相睦。（考辨三六七頁）

〔六〕鮑彪曰：韓襄；魏哀。

〔七〕鮑彪曰：此賣猶欺。

〔八〕令，原作合。　鮑彪曰：兼相，使韓、魏皆相之也。視，示字。二國同相最，可見其交之固。　吳師道曰：離，去聲。　金正煒曰：合，當爲令。

二十

爲周最謂魏王曰〔一〕：「秦知趙之難與齊戰也〔二〕，將恐齊、趙之合也，必陰勁之〔三〕。趙不敢戰〔四〕，恐秦不己收也〔五〕，先合於齊。秦、趙爭齊〔六〕而王無人焉〔七〕，不可。王不去周最，合與收齊〔八〕。而以兵之急，則伐齊無因事矣〔九〕。」

〔一〕鮑彪曰：魏王哀。 吳師道曰：襄王也。 祖耿案：顧觀光隸此於赧王二十九年。

〔二〕鮑彪曰：難，言其不和。 吳師道曰：難，畏阻意。

〔三〕姚注：曾、集改「勁」作「助」。 鮑彪曰：勁趙以兵，使之强。 金正煒曰：詩簡兮：「方將萬舞。」箋：將，且也。論衡知實篇：將，且也。 朱起鳳曰：勁者，强也。國策勁之字屢見。（祖耿案：見秦策一，韓策二。）

〔四〕鮑彪曰：難先戰。

〔五〕鮑彪曰：違其勁之之意。

〔六〕鮑彪曰：齊固秦所欲合，故其勁趙，謂之陰勁。 吳師道曰：秦欲伐齊，趙欲合齊，故云爭齊。

〔七〕鮑彪曰：無主其事於齊者。

〔八〕鮑彪曰：最時在魏，欲之齊，故此士爲之言，使得去。與即謂齊，齊，魏之與國。 金正煒曰：不，猶勿也，說詳經傳釋詞。謂王當勿任最之去魏，而使主齊、魏之事，正承上文「秦、趙爭齊」，王不可無人而言。與，謂秦、趙。鮑氏以爲謂齊，則是合齊收齊，文不成義矣！

〔九〕矣，原作也。 黃丕烈曰：也，鮑本作矣。鮑改「之急」作「急之」，曰：急之以兵，則非合矣。 鮑彪曰：言秦見齊有魏兵必伐之。有此有彼曰因。猶言無他事矣。齊敗魏馬陵，宜爲魏讎，因此言合與，蓋其國形宜相依也。 吳師道曰：而以止伐齊句。因，猶依也，言今不合與收齊，而以秦兵之急則伐齊（下章秦欲合魏伐齊可見），是無可依之事矣。 金正煒曰：而，讀爲若，見周官旅師鄭注。之，猶是也。秦、趙皆合於齊，若魏惟以兵是急，即伐齊無可因之事，言失助也。

二十一

謂周最曰〔一〕：『魏王以國與先生，貴合於秦以伐齊〔二〕。薛公□故主，輕忘其薛，不顧其先君之丘墓〔三〕。而公獨脩虛信，爲茂行，明群臣，據故主，不與伐齊，產以忿强秦〔四〕，不可。公不如謂魏王、薛公曰：「請爲王入齊，天下不能傷齊〔五〕。而有變，臣請爲救之；無變，王遂伐之〔六〕。且臣爲齊奴也〔七〕。如累王之交於天下，不可〔八〕。王爲臣賜厚矣，臣入齊，則王亦無齊之累也〔九〕。」』

〔一〕祖耿案：此篇姚本與爲周最謂魏王連篇，鮑本另列一篇。顧觀光隸此於赧王二十九年。案此是王赧二十七年事。此章云：『薛公□故主，輕忘其薛，不顧其先君之丘墓。』與下趙四齊欲攻宋章言：『今王又挾故薛公以爲相』意同。時孟嘗君已相魏，欲以魏伐齊。此兩策並爲周最畫計。時周最在魏，而呂禮在齊。罷相歸秦正在其時。秦本紀云：昭襄王『十九年，王爲西帝，齊爲東帝，皆復去之。呂禮來自歸。』呂禮在齊罷相歸秦，在昭王十九年，當王赧二十七年也。周最因呂禮相齊而被逐至魏，至是政敵已去，急欲反齊，故人或爲之謀耳。時在王赧二十七年或稍後。顧氏謂二十九年，恐非。

〔二〕鮑彪曰：魏王，哀王。先生，以德、齒尊稱之也。與，謂相之。貴，猶欲也。吴師道曰：魏王，昭王。孟子注：學士年長者，謂之先生。

〔三〕鮑彪曰：薛公，田文。故主，齊閔王也。最嘗仕齊，故稱之然。先君謂齊王。田文欲去國以避秦兵。吳師道曰：此田文相魏時也。下文「謂魏王、薛公」可見。文激於祝弗、呂禮之故，勸秦伐齊。故主上恐缺一字，蓋言文猶背齊，以起下文最「不與伐齊」之意。大事記：赧王二十九年，魏以田文爲相，謂其去齊相魏，在齊滅宋之前。史在滅宋後，非。　金正煒曰：公下當有脱字，義與後文「據故主」相反。故主，謂齊王也。　祖耿案：薛地，見下西周策首章注。

〔四〕姚注：曾「爲」下有「物」字。劉無。產上原有者字。鮑本無。　鮑彪曰：最本善齊，固不背齊。然今相魏，魏有以秦伐齊之形，猶爲虛信，信謂親之也。茂，盛美也。明，猶示也。臣，魏臣。據，仗持也。猶言爲之。此言最在魏示朝臣以爲齊王不欺之。此所謂茂行。產，猶生也。魏欲伐齊，己獨不與，猶生此節目也。違秦不伐齊，故秦忿。　吳師道曰：「修虛信，爲茂行」句。「明羣臣，據故主」句。與，許也。　金正煒曰：明，當爲朋，形似而譌也。廣雅釋詁：朋，比也。者字當從鮑省。產義未詳。或當爲座，俗書座作痤，與產相近，因以致誤。座通作坐。趙策：「今坐而聽秦。」又云：「即坐而地盡矣。」並與此義同。文選張茂先雜詩：「蘭膏坐自凝」注：無故自凝曰坐。陸士衡樂府長歌行：「體澤坐自捐」注：無故自捐曰坐也。此文猶云無故取怒於秦。又或產字本在以字下，誤倒於上，忿則怨之譌也。管子任法篇：「夫曰侵而產怨，此失君之所慎也。」產怨，猶生怨。

〔五〕鮑彪曰：最之智略，足以全齊。　金正煒曰：上文云：不與伐齊，不可。此不當復對魏王、薛公爲右齊之言。天下不能傷齊者，言雖疾齊而不能害之。秦策：「穰侯十攻魏而不得傷者，非秦弱而魏强也。」與此傷字義同。

〔六〕鮑彪曰：有變，萬一有傷齊者，請爲救之，此則非虛信矣。伐之，伐秦。　金正煒曰：而讀爲若。謂不能傷齊，或變而合於齊也。魏策：「秦恐王之變也，故以垣雍餌王也。」燕策：「齊、秦不合，天下無變，伐齊之形成矣。」併與此文同。伐之，言伐齊，非伐秦也。

〔七〕臣，鮑本作「秦。」鮑彪曰：爲，去音，言其爲之，如奴事主。

〔八〕鮑彪曰：累者事相連及，猶誤也。交，謂齊、魏。不可，言非人之情。

〔九〕鮑彪曰：此累猶患。　吳師道曰：按魏策，周最入齊，秦王怒，令姚賈讓魏王。魏王爲之謂秦王曰：「魏之所以爲王通天下者，以周最也。今最遁寡人入齊，齊無通於天下矣。敝邑之事王，亦無齊累矣。」最入齊，則正與此章相首尾；所謂「敝邑之事王亦無齊累」語，又與此合。曰：「請爲王入齊，天下不能傷齊」者，最自許其足以全齊。「有變」，謂秦伐齊，齊急，則請魏之救。「無變」，謂秦不能伐，則王遂伐之。此厚齊之說也。「且臣爲齊奴」以下，以爲魏言之。「爲齊奴」，爲齊奴隸也。交，指秦也。累，連及也。不可以最故，使魏惡於秦。王使最得入齊，爲賜厚矣。最入齊，則秦無疑於魏，是魏不爲齊所累也。　金正煒曰：奴字疑當爲故。草書故作坆，奴作汥，二形相似，因以致誤。管子戒篇：「自妄之身之不爲人持接也」注：爲，猶與也。齊策：「犀首以梁爲齊戰於承匡而不勝。」言以梁與齊戰也。爲、與義通，古得通用。秦策：「寡人與子故也」注：故，舊也。最爲齊王所厚，最在魏，則天下疑魏陰合於齊，故曰「累王之交於天下」；最入齊，則王無齊累矣。此皆爲最設詞以求入齊也。鮑本臣作秦。史記留侯世家：「雍齒與我故。」集解引漢書音義曰：未起時有故怨。故字義得兩通。又或爲怒字之譌。公羊莊四年傳：「此非怒與」注：怒，遷怒，齊人語也。言秦爲齊遷怒，則最爲魏累矣。鮑氏不辨「奴」爲字誤，强爲之詞。吳亦未能訂正。

二十二

趙取周之祭地〔一〕，周君患之，告於鄭朝〔二〕。鄭朝曰：『君勿患也！臣請以三十金復取之〔三〕。』周君予之。鄭朝獻之趙太卜，因告以祭地事。及王病，使卜之。太卜譴之曰：『周之祭地爲祟〔四〕。』趙乃還之。

〔一〕祖耿案：顧觀光附此於赧王二十九年。

〔二〕鮑彪曰：凡鄭皆鄭人。

〔三〕鮑彪曰：一斤爲一金。吳師道曰：正義云：秦以一鎰爲一金。孟康云：二十四兩（國語注同）。趙岐云：二十兩（高注同）。

〔四〕鮑彪曰：譴，讁問也。祟，神禍也。

二十三

杜赫欲重景翠於周〔一〕，謂周君曰：『君之國小，盡君之重寶珠玉〔二〕以事諸侯，不可不察也〔三〕。譬之如張羅者，張於無鳥之所，則終日無所得矣；張於多鳥處，則又駭鳥矣〔四〕；必張於有鳥無鳥之際，然後能多得鳥矣。今君將施於大人，大人輕君；施於小人，小人無可以求，又費財焉〔五〕。君必施於今之窮士不必且爲大人者〔六〕，故能得欲矣〔七〕。」

〔一〕鮑彪曰：杜赫，周人。　吳師道曰：楚策云：楚杜赫。　程恩澤曰：案左傳：「在周爲唐杜氏」。國語：「杜伯射王於鄗。」杜之得姓久矣。其地在京兆杜縣，亦曰下杜。　祖耿案：顧觀光附此於顯王三十六年，曰：呂氏春秋有杜赫以安天下説周昭文君，故附此。按杜赫除此章外，又見齊策田忌亡齊而之楚章，當顯王二十八年；又見楚策五國伐秦章，當慎靚王三年；而楚景翠圍韓雍氏，則在赧王三年。其時亦並相近也。　黄式三曰：時王在西周，則東周爲小國。

〔二〕之，原作子。　黄丕烈曰：今本子作之，鮑本作之。今從。

〔三〕鮑彪曰：國小必賂以求援，不可勝賂，故宜察。

〔四〕鮑彪曰：多鳥處，有罻羅者，傍鳥必覺。覺則群驚而去矣。

〔五〕鮑彪曰：均之費財，而小人多則多費也。

〔六〕鮑彪曰：不必，猶不可知也。言不終窮，或且爲大人者，此指翠也。　王引之曰：不必，必也，不，語詞。鮑注失之。　金正煒曰：吳越春秋：「蘆中人，豈非窮士乎？」其時景翠或亡在東周，故赫以爲窮士。

〔七〕鮑彪曰：齊策、楚策皆有杜赫。在齊則威王時，於周顯王時也。自顯、威至是，八十年矣。疑赫字誤，景翠實此時人。　吳師道曰：按齊策，田忌亡齊之楚，鄒忌代相，恐其以楚權復齊。杜赫曰：「臣請爲留楚」。忌出奔實宣王時。宣王二年，忌有馬陵之戰，其奔必後此。（史以爲威王時者，誤，説見齊策。）楚策，五國伐秦，魏欲和，杜赫云云，在楚懷王十一年，當慎靚王三年。大事記據韓世家注：赧王三年，書楚景翠圍韓雍氏。自宣王二年至赧王三年爲三十年；自慎靚王三年至此爲七年：則翠之與赫，何不相及之有？

王引之曰：「故能」，則能也。金正煒曰：鮑注云云，按呂覽諭大篇：「杜赫説周昭文君以安天下。」高注：杜赫，周人。則赫字固不誤，此蓋昭文君時人也。故，猶乃也。呂覽審己篇：「臣以王爲已知之矣，王故尚未之知耶？」義與此同。

二十四

周共太子死〔一〕，有五庶子，皆愛之，而無適立也〔二〕。司馬翦謂楚王曰〔三〕：『何不封公子咎而爲之請太子〔四〕？』左成謂司馬翦曰〔五〕：『周君不聽，是公之知困而交絶於周也〔六〕。不如謂周君曰：「孰欲立也？微告翦，翦令楚王資之以地〔七〕。」』公若欲爲太子〔八〕，因令人謂相國御展子、廧夫空曰〔九〕：『王類欲令若爲之〔一〇〕。此健士也〔一一〕，居中，不便於相國〔一二〕。』相國令之爲太子〔一三〕。

〔一〕姚注：史記：「西周武公之共太子死。」徐廣云：「惠王，公之長子。」今乃編在東周。（祖耿案：史記注徐廣云：「惠公之長子。」）鮑彪曰：周紀云：「西周武公之共太子死。」吴師道曰：策原在東周。鮑據周紀改，此恐有誤，而下注周紀之文以存疑。共、恭同。馬驌曰：此策原在東周，而史云西周，未知所據。祖耿案：鮑彪以此章列爲卷首西周策第二章，次赧王下。黄式三周季編略云：「東都武公之共太子死。」黄曰：古本周策編入東周，史記誤作西周，鮑本從之，非也。祖耿又案：周本紀索隱曰：「戰國策作東周武公」，則編入西周非也。顧觀光依周本紀附此於赧王元年，黄氏則謂「周紀編此事於宜陽之前，從之，楚懷王二十一年也。」

〔二〕鮑彪曰：適，猶定也。故，與莫反。　吳師道曰：適，專主也。丁歷反。

〔三〕姚注：一本無楚字。　張守節曰：翦，楚臣也。　鮑彪曰：司馬，楚卿，疑即昭翦。楚王，懷王也。

〔四〕姚注：咎，一作右。　鮑彪曰：公子咎，周君別子。請於周，使立爲太子。　吳師道曰：咎，音皐。

〔五〕姚注：左，一作右。　張守節曰：楚臣也。　鮑彪曰：左臣，楚人。　吳師道曰：此類，當因舊注。凡有明徵者可定，其生地不可考而仕國可見者，則當曰某國臣。正義注此，正作楚臣。高注亦多作臣。後放此。

〔六〕張守節曰：言以地資公子咎，請爲太子。周若不許，是楚於周交益疏。　鮑彪曰：困，不通也。　祖耿案：絶，史作疏。

〔七〕令，原作今。　姚注：資，一作奉。　鮑彪曰：封之以爲之資。　黄丕烈曰：今，鮑本作令，丕烈案：史記作令。　祖耿案：今依鮑改作令。資，史作賀。「以地」下，史作「果立公子咎爲太子」，無「公若欲爲太子」以下四十四字。

〔八〕鮑彪曰：此左成告翦之辭。爲，猶助也，去聲，下同。

〔九〕鮑彪曰：楚相之御，姓展。廧、嗇字同，小臣也，空其名。　董説曰：相國，楚官。楚有相國、柱國，又楚置相璽。（七國考）　金正煒曰：空當讀苦貢切，缺也。揚子法言酒誥之篇：「俄空焉」，此即其義。蓋佚其名族而以空字識其闕，猶云某也。御則舉其氏，嗇夫乃舉其名，於文不類。

〔一〇〕鮑彪曰：王，楚王。類，猶似。若，汝也。言楚王之意然。

〔一一〕鮑彪曰：此亦左成諭翦之言。健，猶悍也。　吳師道曰：此亦成作翦語，語展子者。

〔二〕姚注：使，劉作使。曾云恐作便。鮑彪曰：居中，國中。二士居中與國事，以其悍，故相國不之便。若出而使周，則不居中用事，相國之所欲也。故以此說之，相國必從。金正煒曰：白虎通：天子之太子，諸侯之世子，皆就於外者，尊師、重先王之道也。

〔三〕鮑彪曰：此策周紀有，原在東周。吳師道曰：見上（第一注）。金正煒曰：此策與謂齊王曰章當是一事而傳聞異辭，策因並存之。如秦策張儀又惡陳軫及陳軫去楚之秦二章，一事而再出也。左成、司馬翦，即左尚、司馬悍耳。周本紀文與此同，末云：「果立公子咎爲太子」。此策「公若欲爲太子」以下，當別爲一章。公若，即欲爲太子者之名。「王類欲令若爲之」，若，即公若自謂也。

二十五

三國隘秦〔一〕，周令其相之秦，以秦之輕也，留其行〔二〕。有人謂相國曰：『秦之輕重，未可知也。秦欲知三國之情〔三〕，公不如遂見秦王曰〔四〕：「請爲王聽東方之處」〔五〕，秦必重公。是公重周重周以取秦也〔六〕。齊重，故有周最以收秦〔七〕。是周常不失重國之交也〔八〕。』

〔一〕鮑彪曰：隘，謂隔絕之。赧十八年。注見前。吳師道曰：八，當作七。策隘、阨字通，此當乙革反。黃式三曰：此赧王五十八年。鮑注必奪五字。尚史誤書於十八年。金正煒曰：吳補曰：「策隘、阨字通。」按三國，三晉也。見史記周本紀。禮記禮器：「君子以爲隘矣。」釋文：隘，本作阨。吳說是也。祖耿案：

顧觀光依周本紀，隸此於赧王五十八年。曰：三國，周紀作三晉。注家並以爲赧王十七年齊、韓、魏擊秦事，若未見史記者，何也？

〔二〕鮑彪曰：見其隘於三國。留，不進。

〔三〕姚注：三，曾、集、劉、錢作亡。

〔四〕鮑彪曰：秦昭王。

〔五〕爲，原作謂。黄丕烈曰：鮑本作爲。注云：「一作謂。」丕烈案：史記作爲。鮑彪曰：聽，偵候之。東，三國也。處，其所爲。金正煒曰：謂、爲，古通。史記蕭相國世家：「上所爲數問君者。」漢書爲作謂，可證。荀子議兵篇：「十里之國，則將有百里之聽。」注：聽猶耳目也。或曰：謂間諜者。處，當爲虖之誤。虖即滹之省文，蓋伺其間隙之意。史作「聽東方之變」。變與虖義正相近。

〔六〕鮑彪曰：秦重相則周重矣。下衍重周二字。黄丕烈曰：鮑衍非也。此有脱誤。

〔七〕「最以收秦」，原作「而已取齊」。鮑彪曰：齊重，天下重之也。故，猶舊也。有，言善之。此時秦、齊爲天下重，已善秦，不可忽齊，故又勸之取齊。吴師道曰：有，謂收已也。取，謂得於彼也。齊爲重國，故能收有周，而周已取之矣。今復取秦，是周常不失重國之交。金正煒曰：而字疑當爲更，古書更作叜，而乃更之壞文。已與以，古通用。鄭注禮記檀弓云，以與已字本同。「取齊」，當爲「取秦」。史作「齊重，則固有周聚以收齊。」徐廣曰：聚，一作最。則此策「而」當作「最」，「取」當爲「收」。

〔八〕吴師道曰：凡「輕重」字，自然重者，上聲，重之者，去聲。此章「輕重」、「齊重」、「重國」之「重」，上聲，餘去聲。

二十六

昌他亡西周之東周〔一〕，盡輸西周之情於東周〔二〕，東周大喜，西周大怒。馮旦〔三〕曰：「臣能殺之。」君予金三十斤。馮旦使人操金與書，間遺昌他〔四〕。書曰：「告昌他：事可成，勉成之；不可成，亟亡來〔五〕；事久且泄，自令身死〔六〕！」因使人告東周之候曰：「今夕有姦人當入者矣。」候得而獻東周〔七〕，東周立殺昌他。

〔一〕鮑彪曰：以罪去國曰亡。　黄丕烈曰：鮑改昌爲宫。下同。　吴氏正曰：且當依本文。　祖耿案：御覽四六七引作呂。然則作宫是也。呂，宫之脱文；昌，又呂之譌文也。周策、魏策四、燕策一，並有宫他，是其證。　顧觀光隸此於赧王八年。

〔二〕鮑彪曰：輸，言委以告之。

〔三〕黄丕烈曰：今本旦作唯，乃誤涉鮑也。鮑本作且，改且爲雎。吴氏正曰：且當依本文。

〔四〕鮑彪曰：爲反間書以遺之。

〔五〕「亡來」下原復有「亡來」二字。　姚注：一本止一「亡來」字。　鮑彪曰：亟，急也。　祖耿案：鮑本「曰」上無「書」字。

〔六〕鮑彪曰：事泄露則死，而不亟來，自取之也。　吴師道曰：本文明白。注少「久」字，似不必。

〔七〕鮑彪曰：候，偵候之吏。揚雄曰：「西北一候」。得，得其人與書。

二十七

昭翦與東周惡〔一〕，或謂昭翦曰〔二〕：「爲公畫陰計〔三〕。」昭翦曰：「何也〔四〕？」「西周甚憎東周，常欲東周與楚惡〔五〕。西周必令賊賊公，因宣言東周也〔六〕，以西周之於王也善。」昭翦曰：「善。」又恐東周之賊己而以誣西周惡之於楚〔七〕，遽和東周〔八〕。

〔一〕祖耿案：顧觀光隸此於赧王八年。

〔二〕昭，原作照，下同。黄丕烈曰：今本照作昭。鮑本作昭，下同。丕烈案：昭字是也。

〔三〕鮑彪曰：爲人謀者，畫之以籌。

〔四〕也下鮑補曰字。吳師道曰：古書多如此，不必補。

〔五〕常，原作嘗。黄丕烈曰：鮑改嘗爲常。吳氏補曰：當作常，古通。

〔六〕鮑彪曰：集韻：宣，揚也。

〔七〕昭上原無善字，又上原有吾字，誣，原作輕。「以西周之於王也」句，鮑改「西周」爲「惡」。吳氏補曰：字有訛，未詳。鮑彪曰：王，楚懷王也。「又恐」云云，此翦自計。翦惡東，必善西。西善翦，則楚亦因重西矣。東欲壞其交，故賊翦。翦死則西無內主於楚，東因得使楚惡之。王引之曰：鮑說甚謬。「吾又恐東周之賊己而以輕西周惡之於楚」者，「輕」當爲「誣」，謂恐東周殺翦，而因以殺翦之事誣西周，惡之於楚也。俗書巫字或作「巠」，誣字或作「誙」，其右畔與輕相似，因譌而爲輕。誣、輕二字，書傳往往相亂。金正煒曰：此策文字淆誤，鮑改義亦未安。疑「善」字當在「昭翦曰」之上，「吾」字亦「善」之譌也。西周賊昭翦，而可宣言東周所爲者，以西周之於王也善，則不疑其行賊矣！善字正與上文「與東周惡」相應。善字既淆次於下，後人因疑次善字爲複誤而改爲「吾」，本義遂湮。輕，當從王氏雜志作「誣」。此二句蓋昭翦計度之辭，於文不應有「吾」字。

〔八〕鮑彪曰：彪謂周衰，君臣唯貪利而畏禍，故一切趨避變亂於遊談之口，而無有特操。翦之慮死如此，其能復固其所守乎？

二十八

嚴氏爲賊〔一〕，而陽堅與焉〔二〕。道周〔三〕，周君留之十四日，載以乘車駟馬而遣之〔四〕。韓使人讓周〔五〕，周君患之。客謂周君曰：『正語之曰〔六〕：「寡人知嚴氏之爲賊，而陽堅與之〔七〕，故留之十四日以待命也〔八〕。小國不足，其以容賊〔九〕？君之使又不至，是以遣之也〔一〇〕。」』

〔一〕鮑彪曰：嚴仲殺韓相傀，列侯三年書殺俠累是也。殺人不以道曰賊。於此爲（安王）五年。　吳師道曰：索隱云：紀年「韓山堅賊其君哀侯。」韓山堅即韓嚴，非嚴遂使聶政殺俠累事也。　祖耿案：鮑移此章入西周策，編於安王之下，爲全書第一章。顧觀光依鮑注隸此於安王五年。

〔二〕堅，原作豎，下同。　姚注：豎，曾一作堅。　鮑彪曰：鴻烈人間訓注：豎，小使也。韓策名豎。　吳師王，尤謬矣。

道曰：韓策陽堅，此作豎，字有訛。黃式三曰：鮑本编此入西周。按是時天子在東周。策稱周君，稱寡人，稱小國，其爲西周無疑。吳氏以周君爲東周君，以陽豎爲堅，即弑哀侯者。式三案：弑哀侯者，姓山名堅。堅亦作嚴。而策言嚴氏之賊，陽豎與焉。是陽豎爲嚴遂之黨，非山堅之黨也。李踖尚史改周君爲周王，尤謬矣。

〔三〕鮑彪曰：出亡過周。

〔四〕鮑彪曰：乘，四馬也。一車駕四馬，所謂駟馬車。

〔五〕鮑彪曰：讓，譙責也。然則此時周之令，已不行於諸侯矣。吳師道曰：此東周君也。策文明曰小國。

〔六〕鮑本「周君」下無曰字。鮑彪曰：使以留之之情告之。吳師道曰：一本「客謂周君曰：正語之。」正猶直也。

〔七〕鮑彪曰：孤、寡、不穀，王侯之稱。

〔八〕鮑彪曰：待韓之命。

〔九〕其，原作亦。黃丕烈曰：鮑本衍亦字。吳氏補曰：亦，疑在不字上，一本無。金正煒曰：按燕策：「直患國弊，力不足矣」。與此「不足」義同。亦，當爲「亓」，二形相似而誤。亓即古文其字。墨子公孟篇，亓多誤亦，可爲此證。經傳釋詞：其，猶寧也，亦與豈通。

〔一〇〕鮑彪曰：此策原在東周策，時周未分也。彪謂客之辯雖足以文周，而周君實爲天下逋逃主，所謂欲蓋而彰者，何以示天下乎？吳師道曰：考其時則烈王五年，王都東周。若以王都爲尊，則舊卷首東周是矣。張琦曰：周之分在威烈王之世。至安王時，分已久矣。金正煒曰：聶政之刺韓傀，策固云獨行仗劍入韓。東孟之會章，乃有陽堅之名。此云「韓使人讓周，周君患之」，似不獨留賊之嫌者。據韓非說林上篇：「嚴遂不善，周君患之。馮沮曰：『嚴遂相而韓傀貴於君，不如行賊於韓傀，則君必以爲嚴氏也。』」是陽堅實周所遣。聶政既殺韓之君相，堅之蹤跡亦爲韓人所覺，但不悉馮沮之謀，猶以爲聶之黨徒耳，蓋適如沮所算也。

卷二　西周

祖耿案：鮑以西周策爲第一卷，凡十九章，分著安王、赧王名下，説已見前。吳師道有正，今並錄之如下。

鮑彪曰：漢志，河南、洛陽、穀城、平陰、偃師、鞏、緱氏，皆周地也。鮑彪曰：安王，威烈王子。此類並以事見紀、表、世家新出。　鮑彪曰：赧王，周紀，愼靚王子。歲丁未立，徙都西周。西京，鎬京也。　宋忠曰：卒謚西周武公。

吳師道曰：按大事記，周貞定王二十八年，考王初立，封其弟揭於河南，是爲河南桓公。河南即郟鄏。武王遷九鼎，周公營以爲都，是爲王城。洛陽，周公所營下都，以遷頑民，是爲成周。平王東遷，定都王城。王子朝之亂，敬王徙都成周。至是考王以王城故地封桓公焉。平王東遷之後，所謂西周者，豐、鄗也；東周者，東都也。威烈王以後，所謂西周者，河南也；東周者，洛陽也。何以稱河南爲西周？自洛陽下都視王城，則在西也。何以稱洛陽爲東周？自河南王城視下都，則在東也。河南桓公卒，子威公立。威公卒，子惠公立。考王十五年，河南惠公復自封其少子班於鞏以奉王，號東周，沒亦謚惠。是時東、西周雖未分治，河南惠公既號奉王者爲東周，亦必自號西周矣。顯王二年，趙與韓分周爲二，於是東、西各爲列國。顯王雖在東周，特建空名。是後史傳所載致伯賜胙之類，周王也。征伐謀策稱東、西周君者，皆謂二周也。周本紀云，赧王時東、西周分治，非也。赧王特徙都西周耳。以當趙世家爲正。（以上並大事記文）按高誘注，西周王城，今河南；東周成周，今洛陽。世本云，西周桓公名揭，居河南；東周惠公名班，居洛陽。及索隱、正義所載甚詳。獨邵子經世書紀赧王爲西周君，與東周惠公並，而不紀西周公，仍舊誤也。鮑考之不精，即以西周爲王，謂之正統，謂東不得先於西，亂易舊次，此開卷第一謬。近時陳振孫書錄，特舉其首西周爲美，亦失考，所當改正從舊。又考春秋，書王城成周。公羊傳曰：「王城者何？西周也；成周者何？東周也。」說亦甚明。昭二十六年，「天王入於成周。」左傳以十二月入王城，三十二年，城成周。蓋敬王定遷在既城之後，而孫莘老、胡康侯皆以成周卽京師，亦未考王城、成周之實，而誤合爲一也。要之，此文古今說者，多以迷瞀致誤。故大事記辨之甚詳。且實因鮑氏而發。近有著東西周辨者，其說亦然，而不引呂子，豈未之見邪？又曰：徐廣云，周比亡，凡七縣，河南止緱氏。此是合東、西周地言之。今總注，蓋因正統之說而誤者。

吳師道曰：東、西周雖分，王實在上。策以東、西周稱，決不當係之王。鮑以西周卽王，故此係以安王、赧王，而東周係以惠公。彼西周桓、威、惠、武等公，著在史册，獨不見乎？安王、烈王，實都東周而可係之西周乎？按：策中周君，皆指東、西二君，故多稱主君。其稱王者則附以見（如秦興師求鼎章，蘇秦爲周最章）。鮑止以嚴氏爲賊一條，遂出安王，不知乃烈王時事，又誤也。鮑用意雖勤，傅會舛謬者多。並見各章。又曰：西周不當係之王，前已論之。西周桓、威、惠、武等公，東周惠公、昭文君雖見史傳，然年世不明，事實難附。鮑所附赧王諸章，據史亦有可考者，然無考者悉强附焉。係王既非，不復深論。　又曰：鎬京，大謬。

又曰：按周紀，西周君奔秦，周君王赧卒。宋忠曰云云，正義曰：非也。西周公卽西周武公。王赧卽周王也。周君與王赧此年俱卒。通鑑書赧王入秦，大事記謂當從之，史衍周君二字。又楚世家，楚欲圖周，周赧王使武公，則武公爲臣明矣。豈可合爲一人乎。

程恩澤曰：西周，桓公所封也，河南也，卽王城也。東周，惠公少子所封也，鞏也。其疆域難於區別，姑依漢志（國策地名考）。

顧觀光曰：史記：「考王封其弟於河南，是爲桓公，以續周公之官職。桓公卒，子威公代立。威公卒，子惠公代立。乃封其少子於鞏以奉王，號東周惠公。」索隱引高誘曰：西周王城，今河南。東周成周，故洛陽之地。按漢志，河南、洛陽並屬河南。史記劉敬傳，正義引括地志云：故王城一名河南，城在洛州河南縣北九里。洛陽故城在洛州洛陽城東二十六里（今洛陽縣，即河南府治。其西北有河南故城，其東北二十里有洛陽故城）。大事記云：「河南即郟鄏，武王遷九鼎，周公營以爲都，是爲王城。洛陽，周公所營下都，以遷頑民，是爲成周。平王東遷之後，所謂西周者，豐、鎬也。東周者，東都也。威烈王以後，所謂西周者，河南也。東周者，洛陽也。何以稱河南爲西周？自洛陽下都視王城，則在西也。何以稱洛陽爲東周？自河南王城視下都，則在東也。」此數語甚明晰。當時周室微甚，依韓以存，故史策多以周、韓並言。而司馬錯曰：「今攻韓劫天子」，蓋韓亡則周亦從之矣。楚世家云：「西周之地，絶長補短，不過百里。」徐廣注周本紀云：「周比亡之時，凡七縣：河南、洛陽、穀城、平陰、偃師、鞏、緱氏。」此合東、西周言之也。而周本紀云：「西周君奔秦，頓首受罪，盡獻其邑三十六」，豈並諸村落數之耶。（七國地理考）

一

薛公以齊爲韓、魏攻楚〔一〕，又與韓、魏攻秦〔二〕，而藉兵乞食於西周〔三〕。韓慶爲西周謂薛公曰：「君以齊爲韓、魏攻楚，九年，取宛、葉以北，以强韓、魏〔四〕。今又攻秦以益之〔五〕。韓、魏南無楚憂，西無秦患，則地廣而益重〔六〕，齊必輕矣〔七〕。夫本末更盛，虛實有時，竊爲君危之〔八〕。君不如令弊邑陰合於秦，而君無攻〔九〕，又無藉兵乞食〔一〇〕。君臨函谷而無攻〔一一〕，令弊邑以君之情謂秦王曰：「薛公必不破秦以張韓、魏〔一二〕。所以進兵者，欲王令楚割東國以與齊〔一三〕，而秦王出楚王以爲和〔一四〕。」君令弊邑以此德秦〔一五〕。秦得無破〔一六〕，而以楚之東國自免也，必欲之〔一七〕。楚王出，必德齊〔一八〕。齊得東國而益强〔一九〕，而薛世世無患。秦不大弱，而處之三晉之西〔二〇〕，三晉必重齊〔二一〕。」薛公曰：「善。」因令韓慶入秦，而使三國無攻秦，而使不藉兵乞食於西周〔二二〕。

〔一〕高誘曰：薛，齊邑也。齊公子田嬰也，孟嘗君田文之父也。封於薛，號靖郭毛君，今屬魯國也。鮑彪曰：薛公，靖郭君田嬰之子孟嘗君田文也。襲其父封薛。薛屬魯國。　又曰：楚懷二十六年，齊、韓、魏攻楚，此（赧王）十二年也。

〔二〕裴駰集解引徐廣曰：「年表曰：韓、魏、齊共擊秦軍於函谷。」　鮑彪曰：齊閔二十六年，爲韓、魏攻秦。此（赧王）十七年也。　吳師道曰：此據史。按通鑑、大事記，赧王二年當閔王元年，此當作十六年。祖耿案：此策見史記孟嘗君傳，文大同。顧觀光隸此於赧王十七年。

〔三〕高誘曰：食，粮也。　鮑彪曰：藉，猶借。

〔四〕司馬貞曰：戰國策作「韓慶爲西周謂薛公。」　姚注：史記，蘇代爲西周。高誘曰：韓慶，西周臣也。　鮑彪曰：凡韓皆韓人，其在周，去韓仕周也。凡非本國人，皆自其國來仕者也。年下，原有而字。黃丕烈曰：而，鮑本無。下以字鮑本作爲。吳補：一本「而取宛、葉以北，以强韓、魏。」丕烈案：史記作以，無而字。金正煒曰：爲，猶以也。禮記郊特牲：「帝牛不吉，以爲稷牛」疏：爲，猶用也。漢書賈捐之傳：「皆可，且無以爲」注：爲，猶用也。爲字蓋與以之訓用義同，爲强韓、魏，亦即以强韓、魏。張守節曰：宛在鄧州，葉在許州。二縣以北舊屬楚，二國共没以入韓、魏。鮑彪曰：宛、葉二縣屬南陽。「九」字誤，當云六或五。爲，猶代。吳師道曰：宛，於袁反，鄧州縣。葉，舒涉反，汝州縣。梁玉繩曰：時爲赧王十七年，齊與韓、魏攻秦，而齊於前三年共秦、韓、魏攻楚，於前五年與韓、魏伐楚，則言九年非也。取宛、葉亦妄。張琦曰：宛，今南陽府治。葉，今縣，屬南陽府。宛、葉以北，今襄城、魯山等地。韓有南陽，宛、穰，蓋始於此。程恩澤曰：案漢志，南陽郡宛縣，故申國。秦本紀，昭王十五年，白起攻楚，取宛。十六年，封公子市於宛。韓世家釐王五年（即秦昭王十六年），秦拔我宛。是宛本分屬楚、韓二國，而秦併之者也。至昭王二十七年，使司馬錯攻楚，赦罪人遷之南陽。於是宛兼南陽之名。三十五年，遂置南陽郡，治宛。括地志：城在宛大城南（見水經注）。其西、南二縣，皆故宛城也。今爲河南南陽府南陽縣。楚別有一宛，在今荆門州。又案：漢志，南陽郡有葉縣，楚葉公邑（皇覽：縣西北三里，有葉公諸梁冢，近縣祠之，曰：葉君邱）。有長城，號曰方城。元和志、後漢書謂葉縣爲小長安（按郡國志注，小長安在育陽縣，與葉非一地）。言土沃人豐也。閻若璩曰：葉故城距今縣二十里，有方城山，蓋楚適諸夏，必從此出，故連山累石於此以爲固。高士奇曰：葉有東坡，東西十里，南北七里。志稱沈諸梁所鑿，其故城在今南陽府葉縣南（或作東）三（或作二）十里舊縣鎮。顧觀光曰：漢志，宛屬南陽，今南陽府城也。秦本紀，昭襄王十二年，攻楚取宛。十六年，封公子市宛，爲諸侯。而韓世家，釐王五年，秦拔我宛。考韓釐王五，正當秦昭襄王十六。蓋一地而韓、楚兩屬也。故蘇秦説韓云：東有宛、穰。又言劍有宛馮。而史記禮書説楚，亦云宛之鉅、鐵。漢志，葉屬南陽。楚葉公邑，在今南陽府葉縣南三十里。越世家云：韓之攻楚，則葉、陽翟危。是葉亦韓、楚兩屬，與宛同也。

〔五〕高誘曰：益韓、魏之强也。　鮑彪曰：益其强。

〔六〕高誘曰：厚，多也。重，尊也。

〔七〕高誘曰：益韓、魏，韓、魏重而齊輕也。

〔八〕高誘曰：謂薛公。危，不安也。　鮑彪曰：更，猶迭。有時，言不可常。並言齊、薛今雖善韓、魏，後或爲患。

〔九〕高誘曰：陰，私也，無攻秦也。　鮑彪曰：敝邑，周也。陰，猶私。無攻，但出兵臨秦，不用攻也。　黄丕烈曰：於，鮑本作爲。丕烈案，史記作於。　金正煒曰：於、爲，古通用。東周策：「夫秦之爲無道也。」秦策：「楚亦何以軫爲忠乎。」鮑本爲並作於。漢書韋玄成傳：「成以爲禮不得。」師古曰：於禮不合也。又云：「列爲三公。」　宋祁曰：爲，疑作於。則由不明二文之互通也。

〔一〇〕高誘曰：勿示秦以少兵少粮也。　鮑彪曰：勿示秦以弱。

〔一一〕高誘曰：臨，猶守也。函谷，關名也。在弘農城北，今在新安東。無攻秦。　鮑彪曰：臨，言以兵至其地。函谷，關名，在弘農。　吴師道曰：正義云，陝州桃林縣西南有洪溜澗，古函谷也。今屬靈寶縣。　張琦曰：函谷故關在今靈寶縣南十里。新關在今新安縣東一里。自今潼關以東，通稱函谷，古桃林之塞也。潼關在陝州閿鄉縣西六十里，陝西華陰縣東四十里。　程恩澤曰：漢志，宏農縣有故秦函谷關，故桃林也。文穎曰：秦關在宏農横嶺。西征記，關城路在谷中，深險如函，故以爲名。其中旁通東西十五里，絶岸壁立，崖上陌林蔭谷中，殆不見日。（按，陌林，疑柏林之誤。）師古曰：今桃林縣有洪溜澗，即古函谷。其水北流入河。夾河之岸，尚有舊關餘跡。荀子：『秦有松柏之塞』，此也。去長安四百里。正義、括地志：關在陝州桃林縣西南十二里。雍錄：自華而虢而陝而河南，中間千里。古關塞有三：由長安東一百八十里出華州華陰縣外，則唐潼關也（按此亦漢關，建安十六年置）。由潼關東二百里，至陝州靈寶縣，則秦函谷關也。由靈寶縣東三百餘里，至河南府新安縣，則漢函谷關也（武帝元鼎三年從楊僕言，徙此）。其間扼塞有二，桃林在潼關，殽山在秦漢二關之間。王氏曰：自靈寶以西、潼關以東，皆有桃林（漢書張良傳注，山海經：桃林廣圜三百里，其山谷在閿鄉縣東南，湖城縣西南三十五里）。自殽山以西，潼津以東，通稱函谷。然則桃林、函谷，同實異名。今在河南靈寶縣南十里。　顧觀光曰：蘇秦說秦曰：東有殽、函之固。史記項羽紀正義引括地志云：函谷關在陝州桃林縣西南十二里（桃林今靈寶縣）。又引圜記云：西去長安四百餘里，路在谷中，故以爲名。

〔一二〕必下原無不字。　黄丕烈曰：鮑必下補不字。吳氏補曰：史此下有不字，是。　高誘曰：張，彊也。　鮑彪曰：情，心所欲也。秦王，昭襄。張，去音。大之也。

〔一三〕張守節曰：東國，齊、徐夷。　鮑彪曰：東國，楚之東地。即楚策下東國云。　程恩澤曰：案正義曰，東國，謂下相、僮、取慮也。顧祖禹曰：謂壽春以東。　張琦曰：下相故城，在今宿遷縣北七十里。僮在今睢寧縣境。取慮，在今靈璧縣北。　顧觀光曰：齊策：『楚王死，太子在齊。謂薛公曰：「君何不留楚太子以市其下東國。」』楚策：『予我東地五百里，乃歸子。』即此事也。鮑注：『楚國之東，其地近齊。楚地高而此下。』按楚世家述此事云：『不若留太子以求楚之淮北。』是下東國即淮北矣。　金正煒曰：左氏昭十四年傳：『使屈罷簡東國之兵於召陵。』注：兵在國都之東者。此文東國，即楚策所云東地。

〔一四〕而，原作也。　黄丕烈曰：鮑改也爲而。吳氏補曰：史作而。　高誘曰：出，歸也。是時張儀誘楚懷王，令召秦，秦使質之。故曰歸楚王以爲和。鮑彪曰：楚懷三十年，張儀誘楚王會秦，秦留之。此十六年也。

〔一五〕德，原作忠。鮑彪曰：秦得無攻周之力也。黄丕烈曰：今本忠作惠。鮑本作惠。丕烈案：史記作惠。金正煒曰：忠，當爲悳之譌，古德字也。由悳誤惠，復誤爲忠。

〔一六〕黄丕烈曰：鮑改破爲攻。丕烈案：史記作破。破秦，上文有。鮑改，誤甚。

〔一七〕高誘曰：楚東國，近齊南境者也。

〔一八〕鮑彪曰：齊出之，齊之恩也。

〔一九〕高誘曰：恩德齊，使得歸，楚王必以東國與齊也。

〔二〇〕高誘曰：三晉，晉三卿韓氏、魏氏、趙氏分晉而君之，故曰三晉也。鮑彪曰：秦不大弱，無三國之兵故。趙、魏、韓本晉三卿，分晉而君之，故曰三晉。

〔二一〕鮑彪曰：秦居晉西，不弱而善齊，三晉畏秦，故齊重。

〔二二〕鮑彪曰：孟嘗君傳有。今按楚記，三國攻楚，秦救之，引去。與此言取宛、葉小駁。吴師道曰：大事記，潁濱蘇氏云，秦昭王欺楚懷王，要之割地。諸侯孰視，無敢一言問秦者。惟田文怨秦，借楚爲名與韓、魏伐秦，自山東難秦，未有若此其壯者也。惜其聽蘇代之計，臨函谷而無攻，以求楚東國，而名義索然以盡。由此觀之，秦惟不遇桓、文之君，故横行而莫之制。世豈有以大義而屈於不義者哉。又曰：爲强、爲和之爲，如字，餘去聲。黄式三曰：通鑑載此事於楚懷王卒後。據周策及孟嘗君傳云：孟嘗君欲令秦出楚懷王以和，則通鑑誤也。韓慶，孟嘗君傳作蘇代。式三案：秦之彊，未有能抑之者。孟嘗君有此豪舉，非它人所能及也。舊史或譏其至函谷而遽反，豈知秦之彊，函谷未易入哉。孟嘗君不貪冒，是也。

二

秦敗魏將屖武軍於伊闕〔一〕，進兵而攻周。爲周最謂李兑曰〔二〕：「君不如禁秦之攻周〔三〕。趙之上計，莫如令秦、魏復戰〔四〕。今秦攻周而得之〔五〕，則衆必多傷矣。秦欲待周之得〔六〕，必不攻魏〔七〕。秦若攻周而不得，前有勝魏之勞，後有攻周之敗，又必不攻魏。今君禁之，而秦未與魏講也〔八〕，而全趙令其止〔九〕，必不敢不聽。是君却秦而定周也。秦去周，必復攻魏。魏不能支〔一〇〕，必因君而講〔一一〕。則君重矣〔一二〕。若魏不講而疾支之，是君存周而戰秦、魏也。重亦盡在趙。」

〔一〕祖耿案：敗，原作攻。王念孫曰：攻字當作敗。今作攻者，因下攻字而誤也。史記周本紀，秦破韓、魏，扑師武。集解引此策云：「秦敗魏將屖武於伊闕」，是其證。黄丕烈曰：今本犀作屖，鮑本作屖。吳氏補曰：諸本屖作屖，當正。丕烈案，犀即屖別體耳。後策文殺屖武。史記作仆師武。集解引此作屖。師、屖者，聲之轉也。朱起鳳曰：犀即屖之別體，古每混用。廣韻十二齊，犀字注瓠屖，今詩衛風碩人篇作瓠屖。又棲遲或作栖遲，亦其例也。師、屖古讀同音，故兩字通用。祖耿案：顧觀光隸此於赧王二十二年。高誘曰：秦攻魏將犀武軍於伊闕。秦遂進攻周。伊闕在洛陽西南六十里，禹所闢也。水所由北流入于洛川也。　鮑彪曰：伊闕，唐志爲縣，屬河南。注，北有伊闕故關。此役秦昭十四年，此（周赧）二十二年。　吳師道曰：正義云，水經注，禹疏龍門以通水，兩山相對若闕，故謂之伊闕。今洛南猶謂之龍門也。　程恩澤曰：案左傳昭二十六年，使女寬守闕塞。杜注：洛陽西南伊闕口也。其外曰闕外。蘇厲謂周君：「秦將出塞」，即此。志云：水之東曰香山。西曰龍門，一名闕口山，又名鍾山，舊設關。陸機曰：洛有四闕，此其一。宋祁曰：伊闕，洛陽南面之險也。自汝、潁北出，必道伊闕。其間山谷相連，阻扼可恃。括地志：在洛州南十九里，今在洛陽縣南三十里。　顧觀光曰：史記昭王三年，秦敗我軍伊闕。又周本紀，蘇厲曰：今又將兵出塞攻梁。正義曰：謂伊闕塞也。又秦本紀正義引括地志云：伊闕在洛州南十九里（在今河南府城西南三十里）。水經注云：昔大禹疏龍門以通水。兩山相對，望之若闕，伊水歷其間，故謂之伊闕。按今洛南猶謂之龍門也。周本紀又云：西周「倍秦，與諸侯約從，將天下銳師出伊闕攻秦。令秦無得通陽城。」然則伊闕亦險要之區矣。

〔二〕高誘曰：李兌，趙將也。　鮑彪曰：趙司寇。　祖耿案：時最在周。蓋已自齊返周也。

〔三〕高誘曰：禁，止也。　鮑彪曰：禁，猶止。

〔四〕鮑彪曰：趙，魏隣也。魏有秦兵則趙無事。

〔五〕鮑彪曰：得，猶勝。　吳師道曰：得其土地人民也。

〔六〕黃丕烈曰：今本待作持，乃誤涉鮑也。鮑改待爲持，云：持，猶保。吳氏補曰：字有訛。

〔七〕鮑彪曰：恐重傷。

〔八〕高誘曰：講，和也，一曰戰。　鮑彪曰：講，和解也。　吳師道曰：史甘茂傳索隱云：鄒氏「講」讀曰「媾」。又曰：漢、史媾、講兩字常雜。愚按：搆、構、購（韓世家有）亦然。今凡爲和解之義者，定讀從媾；爲交結之義者，字當從「扌」。後倣此。

〔九〕姚注：而，曾一作攻，劉作而。

〔一〇〕高誘曰：支，猶拒也。

〔一一〕鮑彪曰：與秦和也。

〔一二〕高誘曰：君，謂李兑也。　鮑彪曰：凡言重，皆制人而不制於人者也。

三

秦令樗里疾以車百乘入周〔一〕，周君迎之以卒，甚敬〔二〕。楚王怒，讓周，以其重秦客也〔三〕。游騰爲周君謂楚王曰〔四〕：「昔智伯欲伐厹由〔五〕，遺之大鍾，載以廣車，因隨入以兵。厹由卒亡，無備故也〔六〕。桓公伐蔡也，號言伐楚，其實襲蔡〔七〕。今秦，虎狼之國也〔八〕，兼有吞周之意〔九〕，使樗里疾以車百乘入周，周君懼焉。以蔡、厹由戒之〔一〇〕，故使長兵在前〔一一〕，强弩在後，名曰衛疾，而實囚之也〔一二〕。周君豈能無愛國哉？恐一日之亡而憂大王〔一三〕。」楚王乃悦。

〔一〕高誘曰：疾，秦公子名也。其里有大樗樹，因號樗里子。　鮑彪曰：秦惠王弟。其居在渭南陰鄉樗里。故號樗里子，後相武王。　張琦曰：樗里在今西安府城西十四里，故長樂宮之西。　程恩澤曰：案史記樗甘列傳，樗里子葬于渭南章臺之東。又云：樗里子疾室在昭王廟西渭南陰鄉樗里，故俗謂之樗里子。路史國名紀：今渭南陽（疑誤）鄉有樗里，本少昊後嬴姓國，在今陝西西安府長安縣西北十五里，漢長安故城内（俗名楊家城），故長樂宫之西。祖耿案：顧觀光依樗里子傳隸此於赧王八年。

〔二〕高誘曰：百人爲卒。甚敬，敬樗里疾也。金正煒曰：敬，當讀爲儆。詩常武：「既敬既戒。」箋：敬之言儆也。周禮夏官序官注引作「既儆既戒」。管子立政篇：「修火憲，敬山澤」亦以敬爲儆。

〔三〕「也」本無，依御覽四六〇引補。高誘曰：楚王，懷王也。一曰頃襄王之子，懷王之孫也。怒周敬重秦客，故責讓之也。鮑彪曰：楚王，懷王。秦客，謂疾。

〔四〕原無「爲周君」三字，依御覽四六〇引補。姚注：游騰，後語：游勝。高誘曰：游騰，周臣也。司馬貞曰：游姓，騰名也。鮑彪曰：周人。吴師道曰：高注作臣。

〔五〕高誘曰：智伯，晉卿，智襄子孫也。厹由，狄國，或作仇首也。裴駰集解引許慎曰：仇猶，夷狄之國。鮑彪曰：智伯晉卿，智襄子之孫瑶。厹由，夷國，屬臨淮。漢志由作猶。又九域圖，并州有仇猶城，引此。吴師道曰：高注狄國。括地志云：并州盂縣外城，俗名原仇山。史樗里傳作仇猶，韓子仇繇，吕春秋、劉外紀凤繇。高注或作仇首。漢志臨淮乃泗之漣水，羅氏路史謂非智伯所伐者。厹音求，字又作叴、仇。張琦曰：今山西平定州盂縣東北一里有仇猶城，即此。黄丕烈曰：凤是厹形近之譌。厹、仇同字。程恩澤曰：案路史以在漣水者爲厹猶，在盂縣者爲仇繇。是羅氏本以智伯所伐在泗州也（説詳通雅）。吴乃據以正鮑誤矣。然其説自不可易，即鮑亦非専主臨淮也。高誘淮南注：仇由，近晉之狄國。則其在盂縣，不在漣水審矣。方以智曰：漢之厹猶，今泗州也。春秋仇猶國，今之太原府盂縣也。智伯欲伐厹由，即此。盂縣今屬山西，平定州東北半里，有仇猶城。又案：郡國志河東解縣注引博物記曰：有智邑

(古今地名亦云)。括地志：故智城在蒲州虞鄉縣西北四十里。虞鄉今屬蒲州府。解縣今爲解州，地相接。

祖耿案：說文叴下云：高氣。從口，九聲厹。(厹)下云：獸足蹂地也。象形，九聲。叴、厹本異。仇猶、厹由、叴猶、仇由、厹繇，以聲同而叚用耳。高注厹由，或作仇首，猶作首者，梁玉繩云，蓋猶省作酋，謂爲首也。其地許書、班志並云在臨淮。梁玉繩從之。尋一統志，宿預故城在今宿遷縣東南，漢爲厹猶縣，晉改宿預。依許、班二家，是仇猶今宿遷地。然羅泌路史言臨淮叴猶，非智伯所伐。呂氏春秋稱中山之國有厹繇者。高注，厹由，狄國。知智伯所伐，在北不在南。寰宇記，漢盂縣城在陽曲東北八十里。隋改置原仇縣於故仇猶城西南，即今治也。顧氏方輿紀要：太原盂縣有仇猶城。縣北七里有仇猶山。是智伯所伐，在此不在彼矣。至宿遷之仇猶，殆即古之九夷。夷、猶雙聲字也。論語，子欲居九夷。魏策，楚破南陽九夷。秦策，楚包九夷，又方千里。燕策，北夷方七百里，加之以魯衛，此所謂强萬乘之國也；而齊併之，是益一齊也。依王念孫說，北夷爲九夷之誤。淮南子齊俗訓，越王句踐霸天下，泗上十二諸侯皆率九夷以朝。九夷與泗上十二諸侯近鄰，地在淮北可知。史記李斯傳，惠王用張儀計，南取漢中，包九夷，制鄢、郢。呂祖謙大事記云：九夷，即屬楚之夷。孔子在陳蔡，相去不遠，所以有欲居九夷之言。呂氏之說，劉履恂秋槎雜記從之。謂爲確不可易者是也。

〔六〕高誘曰：廣，大車也。厹由貪大鍾之賂，開道至晉以受鍾。智伯隨入兵伐而取之也。鮑彪曰：廣車，欲開道也。受其鐘，不防以兵。祖耿案：周禮曰，廣車之萃。鄭玄曰：廣車，横陳之車。又，廣車，周季編略作方車。黄式三曰：方，並也。方車，猶方舟。厹繇之亡在貞王十一年。又案：呂覽權勳：中山之國有厹繇者，智伯欲攻之，而無道也。爲鑄大鐘，方車二軌以遺之。厹繇之君將斬岸堙谿以迎鐘。赤章蔓枝諫，弗聽，斷轂而行，至衛，七日而厹繇亡。

〔七〕高誘曰：桓歸蔡姬，未絶，蔡人嫁之，故伐蔡也。不欲令蔡知，故詐言誅楚也。　鮑彪曰：僖三年，蔡姬沈舟盪公，公怒，歸之，未絶也。蔡嫁之，故伐之。蔡，蔡叔度所封，屬汝南，後徙沛、下蔡。號，聲言也。以伐楚號衆。無鐘鼓曰襲。　吳師道曰：此據左氏說。陸氏纂例：掩其不備曰襲。　張琦曰：漢志汝南郡上蔡下云：故蔡國。新蔡下云：蔡平侯自蔡徙此。後二世徙下蔡。沛郡下蔡下云：故州來國，爲楚所滅，後吳取之。至夫差遷蔡昭侯於此。按：上蔡、新蔡皆今縣，屬汝寧府。下蔡故城在今鳳陽府鳳臺縣北三十里。桓公所伐則上蔡也。　程恩澤曰：案蔡，姬姓，叔度封邑在西周圻內。度服辟，乃封其子胡於蔡。今爲河南汝寧府上蔡縣。十七傳至靈侯爲楚所滅。平王即位復封蔡，是爲平侯。於是徙都新蔡（宋忠謂平侯徙下蔡，非是），今爲汝寧府新蔡縣。至昭侯又徙州來，謂之下蔡。今安徽鳳陽府壽州（張琦作鳳臺，本一城也）北三十里有蔡國城，即其地也。

〔八〕秦下原有者字。　黄丕烈曰：者，鮑本無。丕烈案：史記無。　高誘曰：秦欲吞滅諸侯，故謂虎狼國也。　鮑彪曰：喻其貪殘。

〔九〕高誘曰：吞，滅也。

〔一〇〕高誘曰：戒，以二國爲戒也。　黄丕烈曰：戒，鮑本作惑，云：以二國爲惑。　吳補：一本戒之。丕烈案：史記作「以仇猶、蔡觀焉」，與策文不同。

〔一一〕鮑彪曰：長兵，戈矛之屬。

〔一二〕張守節曰：衛疾，防衛樗里子。　鮑彪曰：衛，行列爲護也。　祖耿案：之下原有也字。黄丕烈曰：也，鮑本無。吳補：一本有。丕烈案：史記無。

〔一三〕亡下原有國字。姚注：錢、劉一無國字。　高誘曰：恐不敬其使，一日之中以滅亡國，而爲大王憂也。鮑彪曰：恐秦亡之，爲楚王憂。又曰：樗里傳有。

四

雍氏之役〔一〕，韓徵甲與粟於周〔二〕，周君患之，告蘇代。蘇代曰：『何患焉〔三〕？代能爲君令韓不徵甲與粟於周，又能爲君得高都〔四〕。』周君大悦，曰：『子苟能，寡人請以國聽〔五〕。』蘇代遂往見韓相國公仲〔六〕，曰：『公不聞楚計乎？昭應謂楚王曰〔七〕：「韓氏罷於兵〔八〕，倉廩空〔九〕，無以守城，吾收之以飢〔一〇〕，不過一月〔一一〕，必拔之〔一二〕。」今圍雍氏五月，不能拔，是楚病也〔一三〕。楚王始不信昭應之計矣〔一四〕。今公乃徵甲及粟於周〔一五〕，此告楚病也〔一六〕。昭應聞此，必勸楚王益兵守雍氏，雍氏必拔。』公仲曰：『善。然吾使者已行矣〔一七〕。』代曰：『公何不以高都與周？』公仲怒曰：『吾無徵甲與粟於周〔一八〕，亦已多矣〔一九〕！何爲與高都？』代曰：『與之高都，則周必折而入於韓〔二〇〕。秦聞之，必大怒而焚周之節，不通其使〔二一〕。是公以弊高都得完周也，何不與也？』公仲曰：『善。』不徵甲與粟於周而與高都。楚卒不拔雍氏而去〔二二〕。

〔一〕高誘曰：雍，韓別邑也。楚攻韓，圍雍氏，故曰役。役，事也。　鮑彪曰：周紀注，陽翟有雍氏城。韓記注，赧王三年、十五年，楚再圍雍氏。此十五年也。　祖耿案，史記周本紀作：「王赧謂成君。楚圍雍氏，韓徵甲與粟於東周，東周君恐」云云。裴駰集解引徐廣曰：「陽翟雍氏城也。」戰國策曰：「韓兵入西周，西周令成君辯説秦求救」，當是説此事而脱誤也。」司馬貞曰：「如徐此説，自合當改而注結之，不合與「楚圍雍氏」連注。」張守節曰：「括地志云：「故雍城在洛州陽翟縣東北二十五里，故老云黄帝臣雍父作杵臼所封也。」按，其地時屬韓也。」　又案：顧觀光隸此於赧王八年，云：「史云東周而策在西周，未詳。」黄式三曰：周策編入西周。據史本紀是東周。

〔二〕高誘曰：韓召兵及糧於周也。　鮑彪曰：徵，猶索。

〔三〕高誘曰：蘇代，蘇秦兄也。患，憂。　鮑彪曰：秦之弟，洛陽人。

〔四〕高誘曰：高都，韓邑。今屬上黨。　裴駰集解引徐廣曰：今河南新城縣高都城也。　張守節曰：括地志云，高都故城一名郜都城，在洛州伊闕縣北三十五里。　鮑彪曰：高都，屬上黨。　吳師道曰：水經云，伊水逕邥郵亭，又北逕高都。杜預云，河南新城有邥郵亭。括地志云，高都故城在洛州伊闕縣北。京相璠云，非在上黨者。　張琦曰：徐廣云，河南新城有高都城。按，在今河南府南七十五里。　程恩澤曰：案水經注，服虔曰，邥垂在高都。京相璠曰，舊説邥垂在高都南。今上黨有高都縣。余謂京論疎遠，未足以證，無如服説之指密矣。是京本以此高都在上黨也。吳所引正相反，疑誤。然其説自不可易。竹書紀年：梁惠成王十七年，東周與鄭高都。是高都本東周地也。郡國志，河南尹新城縣有高都城。徐廣曰：今河南新城縣，高都城也。正義曰：高都故城一名郜都城，在洛州伊闕縣北三十五里（唐伊闕縣即漢新城縣。宋省入河南，金省入洛陽）。今在洛陽縣西南（張云：在河南府南七十五里）。　顧觀光曰：周本紀正義引括地志云，高都故城在洛州伊闕縣北三十五里（在今洛陽縣西南）。京相璠云：非在上黨者。水經伊水注云：伊水又北逕高都城東。徐廣曰：今河南新城縣有高都城。竹書紀年梁惠成王十七年，東周與鄭高都利者也。據此則高都本周邑而入於韓，故蘇代能爲周取之。

〔五〕高誘曰：聽，從也。鮑彪曰：以國事從之。

〔六〕仲，原作中。黄丕烈曰：鮑改中爲仲。吳氏正曰：古仲字省。高誘曰：公中，韓公侈，爲相國也。鮑彪曰：公仲，韓公族。吳師道曰：索隱云：公仲侈。裴駰云：相國，秦官。韓亦有，諸國倣秦也。

〔七〕高誘曰：昭應，楚將也。鮑彪曰：昭、屈、景皆楚之族姓。王，懷王。

〔八〕鮑彪曰：罷、疲同，勞也。

〔九〕鮑彪曰：並穀所入。

〔一〇〕黄丕烈曰：收，鮑本作攻。吳補：一本「收之」。鮑彪曰：因其飢攻之。

〔一一〕史作三月。梁玉繩曰：一月爲是。

〔一二〕鮑彪曰：得城曰拔，如拔物然。

〔一三〕高誘曰：病，困也。張守節曰：謂楚兵弊弱也。鮑彪曰：病，猶困。

〔一四〕金正煒曰：始，當爲殆。二形相似而譌也。荀子彊國篇：「雖爲之築明堂於塞外而朝諸侯，殆可矣。」注：殆，庶幾也。

〔一五〕黄丕烈曰：鮑改及爲與。吳氏正曰：史作與、及義自通，毋煩改字。

〔一六〕鮑彪曰：猶以飢疲告之。

〔一七〕司馬貞曰：已，止也。

〔一八〕金正煒曰：禮記三年問「無易之道也」。疏：無，不也。文選東京賦：「宜無嫌於往初」。薛注，無，猶不也。策文無、不通用。

〔一九〕張守節曰：言幸甚也。

〔二〇〕高誘曰：折，屈也。鮑彪曰：折，猶屈。入，猶歸。

〔二一〕高誘曰：節，符信也。鮑彪曰：節，符信也。行者所執。焚之者，不通周也。周官，通達於天下必有節。無節則不達。

〔二二〕高誘曰：弊，破也。鮑彪曰：紀有而略，周君爲東周。吴師道曰：正義，雍，於恭反。

五

周君之秦〔一〕。謂周最曰〔二〕：「不如譽秦王之孝也〔三〕，因以原爲太后養地〔四〕，秦王、太后必喜，是公有秦也〔五〕。交善，周君必以爲公功〔六〕；交惡，勸周君入秦者，必有罪矣〔七〕。」

〔一〕祖耿案：史周本紀，「周君之秦」上云：「四十五年」。顧觀光隸此於赧王四十五年。

〔二〕高誘曰：謂，有人謂周最，姓名不見也。最，周公子也。鮑彪曰：最時從王。

〔三〕鮑彪曰：秦昭王。

〔四〕原，本作應。黄丕烈曰：今本應作原。鮑本作原。丕烈案，史記作應。考索隱云：案戰國策作原。原，周地。小司馬依高注爲説，則作原爲是，因史記而譌爲應也。吴氏引姚本云：史同。失考索隱耳。高誘曰：原，周邑也。太后，秦昭王母也。裴駰集解引徐廣曰：地理志云，應，今潁川父城縣應鄉是也。司馬貞曰：戰國策作原。原，周地。太后，秦昭王母宣太后芈氏也。張守節曰：括地志云，故應城，殷時應國，在城父。按應城此時屬周。鮑彪曰：齊記注，河内沁水有原城。后，昭王母宣太后也。供養之地，湯沐邑也。張宗泰曰：按原、應聲相近，故原又作應。攷秦昭襄王時范睢封應侯，應本屬秦。其先請以爲太后養地，説自可通。至原爲周邑。周襄王以賜晉文公。三家分晉，地歸於魏。周何能以魏之地必其予秦，以奉養太后也？竊以此等處皆當時隨意而爲之説，固不可以爲依據也（魯巖所學集）。張琦曰：故應城在今汝州魯山縣東三十里。程恩澤曰：原，史記作應。按是時應非周地。姚本從之，似乎失考。案郡國志，河内軹縣有原鄉。括地志，故原城在懷州濟源縣西北二里。路史：帝杼居原，即此。後改爲軹。顧祖禹曰：原本周畿内國，後以與晉，並見左傳。今有原鄉，在河南懷慶府西北十五里。高士奇説同。顧觀光曰：西周策應作原，疑誤。事在赧王四十五年，時范睢未封，應地尚屬周也。

〔五〕高誘曰：公，周最也。鮑彪曰：有，言得其意。交，周、秦之交。

〔六〕張守節曰：客謂周最曰，周君與秦交善，是最之功也。與秦交惡，勸周君入秦者周最，今必得勸周君之罪也。以上至「四十五年」，是周客説周最，令周君以應入秦，得交善而歸也。

〔七〕鮑彪曰：紀四十五年有。

六

蘇厲謂周君曰〔一〕：「敗韓、魏，殺犀武〔二〕，攻趙，取藺、離石、祁者，皆白起〔三〕。是攻用兵，又有天命也〔四〕。今攻梁〔五〕，梁必破，破則周危，君不若止之。謂白起曰：『楚有養由基者，善射〔六〕，去楊葉百步而射之〔七〕，百發百中〔八〕。左右皆曰善。有一大夫過之，曰〔九〕：善。射可教矣〔一〇〕。養由基曰：人皆曰善〔一一〕，子乃曰可教。子試代我射之〔一二〕。客曰：我非能教子支左屈右也〔一三〕。夫射者，百發百中而不以善息，少焉，氣衰力倦，弓撥矢拘，一矢發而不中，前功盡棄矣〔一四〕。今破韓、魏〔一五〕，殺犀武，而北攻趙，取藺、離石、祁者，公也。公之功甚多。今又以秦兵出塞〔一六〕，過兩周〔一七〕，踐韓而以攻梁〔一八〕，一攻而不得，前功盡滅〔一九〕。公不若稱病不出也〔二〇〕。』」

〔一〕鮑彪曰：蘇厲，亦秦之弟。　祖耿案：史周本紀作「三十四年，蘇厲謂周君曰：『秦破韓、魏，扑犀武。』」裴駰集解引徐廣曰：「扑，一作仆。戰國策曰秦敗魏將犀武於伊闕。」顧氏據史，故云赧王三十四年。馬驌曰：史周本紀有，在赧王三十四年。當秦昭王二十六年也。

〔二〕高誘曰：犀武，魏將。

〔三〕高誘曰：白起，秦將也。殺犀武於伊闕。藺、石，本屬西河；祁，本屬太原也。裴駰曰：地理志曰，西河郡有藺、離石二縣。張守節曰：括地志云，離石縣，今石州所理縣也。藺近離石，皆趙二邑。鮑彪曰：白起，秦將武安君。藺、交、離石屬西河，祁屬太原。吳師道曰：此注，大事記取。張琦曰：藺故城在今山西永寧州西。離石即今永寧州治。祁，今縣，屬太原府。程恩澤曰：趙世家，成侯三年，衛敗我藺。二十四年，秦攻我藺。肅侯二十二年，秦取我藺、離石（此事在白起敗韓、魏，殺犀武之前，似非一事）。則藺，趙地也。漢志，西河郡有藺縣。正義曰，藺縣在石州，今永寧州西有藺城。魏世家武侯十五年，敗趙師于北藺。正義曰在石州。趙之西北即此地。離石縣東北有離石水，又有離石山。縣蓋以此名。其南有呂梁，即尸子所謂龍門未闢，呂梁未鑿，河出孟門之上者也。水經注，河水又南，得離石水口。水出離石北山，南流逕離石縣故城西，是其證矣。寰宇記，石州凡五縣：離石、臨泉、平夷、方山、定胡皆離石地，則亦大縣也。地有南單于城，即左國城，今山西汾州府永寧州寧鄉縣、臨縣皆其地也。祁本晉大夫祁氏邑，蓋以邑爲氏也。後乃屬賈辛。水經注，侯甲水又西北逕祁縣故城南，自縣連延西接鄔澤，是爲祁藪，即昭餘祁也。縣殆以此得名。元和志，故城在祁縣東南十五里。顧祖禹曰：今太原府祁縣東南七里，有故祁城。戰國時爲趙地。縣西六里有趙襄子城，相傳爲其所築。顧觀光曰：藺，漢志屬西河，今汾州府永甯州地也。初與魏鄰，故魏世家武侯十五年敗趙北藺。正義曰：在石州，趙之西北。屬趙，故云趙北藺也，至魏惠王十七年，秦取魏少梁，自是遂與秦鄰。故趙世家成侯二十四年，秦攻我藺也（當魏惠王二十年）。史表，秦惠文王後十二，當趙武靈十三。趙格書：「秦拔我藺，虜將趙莊」：而秦格書：樗里子擊藺陽，虜趙將。明是一事，是藺又名藺陽矣。離石，漢志屬西河，在今永甯州西。趙世家肅侯二十二年，秦殺疵河西，取我藺、離石。武靈王十三年，秦拔我藺。而西周策言：取藺、離石在伊闕戰後。按表求之，當在惠文王十七年（表書秦拔我兩城）。蓋屢失屢復，故彼此不常矣。祁，漢志屬太原，在今太原府祁縣東南八里，即春秋時祁奚邑。　梁玉繩曰：考伊闕之戰，秦敗韓、魏，虜韓將公孫喜，殺魏將犀武（即師武），其事固屬白起。若秦取趙離石在顯王四十一年，取藺在赧二年，皆非白起之功。蓋其時起未出也，此何以稱焉。錢穆曰：按年表，殺犀武在秦昭王十四年，前攻趙拔兩城十一年。然則兩城者，藺與祁也。云藺、離石者，兼言兩年事。若當武靈王十三年，則白起尚未用事。此亦秦拔藺、離石當趙惠文時之的證也（考辨三九九頁）。

〔四〕高誘曰：是，實也。攻，巧玄也。白起用兵，又有天命之助也。　鮑彪曰：攻，功字，言善巧也。天命，得天之助。　吳師道曰：攻、工字通借。　金正煒曰：爾雅釋詁：攻，善也。與高注義合。攻字自訓巧善，不必爲功、工通借。

〔五〕鮑彪曰：梁，魏都。　顧觀光曰：史記惠王三十一年徙大梁，自後魏亦稱梁。漢志，陳留郡浚儀，故大梁。魏世家正義曰：今汴州浚儀也（在今開封府城西北）。　祖耿案：史周本紀作「今又將兵出塞攻梁。」張守節曰：「謂伊闕塞也，在洛州南十九里。伊闕山今名鍾山。酈元注水經云：「兩山相對，望之若闕，伊水歷其間，故謂之伊闕。」按，今謂之龍門。禹鑿以通水也。」

〔六〕高誘曰：養姓，由基名。楚善射人也。　鮑彪曰：楚共王將。　祖耿案：淮南子說山：楚王有白蝯，王自射之，則搏矢而熙。使養由基射之，始調弓矯矢，未發而蝯擁樹號矣。有先中中者也。高注云：由基，楚王之臣，養姓。

〔七〕原作「去柳葉者百步而射之」，依御覽七四四引、九五七引、類聚八九引、文選上書諫吳王李注引改。

〔八〕鮑彪曰：發，發矢。

〔九〕原作「有一人過曰」，依御覽七四四引改。

〔一〇〕原作「善射可教射也矣。」姚注：集、劉、錢無也字。　鮑彪曰：意欲其息。　金正煒曰：「善射」二字涉上文衍。　祖耿案：御覽七四四引作「善射可教矣」，今從。

〔一一〕原皆下無曰字。姚注：劉、錢下有曰字。　鮑彪曰：善，善我。　金正煒曰：皆即「比曰」二字誤併爲一也。策文皆、比通用，如「比是也」之類。　徐鍇曰：比，皆也。

〔一二〕原作「射，子何不代我射之也。」今依御覽七四四引改。

〔一三〕非，原作「不」。右下無「也」字。依御覽七四四引改、增。　高誘曰：支左屈右，善射法也。　司馬貞曰：按列女傳云，左手如拒，右手如附枝，右手發之，左手不知，此射之道也。　又越絶書曰：左手如附泰山，右手如抱嬰兒。　鮑彪曰：支，去竹之支也，蓋取其直左右臂。

〔一四〕原作「夫射柳葉者，百發百中而不已善息，少焉氣力倦，弓撥矢鉤，一發不中，前功盡矣。」今依御覽七四四引改、增。　姚注：已，錢、劉作以。　鮑彪曰：百中，善也。此時宜息。弓撥，撥弓反也。鉤矢，鋒屈也。盡，猶滅。　黄丕烈曰：已，鮑本作以，丕烈案：史記作以。又曰：鉤，鮑本作拘，改爲鉤。吳氏補曰：拘有鉤音，古或通。丕烈案，拘字當是，此亦因史記而譌爲鉤耳。　金正煒曰：荀子正論篇：「羿、蠭門者，天下之善射者也。不能以撥弓曲矢中。」注：撥弓，不正之弓。說文：鉤，曲也。後漢書鄧訓傳注：孫卿子曰：「拘木必待檃括蒸揉，然後直也。」拘音鉤，謂曲者也。

〔一五〕今下原有公字，疑衍。

〔一六〕今下原有公字，疑衍。

〔一七〕姚注：過，曾一作遏，集、劉作過。
〔一八〕鮑彪曰：踐，履也，猶過。
〔一九〕高誘曰：滅，没也。
〔二〇〕張守節曰：以上至「三十四年」，是蘇厲爲周説白起無伐梁也。　鮑彪曰：周紀三十四年有。　吴師道曰：射之、射柳之射，食亦反。

七

楚兵在山南〔一〕，吾得將爲楚王屬怒於周〔二〕。或謂周君曰：「不如令太子將軍正迎吾得於境〔三〕，而君自郊迎，令天下皆知君之重吾得也。因泄之楚，曰〔四〕：「周君所以事吾得者，器名曰某〔五〕。」楚王必求之，而吾得無效也，王必罪之〔六〕。」

〔一〕高誘曰：在周之山南也。　鮑彪曰：山，吴岳，屬扶風。禮所謂岳山也。　吴師道曰：岍山，秦地，非此所指。高注在周之山南。　程恩澤曰：案是時周境之山在今洛陽縣南者，有伊闕、太谷諸山；在今偃師縣南者，有轘轅、緱氏諸山；在今鞏縣南者，有外方、少室諸山。皆與楚相望，不知其何指也。　祖耿案：顧觀光附此於顯王三十三年，云據坊本紀年，楚吾得伐鄭事在顯王三十五年，亦正相近也。
〔二〕高誘曰：吾得，楚將也。吾當爲五，楚五將者也。　鮑彪曰：楚王，頃襄王。屬，連也，猶结。　黄丕烈曰：怒，鮑本作怨。鮑改吾爲伍。吴氏補曰：吾字譌，當作伍。丕烈案，鮑改、吴補皆非，高注可證。　金正煒曰：竹書紀年，楚吾得帥師及秦伐鄭。則作吾固不誤。　祖耿案：余知古渚宮舊事三有張何謂吾得曰一條，一百一字，未注出處。有云吾得出於晉國，好廉而善劍，當即此吾得也。或謂渚宮舊事此條爲戰國策佚文，恐是。

〔三〕高誘曰：或，猶有人謂周君也。使太子與軍正於境迎吾得也。　鮑彪曰：周太子也。將，去音。軍正，猶卒正，軍之率也。　吳師道曰：此謂將軍而正迎也，史穰苴傳軍正無注。　金正煒曰：列子說符篇：「楚王悅之，以爲軍正。」亦見史記司馬穰苴傳。是當時固有此官名。惟太子將軍正，辭義未完，疑正字當訓爲直。爾雅釋泉：「正出，直出也」。（按，泉，疑誤。）漢書匈奴傳：「上直欲從單于求之」，注：直，猶正爾。又或正爲出字之譌。高注亦誤。言太子將軍出迎於境上也。武后所製正字作𠙺，與出相似，因誤爲正。

〔四〕「知君」，鮑本作「知軍」。　高誘曰：泄，猶使楚聞之也。　鮑彪曰：微漏其言，使楚知之。

〔五〕器下原有必字。姚注：一無必字。某，原作謀。姚注：曾、集作謀，錢、劉作某。鮑彪讀「謀楚」爲句，曰，此以間得於楚，言與得之器，其欵識云然。　金正煒曰：此爲周君謀間吾得於楚。本無其器，故設言某，無必字及作某者不誤。儀禮士冠禮：某有子某，注：古文某爲謀，則謀即某也。鮑氏以下文楚字連謀爲句，於文不合。且名器曰「謀楚」，亦遠於事情。

〔六〕高誘曰：效，致也。　鮑彪曰：效，猶致也。得實未嘗得器，故無以效。王必罪之，以其欺也。彪謂此謀雖不出於正，而免國於難，可也。　吳師道曰：鮑以此爲尊周，謬矣。

八

楚請道於二周之間以臨韓、魏〔一〕，周君患之。蘇秦謂周君曰〔二〕：『除道屬之於河〔三〕，韓、魏必惡之〔四〕。齊、秦恐楚之取九鼎也〔五〕，必救韓、魏而攻楚。楚不能守方城之外〔六〕，安能道二周之間？若四國弗惡〔七〕，君雖不欲與也〔八〕，楚必將自取之矣。』

〔一〕高誘曰：臨，猶伐也。　鮑彪曰：請道，以假道請。　黃丕烈曰：二，鮑本作兩。　金正煒曰：詩皇矣疏：臨者，在上臨下之名。論語爲政篇皇疏：臨，謂以高視下也。薛公以齊章：『君臨函谷而無攻。』韓魏易地章：『韓兼兩上黨以臨趙，即趙羊腸以上危。』張儀事秦惠王章：『是王內自罷而伐與國，廣鄰敵以自臨，而信儀於秦王也。』臨之義猶厭案也。高注未安。　祖耿案：顧觀光附此於顯王三十三年，云因言九鼎附此。

〔二〕姚注：謂，曾一作調。集、劉作謂。　黃丕烈曰：鮑改秦爲子。　鮑彪曰：秦字季子，洛陽人，其死時東、西周未分，此當爲代若厲。諸如此處不一。　吳師道曰：史不云蘇秦東周洛陽人乎？　張琦曰：蘇秦之死，當慎靚王四年，上距威烈王東周惠公之封，已近百年。即據趙世家，顯王二年，韓魏分周地爲二，亦已五十年。鮑蓋泥周紀王赧時東、西周分治之文。然詳史文，乃謂王赧以前治尚由王，自此治由兩周。王赧徙都西周，寄焉而已，故曰分治。非謂分地自此始也。吳氏引蘇秦傳文，亦非。

〔三〕高誘曰：屬，猶至也，通也。鮑彪曰：除，去穢也。夏紀注：河出金城、積石，蓋道行兩周之間，使楚所假逮及之。吳師道曰：河，東過洛汭，在鞏縣東，洛邑北邙有河。張琦曰：鞏縣北去河十里，河南府北去河五十里。程恩澤曰：案水經注，河水自大陽縣南，東過砥柱，又東過平陰縣北，又東過平縣北，又東逕河陽縣故城南，又東逕洛陽縣北，又東逕平縣故城北，又東過鞏縣北。此戰國時周境河道也。惟古平陰縣及平縣故城俱在今孟津縣東，孟津又在洛陽縣東。茲云東過平陰、平縣，又東逕河陽、洛陽，似乎倒置，疑有錯簡。顧祖禹曰：河自山、陝之交，歷潼關北流入閿鄉縣北境，經靈寶、陝州、黽池、新安、洛陽、孟津、鞏縣北而入開封府界。以今地按之，最爲的確。金正煒曰：左氏莊四年傳：除道梁溠，營軍臨隨。注：更開直道。漢書高帝紀：「築甬道屬河。」師古曰：屬，聯也。

〔四〕鮑彪曰：惡楚。

〔五〕鮑彪曰：道廣，可以出鼎。

〔六〕高誘曰：方城，楚塞也。外，北也。程恩澤曰：左傳云：「楚國方城以爲城。」杜注：「方城山在南陽葉縣南。」淮南子：「天下九塞，方城其一。」地理志：「葉縣南有長城，號曰方城。」韋昭曰：「方城，楚北之阨塞。」荆州記：「葉東界有故城，始犨縣，東至瀙水，逕泚陽界，南北連連數百里，號爲方城，一曰長城。」水經注：「楚盛周衰，控霸南土。欲爭强中國，多築列城於北方，以通華夏，號曰萬城，亦曰方城，蓋置城於山上以爲要隘。其山連接南陽、唐縣、葉縣之境，幾數百里，故曰長城，又曰萬城。」今在河南南陽府葉縣南四十里，跨裕州界。林氏曰：宛在方城內，葉在方城外。外有方城，內有冥阨，而宛、葉爲之表裏。高士奇曰：其後拓地漸東，又以申、息爲重鎮。申在方城內，居西（即南陽縣），息在方城外，居東（即息縣）。顧觀光曰：漢志：「南陽郡葉南有長城（原脱南字，依齊世家索隱補），號曰方城。」水經汝水注云：『醴水東南流逕葉縣故城北，春秋許遷於葉者也。楚盛周衰，控霸南土，欲爭强中國，多築列城於北方，以逼華夏。自越以至葉垂，宏境萬里，故號曰萬城也。』按春秋屈完之對齊侯曰：『楚國方城以爲城。』杜預曰：方城，山名也。在葉南（史記越世家正義曰：方城山在許州葉縣西南十八里）。未詳孰是。又潕水注云：葉東界有故城，始犨縣，東至瀙水，達比陽界，南北聯聯數百里，號爲方城，一謂之長城云（此方城之東界）。酈縣有故城一面，未詳里數，號爲長城，即此城之西隅（此方城之西界。越世家正義引括地志云：故長城在鄧州内鄉縣東七十五里，南入穰縣，北連翼望山。無土之處，累石爲固是也）。其間相去六百里。北面雖無基築，皆連山相接，而漢水流其南，故屈完云楚國方城以爲城，漢水以爲池。又史記禮書説楚云：緣之以方城。正義引括地志云：方城在房州竹山縣東南四十一里，其山頂上平，四面險峻，山南有城，長十餘里，名爲方城。按此説方城與諸家不同，即春秋文十六年傳之庸方城也。今竹山縣屬鄖陽府。

〔七〕高誘曰：四國，韓、魏、齊、秦也。　鮑彪注同。

〔八〕鮑彪曰：與之道。　吳師道曰：謂鼎也。

九

司寇布爲周最謂周君曰〔一〕：『君使人告齊王以周最不肯爲太子也〔二〕，臣爲君不取也。函冶氏爲齊太公買良劍，公不知善，歸其劍而責之金〔三〕。越人請買之千金，折而不賣〔四〕。將死而屬其子曰：「必無獨知〔五〕。」今君之使最爲太子，獨知之契也〔六〕，天下未有信之者也。臣恐齊王之謂君實立某而讓之於最〔七〕，以嫁之齊也〔八〕。君爲多巧，最爲多詐〔九〕。君何不買信貨哉〔一〇〕？奉養無有愛於最也〔一一〕，使天下見之〔一二〕。』

〔一〕高誘曰：布，周臣也。　鮑彪曰：司寇，周官，布，其名。　祖耿案：黄式三周季編略，以謂君爲東都君。顧觀光附此於赧王元年。

〔二〕鮑彪曰：閔王善最，欲其爲太子，以賂進之。最時讓立，周以最不肯立告齊。　吳師道曰：閔王説見謂齊王曰章，此並無據。

〔三〕高誘曰：齊太公，田常孫田和也。始代呂氏爲齊侯，號曰太公。函，姓；冶，官名也。因以爲氏。知鑄冶，曉鐵理，能相劍。太公不知其劍善，故歸之而責其買劍金。　鮑彪曰：冶，銷鐵也。函，蓋其姓。齊太公，田和也，始代呂氏爲齊侯。歸，還之也。責，取也。金，買劍之金。

〔四〕高誘曰：雖願千金，猶未盡其本價也，故折其（錢、劉下有劍字），不賣與越人也。　鮑彪曰：折，折劍。　吳師道曰：高注云，雖千金，猶未盡其本價，故折其錢而不賣。則折作折闕義。若作斷折，則於下文不通。　黄式三曰：折謂折閲，吳依高注是。　程恩澤曰：案越，姒姓，少康封少子無餘以奉禹祀，號曰於越。今爲浙江紹興府會稽縣。句踐滅吳，徙治瑯琊，今爲山東青州府諸城縣。地理志，今之蒼梧、鬱林、合浦、交阯、九真、南海、日南皆越分也。　金正煒曰：漢書食貨志：用其本賈取之，毋令折錢。此言千金猶未盡其本賈，故曰折也。或爲靳之省文。廣雅釋器：靳，刀削也。刀、劍古通稱，蓋謂匣而藏之，不輕視人也。又或爲斥字之譌。廣雅釋詁：斥，推也。漢書曹參傳：輒斥去之。師古曰：斥，卻也。言越人雖買以千金，仍推卻不賣，以其非能知劍也。

〔五〕高誘曰：函冶氏屬其子曰：必無以語人，獨知其利。　鮑彪曰：將死，函冶氏將死。屬、囑同。集韵：託辭。必無。無以告人。獨知，自知其良。　吳師道曰：二語鮑因高注。愚意「必無獨知」當作一句，言凡有售，必使衆知其良，不可獨知也。　黄式三曰：言必有識此寶劍者。金正煒曰：無，猶不也。必不獨知，謂終有知者。此喻周君欲使最爲太子，以爲人當知之。然如千金不得買劍，或將意其不賣，則君之告齊，猶函冶氏之謝越人也。所謂「必無獨知」者，終亦不可得矣。高注、鮑説、吳正義並未安。

〔六〕鮑彪曰：周雖以最不肯立告齊，猶欲立之，特未定耳。契，約也。當兩知之，今則獨。　吳師道曰：禮記「右契」注：一書兩札，同而別之。　黄式三曰：契，一書兩札，獨則一札也。

〔七〕謂，原作爲。　黄丕烈曰：鮑改爲爲謂。吳氏補曰：策爲、謂通借，此當作謂。丕烈案，爲、謂非通借，乃寫者亂之。　金正煒曰：爲與謂通。宋策：宋所謂無雉、兔、鮒魚者也。墨子公輸篇謂作爲。周書官人篇：此之謂考志也。大戴禮文王官人篇，謂作爲，並與此同。　某，原作果。高誘曰：果，周太子也。鮑彪曰：果亦周子。讓，飾説也。　金正煒曰：果，疑本作某。公羊宣六年傳：「於是使勇士某者往殺之。」注：某者本有姓氏，記傳者失之。廣雅釋詁：「某，名也。」此則不知其人而設爲之詞。齊策「群臣之可用者某」，漢書楚元王交傳「某非敢忘封之也。」並以某字代名，此亦其例。

〔八〕高誘曰：嫁，賣。　鮑彪曰：嫁，猶賣也。言欺齊。　黄丕烈曰：「之」下，鮑本有於字。也，鮑本無。

〔九〕鮑彪曰：巧，猶詐。多詐，心欲之而言不肯。

〔一〇〕鮑彪曰：可信之貨，非獨知也。

〔一〕鮑彪曰：愛，猶吝。

〔三〕鮑彪曰：然則立最信矣。從周紀，皆當爲楚王。吴師道曰：使衆見之而信最之當立。從周紀改楚，非。又曰：爲周、爲君、爲齊之爲，去聲。黄式三曰：觀此知立果，不立咎。

十

秦召周君，周君難往〔一〕。或爲周君謂韓王曰〔二〕：「秦召周君，將以使攻王之南陽〔三〕。王何不田於河南〔四〕？周君聞之，將以爲辭於秦而不往〔五〕。周君不入秦，秦必不敢越河而攻南陽〔六〕。」

〔一〕鮑彪曰：意不欲往。祖耿案：史周本紀作「秦召西周君，西周君惡往。」顧觀光隸此於赧王八年，云依周本紀。

〔二〕原作魏王，姚注：史記作韓王。鮑彪曰：魏王，安釐。吴師道曰：無考。周紀作韓王。梁玉繩曰：韓王是，魏王非。西周與韓近也。

〔三〕王，原作魏，依史記改。高誘曰：南陽，魏邑也。又云：南陽，晉山陽河北之邑，河内、温、陽樊之釁皆是。見地理志注。程恩澤曰：案左傳「晉於是始啓南陽」，相傳後爲魏地。馬融曰：自朝歌以南至軹爲南陽。應劭曰：河内殷國也。周名之爲南陽。杜預曰：在晉山南、河北，故曰南陽。又曰：今河内地。然則魏之南陽，雖與韓南陽（今河南南陽府）有別，而其爲域亦廣矣。即左傳原文可按也（温，今温縣。陽樊，今濟源縣。攢茅，今修武縣）。自水經注以南陽專屬修武，唐宋以下宗之，乃謂南陽其統名，而修武則魏之南陽，疎矣。顧觀光曰：楚南陽屬荆州，魏南陽在河内，惟韓之南陽兼跨兩地。西周策韓魏易地，樊餘謂楚王曰：「魏有南陽、鄭地、三川而包二周，則楚方城之外危；韓兼兩上黨以臨趙，即趙羊腸以上危。」蓋以魏之上黨易韓之南陽、鄭地、三川也。秦策張儀曰：「魏絶南陽，楚臨南鄭」。魏策張儀謂魏王曰：「儀請以秦攻三川，王以其間約南陽。」又曰：「魏攻南陽，秦攻三川，韓氏必亡。」凡與魏相涉者，皆謂河北之南陽。杜預云：在晉山南河北，故曰南陽。則南陽所該甚廣，不止修武。鮑、吴二注均未得其解矣。韓策秦攻陘：「韓使人馳南陽之地，秦已馳，又攻陘，韓因割南陽之地。」下言「國形不便故馳，交不親故割。」陘城在河北，則南陽似謂屬荆州者。燕策，秦以南陽委於楚曰：「寡人固與韓且絶矣，殘均陵，塞鄳阸，苟利於楚，寡人如自有之。」則明謂荆州之南陽，蓋韓、楚兩屬也。秦本紀昭襄王三十五年初置南陽郡，而四十四年復云攻韓南陽，取之（今本誤作南郡，依表改）。亦一地兩屬之證。

〔四〕田，原作出。姚注：河南，史記作南陽。鮑彪曰：河南，洛陽也。時未爲郡，言河之南耳。吴師道曰：河南，即西周郟鄏。考王封弟河南，其名久矣。梁玉繩曰：河南是，史言南陽非。金正煒曰：河南，言河之南，中牟、陽武、酸棗、卷皆魏分地，非謂洛陽郟鄏也。又曰：鮑本出下有兵字。按出當爲田字之譌也。周禮「甸祝掌四時之田」注：田者，習兵之禮。公羊桓四年傳注：田者，蒐狩之總名也。魏王田於河南，疑於闕周，故周得以備魏爲辭於秦。若出兵周境，非復爲周謝秦策矣。史記信陵君傳：「公子與魏王博而北境傳舉烽，言趙寇至，且入界。魏王釋博，欲召大臣謀之。公子止王曰：趙王田獵耳，非爲寇也。已而果然。」是亦疑田爲兵之證。田誤爲出，後人因補兵字。史記亦沿策文之誤。

〔五〕高誘曰：以魏兵在河南爲辭，不往詣秦也。鮑彪曰：以魏兵在境爲言。程恩澤曰：案地理志，河南郡河南縣，故郟鄏地（京相璠曰：郟，山名，鄏，地名。今按左傳：「齊人城郟」，則郟亦地名。蓋以山爲名也。段玉裁曰：周時郟鄏爲大名，漢時專呼城外官陌爲郟鄏陌，故云縣西有郟鄏陌也）。周武王遷九鼎，周公致太平，營以爲都，是爲王城，至平王居之（敬王始遷洛陽，赧王復居王城）。郡國志：河南尹河南縣，周公所城雒邑也。春秋時謂之王城。注，帝王世紀曰：太康畋於有雒之表，今河之南。詩譜曰，周公攝政五年，成王宅雒邑，使召公先相宅，既成，謂之王城。博物記曰：王城方七百二十丈，郛方一十里（御覽引周書，作城方千六百二十丈，郛方七十二里）。南望洛水（錢坫地理志注，以漢河南縣在洛水之南，疑誤），北至郟山。地道記曰：去雒城四十里。韋昭曰：成周在瀍水東，王城在瀍水西（胡渭曰：自靈王壅穀水，使東出王城北，乃與瀍合流。歷王城東以南注於洛，猶未經洛陽城也。迨東漢建都，自河南縣東十五里之千金堨引水繞都城南北以通漕，而瀍水始與穀水俱東注矣）。括地志，故王城一名河南城，在河南縣北九里苑内東北隅，今在洛陽縣西北二十里（有作五里者，非是。胡渭曰：王城、成周，東西相去四十里，今洛陽縣居其中。隋大業初營新都，徙二縣於都城内。金省河南入洛陽，今仍之）。　金正煒曰：將字疑本作得，形似而譌也。

〔六〕張守節曰：以上至『秦召西周君』，是西周君説韓令出兵河南謀秦也。　鮑彪曰：越，度也。

十一

犀武敗於伊闕，周君之魏求救〔一〕。魏王以上黨之急辭之〔二〕。周君反，見梁囿而樂之也〔三〕。綦毋恢謂周君曰：『溫囿不下此，而又近，臣能爲君取之〔四〕。』反，見魏王，王曰：『周君怨寡人乎？』對曰：『不怨且誰怨乎〔五〕？臣爲王有患也〔六〕。周君，謀主也〔七〕，而設以國爲王扞秦〔八〕，而王無之扞也〔九〕，臣見其必以國事秦也。秦悉塞外之兵與周之衆以攻南陽〔一〇〕，而兩上黨絶矣〔一一〕。』魏王曰：『然則奈何？』綦毋恢曰：『周君形不利事秦而好小利〔一二〕。今王許戍三萬人，與温囿〔一三〕。周君得以爲辭於父兄百姓，而私温囿以爲樂〔一四〕，必不合於秦。臣嘗聞温囿之利歲八十金〔一五〕，周君得温囿，其以事王者歲百二十金〔一六〕。是上黨無患而贏四十金〔一七〕。』魏王因使孟卯致温囿於周君，而許之戍〔一八〕。

〔一〕高誘曰：秦將白起敗魏將犀武於伊闕，遂進攻，周君故求救於魏也。鮑彪曰：白起既敗魏，遂進攻周。周以魏怨之，故往求救。吴師道曰：大事記，秦怒東周助韓、魏，故攻之。按策文當作西周。祖耿案：顧觀光隸此於赧王二十二年。

〔二〕高誘曰：故不救周。鮑彪曰：魏王，昭王。意者有趙或韓兵也。吴師道曰：趙兵無考。周、韓、魏共伐秦，此時韓、魏必和。程恩澤曰：案地理志，魏地自高陵以東盡河東河内，其境不及上黨。然戰國時兼并無常，難拘舊域。正義云，七國時韓有潞州及澤州之半，半屬趙、魏，是魏亦有上黨也。

〔三〕高誘曰：梁，魏惠王之都也。畜禽曰苑、囿，有林、池曰園也。鮑彪曰：陳留浚儀注，魏惠王自安邑徙大梁，有林池曰囿。吴師道曰：囿者，蓄育鳥獸之所。張琦曰：梁，今開封府治，故大梁也。程恩澤曰：水經注，大梁城本春秋之陽武高陽鄉也。於戰國爲大梁。通典：汴州城西古城，戰國時魏惠王所築，即今祥符縣也。陳無已曰：開封無山川之險，爲四戰之地。胡三省曰：大梁控引河、汴，南通淮、泗，北接滑、衛，舟車之所湊集。」又曰：「案地理通釋云：索隱，圃即圃田（水經注，圃田澤，西限長城，東極官渡，北佩渠水，東西四十許里，南北二十許里，中有沙岡，上下二十四浦。元和志作東西五十里，南北二十六里）。鄭藪，屬魏。輿地廣記，開封府中牟縣有圃田澤，爲豫州之藪。正義云囿，劉伯莊音圃。括地志，圃田澤在鄭州管城縣東三里。國策，魏有梁囿、温囿。按，鄭州、中牟皆自梁反周必經之路。梁囿應在此。惟牽合温囿爲説，未免稍疎。舊以梁囿在大梁，非是。」顧觀光曰：魏世家云：「秦七攻魏，五入囿中」（魏策作「國中」），疑即此。索隱、正義並以圃田澤當之，未知是否。

〔四〕高誘曰：綦毋恢，周臣也。温囿，今在河内，是時屬魏。下，猶減也。此，梁囿（一作梁）也。温囿近周，能爲君取温囿也。　鮑彪曰：綦毋恢，周人。温，屬河内。言其樂不在梁下。近，近周。　顧觀光曰：史記（魏）昭王十年，宋王死我温。漢志：屬河内。在今懷慶府温縣西南三十里。

〔五〕乎，原作王。　黄丕烈曰：今本王作乎。鮑本作乎。

〔六〕高誘曰：患，憂也。

〔七〕高誘曰：周，天子也。故曰謀主也。　鮑彪曰：猶爲天子故。　吳師道曰：韓世家，使公孫喜率周、魏伐秦，敗伊闕。緣是故稱謀主，比周君也。　金正煒曰：左氏昭九年傳：「我在伯父，猶衣服之有冠冕，木水之有本原，民人之有謀主也。」注，民人謀主，宗族之師長。吳正非也。

〔八〕高誘曰：扞，禦也。傳曰：扞禦北狄也。　鮑彪曰：設，施陳。扞，衛也。　金正煒曰：齊策：「今先生設爲不宦。」注：設者，虚假之辭。又，漢書趙充國傳：「數使使尉黎危須諸國，設以子女貂裘欲沮解之。」注：設，謂開許之也。言周雖不能爲王扞秦，猶得藉口居爲隱蔽，用以德魏王，無以報之，則有辭事秦矣。

〔九〕高誘曰：言魏爲周無所扞禦也。　鮑彪曰：無爲周扞者。

〔一〇〕高誘曰：南陽，魏邑。　程恩澤曰：高又云南陽，晉山陽河北之邑。河內、温、陽樊之屬皆是。見地理志注。案左傳：「晉於是始啓南陽。」相傳後爲魏地。　顧觀光曰：史記安釐王四年，「段干子請予秦南陽以和。」徐廣曰：在修武。又，秦本紀：「魏入南陽以和」。徐廣曰：河內修武，古曰南陽。秦始皇更名（今修武縣屬懷慶府）。薛瓚注漢志云，韓非書秦昭王越趙長平西伐修武時，秦未兼天下，修武之名久矣。按，韓詩外傳云：武王伐紂，勒兵於甯，更名甯曰修武。瓚說是也。然戰國時亦有稱甯者，魏世家，無忌謂魏王曰：通韓上黨於共甯。正義曰：懷州修武縣，本殷之甯邑。　又水經清水注：修武，故甯也，亦曰南陽矣。馬季長曰：晉地自朝歌以北至中山爲東陽。朝歌以南至軹爲南陽。秦本紀，正義引括地志云：懷州獲嘉縣即古之南陽（今獲嘉縣屬衛輝府）。又引杜預云，在晉山南、河北（山謂太行），故曰南陽。然則南陽所該甚廣，不止修武。在戰國時，正當韓、魏接壤之處，故二國皆有南陽矣。西周策：「或爲周君謂魏王曰，秦召周君，將以使攻魏之南陽。」又曰：「周君不入秦，秦必不敢越河而攻南陽。」又綦毋恢謂魏王曰：「秦悉塞外之兵與周之衆以攻南陽。」魏策，張儀曰：「秦欲救齊，韓欲攻南陽。」已上所言南陽，皆魏地也。

〔一一〕鮑彪曰：言趙、韓援魏之路絶。　吴師道曰：是時魏上黨被兵，若周、秦攻南陽，則魏又當禦其攻而上黨必絶。後云上黨無患，言得併力於此也。　黄式三曰：韓、魏各有上黨，周策韓魏易地篇云：「韓兼兩上黨」，以既易地言之也。策注未明。　程恩澤曰：案，韓魏易地章云：「韓兼兩上黨以臨趙。」是時韓、魏各有一上黨，魏欲以上黨易韓之南陽、鄭地、三川。韓本有一上黨，又得魏之上黨，故曰兩上黨。此兩上黨亦當如此解。蓋言秦攻南陽（此是魏地），則韓、魏之上黨皆不通耳。地理通釋云：所謂兩上黨者，蓋在韓、魏之間是也。　顧觀光曰：趙有上黨，而韓、魏亦並有之。西周策韓魏易地，樊餘謂楚王曰：「韓兼兩上黨以臨趙，即趙羊腸以上危。」又，犀武敗於伊闕，周君之魏求救，魏王以上黨之急辭之。綦毋恢曰：

「秦悉塞外之兵與周之衆以攻南陽，而兩上黨絶矣。」所謂兩上黨者，韓與魏也。故東周策周最謂金投曰：「秦盡韓、魏之上黨太原而止。」秦策，蘇代獻書穰侯曰：「秦有安邑，則韓、魏必無上黨哉！」趙策，蘇厲説趙王曰：「秦盡韓、魏之上黨，則地與國都邦屬而壤挈者七百里。」皆兼韓、魏言之也。魏世家惠王元年，公孫頎謂韓懿侯曰：「魏罃得王錯，挾上黨，固半國也。」秦策，韓春謂秦王曰：「以齊、秦劫魏，則上黨，秦之有也。」此專言魏也。

〔一二〕不下原有小字。高誘曰：形，勢也。小利，謂温囿也。鮑彪曰：形，猶勢也。小利，謂温囿。國小多憂，其勢宜不得游觀。有秦助，則無國患，乃得游觀。黄丕烈曰：今本不下有好字。鮑本有。丕烈案：此小字因下文而衍。讀以秦字句絶。鮑本有好字，乃讀利字爲句，所解全謬。今本依之，非也。金正煒曰：黄説視鮑爲長。鮑本形不下有好字，注云：「國小多憂，其勢宜不得游觀。有秦助，則無國患，乃得游觀。」疑鮑所見本，秦或爲泰，泰，安也。故云無患。

〔一三〕高誘曰：戍，守也。鮑彪曰：戍，守邊也。許爲周扞秦。

〔一四〕私，原作利。姚注：利，錢作私。高誘曰：私，愛也。鮑彪曰：爲辭，云得戍卒之援。得戍，公也。得囿，私也。黄丕烈曰：鮑改利爲私。吴氏補曰：按作利字則與上協。丕烈案：吴氏説非是。詳高注、姚校，皆當作私。秦策「而私商於之地」，亦其證。

〔一五〕鮑彪曰：魏人貢其上之數。黄丕烈曰：歲上，鮑本有「計」字。

〔一六〕鮑彪曰：周許魏之數。

〔一七〕祖耿案：無，原作每。鮑本作無，今從。高誘曰：温囿貢於魏王，八十金耳。周君得之，則貢百二十金。故曰是羸四十金也。鮑彪曰：周善事魏，則趙、韓必不加兵。羸，有餘賈利也。金正煒曰：每，蓋毋字之譌。毋與無通。

〔一八〕鮑彪曰：孟卯，鴻烈汎論注：齊人，即芒卯。致，送也。彪謂周君非賢君也。秦兵在境而樂於囿，其志荒矣。恢雖能得囿，非君子所以事其君者也。吳師道曰：爲辭爲樂之爲，如字，餘去聲。梁玉繩曰：芒卯，西周策及韓子說林、顯學、淮南汎論作孟卯，音之轉也。而韓子外儲說左作昭卯，呂覽應言作孟卯。黃式三曰：以此見周君之怠於國政，喜游翫也。魏贏金則周虧，恢不忠矣。程恩澤曰：温囿，魏地，而暫以予周者也。祖耿案：成下原有也字。黃丕烈曰：鮑本無。

十二

韓、魏易地〔一〕，西周弗利〔二〕。樊餘爲周謂楚王曰〔三〕：『周必亡矣。韓、魏之易地，韓得二縣，魏亡二縣〔四〕。所以爲之者，盡包二周，多於二縣，九鼎存焉〔五〕。且魏有南陽、鄭地、三川〔六〕，而包二周，則楚方城之外危〔七〕；韓兼兩上黨以臨趙〔八〕，即趙羊腸以上危〔九〕。故易成之日〔一〇〕，楚、趙皆輕。』楚王恐，因趙以止易也〔一一〕。

〔一〕鮑彪曰：韓策書此在楚圍雍氏後。祖耿案：指韓策二公仲爲韓魏易地章。此章在楚圍雍氏兩章之後。顧觀光附此於顯王四十七年曰：因與公仲、公叔相涉，故附此。

〔二〕高誘曰：利，便也。

〔三〕餘下原無爲周二字。姚注：曾，下有「爲周」字。高誘曰：樊餘，周臣也。爲周謂楚王。楚王，懷王。

程恩澤曰：案姓譜，周宣王封太王之子虞仲支庶孫仲山甫於樊，後因氏焉。路史：今京兆杜陵有樊鄉，仲山甫邑。

〔四〕鮑彪曰：易地，則魏亦有得；而獨言亡者，亡多於得也。

〔五〕鮑彪曰：魏雖多亡，然且爲之。二周，東西二周。漢志：武王遷九鼎於郟鄏。郟鄏屬河南，爲東周。

〔六〕鮑彪曰：河内脩武注，晉始啓南陽是也。京兆、山陽皆有鄭，河南有新鄭。此在楚、魏之間，新鄭也。河南郡注，秦三川郡也。周紀「三川震」注：涇、渭、洛。吴師道曰：杜注，在晉山南、河北，故曰南陽。鄭本在西都畿内咸林。武公得虢、檜之地，乃徙其封，是爲新鄭。咸林今華州鄭縣，新鄭今鄭州。三川，河、洛、伊。張儀所謂天下朝市，秦武王所謂車通以闚周室者也。秦拔成皋、滎陽，初置三川郡。張琦曰：此主韓、魏易地言。南陽當爲韓地，即今南陽府。地近楚，故曰方城之外危。三川即漢河南郡，故曰包二周。鄭地今開封府西境，鄭州、新鄭、汜水等地皆故鄭也。水經注：河水自底柱東逕平陰縣北（今孟津縣有平陰故城），又東，逕洛陽、平縣（通典，鞏縣西北有小平津、）鞏縣、成皋（故城在今汜水縣西北）、滎陽、卷縣之北（故城在今原武縣西北），今爲新安、洛陽、孟津、鞏、汜水、滎陽、原武、陽武、延津等縣。洛水自宜陽縣東北出散關南（即九曲城，在今宜陽縣東三十里），又東北過河南縣南，又東過洛陽偃師縣南，又東北過鞏縣，入於河。伊水自陸渾縣南（故城在今嵩縣北），又東北過新城縣南（故城在今河南府城南七十五里），又東北過伊闕中（在河南府西南三十里），又東北至洛陽縣南，入於洛。此三川之在漢河南郡者。今伊水自洛陽縣南又東北至偃師縣南入洛。程恩澤曰：此南陽是韓地。是時，韓欲以此三處易魏之上黨，故曰魏有南陽、鄭地、三川，本屬虛搆之詞，非修武也。漢志，荆州有南陽郡。胡三省曰：晉南陽在修武，以在太行之南，大河之北也。魏獨有之。秦置南陽郡，以在南山之南，漢水之北也。秦、楚、韓分有之。錢大昕曰：秦本紀昭王四十四年，攻韓南郡，取之。六國表作南陽。考江陵之南郡，楚地，非韓地，當以南陽爲是。但昭王十六年，拔韓宛城，又，魏冉封穰侯，皆南陽郡地。三十五年置南陽郡，是南陽屬秦已久。此又云攻取韓南陽者，戰國時大郡或領十數城，非一時所能盡拔。秦雖置南陽郡，尚未全有其地。至是始悉取之。如上黨，亦韓郡。桓惠王十年，郡守馮亭以郡降趙，十四年爲秦所拔矣，而二十六年又云：秦拔我上黨，亦其類也。三川，此與秦策司馬錯與張儀爭論於秦惠王前章：「下兵三川」之三川，俱指韓說。其名雖分屬周、楚，其地實止一處。蓋其始本以河、洛、伊三水得稱，後乃以水名爲地名，或指洛州，或指宜陽，總不外此三水之間。在周則爲周地，在韓則爲韓地，其又屬楚者，乃楚奪而取之耳。顧觀光曰：史記，韓哀侯二年滅鄭，因徙都鄭。漢志：河南郡新鄭，韓自平陽徙都之（今新鄭縣屬許州府）。自徙都後，韓亦稱鄭。秦策，張儀曰：「魏絶南陽，楚臨南鄭」，則鄭又有南鄭之稱矣。魏策，無忌曰：「韓亡，秦有鄭地，與大梁鄰。」是鄭地近梁。　又曰：史記秦本紀，莊襄王元年，秦界至大梁，初置三川郡。集解引韋昭云：有河、洛、伊，故曰三川。秦策：武王欲車通三川，以闚周室，而張儀曰：「三川、周室，天下之市朝也。」司馬錯曰：「周自知失九鼎，韓自知亡三川。」則三川之所繫重矣。其地西接秦，南接楚。故韓策公孫昧謂公仲曰：「公戰勝楚（句），遂與公乘楚，易三川而歸。」謂秦乘楚之弊，而取楚地，因以楚地易韓之三川也。又曰：「公戰不勝楚（句），塞三川而守之，公不能救也。」謂秦且乘韓之敝，而取三川也。又，趙敖謂建信君曰：「秦出兵於三川，則南圍鄢，蔡、邵之道不通矣。」又，宣錡之教韓王曰：「爲公叔具車百乘，言之楚，易三川。」可見三川近楚。韓策又云：費緤「其家萬金，王何不召之，以爲三川之守。」按，凡言守者，謂郡守也。疑三川之郡，秦因於韓（秦制，郡置守，縣置令，蓋戰國時已然）。

〔七〕鮑彪曰：南陽郡注，葉公邑，號方城。　吳師道曰：正義云，方城山在葉縣西。　張琦曰：方城山在今南陽府裕州東北四十里，連接南陽、唐、葉之境，亦曰長城山，亦曰方城山。楚北之險塞。宛、穰入韓後爲秦有，而方城失其險矣。　祖耿案：方城見前。

〔八〕鮑彪曰：上黨，漢并州郡。甘茂傳注，遠韓近趙，故言兩。此韓所得也。今按東策，周最再說金投，秦策，藍田、陘山三章所言，則上黨亦屬魏。　張琦曰：史正義云，秦上黨郡，今澤、潞、儀、沁等四州之地，兼相州之半，韓總有之。至七國時，趙得儀、沁二州之地，韓猶有潞州及澤州之半，半屬趙、魏。按此說甚明，故當時韓、魏皆有上黨。今韓、魏易地，以上黨併之韓，故曰兼兩上黨。今山西潞安、澤州二府，遼、沁二州及河南彰德府武安、涉縣，直隸廣平府之磁州等地。　程恩澤曰：案，鮑說於「兼」、「兩」二字，殊未明了，詳見前章。

〔九〕高誘曰：羊腸，趙險塞名也。山形屈壁（錢作辟），狀如羊腸。今在太原晉陽之西北也。　鮑彪曰：上黨壺關有羊腸坂。高注云云。此皆以所近之國强故危。　張琦曰：今澤州府南四十五里，天井關南，即羊腸坂。　程恩澤曰：案，羊腸有三，一在懷、澤間，即太行坂道。蔡澤謂應侯曰：「決羊腸之險，塞太行之口。」正義：太行山坂道盤紆如羊腸，南屬懷州，北屬澤州。　呂氏春秋九山之一是也。一在潞安府壺關縣東南百里（與澤州接界）。樊餘謂楚王曰：「韓兼兩上黨以臨趙，即趙羊腸以上危。」蘇厲遺趙王書曰：「秦以三郡攻王之上黨，羊腸之西（正義曰：沁州在羊腸坂西），句注之南，非王有已」（此趙世家文，與國策小異）。地理志，上黨郡壺關縣有羊腸坂是也。一在太原府西北九十里。吳起曰：「夏桀之居，伊闕在南，羊腸在北」（策作盧睪在其北，伊洛出其南）。郡國志：萬根谷山，即羊腸坂（在交城縣東南五十三里。）淮南子注：晉陽西北九十里有羊腸坂，通河西上郡關。皇甫謐曰：「羊腸塞在龍山。」水經注：倉山有羊腸坂，在晉陽西北，石磴縈委若羊腸焉，故倉坂取名矣（寰宇記：羊腸又古積穀之所，後魏於此立倉，名羊陽倉。後漢書鄧訓傳注，以羊腸倉在嵐州界，羊腸坂蓋亦地相接。今爲岢嵐州）。通典，陽曲縣有乾燭谷，即羊腸坂是也。三者，壺關與懷、澤相連，而太原較遠，當各依本文解之。顧觀光曰：趙策：「秦以三軍强弩，坐羊唐之上，即地去邯鄲二十里。」鮑改唐爲腸。按，唐、腸音相近，疑古人通用也。西周策：「韓兼兩上黨以臨趙，即趙羊腸以上危。」高注云云。趙世家：「秦以三郡攻王之上黨，羊腸之西非王有已。」正義曰：羊腸，太行山阪道名。南屬懷州，北屬澤州。

〔一〇〕曰，原作曰。黄丕烈曰：今本曰作日。丕烈案，舊日字多寫爲曰。 金正煒曰：唐人作書，曰、日無別。姚本當由其時傳寫之譌。又，儀禮士喪禮占曰某日從。注，古文曰爲日。國語周語，視遠日絶其義。漢書，日作曰。亦此類也。

〔一一〕黄丕烈曰：趙下，鮑本有兵字，無也字。吳補：一本「因趙以止易也。」 金正煒曰：韓策：「趙聞之，起兵臨羊腸；楚聞之，發兵臨方城，而易必敗矣。」正謂此事。鮑本「因趙」下有兵字，此或誤脱。「因趙」猶云連趙。周書作雒篇：「北因於郟山。」注，因，連接也。

十三

秦欲攻周〔一〕，周最謂秦王曰〔二〕：「爲王之國計者不攻周〔三〕。攻周，實不足以利國而聲畏天下〔四〕。天下以聲畏秦，必東合於齊。兵弊於周而合天下於齊〔五〕，則秦孤而不王矣。是天下欲罷秦，故勸王攻周。秦與天下罷〔六〕，則令不横行於周矣〔七〕。」

〔一〕祖耿案：史周本紀作「秦攻周」，無「欲」字。顧觀光隸此於赧王四十五年。

〔二〕鮑彪曰：秦王，昭王。

〔三〕黄丕烈曰：「王之國」，鮑本作「國之」。丕烈案：史記作「爲王計者」。

〔四〕鮑彪曰：聲，猶名也。周，天子也，今見攻，故天下畏秦。吳師道曰：畏，猶惡也。周地狹，不足以利國，而有攻天子之惡名，見畏惡於天下。與司馬錯説同意。金正煒曰：呂覽過理篇：「臣聞其聲。」注，聲，名也。史記太史公自序：「其實中其聲者，謂之端。」索隱云：聲者，名也。策文每以名、實對舉，此特變文爲聲，義猶名也。史記趙世家：「其於義也，聲善而實惡。」趙策：「聲德於與國而實伐空韓」。並以聲與實相對爲文。鮑注不誤，而義則未盡。

〔五〕高誘曰：弊，罷也。　祖耿案：下兩「罷」字，史並作「弊」。

〔六〕「下」下原有俱字。　鮑彪曰：天下合齊而與秦戰，戰則必疲。　王念孫曰：此鮑不得其解而爲之辭。俱字後人所加。「秦與天下罷」者，與，猶爲也。謂秦爲天下所罷也。此言天下欲以攻周罷秦。秦攻周，則爲天下所罷，非謂秦與天下俱罷也。古或謂爲爲與，爲與二字聲相轉而義亦相通。後人未達與字之義，而以爲秦與天下俱罷，故加入俱字。不知秦攻周而天下未攻秦，不得言俱罷也。史記周本紀無俱字。王引之曰：言秦爲天下所疲也。　黄式三曰：爲，一作與。與、爲古通用。一本誤作「與天下俱罷」。

〔七〕高誘曰：横行，東行。　鮑彪曰：横行，無畏忌也。紀有。　祖耿案：史周本紀作：「則令不行矣」。不云「横行於周」。張守節曰：以上至「秦攻周」，是周最説秦也。

十四

宮他謂周君曰〔一〕：「宛恃秦而輕晉，秦飢而宛亡〔二〕；鄭恃魏而輕韓，魏攻蔡而鄭亡〔三〕。邾、莒亡於齊〔四〕，陳、蔡亡於楚〔五〕。此皆恃援國而輕近敵也〔六〕。今君恃韓、魏而輕秦，國恐傷矣。君不如使周最陰合於趙以備秦〔七〕，則不毀。」

〔一〕高誘曰：宮他，周臣也。　鮑彪曰：周人。　吳師道曰：高注作臣。　祖耿案：策云，周君恃韓、魏而輕秦，疑此當在秦攻伊闕之前，殆在王赧二十二年。顧觀光附此於赧王八年，恐非。

〔二〕高誘曰：穀不熟曰飢。亡，滅也。　鮑彪曰：宛屬南陽，故申伯國。南陽，三晉時屬韓。韓釐五年，秦拔我宛。蓋宛亡在春秋之晉。三家分晉，乃屬韓也。此下皆恃遠輕近而亡。秦飢，不暇救宛，故晉滅之。其亡不經見。　程恩澤曰：案，申，姜姓，伯夷之後，初封不知所在（江永曰：或在今信陽州），其後中絕。宣王時，改封於謝。韋昭曰：謝，申伯之都，今在南陽。地理志：南陽宛縣，故申伯國。潛夫論：申在宛北序山之下。路史曰：序，即謝也（張宗泰曰：序、謝聲相近）。則宛與申、謝並爲一地。但據左傳，申當爲楚所滅。故宛亦爲楚邑。百里奚亡楚，走之宛，宛鄙人執之是也。茲云爲晉所滅，殆不足信。

〔三〕高誘曰：韓哀侯滅亡鄭。　鮑彪曰：鄭，河南新鄭。鄭君乙二十一年，韓哀侯滅之。　程恩澤曰：世本云，鄭桓公封棫林，即漢之京兆鄭縣。桓公死犬戎之難，其民南奔，居褒斜之中，謂之南鄭。今爲漢中府南鄭縣。自桓公至君乙，凡二十四世，爲韓所滅。鄭滅于韓哀侯二年。當戰國之初，其國尚存。　金正煒曰：蔡，鮑本作秦。按蔡當爲楚。古文蔡作𡙇，上體與楚相似，又涉下文陳、蔡亡於楚而譌也。　韓非飾邪篇：「鄭恃魏而不聽韓，魏攻荆而韓滅鄭。」魏策：「鄭恃魏以輕韓，伐榆關而韓氏亡鄭」，並可爲證。惟哀侯滅鄭，蔡已先併於楚，則言攻蔡，猶攻楚也。作秦無據。或本爲荆，音近而誤。

（四）姚注：郳，錢、劉下有臣字。　鮑彪曰：魯騶縣，故郳也。郳，曹姓國，二十九世，楚滅之。莒屬城陽國，故盈姓國，三十世，楚滅之。蓋恃齊也。　張琦曰：今兖州府鄒縣，故郳國。莒，今沂州府莒州。　程恩澤曰：地理志，魯國有騶縣，故郳國，曹姓。輿地廣記，兖州鄒縣，郳文公所遷邑是也。今爲兖州府鄒縣。地理志，城陽國有莒縣。郡國志，瑯邪國莒縣，本國，故屬城陽是也。今爲沂州府莒州。　又曰：郳即鄒也，戰國時尚在，不知策文何指。路史以郳鄒爲二，郳爲魯併，鄒爲楚併，意者，此言在郳亡後歟。然曹姓之郳，穆公時改號曰鄒，歷有證驗，則其説不可通也。莒有三姓，未知孰是。地理志，周武王封少昊之後嬴姓於莒，此舊説所本也（杜氏釋例主此）。國語，曹姓鄒、莒，則爲顓頊後。世本，莒，己姓。左傳，穆伯如莒，從己氏也。正與此合。又云，紀公以下爲己姓，不知誰賜之姓（見左傳隱二年疏）。似初不姓己，而其後乃姓己者。意者，曹與嬴即其初姓歟。始封計斤（計斤，左傳注作計基。漢書如淳音義曰，斤，音基。段玉裁曰：斤，當作亓，音基，斤是誤字），即春秋介根也。杜注，在城陽黔陬縣東北，今在膠州西南五里。至春秋時徙居莒，杜注，今城陽莒縣。今爲沂州府莒州。莒自初封，二十三君（原注作三十世，疑有誤）爲楚簡王所滅（竹書，周考王十年，楚滅莒），地歸於齊。閔王走莒，即故莒國也（或曰齊自有莒地，説見齊策）。列國興廢説莒君無謚而有號。自兹輿期十一世至兹丕公，皆以地爲號（兹，地名，見昭五年注）。今按莒庚輿謚共公，見左傳。説苑（立節篇）有莒穆公，列子（説符篇）有莒敖公（亦見吕氏恃君覽，注云敖謚），文獻通考以季佗爲厲公。則其説非也。　顧觀光曰：漢志，魯國騶，故郳國（今鄒縣屬兖州府）。西周策云：「郳、莒亡於齊。」郳即鄒也。孟子：「鄒與魯鬨」。趙策：「齊閔王將之薛，假途於鄒」。楚世家，頃襄王十八年，西周武公曰：「怨結於兩周，以塞鄒、魯之心。」則是時鄒尚存。　又曰：史記、漢志並言莒爲楚滅，而西周策云，郲、莒亡於齊。蓋楚滅之而不能有，後遂入於齊也。史表，楚簡王元年滅莒。而宋策，外黄徐子言「太子自將攻齊，大勝并莒」，事在齊宣王二年，時莒已屬齊矣。樂毅攻齊，惟莒、即墨不下。後田單復齊，迎太子於莒而立之，則莒地尚屬齊。至楚考烈王八年取魯，封魯君於莒（見表），則莒地又屬楚。韓策，謂山陽君曰：「齊封君以莒，今楚攻齊取莒，上不交齊，次弗納於君。」是齊以莒地封山陽君，而楚復取之。其在何時，則不可考矣。漢志，城陽國，莒故國，今沂州府莒州。　郭希汾曰：周考王十年，楚滅莒，後屬齊。

祖耿案，墨子非攻中云：「東方有莒之國者，其爲國甚小，閒於大國之間，不敬事於大。大國亦弗之從，而愛利，是以東者越人夾削其壤地，西者齊人兼而有之。計莒之所以亡於齊、越之閒者，以是攻戰也。」畢沅云：莒，今山東莒州。孫詒讓曰：杜預春秋釋例云，莒國嬴姓，少昊之後。周武王封茲輿期於莒，十一世茲丕公方見春秋，共公以下微弱不復見，四世楚滅之。蘇云史記云，楚簡王元年，北伐滅莒。據此則莒實爲齊滅，故其地在戰國屬齊。詒讓案，戰國策西周策云：「郲莒亡於齊」，亦其證。

〔五〕高誘曰：爲齊楚所滅亡。　鮑彪曰：陳，舜後，漢淮陽國。楚惠王十年滅陳，四十二年滅蔡，皆不見所恃，蓋即恃楚，不備之也。　張琦曰：陳，漢志屬淮陽國，今河南陳州府是。　程恩澤曰：陳靈公無道，爲楚莊王所縣，旋即封之。又二世至哀公，爲楚靈王所滅。滅後五年，楚平王即位，復封陳。其故都在今河南陳州府淮寧縣，即古宛邱。又五十二年，三傳至湣公，復爲楚惠王所滅。自後無聞。蔡姬姓，叔度封邑在西周圻內。度服辟，乃封其子胡於蔡，今爲河南汝寧府上蔡縣。十七傳至靈侯，爲楚所滅。平王即位，復封蔡，是爲平侯。於是徙都新蔡，今爲汝寧府新蔡縣。至昭侯，又徙州來，謂之下蔡。今安徽鳳陽府壽州北三十里有蔡國城，即其地也。又四傳至侯齊四年，復爲楚所滅。（索隱曰：在滅陳後三十三年，春秋後二十三年。）　顧觀光曰：陳，據左傳陳滅於楚惠王十二年，而蔡澤傳云：「吳起爲楚悼王北併陳、蔡」，已在滅陳後九十餘年。其後衛鞅言十二諸侯，陳、蔡與焉。説苑，陳子説梁王，王曰：「子何爲去陳侯之國而教小國之孤於此乎？」亦梁稱王時陳尚存之一證（國語，越滅吳，上征上國，宋、鄭、魯、衛、陳、蔡、執玉之君皆入朝。按越滅吳在楚滅陳後五年，此或屬文之誤）。至楚頃襄王二十一年，東北保於陳城，則卒爲楚滅矣。蓋其時之小國旋起旋滅，有如浮漚，史不能悉記也。漢志屬淮陽國，今陳州府城。蔡，史表，楚惠王四十二年滅蔡，而吳起爲楚北并陳、蔡，在悼王時。衛鞅之言十二諸侯，則又在其後。蓋屢絶屢續，蔡與陳略相似也。荀子：「子發將西伐蔡，克蔡，獲蔡侯。」淮南子：「子發攻蔡，踰之，宣王郊迎。」則蔡卒滅於楚。

〔六〕鮑彪曰：援，引也，故有助意。　金正煒曰：按援上無遠字，於義不完。疑本作「恃遠援」，與「輕近敵」爲對文。秦策：「楚國，援也；鄰國，敵也。」亦以援與敵對。援，即援國也。

〔七〕黄丕烈曰：最，鮑本作早，鮑改早爲最。　吳師道曰：姚本正作最。

十五

謂齊王曰〔一〕：『王何不以地齎周最以爲太子也〔二〕？』齊王令司馬悍以賂進周最於周〔三〕。左尚謂司馬悍曰〔四〕：『周不聽，是公之知困而交絶於周也。公不如謂周君曰：「何欲置〔五〕？令人微告悍，悍請令王進之以地。」』左尚以此得事〔六〕。

〔一〕鮑彪曰：凡言謂、言爲而不人，失之也，猶言或爲、或謂。　祖耿案：顧觀光附此于赧王元年。

〔二〕高誘曰：齎，進也。周最爲周之太子。鮑彪曰：齊王，閔王。齎，持遺也。最，周之庶子。凡周，皆周之族。　吴師道曰：周最，屢見東、西周策。「謂周最曰，仇赫之相宋」云云，事在赧王十七年。「周最於齊王厚也，而逐之，聽祝弗，相呂禮」云云，禮之相，在赧王二十九年，此則正當齊閔之世。周紀，赧王四十五年，「周君之秦，客謂周最以應爲太后養地」。五十八年，「有周聚以收齊」，則正當頃襄王之世，相距凡四十年，不可定爲閔王時也。按策，西周兩章皆云最爲太子，而東周又出最名，無曰太子云者，疑或自是二人，然無所考。　又曰：鮑意此即周共太子章事，彼有五庶子之文爾，無明據。　金正煒曰：周禮掌皮「歲終則會其財齎。」注，齎，所給予人以物曰齎。鄭司農云：「齎，或爲資。」又外府注，鄭司農云：「今禮家定齎作資，意謂資、齎同耳。其字以齊次爲聲，從貝。」

〔三〕姚注：悍，劉一作稈。略，一作地。　鮑彪曰：司馬悍，齊人。進，猶薦。

〔四〕鮑彪曰：左尚，齊人。

〔五〕高誘曰：置，立也。欲立誰爲太子也。　鮑彪曰：置，猶立。

〔六〕高誘曰：左尚以教司馬悍勸王齎周最地，以此得尊寵之職。　鮑彪曰：以教悍得齊王意，故委任之。疑此即周共太子章「楚王」、「楚人」。　吴師道曰：最，史作聚。索隱云，最，古聚字。説文同。趙策顔最，史亦作顔聚。　黄丕烈曰：「悍請令王進之以地」，請，鮑本無。吴補：一本「悍請令」。

十六

三國攻秦反〔一〕，西周恐魏之藉道也〔二〕。爲西周謂魏王曰〔三〕：「楚、宋不利秦之聽三國也〔四〕，彼且攻王之聚以勁秦〔五〕。』魏王懼，令軍拔舍速東〔六〕。

〔一〕高誘曰：三國，魏、韓、齊也。反，還也。　鮑彪曰：反，猶還。　祖耿案：顧觀光隸此於赧王十七年。

〔二〕鮑彪曰：藉，亦借。

〔三〕鮑彪曰：魏王，哀王。　吳師道曰：此據史。按通鑑、大事記，顯王三十五年，乃魏惠王後元年；慎靚王三年，當魏襄元年。說見魏策。此當作襄，事在二十一年。　張琦曰：竹書紀年，惠成王三十六年改元，又十六年卒。通鑑所本也。竹書之今王，杜預謂之哀王。通鑑從竹書，而仍曰襄王，又依世本之說，則吳氏以爲當作襄者，殆未之考也。且竹書未可據信，證以孟子書，孟子至魏，見襄王，乃之齊。史表齊宣之卒，當顯王四十五年，魏襄十一年。如竹書，則爲惠王後十一年。孟子去梁之齊，不及宣王。必若通鑑，下移宣王十年，而後可合矣。江慎脩群經補義曰：孟子至梁，應在後元十五年。明年惠王卒，襄王立。蓋亦主通鑑之說。則史公不惟不知有惠王改元之事，且鑿空撰一哀王，而世家、年表之文無一可信者，竊所未安也。

〔四〕聽，原作德。鮑彪改爲聽。曰：聽，猶順從。三國近楚、宋。秦聽之則强而害楚、宋，故不利也。　吳師道曰：三國不攻秦而解，故秦德之。秦德之則和，而不利於楚、宋。　金正煒曰：德字，鮑本作聽，是也。

　祖耿案：黃氏周季編略，亦依鮑作聽。

〔五〕勁，原作利。黃丕烈曰：利，鮑本作到。鮑改到爲利。吳補：一本作利。　鮑彪曰：楚、宋攻魏之廩庫，若爲秦報魏王。　吳師道曰：邑落曰聚，如罷狐聚、陽人聚之類。　王念孫曰：作到者，勁之譌。作利者，後人以意改之也。「攻王之聚以劲秦」者，秦聽三國則三國强而害於楚、宋，故楚、宋攻魏以劲秦。劲者，强也。言弱魏以强秦也。楚策曰：「三國惡楚之强也，恐秦之變而聽楚也，必深攻楚以劲秦。」語意正與此同。　金正煒曰：史記劉賈傳：「入楚地燒其積聚，以破其業，無以給項王軍食。」此文「攻王之聚」，亦即其義。故云以劲秦也。聚，又或爲敝字之譌。敝誤爲冣，因誤作聚。謂三國將擊其歸師，猶趙策所云過章子之路，是以魏軍設舍速東。

〔六〕拔，原作設。　鮑彪曰：舍，軍次也。魏東還必道周，周必賓之，故恐。今速東則無賓之之費矣。　孫詒讓曰：「設舍」與「速東」之義不相貫。疑設當作拔。拔、設篆文相近而誤。左氏僖十五年傳云：「晉大夫反首拔舍從之」。杜注云：拔草舍止。周禮大司馬：「中夏教茇舍。」鄭注云：茇舍，草止也。軍有草止之法。此令軍拔舍速東，即左傳反首拔舍之義。　金正煒曰：按左氏僖十五年傳：「晉大夫反首拔舍從之。」注：拔草舍止。此文設疑拔字之譌。襄二十八年傳：「今子草舍，無乃不可乎？」拔舍，猶草舍也。韓非十過篇：「衛靈公將之晉，至濮水之上，稅車而放馬，設舍以宿。」與此不合。　朱起鳳曰：編茅爲舍，謂之茇舍。鄭注以草止釋之，草止即造次，亦聊且、粗略之義。拔、茇並從犮聲，古通用。設，當作拔，亦字形之譌。

十七

犀武敗，周使周足之秦〔一〕。或謂周足曰：「何不謂周君曰：『臣之秦，秦、周之交必惡〔二〕。主君之臣，有秦重而欲相者，且惡臣於秦〔三〕。而臣爲不能使矣〔四〕。臣願免而行〔五〕，君因相之。彼得相，不惡周於秦矣。」君重秦〔六〕，故使相往，行而免，是輕秦也〔七〕。公必不免〔八〕。公言是而行，交善於秦，是公之成事也〔九〕。交惡於秦，不善於公者且誅矣〔一〇〕。」

〔一〕姚注：集、曾、錢一無下周字。劉有。　鮑彪曰：周足，周相。　祖耿案：顧觀光隸此於赧王二十二年。

〔二〕鮑彪曰：皆美惡之惡。　吳師道曰：左傳：「周、鄭交惡。」杜注：兩相疾惡。據此，則皆當烏故反。

〔三〕有，原作又。　金正煒曰：又與有通。易繫辭上「又以尚賢也。」釋文鄭本，又，作有。秦策：「臣又知其思與不思。」鮑注：注家說有爲又。則又亦有也。　鮑彪曰：主君，稱周君。「秦重而欲相者」，言秦之所重，欲得相周也。此人欲代足相周，故敗其使事。此二國所以必惡。　金正煒曰：國語晉語，三世仕家君之，再世以下主之，故兩周三晉多稱主君。

〔四〕黃丕烈曰：爲字，鮑本在能字下。

〔五〕鮑彪曰：免己之相，以順欲者。

〔六〕鮑彪曰：此下或人復說足也。

〔七〕是，原作且。　黃丕烈曰：鮑改且爲是。　金正煒曰：當從鮑本作是。

〔八〕鮑彪曰：雖以免自請，勢不可免也。

〔九〕交善於秦，高誘曰：爲秦所善也。下是字，原作且。　黃丕烈曰：且，鮑本作是。鮑改「成事」爲「事成」。吳氏補曰：恐當作事成。丕烈案，是字，亦鮑改。　金正煒曰：且，當作是。成事，猶言成功。燕策：

「其於成事而已」，與此義同。鮑改及吳補並誤。

〔一〇〕者，原無。黃丕烈曰：鮑補者字。鮑彪曰：意其惡足於秦也。黃式三曰：當危難之時，其臣猶如此營私，則周之衰也，有由矣。

卷三　秦一

祖耿案：秦，嬴姓。柏翳之後十九世，非子養馬汧、渭之間，周孝王封爲附庸，邑之於秦，號曰秦嬴。今甘肅秦州。傳至春秋時，穆公任好霸西戎。又十三世至獻公，居櫟陽，今陝西臨潼縣北。子孝公作爲咸陽徙都之。自非子至孝公，凡三十二世，入戰國。於時河山以東彊國六，孝公與齊威、楚宣、魏惠、燕悼、韓哀、趙成侯並。淮、泗之間，小國十餘。楚、魏與秦接界。周室微，諸侯力政，爭相併。又六世，歷孝公、惠王、武王、昭襄王、孝文王、莊襄王，至始皇帝二十六年，終滅六國，一統天下。詳見史記秦本紀。　鮑彪曰：蘇、張説，外自宏農故關以西，京兆、扶風、馮翊、北地、上郡、西河、安定、天水、隴西，皆秦地。南有巴、蜀、廣漢、犍爲、武都；西有金城、武威、張掖、酒泉、燉煌；又西南有牂牱、越嶲、益州，皆屬焉。　張琦曰：漢志：武都、武威、張掖、酒泉、燉煌、犍爲、越嶲、益州、牂牱，皆武帝開置，鮑氏不詳，取以説七國之秦，謬矣。七國初，秦地自今河南內鄉、淅川、盧氏以西，商州、西安，西至秦隴，北有平涼、涇陽，及同州府西境。後東侵韓、魏、趙、楚，北滅義渠，南并巴、蜀。始皇初立，已有今山西太原、澤、潞，河南之懷慶、衛輝、開封、南陽，湖北之襄、鄖、荆州，以至全蜀，北有慶陽、榆林。（戰國策釋地）

程恩澤曰：秦，嬴姓。伯翳之後十九世，非子養馬汧、渭。周孝王封爲附庸，邑之秦，遂以爲號。在今甘肅秦州清水縣西。莊公居犬丘，在今秦州西南百二十里故西縣城。襄公徙居汧，在今陝西鳳翔府隴州南三里。文公卜居汧、渭間，在今鳳翔府郿縣東北十五里。甯公徙平陽，在今郿縣西四十六里。德公徙居雍大鄭宮，即今鳳翔府治。獻公居櫟陽，在今西安府臨潼縣北五十里。孝公作爲咸陽徙都之，在今西安府咸陽縣東三十里。非子至孝公三十二世。又六世，至始皇，遂并天下。（國策地名考）

顧觀光曰：史記孝公元年，楚、魏與秦接界。魏築長城，自鄭濱洛以北有上郡。楚自漢中，南有巫、黔中。秦僻在雍州，不與中國諸侯之會盟，夷翟遇之。又十二年，并諸小鄉聚集爲大縣。縣一令。四十一縣。爲田開阡陌，東地渡洛。商子來民篇云：秦之地，方千里者五，而穀土不能處二，田數不滿百萬。秦策：蘇秦曰：大王之國，西有巴、蜀、漢中之利，北有胡貉、代馬之用，南有巫山、秦中之限，東有殽、函之固。史記蘇秦曰：秦四塞之國，被山帶渭，東有關、河，西有漢中，南有巴、蜀，北有代馬，此天府也。又范睢曰：大王之國，四塞以爲固，北有甘泉、谷口，南帶涇、渭，右隴、蜀，左關、坂。利則出攻，不利則入守，此王者之地也。荀子强國篇云：今秦南乃有沙羡與俱，是乃江南也。北與胡、貊爲隣，西有巴、戎，東在楚者，乃界於齊；在韓者，踰常山，乃有臨慮；在魏者，乃據圉津，即去大梁百有二十里耳。其在趙者，剡然有苓而據松柏之塞，負西海而固常山，是地徧天下也。史記鞠武曰：秦地徧天下，威脅韓、魏、趙氏，北有甘泉、谷口之固，南有涇、渭之沃，擅巴、漢之饒，右隴、蜀之山，左關、殽之險。（七國地理考秦地總論） 祖耿案：秦策，姚本五卷。吳氏目錄：秦一凡十三章，秦二凡十六章，秦三凡十七章，秦四凡十章，秦五凡八章，共六十四章。鮑本一卷，凡六十七章，分隸孝公、惠文君、武王、昭襄王、孝文王、莊襄王、始皇帝名下。惟莊襄王下無策文。王號之下，各舉世系年次，吳氏有正，並錄如下。

鮑彪曰：孝公，獻公子。顯王八年庚申立。

吳師道曰：注意專以此爲重。今考其舛謬不合者，各見本章。

鮑彪曰：惠文君，孝公子。元年，顯王三十二年甲申也。十三年，始稱王。前此稱王，後人追書耳。武王，惠文子。元年，赧王五年辛亥。昭襄王，武王母弟。元年，赧王九年乙卯。孝文王，昭王子。元年辛亥，周亡於是六年矣。莊襄王，文王子。元年壬子。始皇帝，莊襄王子。元年乙卯。

一

衛鞅亡魏入秦〔一〕，孝公以爲相，封之於商，號曰商君〔二〕。商君治秦，法令至行，公平無私，罰不諱强大，賞不私親近〔三〕。法及太子，黥劓其傅〔四〕。朞年之後，道不拾遺，民不妄取，兵革大强，諸侯畏懼〔五〕。然刻深寡恩，特以强服之耳〔六〕。孝公行之八年，疾且不起，欲傳商君，辭不受〔七〕。孝公已死，惠王代後〔八〕，蒞政有頃〔九〕，商君告歸〔一〇〕。人説惠王曰：『大臣太重者，國危；左右太親者，身危。今秦婦人嬰兒，皆言商君之法，莫言大王之法，是商君反爲主，大王更爲臣也〔一一〕。且夫商君固大王仇讎也，願大王圖之』〔一二〕。商君歸還〔一三〕，惠王車裂之，而秦人不憐〔一四〕。

〔一〕高誘曰：衛鞅，衛公子叔痤之子也。痤仕魏，相惠王。痤病，惠王視之曰：「若疾不諱，誰可與爲國者？」痤曰：「臣庶子鞅可也。」王不聽。又曰：「王若不能用，請殺之，無令他國得用也。」鞅由是亡奔秦。秦孝公封之於商，曰商鞅。衛公之後孫也，或曰公孫鞅也。　鮑彪曰：衛鞅，衛之庶孽公子，姓公孫氏。事衛相公叔痤爲庶子。見魏策。　吳師道曰：此據史。愚謂：公孫，衛之公孫也。庶孽公子，恐非。蓋因爲中庶子而生此文。　金正煒曰：按痤爲魏之公族，鞅則衛之庶孫。史記商君傳：「彼王不能用君之言任臣，又安能用君之言殺臣乎？」通鑑作：「用子之言。」其辭若此，非痤之子明矣。或謂高氏以公叔亦稱公孫坙，因誤爲衛人。顧高注呂覽知分篇云：公孫氏，齊羣公子之子，故曰公孫氏。且此注亦不以公孫爲衛之國姓也。其說不知何據，故鮑氏不取，而從史索隱。　祖耿案：顧觀光隸此於顯王三十一年。

〔三〕鮑彪曰：商屬弘農。又齊劭楚攻秦章，商於注曰：楚記注，在今順陽郡南鄉、丹水二縣，有商城在於中，故名。弘農商縣是也。　吳師道曰：盧藏用後語注：今商州上洛之地。　張琦曰：商，今陝西商州治，即古商洛之地。　程恩澤曰：地理志：「宏農郡商縣，秦相衛鞅邑也。」水經注：「契始封商。」魯連子曰：「在太華之陽。」皇甫謐、闞駰，並以爲在上洛商縣，殷商之名起於此。正義：「商州商洛縣，在州東八十九里，鞅所封也。」括地志：「商州東八十里商洛縣，本商邑，契所封也。」寰宇記：「故城在商州東九十里。」洪亮吉曰：「唐商洛故城，在今商州東八十五里商洛鎮。」竹書紀年：「梁惠成王三十年，秦封衛鞅於鄔（後漢書光武紀注引作鄡），改名曰尚。」（水經注引作商）水經注云：「衡水又北逕鄔縣故城東。」在今直隸趙州。徐文靖以爲尚即商，鄔即於，似誤。（既云改鄔名尚，則鄔、尚非兩地。）　顧觀光曰：史記：「衛鞅既破魏還，秦封之於、商十五邑，號爲商君。」索隱曰：「於、商，二縣名。」正義曰：「十五邑近此二邑。」又趙良曰：「何不歸十五都，灌園於鄙」，都亦邑也。（毛詩傳：下邑曰都。）秦策張儀言：「商、於之地，方六百里」，亦并十五邑數之，蓋自今陝西西安府之商州，迤邐而東，至河南南陽府之內鄉縣，皆古商、於地矣。張儀傳：「秦要楚欲得黔中地，以武關外易之。」正義曰：「武關外，即商、於之地。」商本楚地，春秋文十年，子西爲商公是也。史表：「孝公十一年，城商塞。」則商之入秦，當在其前。（漢志：屬宏農，在今商州東九十里。）而越世家云：「商、於、析、酈、宗胡之地，夏路以左，不足以備秦」，則商、於并爲楚邑，蓋界上之邑，彼此兩屬也。又與韓地接壤，故蘇秦說韓曰：「西有商坂之塞。」水經濁漳水注：「衡水又北逕鄔縣故城東。」竹書紀年：「梁惠成王三十年，秦封衛鞅於鄔，改名曰商」，即此是也。按此地距秦絕遠，恐非。　金正煒曰：商君傳注：「於、商二縣名，在弘農。」正義曰：「於、商在鄧州內鄉縣東七里，古於邑也。商洛縣在商州東八十九里，本商邑，周之商國。」通鑑：「秦封衛鞅商、於十五邑」，注引裴駰曰：「商於之地，在今順陽郡南鄉、丹水二縣，有商城在於中，故謂之商於。」鮑注未晰。

〔三〕高誘曰：至，猶大也。諱，由辟也。詩云：仲山甫不辟强禦，不侮鰥寡。此其一隅也。私，猶曲也。 鮑彪曰：至，猶極。諱，猶避也。强宗大族。

〔四〕高誘曰：太子卒爲惠王。太子犯法，刑之不赦，故曰：法及太子，并罪其傅：刻其顙，以墨實其中，曰黥；截其鼻曰劓也。 鮑彪曰：太子犯法，鞅曰：「法之不行，自上犯之。」太子，君嗣也，不可刑，刑其傅公子虔，黥其師公孫賈。

〔五〕高誘曰：遺物在道，不敢拾也。民非其物，不敢取也。革，猶甲也。 鮑彪曰：革，甲也，以革爲札。

〔六〕高誘曰：刻，急也。寡，少也。深，重也。言少恩仁也。 鮑彪曰：刻，猶深也。刻金木者，有深而已。 兪正燮曰：鞅用秦，多本管子，漢以後皆因之。（癸巳類稿卷十一，少吏論）

〔七〕姚注：一本「之」下有「十」字。欲傳劉作「欲傅」。 高誘曰：傳，猶禪也。傳，或作傅也。 鮑彪曰：傳位與之。 王念孫曰：一本「八」上有「十」字，是也。史記秦本紀：孝公元年，衛鞅入秦，三年說孝公變法，五年爲左庶長，十年爲大良造，二十二年封爲商君，二十四年孝公卒。計自爲左庶長至孝公卒時，已有二十年。又商君傳：商君相秦十年而孝公卒。 索隱曰：案戰國策云：孝公行商君法十八年而死，與此文不同者，蓋連其未作相之年說耳。據此，策文本作十八年明矣。 梁玉繩曰：索隱引秦策作十八年亦不合（今本國策脫「十」字），疑當作二十年，自爲左庶長數之也。 黄式三曰：史商君傳，索隱引策云：孝公行商君法十八年，策脫「十」字。韓非和氏篇亦作八年，蓋相沿而誤。 祖耿案：王氏、梁氏之說，均非也。

據商君傳，商君作相在孝公十四年，若以左庶長爲行法之始，當云二十年；若以爲相爲行法之始，當云十年。胡三省通鑑注：「鞅之行法致效，在十年之間，又十年而致禍。」亦以左庶長爲行法之始，合二十年也。而此云十八年者何哉？豈索隱本作十年，以爲相爲行法之始，後人據策文，旁注八字，校者不察，遂合并爲十八年乎？若王氏所云，連未作相之年爲説，則十九年、十七年均可，何必十八年哉？策文言孝公行之八年，疾且不起；未云行之八年，孝公卒也。安知非商君爲相八年，孝公寢疾，有傳位之意，後二年乃卒乎？梁氏之言，總計商君行法之年，又非可以語於孝公之疾且不起也。

〔八〕高誘曰：惠王，孝公太子也。

〔九〕高誘曰：蒞，臨也。有頃，言未久。　鮑彪曰：集韻：「頃，少選。」

〔一〇〕高誘曰：懼惠王誅之，欲還歸魏也。　鮑彪曰：懼誅歸商。　祖耿案：朱起鳳辭通卷十歸寧條引策文：「商君告歸」，注：延篤曰：「告歸，今之歸寧也。」不知何據。

〔一一〕高誘曰：莫，無也。　鮑彪曰：身，君之身也。集韻：「女曰嬰，男曰兒。」　吳師道曰：釋名，人始生曰嬰。嬰，匈前也。投之匈前乳養，故曰嬰。更，平聲。

〔一二〕黄丕烈曰：鮑本仇上有之字。　高誘曰：圖，謀也。

〔一三〕鮑彪曰：時自商欲歸魏不得，故還秦。

〔一四〕高誘曰：商君懼誅，欲之魏，商人禁之曰：「商君之法急，不得出。」窮而還。一曰：魏以其譎公子卬而没其軍，魏人怨而不納，故（曾下有「還而」字）惠王車裂之也。　鮑彪曰：無念之者。　金正煒曰：呂覽無義篇注引戰國策曰：「鞅欲歸魏，秦人曰：『商君之法急，不得出也。』惠王得而車裂之。」今策無此文而見於注。疑注文「商君懼誅」二十三字，本在策文惠王句上；「商君歸還」四字，又當在注中「怨而不納」

下也。

祖耿案：如依金説，則高注當爲：『一曰，魏以其譎公子卬而没其軍，魏人怨而不納，「商君歸還」，故惠王車裂之也。』

二

蘇秦始將連横〔一〕，説秦惠王曰：『大王之國〔二〕，西有巴、蜀、漢中之利〔三〕，北有胡貉代馬之用〔四〕，南有巫山、黔中之限〔五〕，東有肴、函之固〔六〕。田肥美，民殷富〔七〕。戰車萬乘，奮擊百萬〔八〕。沃野千里，蓄積饒多〔九〕，地勢形便〔一〇〕。此所謂天府，天下之雄國也〔一一〕。以大王之賢，士民之衆，車騎之用，兵法之教，可以并諸侯，吞天下，稱帝而治〔一二〕。願大王少留意，臣請奏其效〔一三〕。』秦王曰：『寡人聞之：毛羽不豐滿者，不可以高飛；文章不成者，不可以誅罰〔一四〕；道德不厚者，不可以使民〔一五〕；政教不順者，不可以煩大臣〔一六〕。今先生儼然不遠千里而庭教之，願以異日〔一七〕。』蘇秦曰：『臣固疑大王之不能用也。昔者神農伐補遂〔一八〕；黄帝伐涿鹿而禽蚩尤〔一九〕；堯伐驩兜；舜伐三苗〔二〇〕；禹伐共工〔二一〕；湯伐有夏；文王伐崇；武王伐紂〔二二〕；齊桓任戰而伯天下〔二三〕。由此觀之，惡有不戰者乎〔二四〕？古者使車轂擊，言語相結，天下爲一〔二五〕。約從連横，兵革不藏〔二六〕，文士並餝，諸侯亂惑〔二七〕。萬端俱起，不可勝理〔二八〕。科條既備，民多僞態〔二九〕。書策稠濁，百姓不足〔三〇〕。上下相愁，民無所聊〔三一〕。明言章理，兵甲愈起〔三二〕。辯言偉服，戰攻不息〔三三〕。繁稱文辭，天下不治〔三四〕。舌弊耳聾，不見成功。行義約信，天下不親〔三五〕。於是乃廢文任武，厚養死士，綴甲厲兵，效勝於戰場〔三六〕。夫徒處而致利，安坐而廣地〔三七〕，雖古五帝三王五伯，明主賢君，常欲坐而致之，其勢不能〔三八〕，故以戰賡之〔三九〕。寬則兩軍相攻，迫則杖戟相橦，然後可建大功〔四〇〕。是故兵勝於外，義强於內，威立於上，民服於下〔四一〕。今欲并天下，凌萬乘，詘敵國，制海內，子元元，臣諸侯，非兵不可〔四二〕。今之嗣主，忽於至道，皆惛於教，亂於治，迷於言，惑於語，沈於辯，溺於辭〔四三〕。以此論之：王固不能行也〔四四〕！』說秦王書十上而說不納〔四五〕。黑貂之裘弊，黃金百鎰盡〔四六〕。資用乏絶，去秦而歸〔四七〕。羸縢履蹻，負書擔橐〔四八〕，形容枯槁，面目犂黑，狀有愧色〔四九〕。歸至家，妻不下紝，嫂不爲炊，父母不與言〔五〇〕。蘇秦喟然嘆曰：『妻不以我爲夫，嫂不以我爲叔，父母不以我爲子，是皆秦之罪也！』乃夜發書，陳篋數十〔五一〕，得太公陰秘之謀，伏而誦之，簡練以爲揣摩〔五二〕。讀書欲睡，引錐自刺其股，血流至踵〔五三〕，曰：『安有說人主不能出其金玉錦繡，取卿相之尊者乎？』朞年，揣摩成，曰：『此真可以說當世之君矣〔五四〕！』於是乃摩燕烏集闕〔五五〕，見説趙王於華屋之下，抵掌而言〔五六〕，趙王大悦，封爲「武安君」，受相印〔五七〕，革車百乘，綿繡千純，白璧百雙，黄金萬溢，以隨其後〔五八〕，約從散横，以抑强秦〔五九〕，故蘇秦相於趙而關不通〔六〇〕。當此之時，天下之大，萬民之衆，王侯之威，謀臣之權，皆欲决於蘇秦之策〔六一〕。不費斗糧，未煩一兵，未戰一士，未絶一絃，未折一矢，諸侯相親，賢於兄弟〔六二〕。夫賢人在而天下服，一人用而天下從，故曰：式於政，不式於勇；式於廊廟之内，不式於四境之外〔六三〕。當秦之隆〔六四〕，黄金萬溢爲用〔六五〕，轉轂連騎〔六六〕，炫熿於道〔六七〕，山東之國，從風而服〔六八〕，使趙大重〔六九〕。且夫蘇秦特窮巷掘門桑户棬樞之士耳〔七〇〕！伏軾撙銜，横歷天下〔七一〕，廷説諸侯之主，杜左右之口，天下莫之能伉〔七二〕！將説楚王，路過洛陽〔七三〕，父母聞之，清宫除道，張樂設飲，郊迎三十里〔七四〕；妻側目而視，傾耳而聽；嫂虵行匍伏，四拜自跪而謝〔七五〕。蘇秦曰：『嫂何前倨而後卑也〔七六〕？』嫂曰：『以季子之位尊而多金〔七七〕。』蘇秦曰：『嗟乎！貧窮則父母不子，富貴則親戚畏懼〔七八〕。人生世上，勢位富貴，蓋可忽乎哉〔七九〕！』

〔一〕高誘曰：合關東從，通之於秦，故曰連横者也。鮑彪曰：文穎曰：關東爲從，西爲横。孟康曰：南北爲從，東西爲横。瓚曰：以利合曰從，以威勢相脅曰横。 吳師道曰：高注：連關中之謂横，合關東之謂從。大事記取。 祖耿案：史記蘇秦列傳：蘇秦「西至秦，秦孝公卒。説惠王曰：『秦四塞之國，被山帶渭，東有關河，西有漢中，南有巴蜀，北有代馬，此天府也。以秦士民之衆，兵法之教，可以吞天下，稱帝而治。』秦王曰：『毛羽未成，不可以高蜚；文理未明，不可以并兼。』方誅商鞅，疾辯士，弗用。乃東至趙」云云。文甚省略，與策不同。 顧觀光隸此於顯王三十六年。

〔二〕金正煒曰：按秦至惠文後元，始僭王號。史記張儀傳：儀相秦四歲，立惠王爲王。正義引表云：「惠王之十三年，周顯王之三十四年也。」蘇子游秦，距誅商君未久，不應即稱大王，當是追錄之文。漢書樊噲傳：「暴師霸上，以待大王。」師古曰：時項羽未爲王，此言大王，史追書耳。與此正同。他策亦多類此。

〔三〕高誘曰：利，饒也。 鮑彪曰：三郡并屬益州。 張琦曰：今四川保寧、順慶、夔州、重慶，皆故巴郡地。成都、龍安、潼州、雅州諸府，及劍州以西，皆故蜀郡地。漢中，今陝西漢中、興安，及湖北鄖陽府。程恩澤曰：漢志：「益州有巴郡。」山海經注：「太皞四世孫后昭，是爲巴之始祖。」華陽國志：「周顯王時，蜀王封其弟葭萌于漢中，號曰苴侯。苴侯與巴王爲好。巴、蜀仇也。蜀王怒，伐苴。苴侯奔巴，求救於秦。秦遣張儀伐蜀，滅之，并滅巴。」三巴記：「禹貢梁州之域，古巴國也。閬、白二水東南流，曲折如『巴』字，故謂之巴。」然則巴國因水爲名。正義：「巴嶺山在梁州南一百九十里。」是又以山名也。元和志：「巴地東至魚復，西僰道，接漢中，南極牂牁。」是其界。通典：「巴國今巴、壁、蓬、集、合、忠、萬」，是其地。路史：「巴隸恭州。秦漢之巴郡，本隸渝。有古巴城，在岷江之北，漢水之南。」胡三省曰：「巴郡，漢屬益州，唐爲巴、渝、渠、果諸州之地。」彙纂：「今重慶府巴縣治，故巴國也。」顧祖禹曰：「今四川保寧、順慶、夔州、重慶及瀘州等處，皆其地。」 程恩澤又曰：漢志：「益州有蜀郡。」史記：「昌意娶蜀山氏女」，生帝高陽。後封其支庶於蜀，歷夏、商，至周衰稱王，長曰蠶叢，次曰柏灌，次曰魚鳧。通典：「利州益昌縣（今昭化縣），古劍閣道，秦伐蜀所由，謂之石牛道（今在劍州東北）。陳子昂云：昔蜀與中國不通，秦以金牛美女啖蜀侯，侯使五丁力士棧褒斜，鑿通谷，迎秦之饋，秦隨以兵而地入中州。蔡澤所云，范睢相秦，棧道千里，通於蜀、漢者也。今四川成都、雅州、邛州、茂州，及松潘廳等處，皆蜀故地。（或以嘉定、龍安、潼川，及保寧府劍州以西，均爲蜀地。與地理志不合。）　程氏又曰：漢志：「益州有漢中郡。」注云：「故城在今梁州南鄭縣東北。」正義：「今梁州也，在漢水北。」索隱：「其地在秦之山南，楚之西北，漢水南之地，名曰漢中。」元和志：「秦惠王取漢中六百里，置漢中郡，因水而名。」胡三省曰：「漢中郡，漢屬益州，自晉以後爲梁州。」顧祖禹曰：「今陝西漢中府城東北二里，有漢中城，相傳即秦厲公所築。（見華陽國志）」　顧觀光曰：巴子都江州，今四川重慶府巴縣也。漢志：「巴郡，秦置縣十一。」元和志云：「巴地東至魚復，西抵僰道，北接漢中，南極牂牁。」又曰：史記：惠文王後九年，「司馬錯伐蜀，滅之。」漢志：「蜀郡，秦置縣十五。」又曰：史記秦本紀：「攻楚漢中，取地六百里，置漢中郡。」而楚世家云：「秦大敗我軍，遂取漢中之郡。」似漢中之名，秦因於楚也。張儀傳正義曰：「今梁州也，在漢水北。」漢志：「漢中郡，縣十二。」

〔四〕高誘曰：用，用武也。　鮑彪曰：胡，樓煩、林胡之類。集韻：「貉，似狐。」代，幽州郡。　司馬貞曰：代馬，謂代郡馬邑也。地理志：代郡又有馬城縣。一云：代馬，謂代郡兼有胡馬之利。　張琦曰：胡今山西岢嵐州以北，故樓煩胡地。大同、朔州以北，故林胡地。代，今大同及直隸蔚州是。　程恩澤曰：案如淳曰：「林胡即儋林。」正義：「林人即林胡也。」寰宇記：「雲州雲中縣，即古雲中郡，林胡之地。趙武靈王北破林胡、樓煩，以置此郡。」顧祖禹曰：「今陝西榆林鎮東北四百五十里，有勝州城，東北臨黃河，戰國時林胡所居也。」地理志：「幽州有代郡，又有代縣。」十三州志：「古代城在飛狐界（在蔚州東南一百里）。自飛狐縣北，入嬀州懷戎縣界，即古飛狐口也。」寰宇記：「代本北狄，姜姓國。周末强大，在七國前稱王。以今雲中、馬邑、五原、安邊、定襄，皆爲代國之北焉。」今山西大同府及代州之繁峙，直隸宣化府及易州之廣昌，皆其地，非今代州也（隋開皇五年，始改雁門郡爲代州）。　又曰：案注以貉「似狐」，本不錯，但古多以貉爲地名。山海經：「貊國在漢水東北，地近燕，滅之。」郭璞注：「今扶餘國，即濊貊故地，在長城北，去玄菟千里。」荀子：「秦北與胡貉爲隣。」晁錯曰：「秦時北攻胡貉。」王氏曰：「胡如樓煩、林胡之屬，貉如辰韓之屬。」顧祖禹曰：「胡在北方，貉在東方。今山西太原府嵐州以北，故樓煩胡地。大同府朔州以北，故林胡地。遼東三萬衛以東北，即貉地。而大同府蔚州之境，古代地也。三處皆産良馬，是以貉爲國也。貉既是國，則馬亦當是地。史記蘇秦傳作「北有代馬，」索隱曰：「謂代郡馬邑也。」地理志：「代郡又有馬城縣。」呂氏春秋：「馬郡宜馬。」高誘注：「冀之北土，馬之所生。故謂代郡爲馬郡。盧毓冀州論：冀州北接燕、代，後世謂之馬郡。則馬之爲地，又有明徵，惟於「用」字難通耳。　顧觀光曰：史記匈奴傳，索隱引服虔云：「東胡，烏丸之先，後爲鮮卑。」後漢書：「烏桓宜穄（烏桓即烏丸）。」而孟子曰：「夫貉，五穀不生，惟黍生之。」蓋穄即黍之不粘者也，然則，東胡一名貉矣。　又曰：趙襄子元年滅代，依史表，在貞定王十二年，後爲代郡。秦策所謂代三十六縣者也。漢志：「代郡，縣十八。」今大同府蔚、朔等州。

〔五〕高誘曰：皆有塞，險要也，故曰「之限」也。　鮑彪曰：巫山在南郡巫。黔，故楚地。秦地距此二郡耳，故言限。秦昭三十年，始定爲黔中郡，後爲武陵郡。見後志。　吳師道曰：巫山，正義云：「夔州巫山縣。」黔中，大事記：「今黔、辰、施、沅等州。」　張琦曰：巫山在四川巫山縣東三十里。黔中，今湖南辰、沅、常德永順、保靖諸府，及岳州府之澧州，皆是。吳氏引大事記云云，蓋以隋唐之黔州，爲楚、秦之黔中也，其誤始自通典。　程恩澤曰：案漢志：「南郡巫縣」，應劭曰：「巫山在西南。」郭仲産曰：「今山在縣東。」郭璞曰：

「今在建平巫縣。」江行記：「自巫峽東至西陵峽，皆連山無斷處。非亭午夜分，不見日月。風無南北，惟有上下。」水經注謂：杜宇所鑿，以通江者。顧祖禹曰：「巫山爲三峽之一，長一百六十里。所謂「巴東三峽巫峽長」也，在今四川夔州府巫山縣東三十里。」　楚世家：「頃襄王二十二年，秦拔我巫、黔中郡。」水經注：「秦昭襄王三十年，取楚巫黔及江南地，以爲黔中郡。漢高祖二年，更名武陵。」括地志：「故城在辰州沅陵縣西二十里。」正義：「今朗州（今爲湖南常德府）、楚黔中郡，皆盤瓠後也。」太平御覽：「隋唐之黔州，非秦漢之黔中也。唐之黔州，今四川路彭水縣，與古黔中隔越峻嶺，以山川言之，炳然自分。（説本元和志）」按之漢志，大約今湖南常德、辰州、沅州、永順、澧州、靖州、岳州之華容、及湖北荆州之公安、宜昌之長陽，皆古黔中地。　顧觀光曰：「巫郡以巫山得名。史記集解引徐廣曰：「巫郡，南郡之西界（今巫山、巴東、建始三縣及施州衛地）。」水經注云：「江水又東，逕巫縣故城南，縣故楚之巫郡也。秦省郡立縣，以隸南郡。江水又東，巫溪水注之。又東逕巫峽，杜宇所鑿，以通江水也。」郭仲産云：地理志：「巫山在縣西南」，而今縣東有巫山，將郡縣居治無恒故也。　又曰：史記懷王三十年，「秦留楚王，要以割巫、黔中之郡」。水經注：「昭襄王三十年（當楚頃襄王二十二），取楚巫、黔及江南地，以爲黔中郡。」蓋黔中之名，秦因於楚，而其地較大於楚。至始皇，三十六郡無黔中，則又有省併矣。史記集解引徐廣曰：「黔中，今武陵（今常德府）。」王伯厚引括地志云：「黔中故城，在辰州沅陵縣西二十里。」（黔中郡在江旁十五邑，見楚世家。）

〔六〕高誘曰：肴，在澠池西。函關，舊在宏農城北門外，今在新安東。固，牢堅，難攻易守也。　鮑彪曰：始皇紀注：殽，二殽。函，函關也，在弘農。　吴師道曰：左氏：「殽有二陵」，杜注：「在澠池縣西。」函見周策。　張琦曰：殽山在今河南永寧縣北六十里。有盤殽、石殽、千殽，是爲三殽。　程恩澤曰：春秋：「晉敗秦師于殽」，公羊作「殽之嶔巖」，穀梁作「殽之巖唫。」杜預曰：「此道在二殽之間，南谷中，谷深委曲，兩山相嶔，故可以避風雨。古道由此。」春秋正義：「殽是山名，俗呼爲土殽、石殽，其阸道在兩殽之間。」水經注：「穀水又東逕土殽北，所謂三殽也。山徑委深，峯阜交蔭。」括地志：「三殽山，一名嶔崟山，在洛州永寧縣西北二十里。」郡縣志：「自東崤至西崤，三十五里。東崤長坂數道，峻阜絶澗，車不得方軌；西崤全是石坂，十二里險絶，不異東崤。在今河南永寧縣北六十里，西北接陝州界，東接澠池縣界。 顧觀光曰：左傳：「殽有二陵，其南陵，夏后皋之墓也；其北陵，文王之所避風雨也。」疏云：「殽是山名，俗呼爲土殽、石殽，其阸道在兩殽之間，山高而曲，兩山參差相映，其下雨所不及，故可以避風雨。」（東殽山在今河南永寧縣北，西殽山在今陝州東南，相去二十五里。） 黄式三曰：此言秦四塞之遠耳。胡、代，趙地，見趙世家。巫山、黔中，楚地，蘇秦說楚言之。巴、蜀此時，亦非秦有。秦惠王六年得陰晉，十三年取陝。自陰晉至陝，正殽、函之道，此時亦未取也。蘇秦說趙云：「北有燕國」，正與此同。 張琦曰：按秦紀孝公時，「楚自漢中，南有巴、黔中。」惠文後九年，司馬錯滅蜀。後十三年，庶長章擊楚于丹陽，又攻楚漢中，取地六百里。又惠文六年，魏納陰晉，九年圍焦，十一年歸魏焦、曲沃，十三年，張儀取陝，出其人與魏。後十一年，樗里疾攻魏焦，拔之。陰晉，今之華陰；陝，即今陝州；焦城在州南二里；曲沃城州西南三十里。陰晉東至陝，正殽、函之道。自惠王六年至後十一年，始克有之。蘇秦說時，在惠王元年，巴、蜀、漢中、殽、函，皆未入秦，不獨胡、代爲趙，巫山、黔中爲楚。賈生又曰：「孝公據殽、函之固」，蓋策文或後來增飾。賈生本秦之强，始自孝公，所不暇詳耳。孝公元年出兵東圍陝，殆出武關，由盧氏以北，實欲取殽、函而未能也。

錢穆曰：蘇秦說七國辭，全不可信，皆出後人飾托，非當時實況。如其說秦云：「西有巴、蜀、漢中之利，南有巫山、黔中之限，東有殽、函之固。」諸地入秦，皆遠在後。蘇秦豈得先及？（考辨二六九頁）

〔七〕鮑彪曰：殷，盛也。

〔八〕鮑彪曰：奮擊，士之能奮擊者。

〔九〕高誘曰：關中沃野千里，故田美民富。　鮑彪曰：沃，言其肥潤。

〔一○〕高誘曰：攻之不可得，守之不可壞，故曰形便也。　鮑彪曰：地勢與形，便于攻守。

〔一一〕高誘曰：府，聚也。　鮑彪曰：天府，言蓄聚之富，非人力也。雄國，物之雄者强。　司馬貞曰：周禮春官有天府。鄭玄曰：「府，物所藏。言天，尊此所藏若天府然。」

〔一二〕高誘曰：教，習也。吞，滅也。　鮑彪曰：騎，士之便馬者。　金正煒曰：國語鄭語：「時至而求用。」韋注：「用，備也。」

〔一三〕高誘曰：奏，事。效，驗也。　鮑彪曰：奏，進。効，功也。

〔一四〕高誘曰：文章，旌旗文章。青與赤，謂之文；赤與白，謂之章。　鮑彪曰：文章，法令也。

〔一五〕高誘曰：厚，大也。　黄式三曰：使民，謂戰也。

〔一六〕高誘曰：煩，勞也。　鮑彪曰：不順，謂逆人之心，逆人之心，則行之難，故大臣勞。　黄式三曰：煩大臣，謂遣將。

〔一七〕高誘曰：儼然，矜莊貌。不以千里之道爲遠，而來在秦庭，寡人願以他日敬承之也。　鮑彪曰：庭教，謂教之於廣庭。異，猶它也。俟成順，然後承教，以此知爲惠王初。　吴師道曰：史：時「方誅商鞅，疾辯士，弗用」。

〔一八〕高誘曰：神農，炎帝號也，少典之子也。補遂，國名。姚注：後語作輔遂。　鮑彪曰：補遂，國名未詳。　程恩澤曰：案路史炎帝記：「補遂不共，乃伐補遂。」而萬國定注云：「補、遂二國，見呂春秋，通典作輔遂，非。」又云：「補即史伯所云鄢、蔽、補、丹之補，姓苑有補氏。」據此，則其地當在今河南新鄭縣，然別無他證。春秋莊十三年：「齊人滅遂。」杜注：「遂國在濟北蛇邱縣東北。」地理志：「泰山郡蛇邱縣有隧鄉，古遂國。」京相璠曰：「城上有魯圍，遂在東北十里。」水經注云：「蛇邱縣北無城，今遂城在蛇邱西北。」陳深曰：「遂國，舜之後，今兗州府寧陽縣西北三十里，有遂鄉，與肥城縣接界。」然其封國在神農之後，恐未可據以爲是也。

〔一九〕高誘曰：蚩尤，九黎民之君子（子，劉、錢作好兵）也。　鮑彪曰：涿鹿，屬上谷。蚩尤，九黎氏之後，事見史。　張琦曰：涿鹿山，在今宣化府保安州西南九十里。　程恩澤曰：漢志「上谷郡有涿鹿縣。」劉昭曰：「是伐蚩尤之地。」世本：「涿鹿在彭城。」鄭氏曰：「在彭城南。」顏師古曰：「上谷北別有彭城，非宋之彭城也。」（說本輿地志，又見史記正義）十三州記：「涿鹿東北至上谷城六十里。」魏土地記：「下洛縣（今保安州）東南六十里有涿鹿城，城東一里有阪泉，泉上有黃帝祠。州（燕州）東南四十里有軒轅城，相傳黃帝所築，今名古城。州西南九十里有涿鹿山，一名獨鹿（索隱作濁鹿）山，涿水出焉。」水經注：「涿水出涿鹿山，世謂之張公泉，東北經涿鹿縣故城南，又東北與阪泉合。又州東南有蚩尤祠城，其爲古涿鹿無疑。」括地志：「嬀州懷戎縣（即保安州）東南五十里有涿鹿山，涿鹿城在其側。」今在宣化府保安州南。世本以涿鹿在鼓城南（見郡國志注）。地理總要因謂即今順天府涿州，非是。史記、帝王世紀諸書謂即黃帝所都，亦非。以今考之，正當爲蚩尤所都耳。錢坫曰：爾雅：「四極，北至于祝栗。」祝栗即涿鹿也。

〔二〇〕高誘曰：翼善傳聖曰堯，仁聖盛明曰舜。驩兜、三苗，皆國名。　鮑彪曰：書止言憂之，豈嘗伐之而不服耶？三苗，國名，縉雲氏之後。　吳師道曰：書：「放驩兜。」又堯伐驩兜，禹伐共工，見荀子。此游士之辭。下言五帝、三王不能坐而致地，故以戰續之，此不過欲售其攻戰之說耳。凡戰國言帝王事，類如此，皆不足辨。又曰：三苗事見書，不必泛引。張琦曰：今湖南岳州、長沙二府，古三苗國。程恩澤曰：呂氏春秋恃君覽：「縛婁、陽禺、驩兜之國多無君。」注云：「皆南越之夷。」路史：「濟之乘邱有驩亭，或云驩兜國。」又云：「今宏農有地名兜，志爲驩兜之都。然意驩爲國，當如魯驩，未必兜地。」荒史：驩兜國封于顓頊，摯時爲司徒。此等皆不足信，姑存其說可耳。禮記疏：「有苗，九黎之後。」（國語稱黎苗）或曰：九黎，即蚩尤也。高誘淮南注以帝鴻、少昊、縉雲三族之苗裔爲三苗。路史：「南海亦有三苗國。」注記云：禹伐有苗，其餘裔叛以入南海，則其種類，並無定說。吳起云：「三苗之國，右洞庭，左彭蠡（史作左洞庭，右彭蠡），汶山在南，衡山在北。」五帝本紀：「三苗在江淮荆山，數爲亂。」正義：「今江州、鄂州、岳州，皆古三苗地。」元和志：「岳州本巴邱地，古三苗國也，近南嶽」（輿地廣記主此說）。通典：「今長沙、衡陽，皆古三苗國地。」寰宇記引周景式廬山記云：「柴桑、彭澤之郊，古三苗國。」通雅云：「當在衡州長沙之東，袁州之西。」則其地更無端的之處，合諸說參之，似以李吉甫、歐陽二忞家之說爲長。

〔二〕高誘曰：共工，官名也，霸於水火之間，任知訓（一無訓字）刑之後子孫也。楊倞曰：禹伐共工，未詳。鮑彪曰：伐乃流之。程恩澤曰：流共工，乃舜攝位時事，不得至禹始伐之。此所伐者，當是古共工氏之國，非堯臣也。山海經大荒西經有共工國。天問王逸注：「共工，名康回。」（荒史主此說。或云：康國回名，似非）路史：「地在宏農，虞舜時共工或云居此。」（此似指堯臣說，然即謂古共工氏舜時居此，亦可通。）諸說雖不足信，然共工氏霸九州，明見經傳，其與堯臣之靜言庸違者爲二，固灼然也。祖耿案：荀子成相云：「禹有功，抑下鴻，辟除民害逐共工。」章先生曰：「共工先鯀障水，馴致洪水滔天，故禹爲民除害而逐之。」

〔三〕高誘曰：夏桀爲無道，故成湯伐之。崇侯虎爲紂卿士，道紂爲惡，故文王伐之。紂淫虐，故武王伐之。程恩澤曰：帝王世紀：「禹受封爲夏伯，在豫州外方之南。」正義：「今河南陽翟是也。」及爲天子，都安邑，仍曰夏，今山西解州有夏縣。湯放桀，封其後於夏亭。括地志：「夏亭故城在汝州郟城縣東北五十四里。」崇（國語作崈），本鯀國，在今陝西鄠縣。（說見帝王世紀、元和志、寰宇記）虎之封，不知所在。或曰在同州境，或曰即鄠縣東五城之酆城。或鯀既殛死，乃以封虎之先世也。春秋時又有崇國（見宣元年），亦在秦晉之間，則虎滅後，別封他姓者矣。祖耿案：荀子議兵篇，孫卿子曰：「仁人之兵，所存者神，所過者化，若時雨之降，莫不說喜。是以堯伐驩兜，舜伐有苗，禹伐共工，湯伐有夏，文王伐崇，武王伐紂，此二帝四王，皆以仁義之兵行於天下也。」云云。荀卿所言二帝四王之事，與此策蘇秦語正同。荀卿此言爲答其弟子陳囂之問而發，可知此策云云，荀卿似已知之矣。如云策文沿襲荀子，則此策成文尚在荀卿與臨武君議兵之後。戰國遊士之書，相互抄襲，事亦有可能。

〔二三〕高誘曰：齊桓公小白，僖公之子也。用兵戰而尚仁義，帥諸侯朝天子，故曰伯天下。鮑彪曰：任，猶用也。作內政寄軍令是也。

〔二四〕高誘曰：惡，安也。

〔二五〕擊下原有馳字。姚注：錢、劉本無語字。高誘曰：擊，一也。兵車之轂比相當，馳傳言語相約結，使天下知同爲一。鮑彪曰：轂，輻所湊也。相擊而馳，言其衆。言語相结，言約親也。吳師道曰：轂擊，說見齊策。後語注：结音吉，此古韻協也。下文悉然：橫（黃）、態（替）、濁（樹玉反）、聊（留）、服（蒲北反）、信（新）、兵（晡送反）。金正煒曰：漢書匈奴傳：「辯者轂擊於外」注：言使車交馳，其轂相擊也。此衍馳字，擊與结，一爲韻。

〔二六〕高誘曰：藏，戢也。

〔二七〕姚注：餝，一作餝。　高誘曰：餝，巧也，惑，疑也。　鮑彪曰：文謂辯也。餝，飾同。

〔二八〕高誘曰：理，治也。

〔二九〕鮑彪曰：科，程也。集韻：條，件也。

〔三〇〕高誘曰：稠，多。濁，亂也。　鮑彪曰：策，簡也，大事書之。稠，多也，言有司文書多，閱者昏亂。

朱起鳳曰：暴秦焚書，後人輒歸罪李斯，其實蘇季子書策稠濁一語，已伏萌芽。特彼時軍書旁午，尚未及實行耳。

〔三一〕高誘曰：上下，君臣也。刑罰失中故相愁。愁（錢、劉作愁怨）則民無所聊賴者也。　鮑彪曰：集韻，聊，賴也。　金正煒曰：漢書揚雄傳名曰畔牢愁。鄭音「愁」爲「曹」。說文禾部，秋字從禾。𪛁省聲。火部，𪛁讀若焦。愁字從秋，故古音士交反，與聊爲韻。漢書廣川惠王傳爲作歌曰：「愁莫愁，居無聊」，讀音亦與此同。　朱起鳳曰：怨字作愁，亦形之譌。漢書王莽傳：「莽知民怨，」食貨志引作「莽知民愁」，是其例也。　祖耿案：文選，袁紹檄豫州，李注引「愁」作「怨」。然此策文兩句爲韻，愁與聊協，作愁爲是。

〔三二〕高誘曰：愈，益也。　鮑彪曰：文章，法理。　吳師道曰：章亦明也，謂明著之言，章顯之理。下句文辭，謂辭之文者，三語文勢同。

〔三三〕高誘曰：息，休。　鮑彪曰：偉，奇也。　吳師道曰：偉，一作僞。　金正煒曰：偉與瑋通。王逸天問章句序：「琦瑋譎詭。」瑋固與詭義同。史記劉賈傳：「豈不偉哉」，漢書荆燕吳傳作「豈不危哉」，危即詭之省也。偉服猶詭服。爾雅釋詁：「服，事也。」管子任法篇：「無偉服，無奇行。」韓非說疑篇：「有務奉下直曲，怪言偉服瑰稱，以眩民耳目者。」並與同義。

〔三四〕高誘曰：去本事末，多攻文辭，以相加誣，故曰天下不治也。　鮑彪曰：游，說也。　吳師道曰：明言者，教令；辯言者，游説；文辭者，書策。明言章理，即科條既備；辯言偉服，即言語相結；繁稱文辭，即書策稠濁。

〔三五〕高誘曰：不能使天下相親也。

〔三六〕高誘曰：死士，勇戰之士也。綴，連也。厲，利也。利其兵器，致其勝功於戰鬭之場也。　鮑彪曰：死士，敢死之士。集韻：厲，嚴也。効，致其功也。　吴師道曰：厲即礪。

〔三七〕高誘曰：徒處，安坐，不修其兵事，欲以利國廣地，不可得者也。　鮑彪曰：徒，猶空也，言無所爲。

〔三八〕姚注：劉、錢無「五伯」字，集有。　高誘曰：勢，力也。

〔三九〕賡原作續。　高誘曰：續，猶備其勢也。　孫詒讓曰：案説文系部云，續，古文作賡，從庚貝。古與庚通。月令鄭注云，庚之言更也。言以戰更之也。高注未允。

〔四〇〕高誘曰：攻，擊；橦，刺；建，立也。　鮑彪曰：迫，近也。杖，如杖劍。戟，謂持戟，戟有支矛。橦，手擣也。　吴師道曰：杖，持執也，直亮反。戟有支兵。　黄丕烈曰：橦，鮑本作撞。

〔四一〕高誘曰：故仁義而行，故强於内也。　鮑彪曰：論戰，故獨言義。

〔四二〕姚注：錢、劉止一「元」字。高誘曰：詘，服也。子，愛也。元元，善也。傳曰：天生五材，民並用之，廢一不可，誰能去兵？兵之設久矣！聖人以興，亂人以廢，廢興存亡，皆兵之由也，故服諸侯，非兵不可也。　鮑彪曰：集韻：凌，侵尚也，當從仌。詘，服也。元，善也。民之類善，故稱元。言敵國，又言諸侯，則侯非其敵者。

〔四三〕高誘曰：惽，不明也。　鮑彪曰：時君，皆繼世者也。沉，猶溺。溺，謂爲所冒没。

〔四四〕高誘曰：固，必也，必不能行霸事。

〔四五〕祖耿案：納，原作行，依文選爲范尚書讓吏部封侯第一表李注引改。　高誘曰：蘇秦之說，不見用也。

〔四六〕鎰，原作斤，依御覽六九四引改。　高誘曰：弊，壞也。蘇秦仕趙，趙王資貂裘、黄金，使說秦王破關中之横，使與趙同從，從則相親也。秦王不肯從，故蘇秦用金盡而貂裘壞弊也。　鮑彪曰：貂，鼠屬，大而黄黑，出丁零國。　朱起鳳曰：黄金以溢爲名。賈逵以二十四兩爲溢，孟康以二十兩爲溢，鄭玄則以三十兩爲溢。從金者，字之俗也。

〔四七〕高誘曰：歸洛陽也。　鮑彪曰：資，貨也。

〔四八〕贏，原作羸。　高誘曰：橐，囊也，無底曰囊，有底曰橐。　鮑彪曰：方言，擔，齊、楚、陳、宋曰攍，通作贏。縢，緘也。蹻，屐也。　又曰：高注，橐，囊也。然則此字元作橐。從此說，則上縢字，當從巾，囊也。橐無底，囊有底。　吳師道曰：一本羸縢，是。羸與縲、纍字通用，倫追反。易：「羸其角」「羸其瓶」。孔穎達云：「拘纍，纏繞也。」詩：「邪幅在下」，注，如今行縢，即禮所謂偪也。注說下與履蹻不倫，而擔囊又已言矣。史：「虞卿躡蹻」注，草履也。蹻與屩通。囊，一本作橐，高注，橐、囊通言。　金正煒曰：羸作贏，當是。韓非外儲說下篇：「贏勝而履蹻」，贏勝即贏縢。淮南修務篇：「於是乃贏糧跣足」，注：贏，裹也。莊子胠篋篇：「贏糧而趨之。」釋文：「贏，裹也。」左氏桓二年傳注：「若今行縢者。」疏：縢，訓緘也。然則行而緘足，故名行縢。釋縢爲囊，即與擔橐文複。吳氏引詩注，以縢爲邪幅，足正鮑注之誤。惟以作羸爲是，似不若贏之義長。　朱起鳳曰：贏縢即行縢，纏束足脛之巾也。詩小雅采菽：「邪幅在下」箋：邪幅，如今行縢也。偪束其脛，自足至膝，故曰在下。蹻，讀如脚。蹻、屩並從喬聲，古通用。

〔四九〕愧，原作歸。　高誘曰：歸當終愧。愧，慙也，音相近，故作歸耳。　犂，鮑改作黧，曰：集韻：黧，黑黄色。　吳師道曰：古字黧、犂通借。黧，黑色。集韻誤，見魏策。歸，當作愧，姚氏亦云。　金正煒曰：按禮記緇衣：「私惠不歸德」。鄭注：歸，或爲懷。文選上林賦：「悠遠長懷」，郭注：懷亦歸變文耳。此策歸當爲懷，而讀如壞。左氏襄十四年傳：「王室之不壞」，釋文：服本壞作懷。墨子迎敵祠篇：「予必懷亡爾社稷。」是懷與壞古蓋通用。詩小弁：「譬彼壞木」，傳：壞亦作瘣，傷病也。此云懷色，即承上文枯槁犂黑而言。呂覽察微篇：「因歸郈氏之宮，而益其宅」，俞樾諸子平議云：歸，當讀如壞。可爲此文之證。朱起鳳曰：犂、黎同音通用，黎明亦作犂明是也。黎即黧字之省。

〔五〇〕紝，鮑本作維。高誘曰：不爲炊，不炊飯也。鮑彪曰：維，機縷也。不下，言自若。

〔五一〕喟下原無然字。黄丕烈曰：今本有，鮑本有。鮑彪曰：喟，太息也。發書陳篋，書鈔九十七引作「發篋陳書。」鮑彪曰：篋，藏也。祖耿案：篋，疑筴之誤，書即負書擔橐之書也。莊子駢拇：「問臧奚事？則挾筴讀書。」注：筴，竹簡也，古以寫書，長二尺四寸。書爲共名，筴則專稱。發書，故云陳筴，若云陳筴數十，則與負書之文不應，況一人之力有限，跋涉遠道，何能負數十篋之書乎？

〔五二〕秘，原作符，依書鈔九十七引改。高誘曰：簡，汰也。練，濯。濯治（劉、錢無濯治二字，集、曾有）陰符中奇異之謀以爲揣摩。揣，定也；摩，合也。定諸侯使讎其術，以成六國之從也。鮑彪曰：漢志有陰符經。簡猶擇，練，練帛也，取其熟。揣，量；摩，研也。遊說之術，或量其情，或研切之。吳師道曰：陰符經恐非此所指。索隱云，陰符是太公兵法。吳敬梓曰：昔之說者，謂任章所引周書曰：「將欲敗之，必姑輔之；將欲取之，必姑與之」。蕭何引周書曰：「天與不取，反受其咎」。疑此即蘇秦所讀之陰符老氏之言。范蠡、張良之謀，皆出于此。朱子亦云：「老子爲柱下史，故見此書」，其說豈非奇闢？（尚書私學序。）張琦曰：漢志，太公二百三十七篇，列道家，無「陰符經」之目。

〔五三〕鮑彪曰：錐，銳也，針之類。踵，原作足。王念孫曰：史記蘇秦傳集解及太平御覽人事部、器物部引此，並作「血流至踵」。念孫案：作踵者是也。今本作足，傳寫脱其右畔耳。曲禮曰：「行不舉足」，「車輪曳踵」。是足爲總名而踵爲專稱。踵着於地，故血流至踵而止。若泛言至足，則其義不明。莊子亦言「汗流至踵」，不言至足也。　祖耿案：王説是也。御覽六一六引後語，作「血流至踝」。孟子云：「摩頂放踵」，放踵即至踵。晉書周顗傳亦有「血流至踵」語。

〔五四〕錢穆曰：高注不以揣摩爲篇名。策云：「朞年，揣摩成」，殊覺不辭。上已云：「安有説人主不能取卿相之尊」，下復云：「此真可以説當世之君」，亦嫌語沓。疑朞年，揣摩成二語，或後人增入。遂若以揣摩爲蘇子書篇名矣。（考辨二七八頁。）　祖耿案：「説當世之君矣」以上一段文，青照堂叢書次編引春秋後語作：「蘇秦歸周，雖多蓄，亦何以爲？於是夜發書篋數十，得周書陰符而讀之，欲睡，引錐刺股，血流至踝。朞年以出揣摩曰：此可以説當世之君矣。」凡五十三字。劉學寵謂孔衍春秋後語全錄戰國策，則亦可供參考矣。

〔五五〕高誘曰：闕，塞名也。　鮑彪曰：摩，言切近過之，闕名未詳。　程恩澤曰：案燕有高闕塞。劉昫曰：高闕北距大嘖口三百里，今在大同府城西北四百二十里，古豐州河之西。史記趙武靈王築長城，自代傍陰山下至高闕是也。烏集闕未知即此否？　朱亦棟群書札記曰：謝有煇古文賞音云：「闕名即無可考，不必泥定闕名，所經歷處非一，何必獨舉燕闕？且摩字訓作切近過之，字法亦拙。意此時揣摩已成，所慮者，身至闕廷而或囁嚅，故摩爲燕烏之烏集於闕廷之想，使人主尊嚴，了無怖畏於中，即下抵掌而談意耳。」案如謝説，即孟子所謂説大人則藐之也，説亦可通。　宋翔鳳過庭錄曰：漢書鄒陽傳：「秦信左右而亡，周用烏集而王」，文選注引漢書音義曰：「太公望塗遘卒遇，共成王功，如烏鵲之暴集也」。按烏集當是書篇名，出太公陰符。戰國秦策：「得太公陰符（史記蘇秦傳作周書陰符）之謀，伏而誦之，簡練以爲揣摩」。又曰，「於是乃摩燕烏集闕」，蓋秦策本作燕集，燕烏古人音同假借，校國策者，因注烏字於下，又於烏集不得其解，又注闕字於下，謂其義闕。久之惑亂，高誘遂以闕爲塞名，甚謬。如董安于，國策作董過安于，安過字通轉，蓋國策本作董過于，校者注安字於過下。說文鬳字下云：「周書曰疑沮字闕。」亦以寫說文者不得其解，而添注一闕字，此類甚多。 金正煒曰：廣雅釋詁：摩，順也，義與循近。言自周之趙，循燕烏集闕而行也。漢書鄒陽傳：「周用烏集而王」，或即闕名所取義。 祖耿案：荀悅漢紀載谷永言，「與小人晨夕相隨烏集，醉飽吏民之家」。烏集語又見此。顧觀光七國地理考，燕地舉烏集闕一條，但引高、鮑二注，而未及所在之地，似亦視作地名也。

〔五六〕高誘曰：華，夏。華屋（錢、劉作「華屋、夏屋」），山名也。言趙王屋清高似山也。抵，據也。 鮑彪曰：趙王，肅侯。見說，見而說也。華，高麗也。集韻：抵，側擊也。 程恩澤曰：案夏屋，山名，一名賈屋，在今山西代州東北六十里，與句注相連。趙世家：「襄子嘗北登夏屋。」竊疑肅侯或遊於此，故蘇秦自燕聞之，由宣化大同而來，見於此山之下也。（華、夏、賈並聲相近。）玩策文摩燕烏集闕句，可見。又今直隸完縣有夏屋城。水經注：「蒲水又東流，逕夏屋故城，實中險絶」是也。然此乃燕地，見竹書紀年。 金正煒曰：華屋，猶王屋。史記周本紀：「至於王屋」，集解引馬融曰：王屋，王所居屋。平原君傳，「文不能取勝，則歃血於華屋之下。」滑稽傳：「楚莊王之時，有所愛馬，衣以文繡，置之華屋之下。」是諸侯皆有華屋，如其有路寢也，舊注並非。 祖耿案：言，原作談。史記滑稽列傳集解引本策此句作「抵掌而言」，今據改。說文言部：談，語也。直言曰言，論難曰語。釋名：言，宣也，宣彼之意也。秦說諸侯皆直抒己意，無論難者，是談當依集解作言也。

〔五七〕高誘曰：武安，趙邑，今屬廣平。 吳師道曰：武安，趙邑。正義云：潞州武安縣。 張琦曰：武安故城在今彰德府武安縣西南五十里。程恩澤曰：案漢志，魏郡有武安縣。徐廣曰：「在邯鄲西。」括地志：「故城在武安縣西南七里」（元和志作五里）。今在河南彰德府武安縣西南十里，而直隸磁州亦其地。趙先以封蘇秦，後又以封牧。高注謂在廣平，蓋據地望言之。其實前後志俱屬魏郡，至晉乃屬廣平。正義謂在潞州，亦誤。武安，唐武德元年屬紫州，四年屬磁州，六年屬洺州，永泰元年又屬磁州，天佑三年改名惠州。顧觀光曰：據秦本紀，則武安、皮牢皆上黨屬縣。蘇秦封武安君，蓋其食邑也。漢志屬魏郡，在今武安縣西南十里。崔適曰：趙有兩武安君，始蘇秦，終李牧。而秦亦以是名封白起，但有名號耳，無封邑。

〔五八〕高誘曰：革車，兵車。純，束也。萬溢，萬金也。二十兩爲一溢。鮑彪曰：集韻，四端曰純。一鎰四十四兩。吳師道曰：璧，玉環也。肉倍好曰璧。

〔五九〕高誘曰：約合關東六國之從，使相親也；散關中之橫，使秦賓服也。故曰抑强秦也。

〔六〇〕鮑彪曰：六國之關，不通秦也。吳師道曰：即所謂秦兵不敢窺函谷關者。

〔六一〕决下原無於字，依鮑本補。鮑彪曰：决，言用之不疑。策，謀也。

〔六二〕高誘曰：賢，猶厚也。鮑彪曰：賢，猶勝。

〔六三〕高誘曰：式，皆用也。鮑彪曰：式，猶用。廊，東西序，廟以尊先祖。人君之居謂之巖廊廟堂，尊嚴之稱。吳師道曰：文穎云，廊，殿下外屋。顔師古云，堂下周廡。又巖廊，高屋也。愚按，此言宫與廟也。「廟堂」字見徐樂梅福傳。劉向九歎王逸注：人君爲政，舉事告宗廟，議於明堂。今人稱宰相爲廟堂，蓋誤。

〔六四〕高誘曰：隆，盛。鮑彪曰：秦隆盛之時。

〔六五〕高誘曰：經用。
〔六六〕鮑彪曰：後車之盛。　吳師道曰：車騎之盛。
〔六七〕高誘曰：炫，熿也，猶焜光也。　鮑彪曰：光耀也。
〔六八〕高誘曰：風，化也。　鮑彪曰：以草偃爲喻也。
〔六九〕高誘曰：重，尊也。使天下諸王侯尊趙王也。　鮑彪曰：爲從主，諸侯尊之。
〔七〇〕高誘曰：棬，楺桑條假以爲戶樞耳。　鮑彪曰：掘門，鑿垣爲門。樞，門牝也，楺木爲之，如棬。棬，屈木盂也。　吳師道曰：掘，即窟，古字通。齊策：「掘穴窮巷」。鄒陽書：「伏死掘穴」。楚策亦有。
〔七一〕高誘曰：徐，勒也。歷，行也。　鮑彪曰：軾，車前横木。集韻：撙，挫也，蓋猶頓。銜，勒也。歷，過也，猶横行。　金正煒曰：漢書王吉傳：「馮軾撙銜」。臣瓚曰：「撙，促也。」師古曰：「撙，挫也」。　祖耿案：伏與馮通，史記魏世家：「中旗馮琴而對」，春秋後語作「伏琴」。
〔七二〕主，原作王，黄丕烈曰：鮑本作主。　高誘曰：伉，當。　鮑彪曰：庭説，猶庭教。杜，猶塞。集韻：「伉，匹也」。　吳師道曰：姚云：「錢、劉作抗」。一本：天下莫之能伉。伉、抗，古字通。
〔七三〕鮑彪曰：楚王，威王。洛陽，漢爲河南郡。　程恩澤曰：摯虞曰：「今之洛陽，古之周南也。」司馬遷自叙：「太史公留滯周南」。即此。括地志：「洛陽故城，在洛陽縣東北三十六里，周公所築，即成周城也。」書：「我又卜瀍水東，亦惟洛食。」注：今洛陽也。　顧祖禹曰：「洛陽故城，周下都也，在洛水北，故曰洛陽。顯王（當作敬王）以後皆都此，在今河南河南府洛陽縣東北二十里。」　顧觀光曰：洛陽亦有單稱洛者，蘇秦説韓曰：「北有鞏、洛」是也。索隱曰：「二邑本屬東周，後爲韓邑」。　祖耿案。至洛陽，史傳在并相六國北報趙時，與策異。蘇秦，東周雒陽人也，見史本傳。　又案：下「父母聞之」至末九十一字，史、策類似，然語不相同，足徵史之與策，各有所受，本不相襲。

〔七四〕高誘曰：張，施也。設，置也。施樂置酒，遠迎上郊邑培也。鮑彪曰：清，汎掃也。張，施也。郊迎，迎于郊也。

〔七五〕高誘曰：虵行匍匐，勾曳地也。謝，謝前不炊之過也。鮑彪曰：側目，言不敢正視。蛇，不直行。伏音匐。匍匐，伏地也，集韻，跪，小拜也。既拜復膝地。朱起鳳曰：史記蘇秦傳作：「嫂委蛇蒲服，以面掩地而謝」。案委，即逶字之省。蘇秦之嫂，不敢仰視，并不敢直行。索隱以蛇行釋委蛇，非是。祖耿案：蛇行者，扭着身體行也。匍匐即今所謂爬。

〔七六〕鮑彪曰：倨，不避也。

〔七七〕鮑彪曰：譙周曰：「秦，字季子。」吴師道曰：司馬貞曰：此嫂呼小叔爲季子，未必字也。

〔七八〕高誘曰：不子，不以爲己子也。金正煒曰：按史記舜本紀：「二女不敢以貴驕事舜親戚」。正義云：「親戚，謂父瞽叟，後母弟象，妹敤手等也」。又韓詩外傳：「曾子親戚既没，欲孝無從」。漢書何武王嘉師丹傳贊：「董賢之愛，疑於親戚」。親戚猶親屬，秦謂其父母妻嫂也。

〔七九〕高誘曰：信不可輕忽，故曰乎哉！鮑彪曰：忽，輕也。此策、史略同。合從，在趙肅侯十六年，此〔惠文〕四年。彪謂秦之自刺，可謂有志矣！而志在於金玉卿相，故其所成就，適足誇嫂婦。而此史極口稱頌之，是亦利禄徒耳，惡睹所謂大丈夫之事哉！吴師道曰：按史：秦出游數歲，困歸，兄弟嫂妹妻妾竊笑之，於是得周書陰符，讀之以出揣摩，乃求説周顯王，弗信。至秦，説惠王，弗用。乃之趙，奉陽君弗説之。去就燕，文侯資之至趙，奉陽君死，乃説肅侯合從，説楚後，還過洛陽，顯王除道郊勞。與策小異。金正煒曰：蓋，當讀爲盍。禮記檀弓：「子蓋言子之志於公乎？」注：蓋，皆當讀爲盍。韓策：「然則蓋觀公仲之攻也。」蓋，一作盍。廣雅釋詁：「盍，何也。」祖耿案：盍即今語所謂何，問語之詞也。又案：班固漢書藝文志縱橫家首列蘇子三十一篇，云是蘇秦。東漢末年，服虔曾見蘇秦書及蘇秦法百家書說，見漢書主父偃傳注，杜周傳贊注。殆皆蘇秦身後，天下由此宗蘇氏之從約時，先後游士追述互傳之作。其中或有緣飾誇耀之詞，以聳聽聞，亦有異時事類附之者。此策所云，即屬此類。雖非寓言，究異實錄，視作小說傳奇可矣。

三

秦惠王謂寒泉子曰〔一〕：『蘇秦欺敝邑，欲以一人之智〔二〕，反覆山東之君從以欺秦〔三〕。趙固負其衆，故先使蘇秦以幣帛約乎諸侯〔四〕。夫諸侯之不可一〔五〕，猶連雞之不能俱上於棲亦明矣〔六〕。寡人忿然含怒日久，吾欲使武安子起往喻意焉〔七〕』。寒泉子曰：『不可！夫攻城墮邑，請使武安子〔八〕；善我國家〔九〕，使諸侯，請使客卿張儀〔一〇〕。秦惠王曰：『敬受命〔一一〕。』

〔一〕高誘曰：秦惠王，孝公子也，寒泉子，秦處士也。鮑彪曰：秦處士之號。祖耿案：顧觀光隸此於顯王三十六年。

〔二〕敝邑，原作寡人，依後漢書呂布傳李賢注、御覽九一八、類聚九一引改。鮑彪曰：欺，詐也，言以虛聲恐之。

〔三〕山東，原作東山。　高誘曰：東山，山東。欺，詐也。　黄丕烈曰：鮑改東山爲山東。　吴氏補曰：當作山東。丕烈案：鮑改、吴補皆非也。高注即其證矣。　祖耿案：當作山東，後漢書呂布傳李賢注、類聚九一引，均作山東。

〔四〕高誘曰：負，恃也。約，謀約也。　鮑彪曰：負猶恃。

〔五〕諸上原無夫字，侯下原無之字。依後漢書呂布傳李賢注，御覽九一八引，補夫字；依文選西征賦李善注、後漢書呂布傳李賢注、御覽九一八引，補之字。　高誘曰：一，同也。

〔六〕此句原作：「猶連雞之不能俱止於棲之明矣」。姚注，李善引作：「俱上於棲亦明矣」。　鮑彪曰：連謂繩繫之。棲，雞所宿也。　王念孫曰：作上者是也。凡居於高處謂之棲，因而所居之處亦謂之棲。必自下而上，故曰上於棲。若連雞，則互相牽制而不得上，故曰不能俱上於棲。若變上言止，則非其義矣。　金正煒曰：鮑本作亦明矣。按楚策：「寡人之獨何爲不好色也？」魏策：「且君之嘗割晉國取地也，何必以兵哉？」之字，皆當爲亦。草書亦作幺，與之字形相似，易以致誤。段玉裁説文解字注云：六朝人以草寫書，迨草變眞，往往譌誤，此即其類也。　祖耿案：後漢書呂布傳李賢注引「止」亦作「上」。

〔七〕高誘曰：含，懷也。武安子起，秦將白起。　鮑彪曰：喻，諭同，告也。告諸侯以不可一之意。　程恩澤曰：案此起字，原非白起（説詳吴注）。即白起，封武安君，亦非地名。張守節曰：言能撫養軍士，戰必克得，百姓安集，故曰武安。胡三省曰：戰國之君，分封其臣，如平原、武安之類，非眞食其縣之入也，則舊説固不以此爲封邑矣。（與蘇秦、李兑封武安君異）恐觀者致疑，故辨之。　錢穆曰：武安子，乃昭王時秦將白起，豈得上及惠王與蘇、張並世？趙有武安君李牧，乃效秦將白起封號。策言蘇秦於趙亦封武安君。雖趙邑有武安，而其説自可疑。凡策士言蘇氏兄弟事，率類此。（考辨二七六頁）

〔八〕高誘曰：墮，壞也。鮑彪曰：敗城邑曰墮。

〔九〕鮑彪曰：稱國家之美。吳師道曰：能美善我國家。

〔一〇〕高誘曰：張儀，魏人也，仕秦以爲客卿。鮑彪曰：張儀，魏人，仕秦，惠五年爲客卿。

〔一一〕高誘曰：受寒泉子之教。鮑彪曰：按起以昭二十九年爲武安君，自合從至是，五十七年矣。所稱武安子起，謬也。吳師道曰：起號武安君，此云武安子，必別一人。上既言武安子起，而下止言武安子，蓋起字屬下文。李牧亦封武安君。如此名不一。且張儀死於秦武王時，與白起戰勝攻取，時不相及。又曰：使諸侯之使，去聲，餘如字。

四

泠向謂秦王曰〔一〕：『向欲以齊事王，故攻宋也〔二〕。宋破，晉國危，安邑王之有也〔三〕，燕、趙惡齊、秦之合，必割地以交於王矣〔四〕。齊必重於王〔五〕，則向之攻宋也，且以恐齊而重王〔六〕。王何惡向之攻宋乎？向以王之明爲先知之，故不言〔七〕。』

〔一〕高誘曰：泠，姓；向，名也。秦臣也。鮑彪曰：高注秦人，今詳爲齊人。吳師道曰：高注秦臣，韓、趙策亦有此人。祖耿案：此篇姚本與秦惠王謂寒泉子連篇，鮑本另列一篇。據文義，另列一篇。顧觀光隸此於赧王二十九年。

〔二〕故，原作使。姚注：一作故。　高誘曰：以，猶使也。

〔三〕高誘曰：晉國，魏都大梁也。宋在其東，若齊攻宋破之，則大梁危，不能復獲其安邑。安邑在河東，近秦，秦可兼取，故安邑王之有也。　鮑彪曰：梁危，則秦可取安邑。　張琦曰：漢志河東安邑下云：「魏絳自魏徙此，至惠王徙大梁。」今解州夏縣是。　程恩澤曰：括地志：「安邑故城，在絳州夏縣東北十五里，本夏之都。」洪亮吉曰：「今解州夏縣，戰國魏都也。故城在縣北，周三十里，西南遺址尚存。今安邑縣，乃古安邑地，後魏太和十一年，始於此置南安邑縣。（時夏縣置安邑郡，十八年改爲北安邑縣，故此稱南。）隋開皇初，遂改漢安邑縣爲夏縣。」魏自魏絳徙此，武侯二年（竹書作十一年）城之。惠王去安邑，徙大梁，至昭王十年，遂以與秦（並見史記）。　顧觀光曰：史記，武侯二年，城安邑。齊策云：「安邑者，魏之柱國也。」漢志屬河東。秦本紀正義引括地志云：「在絳州夏縣東北十五里」。

〔四〕高誘曰：割，猶分也。交齊也。　鮑彪曰：惡，皆去音。　金正煒曰：交，當爲效，劉向所謂本字多誤脫爲半字也。

〔五〕鮑彪曰：秦多得地，齊畏其强，故重之。

〔六〕鮑彪曰：燕、趙交於秦，故齊必恐。　金正煒曰：恐字疑本爲恣，言將使天下疾齊之恣，而交走秦也。又秦刻石文，恣作資，是恣、資字得通假爲用。資齊，猶齊策之言藉力於魏也。史記春申君傳：「今王資之與攻楚」，義與此同。

〔七〕高誘曰：向言以秦王之聰明爲先自知之，故不言道也。　鮑彪曰：言秦自知攻宋之利。

五

張儀説秦王曰〔一〕：『臣聞之：弗知而言爲不智，知而不言爲不忠〔二〕。爲人臣，不忠當死；言不審，亦當死〔三〕。雖然，臣願悉言所聞，大王裁其罪〔四〕。臣聞天下陰燕陽魏〔五〕，連荆固齊，收韓成從，將西面以與秦强爲難〔六〕。臣竊笑之：世有三亡，而天下得之。其此之謂乎〔七〕！臣聞之，曰：「以亂攻治者亡，以邪攻正者亡，以逆攻順者亡。」今天下之府庫不盈，囷倉空虛〔八〕，悉其士民，張軍數千百萬〔九〕，白刃在前，斧質在後，而皆却走不能死〔一〇〕。非其百姓不能死也，其上不能教也〔一一〕。言賞則不與，言罰則不行。賞罰不行，故民不死也〔一二〕。今秦出號令而行賞罰，有功無功相事也〔一三〕，出其父母懷衽之中〔一四〕，生未嘗見寇也，聞戰，頓足徒裼〔一五〕，犯白刃，蹈煨炭〔一六〕，斷死於前者，比是也〔一七〕。夫斷死與斷生也不同〔一八〕，而民爲之者，是貴奮也〔一九〕。一可以勝十，十可以勝百，百可以勝千，千可以勝萬，萬可以勝天下矣〔二〇〕。今秦地形，斷長續短，方數千里，名師數百萬；秦之號令賞罰，地形利害，天下莫如也。以此與天下，天下不足兼而有也〔二一〕。是故，秦戰未嘗不勝，攻未嘗不取，所當未嘗不破也〔二二〕。開地數千里，此甚大功也〔二三〕。然而甲兵頓〔二四〕，士民病〔二五〕，蓄積索〔二六〕，田疇荒〔二七〕，囷倉虛，四隣諸侯不服〔二八〕，伯王之名不成。此無異故〔二九〕，謀臣皆不盡其忠也。臣敢言之，往者〔三〇〕，齊南破荆，東破宋〔三一〕，西服秦〔三二〕，北破燕〔三三〕，中使韓魏之君〔三四〕。地廣而兵强，戰勝攻取，詔令天下〔三五〕。濟清河濁〔三六〕，足以爲阻〔三七〕；長城鉅坊〔三八〕，足以爲塞。齊，五戰之國也〔三九〕。一戰不勝而無齊〔四〇〕。故由此觀之：夫戰者，萬乘之存亡也〔四一〕。且臣聞之，曰：「削株掘根，無與禍隣，禍乃不存」〔四二〕。秦與荆人戰，大破荆，襲郢，取洞庭、五渚、江南〔四三〕。荆王君臣亡走，東伏於陳〔四四〕。當是之時，隨荆以兵，則荆可舉〔四五〕。舉荆，則其民足貪也，地足利也。東以弱齊、燕〔四六〕，中以陵三晉〔四七〕。然則是一舉而伯王之名可成也，四鄰諸侯可朝也〔四八〕，而謀臣不爲，引軍而退，與荆人和〔四九〕。令荆人收亡國，聚散民，立社主，置宗廟〔五〇〕。令帥天下西面以與秦爲難。此固已亡伯王之道一矣〔五一〕。天下又比志而軍華下，大王以詐破之〔五二〕。兵至梁郭，圍梁數旬，則梁可拔。拔梁〔五三〕則魏可舉〔五四〕；舉魏，則荆、趙之志絶〔五五〕：荆、趙之志絶，則趙危，趙危而荆孤〔五六〕。東以弱齊、燕，中以陵三晉〔五七〕。然則是一舉而伯王之名可成也，四鄰諸侯可朝也。而謀臣不爲，引軍而退，與魏氏和〔五八〕。令魏氏收亡國，聚散民，立社主，置宗廟，此固已亡伯王之道二矣〔五九〕。前者穰侯之治秦也，用一國之兵，而欲以成兩國之功〔六〇〕，是故終身兵暴露於外，士民潞病於內〔六一〕，伯王之名不成。此固已亡伯王之道三矣。趙氏中央之國也，雜民之所居也，其民輕而難用也〔六二〕。號令不治，賞罰不信，地形不便〔六三〕，上非能盡其民力。彼固亡國之形也，而不憂民氓〔六四〕，悉其士民，軍於長平之下〔六五〕，以爭韓之上黨〔六六〕。大王以詐破之〔六七〕，拔武安〔六八〕。當是時，趙氏上下不相親也，貴賤不相信也〔六九〕。然則是邯鄲不守〔七〇〕，拔邯鄲，筦河間〔七一〕，引軍而去，西攻脩武，羊腸〔七二〕，降代、上黨。代三十六縣，上黨十七縣〔七三〕，不頓一甲，不苦一民，皆秦之有也〔七四〕。代、上黨不戰而已反爲趙矣〔七五〕，東陽河外不戰而已反爲齊矣〔七六〕，中山呼池以北，不戰而已反爲燕矣〔七七〕。然則是舉趙則韓必亡，韓亡則荊、魏不能獨立〔七八〕。則是一舉而壞韓，蠹魏，挾荊以東弱齊、燕〔七九〕，決白馬之口以流魏氏〔八〇〕。一舉而三晉亡，從者敗〔八一〕，大王拱手以須，天下徧隨而伏〔八二〕，伯王之名可成也。而謀臣不爲，引軍而退，與趙氏爲和。以大王之明，秦兵之强，伯王之業也〔八三〕，曾不可得，乃取欺於亡國〔八四〕，是謀臣之拙也。且夫趙當亡不亡，秦當伯不伯，天下固量秦之謀臣一矣。乃復悉卒以攻邯鄲，不能拔也〔八五〕。棄甲折弩，戰慄而却〔八六〕，天下固量秦之力二矣〔八七〕。軍已引退，並於李下〔八八〕，大王又並軍而致與戰〔八九〕。非能厚勝之也〔九〇〕。又交罷却〔九一〕，天下固量秦之力三矣〔九二〕。內者量吾謀臣，外者極吾兵力〔九三〕。由是觀之，臣以天下之從〔九四〕，豈其難矣〔九五〕。內者吾甲兵頓，士民病〔九六〕，蓄積索，田疇荒，囷倉虛〔九七〕；外者天下比志甚固。願大王有以慮之也〔九八〕。且臣聞之：「戰戰慄慄，日慎一日。」苟慎其道，天下可有也〔九九〕。何以知其然也？昔者紂爲天子〔一〇〇〕，將帥天下甲兵百萬〔一〇一〕，左飲於淇谷〔一〇二〕，右飲於洹水〔一〇三〕，淇水竭而洹水不流〔一〇四〕，以與周武爲難。武王將素甲三千領〔一〇五〕，戰一日〔一〇六〕，破紂之國，禽其身，據其地而有其民，天下莫傷〔一〇七〕。智伯帥三國之衆〔一〇八〕，以攻趙襄主於晉陽〔一〇九〕，決水灌之，三年〔一一〇〕，城且拔矣〔一一一〕。襄主鑽龜數策占兆〔一一二〕，以視利害，何國可降〔一一三〕，而使張孟談。於是潛行而出〔一一四〕，反智伯之約，得兩國之衆，以攻智伯之國，禽其身，以成襄主之功〔一一五〕。今秦地斷長續短，方數千里，名師數百萬，秦國號令賞罰，地形利害，天下莫如也〔一一六〕。以此與天下，天下可兼而有也〔一一七〕。臣昧死願望見大王〔一一八〕，言所以一舉破天下之從〔一九〕，舉趙亡韓〔二〇〕，臣荆、魏，親齊、燕〔二一〕，以成伯王之名〔二二〕，朝四隣諸侯之道。大王試聽其說，一舉而天下之從不破，趙不舉，韓不亡，荆、魏不臣，齊、燕不親，伯王之名不成，四隣諸侯不朝，大王斬臣以徇於國，爲王謀不忠者〔二三〕。』

〔一〕高誘曰：秦惠王也。姚注：韓非子第一篇初見秦，文與此同。鮑本首「儀說秦王曰」，無張字。鮑彪曰：上原有張儀字，而所說皆儀死後事，故删去。「說」云者，猶西周謂齊王之比。　吴師道曰：張儀誤，當作韓非。　又曰：王應麟云，姚氏謂韓非子第一篇，吕成公麗澤集文取此。鮑失考。愚按，集文所謂非上書請破天下從，即此。非以韓王安稱藩使秦，始皇十三年也。次年見殺。今以韓子考其言，而策文義勝者不復。　黄丕烈曰：吴氏補曰：張儀誤，當作韓非。丕烈案：此當各依本書。劉向次第在此，而高注云秦惠王。詳其意，皆不以爲韓非也。　顧廣圻曰：戰國策作張儀說，高誘注：秦惠王也。吴師道補注云：張儀誤，當作韓非。非以韓王安五年使秦，始皇十三年也。今按：吴依此是也。　王先慎曰：史記秦本紀、六國表，并以韓非使秦在始皇十四年，韓世家屬之王安五年。案秦攻韓，紀表未書。始皇十三年用兵於趙，十四年定平陽、武城、宜安，而後從事於韓，則非之使秦，當在韓王安六年，紀表爲是。吴師道以非爲韓王安五年使秦，據世家言之，不知作五年者，史駁文也。　王先謙曰：韓非子主道以下，蓋非平日所爲書，初見秦諸篇，則後來附入者。　朱起鳳曰：韓非子初見秦篇與此文多同，而一以爲韓非，一以爲張儀，疑莫能明。　錢穆曰：韓非子書冠以初見秦。初見秦篇又見秦策，以爲張儀說秦王，高誘注：惠王也。然書中言樂毅破齊，荆東徙陳，魏敗華下，趙破長平，皆在惠王、張儀死後，明屬秦策誤收。王應麟漢書藝文志考證引沙隨程氏説，非書有存韓篇，故李斯言非終爲韓，不爲秦，後人誤以范睢書廁其間，乃有舉韓之論，是以初見秦爲范睢書。然篇中論長平、邯鄲、李下之事，正睢以此畏罪而乞退者，豈得轉謂范睢書哉？顧謂其真出非手，則亦不類。非，韓公子，不應初見秦即以攻韓爲言。且李斯駁非，正以非爲韓，不爲秦。言之不類，一也。篇中引秦事，止於邯鄲之役，下距非使秦尚二十餘年，何詳論於前而不略及於其後？不類，二也。篇中稱大王非有兩人，其事盡在昭王時，不應對始皇稱昭王爲大王。不類，三也。又云：前者穰侯之治秦也，此在昭王時言之，語氣正合。若在始皇時，應稱昔，不稱前。不類，四也。然則初見秦一篇，蓋昭王時策士當長平、邯鄲戰後進言者耳，故其精神所注，亦以趙、韓爲重，因長平之事，本始於韓而終於趙也。近人有疑爲蔡澤，或澤之徒爲之者，殆或近是。（考辨四四二頁）　祖耿案：顧觀光隸此於始皇十四年，秦殺韓非下，首無張儀二字，蓋以爲是韓非也。

〔二〕高誘曰：知可言利國、安君而不言，故曰不忠。　祖耿案：韓非子以「臣聞」開端，「聞」下無「之」字。弗作「不」。兩「言」字下並無「爲」字。

〔三〕鮑彪曰：審，悉也。　吳師道曰：韓子審作當，勝。不當，即上云不智也。

〔四〕高誘曰：裁，制也。　鮑彪曰：雖然，言己未能如言。悉，詳盡也。　王先慎曰：爾雅：「裁，度也。」罪，即指上言而不當亦當死而言。高注訓裁爲制，失其義。

〔五〕高誘曰：陰小，陽大。　鮑彪曰：陰北，陽南。　金正煒曰：按策文常以天下目山東諸國，如秦以周最之齊疑天下之類。此文所云天下，則專言趙，或以其爲中央之國也。陰燕陽魏，皆就趙言。高注陰小陽大，恐非本義。韓非初見秦篇文與此同，注云：燕北故曰陰，魏南故曰陽。　王先慎曰：高注非也，此不過舉關東地形而言，燕在陰，魏在陽耳。周禮柞氏疏引爾雅：「山南曰陽，山北曰陰。」陰陽隨山水所指，無庯取大小爲說。

〔六〕收下原有餘字，面，原作南。秦下原無强字。 高誘曰：難，猶敵也。 鮑彪曰：荆，楚也。始皇諱其父名，故稱曰荆。知此書始皇時人作。固齊者，時由東國齊、楚爲大，故從。人連结之，恃以爲固。餘韓者，韓時弱，多喪地，今存者，其餘也。與秦爲難者，赧五十九年與諸侯從，此五十一年也。 吳師道曰：南，韓作面，是。下文有。 盧文弨曰：策無强字，此倒，當作强秦。 王先慎曰：盧說非，强音其兩切。 程恩澤曰：案荆，本山名。禹貢：「荆及衡陽惟荆州」，荆之得名以此。左傳：「我先王熊繹，辟在荆山。」杜注：荆山在新城沶鄉。（師古曰：在南郡臨沮縣東北，今在襄陽府南漳縣西南。）楚在其西南，楚之稱荆舊矣，兹蓋復其故號耳。疏謂荆、楚一木二名，故以爲國號，亦得二名。似非本義。（或云荆楚本二國，楚滅荆，故稱荆，非是。） 金正煒曰：韓非子，韓上無餘字，秦下有强字，西南作西面，皆當據以訂正。

〔七〕韓非子注：知三亡者得天下。 鮑彪曰：此謂從。 吳師道曰：韓子作二亡，無以逆攻順者一句。黄丕烈曰：案今韓子是三字。 盧文弨曰：天下得亡之形也，舊注謬甚。宋本：三亡作二亡，注同。吳師道國策補注亦云韓子作二。 顧廣圻曰：策作三，末多以逆攻順者亡一句，或此脫。 張文虎曰：三亡，即下所云：以亂攻治者亡，以邪攻正者亡，以逆攻順者亡，三端也。天下二字承上「臣聞天下」來，謂天下之攻秦者，犯此三亡也。 王先慎曰：吳據誤本引作二，不當作二，顧、張說是。

〔八〕鮑彪曰：府，文書藏；庫，兵車藏。今詳凡有藏者，皆得稱也。囷，圓廩。 吳師道曰：府庫藏貨財，對下囷倉藏穀粟言。高注：圓曰囷，方曰倉。

〔九〕姚注：曾作張軍聲。 鮑彪曰：張，去音。 吳師道曰：平聲亦通。韓此下云：其頓首戴羽爲將軍，斷死於前，不至千人，皆以言死。 黄丕烈曰：此當各依本書。 金正煒曰：千，韓非作十。管子七法篇：「是故張軍而不能戰。」左氏桓六年傳：「我張吾三軍。」注：張，自侈大也。曾作張軍聲，無取。王先慎曰：有聲字者，是也。虛張其軍號曰數千百萬耳。

〔一〇〕却，原作去。鮑彪曰：在後，誅不進戰者，故在後。去之，不戰也。吳師道曰：韓，怯而却走，不能死也。又曰：一本：而皆去之不能死。金正煒曰：去，當從韓非作卻。

〔一一〕非，原作罪。姚注：一本（罪下）有也字。錢、劉本無「其百姓不能死也」七字，曾、集有。教原作殺。鮑彪曰：其百姓不能死也，言亦殺之。吳師道曰：一本其上不殺也，韓：上不能故也，當從韓勝。金正煒曰：鮑本罪作非，無「其上不能殺也」六字。按罪當作非，殺當作教，字之譌也，殺字或書作敍，與教相似而誤，韓作故，亦非。論語：以不教民戰，是謂棄之。與此文義略同。王先慎曰：策無也字、非字，有罪字，是合也非二字而誤，當訂正。也與者同義，說見王氏經傳釋詞。又曰：殺乃故字形近而誤。士民之不死，其故由上之不能。賞罰無信，正不能之實也。若作殺則文義不通。

〔一二〕高誘曰：民不爲盡節致死。傳曰：賞罰無章，何以沮勸，此之謂也。

〔一三〕有功無功，原作不攻無攻。姚注：曾作有功無功。黄丕烈曰：鮑不攻下補耳字，改攻相爲相攻。鮑彪曰：言秦有不攻耳，無敢與相攻者。吳氏正曰：韓作有功無功相事也。丕烈案：不，當作又，形近之譌。策文多用又爲有。俞樾曰：事者，治也，高注呂氏春秋、淮南內篇屢見。詩卷耳，毛傳：「采采，事采之也。」正義引鄭志答張逸云：「事，謂事事一一用意之事」，蓋事訓治，故一一用意謂之事也。此言有功無功相事，正一一用意之義，謂分別其有功無功不混淆也。秦策（案指鮑本）作「不攻耳，無相攻事也，」與上下文義不屬，蓋後人不達事字之義而臆改。其功與攻，則古字通用。

〔一四〕鮑彪曰：祗，衣衿。

〔一五〕鮑彪曰：此頓，下也。集韻：徒，空手。裼，袒也。　吳師道曰：頓，踴也。徒，謂空，露袒；裼，露臂也。王先慎曰：裼作禓誤。爾雅釋訓：「襢裼，肉袒也。」郭注：「脱衣而見體。」史記張儀傳：「秦人捐甲徒裼以趨敵。」索隱：裼，袒也，謂袒而見肉也。

〔一六〕鮑彪曰：煨，盆中火。　吳師道曰：韓，鑪炭。　朱起鳳曰：韓非子初見作蹈鑪炭。鑪字本作爐，左旁從火，策誤作煨，以形近故。

〔一七〕鮑彪曰：以死自斷。比，次也，言如此者相次不一。　黄丕烈曰：鮑比下補比字。吳氏正曰：韓作皆是，比蓋皆之譌。　王念孫曰：鮑、吳二説皆非也。比是，猶皆是也。説文：皆，俱詞，從比，從白。　徐鍇曰：比，皆也。　朱起鳳曰：比即皆字之損。國策皆字，多有作比者。齊策云：「中山再戰比勝」，言再戰皆勝也。大戴禮：比選天下端士，前漢書賈誼傳作皆是。孟子亦有之，比天之所與我者，亦謂皆天之所與我者耳。自後儒改比爲此，而書義湮矣！

〔一八〕高誘曰：死生異也。　鮑彪曰：言死難。　吳師道曰：斷死生之斷，都玩反；斷長之斷，覩緩反。前後同。

〔一九〕高誘曰：奮，勇也。　鮑彪曰：奮，言勇不顧死。　黄丕烈曰：吳氏補曰：韓，貴奮死也。丕烈案：死字，策文當無，高注可證。

〔二〇〕黄丕烈曰：勝，鮑本作合，下三字同。　鮑彪曰：與敵合鬭。吳氏補曰：四合字，一本皆作勝，韓作對，當也，義長。

〔二一〕鮑彪曰：名，言有勇決之稱。莫如，言秦有斷死之利，諸侯有不死之害，故不如秦。與，言與之爭。吳師道曰：利害是總言。

〔二二〕故，原作知。高誘曰：當，敵。　鮑彪曰：當，相值也。　金正煒曰：知，當作故，韓非正作故。

〔二三〕甚，韓非子作其。　王先慎曰：策作甚，是也，先言秦之功極大，爲下霸王之名不成作反勢。若作其，則文氣平實。其當爲甚之殘字。

〔二四〕鮑彪曰：頓，言其勞弊。

〔二五〕高誘曰：病，困也。

〔二六〕高誘曰：索，盡也。　鮑彪曰：集韻，索，盡也。

〔二七〕高誘曰：墾不治也。　鮑彪曰：疇，耕治之田。

〔二八〕高誘曰：威德不能懷也。

〔二九〕高誘曰：異，怪。　鮑彪曰：猶言無他事。　王先慎曰：異故，猶它故。

〔三〇〕原作臣敢言往昔昔者。　吳師道曰：韓：「臣敢言之，往者」，蓋兩昔字，因者字訛衍。當從韓，勝。

〔三一〕東，原作中。　鮑彪曰：閔二十八年。　吳師道曰：韓，東破，是。　金正煒曰：中，當從韓非作東，與下文五戰相應。齊無東，自儀言之，宋與齊並爲東也。

〔三二〕鮑彪曰：荆、秦事未詳。　吳師道曰：齊南破荆以下，以地勢言之，非以年之先後也。齊宣王二十五年與五國攻秦，湣王十六年與韓、魏伐秦，十一年與韓、魏伐楚，十三年與秦、韓、魏敗楚。

〔三三〕鮑彪曰：十五年。　吳師道曰：齊宣王二十九年伐燕，取之。

〔三四〕鮑彪曰：兩國從其役。　金正煒曰：使當爲役，後章齊弱則必爲王役矣。史記司馬相如傳：「今奉幣役至南夷」，漢書作使，二形相近，易以致誤。

〔三五〕鮑彪曰：以詔令令天下，時未稱詔，此秦史之言耳。　吳師道曰：詔告命令也。下文「詔之」，及後策

「趙王之教，詔之使者」，「明詔」之類。

〔三六〕姚注：濟水清，河水濁。一作「詔令天下，齊清濟濁河。」　黄丕烈曰：吴氏補曰：韓作「齊之清濟濁河」，與下文協，語勝。丕烈案，燕策云：「吾聞齊有清濟濁河。」亦見史記蘇秦傳，皆可證也。　王先慎曰：濟清河濁誤。　鮑彪曰：東郡壽張注：泲上有朐城。又平原有鬲津、般河，皆近齊。　吴師道曰：書蔡傳，濟水自鄭以東，貫滑、曹、鄆、齊、濟、青以入于海，自鄆以下皆齊地也。正義云：黄河從洛、魏二州界北流入海，亦齊西北界。左傳，齊履西至于河。　張琦曰：水經：濟水惟一瀆。酈注：自封邱南者爲南濟，平邱北者爲北濟。蓋以今流曲附古目，非經意也。然川渠勢改，無能跡二濟分自何時。姑約酈注爲言，南濟自陽武故城南（即今縣），又東逕東昏縣故城北（今蘭陽縣東北二十里有故城），又逕濟陽縣故城南（今蘭陽縣東五十里），又逕宛朐縣南（今曹州府西南有故城），又經定陶縣南，又東至乘氏縣西，東北流入鉅野澤。北濟自陽武北，又東逕封邱縣北，又東至平邱縣南，又東至濟陽縣北，又東北逕宛朐縣故城北，又逕定陶縣故城北，又東入鉅野，與南濟合。二濟既合，又東北過壽張縣西界安民亭，（今東平州西南有壽張故城，西北去今壽張縣五十里，州西南十里安山鎮，即古安民亭。（又北逕須句城）東平州西南有故城），須昌縣（東平州西），魚山（亦名吾山，今東阿縣西八里），穀城縣（東阿縣治），臨邑縣（故城在今茌平縣界），平陰（今縣），又東北逕垣苗城（今長清縣西南），盧縣（長清縣西南二十五里），臺縣（今歷城縣東北），菅縣（今章邱縣西南），又東逕梁鄒縣（今鄒平治），又東北逕臨濟縣（今高苑縣西南），池爲平州坑（今高苑縣東南十里有麻大泊，即古平州坑也），又逕高昌縣故城（今博興縣西南），樂安縣故城，薄姑城（并在博興縣東北），利縣（博興縣東），琅槐故城（今樂安縣東北百十里），又東北入海。黄子鴻曰：今小清河所經：自歷城以東，章丘、鄒平、長山、新城、高苑、博興、樂安諸縣，皆古濟水所行。大清河自歷城以下至東阿，亦皆濟水故道。按齊地西有濟南，又分宋得濟陰、東平，則濟水自濟陽以下皆齊地。河自大伾至大陸，不涉齊境，惟九河并在齊。鄭君曰：桓公塞八流以自廣。漢書溝洫志，許商以爲古説九河之名，有徒駭、胡蘇、鬲津，今見在成平、東光、鬲界中。自鬲以北至徒駭間，相去二百餘里。地理志渤海東光下云：「有胡蘇亭。」成平下云：「虖沱河，民曰徒駭河。」平原鬲下云：「平當以爲鬲津」。般下師古注曰：「爾雅説九河云：「鉤般」，郭璞以爲水曲如鉤，流般桓也。」成平故城，在今河間府交河縣東；東光故城，在今縣東二十里；鬲縣故城，在德平縣東十里；般縣故城，在德平縣東北三十里。九河鬲津最高，今德平縣北十里，有故鬲津河，東經樂陵、慶雲、海豐，合無棣河入海。又德平東北有般河，或曰即鉤般河，亦經樂陵、海豐、慶雲入海。胡蘇河在慶雲縣西南，經鹽山、海豐入海。又東光、寧津、南皮、滄州界中，并有扶蘇河，蓋皆依托古目，未必其實也。成平之虖沱河，民曰徒駭河者，即水經之漳水，以受虖池别河，故亦有虖池之稱，古之徒駭也。齊趙分渤海，以河爲界。 程恩澤曰：案水經注，濟水自滎澤東流至乘氏縣西，分爲二：南爲菏水，北爲濟瀆。又東北流至琅槐縣故城北，會河水入海。以今地言之，凡山東濮州、曹縣、定陶、鉅野、壽張、東平、東阿、平陰、長清、齊河、歷城、章邱、鄒平、長山、新城、高苑、博興、樂安諸州縣，皆其所經（此據禹跡言之，與今異），皆齊地也。王應麟曰：濟水通得清水之名，以水道清深也。 又案：孟康曰：齊西有平原，河水東北過高唐、鬲津，號黄河，故曰濁河。杜預釋例：河自汲郡、頓邱、陽平、平原、樂陵之東南入海。正義：濟、漯二水，上承黄河，並淄青之北流入海。高士奇曰：此據秦漢以後言之，非古河道也。古河道，自大陸以北播爲九河，在成平以南，平原、鬲縣以北，齊之東（當作北）境，當在九河最西，徒駭是其西界。（許商云：九河故道：徒駭在成平；胡蘇在東光；鬲津在鬲縣；太史、馬頰、覆釜，當在成平之南，東光之北；簡絜、鉤盤，當在東光之南，鬲縣之北。其地並在今德州、河間二百餘里内，齊北境也。）胡渭曰：古之逆河，起賁坻南界，歷靜海、滄州、鹽山、海豐及霑化北界而止（即所謂勃海也）。考齊之河道者，當於此求之（河自周定王五年徙，由漯川，歷經東昌、德州等處，皆齊地）。 顧觀光曰：水經注云：濟水北逕清亭東，自下通得清水之目焉，亦水色清深，用兼厥稱矣。 又曰：漢志賈讓曰：齊與趙、魏以河爲竟。趙、魏瀕山，齊地卑下，作隄去河二十五里。河水東抵齊隄，則西泛趙、魏。趙、魏亦爲隄，去河二十五里。此正孟子所謂以隣國爲壑者也。齊在河東，趙、魏並在河西。

〔三七〕阻，原作限。高誘曰：限，難也。 王念孫曰：案諸書，無訓限爲難者。限本作阻，今作限者，後人據韓子改之，因並改高注耳。文選謝朓始出尚書省詩注、初學記地部引此，並作阻。爾雅及邶風雄雉、谷風傳，並云：「阻，難也」，正與高注合。 金正煒曰：按說文：「限，阻也。」漢書韓安國傳：「唯梁最親，爲限難。」限與阻義同，不必據文選注改。

〔三八〕姚注：錢、劉坊作防。黃丕烈曰：坊，鮑本作防。丕烈案：韓子是防字，史記同。 王先慎曰：鉅、巨字通，坊誤，當作防。 金正煒曰：廣韻：防、坊同。 鮑彪曰：蘇秦傳注：濟北盧有防門，又有長城，東至海。後志注：防門即鉅防。 吳師道曰：長城西頭，在齊州平陰縣界。太山記云：太山西有長城，緣河經太山一千里，至瑯琊臺入海。 張琦曰：長城起今平陰縣北二十九里。 程恩澤曰：長城之說不一。管子：長城之陽，魯也；長城之陰，齊也（疑是泰山之誤）。竹書：梁惠成王二十年，齊築防以爲長城（此在威王時，正義以爲閔王，非是）。史記：還蓋長城以爲防。齊記：齊宣王乘山嶺之上築長城，東至海，西至濟州，千餘里。水經注：朱虛縣泰山（此東泰山，即沂山，在臨朐縣南百里），上有長城，西接岱，東連琅邪巨海，千有餘里，蓋田氏之所造。通典：盧縣有長城，東至海（說本郡國志）。輿地廣記：鄆州平陰縣、淄州淄川縣，古齊長城。以今考之其時，則春秋已建其基，而戰國以來，威、宣、閔三主代修之，其地則自今平陰，東歷肥城北、長清南、泰安西北（六十里），萊蕪北、淄川南、沂水北（九十五里）、臨朐南、莒州北，以至諸城南（七十里）皆是也。又案：左傳：「塹防門而守之，廣里」。杜預曰：「平陰城南有防，防有門，於門外作塹，橫行廣一里。京相璠曰：平陰南（當作北）有長城，東至海，西至濟，河道所由，名防門。去平陰三里，其水引濟，故瀆尚存，門之北有光里，今其地亦名廣里云（此與杜異解，當以杜爲是）。郡國志：濟北國盧縣有平陰城（京相璠曰在西南，杜預作東北，非是），有防門，有光里，皆專據平陰一縣言。竹書云：齊築防以爲長城，則長城即鉅防也。顧觀光曰：秦策、燕策並云齊有長城鉅防，足以爲塞。史記蘇代傳正義曰：「長城西頭在濟州平陰縣界。竹書紀云：梁惠二十年，齊築防以爲長城。太山記云：太山西有長城，緣河經太山一千餘里，至琅琊臺入海。」水經汶水注，亦云泰山上有長城，西接岱山，東連琅邪巨海，千有餘里，蓋田氏所造也。又曰：史記蘇代傳徐廣注云：「濟北盧縣有防門。」水經濟水注云：平陰，齊地也，在盧縣故城西南十里。平陰城南有長城，東至海，西至濟，河道所由名防門，去平陰三里，齊侯塹防門即此也。其水引濟，故瀆尚存。

〔三九〕鮑彪曰：上所謂南破、中破之類。吳師道曰：謂四面及中受兵。韓非子注：謂五破國也。

〔四〇〕鮑彪曰：燕昭入臨淄事。韓非子注：爲樂毅破齊於濟西。王先慎曰：見齊世家。

〔四一〕高誘曰：勝則存，敗則亡也。勝敗若此，故曰「萬乘之存亡也」。

〔四二〕韓非子注：言禍敗之迹，削去本根則無禍敗。言秦宜以齊爲戒。

〔四三〕渚，原作都。姚注：史記引戰國策作五渚。高誘曰：郢，楚都也。洞庭、五都、江南，皆楚邑也。鮑彪曰：揚州記：太湖，一名湖亭，一名震澤，一名洞庭。按熊繹都丹陽。文王徙江陵，是爲郢都。昭王徙鄀，所謂故郢。又自郢都鄀，與鄢爲五。史多言鄢、郢。齊策：「鄢、郢者，楚之柱國」，知鄢亦爲都。江南，即漢志楚地，所謂江南地遠者也。　吳師道曰：秦破荆，在昭王二十九年，楚頃襄之二十一年。又曰：洞庭在巴陵，見楚、魏策，即此。又曰：路史，熊繹初封丹陽，今秭歸。武徙枝江，亦曰丹陽。楚文都南郢，即江陵，又謂故郢。昭王避吳遷鄀，今宜城，爲北郢，即郢州。惠王遷鄢，在宜城。曾氏謂屈瑕亂鄢以濟者，鄀、鄢非久都。故惠王末，墨翟重繭趨郢。宣王時，王宮遇盜，郢軍見黜。懷王入秦，齊使郢中立王，皆昭、惠後。愚按：楚辭哀郢，莊辛說襄王，郢都必危，白起拔郢，始徙陳，知懷、襄之世，亦仍都南郢也。考烈王徙壽春，命曰郢，又年表：考烈徙都鉅陽。大事記謂：春申君用朱英策，自陳徙壽春，不云自鉅陽也。據此，楚不止五都，鮑因誤文。又以其時在徙陳前，故徙陳以下不論，而其說亦不明，故爲正之。正義云：江南在豫章、長沙，南楚之地。又曰：韓「五都」作「五湖」。史蘇秦傳五渚注引策文「洞庭、五渚」，謂此「渚」乃「湖」之譌，燕策亦有「五渚」字。按策既言襲郢，而五都郢在其中，都字必誤，當從韓。「五湖」說不一，索隱云：具區、洮滆、彭蠡、青草、洞庭；又說：太湖、射陽、青草、丹陽、宫亭。宫亭即彭蠡。張勃吳錄謂太湖別名。或說太湖中自有五湖。　黄丕烈曰：吳說未是，此策五都，即燕策及蘇秦傳之五渚，都、渚同字也。五渚說在集解、索隱。　張琦曰：郢城，今荆州府北十里紀南城，即故郢也，楚文王所都。府東北三里，又有故郢城，則平王所築。自頃襄以上皆居此。　張琦又曰：洞庭在今岳州府城西南一里，一名巴邱，通青草、赤沙，亦謂之三湖。五湖即太湖，在蘇州府西南三十里。江南，今湖南及湖北之武昌，東包兩江皆是。　程恩澤曰：案左傳：子囊「將死，遺言謂子庚，必城郢。」及子常城之，即故郢也，並無別遷之文。地理志，南郡江陵縣，故楚郢都。楚武王自丹陽徙此，後九世平王城之，後十世秦拔我郢，徙陳。是平王所城，即武王所徙也。又云：郢，楚別邑，故郢。錢坫曰：疑即左傳所云郊郢，今安陸府鐘祥縣地。水經注云：今江陵紀郢城，楚船官地，春秋之渚宫。郢城即子囊遺言所城者。地理志曰：「楚別邑故郢矣。見」（江上篇）是蓋誤以漢志別邑之郢，爲故都之郢，然其地固未嘗易也。後又云：江陵西北有紀南城。楚文王自丹陽徙此，平王城之，班固言楚之郢都也（見沔水篇）。則酈注與班志，并無異義。（杜注孔疏並主此說，地理通釋亦然。）自郡國志注引荆州記，分紀南城、郢城爲二。括地志、通典諸書並宗之，似與古不合，姑兩存之。　又曰：案山海經，洞庭乃沅、澧之交，瀟、湘之淵，夏秋水漲，方九百里。水經注：湖水廣圓五百餘里，日月若出没於其中。湖中有君山、編山，相次去數十里，迴峙相望，孤影若浮。巴陵舊志：洞庭南連青草，西吞赤沙，横亘七八百里，因名三湖（又名五湖，亦曰重湖）。每歲當六七月間，岷、峨雪消，水暴漲，自荆江逆入洞庭，清流爲之改色。正義：洞庭湖，在岳州巴陵縣西南一里，今同。　又案：水經注：湘水會資、沅、微、澧四水，同注洞庭，而北會大江，名之五渚。裴駰曰：五渚在洞庭，沅、澧、資、湘四水，自南而入荆江，自北而過洞庭，瀦其間，謂之五渚（輿地廣記主此説）。説雖小異，然五渚即在洞庭，有明徵矣（言五渚與洞庭相近，非謂洞庭即五渚也）。索隱以五渚爲五處洲，載劉伯莊説，謂在宛鄧間、漢水上，固非。吴氏以爲漢水下流洞庭，非其地，亦未是。蓋策所云下漢至五渚者，固仍由漢（此謂西漢水）入江，而後至洞庭也。若必在漢水上下，則西漢經流，皆巴蜀故地，與楚何涉？　又案五都之説，鮑謂昭王徙郢，不知何指，豈即平王所城之郢耶？吴謂武徙枝江，亦未是，枝江之徙，當即在熊繹時。左傳云，若敖冒蚡，至於武文，土不過圻，猶不城郢，則楚之都郢久矣。但此俱就國都言。竊謂此章所引，即白起拔楚一事。策云：頃襄二十年，秦白起拔楚西陵，或拔鄢、郢、夷陵。又云：一戰舉鄢、郢，再戰燒夷陵，南并蜀漢。又云：拔鄢、郢，焚其廟，東至竟陵。又云：秦果舉鄢、郢、巫、上蔡、陳之地。（上蔡，疑是上庸之誤。陳衍文，是時楚方保陳，則陳、蔡未舉也。）又云：南亡鄢、郢、漢中。楚世家：頃襄王十九年，秦伐楚，割上庸、漢北地予秦。二十年，拔西陵。二十一年，拔郢，燒夷陵。二十二年，復拔巫、黔中郡。黔中，即下文所云江南也。而巫郡、上庸、西陵、夷陵、鄢、郢，皆楚大都會，五都疑即指此。（郢已見上文，或不在數内。白起列傳：拔鄢、鄧五城。五城似即五都，然下云其明年拔郢，燒夷陵，遂東至竟陵，則五城非五都也。）蓋大邑曰都，不必盡在建國地也。秭歸枝江，年代久遠，恐不在五都之列。（韓非子作五湖，張琦謂即蘇州太湖，似非，或者五渚之訛耳。）

又案：江南者，諸說不同。秦本紀：楚人反我江南。正義曰：黔中郡反歸楚。（即楚世家所云：江旁十五邑。）趙世家：江南、泗上，不足以備越。正義曰：江南，洪、饒等州，春秋時爲楚東境。楚辭章句：江南在湘、郢之間。徐廣曰：江南者，丹陽也，秦鄣郡。高士奇曰：楚初都丹陽，在枝江，居江南；後徙郢都，在荆州，居江北。別都鄂，即武昌，亦在江南。自荆州以南，皆楚所謂江南也。是江南所包者廣，而此策所云則以黔中爲是。　盧文弨曰：湖，策作都，一作渚。　顧廣圻曰：吴師道云：都當從韓作湖。今案：吴説非也。燕策云：四日而至五渚，蘇秦列傳同，集解引戰國策：取洞庭五渚。渚、都同字，湖是渚之譌。　王先謙曰：史記秦紀：昭王三十年，取江南爲黔中郡。正義引括地志云：「黔中故城，在辰州沅陵縣西二十里。」又三十一年，「楚人反我江南」，六國表云：「秦所拔我江旁反秦」，楚世家所謂江旁十五邑也。　王先慎曰：蘇秦傳集解引戰國策云：「秦與荆人戰，大破荆，襲郢，取洞庭、五渚。」然則五渚在洞庭。案裴說，誤讀策文耳。高注：郢，楚都也，洞庭、五渚、江南，皆楚邑也。索隱：五渚，五處洲也。劉氏以爲五渚宛鄧之間，臨漢水，不得在洞庭。湖，乃渚之誤。顧說是。　金正煒曰：都當爲渚。吴氏謂當從韓非作五湖，非。　顧觀光曰：楚自昭王徙鄀後，以鄀爲鄢郢，而故都之在江陵者，謂之紀郢。（漢志：南郡江陵，故楚郢都。）故定六年傳云：「遷郢於鄀」也。懷王入秦，薛公言郢中立王。楚辭有哀郢。莊辛謂襄王：郢都必危。則鄢郢亦單稱郢矣。齊策云：「鄢郢者，楚之柱國也。」今襄陽府宜城縣西南九十里有故鄀城。　又曰：蘇秦説楚曰：「南有洞庭。」秦策：秦與荆人戰，大破荆，取洞庭五渚（依史記蘇秦傳集解）。韓非子作五湖，按五湖即太湖，其時尚爲楚地，當依策文。水經注云：湘水會資、沅、微、澧四水，同注洞庭，北會大江，名之五渚是也。史記正義曰：洞庭湖，在岳州巴陵縣西南。史記蘇代曰：『漢中之甲，乘船出於巴，乘夏水下漢，四日而至五渚。』集解曰：五渚在洞庭。索隱引劉氏説，以爲五渚宛、鄧之間，臨漢水，不得在洞庭。吳注戰國策亦云。詳本文，則五渚乃漢水下流，洞庭在江之南，非其地也。當考。又曰：秦本紀：昭襄王三十一年，『楚人反我江南。』正義曰：黔中郡反歸楚，是江南即黔中也。而始皇二十一年，又云：王翦定荆江南地，置會稽郡。蓋自今四川之夔州府，至江蘇之松江府，屈曲二千餘里，凡在大江以南者，皆楚之江南矣。　朱起鳳曰：水經注湘水云：凡此四水（湘水、清水、沅水、微水），同注洞庭，北會大江，名之五渚。戰國策曰：秦與荆戰，大破之，取洞庭五渚者也。按湖、都叠韻，其叚爲渚者，猶豬野又作都野，孟豬亦爲孟都也。　錢穆曰：五渚即五湖，而五都亦即五渚也。後人自疑洞庭在江南，故迷惘不得其解。若知戰國時洞庭本在江北，則策史原文已明，不煩紛紜也。又江南一名，亦非泛指，策史所謂江南，即江旁十五邑，而秦人取之以爲黔中郡者，固非泛指大江以南而言也。（考辨三五四頁）　祖耿案：御覽六六引作五渚，五渚是也。當從程説。

〔四〕君臣二字原無，亡下原有奔字。姚注：曾作亡命。鮑彪曰：荆王，頃襄事，見白起傳。　黄丕烈曰：奔，鮑本無。丕烈案：韓子作『荆王君臣亡走』。　張文虎曰：史記楚世家：頃襄王二十一年，『秦將白起遂拔我郢，燒先王墓夷陵，楚襄王兵散，遂不復戰，東北保於陳城』（六國表作：王亡走陳。白起列傳作：東走徙陳）。故云：『伏』。伏，竄伏也。　又曰：此秦昭襄王二十九年事，秦策以此篇爲張儀説秦王。文案：儀以秦武王元年去秦入梁，在前三十三年矣。又下文稱：秦攻魏軍大梁，白起擊魏華陽軍及長平之事，更在其後，足以明國策之誤矣。　程恩澤曰：『東伏於陳』，陳即陳城也。案地理志：淮陽國陳縣，故國，舜後，胡公所封，爲楚所滅。楚頃襄王自郢徙此，命曰郢，故曰郢陳。通典：故城在宛邱縣西南（後漢書注同）。今爲河南陳州府治。

〔四五〕鮑彪曰：拔其國如舉物然，言易也。

〔四六〕弱，原作强。高誘曰：言（錢、劉下有秦字）以强於齊、燕也。鮑彪曰：强於二國。吳師道曰：韓「强」作「弱」，是。下有。王先慎曰：弱齊、燕與陵三晉對文。齊、燕遠於秦，非兵力所能驟及，我滅敵勢强，則齊、燕自畏而親附，故但言弱也。下文兩言弱齊、燕，尤其明證。策誤爲「强」，高順文爲說，亦未合。

〔四七〕中下，原無以字。姚注：劉下有以字。高誘曰：三晉，趙、韓、魏也。

〔四八〕高誘曰：可使韓、魏。鮑彪曰：舉猶行。可朝，使之朝秦。

〔四九〕高誘曰：不爲，不爲此謀也。和，平也。王先謙曰：史記秦紀，昭王二十九年，取郢爲南郡，王與楚王會襄陵，此所謂軍還復和也。楚世家：襄王二十三年（六國表：昭王二十一年），襄王收東地兵得十餘萬，復西取秦所拔江旁十五邑以爲郡，距秦。下文所謂與秦爲難也。

〔五〇〕令，原作今。姚注：一作令。鮑彪曰：立社主，爲木主社也。黃丕烈曰：今，鮑本作令。丕烈案：韓子是令字。顧廣圻曰：社下策無稷字，以廟字句絶，令字屬下。俞樾曰：策是也。收亡國，聚散民，立社主，置宗廟，皆三字爲句。後人誤以令字上屬，成四字句，遂於上句加稷配之耳。置宗廟令，義不可通，此言荆人置宗廟，非言其置令也。古宗廟亦未聞有令，足知其非矣。下文云：令魏氏反收亡國，聚散民，立社稷主，置宗廟，令此固以失霸王之道二矣。稷字亦衍文，令下亦當有「率天下西面以與秦爲難」十字，秦策闕此句，後人據以删韓子，而令字誤屬上讀，故得僅存耳。夫率天下以與秦爲難，故失霸主之道；若惟是收亡國，聚散民，立社主，置宗廟，則是魏之得，猶未足以見秦之失也。然則此句不可闕，因一字之幸存，而全句轉可據補。

〔五一〕亡，原作無，下同。金正煒曰：吳曰：「韓，無作失。」按有無之無，古與亡失之亡同文。此策本作亡伯王之道，故亦作失。亡字傳寫爲無，遂失本義。

〔五二〕又，原作有，韓非子作又。高誘曰：華下，華山之下也。鮑彪曰：比，密也。言其志親。華下即華陽之戰。吳師道曰：詐，韓作詔，是。下同。程恩澤曰：案華山，在今陝西華陰縣，此關内之地，偪近秦都，恐非天下之師所能深入。且下云：大王以詐破之，兵至梁郭，則其地必在大梁左右，當以鮑說爲是。王先謙曰：高注：華下，華山之下也。案據史記紀、表、世家參之，秦昭王九年，魏、齊、韓共敗秦軍函谷。十一年，齊、韓、魏、趙、宋、中山共攻秦。文蓋指此。天官書：「中國山川東北流，首在隴、蜀，尾没勃、碣」，張守節所謂「自南山、華山渡河，東北盡碣石」者，是函、殽諸山，皆華嶽支麓，故函谷亦得稱爲華下。戰國之兵，始終未踰秦關一步，華山之下，固非天下所能軍也。顧觀光曰：史記：釐王二十三年，趙魏攻我華陽。秦本紀集解引司馬彪曰：華陽，亭名，在洛州密縣。正義引括地志云：故華城在鄭州管城縣南三十里。國語：史伯對鄭桓公，虢檜十邑，華其一也。秦策、韓非云云，是華陽一名華下矣。吳曾祺曰：比志，謂志合也。朱起鳳曰：韓非子初見云：「外者，天下皆比意甚固。」又云：「天下又比周而軍華下」。秦策並作比志。意與志古通用，是作比意者是也。作比周，傳寫之誤。祖耿案：比志，韓非子作比周，下文則云，天下皆比意甚固。顧廣圻謂周當作意。策兩意字皆作志。王先謙曰：比意，猶言合謀。然則策言比志，即韓非子所謂比意也。

〔五三〕高誘曰：梁，大梁，魏王所都也。黃丕烈曰：鮑改郭爲都。吳氏正曰：韓作郭。程恩澤曰：案竹書紀年：梁惠王三十一年，爲大溝于北郛，以行圃田之水。北郛，即梁郭也。初制經營，非不盡善，然至圍之數旬，亦已危矣。其後秦攻梁（始皇二十三年），卒引河水灌城而拔之，地險固不足恃也。

〔五四〕鮑彪曰：梁，以都言，魏，全國也。

〔五五〕鮑彪曰：魏居二國之中而爲與國，故舉魏則二國不通。　金正煒曰：志當爲地，下同，音近而譌也。韓作意，亦誤。魏策：魏不北，則從道絶，與此義同。

〔五六〕鮑彪曰：趙尤近秦。　祖耿案：韓非子作「趙危而荆狐疑。」　盧文弨曰：策作荆孤，是。　顧廣圻曰：狐，當從策作孤，衍疑字，策無。　俞樾曰：存韓篇云：「趙氏破膽，荆人狐疑」，則狐疑字不誤，盧、顧説非。　王先慎曰：破趙云破膽，則楚云狐疑。既趙云危，則楚不得僅云孤疑也。孤、危之與破膽、狐疑，語言輕重，大相逕庭，從策作孤爲是。

〔五七〕弱，原作强，中下原無以字，均見上（注四六、四七）。

〔五八〕王先謙曰：據史記六國表、魏世家，秦昭王三十二年，魏安釐王二年也，秦軍大梁下，韓來救，予秦温以和。又穰侯傳：「穰侯圍大梁，納梁大夫須賈之説而罷梁圍。明年，魏背秦，與齊從親」，即其事也。

〔五九〕亡，原作無，説見前。廟字下，韓非子有令字。　王先慎曰：令下脱「率天下西面以與秦爲難」句，説詳上。

〔六〇〕高誘曰：穰國（錢、劉本無國字）侯，魏人也。治，猶相也。穰侯相秦，欲與秦而安魏，故曰：欲成兩國之功也。　鮑彪曰：秦及穰侯所封也，如封剛壽以廣陶之類。韓非子注：穰侯營私邑，謀秦，故非諷云兩國。　王先謙曰：高注云云。案舊注非，高注尤謬。穰侯得罪憂死，下文明斥其非，不須諷也。史傳云：「宣太后異父弟，姓魏氏，其先楚人」，則非魏人明矣。又屢用兵於魏，何云安魏乎？蓋穰侯志在併國拓地，故云：「欲成兩國之功耳」。

〔六一〕終身二字原在兵字下，露，原作靈。　高誘曰：路，羸於內。　鮑彪曰：潞即露耳，故高注爲羸。　吳師道曰：潞，韓作疲。　黃丕烈曰：今本靈作露。丕烈案：韓子是露字，此當各依本書。策文下句言潞病，潞露同字，此句不得更言暴露。靈者零之假借，暴謂日，靈謂雨也。　金正煒曰：按作露者是也。國語魯語：「使君盛怒，以暴露於敝邑之野。」漢書蕭何傳：「今王暴衣露蓋」。燕策：「爲將軍久暴露於外。」文義並同。暴露，潞病，皆以駢字爲對文，如以露、潞同字爲文病，則靈雨既零，亦有疑義矣。黃氏以靈爲零之假借，暴謂日，靈謂雨，其説紆曲無據，仍當從韓作露，於文爲安。又按終身二字，疑本在兵字之上，誤淆於下，謂終穰侯之身也。兵下亦有脱字，當與下句相對爲文。　王先慎曰：案此及策並當作：暴靈於外，潞病於內。靈乃霝之借字。説文：「霝，雨零也。」詩定之方中傳：「零，落也。零當作霝。」亦假靈爲之。鄭風：「零露漙兮。」正義本作靈，箋云：「靈，落也。」是靈落即霝落矣。暴靈二字之義，當如黃説。潞病，高注云：「潞，羸。」呂覽不屈篇：「士民罷潞，」罷潞與潞病義同。淺人多見暴露、疲病，少見暴靈、潞病，故改靈爲露，改潞爲疲。而古義俱湮矣。　朱起鳳曰：靈當作露，乃字形之譌。黃氏謂露、潞同字，故以靈字爲零之假借，其實潞當作羸，呂覽不屈篇：「士民罷潞」，即疲羸之假。且上句言兵、下句言士民，各自爲説，義不相蒙。史、漢暴露字屢見，三國志魏書蔣濟傳亦云：「將士暴露，已數十年。」黃氏獨標異説，求深而反失之。潞蓋羸字之假，疲羸義同。

〔六二〕吳師道曰：韓子注：趙都邯鄲，燕之南、齊之西、魏之北、韓之東，故曰中央。兼四國之人，故曰雜。用下原無也字。　鮑彪曰：輕則其志不堅。　黃丕烈曰：用下鮑本有也字。丕烈案：韓子有。

〔六三〕高誘曰：趙王都邯鄲，無險固，故曰不便。　鮑彪曰：無險隘故。　吳師道曰：非無險隘，上云中央之國，此云不便，是以大勢言之。

〔六四〕高誘曰：野民曰氓。　鮑彪曰：在野曰氓。　祖耿案：韓非子作：「下不能盡其民力。」又民氓字作民萌。　俞樾曰：下，當從秦策作上，惟以上言，故曰其民。若以下言，則但曰不能盡其力足矣。上文曰：「號令不治，賞罰不信」，此正上之所以不能盡民力。民力之不盡，其故在上，不在下，當言上不能，不當言下不能也。　顧廣圻曰：萌，策作氓。　王先慎曰：說文：「民，衆萌也。」後人於經傳中萌字皆改作氓。如周禮遂人：「以興耡利萌」，而今本皆作氓。又說文衆萌字毛本作氓之類是也，幸本書尚存其眞。

〔六五〕張琦曰：長平故城，在今澤州府高平縣西北二十一里。　程恩澤曰：案長平有二，一是魏地，在今河南陳州府西，華縣東南（或作東北）十八里。地理志：汝南郡有長平縣。括地志：長平故城在陳州宛邱西六十六里。通鑑：始皇五年，蒙驁伐魏，取長平是也（即左傳鬼閻，其地有辰亭，所謂辰陵也）。一是趙地，在今山西澤州府高平縣西北二十一里（又在長子縣南四十里）。郡國志：上黨郡泫氏縣有長平亭。括地志：長平故城，在澤州高平縣西三十一里，即白起敗趙括處是也。上黨記：長平城在郡之南，秦壘在城西，城之左右，沿山亘隰南北五十許里，東西二十餘里，悉秦趙故壘，遺壁舊存焉。通典：長平有頭顱山，築臺於壘中，因山爲臺。志云：長子南有長平關，即江豬嶺，上有石如豬。（此說似誤，左傳：與華氏戰于赭邱。後漢志：陳國長平縣有赭邱。水經注亦云，蓋即江豬嶺也。正在魏之長平，以云長子，非是。）圖經云：關蓋置於武紇嶺，秦、趙戰於長平，趙兵敗，白起追之至此嶺。又縣西北二十里，有漳澤驛，長平北出道也。　顧觀光曰：史記正義引括地志云：長平故城在澤州高平縣西三十一里，即白起敗括於長平處。

〔六六〕鮑彪曰：馮亭事。　程恩澤曰：案上黨爲韓之別都，其始本全有其地，後乃分屬趙魏。下云有城市之邑七十，則其域猶甚廣也。乃己不能守，反以與趙，卒致長平之禍，而三晉俱以不振，其亦拙於謀矣。　顧觀光曰：史記桓惠王十年，我上黨郡守以上黨郡降趙。正義曰：從太行山西北澤潞等州是也。趙策馮亭曰：「今有城市之邑七十，願拜納之於王。」史七十作十七。按上黨之地，趙大於韓。趙上黨二十四縣（見齊策），不應韓上黨反有七十縣。韓非說秦王亦云上黨十七縣，則策文誤倒也。趙世家：韓之上黨，去邯鄲百里。漢志：上黨本韓之別都也，遠韓近趙，後卒降趙。然則馮亭之納於趙也，亦因其形勢之便，而趙王信讒易將，故有長平之敗，毋徒以嫁禍咎馮亭矣。魏策，無忌曰：絶韓之上黨而攻强趙。又曰：通韓之上黨於共、甯。正以三晉俱有上黨，故稱韓以別之。

〔六七〕姚注：劉，下有兵字。

〔六八〕高誘曰：趙括封於武安（曾更有武安字）君，將趙四十萬衆拒秦，秦將白起坑括四十萬衆於長平下，故曰拔武安。　鮑彪曰：此殺趙括事，在四十七年。　金正煒曰：按趙括未嘗封於武安，高注恐有譌誤。據史記，秦聞趙用括，乃陰起武安君爲將。此文拔武安三字，疑本在大王下，誤淆於後耳。又秦本紀：「武安君歸，王齕將伐趙武安、皮牢，拔之。」在破趙長平之次年，或即此文所指也。

〔六九〕信下原無也字，依鮑本補。　高誘曰：上下，君臣也。貴謂卿，賤謂士。

〔七〇〕張琦曰：漢志，趙國邯鄲下云：趙敬侯自中牟徙此，今廣平府邯鄲縣西南二十里，有古邯鄲城，俗呼趙王城。　程恩澤曰：案漢志，趙國有邯鄲縣。張晏曰：「邯山在東城下，單，盡也，城郭從邑，故加邑云。」寰宇記云：邯山至此而盡，因名。太平御覽：邯鄲本春秋時衛邑，哀四年，趙鞅降之，至肅侯都焉。五代時，縣移今治。地理通釋：邯鄲北通燕、涿，南有鄭、衛，漳、河之間一都會也。故城在今直隸廣平府邯鄲縣西南二十里。（志云：俗呼舊城爲趙王城，雉堞猶存，有叢臺，趙王故臺也。）　顧觀光曰：史記，敬侯元年，趙始都邯鄲。漢志屬趙國（今廣平府邯鄲縣）。又云：邯鄲北通燕、涿，南有鄭、衛，漳、河之間一都會也。張晏曰：「邯山在東城下（依元和志）。單，盡也，城郭從邑，故加邑云。」

〔七一〕莞，原作完。鮑彪曰：冀州國。完之者，欲急取修武、上黨諸郡置之去也。　吴師道曰：韓作「莞山東河間」。　金正煒曰：韓作莞。樂記鄭注：「莞，猶包也」。　張琦曰：漢志河間國注云：「在兩河之間」。史索隱曰：「漳、河之間也」。今河間府。　王先慎曰：完即莞字殘闕，當訂正。謂秦軍包舉其地。　顧觀光曰：趙策曰，趙右常山，左河間。又曰河間封不定而齊危。是河間爲趙地之近齊者也。趙入於秦，秦以封吕不韋。故秦策：趙王曰，前日秦下甲攻趙，趙賂之以河間十二縣。又文信侯欲攻趙以廣河間，趙王割五城以廣河間。並一時事。

〔七二〕高誘曰：脩武，趙邑（一本有也字），合屬河内。羊腸，塞名也。　鮑彪曰：修武，屬河内。　張琦曰：修武，今懷慶府縣。　程恩澤曰：案漢志，河内郡有修武縣，本商之甯邑。韓詩外傳：武王伐紂，勒兵於甯，改名修武。韓非子：秦昭王越趙長平，而攻修武。修武之名巳久矣。應劭、徐廣、王隱並謂秦始皇更名，非是。今爲懷慶府修武縣。郡國志又有小修武聚。晉灼曰：在縣東南十五里，今名北修武，故城在縣北。案，漢志：修武屬河内郡。應劭曰：晉始啓南陽，今南陽城是也，秦改曰修武。臣瓚曰：韓非書：秦昭王越趙長平，西伐修武時，秦未兼天下，修武之名久矣。師古曰：瓚説是也。劉敞曰：予謂修武則因武王伐紂名之。羊腸有三。一在懷澤間，即太行坂道；一在潞安府壺關縣東南百里（與澤州接界）；一在太原府西北九十里。三者，壺關與懷澤相近，而太原較遠。當各依本文解之。（此云西攻修武，踰羊腸，降代、上黨，蓋指澤潞言。）

〔七三〕高誘曰：代屬趙，上黨屬韓。　吴師道曰：踰羊腸降代，韓作踰華絳；三十六，韓作四十六；十七，韓作七十。　張琦曰：漢志幽州郡，今宣化府蔚州東北十里有代城。　顧廣圻曰：七十，策作十七。王渭云，即趙策「今有城市之邑七十」。今按史記趙世家，彼亦作十七。

〔七四〕不頓一甲，原作不用一領甲。高誘曰：甲，鎧。苦，勞。　金正煒曰：按此文本作不頓一甲，與次句爲對文。用即甲之誤衍，領爲頓之譌，又與一字倒置，遂至句法參差。左氏襄四年傳：「甲兵不頓」，注：頓，壞也。漢書嚴助傳：不勞一卒，不頓一戟，文與此正同。

〔七五〕已下原無反字，趙原作秦。姚注：曾，下有反字。　高誘曰：爲，猶屬也。　金正煒曰：按曾於而已下有反字，是也。秦當爲趙，後人不達反爲之義而改也。反與叛通，爲猶於也。國語晉語：「稱爲前世」，韋注：言見稱譽於前世。左氏襄三十一年傳：「其爲美錦，不亦多乎？」杜注：多於美錦。西周策：「君不如令敝邑陰合於秦」，鮑本作陰合爲秦。東周策：「夫秦之爲無道也」，鮑本作夫秦之於無道也。皆於、爲通用之證。此言不待戰而皆反其國以應秦，即上文所云「皆秦之有」，下文所云「東弱齊、燕」也。又呂覽觀表篇：西河之爲秦也，不久矣。注：言西河叛魏，入於秦也。趙爲秦殘破，則東北邊地亦將折入燕、齊，於義亦通。

〔七六〕鮑彪曰：東陽屬清河。河外，滹沱河之外。此本趙所得齊地，今趙弱，故齊復取之，取之則益弱矣。　吳師道曰：蘇秦説趙云：東有清河。張儀説趙：告齊使興師渡清河，軍邯鄲之東。即此河也。東陽既屬清河，不得爲他説矣。　張琦曰：東陽，漢志屬清河，今東昌府恩縣西北六十里，有東陽故城。又曰：清河，即水經淇水篇：東北過廣宗縣東（今縣），爲清河者也。東北經界亭城東（在廣宗縣東，亦謂之界橋），又經信鄉縣故城西（清河縣西北），信城縣西（清河縣西北十二里），清陽縣故城西（清河縣東），東武城縣西（在今山東武城縣西四十里。方輿紀要以爲即清河縣治，恐誤。清陽已在今清河縣之東，不得又東北乃至今縣治也），復陽縣故城西（棗强縣東），棗强縣西（今縣東三十里），又北逕廣川縣（棗强縣東北十八里），又東北逕歷縣故城南（棗强縣東），又東逕蓨縣南（今景州治），又東北過東光縣西，逕胡蘇亭，會大河故瀆。按清河之外，今清河故城景州之地，齊之西境也。程恩澤曰：案地理志：清河郡有東陽縣。括地志：東陽故城在貝州歷亭縣界河北岸。元和志：在縣西十八里。輿地廣記：恩州歷亭縣漳南鎮，本漢東陽縣，今爲河間府，故城縣地與山東恩縣接境，但此乃漢後縣名，非趙之東陽也。馬融三傳異同說（見水經注）曰，晉地自朝歌以北至中山，爲東陽；朝歌以南至軹，爲南陽。杜預曰：東陽，晉之山東，魏郡廣平以北。王氏曰：自漢以前，東陽大抵爲晉太行山東地，非有城邑也。楚漢之間始置東陽郡，則東陽亦廣矣。大約今直隸大名、廣平、順德等府皆是。（左傳，東陽凡四見：趙勝帥東陽，荀吳略東陽，在今晉州；晏弱城東陽，在今臨朐；吳師克東陽，在今费縣：均與此有別。）又曰：河外，見秦策者與齊鄰，當是清河或漳、滏等河東境也。顧觀光曰：東陽本屬魏。新序：東陽上計，錢布十倍。文侯曰：「此非所以賀我」是也。後屬趙，而仍與魏鄰。史記惠文王十八年，「王再之衛東陽，決河水，伐魏氏」。正義引括地志云：「東陽故城，在貝州歷亭縣界」。先屬衛，今屬趙。河歷貝州南，東北流，過河南岸即魏地也。又悼襄王五年，「慶舍將東陽河外師，守河梁」。正義曰：東陽屬貝州，在河北岸，河外，河南岸，魏地也。秦策：東陽河外不戰而已反爲齊矣」，則東陽亦近齊。又曰：按東陽近魏而又近齊，則其地大矣。韓非子：應侯謂秦王曰：「弛上黨以臨東陽，則邯鄲口中蝨也。」水經清水注引馬季長曰：「晉地朝歌以北至中山，爲東陽。」春秋傳襄二十三年，齊侯伐晉，「趙勝帥東陽之師以追之」。杜注：東陽，晉之山東，魏郡廣平以北。疏云：山東曰朝陽，東陽是寬大之語，總謂晉之山東。王氏曰：自漢以前，東陽大抵爲晉太行山東地，非有城邑也。楚漢之間，始置東陽郡，漢置東陽縣（志屬清河），今東昌府恩縣西北六十里，有東陽城。

〔七七〕中下原無山字，已下原無反字。姚注：池作沲。　鮑彪曰：中，言中分之。呼池在代鹵城。燕乘敗取之。　吳師道曰：韓作中山呼池。　張琦曰：漢志代郡鹵城下云：虖沱河東至叄合，入虖沱別（趙東潛曰：叄合當作叄户，別下脱河字），過郡九，行千三百四十里。從河東至文安入海，過郡六，行千三百七十里。河間國樂成下云：虖沱別水首受滹沱河，東至東光，入滹沱河。弓高下云：虖沱別河首受虖沱河，東至平舒入海。鹵城在今山西繁畤縣東百里。參户城在今滄州西北三里。文安故城，在今縣東四十里。樂成故城，今獻縣東南十六里。弓高故城，今景州東北四十里。平舒，今大成縣是。過郡九者：代，太原，雁門，常山，真定，鉅鹿，信都，河間，勃海也。鹵城著合虖沱別河，弓高著入海，明可互證也。樂成之虖沱別水，即水經注衡漳又東左會之虖沱別河故瀆。衡漳受虖沱別河，故互攝兼稱。漢志成平之虖沱，民曰徒駭河者，即衡漳矣。至東光入虖沱，地正與成平相接也。水經：虖沱已亡。胡東樵、趙東潛博采傳記，究不能迹其纏絡。今虖沱河出山西繁畤縣東百二十里大戲山，西南流，經代州崞縣，又東南經忻州、定襄、五臺，入直隸平山、靈壽、真定、藁城、晉州、束鹿，入大陸澤，與漳水合。東北過衡水、武邑，至獻縣，分爲二支渠，東北合老漳沙河，至青縣，合運河正流，東北經河間、大成，又北合蘆溝河，又東至天津，合運河，至直沽入海。惟鹵城下又云：從河東至文安者，迄不可曉。趙東潛以爲即酈注濁漳水篇之從陂，考從陂在樂成、弓高二縣間，不得係鹵城。於所云過郡六，行千三百七十里者，尤不相應。按説文：派水起雁門葰人成夫山，東北入海（葰人城在繁畤縣北，前志屬太原）。山海經郭注曰：今虖沱水出雁門鹵城武夫山。方輿紀要曰：大戲山，郭璞謂之武夫山，又名成夫山，俗又謂之孤山。以諸説合之，漢志從河，蓋派河之譌也，與虖沱河出一山，故並係鹵城。過郡六者，代、常山、中山、涿郡、河間、勃海也。今謂之沙河，自繁畤大戲山，東南經阜平、曲陽、行唐、新樂、定州、祁州，合滋河、唐河，東北至安州，合拒馬河，又東北入桑乾河，至直沽入海（宛溪謂叔重以虖沱爲派水，未當）。趙之常山、中山，在虖沱之北，鮑所謂「乘敗取之」，是也。程恩澤曰：案山海經，泰戲之山，虖沱之水出焉。穆天子傳：絶鈃山之隊，北循虖沱之陽。

注：今在雁門鹵城縣。淮南墜形訓：呼沱出魯平。地理志：虖池出代郡鹵城縣，東至參户、文安入海。正義：呼沱出代州繁峙縣，東南流逕五臺山北，又東南流過定州，入海。錢坫曰：河北之水，惟虖池決溢無常，漸趨而南，無復舊迹。水經又逸其文，燕南趙北，故道莫可考矣。金正煒曰：中呼池，韓非作中山呼沱，此蓋誤脱。禮記禮器：「晉人將有事於河，必先有事於惡池」。注：惡當爲呼，聲之誤也。呼池，漚夷，并州川。釋文：惡依注音，呼又音虖，好故反。池，大阿反。爲燕上當有反字。顧觀光曰：秦策：「中山之地，方五百里，趙獨擅之」。齊策：「中山，千乘之國也。」史記：「魏文侯十七年，伐中山，使子擊守之」。下距趙敬侯十年，與中山戰於房子，整三十年，不知中山以何年復國。戰國時記載闊略類若斯矣！漢志：中山國縣十四。又曰：蘇秦説燕曰：南有呼沱、易水。又曰：趙之攻燕也，度呼沲，涉易水，不至四五日，而距國都矣。秦策：中山呼沱以北，不戰而已爲燕矣（原脱山字，依韓非子初見秦篇補）。趙策：趙攻中山，取扶柳，五年以擅呼沱。燕策：太子丹見秦且滅六國，兵已臨易水。又鞠武曰：易水以北，未有所定也。又太子丹曰：秦兵旦暮渡易水。又至易水上，既祖取道。據此諸文，易水以北屬燕，呼沱以南屬趙。而呼沱北、易水南，則燕趙兩屬之地也。蘇秦傳正義曰：滹沱出代州繁時縣東南，流經五臺山北，東南流過定州，入海。易水出易州易縣，東流過幽州歸義縣東，與滹沱河合。王先慎曰：秦兵力所不及，則齊、燕將分取之。此皆趙地，故下云「趙舉」。

〔七八〕原下複「荆、魏不能獨立」六字。黄丕烈曰：此六字鮑本無。祖耿案：韓非子複此六字，今從鮑删。

〔七九〕高誘曰：蠹，害也。鮑彪曰：蠹者，病其中也。黄丕烈曰：吴氏補曰：挾，韓作拔。丕烈案：拔字誤，挾當是狹。後策文「省攻伐之心」，新序作：「挾戰功之心」，字與此同。又曰：「東以弱齊燕」，吴氏補曰：韓作「東以弱齊强燕」。

〔八〇〕高誘曰：白馬，津名。魏氏，今魏郡縣也。流，灌也。　鮑彪曰：張儀傳：守白馬之津，津在東郡。流猶灌。　張琦曰：白馬，漢縣，屬東郡，今衛輝府滑縣治，故白馬也。津在縣西。　程恩澤曰：案漢志，東郡有白馬縣。開山圖曰：白馬津東可二十許里，有白馬山，因以名縣及津。白馬濟津之東南有白馬城，衛文公東徙，渡河都之，故濟取名焉。水經注：「竹書紀年梁惠成王十二年，楚師出河水以水長垣之外。」金堤（在白馬界，今在濬縣西南）既建，故渠水斷，尚謂之白馬瀆。」又云：梁取枳道及鄭鹿。鄭鹿即是城，亦曰鹿鳴津（王應麟曰：白馬津在鹿鳴城之西南隅）。胡氏曰：河自黎陽遮害亭決而東北流，過黎陽縣南。河之西岸爲黎陽界；東岸爲滑臺界。其津口爲白馬津，今在河南衛輝府滑縣北（一作西），舊爲大河津渡處。又曰：漢志，魏郡有魏縣，故城在今大名府城南十里（今省入大名縣）。應劭曰：魏武侯別都。水經注：城内有武侯臺是也。但此處鮑吳二家俱無注，似不作地名解。且策文言魏氏者甚多，與韓稱韓氏一例，未必盡指魏縣也。高蓋以其與白馬口相近，故爲是説耳。　王先謙曰：水經河水注：黎陽縣東岸有故城，險帶長河，謂之鹿鳴城。濟取名鹿鳴津，亦曰白馬津，津之東南有白馬城。河水舊於白馬縣南，泆通濮、濟、黄溝，故蘇代説燕曰：「決白馬之口，魏無黄、濟陽。」魏世家無忌説魏王曰：「決滎澤水灌大梁，大梁必亡。」後王賁攻魏，卒引河溝灌大梁而取之。　顧觀光曰：史記正義引括地志云：黎陽津，一名白馬津，在滑州白馬縣北三十里。元和志云：白馬故關，在黎陽縣東一里五步。酈食其説高祖曰：「杜白馬之津」，即此地也，後更名黎陽津。（黎陽津在河北，今屬濬縣；白馬津在河南，今屬滑縣。二説並不分明。）黄丕烈曰：吳氏補曰：流，韓作沃。丕烈案：策文流，高注可證。　金正煒曰：説文：沃，灌也。釋名釋水：縣出曰沃，泉水從上下，有所灌沃也。古書流作㳅，與沃形近。疑文注本並作沃，與韓同。

〔八一〕高誘曰：從者山東六國。從敗，不成也。鮑彪曰：合從者。

〔八二〕鮑彪曰：須，胥同，待也。吳師道曰：編，言衆隨而伏降矣。以繩次物曰編。金正煒曰：韓作編隨而服，鮑本亦作編。按漢書路溫舒傳：編用寫書。師古曰：編，聯次之。易艮：不拯其隨。注：隨，謂趾也。儀禮鄉射禮注：始前足至東頭爲距，後足來合而南面爲隨。編隨，猶云接踵也。編、偏形近而誤，伏、服義同。朱起鳳曰：韓非子初見作編隨，此作偏隨。編隨即辮隨，謂辮髮而隨朝也。偏，乃編字之訛。

〔八三〕也，原作地。姚注：劉作伯王業也。鮑彪曰：霸王之業，謂先世所創。金正煒曰：地，當從劉作也。祖耿案：鮑本作地，屬下讀。

〔八四〕曾，原作尊。高誘曰：亡國，謂趙也。鮑彪曰：地與相王之尊。亡國，以長平之敗言趙。吳師道曰：韓，尊作曾。劉辰翁謂地猶第，皆失考。金正煒曰：尊，當從韓作曾，聲之誤也。乃與曾義複或爲反之壞文。

〔八五〕以，原作乃。姚注：一作以。黃丕烈曰：卒，鮑本無。吳氏補曰：韓此下有士卒字。又曰：乃，鮑本作以。丕烈案：韓子是以字。金正煒曰：按篆文以作㠯，乃作㇋，二形相似因誤。

〔八六〕折弩，原作兵怒。高誘曰：却，退也。鮑彪曰：且怒且懼而退。黃丕烈曰：吳氏補曰：「韓作棄甲兵弩戰竦而天下」。丕烈案：策文有却，高注可證。金正煒曰：韓作「棄甲兵弩」，怒作弩，是也。兵則折字之譌耳。篆文折作𣂚，兵作[illegible]，屮、艸義雖殊，而文相類，移左於下，折遂譌誤爲兵矣。王先慎曰：兵當作與。說文與古文作[illegible]，兵作[illegible]，二字篆形相近而誤。

〔八七〕秦下原無之字。姚注：錢本有之字。

〔八八〕已，原作乃。高誘曰：李下，邑名，在河內也。鮑彪曰：後志：河內有李城，趙封李同之父於此。

黃丕烈曰：吳氏補曰：韓作「孚下」。丕烈案：策文李，高注可證。　金正煒曰：乃，當作以，以與已通。　張琦曰：李下，今懷慶府温縣治，即故李城。　程恩澤曰：案郡國志：河内平睪縣有李城。水經注：秦攻趙邯鄲，傳舍吏子李同，帥其徒赴秦軍，秦軍退，同死，封其父爲李侯（見平原君列傳）。即此城也。於城西南爲陂，水淹地百許頃，蒹葭萑葦生焉，號曰李陂，今在懷慶府温縣，然謂李下即此，尚未可信。　顧觀光曰：李下，韓非子作「孚下」，疑傳寫之誤也。史記平原君傳云，李同戰死，封其父爲李侯。　徐廣曰：河内平皋縣有李城（依水經濟水注）。正義曰：懷州温縣，本李城也。隋煬帝從故温城移縣於此。　又曰：水經濟水注云：奉溝水，水上承朱溝於野王城西，東南逕陽鄉城北，又東南逕李城西，又逕隤城西，屈而東北流，逕其城北，又東逕平皋城南。又南注於河。　據此，則平皋在李城東南（平皋屬魏，李城屬趙，是二國接壤處）。　朱起鳳曰：華字作孚，聲之誤也。李又爲孚形之誤。韓子難三篇：魏任孟卯之辨，而有華下之患。此本一地，而傳寫錯誤，字遂各異。

〔八九〕姚注：致，一作至。鮑彪曰：致，言極力。　黃丕烈曰：今本致作至。丕烈案：作至，即與姚校矛盾也，韓子是至字。　金正煒曰：周禮，環人掌致師。注：致師者，致其必戰之志。此句言軍巳引退，又并力而挑戰也。　祖耿案：韓非子作：「大王又并軍而至，與戰不能尅之也」。顧廣圻曰：「與戰」七字爲一句。

〔九〇〕高誘曰：厚，大也。　鮑彪曰：厚，猶大。

〔九一〕鮑彪曰：交，言秦與趙俱罷兵而退。

〔九二〕秦下原無之字。姚注：一本有之字。

〔九三〕鮑彪曰：極，言度其力之所至。

〔九四〕鮑彪曰：合從也。

〔九五〕吴昌瑩曰：豈，殆也。其，將也。言殆將難也。　祖耿案：韓非子作「幾不難矣」！

〔九六〕高誘曰：頓，罷也。病，困也。

〔九七〕高誘曰：員曰囷，方曰倉。虛，不實（一本下有也字）。

〔九八〕高誘曰：慮，謀也。

〔九九〕高誘曰：苟，誠也。

〔一〇〇〕黃丕烈曰：子，鮑本作下，鮑改下爲子。吴氏補曰：韓作子。

〔一〇一〕原作「帥天下將甲百萬」。黃丕烈曰：甲，鮑本無。吴補：一本將甲。丕烈案：韓子作將帥天下甲兵百萬。

〔一〇二〕鮑彪曰，河內共，淇水所出。張琦曰：淇水出衛輝府輝縣北七里共山，東南至淇縣入衛河。程恩澤曰：案山海經，沮洳之山（元和志：在共城縣西北），濝（同淇）水出焉。淮南子：淇出大號。注云：大號山（即淇山）在河內共縣北。或曰：在臨慮西（說文及水經注略同）。地理志：共縣北山（今名蘇門山，或以共北二字連讀爲山名，蓋因誤讀此志及說文而云然），淇水所出，東至黎陽，入河。諸說雖不同，不過山名偶異，其實皆出自彰德府之林縣（古臨慮），流經衛輝府之輝縣（古共縣），至濬縣（古黎陽），而入大河（與今道異），皆衛地也。魏收地形志又云：王莽嶺源河東流爲淇。蓋亦相近。錢坫謂：淇有二源：其上流即沾水（又名淅水，東合壍水），由山西陵川縣東北流，逕河南林縣南、淇縣西北，合百泉水，謂之淇泉。溯其所從來也。洪亮吉謂自輝縣流入林縣，則倒行逆施矣。顧觀光曰：趙策，蘇秦曰：據衛取淇，則齊必入朝。孟子：王豹處於淇而河西善謳。是淇在河西，而近於齊也。水經云：淇水出河內隆慮縣西，大號山東，過內黃縣南爲白溝，屈從縣東北與洹水合，又東北過館陶縣北，又東北過清淵縣西，又東北過廣宗縣東，爲清河。

〔一〇三〕鮑彪曰：蘇秦傳注：出林慮。項紀注：在安陽縣北。前後志：在良鄉東南。　俞正燮曰：以西南向言之，則淇南爲左，洹北爲右。　張琦曰：今彰德府林縣，古林慮也。西北二十里林慮山，洹水所出。安陽即今府治安陽縣，洹水經府北，又東入衛河。漢志，出良鄉者，乃垣水，非洹水。後志良鄉下不注。　程恩澤曰：案地理志：洹水出河内郡隆慮縣（郡國志作林慮。徐廣曰：洹水所出。張宗泰曰：隆、林，聲相近）。東北至信成（今廣平府清河縣），入張甲河。水經注：洹水出上黨泫氏縣（今澤州府高平縣）東，過隆慮縣北，又東北出山，過鄴縣南，東過内黄縣，入白溝（淇水過内黄縣爲白溝，亦見水經注）。釋例：「洹水出汲郡林慮縣，東北至長樂縣（今彰德府安陽縣）入清水」。三説互異，今出彰德府林縣西（三十里）林慮山，東流經安陽臨漳，至内黄縣入衛河。與釋例合。是其上流當依地理志，其下流當依水經注，參而較之，其失自見矣。　又曰：淇、二洹水之間，故殷墟也。項羽本紀：「乃與（章邯）期洹水南，殷墟上」。臣瓚曰：「洹水在今安陽縣北，去朝歌殷都一百五十里。然則此殷墟非朝歌也」。正義：括地志，相州安陽本盤庚所都，南去朝歌城百四十六里，西南三十里有洹水，南岸三里有安陽城，西有城名殷墟，所謂北冢者也。索隱曰：汲冢古文：「盤庚自奄遷於北冢（同蒙），曰殷墟，南去鄴州三十里」。是殷虚舊地，名號北冢也。太平御覽：相州安陽縣，在淇、洹二水之間，本殷虚，所謂北冢也。戰國策云：「左飲淇水，右飲洹水」，即此地。路史：庚丁徙河北，號北殷，即殷墟，或云北冢（與竹書所云是一地）。注云：國策，左飲淇，右飲洹，東晳謂盤庚遷處，正義以爲盤庚餘王遷之，蓋即庚丁也。都城記：安陽城一名殷中，即北冢也。在洹水南岸三里，鄴縣西南四十里。合諸説參之，此殷墟當是庚丁所都，紂蓋陳兵於此，以禦周師也。宋白謂即紂之都，非是。　羅泌謂北冢即蒙城，何楷謂北冢即景亳，方以智又以盤庚所遷有㵒水，即今陳州商水縣，俱誤。顧觀光曰：蘇秦説趙曰：「令天下之將相，相與會於洹水之上」。水經云：洹水出上黨泫氏縣，東過隆慮縣北，又東北出山過鄴縣南，又東過內黄縣北，東入於白溝（此韓、魏、趙三國接壤處）。

〔一〇四〕鮑彪曰：不流，亦竭也。　祖耿案：御覽一六一引作：「紂昔聚兵百萬，左飲淇水使竭，右飲洹水不流」。

〔一〇五〕鮑彪曰：絹素爲之，非金革也。　吴師道曰：素，以色言。

〔一〇六〕高誘曰：一日，甲子之日也。太公望爲號，到牧野，便剋紂，故曰「一日」。　鮑彪曰：以甲子日戰，遂克之。

〔一〇七〕莫下原有不字。姚注：劉無不字。　高誘曰：傷，愍也。　鮑彪曰：傷殷之亡耳。　吴師道曰：韓作莫傷。　王先慎曰：有不字，誤。

〔一〇八〕高誘曰：三國，晉（曾、集，晉作智）韓、魏也。

〔一〇九〕高誘曰：襄主，趙襄子也，大夫稱主。晉陽，趙氏邑也。　鮑彪曰：禮，大夫稱主。　張琦曰：晉陽今太原縣，屬太原府。　程恩澤曰：案漢志：太原郡晉陽縣，故詩唐國。周成王滅唐，封弟叔虞。　水經注：叔虞封於唐，縣有晉水，故改名曰晉。括地志：故唐城在晉陽縣北（志又云：故唐城在絳州翼城縣西二十里，即唐裔子所封。蓋二説並存），堯所築，叔虞始封此，此相沿舊説也，而實不然。　皇甫謐曰：堯始封於唐，今中山唐縣是也，後徙晉陽。及爲天子，都平陽，于詩爲唐國，則唐國在平陽也。（詩譜所云故夏墟，原指平陽説，故曰其封域在太岳之野。若在晉陽，則與太岳無涉矣。）水經注又云：汾水南過永安縣西，歷唐城東。臣瓚曰：堯所都也，東去彘（即太岳所在）十里。應劭曰：順帝改彘曰永安（今汾西縣，屬平陽府），則瓚以唐國爲永安也（顔師古主此）。世本居篇：唐叔虞居鄂。宋忠曰：鄂在大夏。張守節曰：故鄂城在慈州昌寧縣東二里，與絳州夏縣相近。禹都安邑，故城在縣東北十五里，故云在大夏。今爲鄉寧縣，屬平陽府。列國興廢説成王封叔虞于唐，始都翼。杜預曰：晉舊都在平陽絳邑縣東。鄭樵曰：唐城在絳州翼城西二十里，以有晉水出焉，改爲晉（水經注：平水俗名晉水。括地志：平陽河水，一名晉水）。其地正名翼，亦名絳。而平陽者，是其總名，今爲平陽府翼城縣。顧炎武曰：翼北距晉陽七百餘里（潛邱劄記作六百五十里），即後世遷國，亦遠不相及（全祖望經史問答謂：初封晉陽，後轉徙于翼）。晉世家：唐在河、汾之東，方百里。今翼城正在二水之東，而晉陽在汾水之西，又不相合。竊疑自唐叔以至侯緡，並在翼。洪亮吉曰：今翼城縣西有唐城，東有晉城，則詩之唐國，不在晉陽，歷有證驗。若其爲趙簡邑，則固無疑耳。（縣西北二十里有三角城，其城三面，一名徒人城，又曰捍胡城，相傳爲趙簡子所築。） 顧觀光曰：史記：知伯攻趙，趙襄子奔保晉陽。齊策云：晉陽者，趙之柱國也。漢志屬太原。正義曰：在并州（今太原府太原縣）。

〔一一〇〕吳師道曰：韓作三月。趙策亦兩云三年。

〔一一一〕高誘曰：且，將也。

〔一一二〕鑽，原作錯。高誘曰：策，著也。兆，占龜兆也。 鮑彪曰：錯、措同，置也。數策，以著筮也。灼龜拆處曰兆。 金正煒曰：錯，當爲鑿，聲之誤耳。韓非飾邪篇：鑿龜數筴，占曰大吉。文與此同。周禮太卜、司農注：作龜謂鑿龜，令可熱也。疏：鑿即灼也。初見秦篇作鑽，與鑿義同。晉出公名鑿，見史記索隱，六國表作錯，可爲此證。 朱起鳳曰：錯字古亦作鐟，形與鑽似，因此致誤。韓非子初見秦篇載趙襄子事，亦作鑽龜。

〔一一三〕高誘曰：何國可降，使爲反間。 鮑彪曰：三國中，孰爲可降。

〔一一四〕高誘曰，張孟談，趙襄子臣也。潛行，私行。鮑彪曰：張孟談，趙之謀臣。

〔一一五〕主原作子。高誘曰：兩國，韓、魏也。智伯與韓、魏攻襄子，張孟談辭於韓、魏，韓、魏與趙同，故曰：反智伯之約也。國猶軍（一本有攻字），智伯之軍，而破以殺其身，故曰：以成襄主之功也。鮑彪曰：反智伯之約者，使韓、魏背之。黄丕烈曰：今本子作主，鮑本作主。丕烈案：韓非子作「以復襄主之初」。

〔一一六〕高誘曰：無如秦國安固者也。

〔一一七〕高誘曰：與天下爭，可并而有。

〔一一八〕望上本無願字。姚注：劉作臣願望。鮑彪曰：昧死，自言不知死所。

〔一一九〕舉上原無一字。姚注：一本無舉字。鮑彪曰：舉，謂一舉。黄丕烈曰：吳氏補曰：「韓無此字」。丕烈案：策文當本作一舉，脫一字。一舉，下文有。金正煒曰：舉上當有一字而誤脫。下云：一舉而天下之從不破，正與此句相應。姚云一本無舉字，亦非。

〔一二〇〕鮑彪曰：舉，亦拔也。吳師道曰：非言及於亡韓，是豈可不爲寒心？甚矣，其忍也！斬臣以徇於國，以主不忠於國者，亡韓之言當如之。黄式三曰：非言舉趙亡韓，欲自飾其存韓之實，讀其存韓第二篇可見。通鑑譏其欲覆宗國，罪不容於死，失之不察。

〔一二一〕鮑彪曰：二國去秦遠，未可加兵，故親之以寬兵力。其後秦滅諸國，二國獨後亡，以此故也。

〔一二二〕高誘曰：成，立也。

〔一二三〕爲下原無王字，國下原有以主二字。姚注：曾：恐當作主謀。鮑彪曰：徇行以示人也。主，言以爲首惡。彪謂：此士論事，深切著明，孫卿不如。秦所以取天下，蓋行其說也。而史失其人，猥以張儀名之，惜哉！所稱謀臣，范睢也。吳師道曰：韓非，師荀卿者也。其術不主於卿。卿論兵，以附民爲要，以仁義爲本，以禁暴除害爲務，非而有是言歟？大意不過欲極威怒而務攻取耳。鮑既考之不精，且謂卿不如，謬矣！又曰：蘇氏論荀卿歷詆天下之賢人，以自是其愚。李斯以其學亂天下，其高談異論有以激之也。韓非此書，歷詆秦之謀臣，蓋指魏冉、范睢之徒。他日謂申不害徒術無法，公孫鞅徒法無術，張儀以秦徇韓魏，甘茂以秦徇周，穰侯、應侯攻他國以成其私封，所詆者亦非一人。其剛愎不孫，自許太過，則亦卿之風也。終以忤李斯、姚賈而殺其身。太史公謂非知説之難而不能自脫，可以爲騁説者之戒矣！

黃丕烈曰：爲謀，鮑本無，忠下有於國二字。吳氏補曰：韓：「以爲爲王謀不忠者」。丕烈案：今韓子不重「爲」。　金正煒曰：按文選任彥昇奏彈曹景宗文：景宗即主。李注：主，謂爲主首也。鮑注義與之同，惟云以主首爲謀不忠者，亦爲不詞，主之爲義，蓋當如正。呂覽自知篇：「湯有司過之士」，注：司，主也。主，正也，正其過闕也。又禮記曲禮疏：主，猶坐也。一切經音義二引蒼頡：坐辠也。　王先慎曰：策作以主不忠於國者。顧廣圻曰：當從策作：「以主爲謀不忠者」。主，謂爲主首也。爲謀，造謀也。此文例言大王，不言王，王字必誤。吳師道引此無也字，是，重爲字，非。先慎案：王當作主，顧説是也。「以徇國爲主謀不忠者也」作一句讀，文氣自順。

六

張儀欲假秦兵以救魏〔一〕，左成謂甘茂曰：「子其予之〔二〕。魏不反秦兵〔三〕，張子不敢反秦〔四〕。魏若反秦兵，張子得志於魏，不反於秦矣〔五〕。張子不去秦，張子必高子〔六〕。」

〔一〕鮑彪曰：時將相魏。祖耿案：鮑以此章編秦武王下。顧觀光附此於顯王四十年。

〔二〕其，原作不。黄丕烈曰：今本「子不」作「不如」，鮑本作不如。金正煒曰：不予之，不疑亓之譌。亓即其之古文。

〔三〕鮑彪曰：謂敗而死傷多。

〔四〕不下原無敢字。高誘曰：言魏以秦兵戰，死亡之而不反，則張儀亦懼誅，不敢反秦也。鮑彪曰：謂秦以喪兵誅之。金正煒曰：據高注，不字下，當有敢字。今誤淆次於後文。

〔五〕不下原有敢字。高誘曰：魏用秦兵戰，得反之，則張儀有功於魏，故得志。得志於魏，亦不反於秦也。鮑彪曰：懼秦疑其厚魏。金正煒曰：據高注，此無敢字。

〔六〕高誘曰：高，貴也，子，謂甘茂也。鮑彪曰：去，猶捨也，儀雖爲魏，猶有得秦之心。高，貴重也，高之者，欲茂以秦資之。吳師道曰：劉辰翁云，不去秦，萬一不行救魏也，亦必高茂之誼，高茂之忠。金正煒曰：按廣雅釋詁：高，上也。趙策：趙從親以合於秦，必爲王高矣。注：言趙居齊上。漢書五行志，妻以貴高夫。高夫猶乘夫。此言不以事去張子而使之在秦，則必高出於茂之上也。秦惠王死章，言甘茂爲張儀之讎，故左成所爲茂策者，皆欲使儀不復反秦。鮑、劉說，並失其義。

七

司馬錯與張儀爭論於秦惠王前〔一〕。司馬錯欲伐蜀〔二〕，張儀曰：『不如伐韓』。王曰：『請聞其說』〔三〕。對曰：『親魏善楚，下兵三川〔四〕，塞轘轅、緱氏之口〔五〕，當屯留之道〔六〕，魏絶南陽〔七〕，楚臨南鄭〔八〕，秦攻新城、宜陽〔九〕，以臨二周之郊〔一〇〕，誅周主之罪〔一一〕，侵楚、魏之地〔一二〕；周自知不救，九鼎寶器必出〔一三〕。據九鼎，按圖籍〔一四〕，挾天子以令天下〔一五〕，天下莫敢不聽，此王業也〔一六〕。今夫蜀，西辟之國而戎狄之倫也〔一七〕。弊兵勞衆，不足以成名〔一八〕，得其地不足以爲利。臣聞「爭名者於朝，爭利者於市」。今三川周室，天下之市朝也，而王不爭焉，顧爭於戎狄，去王業遠矣〔一九〕。」司馬錯曰：「不然！臣聞之：『欲富者務廣其地，欲强者務富其民，欲王者務崇其德。三資者備，而王道興矣〔二〇〕。』今王之地小民貧，故臣願從事於易〔二一〕。夫蜀，西辟之國也，而戎狄之倫也，而有桀紂之亂。以秦攻之，譬如使豺狼逐群羊也。取其地足以廣國，得其財足以富民〔二二〕；繕兵不傷衆而彼已服矣〔二三〕。故拔一國而天下不以爲暴；利盡西海〔二四〕，諸侯不以爲貪。是我一舉而名實兩附〔二五〕，而又有禁暴正亂之名。今攻韓，劫天子〔二六〕，劫天子，惡名也，而未必利也，又有不義之名〔二七〕，而攻天下之所不欲，危矣〔二八〕！臣請謁其故〔二九〕：周，天下之宗室也〔三〇〕；齊，韓之與國也〔三一〕。周自知失九鼎，韓自知亡三川，則必將二國並力合謀〔三二〕，以因於齊趙，而求解乎楚魏〔三三〕；以鼎與楚，以地與魏，王不能禁〔三四〕。此臣所謂危，不如伐蜀之完也〔三五〕。』惠王曰：『善，寡人聽子〔三六〕。』卒起兵伐蜀，十月，取之〔三七〕，遂定蜀。蜀主更號爲侯〔三八〕，而使陳莊相蜀〔三九〕。蜀既屬，秦益强富厚，輕諸侯〔四〇〕。

〔一〕鮑彪曰：司馬錯，秦人。　祖耿案：此章見史記張儀列傳、新序善謀。善謀云：「司馬錯與張子爭論於惠王之前。」在此之上，多五十八字，曰：「秦惠王時，蜀亂，國人相攻擊，告急於秦。惠王欲發兵伐蜀，以爲道險峽難至，而韓人來侵秦。秦惠王欲先伐韓，恐蜀亂；先伐蜀，恐韓襲秦之弊，猶與未決。」云云。與史記張儀傳：「苴、蜀相攻擊，各來告急於秦」一段，六十一字差同。此章之末諸侯二字之下，善謀又有「司馬錯之謀也」六字一句論斷，爲史記所無，而體例則同於策文之後或有論斷，可見策文此章，本亦或有此六字也。　又案：顧觀光隸此於慎靚王五年。

〔二〕程恩澤曰：案廣雅：蜀山謂之崏山，蜀讀爲獨，或作瀆。封禪書：自華以西，名山曰瀆山。瀆山者，汶山也。水經注：崏山即瀆山，水曰瀆水。元和志曰：即隴山之南首也，故稱隴蜀（蜀地蓋因此得名）。漢志：益州有蜀郡。史記：昌意娶蜀山氏女，生帝高陽，後封其支庶于蜀，歷夏商至周衰稱王，長曰蠶叢，次曰柏灌，次曰魚鳧。通典：利州益昌縣（今昭化縣）古劍閣道，秦伐蜀所由，謂之石牛道（今在劍州東北）。陳子昂云：昔蜀與中國不通，秦以金牛、美女啖蜀侯。侯使五丁力士棧褒斜，鑿通谷（通釋：褒斜道，一名石牛道，今由漢中府鳳縣連雲棧西南，過金牛峽，亦曰石牛，至川口，凡九百餘里），迎秦之饋。秦隨以兵而地入中州。蔡澤所云，范睢相秦，棧道千里，通於蜀漢者也。今四川成都、雅州、邛州、茂州及松潘廳等處，皆蜀故地。（或以嘉定、龍安、潼川及保寧府劍州以西，均爲蜀地。與地理志不合。）

〔三〕姚注：錢云：聞，舊作問。曾、劉、集亦作問。　祖耿案：史記、新序並作聞。

〔四〕高誘曰：三川，宜陽也。下兵，出兵也。　程恩澤曰：案此與西周策：魏有南陽、鄭地、三川，俱指韓說。其名雖分屬周、楚，其地實止一處。蓋其始，本以河、洛、伊三水得稱，後乃以水名爲地名，或指洛州，或指宜陽，總不外此三水之間。在周則爲周地，在韓則爲韓地，其又屬楚者，乃楚奪而取之耳。

〔五〕高誘曰：塞，斷。　鮑彪曰：高紀注：轘轅、緱氏，險道，屬河南。　吴師道曰：瓚云，轘轅，險道，在緱氏東南。索隱云：緱氏以山爲名。　張琦曰：後志：緱氏有轘轅關。按緱氏故城在今河南府偃師縣南二十里。轘轅故關在今鞏縣西南七十里轘轅山。　程恩澤曰：案郡國志：緱氏縣有轘轅關。薛綜曰：轘轅坂十二曲（一云九十二曲），將去復還，故名。左傳：使候出諸轘轅，即此。孔穎達曰：轘轅山在緱氏縣東南三十里（括地志作四十里），道路險阨，自古爲控守處。江永曰：河南通志：轘轅山一名萼嶺，在登封縣西北三十里。洪亮吉曰：轘轅山，今在偃師縣東南，接鞏、登封二縣界，上有關。錢坫以轘轅即緱氏山，非是。緱氏，左傳作侯氏。漢志：河南郡有緱氏縣。（注云：有鄔聚、劉聚，並在縣西南，即左傳「王取鄭地」也。）遁甲圖有緱氏山（隋書地理志亦云）。十三州志云：縣以山名也。括地志、寰宇記並云：在縣東南二十五里。顧祖禹曰：緱氏本古滑國，亦曰費滑（費即滑都），其廢城今在偃師縣東南二十里又南二十里（高士奇作十里），有緱氏山。錢坫以緱氏縣在今偃師縣南四十五里，似以山爲縣，古無此說。　顧觀光曰：漢志：緱氏屬河南（在今偃師縣南二十里）。十三州志云：縣以山名也，一名轘轅，爲九十二曲。薛綜東京賦注云：轘轅坂十二曲，將去復還，故名。又漢書高帝紀，薛瓚注云：轘轅，險道，在緱氏東南。按今緱氏山，在偃師縣東南四十里；轘轅山，在鞏縣西南七十里，本聯屬之山，故十三州志合爲一也。　金正煒曰：左氏襄二十一年傳：「使候出諸轘轅」。注：「轘轅關，在緱氏縣東南」。此文緱氏二字，疑本旁注，誤併入文。　祖耿案：史記、新序並作「塞什谷之口」。史記集解徐廣曰：一作「尋」，成皋鞏縣有尋口。索隱：一本作「尋谷」。尋什聲相近，故其名惑也。戰國策云「轘轅、緱氏之口」，亦其地相近也。正義括地志云：「温泉水即尋，源出洛州鞏縣西南四十里。水經注云：鄩城水出北山鄩溪，又有故鄩城，在鞏縣西南五十八里」。按：洛州緱氏縣東南四十里，與緱溪相近之地。

〔六〕高誘曰：屯留今上黨縣。　鮑彪曰：屬上黨。　吴師道曰：正義云：屯留潞州縣也。道即太行羊腸坂道也。　張琦曰：屯留今潞州府縣，故城在縣東南十里，蓋以絶上黨之援也　程恩澤曰：案屯留，本春秋赤狄留吁地，晉滅留吁（宣十六年），遂爲晉地，謂之純留（水經謂之戎屯）。襄十八年，晉人執孫蒯于純留是也。地理志：上黨郡有純留縣。郡國志作屯留，注：上黨記曰：有鹿谷山，濁漳（志作絳水，即漳水也）所出。括地志：屯留故城，在潞州長子縣東北三十里，今在潞安府屯留縣西十里之平村，一名下和莊。（或作東南十三里，疑誤。）　顧觀光曰：趙世家：「肅侯元年，奪晉君端氏，徙處屯留」。正義引括地志云：「屯留故城，在潞州長子縣東北三十里」（今長子縣屬潞安府）。按水經濁漳水注引竹書紀年云：梁惠成王元年，韓共侯、趙成侯遷晉桓公於屯留，較趙世家先二十一年。據史表：三卿分晉在周安王二十六年，則遷晉屯留，不應遲至二十餘年之後，疑竹書爲得其實矣。濁漳水注又引竹書云：梁惠成王十二年，鄭取屯留、尚子，則其地又入於韓，故張儀欲伐韓而曰：塞轘轅、緱氏之口，當屯留之道。　金正煒曰：漢書京房傳：毋使臣塞涌水之異。注：塞亦當也。則當之義，亦猶塞。

〔七〕高誘曰：魏與南陽絶也。　鮑彪曰：秦使之絶。　金正煒曰：吕覽知接篇：又絶諸侯之地以襲國。注：絶，過也。史記李將軍傳：「南絶幕」，正義：絶，度也。文選西京賦：横西洫而絶金墉。薛注：絶，度也。秦召周君章：「秦召周君，將以使攻魏之南陽」。韓魏易地章：「且魏有南陽、鄭地、三川，而包二周」。南陽時屬魏，而與周、韓地接，故欲以魏兵度南陽，而臨周、韓也。　祖耿案：史記正義：南陽，懷州也。是當屯留之道，令魏絶斷，壞羊腸、韓上黨之路也。

〔八〕高誘曰：鄭，今河南新鄭也。　鮑彪曰：亦河南鄭。　張琦曰：南鄭，今新鄭縣。　顧觀光曰：史記，韓哀侯二年滅鄭，因徙都鄭。漢志，河南郡新鄭，韓自平陽徙都之（今新鄭縣屬許州府）。自徙都後，韓亦稱鄭。秦策張儀曰：魏絶南陽，楚臨南鄭。則鄭又有南鄭之稱矣。魏策，無忌曰：韓亡，秦有鄭地，與大梁鄰。是鄭地近梁。　祖耿案：南鄭説，又見韓策二。　又案，史記正義：「是塞什谷之口也。令楚兵臨鄭南，塞轘轅郗口，斷韓南陽之兵也。」

〔九〕鮑彪曰：新城屬河南。　吴師道曰：左傳僖六年注：新城，鄭新密，今滎陽密也。大事記：「白起繫韓新城」引正義云，在洛州伊闕縣。又「秦、韓會新城」云，兩周間。地名注引正義云：許州襄城縣，古新城縣也。按羋戎華陽君，又號新城君，則華陽在密者。此策以宜陽並言，地必連近，當是伊闕爾。　張琦曰：周紀注：徐廣曰：䍐狐聚在洛陽南百五十里梁新城之間。楚策：城渾南游至楚新城，亦此地。　程恩澤曰：案漢志，河南郡有新城縣，故戎蠻子國（呂覽高誘注同）。劉昭曰：左傳：周敗戎於邥垂。杜預曰：河南新城縣北有垂亭。史記：秦遷西周公於䍐狐聚。徐廣曰：與陽人聚相近，在雒陽南百五十里，梁、新城之間。索隱：新城當在河南伊闕之左右。　括地志：洛州伊闕縣，本漢新城縣，隋文帝改名，在州南七十里，今在河南府洛陽縣南七十五里。　顧觀光曰：漢志：河南郡密故國（在今許州府密縣東七十里）。元和志引爾雅曰：山如堂者曰密，因以爲名。又春秋僖六年「伐鄭圍新城」，傳稱新密是新城，即密也。　秦羋戎號華陽君，又號新城君，蓋以封邑得名。密縣有華陽亭也。又曰：秦本紀：昭王十三年，白起攻新城。正義引括地志云：洛州伊闕縣，本漢新城縣，隋文帝改在洛州南七十里。秦策：張儀曰：「楚臨南鄭，秦攻新城、宜陽」。索隱亦云：新城當在河南伊闕之左右，此又一新城也（今汝州伊陽縣）。　祖耿案：史記索隱：此新城，當在河南伊闕之左右。正義：宜陽，洛州福昌縣也。

〔一〇〕高誘曰：二周，東周、西周也。

〔一一〕高誘曰：周主，周君。　鮑彪曰：誅，討也。　吳師道曰：周主謂二君。　金正煒曰：按呂覽報更篇：張儀所得於天下者，無若昭文君，周千乘也，重過萬乘也，令秦惠王師之。又甘茂說秦武王云：臣聞張儀，西并巴蜀之地，天下不以多張儀而賢先王。並與此策不合，但可各從本文。　祖耿案：主，史記、新序並作王。

〔一二〕金正煒曰：此句與上文親魏善楚相反，必有譌誤。疑侵當作俠，俠與挾通，地當爲從。六書通：地，一作[illegible]，與從相似，因致誤地。挾楚、魏以臨周，故周自知不救。或侵爲復字之譌，復其侵地，以市德於楚、魏，而并力於周、韓也。新序善謀篇，誤與此同。

〔一三〕高誘曰：自知不可復救，必出其寶器，不敢愛惜也。　祖耿案：史記救上有能字，新序無，與此同。

〔一四〕鮑彪曰：土地之圖，人民金穀之籍。

〔一五〕高誘曰：令，教。　鮑彪曰：號令指麾之。　祖耿案：令下，史記、新序，並有於字。

〔一六〕姚注：錢本作「此不世之業也」。

〔一七〕倫，原作長。姚注：新序作倫。後語作倫字。　祖耿案：辟，史記、新序並作僻。長，並作倫。下同。

〔一八〕高誘曰：辟遠不足以成伯王之名。　鮑彪曰：伯王之名。　黄丕烈曰：兵，鮑本作名。吳補：一本名作兵。丕烈案：史記、新序皆作兵。

〔一九〕姚注：曾、錢、劉無業字。高誘曰：顧，反也。　鮑彪曰：顧，還視也，故爲反。　祖耿案：市朝，史記、新序，並作朝市。遠上新序無業字。

〔二〇〕富下原有國字，强下原有兵字。崇，原作博。道興，原作隨之。今依御覽四六〇引改。姚注：曾、劉、集本：富國作國富。高誘曰：隨，從也。鮑彪曰：務，趣也。三者於國，如人之有資貨。吴師道曰：務，專力也。祖耿案：新序作「欲富者務廣其地，欲强者務富其民，欲王者務博其德。三資者備而王隨之矣」。史記作：「欲富國者」，「欲彊兵者」。

〔二一〕祖耿案：王下，史記、新序並無之字，願下並有先字。

〔二二〕國下原有也字。金正煒曰：史記張儀傳無也字。祖耿案：史記、新序並作：「得其地足以廣國，取其財足以富民」。

〔二三〕鮑彪曰：繕，補也。吴師道曰：左傳隱元年，「繕甲兵」注：治也，訓切。金正煒曰：繕兵斷屬下句。史記正義云：繕音膳，同饍，具食也。按周禮夏官序：官繕人。注：繕之言勁也。禮記曲禮：急繕其怒。注：繕讀曰勁。勁兵，猶云張軍。

〔二四〕黄丕烈曰：西，鮑本作四。吴補：一本西海，新序同。丕烈案：史記亦作西，四字誤。鮑彪曰：「利盡四海」，言四方之物，蜀兼有之，故蘇秦於巴、蜀、漢中獨曰利。顧觀光曰：秦策，司馬錯曰：「利盡西海（依宋本），諸侯不以爲貪」。荀子亦云：「負西海而固常山，是地徧天下也」。海在今西寧府城西四百里，周七百餘里，群山繞之，瀦而不流。蒙古語曰庫克淖爾。祖耿案：史記、新序並作西海。史記索隱：西海謂蜀川也。海者珍藏所聚生，猶謂秦中爲陸海然也。其實西亦有海也。正義：海之言晦也，西夷晦昧無知，故言海也。言利盡西方羌戎。

〔二五〕鮑彪曰：不貪暴，名也；得國，實也。祖耿案：此二語新序作：「而諸侯不以爲貪，是我一舉而名實附也」。史記作：「而天下不以爲貪，是我一舉而名實附也」。索隱：按：名謂傳其德也，實謂土地財寶。

〔二六〕鮑彪曰：劫，脅止也。 顧觀光曰：當時周室微甚，依韓以存，故史、策多以周、韓並言，而司馬錯曰：今攻韓，劫天子，蓋韓亡，則周亦從之矣。楚世家云：西周之地，絶長補短，不過百里。徐廣注周本紀云：「周比亡之時，凡七縣：河南、洛陽、穀城、平陰、偃師、鞏、緱氏」。此合東西周言之也。而周本紀云：「西周君奔秦，頓首受罪，盡獻其邑三十六」，豈並諸村落數之耶？ 祖耿案：「劫天子」三字，史記、新序皆不複。

〔二七〕鮑彪曰：韓無罪而伐之，不義也。

〔二八〕矣字本無。 鮑彪曰：天下皆有尊周之志。 吳師道曰：史：攻天下之所不欲，危矣。新序同。按下文云：「此臣所謂危」是也。今無矣字，則以「欲」字句，而「危」字自爲句，亦奇。

〔二九〕高誘曰：謁，白。 黄式三曰：謁，告也，陳也。傳作論。

〔三〇〕鮑彪曰：宗，尊也。

〔三一〕韓下原有周字。 黄丕烈曰：吳氏補曰：齊字恐衍。丕烈案：吳説非也。史記作「齊，韓之與國也」。新序同。讀以齊字逗，當是。策文衍周字。 祖耿案：周季編略作：齊趙，韓之與國也。注：與，親也。謂韓親齊、趙。

〔三二〕高誘曰：二國，周、韓也。 鮑彪曰：并，並也。 祖耿案，史記正義：「韓自知亡三川，故與周并力合謀也」。史記、新序並無「則必」二字。

〔三三〕鮑彪曰：解，免秦兵。

〔三四〕高誘曰：禁，止也。 祖耿案：新序複「以鼎予楚，以地予魏」二句八字。禁作止。

〔三五〕高誘曰：必不傷敗，故曰完也。　鮑彪曰：不虞傷敗。　祖耿案：史記、新序，完下無也字，也在危字下。

〔三六〕高誘曰：司馬錯也。　祖耿案：史記、新序：人下並有請字。

〔三七〕祖耿案：史記索隱云：六國年表在惠王二十二年十月也。正義云：表云，秦惠王後元年十月，擊滅之。

〔三八〕梁玉繩曰：考紀、表及華陽志皆云：王死蜀滅，無貶號之事，當是因封公子通爲蜀侯而誤。　金正煒曰：按華陽國志，周赧王元年，秦惠王封子通國爲蜀侯，以陳壯爲相，置巴郡。此言更號者，蜀之開明氏久稱王，自是而滅，更爲侯國。

〔三九〕姚注：陳莊，新序作陳叔。　高誘曰：陳莊，秦臣也。　金正煒曰：莊、壯字古通用。禮記檀弓：柳莊，古今人表作柳壯，正與此同。　朱起鳳曰：莊字作叔，草書形近而訛。

〔四〇〕高誘曰：厚，大也。　鮑彪曰：儀傳在（惠文）前十年前，而表在後九年，謂前年議伐，後年取之，而取之書十月，知爲一年事也。今從表。　吳師道曰：秦紀與表合。又曰：按甘茂傳云：張儀西并巴、蜀，當儀與錯議不同，故紀、表並言錯定蜀，而茂傳之言如此何也？水經云：秦自石牛道，使張儀、司馬錯尋路伐蜀，滅之。華陽國志云：蜀王伐苴侯，苴侯奔巴，求救於秦。惠文王使張儀、司馬錯伐蜀，滅之。是二人同往也。　張琦曰：秦取巴、蜀，則據楚之上游。張儀所云方船積粟，浮江而下，不十日而拒扞關者也。拔鄢郢，燒夷陵，必至之勢，楚亡於此矣。

八

張儀之殘樗里疾也〔一〕，重而使之楚〔二〕，因令楚王爲之請相於秦〔三〕。張子謂秦王曰：『重樗里疾而使之者，將以爲國交也〔四〕。今身在楚〔五〕，楚王因爲請相於秦。臣聞其言曰〔六〕：「王欲窮儀於秦乎？臣請助王〔七〕。」楚王以爲然，故爲請相也。今王誠聽之，彼必以國事楚矣〔八〕。』秦王大怒，樗里疾出走〔九〕。

〔一〕高誘曰：殘，害也。　鮑彪曰：殘猶害。　祖耿案：顧觀光附此於赧王三年。

〔二〕鮑彪曰：重猶貴。貴之者，欲使楚亦貴重之。

〔三〕高誘曰：請使秦用樗里疾爲相也。　鮑彪曰：楚王，懷王。請相於秦，請於秦使相之。

〔四〕鮑彪曰：結兩國之交。

〔五〕鮑彪曰：疾之身。

〔六〕鮑彪曰：聞疾之言，蓋誣之也。

〔七〕高誘曰：斯言，樗里子言也。張儀誣樗里疾以自解説也。　鮑彪曰：王，楚王。

〔八〕矣，原作王。姚注：錢、劉作楚矣。　高誘曰：彼，謂樗里疾也。

〔九〕高誘曰：走，奔也。　黄式三曰：鮑氏以此屬秦武王時事，誤也，當屬惠王時事。惠王死，樗里疾在秦，李讎謂公孫衍云：起樗里疾于國，是也。策云：樗里疾出走，未可據。

九

張儀欲以漢中與楚〔一〕，請秦王曰〔二〕：『有漢中，蠹〔三〕。種樹不處者〔四〕，人必害之。家有不宜之財則傷〔五〕。本漢中南邊爲楚利，此國累也〔六〕。』甘茂謂王曰：『地大者，固多憂乎〔七〕？天下有變〔八〕，王割漢中以和爲楚〔九〕，楚必畔天下而與王〔一〇〕。王今以漢中與楚，即天下有變，王何以市楚也〔一一〕？』

〔一〕鮑彪曰：惠十三年取楚漢中。　祖耿案：顧觀光附此於赧王四年。

〔二〕吳師道曰：請，當是謂字。　金正煒曰：按爾雅釋詁：請，告也。說文：請，謁也。漢書王温舒傳：舞文巧請下户之猾，以動大豪。注：請，謂奏請。此文作請自通，不必爲謂之誤。

〔三〕高誘曰：蠹，害也。　鮑彪曰：蠹，木中蟲也，言爲國害。

〔四〕鮑彪曰：言非其所。

〔五〕高誘曰：傷亦害也。　鮑彪曰：非所宜得，得之必有禍。

〔六〕高誘曰：累，憂也。　吳師道曰：自「有漢」止「傷本」，有殽舛。疑當云：「種樹不處則傷本，家有不宜之財者，人必害之」。　黄丕烈曰：今本「本」作「今」，乃誤涉鮑也。鮑改「本」爲「今」。丕烈案：此有誤，但所改未是。吳氏正讀「本」字上屬，以爲自「有漢」止「傷本」有殽舛，亦未是。案「有漢中」下，疑有脱文，下疑當作：『種樹不處則蠹傷本，家有不宜之財者，人必害之。』

〔七〕高誘曰：固，必也。　鮑彪曰：言不然。　金正煒曰：固猶乃也，說詳經傳釋詞。高訓爲必，於義未安。又固與顧通，呂覽審分篇注：顧，反也。

〔八〕鮑彪曰：謂害於秦。

〔九〕「和」原在「爲」下。姚注：一本無「爲」字。黄丕烈曰：「以爲和楚」，鮑本作「以楚和」。吳補：一本「以爲和楚」。金正煒曰：爲和二字或誤乙。爲猶於也。鮑本作：「王割漢中以楚和」。廣雅釋詁：以，與也。儀禮大射儀：以耦左還。注：以猶與也。於義各通。

〔一〇〕高誘曰：與王相親也。鮑彪曰：畔，猶背。

〔一一〕王引之曰：「即天下有變」，言若天下有變也。金正煒曰：漢書西南夷傳：「即以爲不毛之地」。注：即猶若也。

十

楚攻魏〔一〕，張儀謂秦王曰〔二〕：「不如與魏以勁之〔三〕。魏戰勝罷，復德於秦〔四〕，必入西河之外〔五〕；不勝，魏不能守，王必取之〔六〕。」王用儀言，取皮氏卒萬人車百乘以與魏〔七〕。犀首戰勝威王〔八〕，魏兵罷弊，恐，畏秦，果獻西河之外〔九〕。

〔一〕高誘曰：楚，威王也。祖耿案：顧觀光隸此於顯王四十年。

〔二〕高誘曰：秦惠王也。

〔三〕高誘曰：與猶助也。勁，彊也。鮑彪曰：與猶助。祖耿案：勁之，見東周策，及韓策二。

〔四〕勝下原無罷字。德，原作聽。姚注：錢、劉作「魏戰勝，德於秦」。金正煒曰：按作德者是。勝下疑脫罷字。言魏戰勝而罷，恐秦乘其敝，又德秦爲之勁，則必入地於秦也。下文「犀首戰勝威王，魏兵罷敝，恐，畏秦，果獻西河之外」，正與儀言相應。若無罷字，則不得言復。禮記少儀：「師役曰罷」。注：罷之言罷勞也。軍雖戰勝，不無傷亡，故可逆知其罷也。

〔五〕高誘曰：西河，魏邑之外，近秦，故必以與秦也。鮑彪曰：禹貢：西河屬雍州。此時屬魏。子夏老於西河之上，是也。吳師道曰：蓋主冀之西而言。正義云：同、華等州。張琦曰：西河之外，今同州府及延安之宜川縣是。程恩澤曰：案西河有二說。史記：魏有西河、上郡。又云：西河，魏文侯所與，吳起爲西河守，政化大行。王錯譖之，起曰：「吾恐西河將爲秦有。」遂奔楚。未幾，西河果入秦。又云：襄王五年，予秦河西之地。正義曰：自華州北至同州，并魏河西地。（韓信傳：「涉西河」。正義曰：即同州龍門河，從夏陽渡者。）胡三省曰：高陵縣漢屬馮翊，其地在河西，所謂西河之外者也。此皆指陜西言。元和志：汾州，禹貢冀州之域，其在虞舜十二州及周皆屬并州，春秋時爲晉地，後屬魏，謂之西河，子夏居西河，吳起守西河，皆謂此。（此説似誤，説見上，即子夏所居，亦不在此。或曰：在今懷慶府境。胡渭以水經注子夏石室在今郃陽縣東，似誤。正義云：括地志，謁泉山，一名隱泉山，在汾州堰城縣北。隨國集記云：此爲子夏石室，退老西河居此。有卜商神祠，今見在，未知孰是。）綱目集覽：西河，今太原汾州是。（今洪洞縣西南三十里有西河廢縣。）此皆主今山西言。下云「取皮氏卒萬人車百乘以與魏犀首。」則河東之地，已爲秦有，豈復能跨及河西？蓋古西河郡，原兼有今陜西、山西之地（寰宇記謂魏西河，在勝州富昌縣。似偏）。在惠王初年，當據龍門以西言；在惠王末年，當據龍門以東言也。顧觀光曰：史記匈奴傳：「魏有河西、上郡，以與戎界邊。」又魏世家襄王五年，予秦河西之地。正義曰：自華州北至同州，并魏河西地。

是以同、華二州爲河西也（史與上郡并言，則河西亦是郡）。而戴東原云：魏未失陰晉、少梁以前，其疆域在河西者，南至華陰，西至洛水，北至今榆林府之北鄂爾多斯界。則又兼上郡言之矣！其初本秦地而入於魏，故史記，秦孝公下令曰：『往者厲、躁、簡公、出子之不寧，國家內憂，未遑外事，三晉攻奪我先君河西地』。至魏襄王時，又盡失之。策文多稱西河之外，以别於河南之河外也。故齊策云：秦王垂拱而受西河之外，而不以德魏王。韓策云：魏兩用犀首、張儀，而西河之外亡。

〔六〕高誘曰：取之河西。　鮑彪曰：自取河外。

〔七〕高誘曰：皮氏，魏邑。　鮑彪曰：皮氏，屬河東，魏地也，今秦於此取卒與車，豈喪地七百里時入秦邪？　吴師道曰：正義云：皮氏在絳州龍門縣西。　張琦曰：皮氏故城，在今絳州河津縣西一里。史表：秦取汾陰皮氏，在與河西地後一年。秦紀、魏世家同。此策取皮氏在獻河西之前，誤也。又按秦紀，孝公之時，魏築長城，自鄭濱洛以北，有上郡。衛鞅降安邑而不能有，畏同、華之議其後也。惠文六年，魏納陰晉，八年納河西，十年納上郡，而山河之險，盡爲秦有。魏之藩蔽决矣。三晉之亡，其始此歟？　程恩澤曰：案竹書紀年，梁惠成王四十一年（史記在四十二年），秦取魏皮氏，故皮氏屬秦（赧王八年復屬魏）。漢志：河東郡有皮氏縣（有耿鄉。徐文靖曰：皮氏，古國名，見周穆王太史戎夫記）。括地志：在龍門縣西（水經注作東南）一里（一作百四十步，徐文靖作三十里，疑誤）。元和志：黄河北去縣二十五里（洪亮吉曰：在縣西十五里）。顧祖禹曰：皮氏，古耿邑，殷祖乙都此，後爲國，晉滅以賜趙夙，即書所云龍門也。在今山西絳州河津縣西一（洪作二）里。（按寰宇記云：皮氏故城在龍門縣西一里八十步，而括地志、元和志并云：耿鄉在龍門縣南十二里。則耿去皮氏，尚有十餘里。）按史記正義云：秦取魏垣，以爲蒲坂、皮氏。其後歸魏，魏復以爲垣。則秦皮氏當有二，其一即今長垣縣也。　顧觀光曰：史記，襄王六年，秦取我皮氏。漢志：屬河東。正義引括地志云：皮氏故城在絳州龍門縣西一百八十步（今絳州河津縣西二里）。又曰：魏策，太子謂樓子曰：公因割汾北以予秦而爲和。又使人謂樓子、翟子曰：子能以汾北與我乎？以皮氏在汾水北，故又稱汾北。水經云：汾水西過皮氏縣南，即其證也。

〔八〕高誘曰：犀首，公孫衍也。　鮑彪曰：公孫衍也，陰晉人。司馬彪曰：犀首，魏官，若今虎牙將軍。威王，楚威王。　吳師道曰：按年表：陰晉人犀首爲大良造，則非官名。而韓策，繆留以犀首、張儀并言，何爲一人獨以官稱乎？恐犀首或姓名也。魏亦有犀武。說見衛策。　金正煒曰：按竹書紀年：顯王三十九年，即魏惠成王後六年，書秦取我汾陰皮氏。而史記六國年表於顯王四十年，係魏敗楚於陘山。林春溥戰國紀年，編此策於敗楚陘山之後，是皮氏時已入秦矣。且以魏邑卒乘助魏，亦事理之所無。高注疏失，莫此爲甚。又魏取陘山，史稱其伐喪，事在楚威王死之次年。此云威王，疑有譌誤。或楚人未告新君嗣立，因舉故君之謚歟？　祖耿案：程恩澤讀犀首屬上。

〔九〕高誘曰：獻，致也。　鮑彪曰：魏襄五年，入秦河西地。此（惠文）前八年也，儀時爲客卿。魏七年，納上郡，此前十年也，儀時爲相。　吳師道曰：惠後五年。又曰：此章稱楚威王，威王在位凡十一年。攻魏事，史無，見年表：十一年，魏敗我陘山，因喪來伐。是歲秦取魏皮氏，明年入上郡于秦，而西河濱洛之地盡。皆楚威死後也。陘山前一年，魏入少梁、河西地于秦，豈是時楚、魏已搆兵乎？

十一

田莘之爲陳軫說秦惠王曰〔一〕：「臣恐王之如郭君〔二〕！夫晉獻公欲伐郭，

而憚舟之僑存〔三〕。荀息曰〔四〕：「周書有言：美女破后」〔五〕，乃遺之女樂以亂其政。舟之僑諫而不聽，遂去〔六〕。因而伐郭，遂破之。又欲伐虞〔七〕，而憚宮之奇存〔八〕，荀息曰：「周書有言：美男破老」〔九〕，乃遺之美男，教之惡宮之奇，宮之奇以諫而不聽，遂亡〔一〇〕。因而伐虞，遂取之。今秦自以爲王〔一一〕，能害王之國者，楚也〔一二〕。楚知橫門君之善用兵〔一三〕，與陳軫之智〔一四〕，故驕張儀以五國〔一五〕。來，必惡是二人〔一六〕，願王勿聽也。』張儀果來辭，因言：『軫也……』王怒而不聽。

〔一〕高誘曰：陳軫，夏人，仕齊，亦事楚也。　鮑彪曰：二皆齊姓。　黃丕烈曰：莘，鮑本作華。吳補：一本田莘。　程恩澤曰：案應劭云：始食采地，由是改姓田氏。正義：完既奔齊，不欲稱本國故號，故改陳爲田（張宗泰曰：改陳爲田，亦取其聲相近也）。　祖耿案：顧觀光附此於顯王四十一年。

〔二〕高誘曰：古文言虢也。　鮑彪曰：郭、虢同，屬扶風。　吳師道曰：路史云，北虢，仲後也，在大陽，今陝州西。西虢，仲之封，在岐。東遷自此之上陽，爲南虢。東虢，叔之封，制也。今鄭之滎陽。按此策所指者北虢也。　張琦曰：郭、虢同。漢志宏農陝縣下云：故虢國。北虢在大陽，東虢在滎陽，西虢在雍州。按大陽故城，在今蒲州府平陸縣東五十里。東虢即虎牢，亦謂之制，今開封府汜水縣西北，有故虎牢城。西虢，今陝西鳳翔府南三十五里故虢城是也。杜君卿以陝州之虢爲北虢，是合大陽、陝爲一。後人又或以西虢爲即南虢，皆非。據漢志，虢有四，非特三也。大陽爲北虢，則陝爲南虢可知。　程恩澤曰：按公羊傳，晉獻公曰：「吾欲伐郭，則虞救之；伐虞，則郭救之」。蔡邕郭有道碑文曰：「王季之穆，有虢叔者，實有懿德，文王咨之，建國命氏，或謂之郭」。是郭，即虢也，與春秋郭公之郭無涉。吳以此策所指爲北虢，甚是。惟謂北虢仲後，東虢叔後，則未合。賈逵云：「虢仲封東虢，制是也；虢叔封西虢（即北虢），虢公是也」。其説最古，諸家皆從之。東虢滅於東周以前，鄭桓公得虢、檜之地，所謂「虢叔死焉」者也。（此虢叔乃東虢之君，虢仲之子孫也。其西虢，虢叔後。兼稱虢仲、虢叔，並見左傳。）西虢初封於雍（漢志：雍爲西虢），在今鳳翔府寶雞縣東六十里。平王東遷，徙封宏農陝西東南之上陽城，亦曰北虢（漢志：北虢在大陽），今爲河南陝州。（通典又云：虢都在陝郡平陸縣，蓋與虞本接壤也。賈逵曰：虢在虞南，虞在晉南。）僖五年，爲晉所滅。其支庶之留於雍者，曰小虢，亦曰桃虢，城在寶雞縣東五十里，秦武公十一年滅之（在魯莊公末年）。朱起鳳曰：郭即虢也。左傳僖公二年，「假道於虞以伐虢」。公羊虢作郭。又昭公九年（按，應是七年），會於虢。穀梁亦作郭。書君奭，有若虢叔，新序引作郭叔。文選蔡邕郭有道碑：其先出自有周，王季之穆，有虢叔者，建國命氏，或謂之郭。急就章，顔師古注：虢公醜奔京師，遂姓郭氏。郭者，虢聲之轉也。凡此皆虢、郭通用之證也。

〔三〕高誘曰：舟之僑，郭大夫也。　鮑彪曰：憚，難之也。僑，郭大夫。

〔四〕高誘曰：荀息，晉大夫。　鮑彪曰：晉大夫。　程恩澤曰：案竹書紀年：晉武公滅荀以賜大夫原氏黯，是爲荀叔。又云：文公城荀。臣瓚曰：今河東有荀城，古荀國。寰宇記冀州圖云：古荀城，在絳州正平縣（即臨汾故城，在今絳州東北二十五里）西十五里，即重耳所居之所。或謂荀即郇，非是。郇，伯爵，文之昭；荀，侯爵，武之穆（孔晁云：唐、荀，皆成王弟）。郇在今虞鄉縣西南，（服虔曰：郇在解縣東，即郇瑕氏之墟。段玉裁曰：今山西蒲州府臨晉縣東北十五里，有故郇城。）荀在今絳州西十五里，雖相近而實非一地。

〔五〕后，原作舌。　鮑彪曰：破，壞其事；舌，指諫臣。　金正煒曰：按盧文弨校周書云：今戰國秦策引此，破舌作破少。唯高誘所注本與此同。今本無作少者，不知盧氏所據何本？蓋以少、老相對爲文也。王念孫周書雜志云：「破舌義不可通，舌當爲后。」段玉裁説文注亦云，破舌爲破后之譌。漢書人表后庸，國語作舌庸，可爲此證。老字古讀如柳，擊鼓、雞鳴諸詩，並與手、酒爲韻。此文作后，正與破老句叶。尚書畢命：「惟周公克愼厥始，惟君陳克和厥中，惟公克成厥終，三后協心，同底於道」。是后亦重臣之稱，與老爲國老義同，故荀息徵引是言，以謀去僑、奇也。

〔六〕高誘曰：傳曰：舟之僑諫而不從，以其孥適西山（一本有也字）。　鮑彪曰：閔二年奔晉。

〔七〕鮑彪曰：屬河東大陽。　程恩澤曰：案虞，仲雍之後（地理志以爲泰伯後，非是）。武王既封周章於吳，又封周章之弟虞仲（與祖同號）於周之北故夏墟曰西吳，以奉仲雍之祀。司馬遷曰：「予讀春秋古文，乃知中國之虞與荆蠻句吳爲兄弟是也。括地志：故虞城在河北，縣東北五十里虞山之上，今在解州平陸縣東北六十里（方輿紀要作四十餘里）。僖五年，爲晉所滅。高士奇曰：古虞思國，舊説在梁國虞縣（今虞城縣），然亦有云在河東者。詩：「虞、芮質成」。寰宇記：平陸縣西六十里，有虞、芮所讓之閑原（東西七里，南北十三里），與芮城接壤。虞仲得封夏墟，蓋在古虞既亡之後也。存之以俟考。

〔八〕高誘曰：宮之奇，虞大夫也。

〔九〕鮑彪曰：老成人。　吳師道曰：汲冢周書：「美男破老，美女破舌，武之毀也。」注云：所以毀敵也。修文御覽引周書作：「美男破産，美女破居。」

〔一〇〕高誘曰：亡去，適秦。　鮑彪曰：左氏不言其亡。

〔一一〕高誘曰：惠王，孝公子也，始僭尊號爲王，故曰自以爲王。　鮑彪曰：時亦未王，謂其欲之。　金正煒曰：王爲王霸之王。西周策：「則秦孤而不王矣。」秦王欲見頓弱章：横成則秦帝，從成則楚王。此即其義。王者，即孟子所謂「五百年必有王者興」是也。高鮑二家，並失本義。

〔一二〕王下原有者字。姚注「王者」下曰：一本無者字。　鮑彪曰：因其有自王之志，故稱之曰王者。　金正煒曰：能，當讀爲而，能而古通用，説詳經傳釋詞。趙策：厚任萯以事能重責之，未期年而萯亡走矣。能亦猶而也。韓非六反篇：「害者，利之反也」，惟楚不利有王者，即韓策：大國惡有天子之意。史記屈原傳：「上官大夫與之同列，爭寵而心害其能。」賈誼傳：「絳、灌、東陽侯、馮敬之屬盡害之」。害之義，並與忌同。

〔一三〕知，原作智，横下原無門字。姚注：智，一本作知字。横下，一本有門字。　高誘曰：横門君，秦將。　鮑彪曰：元作横君，注有門字，知爲脱文，蓋秦將也。　程恩澤曰：案水經注：咸陽秦離宮北出西頭第一門，本名横（如淳曰：音光）門，王莽更名霸都門，其外郭有棘門。徐廣曰：在渭北。孟康曰：秦時宫門也。如淳曰：三輔黄圖：棘門在横門外。則横門，秦城門名也。古者卿朝在門，豈其遺制歟？　金正煒曰：鮑本智作知，按智知通用，不煩改易。墨子耕柱篇：「豈能智數百歲之後哉！」又曰：「未可智也。」皆以智爲知。門字當據注補。尉繚子分塞令篇：「吏屬無節，士無伍者，横門誅之。」横門君蓋因官以爲號，如公孫衍之稱犀首也。

〔一四〕與上原有用兵二字。姚注：錢、劉只一用兵字。　黄丕烈曰：鮑衍用兵二字。

〔一五〕高誘曰：驕，寵也。　鮑彪曰：驕，寵之也。言楚使韓、魏、趙、燕、齊以事屬之，以重其權。按儀初游楚，楚相笞之，後相楚，乃爲秦間耳。楚無驕之之事，今云然，因其自楚來，間之耳。

〔一六〕高誘曰：二人，横門君、陳軫也。　鮑彪曰：惡，言其惡也。

十二

張儀又惡陳軫於秦王〔一〕，曰：『軫馳走秦楚之間〔二〕，今楚不加善秦而善軫〔三〕，然則是軫自爲而不爲國也。且軫欲去秦而之楚，王何不聽乎〔四〕？』王謂陳軫曰：『吾聞子欲去秦而之楚，信乎？』陳軫曰：『然。』王曰：『儀之言果信也！』曰：『非獨儀知之也，行道之人皆知之。曰：孝己愛其親，天下欲以爲子〔五〕；子胥忠其君，天下欲以爲臣〔六〕；賣僕妾售乎閭巷者，良僕妾也〔七〕；出婦嫁鄉曲者，良婦也〔八〕。吾不忠於君，楚亦何以軫爲忠乎〔九〕？忠且見棄，吾不之楚何適乎？』秦王曰：『善。』乃止之〔一〇〕。

〔一〕祖耿案：此章見史記張儀列傳。姚本與田莘之爲陳軫說秦惠王連篇，鮑、吳別提是也。顧觀光附此於顯王四十一年。

〔二〕馳下原無走字，秦、楚原作楚、秦。姚注：一本作馳走秦楚之間。錢、劉作馳楚。祖耿案：史記作：「軫重幣輕使秦、楚之間，將爲國交也。」

〔三〕鮑彪曰：言楚善之。黃丕烈曰：楚，鮑本作遂。吳補：一本今楚。丕烈案：史記作楚。

〔四〕高誘曰：聽，察也。鮑彪曰：聽，猶許。

〔五〕高誘曰：孝己，殷王高宗戊丁之子也。鮑彪曰：殷高宗有賢子孝己，母早死，高宗惑後妻之言，放之而死。吴師道曰：「尸子云：孝己事親，一夜而五起，視衣之厚薄，枕之高下也。」黄式三曰：儀傳：孝己作曾子。金正煒曰：按書大誥：「曰有大艱於西土。」傳：曰，語更端也。又詩角弓：「見晛曰消」。疏：曰者，人言之辭。策文此例甚多。祖耿案：史記作：「曾參孝於其親而天下願以爲子。」

〔六〕忠下原有乎字。姚注：錢、劉無乎字，集有。高誘曰：子胥，楚王大夫伍奢之子。平王殺伍奢，子胥奔吴爲闔閭、夫差臣。鮑彪曰：伍子胥，楚人，平王殺其父奢，胥奔吴。吴王夫差敗越於夫椒，越王勾踐求委國爲臣妾，夫差將許之，胥諫不聽。後吴伐齊，胥諫，請釋齊先越，太宰嚭讒之，賜劍以死。

〔七〕鮑彪曰：售，賣去也。良，善也。朱起鳳曰：閭巷，或作里巷。

〔八〕鮑彪曰：曲，里之一曲，如韋曲，杜曲。

〔九〕姚注：錢、劉本，無乎字。金正煒曰：小爾雅廣詁：以，用也。爲忠之忠，當作恖，因上文不忠於君而誤。恖，乃唐武后所造臣字也。管子七臣七主篇：愚臣讒賊，今本作愚忠，誤與此同。

〔一〇〕原作乃必之也。黄丕烈曰：今本必作止，鮑本作止，無也字。金正煒曰：按漢書韓信傳：且漢王不可必。注：必，謂必信之。作必於文自通，惟作止義明。又必與畢古通用。爾雅釋天：濁謂之畢。李注：畢，止也。周官：隸僕掌蹕宫中之事。鄭衆注：蹕，謂止行者。説文：縪，止也。廣雅釋詁：䟆，止也。從畢之字，多有止義，此文疑即畢之借字。祖耿案：此數語，史記作：「忠且見棄，軫不之楚何歸乎？王以其言爲然，遂善待之。」

十三

陳軫去楚之秦〔一〕，張儀謂秦王曰〔二〕：『陳軫爲王臣，常以國情輸楚〔三〕，儀不能與從事，願王逐之。即復之楚，願王殺之〔四〕。』王曰：『軫安敢之楚也？』王召陳軫，告之曰：『吾能聽子，子欲何之〔五〕？請爲子約車〔六〕。』對曰：『臣願之楚。』王曰：『儀以子爲之楚，吾又自知子之楚，子非楚且安之也〔七〕？』軫曰：『臣出，必故之楚，以順王與儀之策〔八〕，而明臣之與楚不也〔九〕。楚人有兩妻者，人誂其長者〔一〇〕，長者詈之〔一一〕；誂其少者，少者報之〔一二〕。居無幾何〔一三〕，有兩妻者死，客謂誂者曰：「汝取長者乎？少者乎？」曰：「取長者〔一四〕。」客曰：「長者詈汝，少者報汝〔一五〕，汝何爲取長者？」曰：「居彼人之所，則欲其報我也〔一六〕；爲我妻，則欲其爲我詈人也〔一七〕。」今楚王，明主也；而昭陽賢相也〔一八〕。軫爲人臣，而常以國情輸楚，楚王必不留臣〔一九〕；昭陽將不與臣從事矣。以此明臣之與楚不〔二〇〕。』軫出，張儀入，問王曰：『陳軫果安之？』王曰：『夫軫，天下之辯士也，孰視寡人曰〔二一〕：「軫必之楚。」寡人遂無柰何也。寡人因問曰：「子必之楚也，則儀之言果信矣。」軫曰：「非獨儀之言也，行道之人皆知之。昔者，子胥忠其君，天下皆欲以爲臣；孝己愛其親，天下皆欲以爲子。故賣僕妾不出里巷而取者，良僕妾也；出婦嫁於鄉里者，善婦也；臣不忠於王，楚何以軫爲惡？忠尚見棄〔二二〕，軫不之楚而何之乎〔二三〕？」』王以爲然，遂善待之〔二四〕。

〔一〕鮑彪曰：言去楚者，本其始仕秦之時自楚來也，自爲「輸楚」張本。　祖耿案：顧觀光附此於顯王四十一年。

〔二〕高誘曰：秦惠王也。

〔三〕高誘曰：輸，語也。　鮑彪曰：情，謂國事之隱者。　吳師道曰：情，實也。輸，寫也。輸寫以告之。

〔四〕金正煒曰：即，猶若也。　吳昌瑩曰：即復之楚，言若又往楚也。

〔五〕原作聽子言。　黄丕烈曰：言，鮑本無。姚注：子欲何之，曾作子欲何適。　高誘曰：言欲何之適也。

〔六〕約車原作車約。　高誘曰：約，具也。　鮑彪曰：約，纏束之。　吳師道曰：高注，具也，蓋約束戒令之。策多有。　黄丕烈曰：今本車約作約車，鮑本作約車。丕烈案：約車是也。案秦二：「王其爲臣約車并幣。」

〔七〕祖耿案：鮑本作「宜安之也」。　吳師道補曰：一本：「且安之也」。

〔八〕高誘曰：順從策謀。　鮑彪曰：策，謂其所籌度。

〔九〕與楚，原作楚與。　鮑彪曰：此「之」，即所謂以國情輸楚。　吳師道曰：「故之楚」之「之」，往也；「之楚與否」之「之」，語助也。下同。　金正煒曰：「楚與」當爲「與楚」而誤倒也。與猶爲也，説詳釋詞。吕覽審爲篇：「則不知所爲矣。」注：爲，謂相爲之爲。韓非外儲説：「陽胡、潘，其於王甚重，而不爲薛公」，此即其義。軫以秦之國情輸楚，是爲楚也。後文楚與二字，亦當乙正。鮑、吳注並非。

〔一〇〕姚注：誂，後語作挑。　鮑彪曰：誂，相呼誘也。　吳師道曰：後語作挑，徒了反。惠棟讀説文記曰：誂，相呼誘也。春秋後語作挑，非。案後漢書馮衍傳作挑。廣韻：誂，弄也，俗作挑。是誂、挑一字也。

〔一一〕原無長者二字。姚注：一本更有長者二字。　鮑彪曰：詈，罵也。　案馮衍傳：復有長者二字。

〔一二〕報，原作許，依馮衍傳改。

〔一三〕鮑彪曰：時不久也。

〔一四〕取上原無曰字。姚注：一本有曰字。　鮑彪曰：誂者對也。

〔一五〕報，原作和。　金正煒曰：後漢書徐登傳：「又嘗臨水求度，船人不和之。」注：和猶許也。正與上文少者許之，下文欲其許我也相應。鮑注：「和猶應也」。應與許，義亦相近。後漢馮衍傳引作「少者報之」。

〔一六〕報，原作許，依馮衍傳改。

〔一七〕「爲我妻」上原有今字，疑衍。　鮑彪曰：以國情輸楚，猶許者也。軫誠有此，則今之楚，楚必不欲也。

〔一八〕高誘曰：昭陽，姓名也，楚懷王之相也。　鮑彪曰：楚王，懷王。

〔一九〕國下原無情字。下楚字原作王。　姚注：「王」，劉作楚。　黄丕烈曰：鮑，國下補情字，改王爲楚，屬下讀。　吳氏補曰：國下當有情字。

〔二〇〕與楚，原作楚與，依金説乙。

〔二一〕吳師道曰：孰、熟通。説文生熟字本但作孰，後人加火以別之。

〔二二〕恧原作忠。尚上原無忠字。　姚注：一本更添一忠字，「何以」下，高誘注曰：欲爲臣乎？　黄丕烈曰：尚，鮑本作且。鮑忠下補忠字。吳氏補曰：史復有忠字，是。丕烈案：鮑、吳皆非，史記陳軫傳所載，乃上一篇，與此文不同也。讀此當以「楚何以軫爲」作一句，「忠尚見棄」別爲一句。高注云「欲爲臣」，是上句之解，當本在下，錯在軫字上，遂不可曉。注末有一乎字，或本在正文爲字下。今本初刻，誤以此四字皆入正文，改刻仍皆作注。　金正煒曰：左氏成二年傳：「是棄君於惡也，何臣之爲？」杜注：若言何用爲臣。此文與左同而義與杜異。以即用也，爲是助語，見禮記曾子問孔疏。一本爲下有忠字，亦臣字之譌，與上章同。言楚亦何用不忠者爲之臣也。

〔三三〕姚注：集與此本同。曾：「臣不忠於王，楚何以爲臣乎？軫爲忠見棄，軫不之楚而何之乎？」

〔三四〕鮑彪曰：此一事再出，著書者以所聞駁異也。彪謂軫之辯類捷給，而其所稱譬皆當於人心，不詭於正論。周衰，辯士未有若軫之絶倫離羣者也。　吳師道曰：秦爲無道，魯仲連不肯帝，孔子順義不入，彼誠豪傑之士已。軫往來其間，其居秦也又與張儀爭寵，鄙哉！雖其爲楚謀也多，而終不能以善楚也。之楚之對，辯給不詭於正，猶爲彼善於此耳。　又曰：大事記：顯王四十一年，秦陳軫奔楚。解題引策文自「賣僕妾」以下止「之乎」云：軫居秦期年，惠王終相張儀而軫奔。

卷四　秦二

一

齊助楚攻秦〔一〕，取曲沃〔二〕。其後秦欲伐齊〔三〕，齊楚之交善〔四〕，惠王患之。謂張儀曰：「吾欲伐齊，齊楚方懽，子爲寡人慮之，柰何〔五〕？」張儀曰：「王其爲臣約車並幣，臣請試之〔六〕。」張儀南見楚王〔七〕，曰：「弊邑之王所甚説者，無大大王〔八〕；唯儀之所甚願爲臣者，亦無大大王〔九〕。弊邑之王所甚憎者，無先齊王〔一〇〕；唯儀之所甚憎者〔一一〕，亦無先齊王〔一二〕。今齊王之罪其於弊邑之王甚厚〔一三〕，弊邑欲伐之，而大國與之懽〔一四〕，是以弊邑之王不得事王，而令儀不得爲臣也〔一五〕。大王苟能閉關絶齊〔一六〕，臣請使秦王獻商於之地方六百里〔一七〕。若此，齊必弱〔一八〕，齊弱則必爲王役矣〔一九〕。則是北弱齊，西德於秦，而私商於之地以爲利也〔二〇〕。則此一計而三利俱至。」楚王大説，宣言之於朝廷〔二一〕，曰：「不穀得商於之地方六百里〔二二〕。」群臣聞者畢賀〔二三〕，陳軫後見，獨不賀〔二四〕。楚王曰：「不穀不煩一兵，不傷一人，而得商於之地六百里，寡人自以爲智矣。諸士大夫皆賀，〔二五〕子獨不賀，何也？」陳軫對曰：「臣見商於之地不可得，而患必至也，故不敢妄賀〔二六〕。』王曰：『何也？』對曰：『夫秦所以重王者，以王有齊也。今地未可得，而齊先絶，是楚孤也〔二七〕。秦又何重孤國〔二八〕？且先出地，後絶齊，秦計必弗爲也〔二九〕。先絶齊，後責地，且必受欺於張儀〔三〇〕。受欺於張儀，王必惋之〔三一〕。是西生秦患，北絶齊交，則兩國兵必至矣〔三二〕。』楚王不聽，曰：『吾事善矣！子其弭口無言，以待吾事〔三三〕！』楚王使人絶齊，使者未來〔三四〕，又重絶之。張儀反秦〔三五〕，使人使齊，齊、秦之交陰合〔三六〕。楚因使一將軍受地於秦〔三七〕，至，張儀稱病不朝〔三八〕。楚王曰：『張子以寡人不絶齊乎？』乃使勇士往詈齊王〔三九〕。張儀知楚絶齊也，乃出見使者，曰：『從某至某，廣從六里。』〔四〇〕使者曰：『臣聞六百里，不聞六里。』儀曰：『儀固以小人，安得六百里〔四一〕？』使者反報楚王，楚王大怒，欲興師伐秦。陳軫曰：『臣可以言乎〔四二〕？』王曰：『可矣。』軫曰：『伐秦，非計也，王不如因賂之一名都，與之伐齊〔四三〕。是我亡於秦而取償於齊也〔四四〕。楚國不尚全乎〔四五〕？王今已絶齊，而責欺於秦，是吾合齊秦之交也。國必大傷〔四六〕！』楚王不聽〔四七〕，遂舉兵伐秦〔四八〕。秦與齊合，韓氏從之〔四九〕。楚兵大敗於杜陵〔五〇〕。故楚之土壤士民非削弱，僅以救亡者〔五一〕，計失於陳軫〔五二〕，過聽於張儀〔五三〕。計聽知覆逆者〔五四〕，唯王可也。計者，事之本也；聽者，存亡之機〔五五〕；計失而聽過，能有國者寡也〔五六〕。故曰：計有一二者難悖〔五七〕；聽無失本末者難惑〔五八〕。

〔一〕祖耿案：張儀誑楚，史記楚世家、張儀傳兩書之，文各不同。策亦與史殊異。茲逐段摘錄史文於下，以資互參。顧觀光隸此於赧王二年。

〔三〕高誘曰：曲沃：晉桓叔所封也，在今弘農縣東三十五里，道北曲沃城是。戰國時秦兼有之，故齊助楚攻秦取之也。鮑彪曰：曲沃，晉桓叔所封，漢屬河東，爲聞喜。此時屬秦，與上取皮氏卒同義。張琦曰：曲沃有二：一爲今絳州曲沃、聞喜二縣，此桓叔所封也；一在今陝州西南。水經注曰：晉侯使詹嘉守桃林之塞，處此以備秦。時以曲沃之官守之，故名。齊楚所攻，應在此。若河東之曲沃，無由越韓、魏而取之矣。史表：魏襄五年，秦圍我焦、曲沃；八年，秦歸我焦、曲沃；哀五年，秦拔我焦、曲沃。時當楚懷十五年，是曲沃屬秦也。程恩澤曰：案曲沃有三。漢志：河東郡聞喜，故曲沃，此桓叔所封也。後魏太和十一年，改絳邑縣爲曲沃，屬正平郡（今屬平陽府），此晉新田也。皆非秦邑。秦曲沃在今河南陝州西南四十里（方輿紀要作三十二里，茲從乾隆圖志）。水經注：蓲水出常烝之山，西北經曲沃城南。春秋時，晉侯使詹嘉處瑕，守桃林之塞以備秦，時以曲沃之官守此，故名。括地志：曲沃在陝州西南三十二里，因曲沃水爲名（唐固曰：下平曰衍，有溉曰沃）。正義：今有曲沃店是也。高注謂在宏農甚是，惟云桓叔封邑則非。鮑注以爲聞喜，非是。（通典以今平陽府之曲沃縣爲古曲沃，尤誤。）顧棟高曰：左傳言焦、瑕，國策言焦、曲沃（屢見竹書，史記亦云），瑕即曲沃也（瑕蓋曲、沃二字合音），在河南。晉地道記：猗氏縣東北有瑕城，今屬蒲州府臨晉縣，乃郇瑕氏之瑕，在河北，舊混而一之（江永春秋地理考實以瑕在解西南五里，即此說），非是。高士奇曰：西征記：陝州有曲沃臺，即瑕也。顧炎武謂瑕有胡音，以漢宏農郡之湖縣（今聞喜縣）當之，誤矣。顧觀光曰：史記魏襄王十三年，秦取我曲沃、平周。正義曰：絳州桐鄉縣，晉曲沃邑。按水經注云：涑水西逕桐鄉城北，又西南逕左邑縣故城南，故曲沃也。水側即狐突遇申生處。據此，則曲沃在桐鄉西矣。漢志：河東郡聞喜，故曲沃，在今聞喜縣西南八里（聞喜即桐鄉）。　祖耿案：史記張儀列傳：秦攻魏，取曲沃。明年，魏復事秦。秦欲伐齊，齊楚從親，於是張儀往相楚。

〔三〕高誘曰：伐齊，報曲沃也。　祖耿案：史記楚世家懷王十六年，秦欲伐齊，而楚與齊從親，秦惠患之，乃宣言張儀免相，使張儀南見楚王。

〔四〕高誘曰：善，猶親也。

〔五〕高誘曰：慮，計也。

〔六〕高誘曰：約，具也。幣，貨。試，猶嘗視也。　鮑彪曰：言并，則幣非一物。試者，不自必之辭。　吳師道曰：并，合也。

〔七〕高誘曰：楚懷王也。　祖耿案：史記楚世家：「張儀南見楚王，謂楚王曰：『敝邑之王所甚説者，無先大王；雖儀之所甚願爲門闌之廝者，亦無先大王。敝邑之王所甚憎者，無先齊王；雖儀之所甚憎者，亦無先齊王。而大王和之，是以敝邑之王不得事王，而令儀亦不得爲門闌之廝也。王爲儀閉關而絶齊，今使使者從儀西取故秦所分楚商於之地方六百里，如是則齊弱矣。是北弱齊，西德於秦，私商於以爲富，此一計而三利俱至也。』懷王大悦，乃置相璽於張儀。」張儀列傳：「楚懷王聞張儀來，虛上舍而自館之。曰：『此僻陋之國，子何以教之？』儀説楚王曰：『大王誠能聽臣，閉關絶約於齊，臣請獻商於之地六百里，使秦女得爲大王箕帚之妾，秦、楚娶婦嫁女，長爲兄弟之國。此北弱齊而西益秦也，計無便此者。』楚王大説而許之。」

〔八〕甚説原作説甚。高誘曰：説，敬也。大王，楚王也。鮑彪曰：大，猶過。祖耿案：史記楚世家
作甚説。
〔九〕高誘曰：唯，獨也。願爲王臣，無有與大王比者也。鮑彪曰：唯，辭也。傳稱往相楚是也。
〔一〇〕無上原有亦字。高誘曰：齊威王也。鮑彪曰：閔。黄丕烈曰：先，鮑本作大。鮑衍亦字。吴
氏補曰：疑衍。丕烈案：大字當是。史記無亦字。
〔一一〕甚上原無所字。黄丕烈曰：今本甚上有所字，乃誤涉鮑也。鮑補所字。丕烈案：史記有。
〔一二〕先，原作大。黄丕烈曰：今本大作先。丕烈案：史記四字皆作先，當是。與策文皆作大者不同也。
〔一三〕高誘曰：厚，重也。鮑彪曰：言得罪於秦重也。
〔一四〕高誘曰：懽，猶合也。
〔一五〕原作「弊邑之王不得事令而儀不得爲臣也。」高誘曰：令，善也。不得善事於楚王也。鮑彪曰：
事猶聽從。王念孫曰：不得事令四字，文不成義。高訓令爲善，非也。不得事下，當有王字。令字當在而
字下。令者，使也。「是以弊邑之王不得事王」爲句，「而令儀不得爲臣也」爲句。史記楚世家作：「是以弊
邑之王不得事王，而令儀亦不得爲門闌之厮也。」是其證。金正煒曰：按事猶奉也。禮記曲禮：「年長
以倍，則父事之」，謂以父之禮奉之也。孟子梁惠王下篇：「事之以皮幣」，謂奉之以皮幣也。奉事義同，故
有以奉、事連文者。薛公入魏而出齊女章：「終以齊奉事王矣。」此云事令，亦猶奉令。趙策：臣以爲奉令
承教，可以幸無罪矣。本文自通，不必改從史記。
〔一六〕高誘曰：苟，誠也。闕，楚北方城之塞也。絶齊懽合之交也。
〔一七〕高誘曰：商於，秦邑。獻，貢也。鮑彪曰：楚記注：「在今順陽郡南鄉、丹水二縣，有商城在於

中」，故名。弘農商縣是也。　張琦曰：通典：內鄉縣西七里有於村，蓋昔所言商於地。顧宛溪方輿紀要曰：商即商州，於即內鄉。自商州至內鄉六百里，皆古商於地矣。　程恩澤曰：案郡國志：商屬京兆。南陽、丹水故屬宏農（索隱曰：地理志：丹水及商，屬宏農。魏晉始分置順陽郡，商城、丹水俱隸之）。注云：南鄉、丹水二縣有商城，張儀與楚商於之地。裴駰曰：有商城在於中，故曰商於。水經注：丹水經南鄉、丹水二縣間，歷於中北，所謂商於者也。通典：今內鄉東七里有於村，亦曰於中。或曰商即商州，於即內鄉也。自內鄉至商州，凡六百里，皆古商於地（史記：秦封衛鞅以商於十五邑，即此地）。　洪亮吉曰：今河南南陽府淅川縣西有商於城（顧祖禹曰：在內鄉縣西）。又案郡國志：巴郡涪陵出丹。注引巴漢志曰：涪陵巴郡之南鄙，從枳南入折丹，涪水本與楚商於之地接，則其境亦廣矣。　顧觀光曰：史記商君傳正義曰：於村在鄧州內鄉縣東七里，古於邑也。商洛縣在商州東八十九里，本商邑。據此，則於邑在商之東。而張儀傳索隱引劉氏云：「今商州有古商城，其西二百餘里有古於城」何耶？裴駰曰：有商城在於中，故曰商於。水經注云：丹水經內鄉、丹水二縣間，隔於中，故曰商於。二說又異。於邑，一名於中。越世家云：楚三大夫張九軍北圍曲沃於中是也。而上文又云：商於之地，不足以備秦。可見秦、楚兩屬。

〔一八〕高誘曰：齊無援，必弱也。　鮑彪曰：失楚援故。

〔一九〕鮑彪曰：役，言爲楚役使。　黃丕烈曰：役，鮑本作没，改爲役。

〔二〇〕姚注：曾，一作己利。錢、劉一作利也。　高誘曰：德，恩也。楚與齊絶，爲施恩於秦。私得秦地，以爲己利也。　鮑彪曰：秦因楚絶齊，得報曲沃之役，楚之惠也。

〔二一〕高誘曰：宣，徧也。　祖耿案：史記楚世家云：「日與置酒，宣言『吾復得吾商於之地』」。群臣皆賀，而陳軫獨弔。懷王曰：「何故？」陳軫對曰：「秦之所爲重王者，以王之有齊也。今地未可得而齊交先絶，是楚孤也。夫秦又何重孤國哉？必輕楚矣！且先出地而後絶齊，則秦計不爲。先絶齊而後責地，則必見欺於張儀。見欺於張儀，則王必怨之。怨之，是西起秦患，北絶齊交。西起秦患，北絶齊交，則兩國之兵必至。臣故弔。」楚王弗聽。」

〔二二〕地，原作田，依史記改。

〔二三〕聞下原有見字。高誘曰：畢，盡。　鮑彪曰：畢，猶盡。　金正煒曰：淮南修務篇：而明弗能見者何？注：見，猶知也。又或涉下文「陳軫後見」而衍。

〔二四〕高誘曰：軫仕楚，爲楚懷王臣。　鮑彪曰：時去秦在楚。　祖耿案：史記張儀列傳云：「群臣皆賀，陳軫獨弔之。楚王怒曰：「寡人不興師發兵得六百里地，群臣皆賀，子獨弔，何也？」陳軫對曰：「不然，以臣觀之，商於之地不可得而齊秦合，齊秦合則患必至矣。」楚王曰：「有説乎？」陳軫對曰：「夫秦之所以重楚者，以其有齊也。今閉關絶約於齊，則楚孤。秦奚貪夫孤國，而與之商於之地六百里？張儀至秦，必負王，是北絶齊交，西生患於秦也，而兩國之兵必俱至。善爲王計者，不若陰合而陽絶於齊，使人隨張儀。苟與吾地，絶齊未晚也；不與吾地，陰合謀計也。」楚王曰：「願陳子閉口毋復言，以待寡人得地，」乃以相印授張儀，厚賂之。」

〔二五〕金正煒曰：諸，疑當爲都，形聲並近而譌也。中山策：中山君饗都士大夫。左氏昭二十七年傳：大司馬沈尹戌帥都君子與王馬之屬以濟師。注：都君子，在都邑之士。

〔二六〕高誘曰：安，猶空也。

〔二七〕鮑彪曰：無援故。

〔二八〕姚注：曾、錢、劉「夫秦有」。

〔二九〕地下原無後字。金正煒曰：當有後字，誤脱也。

〔三〇〕高誘曰：言張儀必欺王也。鮑彪曰：言儀必背約。

〔三一〕鮑彪曰：俛，猶恨。金正煒曰：俛，當作惌，與怨同。説文：恚也。

〔三二〕高誘曰：兩國，秦與齊也。司馬貞曰：兩國，韓魏也。

〔三三〕高誘曰：弭，止。鮑彪曰：集韻：彌，止也，通作弭。

〔三四〕高誘曰：來，猶還也。鮑彪曰：來，還也。祖耿案：史記楚世家云：「楚王弗聽，因使一將軍西受封地。張儀至秦，詳醉墜車，稱病不出三月，地不可得。楚王曰：『儀以吾絶齊爲尚薄邪？』乃使勇士宋遺北辱齊王，齊王大怒，折楚符而合於秦。秦齊交合，張儀乃起朝，謂楚將軍曰：『子何不受地？從某至某，廣袤六里。』楚將軍曰：『臣之所以見命者六百里，不聞六里。』即以歸報懷王。懷王大怒，興師將伐秦。」張儀列傳云：「於是遂閉關絶約於齊，使一將軍隨張儀。張儀至秦，詳失綏墮車，不朝三月。楚王聞之，曰：『儀以寡人絶齊未甚邪？』乃使勇士至宋，借宋之符，北罵齊王。齊王大怒，折節而下秦。秦齊之交合，張儀乃朝，謂楚使者曰：『臣有奉邑六里，願以獻大王左右。』楚使者曰：『臣受令於王，以商於之地六百里，不聞六里。』還報楚王，楚王大怒，發兵而攻秦。」

〔三五〕高誘曰：反，還也。案：鮑讀反，絶句。

〔三六〕高誘曰：陰，私也。

〔三七〕金正煒曰：按史記司馬穰苴傳注，索隱引尸子曰：「十萬之師，無將軍則亂。」六國時有此官。但如管子立政篇：將軍大夫以朝。晉語：鄭人以詹伯爲將軍。左氏昭二十八年傳：豈將軍食之而有不足。則又不始於戰國矣。

〔三八〕至字原在儀下。鮑彪曰：前反而今至也。　金正煒曰：至字當在張儀句上，而獨爲一讀，蓋言楚使至秦也。上已云張儀反秦，即不得更言儀至。

〔三九〕高誘曰：詈，駡也。　案：楚世家，勇士，宋遺也。

〔四〇〕姚注：錢、劉作從。曾一作衮。　鮑彪曰：横度爲廣，直爲從。

〔四一〕鮑彪曰：小人，貧窶之稱，言不能多與。　金正煒曰：玉篇：以，爲也。

〔四二〕高誘曰：王初使弭口，今可以言未也。　祖耿案：史記張儀列傳：「陳軫曰：『軫可發口言乎？攻之不如割地反以賂秦，與之并兵而攻齊，是我出地於秦，取償於齊也，王國尚可存。』楚王不聽。」楚世家：「陳軫又曰：『伐秦非計也。不如因賂之一名都，與之伐齊，是我亡於秦，取償於齊也，吾國尚可全。今王已絶於齊而責欺於秦，是吾合秦齊之交而來天下之兵也，國必大傷矣。』楚王不聽。」

〔四三〕因下原有而字。高誘曰：名，大也。都，邑。與秦俱伐齊也。　鮑彪曰：都邑有聞於時者。　黄丕烈曰：因而，鮑本無。丕烈案，史記：「不如因賂之一名都。」

〔四四〕高誘曰：言失邑於秦，而大得報償於齊也，故曰：是我亡於秦也。　司馬貞曰：亡於秦，謂失商於之地。　鮑彪曰：償，還也。言勝齊則得地，雖亡所賂，足以相償。　黄式三曰：洪容齋隨筆九卷曰：「賂秦攻齊，策尤乖謬不義。齊本與國，宜割地致幣，卑辭謝罪，復求其援，而反欲攻之，軫説謬矣。」式三案：屈原思合齊，以報張儀之耻，洪説本屈意也。

〔四五〕乎原作事。高誘曰：不尚，尚也。全，空也。事，一云乎。　鮑彪曰：不尚，尚也，言無所喪。　吴師道曰：高注「事，一云乎」，乎字是。　王引之曰：史記楚世家作：「吾國尚可全。」

〔四六〕國原作囟。高誘曰：傷，病也。　黄丕烈曰：鮑改囟爲國。　吴氏補曰：史作國。　祖耿案：吴氏又曰：姚注：曾本冏作國。

〔四七〕鮑彪曰：是亦明計也，而不聽，是以知楚王之悍也。彼豈能用屈原哉！　祖耿案：史記楚世家云：「楚王不聽，遂絶和於秦，發兵西攻秦。秦亦發兵擊之。十七年春，與秦戰丹陽，秦大敗我軍，斬甲士八萬，虜我大將軍屈匄、裨將軍逢侯丑等七十餘人，遂取漢中之郡。楚懷王大怒，乃悉國兵復襲秦，戰於藍田，大敗楚軍。韓魏聞楚之困，乃南襲楚，至於鄧。楚聞，乃引兵歸。」張儀列傳云：「楚王不聽，卒發兵而使將軍屈匄擊秦。秦齊共攻楚，斬首八萬，殺屈匄，遂取丹陽、漢中之地。楚又復益發兵而襲秦，至藍田，大戰，楚大敗。於是楚割兩城以與秦平。」

〔四八〕吳師道曰：史云：使屈匄將。

〔四九〕高誘曰：韓王見齊秦合爲一，故復合之也。

〔五〇〕高誘曰：杜陵，楚邑。　鮑彪曰：屬京兆。　吳師道曰：高注，楚邑。　張琦曰：漢志杜陵下云：故杜伯國，宣帝更名。宣紀元康元年，以杜原爲初陵，改故杜縣爲杜陵是也，當時無杜陵之名，鮑誤證矣。又按楚世家：懷十七年，與秦戰於丹陽，蓋並爲漢中地，故高注楚邑也。水經注：漢水東逕木蘭塞南，右岸有城名伎陵城，周迴數里。意者杜陵即伎陵歟？故城在今興安府洵陽縣西五十里。　程恩澤曰：案是時楚舉兵伐秦，必在秦地。漢志：京兆有杜陵縣，距咸陽甚近，不得爲楚邑。惟以爲宣帝更名，亦未可信。左傳：「在周爲唐杜氏。」國語：「杜伯射王於鄗。」杜之得名久矣。若必俟漢時始稱杜陵，策何以有此名耶？括地志：下杜故城，在雍州長安縣東南九里。古杜國，即秦杜縣也。又云：華州鄭縣。正義云：史記杜平，在唐之同州澄城縣界。胡三省以爲即此杜陵，俱非。今在西安府治東南十五里（錢坫作二十里，蓋本元和志，茲從寰宇記。顧祖禹、高士奇說同）。　黄式三曰：通鑑大事記不書會齊、韓之師。考韓世家云：與秦攻楚，敗楚將屈匄。張儀傳云：秦齊共攻楚，殺屈匄。秦策云：「秦與齊合，韓氏從之，楚兵大敗於杜陵。」杜陵，策又作杜陽，即丹陽也。據楚世家，作丹陽。韓宣惠王二十一年，齊湣王二年。　顧觀光曰：案上言舉兵伐秦，則戰敗當在秦地。此蓋秦惠王後十二年事，史記偶失載耳（在丹陽之役前）。漢志：杜陵屬京兆尹，宣帝更名（在今西安府城東南二十里）。然左傳：「在周爲唐杜氏」，注家亦以京兆杜陵當之，則其名不自宣帝始矣。　金正煒曰：按杜陵當作杜陽。史記甘茂傳：「今公與楚解口地，封小令尹以杜陽」，此即其地，蓋在秦韓與楚之間。水經：漆水出扶風杜陽縣俞山，東北入於渭。注：岐山在杜陽北。近刻作在杜陵埤。陽誤爲陵，正與此同。

〔五一〕高誘曰：僅猶裁，得不滅。　鮑彪曰：集韻：僅，劣也。

〔五二〕高誘曰：大者，坐不從陳軫之計故也。　案：「大」疑「失」之譌。

〔五三〕高誘曰：過，誤也。聽於張儀之欺六百里地。　鮑彪曰：過猶誤。記：懷十六年有，此（惠文）十二年也。　吳師道曰：張儀商於之欺，雖豎子猶能知之，以陳軫之智，固不爲難也。儀之肆意而無忌者，知懷王之愚，而軫之言必不入也。不然，他日楚之請，儀將懼其甘心焉。而儀請自往，卒不能害，豈非中其所料也哉！

〔五四〕計下五十一字，原在下篇之末，依王念孫說移此，說見後。　鮑彪曰：能計善聽，知二國之覆逆。覆逆，言不順於理。　吳師道曰：覆，謂反覆；逆，謂逆料。覆即下文「一二」，逆即下文「本末」。

〔五五〕高誘曰：機，要也。　鮑彪曰：機主發矢，喻事之要也，先也。

〔五六〕高誘曰：寡，少也。

〔五七〕悖下原有也字。姚注：一本無也字。高誘曰：悖，誤也。　鮑彪曰：一二，言反覆計之。集韻：悖，亂也。

〔五八〕高誘曰：惑，亂也。　吳師道曰：蒯通說韓信曰：「聽者事之候也，計者事之機也。聽過計失而能久安者，鮮矣。聽不失一二者，不可亂以言；計不失本末者，不可紛以辭。」　王念孫曰：案自計聽以下五十一字，與上文絕不相屬，此是著書者之辭，當在上篇「計失於陳軫，過聽於張儀」之下。上篇言楚之所以幾亡者，由於計之失，聽之過，故此即繼之曰：「計聽知覆逆者，唯王可也。」唯與雖同，王讀如王天下之王，言人主計聽能知覆逆者，雖王天下可也。下文云：「計失而聽過，能有國者寡也。」亦承上篇而言。此篇所記陳軫之言，史記張儀傳有之，而獨無計聽以下五十一字，則此五十一字，明是上篇之錯簡也。

一

楚絕齊〔一〕，齊舉兵伐楚。陳軫謂楚王曰〔二〕：「王不如以地東解於齊，西講於秦〔三〕。」楚王使陳軫之秦。秦王謂軫曰：「子秦人也〔四〕，寡人與子故也〔五〕，寡人不佞〔六〕，不能親國事也〔七〕，故子棄寡人，事楚王〔八〕。今齊楚相伐〔九〕，或謂救之便，或謂救之不便〔一〇〕，子獨不可以忠爲子主計〔一一〕，以其餘爲寡人乎〔一二〕？」陳軫曰：「王獨不聞吳人之遊楚者乎〔一三〕？楚王甚愛之〔一四〕，病〔一五〕，故使人問之〔一六〕，曰：『誠病乎？意亦思乎〔一七〕？』左右曰：『臣不知其思與不思〔一八〕，誠思則將吳吟〔一九〕。』今軫將爲王『吳吟』〔二〇〕。王不聞夫管與之說乎〔二一〕？有兩虎爭人而鬭者〔二二〕，管莊子將刺之〔二三〕，管與止之，曰：「虎者戾蟲〔二四〕，人者甘餌〔二五〕，今兩虎爭人而鬭，小者必死，大者必傷。子待傷虎而刺之，則是一舉而兼兩虎也〔二六〕。無刺一虎之勞，而有刺兩虎之名〔二七〕。」齊楚今戰，戰必敗一〔二八〕，王起兵救之，有救齊之利，而無伐楚之害〔二九〕。』

〔一〕祖耿案：此章見史記張儀列傳，云：「韓魏相攻，朞年不解。秦惠王欲救之，問於左右。左右或曰救之便，或曰勿救便。惠王未能爲之決。陳軫適至秦，惠王曰：「子去寡人之楚，亦思寡人不？」陳軫對曰：「王聞夫越人莊舄乎？」王曰：「不聞。」曰：「越人莊舄仕楚執珪，有頃而病。楚王曰：舄故越之鄙細人也，今仕楚執珪，貴富矣，亦思越不？中謝對曰：凡人之思故，在其病也。彼思越則越聲，不思越則楚聲。使人往聽之，猶尚越聲也。今臣雖棄逐之楚，豈能無秦聲哉！」惠王曰：「善。今韓魏相攻，朞年不解，或謂寡人救之便，或曰勿救便，寡人不能決，願子爲子主計之餘，爲寡人計之。」陳軫對曰：「亦嘗有以夫卞莊子刺虎聞於王者乎？莊子欲刺虎，館豎子止之，曰：兩虎方且食牛，食甘必爭，爭則必鬭，鬭則大者傷，小者死。從傷而刺之，一舉必有雙虎之名。卞莊子以爲然，立須之。有頃，兩虎果鬭，大者傷，小者死。莊子從傷者而刺之，一舉果有雙虎之功。今韓魏相攻，朞年不解，是必大國傷，小國亡，從傷而伐之，一舉必有兩實。此猶莊子刺虎之類也。臣主與王何異也。」惠王曰：「善。」卒弗救。大國果傷，小國亡，秦興兵而伐，大剋之。此陳軫之計也。』此文與策同爲陳軫之言，而史云韓魏相攻，策言齊楚相伐，傳聞不同，必有一誤。說詳後。顧觀光隸此於赧王二年。

〔二〕鮑彪曰：楚王，懷王。

〔三〕吴師道曰：講，當從媾讀。

〔四〕高誘曰：軫先仕於秦，故言秦人也。　俞正燮曰：軫實楚人。

〔五〕高誘曰：故，舊。　鮑彪曰：故言有舊。　吴師道曰：高注，軫元仕於秦。

〔六〕鮑彪曰：佞，高才也。

〔七〕高誘曰：親，猶知也。　鮑彪曰：躬親治國。

〔八〕高誘曰：棄，去也。

〔九〕鮑彪曰：軫傳言韓魏。　馬驌曰：史言韓魏相攻，策言齊楚相伐。軫説則同。俟考。　黄式三曰：策作齊楚，非，讀上下文自見。　祖耿案：黄氏據六國表、韓世家，編此於顯王四十四年，謂即魏敗韓舉之役也。明年，秦相張儀將兵取陜，秦惠王殆從陳軫之言也。　又案：御覽三〇五引策云：今韓魏相攻，朞年不解。八九一引春秋後語，與史張儀傳同。則今本策文作齊楚者，必誤。

〔一〇〕高誘曰：便，利也。　司馬貞曰：此蓋張儀等之計策。

〔一一〕鮑彪曰：主，懷王。　司馬貞曰：子指陳軫也。子主謂楚王。

〔一二〕高誘曰：以餘計爲寡人計也。

〔一三〕高誘曰：遊，仕也。　祖耿案：史軫傳作：王聞夫越人莊舃乎？思越則越聲。此云吴人游楚，爲吴吟。文異而意則同。

〔一四〕鮑彪曰：楚先王。

〔一五〕鮑彪曰：吴人。

〔一六〕鮑彪曰：使者還，主問之。

〔一七〕高誘曰：思，思吴乎？ 金正煒曰：意與抑同。論語學而篇：「抑與之與」，漢石經作意。大戴禮武王踐阼篇：「黄帝，顓頊之道存乎？意亦忽不可得見與？」荀子修身篇：「將以窮無窮逐無極與？意亦有所止之與？」意亦猶抑亦，文並與此同。

〔一八〕黄丕烈曰：鮑本臣不作臣又。 鮑彪曰：注家説有爲又，則又亦有也，此言有以知之。 吴師道曰：劉辰翁云：「又知」猶「安知」。愚謂，終缺「安」字。按姚本作「不知」，是。

〔一九〕高誘曰：吟，歌吟也。 鮑彪曰：作吴人呻吟。

〔二〇〕鮑彪曰：言不忘秦。

〔二一〕姚注：曾，管作卞。高誘曰：管，姓也。説，言也。 鮑彪曰：軫傳作館竪子。

〔二二〕爭，原作諍。姚注：一作爭。 黄丕烈曰：者，鮑本無。鮑改諍爲爭。吴氏補曰：字與爭通，下同。丕烈案：史記作爭。

〔二三〕鮑彪曰：傳，管作卞；刺，有傷也。 吴師道曰：索隱引策作「館」。館，謂逆旅，舍其人字莊子。 黄丕烈曰：案今史記作辨，索隱又云，「或作卞」。吴氏所引索隱，困學紀聞引同。今王震澤本如此，與單本不同，單本不引戰國策正文，即作館莊子。此文下「管與止之」，史記作「館竪子止之」。當依單本爲是。乃史記作館，策文作管也。 梁玉繩曰：史卞莊子與論語合，但秦策作管莊子，豈莊子爲卞邑大夫，而其姓爲管乎？ 索隱本作館，謂逆旅，舍其人字莊子。疑因所見本異，而謬爲之説也。 案三國魏志張既傳，作卞莊子之刺虎。 朱起鳳曰：卞字作管，乃草書形近而訛。

〔二四〕高誘曰：戾，貪也。 鮑彪曰：戾猶暴。

〔二五〕餌下原有也字。鮑彪曰：以餅餌喻之。黄丕烈曰：也，鮑本無。

〔二六〕高誘曰：兼，得也。

〔二七〕高誘曰：刺，殺也。

〔二八〕一原作敗。姚注：錢、劉一無下「敗」字。鮑彪曰：必有一敗。金正煒曰：按此文本作戰必敗一，言二國戰則必敗其一也。「一」，誤爲二，古書重文亦作二畫，因誤複敗字。鮑注必有一敗是，所見本猶未誤也。戰必敗一，則孰救孰伐不可知，救齊伐楚，皆虚設之詞，故不嫌與篇首之文不合。錢、劉云：一無下敗字，亦非。蓋以戰必敗爲句，而省「一」字，於義仍未完也。

〔二九〕高誘曰：害，危也。　鮑彪曰：今詳秦王言「爲子主計」，則以齊楚正相伐故也。今軫言無伐楚，亦并以忠爲主也。　祖耿案：此句之下，原有「計聽」至「難惑」五十一字，已依王念孫説，移於前章之末，並附高、鮑、吴三家之注於當句之下。難惑之下，鮑氏注云：「軫傳有。無「計聽」下。」謂此章也。吴師道補曰：軫爲是媾於秦，而勸秦收齊楚之敝，豈所以忠爲主哉！或疑史作韓魏者是。考秦惠時唯十三年，韓舉、趙護帥師與魏戰，敗績，去楚絶齊時遠甚。他不見韓魏相攻事。且策言甚明，竊意楚已遣人解齊，軫之媾秦，欲其不助齊耳，當識其意，不可泥於辭也。　又案：御覽三〇五引策文曰：陳軫爲楚使，來見秦惠王曰：卞莊子方刺獸，而管豎子止之曰：兩獸方食牛，牛必甘，甘必爭，爭必鬬，鬬則大者傷，小者死。從傷而刺之，一舉必有雙獸之功。卞莊子以爲然，立待之，頃有兩獸之功。今韓魏相攻，朞年不解，是必大國傷，小國亡。從傷而伐之，一舉必有兩實，此猶卞莊子刺虎之類也。惠王曰：善。文與此異，而與史張儀傳同。八九一引後語，則與史如出一轍也。

三

秦惠王死〔一〕，公孫衍欲窮張儀〔二〕。李讎謂公孫衍曰〔三〕：「不如召甘茂於魏，召公孫顯於韓〔四〕，起樗里子於國〔五〕。三人者，皆張儀之讎也〔六〕。公用之，則諸侯必見張儀之無秦矣〔七〕。」

〔一〕祖耿案：顧觀光隸此於赧王四年。

〔二〕高誘曰：公孫衍，魏人也，仕於秦，當六國時號曰犀首。窮，困也。

〔三〕高誘曰：李讎，秦人也。　鮑彪曰：秦人。

〔四〕鮑彪曰：公孫顯，秦人。　吳師道曰：李讎，据高注，此無據。

〔五〕高誘曰：起，猶舉也。　鮑彪曰：起，猶舉。　金正煒曰：按書益稷「元首起哉」疏：言無廢事業。起對廢言，故凡廢而復用者，謂之起。中山策：因見武安君，强起之，亦此義也。高注：起，舉也，亦以舉與廢相對爲義。史記樗里子傳：秦封樗里子，號爲嚴君。秦惠王卒，太子武王立，逐張儀、魏章，而以樗里子、甘茂爲左右丞相。索隱云：按嚴君是爵邑之號，當是封之嚴道也。此所謂國，即漢書列侯就國之國，謂所封邑也。

〔六〕高誘曰：讎，仇也。

〔七〕高誘曰：公謂公孫衍。用此三人，則諸侯知張儀無權寵於秦（一下有也字）。金正煒曰：按淮南修務篇：今使六子者易事而明弗能見者何？注：見猶知也。故高注云：則諸侯知張儀無權寵於秦。

四

義渠君之魏〔一〕，公孫衍謂義渠君曰：『道遠，臣不得復過矣〔二〕！請謁事情〔三〕。』義渠君曰：『願聞之。』對曰：『中國無事於秦〔四〕，則秦且燒焫君之國〔五〕；中國爲有事於秦〔六〕，則秦且輕使重幣而事君之國也〔七〕。』義渠君曰：『謹聞令〔八〕。』居無幾何，五國伐秦〔九〕。陳軫謂秦王曰：『義渠君者，蠻夷之賢君，王不如賂之以撫其心〔一〇〕。』秦王曰：『善。』因以文繡千匹，好女百人，遺義渠君〔一一〕。義渠君致群臣而謀曰〔一二〕：『此乃公孫衍之所謂也〔一三〕。』因起兵襲秦，大敗秦人於李帛之下〔一四〕。

〔一〕高誘曰：義渠，西戎之國名也。之，至也。　鮑彪曰：西戎也，北地郡有義渠道。　張琦曰：今甘肅寧州西北，有義渠故城。　程恩澤曰：鮑説見地理志。應劭曰：義渠，北地也。史記匈奴列傳：岐、梁山、涇、漆之北有義渠。韋昭曰：義渠本西戎國，有王，秦滅之。今在北地。括地志：寧、原（一本無）、慶三州，春秋戰國時爲義渠戎國之地。索隱：義渠有二十五城，秦昭王滅之（事見六國表秦惠文王後元十一年。昭字疑誤）。正義：義渠本周先公不窋之所居，古西戎也。今甘肅寧州有義渠城，凡慶陽一府皆其地。　顧觀光曰：史記匈奴傳：義渠之戎，築城郭以自守，而秦稍蠶食。至於惠王遂拔義渠二十五城。秦本紀集解引應劭曰：義渠，北地也（漢志：義渠道屬北地，在今甯州西北）。正義引括地志云：甯、慶二州，戰國時爲義渠地，亦作儀渠。墨子：秦之西有儀渠之國者。儀義古通。金正煒曰：漢書地理志有回獲縣，屬北地郡，蓋即義渠舊境。祖耿案：史記張儀列傳作：義渠君朝於魏。顧觀光隸此於慎靚王三年。

〔二〕高誘曰：過，見也。鮑彪曰：不復相過。金正煒曰：過字疑當爲遇。爾雅釋詁：遇，見也。國語晉語：遇兆，韋注：遇，見也。呂覽不屈篇：今惠子之遇我尚新。高注：遇，見。此策文、注，並疑遇字之譌。列子天瑞篇：過東郭先生問焉，釋文：過一作遇。莊子漁父篇：今者邱得過也。釋文：過，本作遇。並爲此證。呂覽貴直篇：狐援聞而蹶往過之，過，猶造也。高注以爲猶見，義亦未安。祖耿案：張儀列傳作：犀首聞張儀復相秦，害之。犀首乃謂義渠君曰：道遠不得復過。索隱：音戈。言義渠道遠，今日已後，不復得更過相見。又案：下甘茂亡秦章：出關遇蘇子。高注：遇，見也。此文作遇，亦或可通。

〔三〕高誘曰：謁，告也；情，實也。言義渠君道里長遠，不能復得相（相，一本作數）見也，請告事之情實。鮑彪曰：謁，白也。情，猶實。司馬貞曰：謂欲以秦之緩急告語之也。

〔四〕高誘曰：無征伐之事於秦也。祖耿案：張儀列傳作：「曰：『中國無事』」，下無「於秦」二字。司馬貞曰：按謂山東諸侯齊、魏之大國等。張守節曰：中國謂關東六國。無事，不共攻秦。

〔五〕君上原有獲字。高誘曰：燒焫，猶滅壞。滅壞君國也（錢止一「滅壞」字）。鮑彪曰：焫，亦燒也。言火其國以得其地。吳師道曰：焫即爇。顧炎武曰：燒焫，即燒荒。邊將遇秋深，率兵約日同出數百里外，縱火焚燒，使虜馬無水草可恃，此先朝守邊之良法也。金正煒曰：按管子霸形篇：楚人攻宋鄭，燒焫熯焚鄭地。焫字從芮。玉篇作炳，誤。獲即義渠君之種姓。高注：「燒焫，猶滅壞，滅壞君國也。」不釋獲字，其義可見。鮑注言火其國以得其地，非也。祖耿案：此句張儀列傳作：「秦得燒掇焚杅君之國。」集解徐廣曰：杅，一孤切。索隱：掇音都活反，謂焚燒而侵掠。焚杅音煩烏二音。按：焚揉而牽制也。戰國策云：「秦且燒𤆬君之國」，是說其事也。又案：「獲」爲衍文，司馬貞引無此字，下文事君之國，君上亦無獲字。焫，應作𤆬。禮記郊特牲：𤆬蕭，釋文：𤆬燒也。廣韻：𤆬爇同，如劣切。

〔六〕司馬貞曰：謂山東諸國共伐秦也。

〔七〕高誘曰：將致重幣求援助於義渠國也。　鮑彪曰：有事無事之事謂戰。輕，言其行疾。　司馬貞曰：謂秦求親義渠君也。　張守節曰：有事謂六國攻秦。秦若被攻伐，則必輕使重幣，事義渠之國，欲令相助。犀首此言，令義渠君勿援秦也。

〔八〕高誘曰：聞，猶受也。令，教也。　鮑彪曰：令，猶命。　黄式三曰：意主於敗張儀也，爲愼靚三年事張本。

〔九〕高誘曰：五國，齊、宋、韓、魏、趙也。　鮑彪曰：後七年，韓、趙、魏、燕、齊共攻秦。　司馬貞曰：按表，秦惠王後元七年，楚、魏、齊、韓、趙五國共攻秦，是其事也。

〔一〇〕高誘曰：撫，安也。　祖耿案：心，張儀列傳作志。

〔一一〕鮑彪曰，遺，贈也。　祖耿案：張儀列傳匹作純，好作婦。　司馬貞曰：凡絲緜布帛等一段爲一純。純音屯。

〔一二〕鮑彪曰：致之，使至。

〔一三〕高誘曰：謂，猶言也。　司馬貞曰：按謂上文犀首云：（君之國）有事，秦將輕使重幣事君之國，故云「衍之所謂」，因起兵襲秦以傷張儀也。

〔一四〕高誘曰：李帛，秦邑。　鮑彪曰：史張儀傳末有此策。帛作伯，地缺。平原傳注：河內成皋有李城，豈秦兵與諸國遇於此而見敗邪？　吳師道曰：正義云：懷州温縣，本李城也，李同父所封。按趙救邯鄲時，同戰死，封其弟爲李侯，意者因此號李城。事在後。且此云李帛，必非。秦既攻五國，不勝而走，秦兵不應至懷。是時諸侯連匈奴，秦恐義渠因而有變，故賂以和之。義渠之襲，必次于五國之後，恐非與諸國遇時也。　又曰：按史犀首相魏，張儀去。犀首聞儀復相秦，害之，乃謂義渠君云云。且五國伐秦，事在惠文後七年，次年，魏因儀請成于秦，乃復相秦。則此時儀未爲秦相也。儀自惠文後三年出相魏，至今在魏。衍不相，則儀必不去也。故大事記謂：伐秦之役，儀在魏，陰爲秦用；而又謂衍與義渠語，其相魏之後，蓋亦不能無疑。豈儀去魏之秦，犀首知其必相而害之歟？　又按，秦紀書韓、趙、魏、燕、齊帥匈奴伐秦。年表：韓、魏、趙、楚、燕五國伐秦不勝。楚世家書蘇秦約從六國共攻秦，楚懷王爲從長，至函谷關，秦擊之，六國皆引歸，齊獨後。互有不同。通鑑據年表，大事記據楚世家。按楚世家特詳者，以從長故，當以爲正。年表諸國皆書不勝，齊獨後而不敗，故略不書歟？紀不書楚者，豈以世家文已明歟？修魚之戰，虜韓申差，年表在次年，而紀於此連書之，則紀誠有誤也。高注五國作齊、宋、韓、魏、趙，尤誤。　程恩澤曰：案後漢西羌傳亦云：義渠敗秦師於李伯。注云：李伯，地名，未詳。索隱：李伯，人名，或邑號。今無考。顧觀光曰：李帛，史作李伯，後漢書西羌傳亦作伯。　祖耿案：末句，張儀列傳作：「大敗秦人李伯之下」，無於字。　司馬貞曰：入李伯之下。謂義渠破秦而收軍，而入於李伯之下，則李伯人名或邑號。戰國策伯作帛。

五

醫扁鵲見秦武王〔一〕，武王示之病，扁鵲請除之〔二〕。左右曰：「君之病，在耳之前，目之下，除之未必已也，將使耳不聽，目不明。』君以告扁鵲。扁鵲怒而投其石，曰〔三〕：『君與知者謀之〔四〕，而與不知者敗之！使此知秦國之政也〔五〕，則君一舉而亡國矣〔六〕！』

〔一〕高誘曰：扁鵲，盧人也，字越人。武王，惠王子也。　鮑彪曰：扁鵲，盧人，字越人。　吳師道曰：鮑本高注。史，渤海郡鄭人，姓秦氏，名越人。徐廣云：鄭當爲鄚。正義云：又家於盧，號盧醫。按周禮釋文引史記，姓秦，名少齊，越人。今史無少齊字，恐釋文爲是，彼時所見本未缺也，『越人』似非名字。　梁玉繩曰：扁，似當音篇，乃鶣省文，取鵲飛鶣鶣之義。　又曰：史記：扁鵲過虢，虢太子死。扁鵲使弟子厲針砥石，有間，太子蘇。韓詩外傳十、說苑辨物及搜神記，俱載斯事，特其文稍異耳。後書文苑趙壹傳云：秦越人還虢太子結脈，世著其神。晉書佛圖澄傳石勒云：朕聞虢太子死，扁鵲能生之。但虢滅已久，此時焉得有號？索隱、正義，並糾其非。古史謂薛久亡，而孟嘗君稱薛公，安知是時無號？蘇氏臆度之詞，不足證也。韓子喻老篇言扁鵲見蔡桓侯，國策扁鵲見秦武王。漢書高紀十二年注韋昭曰：越人，魏桓侯時醫。臣瓚曰：魏無桓侯。余考扁鵲與趙簡子同時，而蔡桓侯在春秋初魯隱、桓之世，秦武王立於周赧王五年，前後相去各約二百年，何能親接（韓子：一本蔡作秦，亦非）？蓋說苑號作趙，甚是。趙簡子之子爲桓子，韓非所謂桓侯者。魏、蔡、秦武皆譌。鶡冠子世賢篇言魏文侯問扁鵲，魏文與趙桓並世，可以爲驗（曹植相論：扁鵲見桓公，知其將亡）。或曰：晉孝公紀年作桓公，與魏文侯同時，亦通。　黄式三曰：按扁鵲，黄帝時之醫，後之善醫者，遂以扁鵲爲號。史記云：扁鵲治趙簡子病，簡子卒於元王元年丙寅，距此（案周季編略編此於赧王八年）一百六十餘年，則非一人明矣。史記云：扁鵲，渤海郡鄭人，姓秦名越人。周禮釋文引史記云：姓秦，名少齊，越人。是名字難考也。徐廣曰：鄭人當爲鄚人，鄚縣屬河間。揚子法言十，曰：扁鵲，盧人也。而醫多盧，是里居難考也。讀古書者，如此類存疑可矣。張琦曰：史本傳：扁鵲自稱越人者非一，爲名決矣。且首曰渤海鄚人，又云越人，亦不辭也。釋文蓋誤衍二字。金正煒曰：史言扁鵲與趙簡子同時，而秦武王元年，距簡子之卒已一百四十餘歲，未知孰誤。祖耿案：山東曲阜孔廟，有微山縣兩城山出土之東漢畫象石刻，其中四方並有半鳥半人之神，用鍼石爲人治病之象。近人劉毅願名之曰「漢畫象石上的針灸圖」，以爲神即扁鵲。說見一九七二年文物月刊第六期。又案：顧觀光附此於赧王八年。

〔二〕「除」下原無之字，依御覽七三八引增。高誘曰：示，語也。除，治也。鮑彪曰：欲去其病。

〔三〕「石」下原無曰字。姚注：劉本石下有曰字。高誘曰：投，棄也。石，砭，所以砭彈人臃腫也（臃，曾作癰）。鮑彪曰：砭也，所以砭彈臃腫。吳師道曰：此亦本高注。石針曰砭，所以刺病。投，棄擲也。祖耿案，御覽七三八引，石下有曰字。

〔四〕知下原有之字。姚注：一本無之字。祖耿案：御覽七三八引，無。

〔五〕如，原作知。鮑彪曰：此，如此。金正煒曰：知當爲如字之譌也。祖耿案，御覽七三八引作：「使秦政如此，則一舉而亡國矣！」是知當作如也。

〔六〕鮑彪曰：按扁鵲與趙簡子同時，至是百三十年矣。吳師道曰：簡子在晉昭、頃、定公時，周景王、敬王之世也。秦武王元年，當赧王五年，相去二百餘年，名字必差。

六

秦武王謂甘茂曰〔一〕：「寡人欲車通三川，以闚周室〔二〕，而寡人死不朽矣〔三〕！」甘茂對曰：「請之魏，約伐韓。」王令向壽輔行〔四〕。甘茂至魏，謂向壽：「子歸告王曰：『魏聽臣矣〔五〕！然願王勿攻也！』事成，盡以爲子功〔六〕。」向壽歸以告王，王迎甘茂於息壤〔七〕。甘茂至，王問其故〔八〕，對曰：「宜陽，大縣也；上黨、南陽〔九〕，積之久矣〔一〇〕；名爲縣，其實郡也〔一一〕。今王倍數險行千里而攻之〔一二〕，難矣〔一三〕！臣聞張儀西并巴蜀之地〔一四〕，北取西河之外，南取上庸〔一五〕，天下不以多張儀而賢先王〔一六〕。魏文侯令樂羊將，攻中山〔一七〕，三年而拔之；樂羊反而語功〔一八〕，文侯示之謗書一篋〔一九〕；樂羊再拜、稽首，曰：『此非臣之功，主君之力也〔二〇〕！』今臣，羈旅之臣也〔二一〕；樗里疾、公孫衍二人者挾韓而議〔二二〕，王必聽之；是王欺魏，而臣受公仲朋之怨也〔二三〕。昔者曾子處費〔二四〕，費人有與曾子同名族者而殺人〔二五〕，人告曾子之母〔二六〕，曾子之母曰〔二七〕：『吾子不殺人！』織自若〔二八〕；有頃，人又曰〔二九〕：『曾參殺人！』其母尚織自若也；頃之，一人又告之，曰：『曾參殺人〔三〇〕！』其母懼，投杼逾牆而走〔三一〕。夫以曾參之賢與母之信也，而三人疑之〔三二〕，則慈母不能信也〔三三〕。今臣之賢不及曾子，而王之信臣，又未若曾子之母也。疑臣者不適三人〔三四〕，臣恐王之爲臣投杼也〔三五〕！』王曰：『寡人不聽也，請與子盟〔三六〕！』於是與之盟於息壤。果攻宜陽，五月而不能拔也。樗里疾、公孫奭二人在〔三七〕，爭之王，王將聽之，召甘茂而告之。甘茂對曰：『息壤在彼！』王曰：『有之。』因悉起兵，復使甘茂攻之，遂拔宜陽〔三八〕。

〔一〕祖耿案：此章見史記甘茂傳，又見新序雜事二。文中甘茂之言，此章先樂羊，後曾參；史記、新序則反之：曾參事在前，樂羊事在後，是史記襲策文，新序又襲史記之證也。史記云：『甘茂者，下蔡人也，事下蔡史舉先生，學百家之術。因張儀、樗里子而求見秦惠王。王見而說之，使將，而佐魏章略定漢中地。惠王卒，武王立，張儀、魏章去，東之魏。蜀侯煇、相壯反，秦使甘茂定蜀。還，而以甘茂爲左丞相，以樗里子爲右丞相。秦武王三年，謂甘茂曰：寡人欲容車通三川，云云。』新序則曰：『甘茂，下蔡人也，西入秦，數有功，至武王以爲左丞相，樗里子爲右丞相。樗里子、公孫子，皆秦諸公子也，其外家韓也，數攻韓。秦武王謂甘茂曰：寡人欲容車至周室，云云。』語較史記爲略，是劉向采自司馬遷，而加以刪削概括之證也。此章之末，新序有『及武王薨，昭王立，樗里子、公孫子讒之，甘茂遇罪，卒奔齊。故非至明，其孰能毋用讒乎』一段三十三字之論斷，則爲劉向所加無疑。顧觀光隸此於赧王八年。

〔二〕高誘曰：三川，義陽川。周室，洛邑，王城也，今河南縣也。　鮑彪曰：闚、窺同，小視也。周室，洛邑。蓋欲取之，不正言爾。言三川，知其志不止鎬京也。　吳師道曰：三川，宜陽，說見周策。大事記：蓋控阨之地，故秦武云云。程恩澤曰：案三川，向無定稱。左傳：周之亡也，其三川震。杜預注：三川，涇、渭、洛也，就西京言。前云下兵三川，高誘注：三川，宜陽也，蓋就韓言。此三川，韋昭曰：有河、洛、伊，故曰三川，則專指東京言（張氏琦曰云云，此三川之在漢河南郡者。祖耿案：見西周策）。至秦置三川郡，正義曰：在洛州。又以地言，不以水言矣。金正煒曰：車乃東之譌。新序云：秦武王謂甘茂曰：寡人欲容車至周室者，其道乎韓之宜陽。欲使甘茂伐韓，取宜陽，以通道至周室。蓋由不辨此文之誤，傅爲其說也。趙策：秦之欲伐韓、梁，東闚於周室甚，惟寐亡之。可爲作東之證。

〔三〕矣，原作乎。姚注：乎一作矣。金正煒曰：而，猶則也，說詳經傳釋詞。策文乎與矣通用。魏策：從是觀之，地形險阻，奚足以霸王矣？又國語晉語：惡其所好，其能久矣？矣之爲乎，猶乎之爲矣也。　祖耿案：史記作：「而寡人死不朽矣。」新序無此七字。

〔四〕高誘曰：輔，副介也。　鮑彪曰：向壽，宣太后外族。輔猶副。　祖耿案：新序作「甘茂曰：『請約魏與伐韓』，令向壽輔行。」無對字，無王字。

〔五〕高誘曰：聽，從。

〔六〕吳師道曰：茂欲壽告王勿攻，王必疑其故，而茂得以薦其言，故曰：事成，盡以爲子功。大事記云：壽，武王所親幸，故茂以誘之。

〔七〕高誘曰：息壤，秦邑也。　鮑彪曰：山海經：鮌竊息壤以堙洪水；時則訓，於中央言息壤湮洪水之州。而柳子厚言永州有之。則息壤非一處，此秦地也。　程恩澤曰：案天文志：「水澹地長」。地長，即息壤也。路史：息生之土，長而不窮。漢元帝時，臨淮徐縣，地涌五六里，高二丈。又無鹽，危山土起。唐江陵南門，地隆起如伏牛馬，去之輒復。顧遯園云：王襄敏公廳事，有土墳起，古息壤也。通雅：息壤，坌土也。莊子：隱坌，亦謂坌起也。綱目集覽：隆州籍縣南一里，有地畝餘，路之軟動。長老云：息壤也。息壤誠非一處，此所云，不知所在。黄式三曰：論息壤者，皆取山海經、淮南子爲據，朱子楚辭注亦同。息，生也，土生長不已也。此則地名耳，未必土自生長也。顧觀光曰：索隱引山海經云：鮌竊帝之息壤，以堙洪水，或是此也。郭璞山海經注曰：息壤者，言土自長息無限，故可以塞洪水也。開筮曰：滔滔洪水，無所止極，伯鯀乃以息石、息壤，以填洪水。漢元帝時，臨淮徐縣，地踊長五六里，高二丈，即息壤之類也。郝懿行曰：案竹書云：周顯王五年，地忽長十丈有餘，高尺半。天文志云：水澹地長。地長即息壤也。淮南墜地訓云：禹乃以息土填洪水以爲名山，掘昆侖虛以下地。高誘注云：地或作池。據淮南斯語，是鯀用息壤而亡，禹亦用息壤而興也。史記甘茂傳云：「王迎甘茂於息壤」。索隱引此經及啓筮，與今本同。祖耿案：自「輔行」之下至此，新序作：甘茂既約魏許，甘茂還至息壤謂向壽曰：「子歸言之王，魏聽臣矣，然願王勿伐也。」向壽歸以告王，王迎甘茂於息壤。文與策異。史記則作：甘茂至，謂向壽曰：「子歸言之於王曰：『魏聽臣矣，然願王勿伐。』事成，盡以爲子功。」向壽歸以告王，王迎甘茂於息壤。文與策合。索隱按山海經、啓筮云：「昔伯鮌竊帝之息壤以堙洪水」，或是此也。正義：秦邑。蓋史記原本於策，故與策合也。

〔八〕鮑彪曰：勿攻之故。

〔九〕鮑彪曰：此屬修武。

〔一〇〕鮑彪曰：二縣財賦歸之。

〔一一〕鮑彪曰：此時韓都平陽。春秋傳：上大夫受郡，下大夫受縣，則郡縣之稱久矣。吴師道曰：大事記云：春秋時，郡屬於縣。趙簡子所謂上大夫受縣，下大夫受郡是也。戰國時，縣屬於郡，所謂上郡十五縣者是也（魏惠後十年）。方孝公商鞅時，并小鄉爲大縣，縣一令，尚未有郡及守稱，故魏納上郡之後十餘年，秦紀始書漢中郡。或者山東諸侯先變古制，而秦效之歟？　金正煒曰：郡當爲都，字形相似而譌也。周禮：四甸爲縣，四縣爲都。禮記：小曰邑，大曰都。齊策：戰者，國之殘也，而都、縣之費也。又曰：通都小縣置社。蓋周末猶是都縣之制，後人習言郡縣，因致傳寫之譌。

〔一二〕鮑彪曰：倍，背同。

〔一三〕祖耿案：自甘茂至此，策文與史記大同，惟最後一句，史作「攻之難」，前無而字，後無矣字。索隱云：謂上黨、南陽，並積貯日久矣。數音率朕反。正義云：韓之北三郡積貯在河南宜陽縣之日久矣。數險謂函谷及三殽、五谷。案此段文字，新序作：問其故，對曰：「宜陽，大縣也。名爲縣，其實郡也。今王倍數險行千里攻之，難。」無「上黨、南陽積之久矣」一語，新序襲史，而又與史不同也。

〔一四〕鮑彪曰：并，猶兼。

〔一五〕高誘曰：上庸，楚邑，今漢中東縣也。　鮑彪曰：上庸，屬漢中。　吴師道曰：大事記云：本庸國，今房州竹山縣，漢中要地也。　張琦曰：上庸，漢志屬漢中郡。今　陽府竹山縣東四十里，有上庸故城。程恩澤曰：案漢志：漢中郡有上庸縣。水經注：堵水逕房陵縣，又東北逕上庸郡（魏置）。括地志：上庸，即今房州金州地。正義：房州竹山縣，本漢上庸縣，古之庸國。章懷太子曰：古上庸城，在永清縣西。永清後魏置。其故城在房縣東一百十里（今在保康縣）。　顧祖禹曰：上庸，本庸國，書所謂庸、蜀、羌、髳者也。春秋時爲楚所滅。秦置上庸縣。　顧棟高曰：其地與陝西、四川俱接界，蓋隴、蜀咽喉，幅員曠遠。今湖北鄖陽府竹山縣東四十里有上庸城（上庸本屬楚，故高注以爲楚邑。是時屬秦，秦策所云南取上庸是也。其後又屬楚，史記所云秦復與楚上庸是也）。策云「南取」，取者，取之於楚也。　顧觀光曰：上庸，漢志屬漢中，今鄖陽府竹山縣也。大事記云：本庸國，漢中要地。史記：靳尚謂鄭袖曰：「今將以上庸之地六縣賂楚。」楚策亦云：「奉以上庸六縣爲湯沐邑。」

〔一六〕「以」下原有「爲」字。姚注：錢劉本作「不以多張子」。　高誘曰：先王，謂惠王也。　鮑彪曰：惠文。　黄丕烈曰：鮑衍爲字。丕烈案：史記無。　金正煒曰：按爲，猶以也。說見經傳釋詞。此由一本作以，一本作爲，傳寫誤併入文。漢書霍光傳：衆庶莫不多光。師古曰：多，猶重也。　祖耿案：自「攻之難矣」句下，史記、新序並直接曾參殺人一段故事，至「投杼也」止。史記方言：「始張儀西并巴蜀之地，北開西河之外，南取上庸，天下不以多張子而以賢先王。魏文侯令樂羊」云云三十餘字，而新序則無此張儀一段。此又新序襲史記而有删節也。

〔一七〕高誘曰：中山，狄都，今盧奴中山也。　鮑彪曰：冀州國。後志云：一名中人亭。　吳師道曰：索隱云：中山，故鮮虞國，姬姓也。路史：杜佑云：常山靈壽，中山國有故城。城中有山，故號中山。說見下中山策。　張琦曰：今直隸保定定州之地、古中山國也。唐縣西北十三里有故中山城。　顧觀光曰：秦策：中山之地，方五百里，趙獨擅之。齊策，中山，千乘之國也。　史記：魏文侯十七年伐中山，使子擊守之。下距趙敬侯十年與中山戰於房子，整三十年。不知中山以何年復國。戰國時記載闊略，類若斯矣。漢志：中山國縣十四。　祖耿案：「攻」上，史記、新序，並有而字。

〔一八〕高誘曰：語，言也。拔（一本拔上有言字）中山之功也。　祖耿案：「語功」，新序同史記作「論功」。

〔一九〕金正煒曰：呂覽樂成篇作二篋。

〔二〇〕祖耿案：「功」下，史記、新序並有「也」字。

〔二〕高誘曰：甘茂本齊人，故曰羇旅也。

〔三〕奭，原作衍。鮑彪曰：議，媒孽之也。　吳師道曰：衍，史並作奭，新序作公孫子，謂皆秦諸公子。又曰：宜陽之役，策公孫衍，史並作公孫奭，又有公孫顯，公孫郝，公孫赫。其云「挾韓而議」云，善韓皆事秦而黨韓者。大事記謂郝、顯、奭在秦爲一人，愚謂赫即郝也。然其事亦多與衍類，又恐衍即顯之訛也。今且當各從本文。　黄丕烈曰：索隱引此正作衍，但此與犀首別一人，即公孫郝、公孫赫也，亦云公孫顯，疑衍字有誤。　黄式三曰：策中公孫郝，史皆作奭。郝、奭通用。此甘傳作奭，策作衍。　金正煒曰：按新序：樗里子、公孫子，皆秦諸公子也，其外家韓也。　祖耿案：議下史記有之字，新序作：「二人挾韓而議，王必信之。」又案：公孫衍當作公孫奭，通鑑正作公孫奭。黄丕烈謂奭與犀首別一人，即公孫郝、公孫赫，亦云公孫顯。案黄氏之言是也。秦策二：「秦惠王死，公孫衍欲窮張儀，李讎謂公孫衍曰：不如召甘茂於魏，召公孫顯於韓，起樗里子於國。三人者，皆張儀之讎也，公用之，則諸侯必見張儀之無秦矣。」據此，知公孫衍、公孫顯非一人也。楚策三：「今惠王死，武王立，儀走，公孫郝、甘茂貴，甘茂善魏，公孫郝善韓。」楚策一：「公孫郝之於秦王，親也，少與之同衣，長與之同車，被王衣以聽事。」趙策一：「甘茂爲秦約魏以攻韓宜陽，泠向謂强國曰：「不如令趙拘甘茂勿出，……且以置公孫赫、樗里疾。」」策文中公孫郝，公孫赫常與甘茂、樗里疾同舉，年輩似較後於公孫衍。新序記秦諸公子，有公孫子者，行事與公孫赫、公孫郝同，合於楚策一所云云。則公孫赫、公孫郝者，乃秦之公子，非魏之犀首明甚也。爾雅釋訓釋文：赫，本作奭，赫、奭叠韻字。說文：奭讀如郝。史記魏其武安列傳：「有如兩宮螫將軍。」螫音火各反。漢書作奭，索隱云：奭即螫也。明奭與從赤得聲之赫、郝、螫同字矣。公孫赫爲公孫郝，亦如西周策之仇赫，史記作杌（形近之譌）郝也。廣雅釋訓：赫赫，明也。顯顯，明也。顯、赫同訓，意者，顯與赫一爲名，一爲字乎？

〔二三〕朋，原作侈，今改。說見東周策秦攻宜陽章。黄式三曰：「朋」，一作「憑」，朋、憑聲近。又作侈，侈、朋形似。

祖耿案：自「魏文侯令樂羊將」，至「公仲朋之怨也」一段，策八十三字，史記八十七字，新序八十字，内容大同，而次序則策在甘茂所對之前列，史記、新序則並在甘茂所對之最後一節。同在「大王投杼」一語之後，此又策、史、序三者之所異也。

〔二四〕高誘曰：費，邑名也。　鮑彪曰：魯邑，屬東海。　張琦曰：費，今縣屬沂州府，故城在縣西南七十里。　程恩澤曰：案費有四：一在今四川黔江縣，路史國名紀：費騶所封，音沸。費仲（紂臣）、費昌（桀臣）國，費州費水之地是也。一在今河南偃師縣南二十里之緱氏故城，費此、滑之費，春秋時已滅，左傳：殄滅我費、滑是也。一在今濟寧州魚臺縣之費亭，此古費國，戰國時尚存。孟子有費惠公，楚世家有鄒、費、郯、邳。呂覽慎勢篇：以滕、費則勞，以鄒、魯則逸。又云：東海十里小諸侯，有滕、費諸國是也。一在今沂州府費縣西北二十里之費縣故城（春秋大事表作西南七十里），即魯之費邑，本費庈父采地，後以與季氏左傳：公賜季友汶陽之田及費是也。此當是魯之費邑，在魯東（尚書費誓序：「東郊不開，」明其地在魯東也，）即東武城（魯別有南武城，在今嘉祥縣）。孟子：「曾子居武城」，與此爲一地（曾子本南武城人，而爲東武城師，與子游所宰在一處）。說苑：「魯人攻費，曾子辭於費君。」疑是古費國，然說苑多訛謬，恐不足據。或曰：季氏入戰國，子孫居費，遂以邑爲國，僭稱公（謂費惠公）。或又云：戰國魯衰，降稱費，俱未可信（元和志：亳州永城縣（漢爲鄼縣）南二十里，有故費城。此乃漢曹騰封邑，與古無涉）。　顧觀光曰：漢志：東海郡費，故魯季氏邑，在今沂州府費縣東北六十里。按戰國時，季氏以邑爲國，而僭稱公。故呂氏愼勢篇云：「以滕、費則勞，以鄒、魯則逸。」楚世家云：「鄒、費、郯、邳者，羅鸗也。」說苑言魯人攻鄪，曾子辭於鄪君。而孟子亦稱費惠公爲小國之君，皆其明證。　祖耿案，史記作：「昔曾參之處費。」集解：

音秘。新序作：「昔者曾參之處鄭，人有與曾參同名姓者殺人。」

〔二五〕高誘曰：名，字。族，姓。　鮑彪曰：族，姓也。　祖耿案：御覽三九四引作「同姓名者」。八二六引作「同名姓者」。

〔二六〕子下原無之字，依御覽八二六引增。

〔二七〕曾上原有「曰：『曾參殺人』」五字。御覽八二六引作：「人告曾子之母，母曰：」是無此五字也，今刪。

〔二八〕高誘曰：若，如故也。

〔二九〕人上原有焉字，依御覽八二六引刪。

〔三〇〕姚注：一本無已上十九字。

〔三一〕高誘曰：踰牆逃走也。　鮑彪曰：杼，機之持緯者。　祖耿案：自曾子之母，下至此一段文字，史記作：「人告其母曰：『曾參殺人』，其母織自若也。頃之，一人又告之曰：『曾參殺人』，其母尚織自若也。頃又一人告之曰：『曾參殺人』，其母投杼下機，踰牆而走。」新序作：「人告其母曰：『曾參殺人』，其母織自若也。頃然，一人又來告之，其母曰：『吾子不殺人。』有頃，一人又來告，其母投杼下機，踰牆而走。」策、史、序三文各不同。

〔三二〕高誘曰：疑，猶惑也。　鮑彪曰：使其母疑。

〔三三〕高誘曰：信，猶保也。　祖耿案，此數語，史記作：「夫以曾參之賢與其母信之也，三人疑之，其母懼焉。」新序作：「夫以曾參之賢與其母信之也，然三人疑之，其母懼焉。」

〔三四〕高誘曰：適音翅。　鮑彪曰：疑臣者，疑之於王也。適啻同。　黃式三曰：適、啻，古聲同，止也。史作特。金正煒曰：釋詞云：說文：適，從辵，啻聲。適、啻聲相近，故古字或以適爲啻（啻與翅通）。孟子告子篇：飲食之人，無有失也，則口腹豈適爲尺寸之膚哉。趙注：口腹豈但爲肥長尺寸之膚耶！但字正適釋字。史記甘茂傳作：「疑臣者非特三人。」特，亦猶但也。祖耿案：此數語，史記作：「今臣之賢不若曾參，王之信臣，又不如曾參之母信曾參也，疑臣者非特三人。」新序作：「今臣之賢也不若曾參，王之信臣也，又不如曾參之母信曾參也，疑臣者非特三人也。」

〔三五〕之字原在臣字下。姚注：一本爲上有之字。祖耿案：之當在爲字上，誤殺於下也。史記作：「臣恐大王之投杼也。」新序無之字。又案：此句下，史記接「始張儀西并巴蜀」，至「而以賢先王」三十一字，新序接魏文侯令樂羊將一段，并與策異。

〔三六〕高誘曰：聽，受也。

〔三七〕姚注：在，新序作讒。鮑彪曰：在，言在中也。金正煒曰：按漢書黥布傳：楚使者在，方急責布發兵。文穎曰：在淮南王所也。說與鮑同，或爲再之譌。祖耿案：自「寡人不聽也」以下，史記、新序與策文各不同。史記云：「「請與子盟。」卒使丞相甘茂將兵伐宜陽。五月而不拔，樗里子、公孫奭果爭之。武王召甘茂，欲罷兵。甘茂曰：「息壤在彼。」王曰：「有之。」因大悉起兵，使甘茂擊之。斬首六萬，遂拔宜陽。韓襄王使公仲侈入謝，與秦平。武王竟至周，而卒於周。其弟立，爲昭王。」新序云：「使伐宜陽，五月而宜陽未拔，樗里子、公孫子果爭之。武王召甘茂欲罷兵。甘茂曰：「息壤在彼。」王曰：「有之。」因悉起兵，使甘茂將擊之，遂拔宜陽。及武王薨，昭王立，樗里子、公孫子讒之，甘茂遇罪，卒奔齊。故非至明，其（見第一注）孰能無用讒乎？」新序此文，旨在譖愬不行，不聽讒言，故以能無用讒作結，此則策文之所未及也。正義釋云：「甘茂歸至息壤，與秦王盟，恐後樗里子、公孫奭伐韓，今二子果爭之。武王召茂欲罷兵，故甘茂云息壤在彼邑也。」玩正義此語，甘茂所云「息壤在彼」之「彼」，意蓋直指宜陽。殆云宜陽爲增長秦國土地之樞機，非拔不可，非僅指前盟之地之息壤也。武王聞言頓悟，故下决心答言有之，因此悉起兵使將。明此息壤一詞，實爲土地增長之代用語矣！

〔三八〕鮑彪曰：在秦武王三年，茂傳有。

七

宜陽之役〔一〕，馮章謂秦王曰〔二〕：『不拔宜陽，韓、楚乘吾弊〔三〕，國必危矣！不如許楚漢中以懽之〔四〕。楚懽而不進，韓必孤，無奈秦何矣〔五〕。』王曰：『善。』果使馮章許楚漢中而拔宜陽〔六〕。楚王以其言責漢中於馮章〔七〕。馮章謂秦王曰：『王遂亡臣〔八〕。因謂楚王曰〔九〕：「寡人固無地而許楚王〔一〇〕。」』

〔一〕高誘曰：役，事也。　鮑彪曰：役猶戍役。　吳師道曰：役，事也。　祖耿案：顧觀光隸此於赧王八年。

〔二〕鮑彪曰：馮章，秦人。

〔三〕高誘曰：弊，極也。

〔四〕高誘曰：與楚漢中以喜之也。　鮑彪曰：使楚説也。

〔五〕高誘曰：韓失楚援故孤，無如秦何。

〔六〕高誘曰：宜陽，韓邑也。

〔七〕鮑彪曰：楚王，懷王。
〔八〕鮑彪曰：詐爲逐之。
〔九〕因，原作固。黄丕烈曰：今本固作因，鮑本作因。案當作因，涉下而譌也。
〔一〇〕鮑彪曰：彪謂：此策可以無出地矣，如後不可爲約何！ 吴師道曰：戰國變詐多此類，豈暇慮後耶！懷王親受商於之欺而猶不悟，昏於貪故也。

八

甘茂攻宜陽〔一〕，三鼓之而卒不上〔二〕。秦之右將有尉對曰〔三〕：『公不論兵，必大困〔四〕。』甘茂曰：『我羈旅而得相秦者，我以宜陽餌王〔五〕。今攻宜陽而不拔，公孫衍、樗里疾挫我於内〔六〕，而公仲以韓窮我於外〔七〕，是無茂之日已〔八〕！請明日鼓之，而不可下〔九〕，因以宜陽之郭爲墓〔一〇〕。』於是出私金以益公賞〔一一〕。明日鼓之，宜陽拔〔一二〕。

〔一〕祖耿案：顧觀光隸此於赧王八年。
〔二〕高誘曰：卒，士也。士不上攻也。 鮑彪曰：鼓以進軍。卒，士也。上猶前。
〔三〕鮑彪曰：尉，軍尉。
〔四〕鮑彪曰：言不以兵法治士。 金正煒曰：按管子參患篇：『故凡兵有大論，必先論其器，論其士。』論兵即論士，言不量兵之力而用之，必至自困也。論，又或爲諭之謂。漢書王莽傳：「諭以攝位當反政孺子之意。」師古曰：諭，曉告之。茂之必拔宜陽，不以其意曉告士卒，故鼓之不上也。諭兵蓋猶誓師。呂覽適威篇：愛利之心，諭威乃可行。此即其義。

〔五〕高誘曰：餌，猶喜也。鮑彪曰：以釣喻也。

〔六〕爽原作衍。高誘曰：挫，猶毀也。鮑彪曰：挫，摧也。吳師道曰：衍，史作爽，下章同。黄丕烈曰：史記無此文，吳以意言之耳。案衍當作爽，說見上。

〔七〕仲，原作中。高誘曰：公中，韓侈也。

〔八〕茂，原作伐。鮑彪曰：戰功曰伐，言後不復立功。吳師道曰：一本作「無茂」，是，蓋字訛。金正煒曰：一本是也。或無字本作亡，而伐爲我之譌，承上文挫我、窮我而言。史記項羽紀：「天之亡我，我何渡爲？」

〔九〕金正煒曰：而，讀爲若。

〔一〇〕高誘曰：墓，葬也　鮑彪曰：示必死也。

〔一一〕高誘曰：益，助也。

〔一二〕高誘曰：拔，得也。黄丕烈曰：宜上，鮑本有而字。吳補：一本「鼓之，宜陽拔」。

九

宜陽未得〔一〕，秦死傷者衆，甘茂欲息兵〔二〕。左成謂甘茂曰：「公内攻於樗里疾、公孫奭〔三〕；而外與韓朋爲怨〔四〕；今公用兵無功，公必窮矣。公不如盡兵攻宜陽〔五〕，宜陽拔，則公之功多矣〔六〕。是樗里疾、公孫奭無事也〔七〕。秦衆盡〔八〕，怨之深矣〔九〕。』

〔一〕姚注，得，一本作拔。　高誘曰：宜陽，韓邑，韓武子所都也。　祖耿案：顧觀光隸此於赧王八年。

〔二〕高誘曰：息，休也。甘茂，秦將也。

〔三〕奭原作衍。高誘曰：惡甘茂譖毁之於内，故曰：内攻疾、衍（一本下有也字）。　鮑彪曰：二人毁之，如攻國然。　案衍當爲奭，説見上。下同。

〔四〕朋原作侈。　高誘曰：韓侈，韓相。案侈當爲朋，説見東周策秦攻宜陽章。

〔五〕盡，原作進。　金正煒曰：按茂已久攻宜陽不得，復説以進兵，進當爲盡，聲之誤也。列子天瑞篇：「終進乎不知也。」注：進當爲盡。與此正同。盡兵攻宜陽，猶張儀説秦王章所云：悉卒以攻邯鄲也。下文「秦衆盡，怨之深矣」，即與此語相應。

〔六〕高誘曰：戰功曰多也。

〔七〕奭，原作衍。　高誘曰：無事，樗里疾、公孫衍無以復攻毁甘茂之事也。　鮑彪曰：不得事權。

〔八〕高誘曰：秦死傷衆盡。　鮑彪曰：謂死傷多。

〔九〕高誘曰：怨樗里疾、公孫衍之造謀伐宜陽，怨深之重也。　鮑彪曰：使茂久攻，二人持之故也。

十

宜陽之役，楚畔秦而合於韓〔一〕，秦王懼〔二〕，甘茂曰：『楚雖合韓，不爲韓氏先戰〔三〕；韓亦恐戰而楚有變其後〔四〕；韓楚必相御也〔五〕。楚言與韓而不餘怨於秦，臣是以知其御也〔六〕。』

〔一〕祖耿案：顧觀光隸此於赧王八年。

〔二〕高誘曰：秦武王也。

〔三〕高誘曰：言楚不能爲韓氏，先與秦戰也。

〔四〕高誘曰：恐楚作變難伐其後也。　鮑彪曰：變，背約也，楚時助韓，兵在韓後。　吳師道曰：言其後有變也。　金正煒曰：釋詞：有，猶或也。

〔五〕高誘曰：御，猶相瞰望也（瞰，錢劉作詹）。　鮑彪曰：御，猶制也。二國雖合，猶相疑，故自相制。　金正煒曰：按國語越語：「皆曲相御。」注：御，猶將也，言皆曲意取容，轉相將望。正與高注義同。

〔六〕高誘曰：楚雖與韓合，不有餘怨於秦，無怨亦可復合也，故曰：是以知其相御。　鮑彪曰：楚之與韓，有言而已，而其於秦，不見多怨。　吳師道曰：聲言與韓而不遺怨於秦。　金正煒曰：餘字疑當作除。易象下傳：「君子以除戎器。」虞注：除，修也。言楚雖聲言與韓而不修怨於秦，是以知其相御也。史記屈賈傳注：索隱云：楚辭「餘」并作「余」。爾雅釋天：四月爲余。詩小明箋：四月爲除。疏：除、余字雖異，音實同也。故此文除怨誤餘怨。又或爲輸之誤。荀子成相篇注：輸，傾委也。陳軫去楚之秦章：常以國情輸楚。吳曰：輸，寫也，輸怨猶云注怨。

十一

秦王謂甘茂曰〔一〕：『楚客來使，多健者〔二〕，與寡人争辭，寡人數窮焉〔三〕。爲之奈何？』甘茂對曰：『王勿患也〔四〕！其健者來使〔五〕，則王勿聽其事〔六〕；其需弱者來使〔七〕，則王必聽之；然則需弱者用而健者不用矣。王因而制之〔八〕。』

〔一〕祖耿案：顧觀光附此於赧王六年。

〔二〕者字原在多上。高誘曰：健者，强也。鮑彪曰：言其强辯。金正煒曰：按高注：「健者强也」，高注無著「者」字之例，策文者字，當在健字下，故注以「健者」爲文。後云：「其健者來使者」，又云：「然則需弱者用而健者不用矣」，并以「健者」連文。

〔三〕鮑彪曰：辭屈也。

〔四〕高誘曰：患，憂也。

〔五〕使下原有者字。吳師道曰：者字疑衍。黄丕烈曰：據下句，使下無者字也。

〔六〕高誘曰：聽，從也，受也。

〔七〕鮑彪曰：集韻：需音儒，韋柔滑貌。吳師道曰：需即濡。金正煒曰：按需當爲耎字，形相近而譌也。楚策：李園，耎弱人也。漢書王吉傳注：耎，柔也。耎弱與健義正相對。湯炳正曰：案需弱即懦弱，需乃懦之借字，金說似非。國語晉語：少懦於諸侯。注云：弱也。說文：懦，駑弱也。周禮考工記：腥脂之則需。注讀爲柔需之需。又弓人薄火䊵則需，注讀爲畏需之需，皆借需爲懦之證。漢書兒寬傳：然懦於武。注：懦，柔也。不必改爲耎。

〔八〕高誘曰：制，御也。　鮑彪曰：弱者易制，因可制。

十二

甘茂去秦，且之齊〔一〕，出關，遇蘇子〔二〕，曰：『君聞夫江上之處女乎〔三〕？』蘇子曰：『不聞。』曰：『夫江上之處女，有家貧而無燭者，處女相與語，欲去之〔四〕，家貧無燭者將去矣，謂處女曰：「妾以無燭之故〔五〕，常先至掃室布席，何愛餘明之照四壁者〔六〕？幸以賜妾！何妨於女？妾自以有益於女〔七〕，何爲去我？」處女相語以爲然而留之。今臣不肖，棄逐於秦而出關〔八〕，願爲足下掃室布席，幸無我逐也！』蘇子曰：『善。請重公於齊〔九〕。』乃西説秦王曰：『甘茂，賢人，非恒士也〔一〇〕。其居秦，累世重矣〔一一〕。自殽塞谿谷〔一二〕，地形險易盡知之。彼若以齊約韓魏反以謀秦，是非秦之利也〔一三〕。』秦王曰：『然則奈何？』蘇代曰：『不如重贄厚禄以迎之〔一四〕。彼來，則置之槐谷〔一五〕，終身勿出〔一六〕。天下何從圖秦？』秦王曰：『善。』與之上卿，以相印迎之〔一七〕。甘茂辭不往。蘇代爲謂齊湣王曰〔一八〕：『甘茂，賢人也。今秦與之上卿，以相印迎之〔一九〕，茂德王之賜，故不往，願爲王臣。今王何以禮之？王若不留，必不德王〔二〇〕。彼以甘茂之賢，得擅用強秦之衆，則難圖也！』齊王曰：『善。』賜之上卿，命而處之〔二一〕。

〔一〕高誘曰：且，將也。　鮑彪曰：茂傳：昭元年，擊魏皮氏，未拔，去。　祖耿案：去，原作亡，依文選廣絕交論李注、御覽八七〇引改。　又案：史記甘茂傳云：「甘茂之亡秦奔齊，逢蘇代，代爲齊使於秦。甘茂曰：『臣得罪於秦，懼而遯逃，無所容跡。臣聞貧人女與富人女會績。貧人女曰：我無以買燭，而子之燭光幸有餘。子可分我餘光，無損子明而得一斯便焉。今臣困而君方使秦而當路矣。茂之妻子在焉，願君以餘光振之。』蘇代許諾。遂致使於秦。已，因說秦王曰：『甘茂，非常士也。其居於秦，累世重矣。自殽塞及至鬼谷，其地形險易皆明知之。彼以齊約韓魏反以圖秦，非秦之利也。』秦王曰：『然則奈何？』蘇代曰：『王不若重其贄，厚其祿以迎之，使彼來則置之鬼谷，終身勿出。』秦王曰：『善。』即賜之上卿，以相印迎之於齊。甘茂不往。蘇代謂齊湣王曰：『夫甘茂，賢人也，今秦賜之上卿，以相印迎之。甘茂德王之賜，好爲王臣，故辭而不往。今王何以禮之？』齊王曰：『善。』即位之上卿而處之。秦因復甘茂之家以市於齊。」顧觀光隸此於赧王九年。

〔二〕高誘曰：遇，見也。蘇子，蘇代也。　鮑彪曰：代也。代傳：侍燕太子質於齊，將適秦。

〔三〕鮑彪曰：女在室者。　祖耿案：御覽八七〇引處作夜。

〔四〕高誘曰：去猶遺之也，遺無燭者。　鮑彪曰：遺之使去。

〔五〕燭下原無之字，依文選廣絕交論李注、御覽八七〇引增。

〔六〕御覽八七〇引作：「何愛東壁上餘光照西壁者。」

〔七〕兩女字上原均有處字，疑涉上下文衍，今删。

〔八〕高誘曰：甘茂言：我不肖，爲秦所棄逐也。

〔九〕高誘曰：重，尊也，言將使齊尊重公。

〔一〇〕鮑彪曰：恒，常也。

〔一一〕鮑彪曰：茂事惠、武、昭三王。

〔一二〕姚注：後語槐谷注：槐里之谷，今京兆始平之地，言周秦之地悉知也。或作鬼谷，大非。　程恩澤曰：案殽塞，即殽山也。吕氏春秋：天下，九塞殽其一也。淮南子亦云。　祖耿案，此句甘茂傳作：「自殽塞及至鬼谷，其地形險易皆明知之。」下文又云：「使彼來則置之鬼谷。」注：裴駰引徐廣曰：鬼谷在陽城。張守節曰：劉伯莊云：「此鬼谷，關内雲陽，非陽城者也。」案陽城鬼谷時屬韓，秦不得言置之。　黄式三周季編略依史記作：自殽塞至鬼谷。

〔一三〕高誘曰：約，結也。以齊之强合韓魏還以圖秦，能傾之，故曰：非秦之利也。

〔一四〕贊上、禄上，原均有其字。姚注：劉作「重贊」。　鮑彪曰：集韻：贊與摯通，握持也。言多持物往遺之。

〔一五〕鮑彪曰：扶風有槐，史云：鬼谷，注：在陽城。　吴師道曰：按史，谿谷、槐谷，并作鬼谷。故前則徐注：在陽城，後則劉伯莊云：在關内雲陽，皆不明。按姚引後語注：槐里之谷，今京兆始平之地。作鬼谷，大非。　黄丕烈曰：案槐、鬼者，聲之轉也，此必在關内。徐廣注史記，以陽城之鬼谷説之，自誤，而後語注，因云或作鬼谷。大非，亦未然。　張琦曰：槐里故城，在今西安府興平縣東南十一里，又涇陽縣西北五十里冶谷入谷二十里有百里槐樹，或所謂槐谷者歟？　程恩澤曰：案槐谷一名鬼谷，非扶風之槐里，亦非陽城之鬼谷也。地理志：扶風槐里，周曰犬丘，秦更名廢丘。此舊注所本，然其地并無谷名。正義曰：此鬼谷，在關內雲陽（說本劉伯莊），非陽城者也。古雲陽城，在今西安府涇陽縣，爲漢池陽縣地。郡國志，注引地道記曰：池陽北有鬼谷是也（晉太康地記同，惟以爲即鬼谷先生所居，則非）。顧祖禹曰：今西安府三原縣（亦漢池陽縣地）西二十里有清谷（長安志作清水谷），一作鬼谷（隋書地理志以鬼谷在今韓城縣，疑別一地），即槐谷也。若鬼谷先生所居，則在今河南登封縣（即古陽城縣，後漢馮衍傳注：鬼谷先生所居，在洛陽城北。說又小異）東南，寰宇記以爲即此槐谷，誤矣（虞喜志林謂在隴關，亦誤）。顧觀光曰：古字鬼與槐通，非謂潁川陽城之鬼谷也。漢志槐里屬右扶風，高祖更名。疑高祖前已有此稱矣（在今西安府興平縣東南十里）。　又曰：史記蘇秦傳：「習之於鬼谷先生。」徐廣曰：潁川陽城有鬼谷，蓋是其人所居，因爲號。元和志云：洛州告成縣本，漢陽城縣，鬼谷在縣北五里，即六國時鬼谷先生所居也。　朱起鳳曰：槐谷，即槐里之谷。史作鬼谷，鬼乃槐字訛損。策文上言谿谷，循繹注義，此谿字亦當作槐。觀史遷并引作鬼可見。地在關內。徐廣謂在陽城，大謬。鬼谷先生亦是烏有先生之例，蘇秦欲神秘其道，故假名鬼谷。

〔一六〕鮑彪曰：代知茂必留齊，故言此爾，不爲茂游說也。　吳師道曰：代以此言激秦王，與之上卿以相迎之，使齊亦重茂，豈非游說也？

〔一七〕原無印字。之字下原有齊字。鮑彪曰：迎之於齊。　吳師道曰：姚注：錢作以相印迎之。　朱起鳳曰：相迎，疑將養之誤，將相疊韻，迎從印聲，與養字通。史記甘茂傳引作「以相印迎之」，非蘇子本意也。

〔一八〕原作蘇秦僞謂王曰。姚注：一作蘇代僞謂齊湣王曰。　吳師道曰：姚氏云：秦一作代，按史同。僞爲二字，疑是「爲謂」，蓋上卿之事誠有，何得言僞？爲，一本作謂。　王念孫曰：僞爲，即爲謂也（爲謂之爲，讀去聲）。爲謂齊王者，蘇代爲甘茂謂齊王也。僞與爲，古同字；僞爲之爲，古與謂同義，故一本作謂。吳謂上卿之事非僞，則誤讀僞爲詐僞之僞矣。　錢穆曰：甘茂亡在秦昭王元年，時當齊宣王十四年，下距湣王立尚五年，史記秦昭元當湣王十八年，不足據。剡川姚氏本作蘇秦謂王曰。時秦已死，當係代字之譌，而王不作湣王，則爲得之。馬驌繹史卷一百二十六採秦策此文，亦僅作齊王，無湣字（考辨三六一頁）。

〔一九〕原無印字。姚注：劉作以相印迎之齊。

〔二〇〕高誘曰：德，恩也。

〔二一〕姚注，後語：「而厚處之。」高誘曰：處，居也。鮑彪曰：命，猶入命之命。茂傳有。吳師道曰：列女傳：齊女徐吾與鄰婦合燭夜績，辭亦相類。史通謂：游士假設之辭，遽以名字加之者。祖耿案：列女傳：齊女徐吾者，東海貧婦人也，與鄰婦李吾會燭夜績。徐吾燭數不屬，李吾曰：請無與夜也。徐吾曰云云。史通外篇雜説下論之曰：觀劉向對成帝稱武、宣行事，世傳失實，事具風俗通，其言可謂明鑑矣！及自造洪範五行及新序、説苑、列女、神仙諸傳，而皆廣陳虛事，多構僞辭，非其識不周而才不足，蓋以世人多可欺故也。嗚呼！後生可畏，何代無人，而輒輕忽若斯者哉。夫傳聞失真，書事失實，蓋事有不獲已，人所不能免也。至於故爲異説以惑後來，則過之尤甚者矣！案蘇秦答燕易王，稱有婦人將殺夫，令妾進其藥酒，妾佯僵而覆之。又甘茂謂蘇代云：「貧人女與富人女會績，曰：『無以買燭，而子之光有餘，子可分我餘光，無損子明。』」此并戰國之時游説之士寓言設理，以相比興。及向之著書也，乃用蘇氏之説，爲二婦人立傳，定其邦國，加其姓氏，以彼烏有，特爲指實，何其妄哉！吳氏所引，即指此也。

十三

甘茂相秦〔一〕，秦王愛公孫衍，與之間有所言〔二〕。因自謂之曰：『寡人且相子〔三〕。』甘茂之吏，道穴聞之〔四〕，以告甘茂。甘茂因入見王，曰：『王得賢相，敢再拜賀。』王曰：『寡人託國於子，焉更得賢相？』對曰：『王且相犀首〔五〕。』王曰：『子焉聞之？』對曰：『犀首告臣〔六〕。』王怒於犀首之泄也，乃逐之〔七〕。

〔一〕祖耿案：韓非子外儲說右上作：『甘茂相秦惠王，惠王愛公孫衍。』此篇姚本與甘茂去秦且之齊連篇，鮑本另列一篇。據文義，應另爲一篇。顧觀光附此於赧王八年。

〔二〕言原作立。　鮑彪曰：請間之。間，暇隙也。因暇與語，將置相也。　王引之曰：『間有所立』四字，文不成義，『立』當爲『言』。間，私也，謂與之私有所言也。故下文即云：『因自謂之曰：「寡人且相子。」』篆文言字作𧥢，隸作𧦝，因譌而爲立。韓非子外儲說右篇正作『間有所言。』　顧廣圻曰：『與之間有所言』六字爲一句。

〔三〕高誘曰：子，公孫衍也。

〔四〕穴，原作而。姚注：劉無道而二字。　鮑彪曰：聞之於道。　吳師道曰：按韓非子道而作道穴云：秦王欲將犀首，樗里疾恐代之將也，鑿穴於王之所常隱語者，王果與犀首計之，境內盡知之，蓋樗里疾道穴聽之矣。　黃丕烈曰：案韓子在外儲說右上，事與策同，其樗里疾事以『一曰』爲別，吳合爲一事者，誤。　金正煒曰：韓非外儲說作：『甘茂之吏，道穴聞之，』當據以訂正。鮑注『聞之於道』，非也。劉無『道而」二字，亦誤脱。朱起鳳曰：穴字作而，篆文形近而訛。

〔五〕高誘曰：犀首，公孫衍也。

〔六〕高誘曰：告，語也。

〔七〕高誘曰：言甘茂知之，且不欲使公孫衍得相，而分（一本無而字）其寵也，故言犀首告臣，欲王逐之也。鮑彪曰：逐，逐衍也。曰告人足矣，不必告己。吴師道曰：告人之云，機更深險。祖耿案：鮑本無之字，鮑補之字。吴師道曰，姚本有之字。

十四

甘茂約秦魏而攻楚〔一〕，楚之相秦者屈蓋〔二〕，爲楚和於秦，秦啓關而聽楚使。甘茂謂秦王曰：『怵於楚而不使魏制和〔三〕，楚必曰〔四〕：「秦鬻魏〔五〕。」魏不悦而合於楚〔六〕，楚魏爲一，國恐傷矣〔七〕。王不如使魏制和。魏制和，必悦。王不惡於魏，則寄地必多矣〔八〕。』

〔一〕祖耿案：顧觀光附此於赧王三年，曰：是年，秦敗楚於藍田，魏又襲楚至鄧，故附此。

〔二〕高誘曰：屈蓋，楚臣也。楚仕於秦，使秦相之也。鮑彪曰：凡屈皆楚人，楚任之於秦，使爲秦相。程恩澤曰：案路史：屈武子，瑕邑，號屈侯。綱目集覽：楚武王子瑕，食采于屈因氏焉。左傳：楚有州屈。或曰：在今鳳陽府鳳陽縣西。金正煒曰：按屈蓋相秦無考，且與楚王問范環章不合。置楚臣以爲秦相，恐亦非楚所能得於秦也。史記六國年表：「楚懷王十七年，『秦敗我將屈丐。』」索隱云：「丐音蓋，楚大夫。」疑即此策屈蓋，相秦當爲拒秦之譌。丐未爲秦虜之先，謀和於秦，故秦啓關而聽楚使。左氏成十二年傳：「鄭伯如晉聽成」注：聽，猶受也。秦本紀：惠文後十三年，「庶長章擊楚於丹陽，虜其將屈丐，斬首八萬；又攻楚漢中，取地六百里，置漢中郡。」甘茂傳：「使將而佐魏章略定漢中地。」此策當即其時，舊注並誤。

〔三〕鮑彪曰：訹，誘也，若怵則驚耳。制謂主之。吳師道曰：策訹、怵字通。

〔四〕鮑彪曰：以鬻魏之言告魏。

〔五〕鮑彪曰：鬻，賣也，如賣友云。言始約而終背之。

〔六〕不上原無魏字，鮑補魏字。吳師道曰：恐缺一魏字。

〔七〕高誘曰：傷，害也。

〔八〕鮑彪曰：言魏且割地與秦。時地未入，故言寄。

十五

陘山之事〔一〕，趙且與秦伐齊，齊懼，令田章以陽武合於趙〔二〕，而以順子爲質〔三〕，趙王喜〔四〕，乃案兵告於秦，曰：『齊以陽武賜弊邑，而納順子，欲以解伐〔五〕，敢告下吏〔六〕。』秦王使公子他之趙，謂趙王曰：『齊與大國救魏而倍約〔七〕，不可信恃，大國弗義〔八〕，以告弊邑〔九〕，而賜之二社之地〔一〇〕，以奉祭祀：

今又案兵〔一一〕，且欲合齊而受其地〔一二〕；非使臣之所知也！請益甲四萬，大國裁之！』蘇代爲齊獻書穰侯曰〔一三〕：『臣聞往來者之言曰〔一四〕：「秦且益趙甲四萬人以伐齊〔一五〕」，臣竊必之〔一六〕弊邑之王曰〔一七〕：「秦王明而熟於計，穰侯智而習於事，必不益趙甲四萬人以伐齊。」是何也？夫三晉相結，秦之深讎也〔一八〕。三晉百背秦，百欺秦，不爲不信，不爲無行〔一九〕。今破齊以肥趙，趙，秦之深讎〔二〇〕，不利於秦，一也。秦之謀者，必曰：「破齊弊晉〔二一〕，而後制晉楚之勝〔二二〕。」夫齊，罷國也〔二三〕，以天下擊之，譬猶以千鈞之弩決潰癰也〔二四〕。秦王安能制晉楚哉〔二五〕？二也。秦少出兵，則晉楚不信〔二六〕；多出兵，則晉楚爲制於秦；齊恐，則必不走於秦，且走晉楚〔二七〕。三也。齊割地以實晉楚，則晉楚安；齊舉兵而爲之頓劍，則秦反受兵〔二八〕。四也。是晉楚以秦破齊〔二九〕，以齊破秦〔三〇〕，何晉楚之智而齊秦之愚？五也〔三一〕。秦得安邑〔三二〕，善齊以安之，亦必無患矣。秦有安邑，則韓魏必無上黨哉〔三三〕。夫取三晉之腸胃〔三四〕，與出兵而懼其不反也，孰利？故臣竊必之弊邑之王曰〔三五〕：「秦王明而熟於計，穰侯智而習於事，必不益趙甲四萬人以伐齊矣〔三六〕。」』

〔一〕高誘曰：陘山，蓋趙并陘塞也。事，役也。　鮑彪曰：穰侯傳：魏背秦，與齊從親，秦使穰侯攻趙、韓、魏於華陽下，且益趙以兵伐齊，則此役也。陘山在密。後志注云：史記秦破魏華陽，地亦在縣。則此策書陘山，史書華陽，一役也。事在（秦昭）三十四年。　吳師道曰：大事記：華陽之役，秦救韓而擊趙魏。年表、列傳或云得三晉將，或云攻趙、韓、魏，皆記者之誤。按大事記赧王四十一年，魏背秦，與齊從親，秦魏冉伐魏，拔四城。明年，趙、魏伐韓，秦魏冉救韓，敗趙、魏，且與趙觀津，益趙以兵伐齊。　秦四：楚魏戰於陘山章，鮑彪注曰：魏記蘇秦傳注：在密縣，密屬河南。楚記：威王卒，魏因喪取我陘山。魏襄六年伐楚，敗之陘山，在此前九年。　吳師道曰：徐廣云：召陵有陘亭，密縣有陘山。正義云：括地志云在鄭州新鄭縣西南。大事記取鮑氏所引召陵。韓策引正義，又謂楚北有汾陘之塞，即此皆一地也。愚恐汾字有誤，因「韓陘城汾旁」訛也。又曰：召陵陘亭者，陘山也（秦攻韓圍陘章注）。　張琦曰：陘山在今開封府新鄭縣南三十里，與密縣接界，楚北有汾陘之塞，即此，非召陵之陘亭也。召陵故城，在今許州郾城縣東四十五里，其南有陘亭。　程恩澤曰：案今新鄭縣南並無此山，當以在召陵者爲是。蘇秦說韓云：「南有陘山」，正指召陵言，與楚爲一地。若在新鄭，則不得云南有陘山矣！　程恩澤又曰：案地理志：常山郡石邑縣西，有井陘山，太行第五陘也。穆天子傳：天子獵於銒山，即此。呂氏春秋：天下九塞，井陘其一（淮南子同）。　李左車曰：井陘之道，車不得方軌，騎不得成列，最爲趙之險塞。正義：井陘在眞州井陘縣東南十八里（即井陘口）。元和志：井陘，一名土門，在縣東南八十里，其口在縣南十里，四面高，中央下，如井，故曰井陘。今在直隸正定府井陘縣東北五十里（東接獲鹿縣界，西接山西平定州界）。此章陘山，未見得確是趙地，姑依高注，錄此以俟考。　顧觀光曰：史記：威王十一年卒，魏聞楚喪，伐楚，敗我陘山（依魏世家及表）。　正義引括地志云：陘山在鄭州新鄭縣西南三十里。今新鄭屬許州府，而郾城縣東南亦有陘山。蓋此山緜亙甚遠，楚、韓皆恃爲險要。故蘇秦說楚曰：「北有陘塞。」說韓曰：「南有陘山。」在楚爲北塞者，在韓爲南塞也。徐廣曰：陘，山絶之名。又曰：楚策：蘇秦説楚曰，北有汾陘之塞，與史不同。吴注謂當從史，然考左傳：楚子庚治兵於汾，注云：襄城東北有汾邱城，今襄城，屬汝州，與新鄭、陘山，俱爲南北隘道。是策文未必誤也。史記范雎傳：「秦昭王四十三年攻韓汾陘，拔之」，則謂汾水旁之陘城，距此絶遠。祖耿案，顧觀光隷此於赧王四十二年。

〔二〕高誘曰：陽武，齊邑也。和，合也。鮑彪曰：陽武屬河南，此時屬齊。吴師道曰：此指開封陽武，非齊地，當考。張琦曰：陽武，或章武之譌，陽、章音相近也。章武今天津府地。程恩澤曰：案漢志：陽武屬河南（今屬懷慶府。胡渭曰：陽武本在河南，自元時，河從原武決而東南流，始爲河北地）。史記云：陳平，陽武户牖鄉人。蔡邕陳留東昏庫上里新碑亦云：惟斯庫里，古陽武之牖鄉。即左傳所云及户牖。陳留風俗傳：東昏縣，衛地，故陽武之户牖鄉是也，今爲開封府蘭儀縣。是時齊地據有曹濮，距蘭儀不遠。既云以陽武合於趙，當必與趙接壤之處，未可以鮑注爲非（張氏琦曰：此或章武之誤）。顧觀光曰：按漢志：陽武屬河南，非齊地，當考。

〔三〕高誘曰：順子，齊公子。質，保也。

〔四〕鮑彪曰：趙王，惠文王。

〔五〕高誘曰：解趙，使不與秦俱伐齊。

〔六〕高誘曰：下吏，秦吏。鮑彪曰：不斥王，故言告吏。

〔七〕高誘曰：大國，趙也。鮑彪曰：齊背二國。

〔八〕高誘曰：弗義，不以爲義也。鮑彪曰：趙以齊倍之，爲不義。祖耿案：弗，原作不。姚注：不，一作弗。錢劉一作「不以爲義」。姚宏曰：若下注作弗，則上當作弗義。

〔九〕高誘曰：敝邑，秦自謂也。鮑彪曰：告以伐齊。

〔一〇〕鮑彪曰：邑皆有社，二社，二邑也。吴師道曰：未詳戰國之制。金正煒曰：按管子乘馬篇：方六里命之曰社。有邑焉名之曰央。此云二社，當是方十二里之地。

〔一一〕姚注：劉錢「又」作「有」。續：古人「有」多作「又」。

〔一二〕高誘曰：地，陽武也。

〔一三〕高誘曰：蘇代，蘇秦弟。穰侯，秦相也。張琦曰：穰本韓邑。漢志：屬南陽，今南陽府鄧州是。史表：韓襄十一年，秦取我穰，當秦昭六年。明年，魏冉爲相，故得以封冉。程恩澤曰：案漢志，南陽郡有穰縣。郭仲産南雍州記：穰，楚之別邑。秦初侵楚，封公子悝爲穰侯。後屬韓，秦昭王復取之（張琦曰云云）。水經注：秦拔楚鄢、郢，以穰爲縣。昭王時，封魏冉爲侯邑。仲産謂：秦初侵楚，即以封公子悝，誤也。括地志：穰，鄧州所理（後漢書注同）。元和志：穰取豐穰之義。顧祖禹曰：穰縣故城，在今河南南陽府鄧州東（錢坫去東字）南二里（洪亮吉曰：在鄧州外城東南隅）。祖耿案：史記穰侯列傳於蘇代此書之前，叙其來由曰：穰侯與白起客卿胡陽復攻趙、韓、魏，破芒卯於華陽下，斬首十萬，取魏之卷、蔡陽、長社，趙氏觀津。且與趙觀津，益趙以兵，伐齊。齊襄王懼，使蘇代爲齊陰遺書曰云云。書後結曰：「於是穰侯不行，引兵而歸。」此章蘇代書與穰侯傳蘇代書同。上言「益甲四萬」，即穰侯傳所云：「益趙以兵伐齊」者也。「益趙以兵」，司馬貞釋之云：「既得觀津，仍令趙伐齊，而秦又以兵益助趙也。」貞之此言，即代書所謂「益趙甲四萬人以伐齊」也。策叙爲詳，而穰侯傳所述，更爲明白，當兩參之。

〔一四〕之，原在者上。姚注：錢劉一作往來之言者。黄丕烈曰：鮑改之者爲者之。吴氏補曰：宜作者之，即史無之字。祖耿案：初學記二十二、御覽三五五引，俱作「臣聞往來者之言曰」。

〔一五〕祖耿案：「甲」下，初學記二十二、御覽三五五引，並有「兵」字，下同。

〔一六〕鮑彪曰：必者，意其然。　司馬貞曰：告齊王，言秦必定不益兵以助趙。　張守節曰：臣，蘇代也。必知秦與趙甲四萬以伐齊。　黃式三曰：必，預決之。

〔一七〕鮑彪曰：王，襄王。　張守節曰：謂齊王也。

〔一八〕高誘曰：深，重也。

〔一九〕金正煒曰：按爲與謂，古通用，言三晉雖屢背秦欺秦，不自謂爲不信、無行也。後漢書班彪傳靈臺詩注：百，言非一也。或爲時之謂，古書時作「旹」，與百相近。

〔二〇〕姚注：史記有趙趙二字。曾劉無。　鮑彪曰：此二十七年，敗趙，取代光狼。

〔二一〕鮑彪曰：此晉，趙也。以趙破齊，齊破，趙亦敝。　張守節曰：今晉、楚伐齊，晉、楚之國亦弊敗。

〔二二〕鮑彪曰：二國破敝，秦無後慮，可以南制楚。

〔二三〕鮑彪曰：罷，疲同。

〔二四〕原無決字。姚注：錢劉弩下有射字。　黃丕烈曰：吳氏補曰：史作「決潰癰」。

〔二五〕鮑彪曰：夫能制人，必其威武足以屈人。今攻罷國，勝之非武也，安能制人？

〔二六〕鮑彪曰：不信其伐齊。

〔二七〕鮑彪曰：兵多，則非獨齊見制，懼晉、楚亦見制。齊畏秦，故不趨秦而與晉楚同患，故趨晉楚。

〔二八〕鮑彪曰：二國惡秦，而齊先伐，故既合，則齊爲二國出兵。頓，下也。此以小言之。　金正煒曰：按此文字有殺誤，鮑氏曲爲之説，義仍難通。疑本作：「齊割地以實晉楚，則晉楚安與齊頓兵，而爲之勁。」禮記雜記：使某實。注：實當爲至，此讀周秦人聲之誤也。至與致通，安猶乃也。荀子仲尼篇：委然成文以示之，而暴國安自化矣。魏策：因久坐安從容談。皆與此義同。舉當爲與，二字古亦通用。周官師氏注：故書：舉作與，故與亦或作舉也。易咸：「二氣感應以相與。」釋文引鄭注：與猶親也。頓兵，猶案兵。漢書李廣傳注：頓，止也。劍，俗作釰，勁，俗作劲，二形相似，因以致誤。楚攻魏章：不如與魏以勁之。高注：勁，彊也。此言晉楚得地於齊，乃轉與之親，頓兵不應秦，而陰爲齊勁，即上文所云，今又按兵，且欲合齊而受其地也。故蘇代以爲秦反將受兵。　祖耿案：此數語，穰侯傳作：「秦割齊以啖晉、楚，晉、楚案之以兵，秦反受敵。此四也。」

〔二九〕鮑彪曰：晉亦趙也。初與秦伐齊。　黄丕烈曰：破，鮑本作伐。

〔三〇〕鮑彪曰：爲之頓劍是也。　祖耿案：兩破字，穰侯傳並作「謀」。

〔三一〕高誘曰：齊秦爲晉楚所帥，故謂之愚也。

〔三二〕鮑彪曰：此攻華陽時得之。安邑，魏地，亦屬韓，猶上黨兩屬也。白起傳：取韓安邑。　吴師道曰：按起傳：取韓安邑以東到乾河，在取魏城六十邑前一年，昭王之十七年也。索隱云：韓故地。又魏以安邑入秦，在昭王二十一年。恐非此時得之。　張琦曰：華陽亭在今新鄭縣東南三十里，亦曰華城。鮑據後志謂陘山即華陽之役是也。然華陽、安邑，相去千里，以爲此役得之，斯謬矣。白起傳：取韓安邑以東至乾河，蓋嫌並取安邑，故曰以東，明不數安邑也。年表：取魏城六十一，在昭王十八年。秦紀不書，據起傳，取韓安邑在十四年，明年取魏城六十一，與年表不合。吴氏云，十七年，亦非。乾河在今絳州聞喜縣西北。　程恩澤曰：正惟魏入安邑在後，而起取安邑在前，故謂起所取者，爲韓安邑也。然在策文亦未見其定是韓地，蓋只大概言其兩屬耳。　顧觀光曰：白起傳：涉河取韓安邑以東到乾河。索隱曰，魏以安邑入秦，然安邑以東至乾河皆韓故地，故云：取韓安邑。按此事在秦昭王十七年，而魏納安邑在昭王二十一年，則其時尚爲魏邑，白起安得越之而東？鮑注秦策云，安邑，魏地，亦屬韓，猶上黨兩屬。此説得之。而韓策安邑之御史死一章，鮑氏移入魏策，蓋又自忘其説矣。

〔三三〕姚注：哉，劉作矣。高誘曰：秦將取之，故曰『無上黨哉』也。鮑彪曰：言可取。祖耿案：御覽一六三引作『秦有安邑，則韓必無上黨。以遠韓近趙，故卒歸趙。』下二語見漢志，御覽蓋誤引也。

〔三四〕高誘曰：腸胃，喻腹心也。鮑彪曰：安邑、上黨如之。祖耿案：三晉，穰侯傳作天下。

〔三五〕姚注，曾集，必下有爲字。

〔三六〕鮑彪曰：穰侯傳有。吳師道補曰：於是穰侯不行，引兵而歸。

十六

秦宣太后愛魏醜夫〔一〕，太后病，將死，出令曰：『爲我葬，必以魏子爲殉〔二〕！』魏子患之。庸芮爲魏子説太后曰〔三〕：『以死者爲有知乎？』太后曰：『無知也。』曰：『若太后之神靈，明知死者之無知矣，何爲空以生之所愛，葬無知之死人哉〔四〕？若死者有知，先王之積怒久矣〔五〕，太后救過不贍，何暇及私魏醜夫乎〔六〕？』太后曰：『善。』乃止〔七〕。

〔一〕高誘曰：宣太后，惠王之后，昭襄王母，故曰太后也。鮑彪曰：魏醜夫，魏人，仕秦。祖耿案：御覽五五三引作愛魏餘。顧觀光隸此於赧王四十九年，曰：史在秦昭王四十二年。依魏世家，魏欲與秦攻韓，以信陵君言而止。則魏策魏將與秦攻韓，無忌謂魏王曰，意當在此年（赧四十九年），而大事記以中有太后憂死之語，附載於赧王五十年。不知其時秦曆與魏曆不同，秦正建亥，史於昭襄王四十二年，先書：「十月，宣太后薨，」繼書：「九月，穰侯出之陶。」則此十月，乃歲首之十月。魏承晉後，葢乃建寅。是安釐王之十一年冬，實即昭襄王之四十二年也。即此可見考古之難。

〔二〕高誘曰：殉，殺人以葬。　鮑彪曰：以人從葬曰殉。

〔三〕高誘曰：庸芮，秦臣也。姚注：十二國史作：「虞其爲醜夫説太后。」　程恩澤曰：案元和姓纂：庸蜀，殷時侯國，周武王時，來助伐紂。子孫以國爲氏。姓氏急就篇：庸氏，國名。

〔四〕生下原無之字。葬下原有於字。依御覽五五三引，增、删。

〔五〕之字原在怒字下，下有日字。依御覽五五三引，乙、删。高誘曰：怒，詬。

〔六〕及，原作乃。姚注：乃，曾、錢、劉作及。吴師道曰：一無乃字。　祖耿案，御覽五五三引作：「太后救過不暇，何得私魏子乎？」

〔七〕高誘曰：止，不以魏醜夫爲殉者也。　鮑彪曰：后死在（秦昭）四十二年。

卷五　秦三

一

薛公爲魏謂魏冉曰〔一〕：『文聞秦王欲以呂禮收齊〔二〕，以濟天下，君必輕矣〔三〕。齊秦相聚以臨三晉，禮必並相之〔四〕，是君收齊以重呂禮也〔五〕。齊免於天下之兵，其讎君必深〔六〕。君不如勸秦王令弊邑卒攻齊之事〔七〕。齊破，文請以所得封君〔八〕。齊破晉强〔九〕，秦王畏晉之强也，必重君以取晉〔一〇〕；齊予晉弊邑而不能支秦〔一一〕，晉必重君以事秦〔一二〕；是君破齊以爲功，挾晉以爲重也〔一三〕。破齊定封，而秦晉皆重君〔一四〕。若齊不破，呂禮復用〔一五〕，子必大窮矣〔一六〕。』

〔一〕鮑彪曰：薛公，田文。　祖耿案：此章見史記孟嘗君傳，首云：「呂禮嫉害於孟嘗君。孟嘗君懼，乃遺秦相穰侯魏冉書曰。」顧觀光隸此於赧王二十九年。

〔二〕鮑彪曰：收，猶取也。禮時相齊，親禮所以取齊。昭十三年，禮奔魏。其相齊，見周策及孟嘗傳。後至十九年歸秦。明年齊伐宋，伐宋後，文乃相魏。此事合在禮歸秦之前。此時文未相魏，其言爲魏，意親之矣。　吴師道曰：失考。辨並見周策。　祖耿案：史記：文作吾，秦下無王字。

〔三〕祖耿案：此二語，史記作：「齊，天下之彊國也，子必輕矣。」

〔四〕鮑彪曰：相齊及秦。　祖耿案：史記聚作取，禮上有呂字，之作矣。

〔五〕祖耿案：史記「君收」作「子通」。

〔六〕鮑彪曰：齊讎冉也，欲得陶故。故下章曰：「攻齊不成，陶爲鄰恤。」然齊未免於兵，亦不敢爾。　吳師道曰：齊無兵患，則可以肆志於冉，與秦得天下則伐齊深文意同，但言其事理當爾。　祖耿案：史記：齊上有若字，君作子，深下有矣字。

〔七〕鮑彪曰：弊邑，薛也。文以此十三年奔薛。　金正煒曰：敝邑謂魏也，此薛公相魏時事，篇首明言爲魏，鮑注以爲薛，於文不合。　祖耿案：此句史記作：「子不如勸秦王伐齊。」

〔八〕祖耿案：史記：文作吾，君作子。

〔九〕鮑彪曰：晉謂魏。　祖耿案：此句史記作：「齊破，秦畏晉之彊。」

〔一〇〕鮑彪曰：文親魏而重冉，故欲取晉必重冉。　祖耿案：此句史記作：「秦畏晉之彊，秦必重子以取晉。」

〔一一〕弊下原有邑字。　鮑彪曰：薛雖文舊封而屬齊，齊破畏魏，且取薛予魏。魏得薛，秦必害之。而魏實弱不能當秦。　金正煒曰：予，鮑本作與，予、與字古通用。與，及也。言齊與晉交弊，不能支秦，故下云：「晉必重君以事秦」也。邑字涉上文而衍。鮑注：「齊破畏魏，且取薛予魏」，大謬。　祖耿案：此句史記作：「晉國敝於齊而畏秦。」

〔一二〕祖耿案：史記，君作子，事作取。

〔一三〕挾，原作操。姚注：一本曰君字。　黄丕烈曰：操，鮑本作採。吳氏補曰：採字譌，義不通。丕烈案：史記是「挾」字。　祖耿案：此句史記作：「是子破齊以爲功，挾晉以爲重。」

〔一四〕祖耿案：此二語史記作：「是子破齊定封，秦、晉交重子。」

〔一五〕鮑彪曰：禮雖亡秦之齊，秦方以禮收齊，則復親之，今齊不破，是秦收齊之功遂也。禮爲有功於秦，秦必用之，并相齊、秦也。

〔一六〕祖耿案：史記無矣字，下有：「於是穰侯言於秦昭王伐齊，而呂禮亡」十五字。

一一

秦客卿造謂穰侯曰〔一〕：『秦封君以陶〔二〕，藉君天下數年矣〔三〕！攻齊之事成，陶爲萬乘〔四〕，長小國，以朝天子〔五〕，天下必聽，五伯之事也；攻齊不成，陶爲鄰恤而莫之據也〔六〕；故攻齊之於陶也，存亡之機也。君欲成之，何不使人謂燕相國曰：「聖人不能爲時，時至弗失〔七〕。舜雖賢，不遇堯也，不得爲天子；湯武雖賢，不當桀紂不王；故以舜、湯、武之賢，不遭時，不得帝王。今攻齊〔八〕，此君之大時也已〔九〕！因天下之力，伐讎國之齊，報惠王之恥〔一〇〕，成昭王之功〔一一〕，除萬世之害，此燕之長利，而君之大名也〔一二〕。書云：樹德莫如滋，除害莫如盡〔一三〕；吳不亡越，越故亡吳；齊不亡燕，燕故亡齊〔一四〕；齊亡於燕，吳亡於越，此除疾不盡也〔一五〕。非以此時成君之功〔一六〕，除君之害，秦卒有他事而從齊〔一七〕，齊趙合〔一八〕，其讎君必深矣。挾君之讎以誅於燕〔一九〕，後雖悔之，不可得也已！君悉燕兵而疾從之〔二〇〕，天下之從君也，若報父子之仇。誠能亡齊，封君於河南〔二一〕，爲萬乘，達途於中國，南與陶爲鄰，世世無患。願君之專志於攻齊而無他慮也〔二二〕。」

〔一〕鮑彪曰：造其名。　梁玉繩曰：龜策傳注，徐廣曰：造，音竈。史記作竈，音相近。　黃式三曰：竈、造聲同通用。　祖耿案：顧觀光附此於赧王三十七年，曰：中說燕相國云，報惠王之耻，成昭王之功，則田單復齊後事也，故附此。

〔二一〕鮑彪曰：冉別封也。越記注：陶，今濟陰定陶　吳師道曰：說見趙策。　張琦曰：冉別封，當是今蒲州府北三十里之陶城。從來說者皆主定陶，然定陶宋地，後屬齊，無由取異國之地以封其相也。齊欲以宋地封涇陽君，而秦不受。穰侯欲越韓魏伐齊綱壽，以廣陶封，范雎譏之。設冉果有定陶，非越韓魏矣。廣陶封者，正雎所云，戰勝攻取，利歸於陶者耳。魏策云：攻楚得宛，穰以廣陶，攻齊，得剛博以廣陶，得許鄢陵以廣陶。相比參驗，非廣其私邑可知。水經注：定陶有魏冉冢，恐後人依類僞托，或冉免相出關後卒於此，因葬焉，決非其本邑矣。　程恩澤曰：案漢志：濟陰郡定陶，本曹國。古陶堯所居，有三鬷亭。水經注：穰侯封于穰，益封于陶。其免相也，出之陶而卒，陶有穰侯冢（日知錄：今曹縣有冉堌，爲秦相穰侯魏冉之冢。史記：穰侯卒於陶，因葬焉）。括地志：陶山在濟州平陰縣東三十五里（按唐志，平陰屬鄆州，距陶較遠。貞觀元年，省定陶入濟陰，當是曹州濟陰縣之訛）。元和志：定陶故城，在濟陰縣（今曹縣）東北四十七里。正義：今曹州城也。顧祖禹曰：今山東曹州府定陶縣西有陶城。　顧觀光曰：齊策蘇代曰：有陰平陸，則梁門不啓。史記陰作陶。正義曰：陶，定陶，今曹州也（漢志：定陶屬濟陰，在今曹州府曹縣西南六十里）。楚世家：外擊定陶。則戰國時已有定陶之名矣。吳注戰國策云：平陸、定陶，時皆屬宋。史穰侯封於陶。徐廣曰：陶，一作陰。索隱云，陶、陰字易惑。定陶見有魏冉冢，作陰者誤。此説是也。又據秦紀則冉始相已封穰，後相封陶。於傳則復相時封穰，後益以陶，已有不合。獨見於策者可考。李兑約五國伐秦，後欲取陰定封，説穰侯者亦勸之。策文容有複混，而其事實並一。時上距冉復相秦五歲，使冉已封陶，兑安得欲之而言者？亦安得云冉姤君之有陰？因此言而知冉之未封陶，而欲得之也。其後齊滅宋兩年，而爲五國所破，趙既不取陶，而齊亦卒不能有。穰侯之取陶，在此時與？

〔三〕鮑彪曰：借以制天下之權。

〔四〕鮑彪曰：國大也。

〔五〕「以」上原有「率」字。黄丕烈曰：率，鮑本無。吴補：姚本：率以朝。

〔六〕鮑彪曰：鄰恤，言近於憂。莫之據，無援國可恃。吴師道曰：言攻齊不成功，則陶且有爲鄰國得之之憂。金正煒曰：按周禮大司徒，八曰以誓教恤，注：恤謂災危相憂。此文恤訓爲憂，嫌與下句義不相屬。鮑釋鄰爲近，亦於文不合。疑恤或爲殈之譌。禮記樂記：卵生者不殈。鄭注：殈，猶裂也。疏：今齊人語稱裂爲血，言陶地將爲鄰國分裂，故下云存亡之機也。文選鄒陽上吴王書：張耳、陳勝連從兵之據，以叩函谷。李注：廣雅曰：據，引也，言相引以爲援也。

〔七〕「弗」上原有「而」字。黄丕烈曰，而，鮑本無。吴補：姚本：時至而弗失。鮑彪曰：時，天時，非人所能爲。祖耿案：時至勿失，蒯通亦爲此語。

〔八〕今，原作令。案鮑本作今，當從。

〔九〕鮑彪曰：得時之利，無大於此。朱起鳳曰：大、天形相近，古混用。祖耿案：魏策三亦有「大時」語。

〔一〇〕鮑彪曰：田單破燕，燕惠王之初。

〔一一〕鮑彪曰：燕昭二十八年，樂毅伐齊入臨淄。三十二年，下齊七十餘城。明年，田單復之。 吴師道曰：惠王字疑有誤，且不當在昭王前。

〔一二〕鮑彪曰：君謂燕相。

〔一三〕鮑彪曰：滋，益也。詩，逸詩。 吴師道曰：泰誓：「樹德務滋，除惡務本。」姚本作書云。黄丕烈曰：書，鮑本作詩。丕烈案：吴氏云泰誓，非也。東晉古文以爲泰誓耳。策文當本作詩，後人誤依古文改作書也。此與范睢稱詩曰「木實繁者披其枝」，黄歇稱詩云「大武遠宅不涉」，趙武靈王稱詩云「服難以勇，治亂以知，事之計也；立傳以行，教少以學，義之經也」，及謂秦王稱詩云「行百里者，半於九十」同例。「詩」字皆有譌。「遠宅不涉」者，周書大武「遠宅不薄也」。高誘注逸詩，當亦有誤。

〔一四〕鮑彪曰：齊閔八年，蘇代爲齊説燕噲讓子之。燕幾亡矣，而不卒功，故有樂毅臨淄之役。 吴師道曰：齊宣二十七年，注「讓子之」下，宜云：「於是燕亂，齊伐之」，云云。王引之曰：故，必也。金正煒曰：故與顧通，司馬錯與張儀章：顧爭於戎狄。高注：顧，反也。

〔一五〕也下原有以字。吴師道曰：以、已字通，屬上句。上下文兩有此。 案：以字當在下句非字下，鮑改是也。

〔一六〕非下原無以字，時下原有也字。

〔一七〕鮑彪曰：卒、倅同，忽也。

〔一八〕黄丕烈曰：鮑改趙爲秦。

〔一九〕鮑彪曰：讎謂齊。「誅於燕」，使燕誅相也。 金正煒曰：説文：誅，討也。國語晉語：小國敖大國入焉曰誅。鮑注使燕誅相，大謬。

〔二〇〕從，原作偺。黄丕烈曰：今本偺作攻，乃誤涉鮑也。鮑改偺爲攻。吳氏正曰：字誤，當作從，下文可證。　金正煒曰：按偺疑爲僨，爾雅釋言，舍人注：僨，背踣意也。史記韓王信傳：『此伍子胥所以僨於吳也。』索隱引張晏云：僨，僵仆也。此言當疾兵以踣齊。燕策：儲子謂齊宣王，因而仆之，破燕必矣。與此義同。

〔二一〕鮑彪曰：亦河之南，非郡，此蓋寓封。　程恩澤曰：案策下云：南與陶鄰。則其地必與定陶相近，當在大河之南，今河南歸德府商邱、虞城等處。是時宋地，俱屬齊也。

〔二二〕姚注：無，一作毋。　祖耿案：長沙馬王堆漢軑侯墓出土帛書第十九章有此文，曰：胃穰侯，秦封君以陶，假君天下數年矣。攻齊之事成，陶爲萬乘長，小國率以朝，天下必聽，五伯之事也。攻齊不成，陶爲廉監而莫□據。故攻齊之於陶也，存亡之幾也！君欲成之，侯不使人胃（謂）燕相國曰：『聖人不能爲時，時至亦弗失也。舜雖賢，非適遇堯，不王也；湯武雖賢，不當桀紂，不王天下。三王者，皆賢矣，不曹時不王！今天下攻齊，此君之大時也！因天下之力，伐讎國之齊，報惠王之醜，成昭襄王之功，除萬世之害，此燕之利也，而君之大名也。詩曰：「樹德者莫如茲，除怨者莫如盡。」吳不亡越，越故亡吳，齊不亡燕，燕故亡齊。吳亡於越，齊亡於燕，餘疾不盡也。非以此時也，成君之功，除萬世之害，秦有它事而從齊，齊趙親，其讎君必深矣。挾君之讎以于燕，後雖悔之不可得矣。君悉燕兵而疾贊之，天下之從於君也，如報父子之仇，誠爲鄰世無患，願君之剸於齊，而無有它慮也。』共二百九十七字。

三

魏謂魏冉曰〔一〕：『公聞東方之語乎〔二〕？』曰：『弗聞也。』曰：『辛張陽毋澤說魏王薛公公叔也〔三〕，曰：「臣載主契國〔四〕，以與王約〔五〕，必無患矣。若有敗之者，臣請挈領〔六〕。然而臣有患也〔七〕。夫楚王之以其國依冉也〔八〕，而事臣之主〔九〕，此臣之甚患也〔一〇〕。」今公東而因言於楚〔一一〕，是令張之言爲禹〔一二〕，而務敗公之事也〔一三〕。公不如反公國德楚而觀薛公之爲公也〔一四〕；觀三國之所求於秦而不能得者，請以號三國以自信也〔一五〕；觀張與澤之所不能得於薛公者〔一六〕，而公請之以自重也〔一七〕。』

〔一〕姚注：曾、錢本作：『魏文謂魏冉曰』。黄丕烈曰：鮑，魏上補爲字。鮑彪曰：魏冉，楚人，宣太后弟，後封穰侯。傳言其用事武王時。此時冉欲如楚，魏恐其合也。祖耿案：顧觀光隸此於赧王五年，曰：此章首，有缺文。

〔二〕鮑彪曰：東，山東。

〔三〕鮑彪曰：辛疑韓人。張。張儀。毋澤，疑齊人。魏王，哀王。薛公，田嬰也。吴師道曰：此章多難通，此類尤難知。下文云觀張儀與澤，又不云毋澤。當闕。魏王，襄王也。

〔四〕載上原有戰字。鮑彪曰：戰，與楚戰也。主，木主，軍行載之，禱且告焉。契，言以國爲約。金正煒曰：戰字即載之誤衍。契與挈通，亦涉下文契領互誤，鮑注並失其義。

〔五〕鮑彪曰：王，魏王。

〔六〕鮑彪曰：領，項也。言欲請誅，持其項以受鈇鉞。　王念孫曰：鮑訓挈爲持，臣請持領，斯爲不詞矣。今案挈，讀爲鍥，栔，斷也。猶言臣請斷頭耳。栔、挈、契、栔，字異而義同。　金正煒曰：按晏子春秋内篇：皆反其桃，挈領而死。後漢書注引作契領。王念孫曰：挈、契字異義同。並訓爲絶。又管子大匡篇：朝之爭禄相刺，裚領而刎頸者不絶。注：裚謂掣斷之也，裚亦與契同。　祖耿案：封禪書：挈三神之歡。應劭曰：挈，絶也。挈領自通。

〔七〕鮑彪曰：患楚與秦合。案「也」下原有「夫楚王之以其臣請挈領，然而臣有患也」十六字。姚注：一無已上十六字。　黄丕烈曰：鮑衍此十六字。

〔八〕鮑彪曰：楚王，懷王。

〔九〕鮑彪曰：事，征伐也。臣，辛、張、陽；主，韓、魏、齊也。此三人之辭，非説冉者，故名冉。　金正煒曰：按事臣之主，當爲事以之主。古書以作㠯，與臣字形相似，又涉上下文臣字而譌也。漢書劉向傳注：以，由也。小爾雅、廣雅義同。淳于長傳注：主，專也。又呂覽禁塞篇：以告制兵者。注：制者，主也。則主亦猶制也，言楚王以其國依冉，而事皆由冉爲之主斷，是則臣所甚患也。

〔一〇〕鮑彪曰：此下乃説者之辭。　黄丕烈曰：之下鮑本有所字。

〔一一〕鮑彪曰：公謂冉。東，東之楚也。因與楚好言。

〔一二〕張下原有儀字。姚注：一本無儀字。　鮑彪曰：儀以武二年死，故此章必次之此（武王）。禹善謨，今儀言楚依冉，而冉果與楚合，是儀之謀侔於禹也。　金正煒曰：按張即辛張，無儀字者，是也。後文「覲張與澤之所不能得於薛公者也」，亦謂辛張、陽毋澤，並不當有儀字。禹義未詳，疑是病字之譌。論語雍也篇：「堯舜其猶病諸？」皇疏：「病，猶患也。」又按秦攻韓圍陘章，范睢說秦昭王以張儀爲言，是時韓固別有一張儀。此文所云，或即其人。

〔一三〕鮑彪曰：三國是儀之説，必欲敗冉合楚之事。

〔一四〕鮑彪曰：公國，謂秦也。德楚，但施恩惠，而不之楚。觀薛公之爲公，云觀其於冉如何也。

〔一五〕鮑彪曰：爲韓、魏、齊請其所欲於秦，因宣言之，所以信於三國。

〔一六〕張下原有儀字，者下原有也字。姚注：一本無儀字。黄丕烈曰：鮑衍也字。吴師道曰：恐衍。

〔一七〕鮑彪曰：薛公所不與儀者，冉爲之請而得。則儀重冉。儀時相魏，爲儀請亦所以爲魏，魏亦重冉也。

四

謂魏冉曰〔一〕：「和不成〔二〕，兵必出，白起者且復將。戰勝，必窮公；不勝，必事趙從；從，公又輕〔三〕。公不若毋多〔四〕，則疾封〔五〕。」

〔一〕祖耿案：顧觀光隸此於赧王四十二年。

〔二〕鮑彪曰：與趙和秦也，此（秦昭）二十七年，白起擊趙，因伐光狼。吴師道曰：無考。

〔三〕原作「公，公又輕」。鮑彪曰：不能窮冉，故從冉而和。然先和則冉重；今不勝而和，故輕。金正煒曰：上公字，當作從，爲一讀，公從音近，又本重上字而誤複下文也。從成則秦輕，冉以秦重，故云公又輕。

〔四〕鮑彪曰：謂專志於和，毋他務也。金正煒曰：周禮，戰功曰多。毋多，言當速和。

〔五〕封，原作到。姚注：到，恐作封字。鮑彪曰：到，趙歸我也。此蓋冉欲和而起欲戰也。起，冉所薦，其言窮公，起似不爾。吳師道曰：語不可曉，有缺誤。姚云：到恐封。金正煒曰：到作封當是。此策蓋爲趙解伐，託於爲冉慮封耳。

五

謂穰侯曰〔一〕：「爲君慮封〔二〕，莫若於陶〔三〕。宋罪重，齊怒深〔四〕。殘亂宋，德强齊，定身封〔五〕，此亦百世之一時已〔六〕！」

〔一〕祖耿案：顧觀光隸此於赧王二十二年。曰：魏策言奉陽君與穰侯貿首之仇，吳注即以取陰定封之事釋之，故附此。

〔二〕鮑彪曰：謀所以定其封。

〔三〕若上原無莫字。陶，原作除。

〔四〕深原作須。鮑彪曰：宋，齊所惡也，故除宋罪則齊怒，齊怒則冉之封不定，故以爲苦。除，解免也。王念孫曰：鮑說甚謬。「若於除」，若上當有莫字，除當爲陶之誤也，須當爲深。莫若於陶爲句，宋罪重爲句，齊怒深爲句。陶，宋邑也，伐宋以德齊，而取陶以定封，計之上者也，故曰：「爲君慮封，莫若於陶。」上文秦客卿造謂穰侯曰：秦封君以陶是也。黃丕烈曰：鮑改若爲苦。吳氏補曰：此連下有缺誤。丕烈案：除乃陶之誤。句絶。若上當有莫字。鮑所説全謬。趙策云：「莫若於宋」，是其證。　金正煒曰：按此文當從王念孫説，若上補莫字，除作陶，須作深。鮑注并失其義。

〔五〕殘下原有伐字。黄丕烈曰：須殘，字有衍誤。趙策作：宋罪重，齊怒深，殘伐亂宋，云云。又作：宋之罪重，齊之怒深，殘亂宋，云云。凡兩見。彼言爲奉陽君定封。丕烈案：須即深字誤，句絶。　金正煒曰：殘與踐通。書序：「遂踐奄」，鄭注：踐，讀爲翦，翦，滅也。史記周本紀作殘，可爲此證。楚策正作：「踐亂燕以定身封。」伐字疑衍。或由一本作殘，一本作伐，傳寫誤併入文。此皆以三言爲句也。趙策齊將攻宋而秦楚禁章：「殘亂宋，得大齊」，即無伐字。齊攻宋奉陽君不欲章有伐字，亦衍也。

〔六〕原無一字，時下原有也字。黄丕烈曰：今本時上有一字，鮑本有，無也字。　金正煒曰：「百世之時」，當作「百世之一時」。楚、趙策皆有一字，於義乃完。

六

謂魏冉曰〔一〕：「楚破，秦不能與齊縣衡矣〔二〕。秦三世積節於韓魏〔三〕，而齊之德新加〔四〕。與齊秦交争，韓魏東聽〔五〕，則秦伐矣。齊有東國之地方千里〔六〕，楚苞九夷〔七〕，又方千里，南有符離之塞〔八〕，北有甘魚之口〔九〕，權縣宋衛〔一〇〕，宋衛乃當阿甄耳〔一一〕。利有千里者二〔一二〕，富擅越隸〔一三〕，秦烏能與齊縣衡〔一四〕？韓魏支分方城膏腴之地以薄鄭，兵休復起，足以傷秦，不必待齊〔一五〕。」

〔一〕祖耿案：顧觀光隸此於慎靚王三年。

〔二〕鮑彪曰：縣衡，輕重等也，此言秦輕於齊。　黄丕烈曰：鮑，秦下補秦字。吳氏補曰，秦下宜復有秦字。　張琦曰：「不能與齊權衡」，言當避楚，不暇與齊爭重，　金正煒曰：按此文當以楚破爲句，言楚爲齊破也。後文皆設言齊得併楚之害，故復申言秦不能與齊縣衡，文義自明，鮑補吳正，並失本旨。廣雅釋言：縣，抗也。韓非飾邪篇：自以爲與秦提衡。漢書張湯杜周傳：贊相與提衡。臣瓚曰：衡，平也，言二人齊也。縣衡、提衡，爲義並同。　祖耿案：張琦釋地引「縣衡」作「權衡」。

〔三〕鮑彪曰：節，猶事也，言累有戰伐之事。　吳師道曰：劉辰翁云：積往來之節也。

〔四〕鮑彪曰：加於韓魏。

〔五〕姚注：與，一作焉。　鮑彪曰：聽，謂聽齊。　吳師道曰：姚本：「齊秦交爭，韓魏東聽」，自通。　黄丕烈曰：今本重韓魏，乃誤涉鮑也。鮑本有魏字，補韓字，衍秦上齊字。　吳氏有正。丕烈案：與字本上屬，鮑誤下屬也。　金正煒曰：按廣雅釋言：與，如也。司馬相如子虛賦：楚王之獵，孰與寡人。郭注：與猶如也。此文與字，當屬下句。鮑氏衍齊字，補魏字，並誤。

〔六〕程恩澤曰：案東國，謂齊東方之國，如泗上十二諸侯之屬。策云：舉五千乘之勁宋，而包十二諸侯，疑即指此。若趙策所稱東國（見秦圍趙之邯鄲章），則專指齊言。

〔七〕吳師道曰：索隱曰：屬楚之夷。　程恩澤曰：案爾雅疏：夷有九種，曰：畎夷、于夷、方夷、黄夷、白夷、赤夷、元夷、風夷、陽夷。論語疏：九夷：一曰元菟，二曰樂浪，三曰高驪，四曰蒲舒（一作滿節），五曰島夷（一作鳧臾），六曰索家，七曰東屠，八曰倭人，九曰天鄙，皆主東夷言。說文謂：東方仁，有君子不死之國，故孔子欲居之，其說本未可信。而國策九夷，尤以舊注爲長，惟鮑說則非是。　顧觀光曰：魏策：楚破南陽九夷，吳云此言破南陽之九夷也。史記李斯傳言惠王用張儀計，南取漢中，包九夷，制鄢郢。大事記云：九夷即屬楚之夷。孔子在陳蔡，相去不遠，所以有欲居九夷之言。又曰：史記蘇秦傳：「北夷方七百里，加之以魯、衛，强萬乘之國也。而齊并之，是益二齊也。」索隱曰，北夷謂山戎、北狄附齊者。王懷祖云：此言加以魯衛，是其地去魯衛不遠。小司馬以山戎北狄當之，誤矣！北夷當爲九夷字之誤也（燕策亦誤）。秦策云「楚包九夷，又方千里」，是九夷之地，南與楚接。此言齊并淮北，則地與九夷接，故又言齊并九夷也。淮南齊俗訓云：越王勾踐霸天下，泗上十二諸侯皆率九夷以朝，是九夷之地，東接十二諸侯（魯、衛即十二諸侯之二）。上文言，齊舉宋而包十二諸侯。田齊世家言：南割楚之淮北，泗上諸侯鄒魯之君皆稱臣，可以互證。

〔八〕鮑彪曰：屬沛。　張琦曰：符離故縣，在今鳳陽府宿州北二十五里。甘魚陂在安陸府天門縣西北。按南北二字，恐上下互易。　程恩澤曰：案漢志，沛郡有符離縣。寰宇記：爾雅：莞，苻離。以地多此草，故名（此說似誤。爾雅之苻從艸，此從竹，非一字）。史記：路博德封符離侯，表作邳離。張宗泰曰：符、邳聲相近，一輕脣音，一重脣音）。錢坫曰：今安徽鳳陽府宿州東北二十五里符離故縣，漢竹邑縣也。此在竹邑之東，見後漢書注。　顧觀光曰：漢志：符離屬沛郡，在今宿州東北，疑策文南字誤。

〔九〕鮑彪曰：未詳，疑爲濟陰高魚。　吳師道曰：王應麟云：鮑說非。左氏昭十三年傳：「次于魚陂」注：竟陵縣城西北有甘魚陂。　程恩澤曰：案水經注：巾水出竟陵縣東，西逕巾城下，置巾水戍，又西合楊水，謂之巾口水（今天門縣西有巾水，一名義河）。西有古竟陵大城，城旁有甘魚陂，即左傳楚公子次于魚陂者也。地理今釋：戰國多用水攻，故楚守甘魚之口。祝氏鑑曰：蓋自方城以南，武關之東，秦楚之地，表裏控帶。顧棟高曰：在今湖北安陸府天門縣西北。　顧觀光曰：水經沔水注云：竟陵城旁有甘魚陂，左傳昭公十三年：公子黑肱次於魚陂者也。按魚陂在今安陸府天門縣西北，天門即古竟陵，疑策文北字誤。金正煒曰：甘魚之口，王應麟引左氏傳注，竟陵縣城西北甘魚陂是也。惟其地不得稱口，疑口本作□。韻補苦貢切，音孔。古書所以識闕文也。穆天子傳：獻酒百□於天子。郭注，百下脱盛酒器名。淮南詮言篇：子路菹於衛，蘇秦死於□。賈子新書耳痹篇：於是紓身而不□，並即此例。

〔一〇〕鮑彪曰：言較其輕重。

〔一一〕鮑彪曰：莊十三年注：阿，今濟北東阿，齊之阿邑。甄屬濟陰，莊十四年：會于鄄，史作甄，此言二國如齊邑爾。　吳師道曰：鄄本濮州鄄城。　張琦曰：東阿故城，在今泰安府東阿縣西二十五里鄄城。在曹州府濮州東二十里。　程恩澤曰：案阿有二：屬趙者爲西阿（即葛城），在今直隸保定府安州。史記：趙與燕會阿是也。屬齊者爲東阿（史記：趙與齊戰阿下，乃西阿也。高士奇以爲即東阿，非是）。本春秋柯邑（杜預曰：柯之爲阿，猶祝柯今爲祝阿也）。莊十三年：公會齊侯盟于柯是也（此與襄十九年：叔孫豹會晉士匄盟於柯，非一地。彼柯在今河南彰德府内黄縣東北境，高氏合而一之，亦非）。又名阿澤，襄十四年：敗公徒于阿澤是也（杜預曰：濟北東阿縣西南大澤）。戰國時爲阿，史記：齊威王烹阿大夫是也。漢志：東郡有東阿縣。括地志：漢東阿縣，在東阿縣西南二十五里（元和志作西十二里）。今在兗州府陽穀縣東北五十里阿城鎮，宋開寶八年，遷縣治於今東阿縣（屬泰安府）之南穀鎮，而故城遂墟（宋東阿縣乃春秋穀邑，漢爲穀城縣，今名舊縣。有項羽墓。自宋以來，又經數徙。錢坫謂漢東阿縣在今東阿縣西南。疑誤）。春秋莊十四年，諸侯會于鄄。杜注：鄄，衛地，今東郡鄄城。（按鄄城，於秦屬東郡，晉爲濮陽國，並無東郡之説。杜稱今東郡鄄城，未審何據。）漢志，濟陰郡有鄄城縣（説文同）。水經注：河水又東逕鄄城縣北，故城在河南岸十八里，河上之邑最爲峻固（城周七里有奇）。戰國時屬齊，宣王八年，與魏惠王會於鄄是也。今曹州府濮州東二十里有舊城集，即故鄄城也。顧觀光曰：史記：威王烹阿大夫後漢書胡廣傳注引說苑云：子奇年十八，齊君使主東阿，東阿大化。是阿，亦稱東阿，蓋對燕之西阿而言也。魯世家：傾公卒於柯。索隱引杜預云：柯，齊邑，今濟北東阿。則東阿一名柯矣。漢志：東阿屬東郡，在今泰安府東阿縣西南。又曰：史記：威王九年，趙伐我取甄。按春秋莊十四年：會於鄄。史記作甄。是甄即鄄也。呂氏春秋：惠王布冠而拘於鄄。則戰國時亦有鄄名矣。漢志：鄄城屬濟陰，在今曹州府濮州東二十里。

〔二〕鮑彪曰：謂齊、楚。　吳師道曰：恐非。此句正指楚。　金正煒曰：謂東國之地千里，楚包九夷，又千里，齊人兼而有之也。范睢至章：昔者齊伐楚，戰勝，破軍殺將，再辟千里。當即謂此。

〔三〕鮑彪曰：越，勾踐國。隸，猶禮之秋官肆隸，征伐所獲之民也。擅，專有之事。　吳師道曰：越有三，皆屬楚。隸，徒隸，賤稱，此言楚之强。　張琦曰：楚威王滅越，今浙閩之地盡屬楚，兩廣亦隸焉。　金正煒曰：周禮：師氏使其屬帥四夷之隸。楚策：越亂，故楚南察瀨湖而野江東。史記越世家：楚威王興兵伐越，盡取故吳地至浙江。此謂齊既破楚，將擅故楚之富。

〔四〕吳師道曰：此句與策首不同，當與上「權縣宋、衛」爲比。一本「權懸韓、魏」者是。「支分」字上或缺楚字。如此，義乃稍通。　張琦曰：此疑錯文，應在章末，與「不能與齊」句相首尾。韓字衍。

〔五〕鮑彪曰：支，言細散取之。腴，腹肥也。言肥沃如之。薄，猶迫也。鄭屬長安，在秦、漢之間。　吳師道曰：西都咸林，鄭舊封，去方城遠。新鄭滎陽，是時已爲韓。策凡言鄭者，韓也。　張琦曰：凡言鄭皆主新鄭，並言滎陽無當。　程恩澤曰：按此鄭當是西鄭。漢志：京兆尹有鄭縣，周宣王弟鄭桓公邑，本名咸林。（世本作棫林，又云徙拾，不知何地。）雖距方城較遠，然策云：韓魏支分方城以薄鄭。若是新鄭，豈有自薄其國都者？且下云：「兵休復起，足以傷秦」，若非華州之鄭，於秦何傷？此考之本文，而即知其不然也。（漢書薛瓚注：言周自穆王以下都于西鄭，不得以封桓公，桓公國于鄭父之丘，無封京兆之文。酈道元曰：班固、應劭、鄭玄、皇甫謐、裴頠、王隱、闞駰及諸著述家，咸以西鄭爲友之所封，賢於瓚之單說。）元和志：古鄭城，在今鄭縣理西北三里，秦武公十一年置，興元二年新築羅城，今在同州府華州西北三里。金正煒曰：此言韓魏亦將乘楚之敝坐大而爲秦害。支分猶支解。又大戴禮保傅篇：燕支地計衆不與齊均也。注：支，猶計也。韓魏支地而分，以楚新破，力弗能救耳。秦取楚漢中章：韓魏聞楚之困，乃南襲至鄧，當即此時。兵休復起，足以傷秦，蓋謂韓魏，非謂楚也。鮑吳誤以『楚破秦』爲句，因以富擅越隸，爲稱楚之强，至『秦烏能與齊懸衡』以下，說愈支離不可通。左氏昭九年傳：楚遷方城外人於許。昭二十年傳：建與伍奢將以方城之外叛。周策：楚不能守方城之外，安能道二周之間？方城膏腴之地，本屬於楚，安得謂楚支分之乎？此章當在秦取楚漢中章之後，疑即三國攻楚，秦不出兵，或爲楚說魏冉也。惟穰侯相秦之時，韓已併鄭。此云薄鄭，當是鄧字之譌。左氏昭十三年傳：召二子而盟於鄧。杜注：潁川召陵縣西南，有鄧城。

七

五國罷成皋〔一〕，秦王欲爲成陽君求相韓魏〔二〕，韓魏弗聽。秦太后爲魏冉謂秦王曰〔三〕：『成陽君以王之故窮而居於齊，今王見其達而收之，亦能翕其心乎〔四〕？』王曰：『未也。』太后曰：『窮而不收，達而報之，恐不爲王用〔五〕。且收成陽君，失韓魏之道也〔六〕。』

〔一〕鮑彪曰：成皋屬河南，詳見趙策惠文十三年。此（秦昭）二十一年也。史不書。吴師道曰：皋，姚本作睪。前漢志：成皋，故虎牢，亦名制，左傳所謂巖邑也。正義引括地志云：成皋故縣，在洛州汜水縣西南。黄丕烈曰：今本睪作睾，鮑本作皋。丕烈案：睪即皋字也。 張琦曰：成皋城在今開封府汜水縣西北。 程恩澤曰：案穆天子傳：天子獵于鄭圃，有虎在葭中。七萃之士高奔戎生捕獻之天子，天子柙之東虢，是曰虎牢。水經注：成皋故城，在大伾山上（此本張揖説，就河南言之。鄭康成曰：地喉也，在修武、武德界，則就河北言。漢書音義臣瓚説以大伾山在黎陽，今爲濬縣，前代地理書多從之，當爲定論）。縈帶伾，阜絶岸峻，周高四十許丈，城張翕險，崎而不平。春秋傳曰：制，巖邑也。即東虢也。三家分智氏地，段規曰：必取成皋，韓氏從之，後果得鄭。及失成皋，十九年而韓遂亡。則其險雖不足恃，然亦所繫匪淺矣。元和志：故城在汜水縣東南（括地志作西南，洪亮吉曰在西北）二里，今同屬開封府。地理通釋：鞏與成皋中分洛水，西爲鞏縣，東則成皋，後魏併焉。 顧觀光曰：史記：桓惠王二十四年，秦拔我成皋。秦本紀正義引括地志云：洛州汜水縣，古之虢國，亦鄭之制邑，又名虎牢。漢之成皋，漢志：屬河南（在今開封府汜水縣西二里）。按春秋襄十年：晉師城梧及制，其時鄭未亡，而制邑已入於晉矣。故韓策段規謂韓王曰：分地必取成皋。又曰：顧氏棟高云：自滎陽而東，皆坦夷。西入縣境，地漸高。城中突起一山，如萬斛囷。出西郭，則亂嶺糾紛，一道紆曲其間，斷而復續。使一夫荷戈而立，百人自廢。 祖耿案：顧觀光隸此於赧王二十九年。

〔二〕鮑彪曰：成陽君，以魏、趙策，知爲韓人，此十七年入朝時在其國。 程恩澤曰：魏策成陽君欲以韓魏聽秦。鮑注即秦昭十七年入朝者，當是韓人。恩澤案：秦本紀：昭王十七年，成陽君及東周君來朝。正義曰：括地志：濮州雷澤縣，本漢郕陽縣，古郕伯姬姓之國，周武王封弟季載（當作叔武）於郕，其後遷城之陽也。（後漢志：濟北國有成縣。劉昭曰：即春秋郕國也。京相璠曰：岡縣西南有盛鄉，岡縣即漢剛縣，晉爲剛平，杜注訛作剛父，後又改爲亢父。今兗州府寧陽縣東北三十四里，有堽城壩，即其地。而郕在其西南，此蓋郕所封故地，其後乃遷雷澤歟？索隱云：地理志：廩邱縣南有成故城。今無其文。）據此，則成即郕伯之後，並非韓人。但姬姓之郕，在春秋時久已無聞，未必至戰國尚存。且其字各異，恐難合而以一，故錄此以俟考。金正煒曰：按趙策：天下爭秦，秦王內韓珉於齊，內成陽君於韓。魏策：成陽君欲爲韓、魏聽秦。韓策：成陽君爲秦去韓。則成陽君固韓之有秦重者，秦故爲之求相二國也。

〔三〕鮑彪曰：太后，宣太后。冉，后弟，時主五國之成，后恐成陽害其事，故爲之言。

〔四〕鮑彪曰：翕，猶收也，言收之晚。

〔五〕金正煒曰：按韓珉相齊，令逐成陽君，即此所云「窮而不收」也。禮記樂記：「故禮有報而樂有反。」注：報，讀爲褒。褒猶進。又祭義注：報，皆當爲褒，聲之誤。

〔六〕鮑彪曰：其窮在齊，亦必韓魏所惡。

八

范子因王稽入秦〔一〕，獻書昭王曰：『臣聞明主莅政〔二〕，有功者不得不賞，有能者不得不官，勞大者其祿厚，功多者其爵尊，能治衆者其官大，故不能者不敢當其職焉，能者亦不得蔽隱〔三〕。使以臣之言爲可，則行而益利其道〔四〕；若將弗行，則久留臣無爲也〔五〕。語曰：「庸主賞所愛而罰所惡〔六〕，明主則不然，賞必加於有功，刑必斷於有罪。」今臣之胸不足以當椹質〔七〕，要不足以待斧鉞〔八〕，豈敢以疑事嘗試於王乎〔九〕？雖以臣爲賤而輕辱，臣獨不重任臣者後無反覆於王前耶〔一〇〕？臣聞周有砥厄，宋有結緑，梁有懸黎，楚有和璞〔一一〕，此四寶者，工之所失也〔一二〕，而爲天下名器，然則聖王之所棄者，獨不足以厚國家乎〔一三〕？臣聞善厚家者，取之於國；善厚國者，取之於諸侯〔一四〕；天下有明主，則諸侯不得擅厚矣。是何故也？爲其凋榮也〔一五〕。良醫知病人之死生，聖主明於成敗之事，利則行之，害則舍之，疑則少嘗之，雖堯舜禹湯復生，弗能改已〔一六〕！語之至者，臣不敢載之於書；其淺者又不足聽也。意者臣愚而不闔於王心耶〔一七〕？亡其言臣者將賤而不足聽耶〔一八〕？非若是也，則臣之志願少賜游觀之間望見足下而入之〔一九〕。』

書上，秦王説之，因謝王稽説〔二〇〕，使人持車召之〔二一〕。

〔一〕鮑彪曰：范子名睢，字叔，後封應侯。凡范，皆晉舊姓，故史云魏人。王稽，秦謁者令，時使魏還。吴師道曰：睢音雖。　程恩澤曰：案左傳：晉主夏盟爲范氏。杜注：杜伯之子隰叔奔晉，四世及士會，食邑於范。漢志：東郡有范縣。元和志云：范縣在濮州東北六十里。寰宇記：壽張縣有范城，晉范氏食邑。又河南道濮州有范縣（路史主濮州，云與壽張異）。顧棟高曰：范本衛地，狄滅衛，晉又滅狄，故爲晉地。其後范氏叛晉即齊，又爲齊地。孟子自范之齊，即此。今屬曹州府，故城在今縣東南二十五里。江永曰：范去晉遠，春秋時晉恐不能有其地。士會所食之范，當在山西平陽府境。朱起鳳曰：韓非子外儲說左上：「虞慶詘匠也而屋壞，范且窮工而弓折。」又云：「范且、虞慶之言，皆文辯辭勝。」案范睢之睢字，從且不從目，後人有讀爲睢者，其誤始於胡三省注通鑑。清錢大昕通鑑注辨正曰：考武梁祠畫象作范且，且與睢同字，宜從且，不從目。注讀爲雎，失之甚矣。然錢氏未引韓非子，亦其疏也。祖耿案：策此章見史記范睢列傳，云：「穰侯爲秦將，且欲越韓、魏而伐齊綱壽，欲以廣其陶封。范睢乃上書曰：「臣聞明主」」云云，辭與此章大同，其有不同，分記於後。又案：顧觀光隸此於赧王四十四年。

〔二〕政，原作正。鮑彪曰：史作政，字通。祖耿案：史記作「明主立政」。司馬貞曰：按戰國策立作莅也。

〔三〕祖耿案：史記不能作無能，當下無其字，焉下有有字。

〔四〕鮑彪曰：利，猶達。祖耿案：則，史記作願。

〔五〕祖耿案：此句史記作：「以臣之言爲不可，久留臣無爲也。」

〔六〕庸，原作人。姚注：後語作庸主。黄丕烈曰：吴氏補曰：史：庸主。金正煒曰：按人與庸，形聲不相近，若是庸字，無因誤爲人。疑本作凡，凡字篆文與人祇差一小畫，因以致誤。呂覽異寶篇注：俗主不肖凡君。凡主猶凡君也。又有度篇注：人主謂俗主。則作人主亦非誤。

〔七〕鮑彪曰：集韻，椹，斫木鑕。鑕，鐵椹。質、鑕同。司馬貞曰：椹者，莝椹也。質者，剉刃也。腰斬者當椹質也。

〔八〕鮑彪曰：鉞，亦斧也。

〔九〕鮑彪曰：當，亦試也。祖耿案：乎，史記作哉。

〔一〇〕鮑彪曰：保作人必保其後，後不如言，則爲反覆，此任人者所重也。王豈得輕之。 黄丕烈曰：王前，鮑本作前者。丕烈案：後，史記作之。無「前」字。連上句讀。 金正煒曰：按「賤而輕辱」爲句，輕對重言，以疑事嘗試於王而冒斧鉞之誅，是知有辱而輕於試也，無猶不也，王字當從鮑本省，前後亦相對爲文，言始雖失於過聽而任之，後或察其嘗試而罪之也。又管子任法篇：世無請謁任舉之人。注：任，保也。漢書汲黯傳注引蘇林「任，保舉。」言：任臣者，如知臣爲嘗試，亦將保任不堅。 祖耿案：史記賤下有人字，獨上無臣字，後作之，王下無前字。

〔一一〕鮑彪曰：卞和之璞，皆美玉名。 祖耿案：史記：厄作砨，懸黎作縣藜，璞作朴。注，裴駰曰：薛綜曰：縣藜一曰美玉。 張守節曰：劉伯莊云：珍玉朴也。

〔一二〕鮑彪曰：失，謂不能別之，故卞和三刖也。 祖耿案：此句史記作：「士之所生，良工之所失也。」

〔一三〕鮑彪曰：厚，言使之重。 金正煒曰：聖王，疑當作世主，涉下文聖主而誤也。世字篆文與正相似。正又與聖字音近，因致誤聖。王則主字之譌。管子心術篇：夫聖人無求也。今本聖誤爲正，可以借證。又耿勳碑：世作𢦏，與俗書聖字作圣，形亦相近。呂覽振亂篇：世主恣行。高注：世主，亂主也。謂秦王曰臣竊惑章，高注：世主，謂諸侯也。睢窮而入秦，恐王輕之，故爲此言。

〔一四〕鮑彪曰：皆取其人。

〔一五〕姚注：凋榮，曾、錢、劉一作凋弊。史記：割榮。後語：害榮。 鮑彪曰：凋，傷也；榮，草華也，此喻厚重。彼有擅之，則此無有。 司馬貞曰：割榮，即上之擅厚，謂擅權也。 金正煒曰：此言惟明主乃能得諸侯之士而用之。擅厚，謂擅其人以厚其國。或當作擅有，厚有音近，又涉上文厚家、厚國，而誤。言諸侯不得私有其國之士，沮其見用於明主也。凋者，摧折；榮者，英華。以喻世主自殘其國士，適驅之以歸明主。睢蓋有慨見擯於宗國，亦以自解於秦王也。

〔一六〕吳師道曰：睢云：聖王明於成敗之事，而曰疑則少嘗之。語既反覆，又引舜禹，舜禹豈嘗疑事者哉？所謂游士之言。　祖耿案：史記無堯湯二字。

〔一七〕姚注：史記闓作概。　吳師道曰：索隱引策作闓。　黃丕烈曰：案闓字是。　金正煒曰：闓當作開，史作概，一聲之轉也。索隱引策作闓，開闓古書多互誤，說詳王氏讀書雜志。禮記檀弓：曩者爾心或開予。注：開謂諫爭有所發起。漢書鄒陽傳：雖竭精神，欲開忠於當世之君。文選李善注引小雅曰：開，達也。吳昌瑩曰：闓通合，合，當也；不闓，不當也。

〔一八〕亡，原作已。姚注：已，錢作亡，一作以，一作抑，曾作亡。　鮑彪曰：亡其，猶得亡。　吳師道曰：亡其，猶亡乃。　王引之曰：亡其，轉語詞也，今本亡譌作已。錢本、曾本並作亡，與史記范睢傳合。索隱曰：亡猶輕蔑也，失。　金正煒曰：已當從鮑作亡。呂覽審爲篇：君將攫之乎？亡其不與。字亦作妄。國語：妄其欺不穀耶？並與此同。經傳釋詞云：轉語詞也。　祖耿案：此語史記作：「亡其言臣者賤而不可用乎？」

〔一九〕鮑彪曰：志字，絕句。間，暇隙也。不斥王，故指其足下之人，猶陛下也。　吳師道曰：史：自非然者，臣願云云。按自非然者，即策非若是也。臣願即策則臣之志願云云。志字句絕，雖奇，非文義。　黃丕烈曰：此史記不與策文同。　祖耿案：此數語史記作：「自非然者，臣願得少賜游觀之閒，望見顏色。一語無效，請伏斧質。」此黃氏所謂不與策文同者也。

〔二〇〕姚注：一無說字。　鮑彪曰：且謝且說，說其未用之故。　吳師道曰：謝其得人，而說其欲見之意。姚云：一本無說字，史同。　金正煒曰：鮑、吳說並非也。禮記曲禮：若不得謝。注：謝，聽也。公羊成十五年傳疏，義同。史記范雎傳：稽言雎於秦王，王弗信，待命歲餘，雎乃上書云云。此文因謝王稽說，謂因雎上書，乃聽王稽之說耳。一本無說字，亦誤脫也。

昭王大說，乃謝王稽，使以傳車召范雎。」亦與策文不同。　祖耿案：史記無「書上」二字，此下數語作：「於是秦

〔三〕鮑彪曰：雎傳有。　金正煒曰：雎傳：「須賈待門外，持車良久。」魏策：「方北面而持其駕。」義並與此不同。漢書梁孝王傳：「景帝使使持乘輿駟，迎梁王於關下。」（荀子成相篇注：將，持也。持、將義同，將車猶御車。）又人字疑本爲以。古書以作㠯，因缺損爲人。持或特字之譌。爾雅釋水：士特舟。此云特車，猶近人言專車。史作：「使以傳車召范雎。」　祖耿案：史記范雎傳：「乃謝王稽，使以傳車召范雎」。集解：徐廣曰：「一云『使持車』。」索隱：「『使持車』，戰國策之文也」。據此策文，原無「人召之」三字。「使持車」者，謂秦王使王稽持車召范雎也，當與下章范雎至連續。後人不得其解，乃妄增「人召之」三字耳。

九

范雎至〔一〕，秦王庭迎，謝范雎曰〔二〕：『寡人宜以身受令久矣！會義渠之事急〔三〕，寡人日自請太后；今義渠之事已，寡人乃得受命〔四〕；躬竊閔然不敏〔五〕，敬執賓主之禮。』范雎辭讓。是日見范雎見者，無不變色易容者〔六〕。秦王屏左右〔七〕，宮中虛無人，秦王跪而請曰〔八〕：『先生何以幸教寡人〔九〕？』范雎曰：『唯唯！』有間〔一〇〕，秦王復請，范雎曰：『唯唯〔一一〕！』若是者三，秦王跽曰〔一二〕：『先生

不幸教寡人乎〔一三〕？』范睢謝曰：『非敢然也！臣聞始時呂尚之遇文王也，身爲漁父而釣於渭陽之濱耳〔一四〕！若是者交疏也；已一說而立爲太師〔一五〕，載與俱歸者，其言深也〔一六〕；故文王果收功於呂尚，卒擅天下，而身立爲帝王〔一七〕。即使文王疏呂尚而弗與深言〔一八〕，是周無天子之德，而文武無與成其王也〔一九〕。今臣羇旅之臣也，交疏於王；而所願陳者，皆匡人君臣之事〔二〇〕，處人骨肉之間〔二一〕；願以陳臣之陋忠，而未知王心也〔二二〕；所以王三問而不對者是也〔二三〕。臣非有所畏而不敢言也，知今日言之於前，而明日伏誅於後，然臣弗敢畏也〔二四〕。大王信行臣之言，死不足以爲臣患；亡不足以爲臣憂；漆身而爲厲〔二五〕，被髮而爲狂，不足以爲臣恥；五帝之聖焉而死，三王之仁焉而死，五伯之賢焉而死，烏獲之力焉而死〔二六〕，夏育之勇焉而死〔二七〕，死者人之所必不免也；處必然之勢，可以少有補於秦，此臣之所大願也。臣何患乎〔二八〕？伍子胥橐載而出昭關〔二九〕，夜行而晝伏，至於蔆水〔三〇〕，無以餌其口〔三一〕，坐行蒲服〔三二〕，乞食於吳市〔三三〕，卒興吳國，闔廬爲霸。使臣得進謀如伍子胥〔三四〕，加之以幽囚，終身不復見，是臣說之行也，臣何憂乎〔三五〕？箕子接輿〔三六〕，漆身而爲厲，被髮而爲狂，無益於殷楚〔三七〕。使臣得同行於箕子接輿〔三八〕，可以補所賢之主〔三九〕，是臣之大榮也。臣又何耻乎？臣之所恐者，獨恐臣死之後，天下見臣盡忠而身蹷也〔四〇〕。是以杜口裹足，莫肯鄉秦耳〔四一〕！足下上畏太后之嚴，下惑姦臣之態〔四二〕；居深宮之中，不離保傅之手〔四三〕；終身闇惑，無與照姦〔四四〕，大者宗廟滅覆，小者身以孤危；此臣之所恐耳！若夫窮辱之事，死亡之患，臣弗敢畏也。臣死而秦治，賢於生也。』秦王跽曰：『先生是何言也！夫秦國僻遠，寡人愚不肖，先生乃幸至此〔四五〕！此天以寡人慁先生〔四六〕，而存先王之廟也〔四七〕！寡人得受命於先生，此天所以幸先王而不棄其孤也〔四八〕！先生柰何而言若此？事無大小，上及太后，下至大臣，願先生悉以教寡人，無疑寡人也！』范雎再拜，秦王亦再拜〔四九〕。范雎曰：『大王之國，北有甘泉谷口〔五〇〕，南帶涇渭〔五一〕，右隴蜀〔五二〕，左關阪〔五三〕；戰車千乘，奮擊百萬〔五四〕；以秦卒之勇，車騎之多，以赴諸侯〔五五〕，譬若放韓盧而逐蹇兔也〔五六〕，霸王之業可致〔五七〕。今反閉關而不敢窺兵於山東者〔五八〕，是穰侯爲國謀不忠〔五九〕，而大王之計有所失也！』王曰：『願聞所失計〔六〇〕。』雎曰：『大王越韓魏而攻强齊，非計也〔六一〕。少出師，則不足以傷齊，多之，則害於秦〔六二〕。臣意王之計欲少出師而悉韓魏之兵也則不義矣〔六三〕。今見與國之不可親〔六四〕，越人之國而攻，可乎？疏於計矣〔六五〕。昔者，齊人伐楚〔六六〕，戰勝，破軍殺將，再辟千里〔六七〕，膚寸之地無得者〔六八〕，豈齊不欲地哉？形弗能有也〔六九〕。諸侯見齊之罷露〔七〇〕，君臣之不親，舉兵而伐之〔七一〕，主辱軍破，爲天下笑。所以然者，以其伐楚而肥韓魏也〔七二〕。此所謂藉賊兵而齎盜食者也〔七三〕，王不如遠交而近攻〔七四〕，得寸，則王之寸；得尺，亦王之尺也。今舍此而遠攻，不亦繆乎？且昔者中山之地方五百里〔七五〕，趙獨擅之〔七六〕，功成名立利附，則天下莫能害〔七七〕。今韓魏，中國之處，而天下之樞也〔七八〕；王若欲霸，必親中國而以爲天下樞，以威楚趙；趙强則楚附，楚强則趙附〔七九〕；楚趙附，則齊必懼；懼必卑辭重幣以事秦〔八〇〕；齊附而韓魏可虛也〔八一〕。』王曰：『寡人欲親魏，魏多變之國也，寡人不能親。請問親魏柰何？』范睢曰：『卑辭重幣以事之。不可，削地而賂之。不可，舉兵而伐之〔八二〕。』於是舉兵而攻邢丘〔八三〕，邢丘拔而魏請附〔八四〕。睢復說昭王曰〔八五〕：『秦韓之地形，相錯如繡；秦之有韓，若木之有蠹，人之病心腹；天下有變，爲秦害者，莫大於韓；王不如收韓〔八六〕。』王曰：『寡人欲收韓，韓不聽〔八七〕，爲之柰何？』范睢曰：『舉兵而 攻滎陽〔八八〕，則成睪之路不通〔八九〕；北塹太行之道〔九〇〕，則上黨之兵不下〔九一〕；一舉而攻滎陽，則其國斷而爲三〔九二〕。夫韓見必亡〔九三〕，焉得不聽？韓聽而霸事可成也。』王曰：『善〔九四〕。』

〔一〕祖耿案：史記范雎傳云：「於是范雎乃得見於離宮，詳爲不知永巷而入其中。王來而宦者怒，逐之，曰：『王至！』范雎繆爲曰：『秦安得王？秦獨有太后、穰侯耳。』欲以感怒昭王。昭王至，聞其與宦者爭言，遂延謝曰：『寡人宜以身受命』云云。張守節曰：長安故城本秦離宮，在雍州長安北十三里也。永巷，宮中獄也。顧觀光隸此於赧王四十九年。

〔二〕謝，原作謂。黃丕烈曰：謂，鮑本無。吳補：一本「謂范雎。」丕烈案：考史記，謂或謝字誤也。

〔三〕會，原作今者二字。鮑彪曰：蓋修李帛之怨。吳師道曰：大事記：赧王四十四年，秦滅義渠。漢匈奴傳：秦昭王時，義渠戎王與宣太后亂，有二子，太后詐殺王於甘泉。王念孫曰：下既云「今義渠之事已」，則上文「義渠之事急」二句乃追叙之詞，不得言今者。史記范雎傳作：「會義渠之事急」是也，言適會義渠之事急，故寡人不得以身受命耳。今者二字，即一會字之譌。祖耿案：令，史記作命。

〔四〕得下原有以身二字。黃丕烈曰：得，鮑本無。丕烈案：史記作「乃得受命」。祖耿案：史記「日」作旦暮二字。

〔五〕鮑彪曰：閔，猶傷。敏，疾也。自傷其見睢之晚。司馬貞曰：閔然，鄒誕本作惛然，音昏。又云：一作閔，音敏。閔猶昬闇也。祖耿案：史記，竊上無躬字。

〔六〕祖耿案：此句史記作：「是日觀范雎之見者，群臣莫不洒然變色易容者。」注：徐廣曰：洒，先典反。司馬貞曰：鄭玄曰：灑然，肅敬之貌也。

〔七〕鮑彪曰：博雅，屏，除也。此謂去之。

〔八〕祖耿案：跪，史記作跽。司馬貞曰：音其紀反。跽者，長跪，兩膝枝地。

〔九〕鮑彪曰：以教之爲寵。

〔一〇〕鮑彪曰：間亦隙也。　吳師道曰：間，猶頃也，孟子爲間，如字。

〔一一〕祖耿案：此句史記作：「秦王復跽而請曰：「先生何以幸教寡人？」范睢曰：「唯唯。」」

〔一二〕鮑彪曰：跽，長跪也。　金正煒曰：按史記項羽紀：「項王按劍而跽。」集解：跽，小跪也。釋名：跽，忌也，見所敬忌，不敢自安也。亦與啓通。小雅四牡：「不遑啓處。」郭云：小跽也。項安世曰：古者席地，跽即起身。是跽蓋有欲起之勢，如樂記所謂致右憲左也。秦王先跪而請，至是變而爲跽，范睢乃謝，固與跪有別矣。

〔一三〕祖耿案：史記生下有卒字，平作邪。

〔一四〕鮑彪曰：渭水出隴西首陽，此渭水之陽。詩，在咸陽之地。　吳師道曰：正義引呂氏春秋云：「太公釣於兹泉」。酈道元云：磻溪中有兹泉，水源出岐州岐山縣西南凡谷，北流十二里注于渭。　張琦曰：水出岐州岐山縣凡谷者，正義引括地志文也，吳氏闌入所引酈注，妄矣！磻溪在今鳳翔府寶雞縣東南八十里。凡，當作丸。　程恩澤曰：案高誘注，渭陽在咸陽地。其注呂覽首時篇云：渭，水名，近豐鎬，文王所邑也。地理志：右扶風渭城，故咸陽。水經注：渭水之陽，即懷德縣界也。今在西安府咸陽縣東北二十里。

祖耿案：史記：「始時」作「昔者」，下無「陽之」二字。

〔一五〕姚注：曾作：「已而立爲太師」。　金正煒曰：已與以通，不必省「一說」。　祖耿案：史記「說」上無「一」字。

〔一六〕祖耿案：史記此句同。鮑本歸上有南字。　吳師道曰：姚本無南字，史同。

〔一七〕祖耿案：史記，果作遂，擅作王，下無「而身立爲帝王」六字。

〔一八〕尚，原作望。金正煒曰：即，猶若也。望依上文當作尚。　祖耿案：史記，卽作鄉，望作尚。

〔一九〕祖耿案：史記，王下有業字。

〔二〇〕原作「皆匡君之事」。姚注上之字下云：「臣字」。　黃丕烈曰：上之字鮑本作臣。丕烈案：史記無臣字。　金正煒曰：按匡君下疑脱二字，昔人連作兩點，以識其闕，後遂誤爲草書之字。鮑本作臣，於文不合。　案此句當與下文爲偶語，疑匡下脱人字，上之字，當依姚注作臣也。

〔二一〕鮑彪曰：處猶在也，謂欲言太后及穰侯等。

〔二二〕祖耿案：此句史記作：願效愚忠而未知王之心也。

〔二三〕祖耿案：史記，所上有此字，者下無是字。

〔二四〕祖耿案，史記作：「然臣不敢避也。」

〔二五〕鮑彪曰：厲音賴，惡疾也。　吳師道曰：豫讓傳索隱云：凡漆有毒，近之者多患瘡腫，若賴然，故以漆塗身，令若癩然。厲、賴聲近，古多借。　祖耿案：史記此句及下作：「漆身爲厲，被髮爲狂。」無兩而字。司馬貞曰：厲音賴，癩病也。言漆塗身，生瘡如病癩。

〔二六〕聖、仁、賢、力下，原均無焉字。姚注：錢有四「焉」字。鮑彪曰：秦紀：烏獲，武王力士。然自孟子時稱之，則其以力聞久矣。　祖耿案：文選西京賦薛綜注引作：「烏獲之力焉而死」，推知聖、仁、賢、力下，均當有焉字。史記均有是也。

〔二七〕夏，原作奔。鮑彪曰：史注：孟奔、夏育皆勇士，育之力能舉千鈞。　吳師道曰：皆衛人。　朱起鳳曰：書傳多作賁、育，國策作奔，乃同音通用。　祖耿案：文選西京賦薛綜注，上書諫獵李善注引，均作「夏育之勇焉而死」。則奔育當作夏育。上云五帝三王五伯，下云：烏獲、夏育。上舉都名，下舉獨名，不應駢列奔育。又案：此數語，史記烏獲下有任鄙，孟賁上有成荆，下有王慶忌、夏育，與策不同。注，裴駰集解引徐廣曰：荆，一作羌。許慎曰：成荆，古勇士，孟賁，衛人。吳越春秋曰：吳王僚子，慶忌。漢書音義曰：或云夏育，衛人，力舉千鈞。

〔二八〕祖耿案：史記作「臣又何患哉」！

〔二九〕鮑彪曰：昭關，楚關名。　吳師道曰：後語注云：韋橐。　張琦曰：昭關，今安徽和州含山縣北二十里小峴山是。　程恩澤曰：案索隱云：其關在西江（洪亮吉曰：大江在和州東南，自廬州府無爲州界流入，又東北入江浦縣界，江流自西南繞而東北，故昔稱和州爲西江）。乃吳、楚之境。顧祖禹曰：今和州含山縣北二十里（一作十里），有小峴山，一名昭關，兩山峙立，爲廬、壽往來之衝，即伍員所出處也。縣北十五里有馬跑泉，名昭關泉，俗傳伍子胥過昭關馬跑泉出，此其遺蹟云。

〔三〇〕姚注：史記作陵水。鮑彪曰：地缺。　吳師道曰：姚本作菱水。索隱云：即溧水。　黄丕烈曰：淩水，鮑本作菱夫。　張琦曰：菱夫，史作凌水，今江寧府溧水縣西北四十里，溧水上有投金瀨。　程恩澤曰：案史記作陵水。劉伯莊曰：陵、溧聲相近，故惑。說文：溧水出丹陽。應劭曰：丹陽郡溧陽縣，溧水所出南湖也。今在鎮江府溧陽（張氏釋地作溧水，疑誤）縣西北四十里，一名瀨水（張宗泰曰：溧、瀨聲相近），即永陽江之上源，凡宣、歙以上大江南岸之水，多會於此。地理志謂之中江。江上有渚，曰瀨渚，自瀨渚東北流，曰瀨溪（鄉民訛曰爛溪），入長蕩湖。其東南流至陽羨者，即荆溪也。縣西七十里有昇平湖，亦舊中江所經之地（說見方輿紀要乾隆圖志），相傳爲伍員乞食投金處，其地有投金瀨，亦曰金瀨。又縣北少西有胥渚、胥泊二村，皆以子胥經過得名。　朱起鳳曰：夫，蓋水字之誤。　祖耿案：史記行下無而字。注，司馬貞曰：劉氏云：「陵水即栗水」。陵、栗聲近，故惑也。

〔三一〕金正煒曰：餌，當爲餬。方言二：餬，寄也，寄食爲餬。左氏隱十一年傳：「而使餬其口於四方。」注：餬，鬻也。莊子人間世篇：「足以餬口」。李注：餬，食也（廣雅釋詁：餌食也。惟作餬義勝）　祖耿案：史記作「餬其口」。

〔三二〕鮑彪曰：蒲服，匍匐同。饑困故。　金正煒曰：左氏昭二十六年傳：「坐行而入」。注：坐行，膝行。史記蘇秦傳：「嫂委蛇蒲服」。索隱云：蒲服即匍匐。　祖耿案：史記坐作厀，服作伏，下有：「稽首肉袒，鼓腹吹篪」兩句。注，裴駰曰：徐廣曰：篪，一作簫。

〔三三〕鮑彪曰：胥傳：在丹陽溧陽。　程恩澤曰：案此本張勃吳錄語。謂漢丹陽郡之溧陽縣，即今鎮江府溧陽縣也。吳越春秋：伍子胥奔吳，至溧陽，女子擊漂瀨水之上，子胥過而乞一餐。女子發簞飯壺漿食之，子胥餐而去。謂女子曰：「揜子壺漿，勿令其露。」女子曰：「行矣。」子胥行五步還顧，女子已自投江瀨而死。子胥伐楚師還，過溧陽瀨上，欲報百金，不知其家，乃投金瀨水而去。殆所謂吳市歟。

〔三四〕祖耿案：史記，進謀作盡謀。

〔三五〕祖耿案：史記作：「是臣之說行也，臣又何憂？」

〔三六〕鮑彪曰：高士傳，楚人陸通，字接輿。　程恩澤曰：案元和姓纂云：箕，商圻內國。相傳在今山西遼州榆社縣東南三十里，然並無的據。

〔三七〕祖耿案：史記無兩而字。殷、楚二字，惟作一主字。

〔三八〕接輿下原有漆身二字。姚注：一本無漆身字。　祖耿案：史記，使上有假字，子下無接輿二字，

〔三九〕祖耿案：史記，補上有有字，補下有於字。

〔四〇〕鮑彪曰：殹，僵也。　祖耿案：史記作身死。

〔四一〕卿，原作即。　鮑彪曰：即，就也。　黄丕烈曰：吴氏補曰，即，一作卿。丕烈案：史記作卿。　金正煒曰：是，猶於是，見經傳釋詞。又禮記曲禮：「五官之長曰伯，是職方。」疏：是職方者，言二伯於是職主當方之事也。或爲且之譌。且，將也。墨子貴義篇：「子墨子自魯即齊。」素問氣交變大倫，「其眚即也」，注：即，至也。　祖耿案：史記，是以作因以是，即作卿。

〔四二〕金正煒曰：按荀子臣道篇：「然而巧敏佞説，善取寵乎上，是態臣者也。」注：以佞媚爲容態。　祖耿案：史記，惑下有於字。注，司馬貞曰：態謂姦臣諂詐之志也。

〔四三〕鮑彪曰：女保女傅，非大臣也。　祖耿案：史記，保傅作阿保。

〔四四〕祖耿案：史記，闇作迷，照作昭。注，張守節曰：昭，明也，無與明其姦惡。

〔四五〕祖耿案：史記作：「先生乃幸辱至於此。」

〔四六〕姚注：慁，後語作授。　鮑彪曰：慁溷同，亂也，濁貌。　祖耿案：史記：「天」上「此」字作「是」。注，裴駰曰：徐廣曰：亂先生也，音溷。司馬貞曰：慁及注溷字，並胡困反。慁猶汨亂之意。

〔四七〕祖耿案：史記，廟上有宗字。

〔四八〕金正煒曰：按吕覽至忠篇：「王必幸臣與臣之母。」注：幸，哀也。燕策：「此天之所以哀燕而不棄其孤也。」與此文同。

〔四九〕祖耿案：史記，兩「拜」上並無再字。

〔五〇〕鮑彪曰：文紀注：在雲陽，雲陽屬馮翊。　張琦曰：史正義曰：括地志：甘泉山在雍州雲陽縣西北九十里。關中記：甘泉宮在甘泉山上。郊祀志：公孫卿言黃帝得仙寒。仙寒者，谷口也（此文有脱誤。郊祀志云：黃帝接萬靈明庭。明庭者，甘泉也。所謂寒門者，谷口也）。九嵏山之西，謂之谷口，即古寒門也，在醴泉縣東北四十里。按雲陽故城，在今西安府涇陽縣西北三十里。甘泉山在縣西北百二十里。谷口故城，在今醴泉縣東北七十里，當九嵏山之東。漢志，左馮翊谷口下云：九嵏山在西，是也。正義云：九嵏山之西字謁。程恩澤曰：案封禪書：「公孫卿曰：『明廷者，甘泉也。』」括地志：甘泉山一名鼓原，俗名磨石嶺，在雍州雲陽縣（此漢雲陽縣，今爲邠州淳化縣）西北九十里（郡縣志同）。顧祖禹曰：甘泉山周迴六十里，一名磨盤嶺，又名車盤嶺，甘泉出焉。舊志云：山在雲陽縣西北八十里。登者自車箱坂而上（坂在雲陽縣西北三十里），縈紆曲折，單軌才通，上坂即平原宏敞，樓觀相屬。（地理通釋：漢甘泉宮在山上。關中記：宮北有連山。或曰：甘泉本秦之南宮，所謂林光宮也。）在今涇陽縣西北百二十里，又在邠州淳化縣西北五十里（亦地相接）。 地理志：左馮翊谷口縣（文帝後元三年置），九嵏山在西（蓋亦以山名縣）。封禪書（亦見郊祀志）寒門者，谷口也。溝洫志：田於何所？池陽谷口。即此。顏師古曰：谷口在九嵏山東（正義云：九嵏山之西。非是）。仲山西，當涇水出山之處。故曰谷口。山北寒涼，故曰寒門。正義曰：在醴泉縣東（通典無東字）北四十里。（後漢書注，寰宇記並同。）西北去甘泉山八十里。今同。顧祖禹曰：谷口，又名冶谷。（寰宇記以谷口與冶谷爲二，谷口名塞門，在醴泉；冶谷名寒門，在雲陽。按徐廣曰：寒，一作塞。宋雲陽即漢池陽，溝洫志稱池陽谷口，則冶谷即谷口也。封禪書索隱、通鑑、地理通釋引師古説亦云。）在今涇陽西北百二十里。（涇陽之西北，即醴泉之東北。） 顧觀光曰：正義引括地志云，甘泉山一名鼓原，俗名磨石嶺。在雍州雲陽縣西北九十里。關中記云：甘泉宮在甘泉山上，年代永久，無復甘泉之名，失其實也。封禪書：黃帝接萬靈明廷。明廷者甘泉也。山在今西安府涇陽縣北。又曰：封禪書所謂寒門者谷口也。索隱引小顏云：谷口，漢時爲縣，今呼爲冶谷，去甘泉八十里。盛夏凜然，故曰寒門。漢志：谷口屬左馮翊（在今西安府醴泉縣東北四十里），九嵏山在西。元和志云：縣在九嵏東，仲山西，當涇水出山之處，故謂之谷口。　祖耿案：文選西京賦薛綜注引：秦北有甘泉宮。西都賦李注，類聚二十五引，並作甘泉谷口。案谷口是也。漢宮闕疏：甘泉林光宮，秦二世造，范睢時不得有此。

〔五二〕鮑彪曰：涇水出安定涇陽。　張琦曰：漢志安定涇陽下云：幵頭山，禹貢涇水所出，東南至陽陵入渭，過郡三，行千六百里。隴西首陽下云：禹貢鳥鼠同穴山在西南，渭水所出，東至船司空入河，過郡四，行千八百七十里。涇陽故城在今平涼府西南；幵頭山在府西百四十里；陽陵故城，在今西安府高陵縣西南三十里。過郡三，安定、扶風、馮翊也。首陽，即今渭源縣；鳥鼠山在縣西二十里；船司空城，在今華陰縣北五十里。過郡四，隴西、天水、扶風、京兆也。今涇水自甘肅平涼府西幵頭山之涇谷東經涇州，又經陝西之長武、邠州，東南經淳化、永壽、醴泉、咸陽、涇陽、高陵而入渭。渭水自甘肅蘭州府渭源縣南谷山，經鳥鼠而東，經鞏昌府北寧遠、伏羌、通渭、秦州、清水，又經陝西之隴州、寶雞、岐山、扶風、郿縣、乾州、武功、盩厔、興平、鄠縣、咸陽、西安府北臨潼、高陵、華州、華陰，而入大河。　程恩澤曰：案地理志，涇水源出安定涇陽縣（今甘肅平涼縣西四十里）西幵頭山（今固原州東南七十里），東南至陽陵（今陝西高陵縣西南三十里）入渭（說文同）。錢坫曰：涇水出固原州西南山（似應作東南，錢以六盤山爲幵頭山，故云在西，蓋本元和志，誤）。東南流逕平涼府城北，崇信縣北，涇州北（胡渭作南，非是），長武縣北，邠州北，三水縣南，（句應删。在三水南者，乃西溪河、温涼河之入涇者，非涇河也。）淳化縣西南（胡渭無南字），涇陽縣南，三原縣南（句亦可删），至高陵縣南入渭。以今地圖按之，俱在咸陽西北，而策云：南帶涇渭，殊不可解。左傳襄十四年云：濟涇而次，至於棫林。疏引世本云：棫林即京兆鄭縣，爲今華州。

是涇水下流，古時當在華州東南，與今不同，故策爲此說。禹貢：涇屬渭汭，豈涇、渭同流，凡渭水入河之處，或亦可稱涇水歟？（長安志：涇陽、高陵、櫟陽、雲陽、三原、富平、醴泉七縣，皆涇水所溉地。按圖，涇水遠在櫟陽東，與石川河合，即古沮水。則其與渭合流，通稱可知矣。）地理志：渭水源出隴西首陽縣（今甘肅蘭州府渭源縣東北）西南鳥鼠同穴山（今渭源縣西七十六里，舊志作二十里），東至船司空（今陝西華陰縣東北五十里）入河。（說文：渭水出隴西首陽渭首亭南谷，東入河。）錢坫曰：渭水出渭源縣西，東南流逕鞏昌府城北，折南，又東逕寧遠縣北，伏羌縣北，秦州北，秦安縣南（胡渭作：先逕秦安，後至秦州，非是）。清水縣南（胡渭作西），隴州南，寶雞縣北。（胡渭作南，大事表同，疑誤。）郿縣北，盩厔縣北，興平縣南，咸陽縣南（雍錄：渭水東逕漢渭城之南，即秦咸陽也），西安府城北，臨潼縣北，渭南縣北，華州北，華陰縣北入河。以今地圖按之，渭之上流在咸陽西少北。其合涇入河處，正在咸陽東南也。顧觀光曰：史記，范睢曰：大王之國，南帶涇渭。又鞠武曰：秦地偏天下，南有涇渭之沃。漢志：安定郡涇陽，幵頭山在西。禹貢：涇水所出。東南至陽陵入渭。又曰：史記，蘇秦曰：秦四塞之國，被山帶渭。漢志：隴西郡首陽，禹貢：鳥鼠同穴山在西南，渭水所出，東至船司空入河。

〔五三〕鮑彪曰：隴西有隴坻，即隴坂。　張琦曰：大隴山在今隴州北六十里。關中四塞，此爲西面之險。又小隴山，即州西八十里之關山。方輿紀要曰：岷山即隴山之南首，故曰隴蜀。　程恩澤曰：案郡國志，隴州有大坂，名隴坻。注云：三秦記：其坂九迴，不知高幾許，欲上者七日乃越。郭仲產秦州記：隴山東西百八十里，登嶺東望秦州四五百里。（此秦州蓋統指長安言，故云東望四五百里，非今甘肅秦州也。）通典：隴山在隴州汧源縣西六十二里。地理通釋：秦州隴城縣有大隴，亦曰隴首山。清水縣小隴山，一名隴坻，又名分水嶺。漢隴關，今名大震關，所以限東西。（東爲漢三輔，西爲漢天水隴西諸郡。）顧祖禹曰：隴坻在鳳翔府隴州西北六十里，秦州清水縣（今屬甘肅）東五十里，山高而長，北連沙漠，南帶汧渭，關中四塞，此爲西面之險。廣雅：蜀山謂之㟝山，蜀讀爲獨，或作瀆。封禪書：自華以西，名山曰瀆山，瀆山者，汶山也。水經注：㟝山即瀆山，水曰瀆水。元和志曰：即隴山之南首也，故稱隴蜀。（蜀地蓋因此得名。）顧觀光曰：史記匈奴傳：秦昭王伐殘義渠，於是秦有隴西、北地、上郡，築長城以拒胡。漢志：隴西郡，昭王二十六年置（水經河水注作二十八年）。縣十一。通典云：秦州有大坂，曰隴坻，亦曰隴山。三秦記曰：其坂九迴，上者七日乃越。云隴西者，在隴之西也，自隴以東，即漢三輔地矣。

〔五三〕鮑彪曰：函谷關、隴坂。張琦曰：關坂當作商坂，蓋字譌也。即今商州之商洛山，秦楚之險塞，或以爲殽坂，恐非所指。鮑云隴坂，更非。程恩澤曰：案地理通釋，關坂即殽函也。以左字審之，良信。

〔五四〕姚注：劉，萬下有馳字。祖耿案：史記作：「奮擊百萬，戰車千乘」，二句與策互倒。下復有：「利則出攻，不利則入守，此王者之地也。民怯於私鬬而勇於公戰，此王者之民也。王并此二者而有之。」三十九字。

〔五五〕祖耿案：赴，原作當。史記作：「夫以秦卒之勇，車騎之衆，以治諸侯。」御覽四六〇引作：「以赴諸侯。」今從。

〔五六〕放，原作馳。姚注：一本無馳字。鮑彪曰：韓盧，俊犬名。博物志：韓有黑犬，名盧。鶩，言其不俊。黄丕烈曰：馳，鮑本作施，蹇，鮑本作鶩。吴氏補曰：馳、蹇，史同。祖耿案：類聚二十五引作：「譬若放韓盧而逐蹇兔也。御覽四六〇兩引：一作放，一作施。馳當施之譌，施又放之譌也。史記作施。注，司馬貞曰：戰國策云：「韓盧者，天下之壯犬也。」是韓呼盧爲犬，謂施韓盧而搏蹇兔，以喻秦彊，言取諸侯之易。

〔五七〕祖耿案：史記致下有也字。此句下復有：「而群臣莫當其位，至今閉關十五年」十四字。

〔五八〕閉下原無關字。姚注：李善引有關字。黃丕烈曰：鮑補關字。吳氏補曰：史閉下有關字。姚云李善引同。　祖耿案：李善引，謂文選西征賦注也。類聚二十五、御覽四六〇引，均有關字。

〔五九〕祖耿案：史記，爲國作爲秦。

〔六〇〕祖耿案：此句史記作：「秦王跽曰：『寡人願聞失計。』」此句下復有「然左右多竊聽者，范睢恐，未敢言内，先言外事，以觀秦王之俯仰。因進曰」二十八字，然後進入下文。

〔六一〕祖耿案：此句史記作：「因進曰：『夫穰侯越韓、魏而攻齊綱、壽，非計也。』」

〔六二〕金正煒曰：多之當作多出。之、出篆文相似而誤。　祖耿案：史記作多出師三字。

〔六三〕兵下原無也字。姚注：計，劉一作以。曾錢一作「臣計王之少出師」。　鮑彪曰：意，以意測之也，義，宜也。己少出師而使人悉出，非宜。　金正煒曰：呂覽重言篇：臣聞君子善謀，小人善意。臣竊意之也。漢書賈誼傳：口不能言，請對以意。師古曰：意，宜音億。論語先進篇：億則屢中。釋文：億，度也。則猶即也。不義當爲不議，猶言無論也。謂能如王之計即無論矣。荀子不苟篇：正義直指舉人之過。韓策：嚴遂正議直指舉韓傀之過。足證義、議古得通用。　祖耿案：也字依史記補。

〔六四〕姚注：不可親，錢作可親。鮑彪曰：與謂韓魏。　祖耿案：不可親，史記作不親也。

〔六五〕祖耿案：史記作：其於計疏矣。

〔六六〕鮑彪曰：閔二十三年，敗楚重丘，大有功。　吳師道曰：十三年。　祖耿案：此句史記作「且昔齊湣王南攻楚」，下無戰勝二字。

〔六七〕鮑彪曰：辟，拓地也。　祖耿案：史記辟下有地字。

〔六八〕姚注：者，一作也。　鮑彪曰：集韻：側手曰扶，通作膚。春秋傳：膚寸而合。　金正煒曰：按公羊僖二十一年傳：膚寸而合。何注：側手爲膚，按指爲寸。書大傳作扶寸而合。韓非揚權篇，故上失扶寸，下得尋常。注：四指爲扶，意林引作膚。　朱起鳳曰：史記范睢傳作「而齊尺寸之地無得焉者」，作尺寸是也。膚字，古通作扶，又省爲夫，形與尺似，因此致誤。

〔六九〕祖耿案：史記豈下無齊字，欲下有得字，形下有勢字，弗作不。

〔七〇〕鮑彪曰：罷、疲同，在野曰露。　金正煒曰：按方言、廣雅並云：露，敗也。　韓非亡徵篇：好罷露百姓。齊策：其百姓罷而城郭露。爲義並同。鮑注非是。　祖耿案：露，史記作弊。

〔七一〕鮑彪曰：魏昭十二年，與秦、趙、韓、燕伐齊，敗之。　祖耿案：此句史記作：「君臣之不和也，興兵而伐齊，大破之。」　梁玉繩曰：此語國策既誤，史公所增又誤。湣王二十三年伐楚有功，至四十年諸侯伐齊，敗於濟西，相越已十八年。且濟西之役，實燕欲報齊，故合秦、楚、三晉以伐之，何曾因攻楚之罷弊而興兵乎？

〔七二〕祖耿案：以上二十一字，史記與策不同。史記云：「士辱兵頓，皆咎其王曰：「誰爲此計者乎？」王曰：「文子爲之。」大臣作亂，文子出走。故齊所以大破者，以其伐楚而肥韓、魏也。」注，司馬貞曰：文子謂田文，即孟嘗君也，猶戰國策謂田肦、田嬰爲肦子、嬰子然也。

〔七三〕祖耿案：史記藉作借，食作糧。注，司馬貞曰：借，音子夜反。一作籍，音亦同。齎，音測奚反。言爲盜齎糧也。

〔七四〕吳師道曰：遠交近攻，秦卒用此術破諸侯，并天下。　林少穎曰：秦所以得天下，不外遠交近攻之策。是策出于司馬錯，成于范睢。秦取六國，謂之蠶食，蠶之食葉，自近及遠。

〔七五〕黄丕烈曰：中山，鮑本作山中，改爲中山。吴氏補曰：當作中山。丕烈案：史記作：中山之國。

〔七六〕鮑彪曰：武靈二十七年，亡中山。　祖耿案：史記擅作吞。

〔七七〕鮑彪曰：此言近攻之利。　黄丕烈曰：鮑改則爲焉，恐當從史作焉。　金正煒曰：則，猶而也，詳釋詞。　祖耿案：此句史記作：「功成名立而利附焉，天下莫之能害也。」

〔七八〕鮑彪曰：言出入來往所由。

〔七九〕鮑彪曰：言雖不能兼制，必有一附。　祖耿案：此二句史記作：「楚彊則附趙，趙彊則附楚。」

〔八〇〕幣，原作弊。黄丕烈曰：今本弊作幣，鮑本作幣。

〔八一〕鮑彪曰：可使爲丘墟。　祖耿案：史記作「韓、魏因可虜也。」

〔八二〕鮑彪曰：遠交近攻，睢之策當矣。語未卒而復欲親之，既親之，又欲伐之，立談之間，矯亂如此，使人主何適從乎？若曰：某策爲上，某次之，其可也。　吴師道曰：大事記：親魏者，豈誠愛魏哉？孤韓黨耳。　祖耿案：「舉兵而伐之」下，史記作：「王曰：『寡人敬聞命矣。』乃拜范睢爲客卿，謀兵事。卒聽范睢謀，使五大夫綰伐魏，拔懷。後二歲，拔邢丘。」注：拔懷，裴駰引徐廣曰：昭王三十九年。

〔八三〕鮑彪曰：邢丘在河南平皋。　吴師道曰：史廩丘、鄄丘，即刑丘也。正義云：漢置平皋縣，在懷州武德縣南。　程恩澤曰：案秦本紀：昭王四十一年攻魏，取邢丘、懷。范睢傳：先取懷，後二年，取邢丘。並與策文應。惟六國表作廩邱（徐廣曰：一作邢邱），魏世家作鄄邱（徐廣曰：一作廩邱，又作刑邱），本是誤文，但當各存其説，不可謂廩邱、鄄邱，即邢邱也。況廩邱爲今山東范縣，鄄邱或云今東阿縣，距邢邱絶遠，吴乃合而一之，謬甚！　顧觀光曰：史記：魏安釐王十一年，秦拔我鄄邱。徐廣曰：一作廩邱，一作邢邱。按作廩邱者，六國表；作邢邱者，秦本紀也。據史當爲一地三名，而正義以汝南郡之新鄄釋鄄邱。則闌入楚界矣。徐廣注秦本紀曰：邢邱在平臯。正義引括地志云：平臯故城，本刑邱邑。漢置平臯縣，在懷州武德縣東南二十里。顧氏棟高云：今懷慶府河内縣東南七十里，有平臯故城。平臯陂周圍二十五里，多産茭蒲，民賴其利。陂南即大河。又曰：邢邱本韓地，水經濟水注引竹書紀年曰：惠成王三年，鄭城邢邱，此鄭即謂韓也。其後入于東周，而韓復取之。韓世家：昭侯六年伐東周，取陵觀、邢邱（當魏惠王十八），六國表作廩邱，亦如魏安釐王十一年之紀表異文矣。其入魏在何年，則不可考。又曰：韓詩外傳：武王伐紂，更名邢邱曰懷。是邢邱即懷也。而春秋宣六年傳：赤狄伐晉，圍懷及邢邱。魏策：無忌謂魏王曰：秦固有懷地、邢邱、安城、垝津，則爲二邑明矣！竊謂武王又嘗改甯爲修武，而戰國時猶有甯名。則懷慶府東之邑故名懷者，自不妨仍名邢邱。其與邢邱連言之懷，在今武陟縣西。尚書已有覃懷厎績之文，非武王更名也，當細別之。

〔八四〕鮑彪曰：四十一年夏取邢邱。金正煒曰：按曰爲更端之詞，策亦屢見。惟上句詞意未完，疑曰字本作已。已字末筆兩端上接，因誤爲曰。顔師古漢書宣帝紀注：已，語終辭也。

〔八五〕曰上原無『睢復説昭王』五字。鮑彪曰：曰，睢復説也。金正煒曰：秦韓以下，據本傳非同時之言，當從史補『睢復説昭王曰』六字。祖耿案：史記作：『客卿范睢復説昭王曰：「秦韓之地形，」云云，當別爲一章。策此段一百十六字，史記則有一百四十三字，其文云：『客卿范睢復説昭王曰：「秦韓之地形，相錯如繡。秦之有韓也，譬如木之有蠹也，人之有心腹之病也。天下無變則已，天下有變，其爲秦患者孰大於韓乎？王不如收韓。」昭王曰：「吾固欲收韓，韓不聽，爲之奈何？」對曰：「韓安得無聽乎？王下兵而攻滎陽，則鞏、成臯之道不通；北斷太行之道，則上黨之師不下。王一興兵而攻滎陽，則其國斷而爲三。夫韓見必亡，安得不聽乎？若韓聽，而霸事因可慮矣。」王曰：「善。」』此下復有：『且欲發使於韓。

范睢曰益親，復說用數年矣。因請閒說曰：「臣居山東」云云，然後與下章相聯。

〔八六〕黄丕烈曰：此五字，鮑本無。丕烈案：史記有。

〔八七〕韓下原無韓字。姚注，劉，下更有一韓字。　黄丕烈曰：鮑，韓下補韓字。吳氏補曰：史有。

〔八八〕鮑彪曰：滎陽屬河南。　張琦曰：滎陽今縣屬開封府。　程恩澤曰：案地理志：河南郡有滎陽縣。括地志：今鄭州滎陽縣西南十七里（寰宇記作西二十里），故滎陽縣。是即仲丁所遷之囂（同敖，西北有敖山）也。周爲東虢地，亦曰北制。戰國時，韓曰滎陽，秦置敖倉於此。呂氏曰：成皋、滎陽，自春秋以來常爲天下重地。今開封府滎澤縣西南，有滎陽故城。錢坫謂在今滎陽縣西，非是。今之滎陽，乃春秋鄭之京邑。今之滎澤，則戰國韓之滎陽也。其誤蓋自通典而已然矣。（通典云：鄭州滎陽縣，故虢國。漢與楚戰京索間，即此。地理通釋主之，是以今滎陽爲古滎陽也。）　顧觀光曰：史記：韓桓惠王二十四年，秦拔我滎陽。漢志屬河南。在今開封府滎澤縣西南十二里。

〔八九〕張守節曰：言宜陽、陝、虢之師，不得下相救。

〔九〇〕塹，原作斬。　鮑彪曰：太行之道，河內山陽。唐有此山，晉隘也。　張琦曰：太行起河南懷慶府北二十里，接山西澤州府南界，北過恒山，至於燕薊，綿亘數千里，爲天下之脊。在懷澤間，尤爲南北之險隘，其道即謂羊腸道也。　程恩澤曰：案漢志，河內郡野王縣西北，有太行山，山陽縣西北，有東太行山。（山陽在野王之東，故稱東。）呂氏春秋：天下九山，太行其一。（列子作太形山，淮南子作五行山，又名王母山，亦名女媧山。）河圖括地象：太行天下之脊。隋志：丹川縣有太行山。括地志：太行山在河內縣北二十五里。元和志：在晉城縣南四十里。金史地理志：濟源縣有太行山，以沁水爲界，西爲王屋，東爲太行。朱子曰：太行山一千里，河北諸州皆旋其趾，潞州、上黨，在山脊最高處。胡渭曰：自古言太行者，皆在漢河内、上黨二郡，唐懷、澤、潞三州之境，蓋此山實起於濟源，迤而東北入山西界，跨陵川、壺關，平順、潞城，黎城、武鄉、遼州、和順、樂平、平定，以及直隸之井陘、獲鹿，河南之輝縣、武安等處，延衺千餘里，然亦至此而止耳。後世沿述征記之説，謂太行北迄幽州，有數千里之遠，其實不然。戴震曰：太行北連發鳩，西以沁水爲界，東以丹水爲界。昔人謂連亙河北諸州，非也。考河北八陘，起西南，迤而東北。軹關之山，其脉來自太岳，與太行中隔沁水；白陘之山，其脉自發鳩，别而東，與太行中隔丹水；井陘、滏口之山，其脉自清漳之原沾嶺，别而東，與白陘中隔漳水；飛狐、蒲陰之山，其脉來自北岳，與井陘中隔滹沱；軍都之山（張宗泰曰：軍都山即居庸關，見顧亭林昌平山水記），其脉自大同府之外陰山，别而東，與蒲陰中隔桑乾水。特以太行尤著，或稱太行八陘耳，非謂軹關以北，軍都以南，皆可謂之太行也。（大意亦本禹貢錐指，惟胡謂滏口以南四陘，實太行山，井陘尚可通稱，飛狐、蒲陰、軍都，北隔恒山，斷難假借。與此小異。）覈實言之，在今山西鳳臺縣南三十里，河南河内縣北二十里。　顧觀光曰：史記：韓桓惠王十年，秦擊我於太行，上黨降趙。正義曰：太行山在懷州河内縣北二十五里。秦策范睢曰：舉兵而攻滎陽，則成皋之路不通；北斬太行之道，則上黨之兵不下。趙策，秦乃起兵，一軍臨滎陽，一軍臨太行。正用范睢説也。林少穎云：太行在今懷州之北，連亙數州，爲河北脊，以接恒岳。朱子語録云：太行山一千里，河北諸州皆旋其趾，潞州、上黨，在山脊最高處，過河便見太行在半天，如黑云然。　祖耿案：斬，類聚七引作塹。下蔡澤章：又斬范、中行之途。

〔九一〕張守節曰：言澤潞之師，不得下太行相救。

〔九二〕黄丕烈曰：今本滎作熒，鮑本作宜。吴氏補曰：史作滎。是時宜陽之拔久矣。　張琦曰：「斷而爲三」，史正義曰：新鄭以南一，宜陽二，澤、潞三。按宜陽久已入秦，蓋新鄭、成皋、澤潞也。　祖耿案：類聚七引作：「王舉兵而攻滎陽。」又案：「斷而爲三」，張守節云新鄭已南一，宜陽二，澤、潞三。

〔九三〕夫原作魏。黄丕烈曰：鮑衍魏字。吴氏補曰：字疑衍。　丕烈案：史記作「夫韓」爲是。

〔九四〕鮑彪曰：睢傳有。按史，拔邢邱在親魏説後二年，此（秦昭）三十八年也。攻宜陽説，亦在拔邢丘前，則此「邢丘拔」，要終言之也。　吴師道曰：大事記秦昭王三十六年，范睢爲客卿，三十九年拔懷，四十一年拔邢丘。史：拔邢丘後，睢復説攻韓，則此自是兩節，策附載爲一章也。昭王四十四年攻韓取南陽，絶太行道，皆行睢之謀也。

十

范睢曰〔一〕：「臣居山東，聞齊之內有田單〔二〕，不聞其王〔三〕；聞秦之有太后、穰侯、涇陽、華陽、高陵〔四〕，不聞有王〔五〕；夫擅國之謂王〔六〕，能專利害之謂王〔七〕，制殺生之威之謂王；今太后擅行不顧〔八〕，穰侯出使不報〔九〕，涇陽、華陽擊斷無諱〔一〇〕，高陵進退不請〔一一〕，四貴備而國不危者，未之有也！爲此四貴者下〔一二〕，乃所謂無王已！然則權焉得不傾？而令焉得從王出乎？臣聞善爲國者，內固其威，而外重其權〔一三〕。穰侯使者操王之重，決裂諸侯〔一四〕，剖符於天下〔一五〕，征敵伐國，莫敢不聽〔一六〕；戰勝攻取，則利歸於陶，國弊御於諸侯〔一七〕；戰敗則怨結於百姓，而禍歸社稷；詩曰：「木實繁者披其枝，披其枝者傷其心〔一八〕，大其都者危其國，尊其臣者卑其主〔一九〕。」淖齒管齊之權〔二〇〕，縮閔王之筋，縣之廟梁，宿昔而死〔二一〕；李兌用趙，減食主父，百日而餓死〔二二〕；今秦，太后穰侯用事，高陵涇陽華陽佐之〔二三〕，卒無秦王〔二四〕，此亦淖齒李兌之類已〔二五〕！臣今見王獨立於廟朝矣〔二六〕！且臣將恐後世之有秦國者，非王之子孫也！』秦王懼。於是乃廢太后，逐穰侯，出高陵，走涇陽、華陽於關外〔二七〕。昭王謂范睢曰：『昔者齊公得管仲，時以爲「仲父」。今吾得子，亦以爲父〔二八〕。』

〔一〕祖耿案：史記范睢列傳云：「范睢日益親，復說用數年矣，因請閒說曰：『臣居山東時』」，云云。文與策同，亦多數語，分記於下。姚本此篇與范睢至連篇，鮑本另列一篇。顧觀光隸此於赧王四十九年。

〔二〕姚注：一無內字。單，後語一作文。　鮑彪曰：田單，齊之疏屬，後爲相，封安平君。史云田文，非也。文去齊至是，已二十餘年，不得近舍單，遠論文也。　吳師道曰：姚氏云：後語亦作文。愚謂舉齊事言，不必一時。　祖耿案：史記作：「聞齊之有田文。」

〔三〕黃丕烈曰：今本王上有有字，鮑本有。丕烈案：史記有。詳此句，當以「不聞其王」爲是。其者，其齊也。　祖耿案：史記作：「不聞其有王也。」

〔四〕原無高陵二字。鮑彪曰：涇陽，昭王母弟。　吳師道曰：正義云：華陽，亭名，在洛州密縣，故華城在鄭州管城縣南。杜注：新城，密也，故戎又號新城君。涇陽，雍州縣；高陵屬京兆。又曰：四貴者，穰侯，涇陽，華陽，高陵也。史：涇陽、華陽擊斷無諱下，有「高陵進退不請」一句，策下文出高陵。則此有缺文。又走涇陽下，姚云：曾有華陽字，史同。黄丕烈曰：按此文，史記作：穰侯、華陽、高陵、涇陽。張琦曰：涇陽、華陽，皆其稱號，非必其封邑。秦紀：昭十六年，封公子市宛，公子悝鄧；二十一年，涇陽君封宛；四十五年，葉陽君悝出之國，一作華陽。則涇陽封在宛，華陽封在鄧，非在密決矣。程恩澤曰：案地理志：安定郡有涇陽縣。明一統志：舊城在平涼府界，以居涇水之北故名。然此非國策涇陽也。通典：京兆涇陽縣，乃秦封涇陽君之地。太平御覽：雍州涇陽本秦舊縣，則其名雖起於晉（漢名池陽，晉惠帝時析置涇陽），然當時分池陽爲涇陽，正未必不因秦舊也。今在西安府涇陽縣東南。又張氏所說未的，是時魏冉既封穰，又封陰，又封剛壽，往往連據數邑。市與悝聲勢略同，不必既封宛、鄧，即不復封涇陽、華陽也。索隱云：悝初封於彭，其非一處可知。又案：索隱曰：華陽君芈戎，亦號爲新城君。郡國志：宏農郡華陰，故屬京兆，有太華山。注：呂氏春秋：九藪曰秦之華陽（華陽一作陽華。胡渭曰：即古陽華之藪也）。高誘曰：或在華陰西。則華陽即在華陰之右。然華陰在華山北，此云華陽，當在其南，未可合而爲一。司馬彪曰：華陽在密縣，山名。則密自有華山，而此地適當其南，故曰華陽。水經注：黄水出新鄭縣太山南，黄泉東南流，逕華城西，即華陽也。索隱又云：華陽，韓地，後屬秦。則小司馬固不以此爲華陰矣。顧祖禹曰：華陽本古華國。史伯謂鄭桓公華（今國語本作莘）君之土也。今河南開封府新鄭縣東南三十里，有華城，亦曰華陽亭。又案：胡三省通鑑注：華陽君芈戎曰：華陽即武王歸馬處，引水經注云：門水又東北歷陽華之山，即華陽山也。王鳴盛曰：今商州雒南縣有陽華山，與桃林之野，南北相望。胡渭注庾信哀江南賦「華陽奔命」亦然。（按渭云：杜氏謂華山連延東出，陽華在夸父西南，夸父在今閿鄉縣東南二十五里，正所謂連延東出者，乃西嶽支峯，古通謂之華山。）然戎稱新城君，究以密縣之華爲是。金正煒曰：按此文當從史補高陵。下文「擊斷無諱」句下，亦應補「高陵進退不請」，以足四貴之數。華陽，漢書人表作葉陽。顧觀光曰：史記：韓釐王二十三年，趙魏攻我華陽。秦本紀集解引司馬彪云：華陽，亭名，在洛州密縣。正義引括地志云：故華城在鄭州管城縣南三十里。國語：史伯對鄭桓公：虢、檜十邑，華其一也。秦策：韓非曰：天下有比志而軍華下，大王以詔破之。是華陽一名華下矣。漢志：河南郡密故國（在今許州府密縣東七十里）。元和志引爾雅曰：「山如堂者曰密」，因以爲名。又春秋僖六年：「伐鄭，圍新城。」傳稱新密，是新城即密也。秦芊戎號華陽君，又號新城君，蓋以封邑得名。又曰：小雅：「至於涇陽」，鄭云：「涇水之北」。漢志：屬安定，在今平涼府城西四十里。明志：西安府涇陽，後魏置。秦昭王封弟涇陽君，即此。西漢安定郡涇陽縣在平涼界，非此涇陽也。當考。又曰：史記昭王同母弟曰高陵君、涇陽君，並以封邑得名。漢志：（高陵）魏地，其界自高陵以東。高陵屬左馮翊，在今西安府高陵縣西南一里。

祖耿案：史記作太后、穰侯、華陽、高陵、涇陽。

〔五〕有上原有其字。黄丕烈曰：此句當云：不聞有王，衍其字。王即秦王也。史記，二句皆云其有，各誤衍一字。

〔六〕鮑彪曰：擅，專也。

〔七〕祖耿案：史記無專字。

〔八〕鮑彪曰：不顧王也。

〔九〕鮑彪曰：報猶白也，言不白王而擅遣使於外。

〔一〇〕鮑彪曰：擊斷，謂刑人。無諱，言不避王。　祖耿案：史記此句作「華陽、涇陽等擊斷無諱」，注，裴駰曰：諱，畏也。司馬貞曰：無諱，猶無畏也。又案：史記此句下，有「高陵進退不請」一句六字。

〔一一〕原無此六字。姚注：曾有「高陵進退不請」六字。　祖耿案：鮑本無此六字。今據史記及下云「四貴」字補。　程恩澤曰：「高陵進退不請」，原注高陵屬京兆。恩澤案：漢志，左馮翊有高陵縣。括地志：故城在高陵縣西南（長安志無南字）一里（通典同）。秦昭王封母弟顯爲高陵君，即此。今在西安府高陵縣西南二里。

〔一二〕四下原無貴字，依史記補。

〔一三〕祖耿案：史記：爲國作治國，內上有乃字。

〔一四〕鮑彪曰：謂分剖其地。　祖耿案：此句史記作：「決制於諸侯。」

〔一五〕鮑彪曰：剖，猶分；符，信也，謂軍符。漢制，以竹長六寸，分而相合。　吳師道曰：「竹長六寸」，說文說也。漢文紀云：「郡國守相爲銅虎符、竹使符。」索隱云：漢舊儀：銅虎符發兵，竹使符出入徵發。此「剖符」取上「決裂」而言，謂擅封爵也。

〔一六〕祖耿案：史記征敵作政適。注，裴駰曰：徐廣曰：「音征敵。」

〔一七〕司馬貞曰：弊者，斷也。御，制也。言穰侯執權，以制御主斷於諸侯也。　鮑彪曰：國謂秦，御言爲諸侯所制。　吳師道曰：下章利盡歸於陶，國之幣帛云云，恐此有缺誤。　梁玉繩曰：吳氏疑此有缺誤，是也。　黃丕烈曰：案史記文同。小司馬讀「弊御於諸侯」爲句，當如吳氏讀「陶」字句絕者爲是。　金正煒曰：按下章：「戰勝攻取，利盡歸於陶，國之幣帛竭入太后之家，竟內之利，分移華陽。」則此文弊即幣也，幣弊古通用。本篇：懼必卑辭重幣以事秦，趙策：啓關通弊，並爲此證。廣雅釋詁：御，進也。漢書食貨志：下可以相御也。師古曰：御，進也。陶國謂穰侯。　張儀說秦王章：前者穰侯之治秦也，用一國之兵，而欲以成兩國之功，即謂秦與陶也。諸侯謂華陽、涇陽之屬。鮑注於義未安。

〔一八〕鮑彪曰：詩，逸詩。實，木子。披，謂褫之。　吳師道曰：披，折也。

〔一九〕鮑彪曰：此因詩申之也。　吳師道曰：恐此四語皆詩，非必逸詩，古有此語耳。

〔二〇〕鮑彪曰：淖齒，楚將，楚使救齊，因相之。管，猶管權之管，專之也。　祖耿案：史記，淖齒上有崔杼二字。注，司馬貞曰：「淖，姓也，音泥教反，漢有淖姬是也。高誘曰：「管，典也。」言二人典齊權而行弒逆也。」張守節曰：「淖齒，楚人，齊湣王臣。」又案：淖齒事，見史記田單傳，韓非子姦劫弒臣篇、外儲説右，淮南子氾論。又呂覽正名篇云：齊湣王任卓齒而信公玉丹，卓即淖之省文也。

〔二一〕鮑彪曰：集韻：宿，夜也，通作昔，事在閔四十年。　吳師道曰：三十年。　祖耿案：此數語史記作：「射王股，擢王筋，縣之於廟梁，宿昔而死。」注，司馬貞曰：「言『射王股』，誤也。崔杼射莊公之股，淖齒擢湣王之筋，是説二君事也。」

〔二二〕鮑彪曰：減食，減主父食也。趙惠文四年。　祖耿案：此數語史記作：「李兑管趙，囚主父於沙丘，百日而餓死。」注，張守節曰：「沙丘臺在邢州平鄉縣東北三十里。」

〔二三〕原無華陽二字。姚注：曾，下有華陽二字。鮑彪曰：高陵亦昭王母弟。　祖耿案：史記高陵下有華陽二字。

〔二四〕金正煒曰：卒字疑當作交。小爾雅廣言：交，俱也。書禹貢：庶土交正。傳：交，俱也。此言太后、穰侯、高陵、涇陽，擅行於國，皆不顧有秦王也。作卒，於文不合。

〔二五〕黃丕烈曰：已，鮑本作也。丕烈案，史記作也。　祖耿案：此句之下，史策文異。史記語多，云：「且夫三代所以亡國者，君專授政，縱酒馳騁弋獵，不聽政事。其所授者，妒賢嫉能，御下蔽上，以成其私，不爲主計，而主不覺悟，故失其國。今自有秩以上至諸大吏，下及王左右，無非相國之人者。見王獨立於朝，臣竊爲王恐，萬世之後，有秦國者非王子孫也。」

〔二六〕王引之曰：今字與即同義。

〔二七〕原無華陽二字。姚注：一無走字。曾，下有華陽二字。鮑彪曰：此四十一年。吳師道曰：按睢傳，睢相在昭王四十一年。秦紀：明年太后薨，葬芷陽驪山。九月穰侯出之陶。是太后初未嘗廢，穰侯雖免相而未就國。太后葬後，始出之陶。此辯士增飾非實之辭。故大事記從邵氏皇極經世，書：免魏冉相國，奪宣太后權，以客卿范睢爲丞相，封應侯。其下書：華陽君羋戎、王弟涇陽君市出就封。華陽蓋高陵別名。此書爲實。綱目書秦君廢其母不治事，逐魏冉、羋戎、公子市、公子悝云云，亦失考。梁玉繩曰：大事記曰：本記，宣太后之沒，書薨，書葬，初未嘗廢。魏公子無忌諫魏王親秦之辭，止曰：「太后，母也，而以憂死」，亦未嘗言其廢。穰侯雖免相，猶以太后之故未就國。及太后既葬之後，始出之陶耳。范睢傳所載，特辯士增飾之辭，欲誇范睢之事，而不知甚昭王之惡也。皇極經世曰：罷穰侯相國及宣太后權，蓋得其實矣。經史問答曰：太后憂死是實，未必顯有黜退之舉。觀穰侯尚得之國于陶，無甚大譴，其所謂逐者如此，則所謂廢者，亦只奪其權也。是時昭王年長，而宣太后尚事事親裁，便是不善。處嫌疑之際，一旦昭王置之高閣，安得不憂死？故人以爲廢。黃丕烈曰：吳氏補曰：史有華陽字。丕烈案：上策文：高陵、涇陽佐之，史記作：高陵、華陽、涇陽佐之。此文史記作：逐穰侯、高陵、華陽、涇陽君於關外也。程恩澤曰：案秦本紀：昭襄王十六年，封公子市宛，公子悝鄧，魏冉陶爲諸侯。通鑑：周赧王四十九年（秦昭襄王四十一年），秦逐魏冉、羋戎、公子市、公子悝，各令就封。（秦本紀：穰侯出之陶，在昭襄王四十二年。葉陽悝出之國未至而死，在四十五年。）蓋各就其益封之國，陶、穰、宛、鄧，俱在關外也。若是涇陽、高陵，則仍關內矣。

〔二八〕鮑彪曰：睢傳有。吳師道曰：睢欲言太后、穰侯，先已摩切秦王。王曰：「上及太后，下至大臣，願先生悉心以教寡人。』宜可言矣。而且陳遠交近攻之策，至是始極所欲言，此策士之深術也。史所謂未敢言内先言外，以觀秦王之俯仰是矣。而乃謂左右多竊聽者，雎恐故爾，則未然也，雎豈不能屏左右言乎？　金正煒曰：時，疑當作待。論語微子篇：『以季、孟之間待之。』疏：待，遇也，謂以禄位接遇孔子也。管子大匡篇：『桓公謂管仲曰：「請致仲父。」』尹註：仲父者，尊老有德之稱。桓公欲尊事管仲，故以仲父之號致之。待，猶致也。『亦以爲父』，當作『亦以爲叔父』，叔，雎之字也。史記雎傳：『今范君亦寡人之叔父也』可證。詩大明『維師尚父。』箋：尚父，吕望也，尊稱焉。劉向别錄：師尚父，父亦男子之美號也。尚父，仲父、叔父，皆就其字以爲尊稱。此無叔字，蓋誤脱耳。穀梁傳云：父，猶傅也，後章秦王師君，不云父事，其義可見。　祖耿案：章末二十六字，史記無。

十一

應侯謂昭王曰〔一〕：『亦聞恒思有神叢與〔二〕？恒思有悍少年，請與叢博〔三〕，曰：「吾勝叢，叢籍我神三日〔四〕；不勝叢，叢困我。」乃左手爲叢投〔五〕，右手自爲投〔六〕；勝叢，叢籍其神。三日，叢往求之，遂弗歸；五日而叢枯，七日而叢亡。今國者王之叢，勢者王之神，籍人以此，得無危乎？臣未嘗聞指大於臂，臂大於股，若有此，則病必甚矣。百人輿瓢而趨〔七〕，不如一人持而走疾〔八〕；百人誠輿瓢，瓢必裂〔九〕。今秦國，華陽用之，穰侯用之，太后用之，王亦用之；不稱瓢爲器則已〔一〇〕，已稱瓢爲器，國必裂矣。臣聞之也〔一一〕：「木實繁者枝必披，枝之披者傷其心；都大者危其國，臣强者危其主。」今邑中自斗食以上〔一二〕，至尉内史〔一三〕，及王左右，有非相國之人者乎〔一四〕？國無事則已；國有事，臣必見王獨立於庭也〔一五〕！臣竊爲王恐，恐萬世之後，有國者非王子孫也！臣聞古之善爲政也，其威内扶〔一六〕，其輔外布〔一七〕：四時治政〔一八〕，不亂不逆；使者直道而行，不敢爲非。今太后使者分裂諸侯，而符布天下；操大國之勢，强徵兵〔一九〕，伐諸侯；戰勝攻取，利盡歸於陶；國之幣帛，竭入太后之家；竟内之利，分移華陽。古之所謂危主滅國之道，必從此起。三貴竭國以自安〔二〇〕，然則令何得從王出？權何得毋分？是王果處三分之一也〔二一〕。」

〔一〕吳師道曰：秦紀：應亭，索隱云在河東臨晉。又應爲太后養地。徐云：潁川父城縣應鄉。又作大城。按括地志之應鄉，在汝州魯山縣東。後策：應侯失韓之汝南，説者謂與應隣，則在汝者爲是。昭王奪太后養地以封睢，亦惡矣！　張琦曰：應有二：古應國，在今汝州魯山縣東三十里，即徐廣所謂潁川父城之應鄉，父城在今郟縣西四十里，地相接也。秦紀之應亭，方輿紀要曰：即故臨晉，在今同州府朝邑縣西南二里。　程恩澤曰：案漢志：潁川郡父城縣（左傳　注云：應在襄陽城父縣西，蓋誤。襄陽無城父縣。城父在潁州，父城在汝州。後漢書馮異傳注：父城在許州葉縣東北，似與在汝州郟城縣者爲二，蓋亦地相接也）。應鄉故國，周武王弟所封（水經注：殷時已有應，非成王封，引詩應侯順德，殆誤）。應劭曰：韓詩外傳：周成王與弟戲，以桐葉爲珪，曰：吾以此封汝。周公曰：天子無戲言。王應時而封曰應侯，即此。（呂覽、史記並以爲叔虞事，史記梁孝王世家，亦作封應，與晉世家不同。）括地志：故應城因應山爲名，在汝州魯山縣東三十里，今同。（洪亮吉作寳豐縣西南，蓋寳豐是父城縣，而應鄉在其西南，則當在魯山縣也。）顧觀光曰：史記，秦封范睢以應，號爲應侯。索隱引劉氏云：河東臨晉有應亭。正義引括地志云：故應城在汝州魯山縣東四十里。二說不同，證以秦策：應侯失韓之汝南。說者謂與應隣，則在汝州者是也。漢志潁川郡父城應鄉，故國即此。周本紀：不如譽秦王之孝也，因以應爲太后養地。事在赧王四十五年，時范睢未封，應地尚屬周也。西周策應作原，疑誤。王翦傳：於是引兵而西，與蒙恬會城父。索隱云：在汝南，即應鄉。元和志云：城父故城，在汝州郟城縣東南四十里，故殷時應國也。左傳：楚大城城父，使太子建居之。杜注：今襄城城父縣。說本甚明（在今汝州郟縣西四十里）。史記正義偏執漢志，謂潁川父城縣，沛郡城父縣，據縣屬郡，其名自分。遂使後人紛如聚訟。不知漢之父城，即周之城父，而沛郡之城父，乃春秋時陳之夷邑。昭九年傳所謂楚遷許於夷，實城父者也（在今潁州府亳州東南七十里）。史文明言引兵而西，安得以此當之。　祖耿案：顧觀光隸此於赧王四十九年。

〔三〕鮑彪曰：恒思，地缺。神叢，灌木中有神靈託之。　吳師道曰：墨子：建國必擇木之修茂者，以爲叢位。史：叢祠。索隱云：高誘注云：神，祠；叢，樹也。今高注本缺。　惠士奇曰：大司徒設社稷之壝而樹之，田主各以其野之所宜木，遂以名其社與其野。案墨子云：聖王建國營都，必擇國之正壇，置以爲宗廟；必擇木之修茂者，立以爲菆位。菆位者，社稷也。戰國策：恒思有神叢，蓋木之茂者神所憑，故古之社稷，恒依樹木。　程恩澤曰：案路史國名紀：恒先（姓氏急就篇：黃帝後有常先，常從老子師之。常先蓋即恒先。

又見元和姓纂及唐宰相世系表），國，常也。衛康叔孫封之。世本云：後有常氏、恒氏，老師常從，楚有恒思公宜爲恒山（疑有誤）。亦作常其。説不甚明了。未知即此否。金正煒曰：按史記陳涉世家，索隱引高誘注戰國策云：神叢：神，祠；叢，樹也，當據以補注。張晏曰：叢，鬼所憑焉，此即其義，故謂之神叢。急就篇：祠祀社稷叢臘奉。墨子明鬼下篇：必擇木之修茂者，立以爲菆位。索隱引作叢位。今鄉僻猶有祀叢爲神之事，非如顏師古所謂草木岑蔚之所，因立神祠者也。

〔三〕鮑彪曰：局戲也。六著十二棊。

〔四〕鮑彪曰：以神靈借我。

〔五〕鮑彪曰：班固奕指曰：博懸於投，不必慧巧。駰曰：投，投瓊。

〔六〕鮑彪曰：右强而便，欲自取勝。吳師道曰：尚左，尊神也。

〔七〕鮑彪曰：負之如輿載物。吳師道曰：輿，載也。朱起鳳曰：輿同舁，共舉也。淮南子説山：百人抗浮，不若一人挈而趨。高注：抗，舉也。浮，瓢也。案：抗與舁，同義通假。祖耿案：抗，今語如扛。

〔八〕姚注：曾、錢、劉，一無疾字。祖耿案：御覽七六二引有。

〔九〕鮑彪曰：以爭持者衆。祖耿案：誠，御覽七六二引作試。

〔一〇〕鮑彪曰：稱，猶等也。謂比國於瓢。金正煒曰：鮑本無下已字。按下已字，語終之辭。又漢書馮唐傳：「上曰：『何已。』」注：已，猶耳。祖耿案：下已字當從鮑本無，下文國無事則已，與此句法相同。

〔一一〕黄丕烈曰：也，鮑本無。

〔一二〕今原作令，上有其字。鮑彪曰：漢官表：歲俸不滿百斛，計日而食一斗二升。金正煒曰：其令，鮑本作且今是也。漢書外戚志：上家人子，中家人子，視有秩斗食云。師古曰：斗食，謂佐史也。謂之斗食者，言一歲不滿百石，日食一斗二升。

〔一三〕鮑彪曰：秦有郡縣，有内史。郡國官也。

〔一四〕鮑彪曰：相國，穰侯。

〔一五〕見上原有聞字。黄丕烈曰：今本無聞字，鮑本無。

〔一六〕鮑彪曰：扶，猶持也，言不顛仆。

〔一七〕鮑彪曰：輔，謂股肱之臣。

〔一八〕四下原無時字。金正煒曰：鮑改四爲而。吴曰字誤，宜作而。按改四爲而，義仍未安，疑四下或脱時字。左氏昭二十五年傳：「爲政事、庸力、行務，以從四時。」管子版法解：「象四時之行，以治天下。」鶡冠子天則篇：「中參成位，四氣爲政。」注：政法四時，蓋順四時以治政，故云不亂不逆。

〔一九〕黄丕烈曰：鮑本作「徵强兵」。

〔二〇〕鮑彪曰：據上文不及涇陽、高陵。

〔二一〕姚注：劉本無我字。黄丕烈曰：鮑衍我字。鮑彪曰：彪謂人君生事之所嚴，有母而已。范雎説昭王，乃以太后爲稱首，忍哉！君子所以進其身，豈舍此獨無説乎？張宗泰曰：范雎之意，不過借此以結主知，以自爲進身之階。然履危涉險，言人之所不敢言，不可謂非切中事幾，而忠於所事者。鮑注乃執匹夫尋常之義，謂不當以太后進説，其亦書生迂拘之見，昧於安危之大計矣。（魯巖所學集）

十二

秦攻韓，圍陘〔一〕。范雎謂秦昭王曰：『有攻人者，有攻地者。穰侯十攻魏而不得傷者〔二〕，非秦弱而魏强也，其所攻者地也。地者，人主所甚愛也；人主者，人臣之所樂爲死也；攻人主之所愛，與樂死者鬭，故十攻而弗能勝也。今王將攻韓圍陘，臣願王之毋獨攻其地而攻其人也。王攻韓圍陘，以張儀爲言〔三〕。張儀之力多，且削地而以自贖於王〔四〕，幾割地而韓不盡；張儀之力少，則王逐張儀，而更與不如張儀者市〔五〕；則王之所求於韓者，言可得也〔六〕。』

〔一〕鮑彪曰：僖四年，次于陘。注：楚地，潁川召陵縣南有陘亭。此時屬韓。韓桓惠九年，秦拔我陘。此（秦昭）四十三年也。吴師道曰：召陵陘亭者，陘山也。説見前，非此陘。史韓世家：秦拔我陘城汾旁。正義云：陘故城在絳州曲沃縣西北，汾水之旁。白起傳作邢邱，亦誤。大事記據世家爲文。程恩澤曰：案此陘字，未必定是陘山，亦未必定是汾陘。爾雅：山絶，陘。凡連山中斷者，皆可稱陘。故河北凡有八陘，其軹關陘、太行陘、白陘、滏口陘，皆在韓境，不知其何指也。顧觀光曰：史記：韓桓惠王九年，秦拔我陘城汾旁。正義曰：『秦拔陘城於汾水之旁（依文義，當於陘字絶句，此解未穩）。陘故城在絳州曲沃縣西北二十里。』秦策：秦嘗攻韓圍邢，困上黨（原脱圍字，困下又衍於字，並依史文删補），邢即陘之借字也。白起傳作邢邱，邱字衍（邢邱，魏邑）。祖耿案：顧觀光隸此於赧王五十一年。

〔二〕姚注：得，一作能。

〔三〕鮑彪曰：儀死至睢之相，四十四年矣。儀亦未嘗在韓，此必誤。

〔四〕姚注：錢劉本無而字。黄丕烈曰：鮑改削爲割。吴氏補曰：疑即下文割字。

〔五〕鮑彪曰：智不如耳，非力也。黄丕烈曰：張，鮑本無。吴氏補曰：此章有舛誤，未詳。丕烈案：無者當是，上文張字皆有譌。

〔六〕吴師道曰：此章有舛誤，未詳。馬驌曰：張儀死已久，且不在韓，此策舛誤。金正煒曰：按廣雅釋詁：言，從也，謂所求從此可得也。亦與云同，發語詞也。説詳經傳釋詞。鮑本言作盡。

十三

應侯曰〔一〕：『鄭人謂玉未理者爲璞〔二〕，周人謂鼠未腊者爲朴，周人懷朴過鄭賈〔三〕，曰：「欲買朴乎？」鄭賈曰：「欲之。」出其璞〔四〕，視之，乃鼠也，因謝不取〔五〕。今平原君自以賢顯名於天下〔六〕，然降其主父沙丘而臣之〔七〕，天下之王，尚猶尊之，是天下之王不如鄭賈之智也〔八〕。眩於名不知其實也〔九〕。』

〔一〕祖耿案：顧觀光附此於赧王四十九年。

〔二〕原無爲字，下句同。祖耿案：尹文子大道下、御覽九一一、文選王文憲集序李注引，並有爲字，當補。黄式三曰：理，治玉也。此古訓。

〔三〕朴，原作璞。黄丕烈曰：今本璞誤樸，鮑改璞爲朴，吴氏補曰：當作朴。丕烈案：此當與下出其朴互易，作懷樸。

〔四〕璞原作樸。黄丕烈曰：此當與上懷璞互易，作出其璞。

〔五〕鮑彪曰：謝，辭去也。　吳師道曰：説亦見尹文子及漢應奉傳。

〔六〕鮑彪曰：平原君，趙公子勝。惠文王弟，后相孝成。見魏無忌傳。

〔七〕鮑彪曰：降，貶損之也。鉅鹿有沙丘亭。趙紀不書，此未詳。　吳師道曰：趙紀書公子成、李兑，非平原也。平原字必有誤。　張琦曰：沙邱臺，在今廣平府平鄉縣東北二十里。　程恩澤曰：案沙邱有三：有紂之沙邱，有主父之沙邱，有始皇之沙邱（又夏桀亦有沙邱在安邑）。始皇本紀：始皇三十七年，崩于沙邱平臺。徐廣曰：趙有沙邱宫在鉅鹿，武靈王死處。地理志：紂所作沙邱臺，在鉅鹿縣東北七十里。又云：趙地薄人衆，猶有沙邱，紂淫亂餘民。水經注：沙邱臺，紂所成也，趙武靈王與秦始皇並死於此。則趙之沙邱，即紂與始皇之沙邱也。（寰宇記：萊州掖縣有沙邱城，紂所造，始皇崩處。又衛縣北四十里苑城有沙邱臺，俗稱妲己臺。又冀州阜城縣亦有沙邱，皆出附會。）括地志：沙邱臺在邢州平鄉東北二十里（元和志同），今同。　顧觀光曰：史記：主父游沙邱。正義曰：在邢州平鄉縣東北二十里（今平鄉縣屬順德府）。又蘇厲曰：「燕盡齊之北地，去沙邱、鉅鹿斂三百里。」正義曰：沙邱，邢州也。鉅鹿，冀州也。齊北界，貝州也。斂，減也。言破齊滅韓之後，燕之南界，秦之東界，相去減三百里，趙在中也。水經濁漳水注云：衡漳又逕沙邱臺東，紂所成也，在鉅鹿故城東北七十里，趙武靈王與秦始皇並死於此矣。　金正煒曰：按史記平原君傳：平原君以趙孝成王十五年卒，吳氏以平原字必有誤，是也。趙世家：公子成爲相，號安平君，與李兑圍主父宫，主父不得食，三月餘而餓死沙邱宫。此文平原當爲安平之譌。降臣主父事，未詳。

〔八〕黄丕烈曰：也，鮑本無。

〔九〕鮑彪曰：眩，目無常主也，故爲惑。

十四

天下之士〔一〕，合從相聚於趙，而欲攻秦〔二〕。秦相應侯曰：『王勿憂也！請今廢之〔三〕。秦於天下之士，非有怨也，相聚而攻秦者，以己欲富貴耳！王見大王之狗，卧者卧，起者起，行者行，止者止，毋相與鬭者；投之一骨，輕起相牙者〔四〕，何則？有争意也。』於是使唐雎載音樂〔五〕，予之五千金〔六〕，居武安〔七〕，高會〔八〕，相與飲，謂：『邯鄲人誰來取者〔九〕？』於是其謀者固未可得予也〔一〇〕，其可得與者，與之昆弟矣〔一一〕。『公與秦計功者，不問金之所之，金盡者功多矣〔一二〕。今令人復載五千金隨公〔一三〕。』唐雎行，行至武安，散不能三千金，天下之士大相與鬭矣〔一四〕。

〔一〕祖耿案：顧觀光附此於赧王四十九年。

〔二〕金正煒曰：周書大武篇：四攻者，注：攻謂奪其計，使不成也。或合從二字，本在而欲下，誤淆於上。

〔三〕今，原作令。王念孫曰：令，當爲今字之誤。今，猶即也，言請即廢之也。

〔四〕鮑彪曰：輕，猶忽也。牙，言以牙相噬。

〔五〕唐上原無使字。黄丕烈曰：鮑補使字。程恩澤曰：案古唐地甚多，其以國名者（堯後），本在夏墟，後徙許郢之間，今爲湖北隨州北八十五里之唐城鎮（即古之上唐鄉）。其在直隸唐山者，則堯故國。

在山西太原者，則晉所遷國也（此係舊説，見前）。又左傳：公及戎盟于唐（即棠邑），在今魚臺。尹辛敗劉師于唐，在今洛陽（見周策）。路史：劉累所封，爲南唐（今南陽府唐縣，疑即其地）。復有廣唐、北唐之類，皆冒其名。唐姓不知何屬？或曰：蓋以國氏。　金正煒曰：按唐雎上當依鮑本補使字。

〔六〕千，原作十。黄丕烈曰：今本十作千，鮑本作千，丕烈案：千字是也。下「復載五十金」同。　金正煒曰：五十金並應作五千金，下文「散不能三千金」，可證。　湯炳正曰：金説似非。以「今令人復載五十金隨公」句推之，知唐雎至武安後，秦王使人繼續送金，故卒散至三千餘金也。非一次載五千金，而止散至三千金也。吴注本亦改十爲千，似皆誤矣。　祖耿案：湯説非也。蘇秦合從，黄金萬溢爲用，秦欲散天下之從，自當不惜重資，豈僅區區五十金哉。且高會飲酒，五十金易盡，復何以與邯鄲人之昆弟耶？當從舊説爲是。

〔七〕鮑彪曰：武安屬魏郡，趙奢傳注：在邯鄲西。　吴師道曰：武安説見前。

〔八〕鮑彪曰：高紀注：大會也。

〔九〕鮑彪曰：邯鄲，趙國都。

〔一〇〕鮑彪曰：用金少，故未能動謀者。

〔一一〕鮑彪曰：謀人之昆弟。　吴師道曰：言與之和好若昆弟矣。此下有缺文。　金正煒曰：其謀者，謂方謀攻秦之士，此未能即與之金，慮其不受也。予其昆弟，因以動其人。吕覽音初篇注：之，其。莊子至樂篇：壽者惛惛，久憂不死，何之苦也。鶡冠子近迭篇：禁不止，令不行，之故何也。之並與其義同。

〔一二〕鮑彪曰：應侯教唐雎云。　金正煒曰：與，猶爲也。秦王與中期章：「或爲中期説秦王曰」，鮑本爲作與。楚策：吾與子出兵矣，言爲之出兵也。並見經傳釋詞。此謂雎爲秦計功，當不愛用金，秦王亦不問所用之途，但能盡散此金，即爲功多矣。漢書陳平傳：乃出黃金四萬斤予平，恣所爲，不問出入。與此正同。

〔一三〕千，原作十。金正煒曰：史記汲黯傳：吾今召君矣。索隱云：今，猶即今也。孫炎注爾雅釋詁曰：即，猶今也，則今亦猶即。策文言今，義多與即同，謂睢無慮金盡，即當令人復裁五千金從之。上文「請令廢之」，亦當從王氏雜志作今。呂覽驕恣篇：寡人請今止之，猶云：請即止之。行論篇：請今舉兵以攻齊也。期賢篇：君若欲之，請令伐之。並爲「請今」之誤。此策文義自明，吴氏云有缺文，非也。

〔一四〕鮑彪曰：士得金，復爲秦，故其謀不協。吴師道曰：秦紀：尉繚説秦王曰：願大王毋愛財物，賂其豪臣，以亂其謀，不過亡三十萬金，則諸侯可盡。大事記云：前此范睢之散合從，後此陳平之間項羽，同出一術。蓋亂世風俗貪鄙，故此術每中。有言禮義廉恥於多事之際，必以爲迂闊，不知撥亂之策，莫要於此。愚謂郭開之間李牧，晉鄙客之讒信陵，后勝之勸王建，秦卒亡此三國者，皆應侯之術也。高祖購陳豨將，亦陳平之故智歟？金正煒曰：按淮南修務篇：不能被德承澤。注：能，猶及也。周禮：調人，凡有鬬怒者成之。注：鬬怒，辨訟者也。漢書天文志：相陵爲鬬。又或爲鬩之誤，孟子梁惠王篇：鄒與魯鬩。注：鬩，鬬聲也。

十五

謂應侯曰〔一〕：「武安君禽馬服子乎〔二〕？」曰：「然。」「又即圍邯鄲乎〔三〕？」曰：「然。」「趙亡，秦王王矣，武安君爲三公〔四〕。武安君所以爲秦戰勝攻取者七十餘城〔五〕，南亡鄢、郢、漢中〔六〕，禽馬服之軍，不亡一甲〔七〕，雖周、召、呂望之功〔八〕，亦不過此矣〔九〕。趙亡，秦王王，武安君爲三公〔一〇〕，君能爲之下乎？雖欲無爲之下，固不得之矣〔一一〕！秦嘗攻韓，圍邢，困上黨〔一二〕，上黨之民皆返爲趙〔一三〕。天下之民不樂爲秦民之日固久矣〔一四〕！今攻趙，北地入燕，東地入齊，南地入楚、魏〔一五〕，則秦所得亡幾何〔一六〕。故不如因而割之〔一七〕，毋以爲武安功〔一八〕。」

〔一〕祖耿案：史記白起列傳，此爲蘇代爲韓、趙說秦相應侯之詞，下詳。顧觀光隸此於赧王五十六年。

〔二〕君上原無武安二字，服下原無子字。鮑彪曰：馬服，趙括也，襲其父稱。吳師道曰：史白起傳：昭王四十八年，秦復定上黨，分軍爲二：王齕攻虎牢，拔之；司馬梗定太原，韓趙恐，使蘇代說應侯。大事記引。又曰：服虔曰：馬服猶言服馬也。崔浩曰：馬服，官名，言服武事也。黄丕烈曰：今本服下有君字，鮑本有。丕烈案：史記作「武安君禽馬服子乎？」此文君上有脫。程恩澤曰：案馬服，山名。郡國志注引張華曰：趙奢冢在邯鄲西山上，謂之馬服山。括地志：馬服山在邯鄲縣西北十里。路史國名紀：今海（疑誤）之永年有馬服岡。今邯鄲縣西北三十里，有紫山，亦謂之馬服山。蓋因趙奢葬此而被以名（正義曰：因馬服山爲號，似誤），則在當時固無此稱也。金正煒曰：按君上當有武安二字而脫也。此爲應侯計，不欲武安功多，則非以禽馬服爲應侯功可知。史正作「武安君禽馬服子乎。」漢書項羽傳：白起爲秦將，南并鄢郢，北阬馬服。服虔曰：馬服，趙括也，父奢爲趙將有功，賜號馬服。馬服猶服馬也，故世稱之。此文省子字，亦得。祖耿案：史記作「韓趙恐，使蘇代厚幣說秦相應侯曰：『武安君禽馬服子乎？』」

〔三〕鮑彪曰：四十八年十月。　祖耿案：史記，又下有曰字。

〔四〕祖耿案：史記，亡下有則字。　崔適曰：白起爲武安君是，是名號侯之濫觴也，無封邑但有名號而已。瀧川資言曰：白起爲武安君，穰侯、白起傳皆在秦昭二十九年。表爲三十年，誤。

〔五〕姚注：一無以字。

〔六〕鮑彪曰：南郡宜城注，故鄢。江陵注，郢都，又郢，故郢。　吳師道曰：詳見後「五都」注。　張琦曰：故鄢城，在今襄陽府宜城縣西南九里。　程恩澤曰：案鄢本水名。（括地志：鄢水源出襄州義清縣西界託伏山，即蠻水也，又名夷水。）左傳：「及鄢，亂次以濟。」「王沿夏，將欲入鄢」是也。古鄢子國於此，楚滅之以爲別都。括地志：故偃城在襄州安養縣（今襄陽樊城）北三里，古郾子之國也。南去荊州二百五十里，在襄州北五里。正義：鄢在襄州率道縣（今宜城縣）南九里。據此，則鄢與偃亦非一地，當以正義爲是。楚當自鄀徙此，踰年而復。　高誘曰：秦兵出武關則臨鄢，下黔中則臨郢。荊州記：襄陽舊楚之北津，從襄陽渡江，經南陽出方城關，是通周、鄭、晉、衛之道；其東津，經江夏出平澤關，是通陳、蔡、齊、魯之道（此據春秋時言，而戰國形勢，亦可概見）。地理通釋林氏曰：江陵，郢也。襄陽，鄢也。自江陵圖北方，必經襄陽，襄陽　楚之北津也。　祖耿案：史記，亡，作定。張守節曰：鄢在襄州率道縣南九里，郢在荊州江陵縣東六里，漢中，今梁州之地。

〔七〕祖耿案：史記，禽上有北字，馬服作趙括，無「不亡一甲」四字。

〔八〕原無邵字。姚注：錢、劉下有邵字。　祖耿案：史記作召。

〔九〕祖耿案：史記無亦字，過作益於二字。

〔一〇〕祖耿案：史記趙上有今字，武上有則字，爲上有必字。

〔一一〕祖耿案：史記，欲無作無欲，之作已。

〔一二〕原無圍字，上上有於字。姚注：一本下有丘字，劉本無邢丘二字。　鮑彪曰：趙國襄國注，故邢國，此字當作陘。　吳師道曰：上章：秦攻韓圍陘。史：桓惠王九年，秦拔我陘汾旁；十年，秦擊我太行，我上黨郡守以郡降趙。事正相次也。　程恩澤曰：案吳以陘即汾陘，故爲此說，本非定論。且此處自是邢字，只可依文立義，何得從鮑本妄改作陘。左傳：「晉人與之邢。」杜注：邢，晉邑。地理志：趙國襄國縣，故邢國（詳見秦策）。後滅於衛，其地入晉，秦以爲信都。項羽改名襄國，隋唐爲龍岡縣，今爲順德府邢臺縣，距上黨亦不甚遠。韓嘗有之，未可知也。或云即邢邱（見史記白起傳），非是。邢邱，魏邑，在今河內縣，與此非一地。或又云即耿，亦非。耿，趙邑（左傳：賜趙夙耿），在今河津縣，去此尤遠，不可混而爲一（史記：祖乙遷於邢。索隱曰：近代本或作耿，故有此說。其實祖乙乃自耿遷邢，非謂邢即耿也。說見路史及皇極經世等書）。　金正煒曰：按起傳：秦嘗攻韓圍邢丘，困上黨。上黨之民皆反爲趙。此文邢上脫圍字，困下衍於字，當據以訂正。又邢當作陘，上章秦攻韓圍陘可證。邢蓋陘之借字。一本邢下有丘字，則又緣史文而誤。秦本紀：「攻魏取邢丘」，前章「邢丘拔而魏請附」，是邢丘魏地，不屬韓也。　祖耿案：裴駰曰，徐廣曰：平皋有邢丘。張守節曰：今懷州武德縣東南二十里平皋縣城是也。

〔一三〕鮑彪曰：馮亭事。

〔一四〕祖耿案：史記，不上無之民二字，久上無固字。

〔一五〕祖耿案：史記，攻作亡，楚作韓。

〔一六〕原作所得不一幾何。姚注：劉改不一作無幾何。　黄丕烈曰：今本一作能，乃誤涉鮑也。鮑改一爲能。吳氏正曰：字誤。史作「所得民亡幾何」，此蓋亡字誤分。　金正煒曰：古書不或作丕，說詳經傳釋詞。

此文不一，乃丕字誤分爲一。丕猶不也。

〔一七〕鮑彪曰：許趙割地來和。張守節曰：因白起之攻，割取韓、趙之地。

〔一八〕毋，原作因。鮑彪曰：如是，則起無大功，睢不爲之下。吳師道曰：史「無以爲」，此因字非。史又云：於是應侯言於秦王，王聽之，割韓垣雍，趙六邑以和。武安君由是與應侯有隙。下接復欲伐趙，云云。金正煒曰：史記因作無，此本作毋，故誤爲因。祖耿案：此句史記作：「無以爲武安君功也。於是應侯言於秦王曰：「秦兵勞，請許韓、趙之割地以和，且休士卒。」王聽之，割韓垣雍、趙六城以和。正月，皆罷兵。」

十六

應侯失韓之汝南〔一〕，秦昭王謂應侯曰：『君亡國〔二〕，其憂乎？』應侯曰：『臣不憂。』王曰：『何也？』曰：『梁人有東門吳者〔三〕，其子死而不憂；其相室曰〔四〕：「公之愛子也，天下無有，今子死而不憂，何也〔五〕？」東門吳曰：「吾嘗無子，無子之時不憂，今子死，乃與嚮無子時同也〔六〕。吾奚憂焉〔七〕？」臣亦嘗爲子〔八〕，爲子時不憂，今亡汝南，乃與嚮爲梁餘子同也〔九〕。臣何爲憂？』秦王以爲不然，以告蒙驁〔一〇〕，曰：『今也寡人一城圍，食不甘味，臥不便席；今應侯亡地而言不憂，此其情也〔一一〕？』蒙驁曰：『臣請得其情。』蒙驁乃往見應侯曰：『驁欲死！』應侯曰：『何謂也？』曰：『秦王師君，天下莫不聞，而況於秦國乎？今鷩勢得爲秦王將，將兵〔一二〕；以韓之細也〔一三〕，逆顯誅〔一四〕，奪君地，鷩尚奚生？不若死！』應侯拜蒙鷩曰：『願委之卿！』蒙鷩以報於昭王。自是之後，應侯每言韓事者，秦王弗聽也。以其爲汝南慮也〔一五〕。

〔一一〕鮑彪曰：汝南，豫州郡，近應國，應侯嘗取得之。　張琦曰：汝南屬楚，不得繫韓。應至汝南三百餘里，不得云近，范雎無由取之。漢汝南郡分秦潁川置，當時無汝南之名（史蘇秦傳：陳、汝南、許、鄢。策作：南有許鄢，南並衍字），蓋汝水之南耳，即應鄉矣。策文曰：『君亡國』。曰：亡汝南與爲梁餘子同。曰『應侯亡地』，明即其封邑也。本周地入秦，今爲韓所侵奪，故曰韓之汝南。　程恩澤曰：案漢志：豫州有汝南郡。地理通釋：汝南春秋時屬沈蔡，戰國屬楚魏，漢置汝南郡，今蔡州。以策考之，當爲楚、韓、魏三國分據之地，而秦適取之也。地在汝水之南，故曰汝南，今爲河南汝寧府。　顧觀光曰：韓非子定法篇：『應侯攻韓八年，成其汝南之封。』秦策亦云：『應侯失韓之汝南。』則汝南，韓地也。而蘇秦說魏曰：『大王之地，南有汝南』，蓋韓魏接壤處。　祖耿案：顧觀光附此於赧王五十六年。

〔一二〕姚注：一本亡下有汝南二字。

〔一三〕文選西征賦李注引列子作東門吾，曰：戰國策以吳爲吾。

〔一四〕鮑彪曰：相室，室家之相。此女也，男曰家老。

〔一五〕死下原無而字。黄丕烈曰：鮑本有而字。　祖耿案：文選西征賦李注引列子文有，當補。

〔六〕與嚮，原作即與。金正煒曰：列子力命篇作：「乃與嚮無子同。」此由鄉誤即，復誤乙與字上。祖耿案：文選西征賦李注引列子文作：與向。

〔七〕吾原作臣，依文選西征賦李注引列子文改。

〔八〕鮑彪曰：此臣，應侯；子，餘子也，此時無地。

〔九〕嚮，原作即。姚注：劉，一無即爲二字。鮑彪曰：大司徒可任之餘，爲餘子。吳師道曰：周禮：小司徒致餘子。注：餘子謂羡也。傳：晉有公族餘子。杜云：嫡子之母弟也。呂春秋：張儀，魏氏餘子。索隱云：支庶也，又，季子也。莊子注：不應丁夫爲餘子。趙策亦有餘子字。按梁餘子，恐是睢入秦而亡其餘子之在梁者。「臣亦嘗爲子」，言己亦若東門吳，「乃即與爲梁餘子同」，言亡地與亡子同。黃丕烈曰：鮑改「與即」爲「即與」，吳氏補曰：當作即與。金正煒曰：按禮記喪大記，子皆杖，不以即位。注：子謂凡庶子也。趙策：寡人始行縣過番吾，當子爲子之時，是子之爲稱，蓋不爲後之支庶也。即，亦鄉字之譌。范睢至章：莫肯即秦耳，即一作鄉，二形相近，易以致誤。鄉與嚮同，呂覽首時篇：「鄉之耕」，高注：鄉，曩者。鮑改與即爲即與，由不辨即爲鄉之譌也。周禮：小司徒大故致餘子，注：卿大夫之子，當守於王宮者也。呂覽報更篇：張儀，魏氏餘子也。注：大夫庶子爲餘。應侯故梁人，據此文，則亦梁之餘子，與張儀同也。

〔一〇〕驁，原作傲，下同。鮑彪曰：秦人。吳師道曰：傲恐即驁，始皇七年死，此時相及。黃丕烈曰：李善注求自試表引作驁，傲、驁同字。

〔一一〕姚注：一本情下有何字。鮑彪曰：問其心，誠然否？金正煒曰：按荀子正名篇：「如此者，其求物也，養生也？粥壽也？」楊倞注：也，皆當爲耶，問之辭。顏氏家訓：北人呼也爲邪，故古於也邪二字，往往通用。

〔一二〕爲字原在秦下。姚注：一本無爲字。金正煒曰：姚云一本無爲字，鮑本得下復有爲字，改爲王作王爲。按此文疑本作：「今傲勢得爲秦王將，將兵」，增、省爲字，並非。禮記禮運：「在埶者去。」注：埶，埶位也。

〔一三〕以上原有臣字，疑涉上衍。

〔一四〕逆字原在顯字下。鮑彪曰：言其國小而逆節著。吳師道曰：顯逆亂之誅，又作「顯違誅戮」，義亦通。金正煒曰：按顯逆二字誤倒，鮑、吳並失其義。

〔一五〕慮，原作虜。姚注：錢一無虜字。鮑彪曰：汝南民爲韓虜獲者。金正煒曰：按虜當爲慮字，形相似而誤。爾雅釋詁：慮，謀也。說文：慮，謀思也。應侯亡汝南而言不憂，又私委之蒙傲，秦王疑其將藉事報韓，因以復汝南，故於韓事不復聽其言，以其爲汝南謀，將不顧秦之大計也。一本省虜字，於義可見。鮑注望文生義，說太支離。

十七

秦攻邯鄲〔一〕，十七月不下。莊謂王稽曰〔二〕：『君何不賜軍吏乎？』王稽曰：『吾與王也，不用人言。』莊曰：『不然！父之於子也，令有必行者，必不行者；曰：「去貴妻，賣愛妾」，此令必行者也；因曰：「毋敢思也」，此令必不行者也〔三〕。守閭嫗曰〔四〕：「某夕某孺子内某士〔五〕；」貴妻已去，愛妾已賣，而心不有〔六〕，欲教之者，人心固有〔七〕。今君雖幸於王，不過父子之親〔八〕；軍吏雖賤，不卑於守閭嫗〔九〕；且君擅主輕下之日久矣。聞「三人成虎〔一〇〕，十夫楺椎〔一一〕，衆口所移，毋翼而飛」。故曰：不如賜軍吏而禮之。』王稽不聽，軍吏窮，果惡王稽杜摯以反〔一二〕。秦王大怒，而欲兼誅范睢〔一三〕，范睢曰：『臣東鄙之賤人也〔一四〕，開罪於魏〔一五〕，遁逃來奔；臣無諸侯之援，親習之故〔一六〕；王舉臣於羈旅之中，使職事〔一七〕；天下皆聞臣之身與王之舉也。今遇惑與罪人同心〔一八〕，而王明誅之〔一九〕，是王過舉顯於天下〔二〇〕，而爲諸侯所議也。臣願請藥賜死，而恩以相葬臣〔二一〕。王必不失臣之罪〔二二〕，而無過舉之名。』王曰：『有之〔二三〕。』遂弗殺而善遇之。

〔一〕祖耿案：顧觀光隸此於秦昭王五十二年。

〔二〕鮑彪曰：莊，人名也。

〔三〕金正煒曰：按此文與尹文子大道下篇同，惟『因曰』以下，作『汝毋敢恨，汝毋敢思，此令必不行者也』。小異。

〔四〕鮑彪曰：嫗，母也。　吳師道曰：廣韻：老嫗也。此引説文，不切。

〔五〕某，原作其。孺，原作懦。姚注：曾云：恐作孺。劉作孺。　鮑彪曰：孺子，乳也，婦之嘗乳者。亦婦人之美稱。齊策：王有七孺子。內，私之也。言嫗之言，亦有必行者。　俞正燮曰：漢書藝文志：中山王孺子妾歌注云：孺子，王妾之有名號者。齊策云：王有七孺子。韓非書作十孺子。又韓非八姦篇云：一曰在同床。貴夫人，愛孺子是也。左氏哀公三年：季桓子卒，南孺子生子，謂貴妾。注云桓子妻者，非是。秦策亦云：『某夕某孺子納某士。』漢書王子侯表：東城侯遺爲孺子所殺。則王公至士民，妾通名孺子。合之小童，知古人謙在幼小。小婦、小妻，尤以小爲義也。

〔六〕鮑彪曰：有，猶欲也。言父雖令之，而非其所欲，故令之勿思，則必不行。　金正煒曰：不有，疑爲不肯，涉下「固有」而譌。爾雅釋言：肯，可也。言去之、賣之，而心仍不以爲可也。

〔七〕鮑彪曰：教，猶告也。孺子納士，人心固欲其告，雖非至親，令必行也。　金正煒曰：教或爲收，篆文收作攱，教古作妓，二形相似，因以致誤。雖去、雖賣，猶欲收之，此亦人心之所固有，故守閭嫗得以惡之也。

〔八〕鮑彪曰：言王之令，亦能奪其所貴愛，有不必行者。

〔九〕鮑彪曰：言且告稽。

〔一〇〕鮑彪曰：即魏策龐葱所稱者。

〔一一〕鮑彪曰：揉，屈申木也。　黄丕烈曰：今本楺作揉，鮑本作揉。

〔一二〕鮑彪曰：摯，稽之副也。雎傳言：稽與諸侯通。則此所惡，亦其實也。

〔一三〕鮑彪曰：稽始薦雎，雎後任稽守河東。　吳師道曰：史，王稽爲河東守，三歲不上計。鄭安平降趙，應侯請罪。秦法：任人而所任不善者，以其罪罪之。於是應侯當收三族，昭王恐傷其意，加賜益厚。後二歲，稽與諸侯通，坐誅，應侯益以不懌。昭王臨朝歎息，應侯懼，不知所出。此策雎曰云云，當在此時。所謂秦王大怒，而欲兼誅雎者則非，當從史。然王益厚賜而善遇之者，所以愧之也。

〔一四〕鮑彪曰：魏在秦東。

〔一五〕魏上原有楚字。　鮑彪曰：開，言始得罪。　黄丕烈曰：今本無楚字，乃誤涉鮑也，鮑衍楚字。吳氏補曰：恐衍。

〔一六〕鮑彪曰：習，猶狎；故，舊也。言非王近習之舊。

〔一七〕鮑彪曰：職，猶主。

〔一八〕惑下原有或字。鮑彪曰：罪人，謂王稽。　黄丕烈曰：今本遇作愚，乃誤涉鮑也，鮑改遇爲愚。吴氏補曰：當作愚。又曰：今本無或字，乃誤涉鮑也，鮑衍或字。吴氏補曰：衍。　金正煒曰：按，詩巧言：「遇犬獲之。」釋文：世讀遇作愚。莊子則陽篇：「匿爲物而愚不識。」釋文：愚，本作遇。管子任法篇：「奇術技藝之人，莫敢高言孟行以過其情，以遇其主矣。」俞樾諸子平議云：遇，當讀如愚。是古書多借遇爲愚，不煩改作。論語顔淵篇：「崇德脩慝辨惑。」釋文：惑，本作或。大戴禮曾子制言篇：「貧賤吾恐其或失也。」注：或，猶惑也。此由一本作惑，一本作或，傳寫誤併入文。

〔一九〕金正煒曰：而，猶如也，見易明夷彖傳，虞注。

〔二〇〕鮑彪曰：過，猶誤也，昔舉而今誅之，是舉之誤。

〔二一〕鮑彪曰：既殺之，而加恩以國相禮葬之。

〔二二〕鮑彪曰：已殺之。

〔二三〕鮑彪曰：然其過舉之言。　金正煒曰：有字當讀爲宥。禮記文王世子：「公曰宥之。」注：宥，寬也。公羊隱元年傳注：「公曰宥之。」釋文：宥，赦也。

十八

蔡澤見逐於趙而入韓魏〔一〕，遇奪釜鬲於涂〔二〕。聞應侯任鄭安平、王稽，皆負重罪〔三〕，應侯內慙，乃西入秦〔四〕，將見昭王。使人宣言以感怒應侯，曰：『燕客蔡澤，天下駿雄弘辯之士也〔五〕。彼一見秦王，秦王必相之而奪君位〔六〕。』應侯聞之，使人召蔡澤〔七〕。蔡澤入，則揖應侯，應侯固不快，及見之，又倨〔八〕，應侯因讓之，曰：『子嘗宣言欲代我相秦〔九〕，豈有此乎〔一〇〕？』對曰：『然。』應侯曰：『請聞其說。』蔡澤曰：『吁！君何見之晚也〔一一〕？夫四時之序，成功者去〔一二〕。夫人生手足堅強，耳目聰明，而心聖知〔一三〕，豈非士之所願與？』應侯曰：『然。』蔡澤曰：『質仁秉義〔一四〕，行道施德於天下，天下懷樂敬愛，願以爲君王，豈不辯智之期與〔一五〕？』應侯曰：『然。』蔡澤復曰：『富貴顯榮，成理萬物〔一六〕，萬物各得其所〔一七〕；生命壽長，終其年而不夭傷〔一八〕；天下繼其統〔一九〕，守其業，傳之無窮，名實純粹〔二〇〕，澤流千世，稱之而毋絶，與天地終始〔二一〕；豈非道之符而聖人所謂吉祥善事與〔二二〕？』應侯曰：『然。』澤曰：『若秦之商君，楚之吴起〔二三〕，越之大夫種〔二四〕，其卒亦可願與〔二五〕？』應侯知蔡澤之欲困己以說，復曰：『何爲不可〔二六〕？夫公孫鞅事孝公，極身毋二慮，盡公不還私〔二七〕，信賞罰以致治，竭智能〔二八〕，示情素〔二九〕，蒙怨咎〔三〇〕，欺舊交〔三一〕，虜魏公子卬〔三二〕，卒爲秦禽將破敵，攘地千里〔三三〕；吳起事悼王，使私不害公，讒不蔽忠，言不取苟合，行不取苟容，行義必固，毁譽不明〔三四〕，伯主强國，不辭禍凶〔三五〕；大夫種事越王，主離困辱，悉忠而不解〔三六〕，主雖亡絶，盡能而不離〔三七〕，多功而不矜，貴富不驕怠〔三八〕；若此三子者，義之至，忠之節身也。故君子殺以成名，義之所在，身雖死，無憾悔〔三九〕。何爲不可哉〔四〇〕？』蔡澤曰：『主聖臣賢，天下之福也；君明臣忠，國之福也；父慈子孝，夫信婦貞，家之福也；故比干忠〔四一〕，不能存殷；子胥知〔四二〕，不能存吳；申生孝而晉國亂〔四三〕；是有忠臣孝子，國家滅亂，何也〔四四〕？無明君賢父以聽之。故天下以其君父爲戮辱〔四五〕，而憐其臣子〔四六〕。夫待死而後可以立忠成名，是微子不足仁，孔子不足聖，管仲不足大也〔四七〕。』於是應侯稱善。蔡澤得少間〔四八〕，因曰：『商君、吳起、大夫種，其爲人臣，盡忠致功〔四九〕，則可願矣；閎夭事文王，周公輔成王也，豈不亦忠聖乎〔五〇〕？以君臣論之〔五一〕，商君、吳起、大夫種，其可願孰與閎夭周公哉？』應侯曰：『商君、吳起、大夫種不若也〔五二〕。』蔡澤曰：『然則君之主慈仁任忠〔五三〕，不欺舊故〔五四〕，孰與秦孝公、楚悼王、越王乎〔五五〕？』應侯曰：『未知何如也！』蔡澤曰：『主固親忠臣，不過秦孝、越王、楚悼；君之爲主正亂〔五六〕，批患折難〔五七〕，廣地殖穀〔五八〕，富國足家，强主威，蓋海内，功章萬里之外，不過商君、吴起、大夫種；而君之禄位貴盛，私家之富，過於三子，而身不退，竊爲君危之〔五九〕！語曰：「日中則移，月滿則虧。」物盛則衰，天之常數也〔六〇〕。進退盈縮變化〔六一〕，聖人之常道也〔六二〕。昔者，齊桓公九合諸侯〔六三〕，一匡天下，至葵丘之會，有驕矜之色，畔者九國〔六四〕；吴王夫差無敵於天下〔六五〕，輕諸侯，凌齊晉，遂以殺身亡國〔六六〕；夏育太史啓叱呼駭三軍〔六七〕，然而身死於庸夫；此皆乘至盛不及道理也〔六八〕。夫商君爲孝公平權衡，正度量，調輕重，決裂阡陌，教民耕戰，是以兵動而地廣，兵休而國富，故秦無敵於天下，立威諸侯，功已成矣〔六九〕，遂以車裂〔七〇〕；楚地持戟百萬〔七一〕，白起率數萬之師，以與楚戰，一戰舉鄢郢，再戰燒夷陵〔七二〕，南并蜀漢，又越韓魏，攻强趙，北阬馬服，誅屠四十餘萬之衆〔七三〕，流血成川，沸聲若雷，使秦業帝〔七四〕。自是之後，趙楚懾服〔七五〕，不敢攻秦者，白起之勢也〔七六〕。身所服者七十餘城〔七七〕，功已成矣，賜死於杜郵〔七八〕。吴起爲楚悼罷無能，廢無用，損不急之官，塞私門之請，壹楚國之俗，南收楊越〔七九〕，北并陳蔡〔八〇〕，破横散從，使馳説之士，無所開其口，功已成矣，卒支解〔八一〕。大夫種爲越王墾草剏邑〔八二〕，辟地殖穀〔八三〕，率四方之士，專上下之力〔八四〕，以禽勁吴，成霸功，勾踐終倍而殺之〔八五〕。此四子者，成功而不去〔八六〕，禍至於此，此所謂信而不能詘，往而不能反者也〔八七〕。范蠡知之，超然避世，長爲陶朱〔八八〕。君獨不觀博者乎？或欲大投〔八九〕，或欲分功〔九〇〕，此皆君之所明知也。今君相秦，計不下席〔九一〕，謀不出廊廟，坐制諸侯〔九二〕，利施三川〔九三〕，以實宜陽〔九四〕，決羊腸之險〔九五〕，塞太行之口〔九六〕，又斬范、中行之途〔九七〕，棧道千里〔九八〕，通於蜀漢〔九九〕，使天下皆畏秦。秦之欲得矣，君之功極矣，此亦秦之分功之時也〔一〇〇〕！如是不退〔一〇一〕，則商君、白公、吴起、大夫種是也〔一〇二〕！君何不以此時歸相印，讓賢者而授之〔一〇三〕？必有伯夷之廉，長爲應侯，世世稱孤，而有喬松之壽〔一〇四〕，孰與以禍終哉？此則君何居焉〔一〇五〕？」應侯曰：「善〔一〇六〕。」乃延入坐，爲上客。後數日，入朝，言於秦昭王曰：「客新有從山東來者蔡澤，其人辯士〔一〇七〕，臣之見人甚衆，莫有及者，臣不如也〔一〇八〕。」秦昭王召見，與語，大説之，拜爲客卿。應侯因謝病〔一〇九〕，請歸相印，昭王强起應侯，應侯遂稱篤〔一一〇〕，因免相。昭王新説蔡澤計畫，遂拜爲秦相〔一一一〕，東收周室。蔡澤相秦王，數月，人或惡之，懼誅，乃謝病歸相印，號爲剛成君〔一一二〕。居秦十餘年〔二三〕，事昭王、孝文王、莊襄王〔二四〕，卒事始皇帝，爲秦使於燕，三年〔二五〕而燕使太子丹入質於秦〔二六〕。

〔一〕鮑彪曰：蔡澤，燕人。　祖耿案：此章見史記蔡澤列傳。此一千五百十二字，史記則有二千二百八十三字，其爲後出增加無疑。今并詳之。首云：蔡澤笑謝而去，去之趙，見逐，之韓魏。　又案：顧觀光隸此於秦昭王五十二年。

〔二〕姚注：劉無鬲字。鮑彪曰：人奪之也。爾雅：鬲，鼎也。　祖耿案：御覽七五七引，有鬲字。史記涂作塗，餘五字全同。注，裴駰曰：爾雅曰：款足者謂之鬲。郭璞曰：鼎曲脚。司馬貞曰：父歷二音。款者，空也。空足是曲足，云見爾雅。郭氏云「鼎曲脚」也。按：以款訓曲，故云「曲脚」也。

〔三〕鮑彪曰：魏齊困范雎，鄭安平匿之，時安平擊魏，以二萬人降趙。王稽之罪，則通諸侯也。　祖耿案：史記罪下有「於秦」二字。

〔四〕祖耿案：史記乃上有「蔡澤」二字。

〔五〕祖耿案：史記作：「天下雄俊弘辯智士也。」

〔六〕祖耿案：史記：相之作困君，位上有之字。

〔七〕祖耿案：此二語史記作：「應侯聞，曰：『五帝三代之事，百家之說，吾既知之；衆口之辯，吾皆摧之；是惡能困我而奪我位乎？』使人召蔡澤。」

〔八〕金正煒曰：說文：見，視也。

〔九〕嘗，原作常。言下原無欲字。姚注：一本有欲字。　黄丕烈曰：常，鮑本作嘗。丕烈案：史記作常。

〔一〇〕金正煒曰：劉向管子叙「將順其美，匡救其惡，故上下能相親愛，豈管子之謂乎？」豈，猶其也。亦見經傳釋詞。　祖耿案：史記作：「寧有之乎？」

〔一一〕原作何君。姚注：劉，一作君何。黄丕烈曰：何君，鮑本作君何。丕烈案：史記作君何。

〔一二〕祖耿案：御覽四六〇引作：「功成者去」，案史記作：「成功者去。」

〔一三〕聖上原無而心二字。金正煒曰：按史記蔡澤傳聖知上有而心二字，當據以補，文義乃完。　祖耿案：上二句史記作：「夫人生百體堅彊，手足便利。」未知字作智。

〔一四〕鮑彪曰：質，猶體。

〔一五〕鮑彪曰：期，猶志也。辯智者志期得此。　金正煒曰：按禮記中庸：「苟不至德。」疏：不，非也。祖耿案：史記德下有得志二字，愛下有而尊慕之皆五字。

〔一六〕鮑彪曰：理，治也。

〔一七〕祖耿案：史記，各上有使字，無萬物二字。

〔一八〕祖耿案：史記，生作性，其下有天字。

〔一九〕鮑彪曰：統，絶也。

〔二〇〕鮑彪曰：言其兩全美。

〔二一〕原作與天下終，無始字。黄丕烈曰：與天下終四字，鮑本無，吳補：一本有。丕烈案：史記有，作「與天地終始」。　金正煒曰：史作「與天地終始」，此文下即地字之譌，又脱始字。（莊子達生篇注：終始者，物之極。）宋策：威服天下鬼神，新序下作地，可爲此證。　祖耿案：史記作：「澤流千里，世世稱之而無絶。」

〔二二〕鮑彪曰：道之符，言行道之效。　金正煒曰：史記貨殖傳：「豈非道之所符，而自然之驗邪？」索隱云：符謂合於道也。澤傳道下有德字。　祖耿案：史記事下有者字。

〔二三〕鮑彪曰：吳起，衛人，仕魏，後相楚而死。

〔二四〕鮑彪曰：姓文，越王句踐之相。

〔二五〕與，原作矣。黃丕烈曰：鮑改矣爲與。吳氏補曰：矣，史作歟。　金正煒曰：按國語晉語：惡其所好，其能久矣。魏策：於是覬之，地形險阻，奚足以霸王矣。矣字亦與歟同義，不必改從史文。　祖耿案：史記亦上有然字。

〔二六〕金正煒曰：按左氏昭六年傳：復書曰。注：復，報也。公羊隱三年傳：與夷復曰。注：復，報。此與上文蔡澤復曰，義爲申言者有別。史記復下有謬字，即義各不同。

〔二七〕二下原無慮字。鮑彪曰：極身，猶竭己。還，反顧也。　金正煒曰：按左氏昭二十年傳：無所還忌。注：還，猶顧也。管子山至數篇：大夫自還而不盡忠。并與同義。　王念孫云：還，讀爲營。惟此與荀子比周還主之文有別，鮑注自通。史作「極身無貳慮，盡公而不顧私」，還、顧義同。二下當依史文補慮字。

〔二八〕能，文選獄中上書自明、聖主得賢臣頌李注引，并作謀。

祖耿案：史記私下多「設刀鋸以禁姦邪」一句七字。

〔二九〕鮑彪曰：素，其所蓄積。　吳師道曰：素，愫通，誠也。

〔三〇〕鮑彪曰：集韻：蒙，覆也。蒙、冒同。鞅嘗刑太子之傅，知必見怨咎，猶冒爲之。

〔三一〕祖耿案：此四句史記作：「披腹心，示情素，蒙怨咎，欺舊友。」

〔三二〕鮑彪曰：卬則鞅之舊也。　祖耿案：史記虜作奪，卬下多「安秦社稷，利百姓」七字一句。

〔三三〕攘上原有軍字。金正煒曰：史無軍字，此蓋衍文。

〔三四〕原作「行義不固，毁譽必有」。姚注：固，曾一作顧。黄丕烈曰：固，鮑本作顧。丕烈案：史記作「不避難」。徐廣曰：一云「不困毁訾」。固或困字誤耳。又曰：今本有作欲，乃誤涉鮑也，鮑改有爲欲。丕烈案：史記，必有作然爲。金正煒曰：鮑改固爲顧，而以毁譽屬上爲句，又改必有爲必欲，皆非也。此本四言對文，但以不、必二字互易，文義自明。必、不同聲，古書往往互誤。有當作明，與公、忠、容、凶爲韻。毁譽不明，言毁譽皆聽於人，不以自明也。

〔三五〕祖耿案：以上一節，史記作：「吴起之事悼王也，使私不得害公，讒不得蔽忠，言不取苟合，行不取苟容，不爲危易行，行義不避難，然爲霸主强國，不辭禍凶。」

〔三六〕鮑彪曰：離、罹同。集韻：遭也。解、懈同。金正煒曰：離，讀如罹，遭也。或爲雖之譌，與下句文同。祖耿案：史記種下有之字，王下有也字，離作雖。

〔三七〕鮑彪曰：離，猶去。金正煒曰：主雖亡絶，疑當作「國雖亡絶」，國字古文作或，因缺損爲主。不離之離，當讀力智切，音荔，廣韻：去也。書胤徵：「畔官離次」，釋文：離，如字，又力智反。段玉裁六書音韻表：去聲，至、未、霽、祭、泰、怪、夬、隊、廢，同爲第十五部，古音皆諧，故此文離與解、怠爲韻。離騷，時與態韻，佩與詒韻，與此略同。祖耿案：史記，亡絶作絶亡，不作弗。

〔三八〕黄丕烈曰：貴富，鮑本作富貴。丕烈案：史記作貴富、祖耿案：史記多作成，富下有而字。

〔三九〕姚注：劉一作身雖無咸無悔。祖耿案：三子者下史記作：「固義之至也，忠之節也。是故君子以義死難，視死如歸；生而辱不如死而榮。士固有殺身以成名，唯義之所在，雖死無所恨。」

〔四〇〕黄丕烈曰：爲下鮑本有而字。丕烈案：史記無。

〔四一〕姚注：錢，忠下有而字。程恩澤曰：案路史，比亦國名（比本水名，蓋以水氏國）。孟子雜記：王子干封於比，故曰比干。漢志：南陽郡有比陽縣。洪亮吉曰：故城在今南陽府泌陽縣西。

〔四二〕姚注：錢本有而字。

〔四三〕國，原作惑。姚注：惑，一作國。鮑彪曰：僖五年。金正煒曰：按惑字本當爲或，即國也。說文：或，邦也。從口從戈，以守一；一，地也。徐鉉曰：今俗以或爲疑或不定之辭。是國字本當作或也，此由不辨或之爲國，又以惑或古通，因改爲惑，遂失本義。

〔四四〕祖耿案：史記：是下有皆字，子下有而字，亂下有者字。

〔四五〕鮑彪曰：戮，殺也。賤之如刑戮詬辱之人。祖耿案：戮，史記作僇。

〔四六〕原無而字。姚注：曾本有而字。司馬貞曰：言以比干、子胥、申生皆以至忠孝而見誅放，故天下言爲其君父之所僇，而憐其臣子也。祖耿案：憐其臣子句下，史記多：「今商君、吳起、大夫種之爲人臣，是也；其君，非也。故世稱三子致功而不見德，豈慕不遇世死乎？」三十六字數句。

〔四七〕程恩澤曰：微亦商圻內國。京相璠曰：壽張縣西北三十里，有故微鄉。王氏曰：微子所封國也。祖耿案：不足大也句下，史記多：「夫人之立功，豈不期於成全邪？身與名俱全者，上也；名可法而身死者，其次也；名在僇辱而身全者，下也。」四句四十字。

〔四八〕鮑彪曰：閒，言有隙可乘。金正煒曰：按國語晉語：可以少閒，注：閒，息也。史作少得閒，義勝。鮑注：閒言有隙可乘，是策文本亦作少得閒，今本蓋誤倒，當據史乙正。

〔四九〕黄丕烈曰：功，鮑本作力，丕烈案：史記作功。祖耿案：史記曰下有夫字。

〔五〇〕原無聖字。姚注：一本有聖字。程恩澤曰：案左傳隱六年：「周桓公言於王。」杜注：「周，采地，扶風雍縣東北有周城。」此與太王所都周，原非一地（譙周以周公采地，即太王所居，疑誤），蓋周公初封之邑也。地形志：雍縣有故周城。括地志：周公城在岐山縣北九里，今岐山縣有周公邸、周公廟，知周城亦在其境。雍縣即今鳳翔府治，岐山縣在府東五十里，其東境即漢美陽縣地。鄭氏詩譜曰：周公封魯，召公封燕，元子世之，其次子亦世守采邑，在王官，春秋時周公、召公是也。孔穎達曰：春秋周、召二公，别於東都受采。考王封弟揭河南，以續周公之官職，蓋即其事。其地今不可考（謂東周時。若戰國，則鞏與河南，有明文矣）。杜預但據始封言之耳。　祖耿案：史記有聖字。

〔五一〕黄丕烈曰：君臣二字鮑本作聖。丕烈案：史記作君臣。

〔五二〕姚注：一本起下有與字。　祖耿案：史記不作弗。

〔五三〕鮑彪曰：任，猶信。

〔五四〕祖耿案：史記，不欺舊故作「惇厚舊故」。此句之下，多：「其賢智與有道之士爲膠漆，義不倍功臣」，二句十六字。

〔五五〕黄丕烈曰：孝公、悼王，公字、王字鮑本無，丕烈案：史記有。

〔五六〕姚注：曾本作令主。

〔五七〕鮑彪曰：批、撓同，匹齊切，擊也。集韻：撓，或作批，又蒲結切。　司馬貞曰：批，白结反，又音豐雞反。批患謂擊而卻之。

〔五八〕鮑彪曰：殖，種也。

〔五九〕祖耿案：自「未知何如也」起，至「竊爲君危之」，策文凡七十九字，而史記有一百七十字，字數逾倍。曰：「蔡澤曰：『今主親忠臣，不過秦孝公、楚悼王、越王，君之設智，能爲主安危修政，治亂强兵，批患折難，廣地殖穀，富國足家，强主，尊社稷，顯宗廟，天下莫敢欺犯其主，主之威蓋震海內，功彰萬里之外，聲名光輝傳於千世。君孰與商君、吳起、大夫種？」應侯曰：「不若。」蔡澤曰：「今主之親忠臣不忘舊故，不若孝公、悼王、句踐，而君之功績愛信親幸，又不若商君、吳起、大夫種，然而君之祿位貴盛，私家之富過於三子，而身不退者，恐患之甚於三子，竊爲君危之。」

〔六〇〕祖耿案：史記天下有地字。

〔六一〕祖耿案：史記縮下有與時二字。

〔六二〕祖耿案：此句常道也，與下昔者之間，史記多一段，凡一百四十九字，曰：「故『國有道則仕，國無道則隱。』聖人曰：『飛龍在天，利見大人。』『不義而富且貴，於我如浮雲。』今君之怨已讎而德已報，意欲至矣，而無變計，竊爲君不取也。且夫翠、鵠、犀、象，其處勢非不遠死也，而所以死者，惑於餌也。蘇秦、智伯之智，非不足以辟辱遠死也，而所以死者，惑於貪利不止也。是以聖人制禮節欲，取於民有度，使之以時，用之有止，故志不溢，行不驕，常與道俱而不失，故天下承而不絶。」

〔六三〕黃丕烈曰：鮑本無九合諸侯四字。吳補：一本有。丕烈案：史記有。

〔六四〕鮑彪曰：僖九年。杜注：陳留外黃縣東有葵丘。張琦曰：今衞輝府考城縣東有葵邱亭。程恩澤曰：案葵邱有四。一在今衞輝府考城縣東。郡國志：外黃有葵邱聚，齊桓公會此城中，即杜注所本也。一在今青州府臨淄縣西三十里。左傳：齊侯使連稱、管至父戍葵邱。京相璠曰：在臨淄西五十里是也。一在今蒲州府萬泉縣東十五里，介山之北。胡廣曰：汾陰有葵邱。水經注：汾水西逕鄈邱北，故漢氏之方澤也。賈逵曰：漢法：三年祭地汾陰方澤，即葵邱也，是也。一在今彰德府臨漳縣，水經注：春秋古地名云，葵邱地名，今鄴西三臺是也。數者之說，以鄴爲允。祖耿案：史記至下有於字，色作志。

〔六五〕敵，原作適。黃丕烈曰：鮑改適爲敵，吳氏正曰：史作敵，適通。適人開户是也。祖耿案：史記差下有兵字。

〔六六〕黃丕烈曰：今本淩作陵，乃誤涉鮑也，鮑改淩爲陵。吳氏正曰：陵通。史：淩雲，漢書：陵雲。丕烈案：史記作陵。祖耿案：史記輕上有勇彊以三字，遂上有故字。

〔六七〕姚注：啓，曾作嗷。鮑彪曰：太史，周官，其人未詳。史作太史激，豈君王后之父耶？叱，訶也。金正煒曰：按史記注，索隱引高誘云：「夏育爲田搏所殺」，然太史嗷未知爲誰所殺，恐非齊襄王時太史也。是高氏所見本故作嗷，今作啓者，字之譌也，鮑注疑爲君王后父，則亦未見高說。祖耿案：策文先舉齊桓公，次舉吳王夫差，再舉夏育，均應以一人爲說，不當連及太史啓或太史嗷。太史之職，見於周禮者，掌六典、八法、八則，萬民之約劑，及閏朔禮書之事，非所以莅三軍也。意太史啓三字爲大嗷二字之譌，史爲大之形似而誤衍。說文：嗷，吼也。廣雅釋詁二：嗷，號呼之聲也。嗷爲怒吼號呼，則大嗷叱呼駭三軍者，亦如項籍之喑嗚叱咤，千人皆廢。新序雜事四，所謂「勇士一呼，三軍皆辟」者矣！

〔六八〕黃丕烈曰：及，鮑本作近。丕烈案：史記作返。金正煒曰：按及，當爲服；服，從及聲，古或止作及，因致誤及，或誤爲反，又誤爲近也。爾雅釋詁：服，事也。說文：服，用也。左氏僖二十四年傳：子臧之服不稱也，釋文：服本作及，可爲此證。祖耿案：也上，史記多：「不居卑退處儉約之患」九字。

〔六九〕原無矣字。黃丕烈曰：鮑成下補矣字。吳氏補曰：史有。

〔七〇〕祖耿案：史記遂上有而字。此段文字史記作：「夫商君爲秦孝公明法令，禁姦本，尊爵必賞，有罪必罰，平權衡，正度量，調輕重，決裂阡陌，以靜生民之業而一其俗，勸民耕農利土，一室無二事，力田稸積，習戰陳之事，是以兵動而地廣，兵休而國富，故秦無敵於天下，立威諸侯，成秦國之業。功已成矣，而遂以車裂。」多四五十字。

〔七一〕祖耿案：史記，地下有「方數千里」四字。

〔七二〕鮑彪曰：夷陵屬南郡。　張琦曰：今宜昌府是。　程恩澤曰：案地理志，南郡有夷陵縣。應劭曰：夷山在西北，蓋因山以名縣。郡國志：郡置在石鼻山上，縣即白起所攻之地。索隱：夷陵，陵名，後爲縣，屬南郡。括地志：峽州夷陵縣在荆州西。通典：夷陵故城，在夷陵縣西北。後漢書注、寰宇記並同。今湖北宜昌府東湖縣治，即夷陵廢縣也。　顧觀光曰：史記頃襄王二十一年，秦拔我郢，燒先王墓夷陵。索隱曰：夷陵，陵名，後爲縣，屬南郡。正義引應劭曰：夷山在西北。是縣以山名也，在今宜昌府城西北。　祖耿案：此句史記作：「一戰舉鄢郢以燒夷陵，再戰南并蜀漢。」

〔七三〕鮑彪曰：屠，言殺之酷。　祖耿案：此句史記多「盡之于長平之下」七字。

〔七四〕鮑彪曰：有帝之業。　祖耿案：史記雷下多「遂入圍邯鄲」五字一句，業帝作「有帝業」三字。

〔七五〕鮑彪曰：懾，失氣也。　祖耿案：自是之上，史記多「楚、趙天下之强國而秦之仇敵也」一句十三字，末五字作：「楚、趙皆懾伏」。

〔七六〕金正煒曰：按易象上傳：「地勢坤，君子以厚德載物。」虞注：勢，力也。淮南修務篇：「各有其自然之勢。」高注：勢，力也。

〔七七〕金正煒曰：服字疑當作拔，涉上文趙、楚懾服而誤。

〔七八〕鮑彪曰：起傳注：在咸陽西門十里。　張琦曰：今咸陽縣東二十里有杜郵亭。　程恩澤曰：按郡國志：長安縣有杜郵。劉昭曰：三秦記：長安城西有九嵕山，西有杜山。水經注：渭水北有杜郵亭，去咸陽十七里，今名孝里亭，中有白起祠。正義曰：說文，郵，境上行舍，道路所經過。今咸陽縣，本秦之郵也。一統志：唐咸陽城在渭水北，杜郵館西，今在咸陽縣東二十里。　顧觀光曰：史記：武安君「出咸陽西門十里，至杜郵。」正義引説文云：郵，境上行舍，道路所經過。今咸陽縣城，本秦之郵也，在雍州西北三十五里。按秦策云：去咸陽七里，絞而殺之。水經注云：渭水北有杜郵亭，去咸陽十七里。三説里數不同。　祖耿案：史記作：「而遂賜劍死於杜郵。」

〔七九〕收，原作攻。鮑彪曰：越屬揚州。　黄丕烈曰：楊，鮑本作揚。丕烈案：史記作楊。　王念孫曰：史記蔡澤傳，攻作收。南越傳索隱曰：「案，戰國策云吴起爲楚收楊越」，是策文本作收，與史記同也。　張琦曰：揚越，今兩廣、越南地。　程恩澤曰：案楚世家：熊渠興兵，伐庸、楊越至于鄂。張晏曰：揚州之南越也。師古曰：本揚州之分，故曰揚越（正義説同）。吴越春秋：闔廬子孫避越嶺外，築南武城以居之。後楚滅越，越王子孫避入，始興令公師隅修吴故南武城是也。通典：南越亦曰蠻，其族有甌越、駱越，種類甚多，故曰百越，又謂之揚越，大約今廣東廣州府等處皆是。洪亮吉專指瓊州，似太偏。　顧觀光曰：秦策蔡澤曰：吴起爲楚悼王南收楊越，史記吴起傳云：楚悼王時相楚，南平百越。南越傳云：秦已并天下，略定楊越，置桂林、南海、象郡。賈誼過秦論云：南取百粵之地，以爲桂林、象郡。是百越即楊越也。史記集解引張晏曰：揚州之南越。正義曰：夏禹九州，本屬揚州，故名楊越。　祖耿案：此數語，史記作「吴起爲楚悼王立法，卑減大臣之威重，罷無能，廢無用，損不急之官，塞私門之請，一楚國之俗，禁游客之民，精耕戰之士，南收楊越」，多二十字。

〔八〇〕張琦曰：楚世家悼王之世，記三晉伐楚者二，蓋陳、蔡爲韓、魏所侵，而起復并之者。故起傳曰：「北并陳、蔡」，伐三晉也。　程恩澤曰：案陳即故陳國，蔡即故蔡國也。但考左傳及史記，楚惠王十一年滅陳，四十二年滅蔡，俱在悼王以前。兹乃云吴起佐悼王南攻北并，豈惠王時復如平王故事更封之耶？姑錄之以俟考。（據齊策，則魏惠王時尚有陳、蔡，又在楚悼王之後。）又案：陳，嬀姓，舜後。周武王封胡公於陳，以備三恪。傳十八世，至靈公無道，爲楚莊王所縣，旋即封之。又二世至哀公，爲楚靈王所滅。滅後五年，楚平王即位，復封陳。其故都在今河南陳州府淮寧縣（即古宛邱），雖經播越，並未徙改。又五十二年，三傳至湣公，復爲楚惠王所滅，自後無聞。然此策云：吳起爲楚悼王「南攻揚越，北并陳蔡。」悼王爲惠王曾孫，在春秋後。而齊策以陳蔡爲十二諸侯之二，則在魏惠王時尚未亡也，意必有絶而復封，或自立者，今不可考矣。（左傳云：封五十二年而後陳卒亡，則湣公以後，當無復封者。然策士之言或不必驗，抑策文未可信歟？）蔡，姬姓，叔度封邑，在西周圻內。度服辟，乃封其子胡於蔡，今爲河南汝寧府上蔡縣。十七傳至靈侯，爲楚所滅。平王即位復封蔡，是爲平侯，於是徙都新蔡（宋忠謂平侯徙下蔡，非是），今爲汝寧府新蔡縣。至昭侯又徙州來，謂之下蔡，今安徽鳳陽府壽州（張琦作鳳臺，本一城也）北三十里，有蔡國城，即其地也。又四傳至侯齊，四年，復爲楚所滅（索隱曰：在滅陳後三十三年，春秋後一十三年）。然猶未絶也。說見下。

〔八一〕鮑彪曰：斷其四支。按起傳：宗戚大臣射刺起死。　祖耿案：口下功上，史記多：「禁朋黨以勵百姓，定楚國之政，兵震天下，威服諸侯」四句凡二十字。末句卒上有而字，支作枝。

〔八二〕姚注：刜，錢、劉一作仞，曾一作入。　鮑彪曰：墾，耕；刜，造也。　祖耿案：王下墾上，史記多：「爲越王深謀遠計，免會稽之危，以亡爲存，因辱爲榮」，四句凡十七字。刜作入。注，司馬貞曰：劉氏云：入，猶充也，謂招携離散，充滿城邑也。

〔八三〕鮑彪曰：殖、植同。

〔八四〕方下原無之字，士下原無專字。　黃丕烈曰：鮑，方下補之字，士下補專字。吳氏補曰：史有，恐此有缺。　祖耿案：力字之下，史記有：「輔句踐之賢，報夫差之讎」，一語多十字。

〔八五〕倍原作棓。鮑彪曰：掊、戛同，轢也，蒸逼之。楚記言賜劍死。　吳師道曰：掊，姚本作棓。　王念孫曰：史記越世家：越王賜大夫種劍，種自殺。不言棓而殺之。棓，當爲倍字之誤也。倍與背同，言越王背德而殺之也。史記作：句踐終負而殺之，負亦背也。鄭世家贊曰：「甫瑕雖以刼殺鄭子內厲公，厲公終背而殺之。」語意正與此同。　黄丕烈曰：棓，鮑本作掊。丕烈案：史記作負。負、棓，聲之轉也。　祖耿案：史記作：「卒擒勁吴，令越成霸。功已彰而信矣，句踐終負而殺之。」較策多七字。

〔八六〕黄丕烈曰：成功，鮑本作功成。丕烈案：史記作功成。　祖耿案：史記無而字。

〔八七〕祖耿案：反，史記作返，注，司馬貞曰：信音申。詘音屈。謂志已展而不退。

〔八八〕鮑彪曰：居陶，易姓朱。　張琦曰：此爲濟陰之定陶，今縣屬曹州府。　程恩澤曰：案，貨殖列傳之陶，爲陶朱公。又云：「陶天下之中，諸侯四通」（又見越世家）。正義：括地志云：即陶山，在齊州平陽縣（一作濟州平陰縣）東三十五里陶山之陽。今南五里猶有朱公冢。又云：曹州濟陽縣（按唐書地理志，齊州無平陽，曹州無濟陽，惟武德四年，於宛句析置濟陽縣，隸杞州，貞觀元年省。疑俱是濟陰之訛，時定陶省入濟陰）東南三里，有陶朱公冢。又云在南郡華容縣西，未詳也。（水經注，王隱晉書地道記：陶朱冢在華容縣，今撿其碑，題云：故西戎令范君之墓，稱蠡是其先也，則蠡冢不在華容。）索隱服虔云：陶，今定陶也。是范蠡之陶，凡有數處，而舊說多主定陶也。　祖耿案：史記朱下有公字。

〔八九〕欲下原有分字。姚注：一本無分字。鮑彪曰：大，言全勝也。　黄丕烈曰：鮑衍分字。丕烈案：史記無此，因下衍耳。　祖耿案：史記注，裴駰曰：班固奕指曰：「博縣於投，不必在行。」駰謂投，投瓊也。

〔九〇〕鮑彪曰：分勝者所獲。　祖耿案：史記注，司馬貞曰：夫博奕，或欲大投其瓊以致勝，或欲分功者，謂觀其勢弱，則投地而分功以遠救也。事具小爾雅。按方言云「所以投博謂之枰」。音平，局也。

〔九一〕金正煒曰：席上疑脫几字。

〔九二〕金正煒曰：漢書霍去病傳：「匈奴可坐收虜耳。」師古曰：言收虜取漢軍人馬可不費力，故言坐。

〔九三〕黄丕烈曰：利，鮑本無，鮑補利字。吴氏補曰：史有此字。

〔九四〕金正煒曰：禮記雜記注，實，當爲至。此讀周秦人聲之誤也。此文亦當作至。　祖耿案：史記注：張守節曰：施，猶展也，言伐得三川之地。以實宜陽，言展開三川，實宜陽。

〔九五〕黄丕烈曰：决上鮑本有以字。吴氏補曰：一本及史無此字。

〔九六〕祖耿案：史記口作道。

〔九七〕鮑彪曰：斬，謂絶之。此言斷三晉之路。　祖耿案：途，史記作塗，下有「六國不得合從」一句六字。

〔九八〕鮑彪曰：棧，棚也，施於險絶，以濟不通。　程恩澤曰：案何景明雍大記，棧道有四出：從成、和、階、文出者，爲沓中陰平道，鄧艾伐蜀由之；從兩當出者，爲故道，漢高帝攻陳倉由之；從褒鳳出者，爲今連雲棧道，漢王之南鄭由之；從城固洋縣出者，爲斜駱道，武侯屯渭上由之。儲大文曰：兩當道，乃謬所謂明修棧道，暗渡陳倉者，其係於蜀漢甚鉅。則此當指兩當言。

〔九九〕於上原無通字。　黄丕烈曰：鮑，於上補通字，吴氏補曰：史，於上有通字。　程恩澤曰：案蜀即蜀郡，漢即漢中，言使蜀得與漢中相通也。

〔一〇〇〕鮑彪曰：秦，秦人。

〔一〇一〕黄丕烈曰：是，鮑本作時。吴氏補曰：史作是。

〔一〇二〕徐廣曰：白公，白起也。　祖耿案：也、君之間，史記多「吾聞之，『鑒於水者見面之容，鑒於人者知吉與凶』。語曰：『成功之下，不可久處。』四子之禍，君何居焉？」一節三十七字。

〔一〇三〕原無而字，依史記補。　祖耿案：此句之下，史記多「退而巖居川觀」一句六字。

〔一〇四〕鮑彪曰：喬，王子晉；松，赤松子，皆不死。

〔一〇五〕祖耿案：此則二字史記作即。焉字句下，史記又多「忍不能自離，疑不能自決，必有四子之禍矣！易曰：『亢龍有悔』，此言上而不能下，信而不能詘，往而不能自返者也。願君孰計之！」四十八字一節。

〔一〇六〕祖耿案：此四字下，史記有「吾聞『欲而不知止，失其所以欲；有而不知足，失其所以有。』先生幸教，睢敬受命，於是」三十二字。

〔一〇七〕祖耿案：史記者下有曰字，士下有：「明於三王之事，五伯之業。世俗之變，足以寄秦國之政」，二十一字。

〔一〇八〕祖耿案：此句下，史記有「臣敢以聞」四字。

〔一〇九〕鮑彪曰：以病辭去。

〔一一〇〕鮑彪曰：篤猶甚。　祖耿案：史記篤上有病字。

〔一一一〕鮑彪曰：在五十二年。

〔一一二〕吳師道曰：水經云：鴈門于延水東逕罡城南。澤燕人，疑此即其所邑與？　張琦曰：此酈注，非經也。于延水合鴈門水，故合受通稱，或曰雁門，或曰于延，吳氏兼二號爲文，謬矣。注原文云：于延水又東逕罡城南。史記：蔡澤，燕人也。謝病歸相秦，號罡成君，疑即澤所邑也。世名武罡城。趙東潛以秦未并燕地爲疑，而復引寰宇記：許昌縣剛城，蔡澤所封，是時許屬魏，逼近韓國都，亦未入秦，皆爲非矣。考史本傳：澤謝病居秦十餘年，事昭王、孝文、莊襄，至始皇帝，未嘗去秦。剛城乃其封號，非實邑也。于延水，即今宣化府之西洋河；罡城在今保安州界，　程恩澤曰：案剛成有三：水經注，大寧東有罡城。史記：燕人蔡澤，謝病歸相秦，號罡城君，世名武罡城，此舊説所本也，在今直隸宣化府保安州西。（洪亮吉曰：在懷安縣東北。）郡國志：東郡陽平侯國有岡成亭。劉昭曰：秦封蔡澤爲岡成君，未詳。水經注：濕水逕陽平縣之岡成城，在今山東東昌府莘縣西。寰宇記：許州東北桐邱城旁有剛城，秦封蔡澤爲剛城君，即此。在今河南陳州府扶溝縣西二十里。三地皆非秦境，以澤爲燕人推之，自以舊注爲是（錢大昕主此説）。顧觀光曰：史記，蔡澤號綱成君，秦策作剛成，二字古通。水經灅水注云：於延水又東逕岡城南。史記：蔡澤，燕人也。相秦，謝病歸，號岡成君。疑即澤所邑也。續漢志謂澤封東郡陽平縣之岡成城，則是魏地，疑非。

〔一一三〕秦上原無居字。姚注：一本有居字。黄丕烈曰：鮑，秦上補居字。吳氏補曰：史有居字。

〔一一四〕昭上原無事字。　黄丕烈曰：鮑，昭上補事字。吳氏補曰：史，昭上有事字。

〔一一五〕鮑彪曰：居燕三年。

〔一一六〕鮑彪曰：澤傳有。彪謂：周衰，辯士皆矜材角智，趣於利而已。唯澤爲近道德明哲保身之策，故其得位，不數月引去，優游於秦，以封君令終，美矣！「非苟知之，亦允蹈之，」澤之謂乎？　吳師道曰：澤知范睢內慚，故西入秦，志在奪相，楊雄所謂「搤其咽，抗其氣，拊其背，而奪其位，」乃矜材、角智、趣利之尤者。相秦數月，懼誅歸印，亦智巧之尤。無功而退，既無當於道德之旨，明哲保身之義，彼何足以知之哉！

卷六　秦四

一

秦取楚漢中〔一〕，再戰於藍田〔二〕，大敗楚軍。韓魏聞楚之困，乃南襲至鄧〔三〕，楚王引歸。後三國謀攻楚〔四〕，恐秦之救也，或説薛公：『可發使告楚曰：「今三國之兵且去楚，楚能應而共攻秦，雖〔五〕藍田豈難得哉〔六〕？況於楚之故地〔七〕。」楚疑於秦之未必救己也，而今三國之辭云〔八〕，則楚之應之也必勸〔九〕。是楚與三國謀出秦兵矣〔一〇〕，秦爲知之，必不救也〔一一〕。三國疾攻楚，楚必走秦以急〔一二〕，秦愈不敢出〔一三〕，則是我離秦而攻楚也，兵必有功〔一四〕。』薛公曰：『善。』遂發重使之楚，楚之應之果勸〔一五〕。於是三國並力攻楚，楚果告急於秦，秦遂不敢出，兵大勝〔一六〕，有功〔一七〕。

〔一〕祖耿案：顧觀光隸此於赧王十四年。

〔二〕張琦曰：藍田，今縣，屬西安府。故城在縣西十一里。程恩澤曰：案漢志，京兆郡有藍田縣。注，三秦記曰：有川方三十里，其水北流，出玉、銅、鐵、石。括地志，藍田，三皇舊居，在雍州東南八十里，從藍田關西入藍田縣。長安志，故城在今縣西三十里。顧祖禹曰：竹書、梁惠成王三年，秦子向命爲藍君，即此。縣東（寰宇記作西，疑誤）三十里有藍田山，又東南九十八里有藍田關，即秦嶢關也。縣故城在今西安府藍田縣西十一里(錢坫作三十里)。顧觀光曰：秦策，文信侯食藍田十二縣。楚世家正義曰：藍田在雍州東南八十里(漢志屬京兆尹，在今西安府藍田縣西三十里)。元和志云：藍田縣，秦孝公置。周禮，玉之美者曰球，其次爲藍。蓋以縣出美玉，故曰藍田。水經渭水注云：霸水北逕藍田縣東。竹書紀年，梁惠成王三年，秦子向命爲藍君，蓋子向之故邑也。是藍田亦單稱藍矣。

〔三〕張琦曰：鄧故城在今襄陽府東北二十里，故鄧國也。方輿紀要曰：許州郾城縣東南三十五里有鄧襄城，亦曰鄧城。楚敗藍田，韓魏襲楚至鄧，又秦封公子悝於鄧，皆此鄧城也。　程恩澤曰：案鄧有三：一在今湖北襄陽府襄陽縣東北二十里，古鄧國也，漢志：南陽郡鄧縣，故國(楚文王滅之)。括地志，故城在襄州安養縣北二十里(元和志作臨漢縣東北二十二里)，是也。一在今河南南陽府鄧州，亦古鄧國地(一統志以此爲鄧國，以襄陽之鄧城爲鄧國地，江永主之)。荀子所謂鄧林也(路史云古鳳林)。其地多名材，山高水深，舟車輳泊，號爲陸海，即秦穰邑，與襄陽接境。一在今河南許州郾城縣東南三十五里，名鄧襄城，亦曰鄧城，蓋本楚地。昭十三年，蔡公召子干子晳盟于鄧。杜注：潁川召陵縣西南有鄧城。括地志：故鄧城在豫州郾城縣東三十五里。正義曰：在召陵縣西十里是也。凡左傳桓二年，蔡侯、鄭伯會于鄧(服虔、賈逵以此爲古鄧國，路史以此爲蔡地)，成九年鄭伯會楚公子成于鄧，史記秦昭王十六年，司馬錯取鄧封公子悝(元和志以此爲襄陽鄧塞)，皆此地。即韓、魏所襲也。隱十年，盟于鄧。杜注魯地。路史，黄帝臣鄧伯温國與南陽子姓之鄧(説文作曼姓，與左傳合)，有別(當在今兖州府境)。又括地志云：故鄧城在懷州河陽縣西三十一里，六國時魏邑。張宗泰曰：今輝縣亦有鄧城，長泉水發源於修武縣之白鹿山，伏流十三里而見於鄧城。見水經注。均與楚無涉。　顧觀光曰：史記楚懷王十七年，韓魏襲楚至鄧。漢志屬南陽。今南陽府鄧州也。屈原傳索隱云：鄧在漢水北，故鄧侯城。

〔四〕高誘曰：三國：齊、韓、魏。鮑彪曰：齊、韓、魏。

〔五〕吳師道曰：姚氏本章首有此六十六字。黄丕烈曰：以上六十六字鮑本無。丕烈案，無者脱。

〔六〕高誘曰：去，舍也。舍楚而往攻秦。藍田，秦邑也。攻秦則得之矣。故曰：豈難得哉。藍田，今長安東南。鮑彪曰：藍田，屬京兆。此策上有脱簡，蓋三國攻楚，楚求秦救，薛公時在魏，説者欲使薛公遣使之楚，告以舍楚攻秦，以疑秦使不救楚。此言三國既舍楚攻秦，藍田可得也。

〔七〕鮑彪曰：藍田，秦近邑也，尚可得，而況楚地，謂秦且以漢中予楚。

〔八〕云，原作去。鮑彪曰：云，原作去。三國攻楚，史不書。「辭云」，上所言者也。吳師道曰：當作云。

〔九〕高誘曰：應，和也；勸，進也。彪鮑曰：勸，樂之也。言樂從，從三國攻秦。此一説也。

〔一〇〕鮑彪曰：出兵敵三國也，其謀自楚。

〔一一〕高誘曰：知楚與三國謀，故必不肯救之（一無肯、之二字）。金正煒曰：按爲，猶若也。齊策，齊爲勝，其良士、選卒亦殪。楚策，子爲見王，則必揜子之鼻。趙策，出遇虞卿曰：爲入必語從。魏策，願王以國事聽之也。爲弗能聽，勿使出境。韓策，韓爲不能聽我，韓之德王也，必不爲雁行以來。並以「爲」同於若。

〔一二〕姚注：一本以下有告字。高誘曰：走，去也。告急，求救也。彪鮑曰：趨秦告急。吳師道曰：姚注，一本以下有告字。金正煒曰：按走當讀如奏，謂奔告也。韓非内儲説：「齊人有欲爲亂者，恐王知之，因詐逐所愛者，令走王知之」，義與此同。一本有告字，涉高注而衍。（高注去，即告字之譌。）

〔一三〕高誘曰：秦益疑，故不敢出兵。鮑彪曰：畏三國也，此又一説。

〔一四〕高誘曰：離，絶也，使秦疑楚而不救也。三國得專勢攻楚，故兵出必有功也。鮑彪曰：我，三國也。

離，言絶其交。

〔一五〕高誘曰：果，竟。

〔一六〕勝，原作臣。姚注：臣，曾作勝。吳師道曰：姚氏云曾作勝。高注亦作大勝。黄丕烈曰：鮑衍臣字。金正煒曰：按臣，當作以，古書以作目，與臣字形似而譌。

〔一七〕高誘曰：三國伐楚大勝，有功也。鮑彪曰：此章應屬齊若魏。然附之齊，則薛公時在魏；附之魏，則無薛公事。以其事不完不明，而齊、魏無所適屬也，故次之此。吳師道曰：秦惠王後十三年，取楚漢中，非薛公在魏時事。鮑不見脱簡文，故其説妄謬而次之此（昭襄王）。

二

薛公入魏而出齊女〔一〕，韓春謂秦王曰：『何不取爲妻，以齊秦劫魏〔二〕？則上黨秦之有也〔三〕。齊秦合而立負芻；負芻立，其母在秦；則魏，秦之縣也已〔四〕！呡欲以齊秦劫魏而困薛公〔五〕；佐欲定其弟〔六〕；臣請爲王因呡與佐也〔七〕。魏懼而復之〔八〕，負芻必以魏殁世事秦〔九〕；齊女入魏而怨薛公〔一〇〕，終以齊奉事王矣〔一一〕。』

〔一〕高誘曰：婦人大歸曰出。鮑彪曰：魏公子負芻之母。薛公惡齊，故逐之。祖耿案：此篇姚本與秦取楚漢中連篇，鮑本另列一篇。據文義，應另列。顧觀光隸此於赧王二十九年。

〔二〕高誘曰：秦王，昭王也。勸使取魏所出齊女以爲妻，而與齊并勢攻魏。

〔三〕高誘曰：攻魏則并得上黨也。　鮑彪曰：此上黨屬魏。

〔四〕高誘曰：負蒭即魏公子，其母即魏所出齊女也。欲令秦王取之，故曰其母在秦，故云魏，秦之縣也。鮑彪曰：言負芻以母故必事秦。

〔五〕高誘曰：呡，魏之臣也。劫，脅也。薛公在魏，故欲困苦之也。　鮑彪曰：珉，原作呡，下同。字書無之，而韓呡，韓策作珉，今並從之。此魏人也。　吴師道曰：已字句。今連作「已珉」，非。呡、珉，策字通，恐即韓珉也。　黄丕烈曰：今本呡作珉，乃誤涉鮑也。鮑改呡爲珉。「劫魏」二字鮑本無。吴補：一本欲以齊秦劫魏。

〔六〕高誘曰：佐，負蒭兄也，故欲定其弟。　鮑彪曰：佐，負芻庶兄也。定，定其立。

〔七〕高誘曰：臣，韓春自謂也。呡欲困薛，故言「請爲王因呡與佐也」。　鮑彪曰：因二人可以劫魏困薛。

〔八〕高誘曰：復之齊女。　鮑彪曰：反齊女。

〔九〕高誘曰：世，身。

〔一〇〕高誘曰：入，還也。齊女還，怨薛公出己也。

〔一一〕高誘曰：王，秦王也。韓春設此言，言齊女以齊奉事王矣。秦王不慊韓春計，故其事無効。　鮑彪曰：齊女德秦，而齊，其父母國也，齊又與薛公隙，故女能得之以事秦。

三

三國攻秦，入函谷〔一〕，秦王謂樓緩曰〔二〕：『三國之兵深矣，寡人欲割河東而講〔三〕。』對曰：『割河東，大費也；免於國患，大利也；此父兄之任也〔四〕。王何不召公子池而問焉〔五〕？』王召公子池而問之〔六〕，對曰：『講亦悔，不講亦悔。』王曰：『何也？』對曰：『王割河東而講，三國雖去，王必曰：「惜矣〔七〕！三國且去，吾特以三城從之〔八〕！」此講之悔也〔九〕；王不講，三國入函谷，咸陽必危〔一〇〕，王又曰：「惜也！吾愛三城而不講〔一一〕！」此又不講之悔也。』王曰：『鈞吾悔也〔一二〕，寧亡三城而悔，無危咸陽而悔也。寡人決講矣〔一三〕。』卒使公子池以三城講於三國〔一四〕，三國之兵乃退〔一五〕。

〔一〕高誘曰：三國，齊、韓、魏也。　鮑彪曰：魏記：哀二十一年，與齊、韓共攻秦。此（秦昭）九年也。　吳師道曰：哀，當作襄。　祖耿案：此章見韓非子內儲說上，首作『三國至韓，王謂樓緩曰』云云，文字大同而小異。顧觀光隸此於赧王十七年。

〔二〕鮑彪曰：樓緩，趙人，見穰侯傳。此九年，相秦而免。

〔三〕高誘曰：深猶盛也。割，分。講，成也（一也字下有分字）。河東地以畀三國，與之成。　鮑彪曰：大河之東，非地名。　吳師道曰：講、媾通，說見前。韓非子注：講，謂有急且與之，後寧將復取，事疑存，終反復，若講論，故曰講。王先愼曰：案春秋時人謂之成，戰國時人謂之講，其義一也。春秋時多背成，戰國時多反復，皆事後變計，不可謂講字本有是義。說文：「講，和解也。」注說非。

〔四〕姚注，曾云：大利，不入三國；大費，失土。大利不亡國，故曰父兄之任也。　鮑彪曰：父兄謂公族。金正煒曰：韓非八姦篇：「何謂父兄？曰：側室公子，人主之所親愛也。」　祖耿案：韓非子作：「免國於患，大功也。」

〔五〕黄丕烈曰：鮑改池爲他。吴氏正曰：池即他，且當從本文。　金正煒曰：按鮑氏所據以陘山之事章及趙策並有公子他也。韓非內儲說上篇作公子汜，字形相似，易致歧誤，當各從本文。呂覽召類篇：士尹池，御覽四一九引作工尹他，正與此同。

〔六〕之，原作焉。　黄丕烈曰：焉，鮑本作之。

〔七〕高誘曰：惜河東地也。　鮑彪曰：悔其失地。

〔八〕高誘曰：且，將也。特，獨也。三城，河東三縣也。　祖耿案：從，韓非子作送。注曰：三國自去，又與之城，是徒以三城爲送，此悔之辭。

〔九〕高誘曰：悔恨也。

〔一〇〕高誘曰：咸陽，秦都也。今長安都渭橋西北咸陽城是也。　鮑彪曰：咸陽，秦都。扶風渭城也。吴師道曰：大事記，山南曰陽，水北亦曰陽。其地在渭水之北，九嵕諸山之南，故曰咸陽。　張琦曰：咸陽故城在今西安府咸陽縣東三十里。　程恩澤曰：案，地理志：右扶風渭城，故咸陽。括地志：咸陽故城，亦名渭城，在雍州北五里，今咸陽縣東十五里（通典作東北，元和志作東二十二里）。京城北四十五里，即秦孝公徙都之者。今咸陽縣，古之杜郵，白起死處。太平御覽：咸陽縣本周王季所都（按王季宅程，程爲安陵，在今咸陽縣東），秦又都之。顧祖禹曰：在今西安府咸陽縣東三十里（錢坫曰：在縣東北二十里。江永曰：在府北五十里，即今咸陽縣，似誤）。顧觀光曰：史記秦孝公十三年（按，「三」當作「二」）「作爲咸陽，築冀闕，秦徙都之。」正義引括地志云：咸陽故城亦名渭城，在雍州咸陽縣東十五里，京城北四十五里，即秦徙都者。（漢志渭城屬右扶風，在今西安府咸陽縣東北二十里。）元和志云，山南曰陽，水北曰陽，在北山之南，渭水之北，故曰咸陽。　祖耿案：韓非子作：「不講，三國也入韓，則國必大舉矣。」

〔一一〕黄式三曰：愛，惜也。

〔一二〕鮑彪曰：鈞、均同，平也。

〔一三〕高誘曰：決，必。　鮑彪曰：決，斷也，猶必。　祖耿案：決，韓非子作斷。

〔一四〕金正煒曰：按講於二字誤倒。於講，猶爲講。爲、於古通用。又於字或爲於是之省文。趙策，於魏王聽此言也甚詘。於，亦於是也。

〔一五〕原不重三國二字。　鮑彪曰：緩時相秦，對以池之言，豈爲侵官哉，而曰：「此父兄之任」，焉用彼相矣。　吴師道曰：緩之不自言，池以兩悔言，皆銷其主之術也。又曰，周策：韓慶爲西周説薛公，令臨函谷而無攻，楚割東國以與齊，而秦出楚王以爲和。薛公從之，會公子池來媾，遂罷兵。大事記説見彼章，當參觀。按三城者，武遂與韓，封陵與魏，齊城與齊。武遂、封陵在河東，齊城無考。事在年表秦昭九年。下十一年，書韓與齊、魏擊秦，與我武遂。大事記謂即此年事，誤分也。通鑑綱目通以爲樓緩、公子池之對者，誤。　程恩澤曰：案六國表，三國攻秦在昭王九年，與韓武遂、與魏封陵在十一年，無割齊城事（秦本紀正義引年表同，韓、魏世家亦然），吴説不知何據。且齊城決非河東，即武遂亦無確處（詳見韓），當從闕疑。　鮑謂河東非地名，亦非。漢志有河東郡，今山西平陽、蒲州、絳州、解州、霍州、隰州及澤州府之陽城、沁水，皆其地，若當時所割者，固非此耳。黃丕烈曰：鮑，三國下補三國二字，吳氏補曰：宜復有三國二字。

四

秦昭王謂左右曰〔一〕：『今日韓、魏，孰與始强〔二〕？』對曰：『弗如也〔三〕。』王曰：『今之如耳、魏齊〔四〕，孰與孟嘗、芒卯之賢〔五〕？』對曰：『弗如也〔六〕。』王曰：『以孟嘗、芒卯之賢，帥强韓、魏之兵，以伐秦，猶無柰寡人何也；今以無能之如耳、魏齊，帥弱韓、魏以攻秦，其無柰寡人何亦明矣。』左右皆曰：『甚然〔七〕。』中期推琴對曰〔八〕：『王之料天下過矣〔九〕！昔者六晉之時，智氏最强〔一〇〕，滅破范、中行〔一一〕，又帥韓、魏以圍趙襄子於晉陽〔一二〕，決晉水以灌晉陽〔一三〕，城不沈者三板耳〔一四〕！智伯出行水〔一五〕，韓康子御，魏桓子驂乘〔一六〕。智伯曰：「始吾不知水之可亡人之國也〔一七〕，乃今知之。汾水利以灌安邑，絳水利以灌平陽〔一八〕。」魏桓子肘韓康子〔一九〕，康子履魏桓子，躡其踵〔二〇〕，肘、足接於車上，而智氏分矣〔二一〕！身死國亡，爲天下笑〔二二〕。今秦之强，不能過智伯；韓、魏雖弱，尚賢在晉陽之下也〔二三〕，此乃方其用肘、足時也；願王之勿易也〔二四〕！』

〔一〕祖耿案：韓非子難三作「秦昭王問於左右曰」。說苑敬慎篇作「魏安釐王十一年，秦昭王謂左右曰」。赧王四十九年，正安釐王十一年也。說苑與魏世家同，向蓋錄史耳。此篇姚本與三國攻秦入函谷連篇，鮑本另列一篇。據文義，應另列。顧觀光隸此於赧王四十九年，曰，依魏世家當在此。

〔二〕高誘曰：始，初也。言韓、魏初時强耶，今時强也。　王引之曰：孰與，即何如也，下同。　祖耿案：說苑作「今時韓、魏與秦孰强」。史記作「今時韓、魏與始孰强」。

〔三〕高誘曰：言不如始時强也。　祖耿案：韓非子作「左右對曰：『弱於始也。』」史記作「對曰：『不如始强』」，說苑作「對曰：『不如秦强』」。

〔四〕高誘曰：如耳，韓臣。魏齊，魏臣也。　鮑彪曰：如耳，魏人。魏齊魏相。　吳師道曰：高注，如耳韓臣。按如，姓。魏有如姬。　祖耿案：之，史記、說苑並作時。

〔五〕鮑彪曰：孟嘗先時相魏，芒卯不言韓人，魏主兵也。　祖耿案：韓非子作「孰與曩之孟嘗、芒卯？」無「之賢」二字。史記、說苑並作「與孟嘗、卯芒孰賢」。

〔六〕祖耿案：史記作「對曰：『不如。』」說苑作「對曰：『不如孟嘗、卯芒之賢』」。

〔七〕高誘曰：甚，謂誠也。　黃丕烈曰：「左右皆曰：『甚然』」，此六字鮑本無。丕烈案，史記有。韓子有，「皆」作「對」。說苑有，作「左右皆曰然」。無者非也。高注亦可證。　祖耿案：帥，史記、說苑並作率，下同。史記、說苑並無之兵二字。

〔八〕姚注：史記「中旗憑琴」注，引戰國策作「推琴」，後語「中旗伏琴」，韓子作「推瑟」，說苑作「伏琴」。　鮑彪曰：中期，武王時已出此人，至是四十四、五年矣。　吳師道曰：期，史作旗。說苑，申旗。史：憑琴。索隱引後語，伏琴。韓子，推瑟。說苑伏瑟。愚謂此記其推琴而起對，猶論語記舍瑟也。莊子云：「孔子推琴。」黄丕烈曰：案中，即中䛕耳。期、旗同字。推或馮字之䛕，馮、伏聲之轉，與論語、莊子義不同也。吳氏所說未是。梁玉繩曰：又中旗作鍾期，豈即鍾子期。案，汪中述學伯牙事考云，即鍾子期。黄式三曰：策「中期推琴」，魏世家「中旗馮琴」，韓非難三「中期推琴」，說苑敬慎「申旗伏琴」。或曰，中旗即中期之諫武王者，或曰，中期即鍾子期與伯牙友者，或以中期爲官名，堆琴爲人名。按韓非云，中期之所官者，琴瑟也，則琴非人名可知。朱起鳳曰：古有精通音律之鍾期，自此中期、中旗、申旗之名，遂不絕於書傳，豈即鍾期一人之化身邪。祖耿案：淮南子修務：是故鍾子期死，而伯牙絕絃破琴，知世莫賞也。高注云：鍾，官名；子，通稱；期，名也。達於音律。

〔九〕王，原作三。高誘曰：中期，秦臣也。料，數也。過，謬也。鮑彪曰：料，量也。黄丕烈曰：今本作王，鮑本作王。丕烈案，王字是也。

〔一〇〕高誘曰：六卿分晉。智氏、范、中行氏、魏、韓氏、趙氏乘周之衰，僭號皆曰諸侯。謂六晉也。曾、劉皆作六晉者，死咎滅趙氏、魏氏。鮑彪曰：智、范、中行、韓、魏、趙，晉卿也，實分晉國。黄式三曰：荀氏亦稱智氏。荀瑤，傳稱智伯。有稱智襄子者，其臣私謚也（見周季編略一）。程恩澤曰：案分晉國者三晉，非六晉也。六晉猶言晉六卿耳。祖耿案：史記作「當晉六卿之時」，說苑作「當六晉之時」。

〔一一〕高誘曰：范、中行氏，於晉最薄而苛峭，故智伯瑤先破滅也。祖耿案：滅下，史記、說苑並無破字。行下，說苑有氏字。

〔一二〕帥上原無又字。高誘曰：智伯殺范、中行氏，志意驕盈，求地於諸侯，趙襄子不與地，故帥韓、魏二君伐趙氏，圍晉陽。晉陽，趙襄子邑。黄丕烈曰：帥上鮑本有又字。丕烈案，史記、說苑有。韓子作「而從韓、魏」。祖耿案：魏下，史記、說苑並有「之兵」二字。

〔一三〕鮑彪曰：晉水出晉陽。　吴師道曰：正義引括地志云，晉水出并州晉陽縣西，東南流注汾水。　張琦曰：漢志太原晉陽下云：龍山在西北，晉水所出，東入汾。水經謂之懸甕山，在今太原縣西南十里。程恩澤曰：案，山海經：懸甕之山，晉水出焉。淮南墜形訓：晉出龍山。高誘注：龍山在晉陽西北。地理志：晉陽有龍山，晉水所出，東入汾。水經注：昔智伯遏晉水以灌晉陽，因分爲二流，北瀆即智氏故渠，其瀆乘高東北注入晉陽城，周迴灌溉，東南出城，流入於汾。其南瀆經城南亦注焉。元和志，晉水有三派，其二派即水經注所云，又一派隋開皇四年開，亦東南流入汾水。今出山西太原府太原縣西南十里懸甕山（即龍山）。　顧觀光曰：趙策，三國之兵乘晉陽城，決晉水而灌之。趙世家作汾水，蓋二水下流相合，故通稱也。水經云：晉水出晉陽縣西懸甕山，又東過其縣南，又東入於汾水。注云：縣，故唐國也。山海經云：懸甕之山，晉水出焉。今在縣之西南。昔智伯遏晉水以灌晉陽，其川上溯。後人踵其遺跡蓄以爲沼。沼水分爲二派，北瀆即智氏故渠也，乘高東北注入晉陽城。東南出城，流注於汾水。其南瀆於石塘之下伏流逕舊溪東南，出逕晉陽城南。城在晉水之陽，故曰晉陽矣。又東南流入於汾。　祖耿案：陽下，史記、説苑並有之字，連下城字爲句。

〔一四〕高誘曰：沈，没也，廣二尺曰板。　鮑彪曰：板高二尺。　祖耿案：此段文字，韓非子作「夫六晉之時，知氏最强，滅范、中行，又率韓、魏之兵以伐趙，灌以晉水，城之未沈者三板。」語較簡賅。又案此句沈，説苑作滿，史記作湛。板下並無耳字。

〔一五〕鮑彪曰：行，去音，按視也。　祖耿案：史記、説苑並無出字。

〔一六〕姚注：説苑、韓子作魏宣子。　高誘曰：三人共載曰驂乘。　鮑彪曰：徐無鬼疏：在左爲驂，在右爲御。　祖耿案：此二語，韓非子作「知伯出，魏宣子御，韓康子爲驂乘。」説苑同。

〔一七〕高誘曰：亡，滅。　祖耿案：韓非子作「可以滅人之國」。史記作「吾始不知水之可以亡人之國也」。說苑作「吾始不知水可以亡人國也」。

〔一八〕高誘曰：安邑，魏桓子邑；平陽，韓康子邑。　鮑彪曰：汾水出汾陽，屬河東。絳水、平陽，並屬河東。　吳師道曰：漢志，汾水出太原汾陽縣北山，至河東汾陽縣入河。正義云：安邑在絳州夏縣。汾水東北歷安邑西南入河。高注安邑，魏桓子邑。又曰：晉遷新田，今絳縣。謂平陽爲故絳。正義引括地志云，絳水一名白水，今名弗泉，源出絳山。高注平陽，韓康子邑。　張琦曰：汾水出今太原府靜樂縣北百四十里管涔山南，經府西，又經汾州、平陽二府，至曲沃，折而西，經絳州，至榮河縣北，入大河。安邑北去汾水百餘里，中隔涑水，正義順文生訓，誤也。水經澮水注云：絳水出絳縣西南，西北流，注於澮。今絳水不入澮，其出今絳縣東北者，澮之別源也。出絳山之絳水，西南至聞喜爲涑水。安邑故城，在今縣西二里。平陽，即今府治。晉穆侯徙都於絳，後改爲翼，今翼城是也。故城在縣東南十五里。獻公始城絳都，所謂故絳，今絳州是也。新田即今曲沃。故絳、新絳皆在漢、晉絳邑縣界中，故杜注士蔿及新田，皆曰平陽絳邑縣。或用此爲讖，非。吳以平陽爲故絳，更爲謬矣。酈道元曰：絳水灌平陽，未識所由。括地志遂有接引之說。閻百詩引梁書韋叡傳云，汾水灌平陽，絳水灌安邑，斯爲得之。又曰：汾水并可灌安邑，絳水并可灌平陽，見水之害溥，則亦曲說。絳水北直平陽百五十里。舍城西之汾水，而遠取百五十里外之絳水，豈第乖於情事，即立言不已傎乎？　蓋汾絳二字，上下誤次。史記、通鑑遂承之耳。然絳水據酈注所載，源流甚短，用灌安邑，亦所難知。惟涑水經夏縣安邑西北，其上流即絳水，灌安邑者，殆謂此也。道元亦誤證矣。

程恩澤曰：案山海經：管涔之山，汾水出焉。（又云：出上窳北而西南注河。）淮南子：汾出燕京（十三州志作武州燕京山。邵晉涵曰：爾雅之幽州，兼職方之并州，太原當屬於燕，故山有燕京之名），蓋取異名。

說文、水經並同。漢志：惟汾陰爲今榮河縣，其地在安邑之西北，並非西南，且中隔聞喜縣，相距尚遠。謂可以灌安邑，頗覺難通，故酈道元亦深致疑。而近儒以爲互文見意（閻若璩、高士奇說），然絳水即與汾水合流，亦與安邑無涉。惟涑水出聞喜縣黍葭谷西南，過安邑縣西，最爲偪近，可引以灌城，或者傳寫有訛歟！　又曰：案水經注：澮水又西南與絳水合，俗謂之白水，非也。水出絳山東寒泉，奮涌揚波奔壑三十許丈，西北流注於澮。應劭曰：絳水出絳縣西南，蓋以故絳爲言也。史稱絳水可以灌平陽，未識所由。蓋絳水雖西北注澮，仍由澮注汾，西南入河（今絳水與涑水合，西南流，直達大河，不由澮、汾，故高士奇謂可以灌安邑，疑與古道不同），而平陽遠在其北百餘里，斷無可以挽水逆流灌城之理。即使可灌，亦仍是汾水，非絳水也。胡三省曲爲辨說，終覺難通。至地理志謂絳水在信都南，則與漳水相亂，更與此無涉。

又曰：案漢志，河東郡有平陽縣。應劭曰：縣在平河之陽，故名（元和志：平水出平山，一名壺口山，在臨汾縣西八里）。括地志：平陽今晉州（即今平陽府）城也。故城在今臨汾縣西南。韓有兩平陽。蘇代云：我起乎宜陽，而觸平陽。二日而莫不繇我。昭睢曰：韓服事秦者，以先王墓在平陽，而秦之武遂去之七十里故也。索隱云：此平陽非堯都。以上文審之，當與宜陽、武遂相近，但其地不知端的之處。　顧觀光曰：秦策：「絳水利以灌平陽。」魏世家正義引括地志云：絳水一名白水，源出絳山，飛泉奮湧，揚波北注，懸流奔壑二十許丈（原有脫誤，依水經澮水注補正），望之極爲奇觀，可接引此灌平陽城也。閻百詩云：汾水并可以灌安邑，至絳水灌之，又不待云。絳水并可以灌平陽，至汾水灌之，又不待云。交錯互舉，總見水之爲害溥爾！　又曰：漢志，河東郡平陽，韓貞子居此。韓世家亦云：貞子徙居平陽（在今平陽府城西南）。魏世家：「汾水可以灌安邑，絳水可以灌平陽」，正以韓都平陽與魏都安邑爲對文也。應劭曰：堯都也，在平河之陽。按平河即水經注之平水也。水經汾水注云：汾水又南逕平陽縣故城，東與平水合：水出平陽縣西壺口山，東逕狐谷亭北，又東逕平陽城南，東入汾。梁玉繩曰：水經注六引史作：汾水浸平陽，絳水浸安邑。并云：余觀智氏之譚汾水灌平陽，或亦有之，絳水澆安邑，未識所由。迨考胡注通鑑引酈注，又與策文無殊。胡復據括地志謂道元未識絳水可灌平陽，因少長齊地，未嘗至河東也，豈今本水經注傳寫譌舛乎？然梁書韋叡傳，亦言汾可以灌平陽，絳可以灌安邑，則何以說？（晉語注：安邑魏也，平陽韓也。）潛邱箚記曰：嘗往來平陽、夏縣，而悟二語，具有妙解。蓋汾水并可灌安邑，至絳水則不待言；絳水并可灌平陽，至汾水又不待言。交錯互舉，總見水之爲害溥爾！　祖耿案：二利字，韓非子、史記、說苑並作可。

〔一九〕鮑彪曰：不敢正語，以肘築之。

〔二〇〕鮑彪曰：躡，蹈。踵，跟也。

〔二一〕姚注：曾、劉本云：「魏桓子肘韓康子，康子躡其踵，踵肘接於車上。」　高誘曰：韓、魏兆其肘踵之謀，破智伯於車上。智氏貪暴，滅亡三家，卒共分之，故曰智氏分也。　祖耿案：此數語，韓非子作「魏宣子肘韓康子，康子踐宣子之足，肘足接乎車上，而知氏分於晉陽之下。」說苑無「於晉陽之下」五字，踐作履，乎作於，餘皆同。史記作：「魏桓子肘韓康子，韓康子履魏桓子，肘足接於車上，而知氏地分。」三本皆無「躡其踵」三字。

〔二二〕高誘曰：智伯身死，爲襄子所殺也。身死，國爲三家所分，天下共笑也。　祖耿案：韓非子無此八字。史記、說苑並有之。

〔二三〕高誘曰：賢於趙襄子見圍於晉陽也。賢，猶勝也。　黄丕烈曰：在上，鮑本有其字。丕烈案：史記、說苑有，韓子作「未至如其在晉陽之下也」。　祖耿案：韓非子作「今足下雖强，未若知氏；韓、魏雖弱，未至如其在晉陽之下也。此天下方用肘足之時，願王勿易之也」。史記作：「今秦兵雖彊，不能過知氏；韓、魏雖弱，尚賢其在晉陽之下也。此方其用肘足之時也，願王之勿易也。於是秦王恐。」說苑與史記同，惟無兵字、能字，時下無也字，勿上有必字，此稍有異。覩末尾皆有「於是秦王恐」五字，知說苑之錄史記無疑。

〔二四〕高誘曰：勿，無。易，輕也。鮑彪曰：彪謂此賢人君子之言也。人君閒暇，宜數聞之。魏釐十一年有，此四十一年也。以在取刑丘下，故不可先范睢事。吳師道曰：秦自孝公商鞅以來，政俗彌惡，當時動以遺禮義，棄仁恩，虎狼目之。是以魯連、孔順義所不臣，蓋聖賢之徒之所絕也。凡委質於其國者，雖有忠言嘉謨，皆不得在君子之科。

五

楚魏戰於陘山〔一〕，魏許秦以上洛，以絕秦於楚〔二〕。魏戰勝，楚敗於南陽〔三〕。秦責賂於魏，魏不與〔四〕。營淺謂秦王曰〔五〕：「王何不謂楚王曰〔六〕：『魏許寡人以地，今戰勝，魏王倍寡人也〔七〕。王何不與寡人遇〔八〕？魏畏秦楚之合，必與秦地矣。是魏勝楚而亡地於秦也〔九〕；是王以魏地德寡人〔一〇〕；秦之楚者多資矣〔一一〕。魏弱，若不出地〔一二〕，則王攻其南，寡人絕其西〔一三〕，魏必危〔一四〕。』」秦王曰：「善〔一五〕。」以是告楚，楚王揚言與秦遇〔一六〕，魏王聞之，恐，效上洛於秦〔一七〕。

〔一〕吴師道曰：從通鑑，在惠後六年。高注作惠。　祖耿案：陘山見秦二陘山之事章。　顧觀光隸此於顯王四十年。

〔二〕高誘曰：魏許賂秦以上洛。絶秦，便不助楚。　鮑彪曰：上洛屬弘農。絶秦使不助楚也。　張琦曰：上洛，孝公封商鞅即此。上洛入秦舊矣。此云許秦以上洛，效上洛於秦，恐有譌誤。　程恩澤曰：案地理志，宏農郡有上雒縣。郡國志屬京兆尹，有冢嶺山，雒水出，又有菟和山蒼野聚（杜預曰：在縣南），並見左傳。所謂晉陰地也。竹書紀年，晉烈公三年，楚人伐我南鄙（自故晉視之，此爲南鄙），至於上洛。即此。晉武帝時置郡。地道記曰：郡在洛上，故以爲名。今陝西商州有上洛廢縣（所屬之雒南縣，亦上洛縣地）。顧觀光曰：上洛本秦、楚、魏三國接壤之處。水經丹水注引竹書紀年曰：晉烈公三年，楚人伐我南鄙，至於上洛。秦策，魏許秦以上洛，以絶秦於楚是也。燕策蘇代曰：西河之外，上雒之地，是雒與洛通。漢志屬弘農，今商州也。胡三省通鑑注云：居雒水上，因以爲名。

〔三〕高誘曰：南陽，陘山所在也。　鮑彪曰：荆州郡。非修武所謂。　程恩澤曰：案漢志，荆州有南陽郡。劉熙曰：在中國之南，而居陽地，故曰南陽。張衡曰：陪京之南，居漢之陽是也。今爲河南南陽府。此地分屬楚、韓二國，故宛、穰等縣，既見於韓，又見於楚（後皆爲秦有）。一彼一此，迄無一定，兹仍分見焉。　顧觀光曰：魏策，楚破南陽九夷。吴云此南陽堵陽，屬荆州者。漢志：南陽郡堵陽，在今鄖陽府鄖縣西南。秦策：楚、魏戰於陘山，魏戰勝，楚敗于南陽，此亦荆州之南陽也。秦本紀：昭襄王三十五年，初置南陽郡。正義曰：今鄧州也。秦置南陽郡在漢水之北（元和志云：漢以北爲南陽郡，漢以南爲南郡）。釋名曰：在中國之南而居陽地，故以爲名焉。今按楚策：城渾南游於楚，至於新城，說其令曰：鄭、魏者，楚之耎國（此鄭即謂韓），而秦，楚之强敵也。鄭、魏之弱，而楚以上梁應之；宜陽之大也（時秦已拔宜陽），楚以弱新城圍之（圍當作圉，即禦字）。蒲反、平陽相去百里，秦人一夜而襲之，安邑不知。新城、上梁相去五百里，秦人一夜而襲之，上梁亦不知也。今邊邑之所恃者，非江南泗上也。故楚王何不以新城爲主郡也（大事記云：郡者縣之主，故謂之主郡）。據此，則上梁近韓、魏，新城近秦，郡治本在上梁，而城渾使移於新城，則禦秦較易。其江南近越，泗上近齊，皆非秦兵所由之路，故非所恃也。然則南陽之郡，秦因於楚，蓋與漢中同矣。史記屈原傳：懷王兵挫地削，亡其六郡，今可知者，惟漢中南陽二郡（巫、黔中之入秦，在頃襄王時）。

〔四〕高誘曰：路，上洛也，不與上洛也。　鮑彪曰：責，求也。

〔五〕姚注：曾，誉或作管。　鮑彪曰：管淺，秦人。

〔六〕鮑彪曰：楚王，懷王。

〔七〕鮑彪曰：魏王，襄王。　吳師道曰：惠王。

〔八〕高誘曰：遇，合也。　鮑彪曰：遇，猶會。

〔九〕高誘曰：謂失上洛。

〔一〇〕鮑彪曰：秦因楚會得地，楚之惠也。　吳師道曰：一本：以魏地德寡人。　黄丕烈曰：魏，鮑本無。

〔一一〕高誘曰：之，至也。資，財幣也。　鮑彪曰：之，往也，言將以厚幣往結楚好。

〔一二〕吳師道曰：劉辰翁云：多「弱」字，即「若」。愚謂以「弱」句，義亦善。

〔一三〕黄丕烈曰：絶，鮑本作攻。

〔一四〕高誘曰：危，亡。

〔一五〕高誘曰：昭王也。

〔一六〕鮑彪曰：揚，顯言之。

〔一七〕高誘曰：魏惠王。效，致。　黄式三曰：秦策本作上洛，是。或謂孝公封鞅以商，即上洛地，此當作上郡，即明年所納地，非也。　錢穆曰：按楚魏陘山之役，年表在魏襄王六年，誤。高注云惠王，是也。效上洛即獻西河之外也。蘇代之説燕王曰：『西河之外，上雒之地』，是也。其時犀首爲魏將，張儀在秦，事又見秦策一、韓策二。據策則魏效地在勝楚後，而史列勝楚前，亦相歧。（考辨二六〇頁）

六

楚使者景鯉在秦〔一〕，從秦王與魏王遇於境〔二〕，楚怒。秦令周㝡謂楚王曰：『魏請無與楚遇而合於秦〔三〕，是以鯉與之遇也。弊邑之於與遇善之〔四〕，故齊不合也。』楚王因不罪景鯉而德周秦〔五〕。

〔一〕祖耿案：朱起鳳辭通九屑，以景鯉、景缺、景快爲一人。此篇姚本與楚魏戰於陘山連篇，鮑本另列一篇。據文義，應另列。顧觀光附此於赧王二年，曰，與韓一齊楚之交善章（按即韓公仲相章）文大同。

〔二〕高誘曰：遇，合。境，秦界也。　鮑彪曰：魏王，襄王。此下脱簡。有秦使周㝡解説與魏所以遇之意，見高注。而楚策有其事。　吴師道曰：魏王，惠王。按鮑所謂楚策，原在韓，曰齊、楚之交善，秦與魏遇，且以善齊而絕齊乎。楚景鯉之秦與於遇，楚王怒，恐秦以楚爲有陰於秦、魏也，且罪鯉云云。
〔三〕令，原作合；謂，原作爲。　高誘曰：遇之合也。　黄丕烈曰，今本冣作最。此二十字鮑本無。吴氏補有。合作令，冣作最，爲作謂。曰：別本以此足缺文，在「是以鯉與之遇也」句上。即高注秦令周最解説者。姚本：楚怒秦合，最爲楚王曰：魏王遇於境，楚使者是以云云，其文缺誤，不如別本明白。　丕烈案：令字、謂字是也。冣作最者非。吴氏所稱姚本，與影抄梁溪安氏本合，乃姚氏一本耳。
〔四〕鮑彪曰：加好於魏。　吴師道曰：敝邑，秦自稱。謂鯉與秦、魏遇，此以爲善。蓋二國之遇，將以善齊，而絕齊於楚。而楚使在焉，故齊疑之而不與合也。
〔五〕高誘曰：秦使周最解説楚王與魏遇之意，故不罪景鯉，而弟德周與秦也。　鮑彪曰：齊魏讎也，好魏故齊不合。齊、楚敵也，齊不合，故楚説。　吴師道曰：以齊、楚交善章考之，其失可見。

七

楚王使景鯉如秦〔一〕，客謂秦王曰：『景鯉，楚王所甚愛〔二〕，王不如留之以市地〔三〕。楚王聽，則不用兵而得地；楚王不聽，則殺景鯉，更與不如景鯉者市〔四〕，是便計也〔五〕。』秦王乃留景鯉。景鯉使人説秦王曰：『臣見王之權輕天下〔六〕，而地不可得也！臣之來使也，聞齊、魏皆且割地以事秦，所以然者，以秦與楚爲昆弟國。今大王留臣，是示天下無楚也。齊、魏有何重於孤國也〔七〕？楚知秦之孤，不與地而外結交諸侯以圖〔八〕，則社稷必危。不如出臣！』秦王乃出之〔九〕。

〔一〕鮑彪曰：楚王，懷王。　祖耿案：顧觀光附此於赧王二年。

〔二〕王下原有使景二字。姚注：一本無使景二字。　黄丕烈曰：鮑衍使景二字。

〔三〕高誘曰：市，求也。　鮑彪曰：市，買賣所之也。言使楚以地贖鯉如之。

〔四〕與上原有不字。者，原作留。下無市字。姚注：留，曾、劉一作者。　王念孫曰：案者字是也。者下當有市字。更與不如景鯉者市，即承上市地而言。上文范睢謂昭王曰：王攻韓，以張儀爲言，張儀之力多，且割地而以自贖於王，張儀之力少，則王逐張儀，而更與不如儀者市。語意正與此同。今脱去市字，則文不成義。　黄丕烈曰：今本無上不字，乃誤涉鮑也。鮑衍不字，改留爲者。吴氏補曰：疑衍。

〔五〕鮑彪曰：便，猶利安。

〔六〕鮑彪曰：權，猶勢也。天下所輕。

〔七〕高誘曰：言留臣則秦（一本下有與楚二字）絶，秦無楚援則爲孤國，故齊、魏不復尊重秦也。　鮑彪曰：有，猶又。　吴師道曰：二字古通用。後策陳軫云：『又何重孤國』，即此文。

〔八〕鮑彪曰：圖秦。　黄丕烈曰：諸侯二字，鮑本無。

〔九〕高誘曰：出，遣景也，景鯉還楚也。

八

秦王欲見頓弱〔一〕，頓弱曰：『臣之義不參拜〔二〕，王能使臣無拜，即可矣〔三〕；不即不見也。』秦王許之。於是頓子曰：『天下有有其實而無其名者〔四〕；有無其實而有其名者；有無其名又無其實者；王知之乎？』王曰：『弗知。』頓子曰：『有其實而無其名者，商人是也。無把銚推耨之勞〔五〕，而有積粟之實，此有其實而無其名者也；無其實而有其名者，農夫是也，解凍而耕，暴背而耨，無積粟之實，此無其實而有其名者也；無其名又無其實者，王乃是也已！爲萬乘主，無孝之名〔六〕；以千里養，無孝之實！』秦王悖然而怒〔七〕。頓弱曰：『山東戰國有六，威不掩於山東而掩於母〔八〕，臣竊爲大王不取也！』秦王曰：『山東之戰國可兼與？』頓子曰：『韓，天下之咽喉也；魏，天下之胸腹也〔九〕；王資臣萬金而游〔一〇〕，聽之韓、魏〔一一〕，入其社稷之臣於秦〔一二〕，即韓、魏從，韓、魏從而天下可圖也〔一三〕。』秦王曰：『寡人之國貧，恐不能給也〔一四〕。』頓子曰：『天下未嘗無事也，非從即横也。横成則秦帝，從成則楚王。秦帝，即以天下恭養〔一五〕。楚王，即王雖有萬金，弗得私也〔一六〕。』秦王曰：『善。』乃資萬金，使東游韓、魏，入其將相；北游燕、趙〔一七〕，而殺李牧〔一八〕；齊王入朝〔一九〕，四國畢從〔二〇〕。頓子之說也〔二一〕。

〔一〕鮑彪曰：頓弱，秦人。　程恩澤曰：案漢志汝南（杜注作汝陰）郡有南頓縣，故頓子國，姬姓。應劭曰：頓迫於陳，其後南徙，故曰南頓。今爲陳州府商水縣。（張宗泰曰：南頓爲今項城縣地，不在商水。）　祖耿案：顧觀光隸此於秦始皇九年。

〔二〕高誘曰：秦王，始皇趙正也。即位二十六年乃稱帝，故曰秦王。

〔三〕黄丕烈曰：即，鮑本作則，下「從成即楚王」同。

〔四〕有下原無有字。姚注：一本有字下更有有字。　黄丕烈曰：鮑，有下補有字。吳氏正曰：一本有。

〔五〕勞，原作勢。　高誘曰：銚，芸苗器也，音括。姚注：銚，姚調二音，古田器。　鮑彪曰：銚，芸苗器。耨，耨器。　吳師道曰：徐按詩傳，錢銚也。七遥反，字與鍬同。耨，亦芸田器。莊子作鎒。　王筠曰：戰國策，「無把銚挂耨之勢」，蓋把即杷，挂即𦓤也。　祖耿案：方言：杷，宋、魏之間謂之渠挐，或謂之渠疏。說文：𦓤冊，義可以劃麥，河内用之，古携切。杷、𦓤雖爲農具。然策文本作把銚推耨。非把銚挂耨也，王說恐非。又案：勢，鮑本作勞，今從。

〔六〕主原作立，在爲字上。金正煒曰：按已字疑當屬上爲句，立或主字之譌，本在萬乘下，誤淆於上也。爲萬乘主，與以千里養，亦對文。

〔七〕鮑彪曰：悖、艴同，語：色艴如也。　吳師道曰：艴如，說文文。今論語作勃。

〔八〕高誘曰：秦王，名正也。以母婬通於嫪毒，閉之於雍門宫。故頓弱曰：不能掩威於六國，而掩威於母也。　鮑彪曰：始皇母，帝太后也。本呂不韋姬，通不韋，又通嫪毒。人告之，王怒，九年遷雍。

〔九〕戰，原作建。高誘曰：兼，併。　黃丕烈曰：建，鮑本作戰。喉下，腹下，原均無也字。依後漢書蔡邕傳注、文選魏都賦注引補。

〔一〇〕高誘曰：資，給。遊，行。　鮑彪曰：資、齎同。

〔一一〕鮑彪曰：時不通諸國，故請王聽其往也。

〔一二〕高誘曰：入，納也。　鮑彪曰：説之使歸秦。

〔一三〕高誘曰：從於秦。圖，取。　黃丕烈曰：「韓魏從」鮑本不重，吳補：一本疊此三字。

〔一四〕高誘曰：給，供。

〔一五〕鮑彪曰：且敬且養。　金正煒曰：按尚書甘誓：「今予惟恭行天之罰。」傳：恭，奉也。又恭字古作共，供字亦作共。此文本作「以天下共養」，傳寫爲恭耳。漢書昭帝紀：共養省中，注：共，讀曰供，鮑釋爲恭敬。於文不合。

〔一六〕高誘曰：私，愛也。

〔一七〕遊下原有於字。黃丕烈曰：鮑衍於字。　祖耿案：後漢書蔡邕傳注引無於字。

〔一八〕高誘曰：李牧，趙將。　鮑彪曰：李牧，趙良將。幽王七年殺之，此十八年。

〔一九〕高誘曰：朝於秦也。　黃丕烈曰：王，鮑本無，吳補：一本有。

〔二〇〕畢，原作必。高誘曰：四國，燕、趙、韓、魏。　鮑彪曰：齊、魏、燕、趙也。殺牧時已虜韓。　吳師道曰：高注「燕、趙、韓、魏」是。上已言齊矣。殺牧，是要終言之。　黃丕烈曰：今本必作畢，乃誤涉鮑也。鮑改必爲畢。吳氏補曰：疑畢。丕烈案：鮑改吳補皆非也。古或借必爲畢字。　金正煒曰：按管子版法篇：「往事必登，來事未起」，今本必作畢。禮記月令：「寢廟畢備。」呂氏春秋仲春紀作「必備」，是必、畢字古得通用。又高注四國：燕、趙、韓、魏。惟四國先後爲秦破滅，未嘗如齊之入朝，於文不得曰必從。疑必字本或爲北。篆文：北作兆，必作㔿，二形相似。又北字古音讀如必。詩桑中與弋爲韻，上林賦與極爲韻，故誤北爲必。北與背通，言四國皆倍從約，因爲秦并。由頓子之說，入其將相也。　祖耿案：後漢書蔡邕傳注引作畢。

〔三〕鮑彪曰：說始皇在十年還太后前，此要終言之。彪謂頓子之義，高於范睢，而其說過之遠矣。惜其不知擇木，焉有仁人君子而爲始皇用哉！魯連視之蔑矣。　吳師道曰：大事記，茅焦說秦王曰：秦方以天下爲事，而大王有遷母之名，恐諸侯聞之，由此倍秦。頓子告始皇：山東戰國有六，威不掩於山東而掩於母。始皇所重者獨兼并諸侯耳。茅焦所以能復太后者，特以諸侯倍秦恐之，非能以母子天性感悟之也。愚按，頓弱雖有威掩於母之一言，其下即說以兼并行詐，未嘗正諫遷母之失，又非茅焦比。二人雖異於范睢，於義皆不足取。　祖耿案：之說二字，後漢書蔡邕傳注引作說之。　又案：史記秦始皇本紀：「大梁人尉繚來，說秦王曰：「以秦之彊，諸侯譬如郡縣之君，臣但恐諸侯合從，翕而出不意，此乃智伯、夫差、湣王之所以亡也。願大王毋愛財物，賂其豪臣，以亂其謀，不過亡三十萬金，則諸侯可盡。」秦王從其計，見尉繚亢禮，衣服食飲與繚同。繚曰：「秦王爲人，蜂準，長目，摯，鳥膺，豺聲，少恩而虎狼心。居約易出人下，得志亦輕食人。我布衣，然見我常身自下我。誠使秦王得志於天下，天下皆爲虜矣。不可與久游。」乃亡去。秦王覺，固止，以爲秦國尉，卒用其計策。而李斯用事。」　呂祖謙曰：尉繚之計，與李斯同。前此唐睢之散會，後此陳平之間項羽，以金啗之，術每用每中。　沈欽韓曰：秦策有頓弱，說秦王資萬金，東游韓、魏，入其將相，北游燕、趙而殺李牧，正與尉繚謀同。頓弱與尉繚乃一人，記異耳。

九

頃襄王二十年，秦白起拔楚西陵〔一〕，或拔鄢郢夷陵〔二〕，燒先王之墓，王徙東北，保於陳城〔三〕，楚遂削弱，爲秦所輕。於是白起又將兵來伐，楚人有黃歇者，游學博聞，襄王以爲辯。故使於秦，說昭王曰〔四〕：『天下莫强於秦楚，今聞大王欲伐楚，此猶兩虎相鬭，而駑犬受其弊〔五〕，不如善楚。臣請言其說。臣聞之〔六〕。

〔一〕程恩澤曰：案楚世家：頃襄王二十年，秦將白起拔我西陵。徐廣曰：屬江夏。漢志江夏郡有西陵縣，在今黃州府黃岡縣西二里。水經注以爲即白起所拔之西陵，正義引括地志主之，非也。策云：拔鄢郢，東至竟陵，竟陵爲今天門縣，則當時秦兵所及，亦僅至安陸而止，未嘗越漢陽武昌而至黃州也。水經注又云：江水東過夷陵縣南，又東逕西陵峽。荆州記：自夷陵縣泝江二十里（近志作西北二十五里，疑誤），入峽口名爲西陵。宜都記：自黃牛灘東入西陵界，至峽口百許里。顧祖禹曰：今自巴東，歷三峽（一爲巫峽，一爲瞿唐峽，一即西陵峽。或云：西陵、明月、黃牛也，俱在夷陵境），下夷陵，連山叠障，江行其中，迴旋湍激。至西陵峽口，始漫爲平流。故國於東南者，必以西陵爲重鎮，是西陵距夷陵不遠（吳黃武元年，改夷陵縣爲西陵縣。胡三省曰：西陵即夷陵，本此），而亦楚要地也。顧觀光曰：史記頃襄王二十年，秦拔我西陵。漢志屬江夏，在今黃州府城西二里。

祖耿案：此章一百十字。姚本與下「物至而反」合爲一章，注明依後語補闕。鮑本此一百十字別作一章，文低兩格，而於「物至而反」之前補添「說秦王曰」四字，頂格，另爲一章。張琦曰：說秦王曰章，章首頃襄王云云，策文本無。取後語補入者，當依原本。

〔二〕金正煒曰：按赧王三十六年，秦白起攻楚，取鄢郢西陵。明年，起又攻楚，拔郢，燒夷陵。此文或，猶又也。說見經傳釋詞。非謂別將。

〔三〕顧觀光曰：據左傳，陳滅於楚惠王十一年。而蔡澤傳云：吳起爲楚悼王北并陳蔡，已在滅陳後九十餘年。其後衛鞅言十二諸侯，陳、蔡與焉。說苑：陳子說梁王，王曰：子何爲去陳侯之國，而教小國之孤於此乎？亦梁稱王時，陳尚存之一證（國語：「越滅吳，上征上國，宋、鄭、魯、衛、陳、蔡，執玉之君皆入朝。」按越滅吳在楚滅陳後五年，此或屬文之誤）。至頃襄王二十一年，東北保於陳城，則卒爲楚滅矣。蓋其時之小國，旋起旋滅，有如浮漚，史不能悉記也。漢志屬淮陽國，今陳州府城。

〔四〕金正煒曰：按高注：秦王名正，莊王楚之子，則策文本作「說秦王」。此有昭字，蓋姚氏所補後語之文也。六國年表：秦拔郢，燒夷陵，楚王亡走陳，事在頃襄王二十一年，當秦昭王二十九年。此文亦見史記春申君傳，故姚氏取後語作昭王。惟策文稱先帝文王、莊王，又秦定酸棗燕虛，在始皇五年，則高注固爲有據。史記於戰國時事，每多抵梧，不得據春申傳有此文，執爲高注之誤也。

〔五〕金正煒曰：史記春申君傳注，索隱引劉氏：受，猶承也。國語楚語：「顓頊受之」注：受，承也。

〔六〕姚注：此段首有闕文，史記、新序、後語皆有之，文亦小異。今以後語聊足此段之闕。　吳師道曰：姚氏云此段首有缺文，史記、新序、後語皆有之，文亦小異，今以後語補。案：此當下接「物至」云云，而章首「說秦王曰」四字已在此段內，當爲衍文。　黃丕烈曰：以上凡一百十字，鮑本無。有「說秦王曰」四字。吳氏以此補入，而云案此當下接「物至」云云，而章首「說秦王曰」四字已在此段內，當爲衍文。丕烈案：吳說非也。策文但當作「說秦王曰：物至而反」云云，並無闕文。高注秦王云：秦王名正。不以爲黃歇說昭王，與史記不同。新序、後語皆本於史，不據此。以爲此段首有闕文者，出於姚氏，其實不得高意。李善注文選辨亡論引「楚、魏之兵，雲翔而不敢校」，以爲頓子說秦王，蒙上章爲說，必戰國策舊讀。且策文即實爲黄歇說，亦止當駁高注耳。正文作「說秦王曰」自足，前後多如此例。　祖耿案：御覽三〇五引後語曰：「白起將兵伐楚，楚人黄歇者游學博聞，襄王以爲辯，故使於秦說昭王曰：「天下莫强於秦、楚。今聞大王欲伐楚，此猶兩虎相與鬭而駑犬受其弊，不如善楚。」秦王乃止，不伐楚，約爲與國。黄歇受約而歸。」八九一引同。案，御覽兩引後語，然非全文，由所引觀之，似後語所載，與史記春申君列傳、新序善謀相同。史記、新序並以兩虎相鬭，與下章所云「物至而反」一大段同爲黄歇之詞。史記、新序文雖有異，而爲黄歇之事則同。後語末云：「約爲與國，黄歇受約而歸。」文與史記、新序無異，皆以此與下章相聯，乃黄歇上書說秦昭王者也。「臣聞之」之下，新序直接「物至則反」，史同。可證。

十

說秦王曰〔一〕：「物至而反，冬夏是也〔二〕。致至而危，累碁是也〔三〕。今大國之地，半天下，有二垂〔四〕，此從生民以來，萬乘之地，未嘗有也〔五〕。先帝文王、莊王王之身三世而不接地於齊〔六〕，以絶從親之要〔七〕。今王三使盛橋守事於韓，成橋以其地入秦〔八〕，是王不用甲，不申威，而出百里之地〔九〕。王可謂能矣！王又舉甲兵而攻魏，杜大梁之門〔一〇〕，舉河内〔一一〕，拔燕、酸棗、虚、桃人〔一二〕，楚、魏之兵，云翔而不敢校，王之功亦多矣〔一三〕！王休甲息衆，二年，然後復之〔一四〕，又取蒲、衍、首垣以臨仁、平丘，小黄、濟陽嬰城，而魏氏服矣〔一五〕。王又割濮、磨之北屬之燕〔一六〕，斷齊、趙之要〔一七〕，絶楚、魏之脊，天下五合六聚而不敢救也〔一八〕。王之威亦憚矣！王若能持功守威〔一九〕，省攻伐之心，而肥仁義之地，使無復後患〔二〇〕，三王不足四，五伯不足六也〔二一〕！王若負人徒之衆，杖兵甲之强，乘毁魏氏之威，而欲以力臣天下之主〔二二〕，臣恐有後患〔二三〕。詩云：「靡不有初，鮮克有終。」易曰：「狐濡其尾。」此言始之易終之難也〔二四〕。何以知其然也？智氏見伐趙之利，而不知榆次之禍也〔二五〕。吴見伐齊之便，而不知干隧之敗也〔二六〕。此二國者，非無大功也，没利於前，而易患於後也〔二七〕。吴之信越也，從而伐齊〔二八〕，既勝齊人於艾陵〔二九〕，還爲越王禽於三江之浦〔三〇〕。智氏信韓、魏，從而伐趙，攻晉陽之城，勝有日矣〔三一〕，韓、魏反之，殺智伯瑶於鑿臺之上〔三二〕。今王妬楚之不毁也〔三三〕，而忘毁楚之强韓、魏也〔三四〕，臣爲大王慮而不取也〔三五〕。詩云：「大武遠宅不涉〔三六〕。」從此觀之，楚國援也，鄰國敵也〔三七〕。詩云：「他人有心，予忖度之，躍躍毚兔，遇犬獲之〔三八〕。」今王中道而信韓、魏之善王也，此正吴信越也〔三九〕！臣聞「敵不可易，時不可失」，臣恐韓、魏之卑辭慮患而實欺大國也〔四〇〕！此何也〔四一〕？王既無重世之德於韓、魏，而有累世之怨焉〔四二〕！夫韓、魏父子兄弟接踵而死於秦者，百世矣〔四三〕。本國殘，社稷壞，宗廟隳，刳腹折頤，首身分離，暴骨草澤，頭顱僵仆，相望於境〔四四〕，父子老弱係虜相隨於路〔四五〕，鬼神狐祥無所食〔四六〕。百姓不聊生〔四七〕，族類離散，流亡爲臣妾，滿海內矣〔四八〕。韓、魏之不亡，秦社稷之憂也。今王之攻楚，不亦失乎〔四九〕？且王攻楚之日，則惡出兵〔五〇〕？王將藉路於仇讎之韓、魏乎？兵出之日，而王憂其不反也〔五一〕！是王以兵資於仇讎之韓、魏〔五二〕！王若不藉路於仇讎之韓、魏〔五三〕，必攻隨陽右壤〔五四〕。隨陽右壤，此皆廣川大水，山林谿谷不食之地，王雖有之，不爲得地〔五五〕。是王有毁楚之名，無得地之實也〔五六〕！且王攻楚之日，四國必悉起應王〔五七〕。秦、楚之兵，構而不離〔五八〕，魏氏將出兵而攻留、方與、銍、胡陵、碭、蕭、相，故宋必盡〔五九〕。齊人南面，泗北必舉〔六〇〕。此皆平原四達膏腴之地也〔六一〕。而王使之獨攻〔六二〕。王破楚以肥韓、魏於中國而勁齊〔六三〕。韓、魏之强，足以校於秦矣〔六四〕，齊南以泗爲境〔六五〕，東負海北倚河而無後患〔六六〕，天下之國，莫强於齊。齊、魏得地葆利而詳事下吏〔六七〕，一年之後，爲帝若未能，於以禁王之爲帝有餘〔六八〕。夫以王壤土之博，人徒之衆，兵革之强〔六九〕，一舉事而注怨於楚〔七〇〕，詘令韓、魏歸帝重於齊〔七一〕，是王失計也〔七二〕！臣爲王慮，莫若善楚。秦、楚合而爲一，以臨韓〔七三〕，韓必授首〔七四〕。王襟以山東之險〔七五〕，帶以河曲之利〔七六〕，韓必爲關中之候〔七七〕。若是，王以十萬戍鄭〔七八〕，梁氏寒心〔七九〕，許鄢陵嬰城〔八〇〕，而上蔡、召陵不往來也〔八一〕。如此而魏亦關內候矣〔八二〕。王一善楚而關內二萬乘之主〔八三〕，注地於齊〔八四〕，齊之右壤，可拱手而取也〔八五〕。是王之地，一經兩海〔八六〕，要絶天下也〔八七〕。是燕、趙無齊、楚，齊、楚無燕、趙也〔八八〕。然後危動燕、趙，直摇齊、楚〔八九〕，此四國者，不待痛而服矣〔九〇〕。』

〔一〕原無此四字，高誘曰：秦王名正，莊王楚之子。　鮑彪曰：按史，此春申君未封時書，在擊芒卯後，此（秦昭）三十四年也。　吳師道曰：説已見上。　祖耿案：顧觀光隸此於赧王四十三年。　錢穆曰：鮑氏本僅作『説秦王曰：物至而返』云云，無起首一節，並不以爲春申語。鮑氏本實爲國策舊文。自新序、後語皆本史記，以此文在頃襄遷陳後秦昭王時。至剡川姚氏據以增補入策，後人遂群以此文歸諸春申矣。（考辨三七〇至三七一頁）

〔二〕高誘曰：冬至生，夏至殺，故曰反也。　鮑彪曰：至，猶極。　祖耿案：史記正義云：至，極也，極則反也。冬至，陰之極；夏至，陽之極。

〔三〕高誘曰：至，極也。　鮑彪曰：致，言取物置之物上。　祖耿案：史記作：『致至則危。』集解徐廣曰：致，或作安。案新序作：致高則危。

〔四〕鮑彪曰：垂，邊陲。 黄式三曰：史正義：言極東西。 程恩澤曰：案大戴保傅篇：湯去張網者之三面而二垂至。盧辨注：二垂謂天地之際。淮南道應訓：文王砥德修政三年，而天下二垂歸之（又見篇末要略）。高誘注：文王三分天下有其二。郡國志引山海經云：禹使大章，步自東極，至于西垂；又使豎亥步南極，北盡於北垂（與今本小異）。二垂疑本此。胡三省曰：有天下西北之二垂，是也。（史記正義曰：言極東西。綱目正誤曰：疑指西南，俱未合。） 祖耿案：半，史記、新序並作：偏。有下並其字。

〔五〕高誘曰：未嘗有地也。

〔六〕高誘曰：文王，始皇祖；莊王，始皇父；故曰三世。今之王，古之帝，故咸言先帝。 鮑彪曰：先帝，尊稱之耳，時未爲帝。文王，惠文王，非孝文。按史：秦輕楚頃襄王，歇乃上書説秦昭王，則史與此策書此爲莊王，謬也。不接地於齊，不與通也。 吳師道曰：莊，當作武。 黄丕烈曰：鮑改莊爲武。吳氏補曰：莊，當作武。丕烈案：鮑改、吳補皆非也，高注可證。史記亦是莊字。新序無此以下三句，或以其不合而削之也。 黄式三曰：史不下有妄字。

〔七〕鮑彪曰：要，約也。 梁玉繩曰：此言莊王，誤。秦無莊王，若莊襄，則昭王孫也。但文、武二王，未嘗稱帝，而曰先帝者，特尊稱之爾。蓋以昭王曾爲西帝，故并呼其先爲帝。然稱帝即去之，在春申上書十年之前。 黄式三曰：要，鮑訓約。索隱音腰，言山東從，韓魏是其腰。據索隱，是秦三世思接地於齊，以絶合從之腰也。 金正煒曰：按秦至文、莊以後，齊君王后事秦謹，秦地得接於齊，則要絶天下。韓非所謂荆、趙之意絶，趙危而荆孤也。魏策：梁者山東之要也。秦之連年伐魏，意即在此。若昭王時，齊方與秦爭帝，説者不爲此言矣。文蓋以要爲喻。 鮑氏以爲要約，恐非。南北爲從，東西爲横，秦、齊接地，即南北要絶也。 祖耿案：新序「未嘗有也」之下，直接「今王使盛橋」云云，無先帝以下二十三字。史記與策大同。

〔八〕原無其字，地作北，秦作燕。句作「成橋以北入燕」。高誘曰：燕入朝秦也。鮑彪曰：成橋，秦人，守，猶待。以北入燕，使燕入朝於秦也。吳師道曰：劉伯莊云：橋音獢。成橋以北入燕，史作「盛橋以其地入秦」爲是。新序同。此言韓入地，下言取魏地也。黄丕烈曰：今本無「三」字，盛作「成」。鮑本無「三」字，作「成」。丕烈案：史記、新序皆無「三」，當衍也。皆作「盛橋」。此下文云「成橋」，當是策文作「成」，史記作「盛」。成、盛同字。新序出史記。以，鮑改爲巳。梁玉繩曰：史作盛橋，策作成橋，同。然當依始皇紀作成蟜。張琦曰：篇内「燕」字並誤。黄歇本爲秦合韓、魏伐楚而言，無與於燕，注附會，皆非也。當從史。黄式三曰：策譌，當從史作「成橋以其地入秦」。金正煒曰：案趙策「秦三以虞卿爲言」，則三之義猶頻煩，不必爲王字誤衍。史記始皇紀：「王弟長安君成蟜將軍擊趙，反」，此即其人。成、盛古通用，鮑改無取。史記、新序並作「盛橋以其地入秦」，此文北乃地字，形似而譌。燕當作秦，涉下文「拔燕」而誤也。若謂盛橋自韓入燕，即與不用兵而出地之文不屬。祖耿案：史記索隱云：按秦使盛橋守事於韓，亦如楚使召滑相趙然也，並内行章義之難。又俞正燮曰：燕乃豳父國也，周初有燕，有北燕。春秋時，南燕止稱燕，其在薊之燕，正謂之北燕。北燕後强大，乃獨得燕名。后人反以燕爲南燕。秦策，王北入燕，又攻魏，拔燕、酸棗、虛，楚、燕之兵雲翔而不敢校。史記秦始皇本紀：將軍驁攻魏，定燕、虛、長平，時猶南北燕並舉。

〔九〕鮑彪曰：出，言割地。燕入秦必割地予秦，秦使之出也。金正煒曰：說文：出，進也。祖耿案：伸，史記、新序并作信。索隱：信音申出，史記、新序并作得。地下，新序有也字。

〔一〇〕高誘曰：大梁，魏惠王所都也。今陳留浚儀西，大梁城是也。黄丕烈曰：杜，鮑本作社。丕烈案：鮑本誤。因讀上屬，謬甚。　張琦曰：漢志陳留浚儀下云：故大梁，魏惠王自安邑徙此。浚儀故縣，在今開封府城西北。　程恩澤曰：案地理志：陳留郡浚儀縣，故大梁（郡國志、水經注，以此即左傳梁伯國，非是）。魏惠王自安邑徙此（竹書在惠王六年。徐廣引竹書作九年，史記在三十一年。以時事考之，似以史記爲是）。水經注：大梁城，本春秋之陽武高陽鄉也，於戰國爲大梁。通典：汴州城西古城，戰國時魏惠王所築（戴延之謂西北有大梁亭，即此），即今祥符縣也。陳無已曰：開封無山川之險，爲四戰之地。胡三省曰：大梁控引河汴，南通淮、泗，北接滑、衛，舟車之所輳集。　祖耿案：大梁說，見東周策一秦興師臨周章。杜，鮑本作社。吳師道曰：姚本作杜，是。　案：史記、新序幷作杜。

〔二〕高誘曰：舉，猶得也。　鮑彪曰：河內，屬司隸。　吳師道曰：正義云，即懷州也。在河南之北，西河之東，東河之西。　張琦曰：河內，今懷輝慶、衛、彰德三府皆是。　程恩澤曰：按河內有數解。一云：自蒲州以東至懷衛；一云：河從龍門南至華陰，東至衛州，即東北入海，曲繞冀州，故言河內；一云：古帝王之都，多在河東、河北，故呼河北爲河內，河南爲河外。俱見史記正義。胡三省曰：漢河內郡，即魏河內之地。閻若璩曰：自大河以北總謂之河內，非若今之但以懷州爲河內也。然此章實指懷州言。地理志：河內郡懷縣，莽曰河內。是也。　顧觀光曰：河自東受降城折而南流爲西河，至華山之北折而東流爲南河，過大伾山南至長壽津（據戰國時言之），又折而東北流，合漳水入海，是爲東河。所謂河內者，西河之東，東河之西，南河之北也。而孟子梁惠王曰：「河內凶，則移其民於河東，移其粟於河內，河東凶亦然。」漢志魏地，其界自高陵以東，盡河東、河內。并以河內與河東對文，蓋近西河者爲河東，近南河者爲河內矣。故魏世家正義曰：河內謂蒲州以東，至懷衛。

〔三〕高誘曰：拔，取也，燕，南燕。酸棗，今屬陳留。桃人，邑名，處則未聞。虛，空也。　鮑彪曰：燕，南燕，屬東郡。酸棗，屬陳留。徐注：始皇五年，取酸棗、燕、虛。又蘇代曰：決宿胥之口，魏無虛、頓丘。按此，則虛，魏地也。桃人，史作堯。注：燕縣有堯城。今按任城有桃聚。　吳師道曰：燕，張儀傳注：滑州胙城縣。酸棗，正義云：故城在滑州酸棗縣北，古酸棗縣南。虛，正義云謂殷虛，今相州所理。大事記解，始皇紀引正義云：姚虛在濮州雷澤縣東，二地不同。按高注作「虛」，文協。　張琦曰：南燕故城在今衛輝府延津縣東北二十五里。酸棗故城在延津縣北十五里。殷虛在今彰德府城北，洹水南。虛有姚虛、殷虛，故正義於始皇紀、蘇秦傳兩陳之，其實皆當釋殷墟也。故桃城在大名府長垣縣西五十里。後志：河內平皋有邢丘，今懷慶府温縣東北二十里，有平皋城。杜預曰：即邢丘矣。　程恩澤曰：案地理志：東郡南（左傳正義引此，無南字，蓋衍文，水經注又云：有北燕，故以南氏縣，當兩存其説）燕，南燕國，姞姓，黄帝後。郡國志：燕縣，本南燕國，有胙城，古胙國（又有平陽亭、瓦亭，并見左傳）。水經注：河水又逕東燕縣故城北，於是有棘津之名。正義：卷、衍、燕、酸棗，皆黄河南地。括地志：燕，今胙城縣（後漢書注同）。今衛輝府延津縣北，故胙城縣東，有南燕故城。酸棗本鄭地（與廩延近），襄三十年，盟於酸棗。杜注：陳留縣是也。東南二里有酸棗山（俗呼爲土山），故名。述異記：耆舊説，周、秦間河南兩小棗，遂生野棗，即今酸棗縣是。水經注：圈稱云，豫章以樹氏郡，酸棗以棘名邦。魏世家：文侯三十二年伐鄭，城酸棗，取鄭地而城之也（元和志云：韓世家，哀侯即位，滅鄭，遂都酸棗，舊宫餘址猶存。輿地廣記亦云。城冢記又云：韓襄子所築。今韓世家俱無其文，疑有誤）。竹書紀年：魏襄王十年，河溢酸棗。括地志：故城在酸棗縣北（元和志、寰宇記並作西南）十五里，今在延津縣北（一作東北）十五里。　高注：「虛，空也」。不以爲地名，固謬，然其地實無的處。郡國志：魏郡虛縣，故沙鹿（春秋沙鹿崩，即此），在今大名府元城縣（地理志，魏郡但有沙縣，並無沙鹿縣。或曰沙縣即今彰德府涉縣，然其地亦不相及）。索隱：虛、頓邱，地名，與酸棗相近，則又當在延津濬，滑之間。顧祖禹曰：在今胙城縣東南（今省入延津）。春秋桓十二年，會於虛。秦始皇五年，蒙驁攻魏，拔虛，即此（並本索隱）。合酸棗、頓邱推之，其說似可信（今偃師縣東南，有虛城，即左傳虛、滑也，與此異）。郡國志：東郡燕縣有桃城。劉昭注引此爲證。水經注：濮渠東北逕燕城內爲陽清湖（陂南北五里，東西三十里，亦曰燕城湖），又逕桃城南，即戰國策所謂酸棗虛桃者（又云：桃水東逕桃仁墟北，或曰：因水以名墟，則是桃水也。或曰：終仁之故墟，非桃水也，仁古通人，疑即桃人）。索隱：今東郡燕縣東三十里有故桃城（此蓋據漢郡縣言之，唐時無東郡燕縣之名），是也。高誘謂桃人邑名，處則未聞。任城有桃聚，本是謬說，鮑反援此以駁史注，益謬矣！（地理志：太山郡有桃山、桃鄉二縣。寰宇記：冀州信都縣有桃城。地之以桃名者甚多，與此何涉？）今在延津縣北，故胙城縣東三十里（張氏琦謂：故桃城在長垣縣西五十里，疑誤）。顧觀光曰：燕，漢志屬東郡。史記正義曰：燕，滑州胙城縣（在今衛輝延津縣北）。又曰：酸棗，漢志屬陳留郡。史記正義曰：屬滑州（在今延津縣東北）。按魏世家：文侯三十二年伐鄭城酸棗。蓋酸棗與鄭爲鄰，後韓滅鄭，則與韓爲鄰。故水經濟水注云：濮水受河於酸棗縣。竹書紀年曰：魏襄王十年十月，大霖雨疾風，河水溢酸棗郛。漢世塞之，今無水。濮渠東北逕酸棗縣故城南，韓國矣。圈稱曰：昔天子建國名都，或以令名，或以山林。故豫章以樹氏郡，酸棗以棘名邦也。城西有韓王望氣臺，城北韓之市地也。聶政爲嚴仲子刺韓相俠累，遂皮面而死，其姊哭之於此（此以酸棗爲韓都，未詳）。說苑：翟黃曰：酸棗無令臣進北門可，而魏無齊憂。是酸棗又近齊。又曰：史記魏景湣王元年，秦拔我二十城以爲東郡。秦本紀：始皇五年攻魏，定酸棗、燕、虛、長平、雍邱、山陽，即二十城之六也。正義曰：姚虛在濮州雷澤縣東十三里（此河南之虛）。史記蘇代曰：決宿胥之口，魏無虛、頓邱。正義曰：虛，謂殷墟，今相州所理是（此河北之虛）。又曰：秦本紀索隱曰：今東郡燕縣東三十里有故桃城，則亦非遠（今衛輝府胙城縣）。　黄式三曰：始皇五年攻魏，定酸棗、燕、虛、長平。索隱引此云：桃人亦魏邑。　朱起鳳曰：酸棗、虛、桃並燕地，國策誤入爲人，尤荒謬。當以史記爲正。　祖耿案：此數語，史記、新序並作：「舉河内，拔燕、酸棗、虛、桃，入邢。」集解徐廣曰：「秦始皇五年，取酸棗、燕、虛。蘇代曰：「決宿胥之口，魏無虛、頓丘。」」又燕縣有桃城，平皋有邢丘。正義：邢丘在懷州武德縣東南二十里。

〔一三〕魏，原作燕。翔下原無而字。高誘曰：云翔（史作雲翔）猶解於（於，一本作散字），不與秦校戰，故曰：「王之功亦多矣。」　鮑彪曰：雲翔，散也。語注：包曰：校，報也。　吳師道曰：史作「魏之兵」，意此上皆魏地，當作「魏之兵」，不然，「燕、楚」以來援者言之。又曰：爾雅：其飛也翔。注：布翅翱翔。按翔有高起貌。漢書言翔貴，古人每言高翔。　黄丕烈曰：吳氏補曰：史作「魏之兵」。丕烈案：李善引燕作魏，史記、新序皆作「邢、魏之兵」。邢，當作荆。徐廣曰：平皋有邢丘者，非，即策文之楚也。史記上文桃人，人字誤作入，乃連「入邢」爲讀。新序人作仁，人、仁同字。可知作入誤之甚矣！唯予家所有北宋刻本新序未誤。又曰：云，鮑本作雲，不上有而字。丕烈案：李善引作雲翔，而史記、新序皆同。　梁玉繩曰：史「桃入邢」，策作「桃人」。桃人是，入字誤（湖本誤以入邢爲句），邢字衍，策無之。考邢即邢丘，後十餘年秦始拔之，此時亦未入秦也。　程恩澤曰：郡國志劉昭注引戰國策云：「拔燕、酸棗、虛、桃，入邢，魏之兵雲翔而不敢捄。」春申君列傳及地理通釋並同。恩澤案：今本，上云桃人，本無其地。下云楚、燕之兵，又與上地不屬。惟如引本以人作入，以楚、燕作邢、魏，則邢爲地名，秦兵入之而魏不敢救，最爲通順（新序及文選注引此，皆同）。徐廣曰：平皋有邢邱，即此邢也（詳見邢邱下）。其地與燕、酸棗、虛、桃並相近，當是定詁。　金正煒曰：按史記、新序，並作虛、桃，入邢，魏之兵雲翔而不敢救。此文當以虛、桃蒙上拔字爲文。始皇五年，取酸棗、燕、虛，與此正合。史注，燕縣有桃城。水經注：燕城湖逕桃城南，即戰國策所謂酸棗、虛、桃者也。「入楚」本爲「入邢」，邢誤爲荆，復誤爲楚。范睢所云邢丘拔而魏請附是也。楚、燕未嘗合兵救魏，當從史記、新序作「魏之兵」。燕字蓋涉上文「拔燕」而誤。說文：「雲，山川氣也，從云，象雲回轉形。」是云字固有回轉之義。詩正月篇：「婚姻孔云。」毛傳：云，旋也。考工記：「矢人後弱則翔」，注：翔，迴顧也。云翔猶言回旋反顧，不必改字爲雲。校當從史作救。漢書賈捐之傳：非所以校助饑饉。宋祁云：校助，當作救助。與此正同。　朱起鳳曰：校，當依史記作捄。

〔一四〕甲，原作申，上無休字。高誘曰：申，洛也。休衆二年而後復用之。　鮑彪曰：甲，原作申，無休字，今從史。　吳師道曰：史文雖順，此作重，義自通。　黃丕烈曰：鮑改申作休甲二字，吳氏有正。丕烈案：史記、新序「休甲」，與策文不同。　金正煒曰：史記、新序並作「王休甲息衆」，申當爲甲之誤，上脫休字。又申之義猶復也，見淮南地形篇注，則作申義亦自通。「復之」，疑當作「復出」。范睢至章：「多之則害於秦」，亦當作多出。之、出篆文相似，易以致誤。　祖耿案：「然後復之」，史記作「而後復之」，新序作「而復」。

〔一五〕丘，原作兵。高誘曰：當戰國時，皆魏邑也。　鮑彪曰：河東蒲坂，注：故蒲。蘇代曰：北有河外卷衍，注不地。今按屬魏，故魏記書：拔我卷、垣、蒲陽、衍。而張儀說魏王：秦據卷、衍。又南陽有杜衍。垣，原作恒，河東有首山，首垣。臨，兵臨之。仁，地缺。小黃、濟陽，地並屬陳留。嬰，猶縈也，蓋二邑環兵自守。　吳師道曰：徐廣及索隱皆云此蒲在衞之長垣蒲鄉。索隱云：衍在河南與卷（丘權反）近。正義云：屬鄭州。恒，姚本作垣。　隱云：首，蓋牛首，垣即長垣，非河東之垣也。長垣，開封縣。又曰：兵，從史文作丘。又曰：按燕策：決白馬之口，魏無黃、濟陽，史作外黃。正義云：故黃城在曹州考城縣東，濟陽故城在曹州宛朐縣西南。大事記云：水經注：河水舊在白馬縣南泆，通黃溝。趙世家：拔魏黃城。正義引括地志云：故黃城在魏州冠氏縣南十里，因黃溝爲名。舊注陳留外黃者非。黃丕烈曰：垣，鮑本作恒，改爲垣。丕烈案：史記、新序作垣。又曰：鮑改兵爲丘，吳氏補曰：當從史文作丘。丕烈案：新序作丘。張琦曰：故蒲城即今長垣縣治。衍城在今鄭州北三十里，首，牛首也，故城在開封府陳留縣西南十一里。或曰：首垣，即長垣，故城在今縣東北三十里。平邱故城，在今封邱縣東四十里。正義所云故黃城，在考城者，外黃也，即今開封府杞縣東北六十里之外黃故城。在冠氏者，黃城也，在今東昌府冠縣南。正義於趙世家不主外黃，蓋以趙不得至陳留故。又云：陳留外黃非趙所拔，以正集解之誤也。此策以平邱、濟陽並言，當是外黃。吳氏兼引二地，而亦以陳留外黃爲非，殆未審矣！濟陽故城在今開封府蘭陽縣五十里。程恩澤曰：按蒲有三。一即舜都蒲坂，在今山西蒲州府永濟縣東南。括地志：蒲坂故城，在蒲州河東縣南二里是也。一爲晉文公所居邑，在今山西隰州西北（其在州東北八十里者，乃漢蒲子縣故城，又一地）。括地志：蒲邑故城，在隰川縣南（王應麟曰：當在北，蒲水經其南，故曰蒲陽）四十五里是也。（應劭、韋昭並以重耳所居，即蒲坂，非是。）一爲子路所宰衛邑，在今直隸大名府長垣縣。郡國志：陳留長垣縣有蒲城（徐廣曰：有蒲鄉）。杜預左傳注：蒲在陳留長垣縣西南（輿地廣記：唐屬滑州）。桓三年，胥命于蒲是也。此蒲邑以下文推之，當在長垣，吳說是也。（土地名又載一蒲城，在昆陽縣北，其北有湛水，即左傳湛坂，雖亦魏境，然與此無涉。）　魏世家：景湣王五年，秦拔我垣、蒲陽、衍。或曰：衍即衍氏也。曹參世家正義：衍氏，魏邑，在鄭州。地理通釋：衍在鄭州，亦曰衍氏。今開封府鄭州北三十里有衍氏城，與原武縣故卷城相近。吳氏引索隱云：首蓋牛首。恩澤案：郡國志：陳留巳吾縣（今寧陵縣）有首鄉。劉昭曰：左傳桓十八年，齊侯師於首止。杜預曰：陳留襄邑東南有首鄉，今在睢州東南，接寧陵縣境，與長垣相近，當即其地。若首山在今蒲州，則遠矣。牛首在今陳留縣，雖不甚相遠，然割取一字以成文，殊覺不詞，恐古人未必如此（後志魯國亦有牛首亭，與五父衢相近，劉昭以爲即宋取鄭地，非是）。首垣即長垣也。水經注：濮水又東逕韋城，有馳道屬於長垣，濮渠東絶馳道，逕長垣縣故城北，衛地也，故首垣矣！秦更從今名。竹書紀年：梁惠成王十三年，鄭釐侯使許息來致地：平丘、户牖、首垣諸邑及鄭馳地。趙世家：肅侯七年（魏惠王二十八年），公子刻攻魏首垣，皆此地（正義曰：蓋在河北）。或曰：首謂牛首，故城在陳留縣西南十一里。垣即長垣也。又漢志：河東郡有垣縣，陳留郡有長垣縣，皆魏地也。而此章之垣，則不在河東，而在陳留，即上下文推之可知也。陳留風俗傳：縣有防垣，故氏之。元和志：故城在封邱縣北二十里（通典在匡城縣南）。今長垣縣東北二十五里，有長垣故城（其地一名鮑垣，又有匡城、蒲城、祭城、宛亭，並見左傳）。魏收地形志：蕭梁時，於漢巳吾縣置仁州，今爲歸德府寧陵縣。彼時取名，必有所據，上云取蒲、衍、首、垣。首在今睢州，與寧陵接境，又與長垣相近，則仁應在寧陵。又今山東曹縣，宋爲興仁府，亦稱興仁軍，與下云小黄、濟陽尤邇密，惟得名較後耳。方輿紀要：今修武縣境有仁亭（東漢歐陽參封修武仁亭侯）似太遠。或曰：仁，一作任，以濟寧任城，贊平任縣爲説，更難牽合。漢志：陳留郡有平邱縣（有黄池，即吳、晉會處）。陳留風俗傳：衛靈公所置邑。水經：濟水又東過平邱縣南。注云：縣故衛地，諸侯同盟於平邱（杜注：在長垣縣西南）是也。寰宇記：平邱在封邱縣東四十里，又在陳留縣西北九十里，今在陳留縣西北五十里（錢坫説），封邱縣東四十里（洪亮吉説），又在長垣縣西南五十里（顧祖禹説），蓋皆地相接也。漢志：陳留郡有小黄縣。通典：小黄故城在陳留縣東北（後志注同）。寰宇記作：東北三十（一有三字）里（唐置小黄縣，在縣西南四十里），亦曰下黄。五代通錄：河南有外黄小黄，故河北有内黄小黄，爲高齊所廢。其故城今在陳留縣東北。則小黄之在陳留，確鑿可據。史作外黄（春申君列傳本無外字，正義與蘇秦列傳同），本各自成文，無庸牽合。然外黄在今杞縣（以爲在考城者非是），地猶相近，故或通借言之。燕策所云黄、濟陽（與春申傳同文），即指此。蓋小黄、外黄皆與濟陽密邇也。若冠氏南之黄城（此在河北），則在今東昌府冠縣南距濟陽四五百里，斷非決白馬口所能及。秦兵亦斷不能既至平邱（今長垣），又至黄城，復至濟陽也。吴乃引此以補鮑缺，過矣。漢志，陳留郡有濟陽縣（左傳武父在縣東北），城在濟水之陽，故以爲名竹書紀年：梁惠成王三十年，城濟陽（水經注引作十三年），即此。通典：故城在寃句縣西南（後志注同）。正義：在西南三十五里。今在曹州府曹縣西南六十里（錢坫説），又在開封府蘭陽縣東五十里（顧祖禹説）；地相接也（又濟南府亦有濟陽縣，乃齊著邑，與此異）。又案：正義曰：嬰城未詳。錢大昕曰：蓋誤以爲地名，故云未詳（即高注亦然）。兹仍録之而附其辨於此（漢書云：嬰城自守。音義曰：以城自繞者也，即此意）。新序引此作甄城，即鄄也。在今山東曹州府濮州東二十里，其地與平邱、黄、濟陽俱相近。二書俱出劉向，而其文如是，或别有所據也。　顧觀光曰：史記，樗里子將伐蒲。正義曰：蒲故城，在滑州匡城縣北十五里，即子路作宰地。按此時蒲尚屬衛，其後併入於魏。故秦策説秦王曰：又取蒲、衍、首、垣而魏氏服矣。索隱曰：此蒲在衛之長垣蒲鄉也。左傳注亦云：蒲在陳留長垣縣西南，蓋之長垣之南匡城即之北矣（今大名府長垣縣）。曰：史記秦本紀：始皇九年，楊端和攻衍氏。正義曰：在鄭州。蓋衍氏即衍也（今鄭州屬開封府）。又曰：韓策客卿謂秦王曰：「進齊、宋之兵至首垣，遠薄梁郭。」秦策説秦王曰：「又取蒲、衍、首、垣，而魏氏服矣。」索隱以首爲牛首，垣爲長垣，歧而二之，非也。水經濟水注云：濮渠東逕長垣縣故城北衛地也。故首垣矣。是首垣即長垣。又河水注引竹書紀年云：惠成王十二年，楚師出河水以水垣長之外，是當時已名長垣矣。漢志屬陳留，在今長垣縣西南三十五里。趙世家，肅侯七年公子刻攻魏首垣。正義曰：蓋在河北。此疑長垣距趙太遠，而欲移之於河北也，然臆説不可從。又曰：秦策：又取蒲、衍、首、垣以臨仁、平邱。索隱曰：仁及平邱二縣名，謂兵臨此二縣。

以水經河水注引竹書紀年云：惠成王十一年鄭釐侯致平邱、户牖、首垣諸邑。是平邱與首垣不甚遠也。漢志，平邱屬陳留，在今封邱縣東四十里。又曰：趙世家，敬侯八年，拔魏黄城。其後復爲魏有，故肅侯十七年復書「圍魏黄，不克」也。正義引括地志云：故黄城在魏州冠氏縣南十里，因黄溝爲名（漢志内黄屬魏郡，在今彰德府内黄縣西北二十里）。按黄溝即黄澤，水經淇水注云：内黄縣右對黄澤。郡國志曰：縣有黄澤者也。地理風俗記：陳留有外黄，故加内。史記，趙廉頗伐魏，取黄。即此縣也。元和志云：黄澤在相州内黄縣西北五里（漢書溝洫志云：澤方數十里）。水經河水注云：河水舊於白馬縣南泆通濮、濟、黄溝。故蘇代説燕曰：決白馬之口，魏無黄、濟陽。按蘇代傳作外黄。索隱曰：白馬津在東郡，決其流以灌外黄、濟陽，則外字不誤。而徐廣注春申君傳，仍引作黄、濟陽，與水經注合，則外黄亦單稱黄矣（漢志：外黄屬陳留，在今開封府杞縣東北六十里）。秦策：「小黄、濟陽嬰城而魏氏服矣。」史記春申君傳無小字，則小黄亦單稱黄矣。内黄在河北，古人皆單稱黄。外黄、小黄並在河南，以對河北之黄而言，故稱外與小也。又秦策：小黄與濟陽連文。蘇代傳，外黄與濟陽連文。似小黄即外黄。而漢志分爲二縣，地亦相近，今仍之。（漢志，小黄亦屬陳留，在今陳留縣東北三十里）。又曰：水經濟水注云：濟陽城在濟水之陽，故以爲名。又引竹書紀年云：梁惠成王三十年，城濟陽。按韓非子内儲説，魏有濟陽君，蓋以封邑名也。漢志屬陳留。史蘇代傳正義記曰：濟陽故城在曹州冤句縣西南三十五里。（胡朏明云：在今蘭陽縣東五十里。）　金正煒曰：「仁，平兵」史記、新序作仁、平丘，鮑注：仁地缺。索隱云：仁及平丘，二縣名。謂以兵臨此二縣，則黄及濟陽等自嬰城而守也。地理志：平丘縣屬陳留，仁闕。按春秋時，鄭羽頡奔晉爲任大夫。國夏伐晉，取邢、任、欒、鄗。則晉固有任邑，後或爲魏所分。此文仁當爲任，形、聲並近而譌也。平兵當作平丘。春秋昭十三年，會平丘。杜預曰：在陳留長垣縣西南。鮑注：嬰猶縈也，蓋二邑環兵自守，説與索隱同。後文許鄢陵嬰城上蔡、召陵不往來也。史記、新序上蔡上有而字，其義尤顯。高注：皆魏邑，不必包嬰城言。史記正義云：嬰城，未詳。似已誤爲地名。新序作甄城，尤滋疑誤。謂魏冉曰楚破章：「宋、衛乃當阿、甄耳。」齊王建入朝章：「夫三晉大夫皆不便秦，而在阿、甄之間者百數。」甄地固屬齊，不得謂爲魏邑。疑新序乃後人沿正義之失，又以甄地近鄄，遂以意改者耳。嬰城固守，亦見漢書蒯通傳。　祖耿案，此數語史記作：「又并蒲、衍、首、垣，以臨仁、平丘，黄、濟陽嬰城而魏氏服。」新序作：「有取蒲、衍、首、垣，以臨仁、平丘、黄、濟陽、甄城，而魏氏服。」

〔一六〕鮑彪曰：濮，周紀注：在江、漢之南。楚紀注：建寧、邵南有濮夷。磨，後志當陽縣注：荊州記沮水西有磨城，子胥所造。　吳師道曰：江、漢南之濮，乃書所謂彭濮之濮，沮水、磨城遠不相涉。下文北屬之燕，可見濮即衛之濮上，水出東郡濮陽，南入鉅野者也。索隱云：磨地近濮。按史表有磨侯程黑。索隱云：表作歷。歷縣在信都，地、邑並無磨。愚按，此字作磨，與歷通，猶樂毅書「磨室」之類。新序正作「濮歷」，則其字甚明。　梁玉繩曰：磨乃　之譌，與歷通。新序善謀上篇，政作「濮歷」。山海中山經：歷石之山，郭注：或作磿是也。周禮地官：遂師抱磿。釋文：音歷。史樂毅傳：「磿室」。國策、新序作歷室。春申君傳：「濮磿之北」，說苑作歷。今本俱譌磿爲磨。顏氏家訓勸學篇：譏太山羊肅讀世本容成造厤，以爲碓磨之磨，則知此字傳譌久矣。　黄丕烈曰：案磨者，磿字之誤。顏氏家訓所謂容成造磿，以磿爲碓磨之磨者也。　黄式三曰：屬，史作注，聲同字通。　張琦曰：漢志：濮水於酸棗首受河，東至鉅野入濟。今延津、開州、濮州有故渠，是也。索隱曰：磨地近濮。濮、磨之北，今東昌、大名二府地。鉅野即今縣，屬曹州府。　程恩澤曰：案吳以濮爲濮上，勝鮑說多矣。惟謂磨即信都歷縣（今直隸河間府故城縣），尚嫌稍遠，與濮不相屬。水經注：雷澤西南十許里，有小山，孤立峻上，亭亭桀峙，謂之歷山。澤東南有陶墟。郭緣生述征記謂：舜耕陶所在也。此本相沿古說，在今濮州東南七十里，正索隱所云磿地近濮者。以此解濮磿之北，謂自濮水、歷山以北，皆割以屬燕，似較穩愜。舊說俱未明析（地理通釋與吳注略同）。顧觀光曰：吳云：「濮即衛之濮上，水出東郡濮陽，南入鉅野者也。按此地去燕絕遠，不可解。王國維曰：古地名有歷字者，字均作磿。如秦策及史記春申君列傳之濮磿，史記侯表之磿侯，樂毅列傳之磿室，今本皆轉譌作磨。今封泥有「磿城丞印」，足證上之磨字皆磿之譌。（見齊魯封泥集存序）

〔一七〕趙，原作秦。金正煒曰：秦字疑當作趙。

〔一八〕高誘曰：天下五合，六國集聚，不敢救助。

〔一九〕高誘曰：憚，難也。六國諸侯皆有畏難秦王之威也。黃丕烈曰：憚，史作單，是也，新序同。殫，盡也。王念孫曰：憚者，盛威之名。莊子外物篇：「白波若山，海水震蕩，聲侔鬼神，憚赫千里。」義與此憚字同，此言秦之威盛，非謂六國憚秦之威也。上文云王之功亦多矣，亦非謂六國多秦之功也。高以憚爲畏難，失之。黃式三曰：史作單，徐注：「亦作『殫』」，策作憚。祖耿案：以上數語，史記作：「王又割濮磿之北，注齊、秦之要，絕楚、趙之脊，天下五合六聚而不敢救，王之威亦單矣。」新序作：「王又割濮歷之北，注之秦，齊之要，絕楚、趙之脊，天下五合六聚而不敢相救，王之威亦單矣。」黃丕烈曰：吳氏補曰：「守威，疑守成。」丕烈案：史記、新序皆作威，吳說非是。

〔二〇〕地，原作誠。姚注：誠字一本作誠字。高誘曰：省，減。肥，猶厚也。地，猶道。厚宣仁義之道，則天下皆仰之，復何（一本何字下有後字）患之有。故曰：「使無復後患。」鮑彪曰：高注：肥猶厚，地猶道，則此誠字，原作地也。吳師道曰：史，誠作地，新序同。姚氏云：一本作誠。黃丕烈曰：案此「地」作誠，必不知者所改耳。高注甚明。鮑氏亦引高而反不改爲地以正之，何也？金正煒曰：據高注，誠本作地，正與史同。　祖耿案，此數語，史記作：「絀攻取之心，而肥仁義之地，使無後患，」新序作：「挾戰功之心」，餘同史記。

〔三一〕高誘曰：言不足小畜之也。

〔三二〕杖，原作材，乘，原作壹。姚注：一本無材字。高誘曰：負，恃也。毁，敗也。臣，服也。主，謂諸侯。鮑彪曰：前勝魏有威矣，今自挫毁不持守也。　黄丕烈曰：兵甲，鮑本作甲兵，鮑改材爲恃。丕烈案：史記作「仗兵革」，此材者，杖之譌。新序無此字。又曰：鮑改壹爲一，吴氏補曰：史作「乘」，新序同，正曰：從乘字義明。　金正煒曰：按材，當從史作杖，字形相似而誤。杖與仗通。文信侯出走章：「故使工人爲木杖以接手」，今作木材，誤與此同。壹字，史記、新序並作乘。吴正曰：從乘字義明。按説文：壹，專也，專猶自是，見左氏襄二十八年傳注，又左氏莊三十二年傳：聰明正直而壹者也。疏：壹者言其一心不貳意也。作壹於義自通，不必從乘。　朱起鳳曰：兵甲，史記作兵革。甲、革，聲之侈弇也。　祖耿案：魏下，史記、新序並無氏字。

〔三三〕祖耿案：史記、新序並作：「臣恐其有後患也。」

〔三四〕高誘曰：詩大雅之首章，靡，無也（一本也字下有「鮮，少也」三字）。言人初始無不爲誠信，少能有終也。言秦强威可以克定天下，恐不能終持之，若狐濡其尾，故難在後也。故曰：「終之難也。」　鮑彪曰：未濟注：小狐不能涉大川，雖濟而無餘力，將濡其尾，不能終也。　祖耿案：史記、新序並作：「狐涉水，濡其尾。」正義言狐惜其尾，每涉水，舉尾不令濕，比至極困則濡之。譬不可力臣之。

〔三五〕姚注：一本無也字。高誘曰：智伯瑶但貪趙襄子晋陽之地，而不知襄子與韓魏之陰謀，卒殺於鑿臺之上，葬之於榆次。謂（一本無謂字）設利於前而禍隨其後也（一本無也字）。　鮑彪曰：榆次屬太原，智伯葬處。　吳師道曰：索隱云：敗於榆次。正義云：屬并州縣。　張琦曰：榆次今縣，屬太原府。　程恩澤曰：案左傳：「石言於晉魏榆。」服虔曰：魏，晉地。榆，州里名。後謂之榆次。故址猶存。水經注：榆次縣，故塗水鄉，晉大夫智徐吾之邑也。漢書曰榆次（有梗陽鄉）。十三州志以爲塗陽縣矣。今山西太原府榆次縣西北，有榆次故城。　顧觀光曰：史記秦本紀：莊襄王三年，「攻趙榆次、新城、狼孟。」正義引括地志云：榆次，并州縣（在今太原府榆次縣北）。　祖耿案：智氏上，史記有昔字，禍下無也字。氏，新序作伯。索隱：智伯敗於榆次也。地理志屬太原，有梗陽鄉。正義：榆次，并州縣也。注，水經云：「榆次縣南洞渦水側有鑿臺。」

〔二六〕姚注：一本無也字。高誘曰：吳王夫差自見服越王爲前，而心復廣貪齊之寶而伐之，又欲取伯名於晉，而越奄殺之於干隧，亦貪利前而凶在後也。　鮑彪曰：干隧，吳地。蘇秦、春申傳並不注。道應注：干隧在臨淮，豈此耶！蓋或越王逐北至是。　吳師道曰：正義云：出萬安山西南一里太湖，即夫差自剄處，在蘇州吳縣西北四十里。　張琦曰：今蘇州府西北三十里萬安山，一名陽山，山之別阜曰隧山，即其地也。　程恩澤曰：案淮南道應訓：荆有佽非得寶劍於干隊。注：干國在今臨淮，出寶劍。此鮑氏說也。（謝墉荀子校注，以爲此即國策干隧，亦在蘇州。高注非是。）呂覽知分篇注云：干遂，吳邑。二書俱出高誘手，而其說不同，似是兩地。郡國志：餘杭山，一名萬安山，山下即干隧擒夫差處。　正義：夫差敗于姑蘇，擒于干隧，相去四十餘里。初學記：吳縣西北有地名干隧，今蘇州府長洲縣西北三十里有陽山，其別阜曰遂山，或云即此。　祖耿案：史記、新序並無也字。索隱：干隧，吳之敗處，地名。干，水邊也。隧，道路也。

〔二七〕沒，原作設。姚注：設字，劉本一作沒字。高誘曰：設（劉本作沒字），貪（一本下有人字）也，但見目前之利而問伐，不見後患，故曰：易患於後也。　鮑彪曰：没，猶溺。　吳師道曰：易，音亦。前之利，易後之患也。　黄丕烈曰：鮑改設爲没。丕烈案：史記、新序作没。　金正煒曰：按晉語：不没爲後也。注：没，貪也。史記貨殖傳：没於賂遺也。此文及注，並爲没字之譌。　朱起鳳曰：没者，貪也，與史記酷吏傳「張湯乾没」，義略同。没字作設，草書形相近而譌。　祖耿案：史記索隱云：謂智伯及吳王没伐趙及伐齊之利於前，而自易其患於後。後即榆次、干隧之難也。

〔二八〕高誘曰：從，合也。信越人之卑服，舍之，北師伐齊，曰干隧也。　金正煒曰：以注義求之，「合也」當是「舍也」之誤，則從字宜讀如縱。禮記曲禮：樂不可從。釋文：從，縱也。廣雅釋詁：縱，置也。正與「舍」之訓同。惟後文智氏信韓魏，從而伐趙，與趙策：智伯從韓、魏兵以攻趙，文義並合。從而伐齊，又與從而伐趙爲列舉之詞，不得同文而異義。按史記仲尼弟子列傳載：越王請以士卒三千人，從吳伐齊。子貢説夫差許其師而辭其君。則此文兩從字並當訓爲領也（史記春申君傳注：從，猶領也）。又漢書外戚傳注：從，因也，從而猶因而，繼事之詞。　祖耿案：信，新序作親，史記作信。索隱云：從，音絶用反。劉氏云：從，猶領也。

〔二九〕高誘曰：艾陵，邑也。　吳師道曰：艾陵在兖州博縣南。　程恩澤曰：艾陵不應在博，今萊蕪縣東北有艾陵亭，説見秦五。　黄丕烈曰：「既勝」，鮑本作「遂攻」。丕烈案：史記、新序作「既勝」。　祖耿案：史記正義：艾山在兖州博縣南六十里也。

〔三〇〕高誘曰：還自黄也，爲越所殺（殺字一本作禽字）也。流尾（流尾一本作浦匯字）也，即干隧也。　鮑彪曰：禮：揚州其川三江。浦，水濱也，高注即干隧。　吳師道曰：書蔡傳：婁江、東江、松江也。　張琦曰：此即吳越春秋所謂出三江之口者。蔡傳釋禹貢三江，甚謬。吳氏取以説吳地之三江，則得之。今松江、婁江自太湖分流，經吳江縣至蘇州府城外，又至嘉定縣入海。東江亦自太湖分流，經嘉興府，至乍浦入海。　程恩澤曰：案正義：蘇州東南三十里，名三江口。一江西南上七十里至太湖，曰松江（古笠澤江）；一江東北下三百餘里入海，曰下江，亦曰婁江；一江東南上七十里，至白蜆湖（在吳江東南）曰上江，亦曰東江（張氏琦曰：今松江、婁江自太湖分流，云云）。吳地記：松江東南行七十里，得三江口，此春申君所云「三江之浦」也。凡國語吳、越所爭三江五湖之利，皆在此處。左傳哀十七年，吳子禦之笠澤，亦其地也。　朱起鳳曰：史記春申君傳作「爲越王禽三渚之浦」，江字作渚，乃字形相涉而譌。策作「三江」，禽下有於字，當以史記爲正。　祖耿案：此句史記作：「還爲越王禽三渚之浦。」集解：戰國策曰「三江之浦」。正義吳俗傳云：「越軍得子胥夢，從東入伐吳，越王即從三江北岸立壇，殺白馬祭子胥，杯動酒盡，乃開渠曰示浦，入破吳王於姑蘇，敗干隧也。」新序此句作：「爲越王所禽於三渚之浦。」

〔三一〕高誘曰：日，謂明當勝也。　鮑彪曰：其日可期。　祖耿案：此數語史記作：「智氏之信韓、魏也，從而伐趙，攻晉陽城，勝有日矣。」新序：氏作伯，陽下有之字，餘同史記。正義：晉陽城，并州城。

〔三二〕高誘曰：晉陽下臺名。鑿地作渠，以灌晉陽城，因聚土爲臺，而止其上，故曰鑿臺也。　鮑彪曰：史注在榆次。　梁玉繩曰：新序鑿作叢，疑非。而續郡國志太原郡下，又作鑿壺。檀弓：臺鮐。鄭注：臺當爲壺。釋文曰：臺，音胡。後漢書獻帝紀：建安元年，曹操殺侍中臺崇。注引山陽公載記，臺作壺。皆字形相涉而譌。　張琦曰：史正義曰：水經注：榆次縣南，同過水側有鑿臺，在今縣南四十里。　程恩澤曰：案郡國志：太原郡榆次縣有鑿壺，即鑿臺也（新序引作叢臺，疑誤）。水經注：榆次縣洞過水側有鑿臺，智伯瑶刳腹絶腸折頸摺頤之處，在今榆次縣南（或作西）四十里。　顧觀光曰：水經洞過水注云：榆次縣南，側水有鑿臺，韓、魏殺智伯於其下，刳腹絶腸折頸摺頤處也。按秦策云：「智氏見伐趙之利，而不知榆次之禍。」又云：「智氏信韓、魏，從而伐趙，韓、魏反之，殺智伯瑶於鑿臺之上」，正謂此也。元和志云：今其臺爲洞過水所侵，無復遺跡。　祖耿案：反，史記作叛，新序作畔。史記作「鑿臺之下」，新序作「叢臺之上」。史記集解徐廣曰：鑿臺在榆次。

〔三三〕姚注：妬字，曾本一作姤字。鮑彪曰：不毀，謂無傷。

〔三四〕强下原無韓字。鮑彪曰：楚毀不能侵之，故强。考下文，宜有韓字。　吳師道曰：史作韓、魏，新序同。

〔三五〕原無也字。吳師道曰：史取下有也字，文順。　黄丕烈曰：案新序有。　祖耿案：史記、新序，並無大字。

〔三六〕高誘曰：逸詩。　鮑彪曰：逸詩，武，足跡。宅，猶居也。言地之居遠者，雖有大足不涉之也。　吳師道曰：威武之大者，遠安定之，不必涉其地也。　金正煒曰：按逸周書大武解，遠宅不薄。薄，訓爲迫，與涉義同。墨子兼愛篇引書：「王道蕩蕩，不偏不黨；王道平平，不黨不偏。」本洪範篇文，亦稱周詩，蓋古於有韻之文，皆得謂之詩。呂覽愼大篇：民心積怨，皆曰上天弗恤，夏命其卒。湯謂伊尹曰：若告我曠夏盡如詩，與此例同。　祖耿案：史記、新序云並作曰，宅下同有而字。史記正義云：言大軍不遠跋涉攻伐。

〔三七〕高誘曰：援，助。敵，讎。

〔三八〕高誘曰：詩巧言之四章，他人有毀害之心，己忖度之。躍躍，跳走也。毚，狡也，喻狡兔騰躍（一本無躍字），以爲難得也，或時遇犬獲之。喻讒人如毀傷人，遇明君則治女罪也。　鮑彪曰：大雅巧言詩。忖，亦度也。躍躍，走也。毚，狡也。言兔雖善走，或時遇犬，犬能得之；人心難知，或可忖度。　祖耿案：

史記作：「趯趯毚兔，遇犬獲之。他人有心，余忖度之。」新序作：「躍躍毚兔」，餘同史記。史記集解云：韓嬰章句曰：「趯趯，往來貌。獲，得也。言趯趯之毚兔，謂狡兔數往來逃匿其跡，有時遇犬得之。」毛傳曰：「毚兔，狡兔也。」鄭玄曰：「遇犬，犬之馴者，謂田犬。」索隱：「趯」作「躍」，躍，天歷反。毚音讒。

〔三九〕高誘曰：越不可信，而吳信之。　鮑彪曰：中道，在前後間。　祖耿案：新序無正字，「信越」作「親越」。

〔四〇〕鮑彪曰：以慮患，故卑辭。　金正煒曰：鮑說迂曲，疑慮患當作虛意，形似而譌也。　祖耿案：易，史記、新序並作假，魏下並無之字，慮患並作除患，實下史記有欲字。索隱曰：大國，謂秦也。

〔四一〕黄丕烈曰：此三字鮑本無。丕烈案：史記、新序無。　祖耿案：史記、新序並作「何則」。

〔四二〕焉，原作矣。高誘曰：累，猶重也。　黄丕烈曰：怨下鮑本有焉字，矣作夫。丕烈案：史記、新序皆作「焉夫」，矣或夫字譌也。　祖耿案：史記、新序並無既字。索隱：「重世」猶「累世」。

〔四三〕原無大字。姚注：百，一作累。吳師道曰：百世，史作將十世，新序同。高注：百，一作累。　梁玉繩曰：策作「百世」，固非；史與新序作「十世」，亦非。高誘注策云：百，一作累，是也。　金正煒曰：按禮記曲禮：「去國三世」，釋文引虞王曰：世，歲也。萬物以世爲歲，則百世，固非誤。

〔四四〕高誘曰：折，斷。　鮑彪曰：頤，頷也。暴，日乾也。顱，首骨。僵，僨。仆，倒也。　黄式三曰：本國，國之本根重地也。　祖耿案：曓，史記作毀。刳腹折頤，史記作：刳腹絶腸，折頸摺頤。新序作刳腹絶腸，折頸摺頸。暴骨草澤，史記作：暴骸骨於草澤。史記「摺頤」，集解徐廣曰：一作顛。索隱：上音拉，下音夷。

〔四五〕鮑彪曰：係纍爲虜。虜，獲也。　朱起鳳曰：虜爲縲聲之轉。　祖耿案：文選難蜀父老李注引，路上有道字。此句史記作：「父子老弱係脰束手爲群虜者相及於路。」新序作：「係臣束子爲群虜者相及於路。」

〔四六〕鮑彪曰：狐祥，狐之爲妖者。無所食，無人爲之依也。吴師道曰：史「孤傷」，是。新序作潢洋二字。楚辭、後語注：潢，户廣反。洋音養。梁玉繩曰：史孤傷，策狐祥，新序潢洋，義並得通。金正煒曰：按莊子庚桑楚篇：「而孽狐爲之祥」，釋文引李注：祥，怪也。又書咸乂序：「亳有祥。」傳：祥，妖怪。吴氏以史作孤傷是，非也。祖耿案：此句史記作：「鬼神孤傷，無所血食。」新序作：「鬼神潢洋，無所食。」

〔四七〕高誘曰：聊，賴。祖耿案：此句史記作：「人民不聊生。」

〔四八〕鮑彪曰：男爲人臣，女爲妾。梁玉繩曰：史「盈滿海内矣」，案：盈字當諱。祖耿案：史記作：「流亡爲僕妾者，盈滿海内矣！」新序同，但無滿字。新序未避盈字諱。

〔四九〕祖耿案：此數語史記作：「故韓、魏之不亡，秦社稷之憂也，今王資之與攻楚，不亦過乎！」新序同，惟資作齎爲異。

〔五〇〕且，原作是。鮑彪曰：惡，安也。黄丕烈曰：是，鮑本作且。丕烈案：史記、新序作且。祖耿案：史記、新序並作：「且王攻楚，將惡出兵？」正義：惡音烏。

〔五一〕高誘曰：反，還。祖耿案：藉，史記作借；反，作返。

〔五二〕祖耿案：魏下史記、新序並有也字。

〔五三〕黄丕烈曰：此十一字鮑本無。丕烈案：史記、新序有，無者脱耳。

〔五四〕攻下原無隨字。姚注：一本攻字下有隨字。高誘曰：隨陽、右壤，皆楚邑也。吴師道曰：一本隨陽右壤臺一句，新序同，陽作水。索隱云：楚都陳，隨水之右壤，蓋在隨之西，今鄧州之西，多山林者是也。黄丕烈曰：鮑本作必攻隨陽右壤，案俗本新序亦誤脱一句，吴引與北宋刻本正合。張琦曰：隨陽右壤，今德安府隨州。其西則鄧州，古鄧林之險也。　程恩澤曰：案正義：楚都陳，而隨故國在西南，是楚之右壤。胡三省曰：「右壤」，蓋其地在楚都之右。蓋自荊州觀之，則隨在楚左；自陳州觀之，則隨在楚右也。　顧觀光曰：秦策說秦王曰：「王若不藉路於仇讎之韓、魏，必攻隨陽右壤，此皆廣川大水，山林谿谷不食之地。王雖有之，不爲得地。」史隨陽作隨水。索隱曰：隨水右壤，蓋在隨之西，今鄧州之西，其地多山林者是。正義曰：楚都陳，而隨故國在西南，是楚之右壤。

〔五五〕高誘曰：與不得地無異。　祖耿案：史記、新序並作「不食之地也」。地下有也字。

〔五六〕祖耿案：名下，史記、新序並有而字。

〔五七〕必下原有應字。姚注：一本無應字。高誘曰：四國，趙、韓、魏、齊也。　鮑彪曰：四國，齊、趙、韓、魏也。方言南攻，故不及燕。應言以兵從之，蓋躡秦也。　黄丕烈曰：鮑衍上應字，吳氏補曰：史無。丕烈案：新序無。　祖耿案：史記、新序並作：「四國必悉起兵以應王。」

〔五八〕原無兵字。高誘曰：構，連。　黄丕烈曰：鮑「之」下補兵字。吳氏補曰：史「之」下有兵字。丕烈案：新序有。　金正煒曰：孟子告子下篇：「吾聞秦、楚搆兵。」構與搆通。

〔五九〕高誘曰：七邑，宋邑也。宋，戰國時屬楚，故言「故宋必盡」也。　鮑彪曰：留，屬楚國，方與、胡陵屬山陽，碭屬梁國，餘屬沛。七國故皆宋也。　張琦曰：故留城在今徐州府沛縣東南五十里。方與城在今濟寧州魚臺縣城北。銍城在今宿州南四十六里。湖陵城在今沛縣北五十里。碭，今碭山。蕭，今縣屬徐州府，故城在縣西北十里。相城在宿州西南九十里。故宋，史正義曰：徐州西，宋州東，兗州南，並故宋地。按此爲楚分宋地之證。　程恩澤曰：案地理志：楚國有留縣。郡國志：屬彭城國。（又地理志有陳留縣。孟康曰：留，鄭地，後爲陳所并，故曰陳留，與此非一地。臣瓚曰：宋亦有留，彭城留是也。）發墨守：留，在陳、宋之東。水經注：菏水東南過沛縣東北，又東南過留縣北，留縣故城，翼佩泗、濟，宋邑也。春秋傳所謂「侵宋呂、留」者也。括地志：留故城在沛縣東南五十五里（元和志、寰宇記並同）。今沛縣東南五十里，有留城鎮。漢志：山陽郡（左傳杜注作高平，即山陽也。通雅謂在澤州，非是）有方與縣（即魯唐邑，亦作棠縣，北有觀魚臺，又有泥母亭、重鄉城，即左傳甯母及重館也）。楚世家：外擊定陶，則大宋、方與二郡者舉矣。即此地。元和志：魚臺縣城。即漢方與縣城也。今在山東濟寧州魚臺縣北。漢志：沛郡有銍縣，注云：故城今臨渙縣也。錢坫曰：在今安徽鳳陽府宿州西南九十里。（方輿紀要云：宿州南四十六里有銍城，未知孰是。）地理志：山陽郡有湖（史記項羽本紀、曹參世家並作胡，與策同）陵縣。（又廬江郡亦有湖陵縣，今爲安徽太湖縣。）郡國志作湖陸（章帝更名）。劉昭曰：前志，王莽改曰湖陸，故城在方與縣東南。說文：菏澤水在胡陵。水經注：泗水逕郗鑒城北，又東南逕湖陵城。寰宇記：在魚臺縣東南一里。今在魚臺縣之東南六十里（又在徐州府沛縣北五十里）。地理志：梁國有碭縣。郡國志作碭山縣。水經注：獲水又東逕碭山縣故城北。應劭曰：縣有碭山在東（今在東南七十里），出文石。秦立碭郡，蓋取山名。正義：今碭山縣是也。顧祖禹曰：今徐州府碭山縣東（洪亮吉作南）三里，有碭縣故城（錢坫謂在河南歸德府永城縣北，疑誤。地雖接壤，然僅在碭山縣東南三里，則不得在永城審矣）。漢志：沛郡有蕭縣，故蕭叔國，宋別封附庸也。北征記：城周十四里（路史引作四十里），南臨汙水（路史引作沔水，蓋誤）。高士奇曰：蕭有二城，北城去南城二十里，南城即故蕭國，相傳蕭子避暑城也。唐以前縣治北城，宋以後皆治南城。明萬歷間，徙于三台山南麓。古蕭城在縣北十里，今同。漢志：沛郡有相縣（郡國志：陳國苦縣，春秋時曰相，今爲鹿邑縣。又臨淮郡有下相縣，今爲宿遷縣，俱非一地）。左傳桓十五年，「會于袲」（一作犖，在縣西南），即此。水經注：相爲睢水之別名。應劭曰：縣以水名。元和志：故城在符離縣西北九十里。寰宇記：古相土所居。宋共公自睢陽徙都於此（説見水經注）。洪亮吉曰：今宿州西北有相山，下有漢相縣故城址，即相土舊都之所。　顧觀光曰：銍，漢志屬沛郡，在今鳳陽府宿州西南九十里。胡陵，漢志湖陵屬山陽，在今魚臺縣東六十里。碭，漢志屬梁國，在今歸德府永城縣北。蕭，漢志屬沛郡，今徐州府蕭縣也。北征記云：城周十四里，南臨汴水。相，漢志屬沛郡，在今宿州西北九十里。應劭曰：縣以水名。水經注：相亦睢水之別名也。　祖耿案：史記出下無兵字，胡陵作湖陵。正義云：徐州西，宋州東，兗州南，並故宋地。新序魏氏上有韓字。

〔六〇〕鮑彪曰：濟陰乘氏注泗水入淮。　魯國卞縣注入沛。　吳師道曰：書蔡傳：泗水出魯國卞縣桃墟西北陪尾山，四源俱導，因名。西南過彭城，又東南過下邳入淮。卞，今泗水縣。　張琦曰：漢志：濟陰乘氏下云：泗水東南至睢陵入淮。魯國卞縣下云：泗水東南至方與入沛。趙東潛曰：乘氏之泗當作菏，沛當作泲。按水經注：乘氏無泗水，道元以爲菏澤通包泗名，或更有泗水，不若東潛之可從矣。泗曰入泲者，泲即菏，自乘氏分泲而東南，故有泲名。於乘氏曰入淮，於卞曰入泲，明可互證也。今泗水一名清河，自兗州府泗水縣東陪尾山西，經曲阜、滋陽，又西南經鄒縣入運河。東南經徐州府沛縣界，舊時至府城北，入大河，東經邳州、宿遷、桃源、清河而合淮，謂之清口。徐州府以下，今大河之道，即泗水故道也。今泗水自沛而東，復入山東界，經滕、嶧二縣，而入邳州、宿遷，以下謂之中河。至清河縣入大河。乘氏故城，在今曹州府曹縣東北五十里，睢陵城在泗州盱眙縣西六十里。卞城在泗水縣東五十里。泗北必舉，言齊將兼魯也。　程恩澤曰：案言泗北，則爲今山東兗州、濟寧等處矣。此皆齊地，意必有與楚境相錯者。　顧觀光曰：秦策：齊南以泗爲境。齊策：齊明謂楚王曰：王即欲以秦攻齊，淮、泗之間亦可得也。漢志魯國卞縣下云：泗水西南至方與入泲，過郡三行五百里。　黃式三曰：史泗上。　祖耿案：此句新序同。史記作「齊人南面攻楚，泗上必舉。」正義：此時徐、泗屬齊也。

〔六一〕高誘曰：廣平曰原野也，爲齊潤腴美也。

〔六二〕鮑彪曰：秦與楚戰，不暇救七邑及泗北。二國攻之，兵勢無所分也。　祖耿案：史記地下無也字，下句作「而使獨攻」，無王、之二字。新序同。索隱云：若秦楚構兵不休，則魏盡故宋，齊取泗上，是使齊魏獨攻伐而得其利也。

〔六三〕楚下原有於字。姚注：劉本無於字。　黄丕烈曰：吴氏補曰：史、新序「以」上無於字。

〔六四〕高誘曰：校，猶亢也。　鮑彪曰：校、較同，直也。言與之敵。　祖耿案：秦下，史記、新序並無矣字。校，新序作枝。索隱云：校音教，謂足以與秦爲敵也。一云：校者，報也。言力能報秦。

〔六五〕黄丕烈曰：鮑本齊上有而字，今本無。丕烈案：史記、新序無。

〔六六〕高誘曰：以泗水爲南界。負，背也。倚，猶依也。患，難也。　鮑彪曰：負與抱反，背也。

〔六七〕高誘曰：事治。　鮑彪曰：葆、保同，事猶治。　吴師道曰：「不吏」，姚本「下吏」，是。詳其事以下於吏，愼重之意應上「葆利」言。　梁玉繩曰：史作下吏，策作不吏，費解。姚注依史改爲下吏，言僞事秦也。吴師道謂：「詳其事以下于吏」，非。而明陳正學讀書解云：吏字誤，疑作更，以「葆利而詳事」爲一句，「不更一年之後」爲一句，亦未妥。　黄丕烈曰：下，鮑本作不。丕烈案：史記、新序作下，不字譌。　黄式三曰：詳、佯，古今字。　金正煒曰：按詳與佯同。史記吴太伯世家：公子光詳爲足疾。索隱云：詳音陽，即僞也。蘇秦傳：詳僵而棄酒。索隱云：詳，詐也。田叔傳：以爲任安爲佯耶？集解引徐廣曰：佯，或作詳。事，謂服事也。陘山之事章：齊以陽武賜敝邑而納順子，欲以解伐，敢告下吏。注：不斥王，故言下吏。作「不吏」者，字之譌也。此言佯爲事秦，吴說甚謬。　祖耿案：於齊下史記、新序並有魏字。

葆，新序作保。

〔六八〕姚注：劉本餘字下有矣字。高誘曰：言齊、魏未能爲帝也，然强大足以禁秦，使不得稱爲帝有餘力也。鮑彪曰：禁，制也。　祖耿案：「未能」上，史記、新序並無若字。「於以」，史記、新序並作「其於」。「禁王」，新序作「楚王」。句末史記、新序並有矣字。史記索隱云：言齊一年之後，未即能爲帝，而能禁秦爲帝有餘力矣。然禁字作楚者，誤也。

〔六九〕高誘曰：衆，多也。强，盛也。

〔七〇〕事，原作衆。怨，原作地。高誘曰：事，戰事也。注，屬。　鮑彪曰：注猶屬，言地廣。　吳師道曰：注瀉之注。又曰：史作「樹怨於楚」，新序同。姚本：「一舉衆而注地」。黄丕烈曰：鮑本無「一舉衆」三字。丕烈案：史記、新序衆作事，此衆字必不知者所改耳。高注云「事，戰事也」，其字甚明。鮑無此三字者，非。金正煒曰：按衆字，依注本作事，地當作怨，怨損半字，因誤爲地。管子大匡篇：公若先反，恐注怨焉，必不殺也。又周策：吾得將爲楚王屬怨於周。義與此同。後文「注地於齊，齊之右壤，可拱手而取也」。亦爲注怨之譌，鮑改齊爲秦，由不辨地之爲怨耳。

〔七一〕高誘曰：詘，反。　鮑彪曰：詘，猶反。　吳師道曰：魏句。屈命令於韓、魏，歸爲帝之重於齊，言齊、韓、魏皆强，而齊尤甚也。　黄式三曰：鮑注「詘，猶反」，史作遲，遲，猶將。　金正煒曰：「詘令」史記作「遲令」。索隱云：遲音值。值，猶乃也。徐廣曰：「遲，亦作還。」徐孚遠曰：於義還字爲長，當是誤書也。按高注「詘，反。」疑文注本並作還。　祖耿案：此句新序作：「出令韓、魏歸帝重齊。」

〔七二〕祖耿案：史記索隱云：謂韓魏重齊，令歸帝號，此秦之計失。

〔七三〕原作「臨以」。姚注：劉本作「以臨」。黄丕烈曰：鮑改「臨以」爲「以臨」。丕烈案：史記、新序作以臨。

祖耿案：新序作：「秦、楚合爲一而以臨韓。」

〔七四〕鮑彪曰：言其服而請誅。　黄丕烈曰：授，鮑本作受。丕烈案：史記作「斂手」，新序作「拱手」。古或借首爲手字，授、受二字皆有誤也。　金正煒曰：按左氏襄二十五年傳：「陳知其罪，授手於我，用敢獻功。」此由首、手同音而誤。鮑注言其服而請誅，過矣！

〔七五〕姚注：劉本襟字作施字。曾作襟。鮑彪曰：蔽障如襟。　程恩澤曰：案山東，史作東山（新序同）。胡三省曰：謂華山以至殽塞諸山，皆在咸陽之東。原專指秦地言，但策既作山東，不得依史記爲說，凡殽、函以東皆山東也。　祖耿案：史記作：「王施以東山之險。」新序作：「王施之以東山之險。」

〔七六〕鮑彪曰：圍繞如帶。　張琦曰：左文十二年，戰河曲。注曰：「在河東蒲坂縣南。」今蒲州府東南五里，有蒲坂故城，即河曲也。當大河轉屈處。　程恩澤曰：案春秋，秦、晉戰于河曲。杜注：在河東蒲坂縣南。郡國志：蒲坂有沙丘亭。劉昭曰：即河曲也。裴駰曰：河千里而一曲。正義：河曲在華陰縣界（此河之西岸，以左傳推之，河曲當在河東）。通典：河曲即蒲坂也。寰宇記：蒲州河東縣，即秦、晉戰處。　胡三省曰：按水經注，河水自雲中沙南縣屈而南流，至華陰潼關曲而東流，所謂河曲也。其地在今山西蒲州府永濟縣東南五里，與保德州河曲縣異。　祖耿案：史記、新序並作「曲河」，不作「河曲」。

〔七七〕高誘曰：爲秦察諸侯動喻也。　鮑彪曰：比之候吏。　程恩澤曰：按索隱云，韋昭曰：關中，函谷、武關也。又三輔舊事云：西以散關爲限，東以函谷爲界，二關之中，謂之關中。地理通釋：秦地西有隴關，東有函谷、臨晉，南有嶢、武關，北有蕭、居庸、天井關以臨胡庭，故爲關中。　其實當時所稱秦關，多據函谷言。

祖耿案：中，史記、新序並作內。候，新序同。史記作侯。

〔七八〕原作十成，無萬字。黄丕烈曰：今本十下有萬字，成作戍，乃誤涉鮑也。鮑補萬字，改成爲戍。吴氏補曰：史十下有萬字，是。新序同。史作戍，是。新序作伐。 祖耿案：史記是下有而字。

〔七九〕高誘曰：梁氏，魏也。寒心，懼也。 鮑彪曰：戰懼則然。

〔八〇〕鮑彪曰：許、鄢陵並屬潁川。 張琦曰：許今許州，故城在州東三十里。鄢陵今縣，屬許州。故城在縣西南四十里。 程恩澤曰：案地理志：潁川郡許縣，古許國，姜姓，四岳之後文（原作太）叔所封。括地志：在許昌縣南三十里，元和志作四十里。胡三省曰：魏都大梁，其境南至汝南。許、鄢陵居其間。顧祖禹曰：今許州東三十里故許昌城，即舊許也（按水經注：許昌爲許南國，則許當在其北，非許昌即許也。俟再考）。括地志：鄢陵故城在許州鄢陵縣西北十五里（正義及元和志並同）。寰宇記作十八里，今同（左傳：莒亦有鄢陵，在今山東沂水縣界）。 顧觀光曰：蘇秦說魏曰：南有許鄢。無忌曰：秦繞舞陽之北，以東臨許，則南國必危矣！正義曰：今許州許昌縣西南四十里，許昌故城是也（在今許州府東）。此時屬韓，在魏之南，故言南國。按漢志：許屬潁川，距韓不遠，然其地不聞入韓。史謂許亡則韓亦危，非謂許爲韓邑也。策文多與鄢陵並言。又曰：史記，無忌曰：王之使者出過而惡安陵氏於秦。徐廣曰：召陵有安陵。正義引括地志云：鄢陵故城在許州鄢陵縣西北十五里。李奇云：六國時爲安陵也。二說不同，水經洧水注用李奇說（今鄢陵縣屬開封府）。漢志許、鄢陵並屬潁川，策文多連言之。 如秦策云：許、鄢陵嬰城。魏策云：楚破南陽，九夷、內、沛、許、鄢陵危。又云：攻魏得許、鄢陵以廣陶。韓策云：不能愛其許、鄢陵與梧，割以予秦。蓋地相近也。魏策之安陵君，說苑作鄢陵君。明是一地，但鄢陵久爲秦有，而安陵至戰國末尚存（策有滅韓亡魏之語，當在始皇二十二年）。此則傳聞異辭，當在闕疑之列矣。

〔八一〕原無而字。高誘曰：不往來於魏也。 鮑彪曰：上蔡、召陵並屬汝南。不往來，韓、魏不通。 吳師道曰：史上蔡上有而字，新序同。從此，則上以「嬰城」句。 張琦曰：楚絶魏也。上蔡今屬汝寧府，故城在縣西南十里。程恩澤曰：案地理志，汝南郡有上蔡縣，故蔡國，周武王弟叔度所封。度放，成王封其子胡。十八世（平侯）徙新蔡（宋忠以爲胡徙新蔡，非是）。應劭曰：九江有下蔡（即州來，昭侯所徙），故此稱上，亦謂之蔡陽。孔氏曰：蔡城在蔡水之陽也。正義：上蔡縣在豫州北七十里，縣外城古蔡國城也。今屬河南汝寧府（今修武縣亦有蔡城，當是蔡叔監殷時封邑）。水經注引竹書紀年云：魏章率師及鄭師伐楚，取上蔡。則上蔡本楚地。惟謂白起攻楚時舉之，似非事實。召陵說見後魏策一邵陵下。顧觀光曰：漢志：汝南郡上蔡，故蔡國（今上蔡屬汝寧府），戰國時爲楚地，又嘗屬魏。水經汝水注引竹書紀年曰：魏章率師及鄭師伐楚，取上蔡。越世家云：魏亦覆其軍，殺其將，則陳上蔡不安，是也。又嘗屬韓，楚世家云：「王朝張弓而射魏之大梁之南，加其右臂而徑屬之於韓，則中國之路絕而上蔡之郡壞矣。」正義云：韓上蔡之郡。又曰：秦本紀，惠王後十四年，伐楚取召陵。則召陵爲楚地。而蘇秦說魏曰：南有召陵。蓋楚、魏接壤處也。漢志屬汝南，在今許州郾城縣東三十五里。

〔八二〕高誘曰：魏爲秦察諸侯動靜也。黃丕烈曰：今本候誤侯。俞正燮曰：戰國大臣實封稱君，如孟嘗、昌國、安陵、龍陽、平原、信陵等，皆通名關內侯。所謂關者，凡國皆有關，非定殽、函始謂關也（關內侯說）。又曰：關內侯，國皆有關，如言封內食采耳（書管子後）。金正煒曰：按上文「韓必爲關中之候」，中、內義同，今本作侯，蓋形似而譌也。管子小匡篇：執玉以見，請爲關內之侯。墨子號令篇：封城將三十里地爲關內侯。呂覽貴信篇：魯請比關內侯以聽，皆由後人習聞秦爵有此稱，因致傳寫之譌，正可據此策訂正。周禮夏官序官候人注：候人，迎賓客之來者。左氏昭二十三年傳：明其伍候。賈注，五候，五方之候也。祖耿案：候，新序同。史記作侯。

〔八三〕金正煒曰：按內當讀如納，與上文關中、關內，爲義不同。書大傳：雖禽獸之聲，猶悉關於律。鄭

注：闕，猶入也。公羊桓二年傳：「內於太廟。」何注：內者，入辭也。周禮鍾師「內夏」注，故書納作內。杜云：內當爲納。荀子臣道篇：時闕內之。闕內故爲連文。前章：入其社稷之臣於秦。高注：入，納也。彼言入其臣，此則內其君。闕內云者，謂其舉國爲內臣，比諸侯之列也。漢書嚴助傳：陛下若欲來內處之中國，文義略同，惟此爲已然之詞耳。　祖耿案：二，史記、新序並作兩。

〔八四〕黃丕烈曰：鮑改齊爲秦。吳氏補曰：當作秦。丕烈案：鮑改、吳補皆非也。史記「注地於齊」。索隱曰：謂以兵裁之也。新序作「注入地於齊」，皆可證此字之不當作秦。

〔八五〕高誘曰：壤，地。　鮑彪曰：拱，斂手。　祖耿案：史記、新序，齊下並無之字。史記正義云：右壤謂濟州之南北也。

〔八六〕經，原作任。　高誘曰：一注東海。　鮑彪曰：東、南。吳師道曰：索隱云：西海至東海。　黃丕烈曰：今本任作經，鮑改任作注。　吳氏補曰：史作經，是。丕烈案：新序作桱。　程恩澤曰：謂自西海至東海。其地一爲秦所有也。胡三省曰：東西爲經。兩海，東海西海也。按作經義勝。　祖耿案：「王之地」上，史記、新序，並無「是」字。

〔八七〕高誘曰：要，取。　鮑彪曰：要，謂中。　朱起鳳曰：史記：「要約天下。」策作「要絕」，當作「約」。祖耿案：史記、新序並作「要約天下」，無「也」字。

〔八八〕原無下齊、楚二字。　黃丕烈曰：鮑，齊、楚下補齊、楚二字。　吳氏補曰：宜從史，疊齊、楚字是。新序同。　祖耿案，新序無「也」字。

〔八九〕原作「持齊、楚」。　鮑彪曰：以危亡之事恐動之。持，劫之也。　吳師道曰：史「直搖齊、楚」。新序同。通鑑綱目從之。　金正煒曰：按燕策：「我起乎宜陽而觸平陽，二日而莫不盡繇。」吳引索隱云：繇音搖，搖動也。

〔九〇〕高誘曰：痛，急也。不待急攻而服從也。鮑彪曰：痛，言攻伐之酷。春申傳有。吳師道曰：史：「昭王曰：『善。』於是止白起而謝韓、魏。發使賂楚，約爲與國。」金正煒曰：趙策：「今足下功力非數痛加於秦國」，與此痛字義同。或爲疾之譌，疾與急通。故高注云：急也。左氏襄十一年傳：晉不吾疾也。注：疾，急也。又或爲病，病，困也。見呂覽行論篇：委服告病注。韓策：恐梁之不聽也，故欲病之。錢、劉作痛之，可爲此證。祖耿案：「不待痛而服矣」之下，史記接云：「昭王曰：『善。』於是乃止白起而謝韓、魏。發使賂楚，約爲與國。黃歇受約歸楚。」新序接云：「昭王曰：『善。』於是乃止白起謝韓、魏。發使賂楚，約爲與國。黃歇受約歸楚，解弱楚禍，全彊秦之兵，黃歇之謀也。」兩文並與御覽兩引後語符同。然則此章與上章實爲一章，乃黃歇上秦昭王書。高注以爲秦王名正，實誤也。馬驌曰：昭然利害，敷陳愷切，春申君生平，唯此可觀。

十一

或爲六國說秦王曰〔一〕：『土廣不足以爲安；人衆不足以爲强；若土廣者安，人衆者强，則桀、紂之後將存〔二〕！昔者，趙氏亦嘗强矣〔三〕。』曰：『趙强何若〔四〕？』『舉左案齊，舉右案魏〔五〕，厭案萬乘之國二，由千乘之宋也〔六〕。築剛平，衛無東野，芻牧薪采，莫敢闚東門〔七〕。當是時，衛危於累卵。天下之士，相從謀曰：「吾將還其委質而朝於邯鄲之君乎〔八〕？」於是天下有稱伐邯鄲者，莫令朝行〔九〕。

魏伐邯鄲〔一〇〕，因退爲逢澤之遇〔一一〕，乘夏車，稱「夏王」〔一二〕，朝爲天子〔一三〕，天下皆從〔一四〕。齊太公聞之，舉兵伐魏，壤地兩分，國家大危〔一五〕，梁王身抱質執璧，請爲陳侯臣〔一六〕，天下乃釋梁。郢威王聞之，寢不寐，食不飽，帥天下百姓以與申縛遇於泗水之上〔一七〕，而大敗申縛。趙人聞之，至枝桑；燕人聞之，至格道〔一八〕；格道不通，平際絶〔一九〕。齊戰則不勝，謀則不得〔二〇〕，使陳毛釋劍掫委南聽罪〔二一〕，西説趙，北説燕〔二二〕，内喻其百姓，而天下乃釋齊〔二三〕。於是夫積薄而爲厚，聚少而爲多〔二四〕，以同言郢威王於側牖之間〔二五〕。臣豈以郢威王爲政衰謀亂以至於此哉？郢爲强，臨天下諸侯，故天下樂伐之也〔二六〕。』

〔一〕高誘曰：王，王正也。已爲始皇帝。　祖耿案：顧觀光附此於赧王五十八年。

〔二〕高誘曰：言王者以仁義爲安强。雖土廣人衆而無仁義，猶將危亡，故桀、紂不能自存也。

〔三〕姚注：曾作「嘗亦」。

〔四〕鮑彪曰：曰，猶言。

〔五〕鮑彪曰：言舉兵於左，則齊下。案，下也。

〔六〕由，原作國。　鮑彪曰：猒，言案之不一。宋於七國時爲千乘，今使齊、魏如之。　吴師道曰：猒，益涉反。培壓也，又伏也。　金正煒曰：按此即史記趙世家敬侯二、三年敗齊於靈丘，救魏於廩丘事也。史文不及宋，别亦無徵。鮑注「宋於七國時爲千乘，令使齊、魏如之」，據注，原文當爲「猒案萬乘之國二，由千乘之宋也」。由與猶通，孟子公孫丑上篇：「由反手也。」音義引丁音由，義當作猶。猶，如也，古字借用耳。左氏莊十四年傳：「猶有妖乎」，疏：古者由猶二字，義得通用，俗書國作囯，與由形似而誤。漢書翼奉傳：「東厭諸侯之權。」師古曰：厭，抑也。管子霸言篇：「按彊助弱。」注：按，抑也。厭按，謂能抑制之。宋又或爲家字之譌。

〔七〕高誘曰：剛平，衛地，趙築之以爲邑。故「衛無東野」，故衛人芻牧不敢出於東門。鮑彪曰：剛平，趙地。缺。趙敬侯四年，築剛平以侵衛，五年，齊、魏爲衛取我剛平，皆不注。詳此則剛平趙取之衛也。芻，草也，以食馬。牧，養牛人也。大者薪，小者採。吳師道曰：剛平，正義云：蓋在河北。芻，草也。牧，牧人也。程恩澤曰：案趙世家：敬侯四年，「築剛平以侵衛。五年，齊、魏爲衛取我剛平。」是剛平本衛地，而趙得之，後又歸衛也。顧觀光曰：史記趙敬侯四年，築剛平以侵衛。五年，齊、魏爲衛攻趙，取我剛平。秦策：「築剛平，衛無東野，芻牧薪采，莫敢闚東門。」高注：剛平，衛地。趙築之以爲邑。正義曰：在河北。今以齊策證之，當在河東。又曰：齊策云：「衛得是藉也，亦收餘甲而北面，殘剛平，墮中牟之郭。」衛非强於趙也，藉力魏而有河東之地」。據此，則剛平、中牟並在河東，亦趙地之近齊者也。

〔八〕鮑彪曰：還，反。言改事也。僖二十三年注：委質，屈膝也。吳師道曰：彼注不明，此强節入。質、贄通，即下文「抱質」，孟子「傳質」是也。委，致也。

〔九〕莫下原有不字。黃丕烈曰：今本令上有夕字，乃誤涉鮑也。鮑補夕字。丕烈案：此當衍不字。莫即暮字也。

〔一〇〕鮑彪曰：魏惠三十年伐趙，趙告急齊，是以有馬陵之敗。吳師道曰：在後。

〔一一〕高誘曰：遇，會。鮑彪曰：開封東北有逢池，或曰宋之逢澤。張琦曰：在今開封府東南二十四里。程恩澤曰：案宋逢澤，當在今商邱縣。郡國志：梁國蒙縣有蒙澤。逢蒙聲近，蓋即逢澤也（又名逢洪陂，見水經注）。此逢澤是魏地。竹書紀年：梁惠王六年，發逢忌之藪以賜民。臣瓚曰：今浚儀有逢陂、忌澤是也。地理志：河南郡開封縣有逢池。徐廣曰：開封東北有逢澤。水經注：魯溝水流逕開封縣故城北，南際富城，東南入百尺陂，即古逢澤也。括地志：逢澤一名逢池，在汴州浚儀縣東南（元和志、寰宇記、路史並作東北）十四里，今在祥符縣東北（一作東南）二十四里，蓋本逢陂、忌澤二地，合而爲逢澤，今有蓬陂。顧觀光曰：據秦本紀：孝公二十年，秦會諸侯逢澤。則秦爲主，而魏從之也。徐廣曰：開封東北有逢澤。正義引括地志云：逢澤亦名逢池，在汴州浚儀縣東南十四里。

〔二〕鮑彪曰：夏車，夏取其文，禮有夏篆。夏王，夏，中國也。吳師道曰：乘夏車者，言中夏之車，下文可徵。夏，亥雅反。禮注：夏，赤也。孤車夏篆，非天子之車。董說曰：夏車者，夏篆也，篆其車而五采畫也。

〔三〕黃丕烈曰：今本朝上有一字，乃誤涉鮑也。鮑補一字。吳氏正曰：即驅十二諸侯朝天子者，爲字疑衍。王念孫曰：爲，與于同，謂魏惠王朝于天子，而天下皆從也。秦策又曰：梁君驅十二諸侯以朝天子於孟津。齊策曰：魏王從十二諸侯朝天子。皆其證也。鮑讀朝爲朝夕之朝，而於朝上增一字，謂魏王一朝爲天子，而天下皆從，其失甚矣！吳讀朝爲朝聘之朝，是也。而云「爲字疑衍」，則未知于、爲之通用也。錢氏曰：詳秦策所言，乃指魏惠王時事。然趙築剛平，據趙世家乃在周安王二十年，趙敬侯五年，乃魏武侯時，非魏惠王也。惟水經注酸水下引紀年：「梁惠成王十六年，邯鄲伐衛，取漆、富邱城之」，則在魏伐邯鄲前。秦策誤引漆、富邱爲剛平耳。又其時爲齊威王四年，而秦策云齊太公，亦誤。其後又稱郢威王，楚威王正與齊威王同時，與齊太公則不相及也。鮑改太公爲宣王，亦失之。逢澤之遇，即齊策說閔王篇所謂從十二諸侯以朝天子者也。秦策言之未析。又按魏武侯、趙敬侯、齊太公時，別有魏襲邯鄲事，秦策蓋

兩事混説也。(考辨一二五頁)

〔一四〕高誘曰：皆從其化。

〔一五〕高誘曰：太公，田和也。始伐(伐，一本作代字)吕氏齊侯，謚爲太公。齊威王之祖父也。兩分魏之壤地。　黄丕烈曰：鮑改太公爲宣王。云太公和時無此事。吴氏補曰：此二字有誤。丕烈案：策文本作太公，高注即其證矣。鮑改吴補，皆非其意。「壤地兩分，國家大危」，此八字鮑本無，吴補、本有。丕烈案：高注可證。無者脱耳。

〔一六〕高誘曰：陳侯，齊侯也。陳氏篡，吕氏絶，故曰陳侯也。　鮑彪曰：質、贄同，羔、雁之屬。齊，陳敬仲之後，故曰陳侯。趙成侯二十二年，魏拔邯鄲，齊亦敗魏於桂陵，不至如此所稱，故定爲宣王馬陵之役。吴師道曰：按大事記：周顯王十六年，魏惠十八年，齊威二十六年，趙成侯二十二年，魏拔趙邯鄲，服十二諸侯，遂稱王。齊乘其敝，敗之桂陵。二十七年，秦孝公會諸侯於逢澤以朝王。策謂魏伐邯鄲，遂爲逢澤之遇。按魏既克邯鄲，即爲齊、楚所襲，天下未嘗皆從。當據史書：秦顯王二十八年，魏惠三十年，齊宣二年，魏伐韓，齊伐魏以救韓，敗魏于馬陵。魏世家書魏伐趙，乃往歲事。是時亦田忌、孫臏將，而桂陵、馬陵易混故爾。其後惠王用惠施之言，朝齊以怒楚。魏策有顯王三十六年，魏惠後二年，齊宣十年，楚成六年，楚伐齊，大敗申縛於洞上。今以此考之，伐邯鄲乃魏惠十八年事，逢澤之遇秦爲之，非魏也。敗魏馬陵而魏朝之者，齊宣王也。舉兵伐魏一語，在會逢澤後，則亦指馬陵之役，而上文伐邯鄲，乃敗桂陵時事。天下皆從，指服泗上十二諸侯言之，亦未免殽舛也。大事記又謂魏爲逢澤之遇，天下皆從，又梁君驅十二諸侯以朝天子。語雖不可盡信，但魏自拔邯鄲後稱王，則無可疑者。　梁玉繩曰：秦策稱齊宣爲陳侯，不倫。詳見史記志疑卷八。　錢穆曰：逢澤之會乃梁惠王，非秦孝公；在梁惠王二十七年，非周顯王二十七年。余嘗參稽以考知逢澤之遇，實在馬陵戰前，與伐趙邯鄲、戰桂陵無涉。又會逢澤者，乃梁惠成王，與秦孝公無涉。其事在梁惠王之二十七年，今史表誤係之周顯王之二十七年，而又誤屬之於秦孝公耳。國策三言魏會諸侯而不及秦，知此會乃魏惠王，非秦孝公矣。（考辨二三六至二三八頁）

〔一七〕高誘曰：威王，懷王父也。郢，楚都也。怒齊人之臣伏魏王，故帥百姓以與申縛遇，而敗之也。申縛，齊將也。　鮑彪曰：郢，楚都也，亦避始皇父諱。楚威七年伐齊，敗之徐州。縛，齊將。揚之水注：申，諸姜。　黄丕烈曰：今本縛作縛。丕烈案：縛即縛字，下同。申縛見齊策。　程恩澤曰：案姓譜：申四岳之後，封于申。潛夫論申城在南陽宛北序山之下。又案：水經注：泗水出魯卞縣故城東南，桃墟西北（山海經：泗水出魯東北。淮南墬形訓：泗出台術）。博物志曰：泗出陪尾，蓋斯阜矣（括地志：泗水源在兖州泗水縣東陪尾山，其源有四道，因以爲名。今兖州府泗水縣東五十里有陪尾山）。西南逕魯縣北，分爲二：北爲洙瀆；南則泗水（所謂洙、泗之間，即夫子領徒之所）。又南流，逕方與縣東，菏水從西來注之。又東南流，逕角城北（在今清河縣西南），注於淮。其地在今山東兖州、濟寧，江蘇徐州、淮安等處（此禹迹故道也。今自徐城以南，悉爲大河所占矣），正當時齊、楚相遇之所，但不知何縣耳。又案地理志，泗水有二，一與水經注同，一出濟陰乘氏。錢坫曰：濟陰之泗即菏，菏即濟也。說文：泗受泲水，東入淮，謂此。（閻若璩曰：漢志謂泗入泲似誤，乃泲入泗耳，說文是也。）　祖耿案：申縛見齊策一首章。

〔一八〕高誘曰：燕、趙怒齊之臣魏王，故出兵至枝桑、格道，將伐也。　鮑彪曰：枝桑，地缺。　趙記注：根桑，一曰平桑，疑即此。此魏地也，蓋赴魏之難。格道，地缺。　程恩澤曰：案據策上下文義，枝桑當是齊地（以遇於泗水之上推之，尤信）。鮑以爲魏地，非是。格道，案此亦齊地。

〔一九〕姚注：一本無際字。　鮑彪曰：平際，地缺。　程恩澤曰：案據高注，此非地名，姑存之，以俟考。　金正煒曰：鮑注以平際爲地名，疑非。小爾雅廣詁：際，界也。言格道不通，則平際亦阻絕。與楚策：「南面而攻則北地絕」文同。

〔二〇〕原作「齊戰敗」。王念孫曰：敗與不勝，詞意相複。敗當爲則字之誤也。戰則不勝，謀則不得，相對爲文。　金正煒曰：敗當從王說作則。

〔二一〕高誘曰：聽罪於楚子也。　鮑彪曰：掫，夜戒，有所擊引也。釋二者，不自衛，示卑也。委南，委去南面之尊。吳師道曰：聽罪於楚。　金正煒曰：「使陳毛釋劍」者，令其罷戰也。陳毛無考。中溥敗於徐州，史作申紀。中疑田字之譌。策文於齊，或曰陳侯，或曰田侯。田完世家云：「敬仲之如齊，以陳字爲田氏」，則田紀亦可稱陳紀。紀字缺損爲已，因誤爲毛歟！又陳毛或與釋劍爲對文，穆天子傳：官人陳牲全。山海經：凡雚山之首，其祠之禮毛。注：毛，言擇牲取其毛色也。陳毛云者，蓋即刑牲以盟之意。毛亦與旄通。管子小匡篇：糞涂其顛旄，注：旄者所以誓勒兵士。公羊宣十二年傳：莊王自手旌，左右撝軍退舍七里。「陳旄釋劍」，亦即麾衆去兵也。掫委當作拊委，掫、拊篆文相似，義亦得通。楚策：一國之衆見君莫不斂衽而拜，撫委而服。撫與拊同。

〔二二〕鮑彪曰：說，使人解之。　金正煒曰：按詩氓：「猶可說也。」鄭箋：說，解也。禮記檀弓：「天下其孰能說之。」鄭注：說，猶解也。國語越語：「句踐說於國人」，注：說，解也。

〔二三〕原作「齊釋」。高誘曰：釋，舍。　鮑彪曰：不攻齊也。王念孫曰：「齊釋」當爲「釋齊」，上文「天下乃釋梁」，即其證。

〔二四〕姚注：曾、劉本無兩「爲」字。黃丕烈曰：今本「夫」作「天下」二字，乃誤涉鮑也。「夫」，鮑本作「天」，補「下」字。　吳氏正曰：一本「於是夫」，「天」即「夫」之譌。

〔二五〕牖，原作紂。高誘曰：紂，當爲牖，聲之誤也。鮑彪曰：高注：「紂，當爲牖」。

〔二六〕吳師道曰：同言郢威王云云，言天下又欲謀楚也。此章先言趙强而魏伐之，魏强而齊伐之，齊强而楚伐之，楚强而諸侯又謀之。言强者之不足恃，召天下之所惡，而欲共攻之者也。言此欲以止秦之攻，故云：「爲六國説」也。金正煒曰：爲，猶若也。樂，疑當爲謀，謀省作某，與樂字草書相似而誤。

卷七　秦五

一

或謂秦王曰〔一〕：『臣竊惑王之輕齊易楚而卑畜韓也！臣聞「王，兵勝而不驕；伯，主約而不忿〔二〕；勝而不驕，故能服世；約而不忿，故能從鄰〔三〕。」今王廣德魏、趙而輕失齊，驕也〔四〕；戰勝宜陽不恤楚交，忿也〔五〕；驕忿，非伯主之業也〔六〕。臣竊爲大王慮之而不取也！詩云：「靡不有初，鮮克有終〔七〕。」故先王之所重者，唯始與終〔八〕。何以知其然也〔九〕？昔智伯瑶殘范、中行，圍逼晉陽，卒爲三家笑〔一〇〕；吴王夫差棲越於會稽，勝齊於艾陵，爲黄池之遇，無禮於宋，遂與句踐禽死於干隧〔一一〕；梁君伐楚勝齊，制趙、韓之兵，驅十二諸侯以朝天子於孟津〔一二〕，後子死，身布冠而拘於齊〔一三〕；三者，非無功也，能始而不能終也〔一四〕。今王破宜陽，殘三川，而使天下之士不敢言〔一五〕；雍天下之國，徙兩周之疆，而世主不敢交〔一六〕；塞陽侯，取黄棘，而韓、楚之兵不敢進〔一七〕；王若能爲此尾，則三王不足四，五伯不足六〔一八〕。王若不能爲此尾而有後患〔一九〕，則臣恐諸侯之君，河、濟之士，以王爲吴、智之事也〔二〇〕！詩云：「行百里者，半於九十。」此言末路之難也〔二一〕。今大王皆有驕色〔二二〕，以臣之心觀之〔二三〕，天下之事，依世主之心〔二四〕。非楚受兵，必秦也〔二五〕。何以知其然也？秦人援魏以拒楚，楚人援韓以拒秦〔二六〕，四國之兵敵而未能復戰也〔二七〕，齊、宋在繩墨之外以爲權〔二八〕，故曰：「先得齊、宋者伐〔二九〕。」秦先得齊、宋，則韓氏鑠，韓氏鑠，則楚孤而受兵也〔三〇〕；楚先得齊、宋，則魏氏鑠，魏氏鑠，則秦孤而受兵矣〔三一〕。若隨此計而行之，則兩國者必爲天下笑矣〔三二〕！」

〔一〕原無或字。高誘曰：秦始皇也。　祖耿案：文選於安城答靈運一首，李注引，有或字。　顧觀光附此於赧王八年。曰：「中有戰勝宜陽，不恤楚交之語，故附此。」

〔二〕高誘曰：驕，慢；忿，怨也。伯主約儉勞謙，故不有所忿怨。　鮑彪曰：主天下之要約。　吳師道曰：斂約也。　金正煒曰：按高注釋約爲儉，於文不合。吳氏疑主約，不得單言約，故以斂約爲訓。惟以約爲主約，策文屢見。齊策：「約而好主怨，伐而好挫强也。」正與此文同。管子大匡篇：「不可以約取也。」注：不可以盟取信也。主約亦猶主盟。主約之得省稱約，猶兵勝之可簡言勝也。説文：忿，悁也。莊子達生篇：「忿滀之氣」，釋文引李注：忿，滿也。高注怨字，或爲怒之譌（廣雅釋詁：忿，怒也）。

〔三〕高誘曰：王者德大不驕逸，故能服鄰國（一本作服世從鄰）。服，慊也。　鮑彪曰：從鄰，使鄰國服從。　金正煒曰：左氏襄十年傳：「從之將退」，注：從，猶服也。公羊宣十二年傳：「告從」，注：從，服從。

〔四〕姚注：德，曾一作得。劉一作失。　鮑彪曰：廣德，大施恩惠。　金正煒曰：按廣字疑當爲重，重字篆文如書作𡍮，即與廣近似而誤。德與得通。重得與輕失爲對文。

〔五〕高誘曰：恤，顧。鮑彪曰：言不以交楚爲意。金正煒曰：秦王用馮章之策，許楚漢中而背之。即此所云「不恤楚交」也。

〔六〕高誘曰：業，事。　黄丕烈曰：伯主，鮑本作霸王。

〔七〕「大王」，鮑本作「大臣」。鮑彪曰：大雅蕩詩。

〔八〕高誘曰：先王，聖王也。敬始慎終，故曰：「唯始與終」也。　黄丕烈曰：始終，鮑本互易。

〔九〕黄丕烈曰：鮑本然下有也字。吳補：一本無也字。

〔一〇〕高誘曰：智伯，智襄子也。殘，滅也。范，范吉射，昭子也。中行，中行寅，文子也。二子之後，以苛爲察。以尅下爲功。於晉六卿中薄德前衰。智伯滅而兼之。志意驕盛。求地於趙襄子，襄子不與，故率韓圍晉陽以伐趙氏。趙氏與韓、魏通謀。韓、魏爲反間，令趙氏得殺智伯。故曰「三家笑」也。鮑彪曰：范吉射、中行寅，晉兩卿。晉陽屬太原，故許唐國。三家，趙、魏、韓也。事見韓策，晉出公十七年。　吳師道曰：大事記，晉陽，漢太原郡所治。龍山在西北，晉水所出。北齊分晉陽，置龍山縣，隋改龍山曰晉陽，而以晉陽爲太原縣。又曰：大事記，晉出公十七年，晉荀瑤與趙、韓、魏氏分范、中行之地，反攻出公，奔齊道死。晉哀公四年，趙約韓、魏攻荀瑤，滅之。

〔一一〕姚注：句，劉作「爲勾」。隧，一作隊。　高誘曰：吳王夫差伐越，勝之。勾踐奔走，棲於會稽山之上。遂北伐齊，勝長求平。勾踐起兵伐其國，遽救之。越人殺之干隧，干隧邑名。　鮑彪曰：會稽，故越國，揚州郡，亦山名。棲越，事見哀元年。艾陵，杜注：齊地。勝齊，見哀十一年。　陳留外黄注，縣有黄溝。又魏內黄注，吳會諸侯于黄池。今黄溝是。黄池之遇事在哀十三年。吳欲伐宋，殺其大夫，囚其婦人，亦在哀十三年。爲勾踐禽死在哀二十二年。　吳師道曰：正義云：艾山在兖州博縣南。又曰：哀十三年杜注，陳留封丘縣南有黃亭，近濟水。按外黃、小黃、封丘皆屬陳留。外黃有黃溝，故指爲黃池。而內黃隸相者亦有黃溝，水經注所謂河水洪通濮、濟、黃溝者也。相與封丘殊遠，當以杜注爲正。路史同杜注。　黃丕烈曰：「於干隧」三字，鮑本無。鮑改「與」爲「爲」，吳氏補曰：當作爲。一本「死於干遂」。　王引之曰：「與勾踐禽」，言爲勾踐所禽也。　張琦曰：會稽山在今紹興府東南十二里。左隱六年，「盟於艾。」杜注：泰山牟縣東南，有艾山。後志，琅邪國臨沂縣注，又引左隱六年及杜注。按左哀十年，吳伐齊克博取嬴，乃敗於艾陵，不得在臨沂。後志注誤也。今泰安府萊蕪縣東北有艾陵亭，即其地。故牟城在縣東二十里。博即今泰安府治。嬴在府東南五十里。臨沂今沂州府。方輿紀要曰：「艾山在沂州西二十五里。左隱六年盟艾即此。或以爲艾陵，誤。」宛溪蓋據後志注。然杜預本曰泰山牟縣，與艾陵正合，後志誤引入臨沂耳，未可據也。吳氏引正義云：在兗州博縣南，亦非。黃池在今開封府封邱縣南七里。後志陳留平邱有黃池亭。注，左哀十三年盟黃池。　杜預曰：在縣南。今本杜注作封邱。水經濟水篇曰：「又東過封邱縣北，又東過平邱縣南」。注次南北濟所躔，皆逕大梁而至平邱，則封邱在大梁之西北，平邱在大梁之東北，而黃池實在今封邱之南。蓋今封邱，乃古平邱。黃池當如後志所次，今本譌「平」爲「封」也。古封邱應更在西。然城邑遷改，無以明之，俟知者證耳。　程恩澤曰：案吳，姬姓，子爵。周太王長子泰伯，采藥荆、蠻，以讓季歷。始居梅里，因國焉，自號句吳。其地在今常州府無錫縣東南四十里。泰伯卒，無子，弟仲雍立。武王克殷，求泰伯仲雍後，得周章，已君吳，因封之。傳十五世至壽夢，始通上國。又五傳至光，使子胥築闔廬城，都之。即今蘇州府治也。又一傳至夫差，爲越所滅。　案山海經：會稽之山，四方。上多金玉，下多砆（水經注引作玞）石。越絕書（職方氏疏引此作「越傳」）：禹到大越，上苗山，大會計。更名苗山曰會稽。（夏本紀：會稽者會計也。禹合諸侯於此計功，命曰會稽，蓋即本此。然此說論衡已駁之。）有南鎮廟。呂氏春秋：天下九山，會稽其一（淮南子同）。地理志：會稽山在會稽郡山陰縣南。上有禹冢、禹井。越王勾踐本國。有靈文園。水經注：會稽之山，古防山也。亦謂之爲茅山。又曰：棟山自平地趣山頂七里。今在浙江紹興府東南十三里。（爾雅正義作二十里。說文：嵞，會稽山也。段玉裁曰：此即左傳禹合諸侯於塗山也。杜注謂在壽春東北（今懷遠縣），非是。壽春之塗山，乃禹所娶地。酈道元云：穆有塗山之會，在此。）高誘淮南子注云：會稽，在遼西界，或又云在泰山下。所謂封於泰山，禪于會稽，是也。俱是異義。

艾陵與艾山有別。春秋隱六年，公會齊侯于艾。杜注：泰山牟縣東南有艾山。此艾邑也。哀十一年，齊國書帥師及吳戰于艾陵，杜注但云齊地，而不言所在，自是兩邑。正義合而一之（路史亦云），非是。顧棟高曰：艾山在今沂州府蒙陰縣西北。杜注所云是也。艾陵在今泰安府泰安縣東南（其春秋輿圖又主萊蕪，與此互異）。孔氏曰：在博縣南六十里是也（此乃史記春申君列傳正義，並非左傳孔疏。顧蓋誤引）。但以傳文克博（今泰安縣）至嬴（今萊蕪縣）推之，似不甚的。當時由博至嬴，乃戰于艾陵，則艾陵不應在博。今萊蕪縣東北有艾陵亭。萊蕪即古嬴縣。由嬴至艾陵，當在其地。

郡國志：陳留郡平丘縣，有黃池亭。劉昭曰：陳留志云，黃亭在封丘。（張氏琦曰：今封丘乃古平丘。古封丘應更在西。）杜預曰：在縣南。傳曰：吳囚子服景伯以還，及戶牖。黃池在戶牖西，或以爲外黃縣東溝，非也。正義：黃池在汴州封丘縣西南七里，東西廣三里。薛瓚曰：國語：吳子掘深溝于商、魯之間，以會晉公午于黃池。正此地也。史記：侵宋黃池，即此。

彙纂夫差所掘之溝北屬之沂，西屬之濟。沂水出蓋縣臨樂山（詳見魏策），入于泗。而濟水在封丘南。是時夫差既通江、淮，遂帥舟師自淮入泗，自泗入沂。復穿宋、魯之境，連屬水道。有不通者，鑿而通之，以達于封丘之濟。杜氏所謂近濟水是也。高士奇曰：吳人溝通之路，蓋由今考城（即外黃東溝），過杞縣（東北六十里，爲古外黃城），北境歷蘭陽（東北二十里，即古戶牖），而至於封丘（近濟水）。

如謂黃池在內黃，則黃

溝非進兵之路。如謂黃池在外黃，則戶牖反在其西，不應爲歸路。此薛瓚、劉昭所以鰓鰓辨之。惟杜說爲不可易也。今衛輝府封邱縣西南有黃池，春秋時爲宋地。地理志應劭注以爲在內黃，水經注以爲在小黃，俱誤。趙匡以爲魯地，胡安國以爲衛地，亦非。　金正煒曰：王念孫云：與，猶爲也，言爲勾踐所禽也。按國語吳語：「吳王既會，越聞愈章，恐齊、宋之爲己害也，乃命王孫雒先與勇獲帥徒師以爲過賓於宋，以焚其北郛焉而過之。」正此所謂無禮於宋之事。鶡冠子天則篇：「未有離天下而能善與國者也。」陸佃注：與或作爲。與國即爲國。可爲王說之證。陸誤亦與鮑、吳同。史記蘇秦傳注：索隱云：干隧，地名，不知所在。正義云在蘇州吳縣西北四十餘里，萬安山前，遂西南出太湖。夫差敗於姑蘇，禽於干隧，相去四十餘里。越絕書：夫差冢在猶亭西卑猶位，近太湖，去縣五十七里。疑卑猶位即干隧，方音之譌。

〔二〕高誘曰：梁君，梁惠王也。伐楚、齊勝之，制御趙、韓之兵，驅使十二諸侯魯、衛、曹、宋、鄭、陳、許之君朝天子於孟津。　鮑彪曰：梁君，惠王。孟津在河內河陽縣南。　魏記：惠王二年敗韓于馬陵，敗趙于懷。十五年，魯、衛、宋、鄭君來朝。二十八年，中山君爲相，不見齊、楚及朝天子事。　吳師道曰：年表二十九年。　張琦曰：孟津在懷慶府孟縣西南三十里，亦名富平津，故河陽縣也。　程恩澤曰：案孟津與孟津縣非一地。孟津縣在河南，漢爲河陰縣，今屬河南府。孟津在河北，漢爲河陽縣。今爲孟縣，屬懷慶府。中隔大河，相距約七十里。孟津與河陽又非一地。河陽故城在今孟縣西三十五里，孟津在今孟縣南十八里。　尚書正義曰：孟是地名，津是渡處，在孟地置津，謂之孟津。蓋即左傳盟地（盟，古孟通）。書所云東至于孟津、師畢渡孟津皆是也。後漢書光武紀注：俗名冶戍津（今俗名猶然）即此。十三州記云：河陽縣治河上，即孟津也。以孟津爲河陽。元豐志從之（春秋大事表、新斠注地理志並同）。非是。方輿紀要以孟津爲漢平陰縣，即以今孟津縣爲孟津（水道提綱同），亦非。閻若璩曰：孟津之漸訛而南也，自東漢始。

（晉陽秋以孟津即富平津，水經注以孟津即陶河，孔疏以孟津即武濟，俱在河南，並誤。）又曰楚策，「泗上十二諸侯」，恩澤案呂覽慎勢篇：以滕、費則勞，以鄒、魯則逸，以宋、鄭則猶倍日而馳也，以齊、楚則舉而加綱旃而已矣。楚世家：秦、魏、燕、趙者，鶀雁也。齊、魯、韓、衛者，青首也。騶、費、郯、邳者，羅鸗也。齊策：今大王之所從，十二諸侯，非宋、衛也，則鄒、魯、陳、蔡。索隱：邊近泗水之側，當戰國時有十二諸侯。邾、莒、宋、魯之北。通鑑注：泗水出魯國卞縣西南，至方與入沛。宋、魯、鄒、滕、薛、兒等國，國於其間。地理通釋：秦紀：淮、泗之間小國十餘，所謂泗上十二諸侯也。錢大昕曰：孟子書有鄒穆公費惠公，則戰國之世，小諸侯存者尚多。今按孟子書，尚有任、滕諸國，皆在泗上。惟諸說中如曹（孟子書有曹交，閻若璩疑其滅而復封，亦無的證）、鄭、許、莒等國，似非當時所有。分別言之可也。

〔一三〕齊，原作秦。　高誘曰：後東伐齊，敗于馬陵，太子見殺，故布冠而拘執於秦也。　鮑彪曰：太子申也。三十年齊敗我馬陵，虜申。布冠，以喪禮自居也。拘，猶制。　吴師道曰：高注：太子見殺，故布冠而拘執於秦。　雷學淇曰：戰國秦策曰：梁王身抱質執璧請爲陳侯臣。魏策惠施告惠王曰：王若欲報齊乎？則不如因變服折節而朝齊。又曰：田嬰納魏王而與之並朝齊再三。呂氏春秋不屈曰：惠王布冠而拘于鄄，齊威王幾弗受。戰國之士游説騁辭，實多誣誕。阿、鄄二會由於齊，魏相王，合從擯秦，與馬陵之敗無與。甄之會距馬陵且二十一年矣。今策文俱連屬爲辭，殊不信。呂覽拘甄之説，秦策作「身布冠而拘於秦」。蓋拘秦是也。二十八年敗於馬陵。二十九年秦即詐虜公子卬，使少師勒師近郊，供其會事。前之丹衣星旗，變置而從侯服，承秦命以朝天子，此即所謂拘於秦也。（雷氏義證）　金正煒曰：按呂覽不屈篇：「故惠王布冠而拘於鄄，齊威王幾弗受」。齊策：「魏王大恐，跣行按兵於國，而東次於齊。」此策文注秦字並當爲齊之誤。漢書梁孝王傳：茅蘭説王使乘布車。張晏曰：布車降服，自比喪人也。布冠與布車意同。

錢穆曰：按雷氏辨阿、甄二會無預於馬陵，是也。而遵秦策，謂惠王拘於秦，則大謬。惠王雖敗於馬陵，霸國餘威未熄，豈遽有拘於秦之事？謂阿、甄之會，由於齊、魏相王，亦非。齊、魏相王，會徐州，不會阿、甄。會阿、甄乃五國相王時矣。謂合從擯秦，尤誤。時秦尚不足擯也。（考辨三〇四頁）

〔一四〕高誘曰：終，終難也。

〔一五〕高誘曰：初秦昭王滅東、西周，置宜陽及三川郡，故曰：破宜陽殘三川也。言，議。

〔一六〕高誘曰：雍，有也。兩周，東、西周也。杆宜陽界而東之，故曰：徙兩周之疆也。世主，謂諸侯也，諸侯懾怖畏秦，不敢交會。　鮑彪曰：雍、擁同。言據有之。徙兩周之疆，侵逼之也。　金正煒曰：鮑本交作「窺」。按雍與壅通。漢書凡壅字皆作雍。西狄頌：「四方無雍」，亦猶無壅也。此言天下之國爲秦壅隔，不得合從。「世主不敢交」，與「天下之士不敢言」、「韓楚之兵不敢進」文同。交，當讀爲校。淮南時則篇：「虎始交」，注：交讀校，交、校古蓋通用。左氏僖二十三年傳：「有人而校，罪莫大焉。」注：校，報也。前章「足以校於秦矣。」高注：校，猶亢也。史記索隱云：校，報也。鮑本作窺非。

〔一七〕塞陽侯，原作「陽侯之塞」。　高誘曰：陽侯，諸侯（一下有「之」字）。塞，隘處也。　鮑彪曰：河東陽，注：陽侯國。秦紀、楚記，懷王與昭王盟于黃棘，皆不地。　吳師道曰：正義云蓋在房、襄二州。　張琦曰：方輿紀要曰：棘陽城在新野縣東北七十里，或曰黃棘。秦、楚盟黃棘，即此。　程恩澤曰：楊侯塞，鮑本作陽。案坊記：陽侯繆侯。注云：其國未聞。春秋，齊人遷陽。姓氏書謂召康公之後，其本國在城陽國陽都縣。今爲山東沂水縣。後遷於東海郡都陽縣（並見漢志應劭注。馬宗璉反之，非是）。今爲嶧縣，此陽國也。武帝本紀：楊氏，應劭曰：楊侯國。水經注：晉大夫僚安之邑。地理志：河東郡楊縣。括地志：故楊城本秦時楊國，漢楊縣城也。今晉州洪洞縣也。寰宇記：故城在臨汾縣東南十八里。今在山西平陽府洪洞縣東南十五里（大事記作十八里）。此楊邑也。雖楊、陽古通，實非一地。據括地志，秦時有楊國，則此楊侯當主河東。姑仍之。又案今南陽府新野縣東北七十里，有棘陽城，古謝國也。地在棘水之陽，故曰棘陽。或謂之黄棘，即秦、楚盟處。或曰：在今湖北鄖陽府鄖西縣之黄山。顧觀光曰：按漢志，河東郡楊。應劭曰：楊侯國疑即此也（在今平陽府洪洞縣東南十五里）。韓策又有陽侯之陂。金正煒曰：「陽侯之塞」，當作「塞陽侯」，與「取黄棘」爲對文。塞字誤淆於下，又衍之字，故鮑氏失其句讀。陽侯，隘道；塞，斷絶也。左氏定四年傳：「還塞大隧。」司馬錯與張儀章：「塞轘轅緱氏之口」，與此義並同也。

〔一八〕高誘曰：尾，後也。言王爲策討之，始得之矣。如能終卒没，則王伯之道立也。故曰三王不足四，五伯不足六。鮑彪曰：尾，言善其後。吴師道曰：尾，終也，即上文能終之説。金正煒曰：尾，當爲屈，篆文相似而誤，正對上文驕忿爲言。昭王既息民章：「此所謂爲一臣屈，而勝天下也。」漢書天文志集注引李奇：屈或爲尾。可爲此證。

〔一九〕高誘曰：有滅亡之患也。

〔二〇〕高誘曰：吴，吴王夫差。智，智伯也。事，滅亡之事。鮑彪曰：濟水在温西北，此言中國爾。吴師道曰：濟水出絳州垣曲縣王屋山，伏流至孟州濟源縣。出二源，合流，至温縣入河，出河南溢而爲滎。自鄭以東，貫滑、曹、鄆、濟、齊、青入于海。程恩澤曰：案河謂大河，濟謂濟水，注專主濟言，似誤。

〔二一〕原無也字。高誘曰：逸詩。言之百里者，已行九十里，適爲行百里之半耳。譬若强弩，至牙上，甫爲上弩之半耳。終之尤難。故曰末路之難也。鮑彪曰：詩，逸詩。言行九十里，適足爲五十里耳。黄式三曰：言止於九十里者，居其半也。高注、鮑注皆誤。金正煒曰：按詩字疑當作語。漢書蕭何傳：語曰：天漢。孟康曰：語，古語也。祖耿案：文選於安城答靈運一首，李注引，有也字。

〔二二〕金正煒曰：皆字古與比通用。史記呂后紀：「又比殺三趙王。」索隱曰：比，猶頻也。又漢書爰盎傳：「丞相如有驕主色。」師古曰：如，似也。草書皆作[illegible]，似作[illegible]，或本爲似，草書傳寫之譌。

〔二三〕金正煒曰：心，當爲愚。愚損半字，又涉下文「依世主之心」而誤也。

〔二四〕高誘曰：心，驕約之心也。　鮑彪曰：依，猶據。

〔二五〕高誘曰：言不伐楚，則伐秦也。秦、楚之驕侈故也。　鮑彪曰：皆驕强故。

〔二六〕高誘曰：援，助。

〔二七〕末，原作未。高誘曰：敵，强弱等也。末，無也。　鮑彪曰：四國，秦、楚、韓、魏也。韓、魏雖弱，以得援，故與之敵。敵故不敢輕戰。　金正煒曰：按未字，或本爲末，故高氏以無爲訓。今文、注並誤。若故書爲末，即無煩出注矣。

〔二八〕高誘曰：權，援助之勢也。　鮑彪曰：外，言四國不以爲意。權，言能輕重四國。

〔二九〕伐下原重「秦」字。　鮑彪曰：此言魏、韓得之。　吳師道曰：下文楚先得齊，可見。　金正煒曰：按此文當以「先得齊、宋者伐」爲句。秦字涉下而衍。左氏莊二十八年傳：「且旌君伐」，注：伐，功也。國語周語：「吾有三伐」，注：伐，功也。管子臣道篇：「功伐足以成國之大利。」注：戰功曰伐。此言先得齊、宋，即有功伐。

〔三〇〕高誘曰：鑠，消鑠也。言其弱。韓弱而楚失援，故孤而受兵。　鮑彪曰：鑠，以銷金喻。

〔三一〕齊下原無宋字。高誘曰：魏爲秦與國，魏弱故秦失援而孤，受諸侯兵也。　黄丕烈曰：齊，鮑本作之。　金正煒曰：「楚先得齊」，當從鮑本作「楚先得之」，之，謂齊宋也。劉向謂策字多誤以齊爲立，此由之誤爲立（之、立篆文相近）。後人以立字義不可通，因據向說改齊，今當從鮑本訂正。　祖耿案：金說迂曲，當依上例補宋字。

〔三〕高誘曰：兩國，秦、楚也。鮑彪曰：兩國，秦、楚。彪謂此策，孟軻之徒也。惜其不名。吴師道曰：孟子曰：仲尼之徒無道桓、文之事者。五伯者，三王之罪人。今策云：「伯王之業」，「五伯不足六」。孟子而有是言歟？驕者必敗，亦論之常。其言先得齊、宋與失之，揣量事勢，計較强弱，不過以力服人而已。豈可與孟子同日語哉。

二

秦王與中期争論而不勝〔一〕，秦王大怒，中期徐行而去。或爲中期説秦王曰〔二〕：「此悍人也！中期〔三〕！適遇明君故也，遇桀、紂，必殺之矣〔四〕！」秦王因弗罪〔五〕。

〔一〕不上原無而字。高誘曰：中期，秦辨士也。鮑彪曰：秦人。祖耿案：類聚二五、御覽四六〇引此，並有「而」字。今補。顧觀光附此於赧王四十九年秦昭王謂左右曰：今日韓魏孰與始强章後曰：因中期附此。

〔二〕黄丕烈曰：爲，鮑本作與。王引之曰：與，猶爲也。此爲字讀去聲。鮑本如是。姚本與作爲。金正煒曰：按爲、與義同。説詳釋詞。

〔三〕原無「此」字。鮑彪曰：悍，勇也。勇者多迕。黄丕烈曰：吴氏補曰：「當曰：「中期，悍人也」，有錯文」。丕烈案，中期下屬爲句。吴説未是。金正煒曰：悍人句承上「爲中期」爲文，於義自完。吴説未審。

祖耿案：類聚二五、御覽四六〇引此，並有「此」字，今補。

〔四〕遇上原有「向者」二字。 高誘曰：有人爲中期說，言遭遇明君，不罪勝己臣，故不見誅也。若其遇桀紂，則必（一下有誅字）殺也。 祖耿案：類聚二五、御覽四六〇引，均無「向者」二字。今刪。

〔五〕弗，原作不。 高誘曰：言桀殺逢蒙，紂殺比干，惡其勝己也。秦王恥襲桀紂之闕，故不罪。 祖耿案：類聚二五、御覽四六〇引，不，並作弗。今改。

三

獻則謂公孫消曰〔一〕：『公，大臣之尊者也，數伐有功〔二〕。所以不爲相者，太后不善公也〔三〕。芈戎者，太后之所親也，今亡於楚，在東周〔四〕。公何不以秦、楚之重，資而相之於周乎〔五〕？楚必便之矣〔六〕。是芈戎有秦、楚之重，太后必悅公，公相必矣〔七〕。』

〔一〕高誘曰：皆公孫消。 鮑彪曰：獻則，楚人，爲芈戎游說者。公孫消，秦人。 祖耿案：顧觀光附此於赧王九年。

〔二〕高誘曰：公，謂公孫消也。尊，重也。數行戰伐有功勞也。 鮑彪曰：伐，戰伐。

〔三〕高誘曰：不爲秦相者，不爲芈太后不善者也。 鮑彪曰：宣太后。

〔四〕芈，原作辛。 高誘曰：太后，楚女。孝文皇后，莊襄王母也，號華陽夫人者也。辛戎楚人，自楚亡在東周。東周，洛陽成周也。鮑彪曰：穰侯傳，后同父弟芈戎爲華陽君。凡芈皆楚人。戎時未入秦，知爲昭王初也。黄丕烈曰：鮑改辛爲芈。吴氏補曰：當作芈，下同。丕烈案，此形近之譌。韓策：「謂芈戎曰，廢公叔」，不誤。

〔五〕高誘曰：使辛戎爲周相也。鮑彪曰：使爲周相。

〔六〕鮑彪曰：戎雖以罪去楚，楚既與秦共資之，必爲楚用。故楚利之。

〔七〕高誘曰：公，公孫消也，言必見用爲秦相也。

四

樓啎約秦、魏〔一〕，魏太子爲質〔二〕。紛彊欲敗之〔三〕，謂太后曰：『國與還者也〔四〕，敗秦而利魏，魏必負之〔五〕。負秦之日，太子爲糞土矣〔六〕！』太后坐王而泣〔七〕。王因疑於太子〔八〕，令之留於酸棗〔九〕。樓子患之。昭衍爲周之梁，樓子告之〔一〇〕。昭衍見梁王，梁王曰：『何聞？』曰：『聞秦且伐魏〔一一〕。』王曰：『爲期與我約矣〔一二〕。』曰：『秦疑於王之約，以太子之留酸棗而不之秦。秦王之計曰〔一三〕：「魏不與我約，必攻我〔一四〕。我與其處而待之見攻，不如先伐之」，以秦彊，折節而下與國，臣恐其害於東周〔一五〕。』

〔一〕姚注：啎，管子七臣七主篇云：「事無常而法令申，不啎則國失勢。」注，啎，古伍字，謂偶合也。言雖申布法令，於事不合。他字書無之。　鮑彪曰：樓梧，魏人，後又作「梧」。　吳師道曰：一本作「啎」，姚同。注引管子云：「事無常而法令申，不啎則國失勢。」註：啎古伍字，謂偶合也。愚按玉篇無啎字，有牾字，五故反，觸也，逆也。策後作梧。韻書：牾忤梧午。荀子：午其軍蘁。莊子：俉。燕策：韓子迕。前漢：走逜遻梧牾捂梧枝梧凡十一字，典籍往往通借，上、去聲。　黃丕烈曰：啎，鮑本作牾，吳氏補曰：一本作啎，策後作梧。丕烈案：此啎梧同字，吳補詳之矣。　祖耿案：此篇鮑本列在魏策。顧觀光隸此於赧王八年，曰：依史表。

〔二〕高誘曰：質於秦也。　鮑彪曰：此（魏哀）十一年朝秦。　吳師道曰：世家：襄王十二年，太子朝於秦，秦來拔我皮氏，未拔而解。此策云太子爲質，既而留於酸棗，昭衍說後，不云復遣，當缺。　梁玉繩曰：魏昭王之名，年表、家世皆失書。索隱引世本：名遫，而南唐徐鍇說文繫傳遫字注云：史記有魏遫其名。如此，必是今本脱失耳。但唐書世系表、通志氏族略並稱：昭王名彤，見王氏下。而魏世家哀王六年，秦來立公子政爲太子。十二年太子朝秦（秦紀、魏表俱有），不知太子政即昭王否？考秦策：樓牾約秦、魏，欲以太子質秦，既而留於酸棗不行，有昭衍説梁王之語，與史言朝秦異。策又載秦、楚攻魏，魏内太子于楚，未幾出之，乃次年事。然則昭王遫即太子政也。魏畏秦如虎，何敢留子不行，蓋昭衍說後，便改遣至秦矣。朝秦而歸，遂爲楚質，楚出之後，因得返國，固情勢之無可疑者。往楚往秦，實惟一子，曰遫曰政，當有二名，不然，魏豈並時立兩太子哉！而又何敢易秦所置之太子別立王耶？若彤之名，恐不足信。

〔三〕高誘曰：紛强，魏臣也。敗，害也。　鮑彪曰：紛彊，魏人。　吳師道曰：高註魏臣。　金正煒曰：按魏之樓庳欲合秦，翟彊欲合齊，屢見於策。吳師道以字書無𠪚字，謂當作鼻（孟子萬章篇：封之有庳。漢書昌邑哀王傳作有鼻。庳、鼻字古通用。𠪚蓋庳之譌）。此文作啎，疑亦鼻之譌誤。紛彊或即翟彊，猶管鼻之即樓鼻也。

〔四〕高誘曰：還，周旋於利也。鮑彪曰：還，猶反也，兩國相與好惡，循環不定。吳師道曰：高註還，周旋於利也。金正煒曰：按廣雅釋言：與，如也，還與環同。儀禮士喪禮：布中環幅。注：古文環作還，言謀國者如環之不定也。

〔五〕高誘曰：負，背也。鮑彪曰：負，言魏得利而强，將不事秦，所謂還反。

〔六〕原無土字。鮑彪曰：即所謂糞之。吳師道曰：糞，棄除也。王念孫曰：鮑注不解所謂，吳以糞爲棄除，太子爲棄除矣，亦甚爲不詞。今案：糞下當有土字。下章呂不韋謂秦質子異人曰：「今子無母於中，外託於不可知之國，一日倍約，身爲糞土。」語意正與此同。

〔七〕鮑彪曰：使王坐而泣於前。金正煒曰：按左氏桓十二年傳：「楚人坐其北門。」注：坐，猶守也。墨子迎敵祠篇：「四人掌閉，百甲坐之。」義同。

〔八〕高誘曰：疑，不欲令太子質秦。鮑彪曰：不决遣。金正煒曰：周書王佩篇：「時至而疑。」注：疑，猶豫不果也。

〔九〕高誘曰：留，止。

〔一〇〕高誘曰：告昭衍魏太子止酸棗意。

〔一一〕高誘曰：梁，魏都也，故將伐魏。

〔一二〕姚注：期，曾作其。鮑彪曰：言期以太子結約而不遣，爲此故伐邪？吳師道曰：言與我結約矣，何爲而伐？

〔一三〕鮑彪曰：秦王，昭王。吳師道曰：無考。

〔一四〕金正煒曰：與，猶如也。約以太子質而不遣，是不如約也。（漢書高帝紀「懷王曰：如約」。此即其義）。

〔一五〕高誘曰：昭衍不欲正言害魏也，故詭言恐害東周也。秦來伐，必徑東周故也。鮑彪曰：與與國共伐魏。不欲正言魏受伐，魏與周隣，言周，則魏可知。原在秦策。吴師道曰：交載秦、魏事，從舊可。金正煒曰：與國，謂東周也。設言秦約東周攻魏，周無敢不從。又慮结魏之怨，故云恐害東周。

五

濮陽人呂不韋賈於邯鄲〔一〕，見秦質子異人〔二〕，歸而謂其父曰〔三〕：「耕田之利幾倍？」曰：「十倍。」「珠玉之贏幾倍」？〔四〕曰：「百倍。」「立主定國之贏幾倍〔五〕？」曰：「無數〔六〕。」曰：「今力田疾作，不得煖衣餘食〔七〕；今定國立君，澤可以遺世〔八〕；願往事之〔九〕。」秦子異人質於趙，處於扃城〔一〇〕，故往說之，曰：「子傒有承國之業，又有母在中〔一一〕；今子無母於中，外託於不可知之國〔一二〕，一日倍約，身爲糞土〔一三〕；今子聽吾計事，求歸，可以有秦國〔一四〕。吾爲子使秦必來請子〔一五〕。」乃說秦王后弟陽泉君〔一六〕曰：「君之罪至死！君知之乎〔一七〕？君之門下，無不居高官尊位〔一八〕；太子門下無貴者〔一九〕。君之府藏珍珠寶玉；君之駿馬盈外廄，美女充後庭。王之春秋高矣〔二〇〕，一日山陵崩，太子用事〔二一〕，君危於累卵，而不壽於朝生〔二二〕！計有可以使君富貴千萬歲，其寧於太山四維，必無危亡之患矣〔二三〕。』陽泉君避席曰〔二四〕：『請聞其說。』不韋曰：『王年高矣，王后無子，子傒有承國之業，士倉又輔之〔二五〕，王一日山陵崩，子傒立，士倉用事，王后之門，必生蓬蒿！子異人，賢材也〔二六〕，棄在於趙，無母於內，引領西望，而願一得歸，王后誠請而立之〔二七〕，是子異人無國而有國，王后無子而有子也。』陽泉君曰：『然。』入說王后，王后乃請於趙而歸之〔二八〕。趙未之遣，不韋說趙曰：『子異人，秦之寵子也，無母於中，王后欲取而子之〔二九〕。使秦而欲屠趙，不顧一子以留計，是抱空質也〔三〇〕。若使子異人歸而得立，趙厚送遣之，是不敢倍德畔施，是自爲德講〔三一〕。秦王老矣，一日晏駕〔三二〕，雖有子異人，不足以結秦〔三三〕。』趙乃遣之〔三四〕。異人至，不韋使楚服而見〔三五〕，王后悦其狀，高其知〔三六〕，曰：『吾楚人也，而自子之〔三七〕。』乃變其名曰楚。王使子誦〔三八〕，子曰：『少棄捐在外，嘗無師傅，所教學不習於誦〔三九〕。』王罷之，乃留。請間曰〔四〇〕：『陛下嘗軔車於趙矣〔四一〕，趙之豪桀得知名者不少〔四二〕，今大王反國，皆西面而望，大王無一介之使以存之，臣恐其皆有怨心，使邊境早閉晚開〔四三〕。』王以爲然，奇其計〔四四〕。王后勸立之。王乃召相，令之曰：『寡人子莫若楚，立以爲太子！」子楚立〔四五〕，以不韋爲相，號曰文信侯，食藍田十二縣〔四六〕。王后爲華陽太后。諸侯皆致養邑〔四七〕。

〔一〕鮑彪曰：濮陽屬東郡。　張琦曰：今大名府開州治，即濮陽故縣。　程恩澤曰：案地理志，東郡有濮陽縣，故帝邱也。衞成公自楚邱徙此。郡國志，濮陽，古昆吾國。水經注，濮水經其南，故曰濮陽。括地志，古城在濮州西八十六里，今在大名府開州西南三十里。衞世家，衞至嗣君時，獨有濮陽一縣，至元君十四年，秦更徙衞野王，而并濮陽爲東郡。　顧觀光曰：史記衞世家云，嗣君時獨有濮陽。水經瓠子河注云：秦置東郡，治濮陽縣。濮水逕其南，故曰濮陽也（在今大名府開州西南二十里）。又田齊世家，蘇代曰：「夫有宋、衞之陽地危」（齊策作陽城，誤）。集解云：濮陽之地。是濮陽亦單稱陽矣。　朱起鳳曰：戰國策以不韋爲濮陽人，史記指爲陽翟人，氏族略與史記同。濮陽、陽翟，並屬河南，疑先家濮陽，後遷陽翟，故史、策互異歟！　祖耿案：史記呂不韋列傳：「呂不韋者，陽翟大賈人也。」索隱曰：按戰國策，以不韋爲濮陽人，又記其事迹多與此傳不同。班固雖云太史公採戰國策，然爲此傳當別有所聞見，故不全依彼說。或者劉向定戰國策時，以己異聞改彼書，遂令不與史記合也。　又案：顧觀光隸此於秦莊襄王元年。

〔二〕高誘曰：異人，秦莊襄王之孫，孝文之子。昭王時質於趙，時不韋賈邯鄲而見也。　鮑彪曰：異人，子楚初名。孝文王子。　祖耿案：史記秦始皇本紀索隱曰：「莊襄王者，孝文王之中子，昭襄王之孫也，名子楚。按戰國策本名子異，後爲華陽夫人嗣。夫人楚人，因改名子楚也。」據此則質子之名，當爲子異，今作異人者誤也。高注：「異人，秦莊襄王之孫」，又曰：「子傒，秦太子也。異人之異母兄弟」，又曰：

「子異人也」，又曰：「子異，人名。」人名之爲子異抑異人，高氏殆未能辨，以異母兄曰子傒，後更名曰子楚例之，當以子異爲是。索隱所稱，殆國策未譌本也。史記呂不韋傳索隱引：「本名異人，後從趙還，不韋使以楚服見，王后悅之，曰：『吾楚人也而子字之』，乃變其名曰子楚。」先後所舉不同者，後者後人據今本戰國策而誤改也。（水經霸水注引，莊王字異人，更名子楚，其誤亦同。）策稱子異人者七：一曰：秦質子異人。二曰：秦子異人質於趙。三曰：子異人，賢材也。四曰：是子異人無國而有國。五曰：子異人，秦之寵子也。六曰：使子異人歸而得立。七曰：雖有子異人，不足以結秦。自三至七均以子異人爲稱，語甚不詞，並當依索隱去人字。

〔三〕原無「其」字。姚注：曾本有「母」。祖耿案：史記呂不韋傳正義引，御覽四八〇引，並有「其」字。今補。

〔四〕高誘曰：贏，利。

〔五〕原作「立國家之主，贏幾倍」。祖耿案：史記呂不韋傳正義引，御覽四八〇引，並作「立主定國之贏幾倍」，今依改。

〔六〕高誘曰：多不可數也。

〔七〕高誘曰：餘，饒。祖耿案：史記呂不韋傳正義引作「飽食」。

〔八〕定，原作建。高誘曰：世，後世也。鮑彪曰：遺，猶貽。世，後世。祖耿案：史記呂不韋傳正義引作：「今定國立君，澤可遺後世」，御覽四八〇引作「澤可以遺後」。

〔九〕鮑彪曰：事，猶爲。吳師道曰：不韋鄙耕田珠玉之小贏，而圖建國立君之大利，自以爲計得矣，徙蜀飲酖之時，能無悔乎。

〔一〇〕高誘曰：㕁城，趙邑。　鮑彪曰：趙地，缺。　吳師道曰：字書無㕁字。龍龕手鑑云：音聊。　程恩澤曰：案策札（黄丕烈著），史記呂不韋傳正義引此作聊。則當爲今東昌府聊城縣。但今正義本仍作㕁，豈據國策改之耶。　顧觀光曰：字書無㕁字，史記正義引作聊。聊城，齊邑。　朱起鳳曰：㕁不成字，當依張守節所據本作聊。

〔一一〕高誘曰：傒子，秦太子也。異人之異母兄弟。中，猶内也。　鮑彪曰：子傒，異人異母兄。

〔一二〕高誘曰：謂秦托子於趙，安危吉凶不可知也。　鮑彪曰：異人母曰夏姬，無寵，如無母然。不可知者，史言趙不禮之。故禍福未可知也。

〔一三〕鮑彪曰：糞土，棄死且賤也。

〔一四〕高誘曰：事，治。　鮑彪曰：以求歸爲事。　吳師道曰：劉辰翁云：計事猶謀事。求歸，別句。　金正煒曰：按漢書季布傳，「且秦以事胡陳勝等起」，注：事，謂從事也。

〔一五〕高誘曰：子，異人也。言必使秦來請子於趙。

〔一六〕程恩澤曰：案地理志，六安國有陽泉縣。郡國志，廬江郡陽泉侯國。注，故城在安豐縣。廣志曰：有陽泉湖。水經注，決水右會陽泉水東北流，逕陽泉縣東。錢坫曰：在今河南光州固始縣南。洪亮吉曰：漢陽泉故城在今安徽潁州府霍丘縣西，又今四川緜州德陽縣西，亦有陽泉故城。又山西有陽泉水（見水經注）。策不知何指也。　祖耿案：史記呂不韋列傳，不韋西游秦，求見華陽夫人姊，因使其姊説夫人。與此言陽泉君不同。

〔一七〕高誘曰：秦皇后，孝文皇帝華陽夫人也　時昭王時也。或言后耳。不韋云：君有不遠圖之罪，知不？鮑彪曰：孝文后，華陽夫人。　錢穆曰：高注云云，不悟若昭王時，孝文不得稱王，華陽亦不得稱后。

（考辨四五四頁）

〔一八〕原無官字。　祖耿案：史記呂不韋傳正義引有，今補。

〔一九〕高誘曰：太子，子傒。　鮑彪曰：太子，子傒。　錢穆曰：若昭王時，子傒亦不得稱太子。（考辨四五四頁）

〔二〇〕原無矣字。　高誘曰：言昭王年老也。　鮑彪曰：春秋，舉成歲。此言其年高。　錢穆曰：「王之春秋高」下又云：「王年高矣」。皆明屬孝文時語。高氏自以史記注策文，實未可信。（考辨四五四頁）　祖耿案：史記呂不韋傳正義引有矣字。今補。

〔二一〕高誘曰：一日，猶一旦也。山陵，喻尊高也。崩，死也。用事，即位治國事。　鮑彪曰：山陵喻高且固。崩，喻死。

〔二二〕高誘曰：君，謂陽泉君也。累卵，至危也。朝生，木堇也，朝榮夕落，真爲短命不壽也。命將不至終日也。　鮑彪曰：朝生，木槿也。朝榮夕死，今又不如。　朱起鳳曰：朝生是朝菌之別名，莊子逍遥游：「朝菌不知晦朔。」釋文潘云：木槿也。淮南子道應作：「朝秀不知晦朔。」

〔二三〕計，原作「説」。「以」下原有「一切而」三字。　高誘曰：四維，持之也。患，憂。　鮑彪曰：一切，權宜也。四維，四方之隅，不可移也。　吳師道曰：以太山爲四維。　祖耿案：史記呂不韋傳正義引作：「今有計，可以使君富千萬，寧於太山。」今依改、删。「其」字鮑本衍。

〔二四〕原無曰字。　鮑彪曰：避席，離席前請。　祖耿案：史記呂不韋傳正義引作「陽泉曰：「請聞其説」。」今依補。又案：史謂「子楚與呂不韋謀，行金六百斤予守者吏，得脱，亡赴秦軍，遂以得歸。」此云王后請之趙，趙自遣之。史、策文異。

〔二五〕高誘曰：輔，猶助也。

〔二六〕高誘曰：子異，人名。

〔二七〕高誘曰：王后，華陽夫人耳。

〔二八〕原無於字。　祖耿案：史記呂不韋傳正義引有於字，今依補。

〔二九〕高誘曰：欲爲己子。　金正煒曰：按此云：「無母於中」，又云：「秦欲屠趙不顧一子以留計」，皆言異人之無寵，寵字必有譌誤。疑當爲中，音近而譌也。史記呂不韋傳：「今子楚賢而自知中男也，次不得爲適，其母又不得幸」，中子，猶衆子。漢書文帝武帝皆稱中子，以其爲諸姬所出，正與子異人同。

〔三〇〕高誘曰：抱，持。　鮑彪曰：留，不決也。此質亦以交好，今不能然，故曰：空。

〔三一〕高誘曰：德，恩。講，誠。　姚注：曾本作「誠講」。　鮑彪曰：必以德絶講好於趙。　吳師道曰：講即媾字。

〔三二〕高誘曰：晏，晚也。日暮而駕歸大陰也，謂死亡也。　鮑彪曰：天文志，天子當早作而方崩隕，臣子之心猶謂宮車晚出。

〔三三〕高誘曰：结，□。

〔三四〕鮑彪曰：不韋傳，秦圍邯鄲，趙欲殺子楚，子楚脱亡歸，與此駁。　黄丕烈曰：按此策文與史記多不同。詳在小司馬索隱也。

〔三五〕高誘曰：楚服，盛服。　鮑彪曰：以王后楚人，故服楚製以説之。

〔三六〕高誘曰：狀，貌。高，大。

〔三七〕高誘曰：夫人楚女也，故曰：「吾楚人」。「而自子之」，以異人爲己子。　金正煒曰：按禮記檀弓，而曰然。鄭注：而，猶乃也。

〔三八〕高誘曰：誦經。　鮑彪曰：誦所習書。

〔三九〕高誘曰：習，曉。　吳師道曰：大事記，不習於誦，此焚書之兆也。愚按，昭王問荀卿，儒無益於人之國，其來久矣。

〔四〇〕請，原作止。姚注：止，曾作請。　高誘曰：間，須臾也。　鮑彪曰：止宫中。間，政事之隙。　金正煒曰：按漢書李尋傳：「唯棄須臾之間宿留瞽言」，注：間謂空隙之時也。須臾，猶從容。漢書元帝紀：「嘗侍燕從容言。」季布傳：「君何不從容爲上言之。」嚴助傳：「侍燕從容。」注：從容，間語也。　湯炳正曰：須臾與從容，義各不同，此説不確。

〔四一〕高誘曰：陛下，謂孝文王也。昔嘗質趙。軔車，止仕也。不欲言其質，故住車，故止於趙敢國。　鮑彪曰：高紀五年注「陛者」云云。軔，礙車木。

〔四二〕鮑彪曰：以名見知於王。

〔四三〕高誘曰：面，向。存，勞問也。　鮑彪曰：昭二十八年注：一介，單使也。存，問也。問其存亡。早閉晚開，有警則然。　祖耿案：文選安陸昭王碑文注引，開下有也字。一介之使之使字，朱起鳳謂爲「行李」二字草書形近之譌。説詳辭通四紙。

〔四四〕金正煒曰：按異人所言不得爲計，一句亦不相屬。疑計字當爲材，草書相似而譌也。王奇其材，故王后因勸立之。上文「子異人，賢材也。」史記外戚世家注：奇者，異之也。漢書劉向傳：「上亦奇其材」。鼂錯傳：「孝文雖不盡聽，然奇其材。」韋玄成傳：「上奇其材，有意欲以爲嗣」，並與此文同。

〔四五〕鮑彪曰：是爲莊襄王。

〔四六〕高誘曰：官禄。

〔四七〕養，原作奉。　鮑彪曰：致邑，爲太后養地也。按此是子楚以孝文王立後，不韋説使歸之。不韋傳則言孝文爲安國君時歸，與此駁。彪謂不韋，賈人也，彼安能知義？欲圖嬴而奪嫡立庶，秦國之不亂敗者，幸也。以是得嬴而飲酖於蜀，於是知有天道矣！凡不韋所立，於時皆喪身滅國之事。周衰，士之陰險傾邪，無輩於不韋者。不足筭也，不足筭也！子楚之計平平耳，孝文稱爲奇而立之，非老悖乎？　王念孫曰：秦當爲奉字之誤也。奉邑謂太后之養邑也。　金正煒曰：按秦當爲養字之譌也。西周策：「以應爲太后養地。」魏策：「王嘗抱葛、薛、陰、成，以爲趙養邑。」又云：「故令魏氏收秦太后之養地」，此文致於太后，當云養邑，不得云奉邑。鮑注不及奉字，而釋以養地，是所見本猶未誤也。

六

文信侯欲攻趙以廣河間〔一〕，使剛成君蔡澤事燕，三年而燕太子質於秦〔二〕。文信侯因請張唐相燕〔三〕，張唐辭曰：『燕者，必徑於趙〔四〕，趙人得唐者，受百里之地！』文信侯去而不快〔五〕，少庶子甘羅曰〔六〕：『君侯何不快甚也？』文信侯曰：『吾令剛成君蔡澤事燕，三年而燕太子已入質矣。今吾自請張卿相燕而不肯行』〔七〕。甘羅曰：『臣請行之〔八〕。』文信君叱曰：『去〔九〕！我自行之而不肯，汝安能行之也？』甘羅曰：『夫項橐生七歲而爲孔子師〔一〇〕，今臣生十二歲於茲矣，君其試焉〔一一〕！奚以遽言叱也〔一二〕？」甘羅見張唐曰：「卿之功孰與武安君〔一三〕？」唐曰：「武安君戰勝攻取，不知其數；攻城墮邑，不知其數〔一四〕；臣之功不如武安君也。」甘羅曰：「卿明知功之不如武安君歟？」曰：「知之〔一五〕。」「應侯之用秦也，孰與文信侯專〔一六〕？」曰：「應侯不如文信侯專。」曰：「卿明知爲不如文信侯專歟〔一七〕？」曰：「知之。」甘羅曰：「應侯欲伐趙，武安君難之，去咸陽七里絞而殺之〔一八〕。今文信侯自請卿相燕，而卿不肯行，臣不知卿所死之處矣〔一九〕！」唐曰：「請因孺子而行〔二〇〕。」令庫具車，廐具馬，府具幣〔二一〕。行有日矣，甘羅謂文信侯曰：「借臣車五乘，請爲張唐先報趙〔二二〕。」見趙王〔二三〕，趙王郊迎。謂趙王曰〔二四〕：「聞燕太子丹之入秦與？」曰：「聞之。」「聞張唐之相燕與？」曰：「聞之。」「燕太子入秦者，燕不欺秦也；張唐相燕者，秦不欺燕也；秦、燕不相欺，則伐趙，危矣〔二五〕！燕、秦所以不相欺者，無異故〔二六〕，欲攻趙而廣河間也。今王齎臣五城以廣河間〔二七〕，請歸燕太子，與强趙攻弱燕。」趙王立割五城以廣河間。歸燕太子〔二八〕。趙攻燕，得上谷三十六縣〔二九〕，與秦什一〔三〇〕。

〔一〕張琦曰：是時，秦已取榆次三十七城，置太原郡。欲遂取太行以東至河也。　程恩澤曰：案漢志：河間國，故趙。文帝二年別爲國。應劭曰：在兩河之間。索隱：河、漳之間邑。正義：河間，瀛州縣，今爲直隸河間府。本趙地，秦取之以封不韋，至是又欲攻其旁邑，以廣封也。張氏琦曰：云云。　祖耿案：此章見史記甘茂傳。顧觀光附此於始皇八年。

〔二〕高誘曰：太子，燕僖王之子子丹也。

〔三〕姚注：曾作「往相燕」。鮑彪曰：張唐，秦人。　祖耿案：此下原有：「欲與燕共伐趙，以廣河間之地」十二字。　黃丕烈曰：此十二字鮑本無。丕烈案：無者是也。策文在首，史記取之而移於此。有者，乃依史記添入而誤複耳。

〔四〕鮑彪曰：徑者，道所出也。

〔五〕高誘曰：快，樂。　金正煒曰：按呂覽離俗篇：「卻而去，不自快。」劉奉世漢書郭解傳注：去者，遣之令去。　祖耿案：史記甘茂傳叙此事云：「甘羅者，甘茂孫也。茂既死後，甘羅年十二，事秦相文信侯呂不韋。秦始皇帝使剛成君蔡澤於燕，三年而燕王喜使太子丹入質於秦。秦使張唐往相燕，欲與燕共伐趙以廣河間之地。張唐謂文信侯曰：『臣嘗爲秦昭王伐趙，趙怨臣，曰：得唐者與百里之地。今之燕，必經趙，臣不可以行』。文信侯不快，未有以彊也。甘羅曰：云云」。注司馬貞曰：「戰國策云甘羅事呂不韋爲庶子

〔六〕高誘曰：少庶子，官名。甘羅，文相家臣也。　鮑彪曰：禮，庶子，掌諸侯卿大夫之庶子。羅，茂之孫。吳師道曰：高注少庶子，官名，羅，文信家臣也。索隱引策甘羅事呂不韋爲庶子，即指此也。注以周制言秦官，誤。庶子說又見後。　俞正燮曰：韓非子內儲說上云：商太宰使少庶子之市。又云：卜皮爲縣令，使少庶子佯愛於御史。內儲說下云：濟陽君有少庶子不見知。又云：晉平公觴客，少庶子進炙。國策云：秦王庶子蒙嘉，呂不韋庶子甘羅，韓太子庶子强。此漢人所謂童騎，梁書沈瑀傳所謂縣僮，五代遼金元人所謂孩兒班、寢殿小底、著户郎君，及諸王以下祇侯小底，明所謂門子，今所謂小茶房，乃周禮儀禮之正

名庶子也。史記扁鵲列傳云虢門下中庶子，蓋典謁者，士大夫家有之。夏官都司馬云：掌都之士庶子戒令，家司馬亦如之。則都有庶子，如卜皮之庶子是也；家有庶子，如呂不韋之庶子是也。史記商君列傳云：魏人，爲魏相公叔痤中庶子，亦家臣也。索隱引夏官「諸子」、文王世子二文證之，如此，則周天子官，何得云公叔痤中庶子也。　金正煒曰：周禮冢宰宮伯注，引鄭司農云：庶子，宿衛之官，後鄭注大司馬云：庶子，卿大夫之子。禮記文王世子注：庶子，司馬之屬。燕義注：庶子，猶諸子也。凡言庶子官，無稱少者。高氏以商君傳有中庶子，因以少庶子爲官名，疑非碻義。左氏昭三十年傳：「敝邑之少卿也。」注：少，年少也。史記始皇紀，以罪過連逮少近官。注：少，小也。近，近侍之臣。羅爲甘茂之孫，時方十二歲，故云少耳。羅傳索隱引策文無少字。

〔七〕高誘曰：張卿即唐。　金正煒曰：按史記刺客傳：「衛人謂之慶卿」。索隱云：卿者時人尊重之號。猶如相尊美而稱子然也。

〔八〕原無請字。姚注：一本臣下有請字。　祖耿案：御覽三八四引、四六〇引，並有請字。

〔九〕原作「叱去曰」。姚注：曾作「曰去」，劉作「去曰」。　黃丕烈曰：鮑改君爲侯。吳氏正曰：以羅所事言故稱君。丕烈案：史記作「文信侯叱曰：『去』」。　金正煒曰：姚云：曾作「曰去」，劉作「去曰」，吳曰：作「曰去」語勝。按甘羅傳作：「文信侯叱曰：『去』」。漢書龔勝傳：「勝以手推常曰：『去』」。又云：「勝疾言曰：『去』。」文與此正同。韓非内儲說：「夷射叱曰：『去』，」乾道本亦誤倒「叱曰」二字。

〔一〇〕橐，原作槖。姚注：史記作「大項橐」，司馬貞音託。尊其道德，故曰大。　鮑彪曰：列子有問日出者，豈其人乎。　吳師道曰：無稽。　黃丕烈曰：槖，鮑本作橐。丕烈案，橐字是也。史記作橐。　俞正燮有項橐考。又曰：國策注，鮑於事，實多本高言。楚策：「垂沙之事」，鮑注云：兵略訓「楚兵殆於垂沙」，亦不注。則鮑注國策高無說者，兼考淮南，知此注引列子，必本說林注矣。程恩澤曰：案左僖十七年滅項。杜注：項國，今汝陰項縣。地理志，汝南郡有項城縣。括地志，即古項子國，後爲楚地。項氏世爲楚將，即封於此。今屬河南陳州府。金正煒曰：按淮南說林篇：「項橐使嬰兒矜。」注：項橐年七歲，窮難孔子而爲之作師。鮑氏引列子問日出之小兒，亦因高氏窮難之說而傅之也。漢書董仲舒傳：「此亡異於達巷黨人不學而自知也。」孟康曰：人，項橐也。其說不知所本，亦不足據。朱起鳳曰：橐，當爲槖。

〔一一〕焉，原作臣。祖耿案：御覽三八四引作焉，今依改。黄式三曰：甘羅爲上卿不知何年。後漢崔駰傳：唐睢華顛以悟秦甘羅童牙以報趙。俗說甘羅十二歲爲丞相。翟晴江曰：上卿非相也，當因羅祖茂爲秦相而誤。式三案：爲上卿疑後日事。

〔一二〕高誘曰：奚，何。叱，呵。金正煒曰：詩葛覃：「言告師氏」，傳：言，我也。謂何爲遽叱我也。祖耿案：史記甘茂傳作：「何遽叱乎」？

〔一三〕高誘曰：武安君，秦將白起。

〔一四〕高誘曰：言衆多，不可數知也。祖耿案：此數語史記作：「武安君南挫彊楚，北威燕、趙，戰勝攻取，破城墮邑，不知其數。」

〔一五〕祖耿案：史記無「卿明」至「知之」十四字。

〔一六〕高誘曰：專，權重也。鮑彪曰：用秦，見用於秦。

〔一七〕祖耿案：「卿明知爲」，史記作「卿明知其」。

〔一八〕高誘曰：難應侯，二萬衆還歸於鄘陽（曾作：二萬衆解於鄘陽），賜死於杜郵也。鮑彪曰：起傳言賜劍。張琦曰：七當作十里。水經注作十七里，並與此異。祖耿案：史記作：「去咸陽七里而立死於杜郵」。

〔一九〕高誘曰：言白起死于杜郵，但未知卿死何處（處，一作所）。　祖耿案：御覽四六〇引作：「臣不知卿死所矣」。

〔二〇〕高誘曰：請，聽也。言行（行一作因）之燕也。　鮑彪曰：因之請於文信。　離婁注：孺子，童子。祖耿案：御覽四六〇引作：「請聽孺子而行」。

〔二一〕高誘曰：幣，貨財也。　祖耿案：此數語，史記僅作「令裝治行」四字。

〔二二〕高誘曰：報口也，往爲張唐先説趙王也。

〔二三〕鮑彪曰：趙王，悼襄。

〔二四〕祖耿案：自先報趙至此，史記作：「文信侯乃入言之於始皇曰：『昔甘茂之孫甘羅，年少耳，然名家之子孫，諸侯皆聞之。今者張唐欲稱疾不肯行，甘羅説而行之。今願先報趙，請許遣之。』始皇召見，使甘羅於趙。趙襄王郊迎甘羅，甘羅説趙王曰」云云。多此一段七十九字。

〔二五〕金正煒曰：伐字疑「代」之譌。韓非飾邪篇：「趙、代先得意於燕，後得意於齊。」皆由一本作趙，一本作代，傳寫誤併入文耳。又或以代近燕，趙近秦，秦、燕合，故趙、代俱危。

〔二六〕高誘曰：異，怪。

〔二七〕司馬貞曰：齎音側奚反，一音賫。並謂割五城與臣也。

〔二八〕祖耿案：史記割上有自字，歸上有秦字。

〔二九〕鮑本趙上補與字。黄丕烈曰：史記無，鮑誤補。　鮑彪曰：上谷，幽州郡。　梁玉繩曰：史云得上谷三十城，此仍秦策，然安也。燕太子丹自秦逃歸，非秦歸之。秦連歲攻趙，救亡不暇，安能攻燕？始皇十九年趙滅後，代王與燕合兵軍上谷，是時爲始皇二十五年，何云得上谷三十城（策作三十六縣）？皆非事實。張琦曰：漢上谷郡，今宣化府是。程恩澤曰：案漢志：幽州有上谷郡。王隱地道志曰：郡在谷之頭，故以上谷名焉。水經注：聖水出上谷，故燕也。正義：上谷今嬀州，在幽州西北。括地志：上谷郡故城，在嬀州懷戎縣東北百十里。羅璧識遺曰：燕北百里外有居庸關，關東二百里外有虎北口，即古上谷郡。胡三省曰：唐爲易州、嬀州之地，今宣化府及順天府之昌平州皆其地，其郡治沮陽，則今之懷來縣也。方輿紀要謂：延慶州北有上谷城。元和志云：戰國時燕置，未知是否。顧觀光曰：漢志，上谷郡縣十五，秦策：『趙攻燕，得上谷三十六縣（史記甘茂傳作三十城），與秦什一』，是燕之上谷大於秦矣！史記正義曰：上谷，今嬀州也，在幽州西北（今宣化府地）。水經聖水注引晉書地理志曰：郡在谷之頭，因以上谷名焉。其地東接漁陽，西接代。故秦本紀始皇十九年，趙公子嘉之代，自立爲代王，東與燕合兵，軍上谷。而蘇秦說燕曰：秦之攻燕也，踰雲中、九原，過代、上谷，彌地踵道數千里。亦以代、上谷連文。

〔三〇〕姚注：史記：『得上谷三十城，令秦有十一。』後語：『三十餘城，令秦有其十二。』鮑彪曰：以十之一與秦也，羅傳有。吴師道曰：史云得上谷三十城，令秦有十一。索隱云：謂以十一城予秦也。二說未知孰是。祖耿案：此下史記云：『甘羅還報秦，乃封甘羅以爲上卿，復以始甘茂田宅賜之。』

七

文信侯出走〔一〕，與司空馬之趙〔二〕，趙以爲守相〔三〕。秦下甲而攻趙〔四〕，司空馬說趙王曰：『文信侯相秦，臣事之爲尚書〔五〕，習秦事；今大王使守小官，習趙事〔六〕。請爲大王設秦、趙之戰，而親觀其孰勝〔七〕。趙孰與秦大〔八〕？』曰：『不如。』『民孰與之衆？』曰：『不如。』『金錢粟米孰與之富〔九〕？』曰：『弗如。』『國孰與之治？』曰：『不如。』『相孰與之賢？』曰：『不如。』『將孰與之武？』曰：『不如。』『律令孰與之明？』曰：『不如。』司空馬曰：『然則大王之國百舉而無及秦者，大王之國亡！』趙王曰：『卿不遠趙而悉教以國事，願於因計〔一〇〕。』司空馬曰：『大王裂趙之半以賂秦，秦不接刃而得趙之半，秦必悦。內惡趙之守，外恐諸侯之救，秦必受之〔一一〕。秦受地而郄兵〔一二〕，趙守半國以自存。秦銜賂以自強，山東必恐；亡趙自危，諸侯必懼〔一三〕；懼而相救，則從事可成〔一四〕。臣請大王約從〔一五〕，從事成，則是大王名亡趙之半，實得山東以敵秦，秦不足亡〔一六〕！』趙王曰：『前日秦下甲攻趙，趙賂以河間十二縣，地削兵弱，卒不免秦患；今又割趙之半以強秦，力不能自存，因以亡矣！願卿之更計〔一七〕。』司空馬曰：『臣少爲秦刀筆〔一八〕，以官長而守小官〔一九〕，未嘗爲兵首〔二〇〕，請爲大王悉趙兵以遇〔二一〕。』趙王不能將〔二二〕。司空馬曰：『臣效愚計，大王不用，是臣無以事大王，願自請〔二三〕。』司空馬去趙，渡平原，平原津令郭遺勞而問：『秦兵下趙，上客從趙來，趙事何如〔二四〕？』司空馬言其爲趙王計而弗用，趙必亡。平原令曰：『以上客料之〔二五〕，趙何時亡？』司空馬曰：『趙將武安君，期年而亡；若殺武安君，不過半年〔二六〕。趙王之臣有韓倉者，以曲合於趙王〔二七〕，其交甚親，其爲人疾賢妬功臣。今國危亡，王必用其言，武安君必死〔二八〕。』韓倉果惡之〔二九〕，王使人代〔三〇〕。武安君至，使韓倉數之〔三一〕，曰：『將軍戰勝，王觴將軍〔三二〕，將軍爲壽於前而捍匕首，當死〔三三〕！』武安君曰：『緤病鉤，身大臂短，不能及地〔三四〕，起居不敬，恐獲死罪於前，故使工人爲木杖以接手〔三五〕。上若不信，緤請以出示〔三六〕。』出之袖中，以示韓倉，狀如振，捆纏之以布〔三七〕，『願公入明之。』韓倉曰：『受命於王，賜將軍死，不赦，臣不敢言〔三八〕。』武安君北面再拜賜死〔三九〕，縮劍將自誅〔四〇〕，乃曰：『人臣不得自殺宮中！』過司馬門〔四一〕，趣甚疾〔四二〕，出諏門也〔四三〕，右舉劍將自誅〔四四〕，臂短，不能及，銜劍徵之於柱以自刺〔四五〕。武安君死，五月，趙亡〔四六〕。平原令見諸公，必爲言之〔四七〕，曰：『嗟嗞乎！司空馬〔四八〕！』又以爲司空馬逐於秦，非不知也；去趙，非不肖也。趙去司空馬而國亡，國亡者，非無賢人，不能用也〔四九〕。

〔一〕鮑彪曰：始皇十年，免相就國。十二年徙蜀，飲酖死。　祖耿案：此篇鮑本列入趙策。顧觀光隸此於始皇十九年。

〔二〕鮑彪曰：司空馬，不韋吏也。　吳師道曰：與字疑衍。　黄丕烈曰：吳氏補曰：與字疑衍，是也。　金正煒曰：按說文，與，黨與也。後漢陳元傳注：與，猶黨也。馬爲文信黨人，故文信走，而馬亦亡。吳氏疑衍，非也。又始皇紀：「不韋死，竊葬。其舍人臨者，晉人也逐出之。」司空馬逐於秦，則亦三晉人也。

〔三〕高誘曰：守相，假也。　鮑彪曰：守，假官也，馬爲之。

〔四〕高誘曰：甲，兵。

〔五〕鮑彪曰：尚書，秦官，屬少府。

〔六〕姚注：守，一作臣。

〔七〕鮑彪曰：設者，無其事，施陳爲之。

〔八〕金正煒曰：漢書韓安國傳注：孰與，猶言何如也。

〔九〕原無米字。　金正煒曰：按太平御覽引墨子旗識篇：「金錢有積，粟米有積。」此文粟下，亦當有米字，而誤脫也。

〔一〇〕高誘曰：因，猶受也。　鮑彪曰：因非正爲之，猶秦王謂陳軫以其餘爲寡人計也。　吳師道曰：高注，因，猶受也。　黄丕烈曰，悉，鮑本作惠。　金正煒曰：按策文，於、爲通用，於，猶爲也。又爾雅釋詁：於，代也。說文：因，就也。呂覽順說篇：宋王，俗主也，而心猶可服因矣，因則貧賤可以勝富貴矣，小弱可以制彊大矣。注：因，猶便也，言願司空馬因趙之國勢而爲計也。

〔一一〕姚注：之，一作地。　鮑彪曰：秦雖說於得地，趙猶有守之者，秦所患也。患於有守，有救，則其受之，不得不急。

〔一二〕姚注：郄，一作却。　黃丕烈曰：郄，鮑本作郤，改爲却。吳氏補曰：此書卻，通。姚本作郄，同。
〔一三〕高誘曰：亡，失。　鮑彪曰：趙亡，則五國有唇亡之憂。
〔一四〕高誘曰：山東六國相親，從（一上有則字）事可成。
〔一五〕高誘曰：約，结。　黃丕烈曰：請下，鮑本有爲字。
〔一六〕高誘曰：言輕之也（一言上有「不足」二字）。
〔一七〕鮑本卿下無之字。鮑彪曰：更，猶易。　吳師道曰：王之言是，馬之計非。更，如字可。
〔一八〕姚注：一本作奉筆。　鮑彪曰：謂爲尚書也。筆以書札，刀削其不當者。
〔一九〕鮑彪曰：其官之長，任之屬吏。　黃丕烈曰：下官字鮑本作吏。
〔二〇〕鮑彪曰：爲，猶治也，馬謙言。　黃丕烈曰：首，鮑本作百，改爲臣。吳氏補：姚氏作首，當屬上文是也。

金正煒曰：按說文，首作百，與百相似，因以致誤。於文當爲兵百，鮑改爲臣而屬下讀，非也。百與伯通，爾雅釋詁：伯，長也。舍人注：伯，位之長也。周書武順解：四卒成衛曰伯。若呂覽簡選篇：齊桓公良車三百乘，教卒萬人，以爲兵首。高注：首，始也。與此文不合。

〔二一〕高誘曰：遇秦敵也。　鮑彪曰：與秦接戰。　金正煒曰：荀子大略篇：「無用吾之所短，遇人之所長。」注：遇，當也。齊策：「以與王遇。」注：遇，敵也。燕策：「趙使廉頗以八萬遇栗腹於鄗」，義並與此同。高注：「遇秦敵也，」秦字疑本在正文「遇」下，誤淆於注中。釋遇爲敵，正與齊策注合。正文得秦字，於義乃完。
〔二二〕高誘曰：趙不（一本趙下有王字）能用司馬（一作司空馬）爲將。　鮑彪曰：不用馬爲將。
〔二三〕高誘曰：自請而去。　鮑彪曰：猶乞骸骨。

〔二四〕高誘曰：上客，尊客。　鮑彪曰：列女傳有趙津吏（平原津令），蓋此官也。　程恩澤曰：案史記正義：德州平原縣南六十里，有張公故城。城東有水津焉，後名張公渡，恐此平原郡古津也。漢書：公孫宏平津侯，所封亦近此，蓋平津即此津。胡三省曰：按公孫宏封勃海高城之平津鄉，則平津非平原津也。漢志：篤馬河至平原東北入海，此蓋津渡處。顧祖禹曰：今山東平原縣（屬濟南府）西南有平原津，黄河津濟之所也。　金正煒曰：按呂覽必己篇：牛缺居上地大儒也。下之邯鄲。注：秦在西方，故稱下之邯鄲。

〔二五〕黄丕烈曰：弗，鮑本作勿，改爲不。吴補：一本作弗。　高誘曰：料，數。

〔二六〕高誘曰：武安君，李牧也。趙若用之爲將，可期而亡。　鮑彪曰：武安君，李牧。

〔二七〕高誘曰：曲，邪。　鮑彪曰：曲，不正也。

〔二八〕高誘曰：韓倉必讒殺武安也。

〔二九〕鮑彪曰：惡牧。

〔三〇〕高誘曰：人代武安君爲將也。　鮑彪曰：使趙葱、顔聚代牧。　黄丕烈曰：使，鮑本作令。

〔三一〕高誘曰：數，讓。　鮑彪曰：數列其罪。

〔三二〕高誘曰：觴，酒爵也。

〔三三〕**捭**，原作捍。姚注：捍：劉一作**捭**。　鮑彪曰：壽，上趙王壽。匕首，刃名，蓋其首如匕。漢鹽鐵論：「荆軻懷數年之謀，而事不就者，尺八匕首不足恃也。」捍，衛也，誣其以匕首自衛，如欲刺王然。　吴師道曰：姚本注，捍，劉一作**捭**。按李善注文選引此。説文：**捭**，兩手擊也，希買反。匕，短劍也，補履反。捍，捍衛匕首也。　黄丕烈曰：案李善注文選引，指謝靈運之郡初發都詩注也。李音希買反，**捭**字是也。作捍者，形近之譌耳。

〔三四〕高誘曰：繓，李牧名。鮑彪曰：繓，牧名。病鉤，短傴如鉤。吳師道曰：此因高注。繓，子活反。說文：结也。病鉤，即所謂臂短也。桂馥曰：病鉤猶病弩。漢書音義如淳曰：弩病兩足不能相過，鉤、弩皆取象爲名。金正煒曰：鉤與拘通。素問生氣通天論：「緛短爲拘。」

〔三五〕獲，原作懼。杖，原作材。高誘曰：接，續。鮑彪曰：起居，問王起居也。不及地爲不敬。不敬者其罪死，故以死懼。王念孫曰：文選謝靈運初發都詩注引此，懼作獲，材作杖，於義爲長。懼與材，疑皆以形近而誤。

〔三六〕金正煒曰：按以上爲君，雖見經傳注疏，然如周禮司書：「凡上之用財用，必攷於司會。」注：上謂王與冢宰。呂覽審應篇：「其在於民而君弗知，其不如在上也。」注：上謂官。是上之爲稱，猶未專屬於一尊也。其以上爲尊位所在，但言上，不敢言尊號（說見蔡邕獨斷），蓋自秦漢以來，周末猶無可徵。此文上字，疑是王之缺損。（漢書韓信傳：「上不欲就天下乎？」上謂滕公也，則秦、楚之際，猶爲泛稱。）

〔三七〕姚注：捆，曾作綑。鮑彪曰：梱，就也，蓋爲木接手，可以就地，因以舉身也。集韻：梱，門橛也，又橛杙也，與楎同，音衮，犁轅也。疑此木類此，故名。吳師道曰：一本作梱，集韻以因爲梱，今鮑本作梱，而說乃作梱，恐刊本誤。梱乃木名，鮑先據梱字，以就地因舉身爲說，迂曲。又以爲梱，苦本反，門橛也。此字頗近而通。既又引梱楎爲言，則汨矣。楎，呼歸反，梱自爲胡本反也。蓋牧右臂短，故爲木材接之，如振動梱橛也。匕首挾以刺人，牧爲壽王前，不敢出其振捆，有若捍匕首，故以挾匕首罪。姚云：捆，曾本作梱。黃丕烈曰：案吳說，亦非也，此捆字乃捆字形近之譌讀，當以捆纏之以布爲句。狀如振，振乃狀木材所如之物者，其字亦有譌，當闕。

〔三八〕高誘曰：言不敢明將軍。

〔三九〕鮑彪曰：拜賜死之命。

〔四〇〕高誘曰：縮，取。　鮑彪曰：縮，當作掮。集韻，引也，抽也。

〔四一〕過，原作遇。司下有空字。姚注：劉一作「過司馬門」。　鮑彪曰：司馬門，宫門。　黄丕烈曰：鮑改遇爲過，衍空字。吴氏補曰：字衍。　金正煒曰：按一本是也。空字亦衍。漢書顔注：司馬門者，宫之外門也。

〔四二〕趣，鮑本作趨。　鮑彪曰：此言牧之知禮也，而史言牧不受命，捕得斬之，不知遷舍此何所聞而云乎？　吴師道曰：大事記，牧之恭如此，傳乃謂牧不受命，趙使人微捕得斬之，非也。使不受命，韓倉安得不數之？豈非因廉頗不受代事而誤載？乎愚按下章亦明。　祖耿案：下章依鮑本謂秦使王翦攻趙也。

〔四三〕鮑彪曰：誃，別也。　黄丕烈曰：今本詉作誃，乃誤涉鮑也。詉，鮑本作訢，鮑改訢爲誃。吴氏補曰：未詳，是也。　程恩澤曰：案文選東京賦注：誃門，冰室門也。　段玉裁曰：誃門即宣陽門也，門内有宣陽冰室故名。説文：周景王作洛陽誃臺，蓋謂誃門之臺也。誃者誃之或體，亦侈大之意。晉書載記劉曜傳：誃門旦空。註謂別門也。陸雲與兄書：曹公有誃堂。唐書韋宏機傳：列岸誃廊，亙王城外。然則誃門當是別門之侈大者。其曰冰室門，則專就洛陽言耳。字彙補：訢與誃同，高本作詉，疑誤。　金正煒曰：詉當爲誄。説文：宲或作誄，誄門即棘門，聲之誤也。杜預左傳注，古字音同，皆相假借。鮑本作訢，亦由誄之形近而譌。鮑改爲誃，誃與誃同。張衡東京賦：「誃門曲榭，邪阻地洫。」注：誃門，冰室門也。沈括夢溪筆談云：字訓，誃，別也。別門與曲榭對，無定處也。司馬門之外，故知當爲棘門，鮑改殊不足據。

〔四四〕姚注：誅，一作殺。

〔四五〕鮑彪曰：徵，猶驗也。口銜劍不自知其可死，即柱以爲驗也。　吴師道曰：銜劍於口，因柱以自刺，驗其手之不能及也。　祖耿案：後漢書王符傳李注引作：「銜刀於柱以自殺。」

〔四六〕高誘曰：亡，滅也。上所謂「不過半年」。秦將王翦破趙爲郡也。　鮑彪曰：此七年誅牧，八年邯鄲爲秦。　吳師道曰：終上文之旨。

〔四七〕黄丕烈曰：「言之」，鮑本作「之言」。吳補：一本「言之」。

〔四八〕姚注：劉一無玆。鮑彪曰：嗞亦嗟也。　金正煒曰：按詩綢繆：「子兮子兮」，毛傳：子兮者嗟玆也。管子小稱篇：「公曰：嗟玆乎，聖人之言長乎哉！」玆即嗞之省。黄丕烈札記云：「今本嗞誤玆」，失考。

〔四九〕黄丕烈曰：鮑改「爲」爲「謂」。「國亡」，鮑本作「亡國」。吳補：一本「而國亡」。　鮑彪曰：原在秦策。彪謂從横之説，皆有所偏。而從人欲合六弱以攻一强，其勢若可爲也，患諸侯之不一耳。使諸侯而明於事變，不惑小利，不修小怨，并力合慮而西，雖不可以大有爲，其於蹙秦有餘，惜乎當時不知此也。自蘇秦死，從終不堅，秦兵四出，諸侯挫於走北，其氣奪矣！司空馬欲以此時割趙之半，説秦而反其兵，因以復合天下之從，豈不謬哉！夫以全趙，猶惴惴不自保，安能守半趙以自存乎？秦有并吞天下之心，雖得半趙，不盡不止，而何以説之？諸侯勢去，自春申不能從以難秦，司空馬獨能之乎？故趙幽之亡，罪在用韓倉而殺李牧，無與司空馬。平原令非篤論也。　吳師道曰：秦策，秦王資頓弱以金北游燕、趙，而殺李牧。史稱：秦多與趙王寵臣郭開金爲反間而殺牧。而廉頗傳稱：頗之仇郭開與使者金，使毀頗。及張釋之傳云：趙用李牧幾霸，會趙王遷立，其母倡也。遷用郭開讒，卒誅李牧。列女傳云：趙悼后者，邯鄲倡女。前嫁亂一宗族，既寡，悼襄王以其美而娶之。李牧諫云云，不聽。後生子遷，立爲幽閔王。后通于春平君，多受秦賂，而使王誅其良將李牧。趙亡後，大夫怨倡后之譖太子嘉殺李牧，乃殺倡后，滅其家。諸説皆可互考，但史因廉頗不受代事而誤以爲牧，恐郭開、韓倉亦有差互耳。　馬驌曰：司空馬料趙之亡，是矣。割半賂秦，爲計殊踈。

八

四國爲一，將以攻秦〔一〕。秦王召群臣賓客六十人而問焉。曰：『四國爲一，將以圖秦，寡人屈於内，而百姓靡於外，爲之奈何〔二〕？』群臣莫對。姚賈對曰〔三〕：『賈願出使四國，必絶其謀而安其兵〔四〕。』乃資車百乘，金千斤，衣以其衣，冠以其冠，帶以其劍〔五〕。姚賈辭行，絶其謀，止其兵，與之爲交，以報秦，秦王大悦，封賈千户，以爲上卿〔六〕。韓非短之〔七〕，曰：『賈以珍珠重寶，南使荆、吴〔八〕，北使燕、代之間，三年，四國之交未必合也，而珍珠重寶盡於内，是賈以王之權國之寶外自交於諸侯。願王察之！且梁監門子〔九〕，嘗盜於梁，臣於趙而逐〔一〇〕。取世監門子〔一一〕，梁之大盜趙之逐臣與同知社稷之計，非所以厲群臣也〔一二〕！』王召姚賈而問曰：『吾聞子以寡人財交於諸侯，有諸？』對曰：『有之〔一三〕。』王曰：『有何面目復見寡人？』對曰：『曾參孝其親，天下願以爲子；子胥忠於君，天下願以爲臣；貞女工巧，天下願以爲妃〔一四〕；今賈忠王而王不知也，賈不歸四國，尚焉之？使賈不忠於君，四國之王，尚焉用賈之身？桀聽讒而誅其良將〔一五〕，紂聞讒而殺其忠臣〔一六〕，至身死國亡〔一七〕。今王聽讒，則無忠臣矣！』王曰：『子監門子，梁之大盜，趙之逐臣〔一八〕。』姚賈曰：『太公望齊之逐夫〔一九〕，朝歌之廢屠〔二〇〕，子良之逐臣〔二一〕，棘津之庸不讎〔二二〕，文王用之而王〔二三〕；管仲其鄙人之賈人也〔二四〕，南陽之弊幽，魯之免囚〔二五〕，桓公用之而伯；百里奚虞之乞人，傳賣以五羊之皮，穆公相之而朝西戎〔二六〕；文公用中山盜而勝於城濮〔二七〕；此四士者，皆有詬醜大誹於天下〔二八〕，明主用之，知其可與立功也〔二九〕。使若卞隨、務光、申屠狄，人主豈得其用哉〔三〇〕？故明主不取其汙，不聽其非，察其爲己用〔三一〕。故可以存社稷者，雖有外誹者不聽，雖有高世之名無咫尺之功者不賞，是以群臣莫敢以虛願望於上〔三二〕。』秦王曰：『然。』乃復使姚賈而誅韓非〔三三〕。

〔一〕高誘曰：四國，燕、趙、吳、楚也。姚注：史記無此篇，後引史記注別見。　鮑彪曰：四國，荆、齊、燕、代，見下文。　吳師道曰：見下。　祖耿案：此在春申君合從攻秦之後，顧觀光隸此於始皇十四年。

〔二〕高誘曰：屈，客。靡，盡。　鮑彪曰：屈於內，財力困也。

〔三〕姚注：姚，劉、曾本皆作『桃』。高誘曰：姚賈譏周公誅管、蔡不仁不知者，在孟子之篇也。　鮑彪曰：姚賈，魏人。　程恩澤曰：案元和姓纂：虞舜生於姚墟，子孫以姚爲氏。姓氏急就篇引此爲證，其地在今浙江餘姚縣。　祖耿案：孟子云：『陳賈曰：周公使管叔監殷，管叔以殷畔。知而使之，是不仁也；不知而使之，是不知也。仁、知，周公未之盡也。』高注當即指此。孟子陳賈，高注引作姚賈者，朱起鳳曰：田完即陳完，陳之先，系出姚姓也。又孟子『非禮之禮』句，趙岐注曰：陳質娶妻而長拜之。音義云：質，本亦作賈，是陳賈又以形近而誤作陳質矣。

〔四〕高誘曰：絶，斷。安，止。　吴師道曰：安，息也。　黄丕烈曰：鮑改安爲案。丕烈案：鮑改誤也，高注即其證矣。

〔五〕原作：衣以其衣冠，舞以其劍。姚注：舞，劉本作帶。　鮑彪曰：以王衣衣之，寵之也。古者飲則以劍舞，今以王劍賜之，使爲舞時用。　吴師道曰：姚云：舞，劉本作帶。　王念孫曰：當作「衣以其衣，冠以其冠，帶以其劍。」今本脱去「以其冠」三字，帶字又譌作舞。隸書：帶字或作帯，又作帶，因譌而爲舞。　鮑曲爲之説，非也。　黄丕烈曰：冠，鮑本無。丕烈案，齊策有「冠舞其劍，」正同。舞者，帶字，俗作帯而譌也。　金正煒曰：按「其」當爲「王」，古書王作王，其作亓，二形相近而誤，鮑注「以王衣衣之」，「以王劍賜之」，或所見本猶未誤也。舞，當作帶，六朝人書帶作帯，因致誤舞。齊策，衣威王之衣，舞其劍。呂覽作帶，正與此同。王念孫云：此文當作「衣以其衣，冠以其冠，帶以其劍。」惟齊策承威王言，故可曰其。此則當作王，於義乃安。

〔六〕原作「賈封千户」。姚注：劉一作「封賈」。　祖耿案：史記老莊申韓列傳集解，引作「封姚賈千户」，今依乙。

〔七〕短，原作知。姚注：知一作短。　高誘曰：韓非，韓公子也，著刑名之書十餘萬言。是時在秦，故知之也（知，一作短）。終死於譖姚賈也。姚注：史記注引戰國策曰：姚賈，韓非短之。　鮑彪曰：韓非，韓之諸公子，秦王見其書，恨不及見之。攻韓，韓遣之使秦，秦王説之。賈與李斯毁之死。　金正煒曰：知，作短是。漢書陳平傳：「人有短惡噲者」，師古曰：陳其短失過惡於上，謂譖毁之。　祖耿案：史記老莊申韓列傳集解引作「短之」。

〔八〕鮑彪改吳作齊，曰：此章無吳事。此四國後亡者也，三晉滅久矣。　吳師道曰：無考，當從舊。　黃丕烈曰：案韓詩外傳云：「昔吳、楚、燕、代爲一，舉而欲伐秦，姚賈，監門之子也，爲秦往使之。」是策文本如此。　程恩澤曰：案韓詩外傳云：「昔吳、楚、燕、代謀爲一舉而欲伐秦，姚賈監門之子也，爲秦往使之。」與策文合，並無錯謬。足徵鮑改之妄。惟其事有可疑者。史記秦始皇十九年滅趙，趙公子嘉率其宗數百人之代，自立爲代王。東與燕合兵，軍上谷。二十三年滅荆，荆將項燕立昌君平爲荆王，反秦於淮南。二十四年，王翦、蒙武攻荆，破荆軍。昌平君死，項燕遂自殺。二十五年（六國表在二十六年）滅燕，還攻代，虜代王嘉，王翦遂定荆江南地。所謂荆及燕、代，當即指此，獨吳無考（呂氏春秋慎大覽有「齊、荆、吳、越皆嘗勝矣，而卒取亡，不達乎持勝也」之文，未知即此吳否）。鮑改爲齊，蓋以此時齊尚存耳（齊亡於始皇二十六年，六國表在二十七年）。然策云：「復使姚賈而誅韓非」，始皇本紀，韓非死於始皇十四年，在四國爲一之前，則仍不合。或者紀載之文，固有不盡可據者歟！始皇本紀：二十五年，虜代定荆之下，有「降越君，置會稽郡」七字，越本兼有故吳地，當時與諸國遥爲聲援，似即策文所言之吳。附識於此。　金正煒曰：按吳已先亡，疑當作越。墨子節葬篇：「南有楚、越之王而北有齊、晉之君。」非攻篇，越亦誤爲吳。黃丕烈據韓詩外傳謂策文本如是，則是吳併于越，而猶稱吳。亦猶代併于趙，而仍稱代也。鮑氏改吳爲齊，大謬！齊是時事秦謹，秦亦不得稱齊爲「南」。

〔九〕黃丕烈曰：「國之寶」三字鮑本無。吳補：一本有。　鮑彪曰：監門卒也，賈其子。

〔一〇〕高誘曰：嘗盜竊於大梁，爲趙臣而見逐者。　金正煒曰：按趙策趙使姚賈約韓魏章，舉茅勸趙王勿逐姚賈，當即非之所謂也。

〔一一〕高誘曰：父死子繼曰世。言世世監門卒子耳。　鮑彪曰：父死子繼曰世。

〔一二〕鮑彪曰：厲、礪同，䃺也。金正煒曰：按呂覽長見篇：「三年而知鄭國之政」，注：知猶爲也。

〔一三〕有下原無之字。姚注：劉作「有之」。

〔一四〕鮑彪曰：工巧，有婦功也。妃，匹也。吳師道曰：妃，當音配。「曾參」止「之身」云云，即陳軫之說。

〔一五〕高誘曰：殺關龍逢也。

〔一六〕高誘曰：剖比干之心。黄丕烈曰：鮑改聞爲聽。

〔一七〕高誘曰：亡，失天下。

〔一八〕高誘曰：言韓非譖。

〔一九〕高誘曰：太公呂尚望，爲老婦之逐。鮑彪曰：婦逐之也，不經見。俞正燮曰：逐夫者，以贅女家，故爲婦所逐。若娶婦則無此事。齊策：齊人謂田駢曰，臣鄰人之女設爲不嫁，行年三十，而有七子。不嫁則不嫁，然嫁過畢矣。此巫兒依令設爲不嫁，而贅婿生子之證。齊策，趙威后問齊使曰：北宮之女嬰兒子，徹其環瑱，至老不嫁，以養父母，胡爲至今不朝也？亦是齊女無贅婿，則已名聞諸侯矣。（巫兒事證，案，巫兒起於齊襄公，見管子小匡篇。）

〔二〇〕高誘曰：賣肉於朝歌，肉上生臭不售，故曰廢屠。鮑彪曰：朝歌屬河内，賈肉不售故曰廢。吳師道曰：楚辭：「師望在肆昌何識，鼓刀揚聲后何喜？」集注云：呂望鼓刀在列肆，文王親往問之，望曰：「下屠屠牛，上屠屠國。」文王喜，載與俱歸。此與獵渭濱而得之說不同，蓋當時好事者之言，猶伊尹、百里奚自鬻之比。惜乎孟子時無問者，不得并掊擊之也。金正煒曰：按韓詩外傳，太公望少爲人婿，老而見去。屠牛朝歌，賃於棘津。抱朴子逸民篇：「且呂尚之未遇文王也，亦曾隱於窮賤，凡人易之，老婦逐之，賣傭不售，屠釣無獲。」並爲此文之證。張琦曰：朝歌故城在今衛輝府濬縣西五十里。程恩澤曰：

案呂望鼓刀，兩見楚辭，其在朝歌，則無可考。說見趙策。

〔二〕高誘曰：子良不用，而斥逐也。　鮑彪曰：未聞。

〔三〕原作：「讎不庸。」高誘曰：釣魚於棘津，魚不食餌。賣庸作，又不能自售也。　鮑彪曰：後志：琅邪西海，太公所出。又釣於棘津，今存。讎、售同，蓋嘗求售與人爲庸，不見用也。　金正煒曰：按此文本作棘津之庸不讎，今以讎庸互易，遂至義不可通。抱朴子備闕篇：「故姜牙賣煦無所讎，而見師於文武。」煦或劬字之譌。說文：劬，勞也。　張琦曰：棘津在今沂州府日照縣界。　程恩澤曰：案棘津有七。一在今山東諸城縣（張氏釋地謂：在日照縣），郡國志琅邪國西海下引，東觀書曰：有滕山。博物記：太公呂望所出。今有東呂鄉。又釣於棘津，其浦今存，此舊說所本也。今其地有紀里河（在諸城縣東南），一名合河，西崖有臺方三里，名棘津，相傳太公釣處是也。一在今河南衛輝府延津縣，故胙城縣。水經注：河水經東燕故城北，則有濟水北來，注之河水，於是有棘津之名，亦謂之石濟津，故南津是也。一在今汲縣（汲縣在延津北七十里）。元和志：黃河西自新安縣界流入，經汲縣南，去縣七里，謂之棘津（寰宇記同）。左傳：「自南河濟」是也。一在今歸德府永城縣。劉澄之云：譙郡酇縣有棘津亭（亦謂之石濟津），呂尚所困處是也。一在今懷慶府孟縣。服虔云：棘津猶孟津也。江永以爲荀吳涉處當在此，是也。一在今開封府祥符縣。樂史云：開封縣西南三十里有棘城，即左傳棘津是也。一在今直隸棗强縣（地理志：屬信都國。郡國志：屬清河國廣川縣）。劉昭曰：廣川縣有棘津城，太公呂尚困於此。史記集解徐廣注主之。寰宇記：冀州棗强縣東北二十七里，有棘津故城，即太公賣食及荀吳涉處是也。徐廣晉紀言：棘津在東郡、河內之間，田融以爲即石濟南津，蓋主汲縣，以太公本汲人也（漢崔瑗、高誘，晉盧無忌，俱以太公爲河內汲人）。閻若璩曰：太公本海曲縣人，其地爲今之莒州、日照等處，與諸城相近，則舊注亦未爲不是，其餘紛紛之說，存而不論可矣。

〔二三〕高誘曰：王，有天下也。

〔二四〕姚注：賈下一無人字。高誘曰：爲市賣儈，求其小利於其鄙人。鄙人，邑名。鮑彪曰：五鄼爲鄙，蓋鄼鄙之人爲賈者。仲嘗與鮑叔賈。吳師道曰：鄙下人字疑衍。黃丕烈曰：吳説非也。高注即其證矣。程恩澤曰：案元和姓纂：文王子叔鮮封于管，因氏焉。夷吾其後也。司馬彪曰：濟南有管縣，疑即管仲之邑。然今本作菅。應劭曰：音姦。則其封未的（左傳宣十二年：次于管以待之。釋文：本或作菅，則二字古通）。杜預釋例，以管仲穆王後（説本國語韋昭注）。則其世難考。詳見韓策。金正煒曰：按「其」字疑當爲齊，聲之誤也。「鄙人」之人，當從一本省。廣雅釋詁：鄙，國也。齊鄙，猶云齊國。又書文侯之命鄭注：鄙，邊邑也。呂覽云：管仲與鮑叔同賈南陽，故曰：齊鄙之賈人。

〔二五〕高誘曰：弊，隱也。幽潛不見升用，貧賤於南陽，故曰南陽之弊幽。於公子糾不死其難，爲魯所束縛而歸齊，故曰魯之免囚也。鮑彪曰：南陽，修武南陽也。仲，潁上人，嘗以貧困隱此。敝，困。幽，隱也。免囚見莊二十九年。程恩澤曰：案修武南陽，時爲周畿内地，距潁上甚遠，恐非仲之所居，當以泰山南陽爲是。詳見齊策。

〔二六〕高誘曰：百里奚，虞臣。虞君不用，傳之門，自鬻於秦，號五羊大夫。於穆公，伯西方，戎來朝也。傳曰：五羖用而秦霸。此之謂也。鮑彪曰：奚，虞臣也，不見用，自鬻於秦，養牲者以五羖羊皮鬻之。吳師道曰：説見上。説苑：鄒子説梁王曰：管仲，故成陰之狗盜也，天下之庸夫也。太公望，故老婦之出夫也，朝歌之屠佐也，棘津迎客之舍人也，云云。亦此類。程恩澤曰：朝穆公者，即左傳所云「遂霸西戎」者也。朱起鳳曰：楚辭，王逸九思傷時：「管束縛兮桎梏，百貿易兮傅賣。」注：傅一作傳。洪補注：淮南云：「伯里奚轉鬻。」注云：伯里奚知虞公不可諫，轉行自賣於秦，爲穆公相。傳亦有搏音。案：轉、傳兩字古通，傳即傳字之訛，鬻字古作賣，形與賣似，鬻、賣義同。　祖耿案：俞正燮癸巳類稿卷十一，有百里奚事異同論，可參。

〔二七〕高誘曰：傳曰，晉文公用咎犯之謀，破楚成王於城濮。此云中山之盜，則未聞也。　鮑彪曰：僖二十八年，晉文公用咎犯之謀，破楚成王於城濮，與此不同。杜注城濮及史注，止云衛地。　吳師道曰：「文公用中山盜而勝於城濮」，與上句「穆公相之而朝西戎」文意同，此但言用人，不問其出於賤惡，而卒有如是之功耳。按文公有寺人披斬袪，豎頭須竊藏二事。鄒陽書：「文公親其讎而强伯諸侯」，注以爲寺人勃鞮。新序：文公用其盜，以爲里鳧須，即豎頭須也。二事皆可通。　張琦曰：城濮故城在濮州南七十里，與故莘國城相近。晉侯登有莘之墟以望晉師者也。莘城後爲莘邑集。今謂莘爲新，在曹州府東北。　程恩澤曰：案「城濮，衛地」，此本杜注，不言所在。呂氏春秋義賞篇高誘注云：城濮，楚北境地名。亦無端的之處。顧祖禹曰：今山東濮州南七十里有臨濮城（本漢城陽縣地，隋析置臨濮縣，金廢爲臨濮鎮，或謂之小濮），或曰：即古城濮地。傳云：「晉師陳於莘北」，又云「晉侯登有莘之墟以觀師」，則城濮必與莘相近。元和志：「古莘仲國在濟陰縣東南三十里。」今曹縣北十八里有莘仲集，距濮州不甚遠，疑即其地。

〔二八〕原無於字。姚注：曾作「於天下」。　高誘曰：詬，辱。醜，耻。　鮑彪曰：詬，辱。醜，耻也。　朱起鳳曰：耻字古通作醜。

〔二九〕原無也字。　高誘曰：立，成功也。　黄丕烈曰：鮑功下補也字。

〔三〇〕高誘曰：卞隨、務光，湯時隱士。湯伐桀以天下讓之，二人曰：「爾爲不義，欲以慢我也」。自沉於清泠之淵。申屠不忍見紂之無道，抱石自沉於淵水。故曰：人主豈得用哉。　鮑彪曰：卞隨、務光，並湯時人，辭湯之聘。申屠狄，紂時人，自沉於淵，並見莊子。朱起鳳曰：秦策卞隨，詩關雎疏作弁隨。

〔三一〕鮑彪曰：汙者，非者，雖不取不聽，知其爲用，則或聽取。綮，言聽取之。金正煒曰：老子：「故取天下者常以無事。」注：取，治也。又漢書賈誼傳注：取，謂所擇用也。

〔三二〕高誘曰：明主爲明君，賞有功，不賞有高名。虛空無功用於國者，不敢望賞於君者也。鮑彪曰：八尺曰咫，無功而願賞，虛願也。吳師道曰：魏無知之論陳平曰：今有尾生、孝已之行，而無益勝負之數，王何暇用之乎？即姚賈之説也。燕策蘇秦、蘇代之説，亦此類。

〔三三〕乃下原有可字。姚注：劉無可字。高誘曰：誅，殺也。賞功不賞名者也（一無「者也」二字）。鮑彪曰：高誘，安人也。注此書謬妄非一處。如此策以姚賈爲陳賈，齊策以伐燕爲齊宣王，初不考其歲月。賈乃與李斯同時，安得見於孟子之書？宣、閔皆嘗伐燕，而之、噲之役，實閔王也。誘之率意如此，愚天下後世甚矣！彪之校注，蓋爲此發憤，故其所稱，皆必有依據，懼獲罪於後人也。吳師道曰：鮑注是書，謂高氏以姚賈爲孟子書陳賈，以伐燕爲齊宣王，爲是憤發，凡策之書宣者，悉據史記改從閔，大詆高氏，而以此爲稱首。夫學者考訂於千載之上，義理事徵而已，歲月名字之差互者，當博取徵驗，而折以事理之是非，信其可徵者。或彼此有據，則並存之可也。擇焉不精，憑私臆決，妄詆前人，輒改舊文，何鮑氏之果哉 考之趙策，趙使姚賈約韓、魏，時雖不可考，其云「趙使」，則趙臣也。魏策，周最入齊，秦王怒令姚賈讓魏王。秦武、魏襄時也。其云「秦令」，則秦臣也。此策姚賈，梁監門子，則魏人仕秦，並始皇、李斯時者，殆非一姚賈矣！姚以舜姓得爲陳，高不爲無據。使誠孟子書所稱，當與秦武、魏襄相及，並始皇、李斯者則非。然未知的爲一人，而高輒以此姚賈爲孟子書譏周公不仁不智者，固非矣。唯之、噲之役，則有可言者。史記年表：齊宣王立十九年卒，湣王立。燕噲七年，當湣王十年，書噲、子之皆死。惟孟子以爲宣王，而策之文與之合，此通鑑所據也。通鑑：宣王二十九年伐燕，視史記下移十年。宣王伐燕即薨，次年湣王立。宣、湣之年，或亂而失次。通鑑必有所據，而大事記亦從之。伐燕之事，莫詳於孟子，莫著於國策。史記年表無明文，齊世家不書，特燕世家剟取國策而易宣以湣耳。安得據史記之略，而廢孟子、國策之詳且明哉！傳曰：所見異辭，所聞異辭，所傳聞異辭。宣王伐燕，孟子所見也，史記所傳聞者也，安得據所傳聞而廢所見者哉！或謂荀卿嘗事宣王，爲之諱也。孟子之書幸有國策明徵，不然則非孟之徒，得以肆其説矣。策文書宣，非出高氏，豈爲率意繆妄？鮑之詆高氏，乃所以自謂也。高注呂氏春秋陰康氏，據漢書改爲陶唐氏，昔人譏其不視古今人表，妄改本文。鮑之失正類此。學者之所以慎於傳疑也。　黃丕烈曰：鮑衍可字，吳補：一本無。　金正煒曰：按可即「乃」之誤複。草書乃、可二形相似也。　張琦曰：鮑譏誘以伐燕爲宣王，吳又據孟子、通鑑大事記以難鮑。按戰國之事，自當主史記爲言。孟子書所稱梁襄、齊宣、魯平、滕文等，類後人所益，不無譌誤。子長非不見孟子書，而子噲之役，易宣爲湣，必得其實。所謂因秦紀表六國時事者也。通鑑下移宣王十年，以合孟子，然孟子伐燕燕畔並宣王，通鑑則伐燕爲宣，燕畔爲湣，仍不合矣。（通鑑赧王元年載孟子文，並及燕人畔云云，蓋以類附之，非謂燕畔即在此年也。注云是時燕人雖未立太子平，固已相率畔齊，恐非。）閻百詩孟子生卒考據燕世家燕噲初立，齊宣復用蘇代之文，又欲上移燕噲之年，以就齊宣。考蘇秦傳：燕易王之時，佯得罪於燕而走齊，齊宣王以爲客卿。宣王卒，説湣王厚葬。燕噲立而齊人刺蘇秦。則燕世家偶譌湣爲宣耳。又趙世家：武靈十二年（當燕噲七年，齊湣十年），聞燕亂，召公子職于韓，以爲燕王，使樂池送之。設使燕噲之亂在宣王時，則武靈尚未立也。燕世家：文公立二十九年卒，易王立十二年卒，燕噲立。百詩以燕噲讓國，當齊宣八年，則燕噲之立，在齊宣四年。當燕文二十三年。尚有文公六年，易王十二年，當移於何所耶？且既上移燕噲之年，又當增燕昭二十八年，破齊爲四十八年。百詩識通鑑增威滅滑，而爲説如此，故並論之。

卷八　齊一

祖耿案：齊本姜姓，周武王克商，封太公吕尚於營邱，在今山東萊陽近旁。七傳至獻公，徙都臨淄，即山東臨淄。三十八世至康公，爲陳厲公子陳完（即田完）九世孫田和所篡，是爲齊太公，仍都臨淄。太公子桓公午，午子威王因齊，入戰國，與燕、趙、韓、魏、楚俱稱王。歷威王、宣王、湣王、襄王，五世至王建，爲秦所滅。詳見史記田敬仲完世家。

鮑彪曰：東有菑川、東萊、瑯琊、高密、膠東；南有泰山、城陽；北有千乘、清河以南、渤海之高樂、高城、重合、信陽；西有濟南、平原。　張琦曰：齊之盛時，自今山東濟南、泰安、東昌以東，北有直隸之天津、滄、景；南有沂州，兼得兗州之寧陽、汶上、陽穀、壽張及鄒、滕二縣之南境。　漢志云：分宋得濟陰、東平，則今曹州府及濟寧州也。東平本魯地，屬齊（戰國策釋地）。　程恩澤曰：齊本姜姓。太公吕尚佐周有功，封於營邱，在今山東青州府昌樂縣東南五十里。　胡公徙薄姑，在今青州府博興縣東北十五里。獻公徙臨淄，即今青州府臨淄縣也。太公傳三十八代至康公，爲田和所篡。和子孫强盛，仍都臨淄，與燕、趙、韓、魏、楚俱稱王。五世至王建爲秦所滅（國策地名考）。　又曰：田肯曰：齊東有瑯琊、即墨之饒，南有太山之固，西有濁河之限，北有渤海之利。地方二千里，持戟百萬。縣隔千里之外，齊得十二焉。此東秦也。潘聰曰：青齊沃壤，號東秦，土方二千里。四塞之固，負海之饒，可謂用武之國（國策地名考）。　顧觀光曰：齊策蘇秦曰：齊南有泰山，東有瑯邪，西有清河，北有渤海。此所謂四塞之國也。齊地方二千里。　又張儀曰：從人說大王者，必謂齊西有强趙，南有韓、魏，負海之國也。　又鄒忌曰：今齊地方千里，百二十城。　史記滑稽傳：於是威王乃朝諸縣令長七十二人。又樂毅傳：下齊七十餘城，皆爲郡縣，以屬燕，獨莒、即墨未服。

秦策：說秦王曰：齊南以泗爲境，東負海，北倚河而無後患。天下之國莫强於齊。荀子彊國篇：說齊相曰：今巨楚縣吾前，大燕鰌吾後，勁魏鉤吾右，西壤之不絕若繩。楚人則乃有襄賁、開陽以臨吾左，是一國作謀，三國必起而乘我。如是，則齊必斷而爲四三，國若假城然耳，必爲天下大笑（七國地理考。齊地總論）。

祖耿案：齊策姚本六卷。齊一凡十七章，齊二凡八章，齊三凡十一章，齊四凡十一章，齊五凡一章，齊六凡九章。共五十七章。鮑本一卷，五十九章。分隸威王、宣王、閔王、襄王、王建名下。王號之下，各詳世系年次。吳氏有正，並錄於下：　鮑彪曰：威王，田齊桓公子。元年，安王二十四年癸卯。宣王，威王子。元年，顯王二十七年己卯。　吳師道曰：名辟疆。　鮑彪曰：閔王，宣王子。元年，顯王四十六年戊戌。　吳師道曰：此據史。通鑑：閔王元年當赧王二年。視史下移十年。大事記同。　鮑彪曰：襄王，閔王子。元年，愼靚王三十二年戊寅。王建，襄王子。元年，赧王五十一年丁酉。　祖耿案：六國表：齊襄元年乃周赧王三十二年。

一

楚威王戰勝於徐州〔一〕，欲逐嬰子於齊〔二〕，嬰子恐。張丑謂楚王曰〔三〕：『王戰勝於徐州也，盼子不用也〔四〕。盼子有功於國，百姓爲之用〔五〕。嬰子不善而用申縛〔六〕，申縛者，大臣弗與〔七〕，百姓弗爲用，故王勝之也〔八〕。今嬰子逐〔九〕，盼子必用，復整其士卒，以與王遇，必不便於王也〔一〇〕。』楚王因弗逐〔一一〕。

〔一〕高誘曰：威王，楚元王之子，懷王之父也。俆州，或作舒州，是時屬齊。　鮑彪曰：後志：魯之薛，六國時曰徐州。事在楚威七年，此（齊宣）十年。　吳師道曰：俆，詞余反。正義云：紀年，梁惠王三十年，下邳遷於薛，改名俆州。俆，左氏作舒，說文作俆。　黃丕烈曰：俆，鮑本作徐，史記作徐，徐州是也。多誤爲徐者。吳引正義，在孟嘗君列傳。　張琦曰：徐州，即今兗州府滕縣之薛城。　程恩澤曰：案徐州有三說。地理志：勃海郡有東平舒縣。正義曰：即徐州也，爲齊西北界上地。江永曰：東平舒在今順天府大城縣界。此齊之極北，與燕界者也。齊履北至無棣，與東平舒並屬勃海郡，則其北境得至此。史記：齊威王曰：吾臣有黔夫者，使守徐州，則燕人祭北門，趙人祭西門。此正是東平舒，接燕而近趙之地，故燕、趙畏之而祭門（顧炎武以此爲誇詞）。若是薛城，去燕、趙甚遠，又何畏哉！皇極經世書陳恒事，明朱隱老注引正義東平舒之說，當從之。此一說也。竹書紀年：梁惠成王三十一年，下邳遷於薛，改名曰徐州。顧炎武曰：今滕縣之南，薛河北有大城，田文所築也。此又一說也。說文：⿰余阝，邾下邑。魯東有⿰余阝城，其地近薛而非即薛也。段玉裁曰：是時薛爲齊滅，不得至魯頃公十九年尚爲魯有。蓋國策之徐州本⿰余阝也，非薛也。⿰余阝、徐聲近。凡史記齊世家，楚圍我徐州。楚世家，敗齊於徐州。越世家，與齊、晉諸侯會於徐州。魯世家，楚伐我，取徐州。皆指⿰余阝言。此當從后說。　顧觀光曰：史記齊宣王十年，楚圍我徐州。魯世家索隱引郡國志曰：魯國薛縣，六國時爲徐州（在今兗州府滕縣東南四十里）。水經泗水注云：漷水又西逕薛縣故城北，夏車正奚仲之國也。竹書紀年：梁惠成王三十一年，下邳遷於薛，改名徐州。城南山上有奚仲冢。齊封田文於此，號孟嘗君，有惠譽。然史記威王二十四年（當魏惠王十六年）已言：吾吏有黔夫者，使守徐州（說苑作冥州，未詳）。是下邳未遷之時，已名徐州也。更溯而上之，春秋哀十四年，齊陳恒執其君寘於舒州。舒州即徐州。時薛地已入齊矣。莊三十一年築臺於薛，則薛地又屬魯矣。據定元年傳云：「薛之皇祖奚仲居薛，以爲夏車正。奚仲遷於邳（奚仲遷邳而家在薛城南者，太公五世反葬於周之義），仲虺居薛，以爲湯左相。」此必仲虺之後，又有自薛遷於邳者，故薛邑始屬魯，後屬齊。至齊威王時封鄒忌以下邳，又使黔夫守徐州。則邳、薛二邑皆入於齊。下邳雖遷於薛，而依齊以自存，若附庸然，不成其爲國矣。其後下邳又遷，而齊封田嬰於薛（依史記，在齊湣王三年）。説苑：雍門子周謂孟嘗君曰：足下千乘之君也。齊策：公孫宏曰：薛公之地百里。可見別封之邑，比於諸侯。孟子：齊人將築薛。宋策：康王滅滕伐薛。皆田嬰之薛，非奚仲之薛也。襄王五年，齊、魏滅薛。其後地入於魯。呂氏首時篇：齊以東帝困於天下，而魯取徐州。魯世家：傾公十九年，楚伐我，取徐州。是也。朱起鳳曰：舒、徐音近，古通。今之徐州，即古之舒州也。　祖耿案：此章見史記楚世家威王七年，云：「齊孟嘗君父田嬰欺楚，楚威王伐齊，敗之於徐州，而令齊必逐田嬰。」注，裴駰曰：徐廣曰：「時楚已滅越而伐齊也。齊説越，令攻楚，故云齊欺楚。」據楚世家，威王乃宣王子。　又案：顧觀光隸此於顯王三十六年。

〔二〕高誘曰：嬰子，田嬰也。號爲靖郭君而封於薛也。　鮑彪曰：逐，使齊逐之。田嬰時未封，故曰嬰子，猶盼子。　錢穆曰：嬰子即田嬰也。其事在楚威王七年，當齊威王之二十五年。年表爲宣王十年，此史記誤也。（考辨三一〇頁）

〔三〕高誘曰：張丑，齊臣也。　鮑彪曰：張丑，齊人。　吳師道曰：丑又見韓、魏、燕、中山等策。　祖耿案：史記丑下有僞字。

〔四〕高誘曰：盼子，田盼子也。　朱起鳳曰：竹書紀年：「周顯王二十五年，魏穰庇帥師與齊田盼戰於馬陵。」盼，即孟子「使民盻盻然」之盻。史記、戰國策作盼，乃形近而訛。陳完世家作田嬰，嬰、盻一聲之轉。　祖耿案：朱説非是。策文嬰與盼是二人明甚。司馬貞曰：盼爲嬰之同族，可知的非一人。

〔五〕姚注：一「國」下有「而」字。

〔六〕姚注：史記作申紀。高誘曰：嬰子不善盼子，故不用之而用申縛。鮑彪曰：不善，不與盼善。黃丕烈曰：縛，鮑本作縳。朱起鳳曰：申紀作申縛，此偏旁之誤。秦策四作申縛，又爲縛之殘缺。

〔七〕原無弗字。姚注：一本作弗與。黃丕烈曰：與上，鮑補弗字。丕烈案：史記作「大臣不附」。

〔八〕高誘曰：言大臣與百姓不爲申縛致力盡用也。

〔九〕姚注：逐子，曾本：「今王逐嬰子矣」。

〔一〇〕高誘曰：遇，敵也。便，利也。　祖耿案：整，史記作搏。司馬貞曰：搏音膊。亦有作「附」讀。戰國策作整。

〔一一〕高誘曰：弗逐田嬰。　鮑彪曰：楚記七年有。

二

齊將封田嬰於薛〔一〕。楚王聞之〔二〕，大怒，將伐齊。齊王有輟志〔三〕。公孫閈曰：『封之成與不非在齊也〔四〕，又將在楚。閈說楚王，令其欲封公也又甚於齊〔五〕。』嬰子曰：『願委之於子〔六〕。』公孫閈爲謂楚王曰〔七〕：『魯、宋事楚，而齊不事者，齊大而魯、宋小。王獨利魯、宋之小，不惡齊大，何也？夫齊削地而封田嬰，是其所以弱也，願勿止〔八〕。』楚王曰：『善。』因不止〔九〕。

〔一〕鮑彪曰：定封在此（齊閔）三年。吳師道曰：宣王二十年。又說見後。又曰：索隱云：嬰，諸田之別子，非宣王弟也。祖耿案：顧觀光隸此於顯王四十八年。

〔二〕鮑彪曰：楚王，懷王。

〔三〕高誘曰：輟，止也。鮑彪曰：集韻：輟，止也。錢穆曰：楚王，楚懷王。是年，柱國昭陽破魏襄陵，移兵攻齊，陳軫說之以蛇足，與公孫閈說楚王使封嬰者乃一事而兩傳。薛南近楚，齊以封嬰而居之，猶如往者楚之城陳、蔡、不羹而窺北方也。故滕人聞之而懼，楚人聞之而怒。乃乘勝魏之勢而來攻。魏、齊之交，在魏主之者爲惠施，而在齊則爲田嬰。楚既不欲齊、魏之相親，故既勝魏，乃欲攻齊逐嬰矣（考辨三一〇頁）。

〔四〕高誘曰：公孫閈，齊之公孫，田氏也。

〔五〕高誘曰：公，謂田嬰也。使楚王欲封公甚於齊之欲封公也。

〔六〕高誘曰：委，付也。子，公孫閈也。

〔七〕姚注：劉無「爲」字。

〔八〕高誘曰：削，分。弱，小也。齊分薛以封田嬰，則所以使齊小，故曰勿止。黃丕烈曰：「夫齊」下，鮑本有「之」字。

〔九〕高誘曰：不復止齊封田嬰。鮑彪曰：彪謂此說不可行也。嬰，齊相也。雖得薛，不決裂於外，猶齊地耳。齊、薛爲一，如穰侯、應侯之於秦也，何弱小乎其初哉！吳師道曰：史：齊襄王立，而孟嘗君中立爲諸侯。王畏君，與連和。後卒，諸子爭立，齊、魏共滅之。鮑謂分封不足以弱齊，未睹末流之害也。

三

靖郭君將城薛〔一〕，客多以諫〔二〕。靖郭君謂謁者：『無爲客通〔三〕！』齊人有請者，曰：『臣請三言而已矣，益一言，臣請烹〔四〕！』靖郭君因見之。客趨而進，曰：『海大魚。』因反走〔五〕。君曰：『客有於此〔六〕。』客曰：『鄙臣不敢以死爲戲〔七〕！』君曰：『亡！更言之〔八〕！』對曰：『君不聞海大魚乎〔九〕？網不能止，鉤不能牽〔一〇〕，蕩而失水，則螻蟻得意焉〔一一〕。今夫齊，亦君之水也〔一二〕。君長有齊陰〔一三〕，奚以薛爲〔一四〕？失齊，雖隆薛之城到於天，猶之無益也〔一五〕！』君曰：『善。』乃輟城薛〔一六〕。

〔一〕淮南子人間訓高誘注曰：靖郭君，齊威王之子也，封於薛。鮑彪曰：靖郭君，田嬰謚。吳師道曰：此據史文。索隱云：靖郭或封邑號，漢齊王舅父駟鈞封靖郭侯。黄式三曰：索隱引紀年云：『梁惠王後元十三年四月，齊威王封田嬰於薛。十月，齊城薛。』先儒謂四月乃昔之譌。昔封薛，今城薛耳。程恩澤曰：案史記文帝本紀：封齊王舅父駟鈞爲清（漢書作靖）郭侯。惠景間侯者年表有清郭（王氏本作清都，監本作清源，俱誤）。如淳曰：邑名。六國時，齊有靖郭君。靖音靜。錢大昕曰：杜佑謂戰國之際，權設班寵，有加賜邑封君者，蓋加其位號，或空受其爵，如靖郭、武安之類。以言武安則可，以言靖郭則不可。（按：考異所引，即索隱之說。惟史記徐廣注云：清都一作鄡，苦堯反。索隱云：漢表作鄡，鄡屬鉅鹿。

又云：鄗，太原縣。與國策注所據不同。蓋初封清郭，後乃徙封於鄗，其或在鉅鹿，或在太原，則未知孰是。以徐廣注推之，當主鉅鹿。漢志：鉅鹿郡有鄡縣，今爲束鹿縣。鄡縣故城，今在趙州，二地相近。）祖耿案：顧觀光編於顯王四十八年。

〔二〕高誘曰：諫，止之也。

〔三〕高誘曰：無通欲諫者也。

〔四〕高誘曰：已，止也。益，猶過也。過言請烹。烹，煮，謂死。　鮑彪曰：烹，所謂鼎鑊之誅。　祖耿案：韓非子說林下作「過三言，臣請烹」。淮南子人間訓作「過三言，請烹」。

〔五〕高誘曰：反，還。

〔六〕高誘曰：於此，止無走也。　鮑彪曰：言此言外應復有。　吳師道曰：高注：「於此，止無走也。」金正煒曰：按：有與又通。詩賓之初筵：「矧敢多又。」箋：又，復也。禮記文王世子：「以待又語。」注：又語爲後復論說也。　祖耿案：韓非子作：靖郭君曰：「請聞其說。」淮南子作：靖郭君止之，曰：「願聞其說。」

〔七〕姚注：淮南子，戲作熙。　祖耿案：淮南子注：熙，戲也。

〔八〕高誘曰：亡，無。　鮑彪曰：亡、無同，言無此也。

〔九〕原無海字。王念孫曰：據太平御覽鱗介部所引及鴻烈人間篇、新序雜事篇補。

〔一〇〕高誘曰：止，禁。牽，引。　姚注：韓非子：「繳不能絆。」　祖耿案：以上三句，韓非子作：靖郭君曰：「願爲寡人言之。」答曰：「君聞大魚乎？網不能止，繳不能絓也。」淮南子作：靖郭君曰：「先生不遠道而至此，爲寡人稱之。」賓曰：「海大魚，網弗能止也，釣弗能牽也。」

〔一一〕高誘曰：得意者，飽滿也。　鮑彪曰：集韻：蕩，放也。言自放肆。螻，螻蛄，一曰螜，天螻。得意，飫，飽也。

〔一二〕祖耿案：「君之水」，韓非子作「君之海」，淮南子作「君之淵」。

〔一三〕姚注：別本無陰字。　鮑彪曰：長，雄長之長。　吳師道曰：見下。　黃丕烈曰：有字、陰字，鮑本無。吳氏正曰：一本「君長有齊」。丕烈案：韓子作「君長有齊」，新序作「君已有齊」，與策文不同。此有者當讀陰爲蔭。　金正煒曰：按，陰猶蔭也。禮記祭義：「陰爲野土」，注：陰，讀爲依蔭之蔭。左氏昭元年傳：「趙孟視蔭」釋文：「蔭，本亦作陰。」此當有陰字，無者誤挩耳。

〔一四〕高誘曰：奚，何。

〔一五〕失，原作夫。　高誘曰：隆，高也。到，至也。高薛城至於天，猶無益也。　黃丕烈曰：吳氏正曰：「一本「君長有齊」。姚氏「奚以薛爲夫齊」句。按：新序作「無齊，雖隆」云云。是蓋夫、無音譌，又因上「夫齊」字混。」丕烈案：吳說非也，「夫」乃「失」字形近之譌。韓子作「君失齊」。淮南人間訓亦同。　朱亦棟曰：夫乃失字之訛，與上「失水」句相應，非音訛也。　王念孫曰：吳說非也，「夫齊」，當爲「失齊」，字之誤也。此以大魚之失水，喻靖郭君之失齊。上文曰：「蕩而失水，則螻蟻得意」，是其證也。韓子說林篇及鴻烈人間篇，並作「失齊」。　金正煒曰：夫，當從韓非、淮南作失。說詳王氏讀書雜志。

〔一六〕高誘曰：輟，止。　祖耿案：韓非子作「乃輟，不城薛。」淮南子作「乃止，不城薛。」盧文弨曰：城上「不」字衍。齊策無。顧廣圻曰：新序作「罷民弗城薛也。」王先愼曰：此當各依本書。輟乃輒之譌。御覽一九二引：「乃不城薛。」蓋不審輟爲輒之誤，而誤刪之也。　祖耿又案：淮南子此文之下出以評騭曰：「此所謂虧於耳、忤於心而得事實者也。夫以無城薛止城薛其於以行說乃不若海大魚。故物或遠之而近，或近之而遠，或說聽計當而身疏，或言不用計不行而益親」云云。此類基於一種故事之後之論斷，恒見於策，此學習游說之士所以依以取材而爲揣摩之資者。淮南賓客亦復然也。新序雜事二云：靖郭君欲城薛，而客多以諫。君告謁者：無爲客通事。於是有一齊人曰：臣願一言，過一言，臣請烹。謁者贊客，客曰：「海大魚。」因反走。靖郭君請少進，客曰：「否，臣不敢以死戲。」靖郭君曰：「嘻，寡人毋得已，試復道之。」客曰：「君獨不聞海大魚乎？網弗能止，繳不能牽，碭而失水陸居，則螻蟻得意焉。且夫齊，亦君之水也。已有齊，奚以薛爲？君若無齊，城薛，猶且無益也。」靖郭君大悅，罷民弗城薛也。

四

靖郭君謂齊王曰〔一〕：「五官之計，不可不日聽而數覽也〔二〕。」王曰：「說五而厭之，今與靖郭君〔三〕。」

〔一〕祖耿案：顧觀光附此於顯王四十八年。

〔二〕也字，原在聽字下。高誘曰：齊王，威王也，宣王之父。計，簿書也。聽，治也。覽，視。鮑彪曰：曲禮：司徒、司空、司馬、司士、司寇，典司五衆，計其事之凡也。吳師道曰：注家謂此殷制，非策所指。按：記曾子問：諸侯出，命國家五官而後行。注云：五官，五大夫典事者。高曰：計，簿書也。黄丕烈曰：吳氏正曰：也字當在覽下。金正煒曰：按管子揆度篇：「五官之數不籍於民。」漢書武帝紀：「受郡國計。」注：計，若今之諸州計帳也。韓非外儲說：「田嬰相齊，人有說王者曰：「終歲之計，王不一以數日之間自聽之，則無以知吏之姦邪得失也。」」即謂此事。吳氏依通鑑，以也字當在句末。惟據韓文，似當作「不可不數日聽覽也」。

〔三〕姚注：一本作：王曰：『日説五官吾厭之。』今，一作令。高誘曰：與靖郭君，使聽治也。鮑彪曰：言汝既説我，則不得自厭，故以委之。與，以五官之計委之也。吳師道曰：『王曰説吾』有缺誤。姚云：一本作：『王曰：「日説五官吾厭之」』。通鑑云：「不可不日聽而數覽也。」王從之。已而厭之，悉以委嬰。嬰由是得專齊權。」金正煒曰：按：「説」當爲「諾」，音近而誤。韓非作「諾」可證。「五」下當有日字。鮑本作吾，吾即五日二字誤併爲一也。今，猶即也。作令者，誤。祖耿案：韓非子外儲説右下云：「田嬰相齊，人有説王者曰：「終歲之計，王不一以數日之間自聽之，則無以知吏之姦邪得失也。」王曰：「善。」田嬰聞之，即遽請於王而聽其計，王將聽之矣，田嬰令官具押券斗石參升之計，王自聽計，計不勝聽，罷食，後復坐，不復暮食矣。田嬰復謂曰：「群臣所終歲日夜不敢偷怠之事也，王以一夕聽之，則群臣有爲勸勉矣。」王曰：「諾。」俄而王已睡矣，吏盡揄刀削其押券升石之計。王自聽之，亂乃始生。」此即上文金氏所引之全文，與此章當爲一事，可資互參。

五

靖郭君善齊昆辨〔一〕，昆辨之爲人也多疵〔二〕，門下弗説〔三〕。士尉以證靖郭君〔四〕，靖郭君不聽〔五〕，士尉辭而去。孟嘗君又竊以諫〔六〕，靖郭君大怒，曰：『剗而類，破吾家〔七〕，苟可慊昆辨者，吾無辭爲之〔八〕。』於是舍之上舍〔九〕，令長子御，旦暮進食〔一〇〕。數年，威王薨，宣王立〔一一〕，靖郭君之交大不善於宣王〔一二〕，辭而之薛，與昆辨俱留。無幾何〔一三〕，昆辨辭而行〔一四〕，請見宣王。靖郭君曰：『王之不説嬰甚，公往，必得死焉〔一五〕。』昆辨曰：『固不求生也，請必行〔一六〕！』靖郭君不能止。昆辨行，至齊，宣王聞之，藏怒以待之〔一七〕。昆辨見宣王，王曰〔一八〕：『子靖郭君之所聽愛夫〔一九〕？』昆辨曰：『愛則有之，聽則無有〔二〇〕。王之方爲太子之時，辨謂靖郭君曰：「太子相不仁，過頤豕視〔二一〕，若是者倍反〔二二〕，不若廢太子，更立衛姬嬰兒郊師〔二三〕。」靖郭君泣而曰〔二四〕：「不可！吾不忍也！」若聽辨而爲之，必無今日之患也〔二五〕！此爲一〔二六〕。至於薛，昭陽請以數倍之地易薛〔二七〕，辨又曰：「必聽之〔二八〕！」靖郭君曰：「受薛於先王〔二九〕，雖惡於後王〔三〇〕，吾獨謂先王何乎〔三一〕？且先王之廟在薛〔三二〕，吾豈可以先王之廟與楚乎？」又不肯聽辨。此爲二〔三三〕。』宣王太息，動於顔色〔三四〕，曰：『靖郭君之於寡人，一至此乎〔三五〕？寡人少，殊不知此〔三六〕！客肯爲寡人來靖郭君乎〔三七〕？』昆辨對曰：『敬諾。』靖郭君〔三八〕衣威王之衣冠，帶其劍〔三九〕。宣王自迎靖郭君於郊，望之而泣。靖郭君至，因請相之〔四〇〕，靖郭君辭，不得已而受〔四一〕。七日謝病，强辭〔四二〕，三日而聽〔四三〕。當是時，靖郭君可謂能自知人矣！能自知人，故人非之不爲沮〔四四〕。此昆辨之所以外生樂患趣難者也〔四五〕。

〔一〕姚注：昆辨，古今人表作昆辯。師古曰：齊人也。靖郭君所善。見戰國策。而呂覽作劇貌辯。元和姓纂：昆，夏諸侯昆吾氏之後。齊有崑弁，見戰國策。　鮑彪曰：齊貌辯，齊人。　吴師道曰：姚云：古今人表作昆辯，師古引此。按：一本標云：修文御覽、北堂書鈔同。呂覽作劇貌辯。元和姓纂：崑弁。　黄丕烈曰：吴氏補曰：按一本標云，修文御覽、北堂書鈔同。丕烈案：今在太平御覽三六八卷，作昆辨。吴引姚校而以此十四字自注於古今人表下，謂其同作「昆」也。今刻本誤入正文。吴本注中有注，刻時多誤混，讀者每不察，附著於此。　祖耿案：昆，原作貌。此章四百七十八字，與呂覽知士篇靜郭君善劑貌辨一節四百八十七字大體相同。結尾論斷亦無大異。明呂覽成書之前，此策早已存在，故得爲呂氏門客所取矣。　又案：御覽三六八云：「靖郭君善昆辯。」書鈔三十四云：「靖郭君善齊昆辨，昆辨爲人多疵。」廣韻昆字下云：「戰國策有齊賢者昆辨。」案：作「昆」是也。貌，古作皃，與昆形近致譌。呂覽作劇貌辨者，錢大昕曰：劇乃劑之譌也。郭沫若謂韓非子外儲説左上之宋人兒説持白馬非馬服齊稷下之辨者即此齊貌辨。蓋兒誤爲**皃**（古貌字），**皃**又誤爲**昆**。兒辨、兒説，葢一字一名（説見青銅時代宋鈃尹文遺著考）。　又案：顧觀光隸此於慎靚王元年。曰：策言「受薛於先王」，「先王之廟在薛」，則封薛在齊威王時，與史記異。惟索隱引紀年云：梁惠後元十三年四月，齊威王封田嬰於薛。十月，齊城薛。十四年，薛子嬰來朝。十五年，齊威王薨。是齊威王卒於慎靚王元年，與策文合。故列此。

〔二〕原作齊貌辨，下同。　高誘曰：疵，闕病也。姚注：疵作訾。見呂覽。　鮑彪曰：疵，病也。謂過失。

吴師道曰：此人蓋有奇節而不修細行者。呂覽作嘗。祖耿案：書鈔三十四引，無「齊」字。依此推知，通篇「齊貌辨」，皆當作昆辨。觀辨自稱曰「辨」，知「齊」字衍矣。今删。

〔三〕下，原作人。　祖耿案：御覽三六八引作「門下不悦」。

〔四〕高誘曰：證，諫也。　鮑彪曰：士尉，齊人。證，諫也。

〔五〕高誘曰：聽，受。

〔六〕高誘曰：孟嘗君，田嬰子田文也，號孟嘗君。　鮑彪曰：孟嘗君，嬰子文。竊，猶私。　吴師道曰：孟子，嘗邑名，在薛旁。按詩「居常與許」，即此嘗也。（祖耿案：程恩澤國策地名考引原注云：「孟嘗君邑名，在薛旁。按詩」云云。）張琦曰：嘗邑在滕縣，故薛城南十里。　程恩澤曰：孔疏：常，魯南鄙。鄭箋：常，或作嘗，在薛之旁。六國時，齊有孟嘗君食采於薛。管子小匡篇：管仲勸桓公親諸侯，反其侵地，故歸魯常、潛（國語，常作堂。洪頤煊經義叢鈔以常與棠通，即春秋「公矢魚於棠」之棠。按：棠爲今魚臺縣，非此地）。史記越世家：願齊之試兵南陽（此南陽即泰山之陽）莒地，以聚常、郯之境。索隱：常，邑名，即田文所封（或云越世家之常，即春秋傳「晉會吴子於良」之良也。漢置良城國在今邳州北六十里，似非一地）。或以爲謚，非是。路史：嘗在南陽，田文之封。今滕縣薛城（括地志：薛城周二十八里，堅厚無比）南十里有孟嘗集，或云即古嘗邑。近志以史記公孫宏傳有菑川國薛縣誤文，因以淄川爲田文封邑，謬矣（見日知錄）。祖耿案：此句呂覽作：「孟嘗君竊以諫靜郭君。」下云：「靜郭君大怒。」注曰：私諫靜郭君，使聽士尉之言而止其去。

〔七〕高誘曰：剗，滅也。而，汝也。言汝破吾家。　姚注：呂覽：「揆吾家。」高誘注云：揆度吾家，試可以足劑貌辨者，吾不辭也。　鮑彪曰：集韻，剗，翦也。以翦草爲喻。而，汝也。類，族類。

〔八〕高誘曰：慊，猶善也。善齊貌辨者，吾不辭爲之。鮑彪曰：集韻：慊，愜也。言有可滿貌辨之意，雖家族破滅，猶爲之不辭也。 祖耿案：此二語，呂覽作「剗而類揆吾家苟可以傔劑貌辨者，吾無辭爲也。」注：傔，足也。

〔九〕高誘曰：上舍，上傳也。一曰甲第也。 鮑彪曰：上舍猶甲第。 吳師道曰：此本高注。按，田文傳：「傳舍，幸舍，代舍。」索隱云：並當上、中、下三等之客所舍之名。以此推之，則代舍乃上舍也。

〔一〇〕高誘曰：御，侍也。旦暮，朝夕也。 鮑彪曰：集韻：御，侍也。 吳師道曰：爲之御也。 黃丕烈曰：御下，鮑本有之字。丕烈案：呂氏春秋無。 金正煒曰：按荀子儒效篇：「隨其長子，事其便辟。」長子與便辟對擧，非謂世子可知。疑當爲倀子之譌。揚子方言：燕、齊之間，養馬者及官婢、女廝謂之娠。亦曰倀。張衡東京賦：「倀子萬童。」薛綜曰：倀之爲言善也，善童幼子也。蓋即趙策所謂優笑孺子之屬，使之侍辨，皆所以務慊其意也。

〔一一〕高誘曰：宣王，孟軻所見，以羊易釁鍾之牛者也。 鮑彪曰：嬰之封薛，在閔王初。下言「之薛」，則此不得言宣王立也。 吳師道曰：說見下。 馬驌曰：鮑改威王爲宣王，宣王爲閔王，因史記之誤也。呂覽用字多異，然亦稱威、宣，不云宣、閔，益徵史記之誤，而鮑氏之妄改矣。 黃丕烈曰：鮑改威爲宣，宣爲閔。吳氏有正。案：呂氏春秋作威、宣。 黃式三曰：策「先王」爲威王，與呂覽合。鮑本誤從史記，以先王爲宣王。 錢穆曰：靖郭君封薛，明在威王時。鮑改威爲宣，宣爲閔，吳氏有正。黃丕烈云呂氏春秋亦作威、宣。梁氏校補轉據鮑策訂呂，大誤。（考辨三一〇頁） 祖耿案：呂覽作：「數年，威王薨，宣王立。」與此正同。注：宣王云：「威王之子」是也。

〔一二〕高誘曰：宣王不善之也。 祖耿案：呂覽此句同。高誘注云：交，接也。大不爲王所善也。

〔一三〕高誘曰：貌辨、靖郭君俱止於薛，無幾何。

〔一四〕高誘曰：行，去也。去至齊也。

〔一五〕祖耿案：嬰下，韓非子有也字。注：甚，猶深。

〔一六〕高誘曰：固，必。　金正煒曰：按，固與故通。論語子罕篇：「固天縱之將聖。」皇疏：固，故也。荀子性惡篇：「凡禮義者，是生於聖人之僞，非故生於人之性也。」注。故，猶本也。　祖耿案：呂覽「不」作「非」。

〔一七〕高誘曰：藏，懷。

〔一八〕黄丕烈曰：王，鮑本不重。曰子，作子曰。鮑改曰子。吳氏補曰：當作曰子。丕烈案：王字不重。是也。呂氏春秋不重。太平御覽引此亦不重。

〔一九〕高誘曰：夫，辭。　鮑彪曰：愛而聽用其言。　祖耿案：韓非子作劑貌辨見宣王曰，見字斷句。

〔二〇〕祖耿案：呂覽作劑貌辨答曰云云。注：徒見愛耳，言則不見從也。　金正煒曰：按，呂覽審應篇：「申子說我而戰，爲吾相也夫。」高注：夫，不滿之辭。　祖耿案：夫，韓非子作也。

〔二一〕鮑彪曰：過，謂豐頤過人。豖多反視。　吳師道曰：呂氏春秋：「過𩑶豖視。」注：𩑶豖，不仁之人。其說未詳。　劉辰翁云：過頤，即俗所謂耳後見腮。豖視，即相法所謂下邪偷視。　黄丕烈曰：案：吳氏讀呂氏春秋，誤也。高彼注云：「過，甚也。太子不仁，甚於𩑶豖，視如此者倍反，不循道理也。」讀豖句絕，視下屬。此文亦當同。信即倍字譌。太平御覽引此作「背」，是其證也。　朱起鳳曰：字書無𩑶字，即頤字之譌。「過頤」，即今俗所謂腦後見腮者是也。

〔二二〕倍，原作信。　高誘曰：反，叛。　鮑彪曰：始信後反。　王引之曰：鮑說甚謬。呂氏春秋知事篇作：「若是者倍反。」高注曰：如此者倍反，不循道理也。說文：倍，反也。則「倍反」明是「倍反」之譌。太平御覽人事部引此策作「背反」，背與倍古字通。　朱起鳳曰：倍、信形近而訛。　金正煒曰：按國語晉語：「信反必弊。」謂反乎信也。鮑注「始信後反」，於義未安。呂覽作「倍反」，高注：「不循道理也。」此文無反信之徵，當作「倍反」，義勝。　祖耿案：御覽三六八引作：「若是法背父。」

〔一三〕高誘曰：郊師，衛姬之子，宣王庶弟。　吳師道曰：高注：郊師，衛姬子，宣王庶弟。　祖耿案：廢，韓非子作革。郊，作校。注曰：嬰兒，幼少之稱，衛姬所生，校師其名也。威王之庶子也。勸靜郭君令廢太子，更立校師爲太子也。

〔一四〕祖耿案：「泣而」，呂覽作「泫而」。　朱起鳳曰：泫而即泫然也。

〔一五〕高誘曰：患，謂不見善，出走薛也。

〔一六〕祖耿案：上文「不可」下至此，呂覽作：「不可，吾弗忍爲也。且靜郭君聽辨而爲之也，必無今日之患也。此爲一也。」注云：言靜郭君聽辨之言，則無今日見逐之患也。此一不見聽也。

〔一七〕高誘曰：昭陽，楚將。

〔一八〕高誘曰：聽與楚易地也。　祖耿案：呂覽注云：昭陽，楚相也。求以倍地易薛之少，辨勸之可也。

〔一九〕高誘曰：先君王也。　鮑彪曰：封嬰於薛，閔王也，而曰受於先王，蓋宣王有指封之。　吳師道曰：史以田嬰之封在湣王三年，從通鑑則在宣王二十二年。按：嬰自威王時任職用事，而文之言曰：「君用事相齊至今三王矣。」三王者，威、宣、閔也。故大事記以嬰卒文立，附見於閔王元年。此策曰：「受薛於先王」，「先王之廟在薛」，則是威王之世嬰已受封，史亦不合。索隱引紀年：梁惠後元十三年四月，齊威王封田嬰於薛。十月，齊城薛。十四年，薛子嬰來朝。十五年，齊威王薨。考之史，梁惠王後元十三年，在今封嬰前一年，不得爲威王之世，亦皆不合。惟梁惠前十三年，則正當威王時。疑此處有差互，而嬰之封薛，則實威王之世也。

〔三〇〕高誘曰：言爲後王（劉無此四字）。言爲後王小惡。

〔三一〕高誘曰：謂，猶奈何也。　鮑彪曰：言無以告於先王。　黃丕烈曰：乎，鮑本無。丕烈案：呂氏春秋有。　祖耿案：呂覽注云：先王，威王也。見惡於後王，先王其謂我何？

〔三二〕高誘曰，起威王之廟在薛。

〔三三〕高誘曰：二不聽辨也。　祖耿案：呂覽作「此爲二也。」注：二不見聽。

〔三四〕高誘曰：動，猶發也。　鮑彪曰：太息，長出氣也。

〔三五〕金正煒曰：呂覽知士篇，文與此同。高注：一，猶乃也。

〔三六〕高誘曰：少，小也。殊，不知也。

〔三七〕高誘曰：肯，猶可也。能爲寡人致靖郭君身來不乎也。　祖耿案：「來」上，呂覽有「少」字。注：言猶可也。

〔三八〕高誘曰：從薛至齊也。一曰：「必能使靖郭君來。」　祖耿案：「君」下，呂覽有來字。注：諾，順。

〔三九〕帶，原作舞。姚注：舞，劉作帶。　鮑彪曰：衣、冠、劍，先時所賜。　朱起鳳曰：帶字，俗作帶，形與舞似，因訛爲舞。　祖耿案：此數語，呂覽作：「靜郭君來，衣威王之服，冠其冠，帶其劍。」

〔四〇〕高誘曰：請以爲相也。

〔四一〕高誘曰：受相印也。黄丕烈曰：「受」下，鮑本有「之」字。丕烈案：吕氏春秋無。

〔四二〕高誘曰：以病謝相位。强，猶固。鮑彪曰：强，猶固。

〔四三〕「三」上，原有「靖郭君辭不得」六字。鮑彪曰：聽，王聽其辭。黄丕烈曰：「靖郭君辭」四字，鮑本無。丕烈案：吕氏春秋無「靖郭君辭不得」六字爲是。祖耿案：此數語吕覽作：「十日謝病，彊辭。三日而聽。」注：聽，許。

〔四四〕高誘曰：沮，止。鮑彪曰：集韻：沮，止也。祖耿案：「時」下，吕覽有也字。注：知人，知劑貌辨也。

〔四五〕高誘曰：外，猶賤生，謂觸難而行見宣王也。樂解人之患，趣救人之難。令宣王相靖郭君也。鮑彪曰：以生爲外物，無所愛也。彪謂知人之難，貴於知其心。齊人曰：辨之爲人多疵。論其迹也。靖郭君獨深善之不可奪，知其心也。士爲知己者死，此辨所以不求生歟？吳師道曰：心迹之論未當。説見章首條下。又曰：趣，即趨。祖耿案：末句吕覽作「此劑貌辨之所以外生樂趨患難故也。」注：外棄其生命，樂解人之患，往見宣王不辟難之故也。孫云觀注似此，亦本與國策同。

六

邯鄲之難，趙求救於齊〔一〕。田侯召大臣而謀〔二〕，曰：「救趙，孰與勿救〔三〕？」鄒子曰：「不如勿救〔四〕。」段干綸曰〔五〕：「弗救，則我且不利〔六〕！」田侯曰：「何哉？』對曰：『夫魏氏兼邯鄲〔七〕，其於齊何利哉〔八〕？』田侯曰：『善。』乃起兵，曰：『軍於邯鄲之郊〔九〕！』段干綸曰：『臣之求利且不利者，非此也〔一〇〕。夫救邯鄲，軍於其郊，是趙不拔而魏全也〔一一〕。故不如南攻襄陵以弊魏〔一二〕。邯鄲拔而承魏之弊〔一三〕，是趙破而魏弱也。』田侯曰：『善。』乃起兵，南攻襄陵，七月，邯鄲拔〔一四〕，齊因承魏之弊，大破之桂陵〔一五〕。

〔一〕高誘曰：邯鄲，趙都，難，爲魏所攻，故求救於齊。　鮑彪曰：趙成侯二十一年，魏圍邯鄲。此（齊威）二十五年。　祖耿案：此章見史記田敬仲完世家：「（威王）二十六年，魏惠王圍邯鄲，趙求救於齊。齊威王召大臣而謀曰：『救趙孰與勿救？』騶忌子曰：『不如勿救。』段干朋曰：『不救則不義，且不利。』威王曰：『何也？』對曰：『夫魏氏併邯鄲，其於齊何利哉？且夫救趙而軍其郊，是趙不伐而魏全也。故不如南攻襄陵以弊魏，邯鄲拔而乘魏之弊。』威王從其計。其後成侯騶忌與田忌不善，公孫閱謂成侯忌曰：『公何不謀伐魏，田忌必將。戰勝有功，則公之謀中也；戰不勝，非前死則後北，而命在公矣。』於是成侯言威王，使田忌南攻襄陵。十月，邯鄲拔，齊因起兵擊魏，大敗之桂陵。」此策無公孫閱與鄒忌謀田忌事，而史有，此其不同者也。　又案：顧觀光隸此於顯王十六年。

〔二〕高誘曰：田侯，齊侯也。田成子殺簡公，呂氏絶祀，田氏有之，故曰田侯。宣王也。

〔三〕王引之曰：孰與，即何如也。

〔四〕高誘曰：鄒子，齊臣鄒忌。　鮑彪曰：鄒子名忌，二十一年相，明年封下邳，號成侯。

〔五〕高誘曰：段干，姓；綸，名也。齊臣。　黄丕烈曰：吴氏補曰：綸，史作朋，後語作萌。　祖耿案：段干，説見韓策。

〔六〕「我」下，原無且字。　高誘曰：且，將。　鮑彪曰：我，我齊。王念孫曰：「不利」上，當有且字。故高注曰：且，將。史記田完世家作：「不救則不義且不利。」　金正煒曰：按史記田完世家：「不救則不義且不利」，此文「我」字疑即「義」之脱損半字，原文當與史同。後人以「不我」義不可通，因並奪不字以成文。呂覽不廣篇：「舉事義且利以立大功」，段干所言，亦其義也。公羊文五年傳注：且，兼辭。國語齊語：「且有後命。」注：且，猶復也。高氏釋且爲將，是所見本已脱誤。

〔七〕「夫」上，原無對曰二字。　高誘曰：兼，猶并也。　黄丕烈曰：鮑「夫」上補對曰二字。吴氏補曰：史有對曰二字。

〔八〕姚注：一無利字。

〔九〕高誘曰：軍，屯也。郊，境也。　鮑彪曰：以軍法陳之於此。　吴師道曰：高注：軍，屯也。愚謂凡言軍於某地者，猶言師於某也。成列則云陳於某。　黄丕烈曰：今本「曰」作甲，鮑本作甲。吴補：一本甲作曰，是言將屯於其郊，故後云「乃起兵南攻」。

〔一〇〕鮑彪曰：且，猶與。　金正煒曰：按説文：求，索也。言臣之推求利與不利者，非如是也。求或讀如救。周禮大司徒：「正日景以求地中。」注：故書求爲救。求之爲救，猶救之爲求也。此文本作：「臣言救利且不利。」草書言作[illegible]，與之字相似，因以致誤。且，猶抑也。説詳經傳釋詞。或即上文所脱且字，淆次於此。

〔一一〕鮑彪曰：兩國不戰故。

〔二〕高誘曰：襄陵，魏邑也，河東縣。弊，罷也。　張守節曰：襄陵故城在兗州鄒縣也。　鮑彪曰：襄陵屬河東，魏邑也。攻之使魏困。　張琦曰：鮑彪謂襄陵屬河東，案：齊无緣攻魏河東。漢志：陳留襄邑縣。師古曰：襄邑，宋地。本承匡襄陵鄉也。故城即今睢州治。史正義謂在兗州鄒縣，未詳所據。　程恩澤曰：案：襄陵有二。漢志：河東郡有襄陵縣，此晉襄公陵也（或云晉大夫郤犨邑）。在今平陽府襄陵縣東二十五里。又云：陳留郡有襄邑縣，此宋襄公陵也。在今歸德府睢州西一里。師古曰：圈稱云：襄邑，宋地。本承匡襄陵鄉也。秦始皇以承匡卑溼，故徙縣於襄陵，謂之襄邑（應劭以爲即襄牛，水經注主之，非是。江永曰：襄邑屬宋，襄牛屬衛）。是襄邑本名襄陵也。此云南攻，在魏之南，當主襄邑言。史記建元以來王子侯表有襄陵。索隱曰：「表在鉅鹿，志在河東。」正義又云：襄陵故城在兗州鄒縣（此說胡三省已斥之）。均與此無涉。　顧觀光曰：史記，魏文侯三十五年，齊伐取我襄陵。其後不知何時復歸於魏。故惠王十九年，復書諸侯圍我襄陵也。漢志，襄邑屬陳留（在今歸德府睢州東）。師古引圈稱云：襄邑，宋地，本承匡襄陵鄉也。宋襄公所葬，故曰襄陵。秦始皇以承匡卑溼，徙縣於襄陵，謂之襄邑。縣西三十里有承匡城。按，齊策云：「犀首以梁與齊戰於承匡而不勝」，即其地矣。

〔三〕鮑彪曰：承，言繼其後。

〔四〕梁玉繩曰：史記田完世家：「十月，邯鄲拔。」案：拔者非邯鄲也。十月，策作七月，此誤。又曰：史記六國表：「顯王十六、魏惠王十八，邯鄲降。」案：趙表亦云：「魏拔邯鄲。」後二年於魏、趙表云：「歸邯鄲」即趙、魏、田完三世家，穰侯傳並載無異。似真有其事者。然邯鄲爲趙之都，其君在焉，魏安得拔其都乎？若果拔之，則未歸邯鄲之前，首尾幾及二年。此二年中趙侯徙居何地，揆諸情勢，深所難信。蓋與史言秦孝公降魏安邑，同爲妄矣。而其誤实自齊策來。孫臏傳言齊據大梁之衢而魏去邯鄲，則此時不降不拔不歸明矣。

〔一五〕高誘曰：桂陵，魏邑名。　鮑彪曰：諸注止言魏地。齊記有云：二十六年。　吳師道曰：正義云：桂陵在曹州乘氏縣東北。又説見後。　張琦曰：桂陵在今曹州府曹縣西北五十里。　程恩澤曰：案竹書紀年，桂陵作桂陽。水經注：地在桂水之北，故曰桂陽。顧祖禹曰：今曹州府曹縣西北五十里，有桂陵城，即齊敗魏處。其後秦穰侯葬此（此説似誤。穰侯冢相傳在定陶，不在曹縣，然亦地相接），謂之安平陵，亦曰安陵鎮，今爲安陵集。正義謂在乘氏縣東北二十一里，似誤。　顧觀光曰：史記魏世家：惠王十八年，齊敗魏桂陵。趙世家正義引括地志云：故桂城在曹州乘氏縣東北二十一里。故老云此即桂陵也。水經濟水注引竹書紀年云：惠成王十七年，齊田期伐我東鄙，戰於桂陽，我師敗逋。亦曰桂陵。是桂陵即桂陽矣。　祖耿案：史記注張守節曰：桂陵在曹州乘氏縣東北二十一里。　又案：太平寰宇記云：曹州乘氏縣，故桂陵城，即田忌破魏處。　祖耿又案：最近山東銀雀山出土孫臏兵法中，有禽龐涓一篇，略云：『昔者梁君將攻邯鄲，使將軍龐涓帶甲八萬至于茬丘。齊君聞之，使將軍忌子帶甲八萬至于……竟龐子攻衛叩頊。（忌子）曰：若不救衛，將何爲？孫子曰：請南攻平陵。平陵其城小而縣大，人衆、甲兵盛。東陽戰邑，難攻也。吾將示之疑。吾攻平陵，南有宋，北有衛，當途有市丘，是吾糧途絶也。吾將示之不知事。於是徙舍而走平陵（殘缺）。忌子召孫子而問曰：事將何爲？孫子曰：都大夫孰爲不識事？曰：齊城高唐（殘缺）。於是段齊城高唐爲兩，直將蟻傅平陵……齊城高唐當術而大敗，將軍忌子召孫子問曰：吾攻平陵不得，而亡齊城高唐，當術而厥事將何爲？孫子曰：請遣輕車西馳梁郊，以怒其氣。分卒而從之，示之寡，於是爲之。龐子果棄其輜重，兼取舍而至。孫子弗息而擊之桂陵，而禽龐涓。』據此，則桂陵乃龐涓被禽之地。錄此以備參考（參看一九七七年文物第二期七二頁）。

七

南梁之難〔一〕，韓氏請救於齊。田侯召大臣而謀〔二〕，曰：『早救之，孰與晚救之便〔三〕？』張丏對曰〔四〕：『晚救之，韓且折而入於魏〔五〕，不如早救之。』田臣思曰：『不可〔六〕！夫韓、魏之兵未弊，而我救之，我代韓而受魏之兵，顧反聽命於韓也〔七〕！且夫魏有破韓之志，韓見且亡，必東愬於齊〔八〕；我因陰結韓之親，而晚承魏之弊〔九〕，則國可重，利可得，名可尊矣〔一〇〕。』田侯曰『善。』乃陰告韓使者而遣之〔一一〕。韓自以恃有齊國，五戰五不勝〔一二〕，東愬於齊。齊因起兵擊魏〔一三〕，大破之馬陵〔一四〕。魏破韓弱〔一五〕，韓、魏之君，因田嬰北面而朝田侯〔一六〕。

〔一〕高誘曰：梁，韓邑也。今南河梁也。大梁，魏都，在北，故曰南梁也。難，魏攻之也。鮑彪曰：魯國蕃縣有南梁水。此（齊宣）二年，魏伐趙，趙與韓共擊魏，趙不利，敗於南梁。吴師道曰：正義引括地志云：故梁在汝州西南。稱南梁者，別於大梁、少梁。高注：韓邑大梁在北，故曰南梁。大事記：此魏伐韓也。謂伐趙者，往歲桂陵之戰，與此混而誤爾。張琦曰：南梁故城在今汝州西南四十五里，亦曰上梁。程恩澤曰：案：鮑蓋以南梁爲齊地，故曰在魯國蕃縣。然下云『韓氏請救於齊』，則其地自當屬韓。地理志：河南郡有梁縣，本戎蠻子邑。左傳所云襲梁及霍者也。地有[illegible]狐聚、陽人聚。秦滅東、西周，遷其君於此。水經注：於戰國爲南梁。正義：故梁在梁縣西四十里。寰宇記：漢理在汝水之南。路史：梁，平王子唐封南梁也。今汝治梁縣有梁山，梁故城在承休（即今汝州）西南四十里。注引縣道記云：梁縣西南十五里，古梁國。則南梁又爲古姬姓國矣。今在汝州西南四十五里。郡國志以爲故佰翳國，非是。故梁國在今陝西韓城縣，即少梁也。索隱以爲即三梁（此說，元和志已斥之）。方輿紀要以爲即上梁，俱非。今別見楚、趙。顧觀光曰：齊策：「南梁之難，韓氏請救於齊。」高注：大梁在北，故曰南梁也。漢志：梁屬河南。齊世家正義引括地志云：故梁在汝州西南二百步。晉太康地記云：戰國時謂南梁者，別之於大梁、少梁也。又史記穰侯傳云：昔梁惠王伐趙，戰勝三梁。索隱曰：三梁即南梁也。水經渠水注引竹書紀年云：梁惠成王二十八年，穰疵率師及鄭孔夜戰於梁赫，鄭師敗逋。是南梁一名梁赫矣。　祖耿案：此章見史記田敬仲完世家宣王二年。云：『宣王元年，秦用商鞅。周致伯於秦孝公。二年，魏伐趙。趙與韓親，共擊魏。趙不利，戰於南梁。宣王召田忌復故位。韓氏請救於齊。宣王召大臣而謀曰：「蚤救孰與晚救？」騶忌子曰：「不如勿救。」田忌曰：「弗救，則韓且折而入於魏，不如蚤救之。」孫子曰：「夫韓、魏之兵未弊而救之，是吾代韓受魏之兵，顧反聽命於韓也。且魏有破國之志，韓見亡，必東面而愬於齊矣。吾因深結韓之親而晚承魏之弊，則可重利而得尊名也。」宣王曰：「善。」乃陰告韓之使者而遣之。韓因恃齊，五戰不勝，而東委國於齊。齊因起兵，使田忌、田嬰將，孫子爲帥，救韓、趙以擊魏，大敗之馬陵，殺其將龐涓，虜魏太子申。其後三晉之王皆因田嬰朝齊王於博望，盟而去。』策與史記人名不同。策作田侯、張丏、田臣思、田嬰，史記作宣王、騶忌子、孫子、田嬰。注司馬貞曰：按紀年威王十四年，田肦伐梁，戰馬陵。戰國策南梁之難，有張田對曰『蚤救之。』此云鄒忌者，王劭云『此時鄒忌死已四年』，又，齊威時未稱王，故戰國策謂之田侯。今此以田侯爲宣王，又橫稱鄒忌，皆謬矣。』　又案：顧觀光隸此於顯王二十八年。　錢穆曰：索隱此條，語有含混，當分別以觀。謂戰馬陵在威王十四年，又齊威此時未稱王，故戰國策謂之田侯，是也。然鄒忌之死，決不在馬陵戰前，而引王劭云此時鄒忌已死四年者，一則索隱此語，自據史記此事在宣王二年計之。則鄒忌之死，在宣王立前二年，即威王之卒前一年也。一說則王劭此語，實本宣王五年韓氏請救，田忌曰不如伐燕一事而論。史記既誤以馬陵之戰謂在宣王時，而索隱於紀年史記得失，未能明定，遂率引王劭此語而未加剖辨。則鄒忌之死，應在宣王五年前之四年，即宣王即位之元年也。王劭亦及見紀年原本，其語當有來歷。（考辨八五）

〔二〕鮑彪曰：田侯，猶上陳侯。 祖耿案：田侯，史記作宣王。

〔三〕高誘曰：早，速也。晚，徐也。

〔四〕丐，鮑本作丏。史記田齊世家索隱曰：戰國策南梁之難，有張田。又曰：戰國策又有張田。其辭前後交互。 梁玉繩曰：丏，疑即丑。 祖耿案：丏，當依索隱所見本作田。作丏者，田、丏形近致譌也。

〔五〕高誘曰：折，分也，猶從也。 祖耿案：史記，此田忌之言。

〔六〕高誘曰：田臣思，齊臣。 吳師道曰：索隱云：策作田期思。必別本也。紀年謂之徐州子期，即田忌也。 錢大昕曰：臣，當作𦣞，音怡，與期音相近。 黃丕烈曰：案「臣」當是𦣞字譌。𦣞、期、忌同字也。說在嘉定錢先生大昕史記考異。吳氏以爲別本者，非是。周策「陳臣思」，同此。 祖耿案：史記田齊世家索隱引田期思云：蓋即田忌也。水經河水注引竹書紀年：晉烈公五年，田公子居思伐邯鄲，圍平邑。田居思即田期思也。濟水注引紀年作田期。史記田齊世家引紀年作徐州子期，均此人也。田忌稱田期思者，亦如楊朱一稱楊子居，寺人披一稱寺人勃鞮，均以一字長言而成二音。或以申包胥稱棼冒勃蘇爲比。案蚡冒爲包胥之氏，勃、包雙聲，胥、蘇叠韻，與勃鞮爲披，子居爲朱不同，非其例也。孟子孟施舍，趙岐注：施發音。今謂施、舍雙聲，期、思叠韻，思則期之尾音也。

〔七〕金正煒曰：按管子白心篇：「去善之言，爲善之事，事成而顧反無名」。顧反，猶言轉也。

〔八〕高誘曰：愬，告。 鮑彪曰：愬，告也。

〔九〕高誘曰：陰，私。承，受。 鮑彪曰：承，繼其後也。

〔一〇〕祖耿案：史記自「夫韓、魏之兵」至此爲孫子之詞。注，司馬貞曰：「孫臏也。」

〔一一〕鮑彪曰：告者，許之也。

〔一二〕恃，原作專。 高誘曰：自恃有齊國之助，故五與魏戰而五不勝。 黄丕烈曰：專，鮑本無。 王念孫曰：專，當爲恃字之誤也。高注曰：「自恃有齊國之助，故五與魏戰而五不勝。」則策文本作「恃」明矣。田完世家作：「韓因恃齊，五戰不勝」，即本於策文也。鮑本無專字，蓋不知其義而妄删之耳。 金正煒曰：按廣雅釋言：專，擅也。左氏襄二十六年傳：「專禄以周旋」，疏：東西隨己，謂之專。史記田世家：「馮因摶三國之兵。」集解引徐廣曰：摶，音專。專謂并合制領之也。漢書荆燕吴傳：「王專并將其兵。」此文專字固不誤，若改爲恃，上即不當有以字。鮑本亦由不知專之爲義而奪之也。

〔一三〕祖耿案：史記此句云：「齊因起兵，使田忌、田嬰將，孫子爲帥，救韓、趙以擊魏。」注，裴駰曰：徐廣曰：「嬰，一作肦。」

〔一四〕高誘曰：馬陵，齊邑也。 吴師道曰：虞喜云，馬陵在濮州鄄城東北六十里，有澗深峻，可以置伏，龐涓敗即此。徐廣云在魏州元城縣東南。司馬彪引杜預説亦然。按：齊使田忌將，直達大梁，龐涓聞之，去韓而歸。齊軍已過而西，則從汴州外黄退至濮州東北六十里是也。豈合更渡河至元城哉。 張琦曰：此文盡本魏世家正義而稍節其辭，但無司馬彪引杜預句。案：鄄城，今濮州元城，今大名府縣。馬陵道在元城東南十里，按濮州境，至故鄄城東北，本一地也。閻百詩曰：齊軍已過而西，當作「退而東」。按：

史孫臏傳曰：「齊使田忌將而往，直走大梁。魏將龐涓聞之，去韓而歸。齊軍既已過而西矣。孫子使齊軍入魏地爲十萬竈，明日爲五萬竈，又明日爲三萬竈。龐涓喜曰：入吾地三日，士卒亡者過半。」百詩之說，則退而非入，與此文不合。臨淄去大梁千三百餘里，不應田忌至大梁，龐涓乃歸，涓歸而齊軍已退，俱乖情實。魏世家云：齊用孫子計救趙（當作韓）擊魏，魏遂大興師，使龐涓將，而令太子申爲上將軍，過外黄云云。孫臏傳但云去韓而歸，以已見世家文，不備也。竊意直走大梁者，孫子先聲後實之法，宣言將走大梁，非已至也。涓由外黄而東，將扼之於境上，比至齊境而齊軍已道阿鄄入，故曰：既已過而西。鄄本衛地，時服屬於魏。自東阿至鄄二百里而入馬陵道，減竈示怯，涓遂墮其術而不知也。方輿紀要從通鑑作「直走魏都」，以爲梁都安邑，齊入魏境，道出元城，亦非。程恩澤曰：此說極有見。濮州、元城相去不遠，得此可息聚訟。若今山西遼州榆社縣西北九十里亦有馬陵關，東接和順縣之孫臏坡，俗傳爲龐涓自刎處，則誠太遠矣。魏策云：自將攻齊，大勝併莒。似因齊救韓，故別命太子申、龐涓將兵伐齊以報之，非即伐韓之師也，錄此以俟知者。顧觀光曰：史記魏世家：惠王三十年，太子與齊人戰，敗於馬陵。正義引虞喜志林云：「馬陵在濮州鄄城縣東北六十里，有陵，澗谷深峻，可以置伏。」龐涓敗即此。徐說馬陵在魏州元城縣東南，非也。此云太子爲上將軍，過外黄。又孫臏傳云：「齊使田忌將而往，直走大梁。龐涓聞之，去韓而歸，齊軍已過而西矣。」當如虞喜之說，從汴州外黄退至濮州東北，豈更渡河北至元城哉。閻百詩云：時魏雖未徙大梁，要屬其一都會。走大梁者，攻其所必救也。龐涓與韓戰南梁，南梁今汝州，在大梁西南六百里。涓果舍之，歸救大梁。獨「齊軍已過而西矣」一句不可解。曾按輿圖思之，恍悟是相承傳寫之譌。原本應是「齊軍已退而東矣」。退而東者，誘敵之計也。從魏地退，第一日爲十萬竈，二日爲五萬竈，三日爲三萬竈，以見士卒之死亡略盡。涓見之果大喜，倍日并行逐之。又已入敵境矣。臏生阿、鄄之間，熟其山川形勢，不待鄉導而知是地也，兵法所謂無所往者也。誘之於此，始可萬鏃齊發。尤異者，預刻其到期，又令其自舉火。行兵至此，驚猶鬼神矣。　祖耿案：史記：「大敗之馬陵。」注，司馬貞曰：在宣王二年。

〔一五〕高誘曰：齊殺魏將龐涓，虜魏太子申，故曰：魏破韓弱也。

〔一六〕姚注：劉無田嬰二字。　高誘曰：田侯，齊宣王也。　鮑彪曰：齊記有，爲兩章：一爲桓公；臣思，一爲宣王、孫子。彪謂臣思之策則幸中矣，非仁義舉也。孟子謂「行一不義而得天下不爲也」，况朝韓、魏乎。　吳師道曰：今按桓公、田臣思事，自與邯鄲之難及韓、齊爲與國二章相亂，非此章也。說見後章。司馬驌曰：宜在齊威王時。史人名與策異。　錢穆曰：國策稱韓、魏之君北面朝齊，亦在戰馬陵之後。而世家誤以威王稱王在桂陵之後者，由其誤以徐州之會爲宣王故也。（考辨二六〇頁）

八

成侯鄒忌爲齊相〔一〕，田忌爲將，不相說。公孫閈謂鄒忌曰〔二〕：『公何不爲王謀伐魏？勝，則是君之謀也〔三〕，君可以有功〔四〕；戰不勝，田忌不進，戰而不死，曲撓而誅〔五〕。』鄒忌以爲然，乃說王而使田忌伐魏。田忌三戰三勝，鄒忌以告公孫閈，公孫閈乃使人操十金而往卜於市〔六〕，曰：『我田忌之人也，吾三戰而三勝，聲威天下〔七〕，欲爲大事〔八〕，亦吉否？』卜者出〔九〕，因令人捕之〔一〇〕，爲人卜者，亦驗其辭於王前〔二〕，田忌遂走〔三〕。

〔一〕高誘曰：成，邑。侯，爵也。鄒忌封也。　吳師道曰：高注：成，齊邑。按：史曰：封以下邳，號爲成侯。程恩澤曰：成本魯地。春秋桓六年，「公會紀侯於成」。杜注：在泰山鉅平縣東南。後爲孟氏邑，在齊南、魯北境，故曰「墮成，齊人必至於北門。」史記：齊宣公四十八年，田和取魯成邑。即此。漢置鉅平縣，屬泰山郡。括地志：鉅平城今爲故城社，汶水經其東，上有文姜臺。其東南即魯之故成邑。今兗州府寧陽縣東北九十里有鉅平城。或鄒忌先封於此，又益封下邳也。　祖耿案：此章與前邯鄲之難章相聯，見於史記田敬仲完世家云：「其後（案在齊威王二十六年，威王與段干朋定計，南攻襄陵以弊魏之後）成侯騶忌與田忌不善，公孫閱謂成侯忌曰：「公何不謀伐魏，田忌必將。戰勝有功，則公之謀中也；戰不勝，非前死則後北，而命在公矣。」於是成侯言威王，使田忌南攻襄陵。十月，邯鄲拔，齊因起兵擊魏，大敗之桂陵。於是齊最强於諸侯，自稱爲王，以令天下。」「三十五年，公孫閱又謂成侯忌曰：「公何不令人操十金卜於市，曰：我田忌之人也。吾三戰而三勝，聲威天下。欲爲大事，亦吉乎不吉乎？」卜者出，因令人捕爲之卜者，驗其辭於王之所。田忌聞之，因率其徒襲攻臨淄，求成侯，不勝而奔。」注：司馬貞曰：案：戰國策田忌前敗魏於馬陵，因被構，不得入齊，非是居齊歷十年乃出奔也。是時齊都臨淄，且孟嘗列傳云「田忌襲齊之邊邑」，其言爲得，即與系家不同也。　又案：顧觀光隸此於顯王二十八年，曰：依吳注。

〔二〕鮑彪曰：公孫閈，齊人。　吳師道曰：閈，史作閱。　黄丕烈曰：案索隱云：戰國策作公孫閎。　梁玉繩曰：史公孫閱，索隱引策作閎；今國策作閈，未知孰是。　祖耿案：史記田齊世家：「騶忌與田忌不善，公孫閱謂成侯忌曰」，索隱云：戰國策作公孫閎。御覽三二二引春秋後語作公孫閱，七二六引作公孫閔。齊策四公孫弘爲孟嘗君見秦昭王事，在赧王十六年，與爲騶忌謀田忌事在顯王二十八年者，相去百有餘年。公孫弘決非此公孫閔也。

〔三〕高誘曰：用君之謀而得勝也。

〔四〕高誘曰：有勝魏之功也。

〔五〕高誘曰：誅，戮。　鮑彪曰：曲撓，言師不直前而敗。　祖耿案：上戰字疑因下衍。

〔六〕高誘曰：二十兩爲一金。

〔七〕高誘曰：聲，勢。威，震。　鮑彪曰：天下畏其威聲。　吳師道曰：其聲畏懼天下。

〔八〕鮑彪曰：反齊而王。

〔九〕鮑彪曰：田忌之人。　吳師道曰：公孫閈所使者。

〔一〇〕原無之字。　鮑彪曰：捕，取也。　祖耿案：初學記二十引云：「卜者出，因令捕卜者而驗其辭於王前。田忌遂走。」御覽三二二引春秋後語，「捕」下有之字。案：當有之字，今依補。

〔一一〕姚注：一無亦字。　高誘曰：驗，信。

〔一二〕鮑彪曰：齊記三十五年有。彪謂齊威，賢王也。其知章子，察阿、即墨大夫明矣。獨於是失之。然忌之走，亦非威王譴之也。　吳師道曰：史以公孫閈爲鄒忌云云，附戰桂陵之前，文小異。操十金卜市以下，在威王三十五年。下云：「田忌聞之，率其徒襲攻臨淄，求成侯，不勝而奔。」宣王召復位，遂有馬陵之戰。按：策言忌伐魏，三戰三勝。忌戰可見者，桂陵、馬陵二役，策併言之也。後章記忌係太子申，禽龐涓。孫子謂忌曰：「若是則齊君可正，成侯可走。」忌不聽，遂不入齊。又記田忌亡齊之楚，楚封之江南。則忌之出奔，在戰馬陵後宣王之世明矣。史載其奔在前，故謂召復位。忌既襲齊，豈得再復？成侯猶在，豈宜並列？而馬陵後，忌無可書之事，知其必有誤也。以威王之明，成侯、公孫閈之詐，豈能行其間？其爲宣王無疑也。大事記謂桂陵、馬陵二事多混，而書忌出奔在威王時，亦仍史之舊耳。馬驌曰：戰國策田忌既敗魏於馬陵，因被讒不得入齊，乃出奔楚，與史不同。史，忌走在桂陵戰後，宣王召之復位。與此異。梁玉繩曰：史田完世家：「田忌聞之，因遂率其徒襲攻臨淄，求成侯，不勝而奔。」案：田忌出奔，在宣王二年戰馬陵之後，不在威王三十五年。無論威王賢明，成侯讒構所不能行，而忌之戰功可見者，桂陵馬陵二役。若威王時已出奔，則安得馬陵之勝乎？此與孟嘗傳同誤。然其誤亦由國策也。策於威王時載鄒忌田忌不相說一章，有「田忌遂走」之語。史公謬以爲據，因撰出襲攻臨淄事。索隱謂齊都臨淄，當依孟嘗傳作「襲齊邊邑」，而不知忌未嘗襲齊耳。國策戰馬陵後，有田忌爲齊將一章，言孫臏勸忌無解兵入齊，可正齊君而走成侯。忌不聽。以是觀之，忌亦賢矣。奈何反以襲齊誣之邪！又曰：史：「宣王召田忌復故位。」案：忌無召復位之事，此與孟嘗傳同誤。蓋因錯認忌出奔在威王時，而其後馬陵之功自不能沒，遂又撰出復位一節也。吳注策云：「忌既襲齊，豈得再復？成侯猶在，豈宜並列？」四語有以矛刺盾之妙。

祖耿案：御覽三二二引春秋後語亦云：「田忌懼，無以自白，遂以其徒襲攻臨淄，欲殺鄒忌，不勝而奔。」又案：文選過秦李注引「韓、魏之君朝田侯。鄒忌爲齊相，田忌爲將。使田忌伐魏，三戰三勝。」據此，則崇賢所見本，此章殆連上爲一也。

九

田忌爲齊將〔一〕，係梁太子申，禽龐涓〔二〕。孫子謂田忌曰〔三〕：「將軍可以爲大事乎〔四〕？』田忌曰：『奈何？』孫子曰：『將軍無解兵而入齊〔五〕，使罷弊老弱守於主〔六〕。主者，循軼之途也，鍇擊摩車而相過〔七〕。使罷弊老弱守於主〔八〕，必一而當十，十而當百，百而當千〔九〕。然后背泰山〔一〇〕，左濟〔一一〕，右天唐〔一二〕，軍重踵高宛〔一三〕，使輕車銳騎衝雍門〔一四〕。若是，則齊君可正，而成侯可走〔一五〕。不然，則將軍不得入於齊矣！』田忌不聽，果不入齊〔一六〕。

〔一〕鮑彪曰：此（齊宣）二年召復位。　吳師道曰：說見前。　祖耿案：顧觀光隸此於顯王二十八年。

〔二〕高誘曰：申，梁惠王太子也。龐涓，魏將也。田忌與戰於馬陵而係獲之也。故梁惠王謂孟子曰：寡人東伐，敗於馬陵。太子死，龐涓禽。此之謂也。　鮑彪曰：龐涓，魏將。　梁玉繩曰：史孫子、吳起列傳：『乃自剄。』案齊策言『禽』，此言『自剄』，恐皆非實。年表、世家俱云殺龐涓，蓋弩射殺之也。　程恩澤曰：案廣韻：龐姓，畢公高之後，支庶封於龐，因氏焉。急就篇補注：龐，楚邑也。越世家云：『龐、長沙，楚之粟也。』蓋以邑爲氏。則其地當與今長沙府相近。

〔三〕高誘曰：孫子，孫臏也，齊將也。　鮑彪曰：孫子，臏也。齊人。武之孫，爲田忌軍師。

〔四〕高誘曰：大事，兵事。傳曰：『國之大事，在祀與戎。』　金正煒曰：按，大事，即上章所謂『欲爲大事』，後文『無解兵而入齊』也。左氏昭元年傳：『令尹將行大事。』注：謂將弑君。國語晉語：『吾欲作大事。』注：大事，廢適立庶也。史記楚世家：『能行大事乎？』服虔曰：謂弑君。並與此文義同。高注於文不合。

〔五〕高誘曰：入，還。

〔六〕使下原有彼字。弊下原有於字。老，原作先。姚注：先，曾作老。高誘曰：彼，謂魏也。鮑彪曰：罷、疲同。彼，謂齊。齊軍已與魏戰，雖勝亦罷。今使當前。弱，弱卒也。忌所自將，使齊不疑也。主，地缺。蓋齊險隘。吴師道曰：姚云曾本先皆作老，愚恐上句多於字。謂以罷弊老弱守險敵衆，而以精兵攻齊。下云輕車鋭騎者也。黄丕烈曰：吴氏補曰「多於字」，是也。金正煒曰：高注：「彼，謂魏也。」鮑注：「彼，謂齊。」按，兩説皆非是。彼者，謂非將軍所自將，故爲外詞，猶云夫也。（漢書賈誼傳，師古注：「夫人猶彼人耳。」）或即「使」字之誤衍。曾本先作老，是也。六朝人書老作𠑽，北魏張猛龍碑，張老作張𠑽。此蓋傳寫之譌。罷弊老弱，不當間以「於」字，後文可證。此亦衍文。鮑注：「主，地缺，蓋齊險隘。」但亦臆説無徵，疑或爲任之誤。任損爲壬，復誤爲主。蘇秦爲趙合從章：「徑亢父之險。」高注：今任城縣。其言「車不得方軌，馬不得並行，百人守險，千人不能過也。」與此文正相類。開山圖：泰山在右，亢父在左，亢父知生，梁父知死。下文云：「然後背泰山，左濟，右天唐」，則作任當近是。

〔七〕高誘曰：軼，途轍之道也。轄，轂閡也。摩，猶比也。鮑彪曰：軼、轍同。車迹也。言其險狹不得方軌，適相循耳。轄、舝同，車軸耑鍵也。路狹車密，故相擊相摩。

〔八〕使下原有彼字。老原作先。姚注：先，曾作老。

〔九〕鮑彪曰：得地利故。

〔一〇〕鮑彪曰：在泰山博縣西北。顧觀光曰：蘇秦説齊曰：「南有泰山。」史記：泰山之陽則魯，其陰則齊。又云：齊自泰山屬之琅邪，北被於海，膏壤二千里。唐六典云：泰山周一百六十里，高四十餘里。按：漢志：泰山郡，博，岱山在西北（在今泰安府城北五里）。張琦曰：泰山，在今泰安府北五里。程恩澤曰：案：淮南子：「天下九山，泰山其一。」地理志云：岱山在泰山郡博縣西北（其故城在今泰安縣東南，山在故城西北）。五行志：泰山岱宗，五嶽之長。王者易姓告代之處。山有天門、日觀。漢官儀：泰山盤道屈曲而上，凡五十餘盤。仰視天門，如從穴中視天牕（又見馬第伯：封禪儀記）。雞鳴觀日出，長三丈許。博物志：泰山一名天孫。唐六典：泰山周百六十里，高四十餘里（道書福地記：泰山高四千九百丈二尺）。今在山東泰安府泰安縣北五里。魏氏曰：自成皋以東，歷梁、宋、曹、鄆諸州幾千餘里，大抵經途沃野，無大山重阻。而泰山忽然特起，博厚崇隆，拱衛南北。自此群山翼帶，直抵海濱，爲天下之奧區。神皋形勢，直與關中並峙。五嶽爲群山之尊，而泰山又爲五嶽之尊，不信然歟。

〔二〕程恩澤曰：水經注：濟水自滎澤東流，至乘氏縣西分爲二：南爲菏水，北爲濟瀆。又東北流至琅槐縣故城北，會河水入海。以今地言之，凡山東濮州、曹縣、定陶、鉅野、壽張、東平、東阿、平陰、長清、齊河、歷城、章邱、鄒平、長山、新城、高苑、博興、樂安諸州縣皆其所經（此據禹迹言之，與今異），皆齊地也。王應麟曰：濟水通得清水之名，以水道清深也。

〔三〕高誘曰：天，大也。唐，防也。　鮑彪曰：天唐，蓋盼子所守，所謂高唐，屬平原。　張琦曰：古高唐在今濟南府禹城縣西四十里。漢之高唐，則今州也。　程恩澤曰：案漢志，平原郡有高唐縣。杜預曰：在祝阿縣北（後書注，作西）。寰宇記：在禹城縣南五十里。錢坫曰：戰國策所謂天唐是也。（此說未知所據，似即本鮑注，恐未可信。）　顧觀光曰：孟子，緜駒處於高唐而齊右善歌。史記：威王曰：吾臣有盼子者，使守高唐，則趙人不敢東漁於河。是高唐亦齊之右壤，與趙地相接也（漢志屬平原，在今濟南府禹城縣西四十里）。趙世家：惠文王二十五年，燕周將，攻高唐，取之。自後遂爲趙邑。至孝成王元年，燕攻趙，趙王因割濟東三城：令盧、高唐、平原以與齊，而求安平君而將之（見趙策）。蓋一彼一此，所屬不常矣。

齊策：「左濟、右天唐」，鮑注謂天唐即高唐，未知是否。

〔一三〕高誘曰：踵，至也。高宛，縣名也，今屬樂安也。　鮑彪曰：重，輜重也。後志高宛屬樂安。　張琦曰：高宛故城在今青州府高苑縣東北。　程恩澤曰：案地理志：千乘郡有高宛縣。郡國志：屬樂安國。水經注：高宛有東西二城（西封丙倩，東封齊悼惠王子卬）。徐廣曰：樂安有高苑城，故俗謂之東高宛。寰宇記：故城在長山縣北二十四里，今在濟南府新城縣東十二里。其青州府所屬之高苑縣，則齊千乘地也。（方輿紀要以此即今高苑縣，就地勢審之，即以今高苑縣爲東高宛。以今新城縣爲西高宛，亦似可通。蓋二縣本接壤，在漢、晉同屬樂安國也。）　顧觀光曰：漢志，屬千乘。在今濟南府新城縣東。

〔一四〕高誘曰：輕，便也。鋭，利。衝，突。雍門，齊西門名也。　鮑彪曰：雍門，始皇紀注在高陵。　吴師道曰：高注：「雍門，齊西門名。」按：左傳襄十八年有。雍，去聲。　董説曰：博物志：韓娥東之齊，過雍門，鬻歌假宿而去。餘響遶梁，三日不絶。　張琦曰：雍門，故齊西門也。　程恩澤曰：案齊雍門有二。寰宇記：彭城縣東南五十里有雍門城，即桓譚新論所云雍門周彈琴見孟嘗君者。此雍門當主齊城門説，所謂伐雍門之荻是也。説苑：韓娥東至齊，過雍門。即此。鮑注不知何指。　顧觀光曰：按列子湯問篇云：昔韓娥東之齊，匱糧，過雍門，鬻歌假食。

〔一五〕高誘曰：成侯，鄒忌也。田忌所不説。　鮑彪曰：正，猶制治。　金正煒曰：按周禮宰夫，歲終則令群吏正歲會。注：正，猶定也。國語齊語：正卒伍。漢書刑法志作定卒伍。是正、定義得通用。謂忌可定齊之君位也。秦策，佐欲定其弟。鮑注：定，定其立。田忌亦齊之公族，故孫子説以廢立。孟子所謂：貴戚之卿，反覆不聽，則易位也。若以正爲匡正其君之失，即與行大事一語不相應矣。

〔一六〕高誘曰：聽，從。　鮑彪曰：彪謂臏非武流也。武雖運奇用詭，豈嘗語人以是乎？忌不聽，忌賢也。吳師道曰：使田忌無間於齊，孫子曷爲而有是言？必公孫閈、成侯讒搆之時也。

十

田忌亡齊而之楚〔一〕，鄒忌代之相齊〔二〕。恐田忌欲以楚權復於齊〔三〕。杜赫曰：『臣請爲君留之楚〔四〕。』謂楚王曰〔五〕：『鄒忌所以不善楚者，恐田忌之以楚權復於齊也。王不如封田忌於江南，以示田忌之不返齊也〔六〕，鄒忌以齊厚事楚〔七〕。田忌，亡人也，而得封，必德王〔八〕。若復於齊，必以齊事楚〔九〕。此用二忌之道也。』楚果封之於江南〔一〇〕。

〔一〕祖耿案：余知古渚宮舊事采此策云：田忌在楚，齊相鄒忌恐其以楚權復齊。杜赫曰：「請爲君留之。」因說宣王曰：「鄒忌所以不善楚者，恐田忌以楚權復齊也。王如封田忌於江南，以示田忌不返，郢（案此誤，當是鄒字）忌必以齊厚事楚矣。田忌，亡人也，而得封，必德王而竭其智。此用二忌之道也。」王遂封忌江南。凡九十六字。顧觀光隸此於顯王二十八年。

〔二〕吳師道曰：前云鄒忌爲相，田忌爲將，田忌走。此云代之相，恐有差誤。祖耿案：鮑讀「相」絕句，吳氏未有正，均非也。

〔三〕高誘曰：權，勢也。復，還也。鮑彪曰：復，猶返。

〔四〕原無君字之字。姚注：一「爲」下有君字，「留」下有之字。高誘曰：君，謂鄒忌。「留之楚」，爲鄒忌留田忌於楚，不使得來也。鮑彪曰：爲鄒留田於楚。

〔五〕鮑彪曰：楚王，威王。　祖耿案：據春秋後語，王是楚宣王，非威王也。見上。
〔六〕高誘曰：返，還。　黄丕烈曰：「田」，鮑本無。
〔七〕高誘曰：厚，重也。　黄丕烈曰：鮑「以」上補必字。　吴氏補曰：當有缺字。
〔八〕高誘曰：德，恩。
〔九〕高誘曰：田忌後日若得還齊，亦必以重事楚。　鮑彪曰：言此，示不爲鄒忌游説也。
〔一〇〕高誘曰：從杜赫之言也。

十一

鄒忌事宣王〔一〕，仕人衆，宣王不悦〔二〕；晏首貴而仕人寡，王悦之〔三〕。鄒忌謂宣王曰：「忌聞以爲有一子之孝〔四〕，不如有五子之孝，今首之所進仕者，以幾何人〔五〕？」宣王因以晏首壅塞之〔六〕。

〔一〕祖耿案：顧觀光附此於顯王二十八年。
〔二〕高誘曰：衆，多也。嫌其作威福，故不悦也。書曰：「無有作威作福。」　鮑彪曰：仕人，薦於王，使之仕。　錢氏曰：蓋宣王初立，鄒忌以先朝老臣擅權用事。（考辨二四六頁）
〔三〕高誘曰：悦不作威福也。　鮑彪曰：晏首，齊人。
〔四〕祖耿案：「以爲」二字，疑當在下文「宣王因」下，誤殺於此。
〔五〕姚注：以，一作亦。人下有矣字。

〔六〕高誘曰：壅，弊。塞，斷。弊斷仕者而不進也。　鮑彪曰：言其不薦達人。

十二

鄒忌脩八尺有餘〔一〕，而形貌昳麗〔二〕。朝服衣冠，窺鏡〔三〕，謂其妻曰：『我孰與城北徐公美〔四〕？』其妻曰：『君美甚！徐公何能及也〔五〕！』城北徐公，齊國之美麗者也。忌不自信而問其妾〔六〕，曰：『吾孰與徐公美？』妾曰：『徐公何能及君也！』旦日〔七〕，客從外來，與坐談，問之，曰〔八〕：『吾與徐公孰美？』客曰：『徐公不若君之美也〔九〕。』明日，徐公來，孰視之，自以爲不如；窺鏡而自視，又弗如遠甚〔一〇〕。暮，寢而思之，曰：『吾妻之美我者，私我也〔一一〕；妾之美我者，畏我也〔一二〕；客之美我者，欲有求於我也〔一三〕。』於是入朝，見威王，曰〔一四〕：『臣誠知不如徐公美〔一五〕，臣之妻私臣，臣之妾畏臣，臣之客欲有求於臣，皆以美於徐公〔一六〕。今齊地方千里，百二十城；宮婦左右，莫不私王；朝廷之臣，莫不畏王；四境之內，莫不有求於王；由此觀之，王之蔽甚矣〔一七〕！』王曰：『善。』乃下令：『群臣吏民，能面刺寡人之過者，受上賞〔一八〕；上書諫寡人者，受中賞；能謗議於市朝，聞寡人之耳者，受下賞。』令初下，群臣進諫〔一九〕，門庭若市；數月之後，時時而間進〔二〇〕；期年之後，雖欲言，無可進者〔二二〕。燕、趙、韓、魏聞之，皆朝於齊。此所謂戰勝於朝廷〔二三〕。

〔一〕高誘曰：脩，長。　錢穆曰：此事與淳于髡大鳥之隱，同爲齊威初政奮發之一種傳說。（考辨二四六頁）　祖耿案：顧觀光附此於顯王十二年。

〔二〕原作「身體昳麗」。　姚注：讀昳曰逸。　鮑彪曰：昳，徒結切，日側也。故有光艷意。又疑作佚。　吳師道曰：高注：昳，讀曰逸。　黃丕烈曰：「身體」，鮑本作「而形䫉」。　金正煒曰：按上言體脩，此當作形䫉。昳字疑晈之譌，晈即姣之借字也。呂覽達鬱篇：「公姣且麗」，注：姣、麗皆好貌也。荀子非相篇：「古者，桀、紂長巨姣美，天下之傑也。」注：姣，好也。　朱起鳳曰：貌字，說文作䫉，古文作皃。一切經音義十二：古文皃、䫉二形，今作貌。漢書刑法志顏注，荀子禮論篇楊注，並云䫉，古貌字。

〔三〕高誘曰：自窺視於鏡也。

〔四〕高誘曰：美，好也。　姚注：十二國史作「徐君平」。　黃式三曰：孰與，猶何如也。

〔五〕「及」下原有公字。　姚注：一無公字。　黃丕烈曰：公，鮑本作君。　金正煒曰：按爾雅釋親，夫之兄爲公。婦人於壻無稱公之禮。當從鮑作君。　祖耿案：無公字是也。

〔六〕「而」下原有復字。　姚注：一無忌字、復字。

〔七〕鮑彪曰：旦，明也。

〔八〕「曰」上原有客字。　姚注：一無客字。　黃丕烈曰：「客曰」二字，鮑本無。吳補：一本「問之，客曰」。一無客字。

〔九〕姚注：一無以上三字。

〔一〇〕姚注：一無又字。高誘曰：遠，猶多也。

〔一一〕高誘曰：私，愛。鮑彪曰：私，猶親。

〔一二〕高誘曰：畏而愛之。

〔一三〕高誘曰：求，索。

〔一四〕姚注：一無「於是」、「威」三字。

〔一五〕姚注：劉作「臣知情不如。」

〔一六〕王引之曰：以，猶謂也。言皆謂美於徐公也。

〔一七〕高誘曰：下人蔽王甚矣。

〔一八〕姚注：一無能字。高誘曰：刺，舉也。舉寡人之過失者，與重賞也。

〔一九〕姚注：一無諫字。

〔二〇〕鮑彪曰：進諫者有暇隙。

〔二一〕高誘曰：改循（循，曾作脩）端嚴，無可復諫者也。

〔二二〕高誘曰：言與敵國戰勝之於朝廷之内也。老子曰：「脩之身，其德乃真。」此之謂也。故能使四國盡來朝之。鮑彪曰：坐朝廷之上，四國朝之，不待兵也。彪謂鄒忌嘗以詐走田忌，則其人亦傾險士耳。唯此言者，萬世之言也。吳師道曰：大事記：威烈王二十二年。按外紀，宋昭公出亡，謂其御曰云云，事與此類。又，新序：齊有田巴先生賢，王聘而問政，巴改製新衣，拂飾冠帶，顧謂其妾云云。恐與鄒忌事有訛舛。馬驌曰：國策之鄒忌，呂覽之列精子高，新序之田巴，其辭一也。黄式三曰：按史表，是年趙侯如齊。明年，宋公、趙侯會平陸。又明年，魏侯朝齊。皆與策合。足見能受諫者之效，策語不虛也。齊威王二十二年。朱起鳳曰：太平御覽三百八十二，人事部二十三，醜丈夫類，引新序作田巴事。此先誤認爲田忌事，忌字從己，因又訛爲巴，與「南己」譌作南巴同例。

十三

秦假道韓、魏以攻齊〔一〕，齊威王使章子將而應之，與秦交和而舍〔二〕，使者數相往來，章子爲變其徽章，以雜秦軍〔三〕。候者言：『章子以齊入秦〔四〕，』威王不應〔五〕。頃之間〔六〕，候者復言：『章子以齊兵降秦，』威王不應。而此者三〔七〕。有司請曰：『言章子之敗者，異人而同辭。王何不發將而擊之〔八〕？』王曰：『此不叛寡人明矣〔九〕！曷爲擊之？』頃間，言：『齊兵大勝，秦軍大敗。』於是秦王拜西藩之臣而謝於齊〔一〇〕。左右曰：『何以知之？』曰：『章子之母啓，得罪其父，其父殺之而埋馬棧之下〔一一〕。吾之使章子將也〔一二〕，勉之曰：「夫子之强，全兵而還，必更葬將軍之母。」對曰：「臣非不能更葬先妾也！臣之母啓，得罪臣之父，臣之父未教而死〔一三〕；夫不得父之教而更葬母，是欺死父也，故不敢〔一四〕。」夫爲人子而不欺死父，豈爲人臣欺生君哉〔一五〕？』

〔一〕高誘曰：自秦往齊，路出韓、魏，故假之也。　祖耿案：顧觀光附此於顯王十二年。

〔二〕高誘曰：應，擊。交，俱。　鮑彪曰：孫子，兩軍相對曰交和。楚記注：軍門曰和。

〔三〕高誘曰：徽，幟名也。傳曰：揚徽者，公徒也。通白曰章幅（幅，一作幟），變易之，使與秦旗章同，欲以襲秦。　鮑彪曰：徽，幟也。以絳帛著於背，章其別也。　吳師道曰：此引說文。又左傳「揚徽」注，若今救火衣。又按王莽傳「殊徽幟」注，通謂旌旗屬。　金正煒曰：爲，當讀如僞。詩采苓：「人之爲言。」釋文：爲，本作僞。爲、僞古蓋通用。鮑氏引說文：「徽，幟也。以絳帛著於背，章其別也。」按：尉繚子兵教篇：「將異其旗，卒異其章。左軍章左肩，右軍章右肩，中軍章胸前。書其章曰：某甲某士。又，墨子旗幟篇：城中吏卒民男女，皆辨異衣章微。微與徽同。　朱起鳳曰：通白即通帛。白，帛字之省，古通用。史記孔子世家：子白字子上，家語作子帛。

〔四〕高誘曰：候軍者以章子爲然。　鮑彪曰：候，齊之偵者。

〔五〕高誘曰：應，答。

〔六〕黃丕烈曰：鮑衍之字。吳氏正曰：有頃之間也。句奇。下「頃間」變文。

〔七〕高誘曰：而，如也。如此者三。　鮑彪曰：而，猶如。　金正煒曰：按韓非姦劫弒臣篇：「余又欲殺甲而以其子爲後，因自裂其親身衣之裏，以示君而泣，曰：『余之得幸君之日久矣，甲非弗知也，今乃欲强戲余，余與之爭之，至裂余之衣而此。』」而此猶如此，與此文同。

〔八〕高誘曰：發，遣。　鮑彪曰：廢，謂罷之。　吳師道曰：廢，一本作發，是。既降矣，安用廢爲。　黃丕烈曰：發，鮑本作廢。

〔九〕高誘曰：明，審。

〔一〇〕高誘曰：秦惠王之子武王也。謝，謝攻齊之罪。　鮑彪曰：按：威王與秦獻公、孝公同時，齊雖强而秦不弱，此語未詳。　黄丕烈曰：「爲」下，鮑本有而字。「軍」，鮑本作兵。鮑改拜爲稱。　金正煒曰：按燕策：「齊王大悦，乃歸燕城，以金千斤謝其後，頓首塗中，願爲兄弟而謝罪於秦。」策文固多溢詞。鮑注過泥。稱字，篆文亦作爯，上爪缺損即與拜近似，因誤爲拜。　錢穆曰：焦循孟子正義云：「章子之事，未必在威王之世。威王未嘗與秦交兵。齊、秦之鬭在宣王時，而伐燕之役將兵者正是章子，則恐其誤編於威王策中者。即不然，亦是威王末年。」今按焦氏謂章子之事未必在威王世者，由誤信史記威王年世移前之故。語既無證，自不足辨。威王卒於周慎靚王元年，當秦惠文王五年。則高注以秦王爲惠王子武王者，亦誤也。據齊策所記，知匡章信用於齊，自此役始。其後遂爲宣王將而伐燕。燕策所謂：「齊宣王令章子將五都之兵，以因北地之衆以伐燕，燕王噲死，齊大勝，子之亡」，是也。又其後，則有與魏戰於濮水之役。齊策：「濮上之事，贅子死，章子走，盼子謂齊王曰：不如易餘粮於宋，宋王必説，梁氏不敢過宋伐齊」，是也。六國表周赧王三年，魏哀王七年，擊齊，虜聲子於濮，與秦擊燕，即此事。魏世家徐廣引表作贅子，證以齊策，則作贅者是也。志疑轉以徐氏爲誤，殆未考耳。其時猶爲齊宣王之八年，又其後乃有與韓、魏共攻楚而殺唐昧之役。秦本紀：「昭襄王八年，使將軍芊戎攻楚，取新市。齊使章子，魏使公孫喜，韓使暴鳶共攻楚方城，取唐昧」，是也。志疑云：「其事在昭王之六年，誤書於八年。」今按年表在六年，不誤。呂氏春秋處方篇亦記其事，云：「齊令章子將，與韓、魏攻荆，荆令唐蔑將而應之，夾沘水而軍。章子夜奄荆人，殺唐蔑」，是也。是歲爲齊宣王之十九年。宣王即以是年卒，勝楚蓋屬湣王事。此後章子事亦無考，蓋已高年，不復用於世矣（考辨二六六頁）。又曰：齊策又云：「秦王稱西藩之臣。」鮑云：「威王與秦獻公、孝公同時」。如余所考，則秦已是惠王，惟其時尚未稱王耳（考辨二六七頁）。

〔二〕高誘曰：馬棧，牀也。　鮑彪曰：啓，其母名。棧，爲棚以立馬。　吴師道曰：高注：「棧，牀也。」又曰：章子通國稱不孝。孟子以爲父子責善而不相遇者，恐因此事也。後語：「馬屎之中」。朱起鳳曰：晉書張方傳：「軍人爭割流蘇武帳爲馬帴」，此策帴字作棧，形之訛也。

〔二〕原作「吾使者」。姚注：一「吾」下有之字，無者字。黄丕烈曰：鮑衍者字。

〔三〕敎，原作教。下同。姚注：教，劉作葬。鮑彪曰：未有教命。吴師道曰：後語：未赦。

〔四〕高誘曰：死父欲使之說也。鮑彪曰：彪謂君、父一也。雖無父命而以君命更葬，何損於義？凡章子之孝皆過，所謂過孝。吴師道曰：此是章子言所以不更葬之故，未見其終拒威王之命。

〔五〕高誘曰：威王以此知章子之情，故曰：豈欺生君哉。鮑彪曰：彪謂周衰，齊威不世之主也。列子曰：君非自知我也，以人之言賜我，其罪我又將以人之言，故人君於其臣，欲其自知之也。威王之於章子有焉。夫如是，雖百市虎不搖也，豈以三告而投杼乎哉。

十四

楚將伐齊，魯親之〔一〕，齊王患之〔二〕。張丐曰〔三〕：「臣請令魯中立〔四〕。」乃爲齊見魯君〔五〕。魯君曰：「齊王懼乎？」曰：「非臣所知也！臣來弔足下！」魯君曰：「何弔？」曰：「君之謀過矣〔六〕！君不與勝者而與不勝者，何故也〔七〕？」魯君曰：「子以齊、楚爲孰勝哉？」對曰：「鬼且不知也。」「然則子何以弔寡人？」曰：「齊、楚之權，敵也〔八〕，不用有魯與無魯。足下豈如全衆而合二國之後哉〔九〕？楚大勝齊，其良士選卒必殪〔一〇〕，其餘兵足以待天下〔一一〕；齊爲勝，其良士選卒亦殪；而君以魯衆合戰勝後，此其爲德也亦大矣〔一二〕！』魯君以爲然，身退師〔一三〕。

〔一〕高誘曰：魯親楚也。鮑彪曰：親楚。祖耿案：顧觀光隸此於顯王三十六年。

〔二〕高誘曰：患，憂。

〔三〕鮑彪曰：張丏，齊人，疑即張丑。祖耿案：丏，鮑本作丐。

〔四〕高誘曰：魯中立，言能使魯不親楚而絶齊也。鮑彪曰：於兩國之間無所親疎。

〔五〕鮑彪曰：魯君，康公。吳師道曰：無考。

〔六〕高誘曰：過，失。黄丕烈曰：『何弔』下，鮑本有乎字。

〔七〕高誘曰：與，猶助也。鮑彪曰：楚時未敗，而云然者，蓋楚有勝齊之勢。楚雖勝，士卒多死。魯合齊以兩國擊之，楚必敗，故言其不勝。

〔八〕吳師道曰：言其力適均。

〔九〕全，原作令。姚注：令，一作全。黄丕烈曰：鮑本作全。

〔一〇〕鮑彪曰：選卒，材武見選者。殪，死也。

〔一一〕金正煒曰：按『足以』當爲『亡以』。亡與無同。亡字篆文與足字下形相近，因以致誤。或足上本有不字而挩。國語晉語：『厚戒箴國以待之』，注：待，備也。魯語：『其誰云待之』，注：待，猶禦也。

〔一二〕高誘曰：全衆爲中立，無以爲助也。觀二國交戰之後，勝者其良士選卒治一，君以全衆助負敗者擊之。鮑彪曰：合，合敗者也。勝者雖合之，不必見德。今以全衆合敗者，彼勝者既士卒多死，可勝也。

敗者因見德矣。德，德敗者。金正煒曰：德與得通。易小畜「尚得載」，集解：得，今本作德。論語泰伯篇：「民無得而稱焉。」釋文：本作德。漢書項籍傳注引晉灼：得，或作德。左氏定九年傳：「凡獲器用曰得。」此與下句「恩德」有別。 祖耿案：此下原「其見恩德亦其大也」八字一句。姚注：下「其」字曾作甚。鮑本作「其見恩德也亦甚大矣。」注曰：敗者德之。 王念孫曰：「其見恩德亦甚大也」，乃高注語，今誤入正文，遂與上句相複。姚本作「其見恩德亦甚大也」，鮑本改爲「其見恩德亦甚大矣」，而於上句注云：「德敗者」，於此句注云：「敗者德之」。不得其解而彊爲區別，妄改原文，其失甚矣。 金正煒曰：姚云：「其大」曾作「甚大」。按：其讀若綦。荀子王霸篇：「綦大而王，綦小而亡。」又云：「目欲綦色，耳欲綦聲。」注：綦，極也。綦或爲其，傳寫誤耳。 祖耿案：王氏說是，今刪此句。

〔三〕高誘曰：退師，不復親楚也。 黃丕烈曰：今本「身」作乃，鮑本作乃。 金正煒曰：「身」疑即字之譌。淮南兵略篇：「社稷之命在將軍。即今國有難，願請子將而應之。」藝文類聚、太平御覽，「即」並作身，可爲此證。

十五

秦伐魏，陳軫合三晉，而東謂齊王曰〔一〕：「古之王者之伐也，欲以正天下而立功名，以爲后世也。今齊、楚、燕、趙、韓、梁六國之遞甚也〔二〕，不足以立功名，適足以强秦而自弱也。非山東之上計也。能危山東者，强秦也。不憂强秦，而遞相罷弱而兩歸其國於秦，此臣之所以爲山東之患〔三〕！天下爲秦相割，秦曾不出力〔四〕；天下爲秦相烹，秦曾不出薪〔五〕；何秦之智而山東之愚耶？願大王之察也！古之五帝三王五伯之伐也〔六〕，伐不道者。今秦之伐天下不然，必欲反之。主必死辱，民必死虜〔七〕。今韓、梁之目未嘗乾，而齊民獨不也〔八〕。非齊親而韓、梁疏也，齊遠秦而韓、梁近。今齊將近矣！今秦欲攻梁絳、安邑〔九〕。秦得絳、安邑以東下河，必表裏河而東攻齊〔一〇〕。舉齊，屬之海〔一一〕，南面而孤楚、韓、梁〔一二〕，北向而孤燕、趙，齊無所出其計矣〔一三〕。願王熟慮之〔一四〕！今三晉已合矣，復爲兄弟〔一五〕，約而出銳師以戍梁絳、安邑〔一六〕，此萬世之計也。齊非急以銳師合三晉，必有後憂！三晉合，秦必不敢攻梁，必南攻楚。楚、秦構難〔一七〕，三晉怒齊不與己也，必東攻齊。此臣之所謂齊必有大憂，不如急以兵合於三晉。」齊王敬諾〔一八〕，果以兵合於三晉〔一九〕。

〔一〕高誘曰：軫時仕魏，故合三晉而東也。去著（姚注：去著二字，古本作走齊）而宣王也（一本作齊王）。金正煒曰：按此文當以「合三晉」句絕。禮記檀弓：「而曰然。」鄭注：而，猶乃也。注謂軫既合三晉，乃復東行耳。祖耿案：顧觀光隸此於赧王十六年。

〔二〕高誘曰：遞，更。鮑彪曰：遞，言其更相伐。祖耿案：類聚一二引作：「今六國相伐，適足以强秦。」

〔三〕高誘曰：患，憂。鮑彪曰：罷、疲同。兩，彼我也。

〔四〕高誘曰：割，分也。自相剝割，以附益强秦。秦不自出力用力也。鮑彪曰：以割肉喻其相伐。吳師道曰：北山何先生標大事記云：力，一作刀。　黃丕烈曰：案刀字是也，此形近之譌。

〔五〕高誘曰：爲秦自相烹置，秦則不出薪然火也。　鮑彪曰：烹，煮也。不出薪，喻秦無所事。　金正煒曰：按孟子公孫丑篇：「爾何曾比予於管仲。」趙注：何曾，何乃也。孫奭音義：曾，丁音增，乃也。高注：秦則不出薪，「則」亦猶乃。詳經傳釋詞。

〔六〕高誘曰：五帝：黃帝、顓頊（一本無顓頊字）、高辛、帝嚳、堯帝（一無帝字）、舜也。三王：夏、殷、周也。五伯：昆吾、大彭、豕韋、齊桓、晉文者（一無者字）也。

〔七〕高誘曰：反之，反五帝三王五伯之伐也。秦欲肆虎狼之心以吞諸侯，故曰：「主必死辱，民必死虜」也。　鮑彪曰：反，反古。死辱，死於辱。

〔八〕高誘曰：乾，慘也。目不慘，言悲泣也。　鮑彪曰：戰死者多也。

〔九〕鮑彪曰：絳屬河東。　程恩澤曰：案漢志：河東郡有絳縣。注云：縣西有絳邑城，即翼也。水經注按詩譜言晉穆侯遷都於絳，暨孫孝侯改絳爲翼。翼爲晉之舊都也。後獻公北廣其城，方二里，又命之爲絳。故司馬遷史記年表稱獻公九年始城絳都。左傳莊公二十六年，晉士蔿城絳以深其宮，是也（以上並水經注澮水篇文）。則晉之故絳斷在翼城。今在山西平陽府翼城縣東南十五里。其曲沃縣西南二里之絳城，則晉新田邑。今絳州亦其地。而絳州所屬之絳縣，則漢聞喜縣地。又因聞喜爲古曲沃而被以絳名也。戰國時或統此數處俱名爲絳，未可知也。　顧觀光曰：韓、魏、趙並分晉地，而「晉國」之稱惟魏有之。孟子：梁惠王曰：「晉國天下莫强焉。」周霄曰：「晉國亦仕國也。」秦策：冷向曰：「宋破晉國危，安邑王之有也。」趙策：蘇厲曰：「韓亡三川，魏滅晉國。」魏策：無忌曰：「異日者，秦乃在河西，晉國之去梁也千里。」蓋晉自武公徙都絳（今平陽府翼城縣），其後景公徙於新田，仍謂之絳（今曲沃縣）。三卿分晉，絳入於魏，故魏有晉國之稱。漢志，絳屬河東。策文多與安邑並言，亦以安邑嘗爲魏都，且地相近也。

〔一〇〕黄丕烈曰：鮑「河」下補山字。丕烈案：此「表裏」專就河言之，與左氏傳文迥不相涉。鮑所補乃準彼，謬甚矣。程恩澤曰：案地理通釋：河至慈州文城縣（今吉州）孟門山，是爲入龍門口。至絳州、汾州合河之上，是爲出龍門口。柳子厚晉問：「晉之故封，黄河迤之」是也。秦與魏以河爲界，秦以河西爲裏，河東爲表；魏以河東爲裏，河西爲表。秦若得魏絳、安邑地，則内外皆河。故曰：「必表裏河。」鮑不得其解，補一「山」字，謬甚。

〔一一〕高誘曰：舉，得。屬，至。鮑彪曰：舉，言得其地。

〔一二〕高誘曰：面向南。鮑彪曰：三國在秦之南。「孤」謂稱孤以臣之。吴師道曰：諸國勢不得合，故曰孤。

〔一三〕高誘曰：出，猶生也。

〔一四〕高誘曰：慮，度。

〔一五〕高誘曰：言兄弟相親也。

〔一六〕高誘曰：鋭，精鋭。戍，守也。

〔一七〕高誘曰：構，連。

〔一八〕金正煒曰：敬，當讀儆。謂儆省而諾其言也。

〔一九〕高誘曰：從陳軫策也。鮑彪曰：秦惠後七年，韓、趙、魏、燕、齊共攻秦。此（齊閔）六年。吴師道曰：按大事記：顯王四十七年，當秦惠後三年，魏惠後十三年，齊宣二十一年，秦伐魏取曲沃、平周。解題，軫説齊不知在何年，以其説明切，附見於此。軫與張儀相惡，去秦事楚，而懷王合六國伐秦，距此四歲。軫說或在此時，未可知也。愚嘗按趙策謂趙王章、韓策或謂韓王章、燕策或獻書燕王章，皆勸三晉諸國合從。其論秦之情與從國事勢，曉暢深切，如虎即禽、魚比目、引車、同舟之譬，說殊而義合。如「秦之欲伐韓、梁，東闚周室甚，惟寐忘之。」如約山東皆以鋭師戍韓、梁，如秦見三晉之堅必南伐楚，其言皆合，是必一時之事，一人之言也。考之此策：秦伐魏，陳軫合三晉，而東謂齊王，其論山東之愚，秦之智，爲秦相割而秦不出力；爲秦相烹而秦不出薪，則亦三策之取譬也。秦欲攻梁絳、安邑，今三晉已合約出鋭師以戍梁，三晉合，秦必南攻楚，則亦三策所言之事也。況策無說楚、魏之辭，而說四國者，皆有戍梁之約，攻楚之料，於是竊信其並爲陳軫之言無疑也。楚懷王受張儀商於之欺，軫諫不聽，諫攻秦又不聽。其後懷王入秦，屈平、昭睢諫而軫無言，意其必已去楚矣。今言楚王入秦，正誘會武關之時，而軫力爲魏說諸侯，是時固在魏也。軫善楚者，約從獨遺楚，又勸三晉之移禍於楚，豈略不爲楚計哉？蓋其知楚謀之不可爲，入秦之不可止，而諸國之擯秦，非特爲魏，所以爲楚，所謂陽擠而陰助之者歟！蘇氏兄弟稱說多浮辭，數策非軫不能。大事記既著軫說，附於顯王四十七年。於韓策，謂論秦最得其情，因其言梁絳、安邑，附見於赧王二十九年魏獻安邑之後，皆不能的指其時。今徵以楚王入秦一言，當在赧王十六年。蓋秦取曲沃、平周，距五國伐秦前四年。慎靚王三年，五國合從，實懷王爲長，蘇秦之約，而無與於軫也。懷王入秦次年，田文合韓、魏伐秦，猶能成一戰之攻，未必不因軫之說也。反復參合，可決其爲軫矣。獨燕策言秦伐韓而中山亡，此事據史乃中山未亡四年之前，且年表滅中山在主父死後，而世家先一年。大事記取世家。史遷所紀固不能無失。趙武靈王十九年初胡服，二十年、二十一年、二十三年、二十五年連歲攻中山，略地得城邑。二十六年復攻中山，攘地北至燕、代，西至雲中、九原。二十七年傳國子何，稱主父，欲略胡地，襲咸陽，遂詐入秦。是後已不言攻中山矣。惠文三年，乃書滅中山，遷其王於膚施。意者攘地之時，中山已定而未廢其君，後四年始遷其君。如西周既滅，次年遷其君於𢠸狐之類。通鑑綱目，武靈二十五年書中山君奔齊。而魏策云：齊、魏伐楚，而趙亡中山，正是年事。則是其國已亡，特其君未得後乃得之。燕策所謂中山亡，非舛也。故愚並著其說，以俟知者考焉。中山餘見燕策。

十六

蘇秦爲趙合從〔一〕，説齊宣王曰：『齊南有太山，東有琅邪〔二〕，西有清河〔三〕，北有渤海〔四〕，此所謂四塞之國也〔五〕。齊地方二千里〔六〕，帶甲數十萬，粟如丘山。齊車之良，五家之兵〔七〕，疾如錐矢〔八〕，戰如雷電〔九〕，解如風雨〔一〇〕。即有軍役，未嘗倍太山，絶清河，涉渤海也〔一一〕。臨淄之中七萬户〔一二〕，臣竊度之〔一三〕，下户三男子〔一四〕，三七二十一萬，不待發於遠縣，而臨淄之卒，固以二十一萬矣〔一五〕。臨淄甚富而實，其民無不吹竽鼓瑟〔一六〕，擊筑彈琴〔一七〕，鬭雞走犬，六博蹹鞠者〔一八〕。臨淄之途，車轂擊，人肩摩〔一九〕，連衽成帷，舉袂成幕，揮汗成雨〔二〇〕。家敦而富，志高而揚〔二一〕。夫以大王之賢，與齊之强，天下不能當〔二二〕。今乃西面事秦，竊爲大王羞之！且夫韓、魏之所以畏秦者，以與秦接界也。兵出而相當〔二三〕，不至十日，而戰勝存亡之機決矣〔二四〕。韓、魏戰而勝秦，則兵半折〔二五〕，四境不守；戰而不勝，以亡隨其後；是故韓、魏之所以重與秦戰，而輕爲之臣也〔二六〕。今秦攻齊則不然。倍韓、魏之地〔二七〕，過衛陽晉之道〔二八〕，徑亢父之險〔二九〕，車不得方軌，馬不得並行〔三〇〕，百人守險，千人不能過也。秦雖欲深入，則狼顧〔三一〕，恐韓、魏之議其後也。是故恫疑虛猲，高躍而不敢進〔三二〕。則秦不能害齊亦已明矣。夫不深料秦之不奈我何也，而欲西面事秦，是群臣之計過也。今無臣事秦之名，而有强國之實，臣固願大王之少留計〔三三〕！」齊王曰：「寡人不敏〔三四〕，今主君以趙王之教詔之〔三五〕，敬奉社稷以從〔三六〕。」

〔一〕高誘曰：合山東六國之親也。鮑彪曰：趙肅侯十七年，此當（齊宣）十年。祖耿案：史記蘇秦列傳在說魏之後，說楚之前。顧觀光隸此於顯王三十六年。

〔二〕鮑彪曰：琅邪，徐州郡。吳師道曰：孟子注：琅邪，齊東南境上邑。程恩澤曰：案山海經：琅邪臺在渤海間，琅邪之東。郭璞曰：琅邪臨海邊有山，嶕嶢特起，狀如高臺，此即琅邪臺也。琅邪者越王句踐入霸中國之所。吳越春秋：句踐二十五年（竹書作二十九年）徙都琅邪，立觀臺（越絶書云臺周七里），以望東海（據山經，則地本有臺，句踐特更築之耳。索隱云：山形如臺，是也）。地理志琅邪郡有琅邪縣。水經注：琅邪臺在城東南十里。今夏河城在臺西北正十里，或是越王都云。縣南七十里有長城，即齊所築，初爲齊、越分界處，後爲齊、楚分界處，故迹依約猶存。師古曰：琅邪、即墨近海，財用所出。蓋其地依山爲城，山上有臺，三面皆浸於海。惟西南通陸，形勢險要，兼更饒富，故句踐徙都於此，而齊亦以此爲東南一大都會也。元和志：琅邪故城在諸城縣東南一百四十里（括地志作一百七十里，疑誤。後漢書注謂在海州朐山縣東北，蓋地相接。鮑注以爲徐州郡，當是密州之訛。乾隆圖志言在諸城縣東南一百五十里，則據山爲説也）。今同（屬青州府）。又東南十里爲琅邪山。顧觀光曰：蘇秦説齊曰：「東有琅邪。」孟子注云：齊東南境上邑。秦始皇本紀正義引括地志云：密州諸城縣東南百七十里有琅邪臺，越王句踐觀臺也。琅邪山在縣東南百四十里（今諸城縣屬青州府）。

〔三〕高誘曰：清河，今甘陵，漢改也。鮑彪曰：清河，冀州郡。吳師道曰：正義云：今貝州。程恩澤曰：案清河亦水名。水經注：淇水自館陶、清淵東北過廣宋縣東爲清河。又東北逕清陽縣故城西，漢高帝置清河郡，治此（在今直隸廣平府清河縣。安帝時移治甘陵郡東南十七里，謂之鵲城，在今山東東昌府清平縣）。又東過蓨縣，與大河張甲故瀆合。又東過東光、南皮等縣，齊之北境也。秦蕙田曰：「今直隸清河縣，清河舊經其處，故云。」則清河之爲郡，固以水名矣。（元和志、寰宇記並以東平、濟南、淄川、北海界中有水流入海，謂之清河。近志因以今大清河當之，似非策文所指。）顧觀光曰：蘇秦説齊曰：「西有清河」，説趙曰：「東有清河」。張儀説趙亦曰：「告齊使興師渡清河，軍於邯鄲之東。」是趙東齊西，以清河爲界也。水經云：淇水東北過廣宗縣東爲清河。又東北過東武城縣西，又北過廣川縣東，又東過修縣南，又東北右會大河故瀆。

〔四〕鮑彪曰：渤海，幽州郡。吳師道曰：正義云：今滄州。張琦曰：下云四塞之國，則泰山、琅邪、清河、渤海，皆以山川形勢言。鮑以郡邑當之，非也。琅邪山在今青州府諸城縣東南百四十里。海自登、萊以西，皆謂之渤海。齊北境也。程恩澤曰：案地理志：幽州有渤海郡，治浮陽，即今滄州。但下云：「絶清河，涉渤海」，則渤海以海言，當時未嘗置郡也。説文：東海之別有勃澥。應劭曰：海之横出者曰勃。史記索隱：崔浩曰：勃，旁跌也。旁跌出者横在齊北，又謂之裨海。國語：渠弭於有渚。韋昭曰：渠弭，裨海也，亦謂之少海。韓非子：齊景公與晏子遊於少海，是也。玩本文北字，渤海自在齊之北境（正義：齊從滄州渡河至瀛州。通典：渤海爲齊、趙二國之境。地理通釋：漢勃海郡，今滄、棣、霸、濱諸州之地）。不指登、萊大海説（萊、青二府，漢爲北海郡）。胡渭曰：碣石（今山東海豐縣馬谷山，或曰即碣石）以西至直沽口，禹時爲逆河，戰國時謂之渤海。渤海止此耳。以鐵山、沙門爲渤海之口，而旅順以東爲大海，近志之失也（顧棟高曰：當其北者爲渤海，當其東南者大海也）。顧觀光曰：蘇秦説齊曰：「北有渤海。」史記索隱引齊都賦云：「海旁出爲勃。」僖四年傳：楚子使與師言曰：「君處北海。」孟子「挾泰山以超北海」，亦就齊境言之。是渤海一名北海矣。齊乘曰：北自平州碣石（即鐵山），南至登州沙門島，是爲渤海之口，闊五百里，西入直沽幾千里焉。

〔五〕高誘曰：言牢固也。鮑彪曰：言四方皆有險固。程恩澤曰：此即指上文太山、琅邪、清河、渤海言。他若清濟、濁河足以爲固，長城、鉅防足以爲塞，亦所謂四塞也。

〔六〕吴師道曰：史：三千餘里。

〔七〕高誘曰：五家，五國。鮑彪曰：管仲軍令，始於五家爲軌。金正煒曰：按管子小匡篇：「乃制五家以爲軌。」惟與高注不合，疑本作五都。燕策：「因令章子將五都之兵」，正與此文同。祖耿案：齊車，史記作「三軍」。

〔八〕高誘曰：錐矢，小矢，喻勁疾也。鮑彪曰：錐，鋭也。吴師道曰：呂氏春秋：「所貴錐矢者，爲其應聲而至。」祖耿案：史記作「進如鋒矢」。張守節曰：「齊軍之進，若鋒芒之刀，良弓之矢，用之有進而無退。」

〔九〕高誘曰：雷電，喻威大也。　鮑彪曰：其威大也。

〔一〇〕高誘曰：風雨，喻解散速疾。　鮑彪曰：言疾也。

〔一一〕張守節曰：言臨淄自足也。絶、涉皆度也。勃海，滄州也。齊有軍役，不用度河取二部。

〔一二〕高誘曰：臨淄，齊邑。　鮑彪曰：臨淄，屬齊郡。　吴師道曰：青州臨淄縣，古營丘地。城臨淄，故云。見正義及水經注。勃海，後語北海，今青州北海是也。　張琦曰：臨淄，故齊城。在今臨淄縣北，趾周四十里。　程恩澤曰：案地理志，齊郡有臨淄縣。郡國志屬齊國。注云：今青州縣。水經注：城對天齊淵，故有齊城之稱。元和志：今縣理即古臨淄城也。齊記：城周五十里（方輿紀要作四十里），有十三門。今臨淄縣城北有齊城，亦曰齊國城，即故城也。自獻公以下皆都此。惟謂臨淄即古營丘，雖本地理志及水經注而未可信其必然。按：志既以臨淄爲師尚父所封，而於北海郡營陵縣（今昌樂縣）下又云：「或曰營丘。」則在班氏本兩存其説。一統志謂昌樂縣營丘社即太公受封之地，又於臨淄縣下注云：本齊營丘地。蓋營丘地廣，今臨淄縣亦在其界内（二縣本相近），故曰臨淄即營丘。非太公實封於此也。不得以城中有小丘，偶與爾雅合，遂斷爲一地也。　顧觀光曰：齊策，蘇秦曰：「臨淄之中七萬户。」漢志屬齊郡（在今青州府臨淄縣北）。應劭曰：齊獻公自營丘徙此。薛瓚曰：臨淄即營丘也。故晏子曰：「先君太公築營之丘。」今齊之城中有丘，即營丘也。師古曰：「築營之丘」，言於營丘地築城邑。燕策：「以自憂爲足，則齊不出營丘。」漢志：北海郡營陵，或曰營丘（在今青州府昌樂縣東南五十里）。應劭曰：師尚父封於營丘，陵亦丘也。薛瓚曰：營丘即臨淄也。營陵，春秋謂之緣陵。水經淄水注引爾雅曰：「水出其前，左曰營丘，武王以其地封太公望。或以爲都營陵，陵亦丘也。獻公自營丘徙臨淄。」按：營陵城南無水，惟城北有一水，世謂之白狼水。西出丹山，東北流。由爾雅出前左之文，不得以爲營丘矣。營丘者，山名也。詩所謂「子之營兮，遭我子猺之間兮」（毛詩「營」作還。此本漢書地理志）。作者多以邱陵號同，緣陵又去萊差近（史記齊世家亦言營邱邊萊），咸言太公所封。考之春秋經，書「諸侯，城緣陵。」左傳曰：「遷杞也。」瓚以爲非近之。今臨淄城中有邱，在小城内，周圍三百步，高九丈。淄水出其前，故有營邱之名，與爾雅相符。獻公之徙，其猶晉氏深翼名絳，非謂營陵而之也。

〔一三〕高誘曰：度，計。

〔一四〕黄丕烈曰：吴氏補曰：「史『不下』。」

〔一五〕黄丕烈曰：今本「以」作已。鮑本作巳。丕烈案：史記作巳。

〔一六〕鮑彪曰：竽，似笙，三十六簧。瑟，似琴，二十五弦。

〔一七〕鮑彪曰：筑，以竹曲五弦之樂。張守節曰：筑似琴而大。頭圓，五弦，擊之不鼓。

〔一八〕蹋鞠，原作蹹踘。鮑彪曰：劉向别錄：蹵鞠，黄帝作，蓋因娛戲以練武士。蹴，即蹵也。吴師道曰：王逸云：投六箸，行六棊，謂之六博。蹹，史作蹋。説文：徒盍反，即蹹字。黄丕烈曰：踘，鮑本作鞠。丕烈案：史記作鞠。祖耿案：劉向别錄：蹴鞠，黄帝所造，本兵勢也。或云起於戰國。朱起鳳曰：蹋字，古通作蹹。蹴蹋，同義通叚。

〔一九〕姚注：轚，劉作轂。高誘曰：塗，道。擊，相當。摩，相摩。吴師道曰：轚者，轚之訛。説文：「轚，車䡛相擊也。」周禮：「舟車轚互」，穀梁傳：「轚者不得入。」釋文：音計。又，古的反。此章史作「轂擊」。按秦策：「車轂擊馳。」説苑：「齊人好轂擊。」揚雄書：「辨者轂擊。」讀亦通。黄丕烈曰：鮑改轚爲轂。案：「轚擊」不誤。轚者，轂之别體字。猶轂字之别體作槃也。轚、擊同字，不得疊見。吴云：轚者，轚之譌，其説非也。秦策讀當以「使車轂擊」爲一句，「馳言相結」爲一句。「言」下有「語」字者，誤本也。姚校云。錢、劉本無是矣。

〔一〇〕高誘曰：揮，振也。言人衆多。鮑彪曰：幃，帳屬，在旁者。袂，袖也。

〔一一〕高誘曰：高，大也。揚，發揚。黄丕烈曰：吴氏補曰：敦，史作殷。丕烈案：史記作「家殷人足，志高氣揚。」與策文不同。

〔一二〕高誘曰：當，敵。黄丕烈曰：「且夫韓、魏之所以畏秦者」，之字以字鮑本無。鮑補以字。吴氏補曰：史有以字。丕烈案：「之」，史記有。

〔一三〕姚注：當，劉作攻。

〔一四〕高誘曰：機，要。

〔一五〕鮑彪曰：折，猶敗。以秦敵强，雖勝，猶爲失半也。

〔一六〕王引之曰：是故，是則也。黄丕烈曰：故，鮑本作後，改爲故。吴氏補曰：史同。丕烈案：「後」乃因上譌耳。

〔一七〕鮑彪曰：倍，言二國在其後。

〔一八〕「過衛」，原作至闔。姚注：「至闔」，一作過衛。鮑彪曰：魏襄十六年，秦拔魏蒲坂、陽晉。張儀傳：刼取衛陽晉。注皆不地。蓋衛地，時屬魏也。吴師道曰：正義云：衛，曹、濮等州。陽晉在曹州乘氏縣西北。黄丕烈曰：鮑改闔爲衛。吴氏補曰：史作衛。張琦曰：陽晉故城在今曹縣北，衛地也。程恩澤曰：秦策屢言陽晉，皆連衛字爲文，則陽晉屬衛，灼然無疑。胡三省曰：是時魏亦有陽晉（亦作晉陽），故稱衛以別之。則衛與魏各自爲地，尤不容相混。水經注：陽晉城在廩邱城東南十餘里，與都關爲左右。括地志：陽晉在乘氏縣西北三（或作四）十七里。索隱：陽晉蓋通齊之道，在衛國之西（似當作東）南。此皆衞之陽晉也。今在曹州府鄆城縣西，或曰在曹縣北。金正煒曰：按：一本作「過衞」者是。策文「衞陽晉」連文屢見，與魏襄十六年秦拔魏蒲坂、陽晉，蓋非一地。上云：「倍韓、魏之地」，若衞地既入於魏，即不必復爲此言。策文所爲著衞於陽晉之上，正以別於魏地。索隱云：陽晉蓋通齊之道，在衞國之西。胡三省曰：是時魏亦有陽晉，故稱衞以別之。皆足證鮑氏之失。趙策：「據衞取淇，則齊必入朝。」蓋秦伐齊必道衞也。　祖耿案：史記注，裴駰曰：徐廣曰：「魏哀王十六年，秦拔魏蒲坂、陽晉、封陵。」司馬貞曰：按，陽晉，魏邑也。魏世家：「哀王十六年，秦拔魏蒲坂、陽晉、封陵」是也。劉氏云：「陽晉，地名，蓋適齊之道，衞國之西南也。張守節曰：言秦伐齊，背韓、魏地而與齊戰。徐說陽晉非也，乃是晉陽耳。衞地曹、濮等州也。杜預云「曹，衞下邑也。」陽晉故城在曹州乘氏縣西北三十七里。

〔二九〕高誘曰：亢父，今任城縣也。　鮑彪曰：屬東平。　吳師道曰：亢，音剛。又苦浪反。高注：任城縣南。　張琦曰：亢父，史正義曰：「在任城南五十一里。」今濟寧州治，古任城也。亢父城在州南五十里。程恩澤曰：案地理志：東平國有亢父縣（有詩亭，故詩國即春秋之邿也）。郡國志：屬任城國（左傳：邿瑕在縣北）。水經注：黃水又東逕任城郡之亢父縣故城西，夏后氏之任國也。正義：亢父故縣在兗州任城縣南五十一里（括地志同）。今在山東濟寧州南五十里（錢坫作六十里）。開山圖：「泰山在左，亢父在右。亢父知生，梁父知死。」是亢父本山名，蓋以山名縣也。玩策文「險」字，宜指山言，故次於此。顧觀光曰：漢志，亢父屬東平國，在今濟寧州南六十里。　祖耿案：史記注：司馬貞曰：亢父，地理志縣名，屬梁國也。張守節曰：故縣在兗州任城縣南五十一里。

〔三〇〕高誘曰：車兩輪間爲軌。　鮑彪曰：爾雅：方舟，併兩舟，則此亦兩也。軌，車轍。　黃式三曰：方，並也。　祖耿案：張守節曰：言不得兩車並行。

〔三一〕鮑彪曰：狼顧，驚貌。吳師道曰：狼性怯，走常還顧。

〔三二〕高誘曰：揭，喘息，懼貌。鮑彪曰：喝，原作揭。恫，痛也。言疑之甚。集韻：喝，呵也。吳師道曰：高注：揭，喘息懼貌。史作喝。索隱云：亦作揭，並呼合反。竊謂作「恐揭」亦通。又，注見趙策。「高躍」，史作驕矜。金正煒曰：按史記燕世家：「百姓恫恐。」王念孫曰：恫恐、恫疑義同。疑亦恫也。趙策：「是故横人日夜務以秦權恐揭諸侯」。字亦作揭。廣韻：揭，恐也。漢書王莽傳：「各爲權勢恐揭良民。」師古曰：揭，以威力脅之也。易乾：「或躍在淵」，干注：躍者，暫起之言。高躍，猶云作勢，義亦與驕矜同。皆當各從本文。祖耿案：史記注，張守節曰：言秦雖至亢父，猶恐懼狼顧，虛作喝罵，驕溢矜誇，不敢進伐齊明矣。

〔三三〕鮑彪曰：留意計之。黄丕烈曰：「亦已明矣」，已，鮑本無。丕烈案：史記無。深，鮑本無，丕烈案：史記有。鮑改「固」爲「故」。吳氏正曰：策固、故通。丕烈案：史記作「臣是故」。祖耿案：此句全文，史記作：「臣是故願大王少留意計之。」

〔三四〕鮑彪曰：此「敏」，謂猶明，明則疾於事。吳師道曰：一本注：晁本此下有云：「僻遠守海，窮道東境之國也，未嘗得聞餘教。」黄丕烈曰：案史記有此十七字。

〔三五〕高誘曰：主君，謂蘇秦也。詔，告。鮑彪曰：詔，告也。黄丕烈曰：吳氏補曰：主君，稱蘇秦，恐衍「主」字。史作「足下」。丕烈案：吳説非也。高注可證。後策文，楚、魏、韓、燕皆云「今主君」。史記韓、魏、楚同。小司馬曰：主君，稱蘇秦也。禮：卿大夫稱主。今嘉蘇子合從諸侯，褒而美之，故稱曰「主君」。其字不誤甚明，吳失檢耳。又曰：「教詔」，鮑本作「詔告」。丕烈案：史記作「詔詔」，此策文當作「教詔」，高注可證。金正煒曰：按，左氏昭二十九年傳：「齊侯使高張來唁公，稱主君。」杜注：比公於大夫。墨子貴義篇：「且主君亦嘗聞湯之説乎？」主君，墨子之稱楚臣穆賀也。時趙封蘇秦以武安君，故得稱主君。吳氏失考。鮑本作：「以趙王之詔告之」，蓋涉高注而誤。

〔三六〕鮑彪曰：凡蘇、張從横之説，本傳皆有。此在説燕、趙、韓、魏後。

十七

張儀爲秦連横〔一〕，説齊王曰〔二〕：「天下强國，無過齊者〔三〕；大臣父兄，殷衆富樂，無過齊者〔四〕。然而爲大王計者，皆爲一時説，而不顧萬世之利〔五〕。從人説大王者〔六〕，必謂『齊西有强趙，南有韓、魏，負海之國也，地廣人衆，兵强士勇，雖有百秦，將無奈我何！』大王覽其説，而不察其至〔七〕！夫從人朋黨比周〔八〕，莫不以從爲可。臣聞之，齊與魯三戰而魯三勝，國以危亡隨其後，雖有勝名，而有亡之實〔九〕，是何故也？齊大而魯小〔一〇〕。今趙之與秦也〔一一〕，猶齊之於魯也。秦、趙戰於河漳之上，再戰而再勝秦；戰於番吾之下，再戰而再勝秦〔一二〕；四戰之後，趙亡卒數十萬，邯鄲僅存〔一三〕，雖有勝秦之名，而國破矣〔一四〕。是何故也？秦强而趙弱也。今秦、楚嫁子取婦，爲昆弟之國〔一五〕；韓獻宜陽〔一六〕，魏效河外〔一七〕，趙入朝黽池，割河間以事秦〔一八〕。大王不事秦，秦驅韓、魏攻齊之南地，悉趙涉河闕指搏關〔一九〕，臨淄、即墨，非王之有也〔二〇〕！國一日被攻，雖欲事秦，不可得也！是故願大王熟計之。』齊王曰：『齊僻陋隱居，託於東海之上〔二一〕，未嘗聞社稷之長利〔二二〕。今大客幸而教之〔二三〕，請奉社稷以事秦，獻魚鹽之地三百於秦也〔二四〕。』

〔一〕高誘曰：張儀，魏氏之餘子，仕爲秦相也。連關中之謂横，合關東之謂從。説齊王也。鮑彪曰：儀傳，連横在鄭袖出儀後，説楚，説韓、齊、趙，卒説燕，歸報而惠王死。則此當秦十四年。此（齊閔）十三年。吳師道曰：湣王二年。祖耿案：史記張儀列傳：張儀説韓王，『韓王聽儀計。張儀歸報，秦惠王封儀五邑，號曰武信君。使張儀東説齊湣王曰』云云，與策略同。顧觀光隸此於赧王四年。

〔二〕原無説字。黄丕烈曰：鮑，齊上補説字。吳氏補曰：『此處當有説字。』

〔三〕高誘曰：齊宣王也。强，大。錢穆曰：史記謂是湣王。張儀之説，在周赧王四年。其時當齊宣王九年。又十年，湣王始立。則高説是也。此姑依舊傳爲説。若實論則本無其事。（考辨三六一頁）

〔四〕高誘曰：殷，盛。

〔五〕高誘曰：顧，念。

〔六〕高誘曰：從人，合關東六國爲從，謂蘇秦也。

〔七〕至下原有實字。高誘曰：覽，受。王念孫曰：至，即實也。雜記：『使某實。』鄭注曰：實，當爲至。此讀周、秦之人聲之誤也。漢書東方朔傳：『非至數也。』師古曰：至，實也。是『實』與『至』聲相近而義亦相通。『不察其至』，即『不察其實』也。今本作『不察其至實』者，一本作『至』，一本作『實』，而後人誤合之耳。史記張儀傳作『大王賢其説而不計其實』，是其明證矣。

〔八〕鮑彪曰：比周，親周相庇也。與論語意異。　吳師道曰：猶傳言「相與比周」。

〔九〕鮑彪曰：魯戰勝齊，史傳不書。時魯故在，有亡形耳。　吳師道曰：此取譬之說，猶孟子言鄒人與楚人戰，與下文不同。

〔一〇〕祖耿案：史記，勝上有戰字，下有之字，亡下有國字。

〔一一〕鄧以讚曰：史：「今秦之與齊也」。策：齊作趙，是。

〔一二〕高誘曰：河漳，漳水。　鮑彪曰：河漳之戰、番吾之戰，史均不書。說文：濁漳出上黨長子鹿谷山，東入清漳。清漳出沾山大黽谷，入河。南漳出南郡。蘇秦傳注：常山有蒲吾。「勝」絕句。　吳師道曰：勝絕句，誤。當以「勝秦」句。下同。　張琦曰：清、濁二漳水，至河南林縣北交漳口而合。東經臨漳縣，又東北經直隸、成安、廣平、曲周、雞澤、平鄉、廣宗入大陸澤。廣平以下即禹河之道也。（今漳水自河南內黃經直隸大名，入山東館陶界，北至臨清入運河，又北至天津入海。）番吾，今正定府平山縣東南二十里蒲吾故城是。　程恩澤曰：案：淮南墬形訓：清漳出楬戾，濁漳出發包（即發鳩）。高誘注：二漳合流，經魏郡入清河（水經：淇水東北過廣宗縣，謂之清河）。水經注：濁漳水出長子縣西發鳩山（一名鹿谷山，史記正義引括地志作力黃山，後魏志作廉山，蓋皆異名）。清漳水出沾縣（今平定州樂平縣）西北少山（即大黽谷），自涉縣東南流至武安縣注於濁漳（正義謂漳水源出洛州武安縣三門山，蓋誤），世謂之交漳口。山海經郭璞注則云：濁漳東至鄴，入清漳。地理志：清漳東北至阜城，入大河。說皆小異。顧祖禹曰：二漳至河南臨漳縣西合焉。其下流又分爲二，經流自直隸獻縣合滹沱河支流，自山東館陶縣合於衛河，俱經直隸靜海縣北小直沽入海，蓋皆自河入海也。通雅：漳十有一，皆以清濁合流而名。（沈存中以清濁相蹂者爲漳。章者，文也，別也。漳謂兩物相合有文章，且可別也。）趙之二漳本入河，河東徙（周定王五年），乃專達於海(按：漳水甚多，惟清、濁二漳爲趙望。鮑注兼引南漳，非是)。高注以河漳爲漳水，在齊策則可，在本章則河爲大河，漳爲漳水也。　又曰：地理志，常山郡有蒲吾縣(郡國志同)。括地志：番吾故城在恆州房山縣東二十里(元和志同)。今爲正定府平山縣。但番吾本非蒲吾(六國表作鄱吾，亦與蒲吾字異。正義云：番音婆，又音盤，亦以蒲吾爲誤。吳氏從之)。且蘇秦、張儀俱云涉河踰漳，據番吾，迎戰邯鄲之下。平山在邯鄲正北三百餘里，秦若由懷慶渡河，由漳德踰漳而來，固萬萬不必至平山(張儀連横章上文有「軍於澠池」句，則由懷慶一路無疑。——祖耿案：此在趙策，非指此章)。即由蒲津渡河，由澤潞踰漳而至邯鄲，亦無庸繞道平山也(惟出井陘口則可，然迂道涉險，決無是理)。方輿紀要載：一説云：番吾即今廣平府之磁州，在邯鄲正南七十里，此乃秦自河漳至邯鄲必經之路，當從之(秦攻趙有兩道，見魏策魏將與秦攻韓章，俱由磁州而不由平山)。　顧觀光曰：史記：惠文王十八年，大潦，漳水出。二十一年，徙漳水武平西。二十七年，徙漳水武平南。水經注云：衡漳東逕阜城縣故城北，樂成縣故城南。又東逕建成縣故城南，又東北入清河，謂之合口。按：此清河本戰國時之大河。漢志：漳水東北至阜城入大河，是也。二水合流，互受通稱，故或謂之河漳。蘇秦曰：趙地南有河漳。又云：秦攻韓、魏，則趙涉河漳，是也。或謂之漳河。趙策曰：蒙霜露，越漳河。又曰：漂入漳河，東流至海，是也。其單稱河者，多在趙之西北境。史記：武靈王西至河，登黄華之上，是也。　又曰：史記：趙烈侯六年，番吾君自代來。趙策：武靈王曰：「寡人始行縣，過番吾。」蓋當時縣令皆僭稱君矣。韓非子外儲説云：趙主父令工施鈎梯而緣潘吾，刻疎人迹其上。是番吾縣以山得名也。蘇秦曰：「秦甲涉河踰漳，據番吾，則兵必戰於邯鄲之下。」張儀曰：「願渡河踰漳，據番吾，迎戰邯鄲之下。」兩人之言如出一口，則番吾亦趙之要地也。漢志：常山郡蒲吾縣。史記正義引括地志云：蒲吾故城在恆州房山縣東二十里。番、蒲古今音異耳(在今真定府平山縣東二十里)。　梁玉繩曰：案：上文有齊與魯三戰而魯三勝事，史無所見。吳師道以爲取譬之說，或當然也。而此兩戰，史亦不書。史仍國策，疑有譌。但趙卻秦番吾，實有其事，在王遷四年。豈作策者誤以後事爲前事歟。　祖耿案：此數語，史記作：「秦、趙戰於河漳之上，再戰而趙再勝秦；戰於番吾之下，再戰又勝秦。」注：司馬貞曰：番吾，上音盤，又音婆，趙之邑也。

〔一三〕高誘曰：僅，裁。

〔一四〕祖耿案：史記此句作：「雖有戰勝之名，而國已破矣。」

〔一五〕鮑彪曰：儀說懷王亦云然。　梁玉繩曰：案：秦迎楚婦時，儀死五年矣。亦在後。

〔一六〕梁玉繩曰：案：韓策亦有效宜陽語。其實秦取宜陽之時，儀死四年矣。

〔一七〕高誘曰：河外，河南。　程恩澤曰：案正義：河外謂華州以東至陝、虢。索隱：河外，河之南邑，對河內而言也。若曲沃、平周等是。蘇秦云北有河外、卷、衍、燕、酸棗，似兼及漢志之河南東郡。王應麟曰：晉以河東爲河外，魏以河南爲河外。此春秋、戰國之分也。胡三省謂秦以河東爲河外，梁以河西爲河外。張儀所云，自秦言之也。蓋指魏獻河西上郡而言。然此事距張儀連橫時已二十年，而其後又有取梁陝、焦、曲沃、平周等事，正古河外地。似仍依舊說爲是。　顧觀光曰：此河謂南河也。蘇秦曰：「大王之地」，「北有河外卷、衍、燕、酸棗。」張儀曰：「秦下兵攻河外，拔卷、衍、燕、酸棗。」以此四邑，並在南河之南，故稱河外矣。魏世家正義曰：河外，謂華州以東至虢、陝。　祖耿案：史記注，司馬貞曰：按：河外，河之南邑，若曲沃、平周等也。張守節曰：謂同、華州地也。

〔一八〕高誘曰：趙入秦，朝於黽池也。　鮑彪曰：黽池，屬弘農。據此，則說趙當在齊前。　吳師道曰：今河南府黽池縣。水經注：穀水出崤東馬頭山穀陽谷，東北流歷黽池川。漢景帝因崤、黽之地以爲縣。　張琦曰：黽池，今縣屬河南府，故城在縣西。　程恩澤曰：案：黽池本山名（玩策文入字，當時似有關隘），漢蓋以山名縣。郡國志：宏農黽池縣有二崤（杜佑曰：有東西俱利二城，即秦、趙相會處）。顧祖禹曰：地志：崤底一名黽池，又名崤坂，在今永寧縣西北七十里，崤谷之底也。本屬韓（史記：秦「攻商君，殺之於鄭黽池。」是也），後爲秦地。洪亮吉曰：山海經：白石之山，澠水出其陰。世謂是山爲廣陽山，亦名黽池山，在今澠池縣東北二十里。淮南地形訓以澠阨即冥塞。注云：今宏農澠池是也。方輿紀要從之，非是。　顧觀光曰：史記，趙惠文王二十年，與秦會黽池。趙世家作西河外。藺相如傳索隱曰：在西河之南，故云「外」。漢志屬宏農。今河南永甯縣。商君傳：「秦發兵攻商君，殺之於鄭黽池。」徐廣曰：黽，或作彭。　索隱引鹽鐵論云：商君困於彭池，是也。索隱又云：時澠池屬鄭。正義曰：黽池去鄭三百里。蓋秦兵至鄭破商邑兵，而商君東走至黽，乃擒殺之。按正義說，似於史文不順。漢志：宜陽故黽池（依水經注引）。水經洛水注云：故黽池縣治南對金門塢水南五里，舊宜陽縣治也。據此，則黽池屬韓。史云鄭黽池者，其時韓亦稱鄭。史表：「商君反，死彤地。」則黽池又名彤矣。魏世家：惠王二十一年，與秦會彤。　蓋會於韓地，與秦、趙之會黽池相似。　梁玉繩曰：鮑注：「據此則說趙當在齊前。」但余考後文，說燕亦有斯語，而朝黽池時無割河間事。且黽池之會，儀死三十年矣。蓋史載儀說列國，皆本於策，多不可信。經史問答云：秦所取六國之地，韓、魏最先，次之者楚，其後及趙。然所取必其爲秦之界上。今策言張儀一出，趙以河間爲獻，燕以常山之尾五城爲獻，齊以魚鹽之地三百里爲獻，非不識地理之言乎！河間、常山，秦亦何從得而有之？況齊人海右魚鹽之地乎。以秦之察，豈受此愚。又累言：文信侯欲取趙河間以廣其封。文信封河南，當在韓、周之交，何從得通道於河間？吾不知作策者，何以東西南北之不諳而爲此謬語也。　祖耿案：史記注：司馬貞曰：謂河漳之間邑，暫割以事秦耳。張守節曰：河間，瀛州縣。

〔一九〕博，原作搏。　姚注：搏，曾作博。　鮑彪曰：悉，悉起其兵。河關，屬金城，史作清河是也。蘇秦傳注：齊威六年，晉伐齊，至博陵。東郡有博平，以爲博關。今按：泰山有博，亦近齊也。　吴師道曰：河關，河之關亦通。後語注云：今兗州博城縣有古關，是博關。司馬貞云：在博州。　黄丕烈曰：搏，史記作博。張琦曰：今東昌府博平縣西北三十里，有博平故城，即古博關也。或以爲即陽關。括地志：陽關故城在兗州博城縣南二十九里，西臨汶水。正義曰：趙兵從貝州渡黄河，則漯河南臨淄即墨危矣。陽關在今寧陽縣東北。唐貝州，今景州也。　程恩澤曰：河關，趙之東界，蓋於清河之上設關，以爲防守。當在今直隸廣平府清河縣西境。　又曰：案：正義云云。輿地廣記：博州，戰國屬齊、趙、魏三國之交。胡三省曰：博關在濟州西界之博陵（説本正義）。今山東東昌府博平縣西北三十里，有故博平城，即齊博陵也。以爲博城者非（括地志：博城縣之關名陽關）。　顧觀光曰：蘇秦説趙曰：秦攻齊，則趙涉博關。徐廣云：東郡有博平縣。張儀説齊曰：渡清河，指博關，臨菑、即墨，非王之有也。正義云：博關在博州。據此二條，是齊於博陵置關，故曰博關。　祖耿案：史記趙下有兵字，涉作渡。注張守節曰：博關在博州。趙兵從貝州度黄河，指博關，則漯河南臨淄、即墨危矣。

〔二〇〕鮑彪曰：即墨屬膠東國。　吴師道曰：今萊州即墨縣。　張琦曰：即墨故城在今平度州東南六十里。　程恩澤曰：案：地理志：膠東國有即墨縣。郡國志：屬北海國（左傳棠邑在此）。正義：萊州膠水縣（錢坫引作膠東縣，疑誤）南六十里，即墨故城是也。括地志：即墨故城在膠水縣東南六十里（元和志同）。寰宇記：墨山在膠水縣東北六十里，石色如墨，有墨水出焉。太平御覽：城臨墨水，故曰即墨。唐、宋之膠水縣，皆今萊州府之平度州。故今平度州東南六十里有即墨故城，即古即墨也（顧祖禹、錢坫并主此説）。今萊州府所屬之即墨縣，則隋開皇十六年始置（漢爲不其縣）。注乃引此，以證齊邑，謬矣（洪亮吉乾隆圖志亦誤）。顧觀光曰：史記，齊威王封即墨大夫。正義曰：萊州膠水縣南六十里，即墨故城也（漢志：屬膠東國。在今萊州府平度州東南六十里）。元和志云：城臨墨水，故曰即墨。齊策前言三里之城、五里之郭，後言五里之城、七里之郭，蓋傳寫有誤字。

〔三一〕高誘曰：記，附。

〔三二〕高誘曰：長，久。祖耿案：史記「利」下有也字。下作：「乃許張儀，張儀去」七字，無以下二十四字。

〔三三〕高誘曰：大客，謂張儀也。鮑彪曰：禮，文行人掌大客之儀。

〔三四〕姚注：「百」下曾有里字。鮑彪曰：三百里也。黃丕烈曰：也，鮑本無。吳補：一本有里字。張琦曰：獻，獻其所入。金正煒曰：按：齊、秦地隔，此蓋致其魚鹽之利，而非入其土地人民於秦，故不名地而曰獻。禮記曲禮：「五官致貢曰享。」注：致其歲終之貢於王，謂之獻也。三百，謂歲貢之數，是不當有「里」字。趙策：「齊必致海隅魚鹽之地」，義與此同。亦非謂割取之也。

一

韓、齊爲與國〔一〕，張儀以秦、魏伐韓〔二〕，齊王曰〔三〕：『韓，吾與國也，秦伐之，吾將救之。』田臣思曰：『王之謀過矣〔四〕！不如聽之〔五〕。子噲與子之國〔六〕，百姓不戴，諸侯弗與；秦伐韓，楚、趙必救之；是天以燕賜我也〔七〕。』王曰：『善』。乃許韓使者而遣之。韓自以得交於齊，遂與秦戰，楚、趙果遽起兵而救韓，齊因起兵攻燕，三十日而舉燕國〔八〕。

〔一〕高誘曰：相與爲黨與也。有患難相救助也。　祖耿案：顧觀光隸此於赧王元年。

〔二〕鮑彪曰：儀復相時。　吳師道曰：『伐韓』下有缺文，必著韓之請救，以下文『許韓使者』知之。

〔三〕高誘曰：宣王也。

〔四〕高誘曰：田臣思，齊臣也。

〔五〕高誘曰：聽伐韓也。

〔六〕高誘曰：子噲，燕易王子，昭王之父也。子之，其相也。蘇代爲子之説之於子噲曰：『堯以天下讓許由，許由不受。堯有讓天下之名。』子噲慕之，故與子之國也。　鮑彪曰：子噲，燕王。之，燕相。

〔七〕『天』下原有『下』字。姚注：劉無下字。　高誘曰：我，臣思自謂也。　鮑彪曰：我，我齊。　黃丕烈曰：吳氏補曰：「下字衍，一本無。大事記從之。」

〔八〕高誘曰：舉，拔也。孟子曰：子噲無王命而與子之國，子之無王命擅受子噲國，故齊宣王伐而取之也。　鮑彪曰：燕噲七年，此〔齊閔〕十年。　吳師道曰：此齊宣王所謂五旬而舉之者。大事記改三爲五。〔黃丕烈曰：案：此當各依本書，改者非。〕　又曰：按史田齊世家：桓公五年，秦、魏攻韓，韓求救於齊，桓公召大臣而謀。騶忌曰：不若勿救。段干朋曰：不救，則韓且折而入於魏。田臣思曰：秦、魏攻韓，楚、趙救之，是天以燕與齊也。因襲燕，取桑丘，策即本章。齊威王二十六年，魏圍邯鄲，趙求救於齊，威王召大臣而謀。騶忌曰：不如勿救。段干朋曰：不救則不義且不利云云。不如南攻襄陵以弊魏，邯鄲拔而乘魏之敝。王從其計，敗魏桂陵。策邯鄲之難章：威王作田侯，段干朋作綸，餘略同。宣王二年，魏伐趙，趙當作韓。說見前。趙與韓親，共擊魏。趙不利，戰於南梁，韓請救於齊，宣王召大臣而謀。騶忌子曰：不如勿救。田忌曰：不如早救之。孫子曰：云云。宣王曰：善。起兵擊之，敗之馬陵。策南梁之難。韓請救於齊，田侯召大臣而謀。張丐曰：不如早救。田臣思曰：云云。餘皆略同。史凡三節，與策三章互有同異。邯鄲之難與威王條合。南梁之難與宣王條合。但史爲張丐、田臣思，策爲騶忌、孫子。唯桓公取桑丘，與威王伐魏、宣王伐燕相亂。按威王二十一年騶忌始相，上距桓公取桑丘之歲二十餘年，忌豈得已爲大臣？史誤以邯鄲一章勦入之，明矣。田臣思即田忌，宣王二年戰馬陵，後出奔。至二十九年之、噲之役，凡二十七年，不應復見。使忌果在齊，則王安得棄之而將章子？策或誤載其名也。且桓公時，秦、魏攻韓，楚、趙救之，齊不救，因而襲燕。宣王時，秦、魏伐韓，楚、趙救之，齊不救，因而舉燕。何其事之脗合如此？是必可疑。考之桓公時，秦、魏攻韓事無見。年表：魏、韓、趙伐齊至桑丘，齊伐燕取桑丘，意者齊取桑丘，而韓、魏、趙伐之。韓且與趙、魏攻齊，則與求救於齊之文戾。且田臣思之辭曰：「是天以燕與齊」，而僅爲取桑丘乎？是史亦誤以宣王伐燕章附之桓公也。故大事記書韓、魏、趙伐田齊至桑丘，而不書齊取桑丘。於宣王伐燕，則引策之文：謂秦伐韓，楚、趙救韓，即岸門之戰。而齊之取燕，雖因之、噲之亂，亦由諸侯連兵不解，無與競者也。故悉具列史、策所載，而著大事記之説，俾覽者得以考正焉。正義云：桑丘在易州遂城縣東。

張琦曰：吴氏謂齊宣王二十九年者，凡三見。一此策注，一秦策四國爲一章，注云：通鑑宣王二十九年，一魏策秦敗魏於華章，注云：通鑑大事記在宣王二十九年。考齊宣在位十九年，史鑑並同。但史記始顯王二十七年己卯，終四十五年丁酉。通鑑始顯王三十七年己丑，終赧王元年丁未。下移十年爲異耳。呂成公大事記，始立則從史記，卒年則從通鑑，遂得二十九年。吴氏并誣通鑑，妄之甚矣。

二

張儀事秦惠王〔一〕，惠王死，武王立，左右惡張儀，曰：『儀事先王不忠。』言未已，齊讓又至〔二〕。張儀聞之，謂武王曰〔三〕：『儀有愚計，願効之王〔四〕。』王曰：『奈何？』曰：『爲社稷計者，東方有大變，然後王可以多割地〔五〕。今齊王甚憎儀〔六〕，儀之所在，必舉兵而伐之〔七〕。故儀願乞不肖身而之梁〔八〕，齊必舉兵而伐之〔九〕，齊、梁之兵，連於城下〔一〇〕，不能相去〔一一〕，王以其間伐韓，入三川，出兵函谷而無伐〔一二〕，以臨周，祭器必出，挾天子，案圖籍，此王業也〔一三〕！』王曰：『善。』乃具革車三十乘納之梁〔一四〕。齊果舉兵伐之。梁王大恐〔一五〕，張儀曰：『王勿患，請令罷齊兵〔一六〕。』乃使其舍人馮喜之楚〔一七〕，藉使之齊，齊、楚之事已畢〔一八〕，因謂齊王：『王甚憎張儀，雖然，厚矣王之託儀於秦王也！』齊王曰：『寡人甚憎儀，儀之所在，必舉兵伐之，何以託儀也？』對曰：『是乃王之託儀也！儀之出秦，因與秦王約曰〔一九〕：「爲王計者，東方有大變，然後王可以多割地。齊王甚憎儀，儀之所在，必舉兵伐之，故儀願乞不肖身而之梁，齊必舉兵伐梁。梁、齊之兵，連於城下不能去，王以其間伐韓，入三川，出兵函谷而無伐，以臨周，祭器必出，挾天子，案圖籍，是王業也！」秦王以爲然，與革車三十乘而納儀於梁，而果伐之，是王內自罷而伐與國〔二〇〕，廣鄰敵以自臨，而信儀於秦王也〔二一〕。此臣之所謂託儀也！』王曰：『善。』乃止〔二二〕。

〔一〕高誘曰：惠王，秦孝公之子也。祖耿案：此章見史記張儀列傳。首云：「秦武王元年，群臣日夜惡張儀未已，而齊讓又至。張儀懼誅，乃因謂秦武王曰」，云云。文略同。顧觀光隷此於赧王五年。

〔二〕高誘曰：已，畢也。齊王使赴（劉無赴字）責于秦武王任用張儀之罪（一罪下有也字），又使至（一無「又使至」字）。鮑彪曰：儀嘗曰：「儀之所甚憎無大齊王」，則儀，齊所惡也，而秦任之。故齊以此責秦。

〔三〕黄丕烈曰：「聞之」二字，鮑本無。吳補：一本有。丕烈案：史記作「張儀懼誅，乃因謂秦武王曰。」

〔四〕高誘曰：効，致。

〔五〕高誘曰：割，取。　鮑彪曰：大變，言有兵。割地，割諸侯地。
〔六〕儀上原有張字，姚注：一無張字。　黄丕烈曰：鮑衍張字。丕烈案：史記無。
〔七〕黄丕烈曰：而，鮑本無。丕烈案：史記無。　祖耿案：史記作「必興師伐之」。
〔八〕高誘曰：梁，魏都也。
〔九〕黄丕烈曰：而，鮑本無。丕烈案：史記：「而伐梁」。　祖耿案：史記作「齊必興師而伐梁」，下凡「舉兵」字均作「興師」。
〔一〇〕高誘曰：於梁城下。　鮑彪曰：連，謂不解。
〔一一〕高誘曰：去，離。
〔一二〕高誘曰：三川，宜陽邑也，從函谷關東出也。函谷在弘農城北，故言出函谷關。　金正煒曰：按上文云，王以其間伐韓，入三川，此云無伐者，左氏莊二十九年傳：「凡師有鐘鼓曰伐」，疏引釋例：鳴鐘鼓以聲其過曰伐。出兵臨周，不得同於聲討。故曰無伐。無與毋通。
〔一三〕高誘曰：周，西周王城也，天子所都。以兵臨之，祭器可出，而挾天子，案其圖籍，故曰：此王業也。　鮑彪曰：周有先周宗社禮器，諸侯所不備，今必出以賂秦。　司馬貞曰：凡王者大祭祀必陳設文物軒車彝器等，因謂此等爲祭器也。
〔一四〕高誘曰：革車，兵車也。納張儀於梁也。　祖耿案：納，史記作「入儀」二字。
〔一五〕吴師道曰：後語作魏襄王。　黄丕烈曰：案史記作「哀王恐」。史記之哀王，世本謂之襄王，後語依世本也。此秦武元年，魏襄九年。　祖耿案：史記「舉兵」作「興師」。
〔一六〕高誘曰：患，憂也。言令能令齊兵罷去也。　金正煒曰：據注，令本爲今，涉注文「能令」而誤。今，猶即也。秦策：「王勿憂也，請令廢之。」趙策：「若不能殺，請令率諸侯受命邯鄲城下。」韓策：「公無見王矣。臣請令發兵救韓。」並與此文同。說詳王氏讀書雜志。

〔一七〕史記張儀列傳：「舍人馮喜」索隱曰：此與戰國策同。舊本作憙者，誤也。　祖耿案：喜、憙古常互殺。馮喜作馮憙，亦猶中山策之司馬憙，韓非子、呂氏春秋均作司馬喜也。　錢穆曰：馮喜之事亦未可信，蓋襲魏策，張儀以秦相魏，齊、楚怒而欲攻魏，雍沮謂張子說齊、楚之君云云，與此說合。儀欲以魏合秦、韓，惠施欲以合齊、楚。惠施見逐，故齊、楚怒儀而欲伐魏，似較有據。然尚在惠成王十三年，至武王逐張儀，策七本雍沮之說，造爲馮喜之事，而史誤取之耳。（考辨三四七頁）

〔一八〕鮑彪曰：事，使事。　祖耿案：史記無「齊、楚之事已畢」六字。下句作「謂齊王曰，上無因子。」

〔一九〕姚注：因，劉作固。　祖耿案：史記作固。

〔二〇〕鮑彪曰：罷，疲音，勞師故。　祖耿案：史記「伐」上有外字。注：司馬貞曰：謂齊之伐梁也。梁之與齊，先相許與約從爲鄰，故云與國也。

〔二一〕高誘曰：使儀言信於秦王也。

〔二二〕高誘曰：止，不伐梁也。　鮑彪曰：儀傳有。彪謂此計之必售，策之必行者也。儀之所謨，於時有妾婦之所羞，市人之所不爲者。若齧南后以取金，欺商於以賣楚，皆可鄙也。唯此爲文無害，儀亦明年死矣，宜其言之善歟。　吳師道曰：大事記，秦惠王死，公孫衍欲窮張儀，見秦策。儀之逐，其衍之力歟。又曰：鮑謂將死言善爾，反覆詭詐之術，死猶未已，何善之可稱。　祖耿案：史記作「王曰：『善。』乃使解兵。」

三

犀首以梁爲齊戰於承匡而不勝〔一〕，張儀謂梁王〔二〕：「不用臣言以危國！」梁王因相儀〔三〕。儀以秦、梁之齊合橫親〔四〕，犀首欲敗之〔五〕；謂衛君曰〔六〕：「衍非有怨於儀也，值所以爲國者不同耳〔七〕！君必解衍〔八〕！」衛君爲告儀，儀許諾。因與之參坐於衛君之前〔九〕，犀首跪行，爲儀千秋之祝〔一〇〕。明日，張子行，犀首送之，至於齊疆。齊王聞之，怒於儀，曰：「衍也吾讎〔一一〕，而儀與之俱〔一二〕，是必與衍鬻吾國矣〔一三〕！」遂不聽〔一四〕。

〔一〕高誘曰：犀首，公孫衍也。梁，魏惠王所都。承匡，邑名。　鮑彪曰：承匡，本宋地，見陳留襄邑注。　吳師道曰：大事記襄陵故宋之承匡、襄牛之地，宋襄公所築，故曰襄陵。　張琦曰：漢志：陳留襄邑。師古曰：應說以爲襄牛，誤。大事記所云，乃正顏監之所糾者。故承匡城在今睢州西三十里。　程恩澤曰：案：郡國志陳留襄邑縣有承匡城（左傳莊二年，次于滑，在縣西北。襄元年，會於鄫，在縣東南），左傳文十一年，叔仲惠伯會晉郤缺於承匡，即此。京相璠曰：故城在陳留襄邑縣西三十里，今睢州西三十里。　黃丕烈曰：爲，鮑本作與。　祖耿案：承匡見齊策一，邯鄲之難章。顧觀光隸此於赧王五年。

〔二〕鮑彪曰：梁王，哀王。　吳師道曰：襄王。

〔三〕姚注：曾、劉作魏王。因，一本作困。　鮑彪曰：魏九年，此（齊閔）十四年。　吳師道曰：此四年。

〔四〕高誘曰：合秦之橫，與山東六國從親也。　吳師道曰：猶言從親。　金正煒曰：按「之」猶「與」也。

左氏文十一年傳「皇父之二子死焉。」賈注：皇父與穀甥、牛父三子皆死。墨子尚同篇：「是以選擇其次，立爲卿之宰。」言立爲卿與宰也。秦圍趙之邯鄲章：「昔者，鬼侯之鄂侯、文王，紂之三公也。」謂鬼侯與鄂侯、文王。之並與與義同。高注「合秦之横與山東六國從親也」，亦即釋之爲與。湯炳正曰：金説非也。之猶往，以猶爲也。言張儀爲秦、梁二國往齊，使其合横親。下文犀首送之，至於齊壃，即之齊之事也。解之爲與，不確。左氏定十年傳：「封疆社稷是以」，注：以猶爲也。

〔五〕原無之字。高誘曰：欲敗張儀合横親之事也。鮑彪曰：敗其横事。王念孫曰：「欲敗」下當有之字。秦策曰：樓許約秦、魏，魏紛彊欲敗之。趙策曰：楚王令昭應奉太子以委和於薛公，主父欲敗之。魏策曰：楚許魏六城，與之伐齊而存燕，張儀欲敗之。皆其證也。若無之字則文不成義。

〔六〕鮑彪曰：衛君，衛嗣君。時儀過衛。

〔七〕高誘曰：爲，理。鮑彪曰：值，適當也。金正煒曰：按值與直通。荀子禮論篇：「直無由進之耳」，注：直，但也。淮南精神篇：「非直夏后氏之璜」，注：直，猶但也。張平子碑：「豈值取足於身中」，直字作值，可爲此證。鮑注非也。祖耿案：王引之經傳釋詞引作直，云直、特古同聲。

〔八〕高誘曰：解説衍於張儀也。鮑彪曰：解説衍於儀，使之釋怨。

〔九〕高誘曰：參，三人並也。鮑彪曰：三人合坐。

〔一〇〕高誘曰：祝，祈。

〔一一〕高誘曰：雔，仇。鮑彪曰：衍嘗與齊戰故。

〔一二〕高誘曰：俱，偕。

〔一三〕高誘曰：鬻，賣。

〔一四〕姚注：一本聽下有也字。鮑彪曰：彪謂此一時岌乎殆哉！一言一動，盡爲機穽，豈可與同群哉！此在術術中而不悟，是以知儀之疎也。故其智暗於秦，其辨屈於軫，而此謀敗於衍也。黄式三曰：觀此則儀爲衍所欺也，小人之姦詐如此。

四

昭陽爲楚伐魏〔一〕，覆軍殺將，得八城，移兵而攻齊〔二〕。陳軫爲齊王使見昭陽〔三〕，再拜賀戰勝〔四〕，起而問：『楚之法，覆軍殺將，其官爵何也〔五〕？』昭陽曰：『官爲上柱國，爵爲上執珪。』陳軫曰：『異貴於此者何也〔六〕？』曰：『唯令尹耳〔七〕。』陳軫曰：『令尹貴矣〔八〕！王非置兩令尹也！臣竊爲公譬，可乎〔九〕？楚有祠者〔一〇〕，賜其舍人一卮酒〔一一〕，舍人相謂曰：「數人飲之不足，一人飲之有餘，請各畫地爲蛇〔一二〕，先成者飲酒。」一人蛇先成，引酒且飲〔一三〕，乃左手持卮，右手畫蛇，曰：「吾能爲之足。」足未成，一人之蛇成〔一四〕，奪其卮，曰：「蛇固無足，子安得爲之足〔一五〕？」遂飲其酒，爲蛇足者終亡其酒〔一六〕。今君相楚而攻魏，破軍殺將，得八城，又移兵欲攻齊〔一七〕，齊畏公甚，公以是爲名，足矣〔一八〕！官之上非可重也〔一九〕！戰無不勝而不知止者〔二〇〕，身且死，爵且偃，猶爲蛇足也〔二一〕！』昭陽以爲然，解軍而去〔三〕。

〔一〕高誘曰：昭陽，楚懷王將。　祖耿案：此章見史記楚世家懷王六年，「楚使柱國昭陽將兵而攻魏，破之於襄陵，得八邑。又移兵而攻齊」云云。事與策同而文小異。顧觀光隸此於顯王四十六年。

〔二〕高誘曰：覆魏將，得八城。　鮑彪曰：楚懷六年，此（齊閔）元年。　吳師道曰：宣王二十年。　黄式三曰：孟子書惠王自言南辱于楚，即此。　祖耿案：御覽四六〇引、九三三引，兵並作師。　祖耿案：史記作「又移兵而攻齊，齊王患之。」注，裴駰曰：徐廣曰：「懷王六年，昭陽移和而攻齊。軍門曰和。」

〔三〕鮑彪曰：衍使字。史言軫爲秦使齊，齊問之，爲齊見陽。　黄丕烈曰：鮑衍使字。丕烈案：讀以使字句。史記云：「陳軫適爲秦使齊，」是其證。鮑誤。　祖耿案：史記作：「陳軫適爲秦使齊，齊王曰：「爲之奈何？」陳軫曰：「王勿憂，請令罷之。」即往見昭陽軍中曰。」

〔四〕祖耿案：類聚七三、御覽七六一引，「拜」下並有謝字。史記無「再拜賀戰勝起而問」八字。

〔五〕祖耿案：史記此句作「願聞楚國之法，破軍殺將者何以貴之？」

〔六〕鮑彪曰：問此外復有貴者不？　祖耿案：史記作「其有貴於此者乎？」

〔七〕高誘曰：言獨令尹最貴耳。　鮑彪曰：令尹，楚相也。

〔八〕祖耿案：類聚二五引，「令尹」作「令子」。史記此句作「今君已爲令尹矣，此國冠之上。」注，司馬貞曰：冠音官。令尹乃尹中最尊，故以國爲言，猶如卿子冠軍然。

〔九〕乎，原作也。姚注：也，劉作乎。　高誘曰：公，昭陽。譬，喻。　祖耿案：御覽四六〇引，也作乎。

譬下有之子。類聚二五同。

〔一〇〕高誘曰：祠，祭。鮑彪曰：祠，春祭。吳師道曰：高注：祠，祭。祖耿案：史記無「楚有祠者」四字，僅云「人有遺其舍人一卮酒者」。

〔一一〕人下原無一字。鮑彪曰：始皇紀注：舍人，主廄内小史，或云侍從賓客者。卮，器也。吳師道曰：顏師古曰：舍人，親近左右之通稱。後遂以爲私屬官號。王念孫曰：卮上當有一字。以酒僅一卮，故下文曰：「數人飲之不足，一人飲之有餘」也。若無一字，則文義不明。藝文類聚雜器物部、鱗介部，太平御覽器物部及後漢書袁紹傳注，引此並作「酒一卮」。史記楚世家作「一卮酒」。祖耿案：類聚二五引作「錫其舍人酒一卮」，御覽四六〇引同。御覽七六一引、九三三引，並作「賜其舍人酒一卮」，類聚七三引、九六引並同。

〔一二〕原無各字。祖耿案：御覽九三三引、後漢書袁紹傳注引，並有各字。

〔一三〕飲下原有之字。祖耿案：鮑本無。類聚九六引、後漢書袁紹傳注引亦並無。

〔一四〕未上原不疊足字。祖耿案：類聚二五引、七三引、御覽七六一引、九三三引，並疊足字。

〔一五〕得，原作能。祖耿案：御覽七六一引作得。

〔一六〕祖耿案：自「舍人相謂曰」至此，史記作：「舍人相謂曰：『數人飲此，不足以徧，請遂畫地爲蛇，蛇先成者獨飲之。』一人曰：『吾蛇先成。』舉酒而起，曰：『吾能爲之足。』及其爲之足，而後成人奪之酒而飲之，曰：『蛇固無足，今爲之足，是非蛇也。』」七十一字較策八十六字爲簡。

〔一七〕原作「不弱兵欲攻齊」。鮑彪曰：不弱兵，言恃其强。祖耿案：類聚二五引、九六引、九八引，並作「又移師欲攻齊」，御覽四六〇引、九三三引並同。

〔一八〕足上原有居字。姚注：一本去居字。黄丕烈曰：鮑改居爲亦。吴氏正曰：因下足字衍而訛。金正煒曰：按易繫辭傳曰：「噫亦要存亡吉凶，則居可知矣。」鄭、王注並云：居，辭也。或爲「名」字誤衍。鮑改、吴正並非。祖耿案：類聚二五、御覽四六〇引，並無居字。

〔一九〕祖耿案：類聚二五、御覽四六〇引，官，並作冠。蓋諧聲取義也。

〔二〇〕祖耿案：類聚九六、御覽九三三引，並作「戰勝不知止」。

〔二一〕原作「爵且後歸」。鮑彪曰：言身死後，爵歸於國，故史言「爵奪」。祖耿案：類聚二五、御覽四六〇引，並作「爵且偃」，無歸字。今從。偃，息也。又案：自「今君相楚」至此，史記作「今君相楚而攻魏，破軍殺將，功莫大焉，冠之上不可以加矣。今又移兵而攻齊，攻齊勝之，官爵不加於此；攻之不勝，身死爵奪，有毁於楚：此爲蛇爲足之説也。不若引兵而去以德齊，此持滿之術也。」凡七十四字，較策爲多而意更明。

〔二二〕鮑彪曰：楚記同。彪謂此策雖其指爲齊，亦持勝之善。祖耿案：類聚二五、御覽四六〇引，並作「解軍而歸」。御覽九三三作「解甲而歸」。

五

秦攻趙，趙令樓緩以五城求講於秦〔一〕，而與之伐齊。齊王恐，因使人以十城求講於秦。樓子恐，因以上黨二十四縣許秦王〔二〕。趙足之齊〔三〕，謂齊王曰：「王欲秦、趙之解乎？不如從合於趙，趙必倍秦，倍秦，則齊無患矣！」

〔一〕高誘曰：五城，趙邑。講，和。　祖耿案：顧觀光附此於赧王五十六年。
〔二〕鮑彪曰：秦王，惠文王。
〔三〕鮑彪曰：凡趙皆趙人。

六

權之難，齊、燕戰〔一〕。秦使魏冉之趙〔二〕，出兵助燕擊齊。薛公使魏處之趙〔三〕，謂李向曰〔四〕：「君助燕擊齊，齊必急，急必以地和於燕而身與趙戰矣。然則是君自爲燕東兵爲燕取地也〔五〕。故爲君計者，不如按兵勿出。齊必緩〔六〕，緩必復與燕戰，戰而勝，兵罷弊〔七〕，趙可取唐、曲逆〔八〕；戰而不勝，命懸於趙〔九〕；然則吾中立而割窮齊與疲燕也〔一〇〕。兩國之權，歸於君矣〔一一〕！」

〔一〕高誘曰：權，地名。（一下有也字。）齊、燕所戰，故曰「之難」也。　鮑彪曰：後志南郡編注：鬭緍以權叛。又當陽注：縣東南有權城，楚地也。蓋燕自北進，齊自東進，而戰于楚境。燕策爲文公時。　吳師道曰：大事記，燕、齊交兵，必非此地。按：記合燕策並載，而取鮑三說：文公末年云云，並屬中山云云，燕齊合云云。故於此條著其說，而斥其非者不著鮑氏，取長棄短之意也。　程恩澤曰：案：鮑說支離可笑。吳知其謬而不能徵實，亦殊疏陋。元和志：恒州（寰宇記屬鎮州）真定縣北二十里，有故權城，即古之犍鄉也。後漢建武元年，賈復與五校戰於真定，大破之，即此地。今在正定府正定縣北二十里。　顧觀光曰：

燕策，權之難燕再戰不勝，元和志云：故權城在恒州真定縣北二十里，未知是否。　祖耿案：顯觀光附此於顯王三十六年，曰：依大事記附此。

〔二〕鮑彪曰：冉傳言，自惠王時任事，然則此役文公末年也。

〔三〕高誘曰：薛公，田嬰也。魏處，人名。（一本有之主也三字）　鮑彪曰：嬰時未封，後人稱之耳。嬰傳言自威王時任職。

〔四〕鮑彪曰：李向，趙人。　吳師道曰：大事記，趙用事者也。

〔五〕鮑彪曰：束猶斂，燕、齊和成，斂兵不戰。取地，取齊地。　黃丕烈曰：今本「束」作東，鮑本作束。金正煒曰：按身字疑當爲并，草書相近而譌也。說文：并，相從也。燕策：秦并趙北向迎燕，注：并，合也。此言齊、燕將并合而與趙戰也。呂覽悔過篇：過天子之城，宜櫜甲束兵。惟束兵與自爲義不相屬。束，當爲速之譌。左氏昭二十四年傳：吳不動而速之。注：速，召也。此本作東，又束之再誤。

〔六〕鮑彪曰：趙之助燕不力，故齊無危急之勢。

〔七〕鮑彪曰：罷、疲同。

〔八〕高誘曰：唐，今盧奴北，盧縣也。曲逆，今蒲陰也。是時屬燕，故勸取之。　鮑彪曰：唐、曲逆並屬中山國。言二國戰，不暇北顧，趙可以其間取中山也。　吳師道曰：高注：「唐，今盧奴北，盧縣也。曲逆，今蒲陰。」　張琦曰：唐，今保定府唐縣。曲逆故城，今完縣東南二十里。　程恩澤曰：按鮑說謬甚。春秋昭十二年，齊高偃帥師納北燕伯于陽，左傳作唐。杜預曰：陽即唐也，燕別邑。則唐爲燕地。自春秋時已然。趙策：通於燕之（鮑本無此二字）唐、曲吾（鮑本作遇），即此唐、曲逆也，是在本策，又有明證。二地於前後漢志並屬中山國，此乃漢時郡國之名，與戰國之中山無涉（說本水經注）。鮑乃謂「齊、燕交戰，不暇北顧，趙可以其間取中山」，何如解作趙以間取燕地，尤與薛公使魏處之趙之意相合乎。唐本堯國。張晏曰：堯爲唐侯，國於此（史記正義，堯受禪，封摯於高辛，今定州唐縣。則唐又爲摯封邑。）惟志謂堯山在南，亦誤。水經注曰：今考唐城之南無山以應之。惟東北有都山，近望都界。洪亮吉曰：堯山在縣北（八里）。望都山在縣東北。故張晏云：登堯山見都山。道元合而一之，非也。今唐縣屬保定府。　恩澤又案：郡國志：蒲陰本曲逆。章帝更名有陽城（即唐）。晉地道記曰：有安陽（一作陽安）關。陽城蒲陽山，蒲水所出。水經注：濡水（東合蒲水）出蒲陰縣西昌安郭南。枉渚迴湍，率多曲復。亦謂之曲逆水。張晏曰：濡水於城北曲而西流，是受此名。故縣亦因水名而氏曲逆矣。左傳哀公四年，齊國夏伐晉，取曲逆（今本作逆時）是也。陳平封曲逆侯，即此。寰宇記：故城在北平縣西北四十里，今在保定府完縣東南二十里。竹書紀年：魏殷臣、趙公孫裒伐燕，還，取夏屋，城曲逆。蓋即取之於燕，而城之者也。顧觀光曰：齊策：「戰而勝，兵罷敝。趙可取唐、曲逆。」漢志：唐屬中山國。水經滱水注引十三州志曰：中山治盧奴。唐縣故城在國北七十五里今保定府唐縣。又曰：趙策：今逾句注禁常山而守，三百里通於燕之唐、曲吾。吳云：吾，當作逆。按曲吾即曲逆，以唐韻言之，魚虞之入聲，即轉入鐸陌也。漢志：曲逆屬中山國。高注齊策云：曲逆，今蒲陰也（在今保定府完縣東南二十里）。水經滱水注云：濡水出蒲陰縣西昌安郭南（此南濡也，今名祁水）。東逕其縣故城南，枉渚迴湍，率多曲復，亦謂之爲曲逆水也。張晏曰：濡水於城北曲而西流，是受此名。故縣亦因水名而氏曲逆矣。　朱起鳳曰：漢書周勃傳：「擊項籍。攻曲遇，最。」顏注：曲，丘禹反。遇，音顒。曲遇、曲逆、曲吾，當音踽顒。

〔九〕鮑彪曰：懸，繫也。

〔一〇〕鮑彪曰：吾，吾趙。割，割齊地。　吳師道曰：割齊、燕地。

〔一一〕高誘曰：君，李向也。

七

秦攻趙長平〔一〕，齊、燕救之〔二〕。秦計曰：『齊、燕救趙〔三〕，親則將退兵，不親則且遂攻之。』趙無以食，請粟於齊，而齊不聽。蘇秦謂齊王曰〔四〕：『不如聽之，以却秦兵；不聽，則秦兵不却。是秦之計中，而齊、燕之計過也〔五〕！且趙之於燕、齊，隱蔽也〔六〕，猶齒之有脣也〔七〕，脣亡則齒寒，今日亡趙，則明日及齊、燕矣〔八〕。且夫救趙之務〔九〕，宜若奉漏甕，沃燋釜〔一〇〕。夫救趙，高義也；却秦兵，顯名也〔一一〕；義救亡趙，威却强秦之兵〔一二〕，不務爲此而務愛粟，則爲國計者過矣〔一三〕！』

〔一〕姚注：一本無長平二字。鮑彪曰：此（王建）五年。祖耿案：此章見史記田敬仲完世家，云：『王建立六年，秦攻趙，齊、楚救之。』顧觀光隸此於赧王五十五年。

〔二〕燕，原作楚，說見下。

〔三〕燕，原作楚，姚注：一本無楚字。說見下。

〔四〕姚注：史記：周子，齊之謀臣，史失其名。戰國策以周子爲蘇秦，而楚字皆作燕。然此時蘇秦死久矣。黄丕烈曰：鮑改秦爲子，吳氏補曰：字誤。史作周子。丕烈案：此不與策文同。黄式三曰：周子或作蘇子，謁作蘇秦。祖耿案：姚注錄史記田齊世家索隱文。御覽三二五引春秋後語亦作周子。

〔五〕也，原作矣。高注：中，得。過，失。　黃丕烈曰：鮑改燕爲楚，吳氏補曰：史作楚。丕烈案：鮑改誤甚。索隱引此文云：「而楚字皆作燕」，可見此文上「齊、楚救之。秦計曰：齊、楚救趙」，下「則明日及齊、楚矣」，三楚字皆本作燕，不知者以史記改之耳。

〔六〕姚注：一本無「也」。　高誘曰：隱蔽，蓄蔽。　鮑彪曰：趙居二國西北。秦攻二國，必先徑趙。趙存則二國得以自隱，而有蔽障。　黃丕烈曰：鮑改「燕、齊」爲「齊、楚」。吳氏補曰：史作齊、楚。丕烈案：此同上。　張琦曰：楚原作燕，於「隱蔽」義爲得。趙無由蔽楚也。但此役無與於燕，蓋衍字耳。鮑據史改齊、楚，而曰秦伐二國，必先徑趙，謬矣。　祖耿按：此句史記作「且趙之於齊、楚，扞蔽也」，注，張守節曰：此時秦伐趙上黨欲克，無意伐齊、楚，故言趙之於齊、楚爲扞蔽也。

〔七〕齒上原無猶字。　黃丕烈曰：齒上鮑本有猶字。丕烈案：史記有。　祖耿案：御覽三二一五引春秋後語亦有。

〔八〕燕，原作楚。

〔九〕鮑彪曰：務，趣也，事也。

〔一〇〕鮑彪曰：喻救之急。　王引之曰：宜字與殆同義。

〔一一〕高誘曰：高，大。姚注：劉本無兵字。

〔一二〕原無之字。　金正煒曰：却秦兵顯名也，威却强秦之兵，兩兵字並因上文「聽之以却秦兵」而衍。　祖耿案：御覽三二一五引春秋後語作「卻秦兵，顯名也。」又曰：「威卻强秦之兵。」是兩兵字非衍，此脫「之」字也。史記有之字，「亡趙」作「亡國」。

〔一三〕高誘曰：過，誤失也。　鮑彪曰：齊記有云：周子謂最是也，此最時三十餘年矣。　吳師道曰：索隱云：周子，蓋齊之謀臣，史失其名，不必强爲之説。金正煒曰：廣雅釋詁：過，誤也。祖耿案：「過矣」句下，史記云：「齊王弗聽。秦破趙於長平四十餘萬，遂圍邯鄲。」

八

或謂齊王曰：「周、韓西有强秦，東有趙、魏〔一〕，秦伐周、韓之西，趙、魏不伐周、韓，爲割韓却周害也〔二〕。及韓却周割，趙、魏亦不免與秦爲患矣〔三〕。令齊、秦伐趙、魏，則亦不異於趙、魏之應秦而伐周、韓〔四〕。令齊入於秦而伐趙、魏〔五〕，趙、魏亡之後，秦東面而伐齊，齊安得救天下乎〔六〕？」

〔一〕黄丕烈曰：「東」下，鮑本有北字。祖耿案：顧觀光隸此於始皇十七年。

〔二〕鮑彪讀伐字、割字爲句，曰：不伐，不從秦伐周、韓；割，割地與趙、魏。韓却周害，言趙、魏徒不伐而不救韓，則韓兵必却而周有秦害。金正煒曰：按「不伐」當作「亦伐」，趙、魏亦伐周、韓爲句，或有「之東」二字而佚。即後文所謂「趙、魏之應秦」也。爲割韓却周害也，割與却涉下文而衍。趙、魏應秦是爲韓、周害也。

〔三〕割下原有之字。鮑彪曰：秦以其不應己，又無周、韓之捍，秦伐必及。黄丕烈曰：鮑改割爲害，「之」下補後字。吳氏補曰：害、割字恐有誤混。金正煒曰：及韓却周割之後，趙、魏無二國爲之隱蔽，則亦不免有秦患矣。

〔四〕異，原作果。　鮑彪曰：趙、魏近秦，其應秦不得不果。齊則遠矣，應秦必不果也。　黄丕烈曰：鮑齊下補「應」字。吴氏補曰：今齊下恐有缺字。　王念孫曰：鮑説甚謬。「果」當爲異字之誤也。此言趙、魏應秦而伐周、韓，及韓卻周割之後，趙、魏亦不免於秦患。今齊應秦而伐趙、魏，則趙、魏亡之後，齊亦不免於秦患（見下文）。故曰：「今齊應秦伐趙、魏，則亦不異於趙、魏之應秦而伐周、韓」也。　金正煒曰：「果」當從王氏雜志作異。

〔五〕鮑彪曰：令，就令也。入，言應之果。　吴師道曰：令，恐亦今字。　金正煒曰：吴氏以令爲今，是也。入秦，謂合於秦。鮑注非。

〔六〕鮑彪曰：此言趙、魏近秦，畏之，不得不應，齊不可以其應而伐之也。　吴師道曰：此士之策正謂秦伐周、韓，趙、魏雖不應秦，然周、韓既割而趙、魏亦不免。況齊可以不應秦，令應秦伐趙、魏，趙、魏既亡，而齊亦不免矣。所以言此者，欲齊之援趙、魏也　黄丕烈曰：救，鮑本作於，鮑於上補救字。吴補：一本有救字，是。下無於字，非。丕烈案：吴説未是。此猶魏策云：雖欲行數千里而助人，可得乎也。「救天下」不誤。

卷十　齊三

一

楚王死〔一〕，太子在齊質〔二〕，蘇秦謂薛公曰〔三〕：『君何不留楚太子以市其下東國〔四〕？』薛公曰：『不可！ 我留太子，郢中立王〔五〕，然則是我抱空質而行不義於天下也〔六〕！』蘇秦曰：『不然！ 郢中立王，君因謂其新王曰：「與我下東國，吾爲王殺太子；不然，吾將與三國共立之〔七〕。」然則下東國必可得也。』蘇秦之事〔八〕，可以請行；可以令楚王亟入下東國〔九〕；可以益割於楚〔一〇〕；可以忠太子而使楚益入地；可以爲楚王走太子；可以忠太子，使之亟去〔一一〕；可以惡蘇秦於薛公；可以爲蘇秦請封於楚；可以使人說薛公以善蘇子〔一二〕；可以使蘇子自解於薛公。蘇秦謂薛公曰：『臣聞謀泄者事無功，計不決者名不成，今君留太子者，以市下東國也〔一三〕，非亟得下東國者，則楚之計變，變則是君抱空質而負名於天下也〔一四〕。』薛公曰：『善。爲之奈何！』對曰：『臣請爲君之楚，使亟入下東國之地，楚得成，則君無敗矣。』薛公曰：『善。』因遣之〔一五〕。謂楚王曰：『齊欲奉太子而立之〔一六〕，臣觀薛公之留太子者，以市下東國也，今王不亟入下東國，則太子且倍王之割而使齊奉己〔一七〕。』楚王曰：『謹受命。』因獻下東國。故曰可以使楚亟入地也。謂薛公曰：『楚之勢，可多割也。』薛公曰：『奈何？』『請告太子其故，使太子謁之君，以忠太子〔一八〕，使楚王聞之，可以益入地。』故曰：可以益割於楚也〔一九〕。謂太子曰：『齊奉太子而立之，楚王請割地以留太子，齊少其地〔二〇〕，太子何不倍楚之割地而資齊？齊必奉太子〔二一〕。』太子曰：『善』。倍楚之割而延齊〔二二〕。楚王聞之，恐，益割地而獻之，尚恐事不成。故曰可以使楚益入地也。謂楚王曰：『齊之所以敢多割地者〔二三〕，挾太子也，今已得地而求不止者，以太子權王也〔二四〕，故臣能去太子〔二五〕，太子去，齊無辭，必不倍於王也〔二六〕，王因馳强齊而爲交，齊辭必聽王〔二七〕，然則是王去讎而得齊交也〔二八〕。』楚王大悅，曰：『請以國因〔二九〕！』故曰可以爲楚王使太子亟去也。謂太子曰：『夫剬楚者，王也〔三〇〕；以空名市者，太子也；齊未必信太子之言也，而楚功見矣〔三一〕！楚交成，太子必危矣！太子其圖之！』太子曰：『謹受命。』乃約車而暮去。故曰可以使太子急去也。蘇秦使人請薛公曰〔三二〕：『夫勸留太子者，蘇秦也，蘇秦非誠以爲君也，且以便楚也〔三三〕，蘇秦恐君之知之，故多割楚以滅迹也〔三四〕。今勸太子者〔三五〕，又蘇秦也，而君弗知，臣竊爲君疑之！』薛公大怒於蘇秦。故曰可以使人惡蘇秦於薛公也〔三六〕。又使人謂楚王曰：『夫使薛公留太子者，蘇秦也；奉王而代立楚太子者〔三七〕，又蘇秦也；割地固約者〔三八〕，又蘇秦也；忠王而走太子者，又蘇秦也。今人惡蘇秦於薛公，以其爲齊薄而爲楚厚也〔三九〕。願王知之〔四〇〕！』楚王曰：『謹受命。』因封蘇秦爲武貞君〔四一〕。故曰可以爲蘇秦請封於楚也。又使景鯉請薛公曰：『君之所以重於天下者，以能得天下之士，而有齊權也〔四二〕。今蘇秦，天下之辯士也，世與少有〔四三〕。君因不善蘇秦〔四四〕，則是圍塞天下士，而不利說途也〔四五〕。夫不善君者，且奉蘇秦，而於君之事殆矣〔四六〕！今蘇秦善於楚王，而君不蚤親，則是身與楚爲讎也〔四七〕！故君不如因而親之，貴而重之，是君有楚也。』薛公因善蘇秦。故曰可以爲蘇秦說薛公以善蘇秦也〔四八〕。

〔一〕高誘曰：楚王，懷王也。爲張儀所欺，西與秦昭王會武關，秦脅與歸而死於秦也。　鮑彪曰：楚王，懷王。　祖耿案：顧觀光隸此於赧王十六年。

〔二〕鮑彪曰：楚二十九年，使太子質於齊，名橫，是爲頃襄王。按史，楚三十年，懷王入秦，秦留之。明年，頃襄王立。立三年，懷王乃死。與此駁。

〔三〕高誘曰：薛公，田嬰也，田文之父。　鮑彪曰：秦死至是二十年矣。此非代則厲也。薛公，田文。　黃丕烈曰：鮑本改秦爲子。吳氏補曰：字誤。下並同。

〔四〕高誘曰：市，猶求也。下東國，楚東邑，近齊也。　鮑彪曰：楚策云：「與我東地。」蓋楚國之東，其地近齊。楚地高而此下。　程恩澤曰：案：胡三省曰：楚滅陳、蔡，封畛於汝；滅越取吳故地，并有古徐夷之地，皆在淮北。即楚所謂下東國。　祖耿案：下東國說見西周策薛公以齊爲韓、魏攻楚章。「何不」，御覽四八〇引作「不如」。

〔五〕高誘曰：郢，楚都也。

〔六〕高誘曰：楚自立王，質之無益，故曰「抱空質」也。

〔七〕鮑彪曰：齊當與秦、韓、魏敗楚，三國，謂此。重立。　祖耿案：御覽四八〇引，然下有則字。

〔八〕鮑彪曰：此著書者敍說。

〔九〕高誘曰：亟，速也。入，猶致也。　鮑彪曰：楚王，並新王。

〔一〇〕高誘曰：益，多割取。

〔一一〕姚注：一本無「之」字。

〔一二〕姚注：一本無「人說」二字。

〔一三〕高誘曰：太子，懷王太子也。　黃丕烈曰：鮑「太」上補「楚」字。

〔一四〕高誘曰：變，改也。負天下不義之名。　鮑彪曰：負，荷不義之名。

〔一五〕「故曰」七字，原作注。　姚注：曾此七字不作注。　鮑彪曰：此七字原作注字。此類亦著書者敍說。吳師道曰：敘說者分其文而屬之，故以此著例。姚云：曾此七字不作注。黄丕烈曰：「之」下，鮑本有：「故曰：可以請行也」七字。

〔一六〕高誘曰：蘇秦請行至楚，說楚王曰，所立頃襄王也。言楚所欲立懷王。鮑彪曰：以爲懷王，則上言已死。以爲頃襄，則頃襄即太子也。以爲新立王，則頃襄外無他王。未詳。

〔一七〕高誘曰：已，太子也。使齊奉己，立以爲王也。鮑彪曰：倍，多於前。

〔一八〕高誘曰：告，致。致故，謂太子倍割楚以許齊也。謁，告，告齊君也。齊得割則歸太子，故曰：「以忠太子。」鮑彪曰：「請告」，蘇子辭也，告以楚獻地之故。君，薛公也。使太子白以亦欲割地。

〔一九〕原無也字。

〔二〇〕高誘曰：割地與齊，使留太子，齊嫌其少也。

〔二一〕高誘曰：資，與。

〔二二〕高誘曰：延，猶饒也，及也。鮑彪曰：延，長行也，故有饒益意。金正煒曰：按延，綏也。倍割以綏齊之聽楚。呂覽不廣篇：「郤舍延尸」，注：郤舍以綏其尸。又或當讀如誕。呂覽應言篇：「秦王立帝宜陽，許綰誕魏王。」注：誕，詐也。太子無地而倍楚之割，是誕齊也。漢書古今人表：赧王延。史記索隱作誕。是延即誕之省文。

〔二三〕黄丕烈曰：敢，鮑本無。

〔二四〕高誘曰：權，重。鮑彪曰：權者，輕重所在。

〔二五〕鮑彪曰：使人去齊。

〔二六〕高誘曰：齊無立太子辭，必不倍求地於王也。鮑彪曰：多割。

〔二七〕姚注：一作而爲交於齊，齊辭。　鮑彪曰：馳，亟往。齊，辭齊之說。　金正煒曰：按韓策：秦攻陘，韓使人馳南陽之地，秦已馳，又攻陘。王念孫曰：馳，讀爲移。移，易也。竹書紀年：梁惠成王十一年，及鄭馳地。我取枳道，與鄭鹿。馳地，謂易地也。此文馳字亦當讀移。義猶易也。辭字涉上文「齊無辭」而衍。

〔二八〕高誘曰：讎，爲太子。

〔二九〕鮑彪曰：因蘇子交齊。

〔三〇〕鮑彪曰：剬，斷齊也。猶制。　吳師道曰：剬，本多丸反。史、漢作制字。正義論字例云：

〔三一〕高誘曰：齊未必信太子言也，而楚便致地。故曰「楚功見」。　鮑彪曰：功，謂入地。

〔三二〕金正煒曰：按爾雅釋詁：請，告也。儀禮鄉射禮：乃請，注：請，告也。

〔三三〕鮑彪曰：太子去楚之便也。

〔三四〕鮑彪曰：没其使楚之跡。

〔三五〕黄丕烈曰：鮑「者」上補「去」字。吳補：一本標晁本有。

〔三六〕「可」下原無以字。　黄丕烈曰：「可」下，鮑本有以字。

〔三七〕鮑彪曰：代太子立爲王。

〔三八〕鮑彪曰：因爲之約齊。　黄丕烈曰：固，鮑本作因。吳補：一本「固約」。

〔三九〕黄丕烈曰：「以」上，鮑本有之字。

〔四〇〕「王」下原有之字。　姚注：劉無之字。

〔四一〕高誘曰：武貞，楚邑。　鮑彪曰：封以美名，非邑。　吳師道曰：姚注：楚邑。

〔四二〕高誘曰：景，姓；鯉，名也。楚懷王相也。言薛公所見重於天下者，能得天下士之心，故有齊國權勢也。

〔四三〕鮑彪曰：言如之者少。　金正煒曰：世與，當爲與世。楚辭：初放，舉世皆然兮。注：舉，與也。

〔四四〕姚注：因，劉作固。

〔四五〕高誘曰：途，道。　金正煒曰：圉，當爲圉字。形相似而誤。爾雅釋言：圉，禁也。淮南詮言篇：一人之力以圉强敵。楚策：宜陽之大也，楚以弱新城圉之。圉字並當爲圉，誤與此同。

〔四六〕高誘曰：於，治。姚注：曾本無此二字注。　鮑彪曰：於，猶與。

〔四七〕鮑彪曰：此亦非薛公之恐。楚王立未能自定，安能難齊哉。故彪於楚策謂蘇子以此策干薛公，不見用，世猶載其語也。　吳師道曰：謂不親楚，則與楚爲讎，以事理言爾。干薛公不用，世猶載其語，亦臆度之辭。

〔四八〕原無也字。　高誘曰：蘇秦巧辭反覆，且在此以上也。　鮑彪曰：按此則懷王死，楚立新王，太子卒不得立，而頃襄非太子也。史不謂然，故其書東國之事亦略。　吳師道曰：史稱懷王入秦而頃襄立，策獨以爲懷王死而頃襄立，前後屢見。竊以事勢言之，楚人知懷王之必不歸，而秦要之以割地，故立王以絶君，而喪君有君，所以靖國。頃襄之立，非懷王死後明矣。史謂當時以詐赴之，策猶仍之爾。特所謂新王及太子不可曉。然以逐節考之，皆有事實，又非飾説也。或者太子未返之時，郢中立王邪！姑缺所疑。　馬驌曰：此蓋策士虛設之辭，不足深辨。　梁玉繩曰：考年表、世家，頃襄立於懷王未死前三年，而國策言立於懷王死後。至所謂頃襄者，楚策言：太子許齊東地五百里，歸爲王。即質齊之太子。齊策言：楚立新王，太子卒不得位。記載各異。

二

齊王夫人死〔一〕，有七孺子皆近〔二〕。薛公欲知王所欲立〔三〕，乃獻七珥〔四〕，美其一，明日，視美珥所在，勸王立爲夫人〔五〕。

〔一〕高誘曰：齊威王子宣王也。　祖耿案：顧觀光附此於顯王四十八年。

〔二〕高誘曰：孺子，幼艾美女也。近，幸也。　鮑彪曰：言其親幸。　黄丕烈曰：「皆」上，鮑本有者字。丕烈案，韓子作：「中有十孺子皆貴於王。」　俞正燮曰：漢書藝文志：中山王孺子妾歌注云：孺子，王妾之有名號者。齊策云：王有七孺子。韓非子書作十孺子。又韓非八姦篇云：一曰在同牀，貴夫人、愛孺子是也。左傳哀公三年，季桓子卒。南孺子生子，謂貴妾。注云桓子妻者，非是。秦策亦云：某夕，某孺子納某士。漢書王子侯表：東城侯遺爲孺子所殺。則王公至士民妾通書孺子。　金正煒曰：按漢書外戚傳：太子有妃，有良娣，有孺子，妻妾凡三等。藝文志：詔賜中山靖王子噲及孺子妾冰、未央才人歌詩四篇。師古曰：孺子，王妾之有品號者也。漢制多因周、秦。據此策，則戰國時孺子，惟下夫人一等，並爲王之妃嬪。韓非八姦篇：貴夫人、愛孺子，便僻好色，此人主之所惑也。亦以孺子與夫人並舉。禮記曲禮：大夫曰孺人。注：大夫之妻曰孺，言屬於人，不敢自專也。孺子之稱或亦其義。高注幼艾美女，恐非。　朱起鳳曰：高注幼艾美女，指内嬖而言。女色爲艾。孟子：「知好色，則慕少艾。」楚辭九歌少司命篇：「竦長劍兮擁幼艾」，是也。

〔三〕高誘曰：立爲夫人。

〔四〕鮑彪曰：珥，瑱也，所以充耳。

〔五〕高誘曰：服美珥，則知王之所愛矣。故勸王立之也。吴師道曰：與楚策謂昭魚云云類。韓非子、淮南子皆有。

祖耿案：韓非子外儲説右上云：靖郭君之相齊也，王后死，未知所置，乃獻玉珥以知之。一曰：薛公相齊，齊威王夫人死，有十孺子皆貴於王。薛公欲知王所欲立而請置一人以爲夫人。王聽之，則是説行於王而重於置夫人也；不聽，是説不行而輕於置夫人也。欲先知王之所欲置以勸王置之，於是爲十玉珥而美其一而獻之，王以賦十孺子。明日坐，視美珥之所在而勸王以爲夫人。淮南子道應訓云：齊王后死，欲置后而未定，使群臣議。薛公欲中王之意，因獻十珥而美其一。旦日，因問美珥之所在，因勸立以爲王后。齊王大説，遂尊重薛公。故人主之意欲見於外，則爲人臣之所制。故老子曰：塞其兑，閉其門，終身不勤。

三

孟嘗君將入秦〔一〕，止者千數而弗聽，蘇秦欲止之〔二〕，孟嘗君曰〔三〕：『人事者，吾已盡知之矣；吾所未聞者，獨鬼事耳〔四〕！』蘇秦曰：『臣之來也，固不敢言人事也，固且以鬼事見君矣〔五〕！』孟嘗君見之。謂孟嘗君曰：『今者臣來〔六〕，過於淄上〔七〕，有土偶人與木偶人相與語〔八〕，木偶人謂土偶人曰〔九〕：「子，西岸之土也，挻子以爲人〔一〇〕，至歲八月，降雨下，淄水至，則子殘矣〔一一〕！」土偶人曰〔一二〕：「不然！吾，西岸之土也，吾殘，則復西岸耳〔一三〕！今子，東國之桃梗也〔一四〕，刻削以爲人〔一五〕，降雨下，淄水至，流子而去，則子漂漂然將何所之也〔一六〕？今秦，四塞之國也〔一七〕，譬若虎口〔一八〕，而君入之，則臣不知君所出矣〔一九〕！」孟嘗君乃止〔二〇〕。

〔一〕姚注：孟嘗君，一作孟嘗。　高誘曰：孟嘗君，薛公田嬰號靖郭君，子（子，一作又）文號孟嘗君也。鮑彪曰：傳言：秦昭王聞其賢，求見之，故將入。　祖耿案：此章見史記孟嘗君列傳云：秦昭王聞其賢，乃先使涇陽君爲質於齊，以求見孟嘗君。孟嘗君將入秦，賓客莫欲其行，諫不聽，蘇代謂曰云云。喻與策同而詞則異。末云：孟嘗君乃止。齊湣王二十五年，復卒使孟嘗君入秦，昭王即以孟嘗君爲秦相。前後共一百四十九字，其中蘇代言詞實祇七十八字。說苑正諫篇亦有此文。共二百七十九字。事與此同。僅言有客，不言蘇秦、蘇代。全文如下。孟嘗君將西入秦，賓客諫之百通則不聽也。曰：以人事諫我，我盡知之，若以鬼道諫我，我則殺之。謁者入曰：有客以鬼道聞。曰：請客入。客曰：臣之來也，過於淄水上，見一土耦人方與木梗人語。木梗謂土耦人曰：子先土也，持子以爲耦人，遇天大雨，水潦並至，子必沮壞。應曰：我沮乃反吾真耳。今子東園之桃也，刻子以爲梗，遇天大雨，水潦並至，必浮子泛泛乎不知所止。今秦四塞之國也，有虎狼之心，恐其有木梗之患。於是孟嘗君逡巡而退，而無以應，卒不敢西嚮秦。　顧觀光附此於赧王十六年。曰：此因蘇代之言而止，事當在前。

〔二〕黃丕烈曰：今本秦作代，乃誤涉鮑也。鮑改秦爲代。吳氏補曰：字誤。宜作代。下同。後語並作代。丕烈案：風俗通祀典引此文，亦作秦。鮑以史記孟嘗君列傳，改爲代，未是也。李善注文選，引蘇秦說孟嘗君曰：「秦四塞之國。」高誘注云：四面有山關之固，故曰四塞之國也。在此篇，亦其證。說苑載作「客」，當是改也。　錢氏曰：孟嘗君入秦在秦昭王八年，距蘇秦死已二十年。燕王噲亦死十四年，何來有蘇秦？史記改蘇代，或是。說苑正諫篇亦載此事，僅云「有客」，則無誤也。（考辨二六九頁）　祖耿案：文選東都賦李注引作：「蘇秦說孟嘗君曰：秦，四塞之國也。」後漢書班固傳注引同。類聚八六引此句作：「蘇秦往見之。」

〔三〕原無君字。　黄丕烈曰：曰上，鮑本有君字。

〔四〕高誘曰：聞，知。

〔五〕原無矣字。　祖耿案：類聚八六引，有矣字。

〔六〕黄丕烈曰：者，鮑本無。丕烈案：風俗通引作：「臣之來也」，說苑同。　祖耿案：類聚八六引作：「臣來過淄上」，御覽三九六引作：「今臣經淄上」。

〔七〕鮑彪曰：淄水出泰山萊蕪原。　張琦曰：漢志：泰山萊蕪下云：原山，淄水所出。東至博昌入泲。今淄水自博山縣西南東折，而北經青州府、益都、臨淄，至清水泊入小清河。　程恩澤曰：案水經注：淄水出泰山萊蕪縣西南原山下（顏神鎮東南二十五里），世謂之原泉（淮南子：淄出目飴山。齊乘：淄水出今益都縣岳陽山東麓，即原山也）。東北流，出萊蕪口，遷牛山西。又東逕臨淄縣故城南（在今縣北八里），東得天齊水口（在今縣東南八里）。又東北流逕琅槐故城南（在今樂安縣東北一百十里），又東北逕馬井城北，與時澠之水合，又東北至皮邱，沈入於海（班志作入泲，蓋濟水亦於此入海也。杜注作入汶，即柴汶水，出泰山梁父縣，西北入汶，與此異）。括地志：俗傳禹治水功畢，土石黑，數里之中，波若漆。故謂之淄水。齊乘：淄多伏流，潦則薄崖，涸則濡軌而已。俗謂之九乾十八漏。洪亮吉曰：今淄水出博山（錢坫作淄川，地相接）縣岳陽山（俗名馬耳山），從長峪道逕益都、臨淄、樂安至壽光縣界，合清水泊入海（錢坫曰：即鉅定也）。　顧觀光曰：群書治要引新序云：「齊有田巴先生者，過於淄水，自闚醜惡甚矣。遂見齊王。」蓋齊城本臨淄水，故得臨淄之名也。漢志泰山郡萊蕪縣下云：原山，淄水所出，東至博昌入泲（淄不入泲，水經注引作入海）。

〔八〕原作：「有土偶人與桃梗相與語。」　鮑彪曰：偶，相人也，比土爲之。集韻：梗，略也，荒也。此蓋枯木。海外經：東海中有山名度索，有大桃樹，屈蟠三千里。枝間東北曰鬼門，萬鬼所由往來。上有二神人，曰神荼、鬱壘，主治害鬼。故使世人刻桃畫其首，正歲置門上辟鬼。　吳師道曰：索隱云：「偶，類於人也。」梗，枝梗也。趙策蘇秦説李兑作土梗、木梗。謂木梗曰：「汝非木之根，則木之枝。」是枝、根皆可言梗。此謂刻桃木爲人也。史及説苑作土偶人、木偶人，索隱謂：以土偶比涇陽君，以木偶比孟嘗君。時秦昭王使涇陽君爲質以求孟嘗。　祖耿案：史記作：「見木禺人與土禺人相與語。」

〔九〕原作：桃梗謂土偶人曰。

〔一〇〕挻，原作挺。　高誘曰：挺，治。　鮑彪曰：挺，拔也，拔於土中。　吳師道曰：挺，他鼎反，有也。藝文類聚及晁本作埏。　黄丕烈曰：案：風俗通引作埏。此字當作挻。挻、埏同字，形近而譌作挺耳。説苑作持，亦誤字。

〔一一〕子，原作汝。　高誘曰：殘，壞。　鮑彪曰：降，大雨自上下也。異於飄灑。殘，敗壞也。　金正煒曰：按：降與洚通。洚水，禹貢作降水可證。廣韻：洚，户公切，與洪同。六書故：洚、洪實一字。爾雅釋詁：洪，大也。管子度地篇：「當秋三月，山川百泉涌，降雨下，山水出。」文與此同。鮑説甚謬。　祖耿案：御覽三七引作八月降雨，三九六引作八月雨降。汝，類聚八六引作子。

〔一二〕原無人字。

〔一三〕原作：土則復西岸耳。　姚注：一作：「吾殘則」。　王念孫曰：案：「土則復西岸」，義不可通。此承上「則女殘矣」而言，則作「吾殘」者是也。趙策：土梗謂木梗曰：「使我逢疾風淋雨，壞沮，乃復歸土。」彼言壞沮，此言殘，其義一也。風俗通義祀典篇、藝文類聚果部、太平御覽士部引此並作：「殘則復西岸。」御覽人事部作：「吾殘則復西岸」。

〔一四〕高誘曰：東海中有山，名曰度朔。下有大桃，屈槃三千里。其卑枝間東北曰鬼門，萬鬼所由往來也。上有二神人，一曰荼與，一曰鬱雷，主治害鬼。故使世人刋此桃梗，畫荼與與鬱雷首，正歲以置門戶，辟號之門。荼與、鬱雷皆在東海中，故曰東國之桃梗也。　黄式三曰：土偶人比涇陽君，故曰西岸，桃梗比孟嘗君，故曰東國。　祖耿案：類聚八六、御覽三九六引，國並作園。續漢書禮儀志：中設桃梗鬱儡、葦茭。文選張衡東京賦：度索作梗，守以鬱壘，神荼副焉，對操索葦。是桃梗亦可通也。

〔一五〕削下原有子字。　祖耿案：御覽三九六引作「刻削爲人」。

〔一六〕原作：「則子漂漂者將何如耳。」鮑彪曰：如，往也。不知其所在。　吳師道曰：如，恐止是語助。黄丕烈曰：何如，鮑本作如何。丕烈案：風俗通引：「將何如矣。」　金正煒曰：按爾雅釋詁：如，往也。鮑注不誤。吳氏以如恐止是語助，非也。風俗通引此文作：「將何如矣。」矣猶耳也。趙策：則連有赴東海而死矣。史記魯仲連傳，矣作耳。　祖耿案：御覽三七引作：「則水漂何所之也。」三九六引作：「漂然將何所如矣。」

〔一七〕原無也字。　高誘曰：四面有山關之固，故曰四塞之國也。　程恩澤曰：案：徐廣曰：東函谷，南武關，西散關，北蕭關，故曰四塞，亦曰關中。正義：東有函谷、蒲津、龍門、合河等關，南有嶢山及武關、嶢關，西有大隴山及隴山關、大震、烏蘭等關，北有黄河、南塞是四塞。（杜篤論都賦：西被隴、蜀，南通漢中，北據谷口，東阻嶔巖，關函守嶢，山東道窮，置列汧隴，雍偃西戎，拒守褒斜，嶺南不通，杜口絶津，朔方無從。）祖耿案：文選東都賦李注引，後漢書班固傳注引，均有也字。
〔一八〕黄丕烈曰：若，鮑本作如。丕烈案：風俗通引作若。
〔一九〕祖耿案：類聚八六引，出作如。史記此數句作：『今秦，虎狼之國也，而君欲往，如有不得還，君得無爲土禺人所笑乎？』
〔二〇〕高誘曰：止，猶還也。吳師道曰：此時不行，其入秦蓋在後。馬驌曰：海大魚之喻，土偶、桃梗之喻，皆切於事理，宜聞者之聳聽也。祖耿案：黄式三周季編略赧王十六年，孟嘗君入秦，秦王以爲相。黄曰：孟嘗君入秦，意者，欲釋楚王而歸之。

四

孟嘗君在薛〔一〕，荆人攻之。淳于髡爲齊使於荆，還反，過薛〔二〕，孟嘗君令人禮貌而親郊迎之〔三〕，謂淳于髡曰：『荆人攻薛，夫子弗憂，文無以復侍矣〔四〕！』淳于髡曰：『敬聞命〔五〕。』至於齊，畢報〔六〕，王曰：『何見於荆？』對曰：『荆甚固，而薛亦不量其力〔七〕。』王曰：『何謂也？』對曰：『薛不量其力，而爲先王立清廟〔八〕，荆固而攻之，清廟必危。故曰：薛不量力而荆亦甚固〔九〕。』齊王和其顏色〔一〇〕，曰：『譆！先君之廟在焉！疾興兵救之〔一一〕！』顛蹶之請，望拜之謁，雖得則薄矣〔一二〕。善説者，陳其勢，言其方，人之急也，若自在隘窘之中，豈用强力哉〔一三〕！

〔一〕鮑彪曰：史言文代立在薛，時未相也。　吳師道曰：代立在薛，歸老亦在薛。此不可知爲何時。祖耿案：此文見呂覽報更篇，計二百十一字，較此一百七十九字爲長。首句云：「孟嘗君前在於薛。」　顧觀光附此於赧王二十一年，曰：策言薛爲先王立廟，故附此。

〔二〕祖耿案：「過」下，呂覽有於字。

〔三〕「孟」上原有而字，「嘗」下原無君字。禮，原作體。　姚注：一作孟嘗君。體，一作禮。劉作體。　鮑彪曰：體貌，有禮容也。　黄丕烈曰：「而孟嘗」，鮑本作孟嘗君。丕烈案：呂氏春秋作孟嘗君。親，鮑本無。丕烈案：呂氏春秋有。　金正煒曰：按漢書賈誼傳：「所以體貌大臣而厲其節。」注：體貌，謂加禮容而敬之。鮑注即從其義。惟於文謂孟嘗郊迎而體貌之則可，今云令人體貌，則鮑說似猶未安。體或本爲祀，祀誤爲禮，再誤爲體也。貌本作須，荀子禮論篇：「疏房檖須越席牀笫几筵，所以養體也。」注：須，廟也。須、廟字義得通用。令人祀廟而親郊迎，所以重髡也。故髡見王，遂以廟爲言。若無此文，則下所云薛爲先王立廟，發之無端矣。鮑本省「親」字，亦失本義。呂覽報更篇：「孟嘗君令人禮貌而親郊送之。」迎、送字形相似而歧，又或本作令人郊迎而親廟禮之。國語越語：「四方之士來者，必廟禮之。」注：禮之於廟，告先君也。

〔四〕高誘曰：文，孟嘗君名也。　鮑彪曰：無以復侍，言且死。　祖耿案：呂覽注：侍，侍見也。

〔五〕姚注：下一有矣字。　祖耿案：呂覽有。

〔六〕鮑彪曰：以使事悉報齊王。　祖耿案：呂覽注：反命畢也。

〔七〕鮑彪曰：固，言其不通。　祖耿案：呂覽注：固護以侵兼人。

〔八〕高誘曰：先王，威王。　鮑彪曰：詩注：祭有清德之宮。　吳師道曰：按本文：有清明之德者之宮。

〔九〕祖耿案：「量」下，呂覽有其字。

〔一〇〕高誘曰：齊宣王也，威王之子。　王念孫曰：吕氏春秋報更篇：「齊王和其顏色」，作「齊王知顏色」。高注曰：知猶發也。念孫案：作知者是也。高注訓知爲發，謂發動也。知其顏色者，急先君之廟而顏色爲之動也。故下文曰：「譆，先君之廟在焉，疾興兵救之。」　又曰：「善説者，陳其勢，言其方。人之急也，若自在隘窘之中。」蓋惟其急人之急，故顏色爲之動也。若云和其顏色，則與下意了不相涉矣。

〔一一〕鮑彪曰：集韻：嘻，痛也。　吴師道曰：徐云痛而呼之言也。和其顏色，聽其言也。痛而呼之，傷宗廟也。初不相礙。　黄式三曰：與馮煖事相合。按：孟嘗君自田甲亂後歸老，此時不得干齊王。　祖耿案：與，吕覽作舉。「救之」下，多「由是薛遂全」五字一句。

〔一二〕高誘曰：言雖顛蹶而走，請救於齊，望仰而訴告之，而得齊救，比淳于之辭，則爲薄也。　鮑彪曰：此著書者詞也。言善説者不勞而功。顛，倒；蹶，僵也。言其請救之遽。望拜，望而拜之，言謁之恭。雖得則薄，言他人請謁，雖有得不如髡之厚。　金正煒曰：按吕覽作：「坐拜之謁。」禮記曲禮：「坐而遷之。」疏：坐亦跪也。坐通名跪，跪名不通坐也。史記樂書：「武坐致右憲左，」正義：坐，跪也。顛蹶坐拜，並以駢字爲對文，作坐義勝。　朱起鳳曰：坐拜，見吕覽報更。古者謂跪爲坐。禮曲禮：「先生琴瑟書策在前，坐而遷之，戒勿越。」注：坐，跪也。是坐拜，即跪拜也。坐字作望，乃形相近而訛。　祖耿案：吕覽注：薄，輕少也。

〔一三〕高誘曰：言辯者之説人，急其如己，自在阨窘之中，欲速免脱也。故曰豈强力也哉。　鮑彪曰：方，大略也。人之急，言應之疾。隘，險也。　祖耿案：吕覽，「善」上有故字，「人」上有見字，「隘窘」作「危厄」。又「哉」下多「强力則鄙矣。説之不聽也，任不獨在所説，亦在説者」二十字，爲四句。似策在前，吕覽襲而衍之。

五

孟嘗君奉夏侯章以四馬百人之食〔一〕，遇之甚懽，夏侯章每言，未嘗不毀孟嘗君也〔二〕。或以告孟嘗君，孟嘗君曰：『文有以事夏侯公矣！勿言〔三〕！』董之繁菁以問夏侯公〔四〕，夏侯公曰：『孟嘗君重非諸侯也〔五〕，而奉我四馬百人之食，我無分寸之功而得此，然吾毀之，以爲之也〔六〕。君所以得爲長者者，以吾毀之也〔七〕。吾以身爲孟嘗君，豈待言也〔八〕？』

〔一〕鮑彪曰：夏侯章，齊人。四馬百人之食，言饗之厚。　吳師道曰：齊人無考，下同。　祖耿案：顧觀光附此於赧王十六年，曰：凡孟嘗君事並附此。

〔二〕高誘曰：毀，謗。　黃丕烈曰：孟嘗君三字，鮑本作之。

〔三〕高誘曰：言，道也。　鮑彪曰：言享之厚，彼不害我。

〔四〕姚注：菁，曾作青。　鮑彪曰：董之繁菁，齊人。　黃丕烈曰：繁，鮑本作繫。

〔五〕高誘曰：重，尊。

〔六〕高誘曰：欲以爲分寸之功也。

〔七〕下者字，原在之字下。　高誘曰：以吾毀之無憾言，故得爲長者。　鮑彪曰：長者，賢有容之稱。高祖曰：『爲其母不長者。』　吳師道曰：一本：『以吾毀之者也。』者字恐是『長者』字下脫衍在此。

〔八〕原作：「豈得持言也。」 姚注：劉作「豈特言也哉。」鮑彪曰：彪謂君子所以報知我者亦多術矣，豈必毀之而後爲爲之哉。此其説有似侯嬴而不及嬴，非正議也。 黄丕烈曰：鮑改持爲待。吴氏補曰：持者，待之譌。得者，待之譌衍。

六

孟嘗君讌坐〔一〕，謂三先生曰：「願聞先生有以補文之闕者〔二〕！」一人曰：「訾！天下之主〔三〕，有侵君者〔四〕，臣請以臣之血湔其衽〔五〕。」田瞀曰〔六〕：「車軼之所能至者〔七〕，請掩足下之短，誦足下之長，千乘之君，與萬乘之相，其欲有君也，如使而弗及也〔八〕。」勝瞀曰〔九〕：「臣願以足下之府庫財物，收天下之士，能爲君決疑應卒〔一〇〕，若魏文侯之有田子方、段干木也〔一一〕，此臣之所爲君取矣〔一二〕。」

〔一〕鮑彪曰：讌，合語也。 吴師道曰：讌即燕。 金正煒曰：按讌，本當作燕。素問陰陽類論黄帝燕坐，注：燕，安也。燕坐猶燕居。禮記仲尼燕居，釋文：退朝而處曰燕居。韋昭國語解：居，坐也。詩鹿鳴：「嘉賓式燕以敖」，列女傳作「式讌」。二字古亦通用。惟燕坐、燕居當以作燕爲得。 祖耿案：顧觀光附此於赧王十六年。

〔二〕原無文字。 姚注：劉無「有」字。「補」下一本有文字。 高誘曰：先生，長老，先己以生者也。願聞賢者之善言，常補己缺失也。 黄丕烈曰：之，鮑本作文，者下有也字。

〔三〕鮑彪曰：訾，不稱意也。言孟嘗有不得意於諸侯。金正煒曰：按訾字當斷爲句。呂覽權勳篇：子反叱曰：「訾，退酒也。」韓非十過篇，訾，作嘻。鮑注雖本毛傳，惟謂孟嘗不得意於諸侯，恐非。又荀子非十二子篇：「離蹤而跂訾者也。」注：訾，讀爲恣。此言任天下之主有侵君者，皆以血湔其社，不問孰誰也。趙策：「恣君之所使之」，義與之同。

〔四〕鮑彪曰：侵，凌之也。

〔五〕姚注：請，集、曾、劉作輕。高誘曰：湔，汙也。湔，灑。鮑彪曰：湔、濺同。集韻：水激也。

〔六〕姚注：瞀，恐作⿱般目。春秋傳：鄭游眅字子明，或作⿱般目。高誘曰：瞀，晉、鄭游眅。

〔七〕者字原在下句短字下。高誘曰：軼也。轍曰軼。鮑彪曰：軼，轍也。黄丕烈曰：鮑衍下句者字。吳氏補曰：疑當在至字下。金正煒曰：按者字或當爲若，形似而譌也。老子：「寵辱若驚」，顧觀光注：若，而也。朱起鳳曰：車迹曰轍。轍字古通作軼。齊策：「主者循軼之途。」高注：軼，塗轍之道也。

〔八〕姚注：有，或作又。鮑彪曰：有，言欲得之。如使而弗及，言若有使之，如恐弗及。金正煒曰：如使，疑本爲「恐後」。俗書恐作⿱卭心，因缺損爲如。使亦與後字形相近而譌也。漢書鄭當時傳：「聞人之善言，進之上，唯恐後。」

〔九〕黄丕烈曰：鮑改勝爲滕，瞀爲臀。吳氏補曰：姚云：恐作⿱般目，春秋傳：鄭游眅或作⿱般目。丕烈案：姚校在上田瞀下，乃據高注。吳誤以當此。瞀字亦有誤，但所改未是。金正煒曰：按史記：短長乃屬其客勝瞀，陽爲得罪於孟嘗君者而奔齊。疑即因此策而傅會者也。墨子魯問篇有勝綽，呂覽精諭篇有勝書，史記酷吏傳有勝屠公。鮑改無取。

〔一〇〕鮑彪曰：卒，與猝同。

〔二〕高誘曰：文敬交田子方而敬段干木也。鮑彪曰：二人，文侯師友。

〔三〕鮑彪曰：求以此爲孟嘗所取。吳師道曰：爲孟嘗取此人也。

七

孟嘗君舍人有與君之夫人相愛者〔一〕，或以聞孟嘗君〔二〕，曰：「爲君舍人，而内與夫人相愛，亦甚不義矣！君其殺之〔三〕。」孟嘗君曰〔四〕：「睹貌而相悦者，人之情也，其錯之，勿言也〔五〕！」居期年，君召愛夫人者而謂之曰：「子與文游久矣，大官未可得，小官公又弗欲，衛君與文布衣交〔六〕，請具車馬皮幣〔七〕，願君以此從衛君遊。」是人遊於衛〔八〕，甚重。齊、衛之交惡〔九〕，衛君甚欲約天下之兵以攻齊。是人謂衛君曰：「孟嘗君不知臣不肖，以臣欺君〔一〇〕。且臣聞齊、衛先君，刑馬壓羊〔一一〕，盟曰：『齊、衛後世，無相攻伐，有相攻伐者，令其命如此〔一二〕！』今君約天下之兵以攻齊〔一三〕，是足下倍先君盟約，而欺孟嘗君也！願君勿以齊爲心〔一四〕！君聽臣則可！不聽臣者，臣不肖也〔一五〕，臣輒以頸血湔足下衿〔一六〕！」衛君乃止。齊人聞之，曰：「孟嘗君可謂善爲事矣！轉禍爲功〔一七〕！」

〔一〕高誘曰：愛，猶通也。鮑彪曰：夫人，姬媵之過稱，非其配也。與下十妃同。金正煒曰：按漢書曹參傳注：舍人，私屬官主家事者也。左氏僖十一年傳：「內嬖如夫人者六人」，則姬媵不得過稱明矣。鮑説無據。論語憲問篇，皇疏：愛，慕也。故孟嘗以睹貌相悦爲人情。高注亦誤。　祖耿案：顧觀光附此於赧王十六年。

〔二〕聞，原作問。　姚注：曾作聞。　高誘曰：問，告。　祖耿案：御覽四七五引，問作聞。

〔三〕高誘曰：傳曰：淫爲大罰，故曰殺之。　黄丕烈曰：「愛」下，鮑本有者字。

〔四〕原作「君曰」。　祖耿案：御覽四五七引作：「孟嘗君曰：睹貌。」

〔五〕高誘曰：錯，置。　鮑彪曰：錯、措同也。

〔六〕鮑彪曰：衛君，嗣君。布衣交，言交於未貴時。　祖耿案：御覽四七五引，交上有之字。

〔七〕高誘曰：皮，鹿皮。幣，束帛也。　鮑彪曰：皮，羔狐之屬。宗伯：孤執皮帛。　吴師道曰：羔乃生贄，狐皮無據。禮注：皮帛者，束帛而表以虎豹皮爲飾。宗伯之制，恐難引以言此。高注：皮，鹿皮；幣，束帛。

〔八〕原無「是人遊」三字。　黄丕烈曰：鮑，「遊」上補「遊舍人」三字。　祖耿案：舍，當作是。

〔九〕高誘曰：惡，不睦也。

〔一〇〕鮑彪曰：欺者，己不肖，而孟嘗言其賢也。

〔一一〕高誘曰：殺馬、羊，喢出其血，以相盟誓也。壓，亦殺也。　鮑彪曰：殺馬歃其血，又壓羊殺之以盟，使渝者如此。　吴師道曰：高注：壓，亦殺也。　金正煒曰：按：壓即剄之借字。廣雅釋詁：剄、刑、刻，剄也。剄與刑同義，故高注云：壓，亦殺也。墨子天志篇：搵羊而灑其血。搵亦剄之别體。

〔一二〕高誘曰：如此馬與羊也。

〔一三〕高誘曰：約，結。　祖耿案：御覽四七五引，君作若。

〔一四〕高誘曰：無以伐齊爲心。鮑彪曰：言或以此人爲不肖。吳師道曰：若，疑者字訛。

〔一五〕者，原作若。

〔一六〕鮑彪曰：衿，交衽也。

〔一七〕謂，原作語。姚注：集、劉作謂。高誘曰：不殺其舍人，是轉禍；使齊不伐，是爲功。鮑彪曰：可語，言可與語。又曰：彪謂周衰禮義消亡，以若孟嘗者爲能愛士。愛則愛矣，然非禮之愛也。以若舍人者爲能强爭，强則强矣，然亦非義之强也。吳師道曰：姚云：「語，劉作謂。」宜至「矣」字句。事亦可醜，而論著者以爲美談耶！袁盎從史事類此。馬驌曰：事既可笑，策艷稱之，更可笑。

八

孟嘗君有舍人而弗悦〔一〕，欲逐之。魯連謂孟嘗君曰〔二〕：「猿猴錯木據水，則不若魚鼈〔三〕；歷險乘危，則騏驥不如狐狸〔四〕；曹沫奮三尺之劍，一軍不能當〔五〕，使曹沫釋其三尺之劍，而操銚鎒，與農夫居壠畝之中，則不若農夫〔六〕。故物舍其所長，之其所短，堯亦有所不及矣〔七〕！今使人而不能，則謂之不肖；教人而不能，則謂之拙。拙則罷之，不肖則棄之。使人有棄逐，不相與處〔八〕，而來害相報者〔九〕，豈非世之立教首也哉〔一〇〕？」孟嘗君曰：「善。」乃弗逐〔一一〕。

〔一〕高誘曰：悦，敬。祖耿案：顧觀光附此於赧王十六年。

〔二〕鮑彪曰：魯連，齊人仲連。　錢穆曰：按齊策：「孟嘗君有舍人勿說，欲逐之，魯連說孟嘗君勿逐。」又魯連面論孟嘗君未爲好士。余考孟嘗爲魏求救於燕、趙，當魏昭王十三年，即齊襄王元年。時孟嘗已老，殆不久而卒。而魯連游趙論帝秦利害，尚在此後二十五年。若魯連游趙年已五十，則上溯孟嘗爲魏乞救燕、趙時，年二十五也。其時孟嘗已老，仲連尚未及壯。至若孟嘗豪舉好士，當在其入秦相昭王前後，猶在此前十六年。觀齊策兩節，固不類當孟嘗晚年語。疑亦如魯連說田巴之比，未必可信。以魯連年世考之，游趙說勿帝秦，至遲不出五十歲，說燕將聊城在六十左右，其卒稍晚，或亦壽及七十上耳。（太平御覽百八十四又八十，及藝文類聚卷六十三，并引魯連子：「魯連先生見孟嘗君於杏堂之門。」魯連齊人，僞爲其書者必謂見孟嘗君。魯連、孟嘗時固可及，語則非信。）（考辨四三九頁）

〔三〕猿下原有獮字。　高誘曰：錯，置也。據，處也。猿彌猴置木而處於水，則不如魚鼈之便也。　鮑彪曰：錯木，言自置木上。據，猶處。下衍處字。　吳師道曰：錯木據水一句。錯，舍置也。　黃丕烈曰：鼈下，鮑本有處字。吳氏補曰：或上據字譌而脫在此。丕烈案：此高注字之誤入正文者。　金正煒曰：按高注：猿，獮猴。策文「獮」字，蓋涉注而衍。又，猿猴與騏驥爲對文，高注猿獮猴三字，在據處也之下，文亦誤淆於上。

〔四〕高誘曰：各有所宜。

〔五〕沫下原有之字。　高誘曰：曹沫，魯莊公士也。傳曰曹劌也。　鮑彪曰：魯記，莊公與齊桓公會柯，沫執匕首劫桓公，歸魯侵地。

〔六〕鮑彪曰：壠，田埒。　吳師道曰：銚，七遥反，與鍬同。鎒，呼高反。說文：拔去田草也。即薅。

〔七〕高誘曰：舍，收也。之，猶用也。收所長者，用所短者，故堯有所不能及爲也。　鮑彪曰：之，猶於。

金正煒曰：按孟子告子篇：「則六師移之。」注：之，就之也。漢書律歷志：「能者，養以之福；不能者，敗以取禍。」注：之，往也。往就福也（食貨志：「願民陷而之刑戮」，義同）。此文之訓爲就，正與舍相對爲文。

〔八〕鮑彪曰：言黨友以此士見棄逐，不屑與處。

〔九〕鮑彪曰：棄逐者必之他國，自彼來而害我，報其棄逐之怨。

〔一〇〕鮑彪曰：言後人視此爲戒。金正煒曰：此句義不可解，鮑注强爲之辭，疑「非」字當爲「用」，「之」譌，「之」字當在「教」字下，「首」則「道」字之脱誤。言：豈用世立教之道哉。

〔一一〕鮑彪曰：彪謂仲連，立言士也，言必有中。

九

孟嘗君出行五國〔一〕，至楚，楚獻象牀〔二〕，郢之登徒直送之，不欲行〔三〕，見孟嘗君門人公孫戍〔四〕，曰：「臣，郢之登徒也，直送象牀。象牀之直千金，傷此若髮漂〔五〕，賣妻息不足以償〔六〕；足下能使僕無行〔七〕，先人有寶劍，願獻之〔八〕。」公孫戍曰：「諾〔九〕。」入見孟嘗君，曰：「君豈受楚象牀哉〔一〇〕？」孟嘗君曰：「然。」公孫戍曰：「臣願君勿受。」孟嘗君曰：「何哉？」公孫戍曰：「五國所以皆致相印於君者〔一一〕，聞君於齊，能振達貧窮，有存亡繼絶之義。五國英桀之主〔一二〕，皆以國事累君〔一三〕，誠説君之義，慕君之廉也〔一四〕，今君至楚而受象牀〔一五〕，所未至之國，將何以待君〔一六〕？臣戍願君勿受！』孟嘗君曰：『諾。』公孫戍趨而去，未出，至中閨〔一七〕，君召而返之，曰：『子教文無受象牀甚善〔一八〕，今何舉足之高，志氣之揚也〔一九〕？』公孫戍曰：『臣有大喜三，重之以寶劍一〔二〇〕。』孟嘗君曰：『何謂也？』公孫戍曰：『門下百數，莫敢入諫，臣獨入諫，臣一喜；諫而得聽，臣二喜；諫而止君之過，臣三喜；輸象牀〔二一〕，郢之登徒不欲行，許戍以先人之寶劍。』孟嘗君曰：『善！受之乎？』公孫戍曰：『未敢！』曰：『急受之！』因書門版曰：『有能揚文之名，止文之過，私得寶於外者，疾入諫〔二二〕！』

〔一〕原無「五」字。鮑彪曰：按行之行。兼相他國故。吳師道曰：行，當去聲。王引之曰：「五」字，據初學記器用部所引補。金正煒曰：「行」下應補「五」字。祖耿案：顧觀光附此於赧王十六年。

〔二〕原不疊楚字。鮑彪曰：象牀，象齒爲牀。祖耿案：文選登徒子好色賦李注引、御覽四六七引，並作：「至楚，楚獻象牀。」書鈔百三三引作：「象牙牀」。黄氏周季編略從之。

〔三〕「直」下原有使字。高誘曰：直，當曰直使也。登徒直使，不欲行送象牀。鮑彪曰：登徒，楚官也。好色賦：「登徒子」，注以爲姓，非。直，猶當。吳師道曰：屈平爲左徒，考烈王以左徒爲令尹。鮑見此，故以登徒爲官名。未見所據。然彼云大夫登徒子，則非官名。王引之曰：「直」下衍使字。今據太平御覽人事、服用二部所引删。祖耿案：御覽四六七引作：「登徒直送之，不欲往。」

〔四〕黄丕烈曰：戍，鮑本作戌。丕烈案：吴氏音恤者非。　祖耿案：御覽四六七引作公孫戍。七〇六引作公孫戍。

〔五〕姚注：別本，「髮標」。通鑑：「毫髮」。　鮑彪曰：漂、飄同，言其細若絲髮。　吴師道曰：姚云別本作標。　王引之曰：鮑讀漂爲飄。「傷此若髮飄」甚爲不詞。今案：漂讀爲秒。髮秒，皆言其微細也。　祖耿案：御覽四六七引、七〇六引，並作髮標。

〔六〕原無以字。息作子。償下有之字。　祖耿案：御覽四六七引作「賣妻息不足以償」。七〇六引同。惟賣作賈。

〔七〕高誘曰：足下，謂公孫戍。

〔八〕「願」下原有得字。　祖耿案：御覽四六七引，無。

〔九〕原無戍字。　高誘曰：獻，獻公孫戍也，故曰諾。　黄丕烈曰：鮑，孫下補戍字。　祖耿案：御覽四六七引作「戍曰諾。」七〇六引作「成曰諾。」當補。

〔一〇〕王引之曰：豈，猶其也。　金正煒曰：按，豈字古與幾通用。史記黥布傳：「人相我當刑而王，幾是乎？」徐廣曰：幾，一作豈。可證。易小畜：「月幾望。」虞注：幾，其也。燕策：「將軍豈有意乎？」文選七發：「太子豈有是乎？」義並如「其」，與此正同。

〔一一〕「五」原作小。　吴氏補曰：小國，疑當作大國。後語作五國。蓋首句作「出行五國」也。　王引之曰：小，五之誤。太平御覽人事部引此正作五國。吴引春秋後語亦作五國。　金正煒曰：小國，當從後語作五國。　祖耿案：御覽四六七引作「五國所以皆致相印於君。」

〔一二〕五，原作小。主，原作士。高誘曰：才勝萬人曰英，千人曰桀。　鮑彪曰：才出萬人曰英，千人曰傑。

金正煒曰：小當作五，士當作主，形近而譌。

〔一三〕高誘曰：累，屬。鮑彪曰：累，猶諉。諉之以事，所以累之。

〔一四〕黄丕烈曰：誠，鮑本無。

〔一五〕至，原作到。祖耿案：御覽四六七引，到作至。

〔一六〕高誘曰：待，猶共也。

〔一七〕高誘曰：閨，閤也。鮑彪曰：特立之户，上圜下方。

〔一八〕高誘曰：善，快。

〔一九〕原無氣字。祖耿案：御覽四六七引作：『今子舉足高，志氣揚，何也？』

〔二〇〕原無『以』字。鮑彪曰：重，言三喜外復有此。祖耿案：御覽四六七引有以字。

〔二一〕鮑彪曰：輸，亦送也。

〔二二〕鮑彪曰：彪謂孟嘗君於是能立德矣。吾知欲止吾過而已，彼得寶，於我庸何傷？且諫者士之所難，因得寶而摧折之，後孰敢以過聞乎吾哉？

十

淳于髡一日而見七士於宣王〔一〕，王曰：『子來也〔二〕！寡人聞之，千里而一士，是比肩而立；百世而一聖，若隨踵而至也〔三〕。今子一朝而見七士，則士不亦衆乎？』淳于髡曰：『不然！夫鳥同翼者聚飛，獸同足者俱行〔四〕。今求柴葫桔梗於沮澤，則累世不得一〔五〕，及之睪黍、梁父之陰，則郄車而載耳〔六〕。夫物各有疇〔七〕，今髡，賢者之疇也。王求士於髡，譬若挹水於河，而取火於燧也〔八〕。髡將復見之，豈特七士也〔九〕？』

〔一〕士，原作人。姚注：人，一作士。鮑彪曰：淳于髡，齊人，見滑稽傳。程恩澤曰：案元和姓纂引風俗通曰：淳于，春秋時小國也。一號州淳于公（元和初改于氏）。姓氏急就篇：淳于氏，春秋淳于公之後，國在北海淳于縣，今在山東安邱縣東北。祖耿案：御覽九九三引：「人」作「士」。顧觀光附此於赧王元年。

〔二〕原無也字。祖耿案：御覽六三二引，有也字。

〔三〕姚注：曾「至」一作生，劉作主。高誘曰：言雖中也。鮑彪曰：比，謂肩相次也。言士難得。千里有一，猶爲並肩也。祖耿案：御覽九九三引作：「千里一士，是比肩而相望，百世一聖，若隨踵而生也。」六三二引同。惟「生」作至。七二一引，亦作「隨踵而生。」

〔四〕飛，原作居。兩者字下并有而字。高誘曰：俱，侶。吳師道曰：後語：「鳥同翼者聚飛，獸同足者俱亡。」祖耿案：御覽九九三引作：「夫鳥同翼者聚飛，獸同足者俱行。」九一四引後語同。後有「各有儔也」四字。

〔五〕「一」下，原有焉字。高誘曰：桔梗，山生之草也（曾作：生山之上也。集作山之中）。於沮澤求之，雖累世不能得其一也。鮑彪曰：二草山生，而沮，水也，故求不可得。孟子注：菹澤，生草者，水名，出漢中。吳師道曰：沮澤，但言漸濕之地，如漢書所謂生於沮澤之中者，不必因下文求地名以實之。

金正煒曰：按顔師古急就章注：茈胡，一名地薰，一名山菜。桔梗，一名利如，一名梗草。二者皆山草，不生沮澤。　祖耿案：御覽九九三引作：「累世不能得一。」

〔六〕高誘曰：睪黍、梁父，皆山名也。山北曰陰，桔梗生焉，言饒多也。故曰：郄車載也。　鮑彪曰：睪黍地缺，疑爲負黍。蓋此與梁父皆東地也。梁父在泰山。山北曰陰。郄、却同，言多獲，車重不前。　吳師道曰：高注睪黍、梁父皆山名。愚按：皐字或作睪。　張琦曰：梁父山在泰山東六十里。　程恩澤曰：案：負黍在陽城，今河南登封縣，距梁父絶遠。且其字各異，未可援以爲説。　又曰：封禪書八神，二曰地主，祠泰山梁父。地理志，太山郡有梁父縣。郡國志作梁甫（左傳菟裘在縣南）。水經注：梁父故城（在今泗水縣北四十里。洪亮吉謂在泰安縣南六十里，疑誤。山在梁父故城，北去泰安縣百餘里，則梁父故城不得在泰安縣南六十里），北有梁父山。王者封泰山，禪梁甫，故縣取名焉。括地志：梁父山在兖州泗水縣北八十里（洪亮吉謂：在今泰安縣南一百十里，錢坫作百里，俱誤。張氏琦曰：梁父山在太山東六十里）。西接徂徠，南入泗水縣界。其東即云云。山皆泰山支阜也。　顧觀光曰：漢志：泰山郡梁父。師古曰以山名縣。（山在今泰安府城東南百里。）　金正煒曰：郄，當爲郤。方言：郤，倦也。廣雅釋詁：郤，極也。又云：郤，勞也。謂以車載而皆罷極，盛言其饒多也。鮑説於義未安。趙策：「而恐太后玉體之有所郄也。」　王念孫曰：郄，當作郤，誤與此同。　祖耿案：御覽六三三引作：「若求之梁甫之陰，則郤車而載耳。」

〔七〕高誘曰：疇，類。　鮑彪曰：疇，耕治之田，禾所聚也。故爲類。　吳師道曰：疇，類也。

〔八〕鮑彪曰：挹，酌也。火燧，鑒也。

〔九〕高誘曰：言將復見士於王也。

十一

齊欲伐魏，淳于髡謂齊王曰〔一〕：『韓子盧者，天下之壯犬也〔二〕；東郭逡者，海內之狡兔也〔三〕。韓子盧逐東郭逡，環山者三〔四〕，騰岡者五〔五〕，兔極於前，犬疲於後〔六〕，犬兔俱罷，各死其處，田父見而獲之〔七〕。無勞勸之苦而擅其功〔八〕。今齊、魏久相持，以頓其兵，弊其衆〔九〕，臣恐强秦大楚承其後，有田父之功！』齊王懼，休將士〔一〇〕。

〔一〕黄丕烈曰：謂，鮑本作爲，改爲謂。吳氏補曰：此書爲、謂字通用。　祖耿案：顧觀光附此於赧王元年。曰：因淳于髡事附此。

〔二〕壯，原作疾。　祖耿案：初學記二九、類聚九四、御覽九〇四、史記范睢蔡澤列傳索隱、後漢書馮衍傳注、文選求自試表注引，疾並作壯。御覽九〇七引後語，亦作壯。作疾者，形近之譌也。子，文選西京賦李注引，作國。

〔三〕鮑彪曰：逡，㕙同，狡兔名。集韻：狡，獪也，疾也。　祖耿案：初學記二九作東郭㕙。文選西京賦李注引作東郭㕙。求自試表李注作東郭俊。御覽九〇七引後語同。案：廣韻，㕙，子峻切，古東郭之狡兔名。又音逡，作逡、作俊者，同聲通用耳。

〔四〕高誘曰：環，旋。

〔五〕岡，原作山。　祖耿案：文選西京賦李注引作岡。

同。

〔六〕疲，原作廢。祖耿案：初學記二九、類聚九四、御覽九〇四引，廢並作疲。御覽九〇七引後語同。

〔七〕原無「而獲」二字。祖耿案：御覽九〇七引後語有「而獲」二字。初學記二九引作：「田父見之」。類聚九四引作：「田父獲之」。

〔八〕高誘曰：苦，勤。鮑彪曰：擅者，無與爭也。

〔九〕鮑彪曰：頓，亦勞敝。

〔一〇〕原作「謝將休士也。」鮑彪曰：謝，辭去之，言不用也。吳師道曰：此與蘇代鷸蚌、陳軫虎爭人之説異而同者也。祖耿案：類聚九四引作：「齊王懼，休將士。」御覽九〇七引後語作：「威王懼而罷兵。」又，「功」下有也字。疑此也字誤淆於下也。

十二

國子曰：「秦破馬服君之師，圍邯鄲〔一〕。齊魏亦佐秦伐邯鄲，齊取淄鼠，魏取伊是〔二〕。公子無忌爲天下循便計，殺晉鄙，率魏兵以救邯鄲之圍，使秦弗有而失天下〔三〕。是齊入於魏而救邯鄲之功也〔四〕。安邑者，魏之柱國也；晉陽者，趙之柱國也；鄢郢者，楚之柱國也〔五〕；三故國與秦壤界〔六〕，秦伐魏取安邑，伐趙取晉陽，伐楚取鄢郢矣。偪三國之君〔七〕，兼二周之地，舉韓氏，取其地，且天下之半〔八〕。

今又刦趙魏，疏中國〔九〕，封衛之東野〔一〇〕，兼魏之河南〔一一〕，絶趙之東陽，則趙魏亦危矣〔一二〕。趙魏危，則非齊之利也。韓魏趙楚之志，恐秦兼天下而臣其君，故專兵一志以逆秦〔一三〕。三國之與秦壤界而患急〔一四〕，齊不與秦壤界而患緩，是以天下之勢不得不事齊也。故秦得齊，則權重於中國，趙魏楚得齊，則足以敵秦。故秦趙魏楚〔一五〕，得齊者重，失齊者輕。齊有此勢，不能以重於天下者，何也？其用者過也〔一六〕。』

〔一〕高誘曰：國子，齊大夫也。馬服君，趙括也。秦將白起阬括四十萬衆於長平，而進圍邯鄲。括父奢，將有功，賜號馬服，因以爲氏。故曰馬服君之師也。鮑彪曰：國子，齊大夫。黄式三曰：馬，古讀武。故左傳稱司馬亦爲司武。詩曰：「共武之服」，故名。祖耿案：此篇姚本與齊欲伐魏連篇，鮑本另列一篇。顧觀光隸此於始皇十七年。

〔二〕高誘曰：淄鼠、伊是，皆趙邑也。鮑彪曰：皆趙地缺。黄丕烈曰：是，鮑本作氏。丕烈案：是、氏同字，伊是即伊氏，不知者乃改之。程恩澤曰：案，淄鼠，今無考。地理志，梁國有已氏縣。郡國志，屬濟陰郡（晉志，屬濟陽郡），注引皇覽曰：有平和（水經注作利）鄉，鄉有伊尹冢。崔駰曰：殷帝沃丁之時，伊尹卒，葬於薄，即此。豈即此所云伊是（是、氏古通。地理志：至元孫氏爲莊公。師古曰：是與氏同，古通用字。又見後漢書李雲傳注）歟。外惟上黨郡有猗氏縣，晉改爲寄氏，或以音近而訛。顧觀光曰：史記武靈王四年，與韓會於區鼠。正義曰：蓋在河北。按齊策，言秦伐邯鄲，齊取淄鼠，未知即區鼠否？又曰：齊策，國子曰：「秦圍邯鄲，魏取伊氏。」吳注：魏實救趙者，不應先佐之伐。未詳。金正煒曰：按，淄鼠，疑即區鼠。六國表：「韓趙會於區鼠」。區、淄音近而歧，是、氏古通用。禮記曲禮：「是職方」，鄭注：是，或爲氏。儀禮覲禮：「大史是右」注：古文是爲氏也。伊氏疑即猗氏，屬河東郡。伊、猗同音而通借也。又，皮氏故耿國，晉獻公滅之以賜大夫趙夙。皮、伊篆文略似，音亦相近。二者皆趙地，未知孰是。

〔三〕高誘曰：秦圍邯鄲，魏使晉鄙帥師救趙，畏秦不敢進軍，軍次蕩陰。趙國急，平原君勝使責信陵君公子無忌。無忌乃竊魏王所與晉鄙符信，以攝取其軍。晉鄙疑之，不肯授。乃使朱亥椎殺晉鄙，取軍救趙。故爲天下備循計（曾無此七字，劉，循作脩），解邯鄲圍。故曰「使秦不有而失天下」也。鮑彪曰：循，行順也。晉鄙，魏將。魏安釐二十年，使鄙將以救趙，畏秦不敢進。趙急，平原君使責無忌。無忌盜晉鄙兵符，代之，將進兵，秦軍解去。吳師道曰：循便計，行便宜之計，言竊符奪兵事。齊魏佐秦伐，因取二地。今云公子無忌云云，魏實救趙者，不應先佐之伐。恐當時無忌雖急於平原之請，而魏王實畏秦如虎。晉鄙壁鄴，未必真欲救趙，或先取其地也。又曰：按史年表、魏世家、公子無忌傳：公子矯殺晉鄙，破秦兵，皆在安釐王二十年。通鑑以矯殺晉鄙在前一年。大事記以晉鄙留軍壁鄴在前一年，謂以傳修。今按，傳亦止作一年事也。當考。

〔四〕鮑彪曰：齊與魏親，初雖佐秦，今魏救趙，亦同救也。

〔五〕高誘曰：柱國，都也。鮑彪曰：言其於國如室有柱。金正煒曰：按鶡冠子王鈇篇：「鄉十五日報縣，縣三十日報郡，郡四十五日報柱國」。又，墨子號令篇：「有能入深至主國者」，主國亦即柱國之省。並爲高注之證。

〔六〕原作：「故三國欲與秦壤界」。高誘曰：界，猶比也。鮑彪曰：壤，土；界，境也。言其地相接。

黄丕烈曰：今本無欲字，乃誤涉鮑也。鮑衍欲字。吳氏補曰：「疑欲字即故字，而上衍故字。故者舊也。」是也。

〔七〕偪，原作福。姚注：曾一作覆，劉一作逼。黄丕烈曰：鮑改福爲覆，君爲軍。吳氏補曰：「愚按，福乃偪之譌。偪義長」。是也。金正煒曰：按福字古音讀如偪，故亦與偪通用。漢書賈誼傳：「疏者或制大權以福天子」。師古曰：福，古偪字。

〔八〕鮑彪曰：且，猶幾。

〔九〕鮑彪曰：疏，言離其友。

〔一〇〕姚注：封，用。別本改作刲，下同。高誘曰：封，取。鮑彪曰：封，割也。東野，猶東地。吳師道曰：封，疆之也。王念孫曰：高注訓封爲取，則封爲割之譌也。上文「王可以多割地」，「可以益割於楚」，高注並曰：割，取也。是其證。鮑、吳注皆失之。黄丕烈曰：今本封誤刲。

〔一一〕黄丕烈曰：南，鮑本作内。程恩澤曰：案，河南，即河外也。然上云封衛之東野，下云絶趙之東陽，則其地似不在陝、虢等處。鮑本改作河内，殆亦有見於此而疑之歟。

〔一二〕姚注：一本「亦」下有已字。

〔一三〕高誘曰：逆，距。鮑彪曰：逆，謂拒之。

〔一四〕高誘曰：三國：趙、魏、楚。界，比也。患，憂也。

〔一五〕原無楚字。黄丕烈曰：鮑，秦下補楚字。吳氏補曰：疊舉上文，宜有楚。丕烈案：上文楚字在魏下。

〔一六〕吳師道曰：三策（祖耿案：三策：謂秦攻趙長平章、或謂齊王曰周韓章、以及此章也。吳依鮑本爲說)大概略同。謂三晉諸國爲齊之屏蔽，相依爲脣齒。秦攻諸國而齊不救，諸國滅亡，勢必及齊。第三章謂三國與秦界而患急，齊不與秦壤而患緩。秦得齊則權重，趙、魏、楚得齊，則足以敵秦，說尤明切。初策，攻長平時；次策，周、韓未亡時；三策，則韓既亡後也。始皇十八年滅韓。自秦人行遠交近攻之術，善齊而不加兵，君王后謹事秦，王建不修戰備，不助五國，其墮秦計中久矣。長平之戰，當王建五年。滅韓，當三十五年。三十餘年間，士之爲齊謀者，其智非不及此，而卒不用，宜其及於亡也！

戰國策集注彙考

（增補本）

中

鳳凰出版社

卷十一　齊四

一

齊人有馮諼者〔一〕，貧乏不能自存，使人屬孟嘗君〔二〕，願寄食門下。孟嘗君曰：『客何好？』曰：『客無好也。』曰：『客何能？』曰：『客無能也。』孟嘗君笑而受之，曰：『諾。』左右以君賤之也，食以草具〔三〕。居有頃，倚柱，彈其劍〔四〕，歌曰：『長鋏！歸來乎！食無魚〔五〕！』左右以告，孟嘗君曰：『食之，比門下之魚客〔六〕。』居有頃，復彈其鋏，歌曰：『長鋏！歸來乎！出無車〔七〕！』左右皆笑之，以告，孟嘗君曰：『爲之駕，比門下之車客〔八〕。』於是乘其車，揭其劍，過其友，曰：『孟嘗君客我〔九〕！』後有頃，復彈其劍鋏，歌曰：『長鋏！歸來乎！無以爲家〔一〇〕！』左右皆惡之，以爲貪而不知足。孟嘗君問：『馮公有親乎？』對曰：『有老母。』孟嘗君使人給其食用，無使乏。於是馮諼不復歌。後孟嘗君出記〔一一〕，問門下諸客：『誰習計會，能爲文收責於薛者乎〔一二〕？』馮諼署曰能〔一三〕。孟嘗君怪之，曰：『此誰也？』左右曰：『乃歌夫「長鋏歸來」者也。』孟嘗君笑曰：『客果有能也，吾負之，未嘗見也〔一四〕。』請而見之，謝曰：『文倦於事〔一五〕，憒於憂〔一六〕，而性懧愚〔一七〕，沉於國家之事，開罪於先生〔一八〕，先生不羞，乃有意欲爲收責於薛乎？」馮諼曰：「願之。」於是約車治裝，載券契而行〔一九〕。辭曰：「責畢收，以何市而反？」孟嘗君曰：「視吾家所寡有者。」驅而之薛，使吏召諸民當償者，悉來合券〔二〇〕，券徧合，起〔二一〕，矯命以責賜諸民〔二二〕，因燒其券，民稱萬歲〔二三〕。長驅到齊〔二四〕，晨而求見。孟嘗君怪其疾也，正衣冠而見之〔二五〕，曰：「責畢收乎？來何疾也？」曰：「收畢矣。」「以何市而反〔二六〕？」馮諼曰：「君云『視吾家所寡有者』，臣竊計君，宮中積珍寶，狗馬實外廄，美人充下陳〔二七〕，君家所寡有者，以義耳〔二八〕！竊以爲君市義。」孟嘗君曰：「市義奈何？」曰：「今君有區區之薛，不拊愛子其民〔二九〕，因而賈利之！臣竊矯君命，以責賜諸民，因燒其券，民稱萬歲，乃臣所以爲君市義也。」孟嘗君不説〔三〇〕，曰：「諾！先生休矣〔三一〕！」後朞年，齊王謂孟嘗君曰〔三二〕：「寡人不敢以先王之臣爲臣〔三三〕！」孟嘗君就國於薛，未至百里，民扶老携幼迎君道中〔三四〕。孟嘗君顧謂馮諼〔三五〕：「先生所爲文市義者，乃今日見之！」馮諼曰：「狡兔有三窟，僅得免其死耳〔三六〕！今君有一窟〔三七〕，未得高枕而卧也！請爲君復鑿二窟！」孟嘗君予車五十乘，金五百斤，西遊於梁。謂惠王曰〔三八〕：「齊放其大臣孟嘗君於諸侯，諸侯先迎之者，富而兵强〔三九〕。」於是梁王虚上位，以故相爲上將軍〔四〇〕，遣使者黄金千斤車百乘往聘孟嘗君。馮諼先驅，誡孟嘗君曰：『千斤，重幣也；百乘，顯使也；齊其聞之矣！』梁使三反，孟嘗君固辭不往也。齊王聞之，君臣恐懼，遣太傅賫黄金千斤，文車二駟，服劍一，封書，謝孟嘗君〔四一〕，曰：『寡人不祥，被於宗廟之祟〔四二〕，沉於諂諛之臣，開罪於君。寡人不足爲也，願君顧先王之宗廟，姑反國統萬人乎〔四三〕？』馮諼誡孟嘗君曰：『願請先王之祭器，立宗廟於薛〔四四〕。』廟成，還報孟嘗君曰：『三窟已就，君姑高枕爲樂矣〔四五〕！』孟嘗君爲相數十年〔四六〕，無纖介之禍者〔四七〕，馮諼之計也〔四八〕。

〔一〕黄丕烈曰：諼，鮑本作煖。吴氏補曰：即諼。故諼，或作喧。丕烈案：史記作驩。集解云，復作煖。鮑本當出此注也。朱起鳳曰：驩字古亦讀喧，如喧囂亦作驩囂是也。諼字作讙，亦因其同音耳。祖耿案：御覽四二二引作諼，五七一引作煖，又案：此章見史記孟嘗君列傳，文不全同。顧觀光隸此於赧王二十一年。

〔二〕鮑彪曰：屬，囑同。

〔三〕鮑彪曰：草，不精也。具，饌具。吴師道曰：草，菜也。陳平傳：惡草具。注：去肴肉云云。金正煒曰：案史記范雎傳：『使舍食草具』。索隱云：草具，謂麄食草萊之饌具也（麄食正釋草具字義，下句蓋申明之〕。漢書陳平傳：更以惡草具進楚使。音義：草，粗也。賈誼傳：遁草具其儀法。注：草，粗也。後漢書茅容傳：自以草蔬與客同飯。注：草，麤也。鮑注不誤，吳正無取。　祖耿案：列士傳云：孟嘗君食客三千人，上客食肉，中客食魚，下客食菜。馮諼經年無袴，面有饑色。

〔四〕姚注：一本無其字。　黃丕烈曰：吳氏補曰：以下文例之，疑當有「鋏」字。丕烈案：此文三句各不同。吳說未是。　祖耿案：御覽五七一引作「彈其劍鋏」，書鈔一〇六引作「倚柱彈其鋏而歌曰」。

〔五〕鮑彪曰：鋏，劍把也。欲與俱去。吳師道曰：莊子音義，鋏，從棱向刃。阮元曰：馮諼所彈之長鋏，即夾也，臘也。錢唐陳均得古劍柄，其莖上之臘作四出長鬣形，如今梔子花蒂。莊子書所謂劍夾，即臘也，以其夾劍身也。說見揅經室一集。古劍鐔臘圖考。　祖耿案：書鈔一〇六引作「大丈夫歸去來兮，食無魚。」

〔六〕原無魚字。姚注：一本「客」上有魚字。　吳師道曰：列士傳：孟嘗君厨有三列：上客食肉，中客食魚，下客食菜。一本：比門下之魚客。

〔七〕祖耿案：書鈔一〇六引作「大丈夫歸去來兮，乘無車。」夫與魚、車、家韻。淵明歸去來，殆本此。

〔八〕鮑彪曰：乘車之客。

〔九〕鮑彪曰：集韻，揭，舉也，擔也。客我，待我以客。

〔一〇〕吳師道曰：吳氏韻補，家叶工乎反。　黃式三曰：家讀同姑，與車、魚韻。

〔一一〕鮑彪曰：記，疏也。

〔一二〕鮑彪曰：計會，會，總合也。責、債同。集韻。通財也。　吳師道曰：會，古外反。周禮「司會」注：大計也。小宰「要會」注：計最之簿書，月計曰要，歲計曰會。　黃式三曰，責、債，古今字。　朱起鳳曰：漢書高帝功臣表：北平文侯張蒼爲計相，注：如淳曰：計相，官名，但知計會。淮南子人間訓：官無計會，並即會計也。

〔一三〕鮑彪曰：署，書也。

〔一四〕鮑彪曰：言果，則孟嘗固意其能也。

〔一五〕鮑彪曰：是，謂國事。　黃丕烈曰：事，鮑本作是。　吴氏正曰：一本，是作事。蓋因音而訛。說閔王章「則是」作「則事」，亦此類。　金正煒曰：按作「是」者是也。國語楚語：或譖王孫啓於成王，王弗是。韋注：是，理也。是即諟之省。又通作視。釋名釋姿容：視，是也。察其是非也。荀子解蔽篇：是其庭可以搏鼠。注：是，蓋當爲視。呂氏春秋仲春紀親往視之。注：常事曰視。淮南修務篇：籌策得失以觀禍福。注：籌策曰視，非常曰觀。如鮑之說，嫌與下文沈於國家之事義複。論語子路篇：其事也。馬曰：事者，凡行常事。左氏昭二十五年傳：爲政事庸力行務。杜注：在君爲政，在臣爲事。　作事即當從馬、杜之說，鮑注仍非。此本作事，亦與視同。漢書翟方進傳，共遺椽行事，官本作視，可證。

〔一六〕鮑彪曰：憒、潰同。憒，亂也，以憂思昏亂。

〔一七〕鮑彪曰：愞，當作懦，集韻：弱也。

〔一八〕鮑彪曰：得罪於燰，自我啓之。　吴師道曰：沉，没溺也，下「沉於」義同。

〔一九〕鮑彪曰：券，亦契。契別書之，以刀判其旁。

〔二〇〕祖耿案：書鈔一〇四引，來作集。

〔二一〕鮑彪曰：凡券，取者、與者各收一。責則合驗之。偏合矣，乃來聽命。　黃丕烈曰：起，鮑本作赴。吴氏補曰：一本赴作起，則起屬下文，謂作起而矯命也。合讀起句亦通。

〔一二〕鮑彪曰：汲黯傳注：矯，託也。託言孟嘗之命。

〔一三〕鮑彪曰：祝孟嘗也。

〔一四〕鮑彪曰：行不留也。

〔一五〕原無正字。祖耿案：御覽四二二引，有正字。

〔一六〕鮑彪曰：孟嘗問也。

〔一七〕鮑彪曰：陳，猶列。

〔一八〕金正煒曰：按以當爲乃。篆文乃作𠄎，以作㠯，二形相似而誤。

〔一九〕鮑彪曰：拊，循，猶摩也。

〔二〇〕黄丕烈曰：不，鮑本作乃。吴補：一本作不。

〔二一〕鮑彪曰：休，息也。

〔二二〕王念孫曰：文選答東阿王書注引此曰：「後有毀孟嘗君於湣王，孟嘗君就國於薛。」據此，則「後朞年」下當有毀孟嘗君於湣王之事，而今本脱去也。蓋湣王聽讒，是以使孟嘗君就國。下文湣王爲書謝孟嘗君曰：「寡人沉於諂諛之臣，開罪於君」，正謂此也。史記孟嘗君傳載此事，亦云「齊王惑於秦、楚之毁，遂廢孟嘗君。」

〔二三〕吴師道曰：此遣其就國而爲之辭，猶漢世所謂列侯，亦無由教訓其民。錢穆曰：秦昭王慕孟嘗君，欲招之入秦，使涇陽君來質於齊。孟嘗以賓客諫，不果行。而是年宣王卒，湣王初立。史記謂「齊王惑於秦楚之毁，以爲孟嘗君名高其主，而擅齊國之權，遂廢孟嘗君。」孟嘗見廢，正湣王初立之際。此大體可見者也。（考辨三六二頁）

〔三四〕黄丕烈曰：「中」下，鮑本有「正曰」二字。鮑改「正」爲終。吳補：一本無此二字。　祖耿案：文選西征賦、謝平原内史表、答東阿王書李注引，並無此二字。

〔三五〕姚注：劉作「顯謂馮諼曰」。　祖耿案：文選答東阿王書李注引作「顧馮諼曰」。

〔三六〕黄丕烈曰：僅，鮑本作今。鮑改今爲僅。

〔三七〕黄丕烈曰：君，鮑本無。

〔三八〕鮑彪曰：梁王，昭王。　吳師道曰：文奔魏，在昭王時。此固辭不往，事必在前。史作秦王。　黄丕烈曰：鮑改惠爲梁。　祖耿案：文選答東阿王書李注引作「西游於梁，梁惠王聘孟嘗君。」

〔三九〕鮑彪曰：孟嘗君非當時所稱，追書云爾。　梁玉繩曰：史記孟嘗君傳：「文卒，謚爲孟嘗君」。案，上文亦言田嬰謚靖郭君。野客叢書以稱謚爲誤。索隱於靖郭云：死後號之。于孟嘗云：是字、邑而非謚。何不同也。策、史稱靖郭孟嘗者甚多，如閔王謂齊貌辨曰：子靖郭君之所聽愛。又曰：靖郭君之于寡人，一至此。貌辨亦三稱靖郭。馮驩謂梁王曰：齊放其大臣孟嘗君。舍人謂衛君曰：孟嘗君不知臣不肖。又曰：足下欺孟嘗君。此傳載馮驩亦九稱孟嘗，非皆見存之辭乎。蓋謚者，號也。不作謚法解。猶之以氏爲姓，並秦漢時人語。故李斯上二世書曰：死有賢明之謚。老子傳曰：謚聃（後人增之）。呂不韋傳曰：「謚爲帝太后」。司馬相如喻巴蜀檄曰：謚爲至愚。他如金石錄侯君碑曰：謚安國君。文選王褒賦：幸得謚爲洞簫兮，均可驗證。　金正煒曰：「富」上疑脱國字。　祖耿案：書鈔一五七、御覽五五引，並作「國富兵强」。

〔四〇〕吳師道曰：徙故相爲上將軍，而虚相位以待孟嘗也。　金正煒曰：按史記越世家，范蠡稱上將軍。魏世家，使龐涓將，而令太子申爲上將軍。戰國時故有此位號也。

〔四一〕鮑彪曰：太傅本周官，此齊大臣也。文，彩繪也。服劍，王所自佩者。　黄丕烈曰：書下鮑本有「一」

字。吳補：一本書下無「一」字。則上當以封字句。丕烈案：「封書」連文，吳説未是

〔四二〕金正煒曰：左氏昭十三年傳：「君又不祥，背棄盟誓。」注：祥，善也。又昭元年傳：「實沈臺駘爲祟」。説文：祟，神禍也。

〔四三〕鮑彪曰：集韻：統，攝理也。　祖耿案：文選答東阿王書李注引，「人」作民。

〔四四〕鮑彪曰：前自靖郭君時既立廟矣，今又請立，則所謂宗廟者非一王也。

〔四五〕姚注：集、曾本無「姑」字。　祖耿案：文選答東阿王書李注引作：「請君高枕爲樂矣」。

〔四六〕梁玉繩曰：史記孟嘗君傳：「王召孟嘗君而復其相位。」案湣王召復孟嘗于田甲亂後，孟嘗遂歸老于薛。迨湣王又欲去孟嘗，乃如魏。馮公此計必在召復之時，所謂復相位者，恐非其實。國策云爲相數十年，尤不足信

〔四七〕鮑彪曰：介，獨也，獨則不衆，故爲微細之詞。一説喻草芥也。　吳師道曰：介、芥通。

〔四八〕鮑彪曰：孟嘗傳有。彪謂：能者客之，人孰不能？客無能者，孟嘗於是爲不可幾也。煖之市義賢矣，而爲之營窟，則亦聲利之客耳，嗟乎，氣俗之移，人莫覺悟也。以煖之賢而不能自擢於衆，況不賢者乎。　吳師道曰：史文稍異，末無三窟之説爲勝。又曰：馮公自言無能，非真無能也。孟嘗蓋已知之。故聞其署，則曰：「客果有能也」。魏子予粟，馮公焚券，孟嘗卒蒙其力。百乘之家，不畜聚斂之臣，豈迂也哉。　方苞曰：馮驩事見國策而語則異，蓋秦漢間論戰國權變者非一家，史公所錄，與今傳國策異耳。梁玉繩曰：案國策驩作煖，所説馮事亦異，習學記言云，史記蓋別有所本，其義爲勝也。然多有不合，如無家之歌，左右惡之爾，而此以爲孟嘗不悦，削去給馮老母一段，則無以見孟嘗待客之周，一也。煖矯令燒券，反齊求見，而此以爲得息錢，大會，不能與息者，燒券。孟嘗聞之，怒而召驩。情節全乖，二也。孟嘗

去相，煖説梁得復位，而此以爲説秦，又説齊，三也。孟嘗復用，欲殺齊士大夫，譚拾子有趨市之喻而此以爲客背孟嘗，驩爲客謝語，四也。其爲僞撰無疑。錢穆曰：馮驩之事，昔人多疑之。史載魏子爲孟嘗收邑入，評林唐順之曰：『魏子馮驩，豈一事而傳聞異邪？』考證張照按則謂『晏子北郭騷事，與此亦大同小異，蓋戰國時習尚如此，則流言亦如此，舉不足信。』張氏又謂：『客背孟嘗驩爲客謝云云，本國策譚拾子語。馮驩各節，疑亦褚先生續爲之，與史文不類。』又史記載馮驩事與策文不同，葉氏習學記言謂：『史記蓋別有所本，其義爲勝。』而梁氏志疑又摘指其不合者有四，謂爲僞撰無疑。余又考史記李牧傳索隱，以馮煖爲龐煖，信如其説，馮驩在孟嘗後，蓋不及爲孟嘗客也，戰國雜説，附會假托，何可勝辨？馮煖之事，徒以其文采斐亹，爲世傳誦。至於魏子譚拾子云云，則早已在若存若亡之間，孰信孰僞，無可深論。而傳説之興亦有其因。雖其人姓名不必盡確，其事始末不必盡實，而其語時有可採以證史跡之真者。則馮驩一事之傳説，要本於宣王末湣王初，孟嘗離秦中立，而自附於秦魏以爲重之際，固甚彰彰也。（考辨三六三至三六四頁）祖耿案：書鈔一五七引，『計』作『力』。

二

孟嘗君爲從〔一〕，公孫弘謂孟嘗君曰〔二〕：『君何不使人先觀秦王〔三〕？意者秦王帝王之主也，君恐不得爲臣，奚暇從以難之〔四〕？意者秦王不肖之主也，君從以難之未晚〔五〕！』孟嘗君曰：『善。願因請公往矣〔六〕。』公孫弘敬諾。以車十乘之秦。昭王聞之，而欲媿之以辭〔七〕。公孫弘見，昭王曰：『薛公之地，大小幾何〔八〕？』

公孫弘對曰：『百里。』昭王笑而曰：『寡人地數千里，猶未敢以有難也〔九〕！今孟嘗君之地方百里，而因欲難寡人，猶可乎〔一〇〕？』公孫弘對曰：『孟嘗君好人，大王不好人〔一一〕。』昭王曰：『孟嘗君之好人也奚如〔一二〕？』公孫弘曰：『義不臣乎天子〔一三〕，不友乎諸侯，得志不慚爲人主，不得志不肯爲人臣〔一四〕，如此者三人〔一五〕；而治可爲管商之師〔一六〕，説義聽行，能致其主霸王〔一七〕，如此者五人〔一八〕；萬乘之嚴主也，辱其使者，退而自刎〔一九〕，必以其血洿其衣，如臣者十人〔二〇〕。』昭王笑而謝之〔二一〕，曰：『客胡爲若此？寡人直與客論耳！寡人善孟嘗君，欲客之必諭寡人之志也〔二二〕！』公孫弘曰：『敬諾！』公孫弘可謂不侵矣〔二三〕！昭王，大國也；孟嘗，千乘也；立千乘之義而不可陵，可謂足使矣〔二四〕！

〔一〕鮑彪曰：文以襄王初中立爲諸侯，楚頃襄二十三年，天下合從，此（齊襄）八年。吴師道曰：文以襄王五年中立爲諸侯，其後遂卒。襄王八年，諸侯無合從事，此閔王十六年，文怨秦，約韓魏伐秦事也。當秦昭九年。鮑見策有薛地百里之文，遂以爲文中立爲諸侯時，誤矣。錢穆曰：齊宣王十七年時，孟嘗方擅齊，特使公孫宏於秦，觀昭王之爲人。此事的在何年，已難考。所可知者，必昭王新立未久，孟嘗未入秦，未識昭王時。黄氏編略，定在周赧王十三年，即齊宣王之十八年，亦以意言無確證。（考辨三六二頁）祖耿案：此文見呂覽不侵篇。策三百三十三字，覽三百三十八字。覽以不侵標題，似襲策也。顧觀光隸此於赧王十七年。

〔二〕鮑彪曰：公孫弘，齊人。　祖耿案：弘，吕覽作宏。

〔三〕原作「君不以使人先觀秦王」。姚注：劉本作：「君何不使人先觀秦王」。　鮑彪曰：秦王，昭王。　黄丕烈曰：今本以作如，乃誤涉鮑也。鮑改以爲如。丕烈案：吕氏春秋作若。　祖耿案：吕覽作「君不若使人西觀秦王」。

〔四〕鮑彪曰：意者，設疑之辭。爲臣，爲秦臣。　祖耿案：奚，吕覽作何。注：言不能成從以難秦也。

〔五〕祖耿案：吕覽「肖」下無之字，「晚」下有也字。注：晚，後。

〔六〕祖耿案：吕覽注：往，行。

〔七〕鮑彪曰：使弘愧。　黄丕烈曰：媿，鮑本作愧。丕烈案：吕氏春秋作醜，媿即醜字。無鹽，醜女，武梁祠堂畫像作媿女，是其證。鮑本作愧者誤。　祖耿案：吕覽重秦字，媿作醜，「辭」下多「以觀公孫宏」五字。注曰：昭王，秦惠王之子，武王之弟也。醜或作恥，恥，辱也。觀公孫宏云何也。

〔八〕祖耿案：吕覽重「昭王」二字，「大小」作「小大」。

〔九〕鮑彪曰：爲人之難。　黄丕烈曰：猶，鮑本作由，改爲猶。下「猶可乎」同。吴氏補曰：由、猶通。丕烈案：吕氏春秋作猶，下同。　祖耿案：吕覽無而字。「寡人」下有「之國」二字。

〔一〇〕金正煒曰：按因當爲由，由與猶通。楚策，「黄雀由是已」，由亦誤爲因。「猶可」當爲「獨可」。吕覽自知篇：「夫人故不能自知，人主猶其」，御覽引作「人主獨甚」。猶、獨二形相似，易以致誤。　祖耿案：吕覽，「欲」下有以字。

〔一一〕鮑彪曰：人，賢人。　金正煒曰：按管子侈靡篇：「不擇人而予之，謂之好人。」此文好人，則猶好士。荀子王制篇：「王奪之人」。注：人謂賢人。　祖耿案：二「人」字呂覽並作「士」字。

〔一二〕祖耿案：呂覽作「孟嘗君之好士何如」。

〔一三〕姚注：臣，曾本作不忠，劉本作不忠。此武后字，恐非劉校。　朱起鳳曰：臣字，唐武后改作𢘑。臣誤爲忠，以此。

〔一四〕朱起鳳曰：呂氏春秋不侵云：不得意，則不屑爲人臣。此作「不肯」。肯字古作肎，形與屑似。因此致譌。　祖耿案：得志二語，呂覽作得意則不慙爲人君，不得意，則不屑爲人臣。

〔一五〕祖耿案：呂覽注：有此者三人也。

〔一六〕鮑彪曰：管商，管仲、商鞅。　黄丕烈曰：吳氏補曰，而字疑衍，治當屬下句，或而字上有缺文。丕烈案：吳説未是，呂氏春秋作能。而、能同字。　金正煒曰：按孟子萬章篇，「奚而不知也」。趙注：何爲不知？左氏襄十四年傳：「射爲禮乎」，御覽引作「射而禮乎」。孟子滕文公篇，「方里而井」，論語顔淵篇正義，引作「方里爲井」，並而、爲通用之證。「而治」猶「爲治」，爲治猶云爲政也。鮑以「而治」屬上句，吳曰而字疑衍，或而字上有缺文，皆非也。呂覽作能，而與能通，惟作「爲」義勝。

〔一七〕原無「主霸王」三字。鮑彪曰：所説有義，或能聽而行之。　黄丕烈曰：今本「其」下有「主霸王」三字，鮑本有。丕烈案：有者是也。呂氏春秋作「其能致主霸王」。　金正煒曰：鮑本「其」下有「主霸王」三字。呂覽作「其能致主霸王」，此本蓋誤脱也。

〔一八〕祖耿案：呂覽注：有此者，五人也。

〔一九〕鮑彪曰：集韻：刎，斷也。　祖耿案：呂覽，主下無「也」字，刎下有「也」字。

〔二〇〕祖耿案：洿：呂覽作汙。「如」上有「有」字，十作七。注曰：臣，公孫宏自謂也。故言有如臣者七人也。

〔二一〕祖耿案：之，呂覽作焉。

〔二二〕鮑彪曰：以己之志曉告孟嘗。　祖耿案：呂覽無「寡人直與客論耳」七字。諭上多一謹字，志作意，注諭。

〔二三〕鮑彪曰：著書者美其不可侵辱。　金正煒曰：漢書張耳傳：「此固趙國立名義不侵爲然諾者也。」師古曰：侵，猶犯負也。

〔二四〕鮑彪曰：足，猶能。彪謂公孫所陳，亦士之一概爾。自曹沬劫桓公，辨說士莫不以藉口，彼蓋未學禮也。夾谷之會，孔子詔之士，付之有司耳矣。豈匡柴若世之猘狗然哉。帝曰：曉人不當如是乎？此說者之所當知也。　祖耿案：大國，呂覽作大王。孟嘗下有君字。陵作凌。足使二字作士。注曰：凌，侮。又曰，孔子曰：使於四方，不辱君命，可謂士矣。此之謂也。　祖耿案：此文見呂覽不侵。

三

魯仲連謂孟嘗：『君好士也〔一〕？雍門養椒亦陽得子養〔二〕，飲食衣裘，與之同之，皆得其死〔三〕。今君之家，富於二公〔四〕，而士未有爲君盡游者也〔五〕！』君曰：『文不得是二人故也〔六〕，使文得二人者〔七〕，豈獨不得盡？』對曰：『君之廐馬百乘，無不被繡衣而食菽粟者，豈有騏麟騄耳哉〔八〕？後宮十妃，皆衣縞紵〔九〕，食粱肉〔一〇〕，豈有毛廧西施哉〔一一〕？色與馬取於今之世，士何必待古哉〔一二〕？故曰：君之好士未也〔三〕！」

〔一〕姚注：別本，「君」下有「君曰」二字。　黄丕烈曰：今本「士」下有未字，乃誤涉鮑也。鮑補未字。鮑本「君」上有君曰二字。吴補：一本「謂孟嘗好士也」，一本「謂孟嘗君曰好士也」。丕烈案：此讀以魯仲連謂孟嘗爲一句。孟嘗即孟嘗君也。上文有「君好士也」四字，別爲一句。也、邪同字。與下「君之好士未也」不相涉，鮑誤用下補耳。　金正煒曰：按「好士也」，鮑本作「君好士也」，上猶當有脱文。秦策：「武安君禽馬服乎？」今本脱武安二字，正與此同。蓋擧昔人之好士者，非謂孟嘗也。　祖耿案：顧觀光附此於赧王十六年。

〔二〕鮑彪曰：雍門子，以所居爲稱。養，猶公養之養。椒姓亦名，雍門子之所養。下養字下，脱所養人。吴師道曰：雍門下有缺文。説苑有雍門子秋雍門子周。今曰雍門子，則亦無考。雍門，見前。椒亦，未知果椒姓亦名不。　馬驌曰：陽得子下，缺養人姓名。　黄丕烈曰：鮑「門」下補子字，吴氏有正。丕烈案：此多脱字，但所補未是。　金正煒曰：雍門養椒，猶説苑之雍門子周；陽得子養，猶左傳之梁餘子養（陽得字或有譌誤）。並爲人名，即孟嘗所云不能得之二人。亦當爲與，音近而誤。漢書司馬相如傳贊：「相如雖多虚辭濫説，然要其歸，引之於節儉，此亦詩之風諫何異」。亦猶與也。鮑氏以養爲公養，又云脱陽得所養之人，義並未安。

〔三〕鮑彪曰：並未詳。　黄丕烈曰：下「之」字，鮑本無。

〔四〕鮑彪曰：二公，雍門、陽得。　金正煒曰：「富於二公」，當爲「富於王公」。謂某君尚能得二士之死，孟嘗富於王公而好士不盡，故擧得士者以感孟嘗也。後文云：「士何必待古哉」，則仲連所稱述自非當時之事，雍門亦非以琴見孟嘗者，從可知也。

〔五〕鮑彪曰：游，猶友也，言不盡於交游之道。

〔六〕鮑彪曰：二人，椒亦等。

〔七〕黄丕烈曰：者，鮑本無。

〔八〕黄丕烈曰：今本驎作騏。騏，鮑本作麒。

〔九〕鮑彪曰：縞，鮮色繒也，紵，綵屬細者。　吴師道曰：書注：縞，白也。　黄丕烈曰：衣，鮑本無。

祖耿案：文選子虛賦李注引作「皆衣紵縞」，七發李注引作皆衣縞紵。

〔一〇〕粱。原作梁。　鮑彪曰：粱，米名。本草注：青粱，粟類。　吴師道曰：粱，米之善者，有黄、青、白三種。

祖耿案：文選七發李注引，梁作粱。

〔一一〕祖耿案：文選七發李注引，無「有」字。「西」作先。先、西古音同在十三部，故得通用。嫱，當作嬙，莊子齊物論：毛嫱，麗姬，人之所美也。

〔一二〕吴師道曰：「君之厩馬」至此，與王斗云云合。又曰：連上章有孟嘗君，序次亦不當在此。　祖耿案：此指鮑本也。

〔一三〕吴師道曰：孟嘗君之門，高者如馮驩、魏子，能免難市譽而已，昔人譏其未嘗得士，特雞鳴狗盜之雄，世以爲名言。今觀魯連曰：「君之好士未也」，則當時已有是論矣。仲連之言，亦引以自謂，而非區區於孟嘗者。雞鳴狗盜之出其門，宜仲連之不止也。

四

孟嘗君逐於齊而復反〔一〕，譚拾子迎之於境〔二〕，謂孟嘗君曰：『君得無有所怨齊士大夫乎〔三〕？』孟嘗君曰：『然〔四〕。』『君滿意殺之乎〔五〕？』孟嘗君曰：『然。』譚拾子曰：『事有必至，理有固然，君知之乎？』孟嘗君曰：『不知。』譚拾子曰：『事之必至者，死也；理之固然者，富貴則就之，貧賤則去之；此事之必至，理之固然者。請以市喻〔六〕：市朝則滿，夕則虛，非朝愛市而夕憎之也，求存故往，亡故去〔七〕。願君勿怨！』孟嘗君乃取所怨五百牒削去之〔八〕，不敢以爲言〔九〕。

〔一〕鮑彪曰：此（齊閔）三十年，孟嘗奔薛，此言復反。傳言王召之，因謝病，老於薛，與此駮。　吳師道曰：二十年。　祖耿案：顧觀光隸此於赧王二十一年。

〔二〕鮑彪曰：譚拾子，齊人。　黃式三曰：策，譚拾子，史以爲馮驩。　程恩澤曰：案春秋：齊人滅譚。杜注：譚國在濟南東平陵縣。水經注：武原水出譚城南平澤中，世謂之武原淵。北逕譚城，俗謂之布城，今濟南府東南七十里有譚城。拾子齊人，殆以國爲姓者歟（説本急就篇，顏師古注）。

〔三〕原無乎字。　黃丕烈曰：『怨』下，鮑本有於字。　祖耿案：文選廣絶交論李注引作：『得無怨齊士大夫乎』。

〔四〕然，原作有。　祖耿案：文選廣絶交論李注引作然。

〔五〕鮑彪曰：拾子借以殺之爲愜乎？

〔六〕喻，原作諭。　祖耿案，文選廣絶交論李注引作喻。

〔七〕鮑彪曰：所求者存，故往趨之。

〔八〕鮑彪曰：牒，札也。書所怨人。

〔九〕鮑彪曰：馮驩傳略同。以此策及驩傳考之，蓋反而後謝病也。

五

齊宣王見顔斶〔一〕，曰：『斶前！』斶亦曰：『王前〔二〕！』宣王不悦。左右曰：『王，人君也；斶，人臣也；王曰「斶前」，斶亦曰「王前」，可乎〔三〕？』斶對曰：『夫斶前爲慕勢，王前爲趨士〔四〕，與使斶爲慕勢〔五〕，不如使王爲趨士。』王忿然作色，曰：『王者貴乎？士貴乎？』對曰：『士貴耳！王者不貴！』王曰：『有説乎？』斶曰：『有！昔者，秦攻齊，令曰〔六〕：「敢有去柳下季壟五十步而樵采者〔七〕，罪死不赦〔八〕！」令曰：「有能得齊王頭者，封萬户侯，賜金千鎰。」由是觀之，生王之頭，曾不若死士之壟也！』宣王默然不悦　左右皆曰：『斶來！斶來！大王據萬乘之地〔九〕，而建千石鍾，萬石簴〔一〇〕；天下仁義之士，皆來役處〔一一〕；辯知並進，莫不來語〔一二〕；東西南北，莫不來服〔一三〕。故萬物無不備具，而百姓無不親附〔一四〕。今夫士之高者，乃稱匹夫，徒步而處農畝，下則鄙野，監門閭里〔一五〕，士之賤也亦甚矣！』

斶對曰：『不然！斶聞古大禹之時，諸侯萬國，何則，德厚之道，得貴士之力也〔一六〕。故舜起農畝，出於野鄙，而爲天子；及湯之時，諸侯三千；當今之世，南面稱寡者，乃二十四〔一七〕；由此觀之，非得失之策與〔一八〕？稍稍誅滅，滅亡無族之時〔一九〕，欲爲監門閭里，安可得而有乎哉〔二〇〕？是故易傳不云乎〔二一〕？「居上位，未得其實，以喜其名者〔二二〕，必以驕奢爲行。倨慢驕奢，則凶必從之〔二三〕。」是故，無實而喜其名者削，無德而望其福者約，無功而受其祿者辱，禍必渥〔二四〕。故曰：「矜功不立，虛願不至〔二五〕」此皆幸樂其名華，而無其實德者也〔二六〕。是以堯有九佐〔二七〕，舜有七友〔二八〕，禹有五丞〔二九〕，湯有三輔〔三〇〕，自古及今，而能虛成名於天下者無有！是以君王無羞亟問，不媿下學〔三一〕，是故成其道德而揚功名於後世者，堯、舜、禹、湯、周文王是也〔三二〕。故曰：「無形者，形之君也〔三三〕；無端者，事之本也」〔三四〕。夫上見其原，下通其流，至聖明學，何不吉之有哉〔三五〕？老子曰：「雖貴，必以賤爲本；雖高，必以下爲基：是以侯王稱孤寡不穀。」是其賤之本非與〔三六〕？夫孤寡者，人之困賤下位也，而侯王以自謂，豈非下人而尊貴士與〔三七〕？夫堯傳舜，舜傳禹，周成王任周公旦，而世世稱曰明主，是以明乎士之貴也。』宣王曰：『嗟乎！君子焉可侮哉？寡人自取病耳〔三八〕！及今聞君子之言，乃今聞細人之行〔三九〕。願請受爲弟子〔四〇〕。且顔先生與寡人游，食太牢，乘安車，妻子衣服麗都〔四一〕。』顔斶辭曰〔四二〕：『夫玉生於山，制則破焉，非不寶也，然太璞不完；士生鄙野，選而禄焉，非不貴也，然形神不全〔四三〕；斶願得晚食以當肉，安步以當車，無罪以當貴，清静以自虞〔四四〕。制言者，王也〔四五〕；盡忠直言者，斶也；言要道已備矣，願得賜歸，安行而反臣之邑屋。』遂再拜而辭去也〔四六〕，斶知足矣！歸反於樸，則終身不辱〔四七〕。

〔一〕鮑彪曰：集韻：斶，音觸。引呂春秋：齊有顔斶。吳師道曰：春秋後語作王蠋。黄丕烈案：古今人表中上作顔斶，其王歜别在後，未知後語何據乃以爲一人也。朱起鳳曰：斶字亦從蜀聲，與歜同音。戰國時多有以歜名者，如甘歜，王歜等是也，當以歜字爲正。又曰：顔歜、王歜實是一人。漢表前列顔歜（春秋後語引作王歜）與王升並稱（即王斗），後列王歜而以燕昭王綴王之後。是誤認前之歜爲齊人，後之歜爲燕人。此班氏之失也。蠋、歜並音觸，兩字同音通用。祖耿案：史記酈生陸賈列傳正義引作斶，後漢書蔡邕傳注引作歜，文選爲卞彬謝修卞忠貞墓啓引作觸，爲范始興作求立太宰碑表注引作蠋，御覽五一〇引作歜，五五七引作觸。尋廣韻：歜，尺玉切。齊宣王時有高士顔歜或作斶。然則唐時通行之本，當作歜、斶，作觸、蠋者，音近之誤也。此篇姚本與孟嘗君逐於齊而復反連篇，鮑本另列一篇。顧觀光附此於赧王元年，曰：因孟子書宣王伐燕，故宣王事並附此。

〔二〕鮑彪曰：並使之即己。

〔三〕「亦」上原無「燭」字。黄丕烈曰：今本亦上有燭字，鮑本有。

〔四〕鮑彪曰：趨，就也。

〔五〕慕，原作趨。祖耿案：當作慕。

〔六〕黄丕烈曰：曰，鮑本無。祖耿案：文選爲卞彬謝修卞忠貞墓啓，爲范始興作求立太宰碑表注引，並有「曰」字。

〔七〕「敢有」，原作有敢。鮑彪曰：魯展禽，字季，食采柳下，亦云居之壟。其冢埒。秦伐齊，先徑魯，故云。程恩澤曰：案路史引地理風俗記云：高城縣東北五十里有柳亭故縣，世謂辟亭，展禽邑也。地理志：勃海郡有柳縣。應劭曰：在高城縣東北五十里。寰宇記：故城在鹽山縣東七十里，今屬天津府。此地距魯甚遠，惠之采邑不應在是。路史似出附會。水經注亦載此地，未云惠邑也。祖耿案：文選爲卞彬謝修卞忠貞墓啓、爲范始興作求立太宰碑表注引，並作「敢有」。

〔八〕原無罪字。祖耿案：文選爲卞彬謝修卞忠貞墓啓、爲范始興作求立太宰碑表注引，並有罪字。御覽五一〇引、五五七引並同。

〔九〕萬，原作千。金正煒曰：按，千乘，當爲萬乘。涉下文千石而誤。

〔一〇〕鮑彪曰：一石，百二十斤。簴，鐘鼓之柎。黄丕烈曰：今本簴誤虡。鮑本作虡。金正煒曰：漢書司馬相如傳：「撞千石之鍾，立萬石之虡。」張揖曰：千石，十二萬斤也。師古曰：虡，獸名也。立一百二十萬斤之虡以縣鐘也。郭璞爾雅釋器注：縣鐘磬之木，植者名虡。

〔一一〕「仁義」二字，原在士字下。鮑彪曰：役，爲之使。處，在其位。吳師道曰：姚本：「天下之士仁義皆來役處」，恐仁義字，當在「之士」上。黄丕烈曰：仁義二字，鮑本無。來，鮑本作「爲」。金正煒曰：「仁義」上下當有脱字。仁義，蓋與辯知爲對文。鮑本併去之，亦誤。

〔一二〕金正煒曰：來語或爲束語。束者，歛也。言雖辯知，亦歛其説也。

〔一三〕原無來字。莫下原有敢字。黄丕烈曰：今本「不」上有無字，鮑本有。鮑改「服求」爲「來服」。吳氏補曰：求，屬下句。金正煒曰：「莫敢不服求」，當作：「莫不來服。」求即來字之譌。敢當作故，本在「萬物」句上，誤淆次於前也。

〔一四〕原無無字、姓字，故字原作求。黄丕烈曰：今本「百」下有姓字，鮑本有。金正煒曰：「物」下無字，「百」下姓字，此並誤脱，當從鮑補。

〔一五〕鮑彪曰：五鄼爲鄙，郊外曰野，亦所處也。閭在鄉，里在野，並五百家，皆有門。吳師道曰：鄙，五百家。周禮大司徒：五家爲比，五比爲閭。遂人：五家爲鄰，五鄰爲里。閭、里皆二十五家。鄉謂之閭，遂謂之里。二十五家共有巷，巷首有門。金正煒曰：此承上文。士之高者，但爲匹夫而處農畝，下之則爲鄙野之人，惟當監門閭里耳。呂覽尊師篇：魯之鄙家也。注：鄙，小也。貴直篇：宣王怒曰：「野士也！」注：言鄙野之士也。周禮司門：祭祀之牛牲繫焉，監門養之。注：監門，門徒。監門閭里，謂姓字不出於里巷也。

〔一六〕鮑彪曰：言能貴士，故德厚。

〔一七〕顧觀光曰：注家不知二十四爲何國。以今考之，七國也，泗上十二諸侯也，東、西二周也，中山也，安陵也，越也。

〔一八〕鮑彪曰：昔諸侯多，由得策也。今失策，故誅滅而寡。得策，貴士也。金正煒曰：按，策本作筴。史記五帝紀：迎日推筴。集解：筴，數也。

〔一九〕姚注：晁去「滅亡無族」四字，三本同。一有四字，集無。

〔二〇〕黄丕烈曰：乎，鮑本作也。

〔二一〕章先生曰：商瞿受易於孔子，傳至漢初，王同、周王孫、丁寬、服生皆著易傳，而瞿之書未見。此云易傳，真商瞿傳也。

〔二二〕黄丕烈曰：鮑改以爲而。吴氏補曰：恐當作而。金正煒曰：按以與已古通用。鄭注禮記檀弓云：以與已字本同。言實猶未得，即已喜名，其敝必至於驕奢也。爲字涉下「爲行」而衍。

〔二三〕原無必字。吴師道曰：倨、據通借。黄丕烈曰：「從」上，鮑本有必字。

〔二四〕「實」上，原有其字。渥，原作握。姚注：握，高士傳作渥。鮑彪曰：削，削地也。約，窮也。禍必握，言禍辱隨之不捨也。吴師道曰：削，削弱也。

〔二五〕鮑彪曰：言徒有矜大好功之志而不爲，故功不立。不求、不爲而欲得之，虚願也，物不自至。

〔二六〕黄丕烈曰：華，鮑本無。

〔二七〕鮑彪曰：九佐，九官也。

〔二八〕姚注：陶元亮集聖賢輔錄引戰國策，舜有七友：雄陶、方回、續牙、伯陽、東不訾、秦不虚、靈甫。鮑彪曰：雄陶、方回、續牙、伯陽、東不訾、秦不虚、靈甫，見陶淵明四八臣。吴師道曰：雄陶云云，又見皇甫謐逸士傳。不訾，或云不識。不虚，或云不空。尸子無靈甫。愚謂此類皆不可深考，或後人所妄造。

〔二九〕鮑彪曰：楚辭，八師三后外，有益、稷、皋陶、垂、契。李慈銘曰：鬻子載，禹治天下，得七大夫。曰：

皋陶、杜子業、既子、施子、黯季子、甯然子、湛輕子玉。自皋陶以外，皆無可考。呂氏春秋求人篇云：得陶、化益、真窺、橫革、之交五人佐禹。荀子成相篇云：禹得益、皋陶、樻革、直成爲輔。王厚齋紀聞謂陶即皋陶也，化益即伯益也，真與直相類，真窺即直成也，橫革即樻革也，之交未詳。盧氏文弨謂窺或是竄字，與成音近。王氏念孫以盧説爲確。景差大招：「直贏在位，近禹麾只。」姚氏範引荀子、呂覽，又引戰國策禹有五丞（見齊策顔斶語），謂直贏即五丞之一，蓋以直爲直成，贏爲贏，指伯益也。惟之交二字無釋。今案：之交，蓋支父之誤也。莊子讓王：「堯讓天下於子州支父，舜讓天下於子州支伯。」釋文云：支父即支伯。皇甫謐高士傳亦云：「堯以天下讓子州支父，舜又讓之，是子州支父與禹同時也。」新序作州支父，省文則爲支父矣。呂氏春秋尊師篇：「禹師大成贄。」新序雜事引作：「禹學大成執。」大成即直成，大猶直也，易曰：直方大。贄、執音轉，即支父也，蓋單言則爲支、爲贄、爲執，連其字則爲支父，重言之則爲子州支父，亦爲州支父子。州、支皆一音之轉也。杜子業等六人及直成、橫革皆古今人表、四八目等書所無，王氏小學紺珠名臣類亦不載禹之七大夫及五丞。（越縵堂同治癸酉十一月廿六日記）　朱起鳳曰：呂覽求人：「禹憂其黔首，顔色黎黑，竅藏不通，步不相過，以求賢人，欲盡地利，至勞也。得陶、化益、真窺、橫革、之交五人佐禹，故功績銘乎金石，著於盤盂。」荀子成相：「禹搏土，平天下，躬親爲民行勞苦。得益、皋陶、橫革、直成爲輔。」楚辭大招：「直贏在位，近禹麾只。」王注：戰國策「禹有五丞」，此直贏即五丞之一。案，真、直形近，窺本又作竄，音與成近，贏字又沿竄聲而誤。呂氏尊師篇：禹師大成贄，新序雜事五作：大成執。並即直成也。

〔三〇〕鮑彪曰：商書，伊、虺二相外，有誼伯、仲伯、咎單，豈此？未詳。

〔三一〕鮑彪曰：丞，猶數。下學，學於臣下。

〔三二〕姚注：「故」下，曾、劉本有能字。

〔三三〕鮑彪曰：無形，謂削、約之未著者。黄丕烈曰：形，鮑本作刑，改爲形。吳氏補曰：當作形，下同。古書字通。「形民之力」，家語作刑。朱子謂當從家語。

〔三四〕吳師道曰：無形、無端，皆指實德言。

〔三五〕聖下原有人字。鮑彪曰：明學，學之明者。言上見下通聖明之事。黄丕烈曰：今本無人字，乃誤涉鮑也。鮑衍人字。

〔三六〕非與，原作與非。姚注：曾本無「非」字。鮑彪曰：非夫，猶言非邪？吳師道曰：疑非字當在歟字上。而「夫」音扶，屬下句，與下文「豈非下人而尊貴士歟？夫堯」云云同。一本作「本歟」，無「非」字，義明。金正煒曰：按其，猶豈也。左氏僖五年傳：「一之謂甚，其可再乎？」十年傳：「欲加之罪，其無辭乎？」其，並與豈同義。本，當爲求字之譌也。吳曰：「一本無『非』字，義明。」但如漢書終軍傳：「此言與實反者非。」師古曰：重問之。與此文正相類。鮑以下句「夫」字上屬爲文，亦誤。

〔三七〕鮑彪曰：下人，以身下人。

〔三八〕吳師道曰：自取病，謂僞言士貴王賤。

〔三九〕鮑彪曰：細人，王自稱。吳師道曰：細人，前所謂無實德，不貴士者。金正煒曰：按及今，當爲乃今。聞細人之行，聞猶知也。見呂覽異寶篇注。

〔四〇〕姚注：劉本無受字。

〔四一〕願，原作顔。「食」下，原有必字。「牢」下，原有出必二字。「乘」下，原無安字。鮑彪曰：牛、羊、豕具爲太牢。麗都，皆美稱。金正煒曰：顔，當爲願字。形相似而譌。言願爲弟子，復願先生留與同游，則必食以太牢，出以乘車，使其妻子衣服麗都也。顧謂為顏，即文義不完。嵇康高士傳正作：「願先生與寡人游。」祖耿案：後漢書蔡邕傳注、御覽五一〇引，並作：「願先生與寡人游。」「食必太牢，出必乘車」，御覽五一〇引作：「食太牢，乘安車。」無「出」、及二「必」字，今從。

〔四二〕「辭」下原有去字。祖耿案：後漢書蔡邕傳注引，無去字。

〔四三〕原作：「夫玉生於山，制則破焉。非弗寶貴矣，然夫璞不完。士生乎鄙野，推選則祿焉，非不得尊遂也，然而形神不全。」姚注：曾本作「制取」，集無「取」。鮑彪曰：制，裁斷之。遂，猶達。祖耿案：後漢書蔡邕傳注引作：「玉生於山，制則毀焉。非不寶也，然太璞不完。士生鄙野，選而祿焉，非不貴也，而形神不全。」

〔四四〕「得」下原有歸字，「靜」下原有貞正二字。鮑彪曰：晚，言饑而食也，其美比於食肉。虞，娛同，樂也。吳師道曰：當，敵也。如字。黃式三曰：蘇子瞻志林云：戰國中有一方，其藥四味：一曰無事以當貴，二曰蚤寢以當富，三曰晚食以當肉，四曰安步以當車。與此異。朱起鳳曰：娛字，古作虞。孟子：「霸者之民，驩虞如也。」趙注：驩虞與歡娛同。祖耿案：後漢書蔡邕傳注、御覽五一〇引，並無歸字。虞並作娛。晚，御覽作疏，車，作輿。

〔四五〕鮑彪曰：言，謂命令。

〔四六〕遂，原作則。黃丕烈曰：也，鮑本無。鮑衍而字。祖耿案：御覽五一〇引作：「遂辭而去。」

〔四七〕原無於字。「辱」下原有也字。黃丕烈曰：斶上鮑本有曰字。樸，鮑本作璞。鮑「曰」上補君子二字。「歸」下補真字。吳氏正曰：「曰」者，斶既辭而又自言也。上言「大璞不完」，以喻士之形神不全，故曰「歸反璞」云云，文意甚明，添字謬。又曰：也，鮑本無。祖耿案：後漢書蔡邕傳注引作：「知足以（別本作矣）歸反於樸，則終身不辱。』今從。

六

先生王斗造門而欲見齊宣王〔一〕，宣王使謁者延入〔二〕，王斗曰：『斗趨見王爲好勢，王趨見斗爲好士，於王何如〔三〕？』使者復還報，王曰：『先生徐之，寡人請從〔四〕。』宣王因趨而迎之於門，與入，曰：『寡人奉先君之宗廟，守社稷，聞先生直言正諫不諱。』王斗對曰：『王聞之過〔五〕，斗生於亂世，事亂君，焉敢直言正諫？』宣王忿然作色不説。有間，王斗曰：『昔先君桓公，所好者五〔六〕，九合諸侯，一匡天下，天子受籍，立爲方伯〔七〕，今王有四焉。』宣王説，曰：『寡人愚陋守齊國，唯恐失抎之，焉能有四〔八〕？』王斗曰：『否〔九〕！先君好馬，王亦好馬；先君好狗，王亦好狗；先君好酒，王亦好酒；先君好色，王亦好色；先君好士，王不好士〔一〇〕。』宣王曰：『當今之世無士，寡人何好？』王斗曰：『世無騏驎騄耳之馬，王駟已備矣〔一一〕；世無東郭俊盧氏之狗，王之走狗已具矣〔一二〕；世無毛嬙西施之妓，王宫已充矣〔一三〕；王亦不好士也，何患無士？』王曰：『寡人憂國愛民，固願得士以治之。』王斗曰：『王之憂國愛民，不若王之愛一尺之縠也〔一四〕！』王曰：

「何謂也？」王斗曰：「王使人爲冠，不使左右便辟而使工者，何也？爲能之也〔一五〕。今王治齊，非左右便辟無使也，臣故曰不如愛一尺之縠也〔一六〕。」宣王謝曰：「寡人有罪國家。」於是舉士五人任官，齊國大治〔一七〕。

〔一〕鮑彪曰：王斗，齊人。　吴師道曰：一本標文樞鏡要作王升。　黄丕烈曰：案，升字當是也。古今人表中上作王升。今高士傳作王斗，亦非。　金正煒曰：按王斗，漢書人表作升。　朱起鳳曰：斗、升兩字，隸書形似，故書傳每多訛混。如蜀劉禪，本字升之。魏志明帝注引魏略曰：帝班告益州曰：劉升之兄弟守空城而已。而蜀志劉封傳，孟達與封書曰：「自立阿斗爲太子已來，有識之人相爲寒心。」已訛爲斗。無怪後人但知阿斗之名，幾不知升之爲何人矣。叔字草書形與升似，故又訛升爲叔。　祖耿案：御覽八一六引作「先生王斗」。初學記三四引作「先生王升」。御覽六八四引同。文選竟陵文宣王行狀注引作「先生王叔」。御覽四五六引作「先生王歜，造門而歌，欲見於宣王（下並作歜）。」疑此本當作王歜。叔、歜聲近之譌。升、叔形近之譌。斗又升形近之譌也。　顧觀光附此於赧王元年。

〔二〕鮑彪曰：謁者，掌賓贊受事。延，引也。　祖耿案：文選竟陵文宣王行狀注引作：迎入。初學記三四引作：延入。

〔三〕金正煒曰：呂覽期賢篇注：於，猶在也。説文：如，從隨也。左氏宣十二年傳：「有律以如己也。」注：如，從也。

〔四〕鮑彪曰：徐之，使待其至。從，就之也。　吴師道曰：使無趨至。　祖耿案：文選竟陵文宣王行狀注引作徐入。

〔五〕鮑彪曰：不如所聞。

〔六〕原無「五」字。鮑彪曰：此桓公雖非田氏之先，斗，齊人也，得稱爲先。黄丕烈曰：鮑，者下補「五」字。吴氏正曰：一本標文樞鏡要有「五」字。丕烈案：有者當是也。説苑，淳于髡曰「古者所好四」，可爲證。祖耿案：御覽四五六引，有「五」字。

〔七〕方，原作大。鮑彪曰：籍，土地人民之籍，猶賜履也。太伯，二伯之伯。吴師道曰：受，當作「授」，字通借。金正煒曰：按受籍即受胙。左氏僖九年傳：「王使宰孔賜齊侯胙。」國語齊語：「反胙於絳」。賈侍中云：胙，位也。是致胙即錫命，非謂祭肉也。淮南氾論篇：「履天子之籍。」注：籍，或作阼。荀子哀公篇注：阼與胙同。祖耿案：御覽四五六引作：「天子受籍，立爲方伯。」

〔八〕「四」下原有焉字。姚注：曾、集本，失作夫。鮑彪曰：抎，失也。春秋傳：「抎子辱矣」。王念孫曰：抎與隕通。抎之言損也，損亦失也。黄丕烈曰：失，鮑本作夫。金正煒曰：按墨子天志篇：「抎失社稷」。又，大戴禮曾子立事篇：「戰戰唯恐失損之」。損亦失也。古書故多複詞，作夫者誤。朱起鳳曰：左傳昭公七年：「奉承以來，弗敢失隕。」夫爲失字之缺。隕字，古作抎。祖耿案：御覽四五六引作「焉能有四」，「四」下無焉字。

〔九〕黄丕烈曰：否，鮑本無。

〔一〇〕「王」上原有是字。姚注：劉本無是字，曾有。吴師道曰：「先君好馬」以下，説苑以爲淳于髡之言，小異。黄丕烈曰：鮑改「是」爲而。黄式三曰：説苑尊賢引淳于髡語，略同。金正煒曰：按是，猶於是也。詩葛覃：「是刈是濩。」正義：於是刈取之，於是濩煮之。禮記曲禮：「是職方。」疏：言二伯於是職主當方之事也。於是，猶云乃也。又論語爲政篇：「今之孝者，是謂能養。」是與祇同義。薛綜注東京賦：

祇，是也。說見經傳釋詞。省是字即詞意不完，鮑改亦嫌無據。　祖耿案：御覽四五六引作：「先君好士，王不好士。」無「是」字。

〔一一〕原無「之馬」二字。　姚注：劉本有「之馬」字。集無。　鮑彪曰：字書不說，「騏驎」不載。唯玉篇云：馬黑脊，亦不言良馬。陸機疏：「麒麟行中律呂」，則此馬以麒麟比也。騄耳，八駿之一。　吳師道曰：玉篇單言驎爾。此二字單言，如詩及說文、爾雅不一。　黃丕烈曰：鮑，「王」下補之字。

〔一二〕黃丕烈曰：吳補：俊，一本作逡。前有。　祖耿案：御覽四五六引作：「世無東郭韓盧氏之犬。」

〔一三〕原無「之妓」二字。　鮑彪曰：莊子疏：毛嬙越王嬖妾，西施越女，吳王姬。　祖耿案：御覽四五六引，有「之妓」二字。

〔一四〕原作「不若王愛尺縠也。」　鮑彪曰：縠，細縳也。　吳師道曰：增韻：縠，縐紗。齊三「服官輕綃」注：今紗。下章「曳綺縠」，又章「帝省齊冰紈方空縠」，知齊產善也。說文：縠，細綺。恐此注字誤。　祖耿案：御覽八一六引此作：「不如王之愛一尺之縠。」

〔一五〕姚注：集本「之」下無也字。三同。　鮑彪曰：便，順其所好。辟，避其所惡。　祖耿案：御覽六八四引作「爲能之也。」八一六引作「以爲能也」。

〔一六〕原作：「不如愛尺縠也」。依前例改。

〔一七〕吳師道曰：宣王喜文學游說之士，賜列第爲上大夫者七十六人，不治而議論，稷下學士至數百千人，士非不盛也。然鄒衍、淳于髡之徒，類皆詼誕無實，不治而議，所養非所用，國何賴焉？故顏斶勸以貴士，王斗譏其不好士，有以也！然若斗與斶者，亦未知其何如也。有一孟子而不能用，安用彼數百千人哉。　馬驌曰：呂氏春秋能意對齊宣王，與王斗同意。　錢穆曰：按齊策：「齊宣王見顏斶。」吳師道曰：「春秋後語作王蠋。」又有先生王斗，吳師道曰：「一本標文樞鏡要作王升。」今按漢書人表有王升、顔歜。竊疑王升即王斶之脱譌，又誤分顔王爲兩姓。觀顔斶對宣王曰：「斶前爲慕勢，王前爲趨士」，而王升之對亦然，知其爲一事之兩傳矣。其後當湣王之亡，有畫邑人王蠋，樂毅聞其賢，令環畫三十里毋入，而使人請之，蠋自經而死。此蓋即宣王時高論士貴之王斶也。今齊策顔斶語引老子，疑出後人傳述，或較王升一篇稍晚出。而顔斶、王斗、王蠋，遂儼若三人。其人蓋亦稷下先生之賢者。當湣王之末，諸儒散亡，彼獨以邦士未去，遂以死節。因誌所疑附此焉。（考辨三九四頁）　祖耿案：説苑尊賢云：齊宣王坐，淳于髡侍。宣王曰：「先生論寡人何好？」淳于髡曰：「古者所好四，而王所好三焉。」宣王曰：「古者所好何與寡人所好？」淳于髡曰：「古者好馬，王亦好馬；古者好味，王亦好味；古者好色，王亦好色；古者好士，王獨不好士。」宣王曰：「國無士耳，有則寡人亦説之矣。」淳于髡曰：「古者驊騮騏驥，今無有。王選於衆，王好馬矣。古者有豹象之胎，今無有。王選於衆，王好味矣。古者有毛廧、西施，今無有。王選於衆，王好色矣。王必將待堯、舜、禹、湯之士而後好，則堯、舜、禹、湯之士亦不好王矣。」宣王嘿然，無以應。此文與策類似。策云王斗，而此則爲淳于髡。無由究詰之也。

七

齊王使使者問趙威后〔一〕，書未發〔二〕，威后問使者曰：「歲亦無恙耶？民亦無恙耶？王亦無恙耶〔三〕？」使者不説〔四〕，曰：「臣奉使使威后，今不問王而先問歲與民，豈先賤而後尊貴者乎？」威后曰：「不然！苟無歲，何以有民〔五〕？苟無民、何以有君？故有舍本而問末者耶〔六〕？』乃進而問之曰：『齊有處士曰鍾離子，無恙耶〔七〕？是其爲人也，有糧者亦食，無糧者亦食；有衣者亦衣，無衣者亦衣，是助王養其民者也！何以至今不業也〔八〕？葉陽子無恙乎〔九〕？是其爲人〔一〇〕，哀鰥寡，卹孤獨，振困窮，補不足，是助王息其民者也！何以至今不業也〔一一〕？北宮之女嬰兒子，無恙耶〔一二〕？徹其環瑱，至老不嫁，以養父母，是皆率民而出於孝情者也！胡爲至今不朝也〔一三〕？此二士弗業，一女不朝，何以王齊國子萬民乎〔一四〕？於陵子仲尚存乎〔一五〕？是其爲人也，上不臣於王，下不治其家，中不索交諸侯，此率民而出於無用者！何爲至今不殺乎〔一六〕？』

〔一〕鮑彪曰：威后，惠文后，孝威太后。金正煒曰：按，「威」爲尊嚴之稱，見文選魯靈光殿賦張注。祖耿案：顧觀光附此於赧王五十年。曰：威后問齊王而不及后，則后已先卒，其在齊襄王時明矣。況威后卒於趙孝成王二年，史有明文乎？鮑次於齊王建時，謬甚。

〔二〕吳師道曰：未發其封。

〔三〕鮑彪曰：恙，憂也。朱起鳳曰：恙者，憂也。無恙，當釋爲無憂。方言：沅、澧之原，凡言相憐哀，或謂之無寫。象字古文作爲，無寫即無象，實即無恙之假，音相近也。今吳俗相見寒暄，必曰：無寫，音訛而爲「無啥」。

〔四〕黃式三曰：不解也。

〔五〕黄丕烈曰：以，鮑本無。下同。

〔六〕「有」下原有問字。　姚注：劉本有兩「以」字。一無問字。　金正煒曰：按，「有問」之問，當從一本省。「故」，疑胡字之譌。詩桑柔：「胡斯畏忌」，箋：胡之言何也。管子侈靡篇：「公有行，故不送公」。「故」亦當作胡。此與之同。　吳昌瑩曰：故，猶顧也。

〔七〕鮑彪曰：鍾離，屬九江。　吳師道曰：路史云，沂之承（音懲）有鍾離城，乃晉吳會處。成十五年，杜云：淮南縣。今屬濠州者非。應劭云：鍾離子國在九江。蓋其後徙於此，吳滅之。　程恩澤曰：案九江之鍾離在今安徽鳳陽縣東四里，此非齊地也。史記齊世家：「會諸侯盟於鍾離」。劉昭曰：鍾離城南有羽泉。括地志：鍾離故城在沂水丞縣界。路史國名紀：鍾離國，子爵。徐之別封。今沂之丞（舊作承，非）有鍾離城，乃晉吳會處。應劭曰：在九江，蓋其後徙於此。吳滅之。若宜咎之所城（事見左傳，在今湖北漢川縣東五里），則楚地矣。齊乘，鍾離在沂州西南百餘里，楚將鍾離昧所築（此說非是。據路史，則鍾離之得名久矣，非因昧姓而有是名也。昧蓋因其地城之耳）。今爲山東兗州府嶧縣（洪亮吉謂在海州南，非是）。一顧觀光曰：鍾離子，亦以邑爲氏者。春秋成十五年，會吳於鍾離。今鳳陽府鳳陽縣東四百里，有鍾離舊城。

〔八〕「民」下原無者字。　鮑彪曰：不業，言不得在位成其職業。　黄丕烈曰：今本「民」下有者字，乃誤涉鮑也。鮑補者字。

〔九〕鮑彪曰：諸書葉陽皆不地。范睢傳注：華，一作葉。　吳師道曰：正義云：葉陽，今許州葉縣。又見魏策。　程恩澤曰：華陽子，案，姓氏急就篇亦作葉。然齊自有華地。左傳，齊有華不（同跗）注山，又有華泉，在今濟南府歷城縣東北十五里。或即在此山之南，水之北，未可知也。又，地理志：泰山郡有華縣，在今沂州府費縣東北六十里，本魯東防邑，戰國時亦屬齊。顧觀光曰：史記魏世家，無忌曰：秦之葉陽、昆陽與舞陽鄰。正義引括地志云：葉陽，今許州葉縣也（今葉縣屬南陽府）。時葉陽、昆陽屬秦，舞陽屬魏。按秦本紀：昭襄王十六年，封公子悝鄧爲諸侯。四十五年，葉陽君悝出之國，未至而死。蓋葉陽近鄧，皆悝之食邑。故有是稱矣。齊策有葉陽子。闕百詩謂古人以所居之地得氏，不必常於其地，是也。

〔一〇〕祖耿案：「人」下，疑當有也字。

〔一一〕鮑彪曰：息，生也。

〔一二〕程恩澤曰：案淮南子有北宮子。高誘注以爲齊人，即孟子北宮黝。是齊有北宮氏也，蓋以居爲姓者。顧觀光曰：許應元云：北宮，里名。非王之北宮也。

〔一三〕鮑彪曰：集韻：撤，去也。通作徹。情，猶誠。命婦則朝。

〔一四〕姚注：不，一作弗。黃丕烈曰：今本「弗業」之弗誤不。

〔一五〕鮑彪曰：於陵，屬濟南。皆以所居爲號。此自一人。若孟子所稱，已是七八十年矣。吳師道曰：路史：於陵，今淄之長山。又曰：此言於陵仲子之行，與孟子所稱者合，恐即此人也。趙惠文王與齊閔王同時。惠文后用事，實孝成之世，其在惠文時，則仲子猶相及。張琦曰：於陵故城在今濟南府長山縣西南二十里。程恩澤曰：案漢志：濟南郡有於陵縣（杜預曰：縣西北有於亭，陳桓子以封齊公子周）。齊記：於陵西三里有長白山，即陳仲子夫妻隱處。水經注：魚子溝水出長白山東柳泉口，山即陳仲夫妻之所隱也。其水又逕於陵縣故城西。孟子曰「居於陵」，即此處也（鮑以此與孟子所稱爲兩人。非是。高誘本此篇在宣王時，正與孟子同時）。魏收地形志：濟南郡逢陵縣有於陵城（或曰後魏改置縣於此）。寰宇記：故城在長山縣南二十五里，今在濟南府長山縣西南二十里（大事表作三十里）。顧觀光曰：齊策有於陵子仲，以所居爲號。水經濟水注云：魚子溝水出長白山東柳泉口。山即陳仲子夫妻之所隱也。其水又逕於陵縣故城西，北流注於隴水。漢志，於陵屬濟南，在今濟南府長山縣西南二十里。朱起鳳曰：此與孟子所載陳仲子雖同處於陵，然決非一人。蓋趙威后時，距孟子之卒已七八十年矣，以此知之。張宗泰曰：按於陵子仲當即陳仲子。不然，相去不過數十年，不應前后二人里居同，志行又同也。竊疑是時仲子雖没，爲時尚未甚久，文人借作波致以生情耳。注遂疑其爲二人，似未爲得解也（魯巖所學集）。錢穆曰：周柄中云：「陳仲子齊宣王時，趙威后齊王建時。考六國表自宣王元年至王建元年，凡七十有九年。仲子若壽考，何妨是時尚在？」今按：宣王元年至王建元年，實祇五十六年，六國表誤也。今姑定宣王元年仲子年三十左右，則至王建時亦僅八十許人。趙太后所謂：「何爲至今不殺」，正是遲之之意。鮑氏遽以生疑，非也。（考辨四二二頁）

〔六〕鮑彪曰：彪謂威后賢矣，其是非乃不詭於聖。齊有此數士不能察，至使鄰國老女子愧之。王建不足道也，時君王后故無恙，胡爲亦無察乎？吳師道曰：問王而不及后，必非君王后，王建時。鮑因策言謂后爲賢智，故曲説至此。

八

齊人見田駢，曰：「聞先生高議〔一〕，設爲不宦，而願爲役〔二〕。」田駢曰：「子何聞之？」對曰：「臣聞之鄰人之女。」田駢曰：「何謂也？」對曰：「臣鄰人之女，設爲不嫁，行年三十，而有七子。不嫁則不嫁，然嫁過畢矣〔三〕！今先生設爲不宦，訾養千鍾，徒百人〔四〕。不宦則然矣，而富過畢也〔五〕！」田子辭〔六〕。

〔一〕鮑彪曰：田駢，齊處士。　祖耿案：議與義通。顧觀光附此於赧王元年。曰：據史記，則田駢亦宣王時人。

〔二〕鮑彪曰：設者，虛假之辭。爲役，爲駢給使。　黄丕烈曰：今本議誤誼。吳氏補曰：恐是義字。金正煒曰：按，鮑、吳説并非也。漢書藝文志：田子二十五篇，名駢，齊人。游稷下，號「天口駢。」呂覽不二篇：「陳駢貴齊」。高注：陳駢，齊人也，作道書一十五篇。貴齊，齊生死，等古今也。陳駢即田駢。齊之諸田，亦稱陳氏。故賈子新書以田單爲陳單。此云不宦而願爲役，蓋亦許行之流，然祇譁衆取寵，言行不相顧，故是人譏以不嫁而多子也。田子書久亡，今其説之可見者，如尹文子大道上篇引田駢曰：「天下之士，莫不處其門庭，臣其妻子，必游宦諸侯之朝者，利引之也。」正與此策相合。

〔三〕鮑彪曰：畢，猶已。言過於嫁已矣。

〔四〕鮑彪曰：訾、資同。所資所養也。昭三年注：四豆爲區，自四以登至於釜，十則鍾。又，㮚氏注：四升爲豆，則鍾凡六斛四斗也。徒，從車者。　黄丕烈曰：今本鍾誤鐘。　金正煒曰：按淮南人間篇：陳駢子對孟嘗君之言曰：「臣之處於齊也，糲粢之飯，藜藿之羹，冬日則寒凍，夏日則暑傷。自唐子之短臣也，以身歸君，食芻豢，飯黍粱，服輕煖，乘牢良。臣故思之。」可爲此文之證。

〔五〕黄丕烈曰：也，鮑本作矣。　錢穆曰：按稷下學士皆不治而議論。田駢淳于髡之徒，雖溺情富貴，而復抗不仕之名。此由當時墨學既盛，如陳仲子以兄戴蓋祿爲不義，故亦相炫以爲名高也。淮南人間訓：「唐子短陳騈於齊威王，威王欲殺之，陳騈子與其屬出亡奔薛。孟嘗君聞之，使人以車迎。」而鹽鐵論論儒篇則謂田騈如薛在湣王世。兩説相較，以後説爲勝。此殆淮南之誤記也。（繹史謂：「威王不與孟嘗君同時，此或靖郭君之事。」然當靖郭君時，田文固不得稱孟嘗君，不如易威王爲湣王之得矣。又淮南稱田騈之言曰：「臣之處齊，糲粢之飯，藜藿之羹。冬則寒凍，夏則暑傷」，亦與策文不合）。（考辨三九三頁）

〔六〕鮑彪曰：辭，謝之也。金正煒曰：按呂覽士容篇：「田騈聽之畢而辭之」。注：辭，遣也。此亦當有之字，而誤脱。又，左氏襄十四年傳：「宣子辭焉」。注：辭，謝。

九

管燕得罪齊王〔一〕，謂其左右曰：「子孰而與我赴諸侯乎〔二〕？」左右嘿然莫對。管燕連然流涕曰〔三〕：「悲夫！士何其易得而難用也？」田需對曰：「士三食不得饜，而君鵝鶩有餘食〔四〕；下宮糅羅紈，曳綺縠，而士不得以爲緣〔五〕。且財者，君之所輕；死者，士之所重。君不肯以所輕與士，而責士以所重事君，非士易得而難用也〔六〕！」

〔一〕鮑彪曰：管燕，齊人。吴師道曰：無考。新序作燕相。黄丕烈曰：案，新序當有誤。祖耿案：御覽九一九引，「罪」下有於字。顧觀光附此於赧王元年。

〔二〕姚注：一本無而字。鮑彪曰：而，辭也。金正煒曰：按，易屯：「宜建侯而不寧。」釋文：鄭讀而曰能。呂覽不屈篇：「施而治農夫者也。」注：而，能也。淮南原道篇：「而以少正多。」注：而，能也。禮記禮運，正義曰：劉向說苑，能字皆作而。蘇秦說齊閔王章：「有而案兵而後起。」有而，猶言有能也。濮上之事章：「齊多知而解此環不？」而解，猶言能解也。鮑注非是。又案韓詩外傳作：「宋燕相齊見逐，罷歸之舍。召門尉陳饒等二十六人曰：諸大夫有能與我赴諸侯者乎？」與此策及說苑小異。　祖耿案：御覽四七五引、九一九引並作「子孰能與我赴諸侯乎？」　又案：韓詩外傳卷七，文最長，有二百三十七字之多。

〔三〕鮑彪曰：連與漣同。泣下也。　祖耿案：御覽四七五引、九一九引並作「漣然流涕」。

〔四〕鮑彪曰：饜，飽也。鶩，舒鳧。

〔五〕鮑彪曰：下宮，後宮下列。糅，雜。紈，素也。綺，文繒。緣，衣純。　祖耿案：御覽四七五引，糅作蹈。

〔六〕吳師道曰：田需，見魏策，與公孫衍並相者，豈即此人歟？說苑宗衛相齊，罷歸。召田饒等問，饒對亦與此合　黃丕烈曰：案韓詩外傳云：宋燕相齊，見逐罷歸，之舍。召門尉陳饒等二十六人。此策文當有誤。　朱起鳳曰：饒字作需，乃傳寫之誤。魏相亦有田需，與犀首同時。　祖耿案：新序雜事二：昔者燕相得罪於君，將出亡，召門下諸大夫曰：「有能從我出者乎？」三問，諸大夫莫對。燕相曰：「嘻，亦有士之不足養也。」大夫有進者曰：「亦有君之不能養士，安有士之不足養也？凶年飢歲，士糟粕不厭，而君之犬馬有餘穀粟，隆冬烈寒，士短褐不完，四體不蔽，而君之臺觀，帷幈錦繡，隨風飄飄而弊。財者，君之所輕，死者，士之所重也。君不能施君之所輕，而求得士之所重，不亦難乎？」燕相遂慚，遁逃不敢復見。說苑尊賢：宗衛相齊，遇逐罷歸舍。召門尉田饒等二十有七人而問焉曰：「士大夫誰能與我赴諸侯者乎？」田饒等皆伏而不對。宗衛曰：「何士大夫之易得而難用也。」饒對曰：「非士大夫之難用也，是君不能用也。」宗衛曰：「不能用士大夫，何若？」田饒對曰：「厨中有臭肉，則門下無死士。今夫三升之稷不足於士，而君鴈鶩有餘粟；紈素綺繡靡麗堂楯，從風雨弊，而士曾不得以緣衣；果園梨栗，後宮婦人摭以相擿，而士曾不得一嘗。且夫財者，君之所輕也，死者，士之所重也。君不能用所輕之財，而欲使士致所重之死，豈不難乎哉！」於是，宗衛面有慚色，逡巡避席而謝曰：「此衛之過也。」

十

蘇秦自燕之齊〔一〕，見於章華東門〔二〕，齊王曰：「嘻！子之來也〔三〕！秦使魏冉致帝，子以爲何如〔四〕？」對曰：「王之問臣也卒，而患之所從生者微〔五〕。今不聽，是恨秦也；聽之，是恨天下也〔六〕。不如聽之以卒秦，勿庸稱也以爲天下〔七〕。秦稱之，天下聽之，王亦稱之，先後之事帝名，爲無傷也〔八〕。秦稱之而天下不聽，王因勿稱，以收天下，此大資也〔九〕。」

〔一〕鮑彪曰：此（齊閔）三十六年。　吳師道曰：二十六年。　黃丕烈曰：鮑改秦爲子。吳氏補曰：字誤。丕烈案：史記作：蘇代自燕來入齊。　祖耿案：顧觀光隸此於赧王二十七年。

〔二〕原作「華章南門」。　鮑彪曰：史作「東門」。注：齊都賦：「小城北門」，不知是一門，非也。　吳師道曰：括地志：齊城東有閭門、武鹿、章華之門。　黃丕烈曰：華章，鮑本作章華。吳補：一本作華章。丕烈案：史記作章華東門。　程恩澤曰：案，據史記，則爲東門。據齊都賦注，則爲北門。據國策文，則爲南門，皆非也。　顧祖禹曰：章華，齊宮門名，蓋宮門之南門也。以「見」字審之，良信。　顧觀光曰：史記，湣王三十六年，蘇代自燕來，入齊，見於章華東門。齊策作南門。史記正義引括地志云：齊城東有閭門、武鹿、華之門，則策文誤矣。

〔三〕鮑彪曰：集韻，嘻，有所多大之聲。　吳師道曰：嘆聲。

〔四〕鮑彪曰：致帝，致帝號於齊。

〔五〕鮑彪曰：卒與猝同。患在後，故言「從往」，與從來異也。今未著，故言微。　黄丕烈曰：「生」，鮑本作往。吳補：一本作生。丕烈案：史記作來。

〔六〕鮑彪曰：違秦，秦恨之。　金正煒曰：恨，當讀爲很。說文：很，不聽從也。國語吳語：「今王將很天而代齊。」注：很，違也。晏子內篇：「君歡然與子邑，必不受以恨君何也？」王念孫曰：恨乃很之假字。漢書外戚傳：「何爲恨上如此？」新序雜事篇：「嚴恭承命，不以身恨『君』。」恨並與很義同。

〔七〕鮑彪曰：庸，用也。　吳師道曰：卒秦，卒成秦之事。　黄丕烈曰：鮑改「卒」爲「爲」，吳氏有正。　金正煒曰：按呂覽至忠篇：「非賢主，其孰能聽之。」注：聽，受也。秦策：「則王勿聽其事。」注：聽，從也，受也。卒，當爲誶。爾雅釋詁：誶，告也。漢書賈誼傳注引李奇：誶，告也。後漢書張衡傳：「慎𡨴顯於言天兮，占水火而妄誶。」注：誶，告也。

〔八〕鮑彪曰：雖稱有先後，無害於帝。

〔九〕勿稱下原有「其於」二字。姚注：一本無其字。　鮑彪曰：齊記三十六年有。彪謂此策自爲智則明，爲人謀則忠，蘇、張之巨擘也。　吳師道曰：受帝號以順秦，而不稱以收天下，無非詐謀耳！　黄丕烈曰：鮑衍「其」字。丕烈曰：史記無「其於」二字。　祖耿案：姚本本章下接「蘇秦謂齊王曰」。鮑本別爲一章。

十一

蘇秦謂齊王曰〔一〕：「齊秦立爲兩帝，王以天下爲尊秦乎？且尊齊乎〔二〕？」王曰：「尊秦。」「釋帝，則天下愛齊乎？且愛秦乎〔三〕？」王曰：「愛齊而憎秦。」「兩帝立，約伐趙，孰與伐宋之利也〔四〕？」王曰：「不如伐宋〔五〕。」曰：「夫然，約與秦爲帝，而天下獨尊秦而輕齊〔六〕；齊釋帝，則天下愛齊而憎秦；伐趙，不如伐宋之利；故臣願王明釋帝以就天下，倍約儐秦〔七〕，勿使爭重，而王以其間舉宋。夫有宋，則衛之陽地危〔八〕；有淮北，則楚之東國危〔九〕；有濟西，則趙之河東危〔一〇〕；有陶平陸，則梁門不啓〔一一〕。故釋帝而貳之以伐宋之事〔一二〕，則國重而名尊，燕楚以形服〔一三〕，天下不敢不聽，此湯武之舉也！敬秦以爲名〔一四〕，而後使天下憎之，此所謂「以卑易尊」者也。願王之熟慮之也〔一五〕！」

〔一〕黄丕烈曰：鮑改秦爲子。吳氏補曰：字誤，史作代。丕烈案：史記無此句。吳以意言之耳。當在上，入此者非。

〔二〕王引之曰：且，猶抑也。

〔三〕鮑彪曰：蘇子問。

〔四〕鮑彪曰：亦問辭。

〔五〕「也」下，原無「王曰：不如伐宋」六字。姚注：劉本有「王曰：不如伐宋」。黄丕烈曰：鮑，「也」下補「對曰：伐宋利」五字。丕烈案：史記有「王曰：伐桀宋利。」

〔六〕「曰」上原有對字。然約，原作約然。姚注：一本無然字。鮑彪曰：然其伐宋之約。吴師道曰：史作「夫約鈞然」，言齊、秦俱相約如此。一本無然字。愚恐鈞、約字訛，無然字，而以「約與」連下文讀爲是。黄丕烈曰：案史記「夫約鈞」句絶，「然」下屬，此當有誤。金正煒曰：按「約然」二字，蓋誤乙也。夫指事之辭，禮記大傳注：然，如是也。約字當屬下爲句。周書大聚解：「夫然，則關夷市平，財無鬱廢，」文與此同。

〔七〕鮑彪曰：倍、背同。儐、擯同。集韻：棄也。吴師道曰：擯、儐、賓古通用。策多有，後倣此。黄丕烈曰：案：史記作賓。

〔八〕地，原作城。鮑彪曰：陽城，汝南、潁川皆有。吴師道曰：非衛地。史作陽地。注：濮陽之地。張琦曰：史正義：「衛此時河南獨有濮陽。」程恩澤曰：案方輿紀要，陽城一作陽地，又作陘地，處則未聞。姑從吴説爲是。祖耿案：陽地説見秦五，濮陽人呂不韋章。

〔九〕鮑彪曰：淮北，淮水之北。淮出平氏桐柏。吴師道曰：淮出南陽平氏縣胎簪山，禹自桐柏導之，東會泗沂入海。張琦曰：史正義：淮北，徐泗也。東國謂下相、僮、取慮也。按下相故城在今徐州府宿遷縣北七十里，僮在今睢寧縣境，取慮在今鳳陽府靈璧縣北。徐州府以北宋地，睢寧、宿遷以南楚地。淮水自今河南桐柏縣山東，經信陽州羅山、確山、真陽、息縣、光山、光州、固始入安徽霍邱、潁上、壽州、懷遠、鳳陽府、盱眙、泗州，匯爲洪澤湖，東北至清河縣南，合大河，又東經山陽、安東入海。顧觀光曰：淮北本吴地而楚取之。史記：越已滅吴而不能正江淮北。楚東侵，廣地至泗上是也。後入於宋。宋策：康王滅滕伐薛，取淮北之地。宋世家：王偃十一年，南敗楚，取地三百里是也。宋滅後入於齊。田齊世家：齊遂伐宋。南割楚之淮北是也。齊破後，又入於楚。史表：頃襄王十五年，取齊淮北是也。故考烈王元年，以淮北地十二縣賜春申君。史記春申君傳：後十五歲，黄歇言之楚王曰：「淮北地邊齊，其事急，請以爲郡便。」因并獻淮北十二縣，請封於江東。據此，則淮北嘗爲郡。祖耿案：東國説見西周策薛公以齊爲韓魏攻楚章。

〔一〇〕鮑彪曰：濟西，莊十八注：濟水之西。河東，趙河之東，非郡也。張琦曰：史作「阿東國危」。正義曰：「即東阿，爾時屬趙。」非也。東阿不得屬趙。方輿紀要以爲在齊者爲東阿，在趙者爲西阿，亦非。阿蓋河之譌也。濟西，今菏澤、鄆城、壽張之地，趙河之東，今臨清以西，趙之邊邑也。文主舉宋言。淮北、濟西、陶、平陸皆故宋地。程恩澤曰：案，鮑謂非河東郡，甚是。但其地不知所在。張氏琦曰，濟西，今菏澤、鄆城、壽張之地，趙河之東，今臨清以西，趙邊邑也。由濟西推之，當在今直隸清河、元城、大名、南樂、清豐等處，凡在漳河之東者皆是。顧觀光曰：齊策蘇代曰：有濟西則趙之河東危。燕策蘇代曰：濟西不役。所以備趙也。是齊之西境，與趙爲鄰者。又曰：齊策曰：「衛得是籍也，亦收餘甲而北面，殘剛平、墮中牟之郭。衛非强於趙也，藉力魏而有河東之地。」據此則剛平、中牟並在河東，亦趙地之近齊者也。故齊策云有濟西，則趙之河東危。趙策云：請以河東易燕地於齊。

〔一一〕陶，原作陰。鮑彪曰：陰屬南陽。梁門，大梁之門。吴師道曰：陰即陶。説見趙策。黄丕烈曰：案，史記作陶。張琦曰：平陸，故魯中都也。今汶上縣是。程恩澤曰：案，水經注：武隧津北對長城門，謂之汾門，又謂之梁門。易水東分爲梁門陂。易水又東，梁門陂水注之。則梁門本地名。然在國策，自以舊注爲是，蓋即所謂夷門等門耳。又案地理志：東平國有東平陸。應劭曰：古厥國。郡國志：東平陸，六國時曰平陸。水經注：汶水西南逕東平陸故城北。元和志：中都本魯邑。定公以孔子爲中都宰。故城在今縣（唐志：中都縣）西三十九里。（水經注引郡國志曰：須昌縣有致密城，古中都也。即夫子所宰之邑矣。在平陸縣西）。漢以其地爲東平陸縣。太平御覽：鄆州中都縣，漢爲平陸縣。史記：魯敗齊師於平陸，即此。今兗州府汶上縣西北有平陸故城。　又曰：案此章皆言伐宋，既得宋地，則衛、楚、趙、魏皆震動，故勸齊取之。凡淮北、濟西、陰、平陸等處皆宋地。蓋王偃時東伐齊取五城，南敗楚取地三百里，西敗魏軍，故能跨有諸侯之境。其後齊與楚、魏共滅之，三分其地。魏得其梁、陳留。齊得其濟陰、東平。楚得其沛（此說見大事記。雖與史記不合，然其爲宋地無疑也）。沛、即淮北也。濟陰、東平即濟西、陰、平陸也。舊說俱未明晰。　顧觀光曰：魯仲連與燕將書，前言楚攻南陽，魏攻平陸，後言棄南陽，斷右壤，是平陸爲齊之右壤，與魏地相接也。故齊策云：有陰、平陸，則梁門不啓。又史記，康公十五年，魯敗齊平陸。正義曰：平陸，兗州縣也，在大梁東界（漢志：東平國東平陸，在今兗州府汶上縣西北）。魏世家：無忌曰，又長驅梁北，東至陶、衛之郊，北至平、監。正義曰：平，即平陸。是平陸亦單稱平矣。　祖耿案：陶，說見秦策秦客卿造謂穰侯曰章。　又案：馬王堆帛書第十二、十四章均以陶、平陵並稱。此平陸即平陵之誤。平陵亦即平丘，處於大梁東北，去大梁時近（說見文物一九七七年第二期七九頁）。

〔二〕鮑彪曰：貳不與秦合也。秦約伐趙而此伐宋。

〔三〕鮑彪曰：刑，猶威也。言畏威而服。　黄丕烈曰：形，鮑本作刑。丕烈案：史記作形。

〔四〕鮑彪曰：非實敬之。

〔五〕鮑彪曰：齊記與上爲一章。今詳上章猶欲聽秦，此章決欲儐之，非一日之談，爲二章可也。

卷十二　齊五

一

蘇代說齊閔王曰〔一〕：「臣聞用兵而喜先天下者，憂〔二〕；約結而喜主怨者，孤〔三〕；夫後起者藉也；而遠怨者時也〔四〕；是以聖人從事，必藉於權而務興於時〔五〕。夫權藉者，萬物之率也；而時勢者，百事之長也〔六〕；故無權藉，倍時勢，而能事成者，寡矣〔七〕！今雖干將莫邪，非得人力，則不能割劌矣〔八〕；堅箭利金，不得弦機之利，則不能遠殺矣〔九〕；矢非不銛，而劍非不利也〔一〇〕，何則？權藉不在焉！何以知其然也？昔者，趙氏襲衛，車不舍，人不休，傅衛國，城剛平，衛八門土而二門墮矣〔一一〕！此亡國之形也！衛君跣行告遡於魏〔一二〕，魏王身被甲砥劍，挑趙索戰，邯鄲之中鶩，河、山之間亂〔一三〕。衛得是藉也，亦收餘甲，而北面殘剛平，墮中牟之郭〔一四〕。衛非强於趙也，譬之衛矢而魏弦機也〔一五〕，藉力於魏而有河東之地〔一六〕。趙氏懼，楚人救趙而伐魏，戰於州西〔一七〕，出梁門，軍舍林中，馬飲於大河〔一八〕；趙得是藉也，亦襲魏之河北，燒棘蒲，墜黄城〔一九〕。故剛平之殘也，中牟之墮也，黄城之墜也，棘蒲之燒也，此皆非趙魏之欲也〔二〇〕。然二國勸行之者，何也？衛明於時權之藉也！今世之爲國者不然矣！兵弱而好敵强，國罷而好衆怨，事敗而好鞠之，兵弱而憎下人，地狹而好敵大，事敗而好長詐〔二一〕，行此六者而求伯，則遠矣！臣聞善爲國者，順民之意而料兵之能，然後從於天下〔二二〕；故約不爲人主怨，伐不爲人挫强〔二三〕；如此，則兵不費，權不輕，地可廣，欲可成也。昔者齊之與韓魏伐秦楚也〔二四〕，戰非甚疾也，分地又非多韓魏也〔二五〕，然而天下獨歸咎於齊者，何也？以其爲韓魏主怨也〔二六〕。且天下徧用兵矣，齊、燕戰而趙氏兼中山，秦、楚戰韓、魏不休而宋、越專用其兵〔二七〕；此十國者，皆以相敵爲意，而獨舉心於齊者，何也？約而好主怨，伐而好挫强也。且夫强大之禍，常以王人爲意也〔二八〕；弱小之殃，常以謀人爲利也〔二九〕；是以大國危，小國滅也。大國之計，莫若後起而重伐不義〔三〇〕。夫後起之藉與多而兵勁，則事以衆强適罷寡也〔三一〕。兵必立也。事不塞天下之心，則利必附矣〔三二〕。大國行此，則名號不攘而至，伯王不爲而立矣〔三三〕。小國之情，莫如謹静而寡信諸侯〔三四〕。謹静，則四鄰不反；寡信諸侯，則天下不賣〔三五〕。外不賣，内不反，則擯禍，稸積朽腐而不用，幣帛矯蠹而不服矣〔三六〕。小國道此，則不祠而福矣，不貸而足矣〔三七〕。故曰：「祖仁者王，立義者伯，用兵窮者亡〔三八〕。」何以知其然也？昔吴王夫差以强大爲天下先，襲郢而棲越，身從諸侯之君，而卒身死國亡爲天下戮者，何也〔三九〕？此夫差平居而謀王，强大而喜先天下之禍也！昔者，萊、莒好謀，陳、蔡好詐，莒恃越而滅，蔡信晉而亡〔四〇〕。此皆内長詐外信諸侯之殃也！由此觀之，則强弱大小之禍，可見於前事矣。語曰：「騏驥之衰也，駑馬先之；孟賁之倦也，女子勝之〔四一〕。」夫駑馬、女子，筋力骨勁，非賢於騏驥孟賁也，何則？後起之藉也〔四二〕。今天下之相與也不並滅〔四三〕，有而案兵而後起，微怨而誅不直，用兵而寄於義，則亡天下可蹻足而須也〔四四〕。明於諸侯之故，察於地形之理者，不相約而親，不相質而固〔四五〕，不趨而疾，衆事而不反，交割而不相憎，俱彊而加以親〔四六〕。何則？形同憂而兵趨利也〔四七〕。何以知其然也？昔者，齊、燕戰於桓之曲，燕不勝，十萬之衆盡，胡人襲燕樓煩數縣，取其牛馬〔四八〕。夫胡之與齊，非素親也，而用兵又非約質而謀燕也，然而甚於相趨者，何也？則形同憂而兵趨利也〔四九〕。由此觀之，約於同形則利長，後起則諸侯可趨役也〔五〇〕。故明主察相，誠欲以伯王爲志，則戰攻非所先〔五一〕。戰者，國之殘也，而都縣之費也〔五二〕。殘費已先，而能從諸侯者，寡矣。彼戰者之爲殘也，士聞戰，則輸私財而富軍市〔五三〕，輸飲食而待死士，令折轅而炊之，殺牛而觴士〔五四〕，則是路軍之道也〔五五〕。中人禱祝，君翳穰，通都小縣置社，有市之邑，莫不止事而奉王〔五六〕。則此虛中之計也。夫戰之明日，尸死扶傷，雖若有功也，軍出費，中哭泣，則傷主心矣〔五七〕。死者破家而葬，夷傷者空財而共藥，完者內酺而華樂，故其費與死傷者鈞〔五八〕。故民之所費也，十年之田而不償也。軍之所出，矛戟折，鐶弦絕〔五九〕，傷弩破車罷馬亡矢之大半，甲兵之具，官私之所出也〔六〇〕，士大夫之所匿，廝養士之所竊，十年之田而不償也〔六一〕。天下有此再費，而能從諸侯者，寡矣〔六二〕。攻城之費，百姓理襜蔽，舉衝櫓，蒙雜總，穿掘穴〔六三〕，衆罷於刀金，而士困於土功，將不釋甲，期數而能拔城者，爲亟耳〔六四〕。上倦於教，士斷於兵，故三下城而能勝敵者，寡矣〔六五〕。故曰：彼戰攻者非所先也。何以知其然也？昔智伯瑤攻范、中行氏，殺其君，滅其國，又西圍晉陽，吞兼二國而憂一主〔六六〕。此用兵之盛也。然而智伯卒身死國亡爲天下笑者，何謂也？兵先戰攻而滅二子之患也〔六七〕。昔者，中山悉起而迎燕、趙，南戰於長子，敗趙氏；北戰於中山，克燕軍，殺其將〔六八〕。夫中山，千乘之國也，而敵萬乘之國二，再戰比勝，此用兵之上節也，然而國遂亡，君臣於齊者，何也？不嗇於戰攻之患也〔六九〕。由此觀之，則戰攻之敗，可見於前事矣〔七〇〕。今世之所謂善用兵者，窮戰比勝而守不可拔，天下稱爲善〔七一〕。一國得而保之，則非國之利也〔七二〕。臣聞戰大勝者，其士多死，而兵益弱；守而不可拔者，其百姓罷而城郭露〔七三〕；夫士死於外，民殘於内，而城郭露於境，則非王之樂也。今夫鵠的，非咎罪於人也，便弓引弩而射之，中者則善，不中則愧，少長貴賤則同心於貫之者，何也？惡其示人以難也〔七四〕。今窮戰比勝而守必不拔，則是非徒示人以難也，又且害人者也，然則天下仇之必矣。夫罷士露國而多與天下爲仇，則明君不居也；素用强兵而弱之，則察相不事也〔七五〕；彼明君察相者，則五兵不動而諸侯從，辭讓而重賂至矣〔七六〕。故明君之攻戰也，甲兵不出而敵國勝，衝櫓不施而邊城降，士民不知而王業至矣〔七七〕。彼明君之從事也，用財少，曠日遠，而爲利長者〔七八〕。故曰：兵後起，則諸侯可趨役也。臣之所聞攻戰之道非師者，雖有百萬之軍，北之堂上；雖有闔閭、吴起之將，禽之户内；千丈之城，拔之尊俎之間；百尺之衝，折之衽席之上〔七九〕；故鐘鼓竽瑟之音不絶，地可廣而欲可成；和樂倡優侏儒之笑不乏，諸侯可同日而致也〔八〇〕。故名配天地不爲尊，利制海内不爲厚〔八一〕。故夫善爲王業者，在勞天下而自佚，亂天下而自安，佚治在我，勞亂在天下，則王之道也〔八二〕。鋭兵來則拒之，患至則趨之，使諸侯無成謀，則其國無宿憂矣〔八三〕。何以知其然也〔八四〕？昔者魏王擁土千里，帶甲三十六萬，其强北拔邯鄲，西圍定陽，又從十二諸侯朝天子，以西謀秦〔八五〕。秦王恐之，寢不安席，食不甘味，令於境内，盡堞中爲戰具，竟爲守備，爲死士置將，以待魏氏〔八六〕。衛鞅謀於秦王曰：「夫魏氏，其功大而令行於天下，有從十二諸侯而朝天子，其與必衆，故以一秦而敵大魏，恐不如。王何不使臣見魏王，則臣請必北魏矣〔八七〕。」秦王許諾。鞅衛見魏王，曰：「大王之功大矣！令行於天下矣！今大王之所從十二諸侯，非宋、衛也，則鄒、魯、陳、蔡，此固大王之所以鞭箠使也，不足以王天下〔八八〕。大王不若北取燕，東伐齊，則趙必從矣；西取秦，南伐楚，則韓必從矣。大王有伐齊、楚之心，而從天下之志，則王業見矣。大王不如先行王服，然後圖齊、楚〔八九〕。」魏王説於衛鞅之言也，故身廣公宫，制丹衣，建九斿之旌，從七星之旟，此天子之位也，而魏王處之〔九〇〕，於是齊、楚怒，諸侯奔齊，齊人伐魏，殺其太子，覆其十萬之軍〔九一〕。魏王大恐，跣行按兵於國，而東次於齊，然後天下乃舍之〔九二〕。當是時，秦王垂拱受西河之外，而不以德魏王〔九三〕。故衛鞅之始與秦王計也，謀約不下席，言於尊俎之間，謀成於堂上，而魏將以禽於齊矣；衝櫓未施，而西河之外已入於秦矣〔九四〕。此臣之所謂北之堂上，禽將户内，拔城於尊俎之間，折衝席上者也〔九五〕。」

〔一〕代，原作秦。姚注：一本無上二字。黄丕烈曰：今本秦作「子」，乃誤涉鮑也。鮑改秦爲「子」。吴氏補曰：「此策舊爲蘇秦，實誤。前章代誤爲秦，或遂以此爲代，則亦不然。一本無章首二字者是矣。」丕烈案：吴説甚詳（祖耿案：説見後），此最是。今本乃反依鮑改，致爲誤也。錢穆曰：蘇秦死，當威宣之際，豈得下及閔王？其書乃後世習老子言者所爲，而假托於秦。不得以此疑閔王立，尚在蘇秦未死前也。（考辨二六九頁）祖耿案：文選非有先生論注引蘇代説齊王曰：「祖仁者王，立義者霸。」則此當作代。顧觀光附此於赧王二十七年。

〔二〕鮑彪曰：爲天下先。

〔三〕鮑彪曰，爲約以結與國而伐人，人必怨之。又爲之主，衆所不與也，故孤。金正煒曰：按國語晉語：不若使齊秦主楚怨。注：主楚怨，爲怨主也。

〔四〕鮑彪曰：藉，言有所資權是也。時，得其時也。人怨之，則雖欲乘時不能也。

〔五〕鮑彪曰：權者，事之宜，重之所在也。上言「後起者藉」，藉此而已。

〔六〕鮑彪曰：率、帥同，猶長也。

〔七〕鮑彪曰：倍，背同。

〔八〕鮑彪曰：博物志：干將，陽龍文，莫邪，陰漫理。此二劍，吴王使干將作。干將，越人。莫邪，其妻，亦善作劍。**劌**，利傷也。

〔九〕金正煒曰：按，金謂矢鏃也，孟子離婁下篇：抽矢叩輪，去其金。趙注：叩輪去鏃。孫疏：去其鏃利。

〔一〇〕鮑彪曰：集韻：銛，利也。

〔一一〕「舍」上原無不字。傅，原作傳。剛，原作割。 鮑彪曰：車舍人，主車者。傳，驛遞也。不休傳，言其警急。割平，言城中割地求成。平，成也。 黄丕烈曰：傅，今本作傳。鮑本作傳。 王念孫曰：鮑說甚謬。傳當爲傅，割當爲剛，皆字之誤也，傅衛國爲句。城剛平爲句。傅衛國者，傅，附也。言兵附於國都。故下文曰：「衛八門土而二門墮也。」城剛平者，剛平，邑名。城此邑以偪衛，若晉人城虎牢以偪鄭也。秦策曰：趙築剛平，衛無東野，芻牧薪采，莫敢闚東門。高注曰：剛平，衛地，趙築之以爲邑。是其證也。下文曰：「衛君跣行，告遡於魏。魏王身被甲底劍，挑趙索戰。衛得是藉也，亦收餘甲而北面，殘剛平，墮中牟之郭。」是趙城剛平以偪衛，衛得魏之助，因收餘甲而殘剛平也。史記趙世家曰：「敬侯四年，築剛平以侵衛」，即此所謂城剛平也。又曰：「五年，齊、魏爲衛攻趙，取我剛平。」即下文所謂殘剛平也（祖耿案：剛平說見秦策四或爲六國說秦王章）。 程恩澤曰：案，下云藉力魏而有河東之地，則剛平當在趙之河東。蓋本衛地，而趙取之（秦策云：築剛平，衛無東野）後又屬衛也。顧祖禹曰：今直隸大名府清豐縣西南有剛平城。 金正煒曰：按，「車舍」，當爲車不舍。此四句並以三言爲對文也。方言七發，税，舍車也。漢書王吉傳注：舍，止息。「傳衛國城割平」，當從王念孫雜志作傅衛國城剛平。 土與杜通，小爾雅廣詁：杜，塞也。墨子備城門篇：以柴木土稍杜之。詩鴟鴞：「徹彼桑土」，方言三注，作「徹彼桑杜」。緜緜詩：「自土沮漆」，漢書地理志作：「自杜沮漆。」皆杜、土通用之證。朱起鳳曰：割當爲剛，草書形似而訛。

〔一二〕鮑彪曰：遡、愬同。

〔一三〕砥，原作底。鮑彪曰：底、砥同，礪也。騖，亂馳也。吳師道曰：魏王，魏武侯也。時未稱王。此辯士之詞，猶下稱孝公爲秦王。金正煒曰：按漢書朱博傳：「晝夜馳騖。」考證引蕭該音義云：字書曰，騖，亂馳也。史記趙世家：「燕、秦謀王之河山，間三百里而通矣。」或爲河關，聲近而誤。張儀爲秦連橫說齊章：「悉趙涉河關。」河關在趙之東，故下文云：「衛藉力魏而有河東之地。」

〔一四〕鮑彪曰：中牟屬河南，趙獻侯自耿徙此。趙記注詳。吳師道曰：此據地理志，瓚及索隱以爲非。正義云：中牟，趙邑，在相州湯陰縣西。有牟山，邑在山側。張琦曰：中牟在今彰德府湯陰縣西五十里。漢志謂河南之中牟，蓋誤。程恩澤曰：案，吳説是也（詳見春秋正義、史記集解）。晏子春秋：晏子之晉，至中牟。韓非外儲説：晉平公問趙武曰：中牟，三國之股肱，邯鄲之肩髀。水經注：魏徙大梁，趙以中牟易魏。皆此中牟在河北之證。距今開封府之中牟縣數百里（晉志以滎陽郡中牟爲趙都，亦誤）。曹之升曰：河北之險莫如鄴，次即中牟，以有漳水之固，又與鄴相近，亦一都會也（此春秋時衛走邯鄲之道。以左氏衛侯將如五氏，過中牟推之，舊説甚確。五氏在今邯鄲西南）。今湯陰縣西五十里有中牟城。顧觀光曰：獻侯治中牟，漢志以河南郡之中牟當之。薛瓚曰：「中牟在春秋之時，爲鄭之疆也。及三卿分晉，則在魏之邦土。趙自漳北，不及此也。春秋傳曰：『衛侯如晉，過中牟。』非衛適晉之次也。汲郡古文曰：『齊師伐趙東鄙，圍中牟。』此中牟不在趙之東也。按中牟當在漯水之上矣。」水經渠水注云：春秋齊伐晉夷儀，晉車千乘在中牟。衛侯過中牟，中牟人欲伐之。服虔不列中牟所在。杜預曰：今滎陽有中牟，迴遠，疑爲非也。然地理參差，土無常城，隨其强弱，自相吞并，疆里流移，甯可一也？兵車所指，逕紆難知。自魏徙大梁，趙以中牟易魏，故趙之南界，極於浮水，匪直專漳也。趙自西取後止中牟，齊師伐其東鄙，於宜無嫌。而瓚徑指漯水，空言中牟所在，非論證也。按，水經注力主漢志而說者多以薛說爲是。今考韓非子外儲說云：「中牟，三國之股肱，邯鄲之肩髀。」齊策云：「衛得是藉也，亦收餘甲而北面殘剛平，墮中牟之郭。衛非强於趙也，藉力魏而有河東之地。」據此，則中牟當在河東矣。史記，悼襄王元年，魏欲通平邑、中牟之道不成。（祖耿案：趙世家：「悼襄王元年，大備魏。欲通平邑、中牟之道，不成。」）正義云：時二邑皆屬魏，欲渡黃河作道相通。按，平邑在今南樂縣東北七里，則中牟當與相近矣。索隱曰：此趙中牟在河北，非鄭之中牟。正義曰：相州湯陰縣西五十八里，有牟山（今湯陰縣，屬彰德府）。中牟邑在此山側，恐出臆度。今姑闕之。

〔一五〕黃式三曰：安王二十年事。

〔一六〕「力」下原無於字。　姚注：一本「非」下有有字。曾，「力」下有於字。　鮑彪曰：趙敬侯四年，築剛平以侵衛。五年，齊、魏爲衛敗我剛平。　張琦曰：河東之地，濬，滑之東，衛故地也。

〔一七〕鮑彪曰：州屬河內。　張琦曰：今懷慶府東五十里故武德城，古州城也。　程恩澤曰：案，漢志：河內郡有州縣，本周蘇忿生邑。後屬鄭，又屬晉。左傳子產歸州田於韓宣子，宣子因徙居之（見韓世家），不知何時又入魏。括地志：故州城在懷州武德縣（地理志：州與武德爲兩縣。隋改州爲邢邱，亦曰安昌。唐改爲武德，今併入河內縣）。顧祖禹曰：今懷慶府河內縣東南五十里，有武德城，即其地也（江永、洪亮吉說並同）。錢坫謂在今武陟縣西，沁水之南，亦係接壤。　顧觀光曰：漢志屬河內。在今武陟縣西，沁水之南。

〔一八〕姚注：一本「出」下有於字。　鮑彪曰：魏記注，宛有林鄉。　張琦曰：今新鄭縣東二十五里有故林鄉城。程恩澤曰：案左傳宣元年，會晉師於棐林。杜預曰：苑陵縣東南有林鄉（本郡國志）。徐廣曰：林鄉在宛縣。索隱曰：劉氏云林地在大梁西北，徐以爲在宛縣，非也（宛，今南陽縣。宛陵，今新鄭縣）。括地志：宛陵故城在鄭州新鄭縣東北三十八里，本鄭舊縣也。今開封府新鄭縣東三（顧作二）十五里有林鄉城，即棐林也（此地一名棐，文十三年鄭伯會公于棐是也。一名林，此林軍是也。一名棐林，又名林鄉。水經注：林鄉故城在新鄭東如北七十許里，苑陵故城東南五十許里）。路史謂宛陵有棐（一作蘽）林，林鄉分爲二（說本水經注）。注云：集韻，棐在魏郡，疑誤。方輿紀要謂棐林即北林，又合爲一，亦誤。杜注：北林，滎陽中牟縣西南有林亭。在鄭北，與棐林異地。水經注：林亭南去新鄭縣故城四十餘里，蓋以南有林鄉亭，故杜預據是爲北林，甚密。則林鄉即棐林，非北林明矣（服虔以北林爲鄭南地，京相璠又以林鄉在新鄭北，故顧氏混而爲一）。鮑注宛有林鄉，即徐廣注說也。顧觀光曰：史記蘇代曰：兵困於林中。又，魏世家無忌曰：從林中以至於今（坊本林下有鄉字，乃因徐注而衍）。徐廣曰：林鄉在宛縣。索隱引劉氏云：林蓋春秋時鄭地之棐林，在大梁西北（當云西南）。徐廣云在宛縣，非也。正義引括地志云：宛陵故城在鄭州新鄭縣東北三十八里（今新鄭縣，屬許州府）。劉徐二說，是其地也。按漢志，苑陵屬河南，宛、苑古字通。徐注宛縣，即此。索隱蓋以南陽郡之宛縣當之，故以徐說爲非。正義合爲一說，得其解矣。水經渠水注云：華水又東，逕棐城北，即北林亭也。春秋宣公元年，諸侯會於棐林以伐鄭。楚救鄭，遇於北林。服虔曰：北林，鄭南地也。京相璠曰：今滎陽苑陵縣有故林鄉，在新鄭北，故曰北林也。按林鄉故城在新鄭東如北七十許里。苑陵故城在東南五十許里，不得在新鄭北也。京、服之說並爲疎矣。杜預云：滎陽中牟縣西南有林亭，在鄭北。今是亭南去新鄭故城四十許里。蓋以南有林鄉亭，故杜預據是以爲北林，最爲密矣。又以林鄉爲棐，亦或疑焉。諸侯會棐，楚遇於此。寧得知不在是，而更指他處也？積古之傳事或不謬矣（據此則林與棐林又微有別）。金正煒曰：「出梁門」，出字亦疑杜之譌。秦策：「杜大梁之門。」

〔一九〕蒲，原作溝，下同。墜，原作隊。　鮑彪曰：河北，屬河東。敬侯六年，借兵楚，取魏棘蒲，不注。宣二年注：大棘，在陳留襄邑南。蒲，南蒲，蒲坂也。謂此。八年拔魏黄城，陳留外黄是。　吴師道曰：正義云：今趙州平棘縣，古棘蒲邑。又云：括地志，故黄城在魏州冠氏縣南十里，因黄溝爲名。按，陳留外黄城，非隋所別也。大事記從上說，當考。　黄丕烈曰：鮑改「溝」爲蒲。吴氏補曰：史趙世家作蒲。　張琦曰：蓋趙河之北爲魏所侵者，此時趙復襲奪之，非河東縣也。今趙州治即古棘蒲。黄城當是內黄。　程恩澤曰：案漢志，河東郡有河北縣，即故魏國，今芮城縣也。但此乃漢縣，非戰國時所云河北。以下文推之，其地當在今大名、彰德之間，則亦謂大河以北耳（即下棘蒲、黄城等處）。漢志，常山郡有平棘縣。應劭曰：即棘蒲也。闞駰曰：平棘，本晉之棘蒲，戰國時改爲平棘。此正義所本也。顏師古曰：功臣表，高帝時有棘蒲侯陳武（六年封），又有平棘侯林摯（七年封）。文帝時，有棘蒲侯柴武（按，史記漢興以來將相名臣年表：文帝三年，棘蒲侯陳武爲大將軍，非柴也。齊悼惠王世家稱棘蒲侯柴將軍。張晏曰：柴武。臣瓚曰：漢帝年紀爲陳武。此云柴武，爲有二姓。則柴武即陳武也）。武帝時，又有平棘侯薛澤。則棘蒲、平棘非一處也。錢坫曰：棘蒲，魏邑。靳歙傳所謂：安陽以東至棘蒲者，是平棘，在安陽西（當作北）數百里，不得合而爲一。（高士奇曰：晉遷平棘於棘蒲，屬趙國。由是遂以平棘名。今趙州城中，聞猶有棘蒲社。錢大昕曰：或棘蒲國除之後，有入平棘。俱非是。）然其地不知所在。且高本作棘溝，鮑又分爲兩地。說無一定，姑從闕疑爲是。黄城之說，鮑屈而吴信矣。策明言河北，彪乃舉河南外黄爲證，其謬固不待言。然河北之黄亦有二。顧祖禹曰：志云：蘇秦所言之黄城，當是內黄縣，今屬彰德府。則以爲在今東昌府冠縣者，仍非定論也。顧觀光曰：趙世家，敬侯六年，伐魏取棘蒲。八年，拔魏黄城。即齊策所謂：趙襲魏之河北，燒棘蒲，隊黃城也。正義曰：今趙州平棘縣，古棘蒲邑。錢氏坫云：漢志，平棘屬常山，在安陽西數百里，當是趙地。而棘蒲乃魏邑。斬歙傳所謂，安陽以東至棘蒲者也。正義説誤。（祖耿案：黃説，見秦策四，説秦王曰章。）黃式三曰：燒棘蒲，安王二十一年事。隊黃城，安王二十三年事。

〔二〇〕黃丕烈曰：墜，鮑本作隊。

〔二一〕「人」下原有也字。姚注：曾本無也字。鮑彪曰：罷、疲同音，下同。好衆怨，樂與衆爲怨。鞠之，鞠，窮也。言遂事。長詐，長，益之。金正煒曰：衆，當爲聚，形似而譌也。鮑注「樂與衆爲怨」，非是。之與志同。説文無志字，古或借「之」爲志，如墨子天志作「天之」是也。書盤庚「爾惟自鞠自苦」，傳：鞠，窮也。爾雅釋言，「鞠，窮也。」注：鞠，窮盡也。姚云曾本無「也」，此蓋下句地字之誤衍。

〔二二〕鮑彪曰：從，謂後之。

〔二三〕鮑彪曰：不以兵爲人挫强敵。

〔二四〕吳師道曰：齊閔王十一年，楚懷二十六年，齊與韓、魏爲楚負其從親而合秦，遂共伐楚。閔王十六年，合韓、魏以伐秦，秦昭王九年也。黃丕烈曰：鮑衍秦字，吳氏有正。黃式三曰：赧十二年，伐楚，赧十七年、十九年伐秦。

〔二五〕鮑彪曰：言得地等耳。金正煒曰：疾，力。見呂覽尊師篇注。

〔二六〕鮑彪曰：是楚懷二十六年，此二十一年。吳師道曰：此十二年。

〔二七〕鮑彪曰：未詳。

〔二八〕鮑彪曰：欲爲人王。金正煒曰：王，疑亡之譌。楚策：且大王嘗與吳人五戰三勝而亡之陳卒盡矣。王又譌爲亡。正可互證。作王，義亦自通，惟王伯是圖，非必爲禍。

〔二九〕「弱」上原有夫字。姚注：一無夫字。吳師道曰：恃謀人以爲利而致殃。

〔三〇〕鮑彪曰：不義雖可伐，亦不可輕。吳師道曰：主於後起藉權，不以伐不義爲急也。

〔三一〕姚注：事，劉本作是字。鮑彪曰：藉多，人與之多。黃丕烈曰：鮑改「事」爲是，改「適」爲敵，吳氏補曰：敵、適通。金正煒曰：按，與多，謂與國多。鮑注未晰。與多兵勁，正即下所云衆强也。是作「事」，敵作「適」，古書通借，不煩改字。

〔三二〕吳師道曰：「立」下，疑有缺字。金正煒曰：兵，疑當爲名。秦策：功成名立利附，則天下莫能害。燕策：故功可成而名可立也。兵、名音近，又涉上文兵勁而誤。經傳釋詞：也猶「矣」也。說文：塞，窒也。史記楚世家：夫怨結於兩周以塞鄒魯之心，文義正與此同。

〔三三〕鮑彪曰：攘，猶取。

〔三四〕謹，原作僅，下同。鮑彪曰：信，猶恃也。莒、蔡是矣。黃丕烈曰：鮑改僅爲謹。吳氏補曰：字譌，疑謹。下同。

〔三五〕金正煒曰：反，當爲犯，聲之誤也。說文：犯，侵也。

〔三六〕原無稸積二字。鮑彪曰：矯，揉箭箝也，故有變意。此言變其初也。蠹，猶蝕。黃丕烈曰：鮑改「擯禍」爲「稸積」。「而不服矣」四字，鮑本無。吳氏補曰：改「稸積」，亦當是「積稸」。此書多「稸」字。別本注，矯，一作憍，去堯切，火行也。下有「而不服矣」一句，文義明白。今添。丕烈案：此以矯爲槁字也。作憍，非。金正煒曰：按，鮑改非也。此以「外不賓，內不反，則擯禍」爲句。說文：外，遠也。此文內外正以遠近言。「朽腐」上有脱文。韓非外儲說，管仲曰：「蓄積有腐棄之財。」鮑補「稸積」於此句上則得矣。矯疑槁之譌。荀子禮論篇注：槁，骨貝也。古者以貝爲幣，故得言槁。莊子列禦寇篇：「槁項黃馘者」。釋文：槁，本作矯，可爲此證。説文：服，用也。　朱起鳳曰：鮑氏改擠禍爲稸積，非是。實當作積稸，並字形之譌。

〔三七〕足上原有見字。　鮑彪曰：道猶行。貸音代，從人求物也。　金正煒曰：按，荀子王霸篇：「故古之人有大功名者，必道是者也。」注：道，行也。見，即足字誤衍。

〔三八〕金正煒曰：按史記魏世家：「故曰：君終無適子，其國可破也。」索隱云：此蓋古人之言及俗語，故云「故曰」。廣雅釋詁：祖，法也。吕覽貴因篇注：立猶行也。説文：窮，極也。

〔三九〕「襲」上原有强字。　姚注：曾本無强字。　鮑彪曰：身從諸侯之君，諸侯從之。　黄丕烈曰：鮑衍强字。　金正煒曰：按史記春申君傳：「從而伐齊」，索隱云：從，猶領也。

〔四〇〕信，原作恃。　鮑彪曰：東萊，故萊子國。莒、蔡皆恃遠忽近而亡。　吴師道曰：春秋：「齊侯滅萊。」傳：「萊恃謀也。」鮑曰：莒、蔡皆恃遠忽近而亡，非也。策但言有恃。　張琦曰：萊，今萊州府是。　程恩澤曰：案左傳襄二年：齊姜薨。「齊侯使諸姜宗婦來送葬。召萊子。」則萊，姜姓也（孔疏謂召萊子，不爲其姓姜，似誤）。定十年，齊侯使萊人以兵劫魯侯，孔子曰：「士兵之！兩君合好，而裔夷之俘，以兵亂之，非齊君所以命諸侯也。」則萊，夷種也。史記：太公封齊，萊人與之爭營邱，則其封在周以前矣（禹貢：「萊夷作牧」，則虞、夏時已有此國）。地理志：東萊郡黄縣有萊山（一名萊陰山，亦曰龍門山。山峽嶮巖，鑿石通道，極爲險峻），爲天下五名山之一（見封禪書）。國蓋以山得名。今登州府黄縣東南二十里有萊子城（或曰，即今萊州府治，似非）。襄六年，爲齊所滅。　金正煒曰：按左氏宣十三年傳：「齊師伐莒，莒恃晉而不事齊也。」墨子非攻篇：「東方有莒之國者，其爲國甚小，間於大國之間，不敬事於大，大國亦弗之從而愛利，是以東者越人夾削其地，西者齊人兼而有之。」莒蓋恃晉而非恃越明矣。稽古録：「周敬王二十六年，楚子圍蔡，蔡人聽命。師還，蔡遷於吴。」竹書紀年，楚滅蔡當晉敬公五年，於時吴已滅而越方强，晉久衰弱。則蔡亦恃越而非恃晉也。此文本作：「莒恃晉而滅，蔡恃越而亡。」傳寫誤淆耳。　祖耿案：御覽四九三引作：「蔡信晉而亡。」

〔四一〕騏，原作麒。　黄丕烈曰：今本麒作騏。鮑本作騏。

〔四二〕力骨，原作骨力。　黄丕烈曰：骨力，鮑本作力骨。

〔四三〕鮑彪曰：與，猶恃也。言與之相恃，亦不皆亡，在所處耳。

〔四四〕微怨，原作寄怨。「用」上原有微字。　鮑彪曰：寄，言假手於人，不爲主也。寄，猶假也。跼，不伸也。　吴師道曰：「寄怨而誅不直」者，使人誅之而己不主怨，即所謂「重伐不義」也。「微用兵而寄於義」者，隱其用兵之真情，而寄寓於義以爲名也。　王念孫曰：鮑訓跼爲不伸，與而須二字義不相屬。今案，跼與蹻同。蹻足，舉足也。兵以義動則無敵於天下，故亡天下可舉足而待也。　黄丕烈曰：鮑改上而字爲能。吴氏補曰：字或誤衍。丕烈案：鮑改、吴補皆非。而、能同字，策文多以而爲能。如上文「子孰而與我赴諸侯乎？」下文「而解此環不之屬」是也。　金正煒曰：按，而、能古通，不煩改字。尚書中候：「衛困於狄」。案：兵須滅乃存之。「寄怨」二句，本作：「微怨而誅不直，用兵而寄於義。」杜預左傳注：微，匿也。史記管仲傳：「桓公實怒少姬，南伐襲蔡。管仲因而伐楚，責包茅不入貢於周室。」韓非内儲説：「桓公藏蔡怒而攻楚，義於名而利於實。」正即此文之意。　漢書劉向傳：「行汙而寄治，身私而託公。」師古曰：寄，託也。文衍寄字，微字又淆次於下句，本義遂晦。

〔四五〕原作：「不約親，不相質而固。」　鮑彪曰：質，質子。

〔四六〕鮑彪曰：衆事，猶共事。交割，言彼此割地。　金正煒曰：按：衆當爲逮。説文：及也。靖郭君善齊貌辨章：「若是者信反。」注：反，叛也。逮事不反，言及於有事而不相倍也。逮，或作遝，因致誤衆。交割當爲交勁。勁誤爲剄，復誤爲割。楚策：「趙恃楚勁，必與魏戰。」交勁，謂互爲聲援也。

〔四七〕吳師道曰：衆事宜多反覆，交割地者宜相憎，俱强者宜不相下。今皆不然，以其同憂趨利故也。

〔四八〕鮑彪曰：桓，家語所謂桓山，蓋在齊、魯之間。樓煩，屬鴈門，此蓋之噲敗時。程恩澤曰：案藝文類聚卷九十引家語曰：「孔子在衛，聞哭聲甚哀。顏回曰：『回聞桓山之鳥生四子焉，羽翼既成，將分四海，悲鳴而送之。哀聲似此。』」云云。此家語所謂桓山也。今在徐州府東北二十七里，下臨泗水，相傳桓魋葬此，因名（此説甚謬。桓魋死在顏淵後，顏淵時已稱桓山，則其名不因桓魋也）。齊燕戰處不應在此（史記梁孝王世家有桓邑侯。索隱曰：地理志：桓邑闕。未知即此否）。又曰：漢志：鴈門郡有樓煩縣，詳下趙策一。又曰「胡人之胡，即林胡、東胡之屬。詳見各策。顧觀光曰：蘇秦説燕曰：北有林胡、樓煩。趙世家：武靈王曰：西有林胡、樓煩、秦、韓之邊。又，主父行新地，出代西，遇樓煩王於西河而致其兵。是此二國橫亙於燕、趙之北境而并及其西也。齊策云：昔者燕、齊戰於桓之曲。燕不勝，胡人襲燕樓煩數縣，取其牛馬。説苑亦云：齊人取薊八城，匈奴驅馳樓煩之下。是樓煩爲燕之屬國，與匈奴異矣。漢志屬雁門，在今代州崞縣東北。

〔四九〕「則」上原有何字。黃丕烈曰：鮑衍下何字。金正煒曰：相趨之趨，讀如趣。「何也」下當從鮑注衍何字。

〔五〇〕鮑彪曰：可使趨我，而爲我役。金正煒曰：按荀子議兵篇：「湯、武之誅桀、紂也，拱揖指麾，而强暴之國莫不趨使。」注：誅其元惡，其餘獷悍者，皆化而來臣役也。據楊注，其文本亦作趨役，與此同。又趨役或爲運役之譌。墨子尚同篇：「將以運役天下淫暴而一，同其義也。」趨與運篆文相近，因以致誤。

〔五一〕王下原有也字。姚注：劉本作去也字。鮑彪曰：察相，相之明察者。黃丕烈曰：鮑衍也字。

〔五二〕鮑彪曰：有害於國。隱元年注：邑有宗廟之主曰都。周制，二千五百家爲縣。吳師道曰：周禮，四甸爲縣，四縣爲都。又，五鄙爲縣。又禮：小曰邑，大曰都。金正煒曰：左氏襄二十七年傳：「兵，民之殘也。」文義正同。

〔五三〕鮑彪曰：士衆所聚，有市井焉。

〔五四〕姚注：集本作「折轅」，曾本作「析骸」。鮑彪曰：轅輈，也。觶賣曰觴，蓋以飲之。

〔五五〕軍，原作君。鮑彪曰：路，疑作露。言國中所有悉出於路。又疑作路寢，言財用寢於道路。吳師道曰：止是道路之路。黃丕烈曰：案，此皆非也。路，羸也。下作露。秦策用潞字，又用露字。鄭箋詩：「串夷載路。」趙岐注孟子：「是率天下而路也。」字同此。君是軍字之誤。下文「是虛中之計也」，二句文相對。下文又云：「軍出費，中哭泣」，亦以軍與中相對，可爲證。金正煒曰：按孟子滕文公篇：「是率天下而路也。」音義引張、音丁音，路與露同。荀子議兵篇：「彼可詐者怠慢者也，路亶者也。」並與此義同。君，當爲軍。淮南道應篇：「今日不去，楚君恐取吾頭。」太平御覽引作：楚軍。軍、君同音，易以致誤。君又或爲羣字之損。士輸私財數語，皆民之所費，故爲路羣也。呂覽召類篇：羣者，衆也。朱起鳳曰：荀子議兵篇：「仁人之兵，不可詐也。彼可詐者，怠慢者也，路亶者也。」怠慢、路亶兩句，疑是古兵家常語。大略篇：「藍苴路作，似知而非。」即申說議兵篇之意。亶字爲作，涉上文詐字而譌。君字草書形與旦似，原文本作路旦。旦即亶之省通字，亦作㾶，又作癉。詩大雅板：「下民卒㾶。」毛傳：㾶，病也。黃氏謂君當作軍，引下文軍、中相對爲證，失之。

〔五六〕禳，原作釀。鮑彪曰：中人禱祝，言國中之人爲行者祈。翳，華蓋也。故有隱義，言釀於中，以待飲至。置社，戮不用命者。事，謂財賦警備之事。吳師道曰：置社，亦言禱祝之事。黃丕烈曰：止，鮑本作正。金正煒曰：按管子君臣篇注：中人，謂百吏之屬也。翳釀未詳，疑是侯禳之謁。侯字或書作矦，與医相似，医與翳通，因傳寫爲翳。釀、禳亦形似而誤。周禮：小祝將事，侯禳禱祠之祝號以祈福祥，順豐年，遂時雨，寧風旱，彌烖兵，遠辠疾。注：侯之言候也。候嘉慶、祈福祥之屬。禳，禳卻凶咎，寧風旱之屬。又，肆師與祝侯禳於畺及郊，疏：侯者，候迎善祥；禳者，禳去殃氣。社，謂軍社。周禮小宗伯：若大師則帥有司而立軍社。蔡邕獨斷：大夫以下成群立社曰置社。又置或爲宜。左氏定四年傳：君以軍行祓社釁鼓。注：師出先有事祓禱於社，謂之宜社。止事，鮑本作正事。正，疑乏字之誤。莊子天地篇：無乏吾事。釋文：乏，廢也。於文反正爲乏，故乏誤爲正，復損爲止。　祖耿案：本師章公曰：地官，舞師教皇舞，帥而舞旱暵之事。鄭司農云：皇舞，蒙羽舞。書或爲「翌」或爲「義」。春官樂師有皇舞，故書皇作翌。鄭司農云：皇舞者，以羽冒覆頭上，衣飾翡翠之羽，四方以皇。說文曰：翌，樂舞，以羽翿自翳其首，以祀星辰也。翿，翳也，所以舞也。然則翌舞者，祀四方星辰與禱旱暵兼舉之矣（檢論辨樂）。　祖耿案：釀，當作禳。君翳禳者，君躬翳羽翿，爲軍士禱祝也。

〔五七〕鮑彪曰：屍，未殮也。　黃丕烈曰：尸，鮑本作屍。　金正煒曰：按說文，尸，陳也。國語晉語：殺三郤而尸諸朝。注：尸，陳也。死即屍省文。漢書酷吏傳：「安所求子死？桓東少年場。」師古曰：死，謂屍也。管子輕重甲：今每戰，輿死扶傷。呂覽期賢篇「扶傷輿死」並與此文同。　朱起鳳曰：尸死同輿尸。策叚尸爲輿，此方音之變也。死即屍字之省。

〔五八〕鮑彪曰：夷，亦傷。共、供同。酺，大飲也。華，猶奢。鈞，與均同。　金正煒曰：按易序卦傳：夷者，傷也。左氏成十六年傳：「察夷傷」，服注：金創爲夷。共與供同。說文：完，全也。謂得生全者也。內酺疑大酺之謁。大、內篆文相近，故大誤爲內。說文：酺，王德布大飲酒也。漢書文帝紀：「令天下大酺」。周禮：若國有大故，則令國人祭。注：所令祭者，社及禜酺。趙武靈王滅中山，酺五日。此即其事。華疑譁字之省。說文：譁，讙也。國語吳語：「三軍皆譁釦以振旅。」注：譁釦，讙呼。鮑氏釋華爲奢，恐非。

〔五九〕鮑彪曰：矛，酋矛也，兵車所建。鐶，刀鐶。　吳師道曰：詩二矛注：酋矛長二丈，夷矛長二丈四尺。戟注見前。　黃丕烈曰：弦，鮑本作鉉。

〔六〇〕私，原在所字下。　鮑彪曰：宮，如父子異宮之宮。古者寓兵於農，故私家出之。　黃丕烈曰：官，鮑本作宮。丕烈案：宮，誤字也。鮑所說全謬。　金正煒曰：私字當在官字之下。鮑本官作宮，誤。

〔六一〕鮑彪曰：斵，析薪養馬者。

〔六二〕「者」，原在費字下。　祖耿案：鮑本作「有此再費者而能從諸侯者」。「費」下者字疑衍，而「侯」下當有者字，今乙。

〔六三〕蒙，原作家。穿，原作身。掘，原作窟。　鮑彪曰：襜，衣蔽前者。襜蔽，疊言也。言士作苦衣易敝，故亟治之。衝，陷陣車，正作幢。家雜總，全家併作。身窟穴中，謂地道。　吳師道曰：城上露屋爲櫓。戰陣高巢車亦爲櫓。此與衝並言，亦車也。　黃丕烈曰：今本窟誤屈。丕烈案：此以窟爲掘字。連下中字讀者，非。　金正煒曰：按墨子備城門篇：「城上之備渠譫」。淮南氾論篇：「渠幨以守。」高注：幨幰所以禦矢也。譫、幨與襜，古書通借，其實一物也。廣雅釋詁：蔽，障也。六韜軍用篇：馬牛車輿者，其營壘蔽櫓也。呂覽貴直篇：及戰且遠，又居於犀蔽屏櫓之下。襜蔽、衝櫓對文。鮑注未得其義。墨子備梯篇：「持衝十人」。蓋守者亦以衝，所以備梯攻。備城門篇：百步爲櫓，櫓廣四尺，高八尺，爲衝術。說文：櫓，大盾也。華嚴經音義：城上守禦曰櫓也。若如鮑、吳說，則不得言「舉」。家，當爲蒙。俗書蒙作蒙，因誤爲家。雜總未詳。墨子備城門篇：百步一積，雜秆大二圍以上者五枚。雜總，疑即雜秆，禾藁，亦曰總也。或爲干楯之譌。干誤爲帀，因轉爲雜。楯以音近誤棇，復以形似誤揔耳。身當爲穿。墨子備穴篇：俟亓身井且通。王念孫云：身者，穿之壞字也。

〔六四〕眾，原作中。鮑彪曰：刀金，兵器也。數，數月。金正煒曰：中，當爲眾。六書通所輯鍾鼎文，衆字有作中者。又，俗書衆作眾，並與中字相類。荀子議兵篇：「敵中則奪。」中亦疑是衆字之譌。衆與士爲對文，鮑氏以屬上讀，非也。鮑又以刀金爲兵器，亦非確詁。疑本作金力，字譌而復倒也。王冰素問方盛衰論注：金爲兵革。孟子盡心篇：「力役之征。」注：力役，民負荷廝養之役也。國語魯語：「任力以夫。」注：力謂徭役。金力謂兵革之役，與土功對舉，並以總束上文。又此六句皆就守言，故下文云：期數拔城爲亟也。

〔六五〕鮑彪曰：斷，音短，截也。

〔六六〕鮑彪曰：一主，趙襄子。黃丕烈曰：兼，鮑本作併。

〔六七〕「子」下原無之字。鮑彪曰：患在滅二子。黃丕烈曰：今本「子」下有之字，乃誤涉鮑也。鮑補之字。金正煒曰：按莊子應帝王篇：「已滅矣。」釋文引崔注：滅，不見也。此言智伯不見韓、魏二子之能爲己患耳。鮑注既非，補字亦無取。

〔六八〕昔，原作日。姚注：一作昔。黃丕烈曰：日，鮑本作昔。祖耿案：長子說見東周策或爲周最謂金投曰章。

〔六九〕比，原作北。姚注：一作比。臣，三本同作㥁。鮑彪曰：比，相次。節，猶等。君臣於齊，此二十九年，書佐趙滅中山。嗇，吝也。吳師道曰：君臣於齊，說見前及燕策。黃丕烈曰：敵，鮑本作攻。北，鮑本作比。黃式三曰：比，連也。

〔七〇〕「事」下原無矣字。黃丕烈曰：今本「事」下有矣字，乃誤涉鮑也。鮑補矣字。吳氏補曰：「事」下或有缺字。

〔七一〕窮，原作終。金正煒曰：敗，當爲效之譌。鮑彪曰：終，謂窮兵。守城，期於不拔。金正煒曰：按下文：「今窮戰比勝而守不可拔」，則此亦當爲窮。終、窮古蓋通用。

〔七二〕鮑彪曰：得所稱爲善者保恃之。金正煒曰：左氏僖二十三年傳：「保君父之命。」注：保，猶恃也。漢書高帝紀：「蕭、曹恐，踰城保高祖。」注：就高祖以自安。

〔七三〕鮑彪曰：外無居人，故暴露。金正煒曰：按，方言、廣雅並云：露，敗也。下文「罷士露國」，義同。鮑注義不可通。

〔七四〕姚注：的，一作杓。咎，一作柩。劉，咎作喜。鮑彪曰：的即鵠也，所謂侯中。便，謂巧。審弓得便巧乃發。善，人善之。的以難中，人爭欲貫之，如惡之然。人如的者，人所惡也。吳師道曰：栖皮曰鵠。黃丕烈曰：吳氏補曰：案呂氏春秋亦有「柩罪於先王」之語。中者則善，吳補：一云劉作喜。金正煒曰：善，當爲喜字之譌也。

〔七五〕「事」下原無也字。鮑彪曰：素，猶常也。言兵常用，雖强必弱。不事，不從事於此。黃丕烈曰：吳氏補曰：「事」下當有也字。金正煒曰：素，疑累字之譌。穀梁哀十三年傳：「累累致小國以會諸侯。」注：累累，猶數數也。漢書食貨志：「庶人之富者累鉅萬。」注：累者，兼數，非止一也。累用强兵，即窮戰比勝之意。兵久用則罷敝，故强者轉而爲弱。周書武順解：「兩爭曰弱。」說文：弱，橈也，謂橈曲也。昭陽爲楚伐魏章：「破軍殺將，得八城，不弱兵。」與此義同。墨子小取篇：「使聖人聚其良臣與其桀相而謀。」桀相，猶桀相，謂明察事情也。

〔七六〕鮑彪曰：五戎，注：刀、劍、矛、戟、矢。吴師道曰：此據淮南子注。今按，諸説不一。周禮司右月令注：弓、矢、殳、矛、戈、戟。司兵車注：戈、殳、戟、夷矛、酋矛。穀梁注：矛、戟、鉞、楯、弓、矢。金正煒曰：「辭讓」下有脱字，或爲「辭讓未終」，此二句亦對文也。

〔七七〕「出」下原有「於軍」二字。金正煒曰：「於軍」二字，疑衍。

〔七八〕鮑彪曰：曠，闊也。日雖闊遠，其利不窮。黄丕烈曰：「而爲利長者」，爲，鮑本無。

〔七九〕北，原作比。姚注：袵席之上，一無袵字、之字。鮑彪曰：師，旅也。非師，言不用師。比之堂上，言謀之於堂，彼自敗也。闔閭將，孫武也。此以君臣互言之。俎，肉在豆上。鄭玄記注：袵，卧席也。吴師道曰：比，當作北。諸本皆作比，不知何故。此注亦作敗釋矣。章末字同。闔閭之將，言將若闔閭之善用兵也。金正煒曰：鮑注「非師者」云：師，旅也，言不用師。文與注義並難曉。按：漢書蕭望之傳注引服虔曰：非，不也。又，或爲弗字譌誤。師，疑當作帥，帥與率通。書大禹謨：「惟時有苗弗率。」傳：率，循也。書大傳：「諸侯之有不率正者」，注：率，循也。楚語：「先王懼其不帥」，注：帥，循也。非帥，猶弗率、不率。又，文選東京賦：「悉率百禽。」薛注：率，歛也。言用兵久而不歛，將如下文所云云也。比爲北之譌，故鮑氏釋以敗。上文「再戰比勝」。比，又作北。二形相似，易以互誤。吕覽用民篇：「闔廬之用兵也，不過三萬。吴起之用兵也，不過五萬。」上德篇：「闔廬之教，孫吴之兵，不能當矣。」闔閭亦能軍，故與吴起並舉。鮑注：闔閭將孫吴也，於義未當。墨子號令篇：「千丈之城，必郭迎之。」尉繚子守權篇：「千丈之城則萬人守之。」趙策：「今千丈之城萬家之邑相望也。」一百八十丈爲里，此與五里之城文同。

〔八〇〕乏，原作之。鮑彪曰：倡優，倡樂也。侏儒，短小人。黄丕烈曰：今本「不之」作「不乏」。鮑本作「不乏」。金正煒曰：不之作不乏，是也。漢書徐樂傳：「俳優侏儒之笑不乏於前，而天下無宿憂。」即本此文。

〔八一〕鮑彪曰：言其功德之崇。雖名利若此，猶不足稱也。

〔八二〕「安」下「佚」上原有：「諸侯無成謀，則其國無宿憂也。何以知其然」十七字。姚注：一無下「佚」字。　王念孫曰：自「諸侯」至「其然」，凡十七字皆涉下文而衍。

〔八三〕姚注：「則拒之」，一本作「而拒之」。「則趨」，一作「而移」。　鮑彪曰：趨，言往應之。無成謀，圖我之謀不成。宿憂，言無一夕之憂。　吳師道曰：宿，留也，猶宿諾。

〔八四〕也，原作矣　黃丕烈曰：今本「矣」作也，乃誤涉鮑也。鮑改「矣」爲也。　吳氏補曰：上文例當作也。

〔八五〕北，原作而。　鮑彪曰：魏王，惠王。拔邯鄲，在十八年。定陽，屬上黨。　黃丕烈曰：今本「其」上有恃字，乃誤涉鮑也。鮑補恃字。丕烈案：此亦以「而」爲能字。鮑補謬甚。　張琦曰：定陽，漢志屬上郡。鮑注屬上黨，黨應郡之譌也。定陽故城在今陝西鄜州洛川縣北。　程恩澤曰：上黨，蓋上郡之訛。漢志：上郡有定陽縣。應劭曰：在定水之陽。水經注：黑水出定陽縣西山。東南流右合定水，俗謂之白水。今陝西延安府宜川縣西北（張氏釋地云：在今陝西鄜州洛川縣北），有定陽城，與膚施相近（又，山西吉州亦有定陽城，乃後魏時所置）。　顧觀光曰：定陽，漢志屬上郡。應劭云：在定水之。陽元和志云：延州門山鎮，本漢定陽縣地。西至州二百四十里（延州，即膚施）。　金正煒曰：按而字本當爲「北」。「北拔」與「西圍」相對爲文。北，譌爲南，後人以趙地非在魏南，因以意改爲「而」，本義遂湮。漢書高帝紀：「豨不南據邯鄲而阻漳水。」宋祁曰：而，舊本作北。正與此同。鮑黃並誤。

〔八六〕鮑彪曰：秦王，孝公也。此史，秦人故尊稱之。堞，城上女牆。　吳師道曰：孝公稱秦王，說見前。

黄丕烈曰：鮑改竟爲競。吴氏補曰：即上文境字也。堞中爲戰具，境内爲守備。

〔八七〕「有」下原無從字。　王念孫曰：「有」下當有從字。有讀爲又。上文云：「又從十二諸侯朝天子」是也。下文亦云：「今大王之所從十二諸侯。」今本無從字者，後人誤讀有爲有無之有，則與從字義不相屬，因删去從字耳。

〔八八〕鮑彪曰：箠，馬策。　程恩澤曰：鄒、魯、陳、蔡。鄒，曹姓，故邾國。今爲山東兗州府鄒縣。魯，姬姓，周公所封。今爲兗州府曲阜縣。陳，嬀姓，舜後。其故都在今河南陳州府淮寧縣。蔡，姬姓，原在今河南汝寧府上蔡縣，後徙都新蔡，爲今汝寧府新蔡縣。　金正煒曰：按，禮記中庸：「體物而不可遺」。鄭注：可，猶所也。故所亦得訓爲可。並詳經傳釋詞。管子樞言篇：「天下不可改也，而可以鞭箠使也。」文正與此同。　顧觀光曰：泗上，地在齊、楚之交，不常所屬，而十二諸侯世守其祀，與戰國相終始（魯至秦孝文王元年始亡，衛至二世元年始亡）。注家未有實舉其國者。今按齊策，衛鞅見魏王曰：「大王之所從十二諸侯，非宋、衛也，則鄒、魯、陳、蔡。」楚世家，楚人以弋説頃襄王曰：「鄒、費、郯、邳者，羅鷲也。」孟子書有季任爲任處守，而宋策又言：康王滅滕伐薛。諸國並近泗水，則所謂十二諸侯者，固約略可數也。

〔八九〕「心」上原無之字。　鮑彪曰：從天下，使天下從也。王服，王者服飾。

〔九〇〕「建九斿之旌」，原作「柱建九斿」。　鮑彪曰：制丹衣柱，以丹帛爲柱衣。斿，旗旒。鳥隼爲旟，又繪星焉。　吴師道曰：丹柱猶衣之也。按考工記並注：龍旂九斿，諸侯所建。鳥旟七斿，鳥隼爲旟，州里所建。弧旌枉矢，畫枉矢。此與曲禮合。龍旂，即青龍。鳥隼，即朱雀。枉矢，恐即招摇。注所謂畫七星者。又，禮：「百官載旟」，此言七星之旟，而又以天子言，戰國不可以古制準也。　董説曰：七星之旗者，帝旗也。春秋緯云：「天子法斗，諸侯應宿。」後漢輿服志曰：「戰國削滅禮籍，修奇麗之服飾，其輿馬之斸玉纓，象鑣金鞍以相誇。」 王念孫曰：鮑、吳二説皆謬。「制丹衣柱」，文不成義。柱當爲旌字之誤也。旌字當在建字下。「制丹衣」爲句。「建旌九斿」爲句。若無旌字，則「建九斿」三字亦文不成義。記言「龍旂九斿」，而此言旌者，旌、旂對文則異，散文則通。樂記曰：「龍旂九旒，天子之旌」是也。廣公宮，制丹衣，建旌九斿，從七星之旟，皆言其宮室、衣服、車旗之擬於天子也。 金正煒曰：按，柱爲旌之譌，是也。原文當作：「建九斿之旌」，與「從七星之旟」爲對文。漢書揚雄傳：「撞鴻鍾，建九流。」游、流字古通。 祖耿案：御覽三四〇引作：「建七星之旂，天子之位也。」廣韻旗下引同。又，此數語，董説七國考引春秋後語作：「制丹衣柱，建九斿，從七星之旟。」與原文同。

〔九一〕金正煒曰：按，楚字當作人，涉上文「伐齊、楚」，「圖齊、楚」而誤。奔，説文：走也。

〔九二〕鮑彪曰：跣，足親地也。過信爲次。次於齊，往服齊也。

〔九三〕鮑彪曰：垂衣拱手，言無所事。「西喪地於秦」，謂此歟？ 黃丕烈曰：「受」上，鮑本有而字。

〔九四〕「故」下原有曰字。「外」下原無已字。 姚注：一無曰字。以，一作已。 黃丕烈曰：鮑衍曰字。「入」上，鮑補已字。

〔九五〕北，原作比。 黃丕烈曰：吳氏補曰：見上。 鮑彪曰：彪謂此策輾轉皆中事機，而不詭於聖。雖鍾竽倡樂，非所以啓人主者，亦孟子色貨之比。閔王驕不能聽，以及鼓里之禍，百世之戒也！ 吳師道曰：此策談兵主於後起，藉權不爲人主怨。其云「案兵而後起，寄怨而誅不直，微用兵而寄於義」，最其術之深者。是豈仁義之師，正大之論乎？ 雖其後極言戰之害，何救於失哉！ 鍾鼓倡樂之云，視孟子與民同樂之意不類。鮑之不察甚矣。 又曰：蘇秦佯爲得罪燕而亡走齊，説閔王厚葬以明孝，高宮室、大苑囿以明得，意欲敝齊而爲燕。蘇代繼之，實祖秦之故智。大事記云：齊之伐宋也，蘇代實啓之。秦之救宋也，蘇代復止之。代爲燕反間，驕其君，勞其民，而速其亡也。其說燕曰：「齊王長主也，而自用也，南攻楚五年，蓄積散，西困秦三年，民憔悴，士罷弊，又以餘兵舉五千乘之勁宋，而包十二諸侯。此其君之欲得也，其民力竭也」云云。此策之謀既中，而勸燕伐齊也。此策舊爲蘇秦，實誤。前章代誤爲秦，或遂以此爲代，則亦不然。代之謀如彼，豈能勸齊王後戰哉？一本無章首二字者是矣。抑是言也，當在滅中山後，取淮北滅宋侵三晉之前。此士之明，蓋已逆知閔王之敗矣。策文甚佳，首以「用兵後起」、「約結遠怨」二端爲言，而以「權藉時勢」明之。「今雖干將」以下止「求霸則遠矣」，言先天下之禍，後藉之得也。「臣聞善爲國」以下止「好挫强也」，言遠怨之得，主怨之禍也。「且夫」以下至「强弱大小之禍，可見於前事矣」爲一節。「語曰」以下至「戰攻之敗，可見前事」爲一節。「今世所謂善用兵」以下至篇終爲一節。三節皆推言用兵不爲天下先之意，而不主怨之意在其中，錯綜起應，變化不窮。只「何以知其然也」一語，六用而不覺其複。　黄式三曰：此篇終于贊商鞅，未爲至論。而論窮兵之害，實可爲萬世炯鑒。策本以爲蘇秦之言，鮑改爲蘇代。吴氏謂蘇代敝齊爲燕，豈能勸齊後戰？則非蘇代之言明矣。吴氏謂此言在滅中山後、滅宋前，此士之明，已逆知湣王之必敗矣。今依吴氏編之於赧王二十九年。

卷十三　齊六

一

齊負郭之民有狐咺者〔一〕，正議，閔王斮之檀衢，百姓不附〔二〕；齊孫室子陳舉，直言，殺之東閭，宗族離心〔三〕；司馬穰苴，爲政者也，殺之，大臣不親〔四〕；以故燕舉兵使昌國君將而擊之〔五〕。齊使向子將而應之〔六〕。齊軍破，向子以輿一乘亡〔七〕，達子收餘卒，復振，與燕戰，求所以償者，閔王不肯與，軍破走，王奔莒〔八〕。淖齒數之曰：『夫千乘博昌之間，方數百里，雨血沾衣，王知之乎〔九〕？』王曰：『不知〔一〇〕。』『嬴博之間，地坼至泉，王知之乎〔一一〕？』王曰：『不知。』『人有當闕而哭者，求之則不得，去之則聞其聲，王知之乎〔一二〕？』王曰：『不知。』『淖齒曰：『天雨血沾衣者，天以告也；地坼至泉者，地以告也；人有當闕而哭者，人以告也；天地人皆以告矣，而王不知戒焉，何得無誅乎？』於是殺閔王於鼓里〔一三〕。太子乃解衣免服，逃太史之家，爲溉園〔一四〕，『君王后』太史氏女，知其貴人，善事之〔一五〕。田單以即墨之城，破亡餘卒，破燕兵，紿騎劫，遂以復齊〔一六〕，遽迎太子於莒，立之以爲王〔一七〕。襄王即位，『君王后』以爲后，生齊王建〔一八〕。

〔一〕「有」下原有孤字。姚注：古今人表：狐爰。師古曰：即狐咺也。齊人，見戰國策。鮑彪曰：負，猶背。吳師道曰：「孤」因狐字誤衍。大事記去之。呂春秋貴直論狐援云云，即謂此正議也。古今人表作狐爰。黄丕烈曰：今本咺誤喧。案，咺、援、爰，皆聲之轉也。朱起鳳曰：狐，姓也。廣韻十一模，狐字注：晉有狐氏，代爲卿大夫，是。齊有狐咺，蓋晉大夫之苗裔，而別遷於齊者。此策孤字衍。蓋一本作孤，一本作狐。後儒不能棄取，遂并存之。援、喧音相近，爰又爲援字之省。下文云陳舉直言，殺之東閭，宗族離心。此與狐咺本兩事，呂氏以東閭亦屬之狐咺，誤也。祖耿案：爰、亘古音同在十四部。從爰得聲之字，每與從亘得聲之字通用。詩：「焉得諼草」，爾雅釋文引作萲，又作萱，是其證也。咺、援、爰，直同聲耳。黄式三曰：呂覽書狐援事甚詳。又案：顧觀光隸此於赧王三十一年。

〔二〕鮑彪曰：斮，斬也。檀衢，蓋齊市名。程恩澤曰：案左傳，齊有檀臺（見哀公十四年）。胡三省曰：檀衢，意其地爲通檀臺之衢路也（此說似未的，按左傳，齊檀臺似在公宮內。史記正義謂在臨淄縣東一里，恐未可信）。爾雅：四達謂之衢。當是街里之名，非必市也。金正煒曰：按呂覽貴直篇：齊有狐援，已不用若言，又斮之東閭。此云檀衢，疑與下文殺之東閭句淆誤。

〔三〕鮑彪曰：公孫家子，猶宗室云。程恩澤曰：案東閭亦齊城門名。左傳：州綽門於東閭。杜預注：東閭，齊東門也。金正煒曰：呂覽知分篇注：公孫氏，齊群公子之子，故曰公孫氏，公黨也。齊將封田嬰章高注：公孫閈，齊之公孫田氏也。故此文以孫室爲宗室。

〔四〕姚注：子由古史以此爲閔王時事，删史記穰苴傳。通鑑全引此段，不入穰苴事。鮑彪曰：穰苴，田完之裔，爲景公將，去此時遠甚，蓋誤其名。吳師道曰：大事記引蘇氏，謂史稱齊景公時，晉伐阿、鄄，燕侵河上，晏子薦穰苴斬監軍莊賈，因以成功。春秋左氏無此事，意穰苴嘗爲閔王却燕、晉，而戰國雜記妄以爲景公時。 金正煒曰：按趙策：而將非有田單、司馬之慮也。是穰苴固非景公時人，史傳蓋誤。錢穆曰：惠士奇禮說云：「司馬穰苴兵法，因號司馬法。戰國策，齊閔王時，司馬穰苴爲政，閔王殺之，大臣不親，則穰苴乃閔王之將。以故齊南破楚，西屈秦，用韓、魏、燕、趙之衆猶鞭策者，蓋穰苴之力居多。及穰苴死，而閔王亡矣。」此以司馬法爲穰苴書也。余考趙策有云：「將非田單、司馬之慮也」，司馬正指穰苴。其爲知兵，信矣。史公特誤其時，又誤其事耳。（考辨八五）

〔五〕鮑彪曰：昌國君樂毅，魏，樂羊之後。 程恩澤曰：案地理志：齊郡有昌國縣。郡國志：屬齊國，亦名昌城（此與信都國之昌成、山陽郡之昌邑不同，近志多混）。趙世家惠文王二十五年，「攻昌城、高唐，取之。」是也。水經注：德會水流逕昌國縣故城南，昔樂毅攻齊有功，燕昭王以是縣封之爲昌國君。正義：故昌城在淄州淄川縣東北四十里。今在濟南府淄川縣東北三十五里（錢坫作四十里）。

〔六〕鮑彪曰：向子及下達子，史不書。後起爲應。 吳師道曰：呂春秋作觸子。 金正煒曰：按，吳說是也。呂覽權勳、貴直二篇，並作觸子。燕策作蜀子。向，即蜀字之缺損。貴直篇：「此觸子之所以去之也，達子之所以死之也。」與此策正合。鮑氏失考。

〔七〕黄丕烈曰：以，鮑本無。 金正煒曰：與、與古通用。與，猶以也。此由一本作與，一本作以，傳寫誤併入文。鮑本無以字，是。

〔八〕鮑彪曰：此（閔）四十年。 吳師道曰：三十年。 黄丕烈曰：今本償作賞，乃誤涉鮑也。鮑改償爲賞。吳氏補曰：呂春秋作賞。丕烈案：此以償爲賞字耳，不當輒改。 程恩澤曰：齊有二莒，一爲東境邑。左傳：齊侯田於莒，陳桓子請老於莒是也。一爲故莒國。地理志：城陽國有莒縣。郡國志：琅邪國莒縣本國故屬城陽。是也。此是故莒國（杜預曰：縣有蘧邱里）。舊城有三重，皆崇峻。子城方十二里，內城周二十里，外郭周四十里。蓋鑒於先時浹辰三都之克，加意修築，故守險難犯。閔王獨保此以爲固，而燕亦并力攻之而不能下也。今爲沂州府莒州。　祖耿案：莒説，見西周策宮他謂周君曰章。

〔九〕鮑彪曰：千乘，青州郡。博昌屬千乘。　張琦曰：千乘故城在今高苑縣北二十五里。博昌故城在今博興縣南二十里。　程恩澤曰：案地理志：千乘郡有千乘縣。郡國志，屬樂安國。伏琛曰：千乘城在齊城西北百五十里隔會水，即漯水之異名也。元和志：千乘者以齊景公有馬千駟畋於青邱得名。今縣北有青邱。寰宇記：千乘故城在高苑縣北二十五里（説本正義）。顧祖禹曰：今青州府高苑縣北（錢坫作東北）二十五里，有千乘城（按，通雅以濟南府濱州爲漢千乘地，非是。濱州乃千乘郡濕沃縣地，非古千乘縣也）。地理志：千乘郡有博昌縣。郡國志：屬樂安國。有薄姑城，即古蒲姑氏國。有貝中聚，即左傳貝邱（又有時水，所謂乾時）。　應劭曰：昌水出東萊昌陽。闞駰曰：昌水勢平，故曰博昌。　錢坫曰：縣有薄姑城（括地志：薄姑在博昌東北六十里）。古字薄、博同聲通用，加美名，故曰博昌耳，非昌水之謂也。在今青州府博興縣東（顧祖禹、洪亮吉並作南）二十五里（顧祖禹作二十里）。　顧觀光曰：千乘、博昌，漢志並屬千乘。千乘在今青州府高苑縣東北二十五里，博昌在今博興縣東二十五里。

〔一〇〕黄丕烈曰：吳氏補曰：三「不知」字春秋後語皆作知之，通鑑從之。　金正煒曰：按此文三「不知」字，春秋後語並作知之。據後文淖齒責王「不知戒」，則作知之義勝。　祖耿案：御覽八七七引作不知。

〔一一〕鮑彪曰：嬴、博二縣屬泰山。　吳師道曰：禮檀弓注：今泰山縣。　程恩澤曰：案，春秋桓三年，「公會齊侯于嬴。」杜注：今泰山嬴縣。漢志：嬴屬泰山郡，是也。元和志：後魏移古嬴縣於萊蕪縣（即今縣治）。唐貞觀初，省入博城。長安四年，以廢嬴縣置萊蕪縣（寰宇記同）。後漢書注：嬴故城在博城縣東北括地志同）。今在泰安府萊蕪縣西北四（方輿紀要作二）十里。或云（大事表主此說）在泰安縣東南五十里。江永曰：「各據其地望言之，實一地。」此說非也。左傳：「公會吳子伐齊。五月克博，壬申至於嬴。」博，即博城縣。在今泰安縣東南三十里。吳、魯伐齊，自南而北。若嬴又在博南，斷無先至博而後至嬴之理。惟嬴在博北，故既克博，復深入折而東，乃至於嬴。當以魏王泰章懷太子賢說爲是（按，萊蕪在泰安正東一百二十里。萊蕪之西北，正泰安之東北也。若在泰安東南，則亦當在萊蕪西南矣）。漢志：泰山郡有博縣（劉昭注：有龜山，有龍鄉，有蜀亭，皆魯地）。檀弓：葬於嬴、博之間。國語：遵汶伐博。皆此地。漢初亦曰博城（呂后封馮無擇爲博城侯，即此）。括地志：博城縣本漢博城縣城，是也。今在泰安府泰安縣東南三十里。顧觀光曰：即吳季札長子葬處也。漢志並屬泰山。嬴在今萊蕪縣西北四十里，博在今泰安府城東南三十里。

〔一二〕鮑彪曰：閎，門觀。

〔一三〕鮑彪曰：鼓里，莒中里也。　程恩澤曰：案，胡三省曰，鼓里近齊廟，蓋因淖齒弒閔王擢其筋，縣之廟梁，宿昔而死。望文生義而爲此說。至莒之有廟，則以陳桓子請老於是，故以爲宗邑，立廟奉祀。此本故莒國，地相去必不遠。惟謂之鼓里，其名尚難强通耳。

〔一四〕鮑彪曰：太子名法章，是爲襄王。溉，灌注。

〔一五〕鮑彪曰：「后」，姓也。以其姓「后」，不可曰「后后」，故曰「君王后」也。　吳師道曰：姚本作太史氏女，無「后」字。後策正云太史氏。　黄丕烈曰：氏上，鮑本有「后」字。

〔一六〕鮑彪曰：紹，欺也。刼燕將，代樂毅者。毅傳言：單設詐誑燕軍。復齊在襄五年。　祖耿案：即墨說，見齊策一張儀爲秦連横章。

〔一七〕鮑彪曰：時立五年矣。迎而立之齊耳。　金正煒曰：按，說文：遽，傳也，驛車也。左氏僖三十三年傳，「且使遽告於鄭」。注：遽，傳車。

〔一八〕姚注：位，一作立。　黃丕烈曰：鮑「君」上補立字。吳氏補曰：「位」下有缺字。　金正煒曰：「以爲后」，當作「乃爲后」，以、乃篆文相似而誤。或「位」即立字之譌。鮑氏於「即位」下補立字，吳亦謂有缺文，並非（周禮小宗伯：掌建國之神位，故書位作立。鄭司農云：古者立、位同字）。　祖耿案：御覽八七七引此章云：「齊湣王三十一年侵伐鄰國，窮兵極武。外怨於諸侯，內失於百姓。燕將樂毅連五國兵以伐之，湣王出走。楚淖齒救齊，淖齒謂王曰：夫千乘云云。遂殺湣王，以與燕鬬而敗。」與此異。

二

王孫賈年十五〔一〕，事閔王，王出走，失王之處，其母曰：『女朝出而晚來，則吾倚門而望；女暮出而不還，則吾倚閭而望；女今事王，王出走，女不知其處，女尚何歸〔二〕？』王孫賈乃入市中〔三〕，曰：『淖齒亂齊國，殺閔王，欲與我誅者袒右〔四〕！』市人從者四百人，與之誅淖齒，刺而殺之〔五〕。

〔一〕祖耿案：顧觀光隸此於赧王三十一年。

〔二〕鮑彪曰：責其親王不如我之親汝。　祖耿案：御覽一五七引，無「今」字。

〔三〕姚注：一本「乃」下添反字。　祖耿案：御覽八二七引作：「乃入市中」。

〔四〕鮑彪曰：右，右肩。　吳師道曰：袒，蕩旱反，今循習作徒案反。說文：裼也。露臂。　黃丕烈曰：鮑衍「閔」字。吳氏正曰：追書之辭。　金正煒曰：按漢書人表注：淖，音女教反，字或作卓。呂覽作卓齒。潛夫論作踔齒。史記田單傳注，徐廣作悼齒。皆以形近而歧也。書堯典：「有鰥在下，曰虞舜。」馬注：舜謚也。舜死後，賢臣錄之。臣子爲諱，故變名曰謚。此文稱閔王，亦齊人追書之詞，鮑氏以爲衍，非也。國語齊語：「桓公知天下諸侯多與己也。」注：與，從也。漢書陳勝傳：「袒右，稱大楚。」師古曰：袒右者，脫右肩之衣，當時取異於凡衆也。

〔五〕金正煒曰：按說文：誅，討也。易蠱疏：誅，謂兼通責讓之罪，非專謂誅殺也。韓非內儲說下篇：「王因誅夷，射而殺之」，文與此同。詩瞻卬：「天何以刺」，傳：刺，責。又周官有三刺之法，訊而有罪則殺之。

三

燕攻齊，取七十餘城，唯莒、即墨不下〔一〕。齊田單以即墨破燕，殺騎劫。初，燕將攻下聊城，人或讒之〔二〕，燕將懼誅，遂保守聊城，不敢歸。田單攻之，歲餘，士卒多死，而聊城不下，魯連乃爲書，約之矢，以射城中，遺燕將〔三〕。曰：「吾聞之，智者不倍時而棄利，勇士不怯死而滅名，忠臣不先身而後君〔四〕。今公行一朝之忿，不顧燕王之無臣，非忠也；殺身亡聊城，而威不信於齊，非勇也；功廢名滅，後世無稱，非知也〔五〕；故知者不再計，勇士不怯死〔六〕。今死生榮辱尊卑貴賤，此其一時也，願公之詳計而無與俗同也〔七〕！且楚攻南陽，魏攻平陸，齊無南面之心，以爲亡南陽之害，不若得濟北之利，故定計而堅守之〔八〕。今秦人下兵，魏不敢東面，橫秦之勢合，則楚國之形危〔九〕。且齊棄南陽，斷右壤，存濟北，計必爲之〔一〇〕。今楚、魏交退，燕救不至，齊無天下之規，與聊城共據朞年之弊，即臣見公之不能待也〔一一〕！齊必決之於聊城，公無再計〔一二〕。彼燕國大亂，君臣過計，上下迷惑，栗腹以百萬之衆，五折於外，萬乘之國，被圍於趙，壤削主困，爲天下戮，公聞之乎〔一三〕？今燕王方寒心獨立，大臣不足恃，國弊禍多，民心無所歸。今公又以弊聊之民，距全齊之兵，朞年不解，是墨翟之守也〔一四〕；食人炊骨，士無反北之心，是孫臏吴起之兵也；能以見於天下矣〔一五〕！故爲公計者，不如罷兵休士，全車甲歸報燕王，燕王必喜〔一六〕。士民見公，如見父母；交游攘臂而議於世；功業可明矣〔一七〕。上輔孤主，以制群臣；下養百姓，以資説士；矯國革俗於天下；功名可立也〔一八〕。意者，亦捐燕棄世東游於齊乎〔一九〕？請裂地定封，富比陶、衛，世世稱孤，與齊久存。此亦一計也〔二〇〕。二者，顯名厚實也。願公熟計而審處一也〔二一〕！且吾聞傚小節者，不能行大威；惡小恥者，不能立榮名〔二二〕。昔管仲射桓公中鉤，篡也；遺公子糾而不能死，怯也；束縛桎梏，辱身也〔二三〕。此三行者，鄉里不通也，世主不臣也〔二四〕。使管仲終窮抑幽囚而不出，慙恥而不見，窮年沒壽，不免爲辱人賤行矣〔二五〕！然而管子並三行之過，據齊國之政，一匡天下，九合諸侯，爲伍伯首，名高天下，光照鄰國〔二六〕！曹沫爲魯君將，三戰三北，而喪地千里〔二七〕。使曹子之足不離陳，計不顧後出，必死而不生，則不免爲敗軍禽將〔二八〕！曹子以敗軍禽將非勇也；功廢名滅，後世無稱，非知也；故去三北之恥，退而與魯君計也〔二九〕。曹子以爲遭齊桓公有天下，朝諸侯〔三〇〕，曹子以一劍之任，刼桓公於壇位之上，顏色不變，而辭氣不悖，三戰之所喪，一朝而反之，天下震動，諸侯驚駭，威信吳、楚，傳名後世〔三一〕。若此二公者，非不能行小節死小恥也，以爲殺身絕世，功名不立，非知也〔三二〕，故去忿恚之心，而成終身之名〔三三〕；除感忿之恥，而立累世之功〔三四〕；故業與三王争流，名與天壤相敝也〔三五〕。公其圖之〔三六〕！」燕將曰：「敬聞命矣！」因罷兵到讀而去〔三七〕。故解齊國之圍，救百姓之死，仲連之說也〔三八〕。

〔一〕黄丕烈曰：不，鮑本作未。林春溥戰國紀年曰：據國策，鄒忌謂齊地方千里，百二十城，是在威王之世已然。況宣、閔以來，取燕滅宋，楚割淮北，西侵三晉，而謂七十餘城之外惟餘莒與即墨，其他別無可取，豈其然乎！　祖耿案：此章見史記魯仲連列傳，書詞語多不同。顧觀光隸此於秦孝文王元年。曰：史記徐廣注引年表云：田單攻聊城在長平後十餘年。通鑑次於是年，蓋即據表文也。今六國表雖脱此條，而徐注具在，何以注家聚訟紛紛，不知援引。甚矣！史學之荒也。

〔二〕姚注：三同。集無「初，燕將攻下聊城，人或讒之」十一字。史記有。　鮑彪曰：燕將，史亦不名。聊城，屬東郡。高紀注，在平原。　吴師道曰：括地志云：故聊城在博州聊城縣西。又曰：姚氏曰三同，集無「初燕」止「讒之」十一字，則知此章首有誤脱。　黄丕烈曰：吴氏正曰：自「燕攻齊」止「殺騎刼」二十五字，或他策脱簡，而「初燕將」止「讒之」十一字，亦他本所無也。丕烈案：史記無「燕攻齊」至「殺騎刼」，有「燕將攻下聊城，人或讒之。」當是策文本與史記不同，校者以史記文記其異同，遂羼入也。吴所説甚詳，然仍多不可通者，不若衍其羼入，餘均依舊，以存策文與史記之異説。　張琦曰：聊城，今東昌府縣是。　程恩澤曰：案漢志，東郡有聊城縣（魏、晉屬平原，唐、宋屬博州）。此於春秋爲齊西境邑，所謂聊、攝以東也（京相璠曰：攝城在縣東北三十里。又有夷儀聚，有蟜戚，並見左傳）。水經注：漯水又北，逕聊城縣故城西。城内有金城，周帀有水。南門有馳道，絶水南出。自外泛舟而行。東門側有層臺秀出。魯仲連所謂還高唐之兵，卻聊城之衆者也。今在東昌府聊城縣西北十五里。　顧觀光曰：齊策：燕將攻下聊城，魯仲連遺燕將書曰：「亡南陽之害，不若得濟北之利」。是聊城在濟北也。史記正義曰：今博州縣（漢志屬東郡，在今東昌府城西十五里）。

〔三〕「乃」下原無爲字。　鮑彪曰：約之矢，纏束書於矢上。　黄丕烈曰：今本「書」上有爲字，乃誤涉鮑也。鮑補爲字。丕烈案：史記有。　梁玉繩曰：案仲連遺燕將書，史與策字句多異，當是所見本不同。金正煒曰：乃，當爲以，篆文相似而誤。或從鮑補爲字。

〔四〕鮑彪曰：倍、背同。　黄丕烈曰：吳氏補曰：怯，史記作却。丕烈案：單本索隱是却字。王震澤本是怯字。　祖耿案：史記是。

〔五〕姚注：之忿，一作亡忿。　鮑彪曰：燕王，惠王。　祖耿案：史記，廢，作敗。「稱」下有焉字。

〔六〕姚注：錢、劉：「勇士不再劫」。　黄丕烈曰：吳氏補曰：一本云：「晁本無此二句，而云：『此三者，世主不臣，說士不載。』丕烈案：史記作：「三者世主不臣，說士不載，故智者不再計，勇士不怯死。」

〔七〕鮑彪曰：此釋上「不再計」，故史云：「時不再至。」　祖耿案：「此其一時也」，史記作：「此時不再至」五字。「公」下無之字，「同」下無也字。

〔八〕鮑彪曰：史云：「齊之南陽」，然則此荆州郡，時屬齊。楚、魏在齊之南，齊有燕難，不急此二縣，故不南面與爭。　吳師道曰：索隱云：南陽，即齊之淮北泗上之地也。平陸，見前。正義云：齊無南面攻楚、魏之心，以爲南陽、平陸之害小，不如聊城之利大。　張琦曰：越世家索隱曰：齊之西界泗水之上。方輿紀要曰：今鄒縣西十里南平陽城，即南陽也。濟北，史索隱曰：即聊城之地。　程恩澤曰：案此南陽在泰山之南。趙岐孟子注：泰山之南謂之南陽。貨殖傳：泰山其陽則魯，其陰則齊。當是其地（全祖望曰：自齊言之，則謂之南陽，山南曰陽也。自魯言之，則謂之汶陽，水北曰陽也）。在今新泰、寧陽一帶，正與平陸相近，故齊連言之。公羊傳高子將南陽之甲，孟子遂有南陽，皆此也。鮑以爲荆州郡，固謬。吳云即淮北泗上之地，亦似太遠。顧祖禹謂今鄒縣西三十里，有平陽城，即齊南陽邑，則又太偏矣。郡國志有濟北國，其地本廣，但此處濟北，當專指聊城言。索隱：濟北即聊城之地，是也。胡三省兼博陽（疑是博陵之訛）言，非是。　顧觀光曰：齊策，燕將攻下聊城，魯仲連曰：「亡南陽之害，不若得濟北之利。」是聊城在濟北而近於燕也。史記：燕昭王親至濟上勞軍行賞。樂毅曰：「河北之地隨先王而舉之濟上」，則兼濟南言之。金正煒曰：按魯連子云：今楚軍南陽，趙伐高唐，燕人十萬，聊城不去。與此文小異。史傳文與策同。祖耿案：此數語史記作：「且楚攻齊之南陽，魏攻平陸，而齊無南面之心，以爲亡南陽之害小，不如得濟北之利大，故定計審處之。」注，司馬貞曰：南陽，即齊之淮北、泗上之地也。平陸，邑名，在西界。濟北即聊城之地也。張守節曰：平陸，兖州縣也。聊城之利大，言必攻之也。

〔九〕鮑彪曰：此時齊善秦，故下兵救之。不敢東面，不攻齊也。齊善秦爲横。祖耿案：史記，横作衡，合作成。注，司馬貞曰：此時秦與齊和，故云衡秦之勢成也。

〔一〇〕「且」下原無齊字。姚注：一本添齊字。鮑彪曰：右壤，謂平陸。斷，亦棄也。程恩澤曰：案，齊右壤，策凡兩見。在秦策者（頃襄王二十年章：「齊之右壤可拱手而取也」），當據全齊言。正義：右壤，謂淄（原本作渭，疑誤）州之南北。胡三省曰：謂濟西之地是也。此右壤專據平陸言。索隱曰：齊右壤之地，平陸是也。各就本文審之。郡國志有濟北國，其地本廣。但此處當專指聊城言。索隱：濟北即聊城之地，是也。胡三省兼博陽（疑是博陵之訛）言，非是。祖耿案：史記作：「齊棄南陽」，上無且字。存作定。「計」下有猶字。必，作且。「之」下有也字。注，司馬貞曰：棄南陽，棄楚所攻之泗上也。又斷絶魏之所攻齊右壤之地平陸是也。言右壤斷棄而不救也。定，謂志在攻聊城而定濟北也。

〔一一〕待，原作得。姚注：錢、劉一作待。鮑彪曰：交退，言其皆退。救不至，不救聊城也。規，猶謀也。秦救之而楚、魏退，無謀齊者。據，相持也。不能得，不能勝齊。金正煒曰：得，作待是也。待，猶禦也。見韋昭國語解。祖耿案：「計必爲之」下，史記作：「且夫齊之必決於聊城，公勿再計。今楚、魏交退於齊，而燕救不至。以全齊之兵，無天下之規，與聊城共據朞年之敝，則臣見公之不能得也。」注，司馬貞曰：按，交者，俱也。前時楚攻南陽，魏攻平陸，今二國之兵俱退，而燕救又不至，是勢危也。

〔一二〕祖耿案：史記「也」字下無此十一字。此十一字在前：「今楚、魏交退」句上。

〔一三〕鮑彪曰：過，猶失。栗腹，燕將。按，燕王喜四年，趙孝成十五年，廉頗圍破燕，殺栗腹。在齊襄燕惠聊城事二十八年。以爲此時，則自騎劫敗死外，不書他將及趙國也。　吳師道曰：說見章末詳之。　黄丕烈曰：百，鮑本作十。丕烈案：史記作十。　祖耿案：史記，彼，作且。過，作失。百，作十。「萬」上有以字。戮作謬，下有笑字。無「公聞」至「足恃」十七字。注，裴駰曰：徐廣曰：栗腹之事，去長平十年。

〔一四〕鮑彪曰：距、拒同，捍也。墨子曰：公輸般爲雲梯將以攻宋。墨子聞之，見般，以帶爲城，以牒爲械。般九設機變，墨九距之。般之械盡，墨之守固有餘。　黄丕烈曰：弊聊，鮑本作聊城。吳補：一本「以弊聊」。丕烈案：史記作「敝聊」。　祖耿案：史記：弊，作敝，下有而字。心，在歸字下。「兵」下無「朞年不解」四字。注，張守節曰：如墨翟守宋，卻楚軍。

〔一五〕黄丕烈曰：以，鮑本作已。丕烈案：史記無此字。　祖耿案：史記北作外，「臏」下無吳起二字，「能」下無以字，「下」下無矣字。注，張守節曰：言孫臏能撫士卒，士卒無二心也。

〔一六〕姚注：三本同一「燕王」字。　黄丕烈曰：者，鮑本無。丕烈案：史記有。　祖耿案：此數語史記作：「雖然，爲公計者，不如全車甲以報於燕。車甲全而歸燕，燕王必喜。」

〔一七〕鮑彪曰：攘，言推臂前也。　吳師道曰：漢書鄒陽傳：「攘袂」，顔云：猶今人言將臂。按，攘臂字見孟子，即此義。　祖耿案：史記，「士民」上有：「身全而歸於國」六字。下無「見公」二字。「明」下無矣字。

〔一八〕鮑彪曰：說士，辯說之士，資以藉口。　矯革，言變其國俗。　吳師道曰：資給說士。　祖耿案：史記：革，作更。俗下有「於天下」三字。注，司馬貞曰：言既養百姓，又資說士，終擬强國也。劉氏云：讀說士爲鋭士，意雖亦便，不如依字。」又曰：矯國更俗，欲令燕將歸燕，矯正國事，改更弊俗也。

〔一九〕姚注：曾無「意者」字，史記有。　鮑彪曰：捐亦棄。　金正煒曰：按「世」當爲代，代、世義同通用。唐諱世之字爲代，其後遂多回改之誤。燕、代接壤，故舉燕並及於代。棄世則無游齊之可言矣。　祖耿案：意者，史記作「亡意」。注，司馬貞曰：亡，音無。言若必無還燕意，則捐燕而東游於齊乎。

〔二〇〕「孤」下原有寡字。　姚注：延篤注戰國策云：陶，陶朱公也；衛，衛公子荊也。非也。　王劭曰：魏冉封陶，商君姓衛。富比陶、衛，謂此。　又曰：孤寡，錢作「寡人」。與齊久存，劉作「左齊據右」。　鮑彪曰：陶，穰侯邑。衛自梁襄王後稱君。　吴師道曰：索隱引延篤云：陶，陶朱；衛，衛公子荊。非也。王劭云：魏冉封陶，商君姓衛。謂此云爾，姚氏亦引。　黄丕烈曰：孤，鮑本無。吴補：一本稱孤寡。丕烈案：史記無寡字。　程恩澤曰：案，延篤、王劭二説以王爲長。然鞅乃衛之支庶，非姓衛也。或其後以衛爲氏耳。

祖耿案：史記：「裂」上無請字，「比」下有乎字，「孤」下無寡字，「此亦」二字作一又字。

〔二一〕吴師道曰：下無歷數之辭，疑「一」字訛或衍。　黄丕烈曰：案：吴誤讀也。指上所云二者。史記作「而審處一焉」可證。　金正煒曰：按，二者，謂歸燕之與游齊也。一正對二而言，文義自明，吴説未審。

祖耿案：「二者」，史記作：「此兩計者」。熟，作詳。也，作焉。

〔二二〕祖耿案：史記：「聞」下有之字。傚，作規。「行大威」作「成榮名」；「立榮名」，作「立大功」。

〔二三〕桔，原作桔。　鮑彪曰：遺，忘也。桎，足械。桔，手械。　黄丕烈曰：今本桔，誤梧。鮑本作桔。

祖耿案：史記，「昔」下有者字。管仲，作管夷吾。「中」下有其字，「糾」下有而字，「辱」下無身字。注，司馬貞曰：遺，棄也。謂棄子糾而事小白也。　張守節曰：管仲傅子糾而魯殺之，不能隨子糾死，是怯懦畏死。

〔二四〕金正煒曰：漢書夏侯勝傳：「先生通正言無懲前事。」注：通，謂陳道之也。　祖耿案：此語，史記作：「世主不臣而鄉里不通」。

〔二五〕鮑彪曰：抑，按也。人所按，故爲困。　祖耿案：此數語，史記作：「鄉使管子幽囚而不出，身死而不反於齊，則亦名不免爲辱人賤行矣。臧獲且羞與之同名矣，況世俗乎！」注，裴駰曰：方言曰：「荆、淮、海、岱、燕、齊之間，罵奴曰臧，罵婢曰獲。」

〔二六〕黄丕烈曰：而，鮑本無。吴補一本云：「并，晁作棄」。丕烈案：史記作兼。　金正煒曰：按，莊子天運篇：「至貴，國爵并焉。」注：并，除棄之謂也。又與迸通。禮記大學：「迸諸四夷」。釋文引皇注：迸，猶棄也。棄，古作弃，與并字形相似，故一本作棄。下文：「故去三北之恥」，去，亦猶棄也，見漢書匈奴傳：「得漢食物皆去之」注。又云：「俱去前事」。師古曰：去，除也。　祖耿案：此數語，史記作：「故管子不恥身在縲紲之中而恥天下之不治，不恥不死公子糾而恥威之不信於諸侯，故兼三行之過而爲五霸首，名高天下而光燭鄰國。」注，張守節曰：按，齊桓最初得周襄王賜文武胙、彤弓矢、大輅，故爲五伯首也。

〔二七〕朱起鳳曰：北，即古背字。背、敗同音通用。　張宗泰曰：按禮記明堂位「封周公於曲阜，地方七百里。」蓋兼山林川澤言之，實則百里之封耳。由春秋至戰國，中間侵并弱小，亦不過方百里者五。安所得千里之地而喪之。考公羊傳莊公七年柯之盟，亦衹言請歸汶陽之田。知喪地千里之説爲策士誇誕之詞無疑也（魯巖所學集）。　祖耿案：此數語，史記作：「曹子爲魯將，三戰三北，而亡地五百里。」注，司馬貞曰：曹子，魯將曹沫是也。

〔二八〕鮑彪曰：出，計所出也。　祖耿案：此數語，史記作：「鄉使曹子計不反顧，議不還踵，刎頸而死，則亦名不免爲敗軍禽將矣。」

〔二九〕祖耿案：此數語，史記作：「曹子棄三北之恥，而退與魯君計。」下無也字，上無「以敗軍禽將非勇也，功廢名滅，後世無稱，非知也，故」二十字。

〔三〇〕姚注：曾無「也曹子」三字。　鮑彪曰：此霸者之事。欲與霸，則可責以義，故沫與魯君計言此。吳師道曰：「遭」字句。謂曹沫忍恥而與魯君計，以爲遭遇也。史無此句，則尤明。　又曰：「有天下」，有字恐誤。史作：「朝天下，會諸侯」。「朝天下」，謂率天下朝王也。　金正煒曰：史傳作：「桓公朝天下，會諸侯」。此文「有」，即「朝」之壞字。「下」，當作子。策及史並誤。「朝」，當爲霸，缺損半字而譌也。文與孟子公孫丑篇不同。鶡冠子世兵篇：「故退與魯君計。桓公合諸侯，曹子以一劍之任，刦桓公墠位之上」。亦無「曹子以爲遭」五字。（老子：「天下多忌諱」，注：天下，人主也。漢書高帝紀：「然天下同姓一家，汝慎毋反」。謂濞與天子爲同姓，一家人也。史傳「桓公朝天下」，義當與朝天子同。）吳氏以爲率天下朝王，亦非）。　祖耿案：此句，史記止有：「桓公朝天下，會諸侯」八字，無「曹子以爲遭齊」六字。

〔三一〕原無「諸侯」二字。　姚注：別本有「諸侯」二字。　梁玉繩曰：案，刼桓歸地一節，史記年表，齊、魯世家，管仲，魯連，自序傳皆述之，而刺客列傳尤詳。荆軻傳載燕丹語，仍國策並及其事，蓋本公羊也。公羊，漢始著竹帛，不足盡信，即如歸汶陽田，在齊頃公時，當魯成二年，乃公羊以爲桓公盟柯，因曹子刼而歸之。其妄可見。況魯未嘗戰敗失地，何用要刼。曹子非操匕首之人，春秋初亦無操匕首之習，前賢謂戰國好事者爲之耳。仲連遺燕將書云：「亡地五百里」。呂覽貴信云：「封以汶南四百里」（管子多後人羼入，而其大匡篇但云：與地以汶爲竟也）。齊策及淮南汜論云：「喪地千里」。魯地安得如此之廣，汶陽安得如此之大，不辨而知其誣誕矣（葉夢得春秋考以曹劌、曹沫爲二人，非也）。　又曰：史記刺客列傳：「曹沫爲魯將，與齊戰，三敗北。魯莊公懼，乃獻遂邑之地以和。」案：莊公自九年敗乾時後，至十三年盟柯，中間有長勺之勝。是魯祇一戰而一勝，安得有三敗之事？齊桓會北杏，遂人不至，故滅之。遂非魯地，何煩魯獻，此皆妄也。祖耿案：史記，「刼桓公於壇位之上」作：「枝桓公之心於壇坫之上」。注，司馬貞曰：枝，猶擬也。「變」下無而字。「喪」，作亡。「反」，作復。信，作加。楚，作越。無「傳名後世」四字。

〔三二〕祖耿案：此數語，史記作：「若此二士者，非不能成小廉而行小節也，以爲殺身亡軀，絶世滅後，功名不立，非智也。」

〔三三〕鮑彪曰：恚，恨也。祖耿案：「忿恚」之心，史記作「感忿之怨」。下無而字。成，作立。

〔三四〕忽，原作忿。王念孫曰：上既言「忿恚」，下不當復言「感忿」。「感忿」當是感忽之譌。荀子議兵篇：善用兵者，感忽悠闇，莫知其所從出。」楊倞曰：感忽悠闇，皆謂倏忽之間也。魯連子曰：「棄感忽之恥，立累世之功。」所引魯連子，即是遺燕將書之文。朱起鳳曰：感忽，猶言奄忽，須臾也。祖耿案此句：史記作：「棄忿悁之節，定累世之功。」

〔三五〕鮑彪曰：言天壤敝，此名乃敝。黄式三曰：比，並也。尸子勸學曰：「惟德行與天地相比也，與此正同。策作敝。敝、比聲同。鮑注云：「天壤敝，此名乃敝」，失之。

〔三六〕祖耿案：此句，史記作：「願公擇一而行之。」凡史記與此異者，悉記如上。錢穆曰：魯連此書，史公或亦采諸魯連子十四篇中。魯連十四篇如田巴之辨，不帝秦之議，語出後人文飾，皆非當時信史。至此書雖無破綻，亦未能定其果爲魯連手筆與否。惟史、策之誤説，則彰灼甚顯。（考辨四三八頁）

〔三七〕鮑彪曰：韣，弓衣。倒，示無弓。黄丕烈曰：今本讀作櫝。鮑改「到讀」爲「倒韣」。吴氏正曰：未詳，或誤字衍文。丕烈案：鮑改、吴補皆非也。到，即倒字，又以讀爲櫝字耳。不當輒改。金正煒曰：按到當爲耐字，形相似而誤。「讀而」二字，本「耐」之旁注，誤併入之也。耐，本作耏，又作耐。廣韻、集韻並如之切，音而。漢書高帝紀注，應劭曰：輕罪不至於髡，完其耏，故曰耏。師古曰：依應氏之説，耏當音而。古書耐、能、而三字往往通用。而之爲耐，猶能之爲而也。此文本作「罷兵耐去」，昔人以耐字少見，因注「讀而」於下。耐既譌誤爲到，又倂旁注入文，遂至義不可通。鮑氏不辨駁文，以意改「讀」爲「鞫」，而本義愈湮矣。漢書匈奴傳：「至到易姓皆從此類也。」史記「到」作乃，疑到亦耐字之譌。而，猶乃也。　祖耿案：史記叙此亦與策異。曰：「燕將見魯連書，泣三日，猶豫不能自決。欲歸燕，已有隙，恐誅；欲降齊，所殺虜於齊甚衆，恐已降而後見辱。喟然歎曰：「與人刃我，寧自刃」。乃自殺。聊城亂，田單遂居聊城。歸而言魯連，欲爵之。魯連逃隱於海上，曰：「吾與富貴而詘於人，寧貧賤而輕世肆志焉。」」凡九十六字。下無「故解」至「說也」十六字。

〔三八〕鮑彪曰：仲連傳有。彪按：此書以齊閔爲宣王，蘇代爲蘇秦，事、時不合如此者甚衆，殆爲後人傳錄之誤。至於此章引栗腹之事說聊城之將，則非後人謬矣。蓋好事者聞約矢之說，惜其書不存，擬爲之以補亡，而其人意氣橫溢，肆筆而成，不暇檢校細處。太史公亦愛其千里，而略其牝牡驪黃。至於今二千歲，莫有知其非者也！又按：燕昭二十八年，書齊之不下者，惟聊、莒、即墨。聊即聊城也。徐廣注，此栗腹事去長平十年，而不論其在聊城事後。蘇氏古史亦因之，疏矣。故備論之。　吴師道曰：魯仲連説燕將下聊城，史不著年。其書引栗腹之敗，此事在其後，故通鑑大事記載於秦孝文元年，當燕王喜五年，齊王建十五年。自赧王三十一年，燕率五國伐齊，閔王死，襄王立，三十六年，燕昭王卒；明年，惠王立。越武成王、孝王而至王喜，凡三十四年。此蓋二事誤亂爲一。自「燕攻齊」止「殺騎劫」二十五字，或他策脱簡；而「初燕將」止「讒之」十一字，亦他本所無也。且單由即墨起七十餘城，即復爲齊，不聞聊城尚爲燕守。以齊之事勢，豈有舍之三十餘年而不攻，單之兵力三十餘年而不能下歟？今曰「攻之歲餘不下」，可見爲此時燕將守聊城事也。史稱毅破齊，不下者獨莒、即墨；單縱反間，亦言二城。而燕世家書聊、莒、即墨，策亦有三城不下之言，果一時事，則聊城亦爲齊守，而非燕將爲燕守者。此誤因聊城不下而引與莒、即墨亂也。考之單傳，自復齊之後，無可書之事。齊襄王十九年，當趙孝成王元年，趙割地求單爲將，次年遂相趙，必不復返齊矣。距聊城之役，凡十六年，單豈得復爲齊將哉？此因「歲餘不下」之言，聊、莒、即墨之混，而誤指以爲單也。夫仲連之言，正謂栗腹敗，燕國亂，聊城孤守，齊方併攻，勢將必拔。其言初不涉湣、襄、昭、惠之際。所謂「楚攻南陽，魏攻平陸」，閔王時，楚取淮北，單復齊後，蓋已復之，不聞楚、魏交攻之事，二事必在後也。燕將被讒懼誅，連書亦無此意，此因樂毅而訛也。史又稱，燕將得書自殺，單遂屠聊城，尤非事實。齊前所殺燕將惟騎劫爾，不聞其他，此因騎劫而訛也。連之大意，在於罷兵息民。而其料事之明，勸以歸燕降齊，亦度其計之必可者。排難解紛，又素所蓄積也！迫之於窮，而致之於死，豈其心哉？夫其勸之，正將以全聊城之民，而忍坐視屠之哉！燕將死，聊城屠，連何功美之稱，而齊欲爵之哉？策所云解兵而去者，當得其實，而史不可信也。故論此事者，一考之仲連之書，則史、策之舛誤殽混者，皆可得而明矣。鮑不此之察，見其不通，遂謂好事者聞約矢之説，惜其書不存，擬之以補亡，二千餘年，莫有覺者。何其謬哉！史誤因策，通鑑、大事記稱田單誤因史。真文忠公反據鮑氏爲斷，而謂魯連之説不可爲訓，皆失考也。　馬驌曰：書引栗腹之敗，故通鑑載秦孝文王元年。然田單已於趙孝成王元年降趙矣。前人以此書爲有錯簡。　張琦曰：鮑以此書爲後人補亡，吴以爲二事誤亂爲一章，首二十五字或他策脱簡，足正鮑氏之失。獨謂田單相趙之後，必不復返齊，史記、通鑑俱因此誤，則屬臆見，徒以燕、齊相攻事不見於世家而已。然田單傳止載復齊七十城事，其後趙孝成王請單爲將而攻燕，明年爲趙相，又后十餘年，單乃爲齊復聊城，皆雜見他傳。史公文簡而事備，往往若此。又，魯連傳，其後二十餘年，燕將攻下聊城。索隱據徐廣曰：年表以田單攻聊城，在長平後十餘年耳。云二十餘年，誤也。今本史表無此文，後書缺失矣。其時正當趙破栗腹之後。蓋單既相趙，復歸於齊而攻聊城。不知吴師道何所據而云然也。錢穆曰：策因史誤，史又因策誤，其跡可見。（考辨四三九頁）祖耿案：蘇轍古史之言曰：戰國游談之士，非從即横，説行交合，寵禄附之。故事不厭詭詐，爭走於利。魯仲連辯過儀、秦，氣凌髡、衍，而從横之利不入於口。因事放言，切中機會，不終日而成功，逃避爵賞，脱屣而去。戰國中一人而已。

四

燕攻齊，齊破〔一〕。閔王奔莒，淖齒殺閔王。田單守即墨之城，破燕兵，復齊墟。襄王爲太子徵〔二〕。齊以破燕，田單之立疑，齊國之衆，皆以田單爲自立也〔三〕。襄王立，田單相之。過菑，有老人涉菑而寒，出不能行，坐於沙中〔四〕。田單見其寒也，欲使後車分衣，無可分者，乃解裘而衣之〔五〕。襄王惡之，曰：『田單之厚施，欲以取我國乎？不早圖，恐後之〔六〕。』左右顧無人，巖下有貫珠者〔七〕，襄王呼而問之，曰：『女聞吾言乎？』對曰：『聞之。』王曰：『女以爲何若？』對曰：『王不如因以爲己善。』王曰：『奈何？』曰〔八〕：『嘉單之善，下令曰：「寡人憂民之飢也，單收而食之；寡人憂民之寒也，單解裘而衣之；寡人憂勞百姓，而單亦憂之；稱寡人之意〔九〕。」單有是善，而王嘉之，單之善，亦王之善已〔一〇〕！』王曰：「善。」乃賜單牛酒，嘉其行。後數日，貫珠者復見王，曰：「王至朝日，宜召田單而揖之於庭，口勞之，乃布令求百姓之飢寒者收穀之〔一一〕。」乃使人聽於閭里，聞丈夫之相與語，舉曰〔一二〕：「田單之愛人，嗟！乃王之教澤也〔一三〕！」

〔一〕祖耿案：顧觀光隸此於赧王三十六年。

〔二〕鮑彪曰：徵，猶信也。太子初易姓名爲庸，人疑之，至是始有狀可信也。金正煒曰：按書允征傳徵，證也。疏：徵是證驗之義。左氏襄二十八年傳：「以徵過也」。注：徵，審也。漢書黥布傳：「使人微驗淮南王」。宋祁曰：微，或作徵，舊本並作徵。此言太子徵知齊已破燕。以與已古通用。又，徵或微之譌，讀屬上句。爾雅釋詁注：微，謂逃藏也。左氏襄十九年傳：「崔杼微逆光」。服注：微，隱匿也。太子逃太史敫家爲溉園，故云微也。

〔三〕鮑彪曰：疑，人疑單也。金正煒曰：「田單之立疑」，謂單未得太子，疑於所立。與漢書五行志：「立嗣子疑」義同。抑襄王未入臨菑時，單或效子西爲王輿服以保路國，故齊人疑其自立也。

〔四〕「有」上原有水字。姚注：曾一作菑水。鮑彪曰：菑、淄同。程恩澤曰：淄水，燕攻齊章作菑。祖耿案：類聚五引作：「過淄水，有老人涉淄而寒」。書鈔三九同。類聚六七引作：「過魯，有老人涉淄。」

〔五〕原無也字。「可」下原有以字。「乃解」，原作「單解」。姚注：一本「分」下有之字。祖耿案：御覽七四引，「寒」下有也字，四七七引，同。書鈔三九引，「可」下無以字。一二九引，同。又，引單作乃。

〔六〕「施」上原無厚字，下有將字。鮑彪曰：恐後之，恐單先發。祖耿案：類聚五引作：「田單之厚施，欲取我國乎？」御覽三四引同。類聚六七引作：「田單之惠施，欲以取我國乎？」

〔七〕姚注：別本，巖字作「聲」，句絕。通鑑作「巖下」。元和姓纂引戰國策：「齊有貫珠」，則貫姓殊名，非「貫珠者」。　鮑彪曰：貫者，齊人。　吴師道曰：姚云別本巖字作「聲」，句絕。無「下」字。元和姓纂引策作貫珠，人姓名。　程恩澤曰：案：姓氏急就篇：貫氏，國名。引此亦作貫珠。高士奇曰：貫城，古貫國（漢爲蒙縣地），今在曹縣西十里。　朱起鳳曰：元和姓纂引作「貫殊」，蓋貫其姓，殊，其名。非謂執業貫珠也。

〔八〕原無：「曰奈何曰」四字。　姚注：劉，「曰奈何曰」。

〔九〕鮑彪曰：稱，猶副。

〔一〇〕「單之善」，單上原有善字。　金正煒曰：上善字涉上下文而衍。

〔一一〕鮑彪曰：穀，猶養。

〔一二〕「相」下原空一字，「舉」下原空四字。　黄丕烈曰：今本不空。鮑本不空，「舉」在「與」上，鮑衍舉字。吴氏補曰：此因與字誤衍在此。姚本在曰字上。丕烈案：所空，疑本有姚氏校語而删去者。　金正煒曰：按左氏襄六年傳：「君舉不信群臣乎？」注：舉，皆也。管子牧民篇：「地辟舉則民留處」。注：舉，盡也。鮑本殺誤，注以爲衍，亦非。

〔一三〕鮑彪曰：彪謂單之取疑，所謂威震主者歟。襄王亦不明甚矣！使單有異志，闔城陽而王，孰敢不聽，豈俟今日哉。貫珠者，可謂君子人矣。爲是言也，上足以掩王之非，下足以救單之死，一言而齊國定。君子哉！　吴師道曰：斯人者，又能免其身。不然，王懼其以前言告單，必殺之矣。　黄式三曰：貫珠者無辭，齊王必殺之以滅口。有辭則齊安。　祖耿案：類聚五引作：「於是閭里相與語曰：「單之愛人，乃王之教也。」御覽三四引同。

五

貂勃常惡田單〔一〕，曰：「安平君，小人也〔二〕！」安平君聞之，故爲酒而召貂勃，曰：「單何以得罪於先生，故常見惡乎〔三〕？」貂勃曰：「跖之狗吠堯，非貴跖而賤堯也，狗固吠非其主也〔四〕；且公孫子賢而徐子不肖，然而使公孫子與徐子鬭，徐子之狗，猶時攫公孫子之腓而噬之也〔五〕；若乃得去不肖者而爲賢者狗，豈特攫其腓而噬之耳哉〔六〕！」安平君曰：「敬聞命矣〔七〕！」明日，任之於王〔八〕。王有幸臣九人，欲傷安平君，相與語於王曰〔九〕：「燕之伐齊之時，楚王使將軍將萬人而佐齊，今國已定，而社稷已安矣，何不使使者謝於楚王〔一〇〕。」王曰：「左右孰可？」九人之屬曰：「貂勃可〔一一〕。」貂勃使楚，楚王受而觴之，數日不反，九人之屬相與語於王曰：「夫一人之身，而牽留萬乘者，豈不以據勢也哉〔一二〕？且安平君之與王也，君臣無禮而上下無別〔一三〕，且其志欲爲不善，內牧百姓，循撫其心，振窮補不足，布德於民，外懷戎翟、天下之賢士，陰結諸侯之雄俊豪英，其志欲有爲也。願王之察之〔一四〕！」異日而王曰：「召相單來！」田單免冠徒跣肉袒而進，退而請死罪〔一五〕。五日而王曰：『子無罪於寡人；子爲子之臣禮，吾爲吾之王禮而已矣。』貂勃從楚來，王觴諸前，酒酣，王曰：『召相田單而來〔一六〕！』貂勃避席稽首曰：『王惡得此亡國之言乎？王上者孰與周文王？』王曰：『吾不若也！』貂勃曰：『然！臣固知王不若也！下者孰與齊桓公？』王曰：『吾不若也！』貂勃曰：『然！臣固知王不若也！然則周文王得呂尚以爲「太公」，齊桓公得管夷吾以爲「仲父」，今王得安平君而獨曰「單」〔一七〕！且自天地之闢，民人之始，爲人臣之功者，誰有厚於安平君者哉〔一八〕？而王曰「單」！惡得此亡國之言乎〔一九〕？且王不能守先王之社稷，燕人興師而襲齊，王走而之城陽之山中〔二〇〕，安平君以惴惴之即墨，三里之城，五里之郭，敝卒七千，禽其司馬，而反千里之齊，安平君之功也〔二一〕。當是時也，闔城陽而王，天下莫之能止，然而計之於道，歸之於義，以爲不可，故爲棧道木閣，而迎王與后於城陽山中，王乃得反，子臨百姓〔二二〕。今國已定，民已安矣，王乃曰「單」！且嬰兒之計不爲此〔二三〕！王不亟殺此九子者以謝安平君，不然，國危矣〔二四〕！』王乃殺九子而逐其家，益封安平君以夜邑萬户〔二五〕。

〔一〕鮑彪曰：貂勃，齊人。　祖耿案：文選獄中上書自明注，引作刁䝟。檄吳將校部曲注引作刁勃。

御覽九〇四引春秋後語作貂勃。刁、貂音同。俱姓也。顧炎武曰：刁氏（復古編作刁，非），姓譜以爲齊大夫豎刁之後。胡三省曰：豎刁安得有後？後漢書貨殖傳有刁間。愚按：古書刁與貂通。齊襄王時有貂勃。錢大昕曰：荀子：嫫母刁父。朱子云：刁父，未詳。竊疑即齊豎刁。刁有貂音，後別作刁。　又按：顧觀光隸此於赧王三十六年。

〔二〕吴師道曰：徐廣云：北海東安平。正義云，在青州臨淄縣東，古紀國之酅邑。索隱云：單初起安平，故以爲號。　張琦曰：安平城在今臨淄縣東十九里。　程恩澤曰：案地理志，東安平，屬淄川國。闞駰曰：博陵（屬涿郡）有安平，故此加「東」（錢坫曰：非也，乃千乘有安平耳）。應劭曰：博昌西南三十里，有安平亭。郡國志：北海郡（正義曰：青州，即北海郡也）東安平，六國時曰安平（宋書州郡志屬齊郡）。括地志：安平城在青州臨淄縣東十九里。胡三省曰：齊以田單安國平難，又嘗保安平，故以安平封之。顧祖禹曰：今臨淄縣東十九里（錢坫作十里。江永曰：疑是九十里，與壽光縣相近，紀在壽光東南也），有東安平故城，單所封也。　顧觀光曰：史記，「齊封田單爲安平君」。徐廣於前文注云：安平在北海。據續漢志，北海東安平，六國時曰安平，蓋對趙之安平而言，故稱東也。正義引括地志云：安平城在青州臨淄縣東十九里，古紀國之酅邑也。索隱曰：單初起安平，故以爲號。

〔三〕原作：「故常見譽於朝」。　姚注：譽，曾一作惡。　鮑彪曰：不欲正言其毁。　王引之曰：故與乃同義。　金正煒曰：故，猶乃也。說見經傳釋詞，或爲胡字之譌。詩桑柔：「胡斯畏忌」。箋：胡之言何也。謂何爲常見譽於朝，於義亦通。墨子書胡字亦多誤「故」。湯炳正曰：案，胡、故通用，非誤譌。　祖耿案：御覽九〇四引春秋後語作：「單何以得罪於先生，常見惡乎？」今從之。

〔四〕鮑彪曰：跖，柳下季之弟盜跖。　吴師道曰：此莊生寓言，惠、跖時不相及。蒯通之言出於此。

朱起鳳曰：文選鄒陽獄中上吳王書：「桀之狗可使吠堯。」李注：戰國策，刁覩謂田單曰：「跖之狗或哦堯，非其主也。」哦，音吠。並同。案哦從伐聲，與吠字音近。此猶淖、旆古通。旆又通作茷字矣。今本齊策，哦作吠，刁覩作貂勃。李氏當別有所本。

〔五〕「且」下原有「今使」二字。姚注：腓，錢、劉一作肥。鮑彪曰：攫，持。腓，脛腨。噬，嚙也。吳師道曰：噬，齧也。黃丕烈曰：猶，鮑本作由，改爲猶。吳氏補曰：由、猶通，一本作猶。祖耿案：御覽九〇四引春秋後語無「今使」二字。

〔六〕姚注：腓，錢、劉一作肥。王引之曰：若乃，轉語詞也。金正煒曰：耳，猶而已，亦見經傳釋詞。

〔七〕原無矣字。祖耿案：御覽九〇四引春秋後語有矣字。

〔八〕鮑彪曰：白王，使任用之。金正煒曰：按管子任法篇：「世無請謁任舉之人」。注：任，保也。韓非制分篇：「私告任坐使然也」。注：任，保也。惟策文多言仕，如鄒忌事齊王章：「仕人衆」。鮑注薦於王，使之仕。楚策：「君先仕臣爲郎中。」魏策：「吾將仕之以五大夫」。韓策：「申子請仕其從兄官」。足證此文亦當作仕。論語公冶長篇：「子使漆雕開仕」。孔注：，仕，仕於朝也。祖耿案：御覽九〇四引春秋後語作：「明日，單任之於王。」

〔九〕「有」下原有「所」字。「人」下原有「之屬」二字。祖耿案：御覽四五六引，「有」下無「所」字，「人」下無「之屬」二字。

〔一〇〕鮑彪曰：楚王，頃襄王。將軍，淖齒也。

〔一一〕鮑彪曰：欲去單之助。

〔一二〕「身」上原無之字。姚注：一本有之字。鮑彪曰：言勃據單勢。吳師道曰：言單據勢。

〔一三〕吳師道曰：通鑑：君臣無異。

〔一四〕鮑彪曰：不善，謂反畔。振，舉救也。懷戎翟、天下之賢士，謂懷翟與士。雄俊、豪英，諸侯之人。有爲，爲不善也。　黃丕烈曰：牧，鮑本作收。

〔一五〕鮑彪曰：肉袒，露肢體，示欲受刑。　吳師道曰：袒，即裼也。去上衣曰裼。

〔一六〕觴，原作賜。　鮑彪曰：酣，酒樂。　黃丕烈曰：吳氏補曰：一本「王觴賜諸前」，愚恐賜乃觴之譌。　金正煒曰：賜，當從吳說作觴。穆天子傳：「觴天子於盤石之上」。郭注：觴者，所以進酒，因云觴耳。

祖耿案：御覽四五六引作：「王賜諸酒酣」。

〔一七〕黃丕烈曰：「貂勃曰：然臣固知王不若也」十一字，鮑本無。尚，作望。又，「太公」下無齊字。

〔一八〕始，原作治。姚注：曾作始字。　鮑彪曰：闢，開也。

〔一九〕王念孫曰：「單單」，衍一單字。下文：「今國已定，民已安矣，王乃曰：『單』」。鮑於「單」下補一單字。吳謂：「與前連舉不同」。皆非也。上文曰：「周文王得呂尚以爲太公，齊桓公得管夷吾以爲仲父，今王得安平君而獨曰單」。單字不連舉。此文即承上言之，亦不當連舉也。　俞正燮曰：心惡其言，故學而重呼之。

〔二〇〕「齊」下原有墟字。　鮑彪曰：城陽，兗州國，莒，其縣也。　黃丕烈曰：先，鮑本作乎。　張琦曰：城陽，即今莒州。　程恩澤曰：案漢志，城陽與成陽不同。成陽是縣，屬濟陰郡，在今濮州。城陽是國（齊悼惠王子章所封），屬兗州，在今莒州（胡三省通鑑注、方以智通雅、錢大昕二十二史考異，說並同）。風俗通義：城陽，今莒縣是也（王莽名城陽爲莒陵，亦即此義）。顧祖禹曰：今山東莒州（今屬沂州府）有廢莒縣，即其地（洪亮吉謂在諸城縣北，疑誤。諸城雖與莒州接壤，然當在縣南，不應在縣北）。　顧觀光曰：齊策：「王走而之城陽之山中」。漢志：城陽國縣四，莒其一也。故策又云：「法章變姓名，爲莒太史家庸夫」。　金正煒曰：按墟字涉上下章「復齊墟」之文而誤衍也。

〔二〕鮑彪曰：惴惴，憂懼也。司馬，主兵之官，謂騎刼。　金正煒曰：按惴，當作偳。廣韻：小也。字亦作顓。漢書賈捐之傳：「顓顓獨居一海之中」。師古曰：顓與專同。專專猶區區也。（潛夫論救邊篇：「昔樂毅以慱慱之小燕」，慱慱、顓顓並同音而通假也。）

〔三〕「天」上原有「城陽」二字。　鮑彪曰：闔城陽而王，不通王而自王也。城陽天下，城陽與天下之人。木閣、棧道，皆以通俊。　吳師道曰：春秋後語，闔，作舍。「城陽天下」，城陽二字因上文衍。　董說曰：王伯厚云：據此，非但蜀有棧道也。　黃丕烈曰：「山中」，鮑本作「中山」，改爲「山中」。吳氏補曰：當作「山中」。　金正煒曰：按王冰素問陰陽離合論注：「闔者所以操禁固之權」。作闔於文自通。「城陽天下」，當從吳說，衍城陽二字。鮑注：「城陽與天下之人」，非也。

〔三〕黃丕烈曰：今本「單」下復有單字，乃誤涉鮑也。鮑補單字。吳氏正曰：與前連舉不同。　金正煒曰：按且字疑當作直。漢書孝成許后傳：「今吏甫受詔讀記，直豫言使后知之，非可復若私府有所取也。」直與正同義，猶即也。

〔四〕金正煒曰：墨子辭過篇：「府庫實滿，足以待不然」。漢書司馬相如傳：「發巴、蜀之士各五百人，以奉幣衛使者不然」。張揖曰：不然之變也。此言不殺九子以謝安平君，將有非常之變，而國危矣。「不然」，謂九人者殺安平君而作亂也。或「王不亟殺」，本「王其亟殺」之譌。古書其作亓，因誤爲不。　湯炳正曰：案此文「不然」爲轉語，下接「國危矣」，與墨子文意不同。

〔五〕姚注：夜，一作劇。　鮑彪曰：夜，一作劇，屬淄川。又東萊有掖，有不夜。疑「夜」字爲「掖」不全，或「不夜」省「不」。吳師道曰：括地志，據城，在青州壽光縣南三十里。顏師古云，齊地記，古有日夜出，見於東萊，故萊子立此邑，以不夜爲名。張琦曰：鮑云，東萊有掖、有不掖。按今萊州府治掖縣，古夜邑也。不夜城在文登縣東北八十里。又案：通鑑注，夜邑，戰國策作掖邑。程恩澤曰：案地理志，掖與不夜雖同屬東萊郡，然掖爲今萊州府掖縣，不夜爲今登州府文登、榮成二縣，相距五六百里，田單所封必不在此。考説苑引此正作掖。楚漢春秋有夜侯蟲達，即掖縣。通鑑注：夜邑，戰國策作掖邑。是夜、掖古字通用，當以今掖縣爲是（御批通鑑輯覽主此説，顧祖禹、洪亮吉並同）。舊注以爲從不夜省，綱目集覽從之，非是。又案：地理志有兩劇縣，一屬北海郡，一屬淄川國。路史國名紀：劇，齊附庸，今淄川劇縣。又云：劇是臨朐東、壽光西南，故劇城，齊之劇邑。錢大昕曰：志稱淄川後併北海，則二劇疑即一地。然北海之劇本是侯國，即淄川懿王子錯所封，蓋析劇縣之鄉爲侯國，別屬北海，而劇縣之隸淄川如故，非重出也。今青州府壽光縣東（似當作西）三十里，有劇故城。錢坫曰：淄川之劇在丹水之東，今在青州府昌樂縣西十里（爾雅正義作五十五里）。北海之劇在丹水之西，今在青州府臨朐縣西南（似當作東北），實一地也（以單封安平考之，則劇邑較夜邑爲近）。顧觀光曰：齊策：「益封安平君以夜邑萬户」，或以東萊之不夜當之，疑非也。漢志，東萊郡有掖縣，蓋掖、夜古字通（今萊州府城）。又曰：齊策，魯仲連謂田單曰：「今將軍東有夜邑之奉。」夜，一作劇。漢志：北海郡、菑川國並有劇縣。在今青州府臨朐縣西南者，丹水西之劇也，屬北海。在今青川府昌樂縣西十里者，丹水東之劇也，屬菑川。金正煒曰：按下章：「東有夜邑之奉。」説苑作掖，夜即掖之省文。左氏襄四年傳注：東萊掖縣北。釋文：漢書作夜，孟康音掖。楚漢春秋有夜侯蟲達，亦即掖縣地。王國維曰：齊策所云夜邑，今封泥有「夜丞之印」及「夜印」，則齊策是也（齊、魯封泥集存序）。

六

田單將攻狄〔一〕，往見魯仲子〔二〕，仲子曰：『將軍攻狄，不能下也〔三〕。』田單曰〔四〕：『單以五里之城，七里之郭，破亡餘卒，破萬乘之燕，復齊墟；今攻狄而不能下，何也〔五〕？』上車弗謝而去。遂攻狄，三月而不克之也〔六〕。齊嬰兒謠曰：『大冠若箕，脩劍拄頤；攻狄不下，壘於梧丘〔七〕。』田單乃懼，問魯仲子曰：『先生謂單不能下狄，請聞其説〔八〕！』魯仲子曰〔九〕：『將軍之在即墨，坐而織蕢，立則丈插〔一〇〕，爲士卒倡曰：「無可往矣！宗廟亡矣！云白尚矣！歸於何黨矣〔一一〕！」當此之時，將軍有死之心，而士卒無生之氣〔一二〕，聞若言，莫不揮泣奮臂而欲戰。此所以破燕也〔一三〕。當今將軍東有夜邑之奉，西有菑上之虞〔一四〕，黄金橫帶〔一五〕，而馳乎淄澠之間〔一六〕，有生之樂，無死之心。此所以不勝也〔一七〕！』田單曰：『單有心，先生志之矣〔一八〕！』明日，乃厲氣循城，立於矢石之所及〔一九〕，援枹鼓之，狄人乃下〔二〇〕。

〔一〕鮑彪曰：將，爲大將。狄，北胡。吴師道曰：史：田儋，狄人。徐廣注：今樂安臨濟縣。正義云淄州高苑縣西北，狄故城。黄丕烈曰：今本狄，誤翟。張琦曰：故狄城在今高苑縣西北二十里。程恩澤曰：案狄有長狄、赤狄、白狄之別。其單以狄名者，最爲强横。春秋時伐邢、入衛，大爲中國患。然與齊策田單所攻之狄又不同。彼止據臨濟一縣言，或曰即長狄遺種。若春秋之狄，則土地甚廣，當在今山西、直隸之間，與晉、衛相近。又曰：翟，即狄也。又曰：案地理志，千乘郡有狄縣。郡國志，樂安國臨濟縣本狄。安帝更名。地道記曰：狄伐衛懿公，即此。今山東青州府高苑縣西北二里，有臨濟城，故狄邑也。或曰：春秋時長狄所居，因名。此在齊之北境，當即蘇代所云北夷。惟一縣之地，未必有七百里。殆策士誇大之詞，不足案據歟。顧觀光曰：齊策，田單攻狄。史記田儋傳正義曰：淄州高苑縣西北，有狄故城（漢志屬千乘，在今高苑縣北二里）。金正煒曰：按漢書陳勝傳：「周市北至狄，狄人田儋殺狄令自立爲齊王。」師古曰：狄，縣名也。後漢安帝時改爲臨濟。漢書地理志，屬千乘。鮑氏以爲北胡，誤。祖耿案，御覽三一一引作：「齊上將田單率師將攻狄。」說苑指武云：「田單爲齊上將軍，興師十萬將以攻翟。」顧觀光隸此於赧王三十六年。

〔二〕鮑彪曰：魯仲子，連也。祖耿案：說苑，仲下有連字，下同。

〔三〕祖耿案：說苑作「將軍之攻翟，必不能下矣。」

〔四〕祖耿案：說苑作「田將軍曰」。

〔五〕「單以」，原作「臣以」。「墟」下原無今字，「不」下原無能字。祖耿案：御覽三一一引作：「單以破亡餘卒，破萬乘之燕，今攻狄而不能下，何也？」說苑作：「單以五里之城，十里之郭，復齊之國，何爲攻翟不能下？」

〔六〕祖耿案：御覽三一一引作：「上車不謝而去。遂攻狄，三月不克。」說苑作：「去上車不與言決。」

〔七〕原作：「攻狄不能下壘枯丘。」姚注：能音泥。丘，音谿。古叶音。鼂改作：「壘於梧丘。」說苑同。

鮑彪曰：壘，軍壁也。言大不能降一壘，小不能枯一丘。言無人物。吳師道曰：吳氏韻補：能，叶年題反。丘，叶去其反。廬陵劉氏讀「壘枯丘」，謂空守一丘爲壘。説苑：「攻狄不能下，壘於梧丘。」齊景公田於梧，地名也。一本引北堂書鈔，同。説苑無能字。一本「壘枯骨成丘」。通鑑從之。各有不同，似「梧丘」義長。王念孫曰：鮑、劉説皆謬。一本作「壘枯骨成邱」，亦後人臆改。此當從説苑作「攻狄不下，壘於枯邱。」於文爲順，於意爲長。北堂書鈔引策文正與説苑同。今策文作「攻狄不能下」，能字因上文「將軍攻狄不能下」而誤衍耳。韻補以能字絶句，而以「下壘」連讀，則文不成義矣。程恩澤曰：案説苑辨物篇：齊景公畋於梧邱，即注所引也。但其地並無的處。水經注：系水北逕臨淄城西門，西流逕梧宮南，其地名梧臺里。又西逕葵邱北。梧臺在齊城西三里（今有小阜，是其故址），距狄地不遠（狄國在今高苑縣西北二里）。梧邱或在左右。邵晉涵曰：梧邱亦名五丈夫之邱。顧觀光曰：齊策，田單攻狄，齊嬰兒謡曰：「攻狄不下，壘於梧邱」（依書鈔地理部）。按晏子雜下篇：「景公畋於梧邱」，則梧邱齊地也。爾雅釋邱云：當途梧邱。祖耿案：説苑，「謡」下有之字。若，作如。脩，作長。

〔八〕祖耿案：聞，鮑本作問。此數語，説苑作：「田將軍恐駭，往見仲連子曰：『先生何以知單之攻翟不能下也？』」

〔九〕祖耿案：説苑作「仲連子曰」。

〔一〇〕鮑彪曰：蕢，草器。插，鍤同，剌土器。黄丕烈曰：丈，鮑本作杖。金正煒曰：按，而與則同。墨子明鬼篇：「非父則母，非兄而姒也。」史記欒布傳：「與楚則漢破，與漢而楚破。」並以而、則互用爲文。説詳經傳釋詞。丈與杖通。禮記曲禮：「函丈」，王肅作杖，可證。鮑本作杖。插，本作臿。韓非五蠹篇：「禹之王天下也，身執耒臿以爲民先。」釋名釋用器：鍤，插也，插地起土也。故亦得借作插。祖耿案：御覽三一一引作：「將軍在即墨之時，坐即織蕢，立即杖插。」說苑作：「夫將軍在即墨之時，坐則織蕢，立則杖臿。」

〔一〕「日」下原無無字。「云白」，原作「云日」。 姚注：一作「去日」。又云：別本「無可往矣，宗廟亡矣，今日尚矣，歸何黨矣」（叶音，往、尚皆有平聲，黨亦當平讀）。說苑：「宗廟亡矣，魂魄喪矣，歸何黨矣。」鮑彪曰：倡，導也。尚，猶久也。言見亡之兆，其日已久。黨，猶鄉也。言無所歸。 吳師道曰：姚氏云：別本「無可往矣，宗廟亡矣，今日尚矣，歸何黨矣。」皆叶平聲讀。說苑：「宗廟亡矣，魂魄喪矣，歸何黨矣。」黃丕烈曰：今本可，誤何。「云曰」作亡日。鮑本作「亡日」。丕烈案：此曰字當作白。「云白」者，魂魄之省文。尚，讀爲㦗，即說苑之「魂魄喪矣」也。作亡日者，非。 金正煒曰：按，「日可往矣」，曰，乃亡字之譌，亡即無也。「云曰」，當從黃丕烈札記作「云白」。「云白」者，魂魄之省文。尚，當爲惝。莊子則陽篇：「客出而君惝然若有亡也。」釋文：惝，音敞。字林云：惘也。國語越語：「夫上黨之國」，韋昭曰：黨，所也。史記齊世家：「師乎師乎，胡黨之乎？」服虔曰：黨，所也。古人四聲通叶，原注過泥。 朱起鳳曰：魂魄，古亦作䰟䰠。云白，即䰟䰠之譌缺。尚字應依說苑，作喪。 湯炳正曰：案姚注，別本作：「無可往矣」，是也。「倡曰」曰字不可少。

〔二〕祖耿案：說苑無「當此之時」四字。「將」上有故字，下無軍字。「心」下無而字。

〔三〕鮑彪曰：若，如此也。 王引之曰：若與如此同義。 祖耿案：御覽三一一引作「聞是言」。說苑無「聞」至「當」十九字。

〔四〕姚注：夜邑，說苑作掖邑。 黃式三曰：虞，娛同。說苑作竇。 金正煒曰：史記孝景帝紀注：菑川縣故劇城。上章，夜邑一作劇邑，即謂菑上也。虞與娛通。 祖耿案：書鈔一二五引作：「東有衣冠之奉，西有淄上之封。」類聚六七引作：「西有菑上之娛。」御覽三二一引作：「東有夜邑之封，西有淄上之實。」三國志魏志董昭傳注引獻帝春秋：「昭與荀彧書：東有掖邑之封，西有菑上之虞。」

〔一五〕祖耿案：周季編略作：「金銀橫帶。」黃曰：說苑，橫，作黃。

〔一六〕姚注：「馳乎」，說苑作「馳騁」。鮑彪曰：昭十二年注：澠水出臨淄，入時水。張琦曰：澠水出今臨淄縣西之申池，北流至博興縣界，入時水。程恩澤曰：案水經注：澠水出營城東，世謂之漢溱水。西逕樂安、博昌縣故城西南，歷貝邱，又西北入時水。自下通謂之澠。左傳「有酒如澠」，指此。時水又東北流逕廣饒縣故城北，入淄水。孔子曰：淄澠之水合，易牙嘗而知之。謂斯水矣。齊乘：澠水北流，勢極屈曲，俗稱九里十八彎。顧祖禹曰：淄水在城南，澠水在城北，故曰「馳乎淄、澠之間」（錢坫以漢志廣縣爲山，所出之濁水爲澠水，與此異）。顧觀光曰：齊策，魯仲連謂田單曰：「馳乎淄、澠之間。」蓋淄水在城南，澠水在城北也。水經淄水注云：澠水出營城東，西北流入時水，又東北流入淄水。淮南子云：淄澠之水合，易牙嘗而知之。謂斯水矣。 祖耿案：書鈔一二九、御覽六九六引，並作「馳乎」。說苑作「馳騁乎」。

〔一七〕原無「此」字。「勝」下，原有者字。 祖耿案：類聚六七引作：「所以不勝狄也。」御覽三二一引作：「此所以不勝也。」此十四字，說苑作：「是以樂生而惡死也」八字。

〔一八〕黃式三曰：志、識古今字。 祖耿案：說苑無此十一字。

〔一九〕及，原作乃。 姚注：循，一作脩。乃，劉本作及。 鮑彪曰：厲，激昂也。 金正煒曰：劉本作：「立於矢石之所及」，是也。乃字涉上下文而誤。呂覽貴直篇：「簡子乃去犀蔽屏櫓，而立於石矢之所及，一鼓而士畢乘之。」注：及，至也。又，韓非外儲說：「簡子乃去楯櫓，立矢石之所及，鼓之而士乘之，戰大勝。」

與此文並同。說苑：「田將軍明日結髮徑立矢石之所，乃引枹而鼓之，翟人下之。」乃，亦及字之譌。

祖耿案：御覽三一一引作：「田單明日結髮勵氣，立於矢石間。」

〔二〇〕鮑彪曰：枹，擊鼓杖。 吳師道曰：馬謖對諸葛亮曰：用兵之道，攻心爲上，攻城爲下。其言出於此。又曰：夜，說苑作掖。黽音鼀，枹音浮。又曰：按史，趙孝成王元年，田單將攻燕，拔中陽，又攻韓注人，拔之。次年，單爲相。孝成之元年，齊襄之十九年也。趙王新立，秦攻趙，求救於齊。齊人使以長安君爲質，齊師乃出，秦師退。又，策云：趙王割濟東三城城邑市五十七與齊，求安平君爲將攻燕，亦是年事。蓋齊、趙方睦也。考之史，單自復齊之後，唯有伐狄之戰。大事記倂書於一年。而襄王十年，趙、燕、周取齊昌國、高唐。十三年，藺相如伐齊，至平邑。秦客卿竈豎楚，仍歲攻剛壽。以單之在齊而喪地破兵，不聞其却戰而克敵也。而一爲趙用，遂以立功。意者，單以功高被讒，齊襄雖爲之殺譖者，所以任單者，不能展盡歟？不然，則單之懼禍持怯而自晦也。秦策云，田單將齊之良，横行於中十四年，終身馳於封内。考之殺騎刼之歲，至襄王十八年，凡十四年。次年而單爲趙將。是年，襄王死，單不復返齊。明年，遂爲相。然單之在趙，自二戰之後，不聞他功。蓋既試其端，而亦終不忍背宗國以爲趙用也。單之心亦可見矣。

祖耿案：說苑此章之末有評語二十八字曰：「故將者，士之心也。士者，將之枝體也。心猶與則枝體不用，田將軍之謂乎。」說苑此章於單皆稱田將軍，此語當非出於劉向，向據舊文錄之耳。

七

濮上之事〔一〕，贅子死，章子走。盼子謂齊王曰〔二〕：「不如易餘粮於宋，宋王必說〔三〕，梁氏不敢過宋伐齊，齊固弱，是以餘粮收宋也〔四〕。齊國復强，雖復責之宋，可〔五〕；不償，因以爲辭而攻之，亦可〔六〕。」

〔一〕鮑彪曰：此東郡濮水之上，實衛地。贅子、章子，皆以名子之，猶嬰子、文子。章，匡章。　程恩澤曰：案說文，濮水，出東郡濮陽。水經注：瓠子河出濮陽縣北。河東至句陽爲新溝水，又東北過廩邱縣爲濮水。瓠子北有都關縣故城。縣有羊里亭，殆即所云濮上敷。　顧觀光曰：齊策：「濮上之事，贅子死，章子走。」以史表，魏哀王七年，擊齊虜聲子於濮證之，濮上即濮，贅即聲之誤。而鮑、吳二注並不能引，疎矣。又秦策云：「王又割濮、磿之北屬之燕。」吳云，濮，即衛之濮上，水出東郡濮陽，南入鉅野者也。按，此地去燕絕遠，不可解。　又曰：贅，即聲字之誤。此事明見六國表，而注家並不能引，何也？　祖耿案：顧觀光隸此於赧王三年。

〔二〕鮑彪曰：盼子，田盼也。威王言使守高唐者，並齊將。

〔三〕鮑彪曰：易，移與之。宋王，辟公。　吳師道曰：辟公，說見宋策。桓公未嘗稱王，宋偃十一年稱王，當齊宣王二十五年。此非威王時。

〔四〕鮑彪曰：固，猶信。　金正煒曰：按，固字疑當爲「國」。下云：「齊國復强」，則此亦當作「國」。又或爲「因」之譌，言因濮上之敗而齊遂弱也。

〔五〕姚注：宋下，劉添「不」字。　鮑彪曰：可責其償。

〔六〕鮑彪曰：盼子，威王臣。威自九年後，未嘗敗撓。此言二子死，蓋九年前也。　吳師道曰：盼子雖見稱於威王，宣王二年馬陵之役，盼爲將，十年，楚敗齊，令齊逐田嬰，張丑說楚王云：「嬰逐，盼子必用。」

則盼尤著於宣王之世。伐燕之役，章子將兵，亦宣王時。且策有「齊國復强」之言，决非威王時也。黄丕烈曰：而，鮑本無。

八

齊閔王之遇殺〔一〕，其子法章變姓名，爲莒太史家庸夫〔二〕，太史敫女奇法章之狀貌，以爲非常人，憐而常竊衣食之，與私焉〔三〕。莒中及齊亡臣相聚求閔王子，欲立之，法章乃自言。於莒共立法章爲「襄王」〔四〕。襄王立，以太史氏女爲王后，生子建。太史敫曰：『女無媒而嫁者，非吾種也！汙吾世矣！』終身不覩〔五〕。君王后賢，不以不覩之故失人子之禮也〔六〕。襄王卒，子建立爲齊王。君王后事秦謹，與諸侯信，以故建立四十有餘年，不受兵〔七〕。秦始皇嘗使使者遺君王后玉連環〔八〕，曰：『齊多知，而解此環不〔九〕？』君王后以示群臣，群臣不知解，君王后引椎椎破之，謝秦使，曰：『謹以解矣〔一〇〕！』及君王后病，且卒〔一一〕，誡建曰：『群臣之可用者某。』建曰：『請書之。』君王后曰：『善。』取筆牘受言，君王后曰：『老婦已亡矣〔一二〕！』君王后死後，后勝相齊，多受秦間金玉，使賓客入秦，皆爲變辭，勸王朝秦，不脩攻戰之備〔一三〕。

〔一〕祖耿案：此篇姚本與濮上之事連篇，鮑本另列一篇。顧觀光隸此於秦莊襄王元年。

〔二〕鮑彪曰：庸、傭同，均直也。

〔三〕姚注：敫，劉作徼。「與」下，曾添之字。　鮑彪曰：敫，音躍。　吳師道曰：徐廣云，一音皎。

〔四〕鮑彪曰：亡臣，臣之出亡者。　金正煒曰：按莒中，謂莒中人民。史記田世家作：「莒中人及齊亡臣」，齊，謂其國都也。

〔五〕媒，原作謀。姚注：一作媒。　黃丕烈曰：謀，鮑本作媒。

〔六〕姚注：劉「后」下更有君王后三字。　金正煒曰：按廣雅釋詁：覩，見也。或爲「觀」之譌，觀與省同。此文以「終身不覩」爲句，於義自足，不必從劉本。

〔七〕吳師道曰：此要其終而言之。「建立」字可見。建四十四年，爲秦虜。　又曰：秦遠交齊而善之，故齊事秦謹，不悟其計也。與諸侯信，此恐未然。史稱齊亦東邊海上，秦日夜攻三晉、燕、楚，五國各自救，以故四十餘年不受兵，此實錄也。齊與諸侯信，則安得不助五國乎？　黃丕烈曰：鮑衍「四」字，吳氏有正。　張宗泰曰：考史記六國表，建在位四十四年而虜於秦，中間無與諸國交兵事，知四十餘年不受兵之説爲不誤。注乃疑四十之四爲衍文，非也（魯巖所學集）。

〔八〕鮑彪曰：始皇，當作昭王。按后卒於莊襄之元，不逮始皇也。連環，兩環相貫。　黃丕烈曰：上「使」字，鮑本作遣。鮑改始皇爲昭王。吳氏補曰：字誤。　祖耿案：御覽七六三引作：「始皇遺齊君王后連環。」

〔九〕姚注：而，別本作能。　祖耿案：御覽七六三引作：「齊多知，能解環。」六九二引春秋後語作：「齊人多知，能解此乎？」

〔一〇〕黄丕烈曰：「引椎」之椎，鮑本作錐。祖耿案：御覽七六三引作「引椎破之」。「謹以解矣」，作「謹已解矣」。又，六九二引春秋後語，此下有：「始皇壯其志，益不敢謀齊」十字。

〔一一〕金正煒曰：卒，當作革，字形相似而誤。禮記檀弓：「夫子之病革矣。」注：革，急也。

〔一二〕鮑彪曰：牘，書版也。詳其指，蓋怒建之不心受，託以病昏耳。黄丕烈曰：今本「亡」作忘，鮑本作忘。丕烈案：趙策有此亡字。祖耿案：世云蒙恬造筆，觀此，則筆已通行，不始於蒙恬也。

〔一三〕鮑彪曰：后勝，疑即后之族。變辭，變故之辭。蓋使者還以恐動王也。彪謂君王后，賢智婦人也。惜其不能正始。乃其父，正烈男子也，義不能疚，利不能回，其斯人乎？吳師道曰：策云：君王后賢，不失人子之禮。又，秦王令解環，以齊多智爲言，故鮑以賢贊之。不能正始，既不足言賢，信秦之謀，不助諸侯，又何智之有？

九

齊王建入朝於秦〔一〕，雍門司馬横戟當馬前，曰〔二〕：「所爲立王者，爲社稷耶？爲王耶〔三〕？」王曰：「爲社稷。」司馬曰：「爲社稷立王，王何以去社稷而入秦？」齊王還車而反。即墨大夫以雍門司馬諫而聽之，則以爲可與爲謀〔四〕，即入見齊王，曰：「齊地方數千里，帶甲數百萬〔五〕；夫三晉大夫，皆不便秦，而在阿鄄之間者百數，王收而與之百萬之衆，使收三晉之故地，即臨晉之關可以入矣〔六〕；鄢郢大夫，不欲爲秦，而在城南下者百數，王收而與之百萬之師，使收楚故地，即武關可以入矣〔七〕；如此，則齊威可立，秦國可亡。夫舍南面之稱制，乃西面而事秦，爲大王不取也〔八〕！」齊王不聽。秦使陳馳誘齊王，內之，約與五百里之地〔九〕。齊王不聽即墨大夫而聽陳馳，遂入秦，處之共松柏之間，餓而死〔一〇〕。先是，齊爲之歌曰：「松邪柏邪！住建共者客耶〔一一〕！」

〔一〕祖耿案：顧觀光隸此於始皇二十六年。

〔二〕原無「横戟當馬」四字。王念孫曰：「雍門司馬前」，本作：「雍門司馬横戟當馬前。」今本脱去「横戟當馬」四字。北堂書鈔武功部戟類下出横戟當馬四字，下引戰國策曰：「齊王建入朝於秦，雍門司馬横戟當馬前。」

〔三〕原作：「爲王立王耶。」王念孫曰：「爲王」下「立王」二字，因與上下文相涉而衍。今刪。

〔四〕「夫」下以字，原作與。「可」下與字，原作可。姚注：「夫」下與字，一作聞。下可字，一作以。黄丕烈曰：鮑改「夫」下與字爲「聞」。衍下可字。丕烈案：與，當作以。可，當作與，誤作以，上下文互易，校者改作與，因形近而又譌爲可。金正煒曰：按廣雅釋詁：以，與也。則與猶以也。論語陽貨篇：「鄙夫可與事君也與哉。」顏師古匡謬正俗引作「可以」。史記袁盎傳：「妾主豈可與同坐哉。」漢書作以。說見經傳釋詞。下「可」字本爲以，古書以作㕥，篆文與可字相似，因以致誤。

〔五〕黄丕烈曰：鮑改「百」作十。

〔六〕鮑彪曰：臨晉，屬左馮翊。 黃丕烈曰：「百萬之衆」，鮑改作「十萬之衆」。 吳氏補曰：通鑑作「數」，下同。丕烈案：通鑑亦改耳。 張琦曰：臨晉之關，即蒲津，在蒲州府西門外，渡河即同州府朝邑縣也。 程恩澤曰：案漢志，左馮翊有臨晉縣（注云：有芮鄉，即古芮國，與虞相讓者。又有王城，即左傳秦晉會處）。應劭曰：臨晉水，故曰臨晉。臣瓚曰：晉水在河之東北，此縣在河之西，不得云臨晉水。舊說秦築高壘以臨晉國，故曰臨晉。今按封禪書，秦并天下，令祠名山大川，自華以西名川四河祠臨晉（又見郊祀志）。晉書地理志：臨晉有河水祠，祠臨晉水，故名。據此，則臨晉本水名，以水名縣，與河東無涉（秦本紀：「武王三年，與韓襄王會臨晉外」。正義曰：外，一作水。即此）。師古曰，或以爲魏文侯伐秦，始置臨晉，非也。文侯重城之耳。括地志：同州，本臨晉城，一名大荔城，亦曰馮翊城。後漢書注：故城在朝邑縣西南。在今陝西朝邑縣西南二里（錢坫謂，即今同州府治，似未合）。東北有臨晉關，春秋時謂之蒲關（凡國策、史記所言臨晉，皆在此。非今山西臨晉縣也）。史記正義於漢王出臨晉關下云：即蒲津關，在臨晉縣。移河西之關名於河東，非是）。地理通釋：臨晉以限東諸侯，武關以限南諸侯，函谷以限河北。 顧觀光曰：胡三省云，收三晉兵，自河東攻秦，則入臨晉關。漢志：臨晉屬左馮翊。

〔七〕鮑彪曰：不欲爲秦，不屬之也。城，齊城也。始皇紀注：武關，秦南關，在析西弘農東。 張琦曰：武關在今商州東南百八十里，南陽府淅川縣西百七十里。按，即墨大夫此言，奇策也。建能用之即滅秦，不待劉、項矣。 程恩澤曰：案郡國志，南陽析縣西有武關。應劭曰：武關，秦南關，通南陽郡。文穎曰：武關山爲關，在淅西百七十里。晉太康地志：武關當冠軍（今鄧州西北四十里有冠軍故城，晉縣也）西。河圖括地象曰：武關爲地門，上爲天齊星（見後漢劉盆子傳注）。 京相璠曰：武關，楚通上雒阨道。水經注：丹水歷菟和山，又東南逕商縣南，歷少習，出武關。 括地志：故武關在商州商洛縣東九十里，在商州東一百八十里。胡三省曰：武關，左傳之少習（按少習，山名，武關在其下）。高士奇曰：今由河南之南陽、湖廣之襄、鄖入長安者，必道武關。自武關至長安四百九十里，多從山中行。過藍田始出險就平（顧棟高說同）。胡渭曰：武關在今陝西商州東南一百八十里（江永說同）。顧祖禹云在商州東北八十里，非是）。顧觀光曰：胡三省云，楚攻秦，自南陽入武關。史記始皇紀正義引括地志云：故武關在商州商洛縣東九十里，春秋時少習也（少習山在今西安府商南縣東，武關在山下）。顧氏（棟高）云：今由河南之南陽、湖廣之襄、鄖入長安者，必道武關。自武關至長安四百九十里，多從山中行。至藍田始出險就平。蓋自古爲險阨矣。

〔八〕鮑彪曰：稱制，亦秦人之辭，時未有此。吳師道曰：謂其棄王而爲臣也。黃丕烈曰：今本無「夫」字。鮑本作矣。金正煒曰：按楚策：「臣請山東之國，奉四時之獻，以承大王之明制。」左氏昭元年傳：「舉之表旗而著之制令。」禮記曲禮：「士死制。」注：制，謂君教令所使爲之。則以君之教令爲制，不始於秦。但未著之成典耳。

〔九〕鮑彪曰：陳馳，齊客之入秦者。五百里之地，蓋僞許之。吳師道曰：上章謂齊「賓客入秦，皆爲變辭。」又，陳爲齊姓，故鮑氏云：「齊客之入秦者。」然不可考。

〔一〇〕鮑彪曰：共，屬河內。吳師道曰：衞州共城縣。張琦曰：即今衞輝府輝縣。程恩澤曰：案漢志河內郡有共縣，本古共伯國，此舊說所本。但河內非秦地。且策云「入朝」必在關內可知。通雅張氏曰：共、阮之地名。今涇州有共池。洪亮吉曰：共邑在今甘肅涇州北五里。詩：「侵阮徂共。」鄭箋：阮國，地名，今共池是。此乃秦之共邑，當日所以處王建者，應在於此。淮南子作遷流於房陵。豈先處於共，後乃轉徙房陵歟。顧觀光曰：魏策，無忌曰：「河內之共、汲莫不危矣。」又曰：「通韓之上黨於共寧。」史記正義曰：共，衛州共城縣（今衛輝府輝縣治）。祖耿案：史記田齊世家集解引作：「秦處建於共松柏間。」

〔一〕姚注：史記：「松耶柏耶？住建共者客耶？」司馬貞：音邪，謂是建之邪客，説王狂言，遂致失策，令建遷共。地理志：河内有共縣。柏，古音逋莫切。客，古音恪，古音亦叶。史記，歌云云，「疾建用客之不詳也」。鮑彪曰：客，謂陳馳，自秦稱之曰客。彪謂，建之聽雍門似矣，而不卒於即墨，惟不明故也。不明以亡國，有國家者，可不以正心誠意爲先乎？吳師道曰：專指陳馳，非自齊稱之曰客爾。史謂，建聽姦人賓客以亡。秦策：秦王資頓弱以遊齊王入朝，知客非一也。又曰：忽出「正心誠意」一語，論雖正而不切。上言「不明」，而此曰「以爲先」，烏睹大學之序。

十

齊以淖君之亂讎楚〔一〕，其後秦欲取齊，故使蘇涓之楚，令任固之齊〔二〕。齊明謂楚王曰：「秦王欲楚，不若其欲齊之甚也〔三〕。其使涓來，以示齊之有楚，以資固於齊。齊見楚之聽涓也，必受固，是適爲固驅以合齊秦也〔四〕。齊秦合，非楚之利也！且夫涓來之辭，必非固之所以之齊之辭也〔五〕。王不如令人以涓來之辭謾固於齊，齊秦必不合，齊秦不合，則王重矣〔六〕。王欲收齊以攻秦，漢中可得也，王即欲以秦攻齊，淮泗之間亦可得也〔七〕。」

〔一〕「亂」下原有秦字，無「讎楚」二字。姚注：一本添讎字。黃丕烈曰：鮑，「秦」上補事字。丕烈案：鮑所補謬甚，與下文全不合。此有脱，但未詳。金正煒曰：按史記田世家：楚使淖齒將兵救齊，因相齊閔王，淖齒遂殺閔王，而與燕共分齊之侵地鹵器。此策疑當作：「讎楚，故秦欲取齊，必使蘇涓之楚，以資任固於齊也。」淖齒之亂，齊無因讎秦。鮑本於秦上補事字，亦非。祖耿案：此章，鮑編入楚策。顧觀光附此於赧王三十九年。曰：因言「以秦攻齊，淮泗之間可得」，故附此。

〔二〕姚注：令，三本同作合。鮑彪曰：取齊，與齊合。涓、固皆秦人。

〔三〕鮑彪曰：秦王，昭王。

〔四〕原作：「齊見楚必受固，是王之聽涓也。」姚注：見，一作有。鮑彪曰：以示齊之有楚，以有楚之親示齊也。以資固於齊，爲任固資也。齊見楚，見其納涓也。適爲固驅以合齊秦，所謂資固也。黃丕烈曰：王，鮑本無，補楚字。吳補：一本此有王字。金正煒曰：按，齊見楚句，於義未完。疑本作：「齊見楚之聽涓也，必受固，是王適爲固驅以合齊秦也。」鮑本無王字，而於齊見楚下注：見其納涓。或所見本猶未殽誤也。淮南氾論篇：「聖王弗聽」，注：聽，受。秦策：「秦啓關而聽楚使」，與此義同。又，禮記祭義注：見，當爲覸字之誤也。齊覸楚，謂視楚之聽涓與否，於義亦通。

〔五〕鮑彪曰：涓之辭，必厚楚而薄齊。固之辭，必厚齊而薄楚。

〔六〕鮑彪曰：謾，欺也。以涓薄齊之辭告齊，則固言厚齊者非實，齊必以固爲欺己。黃丕烈曰：來，鮑本無。

〔七〕鮑彪曰：元在齊策。吳師道曰：從舊可。程恩澤曰：案淮泗之間，即所謂淮北、泗上也。蓋淮水自西而東，泗水自北而南，俱至今清河縣合流入海。在其間者，今江蘇之徐州及淮安北境，山東之濟寧及兗州南境，安徽之泗州皆是也。

卷十四　楚一

祖耿案：楚爲芈姓，鬻熊曾孫熊繹，封於丹陽，在湖北歸州東南。武王都郢，即湖北江陵縣北十里紀南城。昭王遷都，即湖北宜城縣西南。昭王之後，歷惠王、簡王而入戰國。簡王八年，魏文侯、韓武子、趙桓子始列爲諸侯。簡王之後，聲王、悼王、肅王、宣王、威王。威王七年，敗齊於徐州。時秦、齊、三晉、楚相與爭雄。威王之後懷王、頃襄王，楚日以衰。頃襄王二十一年，爲秦將白起所敗，郢拔，夷陵燒，頃襄王保於陳城，即故陳國，在河南陳州。其後，考烈王遷鉅陽，又徙壽春，並在安徽壽縣。後三世，歷幽王、哀王而至負芻，爲秦所滅。詳見史記楚世家。

鮑彪曰：今之南郡、江夏、零陵、桂陽、武陵、長沙、漢中、汝南皆其分也。江陵故郢都，西通巫、巴，東有雲夢之饒。

程恩澤曰：楚芈姓，鬻熊曾孫熊繹封於丹陽，在今湖北宜昌府歸州東南七里。武王始都郢，在今荊州府江陵縣北十里紀南城。平王更城郢，在今江陵縣東北三里。昭王遷都在今襄陽府宜城縣西南九十里。襄王保陳城，即故陳國，在今河南陳州府。考烈王遷鉅陽，即今安徽潁州府西北四十里細陽城。又徙壽春，在今鳳陽府壽州。後三世至負芻爲秦所滅（國策地名考）。

顧觀光曰：史紀蘇秦曰：楚西有黔中、巫郡，東有夏州、海陽，南有洞庭、蒼梧，北有陘塞、郇陽，地方五千里。秦策：楚包九夷，又方千里，南有符離之塞，北有甘魚之口。荀子議兵篇：楚人汝、潁以爲險，江、漢以爲池，限之以鄧林，緣之以方城，然而秦師至而鄢、郢舉，若振槁然。淮南子兵略訓：楚地南卷沅、湘，北繞潁、泗，西包巴、蜀，東裹郯、淮，潁、汝以爲洫，江、漢以爲池，垣之以鄧林，緜之以方城（七國地理考，楚地總論）。

祖耿案：楚策姚本四卷，楚一凡二十章，楚二凡九章，楚三凡十章，楚四凡十三章，共五十二章。鮑本一卷，凡五十六章，分隸宣王、威王、懷王、頃襄王、考烈王名下。王號之下，各詳世系年次。吴氏有說，並錄如下：

鮑彪曰：宣王，肅王子。元年，烈王七年壬子。威王，宣王子。元年，顯王三十年壬午。懷王，威王子。元年，顯王四十一年癸巳。頃襄王，懷王子。元年，赧王十七年癸亥。考烈王，襄王子。元年，赧王五十三年己亥。

吴師道曰：考烈王名完。

一

齊、楚構難〔一〕，宋請中立。齊急宋，宋許之〔二〕。子象爲楚謂宋王曰〔三〕：「楚以緩失宋，將法齊之急也。齊以急得宋，後將常急矣。是從齊而攻楚，未必利也〔四〕。齊戰勝楚，勢必危宋；不勝，是以弱宋干强楚也〔五〕。而令兩萬乘之國，常以急求所欲，國必危矣！」

〔一〕祖耿案：鮑編此於楚宣王下。顧觀光附於赧王二年。

〔二〕鮑彪曰：急宋，告急於宋。吴師道曰：請字宜在「急」下，消脱於此，中立豈待請邪。〔四〕金正煒曰：按齊策：「臣請令魯中立。」韓策：「願公之復求中立於秦也。」曰令曰求，則此文言請固不誤。吴氏以爲殺次，非也。廣雅釋詁：請，求也。增韻：急，迫也。釋名謂爲操切之也。宋人本請中立，而齊迫使從之，故子象云：「楚將法齊之急」，又云：「齊以急得宋，後將常急矣。」東周策：「今東周之兵不急西周」，趙策：「請無急秦王」，韓策：「世子得新城、陽人，以與公叔爭國，而得全，魏必急韓氏」，並與此策義同。左氏襄十一年傳：「晉不吾疾也」，注：疾，急也。國語魯語：「國急矣」，義並如迫。鮑注「告急於宋」，大謬。

〔三〕姚注：宋王，劉作楚王，一作宋王。　鮑彪曰：子象，楚人。宋王，宋公剔成。　吳師道曰：剔成未嘗稱王。此偃也，與懷、襄相接。

〔四〕黄丕烈曰：「未」上，鮑本有之字。　黄丕烈曰：宋，鮑本無，鮑補宋字。

〔五〕鮑彪曰：言以助齊犯楚之怒。　吳師道曰：將法齊之急，言楚今結於宋；齊後將常急，言楚之攻齊未已；齊戰勝楚，勢必危宋，言齊强必併宋。

二

五國約秦以伐齊〔一〕，昭陽謂楚王曰：「五國已破齊，秦必南圖〔二〕。」楚王曰：「然則奈何？」對曰：「韓氏，輔國也，好利而惡難〔三〕。好利，可營也；惡難，可懼也〔四〕；我厚賂之以利，其心必營；我悉兵以臨之，其心必懼〔五〕；彼懼吾兵而營我利，五國之事必可敗也。約絶之後，雖勿與地，可也〔六〕。」楚王曰：「善。」乃命大公事之韓〔七〕，見公仲，曰：「夫牛闌之事，馬陵之難，王之所親見也〔八〕。王苟無以五國用兵，請効列城五，請悉楚國之衆以廧於齊〔九〕。」齊之反趙、魏之後，而楚果弗與地，則五國之事困也〔一〇〕。

〔一〕原無秦字。　姚注：劉作「約秦」。鮑本作「五國約以伐齊秦。」　鮑彪曰：秦惠後七年，趙、韓、魏、燕、齊共攻秦。此（楚懷）十一年。　吳師道曰：五國伐秦可考，策併言齊，不可考。懷王爲從長，率五國伐秦之明年，齊敗魏、趙於觀津，即策所謂齊反趙、魏者歟。　黄丕烈曰：「齊」下鮑本有秦字，鮑衍齊字。　金正煒曰：鮑、吳並衍齊字，是也。鮑氏以五國伐秦爲秦惠後七年事，惟修魚之戰秦虜韓將申差，與此文不合。此策疑是秦昭襄十一年，齊韓魏趙宋中山五國共攻秦，至鹽氏而還。秦與韓魏河北及封陵以和，故昭陽謂五國已破秦也。史以中山屬趙，亦稱五國。又按孟嘗君傳，孟嘗君怨秦，將以齊爲韓、魏攻楚，因與韓、魏攻秦。周策，韓慶謂秦昭王云：薛公欲王令楚割東國以與齊，而秦出楚懷王以爲和。皆與鹽氏之役脗合。疑此策當作齊約五國以伐秦，而文字誤淆耳。否則五國伐秦，何知其必南圖楚哉。　湯炳正曰：按金氏此說大誤。姚本國策首句作「五國約以伐齊」，姚注云：劉本「約」下有秦字，則是五國約秦以伐齊也。當時大國西有秦，東有齊，南有楚。秦之大敵，亦唯齊、楚二國耳。秦若破齊，則必南攻楚。故下文云：「五國已破齊，秦必南圖」。又下文，楚使之韓，謂公仲曰：「馬陵之難，親王之所見也。」案馬陵之難乃魏攻韓，齊人救之，大破魏於馬陵，事見齊策一。楚使言此者，以明齊之不可伐也。金氏謂當作齊約五國以伐秦，然則楚使言馬陵之難，果作何解耶。　祖耿案：顧觀光編於慎靚王三年，章首作「五國約以伐秦」。

〔二〕鮑彪曰：圖，圖楚。　吳師道曰：楚，句。　黄丕烈曰：齊，鮑本無。吕作已。

〔三〕姚注：「輔國」，錢、集「轉國」。鮑彪曰：輔國，言可爲楚之助。金正煒曰：按下文云：「好利惡難」，則不得以國言。疑此文本作「韓珉專國也」，珉損爲民，復誤爲氏。輔當從錢作轉。廣雅釋言：專，轉也。因借轉爲專。其心必瞀，其心必懼，皆謂珉也。故楚王遂命大公事之韓，見公仲，公仲即珉字。祖耿案：金氏之說非也。韓三東孟之會章，言「韓氏之尊」，言「韓氏之士數十萬」，皆韓氏運文。此「韓氏，輔國也」，當從錢、集本作「韓氏，轉國也」。轉國，意志不定，隨風轉舵之國之意也。

〔四〕鮑彪曰：瞀，猶求，可使求我。金正煒曰：按吕覽尊師篇：「心則無瞀。」注：瞀，惑也。淮南精神篇：「而物無能瞀。」注：瞀，惑也。又荀子宥坐篇：「言談足以飾邪瞀衆。」注：瞀，讀爲熒。鮑注非是。

〔五〕「懼」下原有我字。黄丕烈曰：我，鮑本無。

〔六〕原無也字。

〔七〕鮑彪曰：大公事，楚人。吴師道曰：無考。黄丕烈曰：吴氏正曰：一本「大」作「太」。

〔八〕原作「親王之所見也」。鮑彪曰：牛闌之事，未詳。魏三十年，齊破魏馬陵。主謂公仲。此言，齊强不可使益强。吴師道曰：注缺「惠王」字。親字疑當在見字上。黄丕烈曰：王，鮑本作主。吴氏補曰：一本，主作王。金正煒曰：鮑本王作主，是也。鄭司農周禮太宰注：主謂公卿大夫。韋昭國語解：大夫稱主。程恩澤曰：案地理志，秦臧縣有牛闌山，即水所出（亦見水經注）。郡國志，南陽郡魯陽縣有牛蘭累亭。注云，謝沈書云：牛蘭山也。水經注：牛蘭水出魯陽縣北牛蘭山（今汝州魯山縣有牛蘭水注于滍水）。寰宇記，海州朐山縣有牛欄村（元和志云：庾竺放牧之所）。方輿紀要，湖南新化縣南百里有牛欄山，爲控扼之處。其相連者曰梅山，曰風嶺。

〔九〕「衆」下原有也字。鮑彪曰：此下著書者云。黄丕烈曰：鮑衍也字。今本廧作圖，乃誤涉鮑也。

鮑本作啚，改爲圖。吳氏補曰：字譌，當作圖。上有「圖楚」。金正煒曰：廣雅釋詁：以，與也。

〔一〇〕黄丕烈曰：上之字，鮑本作人。金正煒曰：齊，當作韓，承上齊字而誤。之，當從鮑本作人。反，與後章「恐反人以入於秦」義同。言韓人入楚之説反趙、魏之後，而楚果弗與五城也。錢穆曰：據楚策，五國約伐秦，昭陽謂楚王章，則敗其事者乃楚，似此事主動實在魏，而趙、韓附之。故秦本紀無楚，而田世家云攻魏，樂毅傳則云西摧三晉也。史記各篇記此事極參差，必會合觀之，情事始顯。（考辨二七一頁）

三

荆宣王問群臣曰〔一〕：「吾聞北方之畏昭奚恤也，果誠何如〔二〕？」群臣莫對，江乙對曰〔三〕：「虎求百獸而食之，得狐，狐曰：『子無敢食我也〔四〕！天帝使我長百獸〔五〕！今子食我，是逆天帝之命也〔六〕！子以我不信，我爲子先行，子隨我後，觀百獸之見我而敢不走乎〔七〕？』虎以爲然，故遂與之行〔八〕。獸見之，皆走。虎不知獸畏己而走也，以爲畏狐也。今王之地方五千里，帶甲百萬，而專屬之於昭奚恤〔九〕，故北方之畏昭奚恤也〔一〇〕，其實畏王之甲兵也！猶百獸之畏虎也〔一一〕！」

〔一〕姚注：劉一無荆字。祖耿案：御覽九〇九引春秋後語作「楚宣王以昭奚恤爲相，諸侯畏之。王問群臣曰。」新序雜事二作「楚王問群臣曰。」又案：顧觀光附此於顯王十六年。

〔二〕祖耿案：御覽九〇九引春秋後語，果作亦。新序「方」下無之字，果作亦，無也字。

〔三〕乙，原作一。黄丕烈曰：今本一作乙，鮑本作乙。朱起鳳曰：楚策均作「江乙」。作「江一」者僅一見。韓非子内儲説上七術「江乞爲魏王使荆」云云，注：藏本乞作乙。乞字從乙，韓子作乞乃形相涉而訛。漢書古今人表亦作江乙，列第五等中中。觀其行事，遠出蘇秦、張儀下，特傾危之士耳。漢表列入中中，品評未當。　祖耿案：新序對作答，無「群臣莫對」一句。又案：文選恩倖傳論注，引作乙。

〔四〕祖耿案：文選恩倖傳論注引作：「子無敢食我。」御覽九〇九引春秋後語作：「子無噉我。」新序，「獸」下無而字，「得」下有一字。

〔五〕祖耿案：文選恩倖傳論注引使作命。新序作令。

〔六〕原無之字。　祖耿案：御覽九〇九引春秋後語作「是逆天帝之命」。新序作「是逆帝命也」。

〔七〕原作「吾爲子先行」。　祖耿案：御覽九〇九引春秋後語，吾作我。新序此數語作「以我爲不信，吾爲子先行，子隨我後，觀百獸見我無不走」。

〔八〕祖耿案：此句新序作「虎以爲然，隨而行」。

〔九〕原無於字。　祖耿案：文選恩倖傳論注引，御覽三三〇引，並有於字。新序「王」下無之字。「萬」下句，作「而專任之於昭奚恤也」。

〔一〇〕吴昌瑩曰：故，猶夫也。　祖耿案：原無昭字，文選恩倖傳論注引，御覽三三〇引，並有昭字，今補。新序作：「北方非畏昭奚恤也。」

〔一一〕吴師道曰：大事記：江乙之言如此，則昭奚恤爲敵國所畏可知。　黄丕烈曰：吴氏補曰，一本標十二國史，春秋後語，「食我」作噉「我」。又云：人臣見畏者，君威也。君不用而威亡矣。注，尹文子有。丕烈案：新序有此文，作「食我」。末有「故人臣而見畏者，是見君之威也，君不用則威亡矣」。祖耿案：「恤」下新序無也字。

四

昭奚恤與彭城君議於王前〔一〕，王召江乙而問焉，江乙曰：「二人之言皆善也，臣不敢言其後〔二〕，此謂慮賢也〔三〕。」

〔一〕鮑彪曰：彭城屬楚，知爲楚人。程恩澤曰：案地理志，楚國有彭城縣，古彭祖國。郡國志作彭城國。世本：堯封彭祖于彭城，號大彭氏，國於此。北征記：城北六里，有山臨泗。水經注：獲水又東至彭城縣北，東入於泗城，殷大夫彭祖之國也，于春秋爲宋地。孟康曰：舊名江陵爲南楚，陳爲東楚，彭城爲西楚（文穎曰：彭城故東楚也，項羽都，謂之西楚）。正義：彭城，徐州所理縣也。州東外城，古之彭國，今徐州府銅山縣即其地也。祖耿案：顧觀光附此於顯王十六年。

〔二〕原無「言其後」三字。姚注：一本下更有「言其後」三字。

〔三〕鮑彪曰：慮猶疑也。賢者言善，己復言之，將使王疑彼思慮之也。吳師道曰：謂使我疑慮賢者，爲疑詞以兩傾之也。

五

邯鄲之難〔一〕，昭奚恤謂楚王曰：「王不如無救趙而以强魏〔二〕，魏强，其割趙必深矣；趙不能聽，則必堅守，是兩弊也〔三〕。」景舍曰：「不然！昭奚恤不知也。夫魏之攻趙也，恐楚之攻其後〔四〕，今不救趙，趙有亡形，而魏無楚憂，是楚魏共趙也，割必深矣！何以兩弊也〔五〕？且魏全兵以深割趙，趙見亡形而知楚之不救己也，必與魏合而以謀楚〔六〕；故王不如少出兵以爲趙援；趙恃楚勁，必與魏戰；魏怒於趙之勁，而見楚救之不足畏也，必不釋趙；趙、魏相弊，而齊、秦應楚，則魏可破也〔七〕。」楚因使景舍起兵救趙，邯鄲拔，楚取睢濊之間〔八〕。

〔一〕姚注：劉，連。（祖耿按：此謂劉敞本本章與上章連篇。）鮑彪曰：趙成侯二十一年，魏拔邯鄲，此（楚宣）十六年。吳師道曰：大事記：昭奚恤爲相，附宣王十五年，謂此章爭論，乃明年事。按史年表，圍邯鄲在此年，拔邯鄲，齊敗魏，在次年。祖耿案：顧觀光隸此於顯王十六年。

〔二〕鮑彪曰：使魏爲强。黄丕烈曰：王，鮑本作里，改爲王。金正煒曰：按里，即王字誤與上曰字併爲一文也。太元彊莫不彊梁。注：彊，助也。秦策：不如與魏以勁之。注：勁，强也。强魏猶云勁魏。

〔三〕鮑彪曰：兩國相持必俱敝。

〔四〕黄丕烈曰：「後」下鮑本有也字。

〔五〕割，原作害。鮑彪曰：共趙，如與魏共攻之。害，趙之害也。金正煒曰：按害，當作割，承上文「割趙必深」而言也。漢書劉向傳注：以，由也。

〔六〕全，原作令，知，原作有。姚注：有，劉作知。鮑彪曰：有楚之不救己，言雖有楚而不見救。吳師道曰：姚云，有，劉作知。愚按見、有二字恐殽亂，上下文可證。金正煒曰：令，當作全。齊策：「足下豈如全衆而合二國之後哉！」全亦誤爲令。又後章「夫秦、楚相敝而韓、魏以全制其後」。說文：全，完也。魏不與趙俱敝，則其國力爲完矣。有，疑省字之譌。廣韻：省，審也。省字草書與有相似，因以致誤。或讀如又，而下奪知字。

〔七〕鮑彪曰：應，言乘此起兵耳，非與楚合也。

〔八〕鮑彪曰：邯鄲拔，楚兵少故。後志：梁國睢陽。注，征北記：南淮有睢陵，梁國有濊陽，南臨濊水。吳師道曰：大事記：取濊陽，作睢陽。張琦曰：故睢水自開封府陳留縣，經睢州、寧陵、夏邑、永城，入徐州府界。又永城縣東南，舊有渙水，一名濊水，今俱非故迹矣！程恩澤曰：鮑注所引後志，劉昭原注引作征北記，無南進以下十字。案睢、濊，二水名。水經注：睢水出陳留縣西浪蕩渠，東南流至宿遷縣合泗，亦曰睢口，即汴水支流也。濊水本名渙水，由永城縣東南，流入宿州西南境。又睢水支流二水之間，當在今商邱（古睢陽縣）、寧陵、睢州一帶，魏之東南境、楚之東北境也。文選注引陳留記（又見水經注）：襄邑，渙水出其南，睢水經其北。傳曰：睢渙之間出文章，故其黼黻絺繡、日月華蟲，以奉宗廟御服焉。則此地或指襄邑言。

六

江尹欲惡昭奚恤於楚王而力不能〔一〕，故爲梁山陽君請封於楚〔二〕，楚王曰：「諾。」昭奚恤曰：「山陽君無功於楚國，不當封。」江尹因得山陽君與之共惡昭奚恤。

〔一〕姚注：曾「能」下有之字。　鮑彪曰：江尹，江乙也。　程恩澤曰：案元和姓纂：江，嬴姓，顓頊元孫伯益之後，爵封於江，後爲楚所滅，以國爲氏。姓氏急就篇引此爲證。杜預曰：江國在汝南安陽縣，今在汝寧府正陽縣東。　祖耿案：顧觀光附此於顯王十六年。

〔二〕鮑彪曰：山陽屬魏。知爲魏人。知其無功，奚恤必諫，而山陽怨，可以爲黨。　吳師道曰：策文明曰：梁山陽君，注贅。　張琦曰：漢志，河內有山陽縣。今懷應府修武縣西北六十里。　程恩澤曰：案秦本紀：將軍鰲攻魏，定酸棗、燕、虛、長平、雍丘、山陽城，即此山陽也（祖耿按：當是始皇本紀）。漢志：河內郡有山陽縣（地有雍城，古雍國。又有蔡城，蔡叔邑。見郡國志劉昭注），在太行山南，故曰山陽。北有秋山，即嵇康園宅。向子期所云山陽舊居也。括地志：故城在修武縣西北（通典同）。今在懷慶府修武縣西北三十五里。胡三省謂此非河內之山陽，蓋班志山陽郡之地。似誤。班志山陽郡，乃今山東兗、沂、曹等府，本非魏地，且武帝時始置郡，恐戰國無此名也。　顧觀光曰：山陽，漢志屬河內。在今懷慶府修武縣西北三十五里。山陽屬魏，故楚策有梁山陽君。而韓策謂山陽君曰：「秦封君以山陽，齊封君以莒。齊、秦非重韓，則賢君之行也。」是韓臣亦有封山陽者，且其地又嘗入秦。今不可考。

七

魏氏惡昭奚恤於楚王〔一〕，楚王告昭子，昭子曰：「臣朝夕以事聽命，而魏人吾君臣之間，臣大懼〔二〕！臣非畏魏也！夫泄吾君臣之交，而天下信之，是其爲人也近苦矣〔三〕。夫苟不難爲之外，豈忘爲之内乎？臣之得罪，無日矣〔四〕！」王曰：「寡人知之，大夫何患！」

〔一〕鮑彪曰：以山陽君故。吴師道曰：疑即山陽君。祖耿案：姚本本章原與上章連篇。鮑本另列一篇。顧觀光附此於顯王十六年。

〔二〕鮑彪曰：朝夕以事聽命，言其親近也。以惡奚恤之言入。

〔三〕鮑彪曰：苦猶惡也。此指江乙。金正煒曰：按苦當爲君字之譌也。言其人已得近幸於君側。漢書賈誼傳：「况於貴臣之近主乎。」薛宣傳：「臣聞敬近臣爲近主也。」並與義同。

〔四〕鮑彪曰：爲之外，爲其泄，外謂魏也。無日，無幾日也。

八

江乙惡昭奚恤〔一〕，謂楚王曰：「人有以其狗爲有執而愛之〔二〕，其狗嘗溺井〔三〕，其鄰人見狗之溺井也，欲入言之，狗惡之，當門而噬之，鄰人憚之，遂不得入言。邯鄲之難，楚進兵，大梁拔矣〔四〕，昭奚恤取魏之寶器，臣以居魏知之〔五〕，故昭奚恤常惡臣之見王〔六〕。」

〔一〕祖耿案：顧觀光附此於顯王十六年。

〔二〕鮑彪曰：執，言善守。金正煒曰：按鮑説非也。執當爲埶之譌。荀子議兵篇：「隆埶詐，尚攻利。」埶與詐義相近，此蓋以其狗爲黠而愛之也。修身篇：「體倨固而心埶詐。」今本埶亦誤執。又或「有」字爲能之脱損。穆天子傳：「天子之狗走百里執虎豹。」郭注：言觔力壯猛也。

〔三〕鮑彪曰：溺，去音。吳師道曰：奴吊反。

〔四〕拔，原作取。姚注：曾作拔。張琦曰：即蘇子所云戰於州西，出梁門，軍舍林中，飲馬於大河者也。史不書。

〔五〕「器」下原無臣字。姚注：曾作「以臣」。黄丕烈曰：以，鮑本作臣。祖耿案：當作「臣以」。姚本、鮑本，各舉一而遺一也。

〔六〕鮑彪曰：此言邯鄲事，在乙居魏時，故升邯鄲之難於前。

九

江乙欲惡昭奚恤於楚〔一〕，謂楚王曰：「下比周，則上危；下分爭，則上安〔二〕。王亦知之乎？願王勿忘也！且人有好揚人之善者，於王何如？」王曰：「此君子也，近之。」江乙曰：「有好揚人之惡者，於王何如〔三〕？」王曰：「此小人也，遠之。」江乙曰：「然則且有子殺其父，臣弒其主者，而王終已不知者，何也〔四〕？以王好聞人之美，而惡聞人之惡也！」王曰：「善。寡人願兩聞之〔五〕！」

〔一〕祖耿案：此章凡一百二十七字。見渚宮舊事者省略亦、此、者、其等句中語詞，得一百十二字，内容全同。章首云：「江乙欲惡昭奚恤於宣王，謂王曰」云云，則明言楚王是楚宣王也。顧觀光附此於顯王十六年。

〔二〕鮑彪曰：分則不比，爭則不周，爲揚惡張本。

〔三〕「有」下原有人字，疑當在有字上，今刪。

〔四〕姚注：已，曾、劉作己。祖耿案：當作巳，通以。此句渚宮舊事作：「而王終不知，何也？」無巳字、者字。

〔五〕鮑彪曰：彪謂兩聞之是也。然必以明。夫苟不明，則適爲江乙讒口之資耳。吳師道曰：大事記曰：乙之言，術數家之論也。下比周，上固危矣。苟下皆分爭，如齊之田、闞，唐之牛、李，上亦豈能安乎？愚按，此與前章言州侯云云，意同。

十

江乙說於安陵君曰〔一〕：「君無咫尺之地〔二〕，骨肉之親，處尊位，受厚祿，一國之衆，見君莫不斂衽而拜，撫委而服，何以也〔三〕？」曰：「王過舉而已！不然，無以至此〔四〕！」江乙曰：「以財交者，財盡而交絕；以色交者，華落而愛渝；是以嬖女不敝席，寵臣不敝軒〔五〕；今君擅楚國之勢，而無以深自結於王，竊爲君危之〔六〕!」安陵君曰:「然則奈何?」江乙曰〔七〕:「願君必請從死,以身爲殉,如是,必長得重於楚國〔八〕。」曰:「謹受令。」三年而弗言。江乙復見曰:「臣所爲君道,至今未效,君不用臣之計,臣請不敢復見矣〔九〕!」安陵君曰:「不敢忘先生之言,未得間也!」於是楚王游於雲夢〔一〇〕,結駟千乘,旌旗蔽天〔一一〕,野火之起若雲蜺,兕虎之嗥若雷霆〔一二〕,有狂兕牂車依輪而至〔一三〕,王親引弓而射之,壹發而殪〔一四〕,王抽旃旄而抑兕首,仰天而笑曰〔一五〕:「樂矣!今日之游也!寡人萬歲千秋之後,誰與樂此矣〔一六〕?」安陵君泣數行而進,曰〔一七〕:「臣入則侍綸席,出則陪萬乘〔一八〕,大王萬歲千秋之後,願以身試黄泉,蓐螻蟻,又何如得此樂而樂之〔一九〕!」王大説,乃封壇爲「安陵君」〔二〇〕。君子聞之,曰:「江乙可謂善謀,安陵君可謂知時矣〔二一〕。」

〔一〕鮑彪曰:安陵君,名壇。失其姓,楚之幸臣。按魏記注,召陵有安陵,應屬楚。而魏策亦有同號者,别一人也。吴師道曰:按説苑作安陵纏,藝文類聚同。壇、纏字有訛。彼以爲得幸於楚共王,今次之宣王,非也。又曰:正義云:鄢陵故城在許州鄢陵縣西北。李奇謂六國時爲安陵。按鄢陵、召陵皆屬魏。又按元和姓纂:安陵,小國,後氏之。安陵纏,楚王妃,則以爲女子。黄式三曰:以宣王爲共王,謁也。張琦曰:鄢陵、召陵皆有安陵。鄢陵屬魏,召陵屬楚。徐廣以召陵釋魏安陵,故正義主鄢陵以糾其失。吴氏援以説楚。

又曰：「鄢陵、召陵皆屬楚（祖耿案：此楚字元至正十五年刊本作魏，見上），誤矣。鄢陵故城在今縣西南四十里，安陵城在今縣西北十五里，召陵故城在今郾城縣東四十五里。後志：征羌有安陵亭。故征羌城亦在縣東南。方輿紀要：郾城縣東南七十里有安陵城，是也。　程恩澤曰：案莊辛謂楚襄王章有鄢陵君，疑即是人。正義之說，不爲無據，然鄢陵固稱安陵，而楚又別有一安陵，故城在今湖南郴州永興縣西南五十里，或者即其所封，未可知也。　顧觀光曰：楚策有安陵君及鄢陵君，蓋以封邑得名。古音安與鄢近，疑一地也。史記集解引徐廣曰：召陵有安陵。水經潁水注云：汝水枝津上承汝水於奇額城東三十里，東南逕召陵縣故城南，又東南逕征羌縣，故召陵縣之安陵鄉安陵亭也（元和志：征羌故城在蔡州郾城縣東南七十五里）。闞駰引戰國策，以爲秦昭王欲易地謂此，非也（秦欲易地乃魏之安陵，然策有滅韓亡魏之語，恐不在昭王時）。　李慈銘曰：戰國楚策一，江乙所說之安陵君，即楚策四莊辛所言之鄢陵君也。焉、安古通用，故鄢亦作安。鄢陵、楚地。安陵、魏地。（鮑彪、吳師道之說皆誤，蓋由於徐廣注史記以後之召陵釋魏之安陵。李奇注漢書，謂鄢陵六國時爲安陵，遂合楚、魏安陵爲一地。）魏策四：安陵君曰：『吾先君成侯受詔襄王，以守此地。』通鑑注：安陵本魏地，魏襄王以封其弟。又魏策四言，秦王欲以五百里之地易安陵，安陵君使唐且入秦止之。魏韓滅亡，而安陵以五十里之地存，是魏自有安陵。史記魏世家，公子無忌言：『王之使者惡安陵氏於秦，秦欲誅之久矣。秦葉陽、昆陽與舞陽鄰，聽使者之惡之，隨安陵氏而亡之，繞舞陽之北以東臨許，南國必危。』蓋安陵本春秋時鄭之鄢邑，戰國時屬魏，與韓鄰，在今河南開封府鄢陵縣西北十五里。楚之鄢陵即召陵，在今河南許州郾城縣東四十五里。　太平御覽卷四三七引新序，載秦王以五百里易地事，作鄢陵君，知安、鄢二字，固通用也。　祖耿案：說苑卷第十三權謀篇云：『安陵纏以顏色美壯得幸於楚共王。江乙往見安陵纏曰：「子之先人，豈有矢石之功於王乎？」

曰：「無有。」江乙曰：「子之身豈亦有乎？」曰：「無有。」江乙曰：「子之貴何以至於此乎？」曰：「僕不知所以。」江乙曰：「吾聞之：以財事人者，財盡而交疎；以色事人者，華落而愛衰。今子之華有時而落，子何以長幸無解於王乎？」安陵纏曰：「臣年少愚陋，愿委智於先生。」江乙曰：「獨從爲殉可耳。」安陵纏曰：「敬聞命矣。」江乙去，居期年，逢安陵纏，謂曰：「前日所諭子者，通之於王乎？」曰：「未可也。」居期年，江乙復見安陵纏曰：「子豈諭王乎？」安陵纏曰：「臣未得王之間也。」江乙曰：「子出與王同車，入與王同坐，居三年，言未得王之間，子以吾之説未可耳！」不悦而去。其年，共王獵江渚之野，野火之起若雲蜺，虎狼之嘷若雷霆，有狂兕從南方來，正觸王左驂，王舉旌旄而使善射者射之，一發兕死車下。王大喜，拊手而笑，顧謂安陵纏曰：「吾萬歲之後，子將誰與斯樂乎？」安陵纏乃逡巡而却，泣下沾衿，抱王曰：「萬歲之後，臣將從爲殉，安知樂此者誰？」於是共王乃封安陵纏於車下三百戶。故曰：江乙善謀，安陵纏知時。」此文三百六十七字，較策字增而語詳，結論復同。劉向兩錄之，知各有所本也。戰國遺語，流傳者多，於此可見。又案：顧觀光附此於顯王十六年，曰：因江乙附此。

〔二〕黄丕烈曰：鮑改「地」爲「功」。

〔三〕鮑彪曰：撫物、委物，必下其手，皆卑下意。吳師道曰：撫，猶傴也。委，曲也。袵，衣衿也。金正煒曰：按儀禮士喪禮：「君坐撫當心。」注：撫，手案之。禮記雜記：「委武元縞而后蕤。」注：委武，冠卷也。秦人曰委，齊東曰武。淮南汜論篇：「豈必褒衣博帶句襟委章甫哉！」注：委委貌冠。又廣雅釋詁：撫，持也。左氏昭元年傳：「吾與子弁冕端委服。」注：文德之衣尚褒長，故曰委。「撫委」與「斂衽」爲對文，鮑吳並失其義。服與伏古字通。左氏昭十三年傳：「奉壺飲冰以蒲伏焉。」秦策：「坐行蒲服」，爲義同也。左氏定十二年傳：「所以事君封疆社稷是以。」注：以，猶爲也。列子周穆王篇：「宋人執而問其以。」以，猶故也。朱起鳳曰：衽者衣襟也，歛衽，謂以手攝襟，使不皺疊，表恭敬也。衽、袵，音義同。

〔四〕姚注：曾，已作已，一作色。鮑彪曰：言謬以色見卑。黄丕烈曰：已，鮑本作色，鮑改「而」爲「以」。吴氏正曰：「一本而已。」按已、以通，色、已字類。恐當作「而以色」爲文。金正煒曰：沈括夢溪筆談：古人有二聲合爲一字者，如而已爲耳之類。此文猶云：「王過卑耳！」文義自明，作色者誤。

〔五〕敝，原作避。姚注：不敝席，言不久之意，不避是敝字無疑。真誥曰：「女寵不弊席，男愛不盡輪」，或出於此。軒、輪相近。鮑彪曰：華，菁華；渝，變也。嬖，賤而幸者，席不及敝而愛弛。避，猶退。軒，曲輈藩車也。車敝則退去，今不及然。黄丕烈曰：女，鮑本作色。李慈銘曰：姚説是也。寵臣者，貴寵之臣，非專指色。不敝軒，謂所樂之軒未敝，而恩已奪也。曹共公乘軒者三百人，衛懿公鶴有乘軒者，人臣以軒，爲重也。

〔六〕黄丕烈曰：深，鮑本無。

〔七〕原無「江乙曰」三字。姚注：曾「何」下有「江乙曰」三字。

〔八〕鮑彪曰：此乙辭。吴師道曰：姚云：「奈何」下曾有「江乙曰」字。

〔九〕姚注：三同，未有效。

〔一〇〕鮑彪曰：雲夢，澤名，在南郡華容。吴師道曰：楚辭集注：雲夢，澤名，方八九百里，跨江兩岸。雲在江北，今玉沙、監利、景陵等縣是也；夢在江南，今公安、石首、建寧等縣是也。夢音蒙，亦作去聲。張琦曰：後志注曰：巴邱湖，江南之雲夢也。爾雅：十藪，楚有雲夢。郭璞曰：巴邱湖是也，即今洞庭矣。程恩澤曰：案爾雅十藪，楚有雲夢。郭璞曰，巴邱湖也。吕覽九藪，雲夢其一（又見淮南子）。漢志：雲夢澤在華容縣南，此鮑說所本。直以洞庭爲雲夢，固無是理。然吳謂雲在江北，夢在江南，亦相沿舊說，殊不足據。胡渭曰：杜注宣四年「夢中」云：夢，澤名。江夏安陸縣東南有雲夢城。則夢在江北。注定四年「雲中」云：入雲夢澤中，所謂江南之夢。則雲在江南。注昭三年江南之夢云：楚之雲夢，跨江南北。則南雲北夢，單稱合稱，無所不可。並無江北爲雲、江南爲夢之說。蓋東抵蘄州，西抵枝江，京山以南，青草以北，皆爲古之雲夢。孔疏所謂雲夢一澤而每處有名者也。顧棟高曰：今荆州府之監利、石首、枝江，安陸府之荆門、沔陽（今屬漢陽府），黄州府之蘄州、黄崗、麻城，德安府之安陸，俱有雲夢之稱。蓋雲夢綿地甚廣，後世悉爲邑居聚落，故地之以雲夢名者非一，而安陸之雲夢爲尤著云。顧觀光曰：楚策：「楚王遊於雲夢。」漢志：南郡華容縣，雲夢澤在南。顧氏棟高云：今荆州府之監利、石首、枝江三縣，安陸府之荆門、沔陽二州，黄州府之蘄州及黄岡、麻城二縣，德安府之安陸縣，俱有雲夢之稱，蓋跨山亙隰，兼包勢廣矣！司馬相如子虛賦云：方九百里。

〔一〕天，原作日。吳師道曰：结，連也。四馬曰駟。黄丕烈曰：日，鮑本作天。祖耿案：書鈔一二〇引作：「旌旗蔽日。」孔廣陶注云：元泰定刻本楚策作：「蔽天。」

〔二〕「起」下原有也字。「之嗥」二字原互乙，下有聲字。鮑彪曰：蜺，虹也。兕，若牛而青。吳師道曰：一角，重千斤。李慈銘曰：兕字衍，涉下文「狂兕」而誤也。說苑權謀作「虎狼之嗥若雷霆」。金正煒曰：說苑權謀篇：「野火之起若雲蜺，虎狼之嗥若雷霆」，可據以訂正。祖耿案：類聚三三引作：「野火之起若雲蜺，兕虎之嘷若雷霆。」御覽八九〇引作：「野火之起若雹，兕虎之聲若雷霆。」八六八引作：「野火之起也若雲霓。」

〔三〕鮑彪曰：集韻，⿰足羊，音詳，趨行也。若牂則羊耳。吳師道曰：字書有⿰足羊字，茲郎反。又牂與⿰足羊通，杙也。 黃丕烈曰：今本牂作跰，乃誤涉鮑也。鮑改牂爲跰。 祖耿案：類聚三三引作：「有狂兕依輪。」御覽三九一引作：「狂兕觸車徑輪。」

〔一四〕原無之字。吳師道曰：宋玉招魂：「青驪結駟兮齊千乘，懸火延起兮玄顏烝」云云，「與王趨夢兮課後先，君王親發兮憚青兕」，文頗與此合。 黃丕烈曰：壹，鮑本作一。 祖耿案：類聚三三引作：「王親扞弓而射之，壹發而殪。」九五引作：「王彎弓而射之，應發而殪。」御覽三九一引作：「彎弓而射，應發殪兕。」八九〇引作：「王彎弓而射，一發而殪。」案淮南子原道訓：「射者扞烏號之弓。」高誘注：扞，張也。「引」殆扞之形僞，「彎」則淺人妄改也。壹，當作應，聲近致譌。 又案：「荊莊哀王獵于雲夢，射隨兕中之。申公子培劫王而奪之。」見呂氏春秋至忠篇。

〔一五〕鮑彪曰：旃，曲柄旗。旄，幢也。 吳師道曰：爾雅：旄，牛尾著竿頭。

〔一六〕鮑彪曰：問安陵與誰。 祖耿案：文選詠懷詩注引：「誰與樂此矣。」類聚三三引作：「誰與同樂此矣。」御覽三九一引作：「誰與此同樂乎？」

〔一七〕黃丕烈曰：「行」下鮑本有下字。 祖耿案：類聚三三引作：「安陵君纏泣數行。」御覽三九一引作：「安陵君泣涕數行。」

〔一八〕綸，原作編。原無侍字、萬字。 鮑彪曰：編，次簡也。言與王相次如之。陪，重乘也。此言二人同車。 祖耿案：御覽三九一引作：「入則侍綸席，出則陪萬乘。」

〔一九〕姚注：錢、劉，試一作式。曾云：又作式。李善引：「願得式黃泉，蓐螻蟻。」延叔堅戰國策論曰：「爲王先用塡黃泉，爲王作蓐以御螻蟻。」藝文類聚引：「安陵君纏，拭黃泉，驅螻蟻。」新序作纏。 鮑彪曰：願爲蓐以辟二物。蓐，陳草也。 金正煒曰：左氏宣十二年傳：「有律以如已也。」注：如，從也。說苑作：

「安知樂此者誰？」則此文「如」當爲「知」。　祖耿案：姚氏所引李説及延叔堅論，並見文選求立太宰碑表注，「愿」上有「犬馬臣」三字，餘同。類聚三三引作：「臣愿以身抵黃泉，驅螻蟻，又何得此樂而樂之。」

〔二〇〕鮑彪曰：此非君子之言也。安陵，妾婦也，江乙爲之謀，又其卑者。安有君子而美此流哉！　黃丕烈曰：吳氏正曰：按説苑作安陵纏，藝文類聚同。壇、纏字有譌。丕烈案：説苑在權謀。姚校所云新序作纏，即其誤。新序無此文。壇、纏同字。古今人表中下有安陵繵。師古曰：繵即纏字，可爲證。　黃式三曰：壇、纏聲近。　金正煒曰：按周禮廛人注：故書廛爲壇。杜子春讀壇爲廛。是壇、廛字古得通用，説苑又變廛爲纏耳。漢書人表作繵。

〔二一〕祖耿案：此文又見余知古渚宮舊事，凡三百二十八字。云：「安陵君有寵於宣王，江乙謂曰：『君無咫尺之功，骨肉親戚，處尊位，受厚祿，一國之衆，見君莫不斂衽撫綏而服，何以也？』安陵君曰：『王過舉而色之，不然無以至此。』乙曰：『以財交者，財盡而交絶；以色交者，華落而愛渝：是以嬖妾不敝席，寵臣不敝輪。今君擅楚國，無以深自結於王，竊爲君危之！』曰：『然則奈何？』曰：『願君請以身爲殉，如此，則子長得寵於楚國。』曰：『謹受命。』居三年而不言。乙復見曰：『臣所爲君道，至今未有効，君不用臣之計，臣不敢復見矣！』君曰：『不敢忘先生之言，未得間也。』既而王遊於雲夢，結駟千乘，旌旗蔽日，野火之起也若雲蜺，兕虎之嘷若雷霆。有狂兕依輪而至，王手弓而射之，一發盡殪。王抽旃旄而抑兕首，仰天笑曰：『樂矣，今日之遊也！寡人千秋萬歲之後，誰與樂此乎？』君涕泣數行而進曰：『臣入則編席，出則陪乘，大王萬歲之後，臣願得以身拭黃泉，蓐螻蟻，又何得此樂乎？』王大悦，乃封纏爲安陵君。君子曰：江乙可謂善謀，安陵纏可謂知時矣！』」

十一

江乙爲魏使於楚〔一〕，謂楚王曰：「臣入竟，聞楚之俗不蔽人之善，不言人之惡，誠有之乎？」王曰：「誠有之。」江乙曰：「然則白公之亂，得無遂乎〔二〕？誠如是，臣等之罪免矣〔三〕！」楚王曰：「何也？」江乙曰：「州侯相楚，貴甚矣而主斷〔四〕，左右俱曰『無有』〔五〕，如出一口矣〔六〕。」

〔一〕鮑彪曰：乙魏人，時居魏，後乃仕楚，故其譖昭奚恤曰：「臣居魏知之。」吳師道曰：據居魏語，以爲魏人，未知果不？祖耿案：韓非子內儲說上作：「江乙爲魏王使荆。」顧觀光附此於顯王十六年。曰：後章江乙言邯鄲之難，臣居魏知之。知此事在其後，故附此。

〔二〕鮑彪曰：遂，猶成。白公，太子建子勝。哀十六年，建以讒奔鄭，鄭殺之。勝請伐鄭，子西不從。勝怒，殺子西，刼惠王。程恩澤曰：案左傳哀十六年，杜注：白，楚邑，今汝陰褒信縣西南（正義作東十七里），有白亭。水經注：淮水東逕白城南，楚白公勝之邑也。東北去白亭十里。括地志：白亭在豫州褒信縣東南三十二里，今光州息縣西南七里，有白公城，即其地也。然史記楚世家云：楚惠王二年，子西召勝于吳，爲巢大夫，號白公。巢即今廬州府巢縣。邑志云：縣西南七里，有故白城。六朝時於廬州置汝陰郡，又僑置愼縣。疑邑志臣此附會。伍子胥列傳又云：「使居楚之邊邑鄢，號爲白公。」徐廣曰：潁川鄢陵是（正義謂鄢城與褒信白亭相近，非是）。則白地非一。以左傳使處吳境核之，似巢爲近。然傳云：「吳人伐愼，白公敗之。」愼爲今潁州府潁上縣，又與息縣相鄰，未知孰是。路史：邵陽有白公城，即白公邑，不知所在。今陳州府扶溝縣北四十五里，亦有白亭（亦見伍子胥列傳正義），則別爲一地，與此無涉。祖耿案：韓非子作：「然則若白公之亂，得庶無危乎？」注：不言人惡，則白公得成其姦謀，故危也。意與此異。

〔三〕祖耿案：韓非子作：「誠得如此，臣免死罪矣。」注：有惡不言，何罪之有？韓非子此章止此。下無「楚王曰」云云二十九字。内儲説下，則有：「州侯相荆，貴而主斷。荆王疑之，因問左右。左右對曰：「無有。」如出一口也」二十七字一條。此非戰國策合兩事而一之，則必韓非子内儲上下誤分一事而爲二也。蓄疑待考。

〔四〕鮑彪曰：謂其專決。張琦曰：楚世家：考烈王納州於秦。索隱曰：南郡有州陵縣。今荆州府監利縣東有州城，古州國也。程恩澤曰：案左傳：「將與隨、絞、州、蓼伐楚師。」杜注：華容縣東南有州國。楚世家：「考烈王元年，納州於秦以平」，即此。漢志：南郡有州陵縣。晉志：南郡州陵，楚嬖人州侯所邑。水經注：江之右岸有雍口，東北流爲長洋港，又東北逕石子岡，岡上有州陵故城，莊辛所言左州侯國矣。在今湖北荆州府監利縣東三十里（錢坫謂在武昌府西南，胡渭謂在今沔陽州，似誤）。金正煒曰：按荀子臣道篇：「齊之蘇秦，楚之州侯，秦之張儀，可謂態臣者也。」左氏桓十一年傳注：州國在南郡華容縣東南。

祖耿案：荀子楊倞注：楚之州侯，楚襄王佞臣也。

〔五〕鮑彪曰：言世無如之。

〔六〕金正煒曰：韓非孤憤篇：「一口惑主，敗法以亂士民。」注：雷同是非，故曰一口。祖耿案：渚宮舊事有此文云：「江乙謂宣王曰：「臣聞楚俗，不蔽人之美，不言人之惡，誠然乎？」王曰：「誠有之。」乙曰：「然則白公之事，得無遂乎？誠如是，然則臣罪免矣。」王曰：「何也？」乙曰：「州侯相楚，甚貴而主斷，左右俱曰無有。如此一口，安得問之？」」凡七十八字，較此章少十字，然明言楚王爲宣王，末復有

「安得問之」四字，似較策文爲備。

十二

郢人有獄三年不決者〔一〕，故令請其宅以卜其罪〔二〕。客因爲之謂昭奚恤曰〔三〕：『郢人某氏之宅，臣願之。』昭奚恤曰：『郢人某氏，不當服罪，故其宅不可得〔四〕。』客辭而去。昭奚恤已而悔之，因謂客曰：『奚恤得事公，公何爲以故與奚恤〔五〕？』客曰：『非用故也。』曰：『謂而不得，有說色，非故如何也〔六〕？』

〔一〕祖耿案：顧觀光附此於顯王十六年，曰：因昭奚恤附此。

〔二〕鮑彪曰：有罪則宅入官，故可請卜測知之也。　黄丕烈曰：「令」下鮑本有人字。

〔三〕姚注：錢：「客因謂。」劉：「客因請之。」　黄丕烈曰：「爲之謂」三字，鮑本作「謂之」，鮑改謂爲請。

〔四〕原無可字。姚注：一作「不可得」。

〔五〕鮑彪曰：故，謂設事以探己意。　金正煒曰：按小爾雅廣詁：以，用也。呂覽論人篇：「釋智謀，去巧故。」注：巧故，僞詐也。淮南主術篇：「上多故，則下多詐。」注：故，詐。與，如諸侯以禮相與之與。又書大傳：周公曰：「於乎！吾與女倫。」王闓運補注：與，於也。言吾於女族皆序王室。鮑注「故」謂設事以探己意，即於與字義不相屬。　祖耿案：此句諸宮舊事作「公何爲以故窺恤」，文意甚明。

〔六〕姚注：謂，曾、劉作請。　吳師道曰：如，猶而。　黄丕烈曰：謂，鮑本作請。　王引之曰：「如何」，與「而何」同。　祖耿案：諸宮舊事云：「郢人有獄三年不決，故令人請其宅以卜其罪。客謂昭奚恤曰：「郢人某氏之宅，臣願賜之。」恤曰：「郢人某氏不當伏罪，宅不可得。」客辭而出。恤悔之，因謂客曰：「恤不得事公，公何爲以故窺恤？」客曰：「非用故也。」恤曰：「請而不得有悅色，非故而何？」」凡九十字，較此少十字。

十三

城渾出周〔一〕，三人偶行〔二〕，南游於楚，至於新城〔三〕。城渾説其令曰〔四〕：「鄭魏者，楚之軟國〔五〕；而秦，楚之强敵也。鄭、魏之弱，而楚以上梁應之〔六〕；宜陽之大也，楚以弱新城圍之〔七〕。蒲反、平陽，相去百里，秦人一夜而襲之，安邑不知〔八〕；新城、上梁，相去五百里，秦人一夜而襲之，上梁亦不知也〔九〕。今邊邑之所恃者，非江南、泗上也〔一〇〕！故楚王何不以新城爲主郡也？邊邑甚利之〔一一〕！」新城公大説，乃爲具駟馬乘車五百金之楚〔一二〕。城渾得之，遂南交於楚，楚王果以新城爲主郡〔一三〕。

〔一〕鮑彪曰：城渾，周人。出周，自周出。　吳師道曰：「出周」下連「三人」之文，疑爲人名，有誤字，故大事記止云「城渾南游於楚。」　祖耿案：顧觀光附此於赧王十五年，曰：因言新城附此。

〔二〕鮑彪曰：偶、耦同。二人曰耦，兩也。此蓋一人先，二人後。　黃丕烈曰：鮑改「三」爲「二」。　吳氏補曰：「二」字恐有誤。　金正煒曰：按爾雅釋詁：偶，合也。廣雅釋詁：偶，諧也。以無車馬，故結曹偶以行。

鮑注過泥。

〔三〕鮑彪曰：莊六年注：新城，鄭新密，今滎陽密也。漢北海、河南皆有。此屬楚，蓋河南密也。　吳師道曰：僖作莊，誤。新城，説見秦策。下章言新城、陽人，陽人在汝州，當是與此近者。　程恩澤曰：案新城有四，俱在今河南省。一在歸德府商邱縣。文十四年，諸侯同盟於新城。郡國志：梁國穀熟縣有新城，是也。一在開封府密縣。僖六年，諸侯圍新城。傳曰：實新密，是也。一在許州襄城縣。括地志：許州襄城縣，即古新城縣，是也。一在河南府洛陽縣。地理志：河南郡新城縣，故戎蠻子國，是也。（此外，如秦之少梁，晉之曲沃，皆號新城。又燕有北城，城北海郡，亦有新城縣，均與楚無涉。）此新城與周相近，在宜陽（今宜陽縣）、陽人（在今汝州）之間（並見本策），當是洛陽。括地志：洛州伊闕縣（隋開皇十八年改置），本漢新城縣，在州南七十里。其地正當汝州之北，宜陽之東，楚南境也。　顧觀光曰：史記秦本紀：昭襄王七年，拔新城。表作襄城。正義引括地志云：許州襄城縣，即古新城縣也。按世家年表，則新字誤作襄。正義意謂漢之襄城（漢志屬潁川），戰國時但名新城耳。然水經汝水注云：又東南逕襄城縣故城南。説苑曰：襄城君始封之日，服翠衣，帶玉佩，徙倚於流水之上，即是水也。其城南對汜城，則戰國時已有襄城之名矣！又其地在楚、魏之交，不常所屬，故魏世家：昭王元年，秦拔我襄城（元和志：襄城縣在汝州東南一百四十里）。楚策：張儀説楚王曰：大王嘗與吳人戰，五戰而三勝，偏守新城，存民苦矣！史記索隱曰：此新城當在吳、楚之間（時吳亡已久，不可解）。　祖耿案：餘説見秦策四，楚魏戰於陘山章。

〔四〕吳師道曰：周顯王十九年，秦置令丞。趙策：「受馮亭、上黨」，亦云「千户封縣令」。今楚亦有此稱，變古者非特秦矣。

〔五〕鮑彪曰：集韻，耎，弱也。　吳師道曰：而兗反。

〔六〕鮑彪曰：此山陽、濟陽，故梁，近楚故也。吳師道曰：故梁在汝州西南，說見齊策。此云上梁，非是。張琦曰：上梁即南梁。山陽、濟陰，皆宋地。宋之滅在頃襄王十三年。滅宋後亦止得沛，未得濟陰、山陽也。又漢志：山陽、濟陰二郡下，並云故梁。此漢之梁，始封彭越，越滅，封高祖子恢者。鮑氏見故梁之文，即以爲楚之上梁，又失之甚者。程恩澤曰：案楚語：惠王以梁與魯陽文子，文子辭曰：「梁險而在北境。」則梁爲楚地已久。左傳所云：「封畛于汝」是也。惟策云：上梁、新城相去五百里（張氏琦疑相去五百里句上下互易，似亦有見），新城在洛陽南七十里，距汝州不及百里，則此上梁非汝州梁縣可知。然鮑云山陽濟陰故梁，固謂地理志之山陽、濟陰二郡，皆漢梁國地，非謂汝州也。惟濟陰非楚地，山陽又太遠（今兗州府）。以今考之，當在河南歸德府，亦漢梁國地，距新城約五百里。秦爲碭郡，故楚地，漢初改稱梁國，必非無因也。方輿紀要以爲即南梁，則仍在汝州矣（左傳：「脾、上梁之間。」大事表謂在今內黃縣西南，即牽也，與此異。杜注：牽在魏郡黎陽縣）。祖耿案：吳云齊策，見南梁之難章。

〔七〕圉，原作圍。鮑彪曰：宜陽，時秦已得之。黃丕烈曰：鮑改圍爲圖。程恩澤曰：案宜陽本韓地，襄王五年，秦使甘茂拔之（韓世家昭侯二十四年，即書「秦來拔我宜陽」，蓋攻之而未拔也），遂爲秦地。上文「而秦，楚之强敵也」，與此相應，則此應屬秦。詳見韓。金正煒曰：按圍，當爲圉，鮑改非也。正韻：圉，捍也。詩桑柔：「孔棘我圉」，箋：圉，當作禦。莊子繕性篇：「其來不可圉。」注：與禦同。淮南詮言篇：「一人之力以圍强敵」，圍亦當作圉，誤與此同。

〔八〕鮑彪曰：此言百里之地不相知，況于五百里邪？黃丕烈曰：反，鮑本作坂。丕烈案：蒲反，蒲阪也。見漢書地理志。程恩澤曰：漢志：河東郡有蒲反縣。應劭曰：秦始皇東巡見長坂，故加反。孟康曰：本蒲也，晉文公以賂秦。後秦人還蒲，魏人喜曰：蒲反矣。謂秦名之，非也。臣瓚曰：秦本紀云：以垣爲蒲反。然則本非蒲也。三說俱未析，舜都蒲坂，在唐虞時已有此名，不始於春秋、戰國間。若垣與蒲坂，本是兩地，何得相混。然正義云：前秦取蒲坂，復以與魏，魏以爲垣。今又取魏垣以爲蒲坂、皮氏，其後又歸魏，魏復以爲垣（俱本史記）。是當時實屢經更名，並非無因，蓋垣爲今長垣縣，本衛之蒲邑（孟康曰：本蒲也。即此意），秦嘗取之，後既歸魏，而又歸秦，故秦人以爲蒲反（本無土旁），而魏則仍其故名曰垣（索隱曰：「爲」當作「易」。殆未得其解）。此自爲一地，與舜都全不相涉。國策所云蒲坂，蓋即指此。綱目撫實云：滑縣東南五十里，有平陽城，即左傳衛侯飲孔悝酒處（杜注：東郡燕縣有平陽亭。水經注：廩延南故城，即衛之平陽亭也），距長垣幾及百里。所謂蒲坂、平陽相去百里者，殆謂是歟！自漢以來，俱列之河東郡，則其名稱之相混久矣。 又按竹書紀年：梁惠成王二十九年，齊田盼及宋人伐我東鄙，圍平陽。此本衛地，戰國時屬魏，距今長垣縣（即上蒲坂）約百里，即策文所指也（見上）。或云即魯之南平陽，固遠不相涉；若郡國志鄴縣之平陽城則趙地；地理志河東郡之平陽縣則韓地；均與魏無干，且距蒲坂俱不止百里也。皇甫謐曰：舜所都，或言蒲坂，或言平陽及潘（史記集解引作潘）。正義曰：括地志：潘今媯州城，在今保安州，其說非是）。闞駰又以蒲坂爲堯都，其說多混，故舊注俱主河東言，今不從。 顧觀光曰：漢志：河東郡蒲反，故曰蒲，秦更名。應劭曰：秦始皇東巡，見長阪，故加反云。按古字反與阪通，應說近是，但謂始皇更名，則不然也。水經河水注引竹書紀年曰：魏襄王七年，秦王來見於蒲阪關。史記哀王十六年，秦拔我蒲反、陽晉、封陵。則戰國時已名蒲反矣。秦本紀正義引括地志云：蒲阪故城在蒲州河東縣南二里（在今蒲州府城東五里）。據漢志，則蒲阪可名蒲，蒲不可名蒲阪。樗里疾所伐之蒲，明在衛地，而史於甘茂傳作蒲阪，蓋以蒲字相涉而誤也。楚策：「蒲反、平陽相去百里，秦人一夜而襲之，安邑不知。」此當是韓平陽，蓋與魏地犬牙交錯，所屬不常也。蒲反、平陽、安邑，漢志並屬河東。如策文，則魏以安邑爲主郡，而蒲反、平陽隸焉。然蒲反距平陽幾四百里，疑策文有脱誤（祖耿案：餘説見秦策四，説秦王曰章）。又曰：燕策：蘇代述秦告韓之辭曰：「我起乎宜陽而觸平陽，二日而莫不盡繇」（即摇字，鮑於盡字絶句，誤）。楚世家：齊湣王遺楚王書曰：「秦破韓宜陽，而韓猶復事秦者，以先王墓在平陽，而秦之武遂去之七十里，以故尤畏秦。」索隱曰：平陽、武遂，並當在宜陽左右。正義曰：宜陽、平陽，皆韓大都，隔河。今按：宜陽在河南，平陽在河北，正義説是也（祖耿案：餘説見秦策四，秦昭王謂左右曰章）。

〔九〕張琦曰：蒲坂、平陽相去四百五十里，新城、上梁相去百餘里。疑新城句「五」字，應次蒲坂句，傳寫之譌也。又按：新城韓地，久已入秦，豈後爲楚所有歟？　程恩澤曰：張氏所云，以蒲坂在河東也。　金正煒曰：上梁疑當爲上蔡。

〔一〇〕張琦曰：言新城之可恃，甚於江南、泗上。　程恩澤曰：案正義曰：泗上、徐州，春秋時楚北境也。胡三省曰：楚蠶食魯國，有泗上之地。今按楚世家，楚自越滅吴，即東侵廣地至泗上，不待取之於魯，亦非獨徐州也。

〔一一〕姚注：故，劉作則。　鮑彪曰：漢志：楚分野。言江南地廣，云此皆遠哉，故非所恃。漢志言楚分野云江南平地，故知其稽。主，猶守也。爲郡，則士馬盛，可以備秦。此渾言，其欲説楚王大意。　吴師道曰：策語難曉，注强解尤甚。大事記，郡者縣之主，故謂之主郡。又郡縣説見秦策。　黄丕烈曰：鮑衍楚字。　金正煒曰：按此言上梁不能應援新城，江南、泗上又遠不可恃，故當以新城爲主郡，文義自明。吴氏以爲難曉，其説未審。

〔一二〕鮑彪曰：楚縣尹稱公。　黄丕烈曰：「爲」下鮑本有王字，鮑衍王字。「楚」下鮑本有盡字，鮑衍盡字。吴氏補曰：贐也，字通借。　金正煒曰：按楚，謂楚之國都也，作楚，作盡，於義並通。

〔一三〕姚注：曾、錢一無「王」。鮑彪曰：城，書作成。　黄丕烈曰：城，鮑本作「成」，改爲城。　吳氏補曰：當作「城」，從改文。

十四

韓公叔有齊、魏〔一〕，而太子有楚、秦〔二〕，以爭國〔三〕。鄭申爲楚使於韓，矯以新城、陽人予太子〔四〕。楚王怒，將罪之。對曰：「臣矯予之，以爲國也。臣爲太子得新城、陽人，以與公叔爭國而得之，齊、魏必伐韓〔五〕，韓氏急，必懸命於楚，又何新城、陽人之敢求？太子不勝〔六〕，然而不死〔七〕，今將倒冠而至，又安敢言地〔八〕？」楚王曰：「善。」乃不罪也〔九〕。

〔一〕鮑彪曰：得二國之援。　祖耿案：此章與下韓二韓公叔與幾瑟爭國，鄭强爲楚王使於韓章，情詞相同。此作鄭申，彼作鄭强，蓋傳聞之異也。　顧觀光隸此於赧王十五年。

〔二〕鮑彪曰：太子，幾瑟也。韓襄十二年，蘇代曰：「公叔伯嬰，恐秦、楚之納幾瑟」，是也。此（楚懷）二十九年。

〔三〕吳師道曰：公叔主咎，公仲主幾瑟也。伯嬰，說見韓策。

〔四〕鮑彪曰：秦紀注：南陽縣有陽人聚。　吳師道曰：正義引括地志云：陽人在汝州葉縣西。　張琦曰：陽人在今汝州西南八十里。　程恩澤曰：案漢志：河南郡梁縣有陽人聚，秦滅東周，遷其君於此。徐廣曰：

在洛陽南百五十里，梁、新城之間。梁今汝州，新城在洛陽南七十里，而陽人在梁縣西四十里（約距新城四十里，距洛陽一百十里），是在其間也。舊注南陽縣，當作河南郡（今秦本紀注引地理志本作：河南梁縣有陽人聚），葉縣當作梁縣。顧觀光曰：楚策：「鄭申爲楚使於韓，矯以新城、陽人予太子」，則陽人乃楚地之近韓者也，不知何時入秦。秦本紀：莊襄王元年，以陽人地賜周君。集解引地理志云：河南梁縣有陽人聚，則與䍐狐相近（附本紀正義引括地志云：陽人故城在汝州梁縣西四十里）。

〔五〕鮑彪曰：得，得其國事。

〔六〕鮑彪曰：不勝，不勝公叔。

〔七〕黄丕烈曰：鮑改然爲幸。

〔八〕鮑彪曰：倒冠而至，言其歸楚之疾。金正煒曰：按冠字，疑「寇」之譌。呂覽似順篇：「事多似倒而順，多似順而倒」，注：倒，逆也。愛類篇：「何其倒也？」注：謂惠子言行，何其倒逆相違背也。周禮大宗伯：「以恤禮哀寇亂。」注：兵作於外爲寇，倒寇猶云違難。言太子不勝，即將逃寇至楚也。湯炳正曰：此說不通。

〔九〕鮑彪曰：韓襄策，語同。

十五

楚杜赫說楚王以取趙〔一〕，王且予之五大夫而令私行〔二〕。陳軫謂楚王曰：「赫不能得趙，五大夫不可收也，是賞無功也〔三〕；得趙而王無加焉，是亡善也〔四〕；

王不如以十乘行之，事成，予之五大夫。」王曰：「善。」乃以十乘行之〔五〕。杜赫怒而不行。陳軫謂王曰：「是不能得趙也！」

〔一〕祖耿案：顧觀光附此於赧王十六年，曰：此事當在前，因言取趙附此。

〔二〕鮑彪曰：五大夫，楚官。黃丕烈曰：「且予」，鮑本作「曰與」，吳補：一本作「且與」。金正煒曰：按且，將也，作「曰」者，字之譌。鮑注：「五大夫，楚官」，說亦無據。墨子號令篇：「丞及吏比於丞者，賜爵五大夫。」趙策：「僕官之丞相，爵五大夫。」魏策：「吾將仕之以五大夫。」又漢書百官公卿表：秦爵九，五大夫。列國皆有此官，不獨楚也。

〔三〕「是」，原作「得」。姚注：得，一作是。黃丕烈曰：得，鮑本作是，改爲得。金正煒曰：按文，當爲是。是誤爲見，因致誤畀，又涉上下文「得趙」而譌也。

〔四〕「亡」，原作「無」。鮑彪曰：不賞其善，如不有之。金正煒曰：無，古作亡，忘亦作亡，此本作「亡善」，傳寫爲無，遂失本義。亡善，言忘人之善也。

〔五〕黃丕烈曰：「事成」下十六字，鮑本無。

十六

楚王問於范環曰〔一〕：「寡人欲置相於秦，孰可？」對曰：「臣不足以知之〔二〕。」王曰：「吾相甘茂可乎〔三〕？」范環對曰：「不可。」王曰：「何也？」曰：「夫史舉，上蔡之監門也，大不如事君，小不如處室，以苛廉聞於世，甘茂事之順焉〔四〕。故惠王之明，武王之察，張儀之好譖〔五〕，甘茂事之，取十官而無罪。茂誠賢者也！然而不可相秦！秦之有賢相也，非楚國之利也！且王嘗用滑於越而納句章〔六〕，昧之難，越亂，故楚南察瀨胡而野江東〔七〕。計王之功，所以能如此者，越亂而楚治也。今王以用之於越矣，而忘之於秦，臣以爲王鉅速忘矣〔八〕！王若欲置相於秦乎，若公孫郝者可〔九〕！夫公孫郝之於秦王，親也，少與之同衣，長與之同車，被王衣以聽事，真大王之相已〔一〇〕！王相之，楚國之大利也〔一一〕！」

〔一〕姚注：史記作范蜎，徐廣一作蠉。　黄丕烈曰：吳氏補曰：環，史作蜎。丕烈案：索隱曰：戰國策云：作蝝也。考此蝝字，當是蠉字誤。小司馬以徐廣云一作蠉而云然也。蠉、蜎同字，壞作環耳。韓子作「干象」。不與此同。　黄式三曰：韓非作「干象」，亦作「于象」。　顧廣圻曰：史記甘茂傳作范蜎，徐廣云一作蠉。索隱云，戰國策一作蝝字，今楚策作環。王先慎曰：汲古閣文選過秦論李注引「干象」作「于象」，干、于字形相近而誤。呂鼐云：宋槧一卷中，前作于，後作干。查姓氏急就篇，注：楚有干象，不誤。　朱起鳳曰：干、犯同義，范與犯同音，環字左從睘，與象字草書形相混，蜎字古文作蠉，即環形之譌。通志氏族略：范字下不載范蜎，而楚策則有子象其人，益以知原文當作于象也。韓非戰國人，所載較可徵信。　郭沫若曰：范環即范睘，亦即環淵，乃老子之作者（說見青銅時代，老聃、關尹、環淵一文）。　錢穆曰：楚王問范環，又見史記甘茂傳，云：「甘茂奔齊，齊使甘茂於楚，楚懷王新與秦合婚而驩，秦使人謂楚王曰：願送甘茂！

楚王問范蜎。」茂奔齊在秦昭王元年，秦迎婦於楚在二年。然則懷王、范環問答，亦在是時也。疑范環、范蜎，皆蜎環字訛。蜎環即環淵，值楚懷晚節。其游齊稷下，則當宣王末，或湣王時。其人尚應與莊周並世。而詹何與中山公子牟問答；中山亡已值楚懷暮年，則詹何、環淵宜亦得並世，而環淵稍前，詹何稍後（即猶謂關尹在前，老聃在後也）。（考辨四一二頁）　祖耿案：顧觀光編此於赧王十年。

〔二〕吳師道曰：史：楚懷王新與秦婚而懽，秦聞甘茂在楚，使人謂楚王曰：願送甘茂於秦，云云。　祖耿案：韓非子作：「吾欲以楚挾甘茂而相之秦，可乎？」干象對曰：「不可也。」

〔三〕姚注：一作「吾欲相」。

〔四〕姚注：兩「不如」，一作「不知」。　鮑彪曰：苛，小草。順，言大不失其意。　黃丕烈曰：吳氏補曰：上蔡，史俱作下蔡。丕烈案：索隱曰：戰國策及韓子皆云：史舉，上蔡監門。又曰：鮑改如爲知。丕烈案：韓子無此字，史記作「爲」，下句同。　金正煒曰：按如，猶宜也。墨子貴義篇：「今天下莫爲義，則子如勸我者也，何故止我？」太平御覽引作：「子宜勸我。」王念孫云：如字古訓爲宜。可爲此證。一本作知，由不辨如之古義而意改也。史記田叔傳：「叔爲人刻廉自喜」，苛廉、刻廉義同。甘茂傳：「以苟賤不廉聞於世。」與此文異。

〔五〕祖耿案：「好譖」二字史記作辯。

〔六〕鮑彪曰：召滑見甘茂傳，句章屬會稽。　黃丕烈曰：今本滑上有召字乃誤涉鮑也。鮑補召字。吳氏補曰：史作召滑。丕烈案：韓子有邵字。滑即召滑，不當補。李善注文選過秦論召滑，引韓子、史記而不引策，策本無召字，其明證也。賈誼新書作召滑，秦本紀作昭滑，後策作卓滑，趙策作淖滑，召昭卓淖，聲之轉。　顧廣圻曰：徐廣云：滑，一作涓。策無邵字。　王先慎曰：史記甘茂傳作召，賈誼新書亦作召。秦本紀作昭，楚策作卓，趙策作淖。召昭卓淖皆一聲之轉。李善文選過秦論引亦作召。召邵古通。張琦曰，句章，今寧波府慈谿縣西南三十五里有句章故城。程恩澤曰：案漢志：會稽郡有句章縣。注引山海經曰：句餘之山，無草木，多金玉。郭璞曰：山在餘姚南，句章北，故二縣因以爲名。即甬東也。（顧棟高曰：甬東爲今定海縣。國語作甬句東，明其地在甬句之東也。今按圖經，甬東在今鄞縣西，距定海三百餘里，似非一地。）十三州志：勾踐之地，南至句無，後并吳，因大城之，章霸功以示子孫，故曰句章。秦置句章縣。水經注：江邊有查浦，浦東行二百餘里，與句章接界。圖經，鄮縣西（原作東，疑誤）有甬東及句章故城。寰宇記：句章故城在明州鄮（疑當作鄞，宋無鄮縣）縣西。路史：句章故城在明之鄞縣西。今按句章本是華平山，四明接其東嶺，天台續其南峯。故城在今浙江寧波府慈谿縣西南三十五里（錢坫作十五里，洪亮吉作四十里），城山渡東。其在唐之鄮縣，宋之鄞縣西者，乃晉隆安四年所遷之城，在今寧波府鄞縣南小溪鎮，雖接壤而非一地。顧觀光曰：漢志：句章屬會稽，在今寧波府慈谿縣西南十五里。祖耿案：史記甘茂傳，此句作「且王前嘗用召滑於越，而內行章義之難」，下言「越國亂」云云，難字斷句，章字不斷句。史、策文不同。注：裴駰引徐廣曰：滑，一作涓。又引徐廣曰：「一云內句章、昧之難」。司馬貞曰：「謂召滑內心猜詐，外則佯章恩義，而卒包藏禍心，搆難於楚也。注「一云內句章、昧之難」，案戰國策云：「納章句之難。」」

〔七〕鮑彪曰：昧，唐昧，楚將。此（楚懷）二十八年，秦、齊、韓、魏共攻楚，殺昧。察，猶治也。言楚有而治之。南陽有「厲」，音賴。野江東，以江之東爲野。此言楚雖有唐昧之難而能得越地，以召滑亂之也。吳師道曰：「察瀨湖」史作「塞厲門」，地皆未詳，恐有誤字。「察」作「塞」勝。黃丕烈曰：胡，鮑本作湖。吳氏正曰：云云。丕烈案：徐廣曰：一作「瀨胡」。厲、瀨同字，胡、門形相近也。張琦曰：昧之難，鮑云：唐昧，楚將。按左、史、策凡如此類句，並以地言，無以人名者。昧蓋越地。後文云：「越亂楚治」，則非秦、齊、韓、魏攻楚之時矣。又按越世家：越伐楚，楚威興兵應之，殺越王無疆，盡取故吳地至浙江。此策云：懷王用召滑而野江東，疑有譌誤。「窮瀨湖」，史作「塞厲門」。劉伯莊云：「厲門，度嶺南之要路。」鮑引南陽有厲，謬。程恩澤曰：案地理志：南陽郡隨縣有厲鄉，故厲國也。其地在今湖北德安府隨州北百八十里，乃楚之北境，非南境也。且距江東絶遠，與越地亦迴不相涉，又不聞有湖，其誤無疑（厲本音賴，其地又有溧水注涓，見元和志，故易混）。寰宇記：按滕公廟記云：古固城是吳瀨諸（同渚）縣地。楚靈王與吳戰，遂陷此城。吳移瀨諸縣於溧陽十里，改陵平縣。平王時又與吳戰，吳軍敗，收陵平縣改爲固城（或曰：即左傳昭十二年所云圍固城是也）。至伍員破楚，楚奔南海，固城宮殿遂廢。顧祖禹曰：固城在今江寧府高淳縣南十五里。春秋時吳所築瀨渚邑，漢置溧陽縣於此（此與寰宇記小異，蓋溧陽縣本在固城，後乃東徙也）。其西南五里，爲固城湖（俗名石景湖），殆即所謂瀨湖也（今溧陽縣有投金瀨亦與此相近，蓋本一水，古所云永陽江也）。此於戰國時爲越地，又與金陵邑（即今江寧府）相近，自此以東則江東矣（瀨本與厲通，而溧陽之溧，土音又與厲同。故遂訛爲厲門。然徐廣云：一作瀨胡，則史記本與國策同）。案史記甘茂列傳：「故楚南塞厲門而郡江東。」正義曰：吳越之城，皆爲楚之都邑。春申君列傳：「因并獻淮北十二縣，請封于江東。」「因城故吳墟，以自爲都邑。」正義曰：今蘇州也。（此説非是詳見下。）以今考之，凡元和志之江南東道、輿地廣記之江南東路皆古江東地。顧觀光曰：楚策：「越亂，故楚南塞瀨湖而野江東。」按：瀨湖與江東連文，疑即今之瀨溪也，在溧水縣南溧陽縣北，西接丹陽湖，東入長蕩湖，古名瀨水。吳越春秋：子胥乞食溧陽，適會女子擊緜於瀨水之上是也。又名陵水。史記范睢傳：伍子胥橐載而出昭關，至於陵水，無以餬其口是也（索隱引劉氏云：陵水即栗水也，陵、栗聲相近）。此即禹貢中江入海之道，自東壩築而丹陽湖之水不與瀨水通矣。今鄉民誤呼曰爛溪。又曰：史記甘茂傳云：「越亂，故楚南塞厲門而郡江東」，是江東當爲郡。史表：考烈王十五年，春申君徙封於吳。吳即江東也（今蘇州府城）。故春申君傳云：「獻淮北十二縣，請封於江東。」又云：「何以保相印江東之封乎」 金正煒曰：按甘茂傳：「且王前嘗用召滑於越，而內行章義之難」，與此文異，義並難通。惟難當謂越，非謂唐昧之役。下云越亂楚治，其義可見。鮑注蓋誤。國語越語：「吾請達王甬東句。」韋昭注：甬，甬江。句，句章也。杜預左傳注：甬東，越地會稽。句章縣，東海中洲也。此文蓋謂王用召滑於越，因納其句章之地於楚耳。竹書紀年：於越太子諸咎弑其君翳。此云「昧之難」，疑即其事。作昧、作義，皆由音訓相近而譌也。「察」當從史作「塞」。禮記月令：「完要塞。」注：要塞，邊城要害處也。此言以瀨湖爲楚之邊塞，以見斥地之遠。史記集解引徐廣曰：厲門一作瀨胡。正義引劉伯莊云：厲門，度嶺南之要路。鮑氏以屬南陽，於地不合。「野」字史作「郡」，義並得通。 祖耿案：韓非子此數句作：「干象曰：前時王使邵滑之越，五年而能亡越。」 祖耿又案：史記：「而郡江東」注，張守節曰：吳、越之城，皆爲楚之都邑。

〔八〕鮑彪曰：鉅，大也。 吳師道曰：鉅、詎通。 吳昌瑩曰：言王詎速忘乎也。矣猶乎也。 祖耿案：「王以」，鮑本作「王已」。此數語，韓非子作：「日者知用之越，今忘之秦，不亦太亟亡乎？」史記作：「今王知用諸越，而忘用諸秦，臣以王爲鉅過矣。」

〔九〕黄丕烈曰：吳氏補曰：公孫郝，史作向壽。丕烈案：韓子云：不如相共立，一云公子赫。 梁玉繩曰：案史向壽，策作公孫郝，然秦紀不書壽、郝爲相也。

〔一〇〕鮑彪曰：秦王，昭王。同衣、同車，言其素重。秦相而曰「王之相」，蓋楚相之，必右楚也。 金正煒曰：按被，疑當爲彼，「彼王」，彼國之王，謂秦王也。衣當爲依，涉上文「同衣」而誤。說文：依，倚也。論語述而篇：「依於仁」，皇疏：依者，倚也。國語晉語：「未有所依。」韋注：依，倚也。上章「依輪而至」，今本依誤爲衣，可爲此證。韓非内儲説：「共立少見愛幸，長爲貴卿，被王衣，含杜若，握玉環，以聽於朝」，與此策雖若一事，而所云王衣，實與列子周穆王篇：「月月獻玉衣」義同，故與杜若、玉環列舉。此文「被衣」之誤，或即後人據韓子而改從之也。史無「被王衣」三字。 祖耿案：「被王衣以聽事」，韓非子作：「被王衣，含杜若，握玉環，以聽於朝。」俞樾曰：「王衣」當作「玉衣」。三國志魏文帝紀注云：「舜承堯禪，被珍裘玉衣」，猶云「珍裘」矣。古人於美好之物，皆曰玉。食言玉食，衣言玉衣，其義同也。此與下文之「握玉環」，本同作玉，後人不解而臆改耳。

〔一〕鮑彪曰：甘茂傳有，人地小異。 吳師道曰：上蔡，史俱作下蔡。末云：楚使使請秦相向壽，茂竟不得入，卒於魏。 祖耿案：韓非子作：「且利以亂秦矣。」顧廣圻曰：策作公孫赫，史記云向壽，不同也。

十七

蘇秦爲趙合從，説楚威王曰〔一〕：「楚，天下之强國也；大王，天下之賢王也；楚地西有黔中、巫郡〔二〕，東有夏州、海陽〔三〕，南有洞庭、蒼梧〔四〕，北有汾陘之塞〔五〕，郇陽地方五千里〔六〕，帶甲百萬，車千乘，騎萬匹，粟支十年；此霸王之資也！夫以楚之强，與大王之賢，天下莫能當也〔七〕！今乃欲西面而事秦，則諸侯莫不南面而朝於章臺之下矣〔八〕！秦之所害於天下，莫如楚，楚强則秦弱，楚弱則秦强，此其勢不兩立！故爲大王計，莫如從親以孤秦〔九〕。大王不從親，秦必起兩軍，一軍出武關，一軍下黔中，若此，則鄢郢動矣〔一〇〕！臣聞治之其未亂，爲之其未有也，患至而後憂之，則無及已！故願大王之早計之〔一一〕！大王誠能聽臣，臣請令山東之國，奉四時之獻，以承大王之明制〔一二〕；委社稷宗廟，練士厲兵，在大王之所用之〔一三〕。大王誠能聽臣之愚計，則韓、魏、齊、燕、趙、衛之妙音美人，必充後宮矣〔一四〕；趙代良馬橐他，必實於外廐〔一五〕；故從合則楚王，横成則秦帝。今釋霸王之業，而有事人之名，臣竊爲大王不取也〔一六〕！夫秦，虎狼之國也，有吞天下之心。秦，天下之仇讎也，横人皆欲割諸侯之地以事秦，此所謂養仇而奉讎者也。夫爲人臣而割其主之地，以外交强虎狼之秦，以侵天下，卒有秦患，不顧其禍。夫外挾强秦之威，以内劫其主，以求割地，大逆不忠，無過此者！故從親，則諸侯割地以事楚；横合，則楚割地以事秦；此兩策者，相去遠矣！有億兆之數〔一七〕！兩者大王何居焉？故弊邑趙王，使臣効愚計，奉明約，在大王命之〔一八〕！』楚王曰：『寡人之國，西與秦接境，秦有舉巴蜀並漢中之心，秦虎狼之國，不可親也；而韓、魏迫於秦患，不可與深謀，與深謀，恐反人以入於秦，故謀未發而國已危矣〔一九〕。寡人自料，以楚當秦，未見勝焉；内與群臣謀，不足恃也；寡人卧不安席，食不甘味，心摇摇然如懸旌而無所終薄〔二〇〕；今主君欲一天下，安諸侯，存危國，寡人謹奉社稷以從〔二一〕。』

〔一〕鮑彪曰：此在連激儀入秦後，當爲（楚威）七或八年。　吳師道曰：大事在威七年。　祖耿案：此章見史記蘇秦列傳。司馬貞曰：威王名商，宣王之子。　顧觀光隸此於顯王三十六年。

〔二〕鮑彪曰：屬南郡。　吳師道曰：徐廣云：黔中，今武陵；巫郡，南郡之西界。　張守節曰：今朗州，楚黔中郡，其故城在辰州西二十里，皆盤瓠後也。巫郡，夔州巫山縣是。　程恩澤曰：案漢志：南郡有巫縣。水經注：秦省郡立縣，以隸南郡，蓋即楚巫郡也。地據巫山之險，因以爲名。正義：楚自梁州漢中郡，南有巴、渝，過江南，有黔中、巫郡。括地志：巫郡在夔州東百里。通典：夔州巫山縣，楚置巫郡於此。又曰：今歸州巴東縣。地理通釋：故城在今巫山縣北（本後漢書注），今在巫山縣東，而湖北宜昌府之巴東，施南府之恩施、建始三縣，皆其地也。黔中見秦。　顧觀光曰：巫郡以巫山得名，史記集解引徐廣曰：巫郡，南郡之西界（今巫山、巴東、建始三縣及施州衛地）。水經注云：江水又東逕巫縣故城南，縣，故楚之巫郡也。秦省郡立縣，以隸南郡。江水又東，巫溪水注之，又東逕巫峽，杜宇所鑿，以通江水也。　郭仲産云：地理志：巫山在縣西南，而今縣東有巫山，將郡縣居治無恒故也。

〔三〕鮑彪曰：車胤云：夏口城上有洲，曰夏州。海陽，海之南耳，非遼西郡也。　吳師道曰：左傳：楚莊伐陳，鄉取一人焉以歸，謂之夏州，即此。正義云：夏水口在荆州江陵縣。一本標盧藏用注後語云：屈原離騷「過夏口而西浮」，蓋是山也。又曰：盧藏用云：海陽在廣陵東，今揚州海陵縣。劉氏云：楚之東境。　張琦曰：漢志：南郡華容下云：夏水首受江，東入沔。水經云：夏水出江津，於江陵縣東南過華容縣南，又東至江夏雲杜縣，入於沔。正義：蓋指首受江處，故曰在江陵。策所云夏口，則指入沔處，應在雲杜也。雲杜故城在今天門縣西北，今夏水又謂之長夏河，自荆州府流經監利、沔陽州，又東合漢入江，故沔口又謂之夏口。　程恩澤曰：案注謂此即左傳夏州甚是，惟謂在荆州江陵縣，則誤甚。蓋漢水自今江陵縣至今漢陽縣，通謂之夏，其中有可居者曰州。盛宏之曰：夏州，首尾長七百餘里。孔穎達曰：大江中洲是也。其在江陵者，謂之夏水口，乃夏水之首，江之汜也。亦名夏首（又名豫章口）。離騷所云「過夏口而西浮」也。在漢陽者，謂之睹口（亦名魯口，又名沔口，今曰漢口），乃夏水之尾，江之沱也。亦名夏浦。離騷所云「背夏浦而西思」也。策云：「東有夏州」，其地在楚東境，當指漢陽言。闞駰曰：夏口城上有洲名夏洲（此十三州志文，見水經注。鮑以爲車胤，亦非。胤說云：夏口城北數里有洲，名夏州。），即沔水入江處。沈約曰：夏口在荆江之中，正對沔口。李吉甫曰：鄂州，春秋時謂之夏汭。（俞氏正燮曰：左傳夏汭，當在今壽州。漢書地理志：城父縣夏肥水東南至下蔡入淮，今在下蔡西南十里，正夏肥水之汭也。其地與棘（在今亳州）、櫟（在今新蔡）、麻（在今碭山）相近，亦與下文城鍾離、城州來、城巢不遠，非漢水之夏汭也。說本施彥士。）漢爲沙羨東境，後漢末謂之夏口，即今漢口也（張氏琦曰：今夏水又謂之長夏河）。　又案：周書王會解有海陽大蟹。注云：海水之陽。史記高祖功臣侯表有海陽。索隱曰：海陽亦南越縣地。劉伯莊云：楚并吳越地，東至海，海陽蓋楚之東南境。路史：漢之揭揚，亡餘所封（水經注以爲在遼西，非是）。今潮之海陽縣。地理通釋：楚威王六年，敗越，盡取吳故地，至浙江。左傳：「楚奄征南海。」則自春秋以來，楚已跨及蠻越矣。若僅以今揚州府泰州（漢海陵縣）當之，似不足以盡其疆域，惟於「東」字差合耳。　顧觀光曰：蘇秦說楚曰：「東有夏州」，史記集解引左傳：「楚莊王伐陳，鄉取一人焉以歸，謂之夏州。」又引車胤撰桓温集云：「夏口城上數里有洲，名夏州。」正義曰：「大江中州也。夏水口在荆州江陵縣東南二十五里。」楚策莊辛曰：「君王右夏侯」，蓋以封邑得名。　祖耿案：史記注：裴駰曰：「徐廣曰：『楚考烈王元年，秦取夏州。』」駰案：左傳：「楚莊王伐陳，鄉取一人焉以歸，謂之夏州。」而注者不說夏州所在。車胤撰桓温集云：「夏口城上數里有洲，名夏州。」「東有夏州」謂此也。司馬貞曰：裴駰據左氏及車胤說夏州，其文甚明。而劉伯莊以爲夏州侯之本國，亦未爲得也。又曰：按地理志無海陽。劉氏云：「楚之東境。」張守節曰：夏州，大江中州也。夏水口在荆州江陵縣東南二十五里。

〔四〕鮑彪曰：蒼梧，交州郡。　吳師道曰：洞庭在今巴陵。正義云：蒼梧山在道州南。按乃楚、粤窮邊處，交州蒼梧則粤地也。　程恩澤曰：案山海經：洞庭乃沅、澧之交，瀟、湘之淵，夏秋水漲，方九百里。水經注：湖水廣員五百餘里，日月若出没於其中。湖中有君山（君山有石穴，潛通吳之包山，郭景純所謂巴陵地道者也），编山，相次去數十里，迴峙相望，孤影若浮。巴陵舊志：洞庭南連青草，西吞赤沙，横亘七八百里，因名三湖（又名五湖，亦曰重湖）。每歲當六七月間，岷、峨雪消，水暴漲，自荆江逆入洞庭，清流爲之改色。正義：洞庭湖在岳州巴陵縣西南一里，今同。（瀕湖之縣，巴陵居其東，華容、安鄉居其北，龍陽居其西，沅江居其南，湘陰居其東南。）　又案：山海經：蒼梧之邱，蒼梧之淵，其中有九疑山（注云：其山九峯相似，故名）。淮南子注：舜葬九疑，在蒼梧馮乘縣東北，零陵之南千里。（按漢馮乘縣爲今江華縣，在道州南七十里即是，零陵不足千里。或曰：今廣西富川縣、賀縣，皆古馮乘地。然亦僅在零陵南三五百里耳。）文穎曰：九疑山半在蒼梧，半在零陵。胡三省曰：太史公謂舜南狩崩於蒼梧之野，歸葬於江南九疑山，在今道州零陵界。則蒼梧、九疑兩處也，合而言之者誤也。據此則九疑或在零陵，而蒼梧在其南，自當即指漢蒼梧郡言。蓋漢蒼梧郡，爲今廣西梧州、平樂、廣東肇慶三府及湖南永州府之永明、江華二縣。（張琦曰：古蒼梧，漢零陵郡也，今永州府至廣西全州地。）是時楚地跨有蠻粤，未必不至於此，正無庸信吳而屈鮑也。顧觀光曰：蘇秦説楚曰：「南有蒼梧。」屈原湘夫人賦云：「九嶷繽兮並迎，靈之來兮如雲。」依山海經注，則蒼梧即九嶷也。漢志：零陵郡營道，九疑山在南（在今永州府甯遠縣南六十里）。湘中記云：九山相似，行者疑惑，故曰九疑。祖耿案：史記注：司馬貞曰：洞庭今之青草湖是也，在岳州界也。蒼梧地名。地理志有蒼梧郡。張守節曰：蒼梧山在道州南。

〔五〕姚注：陘，錢、劉作陘，集作陸。鮑彪曰：陘，召陵陘亭。徐注：郇陽今順陽，屬汝南。吳師道曰：陘見秦策。汾陘，乃韓地。此句有誤，四字連郇陽讀，亦不順。史作陘塞，是。大事記亦謂：即陘山也。又曰：正義云，順陽故城在鄧州穰縣西。索隱云：郇音荀，郇陽當汝南潁川之界。當是新陽，聲近字變爾。汝南有新陽縣，在新水之陽。徐説蓋疎。黄丕烈曰：吳氏補曰：陘見秦策云云。丕烈案：徐廣云：一本「北有汾陘之塞」也。張琦曰：王伯厚曰：左傳：「楚子庚治兵於汾。」注云：襄城縣東北有汾邱城。按：據此則吳氏説非，襄城即今縣。又王伯厚曰：地理志：漢中有旬陽縣。今金州之洵陽。郇、旬、洵古字通也。徐廣曰順陽，索隱曰新陽，皆非。按今興安府，故金州也。洵陽縣東旬水上有關，或即楚郇陽。程恩澤曰：案左傳：「子庚治兵於汾。」杜注：襄城東北有汾邱城（或曰成十六年，楚師還及瑕，即此）。此即汾陘之汾也。郡國志：襄城縣有汾邱。水經注：潁水自潁陰又東歷罡邱城南，故汾邱成也。蓋陘山在今郾城縣，汾邱在今襄城縣，俱屬許州（地理通釋謂在汝、鄭二州，尚混）。陘山在東北，汾邱在西南，相距不過百里，當其間者，即所謂汾陘之塞也。吳以汾陘爲韓地，蓋以韓世家有「秦拔我陘城汾旁」之文，故疑之耳。不知彼自爲韓地（史記之陘城汾旁，即左傳之陘庭汾隰，蓋城在汾水之旁也。顧炎武曰：在今翼城縣東南七十五里），此自爲楚地，各不相涉也。郇陽，鮑、吳二説皆非（正義又云：順陽即堵陽，尤誤）。地理志：漢中郡旬陽縣（後漢省）北山，旬水所出，南入沔東，有旬關。師古曰：漢中旬水上之關也（丁度云：洵水在晉陽，非是）。寰宇記：郇陽，金州縣。輿地廣記：金州郇陽縣即楚郇陽也。楚世家：「秦復與楚上庸。」正義云：今房州竹山縣及金州是。又云：「割上庸、漢北地予秦。」正義云：割金、房、均三州及漢水以北，則其地本相接也。通雅：郇陽在鄖、漢之間。酈商攻旬關。正義曰：在金州（據此，則正義蓋並存衆說），今漢中興安州，魏之金州也。洪亮吉曰：今爲陝西興安府洵陽縣（郇旬洵三字並通）。又商州鎮安縣，亦其地。

顧觀光曰：史記：威王十一年卒，魏聞楚喪，伐楚，敗我陘山（依魏世家及表）。正義引括地志云：陘山在鄭州新鄭縣西南三十里，今新鄭屬許州府，而郾城縣東南，亦有陘山，蓋此山緜亘甚遠，楚、韓皆恃爲險要。故蘇秦説楚曰：「北有陘塞」，説韓曰：「南有陘山」。在楚爲北塞者，在韓爲南塞也。徐廣曰：陘，山絕之名。楚策：蘇秦説楚曰：「北有汾陘之塞」，與史不同。吳注謂當從史。然考左傳：「楚子庚治兵於汾」。注云：襄城東北有汾邱城。今襄城屬汝州，與新鄭陘山，俱爲南北隘道，是策文未必誤也。史記范雎傳：秦昭王四十三年，攻韓汾陘，拔之。則謂汾水旁之陘城，距此絕遠。　又曰：蘇秦説楚曰：「北有郇陽」。索隱曰：郇陽在汝南、潁川之界，當是新陽聲近字變耳！汝南有新陽縣，應劭曰：「在新水之陽」。按水經云：潁水東過南頓縣北，又過新陽縣北。南頓今項城縣，則新陽當在其東，爲今潁州府太和縣南境。諸家皆以信陽州當之，非是。金正煒曰：按此文，疑本作：「北有汾隘之塞」，郇陽當爲鄳陽，蓋舊注誤併入文也。呂覽有始篇：何謂九塞？大汾、冥、阸、荆、阮、方城。注：大汾未聞，冥、阸、荆、阮、方城皆在楚（淮南墬形篇注：大汾在晉，是時或入於楚，又或即大隧）。燕策作鄳隘。陘、隘字形相似，因以致誤。史記蘇秦傳：殘均陵，塞鄳阸。徐廣曰：江夏鄳縣，故知郇當爲鄳，亦字之譌。

祖耿案：此句史記作：「北有陘塞、郇陽。」裴駰曰：徐廣曰：「春秋曰：「遂伐楚，次於陘。」楚威王十一年，魏敗楚陘山。析縣有鈞水，或者郇陽今之順陽乎？一本「北有汾、陘之塞」也。」司馬貞曰：陘山在楚北境，威王十一年，魏敗楚陘山是也。郇音荀，北有郇陽，其地當在汝南潁川之界。檢地理志及太康地記，北境並無郇邑。郇邑在河東，晉地。計郇陽當是新陽，聲相近字變耳。汝南有新陽縣，應劭云：「在新水之陽」，猶郇邑變爲栒，亦當然也。徐氏云：「郇陽當是慎陽」，蓋其疏也。張守節曰：陘山州在鄭新鄭縣西南三十里。順陽故城在鄭州穰縣西百四十里。祖耿又案：初學記七引作：「楚有汾陘之塞。」御覽一三〇引春秋後語作：「北有汾陰，地方五千里。」均無郇陽字。

〔六〕祖耿案：史記「千」下有「餘」字。

〔七〕黄丕烈曰：與，鮑本無。吳補：一本「與大王」。丕烈案：史記有。祖耿案：史記無「大」字。

〔八〕鮑彪曰：章臺，秦臺，在咸陽，見楚記。黄丕烈曰：鮑改「南」爲「西」。丕烈案：史記作西。程恩澤曰：按秦本紀：楚懷王西至咸陽，朝章臺，如藩臣禮。孟康曰：章臺在長安中。三輔黄圖：章臺宮在漢長安故城西，秦宮也，中有章臺，因名。孔氏曰：臺在渭南（按秦都渭北，而當時朝章臺稱咸陽者，通長安而言也）。此舊説所本也。但既云西面事秦，又云南面朝章臺，殊參差不合，史遷知其難通，故於下句亦改作西面（見蘇秦列傳）。竊疑策文「不」字蓋衍（或有誤），言楚既西面事秦，則諸侯無南面事楚者，所謂秦强則楚弱也。夢溪筆談：亳州城父縣（南九里，見郡國志、元和志）、陳州商水縣（西北三里，見方輿紀要）、荆州江陵（東南十五里沙市，亦見方輿紀要）、長林（無考）監利縣（見杜注，晉爲華容縣），俱有章華臺（魏書地形志：汝陽郡汝陽縣注云：亦有章華臺）。此當主江陵，志云：故楚離宮也。渚宮舊事：靈王所築，臺形三角，亦曰豫章臺，今爲章臺寺。）俞理初曰：靈王所築，當在乾谿，今亳州也。按左傳：楚子爲章華之臺，在死於乾谿之前，當仍以在江陵爲是。）顧觀光曰：史記蘇秦傳：説楚威王曰：「今乃欲西面而事秦，則諸侯莫不西面而朝于章臺之下矣。」又樗里子傳云：「葬於渭南章臺之東」，則章臺在渭南。又曰：襄宇記十引春秋後語云：「楚襄王二十年，爲秦將白起所逼，北保於陳，更築章華臺。元和志：亳州城父縣，春秋時陳國之夷邑，章華臺在縣南九里。　金正煒曰：按莫字，疑當作其。釋詞：其，猶將也。漢書文帝紀：「宗室將相王列侯，以爲其宜寡人」，史記作「莫宜」，可爲此證。章臺，章華之臺也。左氏昭七年傳：「楚子爲章臺之宮，納亡人以實之。」又云：「楚子成章華之臺，願與諸侯落之。」注：章臺，南郡華容縣。　湯炳正曰：案章臺乃秦宮名，在今陝西長安縣故城西南隅。史記作「莫不西面而朝於章臺之下矣！」則指秦言也。或謂：章臺爲戰國時宮室之通稱，故楚亦有之。

〔九〕原作「故爲王至計」。黃丕烈曰：「王至」，鮑本作「大王」。丕烈案：史記作「大王」。　金正煒曰：「至」即王字誤衍。鮑本作「故爲大王計」，與史文同。

〔一〇〕裴駰曰：鄢郢，今南郡宜城。　張守節曰：鄢鄉故城在襄州率道縣南九里。安郢城在荊州江陵縣東北六里。秦兵出武關，則臨鄢矣；兵下黔中，則臨郢矣。　張琦曰：按黔中疑當作漢中，時秦未舉巴、蜀，無緣至辰、沅也。

〔一一〕黃丕烈曰：已，鮑本作矣。丕烈案：史記作已。

〔一二〕姚注：承，亦作奉。　祖耿案：制，史記作詔。

〔一三〕鮑彪曰：委社稷宗廟，言諸侯輕去其國以從楚。　吳師道曰：委置其宗廟社稷，以託於楚。　祖耿案：史記「宗」上有奉字。

〔一四〕黃丕烈曰：衛，鮑本無。丕烈案：史記有。

〔一五〕姚注：趙，一作燕。鮑彪曰：橐駝，匈奴奇畜。　黃丕烈曰：他，鮑本作馳，丕烈案：史記作馳。金正煒曰：按説文：佗，負何也。漢書趙充國傳：「以一馬自佗負三十日食。」注：凡以畜產載負物者，皆爲佗。史記匈奴傳：「其奇畜，則槖駝、驢騾。」索隱：本作槖他。注：他或作駝。又漢書司馬相如傳：「騊駼槖駞。」注：槖駞者，言其可負槖囊而馱物，故以名云。他、駞本通，不煩改字。

〔一六〕黄丕烈曰：臣，鮑本無，丕烈案：史記有。

〔一七〕祖耿案：史記無此五字。

〔一八〕鮑彪曰：趙王，肅侯。　祖耿案：命，史作詔。

〔一九〕原無下「與深謀」三字。姚注：史記、集、劉「謀」下更有「與深謀」三字，曾無。　黄丕烈曰：「與深謀」三字，鮑本復有。丕烈案：史記復有。

〔二〇〕原無「然」字。鮑彪曰：旌，析羽注竿首，以精進士卒。薄，泊同。　祖耿案：御覽三四〇引、三七六引史記有「然」字。文選張景陽雜詩注引同。薄作泊。

〔二一〕原無「主」字。姚注：曾作「今主君」。　鮑彪曰：傳有，在説五國後。彪謂：五國之聽蘇子也，革面而已，非能深究横從之利害也。唯威王雅有難秦之心，念之熟矣，異夫患諸國之不可合，徒稱從命者也。吴師道曰：大事記取。　祖耿案：安，史記作收。「以從」句下，史記復有「於是六國從合而并力焉。蘇秦爲從約長，并相六國」。二十字作結。

十八

張儀爲秦破從連横，説楚王曰〔一〕：「秦地半天下，兵敵四國〔二〕，被山帶河，四塞以爲固〔三〕，虎賁之士百餘萬〔四〕，車千乘，騎萬疋，粟如丘山，法令既明，士卒安難樂死〔五〕，主嚴以明，將知以武，雖無出兵甲，席卷常山之險，折天下之脊，天下後服者先亡〔六〕！ 且夫爲從者無以異於驅群羊而攻猛虎也！ 夫虎之與羊，不格明矣〔七〕！ 今大王不與猛虎，而與群羊，竊以爲大王之計過矣！ 凡天下强國，非秦而楚，非楚而秦，兩國敵侔交争，其勢不兩立〔八〕，而大王不與秦，秦下甲兵，據宜陽，韓之上地不通〔九〕；下河東，取成皋，韓必入臣於秦；韓入臣，魏則從風而動〔一〇〕；秦攻楚之西，韓、魏攻其北，社稷豈得無危哉〔一一〕？ 且夫約從者聚群弱而攻至强也〔一二〕！ 夫以弱攻强，不料敵而輕戰，國貧而驟舉兵，此危亡之術也〔一三〕！ 臣聞之，「兵不如者，勿與挑戰；粟不如者，勿與持久〔一四〕」；夫從人者，飾辯曼辭，高主之節行，言其利而不言其害，卒有秦禍，無及爲已〔一五〕！ 是故，願大王之熟計之也！ 秦西有巴、蜀，方船積粟，起於汶山，循江而下，至郢三千餘里〔一六〕，舫船載卒，一舫載五十人與三月之糧，下水而浮，一日行三百餘里〔一七〕，里數雖多，不費汗馬之勞，不至十日，而距扞關〔一八〕，關扞驚，則從竟陵已東盡城守矣〔一九〕！ 黔中巫郡，非王之有已。秦舉甲出之武關，南面而攻，則北地絶〔二〇〕。秦兵之攻楚也，危難在三月之内，而楚恃諸侯之救，在半歲之外，此其勢不相及也〔二一〕。夫恃弱國之救，而忘强秦之禍，此臣之所以爲大王之患也〔二二〕！且大王嘗與吴人五戰三勝而亡之，陳卒盡矣！有偏守新城，而居民苦矣〔二三〕！臣聞之，「攻大者易危，而民弊者怨於上」，夫守易危之功，而逆强秦之心，臣竊爲大王危之！且夫秦之所以不出甲於函谷關十五年以攻諸侯者，陰謀有吞天下之心也〔二四〕。楚嘗與秦構難，戰於漢中，楚人不勝，通侯執珪死者七十餘人，遂亡漢中〔二五〕，楚王大怒，興師襲秦，戰於藍田，又郤〔二六〕。此所謂兩虎相據者也〔二七〕。夫秦、楚相弊，而韓、魏以全制其後，計無危於此者矣〔二八〕！是故願大王熟計之也！秦下兵攻衛，陽晉必開，扃天下之匈，大王悉起兵以攻宋，不至數月而宋可舉〔二九〕，舉宋而東指，則泗上十二諸侯，盡王之有已〔三〇〕。凡天下所信約從親堅者〔三一〕，蘇秦封爲武安君而相燕，即陰與燕王謀破齊，共分其地，乃佯有罪，出走入齊〔三二〕，齊王因受而相之，居二年而覺，齊王大怒，車裂蘇秦於市〔三三〕。夫以一詐僞反覆之蘇秦，而欲經營天下，混一諸侯，其不可成也亦明矣！今秦之與楚也，接境壤界，固形親之國也〔三四〕。大王誠能聽臣，臣請秦太子入質於楚，楚太子入質於秦，請以秦女爲大王箕箒之妾，効萬家之都，以爲湯沐之邑；長爲昆弟之國，終身無相攻擊〔三五〕；臣以爲計無便於此者〔三六〕！故敝邑秦王使使臣獻書大王之從車下風，須以決事〔三七〕。』楚王曰：『楚國僻陋，託東海之上〔三八〕，寡人年幼，不習國家之長計，今上客幸教以明制，寡人聞之，敬以國從〔三九〕。』乃遣車百乘，獻駭雞之犀、夜光之璧於秦王〔四〇〕。

〔一〕鮑彪曰：在鄭袖出儀後。　祖耿案：此章見史記張儀列傳，事在蘇秦死後，時張儀在楚。傳云：『張儀既出，未去，聞蘇秦死，乃説楚王曰：云云。』注：司馬貞曰：按此時當秦王之後元十四年。顧觀光隸此於赧王四年。

〔二〕鮑彪曰：四國，四方之國。

〔三〕鮑彪曰：被，寢衣也，喻其亘延。　黄丕烈曰：『四塞』二字鮑本無。吴補：姚及別本有『四塞』字，史同，此脱。張琦曰：被山帶河，山謂終南、太華，河即龍門河也。自積石至榆林，是時皆未入秦。　程恩澤曰：劉伯莊曰：『山謂華山。』恩澤案：山海經：太華之山削成而四方，其高五千仞，其廣十里。周禮：豫州鎮曰華山。爾雅：河南華。又云：華山爲西岳。淮南子：天下九山，太華其一。地理志：京兆尹華陰，太華山在南。郡國志：宏農郡華陰，故屬京兆，有太華山。注：晉地道記：山在縣西南。白虎通：西方華，少陰用事，萬物生華。故曰：華山。述征記：華山從麓至頂，升降紆迴，凡三十三里，其方七里，有靈泉二所。水經注：華山遠望之若華狀。寰宇記：華岳有三峰（芙蓉、明星、玉女），直上數千仞，基高而峰峻，叠秀迄於嶺表，一名惇物（按漢志：惇物是垂山，非華山，疑因形近而誤）。九域志：華山四州之際：東北冀，東南豫，西南梁，西北雍。十字分之，四隅爲四州。在今陝西同州府華陰縣南十里。然秦山甚多，不止一華。高誘解『四塞』

云，四面有關山之固。則不專指華明矣。水經注：河出積石山（在今西寧州），東南流經北屈故城，風山西有孟門山，即龍門之上口，實爲黄河巨阸。又南出龍門口，南逕梁山原，東又逕郃陽城東，又南歷船司空，渭水入焉，又南流至潼關。自潼關東北流，又東經閿鄉，又東逕湖縣故城北，又東逕陝縣北，又東過砥柱間。以今地考之，歷經陝西之府谷、神木、葭州、吴堡、綏德、清澗、延川、延長、宜川、韓城、郃陽、朝邑、華陰，出潼關廳，又逕河南之閿鄉、靈寶、陝州諸州縣，皆秦地也。　祖耿案：山，史記作險。

〔四〕鮑彪曰：漢官儀：虎賁戴鶡冠，屬中郎將。　吴師道曰：牧誓注：若虎賁獸。言其猛也。周禮有「虎賁氏」，非始漢。

〔五〕鮑彪曰：死難，兵革之事。

〔六〕鮑彪曰：席卷，言收取之如卷席之易，無遺也。恒山屬趙之元氏，此作「常」，劉向避文帝諱也。　吴師道曰：正義云：常山在鎮州西。史記已作常，漢時傳寫所改。　張琦曰：常山在今定州曲陽縣西北百四十里，與太行相連，故曰折天下之脊。然是時趙武靈王全盛之時，儀爲此言，所謂務以秦權恐喝者也。程恩澤曰：案爾雅：恒山爲北嶽。管子：恒山北臨代，南俯趙，東接河、海之間，早生而晚殺，五穀之所蕃熟。地理志：恒山在常山郡上曲陽縣西北。風俗通：恒，常也。萬物伏北方有常，亦謂之常山。白虎通：陰終陽始，其道常久，故曰常山。地道記：恒山在上曲陽縣西北百四十里，北行四百五十里得恒山岌，號飛狐口，北則代郡也。名山記：恒山高三千九百丈七尺，上方三十里。索隱：常山於天下在北，若人背脊。元和志：恒山，常水所出，故曰常山。或云避漢文帝諱（此張晏説），非是。夢溪筆談：北岳謂之大茂山（胡渭曰：大茂山乃恒山之脊，俗名神尖，在今阜平縣東北七十里，接曲陽界）。今在直隸定州曲陽縣西北百四十里（舊注謂在元氏，又云在鎮州西，俱誤），亘保定府西境及山西大同府東境，故又在渾源州南二十里

〈水經注：崞縣南面元嶽，即此〉。顧觀光曰：蘇秦說趙曰：「西有常山。」燕策：張儀說燕，燕獻常山之尾五城。是常山乃趙地之近燕者也。張儀說楚曰：「席卷常山之險，必折天下之脊。」索隱曰：常山於天下在北，若人背脊。　金正煒曰：按禮記少儀：「雖請退可也。」疏：雖，假令也。漢書貨殖傳注：孟康曰：無，發聲助也。墨子尚賢中篇：「古者聖王唯毋得賢人而使之，般爵以貴之，裂地以封之，終身不厭；賢人唯毋得明君而事之，竭四肢之力以任君之事，終身不倦。」王念孫曰：毋，語詞耳，本無意義。唯毋得賢人而使之者，唯得賢人而使之也。此言假令秦出兵甲，則席卷常山之險，折天下之脊，天下後服者必且先亡。王氏釋詞云：「惟，亦作雖。」引此策文謂：秦惟無出兵，出兵則天下不能當也。王氏嘗譏注家增文成義，是亦自蹈其失矣！　管墨書「唯無」，皆當作「雖無」，與此文同。王說惟字無義。　祖耿案：史記「甲」上無兵字。「折」上有必字，「下」下有有字。

〔七〕鮑彪曰：格，猶敵。

〔八〕鮑彪曰：侔，齊等也。　金正煒曰：而，猶則也。韓策：「五穀所生，非麥而豆」，與此文同。　祖耿案：史記「國」下無「敵侔」二字。

〔九〕鮑彪曰：上地，上流之地。　吳師道曰：後語作「上黨地」。　黃丕烈曰：吳氏補曰：後語作上黨地。丕烈案：史記作上地。　程恩澤曰：案以上地爲上黨地，是也。荀子曰：「韓之上地，方數百里，而趨趙，趙不能凝也，故秦奪之。」即指此事。　金正煒曰：「而」讀爲若，見周禮旅師注。　祖耿案：史記：「大王」上無而字，「甲」下無兵字。

〔一〇〕姚注：「入臣」，錢作「臣秦」。　程恩澤曰：案韓初都平陽，本漢河東郡地。此云：「下河東，取成皋」，似不指此。蓋自秦言之，則潼關以東，皆河東也。殆由蒲津渡河而東，據其要害耳。　金正煒曰：廣雅：則，即也。　祖耿案：史記魏作梁，上無「於秦，韓入臣」五字。

〔一一〕祖耿案：史記：魏作梁，豈作安，無哉字。

〔一二〕祖耿案：史記無約字，無也字。

〔一三〕祖耿案：史記「不」上無「夫以弱攻强」五字，驟作數，「危」上無此字。

〔一四〕鮑彪曰：持，相持。

〔一五〕曼，原作虛；秦原作楚。姚注：曾一作秦。　鮑彪曰：飾，緣飾非實也。楚禍，秦伐楚之禍。史作秦禍，意同。　王念孫曰：「虛辭」，本作「曼辭」，後人據史記張儀傳改之耳。文選報任少卿書：「今雖欲雕琢曼辭以自飾」。李善注：如淳曰：曼，美也。戰國策蘇秦曰（當作張儀）：「夫從人飾辯曼辭」，曼音萬。據此，則策文本作「曼辭」，與史記異也。　祖耿案：史記「人」下無者字，「節」下無行字。

〔一六〕鮑彪曰：汶，居貧切。汶山屬蜀都湔氐道，即岷山。故唐志茂州汶山注有岷山。　張琦曰：汶山即岷山，在今茂州西北五百里。　程恩澤曰：案胡渭曰：古今言岷山者凡四處。一在今四川松潘衞（今改廳，王念孫曰：西北二百二十里）。地理志：岷山在湔氐道西徼外，江水所出（說文同）。蜀志秦宓曰：蜀有汶阜之山，江出其腹。華陽國志：岷山，一名沃焦山，其跗曰羊膊皆是也。一在茂州（顧祖禹曰：西北五百里）。元和志：汶山縣有汶山，即岷山，去青城山百里。輿地廣記：岷山在汶山縣西北，俗謂之鐵豹嶺是也。一在灌縣（志云：北三十里）。杜光庭成都記：岷山連峰接岫，千里不絕，灌縣青城山，乃其第一峰是也。一在今陝西岷州衞（今改州，屬甘肅鞏昌府。李吉甫曰：南一里）。括地志：岷山在岷州溢洛（錢大昕曰：當作樂）縣南，連緜至蜀，幾二千里，皆名岷山是也。大抵岷山北起於溢樂，而南迄於青城，或專指松潘，亦非篤論。然大江所出，則必直氐道西徼外者也。洪亮吉曰：今灌縣西北有天彭闕，常璩云即汶山，本出附會。明一統志又以彭縣之彭門山爲天彭闕（按水經注：氐道縣有天彭山，兩山相對，其形如闕，謂之天彭門，亦曰天彭闕。江水自此已上至微，所謂發源濫觴者也。氐道即湔氐道，此又在灌縣西北六百餘里，則天彭闕有三），則汶山更有五矣！以今考之，大江所導自在松潘，而策文所云：蜀地之甲，浮汶而下，正當在成都一帶耳。（蔣廷錫曰：岷山跨雍、梁二州，茂州之雪嶺，灌縣之青城，皆其支阜也。）禹貢：「岷山導江，東別爲沱。」水經注：「江水自天彭闕東逕汶關，歷氐道縣北，僅可濫觴。南下至北部始百餘步，又西南至溼坂稍大，又東逕成都縣東南流，逕魚腹縣故城（今四川夔州府，楚江關在此），又東出江關，入南郡界（今湖北省）。又東逕宜昌縣之流頭灘（今湖北宜昌府，楚扞關在此）。以今地考之，蓋自松潘廳徼外流入，經茂州保縣、灌縣（沱水出此）、温江、新津、眉州、樂山、犍爲、南溪、江安、納溪、瀘州，與沱水合，又東逕合江、江津、巴縣、長壽、涪州、酆都、忠州、萬縣、雲陽、奉節、巫山諸州縣，入湖北界，皆蜀地也。策云：「自汶山至郢三千（三千當作五千）餘里，日行三百餘里，不至十日，而距扞關。」燕策又云：「蜀地之甲，輕舟浮于汶，乘夏水下江，五日而至郢。」郢在扞關之東。至轉疾者，彼以夏日言，此以平日言也。袁山松曰：自蜀至宜昌五千餘里，下水五日，上水百日。正與此合。顧觀光曰：汶山即岷山也。漢志：「蜀郡湔氐道：嶓山在西徼外，江水所出（在今四川松潘衛西北）。」祖耿案：史記方作大，循作浮，而作已，郢作楚。注張守節曰：汶音泯。又案：史記酈生陸賈傳索隱引作：「方船積粟，循江而下。」

〔一七〕姚注：「舫船」，劉一作「方舡」。鮑彪曰：舫，平音，併舟也。吴師道曰：舫，甫望切。金正煒曰：按爾雅釋言：「舫，舟也。」注：竝兩船，或省作方。説文，方，併船也。漢書酈食其傳：「蜀漢之粟，方船而下。」師古曰：方，併也。其言即本此文。鮑注「併舟」，不誤。吴正非也。祖耿案：史記糧作食。注，司馬貞曰：枋船，枋音方。謂竝兩船也。亦音舫。

〔一八〕原作「馬汗」。鮑彪曰：距，本雞足，故訓至。楚記，晉伐楚，楚爲扞關以距之。儀傳注：巴郡魚復有扞水關。吴師道曰：徐廣云：魚復有捍水、捍關。史楚肅王四年，蜀伐楚，取茲方，於是楚作扞關拒之。黄丕烈曰：今本「馬汗」作「汗馬」。鮑本作「汗馬」。丕烈案：史記作「汗馬」。　張琦曰：古扞關在今宜昌府長陽縣南七十里，或曰：即夔州府東之瞿塘關。　程恩澤曰：案地理志：巴郡魚復縣有江關，郡國志作扞關。華陽國志：巴、楚相攻伐，故置江關、陽關。水經注：江水東出江關入南郡界，又自關東逕弱關、扞關。扞關，廩君（巴氏子務相號）浮夷水所置也（浮土舟於夷水，據扞關而王巴，事見世本）。弱關在建平秭歸界（今歸州）。昔巴、楚數相攻伐，藉險置關以相扞防。括地志：陽關今涪州永安縣（今長壽縣）治，陽關城也（今在巴縣）。扞關今硤州巴山縣界（今長陽縣），故扞關也。江關今夔州魚復縣（今奉節縣）南二十里，江州南岸，對白帝城是（後漢書公孫述傳注：江關舊在赤甲城後移於此。張堪傳注：赤甲城在魚服縣北）。合而考之，陽關最西，江關次之，弱關又次之，扞關最東，相去各一二百里（胡渭曰：大江出三峽，逕弱關江沱，出狠山，逕扞關，截然兩道）。在魚復者固江關，非扞關也。鹽鐵論險固章謂楚自巫山起方城（此庸之方城，見左傳）屬巫、黔中，設扞關以拒秦。説稍籠統。郡國志直改江關爲扞關，而後人宗之（地理通釋收輿地廣記一條，亦誤），遂無不謂扞關在魚復，其訛久矣。（後漢書：李熊説公孫述曰：東守巴郡，拒扞關之口。徐廣曰：巴郡魚服有扞水、扞關。法孝直云：魚服扞關，臨江據水，實益州禍福之門。皆誤以江關爲扞關。）　顧觀光曰：史記：「楚肅王四年，蜀伐楚，楚爲扞關以距之。」索隱引郡國志云：「巴郡魚復縣有扞關。」按魚復故城，在今奉節縣西十五里，則扞關當臨大江，故法孝直云：「魚復扞關，臨江據水，實益州禍福之門。」而史記張儀説楚王曰：「秦西有巴蜀，方船積粟，起於汶山，浮江以下，不至十日而距扞關。扞關驚，則從境以東盡城守矣。黔中、巫郡，非王之有！」此明謂扞關在巫郡上游也。若後漢書注：扞關故基，在峽州巴山縣者，西距魚復四百餘里（在今荆州府長陽縣），而胡氏渭混而一之，且謂大江逕弱關江沱，逕扞關，劃然兩道。張儀之言，謂舟師由夷水入楚（胡以夷水爲荆州之沱），不亦誤乎？儀言浮江，不言浮夷水也。　朱起鳳曰：不費馬汗之勞，史記張儀傳作：「不由牛馬之力」。案牛馬字，古本有作馬牛者。汗字從干，與牛字形近，因譌作汗。

〔一九〕黄丕烈曰：已，鮑本作以。丕烈案：史記作：「則從境以東。」　張琦曰：竟陵今沔陽州天門縣，古竟陵也。　程恩澤曰：案越世家：竟陵澤（今作「竟澤陵」，蓋誤），楚之材也。索隱：楚有七澤，竟陵其一。蓋亦財富之地。孫宗鑑曰：自蔡州南至信陽軍，始有山路，迤邐至安陸，可兩驛，至復州皆平地，南至大江，並無邱陵之阻。謂之竟陵者，陵自此而竟也。漢志：江夏郡有竟陵縣（二志並同，鮑注專屬後志，非是），本楚鄖公邑。（水經注云：竟陵，古鄖國也。）正義：故城在長壽縣南（通典、後漢書注並同，國策補正作東）百五十里。長壽今安陸府鍾祥縣。然云在縣南百五十里，則當在今天門縣西北（方輿紀要作西南，非是）七十里（天門在鍾祥東南二百二十里）。故輿地廣記謂：復州景陵縣（即今天門縣）即白起攻郢所至處。寰宇記謂：在長壽縣西四十步，似誤。（錢坫明知其誤，反云：據此則爲今天門縣，尤不可解。）　顧觀光曰：秦策：武安君伐鄢郢，焚其廟，東至竟陵。史記越世家：竟澤陵，楚之材也。索隱曰：「竟澤陵」當爲「竟陵澤」，楚有七澤，蓋其一也。漢志：竟陵屬江夏，即今天門縣地。

〔二〇〕鮑彪曰：北地，北竟之地，非幽州郡。　張守節曰：楚之北境斷絶。　張琦曰：信陽以北也。　程恩澤曰：案楚北竟之地，自汾陘以北，郇陽以南，皆是。　祖耿案：史記「出」下無之字，攻作伐。

〔二一〕金正煒曰：「恃」當從史，作「待」，此涉下文「恃弱國之救」而誤。　祖耿案：此與下兩恃字，史記並作待。

〔二二〕黄丕烈曰：上之字鮑本無，丕烈案：史記無。　祖耿案：史記並無兩之字。

〔二三〕姚注：陳，曾作陣。一本無「有」字。　鮑彪曰：五戰，史不書。陳，猶故。偏守新城，一偏之戍，繕築之城。　吳師道曰：陳，古陣字。姚云曾作陣。　金正煒曰：按「亡」當爲「王」，聲之誤也。古書陣作陳，説詳顏氏家訓書證篇，鮑釋陳爲故，非也。有與又通，一本無有字，亦非。　祖耿案：此數語史記作：「大王嘗與吳人戰，五戰而三勝，陣卒盡矣；偏守新城，存民苦矣。」注，司馬貞曰：偏，匹連反。此云「新城」，當在吳、楚之間。張守節曰：新攻得之城，未詳所在。

〔二四〕吳師道曰：攻大，即下「功」字。攻諸侯，自當作「攻」。不出甲函谷關十五年，此辯士誇詞，非實。史作「攻齊、趙」。按此前二年、五年、六年，皆有攻趙之事，而攻齊則無之。若云不攻齊，則猶可通也。「陰謀」，一本無「謀」字。　黄丕烈曰：按史記有「謀」字。　黄式三曰：蘇秦約從，逾年即解。越二年，秦遂伐魏。策士言秦兵不出函谷者十五年，誇語耳。近王白田集曲爲之解，不足信。復謂從約未解，益謬！祖耿案：史記，「闘」下無之字，「攻」作「功」，「怨」下無於字，「甲」作「兵」，「谷」下無關字，「諸侯」作「齊、趙」，「吞」作「合」，「心」下無也字。　又案：秦不出甲於函谷關十五年以攻諸侯，此策言之。又見趙策二：張儀説趙王曰：「秦兵不敢出函谷關十五年矣。」史記蘇秦傳：「趙封秦爲武安君，投從約書於秦，秦兵不敢窺函谷關十五年。」范雎傳亦有至今閉關十五年，不敢窺兵於山東之語。馬驌曰：秦本紀云：「惠文王七年，公子卬與魏戰，虜將龍賈」，僅次年事耳。傳云不窺函谷十五年，誇大之辭。

〔二五〕姚注：構，一本作角。　鮑彪曰：徹侯，漢諱武帝作「通」，此亦劉向所易也。　吳師道曰：説見前。金正煒曰：按呂覽異寶篇注：執珪，周禮：「侯執信圭」，言爵之爲侯也。知分篇注同。莊辛謂楚襄王章：乃以執圭而授之爲陽陵君，是執珪即侯，與此不合。如淳漢書注：執珪，古爵名，蓋猶執帛、執戟之等也。又應劭漢書高帝紀注云：舊曰徹侯，避武帝諱曰通侯，通亦徹也。通者言其功德，通於王室。此策或亦劉向校改，惟徹侯之稱，亦屬秦制。楚多縣公，疑本作公侯，公、通音近而譌耳。　祖耿案：通，史記作「列」。注司馬貞曰：漢中之地，在秦南山之南，楚之西北，漢水之北，名曰漢中。

〔二六〕鮑彪曰：秦惠十三年取漢中，又敗之藍田，此十七年。此處與上章所稱楚王，皆後人追書耳。　吳師道曰：諸本有「興師襲秦」四字，鮑本無，今依諸本增。　黃丕烈曰：案史記作：「興兵襲秦」。　祖耿案：史記無「又却」二字。

〔二七〕據，原作搏。王引之曰：太平御覽兵部引此，搏作據，據字是也。據，讀若戟，謂兩虎相搊持也。文選江淹雜體詩：「幽并逢虎據」，李善注引此策：「兩虎相據」，是其明證。　祖耿案：史記作「相搏」。下注裴駰引徐廣曰：或音戟。又御覽三一五引作：「蘇秦謂楚威王曰：王興師襲秦，此所謂兩虎相搏也。」（蘇秦當作張儀）

〔二八〕危，原作過。姚注：一本作危。

〔二九〕姚注：「陽晉必開」，一作「晉必大開」。曾，「大開」一作「關」。起兵之「兵」字，集無，三同。　鮑彪曰：上二邑，天下之中也，故喻之匈。秦下兵，二邑必拒之，則閉不通，故楚可以此時舉宋。　吳師道曰：姚云：開，一本作「關」，史同。按諸本多作「開」，或作「大開」，不若「關」義長。索隱云：以常山爲天下脊，則衛及陽晉當天下匈。其地是秦、晉、齊、楚之交道也，據之是關天下匈，他國不得動也。　黃丕烈曰：案史記作「必大關天下之匈。」徐廣曰：「關，一作開。」此當是策文作「必扃天下之匈。」開、關字，皆所記史記異文而誤入者。關、扃同義。　祖耿案：此句，史記作「秦下甲攻衛陽晉，必大關天下之匈」。裴駰曰：徐廣曰：關，一作開。司馬貞曰：攻衛陽晉，大關天下胸。

〔二〇〕司馬貞曰：邊近泗水之側，當戰國之時有十二諸侯，宋、魯、邾、莒之比也。　祖耿案：十二諸侯，説見秦策。

〔二一〕金正煒曰：堅，疑賢字之譌。言天下所信約從親之賢者，爲蘇秦。下乃極言其詐僞反覆，以明其非賢而不可信也。　祖耿案：所，史記作「而以」二字，「親」下「堅」上有「相」字。

〔二二〕黄丕烈曰：走，鮑本作奔。丕烈案：史記作走。　祖耿案：史記「封」下無「爲」字，「君」下無「而」字，「謀」下有「伐」字。佯作詳。

〔二三〕鮑彪曰：齊王，閔王。按史：秦事覺在其死後，儀以此明其以詐死耳。　吴師道曰：蘇秦爲客所刺，設計以取賊，故車裂而得賊。今儀言如此，蓋借事爲説，破從親也。

〔二四〕鮑彪曰：其勢當親。

〔二五〕鮑彪曰：帚，篲也。以洒掃之役自居。　吴師道曰：大事記，其説諸侯皆曰事秦，獨楚曰云云，以楚最强故爾。　祖耿案：擊，史記作伐。

〔二六〕姚注，史記此後有屈原諫止之辭。　黄丕烈曰：爲，鮑本作謂。丕烈案：史記作爲。　祖耿案：此下七十六字，史記無。史記此下有屈原諫阻，懷王不聽一段，末言，「故卒許張儀，與秦親。張儀去楚，因遂之韓，説韓王。」

〔二七〕鮑彪曰：秦王，惠王。書，國書，非此書。將迎之際，必有風焉，不敢當立，故言下風。　黄丕烈曰：「大王」二字，鮑本無。　金正煒曰：按魏策：「王因取其游之舟上繫之。」鮑注：之猶於也。則省「大王」二字，義亦自通。

〔二八〕程恩澤曰：案釋例，海自遼西、北平、漁洋、章武、渤海、樂陵、樂安、北海、東萊、城陽，東海、廣陵、吳郡、會稽十四郡之東界以東，今自海州以南，寧波以北，皆楚境也。所謂東海也。

〔三九〕鮑彪曰：年幼，言其爲從時。明制，秦王之制詔。

〔四〇〕「遣」下原有使字。「駭雞」原作「雞駭」。　鮑彪曰：抱朴子：通天犀中有一白理如線，置米其上以飼雞見之驚，却名駭雞犀。鄒陽言：魏文侯歸白圭夜光之璧。傳：在諸國之先。　吳師道曰：大事記：六國連衡，魏先聽儀說事秦。故楚赦儀之後，所說止五國。儀說楚王與秦和親，楚王既得張儀而重出黔中地，欲許之，屈平諫不聽，卒許儀。遂說韓、齊、趙、燕，皆聽儀。歸報未至，惠王薨，而約亦解。　王念孫曰：「遣使車百乘」，文不成義，當作「遣車百乘」。今本有「使」字者，因上文「使使臣獻書」，而誤衍也。藝文類聚寶部引此有使字，亦後人依誤本戰國策加之。其獸部引此無使字。又北堂書鈔攻術部、太平御覽人事部、珍寶部、獸部引此，俱無使字。「雞駭之犀」，當作「駭雞之犀」。

十九

張儀相秦，謂昭睢曰：『楚無鄢郢、漢中，有所更得乎〔一〕？』曰：『無有。』曰：『無昭過、陳軫，有所更得乎？』曰：『無所更得〔二〕。』張儀曰：『爲儀謂楚王逐昭過、陳軫，請復鄢郢、漢中〔三〕。』昭睢歸報楚王，楚王說之〔四〕。有人謂昭過曰：『甚矣！楚王不察於名者也〔五〕！韓求相工陳籍而周不聽，魏求相綦毋恢而周不聽，何以也〔六〕？周曰：「是列縣畜我也〔七〕。」今楚，萬乘之强國也；大王，天下之賢主也；

今儀曰：「逐君與陳軫」，而王聽之，是楚自待不如周，而儀重於韓、魏之王也〔八〕！且儀之所行，有功名者秦也，所欲貴富者魏也〔九〕，欲爲攻於魏，必南伐楚〔一〇〕。故攻有道，外絶其交，内逐其謀臣〔一一〕，陳軫夏人也〔一二〕，習於三晉之事，故逐之，則楚無謀臣矣；今君能用楚之衆，故亦逐之，則楚衆不用矣〔一三〕；此所謂内攻之者也！而王不知察！今君何不見臣於王，請爲王使齊交不絶，齊交不絶，儀聞之，其效鄢郢、漢中必緩矣〔一四〕。是昭雎之言不信也，王必薄之。」

〔一一〕鮑彪曰：此張儀復相時。又曰：此皆楚之要地，無此則危亡，安能有他。　祖耿案：顧觀光附此於赧王四年曰：時張儀尚在秦。

〔一二〕過，原作雎，下同。鮑彪曰：二臣，楚之良也，無此二臣，不能復得良臣。此儀爲秦謀去楚之謀臣也。　黄丕烈曰：雎，鮑本作過。丕烈案：三「雎」字皆作過者，爲是下文三「君」字皆稱過也。故下文云：「是昭雎之言不信也。」若謂雎，何得云爾！可爲明證。作雎者，相涉致誤耳。　金正煒曰：鮑本作「昭過」，是也，此言不得語雎明矣！下文「爲儀謂楚王逐昭雎」，「有人謂昭雎」並當作過。

〔一三〕鮑彪曰：秦惠十三年取漢中，故至是許復之。鄢郢，此時不書。此策儀知楚王重地輕人，故使雎言之。二人逐，則楚無良臣，雎必得其處也。

〔一四〕鮑彪曰：雎蓋畔楚善儀者。

〔一五〕「於」下原有「爭」字。黄丕烈曰：爭，鮑本無。

〔六〕鮑彪曰：周策：「陳」作「師」，求周使相之。 金正煒曰：按周策「陳」作「師」，古書「師」作「师」，因致誤「陳」。

〔七〕原無曰字。姚注：一作「周曰是」。 鮑彪曰：待我如縣吏。 黄丕烈曰：鮑，「周」下補曰字。 金正煒曰：按此當有曰字，涉下是字上體而誤脱也。

〔八〕待，原作行。黄丕烈曰：今本行作待，乃誤涉鮑也。鮑改行爲待。吴氏補曰：當是待字。

〔九〕鮑彪曰：欲立功名於秦，取富貴於魏。 金正煒曰：行字疑本爲欲。欲與行草書相似，又涉上文「待」誤爲「行」而譌也。

〔一〇〕鮑彪曰：欲爲攻於魏，言爲魏伐人。 金正煒曰：按孟子滕文公篇：「將爲君子焉，將爲野人焉。」趙注：爲，有也，攻與功通。秦策：「不攻無攻相事也」。韓非作功。漢書董賢傳：「賢第新成功堅。」注：功字或作攻。

〔一一〕鮑彪曰：交，謂與國。 程恩澤曰：案史記張儀列傳贊曰：「三晉多權變之士，夫言從横强秦者，大抵皆三晉之人也。」以軫爲晉人，與策文合（高誘注本云：陳軫夏人，見文選注），則夏當爲今山西夏縣，然貨殖列傳云：「潁川、南陽，夏人之居。」又云：「其任俠，交通潁川，故至今謂之夏人。」則夏字所包者廣，恐難專屬耳。

〔一二〕鮑彪曰：夏，中國也。

〔一三〕吴昌瑩曰：故並與若同義。

〔一四〕鮑彪曰：齊、楚，大國也，儀惡其合。今合而與之地，則楚益勁，儀必不爲也。 黄丕烈曰：「齊交不絶」四字，鮑本不重。吴氏補曰：姚本疊「齊交不絶」四字。

二十

威王問於莫敖子華曰〔一〕：『自從先君文王，以至不穀之身，亦有不爲爵勸，不爲禄勉，以憂社稷者乎〔二〕？』莫敖子華對曰：『如章，不足以知之矣〔三〕！』王曰：『不於大夫，無所聞之！』莫敖子華對曰：『君王將何問者也〔四〕？彼有廉其爵，貧其身，以憂社稷者；有崇其爵，豐其禄，以憂社稷者；有斷脰決腹，壹瞑而萬世不視，不知所益，以憂社稷者〔五〕；有勞其身，愁其志，以憂社稷者〔六〕；亦有不爲爵勸，不爲禄勉，以憂社稷者。』王曰：『大夫此言，將何謂也〔七〕？』莫敖子華對曰〔八〕：『昔令尹子文，緇帛之衣以朝，鹿裘以處；未明而立於朝，日晦而歸食；朝不謀夕，無一月之積；故彼廉其爵，貧其身，以憂社稷者，令尹子文是也〔九〕。昔者，葉公子高身獲於表薄，而財於柱國〔一〇〕；定白公之禍，寧楚國之事〔一一〕；恢先君以揜方城之外，四封不侵，名不挫於諸侯，當此之時也，天下莫敢以兵南鄉〔一二〕；葉公子高食田六百畛〔一三〕；故彼崇其爵，豐其禄，以憂社稷者，葉公子高是也〔一四〕。昔者，吳與楚戰於柏舉，兩御之間，夫卒交〔一五〕，莫敖大心撫其御之手，顧而大息曰：「嗟乎！子乎！楚國亡之日至矣〔一六〕！吾將深入吳軍！若扑一人，若捽一人，以與大心者也，社稷其庶幾乎〔一七〕！」故斷脰決腹，壹瞑而萬世不視，不知所益，以憂社稷者，莫敖大心是也〔一八〕。昔吳與楚戰於柏舉，三戰入郢，寡君身出，大夫悉屬，百姓離散〔一九〕，棼冒勃蘇曰〔二〇〕：「吾被堅執銳，赴强敵而死，此猶一卒也，不若奔諸侯〔二一〕！」於是贏糧潛行，上崢山，逾深谿，蹠穿膝暴，七日而薄秦王之朝〔二二〕，雀立不轉，晝吟宵哭，七日不得告，水漿無入口〔二三〕，瘨而殫悶，旄不知人〔二四〕，秦王聞而走之，冠帶不相及，左奉其首，右濡其口，勃蘇乃蘇〔二五〕，秦王身問之，「子孰誰也？」棼冒勃蘇對曰：「臣非異〔二六〕，楚使棼冒勃蘇！吳新造盩〔二七〕，與楚人戰於柏舉，三戰入郢，寡君身出，大夫悉屬，百姓離散，使下臣來告亡，且求救〔二八〕！」秦王顧令不起〔二九〕，「寡人聞之，萬乘之君，得罪一士，社稷其危，今此之謂也！」遂出革車千乘，卒萬人，屬之子滿與子虎，下塞以東，與吳人戰於濁水而大敗之，亦聞於遂浦〔三〇〕；故勞其身，愁其思，以憂社稷者，棼冒勃蘇是也〔三一〕。吳與楚戰於柏舉，三戰入郢，君王身出，大夫悉屬，百姓離散，蒙穀給鬭於宮唐之上〔三二〕，舍鬭奔郢，曰：「若有孤，楚國社稷其庶幾乎〔三三〕！」遂入大宮，負離次之典，以浮於江，逃於雲夢之中〔三四〕。昭王反郢，五官失法，百姓昏亂，蒙穀獻典，五官得法而百姓大治〔三五〕。比蒙穀之功，多與存國相若，封之執珪，田六百畛〔三六〕。蒙穀怒曰：「穀非人臣也！社稷之臣也！苟社稷血食，余豈患無君乎〔三七〕？」遂自棄於磨山之中，至今無胄〔三八〕；故不爲爵勸，不爲禄勉，以憂社稷者，蒙穀是也〔三九〕。』王乃大息曰：『此古之人也，今之人焉能有之耶〔四〇〕？』莫敖子華對曰〔四一〕：『昔者，先君靈王好小要，楚士約食，馮而能立，式而能起〔四二〕；食之可欲，忍而不入；死之可惡，就而不避〔四三〕；章聞之：「其君好發者，其臣抉拾〔四四〕」，君王直不好賢耳〔四五〕！若君王誠好賢〔四六〕，此五臣者，皆可得而致之〔四七〕！』

〔一〕鮑彪曰：莫敖，楚官。　祖耿案：此章見渚宫舊事，異文各記於下。首句無「於」字。顧觀光附此於顯王三十年。

〔二〕祖耿案：舊事「自從」作「自吾」，「穀」下無「之身亦」三字。「乎」字下接「華曰：君王將何問也？」無「莫敖子華對曰」以下至「莫敖子華對曰」二十九字。

〔三〕章，原作華，「足」下原無「以」字。姚注：孫本「華」作章。　黄丕烈曰：「足」下鮑本有「以」字。　金正煒曰：按作章者是也，後文「章聞之」可證。　黄丕烈云，章當是子華之名。

〔四〕祖耿案：舊事作「華曰：君王將何問也？」無「者」字。

〔五〕鮑彪曰：脰，項也；瞑，不視也；謂死。不知所益，言志於死耳，不求利也。

〔六〕黄丕烈曰：此十二字，鮑本無。　祖耿案：舊事有此十二字。

〔七〕鮑彪曰：言謂誰。　祖耿案：舊事「王曰」下無「大夫此言將」五字。

〔八〕祖耿案：舊事作「華曰」二字，無「莫敖子」及「對」字。

〔九〕鮑彪曰：令尹子文，鬭穀於菟。　黄丕烈曰：今本「月」作「日」，乃誤涉鮑也，鮑改月爲日。　金正煒曰：按國語楚語：「昔鬭子文三舍令尹，無一日之積」，則此文固當作日。　祖耿案：舊事「昔」下有者字，緇作繒，「食」下無「朝不謀夕，無一月之積」九字，有「於王宅服於天府，行不避人」十一字，「故」下無彼字，「者」下無「令尹」二字。

〔一〇〕鮑彪曰：葉公子高，名諸梁。表，野外；薄，林也。言其初賤。財、材同，柱國以子高爲材。　金正煒曰：按諸梁爲沈尹戌之子，不得言初賤。廣雅釋詁：獲，辱也。又周禮：「朝士凡得獲貨賄人民六畜者」，注：俘而取之曰獲。楚辭哀時命篇注：獲，爲人所係得也。表薄未詳，或爲長薄之譌。楚辭招魂：「路貫廬江兮左長薄」，注：廬江、長薄，地名也。此與葉公行事，惟無考證，惟當闕疑。柱國，都也。見齊策高注。「財於柱國」，或即富可敵國之意，鮑注義亦未安。　祖耿案：舊事「昔」下無「者」字，「高」下無「身獲於表薄，而財於柱國」十字。

〔一一〕鮑彪曰：見哀公十六年。

〔一二〕鮑彪曰：恢，大也。集韻，揜，覆取也。言取地以大先君之封。封，封城。廉，猶禮。不廉，言無事故不察治。　吴師道曰：廉隅之廉，謂四竟完固，不見廉隅也。　一本「四封不侵」。　黄丕烈曰：侵，鮑本作廉。　祖耿案：舊事恢作相，揜作掩，下有於字。「侵」下作「威播於諸侯」，無「名不挫」三字，「時」下無也字。

〔一三〕鮑彪曰：畛，井田間陌。吴師道曰：周禮，十夫有溝，溝上有畛。朱子曰：溝間千畝，畛爲阡。祖耿案：舊事，「公」下無子高二字。畛作頃，下有「賜六十邑」四字一句。

〔一四〕祖耿案：舊事「故」下無彼字。

〔一五〕鮑彪曰：定四年注：柏舉，楚地。夫，千夫、百夫之夫。黄丕烈曰：今本「御」作「軍」，乃誤涉鮑也。御，鮑本無，補軍字。程恩澤曰：案呂覽首時篇注云：柏舉，楚南鄙邑，亦不言所在。淮南詮言訓作柏莒，蓋古字通。水經注：舉水出龜頭山，西北流，逕梁南定州治（在今麻城縣東北），又西流，左合垂山之水，又西南逕顔城南，又西南逕齊安郡西，又東南歷赤亭下，南流注於江。江北烽火洲，即舉洲也。北對舉口，春秋吴、楚陳於柏舉。京相璠曰：漢東地矣。江夏有洰水，或作舉，疑即此。元和志：麻城縣東南八十里，有龜頭山，即春秋柏舉也。名勝志：今麻城縣東六十里，有龜峯山，即舉水之源也。又有柏子山，在縣三十里。柏舉之名，蓋合柏山、舉水而得之。顧棟高曰：案左傳：子常濟漢，自小別至於大別，又三戰而陳於柏舉，是在漢之東北，其地應在麻城境，今屬湖北黄州府。傳遜謂在今河南西平縣，本柏子國，似誤。金正煒曰：按左氏哀元年傳：「夫屯晝夜九日」，注：夫猶兵也。祖耿案：呂覽首時：子胥乃修法制，下賢良，選練士，習戰鬬，六年，然後大勝楚于柏舉。高注：柏舉，楚南鄙邑。案公羊傳作伯莒，穀梁傳作伯舉，淮南子詮言則言：楚勝乎諸夏，而敗乎柏莒。注：柏莒，即柏舉，古字通用。朱起鳳曰：柏舉，楚地，在今湖北麻城縣界。祖耿又案：舊事此句，「昔」下無「者」字，「御」作「師」，「夫卒交」作「矢石卒交」。

〔一六〕曰，原作月。姚注：月，一作日。黄丕烈曰：「子乎」下鮑本有注云：一本「子」作「予」。月，鮑本作日。金正煒曰：按嗟乎子乎，猶云嗟乎兹乎！禮記曲禮疏：子、兹聲相近，其字相亂。説苑貴謀篇：管仲上車曰：嗟兹乎！我窮必矣！秦策：嗟兹乎！司空馬！廣韻：嗟嗞，憂聲也。月，當從一本作日。祖耿案：此數語舊事作：「莫敖大心撫其車衡，舉首顧而太息曰：嗟乎！楚國之亡無日矣！」

〔一七〕「其」下原有「爲」字。鮑彪曰：若，猶；扑，擊也。捽，持髮也。其庶幾者，以是爲可以厲衆也。吳師道曰：若，發語辭。扑，普卜反。黄式三曰：若，指僕，舊注誤。黄丕烈曰：爲，鮑本無。金正煒曰：爾雅釋詁：若，汝也。管子山權數篇：賜若服中大夫，注：若，汝也。呂覽樂成篇：吾其與之。注：與，猶助也。鮑、吳並失其義。祖耿案：舊事「扑」作「將」，「捽」作「卒」，「心」下無「者也」字，「其」下無「爲」字。

〔一八〕鮑彪曰：傳不書。吳師道曰：左傳：柏舉之戰，楚大夫史皇以其乘廣死，司馬沈尹戌傷而死，句卑到而裹之。司馬戌即大心也，葉公諸梁之父也。王氏應麟謂鮑失考。

〔一九〕鮑彪曰：寡君，昭王。悉屬，屬連俱亡。王念孫曰：寡君當爲君王，此涉下棼冒勃蘇之詞而誤也。棼冒勃蘇對秦王言之，故稱寡君。此是子華述昭王出奔之事，當稱君王，不當稱寡君也。下文述蒙穀之事，正作君王身出。祖耿案：舊事：「吳」上無「昔」字，「楚戰」下無「於柏舉」三字，「寡君」作「先君」。

〔二〇〕鮑彪曰：定四年，以爲申包胥。吳師道曰：棼冒即蚡冒，勃蘇、包胥聲近，豈蚡冒之裔歟！棼，符分反；冒，亡北反。索隱云：蚡，古本作羒，音憤，亦符分反。黄式三曰：棼冒勃蘇，即左傳申包胥，棼冒即蚡冒，勃包、胥蘇聲近。朱亦棟曰：案棼冒，乃包字之切音，勃蘇乃胥字之切音，棼冒勃蘇即包胥也，與左傳之蚡冒同而異。黄丕烈曰：案吳說本困學記聞是也。申包胥爲蚡冒氏，猶鬬子文之言若敖氏。朱起鳳曰：棼冒之合音爲包，勃蘇之合音爲胥。左傳、國語、史、漢及其他傳記，並作申包胥，惟楚策作棼冒勃蘇。楚爲南蠻，宜作蠻語也。

〔二一〕鮑彪曰：堅，甲；銳，兵也。祖耿案：舊事：「一」上無「此猶」二字，「奔」字下有「走」字。

〔二二〕鮑彪曰：崢山，崢嶸之山。蹠，足下。暴，傷也。秦王，襄公。黄式三曰：鮑注云襄王。式三案：事在秦哀公十一年。金正煒曰：按管子輕重丙篇「崢丘之戰」注：崢丘，地名，未聞。此云崢山，或即崢丘。惟崢山、深谿對舉爲文，鮑説自通。淮南修務篇作「上峭山」，高注：峭山，高山。崢亦猶峭也。朱起鳳曰：後漢書郅惲傳注引史記曰：「申包胥晝夜馳驅，足腫，蹠盭」。蹠盭，脚掌反戾也。史、策并不及足腫蹠盭事，蹠穿與蹠戾，義亦不同。後漢書注，未知所出。祖耿案：御覽四一八引作：「十日而薄秦朝」。又案：舊事「谿」下無「蹠穿膝暴」四字，「薄」下有「於」字。

〔二三〕隺原作雀。鮑彪曰：雀立踊也。王念孫曰：鮑説甚謬，雀當爲隺字之誤也。隺與鶴同，隺立，謂竦身而立也。文選求通親親表：「實懷鶴立企佇之心」。李善注引此策：「鶴立不轉」。初學記人事部、太平御覽人事部引此，並與文選注同。鴻烈修務篇曰：「申包胥（即棼冒勃蘇）鶴跱而不食，晝吟宵哭」，皆其明證也。朱起鳳曰：古無有稱「雀立」者，「雀」爲「隺」之誤字。祖耿案：舊事作「鶴立」，「無入」作「不入」。初學記一七引：「晝吟宵泣，水漿無入於口」。御覽四一八引同。尋左傳「立依於庭牆而哭」，當以哭字爲是。左傳：「日夜不絶聲，勺飲不入口」，均以五字成文，亦不當有於字也。

〔二四〕鮑彪曰：瘨，狂，殫，氣絶也。旄、眊同，無目也。吳師道曰：詩：「瘨我」，注：病也。非「癲狂」之癲。旄、眊、耄，字通，並昏也。金正煒曰：按漢書貢禹傳：「誠恐一旦蹎仆氣竭，不能自還」。師古曰：蹎音顛，蹶躓也。此文瘨與蹎同。殫亦癉之借字。説文：癉，勞病也。莊子德充符篇：「悶然而後憂」，釋文引李注：悶然，不覺貌。漢書息夫躬傳：「憒眊不知所爲」，注：眊，目闇也。書微子：「吾家耄遜於荒。」鄭注：耄，昏亂也。鮑氏以爲無目，不如吳正義勝。朱起鳳曰：古無痰字，衹作淡。王羲之初月帖：「淡悶干嘔。」淡悶即痰悶也。華嚴經音義下引方言注云：淡字又作痰。今此策作「殫悶」，痰字作殫，乃同音假借。祖耿案：舊事「入口」下無此「瘨而殫悶，旄不知人」八字。

〔二五〕鮑彪曰：走，去音，疾趨也。蘇，死更生也。　祖耿案：初學記一七引作：「冠劍不相及」。御覽四一八同。舊事作：「冠帶不相及」，「走」作「趨」。

〔二六〕鮑彪曰：非異，言非它人。　祖耿案：舊事「身」作「親」，「子」下無「孰」字，「對」上無「棼冒勃蘇」四字，「異」下有「也」字。

〔二七〕「新造盩」三字，原在「使」字下。鮑彪曰：使，去音，新造盩，楚官。　吳師道曰：鮑見秦官有上造、大良造，遂爲此謬説。按字書，盩，張留反，引擊也。山曲曰盩，此無義。盭音戾，字通，又音列，罪也，當是此字。新造盭，似言始構難，今降戾之云，文當有訛舛，或在吳字下。　祖耿案：吳説是也，今從乙。「楚使棼冒勃蘇」，此六字針對秦王「誰也」之問而通名，下乃言「吳新造盭」，謂吳最近引起禍灾也。舊事作「楚使新造盩尹勃蘇」，當亦有誤。

〔二八〕祖耿案：此數語舊事作：「吳人敗楚，寡君身出，百姓離散，使下臣來告急，且求救。」

〔二九〕黄丕烈曰：今本「不」作「之」，乃誤涉鮑也。鮑改「不」爲「之」。吳氏補曰：字誤或衍。　金正煒曰：按：鮑改吳校並非也。顧與固通，韓策：「固謝嚴仲子，仲子固進」，義與此同。謂堅令之而不起也。　祖耿案：舊事無「顧」下二十五字。

〔三〇〕鮑彪曰：濁水出齊郡廣之嬀山東，蓋齊、楚壤界。遂浦，楚地，缺，或是夫遂也，蓋聞一説在彼，一在此。　吳師道曰：子滿，左傳「子蒲」。遂浦，云在稷與沂。注楚地，當考。夫遂，見前秦策。　張琦曰：秦、吳之戰不得至齊郡，亦非齊、楚界壤。水經注：淯水右合濁水，俗謂之弱溝水，上承白水，流逕鄧縣故城南。按左傳，秦敗吳後，子期、子蒲滅唐。唐故城在今隨州西北八十里。唐、鄧相近，應在此水也。　程恩澤曰：按淮南子修務訓篇：「擊吳濁水之上，大破之，以存楚國。」高誘注云：濁水蓋江水，傳曰：敗吳於公壻之谿。公壻之谿，楚地。是誘以濁水即公壻之谿也，但其地不知所在。寰宇記：鄧州南陽縣西三十里，有濁水。張氏琦曰云云，則鮑注非是。又案：左傳稷、沂，杜氏皆不言所在。或曰稷在今南陽府桐柏縣境。傳又云：「敗吳師于軍祥」，或曰在今隨州西南。又云：「吳師居麇」，即故麇國，在今鄖縣（或曰麇在岳州府巴陵縣東，疑非是。時吳雖深入，恐不至此）。遂浦或係別名，疑即在襄、鄖等處，但無的據耳。　祖耿案：此數語舊事作：「秦王遂發戎車千乘，卒萬人，屬之子虎與子滿，下塞以東，與吳人戰於濁水而大破之。」三十三字。無「亦聞於遂浦」五字。

〔三一〕祖耿案：「思」，舊事作「志」。

〔三二〕鮑彪曰：蒙穀，楚將。结猶交。宮唐豈高唐耶！　黄丕烈曰：今本「給」作「结」，鮑本作「结」。程恩澤曰：今江西撫州府臨川縣東南四十里有工塘（見乾隆圖志），或即宮唐之訛，鮑注非是。　金正煒曰：按「給」，當從鮑本作「结」。淮南氾論篇注：結猶聚也（宮唐疑是高庫之譌。見呂覽分職篇）。　祖耿案：此數語，舊事無「吳與」至「離散」二十三字，僅作：「吳師入郢，蒙穀結鬭於宮唐之上」十三字。

〔三三〕鮑彪曰：時未知昭王存亡，故意其子。　祖耿案：舊事，「若有孤」作「君而有孤」四字，「庶」下無「幾」字。

〔三四〕離，原作雞。姚注：曾一無「大」字，雞，一本作離。　鮑彪曰：雞次之典，楚國法也。雞，一作離，是所以治離局者。　吳師道曰：姚本：「雞，一作離。」是時典守者皆離其局，故負其典以逃。　董說曰：劉向別錄曰：楚法書曰雞次之典，或曰離次之典。離次者，失度之謂也。秦滅楚，書遂亡矣。　朱起鳳曰：離字作雞，形之誤也。

〔三五〕吳師道曰：五官見齊策。　祖耿案：舊事作：「遂入大宮，負離次之典，以浮於大江，逃雲夢之中。」

〔三六〕比，原作此。王念孫曰：此，當爲比，言比校其功，與存國相等也。後漢書李通傳注引此作：「校蒙穀之功，」是其證。　祖耿案：舊事無。

〔三七〕原無兩「也」字。余，原作餘，患，原作悉。姚注：一作「余豈患」。鮑彪曰：血，謂牲牢。　黃丕烈曰：悉，鮑本作患。吴氏補曰：餘，當作余。　祖耿案：後漢書李通傳注引作：「穀非人臣也，社稷之臣也。苟社稷血食，余豈患無君乎？」舊事同，唯無兩「也」字。「穀怒」上無「蒙」字。

〔三八〕胄，原作冒。姚注：磨山，漢注引：歷山。　鮑彪曰：後志：磨城，子胥所造。蓋以此山名城也。冒謂犯法。　吴師道曰：高云漢注引歷山。姚氏引李通傳論曰：「昔蒙穀負書，不徇楚難。」注引策：吴、楚戰於柏舉，蒙穀奔入宮，負離次之典，浮江云云，「苟利社稷，余豈患無君乎？」遂棄於歷山也。「磨」字說見秦策。「無冒」，一本「無位」。　張琦曰：今荆門州當陽縣東四十里有磨城，荆州記以爲子胥所造。　程恩澤曰：案地理志：充縣歷山，澧水所出。在今湖南澧州安福縣西。蓋即高氏所據。張氏琦曰云云，則鮑注之說也。　王引之曰：鮑說甚謬。冒，當作胄，字之誤也。無胄，謂無後也。周語：「晉懷公無胄」，韋注曰：胄，後也。　金正煒曰：按王念孫雜志，以冒爲胄之誤，是也。惟「無胄」，亦非謂無裔胄。國語晉語：「以定晉國而無後，其子孫不可不崇也。」注：無後，子孫無在顯位者。此「無胄」之義，即與之同，故亦作「無位」。　朱起鳳曰：冒乃胄之訛缺。胄者，胤胄也，與後字同義。　祖耿案：舊事作：「磨山中」，無「之」字。下云「至今無返」，非「冒」字，亦非「胄」字。

〔三九〕姚注：漢李通傳論曰云云，見前。

〔四〇〕祖耿案：舊事「大」作「太」，「今之人」八字作：「今此之世，焉能有耶！」

〔四一〕祖耿案：此六字，舊事作「華曰」二字。

〔四二〕鮑彪曰：約，猶節。馮，依也。式，小低貌。　吳師道曰：軾，車前横木，有所敬則俯馮之。據而後能立，馮而後能起，言以約食，故無力也。或疑士不當言細腰。荀子云：「楚莊王好細腰，故朝有餓人。」一本標墨子云：「楚靈王好士細腰，故其臣皆三飯爲節，脇息而後帶，淵牆而後起。」尹文子、韓非子皆言：「一國有饑色餓人。」今案墨子三卷中無此文，三卷者，別本也。古墨子篇數不止此。　金正煒曰：按管子七臣七主篇：「夫楚王好小腰，而美人省食。」靈王後於管子，此文或有譌誤。惟管子書亦不盡可信，如所云毛嬙、西施，吳王好劍，已爲葉水心所疑。　祖耿案：舊事，「要」作「腰」，下有「而」字。「馮」作「憑」，「式」作「軾」。

〔四三〕就，原作然。姚注：一作就。　祖耿案：舊事，「不入」作「弗内」，「就而不避」作「斷而弗避」。

〔四四〕鮑彪曰：發，發矢。車攻注：決，鉤弦。拾，遂也。遂，發也。　吳師道曰：詩注無此三字。決，以象骨爲之，著於右手大指，所以鉤弦闓體。拾，以皮爲之，著於左臂以遂弦，亦名遂。　黄丕烈曰：鮑改「章」爲「華」，吳氏補曰：當作「華」。丕烈案：鮑改吳補皆非也。章當是子華之名。上文「如華」，姚校云：孫本作章，是其證。抉，鮑本作決。　祖耿案：舊事，「章」作「華」。

〔四五〕原無「賢耳」二字。　祖耿案：當有此二字。舊事作「直勿好耳」。

〔四六〕祖耿案：舊事作「若明君好賢」。

〔四七〕祖耿案：舊事，「之」下有「也」字。

卷十五　楚二

一

魏相翟强死〔一〕，爲甘茂謂楚王曰：「魏之幾相者，公子勁也〔二〕。勁相魏，魏、秦之交必善〔三〕。秦、魏之交完，則楚輕矣！故王不如與齊約相甘茂於魏。齊王好高人以名，今爲其行人請魏之相，齊必喜〔四〕。魏氏不聽，交惡於齊，齊、魏之交惡，必争事楚。魏氏聽，甘茂與樗里疾貿首之讎也，而魏、秦之交必惡，又交重楚也〔五〕。」

〔一〕程恩澤曰：按元和姓纂，翟，黄帝之後，代居翟地。國語云：爲晉所滅。　祖耿案：顧觀光附此於赧王九年。曰：内稱甘茂爲齊行人，則當在後一年。

〔二〕鮑彪曰：幾相，言危欲相之。公子勁，秦人。

〔三〕「勁」下原有「也」字。姚注：劉，一無下「也」字。　鮑彪曰：交善，勁秦人而魏相之故。　吴師道曰：俱無考。

〔四〕鮑彪曰：齊王，閔王。楚爲齊請如其使者。禮，行人使適四方。　祖耿案：鮑本「必」上有「王」字。

〔五〕鮑彪曰：貿，言欲易取其首。交惡，疾相秦，茂相魏故。　祖耿案：文選馬汧督誄李注引貿首語。朱起鳳謂：貿首即旄頭、髦頭之通段。貿首之讎，謂如秦文公伐樹擊牛，即遁避山水中，亦必殺之而後快也。

二

齊、秦約攻楚〔一〕，楚令景翠以六城賂齊，太子爲質〔二〕。昭雎謂景翠曰：「秦恐，且因景鯉、蘇厲而效地於楚。公出地以取齊，鯉與厲且以收地取秦，公事必敗〔三〕。公不如令王重賂景鯉、蘇厲使入秦〔四〕。齊恐，必不求地而合於楚〔五〕。若齊不求，是公與約也〔六〕。」

〔一〕祖耿案：顧觀光隸此於赧王十五年。　鮑彪曰：此（楚懷）二十九年，太子横。

〔二〕姚注：「齊」下一本有「以」字。

〔三〕姚注：取，一作收，別本作牧。　鮑彪曰：取，猶收，猶悦。「收地取秦」，收前所効者，蓋二人之辭。曰：楚出地取齊，楚既弱矣，何足與地。秦收所効，必悦二人也。「公事必敗」者，楚不得秦地。景翠賂齊，楚必怨翠也。　吴師道曰：景鯉乃楚臣，秦可因之以責地。見楚弱而勸秦收所効之地，恐非。

〔四〕鮑彪曰：二人得楚賂，不復爲秦收地矣。

〔五〕齊，原作秦字。姚注：一本下有齊字。　鮑彪曰：「秦恐」，以齊、楚合故。「不求地」，不收所効也。黄丕烈曰：吴氏正曰：秦字疑當作齊，是也。　金正煒曰：按「秦恐」之秦，承上而誤，於文當爲齊恐。蓋不待秦之效地而先以重賂往，則秦知楚亟欲得秦，必不效地於楚。齊恐楚之已合於秦，亦必不求地，而與楚合矣。

〔六〕鮑彪曰：兩國各不取地而止攻，是約者復和也。與，如與國之與，和好也。言翠能和兩國之約。吳師道曰：戰國之時，秦之割地希矣，惟赧王十七年割三城和齊、韓、魏一事爾。懷王末年，楚益以弱，雖合齊，秦未必遽懼而割也。効地於楚者，令楚効地。恐者，恐或如此之辭也。景翠必與景鯉、蘇厲不合者，故睢言翠既以地賂齊，則秦恐或且因蘇厲、景鯉而令楚効地，是翠出地取齊，而二人收所出之地以取秦，翠事豈不敗乎？今不如重賂二人使入秦爲解，則秦恐或必不求地而與楚合。齊見秦、楚之合，若不求地，則是公能和好結約也。又曰：「秦恐，必不求地。」秦字疑當作齊。謂重賂二人入秦，則齊知秦楚之和，恐不敢求所賂之地。若果不求，是公能和好結約也。説亦通。金正煒曰：約字疑當作鈞。秦不効地，齊不求地，是翠與鯉、厲之事鈞也。湯炳正曰：案鯉與厲出重賂而得秦，翠則一無所須而得齊，其事不得謂之鈞。金説非是。

三

術視伐楚〔一〕，楚令昭鼠以十萬軍漢中，昭雎勝秦於重丘〔二〕。蘇厲謂宛公昭鼠曰〔三〕：「王欲昭雎之乘秦也，必分公之兵以益之〔四〕；秦知公兵之分也，必出漢中〔五〕。請爲公令芈戎謂王曰〔六〕：『秦兵且出漢中』，則公之兵全矣〔七〕。」

〔一〕鮑彪曰：術視，秦人。　祖耿案：顧觀光附此於赧王九年。

〔二〕姚注：別本「丘」作「兵」。　鮑彪曰：重丘，屬平原。　吳師道曰：恐非。　張琦曰：胡身之通鑑注曰：春秋時有二重邱。「衛孫蒯飲馬於重邱」，杜注：曹邑。「同盟於重邱」，杜注：齊邑。楚境皆不至此。呂氏春秋曰：「齊令章子與韓魏攻荆，荆使唐蔑將兵應之，夾泚而軍。章子夜襲之，斬蔑於是水之上。」水經注曰：「泚水又西，澳水注之，水北出茈邱山，南入於泚水。意者重邱，即茈邱也。」按泚水在今南陽府唐縣北。齊重邱在今東昌府東五十里。曹重邱應在今曹州府，方輿紀要以爲即齊之重邱，非也。曹境不得遠至東昌。今曹州府西南三十里有清邱，或即重邱一地而二名者歟。孫氏居戚，在今大名府開州北七里，南至重邱百里，故爲越境而田，又得以兵取之也。又按楚懷末年，屢敗於秦，無勝秦之事。此策云：「勝秦於重邱」。未詳。　程恩澤曰：按重邱有二，左傳「衛孫蒯飲馬于重邱」，曹地也。在今曹縣東北五十里。「諸侯同盟于重邱」，齊地也。在今聊城縣東南五十里（茌平縣西南二十里）。但此皆非楚境所及。史記正義謂在冀州城武縣界（見樂毅列傳），亦似誤文（冀州蓋曹州之訛）。胡三省曰：呂氏春秋：「齊令章子與韓、魏攻荆，荆使唐蔑將兵應之，夾比（比當作泚，下並同，見水經注及文選南都賦注。後漢伯升傳同。漢志作泚者非。泚出廬江郡灊縣泚山，泚出泚陽東北太湖山，二字迥別）而軍，章子夜襲之，斬蔑於是水之上。」水經注：「泚水又西，澳（本作灤，文選注同）水注之，水北出茈邱山，南入於泚水。意者重邱即茈邱也。」洪亮吉曰：今南陽府泌（亦當作泚）陽縣西北三十里，有慈邱山，澳水出焉。水經注作茈邱，云：古名重邱。史記：秦會韓、魏、齊兵伐楚，敗之於重邱，即此。今按水經注並無「茈邱古名重邱」之文，洪蓋誤以胡注爲酈注。惟楚世家云：「殺將軍唐昧，取我重邱而去。」此云「勝秦於重邱」，恐非一地，當從闕疑。　顧觀光曰：史記楚懷王二十八年，「秦、齊、韓、魏共攻楚，殺楚將唐昧，取我重邱而去。」荀子議兵篇云：「兵殆於垂沙，唐蔑死。」蔑、昧古通，是重邱即垂沙矣。史記禮書用荀子文，而垂沙作「垂涉」，誤也。楚策亦云：「垂沙之事，死者以千數。」胡三省通鑑注引呂氏處分篇云（俗本分誤方）：「齊令章子與韓魏攻荆，荆使唐蔑將兵應之，夾泚而軍（俗本泚誤泚）。章子夜襲之，斬蔑於是水之上。」水經注：「比水又西，澳水注之，水北出芘邱山，南入於比水。意者重邱即芘邱也。』

〔三〕鮑彪曰：鼠爲宛尹。

〔四〕鮑彪曰：王，楚王。乘，猶淩。 黄丕烈曰：也，鮑本無。

〔五〕鮑彪曰：出兵伐此。

〔六〕「芈」，原作「辛」。 鮑彪曰：戎，楚人，貴於秦。如以私告楚王者。 黄丕烈曰：鮑改辛爲芈。吳氏補曰：當作芈。

〔七〕鮑彪曰：欲其備秦，故不分其兵。

四

四國伐楚〔一〕，楚令昭睢將以距秦，楚王欲擊秦，昭睢不欲〔二〕。桓臧爲昭睢謂楚王曰：『睢戰勝秦，三國惡楚之强也，恐秦之變而聽楚也，必深攻楚以勁秦〔三〕；秦王怒於戰不勝，必悉起而擊楚〔四〕；是王與秦相罷而以利三國也〔五〕！戰不勝秦，秦進兵而攻。不如益昭睢之兵，令之示秦必戰。秦王惡與楚相弊而令天下，秦可以少割而收也〔六〕。秦、楚之合，而燕、趙、魏不敢不聽，三國可定也〔七〕。』

〔一〕鮑彪曰：楚記二十八年，秦、齊、韓、魏共攻楚。 祖耿案：姚本此篇與術視伐楚連篇，鮑本另列一篇。顧觀光附此於赧王十四年，曰：依鮑注在此年。然按策文乃秦、燕、趙、魏四國，恐別一事，故以

「附」字別之。

〔二〕原作「昭侯不欲」。鮑彪曰：距、拒同。黃丕烈曰：侯，鮑本作睢。

〔三〕「勝」下原無「秦」字。姚注：一本「勝」下有秦字。鮑彪曰：勁秦，堅其伐楚之心。

〔四〕鮑彪曰：秦王，昭王。

〔五〕姚注：一本無「以」字。鮑彪曰：罷，音疲。

〔六〕「收」下原有「害」字。鮑彪曰：秦見楚將必戰，必割地與楚和，戰伐之害可息也。收，猶息。吳師道曰：令天下，謂以相救令於天下使知。秦惡與楚相救而不戰，則楚可以少割地而收秦。一本無「害」字，是。黃丕烈曰：今本「下」下有「利」字，乃誤涉鮑也。鮑補「利」字，吳氏有正。丕烈案：「令」乃「全」字之譌。吳說亦未是。「害」，因上文割字而誤衍。害、割同字。金正煒曰：按「令」當爲「合」。言二國相救，天下得以其間合從也。尚書中候：三年，天下悉合。又管子霸言篇：諸侯皆合，己獨孤。今本「合」作「令」，誤與此同。或爲「全」字之譌。說文：全，完也。與「弊」相對爲文。小爾雅廣詁：收，斂也。斂害，謂禍害得以收束。少割謂楚，非謂秦。次秦字疑衍。

〔七〕金正煒曰：之，猶若也。而，猶則也。並詳經傳釋詞。「定」疑「走」字之譌。

五

楚懷王拘張儀，將殺之〔一〕。靳尚爲儀謂楚王曰〔二〕：『拘張儀，秦王必怒，天下見楚之無秦也，楚必輕矣！』又謂王之幸夫人鄭袖曰：『子亦自知且賤於王乎！』鄭袖曰：『何也？』尚曰：『張儀者，秦王之忠信有功臣也，今楚拘之，秦王欲出之〔三〕；秦王有愛女而美，又簡擇宮中佳麗習音者以從之〔四〕，資之金玉寶器，奉以上庸六縣，爲湯沐邑〔五〕，欲因張儀內之楚王，楚王必受〔六〕，秦女依強秦以爲重，挾寶地以爲資，勢爲王妻以臨子〔七〕；楚王惑於虞樂，必厚尊敬親愛之而忘子；子疏必矣〔八〕！』鄭袖曰：『願委之於公！爲之奈何？』曰：『子何不急言王出張子？張子得出，德子無已時，秦女必不來，而秦必重子。子內擅楚之貴，外結秦之交，畜張子以爲用，子之子孫，必爲楚太子矣。此非布衣之利也〔九〕！』鄭袖遽說楚王出張子〔一〇〕。

〔一〕「將」下原有「欲」字。鮑彪曰：以其欺楚以商於故。祖耿案：御覽四九四引，無「欲」字。又案：此事見史記楚世家及張儀列傳，三文敘說詳略各異。楚世家云：「懷王十八年，秦使使約復與楚親，分漢中之半以和楚。楚王曰：「願得張儀，不願得地。」張儀聞之，請之楚。秦王曰：「楚且甘心於子，奈何？」張儀曰：「臣善其左右靳尚，靳尚又能得事於楚王幸姬鄭袖，袖所言無不從者。且儀以前使負楚以商於之約，今秦、楚大戰，有惡，臣非面自謝楚不解。且大王在，楚不宜敢取儀。誠殺儀以便國，臣之願也。」儀遂使楚。至，懷王不見，因而囚張儀，欲殺之。儀私於靳尚，靳尚爲請懷王曰：「拘張儀，秦王必怒。天下見楚無秦，必輕王矣。」又謂夫人鄭袖曰：「秦王甚愛張儀，而王欲殺之，今將以上庸之地六縣賂楚，以美人聘楚王，以宮中善歌者爲之媵。楚王重地，秦女必貴，而夫人必斥矣。夫人不若言而出之。」鄭袖卒言張儀於王而出之。儀出，懷王因善遇儀，儀因說楚王以叛從約而與秦合親，約婚姻。」顧觀光隸此於赧王四年。

〔二〕鮑彪曰：靳尚，楚人。

〔三〕鮑彪曰：秦王，惠王。

〔四〕原作「又簡擇宮中佳翫麗好翫習音者，以懽從之。」鮑彪曰：好翫，人之可好可翫者。書曰：「翫人喪德。」習音，所謂懽也，以從愛女。吳師道曰：習於音聲者。黃丕烈曰：鮑衍上「翫」字。吳補：一本無。金正煒曰：按鮑氏以上翫字爲衍，是也。其以好翫爲人之可好翫者，則非。此言佳麗而又好翫習音者也。禮記樂記注：翫習之久。易繫辭疏：言君子愛樂而習翫者。翫習二字蓋連語。懽或爲勸。莊子天運篇：「淫樂而勸是。」釋文：勸，司馬本作倦，讀曰隨。此言秦以佳麗翫習音者隨從其愛女也。或本作佚，佚即媵也。說文：佚，送也。呂不韋曰：有侁氏以伊尹佚女。由佚誤倦，展轉而譌爲懽耳。史記楚世家：「以宮中善歌者爲之媵。」祖耿案：御覽四九四引作：「又簡擇宮中佳麗習音者以從之。」

〔五〕鮑彪曰：以邑爲女湯沐之具。張守節曰：上庸六縣，今房州也。祖耿案：御覽四九四引，「之」作「以」，無「奉」字。

〔六〕受，原作愛。鮑彪曰：絶句。金正煒曰：愛當爲受，涉下文「必厚尊敬親愛之」而誤。晉語：「受好以愛之」。此言王必受秦女也。

〔七〕子，原作于。黃丕烈曰：鮑「勢」下補「必」字。吳氏補曰：此下疑有缺字。丕烈案：鮑、吳皆非。此無缺，讀以八字爲一句。金正煒曰：按「于」爲「子」字之譌，楚字當屬下句，文義自明。鮑、吳及黃氏之說並非也。

〔八〕原作：「子益賤而日疏矣。」　祖耿案：御覽四九四引作：「子疎必矣。」

〔九〕鮑彪曰：利在爲王。

〔一〇〕鮑彪曰：此（楚懷）十八年。　吳師道曰：史：楚願得張儀而獻黔中。秦王欲遣之，口弗忍言。儀請行曰：「臣善靳尚，尚得事鄭袖，袖所言皆從。」遂使楚。儀固已料是謀之必中矣。　祖耿案：史記張儀列傳云：「秦要楚欲得黔中地，欲以武關外易之。楚王曰：『不願易地，願得張儀而獻黔中地。』秦王欲遣之，口弗忍言。張儀乃請行。惠王曰：『彼楚王怒子之負以商於之地，是且甘心於子。』張儀曰：『秦彊楚弱，臣善靳尚，尚得事楚夫人鄭袖，袖所言皆從。且臣奉王之節使楚，楚何敢加誅。假令誅臣而爲秦得黔中之地，臣之上願。』遂使楚。楚懷王至則囚張儀，將殺之。靳尚謂鄭袖曰：『子亦知子之賤於王乎？』鄭袖曰：『何也？』靳尚曰：『秦王甚愛張儀而不欲出之，今將以上庸之地六縣賂楚，以美人聘楚，以宮中善歌謳者爲媵。楚王重地尊秦，秦女必貴而夫人斥矣！不若爲言而出之。』於是鄭袖日夜言懷王曰：『人臣各爲其主用。今地未入秦，秦使張儀來，至重王。王未有禮而殺張儀，秦必大怒攻楚。妾請子母俱遷江南，毋爲秦所魚肉也。』懷王後悔，赦張儀，厚禮之如故。」

六

楚王將出張子〔一〕，恐其敢己也〔二〕，靳尚謂楚王曰：「臣請隨之，儀事王不善，臣請殺之。」楚小臣，靳尚之仇也，謂張旄曰〔三〕：「以張儀之知，而有秦、楚之用，君必窮矣！君不如使人微要靳尚而刺之，楚王必大怒儀也〔四〕。彼儀窮，則子重矣！

楚、秦相難，則魏無患矣！』張旄果令人要靳尚刺之。楚王大怒秦，構兵而戰〔五〕，秦、楚爭事魏，張旄果大重〔六〕。

〔一〕吴師道曰：姚本自爲一章，今從之。　祖耿案：顧觀光隸此於赧王四年。

〔二〕欺，原作敗。姚注：敗，一作欺。

〔三〕鮑彪曰：張旄，魏之用事者。　朱起鳳曰：韓非子六微：「犀首與張壽爲怨，陳需新入，不善犀首，因使人微殺張壽，魏王以爲犀首也，乃誅之。」案禮曲禮云：「八十、九十曰耄」，字與旄通。韓非作壽，兩字同義通用。陳需即田需，大致與楚策所云爲一事，而人名不同，殆傳聞異辭耳。　祖耿案：此殆不然，仍當各從本文。

〔四〕鮑彪曰：微，不顯也，使若儀殺之。　黄丕烈曰：刺，鮑本作殺。

〔五〕祖耿案：「秦」下鮑補「楚」字。　吴師道曰：「怒秦」句。

〔六〕鮑彪曰：彪謂張旄欲窮儀，則如殺儀斯已矣。今不殺儀，顧從説者殺尚，以儀之智，爲足以免於死也。　吴師道曰：大事記，靳尚之出張儀，欲以求福也，反以殺身。事變之來，亦安可迎隨哉！此可爲小人之戒！屈原曰：「前大臣見欺於張儀，儀至，臣以爲大王烹之。」（祖耿案：史記張儀傳：「大臣」作「大王」。）吁！豈惟屈原，雖庸人孰不謂然！懷王聽靳尚，隨袖之言而出之。既出之，又恐其欺己，而使尚隨之，不悟其詐。尚之見殺，則雖怒而終不能誅儀也！杜忠言，惑邪説，玩弄於儀掌股之上。召寇衂師，喪國亡身，死有餘責。特以爲秦人詐誘，天下反從而憐之，計其愚闇强愎，六國之主，無與輩也！

七

秦敗楚漢中〔一〕，楚王入秦，秦王留之〔二〕。游騰爲楚謂秦王曰：『王挾楚王而與天下攻楚，則傷行矣；不與天下共攻之，則失利矣；王不如與之盟而歸之。楚王畏，必不敢倍盟〔三〕。倍盟，王因與三國攻之，義也〔四〕。』

〔一〕鮑彪曰：此（楚懷）三十年，秦伐楚，取八城，宜得漢中。　祖耿案：顧觀光隸此於赧王十六年。

〔二〕鮑彪曰：秦王，昭王。

〔三〕鮑彪曰：畏，畏秦。

〔四〕原不叠『倍盟』二字。黄丕烈曰：鮑『盟』下補『背盟』二字。吴氏補曰：宜復有『背盟』二字。鮑彪曰：彪謂此言亦可聽也。而秦志在亂楚，不爲之動，所以卒并天下，後人守此。

八

楚襄王爲太子之時〔一〕，質於齊〔二〕，懷王薨，太子辭於齊王而歸〔三〕，齊王隘之，曰〔四〕：『予我東地五百里，乃歸子〔五〕；子不予我，不得歸！』太子曰：『臣有傅，請追而問傅〔六〕。』傅慎子曰〔七〕：『獻之！地，所以爲身也！愛地不送死父，不義！臣故曰獻之便〔八〕。』太子入，致命齊王〔九〕，曰：『敬獻地五百里。』齊王歸楚太子，太子歸，即位爲王。齊使車五十乘來取東地於楚，楚王告慎子曰：『齊使來求東地，爲之奈何？』慎子曰：『王明日朝群臣，皆令獻其計。』上柱國子良入見，王曰：『寡人之得來反王墳墓復群臣歸社稷也，以東地五百里許齊〔一〇〕，齊今使來求地，爲之奈何〔一一〕？』子良曰：『王不可不與也！王身出玉聲，許萬乘之强齊，而不與，則不信，後不可以約結諸侯〔一二〕；請與而復攻之。與之信，攻之武，臣故曰與之。』子良出，昭常入見，王曰：『齊使來求東地五百里，爲之奈何？』昭常曰：『不可與也！萬乘者，以地大爲萬乘，今去東地五百里，是去國之半也〔一三〕；有萬乘之號，而無千乘之用也！不可！臣故曰勿與，常請守之！』昭常出，景鯉入見，王曰：『齊使來求東地五百里，爲之奈何？』景鯉曰：『不可與也！雖然，楚不能獨守〔一四〕！臣請西索救於秦。』景鯉出，慎子入，王以三大夫計告慎子曰：『子良見寡人，曰：「不可不與也，與而復攻之。」常見寡人，曰：「不可與也，常請守之。」鯉見寡人，曰：「不可與也，雖然，楚不能獨守也，臣請索救於秦。」寡人誰用於三子之計？』慎子對曰：『王皆用之。』王怫然作色〔一五〕，曰：『何謂也？』慎子曰：『臣請效其說，而　且見其誠然也！王發上柱國子良車五十乘，而北獻地五百里於齊，發子良之明日，遣昭常爲大司馬，令往守東地；遣昭常之明日，遣景鯉車五十乘，西索救於秦。』王曰：『善。』乃遣子良北獻地於齊；遣子良之明日，立昭常爲大司馬，使守東地；又遣景鯉西索救於秦。子良至齊，齊使人以甲受東地，昭常應齊使曰：『我典主東地，且與死生，悉五尺至六十，三十餘萬，弊甲鈍兵，願承下塵〔一六〕！』齊王謂子良曰：『大夫來獻地，今常守之，如何〔一七〕？』子良曰：『臣身受命弊邑之王，是常矯也！王攻之！』齊王大興兵攻東地，伐昭常，未涉泗，疆秦以五十萬臨齊右壤〔一八〕，曰：『夫隘楚太子弗出，不仁；又欲奪之東地五百里，不義；其縮甲則可！不然，則願待戰〔一九〕！』齊王恐焉，乃請子良南道楚，西使秦，解齊患〔二〇〕。士卒不用，東地復全〔二一〕。

〔一〕祖耿案：顧觀光隸此於赧王十六年。

〔二〕祖耿案：御覽三八八引，「質」上有「爲」字。

〔三〕鮑彪曰：齊王，閔王。　祖耿案：太子歸，梁玉繩有説，見齊策三楚王死章。

〔四〕原無曰字。鮑彪曰，隘猶阻。未即許，求地也。　吳師道曰：隘，從阸音，下同。

〔五〕程恩澤曰：案胡三省曰：東地，蓋楚之東境，淮、汝之地也，合而考之，殆即東國之地，方五百里耳。祖耿案：御覽三八八引作：「齊王曰：『與我地五百里，則歸子。』」

〔六〕黄丕烈曰：今本追作退，乃誤涉鮑也。鮑改追爲退。吳氏補曰：退字譌。

〔七〕祖耿案：周季編略慎子作慎到。錢穆曰：事亦見明人慎懋賞僞爲慎子書。按懷王入秦爲周赧王十六年，其時齊湣王之二年也。豈慎子遂以其時爲襄王傅乎？校其年代，尚無不合，惟慎氏書顯係鈔撮僞造，殊不足據。史記正義云：「慎子，戰國時處士」，亦不以爲楚王傅。風俗通義姓氏篇：「慎到爲韓大夫」，亦無據，疑從其先申韓、申韓稱之而誤。（考辨三九〇頁）

〔八〕姚注：便，一作使，曾作便。

〔九〕鮑彪曰：致命，歸誠之言。吳師道曰：送致命令，如項羽使人致命懷王。金正煒曰：按公羊宣元年傳：「退而致仕」，注：致仕，還禄位於君。左氏襄二十八年傳：「受而稍致之」，注：致，還公致命，猶云反命也。國語吳語：「董褐既致命」，亦謂復命，正與此同。又管子大匡篇：「邢君出致於齊」，注：致命於齊以告急。鮑注近是，吳正大非。

〔一〇〕來，原作求。鮑彪曰：得求反，求反國而得。復，復見之。王念孫曰：求，當爲來，謂得來反於楚也。隸書來、求二形相似，上下文又有求字，故來譌爲求。鮑云求反國而得，此曲說也。太平御覽人事部引此，正作「來反」。金正煒曰：按「求」，當爲來字之譌也。公羊隱五年傳注：齊人名求得爲得來。祖耿案：御覽四八〇引作：「寡人之得來及主墳墓。」

〔一一〕今，原作令。姚注：令，一作今。金正煒曰：按作今者是也。祖耿案：御覽四八〇引，正作今。

〔一二〕强，原在萬字上。金正煒曰：按玉聲，貴重之意。文選七發：「伏聞太子玉體不安」，李注：言玉，美之也。强字當在齊字上，後文可證，此誤淆也。而讀爲若，見周禮旅師注及詩猗嗟疏。祖耿案：御覽三八八引作：「許萬乘之齊而弗與」，四八〇引作：「許强國萬乘之齊而弗與。」

〔一三〕「國」上原有「戰」字。金正煒曰：按戰字疑衍，或「國」爲「葡」字之譌。管子權修篇：「外不可以應敵，內不可以固守，故曰：有萬乘之號，而無千乘之用，而求權之無輕，不可得也。」昭常蓋援管子之文，以申其說。

〔一四〕「守」下原有「王身出玉聲，許萬乘之强齊也而不與，負不義於天下，楚亦不能獨守」二十七字，姚注：曾圈去以上二十七字。

〔一五〕鮑彪曰：怫，鬱也。吳師道曰：怫，音拂，當與孟子「艴然」之艴同義，怒變色也。

〔一六〕鮑彪曰：典，猶職。主，猶守。且與死生，言地有則生，失地死之。下壓，凡人相趨則有塵，戰亦有塵。不敢與齊抗，故言下。金正煒曰：按古人以二歲半爲一尺。後漢書明帝紀注、李燮傳注並云：六尺，謂年十五以下也。墨子旗識篇：「五尺男子爲童旗。」漢書賈誼傳：「五尺以上，不輕得息。」如淳曰：五尺，謂小兒也，言無小大，皆當自爲戰備。又周禮司徒：「一曰慈功。」疏：鄉大夫職，國中自七尺、野自六尺，皆不從征。論語云：「可以託六尺之孤」，注：六尺謂年十五。則十五從征，十四以下不從征可知。又王制：「六十不與服戎。」此云：「悉五尺至六十」，蓋徵發及於老弱耳。

〔一七〕原作「何如」。金正煒曰：按「何如」，當爲「如何」。詩綢繆：「如此良人何」疏：「如何，猶奈何。」或「如」字本爲「故」，草書相似而譌。鄄人有獄章：「非故何也」，鮑本作「如」，誤與此同。

〔一八〕原無「泗」字。王念孫曰：「未涉」下當有「泗」字，寫者脫去耳。「彊」，當爲「疆」字之誤也。「彊秦」二字下屬爲句。此言齊興兵攻楚之東地，尚未涉泗，而彊秦已以五十萬臨其右壤也。史記楚世家：「齊湣王謂其相曰：『不若留太子以求楚之淮北。』」齊策作：「蘇秦謂薛公曰：『君何不留楚太子，以市其下東國。』」然則下東國，即淮北之地也，亦即此篇所謂東地五百里也。地在淮北，則爲泗水所經，故齊攻楚之東地，必涉泗水也。金正煒曰：按未涉彊，謂未入東地之界。漢書高帝紀：「涉魏而東」。晉灼曰：涉，猶入也。穀梁昭元年傳：「疆之爲言猶竟也。」原文自通，非有脱誤，且此爲記事之詞，不當稱彊秦。

〔一九〕鮑彪曰：縮，蹙也。蓋東之。　金正煒曰：按史記天官書：「退舍曰縮。」一切經音義引國語賈注：縮，退也。賈子新書耳痹篇：「吴王不忍縮師與成。」縮甲、縮師義同。

〔二〇〕金正煒曰：按請，當爲謁字之譌也。廣雅釋詁：道，説也。此與秦策「西説趙，北説燕」文同。　湯炳正曰：金説大誤。蓋子良當時因獻地猶在齊，故齊請其往秦、往楚，以爲之解患也。

〔二一〕鮑彪曰：彪謂此四臣皆國士也。襄王無若人，豈能反國？慎子能兼用之，其最優乎。方之晉五臣，其舅犯歟！此書三書懷王薨而太子歸，史記獨謂太子歸而王乃薨，又謂王逃歸不達，薨。夫秦能劫留之，豈不能衛之？孟嘗之逃，先以計免，猶危不脱。楚王何以能逃？可疑也。楚王亡死，太子在外，郢中必立王以絶秦望。太子以齊之重歸義嗣也，其誰敢干之？於是王乃定。齊策乃云，忠王而走太子，則是太子卒不得位，亦非也。蓋郢中立王時，蘇子以此策干田文，而語人以九可，文不之用，世猶載其語也。吴師道曰：頃襄之辭於齊，齊隘之以割地，雖不讎，非不信也。齊使之來，當直拒之，昭常之不與，是矣。然不知出地而較計於大小之間，抑末矣！子良之與而復攻，繆矣！景鯉爲之索救於秦，夫不共戴天之讎，在所當絶，尚忍乞哀而求援哉！　鯉罪特甚也。慎子不知擇其是非，決以大義，請皆用之，則兼其失矣。且秦之責齊曰：「隘楚太子不仁，奪東地不義。」斯言也，出於讎國之口，而四人皆無一語及之，尚何足稱乎？餘説並見齊策。　又曰：春秋、戰國之時，在他國而逃歸者多矣，豈無衛之者邪？以此疑懷王之逃不可也。　祖耿案：此章原有七百五十二字，曾國去二十七字，仍存七百二十五字。諸宫舊事載此云：「懷王留秦時，太子横質齊請歸。齊閔王曰：『與我東地則歸子。』太子用太傅慎子計，許之。太子既歸即位，是爲襄王。齊使車五十乘，來求東地。王患之，以告令尹慎子。慎子對曰：「王朝群臣而問之。」上柱國子良入曰：「王身出玉聲，許萬乘之齊，不與不可以約諸侯。請與而復攻之。與之，信也；攻之，武也。」昭常進曰：「萬乘者，以地大故也。今去東地五百里，是去國之半，臣請勿與而守。」景鯉進曰：「不可與也。雖然，不與負不義於天下。臣請西索救於秦。」既罷，王以三大夫之言告慎子。慎子曰：「皆用之！王可遣子良以五十乘獻地於齊；明日，使昭常爲大司馬，守東地；又明日，遣景鯉索救於秦。」於是子良獻地於齊人。以甲受昭常，至死守不與。齊王問子良，子良曰：「常矯也。」齊王興師攻東地，未涉境。秦以五萬兵臨齊右壤，責之曰：「隘楚太子不仁，又欲奪之東地不義，縮甲則可，不然請戰。」齊懼而退，於是士卒不用，東地復全。」凡三百八字。策文詳贍，而此簡賅，余知古殆裁削之歟！

九

女阿謂蘇子曰〔一〕：「秦栖楚王〔二〕，危太子者公也。今楚王歸，太子南，公必危〔三〕！公不如令人謂太子曰：『蘇子知太子之怨己也，必且務不利太子，太子不如善蘇子，蘇子必且爲太子入矣〔四〕。』」蘇子乃令人謂太子，太子復請善於蘇子〔五〕。

〔一〕鮑彪曰：女阿，未詳。祖耿案：顧觀光隸此於赧王十六年。

〔二〕姚注：栖，別本作西。鮑彪曰：懷王見扨，客秦如栖。金正煒曰：按史記吳世家：「棲於會稽。」大戴禮保傅篇：「棲閔王於莒。」則凡失國而寓於外者皆爲棲。索隱釋以鳥所止宿，於義未安。詩大雅：「如彼棲苴」，傳：水中浮草曰棲苴，或即其義。

〔三〕鮑彪曰：以此書及史考之，王皆不歸。今此蓋其喪歸。南，自齊歸楚爲南。　吴師道曰：此謀度之言。

〔四〕鮑彪曰：入，言其歸之之深。　吴師道曰：使太子得入也。　金正煒曰：按上文言「太子南」，是太子已歸楚，不待蘇子爲之求入。疑「入」字或爲「人」之譌。燕策，「今王言屬國子之，而吏無非太子人者」，此即其義。魏策，「二人者曰：『需非吾人也。』」鮑注：需非二人之黨。此言太子善蘇子，則蘇子亦將黨於太子也。

〔五〕鮑彪曰：詳此，亦無走太子之事。　吴師道曰：疑此乃齊策蘇子説薛公章脱簡。首「女阿」二字，又他章錯脱。又説薛公策末欠蘇子自解於薛公一節，此爲蘇子自解於太子也。疑亦有差舛。　黄丕烈曰：案吴説誤。女阿者，太子之阿，内則所謂可者，與齊策不相涉。又「善」字，鮑本無。

一

蘇子謂楚王曰〔一〕：「仁人之於民也，愛之以心，事之以善言〔二〕；孝子之於親也，愛之以心，事之以財；忠臣之於君也，必進賢人以輔之。今王之大臣父兄，好傷賢以爲資，厚賦斂諸臣百姓，使王見疾於民，非忠臣也〔三〕；大臣播王之過於百姓，多賂諸侯以王之地，是故退王之所愛，亦非忠臣也〔四〕，是以國危。臣願無聽群臣之相惡也，慎大臣父兄；用民之所善，節身之嗜欲以百姓〔五〕。人臣莫難於無妬而進賢，爲主死易，垂沙之事，死者以千數〔六〕；爲主辱易，自令尹以下，事王者以千數；至於無妬而進賢，未見一人也。故明主之察其臣也，必知其無妬而進賢也。賢之事其主也，亦必無妬而進賢〔七〕。夫進賢之難者，賢者用，且使己廢，貴，且使己賤，故人難之〔八〕。」

〔一〕祖耿案：顧觀光附此於赧王十四年，曰：策言「垂沙之事，死者以千數」。按荀子議兵篇：「兵殆於垂沙，唐蔑死」，楊注即以重邱之役釋之，故附此。

〔二〕金正煒曰：按「民」當爲「人」，民、人字古通用。書堯典：「敬授人時。」史記五帝紀作：「敬授民時」。

左氏襄三十一年傳：「人生幾何」，漢書五行志作：「民生幾何」，可證。

〔三〕鮑彪曰：爲資，爲己資藉。

〔四〕鮑彪曰：王所愛者，必不播割，與大臣異趣，故大臣退之。　金正煒曰：按「是故」當爲「且故」，涉下「是以」而譌。

〔五〕鮑彪曰：愼，言不輕困之。　黄丕烈曰：今本「以」下有「與」字，乃誤涉鮑也。鮑補「與」字。吳氏補曰：此下有缺文。

〔六〕鮑彪曰：垂沙，未詳。兵略訓：「楚兵殆於垂沙」，亦不注。　吳師道曰：「爲主死易」止「千數」，下句同。如此則意明。　程恩澤曰：案荀子議兵篇：「兵殆于垂沙，唐蔑死，」楊倞注：垂沙，地名。未詳所在。漢地理志，沛郡有垂鄉，豈垂沙乎。今按史記楚懷王二十八年，秦與齊、韓、魏共攻楚，殺楚昧，取我重邱而去。昧與蔑同。據此，則垂沙之事即殺唐昧之事。秦本紀，昭王八年（楚懷王三十年），「齊使章子、魏使公孫喜、韓使暴鳶共攻楚方城，取唐昧。」則垂沙當即在方城内外（重邱在泚陽，即今南陽府），正與方城相近。惟策與史互異，故難臆斷）。但難確言其處耳。固非沛郡酇縣之垂鄉也。　黄式三曰：史禮書云：「兵怠於垂涉，唐昧死焉。」垂涉蓋非地名，謂邊垂之淺而敵所涉者與。　金正煒曰：按史記禮書：「兵殆於垂陟，唐昧死焉。」集解引許愼曰：垂陟，地名也。沙、陟形聲相近，故致歧誤。又史記楚世家，秦與齊、韓、魏共攻楚，殺唐昧，取重丘。秦本紀云，攻方城，取唐昧。呂覽：齊令章子與韓、魏攻荆，荆使唐蔑將兵應之，夾泚而軍。蔑即昧也。水經注云，茈邱，古名重邱。地正與方城相近。則垂沙、垂陟皆爲重丘之譌。重與垂字形相類，沙丘則名稱之歧耳。穀梁僖十四年傳，沙，山名也。故沙丘亦得通稱，陟又因沙而譌。

祖耿案：垂沙，說見楚策二術視伐楚章。俞正燮曰：楚策蘇子謂楚王章，「垂沙之事。」荀子議兵篇，

『兵殆於垂沙，唐蔑死，莊蹻起，楚分而爲三四。』淮南子兵略訓：『楚兵殆於垂沙，唐昧死焉。』按爾雅云，潁爲沙。說文云，楚東有沙水。水經注謂開封扶溝間渠水，即沙水。又自陳迄義成入淮，皆沙水也。呂氏春秋處方篇：荆唐蔑與齊章子，夾泚水而軍。爲今南陽唐縣地。後漢書光武紀注：泚水在今唐州泚陽縣南。廬江灊縣亦有泚水，是潁南夾泚也。史記六國表云：懷王二十八年，秦、韓、魏、齊敗我將軍唐昧於重邱。重邱即泚邱，地在潁沙南。秦本紀則後二年，當昭襄八年，秦、齊、魏、韓攻方城，取唐昧。荀子言莊蹻起，楚分。案莊蹻，莊王子孫，爲將定滇。會秦人奪楚巴黔地，不得歸，因還王滇。史記禮書用荀子文，垂沙作垂涉。集解引許慎云：地名。漢志，犍爲有大涉水，在今叙永廳。當黔西滇北，近莊蹻事，然非唐昧事也。

祖耿案：淮南子兵略：兵殆於垂沙。許注：垂沙，地名。商子弱民：唐蔑死於垂涉。

〔七〕黄丕烈曰：『賢』下『之』上，鮑本有『臣』字。

〔八〕鮑彪曰：此策本次蘇秦之楚之上，知蘇子，秦也。然不可先於之楚，故次之此。彪謂此策，人主所當先務，人臣之上節也。蘇氏弟兄言之若此者，二三策而已。吳師道曰：蘇子未知果秦否？序次無據。進賢之說，而出於蘇氏，不過欲時君用己而發，言是而意則非也。

二

蘇秦之楚〔一〕，三月，乃得見王〔二〕，談卒，辭而行。楚王曰：『寡人聞先生，若聞古人！今先生不遠千里而臨寡人，曾不肯留！願聞其說〔三〕。』對曰：『楚國之食貴於玉，薪貴於桂，謁者難見於鬼，王難見於帝〔四〕。今令臣食玉炊桂，因鬼見帝，其可得乎〔五〕？」王曰：「先生就舍！寡人聞命矣〔六〕！」

〔一〕祖耿案：顧觀光附此於顯王三十六年。

〔二〕「月」原作「日」。「見」下原有「乎」字。　吳師道曰：一本標後語、十二國史皆作「三年」。　王念孫曰：「三日」當作「三月」。藝文類聚火部、太平御覽飲食部及文選張協雜詩注引此，並作「三月」。祖耿案：類聚八〇引、御覽八四七引，並無「乎」字。

〔三〕「生」下原有「乃」字。　祖耿案：類聚八〇引、御覽八四七引，並無「乃」字。　御覽九五七引後語亦無。

〔四〕原作「謁者難得見如鬼，王難得見如天帝」。　祖耿案：類聚八〇引、御覽八四七引並作：「謁者難見於鬼，王難見於帝。」御覽九五七引後語作「謁者難得見於鬼，王難得見於帝」。

〔五〕原無「其可得乎」四字。　王念孫曰：「因鬼見帝」語意未了，其下必有脱文。類聚、御覽、文選注引此，並有「其可得乎」四字，當是也。　祖耿案：御覽九五七引後語，作「因鬼見帝，何事不生」。

〔六〕吳師道曰：一本標類要引北堂書鈔作「宣王」。　祖耿案：御覽九五七引後語，作「威王」。

三

楚王逐張儀於魏〔一〕，陳軫曰：「王何逐張子？」曰：「爲臣不忠不信。」曰：「不忠，王無以爲臣；不信，王勿與爲約；且魏臣不忠不信，於王何傷！忠且信，於王何益？逐而聽，則可；若不聽，是王令困也〔二〕！且使萬乘之國免其相，是城下之事也〔三〕！』

〔一〕鮑彪曰：使魏逐之。儀初相魏時，此（楚懷）七年。　祖耿案：顧觀光附此於顯王四十七年。

〔二〕黄丕烈曰：令，鮑本作今。

〔三〕鮑彪曰：此言魏恥之。桓十三年注：城下之盟，諸侯所恥。　吴師道曰：十二年。

四

張儀之楚，貧〔一〕，舍人怒而欲歸〔二〕。張儀曰：『子必以衣冠之敝，故欲歸乎？待我爲子見楚王〔三〕。』當是之時，南后鄭袖貴於楚〔四〕。張子見楚王，楚王不説〔五〕。張子曰：『王無所用臣，臣請北見晉君〔六〕。』楚王曰：『諾。』張子曰：『王無求於晉國乎〔七〕？』王曰：『黄金珠璣犀象出於楚，寡人無求於晉國〔八〕。』張子曰：『王徒不好色耳〔九〕！』王曰：『何也？』張子曰：『彼鄭、周之女，粉白黛黑，立於衢閭之間，非知而見之者，以爲神〔一〇〕！』楚王曰：『楚，僻陋之國也！未嘗見中國之女如此其美也！寡人亦獨何爲不好色也〔一一〕？』乃資之以珠玉。南后鄭褏聞之，大恐，令人謂張子曰：『妾聞君將之晉國，偶有金千斤，進之左右，以供芻秣；鄭袖亦以金五百斤〔一二〕。」張子辭楚王，曰：「天下關閉不通，未知見日也，願王賜之觴〔一三〕。」王曰：「諾。」乃觴之。張子中飲再拜而請曰〔一四〕：「非有他人於此也，願王召所便習而觴之〔一五〕。」王曰：「諾。」乃召南后鄭褎而觴之〔一六〕。張子再拜而請曰：「儀有死罪於大王〔一七〕！」王曰：「何也？」曰：「儀行天下徧矣！未嘗見人如此其美也〔一八〕！而儀言得美人，是欺王也！」王曰：「子釋之！吾固以爲天下莫若是兩人也〔一九〕！」

〔一〕鮑彪曰：初至，王未之重。　祖耿案：此文見渚宮舊事，凡三百四字，較此章三百四十字者爲少，以語詞有所省略也。首句云：「懷王時，張儀在郢，貧。」又案：顧觀光附此於赧王二年。

〔二〕黄丕烈曰：「而」下，鮑本有「欲」字。　祖耿案：舊事，「舍」上有「其」字，「而」作「之」。

〔三〕乎，原作子。黄丕烈曰：上「子」字鮑本無。　祖耿案：「子」當爲「乎」之譌。無者非也。渚宮舊事，「儀」上無「張」字，「必」上有「又」字，以「作」爲「歸」，下有「也」字。下云：「子待我爲子見王」，無「楚」字。策文如無「乎」字，讀「故欲歸」句，「子待我」句，亦通。

〔四〕鮑彪曰：南后，懷王后；鄭褎，美人。　吳師道曰：褎，袖同。周紫芝楚辭説云：「鄭國之女多美而善舞。楚懷王幸姬鄭袖，當是善舞，故名。袖者，所以舞也。」　祖耿案：舊事，「是」下無「之」字，「貴」下有「寵」字，無「於楚」二字。

〔五〕鮑彪曰：前嘗欲逐之於魏。　吳師道曰：彼此前後不可考。疑此爲初見楚王時事，當在前。　祖耿案：舊事，「子」作「儀」，無兩「楚」字。

〔六〕祖耿案：舊事，「張子」作「儀」，無兩「臣」字。

〔七〕祖耿案：舊事作「王曰」，上無「楚」字，「張子」作「儀」。

〔八〕鮑彪曰：璣，珠不圓者。　祖耿案：舊事無「黃」字，「金」下有「玉」字，末無「國」字。

〔九〕祖耿案：舊事，「張子」作「儀」，下同。

〔一〇〕「黛」，原作「墨」。原無「之間」二字。姚注：別本作「黛黑」。　鮑彪曰：黑，言其髮。　吳師道曰：墨，別本作「黛」，畫眉墨也。　王念孫曰：別本是也。楚辭大招及列子周穆王篇、鴻烈修務篇並云：「粉白黛黑。」郭璞子虛賦注、文選西都賦注、史記司馬相如傳正義、後漢書班固傳注、藝文類聚人事部、太平御覽人事部引策文，並作「粉白黛黑。」　祖耿案：史記西南夷列傳正義、漢書司馬相如傳注、後漢書班固傳注引，並作「立於衢」；文選兩都賦注引作：「立於衢間」；御覽三八〇引作：「立於衢間之間」；舊事無「之間」二字。

〔一一〕「亦」，原作「之」。　黃丕烈曰：今本「之」上有「見」字，乃誤涉鮑也。鮑補見字。　吳氏補曰：「此當有「見」字。」丕烈案：鮑、吳皆非，此無缺，讀以十字爲一句。　金正煒曰：按鮑、吳說並非。「之」蓋「亦」字之譌。秦策：「猶連雞之不能俱止於棲之明矣。」魏策：「且君之嘗割晉國取地也何必以兵哉！」誤並與此同。　祖耿案：舊事：「王曰」上無「楚」字，「國」下無「也」字，「美」下無「也」字，「寡人」下無「之」字，亦無「亦」字，末「也」字作「哉」。

〔一二〕原無「君」字，「將」下有「軍」字。　鮑彪曰：秣，飼馬。　金正煒曰：按「將軍」當爲「君將」。策文君、軍往往互誤，此文因「君」誤爲「軍」，後人遂乙「將」字於上，而本義失矣！「偶」亦「竊」之壞字。「進」

與「贖」通。漢書高帝紀：蕭何爲主吏主進。師古曰：進，本作賮，又作贐，音皆同耳。古字假借，故轉而爲進。廣雅釋詁：以，予也。　祖耿案：舊事作「將軍之晉」，下無「國」字。「偶」作「耦」。「亦以」作「亦有」。御覽三八〇引作：「聞君將之晉，有金千斤，請供芻秣。」

〔一三〕黄丕烈曰：「關閉」鮑本作「閉關」。　祖耿案：舊事作：「張儀辭王曰：『天下閉關不通，未知見日。』」下無「也」字。

〔一四〕吳師道曰：上林賦：「酒中樂酣」，注：「飲酒半醉半醒也」。中，直衆反。　金正煒曰：按呂覽報更篇：「因發酒於宣孟，宣孟知之，中飲而出。」　祖耿案：舊事「觴之」下作「中飲請曰」，無「張子再拜而」等字。

〔一五〕鮑彪曰：便，所安者。習，所能者。　吳師道曰：便習猶便嬖。便，毗連反。　祖耿案：舊事，「此」下無「也」字，「便習」下無「而觴之」三字。

〔一六〕祖耿案：舊事，「王」下無「曰諾」二字，「袖」下無「而觴之」三字。

〔一七〕祖耿案：舊事作「儀再拜曰」，無「張子」「而請」等字。又「於」下無「大」字。

〔一八〕黄丕烈曰：「美也」，鮑本無「也」字。　祖耿案：舊事，「何也」下作：「儀曰：『臣偏行天下，未嘗見人如此其美』。」無「矣」字，亦無「也」字。

〔一九〕鮑彪曰：釋，猶置。儀自辱於楚相，未嘗至楚。其至楚在復相秦之四歲，此（楚懷）十六年。　吳師道曰：不可考。又曰：大事記引蘇氏云：儀之所以求用者，其術至此。此所以言必信而功多也，可不悲乎！愚謂此正孟子所謂妾婦之道，莊生所謂所治愈下，則所得愈多者也。　策南后、鄭袖爲二人，蘇氏止爲鄭袖一人。　祖耿案：舊事末句作：「吾固以爲莫如此兩人矣。」無「天下」二字。

五

楚王令昭睢之秦，重張儀〔一〕。未至，惠王死。武王逐張儀。楚王因收昭睢以取齊〔二〕。桓臧爲睢謂楚王曰〔三〕：「横親之不合也，儀貴惠王而善睢也〔四〕。今惠王死，武王立，儀走，公孫郝、甘茂貴。甘茂善魏，公孫郝善韓。二人固不善睢也，必以秦合韓、魏。韓、魏之重儀〔五〕，儀有秦而睢以楚重之。今儀困秦而睢收楚，韓、魏欲得秦，必善二人者〔六〕。二人將收韓、魏輕儀而伐楚，方城必危〔七〕！王不如復睢而重儀於韓、魏〔八〕。儀據楚勢，挾魏重，以與秦争。魏不合秦，韓亦不從，則方城無患〔九〕。」

〔一〕鮑彪曰：説秦，使重之。　祖耿案：顧觀光隸此於赧王五年。

〔二〕鮑彪曰：收，捕繫之也。睢善儀而齊惡儀，秦既逐儀，楚故捕繫睢以外儀而合於齊。　吴師道曰：以收爲捕繫，則與「收韓、魏」字義頓異，恐有差誤。　黄丕烈曰：楚，鮑本無。　金正煒曰：按「收」字疑「放」之譌。小爾雅廣言：放，棄也。漢書哀帝紀：「聖王所放」。師古曰：放，棄也。穀梁宣元年傳，放，猶屏也。又廣雅釋詁，放，置也。謂棄置不用。故桓臧説王復睢，睢無罪，不得捕繫。鮑説固非，吴亦未能訂正。下文「今儀困秦而睢收楚」，亦當作「放」。

〔三〕鮑彪曰：桓臧，楚人。

〔四〕黄丕烈曰：鮑改「横」爲「從」。丕烈案：鮑改誤甚。此横親，指秦、韓、魏也。

〔五〕鮑彪曰：言昔重之。

〔六〕鮑彪曰：困，謂見逐於秦。二人，郝與茂也。

〔七〕原無「二人」二字。姚注：一本有兩「二人」字。鮑彪曰：伐楚，以楚嘗從儀故。黃丕烈曰：「者」下，鮑本有「二人」二字。鮑「人」下補「者」字。

〔八〕鮑彪曰：復，復其位。

〔九〕姚注：「韓」，三本同。舊作「王」。鮑彪曰：不從，不從秦。吳師道曰：姚云，「王」三本同作「韓」。愚謂此義長。黃丕烈曰：韓，鮑本作王。

六

張儀逐惠施於魏〔一〕，惠子之楚，魏王受之。馮郝謂楚王曰〔二〕：『逐惠子者，張儀也，而王親與約，是欺儀也！臣爲王弗取也〔三〕！惠子爲儀者來，而惡王之交於張儀，惠子必弗行也〔四〕。且宋王之賢惠子也，天下莫不聞也〔五〕；今之不善張儀也，天下莫不知也〔六〕；今爲事之故，棄所貴於讎人，臣以爲大王輕矣〔七〕！且爲事耶，王不如奉惠子而納之於宋，而謂張儀曰：「請爲子勿納也！」儀必德王〔八〕；而惠子窮人，而王奉之，又必德王；此不失爲儀之實，而可以德惠子。』楚王曰：『善。』乃奉惠子而納之宋。

〔一〕鮑彪曰：儀時隙秦相魏。此（楚懷）十九年。　祖耿案：顧觀光隷此於赧王五年。

〔二〕鮑彪曰：馮郝，楚人。　金正煒曰：漢書人表作馮赫，猶仇郝、公孫郝，亦作仇赫、公孫赫也。

〔三〕鮑彪曰：約，與施相結。

〔四〕鮑彪曰：此設辭也。施以儀逐之而來，必有惡儀之言。使施善儀爲儀而來，豈行此惡儀之言哉！　吳師道曰：謂逐惠施者張儀，而王與施結約，則是欺儀，臣所以爲王不取。惠施爲儀逐來歸，而使王與儀交惡，施亦不必行此。　黄丕烈曰：今本「者來」作「來者」，乃誤涉鮑也。鮑改爲「來者」。

〔五〕鮑彪曰：宋王，君偃。

〔六〕鮑彪曰：今，謂施。

〔七〕鮑彪曰：「今爲事之故」，今爲楚國事也。賁謂儀，讎謂施不善儀也。楚王當賁儀，而今受施，是爲儀之讎而棄儀也。

〔八〕「奉」，原作「舉」。　鮑彪曰：「且爲事邪」，言誠有意爲國事者。「今」，謂儀。　黄丕烈曰：「儀」，鮑本作「今」。吳補：一本「儀」。　金正煒曰：按「舉」，當爲「奉」，篆文下形相似而譌也。周禮司服：「共其衣服而奉之」，注：奉，猶送也。後文「惠子窮人而王奉之。」又云：「乃奉惠子而納之宋。」並與此文相應。　錢穆曰：施之去魏，在惠成王後元十三年，當宋王偃十七年。其後三年，惠成王卒，施復在梁，則留宋不踰三年。（考辨三〇九頁）

七

五國伐秦，魏欲和〔一〕，使惠施之楚，楚將入之秦而使行和〔二〕。杜赫謂昭陽曰：『凡爲伐秦者，楚也〔三〕；今施以魏來而公入之秦，是明楚之伐而信魏之和也；公不如無聽惠施，而陰使人以講德秦〔四〕。』昭子曰：『善。』因謂惠施曰：『凡爲攻秦者，魏也；今子從楚爲和，楚得其利，魏受其怨；子歸，吾將使人因魏而和〔五〕。』惠子反，魏王不說〔六〕。杜赫謂昭陽曰：『魏爲子先戰，折兵之半，謁病不聽，請和不得，魏折而入秦，子何以救之〔七〕？東有越纍，北無晉交，西未定於秦，是楚孤也！不如速和〔八〕。』昭子曰：『善。』因令人謁和於魏。

〔一〕吳師道曰：大事記：此六國既敗，求和於秦之事也。錢穆曰：六國合從，據楚策五國伐秦，魏欲和，使惠施之楚章，似其事主者實爲楚、魏，或由犀首之徒害張儀之重爲秦相而促成之（可參讀衍傳）。其事起於一時，決非早有從約，爲大規模之擯秦（考辨二七一頁）。祖耿案：顧觀光隸此於愼靚王三年。

〔二〕鮑彪曰：惠施，魏相。入，納施於秦。

〔三〕鮑彪曰：據此，則楚時與伐，非燕也。吳師道曰：「凡爲伐秦者楚也」，指爲從長而言。餘說見秦策義渠君章。

〔四〕「講」，原作「請」。「德」，原作「聽」。姚注：「聽」，劉作「德」。鮑彪曰：以和請於秦，而聽其命。吳師道曰：姚云：「劉作『德秦』。」 金正煒曰：按作「德」者，是也。「請」亦當爲「講」字之譌。

〔五〕黃丕烈曰：「得」，鮑本作「將」，鮑改爲「得」。吳氏補曰：當作「得」。

〔六〕鮑彪曰：魏王，哀王。 吳師道曰：襄王。

〔七〕「入」下原有「齊」字。鮑彪曰：「折而入齊秦」，此折，猶屈。救，救其折。 吳師道曰：折兵之折當爲折閱之折，減損也。食列反。 金正煒曰：按五國伐秦，齊居其一。魏不得言折而入齊，齊字蓋衍。

〔八〕原無「西」字，「交」上原有「而」字，「秦」上原有「齊」字。 鮑彪曰：越累，言越有傷楚之心。越近楚故。赫此言，蓋兩忠楚、魏。 吳師道曰：赫陳楚陰請秦之謀以誑魏，今恐魏之折入秦，而復爲是說，非有忠魏之心也。 黃丕烈曰：鮑改纍爲累。吳氏正曰：「此書纍、累通。」 金正煒曰：「東有越纍」以下，皆推言魏折入秦之害。秦策：「此國累也。」高注：累，憂也。纍與累同。「北無晉」三言，於義未完。「而交」二字當乙轉。「北無晉交」，與「東有越纍」爲對文。晉即魏也，既入於秦，即無楚交矣。「而」當爲「西」之誤，「西未定於秦」，亦衍「齊」字。未定謂和戰未決，齊則不得言未定也。

八

陳軫告楚之魏〔一〕，張儀惡之於魏王曰〔二〕：「軫猶善楚，爲求地甚力。」左爽謂陳軫曰：「儀善於魏王，魏王甚信之，公雖百說之，猶不聽也。公不如以儀之言爲資，而得復楚〔三〕。」陳軫曰：「善。」因使人以儀之言聞於楚，楚王喜，欲復之〔四〕。

〔一〕黄丕烈曰：今本「告」作「去」，乃誤涉鮑也。鮑改「告」爲「去」。吳氏補曰：恐當作「去」。金正煒曰：按史記高帝紀：「常告歸」，集解引李斐：休謁之名，吉曰告，凶曰寧。又索隱引戰國策延篤注：告歸，今之歸寧也。漢書高帝紀注引孟康曰：古者名吏休假曰告。師古曰：告者，請謁之言，謂請休耳。盧綰傳：「常告過趙。」師古曰：因休告之假而過趙。魏策：「今臣無事請謁而往。」與此正相類。鮑、吳並誤。祖耿案：此章與下魏一張儀惡陳軫於魏王曰章相同。此言左爽，彼云左華，蓋一人而傳寫有誤也。劉向言除復重，此蓋復重之未除者乎？顧觀光附此於顯王四十七年。

〔二〕鮑彪曰：魏王，哀王。吳師道曰：當是惠王。

〔三〕鮑彪曰：儀言己爲楚，因以其言聞之楚。楚聞其爲楚，故復之。

〔四〕姚注：劉作「果欲」。吳師道曰：魏策有，同。金正煒曰：按「欲」字譌誤，疑當作「故」。

九

秦伐宜陽〔一〕，楚王謂陳軫曰：「寡人聞韓侈巧士也，習諸侯事，殆能自免也〔二〕，爲其必免，吾欲先據之以加德焉〔三〕。」陳軫對曰：「舍之！王勿據也！以韓侈之知，於此困矣！今山澤之獸，無黠於麋〔四〕。麋知獵者張罔前而驅己也，因還走而冒人至數〔五〕。獵者知其詐，僞舉罔而進之，麋因得矣〔六〕。今諸侯明知此多詐，僞舉罔而進者，必衆矣。舍之！王勿據也！韓侈之知，於此困矣！」楚王聽之，宜陽果拔。陳軫先知之也〔七〕。

〔一〕鮑彪曰：此（楚懷）二十一年。　祖耿案：顧觀光隸此於赧王八年。

〔二〕鮑彪曰：免，免於危亡也。公仲時守宜陽。　黄丕烈曰：鮑改侈爲朋。

〔三〕金正煒曰：按爲，猶若也。説詳經傳釋詞。上云「殆能自免」，故此云「若其必免」也。

〔四〕鮑彪曰：麋，鹿屬。　吴師道曰：黠，慧也。慧者，儇敏也。

〔五〕鮑彪曰：罥人，蒙犯，即人不趨網。　吴師道曰：數音朔。　祖耿案：罔，鮑本作網，下同。

〔六〕鮑彪曰：僞舉網，使其進而即人，乃以網網之。

〔七〕鮑彪曰：此策亦可作韓侈。以公仲實守宜陽，故作朋。　吴師道曰：説見秦、韓等策。

十

唐且見春申君曰〔一〕：「齊人飾身修行，得爲益，然臣羞而不學也〔二〕；不避絶江河，行千餘里來，竊慕大君之義，而欲善君之業〔三〕！臣聞之：『賁諸懷錐刃而天下爲勇；西施衣褐而天下稱美〔四〕』。今君相萬乘之楚，禦中國之難，所欲者不成，所求者不得，臣等少也！夫梟之所以能爲貴者，以散棋佐之也〔五〕。夫一梟之不如，不勝五散，亦明矣〔六〕。今君何不爲天下梟，而令臣等爲散乎？」

〔一〕鮑彪曰：春申君，黄歇，楚相。　黄丕烈曰：鮑改「且」爲「睢」。　程恩澤曰：案寰宇記，楚相黄歇封爲春申君，本在壽州，爲去齊近，爲齊所侵迫，徙都於吴，封爲春申君。開申浦（在今武進縣北七十里），置田有上屯、下屯。今無錫惠山寺有黄歇廟。又湖州有菰城（在今烏程縣南二十五里），皆春申故地。據此則歇之封地，由淮北而江東而浙西，其域屢遷。而所謂申浦者，則春申之所由名也。史記正義既以春申爲號謚，又以本傳故吴墟爲今蘇州，俱誤，故吴墟在今無錫縣梅里，與申浦相近。　金正煒曰：按春申與孟嘗、信陵、平原，並稱四公子，當亦楚之疏屬，故朱英説以代立。韓非姦邪弑臣篇，謂爲楚莊王之弟（莊王即襄王，後章莊辛謂楚襄王，荀子作莊辛謂楚莊王可證），其言當必有據。　祖耿案：顧觀光附此於赧王五十三年，曰：凡春申君事附此。

〔二〕鮑彪曰：益，謂有禄位。

〔三〕原無「欲」字。　鮑彪曰：絶江河，言雖險不避。大，言其高義。　程恩澤曰：案江謂岷江，河即大河也。詳見各條。　金正煒曰：按大君，與後章「唯大君能之」義同，猶王之稱大王也。「善」上疑奪「欲」字。「善君之業」，言欲佐之以成相業也。詩桑柔箋：善，猶大也。即後文君爲梟臣爲散之意。

〔四〕鮑彪曰：賁諸，孟賁、專諸。諸，吴人，刺王子慶忌者。言二人不待盛兵而後稱勇。褐，粗衣。　吴師道曰：説文，編枲韤，一曰粗衣。詩豳風注、孟子注、禹貢傳注並云「毛布」。　黄丕烈曰：吴氏補曰：「爲，當作謂。」　金正煒曰：按爲、謂字古通用，不煩改作。

〔五〕原無「貴」字。「梟」下原有「棋」字。姚注：一無「棋」字。　鮑彪曰：散，謂衆棋。　吴師道曰：正義云：博頭有刻梟鳥形者。　黄丕烈曰：鮑改「能爲」作「爲能」。　金正煒曰：按「能爲」於文不完。鮑改亦無義。此當作「夫梟棋之所以能爲貴」。篆文貴作[illegible]，者作[illegible]，貴字缺損，因誤爲者，韓非外儲説左下篇，博也者貴梟，勝者必殺梟。殺梟者，是殺所貴也。

〔六〕姚注：劉無「不如」二字。鮑彪曰：獨善不如衆智。吴師道曰：當云「一梟之不勝，不如五散。」金正煒曰：按不，猶無也。如，當也。言梟雖無能與敵，然一梟則仍不勝五散。吴改未安。劉無「不如」二字，亦誤脱也。

卷十七　楚四

一

或謂楚王曰〔一〕：「臣聞從者欲合天下以朝大王，臣願大王聽之也〔二〕。夫因詘爲信，奮患有成，勇者義之〔三〕；攝禍爲福，裁少爲多，知者官之〔四〕。夫報報之反，墨墨之化，唯大君能之〔五〕。禍與福相貫，生與亡爲鄰〔六〕，不偏於死，不偏於生，不足以載大名〔七〕；無所寇艾，不足以横世〔八〕。夫秦捐德絶命之日久矣，而天下不知。今夫横人嚂口利機，上干主心，下牟百姓，公舉而私取利〔九〕，是以國權輕於鴻毛，而積禍重於丘山〔一〇〕。」

〔一〕王念孫曰：此篇在第十七卷之首，而文選爲齊明帝讓宣城郡公表注引此「或謂楚王」作「唐雎謂楚王」，則合上卷末唐且見春申君曰云云爲一篇。是李善所見本此處不分卷，而「謂楚王」之上亦無「或」字也。　祖耿案：顧觀光附此於始皇六年。

〔二〕鮑彪曰：燕昭末年，用蘇代説復約從。此（楚考烈）二十二年，春申遂爲從長。　吳師道曰：此策時不可考，以爲春申合從，無明據，與下章不同。

〔三〕奮，原作奮。鮑彪曰：詘，謂懷王刼死。奮於患難，以能有成。　吳師道曰：詘，不專指此。　黄丕烈曰：今本「奮」作「奮」，鮑本作「奮」。

〔四〕鮑彪曰：官，尊榮之稱。　吳師道曰：攝，收也。義之，謂制其宜也。官之，謂主其事也。

〔五〕鮑彪曰：報，猶反也。言屈伸禍福相反不一。墨、默同，化，猶治也。言治之其未著。　吳師道曰：報報之反，言反復相尋。墨墨之化，言變化無形。惟大君能之者，言其轉旋變化之妙，又非勇智者所可及也。新序，晉平公謂師曠：「甚矣，子之墨墨也。」曠曰：「天下有五墨墨。」史商君傳：「殷紂墨墨以亡。」漢書竇嬰傳：「墨墨不得意」，皆同。此字義或有異。

〔六〕鮑彪曰：貫，猶通。

〔七〕姚注：載，一作戴。　鮑彪曰：偏，猶專也。死，謂患難。不偏於生，專於衛生，如兩臂重於天下者。吳師道曰：載，承也。不專一於致死，不專一於求生者，不足以承載大名。

〔八〕鮑彪曰：寇，外兵。艾，已所懲創。横，言莫之敵。　吳師道曰：寇，猶賊害。艾即刈。不遭賊害而懲創，則不足以横行於世。

〔九〕鮑彪曰：集韻：嗑，聲也。言聲説所利之事。牟，取也。舉，謂舉措。　吳師道曰：嗑，力暫反，食貌。利機者，利其發動之機。

〔一〇〕吳師道曰：此主從而黜横者之説，然意多未詳。　祖耿案：文選爲齊明帝讓宣城郡公第一表注引，「丘山」作「山岳」。

二

魏王遺楚王美人，楚王説之〔一〕。夫人鄭袖知王之説新人也，甚愛新人。衣服玩好，擇其所喜而爲之；宮室臥具，擇其所善而爲之；愛之甚於王〔二〕。王曰：『婦人所以事夫者，色也；而妒者，其情也；今鄭袖知寡人之說新人也，其愛之甚於寡人，此孝子之所以事親，忠臣之所以事君也。』鄭袖知王以己爲不妒也，因謂新人曰：『王愛子美矣！雖然，惡子之鼻！子爲見王，則必掩子鼻〔三〕。』新人見王，因掩其鼻。王謂鄭袖曰：『夫新人見寡人，則掩其鼻，何也？』鄭袖曰：『妾知也〔四〕。』王曰：『雖惡，必言之。』鄭袖曰：『其似惡聞王之臭也〔五〕！』王曰：『悍哉！』令『劓之！無使逆命〔六〕！』

〔一〕鮑彪曰：魏王，哀王。　吳師道曰：無考。　祖耿案：韓非子內儲說下，並作荆。顧觀光附此於赧王二年，曰：因上章鄭袖附此。

〔二〕姚注：善，一作喜。

〔三〕鮑彪曰：爲此惡鼻故。　吳師道曰：爲，如字。　金正煒曰：按韓非內儲說：『王甚喜人之揜口也，爲見王，必揜口。』王念孫曰：爲，猶若也。爲、若字古多通用。史記宋微子世家：『今誠得治國，國治身死不恨。爲死，終不得治，不如去。』爲之義亦猶若，可爲王說之證。鮑、吳並失其義。

〔四〕金正煒曰：韓非作『不己知也』。此蓋囁嚅其詞，以發王問。三言已足，韓增『己』字無義。

〔五〕『王』上原有『君』字。鮑彪曰：王蓋有臭疾。　黃丕烈曰：君，鮑本無。丕烈案：韓子無。

〔六〕鮑彪曰：不通新人之言。　吳師道曰：『雖惡』之『惡』，如字。　董說曰：左傳：『先歸復所，後者劓。』

注：劓，截鼻也。　祖耿案：韓非子內儲說下，此有二節。上節言掩口，一百零九字。下節言掩鼻，一百八十五字。文字長短不同，而內容則爲一事，明傳說記述之有異也。

三

楚王后死，未立后也〔一〕。謂昭魚曰：「公何以不請立后也？」昭魚曰：「王不聽，是知困而交絶於后也〔二〕！」「然則，何不買五雙珥，令其一善，而獻之王，明日，視善珥所在，因請立之〔三〕？」

〔一〕鮑彪曰：自張儀拘時，獨言鄭袖，則后死久矣。　吳師道曰：無據。使真爲懷王，鄭袖必不待視珥所在矣。　祖耿案：顧觀光附此於赧王二年，曰：因上二章，附此。

〔二〕鮑彪曰：新所立后。　黃丕烈曰：於，鮑本作立。吳補：一本立作於。

〔三〕原無「何」字。鮑彪曰：「然則」下，說者辭。　吳師道曰：「不買」上宜有「何」字。說見齊策。此等何足記載。　金正煒曰：按周禮，天子一后，三夫人。楚僭王制，夫人之數，似亦不得有五。疑五字當爲三之譌。不，當爲盍。盍字脫損半字，因致誤「不」。國語魯語：「君盍以名器請糴於齊。」注：盍，何不也。此章與齊策文同。善，猶美也。

四

莊辛謂楚襄王曰〔一〕：『君王左州侯，右夏侯，輦從鄢陵君與壽陵君，專淫逸侈靡，不顧國政，郢都必危矣〔二〕！』襄王曰：『先生老悖乎？將以爲楚國祆祥乎〔三〕？』莊辛曰：『臣誠見其必然者也，非敢以爲國祆祥也！君王卒幸四子者不衰，楚國必亡矣！臣請辟於趙，淹留以觀之〔四〕。』莊辛去，之趙，留五月，秦果舉鄢、郢、巫、上蔡、陳之地，襄王流掩於城陽〔五〕，於是使人發騶徵莊辛於趙，莊辛曰：『諾〔六〕。』莊辛至，襄王曰：『寡人不能用先生之言，今事至於此，爲之奈何？』莊辛對曰：『臣聞鄙語曰：「見兔而顧犬，未爲晚也；亡羊而補牢，未爲遲也〔七〕。」臣聞昔湯武以百里昌，桀紂以天下亡，今楚國雖小，絶長續短，猶以數千里，豈特百里哉！王獨不見夫蜻蛉乎〔八〕？六足四翼，飛翔乎天地之間，俛啄蚊虻而食之，仰承甘露而飲之，自以爲無患，與人無争也〔九〕；不知夫五尺童子，方將調鈆膠絲，加己乎四仞之上，而下爲螻蟻食也〔一〇〕。蜻蛉其小者也，黄雀因是已〔一一〕！俯噣白粒，仰棲茂樹，鼓翅奮翼，自以爲無患，與人無争也〔一二〕；不知夫公子王孫，左挾彈，右攝丸，將加己乎十仞之上，以其頸爲的，倏忽之間，墜於公子之手，晝游乎茂樹，夕調乎酸醎〔一三〕。夫黃雀其小者也，黃鵠因是已〔一四〕！游於江海，淹乎大沼，俯噣鰋鯉，仰嚙蔆衡，奮其六翮，而凌清風，飄搖乎翱翔，自以爲無患，與人無爭也〔一五〕，不知夫射者方脩其碆盧，治其繒繳，將加己乎百仞之上，被礛磻，引微繳，折清風而抎矣〔一六〕。故晝游乎江湖，夕調乎鼎鼐〔一七〕。夫黃鵠其小者也！蔡聖侯之事因是已〔一八〕！南游乎高陂，北陵乎巫山〔一九〕，飲茹谿之流，食湘波之魚〔二〇〕，左抱幼妾，右擁嬖女，與之馳騁乎高蔡之中，而不以國家爲事〔二一〕，不知夫子發方受命乎宣王，繫以朱絲而見之也〔二二〕。蔡聖侯之事，其小者也！君王之事，因是已！左州侯，右夏侯，輦從鄢陵君與壽陵君〔二三〕，飯封祿之粟，而戴方府之金，與之馳騁乎雲夢之中，而不以天下國家爲事〔二四〕，不知夫穰侯方受命乎秦王，填黽塞之內，而投己乎黽塞之外〔二五〕！」襄王聞之，顏色變作，身體戰慄〔二六〕。於是乃以執珪而授之爲『陽陵君〔二七〕』，與淮北之地也〔二八〕。

〔一〕姚注：荀子：莊辛謂楚莊王。　鮑彪曰：莊辛，楚人。　吳師道曰：元和姓纂：莊辛，楚莊王之後，以謚爲號。　朱起鳳曰：楚策莊辛，漢志人表作嚴辛。明帝諱莊，故史漢多改爲嚴。　錢穆曰：楚頃襄王，亦稱莊王。（考辨三六九頁）　祖耿案：文選詠懷詩注引作「劇辛諫楚王曰：『郢必危矣』」云云。新序雜事二有此文，不盡相同，附錄見後。顧觀光隸此於赧王三十七年。

〔二〕鮑彪曰：四人皆楚之寵幸臣也。韋從謂韋出則二人從之。　金正煒曰：鄢陵君與壽陵君，新序作新安君與壽陵君。按鄢陵君即安陵君也。史記正義云：「鄢陵故城在許州鄢陵縣西北。」李奇謂六國時爲安陵。又魏策：秦王使人謂安陵君曰：「寡人欲以五百里之地易安陵」。說苑作鄢陵。安陵壇雖與魏之安陵君各爲一人，然安陵即鄢陵，可以借證。

〔三〕鮑彪曰：悖，背道也。　吳師道曰：悖，亂也。言老而耄亂也。　金正煒曰：按國語吳語：「今大夫老而又不自安恬逸，而處以念惡，出則罪吾衆，撓亂百度，以妖孽吳國，妄爲妖言。」祆祥，猶妖孽也。　王引之曰：將，猶抑也。將與抑同義。

〔四〕鮑彪曰：淹亦留。

〔五〕鮑彪曰：此（楚襄）二十一年，白起拔郢，置南郡。流謂走。揜，覆也，謂自匿。成陽，屬汝南；若城陽，乃齊也。　吳師道曰：史：東北保於陳城，當是指此城爾。　黃丕烈曰：鮑改城爲成。　張琦曰：上蔡、陳疑衍字，是時王亡走陳也。成陽故城在今光州息縣西界，北距陳三百餘里。蓋自成陽而至陳，非成陽即陳也。程恩澤曰：巫即巫郡。成陽，成本作城。案漢志，汝南郡有成陽侯國。水經注，淮水逕成陽縣故城南，即此。今在河南汝寧府信陽州東北。又光州息縣及固始縣西俱有成陽城（見方輿紀要）。當時襄王自郢保陳，路必經此。或先在光、汝一帶流揜數日，然後東保陳城，未可知也（張氏釋地說同）。　顧觀光曰：蘇秦說魏曰：「南有陳。」越世家云：「魏亦覆其軍，殺其將，則陳、上蔡不安。」蓋與魏地犬牙交錯，故所屬不常也。楚策：「襄王流揜於城陽」，以史考之，謂陳城之陽也。秦本紀，始皇二十三年，「秦王游至郢陳」，亦以楚嘗都此，故有郢名（祖耿案：餘說見秦策四，頃襄王二十年章）。　金正煒曰：按史記楚世家，頃襄王二十一年，「秦將白起遂拔我郢，燒先王墓夷陵。楚襄王兵散，遂不復戰，東北保於陳城。二十二年，秦復拔我巫、黔中郡。」白起傳：白起攻楚，拔鄢、鄧五城，其明年攻楚，拔郢，燒夷陵，遂東至竟陵。楚王去郢，東走徙陳。秦本紀載：武王二十八年，取鄢、鄧，二十九年，取郢，與起傳同。是楚失鄢郢，不在一歲。此云五月，蓋誤，疑當作五年。襄王十九年，楚割上庸、漢北地予秦。此數年中，秦無取陳、蔡之事，上蔡或即上庸之譌，陳字疑涉下文而衍。辛去楚，當在頃襄十八年，迄於秦人取巫，適爲五年也。諸書皆云，襄王徙陳；策亦屢言，王徙東北保於陳城。此文城陽，疑即陳城之誤。城陽見齊策，非楚地。鮑氏因改爲成陽。然據漢書地理志，成陽有二，一屬汝南，一屬濟陰，皆與陳城不合。通典載陳城在宛邱縣西南，即楚襄所徙之郢陳。陳誤爲陽，又誤倒於城字之下，鮑遂疑爲成陽，誤矣！流揜即流淹，左氏成二年傳：「無令輿師淹於君地。」宣十二年傳：「二三子無淹久。」注：淹，留也。揜與掩同，淹，掩字形相似，又一聲之轉也。錢穆曰：秦拔巫，在頃襄王二十二年，正趙惠文王二十二年，置公子丹爲太子之歲。（周季編略亦定楚召莊辛在此歲。）然則莊辛嘗留趙，推其時，與莊子說劍篇所云略相當。余辨莊子見趙惠文王論劍，乃莊辛，非莊周。韓非喻老：「楚莊王欲伐越，莊子諫。」亦莊辛。而文選卷五十五注引，誤作莊周。豈傳說之初，本以爲莊辛，而後乃誤以屬之莊周者邪！據金氏說：莊辛留趙實久。又辛係文學之士，其說天子諸侯庶人三劍，層累敷陳，亦與蜻蛉黃雀黃鵠蔡聖侯之喻，取逕相似。則文出莊辛，非莊周無疑。（考辨四〇七頁）

〔六〕鮑彪曰：騶，廐御也。徵，謂召索。

〔七〕鮑彪曰：牢，閉養之圈。

〔八〕鮑彪曰：蜻蛉，蟲，一名桑根。

〔九〕祖耿案：類聚九〇引作：「與人無事。」

〔一〇〕鮑彪曰：飴，米糵所煎，調以餌之。又施膠於絲以繫之。八尺曰仞。吳師道曰：鈆，當作飴。顏師古急就章注：以糵消米取汁而煎之，渜弱者爲飴，形怡怡然。此謂調以膠絲也。淮南子：「柳下惠見飴曰：「可以養老。」盜跖見飴曰：「可以黏牡。」」呂氏春秋：「仁人得飴，以養疾侍老；跖蹻得飴，以開閉取楗，皆以黏也。」一本標膠，或作繆，言糾繆纏繞也。黃丕烈曰：今本鈆作飴，乃誤涉鮑也。鮑改鈆爲飴。吳氏補曰：云云。丕烈案：新序作「膠絲竿」。祖耿案：御覽九五〇引作：「調鈎膠絲。」「鈆」蓋鈎字之譌。調鈎膠絲者，調柔鈎屬之物，膠之以蜘蛛之絲，如今小兒之捕蜻蛉者矣。

〔一一〕黃丕烈曰：鮑本無「蜻蛉其小者也」六字，丕烈案：新序有。王引之曰：已字絶句。因是，猶是也。已，語終詞也。言黃雀之自以爲無患，猶之蜻蛉也。金正煒曰：按文選詠懷詩注引延篤戰國策論云：因是已，因者，事已復有是也。蓋以因是已爲句。此作以者，古字通也。呂覽義賞篇：「戎夷胡貉巴越之民是以。」漢書馮唐傳：「上曰：何已」。史記作「何以」，並與此同。王念孫以因爲猶之聲轉，疑即由字之誤耳。由與猶通。孟子公孫丑篇：「由反手也。」音義引丁音：由義當作猶，古字借用耳。左氏莊十四年傳，疏：古者猶、由二字義得通用，策文亦多以由爲猶。又晏子春秋：「公乘侈輿服繁組驅之，而因爲遲」。「因爲」亦「猶謂」之譌。祖耿案：「因是已」者，猶言「亦若此矣」。御覽四五六引新序作「又是也」。

〔一二〕鮑彪曰：噣，啄也。蓋以喙啄。翅，强羽。吳師道曰：一本噣作囑。黃丕烈曰：案新序作啄。祖耿案：類聚九二引作：「俯噣白粮。」文選詠懷詩注引作：「俯啄白粒。」粒、粮音近之譌。

〔一三〕頸，原作類。的，原作招。「倏忽」以下十字，原在「醎」字下。姚注：三同。集無「倏忽」下十字。曾本云：一本有此十字。鮑彪曰：攝，引持也。調乎酸醎，以爲餌也。吳師道曰：一本標後語云：「以其頸爲的。」的，或爲招。黃丕烈曰：案類字形近之譌也。李善注詠懷詩引作：「以其頸爲的」，的、招同義。齊策所謂「今夫鵠的」，魏策所謂「兵爲招質」者也。　王念孫曰：文選阮籍詠懷詩注引此作：「以其頸爲的。」藝文類聚鳥部、太平御覽羽族部並引此云：「左挾彈，右攝丸，以加其頸。」「類」當爲頸字之誤也。招的、古聲相近，故字亦通也。「倏忽之間，墜於公子之手」，姚云：「三同。集無此十字。曾云：一本有。」念孫案：無此十字者是也。一本有者，後人妄加之耳！夕調乎酸鹹，謂烹之也。既烹之矣，何又言「倏忽之間，墜於公子之手」乎？下文說黃鵠之事，至「晝遊乎江河，夕調乎鼎鼐」，以下更不贅一語，此獨於「夕調乎酸鹹」之下加二語，以成蛇足，甚無謂也。文選詠懷詩注及藝文類聚、太平御覽引戰國策，並無此十字。新序雜事篇，亦無此十字。　金正煒曰：王念孫謂類當爲頸，是也。「倏忽」以下十字，當在「晝游」句上，誤淆於下，不必爲衍文。　祖耿案：的，當作的，從曰，勺聲 的俗字。招，召聲，與勺聲古同部，故得假。

〔一四〕原無上「黃」字。姚注：一本「夫黃雀」。　鮑彪曰：鵠，鴻也。　吳師道曰：水鳥也。　祖耿案：御覽九一六引作「黃鶴」。鵠、鶴古多通用。

〔一五〕鰋原作鰱。翱，原作高。　鮑彪曰：字書無鰱字。衡，香草。翮，羽本。　吳師道曰：周禮，，蔆芰蔆蔆、薐字通。凡將篇：蔆，從遴，今俗書作菱。武陵記云：四角、三角曰芰，兩角曰菱。衡與菱並言即荇，接余，水草也。　黃丕烈曰：鮑改鰱爲鰋。丕烈案：新序作「鰋鯉」。　王念孫曰：小雅、周頌，皆以鰋鯉連文，鮑失考，而改鰱爲鰋，謬矣！類聚鳥部，御覽羽族部引此，並作「鰋鯉」。　祖耿案：御覽九一六引作：「俯啄鰋鯉，仰齕菱蘅。」類聚九〇引作：「仰齕菱蘅。」「高翔」疑「翱翔」之譌。

〔一六〕「方」下原有「將」字。「被」原作「彼」。姚注：磻，補左、補何二切，以石維繳也。　鮑彪曰：字書無碆字。谿與碆聲近。集韻，碆可爲鏃。盧、旅同，黑弓也。矰，弋射矢。繳，生絹縷。字書無磻字，集韻，斵，利也。磻，以石着維繳也。繳以繫矢，從高。集韻，抎，下也，如折然。　吳師道曰：磻，即碆。此不當復有弣弓把中，恐是此字形聲訛。繒、矰通，見三輔黃圖。廣韻，礛，力甘反，治玉之石。繳音灼。磻，補左、補何二反。抎，羽粉反。徐按，呂氏春秋與隕同。　黃丕烈曰：今本茾作碆，乃誤涉鮑也。鮑改茾爲碆。吴氏正曰云云。案茾當讀爲蒲，左氏所謂董澤之蒲也。新序作「脩其防翳」，不與此同。今本繒作矰，亦誤涉鮑也。鮑改繒爲矰，吴氏正曰云云。案新序是繒字。礛，鮑改爲劉。吴氏有正。案新序作「揚微波」，波、磻同字。　黃式三曰：碆，石之可爲矢鏃者也。盧、玈同，弓也。策，碆作茾。說苑作「選其弓弩」。　金正煒曰：微，當讀如徽。說文，徽，三糾繩也。廣雅釋器，徽，索也。徽繳與礛磻，皆以駢語爲對文，與新序作「引纖繳，揚微波」有別。　朱起鳳曰：文選，張華勵志詩：蒲盧縈繳，神感飛禽。案蒲盧可以爲矢，故射者用之。茾，從付聲，從草會意，故與蒲通。抎讀曰顛隕之隕。　祖耿案：類聚九〇引作「方修弧矢治矰繳，將加己百仞之上」。御覽九一六引作「方修弧矢治矰繳，將加己於萬仞之上。」

〔一七〕湖，原作河。姚注：集一無兩「乎」字。　鮑彪曰：鼒，鼎絕大者也。　祖耿案：類聚九〇引作：「晝游江湖，夕調鼎俎。」御覽九一六引同。

〔一八〕鮑彪曰：春秋及史無聖侯。　吴師道曰：聖當作靈。或者古通稱歟，下同。　黃丕烈曰：鮑改聖爲靈。吴氏補曰：云云。丕烈案：吴說非，見下。新序作蔡侯。詠懷詩注引作蔡聖侯。因是已，延叔堅戰國策論曰：因是已，因事已復有事也。依此當讀「以」字句絕。連下者誤。上下句盡同。　金正煒曰：按「聖」當作「聲」，一聲之轉也。史記蔡滅於聲侯後十年。謚法，不生其國曰聲。疑聲侯先虜於楚，後乃盡滅其國耳。公羊文十七年，葬我小君聖姜。二傳作聲姜，可爲此證。鮑、吴以聖爲靈，並非。

〔一九〕鮑彪曰：陂，阪也。　吴師道曰：池也，此引說文上一句。　程恩澤曰：案二義並本說文。一主山言，一主水言，未知何指。新序引此作高陵。　顧觀光曰：宋玉高唐賦云，妾在巫山之陽，高邱之岨。蓋高邱即高陂。

〔二〇〕「谿」下原無「之」字。姚注：後語，飯茹溪之流。注云，茹溪，巫山之溪。　鮑彪曰：茹，飲馬也。故與吐反。湘水出零陵，屬長沙。　張琦曰：湘水出今廣西興安縣陽海山，北逕湖南永州府、衡州、長沙諸府，入洞庭湖。此假設馳騁之辭，非其實也。　程恩澤曰：案水經注、澧水又東，茹水注之。水出龍茹山。水色清澈，漏石分沙。莊辛說楚襄王所謂：「飲茹溪之流者也。」初學記引荆州記，茹溪源出茹龍山，水極清澈。離騷所云：「遺余佩兮澧浦」，其地爲臨澧、零陽二縣，西北與巫山相近。蜀輶日記：古陽臺在奉節縣北門最高處，其後有厓，謂之藏春塢。下臨小溪。國策，蔡聖侯飲茹溪之流，即此。又案地理志，零陵郡零陵縣陽海山，湘水所出。北至酃入江。並無屬長沙之說。水經注，陽海山即陽朔山也（漢時稱陽海，晉後稱陽朔）。元和志，湘水出桂州全義縣東南八十里陽朔山下，經零陵郡西十里。其初則觴爲之舟，至洞庭，日月若出入其中。今出廣西桂林府安興縣南九十里之陽海山，東北流至湖南湘陰縣西，又北達青草湖，注于洞庭。其地似與茹溪、巫山遠不相及，然湘波之魚乘流上下，固無不可至也（張氏琦曰：此假設馳騁之詞，非其實也）。或曰：「湘」蓋「江」字之訛。　顧觀光曰：按水經澧水注云：茹水出龍茹山，水色清澈，漏石分沙。莊辛所謂飲茹溪之流者也。其水東注澧水。後語注誤。漢志，零陵縣海陽山，湘水所出，北至酃入江，過郡二，行二千五百三十里。　金正煒曰：「溪」下疑脫「之」字。鮑注非也。　祖耿案：文選詠懷詩注。郡內登望一首注引，並作「飲茹溪之流」。

〔二一〕鮑彪曰：高蔡即上蔡。　程恩澤曰：案此說蓋誤。其改聖侯爲靈侯，宣王爲靈王，尤爲武斷。荀子：子發將西伐蔡，克蔡獲蔡侯歸。致命曰：蔡侯奉其社稷而歸之楚。舍（蓋子發名）屬二三子而理其地。既，楚發其賞，子發辭。淮南子：子發攻蔡，踰之。宣王郊迎，列田百頃而封之執圭。子發辭不受。二說相符，並與策文合。又云，其後子發爲上蔡令，盤罪威王而出奔。威王，宣王子也。於時亦非不相及。惟以爲上蔡，其地似稍差（說苑作下蔡、威公，亦誤）。然子發所伐爲高蔡，所宰爲上蔡，不害其爲兩地也。蓋蔡雖一滅於靈王，再滅於惠王，復并於悼王，其後仍國於楚之西境。所謂高蔡者（新序以高蔡爲囿名，亦似有見，然必與國都相近），相其地望，當在今湖北之巴東、建始一帶。故曰：北陵巫山，飲茹谿流，食湘波魚，而荀子亦云西伐蔡也。若是上蔡、下蔡，則其地並在楚之東南，何得言西？且距巫山絕遠，又何有茹溪、湘波之可言乎？楚世家云：宣王六年，三晉益大，魏惠王尤强，故蔡亦往朝之，與乎十二諸侯之列（秦、齊二策所言十二諸侯，皆無泗上二字）。迨至子發獲蔡侯歸，而蔡乃真不祀矣。然則以荀子、淮南、史記證之國策，其人、其地、其時，無不若合符節，與春秋楚滅蔡事，毫不相涉。鮑彪不知蔡屢復國，率意妄改，反以古人爲失考，亦可謂不知量矣！（吳氏補注亦謂「聖」當作「靈」，其謬一也。）顧觀光曰：史表，楚惠王四十二年滅蔡，而吳起爲楚北并陳、蔡，在悼王時。衛鞅之言十二諸侯，則又在其後。蓋屢絕屢續，蔡與陳略相似也。荀子：子發將西伐蔡，克蔡，獲蔡侯。淮南子：子發攻蔡，踰之。宣王郊迎。則蔡卒滅於楚。楚策言蔡聖侯之事云：「南游乎高陂，北陵乎巫山，飲茹溪之流，食湘波之魚。左抱幼妾，右擁嬖女，與之馳騁乎高蔡之中，而不以國家爲事！不知夫子發方受命乎宣王，繫已以朱絲而見之也。」此與荀子、淮南可互相證。妄意楚之滅蔡，當在宣王末年，而鮑注國策改聖侯爲靈侯，宣王爲靈王，謂即春秋昭十一年，楚子誘蔡侯般殺之於申事，則大誤矣！策言巫山、湘波，則蔡地當與洞庭相近，距初封之上蔡千有餘里。故荀子言西伐蔡，不言北伐蔡。而鮑注以上蔡釋高蔡，又大誤矣！上蔡、下蔡，戰國時久爲楚地，今別出之。　祖耿案：荀子彊國篇注引作：「左枕幼妾，右擁嬖女，馳騁乎高蔡之間，而不以國家爲事。不知夫子發方受命于宣王，繫以朱絲而見之。」

〔三〕「繫」下原有「已」字。姚注：三同，無「以」字。鮑彪曰：昭十一年，楚子誘蔡侯般，殺之於申。經、傳不書子發，蓋使子發召之。楚子，靈王。若宣王，蔡滅八十年矣。道應訓：「子發伐蔡，宣王郊迎。」人間訓又言。「獲罪威王」者，皆失考也。　黃丕烈曰：鮑改宣爲靈，吳氏補曰：宣當作靈。丕烈案：吳氏說非，新序作宣。此策文本作聖侯、宣王，非春秋蔡靈侯、楚靈王事。子發事楚宣，高誘注淮南子有其證。金正煒曰：按淮南道應篇：「子發攻蔡，踰之」注：「子發，楚宣王之將。」則此文作宣固不誤。又荀子强國篇：「子發將西伐蔡，克蔡，獲蔡侯。」楊倞即引此策爲注。吳以淮南爲失考，其說殊不足據。新序亦正作宣。惟宣王時蔡已先亡，宣蓋惠字之譌。　黃式三曰：新序蔡侯，策作聖侯、靈侯，皆未是。（祖耿案：周季編略：貞王十九年，蔡侯即位。二十二年，楚司馬舍伐蔡，滅之，執蔡侯齊以歸。黃曰：蔡侯無謚。）時楚爲惠王，策作宣王、靈王皆非。　又曰：子發事，見荀子强國、淮南子道應訓。蔡威公事，見說苑權謀。楚策莊辛對頃襄王語，以子發爲宣王之將，淮南子道應訓同。式三案：楚宣王在周顯王時，蔡滅已久，策宣字係惠字之譌。若鮑本楚策，改宣爲靈，則楚靈王時，越句踐尚未立。列女傳載：子發母引越句踐伐吳事以戒子發，何以解之邪？且子發初爲楚將，在春秋子西爲政之時。禮記大學正義引司馬子發立壇對秦客事云，整師旅，治兵戈，使蹈白刃，赴湯火，萬死不顧一生者，有司馬子發能也。由此推之，則子發爲將，在惠王十年前，白公未亂之時。因近校荀子、國策、史記者未及考檢，特詳辯之。　蘇時學曰：蔡滅於楚，謂楚惠王之滅蔡也。蔡猶復建，更七十八年，至楚宣王時而蔡始亡。據戰國策言，子發滅蔡，當蔡聖侯時。子發者，楚宣王之大司馬景舍也。淮南子言子發以宣王時滅蔡，以威王時獲罪出奔，其時世尤爲可據。楚宣王與梁惠王同時，當梁惠王會泗上諸侯，固猶有蔡焉！則蔡不亡於楚惠王時審矣！而陋者每溺於史記之說，反疑國策之文有誤，妄改聖侯爲靈侯，宣王爲靈王。幸楊倞注荀子引國策此文，尚存其舊耳。（見越

縵堂同治乙丑四月二十四日記）

〔二三〕輦，原作輩。姚注：一無此「輩」字。　黄丕烈曰：今本輩作輦，鮑本作輦。吳氏補曰：鄢陵，新序作新安。　金正煒曰：鮑本輩作輦，是。鄢陵、壽陵皆嬖幸，故曰輦從。此作「輩」誤。　程恩澤曰：案江永曰：自自楚莊王討陳夏氏，鄉取一人以歸，謂之夏州。地近漢水，於是漢水遂有夏名。凡夏汭、夏口、夏首、夏侯，及漢之江夏郡縣，皆以此立名。據此，則夏侯封地，亦當在今漢陽、武昌之間。　又案：鄢陵君，新序引此作新安君。案通鑑，秦始皇二十二年，李信攻楚鄢郢。胡三省曰：時楚遷壽春，所謂鄢者，即春秋『鄭伯克段于鄢』之鄢，郢則陳州也。據此，則鄢陵疑即今開封府鄢陵縣。然襄王時尚未遷陳，又或在宜城，亦未可定。　又案：通鑑秦莊襄王二年，五國攻秦，取壽陵至函谷。徐廣曰：在常山。正義曰：趙邑也。胡三省曰：當在河東郡，蓋以秦本紀作秦卻于河外故也。然河南亦稱河外，則即謂壽陵在新安、宜陽之間，亦無不可。但此雖楚境所及，未必即壽陵君之邑也。或曰壽陵即今壽州，亦無確證。

〔二四〕鮑彪曰：封禄，所封之禄。方，四方。金，其所貢。　董説曰：方府，藏金之府也。　黄丕烈曰：今本戴作載，鮑本作載。　金正煒曰：戴字當從鮑本作載，方府當是楚之藏名，猶魯之長府。沈約爲柳世隆上銅表『方將盈金中藏，收功上苑，南楚陋其方府，西京鄙其部內。』　祖耿案：文選詠懷詩注引作：『載方府之金。』

〔二五〕鮑彪曰：秦王，昭王。填，兵滿也。江夏有鄳，即魏策鄳隘之塞。　吳師道曰：策本韓，鮑改作魏，故云。然燕策亦有。案左氏定四年，左司馬戌謂子常直轅冥阨，注：漢東隘道。史春申傳，秦踰黽隘之塞而攻楚。蘇秦傳，塞鄳阨，正義云申州羅山縣，本漢鄳縣，州有清平關，蓋古鄳縣之阨塞。又云石城山。楚世家，涉鄳塞，亦指此。而正義誤以爲河東大陽鄍城，初不與楚相涉，何遽忘前說也。　大事記作鍾山縣。按唐志，申州有鍾山、羅山兩縣，申州，今信陽軍也，黽鄳，字同，謨萌反。隘，當從阸音。　黃丕烈曰：「不」上鮑本有「而」字。丕烈案：新序無。　張琦曰：左傳：「還塞大隧、直轅、冥阸」。注：三者皆漢東隘道。吳兼引直轅，而遺大隧，說又不及直轅，或傳刻者妄削之也。今德安府應山縣東北百二十里武陽關，即古大隧。東北九十里白雁關，亦名黃峴，即古直轅。北六十里平靖關，即古冥阸。皆與信陽州接界（即唐申州。）塡黽塞之內，謂破鄳鄍、燒夷陵在黽塞之南，故曰內。投己乎黽塞之外，謂東北保於陳，在黽塞之北，故曰外。楚世家。涉鄍塞。正義主大陽鄍城者，蓋以上云漢中、析、酈可得而有，爲已近商、洛之境，下云山東、河內，爲指陝、虢、懷州，則非申州之地，故以徐說江夏爲非。古人於地理不苟如此。吳氏之譏，適見其妄。　程恩澤曰：案呂氏春秋，天下九塞，冥阸其一（淮南子同）。劉伯莊曰：秦兵向楚有兩道（涉谷西道，河外東道），從褒斜入梁州，即東南至申州，攻石城山，險阸之塞也。括地志：石城山在申州鍾山縣東南二十一里，魏攻冥阸，即此山。山上有石故城。史記音義：或言冥阸在鄳縣葙山。　高士奇曰：其地有大小石門，鑿山通道，實爲險阸。一曰平靖關（此義陽三關之一也。其二關，一曰武陽，即左傳大隧；一曰黃峴，即左傳直轅。見齊書州郡志。義陽，唐申州），因山爲障，不營濠隍。故以平靖爲名。楚所恃以爲固者，申、息之間，方城之外，扼要惟此。在今河南汝寧府信陽州東南九十里，湖北德安府應山縣北六十五里（高誘以此爲宏農澠池，非是。張守節謂即左傳伐鄳三門之鄳，亦非）。　顧觀光曰：魏世家云：行三千里而攻冥阸之塞。冥阸之塞即黽塞也。定四年左傳注云：漢東隘道。史記蘇秦傳正義曰：申州羅山縣，本漢鄳縣（漢志屬江夏），有平靖關，蓋古鄳縣之阸塞。元和志云：此關因山爲障，不營濠隍，故名平靖關（鄳在今汝甯府信陽州東南八十里）。又燕策：秦欲攻魏，則以南陽委於楚曰：「寡人固與韓且絕矣，殘均陵，塞鄳阸，苟利於楚，寡人如自有之。」則黽阸亦韓、楚兩屬矣。

〔二六〕金正煒曰：按禮記哀公問：孔子愀然作色而對曰。鄭注：作，猶變也。作即怍之借字。禮記曲禮：容毋怍。注：怍，顏色變也。祭義：孝子臨尸而不怍。注：色不和曰怍。管子弟子職：顏色毋怍。注：怍謂變其容貌。祖耿案：文選詠懷詩注引作：「襄王聞，顏色變，四體戰慄。」

〔二七〕姚注：一本無「以」字。曾，「爲」上有「封之」二字。顧觀光曰：陽陵疑即陵陽。屈原哀郢賦云：「當陵陽之焉至兮，淼南渡之焉如。」漢志屬丹陽，在今池州府青陽縣南六十里。云南渡者，以其在大江之南也。實則郢都去陵陽千六七百里，東西相望，故總記之曰東遷。祖耿案：文選詠懷詩注引作：「於是乃執珪中授之，封以爲陽陵君。」

〔二八〕鮑彪曰：彪謂此策，天下之善規也。襄王雖失之東隅，而收之桑榆。故其季年保境善隣，差爲無事，此策爲有力焉！吳師道曰：「與淮北」云云，句上有缺文。新序曰：「身體悼栗，曰：「謹受令。」乃封莊辛爲成陵君而用計焉。與舉淮北之地十二諸侯。」後語云：「而與謀秦，復取淮北之地。」又曰：鄢陵，新序作新安。又曰：大事記：頃襄既失郢都，復召莊辛，聞其言，至於色變體慄，此其所以能稍復故地也。復取江南十五邑，在頃襄二十三年。新序又載：楚襄用莊辛計，舉淮北之地十二諸侯。蓋喪亂之後，補敗扶傾之計，皆出於辛，特不能大有所爲耳！劉辰翁極詆辛小人，謂何策之有？皆失考。程恩澤曰：案策文「與」字，蓋「舉」字之訛，非有缺也。注謂淮北之地，即楚世家所云：復西取秦所拔我江旁十五邑，亦未是。世家所云，指黔中、巫郡言，故曰西取。若淮北則楚之東南，非西也。說見齊策。又曰：陽陵，今無考。金正煒曰：據新序，「與」下脫「舉」字，陽陵作成陵。祖耿案：新序雜事二云：「莊辛諫楚襄王曰：「君王左州侯，右夏侯，從新安君，與壽陵君同軒，淫衍侈靡，而忘國政，郢其危矣！」王曰：「先生老惛歟！安爲楚國妖歟！」莊辛對曰：「臣非敢爲楚妖，誠見之也。君王卒近此四子者，則楚必亡矣！辛請留於趙以觀之。」於是不出十月，王果亡巫山、江漢、鄢郢之地。於是王乃使召莊辛，至於趙，辛至。王曰：「嘻！先生來邪！寡人以不用先生言至於此，爲之奈何？」莊辛曰：「君王用辛言則可，不用辛言，又將甚乎此。庶人有稱曰：亡羊而固牢，未爲遲；見兔而呼狗，未爲晚。湯、武以百里王，桀、紂以天下亡。今楚雖小，絶長繼短，以千里數，豈特百里哉！且君王獨不見夫青蛉乎？六足四翼，蜚翔乎天地之間，求蚊虻而食之，時甘露而飲之，自以爲無患，與民無爭也。不知五尺之童子，膠絲竿加之乎四仞之上，而下爲螻蟻食也。青蛉猶其小者也，夫爵，俛啄白粒，仰棲茂樹，鼓其翼，奮其身，自以爲無患，與民無爭也。不知公子王孫，左把彈，右攝丸，定操持，審参連，故晝游乎茂樹，夕和乎酸鹹。爵猶其小者也，鴻鵠嬉游乎江漢，息留乎大沼，俛啄鰋鯉，仰奮陵衡，脩其六翮，而陵清風，飄搖高翔，一舉千里，自以爲無患，與民無爭也。不知弋者選其弓弩，脩其防翳，加繒繳其頸，投乎百仞之上，引纖繳揚微波，折清風而殞，故朝游乎江河，而暮調乎鼎俎。鴻鵠猶其小者也，蔡侯之事故是也。蔡侯南游乎高陵，北經乎巫山，逐麋麔麞鹿，彍谿子隨時鳥，嬉游乎高蔡之囿，溢滿無涯，不以國家爲事。不知子發受令宣王，厄以淮水，填以巫山，庚子之朝，纓以朱絲，臣而奏之乎宣王也。蔡侯之從新安君與壽陵君，淫衍侈靡　康樂游娛，馳騁乎雲夢之中，不以天下與國家爲事。不知穰侯方與秦王謀，寘之以黽厄，而投之乎黽塞之外。」而襄王大懼，形體悼栗，曰：「謹受令。」乃封莊辛爲成陵君而用計焉，與舉淮北之地十二諸侯。」文與此不同也。劉向既定戰國策，又編新序，不知何以不避複重如此！疑傳流本有不同，向皆存而錄之耳。

五

齊明說卓滑以伐秦，滑不聽也〔一〕。齊明謂卓滑曰：『明之來也，爲樗里疾卜交也〔二〕。明說楚大夫以伐秦，皆受明之說也，唯公弗受也，臣有辭以報樗里子矣！』卓滑因重之〔三〕。

〔一〕鮑彪曰：卓滑，疑即淖滑。朱起鳳曰：史記秦始皇紀：『齊明、周最、陳軫、昭滑、樓緩、翟景、蘇厲、樂毅之徒通其意。』索隱：昭滑，楚人。史記陳涉世家作邵滑。正義：邵作昭。韓非子六微，干象曰：『前時王使邵滑之越，五年而能亡越，所以然者，越亂而楚治也。』史記甘茂傳：『且王嘗用召滑於越，而內行章義之難。』案邵、昭並從召聲，故兩字通用。昭、卓聲之轉。且與齊明同時，以此知卓滑即昭滑。祖耿案：顧觀光附此於赧王六年。

〔二〕鮑彪曰：來，蓋自秦來。

〔三〕鮑彪曰：此明因敗爲成之說也。樗里，滑之所欲交也。滑不聽明，明懼見輕，爲善於疾，而言以此報疾，故滑重之。

六

或謂黃齊曰〔一〕：『人皆以謂公不善於富摯〔二〕。公不聞老萊子之教孔子事君乎〔三〕？示之其齒，曰：「齒之堅也，六十而盡，相靡也〔四〕。」今富摯能而公重不相善也，是兩盡也〔五〕！諺曰：「見君之乘，下之；見杖，起之〔六〕。」今也，王愛富摯而公不善也，是不臣也〔七〕！」

〔一〕鮑彪曰：黃齊，楚人。　程恩澤曰：案元和姓纂，陸終之後，受封守黃。爲楚所滅，以國爲氏。杜預曰：黃國嬴姓，今弋陽縣，故城在今光州東，又州西十二里，有黃城（又臺駘封汾川，其後黃國守其祀，見急就篇）。　祖耿案：顧觀光附此於顯王三十年。

〔二〕鮑彪曰：富摯，楚人。

〔三〕鮑彪曰：老萊子，楚有道之士。

〔四〕原無「曰齒」二字。姚注：一本「齒」下有「曰齒」二字。　鮑彪曰：靡、摩同，研也。

〔五〕鮑彪曰：能，有材能。重，猶甚。　吳師道曰：兩盡，謂兩强俱斃，若齒之相摩以就盡也。　金正煒曰：按韓非有度篇：「數至能人之門，不壹至主之廷。」三守篇：「人主不心藏而漏之近習能人。」此云「富摯能」，當即其義。惟韓子所謂能人，本即荀子書態臣之謁。漢書司馬相如傳：「君子之態」，史記作能，正即其例。此文能當爲寵，亦字之譌也。說文，寵，一曰愛也。史記趙世家正義云，寵，貴寵也。下云「王愛富摯」，正與寵字相應。左傳「況日不悛其能久乎？」晏子春秋作「其竜久乎」，竜即龍字古文。古寵字亦或省作龍。詩長發：「何天之龍」可證。能之誤龍，亦由寵之誤能也。

〔六〕鮑彪曰：傳言曰諺。乘，馬也。在車則下。在坐則起。

〔七〕鮑彪曰：彪謂王之所愛，誠善人也，正人也，尊之敬之，禮也。如不善不正，方當爲王力排而亟去之。今曰王愛之亦愛，何義也？此正盍以富摯能爲足愛也，夫能之不善不正亦多矣，不可不察也。吳師道曰：說苑，常樅告老子曰：『舌之存也，豈非以其柔邪？齒之亡也，豈非以其剛邪？』孔叢子云，老萊子謂子思曰：『子不見夫齒乎？雖堅剛，卒盡相摩；舌柔順，終以不敝。』按史記及漢志並云，孔子與老子、老萊子同時，孔叢子所記，舛也。閻若璩曰：漢藝文志，老萊子與孔子同時，當從國策。祖耿案：此章見渚宮舊事云：富摯有寵於懷王，黃齊惡之。楚人說齊曰：『公不聞老萊教孔子事君乎？』曰：『見君之車則下，見君之位則趨。』王愛富摯，而公不善，是不臣也。』凡五十二字，較策爲略，而事實相同。

七

長沙之難〔一〕，楚太子橫爲質於齊，楚王死，薛公歸太子橫，因與韓魏之兵隨而攻東國，太子懼〔二〕，昭蓋曰：『不若令屈署以新東國爲和於齊，以動秦〔三〕；秦恐齊之敗東國而令行於天下也，必將救我〔四〕。』太子曰：『善。』遽令屈署以東國爲和於齊〔五〕。秦王聞之懼，令芈戎告楚，曰：『毋與齊東國！吾與子出兵矣〔六〕！』

〔一〕鮑彪曰：長沙，荆州國。懷二十九年，秦大破楚，楚王恐，使太子質齊。楚蓋破於此。張琦曰：長沙，今府是。秦紀昭九年，取楚八城，殺楚將景缺。年表作襄城，則非長沙矣，所未詳也。程恩澤曰：案地理志，荆州有長沙國。後漢改作郡。蘇林曰：古青陽也。水經注：縣本青陽之地（漢書鄒陽傳，越水長沙，還舟青陽）。秦始皇二十六年，荆王獻青陽以西（見秦本紀），即此。元和志按東方朔記，南郡有萬里沙祠，自湘川至東萊，地可萬里，故曰長沙（此說似不可信）。通典或云，軫旁有小星名長沙，應其地而名。今按越世家，讎龐長沙，楚之粟也。則其得名已久，蓋楚積穀之所（或曰：本古三苗國，春秋時楚得其地，以爲南府，故能雄長於江、漢間）。今爲湖南長沙府。　顧觀光曰：秦本紀、始皇二十六年令曰：荆王獻青陽以西。漢書鄒陽傳，蘇林注云：青陽，長沙縣。漢志，長沙國之臨湘也。今長沙府城。　祖耿案：顧觀光隸此於赧王十六年。

〔二〕鮑彪曰：本其初言之，亦明此非新立王死。　祖耿案：懷王死於秦，在赧王十九年，時頃襄王已三年矣。

〔三〕鮑彪曰：「新」字疑衍。　金正煒曰：新東國，即齊策留楚太子以市之下東國。蓋楚後得之東地，故或言下、或言新以別之（上章言楚舉淮北之地，正與齊壤接，故齊亟欲得之）。鮑疑新字爲衍，非也。爲與僞通。

〔四〕鮑彪曰：上言齊興兵攻東國，此恐其敗。　金正煒曰：「敗」當爲「取」字，形相似而誤。楚以新東國和齊，則兩國將不構兵，不得言敗。

〔五〕鮑彪曰：此即子良之策，蓋與署偕。　祖耿案：戰國後期，秦最懼楚結齊，屈原即主聯齊以擯秦者。屈原敗，楚遂日削。此屈署不知其爲屈原何人也。

〔六〕芈，原作辛。　鮑彪曰：秦王，昭王。　黄丕烈曰：鮑改辛爲芈。吴氏正曰：當作芈。　王引之曰：「吾與子出兵矣」，言吾爲子出兵也。與，猶爲也。　金正煒曰：「與子」，猶爲子。説詳經傳釋詞。

八

有獻不死之藥於荆王者〔一〕，謁者操以入。中射之士問曰：「可食乎？」曰：「可。」因奪而食之〔二〕。王怒，使人殺中射之士。中射之士使人説王曰：「臣問謁者，謁者曰可食，臣故食之。是臣無罪而罪在謁者也〔三〕。且客獻不死之藥，臣食之而王殺臣，是死藥也！王殺無罪之臣，而明人之欺王〔四〕！」王乃不殺〔五〕。

〔一〕祖耿案：顧觀光附此於赧王二年。

〔二〕鮑彪曰：中射之士，射人之在中者。吴師道曰：韓非子注，中射士，官，有上、中、下。朱起鳳曰：史記張儀傳：「中謝對曰」。索隱，中謝，謂侍御之官也。吕覽去宥，「有中謝佐制者。」又「中謝，細人也。」高注：中謝，官名。射乃謝字之省，射、謝古多通用。

〔三〕祖耿案：類聚八一引、御覽九八四引，並無「而」字。王先慎曰：謁者漫云可食，故食者不任罪。

〔四〕金正煒曰：韓非子説林上篇，「是死藥也」下，有「是客欺王也」五字。禮記檀弓注：而，猶乃也。言殺無罪之臣，乃適以明人之欺王耳。祖耿案：韓非子説林上作：「是死藥也，是客欺王也。夫殺無罪之臣，而明人之欺王也，不如釋臣。王乃不殺。」

〔五〕鮑彪曰：彪謂此謾上，乃不可不殺。荆王赦之，以不能答之也。於答是也何有？謁者曰：可食，非謂汝可食也。藥之能不死者，平人耳，非能使刑者不死。且人以獻王，何與汝而問之，是安得無罪也。吴師道曰：人獻藥於王，奪而食之，固不得爲無罪，而罪不至於死者。世豈有不死之藥哉？明臣之欺王，此士之欲以悟王也，其志則忠矣。鮑謂不可不殺，悖哉！又曰：自齊威宣、燕昭使人入海求三神山而方士盛。楚臣有獻不死之藥者，知當時此術蔓延浸淫，不獨燕、齊然也。屈平遠游之篇曰：『一氣孔神兮於中夜存，虛以待之兮無爲之先。』長生久視之方，無以易此。惜乎楚王之不知也。此策時亦無考。　張宗泰曰：此篇明求仙之無益，斥金丹之妖妄。他人多所稱引而不能了人心目者，此則投間抵隙以數語喚醒之，而其惑可以立解。使燕昭王、唐憲宗而早與聞乎此，當不至以慕長生者反自促其生也。鮑注偏置作者救世之深心於不論，而拘文牽義，斤斤較量於形迹之間，謂中射之士奪藥而食之，不得爲無罪，不可以不殺。不截其流，反助其瀾，是則所謂腐儒也已。（魯巖所學集）

九

客說春申君曰〔一〕：『湯以亳，武王以鄗，皆不過百里以有天下〔二〕，今孫子，天下賢人也，君籍之以百里之勢，臣竊以爲不便！於君何如〔三〕？』春申君曰：『善。』於是使人謝孫子，孫子去之趙，趙以爲上卿〔四〕。客又說春申君曰：『昔伊尹去夏入殷，殷王而夏亡；管仲去魯入齊，魯弱而齊强〔五〕；夫賢者之所在，其君未嘗不尊，國未嘗不榮也〔六〕。今孫子，天下賢人也，君何辭之？』春申君又曰：『善。』於是使人請孫子於趙。孫子爲書謝曰〔七〕：『癘人憐王，此不恭之語也〔八〕！雖然，不可不審察也〔九〕！此爲劫弑死亡之主言也。夫人主年少而矜材，無法術以知姦，則大臣主斷圖私以禁誅於己也〔一〇〕，故弒賢長而立幼弱，廢正適而立不義。春秋戒之，曰：「楚王子圍聘於鄭，未出竟，聞王病，反，問疾，遂以冠纓絞王殺之，因自立也〔一一〕；齊崔杼之妻美，莊公通之，崔杼帥其群黨而攻莊公，莊公請與分國，崔杼不許，欲自刃於廟，崔杼不許，莊公走出，踰於外牆，射中其股，遂殺之而立其弟景公〔一二〕。」近代所見，李兌用趙，餓主父於沙丘，百日而殺之；淖齒用齊，擢閔王之筋，縣於其廟梁，宿夕而死〔一三〕；夫癘雖癰腫胞疾，上比前世，未至絞頸射股；下比近代，未至擢筋而餓死也〔一四〕；夫劫弒死亡之主也，心之憂勞，形之困苦，必甚於癘矣！由此觀之，癘雖憐王可也！」因爲賦曰〔一五〕：「寶珍隋珠，不知佩兮〔一六〕。雜布與錦，不知異兮，閭姝子奢，莫之媒兮，嫫母力父，是之喜兮〔一七〕。以瞽爲明，以聾爲聰，以是爲非，以吉爲凶。嗚呼上天！曷惟其同〔一八〕？」

〔一〕祖耿案：此章見韓詩外傳卷四，文字稍有不同。又見荀子賦篇，韓非子姦劫弒臣篇。顧觀光隸此於秦昭王五十二年。

〔二〕鮑彪曰：皇覽：亳今梁穀熟。鎬，屬京兆。　吴師道曰：史正義引括地志云：宋州穀熟縣西南南亳故城，即湯都。宋州北大蒙城爲景亳，湯所盟地，所謂北亳。河東偃師爲西亳，帝嚳及湯所都。盤庚亦徙都云。湯即位後都南亳，後徙西亳。又曰：鄗、鎬通。史：復都豐鄗。國語：杜伯射王於鄗，鄗，一音黑各反。公羊桓十五年，公會齊侯於鄗。常山有邑名鄗是也，故與鎬異。案鄠縣上林，即今長安縣昆明池北鎬陂。黃丕烈曰：鮑改鄗爲鎬。 張琦曰：湯居亳，即漢濟陰薄縣，在今曹州府曹縣境。北亳、南亳之稱，始於皇甫謐。又以偃師爲西亳，以合尚書三亳之文，甚謬！考穀熟從無亳稱。漢書偃師下，亦未云西亳也。後志：鎬在長林苑中。方輿紀要十道志：鎬池在長安城西昆明池北，即周故都。地志云：在咸陽西南二十五里。 程恩澤曰：案南亳在今商邱縣東南四十里，北亳在縣西北蒙城（或云：即今潁州府蒙城縣，似誤），臣瓚曰：湯所都也。西亳在今偃師縣西十四里。縣南二十里有景山，所謂景亳也。（張守節主此說，皇甫謐以北亳爲景亳，水經注同，諸家多從之，非是。按左傳，湯但命諸侯於此，並未遷都，惟漢書臣瓚注有此說，蓋指爲諸侯時言。吳以蒙爲景亳，亦未的，說見後。）三者皆在今河南省，此據湯始興時言，當指南亳說。左傳：「肅慎、燕、亳，吾北土也。」春秋釋例云：亳，小國，與燕近。史記：秦甯公三年，與亳戰，亳王奔戎，遂滅湯。（皇甫謐曰：周桓王時，有亳王號湯，非殷也。徐廣曰：亳王蓋成湯之後。）說文：亳，京兆杜陵亭名，戎王所居。是三亳之外，又有二亳。路史謂亳有五，蓋即指此，而其說未詳。又襄十一年，同盟于亳城北。杜注：鄭地。公穀作京城，在今滎陽縣東南，則亳更有六，但與殷無涉耳。若立政所云三亳，則指南轘轅、東成皋、西降谷言，更爲異義。任啓運謂：亳止有四，二在河南，一在陝西商州，一在山西垣曲。似有漏義。俞氏正燮曰：書序：湯始居亳，從先王居，指商州言。蓋契本封商，後乃遷蕃，至湯復徙居亳。六國表序所云在西方者，是也。又案：鎬元作鄗。郡國志：鎬在長安縣上林苑中。孟康曰：長安西南有鎬池。鄭康成曰：鎬京在豐水東，相去蓋二十五里。十道志：鎬池在長安城西、昆明池北，即周故都。括地志：鎬在雍州西南三十二里。通典：長安西北十八里，昆明池北有鎬陂。古史考：武王遷鎬，長安豐亭鎬池也。三輔決録注：自漢武帝穿昆明池於此，鎬京遺址淪陷焉（説見水經注）。洪亮吉曰：鎬京在長安縣西南。鎬水在縣西北，源出南山谷中，北流逕故長安城，西南注昆明池，又北爲鎬池（志云：鎬池在咸陽縣西南二十五里），又北入於灃水。自唐堰入昆明池，而灃、鎬之流絶。今則昆明池亦涸爲閒田矣。　祖耿案：策此數語，韓詩外傳作：「湯以七十里，文王百里，皆兼天下，一海内。」

〔三〕「里」下原無「之」字。　鮑彪曰：孫子，荀卿。時爲蘭陵令。　吴師道曰：「荀」作「孫」，避宣帝諱也。　黄丕烈曰：鮑「勢」上補「之」字。丕烈案：韓詩外傳有。　金正煒曰：按劉向校録孫卿書云：孫卿，趙人，名况。今其書稱荀子。司馬貞、顔師古並以爲避漢宣帝諱，改「荀」爲「孫」。籍與藉古字通。詩載芟箋：籍之言借也。孟子滕文公篇注：藉者借也，猶人相借力助之也。吕覽期賢篇注：於，猶在也。此言臣竊以爲不便，在君以爲何如也。

〔四〕姚注：荀子未嘗爲上卿。後語作「上客」，當是。　鮑彪曰：史言孫子，春申君死而貧困，家蘭陵，不言之趙。　金正煒曰：按韓詩外傳亦云：「孫子去而之趙，趙以爲上卿。」此策不必爲誤。墨子小取篇：子墨子使管黔敖游高石子於衛，衛君致禄甚厚，設之於卿。史記田世家：「賜列第爲上大夫，不治而議論。」漢書陳平傳：「賜爵卿」，張晏曰：禮秩如卿，不治事。孟荀之上卿，蓋致禄而已，非仕之也。齊策：賜之上卿，命而處之，即此類也。荀子當議兵趙孝成王前，鮑注尤誤。　祖耿案：墨子小取，應爲耕柱篇。

〔五〕黄丕烈曰：「尹」，鮑本無，鮑補「尹」字。吴氏補曰：缺「尹」字。丕烈案：外傳有。

〔六〕祖耿案：韓詩外傳尊作善，滎作安。

〔七〕祖耿案：「爲書」二字，韓詩外傳作「僞喜」。

〔八〕姚注：韓非子：「諺曰，癘憐王。」　鮑彪曰：癘雖惡疾，猶愈於刼弑，故反憐王。　吴師道曰：癘，癩也。劉辰翁曰：此韓非語，孫不應用，不知非正用孫語也。　祖耿案：韓詩外傳作：「鄙語曰：『癘憐王』。」無「人」字。

〔九〕黄丕烈曰：吳補：一本「然」下有「古無虚諺」四字，丕烈案：外傳無，韓子有。

〔一〇〕圖，原作國。鮑彪曰：斷國，專斷其國。察其私，則恐人誅己，故主斷以禁之。　金正煒曰：按韓詩外傳，卽大臣以專斷圖私，以禁誅於己也。此文「國」蓋「圖」字之譌。

〔一一〕鮑彪曰：昭元年。

〔一二〕群，原作君。原不疊「莊公」二字。鮑彪曰：襄二十五年。　黄丕烈曰：「莊公」二字，鮑本復有。丕烈案：韓子作：「而攻公，公入室，請與之分國」。　程恩澤曰：案左傳杜注：濟南東朝陽縣西北有崔氏城。通志：崔氏城在章邱縣西北二十五里。今在縣西北六十里（顧棟高曰：當有六十餘里，通志非是），俗名古城。　金正煒曰：君當爲群。劉向所云脱損半字也。

〔一三〕鮑彪曰：擢，引也。

〔一四〕頸，原作纓。吳師道曰：癰，委勇切。胞當披交切。　黄丕烈曰：今本「絞纓」誤「纓絞」。丕烈案：韓子及外傳，皆作「絞頸」。

〔一五〕姚注：亦見荀子賦篇、韓詩外傳。　吳師道曰：「賦曰」以下，即佹詩，文小異。　祖耿案：荀子賦篇佹詩末云：「琁玉瑶珠，不知佩也。雜布與錦，不知異也。閭娵、子奢，莫之媒也。嫫母、力父，是之喜也。以盲爲明，以聾爲聰，以危爲安，以吉爲凶。嗚呼上天，曷惟其同。」楊倞注曰：後語作「曷其與同」。此章即遺春申君之賦也。

〔一六〕朱起鳳曰：荀子賦作：「琁玉瑶珠，不知佩也。」此作「寳珍」，乃形近而誤。

〔一七〕雜，原作褘。錦，原作絲。莫之，原作莫知。力父，原作求之。是之喜兮，原作又甚喜之兮。姚注：褘，孫作雜。鮑彪曰：隋侯見大蛇傷，療而愈之，蛇銜明珠報之，世之所寶所珍。禮：后服褘衣。褘，畫袍。姝，好也。奢即子都，美人也。嫫母，都醜也。吳師道曰：閭姝，荀子作閭娵。韋昭云：梁王魏瑩之美女。楚辭注云：「奢」或作「都」，故以爲鄭之美人。嫫母，醜婦人。楚辭注云：黃帝妻。黃丕烈曰：佩，鮑本作俾。丕烈案：荀子、外傳皆作佩。今本「絲」誤「縣」。丕烈案：荀子、外傳皆作錦。閭姝子奢，外傳作閭娵子都，姝娵，奢都，皆同字。王念孫曰：鮑説甚謬！孫朴本作「雜」，是也。荀子及韓詩外傳並作「雜布與錦」。此策錦作縣，蓋錦譌爲綿，轉寫爲緜，又譌爲縣耳。雜布與錦，不知別異，言美惡不分也。「莫知媒」當從荀子、外傳作「莫之媒」，言無人爲之媒也。「嫫母求之，又甚喜之」，荀子、外傳並作：「嫫母力父，是之喜。」此策「求之」二字，未詳何字之譌，「又」即「父」之譌也。「甚喜之」，當從荀子，外傳作「是之喜」，言惟嫫母、力父是喜也。是與甚字之誤。「是之喜」與「莫之媒」相對爲文，喜讀平聲，與媒爲韻也。金正煒曰：按王氏據荀子訂正此文，皆不誤。求當爲力。篆文力作𠠲，求作氺，二形相近，因以致誤。之字涉上下文而衍。「嫫母、力父，是之喜兮」，正與荀子文同。朱起鳳曰：褘布無義，字當作雜。湯炳正曰：異，疑衣之聲誤，與上文「不知佩兮」句一律。閭姝子都，男女對言；嫫母力父，亦男女對言。

〔一八〕「同」下原有「詩曰：上天甚神，無自瘵也」十字。鮑彪曰：同，言舉世皆然。瘵，病也。言天理甚明，如是者，必有患禍。彪謂：春申君之愚昏甚矣！人惟不知賢，故不能用。豈有知之，以一人言去之，又以一人言召之，其特操安在也？荀卿絶之宜哉！卿書有與趙孝成王論兵，而史不言之趙，失之。卿，禮義人也，使卿而在楚，春申必無李園之禍。此書蓋知之矣！吳師道曰：朱子謂：此言衰亂之極，人懷私意，乖異反易，至於如此！故呼天而問之曰，何爲而可使之同乎？同則合乎天理之公，是非善惡，皆當於理，而天下治矣！明天意悔禍，則轉禍爲福，撥亂反正不難矣！又曰：按「詩曰」以下，荀子無之。二句乃菀柳之辭。神，詩作蹈，傳謂當從策。也，詩作焉。本言人誰不欲朝事王，而王甚神，朝之無不自取病。今借以言天之威神甚可畏，不可不畏天而自取禍也。　朱子謂：黄歇亂人，卿乃以爲託身行道之所，則已誤矣！愚謂：卿雖非孟子比，然以詩書禮義言治，禁暴除害言兵，要爲異於戰國之士者。此篇不載於其書，賦即佹詩末章。其言弑賢良而立幼弱，廢正適而立不義，遠引楚圍、崔杼，近述李兑、淖齒，劘切春申甚！然首以法術知姦爲言，則亦出申、商，可謂惑流俗而不篤於自信者也。策獨載此而不及其他，其人又可知矣。　史：荀卿年五十，始遊學於齊。襄王時最爲老師。齊尚修列大夫之缺，而卿三爲祭酒。劉向曰：「方齊宣王、威王之時，聚天下賢士於稷下，尊寵之。若鄒衍、田駢、淳于髡之屬，號曰列大夫。是時荀卿年十五，始遊學，至襄王時最爲老師，齊尚修列大夫之缺，而卿三爲祭酒焉。」據二書之文，則襄王時三爲祭酒也。大事記取史文，書「卿爲列大夫祭酒，在襄王五年」，是也。朱子采劉向而文稍異，曰：「卿少遊學於齊，歷威、宣至襄王，三爲稷下祭酒。」按史：春申君死而卿家蘭陵。春申之死，在考烈王二十五年，齊王建之二十七年也。上歷襄王二十九年，湣王、宣王通五十九年，乃及威王之世。自王建二十九年至宣王元年，已爲一百有五年，卿之不逮事威王明矣！蓋向之言，但爲歷叙威、宣之多士，其言猶先宣而後威，不主爲卿言也。祭酒者，古人飲食必祭，席中之尊者一人當祭，後因以爲官號。髡、衍爲列大夫之時，卿年尚小。其徒既死，齊修其缺而卿與焉。故卿在襄王時最爲老師，而三處衆士之上也。向之言視史猶明，朱子偶未之察耳。史云五十始遊學，向云十五，史字倒置無疑，朱子改之當矣！　黄丕烈曰：案「詩曰」以下，外傳有之，神作蹈，也作焉。考此，必韓氏詩作神、作也，與毛氏詩作蹈、作焉不同。今外傳有誤字。　王念孫曰：荀子無「詩曰」以下三句，外傳有之，外傳每章之末，必引詩爲証，若戰國策則無此例也。「詩曰」以下三句，蓋後人取外傳附益之耳。　汪中曰：春申君請孫子，孫子答書，或去或就，曾不一言，而泛引前世刼殺死亡之事，未知其意何屬。且靈王雖無道，固楚之先君也，豈宜向其臣子斥言其罪，不知何人鑿空爲此！韓嬰誤以說詩，劉向不察，采入國策，其叙荀子新書又載之，斯失之矣！此書自「厲憐王」以下，乃韓非子姦刼弑臣篇文，其言刻覈舞知以禦人，固非之本志。其賦詞乃荀子佹詩之小歌，見於賦篇，由二書雜采成篇，故文義前後不屬，幸本書具在，其妄不難破爾！孫子自爲蘭陵令逮春申之死，凡十八年，其間實未嘗適趙，亦無以荀卿爲上卿之事，本傳稱齊人或讒荀卿，荀卿乃適楚。詩外傳、國策所載或說春申君之詞，即因此以爲緣飾。周、秦記載若是者多矣！至引事說詩，韓嬰書之成例，國策載其文，此故奏之葛龔也。　金正煒曰：按荀子有賦無文，韓非有文無賦，惟外傳與策同。「詩曰」以下，蓋誤入外傳之文也。外傳神作蹈，也作焉，與毛詩合。　黄式三曰：史傳云：「春申君死而荀卿廢，家蘭陵」，不言之趙。策鮑注辯此極詳。式三案：荀子稱荀卿，因卒爲趙卿而名之，猶虞卿也。則其自楚反趙，爲趙之卿信矣。荀子是時，年已八十餘。反趙之後，無棄趙卿而再仕蘭陵之理。且觀所答春申君之書，大概可見。後漢書謝該傳注引劉向荀子後序云：因召還楚，復爲蘭陵令。唐韓子亦有「廢死蘭陵」之語，蓋皆附會史傳而言之也。考荀子年十五，游學於齊，當在顯王乙未、丙申，稷下學士盛集之時。春申君之死，依越絶書在楚幽王十四年之後。即依史記在楚考烈王之末年癸亥。荀子此時果在，當百歲有餘，則史傳「春申君死荀卿廢」之語難信也。　又曰：後漢書謝該傳云：楚人止孫卿之去國。止之云耳，未必果反楚也。書賦之辭嚴厲，無應召之意矣。

十

天下合從〔一〕，趙使魏加見楚春申君〔二〕，曰：『君有將乎？』春申君曰：『有矣。僕欲將臨武君〔三〕。』魏加曰：『臣少之時好射，臣願以射譬，可乎〔四〕？』春申君曰：『可。』魏加曰：『異日者，更羸與魏王處京臺之下，仰見飛鳥〔五〕，更羸謂魏王曰：「臣能爲王引弓虛發而下鳥〔六〕。」魏王曰：「然則射可至此乎？」更羸曰：「可。」有間，雁從東方來，更羸以虛弓發以下之〔七〕。魏王曰：「然則射之精乃至於此乎〔八〕？」更羸曰：「此孽也〔九〕。」王曰：「先生何以知之？」對曰：「其飛徐，其鳴悲〔一〇〕；飛徐者，故瘡痛也；鳴悲者，久失群也；故瘡未息，而驚心未去，聞弦音引而高飛，故瘡裂而隕也〔一一〕。」今臨武君嘗爲秦孽，不可以爲拒秦之將也〔一二〕！』

〔一〕姚注：合，曾作舍。　祖耿案：顧觀光隸此於始皇六年。

〔二〕鮑彪曰：魏加，趙人，全晉舊姓。　吳師道曰：鮑見策云趙使，故云爾，無據。

〔三〕原無春申君三字。鮑彪曰：臨武君未詳。　吳師道曰：荀子議兵篇『臨武君與卿議兵於趙孝成王前』注：楚將。劉向稱『卿至趙，與孫臏議兵於孝成王前。』臏爲齊宣王軍師，世遠，非是。　程恩澤曰：案史記樊酈滕灌列傳：漢王賜噲爵爲列侯，號臨武侯。漢志：桂陽郡有臨武縣。章懷太子曰：今郴州縣也，縣西有武水，故氏之。今爲湖南桂陽州臨武縣。錢大昕曰：戰國之際，趙有臨武君，未必遠取桂陽之臨武。

洪亮吉曰：今甘肅寧夏府，隋爲臨武郡。唐曰臨州。　金正煒曰：據史傳，荀子亦齊宣時人，又嘗與議兵趙孝成王前，劉說當亦有據。惟孫臏爲楚將，及兵敗於秦，並無可考。仍當闕疑。　祖耿案：荀子議兵篇注引，有「春申君」三字。

〔四〕「譽」下原有「之」字。　祖耿案：荀子議兵篇注引，無「之」字。文選東門行注引，御覽四六二引春秋後傳，並同。

〔五〕「加」上原無「魏」字，「下」上原無「廡」字。　鮑彪曰：更羸，人姓名。京，高也。　吳師道曰：或臺名。　程恩澤曰：案淮南原道訓：「所謂樂者，豈必處京臺、章華，游雲夢、沙邱？」高誘注，京臺、章華，皆楚之大臺。則楚臺有名京臺者，魏或同名。然鴻烈所稱，疑即指此。高但以雲夢、章華俱屬楚，故望文生義，而爲此說耳。其實章華本當時通稱，而沙邱亦非楚宮也。　朱亦棟曰：按左太冲魏都賦，「控弦簡發，妙擬更嬴」。與上「纓」字叶，則羸字乃嬴字之訛也。及讀楚詞遠游篇：「召黔嬴而見之兮，爲余先乎平路。」司馬相如大人賦：「左元冥而右黔雷（史記作靁）兮，前離而後矞皇。」張揖曰：黔雷，黔嬴也，天上造化神名也。楚辭：「召黔嬴而見之。」或曰：水神也。按更嬴之嬴，猶可曰羸字之誤。若黔嬴之嬴，史記作靁，必非羸字之訛也。自張揖以爲黔嬴，而後人收入八庚韻，誤也，恐更嬴亦猶是耳。　祖耿案：荀子議兵篇注引作：「魏加曰：異日者」，有魏字。又引更羸作更嬴。文選西都賦注引、魏都賦注引、東門行注引、御覽四六二引春秋後傳，並同。子虛賦注引作更嬴，御覽七四四引同。御覽九一四引後語作：「魏有更羸脉者，與王處虡下，仰見飛鳥。」文選東門行注引作：「處京臺之下。」御覽七四四引作：「處廡下」，當云：「處京臺之廡下」，今本脫廡字，而後語又合併而爲虡也（御覽四六二引春秋後傳亦作虡，誤同）。　朱起鳳曰：列子湯問：甘蠅，古之善射者，彀弓而獸伏、鳥下。張注：箭無虛發，而鳥獸不敢逸。戰國策云：更嬴虛發而鳥下之。呂覽聽言：「蠭門始習於甘蠅。」案甘、更雙聲，蠅、嬴聲相涉，實是一人。

〔六〕原無能字。黄丕烈曰：王，鮑本作君。　祖耿案：荀子議兵篇注引作：「臣能爲王引弓虛發而下鳥。」文選西都賦注引作：「臣能虛發而下鳥。」子虛賦注引、東門行注引並同。魏都賦注引作：「臣能虛發而下雁。」御覽四六二引春秋後傳作：「臣能爲王虛發而下鳥。」俱有能字。

〔七〕「虛」下原無弓字。　祖耿案：文選東門行注引作：「更嬴以虛弓發而下之。」

〔八〕原作「然則射可至此乎？」　祖耿案：文選東門行注引作：「射之精可至此乎？」荀子議兵篇注引作：「射之精乃至於此乎？」

〔九〕鮑彪曰：有隱痛於身，猶孽子。　吳師道曰：徐鍇曰：妾隸之子曰孽。孽之言櫱也。女没廢而有所生，若木既伐而生枿。故於文，子薛爲孽。孽者罪也。按此，則取廢而復生之義，以譬傷弓之鳥。　黄式三曰：孽、櫱，古今字。說文：櫱，伐木餘也。此用已受斬伐之義也。　金正煒曰：按呂覽遇合篇：「賢聖之後，反以孽民。」注：孽，病也。

〔一〇〕下「其」字原作「而」。　祖耿案：御覽七四四引作：「其飛徐，其鳴悲。」九一四引後語，同。

〔一一〕去，原作至。下有也字。「隕」上原無「裂而」二字。　鮑彪曰：烈，猛也。高飛欲避箭，以瘡痛而墜。　黄丕烈曰：今本至作去，鮑本作去。吳補：一本「未忘」。「音引」二字，鮑本作「者音烈」三字。吳補：一本無者字，烈作引，其義爲是。者，音之譌而衍也。烈，引之譌也。丕烈案：烈者裂之誤，當本在瘡字下，云「故瘡裂而隕也」。各本皆有錯脫。　金正煒曰：至，當從鮑本作去。荀子議兵篇楊注引此文云：「故瘡未息而驚心未去，聞弦音烈而高飛，故隕也。」可據以訂正。　祖耿案：御覽七四四引作「驚心未去」，九一四引後語同。文選東門行注引作「驚心未忘」，俱無也字。

〔一二〕「可」下原無「以」字。鮑彪曰：秦孽，言嘗敗于秦，未詳。祖耿案：荀子議兵篇注引作：「不可以爲距秦之將」。

十一

汗明見春申君〔一〕，候問三月而後得見〔二〕。談卒，春申君大說之。汗明欲復談，春申君曰：「僕已知先生意矣〔三〕。」汗明憱焉曰〔四〕：「明願有問君而恐固，不審君之聖孰與堯也〔五〕？」春申君曰：「先生過矣，臣何足以當堯！」汗明曰：「然則君料臣孰與舜？」春申君曰：「先生即舜也。」汗明曰：「不然，臣請爲君終言之！君之賢實不如堯，臣之能不及舜。夫以賢舜事聖堯，三年而後乃相知也。今君一旦而知臣，是君聖於堯，而臣賢於舜也〔六〕。」春申君曰：「善。」乃召門吏，爲汗先生著客籍，五日一見〔七〕。汗明曰：「君亦聞驥乎？夫驥之齒至矣〔八〕，服鹽車而上太行。蹄申膝折，尾湛胕潰，漉汁灑地，白汗交流，中阪遷延，負轅不能上〔九〕。伯樂遭之，下車攀而哭之，解紵衣以冪之〔一〇〕。驥於是俛而噴，仰而鳴，聲達於天，若出金石者何也〔一一〕？欣見伯樂之知己也〔一二〕！今僕之不肖，阨於州部，堀穴窮巷，沈洿鄙俗之日久矣〔一三〕。君獨無意湔拔，使僕爲君長鳴乎〔一四〕？」

〔一〕鮑彪曰：汗明未詳。　祖耿案：顧觀光附此於赧王五十三年。

〔二〕間，原作問。姚注：一作「候間」。　祖耿案：御覽四〇五引作「候間」。

〔三〕原作：「僕已知先生，先生大息矣。」鮑彪曰：大息，異於小休。　王念孫曰：鮑説甚謬！先生息矣，猶孟嘗君言「先生休矣！」息上不當有大字，此因上文大字而誤衍耳。太平御覽人事部引此，無大字。　金正煒曰：按漢書枚乘傳：「兵不得下壁，軍不得大息。」漢紀大作休，當由休誤作伏，因致傳寫爲大，隸續伏與大字同。　祖耿案：御覽四〇五引作：「僕已知先生意矣！」

〔四〕姚注：憱，劉作憱。　鮑彪曰：字書無憱字，蹙踖，驚貌。　吳師道曰：蹴，不安貌。踧踖之踧，非蹙。　黄丕烈曰：鮑改憱爲蹙，吳氏補曰：即蹴。　祖耿案：御覽四〇五引作「慨然」。

〔五〕鮑彪曰：固，陋也。

〔六〕旦，原作時。黄丕烈曰：時，鮑本作旦。　祖耿案：御覽四〇五引作旦。

〔七〕原無乃字。鮑彪曰：著者書此語也。　吳師道曰：著其名字於賓客之籍。　祖耿案：御覽四〇五引作「乃召門吏」。

〔八〕鮑彪曰：至，言可服乘之時。

〔九〕姚注：中，一作外。索隱引戰國策改「棘」作「轅」。　鮑彪曰：服，在車前。中，猶展。「蹄申膝折」，用力故然。湛、沉同。尾湛，汗多故然。胕當作肤。與膚同。亦汗出於膚如潰。漉汗，滲漉之汗。白汗，不緣暑而汗也。阪，坡也。遷延，不進貌。負，所戴也。棘，言步蹇。　吳師道曰：白汗言其色，負在背。姚本作「負轅」，是。　黄丕烈曰：鹽，鮑本作檻，改爲鹽。吳氏補曰：字譌，當作鹽。鮑改汁爲汗，吳氏正曰：下有汗字，汁與汗，對，汁，言其重者。中，鮑本作外。今本轅作棘，鮑本作棘。「不」上鮑本有而字。　程恩澤曰：水經注引戰國策云：「昔騏驥駕鹽車上於虞坂，遷延負轅而不能進。」其文與此小異。金正煒曰：按淮南精神篇「鹽汗交流」注：白汗鹹如鹽，故曰鹽汗。祖耿案：初學記八引作：「騏驥駕鹽車上虞阪。」文選弔屈原文注引作：「驥服鹽車，上太行，中坂遷延，負轅不能上。」廣絕交論注引、御覽八九六引並同。文選三國名臣序贊注引作：「昔者騏驥駕鹽車上吳坂，遷延負軛而不能進。」答盧諶書注引同，惟軛作轅。

〔一〇〕鮑彪曰：冪，覆也。吳師道曰：伯樂姓孫名陽，秦穆公時人。祖耿案：類聚九三引作：「解紵衣之冪之。」御覽八九六引作：「解紵衣而冪之。」又俞正燮有伯樂異同說。

〔一一〕「者」上原有「聲」字。鮑彪曰：問其聲何以然。黃丕烈曰：吳氏補曰：「者」上「聲」字宜衍。金正煒曰：按聲者何也？聲當作然。鮑注：「問其聲何以然」，或所見本猶作然，此涉上聲字而誤。管子國蓄篇：「然者何也，國多失利則臣不盡其忠，士不盡其死矣。」趙策：「然者何也，以從爲有功也。」並與此文同。祖耿案：御覽八九六引，達作造。玉篇上噴字下引云：「驥俛而噴，鼓鼻也。」案俛爲俛之譌文。鼓鼻也三字，當爲舊注，誤入正文，所以釋噴字也。

〔一二〕欣，原作彼。祖耿案：御覽八九六引作：「欣見伯樂之知己也。」類聚九三引，欣作仰。案仰字當爲欣字之譌。

〔一三〕姚注：三同。「堀」上有「陪」字。鮑彪曰：集韻，部，統也，界也。堀，窟也。以窮巷爲窟穴。洿，濁滀也。金正煒曰：莊子達生篇：「孫休賓於鄉里，逐於州部。」韓非問田篇：「公孫亶回聖相也，而關於州部。」言不爲州部選舉。祖耿案：文選廣絕交論注引作：「今僕居鄙俗之日久矣。」

〔一四〕原作「君獨無意湔拔僕也，使得爲君高鳴屈於梁乎。」姚注：湔，音薦。鮑彪曰：湔，手浣也。祓，去惡也。鳴屈，聲己之屈。梁，南梁。彪謂世之懷材抱德之士，陸沒於時若此驥者不少，而伯樂之不世有，長鳴之無其時，可不爲之大哀邪！故招延不可不博，試用不可不詳也。吳師道曰：「高鳴屈於梁」，疑明當困於梁者。一本標云：類要，「高鳴」作「長鳴」。李善注廣絶交論曰：「翦拂使其長鳴」，引策云。黃丕烈曰：今本拔作祓。鮑本作祓。丕烈案：祓誤也。李善引作拂，拂、拔同字。金正煒曰：按文選廣絶交論：「翦拂使其長鳴」，李注引此文云，湔拔、翦拂，音義同也。蓋以馬爲喻，正與下句貫注。鮑本作「湔祓」則承上「沈洿鄙俗」而言。廣雅釋詁：湔，洒也。漢書昌邑哀王傳：「以湔洒大王」注：湔，澣也。小爾雅廣詁：祓，潔也。周禮，女巫掌歲時祓除釁浴。屈字疑本在梁字上，淆次於前。屈、梁並楚地也。左氏昭二十五年傳：「楚子使遠射城州屈。」國語楚語：惠王以梁與魯陽文子。韋注：梁，楚北境也。朱起鳳曰：翦拂作湔拔，音義並同。祖耿案：文選廣絶交論注引作：「君獨無湔拔僕也。」答諶盧書注引作：「君獨無意使僕爲君長鳴乎。」

十二

楚考烈王無子〔一〕，春申君患之，求婦人宜子者進之，甚衆，卒無子。趙人李園，持其女弟，欲進之楚王，聞其不宜子，恐又無寵〔二〕。李園求事春申君爲舍人，已而謁歸，故失期，還謁，春申君問狀〔三〕，對曰：『齊王遣使求臣女弟，與其使者飲，故失期〔四〕。』春申君曰：『聘入乎？』對曰：『未也。』春申君曰：『可得見乎？』曰：『可。』於是園乃進其女弟，即幸於春申君〔五〕。知有身，園乃與其女弟謀〔六〕，園女弟承間説春申君曰：『楚王之貴幸君，雖兄弟不如；今君相楚二十餘年〔七〕，而王無子，即百歲後，將更立兄弟，即楚王更立，彼亦各貴其故所親〔八〕，君又安得長有寵乎？非徒然也，君用事久，多失禮於王兄弟，兄弟誠立，禍且及身！何以保相印江東之封乎〔九〕？今妾自知有身矣，而人莫知，妾之幸君未久，誠以君之重而進妾於楚王，王必幸妾，妾賴天而有男，則是君之子爲王也！楚國封盡可得！孰與其臨不測之罪乎〔一〇〕？』春申君大然之，乃出園女弟，謹舍而言之楚王。楚王召入，幸之，遂生子男，立爲太子，以李園女弟立爲王后。楚王貴李園，李園用事。李園既入其女弟爲王后，子爲太子，恐春申君語泄而益驕，陰養死士，欲殺春申君以滅口，而國人頗有知之者〔一一〕。春申君相楚二十五年，考烈王病，朱英謂春申君曰〔一二〕：『世有無妄之福，又有無妄之禍；今君處無妄之世，以事無妄之主，安不有無妄之人乎〔一三〕？』春申君曰：『何謂無妄之福？』曰：『君相楚二十餘年矣。雖名爲相國，實楚王也！五子皆相諸侯〔一四〕！今王疾甚，旦暮且崩，太子衰弱，疾而不起〔一五〕，而君相少主，因而代立當國，如伊尹周公，王長而反政，不即遂南面稱孤，因而有楚國，此所謂無妄之福也〔一六〕。』春申君曰：『何謂無妄之禍？』曰：『李園不治國，王之舅也，不爲兵將而陰養死士之日久矣，楚王崩，李園必先入，據本議制斷君命，秉權而殺君以滅口，此所謂無妄之禍也〔一七〕。』春申君曰：『何謂無妄之人？』曰：『君先仕臣爲郎中，君王崩，李園先入，臣請爲君劃其胸，殺之，此所謂無妄之人也〔一八〕？』春申君曰：『先生置之！勿復言已！李園，軟弱人也，僕又善之，又何至此〔一九〕？』朱英恐，乃亡去〔二〇〕。後十七日，楚考烈王崩，李園果先入，置死士止於棘門之内〔二一〕，春申君後入，止棘門，園死士夾刺春申君，斬其頭，投之棘門外，於是使吏盡滅春申君之家〔二二〕。而李園女弟初幸春申君有身而入之王所生子者，遂立爲楚幽王也〔二三〕。是歲，秦始皇立九年矣，嫪毐亦爲亂於秦，覺，夷三族，而呂不韋廢〔二四〕。

〔一〕吳師道曰：此時無子也。古史云：楚幽王悍卒，同母弟猶立。猶庶兄負芻之徒，襲殺猶而立負芻。司馬貞云：猶有庶兄負芻及昌平君。劉向列女傳：猶乃考烈王遺腹子。　梁玉繩曰：史乃國策。吳注謂：此時無子也，而索隱以此文爲誤，因數考烈之子四人：曰悍、曰猶、曰負芻、曰昌平君。考幽王悍，即李園妹初幸春申有身所生者；哀王猶，是悍同母弟；列女傳云遺腹子，則亦園妹所生，李妹未進之前，固無有也。而昌平君之稱考烈子，未見確據。始皇紀書昌平君先爲秦相，繼爲荆王，蓋楚之諸公子耳。若以考烈子實之，則紀尚有昌文君，又誰人乎？惟楚王負芻，莫知生於何時，世家謂猶庶兄，疑生悍之後。然列女傳作考烈王弟，今不可詳矣！　祖耿案：此章見史記春申君列傳，無大異。顧觀光隸此於始皇九年。

〔二〕姚注：曾，「又」作「久」。祖耿案：史記作「久」。

〔三〕鮑彪曰：失期，後于所期日。還謁，自趙還，入謁。狀，事狀。　祖耿案：史記，「狀」上有「之」字。

〔四〕鮑彪曰：詭言王建。

〔五〕姚注：一無「乃」字。

〔六〕「知」下原有「其」字。姚注：一無「其」字。

〔七〕「楚」下原有「王」字。姚注：一無「王」字。　祖耿案：史記無。

〔八〕鮑彪曰：王，後王。　黄丕烈曰：故，鮑本無。丕烈案：史記有。　金正煒曰：按上「即」字猶則也（廣雅：則，即也。則、即字古同聲而通用），下「即」字猶若也（見漢書西南夷傳注）。　祖耿案：史記作：「則楚更立君後，亦各貴其故所親。」

〔九〕「何」上原有「奈」字。姚注：一無「奈」字。　吳師道曰：後語云：「江東十二縣之封。湖州圖經有春申君封邑。　黄丕烈曰：吳氏補曰：「兄」上恐亦當有「王」字，叠上文。丕烈案：史記無，吳說未是。　祖耿案：史記無「奈」字，下「兄」上無「王」字。

〔一〇〕姚注：一無「盡」字。　鮑彪曰：封，四封之內。　祖耿案：史記「國」下無「封」字，「其」作「身」。

〔一一〕姚注：越絶書：昔楚考烈王相春申君也，吏李園。園女弟環謂園曰：「我聞王老無嗣，可見我於春申君。我欲假於春申君。我得見於春申君，徑得幸於王矣。」園曰：「春申君，貴人也，千里佐，吾胡敢託言？」女環曰：「即不見我，汝求謁於春申君：『才人告有遠道客，因請歸待之。』彼必問汝：『汝家何等遠道客者？』因對曰：『園有女弟，聞之使使來求之園，才人使告園也。』彼必問汝：『女弟何能？』對曰：『能鼓音，讀詩書，通一經。」故彼必見我。」園曰：「諾。」明日，辭春申君：「才人有遠道客，請歸待之。」春申君果問：「汝家何等遠道客？」對曰：「園有女弟，魯相聞之，使使來求之。」春申君曰：「何能？」對以鼓音，讀詩書，通一經。春申君曰：「可得見乎？」園曰：「可。」「明日使待於離亭。」園曰：「諾。」既歸，告女弟環曰：「吾辭於春申君，與我明日夕於離亭。」女環曰：「園宜先供待之。」春申君到，園馳人呼女環到。黃昏，女環至，大縱酒，鼓琴。曲未終，春申君重言「善」。女環鼓琴而歌，春申君大悦，留宿。明日，女環謂春申君曰：「妾聞王老無嗣，屬邦於君。君外淫不顧政事，使王聞之，君上負於王，使妾兄下負於夫人，爲之奈何？無泄此口，君召而戒之。」春申君以告官屬，莫有閧淫女也，皆諾。與女環通，未終月，女環謂春申君曰：「妾聞王老無嗣，今懷君子一月矣，可見妾於王。幸產子男，君即王公也，何爲而佐乎？君試念之！」春申君曰：「諾。」念之五日而道之：「邦中有好女，中相呼屬嗣者。」烈王曰：「諾。」即召而可之。烈王大悦，取之，十月產子男。烈王死，幽王嗣立。女環使園相春申君。相之三年，然后告園，以吳封春申君，使備東邊。園曰：「諾。」即封春申君於吳。幽王後懷王，使張儀詐殺之。懷王子頃襄王，秦始皇帝使王翦滅之。越絶書又云：春申君，楚考烈王相也。烈王死，幽王立，封春申君於吳。三年，幽王徵春申君爲楚令尹，春申君自使其子親爲假君，治十一年，幽王徵假君與春申君，并殺之。二君治吳凡十四年。又曰：越絶書，隋經籍志稱爲子貢作。今雜記秦、漢事，疑後人所羼，不敢盡信。史記、戰國策、列女傳不載女環之名，止見於此。其畫策終始，信如此，皆出於女環，尤爲異也。至言烈王死後，李園相春申君，方封於吳，又立其子爲假君，皆與史記、國策不合。聊記於此，以廣異聞。（祖耿案：以上姚注共兩則。其後一則，姚本附於楚策之末，今移此。）吳師道曰：越絶書記李園女弟環謂園：「王老無嗣，可見我於春申君。」園難之。又令求謁於春申，才人言之，遂得幸云云。烈王死，幽王立，環使園相春申，後告園以吳封之。三年，徵春申爲令尹，自使其子親爲假君。治十一年，幽王徵假君與春申併殺之。二君治吳凡十四年。姚氏全注其文，謂隋經籍志稱越絶爲子夏作，今雜記秦漢事，出後人，不敢盡信。史記、國策、列女傳不載女環名，乃見於此。畫策始終謂皆出環，尤爲異也。其言烈王死後春申事，亦皆不合。姑記以廣異聞云。梁玉繩曰：此事策、史及列女傳並同，而越絶書與史大異，謂其謀始終皆發於園妹女環，一異也；謂女環令園謁春申，才人言□遂得幸，二異也；謂考烈既死，環使園相春申三年，然後封之吳，三異也；又説幽王徵春申爲令尹，春申以其子爲假君治吳，幽王徵假君並殺之，四異也。恐不可信。惟女環之名，可廣異聞云。　金正煒曰：按「而益驕」三字，當在「用事」句下，誤淆次於後也。　黄式三曰：策、史言：春申君納李園妹，知娠而獻之。據越絶書十四篇則云：烈王娶李園妹，十月産子男。則策、史之説非矣。夫春申君果知娠而出諸謹宫，言之王而入幸之，則事非一月，安必其十月後生子乎？生而果男乎？行不可知之詭計，春申君何愚！此必後負芻謀弑哀王猶之誣言也。越絶書二篇言：幽王立，封春申君于吳。三年，徵爲令尹，使其子攝吳事。十一年，幽王徵其子與春申君并殺之。距此十四年，古事難考如此，讀史者不成人之惡可也。又曰：列女傳云：公子負芻之徒，聞知幽王非考烈王子，疑哀王，乃襲殺哀王及太后，盡滅李園之族，然則負芻謀簒，構釁造謗，楚事有不實者，當考。

〔二〕鮑彪曰：朱英，楚人。　吳師道曰：後語云：觀人朱英。注：觀地在河北平原。史：觀津人朱英。班志：信都國觀津縣。觀，古玩反。正義以爲魏州觀城縣觀音館者，非是。又見韓策觀鞅章，鮑移在魏：作魏鞅。　黄丕烈曰：見後魏策。　顧觀光曰：史記樂毅傳：趙封樂毅於觀津。穰侯傳：昭王三十四年，取趙觀津，且與趙觀津，益趙以兵，伐齊。則觀津爲趙邑甚明。史表：齊湣王七年，敗魏、趙觀津。此觀津乃觀澤之誤，齊、趙兩世家可證。而魏世家正義云：本趙邑，今屬魏。蓋失之矣！漢志：觀津屬信都國。正義曰：在冀州武邑縣東南二十五里。

〔一三〕鮑彪曰：無妄，言可必。吳師道曰：朱子解易無妄云：史作毋望，謂無所期望而有得焉者，義亦通。黄式三曰：策無妄，史作無望。無望，猶不測也。易旡妄，本作「旡望」，言天命不祐之時，難測福禍也。金正煒曰：史記春申君傳，無妄並作毋望。索隱云：周易有无妄卦，其義殊也。正義云：無望，猶不望而忽至也。按無與勿通，廣雅釋詁：勿，非也。漢書李廣傳：「而諸妄校尉已下材能不及中。」張晏曰：妄猶凡也，無妄猶言非凡。妄、望古亦通用，舊說並嫌紆曲。祖耿案：史記注張守節曰：無望，猶不望而忽至也。毋望之世，謂生死無常；毋望之主，謂喜怒不節；毋望之人，謂吉凶忽爲。

〔一四〕姚注：一本「實」下有「如」字。祖耿案：史記無「五子皆相諸侯」六字。

〔一五〕祖耿案：史記作：「今楚王病，旦暮且卒。」下無「太子衰弱，疾而不起」八字。

〔一六〕鮑彪曰：代立，謂攝也。不，不反政。

〔一七〕姚注：錢、劉，「國」下有「而」字。鮑彪曰：不治國，言非將相。據，言不移。議，欲殺春申也。制斷，矯也。君，楚王也。梁玉繩曰：史：「君之仇也」。案策作「王之舅」，是。此因聲近而誤。言李園爲王舅也。下文春申云：「僕善李園」，則不以爲仇，明矣！金正煒曰：按園爲后兄，不得曰王舅。國語晉語：舅所病也。注：諸侯謂異姓大夫曰舅。此言：園既不治國，又非公族，而陰養死士，故知其將賊春申也。或王下遺「子」字，史傳作：「李園不治國而君之仇也」，亦與下文「僕又善之」義迕。祖耿案：史記作：「據權而殺君以滅口。」「據權」二字之間，無「本議制斷君命秉」七字。注司馬貞曰：君之仇，言園是春申之仇也。戰國策作「君之舅也」，謂爲王之舅，意異也。

〔一八〕鮑彪曰：此章唯「楚王更立」，「楚王」可曰楚王，餘皆後人稱之。吳師道曰：策中有當曰王，當曰楚王，亦有兩稱皆通者。劖，玉篇作剸，尺庸反，刺也。朱起鳳曰：「劖即衝字之叚。漢書賈誼傳：『以衝仇人之胸。』史記賈誼傳作：『以衝仇人之匈。』胸與胷，字通。」祖耿案：此數語史記作：「曰：君置臣郎中，楚王卒，李園必先入，臣爲君殺李園，此所謂毋望之人也。」

〔一九〕黄丕烈曰：已，鮑本作也。祖耿案：史記，先生作足下。「之」下無「勿復言已」四字。「弱」上無軟字，「又何」上有且字。

〔二〇〕祖耿案：史記作：「朱英知言不用，恐禍及身，乃亡去。」注司馬貞曰：朱亥。即上之朱英也。作「亥」者，史因趙有朱亥誤也。

〔二一〕鮑彪曰：衍楚字。棘門，宮門以棘衛之。惠士奇曰：古宮門皆立戟，視此可知。（見周禮正義卷十一）程恩澤曰：案史記正義曰：棘門，壽州城門。蓋以考烈王遷都壽春，望文生義，而爲此說，就策文審之，仍以舊注爲是。金正煒曰：按周禮掌舍注引司農云：棘門以戟爲門。左氏隱十一年傳：「子都拔棘以逐之」。注：棘，戟也。鮑說非是。史記正義以爲壽州城門，亦誤。祖耿案：史記此句作：「伏死士於棘門之内。」注張守節曰：壽州城門。

〔二二〕祖耿案：史記「入」上無「後」字，下無「止」字，「夾」作「俠」，「是」下有「遂」字。注張守節曰：楚考烈王二十五年，秦始皇九年。

〔二三〕司馬貞曰：按楚捍有母弟猶，猶有庶兄負芻及昌平君，是楚君完非無子，而上文云考烈王無子，誤也。

〔二四〕鮑彪曰：嫪毐，呂不韋所進，以說始皇母帝太后者也。不韋傳：毐與太后私亂，生子二人，與后謀曰：「王即薨，以子爲後。」彪謂：春申君所以至於此，錮罷而暗於事也。使萬有一如李氏女所陳者，歸相印而老江東之封，不已優乎？春申於楚，非若商君之於惠文。又如不可，則杖策而去，扁舟五湖，爲世陶朱抑可矣。春申不爲此，而計出於滅宗，蓋小人患失之禍，勢必有此，不可不戒也。朱英之言深矣，然未聞道也。春申之納女，前日事耳。英不以此時匡之以大臣之義，而以一卒自任，雖多言亦何救於亂哉。

吴師道曰：策於章末並叙嫪毐之事，豈無意哉！二國宗姓已滅絶，吕政雖一天下，世僅再傳，奚異楚幽也。趙與秦同姓，王遷母倡，族類不正，亦以滅亡。蓋倫紀瀆亂，其不永也固宜。抑諸國運盡祚窮，乖戾併於一時也歟！又曰：凡鮑氏責春申以歸老江東，杖策扁舟之事，在未納女之前可也。既納之後，又入其乘間之言，禍根已牢，異時縱欲歸印杖策，禍亦隨之，豈有脱理邪！其論朱英以未聞道，尤謬。納女事祕，人豈知之？英之事歇又淺，觀其説而不聽，可見責以匡正大臣之義，豈其然乎。

十三

虞卿謂春申君曰〔一〕：『臣聞之：「於安思危，危則慮安〔二〕。」今楚王之春秋高矣，而君之封地，不可不早定也！爲主君慮封者，莫如遠楚。秦孝公封商君，孝公死而後王殺之〔三〕；秦惠王封冉子，惠王死而後王奪之〔四〕；公孫鞅功臣也，冉子親姻也，然而不免奪死者，封近故也。太公望封於齊，邵公奭封於燕，爲其遠王室矣〔五〕。今燕之罪大而趙怒深〔六〕，故君不如北兵以德趙，踐亂燕以定身封，此百代之一時也〔七〕！』君曰：『所道攻燕，非齊則魏，魏齊新怨楚，楚雖欲攻燕，將何道哉〔八〕？」對曰：「請令魏王可〔九〕。」君曰：「何如？」對曰：「臣請到魏而使所以信之〔一〇〕。」迺謂魏王曰：「夫楚亦强大矣！天下無敵，乃且攻燕！」魏王曰〔一一〕：「鄉也子云『天下無敵』，今也子云『乃且攻燕』者，何也？」對曰：「今爲馬多力則有矣，若曰勝千鈞則不，然者何也？夫千鈞非馬之任也〔一二〕。今謂楚强大則有矣，若越趙魏而鬬兵於燕，則豈楚之任也哉〔一三〕？非楚之任而楚爲之，是敝楚也！敝楚，是强魏也！其於王孰便也〔一四〕？」

〔一〕鮑彪曰：虞卿，史不書何所人。程恩澤曰：案史記虞卿傳，虞卿者，游説之士，爲趙上卿，故號爲虞卿。譙周曰：食邑於虞。索隱，趙之虞在河東大陽縣，今之虞鄉縣是也（此説稍誤，虞鄉是漢解縣地，非大陽縣地也）。括地志，故虞城在河北縣虞山之上。御批通鑑輯覽：今在山西解州平陸縣。洪亮吉曰：縣東北六十里，有虞城，一名吴城，即故虞國也。班固云：大陽縣吴山上有吴城。　祖耿案：顧觀光附此於赧王五十年，曰：「中言燕之罪大而趙怨深，故附此。」

〔二〕「之」下原有「春秋」二字。黄丕烈曰：吴氏補曰：此二字，恐因下文衍。　金正煒曰：按公羊莊七年傳：「不修春秋。」注：謂史記也。古者謂史記爲春秋。國語晉語：司馬侯謂悼公曰：羊舌肸習於春秋。注：春秋紀人事之善惡，而目以天時，謂之春秋。周史之法也。楚語：教之春秋而爲之聳善而抑惡焉，以戒勸其心。注：以天時紀人事，謂之春秋。管子法法篇：故春秋之紀，臣有弑其君，子有弑其父者矣。注：春秋即周公之凡例，而諸侯之國史也。墨子明鬼篇有周之春秋，燕之春秋，宋之春秋，齊之春秋。韓非子所稱

「桃左春秋」，昔人以爲即楚之檮杌。故王應麟以春秋爲各國史之大名。此云聞之春秋，猶言前史耳，非謂孔子所修魯史也。「於安思危」，呂覽期賢篇：衛有士十人於吾所。高注：於猶在也。朱起鳳曰：左傳襄公十一年：「書曰居安思危。」逸周書程典，呂覽慎大、直諫，均作「於安思危」，於即居字之叚。廣雅釋訓云：於，凥也。凥即古居字。又「露居」，亦作「露於」，其明證矣！

〔三〕「王」原作「不」，下有「免」字。黄丕烈曰：鮑「後」下補「王」字。金正煒曰：「不免」二字，當作「王」。涉下文「然而不免奪死」而誤。

〔四〕鮑彪曰：冉子，穰侯也。猶田曰嬰子，文子。

〔五〕黄丕烈曰：奭，鮑本作鄭。程恩澤曰：案召公采地，本在西京。今陝西鳳翔府境内有召亭。京相璠云：亭在周城南五十里。郡國志：鄏縣有邵亭，是也。東遷後，改封邵原。郡國志：河東垣縣有邵亭。注引博物記曰：縣東九十里，有郫邵之阸。宋白曰：即周、召分陝處，魏邵郡因以名（地形志：皇興四年置邵上郡，太和中倂河内，孝昌中改復）。今濟源縣西百二十里有邵原關，蓋因其布政於此（垣縣東六十里，古棠樹下有邵公祠），故以封其子孫也。又寰宇記：棣州厭次縣，亦有邵城。路史：易縣故淶水縣，城在州北四十二里，亦曰邵。周封召公於此，蓋歸老之地，則故燕國也。

〔六〕鮑彪曰：趙自燕王喜以栗腹之謀伐趙起，燕四年至十二年，無歲不戰。十二年，此（楚考烈王）二十一年。吳師道曰：不可考。黄丕烈曰：怒，鮑本作怨。吳補：一本「趙怒深」。

〔七〕鮑彪曰：踐，踐奄之踐。吳師道曰：此數語，與秦策謂穰侯章、趙策齊將攻宋章、齊攻宋章皆相類。

〔八〕「雖」上原有「君」字，「何道」原作「道何」。鮑彪曰：新怨楚，指昭陽救燕之役。吳師道曰：燕策：

齊、韓、魏共攻燕，楚使景陽救之（昭字誤，昭陽稍前），攻魏雍丘以與宋云云。時猶有宋，去此時遠甚。鮑指以爲懷王二十七年，此爲考烈王二十一年，就使果然，則相去亦皆遠。策固云「魏、齊新怨楚」，豈得爲彼時事哉！黄丕烈曰：鮑改君爲軍。王念孫曰：君字因上下文而誤衍耳，鮑改非也。「將道何哉」當作「將何道哉」。金正煒曰：按攻燕之策，發自虞卿，則以君爲春申之稱卿，於義亦得。楚字連上文而誤複也。

〔九〕鮑彪曰：魏王，景閔王。可，言聽其道魏。

〔一〇〕鮑彪曰：爲所可信者。

〔一一〕吴師道曰：「王曰」以下脱簡，誤衍在前章。祖耿案：自「魏王曰」下至末九十九字，與下韓策一複出。韓策一凡九十七字，以「王曰向也」起，至「其於王孰便也」止，前無主名，又缺事由，當是佚出之殘簡，未經删去者。鮑彪以之合於韓公仲相，齊楚之交善一章，而編入楚策，爲楚懷王下之第一章。不悟楚策自有此段之全文也。

〔一二〕鮑彪曰：鈞，三十斤。黄丕烈曰：爲，鮑本作謂。丕烈案：楚策作謂。金正煒曰：按此文，當以「則不」句絶。管子大匡篇：「以臣則不」，不猶否也。孟子萬章上篇：「否，不然也。」注：否，不也，不如是也。「然者何也」，猶云如是者何也。管子國蓄篇：「然者何也，國多失利，則臣不盡其忠，士不盡其死矣。」趙策：「然者何也，以從爲有功也。」並與此文同。

〔一三〕哉，原作我。姚注：我，一作哉。黄丕烈曰：鮑改我爲哉。丕烈案：楚策作哉。

〔一四〕是强，原作見强。姚注：一本「敝楚見强魏也」，作「强楚敝楚」。曾云：此下恐欠。吴師道曰：按史考烈王元年，封歇春申君，賜淮北地。後十五年以地邊齊，言於王以爲郡，請封江東，因城吴故墟。大事記謂利吳之安富也。此策言楚王春秋高，君之封地不可不早定，則在未封之前，頃襄之時乎？頃襄之三十四年，趙嘗伐燕，豈或此時勸以踐燕定封，亦欲其取地於他國，如魏冉乎？淮北邊齊猶難之，況燕地乎？亦非計之便也。然遠楚徙封，卒用於城吳之時，皆斯言有以啓之也。黄丕烈曰：見，鮑本作是。錢穆曰：春申自爲頃襄之弟，非以游士事楚甚顯。左徒已爲要職，諒無留秦十年侍太子而久不歸之理。蓋亦往來道途，時返楚朝，故虞卿爲之慮封也。考烈王即位，即封之淮北，蓋仍是虞卿遠楚之初教。其後以其邊齊，遂請徙吳。要之其爲遠楚，一也。黄氏編略繫虞卿游説在考烈王十五年，春申徙吳之時，其時春申久有封地，何來以定身封之説？且謂楚王春秋高，亦不似。（考辨三七二頁） 祖耿案：馬王堆漢軑侯墓出土帛書第二十三章云：『胃春申君曰：「臣聞之：于安思危，危則慮安。今楚王之春秋高矣！□□□地，不可不蚤定。爲君慮封，莫若遠楚。秦孝王死，公孫鞅殺；惠王死，襄子殺。公孫央，功臣也；襄子，親因也：皆不免，封近故也。太公望封齊，召公奭封于燕，欲遠王室也。今燕之罪大，趙之怒深，君不北兵以德趙，淺亂燕國，以定身封，此百世一時也！」「所道攻燕，非齊則魏。魏新惡楚，唯欲攻燕將何道哉？」對曰：「請令魏王可。」君曰：「何？」曰：「臣至魏，便所以言之。」乃謂魏王曰：「今胃馬多力則有，言曰勝千鈞，則不，然者何也？千鈞，非馬之任也。今胃楚强大則有矣，若夫越趙魏闞甲于燕，几楚之任哉！非楚之任而爲之，是敝楚也。敝楚强楚，亓于王孰便？」』凡二百二十九字，文與此同爲一事。

卷十八　趙一

祖耿案：趙與秦同祖，嬴姓。柏翳之後蜚廉，四世至造父，始封趙城，即山西趙城。傳十二世至趙夙，邑於耿，即山西河津縣。其後簡子居晉陽，即山西太原。獻侯治中牟，即河南湯陰。至敬侯，始都邯鄲，即今邯鄲。自趙夙後九世至籍，與魏、韓偕相立爲諸侯，是爲烈侯。歷敬侯、成侯、肅侯、武靈王、惠文王、孝成王、悼襄王，八世至王遷，爲秦所滅。詳見史記趙世家。

鮑彪曰：初分晉，得趙國。北有信都、真定、常山、中山，又得涿郡之高陽鄚州鄉。東有廣平、鉅鹿、清河、河間、渤海之東平、舒、中邑、文安、束州、成平、章武河以北。南至浮水、繁陽、内黄、斥邱。西有太原、定襄、雲中、五原、上黨。

張琦曰：代、雁門二郡亦屬趙。自今之直隸廣平、順德、正定、河間、保定、深、冀、祁、定、晉、蔚等府州，及大名之磁州、南樂，山東之臨清、恩縣，河南之臨漳、内黄、武安、涉縣，山西之遼、沁、趙城、石樓以北，兼有陝西之榆林府、河套等地（戰國策釋地）。

程恩澤曰：趙，嬴姓，與秦同祖。蜚廉四世至造父，始封趙城，今山西平陽府趙城縣。又七世至叔帶，自周適晉。又五世至趙夙，邑於耿，今絳州河津縣。成子居原，即故原國，今河南懷慶府濟源縣。簡子居晉陽，今山西太原府太原縣。獻侯治中牟，今河南彰德府湯陰縣，後復居晉陽。肅侯徙都邯鄲，今直隸廣平府邯鄲縣。自趙夙後九世至籍爲諸侯。又八世至王遷，爲秦所滅（國策地名考）。又曰：初學記：三家分晉，自澤、潞而南，至衛州，盡太原已北，屬趙。史記正義：趙東隣燕、齊，西邊秦、樓煩，南界韓、魏，北迫匈奴。地理通釋：趙居邯鄲，燕之南、齊之西、魏之北、韓之東。故韓非曰中央之國（同上）。

顧觀光曰：蘇秦曰：趙地方三千里，西有山，南常有河、漳，東有清河，北有燕國。趙武靈王曰：今吾國，東有河、薄洛之水，與齊、中山同之。自常山以至代、上黨，東有燕、東胡之境，西有樓煩、秦、韓之邊。燕策曰：全趙之時，南鄰爲秦，北下曲陽爲燕。趙策曰：趙，萬乘之强國也。前漳、滏，右常山，左河間，北有代（七國地理考，趙地總論）。

祖耿案：趙策，姚本四卷。吴氏目錄：趙一，凡十七章；趙二，凡七章；趙三，凡二十三章；趙四，凡十九章：共六十六章。鮑本一卷，凡六十二章，分隸襄子、烈侯、肅侯、武靈王、惠文王、孝成王、悼襄王、幽王名下。名號之下，各詳世系年次。吴氏有説，並錄如下。

鮑彪曰：襄子，簡子子。定王十六年戊子，三晉滅智伯，分其地。　吴師道曰：襄子名無恤。

鮑彪曰：烈侯，籍。

鮑彪曰：肅侯，成侯子。元年，顯王二十年壬申。　吴師道曰：肅侯世本名言，索隱云名語。成侯名種。

鮑彪曰：武靈王，肅侯子。元年，顯王四十四年丙申。

鮑彪曰：惠文王，武靈王子。元年，赧王十七年癸亥。　吴師道曰：惠文王名子何。

鮑彪曰：孝成王，惠文王子。元年，赧王五十年丙申。　吴師道曰：孝成王名丹。

鮑彪曰：悼襄王，孝成子。元年，始皇三年丁巳。　吴師道曰：悼襄王名偃。

鮑彪曰：幽王，悼襄子。元年，始皇十二年丙寅。　吴師道曰：幽王名遷，史作幽繆王。

一

知伯從韓、魏兵以攻趙〔一〕，圍晉陽而水之〔二〕，城不沒者三板〔三〕。郄疵謂知伯曰〔四〕：「韓、魏之君必反矣！」知伯曰：「何以知之？」郄疵曰：「以其人事知之〔五〕。夫從韓、魏之兵而攻趙，趙亡，難必及韓、魏矣〔六〕。今約勝趙而三分其地〔七〕，今城不沒者三板〔八〕，臼竈生鼃，人馬相食，城降有日〔九〕，而韓、魏之君無憙志而有憂色，是非反如何也〔一〇〕？」明日，知伯以告韓、魏之君曰：「郄疵言君之且反也〔一一〕。」韓、魏之君曰：「夫勝趙而三分其地，城今且將拔矣〔一二〕，夫二家雖愚，不棄美利於前，背信盟之約，而爲危難不可成之事，其勢可見也〔一三〕。是疵爲趙計矣！使君疑二主之心而解於攻趙也〔一四〕！今君聽讒臣之言，而離二主之交，爲君惜之〔一五〕！」趨而出〔一六〕。郄疵謂知伯曰：「君又何以疵言告韓、魏之君爲？」知伯曰：「子安知之？」對曰：「韓、魏之君視疵端而趨疾〔一七〕。」郄疵知其言之不聽，請使於齊，知伯遣之〔一八〕。韓、魏之君果反矣〔一九〕。

〔一〕鮑彪曰：三國兵從之。金正煒曰：按史記春申君傳：「從而伐齊」。索隱云：從，猶領也。祖耿案：說苑權謀篇有此文，知作智，下同。魏下有之字。顧觀光隸此於貞定王十六年。

〔二〕祖耿案：説苑：陽下有之城二字，水作漑。

〔三〕城下原有下字，没，原作沉。黄丕烈曰：鮑改下爲之。吴氏補曰：誤衍，或是之字。金正煒曰：魏策：「決滎澤而水大梁。」左氏昭三十年傳：「遂伐徐，防山以水之。」注：防壅山水以灌徐。漢書鄒陽傳：「高皇帝燒橈道，水章邯。」應劭曰：以水灌其城，破之也。「下」字即「不」之誤衍。小爾雅廣詁、廣雅釋詁并云：沉，没也。何休曰：八尺曰版。 祖耿案：類聚八〇引作：「城不没者三版。」説苑同。

〔四〕姚注：元和姓纂：「郗，已姓，青陽氏之後。趙有郗疵。」 鮑彪曰：郄疵，晉人。 吴師道曰：郄，刺黎反。孫本作郗，説文作絺。 黄式三曰：郗，説苑權謀作絺。或作郄，譌。 程恩澤曰：案左傳，王與鄭田有絺。杜注：在野王縣西南。郡國志：波有絺城。括地志：在河内縣西三十二里。今在懷慶府西南三十里，一名付遂城。

〔五〕祖耿案：説苑無「郄疵」以下至「今約」二十八字，逕接「對曰：夫勝趙」云云，文與此異。

〔六〕黄丕烈曰：夫，鮑本作矣。吴補：一本作夫。夫當屬下句。兵，鮑本作君。

〔七〕姚注：四本無「勝趙」二字。 祖耿案：此句説苑作：「夫勝趙而三分其地。」

〔八〕祖耿案：説苑「不」作「未」。

〔九〕祖耿案：説苑，「曰」下有「矣」字。

〔一〇〕吴師道曰：如，猶而。 王引之曰：如何，與而何同。 黄丕烈曰：竈，鮑本作鼃。 金正煒曰：國語晉語作：「沉竈産鼃」。注：沉竈，懸釜而炊也；産鼃，鼃生於竈也。説苑權謀篇文與策同。 祖耿案：説苑，「何」上無「如」字。

〔一一〕祖耿案：此句説苑作：「明日，智伯謂韓魏之君曰：疵言君之反也。」文與策異。

〔一二〕祖耿案：夫，説苑作必，城今，作今城。無且字。拔作勝。

〔一三〕二家，原作三家。姚注：錢、劉作二。　黄丕烈曰：鮑改三爲二。吴氏補曰：「愚」下恐當有「必」字。丕烈案：吴説未是。　祖耿案：「美利」下説苑作：「而倩約爲難不可成之事」，無「於前」及「信盟」等字，與策不同。

〔一四〕鮑彪曰：自稱曰主，亦非當時語。解、懈同。　金正煒曰：按鮑説非也。上句就郄疵言，固得稱主。　祖耿案：此句説苑作：「是疵必爲趙説君，且使君疑二主之心而解於攻趙也。」

〔一五〕三，原作二。　金正煒曰：二，當爲三，謂智、韓、魏三氏之交親，爲疵言所間離也。史記匈奴傳：「絶二主之約，離兄弟之親」，亦併彼此言之。　祖耿案：此數語，策與説苑同。三，説苑作二。

〔一六〕祖耿案：此三字，説苑作：「智伯出」，此下自「郄疵謂知伯」，至「知伯遣之」五十三字，説苑無。作：「智伯出，欲殺郄疵，郄疵逃」，與策不同。

〔一七〕鮑彪曰：視端，畏之；趨疾，避之。恐疵要之與見智伯而辭屈也。

〔一八〕黄式三曰：説苑權謀：「知伯欲殺郄疵，郄疵逃」，與策異。

〔一九〕鮑彪曰：彪謂智伯至是，眩於得而不顧其禍，殆天奪其魄者。至以謀人之言質人以反，夫非狂昏癡瞢，孰肯自承其反哉？　祖耿案：「反」下，説苑無「矣」字。

二

知伯帥趙、韓、魏而伐范、中行氏〔一〕，滅之。休數年，使人請地於韓〔二〕，韓康子欲勿與，段規諫曰〔三〕：『不可〔四〕！夫知伯之爲人也，好利而鷙愎，來請地，不與，必加兵於韓矣〔五〕！君其與之！與之，彼狃，又將請地於他國。他國不聽，必鄉之以兵。然則韓可以免於患難而待事之變〔六〕。』康子曰：『善。』使使者致萬家之邑一於知伯，知伯說〔七〕。又使人請地於魏，魏宣子欲勿與〔八〕，趙葭諫曰〔九〕：彼請地於韓，韓與之；請地於魏，魏弗與；則是魏内自强而外怒知伯也！然則其錯兵於魏必矣！不如與之〔一〇〕！』宣子曰：『諾〔一一〕。』因使人致萬家之邑一於知伯，知伯說〔一二〕。又使人之趙請蔡皋狼之地，趙襄子弗與〔一三〕。知伯因陰結韓魏，將以伐趙。趙襄子召張孟談而告之〔一四〕，曰：『夫知伯之爲人，陽親而陰疏。三使韓魏而寡人弗與焉，其移兵寡人必矣〔一五〕！今吾安居而可？』張孟談曰：『夫董閼于，簡主之才臣也，世治晉陽，而尹澤循之，其餘政教猶存，君其定居晉陽〔一六〕。』君曰：『諾〔一七〕。』乃使延陵生將車騎先之晉陽，君因從之〔一八〕。至，行城郭，案府庫，視倉廩〔一九〕，召張孟談曰：『吾城郭完，府庫足，倉廩實矣，無矢，奈何〔二〇〕？』張孟談曰：『臣聞董子之治晉陽也，公宮之垣，皆以狄蒿苦楚廧之，其高至丈餘，君發而用之〔二一〕。』於是發而試之，其堅則箘簬之勁不能過也〔二二〕。君曰：『矢足矣，銅少，若何〔二三〕？』張孟談曰：『臣聞董子之治晉陽也，公宮之室，皆以鍊銅爲柱質，請發而用之，則有餘銅矣〔二四〕。』君曰：『善。』號令以定，備守以具。三國之兵，乘晉陽城〔二五〕，遂戰，三月不能拔，因舒軍而圍之，決晉水而灌之，圍晉陽三年。城中巢居而處，懸釜而炊，財食將盡，士卒病羸〔二六〕。襄子謂張孟談曰：『糧食匱，財力盡，士大夫病，吾不能守矣，欲以城下，何如〔二七〕？』張孟談曰：『臣聞之，亡不能存，危不能安，則無爲貴知也，君釋此計，勿復言也！臣請見韓魏之君〔二八〕。』襄子曰：『諾。』張孟談於是陰見韓魏之君，曰：『臣聞「脣亡則齒寒」，今知伯帥二國之君伐趙，趙將亡矣！亡則二君爲之次矣！』二君曰：『我知其然！夫知伯爲人也，麤中而少親，我謀未遂而知，則其禍必至！爲之奈何〔二九〕？』張孟談曰：『謀出二君之口，入臣之耳，人莫之知也。』二君即與張孟談陰約三軍，與之期日，夜，遣入晉陽〔三〇〕。張孟談以報襄子，襄子再拜之〔三一〕。張孟談因朝知伯而出，遇知過轅門之外〔三二〕，知過入見知伯曰：『二主殆將有變。』君曰：『何如〔三三〕？』對曰：『臣遇張孟談於轅門之外，其志矜，其行高。』知伯曰：『不然！吾與二主約謹矣！破趙，三分其地，寡人所親之，必不欺也！子釋之，勿出於口〔三四〕！』知過出，見二主，入説知伯曰：『二主色動而意變，必背君矣！不如殺之〔三五〕！』知伯曰：『兵着晉陽三年矣！旦暮當拔之而饗其利，乃有他心，不可！子慎勿復言〔三六〕！』知過曰：『不殺，則遂親之。』知伯曰：『親之，奈何？』知過曰：『魏宣子之謀臣曰趙葭，韓康子之謀臣曰段規，是皆能移其君之計〔三七〕，君其與二君約，破趙，則封二子者各萬家之縣一，如是，則二主之心可不變，而君得其所欲矣〔三八〕。』知伯曰：『破趙而三分其地，又封二子者各萬家之縣一，則吾所得者少，不可！』知過見君之不明，言之不聽也，出更其姓爲輔氏，遂去不見〔三九〕。張孟談聞之，入見襄子，曰：『臣遇知過於轅門之外，其視有疑臣之心，入見知伯，出更其姓，今暮不擊，必後之矣〔四〇〕！』襄子曰：『諾。』使張孟談見韓魏之君，至於期日之夜，殺守堤之吏，而決水灌知伯軍〔四一〕，知伯軍救水而亂，韓魏翼而擊之，襄子將卒犯其前，大敗知伯軍而禽知伯〔四二〕。知伯身死國亡，地分爲三，爲天下笑，此貪欲無厭也〔四三〕！夫不聽知過，亦所以亡也！知氏盡滅，唯輔氏存焉〔四四〕。

〔一〕吳師道曰：定王十六年戊午，三晉滅智伯，分其地。范氏，士會之後。荀林父將中行，後因以官爲氏。祖耿案：韓非子十過篇有此文，首作『奚謂貪愎？昔者，智伯瑤率趙、韓、魏而伐范、中行。』注：

瑤，知伯名。顧觀光隸此於貞定王十六年。

〔二〕祖耿案：韓非子作：「反歸，休兵數年，因令人請地於韓。」

〔三〕鮑彪曰：段規，韓人。晉舊姓，故魏亦有。　吳師道曰：姓譜：段，鄭共叔段之後。

〔四〕祖耿案：韓非子作：「不可不與也。」

〔五〕愎，原作復。姚注：四本只作復，劉作愎。　鮑彪曰：鷙，殺鳥也，喻其殘忍。　黃丕烈曰：吳氏補曰，韓子作鷙愎。　祖耿案：韓非子作：「彼來請地而弗與，則移兵於韓必矣。」

〔六〕鮑彪曰：狃，天性驕也。　吳師道曰：狃，習也。　黃丕烈曰：「與之」，鮑本不重。丕烈案：韓子復有。　祖耿案：狃下，韓非子作：「又將請地他國，他國且有不聽，不聽，則知伯必加之兵。如是，韓可以免於患而待其事之變。」注：狃，習也。得地於韓將生心他求也。

〔七〕祖耿案：韓非子善作諾，使使者作因令使者，邑作縣。

〔八〕黃丕烈曰：鮑改宣為桓。吳氏補曰：韓子、說苑亦並作宣，恐桓字譌，下同。　祖耿案：韓非子使作令，無下魏字。顧廣圻曰：當從策，更有魏字。

〔九〕鮑彪曰：趙葭，魏人，亦晉舊姓。

〔一〇〕祖耿案：韓非子作「今請地於魏」，請上有今字。「然則其錯兵於魏必矣」句作：「如弗予，其措兵於魏必矣。」下無「不如與之」四字。王先慎曰：「有『不如予之』四字是也，策有。」

〔一一〕祖耿案：韓非子無曰字。

〔一二〕祖耿案：韓非子使作令，邑作縣，下知伯下無說字，連下為句。

〔一三〕鮑彪曰：蔡非趙地，皋狼屬西河。　吳師道曰：恐名偶同。漢志：西河郡有皋狼縣，又有藺縣。蔡或藺字訛。黃丕烈曰：鮑改蔡爲藺。丕烈案：韓子作蔡。　張琦曰：藺城在今永寧州西。皋狼城在州西北。程恩澤曰：案通鑑注，司馬康曰：皋狼，春秋蔡地，後爲趙邑。胡三省曰：皋狼屬西河郡，非蔡所能有，或者藺字之訛，藺亦屬西河。蓋即用舊注說。或曰蔡蓋宅字之訛。史記：「孟增幸於周成王，是爲宅皋狼」是也。（索隱曰：據史記，皋狼當是孟增之號，而徐廣以爲地名者，蓋居以皋狼之地，故云宅皋狼也。）然此等處，似未可決斷。趙世家云：先王「取藺、郭狼」。王應麟曰：郭狼疑是皋狼（張宗泰曰：郭、皋聲相近），而與取藺連文，姑置舊說爲是。今永寧州西北有皋狼故城，與藺故城相近。史記建元以來王子侯表有皋狼。索隱曰：在臨淮。洪亮吉曰：今山西沁州武鄉縣西北五十里，亦有皋狼城。則皋狼更非一地。顧觀光曰：按吳說是也。藺、皋狼並今汾州府永寧州地，故連言之（藺在州西，皋狼在州西北）。趙世家：武靈王曰：我先王取藺、郭狼。王伯厚云：郭狼疑是皋狼。錢氏坫云：皋、郭聲相轉，故誤。金正煒曰：按蔡當爲藺，吳后說是也。史記趙世家：先王取藺、郭狼。王應麟曰：郭狼疑是皋狼。　祖耿案：韓非子「又使人」作「又令人」。注：蔡、皋狼之地，邑名。

〔一四〕姚注：曾、錢無下「趙」字。黃丕烈曰：因，鮑本無。丕烈案：韓子有。　祖耿案：結，韓非子作約。

〔一五〕鮑彪曰：他日陰疎，今則顯矣。　祖耿案：韓非子親作規，弗作不，移兵寡人作措兵於寡人。注：三使陰以相約，知有異志也。顧廣圻曰：規當從策作親。

〔一六〕閼下原有安字。尹澤，鮑本作君澤。　姚注：曾錢，循皆作脩。　鮑彪曰：君澤，趙臣，繼安于者。吳師道曰：大事記：晉陽，漢太原郡所治，龍山在西北，晉水所出。一本「尹澤」。大事記謂澤字誤。韓子、國語作尹鐸。黃丕烈曰：主，鮑本作子。吳補：一本作主。丕烈案：韓子作主。尹，鮑本作君。吳氏補曰云云。丕烈案：澤、鐸同字耳。　王念孫曰：閼與安，一字也。定十三年左傳及晉語、呂氏春秋愛士篇、史記趙世家、漢書古今人表，並作董安于。韓子十過篇及鴻烈道應篇並作董閼于。是閼于即安于也。安與焉古同聲而通用，閼于之爲安于，猶閼逢之爲焉逢也。今作董閼安于者，一本作閼，一本作安，而後誤合之耳！　程恩澤曰：案路史，少昊子般封尹，在汾州。及周，爲尹氏采邑。　黄式三曰：閼一作安，見左傳、韓非十過觀行。閼安互見，古聲近通用。策作閼安于，衍一字。（周季編略一）　朱起鳳曰：閼，本音遏，讀爲平聲，即是安字。於、于，音義同。戰國趙策作董閼安于，蓋兩字不能棄取，故並存耳。鐸字作澤，乃傳寫之訛。國語並作鐸。　金正煒曰：王氏謂閼、安誤複，是也。論語：「必世而後仁。」注：三十年爲一世。又呂覽用民篇：「古昔多由布衣定一世者矣。」注：終一人之身爲世。尹澤，國語、韓非、呂覽，並作尹鐸，字形相似而歧也。　祖耿案：張孟談曰下，韓非子作：「夫董閼于，簡主之才臣也，其治晉陽，而尹鐸循之，其餘教猶存，君其定居晉陽而已矣！」注：尹鐸，安于之屬大夫。王先愼曰：循，遵也。謂尹鐸治晉陽，仍遵董安于之治也。國語：趙簡子使尹鐸爲晉陽。則安于死，尹鐸繼之，非尹鐸爲安于屬大夫也。策鐸作澤，誤。國語作鐸。閼，難言篇作安。　祖耿又案：御覽一六三引春秋後語作董安于。

〔一七〕鮑彪曰：君謂襄子。

〔一八〕生，原作王。鮑彪曰：此襄子臣，不得稱王，王當作生。　黄丕烈曰：今本王作君，乃誤涉鮑也。鮑改王爲君。吴氏正曰：韓子云：趙襄子召延陵生令將云云。浚儀王氏謂鮑失考。　程恩澤曰：延陵下一字，高本作王。按韓非子作生，後乃訛爲王字，而鮑又改作君。案地理志：代郡有延陵縣。應劭曰：在當城（在今宣化府城南）西北。水經注：延鄉水東逕延陵縣故城北，延音征。史記趙世家：「延陵鈞。」徐廣注引此文。説文廴部，延，行也，從廴，正聲，諸盈切。漢武帝延和年號用此，則延字從正不從乏，與延陵異。路史乃謂延陵有五：一在代，即此（一在綏，三在江南）竟以延陵爲延陵（史記集解徐廣注亦云：代郡有延陵縣，即引韓子趙襄子事爲證，似古本有作延者，姑識於此），疎矣！（漢志右北平郡又有延陵縣，或亦誤爲延陵。元和姓纂以趙襄子謀臣延陵正爲延陵季子之後，尤誤。）錢坫曰：延陵，今宣化府萬全縣地。洪亮吉曰：在大同府天鎮縣北邊疆外。　祖耿案：韓非子作：「乃召延陵生，令將軍車騎先至晉陽，君因從之。」盧文弨曰：軍字衍。

〔一九〕鮑彪曰：案、按同，行也。　祖耿案：此數句韓非子作：「君至，而行其城郭及五官之藏：城郭不治，倉無積粟，府無儲錢，庫無甲兵，邑無守具，襄子懼。

〔二〇〕郭下原有之字，足下原有用字。　金正煒曰：按之字、用字皆衍。此以三言列舉爲文。或之字本在城郭上，誤淆於下。　祖耿案：此段文字，韓非子作：「乃召張孟談曰：『寡人行城郭及五官之藏，皆不備具，吾將何以應敵？』張孟談曰：『臣聞聖人之治，藏於臣不藏於府庫，務修其教，不治城郭。君其出令，令民自遺三年之食，有餘粟者入之倉；遺三年之用，有餘錢者入之府；遺，有奇人者使治城郭之繕。』君夕出令，明日，倉不容粟，府無積錢，庫不受甲兵。居五日而城郭已治，守備已具。君召張孟談而問之曰：『吾城郭已治，守備已具，錢粟已足，甲兵有餘，吾奈無箭何？』」注：奇，餘也。謂閒人。音羈。策文略，韓非子文詳。

〔二一〕鮑彪曰：垣，牆也，荻，萑葦屬。爾雅「蕭荻」注：即蒿。又繁醜，荻爲蒿。苫，蓋也。楚，荆也。以是爲牆。廧、牆同。　黃丕烈曰：今本苦作楛，之下有有楛二字。狄，鮑本作荻，丕烈案：韓子作：「皆以荻蒿楛楚牆之，有楛高至於丈。」此苫字當作苦，即韓子之楛字。韓子之有楛二字，依此策文當衍。今本反依之添入，誤也。　黃式三曰：韓非子作荻蒿楛楚，蒿讀爲稾，古通。策本作狄蒿苦楚。（周季編略一）　金正煒曰：按狄即荻之省，苦當從韓非作楛，廧疑當作廩。管子山國軌篇：「泰春民之且所用者，君已廩之矣。」注：廩，藏也。廣雅釋言：廩，治也。廩字古文作㐭，因致誤㐭。又管子度地篇：「樹以荆棘上相穡著者，所以爲固也。」注：穡，鉤也。謂荆棘刺條相鉤連也。俞樾云：穡與嗇通。方言：嗇，合也。此或嗇字之譌。朱起鳳曰：苦乃苦字之訛，苦又爲楛字之省。　祖耿案：御覽一六三引春秋後語作荻蒿。王先慎曰：事類賦、御覽引「君發而用之」下有「有餘箭矣」四字，與下文「有餘金矣」，文法正同。

〔二二〕吳師道曰：菌音窘，簬即簵，見禹貢。　祖耿案：禹貢：荆州厥貢，惟箘簵、楛。史記夏本紀同。集解駰案：鄭玄曰：「菌簵，聆風也。」漢書地理志序，顏注：箘簵，竹名，可以爲矢。

〔二三〕足上原無矢字，銅上原有吾字。　黄丕烈曰：足上鮑本有矢字。丕烈案：韓子作「吾箭已足矣」。金正煒曰：按足上當有矢字，韓非作「吾箭足矣」。　祖耿案：御覽一八八引作「銅少奈何」，無吾字。

〔二四〕鮑彪曰：質，礎也。　董說曰：呂覽章句云：晉陽之宮銅柱礎，天下之雄宮也。又云：董治晉陽，築兵宮而人不見，緝矢垣而隣國不備。古以銅爲兵，春秋戰國皆然。郡國志云：太原府城中，又有三城：其一曰大明城，即古晉陽城也；董安于所築；晉陽故宮，一名大明宮，在州城內。　祖耿案：韓非子作：「公宮、公舍之堂，皆以鍊銅爲柱質，君發而用之。於是發而用之，有餘金矣。」又案：御覽一八八引作，「公之堂皆以黄銅爲柱礩。」

〔二五〕祖耿案：兩以字鮑本並作已。又韓非子此數語作：「號令已定，守備已具，三國之兵果至，至則乘晉陽之城。」前無「君曰善」三字。

〔二六〕黄式三曰：晉水，趙世家作汾水，趙策作晉水，秦策中期諫秦昭王語亦作晉水，魏世家安釐王十一年引策亦作晉水。山經北次二經：縣雍之山，晉水出焉，而東南流，注于汾水。正義引括地志：晉水出并州晉陽西，東南流注汾水。又水經六晉水注云：汾水分爲二流，北瀆即智氏故渠也。襄子保晉陽，智氏防山以水之，則晉水與汾水合也。（周季編略一）　金正煒曰：按高誘呂覽義賞篇注：智伯率韓魏之君，圍趙襄子於晉陽三月。此文年當爲月之誤。淮南人間篇作：「城下緣木而處，懸釜而炊。」祖耿案：韓非子，不能拔作弗能拔，決晉水而灌之作決晉陽之水以灌之，士卒病羸作士大夫羸病。

〔二七〕財，原作城。鮑彪曰：城下，謂將降。黄丕烈曰：鮑改城爲財。丕烈案：韓子作財。祖耿案：吾下，韓非子有恐字。何如，作何國之可下。

〔二八〕知下原有士字。金正煒曰：按國語吳語：「危事不可以爲安，死事不可以爲生，則無爲貴智矣！鬼谷子謀篇：「亡不可以爲存，而危不可以爲安，然而無爲而貴智矣。」並無士字。淮南人間篇作：「何爲貴智。」韓非十過篇作：「則無爲貴智矣。」足證此文士字爲衍。祖耿案：請見二字之間，韓非子有「試潛行而出」五字。

〔二九〕鮑彪曰：麤、粗同，疏也。吳師道曰：粗厲少仁愛。黄丕烈曰：麄，鮑本作麤。丕烈案：韓子作麤。金正煒曰：按史記王翦傳：「夫秦王怚而不信人。」徐廣曰：怚，一作粗。此文亦當作怚，説文：怚，驕也。廣雅釋詁：怚，傷也。祖耿案：韓非子唇亡下無則字。帥二國之君伐趙，作率二君而伐趙。二君曰下作：「我知其然也，雖然，智伯之爲人也，麤中而少親，我謀而覺，則其禍必至矣。爲之奈何？」顧廣圻曰：麤，策作麄，按當讀爲怚。

〔三〇〕日，原作曰。鮑彪曰：日既夜。黄丕烈曰：曰，鮑本無。丕烈案：韓子有，作日。金正煒曰：韓非作期日，是也。鮑本無日字。祖耿案：韓非子口下有而字，即作因。下言「與張孟談約三軍之反，與之期日，夜遣孟談入晉陽以報二君之反。」又文選爲曹公作書與孫權注、馬汧督誄注引，並作：「夜遣人入晉陽。」案：遣下不當有人字，李注蓋誤。

〔三一〕祖耿案：此二語韓非子作：「襄子迎孟談而再拜之，且恐且喜。」

〔三二〕姚注：知過，一云知果。　鮑彪曰：兵交，使在其間，故得朝之。過一作果，智伯之族。轅門，以車爲門，而轅外向。　吴師道曰：晉語：智宣子將以瑶爲後，知果曰：「不如宵也。」弗聽，知果別族於太史爲輔氏。通鑑取此，與策先後不同。　金正煒曰：韓非作：「二君以約遣張孟談，因朝知伯而出。」與策文不同。　黄式三曰：國語智果，國策知過，説苑貴德作智果，國語作智伯國，果、國雙聲。（周季編略一）　王先慎曰：説苑貴德篇作智果，古今人表作智過。顔注：即智果。　祖耿案：韓非子，張孟談上有「二君以約遣」五字。顧廣圻曰：以，讀爲已。策脱去「二君以約遣」五字，遂誤屬張孟談於下句，當依此訂，案，顧氏之言是也。

〔三三〕鮑彪曰：君，智伯。　祖耿案：此二語韓非子作：「智過怪其色，因入見知伯曰：『二君貌將有變！』君曰：『何如？』」

〔三四〕鮑彪曰：親之，言親與二國約。　金正煒曰：按謹當讀如結，一聲之轉也。公羊桓三年傳：「結言而退。」穀梁傳作「謹言而退」。結、謹故得通用。公羊莊三十二年傳：「辭曷爲與親弑者同。」注：親，躬親也。淮南道應篇：「天下莫不知而莫之能行。越王親之，故霸中國。」此言親與二主約也。　祖耿案：此下至「遂親之」，韓非子文較策爲長。首云：「曰：『其行矜而意高，非他時之節也。』」無「對」字，又不言「臣遇張孟談於轅門之外」。「非他時之節也」句下，則云：「『君不如先之。』君曰：『吾與二主約謹矣，破趙而三分其地，寡人所以親之，必不侵欺。兵之著於晉陽三年，今旦暮將拔之而嚮其利，何乃將有他心？必不然，子釋勿憂，勿出於口！』明旦，二主又朝而出，復見智過於轅門，智過入見曰：『君以臣之言告二主乎？』君曰：『何以知之？』曰：『今日二主朝而出，見臣而其色動，而視屬臣，此必有變，君不如殺之。』君曰：『子置勿復言。』智過曰：『不可，必殺之。若不能殺，遂親之。』」

〔三五〕君下原無矣字。如下原有令字。金正煒曰：令當作今。史記汲黯傳：「吾今召君矣」！索隱云：今即今也。　祖耿案：後漢書蘇竟傳注引作：「二主色動而喜，必背君矣！不如殺之。」文選爲曹公作書與孫權注引同，惟喜作變。案此文意，當爲喜，形近致譌。變字，當爲校者旁注異文，後人傳寫誤併。君下當補矣字，如下令字當删。

〔三六〕鮑彪曰：著，言附其城。　黄丕烈曰：之，鮑本無。丕烈案：韓子有。　金正煒曰：按淮南説林篇注：不可，言不能也。韓非作「必不然矣！」

〔三七〕康上原無韓字。鮑彪曰：二謚皆非當時語。　黄丕烈曰：鮑康上補韓字。吴氏補曰：恐缺韓字。丕烈案：韓子有。　金正煒曰：按此爲後人追述之詞，故舉其謚，非當時語也。史記魏世家、吕覽義賞篇及秦策，並作魏桓子，惟韓非十過篇、説苑權謀篇，與此策同作宣。　王先慎曰：宣字、康字，皆後人所加。智過言時，不應有也。

〔三八〕祖耿案：韓非子，「則封」作「因封」，「二主之心可不變，而君得其所欲矣」，作「二主之心可以無變矣。」無「而君得其所欲」六字。

〔三九〕明，原作用。言之不聽四字原在也字下。　王念孫曰：君之不用也五字衍文。文選爲曹公作書與孫權注、後漢書蘇竟傳注引此，並作智果見言之不聽。韓子十過篇作：智過見其言之不聽也。皆無君之不用句。　金正煒曰：按用當爲明之譌。言知過見君之不明，言之又不見聽，故去也。語固非複，策文不必與韓非、漢書皆同。韓策公仲明，古今人表作公中用，二形相近，易以譌誤。　朱起鳳曰：過字作果，此方言之異。君之不用也五字疑衍。　祖耿案：韓非子作：「智過見其言之不聽也，出，因更其族爲輔氏。」下無「遂去不見」四字。

〔四〇〕鮑彪曰：恐智伯以過之去之決，有感動矣。　祖耿案：韓非子「因更其族爲輔氏」之下，緊接下文「至於期日之夜。」無「張孟談聞之」，至「使張孟談見韓魏之君」一段，五十五字。

〔四一〕原作曰夜期殺守堤之吏。　黃丕烈曰：曰，鮑本作日，丕烈案　韓子作至於期日之夜。　金正煒曰：按曰當作昌。以夜爲期，正應上文「今暮不擊，必後之矣」。淮南人間篇：「至其日之夜」，其即期字之省，足證所期在夜。　祖耿案：此數語韓非子作：「至於期日之夜，趙氏殺其守隄之吏而決其水灌知伯軍。」

〔四二〕鮑彪曰：翼，左右夾擊。　黃丕烈曰：軍，鮑本無。鮑補軍字。丕烈案：韓子有。　金正煒曰：文選七命：「縱輕翼於中荒。」注：翼，左右甄也。越絕書：「子胥兵分爲兩翼，夜火相望也。」

〔四三〕原無三爲二字。　祖耿案：文選馬汧督誄注引作：「智伯身死國亡，地分爲三。」後漢書蘇竟傳注引作：「殺智伯，三分其地。」韓非亦作：「知伯身死軍破，國分爲三，爲天下笑。」可證爲下當有三爲二字也。

〔四四〕鮑彪曰：彪謂段規之策，智伯、智過之察，孟談皆如在其目中，可謂明也已矣！此一時三晉、智氏皆有士，三晉之應之如響，智氏獨不用之而亡，則士豈非天下之重寶乎？　雖然，水傅晉陽，城之不沉者三版，於此時，使智伯殺韓、魏之君，亦難聽矣！　其次，欲其分封二子，是豈不可爲與？　智伯惟没於利，故昏於智，故孟子之說曰：「何必曰利！」　祖耿案：韓非子十過篇文字同異，略如上舉。非云十過，首列其目，第五曰：「貪愎喜利，則滅國殺身之本也。」下述此文，首以「奚謂貪愎」四字引之，其後則以「故曰，貪愎好利，則滅國殺身之本也」十四字回應作結。明此文爲非首撰無疑。策士錄之，於末尾別加「夫不聽知過，亦所以亡也！知氏盡滅，惟輔氏存焉。」十九字，可知韓非與策士之用意不同，然兩篇文字各有缺失，當互參之。

三

張孟談既固趙宗〔一〕，廣封疆〔二〕，發五百〔三〕，乃稱簡之塗以告襄子曰〔四〕：『昔者前國地君之御有之曰〔五〕：「五百之所以致天下者約兩〔六〕，主勢能制臣，無令臣能制主。」故貴爲列侯者，不令在相位；自將軍以上，不爲近大夫；今臣之名顯而身尊，權重而衆服，臣願捐功名去權勢以離衆〔七〕。』襄子恨然曰〔八〕：『何哉？吾聞輔主者名顯，功大者身尊，任國者權重，信忠在己而衆服焉。此先聖之所以集國家安社稷也，子何爲然〔九〕？』張孟談對曰：『君之所言，成功之美也；臣之所謂，持國之道也；臣觀成事，聞往古，天下之美同，臣主之權均之能美，未之有也〔一〇〕！前事之不忘，後事之師〔一一〕！君若弗圖，則臣力不足！』愴然有決色〔一二〕。襄子去之，卧三日，使人謂之曰〔一三〕：『晉陽之政，臣下不使者何如？』對曰：『死僇〔一四〕。』張孟談曰：『左司馬見使於國家，安社稷，不避其死，以成其忠，君其行之〔一五〕。』君曰：『子從事。』乃許之〔一六〕。張孟談便厚以便名，納地釋事，以去權尊，而耕於負親之丘〔一七〕。故曰：「賢人之行，明主之政也〔一八〕。」耕三年，韓魏齊燕負親以謀趙〔一九〕，襄子往見張孟談而告之，曰：『昔者知氏之地，趙氏分則多十城，復來，而今諸侯孰謀我，爲之奈何〔二〇〕？」張孟談曰：「君其負劒而御臣以之國，舍臣於廟，授吏大夫，臣試計之〔二一〕。」君曰：「諾。」張孟談乃行其妻之楚，長子之韓，次子之魏，少子之齊〔二二〕。四國疑而謀敗〔二三〕。

〔一〕吳師道曰：「談」，史作「同」，太史公避父諱也。　金正煒曰：按宗，謂宗社。國語晉語：「可以鑑而鳩趙宗乎？」又或家字之譌，易：「師開國承家」，干注：「承家，立都邑也。」書盤庚中篇：「永建乃家」，傳：「卿大夫稱家。」左氏成十四年傳：「苦成家其亡乎？」是時，趙未列於諸侯，故簡、襄皆稱主，上章亦云二家也、又策文於韓趙魏率稱氏，左氏隱八年傳：「胙之土而命之氏」，疏：「氏猶家也。」此文作固趙家，於義爲長。一本廣誤爲廟，或遂改家爲宗耳。　祖耿案：顧觀光隸此於貞定王十六年。

〔二〕黃丕烈曰：廣，鮑本作廟。吳補：一本廟作廣，是。

〔三〕鮑彪曰：伯業不振，今復發之。　黃丕烈曰：鮑改百爲霸。吳氏補曰：即伯，古通。丕烈案：此策文多不可通，當闕。　金正煒曰：廣雅釋詁：發，去也。又或爲癹。說文：以足蹋夷草也。左氏隱六年傳：「癹夷蘊崇之。」今本癹作芟。漢書賈誼傳：「故蘄去不義諸侯。」注：蘄讀與芟同，謂芟刈之。五百當爲知百，涉下文而誤。百與伯通。

〔四〕鮑彪曰：稱者，舉其說也，此士國地君之御。　金正煒曰：簡謂簡子，襄子父也。塗當爲迹，迹誤爲途，因復傳寫作塗。凡前人所遺留者曰迹。莊子天運篇：「六經，先王之陳迹也。」武靈王平晝章：「念簡、襄之迹」，義與此同。

〔五〕鮑彪曰：國地猶武安之類，御則之塗。　金正煒曰：前國地君，鮑氏謂猶武安之類，殆非也。前當爲簡，隸書從竹之字並作⺮。簡與前字形相近，因以致誤。地當作主，古書主作坣，地作坔，故主譌爲地。國字當在君字之下，誤淆於上也。釋名釋言：語御語也，尊者將有所欲，先語之也，語御一聲之轉，字亦得通。魯語：「主亦有以語肥也。」禮記坊記疏引作御，可證。「簡主君國之御」，謂簡子君臨趙國之遺訓，此蓋孟談稱述簡子之言以告襄子。

〔六〕鮑彪曰：約者，自斷之辭。黃丕烈曰：今本無「兩」字，乃誤涉鮑也，鮑衍「兩」字。吳氏補曰：恐字有誤。金正煒曰：約兩，猶言約有兩端，即下所云：「主勢能制臣，無令臣能制主」，凡兩言也。又兩或而字之譌，下有脫文，意或爲要言五伯所以致天下，其道簡要也。

〔七〕黃丕烈曰：捐，鮑本作損，吳補：一本作捐。

〔八〕金正煒曰：恨字疑悢之誤。廣雅釋詁：悢，悵也。楚辭九辯：「愴怳懭悢兮」，王逸注：中情悵惘，意不得也。或即爲恨。漢書谷永傳：悵然失望。

〔九〕也，原作乎。姚注：劉改作也。金正煒曰：按集與輯通。詩板：「辭之輯矣」，新序引作集。孟子音義上引張音，集穆當爲輯穆。乎與也，策常通用。如齊策：「臣竊爲公譬可也」，一本作乎。魏策：「此於其親戚兄弟若此，而又況於仇讎之敵國也」，史記魏世家，也作乎。又列子周穆王篇：「此非汝所及乎：」乎亦猶也，與此文同。經傳釋詞：也猶乎也。不煩改作。

〔一〇〕鮑彪曰：有美而同必相嫉。吳師道曰：均下之字，外紀作而。黃丕烈曰：案此外紀改耳。金正煒曰：天字疑當作上。古書上作二，因致誤天。美當爲義，涉下文而誤。周禮：「司徒以儀辨等，則民不越。」注：故書儀或爲義。禮記少儀：「言語之美。」注：美當爲儀，蓋美乃義之譌，義即古儀字也。之能美，外紀作而能美，詩蓼莪：「欲報之德」，箋：之，猶是也。此言如是而能美，未之有也。作之，於義自通（春秋繁露王道篇：觀乎獻六羽，知上下之差。此文美或差之譌）。

〔一二〕祖耿案：文選勸進表注引，師下有也字。

〔一三〕鮑彪曰：雖欲決去而猶愴然，明不得已也。一說，決，猶別。

〔一三〕金正煒曰：秦策：「文信侯去而不快」，義與此同。或爲卻字之損。此言却之，下云許之，文正相應。

〔一四〕鮑彪曰：不使，不爲上用。僇、戮同。　金正煒曰：按爾雅釋詁：「使，從也。」春秋繁露五行相勝篇：「將帥不親，士卒不使。」漢書外戚傳：「少主幼弱，則大臣不使。」不使，猶不從也。

〔一五〕鮑彪曰：左司馬，失其名。行，猶用也，疑當作任。　吳師道曰：左司馬，恐孟談自謂之辭。行之者許之，僇之推口也。　金正煒曰：按使字，疑便之誤。呂覽似順篇：「夫便國而利於主，雖兼於罪鐸爲之。」便國家與安社稷爲對文，「於」字衍也。漢書食貨志：「郡不出鐵者，置小鐵官使屬在所縣」，史記使作便。二形相近，易致傳寫之譌。此文張孟談上當有爲字，蓋或爲孟談言於襄子也。左司馬即孟談，言雖許之歸耕，而國家有危難，仍可起而用之，故襄子乃許其請。詩菀柳箋：行，亦放也。春秋傳曰：「予將行之。」此云行之，猶後世所謂放歸田里。吳氏釋行爲許，義亦近是，惟以左司馬爲孟談自謂，則非耳。

〔一六〕鮑彪曰：使談自從其所欲之事，以其薦賢自代，故許其去。

〔一七〕鮑彪曰：張孟談以下，著書者美之也。便，安；厚，重也。去權所以安其重，損名所以安其名。負親之丘，趙地，缺。　程恩澤曰：今無考。　金正煒曰：按潛夫論志氏姓篇：「張孟談相趙襄子以滅智伯，遂逃功賞，耕於肩山。」此文當爲親耕於肩丘，涉下文負親以謀趙，而淆誤也。

〔一八〕鮑彪曰：此美襄子。

〔一九〕鮑彪曰：言五國昔約親，今背之。　吳師道曰：上言負親之丘，不應此義頓異。恐負親字衍，或上有缺文。黄丕烈曰：鮑改燕爲楚，吳氏補曰：下文有楚無燕，必有一誤。金正煒曰：按五國伐秦無功罷於成皋章：「合負親之交」，秦攻趙於長平章：「今臣爲足下解負親之攻」，曰交、曰攻，皆爲負親，則鮑氏之説未能悉通矣！當時連橫以事秦者曰横親，合從以擯秦者曰從親，其非從非横而成權與之國，或即爲負親歟？史記虞卿傳索隱云：「爲足下解負擔而親自攻之」，其説尤謬！疑策文與史傳本或爲員，作負者形似而譌，員與圜同。考工記：「輪人取諸圜也。」司農注：故書圜或作員。説文：圜，周也。集韻：繞也，圍也。詩商頌：「景員維河」，説文長箋：言周景山皆大河也。韓、魏、齊、燕適處趙之四周，故結圜親以謀趙，趙之外無言圜親者，以趙爲中央之國也。員親亦猶從親、横親（南北爲從，東西爲横），形勢之别耳。

〔二〇〕鮑彪曰：復來，言分地多自與，韓魏嘗以爲言矣，今復來也。吳師道曰：「復來」字恐舛誤在上。當云：「而今諸侯復來」，句似順。黄丕烈曰：今本無孰字，乃誤涉鮑也。鮑衍孰字。吳氏補曰：孰爲我謀。金正煒曰：按則，猶即也。來疑求字之譌。尚書呂刑：「惟貨惟來」，馬本作求。呂覽驕恣篇：「吾嘗好良馬良御矣，而鸞徼來之。」説苑作求。二形相近，易以致誤。復求者，如知伯之請地於韓魏也。（趙世家云：南并知氏，强於韓魏。又云：韓魏趙分晉，封晉君以端氏。其後趙奪晉君端氏，皆爲分地多而復求之證。）孰，當爲就。逸周書謚法篇：「就，會也。」漢書西南夷傳：「稍令犍爲自保就。」王念孫云：保就猶言保聚。就謀我，謂會聚而謀我也。或爲報字之誤。鬼谷子反應篇：「以報其心。」注：報猶合也。（又按：周禮「典瑞」司農注：一帀爲一就。上文負親，疑爲員親。此作就，正與員義相應。）

〔二一〕鮑彪曰：御，君自爲御。授談之吏以爲大夫，示尊顯之也。金正煒曰：按晏子内篇：「知其能足以安國濟功，故迎之於魯郊，自御，禮之於廟。」孟談以是爲請者，欲四國知其復用，乃得行妻子以敗其謀。

授吏大夫，謂屬臣工於談，以視任之之專。鮑氏以爲授談之吏以爲大夫，恐非。

〔三二〕鮑彪曰：行其妻之楚，使妻之楚。

〔三三〕鮑彪曰：談，趙之謀臣，而其妻子分適四國，故四國更相疑，以爲厚趙也。彪謂孟談，有道之士也。國有危難，不顧萬死，出入行陣，以就其謀，功成事遂，則委而去之。已去而復出，以銷國家之難。非有道孰能出處語默，若是之裕哉？范蠡始終之際賢矣，方之孟談，猶一間也。吳師道曰：孟談可謂謀智之士，有道則未也。

四

晉畢陽之孫豫讓，始事范中行氏，不說，去而就知伯，知伯寵之〔一〕。及三晉分知氏，趙襄子最怨知伯，而漆其頭以爲飲器〔二〕。豫讓遁逃山中，曰：『嗟乎！士爲知己者死，女爲悦己者容！吾其報知氏矣〔三〕！』乃變姓名，爲刑人，入宫塗廁，欲以刺襄子〔四〕。襄子如廁，心動，執問塗者，則豫讓也，刃其扞，曰：『欲爲知伯報讎〔五〕。』左右欲殺之，襄子曰〔六〕：『彼義士也！吾謹避之耳！且知伯已死，無後，而其臣至爲報讎，此天下之賢人也！』卒釋之。豫讓又漆身爲厲，滅鬚去眉，自刑以變其容，爲乞人而往乞〔七〕，其妻不識，曰：『狀貌不似吾夫，其音何類吾夫之甚也！』又吞炭以變其音〔八〕。其友謂之曰：『子之道甚難而無功！謂子有志，則然矣，謂子智，則否。以子之才而善事襄子，襄子必近幸子，子之得近而行所欲，此甚易而功必成〔九〕。』豫讓乃笑而應之曰：『是爲先知報後知，爲故君賊新君，大亂君臣之義者，無此矣〔一〇〕！凡吾所謂爲此者，以明君臣之義，非從易也〔一一〕。且夫委質而事人，而求弒之，是懷二心以事君也！吾所爲難，亦將以愧天下後世人臣懷二心者〔一二〕。』居頃之，襄子當出，豫讓伏所當過橋下〔一三〕。襄子至橋，而馬驚。襄子曰：『此必豫讓也！』使人問之，果豫讓〔一四〕。於是襄子面數豫讓曰〔一五〕：『子不嘗事范中行氏乎？知伯滅范中行氏，而子不爲報讎，反委質事知伯。知伯亦已死，子獨何爲報讎之深也〔一六〕？』豫讓曰：『臣事范中行氏，范中行氏以衆人遇臣，臣故衆人報之；知伯以國士遇臣，臣故國士報之〔一七〕。』襄子乃喟然嘆泣曰：『嗟乎豫子！子之爲知伯，名既成矣，寡人舍子，亦以足矣。子自爲計，寡人不舍子〔一八〕。』使兵環之。豫讓曰：『臣聞明主不掩人之義，忠臣不愛死以成名，君前已寬舍臣，天下莫不稱君之賢。今日之事，臣故伏誅，然願請君之衣而擊之，以致報讎之意，雖死不恨〔一九〕。非所望也，敢布腹心〔二〇〕！』於是襄子義之，乃使使持衣與豫讓〔二一〕，豫讓拔劍三躍，呼天擊之〔二二〕，曰：『吾可以下報知伯矣〔二三〕！』

遂伏劍而死。死之日，趙國之士聞之，皆爲涕泣〔二四〕。

〔一〕鮑彪曰：畢陽，畢萬之後。　吳師道曰：無明據。晉語：伯宗索士庇州犁，得畢陽。及欒弗忌之難，諸大夫害伯宗，畢陽實送州犁于荆。讓乃其孫，義烈有自來矣。　程恩澤曰：按畢有二，畢萬乃畢公之後，其地當在咸陽。　祖耿案：此章見史記刺客列傳。司馬貞曰：此傳所說，皆約戰國策文。又曰：案左傳，范氏謂昭子吉射也。自士會食邑於范，後因以邑爲氏。中行氏，中行文子荀寅也，自荀林父將中行，後因以官爲氏。智伯，襄子荀瑶也，襄子，林父弟荀首之後。范、中行、智伯事具趙系家。　祖耿又案：氏下原有而字，御覽四八一引無，今删去。此篇姚本與張孟談既固趙宗連篇，鮑本另列一篇。　顧觀光隸此於威烈王元年，曰：史記索隱引策云：襄子回車，車輪未周而亡，知在此年。

〔二〕漆，原作將。吳師道曰：史：「漆其頭。」說苑：「異日，智伯與襄子飲，而灌襄子之首。後敗智伯，漆其首爲飲器。」索隱云：案大宛傳：匈奴以月氏王頭爲飲器。裴氏引韋昭云：椑榼也。晉灼曰：虎子也。皆非。椑榼所以盛酒，非用飲者。晉以韓子、吕氏春秋並云：漆智伯頭以爲飲器故也。　董說曰：古今錄云：趙漆智伯頭爲飲器，其後趙人制飲器，大者名曰智伯頭。裴氏云：飲器，椑榼也。晉灼云：飲器，虎子也。余按吕氏春秋云：斷其頭以爲觴，則虎子說非也。桂馥曰溺器，是也。晉書載記姚方成三斬徐嵩，漆其首爲便器。　黄式三曰：史作飲器，索隱引韓非子、吕覽作溲器。　金正煒曰：按禮記檀弓：而曰然。鄭注：而猶乃也。將當作𤖤，字形相似而誤。說文：𤖤，酢𤖤也，俗作漿。漆與𤖤，其用並爲塗，字異而義同。韓非難三篇：「此知伯之所以國亡而身死，頭爲飲杯之故也。」吕覽義賞篇：「與魏桓、韓康期而擊知伯，斷其頭以爲觴。」高注：觴，酒器也。足證晉灼之非。　朱起鳳曰：溲字從叟，古亦作叓，故溲器又爲便器。周禮天官太府職稱爲褻器者是也。惟其恨之深，故報之不嫌其酷。飲乃溲之誤字。自呂覽義賞篇：襄子擊知伯，斷其頭以爲觴，高注觴酒器也，此說一出，後遂以飲器爲酒器。韓非子更誤爲飲杯。試思髑髏乃不祥之物，即使與其人深怒積怨．亦决無以其首爲飲具之理！讀書須別具眼光，不可隨人言下轉，此類是也。

祖耿案：御覽四八一引作將其頭，三六三引、四八三引、七六六引，並作漆其頭。

〔三〕氏下原有之讎二字。鮑彪曰：容，脩其容色。　吳師道曰：司馬子長用此語，死作用。　王念孫曰：之讎二字，後人所加。吾其報知氏者，承上爲知己者死言之，謂報知氏之恩，非謂報知氏之讎也。下文曰：知伯以國士遇臣，臣故國士報之。又曰：而可以報知伯矣！並與此句同義。後人以下文多言爲知伯報讎，故加之讎二字，不知彼自言讎，此自言報恩也。史記刺客傳曰：「今智伯知我，我必爲報讎而死，以報智伯。」此雖兼報讎言之，而報智伯三字，仍謂報恩，非謂報讎也。太平御覽人事部引此策有之讎二字，則所見本已誤。文選報任少卿書注引此，正作「吾其報知氏矣！」

〔四〕金正煒曰：刑，疑當爲圬。古文刑作㓝，與圬近似而誤。刑人非可變姓名而爲也。左氏襄三十一年傳：「圬人以時塓館宮室」，注：圬人，塗者。說苑：「又盜爲抵罪，被刑人赭衣人繕宮」，即緣此爲文。

〔五〕姚注：扞曾本作杅。鮑彪曰：扞、釪同。集韻：矛鐏謂之釪。刃，施刃其端。　黃式三曰：杇、塗土器。古用木，鑲以鐵，刃其端。舊謂杇爲扞，說者遂謬。　金正煒曰：按鮑說非也。扞當爲杇之譌。說文：所以塗也。方言：秦謂之杇，關東謂之槾。增韻：塗槾器。古文杇同杅，因誤爲扞。曾本作杅，亦非。蓋施刃於塗器，欲以賊襄子。

〔六〕襄上原有趙字。祖耿案：御覽四八一引，無趙字。

〔七〕吳師道曰：索隱曰：癩，惡瘡。凡漆有毒，近之多患疥腫，若癩病然。故讓以漆塗身，令若癩。厲、癩聲近假借。往乞，史作行乞　黃丕烈曰：史作「行乞於市」，與此策文多不同也。

〔八〕變上原作爲啞二字。王念孫曰：此策原文本作又吞炭以變其音。今本爲啞二字，乃後人據史記加之也，不知爲啞即是變其音。故戰國策言變音而不言爲啞。史記言爲啞而不言變音也。史記索隱引此策曰：豫讓吞炭以變其音。呂氏春秋恃君篇曰：豫讓滅鬚去眉，自刑以變其容，又吞炭以變其音。鴻烈主術篇曰：豫讓漆身爲厲，吞炭變音：皆其明證也。　金正煒曰：史記刺客傳注：啞，謂瘖病。按啞本訓哭聲，韓非難一篇：師曠曰：啞是非君人者之言也。注：啞，歎息之聲。義並不同，此當作瘂，一切經音義引埤蒼：瘂亦瘖也。　祖耿案：史記刺客列傳索隱引作：「其妻曰：『狀貌不似吾夫，何其音之甚相類也。』」文優。又案梁玉繩曰：下文豫讓與其友及襄子相問答，則不可言啞，當依策作吞炭以變其音爲是。然則梁氏所見之本，本無爲啞二字矣！

〔九〕金正煒曰：子之，子若也。國語晉語：「若夫二公子而立之」，韋注：若，之也。若訓爲之，則之亦可訓爲若。　祖耿案：此數語史記作：「其友爲泣曰：『以子之才，委質而臣事襄子，襄子必近幸子。近幸子，乃爲所欲，顧不易邪？』」注，司馬貞曰：爲所欲，謂因得殺襄子也。顧，反也。耶，不定之辭。反不易耶？言其易也。

〔一〇〕吳師道曰：無字下，恐有缺字。　金正煒曰：按穆天子傳郭注：報猶反也，無此，猶云無如此。呂覽恃君篇文與此同，吳說未審。魏策：彼翟子之所惡於國者，無公矣，亦謂無如公也。　祖耿案：御覽四八一引作必此矣！

〔一一〕吳昌瑩曰：謂猶以也，爲，如也。　朱起鳳曰：謂猶爲也，爲、謂一聲之轉，故爲可訓謂，謂亦可訓爲。王引之經傳釋詞詳言之。　金正煒曰：按謂猶爲也（此爲字讀去聲）。史記蕭相國世家：「上所爲數問君者」，漢書爲作謂。說詳釋詞。呂覽恃君篇作所爲。祖耿案：御覽四八一引，無謂字。

〔一二〕司馬貞曰：言寧爲厲而自刑，不可求事襄子而行殺，則恐傷人臣之義而近賊，非忠也。

〔一三〕黃丕烈曰：所當二字，鮑本作以。吳補：一本「伏所當過。」丕烈案：史記作所當。金正煒曰：按篆文，所作所，以作㠯，二形近似，故所誤爲以。管子法法篇：「故列尊祿重，無以不受也；勢利官大，無以不從也。以此事君，此所謂誣能篡利之臣者也。」無以，並當作無所，誤與鮑本同。祖耿案：類聚三三引作：豫讓伏劍橋下。又案：史記注張守節曰：汾橋下架水，在并州晉陽縣東一里。

〔一四〕祖耿案：類聚三三引作：「必是讓也，求之果是。」

〔一五〕襄上原有趙字。祖耿案：御覽四八一引作：「於是襄子數讓曰。」

〔一六〕已上原無亦字。祖耿案：類聚三三引，有亦字，對上范、中行氏而言，故曰亦也。又御覽四八一引作：「子獨何爲報之深也。」無讎字。

〔一七〕鮑彪曰：國士，名蓋一國者。國士報之，爲國士所爲以報之。黃丕烈曰：范，鮑本無。鮑補范字。丕烈案：史記有。黃式三曰：國士，說苑復恩作朝士。祖耿案：御覽四八一引作：「臣事范中行氏，中行氏以衆人遇我，我故衆人報之；知伯以國士遇我，我故國士報之。」

〔一八〕原疊豫子二字。姚注：劉去下豫字。黃丕烈曰：鮑本作：「嗟乎豫子，子之爲智伯。」鮑衍子字。丕烈案：史記有子字，無下豫字。以，鮑本作已。丕烈案：史記作已。祖耿案：御覽四八一引作：「乃喟然泣曰」，無歎字。又案：此節後數語，史記作：「寡人赦子，亦已足矣。子其自爲計，寡人不復釋子。」

〔一九〕原無「以致報讎之意」六字。吳師道曰：故、固通。祖耿案：類聚三三引作：「臣固伏誅，然願請君之衣而擊之，以致報讎之意。」

〔二〇〕鮑彪曰：非所望也，言有此心，望不及此。

〔二一〕持上原有者字。祖耿案：類聚三三引，無者字。

〔二二〕姚注：錢無呼天二字。劉作呼天而擊之。

〔二三〕原無下字，吾作而。鮑彪曰：而，自呼也。金正煒曰：按而當爲亦，篆文相似而誤。秦攻趙於長平章：「趙雖不能守，而不至失六城。」新序而作亦，誤與此同。又淮南泰族訓：「故法者治之具也，而非所以爲治也，而猶弓矢中之具，而非所以中也。」而猶即亦猶。祖耿案：類聚三三引作：「吾可以下報知伯矣。」

〔二四〕姚注：司馬貞引戰國策：「衣盡血，襄子回車之輪未周而亡。」此不言衣出血者，太史公恐涉怪妄，故略之耳。今本無此，乃後人所刪。又曰：說苑：襄子自置車庫中，水漿不入口三日，以禮豫讓。鮑彪曰：刺客傳有。彪謂襄子、豫子皆千載人也。豫子能報舊君，能厲天下後世之爲臣，使他人爲之，必一失於此矣！或以其無成事爲空自苦，夫壯士能行其志而已，成不成則有命焉，吾何以必之哉！智伯有如此臣，以國士遇之，而不免於亡，殆與郭君善善爲輩者歟！吳師道曰：讓，義士也，史遷列之刺客，而蘇轍氏古史亦謂之非賢，失之矣！朱子綱目，附見於三晉始命之下，則以其事在前，不得特書以表之爾。大事記解題略見，而記不書，未知吕子之旨。按索隱引策云：「衣盡出血，襄子回車，車輪未周而亡。」今無此文，或以其怪而删之歟。黄式三曰：韓非子姦劫云：「豫讓爲智伯臣，上不使其主明法術度數之理，以避禍難；下不能領御其衆，以安其國。爲智伯報仇，實無益于智伯若秋毫之末。」後儒方希直論豫讓，亦拾韓非牙慧耳！朱子于小學錄豫讓事，以明人臣之義。讓之報仇事未成，而心已盡矣！

五

魏文侯借道於趙攻中山〔一〕，趙侯將不許〔二〕。趙利曰：「過矣〔三〕！魏攻中山而不能取，則魏必罷〔四〕，罷則趙重〔五〕；魏拔中山，必不能越趙而有中山矣〔六〕。是用兵者魏也，而得地者趙也，君不如許之。許之大勸〔七〕，彼將知君利之也，必輟〔八〕。君不如借之道而示之不得已〔九〕。」

〔一〕鮑彪曰：魏十七年，此（烈侯）元年。　祖耿案：韓非子說林上：趙下有而字。　顧觀光隸此於威烈王十八年。

〔二〕祖耿案：韓非子作趙肅侯。　馬驌曰：韓非子謂趙肅侯，非也。此不在肅侯之世。

〔三〕祖耿案：韓非子作：「趙刻曰：君過矣！」顧廣圻曰：刻，趙策作利。　朱起鳳曰：二者必有一誤，且各從原書。

〔四〕鮑彪曰：罷音疲。　祖耿案：不，韓非子作弗。

〔五〕祖耿案：韓非子作：「罷則魏輕，魏輕則趙重。」

〔六〕祖耿案：矣，韓非子作也。

〔七〕祖耿案：此二語韓非子作：「君必許之而大歡。」顧廣圻曰：藏本、今本重「許之」，策有。歡，當從策作勸。

〔八〕知下君字原作矣。姚注：劉無矣字。　黃丕烈曰：矣，鮑本作趙。吳氏補曰：姚本：「彼將知矣利之也。」又注：「劉無矣字。」此本趙利，又舉人姓名，皆難解，疑有舛誤。丕烈案：韓子有此事云：「彼將知君利之也。」趙字當是，吳氏失考也。金正煒曰：按風俗通：大者，太也。秦策：「則楚之應之也，必勸。」宋策：「荆王大悦，許救甚勸。」並與此義同。韓非作歡，字之譌也，矣當從韓作君。祖耿案：韓非子作：「彼將知君利之也，必將輟行。」

〔九〕祖耿案：韓非子，道下無而字，示之作示以，巳下有也字。

六

秦韓圍梁，燕趙救之〔一〕。謂山陽君曰〔二〕：「秦戰而勝三國，秦必過周韓而有梁；三國而勝秦，三國之力雖不足以攻秦，足以拔鄭〔三〕。計者不如構三國攻秦〔四〕。」

〔一〕鮑彪曰：秦獻公二十三年戰少梁，此（魏惠）九年。吳師道曰：據鮑說以爲魏敗韓趙于澮之年，少梁，即獲公叔痤之戰，不聞燕趙之救也，時方敗趙，趙豈得救之？此皆無據之言。且策云圍梁，不云少梁。圍梁，必惠王徙都大梁後，不可考矣！徙都大梁，在惠王三十一年、黃丕烈曰：鮑衍韓字，吳氏有正。祖耿案：顧觀光附此於赧王三十二年，曰：「按此山陽君乃韓臣，明見韓策。鮑以韓字爲衍文，謬甚。」張琦曰：鮑以梁爲少梁，蓋以下云「必過周韓而有梁」爲大梁，則在周韓之西者爲少梁矣。考世家，秦圍大梁凡三見：一、昭王十三年，秦拔我安城，兵到大梁去；一、安釐二年，秦軍大梁下；一、王假三年，秦灌大梁，而梁遂亡。惠王時無圍大梁之事。趙世家：成侯十二年，秦攻魏少梁，趙救之。十三年，秦伐魏少梁，敗我于澮。趙成十二年，當魏惠八年，此策蓋指此役。鮑移趙策入魏，誤定爲九年，乖於燕趙救之之文。吳氏亦不知八年有少梁之役，皆失考也。少梁故城，在今同州府韓城縣南二十里。

〔二〕鮑彪曰：楚宣策言此人，正同時也。

〔三〕鮑彪曰：鄭，新鄭。鄭近梁，故云。　吳師道曰：韓哀侯二年已滅鄭，此鄭即謂韓。

〔四〕鮑彪曰：計者，爲梁計也。原在趙策。　吳師道曰：證據不明，且當從舊。　祖耿案：鮑移此入魏，吳氏正之，是也。

七

腹擊爲室而鉅〔一〕，荊敢言之〔二〕。主謂腹子曰：『何故爲室之鉅也？』腹擊曰：『臣，羈旅也，爵高而祿輕，宮室小而帑不衆〔三〕。主雖信臣，百姓皆曰：「國有大事，擊必不爲用。」今擊之鉅宮，將以取信於百姓也〔四〕。』主君曰：『善〔五〕。』

〔一〕鮑彪曰：腹擊，他國人，仕趙。　祖耿案：顧觀光附此於顯王四十六年，曰：「策稱主君，蓋在未稱王時。」

〔二〕鮑彪曰：荊敢，楚人，仕趙。　吳師道曰：無據。荊軻，衛人，荊豈專爲楚姓？

〔三〕鮑彪曰：帑，金幣所藏。　吳師道曰：帑、孥通，詩注：子孫也。金幣與衆義不協。　金正煒曰：按韓非亡徵篇：「羈旅僑士，重帑在外。上間謀計，下與民事者，可亡也。」此文衆當爲重，聲之誤也。又重、衆二文，並有多義，故字亦得通借。　湯炳正曰：按策文帑字，即詩妻孥之孥，猶言妻子也。宮室小而孥不衆，猶言宮室小而妻子不多也。若改衆爲重，果作何解耶？

〔四〕姚注：宮，曾改作室。金正煒曰：按爾雅釋宮，室謂之宮。楚辭招魂：「實滿宮些」，注：宮猶室也。蘇秦始將連横章：「父母聞之，清宮除道。」此文作宮自得，不必從曾改室。

〔五〕鮑彪曰：此曰主、曰主君，主父故在也。然則上章五當作主。（祖耿案：上章謂三國攻秦趙攻中山取扶柳章，文云：「五年以擅呼沱」，惟此五字也。）吴師道曰：齊侯使高張唁公，稱主君。子家子曰：「齊卑君矣！主君，大夫之稱也。」秦策：甘茂引樂羊曰：「主君之功。」魏策：魯侯擇言稱「主君之尊」，云云。蓋三晉以大夫爲諸侯，故猶仍之。趙稱襄主、簡主是也。策後亦多稱主，武靈自稱主父，與稱主者不同。此策時不可考。鮑妄置於惠文時，故爲之説。又齊韓魏攻秦，在惠文元年。滅中山在三年。大事記從世家，以年表爲誤。愚考中山亡實在前，見齊策。主父死在四年，上章五年，自有所指，初不與此相涉，安得以此改彼文也。又曰：鉅宮以信百姓，誑主甚矣！金正煒曰：史記趙世家：「五國相王，趙獨否，曰：『無其實，敢處其名乎？』令國人謂己曰『君』。」故此策稱主君。

八

蘇秦説李兌曰〔一〕：「雒陽乘軒里蘇秦〔二〕，家貧親老，無罷車駑馬〔三〕，桑輪蓬篋，羸幐負書擔橐〔四〕，觸塵埃，蒙霜露，越漳河〔五〕，足重繭，日百而舍〔六〕，造外闕，願見於前，口道天下之事。」李兌曰：「先生以鬼之言見我則可！若以人之事，兌盡知之矣〔七〕！」蘇秦對曰：「臣固以鬼之言見君，非以人之言也。」李兌見之。

蘇秦曰：『今日臣之來也暮，後郭門，藉席無所得〔八〕，寄宿人田中，傍有叢〔九〕，夜半，土偶與木偶鬭曰〔一〇〕：「汝不如我！我乃土也！使我逢疾風淋雨，壞沮，乃復歸土〔一一〕；今汝非木之根，則木之枝耳！汝逢疾風淋雨，漂入漳河，東流至海，氾濫無所止！」臣竊以爲土偶勝也〔一二〕。今君殺主父而族之〔一三〕，君之立於天下，危於累卵！君聽臣計則生！不聽臣計則死！』李兌曰：『先生就舍，明日復來見兌也。』蘇秦出，李兌舍人謂李兌曰：『臣竊觀君與蘇公談也，其辯過君，其博過君，君能聽蘇公之計乎？』李兌曰：『不能。』舍人曰：『君即不能，願君堅塞兩耳，無聽其談也〔一四〕。』明日復見，終日談而去，舍人出，送蘇君，蘇秦謂舍人曰：『昨日我談粗而君動，今日精而君不動，何也？』舍人曰：『先生之計大而規高，吾君不能用也，乃我請君堅塞兩耳，無聽談者〔一五〕；雖然，先生明日復來，吾請資先生厚用〔一六〕。』明日復見，抵掌而談〔一七〕，李兌送蘇秦明月之珠，和氏之璧，黑貂之裘，黃金百鎰〔一八〕，蘇秦得以爲用，西入於秦〔一九〕。

〔一〕黃丕烈曰：鮑改秦爲子。丕烈案，吳氏補曰：字誤，下同。非也。又曰：太史公所謂異時事有類之者，皆附之蘇秦，其此類邪？是也。策文本如此。　祖耿案：顧觀光附此於赧王二十年，曰：『因言殺主父事附此。』

〔二〕里，原作車，姚注：元和姓纂：洛陽蘇秦之後，今無聞。吳師道曰：一本乘軒里。既曰「乘軒車」，而下又云「無罷車駑馬」，則此作里字爲是。河南志：洛陽城東御道北孝義里西北隅，有蘇秦冢。黄丕烈曰：案史記正義引策云：「蘇秦，洛陽軒里之人也。」則張守節所見本是里字，可證一本之善也。鮑改秦爲某，丕烈案：鮑改誤甚，策文無作某之例。程恩澤曰：里，一作車，古本本作里。案太平寰宇記云：「郡國志：蘇秦宅在利仁里，後爲後魏尚書高顯業宅，未知即此否？顧觀光曰：按下文無敝車駑馬，則乘軒當爲里名。金正煒曰：按史記正義引戰國策云：蘇秦，雒陽軒里之人也。是策文本作里，吳所見一本不誤。朱起鳳曰：里字作車，形之譌也。策訛里字，史注脱乘字，當互正之。祖耿案：史記蘇秦列傳索隱引作：「蘇秦，雒陽乘軒里人也。」

〔三〕鮑彪曰：罷、疲同，猶敝也。車勞敗敝。

〔四〕黄丕烈曰：橐，鮑本作囊。鮑改羸爲羸。吳氏正曰：説見秦策蘇秦章。

〔五〕吳師道曰：濁漳合清漳，東北至阜城，入北河。漢初漳猶入河，其後河徙日東，而漳自入海。策中凡言漳河、河漳者，以漳入河相連也。此下又有漳河字。黄丕烈曰：鮑改漳河爲河漳。程恩澤曰：此漳河專指漳水。下同。

〔六〕鮑彪曰：繭，足胝也。日百而舍，日行百里乃就舍。朱起鳳曰：百下當有里字，策文訛奪。

〔七〕黄丕烈曰：鮑本無「人」下「之」字。

〔八〕鮑彪曰：郭門後至，不及其閉時。藉謂借。金正煒曰：按呂覽長利篇：「戎夷違齊如魯，天大寒而後門。」高注：後門，日夕，門已閉也。與鮑注後至不及其閉時義合。儀禮士虞禮：藉用葦席，藉猶薦也。管子山權數篇：「賦藉藏龜」，注：藉，席也。鮑注藉謂借，非是。

〔九〕吳師道曰：叢，見秦策。

〔一〇〕兩偶字原並作梗。鮑彪曰：土亦言梗，因木爲類也。　吳師道曰：說見齊策。　金正煒曰：土不得言梗，疑當作塊，與梗形似，又涉木梗而誤也。爾雅釋言：塊，堛也。說文：塊，墣也。國語晉語：野人舉塊以與之。注：塊，墣也。或兩梗字並爲偶之譌。闕當爲鬩，孟子梁惠王下篇：鄒與魯鬩。注：鬩，鬭聲也。　湯炳正曰：案土梗乃土偶之誤。偶與梗相似，又涉下文木梗而誤。齊策三土偶與桃梗事，與此文相同，金說非是。

〔一一〕乃上原有者字。姚注：曾去者字。　鮑彪曰：淋，言其大，能沃物。　吳師道曰：姚云曾去者字，愚謂有者字語勝。　黄丕烈曰：沮，鮑本作阻。丕烈案，阻字誤。　金正煒曰：按淋與霖通。左氏隱九年傳：「凡雨自三日以往爲霖。」爾雅釋天：淫謂之霖，莊子大宗師篇：霖雨十日。釋文，本又作淋。鮑注言其大能沃物，非也。詩小旻：「何日斯沮？」傳：沮，壞也。國語晉語：衆孰沮之注：沮，敗也。鮑本作阻，誤。

〔一二〕偶，原作梗。鮑彪曰：此喻不切於兌之事，蓋以鬼事發其言耳。　程恩澤曰：漳河專指漳水。

〔一三〕鮑彪曰：殺在四年。言族，則其宗多死者。

〔一四〕金正煒曰：即猶若也，見漢書西南夷傳注。

〔一五〕原無堅字。　黄丕烈曰：塞上，鮑本有堅字。

〔一六〕鮑彪曰：言使兌厚而用之。　吳師道曰：用，財費也。

〔一七〕原作「明日來抵掌而談」。祖耿案：御覽三七〇引作：「明日復見，抵掌而說。」說文：談，語也；說，說釋也。釋名釋言：語，說述也，宣述人意也。談兼數人，說由一已，似當作說。

〔一八〕鮑彪曰：明月之珠，覽冥訓注：隋侯珠云。和氏之璧，卞和所獻楚文王者。　吳師道曰：趙得楚和氏璧，秦昭王欲以十五城易之，李兑所送必非。黄丕烈曰：鎰，鮑本作溢，改爲鎰。

〔一九〕吳師道曰：蘇秦之死，在慎靚王四年，去主父見殺時遠甚。此策言殺主父事，非秦明矣！其代、厲與？首尾亦與秦策蘇秦章類，抑本言秦事而勦入後事歟？土梗、木梗之喻，與齊策止田文説同。彼亦秦死後事而指爲秦，皆不合。太史公所謂異時事有類之者，皆附之蘇秦，其此類邪？

九

趙收天下，且以伐齊〔一〕。蘇秦爲齊上書説趙王曰〔二〕：『臣聞古之賢君，德行非施於海内也；教順慈愛，非布於萬民也〔三〕；祭祀時享，非當於鬼神也；甘露降，風雨時至，農夫登，年穀豐盈，衆人喜之，而賢主惡之〔四〕。今足下功力非數痛加於秦國，而怨毒積惡，非曾深凌於韓也〔五〕。臣竊外聞大臣及下吏之議，皆言主前專據以秦爲愛趙而憎韓〔六〕，臣竊以事觀之，秦豈得愛趙而憎韓哉？欲亡韓吞兩周之地，故以韓爲餌〔七〕，先出聲於天下，欲鄰國聞而觀之也〔八〕。恐其事不成，故出兵以佯示趙魏〔九〕；恐天下之驚覺，故微韓以貳之〔一〇〕；恐天下疑己，故出質以爲信；聲德於與國，而實伐空韓〔一一〕。臣竊觀其圖之也，議秦以謀計必出於是〔一二〕。且夫説士之計，皆曰：「韓亡三川，魏滅晉國，恃韓未窮而禍及於趙〔一三〕。」且物固有勢異而患同者，又有勢同而患異者。昔者楚人久伐而中山亡〔一四〕。今燕盡韓之河南，距沙丘而至鉅鹿之界三百里〔一五〕，距於扞關至於榆中千五百里〔一六〕。秦盡韓魏之上黨，則地與國都邦屬而壤挈者七百里〔一七〕。秦以三軍强弩坐羊唐之上，即地去邯鄲二十里〔一八〕。且秦以三軍攻王之上黨而危其北，則句注之西非王之有也〔一九〕。今魯句注，禁常山而守〔二〇〕，三百里通於燕之唐曲吾〔二一〕，此代馬胡駒不東，而琨山之玉不出也〔二二〕。此三寶者，又非王之有也。今從於彊秦國之伐齊，臣恐其禍出於是矣〔二三〕。昔者五國之王，嘗合横而謀伐趙，參分趙國壤地，著之盤盂，屬之讎柞〔二四〕。五國之兵有日矣，韓乃西師以禁秦國，使秦發令，素服而聽〔二五〕，反溫枳高平於魏，反三公什清於趙，此王之明知也〔二六〕。夫韓事趙，宜正爲上交〔二七〕。今乃以抵罪取伐，臣恐其後事王者之不敢自必也〔二八〕。今王收天下，必以王爲得，韓危社稷以事王，天下必重王〔二九〕。然則韓義王以天下就之，下至韓慕王以天下收之，是一世之命制於王已〔三〇〕。臣願大王深與左右群臣卒計而重謀，先事成慮而熟圖之也〔三一〕！」

〔一〕黄丕烈曰：吳氏正曰：按策多爲韓言，乃趙將擊韓，而厲爲韓止之者。其間事實皆明爲韓，而首云伐齊，爲齊，殊不合，决有誤，而史一切以韓爲齊，抑馬遷所改歟？丕烈案：吳説是也。策文本皆作韓，或以史記齊字亂之。　祖耿案：此章見史記趙世家惠文王十六年，云：「十六年，秦復與趙數擊齊，齊人患之。蘇厲爲齊遺趙王書曰：」云云。書詞與此不同，別詳於後。　顧觀光隸此於赧王三十一年。

〔二〕黃丕烈曰：鮑改秦爲厲。吳氏補曰：史作厲。　祖耿案：黃氏周季編略作厲。　朱起鳳曰：蘇秦當作蘇厲，韓字亦當依史記作齊，因趙將伐齊，故蘇厲言齊事。若歸功於韓，則膝癢而搔背矣。

〔三〕金正煒曰：按墨子非命篇：「下有以教順其百姓」，經說上篇：順，長治也。說文：順，理也。

〔四〕鮑彪曰：穀熟曰登。惡，心不安也，以其無以致之故。　黃丕烈曰：至，鮑本無。丕烈案：史記作「時雨至」。喜，鮑本作善。吳補：一本喜之。丕烈案：史記作善。　金正煒曰：按惡，猶恥也。與孟子公孫丑篇：「無羞惡之心」義同。或爲惪之譌，說文：惪，愁也。爾雅釋詁：惪，思也。素問：陰陽應象大論，在志爲憂。注：憂，深慮也。史作賢主圖之。憂與圖，義亦相近。

〔五〕姚注：曾本，「非素深於韓齊也。」　鮑彪曰：功力，謂戰伐。　吳師道曰：曾，恐即增。姚云：曾本作：「非素深於韓。」　金正煒曰：史記趙世家作：「非素深於齊也。」按此策本蘇子爲齊上書，當從史作齊。　祖耿案：周季編略依史作齊。

〔六〕鮑彪曰：專據，言行之不疑。　黃丕烈曰：吳氏補曰：兩「憎韓」，及「以韓爲餌」之韓，史並作齊。丕烈案：見上。

〔七〕鮑彪曰：趙時惡韓，故秦以亡韓悅趙，趙遂以爲愛己也。　吳師道曰：秦兩「憎韓」，及「以韓爲餌」之韓，史並作齊，說見後。且亡韓吞兩周，文義明，作齊則不順。　金正煒曰：按「憎韓」、「以韓」兩韓字，並爲齊之誤。既云欲亡韓，則不得復謂以韓爲餌。此文惟亡韓爲不誤。燕策：秦欲攻韓，恐天下救之，則以齊委於天下。可爲此文之證。

〔八〕鮑彪曰：觀其愛趙。

〔九〕鮑彪曰：虛以伐韓示之。

〔一〇〕鮑彪曰：貳猶疑。黄丕烈曰：今本微下有伐字，乃誤涉鮑也。鮑補伐字。吴氏補曰：微下有缺文。史作：「故徵兵於韓以威之。」

〔一一〕鮑彪曰：如上文，則伐韓非秦所急也。此言實伐者，韓之在秦掌握中物耳，故不急於伐。恐趙不以爲德，故終伐之。其伐之，亦欲以吞周而非愛趙也。吴師道曰：實欲伐空虛之韓。祖耿案：史記注，司馬貞曰：「與國，趙也。秦、趙今爲與國，秦徵兵於韓，帥之共趙伐齊，以威聲和趙，是以德與國也。」

〔一二〕鮑彪曰：議，猶意。吴師道曰：一本：「議以爲秦計謀。」金正煒曰：議字疑詳之譌，當屬上爲句。公羊宣十二年傳注：「善用心曰詳。」漢書食貨志注：「詳謂悉盡也。」史作「臣以秦計爲必出於此」，此文秦以二字誤乙。以猶以爲也。史記淮南王傳：「吾以爲不至如此」，漢書伍被傳作：「吾以不至如此」，與此文同。

〔一三〕鮑彪曰：晉國，謂安邑。三晉，唇齒之國，故晉亡則魏滅，魏滅而禍及於趙，不待韓滅盡也。吴師道曰：恃，非所恃也。黄丕烈曰：今本恃作是，乃誤涉鮑也。鮑改恃爲是。吴氏有正。丕烈案：史記作：「市朝未變而禍已及矣！」與策文不同。程恩澤曰：案元和志，晉遷新田，今平陽絳邑縣也，戰國時屬魏。邵晉涵曰：三家分晉，魏得晉之故都，故獨稱晉國，舊説非是。正義謂河北之地，安邑、河内。亦未析（秦策注又以晉國爲大梁，蓋魏國之別稱也）。金正煒曰：市、恃音近，朝、韓形似，因以致誤。窮與終通，市朝未終，亦猶未變也。祖耿案：史記注，張守節曰：三川，河南之地，兩川之間；晉國，河北之地；安邑、河内。

〔四〕鮑彪曰：此言楚受秦伐，趙無秦患，故破中山滅之。故秦昭八年再敗楚，遂言趙破中山。吳師道曰：大事記：中山恃魏，楚、魏久連兵，中山失助而亡。今詳此言亦失考。年表：武靈王二十五年攻中山，而秦韓魏齊擊楚，敗唐昧，亦此時也。說見燕、魏等策。

〔五〕鮑彪曰：盡，言得其地。鉅鹿，冀州郡，自此皆言近趙。吳師道曰：「盡韓之河」，史作「燕盡齊之北地。」張琦曰：史作「燕盡齊之北地，去沙邱、鉅鹿斂三百里，韓之上黨去邯鄲百里，燕、秦謀王之河山，間三百里而通矣。秦之上郡近挺關（諸書所引，皆作扞關，蓋字譌也），至於榆中者千五百里，秦以三郡（當作軍）攻王之上黨，羊腸之西，句注之南，非王有已，踰句注，斬常山而守之，三百里而通於燕。」按史文次燕秦趙形勢如掌，若依策文，燕無由盡韓之河南，距於扞關。文蒙燕不主秦。上黨去趙國都非七百里，羊腸至邯鄲非二十里，皆當從史。吳譏鮑專據史文輒改，然鮑於此章止篇末改數齊字，其前之深陵於韓、憎韓、以韓爲餌，俱曲說遷就，及此節文義、地勢，不可强通者，類未正以史文，皆其疎處，正病其不能專據史文也。又吳氏引大事記，是時齊地皆入燕，蘇厲之書皆不之及，恐非此時事，特未考史文耳。燕盡齊之北地，則已包全齊，此主趙邯鄲、鉅鹿言，故但曰北地耳。鉅鹿即今平鄉，榆中即榆谿舊塞。鮑云在金城，非。句注即雁門山，在今代州西北二十五里。程恩澤曰：案河南即河外也，但與燕地不相及，故史作「齊之北地」，而吳亦以河字絕句，以南字屬下讀。然云盡韓之河，其疆域仍未分明，今姑從鮑本，而附識其說於此。又曰：案漢志，鉅鹿郡有鉅鹿縣。注引山海經曰：大陸之水。史記：「紂盈鉅橋之粟。」許愼云：「鉅鹿之大橋也。」應劭曰：「鹿林之大者」（又云即唐虞之大麓，似未可信。顏氏家訓：大麓一名巏務山，在今唐山縣境，與鉅鹿隔河）。呂氏春秋：「天下九藪，鉅鹿其一」（淮南子同），即今廣阿澤也。胡渭曰：呂覽既云趙有鉅鹿，又云晉有大陸，其地爲漢大陵縣。陸疑陵字之訛。按左傳：「魏舒田于大陸」，在修武吳澤，即晉南陽地，非大陸也。淮南高誘注，以爲即此，師古已斥之。）元和志：大陸澤，在鉅鹿縣西北五十里（爾雅正義引作五里，疑誤。按元和志有四大陸，通典有兩大陸，皆各就所在言之）。寰宇記：澤東西二十里，南北三十里。一名沃州，在鉅鹿縣西北五里，今在新河、寧晉之交，又跨據深州、束鹿、隆平、鉅鹿諸州縣，俗名北泊，亦曰胡蘆河。其鉅鹿故城，則今順德府平鄉縣也。　顧觀光曰：史記蘇厲曰：「燕盡齊之北地，去沙丘、鉅鹿斂三百里。」正義曰：鉅鹿，冀州也。策作「距沙邱而至鉅鹿之界三百里。」漢志：鉅鹿郡鉅鹿，今順德府平鄉縣。　金正煒曰：按史載此書，在燕入臨菑之次年，文當從史，作燕盡齊之北地。燕未嘗有盡韓河南事也。春秋考異：「鄭距冬至四十五日，條風至。」注：距猶起也。國語晉語：「距非聖人，必偏而後可。」注：距猶自也。　祖耿案：史記注，張守節曰：「沙丘，邢州也。鉅鹿，冀州也。齊北界，貝州也。斂，減也。言破齊滅韓之後，燕之南界，秦之東界，相去減三百里，趙國在中間也。」

〔一六〕鮑彪曰：榆中屬金城，下衍千字。　吳師道曰：「距於」云云，史作：「秦之上郡近挻關，至於榆中者千五百里。」榆中、上郡見前，自上郡至榆中，則千五百里爲是。楚有扞關，說見前策。大事記云：扞者，扞敵之扞，非關名也。此趙扞敵之關，非獨楚有之。趙之扞關，陸地之關；楚之扞關，水道之關也。　程恩澤曰：案趙世家作：「秦之上郡近扞關，至於榆中千五百里。」以地形考之，趙之扞關，當在今陝西膚施縣一帶。此本趙地，而亦秦上郡邑，設關於此，所以扞秦、胡也。或曰：趙扞關在晉陽以西。　又曰：案漢志：金城郡有榆中縣。但此乃秦漢縣名，非戰國之榆中也。伍被傳：「廣長榆，開朔方。」注：長榆在朔方，即衛青傳所云榆溪舊塞，或謂之榆中。始皇紀：「西北斥逐匈奴，自榆中並河以東，屬之陰山，以爲三十四縣。」項羽紀：「蒙恬爲秦將，北逐戎人，開榆中地數千里。」說詳下趙二（王破原陽章末）。　顧觀光曰：史記，武靈王二十年，「西略胡地，至榆中」。正義曰：勝州北河北岸也。趙策亦云：「王遂胡服，率騎入胡，踰九限之固，絕五陘之險，至榆中，辟地千里。」漢志：榆中屬金城，在今蘭州府金縣東北。水經注云：河水又南，諸次之水入焉。水出上郡諸次山，東逕榆林塞，世又謂之榆林山，即漢書所謂榆溪舊塞者也。自溪西去，悉榆柳之藪矣。緣歷沙陵，屆龜茲縣西北，故謂廣長榆也。王恢云，樹榆爲塞，謂此矣。蘇林以爲榆中在上郡，非也。按趙策，蘇厲曰：秦之上郡，至於榆中千五百里。則榆中不在上郡矣。　祖耿案：史記注，張守節曰：「上郡，鄜、延等州也。」分注非是。

〔一七〕鮑彪曰：國謂趙。邦屬、壤挈，言爲秦所取。挈，言取之易。　金正煒曰：按說文：屬，連也。呂覽知鮑篇：夫吳之與越也，接土鄰境，壤交通屬。注：屬，連也。劉熙釋名：挈，結也。史記楚世家：西結境於趙。

〔一八〕黄丕烈曰：鮑改唐爲陽。丕烈案：因史記有「羊腸之西」而改耳，此多不同，未是也。　祖耿案：羊唐，說見西周策韓魏易地章。

〔一九〕鮑彪曰：句注屬雁門。　吳師道曰：括地志云：句注山在雁門縣西北。　張琦曰：句注即雁門也，在今代州西北二十五里。　程恩澤曰：案爾雅，北陵西隃，雁門是也。郭璞曰：即雁門山，蓋指句注言。呂氏春秋：天下九塞，句注其一（淮南子同）。高誘曰：在雁門陰館。漢志：雁門郡陰館縣（今大同府山陰縣）有句注山。（地理志又云：在太原郡廣武縣，即今代州，地相接。）晉地道記：北方之險，盧龍、飛狐，句注爲之首，天下之阻，所以分別內外也。河東記：句注以山形句轉、水勢注流而名（淮南子作句望。莊逵吉曰：注疑作汪，非是），亦曰陘嶺。自雁門以南，謂之陘南，以北，謂之陘北。亦曰東陘、西陘。括地志：句注與夏屋山相連（相去五十里），蓋北方之險，亦天下之阻。元和志：句注在朔州鄯陽縣東八十里，代州雁門縣西北二十里（正義作四十里）。寰宇記：東陘關在代郡南二十里，西陘關在雁門縣西北五十里，今在山西代州西北二十五里，又在朔平府朔州東南。顧觀光曰：史記張儀說燕曰：昔趙王欲并代，約與代王遇於句注之塞。匈奴傳云：趙有代、句注之北以與戎界邊。漢志：太原郡廣武，句注山在北（俗本句注作河注，誤）。又雁門郡下云：句注山在陰館，蓋地相接也（山在今代州西二十里）。至

祖耿案：史記注，張守節曰：「秦上黨郡，今澤、潞、儀、沁等四州之地，兼相州之半，韓總有之。至七國時，趙得儀、沁二州之地，韓猶有潞州及澤州之半，半屬趙、魏。沁州在羊腸坂之西，儀、并、代三州在句注山之南。秦以三郡攻趙之澤、潞，則句注之南趙無地。然秦始皇置上黨郡，此言之者，太史公卻引前書也。」

〔二〇〕鮑彪曰：守猶閉。黃丕烈曰：今本魯作踰，乃誤涉鮑也。鮑改魯爲踰。吳氏補曰：字義未詳。丕烈案：史記作：「踰句注，斬常山而守之。」金正煒曰：按魯，當讀爲旅，古文魯、旅字同，作𣃨，詳許氏說文旅字解。太平御覽引風俗通：旅，拒也。

〔二一〕黃丕烈曰：今本吾作遇，乃誤涉鮑也。鮑改吾爲遇。吳氏正曰：當作逆。曲遇音□顒。史注：中牟、曲遇、聚，鄭州縣，非此所指。按齊策權之難章云：「燕戰勝兵罷，趙可以取唐、曲逆。」唐即唐縣，曲逆，蒲陰縣，並屬中山，此曲下必逆字也。一本止作唐曲，亦缺誤。丕烈案：吾、逆聲之轉也，當存舊。史記無「之唐曲吾」四字，文不同。王念孫曰：案吳說是矣，而未盡也。釋名曰：逆，遻也，遻不從其理，則生殿，遻，不順也。韓詩外傳曰：「孔子出衞之東門，逆姑布子卿。」逆與遻同。是逆字古讀若遻，與吾聲相近，故曲逆或作曲吾，不煩改吾爲逆也。程恩澤曰：案曲吾即曲逆也。黃丕烈曰，吾、逆聲之轉，故曲逆又爲曲吾。或疑曲逆音去遇，蓋以音近而訛。此說顏之推已斥之。鮑改爲曲遇，非是。曲遇見高祖本紀、曹參世

家及郡國志，乃中牟縣地，（通雅謂在關中，非是。）非此所指。或又止作唐曲，無吾字，亦非。朱起鳳曰：曲吾即曲逆、曲遇，音踽顒。舊注謂吾、逆聲之轉，非也。吾逆既非雙聲，又非叠韻，相隔絕遠，吾之聲不能轉爲逆，較然甚明。以意度之，逆與牾同義，必先誤爲牾，後經輾轉傳寫，脱左旁午，遂僅存吾字矣！　祖耿案：鮑本無「燕之」二字。

〔三〕鮑彪曰：後志，金城臨羌，有崑山。　吳師道曰：胡駒，史作胡犬。郭璞云：胡地野犬，似狐而小也。禹貢，雍州貢球琳、琅玕。爾雅：崑崙虛之璆琳、琅玕。李斯傳：「崑山之玉」。正義云：崑岡在于闐國東北，出玉。按武帝以于闐山出玉，故號玉所出曰崑崙。　程恩澤曰：案崑山，史作昆山。淮南子作鍾山。注云：鍾山即崑崙。山海經：流沙出鍾山，即此崑山也。儲大文曰：今由西寧西南渡黃河，南望阿拉克板兒山，所謂崑崙山也。胡渭曰：傳記言崑崙凡四處：一在西域，山海經：崑崙墟在西北，河水出其東北隅。水經注：自崑崙至積石，一千七百四十里是也。一在海外，大荒經云：西海之南，流沙之濱，有大山名曰崑崙，其下有溺水之淵環之，此山與條支大秦國相近。禹本紀云：去嵩高五萬里者是也。一在酒泉，漢志：金城臨羌縣西北，有西王母石室，西有溺水、崑崙山祠。崔鴻十六國春秋：酒泉南山即崑崙之體。括地志：崑崙山在肅州酒泉縣南八十里，今肅州衛西南崑崙山是也。一在吐蕃，唐書吐蕃傳：自湟水入河處，西南行二千三百里，有「紫山直大羊同國」，古所謂崑崙，虜曰悶摩黎山，東距長安五千里，河源其間（又見通典）是也。此崑山不知何指，舊説多據酒泉言。　顧觀光曰：史記李斯曰：「今陛下致崑山之玉。」蘇厲曰：「此代馬胡駒不東，而崑山之玉不出也。」崑崙所在，言人人殊，惟漢武帝以西域之葱嶺當之，與爾雅西北之美者，有崑崙虛之球琳、琅玕合。御覽珍寶部引尸子云：取玉甚難，越三江五湖，至崑崙之山。千人往百人反，百人往十人反，至中國，覆十萬之師，解三千之圍。如李斯、蘇厲之言，則當時秦趙並與崑崙相通，而道里遼隔。 祖耿案，張守節曰：「言秦踰句注山，斬常山而守之，西北代馬胡犬不東入趙，沙州崑山之玉，亦不出至趙矣。」

〔二三〕黄丕烈曰：今本國作與，乃誤涉鮑也。鮑改國爲與。丕烈案：史記作：「王久伐齊，從彊秦攻韓。」 金正煒曰：按國與二文，形聲不相近，無因致誤，疑當作國，形似而譌也。之猶與，説詳釋詞。易説卦傳：「萬物出乎震。」虞注：「出，生也。」

〔二四〕鮑彪曰：五國，齊楚魏韓燕。著之盤盂，取太公爲武王作盤盂之銘。讎作，酬酢同，言其相屬伐趙於酬酢之間。 吴師道曰：著之盤盂，言其日見而不忘。 黄丕烈曰：昔者二字，鮑本無。 金正煒曰：按讎與酬通，作當作酢，形聲並近而譌也。一切經音義引蒼頡：「主答客曰酬，客報主人曰酢。」此言五國之謀，合於燕享之間也。

〔二五〕鮑彪曰：禁，閉拒之。今令其國素服者，兵敗以喪禮自居也。史不書。 黄丕烈曰：鮑改韓爲齊，下並同。吴氏正曰：鮑專據史文輒改，大不然也。 金正煒曰：史作「秦廢帝請服」，此文發令二字，疑即廢帝之譌。

〔二六〕姚注：温、枳一作根柔。史記改三公、什清作巠分、先俞。 鮑彪曰：温、軹，並屬河内，高平屬臨淮，安定亦有。公字疑誤。安定有三水，朔方有三封，勃海有三户，皆近趙。張儀塞什谷之口，當屯留之道，則什近屯留。後志中牟注有清口，皆趙地也。 吴師道曰：括地志云：高平故城在懷州河陽縣西。言臨淮者，繆。安定秦地，亦非。温、枳皆河内，故當以懷州者爲正。三公二字有誤。史云：「反高平、根柔於魏，反巠分、先俞於趙。」根柔未詳，口文巳明。括地志云：句注山一名正陘山。爾雅云：北陵西隃雁門是也。疑此巠分乃巠山；先俞即西俞也。 黄丕烈曰：鮑改枳爲軹，吴氏正曰：三公二字云云。丕烈案：徐廣注云，一作王公，即出於此。當各依本文。吳氏專以張守節説爲據，未是也。　梁玉繩曰：史：「反高平、根柔於魏。」案國策作「温、軹、高平」。根柔之地未見，似宜從策。又曰：史：「反巠分、先俞於趙。」案巠分，徐云一作王公，蓋字之譌。策作三公什清。據後漢續志注：常山元氏縣，有三公塞也。但正義曰：巠音邢，分字誤，當作山。括地志云：句注山一名西陘山，在代州雁門縣西北四十里。俞音戍，郭注云：西隃即雁門山（爾雅：西隃雁門），西、先聲相近，二山之地皆趙地，説亦通。　張琦曰：温，今縣西南二十里，故温城是。軹，在今濟源縣南十五里。高平亦在縣西南。三公，史作巠分。徐廣曰：一作三公。正義曰：巠音邢，分當作山。括地志云：句注山一名西陘山，則陘山譌作巠分，又譌三公也。張儀傳，徐廣曰：什一作尋，鞏縣有尋口。索隱曰：尋、什聲相近，故惑也。前、後志中牟皆在河南，非趙之中牟，則什口、清口，皆非趙地。史作先俞，正義以爲即雁門也。　程恩澤曰：温見前東周策。枳，鮑作軹。案漢志：河内郡有軹縣，即原鄉，晉文公所圍是也。劉昭曰：左傳，王以蘇忿生田向與鄭。杜預曰：軹縣西北，地名向上。則枳與高平相近（地有湨梁，即左傳諸侯會處）。括地志：故枳城在濟源縣東南，正義作南三十里，寰宇記作東南十三里（當作三十里）。洪亮吉曰：今在濟源縣南十二里。高平，本向邑（此與春秋云向不同。古向國在今莒州。其在懷遠者，襄十四年，會吴于向也。在洧川者，襄十一年，師于向也。俱是異地。水經注以此即古向國，非是），周蘇忿生采地也。晉啓南陽，遂有其土。竹書紀年：魏襄王四年，鄭使韓辰歸晉陽及向，二月城陽、向，更名陽爲河雍，向爲高平。此向名高平之所由來也。徐廣曰：向在枳西，即此（括地志：在河陽縣西北四十里）。今懷慶府濟源縣西南，有向城。郭仲産言：宛城南三十里有三公城（寰宇記載此説）。魏收地形志：范陽郡固安縣有三公臺，此固非趙地（且係後世事）。水經注引王隱晉書地道記：趙國元氏縣有三公山，則趙地也。然未知是否。案此句史作：「反巠分、先俞於趙。」正義：巠分即陘山，先俞即西隃也（正義：

西先古同音）。其説本不可曉，姑附於此。史記張儀列傳：『塞什（今本作斜，蓋誤）谷之口』（郡國志注引此，作戰國策），徐廣曰：一作尋，成皋鞏縣有尋口。水經注：洛水入河之處，清濁異流，亦名什谷。元和志：洛水東經洛汭，北對琅邪渚入河，謂之洛口，亦名什谷，張儀所云即此。今鞏縣北有鄩谷水，亦謂之什谷，但什谷原未必即此章之什，而以爲近屯留，亦誤。屯留距鞏縣四五百里，中隔懷澤，不可云近。郡國志：河南尹中牟縣有清口水，即左傳閔二年，鄭人爲之賦清人也。但此中牟，非趙之中牟，前人已有成説，而以爲趙地，恐未可信。　顧觀光曰：秦本紀：昭襄王十六年取軹。漢志屬河内。正義引括地志云：故軹城在懷州濟源縣東南十三里（今濟源縣屬懷慶府）。趙策，蘇秦曰：下軹道則南陽動。燕策，蘇代曰：下軹道、南陽、封、冀，兼包兩周。是軹一名軹道矣！　枳通軹。水經河水注引竹書紀年云：惠成王十一年，鄭釐侯使許息來致地及鄭馳道，我取枳道與鄭鹿。是枳道即馳道。　又曰：據竹書紀年，魏襄王始名向爲高平，而説苑云：高平王遣使者從魏文侯貸粟（今説苑無此文。見藝文八十五、御覽八百四十），則襄王前已有此名矣。趙世家，蘇厲曰：『反高平、根柔於魏。』正義引括地志云：高平故城在懷州河陽縣西四十里，根柔未詳。按趙策云：『反温、枳、高平於魏。』史記范睢傳：『秦昭王四十二年，東伐韓少曲、高平，拔之。』蓋高平時屬韓。　又曰：趙世家，蘇厲曰：『反巠分、先俞於趙。』正義曰：分字誤，當作山。引括地志云：句注山一名西陘山。徐廣云：一作王公。按趙策作三公，則徐注王字，誤也。續漢志：常山元氏縣有三公塞。　又曰：史記蘇厲云：『反巠分、先俞於趙。』集解引爾雅云：北陵西隃，雁門是也。正義謂西先聲相近，在今代州西北三十五里。　朱起鳳曰：三公作巠分，字形之誤也。根柔當作温枳。根温音亂，柔枳形似。先俞亦當作西隃，即雁門關也。國策作什清，書傳無徵，應依史記作先俞爲是。

〔二七〕鮑彪曰：以其有志爲趙閉秦。　黄丕烈曰：今本韓上有齊字，乃誤涉鮑也。鮑改韓爲齊。今本兩存，尤誤之甚者也。又曰：今本無正字，鮑本無，丕烈案：史記無。金正煒曰：按正，當爲王字之譌，本在爲字下，誤淆於上，即義不可通。

〔二八〕鮑彪曰：邸，抵同，坐也。吴師道曰：姚本作抵，當也。黄丕烈曰：抵，鮑本作邸。丕烈案：史記作抵。者之二字鮑本無。吴補：一本：事王者之云云。丕烈案：史記有。金正煒曰：按管子小問篇：「寡人之抵罪也久矣！」漢書吾丘壽王傳：「良民以自備而抵法禁」，注：抵，觸也。朱起鳳曰：抵、邸並從氐聲，故書傳通用。趙策四燕封宋人榮蚠章：「奢嘗抵罪」，正作抵。

〔二九〕姚注：危，曾作抱。黄丕烈曰：鮑收下補齊字。丕烈案：史記作：「今王毋與天下攻齊，天下必以王爲義。」又曰：鮑危上補齊字。改韓爲齊，讀上屬。丕烈案：鮑讀誤也。史記作：「齊抱社稷以厚事王」，史記齊即此文韓，不得上屬。金正煒曰：據史文，鮑於收下補齊字，是也。收齊與毋攻齊義同。得與德通。以王爲德猶以王爲義也。左氏襄二十五年傳：「陳侯免，擁社」，注：擁社，抱社主示服。此云危社稷，危即抱之脱誤。

〔三〇〕鮑彪曰：趙得天下之交而屈就齊，故齊以爲義。就之上也，故收言下。吴師道曰：就者屈就之，收者收結之。黄丕烈曰：鮑改韓爲齊。丕烈案：吴氏有正，見上。史記作：「王以天下善秦，秦暴，王以天下禁之，」此策文有誤字。金正煒曰：韓義鮑作齊義，謂其西師以禁秦也。韓慕當作齊暴，或從史作秦暴。下至，疑是不幸之譌。以猶與也，言不幸而秦肆其暴，則王合天下以禁之也。

〔三一〕姚注：此段與史記文多不同，蓋訛謬，當用史記全篇觀之。鮑彪曰：趙惠文十六年有。吴師道曰：史趙世家：惠文十五年，燕昭王與趙韓魏秦共擊齊，齊敗走，燕獨深入取臨淄。十六年，秦復與趙數擊齊，齊人患之，蘇厲爲齊遺趙王書云云，於是趙乃輟，謝秦不擊齊。大事記：是時齊地皆入燕，獨莒、即墨僅存，蘇厲之書皆不及之，恐非此時事。按策多爲韓言，乃趙將擊韓，而厲爲韓止之者，其間事實皆明爲韓，而首云伐齊爲齊，殊不合，決有誤。而史一切以韓爲齊，抑馬遷之所改歟？然趙伐韓事，亦不知在何時，其文及地名，亦多舛異，不可強爲之説。鮑專據史文輒改，大不然也！　梁玉繩曰：案惠文十六年，即齊襄保莒之歲，田單守即墨未下，餘地盡入燕，則當時之齊，僅存二城，秦何利而數擊之？秦即欲擊，復何畏而必共趙擊之？秦果欲共趙擊齊，趙又何敢謝之？其謬不辨自明也！　國策亦稱蘇厲爲齊説趙，而書中俱爲韓言，與篇首相戾，蓋言齊誤耳！乃史公反改韓作齊，書詞亦不同，未知所據。　張琦曰：史趙世家：惠文十六年，秦復與趙數擊齊，齊人患之，蘇厲爲齊遺書趙王，其文多與此異，韓並作齊。按厲本爲齊而言，當從史爲是。策因欲伐空韓而謁也。注輾轉曲説，不可通。吳氏反以史作齊爲文義不順，且以此爲爲韓而言，篇首伐齊爲齊爲誤，過矣！厲蓋揣秦之情，欲藉伐齊之名以收韓，故曰：以齊餤天下而實伐空韓，正蘇代所云：秦欲攻韓，恐天下救之，以齊委於天下者也。若如策文，既曰非憎韓，又曰以韓爲餌，又曰實伐空韓，首尾刺謬，必不然矣！　祖耿案：史記趙世家所記此書，全文如下：惠文王十六年，秦復與趙數擊齊，齊人患之。蘇厲爲齊遺趙王書曰：「臣聞古之賢君，其德行非布於海内也，教順非洽於民人也，祭祀時享非數常於鬼神也。甘露降，時雨至，年穀豐孰，民不疾疫，衆人善之，然而賢主圖之。今足下之賢行功力，非數加於秦也；怨毒積怒，非素深於齊也。秦趙與國，以強徵兵於韓，秦誠愛趙乎？其實憎齊乎？物之甚者，賢主察之。秦非愛趙而憎齊也，欲亡韓而吞二周，故以齊餤天下。恐事之不合，故出兵以劫魏、趙。恐天下畏己也，故出質以爲信。恐天下亟反也，故徵兵於韓以威之。聲以德與國，實而伐空韓！臣以秦計爲必出於此。夫物固有勢異而患同者，楚久伐而中山亡，今齊久伐而韓必亡。破齊，王與六國分其利也。亡韓，秦獨擅之。收二周，西取祭器，秦獨私之。賦田計功，王之獲利孰與秦多？說士之計曰：「韓亡三川，魏亡晉國，市朝未變而禍已及矣。」燕盡齊之北地，去沙邱、鉅鹿斂三百里，韓之上黨去邯鄲百里，燕、秦謀王之河山，間三百里而通矣。秦之上郡近挺關，至於榆中者千五百里，秦以三郡攻王之上黨，羊腸之西，句注之南，非王有已！踰句注，斬常山而守之，三百里而通於燕，代馬胡犬不東下，昆山之玉不出，此三寶者亦非王有已。王久伐齊，從强秦攻韓，其禍必至於此，願王孰慮之。且齊之所以伐者，以事王也；天下屬行，以謀王也。燕秦之約成而兵出有日矣。五國三分王之地，齊倍五國之約而殉王之患，西兵以禁强秦，秦廢帝請服，反高平、根柔於魏，反巠分、先俞於趙。齊之事王，宜爲上佼，而今乃抵辠，臣恐天下後事王者之不敢自必也。願王孰計之也。今王毋與天下攻齊，天下必以王爲義。齊抱社稷而厚事王，天下必盡重王義。王以天下善秦，秦暴，王以天下禁之，是一世之名寵制於王也。」於是趙乃輟，謝秦不擊齊。王與燕王遇。廉頗將，攻齊昔陽，取之。　又見馬王堆漢墓帛書第二十一章，云：獻書趙王：臣聞囗洛降，時雨至，禾穀絳盈，衆人喜之，賢君惡之。今足下功力，非數加於秦也；怨竺積怒，非深於齊。下吏皆以秦爲憂趙而曾齊。臣竊以事觀之，秦幾憂趙而曾齊哉？欲以亡韓呻兩周，故以齊餌天下。恐事之不誠，故出兵以割革趙、魏；恐天下之疑己，故出摯以爲信；聲德與國，實伐鄭韓。囗以秦之計，必出於此。且說士之計，皆曰：韓亡參川，魏亡晉國，市朝未罷，過及于趙。且物固囗囗異而患同者：昔者楚久伐中山亡，今燕盡齊之河南，距莎丘、巨鹿之囿三百里；距麋關北至于囗囗者，千五百里；秦盡韓魏之上黨，則地與王布屬壤芥者，七百里。秦以强弩坐羊腸之道，則地去邯鄲百廿里。秦以三軍功王之上常而包其北，則注之西非王之有也。今增注茝恒山而守，三百里過燕陽、曲逆，此代馬胡駒不東，綸山之玉不出，此三葆者，或非王之有也。今從强秦久伐齊，臣恐亓過出于此也！且五國之主嘗合衡謀伐趙，疏分趙壤，箸之鈑竽，屬之祀䄍，五國之兵出有日矣！齊乃西師以唫强秦，史秦廢令疏服而聽，反温、軹、高平于魏，反王公、符踰于趙，此天下所明知也。夫齊之事趙，宜正爲上交，乃以柢罪取伐，臣恐後事王者，不敢自必也！今王收齊，天下必以王爲義矣！齊抱社稷事王，天下必重王。然則齊義，王以天下就之；齊逆，王以天下口之：是一世之命，制于王也。臣願王與下吏羊計某言而竺慮之也！共四百六十字。

十

齊攻宋，奉陽君不欲〔一〕。客謂奉陽君曰：「君之春秋高矣，而封地不定，不可不熟圖也。秦之貪，韓、魏危，衛、楚正〔二〕，中山之地薄，宋罪重，齊怒深，殘伐亂宋，定身封，德强齊，此百代之一時也〔三〕。」

〔一〕祖耿案：顧觀光隸此於赧王二十九年。

〔二〕鮑彪曰：僻，元作正，蓋僻、匹聲近，匹又訛作正字。吳師道曰：衛，上章作燕。黄丕烈曰：鮑改衛爲燕，正爲僻。丕烈案：鮑依後公孫衍説文也。

〔三〕吳師道曰：趙策説奉陽君取陰之辭，自「宋罪重」以下，至「百世之一時已」。凡兩見，而秦策亦有之，以爲謂穰侯。趙策又曰：「魏冉必妬君之有陰。」按陰即陶，宋地，冉所封也。秦紀：昭王十二年，樓緩免，穰侯魏冉爲相。十六年，冉免，封公子市宛、公子悝鄧，魏冉陶，爲諸侯。冉傳云：免樓緩而魏冉相，冉謝病免，以燭壽爲相，燭免，復相冉，乃封于穰，後益封陶，號曰穰侯。大事記先書穰侯魏冉爲相，從本；後書復以魏冉爲丞相，封於穰與陶，謂之穰侯；又封公子市爲宛侯，公子悝爲鄧侯（從傳）。又謂三子之封，皆取於隣國。秦去年取宛，今年取鄧，穰、陶雖不載何年得之，蓋亦近歲。按赧王十四年秦伐韓取穰，大事記已書之矣，獨以陶爲近歲所取，則眩于史文，未考其實。且據秦紀，則冉始相已封穰，後相封陶。於傳，則復相時封穰，後益以陶，已有不合。大事記從之，亦偶未察，獨見於策者可考。李兑約五國伐秦，後欲取陰定封，説穰侯者亦勸之。策文容有復混，而其事實並一時。是時，齊欲攻宋，秦禁之，齊欲與趙，故説者勸李兑，上距冉復相秦五歲爾。使冉已封陶，兑安得欲之？而言者亦安得云冉姤君之有陰？因此言而知冉之未封陶而欲得之也。其後齊滅宋，兩年而爲五國所破，趙既不取陶，而齊亦卒不能有，穰侯之取陶，在此時歟？或謂魏策謂穰侯云：『君攻楚取宛、穰，以廣陶封。』以封陶在前。竊謂秦之取穰，冉之封穰固無疑矣，獨取陶定封，歲月不載，而史所謂後益封陶，號曰穰侯者，辭亦不明。意者，陶之封大而入厚，冉國於陶，如取剛壽之類，皆云廣陶封，故魏策之言如此，而宛亦非冉封，不足據信。使冉封陶，當曰陶侯，而稱穰侯，知始封穰必非誤也！

十一

秦王謂公子他曰：『昔歲殽下之事〔一〕，韓爲中軍，以與諸侯攻秦。韓與秦接境壤界，其地不能千里，展轉不可約〔二〕。日者，秦楚戰於藍田〔三〕，韓出鋭師以佐秦，秦戰不利，因轉與楚，不固信盟，唯便是從。韓之在我，心腹之疾。吾將伐之，何如？』公子他曰：『王出兵韓，韓必懼，懼則可以不戰而深取割〔四〕。』王曰：『善。』乃起兵，一軍臨熒陽，一軍臨太行。韓恐，使陽城君入謝於秦，請效上黨之地以爲和〔五〕。令韓陽告上黨之守靳黈曰〔六〕：『秦起二軍以臨韓，韓不能有。今王令韓興兵以上黨入和於秦〔七〕，使陽言之太守，太守其效之〔八〕。』靳黈曰：『人有言，「挈瓶之知，不失守器〔九〕。」王則有令而臣太守，雖王與子亦其猜焉〔一〇〕。臣請悉發守以應秦，若不能卒，則死之〔一一〕。』韓陽趨以報王，王曰：『吾始已諾於應侯矣！今不與，是欺之也！』乃使馮亭代靳黈〔一二〕。馮亭守三十日，陰使人請趙王曰：『韓不能守上黨，且以與秦，其民皆不欲爲秦，而願爲趙。今有城市之邑十七，願拜內之於王，唯王才之〔一三〕。』趙王喜，召平原君而告之曰〔一四〕：『韓不能守上黨，且以與秦，其吏民不欲爲秦，而皆願爲趙。今馮亭令使者以與寡人，何如〔一五〕？』趙豹對曰：『臣聞聖人甚禍無故之利〔一六〕。』王曰：『人懷吾義，何謂無故乎？』對曰：『秦蠶食韓氏之地，中絕不令相通，故自以爲坐受上黨也。且夫韓之所以內趙者，欲嫁其禍也〔一七〕。秦被其勞而趙受其利，雖强大不能得之於小弱，而小弱顧能得之强大乎〔一八〕？今王取之，可謂有故乎？且秦以牛田，水通糧，其死士皆列之於上地，令嚴政行，不可與戰，王自圖之〔一九〕！』王大怒，曰：『夫用百萬之衆攻戰，踰年歷歲，未得一城也！今不用兵而得城十七，何故不爲〔二〇〕？』

趙豹出。王召趙勝、趙禹而告之，曰：『韓不能守上黨，今其守以與寡人，有城市之邑十七〔二一〕。』二人對曰：『用兵踰年，未得一城，今坐而得城十七，此大利也〔二二〕。』乃使趙勝往受地。趙勝至，曰：『敝邑之王，使使者臣勝，太守有詔，使臣勝謂曰〔二三〕：「請以三萬戶之都封太守，千戶封縣令，諸吏皆益爵三級，民能相集者，賜家六金〔二四〕。」』馮亭垂涕而勉曰〔二五〕：『是吾處三不義也！爲主守地而不能死，而以與人，不義一也；主内之秦，不順主命，不義二也；賣主之地而食之，不義三也。』辭封而入韓〔二六〕，謂韓王曰：『趙聞韓不能守上黨，今發兵已取之矣。』韓告秦曰：『趙起兵取上黨。』秦王怒，令公孫起、王齮以兵遇趙於長平〔二七〕。

〔一〕鮑彪曰：秦王，昭王。殽下之事，即秦惠七年，五國攻函谷事。函、殽地近，故云。　吳師道曰：按趙世家：孝成二年，受韓上黨。長平之敗在七年。秦惠七年，五國攻秦，至孝成二年，凡五十四年。秦惠十三年敗楚藍田，距此四十九年。又韓襄王十四年，與齊、魏共擊秦於函谷，河、渭絶一日，距孝成二年爲三十五年，稍近。然遠引前事者，祇欲言韓之不可不伐耳。年表，破長平在孝成六年，與世家異。　程恩澤曰：案殽在函谷之東，五國攻秦，僅至關外，正是殽地，故曰殽下。　祖耿案：史記六國年表：韓桓惠王十年，秦擊我太行。韓世家：『桓惠王十年，秦擊我於太行，我上黨郡守以上黨郡降趙。十四年，秦拔趙上黨，殺馬服子卒四十餘萬於長平。』是趙受韓上黨在桓惠王十年，秦擊韓太行之後，時當周王赧五十三年，趙孝成王四年，非二年也。趙世家敘馮亭事正在四年，吳氏誤記謂趙世家孝成王二年受韓上黨，非也。此章自馮亭守三十日下事，具趙世家，但文不全同。又案：顧觀光隸此於赧王五十三年。

〔二〕鮑彪曰：展轉，猶反覆。金正煒曰：按淮南修務篇注：能猶及也。管子大匡篇：「不可以約取也」，注：不可以盟取信也。韓非存韓篇：「韓居中國，地不能滿千里。」又云：「夫韓以秦爲不義，而與秦兄弟共苦天下，已又背秦，先爲雁行以攻關，韓則居中國展轉不可知。」文與此略同。

〔三〕鮑彪曰：秦惠文後十三年。

〔四〕鮑彪曰：出兵韓，謂軍於其地。

〔五〕鮑彪曰：陽城疑當作成陽，秦昭十七入朝者也。黄丕烈曰：韓，鮑本無。鮑補韓字。鮑改陽城疑當作成陽。丕烈案：鮑以爲秦本紀昭十七年城陽君入朝者。今考集解、索隱無説，正義亦不以爲韓。鮑所説殊無據，其繆多此類。程恩澤曰：案鮑説陽城當作成陽，非是。戰國時封號甚多，安見其必爲一人？況陽城本韓地，秦本紀：昭襄王五十一年，將軍摎攻韓取陽城、負黍是也。地理志：汝南、潁川二郡，並有陽城縣。索隱云：蓋陽城舊屬汝南，後又分隸潁川。錢大昕曰：汝南之陽城，爲宗室劉德所封，傳三世，至王莽而國除。故後漢志有潁川之陽城，無汝南之陽城，非本隸汝南而後分隸潁川也。縣北有陽城山（又有嵩山、箕山），蓋以山得名。自唐虞以來，相沿不改。周爲地中，周公於此以土圭測日景。今爲告成鎮，在河南府登封縣東南二十八里。（今山西澤州府有陽城縣，乃魏濩澤邑，唐以後始改此名。）又案：上黨爲韓之別都，其始本全有其地，後乃分屬趙魏。下云有城市之邑七十（史作十七），則其城猶甚廣也，乃已不能守，反以與趙，卒致長平之禍，而三晉俱以不振，其亦拙於謀矣！

〔六〕黄丕烈曰：今本䵚作黈，乃誤涉鮑也。鮑改䵚爲黈。丕烈案：此字有誤，但所改未是。金正煒曰：鮑氏以字書無䵚字，以意改黈。按呂覽去私篇：「墨者有鉅子腹䵍。」高注：䵍，讀曰車笔之笔。禮記檀弓：

「孺子𩏡」，注：魯哀公之少子也。𩏡與蕁同享字，古文作亯，與重字形近似。古人名多相襲，疑當作蕁。

〔七〕鮑彪曰：王，桓惠王。興兵，恐守不效地故。黄丕烈曰：今本「有」作支，鮑本作支。金正煒曰：按有字，當從鮑本作支。興兵義不可通，鮑注亦謬於理，令韓興兵，疑當作全韓輿兵。漢書元帝紀：「立皇子輿爲信都王」，表、傳皆作輿，形似而譌也。公羊昭二十年傳注：世子率輿守國，輿亦與餘通。楚將伐齊魯親之章：「其良士選卒必殪，其餘兵不足以待天下。」平原君謂馮忌章：「因以其餘兵圍邯鄲之城。」此言王欲全韓餘兵，因以上黨入和於秦也。

〔八〕吴師道曰：索隱云：漢景時始稱太守，太者，衍字。愚按史文，止一稱太守，故索隱云然。此策凡五言之，决非衍，當時已有此稱矣。梁玉繩曰：案正義云：爾時未合言太守，至漢景帝始加太字，此太字衍。吴師道云：國策凡五言太守，决非衍，當時已有此稱矣！二者奚從？閻氏辨之矣！尚書疏證四云：史家有追書之詞，每以後之官名、制度叙前代事，如郡守更爲太守，始景帝中二年七月。太史公書于景帝前，輒曰太守，豈當日之實稱乎？抑偶誤爾？或曰：太守字在史記固多追書，若國策韓陽曰：「使陽言之太守，太守其效之。」豈亦追書乎？余曰：昔人已疑到此，著有明辨，蓋校寫國策者不通古今，妄增入，非原文。因笑近時刻日知錄者，遽謂國策真有太守稱，亦不善於論世矣！孫詒讓墨子閒詁云：趙策説韓靳黈、趙馮亭並云太守，吴師道謂當時已有此稱，以此書證之，信然。畢沅云：史記趙世家云：孝成王令趙勝告馮亭曰：「敝國君使致命以萬户都三封太守，千户都三封縣令。」正義云：爾時未合言太守，至漢景帝始加太守，此言「太」，衍字也。沅案：此書亦云太守，則先秦時已有此官，張守節言衍字，非也。金正煒曰：按墨子號令篇：「非時而行者，唯守及太摻守之節而使者」，是戰國時已有此稱。索隱以爲衍，恐非。

〔九〕鮑彪曰：挈瓶之智，挈瓶人之智也。守器，所守之器，謂瓶。　金正煒曰：按左氏昭七年傳：「人有言曰：雖有挈瓶之知，守不假器，禮也。夫子從君，而守臣喪邑，雖吾子亦有猜焉。」注：挈缾，汲者，喻小知。爲人守器，猶知不以借人。

〔一〇〕鮑彪曰：猜，嫌其不能守。　黄丕烈曰：今本「太」誤「失」。丕烈案：此吳所數之一，不得改去。鮑改「亦其」爲「其亦」。　金正煒曰：按其猶將也，説見釋詞，鮑改無取。或從左傳作「亦有猜焉」。

〔一一〕鮑彪曰：發，發兵。不能卒，言戰敗不終事。　吳師道曰：悉發守兵。　金正煒曰：守、卒字疑當互易。

〔一二〕程恩澤曰：案馮姓有二地。説文：鄢，姬姓，今范陽李澤中有馮水，即故馮地，古馮夷國。東觀記：魏之別封曰華侯，華侯孫長卿，食采馮城，其地在周畿内。定六年，鄭伐馮、滑是也。

〔一三〕十七，原作七十。下同。　鮑彪曰：才、財，裁同。　黄丕烈曰：吳氏補曰：七十，史作十七。下同。王念孫曰：七十作十七，是也。秦策曰：「上黨十七縣，皆秦之有也。」是其證。　梁玉繩曰：史有城市邑十七，案策作七十是也。此與下文同誤爲十七。　祖耿案：據史記趙世家，馮亭使人請納上黨於趙王，事在孝成王四年，王夢乘飛龍上天之後三日。觀此章「唯王才之」句，史記作：「財王所以賜吏民」，可知史記所據之本，必在策文此章之後，轉輾傳抄而誤，其他可以類推。

〔一四〕鮑彪曰：史作平陽君，趙豹是也。若果平原，下文不應復云召趙勝。　吳師道曰：原，當作陽。　黄丕烈曰：鮑改原爲陽，吳氏補曰：原當作陽。丕烈案：史記作「召平陽君豹。」白起傳：趙孝成王召平陽君、平原君計之。索隱曰：「平陽君未詳何人」者，非。　朱起鳳曰：趙有平陽。史記秦始皇紀：桓齮攻趙，敗趙將扈輒於平陽是也。後人習見平原君，故誤作平原，策文平原君趙豹，疑當依史記作平陽君，否則上既云平原君趙豹，下又出趙勝，不將一時有二平原君耶？

〔一五〕黃丕烈曰：今本「今」誤「令」。

〔一六〕鮑彪曰：無故得利，聖人以爲禍。　黃丕烈曰：臣聞二字，鮑本無。丕烈案：史記無。

〔一七〕祖耿案：爾雅釋詁，嫁，往也。郝懿行義疏引此云：是以嫁爲往也。

〔一八〕王引之曰：願與乃同義。

〔一九〕姚注：田，錢、劉作甲。鮑彪曰：牛田，秦地，缺，因其水爲漕。上地，韓之上流。　吳師道曰：牛耕積穀，水漕通糧。秦從渭水漕運入河洛。或以爲漢世始用牛耕，竊以爲古用木耜，未有金耜，用人耕，未用牛耕。耦耕者，二人並耕，或一人一牛亦可。漢始專用牛耕也。字書：犂，從牛。冉耕字伯牛，司馬牛，名犂，不可謂牛耕非古也。上地，地之上者。　程恩澤曰：案正義曰：「牛耕田種穀，至秋則收之，成熟之義也。言秦伐韓上黨，勝有日矣，若牛田之必冀收穫也。」其說非是。上地，說見楚策。　金正煒曰：按自，當作其，古書其或作亓，與自字形相似而誤。齊策，太子其圖之，文義正同。

〔二〇〕未得，原作未見。十七，原作七十。姚注：戰，三本同作齊。　王念孫曰：見當爲㝵。㝵古得字，形與見相近，因譌爲見。下句云：「今不用兵，而得城七十」，即其證也。史記趙世家正作「未得一城」。　朱起鳳曰：得字篆作㝵，見即㝵之譌缺。

〔二一〕十七，原作七十。

〔二二〕未下得字原作見，「此」上原無「十七」二字。　黃丕烈曰：鮑「此」上補「七十」二字。　吳氏補曰：史此有「十七」二字。

〔二三〕鮑彪曰：有詔，秦人語耳。　吳師道曰：詔，告也，謂太守有告。　黃丕烈曰：今本太上有告字，乃誤涉鮑也。鮑補告字。丕烈案：史記無此句。策文本如此，不誤。述馮亭所云也。下文「使臣勝謂曰」，方是告馮亭。鮑補誤甚！　金正煒曰：按此文疑當作：「敝邑之王有詔使使者臣勝謂太守曰」。文既淆亂，又誤複使臣勝三字，遂致義不可通。鮑氏於太守上補告字，嫌與謂曰義複。

〔二四〕吳師道曰：縣令，說見楚策。　金正煒曰：按墨子號令篇：男子有守者，爵人二級。韓非外儲說：楚莊王之應太子云：是真吾守法之臣也，乃益爵二級。則爵級不始於秦制。

〔二五〕鮑彪曰：免，辭也。　黃丕烈曰：鮑改勉爲免。吳氏補曰：此書勉、免通。丕烈案：此以勉爲俛字也。吳說未是。　金正煒曰：按勉與俛同，詩：十月之交，「黽勉從事」，文選注引作「僶俛從事」。俛又同俯。漢書鼂錯傳：「在俛仰之間耳。」注：俛即俯。東方朔傳：「鶴俛啄也。」注：俛即俯字也。

〔二六〕鮑彪曰：食，食封戶也。　吳師道曰：漢書：趙封馮亭爲華陽君，與趙將括距秦，戰死長平，與此異。　梁玉繩曰：案策言馮亭辭封入韓。然漢書馮奉世傳云：趙封馮亭爲華陽君，與趙將括距秦，戰死長平，所說不同，未知誰實。　黃式三曰：後漢書馮衍傳與馮奉世傳同。　祖耿案：史記注裴駰曰：漢書馮奉世傳曰：「趙封亭爲華陵君，與趙將括距秦，戰死於長平，宗族由是分散，或在趙。在趙者爲官師將，官師將子爲代相。及秦滅六國，而馮亭之後馮無擇、馮去疾、馮劫皆爲秦將相焉。漢興，馮唐即代相之子也。」上黨記云：「馮亭冢在壺關城西五里。」

〔二七〕鮑彪曰：趙記四年有，馮亭下。彪謂平陽嫁禍之言，豈不易曉，而孝成怒之，昏於利也。勝、禹入而順旨，以濟其欲，不幾於一言而喪邦歟？故爲邦者以遠佞人爲急。　吳師道曰：勝、禹淺謀，非佞也。又曰公孫起即白起，史王齕非齮，秦將有桓齮，此恐訛舛。　黃丕烈曰：案吳說非也！　白起傳曰：「乃陰使武安君白起爲上將軍，而王齕爲尉裨將。」秦始皇紀：「王齕、麃公」等，徐廣注：一作齕。索隱曰：王齮即王齕，昭王二十九年，代大夫陵伐趙者。六國表：秦莊襄王三年，王齮擊上黨。徐廣亦注：一作齕，是王齮即王齕，其證甚明，與桓齮迥不相涉。吳偶失考也。王震澤本索隱，齕作騎，單本并删去王齕二字，皆誤。祖耿案：史記注張守節曰：括地志云：長平故城，在澤州高平縣西二十一里，即白起敗括於長平處。

十二

蘇秦爲趙王使於秦〔一〕，反，三日不得見。謂趙王曰：『秦乃者過柱山〔二〕，有兩木焉，一蓋呼侶，一蓋哭〔三〕。問其故〔四〕，對曰：「吾已大矣！年已長矣！吾苦夫匠人且以繩墨案規矩刻鏤我！」一蓋曰：「此非吾所苦也，是故吾事也。吾所苦夫鐵鉆然，自入而出夫人者〔五〕！」今臣使於秦而三日不見，無有謂臣爲鐵鉆者乎〔六〕？』

〔一〕鮑彪曰：本傳不書。祖耿案：顧觀光附此於顯王三十六年。

〔二〕鮑彪曰：柱山，蓋砥柱。吳師道曰：無考。程恩澤曰：案元和志：底柱山俗名三門山（方輿勝覽以底柱與三門爲二），在硤石縣東北五十里黄河中。（趙冬曦曰：砥柱山有六峯，其最北兩柱對距崖而立，即所謂三門也。）今在河南陝州東四十里黄河中。此自秦反趙所經之路，然以砥柱爲柱山，未之前聞也。（方輿紀要：今陝西山陽縣有天柱山，壁立萬仞，形如天柱。又岐山亦名天柱山，俱是秦望，然非自趙至秦之所經也。）顧觀光曰：砥柱在今解州平陸縣東五十里。金正煒曰：按説文：逌，往也。一切經音義引蒼頡篇：迺，往也（逌、迺，並與乃同）。廣雅釋詁：乃，往也。又漢書曹參傳：『乃者我使諫君也。』注：

者猶言爨者。（公羊桓六年傳注生與來曰。疏：凡人謂方至爲來，已過爲往。）

〔三〕鮑彪曰：呼侶，招其徒。　金正煒曰：孝經：「蓋天子之孝也。」孔傳：蓋者辜較之辭。劉炫述義云：辜較猶梗槩也。孝道既廣，此纔舉其大略也。此言一約略呼侶，一約略哭耳。　祖耿案：蓋，箇也。此言一箇呼侶，一箇哭耳。蓋古太切，箇古賀切。蓋箇雙聲通用，金說非也。

〔四〕姚注：一本「秦問其故。」

〔五〕鮑彪曰：事，猶分。銛，言鐵之利。若鉆，則鐵鋷也，義不合此。人，謂木屑，自鐵言之爲人。　吳師道曰：故、固通。鉆，玉篇：其沾、敕淹二反。鋷音鑷。後漢章帝詔有鉆鑽字。蒼頡篇：鉆，持也，蓋字與鉗同，以鐵有所劫束也。鮑云人謂木屑云云，難通，其義未詳。　黃丕烈曰：鮑改鉆爲銛，吳氏有正。丕烈案：吳氏正以爲蓋字與鉗同者，亦非也。聞諸金壇段先生玉裁云，鉆與櫼同。說文：櫼，楔也。其說得之矣！下文「自入而出夫人者」爲一句，言櫼入而木出也。故云：「謂臣爲鐵鉆者」，秦言其人自入而出，臣有似於楔也者。　朱亦棟曰：鉆與椹同。玉篇：鐵椹，斫木櫍也，亦作枮，音砧，鮑注改鉆作銛，非是。又「呼侶」，謂伐木而人呼邪許也。一木被伐行將及己，故一木哭也。注以爲招其徒，亦非是。胡文英吳下方言考：吳人凡前物入穴不得出者，以物擊追令出曰「鉆」，此足以證自入出人之意。　金正煒曰：鮑改鉆爲銛，按作銛當是。韓非八說篇：「搢笏、干戚，不敵有方鐵銛。」說文：「銛，鍤屬也。」廣雅釋器：「鍤謂之銛。」然上疑遺鉿字。太玄經：「干陽氣扶物而鑽乎堅，鉿然有穿。」注：鉿，陷聲也。銛、鉿字形相類，因至誤脫。國語晉語：「夫人作享家爲巫史。」注：夫人，人人也。淮南本經篇：「夫人相樂，無所發貺。」注：夫人，衆人也。鐵銛以喻讒口，自出而入如讒人之反覆於前，故曰：衆人得而苦之也。又夫人猶彼人，見漢書賈誼傳注。鮑氏以人謂木屑，自鐵言之爲人，其說甚謬！

〔六〕姚注：謂，集、錢、劉作爲。鮑彪曰：無有，言得無有也。黄丕烈曰：鮑改謂爲爲。金正煒曰：按謂與爲通，不煩改作。

十三

甘茂爲秦約魏以攻韓宜陽，又北之趙〔一〕。冷向謂强國曰〔二〕：「不如令趙拘甘茂勿出，以與齊韓秦市。齊王欲求救宜陽，必效縣狐氏〔三〕。韓欲有宜陽，必以路涉端氏賂趙〔四〕。秦王欲得宜陽，不愛名寶〔五〕，且拘茂也，且以置公孫赫樗里疾〔六〕。」

〔一〕鮑彪曰：秦武王三年，此（趙武靈）十八年。祖耿案：顧觀光隸此於赧王八年。

〔二〕鮑彪曰：强國，趙人。

〔三〕鮑彪曰：齊王，閔王。狐氏，地缺。程恩澤曰：案縣，邑也；狐氏，地名。檀弓：「邑裘氏，縣潘氏」，與此略同。史記建元以來侯者年表有瓡，索隱曰：縣名，志屬北海。顏師古曰：即狐字（地理志作執，蓋誤），疑即此地。金正煒曰：按周禮大司徒注：故書求爲救，又古音讀救爲求，故救亦時誤爲求，此由一本作求，一本作救，誤併入文也。齊王欲救宜陽，與下文韓欲有宜陽，秦王欲得宜陽，文乃一律。禮記檀弓：「與之邑裘氏與縣潘氏」，蓋謂裘氏之邑，及潘氏之縣也。（周禮小司徒：四井爲邑，四甸爲縣）鄭注以縣潘連文，恐不足據。此云縣狐氏，正與縣潘氏文同。晏子内篇：「以管仲爲有力邑狐與穀，以共宗廟之鮮。」狐氏或即其地。漢書地理志遼東郡沓氏注：凡言氏者，皆謂因之以立名。

〔四〕鮑彪曰：路涉，地缺。端氏屬河東。黄丕烈曰：有，鮑本作存。程恩澤曰：路涉，今無考。漢志，河東郡有端氏縣。徐廣曰：在平陽。正義：端氏，澤州縣。通典：故城在端氏縣西（後漢書注作西北）。寰宇記：端氏縣西北三十里，即漢理，三家分晉，封晉君於此。趙肅侯元年，又奪其地，徙之屯留，不知何時又入於韓。洪亮吉曰：今在澤州府沁水縣東北六十里（顧祖禹作東九十里，錢坫作東四十五里）。顧觀光曰：史記趙世家：成侯十六年，封晉君以端氏。徐廣曰：在平陽。正義曰：端氏，澤州縣也。漢志屬河東（在今澤州府沁水縣東四十五里）。金正煒曰：鮑本「有」作「存」，義勝。趙世家：韓魏趙分晉，封晉君以端氏，其後趙奪晉君端氏。此云韓以端氏賂趙，戰國時壤地之分合，蓋無得而詳矣。趙孟所謂疆埸之邑，一彼一此，何常之有？正此類也。

〔五〕鮑彪曰：秦王，武王。名竇，竇之名世者。齊韓之路，欲拘茂，敗其約也。秦路則欲出之。

〔六〕鮑彪曰：茂不還秦，則二人用。

十四

謂皮相國曰〔一〕：「以趙之弱，而據之建信君涉孟之讎〔二〕，然者何也？以從爲有功也〔三〕。齊不從，建信君知從之無功，建信君安能以無功惡秦哉〔四〕？不能以無功惡秦，則且出兵助秦攻魏，以楚分齊，則趙强畢矣〔五〕。建信春申從則無功而惡秦〔六〕，分齊亡魏則有功而善秦〔七〕，故兩君者，奚擇有功無功之爲知哉〔八〕？」

〔一〕鮑彪曰：皮相國，趙相。　祖耿案：顧觀光隸此於始皇六年。

〔二〕鮑彪曰：據，猶任。建信，趙幸臣。涉孟，蓋爲横者，與建信異趣，故趙讎之。　吳師道曰：「涉孟之讎」四字未詳，或言建信、涉孟二人以其反有害於趙，故以讎稱。　金正煒曰：按爾雅釋詁：讎，匹也。注：讎，猶儔也。廣雅釋詁：讎，輩也。鮑吳並失其義。

〔三〕吳師道曰：「然者」，下章亦有此文法，當至「也」字句。　黃丕烈曰：按下章在平原君請馮忌見彼下。　金正煒曰：按論語憲問篇：其然，皇疏：然，如此也。禮記大傳：「其義然也。」注：然，如是也。此云「然者何也」，蓋將申言上文之義，而先爲設問之辭，猶云如是者何也。管子國蓄篇：「是故萬乘之國有萬金之賈，千乘之國有千金之賈，然者何也？國多失利，則臣不盡其忠，士不盡其死矣！」古書故有此文法。

〔四〕安上君字原作者。姚注：一作君。　鮑彪曰：「不從」之「從」，如字。惡，猶害也。從有功乃能害秦爾。吳師道曰：「不從」句。

〔五〕楚下原有趙字，則下趙字原作是。鮑彪曰：爲從無功，則反助秦，不則分齊。齊雖不爲從，然與秦爭衡，故助秦則分齊之地。分，分其地。畢，言建信圖强之計盡於此。　吳師道曰：謂不能害秦，則可助秦攻魏。怒齊之不從，則合楚以分齊。二策必居一焉。則圖强之計，畢於此矣。　金正煒曰：按儀禮鄉射禮：「主人以賓揖」，注：以猶與也。趙字涉下而衍。助秦攻魏，與楚分齊，蓋對舉之詞。是，疑趙之壞文。畢爲必之借字。管子版法解：「往事必登，來事未起」，一本必作畢，畢、必古通用。

〔六〕鮑彪曰：春申，悼襄四年主從約，發議於此時也。無功而惡秦，言楚、趙合，則雖未見功，有害秦之形。

〔七〕分上原重秦字，亡上原重齊字。鮑彪曰：秦見二國合，亦與齊合。齊本不從建信，今秦來合，故助之攻魏以善之。　黃丕烈曰：鮑改分爲合。吳氏正曰：語不可解，疑有舛誤。當是「分齊亡魏」，而衍秦齊二字。丕烈案：吳說是也，上文「則且出兵助秦攻魏，以楚、趙分齊」，即其事。　金正煒曰：按「分齊」上之秦字，「亡魏」上之齊字，並誤複。分齊亡魏，承上而言也。鮑於分齊上補合字，於文益晦。「惡秦」謂見憎於秦，「善秦」謂見好於秦。鮑注並失其義。

〔八〕「無功」二字原在「之」字下。鮑彪曰：兩，齊、趙也。趙知據建信，而不知其不合楚不能成功。齊不從建信，而不知其合楚足以成功。不知所擇也。　吳師道曰：「秦分齊，齊亡魏」，語不可解，疑有舛誤。當是「分齊亡魏」，而衍秦、齊二字。蓋曰建信、春申從，則雖無功而其勢可以惡秦，此合楚、趙之策也。分齊亡魏則有功，而可以善秦，此助秦之策也。兩君，指皮相國、建信君，或指建信君、涉孟，將何所擇於有功無功二者而爲智哉。　黃丕烈曰：鮑「之」下補「與」字。吳氏補曰：「之」字疑當在「無功」下。　金正煒曰：「有功之無功」，之猶與也。秦圍趙之邯鄲章：「鬼侯之鄂侯文王」，謂鬼侯與鄂侯、文王也，與此義同。鮑補與字亦無取。「爲之」鮑本作「爲知」，知、之字古亦通。楚策：「莫知媒兮」，荀子作「之」，可證。

十五

或謂皮相國曰：「魏殺呂遼而衛兵〔一〕，亡其北陽而梁危〔二〕，河間封不定而齊危〔三〕，文信不得志，三晉倍之，憂也〔四〕。今魏恥未滅，趙患又起，文信侯之憂大矣〔五〕。齊不從，三晉之心疑矣〔六〕。憂大者不計而構〔七〕，心疑者事秦急。秦魏之構，不待割而成〔八〕。秦從楚魏攻齊，獨吞趙〔九〕，齊趙必俱亡矣〔一〇〕。」

〔一〕鮑彪曰：呂遼，魏臣，秦所重者。吳師道曰：衛兵句。呂遼魏臣，無考。後章作呂遺，未知孰是。又言收河間何異殺呂遺，則呂爲秦重者。黃丕烈曰：或，鮑本無。祖耿案：顧觀光附此於始皇八年，曰：因言收河間，附此。

〔二〕姚注：北一作比。鮑彪曰：比陽屬南陽。衛，附秦者也。故魏殺秦重，衛爲之亡魏之鄙以危之。吳師道曰：衛，附魏者也。衛兵，衛被兵也，兵，秦兵也，一本比作北。黃丕烈曰：北，鮑本作比。張琦曰：比陽今南陽府唐縣是。程恩澤曰：案漢志，南陽郡有比（比當作沘，下並同，說見趙策）陽縣。應劭曰：沘水所出，東入蔡。水經注：沘水出比陽東北大胡山，西至新野縣南，入于淯。路史云：即比干國。今河南南陽府泌陽縣西，有比陽故城。但此地高作北陽，本無定所。即如鮑注，亦非衛所能及。吳說尤非。顧觀光曰：按漢志，南陽郡比陽，在今南陽府唐縣東，疑非衛地。

〔三〕鮑彪曰：時魏趙欲以封文信而不果。吳師道曰：河間近齊，後言攻齊：必此時倂欲攻齊。又曰：秦策所謂下甲攻趙，趙賂以河間十二縣。在前事也。戰國封地，往往取之他國。是時秦以河間地封不韋，秦策稱不韋欲攻趙以廣河間，是也。時趙方與諸侯合從，欲收河間，故言封不定。黃丕烈曰：鮑改齊爲趙，吳氏有正。張琦曰：秦策不韋封藍田。史本傳，食河南洛陽十萬户。蓋莊襄初立，即封藍田。明年元年滅兩周，置三川郡，乃徙封河南也。不韋免相，就國河南，並無益封河間之事。秦雖强，六國畏之，安能取其地以封其相耶？秦策：文信侯欲攻趙以廣河間。考史甘羅傳：秦始皇帝使剛成君蔡澤於燕，又云秦使張唐往相燕，欲與燕共伐趙，以廣河間之地。是時國事決於不韋，故策首冠以文信。據此以證封地取之他國，亦近誣矣！秦相見於史策者，衛鞅封商，魏冉封穰，范睢封應，不韋封河南，以及公子市宛，公子悝鄧，皆地之已入秦者。惟魏冉別封，說者皆謂濟陰定陶，說具秦策。他如：涇陽、華陽、高陵、新城、剛成之屬，皆其稱號，類非封邑，然亦多秦地。至趙尊寵田文，封之武城，藉黄歇擊秦，封以靈邱，非齊楚能取之於趙也。假令趙重不韋而封之，則不韋又應厚趙，豈應攻趙耶？後策云：秦下甲攻趙，趙賂之以河間十二縣，非封不韋决矣。句趙字原作齊，鮑改作趙，通首文義，亦多不可曉者，闕之可耳。又平原君卒於孝成十五年，當秦昭五十六年，此策次平原之前（祖耿案：張指鮑本而言），與不韋不相及。

〔四〕鮑彪曰：文信，呂不韋也。莊襄元年封。此（趙孝成）十七年也。未得河間，故不得志。文信欲得河間必伐趙。韓魏，趙之與國，故其憂倍。吴師道曰：按史，封文信侯，食河南洛陽十萬户，河間後封。倍猶背也。三晉之憂也。倍字疑信字訛衍。金正煒曰：言文信之不得志，以三晉倍之爲憂也。倍與背同。呂覽尊師篇：聽從不盡力曰背。

〔五〕鮑彪曰：魏恥未滅，言嘗分魏之憂。趙患，患文信也。文信爲三晉之憂。吴師道曰：魏恥見上文。文信之憂未詳，恐字有誤。金正煒曰：魏恥謂魏殺呂遼，趙患謂趙欲收河間，故又云文信之憂大矣！

祖耿案：鮑本無侯字。

〔六〕鮑彪曰：不從，不與山東約從。疑，疑從之不可合。金正煒曰：按禮記雜記，「皆爲疑死」注：疑猶恐也。

〔七〕鮑彪曰：言趙必求和於秦，不待討也。吴師道曰：下文言秦、魏無趙。黄丕烈曰：構，鮑本作搆，改爲講。

〔八〕鮑彪曰：凡講必割地，今急於成，不待已割，蓋先講也。

〔九〕鮑彪曰：趙近秦，秦攻之，不待楚、魏。

〔一〇〕鮑彪曰：此說欲趙以河間廣文信封也。下有一章合此。

十六

趙王封孟嘗君以武城〔一〕，孟嘗君擇舍人以爲武城吏而遣之，曰〔二〕：「鄙語豈不曰『借車者馳之，借衣者被之』哉〔三〕？」皆對曰：「有之。」孟嘗君曰：「文甚不取也！夫所借衣車者，非親友，則兄弟也〔四〕。夫馳親友之車、被兄弟之衣，文以爲不可。今趙王不知文不肖，而封之以武城〔五〕，願大夫之往也，毋伐樹木，毋發屋室，訾然使趙王悟而知文也〔六〕！謹使可全而歸之〔七〕。」

〔一〕鮑彪曰：武城屬清河，即下東武城。此當田文奔薛後。　吳師道曰：無考。　程恩澤曰：案以東武城爲孟嘗君所封，似乎合理，然謂武城即東武城，實說不去。地理志，定襄郡有武城縣。應劭曰：定襄有武城，故清河武城加東字（元和志、寰宇記並主此說），則清河之有東武城，正以定襄武城而名，不得謂武城即東武城也。且趙東武城乃平原君封邑，未必又以封田文。今山西朔平府平魯縣西北塞外，有漢武城故城（在歸化城東南），其田文封此與否，固難決斷，然定襄武城，實在此地。　顧觀光曰：史記：趙幽繆王二年，秦攻武城。秦本紀正義曰：即貝州武城縣外城也。七國時趙邑（今武城縣屬臨清州）。漢志，東武城屬清河。水經淇水注云：清河又東北逕東武城縣故城西。史記：趙公子勝封於此。定襄有武城，故加東矣！　按趙策云：趙王封孟嘗君以武城（當在惠文王十六年）。又公孫龍見平原君曰：「君無覆軍殺將之功，而封以東武城」，則當時已有東武城之稱矣。　祖耿案：顧觀光附此於赧王三十二年。

〔二〕祖耿案：御覽二〇一引，遣作進。

〔三〕姚注：被，平聲，叶音。 鮑彪曰：借車與衣，固將馳且被也。今云然，蓋常常馳而弗愛也。 吳師道曰：被，姚叶音披。

〔四〕祖耿案：御覽二〇一引，則作即。

〔五〕祖耿案：御覽二〇一引，知作以。

〔六〕鮑彪曰，訾，不思稱意也，言其不期得知而見知，知其善任人也。 黃丕烈曰：也，鮑本無。吳氏補曰：一本知文也。 金正煒曰：按淮南原道篇注：發，動也，或讀爲廢。呂覽壹行篇：「王者行之廢」，注：廢，壞也。荀子非十二子篇：「訾然」，注：與孳同。則此猶云勉焉也。悟，疑當作誤；知，疑當作短。誤謂過聽也；短者不足之辭。荀子正論篇：「是特姦人之誤於亂說，以欺愚者」，注：言是乃特姦人自誤，惑於亂說，因以欺愚者。此言王或誤於人言而不慊於文，則當全所受而歸之也。左氏昭六年傳：「不樵樹，不采蓺，不抽屋」，與「毋伐樹木，毋發屋室」文同。 祖耿案：御覽二〇一引作：「無廢室屋。」

〔七〕鮑彪曰：謹使，遣吏之辭。 吳師道曰：「謹使」屬下句，使，如字。一本標御覽發作廢，謹作僅。祖耿案：御覽二〇一引作：「僅可使全而歸之。」

十七

謂趙王曰〔一〕：「三晉合而秦弱，三晉離而秦強，此天下之所明也〔二〕。秦之有燕而伐趙，有趙而伐燕；有梁而伐趙，有趙而伐梁；有楚而伐韓，有韓而伐楚；此天下之所明見也〔三〕。然山東不能易其路，兵弱也〔四〕。弱而不能相壹，是何秦之知，山東之愚也？是臣所爲山東之憂也〔五〕！虎將即禽，禽不知虎之即己也，而相鬭，兩罷而歸其死於虎〔六〕。故使禽知虎之即己，決不相鬭矣。今山東之主，不知秦之即己也，而尚相鬭，兩敝而歸其國於秦，知不如禽遠矣！願王熟慮之也！

今事有可急者，秦之欲伐韓梁，東闚於周室甚，惟寐亡之〔七〕。今南攻楚者，惡三晉之大合也〔八〕。今攻楚，休而復之，已五年矣，攘地千餘里〔九〕。今謂楚王「苟來舉玉趾而見寡人，必與楚爲兄弟之國，必爲楚攻韓梁，反楚之故地〔一〇〕。」楚王美秦之語，怒韓梁之不救己，必入於秦。有謀故殺使之趙，以燕餌趙，而離三晉〔一一〕。今王美秦之言，而欲攻燕，攻燕，食未飽而禍已及矣。楚王入秦，秦楚爲一，東面而攻韓。韓南無楚，北無趙〔一二〕，韓不待伐割，挈馬兔而西走。秦與韓爲上交，秦禍安移於梁矣〔一三〕。以秦之强，有楚韓之用，梁不待伐割，挈馬兔而西走。秦與梁爲上交，秦禍案攘於趙矣〔一四〕。以强秦之有韓梁楚與燕之怒，割必深矣〔一五〕。國之舉此，臣之所爲來〔一六〕！臣故曰，事有可急爲者：及楚王之未入也，三晉相親相堅，出鋭師以戍韓梁西邊，楚王聞之，必不入秦，秦必怒而循攻楚，是秦禍不離楚也，便於三晉〔一七〕。若楚王入，秦見三晉之大合而堅也，必不出楚王，即多割，是秦禍不離楚也，有利於三晉〔一八〕。願王之熟計之也！急〔一九〕！」趙王因起兵，南戍韓梁之西邊〔二〇〕。秦見三晉之堅也，果不出楚王，卬而多求地〔二一〕。

〔一〕祖耿案：顧觀光隸此於赧王十六年。

〔二〕黃丕烈曰：吳氏補曰：「明」下疑有缺字。

〔三〕吳師道曰：有者善之也。　黃丕烈曰：今本「此」誤「而」。

〔四〕鮑彪曰：言易橫秦之路，以合三晉。　吳師道曰：山東六國不能易其合秦之道，以合口

〔五〕秦原作楚。黃丕烈曰：今本楚作秦，乃誤涉鮑也。鮑改楚爲秦。吳氏補曰：當作秦。

〔六〕鮑彪曰：禽，走獸總名。　吳師道曰：罷音疲。　黃式三曰：即，就也。

〔七〕姚注：亡，劉本作忘。黃丕烈曰：鮑改亡爲忘。丕烈案，此以亡爲忘字耳。

〔八〕鮑彪曰：合，合楚也。楚強晉弱，先攻其強，則弱者沮，不敢合矣。　祖耿案：大合，鮑本作相合。

〔九〕鮑彪曰：休，罷兵。復，復攻。先是秦取漢中，取召陵，又敗之重丘。　吳師道曰：復，扶又反。　金正煒曰：按復者，除其賦役也。見漢書高帝紀注。又賈誼傳，「不輕得復」，注引張晏曰：不得復除逸豫也。鮑氏以爲復攻，誤。

〔一〇〕鮑彪曰：楚王，懷王。楚懷三十年，秦昭云然。此（趙武靈）二十七年。

〔一一〕姚注：殺，劉作發。鮑彪曰：餌趙，言欲與趙攻燕。韓魏時不合秦，而趙合之，必不善趙。　黃丕烈曰：今本秦下復有秦字，乃誤涉鮑也。鮑補秦字，改殺爲發。丕烈案：此讀「有謀」連下，以「有」爲「又」字也。鮑補於「謀」字句，誤甚！　金正煒曰：按有當讀爲又，故當作攻，殺當作殽，並因形似而譌也。春秋：

「晉敗秦師於殽。」杜注：在黽池縣西。讀史方輿紀要云：本韓地（惠文後元，乃爲秦有。見張琦戰國策釋地）。秦王謂公子他章：「昔歲殽下之事，韓爲中軍，以與諸侯攻秦。」韓策楚圍雍氏章：「秦師不下殽」（東行曰下）。此策秦方謀韓，則是殽尚屬韓時也。下文「食未飽而禍及」，言燕利未得而秦禍已臨，正與餌趙之文相應。

〔一二〕鮑彪曰：美秦反地餌燕之説，故不救韓，亦離三晉之策也。

〔一三〕姚注：兔，曾作免。又云改安作案。又云：荀子「上不能好其人，下不能隆禮，安特將學雜識，志順詩書而已耳，則末世窮年，不免爲陋儒而已。」注：安，語助，猶言抑也，或作案。荀子多用此字。禮記三年問作焉。戰國策謂趙王曰：「秦與韓爲上交，秦禍按移於梁矣。」「秦與梁爲上交，秦禍按攘於趙矣。」呂氏春秋，吳起謂商文曰：「今置質爲臣，其主安重；釋璽辭官，其主安輕。」蓋當時人通以「安」爲語助或方言耳。特，猶言直也。雜志記之書百家之説，言既不能好其人，又不能隆禮，直學雜説順詩書而已，豈免爲陋儒乎？言不知通變也！　鮑彪曰：割地挈而走秦，疾於馬兔。禍，兵禍。安，言其不勞。　吳師道曰：兔，一本作免，下同。姚云：改安作案。　金正煒曰：按周禮夏官田僕，凡田王提馬而走。注：提猶舉也。廣雅釋詁：挈，提也。挈馬與提馬義同。兔當從曾作免。免與俛通。言韓不待伐割，即將挈馬而俛入於秦也。又或爲「挈國」之譌。俗書國作国，馬作馬，右丨脱誤於下，因譌爲馬。秦策：「臣載主挈國以與王約。」挈國西走，猶言舉國爲内臣。漢書匈奴傳：「携國歸死，扶伏稱臣。」挈與携爲義同也。　王引之曰：「秦禍安移於梁」，言秦禍於是移於梁。安猶於是也。

〔一四〕伐下原有矣字。姚注：一無矣字。　鮑彪曰：案、安同。故荀卿書多用案字。此言秦視趙在其度内，如物在環中。「環中」一作「移於」字可也。　吳師道曰：姚本「案攘於趙」，愚以攘即移字訛，當作「移於」。鮑末説是。又曰：姚注引荀子：「上不能好其人，下不能隆禮，安特將學雜識志順詩書而已耳」云云。注：安，語助，猶言抑也。或作案。荀子多用此字。禮記三年問作焉。呂氏春秋：吳起謂商文曰：「今置質爲臣，其主安重；釋璽辭官，其主安輕。」蓋當時人通以爲語助或方言耳。　黄丕烈曰：「攘於」，鮑本作「環中」。吳氏正曰：愚以「攘」即「移」字譌，當作「移於」。丕烈案：吳説未是。楊倞荀子注引作「攘」字。金正煒曰：按此文當以「不待伐割」爲句，一本無矣字是也。文選舞賦注引埤蒼：攘，疾行貌。又公羊僖四年傳：「攘夷狄」注：攘，却也。國語魯語：「而大攘諸夏」注：攘，却也。攘於趙，猶云自梁折而入趙也。楊倞注荀子引此文，亦作攘，則非移字之譌矣。環中者，言秦禍自韓移梁以及於趙，如循環然也。中猶集也。下章「禍必中於趙矣」，與此義同。鮑説亦非。　祖耿案：策言秦禍安移於梁，秦禍案攘於趙，安、案同爲語助。王引之經傳釋詞釋安爲於是，此以文義言之固可，若以聲音通之，則此安、案字，即後世俗語之阿呀字也，説詳拙著虛字探源。

〔一五〕鮑彪曰：秦有三國，趙之患也，燕又怒之。割，秦割趙地也。　金正煒曰：按「楚與燕之怒」，當作「楚燕與之」。怒字涉下文「秦必怒」而衍。國語齊語：「桓公知天下諸侯多與己也」，注：與，從也。

〔一六〕鮑彪曰：國謂趙，舉猶行。　金正煒曰：舉，當爲「與于」二字併合而譌也。儀禮鄉飲酒禮「不與」注：與，及也。爾雅釋詁：于，於也。漢書黥布傳：「王之不見，何必以楚爲彊，以漢爲弱，此臣之所爲使。」注：此事正是臣所爲來欲言之。文與此正同。

〔一七〕鮑彪曰：堅，堅其約。循攻，循前而攻。

〔一八〕鮑彪曰：必不出楚王，恐其合晉也。多割，楚求出故。　黄丕烈曰：鮑入下補秦字。丕烈案：此讀「入」句絶。魏策支期曰：「王視楚王，楚王入」，又曰：「楚王不入」。皆可爲證。鮑補誤也。　金正煒曰：有與又通。此承上文「是秦禍不離楚也，使於三晉」，故云又。

〔一九〕鮑彪曰：重言急以促之。　吳師道曰：一本無急字，是。此下蓋叙述者之辭。

〔二〇〕鮑彪曰：戎近秦，伐之以偪秦。　黄丕烈曰：戎，鮑本作伐。下有「山戎、翟」三字，西作惡。鮑改翟爲戎，惡爲西。吳補：一本作戍，一本作西。　程恩澤曰：案春秋，「齊人伐山戎。」服虔曰：山戎、北狄，蓋今鮮卑也。欒史曰：山戎國，今幽州東二百一十三里漁陽縣也。胡三省曰：自漢北平、無終、白狼以北，皆大山重谷，諸戎居之，春秋謂之山戎。顧祖禹曰：今直隸永平府境，或曰即北戎也。又云：春秋時山戎爲無終國，在今玉田縣（此係舊說，考見趙策）。此地距秦甚遠，不可云近。蓋趙將出兵戍韓魏之西邊，故中道侵戎，以償兵食耳。舊說非是。　祖耿案：吳氏補曰：姚本有「戍」，無「伐山戎」三字，是。

〔二一〕姚注：劉改卬作印。　吳師道曰：卬字誤衍。姚云劉改作印，亦難通。此策自「割必深矣」以上，其論從横之利害當矣。自「事有可急者」以下，勸三晉之相堅，而移禍於楚，亦未得爲盡善。蓋陳軫不得已之計也。愚考齊策秦伐魏陳軫合三晉而東章，及韓、燕策，與此章多合。此章言楚王入秦，正秦誘懷王武關之歲，在赧王十六年，詳見齊策。　黄丕烈曰：鮑衍卬字。吳氏補曰：字誤衍。丕烈案，此與上文「即多割」，即、卬二字皆有誤，但衍者未是。　金正煒曰：按「卬」疑「即」之譌，與上文「必不出楚王，即多割」相應。爾雅釋詁：即，尼也。尼詁爲止，則即亦猶止也。謂止楚王而要以多割，如齊策留太子而市楚之東國也。又詩氓：「來即我謀」，箋：即，就也。左氏定四年傳：「即命於周」，注：即，就也。漢書淮南王安傳：「即訊驗王」，注：即，亦就也。此言就其在秦而劫之，使多出地耳！劉改「印」無義。

一

蘇秦從燕之趙〔一〕，始合從說趙王曰：「天下之卿相人臣，乃至布衣之士，莫不高賢大王之行義〔二〕，皆願奉教陳忠於前之日久矣。雖然，奉陽君妒〔三〕，大王不得任事，是以外客遊談之士，無敢自進於前者〔四〕。今奉陽君捐館舍〔五〕，大王乃今然後得與士民相親，臣故敢獻其愚慮，効愚忠〔六〕。爲大王計，莫若安民無事，請無庸有爲也。安民之本，在於擇交〔七〕；擇交而得，則民安；擇交不得，則民終身不得安〔八〕。請言外患：齊、秦爲兩敵而民不得安〔九〕；倚秦攻齊而民不得安；倚齊攻秦而民不得安。故夫謀人之主，伐人之國，常苦出辭〔一〇〕，斷絕人之交〔一一〕，願大王慎無出於口也。請屏左右白言所以異陰陽而已矣〔一二〕。大王誠能聽臣，燕必致氈裘狗馬之地；齊必致海隅漁鹽之地；楚必致橘柚雲夢之地；韓、魏皆可使致封地湯沐之邑〔一三〕；貴戚父兄，皆可以受封侯。夫割地効實，五伯之所以覆軍禽將而求也〔一四〕；封侯貴戚，湯、武之所以放殺而爭也〔一五〕。今大王垂拱而兩有之，是臣之所以爲大王願也。大王與秦，則秦必弱韓、魏；與齊，則齊必弱楚、魏〔一六〕；魏弱則割河外〔一七〕；韓弱則效宜陽〔一八〕。宜陽效則上郡絶〔一九〕；河外割則道不通〔二〇〕；楚弱則無援；此三策者，不可不熟計也。夫秦下軹道則南陽動〔二一〕，劫韓包周則趙自銷鑠〔二二〕，據衛取淇則齊必入朝〔二三〕。秦欲已得行於山東〔二四〕，則必舉甲而向趙。秦甲涉河踰漳據番吾〔二五〕，則兵必戰於邯鄲之下矣。此臣之所以爲大王患也！當今之時，山東之建國，莫如趙强。趙地方二千里〔二六〕，帶甲數十萬，車千乘，騎萬匹，粟支十年，西有常山，南有河漳，東有清河，北有燕國〔二七〕。燕固弱國，不足畏也。且秦之所畏害於天下者，莫如趙〔二八〕。然而秦不敢舉兵甲而伐趙者，何也？畏韓、魏之議其後也〔二九〕。然則韓、魏，趙之南蔽也。秦之攻韓、魏也則不然，無有名山大川之限，稍稍蠶食之，傅之國都而止矣〔三〇〕。韓、魏不能支秦，必入臣於秦〔三一〕，秦無韓、魏之隔，禍必中於趙矣〔三二〕！此臣之所以爲大王患也！臣聞堯無三夫之分，舜無咫尺之地，以有天下〔三三〕。禹無百人之聚，以王諸侯〔三四〕。湯、武之卒，不過三千人，車不過三百乘，立爲天子〔三五〕，誠得其道也。是故明主外料其敵國之强弱〔三六〕，内度其士卒之衆寡，賢與不肖，不待兩軍相當，而勝敗存亡之機，固已見於胸中矣〔三七〕。豈掩於衆人之言，而以冥冥決事哉〔三八〕！臣竊以天下地圖案之〔三九〕，諸侯之地，五倍於秦；料諸侯之卒，十倍於秦〔四〇〕。六國並力爲一，西面而攻秦，秦破必矣〔四一〕。今西面而事之，見臣於秦〔四二〕！夫破人之與破於人也，臣人之與臣於人也，豈可同日而言之哉？夫橫人者，皆欲割諸侯之地以與秦成。與秦成，則高臺榭〔四三〕，美宮室，聽竽瑟之音〔四四〕，察五味之和，前有軒轅〔四五〕，後有長庭〔四六〕，美人巧笑，卒有秦患而不與其憂。是故橫人日夜務以秦權恐猲諸侯以求割地〔四七〕，願大王之熟計之也〔四八〕！臣聞「明主絶疑去讒，屏流言之迹，塞朋黨之門」，故尊主廣地强兵之計，臣得陳忠於前矣。故竊爲大王計，莫如一韓、魏、齊、楚、燕、趙，六國從親以畔秦〔四九〕，令天下之將相相與會於洹水之上〔五〇〕，通質，刑白馬以盟之。約曰：「秦攻楚，齊、魏各出鋭師以佐之，韓絶食道〔五一〕，趙涉河漳〔五二〕，燕守常山之北〔五三〕。秦攻韓、魏〔五四〕，則楚絶其後〔五五〕，齊出鋭師以佐之，趙涉河漳，燕守雲中〔五六〕。秦攻齊，則楚絶其後，韓守成皋〔五七〕，魏塞午道〔五八〕，趙涉河漳博關〔五九〕，燕出鋭師以佐之。秦攻燕，則趙守常山，楚軍武關，齊涉渤海〔六〇〕，韓、魏出鋭師以佐之。秦攻趙，則韓軍宜陽，楚軍武關，魏軍河外〔六一〕，齊涉清河〔六二〕，燕出鋭師以佐之。諸侯有先背約者，五國共伐之。」六國從親以擯秦〔六三〕，秦必不敢出兵於函谷關以害山東矣！如是，則伯業成矣！』趙王曰：『寡人年少，莅國之日淺，未嘗得聞社稷之長計。今上客有意存天下，安諸侯，寡人敬以國從。』乃封蘇秦爲武安君，飾車百乘，黃金千鎰〔六四〕，白璧百雙，錦繡千純〔六五〕，以約諸侯〔六六〕。

〔一〕鮑彪曰：此（趙肅侯）十六年。　祖耿案：此章見史記蘇秦列傳，言燕文侯資蘇秦車馬金帛以至趙，而奉陽君已死，即因説趙肅侯曰云云。史、策文無大異。注：司馬貞曰：按世本云：肅侯名言。　顧觀光隸此於顯王三十六年。

〔二〕祖耿案：荀子臣道篇楊倞注引「高」下無「賢」字。

〔三〕鮑彪曰：秦傳言：肅侯令其弟成爲相，號奉陽君。妬，嫉賢也。　吳師道曰：奉陽君，説見後。

〔四〕「外」下原有「賓」字，「自進」原作「盡忠」。姚注：錢、劉去「賓」字。　鮑彪曰：外，疏之也。　王念孫云：「外賓客遊談之士」，句法煩累，錢、劉去「賓」字是也。外客謂外來之客，鮑云疏之，非是。史記蘇秦傳作「賓客游士」，此作「外客游談之士」，文本不同。今本作「外賓客游談之士」者，後人據史記旁記賓字，因誤入正文耳。楊倞注荀子臣道篇引此有「賓」字，則所見本已誤。文選蜀都賦注、上吳王書注引此，並無「賓」字，今據以訂正。　祖耿案：文選蜀都賦注、上吳王書注引，並作「無敢自進於前」，今從之。

〔五〕鮑彪曰：禮，婦人死曰捐館舍，蓋亦通稱。

〔六〕「効」上原無「慮」字。黃丕烈曰：獻，鮑本作進。無「効愚」二字。丕烈案：史記作「進其愚慮」，此策文當是「獻其愚」下脱「慮」字。「効愚忠」三字別爲句。　金正煒曰：按此文，當作「獻其愚，効其忠」，次「愚」字涉上而誤。史記蘇秦傳：「使臣効愚計」，索隱云：効猶呈也。荀子王霸篇：「歲終奉其成功，以効於君。」

注：劾，致也。黄氏補慮字，則「其」字爲衍，且「獻其愚」於義自足，其說亦未爲安。

〔七〕鮑彪曰：與諸侯交。

〔八〕鮑彪曰：終趙王身。

〔九〕鮑彪曰：爲趙敵。

〔一〇〕鮑彪曰：苦，言其力。

〔一一〕鮑彪曰：横人蓋然。

〔一二〕白，原作曰。鮑彪曰：陰陽，言事止有兩端，指謂從横。吳師道曰：史作「請別白黑所以異」。大事記謂當從策。按索隱引策作「白言」，尤明。黄丕烈曰：此曰即白之譌。祖耿案：此句史記作：「願君愼勿出於口，請別白黑，所以異陰陽而已矣。」注，司馬貞曰：按戰國策云：「請屏左右，白言所以異陰陽」，其說異此。然言別白黑者，蘇秦言己今論趙國之利，必使分明，有如白黑分別，陰陽殊異也。

〔一三〕鮑彪曰：封地，封内之地。吳師道曰：下文封侯之類。

〔一四〕鮑彪曰：實，如氈裘之類。

〔一五〕吳師道曰：此非所以言湯、武，蓋游士之辭。

〔一六〕張守節曰：楚東淮、泗之上，與齊接境。

〔一七〕吳師道曰：正義云：河外，同、華等地，此即西河之外也。祖耿案：河外，見齊策一，張儀爲秦連横說齊王章。

〔一八〕鮑彪曰：皆以地與秦。張守節曰：宜陽即韓城也，在洛州西，韓大郡也。

〔一九〕鮑彪曰：上郡並州郡。吳師道曰：正義云：上郡在同州西北。輿地廣記云：今鄜、延安、丹、坊部、銀夏、綏德、保安之地。 張琦曰：上郡疑當作上黨，宜陽與上黨隔河連近。若上郡更在同州府北，去宜陽遠矣！ 程恩澤曰：按漢志，並州有上郡。括地志：上郡故城在綏州上縣（元和志作龍泉縣）東南五十里。通典：今綏、鄜、銀、麟、夏、坊、延、丹等州地。輿地廣記：上郡今麟、延安、丹、坊、鄜、銀夏、綏德、保安之地。胡三省曰：隋、唐之綏州、延州，秦、漢之上郡地也。此本魏地（史記：秦惠文王十年，魏納上郡十五縣。正義：丹、坊、鄜、延，北至固陰皆是），而亦屬趙，趙滅中山，遷其君於膚施，即上郡縣也（地理通釋亦以此章上郡屬趙）；後皆爲秦有。今陝西綏德州有上郡城，其地則綏德、延安、鄜州皆是也。張氏琦曰：上郡當作上黨，宜陽與上黨隔河連近，若上郡則遠矣！ 顧觀光曰：史記，襄王七年，魏盡入上郡於秦。正義引括地志云：「上郡故城在綏州上縣東南五十里，秦、魏之上郡地也。」丹、鄜、延、綏等州，北至固陽，并上郡地。又秦本紀：惠文王十年，魏納上郡十五縣。正義曰：今鄜、綏等州也。魏前納陰晉，次納同、丹二州，今納上郡，而河西濱洛之地盡矣！（丹州今延安府宜川縣，延安以北皆上郡地。）漢志，上郡縣二十三。昭王二年置。是秦之上郡大於魏矣。上郡又名上地，韓非子內儲說云：李悝爲魏文侯上地之守，與秦人戰，大敗之。趙策云：秦以牛田水通糧，其死士皆列之於上地。魏策，芒卯謂魏王曰：王所患者上地也。秦本紀，始皇十八年，王翦將上地，下井陘。正義曰：上郡，上縣，今綏州等是也。 黃以周曰：上郡當作上地，効宜陽則韓之上地絕。韓策：張儀說韓曰：「秦下甲據宜陽，斷絕韓之上地」，其明證也。（儆季雜著史說略上地考）

〔二〇〕張琦曰：史正義曰：魏弱與秦河外，則道路不通上郡。

〔二一〕鮑彪曰：軹道，秦紀注：亭名，在霸陵。南陽，修武者。 吳師道曰：故軹城在懷州濟源縣東南，以下言修武之南陽知之。按大事記：顯王十一年，韓使許息以枳道易鹿於魏。水經注，年表，赧王三十六年，秦伐魏至軹，取城大小六十一，皆魏之軹也。軹、枳通，策又作咫。蘇秦傳云：秦下軹道則南陽危。又云：我下軹道，南陽，封冀，亦指此。其言秦者，在雍州萬年縣東北，去霸水百步。軹道亭，秦王降處也。蘇代云：楚得枳而國亡，則巴郡之枳也。 張琦曰：此軹自應指秦，正義所謂下軹道，從東渭橋歷北道過蒲津攻韓，則南陽危是也。若懷慶之軹，則已入南陽，與動字不合。軹道亭在今西安府東。東渭橋在府東北五十里。南陽屬魏。史正義曰屬韓，非。 程恩澤曰：吳説甚詳密。按寰宇記於濟源縣下，謂軹縣故城在縣東南三十里；又於河内縣下，謂古軹城在縣西北二十七里。似河北之軹又有二。然河内西北，即濟源東南，實一地也。又韓策：軹深井里，即濟源之軹也。聶政，韓人，則軹宜分屬韓、魏（吳注云：韓以枳道易鹿於魏，此枳道分屬韓、魏之明證）。（祖耿案：程氏説軹道，又見燕策二秦召燕王章，可參看。） 顧觀光曰：秦本紀，昭襄王十六年取軹。漢志屬河内。正義引括地志云：故軹城在懷州濟源縣東南十三里（今濟源縣屬懷慶府）。趙策蘇秦曰：下軹道則南陽動。燕策蘇代曰：下枳道，南陽，封冀，兼包兩周。是軹一名軹道矣。枳通軹。水經河水注引竹書紀年云：惠成王十一年，鄭釐侯使許息來致地及鄭馳道，我取枳道與鄭鹿，是枳道即馳道。 祖耿案：史記注：張守節曰：軹音止，故亭在雍州萬年縣東北十六里苑中。南陽，懷州河南也。七國時屬韓。言秦兵下軹道，從東渭橋歷北道過蒲津攻韓，即南陽危矣。

〔三〕張琦曰：史正義曰：周都洛陽，秦若劫取韓南陽，是包裹周都也。趙都邯鄲危，故須起兵自守。按宜陽、新城在周西，滎陽、成皋在周東。劫韓則包周，非但取南陽，遂包裹周都也。趙都邯鄲去韓殊遠，「趙」疑當作魏，劫韓則逼魏。下云「秦欲已得乎山東，則必舉甲而向趙。」明此指韓、魏言，不主趙矣。秦兵自韓及齊，亦不容遺魏不數也。 祖耿案：銷鑠，史記作操兵。

〔三〕張琦曰：正義曰：衛，濮陽也。按漢志，淇水至黎陽入河。此云取淇，蓋指黎陽也。黎陽故城在今濬縣西二里。祖耿案：淇，史記作卷。注，裴駰曰：卷，權丘反。司馬貞曰：地理志，卷縣屬河南。按戰國策云「取淇」。張守節曰：衞地濮陽也。卷城在鄭州武原縣西北七里，言秦守衞得卷，則齊必來朝秦。梁玉繩曰：史記「卷」，疑衍。顧觀光曰：趙策蘇秦曰：「據衞取淇，則齊必入朝。」孟子：「王豹處於淇，而河西善謳。」是淇在河西，而近於齊也。水經云：淇水出河内隆慮縣西大號山，東過内黄縣南爲白溝，屈從縣東北與洹水合，又東北過館陶縣北，又東北過清淵縣西，又東北過廣宗縣東，爲清河。

〔二四〕姚注：錢、劉去「行」字。祖耿案：史記作：「秦欲已得乎山東。」

〔二五〕吳師道曰：正義云：番音婆，又音蒲，音盤。徐廣云：常山蒲吾縣。淇、常山、河、漳、清河皆見前。張琦曰：史正義曰：漳水在潞州。言秦兵渡河，歷南陽，入羊腸，經澤潞，渡漳水，守蒲吾城，則與趙戰於都城下矣！按此當是由黎陽北出，渡河踰漳，直走邯鄲，游兵循太行而北，據番吾，塞井陘，以絶代郡、太原之援，不必復自南陽至澤潞，渡漳水，而後守番吾也。番吾今平山，在邯鄲北五百里，謂守番吾，而後與趙戰都城下，疎矣！大河故道，自今濬縣西南，北歷内黄、湯陰、安陽、臨漳、成安、肥鄉、曲周、廣宗至鉅鹿，皆趙地。漳水故道，自臨漳以北經成安、肥鄉、曲周，而入大河。程恩澤曰：案水經注：河水南逕西河圁陽縣東，又南逕離石縣西，又東逕土軍縣西，又南逕上郡高奴縣東，又南逕河東北屈縣西，又南逕皮氏縣西。以今地言之，凡陝西綏德州，及延安府之延長、延川、宜川（皆古上郡地），山西保德州、及寧武府之偏關，太原府之興縣，汾州府之臨縣、石樓、永寧、寧鄉，隰州之永和、太寧，平陽府之吉州、鄉寧等處，皆河所經，皆趙地也。策云：「涉河踰漳，據番吾」（在今磁州，説見前），而戰邯鄲，當自潼關出兵，由懷慶渡河，再由彰德渡漳，而後至也。祖耿案：史記注，司馬貞曰：「按徐氏所引，據地理志云然也。」張守節曰：番吾，疑古番吾公邑也。括地志云：「蒲吾故城在鎮州常山縣東二十里。」漳水在潞州。

言秦兵渡河，歷南陽，入羊腸，經澤、潞，渡漳水，守蒲吾城，則與趙戰於都城下矣！　祖耿又案：河、漳、番吾，見前齊策一，張儀爲秦連横説齊王章。

〔二六〕黄丕烈曰：二，鮑本作三。丕烈案，史記作「二千餘里」。

〔二七〕張守節曰：常山在鎮州西。「河漳」河字，一作清，即漳河也，在潞州。地理志：濁漳出長子鹿谷山，東至鄴，入清漳。清河今貝州也。又曰：三家分晉，趙得晉陽，襄子又伐戎取代。既云「西有常山者」，趙都邯鄲近北燕也。　張琦曰：此據趙國都言。若四封，則此時西至河也。

〔二八〕鮑彪曰：言秦於天下，獨畏趙害己。　金正煒曰：按墨子經上篇：害所得而惡也。淮南修務篇注：害，患也。又太史公自序：孔子爲魯司寇，諸侯害之。漢書翟方進傳：心害其能。害，並與忌同。

〔二九〕金正煒曰：廣雅釋詁：議，謀也。

〔三〇〕鮑彪曰：傅，附同。止，兵止於此。

〔三一〕臣下原有「韓、魏臣」三字。姚注：錢、劉本無「能」字。　黄丕烈曰：「韓、魏臣」三字鮑本無。丕烈案：史記無。

〔三二〕禍下原無必字。鮑彪曰：猶射中的。　黄丕烈曰：「中」上鮑本有「必」字。丕烈案：史記有。

〔三三〕鮑彪曰：一夫有田百畝，此未爲唐侯時。　吳師道曰：此説士無據之詞。且舜、顓頊後，有國於虞，其側微，特在下爾。禹乃崇伯鯀子，亦有國土者。今曰云云，豈足信哉！　枚乘書「舜無立錐之地，禹無十户之聚」，李善注又引韓子云云，皆此類。

〔三四〕金正煒曰：漢書枚乘傳：「禹無十户之聚，以王諸侯」，注：聚，聚邑也。

〔三五〕祖耿案：立，鮑本作而。

〔三六〕姚注：一本無其字。

〔三七〕機下原有節字。姚注：一本無節字。鮑彪曰：節，節目。

〔三八〕姚注：掩，錢、劉作闇，鮑彪曰：掩猶蔽。

〔三九〕金正煒曰：按淮南時則篇：「案程度」，注：案，視也。後漢書鍾離意傳：「府下記案考之」，注：案，察之。

〔四〇〕金正煒曰：國語周語：「宣王既喪南國之師，乃料民於大原。」注：料，數也。

〔四一〕金正煒曰：尚書鄭注：面猶迴向也。廣雅釋詁：面，嚮也。

〔四二〕今下原有「見破於秦」四字。姚注：一本無此四字。黄丕烈曰：鮑本無「今見破於秦」五字，鮑補今字。吳補：一本有「今見破於秦」五字。丕烈案：史記有今字，無「見破於秦」四字。金正煒曰：「見破於秦」涉下文而衍，一本無者是也。「今西面而事之」疑當作「今乃曲而事之」。古書乃作迺，因損而爲西；面與曲形亦相似，又因上文西面而譌也。廣雅釋詁：曲，折也。淮南主術篇：「而旋曲中規」，注：曲，屈。又「西面」或爲「回面」之譌。漢書鄒陽傳：「回面汙行以事諂諛之人。」此云「回面以事之」，猶言反顏以事仇也。

〔四三〕原無樹字。鮑彪曰：臺有木曰樹。黄丕烈曰：鮑臺下補樹字。吳氏補曰：史作臺樹。

〔四四〕黄丕烈曰：竽下鮑本有笙琴二字。吳補：一本無。丕烈案：史記無。

〔四五〕鮑彪曰：天文志：「權軒轅，象後宮」，此言美人之所處也。金正煒曰：按後宮，不得稱前，且與下句「後有長庭」義複。廣雅：軒轅謂之路寢。亦非與秦成而後有。又此文就横人言，故後云「有秦患而不與其憂」，則尤不得云有軒轅矣！疑當作軒縣，音近而誤。周禮小胥：王宮縣，諸侯軒縣。司農注：宮縣四面縣，軒縣去其一面。家語正論篇：「請曲縣之樂。」注：諸侯軒縣，軒縣闕一面，故謂曲縣之樂。六國僭王，其臣亦擬諸侯，故得有軒縣於前也。　祖耿案：史記蘇秦列傳索隱引，亦作軒轅。金說本顧炎武日知錄二十七云：「軒轅當作軒縣」，舉周禮小胥文注爲證。

〔四六〕姚注：一本改庭作姣。

〔四七〕曰原作日，黄丕烈曰：鮑改猲爲喝。吳氏正曰：喝、猲通，見齊策。此章史作愒，相恐脅也。前王子侯表：「坐恐猲」，並許葛反。

〔四八〕祖耿案：熟，鮑本作孰。

〔四九〕「以」下原有「儐」字，黄丕烈曰：今本「親」誤「國」。丕烈案：此句儐字當是因下句而衍，史記無。

〔五〇〕吳師道曰：洹水見秦策。　徐廣曰：洹水出汲郡林慮縣。

〔五一〕祖耿案：食，史記作糧，注，司馬貞曰：謂擁兵於嶢關之外，又守宜陽也。　張琦曰：按是時，秦未有巴、蜀、漢中，伐楚必出武關。韓自宜陽道盧氏而西，可絶其食道。嶢關在今藍田縣二十里，武關內四百里。索隱說非也。

〔五二〕司馬貞曰：謂趙亦涉河漳而西，欲與韓作援，以阻秦軍。

〔五三〕張琦曰：燕守常山，恐秦聲言伐楚，忽指燕、趙。　程恩澤曰：按常山之北，爲今易州、宣化之地，即燕上谷郡。此與秦之攻楚何與？曰：爲趙守也。蓋趙既悉師涉河漳，則其國空虛，秦若潛師由上郡、朔方而來，必有意外之變，故使燕守此，以防其後，正見六國從親之意。下文燕守雲中，亦然。

〔五四〕張守節曰：謂道蒲津之東攻之。

〔五五〕司馬貞曰：謂出兵武關，以絶秦兵之後。

〔五六〕鮑彪曰：雲中，并州郡。程恩澤曰：案地理志有雲中郡雲中縣。匈奴傳：趙武靈王北破林胡、樓煩，自代並陰山（在今歸化城北三十五里），下至高闕爲塞，置雲中（通釋：今勝州單于府之地）、雁門、代郡。水經注：虞氏記云：趙武侯自五原河曲築長城，東至陰山，又於河西造大城，一箱不就，乃改卜陰山河曲而禱焉。晝見群鵠游於雲中，裴回終日，見大光在其下，乃即其處築城，今雲中城是也。元和志：雲中故城在榆林縣東北四十里（括地志、寰宇記並同）。史記：趙武靈王北破林胡、樓煩所置，秦因之。冀州圖：雲中周迴六十里，北去陰山八十里，南去通漢長城百里（即白道川也，在原陽鎮北），南北遠處三百里，近處百里，東西五百里。錢坫曰：雲中城在今陝西榆林府神木縣東北，鄂爾都斯界内，黄河東北岸。洪亮吉曰：在今歸化城西，後漢移置，今代州崞縣西南七十里。顧觀光曰：史記，武靈王二十六年，復攻中山，攘地北至燕、代，西至雲中、九原，而蘇秦説燕亦曰：西有雲中、九原，蓋二郡之地接於燕矣。正義曰：二郡並在勝州也。雲中郡城，在榆林縣東北四十里（在今榆林府神木縣東北鄂爾都斯界，黄河東北岸）。水經河水注引虞氏記云：趙武侯於河西造大城，一箱崩不就，乃改卜陰山河曲而禱焉。晝見群鵠游於雲中，徘徊終日，見大光在其下。武侯曰：此爲我乎？乃即於其處築城，今雲中城是也。按此武侯，當即武靈王。

〔五七〕祖耿案：成，史記作城。張守節曰：在洛州汜水縣。

〔五八〕鮑彪曰：王莽傳注：「今京城直南山有谷，通漢、梁道者，名子午谷。又宜州西、慶州東，有山名子午嶺，南北直相當。此則北山是子，南山是午，共爲子午道。」詳此，則午道，秦南道也。塞之使不得通，莽所通者，因秦也。吴師道曰：索隱云：當在趙東齊西。午道，地名也。鄭玄云：「一從一横爲午，謂交道也。」按下張儀説趙王章亦有。張琦曰：魏無緣能塞子午道。秦攻齊乃塞入梁、漢之道，亦舛也。吴所引索隱，乃張儀傳注，彼文云：「一軍塞午道，告齊使興師渡清河，軍邯鄲之東」，故注云趙東齊西。蘇秦傳作「其道」，索隱曰：即河內之道，戰國策作「午」。則索隱於此，不主趙東齊西也。王伯厚通釋，亦取張儀傳索隱及鮑氏說，豈偶未審耶？　程恩澤曰：案風土記云：王莽以皇后未有子，通子午道，從杜陵直抵終南山。是午道即子午谷也（圖經：谷長六百六十里，北口曰「子」，在西安府南百里）。元和志：舊道在金州安康縣界（今在漢中府洋縣東一百六十里）。梁將軍王神念別開乾路，更名子午道，在洋州黃金縣鐵城驛。其在洋州東三十里曰龍亭者，即入子午谷之路。但此乃秦地，似非策文所指。劉伯莊云：午道，齊西界。正義曰：蓋在博州西境，皆指齊言。史作「其道」，索隱曰：即河內之道，則又指魏言。（地理通釋亦主鮑注，疑誤。）　顧觀光曰：史記楚世家：「夜加即墨，顧據午道，」正義云：蓋在博州西境。　金正煒曰：魏塞午道，史記蘇秦傳作「魏塞其道」，索隱云：其道，即河內之道。張儀傳：「今秦發三將軍，其一軍塞午道」，索隱云：此午道，當在趙之東，齊之西也。午道地名。鄭玄曰：「一從一橫爲午，謂交道也。」楚世家：「夜加即墨，顧據午道」，正義云：在博州之西境。並以趙齊間有午道之地，而秦傳則爲「魏塞其道」，故索隱以爲河內之道也。劉伯莊云：午道在齊西界，與索隱、正義並合。按六國合從，秦即不得越國而攻齊。今設言秦攻齊，則魏塞午道，初無不合。若作「魏塞其道」，殊覺不詞！又或本作「魏塞食道」（塞猶絶也，上云楚絶其後，故變文爲塞耳），食以聲誤爲其，古書其作亓，與午相似，又涉下章而誤也。

〔五九〕吳師道曰：博關見齊策。　祖耿案：史記注，裴駰曰：徐廣曰：「齊威王六年，晉伐齊到博陵。」東郡有博平縣。」

〔六〇〕張守節曰：齊從滄州渡河至瀛州。　張琦曰：瀛州今河間府。

〔六一〕司馬貞曰：河外，謂陝及曲沃等處也。　張守節曰：謂同、華等州。　張琦曰：按攻燕而楚軍武關，攻趙而韓軍宜陽，楚軍武關，魏軍河外，皆攻其所必救也。

〔六二〕清河原作渤海。王念孫曰：齊之救趙，無煩涉渤海。史記作「清河」是也。蘇秦說齊王曰：齊西有清河。說趙王曰：趙東有清河。是清河在齊、趙之間：齊趙相救，必涉清河；趙相攻，亦必涉清河。張儀說齊王曰：大王不事秦，秦悉趙兵涉清河，指博關。說趙王曰：今秦告齊使興師度清河，軍於邯鄲之東。皆是也。今作渤海者，因上文有齊涉渤海而誤。　祖耿案：史記作「齊涉清河」，注，張守節曰：齊從貝州過河而西。

〔六三〕鮑彪曰：儐，元作擯，無異義。今並從前作儐。　吳師道曰：說已見前。　黃丕烈曰：鮑改擯爲儐，吳氏有正。丕烈案：史記作賓。　祖耿案：史記注，司馬貞曰：謂六國之軍，共爲合從相親，獨以秦爲賓而共伐之。

〔六四〕司馬貞曰：戰國策作「萬溢」。一溢爲一金，則二十兩曰一溢，爲米二升。鄭玄曰：以一溢爲二十四分之一，其說異也。　祖耿案：秦策亦作「萬溢」。

〔六五〕裴駰曰：純，匹端名。周禮曰：「純帛不過五兩。」　司馬貞曰：音淳。裴氏云：「純，端疋名。」高誘注戰國策，音屯。屯，束也。又禮鄉射云：「某賢於某若干純」，純，數也，音旋。

〔六六〕鮑彪曰：秦傳有，在說燕後。彪謂從約者天下之心，亦其勢也。夫秦有吞天下之心，不盡不止，諸侯皆病之，而欲儐之，此其心也。同舟遇風，胡越之相救如手足於其頭目，此其勢也。以天下之心，行天下之勢，如水之就下，孰能禦之？故謂之從。從者，從也，順也！其所不可者，諸侯之心不一。夫其心不一者，非明計智算也：或見少利而相侵；或修小怨而相伐；或眩於名實，而爲横人之所恐喝，此張儀所以投隙而起。使諸侯之智少靈於連雞，則秦人自保之不給，安能圖併吞之舉？即儀謂秦地形勢便，兵强士乃武，足以橫天下，然則天時人和，道德之威，仁義之澤，舉無與於興亡之數乎？雖然，一從一横，皆一偏之論，有王者作，則從横皆廢而天下定，而非所以論於此時也！吳師道曰：璧、純，並見秦策。

二

秦攻趙，蘇子謂秦王曰〔一〕：『臣聞明王之於其民也，博論而技藝之〔二〕，是故官無乏事而力不困；於其言也，多聽而時用之，是故事無敗業而惡不章。臣願王察臣之所謁而效之於一時之用也！臣聞「懷重寶者不夜行，任大功者不輕敵〔三〕」，是以賢者任重而行恭，知者功大而辭順〔四〕，故民不惡其尊，而世不妒其業〔五〕。臣聞之：「百倍之國者，民不樂後也〔六〕；功業高世者，人主不再行也〔七〕；力盡之民，仁者不用也；求得而反靜，聖主之制也〔八〕；功大而息民，用兵之道也。」今用兵終身不休，力盡不罷，怒趙必於其己邑，趙僅存哉〔九〕！然而四輸之國也〔一〇〕。今雖得邯鄲，非國之長利也〔一一〕。意者，地廣而不耕，民羸而不休，又嚴之以刑罰〔一二〕，則雖從而不止矣〔一三〕。語曰：「戰勝而國危者，物不斷也〔一四〕；功大而權輕者，地不入也〔一五〕。」故過任之事，父不得於子〔一六〕；無已之求，君不得於臣；故微之爲著者强；察乎息民之爲用者伯；明乎輕之爲重者王〔一七〕。』秦王曰：

『寡人案兵息民，則天下必爲從，將以逆秦〔一八〕。』蘇子曰：『臣有以知天下之不能爲從以逆秦也！臣以田單如耳爲大過也〔一九〕！豈獨田單如耳爲大過哉！天下之主，亦盡過矣！夫慮收破齊罷楚敝魏與不可知之趙〔二〇〕，欲以窮秦折韓，臣以爲至愚也！夫齊威、宣，世之賢主也〔二一〕！德博而地廣，國富而民用〔二二〕；將武而兵强；宣王用之後富韓威魏以南伐楚西攻秦〔二三〕。秦爲齊兵困於殽塞之上〔二四〕，十年攘地，秦人遠迹不服而齊爲虛戾〔二五〕。夫齊兵之所以破，韓、魏之所以僅存者，何也〔二六〕？是則伐楚攻秦而後受其殃也。今富非有齊威、宣之餘也〔二七〕，精兵非有富韓勁魏之庫也，而將非有田單、司馬之慮也〔二八〕，收破齊罷楚弊魏不可知之趙，欲以窮秦折韓，臣以爲至誤！臣以爲從一不可成也〔二九〕！客有難者，今臣有患於世〔三〇〕，夫刑名之家〔三一〕，皆曰：「白馬非馬也已。」如白馬實馬，乃使有白馬之爲也〔三二〕。此臣之所患也〔三三〕。昔者，秦人下兵攻懷〔三四〕，服其人，三國從之〔三五〕，趙奢鮑接將〔三六〕，楚有四人起而從之〔三七〕，臨懷而不救，秦人去而不從〔三八〕。不識三國之憎秦而愛懷邪？亡其憎懷而愛秦邪〔三九〕？夫攻而不救，去而不從，是以三國之兵困，而趙奢鮑接之能也〔四〇〕，故裂地以敗於齊〔四一〕。田單將齊之良，以兵橫行於中十四年，終身不敢設兵以攻秦折韓也，而馳於封內〔四二〕。不識從一之成惡存也〔四三〕？」於是秦王解兵，不出於境。諸侯休，天下安，二十九年不相攻〔四四〕。

〔一〕「子」下原有「爲」字。姚注：一本無爲字。黃丕烈曰：爲，鮑本無。祖耿案：御覽三一七引作：「蘇子說秦王曰。」顧觀光隸此於赧王五十八年。

〔二〕鮑彪曰：試之以事。

〔三〕原兩「不」下均有「以」字，祖耿案：御覽三一七引，並無。今刪。

〔四〕鮑彪曰：皆不伐也。

〔五〕黃丕烈曰：姤，鮑本作姤，改爲姤。吳氏補曰：譌。當作姤。

〔六〕鮑彪曰：百倍之國，謂地廣也。民不樂後，爭先附之。吳師道曰：地既廣矣，民不樂其後之復有事也。金正煒曰：按呂覽至忠篇：「子培賢者也，又爲王百倍之臣。」注：子培之賢，百倍於人。漢書鼂錯傳：「竊聞戰勝之威，民氣百倍。」注：益奮厲也。此即其義。

〔七〕鮑彪曰：一舉成之，不待後。吳師道曰：大功不再。

〔八〕鮑彪曰：反靜，復於無事。黃丕烈曰：主，鮑本作王。

〔九〕「怒趙」，原作「趙怒」。吳師道曰：當作「怒趙」。鮑彪曰：必於其己邑，必欲戰服，使爲己邑。僅存，言所存無幾。金正煒曰：趙怒當作怒趙，鮑說是也。己邑，疑是亡邑。古文己字從一從亡，故亡誤爲己。趙惠文王三十年章：「即君之齊亡」，今本亡作己，誤亦略同。左氏昭二十四年傳：「此行也，楚必亡邑。」可爲此文之證。又桓十一年傳：「且日虞四邑之至也。」注：邑亦國也。尉繚子戰威篇：「僅存之國富大夫，亡國富倉府。」呂覽長見篇：「魯公以削，至於覲存。」注：覲，裁也。如鮑氏之説，則「於其」二字當乙爲「其於」，於，猶爲也。

〔一〇〕鮑彪曰：輪猶通，言其民於適四方，無所不通。故下言「從而不止」。吳師道曰：姚本作「四輪」，是。言四面輪寫之國。黄丕烈曰：今本輪作輸。鮑本作輪。吳氏正引姚本作四輪。丕烈案：作輸者，姚別本。金正煒曰：燕策：「趙，四達之國也。」輪、達義同，鮑本作四輪，誤。

〔一一〕鮑彪曰：時攻邯鄲不拔，故曰「今雖」。

〔一二〕鮑彪曰：新民未服故。

〔一三〕鮑彪曰：言且去之。

〔一四〕鮑彪曰：物，事也。斷猶止，言戰事不止。

〔一五〕吳師道曰：戰勝國宜安，而愈戰則國危；功大權宜重，而愈求功則權輕。危，故物不止；輕，故地不入。不斷、不入，因上文「用兵不休」與「雖從而不止」言之。

〔一六〕鮑彪曰：雖父責之其子使必爲，不可得也。

〔一七〕鮑彪曰：不伐人，人所輕也，重莫大焉。黄丕烈曰：吳氏補曰：「故」下當有缺字，以下文推之可見。

〔一八〕金正煒曰：鮑本逆作迎。按逆迎古音相近，往往通用。今文尚書：「同爲逆河」，古文作迎，可證。

〔一九〕吳師道曰：如耳見前。此時必二人欲爲從，故云然。

〔二〇〕破，原作亡。姚注：曾改亡作破。鮑彪曰：慮，言世主志慮欲爾。不可知之趙，言未亡而有亡形。

吳師道曰：亡齊，指其當亡燕於言之。下作「破齊」。不可知，言其存亡不可知。

〔二一〕黄丕烈曰：「宣」下鮑本有「者」字。　金正煒曰：「宣」，當爲「王」，涉下文「齊威宣之餘」而誤。祖耿案：主，鮑本作王。

〔二二〕「民用」，原作「用民」。鮑彪曰：民爲之用，元作用民。　吳師道曰：當作民用。　黄丕烈曰：鮑改用民爲民用。

〔二三〕黄丕烈曰：鮑改富爲破。吳氏補曰：字因下誤，疑爲逼。　金正煒曰：按「後」當爲「故」，承上「德博地廣」而言。齊策：「是故韓、魏之所以重與秦戰而輕爲之臣也」，鮑本作「是後」，誤與此同。富字古音讀如偪，小宛詩與克爲韻，故偪誤爲富。史記孫武傳：「北威齊、晉」，謂以威力服之也。或爲「威」之譌。廣雅釋詁：威，滅也。詩正月：「赫赫宗周褒姒威之。」傳：威，滅也。左氏昭二十三年傳注：國雖存，君死曰滅，之太子死而君拘於郪，故亦可謂之威。

〔二四〕「爲」上原無秦字。　吳師道曰：按秦惠後七年，五國擊秦，齊師獨後不敗。他戰無考。　黄丕烈曰：塞，鮑本作函。鮑秦下補秦字，吳氏補曰：宜復有秦字。　金正煒曰：殽塞之上，謂殽塞之西也。古以東行爲下，西行爲上。

〔二五〕鮑彪曰：攘，推也，猶拓。遠迹，畏而避之也，然終不服。戰敗，其地爲虛，其民爲戾。戾，疾也。按齊記及表不書秦敗齊。唯秦記惠十三年東攻齊；昭二十二年伐齊河東，爲九縣；三十六年攻齊，取剛壽，不至，是也。此樂毅入臨淄之役也，秦與五國共敗之。　吳師道曰：趙策亦有「社稷爲虛戾」之語。莊子：「國爲虛厲」，釋文：「虛，如字，又音墟。李云：居宅無人曰虛，死而無後爲厲。」恐此戾即厲也。　金正煒曰：「不服」當作「下服」。鮑注：遠迹，畏而避之，然終不服。非也。書周官：「五服一朝」，傳：五服，侯、甸、要、采、衛。左氏桓二年傳注：諸侯而在甸服者。疏：邦畿方千里，其外每五百里謂之一服。下服，猶云西服。漢書禮樂志：「河間區區不國藩臣」，「不」亦下字之譌，與此正同。莊子人間世篇：「國爲虛厲」，釋文李云：「居宅無人曰虛，死而無後曰厲。」墨子非命篇：「國爲虛厲，身在刑僇之中。」公孟、魯問二篇，並作「虛戾」，戾猶厲也。（詩節南山：「降此大戾」。瞻卬，戾作厲。小宛：「翰飛戾天」。文選西都賦注引韓詩，戾作厲。）湯炳正曰：金氏讀不爲下，非是。夫秦既爲下服，則齊國何至虛戾？頗不可解。案周赧王三十一年，秦尉斯離與韓魏燕趙共擊齊，破之，即秦人遠跡不服之事實也。

〔二六〕鮑彪曰：破韓、魏宜能強，而適足自存者何？　吳師道曰：齊宜強而反遭破，韓魏宜亡而乃僅存，何也？故下文言齊之受殃。注讀句誤。

〔二七〕鮑彪曰：今，謂世主。

〔二八〕鮑彪曰：司馬穰苴，以齊言之耳，非威、宣將。　吳師道曰：說見齊策。　金正煒曰：按富韓勁魏，即上文所云「宣王用之，富韓威魏」也。富當從吳作偪。勁疑當爲劫，謂以威劫之也。說文：「庫，兵車藏也。」淮南時則篇：「七月官庫」注：庫，兵府也。精兵謂器仗之屬，承上富言，於義自適。惟下句論將，則此兵字當謂士卒，疑庫或軍字之譌，與將爲對文，且與上句義不相複。田單在威、宣時未嘗爲將（史記單傳：湣王時爲臨淄市掾，不見知，則先未爲將，可以推知），或是田忌，涉上文田單、如耳而誤。司馬謂穰苴，與齊策正合。

〔二九〕「從」上原無爲字。鮑彪曰：合從爲一。　吳師道曰：當作「一不可成」，下文「從之一成」可見。　黄丕烈曰：「以」下鮑本有爲字。

〔三〇〕鮑彪曰：難者，如刑名家，蘇子所患也。　黄丕烈曰：臣，鮑本作人。

〔三一〕鮑彪曰：申、韓之徒。 金正煒曰：按刑與形，古字通。漢書藝文志有名家，有形法家（志云：形法者，大舉九州之執，以立城郭室舍形人，及六畜骨法之度數，器物之形容，以求其聲氣貴賤吉凶。此舉白馬之喻，則當屬形名家）。鶡冠子世兵篇：「東西南北，故形名可信也。」

〔三二〕鮑彪曰：如使白馬實馬，必有白馬之爲，而天下之馬不皆爲白馬，故曰非馬。 金正煒曰：已當作亡，亡與無同，言刑名之家，雖執白馬非馬之說，無如白馬之實馬也。爲猶謂也，呂覽長見篇：「工皆爲調矣。」韓非內儲說：「嗣君爲關吏曰」，謂並作爲。漢書夏侯勝傳顏注：察爲計謀，不敢明顯言之也。 宋祁曰：注文爲，疑作謂。是唐人古義猶存，至宋而寖失也。

〔三三〕鮑彪曰：言難者皆無端若此，故可患。而今非若此也。

〔三四〕鮑彪曰：屬河內。 程恩澤曰：案以范雎傳考之，懷當屬魏。 安釐王九年，秦拔我懷是也。然竹書紀年：「秦師伐鄭，次于懷。」史記：趙成侯四年，魏敗我懷。則其地又分屬三晉。策無明文，不可審知。 顧觀光曰：史記魏惠王二年，敗趙於懷。又秦本紀：昭襄王四十一年攻魏取懷。正義曰：故懷城，周之懷邑，在懷州武陟縣西十一里（今武陟縣屬懷慶府）。

〔三五〕鮑彪曰：趙趙奢，齊鮑佞，并楚爲三。 金正煒曰：按周書克殷篇：「周車三百五十乘，陳于牧野，帝辛從。」注：紂出朝歌二十里而迎戰也。或本爲「救」，涉下文「去而不從」而誤。

〔三六〕接，原作佞。姚注：一作接。

〔三七〕鮑彪曰：四人，不名告之。

〔三八〕鮑彪曰：趙、鮑、楚四人，本起救懷而不救，又聽秦之自去，不隨擊也。 金正煒曰：按書序，「夏師敗績，湯遂從之。」傳：從，謂遂討之。漢書高帝紀：「時章邯從陳別將」，注：從，謂追討也。

〔三九〕亡，原作忘。鮑彪曰：「亡其」，猶「亡亦」云。吴師道曰：「亡其」前有，似不必注。王引之曰：忘與亡同。亡其，轉語詞也。黄丕烈曰：忘，鮑本作亡。金正煒曰：亡與忘同。呂覽愛類篇：「亡其不得宋且不義，猶攻之乎？」淮南修務篇作忘其，皆轉語詞。

〔四〇〕鮑彪曰：以不救不從爲能，知秦之不可當也。黄丕烈曰：鮑「以」下補知字。吴氏補曰：此下或有缺文。金正煒曰：按「能」下當有脱文，或「也」爲弛之缺損半字。韋昭國語解：弛，毁也。鶡冠子世兵篇：「夫强不能是劇辛能絶，而燕王不知人也。」能弛，亦猶能絶也。鮑補知字，無取。又云：「以不救不從爲能，知秦之不可當也。」其説尤謬！

〔四一〕鮑彪曰：此下申言上殽、函之敗。吴師道曰：裂地敗齊，當是指五國伐齊之事。三國之不救懷，卒裂地以敗齊，皆言從之不能合。金正煒曰：「敗於齊」，於文不合，疑當作「裂地以效於秦」，效、敗字形相近，齊字涉下句「將齊之良」而誤。

〔四二〕鮑彪曰：言不出戰，所謂横行於中。

〔四三〕一之，原作之一。金正煒曰：「之一」二字誤倒，當據上文乙正。「存」，疑「在」字之譌：此承從一不可成而言，田單且不敢設兵以攻秦折韓，則從一惡在能成乎？孟子滕文公上篇：「惡在其爲民父母也」，惡在，猶何在也。

〔四四〕鮑彪曰：以此策爲蘇秦合從時，則所稱趙奢，惠文、孝成將也，蘇秦不當稱之。自昭訖始皇定天下，無年不戰，則天下不相攻之説，不可曉也。今定爲孝成九年邯鄲圍後説是。後秦獨攻取兩周，猶息兵五、六年。前此後此，皆無解兵之事。吴師道曰：二十九年不相攻，必有誤字。辯士增飾之詞固多，然不應如此之甚。又曰：原在趙策，爲趙而説也，當從。祖耿案：此策鮑本移入秦策，吴氏正之，故云然。

三

張儀爲秦連横説趙王曰〔一〕：「弊邑秦王，使臣敢獻書於大王御史〔二〕。大王收率天下以儐秦，秦兵不敢出函谷關十五年矣〔三〕！大王之威，行於天下〔四〕！弊邑恐懼懾伏，繕甲厲兵〔五〕，飾車騎，習馳射，力田積粟，守四封之内〔六〕，愁居懾處，不敢動摇，唯大王有意督過之也〔七〕！今秦以大王之力〔八〕，西舉巴蜀，並漢中，東收兩周，而西遷九鼎〔九〕，守白馬之津。秦雖辟遠，然而心忿悁含怒之日久矣〔一〇〕！今寡君有微甲鈍兵〔一一〕，軍於澠池，願渡河踰漳，據番吾，迎戰邯鄲之下。願以甲子之日合戰，以正殷紂之事。敬使臣先以聞於左右！凡大王之所信以爲從者，恃蘇秦之計〔一二〕，蘇秦熒惑諸侯〔一三〕，以是爲非，以非爲是，欲反覆齊國而不能，自令車裂於齊之市〔一四〕。夫天下之不可一亦明矣！今楚與秦爲昆弟之國，而韓、魏稱爲東蕃之臣〔一五〕，齊獻魚鹽之地，此斷趙之右臂也。夫斷右臂而求與人鬭，失其黨而孤居，求欲無危，豈可得哉？今秦發三將軍：一軍塞午道〔一六〕，告齊使，興師度清河，軍於邯鄲之東〔一七〕；一軍軍於成皋，敺韓、魏而軍於河外〔一八〕；一軍軍於澠池。約曰：『四國爲一以攻趙，破趙而四分其地〔一九〕。』是故不敢匿意隱情，先以聞於左右！臣竊爲大王計〔二〇〕，莫如與秦遇於澠池，面相見而身相結也。臣請案兵無攻，願大王之定計〔二一〕。』趙王曰：『先王之時，奉陽君相〔二二〕，專權擅勢，蔽晦先王，獨制官事。寡人宮居，屬於師傅，不得與國謀〔二三〕。先王棄群臣，寡人年少，奉祠祭之日淺，私心固竊疑焉，以爲一從不事秦，非國之長利也。乃且願變心易慮，剖地謝前過以事秦〔二四〕，方將約車趨行〔二五〕，而適聞使者之明詔！』於是乃以車三百乘入朝澠池〔二六〕，割河間以事秦〔二七〕。

〔一〕祖耿案：此章見史記張儀列傳，事在儀說齊湣王之後，文同。顧觀光隸此於赧王四年。

〔二〕鮑彪曰：秦王，惠王。御史，周宗伯屬官，秦因之，而趙亦有。言此者，不斥王也。吳師道曰：御史，周官，以中士、下士爲之，特小臣之傳命者。戰國其職益親，故此云云。秦、趙之會，御史書事，而淳于髡亦云『御史在前』，掌記事糾察之任也。秦益重矣。

〔三〕黃丕烈曰：出，鮑本作去，鮑改爲出。吳氏補曰：疑『出』字。丕烈案：史記作出。

〔四〕『下』下原有『山東』二字。黃丕烈曰：吳補：一本無山東字。丕烈案：史記作『行於山東』。

〔五〕姚注：緒，一作綴。

〔六〕姚注：三本同，無『之內』字。張守節曰，飾音勑。

〔七〕鮑彪曰：高紀注：督，視責也。金正煒曰：按禮記鄉飲酒義：『秋之爲言愁也』注：愁讀爲揫。爾雅釋詁：揫，斂也。呂覽察微篇：『相與積心愁慮以求之』，愁亦當讀如揫。懾與攝通。漢書霍去病傳：『攝讋者弗取」，史記作懾，二文古得通假爲用。論語先進篇：「攝乎大國之間」，皇疏：攝，猶迫也。又呂覽下賢篇：「卑爲布衣而不瘁攝」，注：攝猶屈也。歛居屈處，正與「不敢動搖」相應。孟子滕文公下篇：「惟士無田」，注：惟，辭也。匡謬正俗：惟，辭也，蓋語之發端。此文唯，或唯恐之省文。漢書高帝紀：「聞將軍有意督過之」，注：督過，視責也。　祖耿案：史記注：司馬貞曰：督者，正其事而責之。督過，是深責其過也。

〔八〕鮑彪曰：因畏趙而飾兵故。

〔九〕鮑彪曰：史不書。　吳師道曰：遷鼎之説，大言之也。　祖耿案：此句史記作：「包兩周，遷九鼎。」

〔一〇〕姚注：三本同，無「而」字。鮑彪曰，悁亦忿。　祖耿案：文選西征賦注引：「秦忿悁含怒之日久也。」無「心」字，疑「而心」二字爲忿之誤衍。史記作：「然而心忿含怒之日久矣」，無悁字。

〔一一〕寡，原作宣。黄丕烈曰：鮑改宣爲寡，改微爲敝。吳氏補曰：宣字譌，當作寡。微，史作敝。　金正煒曰：按易説卦：「其爲人也，爲寡髮。」釋文：寡，本又作宣。唐人書寡字作宜，如李邕書李思訓神道碑：寡欲作宜欲，二形相似，傳寫易譌。微甲當從史作敝甲。　祖耿案：此句史記作：「今秦有敝甲凋兵。」

〔一二〕金正煒曰：按説文：凡，最括也。漢書揚雄傳：「諸略舉凡而客自覽其切焉」，注：凡，大指也。恃疑當作特，漢書賈誼傳注：特，徒也。

〔一三〕「熒」上原無「蘇秦」二字。鮑彪曰：熒，火光也，猶眩。　黄丕烈曰：鮑熒上補秦字。吳氏補曰：史有蘇秦字。　金正煒曰：鮑從史補秦字，是也。

〔一四〕吳師道曰：説見楚策。　金正煒曰：令，當作全。魏策秦敗魏於華章：「秦兵已令」，史作「秦兵可全」，誤與此同。不能自全，謂不能自保其身也。史記張儀傳：「欲反齊國而自令車裂於市」，蓋沿策文而誤。自令車裂，義不可通。儀方詆秦，必非謂齊爲蘇生報讎事也。淮南氾論篇：「昔者萇弘，周室之執數者也。天地之氣，日月之行，風雨之變，律曆之數，無所不通，然而不能自知車裂而死。」文與此略同。

〔一五〕黄丕烈曰：爲，鮑本作於，蕃作藩。「之臣」二字無。吴氏補曰：一本「東藩之臣」，史同。丕烈案：史記作爲。

〔一六〕吴師道曰：説見前章。　祖耿案：史記注，司馬貞曰：此午道，當在趙之東，齊之西也。午道，地名也。鄭玄云：「一縱一横爲午」，謂交道也。

〔一七〕張琦曰：故清河在今清河縣西，渡此水，則在邯鄲之東矣。

〔一八〕鮑彪曰：毆，驅同。　吴師道曰：正義云：河外謂鄭、滑州，北臨河。　張琦曰：河外對河内而言，凡河之南皆是。隨文所指，各不同耳。此河外，正義謂鄭、滑州。鄭，今州，滑，今縣。　程恩澤曰：此河外與韓、魏鄰，則大河也。凡河南懷、衞等處，屬趙地者皆是，此南境也。秦策河外與此河外，自是兩地。

〔一九〕黄式三曰：策「破」，史記儀傳及通鑑皆作服，形相似而譌。

〔二〇〕竊，原作切。黄丕烈曰：鮑改切爲竊。丕烈案：史記作竊。

〔二一〕金正煒曰：願字疑須之誤。須，待也。

〔二二〕吴師道曰：奉陽君説見後。　祖耿案：史記無相字。

〔二三〕祖耿案：此數語史記作：「蔽欺先王，獨擅綰事，寡人居屬師傅，不與國謀計。」

〔二四〕金正煒曰：按吕覽義賞篇：「天下勝者衆矣，而霸者乃五。」注：乃猶裁也。乃且與下文方將，文異而義同。剖地當從史作割地，二形相似而誤。

〔二五〕鮑彪曰：趨、趣同。

〔二六〕黄丕烈曰：三，鮑本作二。　祖耿案：「明詔」句下，史記作：「趙王許張儀，張儀乃去。北之燕説燕昭王』，無『於是』至『事秦』十八字。

〔二七〕鮑彪曰：傳在楚、韓、齊後，蓋此（趙武靈）十五六年。彪謂：約從以難秦者趙也。使秦得諸侯力足以制趙，不告趙也；告之者，是力不足也。此時諸侯，惑於橫人之說，皆辭屈貌從，心不與也。使季子可作，則三國橫約可立解而坐破也。武靈此時血氣未定，而蘇氏兄弟適不在趙，故儀得以讎其恐喝之說。燕昭末年，蘇代重燕而從約復舉，豈非天下之心之勢矣哉！加之數年，如議服之時，其必有以折儀也。

四

武靈王平晝閒居〔一〕，肥義侍坐〔二〕，曰：『王慮世事之變，權甲兵之用，念簡襄之迹，計胡狄之利乎〔三〕？』王曰〔四〕：『嗣立不忘先德，君之道也〔五〕；錯質務明主之長，臣之論也。是以賢君靜有道民便事之教，動有明古先世之功〔六〕；爲人臣者，窮有弟長辭讓之節〔七〕，通有補民益主之業〔八〕。此兩者，君臣之分也〔九〕。今吾欲繼襄主之業，啓胡、翟之鄉，而卒世不見也〔一〇〕。敵弱者用力少而功多〔一一〕，可以無盡百姓之勞而享往古之勳〔一二〕。夫有高世之功者，必負遺俗之累〔一三〕；有獨知之慮者，必被庶人之恐〔一四〕。今吾將胡服騎射以教百姓，而世必議寡人矣〔一五〕。』肥義曰：『臣聞之：「疑事無功，疑行無名〔一六〕。」今王即定負遺俗之慮，殆毋顧天下之議矣〔一七〕。夫論至德者，不和於俗；成大功者，不謀於衆〔一八〕。昔舜舞有苗，而禹袒入裸國〔一九〕，非以養欲而樂志也，欲以論德而要功也〔二〇〕。愚者闇於成事，智者見於未萌，王其遂行之〔二一〕。』王曰：『寡人非疑胡服也，吾恐天下笑之！狂夫之樂，知者哀焉；愚者之笑，賢者戚焉〔二二〕。世有順我者，則胡服之功，未可知也〔二三〕。雖毆世以笑我，胡地中山，吾必有之〔二四〕。』王遂胡服〔二五〕。使王孫緤告公子成曰：『寡人胡服，且將以朝，亦欲叔之服之也〔二六〕。家聽於親，國聽於君，古今之公行也。子不反親，臣不逆主，先王之通誼也〔二七〕。今寡人作教易服而叔不服，吾恐天下議之也〔二八〕。夫制國有常，而利民爲本；從政有經，而令行爲上〔二九〕。故明德在於論賤，行政在於信貴〔三〇〕。今胡服之意，非以養欲而樂志也。事有所出，功有所止，事成功立，然後德且見也〔三一〕。今寡人恐叔逆從政之經，以輔公叔之議〔三二〕。且寡人聞之，「事利國者行無邪，因貴戚者名不累」，故寡人願募公叔之義，以成胡服之功〔三三〕。使緤謁之，叔請服焉〔三四〕！』公子成再拜曰〔三五〕：『臣固聞王之胡服也！不佞寢疾，不能趨走，是以不先進〔三六〕。王今命之，臣固敢竭其愚忠〔三七〕。臣聞之：「中國者，聰明叡知之所居也〔三八〕，萬物財用之所聚也〔三九〕，賢聖之所教也，仁義之所施也，詩書禮樂之所用也，異敏技藝之所試也〔四〇〕，遠方之所觀赴也，蠻夷之所義行也〔四一〕。」今王釋此而襲遠方之服，變古之教，易古之道，逆人之心，畔學者，離中國，臣願大王圖之〔四二〕！」使者報王，王曰：「吾固聞叔之病也。」即之公叔成家自請之〔四三〕，曰：「夫服者所以便用也，禮者所以便事也，是以聖人觀其鄉而順宜，因其事而制禮〔四四〕，所以利其民而厚其國也。祝髮文身，錯臂左衽，林越之民也〔四五〕；黑齒雕題，鯷冠秫縫，大吳之國也〔四六〕；禮服不同，其便一也〔四七〕。是以鄉異而用變，事異而禮易〔四八〕。是故聖人苟可以利其民，不一其用〔四九〕；果可以便其事，不同其禮。儒者一師而禮異，中國同俗而教離〔五〇〕，又況山谷之便乎〔五一〕？故去就之變，知者不能一；遠近之服，賢聖不能同。窮鄉多異，曲學多辨〔五二〕；不知而不疑，異於己而不非者，公於求善也〔五三〕。今叔之所言者，俗也〔五四〕；吾之所言者，所以制俗也〔五五〕。今吾國東有河薄洛之水〔五六〕，與齊中山同之，而無舟檝之用〔五七〕。自常山以至代上黨〔五八〕，東有燕東胡之境，西有樓煩秦韓之邊〔五九〕，而無騎射之備。故寡人且聚舟檝之用，求水居之民，以守河薄洛之水〔六〇〕；變服騎射，以備其參胡樓煩秦韓之邊〔六一〕。且昔者簡主不塞晉陽以及上黨〔六二〕，而襄主兼戎取代以攘諸胡〔六三〕，此愚知之所明也。先時中山負齊之强兵〔六四〕，侵掠吾地，係累吾民〔六五〕，引水圍鄗〔六六〕。非社稷之神靈，即鄗幾不守〔六七〕。先王忿之，其怨未能報也〔六八〕。今騎射之服〔六九〕，近可以備上黨之形，遠可以報中山之怨〔七〇〕。而叔也順中國之俗，以逆簡襄之意；惡變服之名，而忘國事之恥〔七一〕；非寡人所望於子〔七二〕！』公子成再拜稽首曰：『臣愚不達於王之議〔七三〕，敢道世俗之聞〔七四〕，今欲繼簡襄之意，以順先王之志，臣敢不聽令〔七五〕！』再拜，乃賜胡服〔七六〕。趙文進諫曰〔七七〕：『農夫勞而君子養焉〔七八〕，政之經也；愚者陳意而知者論焉〔七九〕，教之道也；臣無隱忠，君無蔽言，國之禄也〔八〇〕。臣雖愚，願竭其忠。』王曰：『慮無惡擾，忠無過罪〔八一〕，子其言乎！』趙文曰：『當世輔俗〔八二〕，古之道也；衣服有常，禮之制也；循法無愆〔八三〕，民之職也；三者先聖之所以教。今君釋此而襲遠方之服，變古之教，易古之道，故臣願王之圖之！』王曰：『子言世俗之間〔八四〕，常民溺於習俗，學者沉於所聞，此兩者，所以成官而順政也，非所以觀遠而論始也。〔八五〕且夫三代不同服而王，五伯不同俗而政〔八六〕；知者作教而愚者制焉；賢者議俗，不肖者拘焉〔八七〕。夫制於服之民，不足與論心；拘於俗之衆，不足與致意；故勢與俗化而禮與變俱，聖人之道也。承教而動，循法無私〔八八〕，民之職也。知學之人，能與聞遷〔八九〕；達禮之變〔九〇〕，能與時化。故爲己者不待人，制今者不法古，子其釋之！』趙造諫曰：『隱忠不竭，奸之屬也；以私誣國，賊之類也〔九一〕。犯姦者身死，賊國者族宗〔九二〕。此兩者〔九三〕，先聖之明刑〔九四〕，臣下之大罪也。臣雖愚，願盡其忠，無遁其死。』王曰：『竭意不諱，忠也〔九五〕；上無蔽言，明也；忠不辟危，明不距人，子其言乎！』趙造曰：『臣聞之，「聖人不易民而教；知者不變俗而動〔九六〕。因民而教者，不勞而成功；據俗而動者，慮徑而易見也〔九七〕。」今王易初不循俗，胡服不顧世，非所以教民而成禮也。且服奇者志淫；俗辟者亂民〔九八〕；是以莅國者不襲奇辟之服；中國不近蠻夷之行；非所以教民而成禮者也。且循法無過，循禮無邪〔九九〕。臣願王之圖之！』王曰：『古今不同俗，何古之法？帝王不相襲，何禮之循〔一〇〇〕？宓戲神農〔一〇一〕，教而不誅；黃帝堯舜，誅而不怒；及至三王〔一〇二〕，觀時而制法，因事而制禮〔一〇三〕；法度制令，各順其宜；衣服器械，各便其用〔一〇四〕；故禮世不必一道〔一〇五〕，便國不必法古。聖人之興也，不相襲而王；夏殷之衰也，不易禮而滅〔一〇六〕；然則反古未可非，而循禮未足多也〔一〇七〕！且服奇而志淫，是鄒魯無奇行也〔一〇八〕；俗辟而民易，是吳越無俊民也〔一〇九〕；是以聖人利身之謂服，便事之謂教〔二〇〕。進退之節，衣服之制〔二一〕，所以齊常民，非所以論賢者也〔二二〕。故聖與俗流〔二三〕，賢與變俱。諺曰：「以書爲御者，不盡於馬之情；以古制今者，不達於事之變〔二四〕。」故循法之功，不足以高世；法古之學，不足以制今〔二五〕。子其勿反也〔二六〕！』

〔一〕鮑彪曰：平晝，無事之日，猶平日。　祖耿案：此策與史記趙世家武靈王十九年春正月後文多同。史記首叙大朝信宮及召樓緩謀一段，而策無之。公子成賜胡服後，史記云：「趙文、趙造、周袑、趙俊皆諫止王毋胡服，如故法便」云云，無「趙文進諫曰」一大段二百七十九字。又無「趙造諫曰」一段一百九十九字。全文字句，復多殊異。史記末尾，多「遂胡服招騎射」六字，此又策文所無也。策又與商君書更法篇有關，吳師道有説見下。今取史記與策對勘，記其異文於後，商君書亦記之。此云「武靈王平晝閒居」，而商君書則作「孝公平晝，公孫鞅、甘龍、杜摯三大夫御於君，慮世事之變」云云，文與此策言變法義同，而人則全異也。商君書與史記商君列傳同，商君書、商君列傳記秦孝公、商鞅論變法事，持異議者甘龍、杜摯；此策記趙武靈王胡服事，持異議者爲趙文、趙造，人有不同，而語則相襲。按此書定於劉向，當非史公所據之本；作商君書者前於史公。更法篇文必有所襲，其所襲者當即策文無疑。然則非策抄商君書，乃商君書抄自策文也！作商君書者之所見，是否與史公所見相同，恐亦未然。何者？戰國游士之所傳，其詞固不盡相同也。　又案：顧觀光隸此於赧王八年。

〔二〕鮑彪曰：肥義，趙相也，餘並公族。　吳師道曰：鮑指公子成、王孫緤、趙文、趙造言。文、造無他據。

元和姓纂引策云：肥義，趙賢人。程恩澤曰：案御批通鑑輯覽：肥以鄉爲氏，今正定府藁城縣西南，有肥累城，即春秋肥國（後封肥如，今盧龍縣）。祖耿案：據史記趙世家：「武靈王少，未能聽政，及聽政，先問先王貴臣肥義，加其秩」，則肥義乃趙肅侯時貴臣，武靈王所崇敬者也。策自肥義敘起，趙世家則記十九年春大朝信宮事，云：「十九年春正月，大朝信宮，召肥義與議天下，五日而畢。」肥義在趙之見重可知，趙世家又云：「王北略中山之地，至於房子，遂之代，北至無窮，西至河，登黃華之上。召樓緩謀曰：『我先王因世之變，以長南藩之地，屬阻漳、滏之險，立長城，又取藺、郭狼，敗林人於荏，而功未遂。今中山在我腹心，北有燕，東有胡，西有林胡、樓煩、秦、韓之邊，而無彊兵之救，是亡社稷，奈何？夫有高世之名，必有遺俗之累。吾欲胡服。』樓緩曰：『善。』群臣皆不欲。於是肥義侍，王曰：『簡、襄主之烈，計胡、翟之利。』」云云。此下文與策大同。然簡、襄之迹二語，策爲肥義問王之詞，而史記則爲王自發之，詞不相同也。

〔三〕姚注：曾本添「乎」字。鮑彪曰：權，猶度。黃丕烈曰：乎，鮑本無。

〔四〕姚注：曾本添「曰」字。祖耿案：史記「於是肥義侍」下逕接「王曰：簡、襄主之烈，計胡、翟之利」，下無「乎」字，直接「爲人臣者，寵有孝弟長幼順明之節」云云，是史記以此言皆爲武靈王之言，與策不同。曾本上添乎字，則乎字之上，爲肥義之言；下添曰字，曰字下爲武靈王之言。此與未添之本，意亦不同。未添之本：「胡狄之利」直接「王嗣立不忘先德」云云，皆以爲肥義之言，又與史記所云不同也。

〔五〕祖耿案：新序善謀云：「君曰：『代立不忘社稷，君之道也。』」商子更法云：「君曰：『代立不忘社稷，君之道也。』」此作：「嗣立不忘先德，君之道也。」立即位字之省，嗣、代同義，古多通用。

〔六〕「靜」下原有而字，姚注：一本無而字。鮑彪曰：錯，猶委，先，猶高。黃丕烈曰：鮑「動」下補而字。金正煒曰：按「主之長」，「之」字疑衍，此與嗣立句爲對文。魏策：「梁王，長主也。」燕策：「今夫齊王長主也，而自用也。」此文疑亦當爲長主，而字誤倒置。明字亦疑期字之譌，言委質爲臣者，務期得長主而事之。論與倫通，論語微子篇：「言中倫」包注：倫，道也，理也。莊子齊物論：「有倫有義。」釋文：倫，崔本作論。荀子儒效篇：「人倫盡矣。」注：倫當爲論。靜字下，姚注一本無而字，是也。鮑本於動字下補而字，誤。　祖耿案：「嗣立不忘先德，君之道也；錯質務明主之長，臣之論也」，此二語與商君書更法篇秦孝公語三大夫之言：「君曰：代立不忘社稷，君之道也；錯法務民主張，臣之行也」，二語類似，不知如相襲，且彼此并有訛文。

〔七〕鮑彪曰：弟，順也。　祖耿案：此句史記作：「寵有孝弟長幼順明之節。」

〔八〕祖耿案：此句史記同。正義：「寵，貴寵也。通，達理也。凡爲人臣，有孝弟長幼順明之節制者，得貴寵也；有補民益主之功業者，爲達理也。」

〔九〕祖耿案：史記：「臣」上無「君」字。

〔一〇〕鮑彪曰：「卒世」猶「舉世」，言舉世無能察此。　吴師道曰：正義云：卒，盡也。愚謂猶言没世。黄丕烈曰：襄主，鮑本作襄王。丕烈案：王誤也。史記作主。　金正煒曰：卒世，鮑說爲長。惟卒無舉訓，或由俗書舉作举，因誤爲卒。淮南修務篇注：見猶知也。

〔一一〕鮑彪曰：敵弱，與弱爲敵，謂胡、翟。　祖耿案：敵弱者，史記作「爲敵弱」三字。正義云：我爲胡服，敵人必困弱也。

〔一二〕祖耿案：史記無作毋，享作序。正義云：厚，重也。往古，謂趙簡子、襄子也。案據正義厚重之訓，疑史記序字本作厚字，而策文享字，亦即厚之誤字也。

〔一三〕鮑彪曰：不與俗同，俗所遺也。　金正煒曰：史記正義云：負，留也。疑此文本爲「必遺負俗之累。」正義本亦作遺留也。並屬傳寫之誤。史記文帝紀：「遺財足」，注：遺，留也。遺故訓留，負字則無留義。越絶書：「有高世之材者，必有負俗之累。」漢書武帝紀：「士或有負俗之累，而立功名。」晉灼曰：負俗，謂被世議論也。　祖耿案：「負」上史記無必字。正義：「負，留也。言古周公、孔子留衣冠禮義之俗，今變爲胡服，是負留風俗之譴累也。」商君書公孫鞅語，亦有此句云：「且夫有高人之行者，固見非於世。」

〔一四〕鮑彪曰：所謂黎元懼焉。　吳師道曰：一本標「恐」，劉作「怨」。　黄丕烈曰：案史記作「任鶩民之怨」。　祖耿案：正義云：「謂世有獨計智之思慮者，必任逸隱敖慢之民怨望也。」

〔一五〕姚注：曾本改矣字作奈何二字。吳師道曰：正義云胡服今時服，廢除裘裳也。　祖耿案：矣，史記作奈何二字，曾依史記改也。　王國維胡服考云：胡服之入中國，始於趙武靈王，其制冠則惠文，其帶具帶，其履鞾，其服上褶下袴。戰國之季，他國已有效其服者。至漢而爲近臣及武士之服，或服其冠，或服其服，或并服焉（詳見觀堂集林二十二）。

〔一六〕祖耿案：此語又見商君書云：「公孫鞅曰：『臣聞之，疑行無成，疑事無功。』」

〔一七〕鮑彪曰：定，言自定於心，不爲俗移。　金正煒曰：按即猶既也。漢書田延年傳：「即無事當窮竟」，注：既無實事，當令有司窮治盡其理，遺字涉上文而衍也。經傳釋詞：「其，猶殆也。」殆與其同義，故或以其、殆通文。繫辭傳曰：「顏氏之子，其殆庶幾乎？」是也。又呂覽自知篇：「座殆尚在於門」，注：殆猶必也。　祖耿案：史記無今字，即作既，毋作無。商君書公孫鞅之言，亦有此語云：「君亟定變法之慮，殆無顧天下之議之也。」

〔一八〕祖耿案：「論」下十六字，又見商君書公孫鞅之言引郭偃之法。

〔一九〕鮑彪曰：不用兵而舞干羽，欲以服人，亦異於俗。袒裸非中國之禮。吳師道曰：舞羽非爲服苗，苗格非因舞羽。舜修德教，苗至適當其時。程恩澤曰：案淮南原道訓：「禹之裸國，解衣而入，衣帶而出（又見論衡問孔篇）。」高誘注：裸國在南方（又云：在西南方）。又墜形訓：「自西南至東南方，有裸國民。」又說林訓：「西方之裸國。」論衡書虛篇：「禹時吳爲裸國，斷髮文身。」山海經注引東夷傳曰：倭國東四十（按魏志當作千）餘里，有裸國。裸國東南有黑齒國，船行一年可至。水經注：船官川原徐狼外夷，皆裸身。男以竹筒掩體，女以樹葉蔽形。外名狼𦝫，所謂裸國也。雖習俗裸袒，猶恥無蔽，惟依暝夜，與人交市。闇中臭金，便知好惡，明朝曉看，皆如其言。自此外行，得至扶南。金正煒曰：按此文似謂舜效有苗之干羽，與經訓不同，未詳所出。尚書注疏：干者扞也，以自蔽扞。羽者翳也，以自蔽翳。疑皆造自苗民，猶蚩尤之作兵，舜故效而舞之，爲師夷制夷之計。韓非五蠹篇：「乃修教三年，執干戚而舞，有苗乃服。」亦若苗格，原于兩階之習舞。周末去古未遠，所持之說，當有師承也。祖耿案：此句史記無而字、入字，舜上有者字。

〔二〇〕祖耿案：此句史記欲作務，要作約。

〔二一〕祖耿案：闇，鮑本作昧。此數語史記作：「愚者闇成事，智者覩未形，則王何疑焉！」商君書公孫鞅對孝公之言，亦有此，引語曰：「愚者闇於成事，知者見於未萌。民不可與慮始，而可與樂成」云云，下即又引郭偃之法。

〔二二〕鮑彪曰：以此異趣，知俗必見遺。黃式三曰：戚、造通，世家作察。祖耿案：史記，寡人作吾，非作不，笑之作笑我也，之笑作所笑，戚作察。又案：商君書更法篇結尾云：「孝公曰：『善。吾聞窮巷多怪，曲學多辨，愚者笑之，智者哀焉；狂夫之樂，賢者器焉！』」與此語相似。

〔二三〕黄丕烈曰：功，鮑本作攻。丕烈案：攻誤也。史記作功。　祖耿案：至正十五年刊本，正作功。史記胡上無則字。

〔二四〕黄丕烈曰：地，鮑本作服，鮑改爲地。吳氏補曰：「地，史同。依服字則句。」吾，鮑本作我。丕烈案：史記作吾。

〔二五〕祖耿案：此四字史記作「於是遂胡服矣」六字。

〔二六〕祖耿案：史記「緤」上無「孫」字。「且將以朝」作「將以朝也」。「叔之服之也」作「叔服之」三字，少一之字，又無也字。

〔二七〕朱起鳳曰：先王，史記趙世家作兄弟。集解徐廣曰：「兄弟，一作『元夷』。元，始也；夷，平也。」案兄弟二字，義無所指，即改爲元夷，亦屬費解。策固明云先王，裴駰乃雜采他説，爲之申述，其義抑何謬妄！兄字形與先近，弟字形與王近，此一望而可知者。　祖耿案：此數語，史記親下有而字，主作君，末云：「兄弟之通義也」，文各不同。

〔二八〕金正煒曰：周禮旅師注，而讀爲若。

〔二九〕祖耿案：此數語，史記無夫及兩而字。

〔三〇〕鮑彪曰：信、伸同，所謂行法自近始。　吳師道曰：信如字，言必行於貴者。　金正煒曰：論當爲諭，形似而譌也。廣雅釋詁：「諭，曉也。」禮記文王世子：「而衆安得不諭焉。」注：諭猶曉也。信當讀如伸，謂不撓曲也。吳正非是。　祖耿案：此二語史記作：「明德先論於賤，而行政先信於貴。」明上無故字。

〔三一〕姚注：曾本出改作止，止改作出。鮑彪曰：止，猶至。　吳師道曰：姚云曾本改互「出」、「止」字。愚案，此據史文。　金正煒曰：鮑本且作可。按出疑當爲詘，止疑當作上，並形似而誤也。廣雅釋詁：「詘，屈也。」管子國蓄篇：「出二孔者，其兵不詘。」注：詘與屈同。昭王既息民章：「此所謂爲一臣屈而勝天下也。」周禮庭氏注：嘻嘻詘詘。釋文：詘，本亦作出，可爲此證。事有所詘，即所謂有高世之功者，必負遺俗之累也。上與尚通。史記主父偃傳：「上篤厚。」索隱云：上猶尚也。漢書匡衡傳：「治天下者審所上而已。」注：上，崇尚也。墨子貴義篇：「公尚過」，呂覽高義篇作「公上過」。詩陟岵：「尚慎旃哉」，漢石經尚作上。功有所上，即所謂苟可以利其民，不一其用；果可以便其事，不同其禮也。且猶乃也。呂覽禁塞篇：「雖欲幸而勝，禍且始長。」高注：晉獻公伐驪戎，史蘇曰：「勝而不吉。」故曰：禍乃始長也。或爲自字之譌。祖耿案：曾本依史記改。史記作：「事有所止而功有所出」，事成功立，然後善也。」正義云：止，至也。出猶成也。

〔三二〕吳師道曰：叔逆之叔，疑衍。　黄丕烈曰：吳説非也，史記有。　金正煒曰：公叔當爲公族，叔族音近，又涉下文「願募公叔之義」而誤。公族蓋如趙燕之屬，詩杕杜箋：比，輔也。則輔亦猶比也。吳氏以上叔字疑衍，非是。　祖耿案：此句史記逆上有之字，輔下無公字。

〔三三〕黄丕烈曰：募，鮑本作慕。丕烈案：史記作慕。　金正煒曰：按漢書東方朔傳：「並進輻湊者不可勝數，悉力募之官。」本作慕，古字音同皆得通假。

〔三四〕吳師道曰：叔，索隱句。　祖耿案：史記願上無寡人字。

〔三五〕祖耿案：史記拜下有稽首二字。

〔三六〕金正煒曰：小爾雅廣言：佞，才也。左氏成十六年傳：「諸臣不佞」，注：佞，才也。國語晉語「夷吾不佞」，注：佞，才也。　祖耿案：史記不佞上有臣字，不能作未能，是以不先進作以滋進也。

〔三七〕祖耿案：史記王下無今字，臣固敢竭其愚忠作：臣敢對因竭其愚忠曰。

〔三八〕祖耿案：史記聞下無之字，叡知作徇智。集解徐廣曰：「五帝本紀云幼而徇齊。」

〔三九〕黄丕烈曰：用，鮑本作貨。丕烈案：史記作用。

〔四〇〕鮑彪曰：巽，出類。敏，疾於事也。　祖耿案：蓺，史記作能。

〔四一〕鮑彪曰：以中國爲自義有行。　吴師道曰：自「中國者」至此，似周官大司徒文。　金正煒曰：鮑説未安，義當讀爲儀。周禮典命注：故書儀作義，行當爲刑，聲之誤也。禮記緇衣「臣儀行」，鄭注：儀當爲義。毛本行誤作刑，與此文正可互證。

〔四二〕金正煒曰：按國語吴語：「民人離落」，注：離，畔也。管子任法篇：「信近親愛者，不能離也。」注：離猶違也。　祖耿案：史記釋作舍，「畔學者」作「而佛學者」，國下一句作：「故臣願王圖之也。」

〔四三〕祖耿案：此數句史記作：「使者以報。王曰：『吾固聞叔之疾也，我將自往請之。』王遂往之公子成家，因自請之。」

〔四四〕祖耿案：史記聖人上無是以二字，觀下、因下，並無其字。

〔四五〕祝，原作被。姚注：「三本同作祝。」林，原作甌。姚注：「一作林。」又注：「錢、劉無錯臂二字。錯臂一作拃面。孔衍作右臂左衽，右袒其臂也。」「林越，後語作臨越，注云：臨亦百越之一名也。戰國策作林，今俗尚稱林奴。臨林，今雷州左側。」　鮑彪曰：錯臂左衽，以兩臂交錯而立，言無禮容。甌越即漢東甌、閩、粵。　吴師道曰：索隱云，錯臂亦文身，謂其丹青錯畫其臂。孔衍作右臂，謂右袒其臂也。愚謂既言文身，則畫臂爲複，恐後説是。「錯」或「袒」字訛。姚云錢、劉無錯臂字，一作「拃面」。吴世家：「斷髮文身」，應劭注：常在水中，故以象龍子，不見傷害。劭語本説苑。被字，姚云三本同作祝。史作翦。漢東甌、閩中地。輿地志：交趾，周爲駱越，秦爲西甌。索隱云，今珠厓、儋耳謂之甌人，是有甌越。文選「三越」注：吴越、南越，閩越。東甌，即閩越。駱越，甌人，即南越也。姚云：後語作臨越，注云：臨亦百越之一名。黄丕烈曰：吴氏謂錯或祖字譌。其説未是。案史記作錯。程恩澤曰：案甌本水名。永嘉記：甌水出永寧山，行三十餘里入江。昔有東甌王都城，有亭，積石爲道，今猶在。山海經：「甌在海中。」注云：今臨海永寧縣（今永嘉縣），即東甌故地。若在南海中鬱林郡，則爲西甌也。周書王會解：伊尹獻令越漚在正東越之分，或云即甌人。史記東越列傳：閩越王無諸，東海王摇，皆越王句踐之後，漢興，立無諸爲閩越王，都東冶（今侯官縣）；立摇爲東海王，都東甌，號東甌王。其後閩越擊東甌，東甌乃舉國徙中國，處江、淮之間。今福建建安縣有古甌城，相傳爲漢吴王世子劉駒鬭東甌處。其浙江温州府古稱東甌，則其故地也。至江蘇上元縣西南七里，有故越城，殆即其所徙歟（越絶書以此爲東甌，越王所立，或云即范蠡所築）。大約在廣東、廣西者爲南越，亦名揚越（又名駱越，亦名西甌，又稱甌人），芊姓（與楚同祖）；在福建、浙江者爲東越，亦名甌越（甌謂東甌，在浙江；越謂閩越，在福建；合之皆稱東越），姒姓（史記作姓騶氏）。路史引梁四公記，以合浦洛黎縣爲甌越，董逌又謂甌越即於越之訛，俱未是。祖耿案：此句史記作：「夫翦髮文身，錯臂左衽，甌越之民也。」

〔四六〕姚注：「曾作鯷冠秫縫，一作鮭冠黎緤。史記作却冠秫絀，注戰國策作秫縫，亦縫紩之别名。鉥者綦鍼也。古字多假借，故作秫絀耳。蓋言女工鍼縷之麤拙也。」鮑彪曰：史注，以草染齒爲黑。雕題者，刻其肌以丹青涅之。鯷，大鮎，以其皮爲冠。秫，綦鍼也，言女工之拙。吴師道曰：秫即鉥字通借，時橘反。鯷，大計反。金正煒曰：大疑干字之譌。管子小問篇：「昔者，吴干戰未齔，不得入軍門。」俞樾諸子平議云：干，蓋古國名，後爲吴邑。趙惠文王三十年章：「夫吴干之劍」，吴干即干吴也。

〔四七〕祖耿案：史記，禮上有故字，不作莫。

〔四八〕祖耿案：史記，鄉上無是以二字。

〔四九〕祖耿案：史記故作以，苟作果，民作國。

〔五〇〕金正煒曰：廣雅釋詁，離，分也。列子仲尼篇：「形名離也。」注：離猶分也。　祖耿案：此二語史記作：「儒者一師而俗異，中國同禮而教離。」

〔五一〕姚注：便，孫作士，　祖耿案：又況，史記作況於。

〔五二〕鮑彪曰：異，異俗。　祖耿案：辨，史記作辯，此二語見商君書，說見前。

〔五三〕鮑彪曰：不知而不疑，言各不知其異而不疑之。　祖耿案：公於求善也，史記作：公焉而衆求盡善也。

〔五四〕叔，原作卿。　黃丕烈曰：今本卿誤鄉。丕烈案：史記作叔。

〔五五〕祖耿案：史記，吾下無之字。

〔五六〕鮑彪曰：史記，安平經縣西有漳水，津名薄洛津。後志：安定烏枝谷名。　吳師道曰：淮南子：「嶢山崩而薄洛之水涸。」注謂薄洛在馮翊臨晉。今按本文，謂在趙東，與齊、中山同之，恐皆非。此所指未詳。張琦曰：今寧晉大陸澤，一名廣阿澤，即古河，薄洛水，齊界景州故城，中山界無極，皆相距百里。　程恩澤曰：案郡國志，安平國經縣，西有漳水，津名薄洛津（徐廣說同）。劉昭注引此爲證。水經注：漳水又歷經縣故城西，水有故津，謂之薄洛津。寰宇記：落漠水在平鄉縣西（疑當作東）南十八里，古薄津也，語訛故爲落漠。胡三省曰：薄洛水在趙之東，與齊、中山同此地險。漢經縣爲今直隸順德府廣宗縣（自隋至宋爲平鄉縣地），正在趙之東境，與齊、中山皆接壤（齊在東，中山在北）。鮑謂安平西有漳水，名薄洛津，本不錯，乃以安定郡烏枝有薄洛谷（即幵頭山），爲涇水所出，遂訛經縣爲涇水。吳知其非，而不能是正，反引淮南以亂之，疏矣。顧祖禹曰：薄洛水，一名胡盧河，即禹貢大陸澤，亦謂之廣阿澤。酈道元以爲即楊紆藪，在今趙州寧晉縣東南二十里。按寧晉爲漢瘿陶縣。後漢袁紹傳，大會賓徒于薄洛津，注引水經注：漳水經鉅鹿故城西，謂之落津。郡國志：鉅鹿郡瘿陶縣有薄洛亭，或即因水而名，可備一說，以俟考。又曰：案河近齊，薄洛水近中山。策意本謂：河與齊同，薄洛水與中山同也。舊注殊未分析。顧觀光曰：趙世家武靈王曰：「吾國東有河薄洛之水，與齊、中山同之。」徐廣曰：安平經縣西有漳水，津名薄洛津。正義曰：安平縣屬定州。時齊與中山相親，中山、趙共薄洛水，故言與齊、中山同之。按經縣故城在今順德府廣宗縣東二十里。淮南覽冥訓云：嶢山崩而薄洛之水涸。謂薄洛在馮翊臨晉，此別一水。　祖耿案：史記吾上無今字。

〔五七〕祖耿案：史記無上無而字。

〔五八〕史記集解，徐廣曰：一云：「自常山以下，代、上黨以東。」

〔五九〕吳師道曰：正義云：東胡，烏丸之先也，後爲鮮卑，在匈奴東，故曰東胡。括地志云：東胡，漢初冒頓滅之，餘保烏丸山，因號烏丸。又曰：林胡樓煩，即嵐、勝之北也。嵐、勝以南，石州，離石，藺等，趙邊邑也，秦隔河也。晉、洛、潞、澤等州，皆七國時韓地，趙西境也。　張琦曰：今大同東北，即燕、林胡之地。東胡即林胡也。樓煩故城，在今靜樂縣西北。藺、離石隔河爲秦地。澤、潞，韓地，與趙共據太行。　程恩澤曰：案伊尹四方令，正北東胡。孔衍注云：北狄之別名（詳見後漢書烏桓鮮卑傳）。廣韻引前燕錄云：昔高辛氏游於海濱，留少子厭越以居北夷，過於紫蒙之野，號曰東胡，其後爲慕容氏。正義：「趙東有瀛州之東北。營州之境，即東胡、烏丸之地。」顧祖禹曰：今大寧衛古營州地，夏商時冀州，周時爲幽州，春秋時爲山戎，戰國屬燕。服虔曰：古東胡地也。如淳曰：林胡即儋林。正義：林人即林胡也。寰宇記：雲州雲中縣，即古雲中郡林胡之地。趙武靈王北破林胡、樓煩，以置此郡（李牧降林胡亦在此）。綱目集覽：林胡在朔州、嵐州以北，春秋北地地（當作秦北地郡地）。顧祖禹曰：今陝西榆林鎮東北四百五十里有勝州城，東北臨黄河，戰國時林胡所居也。漢志：雁門郡有樓煩縣（又云陰館故樓煩鄉），李奇曰：此縣人善騎射，謂士爲「樓煩」，取其稱。寰宇記：憲州有樓煩縣，舊樓煩，監牧也。胡氏曰：樓煩本匈奴所居，地在北河之南，此蓋因漢名，或後代所僑置，非即故地也。洪亮吉曰：今山西寧武府之寧武、神池等縣，皆漢樓煩縣地；其在今忻州靜樂縣南七十里者，唐樓煩故城也；在代州崞縣東北十五里者，晉樓煩古城也。若古樓煩國，則在今雁門關北（在代州西北三十里）。策云：胡人襲燕樓煩數縣，則燕有樓煩，實有明證。然亦第服屬其國而已，未必能全有其地也。秦韓，吳氏補注以爲即七國之二，似非策文所指。後漢書東夷傳，韓種有三：一曰馬韓，一曰辰韓，一曰弁辰。馬韓在西，有五十四國；辰韓在東，十有二國；弁辰在辰韓之南，亦有十二國。辰韓耆老，自言秦之亡人，避苦役適韓國，馬韓割東界地與之，其名國爲邦，弓爲弧，賊爲寇，行酒爲行解，相別爲徒，有似秦人，故或名之爲秦韓。晉書：辰韓在帶方（郡名）南，東西以海爲限。馬韓居山海之間，無城郭，凡有小國五十六，大者萬户，小者數千家，各有渠帥。又曰：辰韓在馬韓之東，自言秦之亡人，避役入韓，韓割東界以居之，立城栅，言語有類秦人，由是或謂之秦韓。初有六國，後稍分爲十二。弁韓亦十二國，皆屬於辰韓。北史：新羅者，本辰韓種也，地在高麗東南。辰韓亦曰秦韓，相傳言秦世亡人避役來適，馬韓割其東界居之，以秦人，故名之曰秦韓，其言語名物，有似中國人。辰韓王常用馬韓人作之，不得自立王。則辰韓即秦韓也，正與東胡、樓煩爲一類。雖其得名在秦後，然戰國時或已有此，未可知也。此下數語，皆言備胡之事，似以辰韓爲是，惟於西字不甚合耳。顧觀光曰：史記，武靈王曰：北有燕，東有胡。又曰：東有燕、東胡之境。正義云：「趙東有瀛州之東北。營州之境即東胡、烏丸之地。」匈奴傳索隱引服虔云：「東胡，烏桓之先，後爲鮮卑。在匈奴東，故曰東胡。」按在匈奴東，則兼涉燕境（匈奴傳云：燕北有東胡、山戎），故趙世家惠文王二十六年，取東胡、歐、代地。而匈奴傳云：「燕將秦開爲質於胡，歸而襲破走東胡，東胡卻千餘里。」後漢書：烏桓宜穄（烏桓即烏丸），而孟子曰：「夫貉五穀不生，惟黍生之」，蓋穄即黍之不粘者也，然則東胡一名貉矣！

〔六〇〕祖耿案：此數語史記作：「今無騎射之備，故寡人無舟楫之用，夾水居之民，將何以守河、薄洛之水？」

〔六一〕姚注：史，備燕、三胡、秦、韓之邊。　鮑彪曰：絫，言絫錯居其邊地。　黄丕烈曰：鮑改其爲燕。吳氏補曰，史作燕。又正曰：絫，史作三，因音而譌也。據上文，則絫當作東，字譌。　黄式三周季編略：以備燕、三胡：曰東胡、林胡、樓煩，名三胡。　程恩澤曰：案索隱，林胡、樓煩、東胡，是三胡也。路史：參胡，妘姓，韓也，惠連國。則絫胡實有其地，蓋亦韓種。惟以上文考之，當從吳說。　金正煒曰：鮑本改其爲燕，按其字即燕之缺損。路史：參胡，妘姓，韓也。惟據上文，參胡似當作東胡。史記李牧傳：「破東胡，降林胡。」

〔六二〕鮑彪曰：「不塞」者，志在遠略。

〔六三〕主，原作王。姚注：集、劉、錢作「簡主實晉陽，而襄主兼戎取代」。　黄丕烈曰：王，鮑本作主，丕烈案：主字是也，史記作主。

〔六四〕金正煒曰：兵字疑當爲與。篆文與作𢍏，兵作𠬞，二形相似而誤。言恃齊爲强大之與國也。祖耿案：「强兵」自通，不煩改字。史記作强兵。

〔六五〕鮑彪曰：累、纍同。

〔六六〕鮑彪曰：鄗屬常山。　吳師道曰：光武即位於此，改高邑。　張琦曰：鄗故城，在今趙州柏鄉縣北二十二里。　程恩澤曰：案左傳：哀四年，齊國夏伐晉，取鄗。地理志：常山郡有鄗縣。郡國志：高邑故鄗，光武更名。說文：鄗，常山邑，世祖所即位，今爲高邑（徐廣主此說）。然非今之高邑縣也。（高士奇謂即今高邑，非是。）今高邑縣，乃漢房子縣，北齊天保七年移置，至隋開皇十六年，復於漢鄗城南十八里改置柏鄉縣，屬趙郡。元和志云：故鄗城在柏鄉縣北二十二里是也。寰宇記：趙州平棘縣（今省入趙州）有鄗城。史記，魏無忌救趙，趙孝成王爲築此城（趙世家：武靈王三年即城鄗）。今名故城鎮，即此地。在今直隸趙州柏鄉縣北二十二（高作十二）里。（左傳：「晉師在敖、鄗之間」，杜注：在滎陽。「又取王官及郊」，史記作「鄗」。顧棟高曰：當爲臨晉、平陽間邑，俱非一地。）　顧觀光曰：史記武靈王三年城鄗，又二十一年攻中山，取鄗。豈失而復之耶？趙策武靈王曰：「先時中山負齊之強兵，侵掠吾地，係累吾民，引水圍鄗。非社稷之神靈，即鄗幾不守。」疑謂此也。漢志屬常山，在今趙州柏鄉縣北二十里。

〔六七〕祖耿案：史記非作微，即作則，幾下有於字，守下有也字。

〔六八〕祖耿案：史記忿作醜，其作而。

〔六九〕金正煒曰：趙世家服作備，服、備古音並讀如匍匐之匐，故字亦相通。

〔七〇〕祖耿案：史記備作便，遠上有而字。

〔七一〕祖耿案：史記叔下無也字。「而忘國事之恥」，作「以忘鄗事之醜」。

〔七二〕祖耿案：此句史記作：「非寡人之所望也。」

〔七三〕祖耿案：史記議作義。

〔七四〕閧，原作間。姚注：一作鬪。　黃丕烈曰：間，鮑本作閧。吳補：一本閧作間，與下文同。丕烈案：史記作閧。　金正煒曰：後漢書鄧禹傳注：間，私也。鮑本間作閧。廣雅釋詁：閧，舒也，說文：舒，識辭也。

祖耿案：史記聞下有「臣之辠也」四字。

〔七五〕令，原作今。黄丕烈曰：今，鮑本作令。丕烈案，令字是也。史記作命。金正煒曰：敢，言不敢，見儀禮聘禮記注。今，史作命。下章「臣敢不聽令乎！再拜賜胡服。」鮑本作令，不誤。祖耿案：此句史記作：「今王將繼簡、襄之意以順先王之志，臣敢不聽命乎！」

〔七六〕祖耿案：此句史記作：「再拜稽首。乃賜胡服。明日，服而朝。於是始出胡服令也。」

〔七七〕祖耿案：史記無「趙文進諫曰」「趙造諫曰」兩大段，僅言「趙文、趙造、周袑、趙俊，皆諫止王毋胡服，如故法便」，下徑接「王曰：『先王不同俗，何古之法』」云云，至末，中少四百七十八字。

〔七八〕黄丕烈曰：鮑勞下補力字，吴氏正曰：勞下恐有缺字。

〔七九〕金正煒曰：國語齊語：「論比協材」，注：論，擇也。吕覽情欲篇：「勞於論人」，注：論猶擇也。

〔八〇〕鮑彪曰：蔽，猶伏。禄，猶福。

〔八一〕鮑彪曰：慮無變擾，言能定慮則不亂於物。過者，罪之小者。黄丕烈曰：惡，鮑本作變。金正煒曰：薛综東京賦注：無，猶不也，古以無不通用。廣雅釋詁：過，責也。吕覽適威篇：「煩爲教而過不識」，注：過，責。史記張釋之傳：「卒見謝，景帝不過也。」過罪與惡擾對文，鮑注「過者罪之小者」，非也。

〔八二〕鮑彪曰：當，猶順。

〔八三〕循，原作修。吴師道曰：姚云，「一作『循禮』」。商君傳正作循。朱子韓文考異著方氏説云：唐人書脩近循，楚辭亦有誤者，則此字古已混矣！此下文兩有「循法」字，爲循無疑。黄丕烈曰：修，鮑本作脩，鮑改脩爲循，吴氏補曰云云。金正煒曰：按方崧卿校韓昌黎集云：唐人書脩似循，故脩循通用不别。又隸續云：循脩二字，隸法衹爭一畫，書碑者好奇，所以從省借用。此文脩即循之譌也。

〔八四〕鮑彪曰：言其所言不能出俗。 黄丕烈曰：子，鮑本作卿。 祖耿案：自「王曰」以下，至「禮與變俱」一段，與商君書更法篇，公孫鞅於秦孝公前答辯甘龍之詞相類。彼云：「公孫鞅曰：『子之所言，世俗之言也。夫常人安於故習，學者溺於所聞，此兩者，所以居官而守法，非所與論於法之外也。三代不同禮而王，五霸不同法而霸。故知者作法，而愚者制焉；賢者更禮，而不肖者拘焉。拘禮之人不足與言事，制法之人不足與論變，君無疑矣！』」

〔八五〕鮑彪曰：若今胡服自我始也。

〔八六〕俗，原作教。鮑彪曰：政，言治行於下。 祖耿案：文選永明十一年策秀才文，李注引「五伯不同俗而政」，尋下文：「夫制於服之民不足與論心，拘於俗之衆不足與致意」，服與俗爲對文。此「不同教」之教，當作「俗」。上云：「今君釋此而襲遠方之服，變古之教，易古之道」，疑「教」亦當作「俗」。

〔八七〕金正煒曰：按儀禮：「有司徹，乃議侑於賓」，注：議，猶擇也。此言賢者於世俗之聞，不爲苟同，必討論之也。淮南氾論篇：「賢者立禮而不肖者拘焉。」注：拘，猶檢也。

〔八八〕鮑彪曰：不敢用私意。

〔八九〕鮑彪曰：有所聞，則改前之爲。

〔九〇〕「達」下原有於字。姚注：一無於字。

〔九一〕賊，原作賤。姚注：劉改賤作賊。鮑彪曰：賤謂輕國。

〔九二〕賊，原作賤。姚注：劉改賤作賊。鮑彪曰：族宗，族滅其宗。 金正煒曰：按賤當爲賊，劉改是也。尚書：「帝命驗賤類出」，賤一作賊，二形相似，易以譌誤。族當爲「請謚與族」之族，鮑以爲族滅其宗，恐非。宗字或爲誅，一聲之誤。釋名：罪及餘人曰誅。說文：誅，討也。又荀子强國篇：「無僇乎族黨，而抑卑其後世。」廣雅釋詁：僇，辱也。誅、僇義亦相近。

〔九三〕此上原有反字。姚注：劉本無反字。　黃丕烈曰：鮑改反爲有。　金正煒曰：「反」本爲「友」，即有之借字。荀子大略篇：友者，所以相有也。注：友與有同義。論語學而篇：「有朋自遠方來」，釋文：有，本作友。

〔九四〕黃丕烈曰：聖，鮑本作王。

〔九五〕黃丕烈曰：諱，鮑本作讓。吳補：一本讓作諱。　金正煒曰：類篇：讓，退也。論語衛靈公篇：「當仁不讓於師。」又國語吳語：「夫危事不齒，雄敢先對。」即不讓之義，於文各通。

〔九六〕勸，原作動。祖耿案：文選與吳季重書李注引：「智者不變俗而勸。」案教勸對文，當從。

〔九七〕勸，原作勁。鮑彪曰：據，猶依。徑以步道，喻其省便。　祖耿案：自前「臣聞之，聖人」至此，文與商君書更法篇雷同，更法篇云：「甘龍曰：「不然。臣聞之：聖人不易民而教，知者不變法而治。因民而教者，不勞而功成；據法而治者，吏習而民安。」」是甘龍對秦孝公之言也。

〔九八〕金正煒曰：民字疑當作萌，民萌古通用，故萌誤爲民。

〔九九〕循，原作脩。姚注：一作循。黃丕烈曰：吳氏補曰：商君傳作循。　祖耿案：商君書更法篇杜摯之言云：「臣聞法古無過，循禮無邪。君其圖之。」與此趙造之辭相類。又案：下句「臣願王之圖之」句下，自「王曰」至章末，與史記文大同，又與商君書公孫鞅之言類似，玆各區別校錄於後。

〔一〇〇〕祖耿案：古今不同俗，史記作「先王不同俗」，商君書作「前世不同教」，襲，商君書作復。

〔一〇一〕黃丕烈曰：宓戲，鮑本作伏羲。丕烈案，史記作虙戲。　祖耿案：商君書作伏羲。

〔一〇二〕祖耿案：三王，商君書作文、武。

〔一〇三〕祖耿案：史記觀作隨，無兩而字。商君書此兩句作：「各當時而立法，因事而制禮。」

〔一〇四〕祖耿案：此數語史記同，商君書作：「禮、法以時而定，制、令各順其宜，兵、甲、器備，各便其用。」

〔一〇五〕「一」下原有其字。姚注：禮，一作理。一本無其字。劉作「後世不一其道」。　鮑彪曰：禮世，禮施於世。　黃丕烈曰：必，鮑本無。吳氏補曰：禮世，宜從商君傳作治世。丕烈案：史記作「禮也不必一道」。　金正煒曰：按此文本當爲「治世」，唐人避「治」之字，易爲理，因轉爲禮。二句對文，無「其」字者是也。　朱起鳳曰：史記商君傳，衛鞅曰：「治世不一道，便國不法古。」商子更法：「臣故曰：『治世不一道，便國不必法古。』」治世兩句，本古人成語，故商君引之，趙武靈王亦引之。治字作理，唐人避諱而改。禮即理字之訛也。　祖耿案：「道」下，史記作「而便國不必古」。

〔一〇六〕祖耿案：此兩句史記同。商君書作：「湯武之王也，不修古而興；殷夏之滅也，不易禮而亡。」

〔一〇七〕祖耿案：此兩句史記同，商君書作：「然則反古者未必可非，循禮者未足多是也。」

〔一〇八〕姚注：錢改奇作衺，曾、集無也字。　鮑彪曰：鄒屬魯國。言二國雖無奇服，不無奇行。　吳師道曰：趙造言「服奇者志淫，俗辟者亂民。涖國者不襲奇辟之服，中國不近蠻夷之行。」故此舉其言而詰之。按索隱云：「鄒、魯好長纓，是奇服也。服非其志，皆淫辟也。而有孔門顏、冉之屬，豈無奇行哉？方俗僻處山谷，而人皆改易，不通大化，則是吳、越無秀士，何得有季札、大夫種之屬哉？」今欲略改云：「方俗僻陋」，刊「處山谷」三字。　金正煒曰：按而猶則也。「服奇」謂奇衺之服，如上文所云鯷冠秫縫之類。鄒、魯則逢掖章甫，魯哀所謂儒服也。奇行猶云邪行。管子白心篇：「奇身名廢。」注：奇謂邪，不正。姚云：錢改奇作衺。奇，亦即衺也。言服奇則志淫，是鄒魯之儒服，宜無邪行矣？蓋反詰趙造之詞，索隱未得其義。說苑修文篇：「易野者，無禮文也。」舊注亦誤。　祖耿案：史記而作者，是上有則字。

〔一〇九〕祖耿案：史記而作者，是上有則字，俊民作秀士。

〔一一〇〕祖耿案：史記是以二字作且，之謂並作謂之，教作禮。

〔一一一〕「節」上原有謂字。黃丕烈曰：「服」下鮑本有謂字。吳氏補曰：史：「進退之節，衣服之制」，無兩謂字，接下文爲是。　祖耿案：史記此句作：「夫進退之節，衣服之制者」一長句。

〔一一二〕鮑彪曰：此謂「進退」以下。　祖耿案：史記民下有也字。

〔一一三〕鮑彪曰：言其順俗。　祖耿案：此二語史記作：「故齊民與俗流，賢者與變俱。」

〔一一四〕黃丕烈曰：鮑本無兩於字。丕烈案：史記無。　祖耿案：史記諺上有故字，書下無爲字。

〔一一五〕祖耿案：史記循上無故字。

〔一一六〕鮑彪曰：趙記（武靈王）十九年有，無二趙諫詞。彪謂拓地開邊，非有國之所先也。不得已而有攘却之事，嚴兵而已。兵嚴而士用命，雖不胡服，其無成功？如其不然，雖易服變古，何救於敗哉？孟子曰：「行一不義而得天下，不爲也。」武靈之志，欲得中山、胡地而已，遂擧國而夷，甚矣其不權於輕重小大之差也！且其所稱反古之說，皆鉤金一輿羽之類，古所謂以辯言亂舊政者也，何足取哉！而史無識，故備論之。

吳師道曰：史衛鞅傳與此章多同，今考列於後：

衛鞅曰：「疑事無功，疑行無名。」

肥義曰：同。

「有高人之行者，固見非於世；有獨知之慮者，必見敖於民。」

王曰：「有高世之功者，必有遺俗之累；有獨智之慮者，必被庶人之恐。」

「愚者闇於成事，智者見於未萌。論至德者不和於俗，成大功者不謀於衆。」

肥義曰：同。

「聖人苟可以强國，不法其故；苟可以則民，不循其禮。」

王曰：「聖人苟可以利其民，不一其用；果可以便其事，不同其禮。」

甘龍曰：「聖人不易民而教，智者不變法而動。因民而教者，不勞而成功；緣法而治者，吏習而民安之。」

趙造曰：「聖人不易民而教，智者不變法而動。因民而教者，不勞而成功；據俗而動者，慮徑而易見。」

衛鞅曰：「龍之所言，世俗之言也。常人安於故俗，學者溺於所聞，以此兩言居官守法可也，非所以論於法之外也。三代不同禮而王，五伯不同法而霸。智者作法，愚者制焉；賢者更禮，不肖者拘焉。」

王曰：「子言世俗之間，常民溺於習俗，學者沉於所聞，此兩者所以成官而順政也，非所以觀遠而論始也。且夫三代不同服而王，五伯不同教而政。智者作教而愚者制焉，賢者議俗，不肖者拘焉。」

杜摯曰：「法古無過，循禮無邪。」

趙造曰：「循法無過，脩禮無邪。」

衛鞅曰：「治世不一道，便國不法古。湯、武不循古而王，夏、殷不易禮而亡。反古者不可非，而循禮者不足多。」

王曰：「禮世不一其道，便國不必法古。聖人之興也，不相襲而王；夏殷之衰也，不易禮而滅。然則反古未可非，而循禮不足多也。」

衛鞅、趙武靈所稱「民不可慮始，治不必相襲」者，初不全非，但所以行是言者悖耳！商君傳語，策具有之，惟「民不可與慮始而可與樂成」不襲用，而用其意也。史遷於趙世家所不載者，二趙諫辭耳。二事皆變古者也。當時記載與遷所錄，固不能無混歟？然商君傳文法而簡，策文錯以他語，奇而肆，可所參觀。漢韓安國、王恢議伐匈奴辯難之辭亦類此，亦間采其數語。史云：趙文、趙造、周袑（音紹）、趙俊皆諫。按周袑，即後章周紹傅王子何者，紹辭傅而未嘗諫易服也；趙俊即趙燕後服者，王讓之即受服，史謬云諫也。牛贊嘗有諫而史不言。

朱起鳳曰：國策以此爲趙武靈王事，史記趙世家亦指爲趙武靈王事，惟商子屬之秦孝公。殆因兩人多言變法，故記載譌舛耳。此與韓非子初見篇中語，秦策誤作張儀，其例正同。

祖耿案：末句史記作：『「子不及也。」遂胡服招騎射。』

五

王立周紹爲傅〔一〕，曰：『寡人始行縣，遇番吾〔二〕，當子爲子之時，踐石以上者〔三〕，皆道子之孝，故寡人問子以璧〔四〕，遺子以酒食，而求見子。子謁病而辭〔五〕。人有言子者曰：「父之孝子，君之忠臣也。」故寡人以子之知慮爲辨足以道人，危足以持難〔六〕，忠可以寫意，信可以遠期〔七〕。詩云〔八〕：「服難以勇，治亂以知，事之計也；立傅以行，教少以學，義之經也；循計之事，失而不累〔九〕；訪議之行，窮而不憂〔一〇〕。」故寡人欲子之胡服以傅王子〔一一〕。」周紹曰：「王失論矣〔一二〕！非賤人所敢任也！」王曰：「選子莫若父，論臣莫若君，君，寡人也！」周紹曰：「立傅之道六。」王曰：「六者何也？」周紹曰：「知慮不躁達於變，身行寬惠達於禮〔一三〕，威嚴不足以易於位〔一四〕，重利不足以變其心，恭於教而不快，和於下而不危〔一五〕。六者傅之才，而臣無一焉！隱中不竭，臣之罪也〔一六〕！傅命僕官〔一七〕，以煩有司，吏之恥也。王請更論！」王曰：「知此六者，所以使子！」周紹曰：「乃國未通於王胡服〔一八〕，雖然，臣王之臣也，而王重命之，臣敢不聽令乎？」再拜，賜胡服。王曰：「寡人以王子爲子任，欲子之厚愛之，無所見醜，御道之以行義，勿令溺苦於學〔一九〕。事君者順其意，不逆其志；事先者明其高，不倍其孤〔二〇〕。故有臣可命，其國之祿也。子能行是，以事寡人者畢矣〔二一〕。書云：『去邪無疑，任賢勿貳〔二二〕』，寡人與子，不用人矣〔二三〕。」遂賜周紹胡服，衣冠具帶〔二四〕，黃金師比〔二五〕，以傅王子〔二六〕。

〔一〕祖耿案：史記趙世家周袑，集解徐廣曰：戰國策作「紹」。又案：顧觀光隸此於赧王八年。

〔二〕吳師道曰：行去聲。金正煒曰：按番吾，史記趙世家作播吾，六國表作鄱吾，漢志常山郡有蒲吾縣，皆一聲之歧也。

〔三〕鮑彪曰：踐石，謂能騎乘者。禮：「洗王石」，注：乘馬石。　金正煒曰：釋名釋形體：子，小稱也。管子海王篇：「吾子食鹽二升少半」，注：吾子謂小男、小女也。又秦策：「臣亦嘗爲子」，鮑注：子，餘子也。踐石以上，猶云歷階而升，謂番吾之謁王者耳。韓非外儲說：「趙主父令工施鉤梯而緣播吾。」故見王者，必踐石以上。鮑注踐石謂能騎乘者，疑非確詁。

〔四〕鮑彪曰：問，以禮遺之。

〔五〕祖耿案：謁，鮑本作謂。

〔六〕鮑彪曰：危，言有危苦之節。　吳師道曰：危，高狀也。　金正煒曰：按廣雅釋詁：危，正也。莊子繕性篇：「危然處其所」，注：危然獨正之貌。鮑、吳説並非。

〔七〕鮑彪曰：寫，猶宣。信可以遠期，久而不渝也。

〔八〕黄丕烈曰：鮑改「詩」爲「諺」。

〔九〕「累」上原無「不」字。鮑彪曰：循計之事，先計而順行之。　黄丕烈曰：今本「而」下有「不」字，乃誤涉鮑也。鮑改失爲佚。吳氏有正。「而」下補「不」字，吳氏補曰：以下句例之，此恐缺不字。　金正煒曰：按鮑補不字當是。失與佚古通用，此不煩改。

〔一〇〕鮑彪曰：窮，言盡事之情。　吳師道曰：此言勇智爲事之計，指胡服言。行學爲事之經，指立傅言。循計謀之事，雖有過失而無累，訪謀議之行，雖有窮急而不憂。「訪議」又疑「放義」，謂放於義也。　金正煒曰：賈子新書官人篇：「仁足以訪議。」吳氏疑訪議當作放義，與循計句並承上文而言，於義亦得。

〔一一〕「王子」原作「王乎」。黄丕烈曰：今本乎作子，乃誤涉鮑也。鮑改乎爲子。吳氏補曰：乎當作子。大事記改。　金正煒曰：「王乎」自是「王子」之譌。此由子誤爲于，于、乎古通。呂覽審應篇：「然則先生聖于？」高注：于，乎也。故復傳寫爲乎。楚策：「勢爲王妻以臨子」，今本子誤爲于，即與此同。

〔一二〕金正煒曰：論，猶擇也。下文「選子莫若父，論臣莫若君。」又云「王請更論」，義並如擇。

〔一三〕黃式三曰：禮，當作仁。

〔一四〕鮑彪曰：素位而行，不爲威嚴所移。

〔一五〕鮑彪曰：怏爲縱逸。　金正煒曰：按危與詭通。淮南說林篇：「尺寸雖齊必有詭。」文子上德篇詭作危。漢書天文志：「司詭星出正西。」史記天官書詭，作危。一切經音義引三蒼：詭譎也。又漢書劉輔傳：「此其言必有卓詭，切至當聖心者。」注：詭，異於衆也。

〔一六〕鮑彪曰：隱，自匿也，中謂情實。此疑與趙造諫本一說。黃丕烈曰：竭，鮑本作謁。吳氏補曰：不謁，一作不竭。中，一作忠。即趙造語。

〔一七〕鮑彪曰：傅、附同，比也。僕，猶辱。

〔一八〕黃丕烈曰：鮑「王」下補「之」字。　金正煒曰：乃國疑是國人之譌，又誤倒也。篆文人作尺，乃作𠄎。二形相似，因以致誤。易繫辭上傳：「推而行之謂之通」，又小爾雅廣詁：通，達也。言國人猶未達王變服之意。

〔一九〕鮑彪曰：溺、苦，皆勞也。勞於學，以無導之者故也。　吳師道曰：醜，言惡事也。學，言誦習也。謂厚愛教之，毋使見醜事。以行義導之，毋沉溺困苦於誦習之末也。武靈安知行義，蓋習聞古語，猶紹之論立傅爾。方務胡服騎射，宜以誦習爲溺苦也。　秦異人不習於誦而王罷之。當時氣習類是，焚書之禍兆矣！

〔二〇〕鮑彪曰：先，先君。　金正煒曰：按史載，武靈王使周紹胡服傅王子何。何者，吳娃之子。武靈王愛何，欲及其生而立之，故此文所以詔紹者，意皆有屬也。事君不逆其志，謂胡服以傳王子。事先之先，鮑注以爲先君，蓋即王之自謂也。孤謂王子何。故云：子能行是，以事寡人者畢矣。

〔二一〕黄丕烈曰：鮑「以」上補「所」字。

〔二二〕鮑彪曰：書禹謨。　祖耿案：無，鮑本作勿。

〔二三〕金正煒曰：秦策，「吾與王也不用人言」，謂人不得間之。文義正同。又呂覽貴直篇：「王胡不能與野士乎？」注：與，猶用也。

〔二四〕貝原作具。鮑彪曰：具帶，帶飾之備也，猶具劍。　吳師道曰：史記匈奴傳：「黄金具帶。」音義云：腰中大帶。吳氏又曰：淮南子云：「趙武靈王貝帶鵕鸃而朝。」此以具作貝。漢書佞幸傳：「孝惠時，郎、侍中皆冠鵕鸃貝帶。」注：以貝飾帶。　黄丕烈曰：今本具作且。　朱起鳳曰：貝帶，以海貝飾帶也。胡地沙漠，得貝良難。貝字作具，乃字形之訛。若讀如本字，則非其旨矣。王國維胡服考曰：具帶，貝帶，國策、淮南互異。二字形相近，故傳寫多訛。顔師古注漢書佞幸傳云：「貝帶，海貝飾帶。」然此帶本出胡制，胡地乏水，得貝綦難。且以黄金飾，不容更以貝飾，當以作具爲是。具帶者，黄金具帶之略。黄金師比者，具帶之鉤。其用黄金師比爲帶鉤，當自趙武靈王始矣。

〔二五〕姚注：史記匈奴傳，漢遺單于有黄金飾貝帶一飾。漢書要義曰：腰中大帶，黄金胥紕一。徐廣曰：或作「犀毗」。注引戰國策「趙武靈王賜周紹貝帶黄金師比」。延篤云：胡革帶鉤也。則此帶鉤，亦名「師比」，則胥、犀與師並相近，而説各異耳。　鮑彪曰：師比未詳，蓋衣章。主術訓：「武靈王貝帶鵕鸃而朝」，注：鵕鸃讀曰師鈚頭三字，與此小異。　吳師道曰：漢書：「黄金犀比。」師古云：胡帶之鉤也。延篤説周大事記引。又謂師比，史記胥紕，師、犀、胥，一也。　劉辰翁曰：犀毗，即今鈎搭。　祖耿案：楚辭大招：「小腰秀頸，若鮮卑只。」王注：鮮卑帶頭，言腰頸細如束帶也。太平御覽六百九十六服章部十三帶類：東觀漢記曰：「鄧遵破匈奴，上賜金剛鮮卑緄帶一具。」鮮卑與師比、胥紕、犀毗音近相轉。漢書匈奴傳上，孝文遺匈奴「黃金犀毗一」。顏注：犀毗，胡帶之鉤也。亦曰鮮卑，亦謂師比，總一物也，語有輕重耳。

〔二六〕「子」下原有「也」字。吳師道曰：大事記書趙惠后卒，使周紹胡服傅王子。解題云：惠后，吳娃也。娃方死，憐其子而將立之，廢長立少之意，已見於此，而其論傅時，有古之遺言。愚謂命胡服而誦古之遺言，豈其然乎？黃丕烈曰：也，鮑本無。黃式三曰：武靈王二十五年，何生已十年，立傅以教之。何毋適于是年卒。

六

趙燕後胡服〔一〕，王令讓之，曰：「事主之行，竭意盡力，微諫而不譁〔二〕，應對而不怨，不逆上以自伐，不立私以爲名。子道順而不拂，臣行讓而不争。子用私道者，家必亂；臣用私義者，國必危。反親以爲行，慈父不子；逆主以自成，惠主不臣也〔三〕。寡人胡服，子獨弗服，逆主罪莫大焉。以從政爲累〔四〕，以逆主爲高，行私莫大焉！故寡人恐親犯刑戮之罪〔五〕，以明有司之法。」趙燕再拜稽首曰：「前吏命胡服〔六〕，施及賤臣，臣以失令過期，更不用侵，辱教，王之惠也〔七〕！臣敬循衣服以待今日〔八〕！」

祖耿案：顧觀光隸此於赧王八年。

〔一〕鮑彪曰：服後於衆。

〔二〕鮑彪曰：譁，讙也。

〔三〕鮑彪曰：惠，猶慈。

〔四〕鮑彪曰：政，胡服之政。

〔五〕鮑彪曰：燕，公族也，故稱親。　吳師道曰：親，身犯之也。

〔六〕鮑彪曰：前，前日。

〔七〕姚注：吏，一作史。鮑彪曰：吏猶反。侵辱，刑也。言己宜服刑，王反不刑而教之。　吳師道曰：吏，改也。侵辱教，刑也。　金正煒曰：按「吏」當從一本作史，史即上所云「吏命胡服」之吏。儀禮士冠禮注：「群吏有事者」，疏：吏、史亦一也。説文：吏，治人者也，從一從史。故此文或言吏，或言史也。侵當爲㑥，形似而譌。玉篇：㑥，古文辟字。左氏襄二十五年傳：「先王之命，唯罪所在，各致其辟。」杜注：辟，誅也。漢書匈奴傳：「於是作吕刑之辟」，注：辟，法也。吏不用辟，謂吏不行其法也。「辱教」二字爲句。禮記曲禮：「君言至，則主人出拜君言之辱。」疏：辱者，言屈辱尊者之命來也。蔡邕獨斷：諸侯言曰教。正字通：教，諭告之詞，其義與令同也。前云「王令讓之」，故燕言辱王之教也。

〔八〕姚注：循，一作脩。鮑彪曰：令，善也。　黄丕烈曰：今本「今日」作「令甲」，鮑本作「令日」。　金正煒曰：「令」當爲「命」，日字疑衍。黄丕烈札記云：今本「今日」作「令甲」，義亦未安。疑甲或爲申，本作「申令」又誤倒置。「以待申令」，猶云以待後命。漢書高帝紀：「漢王下令」，師古曰：令，教令也。荀子富國篇注：再令曰申。

七

王破原陽以爲騎邑〔一〕，牛贊進諫曰〔二〕：『國有固籍，兵有常經〔三〕；變籍則亂，失經則弱；今王破原陽以爲騎邑，是變籍而棄經也！且習其兵者輕其敵〔四〕；便其用者易其難〔五〕；今民便其用而王變之，是損君而弱國也〔六〕！故利不百者不變俗；功不什者不易器〔七〕；今王破卒散兵以奉騎射，臣恐其攻獲之利不如所失之費也〔八〕！』王曰：『古今異利，遠近易用；陰陽不同道，四時不一宜；故賢人觀時而不觀於時〔九〕；制兵而不制於兵；子知官府之籍，不知器械之利；知兵甲之用，不知陰陽之宜〔一〇〕；故兵不當於用，何兵之不可易？教不便於事，何俗之不可變？昔者，先君襄主，與代交地〔一一〕，城境封之〔一二〕名曰「無窮之門」，所以昭後而期遠也〔一三〕。今重甲循兵，不可以踰險〔一四〕；仁義道德，不可以來朝〔一五〕。吾聞「信不棄功，知不遺時」，今子以官府之籍亂寡人之事，非子所知〔一六〕！』牛贊再拜稽首曰：『臣敢不聽令乎！』王遂胡服〔一七〕，率騎入胡，出於『遺遺之門〔一八〕』，踰九限之固，絶五陘之險〔一九〕，至榆中，辟地千里〔二〇〕。

〔一〕鮑彪曰：原陽屬雲中。騎邑，居騎士於此。吳師道曰：破者，破卒散兵以爲奇。張琦曰：原陽在今大同府西北。程恩澤曰：案漢志，雲中郡有原陽縣。水經注：芒干水西南逕武皋縣（今殺虎口），又南逕原陽縣故城西，在今朔平府右玉縣西北邊城北（在歸化城西北）。顧觀光曰：原陽，漢志屬雲中，在今朔平府城西北。祖耿案：顧觀光隸此於赧王九年。

〔二〕鮑彪曰：牛贊，趙人。

〔三〕鮑彪曰：固，言不變。籍，猶令甲。吳師道曰：固、故通。

〔四〕鮑彪曰：習於敵人之兵，則玩而易之。

〔五〕鮑彪曰：用，言本國械用。吳師道曰：易，以豉反。

〔六〕姚注：損，一作捐。金正煒曰：按君字，疑本爲群，脱損半字而譌也。呂覽召類篇：「群者，衆也。」此言自棄其衆。

〔七〕吳師道曰：此亦商君傳杜摯語，俗作法。

〔八〕金正煒曰：按攻當作攸，二形相似而誤。爾雅釋言：攸，所也。尚書大禹謨「嘉言罔攸伏」，孔傳：攸，所也。

〔九〕鮑彪曰：時猶俗也。視俗而變，不爲俗所窺。

〔一〇〕鮑彪曰：趙居胡之南，陽也，欲攻胡而用趙兵，非其宜也。吳師道曰：陰陽之宜，言天地氣化之運，人事剛柔之節。其詳則若范蠡之所以答越王者，語見國語。大事記解題，周元王元年載之。

〔一一〕鮑彪曰：交，猶接。

〔一二〕鮑彪曰：築城境上，爲之封域。

〔一三〕黄丕烈曰：鮑改昭爲詔。程恩澤曰：案史記云：「遂至代，北至無窮。」胡三省曰：自代北出塞外，大漢數千里，故曰無窮，引國策云云。此説非是，窮與終通（莊子終髮，即窮髮，南荒地），無窮謂無終，即左傳無終子國也。漢志右北平郡有無終縣，其地相傳在今遵化州及玉田縣。（或曰在今薊州，非是。薊州乃徐無，非無終也。）顧炎武曰：據漢書樊噲傳：「擊陳豨破，得綦毋卬、尹潘軍於無終廣昌（今屬易州，距玉田七百餘里，顧謂千有餘里，稍誤），則其初境，當在雲中、代郡之間。江永曰：晉自荀吴敗無終及群狄，漸擴代北之地。其後趙氏盡得代地，而無終之國，乃在右北平，是無終本與代隣，故曰：「遂至代，北至無窮。」策謂：「與代交地，城境封之，名曰『無窮之門』」，正與史合。無窮似即無終，當在今直隸易州廣昌縣。顧觀光曰：史記：武靈王北至無窮，即此。金正煒曰：按史記：「王北略中山之地，至於房子，遂之代，北至無窮。」史記志疑曰：疑是無終。左傳有無終子國，漢志右北平郡有無終縣。顧祖禹云：春秋時山戎爲無終國。前謂趙王曰三晉合章，趙王因起兵而伐山戎。則此文無窮，當即無終，終、窮字古通用也。釋名釋典藝：詔，照也。人暗不見事宜，則有所犯，以此照示之，使昭然知所由也。昭、詔義通，不煩改易。

〔一四〕姚注：循，一作脩。鮑彪曰：趙甲重，不若新甲之輕。循，言其因舊。吴師道曰：循，行也。言被重甲執兵而行，不可以踰險，不若胡服騎射之便利。金正煒曰：按一本作脩是也。廣雅釋詁：脩，長也。被重甲，執長兵，則難於踰險。鮑失其義，吴亦不辨循字之譌。左氏昭二十一年傳：「齊致死，莫如去備。」注：備，長兵也。

〔一五〕鮑彪曰：此言胡也。

〔一六〕黄丕烈曰：今本「今」誤「令」。「知」，鮑本作「智」。

〔一七〕王，原作至。姚注：集劉作王。金正煒曰：鮑本作「王遂胡服」，是也。

〔一八〕鮑彪曰：此門義取胡者，古今所遺。吳師道曰：無據而謬。程恩澤曰：按顧祖禹曰：今陝西榆林鎮（今爲榆林府），廢勝州（今神木縣邊外），北有榆溪塞，漢曰廣長榆塞，即國策所云「出于遺遺之門，踰九限之固，絕五陘之險」者也。又蘇厲爲齊遺趙惠文王書：秦之上郡，近扞關，至於榆中者千五百里，亦即此地（此據史記，文與國策小異）。雖非確詁，而大意不甚相遠也。金正煒曰：遺遺之門未詳，疑即上文所云無窮之門。故書殘缺二字，昔人於其間連注遺字以識之，與作口口例同，後人乃誤併入文耳。正字通：遺遺與委蛇通，引策注，言其路透迤也，恐非。

〔一九〕陘，原作俓。黃丕烈曰：俓，鮑本作徑。丕烈案：此當是陘之假借耳。金正煒曰：九限，疑本作九阮，即九原也。趙世家：武靈王攘地，北至燕、代，西至雲中、九原。通典：趙置九原郡，秦因之。漢爲九原縣，五原郡治焉。漢志：代郡五原關，說文作五阮關，故九原亦或作「九阮」，限又阮之譌也。漢書匈奴傳載：征和中，匈奴入五原，御史大夫商丘成軍至追斜徑，無所見，還。「五徑」疑即追斜之類，或爲「五陘」之譌。爾雅釋山：「山絕陘」，疏謂：山形連延中忽斷絕者名陘。呂氏春秋：「天下九塞，井陘其一。」地記：「太行八陘，其第五陘曰土門關，即井陘也。」趙世家：武靈王二十年，使趙希并將胡、代，趙與之陘。正義：并將代、趙之兵，與諸軍向井陘之側也。

〔二〇〕吳師道曰：大事記謂：賜周紹胡服衣冠貝帶，黃金師比，此胡服也。又引水經注、竹書紀年：邯鄲命將軍、大吏、適子、代吏，皆貂服，即胡服之事。按胡廣曰：趙武靈王改胡服，以金璫飾前，前插貂尾爲貴職。或以北土多寒，胡人以貂皮溫額，後代效之，亦曰惠文。漢曰武弁，曰女冠，武官冠之。侍中、中常侍加黃金璫，附蟬爲文，貂尾爲飾。漢宮儀又名鵕鸃冠。愚謂貂服者此類也。今之靴，亦武靈所製云。又云：一本標春秋後語云：武靈王十九年春正月，大朝信武宮，乃召肥義與議天下事，五日而畢。遂北略中山，登黃華之上。注云：黃華，山名也。戰國策云：武陵王游於大陵，夢見處女鼓瑟而歌，登黃華之上。今按史：十六年游大陵，夢處女；十九年大朝信宮，召肥義議事，略中山，至房子，之代地，至無窮，西至河，登黃華之上。先後不同。所載戰國策云云者，今缺，姑記以廣聞。　黃丕烈曰：榆，鮑本作胡。吳氏補曰：「胡中，一本榆中。世家：二十年，王西略胡地，至榆中。正義云：勝州所治榆林。」又曰：案所標姚氏列遺逸有之，見後附錄。　張琦曰：史正義云：勝州北河北岸。與吳氏所引異。故勝州在今榆林府東北四百五十里，其北有榆谿塞，即榆中也。　程恩澤曰：案漢志，金城郡有榆中縣。但此乃秦、漢縣名，非戰國之榆中也。伍被傳：「廣長榆，開朔方」，注：長榆在朔方，即衛青傳所云榆溪舊塞，或謂之榆中。始皇紀：「西北斥逐匈奴，自榆中並河以東，屬之陰山，以爲三十四縣。」項羽紀：「蒙恬爲秦將，北逐戎人，開榆中地數千里。」蘇林曰在上郡，崔浩云：蒙恬樹榆爲塞也。水經注：諸次水出上郡諸次山，東逕榆林塞，又謂之榆林山，即漢書所謂榆谿舊塞者。（河水篇又以蒙恬所開榆中，爲金城郡屬縣，說稍互異。）括地志：榆中，勝州所治榆林縣。正義：勝州北河北岸。通典：勝州榆林郡南，即秦榆林塞。輿地廣記：榆林縣東有榆林關（隋開皇三年置）。胡三省曰：據衛青取河南地，案榆林舊塞正在唐麟、勝二州界，其西接古上郡之境。道元牽合班志金城郡榆中縣，反以蘇林爲誤，非是。合諸說推之，趙之榆中，自當在今陝西榆林府榆林縣邊城外。其甘肅金縣之榆中故城，則漢縣也。（通典又謂榆中故城在蘭州五泉縣，即此。）又案：胡中即榆中也。據吳以正義爲證，則亦主榆林縣，與鮑異義，而不爲是正，未審厥指。

卷二十　趙三

一

趙惠文王三十年〔一〕，相都平君田單問趙奢曰〔二〕：「吾非不説將軍之兵法也，所以不服者，獨將軍之用衆！用衆者，使民不得耕作，糧食輓賃，不可給也〔三〕，此坐而自破之道也！非單之所爲也！單聞之，帝王之兵，所用者不過三萬，而天下服矣。今將軍必負十萬二十萬之衆乃用之，此單之所不服也。」馬服曰〔四〕：「君非徒不達於兵也，又不明其時勢〔五〕。夫吴干將之劍〔六〕，肉試則斷牛馬，金試則截盤匜〔七〕，薄之柱上而擊之，則折爲三〔八〕，質之石上而擊之，則碎爲百〔九〕。今以三萬之衆而應强國之兵，是薄柱擊石之類也〔一〇〕。且夫吴干將之劍材，難〔一一〕夫毋脊之厚而鋒不入；無脾之薄而刃不斷〔一二〕；兼有是兩者，無鈎罕鐔蒙須之便〔一三〕，操其刃而刺，則未入而手斷。君無十餘二十萬之衆而爲此鈎罕鐔蒙須之便〔一四〕，而徒以三萬行於天下，君焉能乎？且古者四海之内，分爲萬國，城雖大，無過三百丈者〔一五〕；人雖衆，無過三千家者；而以集兵三萬距，此奚難哉〔一六〕？

今取古之爲萬國者，分以爲戰國七，能具數十萬之兵，曠日持久，數歲，即君之齊已〔一七〕！齊以二十萬之衆攻荆，五年乃罷；趙以二十萬之衆攻中山，五年乃歸〔一八〕。今者，齊韓相方而國圍攻焉〔一九〕，豈有敢曰我其以三萬救是者乎哉？今千丈之城、萬家之邑相望也。而索以三萬之衆圍千丈之城不存其一角，而野戰不足用也〔二〇〕，君將以此何之？』都平君喟然大息曰：『單不至也〔二一〕！』

〔一〕祖耿案：顧觀光隸此於赧王五十一年，曰：「三十年下有脱文。」

〔二〕鮑彪曰：按史，單無都平之稱。魏策三言「平都」，今從之。又按孝成元年，單將趙師攻燕，二年爲相。蓋相平都而將之，實自惠文。至孝成，乃攻燕復相也。　吴師道曰：史趙世家：惠文王三十三年卒，孝成王元年，田單將趙師攻燕及韓。二年，田單爲相。此稱都平君，是仍齊相之稱。都平即安平也，故大事記俱作安平君。魏策長平之役，平都君云云，不言是田單也。惠文三十年，正趙奢破秦軍閼與後一歲，單未至趙也。疑三十年下有缺文。　黄丕烈曰：鮑改都平爲平都，吴氏有正。　金正煒曰：按相上疑脱齊字，是時單猶未相趙也。吴據大事記，以都平君即安平君，當是。鮑改平都，無據。

〔三〕鮑彪曰：賃，所税於民者。　金正煒曰：按賃與任通（集韻：賃作任）。漢書地理志：「幼者扶老，而代其任。」注：任，負戴也。賈山傳：「百姓任罷」，注：任謂役事。詩黍苗：「我任我輦」，箋：「有負任者，有輓輦者。」即此所云輓任也。鮑注「賃所税於民者」，與上「不得耕作」義不相蒙，恐非確詁。

〔四〕吴師道曰：馬服，注見秦策。張華曰：趙奢冢在邯鄲西山上，謂之馬服山。　黄丕烈曰：「曰」上鮑有君字。丕烈案，馬服，即馬服君也，後有。

〔五〕鮑彪曰：兵則吳干之喻，時勢則萬國、七國之異。

〔六〕姚注：荀子注引作：「吳干將之劍。」鮑彪曰：吳王使干將鑄之，故云。金正煒曰：按管子小問篇：「昔者吳干戰。」俞樾諸子平議云：干，古國名，後爲吳邑。莊子刻意篇：「夫有干越之劍」，釋文引司馬云：干，吳也。呂覽疑似篇：「相劍者之所患，患劍之似吳干者。」蓋吳、干皆國名，其民並以鑄劍稱於時，故言劍必稱吳、干。或曰干、越，猶馬之言燕代也。高注呂覽已誤爲吳之干將，楊倞亦不辨干之爲義，以意增入「將」字，鮑氏遂沿其誤。

〔七〕鮑彪曰：匜，盥器。吳師道曰：荀子作「劙盤盂」。注：銅器，引策文。

〔八〕鮑彪曰：薄，猶迫。吳師道曰：薄，音搏。

〔九〕鮑彪曰：質，以石爲鑕。

〔一〇〕吳師道曰：言劍雖利，然薄之於柱，質之於石而擊之，則不敵於柱、石之堅，必折且碎。黃丕烈曰：類，鮑本作謂。吳補：一本「之謂」作「之類」。

〔一一〕鮑彪曰：材，謂脊脾之類，不易得也。

〔一二〕鮑彪曰：脾，近刃處。黃丕烈曰：鮑改毋爲無。吳氏補曰：無通。丕烈案：吳補亦未是也。下句乃以無爲毋。難字屬此句讀，連上者非。金正煒曰：而猶則也。黃氏以上文句末「難」字屬此句讀，義亦未安。

〔一三〕姚注：須，曾作頊。鮑彪曰：鉤，劍頭鐶。竿與榦同，集韻：柄也。鐔，珥鼻也。蒙須疑爲劍繩，猶蒯緱也。爾雅：草有夫須，蓋以草爲繩。吳師道曰：鉤亦劍屬，姚云曾本須作頊，亦未詳。黃丕烈曰：兩，鮑本作二。今本鈞作佝，鮑本作鈎。罕鮑本作罕，鮑改罕爲竿。吳氏正曰：一本作罕，是，下同。罕即咢字，鍔同，刃鋒也。金正煒曰：鈎，當從鮑本作鉤。朱起鳳曰：蒯字從朋，蒙朋音相近；須侯雙聲。蒯緱作蒙須，乃方俗語言之殊，其實質固無別也。

〔一四〕黄丕烈曰：吴氏補曰：餘，恐即上文萬字。丕烈案：吴説未是也，此不當改。金正煒曰：上「而」字猶以也，説詳釋詞。

〔一五〕姚注：三百丈，集作三丈。

〔一六〕鮑彪曰：集，言平時團集，非烏合也。

〔一七〕鮑彪曰：言以三萬拒數十萬，必敗亡也。齊嘗爲燕昭所破，故云。吴師道曰：「能具」云云，即下云齊以二十萬衆，攻荆五年之事。黄丕烈曰：鮑「能」上補「不」字，吴氏有正。金正煒曰：按吴説近是，惟以鮑注求之，其所據本，具當爲拒，已當爲亡，故補不字以成義。若如今文，則補不字轉不可通。或吴氏據姚本以正之歟？惟就鮑注，作拒、作亡、補不字，義仍未安，惟訓能爲如，文義乃明。詩民勞「柔遠能邇」，箋：能猶如也。數歲疑數戰之譌。爾雅釋詁：數，疾也。管子幼官篇：「數戰則士疲。」燕策：「數戰則民勞。」

〔一八〕鮑彪曰：此言雖衆猶不亟得志，况三萬乎？

〔一九〕鮑彪曰：方，猶比，猶敵。兩國或圍或攻。祖耿案：而，鮑本作兩。

〔二〇〕鮑彪曰：索猶求。「不存其一角」，言城大兵少，曾不處城之一角，豈能合圍？既不能圍，亦不可戰也。金正煒曰：按上而字，當讀如若；後而字猶則也。言以三萬之衆圍千丈之城，不遺其一角，即無餘兵以爲野戰之用。也猶矣也，鮑注未得其旨。

〔二一〕鮑彪曰：至猶及也，言慮不及此。彪謂兵不期少多，商敵爲數耳。單也以少擊衆，奇兵也；奢也以衆敵衆，正兵也。論兵者當以正爲常，而用之則務出奇。奇，不可論也。單也因於即墨之勝，欲以奇爲常而廢正，此其論所以屈也。吴師道曰：兵不期多少，商敵爲數，此論是矣。而有所未盡，以其論兵而不論將也。單之破燕，蓋乘衆之憤懈而設奇駭之。奢之救閼與，曰道遠險狹，猶兩鼠鬬穴中，將勇者勝。其後卒以計敗秦。而長平之役，括以四十五萬之衆而不免於白起。將善，則能以少而勝；不善，則雖多而亦敗爾！雖然，人知少之害而未知多之累。曹操以八十萬而敗於赤壁，將非不善也。故韓信之論高帝曰：「不過能將十萬」，而多多益辦，獨信能之。論兵者可以不知將哉？

二

趙使机郝之秦〔一〕，請相魏冉。宋突謂机郝曰〔二〕：『秦不聽，樓緩必怨公〔三〕。公不若陰辭樓子，曰〔四〕：「請無急秦王。」秦王見趙之相魏冉之不急也〔五〕，且不聽公言也〔六〕，是事而不成，以德樓子；事成，魏冉固德公矣〔七〕。』

〔一〕黄丕烈曰：鮑改机郝爲仇赫。丕烈案：東周策有「仇赫之相宋」，鮑所據也。此文史記作仇液。索隱曰：戰國策作朻郝，蓋一人而記別也。考後策有「齊人戎郭、宋突謂仇郝曰」，又有「令仇郝相宋」，即此。「机」者，「朹」之别體，於「仇」爲同字。郝、赫、液，聲之轉也。　祖耿案：顧觀光隸此於赧王十五年。

〔二〕鮑彪曰：宋突，齊人，郝客。　吴師道曰：無據。史作宋公，索隱引策云：宋交。　金正煒曰：按三國攻秦趙攻中山章：「齊人戎郭、宋突謂仇郝曰」，鮑注：雖齊人而倍齊。故於此策注爲「齊人，郝客。」惟齊人戎郭，本「成郭」之譌，説詳後章。鮑氏沿其誤而臆爲説，宜爲吴氏所譏。

〔三〕鮑彪曰：秦時已相綏。

〔四〕鮑彪曰，辭，告之也。 金正煒曰：禮記表記：「故仁者之過易辭也。」注：辭猶解說也。 祖耿案：曰字。鮑本無。

〔五〕鮑彪曰：秦王，昭王。言爲綏故，請之不力。 黃丕烈曰：也鮑本無。

〔六〕鮑彪曰：公謂郝。

〔七〕「成」下原無「以德樓子，事成」六字。 鮑彪曰：穰侯傳有，云秦昭七年，此（武靈王）二十六年。吳師道曰，史：趙人樓緩來相秦，數不利，乃使仇液云云。於是仇液從之，而秦果免樓緩，而魏冉相。 黃丕烈曰：鮑「成」下補「以德樓子，事成」六字。吳氏補曰，史此下有「以德樓子，事成」六字，恐策有缺文。

三

齊破燕，趙欲存之〔一〕。樂毅謂趙王曰：「今無約而攻齊，齊必讎趙〔二〕，不如請以河東易燕地於齊〔三〕。趙有河北，齊有河東〔四〕，燕趙必不爭矣。是二國親也〔五〕。以河東之地強齊〔六〕，以燕以趙輔之〔七〕，天下憎之〔八〕，必皆事王以伐齊，是因天下以破齊也。」王曰：「善。」乃以河東易齊。楚魏憎之，令淖滑惠施之趙，請伐齊而存燕〔九〕。

〔一〕鮑彪曰：之、噲之亂，燕七年。此（趙武靈）十二年。 祖耿案：顧觀光隸此於赧王元年，曰：「此即宣王所謂諸侯多謀伐寡人者。」

〔二〕鮑彪曰：不約與國，而獨攻齊，故齊怨。若有與同攻，則怨有所分矣。

〔三〕鮑彪曰：齊破燕，所謂地近趙，趙以河東易之。

〔四〕鮑彪曰：此二非郡。張琦曰：河北謂漁陽、涿郡，河東謂清河、渤海諸邑，近齊者也。

〔五〕金正煒曰：按「燕趙必不爭，」當爲「齊趙必不爭，」故云二國親也。燕地入於趙，無所得以償其失，何知其無爭而與趙親乎？燕爲齊破，趙與齊親，是以燕、趙輔之也。或「以燕」二字誤衍。

〔六〕鮑彪曰：言齊得河東，則益强。

〔七〕姚注：劉去下「以」字。鮑彪曰：與之易地，是助之也。

〔八〕鮑彪曰：害其强。

〔九〕吳師道曰：大事記，按樂毅傳，毅賢好兵，趙人舉之。及武靈王有沙丘之亂，乃去趙適魏。毅嘗事趙也。又云：趙納公子職於燕，世家不書其立，蓋燕人不受也。

四

秦攻趙，藺、離石、祁拔〔一〕。趙以公子郚爲質於秦，而請内焦、黎、牛狐之城以易藺、離石、祁於秦〔二〕。趙背秦，不予焦、黎、牛狐〔三〕。秦王怒〔四〕，令公子繒請地。趙王乃令鄭朱對曰：「夫藺、離石、祁之地，曠遠於趙，而近於大國。有先王之明與先臣之力，故能有之。今寡人不逮〔五〕，其社稷之不能恤，安能收恤藺、離石、祁乎？寡人有不令之臣，實爲此事也，非寡人之所敢知〔六〕！』卒倍秦。秦王大怒，令衛胡　伐趙〔七〕，攻閼與〔八〕，趙奢將救之〔九〕。魏令　公子咎以鋭師居安邑以挾秦〔一〇〕。秦敗於閼與，反攻魏幾〔一一〕。廉頗救幾，大敗秦師〔一二〕。

〔一〕祖耿案：顧觀光隸此於赧王四十六年。

〔二〕「祁於秦」原作「祁於趙」。姚云：焦，一作應。　鮑彪曰：弘農陝有焦城。東郡有黎，即黎陽。牛狐之城，地缺。　吴師道曰：焦，大事記據此注，愚疑非此地。姚云一作應，下同。　黄丕烈曰：今本「祁於趙」作「祁於秦」，乃誤涉鮑也。鮑改趙爲秦。　張琦曰：宏農本魏地入秦，東郡亦非趙地，所未詳也。漢志注，臣瓚曰：黎陽在魏郡，非黎縣也，鮑説誤。　程恩澤曰：案漢志，宏農陝縣，故虢國；有焦城，故焦國。水經注：上陽號大城中有小城，古焦國也。惟謂神農之後則不然。左傳：焦，姬姓。括地志：陝縣有故焦城，周同姓國也。路史注：召公子譙侯之舊國，故城在陝州東北百步。則此焦乃姬姓，確有明據。蓋古焦國有二：神農之後（路史以爲黄帝後，蓋誤），在譙郡（譙焦古通），今爲安徽亳州；若此，則姬姓也（正義謂先封神農之後，後封姬姓，非是）。今陝州南（釋地辨證作東北）二里有焦城，與曲沃相近，因焦水爲名。黎有四：一在今山西潞安府壺關縣，黎本國也。郡國志：上黨郡壺關有黎亭，故黎國是（注云：「文王戡黎」，即此。按路史謂文王所戡之黎，史記作阢，即伊耆之耆，與此異）。一在今黎城縣，晉所重立之黎國也。郡國志：潞縣東北十八里，故黎國是（隋志、括地志、明一統志並主此説）。一在今山東曹州府鄆城縣，黎侯寓衛地也。地理志：東郡有黎縣是。一在今河南衛輝府濬縣。地理志，魏郡有黎陽縣，是。此以焦、黎並稱，當在黎陽（鮑以東郡之黎即黎陽，謬甚）。晉灼曰：黎山在其南，河水逕其北，其山上碑云：縣取山之名，取水之陽，以爲名也。水經注：今黎山東北故城，蓋黎陽縣之故城也。元和志：其城本春秋時衛之新築。錢坫曰：「式微」「泥中」，毛云邑名，當在其處。今按水經注，魏濮陽郡治，土地汙下，城居小阜，疑即泥中，在今開州南。開州之西南，即濬縣之東北，然非一地。牛狐之城，案漢志，東郡有離狐縣，在今曹州，與黎相近，未知是否。顧觀光曰：按春秋傳，宣十五年，伯宗云：狄「棄仲章而奪黎氏地」。杜注：上黨壺關縣有黎亭。今潞安府西三十里黎侯亭是也。焦、牛狐並無考。金正煒曰：按此文「以易」當屬上爲句，於趙上脱歸字，鮑改非也。鮑注，宏農有焦城。惟宏農本魏地，入秦爲東郡。秦本紀：秦樗里疾攻魏焦，降之。即其地。不審何由入趙。鮑又以黎爲東郡黎陽。漢志注，臣瓚曰：黎陽在魏郡，屬東郡者蓋黎縣。若以焦黎爲即東郡之地，則牛狐或即離狐，牛、離一聲之譌也。黄式三曰：赧王三十四年白起事。

〔三〕姚注：焦，一作應。

〔四〕鮑彪曰：秦王，昭王。

〔五〕鮑彪曰：不逮，不及先王。

〔六〕吴師道曰：鄭朱之對，辭氣類左氏。

〔七〕鮑彪曰：史無「易」字。黄丕烈曰：吴氏補曰：秦紀：「中更胡傷」，丕烈案：易當作昜，昜傷同字。

〔八〕鮑彪曰：後志：上黨涅有閼與。吴師道曰：大事記：潞州銅鞮縣西北，閼與聚。張琦曰：此閼與，在彰德府武安縣西南五十里者，非沁州之閼與也。程恩澤曰：按黄儀云：閼與有四。水經注，梁榆水逕梁榆城南，即閼與故城也（盧諶征艱賦：「訪梁榆之虚郭，弔閼與之舊都」），趙奢破秦於此（説本十三州志）。在今遼州和順縣。括地志：閼與聚，今名烏蘇城，在潞州銅鞮縣西北二十里，趙奢破秦軍處。銅鞮今沁州。郡國志：上黨涅縣有閼與聚。劉昭云，史記，趙奢破秦兵閼與在今武鄉縣。隋地理志：武安縣有閼與山。元和志，在縣西南五十里，即趙奢拒秦處。武安屬今彰德府。東海公曰：若在武安，去邯鄲僅六十里，何須卷甲而趨二日一夜至乎（即括地志說）？當以潞州爲是。閻若璩曰：涅故城在武鄉縣西五十五里，武鄉在沁州東北六十里，則涅在沁州之北矣。閼與又在涅縣西，則在沁州西北，可知相去無幾，正是一地，此韓之閼與也。趙奢列傳：秦伐韓軍於閼與。趙世家：惠文王二十九年，秦韓相攻而圍閼與，皆在此。若和順閼與，則爲趙地。始皇本紀：十一年，「王翦攻閼與、轑陽。」轑陽即今遼州，和順在州北九十里，距沁州幾二百餘里，自是兩邑。魏世家：昔者魏伐趙，拔閼與。秦本紀：昭襄王三十八年，胡傷攻趙閼與（即本策事）皆在此（方輿紀要以趙閼與在今沁州）。雖屬兩國，而皆爲趙奢拒秦處，故易混。至武安之有閼與，則唐人誤會史遷文義而言之，括地志已知其非矣。（方輿紀要以韓閼與在今武安。） 顧觀光曰：趙策，秦伐趙攻閼與。魏世家：如耳見成陵君曰：「昔者魏伐趙，拔閼與。」蓋魏拔之而不能有，後仍屬於趙也。趙世家正義曰：儀州和順縣，古閼與邑。按此當爲趙之閼與。秦本紀，始皇十一年，「王翦攻閼與、橑陽」，以地相近也。水經清漳水注云：南水亦出西山，東逕文當城北，又東北逕梁榆城南，即閼與故城也。秦伐韓閼與，惠文王使趙奢救之，奢納許歷之說，破秦於閼與，謂此也。按此注誤以趙閼與爲韓閼與，戴校水經注逕改韓爲趙，則與史文戾矣。

〔九〕鮑彪曰：此二十九年，破趙閼與下。

〔一〇〕鮑彪曰：挾，牽制之。 吳師道曰：夾持之。

〔一一〕鮑彪曰：魏幾，魏將。 吳師道曰：幾，邑名。正義云：或屬齊，或屬魏，當在相、潞之間。 張琦曰：相、潞之間，無緣屬齊。方輿紀要：元城東南有幾城。 程恩澤曰：案大事記謂幾本屬齊，廉頗取之，自是遂屬趙。此説本史記（廉頗藺相如列傳），與策不合。策明言魏幾，則幾爲魏地無疑。（趙世家作廉頗攻魏幾，與策不同，在趙奢救閼與之前，當又是一事。然其地固屬魏而不屬齊也。）洪亮吉曰：幾城在今大名府元城縣東南。（史記建元以來侯表有幾國。索隱曰：在河南。朝鮮列傳：長爲畿侯，韋昭曰：在河東，未知即此否。） 顧觀光曰：趙世家，惠文王二十三年。樓昌將攻魏幾，不能取。十二月廉頗將攻幾，取之。趙策，秦敗於閼與，反攻魏幾，廉頗救幾，大敗秦師，事在惠文王二十九年。蓋幾本屬魏，而廉頗取之，自後遂爲趙邑，故秦攻而廉頗救之也。獨廉頗傳稱：伐齊幾，拔之（即惠文王二十三年事）。則幾又嘗屬齊。正義曰：幾邑或屬齊，或屬魏，當在相、潞之間（趙氏漢表舉正引括地志云：在魏郡元城縣東南）。 祖耿案：史記趙世家正義、廉頗藺相如傳索隱引，反，並作及。

〔三〕吴師道曰：按西周策，蘇厲謂周君曰：敗韓魏，殺犀武，攻趙取藺、離石、祁者，皆白起。則此舉乃起將也。按顯王四十一年，秦敗趙，殺趙相，取離石。赧王二年，秦拔趙藺，虜趙莊豹。而此言取二城，在伊闕戰後，史載於赧王三十二年。豈戰國地里不常，後復屬趙，而今爲秦所拔與？赧之三十四年，當惠文十八年。前一年秦拔我兩城，是年秦拔我石城。豈即此三邑，而石城即離石邪？未言戰閼與攻幾事，皆因此。按史，趙奢攻秦閼與，在惠文二十九年，廉頗攻幾，在惠文二十三年。今策戰閼與而後攻幾，前後不同。大事記謂幾本屬魏，廉頗取之，自是遂屬趙。秦師既爲趙奢所敗，師還因擊幾，故下文稱救幾也。又按秦紀：中更胡傷攻趙閼與，在趙奢破秦次年。年表：秦擊我閼與，城不拔，是再攻閼與也。與策亦舛。大事記從史書之而不辨，當詳之。 錢穆曰：年表，閼與之役，在趙惠文二十九年。秦本紀在昭王三十八年，較年表後一年。合之趙策，是其事由藺、離石起，則亦惠文時秦拔趙藺、離石之的證也。（考辨三九九頁）

五

富丁欲以趙合齊魏〔一〕，樓緩欲以趙合秦楚，富丁恐主父之聽樓緩而合秦楚也，司馬淺爲富丁謂主父曰〔二〕：『不如以順齊〔三〕！今我不順齊伐秦，秦楚必合而攻韓魏〔四〕，韓魏告急於齊，齊不欲伐秦〔五〕，必以趙爲辭〔六〕。則不伐秦者趙也〔七〕，韓魏必怨趙〔八〕。齊之兵不西，韓必聽秦違齊，違齊而親秦，兵必歸於趙矣〔九〕！今我順齊而齊不西〔一〇〕，韓魏必絶齊，絶齊，則皆事我。且我順齊，齊無不西〔一一〕。日者，樓緩坐魏三月〔一二〕，不能散齊魏之交〔一三〕。今我順齊而齊魏果西〔一四〕，是罷齊敝秦也〔一五〕。趙必爲天下重國！』主父曰：『我與三國攻秦〔一六〕，是俱敝也。』曰：『不然！我約三國而告之以未構中山也〔一七〕，三國欲伐秦之果也，必聽我，欲和我〔一八〕。中山聽之，是我以三國饒中山而取地也〔一九〕。中山不聽，三國必絶之，是中山孤也。三國不能和，我雖少出兵可也。我分兵而樂中山〔二〇〕，中山必亡〔二一〕。我已亡中山而以餘兵與三國攻秦，是我一舉而兩取地於秦中山也〔二二〕。』

〔一〕鮑彪曰：富丁，趙人。　祖耿案：顧觀光隷此於赧王十七年。

〔二〕鮑彪曰：司馬淺，趙人。

〔三〕鮑彪曰：齊本欲伐秦，今順之。金正煒曰：按「以」下疑脱「國」字。

〔四〕鮑彪曰：無齊之難，因得取其鄰也。

〔五〕鮑彪曰：上言順齊伐秦，此又言齊不欲伐者，前時秦、楚未合，今合故也。

〔六〕鮑彪曰：以趙不順齊伐秦告二國。

〔七〕「則」下原無「不」字。黄丕烈曰：鮑「則」下補「不」字。吴氏補曰：「則」下宜有「不」字。

〔八〕祖耿案：怨，鮑本作恐。

〔九〕「親」下原無「秦」字。鮑彪曰：不西，不伐秦也。聽秦違齊，畏秦故也。違齊而親，秦親韓也。金正煒曰：「親」下當補「秦」字，鮑注非是。

〔一〇〕「順」下原無「齊」字。金正煒曰：「順」下當有「齊」字而誤脱也。下文「今我順而齊魏果西」，「順」下亦脱「齊」字。

〔一一〕不，原作而。黄丕烈曰：今本「而」作「不」，乃誤涉鮑也。鮑改「而」爲「不」。吴氏補曰：字譌，或上文有誤。

〔一二〕鮑彪曰：日者，言昔日。時欲離齊、魏。坐，言有所待。金正煒曰：按廣雅釋詁：坐，止也。又左氏桓十二年傳：「楚人坐其北門」，注：坐，猶守也。

〔一三〕鮑彪曰：言二國本親，宜與之伐秦。

〔一四〕「順」下原無「齊」字，依金説補，説見上。

〔一五〕鮑彪曰：罷、疲同。

〔一六〕鮑彪曰：韓、魏、齊爲三。

〔一七〕「之」下原有「秦」字。鮑彪曰：此言可以少出兵也。此二十七年，趙破中山，未滅也，趙宜自備。黃丕烈曰：鮑衍「秦」字，改「構」爲「講」。吳氏補曰：恐衍。

〔一八〕鮑彪曰：使趙與中山講。

〔一九〕「三國」原作「王因」。鮑彪曰：饒，猶益也，以三國欲和我，故益得取地於中山。黃丕烈曰：鮑改「王因」爲「三國」。吳氏補曰：當作「三國」，字譌。王念孫曰：改「王因」爲「三國」，是也。「饒中山」三字連文，若訓饒爲益，則是以三國益中山，斯爲謬矣。今案饒當爲撓字之誤也。撓如「撓亂我同盟」之撓，以三國撓中山而講，則中山不得不聽，不得不割地。故曰：「中山聽之，是我以三國撓中山而取地也。」魏策云：「今韓受兵三年矣，秦撓之以講，韓知亡猶不聽。」是其證。金正煒曰：按「王因」爲「三國」之譌，鮑改是也。饒當從王念孫說爲撓。漢書蕭何傳：「上已撓功臣多封何」，注引應劭曰：撓，屈也。呂覽高義篇：「若是則荆國終爲天下撓。」注：撓，屈也。鮑注饒益固謬，王氏以爲撓亂，亦未安。

〔二〇〕「而」下原有「孤」字。黃丕烈曰：鮑衍「樂」字。吳氏補曰：字誤，或衍。金正煒曰：按孤字，因上文「是中山孤也」而衍。樂即爍之缺損。秦策：「秦先得齊宋，則韓氏爍。」注：爍，消爍也。五國伐秦章：「即趙自消爍矣。」鮑、吳說並非。

〔二一〕黃丕烈曰：亡，鮑本作之。吳補：一本之作亡，是。祖耿案：鮑本「中山必之我」作一句。鮑曰：之猶去。

〔二二〕吳師道曰：中山說見齊策。此策當在上章之前，多誤字。

六

魏因富丁且合於秦〔一〕，趙恐，請效地於魏而聽薛公〔二〕。教子欬謂李兌曰〔三〕：「趙畏横之合也〔四〕，故欲效地於魏而聽薛公。公不如令主父以地資周最而請相之於魏。周最以天下辱秦者也，今相魏，魏、秦必虚矣〔五〕。齊、魏雖勁，無秦，不能傷趙。魏王聽〔六〕，是輕齊也〔七〕。秦、魏雖勁，無齊，不能得趙。此利於趙而便於周最也。」

〔一〕鮑彪曰：丁本欲以趙合齊、魏，今魏欲因以合秦，趙不聽故。　祖耿案：此篇姚本與富丁欲以趙合齊魏連篇，鮑本另列一篇。　顧觀光隸此於赧王十七年。

〔二〕鮑彪曰：文時合齊、魏。

〔三〕鮑彪曰：或者教之。欬，趙人。　吴師道曰：無考。　金正煒曰：按吕覽無義篇：「趙急，求李欬」，李言疑子欬即李欬之譌。

〔四〕鮑彪曰：合秦，故言横。

〔五〕鮑彪曰：厚秦而舍之相魏，秦必惡之。故二國不合。虚，言其不合也。　黄丕烈曰：辱，鮑本作厚。丕烈案：厚字誤。　金正煒曰：按廣雅釋詁，辱，惡也。管子侈靡篇：「辱舉其死」，注：辱猶逆也。鮑本辱作厚，誤。虚疑虖字之譌，虖即嫭之省也。説文：嫭，㨗也。玉篇：裂也。易彖傳：「百果草木皆甲坼」，鄭注：坼，呼也。陸德明音義：呼音火訝切，蓋即嫭字。古人讀嫭爲呼，故此文作虖。鮑注虚，言其不合，非也。　湯炳正曰：「魏、秦必虛矣」，魏字疑衍。虛即墟，言周最素惡秦，若得用於趙，則秦必爲墟矣。金說似非。

〔六〕鮑彪曰：魏王，哀王。 吴師道曰：襄王。

〔七〕鮑彪曰：齊亦惡最故。 吴師道曰：最於齊厚，語見周策。魏用齊所厚以爲相，是輕齊也。 金正煒曰：上句「魏王聽」，「王」當爲「不」之譌。鮑以齊亦惡最，固爲失據。吴云「魏用齊所厚以爲相，是輕齊也」，亦繆於理。上言魏相最，則齊、魏無秦。此言秦、魏無齊，自以魏不聽爲言也。燕策：齊、趙之交，一合一離，燕不與齊謀趙，則與趙謀齊。鮑本「不」誤爲「王」，正與此同。

七

魏使人因平原君請從於趙〔一〕，三言之，趙王不聽，出遇虞卿，曰：「爲人，必語從〔二〕！」虞卿入，王曰：「今者，平原君爲魏請從，寡人不聽，其於子何如？」虞卿曰：「魏過矣！」王曰：「然，故寡人不聽。」虞卿曰：「王亦過矣！」王曰：「何也？」曰：「凡强弱之舉事，强受其利，弱受其害；今魏求從而王不聽，是魏求害而王辭利也！臣故曰魏過王亦過矣〔三〕。」

〔一〕祖耿案：顧觀光隸此於赧王五十年，曰：「平原君事附此。」

〔二〕鮑彪曰：爲，爲我。

〔三〕鮑彪曰：虞卿傳有。彪謂虞卿之言爲皆不信道，非反覆揣摩爲人綏頫人也。從之利害正爾！雖微平原之説，卿亦必云爾。終之趙利魏亦利矣。惟不能必趙聽己從，而先有輕發，則是有受害之形也。

祖耿案：此策别見史記平原君虞卿列傳，又見新序善謀上。史記曰：『魏請爲從，趙孝成王召虞卿謀，過平原君，平原君曰：「願卿之論從也。」虞卿入見王。王曰：「魏請爲從。」對曰：「魏過。」王曰：「寡人固未之許。」對曰：「王過。」王曰：「魏請從，卿曰魏過，寡人未之許，又曰寡人過，然則從終不可乎？」對曰：「臣聞小國之與大國從事也，有利則大國受其福，有敗則小國受其禍。今魏以小國請其禍，而王以大國辭其福，臣故曰：王過魏亦過。竊以爲從便。」王曰：「善。」乃合魏爲從。虞卿既以魏齊之故，不重萬户侯卿相之印，與魏齊閒行，卒去趙，困於梁。魏齊已死，不得意，乃著書。』新序曰：『魏請爲從，趙孝成王召虞卿謀。過平原君，平原君曰：「願卿之論從也。」虞卿入見，王曰：「魏請爲從。」對曰：「魏過。」王曰：「寡人固未之許。」對曰：「王過。」王曰：「魏請從卿曰魏過，寡人未之許，又曰寡人過，然則從終不可邪？」對曰：「臣聞小國之與大國從事也，有利大國受福，有敗小國受禍。今魏以小請其禍，而王以大辭其福，臣故曰：王過，魏亦過。竊以爲從便。」王曰：「善。」乃合魏爲從。使虞卿久用於趙，趙必霸；會虞卿以魏齊之事，棄侯捐相而歸，不用，趙旋亡。』史記、新序辭語大同，而首尾各異。策文簡賅，又未及後果。疑三文各有所受，從來不同，故彼此有異也。

八

平原君謂馮忌曰〔一〕：『寡人欲北伐上黨，出兵攻燕，何如〔二〕？』馮忌對曰：『不可！夫以秦將武安君公孫起乘七勝之威而與馬服子戰於長平之下〔三〕，大敗趙師，因以其餘兵圍邯鄲之城〔四〕；趙以七敗之餘，收破軍之敝〔五〕，而秦罷於邯鄲之下〔六〕，趙守而不可拔者〔七〕，以攻難而守者易也〔八〕。今趙非有七克之威也〔九〕，而燕非有長平之禍也。今七敗之禍未復，而欲以罷趙攻强燕，是使弱趙爲强秦之所以攻，而使强燕爲弱趙之所以守。而强秦以休兵承趙之敝〔一〇〕，此乃强吳之所以亡，而弱越之所以霸也〔一一〕。故臣未見燕之可攻也。」平原君曰：「善哉！」

〔一〕謂，原作請。姚注：劉本請作謂。　鮑彪曰：馮忌後稱「外臣」，知非趙人。　張琦曰：長平之役，上黨盡入於秦，或平原欲復取之。但上黨在邯鄲之西，非北伐也，與出兵攻燕非一事。馮忌之言絶不及上黨，疑衍句耳。金正煒曰：劉本請作謂，鮑本亦作謂。按儀禮聘禮：「君使士請事」，注：請猶問也。左氏昭七年傳：「以請先君之貺」，注：請，問也。國語吳語：「乃令董謁請其事」，注：請，問也。則作請，固不誤。祖耿案：書鈔一百十三、御覽三百十七引，並作謂，今從。顧觀光附此於赧王五十六年，曰：「因言長平事附此。」

〔二〕寡人二字原作吾字。祖耿案：書鈔一百十三、御覽三百十七引，並作寡人，今從。

〔三〕「服」下原有「之」字。鮑彪曰：勝，勝趙也。　吳師道曰：公孫起即白起，前有。　王念孫曰：馬服之子，本無之字，後人以趙括爲趙奢之子，因加之字耳。不知當時人稱趙括爲馬服子，沿其父號而稱之也。馬服子猶言馬服君。秦策：「君禽馬服君乎？」史記白起傳作馬服子，韓世家曰：「秦殺馬服子卒四十餘勝」。　祖耿案：御覽三百十七引，「七勝」作「十萬於長平」，皆其證也。太平御覽兵部引此策，正作馬服子。

〔四〕鄲，原作戰。祖耿案：鮑本作鄲，今從。

〔五〕七，原作亡。餘下原有衆字。敝下原有守字。鮑彪曰：敝守，守邯鄲。王念孫曰：亡敗當爲七敗。上言秦七勝，故此言趙七敗。下文曰：「今七敗之禍未復」是也。亡、七字相近，故七譌爲亡。此時趙猶未亡，不得言亡敗之餘衆也。敝守二字，文不成義，此本作「趙以七敗之餘，收破軍之敝」，敝亦餘也。收破軍之敝，所謂收合餘燼也。守字因下文數守字而衍，後人因於上加衆字，以成對文。御覽引此，作「趙以十敗之餘，收破軍之弊」，無衆、守二字。金正煒曰：王念孫以亡當作七，是也。以衆、守二字爲衍，恐非。下之字猶而也。淮南氾論篇：「使神鬼能玄化，則不待户牖之行」，太平御覽引作「而行」。國語晉語：「罷民力以完之，又斃以守之」，斃與敝通。

〔六〕祖耿案：御覽三百十七引，秦上無而字。

〔七〕鮑彪曰：然者，言所以然。黄丕烈曰：者上，鮑本有然字。丕烈案：然者，上有。

〔八〕黄丕烈曰：以，鮑本無。

〔九〕祖耿案：御覽三百十七引，「七」作「十」。

〔一〇〕鮑彪曰：休兵，休息之兵。

〔一一〕「霸」下原無「也」字，祖耿案：御覽三百十七引有「也」字，今補。

九

平原君謂平陽君曰〔一〕：『公子牟游於秦〔二〕，且東，而辭應侯〔三〕。應侯曰：「公子將行矣！獨無以教之乎？」曰：「且微君之命命之也〔四〕，臣固且有效於君〔五〕。夫貴不與富期而富至；富不與粱肉期而粱肉至；粱肉不與驕奢期而驕奢至；驕奢不與死亡期而死亡至；累世以前坐此者多矣！」應侯曰：「公子之所以教之者厚矣！」僕得聞此，不忘於心〔六〕；願君之亦勿忘也！』平陽君曰：『敬諾〔七〕。』

〔一〕程恩澤曰：案此平陽即在鄴縣。郡國志：魏郡鄴縣有平陽城。竹書紀年：梁惠成王元年，敗邯鄲師于平陽。史記：始皇十三年，桓齮攻趙，敗趙將扈輒于平陽，即此。括地志：平陽故城在相州臨漳縣西二十五里。　胡三省曰：正義以此爲河東之平陽，非是。（或曰：左傳，衛侯飲孔悝酒于平陽，即此。按杜注，東郡燕縣有平陽亭，今在衛輝府滑縣東南五十里，廢韋縣西二十里，似非一地。括地志又云：在貝州歷亭縣界，亦誤。）今臨漳縣西二十五里有平陽城（距鄴五里）。　祖耿案：顧觀光隸此於赧王五十年。

〔二〕鮑彪曰：魏公子即下魏牟。若莊子所稱中山者，不與應侯同時。　吳師道曰：按莊子，『中山公子牟謂瞻子』下云：『魏牟，萬乘之公子也。』是中山公子牟即魏牟，非二人也。又云：『公孫龍問於魏牟』，公孫龍□平原君之門，正應侯同時也。史，赧王四十九年，范睢爲相，封應侯。赧王之元年，之、噲死，莊子書及稱之、噲，則魏牟之上及莊子，下及應侯無疑。說苑載此，以爲公子牟謂穰侯。　祖耿案：說苑敬愼云：『魏公子牟東行，穰侯送之曰：「先生將去冉之山東矣，獨無一言以教冉乎？」魏公子牟曰：「微君言之，牟幾忘語君。君知夫官不與勢期而勢自至乎？勢不與富期而富自至乎？富不與貴期而貴自至乎？貴不與驕期而驕自至乎？驕不與罪期而罪自至乎？罪不與死期而死自至乎？」穰侯曰：「善！敬受明教。」】凡一百十三字，與策意同，而詞名各異。劉向蓋兩見而並存之也。

〔三〕鮑彪曰：東歸魏。

〔四〕王引之曰：且，發語詞，與下且字異義。金正煒曰：按廣雅釋詁，且，借也。公羊隱元年傳：「且如桓立，則恐諸大夫之不能相幼君也。」何注：且如，假設之辭。「且微君之命」，猶云設無君之命也。管子小稱篇：「微君之命臣也，故臣且謁之。」此文省上且字，義亦自明。或即曰字之誤而衍者。

〔五〕黄丕烈曰：固，鮑本作故。

〔六〕鮑彪曰：僕，平原自稱。

〔七〕鮑彪曰：彪謂此言者，富貴之金石也。有能書諸紳，銘之几杖，勒之盤盂，則何亡國敗家之有？吴師道曰：魏牟嘗言身居江海，心在魏闕。瞻子告以重生則利輕，則曰雖知而未能自勝，於是又得夫重傷之說焉。故莊子許其雖未至道，可謂有其意，其人可知矣。所以告范睢者，亦以富貴驕奢警之。是時，睢方擅秦權，廣身封，快意恩讎，沉於富貴。公子特自其所急者言之，其微旨固非睢所得聞也。又曰：此五章平原君皆當與平原君不受封諸章相次，舊策所載是矣。錢穆曰：此可以定公子牟之年代，又可以窺公子牟之爲人。考應侯封在秦昭王四十一年，明年爲趙孝成王元年，上距趙武靈攻中山三十六年。其後十一年應侯免相，又四年平原君卒。上距滅中山五十年。慮中山之滅，公子牟年不出三十，至平原之卒，牟年已踰七十。趙策：「建信君貴於趙。公子魏牟過趙，趙王迎之，論尺帛。」建信君與秦文信侯呂不韋、楚春申君黄歇同時，其貴幸或在平原卒後。則公子牟之卒，殆亦後於平原，年壽當近八十也。余前論莊子卒歲，當在周赧王二十六年至三十六年間，周赧二十六年，公子牟至少亦三十二歲（以武靈攻中山，牟年二十計之），則牟自及見周矣。（考辨四一〇——四一一頁）

十

秦攻趙於長平，大破之〔一〕，引兵而歸，因使人索六城於趙而講〔二〕，趙計未定，樓緩新從秦來〔三〕，趙王與樓緩計之，曰：『與秦城，何如不與〔四〕？』樓緩辭讓曰：『此非臣所能知也〔五〕。』王曰：『雖然，試言公之私〔六〕。』樓緩曰：『王亦聞夫公甫文伯母乎〔七〕？公甫文伯官於魯，病死，婦人爲之自殺於房中者二八〔八〕；其母聞之，不肯哭也〔九〕；相室曰〔一〇〕：「焉有子死而不哭者乎？」其母曰：「孔子，賢人也，逐於魯，是人不隨〔一一〕；今死而婦人爲死者十六人〔一二〕；若是者，其於長者薄而於婦人厚！」故從母言之之爲賢母也；從婦言之之必不免爲妬婦也〔一三〕；故其言一也，言者異，則人心變矣。今臣新從秦來，而言勿與，則非計也〔一四〕；言與之，則恐王以臣之爲秦也；故不敢對。使臣得爲王計之，不如予之。』王曰：『諾。』虞卿聞之，入見王，王以樓緩言告之。虞卿曰：『此飾說也〔一五〕！』王曰：『何謂也？』虞卿曰：『秦之攻趙也，倦而歸乎？亡其力尚能進，愛王而不攻乎〔一六〕？』

王曰：『秦之攻我也，不遺餘力矣！必以倦而歸也！』虞卿曰：『秦以其力攻其所不能取，倦而歸，王又以其力之所不能攻以資之〔一七〕，是助秦自攻也！來年秦復攻王，王無以救矣！』王又以虞卿之言告樓緩〔一八〕，樓緩曰：『虞卿能盡知秦力之所至乎〔一九〕？誠知秦力之所不至〔二〇〕，此彈丸之地，猶不予也，令秦來年復攻，王得無割其内而媾乎？』王曰：『誠聽子割矣，子能必來年秦之不復攻我乎？』樓緩對曰：『此非臣之所敢任也！昔者三晉之交於秦，相善也，今秦釋韓魏而獨攻王，王之所以事秦，必不如韓魏也。今臣爲足下解負親之攻〔二一〕，啓關通幣〔二二〕，齊交韓魏〔二三〕，至來年而王獨不取於秦〔二四〕，王之所以事秦者，必在韓魏之後也。此非臣之所敢任也！』王以樓緩之言告虞卿，虞卿曰〔二五〕：『樓緩言「不媾，來年秦復攻王，得無更割其内而媾」；今媾，樓緩又不能必秦之不復攻也，雖割何益？來年復攻，又割其力之所不能取而媾也，此自盡之術也！不如無媾！秦雖善攻，不能取六城；趙雖不能守，亦不至失六城〔二六〕；秦倦而歸，兵必罷；我以五城收天下以攻罷秦〔二七〕，是我失之於天下而取償於秦也。吾國尚利　！孰與坐而割地自弱以强秦？今樓緩曰：「秦善韓魏而攻趙者，必王之事秦不如韓魏也。」

是使王歲以六城事秦也！即坐而地盡矣！來年秦復求割地，王將予之乎？不與，則是棄前功而挑秦禍也〔二八〕；與之，則無地而給之。語曰：「強者善攻，而弱者不能自守。」今坐而聽秦，秦兵不敝而多得地，是強秦而弱趙也！以益愈強之秦〔二九〕，而割愈弱之趙，其計固不止矣〔三〇〕！且秦，虎狼之國也，無禮義之心，其求無已，而王之地有盡，以有盡之地，給無已之求，其勢必無趙矣！故曰：「此飾說也。」王必勿與〔三一〕！』王曰：『諾。』樓緩聞之，入見於王，王又以虞卿言告之〔三二〕，樓緩曰：『不然！虞卿得其一，未知其二也〔三三〕！夫秦趙構難而天下皆說，何也？曰：「我將因強而乘弱〔三四〕。」今趙兵困於秦，天下之賀戰勝者，則必盡在於秦矣〔三五〕。故不若亟割地求和，以疑天下，慰秦心。不然，天下將因秦之怒，乘趙之敝，而瓜分之〔三六〕。趙且亡，何秦之圖？王以此斷之，勿復計也！』虞卿聞之，又入見王，曰：『危矣！樓子之爲秦也〔三七〕！夫趙兵困於秦，又割地爲和，是愈疑天下，而何慰秦心哉？是不亦大示天下弱乎〔三八〕？且臣曰勿予者，非固勿予而已也！秦索六城於王，王以五城賂齊，齊，秦之深讎也〔三九〕，得王五城，並力而西擊秦〔四〇〕，齊之聽王，不待辭之畢也。是王一舉結三國之親〔四一〕，而與秦易道也〔四二〕！』趙王曰：「善。」因發虞卿，東見齊王，與之謀秦〔四三〕。虞卿未反，秦之使者已在趙矣。樓緩聞之，逃去〔四四〕。

〔一〕祖耿案：此章見史記平原君虞卿列傳，又見新序善謀。此章秦索六城於趙而講，在秦破趙於長平之後。史記、新序趙割六縣而媾，在秦解邯鄲之圍之後，時間不同。此章「趙計未定」之前，史記、新序並有「秦既解邯鄲圍，而趙王入朝，使趙郝約事於秦，割六縣而媾。」至「計未定，樓緩從秦來」云云一大段。史記五百七十八字，新序五百五十二字，叙趙王與趙郝、虞卿論割六城之事。此章「趙計未定」云云在前，而趙王與虞卿、樓緩討論六城之事在後，問答先後次序，此章與史記、新序全異。且史記、新序所云趙郝，此章則并作樓緩。蓋史記、新序同出一源，而此章則別有傳本也。　顧觀光隸此於赧王五十六年。

〔二〕鮑彪曰：史書此事在邯鄲圍解後，按邯鄲之圍，非秦德趙而解也，趙賴魏之力爾。何事朝秦而講以六城？此策以長平破，懼而賂之，是也。　黃丕烈曰：講，鮑本作構，改爲講。

〔三〕梁玉繩曰：樓緩，史作趙郝，新從秦來一段在後，未知孰是。　馬驌曰：史與策問答次第不同。

〔四〕「不與」下原有「何如」二字。王念孫曰：此以「與秦城」爲句，「何如不與」爲句，「不與」下本無「何如」二字。齊策：田侯召大臣而謀曰：「救趙孰與勿救？」猶此言「與秦城何如不與」也。後人誤讀「與秦城何如」爲句，因於「不與」下加「何如」二字，而不知其謬也！太平御覽人事部引此作：「與秦地何如勿與。」　王引之曰：今本「不與」下又有「何如」二字，乃後人不曉文義而妄加之。

〔五〕「非」下原有「人」字，「臣」下原有「之」字。黃丕烈曰：鮑衍人字。丕烈案：史記、新序無。　金正煒曰：按人臣疑是外臣之譌。外損半字，因誤爲人。魏策：「爲疾謂楚王曰：外臣疾使臣謁之。」史記始皇紀注，索隱云：摟緩，魏文侯之弟，所謂樓子也。故稱外臣。　祖耿案：御覽四百五十引作：「此非臣所能知也」，今從。

〔六〕祖耿案：史記索隱曰：按私，謂私心也。

〔七〕祖耿案：史記正義曰：季康子從祖母。文伯名歜，康子從父昆弟。甫，新序作父，下同。

〔八〕祖耿案：史記、新序，「婦人」并作「女子」。「八」，并作「人」。

〔九〕祖耿案：「不肯哭也」，新序同，史記作「弗哭也」。

〔一〇〕吳師道曰：正義云：相室，傅姆之類也。

〔一一〕鮑彪曰：稱是人不子之也。　俞正燮曰：定公五年，陽虎囚文伯，又逐之，奔齊。哀公三年，始復見於魯。方逐文伯時，孔子在魯，定十三年孔子去魯，或文伯已反國。文伯世臣，非被逐不得棄宗廟從孔子遊。敬姜言孔子賢者，文伯逐而是人不隨，則文伯素於賢薄。所謂逐於魯者，正指文伯；所謂是人者，正指孔子賢人也。孔叢子記義篇採之，誤謂文伯不隨孔子。嗚呼！王肅之悖也。

〔一二〕吳師道曰：按檀弓，文伯之喪，敬姜據其床而不哭，曰云云。與樓緩之言相出入，辨士之言或過！史及新序并作「二人」，是上文八字乃人字之譌。　黃丕烈曰：按吳説非也。史記、新序，「二人」皆「二八」之譌。　金正煒曰：按孔叢子記義篇、新序善謀篇并作「二人」，此文八字蓋誤。下云十六人，亦沿此而譌。黃氏據史記謂當作二八，恐非。　梁玉繩曰：檀弓、家語，止言內人行哭失聲，無自殺事。辨士之言，恐不足信。

〔一三〕「必」上原無「之」字。黃丕烈曰：之字鮑本不重。丕烈案：史記作：「故從母言之，是爲賢母；從妻言之，是必不免爲妬妻。」新序有兩是字，無兩之字。此當「必」上脫一之字。　金正煒曰：鮑本省一「之」字。

按詩蓼莪：「欲報之德」，箋：「之，猶是也。」史記正作：「故從母言之，是爲賢母。」　祖耿案：史記、新序并無兩「也」字。

〔一四〕祖耿案：新序「其」上無「故」字。「來」下，御覽四百五十引，無「而」字。

〔一五〕鮑彪曰：飾，猶飾辯。此下衍「秦既解邯鄲之圍而趙王入朝使趙郝約事於秦割六縣而講」二十四字。　黄丕烈曰：鮑衍此二十四字。吴氏補曰：此二十四字脱簡，誤在此。史以爲章首者，此策實非邯鄲圍解後事也。丕烈案：史記以此篇列後秦趙戰長平趙不勝篇之下，首有此二十四字，此下至「其勢必無趙矣」，樓緩盡爲趙郝列於前。下接「趙計未定」，至「此飾説也」，下接「王必無與」至末，新序亦如此。考此乃策文先後，本不與史記同，或就此間標史記文而誤入正文，遂致與「趙計未定」上文複出。吴氏以爲脱簡者非是，當删此二十四字，其餘次序，仍策文之舊。　朱起鳳曰：趙郝即仇郝。　祖耿案：「入見王」下，史記無「王以樓緩言告之虞卿」九字，直接「曰：此飾説也」，新序則作「虞卿聞之曰：此飾説也」，更無「入見王」及以下九字。自「飾説也」之後，史記、新序文字大同，而并與策異。今依策隨文分疏於後。

〔一六〕「亡」，原作「王以」二字。姚注：錢劉去「王以」字，添「亡」字。　王引之曰：「亡其」，今本依史記虞卿傳改作「王以其」。錢本、劉本，并作「亡其」，與新序善謀篇合。「亡其」，轉語詞也。　祖耿案：新序作：「亡其力尚能進之，愛王而不攻乎？」

〔一七〕「以資之」，鮑本作「而資之」。　祖耿案：此句新序作：「王又攻其力之所不能取以送之。」

〔一八〕鮑彪曰：史云樓緩事。　吴師道曰：史云趙郝，新序同。止「其勢必無趙矣」。　黄丕烈曰：案此策文與史記不同，策無趙郝，新序出史記，説見上。　祖耿案：鮑本作「王以虞卿之言告樓緩」，無「又」字。樓緩，史記作趙郝。集解郝音釋。徐廣曰：「一作赦。」索隱音釋。

〔一九〕鮑彪曰：至，猶及也。虞卿言秦力倦而歸，謂秦力所及止是耳。秦力豈止是而已乎？　祖耿案：此句「能盡知」三字，史記作「誠能盡」三字。新序作「能量」二字。

〔二〇〕「不」上原無「所」字。黄丕烈曰：今本「誠」下有「不」字，「之」下有「所」字，乃誤涉鮑也。鮑補「不」字，改「不」爲「所」。丕烈案：史記、新序作：「誠知秦力之所不至。」　祖耿案：史記作「誠知秦力之所不能進」，新序無「能」字。

〔二一〕索隱：「言爲足下解其負擔，而親自攻之也。」　鮑彪曰：趙當親秦而復負之，故秦攻之。今爲媾，所以解也。　祖耿案：「昔者」，史記、新序并作「他日」，「相善」，新序作「相若」，「釋韓魏」，新序作「善韓魏」。

〔二二〕黄丕烈曰：今本敝作幣，乃誤涉鮑也。鮑改敝爲幣。吳氏補曰：當作幣。丕烈案：新序作幣，史記作弊。　祖耿案：史記作「開關通幣」，新序作「開關通弊」。

〔二三〕鮑彪曰：使其交秦與韓魏等。

〔二四〕鮑彪曰：不取。不爲秦所取。　祖耿案：此句史記作：「而王獨取攻於秦」，新序同，但無王字。

〔二五〕原不疊「虞卿」二字。黄丕烈曰：鮑卿下補虞卿二字。吳氏補曰：史此下復有虞卿字。丕烈案：新序有。

〔二六〕亦，原作而。黄丕烈曰：鮑改而爲亦。丕烈案：史記作「終不失」，新序作「亦不失」。

〔二七〕黄丕烈曰：鮑改五爲六。吳氏正曰：「此五城，與後「五城賂齊」、「得王五城」之「五」，且當從本文。」丕烈案：史記作六城，新序作五縣，考此，當策文作城，史記作縣，新序出史記。今本史記城、縣錯出，新序後二處亦作六城，皆有誤。　金正煒曰：按虞卿以爲秦索六城，我但以五城即可收天下以助趙，而取償於秦，是所費爲省，所獲爲多也。新序善謀篇亦作：「我以五縣收天下」，五字不誤，鮑改非是。下文「王以五城賂齊」及「得王五城」，并當如原文。

〔二八〕功，原作貴。鮑彪曰：史記，挑戰爲致師。則此言禍自我致也。　黃丕烈曰：今本貴作資，乃誤涉鮑也。鮑改貴爲資。吳氏補曰：恐作資，史作功。丕烈案：新序作功。　金正煒曰：貴疑責字之誤，責與債同。呂覽愼大篇：「分財棄責」，此即其義。猶秦策所云：契折於秦也。　祖耿案：「來年秦復求割地」，新序作「來年秦復來割」。

〔二九〕黃丕烈曰：鮑衍愈字。吳氏補曰：新序同，史作益强，然有愈字亦通。益謂增益之也。

〔三〇〕鮑彪曰：不止，言割不止。

〔三一〕黃丕烈曰：吳氏補曰：按此飾説二字，與前相應，則文有亂脱無疑。丕烈案：説見上。　祖耿案：「其計固不止矣」下，史記、新序并無「且秦虎狼之國也，無禮義之心」等句，皆直接云：「且王之地有盡而秦之求無已，以有盡之地而給無已之求，其勢必無趙矣！趙王計未定，樓緩從秦來，趙王與樓緩計之曰」云云，下即引公甫文伯故事。文與此策，先後不同。

〔三二〕祖耿案：鮑本卿下有之字。

〔三三〕金正煒曰：按呂覽先己篇：「故心得而聽得」，注：得，猶知也。　祖耿案：史記、新序并作：「虞卿得其一，不得其二。」

〔三四〕鮑彪曰：乘，猶陵。

〔三五〕戰下原無勝字。黃丕烈曰：鮑戰下補勝字。吳氏補曰：史有勝字。丕烈案：新序有。

〔三六〕乘，原作秦。姚注：一作乘。盡，鮑本無。丕烈案：史記、新序有。　鮑彪曰：分其地，如破瓜然。

〔三七〕鮑彪曰：爲秦計深而趙勢危。　金正煒曰：爲，猶比也。漢書董賢傳：「阿爲宣旲」，即其義也。危當讀如詭。

〔三八〕祖耿案：「不」上鮑本無「是」字。　又案：以上六十四字兩小節，史記、新序并作「趙且（新序作見）亡，何秦之圖乎？故曰：虞卿得其一，不得其二，願王以此決之，勿復計也。虞卿聞之，往見王曰：危哉！樓子之所以爲秦者，是愈疑天下，而何慰秦之心哉？獨不言示天下弱乎？」

〔三九〕鮑彪曰：嘗爭爲帝。　吴師道曰：不特此。

〔四〇〕秦下原有也字。姚注：劉本去也字。　祖耿案：御覽四百五十引作：「并力西擊秦。」

〔四一〕「是王」下原有「失於齊而取償於秦」，姚注：孫本抹去此八字。　鮑彪曰：韓魏本趙與國，與齊爲三。　金正煒曰：按三國，謂趙與齊、秦也。趙得齊，則可不割而媾於秦，故云「一舉結三國之親」，此即後章秦疑天下合從，媾乃可爲之意。秦知趙無外援，則媾不可成，今以結齊得媾於秦，是爲易道與秦也。此策不涉韓魏，鮑說支離。　祖耿案：御覽四百五十引作：「是王一舉結三國之親」，無「失於齊而取償於秦」八字。

〔四二〕史記正義：前取秦攻，今得路，是易道也。易音亦。　祖耿案：上文自「而已也」之下至此，史記、新序并作：「秦索六城於王，而王以六城賂齊。齊，秦之深讎也，得王之六城，并力而西擊秦，齊之聽王，不待辭之畢也。則是王失之於齊而取償於秦也。而齊趙之讎可以報矣，而示天下有能爲也。王以此爲發聲，兵未窺於境，臣見秦之重賂至趙而反媾於王也。從秦爲媾，韓、魏聞之，必盡重王；重王，必出重寶以先於王。則是王一舉而結三國之親，而與秦易道也。」文詳於策，較勝。

〔四三〕鮑彪曰：齊王，王建。　金正煒曰：按列子湯問篇：「乃厚賂發之」，注：發，遣也。呂覽具備篇：「遂發所愛」，注：發，遣也。祖耿案：「與之謀秦」句下，新序接云：「虞卿之謀行而趙霸，此存亡之樞機，樞機之發，間不及旋踵！是故虞卿一言而秦之震懼，趨風馳指而請備，故善謀之臣，其於國豈不重哉！微虞卿趙以亡矣！」凡六十字。案此論斷之語也，統觀策文論斷之語，無有長於此者。

〔四四〕鮑彪曰：虞卿傳有，次第不同。先云「秦既解邯鄲」，與今所衍二十四字同。次「虞卿謂趙王曰：秦之攻王也倦而歸乎」止「勢必無趙矣」。次「趙王計未定，樓緩從秦來」止「此飾說也」。次「王必勿與，樓緩聞之」止「緩聞之逃去」。彪謂虞卿可謂見善明者矣！當趙以四十萬覆於長平之下，凡在趙庭之臣，孰不愧奪氣喪，願講秦以偷須臾之寧。卿獨爲之延慮却顧，折樓緩之口，挫强秦之心，反使秦人先趙而講。於此亦足以見從者天下之勢。七國辯士，策必中，計必得，而不失其正，唯卿與陳軫有焉！賢矣哉！吳師道曰：大事記引蘇氏云：虞卿終始事趙，專持從說，非說客也。鮑以卿與陳軫並稱，軫料事明切，不下於卿，其勸懷王賂秦而取償於齊，意亦類此。他雖辯給可喜，而言稍浮。至其往來秦、楚，爭寵張儀，徼貴犀首，未離說客之習也，豈卿比哉！祖耿案：此數語史記同，唯反作返，逃作亡，秦下無之字爲異。

十一

秦攻趙，平原君使人請救於魏〔一〕，信陵君發兵至邯鄲城下，秦兵罷〔二〕。虞卿爲平原君請益地，謂趙王曰：「夫不鬭一卒，不頓一戟〔三〕，而解二國患者，平原君之力也〔四〕。用人之力而忘人之功，不可！」趙王曰：「善！將益之地。」公孫龍聞之〔五〕，見平原君曰：『君無覆軍殺將之功〔六〕，而封以東武城〔七〕，趙國豪傑之士，多在君之右〔八〕，而君爲相國者，以親故〔九〕。夫君封以東武城，不讓無功〔一〇〕，佩趙國相印，不辭無能；一解國患，欲求益地；是親戚受封而國人計功也〔一一〕！爲君計者，不如勿受，便。』平原君曰：『謹受令！』乃不受封〔一二〕。

〔一〕祖耿案：此章見史記平原君虞卿列傳，文不相同：策有虞卿謂趙王之詞，而史無之；史公孫龍之言較詳，而策則簡。史云：『虞卿欲以信陵君之存邯鄲爲平原君請封。公孫龍聞之，夜駕見平原君曰：「龍聞虞卿欲以信陵君之存邯鄲爲君請封，有之乎？」平原君曰：「然」。龍曰：「此甚不可！且王舉君而相趙者，非以君之智能爲趙國無有也。割東武城而封君者，非以君爲有功也，而以國人無勳，乃以君爲親戚故也。君受相印不辭無能，割地不言無功者，亦自以爲親戚故也。今信陵君存邯鄲而請封，是親戚受城而國人計功也。此甚不可。且虞卿操其兩權，事成，操右券以責；事不成，以虛名德君。君必勿聽也。」平原君遂不聽虞卿，厚待公孫龍。』顧觀光繫此於赧王五十八年。

〔二〕程恩澤曰：案漢志無信陵。索隱：或曰是鄉邑名。太平御覽：信陵君邑於甯，今宋州寧陵縣，古甯城也。則信陵似非封邑。然水經注云：故葛伯國於六國屬魏。魏安釐王以封公子無忌，號信陵君，其地葛鄉，即是城也，在寧陵西十里。路史：拱之寧陵，即古信陵，魏安僖王封弟於信陵，號甯陵君。是甯陵即信陵也，但其說稍後，於古無徵耳。寰宇記謂：信陵亭在開封縣城内臨河，當相國寺前，即魏公子無忌勝概之地。恐出附會。

〔三〕鮑彪曰：頓劍之頓。　吴師道曰：頓，義見秦策。

〔四〕黄丕烈曰：也，鮑本無。吴補：一本有也字。

〔五〕姚注：劉添閏字。鮑彪曰：公孫龍，趙人，著守白論，莊子稱之，距是遠甚，豈同姓名如公孫弘者乎。吴師道曰：莊子稱公孫龍之學：合同異、離堅白。而史平原傳稱：公孫龍善爲堅白、同異之辨。荀卿傳末以爲趙人。又見列子等書，同此人也。史稱莊子與梁惠、齊宣同時，楚威王欲以爲相。威王元年，當顯王三十年，故大事記以楚相之事附見。下至赧王十七年，趙勝封平原君，則周距平原未遠也。莊子書稱之、噲。之、噲事當宣王末年，赧王元年也。下至魏破秦軍邯鄲時，以爲赧王五十八年。則周之稱公孫龍，龍之在平原君門，皆相及也。惟以爲仲尼弟子公孫龍者，則誤，蓋相去遠爾。　黄丕烈曰：閏，鮑本無。鮑補閏字。吴氏補曰：史有。

〔六〕鮑彪曰：言初封時以公子耳。

〔七〕程恩澤曰：案地理志，清河郡（郡國志作清河國）有東武城縣。正義：貝州武城縣外城，七國時趙邑。寰宇記：蓋以定襄有武城，同屬趙，故此加「東」也。（錢坫曰：東海郡南成，即南武城也，故此云東。按此説非是，魯自有東武城，在今費縣，與趙無涉。）晉太康軍去「東」字（今地志俱云：後魏去「東」字），今山東臨清州武城縣西十里，有東武城故城，即平原君封邑也。（方輿紀勝謂在直隸清河縣，蓋地相接也。）　顧觀光曰：史記幽繆王二年，秦攻武城。秦本紀正義曰：即貝州武城縣外城也，七國時趙邑（今武城縣屬臨清州）。漢志，東武城屬清河。水經淇水注云：清河又東北逕東武城縣故城西。史記：趙公子勝封於此。定襄有武城，故加東矣。按趙策云：趙王封孟嘗君以武城（當在惠文王十六年），又公孫龍見平原君曰：「君無覆軍殺將之功，而封以東武城」，則當時已有東武城之稱矣。

〔八〕鮑彪曰：右者人道所尊。 吳師道曰：秦、漢以前，用右爲上，如云『位在廉頗右』。
〔九〕黄丕烈曰：鮑『親』下補『也』字。吳氏正曰：故句。史作『親戚故也』。
〔一〇〕鮑彪曰：不以無功辭之。
〔一一〕鮑彪曰：國人受封，必計其功，與平原異。 吳師道曰：勝本無功，向之受封也已不當得，今又欲益地，是在親戚則無功受封，國人則計功乃受賞，輕重不倫也。漢光武封陰不識引此語。 祖耿案：史記注，裴駰曰：徐廣曰：一本『是親戚受城而以國許人』。
〔一二〕鮑彪曰：彪謂平原失計於馮亭，以挑秦禍，幾喪趙國之半，馴致邯鄲之圍，何功之足論哉？ 然因人成事，亦有桑榆之收，不可忘也。虞卿之請，帝王懋賞之舉；公孫龍之辭，明哲讓功之誼。皆君子之善言也！ 吳師道曰：趙勝功不贖罪，虞卿此爲失言。

十二

秦趙戰於長平，趙不勝，亡一都尉〔一〕。趙王召樓昌與虞卿曰：『軍戰不勝，尉復死〔二〕，寡人使卷甲而趍之，何如〔三〕？』樓昌曰：『無益也！不如發重使而爲媾〔四〕！』虞卿曰：『夫言媾者，以爲不媾者軍必破。而制媾者在秦〔五〕。且王之論秦也，欲破王之軍乎？其不邪？』王曰：『秦不遺餘力矣！必且破趙軍！』虞卿曰：『王聊聽臣，發使出重寶，以附楚魏〔六〕；楚魏欲得王之重寶，必入吾使〔七〕；趙使入楚魏，秦必疑天下合從也，且必恐；如此，則媾乃可爲也〔八〕。」趙王不聽，與平陽君爲媾〔九〕，發鄭朱入秦，秦内之。趙王召虞卿曰：「寡人使平陽君媾秦，秦已内鄭朱矣。子以爲奚如？」虞卿曰：「王必不得媾！軍必破矣！天下之賀戰勝者，皆在秦矣！鄭朱，趙之貴人也，而入於秦，秦王與應侯必顯重以示天下〔一〇〕；楚魏以趙爲媾，必不救王；秦知天下不救王〔一一〕，則媾不可得成也〔一二〕！」趙卒不得媾，軍果大敗。王入秦，秦留趙王而后許之媾〔一三〕。

〔一〕鮑彪曰：尉，軍尉也。　黃丕烈曰：「不勝」二字鮑本無。丕烈案：史記、新序有。　祖耿案：此章並見史記虞卿列傳、新序善謀篇。顧觀光隸此於赧王五十五年。

〔二〕鮑彪曰：係，尉名。　黃丕烈曰：復，鮑本作係。吴氏補曰：復，史同。丕烈案：新序作係。徐廣注史記云：「復，一作係。」

〔三〕鮑彪曰：趨之，襲之也。　祖耿案：卷，史記作束，趍作趨。新序作：「寡人將束甲而赴之」，下無「何如」字。

〔四〕黃丕烈曰：鮑改媾爲講。丕烈案：史記作媾，新序作構。　祖耿案：史記無而字。集解：媾，古后反。求和曰媾。索隱：古侯反。媾亦講，講亦和也。新序重下有寶字。

〔五〕鮑彪曰：制，言聽否由之。　祖耿案：夫字，史記、新序並作「邑」。

〔六〕祖耿案：聊，史記、新序並無。

〔七〕祖耿案：入，史記、新序並作內。得，新序無。
〔八〕祖耿案：此數語新序作：「吾使入楚魏，秦必疑天下之合從必一心，如此，則構乃可爲也。」
〔九〕鮑彪曰：與，從之也。
〔一〇〕鮑彪曰：秦王，昭王。
〔一一〕姚注：一本去「秦知」字。
〔一二〕姚注：一無「成」字。祖耿案：「不可得成也」句下，史記云：「應侯果顯鄭朱以示天下賀戰勝者，終不肯媾。長平大敗，爲天下笑。」新序文同，下復有「不從虞卿之謀也」七字。
〔一三〕鮑彪曰：虞卿傳有。　祖耿案：此二十一字，史記、新序皆無。

十三

秦圍趙之邯鄲〔一〕，魏安釐王使將軍晉鄙救趙，畏秦，止於蕩陰不進〔二〕。魏王使客將軍新垣衍間入邯鄲〔三〕，因平原君謂趙王曰：「秦所以急圍趙者，前與齊閔王爭强爲帝〔四〕，已而復歸帝，以齊故，今齊閔王已益弱〔五〕，方今唯秦雄天下，此非必貪邯鄲，其意欲求爲帝，趙誠發使尊秦昭王爲帝〔六〕，秦必喜，罷兵去。」平原君猶豫未有所決。此時魯仲連適游趙，會秦圍趙，聞魏將欲令趙尊秦爲帝，乃見平原君曰：「事將奈何矣？」平原君曰：「勝也何敢言事！百萬之衆折於外，今又內圍邯鄲而不能去〔七〕，魏王使客將軍辛垣衍令趙帝秦〔八〕，今其人在是，勝也何敢言事！」魯連曰：「始吾以君爲天下之賢公子也！吾乃今然後知君非天下之賢公子也！梁客辛垣衍安在？吾請爲君責而歸之！」平原君曰：「勝請爲召而見之於先生〔九〕。」平原君遂見辛垣衍，曰：「東國有魯連先生者〔一〇〕，其人在此，勝請爲紹介而見之於將軍〔一一〕。」辛垣衍曰：「吾聞魯連先生齊國之高士也，衍，人臣也，使事有職，吾不願見魯連先生也。」平原君曰：「勝已泄之矣〔一二〕。」辛垣衍許諾。魯連見辛垣衍而無言。辛垣衍曰：「吾視居此圍城之中者〔一三〕，皆有求於平原君者也；今吾視先生之玉貌，非有求於平原君者；曷爲久居此圍城之中而不去也〔一四〕？」魯連曰：「世以鮑焦無從容而死者，皆非也〔一五〕。今衆人不知，則爲一身〔一六〕。彼秦者，棄禮義而上首功之國也〔一七〕，權使其士，虜使其民〔一八〕；彼則肆然而爲帝〔一九〕，過而遂正於天下，則連有赴東海而死耳〔二〇〕！吾不忍爲之民也！所爲見將軍者，欲以助趙也！」辛垣衍曰：「先生！助之，奈何？」魯連曰：「吾將使梁及燕助之，齊楚則固助之矣〔二一〕。」辛垣衍曰：「燕則吾請以從矣〔二二〕；若乃梁，則吾乃梁人也，先生惡能使梁助之耶？」魯連曰：「梁未睹秦稱帝之害故也；

使梁睹秦稱帝之害，則必助趙矣！』辛垣衍曰：『秦稱帝之害將奈何？』魯仲連曰：『昔齊威王嘗爲仁義矣，率天下諸侯而朝周，周貧且微，諸侯莫朝，而齊獨朝之；居歲餘，周烈王崩〔二三〕，諸侯皆弔，齊後往；周怒，赴於齊曰：「天崩地坼，天子下席，東藩之臣田嬰齊後至，則斮之〔二四〕！」威王勃然怒曰：「叱嗟！而母婢也〔二五〕！」卒爲天下笑。故生則朝周，死則叱之，誠不忍其求也！彼天子固然，其無足怪〔二六〕。』辛垣衍曰：『先生獨未見夫僕乎？十人而從一人者，寧力不勝智不若耶！畏之也〔二七〕！』魯仲連曰：『然梁之比於秦若僕耶〔二八〕？』辛垣衍曰：『然〔二九〕。』魯仲連曰：『然吾將使秦王烹醢梁王〔三〇〕！』辛垣衍怏然不悦〔三一〕，曰：『嘻！亦太甚矣！先生之言也〔三二〕！先生又惡能使秦王烹醢梁王？』魯仲連曰：『固也！待吾言之！昔者，鬼侯之鄂侯、文王，紂之三公也〔三三〕，鬼侯有子而好，故入之於紂，紂以爲惡，醢鬼侯。鄂侯爭之急，辨之疾，故脯鄂侯。文王聞之，喟然而歎，故拘之於牖里之庫〔三四〕，百日而欲舍之死〔三五〕。曷爲與人俱稱帝王，卒就脯醢之地也？齊閔王將之魯，夷維子執策而從〔三六〕，謂魯人曰：「子將何以待吾君？」魯人曰：「吾將以十太牢待子之君。」夷維子曰〔三七〕：「子安取禮而來待吾君？彼吾君者〔三八〕，天子也！天子巡狩，諸侯辟舍，納筦鍵〔三九〕，攝衽抱几〔四〇〕，視膳於堂下，天子已食，退而聽朝也〔四一〕。」魯人投其籥〔四二〕，不果納，不得入於魯。將之薛〔四三〕，假涂於鄒。當是時，鄒君死，閔王欲入弔，夷維子謂鄒之孤曰：「天子弔，主人必將倍殯柩〔四四〕，設北面於南方，然後天子南面弔也。」鄒之群臣曰：「必若此，吾將伏　而死！」故不敢入於鄒。鄒魯之臣，生則不得事養〔四五〕，死則不得飯含〔四六〕，然且欲行天子之禮於鄒魯之臣，不果納；今秦萬乘之國，梁亦萬乘之國，俱據萬乘之國〔四七〕，交有稱王之名，睹其一戰而勝〔四八〕，欲從而帝之，是使三晉之大臣，不如鄒魯之僕妾也！且秦無已而帝〔四九〕，則且變易諸侯之大臣。彼將奪其所不肖而予其所賢〔五〇〕，奪其所憎而與其所愛；彼又將使其子女讒妾爲諸侯妃姬〔五一〕，處梁之宫，梁王安得晏然而已乎？而將軍又何以得故寵乎？」於是辛垣衍起，再拜，謝曰：『始以先生爲庸人，吾乃今日而知先生爲天下之士也〔五二〕！吾請去！不敢復言帝秦！』秦將聞之，爲却軍五十里〔五三〕。適會魏公子無忌奪晉鄙軍以救趙擊秦〔五四〕，秦軍引而去〔五五〕。於是平原君欲封魯仲連，魯仲連辭讓再三，終不肯受。平原君乃置酒，酒酣，起，前以千金爲魯連壽〔五六〕，魯連笑曰：『所貴於天下之士者〔五七〕，爲人排患釋難解紛亂而無所取也！即有所取者，是商賈之人也〔五八〕！仲連不忍爲也！」遂辭平原君而去，終身不復見〔五九〕。

〔一〕祖耿案：此章見史記魯仲連列傳，文同無大異。首云：趙孝成王時，秦王使白起破趙長平之軍前後四十餘萬，秦兵遂東圍邯鄲。趙王恐，諸侯之救兵莫敢擊秦軍。魏安釐王云云。　顧觀光隸此於赧王五十八年。　鮑彪曰：此（趙孝成）九年。

〔二〕姚注：錢、劉改「蕩」作「湯」。鮑彪曰：蕩陰屬河內。　吳師道曰：正義云：蕩，天郎反，相州縣。　張琦曰：今湯陰縣。　程恩澤曰：案漢志，海內郡有蕩陰縣。蕩水東至內黃澤，有羑里，西伯所拘也。水經：蕩水出河內蕩陰縣西山東。酈注云：出縣西石尚山，泉流逕其縣故城南，縣因水以取名也。章懷太子曰：蕩陰今相州縣，今彰德府湯陰縣西南，有蕩陰城（蕩，一作湯）。　顧觀光曰：史記信陵君傳說此事云：「留軍壁鄴」，其時鄴尚屬魏，與蕩陰相近，乃趙魏接壤處也。水經云：蕩水出河內蕩陰縣西山東，東北至內黃縣，入於黃澤。元和志云：相州蕩陰縣，本七國時魏蕩陰邑也。縣有蕩水，因取名焉（漢志屬河內。今彰德府湯陰縣）。

〔三〕鮑彪曰：稱客，則衍他國人仕魏也。閒，謂微行。　吳師道曰：元和姓纂，衍，畢公高之後。　黃丕烈曰：新，鮑本作辛。丕烈案：史記作新，此涉之而誤也。下文盡作辛。　程恩澤曰：案陳留風俗傳：周畢公之後，居於梁，爲新垣氏。梁有新垣衍，漢有新垣平。括地志：新垣近曲陽，未詳端的之處。曲陽故城在懷州濟源縣西四十里。　金正煒曰：按周禮司儀：「諸公之臣相爲國客。」漢書夏侯嬰傳：「爲沛廄司御，每送使客。」此稱辛垣衍爲魏來之使客，非謂其爲魏之客將也。故或稱梁客，或稱魏將。鮑氏以客字連下讀，恐非。間謂間行，漢書高帝紀注：投空隙而行，不公顯也。　祖耿案：史記注：司馬貞曰：新垣姓，衍名也。爲梁將，故漢有新垣平。

〔四〕閔，原作湣。黃丕烈曰：湣，鮑本作閔。丕烈案：史記作湣，此涉之而誤也。齊策作閔。

〔五〕閔，原作湣。鮑彪曰：衍閔王字，今乃襄王爾，史亦誤。　吳師道曰：謂今之齊，視閔王已益弱。姚本作「已益弱」。　黃丕烈曰：已，鮑本無。鮑衍閔王字，吳氏有正。丕烈案：史記作「今湣王已益弱」。　錢穆曰：邯鄲之圍，齊湣王已死二十餘年。文云：「今齊湣王已益弱」，似其人尚存，一誤也。（考辨四三六頁）

〔六〕鮑彪曰：稱謚非當時語。　吳師道曰：追書之辭。　金正煒曰：按生而稱謚，皆後人追述之辭，或本旁注，誤入正文。　錢穆曰：然則此文自出後人追記文飾，語已多誤，決非魯連當日之言，更非魯連親筆所記。（考辨四三六頁）

〔七〕姚注：曾本添能字。黃丕烈曰：能，鮑本無。丕烈案：史記有。　金正煒曰：按能字本或爲罷，曾據別本旁注罷字，後遂併入正文，又誤爲能耳。

〔八〕使下原無客字。黃丕烈曰：使下鮑本有客字。丕烈案：史記有。　祖耿案：史記注，司馬貞曰：新垣衍欲令趙尊秦爲帝也。

〔九〕召上原無爲字。姚注：錢劉作「爲召而見之」。　黃丕烈曰：召上鮑本有爲字。丕烈案：史記作「請爲紹介」。　金正煒曰：按「召」蓋「紹」之省，即下文紹介之紹也。史記索隱云：紹介猶媒介也，下云「勝請爲紹介」，錢、劉亦無介字。　祖耿案：史記注，裴駰曰：紹介，郭璞曰：「相佑助者」。司馬貞曰：按紹介猶媒介也。且禮，賓至必因介以傳辭。紹者繼也。介不一人，故禮云「介紹而傳命」是也。

〔一〇〕生下原無者字。鮑彪曰：東國謂齊。　黃丕烈曰：吳補：一本「先生者」。丕烈案：史記有。

〔一〕姚注：錢、劉作「請爲紹交之於將軍」。鮑彪曰：郭璞曰：「紹介，相佑助也。」　吳師道曰：索隱曰：禮：賓至必因介以傳辭。紹者繼也。故禮云「介紹而傳命」。　朱起鳳曰：因此而交於彼，謂之紹介，亦稱介紹。廣韻作佋价，同音通用。

〔二〕鮑彪曰：泄，言已白之。

〔三〕此，原作北。黃丕烈曰：今本北作此，鮑本作此。丕烈案：此字是也，史記作此。

〔四〕黃丕烈曰：此，鮑本作若，改爲此。吳氏補曰：若疑居字訛衍，史作此，無亦可。　王念孫曰：鮑改、吳疑皆非也。若猶此也。隱四年公羊傳：「公子翬恐若其言聞乎桓」，謂此其言也。莊四年傳：「有明天子，則襄公得爲若行乎？」謂此行也。論語公冶長篇：「君子哉若人」，謂此人也。古字或兼數義，後人不能徧識，或改之，或刪之，而古義浸亡矣。

〔五〕鮑彪曰：鮑焦，周之介士，見莊子。其人介，故人謂之然。　吳師道曰：韓詩外傳云：周時隱者，無子胤，不臣天子，不友諸侯。　程恩澤曰：案路史，齊之歷下城東三十四里有鮑城。齊乘曰：禹後，有鮑叔仕齊，食采於鮑，因以爲氏，叔牙其後。見三齊記。　金正煒曰：史記索隱云：世人見鮑焦之死者，皆以爲不能自寬容而取死。按禮記三年問「無易之道也」，疏：無，不也。賈生懷沙賦：「重華不可牾兮，孰知余之從容。」史記儒林傳：「寬在三公位，以和良承意從容得久」(此與從容中道訓爲舉動者，義各不同)。從容猶須臾也。史記淮陰侯傳：「足下所以得須臾至今者，以項王尚存也。」漢書賈山傳：「願少須臾毋死，思見德化之成也。」武五子傳：「奉天期兮，不得須臾。」王嘉傳：「知順指不迕，可得容身須臾。」燕策：「太傅之計，曠日彌久，心惛然恐不能須臾。」從容、須臾，並謂延緩也。　祖耿案：史記注，張守節曰：韓詩外傳云：「姓鮑名焦，周時隱者也。飾行非世，廉潔而守，荷擔採樵，拾橡充食，故無子胤，不臣天子，不友諸侯。子貢過之謂之曰：「吾聞非其政者，不履其地；汙其君者，不受其利。今子履其地、食其利，其可乎？」鮑焦曰：「吾聞廉士重進而輕退，賢人易愧而輕死。」遂抱木立枯焉。」按魯仲連留趙不去者，非爲一身。

〔一六〕鮑彪曰：不知者，以其抱木死爲無以自養，不知其非世也。明己今亦然。　金正煒曰：今猶若也，說見釋詞。莊子天地篇釋文引司馬注：衆人，凡人也。　祖耿案：令，鮑本作今，史記無此字。注，司馬貞曰：言衆人不識鮑焦之意，焦以恥居濁世而避之，非是自爲一身而憂死。事見莊子也。

〔一七〕鮑彪曰：秦制爵二十，戰獲首級者，計功受爵，時所尊上也。　黄丕烈曰：者，鮑本無。丕烈案：史記有。　祖耿案：史記注，裴駰曰：譙周曰：「秦用衛鞅計，制爵二十等，以戰獲首級者計而受爵。是以秦人每戰勝，老弱婦人皆死，計功賞至萬數。天下謂之「上首功之國」，皆以惡之也。」司馬貞曰：秦法，斬首多爲上功，謂斬一人首賜爵一級，故謂秦爲「首功之國」也。

〔一八〕鮑彪曰：視民如所獲虜。　司馬貞曰：言秦人以權詐使其戰士，以奴虜使其人。言無恩以恤下。

〔一九〕司馬貞曰：肆然猶肆志也。　王念孫曰：則，猶若也。言彼若肆然而爲帝也。史記「彼則」作「彼即」，即亦若也。

〔二〇〕耳，原作矣。鮑彪曰：過，猶不幸。　吳師道曰：正義云：舊讀帝過句，謂「偏行天子之禮，過，失也」。愚按此句亦難通，過即過其之義，史作「過而爲政」。　黄丕烈曰：鮑改矣爲耳。吳氏補曰：史作耳。　金正煒曰：按史記魏世家：「王之使者出過而惡安陵氏於秦」，文與此同。正義云：舊讀帝過句，蓋誤。　祖耿案：史記注，司馬貞曰：謂以過惡而爲政也。張守節曰：至「過」字爲絶句。肆然其志意也。言秦得肆志爲帝，恐有烹醢納筦，偏行天子之禮。過，失也。又曰：若趙、魏帝秦，得行政教於天下，魯連蹈東海而溺死，不忍爲秦百姓。

〔二一〕黃丕烈曰：則，鮑本無。丕烈案：史記有。

〔二二〕金正煒曰：類篇：請，受言也。謂燕之從趙，亦姑承其説也。或爲設之譌，秦策：「請爲大王設秦楚之戰」，鮑注：設者，無其事，施陳爲之。齊策：「今先生設爲不宦」，鮑注：設者，虛假之辭。

〔二三〕裴駰曰：徐廣曰：「烈王十年崩，威王之七年。」　張守節曰：周本紀及年表云：烈王七年崩，齊威王十年也，與徐不同。　祖耿案：史記崩下無「諸侯皆弔」四字。

〔二四〕裴駰曰：公羊傳曰：「斮三軍者其法斮。」何休曰：斮，斬也。

〔二五〕鮑彪曰：嗟，咨也。　吳師道曰：正義云：赴，告也，今文作訃。索隱云：下席，言其寢苦居廬。謂烈王太子安王驕也。正義云：而母婢，罵烈王后也。　金正煒曰：按禮記曲禮：自世婦以下，自稱曰婢子，注：婢之言卑也。　梁玉繩曰：按威王之名，史記年表、世家及魯仲連傳，並作因齊，國策作嬰齊，必誤，蓋時有田嬰，決無君臣同名之理。而身爲齊君，不當以齊爲名。考莊子則陽篇有田侯牟，釋文曰：司馬云：齊威王也，名牟，桓公子。案史記，威王名因，不名牟；據釋文，則史原無齊字；穰苴傳：因爲齊威王，尤可互證。疑威有二名：一名因，一名牟，古不避嫌名，故薛公名嬰也。後威王三十三年，殺其夫人牟辛，蓋以夫人之姓不避。又曰：或曰國君以國爲氏，當作齊因。趙策田嬰齊，亦當作齊因，蓋田爲因之譌。

〔二六〕鮑彪曰：固，猶必。　金正煒曰：國語越語：「道固然乎？」注：固，故也。鮑注未審。

〔二七〕司馬貞曰：言僕夫十人而從一人者，寧是力不勝，亦非智不如，正是畏懼其主耳。

〔二八〕金正煒曰：然，辭之轉也。

〔二九〕金正煒曰：廣雅釋詁：然，譍也。史記陳餘傳注，索隱引葛洪要用字苑：然，猶爾也。應辭（爾與唯同）。

〔三〇〕鮑彪曰：醢，肉醬也。　黃丕烈曰：鮑「然」下補「則」字。丕烈案：史記無然字。凡古言然，與今言然則同，鮑補誤。金正煒曰：按詩關雎序疏：「然者然上語。」又呂覽應言篇：「墨者師曰然。」注：然，如是。然字文義自足，鮑補無取。

〔三一〕金正煒曰：快，不服，懟也。廣雅釋言：勃，快，懟也。快與勃義同，快然猶勃然。

〔三二〕吳師道曰：嘻，嘆言也，句。　祖耿案：史記：「噫嘻！亦太甚矣！」注：司馬貞曰：上音依，噫者，不平之聲；下音僖，嘻者，驚恨之聲。

〔三三〕鮑彪曰：徐曰：鄴縣有九侯城，九一作鬼。鄂屬江夏。　吳師道曰：左傳隱六年：「納諸鄂」，注：晉別邑。路史云：在大夏。世本云：叔虞居鄂，未知即此否？　張琦曰：史正義曰：九（一作鬼）侯城，在相州滏陽縣西南五十里，滏陽，今磁州也。徐廣曰：鄂一作邘，野王有邘城，今懷慶府三十里邘城是。鮑、吳云：江夏、晉陽，皆非。　程恩澤曰：案郡國志：鄴西有九侯城，蓋鬼侯國是。正義：九侯城在相州滏陽縣西南五十里。寰宇記：九侯城，亦名鬼侯城，在磁州滏陽縣西南五十里，即紂時鬼侯也。路史：鬼，容區國，商有鬼侯，即九侯（今漳浦有鬼侯山，亦名九侯山，是。鬼、九古通）。御批通鑑輯覽：九侯城在今彰德府涉縣。洪亮吉曰：今爲廣平府磁州地。（殷時有鬼方國，乃北狄別種，見干寶易注，與此異。）　地理志，江夏郡有鄂縣。世本：熊渠封其仲子紅爲鄂王。晉太康地記以此爲東鄂（南陽有西鄂，故此稱東鄂），在今武昌府城西二里餘。又殷本紀注，徐廣曰：鄂一作邘，野王縣有邘城。史記：「文王伐邘」（又見尚書大傳），即此。武王以封其子（說文亦云），所謂邘晉應韓是也。京相璠曰：故邘城在今野王縣西北三十里邘臺（村名）。水經注：城當太行南路，道出其中，舊有上黨關，今在懷慶府西北三十里。但文王所伐之邘，必是助紂爲惡者，而鬼、鄂二國爲商賢侯，方與文王同心輔政，乃謂文王伐邘即是伐鄂，恐未可信。（左傳：王取鄔劉蔿邘之田於鄭，在今河南，與河內之邘非一地，或即武王子所封歟？　鄭語云：「武王之子，應、韓不在」，則西周之末，邘國尚存。）今故兼存徐注，而特爲之辨耳。　黄丕烈曰：侯下「之」字，鮑本無。丕烈案，史記無。　金正煒曰：按之，猶與也。鮑本由不審其義而奪耳。鬼侯，史記魯仲連傳作九侯。徐廣曰：九，一作鬼。殷本紀、竹書紀年並作九，九與鬼聲近而歧。

〔三四〕庳，原作車。鮑彪曰：牖里在蕩陰。　張琦曰：今湯陰縣北九里有羑里城。　程恩澤曰：案地理志，河內郡蕩陰縣西山，羑水所出。郡國志：蕩陰縣有羑里城。水經注：羑水東流逕羑城北，故羑里也。史記音義曰：牖里在蕩陰縣，今彰德府湯陰縣北七里（寰宇記作九里，方輿紀要從之），有牖城，北臨牖水，一名防城，相傳紂囚文王處，即牖里也。　黄丕烈曰：車，鮑本作庳。丕烈案：史記作庳。　吴昌瑩曰：「故入」、「故脯」、「故拘」，三故字並同「乃」義。　祖耿案：史記注，張守節曰：相州蕩陰縣北九里，有羑城。

〔三五〕姚注：錢本添舍字。　黄丕烈曰：舍，鮑本作令。丕烈案：史記作令。　祖耿案：舍當「姑舍是」之舍。

〔三六〕鮑彪曰：策，馬策也。　吴師道曰：索隱云：「維，東萊之邑，其居夷也，號夷維子。故晏子爲萊之夷維人。」愚按維即濰。地志：濰水出密州莒縣東北維山，北至今維州昌邑入海。萊夷即今萊州也。　程恩澤曰：案地理志，高密國有夷安縣。應劭曰：故萊夷維邑。齊記：齊城東三百里有夷安，即晏平仲之邑。水經注：縣西去濰水四十里（濰水出琅邪箕縣屋山，東北流逕都昌縣入海），有潭周四十里，濰水支津之所注也。正義：「密州高密縣，古夷安城。」蓋因邑爲姓。路史國名紀：高密有密鄉，春秋之萊夷維邑也。今萊州府高密縣外城，即夷安故城也（說本通典）。　祖耿案：史記注，張守節曰：密州高密縣，古夷安城。應劭云：「故萊夷維邑也。」蓋因邑爲姓。子者，男子之美稱，又云：子，爵也。

〔三七〕維上原無夷字。　黄丕烈曰：維上鮑本有夷字。丕烈案，史記有。

〔三八〕吴昌瑩曰：彼如夫義。

〔三九〕納下原有于字。鮑彪曰：筦，鑰也。鍵，其牡。避、納者，示不敢有其國。黄丕烈曰：鮑衍于字。吳氏補曰：疑衍，史無。祖耿案：史記注，張守節曰：案禮：「天子適諸侯，必舍於祖廟。」

〔四〇〕鮑彪曰：几，所據也。朱起鳳曰：攝衽，猶言束衽。

〔四一〕黄丕烈曰：退，鮑本在聽下。吳補：一本「天子已食，退而聽朝也」，史同，退上有乃字。金正煒曰：按親當作視。呂覽去宥篇：「唐姑果恐王之親謝子賢於己也。」親一作視。淮南兵略篇：「上視下如弔。」今本視誤爲親，二形相近，易以致誤。禮記檀弓：「而曰然。」鄭注：而猶乃也。此與史文異而義同。祖耿案：視，鮑本作親。

〔四二〕鮑彪曰：籥、鑰同，關下牡也，投者，下其牡。祖耿案：史記注，張守節曰：籥即鑰匙也。投鑰匙於地。司馬貞曰：謂關內門不入齊君。

〔四三〕張守節曰：薛侯故城，在徐州滕縣界也。

〔四四〕鮑彪曰：倍，言背之去。吳師道曰：索隱云：主人不在殯東，將背其殯棺立西階上，北面哭，是倍也。天子乃於阼階上，南面弔之也。

〔四五〕鮑彪曰：齊時强，二國不納，必見伐，國人不得養老事幼。吳師道曰：索隱云：謂時君弱臣强，鄒、魯君生時，臣不得盡事養，死不得行賻襚之禮。然齊欲行天子禮於鄒魯，其臣皆不果納之，是猶秉禮而有大體也。

〔四六〕鮑彪曰：以珠玉實死者之口含，此謂鄒。祖耿案：飯含，史記作賻襚。注，張守節曰：衣服曰襚，貨財曰賻，皆助生送死之禮。

〔四七〕黄丕烈曰：此六字鮑本無。丕烈案：史記有。

〔四八〕睹，原作賭。黄丕烈曰：今本賭作睹，鮑本作睹。丕烈案：睹字是也。

〔四九〕鮑彪曰：無已，言無止之者。 吳師道曰：無已，必欲爲之而不止也。

〔五〇〕兩所字下原並有謂字。黄丕烈曰：吳氏補曰：史無兩謂字。

〔五一〕金正煒曰：按漢書趙幽王友傳：「讒女亂國兮上曾不寤。」讒妾，猶讒女也。又讒字或本爲孽，讒一讀如廉，與孽字一聲之譌。漢書賈誼傳：「庶人孽妾緣其履」，注：孽，庶賤也。

〔五二〕姚注：曾本「日」下無「而」字。

〔五三〕章公曰：從横之士，短長之書，必不自言盡策無效，或饕天功以爲己力，是故魯連不帝秦王，而言秦軍却五十里。校以平原君傳，却秦軍者，李同敢死之士之功也。

〔五四〕黄丕烈曰：魏，鮑本無。丕烈案：史記有。 吳昌瑩曰：適會，適值也，即適逢其會之謂也。

〔五五〕吳師道曰：秦將聞仲連之言，爲却軍五十里。説者以爲辯士夸辭，愚竊以爲信。蓋仲連毅然不肯帝秦，則魏救必至，聲天下之大義，以作三軍之氣，不戰而自倍矣！是時公子無忌且至，連之智足以知其事之克濟，不然則且有假儻非常之畫，以佐趙之急。彼秦將者，必聞其言而憚其謀故爾，不然豈爲虚言却哉！

〔五六〕金正煒曰：按春秋繁露循天之道篇：「壽之爲言猶讎也。」此言進酒魯連，因以千金爲之讎也。讎與酬通。漢書劉澤傳：「用金二百斤爲田生壽。」注：因飲酒獻壽而與之金。

〔五七〕黄丕烈曰：所，鮑本作此，改爲所。吳氏補曰：史作所。

〔五八〕王引之曰：「即有所取」，言若有所取也。 金正煒曰：漢書西南夷傳注：即猶若也。 俞正燮曰：戰國士無恒産，乃始發憤，習商人。戰國策魯仲連云：商賈之行不忍爲。又有商君之策，皆所謂横議，嫉貧妬富，亦其識之未宏也。 祖耿案：人，史記作事。

〔五九〕鮑彪曰：仲連傳有。彪謂仲連，孔子之所謂逸民，非周衰辯者之囿也。太史公贊之貶矣。夫説人者不可一概，或委而順之若觸讋，或折而服之若仲連，然後濟天下之務。不然，訑且僨矣！ 吴師道曰：史遷論仲連，謂指意不合大義，固未當。鮑以爲孔子所謂逸民，連雖貧賤肆志，然時出而救時，亦非逸也。大事記引蘇氏曰：『辯過儀、秦，氣凌髡、衍；從横之利，不入於口，因事放言，切中機會；排難解紛，不終日而成功；逃避爵賞，脱屣而去，戰國一人而已！』斯言蔑以加矣！ 愚謂仲連事皆可稱，而不肯帝秦一節尤偉！戰國之士，皆以勢爲强弱，而連獨以義爲重輕，此其所以異爾！ 楊潮觀曰：戰國策士縱横，干秦貨楚，惟魯連於世無求，獨申大義於天下，其賢於人遠矣！ 嘗讀太史公書，子房東見倉海君，求力士而不著其姓氏，倉海君其即魯連子非邪？

十四

説張相國曰〔一〕：『君安能少趙人而令趙人多君〔二〕？君安能憎趙人而令趙人愛君乎？夫膠漆至⿰黍刃也〔三〕，而不能合遠；鴻毛至輕也，而不能自舉；夫飄於清風〔四〕，則横行四海。故事有簡而功成者，因也。今趙，萬乘之强國也，前漳滏〔五〕，右常山，左河間，北有代，帶甲百萬，嘗抑强齊四十餘年〔六〕，而秦不能得所欲〔七〕。由是觀之，趙之於天下也不輕！今君易萬乘之强趙，而慕思不可得之小梁〔八〕，臣竊爲君不取也！』君曰：『善〔九〕。』自是之後，衆人廣坐之中，未嘗不言趙人之長者也；未嘗不言趙俗之善者也。

〔一〕鮑彪曰：張相國，蓋梁人相趙，嘗懷梁而鄙趙者。　吴師道曰：無考。　祖耿案：文選答東阿王書李注引魯連説張相國曰：「鴻毛之輕也，而不能自舉。」今無魯連二字，「説張相國曰」別爲一章，與上魯連説平原君事不相銜，李注聯舉之，非。今本有脱字，則古本不分章也。　顧觀光附此於赧王四十六年，曰：「因言秦不得所欲，附此。」

〔二〕鮑彪曰：少多，猶薄厚。

〔三〕黐，鮑本作黏。吴師道曰：黏，一本作黐，女乙反。周禮注：黐，黏也。　黄丕烈曰：黐，鮑本作黏。吴補：黏，一本作黐。

〔四〕鮑彪曰：舉鴻毛以見膠漆。

〔五〕鮑彪曰：後志：滏水在鄴。　黄丕烈曰：今本滏作釜。丕烈案：此誤涉魏策釜字耳。　張琦曰：水經注：滏水出鄴縣西北石鼓山，東北流注於漳，謂之合口。按滏水自明永樂中漳水北決入滏後，又挾滏東南行，故道不可復迹。今自磁州西北山經州南，又東北經邯鄲、廣平府、肥鄉、曲周，又北經雞澤、平鄉、鉅鹿、隆平，而入大陸澤。　程恩澤曰：案山海經：神囷之山，滏水出焉。東流注於歐水。淮南墬形訓：釜出景。　高誘曰：景山在邯鄲西南。郡國志：鄴有滏水。水經注：滏水出鄴西北石鼓山南巖下，冬温夏冷，東流注於漳，謂之合口（見濁漳篇）。文選注：滏水熱，若出於釜，故以滏名。元和志：釜水出磁州滏陽縣西北四十五里鼓山，亦名滏山，泉源奮湧，若釜水然。今出直隸廣平府磁州西鼓山，東北流經邯鄲、永年、曲周、雞澤、平鄉，而入大陸澤，復由鉅鹿南流至威縣，合於漳。（方輿紀要謂源出河南武安縣東滏口山，經直隸磁州，東南流至臨漳縣西北入漳，殊誤。張氏琦曰云云，故道不可復迹。）顧觀光曰：御覽引水經注云：滏水出石鼓山南巖下，泉源奮湧，若釜之揚湯矣。東流注於漳，謂之合河。

〔六〕黃丕烈曰：鮑改齊爲秦，吳氏有正。吳師道曰：秦元作齊，此言蘇秦從時也。

〔七〕吳師道曰：此不可知爲何時。考之史，自慎靚王四年，齊敗魏、趙觀津，宣二十六、武靈九年。是後趙伐齊則有之，惠文之世，而不聞齊伐趙也。所謂强齊，當是指閔王。蘇秦約從擯秦，不久而解。趙雖强，非秦敵。不得所欲，亦大言耳。然與抑强齊之言，不能無輕重矣！祖耿案：鮑本『不』下無『能』字。

〔八〕鮑彪曰：不可復得歸也。意者，相國以罪亡梁歟？吳師道曰：無考。

〔九〕鮑彪曰：君字誤。吳師道曰：相國稱君。

十五

鄭同北見趙王〔一〕，趙王曰：『子，南方之博士也〔二〕，何以教之？』鄭同曰：『臣南方草鄙之人也〔三〕，何足問〔四〕！雖然，王致之於前，安敢不對乎？臣少之時，親嘗教以兵。』趙王曰：『寡人不好兵〔五〕。』鄭同因撫手仰天而笑之〔六〕，曰：『兵固天下之狙喜也〔七〕！臣固意大王不好也〔八〕！臣亦嘗以兵說魏昭王〔九〕，昭王亦曰：「寡人不喜。」臣曰：「王之行能如許由乎？許由無天下之累，故不受也〔一〇〕；今王既受先王之傳，欲宗廟之安，壤地不削，社稷之血食乎？」王曰：

「然〔一一〕。」今有人操隨侯之珠，持丘之環〔一二〕，萬金之財，特宿於野〔一三〕，內無孟賁之威，荆慶之斷〔一四〕，外無弓弩之禦〔一五〕，不出宿夕〔一六〕，人必危之矣。今有強貪之國，臨王之境，索王之地，告以理則不可，說以義則不聽，王非戰國守圉之具〔一七〕，其將何以當之〔一八〕？王若無兵，鄰國得志矣！」趙王曰：「寡人請奉教〔一九〕。」

〔一〕祖耿案：顧觀光附此於赧王三十八年，曰：「文與魏昭王相涉，故附此。」　祖耿又案：赧王三十八年，魏昭王薨。

〔二〕姚注：傳，一作博。　鮑彪曰：同，鄭人，鄭在趙之南。博士，辯博之士。　吳師道曰：秦官有博士，或戰國儒士有此稱。姚本作傳士。　黃丕烈曰：傳，鮑本作博。　金正煒曰：按史記循吏傳：「公儀休者，魯博士也。」又新序雜事四篇載魏文侯之言曰：「仁人也者，國之寶也；智士也者，國之器也；博通士也者，國之尊也。」是戰國學者故有此稱，秦因以名官。宋書百官志：六國時有博士，掌通古今。荀子議兵篇：「和傳而一」，注：傳或爲博。二形相似，易以致誤。　朱起鳳曰：傳當爲儒。漢書司馬相如傳：「列僊之儒，在山澤間。」史記儒誤作傳。墨子非儒下篇：「儒者迎妻」，今本儒字亦訛作傳。蓋儒字古文與傳形似，因此致訛。鮑本改傳爲博，未免專輒矣！

〔三〕鮑彪曰：鄙猶野。

〔四〕黃丕烈曰：今本問誤間。

〔五〕吳師道曰：故爲反辭也。

〔六〕鮑彪曰：撫，摩也。

〔七〕鮑彪曰：狙，玃屬而狡黠，言兵家如之而可喜。吳師道曰：狙猶揚雄所謂狙詐也，言此固詐者之所喜。金正煒曰：狙疑當爲駔。爾雅釋言：奘駔也。郭注：今江東呼大爲駔，或作怚，方言：劇也。喜當作害，字形相似又涉下文「寡人不喜」而誤。墨子非攻篇：「此實天下之巨害也」，與此文正同。

〔八〕固，原作故。姚注：一作固。吳師道曰：故、固通。

〔九〕鮑彪曰：昔日。

〔一〇〕黃丕烈曰：鮑改受爲愛。丕烈案：受堯天下也，鮑改誤甚。

〔一一〕鮑彪曰：此下同對。

〔一二〕鮑彪曰：持下脱一字，未詳。黃丕烈曰：案鮑説非也，持丘不可考，一字與上隋侯爲對文。程恩澤曰：案鮑以持字與操字，屬對成文，亦似可通。然如此解，則下文「萬金之財」句，亦當有缺字。黃説持邱地名，與隋侯對，操字貫下三句，其説可存。金正煒曰：按愼子内篇有此文，作「持百丘之環」。

〔一三〕特，原作時。黃丕烈曰：吳氏補曰：一本標作特。丕烈案：特字當是。特宿謂獨宿。金正煒曰：時，當從一本作特。特，獨也。或爲將字之譌，管子五輔篇：「愼將宿。」廣雅釋詁：將，行也。宿，止也。

〔一四〕鮑彪曰：荆，成荆，范睢傳注：古勇士。又慶、卿古字通。道應訓荆有佽非斬蛟，孔子聞之。博物志以爲荆軻，非也。又或是成荆、慶忌二人。説林訓曰：王子慶忌足躡麋鹿，手搏兕虎。吳師道曰：吳越春秋：慶忌，吳王僚子。

〔一五〕祖耿案：御覽八百三引作：「有人採隋侯之珠，露野無弓弩之衛，必危。」

〔一六〕鮑彪曰：一宿一夕。夕，初夜，朱起鳳曰：宿夕，即宿昔，亦即旦夕也，猶言早晚。

〔一七〕黄丕烈曰：圉，鮑本作圄。鮑彪曰：圄亦守。吴昌瑩曰：非：猶無也。

〔一八〕黄丕烈曰：將，鮑本無。

〔一九〕鮑彪曰：彪謂鄭同陳喻甚高，然自春秋至是，天下未嘗無兵，故孔孟皆以兵爲諱。今舍俎豆之事，仁義之說，而專談兵，此益多之論也。錢穆曰：趙策，鄭同北見趙王，說以兵事。今傳僞慎子書引之，而云『慎子侍』。按鄭同之說云，先見魏昭王。魏昭王元年在楚襄王之四年。慎子既爲襄王傅，豈復重至於趙？惟年代亦略可及。今既趙策無此語，則慎子侍云云，乃慎氏襲趙策以爲慎子書：以慎子乃趙人，故云侍趙王也。不足據。（考辨三九〇頁）

十六

建信君貴於趙〔一〕。公子魏牟過趙，趙王迎之，顧反至坐〔二〕，前有尺帛，且令工以爲冠。工見客來也，因辟〔三〕。趙王曰：『公子乃驅後車幸以臨寡人，願聞所以爲天下！』魏牟曰：『王能重王之國若此尺帛，則王之國大治矣！』趙王不說，形於顏色〔四〕，曰：『先王不知寡人不肖〔五〕，使奉社稷，豈敢輕國若此！』魏牟曰：『王無怒！請爲王說之！』曰：『王有此尺帛，何不令郎中以爲冠〔六〕？』王曰：『郎中不知爲冠〔七〕。』魏牟曰：『爲冠而敗之，奚虧於王之國〔八〕？而王必待工而後乃使之！今爲天下之工〔九〕，或非也，社稷爲丘虛〔一〇〕，先王不血食，而王不以予工，乃與幼艾〔一一〕！且王之先帝〔一二〕，駕犀首而驂馬服〔一三〕，以與秦角逐〔一四〕，秦當時適其鋒〔一五〕。今王憧憧乃輦建信以與强秦角逐〔一六〕，臣恐秦折王之椅也〔一七〕！』

『衛靈公〔一八〕，近雍疽彌子瑕〔一九〕，二人者專君之勢以蔽左右。復塗偵謂君曰〔二〇〕：「昔日臣夢見君。」君曰：「子何夢？」曰：「夢見竈〔二一〕。」君忿然作色，曰：「吾聞夢見人君者夢見日。今子曰夢見竈而言君也〔二二〕，有說則可，無說則死！」對曰：「日，並燭天下者也，一物不能蔽也。若竈則不然，前之人煬〔二三〕，則後之人無從見也。今臣疑人之有煬於君者也，是以夢見竈〔二四〕！」君曰：「善。」於是因廢雍疽彌子瑕而立司空狗〔二五〕。』

〔一〕祖耿案：顧觀光隸此於秦始皇帝三年、趙悼襄王元年，曰：『建信君與文信侯、春申君同時，則爲悼襄王之幸臣明矣。』吳注據魏牟謂趙王曰：「王之先帝，駕犀首，驂馬服，今王乃輦建信」，斷其在孝成王時，不知先帝乃上世之通稱，非必父也。凡建信君事，並附此。』

〔二〕鮑彪曰：迎客面之，有顧則反。　金正煒曰：鮑說非也。穆天子傳：『吾顧見汝』，注：顧，還也。呂覽觀表篇：『顧反過而不辭。』韓非內儲說：『商太宰使少庶子之市，顧反而問之。』淮南人間篇：『陽虎赴圍而走，顧反取其出之者。』皆謂還反也。　朱起鳳曰：顧反一語，見史記樂毅傳、屈原傳、文選沈約鍾山詩。李注引蒼頡篇：顧，旋也。顧與旋蓋同義通叚，意古時方言或有顧反之語，故書傳屢用之歟？　羅根澤曰：魏牟，乃魏國公子名牟者，或曰公子牟，或曰魏公子牟，或曰中山公子牟（見清華國學論叢第四期）。

祖耿案：荀子非十二子篇：「是它嚻魏牟也。」楊倞注：牟，魏公子，封於中山。漢書藝文志，道家有公子牟四篇。班固曰：「先在莊子，莊子稱之。」今莊子有公子牟稱莊子之言以折公孫龍，據即與莊子同時也。又列子稱公子牟解公孫龍之言，公孫龍，平原君之客，而張湛以爲文侯子，據年代非也。說苑曰：「公子牟東行，穰侯送之。」未知何者爲實也。又案：呂氏春秋開春篇高誘注：公子牟，魏公子也，作書四篇。魏伐中山，得之，以封公子牟，因曰中山公子牟也。莊子讓王篇、呂氏春秋審爲篇、淮南子道應訓，並有中山公子牟。孟子盡心云：「子莫執中，執中爲近之。執中無權，猶執一也。」孫詒讓曰：牟、莫一語之轉，蓋即子莫也。

〔三〕吳師道曰：句。　黄丕烈曰：辟，鮑本作避。

〔四〕金正煒曰：按孝經：「形於四海」，鄭注：形，見也。廣雅釋詁：形，見也。

〔五〕王，原作生。姚注：一作王。　黄丕烈曰：鮑改生爲王。　祖耿案：吳師道補曰：姚云生一作王，王是也。

〔六〕令下原有前字，鮑本同。祖耿案：御覽八百十九引：「何不令郎中以爲冠。」無前字，當衍。

〔七〕吳師道曰：郎中，官，不獨秦。

〔八〕鮑彪曰：虧，猶損。

〔九〕鮑彪曰：所與治國之人。

〔一〇〕吳師道曰：虛戾，見秦策。　祖耿案：御覽八百十九引作：「社稷爲丘墟。」

〔一一〕鮑彪曰：趙岐曰：艾，美好。　朱起鳳曰：此幼艾指外孌言，古人謂男色爲艾。左傳定公十四年：「既定爾婁豬，盍歸我艾豭？」國語晉語：「國君好艾，大夫殆好內適子殆」是也。

〔一二〕鮑彪曰：帝、王、皇，人君之尊稱，此與稱秦孝公爲先王者同也。

〔三〕鮑彪曰：駕、驂，以御馬喻也。陳軫傳言：衍與燕趙之王有故，蓋衍雖相魏，實趙任之爲外相也。

〔四〕鮑彪曰：角，有鬭爭意。

〔五〕黄丕烈曰：鮑改適爲避。吴氏補曰：適，恐當作避。丕烈案：鮑改吴補皆非也。適即敵字，此以車爲喻，或鋒字有誤。　金正煒曰：「當時」上秦字疑衍，「當」或尚字之譌，言趙用犀首、馬服與秦角逐，猶時避其鋒，以見用建信之無幸也。黄丕烈札記謂：此文以車爲喻，或鋒字有誤，其説近是。疑鋒字或本作輆，傳寫之誤。集韻：輆，擊也。避其輆，謂避車轂之相擊。

〔六〕鮑彪曰：憧憧，往來不絶貌。　金正煒曰：説文：憧，意不定也。又集韻：與惷同，騃昏也。

〔七〕鮑彪曰：輢，車旁也，以輩喻，故云。　吴師道曰：詩：「猗重較兮。」猗，隱綺反，注：依也。此椅字雖不同，然義亦當與輢通。餘見齊策王斗章。　黄丕烈曰：鮑改椅爲輢。丕烈案：此以椅爲輢字耳。　金正煒曰：椅，疑當作軸。或謂建信君章：「胥之軸今折矣！」軸與逐爲韻。　吴曾祺曰：椅，鮑本作輢，案椅木名，與此不合。輢，説文訓：車旁也。此上二句，皆以車爲喻，似車旁之義得之。

〔八〕祖耿案：此下姚本提行，鮑本列入衛策。　吴師道曰：舊本衛靈公近雍疽、彌子瑕章在建信君貴於趙章之後，或謂建信君章之前。今按二臣皆衛幸臣，亦建信之類，宜屬上下章，不應自爲章也。鮑以其章置之衛，非是。　黄丕烈曰：案此公子牟引衛事以告王，宜連上。衛靈公未入戰國也。　金正煒曰：衛靈公文鮑本移入衛策，宜爲吴氏所譏。　祖耿又案：衛靈公此段，兩見韓非子。其一，内儲説上七術云：「衛靈公之時，彌子瑕有寵專於衛國。侏儒有見公者曰：「臣之夢踐矣！」公曰：「何夢？」對曰：「夢見竈爲見公也。」公怒曰：「吾聞見人主者夢見日，奚爲見寡人而夢見竈？」對曰：「夫日兼燭天下，一物不能當也；人君兼燭一國，一人不能擁也；故將見人主者夢見日。夫竈一人煬焉，則後人無從見矣！今或者一人有煬君者乎？則臣雖夢見竈，不亦可乎？」」共一百二十八字。　其二，難四云：「衛靈公之時，彌子瑕有寵於衛國。侏儒有見公者曰：「臣之夢踐矣！」公曰：「奚夢？」「夢見竈者，為見公也。」公怒曰：「吾聞見人主者夢見日，奚為見寡人而夢見竈乎？」侏儒曰：「夫日兼照天下，一物不能當也；人君兼照一國，一人不能壅也：故將見人主而夢日也。夫竈，一人煬焉，則後人無從見矣。或者一人煬君邪？則臣雖夢竈，不亦可乎？」公曰：「善。」遂去雍鉏，退彌子瑕，而用司空狗。」共一百四十字。兩文內容全同，難四於此文之後繼以論斷曰：「或曰：侏儒善假於夢以見主道矣，然靈公不知侏儒之言也。去雍鉏，退彌子瑕，而用司空狗者，是去所愛而用所賢也。鄭子都賢慶建而壅焉，燕子噲賢子之而壅焉，夫去所愛而用所賢，未免使一人煬己也。不肖者煬主不足以害明，今不加知而使賢者煬己，則必危矣！」共一百零三字。

〔一九〕雍疸，鮑本作癰疽，鮑彪曰：癰疽，孟子有其人，蓋醫之幸者。　吳師道曰：癰疽，瘍醫；彌子瑕，靈公幸臣，其妻與子路之妻兄弟，亦見孟子。　吳曾祺曰：案衛有雍渠，司馬遷與任少卿書：衛靈公與雍渠同載，雍疸疑為雍渠之誤。　祖耿案：孟子：「萬章問曰：「孔子於衛主癰疽。」」說苑至公引作雍睢。韓非子難四：「靈公去雍鉏，退彌子瑕，而用司空狗者，是去所愛而用所賢也。」史記孔子世家：「居衛月餘，靈公與夫人同車，宦者雍渠參乘，出，使孔子為次乘，招搖市過之。孔子曰：「吾未見好德如好色者也。」於是醜之，去衛。」則作雍渠，而偽家語則作雍梁。　朱起鳳曰：睢、疽同音通叚，雍、癰亦同者，鉏字亦從且聲，故與疽通用。渠、梁形相似，古每訛混。

〔二〇〕鮑彪曰：復塗偵，衛人。　吳師道曰：韓非子亦有此文而稍異，云「侏儒善假夢以見主道」，恐此復塗偵字或侏儒之訛。然彼以癰疽為雍鉏，則誤也。　黃丕烈曰：案雍鉏即雍疸，吳以為誤，未是。　金正煒曰：韓非作雍鉏，古書字多通假，吳氏以為誤，非也。　朱起鳳曰：「侏儒」作「塗偵」，乃聲與形之誤。

〔二一〕竈下原重君字。金正煒曰：君字涉下句君忿然作色而衍。韓非內儲說上及難四：「夢見竈者，爲見公也」，皆無君字。黃帝死爲竈神，説見淮南子。竈君之稱，於古無徵，或本與韓非同文，君即者字之誤，下脱「爲見公也」四字。

〔二二〕竈下原有君字。金正煒曰：竈下君字亦衍，而，猶乃也。或本作君而言竈也，下君字蓋竈之譌。

〔二三〕鮑彪曰：煬，炙燥也。吳師道曰：煬，餘亮反。莊子：「煬者避竈」，釋文：炊也。蓋炊而向竈者。

〔二四〕竈下原重君字。金正煒曰：按玉篇：煬，對火也。廣韻：煬，向也。此以煬竈設喻，義猶蔽也，竈下君字誤複。祖耿案：韓非子內儲說上注云：「一人煬則蔽竈之光，故後人不見煬之然也。」此譏彌子瑕專擁，蔽君之明也。

〔二五〕鮑彪曰：元在趙策。吳師道曰：宜從舊。金正煒曰：司空狗即史狗，左氏襄二十九年傳：季札適衛説蘧瑗、史狗。注：史朝之子文子。

十七

或謂建信〔一〕：「君之所以事王者色也；葺之所以事王者知也〔二〕。色老而衰，知老而多，以日多之知，而逐衰惡之色，君必困矣！」建信君曰：「奈何？」曰：「並驥而走者，五里而罷〔三〕；乘驥而御之，不倦而取道多。君令葺乘獨斷之車〔四〕，御獨斷之勢，以居邯鄲，令之內治國事，外刺諸侯〔五〕，則葺之事有不言者矣〔六〕。君因言王而重責之，葺之軸今折矣〔七〕。」建信君再拜受命，入言於王，厚任肙以事能，重責之〔八〕。未期年而肙亡走矣〔九〕。

〔一〕黃丕烈曰：鮑君下補君字。吳氏正曰：當有缺字。或「曰君」字，或「君」字。丕烈案：鮑補吳正皆非也，此謂建信句絶，君下屬。建信即建信君也。上有「建信者，安能以無功惡秦哉」可證。　祖耿案：顧觀光隸此於秦始皇帝三年，趙悼襄王元年。

〔二〕姚注：肙，一作葺。鮑彪曰：葺，趙人名。吳師道曰：字書解「葺」字，蓋葺。儀禮注，葺，俗作緝。晉、唐人書「咠」多作「蒷」。前章「盛氣胥之」，一本「揖之」。魏策：「肙中」，一本「咠中」，一「咠亡」，一本「咠云」。韓策：「咠夫」，一本「肙臣」。蓋月、耳字易混也。　吳曾祺曰：案葺，人名，姓闕。　祖耿案：知，鮑本作智，下並同。

〔三〕鮑彪曰：音疲。

〔四〕鮑彪曰：不與之分治。

〔五〕鮑彪曰：刺言探候其事。　金正煒曰：按漢書丙吉傳：「至公車刺取。」注：刺謂探候之也。後漢書章帝紀：「刺探起居。」注：刺探，謂候伺也。

〔六〕鮑彪曰：所治者多，不暇悉言於上。　吳曾祺曰：案謂其事必敗，不待言也。

〔七〕鮑彪曰：不勝多事之任。　祖耿案：「今折」，姚、鮑一本同。俗鮑本作「令折」。方苞云：當作「令」。　金正煒曰：今，猶即也。漢書王尊傳：「所捕宜今發吏。」注：當即發也。匈奴傳：「西城內屬不當得受，今遣之。」注：今即遣還。並釋今爲即。王引之云：今字與即同義。

〔八〕黃丕烈曰：鮑改能爲而。吳氏正曰：能字句，猶言爲。　王引之曰：能，猶而也，能與而同。　金正煒曰：能讀爲而。經傳釋詞云：能，猶而也，能與而古音相近，説見唐韻正。吴氏以能字句，猶言爲，非也。

〔九〕鮑彪曰：彪謂奸人之不可知甚矣！智知所無奈何。彼厚任以事，藹以爲不世之遇矣，殫力畢慮，恐不給焉，而不知建信之困之也！故國有奸人，賢智之得全者寡矣！

十八

苦成常謂建信君曰〔一〕：「天下合從〔二〕，而獨以趙惡秦〔三〕，何也？魏殺呂遺〔四〕而天下交之〔五〕。今收河間〔六〕，是與殺呂遺何以異〔七〕？君唯釋虚僞疾，文信猶且知之也〔八〕。從而有功乎，何患不得收河間？從而無功乎，收河間何益也〔九〕！」

〔一〕程恩澤曰：案左傳成十四年，「衛侯饗苦成叔。」王符曰：郤犨食采於苦，曰苦成。路史：苦成故城，在今山西解州鹽池東。金正煒曰：鮑本苦作晉，注「未詳」。按左氏成十四年傳：「苦成家其亡乎？」常當是郤犨之後耳。「晉」蓋「苦」字之譌。祖耿案：顧觀光附此於始皇八年。

〔二〕黄丕烈曰：合，鮑本作公。鮑彪曰：公猶同。吴師道曰：一本公作合。

〔三〕鮑彪曰：言從者皆惡秦也，而世獨言趙。

〔四〕黄丕烈曰：遺，鮑改作遼。曰：「原作遺，從上文。」吴師道曰：上章作遼，未知孰是。

〔五〕鮑彪曰：天下惡秦，秦重遼，故殺遼而諸國交之，然則秦惡魏深矣！吴師道曰：交下當有缺字，即上章衛兵之事。金正煒曰：按交當爲笑。説文無笑字，娭，從女芺聲，女子笑也。疑古笑字即作芺。漢書笑多作矣，則由芺而省。交與關形聲並近，因誤爲交。魏殺呂遺，而衛受兵，故天下笑之。

〔六〕鮑彪曰：不封文信。 吳師道曰：不韋欲攻趙以廣河間，趙欲收河間。

〔七〕是上原有於字。姚注：一無於字。 鮑彪曰：文信亦秦所重，今不與地，秦必惡趙。

〔八〕釋，鮑改爲飾，疾，鮑本作侯。 鮑彪曰：飾虛，懼秦覺也。僞侯文信，虛與之河間也。如是，秦猶知其不善己，況收河間乎？ 吳師道曰：一本侯作疾，亦難通。疑侯字當在文信下，殽亂。上文從僞字句，意明。 黃丕烈曰：今本信下有侯字。疾，鮑本作侯。鮑改釋爲飾。吳氏正曰云云。丕烈案：吳說未是。此以疾字句。文信即文信侯也，上有文信不得志可證。 金正煒曰：唯當讀如雖，唯、雖古通用，見禮記表記鄭注。「釋虛」疑當作釋慮，釋，舍也，慮者計慮。「僞疾」猶言託疾（魏策：「僞病者乎，而見之」），謂趙以收河間鬩於一時，今雖內釋慮而外託疾，以示不復有收河間之志，然文信侯猶將知之，以見從之不可緩也。

〔九〕吳師道曰：「君唯釋虛僞」謂合從之國，虛僞難信；君獨釋而不合，則文信侯猶且知之也。上言天下合從，獨以趙惡秦，故此言文信侯知趙之不合，猶可以免攻也。

十九

希寫見建信君〔一〕，建信君曰：「文信侯之於僕也甚無禮！秦使人來仕，僕官之丞相，爵五大夫〔二〕。文信侯之於僕也，甚矣！其無禮也〔三〕！」希寫曰：「臣以爲今世用事者，不如商賈！」建信君悖然曰〔四〕：「足下卑用事者而高商賈乎？」

曰：「不然！夫良商不與人争買賣之賈，而謹司時〔五〕。時賤而買，雖貴已賤矣；時貴而賣，雖賤已貴矣。昔者，文王拘於牖里〔六〕，而武王羈於玉門〔七〕，卒斷紂之頭而縣於太白者〔八〕，是武王之功也。今君不能與文信侯相伉以權〔九〕，而責文信侯少禮，臣竊爲君不取也！」

〔一〕鮑彪曰：希寫，趙人。　祖耿案：顧觀光隸此於秦始皇帝三年，趙悼襄王元年。

〔二〕鮑彪曰：使爲丞相官屬。　吴師道曰：秦武王二年，初置丞相。秦爵，五大夫第九。劉昭曰：軍吏也。據此策，則不特秦官，趙亦有之。戰國改制，遞相效也。　金正煒曰：按禮記雜記：「官於大夫者之爲之服也。」注：官，猶仕也。此與韓策「仕唐客於諸公」義同。言仕之於丞相，得爵五大夫。　祖耿案：墨子號令篇云：「丞及吏比於丞者，賜爵五大夫。」呂氏春秋直諫篇：「荆文王時，有五大夫。」漢書百官表：「秦爵九，五大夫。」顔注云：大夫之尊也。此策及魏策、楚策，並有五大夫，其非秦制甚明。

〔三〕鮑彪曰：言己待之厚，彼不宜無禮。

〔四〕吴曾祺曰：悖與勃同。　金正煒曰：按悖當讀爲勃。廣雅釋詁：勃，懟也。論語鄉黨篇：色勃如也。疏：勃然變色也。莊子庚桑楚篇釋文：勃，本又作悖，正可互證。

〔五〕鮑彪曰：司，伺同。　金正煒曰：司當讀如伺。鶡冠子王鈇篇：「出入相司。」注：司，猶伺也。

〔六〕拘上原有之字。鮑彪曰：衍之字。　金正煒曰：之字疑衍。

〔七〕鮑彪曰：項羽紀：「成皋北門」，注：「玉門。」此事不經見。　程恩澤曰：案韓非子喻老篇：「文王見詈於玉門。」呂氏春秋首時篇作王門，即玉門也。（古以中畫近上爲王字，三畫正均爲玉字，故易混。）淮南道應訓：「文王歸乃爲玉門，築靈臺，相女童，擊鐘鼓」（高誘注：玉門以玉飾門爲柱樞也，恐未必然）。則其事非不經見，但舊説俱屬之文王，且語各小異，與策不相應耳。水經注：河水南對玉門。顧祖禹曰：玉門，成皋西門也，宋時西關門亦曰玉關。國策：「武王有玉門之難」，即此。張晏注作成皋北門，稍誤（注亦非）。今河南汜水縣西二里，有古崤關（一名平從關），即虎牢也，玉門在此。　金正煒曰：按韓非喻老篇：「文王見詈於王門。」呂氏春秋：「武王事之，夙夜不懈，亦不忘玉門之辱。」高注：文王得歸，乃築靈臺，作玉門，相女童。武王以此爲恥而不忘也。武王無見羈事，當從韓作「詈」（釋名釋言語：詈，歴也，以惡言相彌歴也。亦言離，言以此挂離之也）。　祖耿案：庾信周上柱國齊王憲神道碑：「因箕子於塞庫，羈文王於玉門。」倪璠注云：殷本紀曰：「箕子佯狂爲奴，紂又囚之。」竹書紀年沈約注云：王嘉季歴之功，錫之圭瓚、秬鬯、九命爲伯，既而執之塞庫，季歴困而死，因謂太丁殺歴。又曰：執王季於塞庫，羈文王於玉門，鬱伲之情，辭以作歌。按塞庫，囚季歴處，殷紂或以其地囚箕子所未詳矣。呂氏春秋曰：「王季歴困而死，文王苦之，有不忘羑里之醜，時未可也。武王事之，夙夜不懈，亦不忘玉門之辱，立十三年而成甲子之事。」戰國策希寫曰云云。史記項羽紀曰：「成皋北門」，注云：玉門也。

〔八〕斷，鮑本作斬。縣，鮑本作懸。　鮑彪曰：太白，旗名。

〔九〕伉，鮑本作抗。

二十

魏魁謂建信君曰〔一〕：「人有置係蹄者而得虎〔二〕，虎怒，決蹯而去〔三〕。虎之情，非不愛其蹯也，然而不以環寸之蹯，害七尺之軀者，權也。今有國者，非直七尺之軀也〔四〕！而君之身於王，非環寸之蹯也〔五〕！願公早圖之也〔六〕！」

〔一〕魁，原作𩲡。鮑本改作魀，音介。鮑彪曰：原作𩲡，字書無之。吳師道曰：一本標或作魁。楚辭「九魁」，北斗星名。說文：魀，𨓏魀，行不正貌，公介、公鍇二反，字亦不從允。王念孫曰：吳曰：𩲡一本作魁，楚辭「九魁」，北斗星名。念孫案：說文、玉篇、廣韻、集韻、類篇，皆無𩲡字。𩲡當爲魁，魁隸或作魁，其右畔與介字相近，故譌而爲𩲡矣。吳云一本作魁，楚辭九歎：「訊九魁與六，」神魁一作魁，皆其證也。文選陳琳檄吳將校部曲文引此，正作魏魁，鮑不達而改爲魀字，斯爲謬矣。朱起鳳曰：𩲡不成字，當依吳氏所見本作魁，即魁字古文。祖耿案：顧觀光隸此於秦始皇帝三年，趙悼襄王元年。

〔二〕鮑彪曰：係蹄，用繩以骨獸蹄。祖耿案：文選檄吳將校部曲文李注引延叔堅曰：係蹄，獸絆也。

〔三〕鮑彪曰：蹯，獸足。吳師道曰：蹯音煩。祖耿案：文選檄吳將校部曲文李注引，決作跌，當誤。

〔四〕祖耿案：原本作「今有國非直七尺軀也。」文選檄吳將校部曲文李注引作：「今國家者，非直七尺之軀也。」據此，補「者」、「之」二字。

〔五〕鮑彪曰：言王且以愛國故去之。

〔六〕祖耿案：此句原作「願公之熟圖之也。」今依文選檄吳將校部曲文李注引改。

二十一

秦攻趙，鼓鐸之音聞於北堂〔一〕。希卑曰〔二〕：「夫秦之攻趙，不宜急如此！

此召兵也〔三〕！必有大臣欲衡者耳〔四〕！王欲知其人，旦日贊群臣而訪之〔五〕，先言横者，則其人也。』建信君果先言横〔六〕。

〔一〕祖耿案：顧觀光隸此於始皇十一年。是年秦伐趙，取九城。

〔二〕鮑彪曰：希卑，趙人。

〔三〕鮑彪曰：兵，趙兵内應者，蓋以鼓鐸爲信。　金正煒曰：按此謂内應，召外兵耳。鮑注非是。

〔四〕鮑彪曰：衡即横。　吴曾祺曰：案衡、横同。

〔五〕鮑彪曰：贊者，美其事以開説者。　金正煒曰。按漢書孔光傳：『召左將軍光當拜，已刻侯印書贊』，注：贊，進也，延進而拜之。又顔師古急就章注：贊，見也。鮑説未安。旦日謂明日，見史記司馬穰苴傳注。

〔六〕吴師道曰：魏牟謂趙王曰：『王之先帝，駕犀首，驂馬服。今王乃輦建信君』，則在孝成之時明矣。建信始欲合從，今先言横，爲國召兵，罪不容誅。然以嬖幸小人，委國聽之，罪在王爾！大事記謂：孝成雖有上黨將趙括之失，猶能用頗、牧以持國。李伯之事，猶能駕御豪傑。愚觀其時，秦兵日至，疆守日蹙，客所謂賊在内者，切中其病。未有内治而國不强者也！

二十二

齊人李伯見孝成王〔一〕，成王説之，以爲代郡守。而居無幾何，人告之反〔二〕。孝成王方饋，不墮食〔三〕。無幾何，告者復至，孝成王不應。已乃使使者言〔四〕：『齊舉兵擊燕，恐其以擊燕爲名而以兵襲趙，故發兵自備〔五〕。今燕齊已合，臣請要其敝〔六〕，而地可多割〔七〕。』自是之後，爲孝成王從事於外者，無自疑於中者。

〔一〕祖耿案：顧觀光附此於赧王五十年，是年趙孝成王元年。

〔二〕金正煒曰：按禮記檀弓注：而，猶乃也。呂覽音初篇：『之子是必大吉』，注：之，其。

〔三〕鮑彪曰：饋、餽同。方食而祭，不墮失匕筯，異矣。　吴師道曰：大事記：不驚，故食不墮也。愚謂墮祭食，猶放下也，見儀禮。墮，許規反。　王念孫曰：鮑吴二說皆非也。高注鴻烈詮言篇曰：饋，進食也。又注呂氏春秋必己篇，及鴻烈說林、修務二篇，並曰：墮，廢也。此言孝成王方進食，聞告反之言，而不爲之廢食耳。饋非祭，墮亦非儀禮墮祭之墮也。　吴曾祺曰：案謂不廢食也。

〔四〕鮑彪曰：伯之使。

〔五〕張琦曰：齊以擊燕爲名而襲趙，當在河間深冀界上，與代絶遠。云發兵自備，不可曉。

〔六〕鮑彪曰：兩國戰，必有一疲，因以兵邀擊之。

〔七〕金正煒曰：而，猶則也。詳釋詞。

卷二十一　趙四

一

爲齊獻書趙王，使臣與復丑曰〔一〕：「臣一見而能令王坐而天下致名寶〔二〕，而臣竊怪王之不試見臣而窮臣也〔三〕。群臣必多以臣爲不能者，故王重見臣也〔四〕。以臣爲不能者非他：欲用王之兵成其私者也〔五〕；非然，則交有所偏者也〔六〕；非然，則知不足者也〔七〕；非然，則欲以天下之重恐王而取行於王者也〔八〕。臣以齊循事王〔九〕，王能亡燕，能亡韓魏，能攻秦，能孤秦。臣以齊致尊名於王〔一〇〕，天下孰敢不致尊名於王？臣以齊致地於王，天下孰敢不致地於王？臣以齊爲王求名寶於燕及韓魏〔一一〕，孰敢辭之？臣之能也，其前可見已〔一二〕！齊先重王，故天下盡重王〔一三〕；無齊，天下必盡輕王也。秦之强，以無齊之故重王〔一四〕；燕韓魏自以無齊故重王〔一五〕；今王無齊，獨安得無重天下〔一六〕？故勸王無齊者，非知不足，則不忠者也〔一七〕；非然，則欲用王之兵成其私者也；非然，則欲輕王以天下之重取行於王者也；非然，則位尊而能卑者也〔一八〕。願王之熟慮無齊之利害也〔一九〕。」

〔一〕姚注：曾無「使臣與復丑」五字。吴師道曰：姚本有「使臣與復丑」五字，注云：曾本無。愚按其文未詳，恐他簡脱誤。金正煒曰：按與猶爲也，復者重有言也。韓策「願有復於公。」，鮑注：復，重言之。「丑」蓋王字之訛。使臣既獻書，又爲齊復言於王也。呂覽行論篇：「使者報言燕王之甚恐懼而請罪也，畢又復之，以矜左右官實。」此策所言，皆使臣致命畢，而以私意陳於王者。鮑本闕五字，蓋誤脱也。又周禮小宰「諸臣之復」，司農云：復，請也。「大僕掌諸侯之復逆」，司農云：復謂奏事也。於義並通。祖耿案：顧觀光附此於赧王五十年，趙孝成王元年。

〔二〕黄丕烈曰：鮑改寶爲實，注曰：即下致地。金正煒曰：按「名寶」猶東周策所云名器重寶。鮑改非也。

〔三〕鮑彪曰：窮猶困也，困於不得見。

〔四〕鮑彪曰：重猶難。

〔五〕鮑彪曰：非，若非也。黄丕烈曰：「成其私」三字，鮑本無。

〔六〕鮑彪曰：言賣趙與諸國爲私。黄丕烈曰：「非然」二字鮑本無。

〔七〕黄丕烈曰：知，鮑本作智。

〔八〕鮑彪曰：王畏懼之，必行其説。吴師道曰：姚本云：「欲用王之兵成其私者也；非然，則交有所偏者也；非然，則知不足者也；非然，則欲以天下之重恐王而取行於王者也。」愚按此文爲是。黄丕烈曰：「於王」二字鮑本無。

〔九〕姚注：循，曾作脩。

〔一〇〕以下原有爲字。黄丕烈曰：鮑衍爲字。

〔一一〕名下原無實字。金正煒曰：按名下當有實字而誤脫也。上文已言致名、致地，則不得更言爲王求名。作「名實」，正與篇首相應。

〔一二〕鮑彪曰：言可見於未效之前。金正煒曰：漢書嚴助傳「事效見前」，注：見，顯也，前謂日前。

〔一三〕黄丕烈曰：王下鮑本復有「重王」二字，鮑衍重字。

〔一四〕黄丕烈曰：鮑衍之字。

〔一五〕燕下原無韓字。鮑彪曰：趙得齊，故四國無齊。黄丕烈曰：鮑燕下補韓字。

〔一六〕黄丕烈曰：得，鮑本作能。鮑彪曰：猶四國重趙。

〔一七〕足下原有也字。黄丕烈曰：也，鮑本無。祖耿案：知，鮑本作智。

〔一八〕吳師道曰：能卑者，才能卑下也。

〔一九〕吳師道曰：此策時不可考。

二

齊欲攻宋，秦令起賈禁之〔一〕。齊乃捄趙以伐宋〔二〕。秦王怒〔三〕，屬怨於趙。李兌約五國以伐秦〔四〕，無功，留天下之兵於成皋，而陰構於秦〔五〕。又欲與秦攻魏，以解其怨而取封焉〔六〕。魏王不說〔七〕，之齊，謂齊王曰〔八〕：「臣爲足下謂魏王曰：『三晉皆有秦患，今之攻秦也，爲趙也〔九〕。五國伐趙〔一〇〕，趙必亡矣。秦逐李兑〔一一〕，李兑必死，今之伐秦也，以救李子之死也。今趙留天下之甲於成皋，而陰鬻之於秦，已講，則令秦攻魏以成其私封〔一二〕，王之事趙也何得矣？且王嘗濟於漳而身朝於邯鄲，抱陰成〔一三〕，負葛薛〔一四〕，以爲趙蔽〔一五〕，而趙無爲王行也。今又以何陽姑密封其子〔一六〕，而乃令秦攻王以便取陰〔一七〕。人比然而後知賢不〔一八〕，如王若用所以事趙之半收齊〔一九〕，天下有敢謀王者乎？王之事齊也，無入朝之辱，無割地之費，齊爲王之故，虛國於燕趙之前〔二〇〕，用兵於二千里之外，故攻城野戰，未嘗不爲王先被矢石也；得二都，割河東，盡効之於王〔二一〕；自是之後，秦攻魏，齊甲未嘗不歲至於王之境也〔二二〕，請問王之所以報齊者可乎？韓呡處於趙〔二三〕，去齊三千里，王以此疑齊〔二四〕，曰『有秦陰』〔二五〕，今王又挾故薛公以爲相〔二六〕，善韓徐以爲上交，尊虞商以爲大客〔二七〕，王固可以反疑於齊乎〔二八〕？」魏王聽此言也甚詘〔二九〕，其欲事王也甚循〔三〇〕，臣願王之曰聞魏而無庸見惡也〔三一〕。臣請爲王推其怨於趙〔三二〕。願王之陰重趙而無使秦之見王之重趙也〔三三〕。秦見之且亦重趙〔三四〕。齊秦交重趙，臣必見燕與韓魏亦且重趙也，皆且無敢與趙治〔三五〕。五國事趙〔三六〕，趙從親以合於秦，必爲王高矣〔三七〕。臣故欲王之偏刼天下而皆私甘之也〔三八〕：王使臣以韓魏與燕劫趙，使丹也甘之〔三九〕；以趙劫韓魏〔四〇〕，使臣也甘之〔四一〕；以三晉劫秦，使順也甘之；以天下劫楚，使呡也甘之；則天下皆偪秦以事王〔四二〕，而不敢相私也。交定然後王擇焉〔四三〕。」

〔一〕鮑彪曰：閔三十八年，此（趙惠文）十三年。　吳師道曰：閔二十八年。　鮑彪又曰：起賈，人姓名。金正煒曰：按呂覽應言篇：秦令起賈爲孟卯求司徒於魏王，孟卯稱賈爲秦客，則賈當爲秦人，鮑氏失考。　祖耿案：馬王堆帛書第十七章：「胃起賈曰」，又云：「願御史之孰慮之也。」知起賈爲秦御史。　又案：顧觀光隸此於赧王二十九年。

〔二〕姚注：捄，一作收。鮑改作援。　吳師道曰：姚云，捄一作收，大事記，取。　黃丕烈曰：鮑改捄爲援。鮑彪曰：齊以趙自助。　吳師道曰：齊欲攻宋，乃收趙以助宋（祖耿案：上海古籍出版社戰國策，宋，作「己」）。宋未伐也，故趙李兌合五國以伐秦。大事記：赧王二十九年，先書趙李兌約五國伐秦，後書齊滅宋。解題云：此大事也。見於策者，前後非一章。史遺略不載，策亦不載伐秦之年。　然兵端起於秦怨趙助齊伐宋，故附齊滅宋年。

〔三〕鮑彪曰：秦王，昭王。

〔四〕鮑彪曰：韓趙魏燕齊也。史不書，獨趙策見之。　吳師道曰：大事記書楚齊趙韓魏。按魏策（祖耿案：當作韓策），「五國約而攻秦，楚王爲從長，不能傷秦，兵罷而留成皋。」與此李兌約五國攻秦無功，留天下兵於成皋語合。又謂兌雖主謀，楚猶以大國爲從長，據此故也。按楚王爲從長，乃懷王十一年，蘇秦約楚齊趙韓魏燕伐秦也。秦紀無楚，年表無齊，故以五國稱。楚世家書特詳，諸侯至函谷關，擊秦不勝而歸。其事又相類兵罷留成皋一語，記者遂誤附之，非李兑合從時也。按兑伐秦時，當楚頃襄王十二年。十年，楚迎婦於秦；十四年，與秦昭王好會於宛；中間未嘗構兵。大事記據下章書楚齊趙韓魏，又據魏策，因遂長楚。考之下章，雖有楚，而不明言在五國之數，後亦屢言燕，是時固有燕矣。又此章勸齊刧天下，未及秦而後楚。下章云：齊將攻宋，秦楚禁之。可見秦楚方睦，必無楚伐秦之事矣。鮑以五國爲韓趙魏燕齊者得之，然趙當首書。

〔五〕姚注：構，曾作講字。　黄丕烈曰：鮑改構爲講。　吴師道曰：姚云曾作講，大事記同。以下有「已講」字故也。

〔六〕鮑彪曰：解怨，解秦怨也。封，自封之封，非封地。　吴師道曰：下文言取陰定封。

〔七〕鮑彪曰：魏王，昭王。

〔八〕黄丕烈曰：鮑謂上補人字。　吴師道曰：大事記：魏王不説，齊人謂王云云。愚謂「之齊」上有缺文，當是人姓名。　金正煒曰：「之齊」上脱人名，吴正是也。鮑於謂上補人字，無義。

〔九〕鮑彪曰：本以秦屬怨於趙故。

〔一〇〕鮑彪曰：此設辭也。言趙初約伐秦，今乃與秦講，若同伐趙，趙可亡也。

〔一一〕鮑彪曰：講秦，背齊，不伐宋者，兑也。　吴師道曰：姚本作「秦逐」，大事記取。　黄丕烈曰：秦，鮑本作齊。

〔一二〕金正煒曰：令當作合，上文所云：與秦攻魏，以解其怨，即合之義也。

〔一三〕鮑彪曰：成屬涿郡。又孔子世家注：太山鉅平有武城。　吴師道曰：陰、成未詳，鮑注皆非魏地。程恩澤曰：按左傳宣二年：「遂自陰地及諸侯之師侵鄭」，杜注：「晉河南山北，自上洛（今雒南縣）以東，至陸渾（今嵩縣）』。其地南阻終南，北臨大河，故曰陰地，則陰之爲地廣矣！顧祖禹曰：自焦而東，河南山北之處，皆陰地也（此與杜注小異）。又昭二十二年，『帥師軍於陰』，顧棟高曰：陰即平陰，晉師在平陰是也。漢爲平陰縣，魏、晉改曰河陰（與今滎澤縣之故河陰縣有別），唐曰河清，今爲河南府孟津縣。又哀四年，『蠻子赤奔晉陰地』。江永曰：今陝州盧氏縣東北有陰地城，蓋即命大夫屯戍之所（說本春秋地名考略）。是陰地凡有二處（今霍州靈石縣西南有陰地關，此又一處，餘見秦策），皆在魏境，但不知何指耳。成，據策當是魏地，但不知所在。路史：漢有陰城國，屬趙郡。或以陰成二字連讀作地，亦可備一說。金正煒曰：按春秋，哀四年『蠻子赤奔晉陰地』。杜注：陰地，河南山北，自上雒以東至陸渾。是晉故有陰，鮑、吳失考。

〔一四〕負下原有蒿字。鮑彪曰：地缺。薛，鮑本作薛，改爲蘗。鮑彪曰：蘗元作薛。趙記注：在馬丘。又葛城在高陰，屬涿郡。吳師道曰：薛當作蘗。抱、負言其勢。按魏策：葉陽君約魏，魏王將封其子，謂魏王曰：『王嘗身濟漳，朝邯鄲，抱葛薛陰成，以爲趙養邑。』據此文，則蒿字因葛而誤衍。四邑皆魏地。趙世家：『遇於葛蘗』，則知此文薛字誤也。徐廣云者三在馬曰。正義引括地志云也，□□□□魏縣西南。黃丕烈曰：薛即蘗字。程恩澤曰：案魏策無負、蒿二字，以爲衍文，誠是。但如吳說，單衍蒿字，則負字當作虛字解，與上文抱字配，而又云四邑，豈以葛、蘗爲兩地耶？抑以負爲地名耶？或曰負蒿乃負黍之訛，在今河南府登封縣西南，與陰成相近，未知是否？又曰：案趙世家云：『成侯十七年，與魏惠王遇葛蘗』。徐廣曰：在馬邱。正義云：括地志：故葛城一名依城，又名西阿城，在瀛州高陽縣西北五十里。顧祖禹曰：今山西垣曲縣西南夏里有葛城，或云即趙魏遇處（俞理初癸巳類稿主此）。高士奇曰：今大名府魏縣（今省入大名縣）南二十里有葛築城（以蘗爲築，未知何據），即春秋傳衛新築邑（元和志以新築爲黎陽，今濬縣），乃趙魏遇處。洪亮吉曰：葛孽城在今廣平府肥鄉縣西南二十里。衆説不同，未知孰是。

金正煒曰：葛薜當從鮑本作葛薜，薜與孽通，蒿即葛之誤衍，吳説是也。

〔一五〕黄丕烈曰：以，鮑本無。

〔一六〕黄丕烈曰：今本何作河，鮑本作河。　鮑彪曰：河陽屬河内。密、蔑同。魯卜縣有姑蔑城，□□□□地未詳。子，兑子也。　吳師道曰：説見後（祖耿案：當在鮑本魏策葉陽君約魏章注）。　張琦曰：河陽故城，在今孟縣西南三十里。卞亦非魏地。　程恩澤曰：按漢志，河内郡有河陽縣。春秋：「天王狩於河陽」，即此（賈逵、服虔並以河陽爲温縣，非是；闞駰以爲即孟津，亦非。説見周策）。徐廣曰：魏襄王四年，改河陽曰河雍。寰宇記：故城在今縣西北三十五里。一統志：在今懷慶府孟縣西南三十里，即漢河陽縣也。又案：春秋隱元年，「公及邾儀父盟於蔑。」杜預曰：魯國卞縣南有姑城。定十二年，「敗諸姑蔑」，或云即蔑也（惠棟曰：前以避公諱，故不書姑）。括地志：姑蔑故城，在泗水縣東四十五里，今同屬兗州府，此與平闞接壤，戰國時或爲魏地，然距河陽甚遠，恐非策文所指。或以爲漢琅邪郡之姑幕縣（今諸城縣）當之，尤未可信。　顧觀光曰：趙世家：惠文王十一年，「得河陽於魏。」趙策：謂魏王曰：「今又以河陽、姑密封其子。」魏策作問陽，姑衣，蓋傳寫誤也。趙策言李兑約六國伐秦，當趙惠文王十三年，則趙世家所云得河陽者，即魏封李兑之事矣！漢志，河陽屬河内，在今懷慶府孟縣西南三十里，姑密當與相近。河陽有單稱陽者，水經濟水注引竹書紀年云：「鄭侯使韓辰歸晉陽及向。二月，城陽、向，更名陽爲河雍，向爲高平。」此陽即所謂河陽。故春秋僖八年：「天王狩於河陽」，徐廣曰：魏襄王四年，改河陽曰河雍也。秦本紀：昭襄王十八年，攻垣、河雍，决橋取之（當趙惠文王十年），蓋秦取之而不守，故魏以其地入於趙也。

〔一七〕吳師道曰：以下三章俱有。三其文，則時欲文木而取，此乃宋地也。傳昭十九年：公尹赤遷陰於下陰，乃襄之□□□□□，非此所指也。齊策：蘇子說齊王伐宋之利曰：「有陰、平陸，則梁門不啓」，□□□□南陽，則亦指在六成者誤矣。史記作陶、平陸，蓋平陸，兗州縣；定陶今曹州。皆大梁之東，時皆有宋也之定□□□□□□也。濟陰之名後出，抑□□□□□歟？按史□□□封陶，徐廣曰：內一作□□□□曰陰必亡，史作陶邑必亡。魏策陰啓，史作陶人，是□云陶、陰字易惑。定陶見有魏冉家。作陰者誤。是直以□字誤，此說是也。劉歆七略云：古文松□以陶爲陰，然則陰之爲陶信矣！（祖耿案：此段注文訛缺，不可句讀。黃丕烈札記所引，亦有缺文）。張琦曰：陰即謂陰講於秦，下曰「有秦陰」是也。吳說非。程恩澤曰：案五國伐秦章，言魏冉必妬君之有陰，則陰當爲定陶近地，非即陶也（說見秦策），但無端的之處耳。是時齊欲伐宋而趙不願，故說奉陽君以取陰定封，大意皆如此。金正煒曰：「令秦攻王」，令亦當作合。

〔一八〕知，原本作如。鮑彪曰：言人必以類相比，乃可知。黃丕烈曰：如，鮑本作知。金正煒曰：按作知者是也。此文當以不字斷句，不與否同。

〔一九〕鮑彪曰：如王，言如今王者。吳師道曰：下有若字，「如王若用」，不成語，當以王字句。言人以類相比，知賢以如王。黃丕烈曰：吳說未是，此如若二字，當衍其一。金正煒曰：若猶或也。墨子號令篇：「符傳疑，若無符，皆詣縣廷言。」漢書董仲舒傳：「意朕之不明，與聽若眩」，與、若字義並如或。鮑注未安，吳說尤誤。又如王或本爲始王，言初時王若以事趙之半事齊，則天下無敢謀魏也。

〔二〇〕鮑彪曰：虛國，謂悉出兵。

〔二一〕黃式三曰：事在赧王十七年、十九年。程恩澤曰：據上文，此河東蓋取之於趙者。魏策亦云：趙欲以河東易燕地於齊，蓋在漳河之東，今彰德、衛輝二府之境，與齊魏俱接界，故齊又割以與魏也。或以平陽、蒲州言趙之河東，則遠不相涉矣！

〔二二〕姚注：未，曾劉作不。黃丕烈曰：甲，鮑本無。吳補：一本「齊甲」。

〔二三〕姚注：劉，呡一作岷，趙作楚。黃丕烈曰：鮑改呡爲珉。　鮑彪曰：元作呡，從韓策，後並同。珉下皆齊人之去齊者。　吳師道曰：珉、呡未知孰訛，且當各依本文。韓呡必韓人。韓策云：呡相齊。趙將有韓徐，趙世家惠文十三年處商無見。除薛公爲齊人，餘無考。　朱起鳳曰：作珉者是也。從口作呡，乃形之誤。

〔二四〕鮑彪曰：呡處趙，意別有謂。以其在趙，疑齊親趙。

〔二五〕鮑彪曰：疑齊親趙，因私於秦：以趙當講秦也。

〔二六〕鮑彪曰：史稱文去齊如魏，在閔王三十八年後。按此，則其如魏，以齊王驕也。　伐宋前已去齊矣。　吳師道曰：大事記：孟嘗君去齊相魏，附赧王二十九年齊滅宋前。說見東周策。

〔二七〕姚注：劉「大」作「一」。　鮑彪曰：皆齊人之去齊者。　金正煒曰：按史記趙世家：惠文十三年，韓徐爲將攻齊，是徐故趙將，而有怨於齊者，魏乃善之，亦所以親趙而惡齊也。鮑氏謂皆齊人之去齊者，臆說不足據。

〔二八〕於，原在乎字下。鮑本「疑」下有於字，「乎」下復有於字。固，鮑改作顧。　鮑彪曰：用齊之所不善，失在魏也，安可疑齊？　吳師道曰：此語大事記取。　黃丕烈曰：「疑」下鮑本有於字，鮑改固爲顧。吳氏補曰：此下（祖耿案：謂「乎於」之下也），恐當有是字。丕烈案：此當是「疑」下有於字，錯在「乎」下。　金正煒曰：吳曰「於」下當有是字。按於者，於是之省文。韓策：「韓亡美人與金，其疏秦乃於益明。」謂於是益明也。或本作于，即上文乎字誤衍。

〔二九〕魏上原有於字，今從黃氏乙在上句齊字上。　鮑彪曰：此下此士自陳其說魏之效。　詘猶順。　吳師道曰：韻書：詘，辭塞也。

〔三〇〕「循」下原有「其怨於趙」四字。姚注：曾，循作脩。　鮑彪曰：王，齊王。　金正煒曰：「其欲事王也甚循」下疑有脫文。循當從曾作脩。其欲亟於事齊，將以修怨於趙也。或以「甚循」句絶，荀子性惡篇：「上不循於亂世之君」，注：循，順從也。　祖耿案：「甚循」下原有「其怨於趙」四字，鮑彪讀「循其怨於趙」爲句，注曰：言其事齊比於怨趙，則又順也。吳師道曰：循，姚云曾作脩，則當屬上文。愚謂以「甚循」句，文勢順。「於趙」下有缺文，或「其怨於趙」句因下文衍。黃丕烈曰：吳說非也，此其字乃甚之誤，四字爲一句。金正煒曰：「其怨於趙」四字，涉下文「推其怨於趙」而衍。今依吳氏、金氏，删去四字。

〔三一〕曰，鮑本作日，改爲亟。鮑彪曰：鬨魏，與魏相鬨。　吳師道曰：「臣願王之」，王謂齊王，下並同。黃丕烈曰：鮑改曰爲亟，吳氏補曰：一本作重，是。　金正煒曰：曰蓋日字之誤。齊不善魏，則惡言魏，今魏甚欲事齊，故願王日鬨魏，而無庸見惡也。唐人書日、曰無別，此當是其時傳寫之譌。鮑改曰爲亟，吳云一本作重，並非也。

〔三二〕鮑彪曰：推猶移，怨，魏怨。

〔三三〕黃丕烈曰：重，鮑本作曰，改爲重。吳氏補曰：上例，字當是重。　金正煒曰：「願王之陰重趙」以下，與此策不類一人一時之言，似別爲一章，誤併於此。

〔三四〕鮑彪曰：天下得趙則强。使秦知齊重趙，恐齊强，亦必重之。

〔三五〕鮑彪曰：治，猶校。　金正煒曰：漢書韓安國傳注：治謂當，敵也。

〔三六〕黃丕烈曰：五，鮑本作三。　吳師道曰：姚作五國。

〔三七〕鮑彪曰：言趙居齊上。

〔三八〕偏，鮑本作徧。鮑彪曰：私則所謂無使見也，甘言說之。吳師道曰：徧劫者，衆脅之以威；私甘者，獨說之以言。

〔三九〕鮑彪曰：冄、順皆人名。

〔四〇〕鮑彪曰：此下皆凡甘、且劫。

〔四一〕姚注：臣，一作甘。

〔四二〕鮑彪曰：自以見偪於秦也，秦於天下有偪而已，不如齊之有劫、有甘也。吳師道曰：相與偪秦也。偪者侵迫也。金正煒曰：偪當爲福。說文：判也。謂與秦分離。

〔四三〕鮑彪曰：此章亦可爲齊，姑因舊。黃丕烈曰：然，鮑本作而。

三

齊將攻宋，而秦楚禁之〔一〕。齊因欲與趙，趙不聽。齊乃令公孫衍說李兌以攻宋而定封焉。李兌乃謂齊王曰〔二〕：『臣之所以堅三晉以攻秦者，非以爲齊得利秦之毀也〔三〕，欲以使攻宋也〔四〕。而宋置太子以爲王〔五〕，下親其上而守堅，臣是以欲足下之速歸休士民也。今太子走，諸善太子者，皆有死心〔六〕，若復攻之，其國必有亂，而太子在外，此亦舉宋之時也〔七〕。臣爲足下使公孫衍說奉陽君曰〔八〕：「君之身老矣！封不可不早定也〔九〕。爲君慮封莫若於宋，他國莫可。

夫秦人貪，韓魏危〔一〇〕，燕楚辟〔一一〕，中山之地薄〔一二〕，莫如於陰〔一三〕。失今之時，不可復得已！宋之罪重，齊之怒深，殘亂宋，得大齊，定身封，此百代之一時也〔一四〕。」以奉陽君甚食之〔一五〕，唯得大封，齊無大異〔一六〕。臣願足下之大發攻宋之舉，而無庸致兵姑待已耕〔一七〕，以觀奉陽君之應足下也。縣陰以甘之〔一八〕，循有燕以臨之〔一九〕，而臣待忠之封〔二〇〕，事必大成〔二一〕。臣又願足下有地効於襄安君以資臣也〔二二〕。足下果殘宋，此兩地之時也〔二三〕。足下何愛焉〔二四〕？若足下不得志於宋，與國何敢望也〔二五〕？足下以此資臣也，臣循燕觀趙〔二六〕，則足下擊潰而決天下矣〔二七〕。」

〔一〕姚注：楚，一作陰。　祖耿案：顧觀光隸此於赧王二十九年。

〔二〕鮑彪曰：齊王，閔王。　吳師道曰：下李兑二字必誤。下云使公孫衍説奉陽君，即述上文令公孫衍説李兑也，其下豈得爲兑言乎？又後有循燕觀趙語，以爲兑言則不通。　黄丕烈曰：丕烈案：吳氏定奉陽君爲李兑，其説最確。元和顧氏廣圻曰：此下皆當爲蘇代謂齊王語，當是李兑下有缺文也，説詳其所著思適齋筆記。

〔三〕鮑彪曰：不以毀秦爲齊之利。

〔四〕金正煒曰：按使當作便，字形相似而譌也。秦爲三晉所毀，則齊得便以攻宋。

〔五〕錢穆曰：是王偃時，曾置太子爲王也。竊疑宋元君即其人，乃王偃所置太子爲王者，故稱元君，亦稱元王也。（考辨三六六頁）又曰：宋置太子爲王，正與趙武靈王傳國少子，自稱主父同時，特不能定其孰先孰後爾。按戰國策，秦孝公疾且不起，欲傳商君。又犀首謂張儀曰：「請令魏王讓先生以國，王爲堯、舜，先生不受亦許由。」呂氏春秋：魏惠王謂惠施曰：「寡人實不若先生，請得傳國。」其時學者方唱尚賢傳國之高論，策士和之，時君重於其說，燕噲竟讓子之而國亡，今去其事僅十五年。趙武靈、宋偃皆六國賢君，好名，同傳其國於子。後武靈餓死沙邱，而宋亦父子失和，太子出走，仇之者乘機覬利。宋王既老，國人解體，而四鄰皆敵。李兌本主殺武靈者，至是亦贊齊攻宋而宋遂以亡。觀李兌「其民親上堅守」之說，亦足證「桀宋」之爲誣也。神龜所在，亦有天下之徵兆。此必當時民間傳說，與周鼎入宋同例。（考辨三六七頁）

〔六〕鮑彪曰：太子爲王及走，史不書。太子爲王矣，而走，必王之黨逐之，故太子之人，以死報之。

〔七〕鮑本也下有已字。　錢穆曰：宋置太子爲王，正三晉攻秦之際。其時，齊先已攻宋而無利，其後太子去國，齊乃乘隙而殘之耳。齊湣王二年，楚懷王入秦不返。其明年——齊湣王三年，陳軫說魏韓趙燕齊五國合從，而成魏韓之西邊以擯秦（詳據繹史卷百三十一、周季編略卷八上），此即李兌所謂「臣之堅三晉以攻秦」之事也。（考辨三六六頁）

〔八〕鮑彪曰：蘇秦從時已言奉陽死，豈或襲稱如馬服者乎？　吳師道曰：按史蘇秦傳：趙肅侯令其弟成爲相，號奉陽君，弗說秦，秦去之燕。奉陽君死，秦復說肅侯，稱奉陽君捐館舍。而張儀之說武靈王，亦謂先王時奉陽君相，專權擅勢，蔽晦先王。然武靈胡服請於公叔成，而成與李兌弑主父。則是肅侯之世成未亡，何其前後相戾耶？故大事記從古史定以奉陽君爲公子成，而削去捐館之語。考之策，屢言奉陽君，而趙策尤著，見於李兌約五國伐秦後謀取宋之時。蘇秦說趙，當肅侯十六年，而五國伐秦在惠文十三年，相去五十年，公子成執國柄何久也？史、策明言捐館舍，豈得皆誤？武靈易服之請，猶惓惓敬事，其答張儀豈得公言其罪而無所諱哉？荀子以奉陽君爲篡臣，而楊倞注亦疑非公子成，蘇秦所值者，必別一奉陽君，非公子成明矣！然則奉陽君果公子成乎？曰，謂奉陽君爲公子成，亦史遷之言，而策無明文也。五國攻秦時，成、兑方並用，以成爲奉陽君，其時則可矣。愚嘗反覆策文而有疑焉。趙策言李兑約伐秦無功，陰講於秦，欲與秦攻魏以解怨，取陰以定封。又云：齊令公孫衍說李兑以攻宋定封。又云：公孫衍說奉陽君封地莫善於宋，莫如於陰。又蘇代謂齊王：臣爲足下說奉陽君，天下散而爭秦，陰必不可得。既言李兑取陰，又言奉陽君取陰，不應爲二人事，竊以爲李兑即奉陽君也！何以明之？趙策，說魏之辭曰：「李兑留天下之甲於成皐，令秦攻魏，以成其私。王嘗身朝邯鄲，抱陰成，負蒿葛薜，爲趙蔽，今又以河陽、姑密封其子。」魏策則曰：「葉陽君約魏，魏王將封其子，謂魏王曰」云云，正與前同，則知葉陽者奉陽之訛。奉陽君之爲李兑，其徵一也。趙策，蘇代說奉陽之辭曰：「五國願得趙，與韓氏大吏東勉，齊王必無召（元作名，有說見本條）民。」燕策蘇代舉奉陽君之辭曰：「齊王使公王曰命說曰：必不反韓珉，今召之矣。」其事亦同。奉陽自稱說，說者兑之謂。奉陽君之爲李兑，其徵二也。燕策又有「奉陽君李兑，甚不取蘇秦」之言。奉陽君李兑者，並舉其封邑姓名言之也。其下誤以蘇代爲蘇秦，則亦因蘇秦所云而然，說見本條。奉陽君之爲李兑，其徵三也。按趙世家：公子成、李兑既殺公子章、田不禮而定王室，公子成爲相，號安平君，則安平乃成之封。史表：安平屬涿郡。漢志：青州有安平縣，元屬定州，皆趙地也。奉陽則未有考而非奉陽矣！史遷不明奉陽君爲二人，又誤以爲公子成，是以紛紜殽舛，論者莫知所從，今以策文考之，而得其說如此。餘見各章，可參觀也。

〔九〕黄丕烈曰：鮑「早」上補可字。

〔一〇〕鮑彪曰：近秦故。

〔一一〕黃丕烈曰：鮑改辟爲僻，丕烈案，辟、僻同字，鮑改非。

〔一二〕吳師道曰：時中山已滅，此言其故地爾。

〔一三〕張琦曰：此陰當作陶，宋定陶也，近趙，故可爲奉陽之封。

〔一四〕黃丕烈曰：鮑改得爲德，吳氏補曰：得字譌。金正煒曰：按殘讀如翦，得與德通，說詳秦策。

〔一五〕黃丕烈曰：以，鮑本作巳，鮑改食爲貪。吳氏補曰：恐貪字訛。金正煒曰：以字當屬上句，以與巳通用。秦策：「此除疾不盡也以。」楚策：「黃雀因是以。」巳並作以。鮑本改食爲貪，於文當是。

〔一六〕姚注：唯，當作雖。鮑彪曰：言奉陽欲得陰以大其封，而齊待之未有異數，不可。金正煒曰：唯讀如雖，曾作雖，此作唯，其實一也。言奉陽君雖得大封於齊，舉宋之利，無大差異。

〔一七〕黃丕烈曰：「姑待已耕」四字，鮑本無。

〔一八〕鮑彪曰：許之而未與，故曰「縣」。

〔一九〕鮑彪曰：循，言與燕順，臨，猶制也。不徒甘之，必或制之。金正煒曰：「循有」當乙爲「有循」，有讀如又。

〔二〇〕鮑彪曰：待猶將，忠猶實也。王待之封而已實之。吳師道曰：勸之定封，故曰：臣且將忠之以封。金正煒曰：待，疑時字之譌。忠，與齊策「以忠太子」義同。

〔二一〕金正煒曰：按此皆趣趙應齊之策也。言既縣陰以爲餌，又循燕以迫之，而臣復時以定封忠之，則奉陽君必將應齊也。

〔二二〕鮑彪曰：襄安君，蓋趙人。吳師道曰：無考。程恩澤曰：案地理志：廬江郡有襄安縣。（論衡辨崇篇：「項羽攻襄安，襄安無噍類。」史記無此事，惟項羽本紀：「羽攻襄城不下，皆阬之。」又高祖本紀：「項羽嘗攻襄城，襄城無遺類。」徐廣曰：遺一作噍，見漢書，與充説同，則襄安即襄城無疑。）洪亮吉曰：故城在今廬州府無爲州南四十里襄安鎮。

〔二三〕鮑彪曰：言有齊又得宋。 吳師道曰：兩地，言齊與趙可並得宋地。此謂齊王言，豈得言有齊乎？金正煒曰：時當爲封，即上文所云縣陰以甘奉陽君及效地於襄安君也。封，説文作㞳，時，古文作旹。二形相近而誤。

〔二四〕金正煒曰：周書謚法解：嗇於賜與曰愛。孟子梁惠王篇：「吾何愛一牛？」何晏注：愛，嗇也。

〔二五〕鮑彪曰：與國，趙也。言奉陽、襄安不敢望封。 吳師道曰：上言兩得地，此言齊不得志，則趙不敢望。

〔二六〕鮑彪曰：觀，言其無所事。

〔二七〕鮑彪曰：潰，潰癰也。蓋喻其制天下之易也。決猶制。 吳師道曰：潰，壞也。此喻宋。擊潰壞之宋，而決制天下矣。又曰：公孫衍爲秦相而逐，在秦武王四年，武靈王之十九年也。後爲魏所殺，雖不知何年，然去李兑合從時已遠，此公孫衍恐非犀首也。考之秦策，亦有「宋罪重，此百世之一時已」數語，彼以爲穰侯之言，亦此時事也。説見後。（祖耿案：當是鮑本魏策田需死章末尾注文。）

四

五國伐秦，無功，罷於成皋〔一〕。趙欲搆於秦〔二〕，楚與魏韓將應之，秦弗欲〔三〕。

蘇代謂齊王曰〔四〕：「臣以爲足下見奉陽君矣〔五〕，臣謂奉陽君曰：「天下散而事秦〔六〕，秦必據宋，魏冉必妒君之有陰也〔七〕。秦王貪，魏冉妒，則陰不可得已矣。君無搆〔八〕，齊必攻宋，齊攻宋，則楚必攻宋，魏必攻宋，燕趙助之。五國據宋，不至一二月，陰必得矣。得陰而搆〔九〕，秦雖有變，則君無患矣〔一〇〕。若不得已而必搆〔一一〕，則願五國復堅約〔一二〕，願得趙〔一三〕，足下雄飛〔一四〕，與韓氏大吏東免齊王必無召呡也〔一五〕。使臣守約〔一六〕，若與有倍約者〔一七〕，以四國攻之。無倍約者，而秦侵約，五國復堅而賓之〔一八〕。今韓魏與齊相疑也，若復不堅約而講〔一九〕，臣恐與國之大亂也。齊秦非復合也，必有踦重者矣〔二〇〕。後合與踦重者，皆非趙之利也〔二一〕。且天下散而事秦，是秦制天下也。秦制天下，將何以天下爲〔二二〕？臣願君之蚤計也！天下争秦有六舉〔二三〕，皆不利趙矣。天下争秦，秦王受負海内之國〔二四〕，合負親之交〔二五〕，以據中國〔二六〕，而求利於三晉，是秦之一舉也，秦行是計，不利於趙，而君終不得陰，一矣；天下争秦，秦王内韓珉於齊〔二七〕，内成陽君於韓，相魏懷於魏〔二八〕，復合衍交兩王，王賁韓他之曹〔二九〕，皆起而行事，是秦之一舉也，秦行是計也，不利於趙，而君又不得陰〔三〇〕，二矣；天下争秦，秦王受齊受趙，三彊三親〔三一〕，以據魏而求安邑〔三二〕，是秦之一舉也。秦行是計，齊趙應之，魏不待伐，抱安邑而信秦〔三三〕，秦得安邑之饒，魏爲上交，韓必入朝，秦過趙已安邑矣〔三四〕，秦行是計〔三五〕，不利於趙，而君必不得陰，三矣；天下爭秦，秦堅燕趙之交，以伐齊收楚，與韓呡而攻魏〔三六〕，是秦之一舉也，秦行是計，而燕趙應之，燕趙伐齊，兵始用〔三七〕，秦因收楚而攻魏〔三八〕，不至一二月，魏必破矣，秦舉安邑而塞女戟〔三九〕，韓之太原絶〔四〇〕，下軹道南陽高伐魏〔四一〕，絶韓，包二周，即趙自消爍矣〔四二〕。國燥於秦〔四三〕，兵分於齊〔四四〕，非趙之利也，而君終身不得陰，四矣；天下爭秦，秦堅三晉之交，攻齊，國破曹屈〔四五〕，而兵東分於齊〔四六〕，秦按兵攻魏，取安邑〔四七〕，是秦之一舉也，秦行是計也，君按救魏〔四八〕，是以攻齊之已弊，救與秦爭戰也〔四九〕，君不救也，韓魏焉免西合〔五〇〕，國在謀之中〔五一〕，而君有終身不得陰〔五二〕，五矣；天下爭秦〔五三〕，秦按爲義〔五四〕，存亡繼絶，固危扶弱，定無罪之君〔五五〕，必起中山與勝焉〔五六〕，秦起中山與勝，而趙宋同命〔五七〕，何暇言陰？六矣；故曰：君必無講，則陰必得矣。」奉陽君曰：「善。」』乃絶和於秦，而收齊魏以成取陰〔五八〕。

〔一〕祖耿案：顧觀光隸此於赧王二十九年。

〔二〕黄丕烈曰：鮑改搆爲講。吳氏正曰：本文惟「堅約而講」，「君必無講」二處作講字，今當悉從舊。

〔三〕秦，鮑本作齊。

〔四〕鮑彪曰：齊王，閔王。

〔五〕黃丕烈曰：以，鮑本作已。

〔六〕黃丕烈曰：事，鮑本作爭。　鮑彪曰：爭一作事，爭先事之。

〔七〕張琦曰：據此，則陶非魏冉所封矣。

〔八〕搆，鮑改作講。

〔九〕搆，鮑改作講。

〔一〇〕鮑彪曰：趙非不可以與秦講，而不可獨講。獨講則示秦弱，秦必輕之。今助四國攻宋而得陰，是五國爲一也，不懼秦矣。　黃丕烈曰：則，鮑本無。

〔一一〕搆，鮑改作講。鮑彪曰：據此時，趙可以無講，故云。　吳師道曰：不得已而必搆，非可以無搆也。疑此句已字誤，上句「得陰而搆」，此句當云「不得陰而必搆」，乃順。

〔一二〕鮑彪曰：同伐秦也，先伐後講，則不示弱。

〔一三〕鮑彪曰：時趙强故。　黃丕烈曰：鮑「願」上補「五國」二字。　金正煒曰：按左氏哀二十四年傳：「公如越，得太子適郢」，注：得，相親說也。得趙猶言親趙，願字涉上而衍。鮑於「願得趙」上，補「五國」二字，無取。

〔一四〕鮑彪曰：雄者，衆雌所從。

〔一五〕鮑彪曰：前齊嘗使韓珉處趙，有秦私也。今五國約講秦，勉齊同之，諸國必無辭止珉，使無私秦。吳師道曰：免即勉，通。燕策：蘇代說燕之辭曰：「奉陽君告朱讙與趙足曰，齊王」云云，「必不反韓珉，今召之矣。」此「名」字當作「召」無疑。前策言韓眠處趙，魏疑齊有秦私。韓策，秦王曰：「韓眠與我交。」又云：「韓眠相齊。」此下又云：「天下爭秦，秦內韓眠於齊。」眠蓋韓人之善於齊、秦者。今代勸奉陽君合諸侯，與韓氏大吏勉齊王共合從，則齊必不召眠也。 黄丕烈曰：免，鮑改作勉；召，鮑本作名，下補禁字，眠，鮑改作珉。 金正煒曰：大字疑犬之誤，犬即比之古文。周禮大司馬：「比小事大」，注：比猶親也。國語吳語：「今王播棄黎老，而孩童焉比謀。」注：比，合也。吏爲使之脱損半字。左氏襄三十年傳：「吏走問諸朝」，一本作「使走」，可爲此證。免，本或爲兑，「説」之損也。與韓氏比，即周禮形方氏所謂大國比小國也。使東説齊王必毋召眠，以眠有秦私也。鮑本召作名，又改免爲勉，並誤。

〔一六〕金正煒曰：臣當爲堅之壞文。下云：「無倍約者，而秦侵約，五國復堅而賓之。」以其言復，正見此文之爲堅矣。

〔一七〕鮑彪曰：秦本非與，今講，必使之如與也。 吳師道曰：與國，言五國也。故云有倍約者，則四國攻之，無倍約者，而秦侵敗約，則五國復堅擯之。 黄丕烈曰：今本「與」下有國字，鮑本有。 金正煒曰：與，謂與國，鮑本有國字。

〔一八〕黄丕烈曰：鮑改賓爲擯。 吳師道曰：賓、擯通。莊子：「賓於鄉里。」

〔一九〕姚注：曾無堅字。 鮑彪曰：此講字因舊。

〔二〇〕踦，鮑改作觭，下同。 鮑彪曰：角一俯一仰曰觭，言有一重。 吳師道曰：公羊傳：「踦閭」，何休説：開一扇，閉一扇，一人在內，一人在外，曰踦。説苑：「切踦」，即倚字，義皆訓偏。

〔二一〕吳師道曰：後合，即上「復合」。 吳曾祺曰：後，依上文宜作復。

〔二二〕鮑彪曰：天下自爲秦用，趙無所用之也。 金正煒曰：禮記曾子問注：「無用爲」，疏：「爲」是助語。

莊子逍遥篇：「予無所用天下爲」，正與此文同。鮑注非也。

〔二三〕吴師道曰：爭秦，一本此下皆作事秦。

〔二四〕彪鮑曰：秦王，昭王。「海」下衍内字。山東皆負海。　吴師道曰：三晉非負海也，恐負字因下文衍。金正煒曰：鮑衍内字是也，「負海之國」謂齊。（見中山策）

〔二五〕鮑彪曰：天下嘗横而親秦矣，已而負之，今復合之。

〔二六〕金正煒曰：書禹貢傳：「東南據濟」，疏：據謂跨之。秦齊合而臨三晉，故曰據也。

〔二七〕黄丕烈曰：珉，鮑本作岷，改爲珉。　吴曾祺曰：宜作岷。

〔二八〕鮑彪曰：此皆其國人之與秦事者，故秦納之。　吴師道曰：韓岷非齊人。

〔二九〕姚注：「衍，劉作術。」曹，鮑改爲楚。　鮑彪曰：公孫衍時相魏，雅不善秦。今相懷，因德合之。兩王謂秦魏。王賁、韓佗，皆秦人。　吴師道曰：公孫衍非犀首，説見前。上言齊韓魏，此兩王，謂燕趙也。曹，輩也，下有皆字，文勢宜然。五國必無楚，韓佗恐韓人，餘無考。　金正煒曰：按「復合衍交」，義不可曉，作術亦非，疑當作衡。衡與横同，言復合横親之交也。管子輕重乙注：「合衆弱以事一强者，謂之衡」，衡與衍形似而誤。兩當爲而之譌。王字誤複。吕覽知度篇：「貪得詐僞之曹遠矣！」注：曹，衆。史記倉公傳：「曹偶四人」，索隱云：曹偶，猶等輩也。鮑改曹爲楚，大謬！趙世家：「主父使樓緩之秦，仇液之韓，王賁之楚，富丁之魏，趙爵之齊。」或即鮑氏所本，惟與此文不合。

〔三〇〕黄丕烈曰：又，鮑本無。

〔三一〕鮑彪曰：此三皆强國，自相親。　黄丕烈曰：今本疆作彊，鮑本作强。　金正煒曰：「三親」之三，疑當作己。吕覽察傳篇：夫己與三相近。此由己誤巳，復譌爲三也。

〔三二〕鮑彪曰：據，猶臨之。求，秦求之也。　金正煒曰：以當爲乃，篆文相似而誤。言三强已相親，乃據魏而求安邑也。　黄式三曰：通鑑書獻安邑於伐宋之前，誤也。

〔三三〕鮑彪曰：此倍，益也。　黄丕烈曰：信，鮑本作倍。　金正煒曰：按呂覽下賢篇注：抱，奉。信當從鮑本作倍，鮑注：倍，益也，正與饒義相應。左氏僖三十年傳：「焉用亡鄭以倍鄰」，注：倍，益也。與此義同。

祖耿案：周季編略：「捊安邑以益秦。」黄曰捊，策作抱，古聲同通用，取也。

〔三四〕姚注：「得」上，劉無下秦字。　鮑彪曰：過猶勝也。言秦行此策，不論其他，止得安邑，已勝於趙矣！　吴師道曰：已、以通。言秦之勝趙，以得魏之安邑。按魏獻安邑，在赧王二十九年。大事記書於五國伐秦之前，據此策，則伐秦後事也。　金正煒曰：過猶責也。已與以通。言秦將以魏納安邑，責望於趙也。鮑、吴釋過爲勝，並失其義。

〔三五〕是句上，原有「是秦之一舉也」六字。姚注：一本無上六字。　吴師道曰：姚本復有「是秦之一舉也」六字。　黄丕烈曰：六字鮑本無。

〔三六〕鮑彪曰：伐齊得之，則呡爲用。　吴師道曰：前言内韓呡於齊者，謀如此也。呡自善於秦者，前時魏疑其有秦私，必不合於魏，故使之攻魏。　金正煒曰：呡字涉上文「内韓呡於齊」而衍。鮑、吴曲解，並非。

祖耿案：呡，鮑改爲珉。

〔三七〕鮑彪曰：交鋒之初。

〔三八〕鮑彪曰：三國交鋒，勢不得解，故得以此時收攻二國。

〔三九〕鮑彪曰：地缺。　吴師道曰：女戟，地名，在太行西。　程恩澤曰：案此本索隱劉伯莊説，彼以太原爲太行，故有此論。當以闕疑爲是。　顧觀光曰：據趙策、燕策蘇代語，則女戟乃魏地之近韓者也。

〔四〇〕吳師道曰：太原，正義以爲太行，當是。說見燕策。　黃丕烈曰：今本「絶」上誤衍之字。　程恩澤曰：案正義太行之說，本之劉伯莊，似未可據以爲信。韓既分得安邑，亦無難兼有太原也。此等處，不宜輒改。

〔四一〕黃丕烈曰：軹，鮑本作咫，改爲軹。今本高作而，乃誤涉鮑也，鮑改高爲而。　吳氏補曰：疑字有誤。

〔四二〕姚注：劉本無爍字。

〔四三〕姚注：燥，一作爍。　鮑彪曰：燥猶爍。　吳師道曰：姚本注：燥，一作爍。

〔四四〕姚注：分，一作孤。

〔四五〕鮑彪曰：三晉破屈也。　黃丕烈曰：今本曹作財，乃誤涉鮑也。鮑改曹爲財。吳補：一本作財。　金正煒曰：按此謂趙爲秦攻齊，必至國力破屈，而秦得於其間，收攻魏之利也。破猶毁也，張儀爲秦連横說齊王章：「雖有勝秦之名，而國破矣。」趙惠文王三十年章：「此坐而自破之道也。」與此義同。鮑本改曹爲財，吳曰：「一本作財」。此作曹者，聲之誤也。群書治要引晏子内篇：「君不屈民財者，得其利。」漢書賈誼傳：「然而天下不屈者，殆未有也。」注：屈謂財力盡也。鄭當時傳：「財力益屈。」注：屈，盡也。

〔四六〕鮑彪曰：兵分謂魏。　吳師道曰：謂三晉。

〔四七〕鮑彪曰：此與上始用兵而攻收同。　吳師道曰：不同。　王念孫曰：「秦按兵攻魏」，兵字後人所加也。秦按攻魏者，按，語詞，猶言於是也。言秦使三晉攻齊，國破財屈而兵分，秦於是攻魏取安邑，則三晉不能救也。下文曰：「秦行是計也，君按救魏，是以攻齊之已弊，救與秦爭戰也。」又曰：「天下事秦，秦按爲義，存亡繼絶，固危扶弱。」秦按攻魏、君按救魏、秦按爲義，三按字義並同也。按字或作案，又作安，又作焉。後人不知按爲語詞，而於按下加兵字。「按兵」與「攻魏」連文，而其義遂不可通矣！　王引之曰：

「秦按攻魏」，言秦於是攻魏也。按與案同。下文「君按救魏」，「秦按爲義」，並與此同。本作「秦按兵攻魏」，兵字乃後人所加。　祖耿案：按即安、案字，爲發聲之語助，與今阿呀字同，說見趙一。

〔四八〕鮑彪曰：按謂安然。　吴師道曰：即上文按兵之按。　金正煒曰：按荀子富國篇：「我按起而治之」，注：按，然後也。　祖耿案：按即呀之聲，語助詞。下「秦按爲義」同。

〔四九〕黄丕烈曰：今本「救」下有「之而」二字，乃誤涉鮑也，鮑補二字。吴氏正曰：一本無救字，救即敝字誤衍。

〔五〇〕鮑彪曰：合，合秦。　吴師道曰：焉，於虔切。

〔五一〕鮑彪曰：在秦謀中。

〔五二〕姚注：有，劉作又。　鮑彪曰：有猶又。　吴師道曰：姚云，劉作又。

〔五三〕姚注：爭，一作事。

〔五四〕金正煒曰：案，猶於是也，乃也。說詳釋詞。爲，當讀如僞。周書史記解，「上衡氏僞義弗克」，言秦於是僞行義於天下也。

〔五五〕金正煒曰：漢書王嘉傳：上於是定躬寵東平，本章注：定，謂改治也。

〔五六〕鮑彪曰：勝，中山之後。　吴師道曰：無據。　金正煒曰：廣雅釋詁：起，立也。勝當爲滕。宋策：「於是滅滕伐薛，取淮北之地。」中山滅於趙，滕滅於宋，秦起復二國，故曰：趙、宋同命也。

〔五七〕鮑彪曰：此時宋小弱。言趙失中山，聽命於秦，與宋同也。　金正煒曰：而猶則也。禮記檀弓：「吾欲暴尫而奚若。」韓非外儲說：「乃論宮中，有婦人而嫁之。」賈長沙集論時政疏：「夫天子之所嘗敬，衆庶之所嘗寵，死而死耳。」皆以而爲則也。　鮑氏以勝爲中山之後，則與字無義。吴亦未能訂正。

〔五八〕吴師道曰：蘇代爲燕反間，勸齊伐宋，將以敝齊。其勸趙之共攻者，恐趙之合秦，而齊秦方惡爾，然趙卒不合齊伐宋者，害齊之驕而止歟？抑别有故也？按燕策，蘇代説燕於趙以伐齊，奉陽君不聽，乃入齊惡趙，令齊絶於趙。又代謂燕昭王曰：「臣離齊趙，齊趙已孤矣，趙之不合齊，其後竟合燕以破齊，殆以此歟？又曰：大事記：齊湣王與魏楚滅宋，三分其地。魏得其梁、陳留，齊得其濟陰、東平，楚得其沛。考之史年表，齊、魏世家，皆止言齊滅宋，獨宋世家稱：與楚、魏伐宋，三分其地。此大事記所據也。按蘇代説燕之辭曰：「齊王南攻楚，西困秦，又以其餘兵舉五千乘之勁宋。」謂秦之辭曰：「攻宋所以爲王也。齊强，輔之以宋，楚魏必恐，恐必西事秦。」使當時齊與楚魏合，其言豈若是乎？史稱齊既滅宋，南割楚之淮北，西侵三晉，是其乘滅宋之强，併奪楚、魏地，而謂與之分宋地，豈其實哉？樂毅勸燕昭王約趙、楚、魏伐齊，其言曰：「主若欲攻齊，莫若結於趙，且又淮北、宋地，楚魏之所欲也。」年表：燕破齊之年，書楚、趙取齊淮北。大事記因之。按此言則楚、魏分地，當是樂毅破齊後事，宋世家所記者，豈非誤耶？　張琦曰：齊、楚、魏三分宋地，見宋世家，漢志主之，必其實也。假設齊獨有宋，則齊界至開封，詎聞有是乎？齊世家云：「齊既滅宋，南割楚之淮北。」正義謂徐、泗等州，非謂沛矣。樂毅云：「淮北、宋地，楚魏之所欲者。」淮北即徐泗，宋地謂濟陰、東平，非廣言沛、梁、陳留也。至蘇代云云，又辨士一時增飾之辭，類不足據。吴氏援此三説以相難，均所未當也。

五

樓緩將使伏事，辭行〔一〕，謂趙王曰：「臣雖盡力竭知〔二〕，死不復見於王矣！」

王曰：「是何言也？固且爲書而厚寄卿。」樓子曰：「王不聞公子牟夷之於宋乎〔三〕？非肉不食〔四〕。文張善宋〔五〕，惡公子牟夷，寅然〔六〕。今臣之於王，非宋之於公子牟夷也，而惡臣者過文張。故臣死不復見於王矣。」王曰：「子勉行矣！寡人與子有誓言矣！」樓子遂行。後以中牟反入梁〔七〕，候者來言而王弗聽，曰：「吾已與樓子有言矣〔八〕。」

〔一〕鮑彪曰：伏猶隱也。將出使，恐王疑之，於辭日以隱伏之事要王，使信己也。吳師道曰：「伏事」句，隱秘之事也。金正煒曰：按管子任法篇：「百官伏事者，離法而治，則不祥。」注：服，行也。文選陸士衡詩：「誰謂伏事淺」，注：伏與服同，古字通。鮑、吳以伏事爲隱秘之事，恐非。下文云：「綏以中牟反入梁」，疑伏事或本作「代吏」。史記：襄子立代成君子浣爲太子，是爲獻子；獻子少即位，治中牟。襄子弟嘉逐浣而自立於代。春秋時中牟非一，見左氏定九年傳注。綏所反入梁者，當屬代。竹書紀年：邯鄲命吏大夫奴遷於九原，將軍、大夫、適子、代吏，皆貂服。此言綏將奉使爲代吏也。事，古文作叓，與吏形似而誤，伏則代字之譌。祖耿案：顧觀光附此於赧王五十六年。

〔二〕知，鮑本作智。

〔三〕鮑彪曰：公子牟夷，宋公子。

〔四〕鮑彪曰：言其貴。莊十年注：肉食，在位者。

〔五〕鮑彪曰：文張，他國人。吳師道曰：無考。鮑彪曰：善宋，宋王善之。吳師道曰：此引前事。

〔六〕鮑彪曰：言牟夷之親，而文張以遊客能使宋聽其說，況己乎？黄丕烈曰：鮑改寅爲宋，「然」下補之字。吴氏正曰：「寅然」上下有缺誤。金正煒曰：按說文：寅，髕也。徐曰，髕，擯斥之意。又寅字或書作賔，賔字古文作貧，此或賓之譌也。莊子徐無鬼篇：「先生居山林以賓寡人」，音義：賓或作擯，棄也。論語先進篇：「若由也，不得其死然。」邢疏：然，猶焉也。禮記檀弓：「穆公召縣子而問然」，鄭注：然之言焉也。寅然，猶賓焉。鮑本補字，不知義之所在。就注義求之，其所據本寅或爲由，由與猶通，惟牟夷下當有闕文。

〔七〕鮑彪曰：史不書。吴師道曰：中牟，趙邑也，見前策。趙敗長平後欲割地搆秦，樓緩自秦來，趙王與之計云云。此章時不可考。以中牟反入梁，或者秘謀之事歟？

〔八〕鮑彪曰：此言姦人不可盡信。

六

虞卿請趙王曰〔一〕：「人之情，寧朝人乎？寧朝於人也〔二〕？」趙王曰：「人亦寧朝人耳！何故寧朝於人？」虞卿曰：「夫魏爲從主，而違者范座也〔三〕，今王能以百里之地若萬户之都請殺范座於魏〔四〕，范座死，則從事可移於趙〔五〕。」趙王曰：「善。」乃使人以百里之地請殺范座於魏。魏王許諾，使司徒執范座而未殺也〔六〕。范座獻書魏王曰：「臣聞趙王以百里之地請殺座之身，夫殺無罪范座，薄故也〔七〕；而得百里之地，大利也；臣竊爲大王美之。雖然，而有一焉，百里之地不可得，而死者不可復生也，則主必爲天下笑矣〔八〕。臣竊以爲與其以死人市，不若以生人市也〔九〕。』又遺其後相信陵君書曰：『夫趙魏敵戰之國也，趙王以咫尺之書來，而魏王輕爲之殺無罪之座。座雖不肖，故魏之免相望也〔一〇〕，嘗以魏之故，得罪於趙。夫國內無用臣〔一一〕，外雖得地，勢不能守。然今能守魏者，莫如君矣。王聽趙殺座之後，强秦襲趙之欲〔一二〕，倍趙之割，則君將何以止之？此君之累也！』信陵君曰：『善。』遽言之王而出之〔一三〕。

〔一〕姚注：請，一作謂。　鮑彪曰：趙王，惠文王。　黃丕烈曰：請，鮑本作謂。　祖耿案：顧觀光隸此於赧王四十九年，曰：依魏世家，當在此。

〔二〕姚注：也，曾作乎。　王引之曰：寧與將同義。　祖耿案：寧，願詞也，下同。

〔三〕鮑彪曰：范痤，魏相。　黃丕烈曰：座，鮑本作痤。吳氏補曰：一本作座，史與此同。丕烈案：古今人表中下，亦作座。　金正煒曰：按史記魏世家：「趙分而爲二，所以不亡者，魏爲從主也。」

〔四〕金正煒曰：若猶或也，詳釋詞。

〔五〕鮑彪曰：趙主從也。

〔六〕姚注：徒，曾、劉作空。　鮑彪曰：司徒本周卿，此時主徒隸者耳。

〔七〕座下原複座字。姚注：劉無下「座」字。　鮑彪曰：「薄故」猶細事。　黃丕烈曰：鮑衍下「座」字。吳氏補曰：字衍。金正煒曰：姚云：劉無下「座」字。鮑、吳以爲衍。按於文不當複座字，劉本是也。「薄故」猶言細故，與下句「大利」爲對文。呂覽本生篇：「以全天爲故者也。」注：故，事也。

〔八〕黄丕烈曰：今本主作王，鮑本作王。金正煒曰：主當爲王之誤。

〔九〕「也」上原有使字。姚注：一本無使字。黄丕烈曰：鮑改使爲便，吳氏補曰：姚注云：一本無。史同。

〔一〇〕姚注：望，劉作室。黄丕烈曰：鮑衍望字。吳氏補曰：姚云：劉作室。史無。金正煒曰：按作室者當是。管子地圖篇：「相室之任也。」韓非八經篇：「相室約其廷臣，廷臣約其官屬。」漢書五行志：「易相室。」注：相室猶言相國。又或爲向，音義並近而誤。秦策：「即使文王疏呂望而弗與深言」，史記作尚。尚之爲望，亦猶向之爲望也。向與嚮同。

〔一一〕鮑彪曰：用，言可任者。黄丕烈曰：内，鮑本無。吳補：一本「國内」。金正煒曰：用，疑當爲周。左氏哀十六年傳：「周仁之謂信。」注：周，親也。孟子梁惠王篇：「王無親臣矣！」周臣猶親臣也。

〔一二〕姚注：欲，劉作俗。鮑彪曰：襲，言猶因趙之故態。金正煒曰：按欲字疑故之譌。國語魯語：「非故也」，注：故，故事也。作俗亦非。鮑注「因趙之故態」，是所據本猶作故也。

〔一三〕鮑彪曰：十一年有「與其以死市」下。原在趙策。吳師道曰：從舊在趙可。黄式三曰：虞卿不應爲此謀。祖耿案：周季編略改爲趙客。又案：此篇鮑本移在魏策。史記魏世家安釐王十一年，「趙使人謂魏王曰：『爲我殺范痤，吾請獻七十里之地。』魏王曰：『諾。』使吏捕之，圍而未殺。痤因上屋騎危，謂使者曰：『與其以死痤市，不如以生痤市。有如痤死，趙不予王地，則王將奈何？故不若與先定割地，然後殺痤。』魏王曰：『善。』痤因上書信陵君曰：『痤，故魏之免相也，趙以地殺痤而魏王聽之，有如强秦亦將襲趙之欲，則君且奈何？』信陵君言於王而出之。」此文又見説苑善説，内容全同。

七

燕封宋人榮盆爲『高陽君』，使將而攻趙〔一〕。趙王因割濟東三城令盧高唐平原陵地城邑市五十七命以與齊〔二〕，而以求安平君而將之。馬服君謂平原君曰：『國奚無人？甚哉！君致安平君而將之，乃割濟東三令城市邑五十七以與齊〔三〕，此夫子與敵國戰〔四〕，覆軍殺將之所取，割地於敵國者也〔五〕，今君以此與齊，而求平安君而將之，國奚無人甚也〔六〕！且君奚不將奢也？奢嘗抵罪居燕，燕以奢爲上谷守，燕之通谷要塞，奢習知之，百日之內，天下之兵未聚，奢已舉燕矣。然則君奚求安平君而爲將乎〔七〕？』平原君曰：『將軍釋之矣！僕已言之僕主矣！僕主幸以聽僕也〔八〕，將軍無言已！』馬服君曰：『君過矣！君之所以求安平君者，以齊之於燕也，茹肝涉血之仇耶〔九〕，其於奢不然〔一〇〕。使安平君愚，固不能當榮盆；使安平君知〔一一〕，又不肯與燕人戰；此兩言者，安平君必處一焉。雖然，兩者有一也〔一二〕，使安平君知，則奚以趙之强爲？趙强，則齊不復霸矣。今得强趙之兵以杜燕〔一三〕，將曠日持久〔一四〕，數歲，令士大夫餘子之力盡於溝壘，車甲羽毛裂敝〔一五〕，府庫倉廩虛，兩國交以習之〔一六〕，乃引其兵而歸〔一七〕。夫盡兩國之兵，無明此者矣。」夏軍也縣釜而炊〔一八〕，得三城也〔一九〕。城大無能過百雉者〔二〇〕，果如馬服之言也〔二一〕。

〔一〕吳師道曰：蚠，符分反。　程恩澤曰：按急就篇注，周大夫有食采於榮者，因而氏焉。補曰：論語，「武王有亂臣十人」，注：有榮公。高士奇曰：杜注，榮，采地，未詳。恐即榮錡氏，今河南鞏縣西，有榮錡澗（又榮啓期，泰山郕人）。又案地理志，涿郡有高陽縣。郡國志：屬河間郡。應劭曰：在高河之陽。索隱曰：高陽氏所與也。寰宇記：高陽，瀛州縣。顧祖禹曰：今保定府高陽縣東二十五里（錢坫作東南七十里），有高陽城（又有高陽關），戰國時燕邑。　祖耿案：顧觀光隸此於赧王五十年，趙孝成王元年。

〔二〕姚注：一本無陵字。　鮑彪曰：盧屬太山，高唐屬平原，平原屬青州。　黃丕烈曰：「邑市」，鮑本作「市邑」。鮑改令爲合。　張琦曰：平原故城在今縣西南五十里。「濟東」以下皆齊地，不聞趙嘗取之。求一將而割城市五十七，均未曉也。　程恩澤曰：案三城，今俱屬濟南府，其實皆在濟北（長清今在濟南，然古稱濟北盧縣，疑水道更變），而曰濟東者，趙自濟西觀之，則皆在濟水之東也。左傳：「尋盧之盟」，杜注：盧，齊地，今濟北盧縣。地理志，泰山郡有盧縣（淮南王傳云：國除爲北安縣，則其始不名盧也）。郡國志：屬濟北國。寰宇記：故城在長清縣南十五里。顧祖禹曰：今在濟南府長清縣西南二十五里（錢坫作二十里），戰國時謂之博陽，以在博關南也。（洪亮吉曰：今沂水縣西南，亦有廢盧縣，蓋又一地。）漢志，平原郡有高唐縣。杜預曰：在祝阿縣西北。寰宇記：在禹城縣南五十里（路史同。又云在章邱，非是）。今在濟南府禹城縣西南（一作北，疑誤）四十里。（洪亮吉曰：高唐故邑在今縣南，漢縣在今縣西，二地雖殊，界實相近。）即齊威王使盼子所守之地，趙肅侯六年拔之（見史記）。其在章邱者，乃高齊（天保七年）所置。

今之高唐州，則漢靈縣故地也。漢志，青州有平原郡平原縣。晉灼曰：即高唐也。水經注：高唐，漯水所出，平原則篤馬河導焉。明平原非高唐。寰宇記：平原，德州縣。顧祖禹曰：今山東濟南府平原縣西南五十里，有平原舊城。（洪亮吉曰：平原故城，一在今縣南二十餘里，一在縣西南三十里。今縣治城，北齊所築。）

〔三〕姚注，一本無「令」字。　黃丕烈曰：鮑「三」下補城字，令改爲合。　吳師道曰：姚云一本無令字。大事記去令字。

〔四〕鮑彪曰：夫，辭也，謂三城。　黃丕烈曰：子，鮑本作予。吳氏補曰：字誤。姚本作子。大事記并刪「夫予」二字。　金正煒曰：按此章，馬服之稱平原，皆曰君，自稱皆曰奢，不應復爲異稱。疑即士大夫餘子之省文。

〔五〕鮑彪曰：此取之，彼割之也。

〔六〕黃丕烈曰：也，鮑本作哉，吳補：一本此作甚也，應上甚哉，蓋反復歎惜之辭。

〔七〕姚注：「將」下劉本添將字。

〔八〕黃丕烈曰：以，鮑本作已。

〔九〕鮑彪曰：謂即墨之役。　金正煒曰：呂覽節喪篇：「涉血盩肝以求之。」注：盩，古抽字，易泰「拔茅茹」，注：相牽引之貌也。是茹肝猶抽肝，非噉食之義。

〔一〇〕鮑彪曰：奢於燕之仇。　吳師道曰：奢以爲不然。　黃丕烈曰：奢下，鮑本有也字。

〔一一〕知，鮑本作智，下同。

〔一二〕姚注：下「兩」字，曾、劉作然。

〔一三〕鮑於「將」字斷句。鮑彪曰：杜，猶拒。金正煒曰：按「杜」當作「拄」字，形相近而譌。漢書朱雲傳注：拄，距也。「數歲」當作「數戰」，與趙惠文王三十年章同。

〔一四〕鮑彪曰：兵相持日久。

〔一五〕鮑彪曰：羽毛謂箭，栵即裂字。吳師道曰：羽毛即羽旄。

〔一六〕「習」下，姚注：曾、劉作「交敝」。鮑彪曰：習，言玩其兵。金正煒曰：習字當讀如慴，廣韻：伏也，集韻：懼也。史記項羽紀：「一府中皆慴伏」，索隱引説文：讋，失氣也。此言燕趙之力俱罷，即皆慴伏於齊。鮑注「習，言玩其兵」，非也。

〔一七〕金正煒曰：其兵，蓋單將以助趙之齊人，謂之「其」者，以別於趙之兵也。歸謂歸齊。

〔一八〕黄丕烈曰：今本夏作是，乃誤涉鮑也。鮑改夏爲是。吳氏補曰：未詳，恐上下文有缺誤。「懸釜而炊」，前章圍晉陽云。此時或有水害。大事記無「夏」止「炊」七字，云「已而得三城」。

〔一九〕黄丕烈曰：也，鮑本無。金正煒曰：按趙世家：孝成元年，「齊安平君田單，將趙師而攻燕中陽，拔之。又攻韓注人，拔之。」此云三城，疑即燕師所完之韓城。

〔二〇〕鮑彪曰：隱元年注：方丈曰堵，三堵爲雉。

〔二一〕鮑彪曰：彪謂馬服之請將，自知明也。其策安平，知彼明也。夫安平，齊宗也，其不强趙以奪齊之霸，人之情也。此言若易聽而不見聽，孰謂平原君智乎？

八

三國攻秦〔一〕，趙攻中山，取扶柳〔二〕，五年以擅呼沲〔三〕，齊人戎郭、宋突謂仇郝曰〔四〕：「不如盡歸中山之新埊〔五〕。中山案此言於齊曰〔六〕：『四國將假道於衛，以過章子之路〔七〕。』齊聞此，必效鼓〔八〕。」

〔一〕鮑彪曰：魏哀二十一年，與齊韓共攻秦，此元年（祖耿案：此策鮑次于惠文王下，元年殆指惠文王也）。吳師道曰：襄。祖耿案：顧觀光隸此於赧王十七年，楚頃襄王元年，趙惠文王元年，曰：「據十六年陳軫說燕之辭，時趙已滅中山矣。此策言攻中山者，必其餘孽未靖，如秦滅趙後，公子嘉自立爲代王之類，故趙世家於惠文王三年，復書滅中山也。吳注泥於陳軫之言，必謂中山亡於武靈王二十五年，則此策不可通矣。」

〔二〕鮑彪曰：屬信都。吳師道曰：漢志：其地有扶澤，澤中多柳，故名。張琦曰：扶柳故城，在今冀州西南八十里。程恩澤曰：案吳氏之說見水經注，本闞駰十三州記，非漢志也。且漢扶柳縣，於地理志屬信都國，於郡國志屬安平國，舊注亦未分明。括地志：故城在信都縣西三十里（寰宇記同），今在冀州西南三十里（張氏釋地作八十里）。

〔三〕沲，鮑本作沱。鮑彪曰：擅，言固有之。

〔四〕鮑彪曰：戎郭、宋突，雖齊人而倍齊。黃丕烈曰：鮑改郝爲赫。金正煒曰：按鮑氏以戎郭、宋突爲雖齊人而倍齊，臆說不足據。以全章文義求之，疑當作「齊人戎郭」，郭即下文所謂鼓也。說文：鼓，郭也，又爲一聲之轉，故二字得通用。後漢郡國志：鉅鹿下曲陽有鼓聚，故翟鼓子國。齊以趙擅呼沱，故成鼓以偪趙。

〔五〕姚注：埊字，新唐史、集韻，皆以爲武后所製字，竇革作唐史釋音，乃云古地字，見戰國策。抑別有所據。今國策中地字甚多，間作埊字，安知非自武后時傳寫相承，如臣作恧，以謂曾、劉所校，亦所未喻。然古文地字乃作坔。又鶡冠子、亢倉子皆有埊字，姑存之，以俟博識。　鮑彪曰：地，元作埊，武后時字耳，今並從古。此謂扶柳。　吴師道曰：姚云：竇革唐史釋音：埊，古地字，見戰國策。今策中間作埊，安知非自武后時傳寫相承，如臣作恧之類，然古文乃作坔。又鶡冠子、亢倉子皆有埊字，恐有自來。愚按鄭氏書略，籀文地作坔，武后蓋有所本。意本書坔，而後轉從埊歟？後多此字，以義通，不復出。

〔六〕鮑彪曰：案猶據。　金正煒曰：案猶乃也，「此言」疑本訾字，誤分爲二。禮記曲禮疏：「相毁曰訾。」歸地中山，使之流言於齊，故謂之訾。或爲誂之譌，篆文誂作[illegible]，訿作[illegible]，二形相近，因誤爲訾。史記吴王濞傳：「使中大夫應高誂膠西王」，謂以微言動之也，與此文正合。

〔七〕鮑彪曰：四國，趙與上三。章子之路，地缺，蓋章子以齊軍守此。　吴師道曰：無考。　金正煒曰：過當爲過之誤。吕覽悔過篇：「晉若過師必於殽」，此亦謂過章子之歸路。章子或即成鼓之將也。

〔八〕姚注：效，曾、劉作放。　鮑彪曰：莒鼓里是也。齊南又有二鼓。　程恩澤曰：案漢志，濟南郡有土鼓縣。水經注：百脈水出土鼓縣故城西是也，在今濟南府淄川縣西五十里。然此固名土鼓，非鼓也。魏收地形志：濟北郡盧縣有鼓城（茌平縣治此），在今濟南府長清縣，未知即此否？又六國表：樂毅破齊，趙取齊昔陽。應劭曰：鉅鹿郡下曲陽，今鼓聚昔陽亭是。水經注：昔陽，故鼓國也。隋開皇十八年，改昔陽曰鼓城，以此。在今直隸晉州，是時齊地，北與趙鄰。則此鼓，或指昔陽言（按昔陽有二。左傳昭十二年：「遂入昔陽」，杜注：樂平沾縣東有昔陽城。水經注：清漳水又南逕昔陽城，今爲山西平定州樂平縣，非齊所及）。金正煒曰：「效鼓」，曾、劉作放鼓。小爾雅廣詁：放，棄也。此策如不辨戍鼓之譌，幾於不知所謂矣！又按鮑注「四國，趙與上三」，其釋上文「三國」，以爲魏與齊韓，則是中山所言於齊過章子之路者，乃併齊言之，弗思甚矣！此文三國攻秦，固即富丁欲以趙合齊魏章之韓魏與齊，惟文云：「五年以擅呼沱」，則攻秦之師，寧有久而不解者？「四」字疑「西」之誤，中山在齊趙之間，固可謂趙爲西國也。

九

趙使趙莊合從〔一〕，欲伐齊。齊請效地〔二〕。趙因賤趙莊。齊明爲謂趙王曰〔三〕：「齊畏從人之合也〔四〕，故效地。今聞趙莊賤，張懃貴〔五〕，齊必不效地矣。」趙王曰：「善。」乃召趙莊而貴之〔六〕。

〔一〕祖耿案：顧觀光附此於赧王二年。曰：六國表，是年秦虜趙莊，故附此。

〔二〕效，鮑本作効，下並同。

〔三〕姚注：劉本無爲字。

〔四〕姚注：劉本無人字。

〔五〕姚注：劉，「懃」作「漢」。鮑彪曰：懃蓋敗從者。

〔六〕姚注：劉，「莊」作「芘」。吳師道曰：按史年表：武靈王十三年，秦拔我藺，虜將趙莊。此策必未虜之前，豈得爲孝成王將哉？

十

翟章從梁來〔一〕，甚善趙王。趙王三延之以相，翟章辭不受。田駟謂柱國韓向曰〔二〕：『臣請爲卿刺之。客若死〔三〕，則王必怒而誅建信君〔四〕。建信君死，則卿必爲相矣。建信君不死，以爲交，終身不敝〔五〕。卿因以德建信君矣。』

〔一〕祖耿案：顧觀光隸此於秦始皇帝三年，趙悼襄王元年。
〔二〕鮑彪曰：柱國，楚官，蓋趙亦有。
〔三〕鮑彪曰：客謂章。
〔四〕鮑彪曰：疑其殺章，欲以專事。
〔五〕鮑彪曰：以殺章故，建信交之。

十一

馮忌爲廬陵君謂趙王曰〔一〕：『王之逐廬陵君，爲燕也〔二〕？』王曰：『吾所以重者，無燕秦也〔三〕。』對曰：『秦三以虞卿爲言〔四〕，而王不逐也〔五〕。今燕一以廬陵君爲言，而王逐之，是王輕强秦而重弱燕也。』王曰：『吾非爲燕也，吾固將逐之。』『然則王逐廬陵君又不爲燕也。行逐愛弟〔六〕，又兼無燕秦〔七〕，臣竊爲大王不取也。」

〔一〕姚注：忌，一本作愚。曾本無此注。　鮑彪曰：盧陵君，孝成母弟，見趙記。　吳師道曰：趙記未見。　黃丕烈曰：吳補：一本忌作愚。　程恩澤曰：盧陵君今無考。　祖耿案：今鮑本吳補：一本忌作愚。顧觀光附此於赧王五十六年，曰：『因馮忌附此，下章同。』

〔二〕金正煒曰：也、邪二字古通用，見顏氏家訓。

〔三〕鮑彪曰：無如二國。　吳師道曰：言不畏之也。

〔四〕黃丕烈曰：三，鮑本作王。吳氏正曰：一本『秦三以』。以下文『一以』字推之，當是王字誤。　鮑彪曰：秦王，昭王。

〔五〕鮑彪曰：前事爾，非今。

〔六〕鮑彪曰：行，將行。

〔七〕金正煒曰：秦字涉上文諸秦字而衍。

十二

馮忌請見趙王〔一〕，行人見之。馮忌接手免首欲言而不敢〔二〕。王問其故，對曰：『客有見人於服子者〔三〕，已而請其罪，服子曰：「公之客獨有三罪：望我而笑，是狎也；談語而不稱師，是倍也；交淺而言深，是亂也。」客曰：「不然！夫望人而笑，是和也；言而不稱師，是庸說也；交淺而言深，是忠也〔四〕。」昔者堯見舜

十

翟章從梁來〔一〕，甚善趙王。趙王三延之以相，翟章辭不受。田駟謂柱國韓向曰〔二〕：『臣請爲卿刺之。客若死〔三〕，則王必怒而誅建信君〔四〕。建信君死，則卿必爲相矣。建信君不死，以爲交，終身不敝〔五〕。卿因以德建信君矣。』

〔一〕祖耿案：顧觀光隸此於秦始皇帝三年，趙悼襄王元年。
〔二〕鮑彪曰：柱國，楚官，蓋趙亦有。
〔三〕鮑彪曰：客謂章。
〔四〕鮑彪曰：疑其殺章，欲以專事。
〔五〕鮑彪曰：以殺章故，建信交之。

十一

馮忌爲廬陵君謂趙王曰〔一〕：『王之逐廬陵君，爲燕也〔二〕？』王曰：『吾所以重者，無燕秦也〔三〕。』對曰：『秦三以虞卿爲言〔四〕，而王不逐也〔五〕。今燕一以廬陵君爲言，而王逐之，是王輕强秦而重弱燕也。』王曰：『吾非爲燕也，吾固將逐之。』『然則王逐廬陵君又不爲燕也。行逐愛弟〔六〕，又兼無燕秦〔七〕，臣竊爲大王

〔七〕吳師道曰：伊尹負鼎俎干湯，孟子集注所謂戰國時有爲此説者，指此。説苑：堯、舜相見，不違桑陰，亦此類。

〔八〕姚注：一本無此以上五字。黄丕烈曰：下五字（按指『甚善，馮忌曰』五字）鮑本無。鮑衍『趙王曰』三字。吳補：一本有。姚本同。

〔九〕鮑彪曰：此忌初見之談也。應在平原謂馮忌之上，然亦得爲此，史本其初言之，故因舊。

十三

客見趙王曰〔一〕：『臣聞王之使人買馬也，有之乎？』王曰：『有之。』『何故至今不遣？』王曰：『未得相馬之工也〔二〕。』對曰：『王何不遣建信君乎？』王曰：『建信君有國事，又不知相馬。』曰：『王何不遣紀姬乎〔三〕？』王曰：『紀姬婦人也，不知相馬。』對曰：『買馬而善，何補於國？』王曰：『無補於國。』『買馬而惡，何危於國？』王曰：『無危於國。』對曰：『然則買馬善而若惡〔四〕，皆無危補於國。然而王之買馬也，必將待工〔五〕。今治天下，舉錯非也〔六〕，國家爲虚戾，而社稷不血食，然而王不待工而與建信君，何也？』趙王未之應也。客曰：『燕郭之法有所謂桑雍者〔七〕，王知之乎？』王曰：『未之聞也。』『所謂桑雍者，便辟左右之近者，及夫人優愛孺子也〔八〕。此皆能乘王之醉昏而求所欲於王者也。是能得之乎内〔九〕，則大臣爲之枉法於外矣。故日月暉於外，其賊在於内〔一〇〕。謹備其所憎，而禍在於所愛〔一一〕。』

〔一〕祖耿案：顧觀光隸此於秦始皇帝三年，趙悼襄王元年。

〔二〕黄丕烈曰：相，鮑本作買，吴補：一本相馬。

〔三〕程恩澤曰：案元和姓纂：紀，姜姓。炎帝之後封紀，爲齊所滅，以國爲姓。其地在今山東壽光縣東三十里。（又有紀城，亦在縣東南。又鄒縣東南二十五里，亦有紀城，相傳爲紀侯避難處。）

〔四〕金正煒曰：若猶或也。

〔五〕金正煒曰：將猶且也。

〔六〕鮑彪曰：舉，置也，有舉有置。　黄丕烈曰：治，鮑本作將。

〔七〕姚注：劉作「法」。曾作「郭偃之滛」。桑，曾作「柔」。　鮑彪曰：雍、癰同。桑中有蠹，則外碨磈，如人之癰。　吴師道曰：桑中有蠹，以膏腋流於外，如癰潰然。姚云：曾、劉並作「柔雍」，下同。　又曰：一本標劉本作「郭偃之法」。晉掌卜大夫郭偃，乃卜偃也。　王念孫曰：案燕字當在郭字下，燕、偃聲相近，郭燕之法即郭偃之法。商子更法篇，引郭偃之法云云，是其證。「桑雍」，下文姚曰「劉作柔癰」者，是也。癰即癰疽之癰。便辟左右，夫人孺子，皆柔媚其君，以爲患於内，故曰柔癰。癰、雍字之通；柔、桑字之誤耳。鮑、吴説桑雍之義，皆不得其解而爲之辭。　朱起鳳曰：劉本作郭偃是也。郭偃即晉大夫卜偃，謂偃爲燕，兩字又上下易位，遂譌作「燕郭」矣。郭偃之法不經見，唯商子、趙策兩引之。

〔八〕姚注：桑雍，劉作柔癰。　鮑彪曰：優，饒也，言愛之甚，一曰倡。　黄丕烈曰：「近者」二字鮑本作人。

吳補：一本「便辟左右之近者」。金正煒曰：「柔雍，劉作柔癰是也，近者，鮑本作人。韓非內儲說：「費無極，令尹之近者也。」八姦篇：「何謂同牀？曰：貴夫人、愛孺子、便僻好色。」優愛當爲優笑。國語齊語：「優笑在前」，注：優笑，倡俳也。韓非詭使篇：「而優笑酒徒之屬，乘車衣絲。」八姦篇：「優笑、侏儒、左右近習」，注：優笑者，謂俳優能嗢笑者。賈子新書：「連語遠忠道而貴優笑。」韋昭國語解：「侏儒、戚施，皆優笑之人。」愛字涉下文「禍在於所愛」而誤。齊策「有七孺子皆近」，高注：孺子，幼艾美女也。

〔九〕黄丕烈曰：乎，鮑本作於。

〔一〇〕姚注：東坡本「日月彫暉於外」。鮑彪曰：說林訓：「月照天下，食於蟾蠩」。吳師道曰：朱子云：「晦朔而日月之合，東西同度，南北同道，則月揜日而日食；望而日月之對，同度同道，則月亢日而月食。」又謂蟾兔、桂樹之說，其惑久矣。然策正以此爲喻。姚注云：東坡本日月彫暉於外。金正煒曰：按韓非備內篇：「故日月暈圍於外，其賊在內。」說文無暈字，蓋借暉爲暈，吳曾祺曰：案暉與煇通，暈也。周禮：「日有薄蝕暈珥」，釋文：暈作煇。朱起鳳曰：呂氏明理篇高注：暈，氣圍繞日周匝，有似軍營相圍守，故曰暈也。此暈圍兩字之塙詁也。彫字從周，形與軍似，暉圍音近，暈圍訛作彫暉，因此。

〔一一〕鮑彪曰：彪謂王斗、魏牟及此三士，其言若出一口，所謂理義人心之所同然者與？至於此章，肆直而慈惠，尤可喜可愛。有國有家者，宜寘之座右。

十四

秦攻魏，取寧邑〔一〕，諸侯皆賀。趙王使往賀〔二〕，三反，不得通，趙王憂之，謂左右曰：『以秦之强，得寧邑以制齊趙，諸侯皆賀，吾往賀而獨不得通，此必加兵我。爲之奈何？』左右曰：『使者三往不得通者，必所使者非其人也。曰諒毅者，辨士也〔三〕，大王可試使之。』諒毅親受命而往〔四〕，至秦，獻書秦王曰〔五〕：『大王廣地寧邑，諸侯皆賀，敝邑寡君亦竊嘉之，不敢寧居，使下臣奉其幣物，三至王廷而使不得通。使若無罪，願大王無絶其歡〔六〕；若使有罪〔七〕，願得請之。』秦王使使者報曰：『吾所使趙國者，小大皆聽吾言，則受書幣；若不從吾言，則使者歸矣。』諒毅對曰：『下臣之來，固願承大國之意也，豈敢有難！大王若有以令之，請奉而行之〔八〕，無所敢疑。』於是秦王乃見使者，曰：『趙豹、平原君數欺弄寡人，趙能殺此二人則可。若不能殺，請今率諸侯受命邯鄲城下〔九〕。』諒毅曰：『趙豹、平原君，親寡君之母弟也〔一〇〕，猶大王之有華陽君涇陽君也〔一一〕。大王以孝治聞於天下〔一二〕，衣服使之便於體，膳啗使之嗛於口〔一三〕，未嘗不分於華陽君涇陽君〔一四〕。華陽君涇陽君之車馬衣服〔一五〕，無非大王之服御者。臣聞之：有覆巢毀卵而鳳皇不翔，刳胎焚夭而騏驎不至〔一六〕。今使臣受大王之令以還報〔一七〕，敝邑之君畏懼不敢不行，無乃傷華陽君涇陽君之心乎〔一八〕？』秦王曰：『諾。勿使從政！』諒毅曰：『敝邑之君，有母弟不能教誨，以惡大國，請黜之，勿使與政事，以稱大國。』秦王乃喜，受其弊而厚遇之〔一九〕。

〔一〕鮑彪曰：秦昭五十年拔寧，魏地邑，徐以爲趙，非也。後志：朝歌有寧鄉。蓋秦圍邯鄲，魏信陵救之，秦怒，故解邯鄲而取寧。此（趙孝成）九年。　吳師道曰：按秦紀，王齕取邯鄲，不拔，還奔汾，軍攻汾城，即從唐拔寧新中，寧新中更名按陽。正義云：今相州外城。年表止書新中，大事記因之，又書韓魏楚救趙新中。此策「秦攻魏，取寧邑」，非寧新中也。寧鄉在朝歌，屬魏，或如鮑所云。然以策文稱趙豹、平原君爲母弟推之，知爲惠文之世，而與孝成邯鄲圍後取寧新中事不相涉也。秦昭王少而魏冉爲政，葉陽、涇陽貴。四十一年冉免而二貴衰。趙惠文王元年，平原始封。二十七年，豹封平陽君。此策不稱豹封，則在其未封之前。按魏策，「秦拔寧邑，魏冉曰」云云，此策正冉用事時也。鮑誤次於孝成之世，而不察母弟之云，何也。　張琦曰：史正義曰：寧新中，秦昭王更名安陽，即今相州外城是也。按故城在今彰德府西北。　程恩澤曰：案魏世家：「通韓上黨於其甯」，徐廣曰：朝歌有寧鄉。即用郡國志語，故先儒謂寧邑即甯，以二字本通也。然朝歌在今淇縣，距修武尚遠，似非一地，當兩存其說。張氏所云，此又一說，存參。　顧觀光曰：史記，武侯二年城安邑。齊策云：安邑者魏之柱國也。漢志屬河東。秦本紀正義引括地志云：在絳州夏縣東北十五里。秦本紀：昭襄王二十一年，魏獻安邑。趙策：「秦攻魏，取寧邑，諸侯皆賀。」蘇氏古史載於趙惠文王十二年，寧邑作安邑。考趙惠文王十二年冬，正當秦昭襄王二十一年春（趙正建寅，秦正建亥，故有三月之差），是時魏冉用事，葉陽、涇陽方貴，故魏策有魏冉語，而趙策諒毅曰：「趙豹、平原君親寡君之母弟也，猶大王之有葉陽、涇陽君也。」趙惠文王元年，勝封平原君；二十七年，豹封平陽君。此策不稱豹封，亦事在十二年之一證。自鮑氏誤以寧邑爲寧新中，而移於秦昭王之五十年，遂使趙、魏兩策，皆不可通。吴注力斥鮑誤，而不知寧邑之即安邑，亦考之未盡矣！寧與安義相近，故有二名。祖耿案：此篇姚本與客見趙王連篇，鮑本另列一篇。顧觀光隸此於赧王二十九年，是年魏獻安邑於秦。顧氏曰：據蘇氏古史，此策在此年，甯與安義相近，蓋地有兩名也。鮑誤置於趙孝成王時，則平原乃孝成之叔父，策何以云母弟？且其時魏冉已免，葉陽、涇陽已逐，而策文之不可通者多矣。吴注雖知鮑誤，亦徒以趙豹未封，意其在惠文王二十七年之前，而不能援古史以實之，何也？

〔二〕黄丕烈曰：往，鮑本無。

〔三〕鮑彪曰：曰猶有。　祖耿案：毅，藝文類聚二十五引作貇。

〔四〕姚注：一本無親字。

〔五〕鮑彪曰：秦王，昭王。

〔六〕歡，鮑本作懽。

〔七〕黄丕烈曰：「使」下鮑本有者字。

〔八〕「而」下原有西字。黄丕烈曰：鮑衍西字，吴氏補曰：疑西字譌，或衍。　金正煒曰：按西即而字之誤而衍也。漢書匈奴傳：「西減北地以西戍卒半」，劉敞曰：西當作而。正與此同。又嵩陽寺碑：「東接修林」，此或東字缺損而譌。

〔九〕今，鮑本作令。鮑彪曰：欲戰而言受命，謙辭也。　祖耿案：類聚二十五、御覽四百六十引，並無「今」字。

〔一〇〕祖耿案：史記趙世家集解引：趙豹、平陽君，惠文王母弟。

〔一一〕華，原作葉。陽下原無君字。祖耿案：類聚二十五引作：「猶大王之有華陽君、涇陽君也。」御覽四百六十引亦作華陽，今據以增、改。　鮑彪曰：史注：葉陽一作華陽，華陽，芈戎也，此言葉陽爲主之母弟，則非戎矣！葉不可作華。　吳師道曰：葉陽，公子悝。涇陽，公子市。大事記謂：范雎論四貴，王弟二人，曰高陵，曰涇陽，獨無所謂葉陽者，高陵或其別名。又按趙惠文王元年，封公子勝平原君。二十七年封趙豹爲平陽君。魏公子傳稱勝爲惠文王弟，而豹無紀，其爲王弟，以策知之也。武靈王元年，陽文君趙豹相，彼又一趙豹歟？不然，則有舛誤也。大事記解題引此，而止云平原君親寡君之母弟，豈有所疑而删之歟？　程恩澤曰：案葉、華，字形相近，彼此訛混，殆難識別，然葉陽固秦地也。括地志：葉陽今許州葉縣。大事記：葉陽今屬汝州，葢在今南陽府葉縣之南。　金正煒曰：葉陽即華陽，字形相似而誤。

〔一二〕祖耿案：類聚二十五、御覽四百六十引，並作「以孝悌聞於天下」。

〔一三〕姚注：劉本無兩使字。　鮑彪曰：啗，食也，膳之可食者。集韻，慊，愜也。　吳師道曰：嗛，口簟反，口有所銜也。鳥獸頰貯食，通作慊。　黄丕烈曰：「衣服使之便於體」，鮑衍使字；「膳啗使之嗛於口」，使，鮑本無。　金正煒曰：按於文不當有使字，宜從劉本省。鮑有一使字，葢涉便字而誤衍也。　祖耿案：類聚二十五引作：「衣服之便於體，膳羞之兼於口。」御覽四百六十引作：「衣服之便於體，膳啗之便於口。」並無兩使字。

〔一四〕華，原作葉。「陽」下原無君字。依上例增、改。

〔一五〕華原作葉。祖耿案：類聚二十五引作：「輿馬衣裘。」御覽四百六十引作：「輿馬衣服。」

〔一六〕鮑彪曰：夭、么同，小貌。　吳師道曰：王制：「不殀夭」，注：殀，斷殺，少長曰夭。夭，烏老反。少，詩照反。又「毋殺胎夭」，疏：胎，腹中未出者；夭，胎已出者。又曰：麟鳳兩語，史孔子世家：「將西見趙簡子，鬭寶鳴櫝。舜華之死」亦云。梅福書：「戴鵲遭害，則仁鳥增逝」，類此。黄丕烈曰：騏驎，鮑本作麒麟。

〔一七〕祖耿案：類聚二十五、御覽四百六十引，「令」上並有嚴字。

〔一八〕華，原作葉。

〔一九〕鮑彪曰：彪謂諒毅，可謂有專對之材矣！觀其辭令，如見晉叔向、鄭子產，相與周旋於一堂之上，而折論豹、勝之事，何其似蕭同叔子也，毅其深於春秋者乎？是舉也，不辱君命，不失秦之心，與觸龍同傳可也。吴師道曰：惠文王之世，趙勢尚强，秦雖屢奪趙地，而趙亦屢伐秦。閼與之敗，秦終不能逞志於趙。當時之臣，外則廉頗、趙奢爲之禦侮；内則藺相如之徒，一璧之微，一鼓瑟之恥，爲之死爭。今而告其使曰：必殺而二母弟以聽命，則雖垂亡之國，猶有所不受，而秦豈能必趙之從哉？特大言以虚喝之耳！諒毅之對，婉而不迫，稱譬當於人心。秦知其不可奪，故轉而言曰：「勿使從政」，其情亦窮矣！毅因而順其意，則未免失辭。使毅應之曰：「敝邑之君之有母弟而授之以政也，亦惟先王之故，以共衛社稷。大國馮恃其威，日尋於兵，是以二子大懼殄滅之及，以與寡君周旋。其獲戾於大國，則職此之由。忠而不貳，臣之職也；討貳勸忠，大國之義也。今將討二子之忠，而使之釋敝邑之政，其何以爲勸？雖大國亦將有不利焉！臣不知所命。」以是告之，庶幾不失其對矣。又曰：蕭同叔子云云，此傳語。黄丕烈曰：今本弊作幣，鮑本作幣。其，鮑本無。黄式三曰：繹史以取甯在拔懷後，赧王四十八年。式三案：是時趙不肯賀，即賀不納，何懼！今編於赧王四十二年，以修武即寧邑，古通用甯也。趙豹明年封平陽君，此年未封不稱君。前此趙魏同伐韓，同敗於秦救，事皆相符。繹史不足據。

十五

趙使姚賈約韓魏〔一〕，韓魏以友之〔二〕。舉茅爲姚賈謂趙王曰〔三〕：「賈也，王之忠臣也，韓魏欲得之，故友之〔四〕，將使王逐之而己因受之。今王逐之，是韓魏之欲得而王之忠臣有罪也。故王不如勿逐，以明王之賢，而折韓魏招之〔五〕。」

〔一〕吳師道曰：姚賈，說見秦策。此章時不可考。　祖耿案：顧觀光附此於始皇十四年。

〔二〕姚注：友，劉作反。　黃丕烈曰：鮑衍以字。　金正煒曰：按作反者是也。說文：返，還也。左氏襄二十八年傳：「鄭伯使游吉如楚，及漢，楚人還之。」反之、還之，皆謂拒而不納也。又淮南詮言篇：「約束誓盟，則約定而反無日。」高注：反，背叛也。小爾雅「以」與「尋」同詁，以反之，猶云尋反之。言韓魏與姚賈約，尋即反之。故知趙王必且罪賈也。以字亦與已通，已猶已而，與既爲、既而文同。左氏文元年傳：「既又欲立王子職」，周語：「既榮公爲卿士」，皆既而省文。　吳曾祺曰：反、返通。

〔三〕黃丕烈曰：今本舉茅作茅舉，乃誤涉鮑也。鮑改舉茅爲茅舉。　鮑彪曰：茅舉，趙人。　程恩澤曰：案姓氏急就篇：茅，國名，周公子所封，其後爲氏。高士奇曰：杜注：高平昌邑縣西有茅鄉。後爲邾邑。哀七年，茅成子以茅叛是也。今山東金鄉縣西北四十里有昌邑城，又有茅鄉城，即古茅國。

〔四〕姚注：友，劉作反。

〔五〕姚注：劉點「招之」二字。曾作「之招」。　黃丕烈曰：鮑改「招之」爲「之招」。

十六

魏敗楚於陘山〔一〕，禽唐明〔二〕。楚王懼，令昭應奉太子以委和於薛公〔三〕。主父欲敗之，乃結秦連楚宋之交〔四〕，令仇郝相宋〔五〕，樓緩相秦，楚王禽趙，宋魏之和卒敗〔六〕。

〔一〕祖耿案：呂覽處方篇云：「齊令章子將，而與韓魏攻荆。荆令唐蔑將而應之，軍相當六月而不戰。齊令周最趣章子急戰，其辭甚刻。章子對周最曰：『殺之，免之，殘其家，王能得此於臣；不可以戰而戰，可以戰而不戰，王不能得此於臣。』與荆人夾泚水而軍，章子令人視水可絶者。荆人射之水，不可得近。有芻水旁者，告齊候者曰：『水淺深易知：荆人所盛守，盡其淺者也；所簡守，皆其深者也。』候者載芻者與見章子，章子甚喜，因練卒以夜奄荆人之所盛守，果殺唐蔑。章子可謂知將也矣！」唐蔑即唐昧也。即下唐明。顧觀光繫此於赧王十四年。是年，秦齊韓魏共伐楚，敗之重邱，殺唐昧。

〔二〕鮑彪曰：楚威十一年，魏敗我陘山，時武靈未立。懷二十八年，秦齊韓魏攻楚，殺唐昧。此（趙武靈）二十五年。明豈昧之字耶？　朱起鳳曰：荀子議兵：「楚人兵殆於垂沙，唐蔑死。」楊注：即楚將唐昧，昧與蔑同。呂覽處方：「齊令章子將，而與韓魏攻荆，荆令唐蔑將而應之。」史記六國表：楚懷王二十八年，「秦韓魏齊敗將軍唐昧於重丘。」又天官書云：昔之傳天數者，在齊甘公，楚唐昧。又樂毅傳云：「是時齊湣王彊，南敗楚相唐昧於重丘。」案昧乃眛字之訛。蔑從横目，眛從直目，音義並同。

〔三〕鮑彪曰：懷二十九年，使太子質於齊。　金正煒曰：按此疑薛公相魏時事，非質太子於齊，故策文不及齊。鮑注恐誤。且下文明言和議卒敗，亦不必求其事以實之也。

〔四〕姚注：曾去楚。　金正煒曰：楚字當在「魏之和」句上，誤淆於此。

〔五〕黄丕烈曰：鮑改郝爲赫。吴氏補曰：即赫。

〔六〕鮑彪曰：楚與趙宋二國合。楚得二國之援，故不與齊和。　吴師道曰：鮑説無據。「楚王禽」以下有缺誤。　黄丕烈曰：今本禽作合，乃誤涉鮑也。鮑改禽爲合。魏上補齊字。吴氏有正。　金正煒曰：禽當作會，涉上文禽唐明而誤。魏策：「魏王遇秦信韓，伐齊之事遂敗」，與此略同，皆以兩君會遇，疑敵也。鮑本改禽爲合，魏上補齊字，並非。

十七

秦召春平侯〔一〕，因留之。世鈞爲之謂文信侯曰〔二〕：『春平侯者，趙王之所甚愛也，而郎中甚妬之，故相與謀曰：「春平侯入秦，秦必留之。」故謀而入之秦。今君留之，是空絶趙而郎中之計中也〔三〕。故君不如遣春平侯而留平都侯〔四〕。春平侯者言行於趙王，必厚割趙以事君，而贖平都侯。』文信侯曰：『善。』因與接意而遣之〔五〕。

〔一〕鮑彪曰：春平及平都皆趙人。　吴師道曰：徐廣引年表云：太子從質秦歸。正義云：太子即春平君也。　金正煒曰：按列女傳，趙悼后通於春平侯，多受秦賂，而使王誅其良將李牧。吴氏引史記正義以春平侯爲悼襄太子，非也。　祖耿案：此章見史記趙世家悼襄王二年，文同。唯春平侯作春平君，世鈞作泄鈞，平都下無侯或君之稱。　顧觀光隸此於始皇四年，是年，春平侯質於秦而歸。

〔二〕姚注：謂一作請。　鮑彪曰：泄鈞，秦人。　黄丕烈曰：今本世作泄，乃誤涉鮑也。鮑改世爲泄。吴氏補曰：史作泄。丕烈案：世、泄同字。韓非子云：「衛嗣君重如耳，愛世姬。」楊倞注荀子引作「泄姬」，可證也。鮑改誤。　祖耿案：史記注，張守節曰：泄鈞，人姓名也。

〔三〕金正煒曰：按韓非有度篇「勢在郎中」注：郎，近侍之官也。史記刺客傳注：郎中，若今宿衛之官。周官師氏，「職掌國中失之事」，鄭注：故書中爲得。呂覽行論篇：「以中帝心」，高注：中猶得。　祖耿案：史記無「空」字。

〔四〕程恩澤曰：案地理志：上郡有平都縣。正義曰：輿地志，平都縣在今新興郡（此曹魏郡名，非拓跋魏郡名也），與陽周縣相近。秦漢之陽周，本在今陝西安定縣，後魏時移屬趙興郡，爲今甘肅正寧縣（正義：陽周，今寧州羅川縣之地）。據輿地志，平都與陽周相近，則其地當仍在安定。又今山西遼州西北七十里，有平城廢縣。志云：即趙平都城，趙簡子所立。未知是否。趙惠文王三十年，相都平君田單。鮑本改作平都，吴氏正曰：都平即安平也（本大事記），今附於此。　祖耿案：史記「都」下無「侯」字，下同。注，張守節曰：輿地志云，平都縣在今新興郡，與陽周縣相近也。

〔五〕鮑彪曰：趙記二年有。　吴曾祺曰：接意，以厚意相接也。

十八

趙太后新用事〔一〕，秦急攻之。趙氏求救於齊。齊曰：「必以長安君爲質，兵乃出〔二〕。』太后不肯，大臣强諫。太后明謂左右〔三〕：『有復言令長安君爲質者，老婦必唾其面〔四〕！』左師觸聾願見太后〔五〕，太后盛氣而揖之〔六〕。入而徐趨〔七〕，至而自謝，曰：『老臣病足，曾不能疾走，不得見久矣！竊自恕〔八〕，而恐太后玉體之有所郄也〔九〕，故願望見太后。』太后曰：『老婦恃輦而行〔一〇〕。』曰：『日食飲得無衰乎〔一一〕？』曰：『恃鬻耳〔一二〕！』曰：『老臣今者殊不欲食，乃自强步，日三四里，少益耆食〔一三〕，和於身也。』太后曰：『老婦不能〔一四〕。』太后之色少解。左師公曰：『老臣賤息舒祺〔一五〕，最少，不肖，而臣衰，竊愛憐之，願令得補黑衣之數〔一六〕，以衛王宮，没死以聞〔一七〕。』太后曰：『敬諾。年幾何矣？』對曰：『十五歲矣！雖少，願及未填溝壑而託之〔一八〕！』太后曰：『丈夫亦愛憐其少子乎〔一九〕？』對曰：『甚於婦人！』太后笑曰：『婦人異甚〔二〇〕！』對曰：『老臣竊以爲媼之愛燕后〔二一〕，賢於長安君〔二二〕。』曰：『君過矣！不若長安君之甚！』左師公曰：『父母之愛子，則爲之計深遠。媼之送燕后也，持其踵爲之泣，念悲其遠也〔二三〕。亦哀之矣！已行，非弗思也，祭祀必祝之，祝曰：「必勿使反〔二四〕。」豈非計久長有子孫相繼爲王也哉〔二五〕？』太后曰：『然。』左師公曰：『今三世以前，至於趙之爲趙，趙主之子孫侯者〔二六〕，其繼有在者乎〔二七〕？』曰：『無有。』曰：『微獨趙〔二八〕，諸侯有在者乎？』曰：『老婦不聞也〔二九〕！』『此其近者禍及身，遠者及其子孫。豈人主之子孫則必不善哉〔三〇〕？位尊而無功，奉厚而無勞，而挾重器多也〔三一〕。今媼尊長安君之位，而封之以膏腴之地，多予之重器〔三二〕，而不及今令有功於國，一旦山陵崩，長安君何以自託於趙？老臣以媼爲長安君計短也！故以爲其愛不若燕后。』太后曰：『諾！恣君之所使之〔三三〕！』於是爲長安君約車百乘質於齊。齊兵乃出。子義聞之〔三四〕，曰：『人主之子也，骨肉之親也，猶不能恃無功之尊，無勞之奉，而守金玉之重也〔三五〕！而況人臣乎〔三六〕？』

〔一〕鮑彪曰：惠文王威后。　焦袁熹曰：趙武靈王五年，娶韓女爲夫人；十六年納吳娃孟姚，是爲惠后，二十五年惠后卒；二十七年王自號主父，傳國孟姚子何，是爲惠文王。惠文四年，前太子安陽君章作亂，公子成李兑、殺章，遂圍主父，餓死沙丘宫。惠文王立三十三年卒，子丹立，是爲孝成王。孝成元年，太后用事，使其少子長安君質於齊，明年惠文后卒。韓女蓋太子章之母，史不詳其卒於何年。武靈以吳娃爲正室，其卒也，謚曰惠后。史公所云：吳娃死，愛弛，憐故太子，欲兩王之者，謂在傳何之後，娃死既久，愛乃漸弛，非娃死愛便弛也。孝成嗣位，太后從左師觸龍言，以長安君質於齊。太后者，惠文王之后，即卒於孝成二年者，是也。史記雖有詳略，是固無可疑者。而司馬貞索隱，乃以武靈二十五年卒之惠后爲故太子章母，以觸龍進見之太后爲吳娃，而卒於孝成之二年，反以娃死，子何寵衰　爲太史公之誤。其説云：若娃年二十入王宮，至孝成初在六十左右，得稱老矣！束晳言：太后裁三十有奇者，誤也。是蓋徒以太后衰病之狀，非六十餘歲人不得言之，故斷屬之娃，而不顧史記之明文，不容有此舛戾也！則愚得請而解之：惠文之夫人，既稱太后，雖年止三十有奇，自稱老婦何害？恃輦而行，恃粥以養，豈須遲暮，乃當有此。中年疾恙，蓋亦如然。況趙、代之地，女子十二三，形質壯佼，便如成人；到三四十，體氣衰羸，事理所有，不足獻疑。此之不了，而以既死之吴娃當之，誣良史而惑後生，亦可歎也！（此木軒雜著）俞正燮曰：孝成元年太后。索隱引束晳言：太后纔三十有奇，蓋惠文以武靈十六年以後生，盡二十七年爲十二歲，又自紀年三十二，則惠文年止四十四，其后不得老。不知老是太后常稱，恃輦是儀制，恃粥亦飲食之常。索隱以恃輦、恃粥云云以爲吴娃，漫引束晳以太后爲吴娃，遂以吴娃爲惠文后，不知孝成之弟長安君，必不可謂之吴娃幼子。索隱又以吴娃非前卒，省史文不合，反謂史誤，此又束晳所不及料也。且吴娃爲惠文之母，豈得謚爲惠文后？語妄可知矣！（癸巳存稿）　祖耿案：此章見史記趙世家孝成王元年云：「孝成王元年，秦伐我，拔三城。趙王新立，太后用事」云云。文同。此云觸讋，史記作「觸龍言」，蓋此誤合龍言二字爲讋也。最近長沙馬王堆漢墓出土帛書有此文，與史記同，亦作觸龍，足見三文來自一源也。此句新字，帛書作規。　顧觀光隸此於赧王五十年，趙孝成王元年。

〔二〕鮑彪曰：長安，孝成母弟。　吴師道曰：索隱云：趙亦有長安，今地缺。按趙世家，封長安君以饒。正義云：即饒陽也。明長安是號。　黄丕烈曰：今本「長」誤「趙」。　程恩澤曰：案正義又云：以長安善，故名。此條本可不錄，因索隱以爲地名，故載之。　祖耿案：史記注長安君，司馬貞曰：孔衍云：「惠文后之少子也。趙亦有長安，今其地闕。」張守節曰：「長安君者，以長安善，故名也。」　又案：「必以」七字，帛書作：「必大后少子長安君來質」十字。

〔三〕祖耿案：御覽三百八十七、又四百五十六、又四百八十引，並無「明」字。三百八十七引，「右」下有曰字。帛書此句作：「大后明胃左右曰」，史記同。

〔四〕祖耿案：青照堂叢書次編引春秋後語云：「秦急攻，趙求救於齊，齊王曰：『必以長安君爲質，兵乃出。』長安君者，太后之小子也。太后愛之，不肯遣。大臣强諫，太后怒，謂左右曰：『敢復言長安君爲質者，老婦必唾其面。』」祖耿又案：史記注，司馬貞曰：按東晳云：「趙惠文王子何者，吳廣之甥，娃嬴之子也。」如系家計之，則武靈王十六年夢吳娃而納之，至二十七年王薨，及惠文王三十二年卒，孝成王元年遣長安質於齊，若娃年二十入王宮，至此亦年六十左側，亦可稱老。而東廣微言太后纔三十有奇者，誤也。

〔五〕姚注：「讋」下一本無「言」字。　胡三省曰：春秋之時，宋國之官有左右師，上卿也。趙以觸龍爲左師冗散之官，以優老臣者也。　鮑彪曰：左師，官名。　黄丕烈曰：吳氏補曰：讋，姚云：一本無言字。史亦作「龍」。按説苑：「魯哀公問孔子，夏桀之臣有左師觸龍者，諂諛不正。」人名或有同者，此當從讋以別之。丕烈案：吳説非也，當作龍。古今人表中下云：左師觸龍，即此。言字本下屬「願見」讀，誤合二字爲一。史記云：「觸龍言願見」，不誤。　王念孫曰：吳説非也。此策及趙世家皆作：「左師觸龍言願見太后」，今本「龍言」二字，誤合爲讋耳！太后聞觸龍願見之言，故盛氣以待之。若無言字，則文義不明。據姚云：「一本無言字」，則姚本有言字明矣！而今刻姚本亦無言字，則後人依鮑本改之也。漢書古今人表正作左師觸龍。又荀子議兵篇注曰：戰國策，趙有左師觸龍。太平御覽人事部引此策曰：「左師觸龍言願見」，皆其明證矣！　金正煒曰：按王氏謂觸讋當作觸龍，是也。姚云一本無言字，蓋謂一本讋去言字作龍，與後文讋字下注：一本去言字同，非如王説也。燕策：「陳翠欲見太后」，欲見、願見，文正相類，不必從史有言字，於義自完。惟龍之誤讋，當由有言字之本誤併爲一。王説固確然可信，特不必以姚注傅其説耳！朱起鳳曰：古以觸龍名者，不可僂指數，説苑敬慎篇：「昔夏桀貴爲天子，富有天下，其臣有左師觸龍者，諂諛不正。湯誅桀，左師觸龍者身死。」通志氏族略云：「桀有諫臣左師觸龍」，是夏桀時有觸龍也。荀子臣道篇：「若曹觸龍之於紂者，可謂國賊矣！」（韓詩外傳四同）又義兵篇：「微子開封於宋，曹觸龍斷於軍」，是殷紂時有觸龍也。前漢書高祖功臣表：臨轅侯戚觸龍，又惠景功臣表：山都侯王觸龍，是漢代且有兩觸龍也。古人名此，乃取犯顔之義。趙策作讋，因史記龍下有言字，遂誤併爲一耳。御覽人事部引戰國策，亦作觸龍。宋蘇洵諫論上篇：「觸龍以趙后愛女賢於愛子，未旋踵而長安君出質。」歷觀他書，無有作觸讋者，則讋爲誤併之字無疑。　祖耿案：帛書正作觸龍。左師之官，蓋武靈王時已有之。

〔六〕黄丕烈曰：「太后」鮑本不重。吳氏補曰：史復有。史云：「胥之，入，徐趨而坐」，胥字當是。丕烈案：入字句。　王念孫曰：案吳説是也。集解曰：胥猶須也。御覽引此策，作「盛氣而須之」。隸書胥作骨，因謁而爲𦣻，後人又加手旁耳。下文言「入而徐趨」，則此時觸龍尚未入，太后無緣揖之也。　祖耿案：帛書作胥。

〔七〕姚注：一本無而字。　祖耿案：御覽四百五十六引，作「入而徐趨」。史記作「入，徐趨而坐」，入句屬上。

〔八〕鮑彪曰：久不見，宜得罪，今自寬而求見。　金正煒曰：郄字疑當作郤，言以病足，久不得見，私以爲恨也。　祖耿案：推己及人謂之恕，因己老病，而念太后亦或有病，故曰竊自恕。金説殊非。

〔九〕鮑彪曰：郄、郤同。以己病足，因恐後不能前，亦自恕以及人也。　王念孫曰：鮑未解郤字之義。郤字本作𨸏，讀如煩劇之劇，謂疲羸也。言恐太后玉體之疲羸，故願望見也。趙世家作：「恐太后體之有所苦也」，苦與郤同義。吳曾祺曰：郤訓隙，猶言不堅固也。黄丕烈曰：而，鮑本無。丕烈案：史記有。

祖耿案：郄，帛書作谽。

〔一〇〕黄丕烈曰：「太后」鮑本不重。吳氏補曰：史復有。

〔一一〕金正煒曰：「日」即曰字之誤衍。

〔一二〕姚注：鬻，一本去「鬲」字。吳師道曰：鬻、粥同。姚云一本去鬲字。

〔一三〕耆，鮑本作嗜。

〔一四〕黄丕烈曰：「也太后」三字，鮑本無。丕烈案：史記有。祖耿案：和字帛書作譖。

〔一五〕鮑彪曰：息其子，舒祺名也。

〔一六〕鮑彪曰：屍祝之服，所謂袨服。又蕭望之傳注：朝時皆着皂衣。吳師道曰：袨服，韻書：好衣也。按晉輿服志：秦人以袀玄爲祭服。鮑其誤以袀爲袨乎？增韻：黑衣，戎服。左氏：「均服振振。」均即袀。以下文「衛王官」推之，戎服是也。黄丕烈曰：得，鮑本無。吳氏補曰：數，史作缺。願令，一本願得。丕烈案：史記作願得。金正煒曰：按漢書蕭望之傳：「敞備皁衣二十餘年」，如淳曰：雖有五時服，至朝皆着皁衣。梁丘賀傳：「夜玄服入廟，居郎間」，師古曰：郎着皁衣，故章玄服以厠也。下云「以衛王宮」，則顏說爲得。王官，當從史作王宮。周禮小司徒：「大故致餘子」，注：卿大夫之子當守於王宮者也。左師蓋爲少子求爲郎，黑衣即侍衛之服，說詳日知錄。惠士奇曰：戰國時衛王宮者，皆卿大夫之庶子（見周禮正義卷七）。俞正燮曰：左傳：七年，楚申無宇云，人有十等。王臣公，公臣大夫，大夫臣士，士臣皁，皁臣輿，輿臣隸，隸臣僚，僚臣僕，僕臣臺。十等俱就王公言之，爲在官者。皁者，趙策所云補黑衣之隊，衛士無爵而有員額者，非今皁役也。

〔一七〕姚注：「官没」，一作「宮昧」。 鮑彪曰：没者，沈溺之辭。 黄丕烈曰：官，鮑本作宮。丕烈案：史記作宮。吳氏補曰：没，史作昧。 金正煒曰：左氏襄二十六年傳注：昧猶貪冒。昧、没同聲通用。 祖耿案：御覽四百五十六引作：「以衛王宮」，帛書亦作宮。没，帛書作昧。

〔一八〕鮑彪曰：死則填壑。 祖耿案：此「未填溝壑」四字，帛書作「未寘叡谷」。

〔一九〕俞正燮曰：莊子云：「有弟而兄啼」，注云：人之性，舍長而視幼，故啼也。 輟耕錄云：古諺有「孃惜細兒」。 祖耿案：御覽四百五十六引，無「其」字。

〔二〇〕鮑彪曰：異於丈夫而有甚焉。 黄丕烈曰：笑，鮑本無。丕烈案：史記有。

〔二一〕鮑彪曰：媪，女老稱。后，太后女。 吳師道曰：一本標「媪」，一本作「太后」。太后稱媪，非也。春秋後語並作太后。媪，烏老反。 黄丕烈曰：案吳説非也，史記並作媪。考高祖紀云：母曰劉媪。漢書孟康注引此。又云，禮樂志：「地神曰媪。」媪，母別名也，最爲得之。小司馬云，近有人云：母温氏。此不達媪字義耳。其所云班固泗水亭長古碑必出贋造。不然，固既云爾，何其撰漢書乃仍云媪也。 金正煒曰：按史記高帝紀注，孟康曰：媪，長老之尊稱也。遷、固以稱高帝母，吳氏以爲非，誤矣！

〔二二〕黄式三曰：賢，多也。詩：「我從事獨賢。」孟子：「我獨賢勞。」謂多勞也。禮内則：「獻其賢者於宗子」，謂賈之多者。説文：賢，多才也。 金正煒曰：儀禮鄉射禮：「右賢於左」，注：賢猶勝也。

〔二三〕姚注：劉作「而泣之甚悲，念其遠也。」 鮑彪曰：念且悲。

〔二四〕鮑彪曰：失意於燕乃反耳。 黄丕烈曰：今本「祝」誤「甚」。

〔二五〕姚注：有，曾作爲。 祖耿案：御覽四百五十六引作：「爲子孫相繼爲王也。」

〔二六〕黄丕烈曰：主，鮑本作王。丕烈案：史記作主。 金正煒曰：按廣雅釋詁：爲，成也。三世以前，謂肅侯猶未稱王之時，當以作主者爲是。

〔二七〕金正煒曰：在，猶存也。左氏文十五年傳：「多行無禮，弗能在矣。」

〔二八〕鮑彪曰：微，猶非。　吳昌瑩曰：微獨，言不特也。

〔二九〕鮑彪曰：此下左師對。　黃丕烈曰：吳氏補曰：史此下有曰字。

〔三〇〕黃丕烈曰：孫，鮑本作侯。吳補：一本作孫。丕烈案：史記作侯。　金正煒曰：按「則」上當有侯字而脱耳。於文亦不得省孫字。上文「趙主之子孫侯者其繼有在者乎」，此正與前相應。子義所云：「人主之子，骨肉之親」，專爲長安君言，與此有別。

〔三一〕鮑彪曰：重器，謂名位金玉。　吳師道曰：「位」字上下文可考。

〔三二〕黃丕烈曰：君，鮑本無。丕烈案：史記有。「而封之」之「之」，鮑本無。丕烈案：史記有。

〔三三〕祖耿案：御覽四百五十六引作：「惟君所使之。」

〔三四〕鮑彪曰：子義，趙之賢人。　祖耿案：鮑本司馬貞注。

〔三五〕而，鮑本作以。

〔三六〕鮑彪曰：趙記元年有。彪謂觸讋、諒毅，皆以從容納說而取成功，與夫強諫於廷，怒罵於坐，髮上衝冠，自待必死者，力少而功倍矣！　元帝謂張猛曰：「曉（祖耿案：原作聽）人不當如是邪？」二士有焉。　吳師道曰：程子釋易「納約自牖」曰：「左師觸讋因其明而導之，故其聽也如響」，謂張良招四皓輔太子亦然。愚謂二事同傳可也。燕策陳翠說太后章與觸讋類，亦可並觀。諒毅事不同，後亦失對。

十九

秦使王翦攻趙〔一〕，趙使李牧司馬尚禦之〔二〕。李牧數破走秦軍，殺秦將桓齮，王翦惡之，乃多與趙王寵臣郭開等金，使爲反間〔三〕，曰：『李牧司馬尚欲與秦反趙，以多取封於秦。』趙王疑之，使趙蓯及顔冣代將〔四〕，斬李牧，廢司馬尚。後三月〔五〕，王翦因急擊，大破趙，殺趙軍〔六〕，虜趙王遷及其將顔冣，遂滅趙〔七〕。

〔一〕祖耿案：此章見史記廉頗藺相如列傳，云：『趙王遷七年，秦使王翦攻趙，趙使李牧、司馬尚禦之。秦多與趙王寵臣郭開金，爲反間，言李牧、司馬尚欲反。趙王乃使趙蔥及齊將顔聚代李牧。李牧不受命，趙使人微捕得李牧，斬之。廢司馬尚。後三月，王翦因急擊趙，大破殺趙蔥，虜趙王遷及其將顔聚，遂滅趙。』文稍不同。　又案：顧觀光隸此於始皇十九年，是年秦滅趙。

〔二〕黄丕烈曰：禦，鮑本作御，改爲禦。吴氏補曰：禦通。詩：『亦以御冬。』

〔三〕祖耿案：史記張釋之馮唐列傳索隱引作：『秦多與開金，使爲反間。』

〔四〕黄丕烈曰：蓯，鮑本作葱。吴補：一本葱作思，注：一作忩。丕烈案：世家作忽，列傳作葱。又冣，今本誤最。丕烈案：史記世家、列傳皆作聚，聚冣同字也。　朱起鳳曰：忽字作葱，形之似也。蓯又爲葱字之譌。

〔五〕黄丕烈曰：鮑改三爲五。吴氏補曰：據司空馬云云，則當作五。丕烈案：鮑改吴補皆誤也。列傳亦云後三月，不得專據秦策。

〔六〕黄丕烈曰：吴氏補曰：史作趙葱。金正煒曰：按此或由葱誤蔥，因致誤軍，當從史文。

〔七〕鮑彪曰：牧傳有。

卷二十二　魏一

祖耿案：魏，姬姓，畢公高之後畢萬，仕晉爲大夫，封於魏，即山西芮城縣。悼子徙霍，即山西霍州。莊子（史記作昭子，此從世本）徙安邑，即山西解州夏縣。自畢萬後十代至文侯都，列爲諸侯。文侯子武侯擊，武侯子惠王罃，惠王徙大梁，即今河南開封。又傳四代，歷襄哀王、昭王、安釐王、景湣王至王假，爲秦所滅。詳見史記魏世家。

鮑彪曰：自高陵以東，盡河東、河內；南有陳留及汝南之召陵、濦彊、新汲、西華、長平，潁川之舞陽、郾、許、傿陵，河南之開封、中牟、陽武、酸棗、卷。

張琦曰：魏地自今陝西華州以北，同州、延安、鄜州以北，山西蒲州府解、絳、吉、隰等州，平陽之太平，澤州府之鳳臺、陽城，河南之陝州、懷慶、衛輝、開封、歸德、許州及彰德府南境，裕州之舞陽，北有直隸大名、山東濮州、菏澤皆是。（戰國策釋地）

程恩澤曰：魏，姬姓，畢公之後。自畢萬仕晉封於魏，故魏國也，今山西解州芮城縣。悼子徙霍，故霍國也，今霍州。莊子徙安邑，故夏都也，今解州夏縣。惠王徙大梁，今河南開封府祥符縣，因改國號曰梁。自畢萬後十代至文侯，列爲諸侯，又七代至王假，爲秦所滅（國策地名考）。又曰：閻若璩曰，魏地自河西透迤至河南，幾將二千里。蘇秦曰千里者，蓋從長而橫不足，絕長補短算也。管同曰：魏地兼有河東、河西、河內、河外。約言之，龍門以東，據汾爲河東，今汾、蒲、吉、解諸府州是；龍門以西爲河西，今同、鄜等州是；太行之南，殷墟爲河內，今彰德、衛輝、懷慶等府是；太華之東，虢略爲河外，今陝州是（當兼河南開封說）。宋翔鳳曰：魏西與秦界。南自華州鄭縣西北過渭水，濱洛水南岸；向北有上郡、鄜州之地，皆築長城，以界秦境，北至榆林，從長千餘里，皆魏河西地。惠王始失少梁，秦乃自河西至安邑。襄王三年（當依竹書作惠王後元四年，下倣此），以陰晉爲和，是同州以南入秦也。五年，予秦河西地，是離陰以北入秦也。七年，盡入上郡於秦，則固陽以南，尺土皆爲秦有，大河之勢全失矣！（同上）

顧觀光曰：魏策蘇秦曰：「大王之地，南有鴻溝、陳、汝南、許、鄢、昆陽、邵陵、舞陽、新郪，東有淮、潁、沂、黃、煮棗、無疎，西有長城之界，北有河外卷、衍、燕、酸棗：地方千里。」又張儀曰：「魏地方不至千里，諸侯四通，條達輻湊，無有名山大川之阻。從鄭至梁，不過百里；從陳至梁，二百餘里。馬馳人趨，不待倦而至。梁南與楚境，西與韓境，北與趙境，東與齊境，魏之地勢，固戰場也。魏南與楚而不與齊，則齊攻其東；東與齊而不與趙，則趙攻其北；不合於韓，則韓攻其西；不親於楚，則楚攻其南：此所謂四分五裂之道也。」又獻書秦王曰：「梁者山東之腰也。有虵於此，擊其尾其首救，擊其首其尾救，擊其中身首尾俱救。今梁者天下之脊也。夫秦攻梁者，是示天下要斷山東之脊也。是山東首尾皆救中身之時也！」（七國地理考魏地總論）

祖耿案：魏策，姚本四卷。吳氏目錄：魏一凡二十七章，魏二凡十七章，魏三凡十章，魏四凡二十七章：共八十一章。鮑本一卷，未有章數，實八十八章，分隸桓子、文侯、武侯、惠王、襄王、哀王、昭王、安釐王、景閔王名下。名號之下，各詳世系年次。吳氏有說，並錄如下：

鮑彪曰：文侯，桓子之孫。　吳補：名斯，元年，威烈王二年丁巳。

鮑彪曰：武侯，文侯子。　吳補：名擊，元年，安王十六年乙未。

鮑彪曰：惠王，武侯子。　吳補：名罃，元年，烈王六年辛亥。

鮑彪曰：襄王，惠王子。　吳補：名赫，元年，顯王三十五年丁亥。正曰：大事記：周顯王三十五年，魏惠後元年。解題云：史記魏世家：惠王卒，子襄王立。襄王十六年卒，子哀王立。按通鑑考異：汲冢紀年：惠王三十六年改元，從一年始至十六年，稱惠成王卒，即惠王也。疑史記誤分惠成之世，以爲二王之年也。哀王特不稱謚，謂之今王。世本惠王生襄王，而無哀王。今王者，襄王也。今從之。愚按秦惠之十四年，亦改後元年，即惠王之比。而襄之爲哀，直以字近而訛爾。

鮑彪曰：哀王，襄王子。元年，愼靚王三年癸卯。　吳正：哀當作襄，說見前。鮑所次多惠王時事，見各條。

鮑彪曰：昭王，哀王子。　吳補：世本名遬，元年，赧王二十年丙寅。

鮑彪曰：安釐王，昭王子。元年，赧王三十九年乙酉。

鮑彪曰：景閔王，安釐王子。　吳補：名增，元年，秦始皇五年己未。

一

知伯索地於魏桓子〔一〕，魏桓子弗予。任章曰〔二〕：『何故弗予？』桓子曰：『無故索地，故弗予。』任章曰：『無故索地，鄰國必恐；重欲無厭〔三〕，天下必懼；君予之地，知伯必憍〔四〕。憍而輕敵，鄰國懼而相親，以相親之兵，待輕敵之國，知氏之命不長矣〔五〕。周書曰：「將欲敗之，必姑輔之；將欲取之，姑必與之〔六〕。」君不如與之以驕知伯。君何釋以天下圖知氏，而獨以吾國爲知氏質乎〔七〕？』君曰：『善。』

乃與之萬家之邑一。知伯大説，因索蔡、皋梁於趙〔八〕，趙弗與，因圍晉陽。韓、魏反於外，趙氏應之於内，知氏遂亡〔九〕。

〔一〕祖耿案：知，鮑本作智。下並同。桓子，韓非子説林上作宣子。顧廣圻曰：宣、策作桓。説苑權謀篇作宣。王先慎曰：十過篇作宣。祖耿案：索，説苑作請。顧觀光隸此於貞定王十六年。

〔二〕鮑彪曰：任章，魏人。程恩澤曰：案任有二，一爲任、宿之任，風姓國。孟子時有季任。漢置任城縣（後漢置任城國），今爲山東濟寧州。一爲邢、任之任，晉邑。鄭羽頡奔晉，爲任大夫。漢置任縣，今屬直隸順德府。又任本夏車正奚仲之姓。章不知其何屬（時魏又有任痤）。或云，以國爲姓。説尚未備。顧廣圻曰：説苑權謀篇作任增。按魏策與此同。古今人表中中有任章。王先慎曰：淮南人間訓作任登，登、增聲近，本書（按指韓非子）外儲説左上篇作王登，王即壬之誤。任，壬古通，章、登蓋一人而二名耳。金正煒曰：按説苑作任增，淮南作任登，惟通鑑作章，與策同。

〔三〕祖耿案：「重」上，韓非子有彼字。

〔四〕黄丕烈曰：鮑改憍爲驕。丕烈案：韓子作驕，憍即驕字。下文，「君不如與之，以驕知伯」，疑本亦是憍。金正煒曰：按廣雅釋詁：憍，傷也。憍、驕字古通用，不煩改作。祖耿案：此句及下，韓非子作「智伯必驕而輕敵，鄰邦必懼而相親。」

〔五〕祖耿案：韓非子作：「則智伯之命不長矣。」

〔六〕吴師道曰：王應麟曰：周書云云，此豈蘇秦所讀周書陰符者歟！老氏之言出於此。朱子曰：老子爲柱下史，故見此書。

〔七〕鮑彪曰：釋猶舍也。何舍此而不爲？舍此不圖，適足爲智氏來伐之資。　吳師道曰：與之以地，猶質也。　黄丕烈曰：今本「質」下有「一作資」三小字，乃以鮑記於旁而誤入也。鮑改質爲資。吳氏正曰：當音致，與之以地，猶質也。丕烈案，吳說亦未是。質，的也。下卷「兵爲招質」，與此同義。吳氏以爲「招質」未詳。非也。韓子有此文，亦作質。又存韓篇有「則秦必爲天下兵質矣」之語，皆可互證也。　金正煒曰：按通鑑：「王不如與之，以驕知伯，然後可以擇交而圖知氏矣！奈何獨以吾爲知氏質乎？」胡三省音注：質，脂利翻，物相綴當也。又質讀如字亦通。質謂椹質也。質，的也。椹質受斧，質的受矢。言知伯怒魏桓子，必加兵於魏，如椹質之受斧，質的之受矢也。策文「招質」屢見，質，準的也。胡後說爲勝。鮑改質爲資，蓋失其義。韓非存韓篇：「則秦必爲天下質矣。」李瓚注：既進退不能，則同於爲質者。其說尤繆。　吳曾祺曰：案上文皆言以天下圖知氏。釋，舍也。言舍此不爲，而以國爲知氏質。通鑑胡注：質謂椹質。言知氏爲刀斧，而己爲椹質也。

〔八〕黄丕烈曰：鮑改梁作狼。吳氏補曰：趙策作狼。　祖耿案：韓非子家作户，無「一」字。下云：「智伯大悅，因索地於趙」，無蔡皋梁等字。

〔九〕祖耿案：韓非子作：「韓魏反之外，趙氏應之内。智氏自亡。」　王先慎曰：策「自」作遂，說苑亦作遂。　祖耿又案：策此章，一百七十五字，說苑權謀一百零八字，策多六十七字，語亦加詳。說苑全文云：「智伯請地於魏宣子，宣子不與。任增曰：「何爲不與？」宣子曰：「彼無故而請地，吾是以不與。」任增曰：「彼無故而請地者，無故而與之，是重欲無厭也。彼喜，必又請地於諸侯，諸侯不與，必怒而伐之。」宣子曰：「善。」遂與地。智伯喜，又請地於趙，趙不與。智伯怒，圍晉陽。韓魏合趙而反智氏，智氏遂滅。」

二

韓、趙相難〔一〕，韓索兵於魏，曰：『願得借師以伐趙〔二〕。』魏文侯曰：『寡人與趙兄弟，不敢從。』趙又索兵以攻韓，文侯曰：『寡人與韓兄弟，不敢從。』二國不得兵，怒而反，已乃知文侯以講於己也〔三〕，皆朝魏。

〔一〕祖耿案：此章姚本原合上章爲一，鮑本别提爲一章，編於魏文侯項下。考韓非子説林下亦有此文，與説林上智伯索地於魏宣子一章不相聯，則鮑氏别提是也。今從之。顧觀光附此於威烈王二十三年，宋悼公元年。

〔二〕祖耿案：韓非子作『韓子索兵於魏』，『願』下無得字。注，王渭曰：子字衍，策無。孫詒讓曰：存韓篇亦云：『書言韓子之未可舉』，則子字似非衍。王先慎曰：子字不當有，存韓篇亦誤，孫説非。

〔三〕鮑彪曰：二國不伐，知魏和之。黄丕烈曰：以，鮑本作已。吴補：一本以。丕烈案：韓子作以。祖耿案，韓非子作：『文侯以搆於己，乃皆朝魏。』顧廣圻曰：搆，策作講。案搆講同字。

三

樂羊爲魏將而攻中山〔一〕，其子在中山，中山之君烹其子而遺之羹〔二〕，樂羊坐於幕下而啜之，盡一盃〔三〕。文侯謂覩師贊曰〔四〕：樂羊以我之故，食其子之肉〔五〕。』贊對曰：『其子之肉尚食之，其誰不食〔六〕！』樂羊既罷中山〔七〕，文侯賞其功而疑其心〔八〕。

〔一〕祖耿案：韓非子集解王先愼曰：治要、御覽六百四十五、初學記十七引，無而字。中山策亦無。說苑貴德篇，而作以。　祖耿又案：此事後又見中山策云：『樂羊爲魏將攻中山，其子時在中山，中山君烹之作羹，致於樂羊。樂羊食之。古今稱之曰：樂羊食子以自信，明害父以求法。』共四十六字，較此爲略，然末有論斷之語『明害父以求法』一句，頗爲費解。吳鮑未得其說、金正煒謂『信』下應重信字，『信明害父以求法』，信明即申鳴，引韓詩外傳楚申鳴事以證之。誠如金言，則中山策章，樂羊事後，佚去申鳴之事也。韓非子說林上，有樂羊爲魏將而攻中山一段，共八十字，與此章八十四字者大同。說林上在八十字之後，綴以『孟孫獵得麑』一段，八十六字，敍秦西巴放麑事。下合兩事並論曰：『故曰，巧詐不如拙誠。樂羊以有功見疑，秦西巴以有罪益信』。韓非子各本並以孟孫提行。王先愼稱治要連上，曰：樂羊爲將，至秦西巴以有罪益信爲一條，是也。由說林上觀之，知魏策此章之後亦有缺文矣。劉向未校戰國策之前，中書錯亂，糅莒誤脫複重之情，於此可見一斑。然亦可知戰國以逮漢初，游士轉相傳錄之本，不在少數也。顧觀光隸此於威烈王十八年。

〔二〕祖耿案：後漢書公孫述傳，李賢注引，御覽八百六十一引，並作中山君，無『之』字。御覽三百十七引作『中山之君』，有之字。烹，後漢書注引作亨。

〔三〕鮑彪曰：啜，飲也。　王先愼曰：藝文類聚七十三、御覽、初學記引，啜並作饗。淮南人間訓作『啜三杯』。

〔四〕姚注，覩，後語作堵。　鮑彪曰：覩斯贊（祖耿案：鮑本師作斯），魏人。　吳師道曰：姚云，後語作堵師。愚按左傳，褚師段，宋共公子石，食采於褚。其後可師號褚師，後因氏焉。又有堵師比。「堵」亦姓也，鄭有堵汝父。但此作「覩師」，則恐字有訛。

〔五〕祖耿案：御覽三百十七、八百六十一兩引，並無上下兩「之」字。韓非子無上「之」字，故下有「而」字。

〔六〕姚注：一本無「之肉尚」三字。其，一作「且」。　祖耿案：御覽八百六十一引作：「其子食之，其誰不食？」與姚一本同。韓非子作：「其子而食之，且誰不食。」

〔七〕祖耿案：御覽八百六十一引作：「樂羊下中山。」韓非子無「既」字。王先慎曰：吳語韋注：罷，歸也。謂樂羊歸自中山也。

〔八〕鮑彪曰：彪謂樂羊，所謂隱忍以成就功名者也。子則既烹矣，敵人遺之羹，將以亂其心也。有如不忍而以慈愛沮其殺敵之心，則大事去矣，何救於亡子？故羊忍爲此以怒衆而成功，乃其情則非恝然無以天性爲者也。覩師贊之言，其謗書之渠乎？雖然，羊之義，視分羹爲有餘，比啜醢爲不足，使其投盃慷慨，一鼓而擣家國之憤，亦收功必矣！介胄之士，未可望之以聖人之地也！　吳師道曰：舜竊負而逃，林回棄千金之璧，輕重之分審矣！豈肯以彼易此哉！劉子政以此事與西巴放麑並載，而曰：「巧詐不如拙誠」，真名言也！鮑雖爲之曲說萬端，奚救哉？項羽坐太公俎上，高祖盃羹一語，貽愧千古，亦幸而不殺爾！不然，何以自立於天下乎？

四

西門豹爲鄴令〔一〕，而辭乎魏文侯，文侯曰：『子往矣〔二〕！必就子之功而成子之名！』西門豹曰：『敢問就功成名，亦有術乎？』文侯曰：『有之。夫鄉邑老者而先受坐之士〔三〕，子入而問其賢良之士而師事之；求其好掩人之美而楊人之醜者而參驗之〔四〕。夫物多相類而非也，幽莠之幼也似禾〔五〕，驪牛之黄也似虎〔六〕；白骨疑象，武夫類玉〔七〕。此皆似之而非者也〔八〕。』

〔一〕鮑彪曰：鄴，屬魏郡。　程恩澤曰：案元和姓纂：鄭大夫居西門，因氏焉。姓苑云，後爲西氏。御批通鑑輯覽曰：西門，蓋以地爲氏。又案：鄴本齊桓公所置，管子築五鹿、中牟、鄴，以衛諸夏（國語作蓋與牡丘）是也。後屬晉。魏文侯七年得其地，改曰魏（故後世稱魏郡），尋復爲鄴，西門豹爲鄴令是也。復又與趙，趙世家，悼襄王六年，魏與趙鄴是也。漢志，魏郡有鄴縣（説文同）。故大河在東北，太行山在西北，蓋要地也（帝王世紀，縣西南有上司馬，殷太甲嘗居焉）。元和志：故城在鄴東五十步。今在河南彰德府臨漳縣西二十里。顧觀光曰：史記河渠書，西門豹引漳水溉鄴，以富魏之河內。漢志，魏郡鄴（在今彰德府臨漳縣西二十里），故大河在東北入海。按此『故大河』謂禹河，戰國時河已徙流，不由鄴東北入海也。而補史記言西門豹爲鄴令，鄴苦河伯娶婦。又言西門豹鑿十二渠，引河水溉民田。豈經流雖徙，而故瀆未湮，淫潦暴漲時，或游溢於其間耶？抑以漳水下流，合河入海，故其上流亦得稱河耶？趙世家：悼襄王六年，魏與趙鄴，自後鄴爲趙邑，故燕策曰：『王翦數十萬之衆出漳鄴，而李信出太原雲中，趙不支秦，必入臣。」祖耿案：顧觀光隸此於威烈王十九年。

〔二〕黄丕烈曰：吴補：一本「子往，子往矣。」

〔三〕鮑彪曰：老者坐先於衆。　黄丕烈曰：夫，鮑本作矣。吴補：一本夫，夫屬下句。

〔四〕姚注：曾、劉無者字。　楊，鮑本作揚。吴曾祺曰：楊、揚通。　祖耿案：褚少孫補史記滑稽列傳言：「豹往到鄴，會長老，問之民所疾苦，」於是知河伯娶婦爲民患而懲除之。豹殆實行文侯之教也。

〔五〕鮑彪曰：莠，禾下生草。幽，言其色茂。　吴師道曰：説文本云，禾粟下揚生草莠，今狗尾也。

〔六〕鮑彪曰：黧，黑、黄色也。驪乃深黑馬耳。　吴師道曰：驪牛，猶言犛牛、狸牛，不必拘以色論。黧，亦黑色也。爾雅：倉庚，黧黄。蓋言倉庚色黧黑而黄。增韻注「黧，黑而黄，」誤也。　黄丕烈曰：鮑改驪爲黧。吴氏有正。　金正煒曰：按牛之似虎以黄，則不得不以色論。字林：黧，黄黑色也。説文無黧字。古或借驪爲黧，吴正非。

〔七〕鮑彪曰：武夫，石似玉。　吴師道曰：武夫，即武砆。　金正煒曰：漢書司馬相如傳，碝石武夫。張揖曰：武夫，赤地白采。海内經：鹽長國有武夫之丘。郭注：此山出美石。淮南氾論篇：玉工眩玉之似碧盧者。高注：碧盧，或云碔砆，　吴曾祺曰：武夫即碔砆，石之似玉者。

〔八〕吴師道曰：夫子曰：「不如鄉人之善者好之，其不善者惡之。」文侯之言亦此類，而曰：「求其好掩人之美而揚人之醜者參驗之」，則其好賢也不誠，而且將以來讒賊之徒，意則異矣。　祖耿案：説苑政理云：「魏文侯使西門豹往治於鄴，告之曰：「必全功成名布義。」豹曰：「敢問全功成名布義，爲之奈何？」文侯曰：「子往矣！是無邑不有賢豪辯博者也，無邑不有好揚人之惡蔽人之善者也。往必問豪賢者，因而親之；其辯博者，因而師之。問其好揚人之惡蔽人之善者，因而察之，不可以特聞從事！夫耳聞之不如目見之，目見之不如足踐之，足踐之不如手辨之。人始入官如入晦室，久而愈明，明乃治，治乃行。」」

此文一百五十一字，與策類似而不同，蓋一事而兩傳，故有異也。

五

文侯與虞人期獵〔一〕。是日飲酒樂，天雨。文侯將出。左右曰：『今日飲酒樂，天又雨，公將焉之？』文侯曰：『吾與虞人期獵，雖樂，豈可不一會期哉〔二〕？』乃往，身自罷之。魏於是乎始强。

〔一〕鮑彪曰：虞人，掌山澤之官。吳師道曰：孟子注：守苑囿之吏。鮑誤以書注「虞」言之。祖耿案：顧觀光附此於威烈王二十三年，宋悼公元年。

〔二〕姚注：不，曾作無。鮑彪曰：昔與之期，今往會之。祖耿案：韓非子外儲說左上有此文，云：「魏文侯與虞人期獵，明日，會天疾風。左右止文侯，不聽，曰：『不可以風疾之故而失信，吾不爲也。』遂自驅車往，犯風而罷虞人。」四十七字。顧廣圻曰：魏策云：「天雨」，餘多不同。

六

魏文侯與田子方飲酒而稱樂〔一〕，文侯曰：『鍾聲不比乎？左高〔二〕！』田子方笑，文侯曰：『奚笑？』子方曰：『臣聞之，君明則樂官，不明則樂音〔三〕。今君審於聲〔四〕，臣恐君之聾於官也。』文侯曰：『善！敬聞命〔五〕！』

〔一〕鮑彪曰：樂，音岳。　金正煒曰：按書牧誓「稱爾戈」，傳：稱，舉也。　祖耿案：顧觀光隸此於威烈王十九年。

〔二〕鮑彪曰：比，猶協。左，言左方之聲。　吳師道曰：比音毗，不毗，言不和也。　馬驌曰：新論：魏文侯好槌鑿之聲，不貴金石之和。　金正煒曰：按周禮：「典同高聲碮」，鄭注：玄謂高鍾形大上上大也，高則聲上藏衮然。漢書張蒼傳注如淳曰：比音比次之比，謂五音清濁各有所比，不相錯入。　祖耿案：鍾，鮑本作鐘。

〔三〕鮑彪曰：樂音洛，以治官爲樂。　吳師道曰：通鑑無兩「則」字。樂仍音岳，下文二語甚明，可推。　愚恐「則」乃「明」字訛衍。　黃丕烈曰：案此不誤，吳說非是。

〔四〕鮑彪曰：審，言聽之察。

〔五〕鮑彪曰：彪謂周衰，世主無如魏文侯之賢者。夫其師友淵源，有子方、子夏之徒，誨誘規切之，雖欲無賢可得乎？然則用真儒無敵於天下，信矣。　吳師道曰：大事記，史以田子方爲文侯師。說苑載翟璜謂子方曰：「公孫成進子夏而君師之，進段干木而君友之，進先生而君敬之，」蓋得其實。故書曰：「晉魏斯好賢，師卜商，友段干木，敬田子方。」

七

魏武侯與諸大夫浮於西河〔一〕，稱曰：『河山之險，豈不亦信固哉〔二〕？』王鍾侍王曰〔三〕：『此晉國之所以强也！若善脩之，則霸王之業具矣。』吳起對曰：『吾君之言，危國之道也，而子又附之，是危也〔四〕！』武侯忿然曰：『子之言有說乎？』吳起對曰：『河山之險，信不足保也〔五〕！是伯王之業不從此也〔六〕。昔者三苗之居，左彭蠡之波〔七〕，右有洞庭之水〔八〕，文山在其南〔九〕，而衡山在其北〔一〇〕，恃此險也，爲政不善，而禹放逐之。夫夏桀之國〔一一〕，左天門之陰〔一二〕，而右天谿之陽〔一三〕，廬、睪在其北〔一四〕，伊、洛出其南〔一五〕，有此險也，然爲政不善，而湯伐之。殷紂之國，左孟門而右漳、釜〔一六〕，前帶河，後被山〔一七〕，有此險也，然爲政不善，而武王伐之。且君親從臣而勝降城，城非不高也〔一八〕，人民非不衆也，然而可得并者，政惡故也。從是觀之，地形險阻，奚足以霸王矣？』武侯曰：『善！吾乃今日聞聖人之言也！西河之政，專委之子矣〔一九〕！』

〔一〕吳師道曰：正義云，西河即龍門河也。　祖耿案：此章見史記吳起列傳、說苑貴德篇。顧觀光隸此於安王十五年。

〔二〕黃丕烈曰：豈字鮑本無。

〔三〕姚注：鍾，一作錯。　黃丕烈曰：鮑改下「王」字爲坐。　金正煒曰：按作錯者當是。竹書紀年，梁惠王二年，魏大夫王錯出奔韓。史記魏世家，「今魏罃得王錯，挾上黨，固半國也。」呂覽長見篇：「吳起治西河之外，王錯譖之於魏武侯」，蓋即是人。　祖耿案：錢氏考辨六二同。郭沫若云，王錯在武侯時譖走吴起。武侯死，子罃與公仲緩爭立，王錯助罃。韓趙來伐，罃師大敗，被虜。趙欲殺罃，立公仲緩，割地而退；韓欲兩立罃與公仲緩，而中分其國。兩國不和，韓師夜去，魏因得解。二年魏敗韓趙，王錯奔韓，錯殆韓之謀也。說見青銅時代。

〔四〕黄丕烈曰：「是」下，鮑本有重字。丕烈案：有者當是。

〔五〕姚注：一本無信字。　金正煒曰：按左氏僖二十三年傳：「保君父之命」，注：保猶恃也。

〔六〕姚注：一本無是字。　金正煒曰：是，當作且。策文是、且字多互誤。爾雅釋詁：從，自也。

〔七〕鮑彪曰：彭蠡湖在豫章彭澤。　黄丕烈曰：鮑「左」下補有字。　吴氏正曰：姚云下句一本無「有」字，是。按史及下文可見。　張琦曰：彭蠡在今九江府湖口縣城西南。　程恩澤曰：案郡國志，彭蠡澤在豫章郡彭澤縣西（禹貢山水澤地作北）。水經注：贛水總納十川，同湊一瀆，注于彭蠡。唐六典注：隋時以鄱陽山所接，兼有鄱陽之稱，一名宫亭湖，亦謂之楊瀾。括地志：在潯陽縣東南五十里。元和志：在都昌縣西二十里。今在南昌府東北一百五十里，饒州府西四十里，南康府東五里，九江府東南九十里。周迴四百五十里，長三百里，闊四十里，浸四郡之境。俗稱在都昌者爲東鄱陽，在南昌者爲西鄱陽，其實一也。

〔八〕姚注，一本無「有」字。　程恩澤曰：按初學記引史記集注，以太湖一名洞庭，三苗之國「左洞庭」即此，似未的。　金正煒曰：按「有」即「右」之誤衍。鮑本於「左」下補有字，尤誤。史記吴起傳作：「左洞庭，右彭蠡。」　祖耿案：說苑君道篇：「左洞庭之波，右彭蠡之水。」韓詩外傳三：「左洞庭之波，右彭澤之水。」　俞正燮曰：吴起傳云：「三苗氏左洞庭，右彭蠡」，北向言之。

〔九〕黄丕烈曰：鮑改文爲汶。吴氏補曰：文未詳。史以岷作汶，此或遠言之。　丕烈案，文山即汶山，見管子、國語。又韓詩外傳云：「岐山在北」，岐字誤。　程恩澤曰：文山即汶山也，詳見秦策。韓詩外傳作「岐山」，疑誤。

〔一〇〕鮑彪曰：衡，南岳，在長沙湘南。　張琦曰：汶山太遠，非在南，衡山亦不得在北。蓋「山」爲「江」之誤，而南北字上下誤次也。衡山在今衡州府衡山縣西北三十里。　程恩澤曰：案郡國志，長沙郡（地理志作國）湘南侯國（地理志作縣），衡山在東南。注云，郭璞曰：山別名岣嶁。湘中記曰：衡山有玉牒，禹案其文治水。遥望衡山如陣雲，沿湘千里，九向九背，乃不復見。名山記：上承翼、軫，鈐總萬物，故名衡山。度應三衡，位直離宫，故云南岳。高四千一十丈，盤繞八百里，有七十二峰、十洞十五巖、三十八泉、二十五谿、九池、九潭、九井。又有九峰三漏，峰之最大者五，曰：祝融、紫蓋、芙蓉、石廩、天柱，而祝融尤爲之冠。括地志，衡山在湘潭縣西四十里，今在衡山縣西北三十三里，兼跨長沙、衡州二府之境。此三苗所居也。爾雅釋山：「江南衡。」郭注：衡山，南岳。初學記引徐靈期南岳記及盛宏之荆州記云：衡山者南岳也。軒轅以灊霍之山爲之副。故爾雅又云：「霍山爲南岳。」至漢武南巡，以衡山南遠，道隔江漢，乃徙南岳之祭於廬江灊山。此亦承軒轅副義也（説詳郭璞爾雅注干寶搜神記）。然南岳之名，終主衡山。風俗通義謂衡山一名霍，孔沖遠等因以爲一山二名，非是。（地理志：南陽有雉衡山，以在雉縣界，故名。即山海經所云衡山，非南岳也。郭注合而一之，非是。今在南召縣南。又當塗縣有横望，亦名衡山，即左傳楚子重伐吴所至也。又丹陽、烏程，俱有衡山，與此無涉。）

〔一一〕黄丕烈曰：鮑衍「夫」字。

〔一二〕鮑彪曰：後志，高都有天井關。註云：戰國策，桀居天門，即此關也。　程恩澤曰：案郡國志注：上黨郡高都縣。前志曰：有天井關，引戰國策云云。元和志，天井關在晉城縣南四十五里太行山上。地理通釋云：上黨天井關，即天門也。此地正在桀都安邑之東，鮑據以注策，未爲不可。惟此既引漢志，下又引史記太華伊闕云云，似乎兩歧（天門在左，太華在右），且連伊闕爲文，尤未合。　祖耿案：後漢書郡國志：上黨郡高都注引戰國策曰：桀居天井，即天門也。

〔一三〕鮑彪曰：今按天門，即史太華伊闕，彼言右，故此言左之陰；天谿即河、濟，彼言左，故此言右之陽。　吴師道曰：按史：「左河、濟，右泰（即太）華。伊闕在其南，羊腸在其北」，文不同。

〔一四〕姚注：盧，曾作盧。　鮑彪曰：地缺。　黄丕烈曰：蘆，鮑本作盧。吴補：一本作盧。未詳。　俞正燮曰：戰國策吴起云：桀居左河濟，右太華，伊闕在其前，羊腸在其後。爲今河北懷慶。　程恩澤曰：案通雅云：升庵曰：盧睪即盧溝也。睪古皋字，則今桑乾河矣。洪亮吉曰：桑乾河即㶟水，今名永定河。自保安州流入宛平縣西南，至霸州合玉帶河，亦名蘆溝河。但此地距桀都甚遠，未知升庵何據？以史記「羊腸在北」考之，盧睪恐是山名，當在太原、交城等處。

〔一五〕鮑彪曰：孔曰：伊水出陸渾洛水之上洛。　吴師道曰：伊水出今商州上洛縣南熊耳山，至洛陽縣入洛。洛水出今商州洛南縣冢領山，至鞏縣入河。　程恩澤曰：案伊有二源：一出汝州伊陽縣，水經注：伊水出南陽蔓渠山，逕陸渾縣三塗山，下合涓水，以東注虢略。其地即左傳所云辛有適伊川者，此鮑注所本也。一出陝州盧氏縣，郡國志：伊水出盧氏。括地志：伊水出盧氏巒山。近志：伊水出盧氏悶頓嶺，東流經嵩縣、洛陽、偃師入洛。其發源處與商州上洛相近，此吴注所本也。流合原分，各就所見言之，故其説不同。山海經讙舉之山，雒水出焉，東北流注于元扈之水（郭注：河圖曰元扈洛汭）。又云：洛水出洛西山，東北注河，入成皋之西。地理志：宏農郡上雒。禹貢：雒水出冢嶺山，東北至鞏入河。郡國志，京兆尹上雒冢嶺山，雒水出（注引山海經云：「洛出王城南，至相谷西，東北流」，今無此文）。水經注，洛水出京兆上洛縣讙舉山，東北過鞏縣，東北入於河。皆此洛也。通雅：洛凡十一，其見於經典者，惟雍豫二水，而豫州之洛爲尤著云。今出陝西商州南冢嶺山，至河南鞏縣北入河。

〔一六〕鮑彪曰：孟門，太公世家註，晉山險。　吳師道曰：索隱云：在朝歌東北。　張琦曰：孟門，方輿紀要曰：即太行也。　程恩澤曰：案孟門有三：一在今山西吉州西六十里。水經注云：淮南子：（郭璞山海經注引此作尸子，呂氏春秋亦有此説）「龍門未闢，呂梁未鑿，河出孟門之上，大溢逆流，名曰洪水。大禹疏通，謂之孟門。」穆天子傳：「北登孟門，九河之隥」，孟門即龍門之上口也。實爲黄河之巨阸。一在今同州府韓城縣東北八十里，即龍門之下口也（距上口約一百六十餘里），亦曰孟門。一在今汾州府永寧州西一百二十里，唐爲石州地，有孟門關。（元和志，唐初分離石縣地置孟門縣，尋廢，後復置定胡縣，東至石州九十五里，孟門關在縣西一百步。）郡國志、水經注亦以爲呂梁所至，但此皆與紂都朝歌不相及。劉伯莊云：紂都朝歌，則孟門在其西，今言左，則東邊別有孟門也。司馬貞因謂孟門在朝歌東北，乃望文生義，其實此地無山以應之。胡渭曰：凡與太行連舉者，皆非吉州之孟門也。孟門者，太行隘道之名（方輿紀要謂孟門即太行，似混），疑即今輝縣之白陘。高士奇曰：紂都朝歌，太行如屏，擁其西北二陘（謂白陘、太行陘），分列左右，可恃以爲固也（顧棟高、江永并主此説。按左傳，齊侯伐晉，取朝歌，入孟門，登太行。其地相連，則此説可存）。又曰：漳出上黨，滏出鄴西，其發源處并在朝歌西北，故曰「右漳滏」。詳見趙策。　黄丕烈曰：鮑改釜爲滏。　吳氏補曰：滏通借。　祖耿案：史記注，司馬貞曰：劉氏按紂都朝歌，今孟山在其西。今言左，則東邊別有孟門也。

〔一七〕程恩澤曰：案河自龍門出潼關，折而東流，歷經陝州、河南、開封，以至大名、曹州諸府，皆在朝歌之南，故曰：「前帶河。」山即太行山也。太行在河内之北，鳳臺之南，西以沁水爲界，東以丹水爲界（詳見韓策〕，正在朝歌之後，故曰：「後被山。」

〔一八〕姚注：劉本添也字。　黄丕烈曰：也，鮑本無。

〔一九〕鮑彪曰：起傳有，小異。　吳師道曰：起傳與說苑文同。末云：「由此觀之，在德不在險。君若不修德，舟中之人盡爲敵國也。」又曰：史遷曰：吳起說武侯以形勢不如德，然行之於楚，以刻薄少恩亡其軀。揚雄曰：美哉言乎！使起之用兵每若斯，則太公何以加諸！二子論之當矣，然其言不可以人廢也。西河，龍門之河，地即同、華等州，魏之險阨也。一傳惠王，其地日削于秦，至納上郡之時盡矣。險豈足恃也哉！起之言於是乎驗矣。　祖耿案：太平御覽四百五十九引韓非子：「魏武侯浮西河而下中流，謂吳起曰：「美哉！山河之固，魏國之寶也！」對曰：「在德不在險。昔三苗氏左洞庭而右彭蠡，德義不修，而禹滅之。夏桀之居，左河濟而右太華，伊闕在其南，羊腸在其北，修政不仁，湯放之。商紂之國，左孟門，右太行，常山在其北，大河經其南，修行不德，而武王滅之。王恃險而不修德，舟中之人盡敵國也。」武侯曰：「善！」」一百二十七字，與史記吳起列傳大同，而與此策則異。今韓非子無此文，而說苑貴德有之，文與御覽所引韓非子大同，略增數字，爲一百三十八字。是說苑從史記，史記從韓非子。策則別有所據也。俞正燮癸巳類稿卷一云：戰國策吳起云：「桀居左河濟，右太華，伊闕在其前，羊腸在其後。」爲今河北懷慶云云。俞氏所云，與此策文不同，不知所據何本。

八

魏公叔痤爲魏將〔一〕，而與韓趙戰澮北〔二〕，禽樂祚〔三〕。魏王說，迎郊，以賞田百萬祿之〔四〕。公叔痤反走再拜辭曰：『夫使士卒不崩，直而不倚〔五〕，撓揀而不辟者〔六〕，此吳起餘教也，臣不能爲也；前脉形埊之險阻〔七〕，決利害之備，使三軍之士不迷惑者，巴寧爨襄之力也〔八〕；縣賞罰於前，使民昭然信之於後者，王之明法也；見敵之可也〔九〕，鼓之不敢怠倦者，臣也。王特爲臣之右手不倦賞臣何也〔一〇〕？若以臣之有功，臣何力之有乎〔一一〕！』王曰：『善。』於是索吳起之後賜之田二十萬，巴寧爨襄田各十萬〔一二〕。王曰：『公叔豈非長者哉！既爲寡人勝强敵矣，又不遺賢者之後，不揜能士之迹。公叔何可無益乎？』故又與田四十萬，加之百萬之上，使百四十萬。故老子曰：『聖人無積〔一三〕，盡以爲人，己愈有；既以與人，己愈多〔一四〕。』公叔當之矣〔一五〕。

〔一〕祖耿案：御覽八百二十一引作：『魏叔座爲將，攻韓趙勝之。』顧觀光隸此於顯王七年。

〔二〕鮑彪曰：說文：澮水出霍山，西南入汾。此（魏惠）二年，敗韓馬陵，敗趙于懷。　張琦曰：水經：澮水出河東絳縣東澮交山西南入汾。今澮水出平陽府翼城縣澮高山，西經曲沃縣，至絳州南王澤，入于汾。史表敗趙韓于澮，在魏惠九年。鮑引二年，與戰澮乖矣。　程恩澤曰：案澮源有二：　出翼城縣烏嶺山；一出絳縣東北大交鎮。俱西流入絳州南之王澤，注于汾，所謂有汾、澮以流其惡也。或云澮出開封府密縣古鄶城西北，則以鄭之澮爲晉之澮矣。或又云，澮水亦名少水，非是。京相璠曰：少水即沁水。　顧觀光曰：史記成侯十三年，魏敗我澮，取皮牢。正義引括地志云：澮水縣在絳州翼城縣東南二十五里。金正煒曰：按史記魏世家，惠王九年，伐敗韓于澮。鮑氏引二年敗韓趙事，與澮北之文不合。

〔三〕鮑彪曰：趙將。

〔四〕鮑彪曰：閑田以待賞有功者。金正煒曰：按周禮，「載師賞田」，司農注：賞田，賞賜之田。又「司勳掌六鄉賞地之法，以等其功。」注：賞地，賞田也，在遠郊之內。詩，「瞻彼洛矣」箋：賞賜爲禄。祖耿案：迎郊，鮑本作郊迎。

〔五〕鮑彪曰：直，直前。倚，邪行。

〔六〕姚注：一本無而字。鮑彪曰：撓，折也，喻敵之壓己。黄丕烈曰：今本「撓捒」作「捒撓」，鮑本作「撓捒」。金正煒曰：鮑本作「捒撓」。按呂覽別類篇「必將撓」注：撓，弱曲也。撓而不辟，與上直而不倚爲對文。捒即撓之誤衍，故鮑注不及。姚云一本無而字，亦非。集韻：捒，擊也。撓捒連文，無據。祖耿案：今鮑本作「棟撓而不避者」，御覽八百二十一引作「撓棟不辟者」。

〔七〕鮑彪曰：脈，見其幽，形，見其顯。黄丕烈曰：今本「形埊」作「埊形」。鮑本作「地形」。金正煒曰：按吳越春秋越王無余外傳：「迴崑崙，察六扈，脈地理，名金石。」漢書揚雄傳：「脈隆周之大寧」，師古曰：脈，視也。「形地」當爲「形勢」，呂覽期賢篇：「𡨕人光乎地。淮南修務篇及李善注左太冲魏都賦，地并作勢，可爲此證。「形勢」「利害」，正爲對文。鮑本作「地形」，由不辨地字之譌，因乙形字於下以成義。阻，疑本作陰。玉篇：陰，默也。俗書陰作阴，見字彙補，與阻字形相近而誤作陰。以屬下句，則文不參差。

〔八〕姚注：巴，一作巳。鮑彪曰：二人，下所謂能士。

〔九〕也，鮑本作擊。

〔一〇〕金正煒曰：按鼓非一手之力，右當讀爲有，古文有作又，右字亦作又，故有、右字通。有手，正與有功相應。 祖耿案：依金説，當讀手字斷句，「不倦」二字，疑涉上文誤衍。何，鮑本作可。御覽八百二十一引作：「王特爲臣右手之倦，賞臣可也。」亦作可，當是。

〔一一〕金正煒曰：「臣之有功」，之猶爲也。陳軫爲秦使於齊章：「無久旬五之期」，言以旬五爲期也。漢書李廣傳贊：「然三代之將，道家所忌」，言三代爲將也。并與此文之字義同。國語晉語：「子之力也」，注：力，功也。 祖耿案：力，鮑本作功。御覽八百二十一引作「何力之有焉」。

〔一二〕姚注：巴，一作巳。

〔一三〕吳曾祺曰：積，聚也。無聚，謂不私爲己有，散以與人也。

〔一四〕姚注：盡，劉作既。 鮑彪曰：既亦盡也。

〔一五〕鮑彪曰：彪謂公叔此言，何其似魏絳也。方之郤至，驟稱其伐，彼已隘矣。 吳師道曰：按史，田文既死，公叔爲相，而害吳起，以計疑起於武侯，起懼得罪而去之楚。公叔即痤也。澮北之戰，痤乃歸功於起之餘教，而使其嗣受賞，何其前後之戾耶？大事記：顯王七年，魏公孫痤敗韓師趙師於澮。秦庶長國伐澮，獲其將公孫痤。 史記秦本紀及魏世家云：虜公孫痤。惟趙世家，秦魏年表云：虜太子痤。孟子梁惠王：「長子死焉」，蓋太子申，戰没於齊者也。凡史記是年言秦虜太子痤者，非。 梁玉繩曰：讓功必非公叔痤，國策誤耳（史記志疑卷二十七）。 黄式三曰：公叔與吳起隙，國策註以爲公叔即痤，意者隙因甚微與？抑或生則疑之，死則知之與？

九

魏公叔痤病〔一〕，惠王往問之，曰：『公叔病即不可諱〔二〕，將奈社稷何？』公叔痤對曰：『痤有御庶子公孫鞅〔三〕，願王以國事聽之也！爲弗能聽，勿使出竟〔四〕。』王弗應，出而謂左右曰〔五〕：『豈不悲哉！以公叔之賢，而謂寡人必以國事聽鞅，不亦悖乎〔六〕！』公叔痤死，公孫鞅聞之，已葬〔七〕，西之秦，孝公受而用之。秦果日以强，魏日以削。此非公叔之悖也，惠王之悖也。悖者之患，固以不悖者爲悖〔八〕。

〔一〕祖耿案：此章見呂覽長見篇云：『魏公叔座疾，惠王往問之曰：「公叔之病甚矣，將奈社稷何？」公叔對曰：「臣之御庶子鞅，願王以國聽之也。爲不能聽，勿使出境。」王不應，出而謂左右曰：「豈不悲哉，以公叔之賢，而今謂寡人，必以國聽鞅，悖也夫！」公叔死，公孫鞅西游秦，秦孝之聽之，秦果用强，魏果用弱。非公叔座之悖也，魏王則悖也。夫悖者之患，固以不悖爲悖。』凡一百二十三字，與此策一百三十六字内容相同，章末論斷亦同。疑策先成，而覽襲之也。又案痤，呂覽作座。畢沅云：舊作痤，與魏策同。據御覽四百四十四，又六百三十二兩引皆作座，與史記商君傳合，今從之。顧觀光隸此於顯王八年。是年秦孝公元年，燕文公元年，衛成侯元年，衛鞅入秦。

〔二〕鮑彪曰：死者，人之所不能避，故云。吳曾祺曰：死者人所諱言，故謂之不諱，以已死則無所用諱也。金正煒曰：即猶若也，見漢書西南夷傳注。

〔三〕鮑彪曰：此公族官，別於國官及太子官。吳師道曰：公叔曰：「痤有御庶子」，知爲痤之家臣。如甘羅爲文信侯少庶子之比，說又見秦韓等策。金正煒曰：史記商君傳作「痤之中庶子」。索隱引戰國策云：「衛庶子也。」鞅本衛之諸庶孽公子，作衛庶子義勝。有與友古通用，此由衛、御字形相近，鞅又適爲中庶子，因以致誤。周禮大僕疏：御庶子者，蓋以御僕有下士十二人，分之爲御庶子。總名御僕也。高注：御庶子，爵也，恐非。呂覽長見篇，誤與此同。祖耿案：呂覽長見篇注云：御庶子，爵也。鞅，衛之公孫也，故曰公孫鞅，或曰衛鞅。言其智計足以相社稷，能使用而從也。又案：史記注，司馬貞曰：中庶子，官名也。魏已置之，非自秦也。周禮夏官謂之諸子。禮記文王世子謂之庶子，掌公族也。

〔四〕金正煒曰：爲，猶若也。見釋詞。祖耿案：竟，鮑本作境，呂覽同。注曰：言不能用鞅者，必殺之，無令他國得用之也。故曰：「勿使出境。」

〔五〕祖耿案：呂覽注：出，王視公叔疾而出也。

〔六〕吳師道曰：史載鞅之言曰：「彼不能用君之言任臣，又安能用君之言殺臣乎？」由是觀之，公叔知鞅而不能進，將死之言，上不能量其君之聽否，下不能測鞅之去就，非悖而何？祖耿案：「公叔之賢」，叔，鮑本作孫。又案：史記注：悖，司馬貞曰：疾重而悖亂也。張守節曰：音背。

〔七〕姚注：「已葬」，劉作「出奔」。吳師道曰：大事記：顯王八年，公孫痤卒。解題：痤去年爲秦所獲，尋歸之而終於相位也。今年衛鞅自魏適秦，則痤死必在今年。

〔八〕鮑彪曰：商君傳略同。祖耿案：史記商君列傳叙此爲詳，超過二百字。有公叔座先君後臣召鞅令去之言，策與覽俱無之。又案：覽注云：悖者不自知爲悖，故謂不悖者爲悖。

十

蘇子爲趙合從説魏王曰〔一〕：「大王之埊，南有鴻溝陳汝南許鄢昆陽邵陵舞陽新郪〔二〕；東有淮潁沂黄煑棗海鹽無踈〔三〕；西有長城之界〔四〕；北有河外卷衍燕酸棗〔五〕。埊方千里，埊名雖小〔六〕，然而廬田廡舍〔七〕，曾無所蒭牧牛馬之地〔八〕。人民之衆，車馬之多，日夜行不休已，無以異於三軍之衆〔九〕。臣竊料之，大王之國，不下於楚。然横人謀王外交强虎狼之秦〔一〇〕，以侵天下，卒有國患，不被其禍〔一一〕。夫挾强秦之勢，以内劫其主，罪無過此者〔一二〕。且魏天下之强國也，大王天下之賢主也〔一三〕，今乃有意西面而事秦，稱東藩，築帝宫，受冠帶，祠春秋〔一四〕，臣竊爲大王媿之。臣聞越王勾踐以散卒三千禽夫差於干遂〔一五〕；武王卒三千人，革車三百乘，斬紂於牧之野〔一六〕；豈其士卒衆哉？誠能振其威也！今竊聞大王之卒，武力二十餘萬〔一七〕，蒼頭二千萬〔一八〕，奮擊二十萬，厮徒十萬〔一九〕，車六百乘，騎五千匹〔二〇〕，此其過越王勾踐、武王遠矣！今乃劫於辟臣之説，而欲臣事秦〔二一〕！夫事秦必割地效質〔二二〕，故兵未用而國已虧矣。凡群臣之言事秦者，皆姦臣非忠臣也。夫爲人臣，割其主之埊以求外交〔二三〕，偷取一旦之功而不顧其後〔二四〕，破公家而成私門〔二五〕，外挾彊秦之勢以内劫其主，以求割地，願大王之熟察之也！周書曰：「緜緜不絶〔二六〕，縵縵奈何〔二七〕？毫毛不拔，將成斧柯〔二八〕。前慮不定，後有大患，將奈之何？」大王誠能聽臣，六國從親，專心并力，則必無强秦之患。故敝邑趙王〔二九〕使使臣，獻愚計，奉明約，在大王詔之。』魏王曰：『寡人不肖，未嘗得聞明教。今主君以趙王之詔詔之，敬以國從〔三〇〕。』

〔一〕吴師道曰：蘇子，秦也。　祖耿案：此章見史記蘇秦列傳，在説韓宣王之後。首言「又説魏襄王曰：大王之地」云云，文與策大同。又案青照堂叢書次編引春秋後語曰：「蘇秦去韓之魏説襄王曰：大王之地，南有鴻溝、陳留、汝南、郾郡、陵、武陵、新都、東譙、隸、煮棗、無疏，西有長蛇之地，北有河水、卷、燕、酸棗。地方千里，田舍廬廡之數，無所不蓄，牧人民之衆，牛馬之多，夜行不絶，輷輷殷殷。夫魏，天下之强國也；王，天下之賢王也。」凡九十六字。劉學寵曰：孔衍春秋後語全錄戰國策此章，當即此文也。顧觀光隸此於顯王三十六年。

〔二〕汝南下原有「有」字。　鮑彪曰：鴻溝，項羽紀注詳，在滎陽。汝水出弘農入淮。鄢下并屬潁川。新郪屬南陽。　吴師道曰：陳宛在豫州界，汝恐連下南字，汝南，郡也。下衍「有」字。鄢，史作郾。索隱云：潁川有許、郾二縣，又有鄢陵縣，故所稱多惑。昆水出南陽，昆陽、舞陽屬潁川，邵陵屬汝南。新郪屬汝南郡，即郪丘，七思反，又音妻。史有新都字。新都屬南陽。鮑誤入。　張琦曰：鴻溝即狼宕渠，漢志，在河南滎陽東南至，陳入潁。宋以前汴河是其道，今謂之賈魯河，自滎陽東經滎澤、鄭州、中牟、祥符，又南經尉氏、扶溝、西華、商水，合於汝水。汝水出今嵩縣南山，東北過伊陽、汝州，又東南經郟縣、保豐、襄城、堰城，又東南爲過河。舊時自郾城南至西平、上蔡，元季水溢爲害，於過河截其流，約水東注，而西平、上蔡之水仍名爲汝云。魏地不至陳，蓋誇言之。吳以汝爲汝南，非。「南有」二字衍。許，今許州。鄢，今鄢陵。昆陽故城在今葉縣北二十五里。舞陽故城在今縣南。新鄭故城在今潁州府東南八里。昆陽以下，或屬楚，或屬韓，蓋三國之邊邑，此時屬魏也。程恩澤曰：案史記河渠書：「滎陽下引河東南爲鴻溝，以通宋、鄭、陳、蔡、曹、衛，與濟、汝、淮、泗會於楚。」孔氏曰：即汳水也。將相表：高帝四年，與楚界洪渠，即此。郡國志，滎陽有鴻溝水。文穎曰：即官渡水也。索隱曰：蓋爲二流，一南經陽武爲官渡水，一東經大梁城，即河溝，今之汴河是也。胡氏曰：汴渠自西而東，鴻溝乃横亘南北，漢書謂之狼蕩渠，永平中治之，謂之浚儀渠。地理通釋紀年云：梁惠王三十一年，爲大溝於北郛，以行圃田之水。縣北有浚水，儀而像之，故曰浚儀。中牟縣北十二里有中牟臺，是爲官渡城。顧祖禹曰：即禹貢灉水，所謂河出爲灉也，春秋時謂之泌水。水經注：濟水東合滎瀆，亦兼邲之稱（又云：即左傳旃然水）。其地蓋即滎口受河之處，今在河陰縣西。洪亮吉曰：蔡水上流即汴河，自中牟縣流經祥符南，分流又東南逕通許、尉氏（水經注，尉氏縣有鴻溝鄉、鴻溝亭，皆以水得名），入陳州府界，即古鴻溝，亦名河溝，又名沙水（今名惠民河，亦曰賈魯河）。陳，案劉昭曰：陳有株邑，蓋朱襄之地。杜預曰：縣西北有檉亭，即左傳「會于檉」也。博物記：縣有卬地防亭在焉。詩曰：「防有鵲巢，卬有旨苕」，餘見楚。山海經：汝水出天息山在梁勉鄉西南，入淮極（地名）西北。淮南子：汝出猛山（注：一名高陸山）。説文：汝出宏農盧氏，還歸山東入淮。地理志，汝出汝南定陵高陵山，東南至新蔡入淮。釋例：汝出汝陽縣大盂山，至汝陰、褒信縣入淮。博物志：汝出燕泉山。括地志：汝出汝州魯山縣西伏牛山，亦名猛山，至豫州郾城縣名濆。説雖小異，然皆流經今河南之汝州、南陽、許州、陳留等處，而入於安徽之潁州，皆魏南境也。（齊召南曰：汝水舊從舞陽縣北，而南入西平界，自元末於郾河，堨斷其流，使東歸潁，於是西平雲莊、諸石二山之水，明時亦塞。今水道與古全異。）又案汝南：吳云，汝恐連下南字，汝南，郡也。南下衍有字。此說是也。上云：「南有鴻溝」，下又云：「南有許鄢」，殊複沓，不成文理。且史記蘇秦傳本無「有」字，其爲誤衍無疑。地理志：魏南有汝南之召陵、濦彊、新息、西華、長平。元和志：汝州，春秋周王畿及楚鄭之地，後屬於晉，六國時分屬韓、魏。地理通釋：汝南，春秋時屬沈蔡，戰國時屬楚魏，則汝南本魏地也。既以汝南爲郡名，則前汝水一條當删。然不敢質也，故仍載之。案鄢有三，一在今柘城縣北二十九里（又在寧陵縣南二十五里）。地理志，陳留郡有鄢縣是也（寰宇記以此爲鄭伯克段之地，似誤）。一在今鄢陵縣西北十八（一作十五）里，地理志：潁川郡有鄢陵縣是也。一在今郾城縣南五里。地理志，潁川郡有郾縣是也。唐固云：鄭滅鄢，初仍其故名，後乃改爲鄢陵。司馬彪曰：鄢陵，春秋時曰鄢。杜預曰：鄢今潁川傿陵縣。則鄢即鄢陵也。春秋：「晉楚戰於鄢陵。」傳云：「亡師于鄢。」是其的證。策以許鄢陵連文，凡數見，皆指今鄢陵縣言。若寧陵則別爲一地，郾城則其字從郾，均與此無涉。趙匡謂鄢當作鄔在緱氏縣，非是。（按昭二十八年左傳釋文：地名，在周者烏戶反，隱十一年，王取鄔、留是也。在鄭者音偃，成十六年戰于鄢陵是也。在楚者於建反，又音偃，昭十三年，王沿夏將入鄢是也。在晉者於庶反，太原有鄔（下云：惟周地者從烏，則此亦當作鄢）縣。惟周地者從烏，餘皆從焉。字林亦作鄢，則鄢不得作鄔，審矣。）漢志，潁川郡有昆陽縣（地有湛水，即左傳湛坂）。應劭曰：昆水出昆陽。（地理通釋，南陽魯陽有昆水，東南至定陵入汝。錢坫曰：今於葉縣入沙河。張宗泰曰：魯陽即今魯山，魯山有唐山，昆水所出。）括地志，在葉縣北二十五里（元和志同），今同。案地理志：汝南郡有召陵縣（晉時改屬潁川郡）。說文作邵。闞駰曰：邵（邵本或作召）者，高也，其地邱墟井深數丈，故以名焉。（錢坫曰：邵訓高，其字從卩作邵，與從邑之字不同，蓋借其義耳。）正義：召陵故城在豫州郾城縣東四十里。元和志作四十五里，今在郾城縣東三十五里（方輿紀要作四十五里），即春秋召陵也。地理志，潁川郡有舞陽縣。（漢高惠高后文功臣表有潦侯，又有膫侯，注云：俱在舞陽。）説文：潕水出南陽舞陰，東入潁。應劭曰：縣在舞水之陽，因名。括地志：舞陽故城在葉縣東十里。錢坫曰：今在南陽府舞陽縣西南，括地志非是，然相去實不遠也。地理志，汝南郡有新郪縣。郡國志，宋公國，周名郪邱，漢改爲新郪，章帝建初四年，徙宋公於此。注云，故城今汝陰縣西北郪邱城是也。應劭曰：秦伐魏，取鄳邱，漢興爲新郪。王應麟曰：蘇秦曰：「南有新郪，」則非漢改是名也，今商城是也。此説甚辨。即以新郪爲新邸，亦未可信。春秋文十六年，「公子遂及齊侯盟於郪邱。」杜云：齊地。或曰：在東阿，或曰：當近齊都。則周之郪邱，決不得在汝陰，或其地有二耳。若魏世家安釐王十一年，秦拔我郪邱，乃邢邱之誤（説見邢邱下），與新郪無涉。舊乃牽合爲一，謬矣。顧祖禹曰：今潁州府阜陽縣東（錢坫作西北）八里有新郪城（一統志表：屬太和縣），城西三里有土阜，屹然高大，謂之郪城。訛爲郪邱，殆以是歟！顧觀光曰：魏策，無忌曰：「決滎澤而水大梁，大梁必亡矣。」史記，蘇代曰：「決滎口，魏無大梁。」索隱云：滎澤之口，與今汴河口通，其水深，可以灌大梁。大事記云：始皇滅魏，果用此策。史記謂，秦之破梁，引河溝而灌大梁，三月城壞。即其事也。策言滎澤，史言河溝。則其時河濟已通。史記河渠書云：禹「功施於三代，自是之後，滎陽下引河東南爲鴻溝，以通宋鄭陳蔡曹衛，與濟汝淮泗會。」其事不言何時，蓋在戰國前矣。故蘇秦説魏王曰：「大王之地，南有鴻溝。」史記，無忌曰：「秦之葉陽昆陽與舞陽鄰。」正義引括地志云：昆陽故城在葉縣北二十五里。漢志，屬潁川。應劭曰：昆水出昆陽，今水於葉縣北入沙河，與地望合矣。蘇秦説魏王曰：「大王之地，南有昆陽、舞陽，」蓋其時昆陽尚爲魏地，後乃入于秦也。漢志，舞陽屬潁川。應劭曰：舞水出南。正義引括地志云：舞陽故城在葉縣東十里。史作武陽，以音近通用也。新郪，漢志屬汝南，在今潁州府城西北，乃楚魏接壤處。以邢邱亦名郪邱，故加新以別之。史新郪上有新都。漢志，新都屬南陽，在今南陽府新野縣東，距魏益遠，當以策文爲正。黃丕烈曰：今本「汝」下無「南有」二字。丕烈案：吳氏補曰：恐衍者非也。（祖耿案：正文鴻溝二字，鮑注下吳氏補曰：下「南有」字，恐衍。）又曰：汝恐連下南字，汝南郡也。而下衍「有」字者是也，（祖耿案：正文陳汝下，吳氏有此注。）史記正作「陳汝南許」可證。今本誤依吳前一說而輒删耳。

祖耿案：史記蘇秦列傳：「南有鴻溝、陳、汝南、許、郾、昆陽、召陵、舞陽、新都、新郪」，注，裴駰曰：鴻溝，徐廣曰：在滎陽，郾在潁川。地理志：潁川有昆陽舞陽縣，汝南有新郪縣，南陽有新都縣。司馬貞曰：郾，戰國策作鄢。按地理志，潁川有許、鄢二縣，又有傿陵縣，故所稱惑也。地理志，昆陽、舞陽屬潁川，召陵、新郪屬汝南。按新郪即郪丘，章帝以封殷後於宋。新都屬南陽。按戰國策直云新郪，無新都二字。張守節曰：陳、汝南，今汝州、豫州縣也。召陵在豫州，舞陽在許州。

〔三〕姚注：曾作海鹽無胥。　鮑彪曰：潁水出潁川陽城，沂水出泰山蓋縣，黃即陳留外黃。　吳師道曰：淮見前（祖耿案：謂鮑本齊策蘇秦謂齊王曰章注也），黃，說見秦策。大事記如鮑說。姚本煮棗下有海鹽字。徐廣云：煮棗在濟陰宛句。正義云：冀州信都縣東北，有煮棗田。宛句者在河南，信都者在河北。無疎，姚注：曾作無胥，史同。按蘇代曰：決宿胥之口，魏無虛、頓丘。徐廣云：紀年，魏救山塞集胥口。正義云：魏志，武帝於淇口東，因宿胥故瀆開白溝，道清淇二水入焉。　張琦曰：潁水出今登封縣東陽乾山，經禹州、許州、襄城，亦謂之渚河；又經臨潁、西華，至商水合汝河。魏地不至淮。正義謂淮陽、潁川二郡，非。史無沂、黃字，鮑說沂尤謬。外黃亦屬宋。蓋沂、黃字衍，淮亦誇言之。煮棗故城在今曹州府西。無疎，史作無胥。索隱曰：地闕。吳以宿胥當之，非也。　程恩澤曰：案水經注，淮水出南陽平氏縣胎簪山，東北過桐柏山（山海經，淮出餘山，在朝陽東義鄉西。地理志，淮出平氏桐柏大復山），至廣陵淮浦（漢志作淮陵，蓋淮陰之誤）縣入於海。以今地言之，歷經河南之南陽、汝寧、光州，安徽之潁州、鳳陽、泗州，江蘇之淮安等處，距魏都頗遠。然是時魏有新鄭，爲今之潁州，正淮水所經之地，則以爲東有淮潁，非虛語也。水經注，潁水，出潁川陽城縣西北少室山（地理志作陽乾山，說文作陽城乾山）東南至慎縣，東南（地理志作下蔡）入於淮。以今地言之，歷經河南之河南、開封、許州、陳州，安徽之潁州、鳳陽等處。其下流所及，皆魏東境。　正義曰：淮謂淮陽郡，潁謂潁川郡也。然於下文沂字便說不去，似仍作水名爲是。又周有潁邑，即陽城廢縣，在今河南登封縣東南四十里，蓋以水名邑也。左傳，天王使劉定公勞趙孟於潁，晉梁丙、張趯率陰戎伐潁，皆此地也。然非策文所指。水經注，沂水出泰山蓋縣艾山，（黃儀曰：康成謂：沂出沂山，今沂水實出雕崖山，北去東泰山尚五十餘里，則古沂山當即指此。或云臨樂山，蓋其支阜別名也。胡渭曰：沂水有二源：南源謂之柞泉，出馬頭固山；北源謂之魚窮泉，即齊乘所謂狗泉也。）東南流逕下邳縣北，分爲二，俱入於泗。以今地言之，歷經山東之沂水、蘭山、郯城，江蘇之邳州等處，皆非魏地，豈淮北、泗上之邑，魏固有時得之耶？此大沂水也，又有小沂水三：一出武陽冠石山（一名治水，又名武水）；一出黃孤山，俱入於沂；一即大沂水之分流，由下邳城東屈，從縣南注泗。（水上有橋，即張良圯橋也。）並見水經注。至論語曾點所浴之沂，則出尼邱山（即魯頌所云坰野），西南入泗，亦名小沂水，然與此文又別　黃，吳師道曰：水經注，河水舊在白馬縣南泆，通黃溝。括地志，故黃城在魏州冠氏縣南十里，因黃溝爲名，舊注非是（見秦策四）。案此以黃爲黃溝，甚是。惟牽合黃城，亦未明析。蓋此黃字次於淮、潁、沂之下，當是水名，而水之以黃名者甚多（封邱有黃池，外黃有黃泲，內黃有黃澤，又京水亦名黃淵，鉅野菏澤亦名黃水，並見水經注），相其地望，當在魏之東境，故以黃溝爲近是。若燕策所云：「決白馬之口，魏無黃、濟陽」者，則是地名。然與齊策所云「燒棘蒲，隊黃城」者，又非一處。策言東有煮棗，當以濟陰爲是。（張儀曰：「煮棗將拔，齊兵又至」，亦此地。）海鹽，原注：姚本有此二字。案地理通釋引此亦然。據云：未詳。解州安邑有鹽池，策言海鹽在魏之東，且與煮棗連文，必非安邑，當是近齊海濱產鹽之所。晉書地理志，東平國有無鹽縣（無鹽故城在今山東東平州東二十里，與闞相近），正與煮棗相近，疑即其地，或與下文無疎有訛謬字。吳以宿胥口作無疎，謬甚。索隱云地缺，地理通釋亦然，其地本不可考。惟寰宇記載，一說陳州商水縣東南三十五里，有扶蘇城，古字並通，疑即其地，正魏東境也。今在陳州府商水縣東南十二里（顧祖禹說），或曰在縣西南三十五里（洪亮吉說）。顧觀光曰：趙世家：敬侯八年，拔魏黃城。其後復爲魏有，故肅侯十七年復書圍魏黃不克也。正義引括地志云：故黃城在魏州冠氏縣南十里，因黃溝爲名。（漢志，內黃屬魏郡，在今彰德府內黃縣西北二十里。）按黃溝即黃澤，水經淇水注云：內黃縣右對黃澤。郡國志曰：縣有黃澤者也。地理風俗記，陳留有外黃，故加內。史記，趙廉頗伐魏取黃，即此縣也。元和志云：黃澤在相州內黃縣西北五里（漢書溝洫志云：澤方數十里）。水經河水注云：河水舊於白馬縣南泆，通濮、濟、黃溝，故蘇代說燕曰：「決白馬之口，魏無黃濟陽。」按蘇代傳作外黃。索隱曰：白馬津在東郡，決其流以灌外黃、濟陽。則「外」字不誤。而徐廣注春申君列傳，仍引作黃濟陽，與水經注合，則外黃亦單稱黃矣（漢志，外黃屬陳留，在今開封府杞縣東北六十里）。秦策「小黃濟陽嬰城，而魏氏服矣。」史記春申君傳無小字，則小黃亦單稱黃矣。內黃在河北，古人皆單稱黃。外黃、小黃，並在河南，以對河北之黃而言，故稱「外」與「小」也。又秦策，小黃與濟陽連文，蘇代傳，外黃與濟陽連文，似小黃即外黃，而漢志分爲二縣，地亦相近，今仍之（漢志小黃亦屬陳留，在今陳留縣東北三十里）。蘇秦說魏曰：東有煮棗。徐廣云：在宛句。正義曰：宛朐，曹州縣（漢志屬濟陰，在今曹州府城西南）。按水經濟水注云：北濟東逕濟陽縣故城北，東北逕煮棗城南，又南北逕宛朐縣故城北，又東北逕定陶縣故城北。據此，則煮棗在冤句西矣。故元和志云：煮棗故城在曹州冤句縣西北四十里。史記田齊世家，湣王十二年攻魏，魏王曰：「煮棗將拔，齊兵又進。」正義曰：煮棗故城在冀州信都縣東北五十里，與蘇秦傳注不同。王伯厚云：蘇秦謂東有煮棗，當從宛句之說。東周策：「秦拔宜陽，景翠果進兵，秦懼，遽效煮棗。」（在齊湣王十七年）據此，則煮棗又嘗入秦，今不可考。無疎，史蘇秦傳作無胥，姚引曾本亦同。吳注以宿胥口釋之。水經淇水注云：淇水右合宿胥故瀆，瀆受河於頓邱縣遮害亭黎山西，北會淇水處，立石堰遏水，令更東北注。魏武開白溝，因宿胥故瀆，而加其功也。故蘇代曰：「決宿胥之口，魏無虛頓邱」，即是瀆也（在今衛輝府濬縣西南）。　黃丕烈曰：今本穎作潁。丕烈案，史記作潁。「海鹽」二字，鮑本無。丕烈案：史記無此二字。

祖耿案：此句史記作「東有淮、潁、煮棗、無胥」，無沂、黃、海鹽四字。注，裴駰曰：徐廣曰：煮棗在宛句。司馬貞曰：無胥地闕。張守節曰：淮、潁，淮陽、潁川二郡。煮棗在宛朐，按宛朐，曹州縣也。又案：朱起鳳辭通以姑胥、無疏、無胥並列云：胥、疏古通用，無、姑音近，疏蘇音同。案依朱說，則此無疏，當即姑蘇，恐非也。

〔四〕鮑彪曰：滎陽、卷縣有長城，經陽武到密。　吳師道曰：大事記，今開封陽武縣，魏惠王十二年，魏龍賈帥師築長城于西邊。長城即上所指。又十九年，魏築長城，塞固陽。正義云：「自鄭濱洛，北達銀州，至勝州固陽縣爲塞。固陽有連山，東至黃河，西南至夏、會等州。」按蘇秦說合從，在惠王後二年。後七年納上郡地，則此時固陽之長城猶魏地也。　張琦曰：故卷有長城，韓、魏之界也。自鄭濱洛以北至固陽，秦、魏之界也。今華州西二里、鄭州西南四里，有故長城，即六國時遺址。　程恩澤曰：案竹書，龍賈所築之長城，即固陽長城也。若郡國志所云：卷有長城，經陽武到密者，自在其後。元和志，魏長城在硤石縣北二十二里，惠王十九（水經注引竹書作十五）年築。東南起崤山，西北至河三十七里。似即郡國志所云，而其地又别，疑當時魏長城，本自卷築起，直至崤山、大河而止，故曰長城。後來傾圮不全，故各就所見言之，然與固陽長城無涉也。水經注以此即龍賈所築，而舊注疑之，非是（劉昭補注，引蘇秦説爲證，亦似誤）。顧祖禹曰：秦本紀，魏築長城，自鄭濱洛以北，有上郡固陽。今陝西榆林衛（今改府）北有固陽塞（水經注，渭水又東逕長城北。秦孝公元年，魏築長城，自鄭濱洛者也。張氏琦曰：今華州西二里，鄜州西南四里，有故長城，即六國時遺址。）鄭即華州治，洛，洛水，雍州浸也。上郡今延安府綏德州。初河西之地，皆魏有也。其後乃築長城於滎陽、陽武間。則固陽長城在前，而滎陽長城在後，前人已有定論矣。張氏琦釋地以卷長城爲韓、魏之界，固陽長城爲秦、魏之界，似非。　顧觀光曰：史記，惠王十九年築長城塞固陽。正義曰：魏築長城，自鄭濱洛，北達銀州，至勝州固陽縣爲塞也。固陽有連山，東至黄河，西至夏、會等州。又蘇秦説魏曰：『西有長城之界。』秦本紀正義曰：魏西與秦接，南自華州鄭縣，西北過渭水濱洛水東岸，向北有上郡、鄜州之地，皆築長城以界秦。水經濟水注云：濟瀆東逕陽武縣故城北，又東絶長城。竹書紀年：惠成王十二年，龍賈率師築長城於西邊。郡國志云：長城自卷逕陽武到密者是矣。按此長城在韓、魏之界，與史記不同。

〔五〕姚注：曾去『燕』字。　吳師道曰：正義云：河外謂河南地。卷，丘權反，在鄭州原武縣北。衍、燕、酸棗，見秦策。史無『燕』字。按張儀説魏亦云：秦下兵攻河外，拔卷、衍、燕、酸棗。正義謂河外，即其地也。　程恩澤曰：案漢志，河南郡（後志作尹）有卷縣（南陽郡亦有卷城，左傳所云郭卷也。路史云：即圈，陳留圈氏，本出其國）。水經注：河水經卷縣北，又東至酸棗、延津二邑，皆河津之要也。括地志，卷在元武縣西北（通典及輿地廣記並作東）七里，即衡雍（按水經注，河南逕卷縣故城東，又南逕衡雍城西，則卷在西北，衡雍在東南，非即一地，蓋相隔二里）。今同屬懷慶府。古時卷、燕、酸棗俱在河南，今俱在河北，蓋河流遷徙故也。又案魏世家，景湣王五年，秦拔我垣、蒲陽、衍。或曰：衍即衍氏也。曹參世家正義：衍氏魏邑，在鄭州。地理通釋：衍在鄭州，亦曰衍氏。今開封府鄭州北三十里有衍氏城，與原武縣，故卷城相近。顧觀光曰：蘇秦曰：「大王之地，北有河外、卷、衍、燕、酸棗。」張儀曰：「秦下兵攻河外，拔卷、衍、燕、酸棗。」是此四邑，並在河南矣。漢志，卷屬河南。史記正義曰：在鄭州原武縣北七里（今原武縣屬懷慶府）。　祖耿案：史記注，裴駰曰：徐廣曰：滎陽卷縣有長城，經陽武到密。衍，地名。司馬貞曰：徐廣云：滎陽卷縣有長城，蓋據地險爲説也。張守節曰：河外，謂河南地。卷在鄭州原武縣北七里。酸棗在滑州。衍，徐云地名。

〔六〕黄丕烈曰：「垩名」之垩，鮑本無。丕烈案：史記有。

〔七〕姚注：曾作田舍廬廡。鮑彪曰：廬，田間屋。廡，廊下周屋。

〔八〕鮑彪曰：居人多故。金正煒曰：所，猶可也，説詳釋詞。　祖耿案：蕠，鮑本作芻。

〔九〕鮑彪曰：行人多，故如軍陣。

〔一〇〕黄丕烈曰：今本謀作訹，乃誤涉鮑也。鮑改謀爲訹，吳氏有正。吳師道曰：怵音黜，恐也。訹音恤，誘也。策字通，見前。然作「謀」自可，謂横人爲王謀。金正煒曰：謀，史作怵，鮑改爲訹。按漢書賈誼傳：「怵迫之徒」，孟康曰：怵，爲利所誘訹也。師古曰：誘訹之訹，則音戌。或曰：怵，怵惕也，音丑出反。此策下云：「外挾强秦之勢，以内劫其主」，則作怵爲勝。惟謀王，義亦自通，不必改字。

〔一一〕鮑彪曰：國，謂魏。不被其禍，謂横人。

〔一二〕姚注：曾、集、劉無此以上五字。　祖耿案：史記有。

〔一三〕黄丕烈曰：今本主作王。丕烈案：史記作王。　祖耿案：御覽一百五十八引春秋後語曰：「蘇秦去韓至魏，說襄王曰：『大王之地，南有鴻溝、陳留、汝南、郾、邵陵、舞陽、新都、東譙、潁、耆棗、無疏：西有長蛇之地，北有河水、卷、燕、酸棗，地方千里，田舍廬廡之數無所不畜牧，人民之衆，牛馬之多，夜行不絶，輷輷殷殷。夫魏，天下之强國也；王，天下之賢王也。』」與此可參看。

〔一四〕鮑彪曰：爲秦築宮，備其巡幸。受服於秦，助秦祭。　司馬貞曰：築帝宮，謂爲秦築宮，備其巡狩而舍之。受冠帶，謂冠帶制度，皆受秦法。祠春秋，謂春秋貢奉，以助秦祭祀。　錢穆曰：時秦尚未稱王，何遽言此？（見考辨二一六九頁）

〔一五〕鮑彪曰：散，則非梟勇。　吳師道曰：干遂見秦策。　祖耿案：史記此句作：「臣聞越王句踐戰敝卒三千人，禽夫差於干遂。」注，司馬貞曰：按干遂，地名，不知所在。然按干是水旁之高地，故有「江干」、「河干」是也。又左思吳都賦云：「長干延屬，」是干爲江旁之地。遂者，道也。於干有道，因爲地名。張守節曰：在蘇州吳縣西北四十餘里萬安山西南一里太湖。夫差敗於姑蘇，禽於干遂，相去四十餘里。　朱起鳳曰：干遂之地莫詳所在，自來無有人顯言之者，疑即于越之訛，因與干遂形相似也。　祖耿又案：初學記卷八引作「越王散卒三千擒夫差於干隧，」與此文同。又秦策四、秦策五、魏策一，均有干遂可參考。

〔一六〕程恩澤曰：按竹書紀年，周武王率西夷諸侯伐殷，敗之於坶野。郡國志，河内郡朝歌縣南有牧野。說文：坶，朝歌南七十里地。鄭注書序，牧野，紂南郊地。水經注：自朝歌以南暨清水，土地平衍，據皋跨澤，悉牧野矣。正義：衛州即牧野之地，東北去朝歌七十三里。通典：汲郡（即衛州）古牧野地（九域志同），即紂都近郊三十里是（此本僞孔傳）。太平御覽：衛州舊城，隋以前謂之陳城。賈耽縣道記云：武王伐紂，於此列陳，故名。後魏置伍城縣，隋改伍城爲汲縣，即今衛輝府汲縣也（古汲城在今縣西南二十五里」。大約自汲縣至淇縣故朝歌城中間七十餘里，皆可謂之牧野。詩所云：「牧野洋洋」者也。祖耿案：史記作「制紂於牧野。」注，張守節曰：今衛州城是也。周武王伐紂於牧。

〔一七〕祖耿案：此句史記作「武士二十萬」。注，裴駰曰：漢書刑法志曰：「魏氏武卒衣三屬之甲，操十二石之弩，負矢五十，置戈其上，冠冑帶劍，贏三日之粮，日中而趨百里，中試則復其户，利其田宅。」司馬貞曰：按三屬謂甲衣也。覆髆，一也；甲裳，二也；脛衣，三也。甲之有裳，見左傳也。贏音盈，謂擔糗糧。中試謂其筋力能負重，所以得中試也。復謂中試之人，國家當優復，賜之上田宅，故云「利其田宅」也。吳師道曰：荀卿所謂魏之武卒也。

〔一八〕鮑彪曰：蓋以青帕首。項紀注：士卒皂巾。黄丕烈曰：千，鮑本作十。丕烈案：十字是也。史記亦作十。祖耿案：史記注，司馬貞曰：蒼頭謂以青巾裹頭，以異於衆。荀卿「魏有蒼頭二十萬」是也。

〔一九〕吳師道曰：正義云：厮徒謂烹炊供養雜役。厮音斯。祖耿案：司馬貞曰：厮徒謂厮養之卒。斯，養馬之賤者，今起之爲卒。

〔二〇〕姚注：曾、劉無乘、四字。

〔二一〕黄丕烈曰：今本辟作群，鮑本作群。丕烈案：史記作群，蓋不與策文同。金正煒曰：按辟臣、群臣，義雖並通，證以下文，「凡群臣之言事秦者，皆姦臣非忠臣也。」則宜作群。朱起鳳曰：羣字俗作群，辟即群字之訛。

〔二二〕姚注：質，劉作實。祖耿案：史記作實。注，司馬貞曰：謂割地獻秦，以效己之誠實。

〔二三〕黄丕烈曰：求，鮑本無。丕烈案：史記有。

〔二四〕鮑彪曰：偷，苟且也。

〔二五〕祖耿案：文選西征賦注、贈劉琨詩注兩引並同。

〔二六〕鮑彪曰：緜，薄弱也。　吳師道曰：詩緜緜瓜瓞傳：不絕貌。

〔二七〕鮑彪曰：蔓，延也。若縵，則無文之稱耳。若何，言不可奈何。　黃丕烈曰：柰，鮑本作若。鮑改縵爲蔓。吳氏正曰：蔓、縵字通用。丕烈案：史記作「蔓蔓奈何」。考此所引周書四句，乃和寤解文，吳氏以爲家語，非也。今本周書作「蔓蔓若何」。

〔二八〕鮑彪曰：毫毛，喻樹之萌。柯，斧柄。　吳師道曰：家語：孔子觀周廟金人之銘曰：「焰焰不滅，炎炎若何？涓涓不壅，終爲江河。綿綿不絕，或成網羅，豪末不札，將尋斧柯」云云。策謂周書，其指此歟！　金正煒曰：按周書和寤篇，拔作掇。呂覽長攻篇：「反鬬而擊之，一成腦塗地，」注：一成，一下也。　祖耿案：史記「毫毛」作「毫氂」，「拔」作「伐」，「成」作「用」。和寤篇見逸周書第三十四，緜緜四句見此。

〔二九〕鮑彪曰：趙王，肅侯。　祖耿案：敝，鮑本作弊。

〔三〇〕鮑彪曰：秦傳有。

十一

張儀爲秦連横說魏王曰〔一〕：「魏地方不至千里，卒不過三十萬人，埊四平，諸侯四通，條達輻湊〔二〕，無有名山大川之阻。從鄭至梁，不過百里；從陳至梁二百餘里〔三〕，馬馳人趨，不待倦而至。梁〔四〕，南與楚境，西與韓境，北與趙境，東與齊境〔五〕。卒戍四方〔六〕，守亭障者參列〔七〕，粟粮漕庾不下十萬〔八〕。魏之埊勢，故戰場也〔九〕。魏南與楚而不與齊，則齊攻其東；東與齊而不與趙，則趙攻其北；不合於韓，則韓攻其西；不親於楚〔一〇〕，則楚攻其南。此所謂四分五裂之道也！且夫諸侯之爲從者，以安社稷尊主强兵顯名也。合從者〔一一〕，一天下約爲兄弟，刑白馬以盟於洹水之上，以相堅也。夫親昆弟，同父母，尚有争錢財〔一二〕，而欲恃詐僞反覆蘇秦之餘謀，其不可以成亦明矣！大王不事秦，秦下兵攻河外，拔卷衍燕酸棗〔一三〕，劫衛去晉陽〔一四〕，則趙不南，趙不南則魏不北，魏不北則從道絶〔一五〕，從道絶，則大王之國欲求無危不可得也！秦挾韓而攻魏，韓劫於秦，不敢不聽，秦韓爲一國，魏之亡可立而須也〔一六〕！此臣之所以爲大王患也〔一七〕！爲大王計，莫如事秦，事秦則楚韓必不敢動，無楚韓之患，則大王高枕而卧，國必無憂矣！且夫秦之所欲弱莫如楚，而能弱楚者莫若魏。楚雖有富大之名，其實空虚，其卒雖衆，多言而輕走易北，不敢堅戰〔一八〕。魏之兵南面而伐，勝楚必矣〔一九〕！夫虧楚而益魏，攻楚而適秦，内嫁禍安國，此善事也〔二〇〕！大王不聽臣，秦甲出而東，雖欲事秦而不可得也〔二一〕！且夫從人多奮辭而寡可信〔二二〕，説一諸侯之王〔二三〕，出而乘其車，約一國而反，成而封侯之基〔二四〕，是故天下之遊士，莫不日夜搤腕瞋目切齒以言從之便〔二五〕。以說人主，人主覽其辭，牽其說，惡得無眩哉〔二六〕！臣聞積羽沉舟，群輕折軸，衆口鑠金〔二七〕。故願大王之熟計之也〔二八〕！』魏王曰：『寡人惷愚〔二九〕，前計失之。請稱東藩，築帝宮，受冠帶，祠春秋，效河外〔三〇〕。』

〔一〕祖耿案：此章見史記張儀列傳，曰：「魏襄王卒，哀王立。張儀復說哀王，哀王不聽。於是張儀陰令秦伐魏。魏與秦戰，敗。明年，齊又來敗魏於觀津。秦復欲攻魏，先敗韓申差軍，斬首八萬，諸侯震恐。而張儀復說魏王曰」云云。史記與策大同，但字句小有殊異。顧觀光隸此於慎靚王四年。

〔二〕鮑彪曰：如木枝分布，而四方湊之，如輻於轂。　祖耿案：史記無「條達」二字。

〔三〕張琦曰：史作「從鄭至梁二百餘里」，無「從陳」句爲是。今新鄭至開封，二百二十里也。　祖耿案：史記無「不過百里，從陳至梁」八字。

〔四〕鮑彪曰：言陳、鄭所至皆平地。　祖耿案：史記馬作車，趨作走，倦作力。

〔五〕張琦曰：舊讀梁屬上句，非。魏地：今扶溝、西華、舞陽，與楚接界。許州、臨潁、襄城及鄭州之北，與韓接界。彰德之安陽，大名之元城，與趙接境。東至齊，懸隔宋、衛。然是時衛服屬於魏，則亦爲魏境。今濮州以東即齊境也。時同華上郡入秦，尚有蒲府、吉、隰與秦分河，此不言者，文不備。

〔六〕鮑彪曰：他國境或有山川關塞，惟梁無之，皆以卒戍守。

〔七〕鮑彪曰：十里一亭。障，隔也，築城壘爲之。　吳師道曰：障，關塞邊候，開封有古夷門關。

〔八〕鮑彪曰：漕，水運；庾，水漕倉。　黃丕烈曰：今本「漕庾」誤「糟庾」。　祖耿案：此二句史記作：「守亭鄣者不下十萬」，無「參列粟粮漕庾」六字。

〔九〕祖耿案：魏，史記作梁，下凡魏並作梁。故，史記作固。

〔一〇〕姚注：親，劉作合。

〔一一〕祖耿案：史記，合作今。

〔一二〕黄丕烈曰：今本昆誤兄。

〔一三〕姚注：燕，曾作點。　吴曾祺曰：宜從史記删燕字。　祖耿案：史記：「據卷、衍、酸棗」，無燕字。注，司馬貞曰：河外，河之西，即曲沃、平周之邑等。卷縣在河南。衍地名。張守節曰：河外即卷、衍、燕、酸棗。卷、衍屬鄭州；燕，滑州胙城縣；酸棗屬滑州：皆黄河南岸地。

〔一四〕吴師道曰：史作陽晉，正義云：陽晉故城在曹州乘氏縣西北三十七里。　程恩澤曰：案陽晉，衛地。晉陽，魏地。竹書紀年：赧王十二年，秦拔魏蒲坂、晉陽、封谷（六國表同）。括地志：蒲州虞鄉縣西有晉陽故城，今名晉城是也。亦有作陽晉者，然與衛陽晉非一地。胡三省曰：其地當在蒲坂之東，風陵之西，大河之陽，本晉地也，故謂之陽晉。蘇秦所謂衛陽晉之道，蓋以魏境有陽晉，故在衛地者稱衛陽晉，以別之也。此言取晉陽則趙不南，與齊楚二策所言近於齊宋者不同，疑衛乃魏字之訛。古魏城（即畢萬所封者）在今芮城縣北，陽晉在今虞鄉縣西，正是接壤，爲趙魏南北往來之道。因與衛地字音相同，輾轉流傳，遂致斯誤！

〔一五〕鮑彪曰：主從者趙，故不言其他。　吴師道曰：一本復有「從道絶」三字，史同。　黄丕烈曰：「從道絶」三字鮑本不重。吴補：一本有，史同。

〔一六〕祖耿案：此句史記作：「韓怯於秦，秦韓爲一，梁之亡可立而須也。」無「不敢不聽」等字。

〔一七〕黄丕烈曰：以，鮑本無。丕烈案：史記無。

〔一八〕黄丕烈曰：言，鮑本作然。丕烈案：史記作然。詳策文，當讀衆字句絶。多言下屬，多言謂囂也。史記不與策文同。鮑本誤。　金正煒曰：按國語晉語：「且其士卒在陣而譁，四間也。夫衆閙譁則必懼，五間也。」韋注：譁，囂也。楚兵多言固有據，不必從史。

〔一九〕黄丕烈曰：鮑「南」上補患字。吴氏正曰：史作悉。　金正煒曰：鮑補患字無義。吴氏據史以爲悉，是也。但省悉字，文義亦完。　祖耿案：鮑補患字在「魏」字上，黄氏云在「南」上，誤也。史記此句作：「悉梁之兵南面而伐楚，勝之必矣。」

〔二〇〕鮑彪曰：適，猶歸。　王念孫曰：案攻楚而歸秦，殊爲不詞，鮑説非也。今案適者，悦也，言攻楚而悦秦也。一切經音義六引三蒼曰：適，悦也。上文云：「秦之所欲弱莫如楚，而能弱楚者莫如魏」，故魏攻楚即所以悦秦。韓策張儀説韓王曰：「夫攻楚而私其地，轉禍而悦秦，計無便於此者。」是其證。　金正煒曰：王説視鮑爲長。張儀傳無「内」字，疑「内」當爲「而」。漢書武帝紀：「内長文」，困學紀聞云：古寫本作「而肆赦，」「而」與「内」字形相似，易以致誤。而猶以也。漢書賈誼傳：「往來長安者，自悉而補。」宋祁曰：新書云：「自悉以補行。」呂覽功名篇：「故當今之世，有仁人在焉，不可而不此務，有賢主不可而不此事，」並而、以義同之證。説詳釋詞。嫁禍，謂虧楚，安國謂適秦也。　祖耿案：此句史記作：「割楚而益梁，虧楚而適秦，嫁禍安國，此善事也。」

〔二一〕黄丕烈曰：「東」下鮑本有伐字，丕烈案：史記有。

〔二二〕鮑彪曰：奮，猶大言。　金正煒曰：按呂覽去宥篇：「將奮於説，以取少主也。」注：奮，强也。鮑注，奮猶大言。奮無「大」義，或本爲「夸」之誤。漢書嚴安傳注：夸，大也，夸字亦作⿱大言，故鮑氏釋爲大言。

〔二三〕金正煒曰：王，當爲主。

〔二四〕黃丕烈曰：今本「而反成而」作「而成反而取」。乃誤涉鮑也。鮑本作「成反」，補取字。丕烈案：考史記云「而成封侯」，可見取字係臆補，而今本又誤依之也。金正煒曰：反與出相對爲文，當從鮑本乙正。補取字無當。而猶則也。祖耿案：此句史記作「說一諸侯，而成封侯」，止八字，無此二十二字之多。

〔二五〕鮑彪曰：搤，把；腕，手也。瞋，張目也。切齒，言之力也。吳師道曰：荆軻傳索隱云：齒相摩切，奮怒意。

〔二六〕祖耿案：此句史記作：「人主賢其辯而牽其說，豈得無眩哉。」

〔二七〕吳師道曰：周語：「衆口鑠金」注：衆口所毀，雖金石猶可銷。史下又有「積毀銷骨」一句。江淹書：「積毀銷金，積讒磨骨。」

〔二八〕祖耿案：此句史記作：「故願大王審定計議」，下云：「且賜骸骨辟魏。」哀王於是乃倍從約而因儀請成於秦。張儀歸，復相秦。三歲而魏復背秦爲從。」無「魏王曰：寡人惷愚」等句二十七字。

〔二九〕姚注：曾、劉無愚字。

〔三〇〕鮑彪曰：儀傳在諸國之先。彪謂：魏邇秦而無阻固，凡橫人之辭，若可聽唯魏也。故儀先之魏，一搖而諸國動矣。敗從之約，魏其過歟！使魏而繹其說曰：「秦豈能有愛於我哉！兵來不除道，何爲以說客先之？是知其不可而訹我也。且我事秦，安得高枕而無憂哉！」如是展轉計之，則儀之辭屈矣。魏不搖，諸侯將又曰：「彼魏四達之國，又邇於秦，彼猶堅約不動，我何懼乎秦？」如是，則諸侯一矣。惜魏之不知出此也。吳師道曰：史，張儀留魏四歲而襄王卒，惠實王，哀王立，襄實王。張儀復說王，王不聽，於是儀陰令秦伐魏。魏與秦戰，敗。明年，齊又敗魏觀津。秦復欲攻魏，先敗韓申差，諸侯震恐。張儀復說魏王云云，王乃倍從約而因儀請成於秦。事在襄王二年。又曰：顯王三十六年，蘇秦約六國合從。次年，秦使犀首欺齊、魏以伐趙，而從約解。愼靚王三年，蘇秦約六國伐秦，再申前約也。兵至函谷關，秦擊之而走。次年，齊敗魏、趙觀津，則齊敗約矣。既而韓與魏、趙伐秦而敗，張儀留魏六年，說而不聽。今因其兵敗從散而說之，得其隙矣，魏不得不聽也。魏非不知從之利而秦之不可信也，刼於秦之强而患於與國之不一。後三年，魏復背秦合從，其情可見矣。惜其自同連雞中兄弟爭財之料，而相與以趨於亡。從之不可合，合之不可久，其勢則然矣。鮑之責魏，殆未深究夫事情也。

十二

齊魏約而伐楚〔一〕，魏以董慶爲質於齊〔二〕。楚攻齊，大敗之，而魏弗救。田嬰怒，將殺董慶。旰夷爲董慶謂田嬰曰〔三〕：「楚攻齊，大敗之，而不敢深入者，以魏爲將内之於齊而擊其後〔四〕。今殺董慶，是示楚無魏也！魏怒，合於楚，齊必危矣！不如貴董慶以善魏〔五〕，而疑之於楚也〔六〕。」

〔一〕祖耿案：顧觀光附此於顯王三十六年。曰：因與田嬰相涉，附此。

〔二〕祖耿案：「以」上，鮑本無魏字。

〔三〕姚注：「旰夷」，劉作「干夷」。鮑彪曰：董慶、旰夷皆魏人。黃丕烈曰：旰，鮑本作盱。吳補：一本旰作吁。丕烈案：史記孟荀列傳有吁子，作吁亦可通。「爲董慶」三字，鮑本無。

〔四〕鮑彪曰：言縱楚使深入，乃擊之也。

〔五〕姚注：貴，一作舍。金正煒曰：按史記魏世家：「故不若貴增而合魏，以疑之於齊、韓。」韓策：「不如貴昭獻以固楚。」並與此文同。

〔六〕吳師道曰：時不可考。金正煒曰：此策當即犀首說梁王陽與齊而陰結楚時事。田嬰怒魏不救齊，其爲徐州之役可知。吳氏以爲時不可考，蓋未合諸策而契勘之也。

十三

蘇秦拘於魏〔一〕，欲走而之韓〔二〕，魏氏閉關而不通齊使。蘇厲爲之謂魏王曰：「齊請以宋地封涇陽君而秦不受也〔三〕，夫秦非不利有齊而得宋埊也〔四〕，然其所以不受者，不信齊王與蘇秦也〔五〕。今秦見齊魏之不合也如此其甚也〔六〕，則齊必不欺秦而秦信齊矣！齊秦合而涇陽君有宋地，則非魏之利也！故王不如復東蘇秦〔七〕，秦必疑齊而不聽也。夫齊秦不合，天下無憂〔八〕，伐齊成，則埊廣矣〔九〕。」

〔一〕黄丕烈曰：今本秦作代，乃誤涉鮑也。鮑改秦爲代。吳氏補曰：燕策及史作代。祖耿案：此章與下燕一蘇代過魏章詞同而人異。此作蘇秦，燕策作蘇代、蘇子。作蘇代、蘇子者是。此作蘇秦，傳言之誤。司馬遷所謂異時事有類之者，皆附之蘇秦，此其例也。史記蘇秦列傳云：「蘇代過魏，魏爲燕執代。齊使人謂魏王曰：「齊請以宋地封涇陽君，秦必不受。秦非不利有齊而得宋地也，不信齊王與蘇子也。今齊魏不和如此其甚，則齊不欺秦。秦信齊，齊秦合，涇陽君有宋地，非魏之利也。故王不如東蘇子，秦必疑齊而不信蘇子矣。齊秦不合，天下無變，伐齊之形成矣。」於是出蘇代。代之宋，宋善待之。」司馬遷明著其爲蘇代，知決非蘇秦事也。他皆類此。顧觀光附此於赧王二十九年，秦作代，曰：史以上章爲蘇代語，則代與田文同在魏也，故附此。

〔二〕黄丕烈曰：今本韓上有齊字，乃誤涉鮑也。鮑改韓爲齊。丕烈案：今本并存齊、韓二字，誤甚矣。

〔三〕鮑彪曰：時未舉宋，此侵伐所得耳。吳師道曰：正義云：涇陽君，秦王弟悝也。齊蘇子告秦兵伐宋，以封涇陽君。然齊假設此策以救代。

〔四〕黄丕烈曰：也，鮑本無。丕烈案：史記有。祖耿案：史記注，張守節曰：齊言秦相親共伐宋，秦得宋地，又得齊事秦，不信齊及蘇代，恐爲不成也。

〔五〕鮑彪曰：齊王，閔王。不信，疑其善魏。黄丕烈曰：今本秦作代。吳氏補曰：燕策及史作子，下同。

〔六〕黄丕烈曰：鮑「合」下衍也字。丕烈案：史記無。

〔七〕鮑彪曰：使得之齊。

〔八〕黄丕烈曰：吳補：一本標「一作變」。丕烈案：史記作「無變」。金正煒曰：按作「變」是也。東周策：「無變，王遂伐之。」即與此文義同。燕策：「齊、秦不合，天下無變，伐齊之形成矣。」當即一事而傳聞微異也。

〔九〕鮑彪曰：齊無秦而魏伐之，可以得地。蘇傳有，在齊伐宋之前。吳師道曰：燕策及史曰：魏爲燕執代，齊使人謂魏王曰云云。於是出蘇代，代之宋。

十四

陳軫爲秦使於齊〔一〕，過魏，求見犀首，犀首謝陳軫〔二〕。陳軫曰：『軫之所以來者，事也〔三〕。公不見軫，軫且行，不得待異日矣！』犀首乃見之。陳軫曰：『公惡事乎？何爲飲食而無事？無事必來〔四〕。』犀首曰：『衍不肖，不能得事焉，何敢惡事！』陳軫曰：『請移天下之事於公。』犀首曰：『柰何？』陳軫曰：『魏王使李從以車百乘使於楚〔五〕，公可以居其中而疑之。公謂魏王曰〔六〕：「臣與燕趙故矣〔七〕，數令人召臣也，曰：『無事必來。』今臣無事，請謁而往，無久，旬五之期〔八〕。」王必無辭以止公。公得行，因自言於廷曰：「臣急使燕趙」，急約車爲行具〔九〕。』犀首曰：『諾。』謁魏王，王許之〔一〇〕。即明言使燕趙。諸侯客聞之，皆使人告其王曰：『李從以車百乘使楚，犀首又以車三十乘使燕、趙〔一一〕。』齊王聞之〔一二〕，恐後天下得魏〔一三〕，以事屬犀首，犀首受齊事。魏王止其行使〔一四〕，燕、趙聞之，亦以事屬犀首。楚王聞之〔一五〕，曰：『李從約寡人，今燕、齊、趙皆以事因犀首〔一六〕，犀首必欲寡人，寡人欲之。』乃倍李從而以事因犀首〔一七〕。魏王曰：『所以不使犀首者，以爲不可〔一八〕，令四國屬以事，寡人亦以事因焉〔一九〕。』犀首遂主天下之事，復相魏〔三〕。

〔一〕祖耿案：此章見史記張儀列傳，云：秦惠王終相張儀，而陳軫奔楚。楚未之重也，而使陳軫使於秦。過梁，欲見犀首。犀首謝弗見。軫曰：「吾爲事來，公不見軫，軫將行，不得待異日。」犀首見之。陳軫曰：「公何好飲也？」犀首曰：「無事也。」曰：「吾請令公厭事可乎？」曰：「奈何？」曰：「田需約諸侯從親，楚王疑之，未信也。公謂於王曰：『臣與燕、趙之王有故，數使人來，曰「無事何不相見」，願謁行於王』。王雖許公，公請毋多車，以車三十乘，可陳之於庭，明言之燕、趙。」燕、趙客聞之，馳車告其王，使人迎犀首，楚王聞之大怒，曰：「田需與寡人約，而犀首之燕、趙，是欺我也。」怒而不聽其事。齊聞犀首之北，使人以事委焉。犀首遂行，三國相事皆斷於犀首。軫遂至秦。史記與此章同叙陳軫爲犀首策謀，然有三異：策此章言軫爲秦使齊過魏，史記則謂楚使軫於秦過梁，一異也；策此章云魏王使李從以車百乘使於楚，史記則謂田需約諸侯從親，楚王疑之，李從之與田需，二異也；策此章云犀首遂主天下之事，史記則謂三國相事皆斷於犀首，三異也。有此三異，而文各不同，蓋一事而傳聞異也。顧觀光隸此於顯王四十七年。

〔二〕鮑彪曰：辭不之見。

〔三〕司馬貞曰：軫語犀首，言我故來，欲有教汝之事，何不相見。

〔四〕黃丕烈曰：鮑衍「無事必來」四字。吳氏補曰：四字恐因下文衍。丕烈案：史記作「公何好飲也？犀首曰：無事也。」此當有誤。　金正煒曰：按來字，疑「求」之譌，言當求其有事也。

〔五〕鮑彪曰：李從，諸多趙人。　黃丕烈曰：吳氏補曰：軫傳以李從爲田需。　朱起鳳曰：李從當作田需。史遷去六國時不遠，其所見本作田需，當從之。　祖耿案：史記注，司馬貞曰：需時爲魏相也。

〔六〕鮑彪曰：軫教衍。

〔七〕鮑彪曰：言與之故。

〔八〕鮑彪曰：言不久於彼，期以十日、五日。金正煒曰：之，猶爲也。

〔九〕鮑彪曰：言有急事出使。行具，行所當具。金正煒曰：按左氏哀七年傳：「自請救於吴」，注：無君命，故言自。又或爲『明』之壞字，與下文明言使燕、趙相應。

〔一〇〕祖耿案：鮑本作『魏王許之』。

〔一一〕祖耿案：鮑本無『又』字。

〔一二〕鮑彪曰：齊王，閔王。

〔一三〕鮑彪曰：恐得魏後於諸侯。

〔一四〕鮑彪曰：初以無事請行，今有齊事，魏亦且任之，故止之。黄丕烈曰：今本無『使』字，鮑本無『行』字，丕烈案：二字當複衍其一。金正煒曰：按軫以請謁行，非王使之，不得言止其使。『使』疑『事』字之譌。古書事作吏，因致誤使。行事，謂治行之事，上所云約車爲行具也。祖耿案：朱起鳳辭通以此行使與行理、行李、行事並舉。

〔一五〕鮑彪曰：楚王，懷王。

〔一六〕鮑彪曰：魏爲主約，故諸侯因衍以合魏。

〔一七〕鮑彪曰：從與衍皆爲魏約耳，而因衍者衆，故楚亦因之。背從者，欲專於衍也。

〔一八〕鮑彪曰：不可任。金正煒曰：淮南説林篇：「使人無度河，可；中河使無度，不可。」注：不可，言不能也。

〔一九〕黃丕烈曰：今本「令」作「今」，鮑本作「令」。丕烈案：「令」字是也。

〔二〇〕鮑彪曰：復，言得四國又相魏也，非已相罷而又復。衍傳有，在張儀初相之後。彪謂軫之所立，唯此有七國捭闔風氣，不然，醇乎醇矣！　吳師道曰：陳軫過犀首而不見，宜若有憾焉，而必見之，又教之以收天下之事任，何也？二人皆不善於張儀者也。激犀首以重任，皆所以傾儀而已。鮑氏於軫深所歸重，此章知其失不可掩，則曰：「不然，醇乎醇矣。」鮑因軫答秦王之楚之對，而亟加矜獎，曲爲之説，故愚亦屢擿其微，非好爲攻發也。犀首相在惠王時，説見下章（祖耿案：齊王將見燕趙楚之相章）。

十五

張儀惡陳軫於魏王〔一〕，曰：「軫善事楚，爲求壤埊也甚力之〔二〕。」左華謂陳軫曰〔三〕：「儀善於魏王，魏王甚愛之，公雖百説之猶不聽也！公不如儀之言爲資，而反於楚王〔四〕。」陳軫曰：「善。」因使人先言於楚王〔五〕。

〔一〕祖耿案：此章複重見前楚三陳軫告楚之魏章。顧觀光附此於顯王四十七年。

〔二〕黃丕烈曰：今本無之字，乃誤涉鮑也。鮑衍之字。丕烈案：楚策無。　金正煒曰：按「事」疑「于」字之譌。秦策：「楚國不尚全乎」，今本乎誤爲事，可以借證。「壤」當爲「攘」，趙策：「十年攘地」，鮑注：攘，推也。芒卯謂秦王章：「攘地必遠矣」，此即其義。趙岐孟子注：攘，取也。楚策無「之」字，此衍。　朱起鳳曰：國策地字多作古文埊，山、水、土合而成地，或有謂唐武后所改者，非也。

〔三〕鮑彪曰：左華，未詳。黄丕烈曰：吴氏補曰：楚策作左爽。祖耿案：黄式三周季編略，華從楚策作爽。

〔四〕鮑彪曰：反，言報之。王，懷王。王念孫曰：鮑説非也。以儀之言爲資而反於楚，楚下本無王字。此因下有楚王而誤衍耳。陳軫去楚適魏，而張儀惡之於魏王，謂其善事楚，爲之求地。軫即令人以此言聞於楚王，使楚王喜而復之（以上並見楚策），故曰「以儀之言爲資而反於楚。」反，訓爲歸，非訓爲報。楚策記此事曰：「公不如以儀之言爲資而得復楚。」是其證。黄丕烈曰：今本「如」下有「以」字，乃誤涉鮑也。鮑補「以」字。吴氏補曰：「如」下宜有「以」字。楚策有。是也。金正煒曰：「儀」上當從鮑本補「以」字，此誤脱耳。王字當在後文「使人先言於楚」下，誤淆於此。

〔五〕鮑彪曰：軫自是如楚。吴師道曰：楚策云：「楚王喜，欲復之。」未知即以此時如楚否？策云：「儀善於魏王，王甚愛之」，當是惠王時事。又曰：軫之答秦王曰：「子胥忠其君，天下皆欲以爲臣；孝己愛其親，天下皆欲以爲子。臣不忠於王，楚何以臣爲忠？」斯言宜若自信矣。今也，因張儀謂其善事楚，爲求壤地，乃以爲資而反楚，則前日所云，一時口給禦人耳，豈其情哉！

十六

張儀欲窮陳軫〔一〕，令魏王召而相之，來將悟之〔二〕。將行，其子陳應止其公之行〔三〕，曰：『物之湛者，不可不察也〔四〕！鄭彊出秦曰應爲知〔五〕。夫魏欲絶楚、齊，必重迎公〔六〕。郢中不善公者，欲公之去也，必勸王多公之車〔七〕。公至宋，道稱疾而毋行，使人謂齊王曰〔八〕：「魏之所以迎我者，欲以絶齊、楚也。」齊王曰：「子果無之魏而見寡人也〔九〕，請封子。」因以魯侯之車迎之。

〔一〕鮑彪曰：陳軫時在楚。　祖耿案：顧觀光隸此於赧王五年，是年張儀復相魏。

〔二〕姚注：悟，曾作梏。　黄丕烈曰：今本「令」誤「今」。鮑改「悟」爲「倍」。吳氏補曰：字誤。丕烈案：此以悟爲圄字耳。　金正煒曰：按山海經海内西經，「帝乃梏之疏屬之山」，注：梏，猶繫縛也。左氏莊三十年傳：「鬬射師諫，則執而梏之。」注：手曰梏。左氏宣四年傳：「圄伯嬴於轑陽而殺之」。注：圄，囚也。初學記：圄，悟也。令罪人入其中，自悔悟也。梏、圄於義並通。又或爲錮，音近而譌。左氏成二年傳：「子反請以重幣錮之」，注：禁錮勿令仕。襄二十一年傳：「錮欒氏也」。注：禁錮欒盈，使諸侯不得受。韓策：「公仲數不信於諸侯，諸侯錮之。」又秦策：「彼來則置之槐谷，終身勿出。」亦即錮之也。

〔三〕鮑彪曰：公、翁同。項羽紀注謂父。　金正煒曰：按廣雅釋親：公，父也。春秋經傳集解隱元年疏：臣子稱其君父，皆稱爲公。　吳曾祺曰：稱父爲公，漢時尚爾。治安策：「抱哺其子與公並倨」，是也。

〔四〕鮑彪曰：湛，謂其謀之深。

〔五〕姚注：知，曾作之。　鮑彪曰：强自秦出在楚。智，言能止其父。　吳師道曰：韓策，鄭强載金入秦，請伐韓。此云出秦也。　黄丕烈曰：曰，鮑本作日。　金正煒曰：按彊自秦出，知儀之謀，故以應止其公爲知。此夾叙之文，非當時語也。姚云：知，曾作之。知與之古通用。　祖耿案：知，鮑本作智。

〔六〕鮑彪曰：軫在楚必合齊，而魏欲離之，故迎軫。

〔七〕鮑彪曰：王，楚懷。　吳師道曰：「郢中」止「去也」讀，「車」字句。

〔八〕鮑彪曰：齊王，閔王。吳師道曰：大事記，張儀相魏在惠王後十三年，尋以公孫衍代。襄王二年，因請成于秦，爲秦相。後八年，秦出之魏。次年死。其在位，多惠王時，與齊宣相涉。

〔九〕鮑彪曰：使東來齊。黄丕烈曰：今本「果」作「東」，鮑本作「東」。黄式三曰：齊宣王十六年。

十七

張儀走之魏〔一〕，魏將迎之。張丑諫於王欲勿内，不得於王〔二〕。張丑退，復諫於王，曰：「王亦聞老妾事其主婦者乎？子長色衰，重家而已〔三〕。今臣之事王，若老妾之事其主婦者！」魏王因不納張儀〔四〕。

〔一〕鮑彪曰：傳言秦武元年，群臣惡之，乞之梁，此（魏哀）九年。吳師道曰：按襄王九年儀走魏，魏納而相之。此云不内，恐非是時事。祖耿案：顧觀光附此於顯王四十七年，曰：策言魏王不納，蓋在前。

〔二〕鮑彪曰：王不聽也。

〔三〕姚注：家，一本作嫁。鮑彪曰：重猶再。黄丕烈曰：家，鮑本作嫁。丕烈案：嫁字當是。金正煒曰：按主婦當爲主父之譌。燕策：「妾知其爲藥酒也，進之則殺主父，言之則逐主母。」俗讀父、婦音同，因以致誤。西周策：「以嫁之齊也」，高注：嫁，賣。儀禮，特牲饋食禮注：主婦，主人之妻。與此文不合。（又按此文或以家喻國，子長則欲其承業，色衰則不復妬人，故曰：重家而已。）

〔四〕鮑彪曰：彪謂，丑之自比若此，豈可望於士君子之行哉！哀王聽其說，是亦魏媪之耄者耳。

十八

張儀欲以魏合於秦、韓而攻齊、楚〔一〕，惠施欲以魏合於齊、楚以案兵〔二〕，人多爲張子於王所〔三〕。惠子謂王曰：「小事也，謂可者謂不可者正半，況大事乎？以魏合於秦、韓而攻齊、楚，大事也，而王之群臣皆以爲可。不知是其可也，如是其明耶？而群臣之知術也，如是其同耶〔四〕？是其可也，未如是其明也，而群臣之知術也，又非皆同也，是有其半塞也〔五〕，所謂劫主者，失其半者也〔六〕。」

〔一〕祖耿案：韓非子內儲說上作「張儀欲以秦、韓與魏之勢伐齊、荆。」顧觀光隸此於顯王四十七年。

〔二〕吳曾祺曰：案，止也。　祖耿案：韓非子作「而惠施欲以齊、荆偃兵」，注：以齊、荆爲援，則秦、韓不敢加兵，故兵可偃也。　又案：案與偃，聲之轉也。

〔三〕鮑彪曰：所，猶處。　祖耿案：自上句末兵字起，韓非子文與策大異，云：「二人爭之，群臣左右皆爲張子言，而以攻齊、荆爲利，而莫爲惠子言，王果聽張子，而以惠子言爲不可。攻齊、荆事已定，惠子入見，王言曰：『先生毋言矣，攻齊、荆之事果利矣，一國盡以爲善。』惠子因說：『不可不察也。夫齊、荆之事也誠利，一國盡以爲利，是何智者之衆也？攻齊、荆之事誠不利，一國盡以爲利，何愚者之衆也？凡謀者，疑也。疑也者，誠疑，以爲可者半，以爲不可者半。今一國盡以爲可，是王亡半也。刼主者固亡其半者也。』」

〔四〕鮑彪曰：亡，得無也。　黃丕烈曰：「而群臣」之「而」，鮑本作「亡」。吳氏正曰：姚本亡作而，下文有丕烈案：亡字當是。此不與下句同。秦策、趙策、韓策，皆有此字，可證也。金正煒曰：而，當從鮑本作亡。鮑注：亡，猶得亡也。按經傳釋詞：亡，轉語詞也，與「抑」義同。祖耿案：亡，轉語詞。吳昌瑩經詞衍釋同。「知術」之知，鮑本作智，下同。

〔五〕鮑彪曰：塞，不明。黄丕烈曰：「有其」，鮑本作「其有」。金正煒曰：管子明法解：「下情不上通謂之塞。」鮑注「塞，不明」，非也。

〔六〕鮑彪曰：事不明而欲王必從，是刼王也；王而從之，失其半矣！吳師道曰：此策言：小事，人可否者且正半，而此大事，人皆同聲，必非皆知其可，而智術之皆同者，則明與不明者居半也。彼刼王以必從，失其明者之半也。此策云欲以魏合於秦、韓，亦當是惠王時。黄丕烈曰：主，鮑本作王。丕烈案：王字誤，韓子作主可證。祖耿案：此文結末二語，與韓非子文意全同。明爲一事而兩傳生異也。韓非子注云：有疑然後謀。若誠有疑，則半可半不可。無致疑之人，故亡其半。無人致疑，則大盗得恣其謀。田成、趙高，成其簒殺者，無人疑者也。此注可以備參。

十九

張儀以秦相魏〔一〕，齊、楚怒而欲攻魏。雍沮謂張子曰〔二〕：「魏之所以相公者，以公相則國家安而百姓無患。今公相而魏受兵，是魏計過也。齊、楚攻魏，公必危矣！」張子曰：「然則柰何？」雍沮曰：「請令齊、楚解攻。」雍沮謂齊、楚之君曰〔三〕：「王亦聞張儀之約秦王乎〔四〕？曰：『王若相儀於魏，齊、楚惡儀，必攻魏。

魏戰而勝，是齊、楚之兵折而儀固得魏矣。若不勝魏〔五〕，魏必事秦以持其國，必割地以賂王，若欲復攻〔六〕，其敝不足以應秦〔七〕。」此儀之所以與秦王陰相結也。今儀相魏而攻之，是使儀之計當於秦也！非所以窮儀之道也！』齊、楚之王曰：『善。』乃遽解攻於魏〔八〕。

〔一〕祖耿案：「張」下原有「子」字。姚注：劉去子字。黄丕烈曰：鮑衍子字。又案：顧觀光隸此於顯王四十七年。

〔二〕鮑彪曰：雍沮，魏人。程恩澤曰：案元和姓纂：雍，國名也，在河内山陽。文王十二子雍伯受封於此，子孫以國爲姓（急就篇同）。今懷慶府修武縣西有雍城。

〔三〕鮑彪曰：齊、楚之君，閔、懷。

〔四〕鮑彪曰：秦王，惠王。

〔五〕黄丕烈曰：鮑衍魏字。

〔六〕鮑彪曰：秦攻齊、楚。吴師道曰：言魏割地合於秦，齊、楚復攻魏而秦救之，則齊、楚罷敝，不足以應秦。此策亦當在惠王時。

〔七〕鮑彪曰：二國嘗戰，今必弊，故不能當秦。祖耿案：敝，鮑本作弊。

〔八〕吴師道曰：齊策，秦惠王死，儀乞之梁，以致齊伐。儀使馮喜説齊王云云，其言頗與雍沮類。黄丕烈曰：遽，鮑本作遂。祖耿案：御覽四百六十二引春秋後傳，與此略同。

二十

張儀欲并相秦、魏〔一〕，故謂魏王曰：『儀請以秦攻三川，王以其間約南陽〔二〕，韓氏亡。』史厭謂趙獻曰〔三〕：『公何不以楚佐儀求相之於魏，韓恐亡必南走楚〔四〕，儀兼相秦、魏，則公亦必并相楚、韓也〔五〕。』

〔一〕鮑彪曰：儀相魏在此（魏襄）十三年。　吴師道曰：秦惠後三年，魏惠後十三年。　祖耿案：顧觀光隸此於顯王四十七年。

〔二〕鮑彪曰：約，謂使韓以此與魏。

〔三〕鮑彪曰：韓氏之亡。史名厭。趙獻與厭俱在楚。　吴師道曰：無考。　金正煒曰：按韓氏下，疑脱「必」字。下章「張儀已合秦魏矣。其言曰：『魏攻南陽，秦攻三川，韓氏必亡。』」即爲此文之證。厭謂獻之言，蓋即儀所風使。史或使字之損，厭其使者名也。又周策有史黶，一作史厭，似即一人，則「謂」上當補「爲」字。趙獻亦疑昭獻，一聲之譌。韓策：「楚昭獻相韓」，與此文并相韓、楚，正合。

〔四〕吴師道曰：走，音奏。

〔五〕鮑彪曰：儀因獻得相，必德獻。楚得韓，儀必緩攻，韓亦德獻也。

二十一

魏王將相張儀〔一〕，犀首弗利〔二〕，故令人謂韓公叔曰：『張儀以合秦、魏矣〔三〕！

其言曰〔四〕：「魏攻南陽，秦攻三川，韓氏必亡。」且魏王所以貴張子者，欲得埊〔五〕，則韓之南陽舉矣！子盍少委焉以爲衍功〔六〕，則秦、魏之交可廢矣〔七〕！如此，則魏必圖秦而棄儀〔八〕，收韓而相衍。」公叔以爲信〔九〕，因而委之犀首以爲功，果相魏〔一〇〕。

〔一〕祖耿案：此章見史記張儀列傳，此章一百八字，史記一百七字，差異不大。顧觀光隸此於顯王四十七年。

〔二〕吴師道曰：大事記，魏惠王後十三年，張儀相魏，魏不事秦，以公孫衍代相。

〔三〕姚注：以，一作已。黄丕烈曰：以，鮑本作已。丕烈案：史記作已。

〔四〕張守節曰：此張儀合秦、魏之辭也。

〔五〕黄丕烈曰：「埊」下鮑本有也字。丕烈案：史記有。　祖耿案：「三川」句下，史記無「韓氏必亡且」五字。「得」下有「韓」字。

〔六〕鮑彪曰：請以事委衍。有功，魏乃任之。　吴師道曰：大事記：令韓以與魏南陽，爲公孫衍之功。祖耿案：史記「則」作「且」，「陽」下有「已」字，「盍」作「何不」二字。

〔七〕鮑彪曰：魏任衍，則聽其所爲。　祖耿案：「廢」，史記作「錯」。注，司馬貞曰：錯，停止也。

〔八〕金正煒曰：按圖，當爲畓。俗書圖作啚，與畓形似而譌。楚策：「請悉楚國之衆也，以畓於齊。」鮑本改畓爲圖，正可借證。畓即塞之借字，吕氏春秋季春紀：「無有障塞，」注：塞，絶也。秦召魏相信安君章：「將以塞趙也。」韓策，「必欲善韓以塞魏。」中山策：「致中山而塞四國。」文義並同。魏得願於韓而觖望於秦，則絶秦而棄儀矣。祖耿案：「如此」二字，史記作「然」。

〔九〕姚注：信，曾作便，劉作信。黄丕烈曰：信，鮑本作然。丕烈案：史記作便。

〔一〇〕鮑彪曰：衍傳有。吴師道曰：大事記，魏王不聽儀者，公孫衍間之也。衍傳稱衍相魏，張儀去，則不然。以儀傳考之，儀慙無以歸報，留魏四歲而魏王卒，復説其嗣君，久之始去魏相秦爾。愚謂儀説魏合秦，襄王久而後聽，惠王之倔强猶未入其言，故公孫衍之間易爲力也。　祖耿案：史記此下有「張儀去」三字。注：裴駰曰，徐廣曰：「復相秦。」

二十二

楚許魏六城〔一〕，與之伐齊而存燕。張儀欲敗之，謂魏王曰：「齊畏三國之合也〔二〕，必反燕埊以下楚〔三〕，楚、趙必聽之〔四〕，而不與魏六城，是王失謀於楚、趙，而樹怨而於齊、秦也〔五〕。齊遂伐趙〔六〕，取乘丘，收侵地，虚、頓丘危〔七〕；楚破南陽九夷，内沛，許、鄢陵危〔八〕；王之所得者新觀也〔九〕，而道塗宋、衛爲制〔一〇〕，事敗爲趙驅〔一一〕，事成功縣宋、衛〔一二〕。」魏王弗聽也〔一三〕。張儀告公仲，令以饑故賞韓王以近河外〔一四〕，魏王懼，問張子，張子曰：「秦欲救齊，韓欲攻南陽〔一五〕，秦、韓合而欲攻南陽，無異也〔一六〕。且以遇卜王〔一七〕，王不遇秦，韓之卜也決矣〔一八〕。」魏王遂尚遇秦信韓，廣魏救趙，尺楚人遽於萆下〔一九〕，伐齊之事遂敗。

〔一〕祖耿案：顧觀光隸此於赧王元年。

〔二〕鮑彪曰：三國，楚、魏、燕。

〔三〕鮑彪曰：燕地，齊宣因喪伐燕所得。　吳師道曰：按史：易王初立，齊宣王因喪伐我，取十城。蘇秦說齊，使復歸燕十城，必非此時。策云伐齊存燕，蓋齊人破燕後事也。

〔四〕黃丕烈曰：楚字鮑本不重。鮑衍趙字，吳氏有正。（祖耿案：吳師道曰：姚本下句亦云：「失謀於楚、趙。」）

〔五〕黃丕烈曰：趙，鮑本無。今本「怨」下無「而」字，乃誤涉鮑也。鮑衍而字。　吳氏補曰：疑衍。　金正煒曰：按趙策齊破燕趙欲存章：「楚、魏憎之，令淖滑、惠施之趙，請伐齊而存燕。」則「失謀於楚」句下，不當奪趙字。以下「楚」句，亦當補趙字。

〔六〕鮑彪曰：趙，魏隣也，伐之以動魏。　金正煒曰：此言三國果合而圖齊，則齊必將伐趙，假設之辭也。書康王之誥序：「遂誥諸侯。」傳：遂，因事也。穀梁桓八年傳：遂，繼事之辭也。

〔七〕鮑彪曰：乘丘屬泰山。　吳師道曰：正義云，乘丘故城在兖州瑕丘縣西北。虛，謂殷虛，今相州所理。頓丘故城在魏州頓丘縣東北。括地志：二城時屬魏。餘見秦策。　張琦曰：今曹縣東北五十里，漢乘氏城，古乘邱也。與嵫陽之乘邱，皆非趙地，疑斤邱之譌。漢志：魏郡有斥邱，今邱縣北四十里有故城，按直隸廣宗、威縣界。　程恩澤曰：案泰山郡之乘邱（在今兖州府滋陽縣西北十里），乃春秋魯敗宋師處，非趙之乘邱也。趙乘邱在今曹州府曹縣東北五十里。郡國志：濟陰郡乘氏，侯國。高士奇曰：此國策所云趙乘邱也。以下云「虛、頓邱危」推之，其說確不可易。若在滋陽，則遠不相涉矣。（應劭地理風俗記以濟陰乘氏爲宋邑，博物志亦云。惠棟主之。非是。水經注又謂趙乘邱在太山郡，亦非。）　又案：頓邱有三。一爲古頓邱，在今濬、滑、淇三縣之間。詩「送子涉淇，至于頓邱。」竹書紀年：晉定公三十一年，城頓邱是也。一爲漢頓邱，在今大名府清豐縣西二十五里。地理志：東郡有頓邱縣（郡國志同）是也。一爲魏頓邱，在今清豐縣西北二十五里。地形志：頓邱郡有頓邱縣（時有兩頓邱縣，其一屬黎陽郡，即漢縣也）是也。此當指古頓邱言。（寰宇記既云古頓邱在衛縣西北二里，又云舊城在頓邱縣北，謂之陰安縣故城。路史因謂古頓邱在清豐東南十五里，俱誤。）而古頓邱又有三。毛奇齡曰：一名土軍（水經注：魏徙九原、西河、土軍諸胡於邱側，故其名亦曰土軍），在淇水南。闞駰曰：頓邱在淇水南是也。一名五觀（太康弟五君之號），在淇水宿胥口。京相璠曰：衛縣西北（正義作東北）三十里有五鹿城，今屬頓邱縣是也。一名帝邱，帝、頓聲轉，亦近淇。皇覽曰：帝嚳陵在東郡濮陽頓邱城南臺陰野中（今在滑縣）是也（並見水經注）。三者之中，以近宿胥者爲尤切。洪亮吉曰：古頓邱在今濬縣西，即其地也。爾雅：邱一成爲頓（同敦）。釋名謂一頓而成邱，無高下。顧觀光曰：史記楚世家：「悼王二年，三晉來伐楚，至乘邱而還。」魏策：「張儀謂魏王曰：齊遂伐趙，取乘邱」，則乘邱乃趙地之近楚者也。漢志：屬泰山。史記正義引地理志云：乘邱故城在兗州瑕邱縣西北三十五里。又曰：魏策張儀曰：「齊遂伐趙，取乘邱，收侵地，虛、頓邱危。」史記：蘇代曰：「決宿胥之口，魏無虛、頓邱。」並以虛、頓邱連文。漢志，頓邱屬東郡。史記正義曰：頓邱故城在魏州頓邱縣東北二十里（今衛輝府淇縣）。水經注云：淇水又北屈而西轉，逕頓邱北。爾雅曰：山一成謂之頓。邱，釋名謂一頓而成邱，無高下大小之殺也。詩所謂「送子涉淇，至于頓邱」者也。又屈逕頓邱縣故城西。竹書紀年：「晉定公三十一年，城頓邱。」蓋因邱而名，故曰頓邱矣。金正煒曰：按虛、頓邱、許、鄢陵、新觀，即許魏之六城。虛、頓邱、許、鄢陵雖皆魏地，是時或入楚、趙，故以伐齊存燕爲約而歸之也。

〔八〕鮑彪曰：九夷疑當爲九嶷。沛，豫州郡。內，言入其地。　吳師道曰：此南陽、堵赭、同陽屬荆州者，以下文連九嶷、許、鄢言之故也。大事記，李斯書云：惠王用張儀計，南取漢中，包九夷，制鄢、郢。九夷，即屬楚之夷方。孔子在陳、蔡，相去不遠，所以有欲居九夷之言，此與集注異。愚謂此言破南陽之九夷也。「内沛」，地名，必非豫州者。　程恩澤曰：九夷，鮑説非是。吴以内字連沛爲地名，當以鮑注爲正。漢志沛郡有沛縣。水經注：昔許由隱于沛澤，縣即澤爲名。寰宇記：左傳「齊侯田于沛」，即此（據左傳齊侯田于沛杜注：即貝邱也，與此非一地）。今江蘇徐州府沛縣治東南微山下有沛故城（方輿紀要以爲本古偪陽國，非是。偪陽在今兗州府嶧縣）。　金正煒曰：此謂楚地爲秦所破，亦儀設辭，非即李斯書所云也。上云樹怨齊秦，以秦爲齊之與國，三國伐齊，則秦必攻楚以救之，故楚破而魏之許、鄢陵亦危。淮南齊俗篇：「越王句踐霸天下，泗上十二諸侯率九夷以朝」。是九夷地近泗上，時已屬楚，不得復言楚破九夷。鮑氏疑九夷爲九嶷，則去許、鄢陵遠矣。漢志，沛故秦泗水郡，正近九夷。吴氏以非豫州者，亦誤。

〔九〕鮑彪曰：新觀屬魏郡。　吴師道曰：正義引括地志：觀津在冀州棗陽，一云武邑縣東南，本趙邑，今屬魏。今詳名新觀者，恐以此。大事記主屬清河。又云：魏惠王三年，齊伐魏，取觀津。赧王四十二年，魏冄敗趙。魏取趙觀津，所屬不常。　張琦曰：前後志，魏郡並無新觀。考漢志，東郡有畔觀，今曹州府觀城縣是。又大名府清豐縣南有觀澤城，新觀或當在此。若冀州之觀津，在今武邑縣東南三十里，與宋、衛爲制不合。然詳上下文義，當是受之楚者。闕疑可耳。　程恩澤曰：案舊以觀津爲新觀，殊屬臆説。上云伐齊存燕，下云道塗宋、衛爲制，則新觀當是齊地，與宋、衛相近，何得以觀津當之耶？　郡國志：東郡衛，公國，本觀故國，姒姓（本作姚，疑誤）。元和志：澶州東北二十四里（寰宇記作七十里），有觀城縣，古之觀國，太康第五弟所封，今屬曹州府，疑即其地。然「新觀」二字不見諸地理書，未可武斷也。　顧觀光曰：新觀疑即觀津，蓋對魏之觀邑而言，故稱新也。然是張儀設言，魏未嘗實有之。

〔一〇〕鮑彪曰：言雖得新觀，路所從出，又限二國。　祖耿案：塗，鮑本作涂。

〔一一〕鮑彪曰：敗，謂楚不與也。楚不與，則齊伐趙，亡將及魏，故奔走援之。　金正煒曰：按事敗，謂伐齊之事敗也。爲讀平音。玉篇：驅，逐遣也。

〔一二〕鮑彪曰：成，謂楚與之地。受地必由二國。縣，言輕重繫之。

〔一三〕姚注：劉連上，曾提。　祖耿案：此下「張儀告公仲」一節，姚不別章，鮑同。

〔一四〕鮑彪曰：賞，猶勸也。韓時饑，因勸之就粟於河外。河外近魏，故魏恐，韓王，宣惠也。　吳師道曰：此句不可解，恐「韓王」字當在「令」下，而衍一「以」字。謂公仲令韓王以饑故，賞賜近河外之民。　金正煒曰：按此文以注求之，「王」當爲「玨」之誤。「玨」即唐武后所造人字也。管子大匡篇：「管仲又請賞於國。」左氏僖十五年傳：「朝國人而以君命賞。」爲義並同。「近」當爲「迻」，涉注文「近魏」而誤。說文：迻，遷徙也。與孟子「移民於河東」同義。吳氏所正並非。

〔一五〕吳師道曰：此河内修武。

〔一六〕鮑彪曰：言無他。

〔一七〕鮑彪曰：兩君相遇，則講信修睦，故遇者，相好也。

〔一八〕鮑彪曰：決，無他疑。韓以魏不與秦遇，知其惡我，必合秦而攻魏。

〔一九〕鮑彪曰：尚，言欲之甚。廣，猶心廣體胖，云樂之也。此著書者述其遇秦之效，魏昔懼而今心廣，又豈能止齊伐趙也？　革下，地缺，革豈鬲耶？　遽，傳遽。楚以傳來許地，魏斥之也。　吳師道曰：寬廣也，寬魏之憂也。　黃丕烈曰：鮑改「尺」爲「斥」，吳氏補曰：未詳。萆，鮑本作革。吳氏補曰：遽未詳，恐有缺誤。革，疑華。　程恩澤曰：案史記淮陰侯列傳：「從間道萆山而望趙軍」（漢書韓信傳同），萆下似即萆山之下，然舊注解爲蔽覆，其地亦不相及。金正煒曰：此言魏以遇秦，取信於韓，即上所謂韓以遇卜王，王不遇秦，韓之卜決也。尚，說文云曾也，又云：曾，詞之舒也，義與乃同。詳釋詞。鮑以尚爲欲之甚，於義未安。國語吳語：「今夕必挑戰以廣民心。」注：挑晉求戰，以廣大民心，示不懼也。或本爲厲，形似而譌。上章言齊遂伐趙者，擬議之詞，故此云厲魏以備救趙，非即有是事。爾雅釋詁：厲，作也。淮南時則篇：「天子乃厲服廣飾。」呂氏春秋季秋紀作「天子乃飭服。」厲、飭二形相似，易以致誤。尺即斥之借字。文選七啓「山鵾斥鷃」注：斥與尺，古字通。斥楚遽者，不內其來議伐齊之使。鮑本連上爲一章，是也。革下鮑本作華下，注：地缺，豈鬲耶？吳曰：革，疑華。按吳說近是。韓非顯學篇：「是以魏任孟卯之辯，而有華下之患。」秦策：「天下有比志而軍華下」，或即其地。

二十三

徐州之役〔一〕，犀首謂梁王曰：「何不陽與齊而陰結於楚？二國恃王，齊、楚必戰〔二〕。齊戰勝楚而與乘之〔三〕，必取方城之外；楚戰勝齊敗而與乘之，〔四〕是太子之讎報矣〔五〕。」

〔一〕鮑彪曰：楚敗齊也。齊宣十年，此（魏襄）二年。吳師道曰：惠王後二年。黃丕烈曰：徐，鮑本作俆。吳氏補曰：見齊策。祖耿案：顧觀光隸此於顯王三十六年。

〔二〕黃丕烈曰：楚，鮑本無，吳補：一本有。金正煒曰：鮑本「必戰」上無楚字，鮑注衍齊字，按既言「二國恃王」，不當復言齊、楚，鮑本無楚字是也。齊字非衍，蓋濟之省。左氏桓十一年傳：「盍請濟師於王」，

注：濟，益也。猶今人言接濟。後人不辨齊之爲濟，因增楚字，遂失本義。荀子王霸篇：「以國齊義」注：齊當爲濟。與此正同。

〔三〕鮑彪曰：與齊乘楚。

〔四〕姚注：一本無敗字。　吳師道曰：即楚敗齊將申縛泗上之役，見秦策。　黄丕烈曰：鮑衍敗字，吳補：姚云一本無此字。

〔五〕鮑彪曰：太子申。

二十四

秦敗東周，與魏戰於伊闕，殺犀武〔一〕。魏令公孫衍乘勝而留於境，請卑辭割埊以講於秦〔二〕。爲竇屢謂魏王曰〔三〕：『臣不知衍之所以聽於秦之少多，然而臣能半衍之割而令秦講於王。』王曰：『柰何？』對曰：『王不若與竇屢關内侯而令趙，王重其行而厚奉之〔四〕，因揚言曰：「聞周、魏令竇屢以割魏於奉陽君而聽秦矣〔五〕。」夫周君、竇屢、奉陽君之與穰侯，貿首之仇也〔六〕。今行和者竇屢也，制割者奉陽君也。太后恐其不因穰侯也〔七〕，而欲敗之，必以少割請合於王，而和於東周與魏也。』

〔一〕鮑彪曰：此（魏昭）三年。　祖耿案：顧觀光隸此於赧王二十二年。

〔二〕鮑彪曰：乘，言秦因勝我，留而與之講。若秦既去，則無及已。　吴師道曰：公孫衍，説見前（祖耿案：謂鮑本趙策齊將攻宋而秦楚禁之章注，及魏策田需死章注）。　金正煒曰：按「乘勝而留於境」六字，當在「殺犀武」句下。秦兵既勝而仍留魏境，欲深伐魏也，故魏使公孫衍請卑辭割地以講於秦。鮑氏不辨文之殽次，强爲之解，因致理不可通。

〔三〕鮑彪曰：竇屢，魏人。

〔四〕鮑彪曰：侯於關内耳，此時未爲爵。　吴師道曰：關内侯之稱，不獨起於秦。　俞正燮曰：漢書百官表云：商君爲法於秦，戰斬一首，賜爵一級。欲爲官者二千石，其爵名十九級關内侯，二十級列侯。蓋戰國時大臣賓封稱君，如孟嘗、昌國、安陵、龍陽、平原、信陵等，皆通名關内侯，故商君因其名。所謂關者，凡國皆有關，關是封疆之界（癸巳類稿卷十一，關内侯説）。　墨子號令篇：「城周里以上，封城將三十里地爲關内侯。」孫詒讓墨子閒詁云：「畢云：韓非子顯學云：『關内之侯，雖非吾行，吾必使執禽而朝。』史記春申君列傳：黄歇上書云：『韓必爲關内之侯。』又云：『魏亦關内侯。』則戰國時有關内侯也。詒讓案：戰國策魏策：『王與竇屢關内侯。』漢書百官公卿表：『秦制，賞功勞爵二十級，十九關内侯。』顔注云：言有侯號而居京畿，無國邑。　黄丕烈曰：「令」下鮑本有「之」字，丕烈案：有者當是。此讀趙字句絶，「王重」以下别爲句。　金正煒曰：鮑本「而令」下有「之」字，是也。之，往也。文以趙字絶句。侯，當作候，説具秦策頃襄王二十年章。又韓非顯學篇：「故敵國之君王雖説吾義，吾弗入貢，而臣關内之侯，雖非吾行，吾必使執禽而朝。」則關内侯似亦不必秦爵，故管、墨書皆有此名。賈子新書耳痺篇：「孤身爲關内諸侯」，蓋即其義。周禮地官司關注：關，界上之門。與關中之關不同。

〔五〕鮑彪曰：因地講秦。　金正煒曰：「以割」，鮑本作「已割」。以、已古通用。

〔六〕吴師道曰：奉陽君即李兑，説見趙策。此言與穰侯貿首之仇，則二人欲陰取以定封之事也。吴曾祺曰：貿，易也。言三子與穰侯各欲抵死相爭，猶以首相貿易也。

〔七〕鮑彪曰：后，穰侯之姊。

二十五

齊王將見燕、趙、楚之相於衛，約外魏〔一〕。魏王懼，恐其謀伐魏也，告公孫衍。公孫衍曰：『王與臣百金，臣請敗之。』王爲約車，載百金〔二〕。犀首期齊王至之曰〔三〕：先以車五十乘至衛間齊，行以百金〔四〕，以請先見齊王。乃得見，因久坐安，從容談〔五〕。三國之相怨〔六〕，謂齊王曰：『王與三國約外魏，魏使公孫衍來，今久與之談，是王謀三國也也〔七〕。』齊王曰：『魏王聞寡人來，使公孫子勞寡人，寡人無與之語也。』三國之不相信齊王之遇〔八〕，遇事遂敗〔九〕。

〔一〕鮑彪曰：齊王，閔王。外，不親之。　祖耿案：顧觀光附此於顯王四十七年。

〔二〕姚注：載，孫作齎。

〔三〕鮑彪曰：度其至衛之日。　黄丕烈曰：今本曰作日，鮑本作日。　金正煒曰：按唐人書日曰無別，此由其時傳寫之譌。

〔四〕鮑彪曰：間，私見之。　吴師道曰：間，居諫反。投間隙也。行以百金，猶云行幾金於某。

曰：今本「行」下有人字，乃誤涉鮑也，鮑「行」下補人字。　金正煒曰：後漢書鄧禹傳注：間，私也。與鮑注義同。吳氏以爲間隙，非也。管子小匡篇「隰朋爲行」注：行，謂行人也。韓非說林上篇「公佩僕璽而爲行事」，是行即行人，鮑補無取。此言衍欲得先見齊王，故私齊行以百金。吳說於文不合。

〔五〕金正煒曰：乃當爲及，形似而誤。安猶乃也，詳釋詞。

〔六〕祖耿案：三，鮑本作二。

〔七〕黃丕烈曰：今本「也」字不重。鮑本無。丕烈案：下也字當是「已」字之誤。輒刪者未是。

〔八〕黃丕烈曰：今本「不相」作「相不」，乃誤涉鮑也。鮑改「不相」爲「相不」。吳氏補曰：字殽次，當作「相不」。　金正煒曰：無，猶未也。荀子正名篇「志輕理而不重物者，無之有也。」言未之有也。說見釋詞。鮑本「不相」作「相不」，此當乙正。上遇字疑本作語，語、遇一聲之轉，又涉下遇字而誤。

〔九〕鮑彪曰：按上章，張儀將相魏，犀首以計去之，乃得相。而儀相魏四歲，則所謂以計去之，在儀欲相之初；衍得相，宜在儀復相秦之時也。　吳師道曰：大事記書魏惠王後十二年，秦張儀免相相魏，魏不事秦，以公孫衍代相。解題云：衍傳稱衍相魏儀去則不然，儀慙無以歸報，留魏四歲，而惠王卒。後魏襄王二年始去魏，復相秦。

二十六

魏令公孫衍請和於秦〔一〕，綦母恢教之語，曰：「無多割！」曰：「和成固有秦重，和以與王遇〔二〕；和不成，則後必莫能以魏合於秦者矣〔三〕。」

〔一〕祖耿案：顧觀光隸此於赧王二十二年，曰：因與綦母恢相涉，知即上章事。（祖耿案：謂秦敗東周與魏戰於伊闕章事也。）

〔二〕黃丕烈曰：曰，鮑本無。吴補：一本「割」下有曰字，乃教衍説秦之辭。「重和」之「和」，吴補：一本標孫本無此字。丕烈案：無者是也。

〔三〕鮑彪曰：衍已悟秦故。　吴師道曰：此策惠、襄之世不可定。

二十七

公孫衍爲魏將〔一〕，與其相田繻不善〔二〕。季子爲衍謂梁王曰〔三〕：「王獨不見夫服牛驂驥乎〔四〕？不可以行百步！今王以衍爲可使將，故用之也。而聽相之計，是服牛驂驥也〔五〕。牛馬俱死而不能成其功〔六〕，王之國必傷矣。願王察之〔七〕！」

〔一〕祖耿案：顧觀光附此於顯王三十七年。

〔二〕黃丕烈曰：鮑改繻爲需。吴氏補曰：即需。

〔三〕鮑彪曰：季子未詳。　祖耿案：錢氏有季梁考。

〔四〕祖耿案：鮑本「獨」上無王字。

〔五〕姚注：一作「之道」。

〔六〕金正煒曰：按「死」當爲「斃」，缺損而誤。斃與弊通，一切經音義：弊，古文作獘、敝二形。禮記檀弓

「射之斃一人」注：斃，仆也。釋文：斃，亦作弊。左氏隱元年傳「必自斃」注：斃，踣也。釋文：斃，本作弊。燕策：「秦趙相弊」，史記蘇秦傳作「秦趙相斃」，並可爲證。

〔七〕鮑彪曰：彪謂此用賢而使不肖間之之説也，而衍也，非其人也。吳師道曰：此策若作魏將，則恐在襄王時。

卷二十三　魏二

一

犀首、田盼欲得齊魏之兵以伐趙〔一〕，梁君與田侯不欲〔二〕。犀首曰：『請國出五萬人，不過五月而趙破。』田盼曰：『夫輕用其兵者，其國易危；易用其計者，其身易窮；公今言破趙大易，恐有後咎。』犀首曰：『公之不慧也！夫二君者，固已不欲矣〔三〕，今公又言有難以懼之，是趙不伐而二士之謀困也〔四〕！且公直言易而事已去矣。夫難構而兵結，田侯、梁君見其危，又安敢釋卒不我予乎〔五〕？』田盼曰：『善。』遂勸兩君聽犀首。犀首、田盼遂得齊、魏之兵〔六〕。兵未出境，梁君、田侯恐其至而戰敗也，悉起兵從之，大敗趙氏。

〔一〕祖耿案：顧觀光隸此於顯王三十七年。

〔二〕鮑彪曰：田侯，齊閔王。吳師道曰：事在齊宣十一年，魏惠後二年，趙肅侯十八年。公孫衍欲敗從，田盼本非與謀，故其聞衍之說，猶能以用兵難之。既而訹於其言，勸兩君以聽衍，而身將齊、魏之兵，蓋狃於戰鬬之習，墮衍計中，以成其欺，以敗和好，快讎秦之欲，皆盼之爲也。觀馬陵之役，魏客之言、張丑說楚之辭，知盼爲鄰國所畏、百姓所服。今以此事觀之，盼亦優於勇而短於謀者也。

〔三〕金正煒曰：夫猶此也。禮記檀弓注，夫二人，猶言此二人也。爲義正同。
〔四〕姚注：曾添「有」字。士，一作「君」。鮑彪曰：二士：衍、盼。黄丕烈曰：「有」，鮑本無。
〔五〕金正煒曰：按墨子經説，且，猶是也。「易」上疑脱「不」字，或「易」爲衍文。國語晉語：「盍姑釋荆與」，鄭注：釋，置也。
〔六〕黄丕烈曰：「犀首」，鮑本不重，鮑補下二字。

二

犀首見梁君曰〔一〕：「臣盡力竭知〔二〕，欲以爲王廣土取尊名，田需從中敗君〔三〕，王又聽之，是臣終無成功也。需亡，臣將侍；需侍，臣請亡。」王曰：「需，寡人之股掌之臣也〔四〕。爲子之不便也，殺之亡之，毋謂天下何〔五〕，内之無若群臣何也〔六〕！今吾爲子外之，令毋敢入子之事〔七〕：入子之事者，吾爲子殺之亡之，胡如〔八〕？」犀首許諾。於是東見田嬰，與之約結；召文子而相之魏〔九〕，身相於韓〔一〇〕。

〔一〕祖耿案：顧觀光附此於慎靚王三年。
〔二〕知，鮑本作智。
〔三〕姚注：前作「田繻」，今直言需。黄丕烈曰：今本「君」作「臣」。吳補：一本標君，一作臣，又作之。

金正煒曰：按魏王欲攻邯鄲章：「恃王國之大兵之精鋭而攻邯鄲，以廣地尊名，」此文「取」字疑衍。君字當從一本作臣。或以屬下讀，則上句文義不完。

〔四〕鮑彪曰：猶股肱。　金正煒曰：股掌之臣，言可玩之股掌之上者。鮑以爲猶股肱，於文不類。

〔五〕黄丕烈曰：吴補：一本標云，「亡之」下有「外之」字。丕烈案：有者當是。此讀「外之毋謂天下何」七字爲一句，與下「内之」爲對文，涉「今吾爲子外之」而脱。

〔六〕鮑彪曰：内，謂親之。稱「群臣」，則衍與焉。　吴師道曰：言殺之亡之，天下之人與内之群臣，皆不以爲然也。　王引之曰：謂，猶如也，奈也。若亦奈也，言無奈天下何，無奈群臣何也。

〔七〕姚注：入，猶與也。曾、劉無此注。　鮑彪曰：入猶與。　金正煒曰：「毋謂」句上當有「外之」二字，與下「内之」句相對爲文。今誤淆次於下，本義遂湮。鮑氏以「内之」爲親之，由不辨上句脱「外之」，因曲爲之説也。謂何、若何，義同。左氏僖二十八年傳：「謂諸侯何？」成十六年傳：「若諸侯何？」成二年傳：「將謂君何？」僖十五年傳：「將若君何？」文義並同。此言需特股掌之臣，殺之亡之，外而天下，内而群臣，皆無奈我何也。今吾爲子，令毋敢入子之事。句中不當有「外之」二字，今爲訂正，文即貫通。

〔八〕鮑彪曰：胡，猶何。

〔九〕鮑彪曰：文子，田文。

〔一〇〕姚注：曾題，劉連。　吴師道曰：田文爲魏相，蓋犀首約結於嬰，召其子而相之也。下章與此同。事宜在襄王時，非文奔魏相昭王事也。　又曰：身相韓，衍欲相韓也。下言置田需以稽二人，則衍仍留魏矣。　一本此下别爲一章。姚本注云：曾題，劉連。　黄丕烈曰：此下鮑本連。吴補：一本别爲一章。

三

蘇代爲田需說魏王曰〔一〕：「臣請問文之爲魏，孰與其爲齊也〔二〕？」王曰：「不如其爲齊也。」「衍之爲魏，孰與其爲韓也〔三〕？」王曰：「不如其爲韓也。」而蘇代曰〔四〕：「衍將右韓而左魏〔五〕，文將右齊而左魏，二人者將用王之國舉事於世，中道而不可〔六〕，王且無所聞之矣〔七〕！王之國雖滲樂而從之可也〔八〕。王不如舍需於側以稽二人者之所爲〔九〕，二人者曰：『需非吾人也，吾舉事而不利於魏，需必挫我於王〔一〇〕。』二人者必不敢有外心矣。二人者之所爲之利於魏與不利於魏〔一一〕，王厝需於側以稽之〔一二〕，臣以爲身利而便於事〔一三〕。」王曰：「善〔一四〕。」果厝需於側〔一五〕。

〔一〕祖耿案：顧觀光附此於愼靚王三年。

〔二〕姚注：爲，助也。曾、劉無此注。

〔三〕鮑彪曰：衍，陰晉人，時屬韓，故下蘇代說昭魚亦云。吳師道曰：陰晉，魏地，衍實魏人，其善韓非以此。

〔四〕祖耿案：鮑衍「而」字。金正煒曰：禮記檀弓「而曰然」注：而，猶乃也。釋詞：乃，猶於是也。

〔五〕姚注：右近，左遠。曾、劉無此注。鮑彪曰：右，言助之力。吳師道曰：時尚右，說見趙策。

〔六〕鮑彪曰：中道，猶中立也，言不能兩全二國。

〔七〕鮑彪曰：不聞所以救之。　吳師道曰：彼有外心，王不得而聞之。

〔八〕姚注：從，曾作後。鮑彪曰：滲，言浸微浸弱，如漏器然；樂，言如漏器，尚足樂，雖從二子可也。然從二子必亟亡，不得如是也。　吳師道曰：滲樂，未詳。　黃丕烈曰：案此當作「操藥」，形近之譌也。言國病甚，鮑所讀，非。　金正煒曰：按「滲樂」當是「消爍」之譌。滲、消篆文近似；樂則爍之損也。「消爍」字策數見。從，隨也。言用二子，則國將隨之消爍矣。鮑注望文生義，說太支離。

〔九〕鮑彪曰：舍，猶厝。　金正煒曰：管子四稱篇「良臣不使，讒賊是舍」注：舍，止也。謂止讒賊於其旁，與之近也。漢書賈誼傳注：厝，置也。止、置義同，故鮑注：舍猶厝。

〔一〇〕鮑彪曰：需非二人之黨。

〔一一〕姚注：「爲之」，劉「去之」。　金正煒曰：按「之利於魏」，之猶其也，見高誘呂覽音初篇注。

〔一二〕鮑彪曰：厝、措同。

〔一三〕姚注：劉去「身利」字。一本無「而」字。鮑彪曰：身，王身。　黃丕烈曰：「而」下鮑本有「國」字。吳補：一本「而便於事」。又姚注云：劉去「身利」字，一無「而」字。似義長。　金正煒曰：身，疑當爲甚，一聲之譌。鮑本「而國」二字誤倒，於文當爲：「甚利國而便於事。」

〔一四〕黃丕烈曰：今本「善」誤「然」。

〔一五〕鮑彪曰：彪謂哀王於是有人君之言，不亡需是也。惜其不旋踵，需不入衍之事，蘇代入之矣！待衍如是可也，如得賢而付之閫外，若此者不亦殆乎！　吳師道曰：魏王始聽犀首而欲外田需，復因蘇代而置需以稽二人。賢否之不知，用舍之不能，熒惑於游士之言，而拱手以聽之，其孱昏甚矣！

四

史舉非犀首於王〔一〕，犀首欲窮之，謂張儀曰：『請令王讓先生以國〔二〕，王爲堯、舜矣，而先生弗受，亦許由也！衍請因令王致萬户邑於先生〔三〕。』張儀說，因令史舉數見犀首。王聞之而弗任也〔四〕。史舉不辭而去〔五〕。

〔一〕鮑彪曰：舉即甘茂所事。祖耿案：顧觀光附此於顯王四十七年。
〔二〕鮑彪曰：衍以此說儀，使之爲己解舉，故舉後見之。
〔三〕鮑彪曰：弗受國，故致邑。黃丕烈曰：請，鮑本無。
〔四〕鮑彪曰：任，猶信也。舉既非之，而數見之，故王疑之。
〔五〕吳師道曰：據此，讓國之說，不特鹿毛壽之愚燕噲也。此恐惠王時事。

五

楚王攻梁南〔一〕，韓氏因圍薔〔二〕。成恢爲犀首謂韓王曰〔三〕：『疾攻薔，楚師必進矣。魏不能支，交臂而聽楚，韓氏必危。故王不如釋薔。魏無韓患，必與楚戰。戰而不勝，大梁不能守，而又況存薔乎？若戰而勝〔四〕，兵罷敝〔五〕，大王之攻薔易矣〔六〕！』

〔一〕鮑彪曰：楚王，懷王。　祖耿案：顧觀光附此於顯王四十六年。

〔二〕姚注：蕾，一本作薔。黄丕烈曰：今本蕾作薔。鮑改蕾爲黄，吳氏補曰：未詳，一本作薔。　程恩澤曰：蕾，一作薔，鮑作黄。案左傳昭二十三年：『劉子取牆人、直人。』彙纂：墻，一作嗇。路史：嗇，廧也，今河南府新安縣東北有白墻村（金水發源處），疑是其處。蕾與嗇、廧、墻，並是一字。其作薔者，俗字省文耳。鮑改作黄則謬矣。王符潛夫論：『帝堯之後有蕾氏』，蓋以邑爲姓名。　吳曾祺曰：案蕾，水名。山海經：皋塗之山，蕾水出焉。

〔三〕鮑彪曰：成恢，魏人。韓王，襄王。

〔四〕姚注：劉添『而』字。黄丕烈曰：而，鮑本無。

〔五〕鮑彪曰：罷，音疲。

〔六〕吳師道曰：此策時不可考。

六

魏惠王死〔一〕，葬有日矣，天大雨雪，至於牛目〔二〕，壞城郭，且爲棧道而葬〔三〕，群臣多諫太子者，曰：『雪甚如此，而喪行，民必甚病之，官費又恐不給，請弛期更日〔四〕。』太子曰：『爲人子而以民勞與官費用之故而不行先王之喪，不義也〔五〕。子勿復言！』群臣皆不敢言，而以告犀首〔六〕。犀首曰：『吾未有以言之也〔七〕！

是其唯惠公乎〔八〕！請告惠公〔九〕。」惠公曰：「諾〔一〇〕。」駕而見太子，曰：「葬有日矣。」太子曰：「然。」惠公曰：「昔王季歷葬於楚山之尾〔一一〕，欒水齧其墓〔一二〕，見棺之前和〔一三〕，文王曰：『嘻！先君必欲一見群臣百姓也夫〔一四〕！故使欒水見之。』於是出而爲之張於朝〔一五〕，百姓皆見之，三日而後更葬。此文王之義也！今葬有日矣，而雪甚，及牛目，難以行，太子爲及日之故，得毋嫌於欲亟葬乎？願太子更日〔一六〕！先王必欲少留而扶社稷安黔首也〔一七〕，故使雪甚。因弛期而更爲日。此文王之義也〔一八〕。若此而弗爲，意者羞法文王乎〔一九〕？」太子曰：「甚善！敬弛期，更擇日〔二〇〕。」惠子非徒行其説也，又令魏太子未葬其先王〔二一〕，而因又説文王之義〔二二〕。説文王之義以示天下，豈小功也哉〔二三〕！

〔一〕祖耿案：此章三百三十四字，又見呂覽開春篇，三百二十五字，内容同，論斷語亦同。策多於覽者爲壞城郭、爲棧道二事，是策在前，覽襲之而有遺漏之明證也。又案呂覽注云：孟子所見梁惠王也，秦伐魏，魏徙都大梁，梁在陳留浚儀西大梁城是也。顧觀光隸此於顯王三十四年。

〔二〕鮑彪曰：駕車用牛，故以及其目爲深候。黄式三曰：駕重車以牛，及目則深甚。金正煒曰：按鮑説理不可通。「牛目」疑是「半月」之譌，雨雪及十五日之久，故至壞城郭，將爲棧道而葬也。祖耿案：董仲舒雨雹對：雪及牛目。

〔三〕祖耿案：呂覽無此九字。

〔四〕鮑彪曰：弛，解也，昔約今解。　金正煒曰：廣雅釋詁：弛，緩也。　祖耿案：呂覽「諫」下有於字，「喪行」作「行葬」，「病」作「疾」，注：給，足也。更，改也。

〔五〕姚注：一本無也字。金正煒曰：「用」字疑衍。民勞與官費爲對文，上文官費下亦無用字。　祖耿案：「爲人子而」，呂覽作「爲人子者」，「先王之喪」作「先王之葬」。

〔六〕祖耿案：「皆不敢言」，呂覽作「皆莫敢諫」。注：犀首，魏人公孫衍也，佩五國相印，能合從連横，號爲犀首。

〔七〕鮑彪曰：未得其説以説。　金正煒曰：按呂覽開春篇，文與此同。高注：未，猶無也。是文注本皆作「末」，鮑所據本已誤。　祖耿案：呂覽作「吾末有以言之」，注：末，猶無也。「之」下無也字。

〔八〕姚注：一作薛公。旁出云：一本皆惠子。然其後與此本皆直言惠子，恐惠子者是。　鮑彪曰：惠公，施也。　祖耿案：呂覽注：言唯惠公能諫之也。惠公，惠王相，惠施也。

〔九〕姚注：公，一作子。

〔一〇〕姚注：公，一作子。

〔一一〕姚注：呂氏春秋作惠公渦山。一本無之字。　祖耿案：呂覽作「渦山之尾」。畢沅曰：梁仲子云：魏策作楚山之尾。論衡死僞篇作滑山之尾，初學記十四引作渦水之尾。　祖耿又案：徐文靖（位山）曰：括地志：終南山一名楚山，在雍州萬年縣南五十里。武王墓在萬年縣西南三十里。是楚山固周家先墓所在。

〔一二〕姚注：後語作「欒水」。注：盛弘之荆楚記曰：「宜都縣有欒水，即烏水也。今襄州南有烏水。」按，古公亶父以修德爲百姓所附，遂杖策去之，與太姜踰梁山而止於岐山之陽。故詩曰：「率西水許，至於岐下。」是爲太王。太王生季歷，季歷卒，葬鄠縣之南，今之葬山名。而皇甫謐云：「楚山，一名潏山，鄠縣之南山也。」縱有楚山之名，不宜得欒水所齧，雖惠子之書五車，未爲稽古也。續云：欒音鑾，說文云：漏流也，一曰漬也。墓爲漏流所漬，故曰「欒水齧其墓，不必譏惠子也。」 鮑彪曰：欒，漏流也。 吳師道曰：姚云：後語作鑾水。注引荆楚記：「宜都烏水。」按季歷卒，葬鄠縣之南。皇甫謐云楚山，一云潏山，鄠之南山。雖有楚山之名，不宜得鑾水所齧。欒音鑾。說文云：漏流也，一曰漬也。墓爲漏流所漬，故云。呂氏春秋作「葬於渦水之尾」，後云：「天故使明水見之。」初學記引一作渦山，論衡作滑山。 黄丕烈曰：案「初學記引」四字，乃吳氏自注語。吳本注中有注，今刻本多誤，說已見齊策。 惠棟曰：水經注，岐水一名大欒水（讀說文記）。 黄式三曰：欒水，漏流水。 程恩澤曰：案水經注引淮南子及漢書音義，並云岐水一名大欒水，出石橋山東，南流合漆水，又合杜水，逕岐山而屈逕周城南。寰宇記：商洛山亦名楚山（即四皓隱處），在商洛縣南一里。長安志：周王季墓在南山。畢沅曰：即扈山也。洪亮吉曰：地在鄠縣東南，則扈山即楚山，欒水即岐水也。 朱起鳳曰：渦字作滑，乃字形之訛，作楚者，音之混也，初學記卷十四引呂氏作「渦水之尾，天故使欒水見之。」天字，當作夫，各書皆同。初學記又引作「夫故使明水見之」。廣韻八戈渦字注：亦作過，水名。論衡作滑，滑疑即過之誤。

〔一三〕鮑彪曰：和，棺兩頭木。 吳師道曰：玉篇：秎，胡戈、户卧二反。廣韻作䄟，皆云棺頭也。此作和，蓋音通。 阮元曰：前和即前桓，桓、和古同聲，其通借之迹多矣。（見揅經室三集與王西沚先生書。）

祖耿案：呂覽注：棺題曰和。

〔一四〕祖耿案：夫，呂覽作天，屬下讀。

〔一五〕姚注：後語：「張帳以朝。」鮑彪曰：張幕帟，如朝廷然。 吳師道曰：姚本「張於朝」注：後語，「張帳以朝」。按周禮，「掌次以待張事」。黃丕烈曰：「於」，鮑本無。丕烈案：呂氏春秋、論衡作「張朝」。黃式三曰：張朝，帳似朝。金正煒曰：按開春篇作「天故使欒水見之」，高注：見，猶出也。論衡死僞篇作「夫」，與此同。又呂覽、論衡，「張朝」間並無「於」字，當從鮑本省。韓非外儲説：「今吾任子之，天下未之聞也，於是明日張朝而聽子之。」漢書黥布傳注：張，音竹亮反，若今言張設。

〔一六〕祖耿案：更，呂覽作易。

〔一七〕鮑彪曰：秦稱民黔首，非此時語也。吳師道曰：禮祭義亦有「黔首」字，非始於秦。祖耿案：扶，呂覽作撫。

〔一八〕鮑彪曰：爲，猶撰。吳師道曰：下文有。祖耿案：「使」下，呂覽有「雨」字。

〔一九〕祖耿案：弗，呂覽作不。乎，作也。

〔二〇〕祖耿案：呂覽作「更擇葬日」。

〔二一〕祖耿案：鮑本「令」下無魏字。王，呂覽作君。

〔二二〕黃丕烈曰：「因又」，鮑本作「又因」。呂氏春秋作「因有」。

〔二三〕金正煒曰：按漢書禮樂志：「誠非小功小美也。」又功字或爲巧之誤。禮記表記「辭欲巧」注：巧謂順而説也。論語學而篇：「巧言令色」，包注：巧言，好其言語。小巧，猶云小慧。錢穆曰：是事在惠王卒歲之冬，故哀王稱太子。又覩群臣以告犀首，而犀首稱惠子，知其時惠子非相魏，初無言責。張儀已去，故犀首爲魏廷領袖也。（考辨三二四頁）

七

五國伐秦，無功而還〔一〕。其後齊欲伐宋，而秦禁之。齊令宋郭之秦，請合而以伐宋，秦王許之〔二〕。魏王畏齊、秦之合也，欲講於秦。謂魏王曰：「秦王謂宋郭曰：『分宋之城，服宋之强者，六國也；乘宋之敝而與王爭得者，楚、魏也〔三〕；請爲王毋禁楚之伐魏也，而王獨舉宋。王之伐宋也，請剛柔而皆用之〔四〕。如宋者，欺之不爲逆者，殺之不爲讎者也〔五〕。王無與之講以取埊，既已得埊矣〔六〕，又以力攻之，期於啗宋而已矣〔七〕。』臣聞此言而竊爲王悲〔八〕。秦必且用此於王矣〔九〕。又必且曰王以求埊〔一〇〕，既已得埊，又且以力攻王，又必謂王曰使王輕齊〔一一〕。齊、魏之交已醜〔一二〕，又且收齊以更索於王〔一三〕。秦嘗用此於楚矣，又嘗用此於韓矣，願王之深計之也。秦善魏不可知也已〔一四〕。故爲王計〔一五〕，太上伐秦，其次賓秦，其次堅約而詳講〔一六〕，與國無相離也〔一七〕。秦、齊合，國不可爲也已！王其聽臣也。必無與講〔一八〕。秦權重魏，魏再明孰〔一九〕，是故又爲足下傷秦者不敢顯也〔二〇〕。天下可令伐秦，則陰勸而弗敢圖也。見天下之傷秦也，則先鬻與國而以自解也〔二一〕。天下可令賓秦，則爲劫於與國而不得已者〔二二〕。天下不可，則先去而以秦爲上交以自重也〔二三〕。如是人者，鬻王以爲資者也，而焉能免國於患。免國於患者，必窮三節而行其上〔二四〕。上不可則行其中，中不可則行其下，下不可則明不與秦而生以殘秦〔二五〕。使秦皆無百怨百利唯己之曾安〔二六〕。令足下鬻之以合於秦〔二七〕。是免國於患者之計也。臣何足以當之〔二八〕！雖然，願足下之論臣之計也。燕，齊讎國也〔二九〕，秦，兄弟之交也〔三〇〕。合讎國以伐婚姻〔三一〕，臣爲之苦矣〔三二〕。黄帝戰於涿鹿之野，而西戎之兵不至；禹攻三苗，而東夷之民不起；〔三三〕以燕伐秦，黄帝之所難也〔三四〕，而臣以致燕甲而起齊兵矣。臣又偏事三晉之吏，奉陽君、孟嘗君、韓呡、周㝡、周、韓餘爲徒，從而下之〔三五〕，恐其伐秦之疑也。又身自醜於秦〔三六〕，扮之請焚天下之秦符者，臣也〔三七〕。次傳焚符之約者，臣也〔三八〕。欲使五國約閉秦關者，臣也〔三九〕。奉陽君、韓餘爲既和矣。蘇脩、朱嬰既皆陰在邯鄲〔四〇〕，臣又説齊王而往敗之〔四一〕。天下共講。因使蘇脩游天下之語〔四二〕，而以齊爲上交〔四三〕，兵請伐魏〔四四〕，臣又争之以死而果西，因蘇脩重報〔四五〕。臣非不知秦勸之重也〔四六〕，然而所以爲之者，爲足下也〔四七〕。」

〔一〕鮑彪曰：成皋之役，此（魏昭）十年。　祖耿案：顧觀光隸此於赧王二十九年。

〔二〕鮑彪曰：秦王，昭王。

〔三〕鮑彪曰：王，齊閔。

〔四〕鮑彪曰：宋强，宋弱，皆必伐之。　金正煒曰：按剛柔皆用者，教齊啗宋之術，即下文所云：欺之殺之之類。鮑注非也。

〔五〕姚注：「逆者」，曾添者字。「不爲」，曾作「而無」。黄丕烈曰：「逆者」，者，鮑本無。　金正煒曰：不，猶無也。爲讀去音。孟子滕文公篇：「厥疾不瘳」，周禮注作「厥疾無瘳」。不爲亦猶無爲，皆言宋之失助也。姚云不爲，曾作「而無」，於義亦同。鮑本「逆」下奪者字，當從曾補。

〔六〕姚注：劉添矣字。黄丕烈曰：矣，鮑本無。

〔七〕金正煒曰：啗，猶吞也。楚辭天問注：吞，滅也。

〔八〕黄丕烈曰：鮑改悲爲患。　金正煒曰：悲字自通，不必改患。

〔九〕鮑彪曰：用楚伐魏。

〔一〇〕黄丕烈曰：以，鮑本作必。鮑改「曰」爲劫，丕烈案：曰當作因，形近之譌也。鮑改非。　金正煒曰：曰當爲「白」，「迫」之損也。

〔一一〕黄丕烈曰：鮑衍「曰」字。丕烈案：謂，當作講；曰，當作因。形近之譌也。　金正煒曰：當從黄説，作「又必講王因使王輕齊」。策文講與搆通用。秦韓圍梁章：「計者不如講三國攻秦」，秦召魏相信安君章：「今我講難於秦」，並與此義同。

〔一二〕鮑彪曰：醜，惡也。

〔一三〕黄丕烈曰：更，鮑本作東。吴補：一本「更」。　金正煒曰：「更索」義勝，作東者誤。

〔一〕鮑彪曰：言不可信。

〔一五〕祖耿案：計，鮑本作説。　金正煒曰：説當爲計，與上文「願王之深計之也」，後文「願足下之論臣之計也」相應。

〔一六〕吴師道曰：詳、佯通，史多有。「媾」字句。佯講於秦，此即趙策所謂不得已而必媾，則願五國復堅約者。此「賓」即「擯」。

〔一七〕黄丕烈曰：今本「離」作「錐」。鮑本作「錐」。吴補：錐，一本作離。

〔一八〕鮑彪曰：與秦講。

〔一九〕黄丕烈曰：再，鮑本作冉，鮑改孰爲熟。吴氏補曰：即熟。丕烈案：此當讀「秦權重」爲一句，「魏冉明」爲一句。魏字誤複，孰字亦有誤。是字屬下句讀。鮑、吴皆非也。金正煒曰：按此文當以「秦權重魏」爲句，言秦權重於魏也。「魏冉明孰」爲句，陘山之事章：「秦王明而熟於計，穰侯智而習於事」，與此文略同。孰、熟通用，不煩改作。　祖耿案：鮑氏於是字斷句，注曰：言慮此明且熟。

〔二〇〕鮑彪曰：足下，或人謂魏王當如下（祖耿案：當有誤）。傷猶（祖耿案：當有脱字）。不敢顯，恐秦覺之。　黄丕烈曰：鮑改「又爲」作「有謂」，吴氏補曰：又、有通。丕烈案：「爲」當去聲讀，鮑所改誤甚！　金正煒曰：又爲、有謂，字并通用，不煩改作，吴正是也。

〔二一〕鮑彪曰：言與國爲之非我也。

〔二二〕金正煒曰：賓，讀如擯；爲，讀如僞。

〔二三〕鮑彪曰：先去，背諸國也。

〔二四〕姚注：曾、劉不複「免國於患」四字。吴師道曰：三節，即上文太上、其次之説。

〔二五〕姚注：而，一作兩。鮑彪曰：生猶進，言伐之不已。　吴師道曰：不能伐，不能擯，又不能媾，必爲秦所伐，則誓鬬而必死，不與秦俱生以殘秦。姚本注云：而，一作兩。金正煒曰：按「明」對「佯講」而言，或爲「期」之誤，與上文「期於啗宋」義同。「生以殘秦」，義不可曉，作「兩生」亦未安。「而」當從一本作兩，「生」當作立。燕策：「當此之時也，燕、齊不兩立」，此即其義。

〔二六〕鮑彪曰：巳，止。曾，則也。言使秦見殘，不擇利害，唯務止魏之殘以自安也。金正煒曰：按「百」疑當爲可，「已」疑當爲亡，并字之譌也。禮記中庸：「體物而不可遺，」鄭注：可，猶所也。秦有所怨，有所利，皆使天下不安；必使之怨利皆無，則唯亡之乃安耳。孟子公孫丑篇趙注：何曾，何乃也。孫奭音義：曾，則也，乃也。

〔二七〕鮑彪曰：所謂鬻王以秦爲上交者。黄丕烈曰：今本「令」誤「今」。鮑「令」上補「無」字。改「足」爲「天」。吴氏補曰：「令」上當有缺誤。金正煒曰：按「鬻之」，猶言「舍是」，承上文三節及殘秦而言，鮑本「令」上補「無」字，又改「足下」爲「天下」，即與上下文義不屬。

〔二八〕金正煒曰：當與黨，古通用。方言：黨，知也。楚謂之黨，或曰曉。呂覽當賞篇：「昔者聖王先德而後力，晉公其當之矣。」當猶知也。

〔二九〕鮑彪曰：兩國自宣閔、易昭，再世相讎。

〔三〇〕鮑彪曰：燕、齊與秦。

〔三一〕鮑彪曰：猶兄弟也。此士欲爲魏合燕、齊以伐秦。

〔三二〕鮑彪曰：言伐秦之難而已爲之。黄式三曰：言事苦而身爲之也。

〔三三〕鮑彪曰：言帝王用兵，猶有不從者。不經見。黄丕烈曰：今本「起」作「赴」，乃誤涉鮑也。鮑改起作赴。王念孫曰：鮑改非也。不起者，謂不起兵以應禹也。下文曰：「以燕伐秦，黄帝之所難也，而臣以

（與已同）致燕甲而起齊兵矣。」即其證。　程恩澤曰：案黄帝之西戎，今無可考。　金正煒曰：按左氏昭二十六年傳：「王起師於滑」注：起，發也。

〔三四〕黄丕烈曰：鮑「燕」下補齊字。丕烈案：上策文云：「燕，齊讎國也；秦，兄弟之交也。」燕字逗，乃總下二句，故此云：「以燕伐秦，黄帝之所難也。」下云：「而臣以致燕甲而起齊兵矣」，以見其能使燕忘齊爲讎國之意耳。鮑讀之不審，乃以「燕齊」二字爲連文，説「秦兄弟之交也」，云燕、齊與秦，遂於此補齊字，其誤甚矣！吴氏不正，亦非。

〔三五〕鮑彪曰：爲徒，與爲徒友。　吴師道曰：韓餘，疑即趙策韓徐。「周」「韓」之間有脱字，不然衍「周」字。「爲徒從而下之」句，謂徒黨合從也。又恐「從」「徒」字誤衍。　黄丕烈曰：鮑改呡爲珉。今本冣誤最。吴謂恐「徒」「從」字譌衍，丕烈案：吴説未是，當云「徒爲從而下之」。徒，但也，從，合從。　金正煒曰：按孟嘗君嘗相魏，故亦稱三晉之吏。吴氏以周、韓之間有脱字，是也。就策文所及或周霄歟！韓餘當即韓徐，見趙世家。吕覽報更篇，「與天下之賢者爲徒」注：徒，黨也。愼人篇：「讓賢而下之」，下之，謂身爲之下也。舊説義並未安。

〔三六〕鮑彪曰：與秦惡。

〔三七〕姚注：扮，博幻切，握也。　鮑彪曰：扮，并也，握也。言合諸國。　吴師道曰：扮，撫吻反。

〔三八〕鮑彪曰：傳之諸國。

〔三九〕鮑彪曰：不通秦。　吴師道曰：燕策，蘇代謂焚天下之秦符，上計破秦，其次長賓之，皆與此合。　黄丕烈曰：今本「使」誤「伐」，鮑改「欲」爲「次」。丕烈案：上策文云：「扮之請焚天下之秦符者臣也，次傳焚符之約者臣也。」「扮」當作「初」，形近之譌也。二句是一事。上云初，下云次，自爲對文。鮑不審，乃并改此。姚讀扮，博幻切。吳讀撫吻反，皆未是。 金正煒曰：按姚說義晦。黄云扮當作初，其說近是。欲字當從鮑作次，皆承自醜於秦而言。

〔四〇〕鮑彪曰：此皆三晉之吏也。

〔四一〕鮑彪曰：敗宋郭合秦之約。

〔四二〕鮑彪曰：游，揄揚之。

〔四三〕鮑彪曰：蓋詐。

〔四四〕鮑彪曰：兵，齊兵。 黄式三曰：「兵請伐魏」，疑當作「楚兵伐魏」，承上「無禁楚之伐魏」言也。

〔四五〕鮑彪曰：脩在邯鄲，齊之西也。報以齊不伐魏。

〔四六〕黄丕烈曰：鮑改勸爲權，吳氏補曰：恐作權，上有。

〔四七〕鮑彪曰：彪謂此非蘇代不能也。故史言代復約從親，如蘇秦時。獨所謂行其上不可則行其中，下爲不可用也。夫伐秦不勝竄走求成之不給，安能賓之？諸侯見其敗，輕之矣，豈有聽其堅約之說哉！蓋代之計，專以伐之爲上，而游辭見其多策耳。計不出於此也。 吳師道曰：按趙策五國伐秦章，蘇代說奉陽君云云，中有與此章出入者，知此必代之辭也。三策並陳：上則伐之，中則擯之，下則媾之，未及伐之敗也，鮑說謬矣。

八

魏文子、田需、周宵相善〔一〕，欲罪犀首。犀首患之，謂魏王曰：「今所患者齊也，嬰子言行於齊王〔二〕，王欲得齊，則胡不召文子而相之？彼必務以齊事王！』王曰：『善。』因召文子而相之。犀首以倍田需、周宵〔三〕。

〔一〕鮑彪曰：文子，田文；周霄，孟子時有此人，至是三十年矣。　吳師道曰：田文前相魏，當襄王時，孟子見梁襄王，相去不遠也。　黃丕烈曰：鮑衍「魏」字。吳氏正曰：「提魏事也。」今本「田」誤「曰」。宵，鮑本作霄。　金正煒曰：按文子二字，涉下文而衍。鮑衍魏字，恐非。又疑此文或本作：「魏犀首、齊文子相善，田需、周霄欲罪犀首，犀首患之」，故說王召相文子，以倍田需、周霄。　錢穆曰：策文云：「犀首謂魏王曰：嬰子言行於齊王，王欲得齊，胡不召文子而相之？」又曰：「犀首東見田嬰，與之約結，召文子而相之魏，身相於韓。蘇代爲田需說魏王，魏王復厝需於側。」則田文初相魏在襄王初年，時田嬰猶尚在。其後至襄王九年而田需卒。孟子嘗見襄王，豈有相去三十年之說？（考辨三四七頁）　祖耿案：顧觀光附此於愼靚王三年。

〔二〕鮑彪曰：齊王，閔王。

〔三〕鮑彪曰：二人雖善文，今衍薦文，文必善衍，善衍則復背其所善。　吳曾祺曰：案文子因犀首之言得相，故德之。犀首因使之倍田需、周霄。

九

魏王令惠施之楚〔一〕，令犀首之齊，鈞二子者乘數，鈞將測交也〔二〕。楚王聞之〔三〕。施因令人先之楚〔四〕，言曰〔五〕：「魏王令犀首之齊，惠施之楚，鈞二子者，將測交也〔六〕。」楚王聞之，因郊迎惠施。

〔一〕鮑彪曰：施自孟子時至此，亦三十餘年。吳師道曰：施屢見策文，蓋惠、襄時人。此策不可考。祖耿案：顧觀光附此於愼靚王三年。

〔二〕鮑彪曰：鈞，言恩禮之等。數，車乘之數。測猶卜也，視何國厚吾使，因知其厚我。下衍「楚王聞之」四字。

〔三〕黄丕烈曰：鮑衍「楚王聞之」四字。吳氏補曰：四字恐因下文衍。金正煒曰：按「鈞將測交也，楚王聞之」九字，涉後文而衍。

〔四〕黄丕烈曰：人，鮑本作之。　祖耿案：元至正十五年刋本作人。

〔五〕金正煒曰：言，揚言也。

〔六〕鮑彪曰：施欲楚之厚己。　金正煒曰：「鈞二子者」下當有「乘數」二字而誤脫。施以測交動楚，因以自重於魏。鮑注並非。

十

魏惠王起境内衆將太子申而攻齊〔一〕。客謂公子理之傳曰〔二〕：「何不令公子泣王太后，止太子之行。事成則樹德，不成則爲王矣。太子年少，不習於兵。田盼宿將也〔三〕，而孫子善用兵〔四〕，戰必不勝，不勝必禽。公子爭之於王，王聽公子，公子不封〔五〕。不聽公子，太子必敗。敗，公子必立。立，必爲王也〔六〕。』

〔一〕祖耿案：顧觀光繫此於顯王二十八年。

〔二〕鮑彪曰：理，申弟也。　吳師道曰：注以下説推之，無明徵。　黄丕烈曰：傳，鮑本作傅。丕烈案：傳字是也。

〔三〕黄丕烈曰：今本盼作盻，鮑本作盻。　梁玉繩曰：據楚世家張丑之言，盼此時恐未必爲將。（史記志疑卷九）

〔四〕姚注：孫臏也。鮑彪曰：臏也。

〔五〕黄丕烈曰：今本「不」作「必」。鮑本作「必」。

〔六〕鮑彪曰：彪謂止太子之行，正誼也；而志於樹德、爲王，則譎矣。故夫譎正之間不容髮，人議論豈以或出於正，言未卒而譎隨之，惟其心之不正故也。

十一

齊、魏戰於馬陵，齊大勝魏，殺太子申，覆十萬之軍。魏王召惠施而告之曰：『夫齊，寡人之讎也，怨之至死不忘！國雖小，吾常欲悉起兵而攻之，何如？』對曰：『不可。臣聞之，王者得度，而霸者知計〔一〕。今王所以告臣者，疏於度而遠於計。王固先屬怨於趙，而後與齊戰〔二〕。今戰不勝，國無守戰之備，王又欲悉起而攻齊，此非臣之所謂也〔三〕！王若欲報齊乎，則不如因變服折節而朝齊〔四〕，楚王必怒矣〔五〕，王游人而合其鬬〔六〕，則楚必伐齊。以休楚而伐罷齊，則必爲楚禽矣〔七〕。是王以楚毀齊也！』魏王曰：『善。』乃使人報於齊，願臣畜而朝〔八〕。田嬰許諾。張丑曰：『不可！戰不勝魏而得朝禮〔九〕，與魏和而下楚，此可以大勝也〔一〇〕。今戰勝魏，覆十萬之軍而禽太子申，臣萬乘之魏而卑秦、楚〔一一〕，此其暴於戾定矣〔一二〕。且楚王之爲人也，好用兵而甚務名，終爲齊患者，必楚也。』田嬰不聽，遂內魏王而與之並朝齊侯，再三〔一三〕。趙氏醜之，楚王怒，自將而伐齊，趙應之，大敗齊於徐州〔一四〕。

〔一〕鮑彪曰：度，法度。　祖耿案：顧觀光隸此於顯王三十六年。

〔二〕鮑彪曰：記，三十年伐趙，趙告急於齊，齊救趙伐魏。　吳師道曰：按魏伐趙，趙告急於齊，齊救趙伐魏，乃惠王十八年敗於桂陵時事。此三十年，魏龐涓伐韓，齊田忌、孫臏伐魏以救韓。魏大發兵，使太子申將，與龐涓合軍拒之，戰於馬陵，魏師大敗，殺太子申、龐涓。「魏龐」以下，並大事記文，從孫臏傳。記又見秦、齊策。　錢穆曰：惠子墨徒，常主偃兵。馬陵之後，勸王折節朝齊，且曰：「王固先屬怨於趙」，見伐趙非出惠子。策文趙字，或係韓字之誤。吳師道已辨之，要以見惠子之不主戰。（考辨二六五頁）

〔三〕鮑彪曰：謂，謂得度、知計。

〔四〕鮑彪曰：變服，不爲人君服。　黄丕烈曰：因，鮑本作固。

〔五〕鮑彪曰：楚王，威王。

〔六〕鮑彪曰：游，謂使人游二國之間也。　金正煒曰：按詩青蠅：「構我二人。」箋，構猶合也。管子大匡篇：「乃游公子開方於衛，游季友於魯，游蒙孫於楚。」秦策：「王資臣萬金而游」，高注：游，行也。與趙策「張孟談乃行其妻之楚，長子之韓，次子之魏，少子之齊」義同。合鬭，如子貢之亂齊弊吴也。

〔七〕鮑彪曰：罷音疲。

〔八〕鮑彪曰：畜，自比犬馬也。　金正煒曰：按左氏襄二十六年傳：「天下誰畜之」，注：畜，容也。漢書高五王傳：「高后兒子畜之」，注：比之於子也。匈奴傳：「其地不可耕而食也，其民不可臣而畜也。」並與此義同。鮑氏説謬，且與臣字義不相屬。

〔九〕鮑彪曰：此設辭也。　金正煒曰：按戰魏不勝，何由得朝禮？疑不字當在得字上，誤淆於戰字下也。

〔一〇〕鮑彪曰：勝謂不敗耳，非戰勝。　金正煒曰：以，猶謂也，説見釋詞。

〔一一〕鮑彪曰：居二國之上。　吴師道曰：姚本甲作卑。　黄丕烈曰：卑，鮑本作甲。

〔一二〕姚注：曾添於字。鮑彪曰：言二國謂齊暴戾决矣。　吴師道曰：定，止也。謂齊之怒止。　黄丕烈曰：於，鮑本無。　金正煒曰：詩日月：「胡能有定」，傳：定，止也。暴戾間補於字無義。曾所據本或非。今文「戾定」二字，疑有譌誤。

〔一三〕黄式三曰：顯王三十四年會甄、會徐州，三十三年會平阿，皆用朝禮也。

〔一四〕鮑彪曰：彪謂：施之策齊、楚，如視白黑、數一二，可謂明矣。而不能止太子之將，何邪？豈言之而不聽邪？以施之智，其於策馬陵之戰不勞慮矣。張丑者，亦施之倫歟！　祖耿案：徐，鮑本作俆。錢穆曰：其時七國稱王者惟楚，故楚聞齊王而大怒，遂有圍齊徐州之舉。（考辨二六一頁）

十二

惠施爲韓、魏交〔一〕，令太子鳴爲質於齊〔二〕。王欲見之，朱倉謂王曰〔三〕：「何不稱病？臣請說嬰子曰：『魏王之年長矣！今有疾，公不如歸太子以德之〔四〕！不然，公子高在楚，楚將內而立之。是齊抱空質而行不義也〔五〕！』」

〔一〕鮑彪曰：爲，猶合。　黃丕烈曰：今本「爲」誤「謂」。鮑改韓爲齊。　祖耿案：顧觀光附此於顯王二十九年。曰：魏策言馬陵敗後，惠施令魏王入朝於齊，疑即此事。

〔二〕鮑彪曰：魏記唯申及赫名，餘不名。

〔三〕鮑彪曰：王，魏王。朱倉，魏人。

〔四〕祖耿案：御覽四百六十引，疾作病。

〔五〕祖耿案：御覽四百六十引，此下有「王從之，太子得還」七字。

十三

田需貴於魏王〔一〕，惠子曰：「子必善左右〔二〕！今夫楊，橫樹之則生，倒樹之則生，折而樹之又生〔三〕。然使十人樹楊，一人拔之，則無生楊矣〔四〕！故以十人之衆，樹易生之物〔五〕，然而不勝一人者，何也〔六〕？樹之難而去之易也〔七〕！今子雖自樹於王，而欲去子者衆，則子必危矣〔八〕！』田需死，昭魚謂蘇代曰：『田需死，吾恐張儀、薛公、犀首之有一人相魏者〔九〕。』代曰：『然則相者以誰而君便之也〔一〇〕？』昭魚曰：『吾欲太子之自相也〔一一〕。』代曰：『請爲君北見梁王，必相之矣。』昭魚曰：『奈何？』代曰：『君其爲梁王〔一二〕代請説君。』昭魚曰：『奈何？』對曰：『代也從楚來，昭魚甚憂，代曰：「君何憂？」曰：「田需死，吾恐張儀、薛公、犀首有一人相魏者。」代曰：「勿憂也！梁王長主也！必不相張儀！張儀相魏，必右秦而左魏；薛公相魏，必右齊而左魏；犀首相魏，必右韓而左魏〔一三〕。梁王長主也！必不使相也〔一四〕！」代曰：「莫如太子之自相！是三人皆以太子爲非固相也〔一五〕，皆將務以其國事魏而欲丞相之璽〔一六〕。以魏之强，而持三萬乘之國輔之，魏必安矣〔一七〕！故曰不如太子之自相也。」』遂北見梁王，以此語告之，太子果自相〔一八〕。

〔一〕祖耿案：韓非子説林上作『陳軫貴於魏王』，下至『子必危矣』爲一節，共九十六字，後無『田需死，昭魚謂蘇代曰』一大段，文字與此稍有不同，分記於下。顧廣圻曰：魏策云田需，田、陳同字，軫當依策作需。祖耿又案：鮑彪以『田需死』而下别爲一章，是也。史記魏世家楚相昭魚謂蘇代曰田需死一段，別見可證。顧觀光附此於慎靚王三年。

〔二〕祖耿案：御覽九百五十七引春秋後語：「魏哀王以田需爲相，甚貴信之。惠子謂田需曰：「子必善事左右，今夫樹楊」云云。注又載戰國策。初學記十八引惠子曰：「勉哉！今夫楊」云云，疑此有脫文。韓非子「必」上無「子」字。

〔三〕姚注：倒，劉作側。吳師道曰：倒字勝。　祖耿案：類聚八十九引作「倒樹之亦生」。韓非子「夫」上無「今」字，「則生」並作「即生」。

〔四〕祖耿案：初學記十八引，「然」下無使字，「無」下無生字。類聚八十九引同。鮑昭謝隨恩被原表云：「古人有言，楊者易生之木也，一人植之，十人拔之，無生楊矣！何則？植之者難，拔之者易。」

〔五〕祖耿案：御覽九百五十七引，「故」作「夫」。初學記十八、類聚八十九引，並作「且」，韓非子作「至」。盧文弨曰：凌本「至」作「夫」。王先慎曰：策作「故」。

〔六〕祖耿案：御覽九百五十七、類聚八十九引，「者」上並有「拔」字。

〔七〕祖耿案：類聚八十九引，「易」下有「故」字。

〔八〕姚注：曾去「則」字。吳師道曰：此與孟子「雖有天下易生之物」云云，語相類，而意在自樹。又云：「子必善左右」，則君子、小人之用心可見矣！　祖耿案：韓非子，「子雖」上無「今」字，「子雖」下有「工」字，「衆」下無「則」字。初學記十八引：「而欲拔者衆，子必危矣！」　又案：此下「田需死」，至「太子果自相」，鮑本別爲一章，顧觀光隸於赧王五年。

〔九〕鮑彪曰：薛公，嬰。　吳師道曰：史索隱以爲田文。按嬰卒於閔王之世，大事記附見於閔元年，此事在四年後。　祖耿案：自「田需死，昭魚謂蘇代曰」，至末「太子果自相」，別爲一事，不與上文相涉。上節見韓非子，此見史記魏世家哀王九年云：「魏相田需死，楚害張儀、犀首、薛公。楚相昭魚謂蘇代曰：「田需死」」，云云。文與策大同。其有不同，疏記於下。又案：史記注司馬貞曰：昭魚，昭奚恤也。薛公，田文也。

〔一〇〕姚注：一本無「者以」字。

〔一一〕金正煒曰：索隱云：太子即襄王也。余有丁云：戰國策是哀王時事，太子當是昭王，索隱解誤。

〔一二〕鮑彪曰：若，汝也。黄丕烈曰：今本君作若，鮑本作若。吴補：一本「君其爲」，考下文，是。丕烈案：史記作君。

〔一三〕姚注：右，親也；左，疏，外也。祖耿案：張儀、薛公、犀首三人次序，策先薛公，後犀首；史記反之，前後兩見皆然。此云相魏亦然，「犀首相」十字在前，「薛公相」十字在後。又「必不使相也」句，史記作「必不便也」四字。下復多「王曰然則寡人孰相」八字。

〔一四〕黄丕烈曰：鮑下補「王曰然則寡人孰相」八字。吴氏正曰：「史有此八字。按此乃蘇代請昭魚爲王，而設爲説王之辭，無此句可也。」丕烈案：史亦設辭，但不必與策文同耳。

〔一五〕姚注：固，久也。黄丕烈曰：皆，鮑本作不。吴補：一本作「皆以」，史同。金正煒曰：按史記魏世家作：「皆以太子爲非常相也。」固、常，文異義同。鮑本作「不以」，當由「必以」而譌，必、不同聲，古書往往互誤。

〔一六〕鮑彪曰：璽，印也。吴師道曰：秦武王初置丞相，用樗里子、甘茂，在張儀死後。此云丞相璽，則魏已有此名。金正煒曰：丞與承通。説文：承，受也。廣雅釋詁：承，繼也。史記淮南衡山濟北王傳：「以承輔天子」，漢書作丞。祖耿案：史記作「欲得丞相璽也」。

〔一七〕姚注：一本無「持」字。　祖耿案：史記無。

〔一八〕鮑彪曰：魏記九年有。　吳師道曰：大事記赧王八年書秦逐公孫衍，謂衍既去秦，事不復見。韓非子載犀首與張壽爲怨，陳需新入，不善犀首，因使人微殺張壽，魏王以爲犀首也，乃誅之。然則衍去秦後，終爲魏所殺也。愚按陳需即策中田需，而策以田需死後，魏欲相犀首，其說不同，當考。又赧王二十二年伊闕之敗，策云公孫衍割地和秦。大事記猶著其名，豈別一人？即李兌約五國攻秦時，亦有公孫衍，去此又九年。上距犀首爲秦大良造時，幾五十年，嘗疑其甚遠。說見趙策。（祖耿案：此謂鮑本趙策，齊將攻宋而秦楚禁之章注）　祖耿案：「果自相」，史記作「果相魏」。

十四

秦召魏相信安君〔一〕，信安君不欲往。蘇代爲說秦王曰〔二〕：「臣聞之，忠不必當，當必不忠〔三〕。今臣願大王陳臣之愚意〔四〕，恐其不忠於下吏，自使有要領之罪〔五〕，願大王察之。今大王令人執事於魏以完其交〔六〕，臣恐魏交之益疑也。將以塞趙也，臣又恐趙之益勁也〔七〕。夫魏王之愛習魏信也甚矣〔八〕！其智能而任用之也厚矣！其畏惡嚴尊秦也明矣〔九〕！今王之使人入魏而不用〔一〇〕，則王之使人入魏無益也。若用，魏必舍所愛習而用所畏惡〔一一〕，此魏王之所以不安也〔一二〕。夫舍萬乘之事而退，此魏信之所難行也〔一三〕。夫令人之君處所不安，令人之相行所不能，以此爲親，則難久矣！臣故恐魏交之益疑也。且魏信舍事〔一四〕，則趙之謀者必曰舍於秦〔一五〕，秦必令其所愛信者用趙，是趙存而我亡也〔一六〕！趙安而我危也〔一七〕！則上有野戰之氣〔一八〕，下有堅守之心。臣故恐趙之益勁也〔一九〕。大王欲完魏之交而使趙小心乎〔二〇〕？不如用魏信而尊之以名！魏信事王，國安而名尊；離王，國危而權輕〔二一〕；然則魏信之事主也〔二二〕，上所以爲其主者忠矣，下所以自爲者厚矣，彼其事王必完矣。趙之用事者，必曰：「魏氏之名族不高於我，土地之實不厚於我，魏信以韓魏事秦〔二三〕，秦甚善之，國得安焉，身取尊焉，今我講難於秦〔二四〕，兵爲招質〔二五〕，國處削危之形，非得計也。結怨於外，主患於中〔二六〕，身處死亡之埊，非完事也。」彼將傷其前事而悔其過行，冀其利，必多割埊以深下王〔二七〕，則是大王垂拱之割埊以爲利重〔二八〕，堯、舜之所求而不能得也！臣願大王察之〔二九〕！」

〔一〕鮑彪曰：史不書。馬驌曰：時不可知。祖耿案：顧觀光附此於赧王四年。

〔二〕鮑彪曰：秦王，武或昭。吳師道曰：無考。

〔三〕姚注：當，一本作黨。鮑彪曰：爲信安説，疑於黨之。黄丕烈曰：當，鮑本作黨。金正煒曰：案揚子方言：黨，曉、哲、知也。楚謂之黨。廣雅釋詁：黨，智也。此言忠者不必皆智，智者不必皆忠，故願得陳其愚意也。鮑本不誤，而注則非。莊子天下篇：「公而不當」，釋文：當，本作黨。與此同。

〔四〕黄丕烈曰：鮑「願」下補「爲」字。吴氏補曰：「願」下有缺字。

〔五〕鮑彪曰：要領，斬刑也。　吴曾祺曰：要即腰字。

〔六〕鮑彪曰：謂别置相，以代信安。

〔七〕鮑彪曰：信安必右趙者，秦召而伐之，欲魏不通趙。益勁，謂交魏益堅。

〔八〕鮑彪曰：魏信即信安，省言之。

〔九〕鮑彪曰：惡，猶憚。

〔一〇〕姚注：今，曾作令。金正煒曰：今猶若也，見釋詞。曾作令非。

〔一一〕鮑彪曰：若用，謂用秦所使。

〔一二〕姚注：劉添以字。黄丕烈曰：以，鮑本無。

〔一三〕鮑彪曰：退，謂去相位。

〔一四〕鮑彪曰：亦去信也。　金正煒曰：按「舍事」之舍，讀爲捨。荀子勸學篇「鍥而舍之」注：舍與捨同。説文：舍，釋也。左氏文十八年傳「舍爵而行」，釋文：舍，置也。國語楚語「昔門子文三舍令尹」注：舍，去也。

〔一五〕鮑彪曰：此舍猶棄，奪其愛習，是秦棄魏也。　方苞曰：舍於秦，「舍」當作「合」。　黄丕烈曰：鮑改趙爲魏，吴氏有正。　金正煒曰：鮑改「趙之謀者」爲「魏之謀者」於文不合。此承上文將以塞趙而言也。舍於秦，猶言息肩於秦，匡謬正俗云：舍者訓止、訓息，或爲合字之譌。秦楚攻魏章：「魏王之恐也，見亡矣，必舍於秦。」一本作合。秦攻魏急章：「天下必合呂氏而從嫪氏」，大事記引作「舍」。兩形相近，傳寫易謁，鮑注：「此舍猶棄，奪其愛習，是秦棄魏也。」大謬！

〔一六〕鮑彪曰：我，魏也。秦本欲塞趙而云然，此魏自疑之辭，非必秦意。

〔一七〕黄丕烈曰：安，鮑本作亡。　祖耿案：元至正十五年刋本作安。

〔一八〕鮑彪曰：將與秦戰。

〔一九〕鮑彪曰：魏不能獨抗秦，必結趙。　吴師道曰：趙之謀事者曰：魏信見舍於秦，秦亦將易置趙之臣，令其所愛信者用於趙，我之權去勢奪，是趙存而我已亡，趙安而我獨危，則必戰必守，不聽秦命，是趙益以强。

〔二〇〕黄丕烈曰：魏，鮑本無。鮑補魏字。吴補：姚本有魏字。

〔二一〕鮑彪曰：離王，不事之也。

〔二二〕黄丕烈曰：主，鮑本作王。丕烈案：王字是也。

〔二三〕黄丕烈曰：鮑衍韓字。吴氏補曰：疑衍。丕烈案：此韓當作「輔」，形近之譌也。

〔二四〕黄丕烈曰：今本講作搆，乃誤涉鮑也。鮑改講爲搆。吴氏補曰：宜從搆讀。

〔二五〕鮑彪曰：言於用兵，爲招爲質。招言召兵，質猶本也，爲之張本。　吴師道曰：「招質」未詳。　張琦曰：質，射的也。言搆難於秦。是招兵，如射者之的。　金正煒曰：招，埻的也。見呂覽本生篇「共射其一招」注。質，射侯，見荀子勸學篇「是故質的張而弓矢至焉」注。鮑吴並失其義。　張琦云：「言搆難於秦，是招兵，如射者之的」，猶未盡得也。　朱起鳳曰：詩小雅賓之初筵「發彼有的」傳：的，質也。楚辭大招：「昭質既設，大侯張只。」案的字，古亦作的，并與招通。楚策二莊辛謂楚襄王章：「以其類爲招」，春秋後語作「以其頸爲的」。招、昭同音通叚，的作招，蓋合甫摇、都歷二音爲一字耳！

〔二六〕黄丕烈曰：主，鮑本作生。

〔二七〕鮑彪曰：下，亦事也。　黄丕烈曰：「其過」，鮑本作「過其」。　金正煒曰：按「利」上當有後字，與上二句爲對文，蓋誤脱也。鮑本作「而悔過其行」，當從此本乙正。

〔二八〕姚注：之，一作多。鮑彪曰：得地則益重。　黄丕烈曰：之，鮑本作多。　金正煒曰：鮑本「之割地」作「多割地」。按淮南氾論篇：「使鬼神能玄化，則不待户牖之行。」太平御覽引作「而行」；趙策「之能美未之有也」，外紀作「而能美」。此文「之」字，亦當爲「而」，音近而誤。

〔二九〕鮑彪曰：彪謂堯、舜讓天下，而何愛於地！此特辯士欲重其事而言之過，若此者不一也。　吴師道曰：此類注不必辨。

十五

秦、楚攻魏，圍皮氏〔一〕。爲魏謂楚王曰〔二〕：「秦、楚勝魏，魏王之恐也！見亡矣，必舍於秦〔三〕。王何不倍秦而與魏王〔四〕？魏王喜，必内太子〔五〕。秦恐失楚，必效城埊於王〔六〕。王雖復與之攻魏可也。」楚王曰：「善。」乃倍秦而與魏。魏内太子於楚，秦恐，許楚城埊，欲與之復攻魏。樗里疾怒，欲與魏攻楚，恐魏之以太子在楚，不肯也。爲疾謂楚王曰：「外臣疾使臣謁之，曰：敝邑之王，欲效城埊〔七〕，而爲魏太子之尚在楚也，是以未敢。王出魏質，臣請效之〔八〕，而復固秦、楚之交，以疾攻魏〔九〕。楚王曰：『諾。』乃出魏太子。秦因合魏以攻楚〔一〇〕。

〔一〕鮑彪曰：亦（魏哀）十三年。黄丕烈曰：魏，鮑本無。吴補：一本『攻魏，圍皮氏』。屬河東。祖耿案：顧觀光隸此於赧王九年。

〔二〕鮑彪曰：楚王，懷王。

〔三〕姚注：舍，一作合。黄丕烈曰：鮑衍也字，改矣爲也。吴氏正曰：下章有此句法。丕烈案：下卷策文云：『魏王之懼也見亡』，吴據此也。

〔四〕祖耿案：倍，鮑本作背。下同。

〔五〕鮑彪曰：豈秦歸太子而攻耶？吴師道曰：説見前章。

〔六〕黄丕烈曰：今本『效』誤『攻』。祖耿案：效，鮑本作効，埊作地。下同。

〔七〕鮑彪曰：王，昭王。城地，前許之，未入也。

〔八〕姚注：『質臣』，曾作『太子』。

〔九〕鮑彪曰：此疾，速也，非名。吴師道曰：作名，通。

〔一〇〕吴師道曰：大事記，赧王九年，秦甘茂、樗里疾伐魏皮氏，未拔。甘茂棄軍奔齊，樗里疾與魏和，罷兵。按茂傳，茂言秦昭王以武遂歸韓，向壽、公孫衍怨，讒茂，茂輟伐魏云。

十六

龐葱與太子質於邯鄲〔一〕，謂魏王曰：『今一人言市有虎，王信之乎？』王曰：

「否〔二〕。」「二人言市有虎，王信之乎？」王曰：「寡人疑之矣。」「三人言市有虎，王信之乎？」王曰：「寡人信之矣！」龐葱曰：「夫市之無虎明矣！然而三人言而成虎！今邯鄲去大梁也遠於市〔三〕，而議臣者過於三人矣！願王察之矣〔四〕！」王曰：「寡人自爲知〔五〕。」於是辭行，而讒言先至，後太子罷質，果不得見〔六〕。

〔一〕姚注：葱，孫作恭。　鮑彪曰：太子，魏太子。　馬驌曰：史無太子質事。　祖耿案：此章見韓非子內儲說上七術作，「龐恭與太子質於邯鄲，謂魏王曰」云云。後漢書馬援傳注引韓子作龐共。顧廣圻曰：按恭字是。新序亦作恭。下文有「龐敬，縣令也」，當是一人。王先慎曰：事類賦二十引「恭」作「共」。古字通用。　朱起鳳曰：恭字古通作共。國策作葱，乃語音相近而誤。　顧觀光附此於顯王二十九年，曰：策言邯鄲去大梁遠，而魏徙大梁在此年。又與上章（祖耿案：惠施爲齊魏交章）並爲質太子事，故附此。

〔二〕祖耿案：韓非子作「曰：不信」。曰上無王字。王先慎曰：御覽一百九十一又八百二十七、八百九十一、事類賦二十引「不信」二字，並作「不」，下同。

〔三〕祖耿案：韓非子作「今邯鄲之去魏也遠於市」。

〔四〕黃丕烈曰：鮑改矣爲也。　祖耿案：韓非子無兩矣字。

〔五〕鮑彪曰：言不信人。　祖耿案：韓非子無此七字，及以下數語，只云：「龐恭從邯鄲反，竟不得見。」

〔六〕姚注：曾作「於是辭行，而讒言先至，後果不得見魏君矣。」劉作「於是辭行，而讒言先至，後果不見龐君。王曰：「寡人自爲知」。太子罷質，果不得見。」　鮑彪曰：史不書太子質事。以下章年時，因舊次之於此。吴師道曰：此策言邯鄲去大梁也遠，則徙都大梁以後事。惠王三十一年，秦擄公子卬，後徙梁。而韓、宋、魯、衛之朝，乃惠王十五年也，畜次恐不以此。金正煒曰：按此文當作：『於是辭行，而讒言先後至，太子罷質，果不得見。』諸本皆誤倒『至、後』二字。又至或爲生。國語晉語：『驪姬既遠太子，乃生之言』，韋注：生，生讒言也。史記項羽紀：『不然，籍何以至此。』漢書高帝紀作『生』。二形相似，易以致誤。祖耿案：此章又見新序雜事二，文字稍有不同。末作：『及龐恭自邯鄲反，讒口果至，遂不得見。』

十七

梁王魏嬰觴諸侯於范臺〔一〕，酒酣，請魯君舉觴〔二〕。魯君興，避席，擇言曰〔三〕：『昔者帝女令儀狄作酒而美〔四〕，進之禹〔五〕，禹飲而甘之，遂疏儀狄，絶旨酒，曰：「後世必有以酒亡其國者！」齊桓公夜半不嗛〔六〕，易牙乃煎敖燔炙和調五味而進之〔七〕，桓公食之而飽，至旦不覺〔八〕，曰：「後世必有以味亡其國者！」晉文公得南之威，三日不聽朝，遂推南之威而遠之〔九〕，曰：「後世必有以色亡其國者！」楚王登强臺而望崩山〔一〇〕，左江而右湖，以臨彷徨〔一一〕，其樂忘死〔一二〕，遂盟强臺而弗登，曰：「後世必有以高臺陂池亡其國者〔一三〕！」今主君之尊，儀狄之酒也〔一四〕；主君之味，易牙之調也；左白台而右閭須，南威之美也〔一五〕；前夾林而後蘭臺，强臺之樂也〔一六〕。有一於此，足以亡其國！今主君兼此四者，可無戒與？」梁王稱善相屬〔一七〕。

〔一〕鮑彪曰：嬰，史作罃，音相近。此（魏惠）十五年，魯、衞、宋、鄭君來朝。 吴師道曰：大事記書韓、宋、魯、衞爲序，解題云：是時魏惠王方强，諸侯相率而朝之也。索隱按紀年：魯恭侯、宋桓侯、衞成侯、鄭釐侯。桓侯即公剔成，釐侯即昭侯。 程恩澤曰：范臺今無考。 金正煒曰：按竹書紀年，烈王二年，魏觴諸侯於范臺，即魏武侯之十三年。武侯不名嬰，亦未稱王。此當爲惠成十四年，魯恭侯、宋桓侯、衞成侯、鄭釐侯來朝時事。史載惠成名罃，此以音同作嬰。惠之六年，徙邦大梁，故魏、梁並稱。惠成後元乃僭王，此策之書梁王，猶是追紀之辭也。國語晉語：「三卿宴於藍臺。」韋注：地名。范、藍音近，或即一地。祖耿案：御覽四百六十八引作：「梁王魏罌會諸侯於蘭臺。」 又案：顧觀光隸此於顯王十三年。

〔二〕鮑彪曰：魯共公。 吴師道曰：李善注文選引，北堂書鈔，皆作「舉觚」。大事記魯君舉觴，古者於旅也，語於是道古，即晉所謂杜舉也。 黄丕烈曰：吴氏補云云。丕烈案：此七啓注。 祖耿案：文選七啓李注引、書鈔一百四十八引，觴並作觚。儀禮燕禮鄭注：凡觴一升曰爵，二升曰觚，三升曰觶。準此，則觴爲共名，爵、觚、觶爲别名。此文觴當作觚，觚則觶之譌也。燕禮，酬皆用觶。或訛作觚。鄭注云：古者觶字，或作角旁氏。由此誤。然則觶譌爲觚，從來舊矣！此文蓋本作舉觶，譌而爲舉觚，又譌而爲舉觴也。禮記檀弓：「至於今既畢獻，斯揚觶，謂之杜舉。」揚觶即舉觶，檀弓作觶，足徵此文原必作觶。

〔三〕鮑彪曰：擇善而言。

〔四〕姚注：一本無「令」字。鮑彪曰：帝女，蓋堯、舜女。博物志：儀狄，禹時人。 吴師道曰：堯、舜女，無考。 王念孫曰：一本無「令」字是也。儀狄即帝女之名，不當有令字。文選七啓、七命注及太平御覽飲食部引此，皆無令字。祖耿案：書鈔一百四十八引作：「昔者黄帝女儀狄作酒而美，進之於禹。」孫詒讓籀高述林七周遺小子敔拓本跋云：「説文巾部云：『古者少康作箕帚、秫酒。少康，杜康也，葬長垣。』又酉部云：『古者儀狄作酒醪，禹嘗之而善，遂疏儀狄。杜康作秫酒。』竊疑杜康亦夏初人，因儀狄酒醪之法，而作秫酒。其人名少康，而居杜（與夏王少康異）。杜在漢杜陵，與甘扈在鄠地相近。或杜康居杜，即因甘水而作酒。古事茫昧，無可質證，而遺文間出，有足資推迹者，或可存備一義也。」

〔五〕祖耿案：書鈔一百四十六、一百四十八、文選七啓李注引，「之」下並有「於」字。

〔六〕姚注：嗛，快也。鮑彪曰：嗛，口有所銜也，言不善食。吴師道曰：嗛，苦簟反。高注快也，則當苦劫反。

〔七〕鮑彪曰：易牙，太公世家註：雍巫字。燔，火爇物。吴師道曰：有汁而乾曰煎，乾煎曰熬，肉爇之曰燔，近火曰炙。黄丕烈曰：今本敖作熬，乃誤涉鮑也。鮑改敖爲熬。吴氏補曰：熬，古字通。

〔八〕鮑彪曰：飽而寢安。吴師道曰：覺，居效反。

〔九〕姚注：下南之威，一本無「之」字。鮑彪曰：南之威，未詳。金正煒曰：按抱朴子：「南威、青琴，姣冶之極，而必俟盛飾以增麗。」祖耿案：文選與楊德祖書李注引作：「晉平公得南威，三日不聽朝。」七啓李注引、御覽三百八十引、初學記十九引，並同。惟平公作文公爲異。

〔一〇〕姚注：强，一作荆。崩山，一作崇山。藝文類聚引。祖耿案：後漢書邊讓傳：「楚王既游雲夢之澤，息於荆臺之上，左顧彭蠡之隩，南眺巫山之阿。」案文選七發李注引作：「楚王登京臺，南望獵山。」御覽四百六十八引作：「楚王登强臺而望崇山。」朱起鳳曰：京與荆同聲通用，古讀京亦如强，京、强二字，有異形，無異聲。料、獵聲之轉，獵字下從巤，作崩者，朋與巤形相近也。

〔一一〕姚注：彷徨一作方湟，藝文類聚引。鮑彪曰：自上觀下曰臨。集韻：彷徨，彷徉。彷徉，徙倚也。

〔一二〕吴師道曰：説苑云：「楚昭王欲之荆臺，司馬子綦進諫曰：『荆臺之遊，左洞庭之波，右彭蠡之水，南望獵山，下臨方淮，其地使人遺老而忘死，王不可遊也。』」後漢邊讓遊章華臺賦云：「楚王遊雲夢之澤，息於荆臺之上，前方淮之水，左洞庭之波，右顧彭蠡之隩，南眺巫山之阿，延目廣坐，騁觀終日。顧謂左史倚相曰：『盛哉斯樂，可以遺老而忘死也。』」荆臺即章華也。淮南子云：「令尹子佩請飲莊王，莊王許諾，云云，莊王曰：吾聞子樂於强臺。强臺者，南望料山以臨方皇，左江而右淮，其樂忘死。若吾薄陋之人，不可以當此樂也。」注：料，山名；方皇，水名。右三説，聊記以廣聞。 黄丕烈曰：荆、强聲之轉也，獵、料聲之轉也。下臨方淮，前方淮之水，二淮字皆當作湟，形近之譌也。徨、皇、湟同字耳。 程恩澤曰：强臺，即荆臺，章華臺也；崩山，即巫山、獵山、料山也。江即洞庭也；湖即彭蠡也。彷徨，即方淮、方皇也；其地則雲夢也。杜注：華容（今監利縣）有章華臺。夢溪筆談：荆州、江陵、長林、監利，皆有章華臺，皆雲夢所在也。蓋皆一地數名，傳聞各異，故其説不同如此。 金正煒曰：方皇即彷徨，見文選甘泉賦注。 吴曾祺曰：彷徨，徘徊也。文理甚順。他處引，或作方湟，或作方淮，俱不可通。 祖耿案：文選七發李注引，下有「天下無有」四字。

〔一三〕鮑彪曰：蓋莊王云。書註：澤障曰陂，停水曰池。

〔一四〕金正煒曰：按左氏昭二十九年傳：「齊侯使高張來唁公，稱主君。子家子曰：齊卑君矣！」杜注：比公於大夫。是時魏久列於諸侯，不當復稱主君。周禮司儀：「主君郊勞。」禮記郊特牲注：「大饗謂諸侯相朝，主君饗賓。」此蓋其義。又或君王之誤而倒也。

〔一五〕鮑彪曰：白台、閭須，皆美人。 吴師道曰：閭須見荀子。 金正煒曰：按説文：須，女字也。賈侍中説楚人謂女曰頞。揚雄反離騷：「資娵娃之珍髢兮」，韋昭曰：「陬，當作頞，梁王魏嬰之美人曰閭須。」疑即本此策也。白台，未詳。　祖耿案：楚策客説春申君章：「閭姝子奢」，荀子作「閭娵」。楚辭東方朔七諫：「訟謂閭陬爲醜惡」，洪補注：娵音須，是閭須、閭娵一也。

〔一六〕鮑彪曰：臺、林，地缺，各在其國。　程恩澤曰：夾林今無考。楚世家：「王績繳蘭臺，飲馬西河，定魏大梁。」正義曰：蘭臺，桓山之別名。當即指此。　金正煒曰：按史記魏世家：「從林鄉軍以至於今」，索隱引劉云：「林，地名，蓋春秋時鄭地之棐林，在大梁之西北。」左氏傳棐林，公羊作斐林，斐、夾字形相近，或即其地歟。楚世家：「王績繳蘭臺，飲馬西河，定魏大梁。」正義云：蘭臺即桓山之別名也。

〔一七〕鮑彪曰：彪謂魯，周公之後也，其教澤存焉。故齊仲孫湫曰：「猶秉周禮。」韓起亦云：「周禮盡在魯矣！」仲尼氏作，縉紳先生萃焉。於是特爲中國禮義之邦。觀魯君之所稱説，則周、孔之澤深矣！　舉觴一時，而爲天下萬世之明戒，魯君豈非賢君哉！　吳師道曰：「觀魯」止「深矣」二語，大事記取。

一

秦趙約而伐魏〔一〕，魏王患之，芒卯曰〔二〕：『王勿憂也！臣請發張倚使謂趙王曰〔三〕：「夫鄴，寡人固刑弗有也〔四〕，今大王收秦而攻魏，寡人請以鄴事大王〔五〕！」』趙王喜，召相國而命之〔六〕，曰：『魏王請以鄴事寡人，使寡人絶秦〔七〕。』相國曰：『收秦攻魏，利不過鄴，今不用兵而得鄴，請許魏。』張倚因謂趙王曰：『敝邑之吏效城者，已在鄴矣〔八〕！大王且何以報魏！』趙王因令閉關絶秦，秦趙大惡。芒卯應趙使曰：『敝邑所以事大王者，爲完鄴也！今郊鄴者，使者之罪也〔九〕！卯不知也！』趙王恐魏承秦之怒，遽割五城以合於魏而支秦〔一〇〕。

〔一〕祖耿案：鮑本作『秦約趙』。顧觀光隷此於赧王二十五年。

〔二〕姚注：淮南子注：『孟卯，齊人也。戰國策作芒卯。』吳師道曰：淮南子孟卯，註齊人，引策芒卯。吳曾祺曰：芒、孟聲近互通。祖耿案：淮南子：『孟卯妻其嫂，有五子焉！然而相魏，寧其危，解其患。』

〔三〕鮑彪曰：張倚，魏人；趙王，惠文王。

〔四〕姚注：刑，一作形。鮑彪曰：形，猶勢也。高注爲刑，法雖通而此書多作形。黄丕烈曰：鮑改刑爲形。吴氏補曰：此書刑、形字通。

〔五〕金正煒曰：按下文云：「魏王請以鄴事寡人，使寡人絶秦。」則此當作「今大王絶秦而收魏。」今猶若也，説見釋詞。絶作收，收作攻，涉下文「收秦攻魏，利不過鄴」而誤。

〔六〕姚注：一本無趙字。

〔七〕姚注：鄴，曾、劉一作「國」。

〔八〕祖耿案：效，鮑本作「効」。

〔九〕姚注：郊，孫一作「效」。黄丕烈曰：今本「郊」作「効」，乃誤涉鮑也。鮑改「郊」作「効」。吴氏補曰：當從上文。丕烈案：作「效」自是，但與姚氏校語矛盾也。

〔一〇〕鮑彪曰：此（魏昭）六年，書卯以詐重者，此也。彪謂此馮亭上黨之事也，惠文失之於魏，孝成失之於韓，雖所喪敗有多寡之差，其貪而不明，真父子也！馬驌曰：史稱「芒卯以詐重」，即此。

二

芒卯謂秦王曰〔一〕：「王之士，未有爲之中者也〔二〕！臣聞明王不胥中而行〔三〕。王之所欲於魏者，長羊、王屋、洛林之地也〔四〕，王能使臣爲魏之司徒，則臣能使魏獻之。」秦王曰：「善。」因任之以爲魏之司徒〔五〕。謂魏王曰：「王所患者，上地也〔六〕；秦之所欲於魏者，長羊、王屋、洛林之地也；王獻之秦，則上地無憂患，因請以下兵東擊齊，攘地必遠矣〔七〕。』魏王曰：『善。』因獻之秦。地入數月，而秦兵不下，魏王謂芒卯曰：『地已入數月，而秦兵不下，何也〔八〕？』芒卯曰：『臣有死罪！雖然，臣死則契折於秦〔九〕，王無以責秦。王因赦其罪，臣爲王責約於秦。』乃之秦，謂秦王曰：『魏之所以獻長羊、王屋、洛林之地者，有意欲以下大王之兵東擊齊也〔一〇〕。今地已入而秦兵不可下，臣則死人也〔一一〕！雖然，後山東之士，無以利事王者矣〔一二〕！』秦王懼然曰：『國有事，未澹下兵也〔一三〕，今以兵從。』後十日，秦兵下，芒卯並將秦、魏之兵以東擊齊，啓地二十二縣〔一四〕。

〔一〕鮑彪曰：秦王，昭王。 祖耿案：顧觀光附此於赧王二十五年。

〔二〕鮑彪曰：中，謂用事於諸國之中，猶內應云。 吳曾祺曰：言未有得理之中者。 金正煒曰：按呂覽應言篇，魏令孟卬割絳、汾、安邑之地以與秦王，王喜，令起賈爲孟卬求司徒於魏王，孟卬即此策之芒卯。西周策：魏王因使孟卬致溫囿於周君。秦策：孰與孟嘗、芒卯之賢。並即是人。孟、芒同聲，卬、卯形似，因致傳寫之歧。穀梁桓九年傳，『爲之中者，歸之也。』注：中謂關與婚事。此謂通內之所欲於外，猶言居間也。

〔三〕黃丕烈曰：今本𦙃作背，乃誤涉鮑也。鮑本作咠，改咠爲背。吳補：一本作𦙃，俱未詳。𦙃，說見趙策。 金正煒曰：按弔比干文：『啓𦙃宇於齊方』，𦙃即胥也。六朝人書胥多作𦙃。魏王問張旄章：『韓且坐而𦙃亡乎？』鮑注：𦙃、胥同，待也。不，當作必，一聲之譌。

〔四〕鮑彪曰：長平屬汝南。王屋在河東垣縣東北。洛林即蘇代所謂林中，河南宛陵林鄉也。　黃丕烈曰：鮑改「羊」爲「平」，吳氏補曰：地未詳，或字誤。　張琦曰：汝南長平，在今陳州府西六十里。王屋故城，在今濟源縣西八十里。菀陵故城，在今新鄉縣東北三十八里。林鄉故城在縣東二十五里。長平、洛林與王屋並言，地必相近。林鄉逼近韓國都，時楚雖未徙陳，長平亦應屬楚，俱非魏地。平，原作羊，二地應在今濟源西北，山西垣曲、陽城之間，後文所謂上地也。　程恩澤曰：案鮑改羊爲平，故云屬汝南。地理志：魏南有汝南之長平，則長平爲魏地無疑。但舊本俱作羊，且與王屋、洛林連文，地必相近。吳氏補曰：地未詳，或有誤，恐未便擅改。山海經：王屋之山，聯水（即沇水）出焉。西北流於泰澤。漢志：河東郡垣縣。禹貢：王屋山在東北，沇水所出。淮南子：天下九山，王屋其一。括地志：沇水出王屋山頂，崖下石泉。元和志：山在縣北十五里（括地志作十里），周一百三十里，高三十里。山有三重，其狀如屋。河南通志：形如王者車蓋，故名。其絶頂曰天壇（此山之北峯最高處，東曰日精，西曰月華，上有太乙池，即濟源也），蓋濟水發源之處。戴震曰：山在陽城縣（山西澤州府）南八十里，東至濟源縣（河南懷慶府）亦八十里，西南至垣曲縣（山西絳州）一百里。顧祖禹曰：濟源有王屋城，爲周召康公邑，亦漢垣縣地。秦所欲者殆即指此歟！洛林，據原注，蘇代所謂林中，河南宛陵林鄉也。林鄉即棐林，則是地凡有六名矣！　顧觀光曰：史記：「昭王六年，予秦河東地方四百里。芒卯以詐重。」魏策，芒卯謂秦王曰：「王之所欲於魏者，長羊、王屋、洛林之地。」蓋此三邑並在河東也。漢志：河東郡垣、王屋，山在東北。是邑以山名。長羊、洛林並未詳。鮑改長羊爲長平，又以林中釋洛林，二邑並在河南，不在河東，且距王屋絶遠，不可從。

〔五〕鮑彪曰：司徒本周官，此所謂爲之中。　黃丕烈曰：之，鮑本無。　金正煒曰：按管子任法篇：「世無請謁任舉之人」，注：任，保也。孔叢子儒服篇：子高任司馬，又爲將於齊，與此文同。或爲仕字之譌。韓非五蠹篇：「是故事强，則以外權仕官於內」，正芒卯之所爲也。

〔六〕鮑彪曰：上流之地近秦。 吴師道曰：未知所指。 程恩澤曰：案上地，似即上郡之地，是時已入秦，故吴以爲未詳。然其地亦必近秦，故以秦爲患，或即在上洛左右界秦之處歟。 顧觀光曰：上郡又名上地，說見趙策。 金正煒曰：按左氏昭十四年傳注：上國在國都之西，西方居上流，故謂之上國。上地猶上國也。魏之西地近秦，故爲王所患。

〔七〕黄丕烈曰：「必」下鮑本有不字。

〔八〕祖耿案：「地」下鮑本無巳字。

〔九〕鮑彪曰：折，毁也，言不可有責於秦。 黄式三曰：契折猶約信毁折也。 金正煒曰：按管子輕重丁篇：稱貸之家，皆折其券而削其書。注：舊執之券皆折毁之。又顔師古漢書高帝紀注：以簡牘爲契券，既不徵索，故折毁之，棄其所負。 吴曾祺曰：謂臣死則事無信檢，猶索債者先自折其契也。

〔一〇〕黄丕烈曰：「有意」二字，鮑本無。

〔一一〕金正煒曰：說文：可，肯也。

〔一二〕金正煒曰：按此文但就山東之士爲言，於義未完，且與上文魏之獻地，欲以下兵擊齊，亦不相應。當作「後山東之主無以割事王者矣！」「士」之爲主，「利」之爲割，並以形近而譌也。韓策：「臣恐山東之無以馳割事王者矣！」正與此文相類。

〔一三〕鮑彪曰：贍，給也。 黄丕烈曰，戄，鮑本作懼。鮑改澹爲贍。吴氏補曰：即贍。前漢志：「澹用」。丕烈案：懼、瞿同字，作懼亦可通。 金正煒曰：戄之與懼，澹之與贍，古並通用。下兵，謂出兵而東也。左氏襄十六年傳：「督守而下」，注：順河東行，故曰下。國語晉語：「公以二軍下次於陽樊」，注：東行曰下。 吴曾祺曰：澮、贍本通用字，贍足也。未澮下兵，言國有事，未足下兵也。

〔一四〕黄式三曰：芒卯獻地擊齊攘地事，見魏策甚詳。魏世家云：『昭王六年，予秦河東地方四百里。芒卯以詐見重。』穰侯傳云：『穰侯爲秦將攻魏，魏獻河東方四百里。』則魏策、魏世家、穰侯傳之爲一事可知也。國策鮑注以芒卯欺趙得地一事，爲以詐見重之由，固矣！于擊齊得地事，不言以詐見重之由，以篇次聯合，不待言也。參考諸書以聯合之，與年表亦符。呂覽應言以芒卯所獻之地爲安邑，誤也。魏失安邑在後。

三

秦敗魏於華〔一〕，走芒卯而圍大梁〔二〕。須賈爲魏謂穰侯曰〔三〕：『臣聞魏氏大臣父兄皆謂魏王曰：「初時惠王伐趙〔四〕，戰勝乎三梁〔五〕，十萬之軍〔六〕，拔邯鄲〔七〕，趙氏不割而邯鄲復歸。齊人攻燕，殺子之，破故國〔八〕，燕不割而燕國復歸〔九〕。燕、趙之所以國全兵勁而地不并乎諸侯者，以其能忍難而重出地也〔一〇〕。宋、中山數伐數割，而隨以亡〔一一〕。臣以爲燕、趙可法而宋、中山可無爲也〔一二〕！夫秦貪戾之國而無親，蠶食魏盡晉國〔一三〕，戰勝睪子〔一四〕，割八縣〔一五〕，地未畢入而兵復出矣。夫秦何厭之有哉！今又走芒卯，入北地〔一六〕，此非但攻梁也，且劫王以多割也！王必勿聽也〔一七〕！今王循楚、趙而講〔一八〕，楚、趙怒而與王爭事秦，秦必受之。秦挾楚、趙之兵以復攻，則國救亡不可得也已〔一九〕！願王之必無講也！王若欲講，必少割而有質〔二〇〕，不然必欺〔二一〕！」是臣之所聞於魏也！願君之以是慮事也〔二二〕！周書曰：「維命不於常。」此言幸之不可數也。夫戰勝睾子而割八縣，此非兵力之精非計之工也〔二三〕！天幸爲多矣〔二四〕！今又走芒卯，入北地以攻大梁，是以天幸自爲常也！知者不然〔二五〕！臣聞魏氏悉其百縣勝兵以止戍大梁〔二六〕，臣以爲不下三十萬，以三十萬之衆，守十仞之城〔二七〕，臣以爲雖湯、武復生弗易攻也！夫輕信楚、趙之兵，陵十仞之城，戴三十萬之衆而志必舉之〔二八〕，臣以爲自天下之始分以至於今，未嘗有之也〔二九〕！攻而不能拔，秦兵必罷〔三〇〕，陰必亡〔三一〕，則前功必棄矣！今魏方疑，可以少割收也〔三二〕，願之及楚、趙之兵未任於大梁也〔三三〕，亟以少割收，魏方疑而得以少割爲和，必欲之〔三四〕，則君得所欲矣！楚、趙怒於魏之先己講也，必爭事秦〔三五〕，從是以散，而君後擇焉〔三六〕。且君之嘗割晉國取地也，何必以兵哉〔三七〕！夫兵不用而魏效絳、安邑〔三八〕，又爲陰啓兩機，盡故宋〔三九〕，衛效尤憚秦兵已令〔四〇〕而君制之〔四一〕，何求而不得？何爲而不成？臣願君之熟計而無行危也〔四二〕！」穰侯曰：「善。」乃罷梁圍〔四三〕。

〔一〕鮑彪曰：華山在弘農華陰，秦紀作「華陽」，注：「亭名，在密縣。」事在此（魏安釐）二年。　吳師道曰：華陰之華，去聲。華下、華陽，史無音。　張琦曰：秦紀：昭王三十二年，穰侯攻魏至大梁，破暴鳶。年表同。穰侯傳載須賈云云，在三十二年。明年復攻魏，走暴鳶，蓋誤次也。華陽之役，秦紀在三十三年，年表在三十四年，魏世家同，此策首句亦誤。　程恩澤曰：案下云「走芒卯而圍大梁」，則華當與大梁相近，似不得在華陰。國語：「虢鄶八邑，其一爲華」（今本作莘），則鄭自有華地，不必以華陽連稱，始爲韓邑也。水經注：黄水東南流，逕華城西。又云：紫光溝水出華陽城東北。分華城與華陽爲二。蓋華本山名（又有華水），當其地者爲華城，而華陽則在其南歟。郡國志劉昭注：秦破魏華陽，地在密縣，今新鄭縣東南有華城，蓋即秦敗魏處。　祖耿案：顧觀光隸此於赧王四十年。

〔二〕祖耿案：此章見史記穰侯列傳，布局全同而字句多異。首云：「昭王三十二年，穰侯爲相國，將兵攻魏，走芒卯，入北宅，遂圍大梁。梁大夫須賈説穰侯曰」云云。注，裴駰曰：徐廣曰：「魏惠王五年，與韓會宅陽。」張守節曰：宅陽一名北宅。括地志云：「宅陽故城在鄭州滎陽縣西南十七里。」　又案：此章凡五百八十五字，史記穰侯列傳凡五百九十八字。又見於馬王堆漢墓帛書第十五章，凡五百六十九字。首曰：「華軍秦戰勝魏，走孟卯。」全文見後。

〔三〕鮑彪曰：須賈，魏人。

〔四〕黄丕烈曰：今本「初」誤「幼」。　祖耿案：此句史記作：「臣聞魏之長吏謂魏王曰：昔梁惠王伐趙。」

〔五〕鮑彪曰：春秋：「秦取梁」，漢夏陽也。河内有梁，周小邑也。陳留、浚儀、大梁爲三，皆魏地。　吳師道曰：索隱云：三梁即南梁。又説見齊策（祖耿案謂南梁之難章）。　張琦曰：鮑以夏陽、河南、大梁爲三梁，吳氏據索隱以爲即南梁，疑皆非也。此主伐趙拔邯鄲，三梁應在趙地。今廣平府東北有曲梁城，恐「三」爲「曲」之譌。水經注：漳水又東逕肥鄉縣故城北。竹書紀年：梁惠成王八年，伐邯鄲取肥者也。肥縣故城在今肥鄉縣西南三十里，正與曲梁相近。　程恩澤曰：鮑、吳二說皆非是。鮑以三梁爲三地，不能轉戰於三處也。吳以三梁即南梁，此韓地，在今汝州，與趙遠不相涉。水經注：博水又東南，逕三梁亭南。疑即古勺梁也。竹書紀年：燕人伐趙，圍濁鹿。趙武靈王及代人救濁鹿，敗燕師于勺梁。今廣昌東嶺之東有山，俗名之曰濁鹿，邏城地不遠，土勢相隣，以此推之，或近是矣。路史國名紀引地理風俗傳：扶柳西北五十里有梁城，故漢西梁縣也，在今冀之南宮堂陽鎮（今在束鹿縣東北）。二說皆可存（水經注尤近是）。　金正煒曰：按史記田世家：「魏伐趙，趙與韓親，共擊魏。趙不利，戰於南梁。」索隱引晉太康地記曰：「戰國謂梁爲南梁者，別之於大梁、少梁也。」此云三梁，或即南梁。　祖耿案：鮑本無「勝」字，史記「勝」下無「乎」字。

〔六〕金正煒曰：「十」上疑脫「覆」字。　祖耿案：史記無「十萬之軍」四字。

〔七〕鮑彪曰：秦十二年攻趙，虜莊賈。　吳師道曰：魏惠王十八年拔趙邯鄲，二十年歸趙邯鄲。

〔八〕吳師道曰：通鑑大事記在宣王二十九年。　梁玉繩曰：史作「齊人攻衛，拔故國，殺子良」，未知孰是？索隱以魏策爲非，何所見乎？（志疑卷二十九）　祖耿案：此句史記作：「齊人攻衛，拔故國，殺子良。」注，司馬貞曰：「衛之故國，蓋楚丘也。下文『故地』，亦同謂楚丘也。戰國策衛字皆作燕，子良作子之，恐非。」

〔九〕祖耿案：此句史記作「衛人不割，而故地復反。」

〔一〇〕祖耿案：乎，鮑本作于，史記作於。「燕、趙」作「衛、趙」。

〔一〕祖耿案：史記「數割」作「割地」，「而」下有「國」字。

〔二〕姚注：曾本無臣字。　鮑彪曰：此臣，魏大臣所稱。　祖耿案：史記「燕、趙」作「衛、趙」，「可無爲也」作「可爲戒也」。

〔三〕金正煒曰：按晉國謂晉之故都絳也，時已割獻于秦。　吳曾祺曰：言魏所得晉國之地，爲秦蠶食且盡。　祖耿案：史記無夫字，「而」上有也字，「無」作「毋」，「魏」下有「氏又」二字。注，司馬貞曰：河東、河西、河內，並是魏地，即故晉國。今言秦蠶食魏氏，盡晉國之地也。

〔四〕姚注：史記作「暴子」。　鮑彪曰：地缺。　吳師道曰：皋，上刀反。睪，羊益反。又滜作澤。古書三字皆通，此未有據。史睪作暴，下同。徐廣云，暴鳶也。大事記作「暴吏」，未詳。　梁玉繩曰：「戰勝暴子」，國策暴作睪，非。注云地缺，尤非。（史記志疑卷二十九）　王念孫曰：史記穰侯傳，「睪子」作「㬥子」。徐廣曰：「韓將㬥鳶。」念孫案：作㬥者是也。史記秦本紀：昭襄三十二年，相穰侯，攻魏至大梁，破㬥鳶。韓世家：釐王二十一年，使㬥䳒攻魏（䳒與鳶同），爲秦所敗。即此所謂戰勝㬥子者也。此策作睪子者，說文，㬥，晞也，暴，疾有所趣也。此策㬥子㬥之，蓋本作暴字，隸省作㬥，又省作皋，形與皋字相似，俗書皋字作睪，故㬥子譌爲睪子矣！　張琦曰：史作「暴子」，徐廣曰：即暴鳶也。

〔五〕梁玉繩曰：案秦拔魏二縣，魏與秦溫，共三縣耳。八縣誤。（志疑卷二十九）考秦昭三十二年，當魏安釐二年，韓釐二十一年，秦攻魏，拔兩城，軍大梁下。韓使暴鳶救魏，爲秦所敗，鳶走開封，魏予秦溫以和，是秦昭三十二年之戰也。而秦紀云「魏入三縣」，穰侯傳云「割八縣」，並誤。蓋二縣秦拔之，一縣魏予之，共三縣也。（志疑卷四）

〔六〕鮑彪曰：梁之北，非郡。　吳師道曰：史記作「宅」，策字訛，下同。正義引竹書云：「宅陽，一名北宅。」括地志云：「故城在鄭州滎陽縣西。」黄丕烈曰：案北宅，徐廣云：宅陽也。張守節同。金正煒曰：北地當從史作北宅，括地志云：宅陽故城一名北宅，在鄭州滎陽縣東南十七里。水經濟水注：濟際有故城，世謂之水城。史記：魏冉攻魏，「走芒卯，入北宅」，即故宅陽城也。

〔一七〕金正煒曰：「割也」當爲「割地」之損。　祖耿案：史記「但」作「敢」，「以」下有「求」字，「割也」作「割地」。

〔一八〕鮑彪曰：循，猶順也。以下文考之，秦時蓋合楚、趙共攻魏，魏見二國爲秦用，遂欲講秦，不反覆思之也。　吴師道曰：循即徇。　黄丕烈曰：吴説未是，史記循作有，謂魏方有楚、趙之救，此當與之同，意「循」必誤字也。下句「楚、趙怒而與王爭事秦」，史記「而」下多「去王」二字，意尤明，鮑説則更誤矣！金正煒曰：循當讀爲遁，廣雅釋詁：遁，欺也。後漢書杜林傳：「上下相遁」，注：遁，猶迴避也。中山策：「中山必遁燕、趙」，與此義同。鮑釋爲順，吴以爲即徇，皆與「楚、趙怒」句義迕。史作「有」，亦「背」字之譌也。

祖耿案：此句史記作：「今王背楚、趙而講秦」，注，司馬貞曰：講，和也。

〔一九〕黄丕烈曰：鮑衍也字。　祖耿案：史記「怒而」下有「去王」二字，「攻」下有「梁」字，「國」下「救」作「求無」二字，末無「已」字。

〔二〇〕鮑彪曰：亦事驗也。　吴師道曰：索隱云：少割地而求秦質子　祖耿案：史記無必字。

〔二一〕吴師道曰：索隱云：必被秦欺。　祖耿案：史記「必」下有「見」字。注，司馬貞曰：謂與秦欲講，少割地而求秦質子，不然必被秦欺也。

〔二二〕祖耿案：史記「是」作「此」，「君」下有「王」字。注，司馬貞曰：須賈説穰侯，言魏人謂梁王若少割地而求秦質，必是欺我，即聞魏見欺於秦也。

〔二三〕黄丕烈曰：工，鮑本作功。　祖耿案：史記「精」下有「也又」二字。

〔二四〕吳師道曰：漢史「天幸」語本此。

〔二五〕祖耿案：知，鮑本作智，史記作智。

〔二六〕姚注：縣，曾本作姓。　金正煒曰：止，當爲上之誤。呂覽似順篇：「簡子上之晉陽」，蓋晉陽在晉國之西也。韋昭國語解：「東行曰下」，故此以西戍爲上。又左氏莊二十八年經疏：國都爲上，邑爲下。祖耿案：史記兵作甲，止作上。

〔二七〕祖耿案：史記「守」下有梁字，十作七。注，裴駰曰：爾雅曰：四尺謂之仞，倍仞謂之尋。

〔二八〕黄丕烈曰：吳補：一本標孫作「戰」。丕烈案：作「戴」者誤也。史記作「戰」。　金正煒曰：信，當爲倍，字形相似而譌。戴字無義。　祖耿案：史記信作背，十作七，戴作戰。

〔二九〕祖耿案：史記作「自天地始分」，無「下之」二字。「有之」作「有者」。

〔三〇〕鮑彪曰：罷音疲。

〔三一〕鮑彪曰：陰，穰侯別邑。　黄丕烈曰：吳氏正曰：陰即陶，說見趙策。丕烈案：史記作陶邑。　張琦曰：史作陶。索隱曰：陶，一作魏，言秦攻得魏之城邑，秦罷則亡而歸於魏也。　程恩澤曰：案史記，魏冉封穰，復益封陶。徐廣曰：陶一作陰。漢志，南陽郡有陰縣。師古曰：即左傳下陰也（路史以下陰在陰城西，陰城在襄之穀城東北）。在今湖北襄陽府光化縣西，漢水西岸有古陰縣城，（錢坫曰：在今穀城縣東北陰城鎮。蓋本通典及後漢書注，即路史之說也。）與穰相近，疑即此地。然史又云：取剛壽予穰侯，以廣其陶邑，其地並在今山東定陶左右（正義云：剛在兗州龔丘縣；壽，鄆州之縣），則穰侯別邑，實在定陶。趙策：公孫衍說李兌攻宋取陰定封。又云：魏冉必妬君之有陰，則陰爲宋地，偪近定陶，亦無可疑，當並存之。（吳注謂陶即是陰，卻嫌無別，須俟再考。） 祖耿案：史記作「陶邑必亡」。注，司馬貞曰：陶一作魏，言秦前攻得魏之城邑，秦罷則亡而還於魏也。張守節曰：定陶近大梁，穰侯攻梁兵疲，定陶必爲魏伐。

〔三二〕祖耿案：史記「魏」下有氏字。注，司馬貞曰：賈引魏人之說不許王講於秦，是言魏氏方疑，可以少割地而收魏也。

〔三三〕鮑彪曰：未以攻梁自任。 黃丕烈曰：今本「願」下有君字，乃誤涉鮑也。鮑補君字。吳氏補曰：史「願君逮楚趙。」 金正煒曰：按「願之」當從史作「願君」，或之字衍。「任」當爲「莅」之譌。詩采芑：「方叔涖止。」傳：涖，臨也。周禮肆師注，故書位爲莅。韓策：「今王位正。」王念孫云：位讀爲莅，位、莅聲近，字亦相通。此策蓋由位誤任。 祖耿案：此句史記作：「願君逮楚、趙之兵未至於梁。」

〔三四〕黃丕烈曰：魏字鮑本重。丕烈案：重者當是。 金正煒曰：「方疑」上當從鮑補魏字。 祖耿案：史記疊魏字，和作利。

〔三五〕鮑彪曰：己兵未至而與秦講。 祖耿案：史記無講字。

〔三六〕鮑彪曰：從，從橫之從，擇，擇其所與於散從之後也。 祖耿案：「是以」，史記作「以此」。注，司馬貞曰：楚、趙怒魏之與秦講，皆爭事秦，是東方從國於是解散也，故云「從以此散」。

〔三七〕鮑彪曰：先割取時不用兵。 金正煒曰：之，當爲亦，草書相似而誤。 祖耿案：此句史記作：

「且君之得地，豈必以兵哉！」

〔三八〕金正煒曰：按此謂孟卬割地與秦事，見呂覽應言篇。 祖耿案：此句史記作：「割晉國，秦兵不攻，而魏必效絳、安邑。」

〔三九〕鮑彪曰：「又爲陰啓」，言得亡國以拓陰之封地。兩，謂得縣啓封。盡，無遺也。　吳師道曰：「又爲」止『已合』，策文有脱誤，見後。　祖耿案：此句史記作：「又爲陶開兩道，幾盡故宋。」注，司馬貞曰：「穰侯封陶，魏效絳與安邑，是得河東地。言從秦適陶，開河西、河東之兩道也。「幾盡故宋」，幾音祈，此時宋已滅，是秦將盡得宋地也。張守節曰：穰故封定陶，故宋及單父是陶之南道也，魏之安邑及絳是陶北道。

〔四〇〕姚注：史：「衛効單父，秦兵已全。」　鮑彪曰：魏自比小國，宋、衛二國，小國也。「尤憚秦兵」，蓋出地而小，故愈畏秦。「已合」，魏合秦也。　黄丕烈曰：「尤憚」，鮑本作「憚尤」，改爲「尤憚」。吳氏補曰：「史云：「又爲陶開兩道，幾盡故宋，衛必効單父，秦兵可全」云云。按此文明順，姚注亦宜引從之。正義云：「故宋及單父是陶南道，安邑及絳是陶北道。」索隱云：「穰侯封陶，魏効絳、安邑，是得河東地，言從秦適陶，開河西、河東之兩道。」此時宋已滅，是秦將盡得宋地也。愚謂「可全」，即上言不用之意。」　程恩澤曰：案策文多不可解，鮑注尤謬，惟史語極明順，姚、吳二家並宗之。蓋父字篆形與尤相近，單字或添心旁，又倒其文，遂致斯誤！當作單父爲是。漢志，山陽郡有單父縣，本春秋時魯邑。宓子賤、巫馬期爲單父並宰，此地。戰國屬衛，與曹、濮相近，南接虞城縣界，故宋地也。其曰爲陶開兩道者，正義曰：穰侯封定陶，絳、安邑（見上）是陶北道，故宋及單父是陶南道也，今在曹州府單縣南一里。　祖耿案：令，鮑本作合。鮑讀啓字句，効字句，兵字句，合字句。

〔四一〕張琦曰：史作「秦兵不攻，而魏必效絳、安邑，又爲陶開兩道，幾盡故宋，衛必効單父。秦兵可全，而君制之。」按魏納安邑，在秦昭二十一年，此蓋指嘗割取晉地，非謂効於今也。史文恐傳寫致譌，文義遂別。爲陰啓者，兵不用而得地，將益其封邑。單父今單縣，本魯地屬宋，宋滅屬楚，衛無緣效之！當從策。又按正義曰：故宋、單父，陶之南道；安邑及絳，陶之北道。曲說不可通。索隱以爲自秦適陶，開河東、河西之兩道，亦非。皆誤以冉封定陶，致多附會也。

〔四二〕祖耿案：無，鮑本作毋。史記作無。注，司馬貞曰：言莫行圍梁之危事。

〔四三〕張守節曰：表云魏安釐王二年，秦軍大梁城，韓來救，與秦温以和也。　鮑彪曰：彪謂賈之說，不足以已秦也！爲其爲魏也過深，而說秦者不切。夫以秦爲天幸而欲其無行危也，秦豈信之哉！秦行是，何危之有？且其爲魏之過深也，適足以疑，秦豈沮於是哉！梁圍之解，將別有故，非賈力也！　吳師道曰：大事記略裁此章及穰侯攻大梁章，謂同一術。愚謂魏利於少割，穰侯喜得此地而罷兵，亦無不可。大事記：周赧王四十年，秦昭三十二，魏安釐二，韓釐二十一，趙惠文二十四年，秦以魏冉爲相國，伐韓，暴鳶救魏，魏冉破之，斬首四萬，鳶走開封，魏割八縣以和。魏冉復伐魏，走芒卯，入北宅，遂圍大梁，魏割温以和。四十一年，魏背秦，與齊從親。秦魏冉伐魏，拔四城，斬首四萬。四十二年，趙、魏伐韓華陽，秦魏冉、白起、客卿胡傷救韓，敗魏將芒卯華陽，斬首十三萬，取卷、蔡陽、長社。又敗趙將賈偃，沉其卒二萬於河，取觀津。魏予秦南陽以和。以其地爲南陽郡，遷免臣居之。通鑑綱目書略同，不著暴鳶、芒卯等及以地爲南陽郡一節。　又曰：按史，魏安釐王二年、三年、四年，連歲魏冉將兵來伐。二年之戰，韓暴鳶救魏敗走。年表、秦紀、魏世家、魏冉傳皆云兵至大梁。次年之戰不地。最後華陽之戰，趙、魏伐韓，秦救韓，敗趙、魏，走芒卯。但史所載有差互。紀以擊芒卯華陽，傳以走暴鳶，並爲次年事。華陽之戰，或云得三晉將，或云攻趙、韓、魏。八縣、三縣之殊，十萬、十五萬之舛。故大事記參定書之。今考此策須賈之辭，謂戰勝暴子，割八縣地未畢而兵復出。此大事記所以書此役繼於走暴鳶之後。但策首書秦敗魏於華，恐「於華」二字因下章誤衍也。又按秦紀昭王三十四年，書「秦與魏、韓上庸地爲一郡南陽，免臣遷居之。」三十五年初置南陽郡。大事記於魏予秦南陽後，書「以其地爲南陽郡，遷免臣居之。」即以此爲是年事。按南陽凡二，其一河南之修武；其一鄧州之堵陽。免臣者，以罪免，遷守新邊。秦不信敵國之民，故徙其國人使錯居之，前此二十七年，攻楚，赦罪人遷之南陽。大事記必謂前已備楚，故今以新得之南陽，而不知紀書乃謂秦與魏韓上庸地爲一郡於南陽。上庸屬漢中，今房州竹山縣，則正鄧之南陽也。次年乃書置南陽郡。秦南陽郡即鄧，而修武更置河内郡，不聞兩南陽也。昭王四十四年，秦白起攻韓，取南陽，絶太行道。之使秦已置郡，不應復云爾。大事記亦書之矣！此條蓋因魏入南陽以和，偶與下文南陽免臣相次而致誤爾！因上論大事記文附於此。梁玉繩曰：案梁圍之罷，因獻南陽，何曾是須賈説穰侯而罷乎？鮑彪辨是也。（志疑卷二十九）祖耿案：帛書第十五章，全文如下。華軍秦戰勝魏，走孟卯，攻大粱。須賈説穰侯曰：『臣聞魏長吏胃魏王曰：「初時者，惠王伐趙，戰勝三粱，拔邯鄲，趙氏不割而邯鄲復歸；齊人攻燕，拔故國，殺子之，燕人不割而故國復反。燕、趙之所以國大兵强而地諸侯者，以亓能忍難而重出地也。宋、中山數伐數割，而國隋以亡。臣以爲燕、趙可法，而宋、中山可毋爲也！秦，貪戾之國也而無親，蠶食魏氏，盡晉國，勝暴子，割八縣，地未畢入而兵復出矣。夫秦何厭之有戈！今有走孟卯，入北宅，此非敢粱也，且劫王以多割，王必勿聽也。今王循楚、趙而講，楚、趙怒而與王爭秦，秦必受之。秦挾楚、趙之兵以復攻，則國求毋亡不可得已！願王之必毋講也。王若欲講，必小割而有質，不然，必欺。」此臣之所聞於魏也。願君之以氏慮事也！周書曰：「唯命不爲常。」此言幸之不可數也。夫戰勝暴子，割八縣之地，此非兵力之請也，非計慮之攻也，夫天幸爲多。今有走孟卯，入北宅以攻大粱。是以天幸自爲常也。知者不然！臣聞魏氏悉亓百縣勝甲以上以戎大粱，臣以爲不下卅萬。以卅萬之衆，守七仞之城，臣以爲湯、武復生，弗易攻也。夫輕倍楚、趙之兵，陵七刃之城，犯卅萬之衆而志必舉之，臣以爲自天地始分以至於今，未之嘗有也。攻而弗拔，秦兵必罷，陶必亡，則前功有必棄矣！今魏方疑，可以小割而收也，願君還楚、趙之兵未至於梁也，亟以小割收魏，魏方疑而得以小割爲和，必欲之，則君得所欲矣。楚、趙怒于魏之先己也，必爭事秦，從已散而君後擇焉。且君之得地也，豈必以兵哉！□晉國也。秦兵不功，而魏效降、安邑，有爲陶啓兩幾盡故宋，而衛效蠶尤，秦兵筍全，而君制之，何索而不得？奚爲□□□，願君之孰慮之，而毋行危也！」君曰：「善。」乃罷梁圍。共五百七十字。

四

秦敗魏於華，魏王且入朝於秦〔一〕，周訢謂王曰〔二〕：『宋人有學者，三年反而名其母。其母曰：「子學三年，反而名我者，何也？」其子曰：「吾所賢者，無過堯、舜，堯、舜名；吾所大者，無大天地，天地名；今母賢不過堯、舜，母大不過天地，是以名母也。」其母曰：「子之於學者，將盡行之乎〔三〕？願子之有以易名母也。子之於學也，將有所不行乎〔四〕？願子之且以名母爲後也！」今王之事秦，尚有可以易入朝者乎？願王之有以易之，而以入朝爲後。』魏王曰：『子患寡人入而不出邪？許綰爲我祝曰：「入而不出，請殉寡人以頭〔五〕。」』周訢對曰：『如臣之賤也，今人有謂臣曰「入不測之淵而必出，不出，請以一鼠首爲女殉」者，臣必不爲也。今秦不可知之國也，猶不測之淵也；而許綰之首，猶鼠首也。內王於不可知之秦，而殉王以鼠首，臣竊爲王不取也〔六〕。且無梁孰與無河内急〔七〕？」王曰：「梁急。」「無梁孰與無身急？」王曰：「身急。」曰：「以三者，身上也，河内，其下也。秦未索其下，而王效其上，可乎〔八〕？」王尚未聽也。支期曰：「王視楚王！楚王入秦，王以三乘先之〔九〕；楚王不入，楚、魏爲一，尚足以捍秦。」王乃止。王謂支期曰：「吾始已諾於應侯矣！今不行者，欺之矣。」支期曰：「王勿憂也。臣使長信侯請無内王，王待臣也〔一〇〕。」支期説於長信侯曰：「王命召相國。」長信侯曰：「王何以臣爲？」支期曰：「臣不知也，王急召君。」長信侯曰：「吾内王於秦者，寧以爲秦邪？吾以爲魏也。」支期曰：「君無爲魏計，君其自爲計。且安死乎？安生乎？安窮乎？安貴乎？君其先自爲計，後爲魏計〔一一〕。」長信侯曰：「樓公將入矣，臣今從〔一二〕。」支期曰：「王急召君，君不行，血濺君襟矣！」長信侯行，支期隨其後。且見王，支期先入，謂王曰：「僞病者乎而見之〔一三〕，臣已恐之矣！」長信侯入，見王，王曰：「病甚！柰何？吾始已諾於應侯矣，意雖道死，行乎〔一四〕？」長信侯曰：「王毋行矣！臣能得之於應侯〔一五〕，願王無憂〔一六〕。」

〔一〕祖耿案：吕覽應言篇云：秦王立帝宜陽，令許綰誕魏王，魏王將入秦。魏敬謂王曰：「以河内孰與梁重？」王曰：「梁重。」又曰：「梁孰與身重？」王曰：「身重。」又曰：「若使秦求河内，則王將與之乎？」王曰：

「弗與也。」魏敬曰：「河內，三論之下也；身，三論之上也。秦索其下而王弗聽，索其上而王聽之，臣竊不取也。」王曰：「甚然。」乃輟行。秦雖大勝於長平，三年然後決，士民倦，糧食口，當此時也，兩周全其北，存魏舉陶削衛，地方六百，有之勢是而入大蚤，奚待於魏敬之說也？夫未可以入而入，其患有將，可以入而不入，入與不入之時，不可不熟論也。策文周訢，覽作魏敬。又案：後漢書馬援傳李賢注引作：「魏安釐王畏秦，將入朝。」顧觀光隸此於赧王五十六年，曰：注家并以爲赧王四十二年，秦敗趙魏於華陽事。然策言應侯，而范睢封應侯在赧王四十九年，則策文不可通矣。按呂氏春秋亦載此事，而言秦雖大勝於長平，三年然後決。又言此時兩周尚全。考長平戰後至秦滅西周，中隔三年。而後二年秦以全力攻趙，不應復有敗魏之事，則當在此年無疑。呂覽並非僻書，而注家不知援引，何也？

〔二〕黃丕烈曰：訢，鮑本作訴。吳補：一本訴作訢，是。下同。黃式三曰：呂覽應言：周訴作魏敬。朱起鳳曰：周訢，魏人，呂氏因譌作魏。訢字先誤作近，又誤作進，敬進同音，因變爲敬字。應據國策訂正。祖耿案：後漢書馬援傳李賢注引作訢。

〔三〕鮑彪曰：於學，於其所學。

〔四〕黃丕烈曰：乎，鮑本作也。吳補：姚本也作乎。

〔五〕金正煒曰：按呂覽應言篇：「秦王立帝宜陽，許綰誕魏王，魏王將入秦。」注：誕，詐也。許綰，秦臣。蓋即此事。其言止王者爲魏敬，此云周訢，則所聞之異辭也。祝讀如呪，釋名釋言語：祝，屬也。以善惡之詞相屬著也。字與詛通。鄭注周禮云：大事曰盟，小事曰詛。漢書賈逵傳：「鄉人有所計爭，輒令祝少賓。」注：祝，詛也。吳曾祺曰：以言告神謂之祝，猶誓也，或作咒。祖耿案：書無逸：「厥口詛祝。」祝，之又反。詩大雅：「侯作侯祝，靡屆靡究。」祝、究爲韻，祝音周救反。傳曰：祝，詛也。張衡西京賦：「赤刀粤祝，卒不能救。」祝、救爲韻，薛綜注：祝音咒。又後漢書馬援傳李賢注引，「入」上有「若」字，「頭」作「首」。

〔六〕祖耿案：後漢書馬援傳李賢注引作：周訢對曰：「今有人謂臣，入不測之泉，而徇臣以鼠首，可乎？縮之首猶鼠首也。因王於不測之秦而徇王以首，竊爲王不取也。」

〔七〕金正煒曰：急，要也。見文選應詔觀北湖田收詩注。

〔八〕祖耿案：效，鮑本作効。

〔九〕鮑彪曰：楚王，頃襄。秦絶句。先，先楚至秦也。

〔一〇〕馬驌曰：應侯似非此時事。按華陽之役在昭王三十三年，范雎入秦在昭王三十六年，其封應侯在四十一年，此時何得有應侯？或應侯字誤，抑異時别有戰華之事邪？

〔一一〕鮑彪曰：長信侯，魏相之善應侯者。安，問何所安。　金正煒曰：王氏經傳釋詞云：安猶於也，言於死、於生、於窮、於貴也，鮑注失之。按論語爲政篇「察其所安」，皇疏：安謂意氣歸向之也。孟子公孫丑上篇，丑問孟子：「敢問所安？」孟子告以「乃所願則學孔子也。」是安之義與願相近。又安猶寧也，呂覽貴信篇：「君寧死而又死乎？其寧生而又生乎？」文與此同。史記趙世家：「其吏民皆安爲趙，不欲爲秦。」言寧爲趙也。説文：寧，願詞也。鮑注自通，王説轉晦。

〔一二〕鮑彪曰：樓公，緩也。俟其入欲與之議。　吴師道曰：無考。樓緩、樓鼻，韓策並見樓梧，皆此時人。王引之曰：今字與即同義。

〔一三〕鮑彪曰：令王見而辭疾。　金正煒曰：按廣雅釋詁：乎，極也，謂疲極也。乎字古與呼通。禮記檀弓篇：「曾子聞之，瞿然曰：呼。」注：呼，虚憊之聲也。鄧析子無厚篇：「故體痛者，口不能不呼。」

〔一四〕姚注：曾本作雖欲「道死」，劉本作「意雖死」。金正煒曰：按意猶抑也。詩十月之交：「抑此皇父」，釋文引韓詩：抑，意也。國語周語：「敢問天道抑人故也。」賈子禮容下篇，作「意人故也」。

〔一五〕姚注：臣，劉本作且。鮑彪曰：能使應侯止王之行。黃丕烈曰：鮑本「侯」下有矣字。

〔一六〕鮑彪曰：彪謂周訢之愛王也甚忠，其論王也甚切，賢知人也！蓋王不能聽而聽支期，期豈賢於訢哉！蓋期之所效者事，而訢之所諭者理。庸人固可示以事，而難以理諭也。微二臣者，蓋其爲楚懷與！

五

華軍之戰，魏不勝秦〔一〕，明年將使段干崇割地而講〔二〕。孫臣謂魏王曰〔三〕：「魏不以敗之上割，可謂善用不勝矣〔四〕。而秦不以勝之上割，可謂不能用勝矣〔五〕。今處期年，乃欲割，是群臣之私，而王不知也〔六〕！且夫欲璽者段干子也，王因使之割地〔七〕；欲地者秦也，而王因使之受璽〔八〕：夫欲璽者制地，而欲地者制璽，其勢必無魏矣！且夫姦臣固皆欲以地事秦〔九〕，以地事秦譬猶抱薪而救火也。薪不盡，則火不止！今王之地有盡，而秦之求無窮，是薪火之說也〔一〇〕！」魏王曰：「善。雖然，吾已許秦矣，不可以革也〔一一〕。」對曰：「王獨不見夫博者之用梟邪〔一二〕？欲食則食，欲握則握〔一三〕，今君劫於群臣而許秦，因曰『不可革』，何用智之不若梟也〔一四〕？」魏王曰：「善。」乃案其行〔一五〕。

〔一〕姚注：「華」下，一本有「陽」字。　祖耿案：鮑本作華陽之戰。　又案此章見史記魏世家安釐王四年云：「四年，秦破我及韓、趙，殺十五萬人，走我將芒卯。魏將段干子請予秦南陽以和。蘇代謂魏王曰：「欲璽者段干子也，欲地者秦也。今王使欲地者制璽，使欲璽者制地，魏氏地不盡則不知已。且夫以地事秦，譬猶抱薪救火，薪不盡，火不滅。」王曰：「是則然也。雖然，事始已行，不可更矣。」對曰：「王獨不見夫博之所以貴梟者，便則食，不便則止矣。今王曰事始已行，不可更，是何王之用智不如用梟也？」」　顧觀光隸此於赧王四十三年。

〔二〕祖耿案：段，鮑本作段。下同。

〔三〕鮑彪曰：段干崇、孫臣，並魏人。　祖耿案：周季編略孫臣作蘇代，黃據史記改也。

〔四〕鮑彪曰：上，謂當其時。　金正煒曰：按淮南覽冥篇：「引類於太極之上」，注：上，猶初也。又呂覽情欲篇：「胸中大擾，安言想見，臨死之上，顛倒驚懼，不知所爲，用心如此，豈不悲哉！」上猶初時也。

〔五〕黃丕烈曰：能，鮑本作善。

〔六〕鮑彪曰：「群臣之私」，計不及也。

〔七〕鮑彪曰：得秦封，受其璽。

〔八〕黃丕烈曰：鮑改受爲授。

〔九〕黃丕烈曰：臣，鮑本作人。　祖耿案：姦，鮑本作奸。

〔一〇〕黃丕烈曰：「之求」，鮑本作「求之」。

〔一〕鮑彪曰：革，更也。　黄丕烈曰：已，鮑本作以。　祖耿案：青照堂叢書次編引春秋後語曰：秦破魏軍於華陽，走我將軍孟卯。王使段干木子從，與秦南陽，木以千金和。蘇代謂王曰：「欲璽者段干木子也。欲地者秦也。今王使王地者制璽，欲璽者制地，魏地不盡則不和。且夫以地事秦，譬猶以薪救火。薪不盡，火不滅也。」王曰：「是則然矣！雖然，事始已行，不可更矣！」凡一百二字，與此策內容相同。劉學寵曰：孔衍春秋後語全錄戰國策。今案此一百二字，不盡與今戰國策同，乃與史記魏世家蘇代謂魏王曰一段相同。明孔衍所見，當與史記魏世家同也。

〔二〕鮑彪曰：猶上「善用勝矣」。　吳師道曰：正義云：博頭有刻爲梟鳥形者，擲得梟者合食其子。若不便則爲餘行也。

〔三〕鮑彪曰：握，不食也。食者行棊，握不行也。故史曰：便則行，不便則止。

〔四〕金正煒曰：「因」疑由字之誤，由與猶通。

〔五〕鮑彪曰：按，猶止。記四年有。　吳師道曰：史安釐王四年，華陽戰敗後，段干子請予南陽以和。此策云：「按其行」。通鑑綱目云：「王不聽，卒以南陽爲和。」　黄丕烈曰：今本脱王字。　黄式三曰：魏王不聽，卒割修武以和。修武即南陽，古曰甯。　祖耿案：御覽九百二十七引後語曰：「蘇代謂魏王曰：王獨不見夫博之所以貴梟乎？便則食，不便則止，今王曰事始已行，不可更。是何言歟？王之用智不若梟乎？王乃止其行。」

六

齊欲伐魏，魏使人謂淳于髡曰〔一〕：「齊欲伐魏，能解魏患，唯先生也！敝邑有寶璧二雙，文馬二駟，請致之先生〔二〕！」淳于髡曰：「諾。」入説齊王曰：「楚，齊之仇敵也；魏，齊之與國也〔三〕；夫伐與國，使仇敵制其餘敝，名醜而實危，爲王弗取也〔四〕！」齊王曰：「善。」乃不伐魏。客謂齊王曰：「淳于髡言不伐魏者，受魏之璧馬也。」王以謂淳于髡，曰〔五〕：「聞先生受魏之璧馬，有諸？」曰：「有之。」「然則先生之爲寡人計之，何如？」淳于髡曰：「伐魏之事不便，魏雖刺髡，於王何益〔六〕？若誠不便，魏雖封髡，於王何損〔七〕？且夫王無伐與國之誹，魏無見亡之危，百姓無被兵之患，髡有璧馬之寶，於王何傷乎〔八〕？」

〔一〕祖耿案：顧觀光附此於赧王元年。

〔二〕鮑彪曰：文，毛色成文。馬四匹爲駟。祖耿案：御覽八百六引作：「天馬二駟。」

〔三〕鮑彪曰：魏策，馬陵之敗，魏請臣畜朝齊。楚王怒，伐齊，則此所言也。

〔四〕鮑彪曰：言楚將因齊兵勞而伐之。伐與國，醜也，而有楚伐之危。

〔五〕祖耿案：類聚八十四引作：「王問髡曰」。

〔六〕鮑彪曰：伐魏不便，魏所欲也，而髡止之，故魏刺之。雖刺髡而齊實不便，非益也。此設辭也。吳師道曰：強注終不通。說見下。

〔七〕姚注：劉無「不」字，曾無「魏」字。　吳師道曰：姚云：「『若誠』下劉本無『不』字。」愚按上句當無「不」字，義乃通。恐有訛舛。　王念孫曰：吳說是也，藝文類聚寶玉部、太平御覽珍寶部引此並作：「伐魏之事便，雖刺髡，於王何益？」　祖耿案：類聚八十四、御覽八百六引此並作：「若誠不便，魏雖封臣，於王何損？」

〔八〕鮑彪曰：原在魏策。　吳師道曰：為魏而說，當從舊。　祖耿案：此篇鮑移入齊策。

七

秦將伐魏，魏王聞之，夜見孟嘗君〔一〕，告之曰：「秦且攻魏，子為寡人謀，奈何？」孟嘗君曰：「有諸侯之救，則國可存也。」王曰：「寡人願子之行也！」重為之約車百乘。孟嘗君之趙，謂趙王曰〔二〕：「文願借兵以救魏。」趙王曰：「寡人不能。」孟嘗君曰：「夫敢借兵者，以忠王也！」王曰：「可得聞乎？」孟嘗君曰：「夫趙之兵，非能強於魏之兵；魏之兵，非能弱於趙也〔三〕。然而趙之地不歲危，而民不歲死；而魏之地歲危而民歲死者，何也？以其西為趙蔽也〔四〕。今趙不救魏，魏歃盟於秦，是趙與強秦為界也〔五〕！地亦且歲危，民亦且歲死矣！此文之所以忠於大王也！」趙王許諾，為起兵十萬，車三百乘。又北見燕王曰〔六〕：「先日公子常約兩王之交矣〔七〕。今秦且攻魏，願大王之救之！』燕王曰：『吾歲不熟二年矣！今又行數千里而以助魏，且奈何？』田文曰：『夫行數千里而救人者，此國之利也。今魏王出國門而望見軍，雖欲行數千里而助人，可得乎？』燕王尚未許也。田文曰：『臣效便計於王，王不用臣之忠計，文請行矣〔八〕！恐天下之將有大變也！』王曰：『大變可得聞乎？』曰：『秦攻魏，未能克之也，而臺已燔，游已奪矣〔九〕。而燕不救魏，魏王折節割地，以國之半與秦，秦必去矣〔一〇〕。秦已去魏，魏王悉韓魏之兵，又西借秦兵，以因趙之衆，以四國攻燕，王且何利〔一一〕？利行數千里而助人乎？利出燕南門而望見軍乎？則道里近而輸又易矣〔一二〕！王何利〔一三〕？』燕王曰：『子行矣，寡人聽子。』乃爲之起兵八萬，車二百乘，以從田文〔一四〕。魏王大說，曰：『君得燕、趙之兵甚衆且亟矣〔一五〕！』秦王大恐，割地請講於魏〔一六〕，因歸燕、趙之兵而封田文〔一七〕。

〔一〕鮑彪曰：本傳，齊閔驕，故奔魏，魏相之。此（魏昭）十一年。吳師道曰：見後。梁玉繩曰：案魏有田文爲武侯相，見吳起傳。呂氏春秋執一篇所謂商文也。又有魏文子相襄王，見魏策。與齊孟嘗爲三人。因名偶同于孟嘗，而孟嘗又有奔魏事。故國策誤以文子爲薛公，并謂孟嘗奔魏爲相魏，豈不妄哉！史仍其誤耳！且薛公奔魏，當魏昭王十一、二年間，國策載謀相事于襄王時，此叙在哀王九年（祖耿案：此指史記魏世家薛公事也〕，前乎薛公之奔魏者二十六、七年，是時孟嘗方相齊，何以居魏乎？　祖耿案：顧觀光隸此於赧王三十二年。

〔二〕鮑彪曰：趙王，惠文。

〔三〕姚注：曾無兩「能」字。　金正煒曰：按服虔漢書蕭望之傳注：非，不也。廣雅釋詁：能，任也。言以趙之兵强於魏，趙弗任也；以魏之兵弱於趙，魏亦弗任也。左氏成三年傳：「臣不任受怨，君亦不任受德」。非能，猶不任也。又能猶即也。左氏宣九年傳：「吾能改矣」，言即改也。

〔四〕鮑彪曰：魏在趙西，爲之蔽秦。

〔五〕鮑彪曰：歃盟，歃之血也。

〔六〕鮑彪曰：燕王，昭王。

〔七〕鮑彪曰：公子稱其父嬰。　黄丕烈曰：王，鮑本作主。　黄式三曰：先公子，謂其父嬰（祖耿案：周季編略去「曰」字，常作嘗）。　金正煒曰：按史記孟嘗君傳：靖郭君田嬰者，齊威王少子。又云：湣王即位，封嬰於薛，則孟嘗君不得稱其父爲公子，疑「常」爲牟字之譌，或「公子」下有脱字，蓋別有其人，非稱其父。

　祖耿案：常，鮑本作嘗。

〔八〕祖耿案：效，鮑本作効。　黄丕烈曰：今本「文」誤「臣」。

〔九〕鮑彪曰：不暇游觀。　金正煒曰：按周禮天官序，官閽人囿游亦如之。注：游，離宮。小苑，游觀處也。史記貨殖傳：昔堯作游成陽。呂覽貴直篇：其干戚之音在人之游。此文游與臺對舉，其義可見。鮑注「不暇游觀」，非也。說文：奪，取也。於文不合。當爲毁字之譌。奪，古文作敚，俗書毁作𣪘，二形相似而誤。

〔一〇〕金正煒曰：而，猶如也，見易明夷彖傳：「君子以蒞衆，用晦而明」，虞注。

〔一一〕黄丕烈曰：今本「趙之」誤「之趙」。

〔一二〕鮑彪曰：輸以餉軍。

〔一三〕姚注：曾添入乎字。

〔一四〕姚注：一本無從字。　黄丕烈曰：二，鮑本作三。

〔一五〕吴曾祺曰：亟，速也。

〔一六〕姚注：「魏」下一本添魏字。　鮑彪曰：秦王，昭王。

〔一七〕鮑彪曰：彪謂田文可謂善言者矣。其説趙也，遒而不偪；其説燕也，直而不倨。與夫嚂口虚喝者異矣。　吴師道曰：孟嘗相魏，在齊滅宋前。大事記附見於昭王十年，詳見周策。此事實昭王十三年。秦紀：秦昭二十四年，取魏安城，至大梁，燕、趙救之，秦軍去。

八

魏將與秦攻韓〔一〕，朱已謂魏王曰〔二〕：「秦與戎、翟同俗，有虎狼之心，貪戾好利而無信，不識禮義德行。苟有利焉，不顧親戚兄弟，若禽獸耳。此天下之所同知也，非所施厚積德也〔三〕。故太后母也，而以憂死〔四〕；穰侯舅也，功莫大焉，而竟逐之；兩弟無罪，而再奪之國〔五〕。此於其親戚兄弟若此，而又況於仇讎之敵國也〔六〕。今大王與秦伐韓，而益近秦，臣甚或之〔七〕，而王弗識也，則不明矣〔八〕。

群臣知之而莫以此諫，則不忠矣。今夫韓氏，以一女子承一弱主〔九〕，内有大亂，外安能支强秦、魏之兵，王以爲不破乎〔一〇〕？韓亡，秦盡有鄭，地與大梁鄰〔一一〕，王以爲安乎？王欲得故地，而今負强秦之禍也〔一二〕，王以爲利乎？秦非無事之國也，韓亡之後，必且便事；便事，必就易與利〔一三〕；就易與利，必不伐楚與趙矣。是何也？夫越山逾河，絶韓之上黨而攻强趙〔一四〕，則是復閼與之事也〔一五〕，秦必不爲也。若道河内，倍鄴、朝歌〔一六〕，絶漳、滏之水，而以與趙兵決勝於邯鄲之郊，是受智伯之禍也，秦又不敢。伐楚道涉而谷行三十里而攻危隘之塞〔一七〕，所行者甚遠，而所攻者甚難，秦又弗爲也〔一八〕。若道河外，背大梁而右上蔡、召陵，以與楚兵決於陳郊，秦又不敢也〔一九〕。故曰：秦必不伐楚與趙矣，又不攻衛與齊矣〔二〇〕。韓亡之後，兵出之日，非魏無攻矣。秦故有懷地刑丘之城垝津，而以之臨河内，河内之共、汲莫不危矣〔二一〕！秦有鄭地，得垣雍，決滎澤而水大梁，大梁必亡矣〔二二〕！王之使者大過矣，乃惡安陵氏於秦，秦之欲許之久矣〔二三〕。然而秦之葉陽、昆陽與舞陽、高陵鄰〔二四〕，聽使者之惡也，隨安陵氏而欲亡之〔二五〕。秦繞舞陽之北以東臨許，則南國必危矣〔二六〕！南國雖無危，則魏國豈得安哉〔二七〕？且夫憎韓不受安陵氏可也，夫不患秦之不愛南國非也〔二八〕。異日者秦乃在河西，晉國之去梁也千里〔二九〕有餘，河山以蘭之，有周、韓而閒之〔三〇〕，從林軍以至於今〔三一〕，秦十攻魏，五入國中〔三二〕，邊城盡拔。文臺墮，垂都焚〔三三〕，林木伐，麋鹿盡，而國繼以圍〔三四〕。又長驅梁北，東至陶、衛之郊，北至平闞〔三五〕，所亡乎秦者山北、河外、河內〔三六〕，大縣數百，名都數十〔三七〕，秦乃在河西。晉國之去大梁也尚千里，而禍若是矣。又況於使秦無韓而有鄭地，無河山以蘭之，無周、韓以閒之，去大梁百里，禍必百此矣〔三八〕！異日者，從之不成矣〔三九〕，楚、魏疑而韓不可得而約也。今韓受兵三年矣〔四〇〕，秦撓之以講〔四一〕，韓知亡，猶弗聽〔四二〕，投質於趙，而請爲天下雁行頓刃〔四三〕。以臣之觀之，則楚、趙必與之攻矣〔四四〕。此何也？則皆知秦之無窮也〔四五〕，非盡亡天下之兵，而臣海內之民，必不休矣。是故臣願以從事乎王〔四六〕。王速受楚、趙之約，而挾韓、魏之質〔四七〕，以存韓爲務，因求故地於韓，韓必效之〔四八〕。如此則士民不勞而故地得，其功多於與秦共伐韓，然而無與强秦鄰之禍。夫存韓安魏而利天下，此亦王之大時已〔四九〕。通韓之上黨於共莫，使道已通，因而關之〔五〇〕，出入者賦之〔五一〕。是魏重質韓以其上黨也。共有其賦，足以富國〔五二〕，韓必德魏、愛魏、重魏、畏魏，韓必不敢反魏。韓是魏之縣也。魏得韓以爲縣，則衛大梁，河外必安矣〔五三〕。今不存韓，則二周必危，安陵必易〔五四〕，楚、趙楚大破〔五五〕，衛、齊甚畏〔五六〕，天下之西鄉而馳秦，入朝爲臣之日不久〔五七〕！」

〔一〕祖耿案：此章見史記魏世家安釐王十一年，兩文大同，此章多虚字。顧觀光隸此於赧王四十九年，曰：依魏世家，當在此。大事記以中有太后憂死之語，附戴於赧王五十年，不知其時秦厤與魏厤不同，秦正建亥，史於昭襄王四十二年，先書十月宣太后薨，繼書九月穰侯出之陶，則此十月乃歲首之十月。魏承晉後，蓋乃建寅，是安釐王之十一年冬，實即昭襄王之四十二年也。即此可見考古之難。

〔二〕鮑彪曰：朱已，史作無忌。吳師道曰：史，魏王以秦救之故，欲親秦而伐韓，以求故地。無忌謂魏王曰云云。大事記據之，以其辭云「秦太后母也，以憂死」，故附載於宣太后之薨之後，在赧王五十年。按朱已，即無忌，字訛也。黄丕烈曰：案策文「無」多作「无」，故形近而譌也。已、忌同字。黄式三曰：或作朱异。金正煒曰：按楊倞注荀子强國篇引史記朱忌謂魏安釐王曰，文與此同。忌、已古通用，則此作朱已，固非誤。朱起鳳曰：信陵君三字不見上文，忽出「無忌謂魏王曰」，全無根據。可見無忌之無，先訛作无，實即朱字之壞。

〔三〕姚注：厚，劉作惠。金正煒曰：「所」上當從史補有字。

〔四〕鮑彪曰：秦昭四十二年，此（魏安釐）十二年。

〔五〕金正煒曰：按吕覽音初篇：「之子是必大吉」，注：之，其也。

〔六〕黄丕烈曰：吳補：一本標「也」作「乎」。丕烈案：史記作「乎」。

〔七〕黄丕烈曰：或，鮑本作惑。丕烈案：史記作惑，或、惑同字。　金正煒曰：按説文，近，附也。書五子之歌，民可近。傳：近，謂親之。或與惑同。　祖耿案：史記作：益近秦患。

〔八〕金正煒曰：而，讀如若。

〔九〕鮑彪曰：此（魏安釐）十二年，桓惠立八年矣。　吴師道曰：大事記云，韓世家不載其事，必是時韓王少，母后用事也。愚按是時秦宣太后、趙惠文后、齊君王后皆專政，韓亦然也。　祖耿案：承，史記作奉。

〔一〇〕祖耿案：「安能支」三字史記作交，破作亡。

〔一一〕鮑彪曰：時鄭亡屬韓。　黄丕烈曰：盡，鮑本無。丕烈案：史記無。　祖耿案：鮑讀地字句絶，黄氏札記亦同。案史記：「地與大梁鄰」，索隱：戰國策鄰作鄰字。是地字下屬爲句也。

〔一二〕鮑彪曰：故地，蓋嘗喪地於韓，今欲取之。　吴師道曰：史，「負强秦之親，」據此，則「負」皆從「恃」訓。從策文，則負任在背以爲喻也。史義長。　黄丕烈曰：案吴説未是，此不與策文同耳。下文「然而無與强秦隣之禍」語相應，當各依本書。　金正煒曰：今猶即也，負猶被也。　吴昌瑩曰：今猶即也，言即受禍也。　祖耿案：禍，史記作親。

〔一三〕黄丕烈曰：便事，史並作更事。　朱起鳳曰：策作便事，非。

〔一四〕吴師道曰：史作「絶上黨」。正義云：韓上黨從太行山西北，澤、潞等州是也。　黄丕烈曰：史記有韓字，吴誤。

〔一五〕鮑彪曰：先時趙奢敗秦於此。　吴師道曰：復，扶又反。閼與音遏豫。　祖耿案：史記注司馬貞曰：復音扶富反，謂前年秦韓相攻閼與，而趙奢破秦軍。

〔一六〕鮑彪曰：倍音背。　程恩澤曰：案河內，有指懷慶言者，地理志：河內郡懷縣，莽曰河內是也；有指衛輝言者，左傳：銳師伐河內，杜注：今河內汲郡是也；有指彰德言者，史記：史起引漳水漑鄴，以富魏之河內，索隱：大河在鄴東，故名鄴爲河內是也。此河內與鄴連文，蓋指彰德言。其實大河以北，凡三府之地，皆河內也。　又案漢志，河內郡有朝歌縣，紂所都居。南有牧野，北有邶國（又東有雍城，即左傳雍榆。南有寧鄉，即國策甯地），衛爲狄所滅，更封於河南曹楚邱，而河內殷墟，更屬於晉。括地志：故城在衛州東北七十二里。通典：在衛州衛縣西二十二里（寰宇記同），今衛輝府淇縣北關西社有朝歌城，在濬縣西南七十里。

〔一七〕姚注：塞，劉作國。　黃丕烈曰：今本而作山，乃誤涉鮑也。鮑改而爲山。丕烈案：今史記作「伐楚道涉山谷」，衍山字也。索隱作「道涉谷」，云：道猶行也。涉谷是往楚之險路。策文亦本云「道涉谷」，衍而字。鮑乃依今史記改，誤甚！今本初刻道誤趙，改刻不誤。　梁玉繩曰：伐楚道涉山谷，策與史同。索隱、正義據劉伯莊云：涉谷是往楚之西道。索隱本無山字。未知然否？（志疑卷二十四）　王念孫曰：「道涉山谷」，山字後人所加也。危當爲黽字之誤也。涉谷，地名也。道，從也。言秦師伐楚，從涉谷行三千里而攻黽隘之塞也。（黽音盲，案今之平靖關，在信陽州應山縣之間，即古之黽隘也。定四年左傳作冥阸，韓策作鄳隘，楚策謂之黽塞，並字異而義同。）史記魏世家曰：「伐楚，道涉谷，（汲古閣所刊索隱單行本如此，別本有山字，乃後人依誤本戰國策加之。考索隱、正義皆無此字。）行三千里而攻冥阸之塞。」索隱曰：道猶行也，涉谷是往楚之險路。正義引劉伯莊音義曰：秦兵向楚有兩道：涉谷是西道，河外是東道。皆其證也。後人不知「道」訓爲從，而誤以爲道路之道；又不知涉谷爲地名，而誤以涉爲跋涉之涉，故妄加山字，以增成其義耳！　張琦曰：索隱曰：涉谷是往楚之險路，按此即春申君所謂隨水右壤，廣川大水，山林谿谷，不食之地也。出武關東南，即至宛、鄧。劉伯莊以爲從褒斜入梁州，即至申州，攻石城，迂矣！程恩澤曰：案地理通釋引此作道涉谷，無山字。劉伯莊云：秦兵向楚有兩道：涉谷西道，河外東道。從褒斜入梁州，即東南至申州，攻石城山，險阸之塞也。索隱云：涉谷往楚之險路。據此，則涉谷是自秦至楚陸路要道，當在今漢中府褒城縣界内。策蓋衍一山字（史記魏世家同），今附於此。又案危隘之塞，即韓策鄳隘之塞，説見楚策黽塞。金正煒曰：王説甚是。管子事語篇：「泰奢之數，不可用於危隘之國」，與此文不合，劉作國，誤。朱起鳳曰：涉谷即斜谷，陝西終南山之谷也。斜作涉，此形之誤，猶垂沙亦爲垂涉也。

〔一八〕吳師道曰：三十，史作三千者是。危隘，史作冥阸，即黽阸也。説見楚策。大事記：秦向楚有兩道，涉山谷是西道，河外是東道，此是採索隱、正義之文。按二家本文，似以涉谷爲地名，當考。正義云：從褒斜入梁州，即東南至申州，攻石城山，險阸之塞也。黃丕烈曰：危即黽字，形近之譌。祖耿案：史記作冥阸之塞，注裴駰曰：孫檢曰：楚之險塞也。徐廣曰：或以爲今江夏鄳縣。張守節曰：冥音盲。括地志云：「石城山在申州鍾山縣東南二十一里。魏攻冥阸，即此，山上有故石城。注水經云：「或言在鄳」，指此山也。呂氏春秋云「九塞」，此其一也。」又「所行甚遠，所攻甚難」，注司馬貞曰：攻，亦作致。戰國策見作「致軍」，言致軍糧難也。朱起鳳曰：史記云：「伐楚，道涉山谷，行三千里而攻冥阸之塞」，策云：「伐楚道涉而谷行三十里而攻危隘之塞」，此史記是而戰國策誤也。道涉山谷當作道涉谷，即斜谷。索隱、正義兩注可證。

〔一九〕吳師道曰：大事記引正義云：從河外出函谷關，歷同州南至鄭州，東向陳州，則背大梁也。大事記今本作「東向鄭州者」，恐因上文訛。史「右蔡左召陵」，正義云，上蔡縣在豫州北，邵陵故城在豫州郾城縣東，並在陳州西。從汴州南行向陳州之西郊，則上蔡。召陵在南面，向東皆身之右，定無左字也。　梁玉繩曰：余考策作「右上蔡召陵」，則「蔡左」二字當作上蔡，傳寫譌耳。（志疑卷二十四）　金正煒曰：按召陵上當有左字。吴氏以爲定無，非也。魏武與諸大夫浮於西河章：「左彭蠡之波，右有洞庭之水。」史文左右互易，此不必泥。魏世家正作「右蔡左召陵」。　張琦曰：吴氏舉大事記引正義，同當作陜，已出函谷關，豈合更至同州？南至鄭州，當作「東」，東向陳州，當作「南」，亦傳刻之誤也。又引正義，從汴州南行，向陳州之西郊云云，按汴州當作鄭州。

〔二〇〕吴師道曰：衛、齊皆在趙、韓、魏之東。　祖耿案：吴本正義。

〔二一〕鮑彪曰：垝津，地缺。　吴師道曰：史作「秦固有懷、茅」。固、故通。正義云，懷州武陵縣西故懷城。括地志云，懷州獲嘉縣東北有茅亭，即蘇忿生邑攢茅。邢丘見秦策。史，城垝津，索隱引策云，「邢丘、安城」，今本無「安」字，恐「之」字即「安」訛也。史此段後有「安城」字。正義云，在鄭州原武縣東南。垝津，索隱云在河北，垝，九毀反。正義引杜預以爲汲郡城南延津。愚按安釐王十一年，秦拔我廩丘，或作邢丘、鄆丘，餘無見。蓋地皆懷界也。索隱云，共、汲皆縣名，屬河內。共，居庸反。又見下。劉辰翁以爲共、汲、河者謬。　梁玉繩曰：城垝津者，築城于垝津也，荀子强國篇注引史同，謂垝津即圍津，以曹參度圍津爲證。荀子傳寫誤作圍津，乃東郡白馬之韋津也，圍、韋、垝三字，古通借用之。索隱謂策作邢丘安城，此少安字。正義謂垝字誤，當作延，恐非。考魏策曰：「秦故有懷地邢丘之（當作安）城垝津，而以之臨內河，」不言延津也。（志疑卷二十四）　張琦曰：懷城在今武陟縣西南十一里。地，史作茅，故茅城在獲嘉縣東北二十五里。索隱曰：戰國策「邢邱、安城」，則今本譌「安」作「之」也。安城在今原武縣東南二十里。垝津，正義曰：當作延津，故城在今衛輝府南二十六里。　程恩澤曰：案漢志，河內郡有懷縣（左傳隰城鄇田，並在縣西南）。魏收地形志，懷州武德郡懷縣管內有懷城。括地志，本周之懷邑，在武陟縣西十一里（武德初置懷縣，貞觀初廢）。通典：懷州，禹貢覃懷之地。路史：管、蔡廢絀，封康叔爲懷侯於此，即爲衛。後遷河內，今在河南懷慶府武陟縣西南十一里。韓詩外傳，武王伐紂至邢丘，更名邢丘曰懷。裴駰曰：懷即邢丘也。錢坫曰：武王所改之懷，專指邢邱言，此則禹貢有覃懷之稱矣。今按左傳：「赤狄伐晉，圍懷及邢丘」，是邢丘非即懷也。郡國志：河內郡平皋有邢丘，周公子所封。應劭曰：邢侯自襄國（今直隸邢臺縣）徙此。臣瓚曰：邢遷夷儀，不至此。今夷儀在襄國西。按說文：邢，周公子所封，地近河內、懷。則許君固以此爲古邢國也。（馬宗璉曰：春秋有兩邢：在平皋者，周公子國；在襄國者，齊桓公所遷國也。郡國志：東郡聊城有夷儀聚。）括地志：平皋故城本邢丘邑，在懷州武德縣東南（後漢書注、寰宇記並作「西」，似較確）二十里。寰宇記：平皋周迴二十五里，多產茭蒲，民賴其利。陂南即大河矣（應劭曰：以其在河之皋，勢處平夷，故曰平皋）。今在懷慶府河內縣東南七十里。　安城，案今本作「之城」，「之」蓋即「安」字之訛。下云「使道已通」，史云「使道安城」，則安城本魏地，昭王十三年秦拔之，故又爲秦地（正義云：時屬魏，似與上文不合）。括地志：故安城在鄭州原武縣東南二十里。（「秦拔安城」下，正義引括地志云：安城故城，豫州汝陵縣東南七十一里。秦本紀正義引括地志作汝陽縣東南十七里，似是兩地，疑有誤。水經注：絳瀆左逕安城南，故信都之安城鄉也。此又一地。）地理通釋亦然，今同屬懷慶府。　垝津有二地。杜預曰：汲縣南有延津。孔穎達曰：即垝津也。索隱：垝津在河北。正義：垝當作延，在衛州清淇縣（即廢衛縣）西南二十六里。其地在今河南衛輝府汲縣南，延津縣北，即延津也。　帝王世紀：白馬縣南有韋城，故豕韋國。水經注：白馬津有韋鄉、韋城。徐廣曰：東郡白馬有圍津，圍與韋通（今荀子本作圍，蓋誤）。顧祖禹曰：戰國時曰垝津，其地在今衛輝府滑縣東南五十里。荀子云：圍津去大梁百二十里。九域志：

滑州至東京二百二十里。以里數核之，似以延津爲是。 程恩澤又曰：漢志，河内郡共縣，故共伯國。孟康曰：爲周三公者也。縣北九里有共山（淇水所出）。十三州記：昔共伯復歸國，逍遥於共山之首。即此。後爲衛地。（東周初尚存，鄭共叔出奔共是也。不知何時滅入於衛。綱目摭實謂周爲鄘國，非是。）左傳：「益之以共滕之民」是也。寰宇記：共伯國在衛州共城縣東一里十步，故城尚存。今在衛輝府輝縣東北九里（呂氏春秋：召公就微子開于共頭之下。畢沅云：共頭即共首山）。 漢志，河内郡有汲縣。括地志，汲在故衛州所理汲縣西南二十五里。路史國名紀：今汲郡（此亦古郡名，宋時汲縣屬衛州）治汲縣，有古汲城，在故新鄉東北四十八里，有太公泉及廟。水經一云太公故居。今在衛輝府汲縣西南二十五里，秦始皇七年還兵攻汲，即此。 顧觀光曰：史記，惠王二年敗趙於懷。又秦本紀：昭襄王四十一年攻魏取懷。正義曰：故懷城，周之懷邑，在懷州武陟縣西十一里（今武陟縣屬懷慶府）。史記，安釐王十一年，秦拔我郪邱。徐廣曰：一作廩邱，一作邢邱。按作廩邱者，六國表；作邢邱者，秦本紀也。據史當爲一地三名，而正義以汝南郡之新郪釋郪邱，則闌入楚界矣！ 徐廣注秦本紀曰：邢邱在平皋。正義引括地志云：平皋故城本邢邱邑，漢置平皋縣，在懷州武德縣東南二十里。顧氏棟高云：今懷慶府河内縣東南七十里，有平皋故城。平皋陂周圍二十五里，多產茭蒲，民賴其利。陂南即大河。 邢邱本韓地。水經濟水注引竹書紀年曰：惠成王三年，鄭城邢邱，此鄭即謂韓也。其後入於東周，而韓復取之。韓世家，昭侯六年伐東周，取陵觀、邢邱（當魏惠王十八）。六國表作廩邱，亦如魏安釐王十一年之紀，表異文矣。其入魏在何年，則不可考。韓詩外傳，武王伐紂，更名邢邱曰懷。是邢邱即懷也。而春秋宣六年傳：「赤狄伐晉，圍懷及邢邱。」魏策：「無忌謂魏王曰：秦固有懷地、邢邱、安城、垝津」，則爲二邑明矣。竊謂武王又嘗改甯爲修武，而戰國時猶有甯名，則懷慶府東之邑，故名懷者自不妨仍名邢邱。其與邢邱連言之懷，在今武陟縣西。尚書已有覃懷厎績之文，非武王更名也，當細別之。　魏世家，無忌曰：秦有垝澤。索隱曰在河北，正義曰垝字誤，當作延。按正義說非也。荀子彊國篇云：今秦在魏者，乃據圍津（依宋本），即去大梁百有二十里耳。楊注：垝、圍聲相近，疑同。水經河水注云：白馬有韋鄉、韋城，故津亦有韋津之稱。史記所謂下修武，渡韋津者也。史記曹參世家索隱云：韋與圍同，古今字變。正義引括地志云：黎陽津一名白馬津，在滑州白馬縣北三十里。元和志云：白馬故關在黎陽縣東一里五步。酈食其說高祖曰：杜白馬之津，即此地也。後更名黎陽津（黎陽津在河北，今屬濬縣；白馬津在河南，今屬滑縣。二說並不分明）。按圍津以韋爲名，曰黎陽，曰白馬，皆後起之稱也。水經注又云：河水舊於白馬縣南泆，通濮濟黃溝。故蘇代說燕曰：決白馬之口，魏無黃、濟陽也。金隄既建，故渠水斷，尚謂之白馬瀆。故瀆東經鹿鳴城南，又東北逕白馬縣之凉城北，又東南逕濮陽縣，散入濮水，所在決會更相通注，以成往復也。　黄丕烈曰：刑，鮑本作邢。　朱起鳳曰：懷地即懷、茅，刑、邢同聲通假，「之城」二字不詞。史記索隱：戰國策云「邢丘、安城」，此少「安」字。「之城」疑當作「安城」，乃草書之誤。　祖耿案：此數句史記作：「秦固有懷、茅、邢丘，城垝津以臨河內，河內共、汲必危。」注，懷、茅，集解徐廣曰：在修武軹縣有茅亭。正義：茅，卯包反。懷州武陟縣西十一里故懷城，本周邑，後屬晉。左傳云周與鄭人蘇忿生十二邑，其一曰攢茅。括地志云「在懷州獲嘉縣東北二十五里也。」獲嘉，古修武也。注，邢丘，集解徐廣曰：在平皋。正義括地志云：平皋故城在懷州武德縣東南二十里，本邢丘邑也，以其在河之皋地也。注，城，索隱按：戰國策云邢丘、安城，此少「安」字耳。注，垝津，索隱：在河北，垝音九毁反。正義：垝音詭。字誤，當作「延」。括地志云：延津故俗字名臨津，故城在衛州清淇縣西南二十六里。杜預云：「汲郡城南有延津」是也。注，共、汲，集解徐廣曰：汲縣屬河內。索隱：汲，亦作波，波及汲皆縣名，俱屬河內。

〔三〕鮑彪曰：秦紀注，河內卷有垣雍城，滎澤屬滎陽，書注在敖倉東南。吳師道曰：正義引括地志云：垣雍故城在鄭州原武縣西北。雍，於用反。滎，史作熒，一本同。正義云：言韓亡後，秦有鄭地，得垣雍城，從滎澤決溝，歷雍，灌大梁也。大事記云：始皇滅魏，果用此策。張琦曰：垣雍故城在今原武縣西北五里，決滎澤，水大梁，此即謂狼宕渠也。水經注渠水云：秦始皇二十年，王賁斷故渠，引水東南出，以灌大梁，謂之梁溝也。程恩澤曰：案郡國志，河南郡（注作河內，疑誤）卷縣有垣雍城，或曰古衡雍。京相璠曰：河南逕卷縣故城東，又南逕衡雍城西。是衡雍在卷之東南也。今懷慶府原武縣西北五里（距故卷城二里）有垣雍城，即衡雍也。或謂垣雍又名河雍，則不然。淮南人間訓注：邲，河雍地也，在今鄭州。徐廣曰：紀年，魏哀王二十四年（當作襄王四年），改宜陽曰河雍。今本無宜字。杜預曰：野王縣西南有陽城，即陽樊也，在今河內縣。寰宇記又云：河陽，魏哀王改爲河雍，在今孟縣（方輿紀要以孟縣爲魏垣雍地，蓋本此說）。其說並無一定，其地亦不止一處，皆訛謬相沿，無庸牽合。郡國志：河南郡滎陽縣有費澤，注：即滎澤也。鄭康成曰：自平帝以後，滎澤塞爲平地，滎陽人猶謂其地爲滎播。杜預曰：滎澤在滎陽縣東。京相璠曰：在縣東南，與濟隧合。胡渭曰：滎澤舊在滎陽縣東。自隋至今，則在滎陽縣南（隋故城在今縣北五里，明洪武八年爲河水所圮，移今治）。即禹貢「溢爲滎」也。左傳宣十二年：「及滎澤」，即此。其閔二年之及狄人戰於熒澤，則在河北，其字從火。竹書謂之泂澤，乃衛地也。水經注混而一之，非是。（據左傳杜注：鄭在熒陽宛陵縣西南，其字亦從火。釋文云：或作滎，非。孔疏：晉世分河南而立熒陽是也。）顧觀光曰：魏策無忌曰：「秦有鄭地，得垣雍」，集解引徐廣曰：垣雍城在卷縣。秦本紀：昭王四十八年，韓獻垣雍。集解引司馬彪曰：河南卷縣有垣雍城。今以史、策考之，卷屬魏，垣雍屬韓，絕不相混。蓋壤地相錯，而又略有區分矣。水經濟水注云：濟隧上承河水於卷縣北，河南逕卷縣故城東，又南逕衡雍城西（衡雍即垣雍），又南會於滎澤。據此，則卷在西北，垣雍在東南（今原武縣西北五里有垣雍城，又二里有卷城）。祖耿案：史記注，鄭地，集解徐廣曰：成皐、滎陽亦屬鄭。注，垣雍，集解徐廣曰：垣雍城在卷縣，卷縣屬魏也。卷縣又有長城，經陽武到密者也。正義：雍，於用反。括地志云：故城在鄭州原武縣西北七里。釋例：「地名卷縣，理或垣城也。」言韓亡之後，秦有鄭地，得垣雍城，從熒澤決溝歷雍灌大梁是也。

〔三〕鮑彪曰：安陵，魏之不欲攻韓者，與群臣異，故惡之。許，言聽之。久，言秦之先自惡之。　吳師道曰：史作「王之使者出過而惡安陵氏於秦」。大事記引策文，則以策爲明順。許，史作誅。正義引括地志云，安陵在鄢陵縣西北。詳見前。　大事記按策安陵君曰：「吾先君成侯受詔襄王，以守此地。」蓋安陵，趙襄子所封，其後遠別爲小國，附庸於魏。今魏反令使者惡之於秦。　祖耿案：此數語史記作：「王之使者出過而惡安陵氏於秦，秦之欲誅之久矣！」注，集解徐廣曰：召陵有安陵鄉，征羌有安陵亭也。正義括地志云：「隱陵縣西北十五里。李奇云六國時爲安陵也。」言魏王使者出向秦云，共伐韓以成過失，而更惡安陵氏於秦，今伐之，重非也。　金正煒曰：按史作誅，字之譌也。不當轉據以疑此文。後文「秦繞舞陽之北以臨許」，即謂此也。史記正義云：鄢陵故城在許州鄢陵縣西北，李奇謂六國時爲安陵。之當作亦，草書亦作厶，與之字形似而譌。

〔四〕鮑彪曰：高陵，屬琅邪，此二縣安陵封地，以與昆陽、葉陽鄰，故秦久惡安陵。　吳師道曰：高陵屬京兆，與下文地不相近。史無「高陵」字。策或誤也。注尤非。正義云，葉陽今許州葉縣，昆陽故城在葉縣北，舞陽故城在葉縣東。此時葉陽、昆陽屬秦，舞陽屬魏。大事記，葉陽今屬汝州。　黃丕烈曰：史記舞作武。　程恩澤曰：葉陽，秦地。案括地志，葉陽今許州葉縣。大事記，葉陽今屬汝州，蓋在今南陽府葉縣之南。又高陵，鮑説固謬，吳説亦未是。案郡國志引地道記曰，定陵（屬潁川，晉志屬襄陽郡）有高陵山，汝水所出，在今舞陽縣東北，與舞陽、昆陽、葉陽俱相近，的是策文所指。舍此不引，豈不失之眉睫之前耶？至京兆高陵，本是魏地。班志「魏地自高陵以東」是也，然此時久已失之。地理通釋猶引以爲證，固不足爲吳氏責也。又案：安陵即鄢陵也（說見楚策），但其地亦不一。郡國志，汝南郡召陵縣有安陵鄉，征羌侯國有安陵亭。水經注，安陵一名富平。陳留風俗傳：尉氏安陵鄉，故富平也。召陵在今郾城縣東，征羌在郾城縣東南（或曰：此即安陽，在今息縣）。尉氏在今鄢陵縣北（今鄢陵縣西北有安陵城）。蓋以二縣皆號鄢陵，故主李奇之說，以爲皆有安陵耳，其實未必盡然也。　顧觀光曰：史記無忌曰：「王之使者出過而惡安陵氏於秦。」徐廣曰：召陵有安陵。正義引括地志云：鄢陵故城在許州鄢陵縣西北十五里，李奇云：六國時爲安陵也。二說不同。水經洧水注用李奇說（今鄢陵縣屬開封府）。漢志，許、傿陵並屬潁川。策文多連言之，如秦策云，許鄢陵嬰城，魏策云：楚破南陽九夷，內沛，許、鄢陵危。又云，攻魏得許、鄢陵，以廣陶。韓策云：不能愛其許、鄢陵與梧割以予秦。蓋地相近也。魏策之安陵君，說苑作鄢陵君，明是一地，但鄢陵久爲秦有，而安陵至戰國末尚存（策有滅韓亡魏之語，當在始皇二十二年）。此則傳聞異辭，當在闕疑之列矣。　祖耿案：此語，史記作「秦葉陽、昆陽與舞陽鄰」，無高陵二字。注，正義引括地志云：「葉陽今許州葉縣也。昆陽故城在許州葉縣北二十五里。舞陽故城在葉縣東十里。」此時葉縣、昆陽屬秦，舞陽屬魏也。

〔二五〕黄式三曰：隨、隓古通用。　祖耿案：史記注正義：隨猶聽也。無忌說言使者惡安陵氏、亦聽秦亡安陵氏。然繞舞陽之北以東臨許，許必危矣。秦有許地，魏國可無害。

〔二六〕鮑彪曰：周紀註，南國，江、漢之間，又曰南陽也。今詳此時屬韓。　吳師道曰，正義云：南國，今許州許昌縣南西許昌故城。此時屬韓，在魏之南，故言南國。大事記：安陵在鄢陵縣西北。則去許、汝不遠矣。愚按，韓公云：繞舞陽、葉、襄城，其地皆壤界也，故曰南國。張琦曰：南國，蓋言魏之南，若安陵等是。程恩澤曰：案水經注：「洧水東逕許昌縣，故許南國也。」則南國實有其地。但玩策文語氣，似不必限定許昌，或概言魏之南境耳。其地當在舞陽之北，許州之東，開封之南。以爲韓地（舊注并同，正義亦然）者非是，以爲在江、漢之間者尤非。然地理通釋亦主是説，甚矣地理之難言也！祖耿案：史記注正義：南國，今許州許昌縣南西四十里，許昌故城是也。此時屬韓，在魏之南，故言南國。括地志云：「周時爲許國，武王伐紂所封。地理志云潁川許縣古許國，姜姓，四岳之後，文叔所封，二十四君，爲楚所滅。」三卿背晉，其地屬韓。

〔二七〕吳師道曰：「魏國豈得安哉」，史作「國無害」。大事記註引策文，當從策。祖耿案：策有此十二字，史記無。

〔二八〕吳師道曰：史：「不愛安陵氏。」下文可推。大事記，秦得南國，則諸侯之勢危矣，魏不可以爲非己地而不恤也。金正煒曰：不受，當從史作「不愛」。秦下「之」字，疑草書「又」字之譌。吳昌瑩曰：下「夫」字，若也。

〔二九〕鮑彪曰：異，猶他。去梁千里，言都絳、安邑時。張琦曰：此言自晉界至梁千里也。徙大梁後，尚有河西。鮑説非。程恩澤曰：案河西有二。秦本紀：出子二年，庶長改迎靈公之子獻公於河西而立之。正義曰：「河西者，秦州西縣，秦之舊地，時獻公在西縣，故迎立之。」此專指今秦州言，若策所云河西，則在今同、華二府之境。秦初起岐雍，未能以河爲界。晉强，遂跨河而有其地。惠公許秦以河外五城，東盡虢略，南及華山，皆河西也。背約敗韓，秦乃征晉河東，則河西入秦，不待言矣。及子圉西質，秦復歸河東，而河西屬秦如故也。然其後仍爲晉有，故少梁北徵連兵不息。孝公下令曰：三晉奪我河西地。是戰國初猶屬晉也。至惠王末年，盡以河西上郡委秦，而秦乃駸駸乎跨及河東矣。無忌此言，蓋猶在惠、襄之世歟。金正煒曰：按呂覽義賞篇，「天下勝者衆矣，而霸者乃五。」高注：乃，猶裁也。晉國，謂晉之國都。鮑注以爲「都絳、安邑時」是也。呂覽懷寵篇：「以國聽者」，注：國都也。後云「國繼以圍」亦以都言。 祖耿案：史記注，集解徐廣曰：魏國之界千里。又云河南梁縣有注城。正義：河西，同州也。晉國都絳州，魏都安邑，皆在河東，去大梁有千里也。

〔三〇〕鮑彪曰：闌入之闌。 吳師道曰：按字書，闌，門遮也。欄，閑也，牢也。通作蘭。王莽傳：「牛馬同蘭。」師古云，蘭，謂遮蘭。則蘭亦可通。闌入之闌，本作闌，亦作蘭，於此義不切。 黃丕烈曰：鮑「餘」下補「有」字。吳氏補曰：史無上文「餘」字，即以「有」字屬「河山」云云。策文則當有「有」字。丕烈案：此當是策文衍「餘」字，以千里與百里相較也。下文云「尚千里」，亦無「餘」之證。鮑改蘭爲闌，吳氏有正。丕烈案：史記作闌，蘭、闌同字也。 金正煒曰：餘字涉下文而衍。鮑於「河山」上復補「有」字，吳曰：策文當有「有」字，并非。廣雅釋詁闌，遮也。列子說符篇：「宋有蘭子者」，釋文：蘭與闌同。

〔三一〕鮑彪曰：橫之軍。 吳師道曰：史作林鄉軍。林鄉，地名，見芒卯謂秦王章。大事記，自秦伐林鄉以來至於今也。 祖耿案：史記注，集解徐廣曰：林鄉在宛縣。索隱劉氏云：「林，地名，蓋春秋時鄭地之棐林，在大梁之西北。」徐廣云在宛陵也。正義引括地志云：「宛陵故城在鄭州新鄭縣東北三十八里，本鄭舊縣也。」按劉、徐二說，是其地也。 黃丕烈曰：鮑改「林」爲「橫」。吳氏正曰：云云。丕烈案：今史記作「林鄉軍」。考索隱引劉氏云，林，地名，是史記亦本無鄉字。徐廣曰「林鄉在宛縣」者，以「林鄉」解林也。後人因注改正文耳。 張琦曰：林鄉，索隱曰：蓋春秋時鄭地之棐林，在大梁之西北。按後志，苑陵有棐林。注曰：杜預云，縣南有林鄉。水經注渠水篇，林鄉故城在新鄭東如北七十許里。苑陵故城在東南五十許里。

今是亭（北林）南去新鄭縣故城四十許里。蓋以南有林鄉亭，故杜預據是爲北林。據酈注則林鄉非即棐林，索隱非也。　程恩澤曰：案左傳宣元年：「會晉師於棐林。」杜預曰：苑陵縣東南有林鄉（本郡國志）。徐廣曰：林鄉在宛縣。索隱曰：劉氏云，林地在大梁西北，徐以爲在宛縣非也（宛今南陽縣，宛陵今新鄭縣）。括地志，宛陵故城，在鄭州新鄭縣東北三十八里，本鄭舊縣也。今開封府新鄭縣東三（顧作二）十五里有林鄉城，即棐林也。（此地一名棐，文十三年，鄭伯會公于棐，是也。一名林，此林軍是也。一名棐林，又名林鄉。水經注：林鄉故城在新鄭東如北七十許里，苑陵故城東南五十許里。）路史謂宛陵有棐（一作蓕）林、林鄉分爲二（說本水經注）。注云：集韻，棐在魏郡，疑誤。方輿紀要謂棐林即北林，又合爲一，亦誤。杜注北林，滎陽中牟縣西南有林亭，在鄭北。與棐林異地。水經注：林亭，南去新鄭縣故城四十餘里。蓋以南有林鄉亭，故杜預據是爲北林，甚密，則林鄉即棐林，非北林明矣！（服虔以北林爲鄭南地。京相璠又以林鄉在新鄭北，故顧氏混而爲一。）　顧觀光曰：史記蘇代曰：兵困於林中。又魏世家無忌曰：從林中以至於今（坊本林下有「鄉」字，乃因徐注而衍）。徐廣曰：林鄉在宛縣。索隱引劉氏云：林蓋春秋時鄭地之棐林，在大梁西北（當云西南）。徐廣云在宛縣，非也。正義引括地志云：宛陵故城在鄭州新鄭縣東北三十八里（今新鄭縣屬許州府），劉、徐二說是其地也。按漢志，苑陵屬河南。宛、苑古字通，徐注宛縣即此。索隱蓋以南陽郡之宛縣當之，故以徐說爲非。正義合爲一說，得其解矣。水經渠水注云：華水又東逕棐城北，即北林亭也。春秋宣公元年，諸侯會於棐林以伐鄭，楚救鄭，遇於北林。服虔曰：北林，鄭南地也。京相璠曰：今滎陽苑陵縣有故林鄉，在新鄭北，故曰北林也。按林鄉故城在新鄭東如北七十許里，苑陵故城在東南五十許里，不得在新鄭北也。京、服之說，並爲疎矣！杜預云：滎陽中牟縣西南有林亭，在鄭北，今是亭，南去新鄭故城四十許里。蓋以南有林鄉亭，故杜預據是以爲北林，最爲密矣！又以林鄉爲棐，亦或疑焉。諸侯會棐，楚遇於此，甯得知不在是而更指他處也？積古之傳事或不謬矣！據此，則林與棐林，又微有別。

〔三〕梁玉繩曰：史，秦七攻魏，五入囿中。策作「十攻」，此謁作「七」。徐廣謂囿，一作城，是。策作「國中」。　黄式三曰：囿即圃田。索隱、正義同。或誤「國」。　張琦曰：史作「囿中」。索隱曰，即圃田。按在今中牟縣西北七里。　祖耿案：史記注，集解徐廣曰：囿，一作城也。索隱曰：囿即圃田，圃田，鄭藪，屬魏。徐廣云一作「城」，而戰國策作「國中」。正義引括地志云：「圃田澤在鄭州管城縣東三里。周禮云豫州藪曰圃田也。」

〔三〕鮑彪曰：勾陽有垂都亭。　吴師道曰：此引徐廣説，彼文元無「都」字。又曰：索隱云：有廟曰都。正義引括地志云：文臺在曹州冤句縣。索隱云：文臺，臺名。大事記不取者，豈以他策有「臺已燔，游已奪」之云，與此類，特泛言之邪。墮，許規反。　程恩澤曰：案正義云，文臺在冤句縣西北六十五里。冤句，今菏澤也。列士傳：隱陵君施酒文臺。未知即此否？郡國志：濟陰郡句陽有垂亭。春秋：「宋公、衛侯遇於垂」（隱八）。「公會鄭伯于垂」（桓元）。皆此地。（一名犬丘，又名越，並見左傳。賈逵曰：魯地句瀆即句陽縣，春秋之穀丘也。張宗泰曰：句、穀聲相近。）京相璠曰：句陽縣小成陽（水經注：在句陽城東半里）東五里有垂亭。（杜注，河南新城北，亦有垂亭，即郲垂也。路史：上黨有垂地，桀所居。均與此無涉。）江永曰：垂地近定陶，戰國屬魏。以上二條，俱不甚的，姑依舊説錄此。　顧觀光曰：史記無忌曰：「垂都焚」。徐廣云：句陽有垂亭。按漢志，句陽屬濟陰，今曹州府曹縣北三十里句陽店，是其地。　祖耿案：史記注，索隱：文臺，臺名。列士傳曰：「隱陵君施酒文臺」也。垂，地名，有廟曰都，並魏邑名。正義：墮，許規反。括地志云：「文臺在曹州冤句縣西北六十五里也。」集解徐廣曰：「一云『魏山都焚』。句陽有垂亭。」

〔三四〕吴師道曰：大事記，赧王四十年，穰侯圍大梁。

〔三五〕鮑彪曰：衛在河、淇之間，與陶接，故范蠡亦云。闞，魏記注：在東平須昌。　吴師道曰：史，北至平、監。正義云，平即兗州平陸，監即故闞城，在平陸縣西南。　黄丕烈曰：案監、闞同字，見徐廣注也。張琦曰：史作平、監。方輿紀要曰：平即平陸，監、闞通。今汶上縣西南南旺湖中有闞亭。　按平陸，今汶上縣，魏地不至此，又違「北至」之義，恐未可據也。　程恩澤曰：案陶，即定陶也。衛都濮陽，在定陶之西，於大梁爲東北，故曰：「長驅梁北，東至陶、衛。」呂氏春秋：「舉陶削衛，地方六百」，或即指此。郡國志：東平陸有闞亭。劉昭曰：左傳桓十一年，會于闞。杜預曰：在須昌東南有闞城。博物記曰：即此亭是也。徐廣曰：闞，或作監。史記封禪書（亦見漢書郊祀志）：蚩尤冢在東平陸監鄉（皇覽作壽張縣監鄉），監即闞云。路史國名記：今鄆之壽張有闞鄉。而闞古城在中都（寰宇記云：今屬齊之鉅野），闞亭又在須昌縣，則闞凡有三處。宋之中都爲今汶上縣，壽張、須昌俱爲今東平州，雖係接壤，而東平在汶上北百餘里。疑闞本在東平，因汶上古稱東平陸，故誤添一「陸」字，而後世遂以爲在汶上（其誤始於劉昭，杜預、徐廣俱不誤）。抑闞本有二，在汶上者爲魯先公墓（今在南旺湖中），而東平別爲一地歟。策言北至平闞，又在陶、衛之北，當以東平爲是。凡言在今汶上縣西南三十里（即南旺湖）者，須考世家作平、闞。顧祖禹曰：平即東平陸也（徐廣以爲河南平縣，非是）。若如舊説，不且合兩地爲一耶？　顧觀光曰：魏世家：「北至平監」，徐廣云：史記齊闞止作「監」止。闞在東平須昌縣（在今泰安府東平州西）。按魏策，正作闞。　祖耿案：史記注，張守節曰：陶，曹州定陶也。衛即宋州楚丘縣，衛文公都之，秦兵歷取其郊也。裴駰曰：徐廣曰：「平縣屬河南。平，或作「乎」字。史記齊闞止作「監」字。闞在東平須昌縣。」又衛見後。

〔三六〕鮑彪曰：山，吴華之屬。　吴師道曰：史，「山南山北」，策無「山南」字，疑缺文。正義云：山，華山也。華山之東南，七國時鄧州屬韓，汝州屬魏。華山之北，同、華、銀、綏，並魏地也。河外，謂華州以東至陝、虢。河内，謂蒲州以東至懷、衛。　張琦曰：鄧、汝不得云華山之東南，唐汝州，今汝、裕二州，亦非屬魏。山南蓋謂商洛，本魏地；山北則陝、虢、華陰。若同州以北，後云河外，是不得於山北並數之。　金正煒曰：史：「山南山北」，此當據補。　祖耿案：史記注，正義：山，華山也。華山之東南，七國時鄧州屬韓，汝州屬魏。華山之北，同、華、銀、綏，並魏地也。河外謂華州以東至虢、陝，河内謂蒲州以東至懷、衛也。

〔三七〕吳師道曰：史，大縣數十，名都數百。

〔三八〕吳師道曰：「百此」，史作「由此」，大事記從策文改。

〔三九〕姚注：矣，劉作也。黄丕烈曰：鮑改矣爲也。吳氏補曰：也，史同。

〔四〇〕鮑彪曰：受秦兵。

〔四一〕鮑彪曰：以求地擿撓之。　祖耿案：史記注，索隱：撓音尼孝反，謂韓被秦之兵，撓擾已經三年，云欲講説與韓和。

〔四二〕黄丕烈曰：吳氏補曰：史「識亡」，宜從策。丕烈案：吳説非也。識即知，見索隱。上文此天下之所同知也，下文則皆知秦之無窮也，史記亦皆云「識」，是其證矣。　祖耿案：此句六字，史記作「識亡不聽」四字。注，索隱：識猶知也。故戰國策云「韓知亡猶不聽」也。

〔四三〕鮑彪曰：質，約也。見下。雁行，言以次進。　吳師道曰：爲，去聲。　黄式三曰：雁行，旅進也。　金正煒曰：按太玄：裝莫見之行。注：行，首也。漢書嚴助傳：如使越人蒙死徼幸以逆執事之顔行。文穎曰：顔行，猶雁行。在前行，故曰顔也。韓非外儲説：是則將令人主耕以爲食，服戰雁行也。燕策：今使弱燕爲雁行，而强秦制其後。並以「雁行」爲前鋒。史記越世家：所求於晉者，不至頓刃接兵。正義：頓刃，築營壘也。

〔四四〕黄丕烈曰：鮑「覩」上補「愚」字。

〔四五〕黄丕烈曰：鮑「秦」下補「欲」字。吴氏補曰：史「之」下有「欲」字，大事記從之。　祖耿案：「頓刃」句下至此，史記作「楚、趙必集兵，皆識秦之欲無窮也」，無「以臣」至「也則」等語。

〔四六〕吴師道曰：史無乎字，大事記從策補。　黄丕烈曰：案從，合從也，見索隱。　祖耿案：司馬貞曰：從音足松反。從事，言合從事王也。戰國策亦然。

〔四七〕黄丕烈曰：鮑衍魏字，吴氏補曰：字衍，史無。大事記以策補「而」字。丕烈案：史記作「趙挾韓之質」，與策文不同也。　金正煒曰：此二句本對文，自不當有魏字。　祖耿案：史記注，司馬貞曰：言韓以質子入趙，則趙挾韓質而親韓也。

〔四八〕祖耿案：效，鮑本作効。又案，此句史記作：以存韓而求故地，韓必效之。注，司馬貞曰：效猶致也，謂致故地於趙也。　張守節曰：無忌令魏王速受楚、趙之從。楚、趙挾持韓之質以存韓，而魏以求地，韓必效之，勝於與秦伐韓又與秦鄰之禍殃也。

〔四九〕吴師道曰：史作天時。大事記從策。　梁玉繩曰：策作大時，大事記從，史譌。　朱起鳳曰：天、大形相近，古混用。

〔五〇〕鮑彪曰：使，去音。通其道，不通他使，將爲關也。　吴師道曰：「莫」句。又曰：史作共、甯，下云：「使道安城，出入賦之」云云，大事記從之。正義云：共，衛州共城縣；甯，懷州修武縣。解題云：是時秦欲取韓上黨，故蠶食其地，使與韓國中絕。故勸魏假道，使韓得與上黨往來，豈專爲韓而已哉。韓不失上黨，則三晉之勢猶完也。　梁玉繩曰：史「使道安成」，策作「使道已通」，似從史爲勝。（志疑卷二十四）　張琦曰：甯，今脩武縣東故甯城是。　程恩澤曰：案書錄解題云：是時秦初取韓上黨，蠶食其地，使與韓國中絶，故信陵君勸魏假道，使韓得與上黨往來。則此甯地，當在修武，正韓通上黨之捷徑也。或謂潞安府襄垣縣北二十三里有甯城即此，非是。襄垣在上黨西北，即上黨地，於「通」字說不去。又歸德府寧陵縣南有甯陵城，乃信陵君采邑。秦、楚之際，周市欲立故魏公子甯陵君咎爲王，即此。又自爲一地，與本章無涉。江永曰：今懷慶府修武縣，與衛輝府獲嘉縣接境，皆古甯城地。周既改甯爲修武而猶稱甯，蓋後又復舊名也。衛有甯氏爲世卿，似食采於此（按甯氏采地或在甯鄉，在今淇縣）。　顧觀光曰：史記安釐王四年，段干子請予秦南陽以和。徐廣曰：在修武。又秦本紀：魏入南陽以和。徐廣曰：河內修武，古曰南陽。秦始皇更名（今修武縣屬懷慶府）。薛瓚注漢志云：韓非書：秦昭王越趙長平西伐修武。時秦未兼天下，修武之名久矣。按韓詩外傳云：武王伐紂，勒兵於甯，更名甯曰修武。瓚說是也。然戰國時亦有稱甯者，魏世家無忌謂魏王曰：「通韓上黨於共、甯。」正義曰：懷州修武縣，本殷之甯邑。水經清水注：修武故甯也，亦曰南陽矣。　馬季長曰：晉地自朝歌以北至中山爲東陽，朝歌以南至軹爲南陽。秦本紀正義引括地志云：懷州獲嘉縣即古之南陽（今獲嘉縣屬衛輝府）。又引杜預云：在晉山南河北（山謂太行），故曰南陽。然則南陽所該甚廣，不止修武，在戰國時正當韓、魏接壤之處，故二國皆有南陽矣。西周策：或爲周君謂魏王曰：秦召周君將以使攻魏之南陽。又曰：周君不入秦，秦必不敢越河而攻南陽。又綦母恢謂魏王曰：秦悉塞外之兵與周之衆，以攻南陽。魏策張儀曰：秦欲救齊，韓欲攻南陽。已上所言南陽，皆魏地也。

祖耿案：「共莫」，程作「其甯」。

〔五一〕鮑彪曰：賦，征取。　祖耿案：此數語史記作：「通韓上黨於共、甯，使道安成，出入賦之。」注，集解徐廣曰：朝歌有甯鄉。正義：共，衛州共城縣。甯，懷州脩武縣，本殷之甯邑。韓詩外傳云：「武王伐紂，勒兵於甯，故曰脩武」。今魏開通共甯之道，使韓上黨得直路而行也。括地志云：「故安城在鄭州原武縣東南二十里。」時屬魏也。

〔五二〕鮑彪曰：共，韓、魏共之。　吳師道曰：史作「今有」，當從策。

〔五三〕鮑彪曰：衛，時已附梁。　金正煒曰：則，猶而也。國語齊語：「以衛諸夏之地」。注：衛，蔽扞也。「衛大梁」當上屬爲句，鮑注恐非。

〔五四〕鮑彪曰：秦輕之也。　吳師道曰：易，改易也。　金正煒曰：「必易」，疑當作「不易」。必、不同聲，又涉上文「必危」而誤。左氏昭四年傳：「以歲之不易」，注：不易，言有難。　祖耿案：史記作「二周、安陵必危」，無「不易」字。

〔五五〕黃丕烈曰：今本無下「楚」字，乃誤涉鮑也。鮑衍楚字，吳氏補曰：字衍。史無。大事記從。　金正煒曰：「大」當爲「太」之損，言二國並將爲秦所破也。又左氏襄十四年傳：「乃命大還」，義亦與太近。下「楚」字衍，鮑、吳並云史無。　祖耿案：史記作「楚、趙大破」。

〔五六〕鮑彪曰：皆爲秦所勝制。

〔五七〕姚注：集本有「矣」字。　鮑彪曰：記有，與上二章相次（祖耿按：此據鮑本，指秦魏爲與國、虞卿謂趙王曰二章）。彪謂言秦之情者衆矣，無白於此者也。　吳師道曰：大事記云：信陵君之諫，世家不載其從違，亦不書與秦同伐韓取故地，必以其言而止也。信陵之言，深切綜練，識天下之大勢，使魏能用其計，糾率楚、趙，竭力助韓，則韓不至失上黨，趙不至敗長平，六國不至爲秦所吞矣！謀既不用，又以矯殺晉鄙，流落于外。六國垂亡，魏始再用之，猶能收合諸侯，折强秦之鋒。若用之於上黨、長平未敗之前，天下雌雄之勢，未可量也！　此章大事記據史文具載，又以策文易史之難通者，注釋甚詳，而於信陵尤惓惓歸重焉。太史公謂說者皆以魏不用信陵君，故國削弱至于亡，天方令秦平海內，魏雖得阿衡之佐，曷益乎？劉知幾譏其舍人事而言天。大事記之言，殆爲遷發也。愚謂戰國四公子並稱，特以好士之故。黃歇亂人，其事惡矣。趙勝不能用趙奢、廉頗，而割地以召田單，受馮亭之嫁禍，幾至亡國。田文怒小丈夫之譏，而滅一縣。不忍呂禮之嫉害，而爲宗國召兵，尚奚足言！若其合從難秦，歇既敗衄，勝僅合楚、趙之交，以佐魏救。獨孟嘗、信陵，兩戰敗秦。文臨函谷，無攻以求楚東國，而名義索然。信陵存趙却秦，義烈甚高，河外之戰，威震天下。且退讓不伐，聞過能悔，其才與智，皆非餘子比也。因大事記稱惜之言，輒附著之。

祖耿案：此篇又見馬王堆漢墓帛書第十六章，文大同，不備錄。

九

葉陽君約魏，魏王將封其子〔一〕。謂魏王曰：『王嘗身濟漳，朝邯鄲，抱葛、薜、陰、成以爲趙養邑〔二〕，而趙無爲王有也。王能又封其子〔三〕問陽姑衣乎〔四〕？臣爲王不取也！』魏王乃止〔五〕。

〔一〕鮑彪曰：葉陽君，趙人。　程恩澤曰：案葉陽非趙地，當以舊說爲是。　祖耿案：葉陽君即奉陽君，說見下。顧觀光隸此於赧王二十九年，曰：文即在趙策，齊欲攻宋秦令起賈禁之章中。

〔二〕姚注，薜，曾作薛。　鮑彪曰：養邑，供養之邑。　黃丕烈曰：薜，鮑本作薛。鮑改薛爲孽。吳氏補曰：趙世家作『孽』者是。一本作薛亦非。丕烈案：吳說未是，『薜』即『孽』字之省；『薛』，形近之譌也。　金正煒曰：按呂覽下賢篇，周公旦抱少主而成之。注：抱，奉。「薜」字當從趙世家作「孼」。養邑，謂奉趙爲太后養地也。朱起鳳曰：葛、薛、陶、成四者並魏地，孽、薜字皆薛字之訛，形相涉也。

〔三〕王引之曰：能，猶乃也。「王能又封其子」，言王乃又封其子乎。

〔四〕姚注：姑，曾作茹。鮑彪曰：趙惠文十三年有，與此語同。云封李兑子，則葉陽君兑之封乎？吳師道曰：葉即奉之訛，李兑也。説見趙策。黄丕烈曰：今本問作河。衣作密，乃誤涉鮑也。鮑改問爲河，改衣爲密。吳氏補曰：字譌。趙策作「河」作「密」。金正煒曰：「趙無爲王有」句，當作「而趙爲王無有也」。爲，猶於也。趙策，而趙無爲王行也。文不必同。祖耿案，問陽、姑衣，當作何陽、姑密，傳寫誤也。見前趙二。

〔五〕鮑彪曰：惠之十三年，此（魏昭）十年。

十

秦使趙攻魏〔一〕，魏謂趙王曰〔二〕：「攻魏者，亡趙之始也！昔者晉人欲亡虞而伐虢〔三〕，伐虢者，亡虞之始也。故荀息以馬與璧假道於虞，宫之奇諫而不聽，卒假晉道。晉人伐虢，反而取虞。故春秋書之，以罪虞公。今國莫強於趙，而並齊、秦，王賢而有聲者相之〔四〕，所以爲腹心之疾者趙也〔五〕！魏者，趙之虢也；趙者，魏之虞也；聽秦而攻魏者，虞之爲也！願王之熟計之也！」

〔一〕祖耿案：顧觀光附此於赧王四十六年。

〔二〕鮑彪曰：趙王，惠文。　吴師道曰：無考。　馬驌曰：此策時無考。

〔三〕姚注：者，曾作也。　祖耿案：「而」下鮑本有先字。又案：虞、虢説見秦策一。

〔四〕鮑彪曰：秦王，昭王。并，猶兼。聲，威聲。相，助也。言趙强矣，兼得秦助。　吴師道曰：「今國莫强於趙而兼齊、秦」句，「王賢而有聲者相之」句。言趙强兼齊、秦，王既賢而又有聲望者相之，所以爲秦腹心之疾也。如此乃協。此士引喻明切，謂春秋罪虞，亦不悖。秦使趙攻魏之事無見，或因其言而止歟！　黄丕烈曰：鮑衍齊字。丕烈案：「而并齊、秦」四字，當爲一句。「而」即「能」字，言所能並於二國也。　金正煒曰：按而讀爲能。廣雅釋詁：并，同也。字亦作併。説文：併，並也。言趙之强能比並於齊、秦。聲，名也。或賢字之譌。趙王既賢，又得賢者相之，故秦以趙爲腹心之疾也。

〔五〕鮑彪曰：言秦以趙爲疾。　黄丕烈曰：腹心，鮑本作「心腹」。　金正煒曰：「腹心」上當補秦字。

十一

魏太子在楚〔一〕，謂樓子於鄢陵曰〔二〕：「公必且待齊、楚之合也，以救皮氏。今齊、楚之理必不合矣，彼翟子之所惡於國者，無公矣〔三〕。其人皆欲合齊、秦外楚以輕公，公必謂齊王曰〔四〕：『魏之受兵，非秦實首伐之也，楚惡魏之事王也，故勸秦攻魏。』」齊王故欲伐楚〔五〕，而又怒其不己善也，必令魏以地聽秦而爲和。以張子之强〔六〕，有秦、韓之重，齊王惡之而魏王不敢據也〔七〕。今以齊、秦之重，外楚以輕公，臣爲公患之！鈞之出地以爲和於秦也，豈若由楚乎〔八〕？秦疾攻楚，楚還兵，魏王必懼〔九〕，公因寄汾北以予秦而爲和〔一〇〕，合親以孤齊〔一一〕，秦、楚重公，公必爲相矣！臣意秦王與樗里疾之欲之也，臣請爲公説之〔一二〕。』乃請樗里子曰：『攻皮氏，此王之首事也〔一三〕，而不能拔，天下且以此輕秦！且有皮氏於以攻韓、魏利也！』樗里子曰：『吾已合魏矣，無所用之〔一四〕。』對曰：『臣願以鄙心意公，公無以爲罪〔一五〕！有皮氏，國之大利也〔一六〕，而以與魏，公終自以爲不能守也，故以與魏。今公之力有餘守之，何故而弗有也〔一七〕？』樗里子曰：『柰何？』曰：『魏王之所恃者，齊、楚也；所用者，樓廩、翟强也〔一八〕；今齊王謂魏王曰：「欲講攻於齊，王兵之辭也〔一九〕，是弗救矣〔二〇〕！楚王怒於魏之不用樓子而使翟强爲和也〔二一〕，怨顔已絶之矣〔二二〕。魏王之懼也見亡〔二三〕。翟强欲合齊、秦外楚，以輕樓廩〔二四〕，樓廩欲合秦、楚外齊，以輕翟强〔二五〕。公不如按魏之和〔二六〕，使人謂樓子曰：「子能以汾北與我乎？請合於楚外齊以重公也！此吾事也〔二七〕。」樓子與楚王必疾矣〔二八〕。又謂翟子：「子能以汾北與我乎〔二九〕？必爲合於齊外於楚以重公也〔三〇〕。」翟强與齊王必疾矣。是公外得齊、楚以爲用，内得樓廩、翟强以爲佐〔三一〕，何故不能有地於河東乎〔三二〕？」

〔一〕金正煒曰：「魏太子在楚」以下，鮑本別爲一章，次于秦、楚圍攻皮氏章之後，蓋太子之在楚，即楚背秦與魏時也。　祖耿案：姚本此章與上章（秦使趙攻魏）連篇。顧觀光隸此於赧王九年。

〔二〕鮑彪曰：樓子，廩也。從太子爲質，而楚任之。鄢陵，楚用事者所封。　吳師道曰：此語本記其人與樓子言於鄢陵之地。鄢，楚別都，在宜城。此鄢陵，即策所謂許、鄢陵者，魏地也。樓廩主合楚之謀，非從太子而楚任之也。　黃丕烈曰：鮑改「謂」爲「爲」，吳氏有正。

〔三〕鮑彪曰：翟子，强也。魏人，仕齊。無公，無如鄢陵。　吳師道曰：翟子，魏王所用，下文甚明。楚策：魏相翟强死。公，指樓廩。

〔四〕鮑彪曰：人，翟之人。齊王，閔王。　金正煒曰：下「公」字承上而誤複。鮑注：其人，翟之人。此即設爲其人之言，不當有公字。

〔五〕鮑彪曰：此士言齊本自欲爾。　吳師道曰：故、固通。

〔六〕鮑彪曰：言儀往日。

〔七〕鮑彪曰：言魏襄爲齊逐儀。　吳師道曰：策謂齊王不如資韓朋，與之逐張儀於魏者，謀如此耳。魏襄之時，不聞逐儀也。且此語本謂以儀有秦、韓之重，而齊王惡之，魏王不敢據之以爲安，二國之於儀，猶如此也。

〔八〕鮑彪曰：鈞，言齊與楚。

〔九〕吳師道曰：楚還兵者，復兵與秦合攻魏也，故魏王懼。　黃丕烈曰：鮑衍楚字。　金正煒曰：按此謂秦怒楚之合於魏而疾攻之，楚引兵而還，則魏失楚助，故必懼。此士蓋從太子於楚者，故不知秦有合魏攻楚之謀，猶欲因楚和秦以重太子於楚，鮑衍楚字，非也。

〔一〇〕鮑彪曰：汾北，魏地鄢陵。宜因其懼，使割予秦，此所謂由楚。　黃丕烈曰：鮑改寄爲割。吳氏補曰：恐字有譌。　張琦曰：汾北，汾水之北，今絳州、河津等地，即謂皮氏也。　程恩澤曰：案汾水之北，在今爲山西寧武府偏關縣，於漢爲西河郡，蓋亦西河餘地也。　金正煒曰：燕策：「夫列在萬乘而寄質於齊。」鮑注：寄，猶委也。此亦其義。鮑改爲割，無取。

〔一一〕鮑彪曰：秦、楚、魏合。

〔一二〕鮑彪曰：秦王，昭王。

〔一三〕鮑彪曰：首，言出兵。　吳師道曰：首事，猶言第一事也。　祖耿案：請，鮑本作謂。

〔一四〕鮑彪曰：故史書未拔而解。

〔一五〕鮑彪曰：意，猶度。

〔一六〕黃丕烈曰：「之」下，鮑本有「所」字。

〔一七〕姚注：公，曾作攻。鮑彪曰：於守爲有餘。

〔一八〕吳師道曰：⿸广鼻，字書無此字。韓策作鼻，即⿸广鼻也。策又有「管鼻之令翟强與秦事」云云，與此事合，疑樓⿸广鼻即管鼻也。　黃丕烈曰：今本「⿸疒濞」作「⿸疒鼻」。　朱起鳳曰：「⿸广鼻」字當依韓策作鼻，魏無管鼻，管爲樓字之誤。

〔一九〕鮑彪曰：言欲講秦攻秦皆於我。夫魏求救，欲講而已，而齊兼言攻，故下言主兵。　吳師道曰：講當作構。講攻，猶言構兵。　金正煒曰：鮑本「王兵」作「主兵」，「矣」作「也」。按「欲講」，疑當作「邀講」。玉篇：遫，籀文速字。墨子書，速皆作遫。此由缺損而譌也。攻，當爲故。草書故作攻，與攻形似。「王兵」疑是「止兵」之誤。文以「遫講」句，「故於齊」句，言齊使魏速講於秦，是止兵之詞，則其不復出兵以援魏可知矣。又或本爲「阻兵」，鮑本以音同誤「主」，此復由「主」誤「王」。左氏閔二年傳：「狂夫阻焉！」注：阻，止也。　吴曾祺曰：此六句未詳。

〔二〇〕黄丕烈曰：矣，鮑本作也。

〔二一〕鮑彪曰：楚王，懷王。和，和齊、秦。

〔二二〕鮑彪曰：怨魏欲絶之，見於顔色。

〔二三〕鮑彪曰：以有亡形而懼。

〔二四〕鮑彪曰：此强之和。

〔二五〕吴師道曰：此二語，當時事情也。

〔二六〕姚注：魏，曾作親。鮑彪曰：按，謂主之。　吴師道曰：按，止也。

〔二七〕鮑彪曰：疾言此事吾所欲爲。　金正煒曰：按吾事，謂吾力能爲之事。鮑説未安。左氏襄五年傳：「有陳，非吾事也。」注：言晉力不能及。與此文正相反，可以借證。

〔二八〕鮑彪曰：言應之速。

〔二九〕鮑彪曰：强，亦魏人。

〔三〇〕黄丕烈曰：今本「爲」誤「不」。鮑本「外」下衍「於」字。

〔三一〕鮑彪曰：主魏言之，故言内。

〔三二〕鮑彪曰：言且得皮氏。按，此蓋樓廙在楚，欲因楚和秦以息攻鄢陵，不順也，故此士説之，又説樓里。凡其辭兩言齊楚、翟樓，示無所偏也。而於楚，獨曰「吾事」，則是爲樓子也。

戰國策集注彙考

（增補本）

下

鳳凰出版社

卷二十五　魏四

一

闕文獻書秦王曰〔一〕：『昔竊聞大王之謀出事於梁〔二〕，謀恐不出於計矣〔三〕！願大王之熟計之也！梁者，山東之要也〔四〕。有虵於此，擊其尾，其首救，擊其首，其尾救，擊其中身，首尾皆救〔五〕。今梁王天下之中身也〔六〕，秦攻梁者，是示天下要斷山東之脊也〔七〕，是山東首尾皆救中身之時也。山東見亡，必恐，恐必大合，山東尚强，臣見秦之必大憂可立而待也！臣竊爲大王計，不如南出事於南方〔八〕，其兵弱，天下必能救〔九〕。地可廣大〔一〇〕，國可富，兵可强，主可尊，王不聞湯之伐桀乎？試之弱密須氏以爲武教〔一一〕，得密須氏而湯之服桀矣〔一二〕。今秦國與山東爲讎〔一三〕，不先以弱爲武教，兵必大挫，國必大憂！』秦果南攻藍田、鄢、郢〔一四〕。

〔一〕鮑彪曰：秦王，昭王。　吳師道曰：無考。　祖耿案：顧觀光隸此於赧王三十七年。

〔二〕鮑彪曰：謂攻之。　祖耿案：昔，鮑本作臣。

〔三〕鮑彪曰：非得計也。　金正煒曰：按不字疑當爲「者」，本在恐字之上而誤乙於下也。篆文者作𣅜，咎誤爲否，因誤爲不。出當作詘，涉上而譌也。詘與屈通。一切經音義十二引淮南許注：屈，短。

〔四〕鮑彪曰：腰，人之中身。

〔五〕鮑彪曰：兵法所謂率然。　吴師道曰：見孫武書及李靖問答。　祖耿案：皆，鮑本作俱。

〔六〕黄丕烈曰：王，鮑本作者。中身，鮑本作脊。吴補：一本「今梁王，天下之中身也」。　金正煒曰：按王，當爲國。俗書國作国，王即国之壞文。鮑本作「今梁者，天下之脊也」。

〔七〕鮑彪曰：要，猶欲。　吴師道曰：要，同上義，山東脊，天下要，與上互言之。示者，顯取之意。　黄丕烈曰：「秦」上，鮑本有「夫」字。

〔八〕鮑彪曰：謂楚。　金正煒曰：按上「南」字當爲亟，亟誤爲函，或書函作圅，與南字形相似，又涉下「南方」而誤也。或「南方」爲「内方」之譌。書禹貢：「内方至于大別」，孔傳：内方、大別二山名，在荆州。漢書地理志：江夏郡竟陵縣，章山在東北，古文以爲内方山。「南出事於内方」，正謂楚也。

〔九〕黄丕烈曰：鮑「必」上補不字。吴氏補曰：作「必不」語順。又曰：必字恐當作不。　金正煒曰：必當爲不，一聲之誤。

〔一〇〕姚注：曾無「大」字。鮑彪曰：地，言秦地。

〔一一〕鮑彪曰：試，謂先之以其弱，可必克也。周紀註，密須在安定陰密。　吴師道曰：密，姞姓國，在今寧州。史周紀：「西伯伐密須」，詩所謂「密人不恭」者也。此誤以爲湯。又云：「試之於弱。」戰國游士言聖賢事[illegible]謬，此尤顯然者也。　張琦曰：今涇州靈臺縣西五十里故陰密城，古密須也。　程恩澤曰：按密有二：一姞姓，在今甘肅靈臺縣西五十里。地理志，安定郡有陰密縣，即詩密人。十道志，陰密屬鶉觚。故括地象云：鶉觚，密氏，姞姓。今陰密城在涇之安定。括地志：在鶉觚縣西，元和志作靈臺。寰宇記曰：

古密國地是也。一姬姓，在今河南密縣東南三十里。左傳，齊有密姬。地理志：河南郡密縣，故國。臣瓚曰：姬姓國是也。師古曰：詩所云密人，即左傳密須，在安定。若河南之密，則春秋新密也。其說極明允。國語：共王遊于涇上，密康公從。其地與安定相近，疑即密須之後。韋昭以此爲姬姓國，在河南密縣。司馬貞謂：姞姓之密在密縣，與安定姬姓者不同，俱似誤。又云：郡國志密須在東郡廩邱縣北，今曰顧城，未知何據。（此說見齊世家，文云：「文王伐崇、密須、犬夷」，索隱既引郡國志云云，又云密須在河南密縣，不應兩歧。上密須蓋崇之訛，然郡國志並無此文，且廩邱屬濟陰郡，非東郡也。惟前志則然。）

〔二〕黃丕烈曰：之，鮑本作知。丕烈案：知字當是。

〔三〕黃丕烈曰：國，鮑本作欲。丕烈案：欲字當是。　金正煒曰：按「國」，當爲圖字之譌也。

〔四〕鮑彪曰：藍田，秦地，疑衍文。彪謂征伐先後，理正應爾。故司馬爲秦議，以伐蜀爲先。而我藝祖欲平太原諸國，亦先平蜀。　吴師道曰：秦之攻楚，多道藍田、武關以出攻，如敗楚藍田之云。　秦人善遠交近攻之策，蠶食諸侯，先三晉而後齊、楚，卒以成功，其用兵之序可考矣。此策魏畏秦攻，移禍于楚，故飾爲之辭。而鮑謂「征伐先後，理正應爾」，夫豈識當時大勢哉！又以司馬錯先伐蜀，宋欲平太原亦先平蜀，爲試於弱之徵，謬矣！　程恩澤曰：案秦之藍田，去咸陽僅百餘里，而距郢、鄢甚遠，決非楚地，當別有一地名藍田者。儲大文曰：漢書王莽傳，南郡張霸，江夏羊牧、王匡等，起雩、杜、綠林，號下江兵。晉灼曰：本起江夏雩杜縣，後分西上入南郡，屯藍田，故號下江兵（見後漢王常傳）。後漢郡國志，南郡編縣有藍田口聚（今本作藍口聚，無田字，晉灼注亦作藍口）。注云：下江兵所據，蓋即其地，今在襄陽府南漳縣西南，又在安陸府荆門州北，正與鄢、郢相近，非今西安府之藍田縣也。（史記夏侯嬰傳：從攻南陽，戰於藍田、芷陽。此藍田與南陽相近，疑即在南漳者。索隱以芷陽爲霸陵，似誤。又南陽有藍鄉，伯升破甄臯處。」

二

八年闕文謂魏王曰〔一〕：「昔曹恃齊而輕晉，齊伐釐、莒而晉人亡曹〔二〕；繒恃齊以悍越，齊和子亂而越人亡繒〔三〕；鄭恃魏以輕韓，伐榆關而韓氏亡鄭〔四〕；原恃秦、翟以輕晉，秦、翟年穀大凶而晉人亡原〔五〕；中山恃齊、魏以輕趙，齊、魏伐楚而趙亡中山〔六〕。此五國所以亡者，皆其所恃也〔七〕。非獨此五國爲然而已也，天下之亡國皆然矣。夫國之所以不可恃者多，其變不可勝數也。或以政教不脩上下不輯而不可恃者，或有諸侯鄰國之虞而不可恃者，或以年穀不登稸積竭盡而不可恃者〔八〕，或化於利，比於患〔九〕。臣以此知國之不可必恃也。今王恃楚之强，而信春申君之言，以是質秦，而久不可知〔一〇〕。即春申君有變〔一一〕，是王獨受秦患也。即王有萬乘之國而以一人之心爲命也〔一二〕。臣以此爲不完，願王之熟計之也。」

〔一〕鮑彪曰：此（魏安釐）八年，春申未封。　吳師道曰：追稱之辭。　黄丕烈曰：鮑「八」上補「十」字，吳氏有正。　黄式三曰：鮑以此爲安釐王十八年，未是。　祖耿案：周季編略隸此於魏景湣王二年，秦始皇六年。張氏琦釋地依鮑作十八年。顧觀光隸此於始皇六年。

〔二〕鮑彪曰：曹，今定陶。鼇，疑扶風漦。史曹伯陽十五年背晉，宋滅之。哀公八年。吳師道曰：鼇、漦不相涉。齊策：「昔者萊、莒好謀，陳、蔡好詐，莒恃越而滅，蔡恃晉而亡。」此鼇字即萊。左傳：「公會鄭伯於郲」，杜注：鼇城。劉向引「來牟」「作鼇牟」，古字通。「晉人亡曹」，即僖二十八年晉侯伐曹，分曹、衛田事。凡言亡，非必國滅也。　程恩澤曰：案春秋無鼇國，當以吳說爲是。又曰：案曹，姬姓，文王子叔振鐸之後。地理志，濟陰郡定陶，故曹國，周武王弟叔振鐸所封。禹貢「陶丘在西南」是也。今山東定陶縣西有故陶城。或曰：曹即曹州也，今爲曹縣，與定陶同屬曹州府，相隔六十里，蓋亦其地。自振鐸至伯陽凡二十五傳（或作十八葉，疑誤），爲宋所滅。（策作晉人亡曹，當是記載之異矣。吳氏云云是也。）　又曰：晉，姬姓，武王子叔虞之後，始封於翼（舊說謂唐叔初封在太原，至穆侯始徙絳，絳即翼也。今不從。詳見趙策晉陽），國號唐。今平陽府翼城縣東二十五里，有唐城。子燮父改號曰晉，今翼城縣東有晉城。傳十世至昭侯，封其叔父成師於曲沃，今爲絳州聞喜縣（一統志謂即今曲沃縣，非是）。其後强盛，遂併翼。武公徙絳，即今絳州。景公又徙新田，在今平陽府曲沃縣西南二里。春秋後六世至靖公俱酒，韓、趙、魏分晉，處晉君以端氏，在今澤州府沁水縣東九十里。趙肅侯元年，又奪晉君端氏地，徙處屯留，在今潞安府屯留縣東南十里，而晉乃絕祀（此據趙世家，與六國表異）。　金正煒曰：按韓非飾邪篇：曹恃齊而不聽宋，齊攻荆而宋滅曹。史記宋世家：曹倍宋，又背晉，宋伐曹，晉不救，遂滅曹。皆與策文不合，傳聞異詞，但當各從本文。

〔三〕鮑彪曰：繒，禹後，屬東海。和子，太公田和。哀六年，莒人滅鄫，與此異。（祖耿按，哀六年，當是襄六年之誤。）　吳師道曰：姚本「恃齊以捍越」。春秋：「鄫」，穀梁作「繒」。杜注：「今琅邪鄫縣。」田和，恐非。左氏：「莒人滅鄫，鄫恃賂也。」注：「鄫有貢賦之路在魯，恃之而慢莒。」此或訛爲齊。張琦曰：繒，今兗州府嶧縣東八十里有故城。程恩澤曰：案繒，姒姓，子爵。左傳：杞、鄫何事？國語：杞、繒由太姒，蓋與杞同族，俱爲太姒之母家。地理志：東海郡有繒縣故國，禹後。章懷太子曰：鄫故城在丞縣東北（寰宇記：屬沂州）今兗州府嶧縣東八十里，有鄫城。（高士奇曰：國語：申、繒方强。史記：申侯與繒攻幽王。是時中國于謝，繒必與之相近，故能偕舉兵。左傳哀四年，致方城之外于繒關，疑即其故墟，後乃徙琅邪也。又襄元年，諸侯之師次于鄫，乃鄭地。與此異。）襄六年，爲莒所滅。策云「越人亡繒」，亦與左傳異。補曰：此或訛也。黄丕烈曰：「以悍」，鮑本作「而輕」。金正煒曰：鮑本悍作輕，與上下文同。禮記學記：「則捍格而不勝」，疏：捍，謂拒捍也。悍與捍通。史記漢興以來將相名臣年表「屬國捍」，索隱云：捍，亦作悍。呂覽順民篇注：和子，田常之孫田和也。後爲齊侯，因曰和子。鮑注不誤，吳正曰，恐非。以亡繒非和子時事也。

〔四〕鮑彪曰：九域圖：榆關在平州界。吳師道曰：大事記：安王三年，楚歸鄭榆關。十一年，魏、韓、趙敗楚師于大梁榆關。正義云：榆關在鄭之南，大梁西。張琦曰：榆關，方輿紀要曰：在汝州境。程恩澤曰：案鮑云在平州界。此臨渝關，今名山海關，與韓、魏均不相涉。吳云在鄭南梁西，此蓋鄭地而楚取之，後既歸鄭而又歸楚，意必有險塞可守者。顧祖禹曰：今河南汝州東南二十里有霍陽聚，楚之邊邑也，或曰即此（左傳：「襲梁及霍」，霍與梁近），然西周策云：鄭恃魏而輕韓，魏攻秦而鄭亡，即此事，則榆關當屬秦，蓋即榆溪塞（見趙）。輿地廣記：榆林縣東有榆林關是也。黄丕烈曰：今本「伐」上有魏字，乃誤涉鮑也。鮑補魏字。吳氏補曰：此宜有魏字。丕烈案：此因即說本國事，故不更云魏，取便文也，補者非是。金正煒曰：韓非飾邪篇：鄭恃魏而不聽韓，魏攻荆而韓滅鄭。與此正合。

〔五〕鮑彪曰：僖二十五年，原降，使趙衰處原。　程恩澤曰：按趙衰所處之原，乃周蘇忿生邑，非國也，策云：「此五國所以亡者，皆有所恃也。」則原當是國，不是邑。左傳：「原爲文昭」，則原本周之懿親，且其封當在武王之世，而蘇忿生亦武王時司寇，不應甫封即滅，遽歸他姓，疑必別有一地爲原國者，非即濟源之原鄉也。路史謂澤之沁水縣（今屬山西澤州府）西北有故原城，疑是文王之後，而注云：即蘇忿生邑，則其説殊混，不足據。　又案：翟即狄也，種類甚多，號稱群狄，有長狄、赤狄、白狄之別。其單以狄名者，最爲强横，春秋時伐邢入衛，大爲中國患，疑即此所云翟也。其土地甚廣，當在今山西、直隸之間，與晉、衛相近。

〔六〕吴師道曰：周策，宫他謂周君曰云云，略同。齊、魏伐楚而趙亡中山，此襄王十八年秦、韓、魏、齊共敗楚將唐昧事。大事記謂史稱趙與燕、齊滅中山，齊非中山與國者，亦未然，説見燕、趙等策。

〔七〕黄丕烈曰：今本「其」作「有」，乃誤涉鮑也。鮑改其作有。丕烈案：其者，其五國也。鮑改誤甚。

〔八〕黄丕烈曰：稸，鮑本作畜。吴補：一本畜作稸，此書多作稸。

〔九〕鮑彪曰：化，猶移。比，猶近。

〔一〇〕鮑彪曰：久，猶後。　黄丕烈曰：鮑改「質」作「賓」。吴氏補曰：未詳。　金正煒曰：按智伯索地於魏章：「君何釋以天下圖智氏，而獨以吾國爲智氏質乎？」秦攻魏急章：「而王以是質秦」，皆與此文同義。鮑改非也。墨子經上：「久，彌異時也。」

〔一一〕王引之曰：即，猶若也。言若春申君有變也。

〔一二〕鮑彪曰：即，猶是。

三

魏王問張旄曰〔一〕：『吾欲與秦攻韓，何如？』張旄對曰：『韓且坐而胥亡乎〔二〕？且割而從天下乎？』王曰：『韓且割而從天下。』張旄曰：『韓怨魏乎？怨秦乎？』王曰：『怨魏。』張旄曰：『韓强秦乎？强魏乎〔三〕？』王曰：『强秦。』張旄曰：『韓且割而從其所强與所不怨乎？且割而從其所不强與其所怨乎？』王曰：『韓將割而從其所强與其所不怨。』張旄曰：『攻韓之事，王自知矣〔四〕。』

〔一〕祖耿案：顧觀光隸此於赧王四十九年。

〔二〕鮑彪曰：咠、胥同，待也。　黄丕烈曰：胥，鮑本作咠。吳補：一本咠作肙。

〔三〕鮑彪曰：問以何國爲强。

〔四〕吳師道曰：此恐與信陵所諫同一事。

四

客謂司馬食其曰〔一〕：『慮久以天下爲可一者，是不知天下者也〔二〕！欲獨以魏支秦者，是又不知魏者也！謂茲公不知此兩者，又不知茲公者也〔三〕！然而茲公爲從，其說何也？從則茲公重，不從則茲公輕。茲公之處重也，不實爲期〔四〕。

子何不疾及三國方堅也，自賣於秦，秦必受子〔五〕。不然，橫者將圖子以合於秦，是取子之資而以資子之讎也〔六〕！』

〔一〕鮑彪曰：食其，魏人，音異基。　吳師道曰：索隱云：鄺、審、趙三人並以六國時，衛有司馬食其，慕其名也。　祖耿案：顧觀光附此於始皇六年。

〔二〕姚注：劉無久字。　鮑彪曰：慮久，熟慮也。　金正煒曰：按漢書賈誼傳，慮亡不帝制而天子自爲者。注：慮，大計也。劉攽曰：慮，大率也。久字當從劉省，或爲又之譌。又與有通，謂凡有以天下爲可一者，皆不知天下者也。

〔三〕鮑彪曰：茲公，指合從之人。　吳師道曰：「茲公」未詳。史，夏侯嬰食茲氏。注：太原縣名。春秋昭五年注「莒邑」者，又地不相涉。　程恩澤曰：案地理志，太原有茲氏縣。寰宇記云：汾州西河、孝義二縣，皆漢茲氏縣地，故城在今汾州府城南十五里。郡國志，琅邪國有姑幕縣。注云：縣東有茲亭，即莒牟夷邑也。今在諸城縣境內。此舊說所本也。又元和志，蔚州靈邱縣西有茲水（今正定縣又有滋水）。寰宇記，鄗陽有茲鄉。此本不知何人，皆可備考。　金正煒曰：按國語晉語：「單若有闕，必茲君之子孫實續之，不出於他矣。」注：茲，此也。茲公或與茲君義同。客蓋難言其人，故爲此稱，猶云「夫已氏」也。

〔四〕姚注：「不」下，一本添「以」字。　鮑彪曰：言期於不可必。

〔五〕鮑彪曰：謂陰倍從，以收秦利。

〔六〕鮑彪曰：資，謂從。食其所資者，從也。「資子之讎」，謂橫人將以食其之從惡之於秦。讎，秦也。　吳師道曰：時與人不可考。　金正煒曰：按史記留侯世家：「宜縞素爲資。」晉灼曰：資，藉也。此謂食其之所憑藉，將爲橫者所利用也。讎，謂橫者。鮑氏以爲秦，非是。

五

魏、秦伐楚，魏王不欲〔一〕。樓緩謂魏王曰：「王不與秦攻楚，楚且與秦攻王！王不如令秦、楚戰，王交制之也〔二〕。」

〔一〕姚注：劉作秦、魏。　鮑彪曰：秦昭六年，與韓、魏共攻楚，此（魏哀）十八年。　祖耿案：文選過秦李注引作「秦王伐楚，魏王不欲」。　顧觀光附此於赧王九年。

〔二〕鮑彪曰：緩時爲秦計耳，故明年相秦。　黄丕烈曰：也，鮑本無。　金正煒曰：按「令」當爲「合」。齊魏戰於馬陵章：「王游人而合其鬭，則楚必伐齊。」此即其義。作令者，字形相似而誤也。管子霸言篇：「諸侯皆令己獨孤」，令亦當爲合，誤與此同。　祖耿案：文選過秦李注引，無「也」字。

六

穰侯攻大梁〔一〕，乘北郢〔二〕，魏王且從〔三〕。謂穰侯曰：「君攻楚，得宛、穰以廣陶〔四〕；攻齊，得剛、博以廣陶〔五〕；得許、鄢陵以廣陶〔六〕；秦王不問者，何也〔七〕？以大梁之未亡也，今日大梁亡，許、鄢陵必議，議則君必窮〔八〕。爲君計者，勿攻便〔九〕。」

〔一〕鮑彪曰：秦昭二十四年，攻魏至大梁。此（魏昭）十三年。　程恩澤曰：案漢志，南陽郡有穰縣。郭仲産南雍州記：穰，楚之別邑。秦初侵楚，封公子悝爲穰侯。後屬韓，秦昭王復取之。（張琦曰：史記韓襄王十一年，秦取我穰。當秦昭王六年。明年魏冉爲相，故以封之。）水經注，秦拔楚鄢、郢，以穰爲縣。昭王時封魏冉爲侯邑。仲産謂秦初侵楚，即以封公子悝，誤也。括地志，穰，鄧州所理（後漢書注同）。元和志，穰取豐穰之義。顧祖禹曰：穰縣故城在今河南南陽府鄧州東（錢坫去「東」字）南二里（洪亮吉曰：在鄧州外城東南隅）。　祖耿案：顧觀光隸此於赧王四十年。

〔二〕鮑彪曰：原作北郢。郢，楚別邑，其北近魏。　吳師道曰：北郢乃楚之宜城，即郡也。史魏冉傳：「入北宅，遂圍大梁」，此訛爲「乘北郢」也。又策作「入北地」，亦字訛。　張琦曰：史穰侯傳：「走芒卯，入北宅，遂圍大梁。」北郢蓋北宅之譌。正義曰：竹書，宅陽一名北宅。鮑改爲郢北，以爲楚別邑，近魏，謬之甚矣。今滎陽縣東十七里有北宅故城。　程恩澤曰：案鮑作「郢北」，故其說如此。莊子南行至郢北（一有「面」字），而不見冥山。冥山在今信陽州，正楚北境也。然穰侯傳作北宅。正義曰：竹書，宅陽一名北宅。括地志，宅陽故城在鄭州滎陽縣西南十七里，其地近梁。以策文圍大梁審之，似以史記爲是（亦云「遂圍大梁」）。　顧觀光曰：史記，惠王五年，與鄭會宅陽。又穰侯傳，昭王三十二年，走芒卯，入北宅，遂圍大梁。正義引竹書云：宅陽一名北宅。又引括地志云：宅陽故城在鄭州滎陽縣西南十七里。魏策一作「乘北郢」，一作「入北地」，並誤。

〔三〕鮑彪曰：從，順服也。　金正煒曰：按周書克殷解，周車三百五十乘，陳於牧野，帝辛從。注，紂出朝歌二十里而迎戰也。又公羊宣十二年傳「告從」注：從，服從。左氏襄十六年傳「從之將退」注：從，猶服也。此策兩義並通。

〔四〕程恩澤曰：宛原注見西周策，考見楚。金正煒曰：按魏冉封穰在前，益陶在後。此文穰字疑「秺」之譌。漢志，定陶與秺，同屬濟陰郡。戰國時本爲宋地。三國分宋，秺或入於楚，故穰侯取以益陶。

〔五〕鮑彪曰：剛、博並屬泰山。吳師道曰：正義引括地志云，故剛城在兖州龔丘縣界。愚謂剛、博當即是剛、壽。正義云，壽，鄆州縣。程恩澤曰：案地理志，泰山郡有剛縣，故闡。郡國志屬濟北國。應劭曰：剛城，故闡邑也。徐廣曰：濟北有剛縣。京相璠曰：剛縣西四十里，有闡亭。杜預春秋釋例，闡在剛縣北。剛城東有一小亭，今剛縣治，俗人又謂之闡亭。章懷太子曰：故剛城在龔邱縣東北（寰宇記同）。今寧陽縣東北三十五里有剛城。史記：秦昭王三十六年取齊剛、壽，剛即此（壽謂壽張。正義曰：鄆州縣）。又案漢志，泰山郡有博縣（劉昭注，有龜山，有龍鄉，有蜀亭，皆魯地）。檀弓：葬於嬴、博之間。國語：遵汶伐博。皆此地。漢初亦曰博城（呂后封馮無擇爲博城侯，即此）。括地志，博城縣本漢博城縣城是也。今在泰安府泰安縣東南三十里。

〔六〕吳師道曰：「得許」上當有「攻魏」字，缺脱。張琦曰：此文多舛誤。宛爲公子市所封，穰爲冉之本邑。此云「得宛、穰」，一也。穰封在前，益封陶在後。此云「廣陶」，二也。穰戰國時屬韓，韓世家、秦紀、年表並云取韓穰，此云攻楚，三也。軍大梁在秦昭三十二年，取剛、壽在秦昭三十七年，吳氏已辨之，四也。攻許、鄢陵，世家、秦紀皆不書，五也。餘見秦策。又按此與後秦敗魏於華爲一事。鮑云魏昭十三年，誤也。

〔七〕鮑彪曰：秦王，昭王。

〔八〕鮑彪曰：議其不當得。

〔九〕吳師道曰：魏昭王十三年，秦兵至大梁，即取魏安城之役。安釐王二年，秦魏冉伐魏，走芒卯，入北宅，遂圍大梁，魏割溫以和。二役皆冉相時，而敗芒卯則冉將以伐。此策當在其時。大事記載須賈説穰侯云云，『攻而不拔，秦兵必罷，陶邑必亡，前功必棄矣。』下註此章，謂與須賈同一術，亦以爲此年事矣。然秦攻取剛、壽，在秦昭三十六、七年，後此數年。而策已云得剛、壽，而又不可曉也。當考。穰侯廣陶，説見趙策（祖耿案：指鮑本趙策齊欲攻宋章注，及齊攻宋，奉陽君不欲章注）。許、鄢陵，魏地，見前。秦得其地，不知何時。

七

白珪謂新城君曰〔一〕：『夜行者能無爲姦〔二〕，不能禁狗使無吠己也。故臣能無議君於王〔三〕，不能禁人議臣於君也〔四〕！』

〔一〕姚注：珪，劉作圭。　鮑彪曰：白珪，魏人。孟子稱之。趙岐以爲周人，非也。蓋至是三、四十年矣。吳師道曰：秦昭王初年，魏冉已用事，則芈戎之貴已久。十二年而當魏昭元年，則其初年猶與魏襄相及，正孟子時也。趙岐以爲周人，何以知其非也？但戰國人姓名多偶同者，鮑以在魏策中而即爲魏人，謬矣。又按燕策，白珪逃於秦，則嘗仕秦。新序孟嘗君問白珪，恐亦此時。史白珪傳首云，當魏文侯時，李克務盡地力，而白珪樂觀時變。後復引圭之言曰：『吾治生產，如孫、吳用兵，商鞅行法』，則其人在鞅後。首句特與李克對論，非言其世也。以『二十取一』語，孟子正欲以其貨殖之術施之國家者也。又，新序記白珪戰亡六城，爲魏取中山，白珪顯於中山，中山人惡之於魏文侯，投以夜光之璧。則文侯時又一白珪歟？或因史所書而訛舛歟？　梁玉繩曰：戰國時，前後有兩白圭。史貨殖傳白圭，當魏文侯時，此周人白圭也。圭其名。呂覽聽言諸篇，稱白圭與惠施、孟嘗君問答。韓非喻老，白圭之行堤。魏策載白圭二事，在魏昭王時，此魏人白圭也，丹名圭字。祖耿案：錢氏白圭考云：『統觀諸書所載，見白圭不爲兩人。前人不詳考而輕爲之説，因謂前後有兩白圭耳。』見考辨一一三四至一一三六頁。又案，顧觀光附此於赧王三十四年曰：注家以新城君爲芈戎，即魏冉之異父弟，而魏冉復相秦在此年，故附此。

〔二〕姚注：無，劉作不。金正煒曰：按薛綜東京賦注：無，猶不也。祖耿案：姦，鮑本作奸。

〔三〕鮑彪曰：戎貴於秦。王，宜爲秦王。今珪説之，豈非珪使魏，戎來魏。

〔四〕鮑彪曰：秦策段產語同。吳師道曰：段產，策本在韓，鮑以史註新城君爲芈戎，故曲爲之説，未知即是此人否？黃丕烈曰：臣，鮑本無。吳補：姚本此有「臣」字。金正煒曰：按韓策段產謂新城君章，文與此同。省「臣」字，即與喻言不合。

八

秦攻韓之管〔一〕，魏王發兵救之。昭忌曰：『夫秦，强國也，而韓、魏壤梁〔二〕，不出攻則已，若出攻，非於韓也，必魏也〔三〕。今幸而於韓，此魏之福也〔四〕。王若救之，夫解攻者必韓之管也，致攻者必魏之梁也。』魏王不聽，曰：『若不因救韓〔五〕，韓怨魏，西合於秦，秦、韓爲一，則魏危。』遂救之。秦果釋管而攻魏，魏王大恐，謂昭忌曰：『不用子之計而禍至，爲之柰何？』昭忌乃爲之見秦王曰〔六〕：『臣聞明主之聽也，不以挾私爲政是參行也〔七〕。願大王無攻魏，聽臣也。』秦王曰：

『何也？』昭忌曰：『山東之從，時合時離，何也哉〔八〕？』秦王曰：『不識也。』曰：『天下之合也，以王之不必也〔九〕；其離也，以王之必也〔一〇〕。今攻韓之管，國危矣，未卒而移兵於梁，合天下之從，無精於此者矣〔一一〕！以爲秦之求索，必不可支也。故爲王計者，不如齊趙〔一二〕。秦已制趙，則燕不敢不事秦。荆、齊不能獨從〔一三〕，天下爭敵於秦，則弱矣〔一四〕。』秦王乃止〔一五〕。

〔一〕鮑彪曰：後志河南管城註，在京縣東北。　吴師道曰：鄭州管城縣。　馬驌曰：此策時無考。　張琦曰：管今鄭州治，故管城也。　程恩澤曰：案郡國志，河南尹中牟縣（今鄭州本漢中牟縣地）有管城，注云：漢書音義曰：故管叔邑。杜預釋例：管在滎陽（今鄭州爲晉滎陽郡）京縣東北。括地志，鄭州管城縣外城，古管國城也。顧棟高曰：管初屬檜，檜滅屬鄭，後爲韓地。策又云：『魏攻管而不下。』韓非子，魏攻韓拔管是也。在今鄭州北二里。　顧觀光曰：京縣，今開封府鄭州，魏策又云：『魏攻管而不下，安陵人縮高，其子爲管守。』吴云：秦攻韓管而得之，縮高之子爲秦守者也。按韓非子有度篇，言魏安釐王攻韓拔管，勝於其下，則管地後入於魏矣。　祖耿案：顧觀光附此於赧王三十九年。

〔二〕姚注：梁，劉作秦。　鮑彪曰：言地與秦接。　黄丕烈曰：鮑改梁爲秦。　金正煒曰：按梁當爲『梁』之譌。梁與挈通。趙策：『邦屬而壤挈者七百里。』鮑改爲『秦』，則上句文義不完。

〔三〕黄丕烈曰：『必』下，鮑本有於字。

〔四〕姚注：『而』下，曾添歸字。　金正煒曰：按吕覽期賢篇：『衛有士十人於吾所』，注：於，猶在也。於義已完，曾補無取。

〔五〕姚注：劉無因字。

〔六〕鮑彪曰：秦王，昭王。吳師道曰：時不可考。

〔七〕鮑彪曰：政與正同。參行，以諸國參考而行，言參彼己也。吳曾祺曰：參之衆說而行之也。祖耿案：鮑讀「政」爲句。

〔八〕黄丕烈曰：哉，鮑本無。

〔九〕鮑彪曰：猶言不可測也，方攻韓又攻魏是也。黄丕烈曰：「合」下也字鮑本無。吳補：一本有。

〔一〇〕鮑彪曰：伐一不移伐，則諸國知免，不急於從也。

〔一一〕鮑彪曰：精，猶明。金正煒曰：按呂覽至忠篇：「夫惡聞忠言，乃自伐之精者也。」注：精猶甚。此文亦當訓甚。

〔一二〕黄丕烈曰：鮑改「齊」爲「制」。吳氏補曰：疑字誤，或上有缺文。金正煒曰：鮑改是也。齊字涉下而誤。下云「秦已制趙」，則此當作「制」可知。又爾雅釋言：翦，齊也。詩泮水「實始翦商」，毛傳：翦，齊也。則齊亦可訓爲翦。「不如齊趙」，猶云「不如翦趙」，於義亦通，惟作「制」爲勝。

〔一三〕鮑彪曰：荆，楚；濟，齊。吳師道曰：一本「荆」、「齊」，是。宋有稱齊爲濟者，字多傍水。黄丕烈曰：齊，鮑本作濟。

〔一四〕鮑彪曰：言諸國合而競與秦敵，則秦弱。金正煒曰：敵，當讀爲適。左氏昭十五年傳：「民知所適」，注：適，歸也。天下爭歸秦，則從解，而六國日以削弱矣。鮑注大繆！

〔一五〕鮑彪曰：彪謂鄰國有兵，救之，卹鄰之義，昭王言是也。秦伐韓而魏救之，挑秦之禍，昭忌之言亦是也。要之，從約堅則宜救，猶救同室之鬬也。無從約而救之，則是鄉鄰有鬬，被髮纓冠而往，是豈不可已乎？

九

秦、趙構難而戰〔一〕，謂魏王曰：「不如齊趙而構之秦〔二〕，王不構趙，趙不以毀構矣〔三〕！而構之秦，趙必復鬬，必重魏〔四〕，是並制秦、趙之事也。王欲焉而收齊，趙攻荆〔五〕，欲焉而收荆，趙攻齊，欲王之東長之待之也〔六〕。」

〔一〕鮑彪曰：長平之役，此（魏安釐）十七年。吳師道曰：秦、趙之戰多矣，此策時不可考。祖耿案：顧觀光附此於赧王五十五年。

〔二〕鮑彪曰：構者，合其戰也。收趙而助之，趙必與秦合戰。黄丕烈曰：今本「齊」作「收」，乃誤涉鮑也，鮑改「齊」爲「收」，吳氏正曰：「齊」上有脱字，下文言齊可推。金正煒曰：鮑改非也。齊當讀如濟。左氏桓十一年傳：「盍請濟師於王」，注：濟，益也。濟趙，猶言勁趙。國語晉語：「逐之恐構諸侯」，注：構，交構也。下文「而構之秦」，義同。

〔三〕鮑彪曰：毀，折也。言不收趙，趙不能以毀折之兵獨與秦合戰。金正煒曰：「趙不以毀構」，謂趙不以殘破之餘，與秦構而不離。於義自通。惟就上下文求之，似當作「趙必以毀媾矣」，言趙必以國毀而求講於秦也。必、不字常互誤。構、媾策亦通用，因致文義不明。史記虞卿傳：「不如發重使而爲媾」，集解：求和曰媾。

〔四〕黄丕烈曰：「鬭」下鮑本復有「鬭」字。　金正煒曰：「而構之秦」，而，猶若也。

〔五〕鮑彪曰：欲，意或欲也。

〔六〕姚注：待，曾作侍。鮑彪曰：荆、齊在魏東，不樂屬秦，而欲魏爲之長。待，待魏之東。　吴師道曰：荆、齊、趙皆在魏東。長之，爲之長也。待之，待其事也。欲王者，此士願之之辭，與上「王欲焉」不同也。姚本「長之」下無「也」字。　黄丕烈曰：「待」上，鮑本有「也」字。　吴曾祺曰：此條語多不可通，疑有誤。

十

長平之役，平都君説魏王曰〔一〕：「王胡不爲從？」魏王曰：「秦許吾以垣雍〔二〕。」平都君曰：「臣以垣雍爲空割也！」魏王曰：「何謂也？」平都君曰：「秦、趙久相持於長平之下而無決〔三〕，天下合於秦，則無趙；合於趙，則無秦。秦恐王之變也，故以垣雍餌王也。秦戰勝趙，王敢責垣雍之割乎？」王曰：「不敢。」「秦戰不勝趙，王能令韓出垣雍之割乎〔四〕？」王曰：「不能〔五〕。」「臣故曰：垣雍空割也！」魏王曰：「善。」

〔一〕鮑彪曰：平都君，田單。　吴師道曰：注非，説見趙策。（祖耿案：指鮑本趙策，趙惠文王三十年相都平君田單章注。）　祖耿案：顧觀光隸此於赧王五十五年。

〔二〕鮑彪曰：垣雍，韓所得魏地。　吴師道曰：垣雍，見前。

〔三〕姚注：「無」下，一本添「大」字。

〔四〕鮑彪曰：韓不畏秦故。

〔五〕王念孫曰：「王曰不敢」，「王曰不能」，兩王字皆後人所加也。曰不敢、曰不能，皆平都君之語，與上文自爲問答。是以「秦戰不勝趙」上、「臣故曰」上，皆無「曰」字。而魏王答平都君之語，則必加「魏王曰」三字以別之也。後人誤以「不敢」、「不能」爲魏王答語，故於「曰」上加王字耳。

十一

樓梧約秦、魏〔一〕，將令秦王遇於境〔二〕。謂魏王曰〔三〕：『遇而無相，秦必置相〔四〕。不聽之則交惡於秦〔五〕，聽之，則後王之臣，將皆務事諸侯之能令於王之上者〔六〕。且遇於秦而相秦者，是無齊也〔七〕，秦必輕王之强矣〔八〕。有齊者不若相之〔九〕，齊必喜，是以有雍者與秦遇〔一〇〕，秦必重王矣〔一一〕。』

〔一〕姚注：梧，一作郚。吳師道曰：姚注「梧一作郚」，前有樓梧約秦、魏，即此人此時事也。祖耿案：顧觀光隸此於赧王八年。

〔二〕鮑彪曰：秦王，昭王。吳師道曰：無據。

〔三〕鮑彪曰：或謂非梧。吳師道曰：未見非梧。

〔四〕鮑彪曰：無相，無相魏者。

〔五〕姚注：一本無「之」字。

〔六〕鮑彪曰：言處魏上而能使之從令若秦者。　黄丕烈曰：「王」下，鮑本無之字。吴補：一本「王之上者」。

〔七〕鮑彪曰：相，秦所置。獨言齊者，時君王后賢，與齊敵也。　吴師道曰：註謬甚！　金正煒曰：按「而相秦者」，當作「而相有秦者」，字誤脱也。

〔八〕鮑彪曰：無齊助故。　金正煒曰：「秦必輕王之强」，義不可通，疑「之强」二字本在「有齊者」句上，而誤入於「秦必輕王矣」句中也。魏之樓有秦，翟有齊，屢見於策文，此蓋翟强之徒，爲强言於王者。鮑注，或謂魏王，非梧，是也。謂字上不著何人，策文往往有之，非必承上樓梧而言，且所言亦與梧不類。梧之爲此遇，或即欲以秦重相魏，故强之徒敗之，因以相强説王。吴正殊不足據。

〔九〕鮑彪曰：有齊者，言群臣能得齊事者。　黄丕烈曰：「不」上鮑本有「王」字。　金正煒曰：「之强有齊者」爲句，言若强之有齊者也。韋昭國語解：若，之也。則「之」亦可訓爲若，並見經傳釋詞。

〔一〇〕黄丕烈曰：今本雍作齊，鮑本作齊。　金正煒曰：雍，當從鮑本作齊；或讀爲擁，言有所挾持者也。

〔一一〕吴師道曰：此時必魏合於齊。

十二

芮宋欲絶秦、趙之交〔一〕，故令魏氏收秦太后之養地秦王於秦〔二〕。芮宋謂秦王曰〔三〕：「魏委國於王而王不受〔四〕，故委國於趙也。李郝謂臣曰〔五〕：『子言無秦而養秦太后以地，是欺我也。』故敝邑收之。』秦王怒，遂絶趙也〔六〕。

〔一〕鮑彪曰：芮宋，魏人。　程恩澤曰：案此蓋以國爲氏者。地理志：芮鄉故芮國。地理通釋：同州馮翊縣本芮國。漢臨晉縣地屬左馮翊，隋改縣曰馮翊。又陝州（疑當作解）芮城縣，本魏國地。魯桓公時芮伯萬出居於魏，即此地。漢爲河北縣，後周改曰芮城。　祖耿案：顧觀光附此於赧王四十五年，曰：因言收秦太后養地，附此。

〔二〕鮑彪曰：太后，宣太后。　黄丕烈曰：今本「於秦」二字作「怒」，鮑本作怒。吳氏補曰：姚本「收秦太后之養地秦王於秦，芮宋」云云，與此文有誤，當云：「收秦太后之養地於秦，芮宋謂」云云。

〔三〕鮑彪曰：秦王，昭王。

〔四〕鮑彪曰：委，與之。

〔五〕鮑彪曰：李郝，趙人。

〔六〕黄丕烈曰：也，鮑本無。

十三

爲魏謂楚王曰〔一〕：『索攻魏於秦，秦必不聽王矣〔二〕。是智困於秦而交疏於魏也。楚、魏有怨，則秦重矣。故王不如順天下〔三〕，遂伐齊，與魏便地〔四〕，兵不傷，交不變，所欲必得矣。』

〔一〕鮑彪曰：楚王，頃襄。吴師道曰：無考。祖耿案：此篇姚本與芮宋欲絶秦趙之交連篇，鮑本另列一篇。顧觀光隸此於赧王三十一年。

〔二〕鮑彪曰：楚以攻魏索於秦。

〔三〕鮑彪曰：天下不欲秦伐魏。

〔四〕鮑彪曰：言以所得齊地與魏易，兩便也。

十四

管鼻之令翟强與秦事〔一〕，謂魏王曰〔二〕：『鼻之與强，猶晉人之與楚人也。晉人見楚人之急，帶劍而緩之，楚人惡其緩而急之。令鼻之入秦之傳舍〔三〕，舍不足以舍之〔四〕。强之入，無蔽於秦者〔五〕。强，王貴臣也，而秦若此其甚，安可〔六〕！』

〔一〕鮑彪曰：管鼻之，魏人。鼻之不欲，故推之於强。吴師道曰：註作『鼻之』名，謬。下兩『之』字亦語助。管鼻恐即樓鼻，説見前（祖耿案：指鮑本魏策：魏太子在楚章注）。朱起鳳曰：魏無管鼻，管爲樓字之誤，可以斷言。祖耿案：顧觀光隸此於赧王九年，曰：管鼻疑即樓鼻，故列此。

〔二〕鮑彪曰：鼻之謂之。

〔三〕鮑彪曰：酈食其傳注：止息傳置之舍。祖耿案：令，鮑本作今。

〔四〕鮑彪曰：侍衛之盛，舍不能容。

〔五〕鮑彪曰：言秦輕之，無與爲樵蘇者。黄丕烈曰：蔽，鮑本作蘇。吳補，一本蘇作蔽，是。言無人從之。丕烈案：史記刺客傳：「跪而蔽席」，索隱曰：蔽，匹結反，猶拂也。此字與彼同。

〔六〕鮑彪曰：秦待己已厚，可以不與秦事。秦輕强矣，欲其重之，必令與秦事乃可。吳師道曰：翟强欲合齊、秦外楚，以輕樓鼻；樓鼻欲合秦、楚外齊，以輕翟强。鼻、强不合，而謂鼻令强與秦事者，鼻容强爲之。秦入鼻言，故輕强。此士蓋爲强言，以激魏王者也。此當在襄王時。金正煒曰：按此，蓋鼻之徒毀强於王之辭也。言强見鼻之入秦如彼，乃極意矯之若此，正如晉、楚帶劍之故爲緩急也。然以王之貴臣而於秦若此其甚，則傷於國體，又安可乎？吳氏以管鼻即樓鼻，當是。以此士蓋爲翟言，則非。此當循上文晉、楚帶劍之喻以求之，則知言者意之所屬矣。若如鮑、吳之説，前喻不皆無著乎？無蔽，如周語所謂司里不授舘也。鮑本蔽作蘇。廣雅釋詁：蘇，求也。淮南修務篇：「蘇援世事」，注：蘇猶索也。楚辭離騷：「蘇糞壤以充幃兮」，注：蘇，取也。周禮「掌訝」注：待事於客者通其所求索。無蘇，譏其太簡。「若此其甚」上「秦」字疑衍，或「而」字下有「入」字而脱也。

十五

成陽君欲以韓、魏聽秦〔一〕，魏王弗利。白圭謂魏王曰：「王不如陰侯人説成陽君曰〔二〕：『君入秦，秦必留君，而以多割於韓矣〔三〕。韓不聽，秦必留君而伐韓矣。故君不如安行求質於秦〔四〕。』成陽君必不入秦，秦、韓不敢合，則王重矣〔五〕。」

〔一〕鮑彪曰：成陽君，秦昭十七年入朝者，於此知爲韓人不疑。黄式三曰：成陽君，秦紀作城，又作郕。策鮑注，成陽君，韓人。史正義曰：「古郕伯，姬姓之國。周武王封弟季載於郕」，非也。祖耿案：顧觀光隸此於赧王二十五年。

〔二〕姚注：侯，一作使。黄丕烈曰：侯，鮑本作使。金正煒曰：按管子侈靡篇：「候人不可重也」注：候人，謂謁候之來入國者。又史記項羽紀，「陰使候始成」。張晏曰：候，軍候也。此文疑脱「使」字，「候人」非誤。

〔三〕金正煒曰：於韓，當爲干韓。干誤爲于，因復傳寫爲於。爾雅釋言，干，求也。

〔四〕鮑彪曰：安，猶徐。質，事。有不留之驗，乃可入。吴師道曰：「質子」之質。

〔五〕黄丕烈曰：鮑衍「敢」字。金正煒曰：按「敢」字當在「入秦」上，誤淆於下也。

十六

秦拔寧邑〔一〕，魏王令之謂秦王曰〔二〕：「王歸寧邑，吾請先天下構〔三〕。」魏魏王曰〔四〕：「王無聽〔五〕！魏王見天下之不足恃也，故欲先構。夫亡寧者，宜割二寧以求構，夫得寧者安能歸寧乎？」

〔一〕鮑彪曰：此（魏安釐）二十年。吴師道曰：秦昭王四十一年，魏冉已免相。此十一年。餘説見趙策（祖耿案：指鮑本趙策秦攻魏取寧邑章注）。又案：顧觀光隸此於赧王二十九年。

〔二〕鮑彪曰：秦王，昭王。黄丕烈曰：之，鮑本作人。

〔三〕鮑彪曰：謂與秦講。　黄丕烈曰：構，鮑本作搆。鮑改搆爲講，下同。
〔四〕黄丕烈曰：衍「魏」字。王，鮑本作冉。丕烈案：冉字當是。
〔五〕鮑彪曰：無聽其講。

十七

秦罷邯鄲，攻魏，取寧邑〔一〕。吴慶恐魏王之構於秦也〔二〕，謂魏王曰：『秦之攻王也，王知其故乎〔三〕？天下皆曰：「王近也〔四〕。」王不近秦，秦之所去〔五〕。皆曰：「王弱也〔六〕。」王不弱二周〔七〕，秦人去邯鄲，過二周，而攻王者，以王爲易制也。王亦知弱之召攻乎〔八〕？』

〔一〕吴師道曰：邯鄲，趙都。凡攻趙皆言邯鄲。此策罷邯鄲，必非赧王五十八年解邯鄲圍時事。且秦紀書拔寧、新中，次年，赧王五十九年。年表：韓、魏、楚救趙新中，而秦兵罷，不聞卒拔也。是歲赧王入秦，而此云過二周攻王，是二周無恙時也，决爲在前無疑。寧、新中，非寧邑，詳見趙策（祖耿案：指鮑本趙策秦攻魏取寧邑章注）。　又案：顧觀光隸此於赧王二十九年。
〔二〕鮑彪曰：吴慶，吴人。　吴師道曰：無考。　祖耿案：構，鮑本作搆，改作講。
〔三〕姚注：曾無之字。
〔四〕鮑彪曰：近，親也。天下以魏爲親秦，故外之，秦因攻之。

〔五〕鮑彪曰：去，猶遠。吳師道曰：王非親秦，乃秦之所欲攻去者。金正煒曰：按「王不近秦」，當爲「王不近趙」，言魏之於秦，不近於趙也。下文「秦去邯鄲，過二周，而攻王者，以王爲易制也」，即承上而言，故知此當爲趙。作秦者，因下秦字而誤。去蓋刼之壞字。管子大匡篇「於是刼魯」注：刼謂與兵脅之。漢書高帝紀「因以刼衆」注：刼，謂威脅之。鮑注、吳正，並失其義。韓詩外傳「子罕遂去宋君，而專其政」，去亦刼字之誤，與此正同。

〔六〕鮑彪曰：無秦之助。

〔七〕鮑彪曰：言實不弱，視二周猶强也。

〔八〕鮑彪曰：若講於秦，復示弱也。

十八

魏王欲攻邯鄲〔一〕，季梁聞之〔二〕，中道而反，衣焦不申〔三〕，頭塵不去〔四〕，往見王曰：『今者臣來，見人於大行〔五〕，方北面而持其駕，告臣曰：「我欲之楚。」臣曰：「君之楚，將奚爲北面？」曰：「吾馬良。」臣曰：「馬雖良，此非楚之路也！」曰：「吾用多〔六〕。」臣曰：「用雖多，此非楚之路也〔七〕！」曰：「吾御者善。」此數者愈善而離楚愈遠耳！今王動欲成霸王，舉欲信於天下，恃王國之大，兵之精鋭，而攻邯鄲，以廣地尊名〔八〕。王之動愈數，而離王愈遠耳！猶至楚而北行也！』

〔一〕祖耿案：顧觀光隸此於顯王十六年。

〔二〕鮑彪曰：季梁，魏人，非莊子所稱。　吳師道曰：不可考，亦不知何時。　馬驌曰：莊子音義曰：楚宣王朝諸侯，魯恭公後至而酒薄。宣王怒，欲辱之。恭公不受命，乃曰：我周公之胤，長於諸侯，行天子禮樂，勳在周室。我送酒已失禮，方責其薄，無乃太甚。遂不辭而還。宣王怒，乃發兵與齊攻魯。梁惠王常欲擊趙而畏楚救。楚以魯爲事，故梁得圍邯鄲，言事相因也。許愼注淮南云，楚會諸侯，魯、趙俱獻酒於楚王，魯酒薄而趙酒厚。楚之主酒吏求酒於趙，趙不與。吏怒，乃以趙厚酒易魯薄酒奏之。楚王以趙酒薄，故圍邯鄲也。　黄式三曰：鮑注云：季梁魏人，非列子所稱。鮑氏以爲有二季梁也。按策文本云：魏將攻邯鄲，通考前後魏攻邯鄲，此年事爲著（祖耿案：謂顯王十五年，魏惠王十七年也），亦關係爲最大也。列子仲尼篇言季梁之死；楊朱望其門而歌。力命篇言，楊朱之友季梁病，其子謁醫矯氏、俞氏、盧氏，此季梁非即彼季梁與？　錢穆曰：季梁先楊朱而卒，季梁之與楊朱，殆如惠施之與莊周矣。鮑注不知楊朱亦與梁惠王同時，則烏見季梁之非一人哉？（考辨一二八頁）

〔三〕鮑彪曰：此於行路，犯風日，故焦；焦故不申。需潤乃申耳。　王念孫曰：焦讀爲潐，廣雅，潐，縮也。曹憲音子笑反，謂衣縮而不申之也。

〔四〕鮑彪曰：皆以欲見之速，故不暇。　吳師道曰：焦，卷；申，舒展也。文選申作信，去作浴。　王念孫曰：作浴者是也。凡從谷、從去之字，隸書往往相亂。此是浴字，譌爲法，後人因改爲去耳。　黄丕烈曰：吳氏所云文選，詠懷詩注也。

〔五〕吳師道曰：行，道也。　黄丕烈曰：今本「者」誤「之」。

〔六〕姚注，用，資也。　鮑彪曰：用，所資也。

〔七〕祖耿案：鮑本「楚」下無「之」字。

〔八〕祖耿案：文選詠懷詩李注引，「攻」上有「欲」字。

十九

周肖謂宮他曰〔一〕：「子爲肖謂齊王曰〔二〕：『肖願爲外臣』，令齊資我於魏〔三〕。」宮他曰：「不可！是示齊輕也〔四〕！夫齊不以無魏者以害有魏者〔五〕，故公不如示有魏。公曰：『王之所求於魏者，臣請以魏聽〔六〕。』齊必資公矣〔七〕。是公有齊，以齊有魏也〔八〕。」

〔一〕鮑彪曰：疑即周霄。　吳師道曰：孟子注：魏人。若以爲此人，則非安釐之世矣。　金正煒曰：按魏文子、田需、周霄章，作宵，並即一人。作肖者，字之損。韓非作趙。顧廣圻曰趙、肖、宵同字。　朱起鳳曰：肖即霄字之省，趙與宵音相近。周霄乃熱中者流，故以仕問孟子，而復挾外交以市重也。　祖耿案：顧觀光附此於愼靚王三年，曰：周肖疑即周宵，故附此。

〔二〕鮑彪曰：齊王，王建。　吳師道曰：無據，事必在前。　祖耿案：韓非子說林下無子字，肖作我。

〔三〕祖耿案：此二語韓非子作：「以齊資我於魏，請以魏事王。」

〔四〕鮑彪曰：肖，魏臣，而假重於外，是示齊以無魏之重。　祖耿案：此句韓非子作「是示之無魏也」。

〔五〕鮑彪曰：所不重，爲無肖是也。　吳師道曰：齊必不以無魏重者而害有魏重者，不可示以無魏重也。 祖耿案：此句韓非子作：「齊王必不資於無魏者，而以怨有魏者。」

〔六〕鮑彪曰：令肖以此説齊。王，齊王也。 祖耿案：此數語韓非子作：「公不如曰：『以王之所欲，臣請以魏聽王。』」句首無「故」字。

〔七〕祖耿案：此句韓非子作：「齊王必以公爲有魏也，必因公。」王先慎曰：策作「必資公矣」。

〔八〕鮑彪曰：因齊之資以得魏重。肖，當作霄。 金正煒曰：「是公有齊，以齊有魏也」，「有齊」上當有「以魏」二字而誤脱也。 祖耿案：此二語韓非子作：「是公有齊也，因以有齊魏矣。」顧廣圻曰：「有齊」當作「齊有」。策云「以齊有魏也」，可證。

二十

周冣善齊〔一〕，翟强善楚，二子者欲傷張儀於魏。張子聞之，因使其人爲見者嗇夫〔二〕，聞見者〔三〕，因無敢傷張子〔四〕。

〔一〕黄丕烈曰：今本冣作最，鮑本作最。丕烈案，冣字是。見前。 祖耿案：顧觀光隸此於赧王五年。

〔二〕鮑彪曰：其人，儀之人。見者，冣與强見王也。 吴師道曰：見，賢遍反。見者，謂引見傳命之臣。儀使其臣爲見者之嗇夫，以閒伺之。嗇夫，書注：「主幣之官」。秦制，鄉有嗇夫，職獄訟，收賦税。漢有虎圈嗇夫。所職不同，皆小臣之名。 金正煒曰：按史記匈奴傳：「立斬主客見者」，是見者亦猶謁者。惟此文當以鮑説近是。見者，謂凡謁王之人，不必專言冣與强也。儀禮覲禮「嗇夫承命」注：嗇夫蓋司空之屬。書注以爲主幣之官者，古者見必執幣，故承命者主之。 祖耿案：説文：鄉國離邑，民所封鄉也。嗇夫所治。嗇夫，鄉官，職聽訟，收賦税。

〔三〕鮑彪曰：間以候伺之。黄丕烈曰：閒，鮑本作間。金正煒曰：閒，當從鮑本作間。廣雅釋詁：間，覗也。左氏莊八年傳：「連稱有從妹在公宫，無寵，使間公」注：伺公之閒隙。

〔四〕鮑彪曰：此（魏哀）九年，儀再相魏時。吴師道曰，無考。吴曾祺曰：案張儀知二人欲害己，故使人往見之。魏之嗇夫聞二人見儀之一人，疑必有私，故二人之言不行，而無敢傷張子。祖耿案：吴讀兩「見者」斷句。

二十一

周寂入齊〔一〕，秦王怒〔二〕，令姚賈讓魏王〔三〕。魏王爲之謂秦王曰〔四〕：「魏之所以爲王通天下者，以周寂也。今周寂遁寡人入齊，齊無通於天下矣〔五〕。敝邑之事王，亦無齊累矣〔六〕。大國欲急兵〔七〕，則趣趙而已〔八〕。」

〔一〕鮑彪曰：魏不善之。吴師道曰：周策，爲最謂魏王曰：「王不去周最，合與收齊。」又謂最曰：「魏責合秦伐齊，而公修虚信」云云。不如謂王曰：「請入齊」。此語在田文相魏昭王時，是最先見逐於齊，今復自魏入齊。詳周策所載，必最後欲之齊而魏聽之，非不善之故也。祖耿案：此殆王赧二十七年，周最自魏入齊以後事，説見東周策。又案：顧觀光隸此於赧王二十九年。

〔二〕鮑彪曰：秦王，武王。吴師道曰：昭王。

〔三〕鮑彪曰：最蓋秦所置以相魏者。吴師道曰：此因下文「爲王通天下」一語生説，無據。

〔四〕鮑彪曰：爲最。蓋秦亦怒最之去魏。吳師道曰：是時齊、秦交惡，而秦欲合魏。取自齊走魏，人言其不忍背齊，而今復之齊，必復爲齊所厚者。魏雖欲合秦，而猶牽於收齊之說。其入齊，蓋魏聽之，故爲之言於秦，其辭亦婉。

〔五〕姚注：「通」下，一本添端字。鮑彪曰：齊、秦爲敵，魏既以最通天下於秦，則外齊矣。今最入齊，天下不知，以謂魏使之齊，敗齊事，因不通齊矣。吳師道曰：齊、秦爲敵，齊逐最而魏收之，天下信魏之不與齊，故曰爲王通天下。今最遁入齊，則天下知魏絶最而齊收之，齊何以通於天下乎？金正煒曰：按周最以天下辱秦者也，魏故得以最通知天下之謀秦，最去魏入齊，則無以通於天下矣。齊字承上而誤複也。

〔六〕鮑彪曰：齊納魏所不善，則可以絶之。吳師道曰：最遁魏入齊，而齊收之，則齊、魏之絶明矣。秦可以不疑魏之與齊也。金正煒曰：言最善齊者也。最在魏則疑有齊陰，最去雖無以通天下，亦可以釋齊累矣。周策：「臣入齊，則王亦無齊之累也。」最以此語去魏，魏即以此謝秦，則最之入齊，固魏所許也。合兩策觀之，最殆齊所置相於魏，魏、秦之交日親比而仇齊，故最見惡於秦，或將不利於最，最乃詭詞以復於齊，是以最去而秦怒也。魏王所云以最爲秦通天下，蓋自解其相最之非順齊。其以最爲遁，則秦欲留最，及最亟去魏之故，從可知矣。鮑氏以最蓋秦所置以相魏者，則未嘗合各篇而參考之也。

〔七〕鮑彪曰：伐齊。

〔八〕鮑彪曰：促使應秦也。魏不善最，而言爲最，所以自爲也。按此姚賈與始皇所問之人，相去八十餘年。高誘欲以爲陳賈，若此人者可也。蓋陳，舜後，得爲姚姓。而孟子與秦武、魏哀時猶相及，獨以最，韓非相毁之人，爲此人，則年時相絶太遠矣，可乎哉？吳師道曰：趣趙，說見周策（祖耿案：謂鮑本東周策，蘇厲爲周最謂蘇秦章注）。姚賈，說見秦策（祖耿案：謂鮑本秦策，四國爲一章注）。

二十二

秦、魏爲與國〔一〕，齊、楚約而欲攻魏，魏使人求救於秦，冠蓋相望，秦救不出。魏人有唐且者〔二〕，年九十餘〔三〕，謂魏王曰：「老臣請出，西説秦，令兵先臣出，可乎〔四〕？」魏王曰：「敬諾〔五〕。」遂約車而遣之。唐且見秦王〔六〕，秦王曰：「丈人芒然乃遠至此，甚苦矣〔七〕！魏來求救數矣，寡人知魏之急矣。」唐且對曰：「大王已知魏之急而救不至者，是大王籌筴之臣無任矣〔八〕。且夫魏一萬乘之國〔九〕，稱東藩，受冠帶，祠春秋者，以爲秦之强足以爲與也〔一〇〕。今齊、楚之兵已在魏郊矣，大王之救不至，魏急，則且割地而約齊、楚。王雖欲救之，豈有及哉！是亡一萬乘之魏，而强二敵之齊、楚也〔一一〕。竊以爲大王籌筴之臣無任矣〔一二〕。」秦王喟然愁悟〔一三〕，遽發兵，日夜赴魏〔一四〕。齊、楚聞之，乃引兵而去。魏氏復全，唐且之説也〔一五〕。

〔一〕姚注：與國，相與同禍福之國也。　祖耿案：此章見新序雜事三，孫卿與臨武君議兵於趙孝成王前章，乃荀卿之言。雜事三云：孝成王、臨武君曰：「善，請問王者之兵？」孫卿曰：「將率者末事也，臣請列王者之事，君人之法。昔者，秦、魏爲與國，齊、楚約而欲攻魏」云云，下引唐且事，與此章同。案議兵篇爲現存荀子之第十五篇，但荀子第十五篇之議兵篇，文長於雜事三，然未言唐且事。劉向所錄，當別有據也。　顧觀光隸此於赧王四十九年，曰：依魏世家當在此。

〔二〕黃丕烈曰：鮑改且爲雎。吳氏補曰：新序同，史作雎。丕烈案：且、雎字同。　祖耿案：自齊、楚約而欲攻魏，至魏復全，又見史記魏世家，文字大同而小異。　又案：後漢書崔駰傳李賢注引、御覽四百六十引，並作雎。　黃式三曰：索隱，雎，七餘反。新序作唐且。從目作睢，誤。

〔三〕梁玉繩曰：案此時爲安釐王十一年，迨魏之亡，凡四十二年。而國策載魏亡後，唐雎爲安陵君説秦始皇，豈雎壽至一百三十餘歲乎？（史記志疑二十四）　祖耿案：後漢書崔駰傳李賢注引，「餘」下有「矣」字。史記同。

〔四〕王念孫曰：「請」下不當有「出」字，此涉下文出字而誤衍耳。史記魏世家，新序雜事篇俱無出字，藝文類聚人部、太平御覽人事部引策文，亦無。　祖耿案：史記無「可乎」二字，雜事三有。

〔五〕祖耿案：此句史記作「魏王再拜」。

〔六〕鮑彪曰：秦王，昭王。　祖耿案：史記作「唐雎到，入見秦王。」

〔七〕金正煒曰：孟子公孫丑上篇「芒芒然歸」注：芒芒，罷倦之貌。新序作「罔然」，字之譌也。　祖耿案：遠，新序作遂。

〔八〕姚注：任，能也。鮑彪曰：不堪其事。　祖耿案：「無任矣」，新序作「失之也」。

〔九〕祖耿案：後漢書崔駰傳李賢注引作：夫魏，萬乘之國也。

〔一〇〕史記索隱曰：與，謂許與爲親而結和也。　祖耿案：「以爲秦之强」，史記作「以秦之强」，新序作「爲秦之强」，後漢書崔駰傳李賢注引同史記，無「爲」字。

〔一一〕黄丕烈曰：今本楚誤「强」。

〔一二〕祖耿案：「無任」。新序作「失之」。自「今齊、楚之兵」至此，策與新序文同。史記則作：「今齊、楚之兵已合於魏郊矣，而秦救不發，亦將賴其未急也。使之大急，彼且割地而約從，王尚何救焉？必待其急而救之，是失一東藩之魏，而强二敵之齊、楚，則王何利焉？」

〔一三〕金正煒曰：按楚辭九歎「聲喟喟兮」注：喟，歎聲也。易晉「晉如愁如」釋文引鄭注：愁，變色貌。或爲「感悟」之譌。史記晏嬰傳：「夫子既以感悟而贖我」，謂有感而悟也。新序作「懼然而悟」，正與感悟義同。

朱起鳳曰：「愁吾」當爲「覺悟」，愁字古亦讀湫，覺字古亦讀教，故兩字互叚。

〔一四〕姚注：遽，一作遂。祖耿案：後漢書崔駰傳李賢注引、御覽四百六十引，並作遽，類聚十八引作遂。又案：此數語，史記作：「於是秦昭王遽爲發兵救魏，魏氏復定。」新序作：「秦王懼然而悟，遽發兵救之，馳騖而往。齊、楚聞之，引兵而去，魏氏復。」

〔一五〕鮑彪曰：記十年有。　黄式三曰：世家云：「唐雎年九十餘」。以魏滅距此五十餘年，唐雎猶爲安陵君使，則年九十餘，當在後爲安陵君使耳。　祖耿案：新序於「魏氏復」之下，接云：「故唐且一說，定强秦之筴，解魏國之患，散齊、楚之兵。一舉而折衝消難，辭之功也！孔子曰：『言語，宰我、子貢』。故詩曰：『辭之集矣，民之洽矣。辭之懌矣，民之莫矣』。唐且有辭，魏國賴之，故不可以也！」凡七十二字。依新序所云，此荀卿之言也，而荀子書無之，策亦無之。倘列於策，則亦極長之斷語矣！

二十三

信陵君殺晉鄙〔一〕，救邯鄲，破秦人，存趙國。趙王自郊迎〔二〕。唐且謂信陵君曰〔三〕：『臣聞之曰：「事有不可知者，有不可不知者，有不可忘者，有不可不忘者。」』信陵君曰：『何謂也？』對曰：『人之憎我也，不可不知也；吾憎人也，不可得而知也〔四〕；人之有德於我也，不可忘也；吾有德於人也，不可不忘也〔五〕。今君殺晉鄙，救邯鄲，破秦人，存趙國，此大德也。今趙王自郊迎，卒然見趙王〔六〕，臣願君之忘之也！』信陵君曰：『無忌謹受教〔七〕。』

〔一〕祖耿案：此章唐且謂信陵君，見史記魏公子列傳。列傳言客有說公子，而未明舉唐且，前後叙事爲此章所無。傳云：趙孝成王德公子之矯奪晉鄙兵而存趙，乃與平原君計，以五城封公子。公子聞之，意驕矜而有自功之色。客有說公子曰：『物有不可忘，或有不可不忘。夫人有德於公子，公子不可忘也；公子有德於人，願公子忘之也。且矯魏王令，奪晉鄙兵以救趙，於趙則有功矣，於魏則未爲忠臣也。公子乃自驕而功之，竊爲公子不取也。』於是公子立自責，似若無所容者。趙王掃除自迎，執主人之禮，引公子就西階。公子側行辭讓，從東階上。自言辠過，以負於魏，無功於趙。趙王侍酒至暮，口不忍獻五城，以公子退讓也。公子竟留趙。趙王以鄗爲公子湯沐邑。魏亦復以信陵奉公子。公子留趙。策詞詳於事，史事、詞並詳，此其異也。　又案：顧觀光隸此於赧王五十八年。

〔二〕鮑彪曰：趙王，孝成王。

〔三〕祖耿案：文選座右銘李注引，且作睢。

〔四〕鮑彪曰：人不能知。

〔五〕吴師道曰：史云：『物有不可忘，或有不可不忘。夫人有德於公子，公子不可忘也；公子有德於人，願公子忘之也。』語尤簡潔。　祖耿案：文選座右銘李注引，『我』下無『也』字，『吾』下有『之』字，『人』下無『也』字。

〔六〕鮑彪曰：卒、猝同。

〔七〕鮑彪曰：彪謂唐睢此（魏安釐）十一年求救，年已九十餘，至是又十年，其陳誼益高，所謂耄期稱道不亂者歟，賢矣！　吴師道曰：史不云唐且，恐有訛舛，説又見後章（祖耿案：謂秦王使人謂安陵君章注）。

二十四

魏攻管而不下〔一〕，安陵人縮高〔二〕，其子爲管守〔三〕，信陵君使人謂安陵君曰：『君其遣縮高〔四〕，吾將仕之以五大夫，使爲持節尉〔五〕。』安陵君曰：『安陵，小國也，不能必使其民。使者自往請。』使道使者至縞高之所〔六〕，復信陵君之命〔七〕。縮高曰：『君之幸高也，將使高攻管也〔八〕。夫以父攻子守，人大笑也〔九〕。是臣而下，是倍主也〔一〇〕。父教子倍，亦非君之所喜也！敢再拜辭〔一一〕。』使者以報信陵君，信陵君大怒，遣大使之安陵〔一二〕，曰：『安陵之地，亦猶魏也〔一三〕。今吾攻管而不下，則秦兵及我，社稷必危矣〔一四〕！願君之生束縮高而致之，若君弗致也，無忌將發十萬之師，以造安陵之城〔一五〕！』安陵君曰：『吾先君成侯〔一六〕，受詔襄王〔一七〕，以守此地也，手受大府之憲〔一八〕，憲之上篇曰：「子弑父，臣弑君，有常不赦〔一九〕。國雖大赦，降城亡子，不得與焉〔二〇〕。」今縮高謹解大位，以全父子之義〔二一〕，而君曰「必生致之」，是使我負襄王詔而廢大府之憲也〔二二〕！雖死，終不敢行！』縮高聞之，曰：『信陵君爲人悍而自用也，此辭反，必爲國禍。吾已全已無爲人臣之義矣〔二三〕。豈可使吾君有魏患也！』乃之使者之舍，刎頸而死。信陵君聞縮高死，素服縞素辟舍〔二四〕，使使者謝安陵君，曰：『無忌，小人也！困於思慮〔二五〕，失言於君，敢再拜釋罪〔二六〕。』

〔一〕吴師道曰：管見前策（祖耿案：謂秦攻韓之管章注）。　祖耿案：顧觀光附此於秦莊襄王三年。

〔二〕鮑彪曰：魏記註：召陵有安陵。　程恩澤曰：案魏世家注本兼引召陵、征羌、鄢陵三處（詳見魏策），並非專主召陵。水經注：洧水又東逕鄢陵縣故城南。李奇曰：六國爲安陵也。昔秦求易地，唐且受使於此。則道元蓋主鄢陵（十三州志主召陵，道元非之）。至其所封之人，則以魏爲是。策云：『吾先君成侯，受詔襄王，以守此地。』成侯者，安陵始封之君也；襄王者，魏襄王也。通鑑注：安陵，魏地，魏襄王以封其弟，是也。鮑注乃以成侯爲趙主，以襄王爲趙襄子（大事記引作襄主，其誤坐此），謂安陵兼屬趙、魏，故受趙之詔而受魏之憲。考趙世家，自襄子至成侯，中歷五主，安得親受詔，且與安陵何涉？豈以成侯、襄王惟趙有之，而他國不可通稱耶？其亦不達於理矣！（吳注謂大府之憲即受詔於襄子者，其説差是，然亦以襄王屬趙，則其謬同也。）末章云：「韓魏滅亡，而安陵以五十里之地存」，則其亡當在破除六國之後，今不可考矣。　祖耿案：安陵，御覽引作鄢陵，見下。

〔三〕吳師道曰：秦攻韓管而得之。縮高之子，爲秦守者也。通鑑綱目：縮高之子仕於秦。　祖耿案：御覽四百二十二引，謂秦縮高，鄢陵人也，其子仕秦，秦以爲管守。魏信陵君攻之不下。

〔四〕姚注：一本無君字。　祖耿案：御覽四百二十二引作「遣縮高來」。

〔五〕鮑彪曰：尉之持節者。　祖耿案：御覽四百二十二引作：「吾將仕之，使爲持國尉。」

〔六〕姚注：「使」下一本添吏字。鮑彪曰：使人道之。　黄丕烈曰：今本「縞」作縮，鮑本作縮。　丕烈案：縮字是也。古今人表中上有縮高。　祖耿案：御覽四百二十二引作：「使吏導使者至。」

〔七〕鮑彪曰：復，猶重也。信陵言之矣，今申之。　金正煒曰：按小爾雅廣言：復，白也。孟子梁惠王上篇：「有復於王者」注：復，猶白也。國語齊語：「正月之朔，鄉長復事」注：復，白也。此文使者初往致命，與申命有別，似以白之義爲長。

〔八〕祖耿案：御覽四百二十二引，「幸」作「命」，無下「高」字。

〔九〕姚注：一本無「以」字。鮑彪曰：守人，其子之人。　吳師道曰：「守」字句。一本標「一作「人之所大笑」」。　祖耿案：御覽四百二十二引作：「人之大笑也。」

〔一〇〕鮑彪曰：王，魏王。　吳師道曰：秦王。　黄丕烈曰：主，鮑本作王。　金正煒曰：按作主者是，言所事之主也。鮑注尤誤。　吴曾祺曰：「是臣」之是，疑作因。　祖耿案：「是臣」之是，鮑本作見。御覽四百二十二引作：「見臣而下，是背主也。」

〔一一〕祖耿案：御覽四百二十二引，「喜」作「善」。

〔一二〕金正煒曰：按呂氏春秋七月紀「出大使」注：大使，使命也。韓非八姦篇：「薄者數内大使以震其君，使之恐懼。」大使謂重使也。呂覽行論篇：「因乃發小使以反令燕王復舍。」注：小使，微者也。信陵之遣大使，所以重其事。

〔一三〕吴師道曰：説見下。　黄式三曰：本魏地，魏襄以封其弟。

〔一四〕鮑彪曰：管在秦東，可以捍魏。　吴師道曰：不得秦地，必受秦攻。　祖耿案：御覽四百二十二引，「及我」作「不返」。

〔一五〕黄丕烈曰：也，鮑本無。造，鮑本作告。吴補：姚本有也字。告，姚本作造。

〔一六〕鮑彪曰：趙主也。安陵屬召陵，召陵屬魏。而此謂成侯爲先君，蓋先時兩屬趙、魏，故上曰「猶魏」。

〔一七〕鮑彪曰：趙襄子。　吴師道曰：大事記引作襄主，見上。　張琦曰：成侯，安陵始封之君；襄王謂魏襄。通鑑注：安陵本魏地，魏襄王以封其弟是也。鮑之悠謬，斯爲最矣！　顧觀光曰：魏策，安陵君曰：「吾先君成侯，受詔襄王，以守此地。」大事記云：「安陵，趙襄子所封，其後遠别爲一國，附庸於魏。」今按：安陵魏地，當爲魏之分封，非趙分也。秦本紀昭襄王八年，魏公子勁爲諸侯。史表：秦昭王八，當魏哀王二十。若依紀年，則哀即襄矣。成侯者，安陵始封之君，疑即秦紀所謂公子勁者。故魏策云：「安陵之地，亦猶魏也。」鮑注以成侯爲趙成侯，襄王爲趙襄子，則自襄子至成侯，中隔桓子、獻侯、烈侯、武公、敬侯五代，不得云受詔也。且以吾先君爲趙先君，文理不順，其誤明矣！　金正煒曰：按襄王，謂梁襄王也，安陵受封於梁襄王時，故其先稱成侯。若趙之襄主猶未列爲諸侯，安得即有附庸乎？信陵當安釐王時，距襄王四十餘年，於安陵之稱先君，年代亦合。鮑、吳誤以襄爲趙襄子，因謂安陵先屬於趙，其説無據。安陵在魏之南，趙襄子安能有之？且趙氏大府之憲，不得舉以抗信陵也。趙策：「趙主之子孫侯者，其繼有在者乎？曰：無有。」尤足證安陵君非趙襄主之所封。　祖耿案：御覽四百二十二引作襄王。

〔一八〕鮑彪曰：大府，謂魏受詔襄子而受魏之憲，則此兩屬明矣。憲，法令也。　吳師道曰：大府之憲，即受詔於襄子者。上篇，猶言第一篇也。董説曰：此是李悝以前魏國相仍之法（七國考）。　祖耿案：御覽四百二十二引，大作太。

〔一九〕黄丕烈曰：鮑「常」下補刑字。吳氏正曰：有常，即常刑也。　金正煒曰：吳正是也。周書大匡篇：「有常不赦」，注：常者，常刑也。左氏文十八年傳「有常無赦」注：刑，有常。并與此同。　祖耿案：御覽四百二十二引作「有常刑不赦。」

〔二〇〕鮑彪曰：以城降人，及亡人之子。　吳師道曰：亡人。

〔二一〕黄丕烈曰：解，鮑本作「雖辭」二字。吳補：一本無謹字。姚本「謹解」，則雖乃謹之訛。　金正煒曰：鮑本作「謹雖辭大位」。此本「解」當爲「辭」之訛。鮑本雖字即謹之誤衍。吳校是也。　祖耿案：御覽四百二十二引作：「今縮高不受大利，以全父子之義。」

〔二二〕黄丕烈曰：「詔」上，鮑本有之字，　祖耿案：御覽四百二十二引，有之字。

〔二三〕姚注，「無」下云：一本作「己之」，　黄丕烈曰：鮑改「爲」爲「違」。　吳氏正曰：「無爲人臣」者，不事二君之義。　金正煒曰：無猶不也。或本作亡，即「己」之誤而衍者。臣字疑本爲父，後人因文衍無字，不得其義，而以意改爲臣也。此與上文「謹辭大位，以全父子之義」，文正相應。　祖耿案：御覽四百二十二引作，「吾以全己爲人臣之義也，豈可使吾君有魏患乎？」

〔二四〕黃丕烈曰：鮑衍上「素」字。吳氏補曰：字衍。　金正煒曰：鮑、吳并衍上「素」字，疑當爲「變」，涉「縞素」而訛也。　祖耿案：御覽四百二十二引作：「信陵君聞之大驚，縞素出舍，使使者謝鄢陵君。」

〔二五〕鮑彪曰：困，猶不通。

〔二六〕鮑彪曰：拜，所以謝也。以安陵釋其罪，故謝。　彪謂縮高之義直而善處死。夫以信陵之愎而好遂，高不死，必加兵安陵，城破之日，固不免死，而以此死易一國之命，可不謂仁乎？　吳師道曰：信陵君賢而服義，使其再聞安陵之辭，亦將翻然而悔矣。師不以直，遑欲殘民，決不爲也。縮高不忍須臾之死，而成其過，惜哉！　又曰：按上章無忌書，謂王之使者譖安陵於秦，而此策云云，未詳。

二十五

魏王與龍陽君共船而釣〔一〕，龍陽君得十餘魚而涕下，王曰：「有所不安乎？如是，何不相告也！」對曰：「臣無敢不安也。」王曰：「然則何爲涕出？」曰：「臣爲王之所得魚也〔二〕。」王曰：「何謂也？」對曰：「臣之始得魚也，臣甚喜，後得又益大〔三〕，今臣直欲棄臣前之所得矣〔四〕。今以臣凶惡〔五〕，而得爲王拂枕席，今臣爵至人君〔六〕，走人於庭，辟人於途〔七〕。四海之內，美人亦甚多矣〔八〕，聞臣之得幸於王也，必褰裳而趨王〔九〕。臣亦猶曩臣之前所得魚也！臣亦將棄矣〔一〇〕，臣安能無涕出乎？』魏王曰：『誤〔一一〕！有是心也，何不相告也！』於是布令於四境之内，曰：『有敢言美人者族〔一二〕！』由是觀之，近習之人，其摯諂也固矣〔一三〕，其自纂繁也完矣〔一四〕。今由千里之外欲進美人，所效者庸必得幸乎？假之得幸，庸必爲我用乎〔一五〕？而近習之人，相與怨我，見有禍，未見有福，見有怨，未見有德，非用知之術也〔一六〕！

〔一〕鮑彪曰，龍陽君，魏之幸臣。吳師道曰：幸姬也。策言美人。又云拂枕席，此非楚安陵君、鄢陵君、壽陵君、趙建信君之比。長孫佐輔于武陵等詩用「前魚」字，皆以宫人言之。俞正燮曰：案師道以唐詩説國策，其證已弱，且唐詩亦有誤本。（祖耿案：俞氏設三疏以正之，文長不備錄。見癸巳存稿卷十四，魏策龍陽君正注駁義條。）金正煒曰：按阮籍詩：「昔日繁華子，安陵與龍陽。」鮑注不必爲誤。朱起鳳曰：龍陽，邑名。安釐王以龍陽爲幸姬食邑，故曰龍陽君。婦女封君，戰國時往往有之。祖耿案，顧觀光附此於秦昭王五十三年。

〔二〕吳師道曰：以己之得魚，推言王。黄丕烈曰：鮑改王爲臣。祖耿案：類聚三十三，引作臣。

〔三〕祖耿案：此句類聚三十三、御覽八百三十四引並同。文選中山王孺子妾歌李注引作：「後得益多而大。」

〔四〕祖耿案：御覽九百三十五引此作：「令臣且欲棄前所得者。」

〔五〕黄丕烈曰：「臣」下鮑本有之字。吳補：一本「今以臣凶惡」。按孟子「惡人」注，謂醜貌人。此疑衍

「凶」字，或「之」字訛。金正煒曰：按說文、廣雅，並訓凶爲惡，是凶、惡皆謂醜也。黃丕烈云凶字疑衍，或之字譌，並非。祖耿案：類聚三十三引作「今以臣之醜惡」。御覽九百三十五引作「今以臣之凶惡也」。

〔六〕金正煒曰：「今臣」當爲「令臣」。令猶使也，見呂覽觀世篇注。

〔七〕鮑彪曰：在庭則人爲之趨走，在途則行者避。黃丕烈曰：辟，鮑本作避。吳補：一本作辟，宜音闢。吳曾祺曰：辟人，即孟子「行辟人可也」之辟，與闢同。祖耿案：御覽八百三十四引，「爵」上無「今臣」二字。

〔八〕姚注：「內」下一本添「其」字。祖耿案：御覽八百三十四引作：「四海之內，其美人多矣！」

〔九〕鮑彪曰：褰，揭也。黃丕烈曰：「王」上鮑本有大字。祖耿案：文選中山王孺子妾歌李注引、御覽九百三十五引，並作「畢褰裳而趍王。」

〔一〇〕王引之曰：曩即前也。上既言曩，下不得復言前。此因上文「臣前之所得」而誤衍耳。藝文類聚人部、太平御覽資產部及文選阮籍詠懷詩注、陸厥中山王孺子妾歌注引此，並無「前」字。祖耿案：文選中山王孺子妾歌李注引作：「臣亦同曩者所得魚也，亦將棄矣。」類聚三十三、御覽八百三十四引略同。

〔一一〕鮑彪曰：以不告爲誤。吳師道曰：誤，猶言誤矣，當句。然恐是「譆」字誤。王引之曰：吳以「誤」爲「譆」之譌，近之。然誤與譆，字不相似，譆字無緣譌作誤。「誤」當爲「誒」，形近而譌也。漢書韋賢傳注曰：誒，歎聲，音許其反。是誒與譆同。金正煒曰：王念孫雜志云：誤當爲誒，是也。史記萬石君傳：「書奏事，事下，建讀之，曰：『誤書！馬字與尾當五，今乃四，不足一。上譴死矣！』」誤亦誒字之譌。惟彼當從玉篇爲懼聲，此則當從漢書韋賢傳注爲歎聲。

〔二〕鮑彪曰：死及其族。　祖耿案：類聚三十三引作：「敢言美人者滅族。」

〔三〕鮑彪曰：摯，猶進。　吳師道曰：摯，說文：握持也。又字同摯、質，義亦可同。　金正煒曰：按杜預左傳注：諂，藏也。荀子强國篇：「陶誕比周以爭與。」楊倞注：陶謂逃匿其情也。王念孫云：陶當讀如謟。摯者握持，謟者藏匿，與冒覆之義爲對文。史記「周文處諂」，諂亦當作謟，與此同義。正謂固寵之術也。

〔四〕姚注：謂帽覆也。鮑彪曰：幕覆也，言自芘自結於王。　吳師道曰：高注「帽覆」，似亦作「冪」義。按，纂，組類，固結之義。　黃丕烈曰：今本纂作冪，繁作繫，乃誤涉鮑也。鮑改纂爲羃，繁爲繫。　吳氏補曰：恐當作繫。

〔五〕鮑彪曰：我，謂欲進之人。　吳師道曰：爲我用，猶言如我寵。上句言未必得幸，此句言假使得幸，未必如我也。　金正煒曰：之猶其，謂所進之人也。經傳釋詞：庸與詎同，意我謂欲進之人。鮑注不誤，吳正非是。　祖耿案：效，鮑本作効。

〔六〕吳師道曰：此策不知何王，未可以安釐衰季之世遂附之也。　祖耿案：知，鮑本作智。

二十六

秦攻魏急〔一〕，或謂魏王曰〔二〕：「棄之不如用之之易也，死之不如棄之之易也〔三〕。能棄之，弗能用之；能死之，弗能棄之；此人之大過也〔四〕。今王亡地數百里，亡城數十，而國患不解，是王棄之非用之也。今秦之强也，天下無敵；而魏之弱也甚；而王以是質秦〔五〕，王又能死而弗能棄之，此重過也〔六〕！今王能用臣之計，虧地不足以傷國，卑體不足以苦身，解患而怨報〔七〕。秦自四境之內，執法以下，至於長輓者〔八〕，故畢曰：「與嫪氏乎？與呂氏乎〔九〕？」雖至於門閭之下，廊廟之上，猶之如是也〔一〇〕。今王割地以賂秦，以爲嫪毐功〔一一〕，卑體以尊秦，以因嫪毐，王以國贊嫪毐，以嫪毐勝矣〔一二〕。王以國贊嫪氏，太后之德王也，深於骨髓〔一三〕，王之交最爲天下上矣〔一四〕！秦、魏百相交也，百相欺也〔一五〕。今由嫪氏善秦，而交爲天下上，天下孰不棄呂氏而從嫪氏〔一六〕？天下必合呂氏而從嫪氏〔一七〕，則王之怨報矣〔一八〕！』

〔一〕鮑彪曰：始皇五年攻魏，取二十城，此（魏景湣）元年。吳師道曰：說見後。祖耿案：顧觀光附此於始皇八年。

〔二〕吳師道曰：孔叢子云：『秦急攻魏，魏王恐。或謂子順曰：「如之何？」答曰：「吾私其計，然豈能賢於執政？故無言焉。」魏王聞之，駕如孔氏親問焉，曰：「國亡矣，如之何？」對曰』云云，下文並同。祖耿案：此見孔叢子論勢，『吾私其計』作『吾私有計』。

〔三〕鮑彪曰：棄，謂戰而喪地。用，謂割地賂之。死，謂敗死。吳師道曰：見下。

〔四〕姚注：『用之』，一本無之字。『棄之』，劉無之字。吳師道曰：孔叢子注，言棄其地不如用其地，以攻守爲易；死其地不如棄其地，以圖存爲易。蓋當計其勢如何，亦在棄之用之得其宜。金正煒曰：按經傳釋詞，能與寧一聲之轉，故詩『寧或滅之』，漢書谷永傳作『能或滅之』。此文能字，亦當讀爲寧。說文：

寧，願詞也。下文「王又能死而弗能棄之」，義同。

〔五〕吳師道曰：孔叢子注云：景閔爲太子時，嘗質於秦。　黄丕烈曰：鮑改質爲賓。丕烈案：「質秦」字，前有。　金正煒曰：按質，猶招也。「以是質秦」，承上「魏之弱」而言，即前章所謂弱之召攻也。淮南原道篇：「先者則後者之弓矢質的也」，注：質者，射者之準執也。八年謂魏王曰章：「以是質秦而久不可知」，文與此同。鮑、吳并失其義。　吳曾祺曰：質秦二字，他處有之，質猶當也。　祖耿案：此語孔叢子作：「而王是以質秦，此王能死不能棄之也。」

〔六〕姚注：之，一本作也字。

〔七〕鮑彪曰：怨，謂不韋主攻者也。

〔八〕鮑彪曰：執法，執政之臣。長輓者，長爲輓車之人。　金正煒曰：按長當爲倀，倀損爲辰，又誤爲長也。揚子方言：燕、齊之間，養馬者謂之倀，又官婢女廝謂之倀。史記孔子世家：「聊人輓父之母誨孔子父墓」。倀、輓皆微賤之役，鮑注長字無義。　祖耿案：孔叢子無「至於長輓者」五字，「執法」作「執政」。

〔九〕鮑彪曰：畢猶盡。嫪毐，秦太后私人。呂氏，呂不韋也。此言與嫪氏耳。　金正煒曰：漢書五行志：秦始皇帝即位尚幼，委政太后，太后淫於呂不韋及嫪毐。師古曰：嫪或音居糾反。嫪，姓也。許慎説以爲嫪毐，士之無行者。嫪音郎到反，毐音月改反。與今史記、漢書本文不同。且摎樂之姓，又非嫪也。故當依本字以讀。此文以爲氏，即與許説不合，當爲摎之借字。　祖耿案：孔叢子無畢字，作「固曰：與嫪氏乎？與呂氏乎？」

〔一〇〕金正煒曰：猶，猶均也。今，猶若也。並詳釋詞。

〔一一〕鮑彪曰：因毐而割，故功在毐。　黄丕烈曰：今本「以爲」之「以」，誤「王」。　金正煒曰：今，猶若也。詳釋詞。下文「今由嫪毐善秦」，義同。

〔一二〕鮑彪曰：毐貴矣，今又因之以割，是以魏助之也。以不敗爲勝。　祖耿案：孔叢子作「則嫪毐勝矣」。

〔一三〕黃丕烈曰：氏，鮑本作毐。

〔一四〕吳師道曰：孔叢子注：言太后德王，則秦不加兵，是乃王以此交秦，爲天下之上矣。

〔一五〕鮑彪曰：言昔之交，皆變丅於欺（祖耿案：句有誤字）。　金正煒曰：百字疑當爲時，古書時作旹，與百形似而誤。　祖耿案：孔叢子無此「秦、魏百相交也，百相欺也」十字。下云：「孰不棄呂氏而從嫪毐，天下皆然，則王怨必報矣！」

〔一六〕鮑彪曰：時二人已惡。

〔一七〕姚注：合，一作舍。黃丕烈曰：鮑改合作舍。吳氏補曰：恐舍字譌。大事記作舍。　金正煒曰：按作舍是也。必亦畢之借字。禮記月令：「寢廟畢備。」呂氏春秋仲春紀作「必」，可證。

〔一八〕吳師道曰：大事記以此章附見於始皇八年，封嫪毐長信侯之下，謂嫪、呂爭權，略見於此。景閔元年，秦拔二十城，策言亡地數百里，亡城數十，則此在後矣。二年，拔朝歌，三年，拔汲。大事記所書，則拔汲之年。所謂秦攻魏急者，蓋其時矣。　又曰：大事記曰，子順進退有聖賢之風，寧忍出此乎？　錢穆曰：呂政之譏與嫪毐自不韋薦身之說，同爲當時之誣。史據此，則呂之與嫪，邪正判然，嫪氏顯與呂氏爭政，太后傾私嫪氏，未見嫪之必爲不韋所進也。又秦始皇本紀：「嫪毐封長信侯」，索隱云：按漢書，嫪氏出邯鄲。錢氏廿二史考異云：班氏無此文，當是漢書注也。南越傳：「嬰齊取邯鄲摎氏女」，索隱云：摎音紀虯反，摎姓出邯鄲。此嫪字，正義亦音紀虯反，蓋摎、嫪古文通用。今人讀嫪爲郎到切，非也。據此，嫪毐乃邯鄲人。疑始皇母在邯鄲本識毐，不俟於不韋之進顯。而史傳所稱私求大陰人，嫪毐使以其陰關桐輪而行，令太后聞之以啗太后者，皆故爲醜語，非事實也。毐與始皇母私生二子，容有之，因并謂始皇乃不韋子，則亦無稽之醜詆耳！（考辨四五〇頁）

二十七

秦王使人謂安陵君曰〔一〕：『寡人欲以五百里之地易安陵，安陵君其許寡人！』安陵君曰：『大王加惠，以大易小，甚善！雖然，受地於先生，願終守之，弗敢易〔二〕！』秦王不說，安陵君因使唐且使於秦〔三〕，秦王謂唐且曰：『寡人以五百里之地易安陵，安陵君不聽寡人，何也？且秦滅韓亡魏〔四〕，而君以五十里之地存者，以君爲長者，故不錯意也〔五〕！今吾以十倍之地請廣於君〔六〕，而君逆寡人者，輕寡人與？』唐且對曰：『否，非若是也。安陵君受地於先生而守之〔七〕，雖千里不敢易也，豈直五百里哉〔八〕！』秦王怫然怒，謂唐且曰：『公亦嘗聞天子之怒乎？』唐且對曰：『臣未嘗聞也。』秦王曰：『天子之怒，伏屍百萬，流血千里。』唐且曰：『大王嘗聞布衣之怒乎？』秦王曰：『布衣之怒，亦免冠徒跣，以頭搶地爾〔九〕。』唐且曰：『此庸夫之怒也，非士之怒也。夫專諸之刺王僚也，彗星襲月〔一〇〕；聶政之刺韓傀也，白虹貫日〔一一〕；要離之刺慶忌也，倉鷹擊於殿上〔一二〕。此三子者，皆布衣之士也〔一三〕，懷怒未發，休祲降於天〔一四〕，與臣而將四矣。若士必怒，伏屍二人，流血五步，天下縞素，今日是也！』挺劍而起。秦王色撓〔一五〕，長跪而謝之，曰：『先生坐！何至於此？寡人諭矣〔一六〕！夫韓、魏滅亡，而安陵以五十里之地存者，徒以有先生也〔一七〕！』

〔一〕鮑彪曰：秦王，始皇。　祖耿案：顧觀光附此於始皇二十二年，曰：因言秦滅韓亡魏，附此。

〔二〕祖耿案：『先生』，鮑本作『先王』，當從。

〔三〕黄丕烈曰：鮑改且作雎。丕烈案：說苑作且，古今人表中中安陵君唐雎，即此也。吳氏正曰：唐且之名，見於策者不一，其論是矣。唯引新序司馬唐且，誤。此乃司馬唐，衍且字。　祖耿案：文選檄吳將校部曲文李注引，作唐且，冊魏公九錫文李注引，作唐雎。說苑奉使云：『秦王以五百里地易鄢陵，鄢陵君辭而不受，使唐且謝秦王。秦王曰：「秦破韓滅魏，鄢陵君獨以五十里地存者，吾豈畏其威哉？吾多其義耳。今寡人以十倍之地易之，鄢陵君辭而不受，是輕寡人也！」唐且避席對曰：「非如此也！夫不以利害爲趣者，鄢陵也。夫鄢陵君受地於先君而守之，雖復千里不得當，豈獨五百里哉！」秦王忿然作色，怒曰：「公亦曾見天子之怒乎？」唐且曰：「王臣未曾見也。」秦王曰：「天子一怒，伏尸百萬，流血千里。」唐且曰：「大王亦嘗見夫布衣韋帶之士怒乎？」秦王曰：「布衣韋帶之士怒也，解冠徒跣，以頭顙地耳，何難知者。」唐且曰：「此乃匹夫愚人之怒耳，非布衣韋帶之士怒也。夫專諸刺王僚，慧星襲月，奔星晝出；要離刺王子慶忌，蒼隼擊於臺上；聶政刺韓王之季父，白虹貫日。此三人皆夫布衣韋帶之士怒矣，與臣將四！士含怒未發，祲厲於天。士無怒即已，一怒，伏尸二人，流血五步。」即案匕首起視秦王曰：「今將是矣！」秦王變色長跪曰：「先生就坐，寡人喻矣！秦破韓滅魏，鄢陵獨以五十里地存者，徒用先生之故耳！」」凡三百四十五字，較策三百九十字，少四十五字，文氣卑弱，不及策之挺拔，不知劉向何以不避複重如此。

〔四〕鮑彪曰：滅韓十八年，亡魏二十二年。

〔五〕吳師道曰：錯，置也。　吳曾祺曰：錯與措同，或作厝。

〔六〕鮑彪曰：廣其地。　吳師道曰：設辭易地，實欲得之，當識其意。

〔七〕祖耿案：「先生」，鮑本作「先王」，當從。

〔八〕吳曾祺曰：直，猶特也。

〔九〕鮑彪曰：搶，突也。　吳師道曰：太史公語本此。說苑作「顙地」。師古曰：搶，千羊反。　黃丕烈曰：爾，鮑本作耳。吳氏補曰云云。丕烈案：今說苑作「頓地耳」，「頓」疑譌字。　朱起鳳曰：史記作「槍地」，槍地猶言抵地。槍從木旁，從手作搶者誤也。太史公語本國策，說苑引作「頓地耳」，疑訛字。

〔一〇〕鮑彪曰：僚，吳王。昭二十七年。

〔一一〕鮑彪曰：傀，韓相，見韓策及刺客傳。

〔一二〕鮑彪曰：吳越春秋：「要離，吳人。吳王闔閭欲殺王子慶忌，要離詐以罪亡，令吳王焚其妻子，走見慶忌，以劍刺之。」　吳師道曰：倉，即蒼。　朱起鳳曰：說苑奉使：「要離刺王子慶忌，蒼隼擊於臺上。」案鷹、隼，並爲鷙鳥，故字得互通。倉乃蒼字之省，蒼頭亦作倉頭，蒼頡又爲倉頡，並其例也。

〔一三〕黃丕烈曰：者，鮑本無。丕烈案：說苑無。

〔一四〕姚注：曾、劉作「休烈隆於天」。　鮑彪曰：休，吉徵；祲，戾氣。自二子言之爲吉。　吴師道曰：說文，祲，精氣感祥也。此休字猶言祥。　金正煒曰：按休，或爲伏之譌。隸續云：字書有伏字，與大同音。漢太尉公墓中畫象所云伏尉公，蓋是用「伏」爲「大」，即大尉公也。此文「伏曼」，蓋即大祲。吴說已非，鮑注尤謬，曾、劉本亦誤。說苑奉使篇：「士含怒未發，祲厲於天」（厲當爲屬之譌），猶此文之祲降於天也。

〔一五〕鮑彪曰：撓，擾也。　吴師道曰：撓，屈也，奴效反。

〔一六〕鮑彪曰：諭，曉也。

〔一七〕鮑彪曰：睢自釐十一年請救，至是五十餘年矣。彪謂諸刺刦之士，自曹沬以至荆軻，皆不聞道，惟若唐睢者可也。爲其激而發，不專志於此也。　吴師道曰：唐且之名，見於策者不一。秦策，應侯遣唐且載金之武安，散天下士。魏安釐王十一年，唐且說秦，是時應侯始相，睢老於魏，不應復爲秦用。又一唐且也。且爲魏說秦時九十餘；至與信陵君語，相去十年，已百歲。爲安陵君使秦，有滅韓亡魏之言，魏亡在始皇二十二年，上去說秦凡四十二年，決不存矣，又一唐且也。楚策，唐且見春申君，又一唐且也。新序，秦攻魏，司馬唐且諫曰段干木云云，當文侯時，又一唐且也。愚謂此策文甚明，而事多難言。以始皇之兵威，何憚於安陵而易以五百里地？是特爲之辭而使之納地耳！唐且之使愚矣。雖抗言不屈，豈終能沮之乎？荆軻之見也，匿匕首於圖。秦法，侍者不得操兵，此云「挺劍而起」，何也？其辭固多誇矣！　黃式三曰：說苑唐睢作唐且，安陵作鄢陵。或曰：此烏有之事，可删。式三謂：戰國大者稱王，次稱侯，又次稱君，如附庸耳。齊滅而孟嘗君存，安陵類此與？

卷二十六　韓一

祖耿案：韓，姬姓。苗裔韓武子事晉，食采於韓原，即山西韓城。後三世有韓厥，從封姓爲韓氏。韓厥，即韓獻子也。傳宣子、貞子、簡子、莊子、康子、武子（名啓章）六代至韓虔，是爲景侯。景侯六年，與趙、魏俱列爲諸侯。自韓武子至景侯，凡十世。景侯徙陽翟，即河南開封禹州。其後哀侯徙鄭，即河南新鄭。歷懿侯、昭侯至宣惠王。宣惠王十六年，始號爲王。後四世，歷襄王、釐王、桓惠王至王安，爲秦所滅。詳見史記韓世家。

鮑彪曰：分晉得南陽郡及潁川之父城、定陵、襄城、潁陽、潁陰、長社、陽翟。東接汝南，西接宏農。得新安、宜陽，皆韓分也。

吴師道曰：鄭，今河南之新鄭及成皋、滎陽，潁川之崇高、陽城。鮑引漢地理志爲言，鄭亦韓地，而獨遺不取，誤矣。

張琦曰：尚有河東、平陽、上黨、澤、潞，自今河南南陽府、鄭、汝、裕、禹、鄧五州，開封之新鄭、密、滎陽、汜水，河南府之宜陽、新安、永寧、登封、嵩縣，山西之平陽、澤、潞三府皆是（戰國策釋地）。

程恩澤曰：韓，姬姓，曲沃桓叔之子萬，食采於韓原。今解州芮城縣，故河北縣韓亭是。宣子徙居州，今懷慶府河内縣東南五十里武德城是。貞子徙平陽，故堯都也。今平陽府臨汾縣是。景侯徙陽翟，今開封府禹州是。哀侯徙鄭，故鄭都也，今開封府新鄭縣是。或云至懿侯復徙都陽翟。自韓萬後十世至虔（即景子），爲諸侯，又五世，稱王。又五世，至王安爲秦所滅（國策地名考）。又曰：范睢曰：韓、魏中國之處，而天下之樞也。頓子曰：韓，天下之咽喉；魏，天下之胸腹（國策地名考）。

顧觀光曰：韓策，蘇秦曰：韓，北有鞏、洛、成皋之固，西有宜陽、商阪之塞，東有宛、穰、洧水，南有陘山，地方千里。又張儀曰：韓地險惡，山居，五穀所生，非麥而豆。地方不滿九百里，無二歲之所食。趙策，秦王謂公子他曰：韓與秦接境壤界，其地不能千里。秦策，范雎曰：秦、韓之地形相錯如繡。秦之有韓，若木之有蠹。天下有變，爲秦害者，莫大於韓（七國地理考韓地總論）。

祖耿案：韓策，姚本三卷。吴氏目錄：韓一，凡二十四章；韓二，凡二十一章；韓三，凡二十四章；共六十九章。鮑本一卷，凡六十章。分隸康子、烈侯、昭侯、宣惠王、襄王、釐王、桓惠王名下。名號之下，各詳世系、年次。吴氏有説，並錄如下：

鮑彪曰：康子。吴補：名虎。

鮑彪曰：烈侯。景侯元年，安王三年壬午。　吴氏正曰：當云「景侯虔子。」元年，史「列侯取」，列、烈通。

鮑彪曰：昭侯，莊侯子。元年，顯王十一年癸亥。宣惠王，昭侯子。元年，顯王十七年己丑。襄王，宣王子。　吴補：名倉。元年，赧王四年庚戌。

鮑彪曰：釐王，襄王子。元年，赧王二十年丙寅。桓惠王，釐王子。元年，赧王四十三年己丑。

一

三晉已破智氏〔一〕，將分其地。段規謂韓王曰：「分地必取成皋〔二〕。」韓王曰：「成皋，石溜之地也，寡人無所用之〔三〕。」段規曰：「不然！臣聞一里之厚而動千里之權者，地利也；萬人之衆而破三軍者，不意也〔四〕。王用臣言，則韓必取鄭矣〔五〕。』王曰：『善〔六〕。』果取成皋。至韓之取鄭也，果從成皋始〔七〕。

〔一〕祖耿案：姚注云，自此卷復有錢本。顧觀光隸此於貞定王十六年。

〔二〕吴師道曰：成皋，見秦策。

〔三〕鮑彪曰：溜，言其無積潤。　吴師道曰：溜，言多山石，水所溜也。　金正煒曰：按文選魏都賦：『林藪石留而蕪穢。』劉注引策：成皋石留之地，無所用之也。石留之地，喻土地多石，猶人物之有留結。或作溜字，張注：石間有水曰石留。　朱起鳳曰：石留之留，同瘤。石留，石多瘤贅也。

〔四〕鮑彪曰：言地薄，鄭人不備。　吴師道曰：言地險，寡足破衆。　金正煒曰：鮑本，一里作百里。按國語魯語：『不厚其棟。』注：厚，大也。秦策：『非能厚勝之也。』注：厚，大也。　祖耿案：萬人，鮑本作千人。

〔五〕吴師道曰：取鄭，在哀侯二年。

〔六〕鮑彪曰：諸稱王，皆非當時語。　金正煒曰：按韓康子與趙、魏共滅智伯，至其孫景侯始列爲諸侯。越六世，宣惠王乃僭王號。此策言取鄭，當是宣惠王時所紀，故遂追尊爲王也。

〔七〕金正煒曰：鮑本作『果從成皋始大。』蓋分『大成午從趙』以下別爲一章，而誤斷大字屬上也。韓非內儲説作『大成牛從趙謂申不害於韓。』史記趙世家有『大戊午爲相』，索隱引徐廣曰：『戊，一作成。』皆足證鮑之誤。

二

大成午從趙來〔一〕，謂申不害於韓曰：『子以韓重我於趙，請以趙重子於韓，是子有兩韓，而我有兩趙也〔二〕。』

〔一〕王念孫曰：大成午從趙來，來字後人所加也。「大成午從趙謂申不害於韓」作一句讀。謂大成午在趙，申不害在韓，而大成午寄言於申不害，非謂從趙來韓而與之言也。後人不曉文義，故於「從趙」下加來字耳。韓子內儲說篇正作「大成午從趙謂申不害於韓」。黃丕烈曰：「成」下，鮑本別爲一章，大字上屬。丕烈案：吳讀亦如此，然誤也。當以「大」字下別爲一章。此策文亦見韓子內儲說下，可證也。大成午又見趙世家、古今人表。祖耿案：史記趙世家作大戊午。集解徐廣曰：戊，一作成。朱起鳳曰：戊字作成，牛字作午，並形之訛。又案：韓非子內儲說下作大成牛。王先慎曰：牛乃午之誤。又案，此策原與上三晉已破智氏連篇。顧觀光隸此於顯王十八年。

〔二〕吳師道曰：史，申不害者，荊人也，故鄭之賤臣。學術以干韓昭侯，用爲相。黃丕烈曰：今本「我」誤「子」。

三

魏之圍邯鄲也〔一〕，申不害始合於韓王，然未知王之所欲也〔二〕，恐言而未必中於王也。王問申子曰：『吾誰與而可〔三〕？』對曰：『此安危之要，國家之大事也！臣請深惟而苦思之〔四〕！」乃微謂趙卓、韓鼂曰〔五〕：「子皆國之辯士也！夫爲人臣者，言可必用，盡忠而已矣〔六〕！」二人各進議於王以事〔七〕，申子微視王之所說，以言於王，王大說之〔八〕。

〔一〕祖耿案：顧觀光隸此於顯王十六年。

〔二〕錢穆曰：申不害相韓，在魏圍邯鄲前一年。正所謂始合於韓王，而未知王之所欲之時也。（考辨二二四頁）

〔三〕鮑彪曰：與魏耶，趙耶？

〔四〕鮑彪曰：惟，亦思。

〔五〕金正煒曰：按韓非内儲說：「乃令趙紹、韓沓嘗試君之動貌而後言之。」即謂此事，而文小異。朱起鳳曰：卓字疑當作綽。紹，即綽之形譌，亦因趙有周紹，故策作趙卓，韓作趙紹也。沓，當以韓策爲鼂，即古朝字。　祖耿案：韓非子此文作：「趙令人因申子於韓請兵，將以攻魏。申子欲言之君，而恐君之疑己外市也，不則恐惡於趙。乃令趙紹、韓沓嘗試君之動貌而後言之。内則知昭侯之意，外則有得趙之功。」共六十五字，在内儲說上。其經一聽四亦云：「其患在申子之以趙紹、韓沓爲嘗試。」人名作：趙紹、韓沓，與此不同。

〔六〕鮑彪曰：可，豈可。　金正煒曰：按可，當讀爲「何」。石鼓文「維何」作「佳可」。是何字得省爲可也。左氏襄十一年傳：「則何謂正矣。」釋文：何，或作可。昭八年傳：「若何弔也。」釋文：本或作可。並足爲證。

集韻：何，奚也。又，尚書五子之歌：「弗慎厥德，雖悔可追。」史記韓世家：「是可以爲公之主使乎？」則可之爲「豈可」，猶敢之爲「不敢」也。惟讀何義明。

〔七〕黄丕烈曰：「各」下，鮑本復有各字。吳補：一本「各進」。　祖耿案：元至正十五年刊本作：「二人因各進議於王以事。」

〔八〕吳師道曰：此術之最下者。

四

申子請仕其從兄官〔一〕，昭侯不許也，申子有怨色。昭侯曰：「非所謂學於子者也〔二〕。聽子之謁而廢子之道乎〔三〕？又亡其行子之術而廢子之謁乎〔四〕？子嘗教寡人循功勞，視次第，今有所求此，我將奚聽乎〔五〕？」申子乃辟舍請罪曰：「君真其人也〔六〕！」

〔一〕鮑彪曰：仕其從父兄以官。　吳師道曰：注贅。　祖耿案：顧觀光隸此於顯王十八年。

〔二〕姚注：劉無「謂」字。

〔三〕吳曾祺曰：謁，請也。

〔四〕王引之曰：又字，後人所加。韓子外儲說篇無又字。亡其，轉語詞。　黄丕烈曰：謁，鮑本作請。吳曾祺曰：又亡二字，似衍。

〔五〕鮑彪曰：此，如此。　吳師道曰：此，當屬下句讀。

〔六〕祖耿案：辟，鮑本作避。又，韓非子內儲說左上此文曰：「申子請仕其從兄官。昭侯曰：『非所學於子也。聽子之謁，敗子之道乎？亡其用子之謁。』申子辟舍請罪。」較此爲略，僅三十八字。顧廣圻謂韓有脱文，恐未然也。兩文轉錄，自生詳略耳。

五

蘇秦爲楚合從説韓王曰〔一〕：「韓北有鞏、洛、成皋之固〔二〕，西有宜陽、常阪之塞〔三〕，東有宛、穰、洧水〔四〕，南有陘山〔五〕，地方千里〔六〕，帶甲數十萬。天下之强弓勁弩，皆自韓出〔七〕。谿子、少府時力、距來〔八〕，皆射六百步之外。韓卒超足而射〔九〕，百發不暇止，遠者達胸，近者掩心〔一〇〕。韓卒之劍戟，皆出於冥山、棠谿、墨陽、合伯膊〔一一〕、鄧師、宛馮、龍淵、大阿〔一二〕，皆陸斷馬牛，水擊鵠鴈〔一三〕，當敵即斬〔一四〕，堅甲、盾鞮、鍪、鐵幕、革抉、㕹芮，無不畢具〔一五〕。以韓卒之勇，被堅甲，蹠勁弩，帶利劍，一人當百，不足言也。夫以韓之勁〔一六〕，與大王之賢，乃欲西面事秦，稱東藩，築帝宮，受冠帶，祠春秋，交臂而服焉〔一七〕。夫羞社稷而爲天下笑，無過此者矣〔一八〕。是故願大王之熟計之也。大王事秦，秦必求宜陽、成皋。今茲効之，明年又益求割地。與之，即無地以給之；不與，則棄前功而後更受其禍〔一九〕。且夫大王之地有盡，而秦之求無已〔二〇〕，夫以有盡之地，而逆無已之求〔二一〕，此所謂市怨而買禍者也〔二二〕，不戰而地已削矣！臣聞鄙語曰：「寧爲鷄口，無爲牛後〔二三〕。」今大王西面交臂而臣事秦，何以異於牛後乎〔二四〕？夫以大王之賢，挾强韓之兵，而有牛後之名，臣竊爲大王羞之！』韓王忿然作色，攘臂按劍，仰天太息曰〔二五〕：『寡人雖死，必不能事秦〔二六〕！今主君以楚王之教詔之〔二七〕，敬奉社稷以從〔二八〕！』

〔一〕黄丕烈曰：鮑改楚爲趙。吴氏補曰：字誤，恐當作趙。　金正煒曰：按下章張儀説韓王亦云『逆秦而順楚』，與史文同。則此策不必爲趙之誤。或，蘇子自楚之韓耳。　祖耿案：此章見史記蘇秦列傳，云：蘇秦恐秦兵之至趙也，乃激怒張儀入之於秦，於是説韓宣王曰云云，詞語大同。顧觀光隸此於顯王三十六年。

〔二〕鮑彪曰：鞏、洛並屬河南。　張琦曰：鞏、洛地屬周，言可恃爲固耳。索隱曰：『後爲韓邑』，非也。秦紀莊襄元年，韓獻成皋、鞏。正義曰：『爾時秦滅東周，韓亦得其地，又獻於秦。』不得據獻鞏之文，定爲韓邑。　程恩澤曰：案漢志，河南郡有鞏縣，東周所居。周本紀：『河南惠公封其少子於鞏以奉王，號東周惠公。』子武公，爲秦所滅。秦本紀莊襄王元年：『使蒙驁伐韓，韓獻成皋、鞏。』蓋周亡其地入韓，韓又獻之於秦也。然蘇秦説韓在顯王三十六年，正當東周既封未滅之際，已云韓北有鞏、洛、成皋，則不待周亡而後入韓也。蓋戰國大縣如上黨、南陽之類，皆爲數國所分據。意者，鞏亦猶是歟。今河南府鞏縣西南三十里有鞏城，本周鞏伯邑，又名鞏王城，相傳爲赧王所築。爾雅：鞏，固也。四面有河山之固也。然周、韓俱以不振，雖險豈可恃哉。顧觀光曰：漢志河南郡，鞏，東周所居。而蘇秦説韓曰北有鞏、洛，則周地皆屬韓矣。在今河南府鞏縣西南三十里。　又曰：案此洛字，當是水名，非洛州洛陽也。但豫州之川又與雍州浸有別耳。山海經：讙舉之山，雒水出焉。東北流，注於元扈之水（郭注：河圖曰，元扈洛汭）。又云：洛水出洛西，東北注河，入成皐之西。地理志：宏農郡，上雒。禹貢：雒水出冢嶺山，東北至鞏，入河。郡國志：京兆尹上雒冢嶺山，雒水出（注引山海經云：『洛出王城南，至相谷西，東北流。』今無此文）。水經注：洛水出京兆上洛縣讙舉山，東北過鞏縣東北入於河。皆此洛也。通雅：洛凡十一，其見於經典者，惟雍、豫二水，而豫州之洛爲尤著云。今出陝西商州南冢嶺山，至河南鞏縣北入河。或曰：上洧水，即今開封府洧川縣，此洛即今河南府洛陽縣。恐古無是名，姑附識於此。　祖耿案：史記作鞏、成皐，無洛字。注，司馬貞曰：二邑本屬東周，後爲韓邑。地理志：二邑並屬河南。

〔三〕鮑彪曰：常，史作商。殷紀注：商，今上洛是也。　吳師道曰：正義云，商坂，即商山，在商洛縣南，亦曰楚山，武關在焉。　程恩澤曰：案索隱，商坂蓋在商、洛之間。適秦、楚之險塞。元和志：即晉險地。通典：商州上洛縣有商山，四皓所隱，其地險阻。漢書王莽傳：繞霤之固，南當荆、楚。地理通釋：商坂，亦名地肺山，四面塞阨屈曲，水回繞如屋霤。即今七槃十二繂（説本顏師古注）。今在陝西商州東南九十里。　朱起鳳曰：商字古亦作常。商容，或作常樅、常縱、常從是也。　祖耿案：史記注，裴駰曰：徐廣曰，商，一作常。司馬貞曰：劉氏云，蓋在商、洛之間，適秦、楚之險塞是也。張守節曰：宜陽在洛州福昌縣東十四里，商阪即商山也，在商洛縣南一里，亦曰楚山，武關在焉。

〔四〕鮑彪曰：穰，屬南陽。洧水，出潁川陽城。　張琦曰：宛、穰在南。云『東』，未詳。漢志陽城下云：陽城，洧水所出，東南至長平入潁。今洧水出河南府登封縣北陽城山，水經謂之馬嶺山。東經密縣、新鄭，俗謂之雙洎河，經洧川、鄢陵、扶溝，又南經西華至商水入于潁。 程恩澤曰：案韓世家釐王五年（秦昭王十六年），秦拔我宛。正義曰：宛，鄧州縣，時屬韓。地理通釋：宛，西通武關，東受江、淮，一都會也。是時韓又別有一宛。水經注：潩水逕長社城北，又東南逕宛亭西，鄭大夫宛射犬之邑也。長社，今爲長葛縣，屬許州，當是韓地。韓世家襄王十一年，秦伐我，取穰。正義曰：穰，楚之別邑。秦初侵楚，封公子悝（疑當作魏冉）爲穰侯。後屬韓，秦昭王復取之。是韓、楚有穰，先后不同時也。然蘇秦合從，在韓昭侯時，魏冉尚未封，而已云有穰，則其説似不甚合。故胡三省通鑑注謂以時考之，穰當屬楚。韓得潁川之地與南陽接境，或者此時屬韓也（南陽本楚、韓分屬之地，穰當各有其半）。地理志：潁川陽城縣陽城山，洧水所出。東南至長平入潁。水經注：洧水出密縣西南馬嶺山（在陽城東北，北即陽城山也），東過鄭縣南，潧水從西北來注之（括地志：古新鄭城南，洧與溱合。漢志所云『食溱、洧焉』是也）。又東過習陽城（即長平縣）西，折入於潁（一統志：洧水本至西華入潁，宋時導之，自扶溝入蔡）。今出河南登封縣陽城山，一名雙洎河。 顧觀光曰：西周策，謂薛公曰：『君以齊爲韓、魏攻楚，九年取宛、葉以北。』漢志，宛屬南陽。今南陽府城也。秦本紀，昭襄王十二年，攻楚，取宛。十六年，封公子市宛，爲諸侯。而韓世家釐王五年，秦拔我宛。考韓釐王五，正當秦昭襄王十六年。蓋一地而韓、楚兩屬也。故蘇秦説韓云：東有宛、穰。又言劍有宛平。而史記禮書説楚亦云宛之鉅鐵。史記襄王十一年，秦伐我，取穰。正義曰：鄧州縣也。漢志屬南陽。在今鄧州南二里。秦封魏冉爲穰侯，即此。漢志：陽城山，洧水所出，東南至長平入潁。 祖耿案：史記注，司馬貞曰：地理志：宛、穰，二縣名，並屬南陽。洧水出南方。張守節曰：在新鄭東南流入潁。

〔五〕吳師道曰：見前。 祖耿案：見鮑本秦策，楚、魏戰於陘山章注。又案：史記注，裴駰曰：徐廣曰，召陵有陘亭，密縣有陘山。張守節曰：在新鄭西南三十里。

〔六〕黄式三曰：蘇秦傳九百餘里。通鑑九百里。

〔七〕祖耿案：御覽三百四十八引，强作良。

〔八〕鮑彪曰：皆弩名。俶真訓註：谿子，國名，夷名。又谿子，陽匠名。徐註：少府所造。作之得時，力倍於常，其勁足以距來敵。吴師道曰：徐註「距來」者，謂弩勢勁利，足以云云。阮元曰：荀子性惡篇：繁弱巨黍，古之良弓也。又，潘安仁閑居賦曰：「谿子巨黍，異絭同機。」據此，則國策之「來」，荀子、文選又作「黍」矣。當是黍字，國策訛來。（説見揅經室三集，商銅距末跋）祖耿案：史記「來」下有者字。注，裴駰曰：許慎云：「南方谿子、蠻夷柘弩，皆善材。」韓有谿子弩，又有少府所造二種之弩。案：時力者，謂作之得時，力倍於常，故名時力也。距來者，謂弩勢勁利，足以距來敵也。司馬貞曰：按，許慎注淮南子，以爲南方谿子蠻出柘弩及竹弩。時力、距來，其名並見淮南子。祖耿又案：文選李善注引史記蘇秦説韓王曰：「谿子巨黍者，皆射六百步之外。」然則善所見策，不作距來，而作巨黍也。

〔九〕姚注：超，劉作跕，錢作帖。鮑彪曰：舉蹠踏弩。祖耿案：史記注，司馬貞曰：按超足，謂超騰用埶，蓋起足蹋之而射也。故下云「蹠勁弩」是也。張守節曰：超足，齊足也。夫欲放弩，皆坐舉足踏弩，兩手引揍機，然始發之。

〔一〇〕鮑彪曰：箭中心上，如掩。祖耿案：此句，史記作「遠者括蔽洞胸，近者鏑弇心。」

〔一一〕姚注：曾無「伯」字。鮑彪曰：司馬彪注，冥山在朔州北，汝南吴房有棠谿亭。脩務訓注：墨陽，美劍名。合伯，地缺。吴師道曰：朔州北，非韓地。脩務訓文云：「墨陽之莫邪。」則墨陽地名。洪亮吉曰：冥山，即冥阨。司馬彪以爲在朔州，非。今考莊子云，南行至冥，北面而不見冥山。言其近也。冥阨在韓、楚之界，山南即楚，山北屬韓。　黄丕烈曰：膊，鮑本無。丕烈案：吴氏正曰：「史作合膊」。考無者當是。索隱曰：按戰國策作「合伯」，春秋後語作「合相」，可證。伯、膊，聲之轉也。相當作柏，柏、伯同字，形近之譌耳。此或用史記注「膊」於旁，乃誤入正文。　程恩澤曰：案李軌云：冥山在韓國。括地志：楚之冥阸，亦曰冥山（又名固城山）。莊子「南行至郢北而不見冥山」，即此。是冥山即黽塞也。蓋在楚之北境，韓之南境，詳見楚。　又案郡國志，汝南郡吴房縣有棠谿亭。水經注：棠谿城在吴房縣西北，故房子國。春秋定公五年，吴王闔廬弟夫槩奔楚，封之於棠谿。故曰吴房（説本孟康、應劭）。括地志：棠谿故城在豫州郾城縣西八十五里。又云：今豫州吴房（原脱）縣，在州西北九十里。徐廣云：在慎縣（今潁上縣），非是。通典：棠谿在今汝州郾城縣界。寰宇記：棠谿在遂平縣西南四十里，又在郾城縣南二十五里。蓋自縣南接西平，皆棠谿地也。九域志：蔡州有冶爐城，韓國鑄劍處。顧祖禹曰：今汝寧府西平縣西北（洪志作百里）有棠谿村，接郾城縣界。昔時産金甚精，所謂棠谿之金，天下之利也。又在遂平縣西北百里，蓋皆地相接（合諸書參之，凡遂平、西平、郾城三縣皆冒棠谿之名。遂平，古吴房也）。　又案：今淮南子高誘注，墨陽下無之字，正與鮑同。惟鹽鐵論論勇章云：「楚、鄭之棠谿、墨陽非不利也。」注引許慎云：二者皆利劍名，或曰皆地名，出美劍者。方輿紀要：今南陽府内鄉縣北五十里，有墨山，墨陽豈在其南歟。又案索隱曰：春秋後語作「合相」。錢坫曰：地理志，汝南西平有鐵官。應劭曰：故柏子國，今柏亭。所謂江、黄、道、柏者也。晉太康地記：縣有龍泉，可以砥礪刀劍，特堅利（見水經注）。史記蘇秦傳：韓卒之劍戟出於合膊。國策作合柏。合柏，即柏國也，故置鐵官。古伯、柏字通用（作相者，形近之訛；作膊者，音近之訛）。　又案：鄧師，今無考。　又案地理志，河南郡滎縣陽有馮池。水經注：礫石溪水出滎陽李澤。澤中有水，即古馮池也。　朱起鳳曰：伯、膊雙聲字，故通用。策伯、膊並列，蓋一本作伯，一本作膊。後儒不能棄取，乃兩存之。春秋後語作相，相、伯形似。　祖耿案：史記膊作賻。注，裴駰曰，徐廣曰：「莊子云南行至郢，北面而不見冥山。」駰案：司馬彪曰「冥山在朔州北」。棠谿，徐廣曰：「汝南吳房有棠谿亭。」墨陽，淮南子曰：「墨陽之莫邪也。」合賻，賻音附。徐廣曰：「一作伯。」司馬貞曰：郭象云「冥山在乎太極。」李軌云「在韓國」。淮南子云「服劍者貴於剡利，而不期於墨陽莫邪」，則墨陽，匠名也。按：戰國策「合膊」作「合伯」，春秋後語作「合相」。張守節曰：棠谿故城，在豫州偃城縣西八十里。鹽鐵論云「有棠谿之劍」，是。　祖耿又案：文選七啓李注引，初學記二十二引，御覽三百四十二引，「劍」下並無「戟」字。

〔三〕鮑彪曰：鄧師，豈南陽鄧耶？猶云洛師。滎陽有馮池。吳越春秋：「楚王召風胡子曰：『吳有干將，越有歐冶，寡人欲因子請此二人作劍。』風胡見二人，作劍二」，其名云。以上類，言以地名。　吳師道曰：索隱云，鄧國有工鑄劍，因名鄧師。宛人於馮池鑄劍，故名宛馮。晉太康地理記：汝南西平有龍泉，可淬刀劍。今按上說，冥山、棠谿、龍淵，地名。鄧師、宛馮，人名兼地。太阿，劍名。合膊等未詳。　程恩澤曰：案水經注，元光中，河決濮陽，武帝起宮於決水之旁，龍淵之側，故曰龍淵宮。又云：龍淵水出長社縣西北。京相璠曰：即稟水也。東注洧水。又云：期水出期城西北平地，世號龍淵水。又云：百尺溝水之東有澄潭，號曰龍淵。在汝北四里許，南北百步，東西二百步，水至清深，常不耗竭。引晉太康地記云云。故有堅白之論矣。是水之名龍淵者不一，而此策所稱，則以西平爲是。司馬貞曰：天下之寶劍皆出西平。漢志注：「西平有鐵官。」蓋以此。今屬寧汝府。　祖耿案：史記注，裴駰曰，徐廣曰：滎陽有馮池。吳越春秋曰：「楚王召風胡子而告之曰：『寡人聞吳有干將，越有歐冶，寡人欲因子請此二人作劍，可乎？』風胡子曰：『可。』乃往見二人，作劍，一曰龍淵，二曰太阿。」司馬貞曰：「鄧國有工鑄劍，而師名焉。徐廣云『滎陽有馮池』，謂宛人於馮池鑄劍，故號宛馮。按吳越春秋：楚王令風胡子請吳干將、越歐冶作劍二，其一曰龍泉，二曰太阿。又，太康地記曰：「汝南西平有龍泉水，可以淬刀劍，特堅利，故有龍泉之劍，楚之寶劍也。以特堅利，故有堅白之論云：黃，所以爲堅也；白，所以爲利也。齊辨之曰：白，所以爲不堅；黃，所以爲不利也。故天下之寶劍韓爲衆。一曰棠谿，二曰墨陽，三曰合伯，四曰鄧師，五曰宛馮，六曰龍泉，七曰太阿，八曰莫邪，九曰干將也。」然干將、莫邪匠名也，其劍皆出西平縣，今有鐵官令一，別領戶，是古鑄劍之地也。」又案：梁玉繩曰：合膊，寶劍名，未知何據。

〔三〕祖耿案：史記作「皆陸斷牛馬，水截鵠鴈」。文選七啓李注引、與楊德祖書李注引、初學記二十二引、御覽三百四十二引，並作「水擊鴻雁」。

〔四〕張琦曰：斬字句。堅屬甲盾爲文。下以堅甲勁弩利劍並言。可知吳於斬堅句，非。　祖耿案：史記「即」，作則。御覽三百五十六引亦作則。下無堅字。堅，疑涉下文而衍。

〔五〕鮑彪曰：盾，櫓。鞮，革履。鍪，兜鍪。說文，鍪，鍑屬。鍑，大口釜，蓋鍪如之。鐵幕、革抉、㕹芮，史並不注。　吳師道曰：韻書，鞮鍪，首鎧也。索隱云：鐵幕，謂以鐵爲臂脛之衣，以革爲射決。決，射鞲也。按詩「決拾」傳，決，以象骨爲之，著右手大指，以鉤弦闓體。拾，以皮爲之，著於左臂，以遂弦。恐此革，即拾；抉，即决也。索隱即以爲一物，蓋據說文「鞲射臂決」之文也，亦通。索隱云：㕹與瞂同，謂楯也。芮，音如字，謂繫楯之紛綬也。愚按，瞂，音伐，即詩所謂「蒙伐」者，字皆通借。史云：「當敵則斬堅甲鐵幕，革抉㕹芮，無不畢具。」故說者上文以「甲」字句，謂其劍皆能斬之。策文不可從此讀，當以「斬堅」句，而「甲盾」以下屬「無不具」之文。　黃丕烈曰：呹，鮑本作㕹。　金正煒曰：按周禮繕人司農注：抉，謂引弦彄也。儀禮士喪禮注：決以韋爲之，藉有彄。索隱謂以革爲射決，正合。吳氏疑革爲拾，非也。　索隱云：㕹與瞂同。芮謂繫楯之紛綬。是以㕹芮爲二物，與上鐵幕革抉之文不類，且與甲盾句複，恐非確詁。疑呹芮，或爲文茵之謂。詩小戎釋文：文茵，以虎皮爲茵。茵，車席也。劉熙釋名作「文鞇」。革抉、文茵，並與鐵幕爲對文。祖耿案：史記無盾、鞮、鍪三字。吠作跋。注，裴駰曰，徐廣曰：「陽城出鐵」，「抉，一作決。」跋，音伐。司馬貞曰：按戰國策云「當敵則斬甲盾鞮鍪鐵幕」也。鄒誕：幕，一作陌。劉云：「謂以鐵爲臂脛之衣。言其劍利，能斬之也。」抉，音決，謂以革爲射決。決，射鞲也。跋與瞂同，音伐，謂楯也。芮音如字。謂繫楯之綬也。張守節曰：方言云：「盾，自關東謂之瞂，關西謂之盾。」

〔一六〕祖耿案：類聚二十五引、御覽四百六十引，「韓」下並有「卒」字。

〔一七〕祖耿案：史記「事秦」下無「稱東藩，築帝宮，受冠帶，祠春秋」十二字。「服」下無「焉」字。

〔一八〕祖耿案：史記無夫字。「過」，作「大於」二字。

〔一九〕金正煒曰：呂覽任地篇「今茲美禾」注：茲，年也。　祖耿案：類聚二十五、御覽四百六十引，並作「今茲効之，明年又求之。予之則無地以給，不予則棄前功而受後禍。」　又案：効，史記作效。注，司馬貞曰：鄭玄注禮云：效，猶呈也，見也。

〔二〇〕祖耿案：類聚二十五、御覽四百六十引，並作「而秦之求無厭」。

〔二一〕祖耿案：類聚二十五、御覽四百六十引，逆，並作應。

〔二二〕祖耿案：買，史記作結。

〔二三〕姚注續云：顏氏家訓引作「寧爲雞尸，不爲牛從。」　鮑彪曰：沈括辨以爲雞尸牛從。今按秦稱牛後，蓋以惡語侵韓，故昭侯怒而從之。雞尸、牛從，謬誤也。　吳師道曰：正義云「雞口雖小，猶進食，牛後雖大，乃出糞也。」大事記取。又曰：索隱引延篤云：寧爲雞尸，不爲牛從。尸，雞中主；從，牛子也。沈說亦有所本也。　郎瑛曰：史記蘇秦說韓王曰：「寧爲雞口，莫爲牛後。」舊國策作雞尸牛從，而沈存中取之。

鮑彪校注則曰：秦稱牛後者，蓋故以惡語侵韓，欲昭侯怒而從之耳。愚謂口、後音順，當時鄙諺如此，亦非秦所故爲也。若果如國策，則秦言合從者，又言牛從哉？當以史記爲是（七修類稿）。　朱亦棟曰：口、後叶韻，與漢書「寧爲秋霜，無爲檻羊」正同。若尸、從，則不叶矣。補正引正義云云，最爲得解（群書札記）。　王念孫曰：案顔氏家訓書證篇曰：太史公記曰：「寧爲雞口，無爲牛後。」案：延篤戰國策音義曰：「尸，雞中之主；從，牛子。」然則口當爲尸，後當爲從，俗寫誤也。文選爲曹公與孫權書：「昔蘇秦説韓，羞以牛從」（李善本如此，今本作牛後，乃後人依五臣本改之）。李善注曰：「戰國策，寧爲雞尸，不爲牛從。延叔堅注曰：尸，雞中主也；從，牛子也，從或爲後，非也。」是策文本作「寧爲雞尸，不爲牛從。」故顔、李、小司馬所引並同。而今本作「寧爲雞口，無爲牛後」，則後人依史記改之也。史記作雞口、牛後，亦傳寫之誤，顔氏已辨之矣。又蘇秦説趙王曰：「臣人之與臣於人也，豈可同日而言之哉！」雞尸，喻臣人也。牛從，喻臣於人也。故下文曰：「交臂而臣事秦，何以異於牛從乎？」而史記正義乃云：「雞口雖小，猶進食；牛後雖大，乃出糞。」其説甚爲迂曲。鮑襲取其義，謂蘇秦以惡語侵韓，謬矣。　黄丕烈曰：姚引不云延篤，非。　鮑以爲沈括辨，更非。　朱起鳳曰：尸可訓爲主，而雞則無主也。從可釋爲後，於牛子無與也。史遷作雞口、牛後，口、後協韻，此本古人成語。蘇氏引之，策文變口爲尸，改後爲從，於義不順，於韻亦不協。此文人好奇之過，仍當以作口、後爲是。　祖耿案：御覽四百六及八百九十八兩引，並作雞口、牛後。當即依據後人所改之本。朱氏口、後協韻之説，梁玉繩史記志疑亦云。然梁引餘冬叙錄云：口、後韻叶，如：「寧爲秋霜，毋爲檻羊」之類，古語自如此。

〔三四〕金正煒曰：按「西」當爲回字之譌也。「回面」與「交臂」爲對文。漢書鄒陽傳：「回面汙行，以事諂諛之人。」注：回，邪也。

〔二五〕祖耿案：此句史記作：「於是韓王勃然作色，攘臂瞋目，按劍仰天太息曰。」注，司馬貞曰：太息，謂久蓄氣而大吁也。

〔二六〕祖耿案：史記「死」，作「不肖」二字。

〔二七〕黄丕烈曰：吴氏補曰：「字誤。史正作趙。」　祖耿案：楚，鮑改作趙。此句史記作：「今主君詔以趙王之教。」注，司馬貞曰：「主君，指蘇秦也。禮，卿大夫稱主。今嘉蘇子合從諸侯，褒而美之，故稱曰主。」

〔二八〕鮑彪曰：傳在燕、趙後，云宣惠王。今按合從在燕文公二十八年，趙肅侯十六年。此（韓昭）二十五年。又蘇秦傳説六國後去趙而從約解，是歲燕易王立。徐注云，自初説燕至此三年，宣惠之元年也。此時從已解，則説從時非宣惠明矣。　吴師道曰：大事記，顯王三十五年，蘇秦説燕與趙合從，燕文公納之趙。三十六年，蘇秦説趙肅侯以六國合從。按史年表，是歲韓昭侯二十六年，高門成而昭侯卒，子宣惠王立。蘇秦説宣惠王，蓋昭侯卒後爾。鮑序次非。

六

張儀爲秦連横説韓王曰〔一〕：「韓地險惡山居，五穀所生，非麥而豆〔二〕，民之所食，大抵豆飯，藿羹〔三〕，一歲不收，民不饜糟糠〔四〕，地方不滿九百里，無二歲之所食。料大王之卒，悉之不過三十萬，而厮徒負養在其中矣〔五〕，爲除守徼亭鄣塞，見卒不過二十萬而已矣〔六〕！秦帶甲百餘萬，車千乘，騎萬匹，虎摯之士〔七〕，跿跔科頭〔八〕，貫頤奮戟者〔九〕，至不可勝計也。秦馬之良，戎兵之衆〔一〇〕，探前趹後，蹄間三尋者，不可稱數也〔一一〕。山東之卒，被甲冒胄以會戰〔一二〕，秦人捐甲徒裎以趨敵〔一三〕，左挈人頭，右挾生虜〔一四〕。夫秦卒之與山東之卒也，猶孟賁之與怯夫也；以重力相壓，猶烏獲之與嬰兒也。夫戰孟賁、烏獲之士，以攻不服之弱國〔一五〕，無以異於墮千鈞之重，集於鳥卵之上，必無幸矣〔一六〕！諸侯不料兵之弱，食之寡，而聽從人之甘言好辭，比周以相飾也〔一七〕，皆言曰：「聽吾計則可以强霸天下〔一八〕。」夫不顧社稷之長利，而聽須臾之說，詿誤人主者〔一九〕，無過於此者矣〔二〇〕。大王不事秦，秦下甲據宜陽，斷絶韓之上地，東取成皋、宜陽〔二一〕，則鴻臺之宫，桑林之苑〔二二〕，非王之有已！夫塞成皋，絶上地，則王之國分矣。先事秦則安矣，不事秦則危矣〔二三〕。夫造禍而求福〔二四〕，計淺而怨深，逆秦而順楚〔二五〕，雖欲無亡，不可得也。故爲大王計，莫如事秦〔二六〕。秦之所欲，莫如弱楚，而能弱楚者莫如韓。非以韓能强於楚也，其地勢然也。今王西面而事秦以攻楚，爲敝邑，秦王必喜〔二七〕。夫攻楚而私其地，轉禍而說秦，計無便於此者也〔二八〕。是故秦王使使臣獻書大王御史，須以決事。』韓王曰：『客幸而教之，請比郡縣，築帝宫，祠春秋，稱東藩，効宜陽〔二九〕。』

〔一〕吴師道曰：此（韓襄）元年。　祖耿案：此章見張儀列傳云：「張儀去楚，因遂之韓，説韓王曰」云云。詞語大同。結，史記作「韓王聽儀計」五字。無此章後四十一字。顧觀光隸此於赧王四年。

〔二〕姚注：史記、後語作「非菽而麥」。　金正煒曰：按，而猶則也。墨子明鬼篇：「非父則母，非兄而姒也。」楚策：「凡天下强國，非秦而楚，非楚而秦。」文與此同。　祖耿案：敦煌春秋後語殘卷作「非菽而麥」。

〔三〕姚注：續云，古語只稱菽，漢以後方呼豆。史記「飯菽」，後語「菽飯」。　鮑彪曰：藿，菽之少者。　吴師道曰：姚云云。按此非麥即豆也。麥少，又以豆飯。　祖耿案：敦煌春秋後語殘卷作：「大抵菽飯。」史記作「大抵飯菽藿羹」。

〔四〕金正煒曰：按史記貨殖傳：「不厭糟糠。」索隱云：厭，飽也。　祖耿案：饜，鮑本作厭。

〔五〕鮑彪曰：負荷養牧之人。　吴師道曰：索隱云，負養者，負擔以給養公家。厮徒，見魏策（祖耿案：謂蘇子爲趙合從説魏王章注）。　祖耿案：敦煌春秋後語殘卷，「而」下有「已」字。

〔六〕鮑彪曰：徼，巡也。亦關境上。　吴師道曰：漢書「徼外」。顔云：徼，塞也。取徼遮之義，字音叫。　黄丕烈曰：矣，鮑本無。丕烈案：史記有。　金正煒曰：按漢書王莽傳：「倉無見穀。」注：見，謂見在也。祖耿案：敦煌春秋後語殘卷，無爲字、塞字。

〔七〕吴師道曰：鷙、摯通。禮記：「蚤摯」，「摯獸」。凡鳥之勇，獸之猛，皆曰摯。　王念孫曰：史記張儀傳，「虎摯」作「虎賁」，是也。此蓋賁譌爲贄，又譌爲摯耳。太平御覽兵部引此策，正作「虎賁之士」。楚策亦云「秦虎賁之士百餘萬，車千乘，騎萬匹。」鮑、吴皆讀「摯」爲「前有摯獸」之摯。鮑又改摯爲鷙，望文生義，近於皮傅矣。　黄丕烈曰：鮑改摯爲鷙。吴氏正曰云云。丕烈案：史記作賁。　金正煒曰：虎摯，當從史作虎賁。　祖耿案：敦煌春秋後語殘卷作虎賁。

〔八〕鮑彪曰：跿，音徒。跔，音俱。說文：天寒足跔。與此不合。史注：跳躍也。科頭，不着兜鍪。吳師道曰：跿，猶下文徒裎。此謂徒跣也。義與科頭協。金正煒曰：跿跔，即徒跣之謁，與科頭爲對文，即上無兜鍪，下無扉屨之謂也。禮記問喪，雖斯徒跣。注：徒，空也。說文：跣，足親地也。祖耿案：史記注，司馬貞曰：韻集云『偏舉一足曰跿跔。』又案，敦煌春秋後語殘卷作『號詢科頭。』

〔九〕鮑彪曰：貫人之頤。吳師道曰：此說似與上文不類。索隱曰：兩手捧頤而直入敵，言其勇。『貫』與『捧』亦不通。劉辰翁云：貫頤，謂見射猶奮戟，不顧死也。則此連下文『奮戟』爲義。王引之曰：諸說皆有未安。貫，讀爲彎弓之彎。史記伍子胥傳：『伍胥貫弓執矢嚮使者。』索隱曰：劉氏音貫爲彎，謂滿張弓也。陳涉世家贊：『士不敢貫弓而報怨。』漢書作彎。是貫即彎也。頤，弓名也。廣韻作弫，音與頤同。云弓名，出韻略。古無弫字，借頤爲之耳。彎弓奮戟，事同一類。史記集解曰：徒跼，音徒俱，跳躍也。科頭，謂不著兜鍪入敵。跿跔科頭而彎弓奮戟，言士之勇也。

〔一〇〕祖耿案：敦煌春秋後語殘卷，秦作乘，兵作馬。當從。

〔一一〕姚注：『尋』下，曾添『騰者』二字。鮑彪曰：字書無『趹』字。蹶，跳也。吳師道曰：說文：趹，馬行貌。西都賦：『要趹追蹤。』字古穴反。索隱云：謂馬前足探向前，後足趹於後。趹，謂抉地，言馬走勢疾，前後蹄間一擲而過三尋也。八尺曰尋。黃丕烈曰：鮑改趹爲蹶，吳氏有正。今本脫『者』字。吳補：一本此有騰字。姚注：曾添『騰者』二字。丕烈案：史記作『騰者』。祖耿案：稱，鮑本作勝，史記作勝。

〔一二〕鮑彪曰：胄，兜鍪。

〔一三〕鮑彪曰：裎，裸也。祖耿案：敦煌春秋後語殘卷，裎，作裼。史記作裼。注，司馬貞曰：徒者，徒跣也。裼，袒也。謂袒而見肉也。

〔一四〕祖耿案：敦煌春秋後語殘卷，挾，作接。

〔一五〕金正煒曰：按戰，當作載。字形相近又涉上文「合戰」而誤。漢書戾太子傳：「發中厩車，載射士。」此其義也。

〔一六〕鮑彪曰：幸其不破碎，無是理也。　祖耿案：敦煌春秋後語殘卷作：「無以異墮千鈞之重於鳥卵之上。」史記，墮，作垂。

〔一七〕祖耿案：餙，鮑本作飾。敦煌春秋後語殘卷作舒。此語，史記作：「夫群臣諸侯不料地之寡，而聽從人之甘言好辭，比周以相飾也。」

〔一八〕祖耿案：「皆言曰」，史記作「皆奮曰」。

〔一九〕鮑彪曰：詿，亦誤也。　吳師道曰：漢語「詿誤」，本此。　祖耿案：御覽四百六十引作「而聽諂諛之說」，敦煌春秋後語殘卷作「而聽須臾之巧言」。

〔二〇〕祖耿案：御覽四百六十引作「無過此矣」。

〔二一〕張琦曰：上地，謂上黨。　顧觀光曰：荀子議兵篇：「韓之上地，方數百里而趨趙，趙不能凝也，故秦奪之。」是上黨即上地也。韓非子存韓篇：「天下共割韓上地十城以謝秦。」　金正煒曰：按「成皋、宜陽」，當從張儀傳作滎陽。此涉上文而誤。　祖耿案：敦煌春秋後語殘卷，上地作上黨。下同。

〔二二〕鮑彪曰：桑林，在亳。修務訓言，湯禱於桑山之林，則似指言多桑之山，非地名也。　吳師道曰：鴻臺、桑林，韓臺苑，非湯所禱者也。太平御覽作「樂林」。　黃丕烈曰：丕烈案，史記作桑林。徐廣曰：桑，一作栗。索隱曰：亦見戰國策。當指徐注栗字言之。今國策作桑，當是後人用史記文所改。御覽作樂，亦譌字也。　程恩澤曰：案史記音義徐廣曰：桑，一作栗。索隱曰：此皆韓之宮苑。地理通釋：今按湯旱，禱於桑林之社。莊子，栗林虞人，其地未詳。顧祖禹曰：皆在韓都城內。　祖耿案：菀，鮑本作苑。史記同。司馬貞曰：鴻臺、桑林，按，此皆韓之宮苑。

〔二三〕黄丕烈曰：「不事秦」之事，鮑本作成。丕烈案：史記作事。　祖耿案：鮑本正作事，不誤。

〔二四〕祖耿案：御覽四百六十引，造，作違。史記此語作：「夫造禍而求其福報。」

〔二五〕黄丕烈曰：鮑改楚爲趙。丕烈曰：史記作楚。下文自可見。鮑改誤甚。

〔二六〕祖耿案：事，史記作爲。注，裴駰曰：爲，于僞反。

〔二七〕鮑彪曰：秦王，惠文。　黄丕烈曰：鮑衍「爲」字。吳補：一本無。丕烈案：史記無「爲敝邑」三字。策文不同，當以此三字別爲句。爲，讀去聲。鮑云衍者，非。一本亦誤。　金正煒曰：按此文當以「以攻楚爲敝邑」句絶。爲，猶論語「夫子爲衛君乎」之爲。鄭注：猶助也。秦之所欲莫如弱楚，故攻楚即以爲秦。公羊宣十二年傳「辱到敝邑」注：諸侯自稱國曰敝邑。鮑氏以敝邑屬下文，非也。史無「爲敝邑」三字，文各不同。

〔二八〕祖耿案：而私，史記作以利。者下無也字。張儀說韓王之詞至此爲止。下云「韓王聽儀計。張儀歸報，秦惠王封儀五邑，號曰武信君。」此章「是故」以下四十一字，史記所無。

〔二九〕鮑彪曰：彪謂橫人之辭，眞所謂虛喝者。韓之兵信弱，食信寡矣，獨不曰從合則能以弱爲强，以寡爲多乎？惜乎世主不少察於此也。　吳師道曰：甘茂攻宜陽在後，此云效者，請效之也。儀歸而約敗矣。

七

宣王謂摎留曰〔一〕：『吾欲兩用公仲、公叔，其可乎？』對曰：『不可！晉用六卿而國分，簡公用田成、監止而簡公弑〔二〕；魏兩用犀首、張儀而西河之外亡〔三〕。今王兩用之，其多力者内樹其黨，其寡力者籍外權〔四〕。群臣或内樹其黨以擅其主〔五〕，或外爲交以裂其地，則王之國必危矣〔六〕！』

〔一〕姚注：宣，一作韓。　鮑彪曰：摎留，韓人。　吴師道曰：摎，居尤反。漢有摎氏。通鑑、大事記作「繆」。　黄丕烈曰：丕烈案，韓子兩見此事，皆作「韓宣王謂摎留」。樛、摎同字也。　祖耿案：此篇原與上章連篇。鮑本另列一篇。韓非子説林上云：「韓宣王謂摎留曰：『吾欲兩用公仲、公叔，其可乎？』對曰：『不可！晉用六卿而國分，簡公兩用田成、闞止而簡公殺。魏兩用犀首、張儀而西河之外亡。今王兩用之，其多力者樹其黨，寡力者借外權。群臣有内樹黨以驕主，有外爲交以削地，則王之國危矣。』」九十四字。難一云：「韓宣王問於摎留：『吾欲兩用公仲、公叔，其可乎？』摎留對曰：『昔魏兩用樓、翟而亡西河，楚兩用昭、景而亡鄢、郢。今君兩用公仲、公叔，此必將爭事而外市，則國必憂矣。』」六十二字。同在一書，同述一事，而所及人名各異。此章所述則與説林上相同。　顧廣圻曰：樓、翟，樓鼻、翟瞿也。事見魏策。　顧觀光附此於顯王四十七年。曰：策言魏兩用犀首、張儀，故附此。

〔二〕鮑彪曰：齊。事見哀十四年。　吴師道曰：監即。闞魏策「闞」，史作「監」。田齊世家亦作監止。　黄丕烈曰：案韓子作「監」。「闞止」見左氏傳。　祖耿案：吕覽慎勢：『陳成常與宰予之二臣者，甚相憎也。」注，闕止字子我，諸子遂誤以爲宰予。淮南子人間訓：「陳成常、宰予二子者，甚相憎也。」高注：宰予，孔子弟子，仕於齊。史記仲尼弟子傳：「宰我爲臨菑大夫，與田常作亂，以夷其族。孔子恥之。」

〔三〕姚注：劉無「兩」字。　鮑彪曰：秦惠八年，魏納河西，儀時爲秦客卿，未相魏也。後至魏襄十三年相儀，儀留四年，去而衍相。未嘗兩用，未嘗亡也。此豈爲秦良造儀爲客卿時，魏以事聽之邪？　吳師道曰：大事記，魏惠後十三年張儀相魏，魏不事秦，秦以公孫衍代相。儀留魏四歲，後說襄王，久之乃去。二人更迭用，衍相、儀留，猶兩用也。魏亡河西地，大概言之，不必兩人爲相時也。大事記，魏惠後五年，以少梁與秦，引此策云，秦至是盡得河西地，則犀首、張儀之力。是時二人皆信用於秦云云。

〔四〕祖耿案：籍，鮑本作藉。

〔五〕吳師道曰：擅，韓子作「驕」。　黃丕烈曰：案韓子作「以驕主」，無「其」字。

〔六〕鮑彪曰：彪謂此非天下之公議也，顧所用如何耳。使得人如周、召，兩用之，庸何傷？若公仲、公叔也，一之謂甚，何必兩。　吳師道曰：胡氏管見，謂摎留之論，似是而非，不可遂以爲法。使所用而賢，則一人而足，不虞其專擅；左右參副，不虞其比黨。使其不賢，則一人足以喪國，又況二三其衆乎！意者留於仲、叔陰有所附，欲國柄歸一而不分，故危言以動其君耳。大事記云，韓雖兩用仲、叔，以戰國策考之，仲實專政，叔亦間用事，終不若仲之權寵也。愚按，鮑說有與胡氏合者，而不得留之情，故引以著之。按此策，宣惠欲兩用，非已用也。當時叔之事不著，意其止於用仲，而仲、叔並用，實襄王之世。以其爭主幾瑟、公子咎知之也。公仲卒不勝公叔，則公叔又重矣。二人爭權，摎留之言遂驗。是以帝王之要，知人而后官人，九經之序，尊賢而後敬大臣，則無患乎此矣。

八

張儀謂齊王曰〔一〕：「王不如資韓朋，與之逐張儀於魏。魏因相犀首〔二〕，因以齊、魏廢韓朋而相公叔以伐秦。公仲聞之，必不入於齊。據公於魏〔三〕，是公無患〔四〕。」

〔一〕鮑彪曰：齊王，閔王。　吴師道曰：見前。　黄丕烈曰：今本「齊」誤「秦」。鮑，「張」上補「謂」字，「儀」下補「臣」字。吴氏補曰：章首有缺文。　祖耿案：此篇鮑本移入魏策。顧觀光隸此於顯王四十七年。

〔二〕鮑彪曰：齊使相之。

〔三〕鮑彪曰：此士言其效也。齊廢公仲而逐儀，故公仲據儀不合齊。

〔四〕鮑彪曰：此士計，非先逐張儀，不能得衍合魏；非合魏不能廢朋。朋怒，則復善儀矣。於此，然後知公仲之名朋也。原在韓策。　吴師道曰：事與公仲、公叔相涉，當從舊策。有「魏因相犀首」之語，當是惠王時。説見下章。　祖耿案：吴説見魏一陳軫爲秦使於齊章。

九

楚昭獻相韓〔一〕。秦且攻韓，韓廢昭獻。昭獻令人謂公叔曰：「不如貴昭獻以固楚〔二〕，秦必曰：「楚、韓合矣〔三〕。」』

〔一〕祖耿案：顧觀光附此於赧王八年。

〔二〕姚注：「賁」下，一本無「昭」字。

〔三〕吳師道曰：此策未知何時。按策有云，幾瑟，公叔之讎；而昭獻，公叔之人也。又甘茂與昭獻遇於境，在先園雍氏時。其相韓，見周策，必在宣惠之後。

十

秦攻陘〔一〕，韓使人馳南陽之地〔二〕。秦已馳〔三〕，又攻陘，韓因割南陽之地。秦受地，又攻陘。陳軫謂秦王曰〔四〕：『國形不便故馳，交不親故割。今割矣而交不親，馳矣而兵不止，臣恐山東之無以馳割事王者矣〔五〕。且王求百金於三川而不可得，求千金於韓，一旦而具。今王攻韓，是絕上交而固私府也〔六〕，竊爲王弗取也〔七〕。』

〔一〕鮑彪曰：此時史不書。後至桓惠九年，秦拔我陘。然陳軫、張儀同時，儀死至桓惠九年，四十六年矣，軫必不存。故因舊。祖耿案：顧觀光附此於顯王四十一年。曰：時陳軫尚在秦，故附此。

〔二〕姚注：曾無「韓」字。鮑彪曰：馳，反走示服也。王念孫曰：鮑說甚謬。馳，讀爲移。移，易也。謂以南陽之地易秦地也。下文曰：「國形不便，故馳。」謂兩國之地形不便，故交相易也。竹書紀年：「梁惠成王十一年，及鄭馳地，我取枳道，與鄭鹿。」馳地，謂易地也。馳字或作施，而皆讀爲移。

〔三〕鮑彪曰：馳，進也。韓避之而秦進也。

〔四〕鮑彪曰：秦王，惠王。

〔五〕黄丕烈曰：今本「馳割」誤「割地」。

〔六〕鮑彪曰：言利移於下。　吳師道曰：即所謂「無以馳割事王者矣」。　金正煒曰：按國語晉語「不識窮固」韋注：固，廢。文選求通親親表「禁固明時」注：固與錮通。私府，猶云外府。即上所謂「求千金於韓，一旦而具」也。漢書外戚傳：「若不私府小取，將安所仰乎？」百官公卿表：「詹事屬有中長秋私府令長丞。」此但謂私擅其利耳。非漢制之所云也。鮑注以爲利移於下，非是。

〔七〕黄丕烈曰：弗，鮑本作不。

十一

五國約而攻秦〔一〕，楚王爲從長〔二〕，不能傷秦，兵罷而留於成皋。魏順謂市丘君曰〔三〕：『五國罷，必攻市丘以償兵費〔四〕。君資臣〔五〕，臣請爲君止天下之攻市丘。』市丘君曰：『善。』因遣之。魏順南見楚王，曰：『王約五國而西伐秦，不能傷秦，天下且以是輕王而重秦。故王胡不卜交乎〔六〕？』楚王曰：『奈何？』魏順曰：『天下罷，必攻市丘以償兵費。王令之勿攻市丘，五國重王〔七〕，且聽王之言而不攻市丘；不重王，且反王之言而攻市丘。然則王之輕重必明矣。』故楚王卜交而市丘存〔八〕。

〔一〕鮑彪曰：趙惠文十三年，此（韓釐）十年。　吳師道曰：説誤，見下。　祖耿案：顧觀光隸此於慎靚王三年。

〔二〕鮑彪曰：楚王，頃襄。　吳師道曰：此懷王爲從長，合齊、趙、韓、魏、燕及匈奴伐秦時，事在懷王十一年，韓宣惠王十五年。説見趙策（祖耿案，謂鮑本趙策齊欲攻宋章注）。　又曰：此策文見孔叢子，以爲子順之言，其注謂魏公子無忌率五國兵敗蒙恬，爲尤誤。　祖耿案：此章見孔叢子論勢者，凡一百九十七字　較策一百六十八字者多二十九字。全文云：『五國約而誅秦，子順會之，秦未入境而還。諸侯留兵於成皋。子順謂市丘子曰：「此師楚爲之主。今兵罷而不散，殆有異意，君其備諸。」市丘子曰：「先生幸而教之，願以國寄先生。」子順許諾。遂見楚王曰：「王約五國而西伐秦，事既而不集，又久師於市丘。謗君者或以君欲攻市丘以償兵費。天下之士且以此輕君而重秦，且又不義君之爲矣。王何不卜交乎？」楚王曰：「奈何？」子順曰：「王今出令，使五國勿攻市丘。五國重王，則聽王之令矣；不重王，且反王之令而攻市丘。以此卜五國交，王之輕重必明矣。」楚王敬諾，而五國散。』

〔三〕鮑彪曰：太公世家：君，其長也。　黃丕烈曰：鮑改「市」爲「沛」。下同。　吳氏正曰：孔叢子作「市」，大事記作「沛」。丕烈案：此策文，吳氏以爲見孔叢子，其實孔叢依此以作僞耳。　祖耿案：魏順之名不見他書，孔叢子謂爲子順之言。子順乃孔子八世孫，孔鮒之父。漢書孔光傳云，孔子生伯魚鯉，鯉生子思伋，伋生子上帛，帛生子家求，求生子眞箕，箕生子高穿，穿生順，順爲魏相。順生鮒，鮒爲陳涉博士，死陳下。據此，孔順曾爲魏相。此所云魏順者，即魏相孔順之謂乎。相傳孔叢子一書出於孔鮒，故以策文魏順謂市丘君曰，改爲子順謂市丘子曰也。又案呂覽應言，白圭謂魏王曰：「市丘之鼎以烹雞，多洎之則淡而不可食，少洎之則焦而不熟。」高注，市丘，魏邑也。

〔四〕鮑彪曰：注，沛丘爲「貝」，曰貝丘，屬清河。吳師道曰：成皋與清河絶遠，恐非。張琦曰：沛，原作市。漢志：河南有故市縣，在今鄭州北三十里，或其地也。程恩澤曰：案沛邱有數説。水經注：渭水又東，逕秦步高宮，世名市邱。與上攻秦合，然於「罷」字難通。呂覽應言篇「市邱之鼎」高注：市邱，魏邑。梁履繩曰：市，疑作市，讀若貝（與市字異）。沛邱，齊地，見齊世家。左傳作貝邱（傳亦作沛。昭二十年，齊侯田於沛。注云，即貝邱）。沛、貝同音，省文作市。今在博興縣南。按楚世家，是時五國共伐秦，齊獨後，故將伐之。説似可信。然此地距成皋甚遠，且諸侯即伐齊，不過侵其邊境，不應深入國中，則其説仍未合。孔叢子論勢篇：「五國西誅秦，留兵於成皋，子順謂市邱子曰：「此師楚爲之主，今兵罷而不散，殆有異意。」市邱子曰：「先生幸而教之，願以國寄先生。」子順遂見楚王」云云，則又小國矣。未知孰是，姑列於此。顧觀光曰：吳云「留成皋而將攻市丘，市丘必韓地。不然，則策當在楚，不在韓。」按漢志，故市屬河南。在今開封府鄭州西北，疑即此也。呂氏應言篇「市邱之鼎」云云。高注：市邱，魏邑。失之。

〔五〕黄丕烈曰：君，鮑本作若。鮑改若爲君。

〔六〕祖耿案：胡，鮑本作何。

〔七〕鮑彪曰：五，當作四。吳師道曰：是役本六國。言「五國重王」，則楚在外。史年表等書五國，故因此稱五國。此明是楚約從時事，大事記改「五」作「四」，遂以此策附註李兑約五國伐秦之年，亦誤。其曰：合五國之衆，一籌不晝，逡巡而却，乃欲攻一小邑以償耆。楚王爲從長，不知諸侯與己之深淺，始欲卜交，宜乎秦以折箠笞之。此言移以論懷王，尤爲切中者也。

〔八〕吳師道曰：留成皋而將攻市丘，市丘必韓地。不然，則策當在楚，不在韓。

十二

鄭彊載八百金入秦〔一〕，請以伐韓〔二〕。冷向謂鄭彊曰〔三〕：「公以八百金請伐人之與國〔四〕，秦必不聽公。公不如令秦王疑公叔〔五〕。」鄭彊曰：「何如？」曰：「公叔之攻楚也，以幾瑟之存焉〔六〕，故言先楚也〔七〕。今已令楚王奉幾瑟以車百乘居陽翟〔八〕，令昭獻轉而與之處旬有餘，彼已覺〔九〕。而幾瑟，公叔之讎也；而昭獻，公叔之人也。秦王聞之，必疑公叔爲楚也〔一〇〕。」

〔一〕黄丕烈曰：今本彊誤疆。下同。鮑本作彊。吳補：一本并作彊。丕烈案：當是鮑作疆，故吳校如此。祖耿案：顧觀光隸此於赧王十五年。

〔二〕鮑彪曰：彊以韓滅故。吳師道曰：無據。黄丕烈曰：鮑本作「以金八百入秦，以伐韓。」吳補：一本「載八百金入秦，請以伐韓。」金正煒曰：按鄭爲韓併，故其遺民仇韓。不得譏鮑說爲無據。後章彊嬌以新城、陽人與幾瑟，以與公叔爭國，猶此志也。

〔三〕吳師道曰：冷向，即泠向。秦策高以爲秦臣，詳此章爲信。黄丕烈曰：今本泠作冷，鮑本作冷。吳氏補曰：冷向，即泠向。

〔四〕鮑彪曰：韓，秦之與。

〔五〕鮑彪曰：秦王，昭王。

〔六〕鮑彪曰：幾瑟，太子嬰弟，時質楚，公叔所不善。　吴師道曰：幾瑟，史作「蟣蝨」，後并同。

〔七〕吴師道曰：以攻楚。　黄丕烈曰：今本「先」作「伐」，乃誤涉鮑也。鮑改先爲伐。　金正煒曰：鮑改先爲攻。按史記韓世家，太子咎、太子蟣蝨爭爲太子時，韓無攻楚事。論衡順鼓篇：攻者，責也。責，讓之也。此蓋其義。謂其持論常抨擊楚也。言先楚者，亦謂公叔不慊於楚，故常先以楚爲言。鮑改未安。或先爲无字之譌。魏策：「子言無秦而養秦太后以地，是欺我也。」無楚即與無秦義同。

〔八〕鮑彪曰：楚王，懷王。

〔九〕鮑彪曰：獻本不善幾瑟，令之同心相善。角，言二人均禮。　吴師道曰：姚本「角」作覺，是。　黄丕烈曰：覺，鮑本作角。　金正煒曰：按管子法法篇「引而使之民不敢轉其力」注，轉，猶避也。謂之轉者，不明自韓至陽翟。此云轉，下云覺，義正相應。鮑注「獻本不善」云云，恐非本義。彼謂幾瑟也。公叔資昭獻之力，令楚居幾瑟於陽翟，又令昭獻與之處以察之，及旬有餘日，幾瑟已覺昭獻之爲公叔來也。作角者，音近而誤。又按，上句「今已令楚王奉幾瑟以車百乘居陽翟」，令字或涉上下文而衍。已與以通。漢書劉向傳注，以，由也。昭獻以楚人仕韓，今楚王使與幾瑟居陽翟，故曰轉也。如是，則彼當謂公叔。

〔一〇〕鮑彪曰：幾瑟，韓愛子，而在楚，秦固疑其合楚。公叔與幾瑟讎，故秦不疑。　今叔所善與之處而禮均，然則秦安得不疑其爲楚？楚，秦所惡也，其伐韓不待請矣。

十三

鄭彊之走張儀於秦〔一〕，曰：『儀之使者，必之楚矣。』故謂大宰曰〔二〕：『公留儀之使者〔三〕，彊請西圖儀於秦。』故因而請秦王曰〔四〕：『張儀使人致上庸之地〔五〕，故使使臣再拜謁秦王〔六〕。』秦王怒，張儀走〔七〕。

〔一〕鮑彪曰：鄭彊，鄭公族。韓滅鄭，故爲韓人。走者，譖之於秦，使逐之。　吳師道曰：此人嘗請秦伐韓，魏策亦有其人，蓋游説秦、楚之間者。此豈以爲韓而走儀，故次之韓歟。　祖耿案：顧觀光隸此於赧王五年。

〔二〕鮑彪曰：太宰，楚官。彊謂之。　黄丕烈曰：今本「謂」誤「爲」。

〔三〕鮑彪曰：留之者，欲詐爲儀使之致地。

〔四〕姚注：而，一本作西。　鮑彪曰：秦王，武王。　黄丕烈曰：而，鮑本作西。吳補：姚本作而。

〔五〕鮑彪曰：秦惠十三年取上庸。今言儀致之楚，欲以怒秦。

〔六〕鮑彪曰：彊僞爲楚使白此於秦。衍秦王二字。　黄丕烈曰：鮑衍秦王字。丕烈案，此當是涉下而衍秦字耳。鮑説非也。

〔七〕鮑彪曰：武元年，此（韓襄）二年。　吳曾祺曰：案秦王以儀之使者在楚，疑其致地爲欺，故怒。

十四

宜陽之役〔一〕，楊達謂公孫顯曰〔二〕：「請爲公以五萬攻西周，得之，是以九鼎印甘茂也〔三〕。不然，秦攻西周，天下惡之，其救韓必疾，則茂事敗矣〔四〕。」

〔一〕鮑彪於韓策注曰：秦三年，此（韓襄）四年。　祖耿案：此章原在韓策。鮑本兩見：一在秦策武王項下，一在韓策襄王項下。今彙錄鮑、吳注於下。顧觀光隸此於赧王八年。

〔二〕鮑彪於秦策注曰：楊達，秦人。　吳師道曰：無據。　鮑彪又於韓策注曰：楊侹，秦人。　吳師道曰：「侹」即達字訛。姚本正作達。餘説并見秦策（祖耿案：謂鮑本秦策宜陽之役楊達謂公孫顯章注）。　黄丕烈曰：此章鮑本兩載，一作達、一作侹。　程恩澤曰：案元和姓纂，周武王第三子唐叔虞之後，至晉出公遜於齊，生伯僑，歸周。天子封爲楊侯。子孫以國爲氏。一云周宣王曾孫封楊，爲晉所滅，其後爲氏焉。姓氏急就篇，羊舌肸食采於楊，亦曰楊肸。達其後也。其地在今洪洞縣東南十五里。

〔三〕姚注：印，錢、劉作卬。　鮑彪於秦策注曰：顯與茂爭國者，見惠王策。抑，按也。　吳師道曰：按惠王策李讎云云，顯乃張儀讎，無與茂爭國事。又曰：大事記引作「市」者是。　鮑彪又於韓策注曰：茂與顯爭國，顯得九鼎，其功大，秦必棄茂用顯。　黄丕烈曰：印，鮑本兩載：一作卬，鮑改卬爲抑；一作市。

〔四〕鮑彪於秦策注曰：言功而不勝，亦足以敗茂。原在韓策。　吳師道曰：鮑既改從秦策，今韓策仍出此章。楊達作楊侹，卬作市。注亦異。大事記所取鮑氏云「顯得」止「用顯」，亦今韓策注文。高注此章無作「侹」字者，豈別本有之而鮑又重見於此乎？　宜陽之役，策公孫衍，史并作公孫奭，又有公孫顯、公孫郝、公孫赫。其云挾韓而議云善韓，皆仕秦而黨韓者。大事記謂郝、顯、奭在秦爲一人。愚謂赫即郝也，然其事亦多與衍類，又恐衍即顯之訛也。今且當各從本文。吴師道於韓策注曰：宜依此舊次，刊去秦策所增。朱起鳳曰：史記甘茂傳公孫奭，戰國策作公孫郝。郝、奭二字同音。

十五

秦圍宜陽〔一〕，游騰謂公仲曰：「公何不與趙藺、離石、祁以質許地〔二〕，則樓緩必敗矣〔三〕。收韓、趙之兵以臨魏〔四〕，樓鼻必敗矣〔五〕。韓爲一，魏必倍秦，甘茂必敗矣〔六〕。以成陽資翟强於齊，楚必敗之〔七〕。須，秦必敗〔八〕。秦失魏，宜陽必不拔矣〔九〕。」

〔一〕鮑彪曰：秦三年，此（韓襄）四年。祖耿案：顧觀光隸此於赧王八年。

〔二〕鮑彪曰：藺、離石、祁，趙地，韓嘗取之。今使歸之。許，韓地，趙嘗取之。質，易地也。吴師道曰：藺、離石、祁見周、趙策。宜陽之役，去秦前取藺六年，藺、離石、祁不聞屬韓，許亦與趙遠，恐「與趙」下有缺文。「以質許地」者，以質（音贄）子而許之地也。黄丕烈曰：今本「藺」誤「蘭」。程恩澤曰：案燕策云「秦欲攻韓」，下云「已得宜陽、少曲，致藺、離石」，則藺、離石屬韓，策有明文，不可云未聞。是時趙地南至河外，距許亦不甚相遠，或嘗取之，亦未可定。故仍主鮑説而列其地於此。又案白起列傳，昭王四十六年，秦攻韓緱氏、藺。則藺嘗屬韓，史有明據。正義謂是綸氏之訛，殊屬臆測（徐廣曰：屬潁川。索隱曰：今其地闕。西河别有藺縣，亦無明據）。攻地争城，原不必定在一處，又安知緱氏二字不有誤耶？况燕策又別有證耶(見下)。又案，許自春秋初年，其地即入鄭，後終爲鄭滅。戰國時韓又滅鄭，故許爲韓地。當時魏亦有許，蓋與韓分據其地。若趙則偶然侵得之者耳。

〔三〕鮑彪曰：緩，害韓者。趙、韓合，故緩敗。

〔四〕黄丕烈曰：兵，鮑本作地。吳補：一本作兵。　金正煒曰：作地非，說見下。

〔五〕鮑彪曰：⿸广鼻，亦以魏害韓者。　黄丕烈曰：鮑改鼻爲⿸广鼻。吳氏補曰，說見魏策。　金正煒曰，按此策爲韓合趙劫魏，以孤秦也。藺、離石、祁遠於趙而近於秦，亦必與韓壤接。燕策「已得宜陽、少曲，致藺、石」，則地嘗入於韓。鮑注不爲無據。吳云「以質許地」者，以質子而許之地也。廣雅釋言：許，與也。韓要趙以質而歸其地，則二國之交可合。然後收韓、趙之兵以臨魏，魏不得不聽。緩之在趙，鼻之在魏，皆欲以其國合於秦者也。今趙、魏皆合於韓，故曰二子必敗也。

〔六〕姚注：一本作「韓、趙爲一」。　鮑彪曰：倍，音背。茂攻宜陽，韓得趙、魏，則不易拔，故茂敗。　吳師道曰：一本「茂」作「戊」，後章多同，不復出。　黄丕烈曰：鮑，韓下補趙字。　金正煒曰：韓爲一，姚云一本作「韓、趙爲一」。此當據補。二國合兵以臨魏，魏必倍秦，則甘茂約魏攻韓之策亦敗矣。

〔七〕鮑彪曰：齊、楚敵也。齊得地則益强，可以敗楚。時楚助秦，故必敗。　吳師道曰：樓緩欲以趙合秦，嘗勸趙割地事秦，見趙策。樓鼻爲魏合秦、楚外齊，翟强爲魏合齊、秦外楚，見魏策。皆有事於秦者，故策云然。　黄丕烈曰：鮑改「之」作「矣」。　金正煒曰：翟强爲魏合秦、齊以外楚，數見於策。資强於齊，楚將不利，故必敗之。又所以疑魏於楚也。鮑改「之」爲「矣」，非。　程恩澤曰：案，成陽有三(并見楚策)，地皆近楚而亦去齊不甚遠，蓋在淮北、宋地之間。以此資齊，則足以强齊而害楚。故云然(以此推之，當是固始、息縣之成陽，若信陽則遠矣)。　顧觀光曰：韓策，游騰謂公仲曰：「以成陽資翟强於齊，楚必敗之。」

漢志屬汝南。在今信陽州東北，淮水之北（此楚、韓接壤處）。趙策，蘇代謂奉陽君曰：『天下事秦，秦王內成陽君於韓。』魏策，成陽君欲以韓、魏聽秦。蓋韓臣之食邑於成陽者也。史記秦本紀：頃襄王十七年，城陽君入朝。古字成、城通。

〔八〕鮑彪曰：須，言少待。以趙、魏救至，而楚不助，故敗。　金正煒曰：須字句絕。易歸妹「歸妹以須」虞注：須，需也。荀子禮論篇：「皆使其須足以容事。」注：須，待也。此言少須，秦即自敗。

〔九〕鮑彪曰：秦，魏鄰也。失魏之害重於趙，故獨言魏。　金正煒曰：蓋秦攻宜陽，必先得魏。是策行則秦失魏而宜陽可全矣。

十六

公仲以宜陽之故仇甘茂〔一〕，其後秦歸武遂於韓〔二〕，已而秦王固疑甘茂之以武遂解於公仲也〔三〕。杜赫爲公仲謂秦王曰〔四〕，『明也願因茂以事王〔五〕。』秦王大怒於甘茂，故樗里疾大說杜聊〔六〕。

〔一〕朱起鳳曰：公仲疑是複姓，故人表屢見。　祖耿案：此篇原與上秦圍宜陽連篇。鮑本另列一篇。顧觀光隸此於赧王九年。

〔二〕鮑彪曰：此（韓襄）六年。　吳師道曰：史甘茂傳，蘇代謂向壽曰，韓氏委國於甘茂，茂許公仲以武遂，反宜陽之民。既而甘茂竟言秦王以武遂復歸之韓，向壽、公孫奭爭之不得，由此怨讒茂。　此九年，秦復取武遂。祖耿案：武遂説見韓二。

〔三〕鮑彪曰：秦王，昭王。

〔四〕鮑彪曰：杜聊，韓人。吳師道曰：姚本上『聊』字作『赫』，疑聊字誤。黄丕烈曰：赫，鮑本作聊。

〔五〕鮑彪曰：若公仲與茂善，以實秦王之疑。黄丕烈曰：鮑改明爲朋。吳氏補曰，當作朋。

〔六〕黄丕烈曰：吳氏補曰，疑聊字誤。祖耿案：此吳氏摘鮑本『杜聊爲公仲』句聊字之誤也。黄氏誤引。

十七

秦、韓戰於濁澤〔一〕，韓氏急。公仲明謂韓王曰〔二〕：『與國不可恃〔三〕。今秦之心欲伐楚，王不如因張儀爲和於秦，賂之以一名都，與之伐楚。此以一易二之計也〔四〕。』韓王曰：『善。』乃儆公仲之行〔五〕，將西講於秦。楚王聞之〔六〕，大恐，召陳軫而告之。陳軫曰：『秦之欲伐我久矣，今又得韓之名都一而具甲〔七〕，秦、韓并兵南鄉，此秦所以廟祠而求也〔八〕！今已得之矣，楚國必伐矣〔九〕。王聽臣，爲之儆四境之内，選師言救韓，令戰車滿道路，發信臣，多其車，重其幣〔一〇〕，使信王之救己也〔一一〕。縱韓爲不能聽我〔一二〕，韓必德王也〔一三〕，必不爲鴈行以來。是秦、韓不和，兵雖至，楚國不大病矣。爲能聽我，絶和於秦，秦必大怒，以厚怨於韓〔一四〕。

韓得楚救，必輕秦，輕秦，其應秦必不敬。是我困秦、韓之兵而免楚國之患也〔一五〕。』楚王大説，乃儆四境之内，選師言救韓，發信臣，多其車，重其幣〔一六〕。謂韓王曰：『弊邑雖小，已悉起之矣〔一七〕。願大國遂肆意於秦，弊邑將以楚殉韓〔一八〕！』韓王大説，乃止公仲。公仲曰：『不可！夫以實告我者秦也〔一九〕，以虚名救我者楚也〔二〇〕。恃楚之虚名，輕絶强秦之敵，必爲天下笑矣！且楚、韓非兄弟之國也，又非素約而謀伐秦矣〔二一〕。秦欲伐楚，楚因以起師言救韓〔二二〕，此必陳軫之謀也。且王以使人報於秦矣〔二三〕，今弗行，是欺秦也。夫輕强秦之禍，而信楚之謀臣，王必悔之矣〔二四〕！』韓王弗聽，遂絶和於秦。秦果大怒，興師與韓氏戰於岸門〔二五〕，楚救不至，韓氏大敗〔二六〕。韓氏之兵，非削弱也，民非蒙愚也，兵爲秦禽，智爲楚笑，過聽於陳軫，失計於韓明也〔二七〕。

〔一〕鮑彪曰：長社濁澤。　吳師道曰：大事記，韓與趙、魏伐秦，秦使庶長樗里疾與戰脩魚，虜韓將申差。解題云，濁澤即脩魚之戰。　張琦曰：史正義曰：『濁澤，蓋誤，當作觀澤。年表云，秦惠王更元八年，與韓戰，斬首八萬。韓宣惠王十六年，秦敗我脩魚，得將軍申差。魏哀王二年，齊敗我觀澤。趙武靈王九年，與韓、魏擊秦，齊敗我觀澤。齊湣王七年，敗魏觀澤。此云濁澤，定誤矣。』『觀澤在魏州頓邱東十八里。』按，濁澤，秦敗韓者也。觀澤，齊敗趙、魏者也。年表、齊、魏、趙世家甚明。不知正義何以誤合爲一。

又案：魏世家作觀津，蓋字誤。正義曰，在冀州棗强縣，與韓世家注相戾。濁澤，在今許州西。程恩澤曰：案濁澤有二，一在今解州西二十里。括地志：濁水源出蒲州解縣東北平地是也。此魏地。魏世家惠王元年，韓、趙（據田齊世家，則齊亦與焉）并兵以伐魏，戰於濁澤，即此（正義曰：此時魏都安邑，與濁水相近）。一在今長葛縣西南。郡國志：潁川郡長社縣有蜀城、蜀津，即濁澤是也。此韓地。韓世家宣惠王十六年，秦敗我脩魚，虜得韓將鯁、申差於濁澤（六國表同），即此。策云秦、韓戰於濁澤。又云與韓氏戰於岸門（史作宣惠王十九年），均與史合。當以長葛爲是。水經注謂濁澤即皇陂，水出胡城（潁陰之狐人亭）西北，亦主長社。惟云即齊敗魏處，似混。或本漢志，謂濁水出齊郡廣縣嬀山，恐非此地。正義謂當作觀澤，在魏州頓邱縣東十八里，反以徐廣長社之説爲非。尤誤。乾隆圖誌兼收二説，俱謂韓、趙伐魏處，亦殊未核（竹書：烈王七年，我師伐趙，圍蜀陽。徐文靖曰：蜀陽，即濁澤也。伐趙，當是伐韓之訛）。　顧觀光曰：史記宣惠王十六年，秦敗我脩魚，虜鯁、申差於濁澤。徐廣曰：長社有濁澤。水經濦水注云：皇陂水出皇臺七女岡北。皇陂，即古長社縣之濁澤也。北對雞鳴城，即長社縣之濁城也。按，韓、魏並有濁澤。魏在河北，韓在河南。蓋異地而同名。至齊敗魏觀澤，秦敗韓濁澤，雖同在一年，而事異地異，絶不相蒙。正義混而一之，而以濁澤爲誤字，不亦誣耶！史記趙世家成侯六年伐魏，敗涿澤。即魏世家惠王元年，韓、趙合軍并兵以伐魏，戰於濁澤者也。徐廣曰：長社有濁澤。正義曰：非也。括地志云：濁水源出蒲州解縣東北平地。爾時魏都安邑，韓、趙伐魏，豈河南至長社也。解縣，濁水近於魏都，當是也。田齊世家，湣王七年攻魏，敗之觀澤。趙世家武靈王九年，齊敗我觀澤。年表並作觀津，蓋傳寫誤也。正義引括地志云：觀澤故城，在魏州頓邱縣東十八里。　金正煒曰：按史記韓世家，宣惠王十六年，秦敗我脩魚，虜得韓將鯁、申差於濁澤。集解引徐廣曰：長社有濁澤。正義云，按，濁澤者蓋誤，當作觀澤。括地志云：觀澤在魏州頓丘縣東十八里。據趙世家武靈王九年，齊敗我觀澤。田世家湣王七年，與宋攻魏，敗之觀澤。則觀澤故屬趙、魏，不屬於韓。秦、韓之戰不當在彼。又，齊太公與魏文侯會濁澤，田世家及六國年表並同。是濁澤亦晉地。戰國時土地分合不常，三晉尤難辨析。後文與韓氏戰於岸門，括地志云：在許州長社縣西北，則徐說爲近是也。 朱起鳳曰：史記六國年表，魏哀王二年，秦敗我觀津。案竹書，周烈王七年，齊田壽帥師伐我。圍觀，觀降。周烈王七年，當趙武靈王九年、魏惠王元年。史表作哀王，殊誤。觀字古與館通，因訛爲濁，草書形相涉也。 祖耿案：此章見韓非子十過篇。首云：「奚謂內不量力？昔者秦之攻宜陽，韓氏急。」顧廣圻曰：策作秦、韓戰於濁澤。史記韓世家同在宣惠王十六年。 又案：史記韓世家宣惠王十六年，「秦敗我脩魚，虜得韓將鰒、申差於濁澤。韓氏急」一節凡四百七十五字，文與策差同，惟策四百七十四字，少一字耳。最近湖南長沙馬王堆漢軑侯利倉墓出土帛書，亦有此章。首云「秦韓戰於蜀潢，韓氏急」凡四百四十五字，文亦相近。今各記其異文於下。顧觀光隸此於慎靚王四年。大事記解題云：濁澤，即脩魚之戰。事在韓宣懷十六年，在岸門一役前四年。韓和戰之計不定，故兵連禍結。中間重有請救於齊之事也。

〔二〕吳師道曰：大事記，顯王三年，魏公子景賈伐韓，與韓將韓明戰於陽。此人在公仲前。 黃丕烈曰：鮑改明作朋。吳氏補曰：當作朋。丕烈案：史記無「明」字。索隱曰：「韓相國，名侈。」考韓子十過有此文，正作朋。吳說是矣。 朱起鳳曰：公仲名朋，史記作侈，國策作明，班表作用，並字形之誤。 祖耿案：韓非子作：「公仲朋謂韓君曰。」顧廣圻曰：朋，策誤作明，當依此訂。他書又作馮。

〔三〕鮑彪曰：與，謂山東。 祖耿案：韓非子，「恃」下有「也」字。

〔四〕祖耿案：韓非子「恃也」下作：「豈如因張儀爲和於秦哉？因賂以名都而南與伐楚，是患解於秦而害交於楚也。」注，秦害交於楚也。史記此節作：「公仲謂韓王曰：「與國非可恃也。今秦之欲伐楚久矣，王不如因張儀爲和於秦，賂以一名都，具甲，與之南伐楚，此以一爲二之計也。」」帛書作：「公中倗胃韓王曰：「治國非可持也。今秦之心欲伐楚，王不若因張義而和於秦，洛之以一名縣，與之南伐楚，此以一爲二之計也。」」

〔五〕鮑彪曰：儆，猶戒。　祖耿案：史記韓世家，儆，作警。索隱云：警，戰國策作「衛」。　又案：此句韓非子作：「公曰：「善。」乃警公仲之行，將西和秦。」注，警，飭戒也。王先慎曰：警，策作儆。字同。　又案：帛書此句作：「韓王曰：「善。」乃警公仲倗將使西講于秦。」講，史記作購。

〔六〕鮑彪曰：楚王，懷王。

〔七〕鮑彪曰：以一都之賦爲兵備。

〔八〕朱起鳳曰：史記韓世家：「此秦所禱祀而求也。」禱祀爲是。

〔九〕黄丕烈曰：鮑本無矣字。吳補：一本「伐矣」。丕烈案：史記有。　祖耿案：此節文字，韓非子作：「楚王聞之，懼，召陳軫而告之曰：「韓朋將西和秦，今將奈何？」陳軫曰：「秦得韓之都一，驅其練甲，秦、韓爲一以南鄉楚，此秦王之所廟祠而求也。其爲楚害必矣。」」史記作：「楚王聞之大恐，召陳軫告之。陳軫曰：「秦之欲伐楚久矣，今又得韓之名都一而具甲，秦、韓并兵而伐楚，此秦所禱祀而求也。今已得之矣，楚國必伐矣。」」帛書作：「楚王聞之大恐，召陳軫而告之。陳軫曰：「夫秦之欲伐王久矣，今或得韓一名縣，具甲，秦、韓并兵南鄉楚，此秦之所廟祀而求也。今已得之，楚國必伐。」」

〔一〇〕金正煒曰：按，漢書韓信傳：「不如深壁，令齊王使其信臣招所亡城。」注，信臣，常所親信之臣。又，古謂使者曰信，言操信符而爲使也。墨子號令篇：「大將使使人行守。」又云，「大將使信人將左右救之。」是信人，猶使人也。

〔一一〕黄丕烈曰：鮑本無「也縱」二字。吴補：一本「救己也縱韓」。丕烈案：今史記有「也縱」二字。以索隱考之，其本亦無「縱」字。

〔一二〕鮑彪曰：使其或不能從我以與秦戰。　王念孫曰：「縱韓爲不能聽我」，鮑本無縱字，是也。「韓爲不能聽我」，「爲能聽我」，兩爲字並與如字同義。言韓如不能聽我，則韓必德我而不爲戎首；如能聽我而絶秦，則韓必代楚受兵也。姚本作：「縱韓爲不能聽我」者，後人不解爲字之義，故據史記加縱字。不知爲與如同義。若加縱字，則與爲字義不相屬矣。史記韓世家作「縱韓不能聽我」，無爲字，則縱之義可通。然據索隱單行本，亦無縱字。

〔一三〕鮑彪曰：恩，救我。　吴師道曰：一本「韓必德王」。此以上，姚同，文勝。　黄丕烈曰：必，鮑本作「之」。吴補云云。丕烈案：史記作必。考索隱，其本是之字。

〔一四〕金正煒曰：厚，當爲屬字之譌也。

〔一五〕黄丕烈曰：困，鮑本作因。丕烈案：史記作因。

〔一六〕黄丕烈曰：鮑本作「多車幣」。吴補：一本復作「多其車，重其幣。」丕烈案：史記有「其」字及「重其」二字。

〔一七〕祖耿案：弊，鮑本作敝。下同。

〔一八〕鮑彪曰：殉，言以死從之。　祖耿案：自「王聽臣」至此一百六十八字，韓非子作：「王其趣發信臣。多其車，重其幣，以奉韓曰：「不穀之國雖小，卒已悉起，願大國之信意於秦也。因願大國令使者入境視楚之起卒也。」韓使人之楚，楚王因發車騎陳之下路，謂韓使者曰：「報韓君言弊邑之兵今將入境矣。」使者還報韓君。」僅八十九字。史記則作：「王聽臣爲之警四境之内，起師言救韓，命戰車滿道路，發信臣，多其車，重其幣，使信王之救己也。縱韓不能聽我，韓必德王也，必不爲鴈行以來，是秦、韓不和也，兵雖至，楚不大病也。爲能聽我絶和於秦，秦必大怒，以厚怨韓。韓之南交楚，必輕秦；輕秦，其應秦必不敬。是因秦、韓之兵而免楚國之患也。」楚王曰：「善。」乃警四境之内，興師言救韓。命戰車滿道路，發信臣，多其車，重其幣。謂韓王曰：「不穀國雖小，已悉發之矣。願大國遂肆志於秦，不穀將以楚殉韓。」凡一百七十三字。較策文此節爲多，更無論韓非子矣。而帛書此節作：「王聽臣之爲之，警四竟之内，興師救韓，名戰車盈夏路，發信□，□亓車，重亓敝。史信王之救己也。韓爲不能聽我，韓之德王也，必不爲逆以來，是□、韓不和也，□□至，楚國不大病矣。爲能聽我，絶和於秦，□必大怒，以厚怨韓。韓南□□必輕秦，輕秦，亓應必不敬矣。是我困秦、韓之兵，免楚國之患也。楚之若，乃警四竟之内，興師言救韓。發信臣，多車厚亓敝，使之韓，胃韓王曰：「不穀唯小，已悉起之矣。願大國肆意于秦，不穀將以楚□韓。」」共一百六十六字，與史、策大同。韓非簡賅，史、策繁縟，帛書介於其間。由此可知韓非之作在前，帛書襲而演之，史、策則並與帛書同源也。

〔一九〕姚注：告，一作困。　金正煒曰：告字疑當爲苦，形似而譌。呂覽權勳篇：「觸子苦之。」注，苦，病也。漢書馮奉世傳：「或貪汙爲外國所苦。」注，苦，謂困辱之。苦與困義近，故一本作困。

〔二〇〕金正煒曰：按韓非十過篇：「夫以實告我者秦也，以名救我者楚也。」此策虚字涉下而衍。蓋以名、實對舉，非以虚實爲文也。

〔二一〕姚注：矣，劉作也。　黄丕烈曰：吳補：一本矣作也。姚注：劉作也。丕烈案：史記作也。　金正煒曰：按國語吳語：「夫謀必素見成事焉。」注：素，猶「豫」也。禮記喪大記注：素在君所食都邑之臣。疏，素，先也。矣，猶也。見釋詞。

〔二二〕黄丕烈曰：因，鮑本無。丕烈案：史記作：『已有伐形，因發兵。』此當有誤。

〔二三〕黄丕烈曰：以，鮑本作已。丕烈案：史記作已。

〔二四〕祖耿案：自『韓王大說』至此『王必悔之矣』，凡一百十六字。韓非子作：『韓君大悅，止公仲。公仲曰：「不可。夫以實告我者秦也，以名救我者楚也，聽楚之虛言而輕誣强秦之實禍，則危國之本也。」』僅四十六字。而史記作：『韓王聞之大說，乃止公仲之行。公仲曰：「不可。夫以實伐我者秦也，以虛名救我者楚也。王恃楚之虛名，而輕絶强秦之敵，王必爲天下大笑。且楚韓非兄弟之國也，又非素約而謀伐秦也。已有伐形，因發兵言救韓，此必陳軫之謀也。且王已使人報於秦矣，今不行，是欺秦也。夫輕欺强秦而信楚之謀臣，恐王必悔之。」』共一百十九字，與策大同，而較多數字。帛書則作：『□□說，止公中之行。公中曰：「不可。夫以實苦我者秦也，以虛名救□者楚也。□楚之虛名，輕絶强秦之适，天下必芯王。且楚、韓非兄弟之國也，有非素謀伐秦也。已伐刑，因興師言救韓，此必陳軫之謀也。夫輕絶强秦，而强□楚之謀臣，王必悔之。」』共九十三字。由四十六而九十三，而一百十六，先後承襲、增添之迹顯然。王引之謂，公仲言韓王聽虛言而輕實禍，『輕』下不得有『誣』字。誣即輕之譌。韓策及史記韓世家俱無誣字，是其證也。顧廣圻曰：『以實告我』，告，當作苦，形近之誤。史記作伐。

〔二五〕鮑彪曰：後志，潁陰有岸亭。事在(韓宣惠)十九年，此要終言之也。吴師道曰：徐廣云，岸門，即岸亭。正義引括地志云，在許州長社縣西北。又韓世家，太子倉入質於秦，以和魏。年表又書秦走犀首岸門。蓋救韓而敗也。張琦曰：魏世家注，索隱引劉氏曰：皮氏有岸頭亭。今蒲州府河津縣南岸頭亭，古岸門也。許州東北二十八里西武亭亦名岸亭，未審應主誰所矣。程恩澤曰：案郡國志，潁川郡潁陰縣有岸亭。水經注，湨水又東，逕西武亭間，兩城相對，疑是古之岸門。史遷所謂走犀首於岸門者也。正義：岸門在許州長社縣西北二十八里（一作十八里），今名西武亭。索隱劉氏謂，河東皮氏縣有岸頭亭（史記衛將軍列傳：青校尉張次公有功，封爲岸頭侯，即此）。恐未是。秦本紀作雁門。錢大昕曰：岸、雁聲相近，故岸門亦作雁門，非代之雁門也。今許州東北二十八里有岸亭，亦曰岸門。　顧觀光曰：史記宣惠王十九年，秦大破我岸門。徐廣云，潁陰有岸亭。正義引括地志云：岸門在許州長社縣西北十八里，今名西武亭矣。秦本紀，孝公二十四年，與晉戰雁門。索隱引紀年云，與魏戰岸門，此云雁門，恐聲誤也。尋秦與韓、魏戰，不當遠至雁門也。按岸、雁聲相近，故古人通用，不必定爲誤字。呂氏觀表篇：吳起至於岸門，望西河泣數行而下。蓋自魏適楚而經韓地也。　顧廣圻曰：策作：「秦果大怒，興師與韓氏戰於岸門」，在十九年，其拔宜陽在襄王之五年，後此凡七年也，不同。

〔二六〕祖耿案：自「韓王弗聽」至此「韓氏大敗」，凡三十字。韓非子作：「韓君弗聽，公仲怒而歸，十日不朝。宜陽益急，韓君令使者趣卒於楚，冠蓋相望而卒無至者，宜陽果拔，爲諸侯笑。」凡四十三字。史記作：「韓王不聽，遂絶於秦。秦因大怒，益甲伐韓，大戰，楚救不至韓。十九年，大戰我岸門。太子倉質於秦以和。」凡三十九字。帛書作：「韓王弗聽，遂絶和於秦。秦因大怒，興師與韓是（氏）戰於岸門。楚救不至，韓是（氏）大敗。」凡三十字，與策文此章全同。

〔二七〕鮑彪曰：記十六年有。彪謂：二子皆億中之材也。宣惠訹於其言，惑於重幣，雖有公仲之謀，固難以入。至於非兄弟、非素約而以虚名救我，此言豈不明著矣乎！如之何弗聽也。　吳師道曰：鮑嘗謂陳軫少捭闔風氣，故此以億中稱之，此策非捭闔而何？　吳曾祺曰：案，韓明即公仲，字宜作朋。　祖耿案：此三十二字，乃傳此策者所作之論斷。帛書作：「故韓氏之兵非弱也，亓民非愚蒙也，兵爲秦禽，知爲楚笑者，過聽於陳軫，失計韓倗。故曰：計聽知順逆，唯王可。」凡四十二字，與此策同而多數字。此皆游士之言。游士之旨在於聳動人君，求其毋失計，毋過聽，暗示人君務必采納己言，故所論若此。司馬遷著書重視史實，無所用其論斷，故無此語。韓非十過，重點在於警惕韓君，故以「宜陽果拔爲諸侯笑」作戒，與策文僅言『戰於岸門，韓氏大敗』者不同。而其末尾論斷則曰：『故曰，內不量力，外恃諸侯者，則國削之患也。』韓非考慮深長，策士專顧一己，雙方立論自然不同。吾人於此可以窺其用心。至於故事傳說之孰先孰後，觀文辭之詳略繁簡，則韓在帛書之前，策文、史記更在其後，灼然可以推見。

十八

顏率見公仲〔一〕，公仲不見。顏率謂公仲之謁者曰：『公仲必以率爲陽也〔二〕，故不見率也。公仲好內，率曰「好士〔三〕」；仲嗇於財，率曰「散施〔四〕」；公仲無行，率曰「好義〔五〕」；自今以來，率且正言之而已矣〔六〕。』公仲之謁者以告公仲，公仲遽起而見之〔七〕。

〔一〕祖耿案：顧觀光附此於顯王四十七年，曰：「當時叔之事不著，意其止於用仲，故附此。」

〔二〕姚注：陽，劉作傷。鮑彪曰：陽、佯同，不實也。吳師道曰：一本陽作傷。姚注，劉作傷。金正煒曰：按陽當爲易字之譌也。禮記樂記：「易慢之心入之矣。」注：易，輕易也。晏子外篇：「出言不諱於君前，謂之易。」莊子應帝王篇：「是子聖人也，胥易。」崔注：「易，相輕易也。」陽字古作昜，與易相似，因以致誤。姚云：劉作傷，亦非。易，亦作傷。故誤爲傷。說文：傷，輕也。廣雅釋詁同。一切經音義引蒼頡：傷，慢也。祖耿案：陽，詐也。見一切經音義十五引周書。陽，不真也。見一切經音義十一引漢書注。

〔三〕鮑彪曰：齊世家注：内，婦官也。

〔四〕黄丕烈曰：「仲」上，鮑本有公字。

〔五〕鮑彪曰：所謂不實。

〔六〕金正煒曰：按易小畜，「富以其鄰」，虞注：以，及也。荀子解蔽篇「不閔來」楊注：來，將來也。此謂自今以及將來。又，王念孫云：來，猶往也。晉語：「自今以往知忠以事君者，與詹同。」呂覽上德篇作「自今以來」。呂覽察微篇：「自今以往，魯人不贖人矣。」淮南道應篇作：「自今以來。」朱起鳳曰：來與往義相反而理實相通。

〔七〕鮑彪曰：彪謂顔率此言，可行公仲而已。誠有是人，雖陽言何益於德？苟無是也，正言之，吾何懼。以是知公仲非躬行者也。

十九

韓公仲謂向壽曰〔一〕：「禽困覆車〔二〕。公破韓辱公仲，公仲收國復事秦〔三〕，自以爲必可以封〔四〕。今公與楚解中〔五〕，封小令尹以桂陽〔六〕，秦、楚合，復攻韓，韓必亡。公仲躬率其私徒以鬭於秦〔七〕，願公之熟計之也。」向壽曰：「吾合秦、楚〔八〕，非以當韓也。子爲我謁之公仲曰：『秦、韓之交可合也〔九〕。』」對曰：「願有復於公〔一〇〕。諺曰：「貴其所以貴者貴〔一一〕。」今王之愛習公也，不如公孫郝〔一二〕；其知能公也，不如甘茂〔一三〕。今二人者皆不得親於事矣，而公獨與王主斷於國者，彼有以失之也〔一四〕。公孫郝黨於韓而甘戊黨於魏〔一五〕，故王不信也。今秦、楚爭强，而公黨於楚，是與公孫郝、甘茂同道也〔一六〕。公何以異之〔一七〕？人皆言楚之多變也，而公必之，是自爲貴也〔一八〕。公不如與王謀，其變也善韓以備之，若此則無禍矣〔一九〕！韓氏先以國從公孫郝，而後委國於甘茂，是韓，公之讎也〔二〇〕。今公言善韓以備楚〔二一〕，是外舉不辟讎也〔二二〕。』向壽曰：『吾甚欲韓合。』對曰：『甘茂許公仲以武遂，反宜陽之民〔二三〕，今公徒令收之，甚難〔二四〕。』向子曰：『然則奈何？武遂終不可得已〔二五〕。』對曰：『公何不以秦爲韓求潁川於楚，此乃韓之寄地也〔二六〕。公求而得之，是令行於楚而以其地德韓也。公求而弗得，是韓、楚之怨不解而交走秦也〔二七〕。秦、楚爭强，而公過楚以攻韓〔二八〕，此利於秦〔二九〕。』向子曰：『奈何？』對曰：『此善事也。甘茂欲以魏取齊，公孫郝欲以韓取齊，今公取宜陽以爲功〔三〇〕，收楚、韓以安之〔三一〕，而誅齊、魏之罪〔三二〕，是以公孫郝、甘茂之無事也〔三三〕。』

〔一〕吳師道曰：一本章首「韓公仲」。據史，韓公仲使蘇代謂向壽。此章首及「仲」字下或有缺文。當云

「蘇代爲」，或云「使蘇代」。黄丕烈曰：韓，鮑本作「爲」。吳氏補曰云云。丕烈案：吳說未是，此不誤。實使蘇代，而策文但云「韓公仲謂」者，省也。　祖耿案：鮑本聯秦圍宜陽游騰謂公仲章下不別提行。史記甘茂傳有此文，首云：「向壽爲秦守宜陽，將以伐韓，韓公仲使蘇代謂向壽曰：『禽困覆車』」云云。文與此章相同。顧觀光隸此於赧王八年。

〔二〕鮑彪曰：禽，所獲獸也。能覆獵者之車，不可忽。　吳師道曰：逐獸困急，猶能奔觸傾覆人車。

〔三〕金正煒曰：按廣雅釋言，收，振也。左氏成二年傳，「請收合餘燼」，此即其義。

〔四〕吳師道曰：史註，公仲自以爲必可得秦封。　祖耿案：此本正義張守節說。

〔五〕鮑彪曰：解，言復好。　吳師道曰：史，「與楚解口地。」索隱云：秦地名，近韓。今按策文「中」字，恐是「口」字訛。　程恩澤曰：案郡國志：洛陽縣南有大解城，西南有小解城。路史云：左傳昭二十二年，「王師軍於解」，即此。高士奇曰：兩解城即所謂解口也。　金正煒曰：按此文疑本作：「今公與楚解韓地。」史缺損韓字，以□識其闕。□誤爲口。策復譌爲中，又脱地字，本義遂湮。國語魯語：「晉文公解曹地，以分諸侯。」注：解，削也。　祖耿案：鮑讀解字句絶。史記此句作：「今公與楚解口地。」注，司馬貞曰：解口，秦地名，近韓，今將與楚也。張守節曰：解，紀買反。公，向壽也。解口猶開口得言。向壽於秦開口，則楚人必得封地也。

〔六〕鮑彪曰：中，言使楚自封之國中。桂陽，荆州郡。　吳師道曰：桂，史作杜。索隱云，又封楚之小令尹以杜陽。杜陽秦地。今以封楚令尹，是相合也。　程恩澤曰：桂，史作杜。案：杜陽爲今陝西鳳翔府麟遊縣，秦地也。但策既是桂陽，不得以史記爲說。漢志：桂陽郡有桂陽縣，桂水所出，因以爲名（見水經注）。裴淵廣州記：桂陽爲五嶺之一。今湖南有桂陽州，郴州有桂陽縣，皆其地。又，衡州府耒陽縣，後漢於此置桂陽郡。廣東連州有桂陽廢縣，亦楚境也。　金正煒曰：桂陽當從史作杜陽。漢志：杜陽屬右扶風。

〔七〕鮑彪曰：謂且賊壽於秦。　祖耿案：史記「亡」下有「韓亡」二字。「仲」下有「且」字。闕作閼。注，裴駰曰：閼，音烏曷反。張守節曰：公仲恐韓亡，欲將私徒往宜陽閼向壽也。

〔八〕祖耿案：合，鮑本作含，史記作合。

〔九〕祖耿案：我，史記作壽。注，張守節曰：子，蘇代也。向壽恐，令蘇代謁報公仲云：「秦、韓交可合。」

〔一〇〕鮑彪曰：復，重言之。　祖耿案：「對曰」上，史記有蘇代二字。復，史記作謁。注，張守節曰：公，向壽也。言向壽亦黨於楚，與公孫奭、甘茂黨韓、魏同也。

〔一一〕鮑彪曰：所以貴，人所同貴。　吳師道曰：所以得貴也。　祖耿案：諺，史記作人。

〔一二〕黃丕烈曰：郝，鮑本作赫，改爲郝。吳補：一本作郝。姚同史作奭。　說見秦策（祖耿案：謂鮑本秦策宜陽之役楊達謂公孫顯章注）。

〔一三〕祖耿案：知，鮑本作智。史記作智。

〔一四〕祖耿案：「事矣」，史記作「秦事」。者下有何字。注，司馬貞曰：彼，公孫奭及甘茂也。有以失之，謂不見委任，情有所失。張守節曰：言秦王雖愛習公孫奭、甘茂，秦事不親委者，爲黨韓、魏也。今國事獨與向壽主斷者，不知壽黨於楚以事秦王者，以失之也。

〔一五〕黃丕烈曰：今本戊作茂，鮑本作茂。

〔一六〕黃丕烈曰：今本誤作「甘茂、公孫郝」。

〔一七〕張守節曰，蘇氏云：「向壽與公孫奭、甘茂皆有黨言無異也。」又，一云改異黨楚之意。

〔一八〕姚注：多，劉作多，舊作若。　鮑彪曰：非貴所同貴。　方苞曰：貴，當作責。　金正煒曰：按，貴當作責。涉上文「責其所以責者」而誤。史記甘茂傳正作責。　祖耿案：史記，多作善。「而公必之」，作「而公必亡之」。貴，作責。注，張守節曰：楚善變改，不可信。若變改，向壽必亡敗。是自爲責。　又案：「而公必之」，黄式三周季編略作「而公信之」。注，信，策作必。義同。史作「必亡」，謂必無變也。

〔一九〕祖耿案：之，史記作楚。若，作如。禍，作患。注，張守節曰：合秦親韓而備楚之變改，則向壽無患矣。

〔二〇〕鮑彪曰：言以韓爲讎。　祖耿案：史記「氏」下有必字，「茂」下無是字。注，張守節曰：韓氏必先委二人，故韓爲向壽之讎。

〔二一〕黄丕烈曰：備，鮑本作待。吳補：一本「今公善韓以備楚。」丕烈案：史記作備，有言字。　金正煒曰：吳云一本無言字，是也。言即善之誤衍。

〔二二〕祖耿案：辟，鮑本作避。

〔二三〕吳師道曰：取其地而還其民也。　程恩澤曰：案六國表，韓襄王五年，秦拔宜陽，涉河，城武遂。六年，秦復與我武遂。九年，秦復取之。是武遂本韓地而屬秦也。　祖耿案：史記注，裴駰曰：徐廣曰，秦昭王元年，予韓武遂。張守節曰：武遂，宜陽，本韓邑也，秦伐取之。今欲還韓，令其民得反歸居之。

〔二四〕鮑彪曰：徒，言無地與之。　黄丕烈曰：令，鮑本無。丕烈案：史記無。　金正煒曰：令，當爲欲。脱損半字而譌也。此與「吾甚欲韓合」相應。鮑本無令字，由不辨其誤而奪之也。　祖耿案：此句史記作：「今公徒收之，甚難。」注，張守節曰：蘇代言甘茂許公仲以武遂，又歸宜陽之民。今向壽徒擬收之，甚難事也。

〔二五〕鮑彪曰：與韓地，宜以其所得於韓，若武遂者可也。茂已許之，已無以易之也。

〔二六〕鮑彪曰：此本韓地。楚取之，故云。　張琦曰：史正義曰，潁川，許州也。楚侵韓許州。按，許本韓、魏、楚三國之邊邑，今爲楚所取也。　程恩澤曰：案韓世家：秦滅韓，盡入其地爲潁川郡。則潁川乃韓通國之地，必非當時所指。然或專指陽翟言（漢潁川郡治），則陽翟又韓之國都，恐非楚所能得。正義曰：潁川、許州也。當從之。　顧觀光曰：史記甘茂傳正義曰：潁川，許州也。史記韓世家云：秦虜王安，盡入其地爲潁川郡。漢志：潁川郡，秦置，縣二十。是秦之潁川，大於韓矣。　程恩澤曰：案漢志，豫州有潁川郡，爲今河南開封、陳州、南陽及許、汝二州之地。當時潁川亦斷不至此。顧祖禹曰：今禹州陽翟縣（今以陽翟并入禹州，屬開封府），蓋專就郡治言。　祖耿案：史記注，張守節曰：潁川，許州也。楚侵韓潁川，蘇代令向壽以秦威重爲韓就楚求索潁川，是親向壽。

〔二七〕吴師道曰：走，音奏。　祖耿案：史記注，司馬貞曰：韓、楚怨不解，二國交走向秦也。

〔二八〕鮑彪曰：過，謂以攻韓爲楚罪。　吴師道曰：姚本「收韓」，史同。　黄丕烈曰：此當是鮑本作收而誤互。　金正煒曰：按吴氏校鮑本曰：「姚本『收韓』，史同。」是此本原作收，今誤。　祖耿案：此句，史記作「而公徐過楚以收韓。」注，裴駰曰：徐廣曰，「過，一作適。」黄式三周季編略：「秦楚爭强而公徐讁楚以收韓。」注，讁，策與史作過。徐廣曰：一作適。今定作讁。

〔二九〕張守節曰：若二國皆事秦，公則漸説楚之過失以收韓，此利於秦也。

〔三〇〕鮑彪曰：宜陽蓋壽議攻，而甘茂攻之。

〔三一〕鮑彪曰：使楚歸潁川，則楚、韓講，故曰安。

〔三二〕鮑彪曰：誅，猶求也。求其過失，以爲郝、茂之罪。　吴師道曰：誅，責也。正義云：公孫奭、甘茂皆欲以秦挾韓、魏而取齊，今向壽取宜陽以爲功，收楚、韓以事秦，而責齊、魏之罪。

〔三三〕鮑彪曰：言其失權。　吴師道曰：正義云：二子不得合韓、魏以伐齊也。又曰：按史甘茂傳，秦拔宜陽，韓與秦平，向壽爲秦守宜陽，將伐韓，公仲使蘇代謂壽云云。而甘茂竟言昭王，以武遂歸韓，由是壽、奭怨讒茂。　黄丕烈曰：鮑衍以字、之字。丕烈案：史記有以字，無之字。　金正煒曰：鮑衍以、之二字。按，以，用也。無，猶不也。謂用二人之所不爲也。以、之字，不必爲衍。鮑注「失權」，亦非。　祖耿案：此下史記有一節，四十四字，云：『甘茂竟言秦昭王，以武遂復歸之韓。向壽、公孫奭爭之，不能得。向壽、公孫奭由此怨，讒甘茂。茂懼，輟伐魏蒲阪，亡去。』注，裴駰曰：徐廣曰『昭王元年，擊魏皮氏，未拔，去。』張守節曰：年表云秦昭王元年，予韓武遂也。

二十

或謂公仲曰〔一〕：『聽者聽國，非必聽實也〔二〕。故先王聽諺言於市，願公之聽臣言也。公求中立於秦而弗能得也〔三〕，善公孫郝以難甘茂，勸齊兵以勸止魏〔四〕，楚、趙皆公之讎也〔五〕。臣恐國之以此爲患也。願公之復求中立於秦也。』公仲曰：『奈何？』對曰：『秦王以公孫郝爲黨於公而弗之聽〔六〕，甘茂不善於公而弗爲公言，公何不因行願以與秦王語，行願之爲秦王臣也公〔七〕，臣請爲公謂秦王曰〔八〕：「齊、魏合與離，於秦孰利？齊、魏別與合，於秦孰强〔九〕？」秦王必曰「齊、魏離則秦重，合則秦輕；齊、魏別則秦强，合則秦弱。」臣即曰：「今王聽公孫郝，以韓、秦之兵應齊而攻魏，魏不敢戰，歸地而合於齊，是秦輕也，臣以公孫郝爲不忠。今王聽甘茂，以韓、秦之兵據魏而攻齊，齊不敢戰，不求割地而合於魏〔一〇〕，是秦輕也。臣以甘茂爲不忠。故王不如令韓中立以攻齊，齊王言救魏以勁之〔一一〕，齊、魏不能相聽，久離兵史〔一二〕，王欲則信公孫郝於齊，爲韓取南陽，易穀川以歸，此惠王之願也〔一三〕。王欲則信甘茂於魏，以韓、秦之兵據魏以郄齊，此武王之願也〔一四〕。臣以爲令韓以中立以勁齊，最秦之大急也〔一五〕。公孫郝黨於齊而不肯言，甘茂薄而不敢謁也〔一六〕。此二人，王之大患也。願王之熟計之也。」

〔一〕姚注：錢有「或」字。　祖耿案：顧觀光附此於赧王九年。

〔二〕鮑彪曰：聽國，謂聽於衆。實，謂見事。　金正煒曰：按，聽實，義不可通。鮑氏亦强爲之說。實當爲貴，字形相似而譌也。韓非亡徵篇：「聽以爵，不以衆言參驗，用一人爲門户者，可亡也。」聽貴，猶聽爵。漢書龔遂傳：「吏民皆富貴」，官本貴作實，可爲此證。

〔三〕鮑彪曰：立，謂立於齊、魏之間，此章實右魏。

〔四〕鮑彪曰：郝善齊，故善郝則喜於齊之攻魏；茂善魏，故難茂則可以止魏之攻齊。勸，言茂欲爲之。黄丕烈曰：上勸字，鮑本作歡。吳補：一本「勸齊兵」。姚同。　金正煒曰：按，勸與歡，疑皆有誤，或當爲勤。爾雅釋詁：勤，勞也。國語周語：「不佞以勤叔父」。注：勤，勞也。燕策：「深結趙以勁之。」鮑本勁作勤。勁之爲勤，猶勤之誤勸。趙策：秦攻魏，齊未嘗不歲至於王之境也。亦即勤之謂也。勸止之勸，涉上文而衍。此以勤齊兵與上句「善公孫郝」，以止魏與「難甘茂」相對爲文，不當有勸字。楚辭九歎：「暮去次而敢止。」注，止，制也。

〔五〕鮑彪曰：詳此，則公仲與齊者也。二國不善齊，故讎公仲。

〔六〕吳師道曰：秦王，當是昭，下文言惠、武。　黄丕烈曰：郝，鮑本作赫，改爲郝，下同。吳氏補曰：姚本並作郝。

〔七〕鮑彪曰：行願，人姓名。無私，秦信之，故可因。

〔八〕吳師道曰：請行願爲公仲言於秦王。

〔九〕鮑彪曰：離，以交言。別，以兵言。　吳師道曰：合離、別合，反覆言之。

〔一〇〕黄丕烈曰：今本「不」作「亦」，乃誤涉鮑也。鮑改不爲亦。吳氏補曰：疑衍。或「求」本「亦」字。　丕烈案：吳說亦未是，此不誤，言齊不求魏割地也。蒙上句爲文。

〔一一〕鮑彪曰：齊時先以伐魏，故令秦王聲言救魏以勁韓之攻齊。　黄丕烈曰：鮑衍齊字。吳氏補曰：疑衍。　金正煒曰：按，「以攻齊、齊」，當作「以攻齊、魏」。謂使齊、魏相攻。猶魏策所謂「合其鬬」下齊字蓋承上而誤。鮑、吳以爲衍，非也。

〔一二〕鮑彪曰：秦救魏，則魏不憚齊，亦不合於齊。　黄丕烈曰：今本「久」作「必」，「史」作「交」，乃誤涉鮑也。鮑改久爲必，史爲交。吳氏補曰：字誤，未詳。　金正煒曰：離與罹通。史記管蔡世家：「無離曹禍。」索隱云：離即罹，被也。又屈賈傳注引應劭曰：離，遭也。史當作事。古書事作吏，因缺損爲史。齊、魏久罹兵事，秦乃得遂武、惠之願。鮑本改久爲必，改史爲交，並非。　祖耿案：鮑讀必離爲句，兵交爲句。

〔一三〕鮑彪曰：欲，言或欲此，或欲彼。穀水，出澠池。　張琦曰：漢志宏農黽池下云：穀水出穀陽谷，東北至穀城入洛。今穀水出新安縣西北山（與黽池接界），東南會澗水，又東至河南府城，西南入洛。此言爲韓取魏之河内，而以韓之新安與秦也。 程恩澤曰：案山海經：傅山之西有林焉，曰墦冢，穀水出焉。東流注於洛。地理志：宏農郡黽池，穀水出穀陽谷，東北至穀城入洛。水經注：穀水出宏農黽池縣南墦冢林穀陽谷，蓋即澗水之上源，至新安合焉。其故道本出王城之西，而南合於洛。至周靈王二十三年，暴水大至，兩川相鬬，如格鬬然。王乃壅之，使北出合瀍（仍由瀍入洛），已非禹迹。自東漢後，引水通漕，穀乃東注，不復至王城東南入洛矣（説詳禹貢錐指）。此本韓地而與秦之黽池相近，故秦欲爲韓取南陽以易之也。

金正煒曰：信，讀如屈伸之伸，假借字也（禮記儒行篇注）。淮南氾論篇：「小節伸而大略屈。」注：伸，用。

〔一四〕姚注：郄，曾一作欲，一作郤。 黄丕烈曰：郄齊，鮑本作「韓秦」（祖耿案：鮑本作拒齊。黄氏涉上而誤）。 金正煒曰：郄當作卻。廣雅釋詁：卻，極也。郭璞子虚賦注：谻，疲極也。卻、谻文異義同。卻齊，即伍員亟肆罷楚之意。姚云：「郄，曾一作欲，一作郤。」鮑本作「拒」。以韓、秦之兵，據魏以謀齊，寧惟郤之、拒之已哉。

〔一五〕姚注：「韓以」，劉無「以」字。 黄丕烈曰：鮑改「勁」作「攻」。吴氏補曰：恐當作「攻」，從上文。 金正煒曰：令韓中立以勁齊者，齊强於魏，韓既中立，則齊以魏爲無助而自勁矣。鮑改勁爲攻，亦失其意。

〔一六〕鮑彪曰：茂，羈旅之臣，故言「薄」。此欲攻齊，故其辭與茂。 吴師道曰：薄即上文「不善於公」。薄下或有缺字。 金正煒曰：「薄」下當有「於魏」二字，文義乃完。廣雅釋言：薄，附也。楚辭九章：「腥臊並御，芳不得薄兮。」王逸注：薄，附也。薄與黨義相近。二句本爲對文。此策欲使齊、魏相敝，故郝不肯言，茂亦不敢謁。以二人一黨於齊而一薄於魏也。韓公仲謂向壽章：「公孫郝黨於韓，而甘茂黨於魏。」薄，猶黨也。鮑、吴所云，皆由不明策有脱字而望文生義，是以其説無當。

二十一

韓公仲相〔一〕，齊、楚之交善，秦秦魏遇〔二〕，且以善齊而絶齊乎楚。王使景鯉之秦〔三〕，鯉與於秦、魏之遇〔四〕。楚王怒景鯉，恐齊以楚遇爲有陰於秦、魏也〔五〕，且罪景鯉。爲謂楚王曰：『臣賀鯉之與於遇也。秦、魏之遇也，將以合齊、秦而絶齊於楚也〔六〕。今鯉與於遇，齊無以信魏之合己於秦而攻於楚也〔七〕，齊又畏楚之有陰於秦、魏也，必重楚。故鯉之與於遇，王之大資也。今鯉不與於遇〔八〕，魏之絶齊於楚明矣〔九〕。齊、楚信之，必輕王〔一〇〕，故王不如無罪景鯉，以視齊於有秦、魏〔一一〕，齊必重楚，而且疑秦、魏於齊〔一二〕。』王曰：『諾。』因不罪而益其列〔一三〕。

〔一〕鮑彪曰：首衍「韓公仲相」四字，章内初不涉韓也。吳師道曰：此四字必錯簡。金正煒曰：鮑、吳説並非也。此文當以「韓公仲相齊」爲句。「齊」下當重齊字。因公仲相齊而齊、楚之交乃善也。公仲即韓珉，珉之相齊，屢見於策及史記。若去「韓公仲相」四字，是齊已與秦遇，下云景鯉與於秦、魏之遇，不當遺齊矣。祖耿案，鮑以此章與下「王曰向也」九十七字合成一章，編於楚策懷王下。説已見前。姚本分爲兩篇，均在韓策。顧觀光附此於赧王二年。

〔二〕黄丕烈曰：下「秦」字，鮑本作「與」。金正煒曰：次「秦」字，當從鮑作「與」，或承上而誤復。

〔三〕黄丕烈曰：鮑，「王」上補楚字。金正煒曰：當補楚字。楚王之怒鯉，正以見齊、楚之交善也。

〔四〕鮑彪曰：於其遇時與焉。秦策有。其事在惠九年後，懷王初也。

〔五〕鮑彪曰：楚遇，楚謂鯉也。恐齊以此謂楚有私於二國。

〔六〕姚注：「絶齊」之齊，劉作「和」。

〔七〕鮑彪曰：將絶齊于楚，而楚使與焉，故齊疑之。金正煒曰：按攻字疑本爲外，隸書外或作卟，因譌爲卟，復轉爲攻也。魏策：「齊王將見燕趙楚之相於衛，約外魏。」此即其義。

〔八〕金正煒曰：今，猶若也。

〔九〕黄丕烈曰：「明」上，鮑本有「信」字。金正煒曰：「絶」下「齊」字衍。

〔一〇〕黄丕烈曰：鮑衍「楚」字。吴氏補曰：疑衍。金正煒曰：「信」上「楚」字衍。

〔一一〕鮑彪曰：視，示同。示齊以楚有二國。

〔一二〕鮑彪曰：疑，楚使之疑。

〔一三〕鮑彪曰：列，亦次也。金正煒曰：左氏昭十三年傳：「輕，重以列。」注：列，位也。國語周語：「夫翟無列於王室。」注：列，位次也。

二十二

王曰：『向也子曰「天下無道」，今也子曰「乃且攻燕」者，何也？』對曰：『今謂馬多力則有矣，若曰勝千鈞則不然者，何也？夫千鈞，非馬之任也。今謂楚强大則有矣，若夫越趙、魏而鬬兵於燕，則豈楚之任也哉？且非楚之任而楚爲之，是弊楚也。强楚、弊楚，其於王孰便也？」

祖耿案：顧觀光附此於赧王五十年虞卿謂春申君章後。曰：「即上文而佚其前半，應删併歸一。」鮑彪於楚策韓公仲相齊楚之交善章「因不罪而益其列」句下注曰：下衍「王曰向也」止「孰便也」，凡九十字，原在韓策。吴師道曰：姚本凡九十七字，在韓策自爲一章。乃楚策虞卿謂春申之文脱簡誤衍，略有不同。鮑於韓策既删去，全不見其文，而於此復不明言在楚策後章。黄丕烈曰：案下文「觀鞅謂春申曰」云云，吴氏補曰：「今詳其文，當屬楚。」其説是也。當是自此策文「王曰向也」以下連「或謂魏王」云云，皆本在楚策尾，誤錯入韓策中也。金正煒曰：「天下無道」，道當作適，讀如敵。此章文義不完，當即楚策虞卿説春申之文，錯簡於此。其文正作「天下無敵」。祖耿案：馬王堆漢墓帛書第二十三章，有此全文，具詳楚策四。

二十三

或謂魏王：「王儆四疆之内〔一〕，其從於王者〔二〕，十日之内備，不具者死。王因取其游之舟上擊之〔三〕。臣爲王之楚，王胥臣反，乃行〔四〕。」春申君聞之，謂使者曰〔五〕：「子爲我反，無見王矣〔六〕！十日之内，數萬之衆，今涉魏境〔七〕。」秦使聞之，以告秦王〔八〕。秦王謂魏王曰〔九〕：「大國有意必來，以是而足矣〔一〇〕。」

〔一〕姚注：錢無「儆」字。鮑彪曰：將出兵，先令以警之。金正煒曰：按周禮小宰：「以法掌祭祀朝覲會同賓客之戒具，軍旅田役喪荒亦如之。」注，戒具，戒官有事者所當共。又云：「正歲，則以法警戒群吏。」注，警，敕戒之言。管子國蓄篇：「今大君籍求於民，令曰：十日而具。」錢無「儆」字，蓋誤脱也。祖耿案：儆，鮑本作警。彊，鮑本作疆。　又案：顧觀光附此於赧王五十八年。

〔二〕鮑彪曰：凡兵械當從者。

〔三〕鮑彪曰：游，旒旗之旒。之，猶於也。亦以楚攻秦。　黄丕烈曰：擊，鮑本作繫。　金正煒曰：按此就備具者言。説文，游，旌旗之流也。左氏桓二年傳疏：游是旒之垂者，旆之别名。舟當爲「輈」之省。小爾雅廣言：輈，輿也。考工記：「輈人爲輈」。注：輈，車轅也。取游繫之輈上，以張戎車之盛，所以信楚而威秦。

〔四〕鮑彪曰：行兵。　黄丕烈曰：胥，鮑本作咠。吴補：一本作胥。　金正煒曰：胥即胥字，待也。鮑本作咠，誤。　祖耿案：乃，鮑本作而。

〔五〕鮑彪曰：即此説者。

〔六〕鮑彪曰：欲其亟反，不必見考烈。

〔七〕王引之曰：今字與即同義。

〔八〕鮑彪曰：秦王，莊襄。

〔九〕黄丕烈曰：今本下「王」字誤「主」。

〔一〇〕鮑彪曰：秦恐楚、魏合，故言魏兵自足，不待楚也。今詳春申在時，魏歲受秦兵，惟此（魏安釐）三十年，無忌率五國攻秦，可當此語。此及下二章原在韓策。　吴師道曰：事證未明。　祖耿案：此章及下一章，鮑移入魏策。

二十四

觀鞅謂春申曰〔一〕：「人皆以楚爲强，而君用之弱〔二〕，其於鞅也不然。先君者二十餘年未嘗見攻〔三〕。今秦欲踰兵於澠隘之塞，不使〔四〕；假道兩周，倍韓以攻楚，不可〔五〕。今則不然，魏且旦暮亡矣〔六〕，不能愛其許、鄢陵與梧〔七〕，割以予秦，去百六十里〔八〕。臣之所見者，秦、楚鬬之日也已〔九〕！」

〔一〕姚注：觀，一作魏。　鮑彪曰：魏鞅，魏人，爲魏說。　吳師道曰：一本「觀鞅」。史作「觀津人朱英」，見楚策（祖耿案：謂鮑本楚策楚考烈王無子章注）。　又曰：史，楚考烈王二十二年，諸侯合從西伐秦，楚王爲從長，春申君用事。至函谷關，秦出兵攻，諸侯兵皆敗走。考烈王以咎春申君，以此益疎，客有云云。於是去陳，徙壽春。　黄丕烈曰：觀，鮑本作魏，吳補云云。丕烈案：觀，觀津也。「鞅」即「英」字。作「魏」者譌。鮑從之，誤甚。　黄式三曰：通鑑，朱英。　程恩澤曰：觀，韓策（鮑本屬魏）觀鞅（鮑改作魏，非是）謂春申曰章原注（此係吳氏說，見策札，今本無），後語云：觀人朱英。注：觀地在河北平原。史作觀津人朱英。班志：信都國觀津縣。正義以爲魏州觀城縣，非是。恩澤案：今冀州武邑縣東南二十五里，有觀津城，六國時趙邑也。樂毅封觀津，即此（古堤尚存）。又有觀津邱，在縣東南二十七里。觀本趙地，而朱英之爲趙人，策無明文。　祖耿案：史記春申君列傳云：「春申君相二十二年，諸侯患秦攻伐無已時，乃相與合從，西伐秦，而楚王爲從長，春申君用事。至函谷關，秦出兵攻，諸侯兵皆敗走。楚考烈王以咎春申君，春申君以此益疏。客有觀津人朱英，謂春申君曰：「人皆以楚爲彊而君用之弱，其於英不然。先君時善秦二十年而不攻楚，何也？秦踰黽隘之塞而攻楚，不便；假道於兩周，背韓、魏而攻楚，不可。今則不然，魏且暮亡，不能愛許、鄢陵，其許魏割以與秦。秦兵去陳百六十里，臣之所觀者，見秦、楚之日鬭也。」楚於是去陳徙壽春；而秦從衛野王，作置東郡。春申君由此就封於吳，行相事。」用史記此文校此章，知此章有脫誤。史記注裴駰引徐廣曰：諸侯合從伐秦，在始皇六年。則朱英此言在始皇六年後也。

又案，張守節云：觀，音館。今魏州魏城縣也。顧觀光隸此於始皇六年。

〔二〕黃丕烈曰：「弱」下，鮑本有「也」字。丕烈案：史記無。

〔三〕鮑彪曰：先君，謂先春申用事之人。　金正煒曰：按，「先君者」，當作「先君時」。古書「時」作旹，與者字相似，因以致誤。

〔四〕鮑彪曰：魏記所謂冥阨。注，楚險塞，或以爲江夏鄳（祖耿案：程恩澤引作鄳）縣。　吳師道曰：澠，即鄳，詳見楚策注（祖耿案：謂鮑本楚策莊辛謂楚襄王章注）。使，史作便，是。「不便」句絕。下與「不可」對文。　黃丕烈曰：鮑改澠作鄳，吳補云云。丕烈案：史記作黽。　金正煒曰：今，猶即也。漢書王尊傳：「所捕宜今發吏。」注，當即發也。匈奴傳：「西域內屬，不當得受，今遣之。」注：今，即；遣，還（此以即釋今，還釋遣）。不使，當從史作不便。言先君之時，即秦欲加兵於楚，於勢不便，且不可也。　吳曾祺曰：今，疑作昔。與下文今對文。　祖耿案：史記注，張守節曰：黽隘之塞在申州。黽音盲也。

〔五〕鮑彪曰：倍音背。此昔者所以未嘗見攻。

〔六〕金正煒曰：且字，即旦之誤衍。

〔七〕鮑彪曰：梧屬楚國，此時爲魏。　吳師道曰：漢侯國。梧屬彭城，與許、鄢陵不相接。左傳襄十年「晉師城梧及制」，杜注：皆鄭舊地。制即虎牢，梧必相近。此時鄭爲韓。按史云「不能愛許、鄢陵，其許魏割以予秦。秦兵去陳百六十里。」以此參較，則策有缺誤。徐廣云，陳在許東南，蓋此時楚徙都陳也。　黄丕烈曰：策文與史記當皆有誤。　程恩澤曰：案路史，梧故國，本鄭地，晉取之。殿啓隆曰：梧爲虎牢旁邑。高士奇曰：隋書，滎陽縣有梧桐澗，疑即梧也。

〔八〕鮑彪曰：言秦伐楚之近，不須假道。　黄丕烈曰：鮑「去」上補「相」字。　金正煒曰：史作：「秦兵去陳百六十里。」此承上句「予秦」，誤脱秦字。「去」下，又脱陳字。當據史訂正。　祖耿案：史記注，裴駰曰：徐廣曰，在許東南。

〔九〕吳師道曰：原在韓策，今詳其文，當屬楚。　黄丕烈曰：鮑改「也」爲「近」。　吳氏正曰：史作：「秦、楚之日鬬也。」此策鬬字殺次在「之日」上。　祖耿案：此策鮑移在魏策。

二十五

公仲數不信於諸侯〔一〕，諸侯錮之〔二〕。南委國於楚〔三〕，楚王弗聽〔四〕。蘇代爲楚王曰〔五〕：「不若聽而備於其反也〔六〕。明之反也〔七〕，常仗趙而畔楚，仗齊而畔秦〔八〕。今四國錮之而無所入矣〔九〕，亦甚患之〔一〇〕，此方其爲尾生之時也〔一一〕。」

〔一〕祖耿案：顧觀光附此於赧王九年。

〔二〕鮑彪曰：不行其說。　黄丕烈曰：「諸侯」，鮑本不重，鮑補下二字。吳補：一本復有此二字。姚同。

〔三〕鮑彪曰：以國事聽之。

〔四〕鮑彪曰：楚王，懷王。

〔五〕姚注：「爲」下，劉添「謂」字。　黄丕烈曰：鮑本「爲」下有謂字。　金正煒曰：按，爲即謂也。韓非內儲說「嗣公爲關吏曰」，文與此同。

〔六〕鮑彪曰：反，亦謂不信。

〔七〕黄丕烈曰：明，鮑本作「朋」。

〔八〕吳師道曰：仗，倚也。字與「杖」通。　黄丕烈曰：鮑改仗爲杖

〔九〕金正煒曰：而，猶則也。

〔一〇〕鮑彪曰：公仲甚患。

〔一一〕鮑彪曰：言公仲自患其反之不利，故欲爲信。尾生，再見燕策蘇代言。名高。蓋論語微生。氾論訓亦云。　吳師道曰：莊子：「尾生與女子期於梁下，水至不去，抱梁柱而死。」與燕策所載同。一本「微生」。釋文引高誘注，魯人。今注本無。或謂即論語微生。古今人表作「尾生高」。

卷二十七 韓二

一

楚圍雍氏五月。韓令使者求救於秦，冠蓋相望也，秦師不下殽〔一〕。韓又令尚靳使秦〔二〕，謂秦王曰〔三〕：『韓之於秦也，居爲隱蔽，出爲鴈行〔四〕，今韓已病矣，秦師不下殽！臣聞之，「脣揭者其齒寒〔五〕」，願大王之熟計之〔六〕！』宣太后曰：『使者來者衆矣！獨尚子之言是！』召尚子入，宣太后謂尚子曰：『妾事先王也〔七〕，先王以其髀加妾之身，妾困不疲也〔八〕。盡置其身妾之上，而妾弗重也。何也？以其少有利焉〔九〕。今佐韓，兵不衆，粮不多，則不足以救韓〔一〇〕。夫救韓之危，日費千金，獨不可使妾少有利焉〔一一〕！』尚靳歸書報韓王〔一二〕，韓王遣張翠，張翠稱病，日行一縣。張翠至，甘茂曰：『韓急矣！先生病而來！』張翠曰：『韓未急也！且急矣！』甘茂曰：『秦重國知王也〔一三〕，韓之急緩莫不知〔一四〕，今先生言不急，可乎？』張翠曰：『韓急則折而入於楚矣！臣安敢來！』甘茂曰：『先生毋復言也〔一五〕！』甘茂入，言秦王曰：『公仲柄，得秦師〔一六〕，故敢捍楚。今雍氏圍而秦師不下殽，是無韓也〔一七〕！公仲且抑首而不朝〔一八〕，公叔且以國南合於楚。楚、韓爲一，魏氏不敢不聽，是楚以三國謀秦也！如此，則伐秦之形成矣！不識坐而待伐，孰與伐人之利〔一九〕？』秦王曰：『善。』果下師於殽以救韓〔二〇〕。

〔一〕鮑彪曰：此（韓襄）十二年。　吳師道曰：圍雍氏，見周策。程恩澤曰：案春秋：「晉敗秦師於殽。」公羊作「殽之嶔巖」，穀梁作「殽之巖唫」（盧文弨曰：說文作「欽崟」，高誘地形訓注作「欽吟」。阮元曰：說文有「岑崟」，無「欽崟」，其意亦異）。杜預曰：此道在二殽之間南谿中，谿深委曲，兩山相嶔，故可以避風雨，古道由此。魏武帝西討巴漢，惡其險，更開北山高道。春秋正義：殽，是山名，俗呼爲土殽、石殽，其阨道在兩殽之間。水經注：穀水又東，逕土殽北，所謂三殽也（或曰：盤殽、石殽、千殽，是爲三殽）。山徑委深，峰阜交蔭。括地志：三崤山，一名嶔崟山，在洛州永寧縣西北二十里（郡縣志作「二十八里」）。寰宇記作「在陝州硤石縣東北四十六里」）。曹公開北道後，魏晉以來，莫之或改。北周復從南道。隋大業初，建東京，廢二崤道（即南道），開葛册道，即北道也。大約出潼關，歷陝州，入永寧界分二道。東南入福昌（今宜陽縣）縣界，即南道；東北入澠池縣界，即北道也。郡縣志：自東崤至西崤三十五里。東崤長坂數道，峻阜絕澗，車不得方軌；西崤全是石坂十二里，險絕不異東崤。在今河南永寧縣北六十里，西北接陝州界，東接澠池縣界。　祖耿案：程氏此條之前引「鮑注：『殽，二殽』；補曰：左傳『殽有二陵』」；杜注：「在黽池縣西」」，凡二十字，元刻本此章此注無。　祖耿又案：史記注，司馬貞曰：按秦惠王二十六年，楚圍雍氏。至昭王七年，又圍雍氏，韓求救於秦，是再圍也。劉氏云：此是前圍雍氏，當赧王之三年。戰國策及紀年與此並不同。張守節曰：雍氏故城，在洛州洛陽縣東北二十里。顧觀光隸此於赧王八年。

〔二〕祖耿案：御覽三百二十五、四百五十，兩引此。尚靳，並作靳尚。三百二十五引春秋後語，亦同。

〔三〕鮑彪曰：秦王，昭王。

〔四〕金正煒曰：按雁行，謂前行，猶顏行也。又，淮南人間篇：居爲隱蔽，出爲鋒行。説文，鋒，兵耑也。秦策：欲推以爲鋒。注：鋒，軍之先。雁行、顏行、鋒行，並文異而義同。　祖耿案：禮云，兄之齒雁行；詩云，兩驂鴈行；又，前策秦韓戰於濁澤章：必不爲鴈行以來。似鴈行有「此行彼隨」之意，不必訓爲「前行」，又不必牽及「顏行」、「鋒行」也。

〔五〕鮑彪曰：揭，猶反。　金正煒曰：按莊子胠篋、呂覽權勳、淮南説林，並作「脣竭」。竭，蓋揭之假字。素問五藏生成篇：多食酸則肉胝䐢而脣揭。王冰注：脣，皮。揭，舉也。高誘注呂覽云：竭，亡也。不如揭之義長。　祖耿案：御覽四百五十引此作：「脣亡者，其齒寒」。御覽三百二十五引春秋後語亦作「亡」。

〔六〕祖耿案：御覽四百五十引「熟」上無「之」字。

〔七〕黃丕烈曰：「也，鮑本作曰」。吳補：一本「曰」作「也」。姚同。

〔八〕鮑彪曰：髀，股也。姚注：「疲」，錢、劉本作「支」。　黃丕烈曰「疲」，鮑本作「支」。　祖耿案：御覽四百五十引作「弗支」。

〔九〕吳師道曰：宣太后之言，汙鄙甚矣。以愛魏醜夫欲使爲殉觀之，則此言不以爲恥，可知秦母后之惡有自來矣。　焦袁熹曰：王尚書士禎曰：此等淫褻語，出於婦人之口，入於使者之耳，載之國史之筆，可謂大奇。余以爲是不然也。宣太后之行，國人知之，異國人皆知之，當時執管之士，因有此事，故作此言，用相調笑云爾。史家增飾之辭，美惡皆有之，後人或泥其一兩言，以議當時之是非得失，其不爲咸丘、高叟者幾希矣。國策非實錄之比，尤不足據。

〔一〇〕祖耿案：「粮」，鮑本作「糧」。

〔一一〕祖耿案：御覽三百二十五、四百五十兩引「焉」並作「耶」。

〔一二〕鮑彪曰：以書歸。　王念孫曰：鮑説非也。此本作「尚靳歸報韓王」。謂靳自秦歸，以宣太后之言報韓王也。「歸」下不當有「書」字。太平御覽兵部、人事部引此，皆無「書」字。　祖耿案：御覽四百五十引作「靳尚歸報王」。三百二十五引作「靳尚歸韓，褱王賂於太后，復使張翠至。」

〔一三〕姚注：「知」，錢改作「之」。　黄丕烈曰：「知」鮑本作「智」。吳補：一本「智」作「知」。丕烈案：凡「知」音「智」者，鮑本多即作「智」。此非有異本。　金正煒曰：按「知」與「智」同。亦與「之」通。魏策「得密須氏而湯之服桀矣」，鮑本作「湯知服桀矣」。此文作「智」作「之」，兩義並通。

〔一四〕黄丕烈曰：「急緩」，鮑本作「緩急」。　祖耿案：「莫不知」，御覽四百五十引作「人莫弗知」。

〔一五〕祖耿案：御覽四百五十引「毋」作「弗」。

〔一六〕鮑彪曰：柄，猶持。　吳師道曰：史記「枋有得秦」。按字書「枋」與「柄」同，此恐字訛。　金正煒曰：按鶡冠子王鈇篇：成鳩之所枋以超等，世世不可奪者也。陸佃注：枋，柄也。揚子方言：其柄謂之矜。又云：矜，謂之杖，則柄猶杖也。漢書李尋傳：臣已不足杖矣。注：杖，謂倚任也。　吳曾祺曰：案謂公叔柄國而能得秦師。

〔一七〕金正煒曰：無韓，猶言失韓。下章「其實猶之不失秦也」，韓世家作「其實猶不無秦也」。

〔一八〕鮑彪曰：抑首，不意貌。　金正煒曰：抑首，甘茂傳作「仰首」。此言韓將輕秦，當以作「仰」爲是。荀子儒效篇：仰易變化。注：仰易，反易也。仰首，猶反首。

〔一九〕黄丕烈曰：今本「待伐」之「伐」，誤作「我」。

〔二〇〕鮑彪曰：甘茂傳有「茂入言」下。吳師道曰：大事記：赧王十五年，楚圍雍氏，引此章云，此即周紀所載之事。楚前圍雍氏在赧王三年，秦惠王猶在位，安得有宣太后？楚後圍雍氏，甘茂出奔已數年，兩者皆不合。金正煒曰：文選謝靈運詩注：果，猶遂也。祖耿案：御覽三百二十五引「果」作「乃」。祖耿又案：史記甘茂列傳云：「秦昭王母宣太后，楚女也。楚懷王怨前秦敗楚於丹陽而韓不救，乃以兵圍韓雍氏，韓使公仲侈告急於秦，秦昭王新立，太后楚人，不肯救。公仲因甘茂，茂爲韓言於秦昭王曰：公仲方有得秦救，故敢扞楚也。今雍氏圍，秦師不下殽。公仲且仰首而不朝，公叔且以國南合於楚，楚、韓爲一，魏氏不敢不聽，然則伐秦之形成矣。不識坐而待伐，孰與伐人之利？秦王曰：善。乃下師於殽以救韓。楚兵去，秦使向壽平宜陽。」

二

楚圍雍氏，韓令冷向借救於秦〔一〕，秦爲發使公孫昧入韓〔二〕。公仲曰：『子以秦爲將救韓乎，其不乎？』對曰：『秦王之言曰〔三〕：「請道於南鄭、藍田以入攻楚〔四〕，出兵於三川以待公」，殆不合，軍於南鄭矣〔五〕。』公仲曰：『奈何？』對曰：『秦王必祖張儀之故謀〔六〕。楚威王攻梁，張儀謂秦王曰〔七〕：「與楚攻梁，魏折而入於楚，韓固其與國也〔八〕，是秦孤也。故不如出兵以劲魏〔九〕。」於是攻皮氏〔一〇〕，魏氏劲，威王怒，楚與魏大戰，秦取西河之外以歸〔一一〕。今也其將揚言救韓，而陰善楚〔一二〕，公恃秦而勁，必輕與楚戰。楚陰得秦之不用也〔一三〕，必易與公相支也〔一四〕。公戰勝楚，遂與公乘楚，易三川而歸〔一五〕；公戰不勝楚，塞三川而守之，公不能救也〔一六〕。臣甚惡其事〔一七〕。司馬康三反之郢矣〔一八〕，甘茂與昭獻遇於境〔一九〕，其言曰：「收璽〔二〇〕」，其實猶有約也〔二一〕。』公仲恐，曰：『然則奈何？』對曰：『公必先韓而後秦，先身而後張儀〔二二〕。以公不如亟以國合於齊、楚〔二三〕，秦必委國於公以解伐〔二四〕。是公之所以外者儀而已〔二五〕，其實猶之不失秦也〔二六〕。』

〔一〕祖耿案：此章見史記韓世家襄王十二年，文多不同。首言楚圍雍氏，韓求救於秦。注，裴駰曰：徐廣曰，秦本紀惠王後元十三年，周赧王三年，楚懷王十七年，齊湣王十二年，皆云「楚圍雍氏」。紀年於此亦說「楚景翠圍雍氏。韓宣王卒，秦助韓共敗楚屈丐。」又云「齊、宋圍煮棗」。皆與史記年表及田完世家符同。然則此卷所云「襄王十二年，韓咎從其計」以上，是楚後圍雍氏，赧王之十五年事也。又說「楚圍雍氏」以下，是楚前圍雍氏，赧王之三年事。案此赧王八年事。顧氏之言是也。顧觀光隸此於赧王八年。曰：依周本紀及甘茂傳，當在此年。韓世家在韓襄王十二年，當周赧王十五，則甘茂出奔已數年，而策文屢言甘茂，不可通矣。或據田齊世家移此事於赧王三年。時秦惠王猶在，安得有宣太后乎？諸說並誤。

〔二〕吳師道曰：昧，當音莫葛反。公子昧、唐昧皆然。　祖耿案：史記「爲」上有「未」字。

〔三〕鮑彪曰：秦王，昭王。

〔四〕鮑彪曰：南鄭，屬漢中。　吳師道曰：正義云，南鄭，梁州縣；藍田，雍州縣。秦言或出雍州西南至鄭，或出雍東南，歷藍田、出嶢關，俱繞楚北境以待韓使而東救雍氏。如此遲緩，殆不合於楚矣。按史止作「殆不合矣」，無「軍於南鄭」四字，竊謂史爲是。蓋雍氏在陽翟，而此言合軍南鄭，殊不相涉；且上文請道南鄭，而此曰「不合軍於南鄭」，豈非誤乎。　程恩澤曰：案漢志：漢中郡有南鄭縣。水經注：南鄭，故褒之附庸。周衰，鄭桓公歿於犬戎，其民南奔居此，因曰南鄭（其地在京兆之南）。顯王之世，蜀有其地。至六國，楚人兼之。懷王弱，秦略取焉；赧王二年，秦惠王置漢中郡。正義：南鄭，今梁州所理縣；春秋及戰國時，其地屬楚。　錢坫曰：在今漢中府城東二里，漢高祖爲漢王時，都此城。周四十二里（張儀論伐韓曰：「楚臨南鄭」，指今新鄭言，與此無涉）。

〔五〕鮑彪曰：不與楚戰。　黃丕烈曰：丕烈案：索隱曰「殆不合於南鄭」，依策文爲說也。詳史記。與策文不同。此當讀「殆不合」爲一句，「軍於南鄭矣」爲一句。言待楚、韓之勝也。　張琦曰：史無出兵三川之文，故正義謂遲緩。據策文，蓋言兵分三道，一由漢中，一由商洛，此二道以攻楚；一由殽函，出三川以救韓。昧窺秦實無出兵之心，徒爲此言，故曰，「殆不合矣」，非謂其遲緩也。「軍於南鄭」四字，衍文。　程恩澤曰：案此南鄭即新鄭也。是時楚圍雍氏，其地在今開封府扶溝縣之西，禹州之東，與新鄭相近。秦雖聲言救韓，實持兩端。故曰「殆不合軍於南鄭」。舊注因上云「請道於南鄭、藍田以攻楚」，此南鄭亦漢中縣；又因史記無「軍於南鄭」四字，以此爲衍文，俱誤。秦策云：「楚臨南鄭」，則新鄭稱南鄭已有明徵矣（就本策言之，當以上南鄭爲漢中，下南鄭爲新鄭）。水經注云：洧水又東，謂之鄭公潭，言鄭武公與昭王同溺水，非也。斯乃楚之鄭鄉守邑大夫僭言公爾。據此，則楚別有鄭地，在今江夏、武昌等處。當存以備參。　金正煒曰：按「南」字涉上文「請道於南鄭」而衍。秦言出兵三川，是不與鄭合軍矣，鄭，即謂韓。黃丕烈札記云云，大繆。又，雍氏在鄭之南，或本作「殆不合兵於鄭南」而誤乙也。此冷向對公仲之辭，吳氏以爲公孫味，亦非。　祖耿案：「藍田」下，史記作「出兵於楚以待公，殆不合矣」，無「以入攻楚」及「於三川」、及「軍於南鄭」等字。

〔六〕鮑彪曰：昔者所謀。　吳師道曰：秦策有，説見本條（祖耿案：謂鮑本秦策楚攻魏，張儀謂秦王曰章注也）。　祖耿又案：史記此句「公仲曰」下，作「子以爲果乎」五字，非「奈何」二字。「故謀」，作「故智」。注，裴駰曰：徐廣曰，祖者，宗之習之謂也；故智，猶前時謀計也。

〔七〕鮑彪曰：秦王，惠王。

〔八〕鮑彪曰：韓，魏之與。　吳師道曰：一本「固其與國也」。姚同。　黄丕烈曰：「國」，鮑本無。吳補：一本「國」也。丕烈案，史記有。

〔九〕鮑彪曰：陽爲助魏，實欲其與楚戰。　梁紹壬曰：廣東順德人謂欺曰到。案史記，張儀曰：不如出兵以到之。索隱曰：到，欺也。猶俗云「張到」，謂張網得禽獸也。到，得也。張儀善欺人，故謂欺人曰「張到」也（兩般秋雨盦隨筆卷六）。　朱起鳳曰：不如出兵以勁魏。史記韓世家作「不如出兵以到之」。索隱曰：到，欺也。猶俗云「張到」。戰國策作「勁」，勁，强也。案，勁者，强也。出兵以勁之，謂陽爲助魏，而以虚聲勁之也。國策「勁」之字屢見。史記作「到」。到，即「勁」字之譌。古從「巠」之字，或有爲「坙」，因譌而爲「至」。如「痙」，訛作「痓」（山海經大荒南經，大荒之中有山名。曰去痓。郭注，音如風痓之痓）。「輕」，訛作「輊」（楚辭宋玉九辯：前輕輬之鏘鏘兮，今本「輕」訛作「輊」。王注，輊，一作「輕」）。隸書從「力」之字，亦多從「刀」，「勮」字作「劇」；「劫」字作「刦」皆是，「勁」之作「到」之例同。

〔一〇〕鮑彪曰：楚攻之。　張琦曰：楚無由攻皮氏，史但云楚、魏大戰，無此文也。　祖耿案：史記「出兵以到之」下，即接「魏、楚大戰秦，取西河之外」云云，無「於是攻皮氏，魏氏勁，威王怒」十一字。

〔一一〕鮑彪曰：惠八年。吳師道曰：說亦見秦策。

〔一二〕黃丕烈曰：「揚」，鮑本作「陽」。丕烈案：史記「將揚」作「狀陽」。祖耿案：史記此句作「今其狀陽言與韓，其實陰善楚」。

〔一三〕鮑彪曰：不爲韓用。金正煒曰，按呂覽上德篇：變容改服，而莫得其所受之。注：得，猶知也，言楚知秦之不爲韓用也。吳曾祺曰：案，秦不爲韓用，楚陰得其情。祖耿案：史記「恃」作「待」，「勁」作「到」。

〔一四〕金正煒曰：周語：天之所壞，不可支也。注：支，拄也。祖耿案：史記注，司馬貞曰：言楚陰知秦，不爲公用，亦必易爲公相支拒也。

〔一五〕鮑彪曰：乘，因取之也。祖耿案：易，史記作「施」。注：張守節曰，施猶設也。三川，周天子都也。言韓戰勝楚，則秦與韓駕御於楚，即於天子之都，張設救韓之功，行霸王之迹，加威諸侯，乃歸咸陽是也。

〔一六〕黃丕烈曰：「楚」下，鮑本復有「楚」字。丕烈案：史記有，然實衍字。此謂秦塞三川也，鮑本當是誤依史記添入耳。程恩澤曰：案此三川，即韓三川也。高誘曰：三川謂宜陽；以一縣言。張守節曰：三川謂洛州；以一郡言（又云：三川，河南之地，兩川之間）。國策所云三川不過如此。呂祖謙曰：三川，在今爲衛、懷、孟、開封、鄭、河南、汝、陝、虢、拱之地；則據秦三川郡言，其域廣矣。金正煒曰：塞三川而守蒙上，遂與公之文而言，並謂秦也。鮑本複「楚」字。蓋沿史文之誤。祖耿案：史記注：張守節曰：楚乃塞南河四關守之，韓不能救三川。

〔一七〕祖耿案：此五字，史記作「竊爲公患之」。

〔一八〕鮑彪曰：司馬康，秦人。　吳師道曰：「康」，史作「庚」。　黃丕烈曰：案，徐廣曰，一作「唐」。

〔一九〕祖耿案：史記作「甘茂與昭魚遇於商於」。注，裴駰曰：徐廣曰，昭魚，楚相國。司馬貞曰：戰國策謂之昭獻。

〔二〇〕鮑彪曰：璽，軍符。收之者，言欲止楚之攻韓。　吳師道曰：收，取也；璽，印也。如楚置相璽之云。索隱以爲昭魚欲得秦官之印璽。　祖耿案：鮑本無「曰」字。史記無。注，司馬貞曰：劉氏云「詐言昭魚來秦，欲得秦官之印璽」。收，即取之義也。

〔二一〕鮑彪曰：疑秦、楚約攻韓。　祖耿案：史記無「其」字，「猶」作「類」。

〔二二〕鮑彪曰：先己所見，後儀之故智。言欲秦之救己，而不欲其勁韓也。徐注欲以爲儀在之日而云，非也。　吳師道曰：先韓者，急圖其國；後秦者，不望其救。先身者，善己之謀；後儀者，不墮人之詐。徐說見後。　祖耿案：史記注，張守節曰：先以身存韓之計，而後知張儀爲秦到魏之計，不如急以國合於齊、楚。

〔二三〕姚注：「公」上，劉無「以」字。　黃丕烈曰：鮑「以」上補「臣」字。丕烈案：史記無「以」字。　金正煒曰：按上「以」字，當從史省；鮑補「臣」字，亦無取。此言以國合於齊，則楚、秦陰約無功，必恐失韓，而自解伐。　祖耿案：金氏讀「齊」字句斷。案，史記作「合於齊、楚」句斷。

〔二四〕祖耿案：此句，史記作「齊、楚必委國於公」。「秦」作「齊、楚」二字。末無「以解伐」三字。

〔二五〕鮑彪曰：外，猶後也。此言不恃秦耳。承上故言儀。　吳師道曰：不墮儀之故智，爲外於儀耳。　金正煒曰：鮑以「楚」字上屬爲文，非也。史複「齊、楚」字，亦誤。　祖耿案：此句，史記作「公之所惡者，張儀也。」注，張守節曰：惡，烏故反。公孫昧言公仲所惡者張儀到魏之計，雖以國合於齊、楚，其實猶不輕欺無秦也。

〔二六〕鮑彪曰：雖合齊、楚，圖國事耳，秦無辭怨之。記十二年有。　吳師道曰：即上文秦委國於公云云。又曰：徐廣云，秦紀惠王後十三年，楚圍雍氏；紀年於此亦説楚景翠圍雍氏。韓宣惠王卒。秦助韓共敗楚屈丐；又云齊、宋圍煮棗。皆與史記年表及田完世家符同。此是前圍雍氏事也。後圍雍氏是赧王十五年事。大事記書楚景翠圍韓雍氏。秦樗里疾帥師救韓敗楚。解題具載。徐説謂世家合而爲一者，誤。又按正義云，徐見張儀尚存，生此前後之見，此是公孫昧，却述張儀時事。愚謂此策雖曰「祖張儀故謀」，其下云「先身後儀」，又云「所外者儀」，似非儀死後之辭；然楚圍之解實以秦救，公孫昧之言爲不可信耳。此章宜在前，鮑序次誤。又按大事記云，韓年表書秦助我攻楚圍景痤。楚將之名，與紀年不同，蓋紀年云屈丐也。愚案，韓、楚世家並云敗楚將屈丐丹陽，夫丹陽之與雍氏相去遠矣。景痤，恐即景翠，聲轉而訛。景痤之敗，雍氏之戰也；屈丐之敗，丹陽之戰也。丹陽之役，其雍氏之後歟！大事記首書丹陽之役，後書景翠圍韓。且丹陽大敗之餘，楚力未蘇，何暇於圍韓哉！　祖耿案：史記此句作「其實猶不無秦也」。於是楚解雍氏圍。」注，裴駰曰，徐廣曰，甘茂傳云「楚懷王以兵圍韓雍氏，韓使公仲告急於秦，秦昭王新立不肯救。甘茂爲韓言之，乃下師於殽，以救韓也」。又云「周赧王十五年，韓襄王十二年，秦擊楚，斬首二萬，敗楚襄城，殺景缺」。周本紀赧王八年之後云「楚圍雍氏」，此當韓襄王十二年，魏哀王十九年。紀年於此亦説「楚入雍氏，楚人敗」。然爾時張儀已死十年矣。張守節曰：自此以上十二年，並是楚後圍雍氏，赧王之十五年一段事也。前注徐廣云「楚圍雍氏之下，是楚前圍雍氏，赧王三年事」，徐説非也。徐見下文云「先身而後張儀」及「公之所惡者張儀也」，言張儀尚存，楚又兩度圍雍氏，故生此前後之見，甚誤也。然是公孫昧郤述張儀時事，説韓相公仲耳。

三

公仲爲韓、魏易地〔一〕，公叔争之而不聽，且亡。史惕謂公叔曰〔二〕：「公亡，則易必可成矣。公無辭以後反〔三〕，且示天下輕公。公不若順之。夫韓地易於上〔四〕，則害於趙〔五〕；魏地易於下〔六〕，則害於楚。公不如告楚、趙。楚、趙惡之，趙聞之，起兵臨羊腸；楚聞之，發兵臨方城；而易必敗矣。」

〔一〕祖耿案：顧觀光附此於顯王四十七年。

〔二〕鮑彪曰：史惕，韓史。吳師道曰：或姓。

〔三〕姚注：後，錢、劉一作「復」。黄丕烈曰：後，鮑本作「復」。

〔四〕鮑彪曰：上，上流，魏之上。吳師道曰：上，謂魏。

〔五〕鮑彪曰：趙，魏隣也。魏地廣，趙之害也。

〔六〕鮑彪曰：下，謂韓。黄丕烈曰：「地」，鮑本無。吳補：一本「魏地易」。

四

錡宣之教韓王取秦〔一〕，曰：「爲公叔具車百乘，言之楚易三川。因令公仲謂秦王曰〔二〕：『三川之言曰：秦王必取我〔三〕。韓王之心不可解矣〔四〕。王何不試以襄子爲質於韓〔五〕，令韓王知王之不取三川也〔六〕。」因以出襄子而德太子。」

〔一〕鮑彪曰：錡宣，韓人。取，言與之合。　祖耿案：顧觀光附此於赧王十五年。

〔二〕鮑彪曰：秦王，昭王。

〔三〕鮑彪曰：我，三川也。

〔四〕鮑彪曰：言其聞三川之言，恐空失地，故來於楚易。　吴師道曰：三川，見秦策。

〔五〕鮑彪曰：王，秦王。襄子，秦諸公子不善太子者。　吴師道曰：無考。

〔六〕鮑彪曰：韓之易地，畏秦取之也，令秦入質，則不取可知。　黄丕烈曰：「知」下，鮑本有「之」字，鮑衍「之」字。吴補：一本無。姚同。

五

襄陵之役〔一〕，畢長謂公叔曰：「請毋用兵而楚、魏皆德公之國矣。夫楚欲置公子高〔二〕，必以兵臨魏〔三〕，公何不令人説昭子曰〔四〕：『戰未必勝！請爲子起兵以之魏〔五〕，子有辭以毋戰〔六〕。』於是以太子扁、昭揚、梁王皆德公矣〔七〕。」

〔一〕鮑彪曰：史不書。　吴師道曰：襄陵，見齊策。　祖耿案：顧觀光隸此於赧王十五年。

〔二〕鮑彪曰：原作「高」。從史改「咎」。後並同。此書亦或作「咎」。置，不立也。事見〈韓襄〉十二年。　吴師道曰：「咎」與「皋」通，「皋陶」作「咎繇」。此爲「高」，音同也。　黄丕烈曰：鮑改「高」爲「咎」。吴氏補曰云云。丕烈案：此未必即韓公子咎也。吳說亦未是。　金正煒曰：置，立也。管子任法篇：隣國諸侯能以其權置子立相。此正其義。

〔三〕鮑彪曰：魏欲立咎故。　金正煒曰：以兵臨魏，蓋以兵納之，如春秋時魯之納公子糾、秦之納公子雍也。

〔四〕鮑彪曰：昭子，陽也。

〔五〕鮑彪曰：韓起兵。　金正煒曰：起兵以之魏，謂趣魏也。漢書文帝紀集注：之，趣也。

〔六〕鮑彪曰：楚臨魏，欲置咎也。韓令順之，故可以無戰。

〔七〕鮑彪曰：太子，幾瑟也。陽得毋戰，梁得免兵。　吳師道曰：大事記，韓世家襄王十二年，太子嬰死，公子咎、公子蟣虱爭爲太子。時蟣虱質於楚，楚欲内之，遂圍雍氏。蟣虱竟不得歸韓。韓立咎爲太子。戰國策與世家所載，參錯重複，不可詳考。大略二公子各有所主，公仲主蟣虱，公叔主咎。愚按楚策，韓公叔有齊、魏，而太子有楚、秦。據此，則公叔挾齊、魏以主咎，公仲挾秦、楚以主蟣虱也。　黃丕烈曰：鮑衍「以」字，改「扁」爲「與」。吳氏補曰，此「高」字譌。丕烈案：吳說亦未是。上文高稱公子，此稱太子，必別一人。「揚」鮑改爲「陽」。吳氏補曰：即「陽」，音同而譌。　金正煒曰：「扁」，當爲「屬」。俗書「屬」作「属」，與「扁」字形相似，因以致誤。書禹貢：涇屬渭汭。馬云，屬，入也。按魏策：惠施爲韓、魏交，令太子鳴爲質於齊。王欲見之，朱倉謂王曰：何不稱疾？臣請說嬰子曰：魏王之年長矣。今有疾，公不如歸太子以德之；不然，公子高在楚，楚將内而立之，是齊抱空質而行不義也。此策當即楚欲納公子高於魏時事。竹書紀年：惠成後十二年，楚敗我襄陵。即此所云「襄陵之役」。鮑、吳皆就韓言，故所注全誤。鮑改「公子高」爲「公子咎」，釋「置」爲「不立」，其意楚所欲立者，爲幾瑟也。若如所說，何爲以兵臨魏？即云魏欲立咎，韓令之順楚，因以德公叔，然楚豈徒欲廢咎，韓不立幾瑟，楚何爲而德韓？故知此爲楚欲置君於魏也。高以太子入，則楚志濟而魏患紓矣，故皆德韓。

六

公叔使馮君於秦〔一〕，恐留，教陽向説秦王曰〔二〕：「留馮君以善韓臣，非上知也〔三〕！主君不如善馮君而資之以秦〔四〕，馮君廣王而不聽公叔〔五〕，以與太子爭〔六〕，則王澤布而害於韓矣〔七〕。」

〔一〕金正煒曰：按馮君無考。疑即公仲馮。史記田世家「韓馮」，徐廣曰，即公仲侈。甘茂傳「公仲侈」徐廣曰，一作「馮」。「馮」與「朋」古字通。故策文韓朋，史記作「馮」。其實一人。後人不辨「馮」即「公仲」，因以意增「君」字耳。　祖耿案：顧觀光隸此於赧王十五年。

〔二〕鮑彪曰：秦王，昭王。公叔、馮君、陽向並韓人。　吳師道曰：陽向，未必是韓人。

〔三〕姚注：臣，集、錢、劉、曾作「辰」。　鮑彪曰：韓之嫉馮者，以留之爲善。　金正煒曰：韓臣，當是韓辰。後公仲相韓，見韓相公仲珉使韓侈章，與此文正合。留馮以善辰，謂秦如留馮，徒資辰於韓也。　呂覽長攻篇：所以善代者乃萬故。注：善，好也。應言篇：王何疑秦之善臣也。義與此同。　祖耿案：「知」，鮑本作「智」。

〔四〕金正煒曰：「主」，當作「王」。「君」字，涉上下文而衍。當時惟小國稱「主君」，不得施之於秦，且下文固稱「王」也。

〔五〕鮑彪曰：廣，恃秦以自大。　吴師道曰：「廣」字未詳。疑有誤。　金正煒曰：「廣」字，本或爲「厲」。文選西都賦注引韓詩薛君章句：厲，附也。「厲」、「廣」字形相似。古書往往互誤。

〔六〕鮑彪曰：太子爭也。時未定所立，故幾瑟、咎、嬰更稱之。　吴師道曰：此太子，指咎也。秦主幾瑟者，此設爲順秦之辭。按大事記云，國策中庶子强謂太子云云。史蘇代謂韓咎曰，幾瑟亡在楚，楚王欲内之甚。然則幾瑟嘗立爲太子。不勝公子咎之徒，乃出奔也。索隱曰，伯嬰，即太子嬰。嬰前死，故咎與幾瑟爭立。愚謂此大事記所謂不可考者。　金正煒曰：與，猶助也。公仲本黨於幾瑟，故助之以與公叔爭。

〔七〕鮑彪曰：國不和故。　吴師道曰：「害」，疑「善」字。　金正煒曰：「澤」當作「擇」，「害」當作「割」。並字之譌。言韓之大臣不和，則制之在秦矣。或謂韓公仲章，是公擇布而割也，蓋當時設喻之辭。舊注並失其義。

七

謂公叔曰：『公欲得武遂於秦，而不患楚之能揚河外也〔一〕。公不如令人恐楚王〔二〕，而令人爲公求武遂於秦〔三〕。謂楚王曰：「發重使，爲韓求武遂於秦，秦王聽，是令得行於萬乘之主也〔四〕。韓得武遂以恨秦〔五〕，毋秦患而得楚〔六〕，韓楚之縣而已〔七〕。秦不聽，是秦、韓之怨深而交楚也〔八〕。」』

〔一〕鮑彪曰：揚，猶動。　吴師道曰：「揚」疑「傷」字訛。年表，襄王五年，秦拔宜陽，涉河城武遂。六年，秦復與我武遂。九年，秦復取之。正義云，武遂，韓邑也，近平陽，非堯都。楚昭睢曰，秦破韓宜陽而韓猶復事秦者，以先王墓在平陽，而秦之武遂去之七十里，以故尤畏秦。張琦曰：今平陽府西有武遂城。程恩澤曰：案顧祖禹云，今山西平陽府西（洪志作西南）七十里有武遂城，戰國時韓邑也。似與昭睢之言適相合。然此乃望文生義，并無的據，揆之策文，往往不驗。策云，我起乎宜陽而觸平陽，一日而莫不盡繇我（祖耿案：見下燕策，「我」當屬下爲句，程讀非）。索隱曰：此平陽，當在宜陽左右。則平陽本非河東，何論武遂？且策每以宜陽、武遂連言。其地必相近，惟宜陽在河南，武遂在河北耳。韓世家襄王十六年：秦與我河外及武遂。釐王六年：與秦武遂地二百里。正義曰：此武遂及上文武遂皆宜陽近地。則前人成説無言武遂在河東者，豈韓有兩武遂歟？（地理志，河間國有武遂縣，郡國志屬安平國，乃燕地。與此無涉。）顧觀光曰：史記襄王六年，秦與我武遂；九年，秦復取我武遂；十六年，秦與我河外及武遂；釐王六年，與秦武遂地二百里。屢與屢奪，如兒戲矣。據楚世家，武遂去平陽七十里，是在大河北也。故秦本紀云，武王四年，拔宜陽，涉河城武遂（今平陽府東有武遂故城）。金正煒曰：按「揚」「傷」義并未妥，疑當作「易」。言徒患武遂之入秦，而欲得之，不思楚能以河外之地易之於秦，亦足患也。程恩澤曰：案此河外與武遂連文（世家亦然），蓋即河南宜陽、新城之地。祖耿案：顧觀光隸此於赧王九年。

〔二〕鮑彪曰：楚王，懷王。金正煒曰：「恐」當作「慫」，草書相似而誤。廣雅釋詁：慫，勸也。字亦作聳。方言：中心不欲而由旁人之勸語亦曰聳。

〔三〕金正煒曰：「令人爲公」，當作「令王爲公」，承上楚王而言。「王」，誤作「壬」，因傳寫爲「人」。

〔四〕鮑彪曰：秦王，昭王。祖耿案：「主」，鮑本作「王」。

〔五〕黄丕烈曰：鮑改「恨」爲「限」。吴氏補曰：疑「限」。金正煒曰：當是「限」。

〔六〕黄丕烈曰：鮑改「毋」爲「無」。吴氏補曰：「無」通。鮑改「得」爲「德」。吴氏補曰：當作「德」。金正煒曰：「毋」、「無」，「得」、「德」通用，不煩改作。

〔七〕鮑彪曰：言役屬於楚。

〔八〕黄丕烈曰：今本「交」下有「事」字，乃誤涉鮑也。鮑補「事」字。吴氏補曰：恐「交」字下有缺字。金正煒曰：「交」下當有「走」字，「走」與「楚」字形相似，因致誤奪。「交走」，策文亦屢見。呂覽蕩兵篇：民之號呼而走之。注：走，歸。

八

謂公叔曰：「乘舟舟漏而弗塞〔一〕，則舟沉矣。塞漏舟而輕陽侯之波，則舟覆矣〔二〕。今公自以辯於薛公而輕秦〔三〕，是塞漏舟而輕陽侯之波也〔四〕！願公之察也〔五〕！」

〔一〕金正煒曰：「乘舟」下「舟」字誤複。　祖耿案：御覽七十一引作「乘舟漏而不塞」；七百六十八引作「或謂公叔曰：乘舟漏而不塞」。顧觀光附此於赧王九年。

〔二〕鮑彪曰：説陽侯多矣，今按四八目，伏羲六佐，一曰陽侯，爲江海。蓋因此爲波神歟？　吴師道曰：此出陶潛聖賢群輔錄。「侯」一作「使」。博物志：晉陽國侯溺水，因爲大海之神。　朱亦棟曰：按高誘淮南子注：陽侯，陵陽國侯也，溺死，能爲大波。博物志本此。論語摘輔象：伏羲六佐，金堤主化俗，鳥明主建福，視默主災惡，紀通爲中職，仲起爲海陸，陽侯爲江海。六佐出世。群輔錄本此。當以鮑説爲是（群書札記）。　金正煒曰：高誘淮南覽冥篇注：陽侯，陵陽國侯也。其國近水，休水而死，其神能爲大波，有所傷害，因謂之陽侯之波。惟陽陵爲漢侯國，不能據以釋此文。應劭揚雄傳注以爲古之諸侯。蓋亦不必求其人以實之也。

〔三〕鮑彪曰：辨，猶治也，猶言治於高傒。薛公，田嬰。　黃丕烈曰：「以」下，鮑本有「爲」字。　金正煒曰：說文：辧，致力也。「辨」「辧」字古通用。　祖耿案：辯，鮑本作「辨」。

〔四〕祖耿案：御覽七百六十八引，無「塞」字。

〔五〕祖耿案：御覽七百六十八引作「願公察之」。

九

齊令周最使鄭〔一〕，立韓擾而廢公叔〔二〕。周最患之，曰：『公叔之與周君，交也〔三〕。令我使鄭，立韓擾而廢公叔〔四〕。語曰：「怒於室者色於市〔五〕。」今公叔怨齊，無奈何也，必周君而深怨我矣〔六〕！』史舍曰：『公行矣！請令公叔必重公！』周最行，至鄭，公叔大怒。史舍入見曰〔七〕：『周最固不欲來使，臣竊强之。周最不欲來，以爲公也；臣之强之也，亦以爲公也〔八〕！』公叔曰：『請聞其說！』對曰：『齊大夫諸子有犬〔九〕，犬猛，不可叱，叱之必噬人。客有請叱之者，疾視而徐叱之，犬不動；復叱之，犬遂無噬人之心。今周最固得事足下〔一〇〕，而以不得已之故來使，彼將禮陳其辭，而緩其言〔一一〕。鄭王必以齊王爲不急，必不許也〔一二〕。今周最不來，他人必來，來使者無交於公，而欲德於韓擾，其使之必疾，言之必急，則鄭王必許之矣。』公叔曰：『善。』遂重周最。王果不許韓擾〔一三〕。

〔一〕鮑彪曰：韓滅鄭，有其地，故多稱鄭。　吳師道曰：韓滅鄭，徙都之，故稱鄭。猶魏都大梁，稱梁。祖耿案：顧觀光附此於赧王九年。

〔二〕鮑彪曰：擾，韓公子，蓋立爲相。　吳師道曰：無據。

〔三〕鮑彪曰：交，言其相善，已不可以廢之。

〔四〕黄丕烈曰：「令」，鮑本作「今」，吳補：一本「令我」，從上文。

〔五〕鮑彪曰：色，作色。

〔六〕黄丕烈曰：今本「必」下有「絶」字。鮑本有「絶」字。

〔七〕鮑彪曰：舍，齊、韓史，與最同使。見，見公叔。　吳師道曰：史，或姓。

〔八〕吳師道曰：「最固不欲來使」句。下亦有「來使」文。一本「臣之强之也」上無「使」字，是。姚同。黄丕烈曰：「臣」上，鮑本有「使」字。

〔九〕金正煒曰：按「諸」與「儲」古通用。儲子，見孟子書及燕策，此其族也。

〔一〇〕金正煒曰：「固」，與「故」通。左氏昭十三年傳：蔓成然故事蔡公。注：故猶舊也。

〔一一〕鮑彪曰：以禮陳説，不急也。

〔一二〕鮑彪曰：齊王，閔王。

〔一三〕黄式三編此於赧王十六年，曰：後二十年氿液緩相魏冉而冉相，此周最緩相韓擾而擾不相。相與不相，時爲之也。氿液、周最乃自詡其德乎公叔、魏冉，何德乎爾！合觀之，知人自昧昧也。

十

韓公叔與幾瑟爭國〔一〕。鄭强爲楚王使於韓〔二〕。矯以新城、陽人合世子以與公叔爭國〔三〕。楚怒，將罪之。鄭彊曰：『臣之矯與之以爲國也，臣曰〔四〕：世子得新城、陽人以與公叔爭國而得全〔五〕，魏必急韓氏〔六〕；韓氏急，必縣命於楚〔七〕，又何新城、陽人敢索〔八〕？若戰而不勝，走而不死〔九〕，今且以至〔一〇〕，又安敢言地！』楚王曰：『善。』乃弗罪〔一一〕。

〔一〕鮑彪曰：爭立爲相。見後。　祖耿案：此章與前楚一韓公叔有齊魏章同。此鄭强，彼作鄭申。顧觀光隸此於赧王十五年。

〔二〕鮑彪曰：楚王，懷王。　吴曾祺曰：「强」即「彊」字。　祖耿案：鮑本作「彊」。

〔三〕姚注，劉改「橋」作「矯」。　鮑彪曰：世子，幾瑟也。　黄丕烈曰：「合」，鮑本作「命」。　金正煒曰：按荀子儒效篇：橋飾其性情。注：「橋」與「矯」同。此本作「橋」，亦不煩改。合，當從鮑本作命。命，猶許也。儀禮燕禮：某固辭不得命。注：辭以見許爲得命。

〔四〕鮑彪曰：言其言然。　金正煒曰：按「臣曰」二字義不相屬，下文亦非對幾瑟之辭，「曰」字或當爲「以」。古書「以」作「㠯」，與「曰」字近似，因以致誤。以，猶以爲也。史記淮南王傳「吾以爲不至如此」，漢書伍被傳作「吾以不至如此」。齊策「皆以美於徐公」，謂皆以爲美於徐公也。公羊莊四年傳注：以爲者，設事辭而言之。

〔五〕金正煒曰：周官：旅師而用之。注：而，讀爲若。

〔六〕鮑彪曰：魏欲立咎，故急攻之。

〔七〕祖耿案：「縣」，鮑本作「懸」。

〔八〕祖耿案：鮑本「新」下無「城」字，誤脱。

〔九〕黄丕烈曰：鮑改「走」爲「幸」。

〔一〇〕鮑彪曰：言歸楚。金正煒曰：按楚策作「今將倒冠而至」。此文或有脱字。

〔一一〕鮑彪曰：楚策有，大同。「鄭」作「申」。

十一

韓公叔與幾瑟争國〔一〕，中庶子强謂太子曰〔二〕，「不若及齊師未入，急擊公叔〔三〕。」太子曰：「不可！戰之於國中必分〔四〕。」對曰，「事不成，身必危，尚何足以圖國之全爲〔五〕？」太子弗聽。齊師果入，太子出走〔六〕。

〔一〕祖耿案：顧觀光隸此於赧王十五年。

〔二〕鮑彪曰：庶子本周官。秦置中庶子爲太子官。吳師道曰：新序「楚莊王涖政」云云，中庶子聞之，跪而泣曰，臣尚衣冠御郎十三年矣。燕策有秦王寵臣中庶子蒙嘉，衛鞅爲公叔痤庶子。甘羅事呂不韋爲庶子。則中庶子者，侍御左右之臣，而當時家臣亦有此名，非復周制矣。秦官，太子、庶子、中庶子，此云「中庶子强謂太子」，豈亦太子之官歟！「强」，或是鄭强。

〔三〕鮑彪曰：齊助公叔。

〔四〕黄丕烈曰：「中」下，鮑本有「國」字。

〔五〕姚注：「國之」，曾作「尚之」。

〔六〕鮑彪曰：彪謂幾瑟之及此言也，義嗣也；而卒不得立，小人勝故也。吴師道曰：幾瑟之不欲戰，慮國之分耳，非有息民全民之意、退讓之美也。何義嗣之足稱乎？

十二

齊明謂公叔曰〔一〕：「齊逐幾瑟，楚善之。今楚欲善齊甚，公何不令齊王謂楚王〔二〕：『王爲我逐幾瑟以窮之。』楚聽，是齊、楚合而幾瑟走也；楚王不聽，是有陰於韓也〔三〕！」

〔一〕祖耿案：顧觀光隸此於赧王十五年。

〔二〕鮑彪曰：齊王，閔王。楚王，懷王。

〔三〕鮑彪曰：陰言私厚之，然則公叔不可不備。金正煒曰：「有」字疑是「齊」之壞文。俗書「齊」作「斉」，因缺損爲「有」。言齊爲韓請楚逐幾瑟，楚即不聽，亦疑齊爲有陰於韓，必不亟納幾瑟矣。楚不徇齊請而逐幾瑟，何厚於韓？鮑注未安。

十三

公叔將殺幾瑟也〔一〕，謂公叔曰：『太子之重公也〔二〕，畏幾瑟也。今幾瑟死，太子無患，必輕公。韓大夫見王老，冀太子之用事也，固欲事之。太子外無幾瑟之患〔三〕，而內收諸大夫以自輔也，公必輕矣。不如無殺幾瑟以恐太子，太子必終身重公矣。』

〔一〕祖耿案：鮑本「也」作「或」，屬下句。顧觀光隸此於赧王十五年。

〔二〕鮑彪曰：太子，咎。

〔三〕鮑彪曰：時在楚，故言外。

十四

公叔且殺幾瑟也〔一〕，宋赫爲謂公叔曰：『幾瑟之能爲亂也，內得父兄而外得秦、楚也〔二〕。今公殺之，太子無患，必輕公。韓大夫知王之老而太子定，必陰事之。秦、楚若無韓〔三〕，必陰事伯嬰〔四〕。伯嬰亦幾瑟也！公不如勿殺〔五〕！伯嬰恐，必保於公〔六〕。韓大夫不能必其不入也〔七〕，必不敢輔伯嬰以爲亂。秦、楚挾幾瑟以塞伯嬰〔八〕，伯嬰外無秦、楚之權，內無父兄之衆，必不能爲亂矣。此便於公〔九〕！」

〔一〕祖耿案：顧觀光隸此於赧王十五年。

〔二〕吳師道曰：大事記云，內得父兄，指公仲也。　黄式三曰：大事記云，公仲主蟣蝨挾楚、秦，公叔立咎挾齊、魏。

〔三〕鮑彪曰：言小國不之有。　吳師道曰：未詳。　金正煒曰：按秦、楚皆挾幾瑟以有韓者，幾瑟死，則秦、楚如失韓矣。故必改而陰紿伯嬰。又「若」字或「苦」之譌。法言先知篇：或苦亂。注，苦，患。言秦、楚非愛幾瑟，特患無韓耳。故幾瑟死，即必改事伯嬰。列子湯問篇「何若而不平」。釋文：「若」，一作「苦」，可爲此證。若如鮑說，既小韓而不有，又何陰事伯嬰之足慮乎？

〔四〕鮑彪曰：秦、楚有韓則事太子。太子，韓嗣故也。無韓乃事嬰。

〔五〕鮑彪曰：絶句。

〔六〕鮑彪曰：嬰與太子在韓，皆幾瑟之仇，幾瑟在，故嬰恐。　黄丕烈曰：「必」下，鮑本有「陰」字

〔七〕鮑彪曰：幾瑟入。

〔八〕鮑彪曰：塞，障也，不使與事。　金正煒曰：漢書京房傳「毋使臣塞涌水之異」。注：塞，亦當也。

〔九〕鮑彪曰：（韓襄）十二年，書太子嬰死，因言公仲、伯嬰六事。六事豈與太子同名歟！　吳師道曰：
索隱說伯嬰云云，見前。

十五

謂新城君曰〔一〕：「公叔、伯嬰恐秦、楚之内幾瑟也〔二〕，公何不爲韓求質子於楚〔三〕？楚王聽而入質子於韓〔四〕，則公叔、伯嬰必知秦、楚之不以幾瑟爲事也，必以韓合於秦、楚矣。秦、楚挾韓以窘魏，魏氏不敢東〔五〕，是齊孤也。公又令秦求質子於楚〔六〕。楚不聽，則怨結於韓〔七〕，韓挾齊、魏以眄楚〔八〕，楚王必重公矣〔九〕。公挾秦、楚之重，以積德於韓，則公叔、伯嬰必以國事公矣〔一〇〕。」

〔一〕祖耿案：此章見史記韓世家襄王十二年「楚圍雍氏」一段之下，首云「蘇代又謂秦太后弟芈戎曰」。注，裴駰曰：徐廣曰，芈戎，號新城君。司馬貞曰：芈，姓；戎，名。秦宣太后弟，號新城君。又案：顧觀光隸此於赧王十五年。

〔二〕司馬貞曰：按戰國策，公叔、伯嬰與蟣蝨及公子咎，并是襄王子。然伯嬰，即太子嬰，嬰前死，故咎與蟣蝨又争立。此取戰國策説，伯嬰未立之先，亦與蟣蝨争立，故事重而文倒也。

〔三〕鮑彪曰：楚不主幾瑟，則必入質，以此卜之。　祖耿案：史記注，司馬貞曰：令韓求楚，更以別人爲質，以替蟣蝨也。

〔四〕鮑彪曰：楚王，懷王。　祖耿案：史記「聽」下無「而」字。注，司馬貞曰：質子，蟣蝨也。張守節曰：質子，蟣蝨。蘇代令芈戎爲韓求蟣蝨入於韓，楚不聽。公叔、伯嬰知秦、楚不以蟣蝨爲事，必以韓合於秦、楚。「楚王聽入質子於韓」當云「楚王不聽入質子於韓」，承前脱「不」字耳。次下云「知秦、楚不以蟣蝨爲事」。重明脫「不」字。

〔五〕鮑彪曰：不合齊。　祖耿案：史記作「魏氏不敢合於齊」。

〔六〕鮑彪曰：卜其與秦同否也。　祖耿案：「令」，史記作「爲」。注，司馬貞曰：令芈戎教秦，於楚索韓所送質子，令入之於秦也。

〔七〕鮑彪曰：此韓，皆主公叔、伯嬰爲言。

〔八〕鮑彪曰：盻，睥睨也。　吳師道曰：盻，恨視也。五禮反。　黃丕烈曰：今本「盻」作「盼」，乃因鮑注而誤其字也。依吳當作「盻」。　金正煒曰：「盻」當作「眄」。漢書文三王傳：更相眄伺。說文：眄，衺視也。祖耿案：「盻」，史記作「圉」。

〔九〕鮑彪曰：新城貴於秦，楚欲秦援之，故重新城。　金正煒曰：按此策文多殽誤，故致義不可通。史記索隱、正義乃以上文爲韓求質於楚，謂更以別人爲質以替幾瑟，又以楚王聽而入質子於韓，謂脫「不」字，紆曲其說以顧此文，皆非也。疑當作「公又令魏求質子於楚，楚不聽則怨結於魏，秦挾韓、魏以盻楚，楚王必重公矣」。若如原文，秦求質而楚不聽，何爲怨結於韓？且韓亦惡能挾齊、魏以盻楚哉！　祖耿案：史記作「楚必重公」。注：張守節曰：言韓合齊、魏以圍楚，楚必尊重芈戎以求秦救矣。

〔一〇〕鮑彪曰：記十二年有，在楚圍雍氏下。　吳師道曰：史以此爲蘇代之言。新成君，芈戎也。祖耿案：史記「事」作「待」；「公」下無「矣」字。史記此下有「於是蟣蝨竟不得歸韓。韓立咎爲太子」二句十五字。注，張守節曰：自此已前，蘇代數計皆不成，故韓竟立咎爲太子也。

十六

胡衍之出幾瑟於楚也〔一〕，教公仲謂魏王曰〔二〕：「太子在楚，韓不敢離楚也〔三〕。公何不試奉公子咎而爲之請太子〔四〕，因令人謂楚王曰〔五〕：『韓立公子咎而棄幾瑟，是王抱虛質也！王不如亟歸幾瑟。幾瑟入，必以韓權報讎於魏而德王矣〔六〕！』」

〔一〕鮑彪曰：胡衍，韓人。出，出而歸韓。　祖耿案：顧觀光隸此於赧王十五年。

〔二〕鮑彪曰：教，衍教之。魏王，哀王。　吳師道曰：襄王。

〔三〕鮑彪曰：懼其爲幾瑟伐韓。

〔四〕鮑彪曰：公子咎，此後並因舊字。請，請韓立之。　吳師道曰：謂魏王之言，止上二句，言韓所以不敢離楚之故，以解於魏也。「公何不試奉公子咎而爲之請太子」，此勸公仲之辭。「試」字可見。大事記引此，亦云公子，反不若存之之明也。　黃丕烈曰：鮑改上「公」字爲「王」。吳氏正曰：此勸公仲之辭。丕烈案：此當「公」字下有缺文，吳說亦未是。

〔五〕鮑彪曰：楚王，懷王。幾瑟聞魏欲立咎故。

〔六〕吳師道曰：「德王」之「王」，謂楚王。大事記謂公仲始主幾瑟，後持兩端。幾瑟既不得入，遂改主咎。以此章爲證。愚謂勸仲試奉咎者，將以行其謂楚之謀，激楚王之早入幾瑟耳，非果有奉咎之心也。楚既敗雍氏，幾瑟卒不得入，公仲直以勢窮力竭而遂止耳。

十七

幾瑟亡之楚〔一〕，楚將收秦而復之。謂芈戎曰：『廢公叔而相幾瑟者，楚也〔二〕。今幾瑟亡之楚，楚又收秦而復之，幾瑟入鄭之日，韓，楚之縣邑〔三〕。公不如令秦王賀伯嬰之立也。韓絶於楚〔四〕，其事秦必疾。秦扶韓親魏，齊、楚後至者先亡。此王業也。』

〔一〕祖耿案：顧觀光隸此於赧王十五年。

〔二〕鮑彪曰：相，謂昔日。吳師道曰：相，助也。

〔三〕黄丕烈曰：鮑改「邑」爲「已」。丕烈案：吳氏補曰，策文如此句者，每作「已」，是也。又曰：然「邑」字自通。非。

〔四〕鮑彪曰：楚主幾瑟而今立嬰，故絶韓。

十八

冷向謂韓咎曰〔一〕：『幾瑟亡在楚〔二〕，楚王欲復之甚〔三〕，令楚兵十餘萬在方城之外〔四〕。臣請令楚築萬家之都於雍氏之旁〔五〕，韓必起兵以禁之〔六〕，公必將矣。公因以楚、韓之兵奉幾瑟而內之鄭〔七〕，幾瑟得入而德公，必以韓、楚奉公矣〔八〕。」

〔一〕鮑彪曰：史有公子咎，有韓咎。吳師道曰：史，「冷向」作「蘇代」。愚謂咎即太子咎，豈有内幾瑟之理？當是謂公仲之辭。此大事記所謂不可考者。黃式三曰：此韓咎非太子咎。梁玉繩曰：史韓世家「蘇代謂韓咎曰」，蘇代，策作冷向是也。古史亦以史爲誤。但韓咎即公子咎，與蟣蝨爭爲太子者，而此篇實謀納蟣蝨，義不可通。吳注云，咎豈有納幾瑟之理，當是謂公仲之辭也（徐氏測議曰：公子咎與韓咎是二人，故蘇氏説韓咎奉幾瑟也。亦是一解）。（史記志疑卷二十四）祖耿案：史記韓世家襄王十二年「太子嬰死，公子咎、公子蟣蝨爭爲太子。時蟣蝨質於楚。蘇代謂韓咎曰」云云，文與此章全同。惟冷向與蘇代爲異。顧觀光隸此於赧王十五年。

〔二〕黃式三曰：此言亡在楚，非質於楚也。

〔三〕鮑彪曰：楚王，懷王。祖耿案：「復」，史記作「内」。

〔四〕祖耿案：「令」，鮑本作「今」。史記同。史記注，司馬貞曰：方城，楚之北境。之外，北境之北也。張守節曰：括地志云：方城山在許州葉縣西南十八里。左傳云楚大夫屈完對齊侯曰「楚國方城以爲城」，杜注云「方城山在南陽葉縣南」。

〔五〕祖耿案：此句史記作「公何不令楚王築萬室之都雍氏之旁」。注，裴駰曰：徐廣曰，在陽翟。張守節曰：括地志云：故雍氏城在洛州陽翟縣二十五里，故老云黃帝臣雍父作杵臼也。

〔六〕祖耿案：「禁」，史記作「救」。

〔七〕黃丕烈曰：「鄭」，鮑本無。丕烈案：鄭，即韓也。無者，必不知而誤删之。祖耿案：史記無「鄭」

字。

〔八〕鮑彪曰：記十二年有。　祖耿案：此句史記作「其聽公必矣，必以楚、韓封公也」。下云「韓咎從其計。楚圍雍氏」。

十九

楚令景鯉入韓〔一〕，韓且內伯嬰於秦，景鯉患之〔二〕。冷向謂伯嬰曰：『太子入秦〔三〕，秦必留太子而合楚以復幾瑟也，是太子反棄之〔四〕。』韓咎立爲君而未定也〔五〕，其弟在周，周欲以車百乘重而送之〔六〕。恐韓咎入韓之不立也，綦毋恢曰：『不如以百金從之〔七〕，韓咎立，因也以爲戒〔八〕；不立，則曰：「來効賊也」〔九〕。』

〔一〕祖耿案：鮑本自「韓咎立爲君」以下，另爲一章。顧觀光隸此於赧王十五年。

〔二〕鮑彪曰：楚欲立幾瑟，怨秦立嬰故。

〔三〕鮑彪曰：太子，謂伯嬰。

〔四〕鮑彪曰：言已得立而棄之，向蓋爲鯉者。彪謂太子國之本也，而紛紛不定若此，韓置相其皆何事耶？　吳師道曰：已若入秦，而秦與楚復幾瑟，反爲自棄也。大事記云：置嗣不定，大臣外連敵國，相與爲市，國之不亡者幸也。愚觀咎與幾瑟爭立，實大臣輔之爭。而鮑謂「置相何事」，獨弗考乎？　金正煒曰：按荀子不苟篇：窮則棄而儑。注：棄，自棄也。

〔五〕鮑彪曰：韓咎，太子咎，即釐王。幾瑟、伯嬰難之。　吳師道曰：韓襄王十二年，公子咎、公子幾瑟爭立，楚圍雍氏。次年，魏襄王與齊閔王會於韓，立咎爲太子。此策必其爭立之時，若既即位，則何未定之有？　祖耿案：此下鮑爲章，隸韓釐。注：襄王子，元年，赧王二十年丙寅。案，韓非子說林下有此一節曰：「韓咎立爲君，未定也。弟在周，周欲重之而恐韓咎不立也。綦毋恢曰：不若以車百乘送之。得立，因曰爲戒；不立，則曰來效賊也。」凡四十八字。以此知鮑彪別爲一章甚是。

〔六〕黄丕烈曰：「以」，鮑本作「立」。無「重」字。

〔七〕金正煒曰：按「百金」與下文「以爲戒」及「來效賊也」文不相應。疑上文「以車百乘」當作「以百金」，此乃當作「以車百乘」。文誤淆也。韓咎之弟在周，周初欲以百金重而送之，以結驩於咎，又恐咎入不立無以自解於韓。故綦毋恢以爲不如以車百乘從之，得爲兩端之辭。韓非說林下篇「周欲重之而恐韓咎不立也。綦毋恢曰：不若以車百乘送之」。可據以訂正。

〔八〕姚注：劉改「因」作「曰」。一本添「也」字。　鮑彪曰：所謂兵餽。　黄丕烈曰：「也」，鮑本無。　王念孫曰：「因也」當爲「因曰」，與下文「則曰」相對爲文。韓子說林篇作「得立因曰爲戒」，是其證。　金正煒曰：按劉改非是。當從王說。「因曰」、「則曰」相應爲文。韓非正作「因曰爲戒」。荀子賦篇「其小歌曰」，名本「曰」多作「也」，可爲此證。

〔九〕鮑彪曰：得立者以咎弟爲賊。　吳師道曰：公叔、公仲之用事，仲先而叔後。韓咎既立，則公仲之權寵衰矣。伯嬰、幾瑟、咎之爭立，伯嬰必先死，鮑序次錯亂，非是。　王先慎曰：效，致也。咎爲韓君，以兵車爲其弟之戒；否則咎爲韓賊，則以兵車致賊於韓也。

二十

史疾爲韓使楚〔一〕，楚王問曰：『客何方所循〔二〕？』曰：『治列子圉寇之言〔三〕。』曰：『何貴？』曰：『貴正。』王曰：『正亦可爲國乎？』曰：『可。』王曰：『楚國多盜，正可以圉盜乎？』曰：『可。』曰：『以正圉盜，奈何？』頃間，有鵲止於屋上者〔四〕，曰：『請問楚人謂此鳥何〔五〕？』王曰：『謂之鵲。』曰：『謂之烏可乎〔六〕？』曰：『不可。』曰：『今王之國，有柱國、令尹、司馬、典令〔七〕，其任官置吏，必曰廉潔勝任。今盜賊公行而弗能禁也，此烏不爲烏，鵲不爲鵲也〔八〕！』

〔一〕祖耿案：顧觀光附此於赧王十四年。

〔二〕鮑彪曰：方，術也。金正煒曰：按淮南脩務篇：無本業所脩，方術所務。左氏昭二十九年傳：官脩其方。注，方，法術。此文「循」字，亦當爲「脩」。廣雅釋詁：脩，治也。與治列子之言相應。何方所脩，猶云所脩何方也。

〔三〕鮑彪曰：「圉」「禦」同。

〔四〕姚注：「間」，曾作「聞」。

〔五〕黃丕烈曰：「此鳥」二字，鮑本作「之」。

〔六〕祖耿案：鮑本「謂」上無「曰」字。

〔七〕鮑彪曰：皆楚官。

〔八〕鮑彪曰：原在韓策。吳師道曰：爲韓使楚，故在韓。從舊可。按，此言循名任法，有申、韓之意，而以爲列圍寇所治，何歟？抑申、韓原於道德，本不異歟？金正煒曰：按廣雅釋詁：爲，成也。國語晉語：黍不爲黍，稷不爲稷。注，爲，成也。祖耿案：本篇鮑移入楚策。

二十一

韓傀相韓〔一〕，嚴遂重於君，二人相害也〔二〕。嚴遂政議直指〔三〕，舉韓傀之過，韓傀以之叱之於朝〔四〕，嚴遂拔劍趨之，以救解〔五〕。於是嚴遂懼誅，亡去，游，求人可以報韓傀者。至齊，齊人或言軹深井里聶政〔六〕，勇敢士也，避仇，隱於屠者之間〔七〕。嚴遂陰交於聶政，以意厚之。聶政問曰〔八〕：『子欲安用我乎？』嚴遂曰：『吾得爲役之日淺，事今薄，奚敢有請〔九〕！』於是嚴遂乃具酒觴聶政母前〔一〇〕，仲子奉黄金百鎰前爲聶母壽〔一一〕。聶政驚，愈怪其厚，固謝嚴仲子〔一二〕，仲子固進，而聶政謝曰：『臣有老母，家貧，客游以爲狗屠，可旦夕得甘脆以養親〔一三〕，親供養備，義不敢當仲子之賜。』嚴仲子辟人因爲聶政語曰〔一四〕：『臣有仇而行游諸侯衆矣。然至齊，聞足下義甚高，故直進百金者，特以爲夫人麤糲之費〔一五〕，以交足下之驩〔一六〕，豈敢以有求邪？』聶政曰：『臣所以降志辱身居市井者，徒幸而養老母〔一七〕。老母在，政身未敢以許人也〔一八〕！』嚴仲子固讓，聶政竟不肯受，然仲子卒備賓主之禮而去。久之，聶政母死，既葬，除服。聶政曰：『嗟乎！政乃市井之人，鼓刀以屠〔一九〕，而嚴仲子乃諸侯之卿相也，不遠千里，枉車騎而交臣，臣之所以待之，至淺鮮矣〔二〇〕，未有大功可以稱者，而嚴仲子舉百金爲親壽，我雖不受，然是深知政也〔二一〕！夫賢者以感忿睚眦之意〔二二〕，而親信窮僻之人，而政獨安可嘿然而止乎！且前日要政，政徒以老母，老母今以天年終，政將爲知己者用。』遂西至濮陽〔二三〕，見嚴仲子，曰：『前所以不許仲子者，徒以親在〔二四〕。今親不幸〔二五〕，仲子所欲報仇者爲誰〔二六〕？』嚴仲子具告，曰：『臣之仇，韓相傀〔二七〕，傀又韓君之季父也！宗族盛，兵衛設〔二八〕，臣使人刺之，終莫能就。今足下幸而不棄，請益具車騎壯士，以爲羽翼。』政曰：『韓與衛中間不遠〔二九〕，今殺人之相，相又國君之親，此其勢不可以多人。多人不能無生得失〔三〇〕，生得失則語泄〔三一〕，語泄則韓舉國而與仲子爲讎也！豈不殆哉〔三二〕！』遂謝車騎人徒，辭，獨行仗劍至韓〔三三〕。韓適有東孟之會〔三四〕，韓王及相皆在焉〔三五〕，持兵戟而衛者甚衆〔三六〕，聶政直入上階，刺韓傀〔三七〕，韓傀走而抱哀侯〔三八〕，聶政刺之，兼中哀侯，左右大亂。聶政大呼，所殺者數十人〔三九〕。因自皮面抉眼，自屠出腸，遂以死〔四〇〕。韓取聶政屍於市〔四一〕，縣購之千金〔四二〕，久之，莫知誰子〔四三〕。政姊聞之〔四四〕，曰：『弟至賢，不可愛妾之軀，滅吾弟之名，非弟意也〔四五〕。』乃之韓，視之，曰：『勇哉，氣矜之隆！是其軼賁、育而高成荊矣〔四六〕！今死而無名〔四七〕，父母既殁矣，兄弟無有，此爲我故也〔四八〕！夫愛身不揚弟之名，吾不忍也！』乃抱屍而哭之〔四九〕，曰：『此吾弟軹深井里聶政也！』亦自殺於屍下〔五〇〕。晉、楚、齊、衛聞之，曰：『非獨政之能，乃其姊者亦列女也〔五一〕。』聶政之所以名施於後世者，其姊不避菹醢之誅〔五二〕，以揚其名也〔五三〕。

〔一〕吳師道曰：史，作「韓相俠累」。索隱引高誘云，韓傀，俠累也。今註本無。俠，古狹反。累，力追反。韓非子「傀」作「廆」。藝文類聚引作「韓傫」。今按「傀」字，呼乖、徒回、姑回、姖鮪、戸賄等反不一。「傀」與「俠累」，字音有差互訛轉。說又見後。黄丕烈曰：丕烈案，「傀」、「廆」同字，「累」、「傫」同字。考索隱在韓世家單刻本「俠」下有「侯」字，疑「俠侯」是其爵號，「傀」、「累」爲聲之轉也。祖耿案：御覽四百七十三引作「韓傫」，類聚三十三引同。又案：韓非子內儲說下云，韓廆相韓哀侯，嚴遂重於君，二人甚相害也。嚴遂乃令人刺韓廆於朝，韓廆走君而抱之，遂刺韓廆而兼哀侯。王先慎曰：即聶政事，見韓策。顧廣圻曰：說林上篇及韓策，「廆」作「傀」，同字。哀公，即世家之烈侯，世本謂之武侯。戰國策及此謂之哀侯，各不同。事在三年，與世家之哀侯非一人也。又案：此章具見史記刺客列傳，詞更詳備。此作韓傀，史作俠累；此云東孟之會，史云方坐府上；此云兼中哀侯，而史則無之。此其異也。又，此無政姊之名，而史記有之，政姊之言，此勁簡有力，而史記紆餘詳備，風格亦不相同。

〔二〕祖耿案：史記云：濮陽嚴仲子，事韓哀侯。與韓相俠累有卻。注，司馬貞曰：高誘曰，嚴遂字仲子。案戰國策，俠累，名傀也。表，聶政殺俠累在列侯三年。列侯生文侯，文侯生哀侯，凡更三代，哀侯六年爲韓嚴所殺，今言仲子事哀侯，恐非其實；且太史公聞疑傳疑，事難的據，欲使兩存，故表、傳各異。

〔三〕鮑彪曰：「政」、「正」同。　金正煒曰：「政」與「正」通。廣雅釋言：指，斥也。　朱起鳳曰：「政」、「正」同音通用。　祖耿案：御覽四百七十三、類聚三十三引「政」并作「正」。

〔四〕鮑彪曰：以之，猶以此。　金正煒曰：史記聶政傳注，索隱引戰國策無「以之」二字，此蓋「叱之」誤衍也。古書「以」作「㕥」，與「叱」字形相似，因誤「叱之」爲「以之」。　祖耿案：御覽四百七十三引無「以之」二字。

〔五〕鮑彪曰：以救至得解。

〔六〕鮑彪曰：軹之里名深井。　吴師道曰：軹，即河內軹。正義云，深井里在懷州濟源縣南三十里。政時客游。　張琦曰：今濟源縣南十三里有軹村，村有深井里。　程恩澤曰：案索隱曰，地理志：河內有軹縣。深井，軹縣之里名也。御批通鑑輯覽：今濟源縣故軹城旁有深井堂，即聶政所居。張曰云云；或曰在河內縣清化鎮。疑誤。　又曰：通鑑注：姓譜云：楚大夫食采邑於聶，因以爲氏。路史：邢有聶（僖元年，會聶北），本衛大夫采邑，或疑後屬楚。又云即攝（楚有攝叔）。俱非。當別有楚地名聶者。然邢與軹不甚相遠，或者楚自有聶邑，而此則爲聶政受姓之地歟？

〔七〕祖耿案：御覽四百七十三引「者」作「肆」。

〔八〕黄丕烈曰：「問」下，鮑本有「之」字。吴補：一本「問曰」。姚同。

〔九〕鮑彪曰：薄，猶迫。金正煒曰：按鮑注，薄，猶迫，則今訓爲即，義亦自通。惟遂既未敢有請，不當即謂事迫之言。事今薄者，蓋承上句而申言之，事即上所云爲役也，今薄即上所云日淺也。詩時邁箋：薄，猶甫也。甫，始也。

〔一〇〕黃丕烈曰：「觴」上，鮑本有「自」字。吳補：一本「具酒觴」。丕烈案：史記作「自暢」。徐廣曰：一作「賜」。索隱曰：作「觴」，近爲得也。

〔一一〕鮑彪曰：仲子，遂字。吳師道曰：索隱引高誘云，嚴遂，字仲子。今本無。

〔一二〕黃丕烈曰：「固」，鮑本作「因」。吳補：一本「固謝」。史、姚同。丕烈案：今鮑本誤爲「固」，即與吳校矛盾也。

〔一三〕鮑彪曰：甘脆，肉之肥美者。吳師道曰：說文：甘，美也；脆，小耎物易斷也。朱起鳳曰：甘脆，史記刺客列傳作「甘毳」。集解，毳，此芮反。索隱，鄒氏音脆，二義相通也。案食物之甘與脆者，即以甘脆名，猶俗云甘旨也。周禮小宗伯鄭注：聲如腐脆之脃。釋文：脃，本作膬。老子：其脃易泮。釋文：脃，河上本作膬。脃字從色，今或從脆者，字之俗也。

〔一四〕鮑彪曰：辟，猶屏闢去之。

〔一五〕鮑彪曰：丈人，亦尊稱政也。粟十六斗爲一秉。舂米一斛曰糲。吳師道曰：一本「夫人」。史、姚同。韋昭曰：古者尊大嫗爲夫人。又，或作「大人」。糲，落蓋反；又力制、郎達二反。黃丕烈曰：「夫」，鮑本作「丈」，吳補云云。丕烈案：「丈」字當是。顏氏家訓有說。金正煒曰：按史記作「大人」。正義引韋昭云：古者名男子爲丈夫。尊父嫗爲大人。漢書宣元六王傳「王遇大人益解，爲大人乞骸去。」按，大人，憲王外祖母。古詩「三日斷五疋，大人故言遲」是也。此文作「大人」義勝。蓋稱政母。鮑注稱政非是。下云「足下」乃所以稱政也。吳氏所引韋説當是字誤。左氏哀十三年傳：粱則無矣，麤則有之。玉篇：麤，不精也。春秋説題：辭謂磑之爲糲米也。九章算術：粟五十，糲率三十。一斛粟得六斗米爲糲也。　祖耿案：史記注，張守節曰：糲，猶麤米也，脱粟也。

〔一六〕黄丕烈曰：「交」，鮑本作「反」。吳補：一本「交足下」，史、姚同。「反」字必誤。

〔一七〕鮑彪曰：以有養爲幸。　黄丕烈曰：鮑本作「居市井屠者，幸以養老母」。吳補：一本「居市井者，徒幸而養老母」。史、姚同。丕烈案：史記「而」作「以」。

〔一八〕鮑彪曰：在前，在未死前。　黄丕烈曰：鮑本作「老母在前」。吳補：一本「老母在」。史、姚同。無「前」字。

〔一九〕祖耿案：史記注，張守節曰：古者相聚汲水，有物便賣，因成市，故云市井。　又案：類聚三十三引作「鼓刀之屬」。

〔二〇〕黄丕烈曰：「鮮」，鮑本無。吳補：一本「至淺鮮矣」。史、姚同。　祖耿案：鮑本「至」上有「者」字。

〔二一〕黄丕烈曰：「雖」，鮑本作「義」。吳補：一本「我雖不受」。史、姚同。

〔二二〕鮑彪曰：感，言動心。睚眦，怒視也。　吳師道曰：師古曰，睚，音厓，舉眼也；眦，即眥字，謂目匡也。言舉眼相忤者，即殺之也。一説，睚，五懈反；眦，士懈反。瞋目貌。　金正煒曰：王念孫讀書雜志據荀子議兵篇注引魯連子作「棄感忽之恥」，謂「感忿」爲「感忽」之譌，此文亦當作「感忽」。楊倞所謂「倏忽之間」也。「意」，疑本爲「怨」。「意」古作「蕙」，「怨」誤爲「患」，因轉誤「意」。

〔二三〕吳師道曰：漢濮陽縣，屬東郡。春秋時帝丘也。　程恩澤曰：下云「韓與魏相去中間不遠」，則此濮陽，衛都也。案地理志：東郡有濮陽縣，故帝邱也，説見前秦策。

〔二四〕祖耿案：鮑本「前」下有「日」字。御覽四百七十三引作「前日所以不許子者，徒以親也」。

〔二五〕黃丕烈曰：「幸」下，鮑本有「而死」二字。吳補：一本無。姚同。丕烈案：史記作「今不幸而母以天年終」。　祖耿案：類聚三十三引作「今親已亡」，御覽四百七十三引作「親今不幸死」。

〔二六〕黃丕烈曰：「爲誰」二字，鮑本無。有「請得從事焉」五字。吳補：一本「仇者爲誰」，史、姚同。一本無此五字，姚同，史有。　祖耿案：類聚三十三、御覽四百七十三引并作「仲子所欲報者爲誰」。

〔二七〕黃丕烈曰：「傀」上，鮑本有「韓」字。吳補：一本「韓相傀」。姚同。丕烈案：史記「韓相俠累」。

〔二八〕鮑彪曰：設，陳也。　黃丕烈曰：鮑本作「宗族盛多，居處兵衛甚設」。吳補：一本無「多居處甚」四字。史有。

〔二九〕鮑彪曰：事泄易聞。　吳師道曰：一本「韓與衛中間不遠」，無「相去」二字。姚同，史有。司馬貞引高誘云，韓都潁川陽翟，衛都東郡濮陽，故云云。今注本無。　黃丕烈曰：「衛」下，鮑本有「相去」二字。

〔三〇〕鮑彪曰：謂相可否。

〔三一〕黃丕烈曰：吳氏補曰：索隱云，策作「無生情」，言所將人多，或生異情，故語泄。今本無此文。丕烈案：考索隱云，此云生得，言將多人往殺俠累，後又被生擒而語泄，亦兩俱通也。是史記本作「生得」，策文本作「生情」。今本皆誤。　王念孫曰：史記索隱出「不能無生得」五字解云，戰國策作「無生情」，言所將人多，或生異情，故語泄。此云生得，言將多人往殺俠累，後又被生擒而事泄，亦兩通也。據此，則史記本作「生得」，今本「得」下有「失」字，乃後人以意加之也。戰國策本作「生情」，而今本亦作「生得失」，則又後人據史記改之也。　金正煒曰：王氏據索隱以訂正此文「失」字爲衍，是也。詩大雅皇矣箋：執所生得者而言問之；公羊昭二十三年傳：生得曰獲；管子大匡篇：寡人願生得之；漢書蘇武傳：「虞常生得」，注，被執獲也。南史東昏紀：帝小有得失，潘則予杖。六朝人語不類周秦。

〔三二〕祖耿案：史記此句作「是韓舉國而與仲子爲讎」。注，司馬貞曰：徐注云，一作「難」，戰國策譙周亦同。

〔三三〕鮑彪曰：仗，兵器也。蓋以劍爲兵。　吳師道曰：仗，執持也。　祖耿案：此下，史記作「韓相俠累方坐府上，持兵戟而衛侍者甚衆。聶政直入上階，刺殺俠累，左右大亂」。注，裴駰曰：徐廣曰，韓烈侯三年三月，盜殺韓相俠累，俠累名傀。戰國策曰有東孟之會。又云聶政刺韓傀兼中哀侯。司馬貞曰：戰國策曰，政直入上階，刺韓傀，傀走而抱哀侯，聶政刺之，兼中哀侯。高誘曰，東孟，地名也。

〔三四〕鮑彪曰：東孟，地缺。　吳師道曰：索隱引高誘注：東孟，地名。今本無。　程恩澤曰：案元和志云：韓世家，哀侯都酸棗。水經注，酸棗有韓王聽訟觀臺，城北爲韓之市地，聶政爲嚴仲子刺韓相夾累於此。似於徙鄭之後，又會於酸棗，而遭此阨。輿地廣記云：酸棗，戰國時嘗爲韓所都，刺客聶政爲濮陽嚴仲子殺韓相俠累於此。與水經注略同。則東孟即酸棗無疑。今爲延津縣。路史：衛有東孟。注云，即定十四年蒯聵獻齊者。江永曰：衛之東境。古「孟」、「盂」字多混，或者東孟即東盂歟？

〔三五〕祖耿案：御覽四百七十三引「韓王」作「韓主」，是。

〔三六〕黄丕烈曰：「衛」下，鮑本有「侍」字。吳補：一本無「侍」字。史、姚同。丕烈案：今史記有。

〔三七〕黄丕烈曰：「刺」下，鮑本有「殺」字。吳補：姚本無「殺」字。丕烈案：史記「刺殺俠累」。索隱引戰國策「刺韓傀」，無「殺」字。鮑本當是誤用史記添入耳。

〔三八〕鮑彪曰：按趙侯，策及傳皆言哀侯，而記及其表皆書列侯。策、傳可爲誤，年不可移也。　吳師道曰：說見後。　黄丕烈曰：鮑改「哀」爲「列」，下同。丕烈案：此即世家之列侯，策文謂之哀侯，一人耳。世本又作武侯，引見索隱，非世家所謂「韓嚴弑其君哀侯者也」。吳氏補以爲二事是矣。其必謂之列侯，未審於史記、策文本不同也。

〔三九〕黄丕烈曰：「所」下，鮑本有「擊」字。吳補：一本無。姚同，史有。丕烈案：劉向列女傳無。

〔四〇〕鮑彪曰：去面之皮。抉，挑也。　吳師道曰：索隱云，以刀刺其面皮，欲令人不識。列女傳作「披」，蓋以刀剺面而去其皮也。「抉」，史作「決」。一本「自屠出腸」，史、姚同。　黄丕烈曰：「皮面」，鮑本作「面皮」。吳補云云。丕烈案：「皮」、「披」同字，「抉」、「決」同字。作「面皮」者誤。列女傳是，自披其面也。「自」字、「出」字，鮑本無。吳補云云。丕烈案：列女傳作「自屠剔」。　黄式三曰：文選別賦注作「破」，策作「皮」，列女傳作「披」。古聲同通借也。注家皮傳之論不足據。　金正煒曰：按廣雅釋言，皮，剥也。廣韻，披，裂也。鮑注，去面之皮。吳引索隱云，以刀刺其面皮。並失皮之字義。　朱起鳳曰：「皮」字假作動詞，與「披」同義通假。「決眼」，當作「抉眼」。皮面、抉眼，相對爲文。　祖耿案：史記注，司馬貞曰「決眼」，謂出其眼睛。戰國策作「抉眼」。此「決」亦通，音烏穴反。

〔四一〕黄丕烈曰：「屍」下，鮑本有「暴」字。丕烈案：史記有。列女傳：韓暴其尸於市。　金正煒曰：按「屍」與「尸」通。周禮大司樂「屍出入，則令奏肆夏」，釋文「屍本作尸」可證。左氏桓十五年傳：尸諸周氏之汪。注，暴其尸以示戮也。國語晉語：殺三郤而尸諸朝。注，尸，陳也。鮑本及史記，「屍」下有「暴」字，則又爲「輿尸」之「屍」，義與此異。　祖耿案：御覽四百三十九引作「韓取聶正尸暴於市」。

〔四二〕鮑彪曰：縣金募知者。　金正煒曰：説文：購，以財有所求也。漢書高帝紀：乃多以金購豨將。注，購，設賞募也。列女傳作「韓暴其尸於市，購問以千金」。

〔四三〕黄丕烈曰：「子」，鮑本無。吳補：一本「誰子」。史、姚同。丕烈案，列女傳「莫知爲誰」。

〔四四〕姚注：「姊」下，劉有「嫈」字。黃丕烈曰：「姊」下，鮑本有「嫈」字。吴補：一本無「嫈」字。姚注，劉有嫈，么莖反。史作「榮」。丕烈案：索隱云，戰國策無「榮」字，有者，當是誤用史記添入耳。列女傳亦無。　祖耿案：「姊」，鮑作「姊」，下同。御覽四百三十九引作「政姊聞之」。案此策與史，事同文異，而史記語更詳贍。云「政姊榮聞人有刺殺韓相者，賊不得，國不知其名姓，暴其尸而縣之千金。乃於邑里曰：其是吾弟與？嗟乎，嚴仲子知吾弟！立起如韓之市，而死者果政也。伏尸哭，極哀曰：是軹深井里所謂聶政者也。市行者諸衆人皆曰：此人暴虐吾國相，王縣購其名姓千金，夫人不聞與？何敢來識之也！榮應之曰：聞之，然政所以蒙汙辱自棄於市販之間者，爲老母幸無恙，妾未嫁也。親既以天年下世，妾已嫁夫，嚴仲子乃察舉吾弟困汙之中而交之，澤厚矣，可奈何！士固爲知己者死，今乃以妾尚在之故，重自刑以絶從，妾其奈何畏殁身之誅，終滅賢弟之名！大驚韓市人，乃大呼天者三，卒於邑悲哀而死政之旁。晉、楚、齊、衛聞之，皆曰：非獨政能也，乃其姊亦烈女也。鄉使政誠知其姊無濡忍之志，不重暴骸之難，必絶險千里以列其名，姊弟俱僇於韓市者，亦未必敢以身許嚴仲子也。嚴仲子亦可謂知人能得士矣。」凡三百有六字，較此多一倍有余。

〔四五〕鮑彪曰：言往哭自吾意耳。　黃丕烈曰：「弟」上，鮑本有「吾」字。丕烈案：列女傳無。　祖耿案：御覽四百三十九引作「弟至賢，愛妾之軀，滅吾弟之名，非弟意也」。

〔四六〕鮑彪曰：矜，自持也。軼，車相出也。説文，成荆，古之勇士。今對賁、育，復似兩人。　吴師道曰：吕氏春秋「豫讓必死於襄子，而趙氏皆恐；成荆致死於韓王，而周人皆畏」。按此對豫讓言，則一人也。　黃丕烈曰：「而」，鮑本無。　金正煒曰：按淮南氾論篇：立氣矜、奮勇力。韓詩外傳：外立節矜而敵不侵擾。氣矜，猶言氣勢。此稱其養勇之功。鮑注非也。　朱起鳳曰：史記范雎傳：成荆、孟賁、王慶忌、夏育之勇焉而死。集解，徐廣曰：一作「羌」。淮南子齊俗：孟賁、成荆無所行其威。高註，成荆，古勇士也。漢書景三王，其殿門有成慶，畫短衣、大袴，長劍。按「荆」、「慶」音近，或作「荆」，或作「慶」。方言不同。若非「慶」字，何緣一作「羌」乎！

〔四七〕鮑彪曰：不顯其人。

〔四八〕鮑彪曰：不顯其名，恐累及姊。

〔四九〕金正煒曰：按太平御覽引琴操：政父爲韓王治劍不成，王殺之。政入泰山遇仙人學琴，琴成入韓，王召使琴，遂出刀刺王。其母抱政屍而哭。其説與史、策異，蓋不足據。

〔五〇〕祖耿案：御覽四百三十九引，「下」作「旁」。

〔五一〕鮑彪曰：列，義烈可陳。 吴師道曰：列、烈通。 黄丕烈曰：「政」上，鮑本有「聶」字，無「亦」字。吴補：一本「非獨政之能，乃其姊者亦列女也。」姚同。丕烈案：史記「非獨政能也，乃其姊亦烈女也」。列女傳：「非獨聶政之勇，乃其姊者烈女也。」 金正煒曰：按「之」猶「爲」也。説文：能獸堅中，故稱賢能，而强壯稱能傑也。漢書高帝紀注：能，爲物堅中而强力，故人之有賢材者，皆謂之能。 朱起鳳曰：「列」，史記作「烈」。「列」即「烈」字之省。

〔五二〕鮑彪曰：葅酢，菜也。言剉斮之如此。 吴師道曰：周禮注疏，虀葅之類，菜肉通稱。全物若牒爲葅。記文：醢，肉醬。

〔五三〕鮑彪曰：此（韓烈）三年書政殺韓相俠累。刺客傳有。彪謂：政之始終於其親，孝矣。其臨財也，義矣。嘗欲評其死，感其義烈，不忍下筆。獨以謂人之居世，不可不知人，亦不可妄爲人知也。遂唯知政，故得行其志。惜乎！遂褊狷細人耳。政不幸謬爲所知，故死於是。使其受知明主與賢相，則其所成就，豈不有萬萬於此者乎！哀哉！　吳師道曰：大事記，按史記韓世家，烈侯三年，聶政殺韓相俠累；十一年，烈侯卒；子文侯立，十年卒；子哀侯立，六年，韓嚴弑其君哀侯。聶政之刺俠累，與哀侯之弑相去遠矣，而聶政傳乃謂，嚴仲子事哀侯，與韓相俠累有郤，使政刺累。與世家不合。蓋其氏偶同，故刺客傳誤以爲哀侯之時。策曰，東孟之會，韓王及相皆在焉，聶政刺韓傀兼中哀侯。又曰，聶政刺相兼中哀侯，許異蹴哀侯而殪之，是故哀侯爲君而許異終身相焉。考之世家，哀侯既弑，其子懿侯即位，許異將誰相哉！俠累既死，烈侯猶在位十年，謂之終身相可也。則此乃烈侯三年之事，但戰國策誤以爲哀侯耳。又烈王五年，韓嚴遂弑哀侯，解題引正義云，紀年，晉桓公邑哀侯於鄭，韓山堅賊其君哀侯而立韓若山。山堅即韓嚴也，若山即懿侯也。愚按，此事國策誤合二事爲一，司馬遷兩存而不決，故溫公與劉道原書、蘇氏古史皆疑之。大事記考之未盡，且史記年表、世家兩書韓嚴，是聶政之事乃嚴遂，而弑哀侯者乃韓嚴。大事記謂氏偶同，又不知韓嚴遂、韓嚴，國、氏、名交混也。通鑑書嚴遂弑哀侯，大事記因之未改，當從史書韓嚴。綱目書『廢遂』下注，哀侯以韓廆爲相，而愛韓遂，二人相害，遂刺廆於朝併中哀侯，亦仍誤也。　又曰：史遷作刺客傳，失在獎盜，而年表書盜殺韓相俠累，獨爲得春秋書法。綱目、大事記不能易也。父母遺體，不敢毀傷，以不義而滅其身，得爲孝乎？非有夙昔之遇，如智伯之於豫讓；非有累世之恩，如韓之於子房，以欲報仇之故，厚己而使爲不義，得爲知己乎？鮑陳說區區陋矣。　又曰：姊嫈之死，蓋兄弟之義。策述其言，以爲不愛身以揚弟之名，而說者徒知論名而不及義，此皆戰國之習也。史記云，『使政知姊無濡忍之志，不重暴骸之難，必絕險千里以列其名，姊弟俱僇於韓市者，亦未必敢以身許仲子也。』列女傳云，『嫈仁而有勇，不怯死以滅名。詩云「死喪之威，兄弟孔懷」云云，此之謂也。』愚謂子長得政之情，子政得嫈之志。然一則曰列其名，一則曰不滅名，猶未免世俗之失也。　馬驌曰：史韓世家列侯三年，聶政殺韓相俠累，即傀也。刺客列傳作哀侯者，誤以後有韓嚴弒哀侯事。嚴遂、韓嚴兩名相亂，故然。

卷二十八　韓三

一

或謂韓公仲曰〔一〕：「夫孿子之相似者〔二〕，唯其母知之而已。利害之相似者〔三〕，唯智者知之而已。今公國其利害之相似，正如孿子之相似也。得以其道爲之〔四〕，則主尊而身安；不得其道，則主卑而身危。今秦魏之和成〔五〕，而非公適束之〔六〕，則韓必謀矣〔七〕。若韓隨魏以善秦，是爲魏從也〔八〕，則韓輕矣，主卑矣〔九〕。秦已善韓，必將欲置其所愛信者，令用事於韓以完之〔一〇〕，是公危矣。今公與安成君爲秦魏之和〔一一〕，成固爲福，不成亦爲福。秦魏之和成而公適束之〔一二〕，是韓爲秦魏之門户也〔一三〕，是韓重而主尊矣。安成君東重於魏，而西貴於秦，操右契而爲公責德於秦魏之主〔一四〕，裂地而爲諸侯，公之事也〔一五〕。若夫安韓魏而終身相，公之下服〔一六〕，此主尊而身安矣。秦魏不終相聽者也〔一七〕。齊怒於不得魏，必欲善韓以塞魏；魏不聽秦，必務善韓以備秦；是公擇布而割也〔一八〕。秦魏和，則兩國德公；不和，則兩國争事公；所謂成爲福，不成亦爲福者也。願公之無疑也！」

〔一〕姚注：「仲」，曾作「中」。　祖耿案：顧觀光附此於赧王二十七年。

〔二〕鮑彪曰：孿，一乳兩子。　吳師道曰：孿，音患，力員二反。

〔三〕黃丕烈曰：「利」上，鮑本有「夫」字。吳補：一本「利害」，無「夫」字。

〔四〕黃丕烈曰：「以」，鮑本無。

〔五〕鮑彪曰：轉則二國和。

〔六〕鮑彪曰：束，猶約也。　黃丕烈曰：今本「適」下有「兩」字，鮑本有。　吳曾祺曰：束，約也。言秦魏之和而公仲爲之主約也。　金正煒曰：按釋名釋言語：束，促也，相促近也。無「兩」字義亦自足。

〔七〕鮑彪曰：謀，謂和不堅而復議之。　金正煒曰：韓必謀者，謂秦魏合而圖韓，與趙策「國在謀之中」義同。鮑注非也。

〔八〕鮑彪曰：從人而已，非自約之。

〔九〕黃丕烈曰：「輕」下，鮑本無「矣」字。吳補：一本「韓輕矣」。

〔一〇〕鮑彪曰：全秦之事。　黃丕烈曰：「欲」，鮑本無。

〔一一〕鮑彪曰：安成君，韓人。

〔一二〕黃丕烈曰：今本「適」下有「兩」字。鮑本有。　祖耿案：吳昌瑩說適有若義。案吳說非也。適之爲言直也，正值其事謂之適。

〔一三〕鮑彪曰：喻兩國由之。

〔一四〕鮑彪曰：左契待合而已，右契可以責取。公仲制和，爲德於秦，今責其報。　黄丕烈曰：「主」，鮑本作「王」。　黄式三曰：左券，索隱云，左不正也；正義云左券下、右券上，皆是也。上券爲正，即成爲福也；下券不正，即不成之福也。　金正煒曰：按老子「是以聖人執左契而不責於人」。「左」「右」並通，此不必泥。　湯炳正曰：案曲禮云「獻粟者執右契」，鄭注云，契，券要也，右爲尊。案此是操右契者，方有責取於人之權；故此文云操右契而爲公責德於秦魏之主。老子云「聖人執左契而不責於人」，蓋操左契者，本無責人之權，極形容聖人之不責難於人耳。金氏謂「左」「右」並通，大誤。

〔一五〕鮑彪曰：言當務此。　金正煒曰：「公之事也」，與魏策「此吾事也」義同。猶近人所云分内事耳。

〔一六〕鮑彪曰：服，猶事。以侯國爲上，則相猶爲下也。　金正煒曰：書立政「用勱相我國家」；左氏昭四年傳「晉楚唯天所相」。「相」並訓爲「助」。下服，猶云下國。上言裂地而爲諸侯，則是韓魏之附庸，故云下服；此言安韓魏即終身得資以相所封之國。鮑注皆誤。

〔一七〕姚注：劉有「者」字。　鮑彪曰：後必相違。

〔一八〕姚注：錢作「擇豨而割之」，曾劉作「擇布」。　鮑彪曰：布，喻齊、魏。割，喻制之。　吳師道曰：「齊怒」，詳文意當作「秦怒」。

二

或謂公仲曰〔一〕：「今有一舉而可以忠於主，便於國，利於身，願公之行之也！今天下散而事秦，則韓最輕矣。天下合而離秦〔二〕，則韓最弱矣。合離之相續，則韓最先危矣。此君國長民之大患也！今公以韓先合於秦，天下隨之，是韓以天下事秦〔三〕。秦之德韓也厚矣。韓與天下朝秦，而獨厚取德焉。公行之計〔四〕，是其於主也至忠矣。天下不合秦，秦令而不聽，秦必起兵以誅不服，秦久與天下結怨構難而兵不決，韓息士民以待其亹〔五〕。公行之計，是其於國也大便也。昔者，周佼以西周善於秦而封於梗陽〔六〕；周啓以東周善於秦而封於平原〔七〕；今公以韓善秦，韓之重於兩周也無計〔八〕，而秦之爭機也萬於周之時〔九〕。今公以韓爲天下先合於秦，秦必以公爲諸侯，以明示天下。公行之計，是其於身大利也。願公之加務也！』

〔一〕祖耿案：顧觀光附此於赧王二十七年，曰，策言「周佼以西周善於秦而封於梗陽」；據六國表，秦拔趙梗陽在此年，故附此。

〔二〕黄丕烈曰：「天」上，鮑有「今」字。

〔三〕姚注：「事」，錢作「予」。

〔四〕鮑彪曰：之猶此。

〔五〕鮑彪曰：亹，罅也。

〔六〕鮑彪曰：太原榆次有梗陽鄉。張琦曰：今太原府清源縣，古梗陽也。程恩澤曰：案梗陽見左傳。杜預曰：太原晉陽縣南梗陽城。索隱曰：地理志，太原榆次有梗陽鄉。與杜預所據小別。正義曰：括地志，梗陽故城在并州清源縣南百二十步（一統志作里，誤）。分晉陽縣置，本漢榆次縣地，春秋晉大夫祁氏邑。郡國志注，太原郡晉陽縣南有梗陽城，即左傳梗陽也。顧祖禹曰：今山西太原府徐溝縣西南十七里，故清源縣南有梗陽城，周六里，故晉邑也。錢坫曰：京相璠云，太原晉陽縣（即今榆次縣，後魏太平真君九年，省入晉陽）南四十里榆次界，有梗陽城，今榆次在太原府東南六十里，清源在府西南八十里（當云九十七里）。括地志、郡縣志並以梗陽即清源，中隔汾河，相去似遠。當以京相之説爲允。今按，今榆次徐溝皆古榆次縣地，其梗陽故城則在今徐溝，而不在今榆次，清源即徐溝也，不得以二志爲非。又曰：元和姓纂，秦宣太后弟，封梗陽君，不知何據。　顧觀光曰：史記惠文王十一年秦取梗陽（表作桂陽，誤）。集解引杜預曰：太原晉陽縣南梗陽城也。索隱引地理志云，太原榆次有梗陽鄉，與杜預小别。京相璠曰「今太原晉陽縣南六十里榆次界，有梗陽城」之説，不甚相遠。惟正義引括地志云，梗陽故城在并州清源縣南百二十步，分晉陽縣置，本漢榆次縣地，春秋晉大夫祈氏邑也。錢氏坫云：今榆次在太原府城東南六十里，清源在府城西南八十里，以梗陽爲清原，中隔汾河，相去似遠。當以京相之説爲允。

〔七〕張琦曰：梗陽、平原皆趙地，而以善於秦封，此等處不可曉。　程恩澤曰：案漢志，青州有平原郡平原縣。晉灼曰：即高唐也。水經注，高唐漯水所出，平原則篤馬河導焉。明平原非高唐。寰宇記，平原，德州縣。顧祖禹曰：今山東濟南府平原縣西南五十里有平原舊城（洪亮吉曰：平原故城，一在今縣南二十餘里，一在縣西南三十里。今縣治城北齊所築）。　顧觀光曰：史表，惠文王五年，以公子勝爲相，封平原君。蓋平原本趙地（漢志平原郡，平原在今濟南府平原縣南），復以與齊，乃更封東武城（在孝成王元年）。平原君傳脱去初封一節，正義遂謂四君皆號謚而非封邑，蓋失之矣。秦策，司空馬去趙，渡平原，平原津令郭遺勞而問。漢志，平原有篤馬河，東北入海，疑即此津也。　韓策「周啓以東周善於秦而封於平原」，則平原又當屬秦。今不可考。

〔八〕黃丕烈曰：「無」下，鮑本有「先」字。丕烈案：策文「無」多作「无」而誤複衍也。金正煒曰：按國語鄭語「計億事」注，計，算也。「無計」，猶云不可數計；與「萬於周時」，皆舉數理以設喻也。

〔九〕鮑彪曰：在己之計，無先於此；在秦則爲爭，言欲之急。機，言不可失。金正煒曰：呂覽貴當篇，此功之所以相萬也。注，萬倍也。禁塞篇，不可爲萬數。注，萬人一數之言多不勝數。鮑本「計」上有「先」字，即「无」之誤複。鮑氏不辨「先」字之誤，又以策有先離先合之言，望文生義，宜無當也。

三

韓人攻宋〔一〕，秦王大怒〔二〕，曰：「吾愛宋，與新成、陽晉同也〔三〕！韓珉與我交，而攻我甚所愛，何也？」蘇秦爲韓說秦王曰〔四〕：「韓珉之攻宋，所以爲王也！以韓之强，輔之以宋，楚、魏必恐，恐必西面事秦。王不折一兵，不殺一人，無事而割安邑，此韓珉之所以禱於秦也〔五〕。」秦王曰：「吾固患韓之難知，一從一横，此其說何也〔六〕？」對曰：「天下固令韓可知也〔七〕！韓故已攻宋矣〔八〕！其西面事秦，以萬乘自輔〔九〕；不西事秦，則宋地不安矣〔一〇〕。中國白頭游敖之士〔一一〕，皆積智欲離秦、韓之交。伏軾結靷西馳者〔一二〕，未有一人言善韓者也；伏軾結靷東馳者，未有一人言善秦者也。皆不欲韓、秦之合者何也？則晉、楚智而韓、秦愚也。晉、楚合，必伺韓、秦〔一三〕；韓、秦合，必圖晉、楚。請以決事！」秦王曰：「善〔一四〕。」

〔一〕鮑彪曰：齊記閔三十八年，書韓爲齊攻。今從史，定爲此十年。　祖耿案：顧觀光隸此於赧王二十九年。

〔二〕鮑彪曰：秦王，昭王。

〔三〕吳師道曰：正義引括地志云，新城故城，在宋州宋城縣界。陽晉故城，在曹州乘氏縣西北。又見楚策。　程恩澤曰：案陽晉衛地，魏世家哀五十六年，秦拔陽晉。詳見衛。又曰：案此不知何屬。

〔四〕吳師道曰：「秦」當作「代」。　金正煒曰：「蘇秦爲韓說秦王」，當從史作「蘇代爲齊謂秦王」。篇中「韓」字皆當爲「齊」。此由不辨「韓人攻宋」之謂，悉改「齊」字以從之也。

〔五〕鮑彪曰：禱，言以此求事秦。　吳曾祺曰：禱於秦，言爲秦祈福也。

〔六〕鮑彪曰：韓難知，而代說如此，何也？

〔七〕鮑彪曰：言非獨代知之。　黃丕烈曰：「也」，鮑本作「矣」。

〔八〕黃丕烈曰：「故」，鮑本作「固」。

〔九〕鮑彪曰：萬乘，秦也。　黃丕烈曰：「面」，鮑本無。

〔一〇〕鮑彪曰：雖得宋地，不能自安。

〔一一〕鮑彪曰：敖，出游也。

〔一二〕鮑彪曰：靷，駕牛具在胸者。

〔一三〕鮑彪曰：伺，亦圖也，小言之。　吴師道曰：伺，窺也。

〔一四〕鮑彪曰：齊記有，「韓」字並作「齊」。　吴師道曰：趙策，謂魏王曰「韓珉處於趙，去齊三千里」，王以此疑齊，曰「有秦陰」，五國伐秦無功，蘇代謂齊王舉說奉陽君之辭曰：「天下事秦，秦內韓珉於齊」，又云「與韓氏大吏東勉，齊王必無召珉」。而韓策云「韓珉相齊」。蓋韓珉爲齊伐宋也。首句不云「韓攻宋」，而云「韓人」，疑「人」即「珉」之訛。蘇代爲燕反間，勸齊伐宋，將以敝齊而爲燕，恐秦之敗其事，故游說以止之爾。史記恐有所據，當考。　馬驌曰：國策此章「齊」俱作「韓」，與史不合，宜從史文。　黄丕烈曰：吴補云云，丕烈案：鮑氏引史記齊世家此下「韓」字皆作「齊」，考此策文別本亦作「齊」。史記索隱引此策文異同，不及「韓」「齊」字，可證。因韓珉而在韓策，後人乃誤改之耳。　金正煒曰：按此爲韓珉相齊時事，吴說是也。田世家作韓聶，「聶」即「珉」。說詳王氏雜志。「珉」損爲「民」，而「民」「人」古通用，因轉爲「人」。書無逸「懷保小民」，漢書谷永傳作「懷保小人」。孝經「民之行也」，釋文「民，本作人」。並可爲證。又唐人諱「民」爲「人」，或由其時傳寫之譌。

四

或謂韓王曰〔一〕：「秦王欲出事於梁〔二〕，而欲攻絳、安邑，韓計將安出矣〔三〕？秦之欲伐韓，以東窺周室甚，唯寐忘之。今韓不察，因欲與秦，必爲山東大禍矣！秦之欲攻梁也，欲得梁以臨韓，恐梁之不聽也，故欲病之以固交也〔四〕。王不察，因欲中立〔五〕，梁必怒於韓之不與己，必折爲秦用，韓必舉矣。願王熟慮之也！不如急發重使之趙、梁，約復爲兄弟，使山東皆以鋭師戍韓、梁之西邊〔六〕。非爲此也，山東無以救亡！此萬世之計也！秦之欲并天下而王之也，不與古同。事之雖如子之事父，猶將亡之也。行雖如伯夷〔七〕，猶將亡之也。行雖如桀、紂，猶將亡之也〔八〕。雖善事之，無益也。不可以爲存，適足以自令亟亡也！然則山東非能從親合而相堅如一者，必皆亡矣〔九〕！」

〔一〕姚注：錢添「或」字。　祖耿案：顧觀光隸此於赧王十六年。

〔二〕鮑彪曰：秦王，昭王。

〔三〕鮑彪曰：謂有齒寒之憂。

〔四〕姚注：「病」，錢、劉作「痡」。　鮑彪曰：攻之深，使之懲創，不敢離秦。　黄丕烈曰：「病」，鮑本作「痡」。吴補：一本「固欲病之」。姚同。

〔五〕鮑彪曰：不助秦，亦不救魏。

〔六〕祖耿案：「戊」，鮑本作「戍」。

〔七〕姚注：錢添此「雖」字。

〔八〕鮑彪曰：言志於亡之而已，無擇也。

〔九〕鮑彪曰：彪謂秦之大情，此士陳之無餘藴矣，非蘇氏兄弟不能也。説之著明如此，而聽之者藐藐，豈天亡之邪？蓋漢運將興，而秦爲之鸇獺也。　吴師道曰：大事記引此策自「秦之」止「益也」，謂論秦最得其情。附見於赧王二十九年，魏獻安邑之後。愚以齊、趙、燕策考之，宜附赧王十六年。説見齊策秦伐魏陳軫合三晉而東一章。

五

謂鄭王曰〔一〕：『昭釐侯一世之明君也，申不害一世之賢士也。韓與魏敵侔之國也，申不害與昭釐侯執珪而見梁君〔二〕，非好卑而惡尊也，非慮過而議失也。申不害之計事曰：「我執珪於魏，魏君必得志於韓，必外靡於天下矣〔三〕。是魏弊矣〔四〕！諸侯惡魏，必事韓。是我免於一人之下，而信於萬人之上也〔五〕。夫弱魏之兵而重韓之權，莫如朝魏。」昭釐侯聽而行之，明君也；申不害慮事而言之，忠臣也。今之韓，弱於始之韓；而今之秦，强於始之秦〔六〕。今秦有梁君之心矣！而王與諸臣不事爲尊秦以定韓者〔七〕。臣竊以爲王之明爲不如昭釐侯，而王之諸臣忠莫如申不害也〔八〕！昔者，穆公一勝於韓原而霸西州〔九〕，晉文公一勝於城濮而定天下〔一〇〕，此以一勝立尊令，成功名於天下〔一一〕。今秦數世强矣！大勝以千數，小勝以百數〔一二〕，大之不王，小之不霸，名尊無所立，制令無所行〔一三〕，然而春秋用兵者，非以求主尊成名於天下也〔一四〕！昔先王之攻，有爲名者，有爲實者。爲名者攻其心〔一五〕，爲實者攻其形〔一六〕。昔者，吳與越戰，越人大敗，保於會稽之上。吴人入越而户撫之〔一七〕。越王使大夫種行成於吴，請男爲臣，女爲妾，身執禽而隨諸御〔一八〕。吴人果聽其辭，與成而不盟。此攻其心者也！其後越與吴戰，吴人大敗，亦請男爲臣〔一九〕，女爲妾，反以越事吴之禮事越。越人不聽也，遂殘吴國而禽夫差。此攻其形者也！今將攻其心乎，宜使如吴；攻其形乎，宜使如越。夫攻形不如越而攻心不如吴，而君臣上下、少長貴賤，畢呼霸王，臣竊以爲猶之井中而謂曰：「我將爲爾求火也！」東孟之會〔二〇〕，聶政、陽堅刺相兼君〔二一〕。許異蹵哀侯而殪之，立以爲鄭君〔二二〕，韓氏之衆，無不聽令者，則許異爲之先也〔二三〕。是故哀侯爲君，而許異終身相焉。而韓氏之尊許異也，猶其尊哀侯也〔二四〕。今日鄭君不可得而爲也〔二五〕，雖終身相之焉，然而吾弗爲云者，豈不爲過謀哉〔二六〕！昔齊桓公九合諸侯，未嘗不以周襄王之命，然則雖尊襄王，桓公亦定霸矣。九合之尊桓公也〔二七〕，猶其尊襄王也。今日天子不可得而爲也，雖爲桓公，吾弗爲云者〔二八〕，豈不爲過謀而不知尊哉〔二九〕！韓氏之士數十萬，皆戴哀侯以爲君，而許異獨取相焉者，無他〔三〇〕，諸侯之君無不任事於周室也。而桓公獨取霸者，亦無他也〔三一〕。今强國將有帝王之亹〔三二〕，而以國先者，此桓公、許異之類也〔三三〕。豈可不謂善謀哉？夫先與强國之利，强國能王，則我必爲之霸〔三四〕；强國不能王，則可以辟其兵，使之無伐我〔三五〕；然則强國事成，則我立帝而霸〔三六〕；强國之事不成，猶之厚德我也。今與强國〔三七〕，强國之事成則有福〔三八〕，不成則無患。然則先與强國者，聖人之計也〔三九〕！」

〔一〕祖耿案：顧觀光附此於秦昭王五十三年。

〔二〕祖耿案：「珪」，鮑本作「圭」。錢穆曰：魏圍邯鄲後，韓合於魏。水經注引紀年，謂惠成王十七年，鄭釐侯來朝中陽；又謂魏與韓師敗諸侯師於襄陵。皆其證。（見考辨）

〔三〕鮑彪曰：靡，蔑視之。吳師道曰：靡，散也，忙皮反。昭釐侯朝魏，見魏策。金正煒曰：按上「必」字疑當作「內」，與「外靡」句相對爲文。「內」與「必」篆文近似，又涉下「必」字而譌也。

〔四〕祖耿案：「弊」，鮑本作「敝」。

〔五〕鮑彪曰：「信」，平聲。黃丕烈曰：鮑改「免」爲「俛」。吳氏補曰：此書「免」「俛」通。

〔六〕吳師道曰：孔叢子「韓與魏有隙，子順謂韓王曰：「昭釐侯一世之明君也，申不害一世之賢相也。韓與魏敵侔之國，而釐侯執珪見梁君者，非好卑而惡尊，慮過而計失也。與嚴敵爲鄰而動有滅亡之憂，獨動不能支二難，故降心以相從，屈己以求存也。申不害慮事而言，忠臣也；昭釐侯聽而行之，明君也。今韓弱於始之韓，魏弱於始之魏，秦强於始之秦，而背先人之舊好，以區區之衆居二敵之間，非良策也。齊、楚遠而難恃，秦、魏呼吸而至，舍近而求遠，是以虛名自累，而不免近敵之困者也。爲王計者，莫如除小忿，全大好也。吳、越之人，同舟濟江，中流遇風波，其相救如左右手者，所患同也。今不卹所同之患，是不如吴、越之舟人也。」韓王曰：「善。」」按此文與策上文略同，其下則異。子順之言主除忿全好，策文主尊秦，非子順意也。今全錄以俟考者。　金正煒曰：按「始之秦」當作「始之梁」，故下文云「今秦有梁君之心矣」，此與孔叢之文不同。

〔七〕鮑彪曰：不以尊秦爲事。

〔八〕祖耿案：鮑本「臣」下無「忠」字。

〔九〕鮑彪曰：晉記「斃於原」注，晉韓原。後志，在馮翊夏陽。西州，猶言西方。　吴師道曰：左氏僖十五年傳，在同州韓城。　黄丕烈曰：鮑「穆」上補「秦」字。　張琦曰：今芮城縣東北七里河北故城有韓亭，即秦、晉戰處。昔人謂韓城縣東南二十里之韓原，非也。秦穆涉河而戰，不得在河西。　程恩澤曰：案郡國志左馮翊夏陽縣下引博物記曰，有韓原，韓武子采邑。十六國春秋云，即魏顆夢老人结草抗杜回處（按魏顆敗秦師於輔氏，在今朝邑縣西北三十里）。括地志，同州韓城縣南十八里爲古韓國。索隱，在馮翊夏陽北二十里，今韓城縣是也。但此非秦獲晉侯地。江永曰：秦敗晉韓原當在河東。傳云「涉河侯車敗」，注謂秦伯之軍涉河，則晉侯車敗；又曰「寇深矣，若之何」，則韓原不在河西。蓋在山西平陽府河津、萬泉之間（句尚未覈，説見下）。杜以晉邑釋之，不言韓原在夏陽也。舊説以爲韓城縣，非是。是時韓城仍屬秦。文十年，晉伐秦，取少梁，始入於晉。又以爲即古韓國，亦非。古韓國在今順天府固安縣，於漢爲涿郡方城縣。錢坫曰：郡國志，河東郡河北縣有韓亭，今爲解州芮城縣，當是秦、晉戰處（方輿紀要亦載此説）。武子所封亦應在此。

〔一〇〕姚注：「下」，曾改「子」作「下」。　鮑彪曰：僖二十八年。　金正焞曰：按吕覽貴直篇，城濮之戰，五敗荆人，圍衛取曹拔石社，定天子之位，成尊名於天下。此文本應作「子」，曾改無取。

〔一一〕鮑彪曰：尊謂霸。令謂使。 吴師道曰：「立尊令」句。 金正煒曰：鮑本「此」下有「皆」字。按「一勝」承上韓原、城濮而言。「此」蓋「比」字之譌。徐鍇曰：比，皆也。策文「皆」與「比」通用。鮑本「此」亦當作「比」，或注「皆」字於下，而誤併入文也。吕覽論威篇，古之至兵民之重令也。「尊」與「重」義同。

〔一二〕黄丕烈曰：「千」，鮑本作「十」。丕烈按：「十」字是也。

〔一三〕鮑彪曰：請侯不從其令。

〔一四〕鮑彪曰：言志於尊王而已。 黄丕烈曰：「名」，鮑本作「王」。 金正煒曰：按春秋用兵，謂今之秦也。上文言秦穆、晉文以一勝立尊令成功名，今秦强數世而大不王、小不霸，然猶春秋用兵者，亦將以求立尊令成功名於天下也。「主尊」，當爲「立尊」，字形相似而誤。「也」，猶「耶」。見荀子注及顔氏家訓。春秋，猶云終歲。孔穎達春秋正義云，言春可以兼夏，言秋足以見冬。故舉二字以包四時也。 國語吴語：若無越，則吾何以春秋曜吾軍士。爲義正同。鮑注誤解。

〔一五〕鮑彪曰：使之心服而已。

〔一六〕鮑彪曰：形，在外者，謂地與民。

〔一七〕鮑彪曰：偏至其家撫安之。

〔一八〕鮑彪曰：禽鳥，小鷙也。御，吴之執事者。 吴師道曰：執禽鳥服役。

〔一九〕鮑彪曰：「請」，鮑本作「謂」。

〔二〇〕黄丕烈曰：此以下，鮑本連上文。吴氏補曰：姚及一本自爲一章，恐非。丕烈案：吴説是也。此謂韓王者，引前事。

〔二一〕鮑彪曰：堅，政之副，猶秦武陽。 吴師道曰：説見前。 黄丕烈曰：丕烈案，此在東周策。 程恩澤曰：聶見前。陽，案姓氏急就篇，周景王封少子於陽樊，後裔避周之亂，適燕，家於無終，因邑命氏（高士奇曰：無終陽氏乃樊仲皮之後）。後漢志，修武縣有樊陽田，在今濟源縣東南三十八里，雖相近，然中隔河內縣。未詳孰是。

〔二二〕鮑彪曰：許異，韓人。蹙，猶留侯躡漢王足，蓋使之佯死。　吳師道曰：「蹙」，一本作「蹴」，字通。説文，蹴，躡也；躡，蹈也。　黄丕烈曰：「蹵」，鮑本作「蹙」，吳補：一本作「蹴」，字通。鮑改「哀」爲「列」，下同。吳氏補曰：「哀」、「列」二字，譌舛不明，且從本文讀之而已。丕烈案：鮑改非也。吳補亦未是。説在前。　金正煒曰：按竹書紀年，安王二十一年，韓滅鄭，哀侯入於鄭。列侯時韓安得有鄭。惟哀侯立六年而見弒，亦不待許異立之爲君。疑哀侯當作懿侯。「哀」字古音讀如「衣」，與「懿」一聲之誤（呂覽審爲篇，昭釐侯有憂色。高注，哀侯之子也。畢沅云，哀侯當作懿侯。懿誤爲哀，亦與此同）。當時君相皆爲賊害，許異因蹙若山佯死，得免於難，而繼立爲鄭君，故許異終身相焉。史言韓嚴，疑即嚴遂。紀年言山堅，疑即陽堅。史舉嚴而不及政，以政爲遂所使也。呂覽貴卒篇，鮑叔御公子小白僵。注，御猶使也；僵猶偃也。與此事正相類（韓非內儲説上篇，文與策同。韓世家載列侯三年，聶政殺韓相俠累，當即一事，而兩存不決耳）。　吳曾祺曰：案韓滅鄭而徙都焉，稱鄭君，猶稱魏王爲梁王也。立，謂立其子懿侯也。下兩「哀侯」疑俱作「懿侯」。

〔二三〕金正煒曰：荀子修身篇，以善先人者謂之教。注，先，謂首唱也。此言鄭君之立，異有定策安宗廟之功。

〔二四〕吳師道曰：按哀侯既弒，則無終身相之事；以爲列侯，則又非陽堅爲賊之事。「哀」「列」二字，譌舛不明，且從本文讀之而已。

〔二五〕鮑彪曰：「爲」，去音。謂蹙之。吳師道曰：下文「天子不可得而爲」與此同，則「爲」當如字。黄丕烈曰：吳補，一本「日」作「曰」。金正煒曰：按作「曰」是也，正與下文「云者」相應。

〔二六〕鮑彪曰：言無前日之難而可以久相，而曰不爲者，過也。金正煒曰：云，言也。見詩何人斯傳。云者，謂爲是言者。

〔二七〕鮑彪曰：侯之與九合者。祖耿案：鮑本「九合」下有「諸侯」二字。

〔二八〕黄丕烈曰：鮑「吾」上補「然而」二字。

〔二九〕鮑彪曰：此欲其尊秦。

〔三〇〕黄丕烈曰：「他」下，鮑本有「也」字。

〔三一〕鮑彪曰：知所尊而已。

〔三二〕鮑彪曰：謂秦。金正煒曰：國語魯語，若鮑氏有釁。注：釁，兆也。

〔三三〕金正煒曰：易屯，宜建侯而不寧。釋文鄭讀「而」曰「能」。

〔三四〕金正煒曰：按國語齊語「桓公知天下諸侯多與己也」注，與，從也。「霸」當作「伯」。左氏哀十三年傳「伯合諸侯」注，伯，諸侯長。荀子王霸篇「五伯是也」注，爲諸侯之長曰伯。下文「立帝而霸」，「霸」亦當作「伯」。毛氏曰，伯者，取牧伯長諸侯之義，後人恐與「伯」子相溷，故借用「霸」字以別之。

〔三五〕黄丕烈曰：「辟」，鮑本作「避」。吳補：一本「避」作「辟」，當音闢。丕烈案：凡「辟」音「避」者，鮑本多作「避」。此非異本，亦不音闢。吳說皆未是。

〔三六〕鮑彪曰：立，言彼爲帝，由我尊之。金正煒曰：按鮑說非也。「立」當爲「竝」之脱損半字。史記始皇紀「竝河以東」，服虔曰，竝音傍。傍，依也。漢書鮑宣傳「貪吏竝公受取不已」注，竝，依也，音步浪反；

文儁不疑傳「丞相中二千石至者立莫敢發言」，漢紀、孝昭紀、通鑑皆作「並不敢言」。「竝」誤爲「立」，正與此同。

〔三七〕鮑彪曰：今，謂韓。

〔三八〕姚注：曾、劉無下「强國」兩字。

〔三九〕吳師道曰：此策時不可考。其説雖多，務尊强國而已，非善謀也。

六

韓陽役於三川而欲歸〔一〕，足强爲之説韓王曰〔二〕：「三川服矣！王亦知之乎？役且共貴公子〔三〕。」王於是召諸公子役於三川者而歸之〔四〕。

〔一〕鮑彪曰：征伐之役。　吳曾祺曰：「役」，即「役」字。　祖耿案：「役」，鮑本作「役」。顧觀光附此於秦莊襄王元年。

〔二〕鮑彪曰：足强，韓人。

〔三〕鮑彪曰：役，役人。公子，謂陽等輩。貴，言立之爲君。

〔四〕吳師道曰：時不可考。

七

秦大國也，韓小國也〔一〕。韓甚疏秦，然而見親秦計之非金無以也〔二〕，故賣美人。美人之賈貴，諸侯不能買，故秦買之三千金〔三〕。韓因以其金事秦，秦反得其金與韓之美人。韓之美人因言於秦曰：『韓甚疏秦〔四〕。』從是觀之，韓亡美人與金〔五〕，其疏秦乃始益明〔六〕。故客有説韓者曰：『不如止淫用，以是爲金以事秦〔七〕，是金必行，而韓之疏秦不明〔八〕。美人知內行者也〔九〕！』故善爲計者，不見內行〔一〇〕。

〔一〕祖耿案：顧觀光附此于秦昭王五十三年。

〔二〕姚注：「以」，曾作「已」。　鮑彪曰：親秦，爲秦所親；金以事秦。　黄丕烈曰：「然」，鮑本無。吳補：一本「然而」。今本「計」上有「韓」字，乃誤涉鮑也，鮑補「韓」字。吳氏正曰：「然而」止「以也」句。「計之」恐當作「之計」，謂見親於秦之計，非金無以爲親。丕烈案：依文自通，鮑補、吳正皆非。　金正煒曰：按春秋文曜鉤「亢爲疏廟」宋均注，疏，外也。呂覽貴當篇「欲得良狗，則家貧無以。」漢書劉向傳注，以，由也。

〔三〕金正煒曰：故秦買之三千金，言但秦能買之也。「故」與「顧」通。　禮記祭統：是故上有大澤，則惠必及下，顧上先下後耳。疏一云，顧，故也。釋詞，顧猶但也。

〔四〕鮑彪曰：美人怨韓賣之，又知韓之情。

〔五〕鮑彪曰：此兩者。　黄丕烈曰：「亡」，鮑本作「之」。

〔六〕黄丕烈曰：「始」下，鮑本有「於」字。鮑衍「於」字。吴補：一本無，姚同。

〔七〕鮑彪曰：淫，侈也。　金正煒曰：按國語晉語「知程鄭端而不淫」注，淫，邪也。周禮宰夫注，用，貨賄也。淫用，謂賣美人以得金。爲猶得也。晉語「不得政何以逞志」注，得政，爲政也。

〔八〕金正煒曰：「不明」當作「亦明」，字形相似而誤。

〔九〕鮑彪曰：謂國中隱事。

〔一〇〕鮑彪曰：見，顯示之。　吴師道曰：見，賢遍反。此策時不可考。

八

張丑之合齊、楚講於魏也〔一〕，謂韓公仲曰：「今公疾攻魏之運〔二〕，魏急，則必以地和於齊、楚。故公不如勿攻也。魏緩，則必戰〔三〕。戰勝攻運，而取之易矣〔四〕。戰不勝，則魏且內之〔五〕。」公仲曰：「諾。」張丑因謂齊、楚曰：「韓已與魏矣〔六〕！以爲不然，則蓋觀公仲之攻也〔七〕！」公仲不攻〔八〕，齊、楚恐〔九〕，因講於魏而不告韓。

〔一〕祖耿案：顧觀光附此於顯王三十六年，曰：因與張丑相涉，附此。

〔二〕鮑彪曰：後志，琅邪東莞有鄆亭。　吴師道曰：非魏地。運，未詳。　黄丕烈曰：鮑改「運」爲「鄆」，下同。　張琦曰：方輿紀要曰：魯有兩鄆，東鄆在沂州沂水縣東北四十里，西鄆在鄆城縣東十六里，有故鄆縣城。按此西鄆蓋衛邑，屬魏，但韓亦無由攻之，恐有譌誤。 程恩澤曰：案鄆有二：一在今沂水縣東北四十里。郡國志，琅邪國東莞有鄆亭。此東鄆也。一在今鄆城縣東十六里。郡國志濟陰郡廩邱故屬東郡，有鄆城。此西鄆也。晉太康地記（十三州志同）曰，西鄆在東平，昭公所居也；東鄆即莒、魯所爭之地。其說至爲明析。劉昭於東莞下引左傳曰「公處鄆」，已誤；路史又以東鄆非莒、魯所爭；家鉉翁因謂鄆有三，以成九年楚人入鄆爲莒別邑；王夫之春秋稗疏從之，俱非。說文：鄆，河內沁水鄉，從邑軍聲，魯有鄆地。尤混（疑有誤）。此當主西鄆說，舊注非是。

〔三〕鮑彪曰：與齊、楚戰。

〔四〕鮑彪曰：勝則兵敝，又無齊、楚之助，韓可取運。

〔五〕鮑彪曰：內運於韓。

〔六〕鮑彪曰：與之講。 吳師道曰：公仲事，當附襄王時。

〔七〕姚注：三本同作「蓋」。一作「盍」。 黃丕烈曰：「蓋」，鮑本作「盍」。

〔八〕鮑彪曰：從丑之言。

〔九〕鮑彪曰：恐韓、魏合。

九

或謂韓相國曰〔一〕：「人之所以善扁鵲者，爲有臃腫也。使善扁鵲而無臃腫也，則人莫之爲之也〔二〕。今君以所事善平原君者，爲惡於秦也〔三〕。而善平原君乃所以惡於秦也〔四〕。願君之熟計之也！」

〔一〕姚注：錢添「或」字。鮑彪曰：韓相國，公仲也。吳師道曰：無考。未必釐王時。黃丕烈曰：「或」，鮑本無。祖耿案：顧觀光隸此於赧王五十年。

〔二〕鮑彪曰：無爲善之。金正煒曰：按「有」「無」二字並衍，或後人以意補者。省之即與下文吻合。史記張湯傳，湯傾身爲之。與此「爲之」義同。

〔三〕鮑彪曰：今君以所事，謂王。以見惡於秦，故善之以支秦。金正煒曰：「以所事善平原君」，當作「所以善平原君」，與上文「所以善扁鵲」，下文「乃所以惡於秦」相應爲文。「以」「所」二字誤倒，又衍「事」字，文義遂晦。或一本作「事」、一本作「善」，傳寫誤併入文。

〔四〕鮑彪曰：秦以平原君難之，故惡之；而韓與之善，故亦惡韓。

十

公仲使韓珉之秦求武隧〔一〕，而恐楚之怒也。唐客謂公仲曰〔二〕：「韓之事秦也，且以求武隧也，非弊邑之所憎也〔三〕。韓已得武隧，其形乃可以善楚。臣願有言而不敢爲楚計。今韓之父兄得衆者，毋相〔四〕。韓不能獨立，勢必不善楚〔五〕。王曰〔六〕：「吾欲以國輔韓珉而相之，可乎？」父兄惡珉，珉必以國保楚〔七〕。」公仲說〔八〕，士唐客於諸公〔九〕，而使之主韓、楚之事。

〔一〕黃丕烈曰：「隧」，鮑本作「遂」。丕烈案：「隧」「遂」同字。　金正煒曰：按公仲即韓珉。下云楚王欲以國輔韓珉而相之，公仲鬩之而悅，足證其爲一人。此文或本作「韓使公仲珉之秦」，「韓使」二字淆次於下，致生疑義。　祖耿案：姚本此策與下韓相公仲珉使韓侈之秦及客卿爲韓謂秦王連篇，鮑本分爲三篇。顧觀光隸此於赧王九年。

〔二〕鮑彪曰：唐客，楚人。

〔三〕祖耿案：「弊」，鮑本作「敝」。

〔四〕祖耿案：「毋」，鮑本作「每」。

〔五〕鮑彪曰：「楚」絶句。　黃丕烈曰：鮑衍「不」字。吳氏補曰：疑衍。

〔六〕鮑彪曰：唐客以楚懷言告公仲。

〔七〕金正煒曰：按父兄謂韓之公族。　左氏昭二十二年傳，不能媚於父兄。注，華向公族也，故稱父兄。韓非八姦篇，何謂父兄，曰：側室公子，人主之所親愛也。不能獨立，制於衆也。勢必不善楚，衆欲善秦也。得衆者不能獨立，而珉爲父兄所惡，故楚王欲以國輔之相韓。莊子列禦寇篇，人將保汝矣。釋文引司馬注，保，附也。

〔八〕鮑彪曰：初恐楚怒己使珉，今欲相珉，則不怒也。

〔九〕姚注：「士」，錢作「仕」字。　鮑彪曰：蓋薦之於韓之大臣乃得仕。　黃丕烈曰：鮑改「士」爲「仕」。金正煒曰：按周禮載師注，士讀爲仕，不煩改。「於」字疑衍。論語憲問篇，與文子同升諸公。注，同升在公朝。疏，諸，於也。此文亦謂仕之公朝。鮑注「薦之於韓之大臣乃得仕」，非也。

十一

韓相公仲珉使韓侈之秦〔一〕，請攻魏，秦王説之〔二〕。韓侈在唐，公仲珉死〔三〕。韓侈謂秦王曰〔四〕：『魏之使者謂後相韓辰曰〔五〕：「公必爲魏罪韓侈。」韓辰曰：「不可。」秦王仕之，又與約事〔六〕。使者曰：「秦之仕韓侈也，以重公仲也。今公仲死，韓侈之秦，秦必弗入。入又奚爲挾之以恨魏王乎〔七〕？」韓辰患之，將聽之矣。今王不召韓侈，韓侈且伏於山中矣〔八〕！』秦王曰：『何意寡人如是之權也〔九〕！令安伏〔一〇〕！』召韓侈而仕之。

〔一〕黄丕烈曰：今本無「珉」字，乃誤涉鮑也。鮑衍「珉」字，下同。　吴氏補曰：公仲珉策屢各見，此兩言公仲珉不可曉。公仲即公仲侈。此云公仲死，後韓侈云云，則韓侈別是一人也。文亦多難通，宜缺。　祖耿案：顧觀光附此於赧王二十七年。

〔二〕鮑彪曰：秦王，昭王。

〔三〕鮑彪曰：唐，晉陽。詩注，唐國。　吴師道曰：唐，未詳。　程恩澤曰：案左傳昭二十三年：尹辛敗劉師于唐。杜注，周地。郡國志，河南尹雒陽有唐聚。路史亦云，在今河南府洛陽縣東。此自韓之秦必經之地，當是韓侈所在。　金正煒曰：漢書揚雄傳：平原唐其壇曼兮。注引鄧展，唐，道也。按秦策：而公中以韓窮我於外。高注，公中，韓侈也。此文或如吴説，別是一人。

〔四〕金正煒曰：案「韓」上疑脱「或爲」二字，所言非侈自陳之辭也。

〔五〕金正煒曰：竹書紀年，鄭侯使韓辰歸晉陽及向。此即其人。

〔六〕鮑彪曰：言約攻魏。

〔七〕姚注：曾有下「入」字。　鮑彪曰：魏王，昭王。　黄丕烈曰：鮑本無「入」字。吳補：一本復有「入」字。姚云曾有。　金正煒曰：按下「入」字即「又」之誤衍。「恨」讀如「很」，違也。

〔八〕鮑彪曰：懼罪。

〔九〕鮑彪曰：權，猶變也。始説侈而今不入，是變也。　吳師道曰：權，未詳。字疑有誤。　金正煒曰：按後漢書周章傳，論權也者，反常者也。即鮑注權變之義，於文自通。吳氏以爲字誤，非也。

〔一〇〕鮑彪曰：安伏，秦人。　吳師道曰：無考。　黄丕烈曰：案「令」當作「今」。上文云且伏於山中，故此問其今者方安所伏也。鮑以爲秦人；吳云無考。皆誤甚。　金正煒曰：「令」當從黄氏作「今」，正對「韓侈且伏山中」而言。鮑注「秦人」，大繆。

十二

客卿爲韓謂秦王曰〔一〕：『韓珉之議，知其君不知異君，知其國不知異國〔二〕。彼公仲者，秦勢能詘之〔三〕。秦之强，首之者珉爲疾矣〔四〕。進齊、宋之兵，至首坦〔五〕，遠薄梁郭，所以不及魏者〔六〕，以爲成而過南陽之道，欲以四國西首也〔七〕。所以不者〔八〕，皆曰以燕亡於齊〔九〕，魏亡於秦〔一〇〕，陳、蔡亡於楚〔一一〕，此皆絶地形〔一二〕。群臣比周以蔽其上，大臣爲諸侯輕國也。今王位正〔一三〕，張儀之貴，不得議公孫郝〔一四〕，是從臣不事大臣也〔一五〕。公孫郝之貴，不得議甘戊〔一六〕，則大臣不得事近臣矣〔一七〕。貴賤不相事，各得其位，輻湊以事其上，則群臣之賢不肖可得而知也〔一八〕。王之明一也。公孫郝嘗疾齊、韓而不加貴〔一九〕，則爲大臣不敢爲諸侯輕國矣。齊、韓嘗因公孫郝而不受，則諸侯不敢因群臣以爲能矣。外内不相爲，則諸侯之情僞可得而知也〔二〇〕。王之明二也〔二一〕。公孫郝、樗里疾請無攻韓，陳四辟去〔二二〕，王猶攻之也〔二三〕。甘茂約楚、趙而反敬魏〔二四〕，是其講我〔二五〕，茂且攻宜陽，王猶校之也〔二六〕。群臣之知無幾於王之明者〔二七〕！臣故願公仲之國以侍於王〔二八〕，而無自左右也〔二九〕！」

〔一〕鮑彪曰：客卿，韓客卿。秦王，武王。　祖耿案：顧觀光隸此於赧王五年，曰：時張儀尚在秦中，有「茂且攻宜陽」語，當在赧王八年；然且者將也，從舊爲得。

〔二〕金正煒曰：按「議」當讀「義」，古字通也。珉知有其君，不知有異君；知有其國，不知有異國。故謂之「義」。

〔三〕鮑彪曰：詘，貶下也。

〔四〕鮑彪曰：首，言以兵向之。珉者，公仲所善。公仲受兵則珉病。　吳師道曰：珉之議爲其國之病也，黄丕烈曰：鮑「秦」上補「以」字。　金正煒曰：「首之者」，當爲「冒之者」，字形相似，又涉下文首垣、西首而誤。說文：冒，蒙而前也。易繫辭上傳：冒天下之道。虞注：冒，觸也。漢書禮樂志：民人抵冒。注，冒，犯也。疾，力。見呂覽尊師篇注。鮑、吳釋爲病，並非。

〔五〕姚注：曾作「垣」。　鮑彪曰：韓進之。　吳師道曰：首垣，魏地。見秦策。　黃丕烈曰：「坦」，鮑本作「垣」。　程恩澤曰：首垣，即長垣也。說見秦策。　金正煒曰：當作首垣。

〔六〕鮑彪曰：反，不合也。兵薄梁郭，疑於不合而合。　黃丕烈曰：「及」，鮑本作「反」。吳補：一本「不及魏」，姚同，似義長。　金正煒曰：「遠」當爲「近」，字之譌也。「及」，鮑本作「反」，於文當爲「拔」，俗書省「拔」爲「犮」，因誤爲「及」，或誤爲「反」。

〔七〕姚注：「成」，劉作「戍」。　鮑彪曰：成，平也，猶和。四國，韓、宋、齊、魏。　金正煒曰：兵薄梁郭，不拔而爲成，欲絕南陽而西首也。廣雅釋詁：首，嚮也。漢書司馬遷傳：北首爭死敵。注，首，嚮也。

〔八〕鮑彪曰：言欲攻秦而不果者。　吳師道曰：見下。　金正煒曰：「不」與「否」通。　孟子萬章上篇孔子章注，否，不也，不如是也。

〔九〕鮑彪曰：衍「以」字。亡，謂喪地。　吳師道曰：前此四年，齊破燕。　黃丕烈曰：鮑衍「以」字。

〔一〇〕鮑彪曰：孟子曰，西喪地。

〔一一〕鮑彪曰：此亡國也。

〔一二〕鮑彪曰：言其大小相絕，而四國輕以小敵大，故亡。　吳師道曰：「所以不者」，再申「不及魏」之說。燕、魏亡地於齊、秦，陳、蔡亡國於楚，則地形已絕，不可復通。韓、齊、宋之於魏，則不然。「絕地形」以下，當有缺文，引言秦事。　金正煒曰：言卒不成西首者，齊、宋之議皆鑒於燕、魏、陳、蔡之不亡，由齊、秦、楚不能絕地形而有其地，故不欲從韓而攻秦也。吳云此下有缺文，其說當是。「群臣比周」以下，與此文不相屬，或別爲一章。

〔一三〕鮑彪曰：言武王能正貴賤之位。　王念孫曰：如鮑說，則當云今王正位，不當云今王位正也。今案「位」讀爲「涖」，「正」讀爲「政」。言自今王涖政以來，從臣不事大臣，大臣不事近臣也。上言群臣比周以蔽其上，此言今王涖政以來從臣不事大臣，大臣不事近臣，則群臣不得比周以蔽上矣。故下文曰，群臣之賢不肖可得而知也。「政」、「正」古多通用，不煩覼縷。　朱起鳳曰：涖，音麗，臨也。「位」即「莅」字之省。秦策一衛鞅亡魏入秦章：孝公代後莅政。穀梁僖公三年傳：莅者，位也。「位」與「莅」同義，兩聲亦相近。周禮春官：肆師用牲于社宗則爲位。鄭注，故書「位」爲「莅」。

〔一四〕黄丕烈曰：「郝」，鮑本作「赫」，改爲「郝」。

〔一五〕鮑彪曰：從臣，謂儀；大臣，郝也。事，言不得干其事。　吳師道曰：見下。

〔一六〕黄丕烈曰：今本「戊」作「茂」，鮑本作「茂」。

〔一七〕姚注：「矣」，劉本作「也」。　鮑彪曰：近臣，謂茂。　吳師道曰：大事記，此秦武王未逐張儀前政事也。大臣、從臣之名，始見於此。大臣者，張儀、甘茂也。從臣者，公孫郝也。秦武不過防其交通，使之互相伺察而已。

〔一八〕祖耿案：「湊」，鮑本作「輳」。

〔一九〕鮑彪曰：疾，言急於得二國，貫，言不厚二國。　吳師道曰：「疾」字恐有誤。不加貴，言郝不加厚也。　金正煒曰：按鮑氏增文見義，説不足據。「疾」字疑當作「挾」，俗書「挾」作「挟」，「疾」作「疾」，二形相近而誤。秦策：樗里疾、公孫郝二人者，挾韓而議，王必聽之。史記孟嘗君傳：挾晉以爲重。此即其義。爲公仲謂向壽章：韓氏先以國從公孫郝。又云：公孫郝欲以韓取齊。故云挾齊、韓也。

〔二〇〕金正煒曰：按史記張湯傳：周陽侯始爲諸卿時，嘗繫長安，湯傾身爲之。韋昭曰，「爲之先後。」漢書作「事之」。此與「貴賤不相事」文義並同。

〔二一〕吴師道曰：王之明一也，申群臣比周蔽上之説。王之明二也，申大臣爲諸侯輕國之説。

〔二二〕鮑彪曰：陳，軍陳。以不攻，故解散。　吴師道曰：「四」，疑當作「而」。

〔二三〕鮑彪曰：宜陽之役。

〔二四〕鮑彪曰：約楚、趙，欲攻魏。反敬魏，違其初約。　黄丕烈曰：「反」，鮑本作「攻」。　金正煒曰：「敬」，當讀如「儆」。魏策：王儆四疆之内。注，儆，戒也。言既約楚、趙而反復儆魏以聽秦也。

〔二五〕鮑彪曰：初約攻而反敬之，是欲與三國難我也。　黄丕烈曰：「其講」，鮑本作「且構」。丕烈案：此有誤字，鮑强爲之説，吴亦然，皆未是也。　金正煒曰：「是」或爲「使」，音同而誤。漢書黥布傳：事已構。注：構，结也。字通作購。史記刺客傳：北購於單于。索隱云，購，合也。儆魏使其構我，即甘茂使向壽歸報魏聽之事。

〔二六〕鮑彪曰：茂攻宜陽，可以贖前，若他人則置不檢校。　吴師道曰：按史「茂攻宜陽，請約於魏」，此言在未攻宜陽之時，茂黨魏者。楚、趙當時蓋與魏不合，茂約结楚、趙而反其敬，魏且將搆難於我，其欲攻宜陽，王猶檢察之。以此二事，稱王之明智。　金正煒曰：校之者，謂計攻講之孰利也。以上皆言王之專斷於國，權不下移，故願公仲舉國以聽。

〔二七〕鮑彪曰：幾，猶近。

〔二八〕鮑彪曰：待，待其命。　黄丕烈曰：今本「侍」誤「待」。鮑改「國以」作「以國」。　吴氏補曰：當作「以國」。　金正煒曰：鮑改「國以」爲「以國」，「侍」作「待」。按廣雅釋言：侍，承也。原文自通，不煩乙改。

〔二九〕鮑彪曰：自，猶由也。欲秦王聽己，勿用左右之説。　吴師道曰：謂公仲一心聽王，不由左右。大事記引此策在韓襄二年、秦武元年。解題云，韓客謂向壽曰：「今王之愛習公也，不如公孫郝」。當時所謂從臣，指愛習而侍從者也。秦用其愛習爲人主私人，其權至與大臣相抗，古無是也。愚謂公孫郝挾韓而議大臣，必不得與而爭於中，故此士欲王自聽。公仲之待事而不由左右陳駕御之術，以稔强明猜忌之見爾。張儀出走，毁者固非一人，而茂攻宜陽，亦以奭爲憂。大臣卒爲從臣所勝，愛習真可畏哉。黄式三曰：據此則張儀未逐，甘茂、樗里疾已用，此張儀之所以不安于秦也。韓襄二年。金正煒曰：吴説視鮑爲長，惟「自」字當是「因」之誤。晏子春秋「自以爲遲」，一作「因」，可證。上文「諸侯不敢因群臣以爲能」，此即其義。

十三

韓珉相齊，令吏逐公疇竪〔一〕，大怒於周之留成陽君也〔二〕。謂韓珉曰：「公以二人者爲賢人也！所入之國，因用之乎？則不如其處小國〔三〕。何也？成陽君爲秦去韓，公疇竪楚王善之〔四〕。今公因逐之，二人者必入秦、楚，必爲公患，且明公之不善於天下〔五〕。天下之不善公者，與欲有求於齊者，且收之以臨齊而市公。」

〔一〕鮑彪曰：公疇竪，齊人。吴師道曰：無考。金正煒曰：按「吏」字疑當作「啚」，聲之譌也。祖耿案：顧觀光附此於赧王二十五年，曰：因涉成陽君，附此。

〔二〕鮑彪曰：君本在齊，爲秦善之，珉欲使之之秦，過周，周人留之，故怒。　吴師道曰：成陽君，韓人。鮑於魏策已言之。今因此言韓珉相齊而怒之，故又云君本在齊。又因魏策成陽君欲以韓、魏聽秦，故生此説，皆非。　黄丕烈曰：「也」，鮑本無。鮑改「大」爲「又」。　金正煒曰：「大」即「又」之誤。下云不如其處小國，則豎不在齊可知；又云二人者必入秦、楚，以魯近楚而周近秦也。成陽亦珉所惡，鮑注珉使之秦，亦非。

〔三〕鮑彪曰：謂周。

〔四〕鮑彪曰：楚王，頃襄。　吴師道曰：無據。

〔五〕鮑彪曰：明，猶顯示。二大國惡之，天下不能善也。

十四

或謂山陽君曰〔一〕：「秦封君以山陽〔二〕，齊封君以莒，齊、秦非重韓，則賢君之行也！今楚攻齊，取莒，上及不交齊，次弗納於君〔三〕，是棘齊、秦之威而輕韓也〔四〕。」山陽君因使之楚。

〔一〕姚注：錢添入「或」字。　鮑彪曰：山陽君，韓人。　黄丕烈曰：「或」，鮑本無。　祖耿案：顧觀光附此於赧王三十九年，曰：因言楚攻齊取莒，附此。

〔二〕鮑彪曰：山陽，兗州郡。　張琦曰：漢志：河內有山陽縣。史表：魏安釐四年，與秦南陽。當秦昭王三十四年，韓釐二十三年。秦得以山陽封韓臣，當在此時。　程恩澤曰：案山陽有二：地理志兗州有山陽郡，今山東兗州府也；河内郡有山陽縣，今河南懷慶府修武縣也，皆非秦地。今陝西商州有山陽縣，雖置自前明成化十三年，然此實秦地，當時或有所據，未可知也。楚策有梁山陽君，若是一人，則修武爲是。郭希汾曰：山陽，今河南修武縣北。史記六國表：魏安釐王四年，與秦南陽。秦得以山陽封韓臣，當在此時。　祖耿案：魏安釐王四年，當赧王四十二年，信如郭說，則顧氏附此於赧王三十九年，非矣。

〔三〕鮑彪曰：弗使入莒。　黄丕烈曰：「及」，鮑本無。　金正煒曰：按「及」當爲「反」，本在「不」字下，誤乙於上也。「交」蓋「反」之誤衍。上不反齊，與次弗納君爲對文。　祖耿案：程恩澤云，莒爲楚簡王所滅，地歸於齊。竹書，周考王十年，楚滅莒（見國策地名考卷十八）。

〔四〕鮑彪曰：棘，猶難也。楚攻齊，而不納秦之所封，山陽又韓人，故云。　吴師道曰：「棘」義未詳，詩傳多訓「急」。「楚攻」以下，本文自明。其時不可考。　金正煒曰：「棘」疑「疎」字之譌。（「疏」一作「疎」，「疎」誤爲「疎」，因復誤「棘」。）春秋文曜鉤「亢爲疏廟」。宋均注：疏，外也。秦大國也章：韓亡美人與金，其疏秦乃始益明。此即其義。又莊子逍遥游篇，湯之問棘也是已。簡文云，棘，狹小也。則作「棘」義亦自通。（又，棘猶傷也。廣雅釋詁：梗、劌、棘、傷，並釋爲箴。疏證，古謂箴爲傷。）

十五

趙、魏攻華陽，韓謁急於秦〔一〕，冠蓋相望，秦不救〔二〕。韓相國謂田苓曰〔三〕：「事急，願公雖疾，爲一宿之行〔四〕。」田苓見穰侯，穰侯曰：「韓急乎？何故使公來〔五〕？」田苓對曰：「未急也。」穰侯怒曰：「是何以爲公之王使乎〔六〕？冠蓋相望，告弊邑甚急〔七〕，公曰：「未急」，何也〔八〕？』田苓曰：『彼韓急則將變矣〔九〕！』穰侯曰：『公無見王矣！臣請令發兵救韓〔一〇〕！』八日中，大敗趙、魏於華陽之下〔一一〕。

〔一〕鮑彪曰：以急告也。　祖耿案：御覽四百六十引作「韓告急於秦」。又案此章見史記釐王二十三年云：二十三年，趙、魏攻我華陽，韓告急於秦。注，張守節曰：司馬彪云，「華陽，山名，在密縣。」鄭州管城縣南四十里。顧觀光隸此於赧王四十二年。

〔二〕吳師道曰：攻華陽事，見魏策。　程恩澤曰：案今魏策無此事。蓋趙、魏攻韓，韓求救於秦，秦敗魏於華。華，即華陽。　祖耿案：史記此無「冠蓋相望」四字。

〔三〕鮑彪曰：韓相國，辰也。　吳師道曰：無考。　金正煒曰：田苓，史作陳筮。集解引徐廣曰：一作「筌」。索隱引戰國策作「田荼」。或田或陳，當爲齊之公族。小司馬所據，與今本不同，字形相似而譌也。

朱起鳳曰：「陳」字古通作「田」，「苓」乃「筮」字之誤。漢書古今人表第六等中下亦作「陳筮」。國策作「苓」，蓋字形之誤。此猶楚沈尹筮（見呂覽察傳篇）或作沈尹莖（贊能篇），又作沈尹蒸（當染篇）、沈尹巫（尊師篇）也。　祖耿案：御覽四百六十引作由余。

〔四〕祖耿案：御覽四百六十引「疾」作「病」。史記作「病」。

〔五〕祖耿案：史記「韓」作「事」，無「何」字。

〔六〕鮑彪曰：公，猶國也。言其不任。　黃丕烈曰：「王」，鮑本作「主」。丕烈案：史記作「主」。　金正煒曰：按「公」所以稱苓，辭旨自顯，鮑注大繆。史記「何」作「可」，「王」作「主」。

〔七〕祖耿案：「弊」，鮑本作「敝」。

〔八〕祖耿案：「曰」鮑本作「言」。史記此句作「公來言未急，何也」。

〔九〕祖耿案：「彼」，鮑本作「使」。

〔一〇〕金正煒曰：「令」當作「今」，今，猶即也。漢書敘傳「上謝曰：請今奉詔」，謂請即奉詔也。文義正同。祖耿案：御覽四百六十引無「令」字。史記作「請今發兵救韓。八日而至」，無「臣」字。

〔一一〕鮑彪曰：記二十三年有。吳師道曰：與前章張翠說同。黄式三曰：敗趙將賈偃，沈其卒二萬于河，取趙觀津；敗魏將芒卯于華陽，斬首十五萬。

十六

秦招楚而伐齊，冷向謂陳軫曰〔一〕：『秦王必外向〔二〕：「楚之齊者〔三〕，知西不合於秦〔四〕，必且務以楚合於齊，齊、楚合，燕、趙不敢不聽。齊以四國敵秦，是齊不窮也〔五〕。」向曰：「秦王誠必欲伐齊乎？不如先收於楚之齊者。楚之齊者，先務以楚合於齊，則楚必即秦矣〔六〕。以强秦而有晉、楚〔七〕，則燕、趙不敢不聽，是齊孤矣！」向請爲公説秦王〔八〕。』

〔一〕吳師道曰：冷，平聲。冷倫氏之後。祖耿案：此篇鮑入楚策。顧觀光附此於赧王二一年。

〔二〕鮑彪曰：秦王，惠王。言合他國，不一於楚。金正煒曰：按「外」當爲「謂」，一聲之譌。「秦王必謂向」，與下文「向曰」，皆設爲問答之辭。故終之以「向請爲公説秦王」。

〔三〕鮑彪曰：與齊善者。

〔四〕金正煒曰：知，猶見也。見呂覽自知篇注。

〔五〕姚注：三本同去「國」字。　鮑彪曰：兵力不屈。

〔六〕鮑彪曰：秦能收楚之善齊者，則其初雖欲合齊、楚，今必背齊合秦。　金正煒曰：「先」蓋「无」字之誤。无，猶不也。燕策，是故謀者皆從事於除患之道，而先使除患無至者。「先」亦當爲「无」，誤與此同。廣雅釋詁：即，就也。

〔七〕黄丕烈曰：鮑衍「晉」字。

〔八〕鮑彪曰：原在韓策。　吴曾祺曰：案此條語多費解，恐誤。

十七

韓氏逐向晉於周〔一〕，周成恢爲之謂魏王曰〔二〕：『周必寬而反之〔三〕，王何不爲之先言，是王有向晉於周也〔四〕。』魏王曰：『諾。』成恢因爲謂韓王曰：『逐向晉者韓也，而還之者魏也，豈如道韓反之哉〔五〕！是魏有向晉於周，而韓王失之也〔六〕。』韓王曰：『善。』亦因請復之。

〔一〕鮑彪曰：晉，周人，使周逐之。　吴師道曰：無據。　金正煒曰：按韓已僭王，不得復稱氏，疑亦韓珉之譌。「珉」字脱損爲「民」，因誤爲「氏」。逐晉者珉，故成恢得説韓王復之。　祖耿案：顧觀光附此於赧王四十五年。

〔二〕鮑彪曰：魏王，安釐。　吴師道曰：無據。時不可考。　黄丕烈曰：「周」下，鮑本有「使」字。

〔三〕鮑彪曰：反，謂還。金正煒曰：按國語吳語「將必寬然有伯諸侯之心焉」注，寬，緩也。言周少緩必自復之。

〔四〕鮑彪曰：有，言得其用。

〔五〕鮑彪曰：道，猶由。

〔六〕鮑彪曰：不反之則然。金正煒曰：按「韓王」二字當有一衍；或由一本作韓、一本作王，校者旁注，傳寫誤併入文。

十八

張登請費緤曰〔一〕：「請令公子年謂韓王曰〔二〕：『費緤，西周讎之，東周寶之〔三〕。此其家萬金，王何不召之以爲三川之守，是緤以三川與西周戒也〔四〕，必盡其家以事王。西周惡之，必效先王之器以止王〔五〕。』韓王必爲之〔六〕。西周聞之，必解子之罪以止子之事〔七〕。」

〔一〕鮑彪曰：張登，中山人。見其策。費緤，韓人。黄丕烈曰：「請」，鮑本作「謂」。程恩澤曰：案姓氏急就篇：魯有費邑，左傳有費庈父，又季氏受費爲上卿，其後亦爲費氏；戰國有費緤。金正煒曰：按爾雅釋詁：請，告也。禮記投壺「請賓曰」注，請猶告也。祖耿案：顧觀光附此於顯王四十六年，曰：因張登附此。

〔二〕黄丕烈曰：今本「年」作「牟」。鮑本作「牟」。吳補：一本「牟」作「年」，姚同。

〔三〕金正煒曰：淮南說山篇：侯王寶之。注，寶，重也。

〔四〕鮑彪曰：三川近西，西讎之，故緤有戒心。　金正煒曰：小爾雅廣詁：以，用也。說文：戒，警也。詩采薇「豈不日戒」箋，戒，警敕軍事也。鮑注未安。

〔五〕鮑彪曰：止韓勿使爲守。　祖耿案：「效」，鮑本作「効」。

〔六〕鮑彪曰：此下登言其効也。

〔七〕鮑彪曰：守三川非緤之欲，登云云，解其罪耳。　吳師道曰：韓釐王元年，趙滅中山。大事記載韓、燕、中山稱王，在周顯王四十六年，當宣惠王十年。中山策有張登，去此時甚遠。然此策本不可定爲何王之世，鮑强附之。

十九

安邑之御史死〔一〕，其次恐不得也，輸人爲之謂安令曰〔二〕：「公孫綦爲人請御史於王〔三〕，王曰：『彼固有次乎？吾難敗其法〔四〕。』」因遽置之〔五〕。

〔一〕祖耿案：顧觀光附此於赧王二十二年，曰：時韓、魏皆有安邑，據白起傳，取韓安邑以東，到乾河，在戰伊闕後，故附此。鮑氏因「安邑」二字，移入魏策。吳注不知糾正，何也。

〔二〕姚注：三本同無「謂」字。　鮑彪曰：輸，安邑里名。　黄丕烈曰：鮑「安」下補「邑」字。吳氏補曰：宜有「邑」字。大事記有。　程恩澤曰：案史記酈商傳：得俞侯欒布自平齊來。索隱曰，俞音歈，縣名。又音輸，在河東。疑即此地（後漢馬武傳注，鄃屬平原郡。疑別一地）。　金正煒曰：按鮑釋輸爲里名，無考。史記惠景間侯者年表有俞。如淳曰，音輸，縣名，屬清河。亦不得爲安邑之里。「輸」疑作「諭」。諭，猶教也，義與諷相近。授意於人使爲之請，蓋其次所爲也。

〔三〕金正煒曰：公孫者，是人以稱安令之辭。顏師古急就章注，公子之子，皆號公孫。「綦」當爲「其」。荀子王霸篇：綦大而王，綦小而亡。又云：目欲綦色，耳欲綦聲。注，綦或爲其，傳寫誤耳。可以互證。

〔四〕黄丕烈曰：「乎」，鮑本無。「其法」，鮑本作「之」。吳補：一本「有次乎，吾難敗其法」。

〔五〕鮑彪曰：令聞王言，故立其次。　吳師道曰：大事記、前漢百官表，監御史，秦官，掌監郡。此策云云，六國已遣御史監掌矣，非獨秦也。又曰：魏都安邑，在惠王未徙大梁前，昭王十年獻安邑於秦，章次不當在此。

二十

魏王爲九里之盟〔一〕，且復天子〔二〕。房喜謂韓王曰〔三〕：「勿聽之也！大國惡有天子〔四〕，而小國利之。王與大國弗聽〔五〕，魏安能與小國立之〔六〕？」

〔一〕鮑彪曰：魏王，安釐。九重，謂王城。欲城之，先盟其衆。　吳師道曰：一本「九里」。大事記引之，姚同。説見後。　黄丕烈曰：「里」，鮑本作「重」。吳補：一本「九里」。正曰：大事記，按韓非子，魏惠王爲臼里之盟，將復立天子，彭喜謂鄭君曰，「君勿聽」云云。丕烈案：九、臼，彭、房，皆聲之轉也。「鄭君」「韓王」同此。魏王，依彼知爲惠王。　金正煒曰：按周書作雒篇：俘殷獻民，遷於九里。注，九里，成周之地，近王化也。作「重」者誤。韓非作臼里。九、臼，一聲之轉也。　黄式三曰：鮑注以爲魏安釐王、韓釐王事。大事記據韓非說林爲魏惠王、韓宣惠王，今從之。　祖耿案：顧觀光附此於顯王三十四年，曰：因韓非子言魏惠王，附此。

〔二〕鮑彪曰：赧四十二年，馬犯請梁城周，有「復之」之語。正此（魏安釐）二十三年。復，復其尊。　吳師道曰：按周紀「復之」之文，謂許梁以鼎事。正義，復，一音扶又反，非謂復王。大事記，按韓非子，魏惠王爲臼里之盟，將復立天子，彭喜謂鄭君曰，「君勿聽」云云。戰國策所載與此同，但止言魏王而不言惠王，以臼里爲九里，以彭喜爲房喜，以鄭君爲韓王。所謂將復立天子者，是時七國既稱王，不以周爲天子也。或者猶咎孟子勸諸侯行王道，何哉？　盟不知何年，附載於愼靚王三年，魏惠王薨之前。按此策當屬惠王。　程恩澤曰：案姓氏急就篇：房氏，祁姓，舜封堯子丹朱於房，子陵以父封爲氏。周昭王娶於房，曰房后。戰國有房喜。今爲汝寧府遂平縣。又案，周本紀正義引括地志云，故王城，一名河南城，本郟鄏，周公新築在洛州河南縣北九里苑內東北隅（又見婁敬傳正義）。是九里乃苑名（諸書引括地志者，或去「九里」字，則「苑」字無着；或去「苑」字，則里數不符。蓋王城即故河南城，不得又在河南縣北九里也，疑皆失實）。蓋即國策所云「九里」、韓非子所云「臼里」也。是時韓、魏盟于河南之九里苑（即故王城），將復立周君爲天子，而房喜（韓非子作彭喜）謂韓王以勿聽，故云。舊說非是。

〔三〕鮑彪曰：房喜，韓人。　顧廣圻曰：「房」當是「旁」之誤，「旁」、「彭」同聲。韓即鄭。

〔四〕姚注：曾本作「惡有」。

〔五〕鮑彪曰：此言韓亦大國。

〔六〕祖耿案：此章全文，韓非子說林上作「魏惠王爲臼里之盟，將復立於天子。彭喜謂鄭君曰：君勿聽。大國惡有天子，小國利之。若君與大不聽，魏焉能與小立之」，共四十六字，與此數同，而文小異。

二十一

建信君輕韓熙〔一〕，趙敖爲謂建信侯曰〔二〕：「國形有之而存無之而亡者，魏也〔三〕。不可無而從者，韓也〔四〕。今君之輕韓熙者，交善楚、魏也〔五〕。秦見君之交反善於楚、魏也，其收韓必重矣〔六〕。從則韓輕〔七〕，横則韓重〔八〕，則無從輕矣〔九〕。秦出兵於三川，則南圍鄢，蔡、邵之道不通矣〔一〇〕。魏急〔一一〕。其救趙必緩矣。秦舉兵破邯鄲，趙必亡矣。故君收韓，可以無疊。」

〔一〕鮑彪曰：建信君，趙人。　祖耿案：顧觀光隸此於秦始皇帝三年。

〔二〕黄丕烈曰：鮑改「侯」爲「君」。

〔三〕鮑彪曰：趙、魏爲鄰，故其勢如此。

〔四〕鮑彪曰：欲爲從，必得韓。

〔五〕鮑彪曰：此爲從者説也。從宜善韓，而善此二國者，非也。　吴師道曰：初無此意，但謂今君之輕韓熙，因交善於楚、魏故也。

〔六〕鮑彪曰：秦之志，常反諸國。　吴師道曰：一本「之交之善」。

〔七〕鮑彪曰：從必得韓，而反輕者，國小不得主從。

〔八〕鮑彪曰：最近秦故。

〔九〕鮑彪曰：韓以爲輕。　吴師道曰：無從者輕，指趙言也。

〔一〇〕鮑彪曰：謂潁川鄢陵，汝南二蔡、邵陵。

〔一一〕鮑彪曰：上三邑皆近魏。吳師道曰：鄢、許屬魏者，策於魏多言許、鄢陵。

二十二

段產謂新城君曰〔一〕：「夫宵行者能無爲姦，而不能令狗無吠己。今臣處郎中〔二〕，能無議君於王，而不能令人毋議臣於君〔三〕。願君察之也〔四〕！」

〔一〕鮑彪曰：段產，秦人。新城君，韓襄十二年注，羋戎也。張琦曰：此新城當在秦地。左文四年，晉侯伐秦取新城。今同州府澄城縣東北二十里，故新城是也。程恩澤曰：案秦新城有二：左傳「梁伯益其國而不能實也，命曰新里，秦取之」。文四年「晉侯伐秦，圍邧、新城」，即此。在今陝西同州府澄城縣東北二十里。又云「諸侯伐鄭，圍新密，鄭所以不時城也」，春秋書之曰「新城」。在今河南開封府密縣東南三十里。舊說羋戎號新城君在此，以其與華陽相近也。祖耿案：此篇鮑本入秦策。顧觀光附此於赧王三十四年，曰：與魏策四白珪謂新城君曰章文大同。

〔二〕鮑彪曰：「郎」，「廊」同。漢官表注，主郎內諸官。吳師道曰：「廊」字通作「郎」，不謂「郎」爲「廊」。郎中令，秦官，郎乃其屬。此注在「郎中令」下，非郎職也。大事記謂是時郎中職已親近。

〔三〕祖耿案：「令」，鮑本作「使」。

〔四〕鮑彪曰：原在韓策。魏昭策白圭語同。吳師道曰：見下。

二十三

段干越人謂新城君曰〔一〕：『王良之弟子駕〔二〕，云取千里〔三〕，馬遇造父之弟子〔四〕，造父之弟子曰：「馬不千里〔五〕。」王良弟子曰：「馬，千里之馬也；服，千里之服也〔六〕；而不能取千里，何也？」曰：「子纆牽長〔七〕。」故纆牽於事萬分之一也，而難千里之行〔八〕。今臣雖不肖，於秦亦萬分之一也，而相國見臣不釋塞者〔九〕，是纆牽長也〔一〇〕！』

〔一〕鮑彪曰：凡段干皆魏人，今在秦。　吳師道曰：史注，段干，魏邑。路史，段干，李姓邑。初邑段，後邑干，因邑而氏。　程恩澤曰：案通鑑注唐人氏族志曰，李耳之後，有李宗，魏封于段，爲干木大夫。此似以「段干木」三字皆爲地名，殊不可通。（孫星衍元和姓纂校，亦以唐表爲非。）策有段產，則以一字爲姓；又有段干越人，則以兩字爲姓。未聞以木亦爲姓者。蓋木本人名，非地名也。即段干二地，亦無的處。春秋宣十七年「同盟于斷道」，左傳謂之「卷楚」，世本作「段」。則段斷古通。吳氏曰：今沁州東有斷梁城，三面絶澗，廣袤二里。水經注云，即銅鞮縣之上虒亭也。段地無考，或即此歟？干本衛邑，詩「出宿于干」是也。地有發干山（寰宇記別有干言山，在堯山縣西五里）。漢志，東郡有發干縣，又衛公國有竿城。劉昭曰，即故發干城也。水經注，河水東逕鐵邱南，河之西岸有竿城（引郡國志云云）。今在東昌府堂邑縣西南二十五里（方輿紀要謂在直隸清豐縣西南三十里，乾隆圖志謂在開州北，俱似未的）。然路史云，蹇叔處干，干國也。開封有邗溝段干木廟，則其地并無一定。高誘呂覽注以爲吳邑（即干隧），更與此無涉。

祖耿案：文選應詔觀北湖田收及勵志詩，李注兩引并作「段干越」，無「人」字；又勵志詩李注引新城君，上有「韓相」二字。 又案：此篇鮑入秦策。顧觀光附此於赧王三十四年。

〔二〕鮑彪曰：良，趙簡子御。駕，馬在車下負軛。 金正煒曰：按廣雅釋詁四，駕，乘也。

〔三〕鮑彪曰：其言然。 金正煒曰：大戴禮盛德篇：故曰，御者同是車馬，或以取千里，或數百里者，所進退緩急異也。釋名釋言語，取，趣也。

〔四〕姚注：「馬」，一無此字。 鮑彪曰：造父，周穆王之御，不得與王良同時。然學出於造父者，得稱爲其弟子，非必與之同時也。 金正煒曰：「馬」當爲「焉」，字形相似而誤。焉猶於是也、乃也。呂氏春秋季春篇：天子焉始乘舟。注，於是始乘舟。淮南繆稱篇：故人之甘甘非正爲蹠也，而蹠焉往。注，言蹠乃往至也。 祖耿案：文選應詔觀北湖田收及勵志詩，李注兩引并作「王良弟子駕千里之馬，過京父之弟子」。

〔五〕鮑彪曰：不能然。 金正煒曰：「馬不千里」，與下文「馬千里之馬也。服千里之服也」文不相應，「馬」當作「駕」。廣雅釋詁一，駕，行也。

〔六〕鮑彪曰：駕車馬四，兩服在中央夾轅，兩驂在旁。見太叔于田。言「馬」言「服」，「馬」豈驂耶？

〔七〕鮑彪曰：纆，索也，以牽馬。 金正煒曰：按周禮牛人，共其兵車之牛，與其牽徬。注，牽徬，在轅外輓牛也。人御之，居其前曰牽，居其旁曰徬。說文：牽，引而前也，從牛，冖象引牛之縻也。古者駕車以牛，故字從牛；駕馬亦如之。

〔八〕姚注：「難」，曾作「維」。

〔九〕鮑彪曰：戎未嘗相，以其傳國事稱之。不釋塞者，言障之於下，不解。 祖耿案：文選勵志詩李注引作「而相國見臣不懌者」。

〔一〇〕鮑彪曰：亦在韓策。詳二臣之言，則戎之寵少衰矣，故范雎得而間之。吳師道曰：上章爲議己者言，下章言相國之短於用己，皆不見芈戎寵衰之意，爲秦亦無明徵，當從舊次。

卷二十九　燕一

祖耿案：燕，姬姓，召公奭之後。地在燕山之野，國以取名。後并薊地，遂遷焉，即今北京。召公九世至惠侯。歷釐侯、頃侯、哀侯、鄭侯至繆侯。繆侯七年，魯隱公元年，始入春秋。又歷宣侯、桓侯、莊公、襄公、桓公、宣公、昭公、武公、文公、懿公、惠公、悼公、共公、平公、簡公、獻公、孝公、成公、湣公而至釐公。釐公元年，三晉列爲諸侯。之後，經桓公、文公、易王，易王十年，犀首約與魏、趙、韓、中山五國並稱王。自王噲以下，經昭王、惠王、武成王、孝王四代至王喜，爲秦所滅。詳見史記燕召公世家。

鮑彪曰：東有漁陽、右北平、遼西、遼東；西有上谷、代郡、雁門；南有涿郡之易、容城、范陽；北有新成、故安、涿縣、良鄉、新昌及渤海之安次，皆燕分也。樂浪、玄菟亦屬焉。　張琦曰：燕地，自今直隸、保定、霸州以北，宣化以東，至朝鮮，北有塞外故開平、大寧等地。代、雁門屬趙，非燕地也。（戰國策釋地）

程恩澤曰：燕，姬姓，召公之後，地在燕山之野，故國取名焉。後徙於易，今易州東南五里有古燕城，又并薊地，遂遷焉，即今順天府治也。召公後三十六世，與六國並稱王。又七世至王喜，爲秦所滅。（國策地名考）又曰：史記正義：真、冀、燕、趙四州，七國時屬趙，即燕西界；河北博、滄、德三州，齊地北境，與燕相接，隔黄河，所謂「東迫强趙、南近齊」也。（同上）

顧觀光曰：燕策，蘇秦曰：燕東有朝鮮、遼東，北有林胡、樓煩，西有雲中、九原，南有呼沱、易水，地方二千餘里。又曰：南有碣石、雁門之饒，北有棗栗之利，民雖不由田作，棗栗之實，足食於民矣。此所謂天府也！（七國地理考燕地總論）

祖耿又案：燕策姚本三卷。吴氏目錄：燕一凡十五章，燕二凡十四章，燕三凡五章，共三十四章。鮑本一卷，三十一章，分隸文公、易王、王噲、昭王、惠王、王喜名下。名號之下，各詳世系年次，吳氏有說，並錄如下。　鮑彪曰：文公，桓公子，元年，顯王八年，庚申。易王，文公子，元年，顯王三十七年，己丑。王噲，易王子，元年，愼靚王元年，辛丑。昭王，噲子。　吳補：名平，元年，赧王四年，庚戌。　鮑彪曰：惠王，昭王子，元年，赧王三十七年，癸未。王喜，惠王曾孫，元年，赧王五十三年，丁未。

一

蘇秦將爲從〔一〕，北說燕文侯曰：『燕東有朝鮮、遼東〔二〕，北有林胡、樓煩〔三〕，西有雲中、九原〔四〕，南有呼沱、易水〔五〕，地方二千餘里〔六〕，帶甲數十萬，車七百乘，騎六千疋〔七〕，粟支十年〔八〕。南有碣石、雁門之饒〔九〕，北有棗粟之利〔一〇〕，民雖不由田作〔一一〕，棗粟之實，足食於民矣。此所謂天府也！夫安樂無事，不見覆軍殺將之憂，無過燕矣！大王知其所以然乎〔一二〕？夫燕之所以不犯寇被兵者，以趙之爲蔽於南也〔一三〕！秦、趙五戰〔一四〕，秦再勝而趙三勝，秦、趙相弊〔一五〕，而王以全燕制其後，此燕之所以不犯難也〔一六〕！且夫秦之攻燕也，逾雲中、九原，過代、上谷，彌埊踵道數千里〔一七〕，雖得燕城，秦計固不能守也，秦之不能害燕亦明矣！今趙之攻燕也，發興號令〔一八〕，不至十日而數十萬之衆軍於東垣矣〔一九〕。

度呼沱，涉易水，不至四五日距國都矣〔二〇〕。故曰：秦之攻燕也，戰於千里之外；趙之攻燕也，戰於百里之內。夫不憂百里之患，而重千里之外，計無過於此者！是故，願大王與趙從親，天下爲一，則國必無患矣〔二一〕！』燕王曰：『寡人國小，西迫强秦，南近齊、趙〔二二〕。齊、趙，强國也〔二三〕！今主君幸教詔之，合從以安燕，敬以國從〔二四〕！』於是齎蘇秦車馬金帛以至趙〔二五〕。

〔一〕鮑彪曰：此（燕桓公）二十八年。　祖耿案：此章見史記蘇秦列傳，事在説秦惠王之後，云：乃東之趙，趙肅侯令其弟成爲相，號奉陽君。奉陽君弗説之。去游燕，歲餘而後得見。説燕文侯曰云云。與此章文同，惟末數語稍異。史記注，司馬貞曰：燕文侯，史失名。顧觀光隸此於顯王三十五年。

〔二〕鮑彪曰：朝鮮，屬樂浪；遼東，并州郡。　吳師道曰：朝鮮，箕子所封，今高麗國。索隱云：音潮仙。張琦曰：史朝鮮傳，自始全燕盛時，嘗略屬真番、朝鮮，爲置吏，築鄣塞。遼東，今奉天府地。　程恩澤曰：案山海經，朝鮮在列陽東海北山南。列陽屬燕，注云：尚書大傳，武王釋箕子之囚，箕子不忍爲周釋，走之朝鮮。因以封之。今樂浪縣。列，水名，在帶方（漢縣名，晉置帶方郡）。漢志，樂浪郡有朝鮮縣。括地志，高驪平壤城，本漢樂浪郡王險城。（地理志，遼東郡有險瀆縣。臣瓚曰：王險城在樂浪郡浿水之東，即此。徐廣謂在昌黎，似誤。）即古朝鮮。寰宇記，平州盧龍縣，有朝鮮廢城，即箕子受封之地（此説恐未是）。後十餘代至戰國時，亦僭稱王。始全燕時略屬焉。地理通釋：燕嘗略屬真番、朝鮮，爲置吏築障（本朝鮮王傳）。今仍爲朝鮮國，在京師東三千五百里。漢志：遼東郡屬幽州，注作并州，疑誤。遼，水名（水經：大遼水入塞，過襄平縣西），地在遼水之東，故曰遼東。　顧祖禹曰：本古冀、青二州地，舜分冀東北爲幽州，即今廣寧以西地；分青東北爲營州，即今廣寧以東地。（通典亦以此爲營州地，則以遼東專屬幽州，尚似未核。）春秋戰國並屬燕，今爲奉天府地。　顧觀光曰：蘇秦説燕曰：東有朝鮮，即箕子所封也。魏志東夷傳注引魏略云：昔箕子之後朝鮮侯見周衰，燕自尊爲王，欲東略地，朝鮮侯亦自稱爲王，欲興兵逆擊燕，以尊周室，其大夫禮諫之乃止。使禮西説燕，以止之不攻。後子孫稍驕虐，燕乃遣將秦開攻其西方，取地二千餘里，至滿潘汗爲界，朝鮮遂弱。按漢志，遼東郡有番汗縣。蓋古時朝鮮兼有漢玄菟、遼東二郡之地，視今爲大矣！故史記朝鮮傳云：自始全燕時略屬真番、朝鮮，爲置吏，築障塞。博物志云：箕子居朝鮮，其後燕伐之，朝鮮亡入海，爲鮮國。亡入海者，即如今之朝鮮，西北抵鴨綠江，東北界先春嶺，而東、南、西皆距大海，非海島也。蘇秦説燕曰：東有遼東。史記，王喜二十九年，燕王徙居遼東，即燕策所謂燕王喜、太子丹等，皆率其精兵東保於遼東也。漢志，遼東郡，縣十八。　祖耿案：史記注，司馬貞曰：朝鮮，水名。

〔三〕吳師道曰：見趙策。　祖耿案：史記注，司馬貞曰：地理志，樓煩屬雁門郡。張守節曰：二胡國名，朔、嵐以北。

〔四〕鮑彪曰：屬五原。　吳師道曰：正義云：雲中郡城在榆林縣東北，九原郡城在榆林縣西界，二郡皆在勝州。　張琦曰：雲中、九原，漢志屬趙。武靈王攘地，北至燕、代，西至雲中、九原。又武靈王欲自雲中、九原直南襲秦，此誇詞，非實也。　程恩澤曰：案漢志，五原郡，秦九原郡，元朔二年更名。水經注：九原城南面長河，北背連山。正義：九原郡故城在勝州西界，今連谷縣是。賈耽古今述曰：以地理求之，中受降城，前代九原郡城也。元和志敬本：古城在中受降城北四十里。一統志：九原縣在大同府西北四百二十里。胡三省曰：唐爲豐、鹽等州之地。又云：雲中、九原皆在燕西，秦自上郡、朔方下兵則可至。顧祖禹曰：今榆林衛西北七百餘里，古豐州是。（胡渭曰：廢豐州城在榆林衛西北塞外七百里，漢爲朔方郡廣牧縣。廢勝州城在榆林衛東北四百五十里，漢爲雲中、五原二郡地。則云在豐州者，似誤。洪亮吉曰：豐州有三：隋唐時豐州，在今榆林邊外，河套内；宋豐州，亦在邊外，近府谷；遼、金豐州，在今黄河東歸化城界。）錢坫曰：在今榆林府東北鄂爾都斯界内，黄河東岸。洪亮吉曰：秦九原故城，在今吴喇忒三旗北。漢五原故城，又在故九原城西。（按漢志，則漢五原城即秦九原城也，與此稍異。其東北即稒陽故城。）今山西忻州西，亦有九原城。師古曰：即古九京也（禮曰：從先大夫於九京）。十三州志云：九原山（在城西）其仞有九，故曰九原，與此非一地。顧觀光曰：史記蘇秦傳，正義曰：九原郡在榆林縣西界（在今榆林府城東北鄂爾都斯界，黄河東北岸）。水經注云：河水又東逕九原縣故城南，秦始皇置九原郡治此。竹書紀年：魏襄王十七年，邯鄲命吏大夫奴遷於九原，其城南面長河，北背連山。秦始皇逐匈奴，並河以東，屬之陰山，築亭障，爲河上塞。徐廣曰：陰山在五原北，即此山也。祖耿案：史記注，司馬貞曰：按地理志，雲中、九原，二郡名。秦曰九原，漢武帝改曰五原郡。張守節曰：二郡並在勝州也。雲中郡城在榆林縣東北四十里，九原郡城在榆林縣西界。

〔五〕鮑彪曰：出涿故安。吴師道曰：呼沲見前。正義云：易水源出易縣西谷中之東，東南流與滹沱河合。水經，易水出涿郡故安縣長鄉西山。大事記引此二條。張琦曰：漢志，故安下云：閻鄉，易水所出，東至范陽入濡水，亦至范陽，入淶。師古曰：言易水又至范陽入淶也。水經注引漢志作渠，以爲淶、渠二號，即拒馬之異名。今易水出易州西山，東經州城西南，此中易也。北易出州西北窮獨山，經州城北，又東南合中易，謂之濡水，東南經定興、新城，入拒馬河。南易，一名鮑水，又曰雹水，俗名長流河，出易州西南山，東南經安肅、容城、新安，又東與拒馬河合，東北經雄縣、霸州，合桑乾、虖沱入海。漢志重言水亦至范陽入淶，即包三易爲言，師古注尚未晰也。　程恩澤曰：案高誘云：易水，燕之南水。黃度曰：易水有三，皆出易州易縣。北易，一名安國河，出縣西北窮獨山。中易出閻鄉城寬中谷。南易出縣東南即山燕王仙臺東石虎罡。御批通鑑輯覽：三易皆出易州。自定興西南合拒馬河者，曰中易；在定興西爲涉河者，曰北易；逕安肅，歷安州、新安爲雹河者，曰南易。顧祖禹曰：三源並導，分流東注，合衛河及呼沱河入海。洪亮吉曰：北易即濡水，南易即雹水，凡漢志及水經所言易水，大率多指中易言。又案：史記注，裴駰曰：周禮曰「正北曰并州，其川嘑沱」。鄭玄曰：「嘑沱出鹵城。」司馬貞曰：按滹沱，水名，并州之川也，音呼沱。又地理志：鹵城，縣名，屬代郡。滹沲河自縣東至參合，又東至文安入海也。張守節曰：嘑沱，出代州繁畤縣，東南流經五臺山北，東南流過定州，流入海。易水出易州易縣，東流過幽州歸義縣，東與呼沱河合也。　祖耿案：「沱」，鮑本作「沲」，下同。

〔六〕黃丕烈曰：「餘」，鮑本無。丕烈案：史記有。

〔七〕祖耿案：「疋」，鮑本作「匹」。御覽三百三十引，無「乘」「疋」字。又案：史記：車六百乘。

〔八〕黃丕烈曰：「十」，鮑本作「二」。丕烈案：史記作「數」。索隱引戰國策「十年」，「二」字誤。

〔九〕鮑彪曰：并州郡。　吳師道曰：正義云，碣石山在平州，燕東南。雁門山在代，燕西南。　閻若璩曰：按通鑑地理通釋曰：碣石凡有三：騶衍如燕，昭王築碣石宮，身親往師之，此碣石，特宮名耳，在幽州薊縣西三十里，寧臺之東，非山也；秦築長城，所起自碣石，此碣石在高麗界中，當名爲左碣石；其在平州南三十餘里者，即古大河入海處，爲禹貢之碣石，亦曰右碣石。其說可謂精矣！　或獻疑曰：後漢書常山國九門縣，劉昭補注曰：碣石山，戰國策云在縣界。史記蘇秦列傳，索隱曰：戰國策，碣石山在常山九門縣。不又一碣石乎？王氏説尚有未盡。余曰：九門縣自西漢、五代猶沿。宋開寶六年，始省入藁城，今藁城縣西北二十五里有九門城，四面五百餘里皆平地，求一部婁、塊阜，以當所謂碣石之山，亦不可得。故康成云：今驗九門，無此山也。康成誡子書：吾嘗游學，往來幽、并、兖、豫之域，蓋亦以目驗知之。王伯厚生長晚宋，足不曾至中原，即以信康成者削國策不數，古人撰著，屹如堅壘，豈易攻敗！（潛邱劄記）洪頤煊曰：蘇秦列傳，南有碣石、雁門之饒。索隱：戰國策碣石山在常山九門縣。尚書正義引鄭注：戰國策，碣石在九門縣。今驗九門無此山。頤煊案：山海經北山經：碣石之山，繩水出焉，而東流注于河，山次在雁門、嘑沲之間，當與九門相近。今國策無此文。（讀書叢錄）　張琦曰：碣石，方輿紀要曰：即永平府昌黎縣西北二十里之碣石山。　程恩澤曰：案地理通釋：碣石凡有三：騶衍如燕，昭王築碣石宮，身親往師之。此碣石特宮名耳，在幽州薊縣西三十里（或作東二十里）寧臺之東，非山也；秦築長城，起白碣石，此碣石在高麗界中，當名爲左碣石；其在平州南三十餘里者，即古大河入海處，亦曰右碣石（此據潛邱劄記所引，與原文小異）。或謂後漢書常山國九門縣，劉昭注引國策：碣石山在縣界（蘇秦列傳，索隱亦云），似又有一碣石。閻若璩曰：此地四面五百餘里皆平地，故康成云：今驗九門無此山。惟唐志營州柳城縣（今寧遠州）有東北鎭醫巫閭山祠，又東有碣石山。碣石當有四。胡渭曰：金吉甫以沙門島對岸之鐵山爲碣石，王充耘以合口御河入海處（在今青縣）北岸石山爲碣石，劉世偉以海豐縣北六十里馬谷山爲碣石（肇域志主此説），則碣石之名更紛紛矣！要以在平州者爲近是，然其處又不一。地理志：大碣石山在右北平驪成縣（今樂亭縣）西南。郡國志遼西郡臨渝縣注引山海經曰：碣石之山，繡（今本作繩）水出焉。武帝紀文穎注：碣石在遼西郡絫縣（今昌黎縣）海旁，今罷入臨渝，説已互異。水經注：碣石山在遼西臨渝縣南水中。又云：濡水又東南至絫縣碣石山。蓋主潁説。又引地理志云云，意欲兩存之。又以在臨渝者爲近是（絫縣在南，驪成在西，相去甚遠，不得爲一）。晉省臨渝入肥如，故後魏志碣石在肥如。隋省肥如入新昌，尋改盧龍，故隋志碣石在盧龍。通典平州盧龍下有碣石，在海旁（通志在營州之東，即指在柳城者，與此異），皆在今昌黎縣東、絫縣故城之南。唐志及寰宇記並云：石城縣有碣石。輿地廣記曰：石城故驪成也（唐志，石城本臨渝，然別有盧龍縣，則唐之臨渝，非盧龍也），則又轉從班固之説。明一統志謂碣石在昌黎縣北二十里，或又以仙人臺上之巨石爲天橋柱，俱未是。又雁門、碣石，皆非燕南境，「南」字疑誤。又案雁門本山名。山海經：雁門山雁出其間，注云：即北陵西隃，雁之所出，因以名云（二語本海内西經文）。漢志：并州有雁門郡，蓋以山氏郡也（十三州志謂即舊定襄郡治）。水經注：河水又西北流，逕善無縣故城西，王莽之陰館也，即雁門矣。正義：雁門在代燕西南。地理通釋：雁門有鹽澤（又樓煩有鹽官，亦屬雁門），故云饒。胡三省曰：秦、漢之雁門、代郡，皆在句注陘之北，唐之雲朔、蔚新、武州，即其地也。若唐之代州雁門郡，惟崞、繁峙二縣爲漢舊縣，其雁門郡則漢太原郡之廣武縣也，五臺則漢太原之慮虒縣也。洪亮吉曰：唐志憲州天池縣有雁門關（今在忻州靜樂縣南，即其故址也），疑開元後廢代州關始置此（龍紀初置）。今代州北三十里（又在大同府陽高縣西北），有雁門山，與句注岡隴相連（故句注亦稱雁門），一名雁門塞。州北十五里有雁門關，州治即雁門廢縣也。顧觀光曰：蘇秦説燕曰：南有碣石。索隱引戰國策：碣石在常山九門縣。又引地理志云：大碣石山在右北平驪成縣西南。按索隱引戰國策，今無此文，文亦不類國策，當是高誘注也。書正義引鄭説，謂九門無此山，則高注亦不足信矣。今灤州樂亭縣西南四十里，有祥雲、李家、桑垞三島，迫近海濱，蓋即所謂大碣石者。然經傳所稱碣石，並無大字。惟文穎注武紀云：碣石在遼西絫縣。絫縣今罷入臨渝，此石著海旁。水經云：碣石山在遼西臨渝縣南水中。注云：大禹鑿其石，右夾而納河，秦始皇、漢武帝皆嘗登之。海水西侵，歲月逾甚而苞其山，故言水中矣。（當在今昌黎縣西南，今其地無山以應之。） 祖耿案：水經河水注曰：漢司空掾王璜言曰：往者，天嘗連雨，東北風，海水溢西南，出浸數百里，故張折云：碣石在海中，蓋淪于海水也。昔燕、齊遼曠，分置營州，今城屆海濱，海水北侵，城垂淪者半。王璜之言，信而有徵，碣石入海，非無證矣！ 又案史記注，司馬貞曰：戰國策，碣石山在常山九門縣。地理志：大碣石山在右北平驪城縣西南。張守節曰：雁門山在代。燕西門。

〔一〇〕黃丕烈曰：今本「粟」作「栗」，鮑本作「栗」。丕烈案，「粟」字是也。 祖耿案：御覽三百三十引作「粟」，史記作「栗」。

〔一一〕金正煒曰：「由」即「田」之誤衍，鮑本無。 祖耿案：史記無「由」字，「田」作「佃」，下句作「而足於棗栗矣」。

〔一二〕祖耿案：「大」，鮑本作「夫」。

〔一三〕祖耿案：「於」下，鮑本有「其」字。史記「於」作「其」。

〔一四〕吳師道曰：設辭也。

〔一五〕祖耿案：「弊」，鮑本作「敝」，史記作「斃」。

〔一六〕祖耿案：「難」，史記作「寇」。

〔一七〕鮑彪曰：彌，猶亘；踵，猶繫。 吳師道曰：踵，足後也。徐曰：猶言繼踵也。 金正煒曰：按漢書武帝紀：步兵踵軍後數十萬人。注：踵，接也，猶言躡其踵。呂覽論威篇：多者數萬，少者數千，密其躅路，開敵之途。即此「彌地踵道」之謂也。 祖耿案：彌地，猶言緜地。穀梁傳文公十四年：緜地千里。范注：緜猶彌，漫也。 又案：史記無「踵道」二字。

〔一八〕黄丕烈曰：「號」，鮑本作「號出」，丕烈案：史記作「號出」。　金正煒曰：按左氏哀十六年傳：使興國人以攻白公。釋文：興謂興發也。漢書宣帝紀：大發興調關東輕車鋭卒。策文不必同史。

〔一九〕鮑彪曰：垣，謂城。　吴師道曰：正義云，東垣，趙之東邑，在恒州真定縣南，故常山城。　張琦曰：東垣故城，在今正定府西八里。　程恩澤曰：案地理志，真定國真定縣，故東垣。高帝紀：八年，擊韓信餘寇于東垣，即此。十三州志：河東有垣，故此加東，在今直隸正定府正定縣南八里。（又今河南新安縣東，亦有東垣故城，乃晉末所置。寰宇記謂宋東垣縣在河清縣西南二十五里，疑即此地。）　顧觀光曰：漢志，真定國真定縣，故東垣，高帝更名。蘇秦傳正義曰：趙之東邑，在恒州真定縣南八里，故常山城是也（今真定縣升爲府）。　祖耿案：史記注，司馬貞曰：東垣，地理志：高帝改曰真定也。張守節曰：趙之東邑，在恒州真定縣南八里，故常山城是也。

〔二〇〕祖耿案：「距」上，鮑本有「而」字。史記有。

〔二一〕祖耿案：史記「國」上有「燕」字。

〔二二〕黄丕烈曰：「南」，鮑本作「促」。吴補：一本「南近齊魏」。丕烈案：史記云，迫强趙，南近齊。此策當有誤。　祖耿案：此句史記作「文侯曰：子言則可，然吾國小，西迫强趙，南近齊」。注：張守節曰，真、冀、深、趙四州，七國時屬趙，即燕西界；河北博、滄、德三州，齊地北境，與燕相接，隔黄河。

〔二三〕黄丕烈曰：「也」，鮑本無。吴補：一本有。

〔二四〕祖耿案：此句史記作「子必欲合從以安燕，寡人請以國從」。

〔二五〕鮑彪曰：傳在説諸國之初。　祖耿案：「齎」，史記作「資」。此句之下，史記云：「而奉陽君已死，即因説趙肅侯」云云。

二

奉陽君李兌甚不取於蘇秦〔一〕。蘇秦在燕，李兌因爲蘇秦謂奉陽君曰：『齊燕離，則趙重；齊燕合，則趙輕。今君之齊〔二〕，非趙之利也！臣竊爲君不取也！』奉陽君曰：『何吾合燕於齊〔三〕？』對曰：『夫制於燕者蘇子也〔四〕，而燕弱國也，東不如齊，西不如趙，豈能東無齊西無趙哉？而君甚不善蘇秦，蘇秦能抱弱燕而孤於天下哉？是驅燕而使合於齊也！且燕亡國之餘也〔五〕，其以權立〔六〕，以重外，以事貴〔七〕。故爲君計，善蘇秦則取〔八〕，不善亦取之，以疑燕、齊〔九〕。燕、齊疑，則趙重矣。齊王疑蘇秦，則君多資〔一〇〕。』奉陽君曰：『善。』乃使使與蘇秦結交〔一一〕。

〔一〕鮑彪曰：衍『李兌』二字。甚不取於蘇秦，傳亦云。　吳師道曰：奉陽君李兌者，通封邑姓名言之也。蘇秦當作蘇代，因蘇秦稱奉陽君不說之語而訛也。此策有蘇代爲奉陽君說燕於趙以伐齊，奉陽君不聽，乃入齊，即奉陽君不取蘇秦之事也。李兌因爲蘇秦云云，此李兌二字誤羨也。大事記以此章備載於蘇秦説燕與趙合從之下。又據古史，謂肅侯時，奉陽君公子成實未亡，削去『捐館』之語。愚嘗辨蘇秦所稱奉陽君，必別爲一人，奉陽君實李兌，非公子成也。且此章知決爲蘇代者，其言曰：『燕弱國也，東不如齊，西不如趙』。又曰：『燕亡國之餘』。此言正之、噲之役，昭王未破齊之時也。文公據全燕之盛，何得若此言哉？史遷謂世言蘇秦事多異，異時事有類者，皆附之秦。則此類也。祖耿案：顧觀光隸此於赧王三十一年。

〔二〕吳曾祺曰：吳氏云：「李兑」二字衍。案奉陽君即李兑，不應有此二字。鮑彪曰：謂以燕合齊。金正煒曰：按「今君」下脱「合燕」二字，下文「何吾合燕於齊」，即與此文相應。之，猶於也。呂覽應言篇：使三軍饑而居鼎旁，適爲之甑，則莫宜之此鼎矣！謂莫宜於此鼎也。釋詞：諸、之，一聲之轉，諸訓爲於，故之亦訓爲於。

〔三〕鮑彪曰：問何以言然。

〔四〕鮑彪曰：言其制燕。

〔五〕鮑彪曰：惠公六年，大夫誅其姬，而惠公奔齊。齊、晉入之，至而卒。吳師道曰：史年表：燕惠公欲殺公卿，立幸臣。公卿誅幸臣，公恐，出奔齊。此事在周景王六年，至燕文公二十八年蘇秦説燕之歲，爲二百有五年，不應遠舉此事。此必齊破燕，昭王既立之時也。以此言知非蘇秦約從時事。説亦見趙策（祖耿案：謂鮑本趙策蘇秦説李兑曰章注）。

〔六〕鮑彪曰：權，謂外與貴也。金正煒曰：其，謂蘇子也，謂其資燕權以立進取之基，非終抱弱燕而孤於天下也。

〔七〕鮑彪曰：並謂齊、魯。吳師道曰：以權立者，謂燕破亡之餘，太子平以權宜立，其勢微弱，必重外，必事貴。外與貴，謂他國，齊、趙之屬也。金正煒曰：「以重外」，當作「以外重」，言將藉外勢以自重，如周最在魏而有齊重之類；以事貴，言將約從以取貴，如四國之因犀首以事也。鮑注並非。

〔八〕鮑彪曰：取，言與之交。黃丕烈曰：「取」下，鮑有「之」字。

〔九〕鮑彪曰：齊不善蘇子，蘇子在燕，而趙人取之，則齊疑燕合趙而外己。齊疑燕，燕亦不能信齊矣！

〔一〇〕鮑彪曰：齊王，宣王。疑，疑其合燕於楚。吴師道曰：齊王，湣王。

〔一一〕吴師道曰：此策非文公時。錢穆曰：此亦策士妄爲之，而云燕亡國之餘，則造此説者，明指燕昭王時，非文公時矣！其人既在燕昭王、趙惠文王時，或猶稍後，故不免以燕昭、趙惠文時事勢言之也。（考辨二七四頁）

三

權之難，燕再戰不勝〔一〕，趙弗救。噲子謂文公曰〔二〕：『不如以埊請合於齊，趙必救我。若不吾救，不得不事〔三〕。』文公曰：『善。』令郭任以埊請講於齊。趙聞之〔四〕，遂出兵救燕〔五〕。

〔一〕鮑彪曰：與齊戰也。祖耿案：顧觀光附此於顯王三十六年。

〔二〕鮑彪曰：噲子，文公孫子噲。

〔三〕鮑彪曰：燕、齊合，則趙輕。雖不救我，後必事我。金正煒曰：按燕之所急在得趙救，鮑説非也。不事，猶言無事，「無」「不」字古通用。周官大司馬：若師不功。言無功也。趙不救燕，則燕、齊合而趙且不能無事，蓋以合齊怵趙，而策其不能不救燕也。齊策：齊急，必以地合燕，而與趙戰。亦即此意。

〔四〕姚注：「趙」下，曾本更添「齊趙」二字。

〔五〕鮑彪曰：齊策此役言及魏冉，知爲文公末年。吴師道曰：大事記從鮑説。

四

燕文公時，秦惠王以其女爲燕太子婦〔一〕，文公卒，易王立，齊宣王因燕喪攻之，取十城〔二〕。武安君蘇秦爲燕説齊王，再拜而賀，因仰而弔〔三〕。齊王桉戈而卻曰〔四〕：「此一何慶弔相隨之速也〔五〕？」對曰：「人之飢所以不食烏喙者〔六〕，以爲雖偷充腹，而與死同患也〔七〕。今燕雖弱小，强秦之少婿也。王利其十城，而深與强秦爲仇〔八〕，今使弱燕爲雁行，而强秦制其後〔九〕，以招天下之精兵〔一〇〕，此食烏喙之類也！」齊王曰：「然則奈何〔一一〕？」對曰：「聖人之制事也，轉禍而爲福，因敗而爲功〔一二〕。故桓公負婦人而名益尊〔一三〕，韓獻開罪而交愈固〔一四〕。此皆轉禍而爲福，因敗而爲功者也〔一五〕。王能聽臣，莫如歸燕之十城，卑辭以謝秦，秦知王以己之故歸燕城也，秦必德王；燕無故而得十城，燕亦德王。是棄强仇而立厚交也〔一六〕。且夫燕、秦之俱事齊，則大王號令，天下皆從〔一七〕，是王以虛辭附秦，而以十城取天下也！此霸王之業矣〔一八〕！所謂轉禍爲福，因敗成功者也。」齊王大説，乃歸燕城，以金千斤謝。其後頓首塗中〔一九〕，願爲兄弟，而請罪於秦〔二〇〕。

〔一〕鮑彪曰：文二十年。　吳師道曰：史，二十八年。　祖耿案：此章見史記蘇秦列傳。異文詳後。顧觀光隸此於顯王三十七年。　錢穆曰：按秦惠王元年，當燕文公二十五年，三年，惠王始冠。古禮二十而冠，則其時惠王亦不過二十；越二年也，燕文公卒，豈秦惠王即有女爲燕易王妻哉？　惠王十年前，魏未盡納上郡，秦與趙壤地不相接，豈遽遠嫁其女爲燕婦哉？　策士造說者，謂蘇秦相燕倡合從，秦畏之，故嫁女於燕以納驩。齊復畏燕之爲秦壻，而歸之十城。其實，秦在當時，猶不足畏，其勢遠不及齊威、宣之盛，而蘇秦合從之說亦烏有，無論秦嫁女事也！　惟蘇秦說齊歸燕十城，則其事或可有，而所以爲說者已不傳，今燕策所存，則後之策士造爲之也。（考辨二八一頁）

〔二〕錢穆曰：按燕策誤也。宣王伐燕在王噲時。其時齊乃威王，非宣王。　前二年，威王與魏會徐州，相王。至是爲威王之二十五年。宣王之立，尚在其後十三年。（考辨二八一頁）

〔三〕吳師道曰：索隱曰，當時慶弔應有其辭，史不錄耳。　祖耿案：類聚二十五引「仰」作「迎」。　又案：此章首段，與史記不同，史記文詳，云「秦惠王以其女爲燕太子婦，是歲文侯卒，太子立，是爲燕易王。易王初立，齊宣王因燕喪伐燕，取十城。易王謂蘇秦曰：往日先生至燕，而先王資先生見趙，遂約六國從。今齊先伐趙，次至燕，以先生之故爲天下笑，先生能爲燕得侵地乎？　蘇秦大慚，曰：請爲王取之。蘇秦見齊王，再拜，俯而慶，仰而弔」。此章至此僅五十字，而史記則有一百十三字之多，超過一倍。

〔四〕鮑彪曰：却秦使退。　金正煒曰：按廣雅釋詁：卻，讓也，謂責讓也。下云「此一何慶弔相隨之速也」，正即詰責之辭。公羊莊十二年傳：手劍而叱之，注：叱，罵也，文義相近，鮑注未安。　祖耿案：「卻」，鮑本作「却」。史記無「桉戈而卻」四字。

〔五〕祖耿案：類聚二十五、御覽四百六十引，並無「此一」二字。史記作「是何」，無「一」字。

〔六〕鮑彪曰：本草，烏頭別名云。　祖耿案：此句史記作「蘇秦曰：臣聞饑人所以饑而不食烏喙者」，注，裴駰曰：本草經曰，烏頭，一名烏喙。司馬貞曰：烏啄。音卓，又音許穢反。今之毒药烏頭是。張守節曰：廣雅云，蘺奚毒附子也。一歲爲烏啄，三歲爲附子，四歲爲烏頭，五歲爲天雄。

〔七〕黄式三曰：策作「偷」，史作「愈」，愈即愉字，薄也、暫也。　祖耿案：類聚二十五引「腹」作「腸」。史記此句作「爲其愈充腹而與餓死同患也」。注，司馬貞曰：劉氏以愈猶暫，非也。謂食烏頭爲其暫愈饑而充腹，少時毒發而死，亦與饑死同患也。

〔八〕祖耿案：御覽九百九十引春秋後語作「大王利其十城，而長與强秦爲仇」。史記同。史記「小」下，「强」字作「即」。

〔九〕金正煒曰：今，猶若也。　祖耿案：「制」，史記作「敝」。

〔一〇〕鮑彪曰：此言秦兵爲天下精。

〔一一〕祖耿案：鮑本「何」下有「乎」字。史記無。史記「齊王」下有「愀然變色」四字。注，司馬貞曰：愀音七小反，又自酋反。

〔一二〕金正煒曰：按爾雅釋詁，功，勝也。周禮大司馬「若師有功」注，功，勝也。禍福勝敗，並相對爲文。後漢馮衍傳「聖人轉禍而爲福，因敗以成勝」，即本此文。　祖耿案：此句史記作「蘇秦曰：臣聞古之善制事者，轉禍爲福，因敗爲功」。

〔一三〕鮑彪曰：齊桓公也，好内而霸。　吴師道曰：齊伐宋章，蘇代曰：智者之舉事也，轉禍而爲福，因敗而成功。齊人紫敗素也，而賈十倍。正義引韓子云：齊桓公好服紫，一國盡服紫，當時十素不得一紫，取惡素帛染爲紫，其賈十倍。按二章所稱，文意正同。蓋紫者婦人之服。紫敗素，得厚利，所謂名益尊也。

金正煒曰：齊桓事未詳所出，鮑注好內而霸，與上文不合。桓公怒出宋夫人，宋受而嫁之蔡侯。桓公伐宋，諸侯救宋，大敗齊師。事見管子大匡篇，於此文爲近。惟證之以齊伐宋章，似以吳注爲勝。吳云：紫者婦人之服。紫敗素，得厚利，所謂名益尊也。鮑、吳注並不及「負」字，疑本作「服」，「負」「服」字古通用，故此本作「負」。淮南人間篇「再鼓負輂粟而至」注：服，駕牛也。文注字異，正與此同。服婦人，謂服婦人之服色也。　祖耿案：齊桓公負婦人而朝諸侯，見王充論衡書虛篇，充辨其虛，蓋戰國傳說有此言也。負婦人，當是指歸蔡姬事，説見後。

〔一四〕鮑彪曰：宣十二年，楚伐鄭，許之平。晉救之。荀桓子欲還，彘子不可。韓獻子謂桓子「彘子以偏師陷，子罪大矣，不如進也」。戰于邲，晉敗績。成十三年，獻子將下軍，孟獻子曰：「晉師乘和，必有大功」。十六年，戰于鄢陵，楚敗績。　金正煒曰：鮑引云云，並與開罪交固不切，此當謂趙孟使人以其乘車干行，獻子執而戮之，宣子召而禮之。事見晉語。　張宗泰曰：按春秋傳，僖公三年，齊侯與蔡姬乘舟於囿，蕩公，公懼變色，禁之不可，公怒歸之。四年，齊侯以諸侯之師侵蔡，遂伐楚，楚子使屈完如師。公怒歸之，所謂「負婦人」也；遂伐楚而楚人來盟，所謂「名益尊」也。注以桓公好紫惡素爲「負婦人」；紫色宜於婦人，桓公以婦人之好爲好，何云負也？又以紫敗素而得厚利爲「名益尊」。益牽强少理解矣！又按國語卷十一，趙宣子言韓獻子於靈公，以爲司馬。河曲之役，趙孟使人以其乘車干行，獻子執而戮之，宣子召而禮之，曰：吾聞事君者比而不爲黨，苟從是行也，臨長晉國者，非汝其誰？執而戮之，所謂「開罪」也；趙孟不以爲忤，而反禮貌之，所謂「交愈固」也。注以邲之戰晉師敗績，爲「韓獻開罪」；鄢陵之戰楚師敗績爲「交愈固」。令人費解之甚！注書若此，真塵圾也！（魯巖所學集）

〔一五〕祖耿案：以上自「故桓公」至「者也」，凡三十二字，史記無。

〔一六〕祖耿案：類聚二十五、御覽四百六十引，「是」下並有「王」字。　又案：史記自「因敗爲功」之下，文與策異，云：「大王誠能聽臣計，即歸燕之十城，燕無故而得十城，必喜；秦王知以己之故而歸燕之十城，亦必喜。此所謂棄仇讎而得石交者也。」

〔一七〕金正煒曰：之，猶若也，詳釋詞。　祖耿案：史記「夫」上無「且」字，「俱」上無「之」字，「皆從」作「莫敢不聽」。

〔一八〕黄丕烈曰：鮑衍「矣」字。　祖耿案：「矣」，史記作「也」。史記無「所謂」至「者也」句十二字，下接「王曰：善。於是乃歸燕之十城」。下又無「以金千斤」至「請罪於秦」等語。

〔一九〕鮑彪曰：塗，泥也，自卑之甚。

〔二〇〕鮑彪曰：傳有。　黄式三曰：齊宣王伐趙，伐燕，始解從約，蘇氏兄弟所以長怨齊而卒敝齊也。蘇秦力詆横人，此以秦恐嚇者，齊既畏秦而媚之，蘇秦乘機而言，不足疑也。先儒或指此爲孟子所載宣王伐燕事，不知是時孟子未至齊；所取僅十城，非孟子所謂倍地也；易王新立，非子噲、子之傳受之時也。

五

人有惡蘇秦於燕王者〔一〕，曰：「武安君，天下不信人也！王以萬乘下之，尊之於廷，示天下與小人群也！」武安君從齊來，而燕王不館也〔二〕。謂燕王曰：「臣東周之鄙人也！見足下〔三〕，身無咫尺之功，而足下迎臣於郊，顯臣於廷。今臣爲足下使，利得十城，功存危燕，足下不聽臣者，人必有言臣不信，傷臣於王者〔四〕！臣之不信，是足下之福也〔五〕！使臣信如尾生，廉如伯夷，孝如曾參，三者天下之高行，而以事足下，不可乎〔六〕？』燕王曰：『可。』曰：『有此臣亦不事足下矣！』蘇秦曰〔七〕：『且夫孝如曾參，義不離親一夕宿於外，足下安得使之之齊？廉如伯夷，不取素飡〔八〕，汙武王之義而不臣，焉辭孤竹之君〔九〕，餓而死於首陽之山〔一〇〕。廉如此者，何肯步行數千里而事弱燕之危主乎？信如尾生，期而不來，抱梁柱而死〔一一〕，信至如此，何肯楊燕、秦之威於齊，而取大功乎哉〔一二〕？且夫信行者，所以自爲也，非所以爲人也。皆自覆之術，非進取之道也〔一三〕。且夫三王代興，五霸迭盛，皆不自覆也。君以自覆爲可乎〔一四〕？則齊不益於營丘，足下不逾楚境，不窺於邊城之外〔一五〕。且臣有老母於周，離老母而事足下，去自覆之術而謀進取之道，臣之趍固不與足下合者〔一六〕。足下皆自覆之君也〔一七〕！僕者進取之臣也！所謂以忠信得罪於君者也！』燕王曰：『夫忠信又何罪之有也〔一八〕？』對曰：『足下不知也！臣鄰家有遠爲吏者，其妻私人，其夫且歸，其私之者憂之。其妻曰：「公勿憂也！吾已爲藥酒以待之矣！」後二日，夫至，妻使妾奉巵酒進之。妾知其藥酒也〔一九〕，進之則殺主父，言之則逐主母，乃陽僵棄酒。主父大怒而笞之〔二〇〕。故妾一僵而棄酒，上以活主父，下以存主母也〔二一〕，忠至如此，然不免於笞！此以忠信得罪者也！臣之事，適不幸而有類妾之棄酒也！且臣之事足下，亢義益國〔二二〕，今乃得罪。臣恐天下後事足下者，莫敢自必也！且臣之說齊曾不欺之也。使之說齊者莫如臣之言也〔二三〕，雖堯舜之智不敢取也〔二四〕！」

〔一〕祖耿案：此章見史記蘇秦列傳，事同而文不同，此六百有九字，史四百八十七字。顧觀光隸此於顯王三十七年。又案：此章蘇秦語燕王尾生、伯夷、曾參及妾棄藥酒，與下蘇代謂燕昭王曰章，蘇代告燕昭王語全同。此章六百又九字，下章八百二十三字，字數增多，劉向蓋明知其爲複重，而無從取决，兩存之者也。馬王堆漢墓新出帛書其第五章「胃燕王曰：今日願耤于王前」一段二百九十七字，亦言增參（曾參）、犀星（尾生）、相夷（伯夷）事，亦言自覆之術與進取之道，與此策前後兩章相同，惟不及妾棄藥酒。又文無主名，事不完具，其爲截取主要一段而略去其餘可知。帛書埋藏在前，司馬遷之所見與劉向之所錄，並在其後。觀文字之多寡，可以見撰作之後先矣！

〔二〕姚注：曾本云，史作「不官」。　金正煒曰：「館」「官」古通用。易：隨官有渝。釋文：官，蜀才本作館，可證。禮記儒行：孔子至舍，哀公館之。注，哀公就而禮館之。呂覽期賢篇：於是君請相之，段干木不肯受，則君乃致禄百萬，而時往館之。注，時往詣其館也。此云「不館」，亦謂不一臨存之耳。

〔三〕鮑彪曰：初見時。

〔四〕金正煒曰：按「聽」當爲「德」字之譌也。左氏成三年傳：然則德我乎？疏：德加於彼，彼荷其恩，故謂荷恩爲德。

〔五〕祖耿案：「臣」上，鮑本有「且」字。御覽四百六十引此文作「蘇秦爲燕説齊王歸燕之十城，人有毀蘇秦於燕王曰：左右賣國反臣也，將作亂。蘇秦恐得罪，歸，而燕王不復官也。蘇秦見燕王曰：臣東周之鄙人也，無尺寸功，而王親拜之於廟朝，而禮之於庭。今臣爲主卻齊之兵而攻得十城，宜以益親。今者而王不官臣，人必有不信傷臣於王者。臣之不信，王之福也。」

〔六〕黄丕烈曰：「不」，鮑本無。　金正煒曰：而，猶若也。「不」即「下」字誤衍。　祖耿案：「行」下，鮑本有「也」字。　又案：自「使臣信如尾生」以下一段文字，與長沙馬王堆漢墓帛書第五章，頗有出入，兹錄其全文如下備考。「胃燕王曰：今日願耤于王前，叚臣孝如增參，信如犀星，廉如相夷，節有惡臣者，可毋摯乎？王曰：可矣！臣有三資者以事王，足乎？王曰：足矣！王足之，臣不事王矣！孝如增參，乃不離親，不足而益國；信如犀星，乃不延，不足而益國；廉如相夷，乃不竊，不足以益國。臣以信不與仁俱徹，義不與王皆立！王曰：然則仁義不可爲與？對曰：胡爲不可！人無信，則不徹；國無義，則不王。仁義所以自爲也，非所以爲人也！自覆之術，非進取之道也！三王代立，五相蛇正，皆以不覆亓掌。若以覆亓掌爲可王，治官之主，自覆之術也，非進取之路也。臣，進取之臣也，不事無爲之主。臣願辭而之周，負籠操首，毋辱大王之廷。王曰：自覆不足乎？對曰：自覆而足，楚將不出雎章，秦將不出商閹，齊不出呂遂，燕將不出屋注，晉將不蔪泰行，此皆以不覆亓常爲進者」。凡二百九十七字。

〔七〕黄丕烈曰：鮑衍「蘇秦曰」三字。

〔八〕鮑彪曰：詩註，素，空也。　黄丕烈曰：「飡」，鮑本作「飧」。

〔九〕鮑彪曰：爾雅，孤竹，四荒中北國。漢屬遼西令支。　張琦曰：漢志：令支有孤竹城。令支在今永平府東北。今府西十五里有孤竹城，蓋後人所築，被以古名也。　程恩澤曰：案漢志，遼西郡令支縣有孤竹城。薛綜曰：孤竹國出竹。帝王世紀：湯十有八祀，封墨胎氏孤竹國。後九葉（恐不止此數），生二子，即夷、齊也。皇侃論語義疏引春秋少陽篇：孤竹國是殷湯正月三日（疑即十八祀）丙寅日所封。路史：禹封怡，是爲墨胎。湯初析封離支（即令支。張宗泰曰：「離」「令」聲相近），是爲孤竹。寰宇記引地道記云：孤竹城在肥如縣南十里。括地志云：在盧龍城南十二里，故蹟已不可考，城或後人所築，而冠以故名云。今在直隸永平府城西十五里。黄丕烈曰：「焉」，鮑本無。丕烈案：焉，於也，屬下讀。鮑無者非。

〔一〇〕鮑彪曰：伯夷傳註，在蒲坂華山之北，河曲之中。張琦曰：首陽即雷首山，亦名中條，在蒲州府東南十五里，東接太行。程恩澤曰：案史記正義，首陽山有五。一在蒲坂（正義云：在清源。以在岐陽西北，故稱西山），即注所云也（本馬融説）。一在隴西。漢志，隴西郡首陽有鳥鼠同穴山。曹大家幽通賦注：夷、齊餓于首陽山。在隴西是也。一在遼西。説文：嵎山在遼西，一曰嵎鐵，嵎谷是也。一在偃師。高誘云：首陽在雒陽東北。戴延之西征記：洛陽東北首陽有夷齊祠。水經注：平縣故城西北有首戴，即夷、齊作歌之所，所謂登彼西山是也。一在北海。孟子：夷、齊避紂，居北海之濱是也。閻若璩曰：先儒多主馬注。石曼卿詩云「恥生湯、武干戈地，甯死唐、虞揖讓區。」以河東蒲坂，乃舜都也（地理通釋主此説）。然酈道元既主此説，又兼存首戴，則在當時，已無定論。錢坫曰：夷齊歌自稱西山，蒲坂之山無西山之目，若以在周西論之，則作隴西者爲是。趙佑曰：首陽當在遼西，孤竹本遼西國，是時無適而可，惟本國尚仍殷封之遺，首邱之義也。宋翔鳳曰：説文但云嵎山在遼西，並無首陽之文（正義引説文作首陽山）；孟子「北海之濱」，亦空語無實。所可據者，惟洛陽、蒲坂、隴西三處。以大戴禮「二子居河濟之間」考之，當以偃師爲是。各執一見，言人人殊，並存焉可也。

〔一一〕姚注：史記：「信如尾生，與女子期於梁下，女子不來，水至不去，抱柱而死。」鮑彪曰：傳言與女子期。

〔一二〕黄丕烈曰：今本「楊」作「揚」，鮑本作「揚」。吳氏補曰：「燕秦」，「秦」字疑衍。丕烈案：上文有其事，吳説誤也。　張琦曰：揚燕秦之威，正指返十城事。　金正煒曰：按蘇子説齊王，實以强秦爲辭。此文「秦」字固非衍也。

〔一三〕鮑彪曰：覆，猶芘護也，自護其名。

〔一四〕金正煒曰：按「君」當爲「若」，字形相似而誤。魏策「君其爲梁王」，鮑本「君」作「若」。君之誤若，猶若之誤君也。

〔一五〕鮑彪曰：營丘，即北海營陵，太公所封。　張琦曰：漢志，齊郡臨淄下云，師尚父所封。　臣瓚曰：臨淄即營丘也。北海營陵下云，或曰營邱。應劭曰：師尚父封於營邱，陵亦邱也。臣瓚曰：營陵，春秋謂之緣陵。師古曰：臨淄、營陵，皆營邱地。按，謂營陵爲營邱地，可也；謂營陵即營邱，不可。自當以臨淄爲正。程恩澤曰：案史記營邱邊萊，此營邱非臨淄之切證。晏子春秋：先君太公，築營之邱。呂氏春秋：太公封營邱之渚，海阻山高，險固之地。其後五世胡公徙薄姑（地志謂太公封薄姑，非是），六世獻公（或曰：獻公，胡公弟）徙臨淄，蓋自東而西也。地理志：北海郡營陵縣，或曰營邱。應劭曰：師尚父封於營邱，陵亦邱也。路史國名紀：營邱故城在濰之昌樂，故萊侯與太公爭營邱（説見史記），皆足證營邱非臨淄之説。齊地記：邱下周三百步，高九丈，北廂下隆（水經注作「降」，非）一丈五尺。路史注於營邱下引此，則并以臨淄小邱在營邱城中矣！　顧觀光曰：見齊策。　黄丕烈曰：鮑衍「楚」字。吳氏正曰：此正以燕、楚相遠言之。　金正煒曰：後章齊不出營邱，楚不出疏章，此文「足」當爲「楚」之壞文，「下」即「不」之誤衍，「邊城」疑是「方城」之譌；或「不窺」上脱「趙」字。

〔一六〕祖耿案：「趍」，鮑本作「趣」。

〔一七〕王念孫曰：「皆」字義不可通，「皆」當爲「者」，「足下者」與「僕者」相對爲文。今作「皆」者，因上文「皆自覆之術」而誤。

〔一八〕祖耿案：鮑本作：「夫忠信何得罪之有也」。

〔一九〕黄丕烈曰：「其」下，鮑本有「爲」字。

〔二〇〕鮑彪曰：笞，擊也。

〔二一〕吴師道曰：陽僵覆酒事，亦見列女傳，云周室大夫妻。黄丕烈曰：鮑本作「妾之棄酒」。吴補：一本「故妾一僵而棄酒，上以」云云。丕烈案：史記作「故妾一僵而覆酒」。吴昌瑩曰：故，猶夫也。祖耿案：列女傳謂周主忠妾，劉知幾斥其妄。見史通外篇。

〔二二〕鮑彪曰：亢，高極也，言高其義。

〔二三〕黄丕烈曰：「使之」之「之」，鮑衍。金正煒曰：淮南繆稱篇「而莫能奪之名也」注：人不能與爭名。是「莫」猶不也，言不如臣所説，雖堯舜之智亦不取。

〔二四〕鮑彪曰：言無成功者，雖聖智不足取也。按，秦傳有而略。吴師道曰：此與後章蘇代謂燕昭王章同，惟中一段彼言燕欲伐齊事爲異，記者或有差互，不可考也。人言秦不信，故秦言己之不信，乃足下之福，如尾生亦無益，謂守行義不成功名者之不足貴也。又曰：僕所謂以忠信得罪，則又以信自待，公爲反覆以誑時君，而莫有詰之者也。黄式三曰：史鄒陽書云：蘇秦不信於天下而爲燕尾生。式三謂孟子以妾婦斥公孫衍輩，而蘇秦直以妾婦自居，作僞心勞，彼亦自道苦衷耳，可鑒也！祖耿案：史記蘇秦列傳，蘇秦説齊宣王歸燕十城之後，緊接此事云「人有毀蘇秦者曰，左右賣國反覆之臣也，將作亂。蘇秦恐得罪，歸而燕王不復官也。蘇秦見燕王曰：臣東周之鄙人也，無有分寸之功，而王親拜之於廟而禮之於廷。今臣爲王卻齊之兵而攻得十城，宜以益親。今來而王不官臣者，人必有以不信傷臣於王者。臣之不信，王之福也。臣聞忠信者，所以自爲也；進取者，所以爲人也。且臣之說齊王，當非欺之也。臣棄老母於東周，固去自爲而行進取也。今有孝如曾參，廉如伯夷，信如尾生，得此三人者以事大王，何若？王曰：足矣！蘇秦曰：孝如曾參，義不離其親一宿於外，王又安能使之步行千里而事弱燕之危王哉？廉如伯夷，義不爲孤竹君之嗣，不肯爲武王臣，不受封侯而餓死首陽山下。有廉如此，王又安能使之步行千里而行進取於齊哉？信如尾生，與女子期於梁下，女子不來，水至不去，抱柱而死。有信如此，王又安能使之步行千里卻齊之强兵哉？臣所謂以忠信得罪於上者也！燕王曰：若不忠信耳，豈有以忠信而得罪者乎？蘇秦曰：不然。臣聞客有遠爲吏而其妻私於人者，其夫將來，其私者憂之。妻曰：勿憂！吾已作藥酒待之矣！居三日，其夫果至，妻使妾舉藥酒進之。妾欲言酒之有藥，則恐其逐主母也；欲勿言乎，則恐其殺主父也。於是乎詳僵而棄酒。主父大怒，笞之五十。故妾一僵而覆酒，上存主父，下存主母，然而不免於笞，惡在乎忠信之無罪也？夫臣之過，不幸而類是乎！燕王曰：先生復就故官。益厚遇之。』按此又與下蘇代謂燕昭王曰章相同，吳氏所謂記者或有差互是也。蓋當時學習縱橫之士，篤志於蘇氏兄弟，故傳聞有異耳。帛書有『辭而之周』一語，其爲蘇秦無疑。

六

張儀爲秦破從連横，謂燕王曰〔一〕：『大王之所親，莫如趙。昔趙王以其姊爲代王妻〔二〕，欲並代，約與代王遇於句注之塞〔三〕。乃令工人作爲金斗，長其尾〔四〕，令之可以擊人。與代王飲而陰告厨人曰：「即酒酣樂，進熱歠〔五〕，即因反斗擊之〔六〕。」於是酒酣樂，進取熱歠〔七〕，厨人進斟羹〔八〕，因反斗而擊之，代王腦塗地〔九〕。其姊聞之，摩笄以自刺也〔一〇〕。故至今有摩笄之山，天下莫不聞〔一一〕。夫趙王之狼戾無親，大王之所明見知也〔一二〕！且以趙王爲可親邪？趙興兵而攻燕，再圍燕都，而刼大王，大王割十城，乃卻以謝〔一三〕。今趙王已入朝澠池，效河間以事秦〔一四〕。大王不事秦〔一五〕，秦下甲雲中、九原，驅趙而攻燕，則易水、長城非王之有也〔一六〕！且今時趙之於秦，猶郡縣也，不敢妄興師以征伐。今大王事秦，秦王必喜，而趙不敢妄動矣〔一七〕！是西有强秦之援，而南無齊、趙之患，是故願大王之熟計之也！」燕王曰：「寡人蠻夷辟處〔一八〕，雖大男子，裁如嬰兒〔一九〕，言不足以求正，謀不足以决事〔二〇〕。今大客幸而教之〔二一〕，請奉社稷，西面而事秦，獻常山之尾五城〔二二〕。」

〔一〕吴師道曰：儀説在昭元年。祖耿案：此章見史記張儀列傳，事在説趙王之後，云「趙王許張儀，張儀乃去，北之燕，説燕昭王曰」云云。文無大異。顧觀光隸此於赧王四年。

〔二〕鮑彪曰：趙主，襄子也。吴師道曰：魏策稱襄子謂襄王，即此類。黄丕烈曰：鮑改「趙王」爲「趙主」。丕烈案，史記作襄子。金正煒曰：按此追溯之辭，猶云趙之先王耳。若以襄子，未嘗稱王，則其時亦安有代王？（管子輕重戊篇雖有代王之稱，然輕重篇爲戰國時人僞託之文，不足爲據。）呂覽長攻篇作代君，亦當據改此文矣！鮑氏過泥，吳正之是也。惟吳引魏策亦誤。安陵所稱襄王，非趙之襄子，說詳前卷。且襄子可泛稱趙王，不得遂稱襄王也。祖耿案：姊，鮑本作「姉」，下同。史記此句作「昔趙襄子嘗以其姊爲代王妻」。

〔三〕吳師道曰：句注，見趙策。祖耿案：史記注，張守節曰：句注山在代州也。句音勾。

〔四〕吳師道曰：索隱云，凡方者爲斗，若安長柄，則名科。尾即斗之柄，其形若刃者是也。按韻書，「斗」「科」音同。索隱皆云斗。

〔五〕鮑彪曰：歠，飲也。孫詒讓曰：羹宜熱而歠之，故謂之熱歠（周禮正義食醫疏）。祖耿案：「歠」，史記作「啜」。注，司馬貞曰：音昌悅反。謂熱而啜之，是羹也。於下云：厨人進斟，斟謂羹勺，故因名羹曰斟。左氏羊羹不斟是也。

〔六〕祖耿案：史記無「即因」二字，「擊」上有「以」字。注，張守節曰：反即倒斗柄擊也。

〔七〕金正煒曰：按「進取」之「進」，涉上下文而衍。此與戒厨人之文有別。取者索也，繼乃言進。

〔八〕鮑彪曰：斟，注也。吳師道曰：「即酒酣樂」，讀；「進熱歠」，句。「於是酒酣樂進取熱歠」，句。索隱云：熱而啜之，是羹也。斟，謂羹汁，故名汁曰斟。金正煒曰：史記張儀傳「厨人進斟」，無「羹」字。說文：斟，勺也。索隱云：斟謂羹勺，故因名羹曰斟。左氏傳、公羊傳「羊羹不斟」是也。揚子方言：斟，汁也。北燕、朝鮮、洌水之間曰斟，即小司馬所謂因勺以名羹也。此文「斟」，即謂羹，當從史省羹字。又方言三，斟，益也。淮南泰族篇：子婦跣而上堂，跪而斟羹。此釋爲益，義亦並通。

〔九〕鮑彪曰：塗，猶汙。　吴師道曰：一本「反斗而擊之，代王腦塗地」。正義云：反斗，倒柄擊也。　黄丕烈曰：「之」，鮑本無。王下有「殺之王」三字。吴補云云。丕烈案：史記作「以擊代王，殺之，王腦塗地」。金正煒曰：淮南齊俗篇：炮烙生乎熱斗。注：庖人進羹於紂，熱，以爲惡，以熱斗殺之。趙國斗可以殺人，故起炮烙。

〔一〇〕鮑彪曰：笄，簪也。　祖耿案：史記注，裴駰曰：笄，婦人之首飾，如今象牙擿。張守節曰：笄，今簪。

〔一一〕吴師道曰：正義云，摩笄山在蔚州飛狐縣東北百五十里。事亦見趙世家。大事記，元王元年，晉趙無恤滅代。解題：代，北狄之別也，其國在今蔚州。史記誤以簡子卒在貞定王十一年，十二年滅代，今從外紀。古文又云，襄子夏屋之役，見史記：行如虎狼，蓋生於兼并無親之國，而承簡子貪暴之規，遂以爲臨大利，决大計，非用仁義之所也。　董説曰：劉歆云，趙襄王殺代王於廣舞之中。按吕氏春秋：簡子死，召太子而告之曰：我死已葬，服衰而上夏屋之山以望。太子敬諾。簡子死，已葬，衰服。襄子上於夏屋以望，代俗其樂甚美，於是襄子曰：先君必以此教也。乃以其女弟妻代君，襄子遂謁而請觴之。先令舞者置兵其羽中百人，先具大金斗；代王至，酒酣，反斗而擊之，盡殺其從者，因迎其妻。其妻聞之，遂磨笄以自刺。故趙氏至今有磨笄之山。歆言廣舞即此，史記無舞者之文。　張琦曰：靡笄之山，在今保安州西北二十里。　程恩澤曰：案摩笄山一名鷄鳴山，相傳每夜有野鷄群鳴祠屋上，故名。魏土地記：下洛縣東北三十里，有于延河，東流，水北有鷄鳴山，即此。（又云：代郡東南二十五里有馬頭山，其側有鍾乳六，即此。）括地志：摩笄山亦名爲山（餘同正義）。顧祖禹曰：今在保安州西北三十里。洪亮吉曰：在蔚州東南。祖耿案：史記「山」下有「代王之亡」四字。

〔一二〕鮑彪曰：趙王，武靈。狼戾，暴戾如狼。　金正煒曰：按廣雅釋詁，狼戾，很也。又云：狼很，盭也。盭與戾同。漢書嚴助傳：今閩越王狼戾不仁。文選洞簫賦：貪饕者聽之而廉隅，狼戾者聞之而不懟。「狼」「戾」同義駢字。鮑注蓋沿顏注漢書之誤。「知」乃「見」字旁注，誤併入文。　祖耿案：史記「狼」作「很」，下無「知也」二字。

〔一三〕金正煒曰：史無「以謝」二字。此當作「割十城以謝乃卻」。　祖耿案：「卻」，鮑本作「却」。史記作「割十城以謝」。無「乃卻」二字。

〔一四〕黄丕烈曰：「今」，鮑本無。丕烈案：史記有。吳補：一本「今趙王」，姚同。　祖耿案：「澠」，鮑本作「黽」。「效」，鮑本作「効」。

〔一五〕黄丕烈曰：「大」上，鮑本有「今」字。丕烈案：史記有。吳補：一本此句無「今」字，姚同。

〔一六〕鮑彪曰：濟北盧。注云，東至海。蓋亦距燕云。　吳師道曰：易水見前章。正義云，長城在易州界。　張琦曰：長城在今易州西南，繞安肅、新安界。　程恩澤曰：案史記匈奴傳：燕亦築長城，自造陽至襄平，置上谷、漁陽、右北平、遼西、遼東郡，以拒胡。韋昭曰：造陽地在上谷，襄平遼東所理。上谷今懷來縣（唐嬀州），襄平今遼陽州，相距約有二千里。正義云：馬邑長城，亦名燕長城，在今朔平府北。又遠在宣化西南數百里（正義謂在嬀州北，非是）。晉太康地志云：自北地郡行九百里，得五原塞，又北出九百里，得造陽，皆燕長城。通典謂五原塞，即麟州銀城縣，今爲神木縣。又遠在馬邑西南數百里，距襄平不止三千里。燕之長城，未必如此之廣，似以韋説爲較是。然恐張儀所稱，尚不至此。今武清縣西南三十里有長城（又在安肅縣西北二十五里，易州西南十里），延袤數百里，舊傳戰國時燕所築，與趙分界處，殆其地歟！鮑注濟北盧縣，以齊長城爲燕長城，誤甚！　顧觀光曰：燕之長城，起遼東至上谷，西接趙境，爲燕之北界，故張儀說燕曰：「秦下甲雲中、九原，驅趙而攻燕，則易水、長城非王之有也。」燕策蘇秦謂燕王曰：「以自覆爲可乎？則足下不踰燕境，不窺於邊城之外。」邊城疑即長城。祖耿案：張守節曰，易水、長城，並在易州界。

〔一七〕鮑彪曰：秦王，昭王。

〔一八〕祖耿案：「辟」，鮑本作「僻」。

〔一九〕吴師道曰：裁，史注音在。僅也。

〔二〇〕金正煒曰：史作「言不足以采正計」。按此當各從本文。不，猶無也，言燕無人足以求正而決事。承上蠻夷辟處而言。

〔二一〕祖耿案：「大」，鮑本作「上」，史記同。

〔二二〕鮑彪曰：傳有，在楚、韓、齊、趙後。彪謂：燕昭，賢智主也，非儀此說能震動。且人之性稟，有父子不相肖者，自襄至武靈，七八傳矣，而欲以其狼戾無親例之，人豈信之哉？然而燕昭之聽之也，卑甚。蓋拊摩新附之民，勢未可以有事，又諸國從之者衆，故爲卑辭以紓其國，是儀之横，有天幸也。加之數年，收集繕治有其緒，則若云者，固昭王之所唾而棄者。史言蘇代復重燕，燕使約從如初，此昭王之素所蓄積也。　吴師道曰：尾，猶末也，恒山之東。　張琦曰：蓋今保安州南，易州西境，在常山之東。　程恩澤曰：吴說本索隱。　胡三省曰：燕之西南界。張氏琦曰云云，是也。　金正煒曰：按國語楚語：夫邊境者，國之尾也。穆天子傳：天子南征陽紆之東尾，注：尾，山後也。又或爲屬之譌。屬之篆文上形作尺，缺損半字，因誤爲尾。　祖耿案：史記無「奉社稷」三字，「常」作「恒」。注，司馬貞曰：尾猶末也，謂獻恒山城以與秦。　又案：史記此下云「燕王聽儀。儀歸報，未至咸陽而秦惠王卒」。

七

宮他爲燕使魏〔一〕，魏不聽，留之數月。客謂魏王曰〔二〕：『不聽燕使，何也？』曰：『以其亂也。』對曰：『湯之伐桀，欲其亂也。故大亂者可得其埊，小亂者可得其寶。今燕客之言曰〔三〕：「事苟可聽，雖盡寶地猶爲之也。」王何爲不見〔四〕？』魏王說，因見燕客而遣之〔五〕。

〔一〕祖耿案：顧觀光附此於赧王八年。

〔二〕鮑彪曰：魏王，哀王。 吳師道曰：無考。

〔三〕鮑彪曰：客，即他。

〔四〕吳師道曰：西周等策有宮他，未知即此人否？「事苟可聽」云云，語燕客之言，以利誘王使見之也。

〔五〕鮑彪曰：彪謂：是客也，以隣國爲壑者也，彼惡知所謂天下爲度者乎？

八

蘇秦死，其弟蘇代欲繼之〔一〕。乃北見燕王噲曰〔二〕：『臣東周之鄙人也！竊聞王義甚高甚順，鄙人不敏，竊釋鉏耨而干大王〔三〕。至於邯鄲，所聞於邯鄲者又高於所聞東周〔四〕。臣竊負其志，乃至燕廷，觀王之群臣下吏，大王天下之明主也〔五〕！』王曰：『子之所謂天下之明主者，何如者也〔六〕？』對曰：『臣聞之，明主者，務聞其過，不欲聞其善〔七〕。臣請謁王之過。夫齊、趙者，王之仇讎也；楚、魏者，王之援國也〔八〕。今王奉仇讎以伐援國，非所以利燕也！王自慮此，則計過；無以諫者，非忠臣也〔九〕。』王曰：『寡人之於齊、趙也，非所敢欲伐也〔一〇〕。』曰：『夫無謀人之心而令人疑之，殆；有謀人之心而令人知之，拙；謀未發而聞於外，則危。今臣聞王居處不安，食飲不甘，思念報齊〔一一〕。身自削甲扎，曰：「有大數矣〔一二〕！」妻自組甲絣，曰：「有大數矣〔一三〕！」有之乎？』王曰：『子聞之，寡人不敢隱也！我有深怨積怒於齊，而欲報之，二年矣〔一四〕！齊者，我讎國也！故寡人之所欲伐也〔一五〕！直患國弊力不足矣〔一六〕。子能以燕敵齊〔一七〕，則寡人奉國而委之於子矣！』對曰：『凡天下之戰國七，而燕處弱焉。獨戰則不能，有所附則無不重。南附楚，則楚重；西附秦，則秦重；中附韓、魏，則韓、魏重。且苟所附之國重〔一八〕，此必使王重矣〔一九〕！今夫齊王，長主也〔二〇〕，而自用也〔二一〕。南攻楚，五年，稸積散〔二二〕；西困秦，三年〔二三〕，民憔瘁，士罷弊〔二四〕；北與燕戰，覆三軍，獲二將〔二五〕；而又以其餘兵，南面而舉五千乘之勁宋〔二六〕，而包十二諸侯〔二七〕。此其君之欲得也！其民力竭也！安猶取哉〔二八〕？且臣聞之，數戰則民勞，久師則兵弊〔二九〕。」王曰：「吾聞齊有清濟濁河，可以爲固；有長城鉅防，足以爲塞〔三〇〕；誠有之乎？」對曰：「天時不與，雖有清濟濁河，何足以爲固？民力窮弊，雖有長城鉅防，何足以爲塞？且異日也，濟西不役，所以備趙也〔三一〕；河北不師，所以備燕也〔三二〕；今濟西、河北盡以役矣！封內弊矣！夫驕主必不好計，而亡國之臣貪於財〔三三〕。王誠能毋愛寵子母弟以爲質，寶珠玉帛以事其左右，彼且德燕而輕亡宋〔三四〕，則齊可亡已！」王曰：「吾終以子受命於天矣〔三五〕！」曰：「內寇不與，外敵不可距〔三六〕。王自治其外，臣自報其內〔三七〕，此乃亡之之勢也〔三八〕！」

〔一〕馬驌曰：此策言燕欲報齊，齊已舉宋，非王噲時語也，宜爲說燕昭王。史亦承策而誤。錢穆曰：燕策載蘇代事，極亂雜無條理，既謂蘇代見燕王噲，而所論說皆昭王時語，何也？（考辨二七五頁）祖耿案：此章見史記蘇秦列傳。中「曰夫無謀人之心」至「而欲報之二年矣」九十八字；末「曰內寇」至「勢也」二十七字，並史記所無。餘略同。顧觀光隸此於愼靚王二年，曰：策言「舉五千乘之勁宋」，則在齊滅宋後，當爲說燕昭之辭，然策文明言王噲。史記亦同，故列此。

〔二〕梁玉繩曰：史記蘇秦列傳「代乃求見燕王，欲襲故事」。案此誤仍燕策，以爲代說子噲耳。代爲燕間齊以報讎，非子噲時明甚。且其言曰：齊舉五千乘之大宋，包十二諸侯；又曰：彼德燕而輕亡宋。夫齊之滅宋，在齊湣二十八年，當燕昭二十六年。而包十二諸侯，即田完世家所書泗上諸侯，鄒、魯之君皆稱臣者。則代之說燕，更在齊滅宋之後，尚安得子噲邪？正義及國策吳注，俱言策史同誤。大事記云：策載蘇代說燕，誤以爲噲，使噲能有志如是，豈至覆國？論其世，考其事，皆說燕昭之辭也。黃丕烈曰：吳氏正曰：大事記云，皆說昭王之辭也。按史記誤同。丕烈案：此策文本如此，今未可專輒。「奉陽君甚不取於蘇秦」，亦然。　祖耿案：史記「蘇秦之弟曰代，代弟蘇厲，見兄遂，亦皆學。及蘇秦死，代乃求見燕王，欲襲故事。曰：臣，東周之鄙人也」云云，但曰燕王，未言燕王噲，蓋此章誤耳。

〔三〕祖耿案：「鉏」，鮑本作「鋤」。史記「王」上有「大」字，無「甚順」二字，無「竊」字。

〔四〕祖耿案：史記作「所見者絀於所聞於東周」。

〔五〕鮑彪曰：觀其臣，知其主。　祖耿案：史記「乃」作「及」，「吏」下無「大」字，「主」作「王」。

〔六〕祖耿案：此句史記作「燕王曰：子所謂明王者何如也」。

〔七〕祖耿案：史記無「之」字，「主」作「王」，無「者」字。

〔八〕祖耿案：史記兩「王」字並作「燕」。

〔九〕祖耿案：史記「慮」下有「之」字，「此」屬下讀，「諫」作「聞」。

〔一〇〕鮑彪曰：言雖知其讎，以其强，故奉之不敢伐。　祖耿案：史記此下無「曰夫無謀人之心」至「二年矣」九十八字。

〔一一〕鮑彪曰：因喪見伐之怨。　吳師道曰：說誤，見後。　祖耿案：鮑本作「思齊報齊」。

〔一二〕鮑彪曰：札，牒也，甲之革緣如之。　吳師道曰：札，木簡，牒之薄者。甲，用革如之。左成十六年，養由基蹲甲而射之，徹七札焉。注，言能陷堅。札，側滑反。　王引之曰：削者縫也。　韓非子難二篇曰：管仲善制割，賓胥無善削縫，隰朋善純緣，衣成，君舉而服之。制割、削縫、純緣，皆兩字同義。呂氏春秋行論篇曰：莊王方削袂。燕策曰：身自削甲札，妻自組甲絣。蓋古者謂縫爲削，而後世小學書，皆無此訓，失其傳久矣！　黄丕烈曰：今本無「曰有大數矣」五字，鮑本無，今本乃誤依鮑本删去也。吴補：一本「身自削甲札，曰：有大數矣」，與下文同。大事記引此，姚本同。丕烈案：兩曰字皆讀人質切。　金正煒曰：按禮記月令，凡舉大事，毋逆大數。吕氏春秋八月紀作「天數」，高注：天數，天道。以弱仇强，故委之天數，即後文「吾終以子受命于天」之意。黄説非也。　祖耿案：削，讀峭，平聲。

〔一三〕鮑彪曰：絣，綿也，治之爲組以穿札。　吴師道曰：景帝詔「纂組」注，組，今綬絲條也。韻書，以繩直物曰絣。此謂編組穿甲之繩也，絣，悲萌反。鮑因莊子「洴澼絖」之文生義，不知彼字與此不同。

〔一四〕鮑彪曰：自即位至是。　吴師道曰：「二年」字必誤。

〔一五〕祖耿案：「伐」，鮑本作「報」。史記此句作「王曰：夫齊者固寡人之讎，所欲伐也」。

〔一六〕金正煒曰：淮南精神篇注，直，猶但也。「矣」與「耳」義同。趙策「則連有赴東海而死矣」，史記魯仲連傳，「矣」作「耳」。齊策「則子漂漂者將何如耳」，風俗通引作「將何如矣」。並可爲證。　祖耿案：「弊」，鮑本作「敝」，下同。

〔一七〕黄丕烈曰：「敵」，鮑本作「報」。丕烈案：史記作「伐」。

〔一八〕王引之曰：且字與若同義。

〔一九〕吴昌瑩曰：此必，猶則必也。　祖耿案：史記注，　張守節曰：言附諸國，諸國重燕而燕尊重。

〔二〇〕鮑彪曰：齊王，閔王。　吴師道曰：司馬貞云，年長也。或謂齊强故稱長主。　金正煒曰：按吕覽正名篇：齊湣王，周室之孟侯也。注，孟，長也。長主，亦猶孟侯。　祖耿案，史記注，司馬貞曰：按謂齊王年長也。或作齊彊故言長主。

〔二一〕鮑彪曰：不如燕之附人。　吳師道曰：自恃其强也。

〔二二〕鮑彪曰：稸，亦「積」。　祖耿案：史記作「畜聚竭」。

〔二三〕鮑彪曰：爲秦所困。　吳師道曰：秦爲齊困。

〔二四〕鮑彪曰：罷，音疲。　祖耿案：「瘁」，鮑本作「悴」。史記作「士卒罷敝」，無「民憔瘁」三字。

〔二五〕鮑彪曰：史並不書。　梁玉繩曰：案此齊與燕戰事，無考。　錢穆曰：二人皆不以爲即子之之亂，是也。荀子王霸篇論齊湣、薛公云：「彊南足以破楚，西足以詘秦，北足以敗燕，中足以舉宋。及以燕、趙起而攻之，若振槁然。」荀文與代語一例，若敗燕誠當子之之亂，則應序於最先，不下列詘秦、舉宋之間矣。荀文楊倞注：「史記齊閔王二十三年，與秦敗楚於重丘，南割楚之淮北。二十六年，與韓、魏共攻秦至函谷。三十八年伐宋。宋王死於温。」楊於敗燕無注。史記樂毅傳不載敗燕事，雷氏學淇説之云：「齊策司馬穰苴乃湣王大臣，而史記穰苴傳，謂燕侵河上，穰苴追擊之，遂取所亡封内故竟，此即齊湣敗燕之一証。」（介菴經説卷九）觀於蘇代之言，北與燕人戰，覆三軍，得二將，其事啓釁自燕，齊則始敗而終勝，則雷氏之説洵信。（考辨三六〇頁）　祖耿案：史記，「燕」下有「人」字，「獲」作「得」。注，裴駰曰：徐廣曰，齊覆三軍而燕失二將。司馬貞曰：按徐廣云然。又戰國策云：獲二將，亦謂燕之二將，是燕之失也。

〔二六〕鮑彪曰：舉宋在齊閔二十八年，燕昭王二十六年，此時未舉也。而下十二章，亦言齊以宋地封涇陽，蓋宋策齊宣也，所拔五城。　吳師道曰：此言舉五千乘之宋，非僅得其城邑而已，蓋在滅宋之後明矣！下章包十二諸侯，即史所謂泗上諸侯、鄒、魯之君皆稱臣者。　黄丕烈曰：「而舉」之「而」，鮑本作「西」。丕烈案：史記無。　金正煒曰：按廣雅釋詁，餘，久也。餘兵，謂久役之兵，即後文所云久師也。

祖耿案：史記「而又」作「然而」。「勁」作「大」。注，張守節曰：齊表云「齊湣王三十八年滅宋」，乃當赧王二十九年。此說乃燕噲之時，當周慎靚王之時。齊滅宋在前三十餘年，恐文誤矣。

〔二七〕金正煒曰：穀梁隱五年傳「苞人民」注：制其人民。苞與包通。

〔二八〕鮑彪曰：欲得，得其欲。安取，言齊不可復攻取。　吳曾祺曰：謂此後不能復有所取也。　金正煒曰：漢書陸賈傳注，安，焉也。廣雅釋詁，取，爲也。言齊焉能復有所爲也。　祖耿案：史記作「惡足取乎」。

〔二九〕鮑彪曰：師，兼不戰言之。　金正煒曰：周禮州長「若國作民，而師田行役之事，則帥而致之」疏，師，謂征伐。後文「河北不師」，亦謂不從征伐之役。　祖耿案：「弊」，史記作「敝」，下有「矣」字。

〔三〇〕吳師道曰：清濟以下，說見秦策。　祖耿案：史記注，裴駰曰：徐廣曰，濟北盧縣有防門，又有長城，東至海。張守節曰：濟、漯二水，上承黃河，並淄、青之北流入海。黃河又一源，從洛魏二州界北流入海，亦齊西北界。長城西頭，在濟州平陰縣界。竹書紀年云：「梁惠王二十年，齊閔王築防以爲長城」。太山記云：「太山西有長城，緣河經太山餘一千里，至琅邪臺入海。」

〔三一〕鮑彪曰：不役者，養兵以備敵。　張琦曰：濟西，今東昌、高唐之地。　程恩澤曰：案春秋屢書濟西，杜注一云濟水之西，一云故曹地。顧棟高曰：約在今曹縣、鄆城、鉅野三縣之地，此就春秋魯濟疆界言。若此所云濟西，則今東昌、曹州二府，凡在濟水以西者皆是。　顧觀光曰：濟西是齊之西境，與趙爲隣者。　祖耿案：史記作「濟西不師」。注，張守節曰：濟州已西也。

〔三二〕吳師道曰：濟西，濟州以西也，河北謂滄、博等州，在漯河之北者。正義云。　張琦曰：河北，今天津、滄、景。　程恩澤曰：此河北當是滄、景、德、棣諸州在古逆河之北者，爲今德州、武定、天津、河間之地。　顧觀光曰：按戰國時，河已徙流，自宿胥口東行漯川至長壽津，與漯別行而東北流，合漳水入海，故齊地有錯入河北者，蓋距燕較近矣！燕策：齊因北地之衆以伐燕。又云：齊之信燕也，至於虛北地。北地當即河北。

〔三三〕祖耿案：史記此句作「夫驕君必好利，而亡國之臣必貪於財」。

〔三四〕鮑彪曰：輕者，易爲之，然則前言舉，未亡也。　祖耿案：史記此句作「王誠能無羞從子母弟以爲質，寶珠玉帛以事左右，彼將有德燕而輕亡宋。」

〔三五〕黄丕烈曰：「子」，鮑本無，鮑補「子」字。吴補：一本有，姚同。丕烈案：史記有。　金正煒曰：廣雅，以，與也。　祖耿案：史記，「王曰」作「燕王曰」，「天矣」下接「燕乃使一子質於齊，而蘇厲因燕質子而求見齊王。齊王怨蘇秦，欲因蘇厲。燕質子爲謝，已遂委質爲齊臣」凡四十一字。無此章末「曰内寇不與」至「亡之之勢也」等句二十七字。

〔三六〕鮑彪曰：寇，猶亂；與，猶和。言不能制内，則不可以拒外。　金正煒曰：按廣雅釋詁，與，生也。淮南説林篇注：不可，言不能也。春秋考異：郵距冬至四十五日條風至。注：距，猶起也。　祖耿案：「距」，鮑本作「拒」。

〔三七〕鮑彪曰：外，謂謀敵齊；内，謂亂於内。　吴師道曰：爲燕間齊，敝其内也。

〔三八〕鮑彪曰：彪謂燕昭之舉，實自代發之。　吴師道曰：大事記云，戰國策載蘇代説燕之辭，誤以爲噲，使噲能有志如是，豈至覆國乎？論其世，考其事，皆説昭王之辭也。按，史記誤同。　黄式三曰：鮑本策以此告昭王語爲告燕噲語，誤。

九

燕王噲既立〔一〕，蘇秦死於齊。蘇秦之在燕也，與其相子之爲婚，而蘇代與子之交。及蘇秦死，而齊宣王復用蘇代〔二〕。燕噲三年，與楚、三晉攻秦，不勝而還〔三〕。子之相燕，貴重主斷。蘇代爲齊使於燕〔四〕，燕王問之，曰：『齊宣王何如〔五〕？』對曰：『必不霸。』燕王曰：『何也？』對曰：『不信其臣。』蘇代欲以激燕王以厚任子之也。於是燕王大信子之，子之因遺蘇代百金，聽其所使〔六〕。鹿毛壽謂燕王曰〔七〕：『不如以國讓子之！人謂堯賢者，以其讓天下於許由，由必不受，有讓天下之名，實不失天下。今王以國讓相子之，子之必不敢受，是王與堯同行也。』燕王因舉國屬子之，子之大重〔八〕。或曰：『禹授益，而以啓爲吏〔九〕，及老而以啓爲不足任天下，傳之益也，啓與支黨攻益而奪之天下〔一〇〕。是禹名傳天下於益，其實令啓自取之〔一一〕。今王言屬國子之，而吏無非太子人者，是名屬子之，而太子用事。』王因收印自三百石吏而効之子之〔一二〕，子之南面行王事，而噲老不聽政，顧爲臣〔一三〕，國事皆決子之。子之三年，燕國大亂，百姓恫怨〔一四〕，將軍市被、太子平謀將攻子之〔一五〕。儲子謂齊宣王〔一六〕：『因而仆之，破燕必矣〔一七〕！』王因令人謂太子平曰：『寡人聞太子之義，將廢私而立公，飭君臣之義，正父子之位〔一八〕。寡人之國小，不足先後〔一九〕，雖然，則唯太子所以令之。』太子因數黨聚衆〔二〇〕，將軍市被圍公宮，攻子之，不克。將軍市被及百姓乃反攻太子平，將軍市被死已殉，國構難數月，死者數萬衆〔二一〕，燕人恫怨，百姓離意〔二二〕。孟軻謂齊宣王曰：『今伐燕，此文、武之時，不可失也〔二三〕。』王因令章子將五都之兵〔二四〕，以因北地之衆〔二五〕，以伐燕。士卒不戰，城門不閉，燕王噲死，齊大勝燕，子之亡〔二六〕。二年，燕人立公子平，是爲燕昭王〔二七〕。

〔一〕祖耿案：此章凡五百三十三字，史記燕召公世家有此文，多十餘字，計五百四十五字，内容無多差異。兩者之文，並可分爲三段。自首『燕王噲既立』至『不勝而還』爲第一段，雜叙燕噲、子之及蘇秦、蘇代事；自『子之相燕』至『國事皆决子之』爲第二段，叙燕噲重用子之之事；自『子之三年』至末『是爲燕昭王』爲第三段，叙燕亂、齊伐燕勝、燕王噲死、子之亡、燕昭王立等事。此三段内容，策史多同。唯第三段，策『儲子謂齊宣王』，史作『諸將謂齊湣王』，彼此不同。蓋史記誤『儲』爲『諸』，而又誤以宣王之事爲湣王事也。此章特應注意者，爲第二段燕噲位任子之一事。韓非子外儲説右下三，有蘇代非齊王、潘壽言禹情、吴章説人主不佯憎愛人等事，與此相類有關。其文自『子之相燕，貴而主斷，蘇代爲齊使燕』一百二字爲一節；其下又有『一曰蘇代爲秦使燕』，二百四十五字爲一節；其下復有『一曰潘壽隱者，燕使人聘之』，二百八字爲一節；其下再有『一曰燕王欲傳國於子之也』，下至『子之遂重』，一百四十五字爲一節。

四節文字重複，事實相同，皆有關燕王噲任子之之事。據此四節觀之，可知正當韓非著書之時，關於王噲、子之之事，傳説紛紜，故非得羅列而並著之。若以韓非此文與此策第二段對勘，則其因襲概括之迹有可尋者，今分別記於下列，資考核云。　顧觀光隸此於赧王元年，曰：策文稱齊宣王，與孟子合，據竹書，則在宣王六年。

〔二〕吳師道曰：通鑑、大事記，赧王二年，齊湣王元年，齊伐燕。子之、子噲死在赧王元年，正宣王時事。策與孟子合，甚明。辨見秦策（祖耿案：謂鮑本秦策，四國爲一將以攻秦章注）。　梁玉繩曰：史記蘇秦傳「蘇秦且死」，案秦死齊宣王時，史誤減宣十年以加湣王，故以爲死湣王時爾！　考策有云：蘇秦死而齊宣王復用蘇代。史公採入燕世家，此秦不死湣王時之的據，而加減宣湣年數之誤，亦因可證矣。（史記志疑二十九）　黄丕烈曰：鮑改「宣」爲「閔」，下同。吳氏有正。丕烈案：史記亦是「宣」字。

〔三〕祖耿案：自首至此五十六字，又見史記燕召公世家。

〔四〕祖耿案：史記注，司馬貞曰：按戰國策曰「子之使蘇代侍質子於齊，齊使代報燕」是也。

〔五〕黄丕烈曰：鮑衍「宣」字。丕烈案：此追稱，群書多矣。史記無，然不必衍。　金正煒曰：按史記及韓非外儲説，並無「宣」字，此當是旁注，誤併入文。「何如」下當從韓非補「主」字，文義乃完。

〔六〕祖耿案：自「子之相燕」下至此，韓非子作「子之相燕，貴而主斷。蘇代爲齊使燕，王問之曰：齊王亦何如主也？對曰：必不霸矣！燕王曰：何也？對曰：昔桓公之霸也，内事屬鮑叔，外事屬管仲，桓公被髮而御婦人，日遊於市。今齊王不信其大臣。於是燕王因益大信子之。子之聞之，使人遺蘇代金百鎰，而聽其所使之。」

〔七〕鮑彪曰：鹿，蓋鉅鹿，壽之所居。　吳師道曰：徐廣云，一作「厝毛」。甘陵縣本名厝，音昔。索隱云：

春秋後語亦作「厝」。韓子作潘壽。　梁玉繩曰：通鑑注，劉伯莊曰：鹿毛壽，人姓名，又曰潘壽。春秋後語作唐毛壽（疑唐字誤）。徐廣一作厝毛。如徐一作之說，當作厝，音秦昔翻。清河有厝縣。路史國名紀七曰，甘陵，故厝也。有厝氏，燕有厝壽。　程恩澤曰：案漢之鉅鹿，今爲直隸順德府平鄉縣；漢之甘陵，今爲山東東昌府清平縣。壽燕人，於鉅鹿爲近，然亦非燕地也，且依本文說爲是耳。（綱目正誤以鹿毛壽爲人姓名，則并非地名矣。）

〔八〕鮑彪曰：屬，猶付與。　祖耿案：此段文字，韓非子作「一曰蘇代爲秦使燕，見無益子之，則必不得事而還，貢賜又不出，於是見燕王乃譽齊王。燕王曰：齊王何若是之賢也！則將必王乎？蘇代曰：救亡不暇，安得王哉！燕王曰：何也？曰：其任所愛不均。燕王曰：其亡何也？曰：昔者齊桓公愛管仲，置以爲仲父，內事理焉，外事斷焉，舉國而歸之，故一匡天下，九合諸侯。今齊任所愛不均，是以知其亡也！燕王曰：今吾任子之，天下未之聞也。於是明日張朝而聽子之。潘壽謂燕王曰：王不如以國讓子之。所以謂堯賢者，以其讓天下於許由，許由必不受也，則是堯有讓許由之名而實不失天下也。今王以國讓子之，子之必不受也，則是王有讓子之之名而與堯同行也。於是燕王因舉國而屬之，子之大重。」

〔九〕鮑彪曰：以啓臣爲益吏。　黃丕烈曰：「啓」下鮑本有「人」字。丕烈案：有者當是。韓子、史記正有「人」字。索隱曰：人，猶臣也。下文「而吏無非太子人者」可證。　金正煒曰：按「授益」下疑脫「政」字，「以啓爲吏」，當從鮑本補「人」字。索隱云：人，猶臣也。謂以啓臣爲益吏也。　朱起鳳曰：漢書律曆志：壽王言化益爲天子代禹，皆不合經術。顏注：即伯益。案燕世家及戰國策，並作益，無伯字，或另是一人。後人附會其事，遂作伯益，且史記作益已，其非寧鳥獸之伯益，較然甚明。司馬貞索隱云：以「已」配「益」，則「益已」是伯益，而經傳無其文，未知所由。或曰：已，語終辭。貞改「已」爲「已」，以爲語終辭，更爲荒謬。

張壽王於元鳳三年爲太史令，謂不合經術，誠哉其不合經術也！

〔一〇〕黄丕烈曰：「支」，鮑本作「友」。丕烈案：韓子作「友」，史記作「交」。金正煒曰：韓非外儲說：已而啓與友黨攻益而奪之天下。與鮑本同。史記、通鑑作「交黨」，亦誤。梁玉繩曰：野客叢書云，此甚背經旨，考其說，出于汲冢書。通鑑注云：事與師春紀太甲殺伊尹相類。古書雜記固多也。史公未見汲書，不得以證所出。楚辭天問云：啓代益作后卒然離蠥（王逸注與本文不合）。漢書律曆志云：張壽王言，化益爲天子代禹。則此說不僅見於汲書，而國策、韓子、楚辭、漢志，亦非雜記，王、胡二君，殊未深考。晉書束晳傳稱竹書之異云：益干啓位啓殺之。今本竹書無其事。胡應麟三墳補逸據杜預左傳後序論竹書不及啓益，以爲晉史之謬。但史通引竹書云：益爲后啓所誅（見疑古雜說等篇）。而今竹書又明云：夏啓二年，費侯伯益出就國。六年，伯益薨。真疑莫能定矣！總之，此事之妄，同於舜放堯平陽，太甲殺伊尹，文丁殺季歷，必戰國時横議者所造而竄入之，劉知幾作史通，反信以爲實，豈不可怪？（史記志疑十九）朱起鳳曰：支、友、交，字各不同，蓋三字古多通用也。

〔一一〕黄丕烈曰：「益」下鮑本有「也」字。吴補：一本無「也」字，丕烈案：韓子、史記無。

〔一二〕吴師道曰：大事記，以石計禄，始見於此。金正煒曰：按墨子號令篇有二百石之吏、三百石之吏。商子境内篇有千石、八百石、七百石、六百石之令。大事記失考。韓非難三篇：君不知則有燕操、子罕、田常之賊，注：燕操，子之也。案趙世家惠文王二十八年，燕將成安君公孫操弒其王。韓非所謂燕操當是成安君，李瓚以爲子之之名，恐非。趙翼曰：管子禁藏篇：民率三十畝，畝取一石，則人有三十石。國策：燕噲讓國子之，自吏三百石以上悉予之。又漢書食貨志：李悝之論曰：一夫田百畝，每畝歲收一石半，云云。則斗斛之以石計，自春秋戰國時已然。又案：古時一石，重一百二十斤，與一斛之數不甚相遠。古時十斗爲斛，一斛即是一石。後世五斗爲斛，兩斛爲一石，宋時已然。　祖耿案：鮑本「三百」下有「里」字。

〔一三〕鮑彪曰：以老自休。　王引之曰：顧，與反同義。　祖耿案：自「或曰禹授益」，至「國事皆決子之」一段一百十二字，韓非子有兩節，各以「一曰」二字引而述之，文頗冗長。其一節云「一曰潘壽隱者，燕使人聘之。潘壽見燕王曰：臣恐子之之如益也。王曰：何益哉？對曰：古者禹死，將傳天下於益，啓之人因相與攻益而立啓。今王信愛子之，將傳國子之。太子之人盡懷印，爲子之之人無一人在朝廷者，王不幸棄群臣，則子之亦益也。王因收吏璽，自三百石以上，皆效之子之。子之大重。夫人主之所以鏡照者，諸侯之士徒也。今諸侯之士徒，皆私門之黨也。人主之所以自羽翼者，巖穴之士徒也。今巖穴之士徒，皆私門之舍人也。是何也？奪褫之資，皆在子之也。故吳章曰：人主不佯憎愛人。佯愛人，不得復憎也；佯憎人，不得復愛也。」此節凡二百又九字。可注意者，末綴論斷之語九十三字，此述故事者所得之結論也。作用與策文之有論斷語者相同。　又一節云「一曰燕王欲傳國於子之也，問之潘壽。對曰：禹愛益而任天下於益，已而以啓人爲吏，及老而以啓爲不足任天下，故傳天下於益，而勢重盡在啓也。已而啓與友黨攻益而奪之天下，是禹名傳天下於益，而實令啓自取之也。此禹之不及堯舜明矣！今王欲傳之子之，而吏無非太子之人者也，是名傳之，而實令太子自取之也。燕王乃收璽自三百石以上，皆效之子之，子之遂重。」此節凡一百四十五字，末無論斷之語。韓非子此兩節與前所舉一節，皆明著其名屬潘壽，而此策文亦統屬之於鹿毛壽。可知作此策者，實據韓文而删節概括之，韓文在前，策則襲之，顯然也！驟而觀之，一若韓文繁縟，策語簡練，似韓文源出于策而加潤飾。循實察之，未必然也。

〔一四〕祖耿案：「怨」，史記作「恐」。注，司馬貞曰：恫，音通，痛也。恐，懼也。

〔一五〕祖耿案：史記注，張守節曰：市被，人姓名。

〔一六〕鮑彪曰：儲子見離婁下。　吳師道曰：何以知即此人？　祖耿案：此句史記作「諸將謂齊湣王曰：因而赴之，破燕必矣。」

〔一七〕金正煒曰：按漢書鄒陽傳「卒仆濟北」，應劭曰：仆，偃仆也。師古曰：仆，音赴。此文亦當讀如赴。謂因燕民之怨太子之謀，以兵赴之，必破燕也。

〔一八〕鮑彪曰：飭，戒也，猶正。

〔一九〕吳師道曰：正義云，「先後」並去聲。　金正煒曰：按周禮：士師以五戒先後刑罰。注，先後猶左右。左氏襄十八年傳：其官臣偃實先後之。管子問篇：其急難足以先後者幾何人。並音悉薦、户豆反。

〔二〇〕金正煒曰：按左氏襄二十五年傳：數甲兵。注，閱數。國語周語：乃料民於太原。注，料，數也。祖耿案：「數」，史記作「要」。

〔二一〕金正煒曰：按市被及百姓，無反攻太子之理，蓋文之淆誤也。原文當爲「太子因數黨聚衆，將軍市被及百姓圍公宫，攻子之不克；反攻太子平，將軍市被死已殉國」。謂子之之徒反攻太子，死者數萬，即從太子以攻子之之百姓也。文衍「將軍市被」四字，「及百姓」三字，又淆次於下，本義遂湮，史亦沿策之誤。（乃即反之譌衍。）　吳曾祺曰：「已」「以」通。　祖耿案：「國」，史記作「因」。　錢穆曰：余疑燕策及史文記太子平、將軍市被一節，詞氣支離，多誤衍，當爲太子因要（策作數，今依史世家）黨聚衆（此處應漏一及字），將軍市被圍公宫，攻子之不克（此下策、史均衍將軍市被四字，又及字乃上文誤移而下者），百姓反攻太子平，將軍市被死以（策作已）殉，因（策作國）構難數月，死者數萬衆。蓋太子平及將軍市被，始終共事，並及於難。今史、策此節文均誤，遂謂市被反攻太子平，於事勢情理，均難通也。（考辨三

三五頁）

〔二二〕黄丕烈曰：「怨」，鮑本作「恐」，鮑改「恐」爲「怨」。丕烈案：史記作「恐」。

〔二三〕吴師道曰：此當時所謂孟子勸齊伐燕者也。使無孟子之書，則人將此言之信乎？要之聖賢決無是事也。推此，則凡後世之誣罔聖賢而無徵者可知。　梁玉繩曰：史記燕世家「孟軻謂齊王曰：今伐燕，此文、武之時，不可失也。」案斯語本燕策而誤。困學紀聞引朱文公曰：或問勸齊伐燕有諸？史記蓋傳聞此説之誤。　黄式三曰：史記有孟子游齊事齊宣王之文，仕齊，去齊，當俱在宣王之世。燕策有儲子勸宣王伐燕之文、宣王令章子伐燕之文，其策中又言，孟軻勸齊宣王曰：今伐燕，此文、武之時，不可失也。吴注云：此當時所謂孟子勸齊伐燕者也。勸齊伐燕，必非孟子，而齊宣王伐燕，在位二十九年，亦已明矣。史記滅宣王之二十九年爲十九年，於是燕世家述燕策之文，不得不改宣王爲湣王。王白田謂孟子事湣王，無事宣王事；錢竹汀養新録取其説，然不足據也。金仁山曰：齊宣王伐燕，孟子所見也；以爲湣王，則荀卿所聞也；史記又所傳聞也。不得以所聞、所傳聞而疑所見（周季編略卷八上）。　祖耿案：史記注，司馬貞曰：謂如武王成文王之業伐紂之時，然此語與孟子不同也。

〔二四〕鮑彪曰：都，大邑。　吴師道曰：索隱云，五都，即齊也。臨淄是五都之一。　程恩澤曰：案周禮：四縣爲都，方二十二里。自是大邑。但孟子稱王之爲都者，臣知五人，而平陸居其一。則齊地之以都計者，當不止此數，而當時特用其五耳。　祖耿案：史記注，裴駰曰：章子，齊人，見孟子。司馬貞曰：按孟子云，章子，齊人。

〔二五〕鮑彪曰：齊之北，近燕。　程恩澤曰：案索隱云，北地即齊之北邊。胡三省曰：蓋漢千乘、清河、勃海之地。其説似混。漢千乘郡即今青州府，乃齊之國都，不得云北地。即清河亦齊西境，非北境也。當以專主勃海爲是。　祖耿案：史記注，司馬貞曰：北地即齊之北邊也。

〔二六〕梁玉繩曰：史記燕世家，子之亡。案表云：君噲及太子相子之皆死。紀年云：齊師殺子之，醢其身。則此言子之亡，是史仍國策之誤。

〔二七〕鮑彪曰：記三年有。彪謂：王噲，七國之愚主也，惑蘇代之淺說，貪堯之名，惡禹之實，自令身死國破，蓋無足算！齊閔所以請太子者，近於興滅繼絶矣；而天下不以其言信其心，蓋名實者，天下之公器也，豈可以虛稱矯舉而得哉？故齊閔之勝，適足以動天下之兵，而速臨淄之敗也！　吳師道曰：大事記云，之、噲安知所謂堯、舜者哉？彼子之之徒，借是名以篡國，子噲特爲說客所愚耳！方子之未得國也，則說以堯讓許由，由不受，有讓天下之名，實不失天下。噲於是乎以燕讓。及子之既得國也，則又說以禹不如堯，薦益而以啓人爲吏，已而攻益奪其國。噲於是乎收三百石吏以上而効之。其愚至此，尚足論乎？後世因此遂有不可慕虛名受實禍之論。是論肆行，則利祿之外，無非虛名；妨吾利祿者，無非實禍。人紀滅矣！此君子之所懼也！欲不惑者，其惟知實理乎？　黄丕烈曰：「年」下鮑本有「而」字。鮑改「公」爲「太」。吳氏補曰：當作「太」，史有。丕烈案：史記有「而」字。　梁玉繩曰：史記六國表：周赧王元年，燕王噲七年，君噲及相子之皆死。案世家，集解、索隱均引年表云：君噲及太子相子之皆死。則今本年表脱「太子」二字明矣！（今本或有太子，無子之，亦非）而所謂太子者，世家以爲太子平，即昭王，余深疑之！世家稱太子平，年表、紀年稱公子平。家庶不明。疑一。先是太子與子之爭權，舉兵攻子之不克，百姓反攻太子，則其不爲國人所戴可知。賢如昭王，不應有此。疑二。齊并燕二年，燕人共立平。夫既攻之而又立之，于理頗乖！且何以遲至二年復立乎？二年之中，太子安在？疑三。昭王語郭隗曰：齊因孤之國亂，而襲破燕。齊之入燕，實藉太子爲内應。今觀昭王之言，殊不合事情。疑四。考趙世家，武靈王召公子職于韓，立爲燕王，使樂池送之。諸處俱不書（集解、索隱引紀年同，今世所傳紀年無之），集解疑趙聞燕亂，遥立職爲燕王，雖使樂池送之，竟不能就。斯乃虚揣之譚，未見確證，而索隱遽謂裴駰得其旨，豈不惑哉？竊意職爲王時，在噲死之後，昭王未立之先。職立二年卒，始立昭王。而昭王並非太子，太子已同君噲及相子之死於齊難矣。徐孚遠亦云：太子平與昭王，當是二人，或昭王名平，太子不名平。徐説甚覈。世家誤仍國策來耳。（孫侍御疑昭王即公子職）（志疑九）

梁玉繩又曰：史記燕世家「諸將謂齊湣王曰」。案史誤書齊宣王、湣王之年，故伐燕一事，紛紜莫定。荀子、史記以爲湣，孟子以爲宣。從荀與史者，古史及宋輔廣孟子問答、鮑彪國策注、陳善捫蝨新話也；從孟子者，通鑑、大事記、吴師道國策校注、金履祥孟子集注考證及經史問答也。國策于燕則宣王，于齊則湣王。閻氏孟子生卒年月考，則欲移燕噲五年至九年事于齊宣八年後十二年前，以合孟子。即朱子于孟子序説既並存之，而于四書或問又以爲湣王。言人人殊。余謂當從宣王時爲信。國策兩歧其詞，必有一誤。荀子惟王霸篇有齊湣敗燕之語，孤文難徵。史記錯謬甚多，如上文言燕噲立，齊宣王用蘇代，噲三年，代爲齊使於燕。此本燕策，原與孟子合，安得以爲伐燕是湣王？乃史誤減宣十年以益湣，故茲述諸將之言，亦襲國策，而獨改宣爲湣，豈非欲遷易以湊其説歟！今據燕策考之，此云「諸將」，策作儲子，與孟子儲子爲齊相合。策有令章子將兵伐燕一篇，與孟子與匡章游合。蓋孟子未嘗事湣王，其仕齊、去齊，皆在宣王之世，而齊之伐燕，當周赧王元年，爲齊宣二十九年，乃孟子致臣而歸之歲也。黄氏日抄卷三又謂：宣王伐燕，指前此十城之役，是大不然！汪氏增訂四書大全及經史問答，俱謂孟子所述確是滅燕之役，若所取僅十城，安得云五旬舉萬乘之國？安得云取燕，安得云倍地？又安得云置君而去？不可通也！（志疑十九）

黃式三曰：燕世家索隱引年表云：君噲及太子相子之皆死。又引紀年云：子之殺公子平。今年表云：君噲及相子之皆死。今紀年云：燕子之殺公子平不克。與索隱所引迥異。考燕世家云：子之亡，二年，燕人共立太子平，是爲燕昭王。則平是時亡走可知。

錢穆曰：齊伐燕乃宣王六年，非湣王十年，燕策一（此文）叙事甚明晰。齊策二載田臣思勸齊王乘秦、韓之戰而攻燕，高誘亦謂是宣王。證之秦本紀、韓本紀，是年乃秦惠王後元十一年，韓宣王十九年，秦、韓戰於岸門，而年表均失載。孟子亦明記與宣王論伐燕事。按諸索隱所引紀年，是乃宣王六年也。歷來儒者於孟子在齊年代，或主當宣王時，或主當湣王時，紛紛議論不能决。今以諸書參互稽考，則宣王之說自勝。（考辨三三二頁）

錢氏又曰：史記湣王伐燕事，僅見於燕世家中，而田齊世家顧獨不載，又不著於年表，此史公自審其可疑，故掩而没之也。汪之昌青學齋集卷十一齊人伐燕年代考謂：「即就史記論，齊世家湣王四十餘年中，絶無一語及於伐燕。六國表湣十年，正值伐燕之年，亦未嘗及。燕世家全錄國策，其云：燕噲立，蘇秦死，齊宣王復用蘇代，亦仍其舊。既與年表、蘇秦傳不符，下文又突入諸將謂齊湣王伐燕云云，一篇中忽宣忽湣，似不知燕噲之世，當值齊何王之年？」其論最是！（考辨三三三頁）

錢氏又曰：燕昭王乃公子職，非太子平。策云：「燕人立公子平，是爲燕昭王」者，實爲立「公子職」之字誤。惟今策史同誤，不知先誤者何書，而讀者又以妄易其未誤之本也。今六國表云：「君噲及相子之皆死」，與索隱所引年表文不同，蓋太子二字，又經刊去矣！古書之多經改易，不易審讀如此！雷氏義證亦謂：「燕策立太子平句，本是立公子職之誤，燕世家又承其謬也。索隱因此信裴駰之解，于年表王噲太子相子之皆死句，刊去太子二字，以扶同後說。校刊紀年者，於燕子之殺公子平下，又增以不克二字，以彌縫其異。其實皆誤也。夫市被與太子平攻子之，可云不克，爲其爲攻也。若上文既云殺矣，下何以復云不克？此種文義，未之前聞。」雷氏論今本僞紀年妄改真本之迹，言極明快。惟市被之寃，雖無的據，固可會合燕策、史記、今本竹書種種之誤，而據情酌理，以爲申雪也。（考辨三三五頁）

祖耿案：史記注，裴駰曰：徐廣曰：「噲立七年而死，其九年，燕人共立太子平」。司馬貞曰：按上文太子平謀攻子之，而年表又云君噲及太子相子之皆死。紀年又云子之殺公子平。今此文云「立太子平，是爲燕昭王」，則年表、紀年爲謬也。而趙世家云，武靈王聞燕亂，召公子職於韓，立以爲燕王，使樂池送之。裴駰亦以此世家無趙送公子職之事，當是遥立職而送之，事竟不就，則昭王名平，非職明矣。進退参詳，是年表既誤，而紀年因之而妄説耳。

十

初，蘇秦弟厲，因燕質子而求見齊王〔一〕。齊王怨蘇秦〔二〕，欲因厲，燕質子爲謝乃已，遂委質爲臣。燕相子之與蘇代婚，而欲得燕權，乃使蘇代持質子於齊〔三〕。齊使代報燕，燕王噲問曰：「齊王其伯也乎〔四〕？」曰：「不能。」曰：「何也？」曰：「不信其臣。」於是燕王專任子之，已而讓位，燕大亂。齊伐燕，殺王噲、子之〔五〕，燕立昭王。而蘇代、厲遂不敢入燕，皆終歸齊，齊善待之。

〔一〕鮑彪曰：齊王，湣王。　祖耿案：此章與下蘇代過魏章相聯，同在上章之後。而此章與下章相聯，並見史記蘇秦列傳；上章「燕王噲既立」至「是爲燕昭王」，則見史記燕召公世家，不與此及下章相聯，此大不同也。蘇秦列傳云「燕乃使一子質於齊，而蘇厲因燕質子而求見齊王」云云，至「齊善待之」，與此章全同。又案：鮑本此章與下蘇代過魏連篇。　顧觀光隸此於赧王元年。

〔二〕鮑彪曰：秦爲燕謀齊故。

〔三〕黄丕烈曰：鮑改「持」爲「侍」。吴氏補曰：史作「侍」。丕烈案：世家索隱引此策文，正作「侍」。

〔四〕黄丕烈曰：「也」，鮑本無。　祖耿案：「伯」，鮑本作「霸」，史記同。

〔五〕祖耿案：史記注，裴駰曰：徐廣曰，是周赧王之元年時也。

十一

蘇代過魏〔一〕，魏爲燕執代。齊使人謂魏王曰〔二〕：『齊請以宋封涇陽君，秦不受，秦非不利有齊而得宋埊也，不信齊王與蘇子也。今齊、魏不和，如此其甚，則齊不欺秦〔三〕，秦信齊，齊、秦合，涇陽君有宋地，非魏之利也〔四〕！故王不如東蘇子〔五〕，秦必疑而不信蘇子矣〔六〕。齊、秦不合，天下無變〔七〕，伐齊之形成矣〔八〕。』於是出蘇伐之宋〔九〕，宋善待之〔一〇〕。

〔一〕祖耿案：此章見史記蘇秦列傳。此一百十八字，史記一百二十二字，文全相同，惟增數字而已。魏一蘇秦拘於魏章，事與此同，文亦無大差異，惟人名則作蘇秦，誤也。説已見前。　顧觀光附此於赧王二十九年，曰：與魏策蘇代拘於魏章文大同。

〔二〕鮑彪曰：魏王，哀王。吳師道曰：襄王。

〔三〕鮑彪曰：秦所以不信齊，疑其合魏也。

〔四〕祖耿案：鮑本「陽」下無「君」字。

〔五〕鮑彪曰：使歸齊。

〔六〕鮑彪曰：疑其合齊、魏。祖耿案：史記「疑」下有「齊」字。

〔七〕鮑彪曰：五國無秦之兵。

〔八〕鮑彪曰：時齊、魏相惡，故云。

〔九〕黄丕烈曰：今本「伐」作「代」。鮑本作「代」，下補「代」字。吳氏補曰：史復有。

〔一〇〕吳師道曰：此策自「蘇代過魏」以下，又見魏策，疑自爲一章而複出。姚本别提行。

十二

燕昭王收破燕後即位〔一〕，卑身厚幣，以招賢者，欲將以報讎〔二〕。故往見郭隗先生曰〔三〕：「齊因孤國之亂，而襲破燕。孤極知燕小力少，不足以報〔四〕。然得賢士與共國，以雪先王之恥，孤之願也〔五〕！敢問以國報讎者柰何？」郭隗先生對曰〔六〕：「帝者與師處，王者與友處，霸者與臣處，亡國與役處〔七〕。詘指而事之，北面而受學，則百己者至〔八〕；先趨而後息，先問而後嘿，則什己者至〔九〕；人趨己趨，則若己者至；馮几據杖，眄視指使，則厮役之人至〔一〇〕；若恣睢奮擊〔一一〕，呴藉叱咄〔一二〕，則徒隸之人至矣〔一三〕！此古服道致士之法也〔一四〕。王誠博選國中之賢者而朝其門下，天下聞王朝其賢臣，天下之士，必趨於燕矣。』昭王曰：『寡人將誰朝而可？』郭隗先生曰：『臣聞古之君人有以千金求千里馬者，三年不能得〔一五〕。涓人言於君曰〔一六〕：「請求之。」君遣之。三月，得千里馬，馬已死，買其首五百金〔一七〕，反以報君。君大怒曰：「所求者生馬，安事死馬而捐五百金〔一八〕？」涓人對曰：「死馬且買之五百金，況生馬乎〔一九〕？天下必以王爲能市馬，馬今至矣〔二〇〕！」於是不能期年，千里之馬至者三〔二一〕。今王誠欲致士，先從隗始〔二二〕。隗且見事，況賢於隗者乎？豈遠千里哉〔二三〕！』於是昭王爲隗築宮而師之〔二四〕。樂毅自魏往，鄒衍自齊往，劇辛自趙往〔二五〕，士爭湊燕〔二六〕。燕王弔死問生，與百姓同其甘苦〔二七〕。二十八年，燕國殷富〔二八〕，士卒樂佚輕戰，於是遂以樂毅爲上將軍，與秦、楚、三晉合謀以伐齊〔二九〕。齊兵敗，閔王出走於外，燕兵獨追北，入至臨淄，盡取齊寶，燒其宮室宗廟。齊城之不下者，唯獨莒、即墨〔三〇〕。

〔一〕金正煒曰：按史記燕世家作「燕昭王於破燕之後即位」，當據以訂正。隸書「於」作「扵」，與「收」近似，又疑於韓公仲收國事秦之文，因致誤「收」；復脱「之」字，故於文不完。祖耿案：史記燕世家，自

「燕昭王於破燕之後」，至「獨唯聊、莒、即墨」，凡二百十字；説苑君道，自「燕昭王問於郭隗曰」，至「此之謂也」，凡三百三十字；新序雜事三，自「昭王賢，即位，卑身厚弊」，至「得賢之功也」，凡一百二十三字。三文與策事並相關。史記不言市馬，説苑唯論求賢，獨新序雜事與策較近，今並著其異同於下。　又案，顧觀光隸此於赧王三十一年。

〔二〕黄丕烈曰：「以」，鮑本無。吴補：一本有。姚同。　祖耿案：史記「者」下直接「謂郭隗曰：齊因孤之國亂」云云，無「欲將以報讎」五字。新序同。

〔三〕吴師道曰：隗，五罪反。　程恩澤曰：案御批通鑑輯覽曰：郭，郭公之後，在今東昌府聊城縣。新序以郭爲北燕之地，蓋即虢也。見左傳昭七年。郭、虢古通（急就篇以郭爲虢公醜後）。

〔四〕黄丕烈曰：「少」，鮑本無。吴補：一本有。姚同。　祖耿案：史記、新序，並有「少」字。

〔五〕鮑彪曰：記有此文。　祖耿案：史記「然」下有「誠」字，「與」作「以」，「恥」，新序作「醜」。「願也」下，史記、新序並作「先生視可者，得身事之」九字，無「敢問以國報讎者奈何」句。

〔六〕祖耿案：此句史記無「先生對」三字，逕作「郭隗曰：王必欲致士，先從隗始」，無下論致士之法及求千里馬事一段二百五十六字。新序則作「隗曰：臣聞古之人君有以千金求千里馬者」，無論致士之法一段。此則説苑君道詳之，見後。

〔七〕鮑彪曰：役，僕役。　祖耿案：郭隗此言，又見説苑君道，全文如下：「燕昭王問於郭隗曰：寡人地狹人寡，齊人削取八城，匈奴驅馳樓煩之下，以孤之不肖，得承宗廟，恐危社稷，存之有道乎？郭隗曰：有。然恐王之不能用也。昭王避席願請聞之。郭隗曰：帝者之臣，其名臣也，其實師也；王者之臣，其名臣也，其實友也；霸者之臣，其名臣也，其實賓也；危國之臣，其名臣也，其實虜也。今王將東面目指氣使以求臣，則廝役之材至矣；南面聽朝，不失揖讓之禮以求臣，則人臣之材至矣；西面等禮相亢，下之以色，不乘勢以求臣，則朋友之材至矣；北面拘指，逡巡而退以求臣，則師傅之材至矣！如此，則上可以王，下可以霸，唯王擇焉！燕王曰：寡人願學而無師。郭隗曰：王誠欲興道，隗請爲天下之士開路。於是燕王常置郭隗上坐南面。居三年，蘇子聞之，從周歸燕；鄒衍聞之，從齊歸燕；樂毅聞之，從趙歸燕；屈景聞之，從楚歸燕。四子畢至，果以弱燕并强齊。夫燕、齊非均權敵戰之國也，所以然者，四子之力也！詩曰：濟濟多士，文王以寧。此之謂也。」

〔八〕鮑彪曰：屈柱也。吴師道曰：屈也，猶言折節。金正煒曰：按管子侈靡篇「承從天之指」，注，指，意也。呂覽行論篇「布衣行此指於國」，注，指猶志也。字本作「恉」。説文、廣雅並云：恉，意也。指即恉之借字。

〔九〕鮑彪曰：先彼而趨，後之而息。祖耿案：「什」，鮑本作「十」。

〔一〇〕黄丕烈曰：「己趨」二字，鮑本無。吴補：一本「人趨己趨」，是。姚同。鮑彪曰：馮據也。吴師道曰：廝，音斯。祖耿案：類聚六十九引作「隱几據杖，眄視相使」。

〔一一〕鮑彪曰：睢，仰目。吴師道曰：恣睢，暴戾也。後漢荀彧傳註：暴怒貌。睢，香萃反。唐史，音雖。

〔一二〕鮑彪曰：呴，呵；藉，踐也。當從足。集韻：咄，呵也。吴師道曰：呴，呼俱、呼具二反。咄，都活反。下言叱咄，上有呴字爲複。呴藉，義亦不類，當是「跔藉」。見韓策，釋爲跳躍。此謂跳躍蹈藉也。金正煒曰：「呴」字當從吴校作「跔」。

〔一三〕金正煒曰：此策自「北面」以下，與鶡冠子博選篇文同。惟此作「馮几據杖，指麾而使，則廝役者至；樂嗟苦咄，則徒隸之人至矣」。

〔一四〕鮑彪曰：服，猶事，事有道者。

〔一五〕王念孫曰：「君人」當依新序雜事篇作「人君」，藝文類聚居處部、太平御覽資産部及文選論盛孝章書注引此並作「人君」。　祖耿案：新序作「隗曰：臣聞古之人君」云云，無「郭」字，又無「先生」二字。

〔一六〕鮑彪曰：涓人，謁者也。　吴師道曰：楚世家，鋗人。見國語。韋昭云：今之中涓。漢書顔注：中涓，官名，居中而涓潔也。如淳云，主通書謁出入命也。　黄式三曰：趙倉唐謁魏侯曰：緤北犬敬上涓人。郭隗言：涓人求千里馬。涓人，養獸官也。

〔一七〕祖耿案：「首」，新序作「骨」。

〔一八〕金正煒曰：老子「治人事天」，注，事，用也。　祖耿案：此句「事」字新序作「用」，「馬」下無「而」字。

〔一九〕祖耿案：「買」，新序作「市」。

〔二〇〕王引之曰：「今」字與即同義。

〔二一〕鮑彪曰：記無之。　祖耿案：「之馬」，鮑本作「馬之」。新序此句作「於是不期年千里馬至者二」。又案文選論盛孝章書李注引此文作「郭隗謂燕昭王曰：臣聞古之人君，有市千里馬者，三年而不得，於是遣使者賫千金之貨，將市於他國。未至，而千里之馬已死，使者乃以五百金買死馬之首以歸。其君大怒曰：所求者，本不市死馬，何故損金市死馬乎？將誅之。使者對曰：死馬尚市之，况生者乎？天下必知君之好也，馬將至矣！於是期年而千里馬至者三焉。」又「買其首五百金」，類聚六十三引同；御覽八百二十八引作「五百金買其骨」。

〔二二〕祖耿案：史記云「王必欲致士，先從隗始」。新序作「今王誠欲必致士，請從隗始」。

〔二三〕祖耿案：此數語新序同。史記無「隗且見事」句，「者」下無「乎」字。

〔二四〕祖耿案：史記「築」上有「改」字，「師」下有「事」字。類聚六十三，引「宮」作「館」。

〔二五〕梁玉繩曰：案樂毅諸人往燕，史本國策。然有可疑者，如劇辛自趙來，其年當非幼少，乃至後燕王喜十三年將兵伐趙，爲趙將龐煖所殺，計去昭王即位時已七十年，恐未必如是之壽，則其來似不在此時。　程恩澤曰：案通鑑注，劇姓，莫知其所自出。班志：北海郡有劇縣，蓋其先以縣爲姓也。餘見齊。

〔二六〕金正煒曰：淮南精神篇「衰世湊學」注：湊，趨也。漢書揚雄傳注：湊，趣也。史作「士爭趨燕」，文異義同。　祖耿案：類聚六十三引作「皆爭走燕」。

〔二七〕姚注：「與」，曾、錢作「於」，劉作「與」。　祖耿案：「生」，史記、新序並作「孤」，並無「其」字。

〔二八〕祖耿案：鮑本「國」上無「燕」字，史記、新序並有。

〔二九〕張宗泰曰：按後樂毅報燕惠王書，燕所與伐齊者，楚、魏也，趙也。合燕爲四國。毅所自言，當必不誤。知合秦、楚、三晉云者，特策士張大之詞耳！（魯巖所學集）　祖耿案：「合謀所伐齊」下，新序無「齊兵敗」以下一節，僅曰「樂毅之筴得賢之功也」。

〔三〇〕鮑彪曰：記同。彪謂：燕昭、郭隗，皆三代人也，欲爲國雪恥，君臣問對無他言，專欲得賢士而事之，此「無競惟人」之誼也，欲無興得乎哉！臣役之對，天下之格言；市馬之喩，萬世之美談。太史公獨何爲削之？亦異於孔氏刪修之法矣！　吳師道曰：立國用賢，固三代之道，未可即以爲三代之人。太史公固爲疎略，然孔氏刪修之法，則不係此。　又曰：大事記解題引國策、説苑云云。今按説苑文小異。鶡冠子博選篇亦用隗言，此則柳宗元所謂僞書取以充入者也。　祖耿案：自「於是昭王爲隗」起至此，策與史記全同。史記末云「齊城之不下者，獨唯聊、莒、即墨，其餘皆屬燕」。較策多「其餘皆屬燕」五字。索隱云：按餘篇及戰國策，並無「聊」字。

十三

齊伐宋，宋急〔一〕，蘇代乃遺燕昭王書曰〔二〕：『夫列在萬乘，而寄質於齊〔三〕，名卑而權輕；秦、齊助之伐宋〔四〕，民勞而實費；破宋，殘楚淮北，肥大齊〔五〕，讎強而國弱也〔六〕。此三者，皆國之大敗也〔七〕！而足下行之，將欲以除害取信於齊也〔八〕，而齊未加信於足下，而忌燕也愈甚矣！然則足下之事齊也，失所爲矣〔九〕！夫民勞而實費，又無尺寸之功，破宋肥讎，而世負其醜矣〔一〇〕。足下以宋加淮北，強萬乘之國也〔一一〕，而齊並之，是益一齊也〔一二〕；北夷方七百里，加之以魯、衛，此所謂強萬乘之國也〔一三〕，而齊並之，是益二齊也；夫一齊之強而燕猶不能支也〔一四〕，今乃以三齊臨燕，其禍必大矣！ 雖然，臣聞知者之舉事也，轉禍而爲福，因敗而成功者也〔一五〕。齊人紫敗素也，而賈十倍〔一六〕；越王勾踐棲於會稽，而後殘吴，霸天下：此皆轉禍而爲福，因敗而爲功者也〔一七〕。今王若欲轉禍而爲福，因敗而爲功乎，則莫如遥伯齊而厚尊之〔一八〕，使使盟於周室〔一九〕，盡焚天下之秦符，約曰〔二〇〕：「夫上計破秦，其次長賓之。」秦秦挾賓客以待破，秦王必患之〔二一〕。秦五世以結諸侯，今爲齊下，秦王之志，苟得窮齊，不憚以一國都爲功〔二二〕。然而王何不使布衣之人以窮齊之說說秦，謂秦王曰〔二三〕：「燕、趙破宋肥齊，尊齊而爲之下者，燕、趙非利之也。弗利，而勢爲之者，何也？以不信秦王也。今王何不使可以信者接收燕、趙。今涇陽君若高陵君先於燕、趙〔二四〕。秦有變〔二五〕，因以爲質，則燕、趙信秦矣。秦爲西帝，趙爲中帝，燕爲北帝，立爲三帝而以令諸侯〔二六〕。韓、魏不聽，則秦伐之；齊不聽，則燕、趙伐之。天下孰敢不聽？天下服聽，因驅韓、魏以攻齊〔二七〕，曰：必反宋地而歸楚之淮北。夫反宋地，歸楚之淮北，燕、趙之所同利也〔二八〕；並立三帝，燕、趙之所同願也。夫實得所利，名得所願，則燕、趙之棄齊也猶釋弊躧〔二九〕。今王之不收燕、趙，則齊伯必成矣！諸侯戴齊而王獨弗從也，是國伐也〔三〇〕。諸侯戴齊而王從之，是名卑也。王不收燕、趙，名卑而國危；王收燕、趙，名尊而國寧；夫去尊寧而就卑危，知者不爲也〔三一〕！」秦王聞若說也，必如刺心〔三二〕。然則王何不務使知士以若此言說秦〔三三〕，秦伐齊必矣。夫取秦，上交也；伐齊，正利也。尊上交，務正利，聖王之事也〔三四〕！』燕昭王善其書，曰：『先人嘗有德蘇氏〔三五〕，子之之亂而蘇氏去燕，燕欲報仇於齊，非蘇氏莫可〔三六〕。』乃召蘇氏〔三七〕，復善待之，與謀伐齊，竟破齊，閔王出走〔三八〕。

〔一〕鮑彪曰：此（燕昭）二十七年。　祖耿案：此章見史記蘇秦列傳。事在魏出蘇代，代之宋，宋善待之之後。書詞語稍有不同，然無大異。顧觀光隸此於赧王二十九年。

〔二〕祖耿案：史記注，張守節曰：此書爲宋説燕，令莫助齊、梁。　又案：此章七百三十五字，史記六百五十一字。又見馬王堆帛書第二十章，凡五百有九字，首標「胃燕王曰」，無主名，全文見後。

〔三〕鮑彪曰：寄，猶委也。一説，如質子寄寓。　祖耿案：史記注，張守節曰：燕前有一子質於齊。

〔四〕黄丕烈曰：鮑改「秦」爲「奉」。吴氏補曰：史作「奉萬乘助齊」。　金正煒曰：鮑本「秦」作「奉」，是也。淮南説林篇「風雨奉之」注，奉，助也。又左氏僖三十三年傳「天奉我也」注，奉，與也。史作「奉萬乘助齊」，則奉猶持也。見廣雅釋詁，義得兩通。

〔五〕鮑彪曰：楚之淮北，宋隣也。宋破則此地殘。肥，亦大也。　吴師道曰：此已取淮北明矣！下文又曰，必反宋地而歸楚之淮北。　金正煒曰：按破宋、殘楚、肥齊，即下所云三者，本皆兩言平列爲文，昔人因後有歸楚淮北之言，知此殘楚但謂淮北，乃注「淮北」於殘楚之下。太玄玄衝，大，肥也。大與肥義同，故知「大」亦舊注（高注秦策，肥猶厚也，厚猶大也，義得轉注），後文「肥饑」「肥齊」，並不言大，此皆後人傳寫誤併入文耳。　祖耿案：金説非是。下文此三者，謂「名卑而權輕」，「民勞而實費」，「饑强而國弱」也。

〔六〕祖耿案：史記「弱」作「害」。

〔七〕金正煒曰：大敗，猶言大禍。書微子「商今有其災，我興受其敗」。正義云：逆言災雖未至，至則已必受禍。禮記孔子閒居「四方有敗」注：敗，謂禍烖也。

〔八〕鮑彪曰：宋者，齊之害。　金正煒曰：「也」，讀爲耶。害，猶忌也。下云齊未加信，忌燕愈甚，正承「除害」、「取信」兩義而言。史記太史公自序：孔子爲魯司寇，諸侯害之。漢書翟方進傳：心害其能。「害」之義並同於忌。鮑注「宋者，齊之害」，非是。　祖耿案：史記此語作「然且王行之者，將以取信於齊也」。無「除害」等字。

〔九〕祖耿案：此數語史記作「齊加不信於王，而忌燕愈甚，是王之計過矣」。

〔一〇〕鮑彪曰：負，猶荷。　金正煒曰：按此文疑有淆誤，故與下文不相貫注。當作「夫民勞而實費，又無尺寸之功，破宋肥讎，而世負其禍，然則足下之事齊也，失所爲矣」。末「矣」字當作「夫」，屬下文。　祖耿案：史記無此二十二字。

〔一一〕鮑彪曰：宋，五千乘國也，又加之淮北，則萬乘而强。　金正煒曰：按上文「矣」字，即此句首「夫」字之誤，「足下」二字，又涉上文而衍。史記正作「夫以宋加之淮北」。此節並就齊言，不當復云「足下」。爾雅釋詁：强，當也。言以五千乘之宋加之以淮北，足與萬乘之國相當也。又算家以有餘爲强。管子海王篇：令鹽之重升加分强。注，每一升加半合爲强。此云强萬乘之國，謂比例萬乘而有餘耳。

〔一二〕祖耿案：史記注，張守節曰：更以淮北之地加於齊都，是强萬乘之國而齊總并之，是益一齊。

〔一三〕鮑彪曰：北夷，齊之北國。加之以魯、衛，言齊因舉宋，且并此數國。　吳師道曰：索隱云，北夷，謂山戎、北狄附齊者。正義云，齊桓公伐山戎。　程恩澤曰：案桓公所伐之山戎，與孤竹、令支相近，在今永平府界，距齊甚遠，中隔燕、趙，恐非一時所能并。疑必齊之北境有夷種未殄者，故齊欲得之也。證之本策，殆即田單所攻之狄歟！說見齊策。　金正煒曰：王念孫云，「北夷」當作「九夷」，足正索隱、正義之誤。淮南齊俗篇：越王句踐霸天下，泗上十二諸侯，皆率九夷以朝。是九夷地接泗上，而魯爲十二諸侯之一，故此言齊并九夷與魯、衛也。秦策：楚苞九夷，又方千里。尤爲明證。隸書「九」與「北」字相近，「九」字上畫中斷，即譌爲「北」矣！史無「此所謂」三字，或本在前「强萬乘」句上，誤淆於此。

〔一四〕祖耿案：史記「猶」下多「狼顧而」三字。

〔一五〕祖耿案：「知者」，鮑本作「智者」。史記此句作：「雖然，智者舉事，因禍爲福，轉敗爲功。」

〔一六〕鮑彪曰：敗，猶惡也。素，白繒，染爲紫。　吴曾祺曰：喻下「轉禍」「因敗」二語。　祖耿案：史記注：裴駰曰：徐廣曰，「取敗素染以爲紫。」張守節曰：齊君好紫，故齊俗尚之。取惡素帛染爲紫，其價十倍貴於餘。喻齊雖有大名，而國中以困弊也。司馬貞曰：按謂紫色價貴於帛十倍，而本是敗素。以喻齊雖有大名，而其國中困斃也。

〔一七〕祖耿案：此句史記作「越王句踐棲于會稽，復殘彊吴而霸天下，此皆因禍爲福，轉敗爲功者也」。

〔一八〕祖耿案：「伯」，鮑本作「霸」，下同。此數語史記作「今王若欲因禍爲福，轉敗爲功，則莫若挑霸齊而尊之」。注，張守節曰：挑，田鳥反，執持也。

〔一九〕鮑彪曰：背秦而受，使齊主盟。　黄丕烈曰：下「使」字，鮑本作「之」。吴補：一本「使使盟於」。丕烈案：史記作「使使盟於」。

〔二〇〕祖耿案：此句史記作「焚秦符曰」。注，張守節曰：符，徵兆也。

〔二一〕鮑彪曰：挾，如挾長之挾。秦挾賓客，本欲并天下，而反見破，故必患。秦王，昭王也。　吴師道曰：姚本「長賓之秦」。史「長賓之，秦挾賓以待破」。史文爲是。按魏策有此文法。賓即「擯」。二「客」字，因「賓」字誤衍。　黄丕烈曰：「賓之」，鮑本作「賓客」。　金正煒曰：按史記蘇秦傳「其大上計，破秦；其次，必長賓之。秦挾賓以待破，秦王必患之」。此文「夫」字即「大」之譌，「長賓之」下衍「秦」字，「秦挾賓」下衍「客」字。並當據史訂正。「挾」字亦疑有譌誤，未詳所當作。　祖耿案：史記注，司馬貞曰：長音如字。賓爲「擯」。張守節曰：大好上計策，破秦；次計，長擯棄關西。

〔二二〕鮑彪曰：將割以賂與國。　祖耿案：「以結」二字史記作「伐」，無「一都」二字。

〔二三〕祖耿案：此數語史記作「然則王何不使辯士以此言説秦王曰」。

〔二四〕鮑彪曰：二君秦所重，天下信之。　黄丕烈曰：「令」，鮑本作「令」。丕烈案：「令」字是也。史記作「令」。　金正煒曰：令，當從鮑本作令。若，猶或也。漢書高帝紀：以萬人若一郡降者，皆封萬户。注，若者，豫及之詞，言以萬人或以一郡降者，皆封萬户。　祖耿案：此數語史記作「燕、趙破宋肥齊，尊之爲之下者，燕、趙非利之也。燕、趙不利而勢爲之者，以不信秦王也。然則王何不使可信者接收燕、趙，令涇陽君、高陵君先於燕、趙」。注，裴駰曰：徐廣曰，馮翊高陵縣。司馬貞曰：二人，秦王母弟也。高陵君名顯，涇陽君名悝。

〔二五〕鮑彪曰：謂背二國。

〔二六〕祖耿案：鮑本「令」上無「以」字。此數語史記作「秦爲西帝，燕爲北帝，趙爲中帝，立三帝以令於天下」。

〔二七〕姚注：「天下服聽」，「聽」，一作「德」。「驅」，一作「馳」。　祖耿案：史記「攻」作「伐」。

〔二八〕黄丕烈曰，「歸」上，鮑本有「而」字。丕烈案：史記無。

〔二九〕姚注，一云「脱屣也」。　鮑彪曰：革履也，當作「蹝」。　吴師道曰：躧，所綺反。説文：舞履也。徐云：謂足根不正納履也。引漢志「邯鄲女跕」。躧字與蹝、屣通。　祖耿案：史記「名」作「尊」，「猶釋弊躧」作「如脱躧矣」。

〔三〇〕姚注：「伐」，曾改作「代」。　鮑彪曰：秦受齊伐。　祖耿案：史記「戴」作「贊」，下同。

〔三一〕祖耿案：此數語史記作「今收燕、趙，國安而名尊；不收燕、趙，國危而名卑。夫去尊安而取危卑，智者不爲也」。

〔三二〕鮑彪曰：言其切己。吳師道曰：心痛如刺。金正煒曰：按「若說」猶「是說」也。呂覽振亂篇：若說爲深。注，說若是者。文義正同。

〔三三〕姚注：劉去「此」字。吳師道曰：「然」字句可。金正煒曰：以若此言，謂用如此之言。若，如也。又管子山國軌篇「桓公曰：此若言何謂也」。墨子魯問篇「此若言之謂也」（一本作「若此言」）。則此文或爲複辭。史作「若言」，蓋字之譌。釋詞云：禮記大傳注，然，如是也。凡經傳然則、夫然者，皆是也。吳氏謂「然」字可屬上「刺心」句，於義未安。祖耿案：此數語史記作「然則王何不使辯士以此若言說秦，秦必取，齊必伐矣」。

〔三四〕祖耿案：兩「上交」字，史記並作「厚交」。

〔三五〕鮑彪曰：資秦合從。

〔三六〕祖耿案：「仇」，鮑本作「讎」，下復有「仇」字。

〔三七〕鮑彪曰：王噲。策言魏出之，之宋，宋善待之，今在宋也。吳師道曰：按此策文，蓋齊已滅宋，取楚淮北之後。勸之尊齊擯秦，而說秦以伐齊，非將伐宋時事也。策云，蘇代過魏，魏爲燕執之，齊使人說魏出代，代之宋，宋善待之。史遂以此策首語接其下。且史紀代事前後固多誤，如舉五千乘云云，以爲說子噲之類。代爲燕間齊，勸之伐宋，見於策者可考矣。是宋未滅時代已至燕，豈至此時尚留宋而爲之說燕哉？此策不能無舛，而史尤失之也！梁玉繩曰：齊說魏出蘇代，蘇代之宋在王噲策，而此齊伐宋一章在昭王策。時既不同，文亦各篇，史采國策連接其下，尤爲失之。（志疑二十九）祖耿案：「蘇氏」，史記作「蘇代」。

〔三八〕鮑彪曰：代傳有。　錢穆曰：湣王之亡，上距子之亂燕三十三年，蘇代與子之交，未必及見湣王之亡。縱其尚在，亦當老矣！（考辨二一七五頁）　祖耿案：馬王堆帛書第二十章，全文云「胃燕王曰：列在萬乘，奇質于齊，名卑而權輕；奉萬乘助齊伐宋，民勞而實費。夫以宋加之淮北，强萬乘之國也，而齊兼之，是益齊也；九夷方一百里，加以魯、衛，强萬乘之國也，而齊兼之，是益二齊也。夫一齊之强，燕猶弗能支，今以三齊臨燕，亓過必大！　雖然，夫知者之□事，因過□□福，轉敗而爲功。齊紫敗素也，賈十倍；句踐棲會稽，亓后殘吳霸天下：此皆因過爲福，轉敗而爲功！　今王若欲因過而爲福，轉敗而爲功，則莫若招霸齊而尊之，使明周室而棼秦符，曰：大上破秦，亓次必長忠之。秦□忠以侍破，秦王必患之。秦五世伐諸侯，今爲齊下，秦王之心，苟得窮齊，不難以國壹棲。然則王何不使辯士以若説説秦王，曰：燕、趙破宋肥齊，尊之爲之下者，燕、趙非利之也。燕、趙弗利，而埶爲者，以不信秦王也。然則王何不使可信者棲收燕、趙，如經陽君，如高陵君，先于燕、趙曰：秦有變，因以爲質，則燕、趙信秦。秦爲西帝，燕爲北帝，趙爲中帝，立三帝以令於天下。韓、魏不聽，則秦伐；齊不聽，則燕、趙伐。天下孰敢不聽？天下服聽，因迫韓、魏以伐齊，曰：必反宋，歸楚淮北。反宋歸楚淮北，燕、趙之所利也；并立三王，燕、趙之所願也。夫實得所利，尊得所願，燕、趙之棄齊説沙也！　今不收燕、趙，齊伯必成。諸侯贊齊而王弗從，是國伐也；諸侯伐齊而王從之，是名卑也。今收燕、趙，國安名尊；不收燕、趙，國危而名卑。夫去尊安取卑危，知者弗爲。秦王聞若説，必如諫心。然則□何不使辯士以如説□秦，秦必取，齊必伐矣。夫取秦，上交也；伐齊，正利也。尊上交，務正利，聖王之事也」。共五百有九字。

十四

蘇代謂燕昭王曰〔一〕：『今有人於此，孝如曾參、孝己，信如尾生高，廉如鮑焦、史鰌〔二〕，兼此三行以事王，奚如？』王曰：『如是足矣！』對曰：『足下以爲足，則臣不事足下矣！臣且處無爲之事，歸耕乎周之上地〔三〕，耕而食之，織而衣之。』王曰：『何故也？』對曰：『孝如曾參、孝己，則不過養其親其〔四〕！信如尾生高，則不過不欺人耳！廉如鮑焦、史鰌，則不過不竊人之財耳！今臣爲進取者也！臣以爲廉不與身俱達〔五〕，義不與生俱立。仁義者，自完之道也！非進取之術也！』王曰：『自憂不足乎〔六〕？』對曰：『以自憂爲足，則秦不出殽塞，齊不出營丘，楚不出疏章〔七〕。三王代位，五伯改政，皆以不自憂故也。若自憂而足，則臣亦之周負籠耳〔八〕！何爲煩大王之廷耶〔九〕？昔者，楚取章武，諸侯北面而朝〔一〇〕，秦取西山，諸侯西面而朝〔一一〕；曩者使燕毋去周室之上，則諸侯不爲別馬而朝矣〔一二〕！臣聞之，善爲事者，先量其國之大小，而揆其兵之强弱，故功可成而名可立也〔一三〕。不能爲事者，不先量其國之大小，不揆其兵之强弱，故功不可成而名不可立也〔一四〕。今王有東嚮伐齊之心，而愚臣知之〔一五〕。』王曰：『子何以知之？』對曰：『矜戟砥劍，登丘東嚮而歎〔一六〕，是以愚臣知之。今夫烏獲舉千鈞之重，行年八十而求扶持。故齊雖强國也，西勞於宋，南罷於楚，則齊軍可敗而河間可取〔一七〕。』燕王曰：『善！吾請拜子爲上卿，奉子車百乘，子以此爲寡人東游於齊，何如〔一八〕？』對曰：『足下以愛之故與〔一九〕，則何不與愛子與諸舅、叔父、負床之孫〔二〇〕？不得〔二一〕，而乃以與無能之臣，何也？王之論臣，何如人哉？今臣之所以事足下者，忠信也。恐以忠信之故，見罪於左右〔二二〕。』王曰：『安有爲人臣，盡其力，竭其能，而得罪者乎？』對曰：『臣請爲王譬。昔周之上地嘗有之。其丈夫官三年不歸〔二三〕，其妻愛人，其所愛者曰：「子之丈夫來，則且奈何乎？」其妻曰：「勿憂也！吾已爲藥酒而待其來矣！」已而其丈夫果來，於是因令其妾酌藥酒而進之，其妾知之，半道而立，慮曰：「吾以此飲吾主父，則殺吾主父；以此事告吾主父，則逐吾主母。與殺吾父、逐吾主母者，寧佯躓而覆之〔二四〕。」於是因佯僵而仆之。其妻曰：「爲子之遠行來之故，爲美酒，今妾奉而仆之。」其丈夫不知，縛其妾而笞之。故妾所以笞者，忠信也。今臣爲足下使於齊，恐忠信不諭於左右也！臣聞之曰：「萬乘之主，不制於人臣；十乘之家，不制於衆人；疋夫徒步之士，不制於妻妾〔二五〕。」而又況於當世之賢主乎〔二六〕？臣請行矣！願足下之無制於群臣也〔二七〕！』

〔一〕祖耿案：此章曾參、孝己、尾生及妾棄藥酒，並與前人有惡蘇秦於燕王者章同，亦與史記蘇秦列傳蘇秦語燕王者無異。一以爲蘇秦，一以爲蘇代，蓋傳習蘇氏學者，生此紛歧也。説見前章。又馬王堆漢墓帛書第五章，文有與此同者，亦見前。顧觀光隸此於赧王二十九年。

〔二〕鮑彪曰：鰌，衛卿子魚。

〔三〕程恩澤曰：按此上地，蓋指洛陽言，以蘇氏世爲東周洛陽人也。

〔四〕黄丕烈曰：下「其」字鮑本作「耳」。丕烈案：「耳」字是也。

〔五〕鮑彪曰：不苟取，故多窮。

〔六〕鮑彪曰：憂，亦完也，不完則憂。故曰完，又曰憂。　吴曾祺曰：按王意以能自憂亦足矣。　金正煒曰：按「憂」即「優」之省也。詩長發「敷政優優」，説文引作「布政憂憂」。自憂即自完，鮑説是也。惟云不完則憂，殊非字義。崔駰達旨：「人人有以自優」。自優猶自足也。

〔七〕鮑彪曰：地缺。　顧觀光曰：按疏章疑即豫章，疏、豫聲相近也。杜預注左傳豫章，云，在江北淮水南；又云，漢東江北地。

〔八〕鮑彪曰：籠，竹器。　金正煒曰：按淮南精神篇：今夫繇者揭钁臿，負籠土。注：繇，役；籠，受土籠也。又説山篇：貂裘而負籠，甚可怪也。注同。

〔九〕鮑彪曰：煩，浼也。　金正煒曰：按淮南俶真篇：孰肯解構人間之事，以物煩其性命乎？注：煩，辱也。或爲「頓」字之誤。漢書李廣傳：就善水草頓舍。注，頓，止也。文選陸士衡詩：北邁頓承明。注，頓，止舍也。

〔一〇〕鮑彪曰：章武，屬渤海。　程恩澤曰：案漢志，勃海郡有章武縣，河水至此入海。括地志：即魯城縣。寰宇記：廢乾符縣在滄州北百里（清池縣東南，鹽山縣西北），本漢章武縣地。今爲天津府天津、靜海二縣地。據地理志，趙東有渤海之章武，河以北。則此當爲趙地。然是時齊地亦至渤海，且策無明文，不可臆決也。　金正煒曰：鮑注「章武屬渤海」。　張琦曰：此恐譌誤。楚無由取渤海之邑；且秦言西面，楚即不得言北面。「楚」「北」兩字，必有一誤。按楚策：且王嘗用召滑於越而納句章。十三州志：句踐并吴大城句無，以章武功，故名句章。此云章武，疑即其地，「北」或爲「南」之譌耳。

〔一一〕程恩澤曰：案帝王世紀，秦甯公葬西山大麓，故號秦陵山（按秦本紀：文公亦葬西山）。括地志：秦陵山在岐州陳倉縣西北三十七里，此秦地也。胡三省曰：自宜陽熊耳，東連嵩高，南至魯陽，皆韓之西山。此又一説，似較舊解爲勝。然亦不必專屬韓也。　金正煒曰：西山謂西山之戎，則去戰國時遠。疑此蓋謂孝公十七年，秦敗韓師於西山。秦之復强，實始此役。

〔一二〕鮑彪曰：去，猶失也。上，上地，燕蓋嘗攻得而不取也。「不爲別駕而朝」，言同軌而朝燕，與朝秦、楚同。　吴師道曰：「燕毋」句未詳，恐注非。　金正煒曰：曩者，謂召公分陝而治之時。「上」疑本作「二」，古文「上」作「二」，故「二」誤爲「上」。「則」疑「伯」字，音近而譌，當連上爲句。周禮春官注：上公有功德者，加命爲二伯，得征五侯九伯。疏引公羊傳：自陝以東，周公主之；陝以西，召公主之。是東西二伯也。又呂覽論威篇注：上長周室之上，猶云周室之孟侯也。鮑注：上，上地，燕蓋嘗攻得而不取。臆造故實，宜爲吴氏所譏。上言秦、楚之强，皆戰國時事，此則時代遥遠，故復言曩者以別之。　祖耿案：「別馬」，鮑本作

「別駕」。

〔一三〕鮑彪曰：揆，度也。

〔一四〕姚注：「爲」，曾作「其」。

〔一五〕祖耿案：「今王」，鮑本作「今主」。

〔一六〕鮑彪曰：矜，矛柄。戟，蓋爲矜施戟。砥，柔石，所以礪也。金正煒曰：按漢書刑法志：未有安制矜節之理也。注，矜，持也。後漢書張衡傳：魚矜鱗而并凌兮。注：矜，竦也。矜與砥爲對文。鮑注於文不合。

〔一七〕程恩澤曰：案見秦。

〔一八〕鮑彪曰：爲燕間齊。

〔一九〕吳師道曰：與，平聲。姚本下復有「則」字。祖耿案：鮑本下句「何」上無「則」字。

〔二〇〕鮑彪曰：負，言背。倚床立，未能行也。

〔二一〕鮑彪曰：此屬皆不得，不處與車。

〔二二〕金正煒曰：按「見」當爲「得」。下文「安有爲人臣盡其力，竭其能，而得罪者乎」，正與此語相應。古書「得」作「㝵」，因誤爲「見」。

〔二三〕黄丕烈曰：「官」，鮑本作「宦」。丕烈案：「宦」字是也。

〔二四〕鮑彪曰：躓，跲也。黄丕烈曰：「吾父」，鮑：「父」上補「主」字。吳氏補曰：此宜有「主」字。

〔二五〕祖耿案：「疋」，鮑本作「匹」。

〔二六〕祖耿案：「世」，鮑本作「時」。

〔二七〕吳師道曰：此策説見前蘇秦章。

十五

燕王謂蘇代曰：「寡人甚不喜訑者言也〔一〕！」蘇代對曰：「周埊賤媒，爲其兩譽也〔二〕。之男家曰女美，之女家曰男富〔三〕，然而周之俗不自爲取妻〔四〕。且夫處女無媒，老且不嫁；舍媒而自衒，弊而不售〔五〕。順而無敗，售而不弊者，唯媒而已矣！且事非權不立，非勢不成。夫使人坐受成事者，唯訑者耳！」王曰：「善矣〔六〕！」

〔一〕鮑彪曰：兗州謂欺曰訑。　吳師道曰：訑，徒案反，或作誕。　金正煒曰：按「訑」字説文作「詑」，詑即訑也。廣雅釋言：誕，訑也。玉篇：誕，詭言也。字異義同。　朱起鳳曰：淮南子説山：媒但者，非學謾訑也。「媒但」之説，與蘇代語足以互證。但者，誕也。

〔二〕黃丕烈曰：今本「爲」誤「謂」。　金正煒曰：按「爲」、「謂」字通，不得爲誤。

〔三〕金正煒曰：鮑本「富」作「美」。

〔四〕姚注：「而」，曾作「乎」，劉又改作「而」。

〔五〕鮑彪曰：敝，猶敗，無成事也。　祖耿案：「弊」，鮑本作「敝」，下同。

〔六〕鮑彪曰：彪謂：訑亦君所惡，而實不可廢。古者，使功使過，使智使愚，蓋用人可也，處己則否。

吴師道曰：利誕謾之人以爲用，此不正之論也。使過之道不類，使愚、使貪、使勇，亦謂御得其道耳，非此之謂也。

卷三十　燕二

一

秦召燕王，燕王欲往〔一〕。蘇代約燕王曰〔二〕：『楚得枳而國亡〔三〕，齊得宋而國亡〔四〕，齊、楚不得以有枳、宋事秦者，何也？是則有功者，秦之深讎也〔五〕。秦取天下，非行義也，暴也。秦之行暴於天下，正告楚曰〔六〕：「蜀地之甲，輕舟浮於汶〔七〕，乘夏水而下江〔八〕，五日而至郢；漢中之甲，乘舟出於巴〔九〕，乘夏水而下漢〔一〇〕，四日而至五渚〔一一〕。寡人積甲宛東下隨〔一二〕，知者不及謀〔一三〕，勇者不及怒，寡人如射隼矣〔一四〕！王乃待天下之攻函谷，不亦遠乎？」楚王爲是之故，十七年事秦。秦正告韓曰：「我起乎少曲〔一五〕，一日而斷太行〔一六〕；我起乎宜陽而觸平陽〔一七〕，二日而莫不盡繇〔一八〕；我離兩周而觸鄭，五日而國舉〔一九〕。」韓氏以爲然，故事秦。秦正告魏曰：「我舉安邑，塞女戟，韓氏、太原卷〔二〇〕；我下枳道南陽，封冀包兩周〔二一〕；乘夏水，浮輕舟，强弩在前，銛戈在後〔二二〕，決滎口，魏無大梁〔二三〕；決白馬之口，魏無濟陽；決宿胥之口，魏無虛、頓丘〔二四〕。陸攻則擊河內，水攻則滅大梁。」魏氏以爲然，故事秦〔二五〕。秦欲攻安邑，恐齊救之〔二六〕，則以宋委於齊，曰：「宋王無道，爲木人以寫寡人，射其面〔二七〕，寡人地絶兵遠，不能攻也，王苟能破宋有之，寡人如自得之。」已得安邑，塞女戟，因以破宋爲齊罪〔二八〕。秦欲攻齊〔二九〕，恐天下救之，則以齊委於天下，曰：「齊王四與寡人約，四欺寡人〔三〇〕，必率天下以攻寡人者三〔三一〕。有齊無秦，無齊有秦〔三二〕。必伐之，必亡之〔三三〕。」已得宜陽、少曲，至藺、石〔三四〕，因以破齊爲天下罪。秦欲攻魏，重楚〔三五〕，則以南陽委於楚〔三六〕，曰：「寡人固與韓且絶矣！殘均陵，塞鄳隘〔三七〕，苟利於楚，寡人如自有之。」魏棄與國而合於秦，因以塞鄳隘爲楚罪。兵困於林中〔三八〕，重燕、趙，以膠東委於燕〔三九〕，以濟西委於趙，趙得講於魏〔四〇〕，至公子延因犀首屬行而攻趙〔四一〕，兵傷於離石，遇敗於馬陵〔四二〕。而重魏，則以葉、蔡委於魏〔四三〕，已得講於趙，則刼魏。魏不爲割〔四四〕。困，則使太后、穰侯爲和，嬴則兼欺舅與母〔四五〕。適燕者曰以膠東〔四六〕，適趙者曰以濟西，適魏者曰以葉、蔡，適楚者曰以塞鄳隘〔四七〕，適齊者曰以宋。此必令其言如循環〔四八〕，用兵如刺蜚繡〔四九〕。母不能制，舅不能約〔五〇〕。龍賈之戰〔五一〕，岸門之戰，封陸之戰〔五二〕，高商之戰〔五三〕，趙莊之戰〔五四〕，秦之所殺三晉之民數百萬，今其生者皆死秦之孤也〔五五〕。西河之外，上雒之地，三川晉國之禍，三晉之半〔五六〕，秦禍如此其大〔五七〕。而燕、趙之秦者〔五八〕，皆以争事秦説其主〔五九〕。此臣之所大患〔六〇〕！』燕昭王不行。蘇代復重於燕。燕反約諸侯，從親如蘇秦時〔六一〕，或從或不〔六二〕，而天下由此宗蘇氏之從約。代、厲皆以壽死，名顯諸侯〔六三〕。

〔一〕祖耿案：此章見史記蘇秦列傳，乃此傳最後之一節也。文幾全同。顧觀光附此於赧王三十一年，曰：依史記附此。

〔二〕鮑彪曰：約，猶止。金正煒曰：按漢書高帝紀：初懷王與諸將約。注，約，要也。文帝紀：皇太后固要，上乃止。胡三省通鑑注：要，力止也。

〔三〕鮑彪曰：枳，屬巴郡。亡，皆謂失地。秦昭二十七、八、九年，連拔楚郡。張琦曰：史正義曰：今涪州城，秦枳縣，在江南。程恩澤曰：案漢志，巴郡有枳縣。華陽國志云，陵巴之南鄙，從枳縣入泝涪水，有明月峽、廣德嶼。水經注，江之南岸有枳縣治。華陽記曰：枳縣在江州巴郡東四百里，治涪陵水會，庾仲雍所謂有别江出武陵者也。正義：今涪州城在秦枳縣。元和志，涪州賓化縣（今南川縣）本漢枳縣地，與荆楚界相接。胡三省曰：漢之涪陵，今彭水縣。今之涪陵，乃漢枳縣也。（錢坫謂漢之涪陵，即今涪州，因以漢枳縣在今重慶府城西北一百五十里，非是。）洪亮吉曰：今四川重慶府之涪州及長壽、南川二縣，皆漢枳縣地（其故城在涪州西）。顧觀光曰：枳縣，漢志屬巴郡，在今重慶府城西北一百十五里。黄式三曰：「而」下「國」字衍，或「國」「而」倒。亡者，爲秦奪也。秦奪枳，見赧王二十四年，徐廣以爲指拔郢言，非也。金正煒曰：得枳未詳。楚世家，惠王四十四年，楚滅杞，與秦平。枳，疑即杞之譌。然與「國亡」之文不合，或「吳」壞爲「只」，傳寫成「枳」歟？史記集解引徐廣曰「巴郡有枳縣」，亦非是。祖耿案：史記注，張守節曰：枳，支是反，今涪州城在秦，枳縣在江南。裴駰曰：徐廣曰：「燕昭王三十三年，秦拔楚鄢、西陵。」

〔四〕鮑彪曰：即此（燕昭）二十八年入臨淄，三十二年下七十城。祖耿曰：史記注，張守節曰：年表云，齊湣王三十八年，滅宋。四十年，五國共擊湣王，王走莒。

〔五〕鮑彪曰：言此以見克齊者，秦之所惡也。

〔六〕吳師道曰：姚本，「秦之行暴於天下，正告楚曰」。黃丕烈曰：「於」鮑本無，「天下正」作「正告天下」。丕烈案：史記作「秦之行暴正告天下，告楚曰」，或鮑本依之改耳。金正煒曰：按鬼谷子摩篇：正者，直也。正告謂直告之，不委曲也。祖耿案：史記注，司馬貞曰：正告謂顯然而告天下也。

〔七〕鮑彪曰：汶江水出岷山。吳師道曰：汶，眉貧反，即岷。祖耿案：史記注，司馬貞曰：即江所出之岷山也。

〔八〕鮑彪曰：江夏註，沔水自江別至南郡華容爲夏水。吳師道曰：索隱云，夏音暇，謂夏潦之水盛漲時也。下文「乘夏水」兩出可見。程恩澤曰：案夏水在華容（漢華容縣爲今監利、石首二縣），在今荆州府東，無論岷江遠在上遊，即郢都亦在其西，乃云「乘夏水下江，五日而至郢」，豈不倒置？至云「乘夏水下漢」，尤不可通！夏本漢之尾流，如鮑所云，則漢爲夏之尾流矣！固應以索隱爲是。此條本可不錄，因吳說未暢，故復辨之。

〔九〕張琦曰：史正義曰：巴嶺山在梁州南一百九十里。按亦曰大巴山，在今漢中府西南一百九十里。

祖耿案：「乘」，鮑本作「輕」。史記注，司馬貞曰：巴，水名，與漢水近。張守節曰：巴嶺山在梁州南一百九十里。周地志云：「南渡老子水，登巴嶺山。南回大江。此南是古巴國，因以名山。」

〔一〇〕黄丕烈曰：「而」，鮑本無。吳補：一本「而下」。姚同。丕烈案：史記有。　程恩澤曰：案漢分東西二源。通典：秦州上邽縣嶓冢山，西漢水所出。經嘉陵曰嘉陵江，經閬中曰閬江。漢中金牛縣嶓冢山，禹導漾水東流爲漢水，亦曰沔水。王士正曰：雍大記云：西漢水在西和縣，源出嶓冢山，西流與馬池水合。此乃上邽之嶓冢，在今秦州。又云漢江源出沔縣嶓冢山，東流入全州。此乃金牛之嶓冢，在今寧羌州，禹貢嶓冢導漾是也。漾與沔本爲一流，與隴西之嶓冢無涉。此東西之分也。（華陽國志謂沔出嶓冢，合白水爲西漢，混甚。）策云由巴下漢，當指西漢言。（儲大文曰：西漢水今名鹽官水。胡渭曰：即禹貢梁州之潛也，説見鄭注。）蓋西漢水自西和縣，流逕禮縣、階州成縣，入嘉陵道，曰嘉陵江。又南逕略陽、廣元，合墊江。漢志所云南入廣漢白水也。又南逕蒼溪縣，逕保寧府城西，又東逕南部、蓬州，過順慶府東南，又南逕定遠、合州，東至重慶府城北，入于江。其下流所經，皆故巴地。而巴江出大巴山麓，在今南鄭縣南，故即由漢中浮巴至合州，乃入西漢水，直達洞庭也。（五渚在洞庭）。其必由巴入西漢者，巴近而西漢遠，兵貴速且貴奇也。若是東漢，則由沔縣逕褒城、南鄭、城固、洋縣、西鄉、石泉、紫陽、洵陽、平利、白河入湖北界，即可直抵楚之　陽、襄陽諸府，不必繞道巴江矣。

〔一一〕鮑彪曰：史注，在洞庭。　吳師道曰：今詳本文「下漢而至五渚」，則五渚乃漢水下流。洞庭在江之南，非其地也。　程恩澤曰：案水經注，湘水會資沅微澧四水，同注洞庭，而北會大江，名之五渚。裴駰曰：五渚在洞庭。沅、澧、資、湘四水自南而入荆江，自北而過洞庭，瀦其間，謂之五渚（輿地廣記主此説）。説雖小異，然五渚即在洞庭（言五渚與洞庭相近，非謂洞庭即五渚也），有明徵矣。索隱以五渚爲五處洲渚，載劉伯莊説，謂在宛鄧間、漢水上，固非；吳氏以爲漢水下流，洞庭非其地，亦未是。蓋策所云下漢至五渚者，固仍由漢（此謂西漢水）入江，而後至洞庭也。若必在漢水上下，則西漢經流皆巴蜀故地（説見秦策），與楚何涉？　朱起鳳曰：洞庭亦五湖之一。集解云五渚在洞庭。是則五渚即五湖矣。　祖耿案：史記注，裴駰曰：戰國策曰「秦與荆人戰，大破荆，襲郢，取洞庭、五渚」。然則五渚在洞庭。司馬貞曰：按五渚，五處州渚也。劉氏以爲宛鄧之間，臨漢水，不得在洞庭。或説五渚即五湖，蓋與劉説不同也。祖耿案，説詳秦策一。

〔二〕鮑彪曰：隨，屬南陽。　程恩澤曰：案漢志，南陽郡隨縣故國（又有厲鄉，故厲國也）。杜預曰：今義陽隨縣。括地志，隨州外城，古隨國。地在上蔡縣東北五十里，有楚武王墓（此條疑有誤，上蔡或是上明）。索隱：宛縣之東而下隨邑（洪亮吉曰：古宛城在今荆門州南六十里），今爲湖北德安府隨州。

〔三〕祖耿案：「知」，鮑本作「智」。

〔四〕鮑彪曰：隼，祝鳩，喻易也。　吳師道曰：射隼，見易解卦。正義云，隼，今之鶻也。　祖耿案：史記注，司馬貞曰：按易曰「射隼於高墉之上，獲之無不利」。秦王言，我今伐楚，必當捷獲也。張守節曰：隼若今之鶻。

〔五〕鮑彪曰：少曲，韓地。范雎傳，「伐韓少曲」。　吳師道曰：本文少曲，高平。正義云，相近高平，在懷州河陽縣西北。　徐文靖曰：注云少曲在太行山西南。按山海經，王屋之山，又東北三百里，曰教山，又南三百里，曰景山，北望少澤。襄公二十三年左傳：封少水。杜不注。水經注曰：沁水又逕沁縣故城北，春秋之少水也。京相璠曰：晉地少水今沁水也。是少曲在沁水之曲也。史記范雎傳：雎相秦二年，「東伐韓少曲、高平，拔之」。索隱曰：少曲當與高平相近。與國策注殊爲蒙混，故詳之（管城碩記）。　黄式三曰：少曲，沁水之曲。沁水一名少水，見徐氏碩記。程恩澤曰：案水經注，康溝水又東逕扶溝縣之白亭北，又東逕少曲亭。陳留風俗傳曰：尉氏縣有少曲亭，俗謂少城。似即策文所指，惟其地在河南，距太行尚遠，非一日所能到。索隱云地近宜陽，似較切合，然猶有大河之隔；劉氏以爲在太行西南，最爲允當，但其處究不知所在。錢坫曰：沁水古曰少水（見水經注）。左傳「封少水」是也。少曲者，少水之曲耳，在今懷慶府濟源縣西，正當太行西南，（沁水出沁州沁源縣，由陽城縣流入濟源縣北境，正太行西南也）。其說自可存。顧觀光曰：史記蘇代傳：「秦正告韓曰：我起乎少曲，一日而斷太行」。索隱曰：少曲，地名，近宜陽也（下文又云，「已得宜陽、少曲」）。正義曰：在懷州河陽縣西北。又范雎傳：「秦昭王四十二年，東伐韓少曲、高平，拔之」。索隱曰：劉氏以爲蓋在太行西南。正義曰：少曲當與高平相近。祖耿案：史記注，司馬貞曰：少曲，地名，近宜陽也。張守節曰：在懷州河陽縣西北。當與高平相近。

〔一六〕吳師道曰：正義云，太行山羊腸坂道，北過韓上黨也。

〔一七〕吳師道曰：宜陽見前，平陽即近武遂，韓墳墓所在者。祖耿案：史記注，張守節曰：宜陽、平陽，皆韓大都也，隔河也。

〔一八〕鮑彪曰：「繇」「由」同。吳師道曰：繇，音摇。摇，動也。「我」屬下句。吳曾祺曰：案繇，戍也，言自平陽以東，無不戍守。祖耿案：程恩澤讀「繇我」斷句，非。

〔一九〕司馬貞曰：離，如字，謂屯兵以罹二周也，而乃觸擊於鄭，故五日國舉。舉猶拔也。張守節曰：離，歷也。歷二周而東觸新鄭州，韓國都拔矣！程恩澤曰：鄭原注（見秦策），鄭屬長安。正曰，滎陽新鄭。恩澤案竹書紀年：晉文侯二年，周惠（疑誤）王子多父伐鄶，克之，乃居鄭父之邱，名之曰鄭，是曰桓公。帝王世紀：或言縣故有熊氏之墟，黄帝之所都也，鄭氏徙居之，故曰新鄭（並據水經注）。地理志：河南郡新鄭縣，詩鄭國，後爲韓所滅，韓自平陽徙都之。列國興廢説，鄭在濟西、洛東、河南、潁北四水間。高士奇曰：國語，前莘後河，右洛左濟，惟今鄭州形勢，足以當之。郡國志：州東有莘城，此前莘之説也，若新鄭在鄭州南四十里，莘在後矣！或曰初遷時嘗居此，殆即竹書所云鄭父之邱歟！（竹書本云居鄭父之邱，後遷於溱洧，則新鄭非鄭初都也。）

〔二〇〕鮑彪曰：不通此四處。　吴師道曰：安邑、女戟見前（祖耿案：謂鮑本趙策五國伐秦無功罷於成皋章注）。太原在河東，時屬趙。卷，見魏策（祖耿案：謂蘇子爲趙合從章注）。正義云，卷，猶斷絶，軌免反。太原當爲太行。蓋曰秦舉魏之安邑，塞魏之女戟，則韓氏、太行斷絶也。按趙策「秦舉安邑而塞女戟，韓之太原絶」。正義以「卷」爲「絶」據此。　程恩澤曰：據注則韓氏也，太原也，卷也，皆魏地也。然趙策云：「秦舉安邑而塞女戟，韓之太原絶」，即此篇所云，而「氏」作「之」，「卷」作「絶」，則韓乃韓國，「卷」即「絶」意，俱非地名；太原又韓地，非魏地也，舊注似誤。索隱謂，「太」衍，「原」當作「京」，京及卷，皆屬滎陽，是魏之境。亦誤。　金正煒曰：按趙策：「秦舉安邑，塞女戟，韓氏太原絶」。此策本亦作「絶」，「絶」與「卷」草書相似，因以致誤。又「卷」字通作「綣」，見高誘吕氏春秋本生篇注。此或誤「絶」爲「綣」，復傳寫爲「卷」耳！史記正義釋「卷」爲斷絶，亦本趙策立訓，非「卷」有「絶」義也。　祖耿案：史記注，司馬貞曰：女戟，地名，蓋在太行山之西。劉氏「卷」音軌免反也。按舉安邑，塞女戟，及至韓氏之韓國宜陽也。太原者，魏地不至太原，亦無別名太原者。蓋「太」衍字也，「原」當爲「京」。京及卷，皆屬滎陽，是魏境。又下軹道，是河内軹縣，言「道」者亦衍字。徐廣云：「霸陵有軹道亭」，非魏之境，其疏謬如此！張守節曰：卷，軌免反。劉伯莊云：「太原當爲太行，卷猶斷絶。」

〔二一〕姚注：舊無「我」字，曾有。鮑彪曰：道，道所由也。後志：河東皮氏有冀亭，注引此。　吴師道曰：枳道即河内軹。「軹」「枳」字通。南陽即修武。封，封陵，杜預云，在蒲州。黄丕烈曰：「我」，鮑本無。「道」下復有「道」字。鮑改「枳」爲「軹」。吴氏補曰云云。丕烈案：史記作「我下軹，道南陽」。索隱以爲言「道」者衍字。今詳其文，乃「下枳」句絶，「道」字下屬，復有者誤。　張琦曰：索隱以軹爲在河内。不得既至河内，方至蒲阪、封陵、皮氏冀亭，當如徐廣爲霸陵之軹也。南陽次封、冀上，亦誤，當作「下軹道、封、冀、南陽」。封陵在今蒲州府南五十五里，冀亭在今河津縣東。　程恩澤曰：案竹書紀年：顯王十四年，秦公孫壯帥師城上枳。徐文靖曰：霸陵有枳道，故以河内爲上枳。其説似倒。蓋河内有枳道，故霸陵稱上枳耳，秦視魏爲上。惟此與蘇秦自燕之趙章文略同，説者多以軹爲魏地，今按封、冀與秦近，當以見燕策者屬秦，見趙策者屬魏。其南陽一地，則在燕策者當屬韓，在趙策者當屬魏。正義云從東渭橋歷北道過蒲津攻韓，則南陽危是也。軹在今西安府東。又曰：「封」字舊俱無注，似作封守解，不以爲地名。　然索隱云：封陵、冀邑，皆在魏境。王氏曰：封謂封陵，冀謂冀亭。則封即封陵也。説見下。（晉志：滎陽郡有封縣，　即今之開封，非此封也。）左傳：「冀爲不道」。杜預曰，冀在皮氏縣東北。京相璠曰：古之冀國所都也。顧棟高曰：冀本國名，地并於虞，虞亡歸晉，後爲郤氏邑地，有如賓鄉，即冀缺耨處，　今山西絳州河津縣東北有冀亭。路史：秦之清水縣，故伏羌城、冀戎國，秦漢之冀縣也。此又一地。　祖耿案：鮑本「包」上有「兼」字。史記注，裴駰曰：徐廣曰，「霸陵有軹道亭，河東皮氏有冀亭也」。包兩周，徐廣曰，「張儀曰『下河東，取成皋』也」。司馬貞曰：按魏之南陽，即河内也；封，封陵也；冀，冀邑。皆在魏境。故徐廣云「河東皮氏縣有冀亭」。張守節曰：兩周，王城及鞏。

〔三〕黄丕烈曰：「戈」，鮑本作「戟」。丕烈案：史記作「銛戈」。　黄式三曰：「銛戈」一作「銛戟」。　祖耿案：史記注，裴駰曰：徐廣曰，銛：「由冉反」。張守節曰：劉伯莊云：「音四廉反，利也」。

〔三〕姚注：一作「滎陽之口」。鮑彪曰：滎澤之口。　吳師道曰：索隱曰，滎澤口與今汴河口通，其水深，可以灌大梁。公子無忌亦云然。大事記，灌大梁之策，戰國以來，人皆知之，秦卒用此策。　程恩澤曰：滎口，「滎」舊作「熒」。案水經：濟水又東合滎瀆。注云：瀆水受河水，有石門，謂之滎口石門，蓋故滎播所道自此始。地理通釋云：郡國志，王莽末旱，此渠枯涸，濟水但入河而已，不復截流而南。水經乃依禹貢故道，斯不詳之甚；然在戰國時，正當依水經爲説。今在河南開封府滎澤縣廢河陰縣西二十里。　祖耿案：「榮」，鮑本作「滎」，史記同。

〔四〕鮑彪曰：徐注，紀年曰，魏救山塞集胥口。　吳師道曰：大事記云，水經注，河水舊在白馬縣南，決通濟陽、黄溝。白馬本魏之曹邑，今滑州縣。史作「外黄、濟陽」，大事記作「黄、濟陽」。説又見秦策（祖耿案：謂鮑本秦策説秦王曰物至而反章注）。宿胥、虚、頓丘，並見秦、魏策（祖耿案：謂鮑本魏策楚許魏六城章注）。　張琦曰：魏無黄、濟陽，史作外黄、濟陽。白馬津在今滑縣西，決河而南，即灌外黄、濟陽；宿胥口在今濬縣西南五十里遮害亭東，決河使北，以灌虚、頓邱也。　程恩澤曰：案魏志：建安九年，武帝於清淇口東，因宿胥故瀆開白溝，道清、淇二水入焉。水經注：淇水右合宿胥故瀆，瀆受河於頓邱縣遮害亭東，黎山西北會淇水處，立石堰，遏水令更東北注。通典：淇水東至衛縣界入河，謂之淇水口。通雅：黎陽遮害亭西十八里至淇水口（本漢書溝洫志），即宿胥口也。（據水經注：宿胥口與淇水口，似非一處。又云：濟水次東得宿胥水口，水受大河。此在河南，又一地。）今在衛輝府濬縣西南。　錢穆曰：鮑彪引「徐廣曰：紀年，魏救中山塞宿胥口」。按徐廣引見史記蘇秦列傳，今脱一「中」字。朱氏存真云：「此未詳何年事。趙世家趙武靈二十、二十一、二十三年俱攻中山，當魏襄王之十三、十四、十六年也。」今考吳師道、梁玉繩皆定中山亡在武靈二十五年，正韓、魏、齊、秦敗楚重邱之歲。所謂「齊、魏伐楚而趙亡中山」者是也。其前魏嘗救中山。宿胥口，朱氏謂今衛輝府濬縣西南有宿胥故瀆。魏救中山而塞宿胥，正如齊救邯鄲而圍襄陵矣。陳氏集證疑中山之地與宿胥遼絕，何由魏救中山而塞宿胥口乎？因不信魏有救中山事，其實非也，然則中山固恃魏援，魏亦救中山，良以魏與中山本出一宗故也。（考辨四〇九至四一〇頁）

祖耿案：此句史記作：「決白馬之口，魏無外黃、濟陽；決宿胥之口，魏無虛、頓丘」。注，裴駰曰：徐廣曰，「紀年云：魏救中山塞集胥口」；又曰：「秦始皇五年，取魏酸棗、燕虛、長平」。司馬貞曰：白馬河津在東郡，決其流以灌外黃及濟陽。宿胥之口，按紀年作胥，蓋亦津之名，今其地不知所在也。虛，邑名，地與酸棗相近。張守節曰：故黃城，在曹州考城縣東二十四里。濟陽故城，在曹州冤朐縣西南三十五里。淇水，出衛州淇縣界之淇口，東至黎陽入河。魏志云：武帝於清淇口東，因宿胥故瀆開白溝，道清、淇二水入焉。虛謂殷虛，今相州所理是。頓丘故城，在魏州頓丘縣東北二十里。括地志云：二國地時屬魏。

〔二五〕祖耿案：鮑本「魏」下無「氏」字。

〔二六〕黃丕烈曰：「救」，鮑本作「據」。丕烈案：史記作「救」。

〔二七〕黃丕烈曰：鮑本「寫」作「象」。吳氏補曰：一本作「寫」，蓋古「象」字作「[illegible]」譌也。丕烈案：史記作「寫」，「寫」字是。　金正煒曰：按周髀算經：笠以寫天。注，寫猶象也。越語：王命工以良金寫范蠡之狀，而朝禮之。注，以善金鑄其形狀。「寫」「象」義同。吳以爲譌，非也。史亦作「寫」。

〔二八〕司馬貞曰：秦令齊滅宋，仍以破宋爲齊之罪名。

〔二九〕祖耿案：鮑改「齊」作「韓」，史記作「韓」。

〔三〇〕黃丕烈曰：「王」，鮑本作「人」。吳補：一本「人」作「王」，姚同。丕烈案：史記作「王」。

〔三一〕鮑彪曰：必，言攻之決。

〔三二〕金正煒曰：史作「有齊無秦，有秦無齊」，當據以乙正。

〔三三〕姚注：「伐」，劉作「代」。

〔三四〕姚注：「石」，三本同作「君」。黄丕烈曰：鮑「石」上補「離」字。吳氏補曰：「藺、離石」見前。據文恐有「離」字，姚注云云，詳此當缺。丕烈案：史記「作致藺、石」。　張琦曰：史無「離」字，二邑非韓地，未詳。　程恩澤曰：案鮑本補「離」字，是。舊説皆以「藺石」爲即「藺離石」也。此趙地而韓取之者也。　金正煒曰：按作「君」當是，藺石地不屬韓，且與「至公子延」文同。知當作藺君，蓋韓之質秦者也。鮑本「藺」下補「離」字，誤。

〔三五〕鮑彪曰：恐楚擊其後。　金正煒曰：索隱云，重猶附也，尊也。按增韻，重，輕之對也。重楚謂不敢輕楚耳。史記司馬相如傳：「重煩百姓」。索隱云：重猶難也。釋名釋言語：難，憚也，人所忌憚也。此文亦當訓「難」，「附」「尊」義並不切。　祖耿案：史記注，張守節曰：畏楚救魏。

〔三六〕吳師道曰：鄧之南陽。　祖耿案：史記注，張守節曰：南陽，鄧州地，本韓地也。韓先事秦，今楚取南陽，故言「與韓且絶矣」。

〔三七〕鮑彪曰：均陵，地缺。　吳師道曰：正義云，均州故城在隨州西南，蓋均陵也。黽隘見楚策（祖耿案：謂鮑本楚策莊辛謂楚襄王章注）。　黄丕烈曰：「鄳」，鮑本作「黽」。丕烈案：史記作「鄳」，下同。　張琦曰：南陽本韓地，屬秦舊矣。均陵、黽隘，亦原屬楚，未聞韓曾有之，不可曉也。均陵即今均州。　程恩澤曰：案索隱曰：均陵在南陽，蓋今之均州（漢爲武當縣）。地理通釋：均陵，均州也。蓋道出襄陽，則塞黽隘之險；北有宛洛，則入方城之郊也。今爲湖北襄陽府。均州故麇國地，是時韓地疑不至此，然均州本隸南陽，或嘗得之，未可知也。（輿地廣記：均州故麇國，戰國時韓地。）又曰：「殘均陵，塞黽隘，苟利於楚，寡人如自有之。」恩澤案：「黽隘」與「黽塞」同，據此，益信冥山之即冥阸矣！　顧觀光曰：正義曰，均州故城在隨州西南五十里，蓋均陵也。　祖耿案：史記注，裴駰曰：鄳音盲。徐廣曰，「鄳，江夏鄳縣；均，一作「灼。」司馬貞曰：均陵在南陽，蓋今之均州。黽音盲，縣名，在江夏。張守節曰：均州故城在隨州西南五十里，蓋均陵也。又申州羅山縣本漢鄳縣，申州有平清關，蓋古鄳縣之阨塞。

〔三八〕吳師道曰：林中，見魏策（祖耿案：謂鮑本魏策芒卯謂秦王曰章注）。　祖耿案：史記注，裴駰曰：徐廣曰，「河南苑陵有林鄉」。

〔三九〕鮑彪曰：膠東國。故齊國。項紀注，即墨也。　張琦曰：今膠河以東，登、萊二府也。　程恩澤曰：案地理志：膠東國，領縣八，亦治即墨耳（漢即墨縣在今平度州，非今即墨縣也），非止即墨一縣也。水經注：膠水出黔陬縣膠山（齊記作五弩山），北過夷安縣（今高密縣），至當利縣（今掖縣）西北入海。寰宇記：膠水在膠水縣（今平度州）西八十里。胡三省曰：膠水之東爲膠東國，今萊州之平度、即墨、昌邑，登州之萊陽，皆其地，但此地距燕甚遠，何以委之？蓋古時青州，原跨有遼東、營州之境，是時屬燕，故以此委燕，使越海而有此地。本是虛構之詞，不可爲典要，然意實如此。若由今順天，趨天津，經武定、青州，而至登、萊，路反爲遠隔絶難通矣！　顧觀光曰：膠東乃齊北近燕之地也。史記項羽紀正義曰：在膠之東。水經：膠水出黔陬縣膠山，北過其縣西，又北過夷安縣東，又北過當利縣西北入於海。

〔四〇〕黄丕烈曰：下「趙」，鮑本作「巳」。丕烈案：史記作「趙」。　金正煒曰：按「趙」字承上文而誤，作「巳」是也。　祖耿案：史記作「已」，注，司馬貞曰：講，和也，解也。秦與魏和也。

〔四一〕鮑彪曰：公子延，秦子。　吳師道曰：魏子。　黄丕烈曰：鮑改「至」爲「質」。吳氏補曰：索隱云：當作「質」。「屬行而」三字，鮑本無。吳補：一本「首」下有「屬行而」三字，史、姚同。索隱曰：謂連兵相屬也。行，胡郎反。　金正煒曰：「至」與「致」通。漢書文帝紀：丞若尉致。注，致者，送至也。公孫弘傳：致利除害。注，致謂引而至也。作「至」自通，不煩改字。禮記大學：致知在格物。注，「致」或爲「至」。禮器：有放而不致也。釋文：「致」本作「至」。此與上文「致藺君」義同。鮑、吳並沿索隱之誤。　祖耿案：史記注，司馬貞曰：「至」當爲「質」，謂以公子延爲質也。犀首 公孫衍本魏將，因之以屬軍行。行音胡郎反，謂連兵相屬也。

〔四二〕姚注：曾改「馬陵」作「陽馬」。梁玉繩曰：譙石，陽馬，趙之地名。策作離石、馬陵，疑誤。（志疑卷二十九）。程恩澤曰：案馬陵有五。一在山東濮州東北六十餘里，齊地也（左傳「馬陘」，史作「馬陵」，在益都縣西南，亦齊地）；一在直隸元城縣東南十里，魏地也（詳見前）；一在河南長葛縣北三十里，韓地也（史記：韓懿侯二年，魏敗韓馬陵，即此）；一在山西榆社縣西北九十里，則趙地也（與太原府太谷縣接界）。策所指，應在此。又郡國志：河東郡平陽縣，亦有馬陵（今臨汾縣西南有白馬故城，疑即其處），劉昭引杜注，以爲衛地，今無其文，恐有誤（衛地不得至河東）。　祖耿案：史記作譙石、陽馬。注，司馬貞曰：譙石、陽馬，並趙地名，非縣邑也。

〔四三〕姚注：曾改「葉、蔡」作「南陽」。　吳師道曰：馬陵、葉、蔡並見前。　程恩澤曰：案葉即葉縣，蔡即上蔡縣也。或曰：楚滅蔡，使葉公主之，故稱葉蔡。似亦可備一說。

〔四四〕金正煒曰：按「劫魏」下，史不重「魏」字，此蓋誤複。文以六字爲句。謂前以葉、蔡委於魏，今劫魏而不爲之割也。衍「魏」字即義不可通。

〔四五〕鮑彪曰：贏，謂勝。舅，謂穰侯。　黄丕烈曰：「羸」，鮑本作「贏」。丕烈案：史記作「贏」。　金正煒曰：「羸」當從鮑本作「贏」，史亦作「贏」。索隱云：贏，猶勝也。　祖耿案：「困」，鮑本作「因」。史記「后」下有「弟」字，注，司馬貞曰：舅，穰侯魏冉也；母，太后也。

〔四六〕鮑彪曰：「適」「謫」同。 吳師道曰：「適」，即上所謂因以爲罪者。 祖耿案：史記注，司馬貞曰：適，音宅。適者責也。下同。

〔四七〕黄丕烈曰：「隘」，鮑本作「阨」。丕烈案：史記作「阨」。 程恩澤曰：案此即上文所云「塞黽隘」也，但其字小異耳。

〔四八〕吳師道曰：言其無窮不可致詰也。 黄丕烈曰：「此」，鮑本無。丕烈案：史記有。 祖耿案：史記無「其」字。

〔四九〕姚注：錢本添入「蜚」字。鮑彪曰：蜚，集韻，蟲名。喻易也。 吳師道曰：蜚，匪微反，又上、去二音。一本「刺繡」。姚注云：錢本添入「蜚」字。 黄丕烈曰：今本脱「繡」字，鮑本無，吳補云云。丕烈案：史記作「刺蜚」，此必策文作「繡」，史記作「蜚」，遂兩存也。今本删去「繡」字者誤。

〔五〇〕黄丕烈曰：「制」，鮑本作「知」。吳補：一本「知」作「制」，姚同。丕烈案：史記作「制」。

〔五一〕鮑彪曰：魏襄五年，秦拔我龍賈軍。 吳師道曰：此據世家、年表，在二年。大事記從年表，云魏惠王後二年。 祖耿案：鮑注據裴駰。

〔五二〕鮑彪曰：魏哀十六年，秦敗我封陵。恐岸亭在潁。韓記註，岸門、封陵，亭名。然則封陵亦屬潁川。 吳師道曰：哀當作襄。封陵見封、冀注。岸門之戰，在赧王元年，當韓宣惠王十九年。 黄丕烈曰：「陸」，鮑本作「陵」。丕烈案：史記作「陵」。 程恩澤曰：鮑改「陸」作「陵」，故爲此說。二字古本相通，然原本作「陸」，當存其舊，即封陵亦不屬潁川。 又曰：案「封陵」一作「封谷」，見竹書。又名風陵（亦稱風谷），相傳爲風后冢（寰宇記作女媧墓）。水經注：函谷關（胡三省曰：即今潼關）直北隔河有層阜，巍然獨秀，孤峙河陽，世謂之封陵，戴延之所謂風堆也。唐書地理志：河中府河東縣南有風陵關。 正義：封陵在蒲坂西南，河曲之中。通典：風陵關南岸，與潼關相對，今在山西蒲州府永濟縣南五十五里。舊注非是。顧觀光曰：史記封陵。紀年作封谷。魏世家正義曰：封陵亦在蒲州。秦本紀正義曰：封陵在古蒲阪縣西南，河曲之中。　祖耿案：史記注，裴駰曰：韓宣惠王十九年，秦大破我岸門。魏哀王十六年，秦敗我封陵。

〔五三〕姚注：錢本無此上八字。鮑彪曰：史不書。　程恩澤曰：今無考。　祖耿案：史記注，裴駰曰：此戰事不見。

〔五四〕鮑彪曰：趙肅侯十三年，趙莊與秦戰，死河西。　祖耿案：史記注，裴駰曰：趙肅侯二十二年，趙莊與秦戰敗，秦殺趙莊河西。

〔五五〕吳師道曰：死於秦者之孤。

〔五六〕鮑彪曰：言上三地被禍，居晉國之半。　吳師道曰：西河、上雒，魏地，三川，韓地。言秦已得三晉之半也。

〔五七〕祖耿案：史記「大」下有「也」字。注，司馬貞曰：以言西河之外，上雒之地，及三川晉國，皆是秦與魏戰之處，秦兵禍敗我三晉之半，是秦禍如此其大者乎！

〔五八〕司馬貞曰：燕、趙之人往秦者，謂游說之士也。

〔五九〕姚注：舊本「說」作「識」。黃丕烈曰：吳氏補曰，「之」下恐有缺字。丕烈案：史記文正同，吳氏說未是。　金正煒曰：韓策：楚之齊者，知西不合於秦，必且務以楚合於齊。鮑注，之齊者，與齊善者。此文亦謂善秦者耳，非有脫字也。「以爭」當爲「爭以」，或「爭」即「事」之譌衍。

〔六〇〕祖耿案：史記「患」下有「也」字。

〔六一〕金正煒曰：「反」當爲「乃」字之譌也。　祖耿案：「反」，史記作「使」。

〔六二〕黄丕烈曰：今本「不」作「否」，鮑本作「否」。丕烈案：史記作「不」。

〔六三〕鮑彪曰：代傳有，在伐齊事後。彪謂：秦之所以正告諸侯及其用詐，皆愚弄之也，而諸侯莫省；獨燕昭知之，然亦不久死矣！彪故曰：秦横之成，天幸也。　吳師道曰：文甚明快。

二

蘇代爲奉陽君説燕於趙以伐齊〔一〕，奉陽君不聽，乃入齊惡趙〔二〕，令齊絶於趙。齊已絶於趙，因之燕，謂昭王曰：『韓爲謂臣曰：「人告奉陽君曰：使齊不信趙者，蘇子也。今齊王召蜀子使不伐宋，蘇子也〔三〕。與齊王謀道取秦以謀趙者，蘇子也〔四〕。令齊守趙之質子以甲者，又蘇子也。請告子以請，齊果以守趙之質子以甲〔五〕，吾必守子以甲〔六〕。」其言惡矣！雖然，王勿患也〔七〕！臣故知入齊之有趙累也〔八〕！出爲之以成所欲，臣死而齊大惡於趙，臣猶生也〔九〕！令齊、趙絶，可大紛已〔一〇〕。持臣非張孟談也〔一一〕！使臣也如張孟談也，齊、趙必有爲智伯者矣！

奉陽君告朱讙與趙足曰〔一二〕：「齊王使公王曰命説曰〔一三〕：必不反韓珉；今召之矣〔一四〕！必不任蘇子以事；今封而相之！令不合燕；今以燕爲上交〔一五〕！吾

所恃者順也〔一六〕，今其言變，有甚於其父。順始與蘇子爲讎，見之知無厲〔一七〕。今賢之兩之〔一八〕，已矣！吾無齊矣〔一九〕！」奉陽君之怒甚矣〔二〇〕！如齊王王之不信趙而小人奉陽君也〔二一〕，因是而倍之〔二二〕，不以今時大紛之解而復合，則後不可柰何也！故齊趙之合，苟可循也〔二三〕，死不足以爲臣患；逃不足以爲臣恥〔二四〕；爲諸侯不足以爲臣榮；被髮自漆爲厲，不足以爲臣辱〔二五〕；然而臣有患也，臣死而齊、趙不循惡交分於臣也〔二六〕，而後相效〔二七〕，是臣之患也〔二八〕！若臣死而必相攻也，臣必勉之而求死焉！堯舜之賢而死，禹湯之知而死，孟賁之勇而死，烏獲之力而死〔二九〕。生之物固有不死者乎？在必然之物，以成所欲，王何疑焉〔三〇〕？臣以爲不若逃而去之〔三一〕！臣以韓、魏循自齊而爲之取秦〔三二〕，深結趙以勁之〔三三〕，如是，則近於相攻，臣雖爲之，累燕〔三四〕。奉陽君告朱讙曰〔三五〕：「蘇子怒於燕王之不以吾故〔三六〕，弗予相，又不予卿也〔三七〕，殆無燕矣！」其疑至於此〔三八〕！故臣雖爲之，不累燕。又不欲王〔三九〕。伊尹再逃湯而之桀，再逃桀而之湯，果與鳴條之戰，而以湯爲天子〔四〇〕；伍子胥逃楚而之吳，果與伯舉之戰，而報其父之讎〔四一〕。今臣逃而紛齊、趙，始可著於春秋〔四二〕。且舉大事者孰不逃〔四三〕？桓公之難，管仲逃於魯；陽虎之難，孔子逃於衛〔四四〕；張儀逃於楚〔四五〕；白珪逃於秦〔四六〕；望諸相中山也，使趙，趙劫之求地，望諸攻關而出逃〔四七〕；外孫之難〔四八〕，薛公釋戴逃出於關〔四九〕，三晉稱以爲士〔五〇〕。故舉大事，逃不足以爲辱矣！』卒絶齊於趙，趙合於燕，以攻齊，敗之〔五一〕。

〔一〕鮑彪曰：奉陽君，亦其後襲稱。　吴師道曰：說見趙策（祖耿案：謂鮑本趙策齊將攻宋而秦楚禁之章注）。　黄丕烈曰：鮑改「爲」爲「謂」。　金正煒曰：按此文疑有淆誤，當作「蘇代爲燕說奉陽君於趙以伐齊」。鮑改「爲」作「謂」，亦非。　祖耿案：顧觀光隸此於赧王三十一年。

〔二〕鮑彪曰：代入。

〔三〕鮑彪曰：齊王，閔王。蜀子，齊將。　吴師道曰：蜀子無考。　黄丕烈曰：「令」，鮑本作「令」。「宋」下，鮑本補「者」字。　金正煒曰：按「令」當從鮑本作「令」。呂覽權勳篇：齊使觸子將以迎天下之兵於濟上。貴直篇：此觸子之所以去之也。蜀子即觸子。吴氏以爲無考，誤矣。

〔四〕鮑彪曰：遁，逃去也，言避秦兵。取，言與之合。　吴師道曰：即此策下文所云，「臣以爲不若逃而去之，以韓、魏循自齊而爲之取秦，深結趙以勸之。」　黄丕烈曰：「道」，鮑本作「遁」。　金正煒曰：按「遁」與「循」通，義猶道也。鮑、吴釋遁爲逃，並失其義。

〔五〕鮑彪曰：告子，名不害，代請之使爲已請齊。果者，必欲告子如是。　吴師道曰：無據，妄引。韓爲謂代舉或人告奉陽君之言。請者，或人之請，爲趙言於齊也。　金正煒曰：鮑氏以告子即名不害者，而以「請齊」斷句，吳氏斥其妄，是也，惟亦未能校正。按此舉韓爲告代之言，子即韓之稱代也。宋策「則吾何以告子」，爲義正同。「以請」當讀「以情」。荀子禮論篇「情文俱盡」，史記禮書「情」作「請」。徐廣曰：古「情」字或假借作「請」。列子說符篇：發於此而應於外者唯請。張湛曰：「請」當作「情」。皆可爲此文之證。秦策：請謁事情。高注：謁，告也，情，實也。請告事之情實。此即其義。齊果守趙質以甲，如人所告奉陽君者，則吾亦必守子以甲。此皆代述韓爲之言，故曰其言惡矣！「果以」之「以」，讀與「已」同，或涉上下文而衍也。

〔六〕鮑彪曰：言告子不聽則然。　吳師道曰：謂告子，齊果守趙質子以甲，則吾將守子以甲。

〔七〕鮑彪曰：人所告奉陽之言，於代爲惡；燕王善代，必患之。故代告王以無患，爲其亂齊、趙，所以利燕。

〔八〕鮑彪曰：言趙惡代。

〔九〕鮑彪曰：出者，奮不顧也，言知其有累而奮爲之。欲，謂利燕。　金正煒曰：按荀子王制篇：累多而功少。注，累，憂累也。「出」當是「由」字之誤，「由」與「猶」通。

〔一〇〕鮑彪曰：紛，亂也。　黃丕烈曰：「令」，鮑本作「今」。

〔一一〕鮑彪曰：持，猶使。　吳師道曰：「持」字疑「特」。

〔一二〕鮑彪曰：代稱奉陽之言，然二皆趙人。　祖耿案：姚本奉陽君提行，鮑本合上爲一章。

〔一三〕鮑彪曰：公玉曰，齊人姓名。說，奉陽君名。吳師道曰：一本「公王」。按字書，三畫中近上者，于方反；三畫勻者，虞欲反。隸始加點，以別王字。新序有公玉丹，史有公玉帶，則公玉姓也。此疑有缺誤。「說」即「兑」之訛，說見趙策（祖耿案：謂鮑本趙策齊將攻宋而秦楚禁之章注）。　黃丕烈曰：「王」，鮑本作「玉」。吳氏正曰云云。丕烈案：曰，誤字，此字是其名。　金正煒曰：按新序：齊閔王亡居衛，晝日步走，謂公玉丹曰，我已亡矣！「丹」字古文作「甘」，與「曰」字形相似，故誤「丹」爲「曰」。風俗通作公玉冉，亦「丹」字之譌。

〔一四〕鮑彪曰：言故反前。下類此。

〔一五〕黃丕烈曰：「令」，今本誤「令」，鮑改「令」爲「必」。　金正煒曰：以上文推之，作「必」者當是。

〔一六〕鮑彪曰：公玉父名。　吳師道曰：無考，鮑因下言「有甚於其父」遂云爾。按趙策齊欲攻宋章，以三晉刧秦，使順也甘之。恐即此人。　金正煒曰：按齊策，齊懼，令田章以陽武合於趙，而以順子爲質。高注：順子，齊公子。亦一順也，未知孰是。

〔一七〕吳師道曰：無害也。　黃丕烈曰：鮑改「知」爲「如」。丕烈案：此當有譌。　金正煒曰：方言：厲，合也。廣雅釋詁：厲，合也。「知無厲」，謂知其不合。鮑改「知」爲「如」，無義。

〔一八〕鮑彪曰：兩，謂封與相。　吳師道曰：賢之，以代爲賢；兩之，謂與之並處。　金正煒曰：周禮太宰：以九兩繫邦國之民。注，兩猶耦也。或爲「爾」字之譌。釋名釋典藝：爾，昵也。荀子禮論篇：爾則翫。哀公篇：不可以身爾也。注，「爾」與「邇」同。

〔一九〕鮑彪曰：並述奉陽之言。

〔二〇〕鮑彪曰：此代自言。

〔二一〕鮑彪曰：待之爲小人。　黃丕烈曰：鮑：「衍「王」字」。吳氏補曰：疑衍。　金正煒曰：鮑注「次「王」字衍」，是也。

〔二二〕鮑彪曰：倍，音背，言燕宜然。　吳師道曰：言齊因是倍趙。　金正煒曰：「倍」，疑本作「搆」，缺損爲「偝」，復傳寫作「倍」耳。鮑、吳說並未安。

〔二三〕姚注：「循」，錢一作「脩」。鮑彪曰：循，言順燕。　金正煒曰：按「循」與「遁」通，廣雅釋詁：遁，欺也。又「合」與「搆」義同，詩青蠅：構我二人。箋，合，猶交亂也。文選西京賦：要紹脩態。薛注：脩，爲也。言構齊、趙使之交亂，苟有可爲，死不足患，逃不足恥。

〔二四〕鮑彪曰：代本以二國之合，必不順燕，今乃合而順之，故有死、逃之罪。　吳師道曰：言二國之合，必害於燕，苟順而無害，國之利也。故己之死、逃、榮、辱，皆不足論。　祖耿案：鮑本「恥」上無「臣」字。

〔二五〕吳師道曰：厲，史音賴，見秦策。「死不足以爲臣患」及「堯舜之賢而死」兩節，與秦策范睢説同。

〔二六〕鮑彪曰：燕以二國可因，而代不欲，則三國皆惡代矣。然二國卒不可因，則代之惡，皆有所分。交，猶皆。　金正煒曰：「分」即「紛」之省。上文「不以今時大紛之」，下文「今臣逃而紛齊、趙」，即其義也。廣雅釋詁：紛，亂也。書：帝命驗東南紛紛。注，紛紛，動擾之貌。

〔二七〕鮑彪曰：効，後人見其不可因而効己。　金正煒曰：「後」當爲「復」。趙策：後合與踦重者。韓策：公無辭以後反。「後」字並「復」之誤。與此正同。　祖耿案：「效」，鮑本作「効」。

〔二八〕鮑彪曰：患其後時。　金正煒曰：此言臣死而欲齊、趙循惡交紛，無臣以構之，又使之得復相效，是乃臣之所患耳。言所患不在死也。

〔二九〕祖耿案：「知」，鮑本作「智」。

〔三〇〕鮑彪曰：死者人之必然。　金正煒曰：「在」字疑當作「任」，淮南覽冥篇：余在天下，誰敢害吾意者。今本「在」誤爲「任」。在之誤任，猶任之誤在也。詩烝民：有物有則。傳，物，事也。禮記文王世子：行一物而三善皆得者。注，物，猶事也。

〔三一〕鮑彪曰：詐以罪逃去。　黄丕烈曰：「爲」，鮑本無。吳補：一本此有「爲」字。　金正煒曰：按「臣以爲不若逃而去之」句，乃代策之主旨，下乃反覆以申明之。篇末云：「故舉大事，逃不足以爲辱」，正與此文相應。

〔三二〕姚注：「自」一作「日」。鮑彪曰：循自齊，言逃燕則自韓、魏順行至齊。爲之取秦，言勁齊以怒趙。金正煒曰：左傳：能左右之曰以。「循」與「遁」通。廣雅釋詁：遁，去也。「自」即「循」之壞衍，作「日」者，又「自」之再誤。

〔三三〕鮑彪曰：此勁趙以怒齊也。結，亦以韓、魏、趙自燕結之。勸，猶厚。　黄丕烈曰：「勁」，鮑本作「勸」。　金正煒曰：臣以韓、魏循齊取秦結趙以勁之，言齊、趙雖交紛，趙猶難與秦戰也，故復以韓、魏遁齊。韓、魏去齊，復爲之取秦而使深結於趙，則齊孤而趙勁矣！

〔三四〕吳師道曰：「臣雖爲之累燕」，下文引奉陽君之言而釋之曰，臣雖爲之不累燕。　黄丕烈曰：「攻」下，鮑本有「也」字，鮑「累」上補「不」字。　金正煒曰：惟如是，則近於搆之相攻，齊、趙或覺而仇燕。假令如是爲之將爲燕之累也。禮記少儀：雖請退可也。疏，雖，假令也。此言如是疑於累燕，後文乃明其不累之故，辭旨自明。鮑補「不」字，轉失本義。

〔三五〕鮑彪曰：亦代稱之。

〔三六〕鮑彪曰：以，用也。吾，指奉陽。　金正煒曰：「不以」，當省「不」字。

〔三七〕鮑彪曰：子，謂讙。　吳師道曰：子，謂代。一本「不予相，又不予卿也」。予，亦爲蘇子自予也。　黄丕烈曰：上「予」字，鮑本作「子」。　金正煒曰：鮑本「予」作「子」，誤。

〔三八〕鮑彪曰：燕王善代，而奉陽謂其怒燕者，疑也。

〔三九〕鮑彪曰：疑代怒燕，故代雖爲燕紛二國，二國不怨燕也。欲，猶須也。言其自相攻，不須燕。　金正煒曰：「雖」字與上同義，猶假令也。「欲王」當作「辱王」，音近而誤。廣雅釋詁：辱，汚也。國語晉語：辱之近行。注，辱謂被以不義。蘇子以逃去燕，故所爲不及於王也。按此節承上而言，既曰「爲之累燕」，而猶欲爲之者，以奉陽君疑代已失燕重，故雖爲之不累燕也。李兑甚不取於蘇子，因疑燕之不予代以卿相，以兑之故。

〔四〇〕姚注：舊無「再逃湯而之桀」六字。黄丕烈曰：「再逃湯而之桀」六字鮑本無。吴補：一本有，姚同。張琦曰：今安邑縣北三十里有鳴條崗，即湯與桀戰處。　程恩澤曰：案李琳云，鳴條有二：在陳留平邱者，東鳴條也；在蒲州安邑者，西鳴條也。此當主安邑言。郡國志河東郡安邑下引帝王世紀曰，縣西有鳴條陌，湯伐桀戰昆吾亭。左傳：昆吾與桀同日亡（今左傳無此文）。括地志：高堠原在安邑縣北，其南阪口即古鳴條陌，岡之北與夏縣接界，或云舜所葬也。尚書大傳：伊尹相湯伐桀，戰于鳴條。即此。顧棟高曰：安邑縣東南有中條山，縣北三十里（或作十五里），有鳴條岡，春秋時爲晉條邑。又曰：案伊尹蓋以伊水得姓。相傳有莘氏女採桑伊川，得嬰兒於伊水之上，遂爲伊尹。其説本不足信，姑錄於此。　金正煒曰：呂覽忠廉篇：果伏劍而死。注，果，終也。

〔四一〕黄丕烈曰：鮑改「伯」爲「柏」，吴氏正曰：古字通。古今人表柏虎、柏益、柏樂之類。　祖耿案：柏舉見楚策一末章。

〔四二〕金正煒曰：漢書叙傳：垂策書於春秋。注，春秋，史書記事之總稱。

〔四三〕祖耿案：「者」字鮑本無。

〔四四〕鮑彪曰：定八年，陽虎作難，十四年，孔子乃適衛，不如此所云。　黄丕烈曰：今本「虎」誤「貨」。

〔四五〕鮑彪曰：傳不書。　吴師道曰：即儀至楚之事。

〔四六〕鮑彪曰：未詳。　金正煒曰：按史記鄒陽傳注引張晏曰，白圭，中山將，亡六城，君欲殺之，亡入魏，厚遇之，還拔中山。疑即其事。「秦」字蓋誤。　祖耿案：「珪」，鮑本作「圭」。

〔四七〕鮑彪曰：此與樂毅同號。　黄丕烈曰：「逃」，鮑本無。　程恩澤曰：案據注，望諸即藍諸也。然此等處，不可臆斷，當從闕疑。

〔四八〕鮑彪曰：未詳。

〔四九〕鮑彪曰：釋載，不乘車也。齊湣王二十五年，田文入秦，秦因欲殺之，因秦幸姬得出，馳去，變姓名出關。　黄丕烈曰：「戴」，鮑本作「載」。

〔五〇〕鮑彪曰：太史公曰：好客自喜。　黄丕烈曰：鮑「士」上補「好」字。吳氏補曰：「士」上恐有缺字。丕烈案：此無缺字，吳説非。　金正煒曰：按鮑、吳皆失其義。論語顔淵篇：子張問士。皇疏，士，通謂丈夫也。荀子哀公篇：如此則可謂士矣。注，士者，修立之名也。後漢書仲長統傳：以才智用者，謂之士。

〔五一〕吳師道曰：此策，文多未詳，注多未安。

三

蘇代爲燕説齊〔一〕，未見齊王〔二〕，先説淳于髡曰〔三〕：『人有賣駿馬者，比三旦立市，人莫之知〔四〕，往見伯樂，曰：「臣有駿馬，欲賣之，比三旦立於市，人莫與言〔五〕。願子還而視之，去而顧之〔六〕，臣請獻一朝之賈〔七〕。」伯樂乃還而視之，去而顧之，一旦而馬價十倍。今臣欲以駿馬見於王〔八〕，莫爲臣先後者〔九〕。足下有意爲臣伯樂乎？臣請獻白璧一雙，黃金千鎰，以爲馬食〔一〇〕。』淳于髡曰：『謹聞命矣。』入言之王而見之，齊王大說蘇子〔一一〕。

〔一〕祖耿案：顧觀光隸此於愼靚王二年。

〔二〕鮑彪曰：齊王，閔王。

〔三〕祖耿案：御覽八百九十六引春秋後語作「蘇代欲見齊王，齊王怨蘇秦，欲困蘇代，不肯見代。代乃說淳于髡曰」。

〔四〕鮑彪曰：比，猶連。　黃式三曰：比，並連也。　祖耿案：御覽八百九十六引春秋後語，「立」下有「於」字。後漢書隗囂傳李賢注引，「市」下復有「市」字。

〔五〕祖耿案：後漢書隗囂傳李賢注引，「市」下復有「市」字。

〔六〕鮑彪曰：顧，反視。　吳師道曰：「還」，當音旋，義同。　祖耿案：鮑本無「願」字。

〔七〕黃丕烈曰：鮑改「賈」爲「賚」。吳氏補曰：疑「賣」字。　祖耿案：文選廣絶交論李注引「賈」作「費」。御覽八百九十六引春秋後語、後漢書隗囂傳李賢注引，並作「價」。

〔八〕鮑彪曰：馬，自諭也。　黃丕烈曰：「臣」下，鮑本有「之」字，鮑衍「之」字。吳補：一本無，姚同。

〔九〕鮑彪曰：爲之助也。　金正煒曰：按毛詩傳：相導前後曰先後。周禮士師：以五戒先後刑罰。注，先後猶左右也。又或「後」字爲衍。漢書酈食其傳：此真吾所願從游莫爲我先。注，先，謂紹介也。

〔一〇〕鮑彪曰：自喻爲馬，則此所獻馬之食也。　吳師道曰：獻此以爲馬之食。　王念孫曰：秦策言白璧百雙、黃金萬溢。此獻白璧一雙，黃金不得有千溢之多，且與馬食之意不合。太平御覽獸部引此「千」作「十」，於義爲長。　黃式三曰：爲馬食，猶云致馬資。　金正煒曰：按韓非內儲說：公子甚貧，馬甚瘦，王何不益之馬食？禮記少儀：致馬資於有司。此即其義。

〔一二〕祖耿案：「入」上，鮑本有「乃」字。

四

蘇代自齊使人謂燕昭王曰〔一〕：『臣聞離齊、趙〔二〕，齊、趙已孤矣。王何不出兵以攻齊，臣請爲王弱之。』燕乃伐齊，攻晉〔三〕。令人謂閔王曰〔四〕：『燕之攻齊也，欲以復振古地也〔五〕。燕兵在晉而不進，則是兵弱而計疑也。王何不令蘇子將而應燕乎？夫以蘇子之賢，將而應弱燕，燕破必矣！燕破，則趙不敢不聽，是王破燕而服趙也！』閔王曰：『善。』乃謂蘇子曰：『燕兵在晉，今寡人發兵應之，願子爲寡人爲之將。』對曰：『臣之於兵，何足以當之？王其改舉〔六〕！王使臣也，是敗王之兵，而以臣遺燕也！戰不勝，不可振也〔七〕！』王曰：『行！寡人知子矣！』蘇子遂將，而與燕人戰於晉下〔八〕，齊軍敗，燕得甲首二萬人。蘇子收其餘兵以守陽城〔九〕，而報於閔王曰：『王過舉，令臣應燕，今軍敗，亡二萬人。臣有斧質之罪，請自歸於吏以戮。』閔王曰：『此寡人之過也！子無以爲罪！』明日，又使燕攻陽城及狸〔一〇〕，又使人謂閔王曰：『日者齊不勝於晉下，此非兵之過，齊不幸，而燕有天幸也〔一一〕。今燕又攻陽城及狸，是以天幸自爲功也！王復使蘇子應之，蘇子先敗王之兵，其後必務以勝報王矣！』王曰：『善。』乃復使蘇子，蘇子固辭，王不聽，遂將以與燕戰於陽城〔一二〕。燕人大勝，得首三萬。齊君臣不親，百姓離心，燕因使樂毅大起兵伐齊，破之〔一三〕。

〔一〕祖耿案：顧觀光隸此於赧王三十一年。

〔二〕鮑彪曰：間，猶頃也。吳師道曰：間，去聲，致隙曰間。間，隔也。黄丕烈曰：鮑改「聞」作「間」。

〔三〕鮑彪曰：疑兵也，實合魏而陽攻以疑齊。吳師道曰：晉，地名。下文云「晉下」可見。程恩澤曰：案吳説是也，但其地無考，或是陽晉，然不敢質也。（今直隸晉州與貍、陽城相近，或其地。）金正煒曰：案下云，燕兵在晉而不進。知此「攻」字當是「次」之譌。公羊莊三年經：公次於郎。注：次者，兵舍止之名。左氏莊三年傳：凡師一宿爲舍，再宿爲信，過信爲次。穀梁僖元年傳：言次非救也。注，次，止也。漢書淮南王長傳：野戰次城。「攻」之誤「次」，亦猶「次」之誤「攻」。

〔四〕鮑彪曰：「令」，代令之。

〔五〕鮑彪曰：振，舉也。蓋欲復王噲所失。黄丕烈曰：「古」，鮑本作「故」。金正煒曰：按禮記中庸：振河海而不洩。注，振猶收也。文選上林賦：振溪通谷。注引張揖曰，振，收也。「古」即「故」之省。爾雅釋詁：

古，故也。説文：古，故也。漢書西域傳：故服匈奴。注，故謂舊時也。

〔六〕鮑彪曰：別用他將。

〔七〕鮑彪曰：振，救也。　黄式三曰：振，收也。

〔八〕鮑彪曰：晉之下地也。　程恩澤曰：晉下，猶稷下、歷下之謂，非「晉之下地」也。　金正煒曰：按下地謂東地，近齊之地也。左氏襄十六年傳：警守而下。注，順河東行故曰下。國語晉語：公以二軍下次於陽樊。注，東行曰下。

〔九〕黄丕烈曰：「收」，鮑本作「以」。　金正煒曰：按鮑本「以」，乃「引」之譌也，廣韻「引」作「弘」，隸書「以」字或作「㕥」，與「引」相似而誤。韓非外儲説：左右引王之説之。俞樾曰：「引」當作「以」。與此正可互證。素問五常政大論：是謂收引。注，引，歛也。「引」與「收」，文異而義同也。

〔一〇〕鮑彪曰：燕地也，趙悼襄九年，攻燕，取貍、陽城。　吳師道曰：據此策，則燕取之於齊者也。大事記引正義云，「燕無貍陽，疑字誤，當作漁陽」。按此文兩云陽城及貍，則正義説亦未可據。　程恩澤曰：案郡國志：中山國蒲陰縣有陽城。水經注：博水又東逕陽城縣，散爲澤渚，方廣數里，世謂之陽城淀。陽城縣故城近在西北，故陂得其名焉。郡國志曰：蒲陰縣有陽城者也，今城在縣東南三十里（並見滱水篇），今在保定府完縣東南，疑即其地（此與燕之曲逆似一地）。又趙世家：趙攻燕貍、陽城，即此地。蓋燕先取之於齊，而趙又取之於燕也。正義不知是兩地，而以爲「漁陽」，固謬。胡三省通鑑注謂貍即陽城，亦未合。惟云其地當在齊、燕境上，則頗可採。水經注：鄚縣（今任邱地）東南隅，水有狐貍淀，俗謂之堀鯉淀，非也。（洪亮吉曰：堀鯉淀在今任邱縣北，狐貍淀在任邱縣西北。）淀中有蒲柳，多葭葦。寰宇記：狐貍淀在任邱縣西北二十里。任邱宋屬鄚州，七國時爲燕、齊二國之境，未知貍即此否？　金正煒曰：按左氏昭十二年傳：齊高偃帥師納北燕伯於陽。杜注：陽，即唐，燕別邑。或即此文陽城。韓非飾邪篇：趙又嘗鑿龜數筴，而北伐燕，至陽城，秦拔鄴矣。是燕故有陽城，後入於齊耳。正義誤斷「狸陽」爲句，吳氏謂燕取之齊，並非也。

〔一一〕姚注：有，曾作有。

〔一二〕祖耿案：鮑本「將」下無「以」字。

〔一三〕鮑彪曰：彪謂蘇代之於燕、齊，皆嘗隙而復善，其情禮均也。而獨爲燕圖齊之深，何哉？昭王賢也！雖然，糜爛人之民人，以行其說，而奉其所賢，仁者不爲也。獨不念嘗委質於齊乎？　吳師道曰：蘇代傾詐不義一至於此。其罪浮於張儀矣！　錢穆曰：據此，是蘇代又爲昭王反間，先破齊兵也。蘇代非夙以知兵名，何以及其耄老，湣王必使之將，雖敗而不悔？且爲燕謀合從擯秦者，蘇代；爲燕仕齊爲反間者，亦蘇代。蘇秦之事，蘇代又一一重演之何也？故知策士言蘇秦、蘇代，離奇荒怪，變化無方，而按實則多歧，頗難信。（考辨二七五至二七六頁）

五

蘇代自齊獻書於燕王曰〔一〕：『臣之行也，固知將有口事〔二〕，故獻御書而行〔三〕，曰：「臣貴於齊，燕大夫將不信臣；臣賤，將輕臣；臣用，將多望於臣〔四〕；齊有不善，將歸罪於臣〔五〕；天下不攻齊，將曰善爲齊謀；天下攻齊，將與齊兼鄮臣〔六〕。臣之所重處，重卵也〔七〕！」王謂臣曰：「吾必不聽衆口與讒言！吾信汝也，猶剗刈者也〔八〕！上可以得用於齊，次可以得信於下，苟無死，女無不爲也。以女自信可也〔九〕。與之言曰：去燕之齊可也！期於成事而已〔一〇〕！」臣受令以任齊，及五年〔一一〕，齊數出兵，未嘗謀燕。齊、趙之交，一合一離。燕王不與齊謀趙〔一二〕，則與趙謀齊〔一三〕。齊之信燕也，至於虛北埊行其兵〔一四〕。今王信田伐與參、去疾之言〔一五〕，且攻齊，使齊犬馬駿而不言燕〔一六〕。今王又使慶令臣曰〔一七〕：「吾欲用所善！」王苟欲用之，則臣請爲王事之〔一八〕。王欲醳臣，剸任所善〔一九〕，則臣請歸醳事。臣苟得見，則盈願〔二〇〕。」

〔一〕祖耿案：此章凡二百七十三字，馬王堆漢墓帛書第四章內容，與此相同，而文字前後次序則異，全文八百四十六字，事詳於此，備見注末。又案：顧觀光隸此於赧王三十一年。

〔二〕鮑彪曰：言人譖之。金正煒曰：按「口事」疑是「口實」，一聲之譌。國語楚語：使無以寡君爲口實。注，口實，毀弄也。

〔三〕鮑彪曰：獻侍御者以書。金正煒曰：御，猶奏也。左氏哀三年傳：「命周人出御書，俟於宮。」注，御書，進於君者也。

〔四〕鮑彪曰：望，猶責。

〔五〕鮑彪曰：不善，謂惡燕。

〔六〕鮑彪曰：貿，猶賣。黃丕烈曰：鮑改「鄮」爲「貿」。吳氏補曰：「貿」當作「貿」，互易也，字增「邑」，譌。金正煒曰：按「鄧」字無義。鮑本去「邑」作「貿」，注「貿猶賣」。顧「貿」字未有訓爲「賣」者，疑當作「買」。說文「貿」作「𧶠」，長箋以爲當作「買」，與「賈」字形相似，因以致誤。周書命訓篇：極賞則買其上。注：買，賣。

〔七〕鮑彪曰：重，猶難也，留，謂處於齊爲難。黄丕烈曰：「卵」，鮑本作「卯」，鮑改「卯」爲「留」。吳氏正曰：一本「卯」作「卵」，姚同。據此，則「重」當平聲。重卵猶言累卵，謂已處危也。上文恐多「重」字。金正煒曰：上「重」字衍，吳校是也。重卵猶累卵。秦策：君危於累卵而不壽於朝生。漢書鄒陽傳：臣恐長君危於絫卵。注，絫卵者，言其將隤而破碎也。中山靖王傳注：絫，古累字，重也。

〔八〕鮑彪曰：言無可疑。吳師道曰：「列眉」未詳。一本「猶劙刈者也」。姚同。龍龕手鑑，「刈」，古「劙」字。愚謂即刈字也。「劙刈」者，斬斷果決之意。黄丕烈曰：「劙刈者」三字，鮑本作「列眉」，吳補云云。金正煒曰：按「劙」「刈」二字，並即「列」之誤而複也；「者」亦「眉」字形似而譌。言吾信汝，朗若列眉之易察也。

〔九〕鮑彪曰：以，猶由。金正煒曰：左氏莊二十八年經注：國都爲上，邑爲下。上言齊，謂其都，猶言齊之王也；次言下，謂其邑，猶言齊之卿大夫也。又或「齊」即「王」字之譌，「王」誤爲「立」。後人以劉向有言：「齊」多脫損爲「立」，因改「立」爲「齊」，而本義遂晦。禮記中庸「下焉者」注：下，謂臣也。「王」與「下」亦相對爲文。「得用」、「得信」，疑當作「見用」、「見信」。韓非外儲說：造父方耨，得有子父乘車過者。「得」亦「見」字之譌，正與此同。

〔一〇〕鮑彪曰：王與之。黄丕烈曰：「期」，鮑本作「其」，鮑改「其」爲「期」。吳氏補曰：當作「期」，字通借。金正煒曰：之，謂齊人，王许代詭辭以對齊，故曰「可也」。自「吾必不聽衆口與讒言」，以至「期於成事而已」，皆燕王謂代之言。鮑注並誤。

〔一一〕鮑彪曰：得任於齊。　吳師道曰：以齊爲任。　金正煒曰：按周禮大司馬：以任邦國。注，任猶事也。或爲「仕」之謁。廣雅釋詁：及，至也。謂至於五年之久也。

〔一二〕黄丕烈曰：「不」，鮑本無。鮑衍「王」字。吳補：一本「不與齊謀趙，則與趙謀齊」，疑「王」即「不字」之訛。

〔一三〕鮑彪曰：燕與齊謀趙，實欲離齊於趙；代因與趙謀齊，以成燕之謀。　吳師道曰：見上。

〔一四〕鮑彪曰：虚，言不設備。齊北近燕。行其兵，以北兵伐他國。

〔一五〕鮑彪曰：三人讒代者。

〔一六〕鮑彪曰：且，辭也。犬馬，言已賤齊如之，又不泄燕之謀。　黄丕烈曰：「⿰馬戔」，鮑本無。吳氏補曰：一本「犬馬⿰馬戔」，姚同。字書無「⿰馬戔」字，恐即「賤」。　金正煒曰：按且，將也。「犬馬」疑是「大焉」之謁，「大」與「泰」通。周禮縫人注引杜子春云：「馬」當爲「焉」。正與此同。「泰焉」者，言不以燕爲慮也。王信田伐與參、去疾之言，且將伐齊，而代在齊能使之泰焉議不及燕。皆自述其任齊之效。吳氏云字書無「⿰馬戔」字，恐即「賤」。其説亦本鮑注。今按「⿰馬戔」，或「淺焉」二字誤併爲一。荀子哀公篇：百姓淺然，不識其隣。淺焉猶淺然也。秦策：而使天下之士不敢言。高注，言，議。吕覽議賞篇：文公用咎犯之言。注，言，謀也。

〔一七〕鮑彪曰：慶，燕臣名。

〔一八〕黄丕烈曰：鮑本作「王苟欲用所善，王欲用之，則臣請爲王事之」。吳補：姚本「王苟欲用之」，無中間五字，文義爲勝。

〔一九〕鮑彪曰：「醳」「釋」同，見鄒忌説琴。　吳師道曰：魏世家，如耳云「以秦醳衛」。張儀傳「醳之」。索隱云，古「釋」字。　黄丕烈曰：鮑改「剸」爲「專」。吴氏補曰：「專」字譌。丕烈案：「剸」「專」同字，猶「醳」「釋」同字也。

〔三〇〕鮑彪曰：彪謂爲人間者，均有此六患，非燕昭之明，代其危哉！功成矣，猶不能爲此尾，況他人乎？代之謀齊，亦異乎豫讓之於趙矣！彼哉彼哉！　吴師道曰：此策蓋代在齊，或有疑之於王者，故代以書自白，文多未詳。燕昭即位，志復齊讎，非一日矣！樂毅以趙亂適衛至燕，在十七年之後，又十年，始合五國以破齊。方其患齊之强，志未遑也。蘇代之徒，爲之間齊，離趙之交，激秦之怒，勸之以伐宋，驕其兵而罷其師，齊卒以亡，代有力焉。而世不數，何也？蓋毅之爲燕約結，信義服人，卒用此以勝，何假乎代之爲哉！代之傾詐反覆，效用於燕，亦昭王之賢明有以御之，非倚以成功也。　祖耿案：馬王堆漢墓帛書第四章云：「自齊獻書于燕王曰：燕、齊之惡也久矣！臣處于燕、齊之交，固知必將不信。臣之計曰：齊必爲燕大患。臣循用於齊，大者可以使齊毋謀燕；次可以惡齊勺之交，以便王之大事：是王之所與臣期也。臣受教任齊交五年，齊兵數出，未嘗謀燕。齊勺之交，壹美壹惡，壹合壹離，燕非與齊謀勺，則與趙謀齊。齊之信燕，□□□北地□其甲，王信田代、繰去□之言功齊，使齊大戒而不信燕。臣秦拜辭事，王怒而不敢强。勺疑燕而不功齊，王使襄安君東，以便事也，臣豈敢强王戈。齊勺遇于阿，王憂之。臣與于遇，約功秦去帝，雖費，毋齊趙之患，除群臣之聭。齊殺張庢，臣請屬事辭爲臣于齊。王使慶謂臣：「不之齊危國。」臣以死之圍，治齊燕之交。后，薛公、乾徐爲與王約功齊，奉陽君鬻臣，歸罪于燕以定其封于齊。公玉丹之勺致蒙，奉陽君受之。王憂之，故强臣之齊。臣之齊，惡齊勺之交，使毋予蒙而通宋使。故王能材之，臣以死任事。之后，秦受兵矣，齊勺皆嘗謀，齊勺未嘗謀燕，而俱諍王於天下。臣雖無大功，自以爲免于罪矣。今齊有過辭，王不諭齊王多不忠也，而以爲臣罪，臣甚懼。庢之死也，王辱之。襄安君之不歸哭也，王苦之。齊改葬其後而召臣，臣欲毋往，使齊棄臣。王曰：「齊王之多不忠也，殺妻逐子，不以其罪，何可怨也。」故强臣之齊，二者大物也。而王以赦臣，臣受賜矣。臣之行也，固知必將有口，故獻御書而行。曰：「臣貴于齊，燕大夫將不信臣。臣賤，將輕臣。臣用，將多望于臣。齊有不善，將歸罪于臣。天下不功齊，將曰：善爲齊謀；天下功齊，將與齊兼棄臣。臣之所處者重卵也。」王謂臣曰：「魚必不聽衆口與造言，魚信若猶齕也！大，可以得用于齊；次，可以得信；下，苟毋死。若無不爲也。以奴自信，可；與言去燕之齊，可；甚者，與謀燕，可。期于成事而已。」臣恃之詔，是故無不以口齊王而得用焉。今王以衆口與造言罪臣，臣甚懼。王之于臣也，賤而貴之，蓐而顯之，臣未有以報王。以求卿與封，不中意，王爲臣有之兩，臣舉天下使臣之封不塹。臣止于勺，王謂韓徐：「止某不道，遒免寡人之冠也。」以振臣之死。臣之德王，罙于骨隨，臣甘死、蓐，可以報王，願爲之。今王使慶令臣曰：「魚欲用所善。」王苟有所善而欲用之，臣請爲王事之。王若欲剸舍臣而槫任所善，臣請歸擇事。句得時見，盈願矣。」

六

陳翠合齊、燕〔一〕，將令燕王之弟爲質於齊〔二〕，燕王許諾，太后聞之，大怒，曰：『陳公不能爲人之國，亦則已矣〔三〕！焉有離人子母者？老婦欲得志焉〔四〕！』陳翠欲見太后，王曰：『太后方怒子，子其待之。』陳翠曰：『無害也。』遂入見太后，曰：『何臞也〔五〕？』太后曰：『賴得先王鴈鶩之餘食，不宜臞〔六〕。臞者，憂公子之且爲質於齊也。』陳翠曰：『人主之愛子也，不如布衣之甚也！非徒不愛子也，又不愛丈夫子獨甚！』太后曰：『何也？』對曰：『太后嫁女諸侯，奉以千金，齎地百里，以爲人之終也〔七〕。今王願封公子，百官持職，群臣效忠〔八〕，曰：「公子無功不當封。」今王之以公子爲質也，且以爲公子功而封之也〔九〕。太后弗聽〔一〇〕。臣是以知人主之不愛丈夫子獨甚也。且太后與王幸而在，故公子貴。太后千秋之後，王棄國家，而太子即位，公子賤於布衣。故非及太后與王封公子，則公子終身不封矣！』太后曰：『老婦不知長者之計！』乃命公子束車制衣爲行具〔一一〕。

〔一〕祖耿案：顧觀光隸此於慎靚王二年。

〔二〕鮑彪曰：代傳，説王噲已，乃使一子質齊。　吳師道曰：鮑因此指爲王噲事，然史云一子質齊，而此云燕王之弟，則不合矣！其時未可定。

〔三〕黄丕烈曰：『亦則』，鮑本作『則亦』。　金正煒曰：按廣雅釋言：則，即也。作『亦則』義勝。

〔四〕鮑彪曰：以殺辱之爲快。

〔五〕鮑彪曰：臞，少肉。

〔六〕黄丕烈曰：今本『王』誤『生』。『臞』下，鮑本有『者』字。

〔七〕鮑彪曰：嫁則女之事畢矣，封亦公子之終也。　俞正燮曰：越國鄙遠，春秋戰國時最多。齊有廩邱，鄭有州有祊，郕戌過魯，魯田在許，杞田在成，晉有范有戚，又有烏餘之邑。即大夫亦有之，晉有欒氏州邑，范、趙、韓皆欲之。齊以宋地封秦涇陽君，趙以靈邱封楚春申君，魯桃在今泗水，萊柞在今萊蕪，而以萊柞爲桃山。燕策云：太后嫁女於諸侯，奉以千金，齎地百里。皆鄙遠之證。鄭語，虢鄶十邑，皆有寄地。亦内外傳相應。

〔八〕鮑彪曰：持，猶守也。封無功者，爭之職也。　祖耿案：「效」，鮑本作「劾」。

〔九〕黄丕烈曰：「而封之」三字鮑本無。吳補：一本「而封之也」，姚同。

〔一〇〕黄丕烈曰：「太」上，鮑本有「而」字。

〔一一〕吳師道曰：此與觸讋諫趙威后同。戰國所載事多如此，然觸讋言尤婉切，所以人多稱之。　金正煒曰：鮑本「束」作「乘」。按趙策「於是爲長安君約車百乘，質於齊」。束，猶約也。淮南道應篇「墨者有田鳩者，欲見秦惠王，約車申轅」。注，申，束也。墨子魯問篇「遂爲公尚過束車五十乘，以迎子墨子於魯」。俗書「乘」作「乗」，與「束」近似而誤。

七

燕昭王且與天下伐齊〔一〕，而有齊人仕於燕者，昭王召而謂之曰：『寡人且與天下伐齊，旦暮出令矣，子必爭之，爭之而不聽，子因去而之齊。寡人有時復合和也〔二〕，且以因子而事齊。』當此之時也，燕、齊不兩立，然而常獨欲有復收之之志若此也〔三〕。

〔一〕祖耿案：顧觀光隸此於赧王三十一年。

〔二〕鮑彪曰：預言不勝與齊合。黄丕烈曰：「和也」二字鮑本無。吴補一本「復合和也」。姚同。金正煒曰：按秦策：以陽武合於趙。高注，合，和也。吕覽有始篇：夫物合而成。注，合，和也。此文「和也」，疑是「合」之舊注，傳寫誤爲正文。

〔三〕鮑彪曰：收，猶合。不兩立，則不可復合，而不能無合之之志。彪謂此少年狡獪之行，小人患失之類，而燕昭爲之，此其所以不王也。吴師道曰：「當此」以下，紀述者之辭。金正煒曰：按「獨」字當是「猶」字之譌。

八

燕饑，趙將伐之〔一〕。楚使將軍之燕，過魏〔二〕，見趙恢。趙恢曰：「使除患無至〔三〕，易於救患。伍子胥、宫之奇不用〔四〕，燭之武、張孟談受大賞〔五〕。是故謀者皆從事於除患之道〔六〕，而先使除患無至者〔七〕。今予以百金送公也，不如以言〔八〕。公聽吾言而説趙王曰〔九〕：『昔者，吴伐齊，爲其饑也，伐齊，未必勝也，而弱越乘其弊以霸。今王之伐燕也，亦爲其饑也，伐之未必勝，而强秦將以兵承王之西〔一〇〕。是使弱趙居强吴之處，而使强秦處弱越之所以霸也〔一一〕。願王之熟計之也！』」使者乃以説趙王，趙王大悦，乃止〔一二〕。燕昭王聞之，乃封之以地〔一三〕。

〔一〕祖耿案：顧觀光附此於赧王三十二年。

〔二〕金正煒曰：按此文本作「楚使者將之趙過魏」。「者」誤爲「君」，又誤乙於「將」字之下，後人因改爲「軍」耳。知「燕」當爲「趙」者，下文「使者乃以說趙王」，又云「燕王聞之」，則使者非之燕明矣！又秦策：楚因使一將軍受地於秦。呂覽首時篇：與將軍之節以如秦也。或當時使者，皆假將軍之號歟！

〔三〕鮑彪曰：除之使不至。

〔四〕鮑彪曰：此除患者。

〔五〕鮑彪曰：皆救患者。僖三十年，晉、秦圍鄭，佚之狐言於鄭伯曰：國危矣！若使燭之武見秦君，師必退。武見秦伯曰：鄭知亡矣，而有益於君，敢以煩執事！越國以鄙遠，君知其難也，焉用亡鄭以倍鄰？鄰之厚，君之薄也。秦伯說，乃還。

〔六〕鮑彪曰：謂救患者。　黃丕烈曰：「道」，鮑本作「遺」，下有「者」字。吳補：一本「遺」作「道」，下無「者」字。姚同，義是。

〔七〕黃丕烈曰：鮑改「先」爲「無」。吳氏補曰：上疑有缺文。　金正煒曰：按「先」即「无」字之譌也。說文云：奇字「无」通「無」。藝苑雌黃云：古皆用亡无，秦時始以蕃橆之橆，爲有無之無。易乾卦「无咎」。釋文：无音無。易內作此字，不煩改作。

〔八〕鮑彪曰：公，謂楚使。　黃丕烈曰：「予」，鮑本作「與」。吳補：一本作「予」，姚同。　金正煒曰：「予」「與」古本通用，不煩改作。　祖耿案：「予」與「不如」對文，作「與」當是。

〔九〕鮑彪曰：趙王，惠文。

〔一〇〕姚注：曾、劉改「西」作「北」。黃丕烈曰：鮑改「承」爲「乘」。吳氏正曰：此書「乘」「承」通，後昌國君章有。　金正煒曰：按「西」謂趙之西境；作「北」者，「北」與「背」通。釋名：背，在後稱也。廣雅釋詁：背，後也。

〔一一〕金正煒曰：按「强吳之處」，當作「强吳之所以敗」。「處」字涉下文而衍，又脱「所以敗」三字。祖耿案：「弊」，鮑本作「敝」。

〔一二〕祖耿案：「悦」，鮑本作「説」。

〔一三〕鮑彪曰：封恢也。恢蓋趙之仕魏而爲燕者，爲燕亦所以爲魏也。吳師道曰：無據。

九

昌國君樂毅爲燕昭王合五國之兵而攻齊〔一〕，下七十餘城，盡郡縣之以屬燕。三城未下而燕昭王死〔二〕，惠王即位，用齊人反間，疑樂毅而使騎劫代之將。樂毅奔趙，趙封以爲望諸君〔三〕。齊田單欺詐騎劫〔四〕，卒敗燕軍，復收七十城以復齊。燕王悔，懼趙用樂毅，承燕之弊以伐燕〔五〕。燕王乃使人讓樂毅，且謝之。曰：『先王舉國而委將軍，將軍爲燕破齊，報先王之讎，天下莫不振動，寡人豈敢一日而忘將軍之功哉？會先王棄群臣，寡人新即位，左右誤寡人，寡人之使騎劫代將軍者〔六〕，爲將軍久暴露於外〔七〕，故召將軍且休計事。將軍過聽，以與寡人有郄〔八〕，遂捐燕而歸趙。將軍自爲計則可矣！而亦何以報先王之所以遇將軍之意乎〔九〕？』望諸君乃使人獻書報燕王曰〔一〇〕：『臣不佞，不能奉承先王之教以順左右之心〔一一〕，恐抵斧質之罪以傷先王之明，而又害於足下之義〔一二〕，故遁逃奔趙。自負以不肖之罪〔一三〕，故不敢爲辭説〔一四〕。今王使使者數之罪，臣恐侍御者之不察先王之所以畜幸臣之理〔一五〕，而又不白於臣之所以事先王之心〔一六〕，故敢以書對〔一七〕。臣聞賢聖之君，不以禄私其親，功多者授之；不以官隨其愛，能當之者處之；故察能而授官者，成功之君也；論行而結交者，立名之士也〔一八〕。臣以所學者觀之，先王之舉錯，有高世之心〔一九〕，故假節於魏王〔二〇〕，而以身得察於燕〔二一〕。先王過舉，擢之乎賓客之中，而立之乎群臣之上，不謀於父兄，而使臣爲亞卿〔二二〕。臣自以爲奉令承教，可以幸無罪矣，故受命而不辭〔二三〕。先王命之曰：「我有積怨深怒於齊，不量輕弱而欲以齊爲事。」臣對曰：「夫齊，霸國之餘教也〔二四〕，而驟勝之遺事也〔二五〕，閑於兵甲，習於戰攻〔二六〕，王若欲攻之，則必舉天下而圖之。舉天下而圖之，莫徑於結趙矣〔二七〕！且又淮北、宋地，楚、魏之所同願也〔二八〕，趙若許約，楚、魏、宋盡力，四國攻之〔二九〕，齊可大破也。」先王曰：「善。」臣乃口受令〔三〇〕，具符節，南使臣於趙。顧反命〔三一〕，起兵隨而攻齊〔三二〕。以天之道，先王之靈，河北之地，隨先王舉而有之於濟上。濟上之軍，奉令擊齊，大勝之〔三三〕。輕卒鋭兵，長驅至國〔三四〕。齊王逃遁走莒〔三五〕，僅以身免。珠玉財寶車甲珍器盡收入燕〔三六〕。大呂陳於元英〔三七〕，故鼎反於歷室〔三八〕，齊器設於寧臺〔三九〕，薊丘之植，植於汶皇〔四〇〕。自五伯以來，功未有及先王者也〔四一〕！先王以爲愜其志〔四二〕，以臣爲不頓命〔四三〕，故裂地而封之〔四四〕，使之得比乎小國諸侯〔四五〕。臣不佞，自以爲奉令承教，可以幸無罪矣，故受命而弗辭〔四六〕。臣聞賢明之君，功立而不廢，故著於春秋〔四七〕；蚤知之士，名成而不毀，故稱於後世〔四八〕。若先王之報怨雪恥〔四九〕，夷萬乘之强國，收八百歲之蓄積〔五〇〕，及至棄群臣之日，餘令詔後嗣之遺義〔五一〕，執政任事之臣，所以能循法令順庶孽者〔五二〕，施及萌隸〔五三〕，皆可以教於後世。臣聞善作者不必善成，善始者不必善終。昔者，五子胥説聽乎闔閭〔五四〕，故吴王遠迹至於郢。夫差弗是也〔五五〕，賜之鴟夷而浮之江〔五六〕。故吴王夫差不悟先論之可以立功〔五七〕，故沉子胥而不悔〔五八〕。子胥不蚤見主之不同量，故入江而不改〔五九〕。夫免身全功以明先王之迹者，臣之上計也〔六〇〕！離毀辱之非，墮先王之名者，臣之所大恐也〔六一〕！臨不測之罪，以幸爲利者，義之所不敢出也〔六二〕！臣聞古之君子，交絶不出惡聲〔六三〕；忠臣之去也，不潔其名〔六四〕。臣雖不佞〔六五〕，數奉教於君子矣！恐侍御者之親左右之説而不察疏遠之行也，故敢以書報，唯君之留意焉〔六六〕！」

〔一〕鮑彪曰：傳云，并護趙、楚、韓、魏、燕之兵。　吳師道曰：正義云，故吕城在淄州淄川縣東北。祖耿案：顧觀光隸此於赧王三十六年。

〔二〕姚注：三城：聊、即墨、莒。鮑彪曰：聊、莒、即墨。　吳師道曰：毅傳，唯莒、即墨未下。燕世家云，聊、莒、即墨未下。蓋因燕將守聊城不下之事而誤，説見齊策（祖耿案：謂鮑本齊策燕攻齊取七十餘城章注）。金正煒曰：按史記樂毅傳：唯獨莒、即墨未服。又云：齊之田單聞之，乃縱反間於燕曰，齊城不下者兩城耳。寰宇記引春秋後語：唯即墨與萊未拔。又齊策：燕將守聊城，田單攻之不克。則聊固爲燕下矣，此文「三城」當是「二城」之誤。注文「聊」字，亦後人妄增也。

〔三〕吳師道曰：史，趙封毅於觀津，號望諸君。索隱云，望諸，澤名，在齊，蓋趙有之，故號焉。　程恩澤曰：案職方氏青州澤曰望諸。禹貢作孟豬。地理志：梁國（易祓引作沛郡，非是）睢陽盟諸澤，在東北（吕覽注作東南，非是），或謂之孟都（亦曰孟諸），史記作明都，詩譜作明豬，其實一也。吕氏春秋：天下九藪，孟諸其一。即此。元和志：望諸澤周迴五十里，在宋州虞城縣西北十里。寰宇記：虞城孟諸澤，俗呼爲湄臺，蓋澤中有臺也。（胡渭曰：爾雅，水草交曰麋。麋古湄字。臺蓋以孟諸之麋得名。）胡三省曰：望諸本齊地，毅自齊奔趙，趙人以此號之，本其所從來也。今爲河南歸德府虞城縣（爾雅正義作商邱縣。江永曰：今商邱、虞城，屢被河決，故迹無存）。蓋本宋地，而齊取之，趙輔燕破齊，或者分得其地，亦未可知，其實毅所封地在觀津，望諸特其號耳，非地也。似與望諸澤無涉。　祖耿案：史記樂毅列傳：號曰望諸君。索隱曰，戰國策「望」作「藍」。今案中山策有藍諸君，吳氏有説見後。

〔四〕黄丕烈曰：「欺」，鮑本無。丕烈案：無者當是。

〔五〕黄丕烈曰：鮑改「承」爲「乘」。吳氏正曰，説見上。丕烈案：史記作「乘」。　祖耿案：「弊」，鮑本作「敝」。

〔六〕姚注：曾本添「者」字。黄丕烈曰：「者」，鮑本無。丕烈案：史記無。

〔七〕鮑彪曰：「暴」「曝」同。

〔八〕鮑彪曰：隙，不合也。　黄丕烈曰：鮑改「郄」爲「隙」。丕烈案：史記作「隙」。

〔九〕吳師道曰：自「先王舉國」止此一節，恐當在後章燕王書「寡人不佞」云云之上。餘説見彼章。　祖耿案：自「燕王乃使人讓樂毅」至此，見史記樂毅列傳，文同；傳下接云「樂毅報遺燕惠王書曰：臣不佞，不能奉承」云云，至「唯君王之留意焉」，文亦同此。是史記、國策並以「先王舉國」一段一百二十字，爲燕惠王讓樂毅之辭也。馬驌繹史錄新序燕惠王遺樂毅書「寡人不佞」至「敬以書謁之」，六百二十二字，謂史記、國策皆以此書爲燕王喜與樂間書，按二書（祖耿案：馬意指此與樂毅答書）往復詞旨，頗相酬合，當以新序爲是。案馬驌之言是也。吳氏以爲此策「先王舉國而委將軍」一節一百二十字，當在後章「寡人不佞」云云之上，則當聯合燕三燕王喜使栗腹章中「燕王以書且謝焉」下至「敬以書謁之」，一氣讀之。此一百二十字非全文也。合吳、馬二家之言觀之，可見惠王與樂毅書之全貌矣。

〔一〇〕祖耿案：此句史記作「樂毅報遺燕惠王書曰」，新序作「樂毅使人獻書燕王報曰」。下書文，策與史記、新序多異，兹逐一備錄於下。

〔一一〕祖耿案：「佞」，新序作「肖」。「先王之教」，史記、新序並作「王命」。

〔一二〕鮑彪曰：無罪而殺毅，非義也。　祖耿案：此二句新序同，唯「而又害於」四字，僅作「有害」二字。史記則云「恐傷先王之明，有害足下之義」，無「抵斧質之罪」語。

〔一三〕鮑彪曰：負，言荷罪在身。　祖耿案：新序「逃」下無「奔趙」二字，史記作「故遁逃走趙，今足下使人數之以罪」。

〔一四〕祖耿案：史記無此句，新序作「而不敢有辭說」。

〔一五〕鮑彪曰：畜，養也。幸，親愛之。　祖耿案：此數語新序文同，唯無「使使者」三字，「罪」上有「以」字，「恐」上無「臣」字，「不察」上無「之」字，「畜」下無「幸」字。史記作「今足下使人數之以罪，臣恐侍御者不察先王之所以畜幸臣之理」。

〔一六〕鮑彪曰：白，猶明。　祖耿案：此句新序無「而又」二字，「於」作「乎」。史記無「而」字，無「於」字。

〔一七〕祖耿案：此句史記同，新序作「故不敢不以書對」。

〔一八〕祖耿案：此數語自「察能」以下，策與史記、新序同。史記「私」下無「其」字，「功」上有「其」字，「授」作「賞」，無「不以官隨其愛」六字，「能當」上有「其」字。新序「私」下無「其」字，「隨」下無「其」字，「能當」作「而當」，「當」下無「之」字，「故」下有「曰」字。

〔一九〕史記正義曰：樂毅見燕昭王，有自高尊世上人主之心，故假魏節使燕。　祖耿案：此數語史記作「臣竊觀先王之舉也，見有高世主之心」。文與策異。新序則云「臣以所學觀先王舉措，有高世主之心」。文與策近，唯省助字耳。

〔二〇〕鮑彪曰：時諸侯不通，出關則以節假之，故上言毅自魏往見王。　吳師道曰：毅傳，毅爲魏昭王使燕。燕王以客禮待之，毅辭讓，遂委質爲臣。正義云，假魏節使燕。　金正煒曰：按呂覽首時篇：往見楚王說之，與將軍之節以如秦也。即此「假節」之謂。　祖耿案：「魏」下史記、新序並無「王」字。

〔三一〕吴師道曰：毅傳，趙人，因沙丘之亂，適魏至燕，故大事記附見於燕昭王十七年。金正煒曰：按呂覽恃君篇：忠臣幸於得察。注：察，知也。新序節士篇：爲人臣而不見察於其君者，則不敢立於其朝。此正其義。王念孫以「察」當讀如「交際」之「際」，際，接也。其説轉紆。祖耿案：此句史記、新序並無「而」字。

〔三二〕史記正義曰：杜預云，父兄，同姓群臣也。鮑彪曰：亞，次也。祖耿案：此數語史記作「先王過舉，厠之賓客之中，立之群臣之上，不謀父兄，以爲亞卿」。新序同，唯「厠」作「擢」，與策同。二文並省助字。

〔三三〕祖耿案：「可以幸無罪矣」，史記、新序並作「可幸無罪」。史記「自以爲上」有「竊不自知」四字，新序無。「受命」，史記作「受令」。

〔三四〕黄丕烈曰：「也」，鮑本無。丕烈案：史記、新序此皆無「也」字。祖耿案：「對」，史記無。「餘教」，史記、新序並作「餘業」。「霸國」，新序作「霸王」。

〔三五〕黄式三曰：「驟」「數」通，亦作「最」。金正煒曰：按呂覽適威篇：「驟戰而驟勝」。左氏襄二十年傳：「邾人驟至」。注，驟，數也。史作「最勝」，小爾雅廣詁：最，叢也。文異義同。祖耿案：「驟勝」，史記作「最勝」，新序作「戰勝」，事下並無「也」字。

〔三六〕黄式三曰：「閑」，一作「練」。金正煒曰：廣雅釋訓：閑閑，盛也。荀子修身篇：多見曰閑。是閑有盛多義，此宜從之，不當訓「習」。祖耿案：「閑」，史記作「練」；「甲」，新序作「革」。

〔三七〕黄丕烈曰：「徑」，鮑本「勁」，鮑改「勁」爲「徑」。吴補：一本作「徑」。丕烈案：新序云，「莫若徑結趙」。史記云，「莫若於結趙」。祖耿案：「必」下數語，新序作「與天下圖之，圖之莫若徑結趙」；史記作「與天下圖之。與天下圖之，莫若結於趙」。「必」上皆無「則」字。

〔二八〕鮑彪曰：楚欲得淮北，魏欲得宋，時皆屬齊。　程恩澤曰：案宋世家：王偃四十七年（年表止四十三年，通鑑同），齊與楚、魏滅之（通鑑齊獨滅宋），三分其地。或云：齊得其濟陰、東平；魏得其梁、陳留；楚得其沛。恐未必然。濟陰、東平本齊地，何待滅宋始得之？是時齊主兵，疑沛、梁、陳留亦必有剖分而食者，故楚、魏欲得而甘心耳！　田齊世家：齊遂伐宋，宋王出亡，死於温。齊南割楚之淮北，西侵三晉，欲以并周室，爲天子。則楚、魏之地齊尚奪之，又何有於宋地哉？　又曰：案正義曰，淮北謂徐、泗等州。顧祖禹曰：自沂、兖以南，古所稱淮北地也。　祖耿案：此語新序作「且淮北宋地，楚、魏之願也」。「且」下，史記、新序並無「又」字。「同願」，史記但作「欲」字。

〔二九〕鮑彪曰：許，許燕。宋雖已舉，其遺民怨之。　黄丕烈曰：「魏」，鮑本作「趙」。吳補：一本「約楚、魏、宋盡力」。史云，「趙若許而約四國攻之」，其文爲明。丕烈案：史記與策文不同。考新序較此，但無「宋」字，此當衍「宋」也。　金正煒曰：按此文當以「趙若許約」爲句，舊讀蓋誤。「宋」字涉上文「淮北宋地」而衍，當從新序省。四國者，併燕而計也。鮑本作「楚、趙、宋盡力」，尤誤！　祖耿案：此語策有「宋」字，新序無，餘十二字全同。史記則惟作「趙若許而約四國攻之」一句九字。

〔三〇〕金正煒曰：按「□」當爲「躬」，古書「躬」作「躳」，因缺損爲「□」。儀禮士昏禮記：「已躬命之。」注，躬猶親也。或本作□，闕文之識也。周書周祝篇：萬民之患在口言。注，人以口言受患。王念孫雜志以口爲闕文。古書往往誤□爲口。此其類也。　祖耿案：此句史記作「先王以爲然」。新序作「王曰：善。臣乃受命」。此「乃口受令」，疑即「乃受命」之譌，「命」字誤分爲「口」與「令」，因以致誤也。

〔三一〕鮑彪曰：回顧而反，言其速。　金正煒曰：「南使」下，「臣」字疑衍。策與史文不盡同。（史無「臣乃受命」句，故宜有「臣」字。）後漢書馮衍傳：顧嘗好俶儻之策。注，顧猶及也。鮑注「回顧而反言其速」，非也。　祖耿案：「使」下新序無「臣於」字，「反」下新序無「命」字。

〔三二〕祖耿案：此句史記作「顧反命起兵擊齊」，新序作「顧反起兵攻齊」。

〔三三〕祖耿案：「地」字句下，新序作「隨先王而舉之，濟上之兵受命而勝之」；史記作「隨先王而舉之濟上，濟上之軍受命擊齊，大敗齊人」。正義：濟上，在濟水之上。

〔三四〕姚注：「國」，錢作「齊」。　王念孫曰：作「齊」者原文，作「國」者後人據史記樂毅傳改之也。後人以上文既言擊齊，此不當復言至齊，故改爲至國，不知「至齊」之「齊」，與「擊齊」之「齊」異義，「至齊」謂至齊都，猶言至國也。齊策云：馮煖自薛長驅到齊。亦謂到齊都也。文選東京賦注、爲曹洪與魏文帝書注、爲石仲容與孫皓書注、晉紀總論注引策文，並作「至齊」。新序雜事篇亦作「至齊」。又文選天監三年策秀才文注，引史記「輕卒鋭兵，長驅至國」。然則史記作「國」而戰國策作「齊」，明矣！

〔三五〕鮑彪曰：齊王，閔王。　祖耿案：「逃遁」，新序作「遁逃」，史記作「遁而」。

〔三六〕吳師道曰：此數語，毅罪狀也。　祖耿案：「入」下史記有「于」字，新序作「皆收入燕」。

〔三七〕鮑彪曰：大呂，律均；元英，燕樂名。　吳師道曰：索隱云，大呂，齊鍾名；元英，燕宮殿名。　金正煒曰：按呂覽侈樂篇：齊之衰也，作爲大呂。貴直篇：無使齊之大呂陳之廷。注，齊之鍾律也。

〔三八〕鮑彪曰：故鼎，齊所得燕鼎。凡鼎以占休咎，故歸之律曆之室。　吳師道曰：「曆」，史作「磿」。周禮，「遂師抱磿」，音歷。又史表「磿侯」，漢表作「曆」。古字通用。說見秦策。正義引括地志云，元英、曆室，燕二宮名，在幽州薊縣西四里寧臺之下。高誘云，燕噲亂，齊伐燕，殺噲得鼎，今反歸古鼎。今注本無。　黄式三曰：「磿」，從黄丕烈曰：「於」，鮑本作「乎」。吳氏正曰云云。丕烈案：新序作「歷」，索隱引此同。

厤，石聲。或作「歷」，通用。或謂「磨」。史徐注、正義、策吳注引史表、漢表，皆可見「磨」爲「曆」之譌。程恩澤曰：案郡國志，歷室在薊縣界。　祖耿案：「曆室」猶「秖室」，見文選集釋卷十九第三十頁。

〔三九〕鮑彪曰：寧臺，燕臺。　程恩澤曰：案通典，寧臺，燕國都碣石宮。　地理通釋：在薊縣東二十里，今爲大興縣，東有碣石館，燕昭王師鄒衍處也。

〔四〇〕鮑彪曰：薊，幽州國。植，旗幟之屬。汶水出泰山萊蕪原。竹田曰篁。言燕以齊爲塞。　吳師道曰：索隱云，薊丘，燕所都，言燕薊丘之所植，植齊王汶上之竹。徐註謂燕之疆界，移於齊之汶水，非此之謂。此言燕薊丘之所植，移植於汶上之竹田。索隱云亦然。樓助集古今文，以毅書爲首，有策問云，「夷門之植，植爲燕雲」。蓋用毅語也。愚謂左氏以太宮之椽，歸爲盧門之椽，句法正同。　張琦曰：汶水出今泰安府萊蕪縣東北原山，水經所謂北汶也。西南流經府南，至寧陽縣北剛成堰，分二流：經流西經平陰、東平州、汶上，入南旺湖；支流爲洸河，至兗州府城西合泗水。　程恩澤曰：案水經注：昔武王封堯後於薊（此說蓋本史記周本紀，與樂記言黃帝後者互異），今城內西北隅有薊邱，因邱以名邑。（日知錄：薊在漁陽之西。唐書地理志：幽州范陽郡治薊。開元十八年，析置漁陽郡治漁陽，屬薊州。及遼，改薊爲析津縣，因此薊之名遂沒於此而存於彼。今人乃以漁陽爲薊，而忘其本矣！樂毅所云薊邱，即水經注所指也。）正義：幽州薊地西北隅有薊邱。明一統志：在舊燕城西北隅，古薊門也。舊有樓館並廢，今有二土阜，林木蓊鬱。洪亮吉曰：今都城德勝門外有土城關，相傳即薊邱也。又曰：博雅，「皇」與「堭」通。易，城復於隍。子夏傳作「堭」，云城下池也。　說文：有水曰池，無水曰隍。策蓋言薊邱之植，植於汶上之城池耳。從征記：汶水入萊蕪谷，夾路連山百數里，水隍多行石澗中，出藥草，饒松柏，林藿緜濛崖壁。殆即所云汶皇也。因上句「植」字，遂訛「皇」爲「篁」。說者因以竹田訓之，謬矣！　顧觀光曰：徐廣云，竹田曰篁。正義曰，汶水源出兗州博城縣東北原山，西南入泲。黄丕烈曰：「皇」，鮑本作「篁」。吴補：一本「汶皇」。丕烈案：史記、新序作「篁」。金正煒曰：按水經瀠水注：昔周武王封堯後於薊，今城内西北隅有薊丘，因丘以名邑也，猶魯之曲阜，齊之營丘矣！武王封召公之故國也。「於」猶「爲」也，「皇」即「篁」之省，言薊邱之所植，乃爲汶上之竹。祖耿案：以上四句次序，策與新序全同，史記則以「齊器」句爲首，列「大吕」、「故鼎」二句之前。

〔四一〕祖耿案：此句策與史記全同，新序作「五伯以來，功業之盛，未有及先王者也」。

〔四二〕黄丕烈曰：「愜」，鮑本作「順」，下有「于」字。吴補：一本「以爲愜于志」。丕烈案：史記作「慊于志」，新序作「快其志」。祖耿案：史記索隱云，慊音苦簟反。作「嗛」，嗛者，常慊然而不愜其志也。

〔四三〕鮑彪曰：頓，猶墜。祖耿案：史記無此六字，新序作「以臣不損令」。

〔四四〕吴師道曰：謂封昌國君也。祖耿案：「之」，新序作「臣」。

〔四五〕祖耿案：此句史記無「之」「乎」二字，新序無「之得」「乎」三字。

〔四六〕祖耿案：此數語，史記「臣」下無「不佞」二字，作「竊不自知」四字，「令」作「命」，「可」下無「以」字，「罪」下無「矣」字，「故」作「是以」二字，「不」作「弗」，上無「而」字；新序「小國諸侯」下，直接「臣聞賢聖之君」云云，無此一節二十二字。

〔四七〕祖耿案：「明」，新序作「聖」，「立」下無「而」字。

〔四八〕鮑彪曰：蚤知，先見也。

〔四九〕祖耿案：「恥」，新序作「醜」。朱起鳳曰：「恥」字古與「醜」通。

〔五〇〕鮑彪曰：通太公數之。祖耿案：此二語史記同，新序「强國」作「齊」，「歲」作「年」，無「蓄」字。

〔五一〕祖耿案：「餘」「遺」，鮑本上下互易。案原文自通，不煩乙改。又案此語史記作「及至棄群臣之日，餘教未衰」，新序作「及其棄群臣之日，餘令詔後嗣之義法」。

〔五二〕鮑彪曰：新立之君，皆患庶孽之亂，昭王能預順之。　祖耿案：此句史記無「所以」二字，「循」作「修」，「孽」下無「者」字；新序「執政任事」下無「之臣所以能」五字，末亦無「者」字。

〔五三〕鮑彪曰：「萌」「氓」同。　祖耿案：「及」下史記有「乎」字。

〔五四〕黄丕烈曰：今本「五」作「伍」，鮑本作「伍」。丕烈案，「五」「伍」同字。史記、新序作「伍」。　祖耿案：史記、新序「昔」下並無「者」字，「乎」並作「於」。

〔五五〕鮑彪曰：不然子胥之説。　祖耿案：是句，「故」史記作「而」，「至」下無「於」字；新序作「吳爲遠迹至郢」，「弗」作「不」。

〔五六〕鮑彪曰：鴟夷，榼名，馬革爲其形，以斂骸骨。　吳師道曰：史，乃取子胥尸，盛以鴟夷革。應劭云，取馬革爲鴟夷榼形。　黄式三曰：史、策「浮」，新序作「沉」，與下句相應。　祖耿案：新序無「而」字。

〔五七〕黄丕烈曰：「悟」，鮑本作「悞」。丕烈案：史記作「寤」，新序作「計」。　祖耿案：此句新序作「故夫差不計先論之可以立功也」，史記無「故吳王」三字，「悟」作「寤」。

〔五八〕黄丕烈曰：「不」，鮑本作「弗」。丕烈案：史記、新序作「不」。

〔五九〕吳師道曰：史，「不化」。索隱云，言子胥怨恨，故雖投江而神不化，猶爲波濤之神也。　黄丕烈曰：案新序亦作「化」。　黄式三曰：不改，謂不變而去吳也。　祖耿案：論衡書虛篇曰：傳書言吳王夫差殺伍子胥，煑之於鑊，乃以鴟夷橐投之於江。子胥恚恨，驅水爲濤，以溺殺人。今時會稽、丹徒、大江、錢唐、浙江，皆立子胥之廟，蓋欲慰其恨心，止其猛濤也。夫言吳王殺子胥投之於江，實也；言其恨恚驅水爲濤者，虛也。

〔六〇〕黃式三曰：史「全」作「立」。　祖耿案：此句新序「身」下有「而」字。「迹」下無「者」字；史記「全」作「立」，無「者」字。

〔六一〕鮑彪曰：離，麗也，猶遭。　吳師道曰：「離」「罹」通，遭也。　祖耿案：「非」，史記作「誹謗」，「名」下無「者」字。新序「毀」作「虧」，「非」作「誹」，「名」作「明」，「明」下無「者」字，「之」下無「所」字。

〔六二〕祖耿案：「利」下，史記、新序並無「者」字。索隱云：謂既臨不測之罪，以幸免爲利。今我仍義先王之恩，雖身託外國，而心亦不敢出也。

〔六三〕吳師道曰：正義曰，不說己長而談彼短。　祖耿案：此句史記同。新序則作「臣聞君子絕交無惡言」，與策、史並異。

〔六四〕鮑彪曰：毀其君而自潔。　黃式三曰：新序「君子絕交無惡言，去國無惡聲」。　祖耿案：此二語史記作「忠臣去國，不絜其名」。索隱言，忠臣去離本國，不自絜其名云己無罪。故禮曰大夫去其國不說人以無罪是也。正義言，不絜己名行而咎於君，若箕子不忍言殷惡是也。

〔六五〕黃丕烈曰：「佞」下，鮑本有「乎」字。吳補：一本無，蓋衍。丕烈案：史記、新序此無「乎」字。

〔六六〕鮑彪曰：傳有。　吳師道曰：大事記，延平陳氏曰，樂毅之下齊也，止侵略，寬賦斂，除暴令，脩舊政，求逸民，顯而禮之，祀桓公、管仲於郊，表賢者之閭，封王蠋之墓：凡可以悅其民者，無不爲之。此孟子所以教齊者，齊王不能用之於燕，而樂毅能用之於齊。呂子讀書記曰樂毅伐齊云云，曰，「若不遂乘之，待彼悔前之非，改過恤下而撫其民，則難慮也」。推此言，則世之論毅者，豈其然乎？朱子曰，「樂毅亦戰國之士，何嘗是王者之師？」又曰，「毅初合秦、魏之師，又因人怨湣王之暴，故一舉下齊七十餘城。湣王死，人心之怒已解，恐三國分功，故急遣之。以燕之力，亦止於此；况田單忠義死節，堅守二城，自不可攻，非不欲取，蓋力不能爾。毅在當時，亦恣意虜掠，正孟子所謂毀其宗廟、遷其重器者爾！」愚謂樂毅之伐齊，取寶器，燒宮室，見於田齊、燕世家，毅傳、國策皆然。徵以毅之自言，蓋不誣矣！陳氏首以止侵掠爲美，似未察其實也。齊以燕伐燕，燕以齊伐齊，孟子所以教齊王者，毅實違之，是尚爲能用之乎？雖有寬賦、除暴、反政、禮賢數端，不足以揜其罪也。故愚著朱子說，併記吕子他日之論，以見其不滿於毅如此。而取陳氏者，特一時之見，未爲定論也。

十

或獻書燕王〔一〕：「王而不能自恃〔二〕，不惡卑名以事强〔三〕。事强可以令國安長久，萬世之善計以〔四〕！事强而不可以爲萬世，則不如合弱。將柰何合弱而不能如一〔五〕？此臣之所爲山東苦也〔六〕！比目之魚，不相得則不能行〔七〕，故古之人稱之，以其合兩而如一也〔八〕。今山東合弱而不能如一，是山東之知不如魚也〔九〕！又譬如車士之引車也，三人不能行，索二人五人而車因行矣。今山東三國弱而不能敵秦〔一〇〕，索二國因能勝秦矣。然而山東不知相索〔一一〕，智固不如車士矣〔一二〕！胡與越人，言語不相知，志意不相通，同舟而凌波至，其相救助如一也。今山東之相與也，如同舟而濟，秦之兵至，不能相救助如一，智又不如胡、越之人矣！三物者，人之所能爲也〔一三〕，山東之主遂不悟，此臣之所爲山東苦也〔一四〕！願大王之熟慮之也！山東相合，之主者不卑名，之國者可長存，之卒者出士以戍韓、梁之西邊〔一五〕，此燕之上計也！不急爲此，國必危矣！主必大憂〔一六〕！今韓、梁、趙三國以合矣〔一七〕！秦見三晉之堅也，必南伐楚；趙見秦之伐楚也，必北攻燕〔一八〕；物固有勢異而患同者，秦久伐韓，故中山亡〔一九〕；今久伐楚，燕必亡〔二〇〕。臣竊爲王計，不如以兵南合三晉，約戍韓、梁之西邊，山東不能堅爲此，此必皆亡。』燕果以兵南合三晉也〔二一〕。

〔一〕姚注：錢本添「或」字。　祖耿案：顧觀光隸此於赧王十六年。

〔二〕鮑彪曰：弱國必得援。　黄丕烈曰：「王」上鮑本復有「燕」字。吳補：一本無此「燕」字。姚同。　金正煒曰：按「王而不能」，謂王如不能也。「恃」當爲「持」，呂覽慎大篇：持之其難者也。注，持猶守。荀子榮辱篇：以相持養。注，持養，保養也。自持謂自爲保守也。左氏昭十九年傳：以持其世而已。釋文，「持」本作「恃」。正與此同。

〔三〕吳曾祺曰：「悪」，即「恓」，音栖，煩惱貌。　祖耿案：「悪」，鮑本作「惡」。

〔四〕黄丕烈曰：鮑「計」下補「也」字。　金正煒曰：「事强」上「以」字，當連「善計」爲句。「以」與「已」通。楚策「因是以」，可證。

〔五〕鮑彪曰：以不一爲無如之何。　金正煒曰：「將」，猶其也，說詳釋詞。老子：「奈何萬乘之主」注，奈何者，疾時主傷痛之辭。此即其義。
〔六〕祖耿案：「所」下鮑本有「以」字。
〔七〕鮑彪曰：爾雅，東方有比目魚，不比不行，謂之鰈。
〔八〕黄丕烈曰：「古」下鮑本無「之」字。
〔九〕祖耿案：「知」鮑本作「智」。
〔一〇〕鮑彪曰：三國，蓋韓、魏、趙也。　金正煒曰：「三」字當爲「之」，草書相似而誤。
〔一一〕黄丕烈曰：「索」下鮑本有「者」字。
〔一二〕祖耿案：「固」，鮑本作「故」。
〔一三〕鮑彪曰：物，猶事。　金正煒曰：按「能爲」猶能謂也。又孟子告子下篇：固哉高叟之爲詩也。音義引丁音，謂猶解説也。於義並同。
〔一四〕黄丕烈曰：「山東之主」，鮑本無「之」字。吴補：一本有。　金正煒曰：廣雅釋詁：遂，竟也。周書太子晉篇：逡巡而退其不遂。注，遂，終也。
〔一五〕鮑彪曰：言山東欲存，惟不羞自卑者可也。之，猶其也。「卒」「猝」同。　吴師道曰：疑當以三「者」字句，不然，「卒者」下有缺文。　黄丕烈曰：鮑「不」下補「惡」字。丕烈案，此所補誤甚！「之主者不卑名」爲一句，下文「之國者可長存」爲一句，二者對文，皆山東相合之效也。之，此也。此山東相合主也、國也。吴氏疑當以三「者」字句，非也。云「卒者」下有缺文，是矣！　金正煒曰：按「之卒者」義不可通，疑當作「之時」，而上有脱文，「卒」字當在「出士」下，誤淆於上也。古書「時」作「旹」，與「者」字近似，因致傳寫之譌。之時，猶是時。韓策：公行之計，謂是計也。言燕當及是時，出士卒以成韓、梁，則與三晉合，而趙不得攻燕矣！下云「不急爲此，國必危矣」，故知上有及時之文也。吳曾祺曰：今案「之主者不卑名」六字爲句，「之國」至「之卒者」，九字爲句。古人句法，固有參差不齊者。「長存之卒者」，言其有終也。

〔一六〕黄丕烈曰：「主」，鮑本作「王」。

〔一七〕祖耿案：「以」，鮑本作「已」。

〔一八〕黄丕烈曰：「北」，鮑本無。吳補：一本「必北攻」，姚同。

〔一九〕鮑彪曰：秦不暇救，故趙亡之。吳師道曰：秦非助中山者。按趙策蘇厲曰，楚人久伐而中山亡。魏策曰，中山恃齊、魏以輕趙，齊、魏伐楚而趙亡中山。大事記謂楚與魏連兵，中山失助而亡。史稱主父與齊、燕共滅中山。則齊非中山與國也。愚謂中山近魏，二國相善，信矣！趙與齊、燕滅中山，乃年表惠文四年所書，已與世家差一年。且趙之有事中山久矣，自武靈十九年胡服以來，攻城略地，無歲無之，何至此而始合齊、燕滅之耶？而秦、韓、齊、魏伐楚，敗唐昧重邱，當武靈二十五年。是年趙年表書攻中山，通鑑綱目書中山君奔齊，齊策稱中山君臣於齊。蓋四國伐楚而趙不與，趙得以攻中山而亡之，其君遂出奔也。史所載與策合者，莫明於此，中山君且奔齊，則與齊共滅之言，未可據。秦、韓、齊、魏共伐楚，則所謂楚、魏連兵非此年。齊策曰，齊、燕戰而趙氏兼中山，則史記之言有誤，大事記或未察也。今燕策又謂秦伐韓，故中山亡，則韓亦助中山者。是年，秦伐韓取穰，豈其事歟！愚因此策與齊策陳軫合三晉事同，而辨中山非至惠文三年始亡，特遷其王爾。以此數策觀之，尤信。黄丕烈曰：久，鮑本作之，吳氏補曰：一本「之伐」作「久伐」，下句同，姚並同。

〔二〇〕鮑彪曰：趙亡之。黄丕烈曰：「久」，鮑本作「秦之」二字。

〔二一〕鮑彪曰：此（燕噲）三年，與楚三晉攻秦。彪謂此三物喻從之精者也！故雖子噲庸主，亦能感動借乎言猶在耳，而諸侯之心已變矣，此豈非天亡之哉！　吳師道曰：此章當是昭王時，說見齊策秦伐魏章下。

十一

客謂燕王曰〔一〕：『齊南破楚，西屈秦，用韓、魏之兵，燕、趙之衆，猶鞭筴也〔二〕！使齊北面伐燕，即雖五燕不能當〔三〕。王何不陰出使，散游士〔四〕，頓齊兵，弊其衆，使世世無患〔五〕。』燕王曰：『假寡人五年，寡人得其志矣！』蘇子曰：『請假王十年〔六〕。』燕王說，奉蘇子車五十乘，南使於齊〔七〕。謂齊王曰〔八〕：『齊南破楚，西屈秦，用韓、魏之兵，燕、趙之衆，猶鞭筴也！臣聞當世之舉王〔九〕，必誅暴正亂，舉無道，攻不義〔一〇〕。今宋王射天笞地，鑄諸侯之象，使侍屏匽，展其臂，彈其鼻〔一一〕。此天下之無道不義，而王不伐，王名終不成〔一二〕！且夫宋，中國膏腴之地，鄰民之所處也〔一三〕，與其得百里於燕，不如得十里於宋。伐之，名則義，實則利，王何爲弗爲？』齊王曰：『善。』遂與兵伐宋〔一四〕，三覆宋，宋遂舉。燕王聞之，絶交於齊，率天下之兵以伐齊，大戰一，小戰再，頓齊國，成其名。故曰：『因其强而强之，乃可折也；因其廣而廣之，乃可缺也〔一五〕。』

〔一〕祖耿案：鮑本客謂燕王接燕昭王收破燕後即位之後，合爲一篇。姚本分爲兩篇。周季編略以客爲蘇代，次赧王二十七年。顧觀光隸此於赧王三十一年。

〔二〕鮑彪曰：御諸國如馬。

〔三〕祖耿案：「不」，鮑本作「弗」。

〔四〕鮑彪曰：陰出使，密遣使者。　金正煒曰：按「陰出」、「散游」爲對文。管子大匡篇：乃游公子開方於衛，游季友於魯，游蒙孫於楚。此即其義。

〔五〕鮑彪曰：頓，勞敝之也。　金正煒曰：「齊」當作「其」，同音而誤。　祖耿案：「弊」，鮑本作「敝」。

〔六〕黄式三曰：「假」「暇」通，寬佚也。

〔七〕黄丕烈曰：「五十」鮑本作「十五」。吴補：姚本「五十乘」是。

〔八〕鮑彪曰：齊王，閔王。

〔九〕鮑彪曰：興起之王。　吴師道曰：「舉」字恐因下誤衍。　王念孫曰：吴説是也。當世之王謂受命之君也，「王上」不當有「舉」字。太平御覽人事部引此無「舉」字。　金正煒曰：按「舉王」當爲「興王」，故鮑氏釋以興起。「興」誤爲「與」，復誤爲「舉」也。國語晉語：故興王賞諫臣，逸王罰之。呂覽論人篇：三代之興王以罪爲在己，故日功而不衰以至於王。王懷祖是吴説，以當世之王爲受命之君，恐非。　祖耿案：御覽三百六十一引「王」作「主」。

〔一〇〕鮑彪曰：舉，五旬舉之之舉。　金正煒曰：正，當讀爲征。

〔一一〕鮑彪曰：宋王，君偃。屏，厠也。當作井匽，路厠。　吴師道曰：周禮：「宮人爲井匽」注，井，漏井，所以受水潦。鄭司農云，匽，路厠也。鑄諸侯之象，即後章秦王所謂宋王無道，爲木人以象寡人射其面者。

金正煒曰：按急就章「屏厠清溷糞土壤」，顏師古注，屏，僻宴之名也，屏厠，清溷，其實一也。莊子庚桑楚篇：「觀室者周於寢廟，又適其偃焉。」注，偃謂屏厠。此不必改同周禮。「展」當爲「蹷」之損。玉篇：足踏貌。淮南原道篇：「先者踰下，則後者蹷之」。注，蹷，履也。張衡西京賦：「當足見蹷」，注，足所踏爲蹷。廣雅釋詁：蹷，抨也。　祖耿案：御覽三百六十一引「象」作「像」。

〔二〕吳師道曰：大事記云，齊之伐宋也，蘇代實啓之，引策曰，今宋王無道云云。　祖耿案：御覽三百六十一引「成」下有「矣」字。

〔三〕鮑彪曰：齊民鄰宋者處之。　金正煒曰：按廣雅釋詁：鄰，比近也。「鄰民」疑即「鄰毗」之譌，由「毗」誤「甿」，因轉爲「民」。「毗」與「比」通。「所處」二字，當有一衍，或一本作「所」、一本作「處」，校者旁注，傳寫誤併入文。

〔四〕祖耿案：「與」，鮑本作「輿」。

〔五〕鮑彪曰：彪謂聽言亦難矣！蘇子所以告齊王，天下之正誼也，齊用之，不旋踵而招天下之兵。故有事於天下者不可以人之言，求諸己而已。己無罪，而後可以誅人之罪；己無釁，而後可以乘人之釁。吳師道曰：宋固可伐矣，齊之伐宋，猶孟子所謂以燕伐燕，不行仁政，動天下之兵者也！　蘇代曰：「王不伐，王名終不成」；「伐之，名則義，實則利。」此豈天下之正誼哉？

十二

趙且伐燕〔一〕，蘇代爲燕謂惠王曰〔二〕：「今者臣來，過易水，蚌方出曝，而鷸啄其肉〔三〕，蚌合而拑其喙〔四〕。鷸曰：「今日不雨，明日不雨，即有死蚌。」蚌亦謂鷸曰：「今日不出，明日不出，即有死鷸〔五〕。」兩者不肯相舍，漁者得而並禽之〔六〕。今趙且伐燕，燕、趙久相支，以弊大衆〔七〕，臣恐强秦之爲漁父也！故願王之熟計之也〔八〕！」惠王曰：「善。」乃止〔九〕。

〔一〕祖耿案：顧觀光附此於赧王九年。

〔二〕鮑彪曰：惠王，趙惠文。　祖耿案：御覽四百五十六、四百六十，類聚九十七引「惠」上並有「趙」字。

〔三〕鮑彪曰：蚌，蜃也。鷸，知天將雨鳥。　祖耿案：御覽三百三？四百五十六、四百六十，類聚二十五引「蚌」並作「蜯」。

〔四〕鮑彪曰：箝，籥也。　黄丕烈曰：「喙」，今本誤「啄」。「拑」，鮑本作「箝」。吴補：一本「箝」作「拑」，字通。

〔五〕姚注：續云：謡語、諺語皆叶。後語：「必見死蚌脯」，即多一字。藝文類聚引云，「蚌將爲脯」，如此則叶韻。（祖耿案：吴師道補注引此「蚌將爲脯」下，有「即見蚌脯」四字。）然不聞蚌、鷸得雨則解也。陸農師乃云，「今日不兩，明日不兩，必有死蚌」。「兩」謂鬭口。一今作「雨」，非是。恐别有所據。　吴師道曰：愚按韻補，蚌，叶彼五反。鷸知將雨，雨即解去爾！　黄生義府云：按春秋後語載其事作「兩」。陸佃埤雅亦作「兩」。開謂之「兩」，且與「蚌」叶韻。　浦起龍曰：天禄識餘：「兩」謂鬭口。或改「兩」作「雨」，非。愚謂作「兩」者，不惟失義，且亦失韻（見史通外篇雜説下注）。　王念孫曰：案陸説甚爲紕繆！訓「兩」爲「鬭口」，既屬無稽；謂「兩」與「蚌」爲韻，又於古音不合。（凡平聲江韻之字，古韻皆與東冬通，而不與陽通；上、去聲亦然。蚌字，古讀若奉，故其字從蟲，豐聲。郭璞山海經「毆野絲」贊曰：「女子鮫人，體近蠶蚌。出珠匪甲，吐絲匪蛹。化出無方，物豈有種。」則晉時「蚌」字尚讀若奉；陸佃不知古音，而謂「蚌」與「兩」爲韻，故有此謬說。吳棫韻補，蚌叶彼五反。與雨爲韻。亦非。）此當作：「今日不雨，明日不雨，蚌將爲脯。」姚云「不聞鷸蚌得雨則解」，非也。蚌將爲脯者，謂不雨則蚌將枯死，非謂蚌鷸得雨即解也。今案作「蚌將爲脯」者，戰國策原文也！（藝文類聚人部及太平御覽人事部諫諍、游說二類，並引作「蚌將爲脯」。今據以訂正。藝文類聚鱗介部及御覽羽族部，並引作「即見蚌脯」。又御覽兵部引作「即有蚌脯」者，皆後人據他書改之也。）作「必見蚌脯」者，春秋後語文也。（御覽鱗介部及唐釋湛然止觀輔行傳宏決引後語，並作「必見蚌脯」；姚所見本作「必見死蚌脯」，多一「死」字者，又宋人據誤本戰國策加之也。）誤本戰國策作「即有死蚌」者，因下文「即有死鷸」而誤也（諸書所引皆無「即有死蚌」者）。陸所見本作「今日不兩，明日不兩」者，誤本之尤甚者也（諸書所引皆無「兩」者）。乃不知「兩」與「蚌」之非韻，而轉以作「雨」者爲非，又妄解「兩」爲「鬭口」，以曲成其說，甚矣其謬也。而姚且疑其「別有所據」，毋亦眩於名而不知其實乎？朱亦棟曰：案陸佃埤雅，兩謂鬭口。一本作「雨」，非是。　金正煒曰：按蚌生近水，非必仰雨爲命。鷸啄蚌肉，蚌箝鷸喙，相恐之辭，惟當各矜所勝。陸之改「雨」爲「兩」，固爲不根；王以失雨枯死，亦嫌無據。疑「雨」本作「甬」，因以形似誤「雨」。「甬」與「涌」通，徐鍇云：「甬之言涌也，若泉涌出也」。素問至真要大論：「酸苦涌泄爲利」，注，涌，吐也。此謂不吐出所啄之肉，蚌即將死也。與「今日不出，明日不出，即有死鷸」，相對爲文。蚌字古音如「奉」，正與「涌」爲韻。

〔六〕金正煒曰：按「而」猶「以」也，說詳釋詞。或「得」字爲「見」之譌，古書「得」作「㝵」，策文「得」「見」二字，往往互誤。祖耿案：御覽四百五十六引作「漁夫得而併禽之」。「禽」，鮑本作「擒」。

〔七〕祖耿案：「支」，鮑本作「攻」。「弊」，鮑本作「敝」。御覽四百六十引作「燕、趙久相持」。

〔八〕黄丕烈曰：「故」字、「之」字，鮑本無。祖耿案：御覽三百三引作「願大王熟計之」。

〔九〕吳師道曰：燕惠、武、成，皆與趙惠王相及，此策時不可考。

十三

齊、魏爭燕〔一〕，齊謂燕王曰：「吾得趙矣。」魏亦謂燕王曰：「吾得趙矣。」燕無以決之，而未有適予也〔二〕。蘇子謂燕相曰〔三〕：「臣聞辭卑而幣重者，失天下者也；辭倨而幣薄者，得天下者也。今魏之辭倨而幣薄，燕因合於魏得趙〔四〕，齊遂北矣〔五〕。」

〔一〕祖耿案：顧觀光隸此於赧王三十一年。

〔二〕吳師道曰：適，音的。

〔三〕姚注：「子」，一作「代」，曾作「子」。黄丕烈曰：「子」，鮑本作「代」。

〔四〕吳師道曰：魏曰得趙，燕因合於魏而得趙也。黄丕烈曰：鮑「得」上補「魏」字，改「趙」爲「燕」，吳氏有正。金正煒曰：按上文，齊、魏皆言得趙，蘇子以辭倨幣薄，决知魏爲得天下者，則此蓋言燕合於魏以得趙，是以齊遂敗也。策屬燕言，不重齊、魏之爭。鮑補、改並誤。

〔五〕鮑彪曰：魏昭十二年，與秦、趙、韓、燕伐齊，敗之，燕獨入臨淄。此（燕昭）二十八年。

一

齊、韓、魏共攻燕〔一〕，燕使太子請救於楚，楚王使景陽將而救之〔二〕。暮舍，使左右司馬各營壁地，已稙表〔三〕，景陽怒，曰：『女所營者，水皆至，滅表！此焉可以舍〔四〕！』乃令徙。明日，大雨，山水大出，所營者水皆滅表，軍吏乃服〔五〕。於是遂不救燕而攻魏雝丘〔六〕，取之，以與宋〔七〕。三國懼，乃罷兵。魏軍其西，齊軍其東，楚軍欲還，不可得也。景陽乃開西和門，晝以車騎，暮以燭見，通使於魏〔八〕。齊師怪之，以爲燕、楚與魏謀之，乃引兵而去。齊兵已去，魏失其與國，無與共擊楚，乃夜遁。楚師乃還〔九〕。

〔一〕鮑彪曰：燕惠七年書韓、魏、楚共伐燕，他不書，則楚當是齊。此（楚頃襄）二十七年。吳師道曰：策有宋，蓋宋未滅時，豈得改楚爲齊？梁玉繩曰：伐燕是齊、韓、魏，史記秦本紀：昭襄三十五年，佐韓、魏、楚伐燕。與燕世家同誤。黄式三曰：燕世家：惠王七年，韓、魏、楚共伐燕。楚世家：頃襄王二十七年，使三萬人助三晉伐燕。秦本紀：昭王三十五年，佐韓、魏、楚伐燕。史記載此事甚明。燕策曰：齊、韓、魏共伐燕，使景陽將而救燕，與此自是兩事。鮑注國策多據史改策，此又據策改史燕世家之楚爲齊。李鍇尚史楚臣景陽傳沿鮑注之譌。祖耿案：鮑本此篇在楚策。顧觀光附此於赧王二十九年，曰：時宋尚在，故附齊滅宋前。

〔二〕鮑彪曰：景陽後至考烈六年猶爲將，見史。　吳師道曰：楚世家，景陽救楚，齊滅宋，當頃襄十三年，至考烈王六年，凡三十年，猶相及。唐裴行儉討突厥徙營事，類此。　金正煒曰：按淮南氾論篇：景陽淫酒被髮而御於婦人，威服諸侯。注，景陽，楚將。新論安瑕篇：景陽，郢中之大淫也，而威諸侯。是景陽故楚之威名將也。

〔三〕鮑彪曰：壁，軍壘。表，如華表，以別所舍。　黄丕烈曰：今本「稙」作「植」，鮑本作「植」。　金正煒曰：尉繚子將令篇：設營表，置轅門。　吳曾祺曰：案插木於地以定方向，謂之表，即虞書之光被四表也。

〔四〕鮑彪曰：滅，猶没也，此欲用其衆，因以示神。　金正煒曰：按策文，「皆」、「比」通用。此文「皆」當爲「比」，涉下文「水皆滅表」而誤也。韓非外儲説「比至已誅之矣」。漢書高帝紀「自度比至皆亡之」。注，比，及也。

〔五〕祖耿案：鮑本「滅」下有「其」字。

〔六〕鮑彪曰：「雝」「雍」同，屬陳留。　張琦曰：雝丘，今開封府杞縣，故雍邱也。　程恩澤曰：案地理志，陳留郡雍邱縣，故杞國也（郡國志同）。周武王封禹後東樓公先春秋時徙魯東北之淳于。（在今青州府境，距雍邱千有餘里。孔疏謂雍邱、淳于郡別而境連，非是。）或曰亦古雍國，非是。（杜預曰：雍在河内山陽縣，今修武縣西有雍城。）元和志：四面高曰雍，又云：四望不見四方故謂之雍。今爲開封府杞縣治。（寰宇記：壽州安豐縣南六十里，有廢雍邱縣。此又一地。）　顧觀光曰：雍邱，漢志屬陳留。秦本紀正義曰：雍邱，汴州縣（今開封府杞縣）戰國初本鄭邑，而入于韓。韓世家「景侯元年伐鄭取雍邱」是也。後入於魏。

〔七〕鮑彪曰：宋時爲已齊，未曉。

〔八〕黄丕烈曰：鮑本無「見」字。丕烈案：吳氏引姚本，「車」作「軍」，「通」作「見」，出別本。金正煒曰：按周禮大司馬：以旌爲左右和之門。注，軍門曰和，今謂之壘門，立兩旌以爲之。「見」當爲「炬」，儀禮燕禮：司宫執燭於西階上。注，燭，燋也。儀禮士喪禮：楚焞置於燋。注，燋，炬也。「燭」「炬」並爲爇火之名。俗書「炬」作「⿸尸火」，因誤爲「見」。

〔九〕鮑彪曰：原在燕策。吳師道曰：以救燕，故在燕。

二

張丑爲質於燕〔一〕，燕王欲殺之，走且出境，境吏得丑〔二〕。丑曰：「燕王所爲將殺我者〔三〕，人有言我有寶珠也〔四〕，王欲得之，今我已亡之矣，而燕王不我信。今子且致我〔五〕，我且言子之奪我珠而吞之〔六〕，燕王必當殺子，刳子腹，及子之腸矣〔七〕！夫欲得之君不可說以利，吾要且死，子腸亦且寸絶〔八〕！」境吏恐而赦之〔九〕。

〔一〕吳師道曰：丑，見齊、韓、魏、中山等策，與楚威王、田嬰、公仲、張儀相涉，恐非惠王之世。祖耿案：御覽四百九十四引「質」作「賈」。又案韓非子說林上云「子胥出走，邊候得之。子胥曰：上索我者，以我有美珠，今我已亡之矣；我且曰子取吞之。候因釋之」。凡三十七字。與此事同而人異。吳越春秋亦載此事，「子胥」作「伍子胥」，「邊候得之」作「關吏欲執之」，「候因釋之」作「關吏因舍焉」。此作張丑，而文字幾三倍之，蓋傳説異辭，又加以緣飾也。顧觀光附此於赧王二十九年。

〔三〕祖耿案：御覽四百九十四引「丑」作「之」。

〔三〕祖耿案：類聚八十四引作「燕王所欲殺我者」。

〔四〕祖耿案：類聚八十四引「人」下無「有」字。

〔五〕祖耿案：御覽四百九十四引「致」上無「且」字。

〔六〕祖耿案：類聚八十四引「子」下無「之」字。

〔七〕姚注：續云：別本作「反子之腸」。　鮑彪曰：刳，判也。　祖耿案：御覽四百九十四、八百三、類聚八十四引「當」並作「且」，「腹」上並有「之」字。類聚八十四引「及」作「反」。

〔八〕祖耿案：類聚八十四引「腸」上有「之」字。「絶」下有「矣」字。

〔九〕吳師道曰：韓非子記子胥語楚邊候，同此。　祖耿案：類聚八十四、御覽八百三引「赦」並作「放」。

三

燕王喜使栗腹以百金爲趙孝成王壽酒〔一〕，三日，反報曰：「趙民其壯者皆死於長平，其孤未壯，可伐也。」王乃召昌國君樂間而問曰〔二〕：「何如？」對曰：「趙，四達之國也，其民皆習於兵，不可與戰。」王曰：「吾以倍攻之，可乎？」曰：「不可。」曰：「以三，可乎？」曰：「不可。」王大怒，左右皆以爲趙可伐。遽起六十萬以攻趙。令栗腹以四十萬攻鄗，使慶秦以二十萬攻代〔三〕。趙使廉頗以八萬遇栗腹於鄗，使樂乘以五萬遇慶秦於代〔四〕。燕人大敗，樂間入趙〔五〕。燕王以書且謝焉〔六〕，曰：『寡人不佞，不能奉順君意，故君捐國而去，則寡人之不肖明矣〔七〕！敢端其願，而君不肯聽〔八〕，故使使者陳愚意，君試論之〔九〕。語曰：「仁不輕絶，智不輕怨。」君之於先王也，世之所明知也〔一〇〕。寡人望有非，則君掩蓋之，不虞君之明罪之也〔一一〕！望有過，則君教誨之，不虞君之明罪之也〔一二〕！且寡人之罪，國人莫不知，天下莫不聞〔一三〕。君微出明怨以棄寡人，寡人必有罪矣〔一四〕。雖然，恐君之未盡厚也〔一五〕！諺曰：「厚者不毁人以自益也，仁者不危人以要名〔一六〕。」以故掩人之邪者，厚人之行也；救人之過者，仁者之道也〔一七〕。世有掩寡人之邪，救寡人之過，非君心所望之〔一八〕？今君厚受位於先王以成尊，輕棄寡人以快心，則掩邪救過，難得於君矣〔一九〕！且世有薄於故厚施，行有失而故惠用〔二〇〕。今使寡人任不肖之罪，而君有失厚之累，於爲君擇之也，無所取之〔二一〕。國之有封疆，猶家之有垣牆，所以合好掩惡也〔二二〕。室不能相和，出語鄰家，未爲通計也〔二三〕。怨惡未見而明棄之，未盡厚也〔二四〕。寡人雖不肖乎，未如殷紂之亂也〔二五〕；君雖不得意乎，未如商容、箕子之累也〔二六〕。然則不內蓋寡人而明怨於外〔二七〕，恐其適足以傷於高而薄於行也〔二八〕！非然也，苟可以明君之義，成君之高，雖任惡名，不難受也〔二九〕。本欲以爲明寡人之薄，而君不得厚；揚寡人之辱，而君不得榮〔三〇〕。此一舉而兩失也〔三一〕！義者不虧人以自益，況傷人以自損乎〔三二〕？願君無以寡人不肖累往事之美〔三三〕。昔者，柳下惠吏於魯，三黜而不去，或謂之曰：「可以去！」柳下惠曰：「苟與人之異，惡往而不黜乎？猶且黜乎，寧於故國爾〔三四〕！」柳下惠不以三黜自累，故前業不忘〔三五〕；不以去爲心，故遠近無議。今寡人之罪，國人未知，而議寡人者遍天下〔三六〕。語曰：「論不脩心，議不累物，仁不輕絶，智不簡功〔三七〕。」棄大功者輟也〔三八〕，輕絶厚利者怨也。輟而棄之，怨而累之，宜在遠者，不望之乎君也〔三九〕！今以寡人無罪，君豈怨之乎〔四〇〕？願君捐怨，追惟先王，復以教寡人〔四一〕！意君曰〔四二〕：「余且慝心以成而過，不顧先王以明而惡〔四三〕」，使寡人進不得脩功，退不得改過，君之所揣也〔四四〕，唯君圖之！此寡人之愚意也。敬以書謁之〔四五〕。」樂間、樂乘怨不用其計，二人卒留趙不報〔四六〕。

〔一〕黄式三曰：「壽」，史作「酒」，下云「以五百金飲人之王」。作「酒」亦通，酒所以養老，獻金曰壽，義蓋本此。如信陵君壽侯嬴前，是親酌勸飲曰壽，嬴既辭金，知不獻金也。或曰：壽，酬也。同聲通用。　金正煒曰：按齊策，貂勃使楚，楚王受而觴之，數日不反。此言酒者，謂共賓客之禮酒，「酒三日」猶言「觴三日」也。又或「酒」爲「留」字之譌，「畱」損爲「丣」，「丣」即「酉」之古文，因誤爲「酒」。燕世家「以五百金爲趙王酒」，又云「以五百金飲人之王」，似「酒」字非誤。或一本作「壽」，一本作「酒」，傳寫誤併耳。　祖耿案：顧觀光隸此於秦昭王五十三年。

〔二〕鮑彪曰：間，毅子。　吳師道曰：史，毅奔趙後，燕王復以其子樂間爲昌國君。索隱云，間，紀閑反。

〔三〕吳師道曰：史作「卿秦」。一本標後語作「慶奉」。　朱起鳳曰：「慶」「卿」古通。慶雲又作卿雲，荆卿亦爲荆慶，並其證也。　祖耿案：史記燕世家，索隱引作「爰秦」。

〔四〕鮑彪曰：乘，毅之族。　祖耿案：史記燕世家，索隱、正義引「八萬」並作「二十萬」。

〔五〕鮑彪曰：燕記元年有。　吳師道曰：史在王喜四年，餘說見下。

〔六〕金正煒曰：按「書」下疑脫「讓間」二字，又「且」與「徂」通，往也。左氏定十年傳：亦以徒七十人且門焉。　祖耿案：新序雜事三，樂毅爲昭王謀章云：「燕惠王大慙，自悔易樂毅以致此禍。惠王乃使人遺樂毅書曰：寡人不佞」云云，至「敬以書謁之」，凡六百二十二字。下接「樂毅使人獻書燕王報曰」云云。是此下「寡人不佞」云云，乃燕惠王遺樂毅書，非燕王喜遺樂間書也。吳師道以爲「寡人不佞」之上，當有「先王舉國而委將軍」，至「所以遇將軍之意乎」一節，凡一百二十字，錯簡在前，當是。說已見前，又詳章末，當並參之。

〔七〕祖耿案：新序「意」作「志」，「去」下無「則」字，「人」下無「之」字。

〔八〕鮑彪曰：端，猶專也。願，欲復用之。　祖耿案：新序「端」作「謁」，「不」作「弗」，「聽」下有「也」字。

〔九〕祖耿案：新序「意」作「志」，「試論」作「誠諭」。

〔一〇〕祖耿案：新序「君」下無「之」字，「王」下無「也」字。

〔一一〕鮑彪曰：有非而蔽覆之，王喜所望也。虞，猶圖。　祖耿案：新序「掩」作「覆」，「君」下無「之」字，「罪」作「棄」。

〔一二〕黄丕烈曰：「罪」鮑本作「棄」。丕烈案：「棄」字當是，異於上句也。新序上句作「棄」，此句作「罪」互易。　金正煒曰：按次「罪」字與上文複，當從鮑本作「棄」。　祖耿案：新序「明」上無「之」字。新序上句「棄」，下句「罪」，是也。當從。

〔一三〕金正煒曰：「且」字與上下文義不相屬，疑「是」之譌。是猶於是也。說詳釋詞。　祖耿案：此句新序作「寡人之罪，百姓弗聞」。上無「且」字。

〔一四〕鮑彪曰：微出明怨，言閒雖無出之趙，以明有怨於我，人亦知之。　金正煒曰：說文：微，隱行也。詩十月之交：彼月而微。箋，微謂不明也。「微出」與「明怨」，相對爲文，鮑注非是。

〔一五〕祖耿案：新序無「雖」字，「也」作「矣」。

〔一六〕吳師道曰：此下當有「也」字。姚本作「以」，訛。　黄丕烈曰：「以」鮑本無。吳補云云。案吳說非也，考新序無「也」字，亦無「以」字，「以故」即「故」耳。　祖耿案：新序「毀」作「損」，「益」下無「也」字，「危人」作「危軀」，「名」下無「也」字。

〔一七〕祖耿案：新序「故」上無「以」字。策此「以」字當爲「也」字聲誤，與上「自益也」句例同。新序「掩」作「覆」，「厚」下無「人」字，「仁」下無「者」字。

〔一八〕黄丕烈曰：「心」鮑本作「恐」，無「所」字，鮑改「恐」爲「孰」。吳氏補曰：字有譌。一本「心所」，姚同。丕烈案：考新序作「惡」字是也，「心」即「惡」之壞。　王念孫曰：新序雜事篇作「非君惡所望之」是也。惡，何也。言非君何所望之也。作「恐」者「惡」之訛，作「心」者「惡」之脱耳。鮑不考而改「恐」爲「孰」，謬矣。（「恐」與「孰」形聲俱不相近，若本是「孰」字，無緣誤爲「恐」。）　祖耿案：「有」下「掩」字，新序作「覆」。

〔一九〕祖耿案：新序「位」作「德」，「王」下「以」字作「之」，「掩邪」作「覆邪」。

〔二〇〕鮑彪曰：世雖薄我，我反厚施之。行與我不合，反惠愛任用之。　吳師道曰：有過失當棄，反順用之。　黃丕烈曰：「於」，鮑本作「而」。丕烈案：此與新序文全異。　金正煒曰：兩本並有脱誤。新序作「且世有厚薄，故施異；行有得失，故患同」。

〔二一〕鮑彪曰：任，猶負。擇，擇其所處。　祖耿案：新序「今」下無「使」字，「擇」下無「之也」二字，「取」下無「之」字。

〔二二〕吳師道曰：「惡」如字。　黃丕烈曰：「猶」鮑本無。吳補：一本此有「猶」字，姚同。丕烈案：新序有。　祖耿案：新序「國」下無「之」字，「掩」作「覆」。

〔二三〕祖耿案：新序「語」作「訟」。

〔二四〕黃丕烈曰：「未」下鮑本有「爲」字。丕烈案：新序有。

〔二五〕祖耿案：新序「肖」下無「乎」字。

〔二六〕祖耿案：「不得意乎」，新序作「未得志」。

〔二七〕鮑彪曰：「蓋」一作「盡」。　黃丕烈曰：案新序作「盡」。　祖耿案：新序「然」下無「則」字，「人」下無「而」字。

〔二八〕祖耿案：新序「傷」下有「於」字，「高」下有「義」字。

〔二九〕鮑彪曰：所謂任不肖之罪。　祖耿案：新序「然」下無「也」字；「明君之義」「成君之高」二語，上下互易，「雖」下無「任」字。

〔三〇〕祖耿案：「惕」，鮑本作「揚」，新序同。新序「本」下無「欲」字，「辱」作「毁」。

〔三一〕祖耿案：「此」，新序作「是」。

〔三二〕祖耿案：「虧」，新序作「毁」。

〔三三〕祖耿案：鮑本「君」上無「願」字，新序有。新序「人」下有「之」字。

〔三四〕吴師道曰：此論語所記便不及。王引之曰：猶有均義。「猶且黜」，均將黜也。祖耿案：此節新序作「昔者柳下季，爲理於魯，三絀而不去。或曰：可以去矣。柳下曰：苟與人異，惡往而不絀乎？猶且絀也，寧故國耳」。

〔三五〕金正煒曰：新序無「三」字。

〔三六〕祖耿案：新序無「今」字，「未」作「不」，無「遍」字。

〔三七〕鮑彪曰：凡有脩者，先必有失，而善論者不然。簡，與附反，猶棄也。吴師道曰：「脩」字必有誤。黄丕烈曰：案新序無「論不脩心，議不累物」二句。「脩」或「循」字譌也。

〔三八〕鮑彪曰：輟，止也。黄丕烈曰：「棄」上鮑本有「簡」字。丕烈案：新序作「簡功棄大者仇也」。金異。金正煒曰：新序作「簡棄大功者仇也」。

〔三九〕鮑彪曰：疏遠之臣可爾。祖耿案：新序「輟」作「仇」，「君」下無「也」字。

〔四〇〕祖耿案：新序「今」下無「以」字。

〔四一〕祖耿案：此句新序作「願君捐忿和怒，追順先王，以復教寡人」。

〔四二〕鮑彪曰：意度其然。王念孫曰：鮑注非也。意，詞也，讀與「抑」同。祖耿案：王説是也。新序此句作「寡人意君之曰」，有誤。

〔四三〕鮑彪曰：慝心，待之以不善之心。　金正煒曰：「慝」當作「愿」，形似而訛也。說文：愿，快也。昌國君樂毅章：先王以爲愿其志。與此義同。小爾雅廣詁：而，汝也。詩那：顧予烝嘗。箋，顧猶念也。上文「今君厚受位於先王以成尊，輕棄寡人以快心」，文正相應。新序作「余將快心以成而過」，「愿心」即猶「快心」。鮑注並誤。　吳曾祺曰：案此二句作樂間語。　祖耿案：吳說非也，此代樂毅語，說詳前。

〔四四〕姚注：「揣」曾作「剬」。鮑彪曰：言間量我也。　王念孫曰：鮑說甚謬，「揣」者「剬」之譌，「剬」者「制」之譌。言君之幸教寡人與否，皆在於君，故曰「君之所制也，唯君圖之」。新序雜事篇作「此君所制，唯君圖之」。是其明證也。篆文「制」字作「㓡」，隸作「𠛎」，形與「剬」相近，因譌而爲「𠜳」矣！　祖耿案：新序「脩功」作「循初」，「改過」作「變過」。

〔四五〕祖耿案：新序「意」作「志」，下無「也」字；此句之下，即接「樂毅使人獻書」云云，知此爲惠王與樂毅書也。

〔四六〕鮑彪曰：彪謂過而不改，然後爲過。燕王喜過在於愎諫伐趙，其於間未見其有可絕之處。而能悔如此。禮不云乎，「其嗟也可去，其謝也可食」。何間絕之深也？抑其書辭條達明麗婉乎孰復（祖耿案：當有誤字），天下之偉文也。　吳師道曰：責其出奔以明怨，薄己而揚過，悔艾懲創之意少，未見其果可以釋憾而反國也。新序以此爲燕惠王遺樂毅書。考之毅答惠王書云，「今足下使人數之以罪」，而史所載惠王讓毅，無數罪之語。前章燕王使人讓毅，且謝之曰云云，當是此章之首，蓋錯簡也。且策以此爲樂間答書，而末云「間、乘怨不用其計」，於乘何與？史趙世家，孝成王十五年，廉頗破殺栗腹，虜卿秦、樂間。則是間爲將而被虜。燕世家則云奔趙。又趙孝成王十六年，廉頗圍燕，以樂乘爲武襄君。二十一年，孝成王卒，廉頗將，攻繁陽，取之，使樂乘代之，頗攻乘，乘走。據策史所記多舛，故知此書非樂間事，而新序之説爲是云。　梁玉繩曰：史記樂毅列傳：燕王恨不用樂間，樂間既在趙，乃遺樂間書。案史所載書辭，與國策全異，新序雜事三與策合，而謂惠王遺樂毅書，吳師道從之。以策前章「先王舉國」一節（即上文引策惠遺毅書也），乃後章之首錯簡也。又曰：毅答惠書云「足下使人數之以罪」，而史載惠王讓毅，無數罪之語，故知非樂間事。新序爲是。日知錄亦稱：燕王遺樂間書，即樂毅事，傳者誤以爲其子。然史策書辭既殊，而策復有留趙不報之言。余疑燕惠遺毅、燕喜遺間，或係二事，未可混并爲一。蓋國策不載遺間書，止載遺毅書，而誤分爲兩章；史又止載前半截，去「寡人不佞」以下。其實書辭條暢婉麗，不可删也。此百餘字（祖耿案：謂史記樂毅傳中文），當是喜遺間書。但文雖別而意則同，豈古之視草者，亦襲舊詔乎？　又曰：傳云，樂間、樂乘怨燕不聽其計，二人卒留趙。案間諫王不聽，其怨燕宜也。若乘者，身爲趙將，未嘗入燕，何爲亦怨燕王乎？「樂乘」字、「二人」字，衍。（志疑卷三十）　馬驌曰：新序以此爲燕惠王謝樂毅書。　黃式三曰：新序以此爲燕惠王遺樂毅書。　黃丕烈曰：「乘」上鮑本無「樂」字。吳氏補曰：新序以此爲燕惠王遺樂毅書。又曰：據策史所記多舛，故知此非樂間事，而新序之説爲是云。丕烈案：策文與史記樂毅傳事同，新序當是別記。吳氏所説未是。　金正煒曰：「樂乘」及「二人」四字並衍。

四

秦并趙，北向迎燕〔一〕，燕王聞之，使人賀秦王〔二〕。使者過趙，趙王繫之〔三〕。使者曰：「秦、趙爲一而天下服矣！茲之所以受命於趙者，爲秦也〔四〕！今臣使秦而趙繫之，是秦、趙有郄；秦、趙有郄，天下必不服，而燕不受命矣〔五〕！且臣之使秦，無妨於趙之伐燕也。』趙王以爲然而遣之。使者見秦王，曰：『燕王竊聞秦并趙，燕王使使者賀千金。』秦王曰：『夫燕無道，吾使趙有之，子何賀？』使者曰：『臣聞全趙之時，南鄰爲秦，北下曲陽爲燕〔六〕，趙廣三百里，而與秦相距五十餘年矣。所以不能反勝秦者〔七〕，國小而地無所取。今王使趙北并燕〔八〕，燕、趙同力，必不復受於秦矣〔九〕！臣切爲王患之〔一〇〕！』秦王以爲然，起兵而救燕〔一一〕。

〔一〕鮑彪曰：并，合也。迎，以兵迎之。　祖耿案：顧觀光隸此於始皇十一年。

〔二〕鮑彪曰：秦王，始皇。

〔三〕鮑彪曰：趙王，悼襄。

〔四〕鮑彪曰：言燕先時服趙者，以秦與趙合。　黄丕烈曰：鮑改「玆」爲「燕」。吴氏補曰：恐「燕」字訛。

〔五〕黄丕烈曰：「郄」，鮑本作「隙」，吴補：一本並作「郄」，姚同。

〔六〕鮑彪曰：下曲陽，屬鉅鹿。　張琦曰：下曲陽故城，在今晉州西五里，地不入燕界。蓋飾辭也。　程恩澤曰：案漢志：鉅鹿郡有下曲陽縣，今鼓聚昔陽亭是也。十三州志：中山有上曲陽，故此加下。括地志：下曲陽城在今鼓城縣西五里（通典、寰宇記並同），今在正定府晉州西五里，即春秋鼓國也。　金正煒曰：按趙不得謂秦爲南，且與下句文不一律，疑本作「西上南鄰爲秦」。漢書楚元王交傳：因西攻南鄰入武關。汲古本作南陽。此文「鄰」字，亦有譌誤，未詳所當作。素問五運行大論「所謂上下者」注：下，北也。

燕在趙北，謂之下；秦在趙西，故知當爲上。相對爲文也。鮑注「下曲陽屬鉅鹿」，雖本漢志，但戰國時曲陽，不必即有「下」稱。

〔七〕鮑彪曰：反，猶報也。言數爲秦敗，不能報而勝之。金正煒曰：「反」字疑「多」字之譌，俗書「多」作「𡖋」，因致誤「反」。

〔八〕鮑彪曰：北并，謂兼有之。

〔九〕黄丕烈曰：鮑「受」下補「命」字。

〔一〇〕黄丕烈曰：今本「切」作「竊」，鮑本作「竊」。

〔一一〕姚注：「救」，曾作「攻」。鮑彪曰：趙悼襄九年攻燕，取貍、陽城。兵未罷，秦攻鄴，拔之。此（燕喜）十九年。

五

燕太子丹質於秦，亡歸〔一〕，見秦且滅六國，兵以臨易水〔二〕，恐其禍至。太子丹患之，謂其太傅鞫武曰〔三〕：「燕、秦不兩立！願太傅幸而圖之！」武對曰：「秦地徧天下，威脅韓、魏、趙氏，則易水以北，未有所定也〔四〕。柰何以見陵之怨〔五〕，欲排其逆鱗哉〔六〕？」太子曰：「然則何由？」太傅曰：「請入圖之〔七〕。」居之有間〔八〕，樊將軍亡秦之燕，太子容之〔九〕。太傅鞫武諫曰：「不可！夫秦王之暴而積怨於燕，足爲寒心〔一〇〕，又況聞樊將軍之在乎？是以委肉當餓虎之蹊〔一一〕，禍必不振矣〔一二〕。雖有管、晏，不能爲謀〔一三〕。願太子急遣樊將軍入匈奴以滅口〔一四〕。請西約三晉，南連齊、楚，北講於單于〔一五〕，然後乃可圖也！』太子丹曰：『太傅之計，曠日彌久，心惛然恐不能須臾〔一六〕。且非獨於此也，夫樊將軍困窮於天下，歸身於丹，丹終不迫於强秦而棄所哀憐之交，置之匈奴。是丹命固卒之時也〔一七〕！願太傅更慮之！』鞫武曰：『燕有田光先生者，其智深，其勇沉，可與之謀也〔一八〕。』太子曰：『願因太傅交於田先生，可乎？』鞫武曰：『敬諾。』出見田光，道太子曰〔一九〕：『願圖國事於先生！』田光曰：『敬奉教。』乃造焉。太子跪而逢迎，却行爲道〔二〇〕，跪而拂席〔二一〕。田先生坐定，左右無人，太子避席而請曰：『燕、秦不兩立，願先生留意也！』田光曰：『臣聞騏驥盛壯之時，一日而馳千里；至其衰也，駑馬先之。今太子聞光壯盛之時，不知吾精已消亡矣！雖然，光不敢以乏國事也〔二二〕！所善荆軻可使也〔二三〕！』太子曰：『願因先生得願交於荆軻〔二四〕，可乎？』田光曰：『敬諾。』即起趨出〔二五〕，太子送之，至門，曰〔二六〕：『丹所報先生所言者，國大事也，願先生勿泄也〔二七〕！』田光俛而笑，曰：『諾〔二八〕。』僂行見荆軻〔二九〕，曰：『光與子相善，燕國莫不知。今太子聞光壯盛之時，不知吾形已不逮也。幸而教之，曰：「燕、秦不兩立，願先生留意也。」光竊不自外〔三〇〕，言足下於太子，願足下過太子於宮。』荆軻曰：『謹奉教。』田光曰：『光聞長者之行〔三一〕，不使人疑之。今太子約光曰：「所言者國之大事也〔三二〕，願先生勿泄也。」是太子疑光也！夫爲行使人疑之，非節俠士也〔三三〕！』欲自殺以激荆軻〔三四〕，曰：『願足下急過太子，言光已死，明不言也。』遂自剄而死。軻見太子，言田光已死，明不言也〔三五〕。太子再拜而跪，膝下行流涕〔三六〕，有頃而後言曰：『丹所請田先生無言者〔三七〕，欲以成大事之謀。今田先生以死明不泄言，豈丹之心哉〔三八〕！』荆軻坐定，太子避席頓首曰：『田先生不知丹不肖，使得至前，願有所道，此天所以哀燕不棄其孤也〔三九〕！今秦有貪饕之心〔四〇〕，而欲不可足也！非盡天下之地、臣海内之王者，其意不饜〔四一〕！今秦已虜韓王，盡納其地〔四二〕，又舉兵南伐楚，北臨趙。王翦將數十萬之衆臨漳、鄴〔四三〕，而李信出太原、雲中。趙不能支秦，必入臣〔四四〕，入臣則禍至燕。燕小弱，數困於兵，今計舉國不足以當秦，諸侯服秦，莫敢合從〔四五〕。丹之私計，愚以爲誠得天下之勇士，使於秦，窺以重利〔四六〕，秦王貪其贄，必得所願矣〔四七〕！誠得劫秦王，使悉反諸侯之侵地，若曹沫之與齊桓公，則大善矣〔四八〕！則不可，因而刺殺之〔四九〕。彼大將擅兵於外〔五〇〕，而內有大亂，則君臣相疑，以其間諸侯，諸侯得合從，其償破秦必矣〔五一〕！此丹之上願，而不知所以委命〔五二〕。唯荆卿留意焉〔五三〕！』久之，荆軻曰：『此國之大事〔五四〕，臣駑下，恐不足任使。』太子前頓首，固請無讓，然後許諾。於是尊荆軻爲上卿，舍上舍，太子日日造問〔五五〕，供太牢異物〔五六〕，間進車騎美女，恣荆軻所欲以順適其意〔五七〕。久之，荆卿未有行意。秦將王翦破趙，虜趙王〔五八〕，盡收其地，進兵北略地，至燕南界〔五九〕，太子丹恐懼，乃請荆卿曰：『秦兵旦暮渡易水，則雖欲長侍足下，豈可得哉！』荆卿曰：『微太子言，臣願得謁之。今行而無信，則秦未可親也！夫今樊將軍〔六〇〕，秦王購之金千斤，邑萬家〔六一〕。誠能得樊將軍首，與燕督亢之地圖〔六二〕，獻秦王，秦王必說，見臣，臣乃得有以報太子。』太子曰：『樊將軍以窮困來歸丹，丹不忍以己之私而傷長者之意，願足下更慮之。』荆軻知太子不忍，乃遂私見樊於期〔六三〕，曰：『秦之遇將軍，可謂深矣〔六四〕！父母宗族皆爲戮沒！今聞購將軍之首，金千斤，邑萬家，將柰何？』樊將軍仰天太息流涕〔六五〕，曰：『吾每念，常痛於骨髓，顧計不知所出耳〔六六〕！』軻曰：

『今有一言，可以解燕國之患，而報將軍之仇者，何如？』樊於期乃前曰：『爲之柰何〔六七〕？』荊軻曰〔六八〕：『願得將軍之首以獻秦〔六九〕，秦王必喜而善見臣，臣左手把其袖，而右手揕抗其胸〔七〇〕，然則將軍之仇報而燕國見陵之恥除矣！將軍豈有意乎〔七一〕？』樊於期偏袒扼腕而進曰：『此臣日夜切齒拊心也〔七二〕！乃今得聞教！』遂自刎〔七三〕。太子聞之，馳往，伏屍而哭，極哀。既已無可奈何，乃遂收盛樊於期之首，函封之〔七四〕。於是太子預求天下之利匕首，得趙人徐夫人之匕首〔七五〕，取之百金，使工以藥淬之〔七六〕，以試人，血濡縷〔七七〕，人無不立死者〔七八〕。乃爲裝遣荊軻〔七九〕。燕國有勇士秦武陽，年十二〔八〇〕，殺人，人不敢與忤視〔八一〕。乃令秦武陽爲副。荊軻有所待，欲與俱，其人居遠，未來，而爲留待。頃之，未發〔八二〕。太子遲之，疑其有改悔〔八三〕，乃復請之，曰：『日以盡矣〔八四〕！荊卿豈無意哉〔八五〕？丹請先遣秦武陽！』荊軻怒，叱太子，曰：『今日往而不反者豎子也〔八六〕！今提一匕首，人不測之强秦，僕所以留者，待吾客與俱。今太子遲之，請辭決矣！』遂發。太子及賓客知其事者〔八七〕，皆白衣冠以送之。至易水上，既祖〔八八〕，取道〔八九〕。高漸離擊筑，荊軻和而歌，爲變徵之聲〔九〇〕，士皆垂淚涕泣〔九一〕。又前而爲歌曰：『風蕭蕭兮易水寒，壯士一去兮不復還！」復爲忼慨羽聲〔九二〕，士皆瞋目，髮盡上指冠〔九三〕。

於是荆軻遂就車而去，終已不顧。既至秦，持千金之資幣物，厚遺秦王寵臣中庶子蒙嘉〔九四〕，嘉爲先言於秦王，曰：「燕王誠振畏，慕大王之威〔九五〕，不敢興兵以拒大王〔九六〕，願舉國爲内臣，比諸侯之列，給貢職如郡縣，而得奉守先王之宗廟。恐懼不敢自陳，謹斬樊於期頭，及獻燕之督亢之地圖〔九七〕，函封，燕王拜送於庭，使使以聞大王，唯大王命之。」秦王聞之，大喜，乃朝服，設九賓〔九八〕，見燕使者咸陽宫〔九九〕。荆軻奉樊於期頭函〔一〇〇〕，而秦武陽奉地圖匣〔一〇一〕，以次進。至陛下〔一〇二〕，秦武陽色變振恐，群臣怪之。荆軻顧笑武陽〔一〇三〕，前爲謝曰：「北蠻夷之鄙人，未嘗見天子，故振慴〔一〇四〕。願大王少假借之，使畢使於前〔一〇五〕。」秦王謂軻曰：「起〔一〇六〕！取武陽所持圖！」軻既取圖，奉之，發圖，圖窮而匕首見〔一〇七〕。因左手把秦王之袖，而右手持匕首，揕抗之〔一〇八〕。未至身，秦王驚，自引而起，絶袖〔一〇九〕。拔劍，劍長，摻其室〔一一〇〕。時怨急〔一一一〕，劍堅〔一一二〕，故不可立拔。荆軻逐秦王，秦王還柱而走〔一一三〕，群臣驚愕〔一一四〕，卒起不意，盡失其度〔一一五〕。而秦法，群臣侍殿上者，不得持尺兵〔一一六〕。諸郎中執兵皆陳殿下〔一一七〕，非有詔，不得上。方急時，不及召下兵，以故荆軻逐秦王，而卒惶急，無以擊軻，而乃以手共搏之〔一一八〕。是時侍醫夏無且以其所奉藥囊提軻〔一一九〕。秦王之方還柱走〔一二〇〕，卒惶急，不知所爲，左右乃曰：『王負劍〔一二一〕！』王負劍，遂拔以擊荆軻，斷其左股。荆軻廢，乃引其匕首提秦王〔一二二〕，不中，中柱〔一二三〕。秦王復擊軻，被八創〔一二四〕。軻自知事不就，倚柱而笑，箕踞以駡〔一二五〕曰：『事所以不成者，乃欲以生劫之，必得約契以報太子也〔一二六〕。』左右既前斬荆軻，秦王目眩良久，而論功〔一二七〕，賞群臣及當坐者各有差〔一二八〕。而賜夏無且黄金二百鎰，曰：『無且愛我，乃以藥囊提軻也〔一二九〕！』於是秦大怒燕，益發兵詣趙，詔王翦軍以伐燕〔一三〇〕，十月而拔燕薊城〔一三一〕。燕王喜太子丹等皆率其精兵東保於遼東〔一三二〕。秦將李信追擊燕王，王急，用代王嘉計，殺太子丹，欲獻之秦。秦復進兵攻之，五歲而卒滅燕國〔一三三〕，而虜燕王喜。秦兼天下。其後，荆軻客高漸離，以擊筑見秦皇帝，而以筑擊秦皇帝，爲燕報仇，不中而死〔一三四〕。

〔一〕祖耿案：此章見史記刺客列傳。史記較此爲詳，荆軻高漸離始末具備，此無之。蓋此采司馬遷作，而去其首尾也。顧觀光隸此於始皇二十年。

〔二〕黄丕烈曰：今本「水」誤「未」，下「則易水以北」，「水」誤「人」。「以」，鮑本作「已」。

〔三〕黄丕烈曰：「鞫」鮑本作「鞠」。吳補：一本「鞠」作「鞫」，下同。索隱云，音麴，又如字。丕烈案：史記作「鞠」。　祖耿案：史記注，司馬貞曰：「鞠武，人姓名也」。

〔四〕金正煒曰：按「則」當爲「財」字之譌也。荀子勸學篇：口耳之間，則四寸耳。韓侍郎云：「則」當爲「財」，與「纔」同。漢書李陵傳：財令陵爲助兵。注，「財」與「纔」通，謂僅也。史傳通用字。　祖耿案：此句史記作「則長城之南、易水以北，未有所定也」。注，張守節曰：以北謂燕國也。

〔五〕鮑彪曰：傳言，丹質秦，秦遇之不善。

〔六〕姚注：「排」一作「批」，曾、錢作「排」。鮑彪曰：批，白結切（祖耿案：坊本作「篇迷切」），擊也。說難：龍可擾而騎也，然喉下有逆鱗徑尺，人有嬰之，則必殺人。人主亦有。　黄丕烈曰：「排」，鮑本作「批」。吳補：一本「批」作「排」。姚云，曾、錢作此字。丕烈案：史記作「批」。　祖耿案：史記注，司馬貞曰：白結反，批謂觸擊之。

〔七〕鮑彪曰：請太子入息，已乃圖之。　金正煒曰：「入」字疑當作「力」，篆文「力」作「[illegible]」，「入」作「[illegible]」，二形相近而誤。

〔八〕金正煒曰：按列子黃帝篇「立有間」，釋文，間，少時也。呂覽去私篇「居有間」，注，間，頃也。　祖耿案：史記「居有間」，無「之」字。

〔九〕黄丕烈曰：「容」，鮑本作「客」。丕烈案：史記作「舍」。吳補：姚本「容之」。　祖耿案：此句史記作「秦將樊於期得罪於秦王，亡之燕，太子受而舍之」。案始皇十四年，秦將桓齮擊趙，敗奔燕。「桓齮」與「樊於期」，聲近字異，實爲一人，即此樊將軍也。

〔一〇〕鮑彪曰：秦王，始皇。怨，怨其亡歸。　吳師道曰：凡人寒甚則心戰，恐懼亦戰。　祖耿案：吳本司馬貞。貞又言，今以懼讐寒，言可爲心戰。

〔一一〕鮑彪曰：蹊，徑也。　黄丕烈曰：鮑改「以」作「謂」。吳氏補曰：史作「謂」，然「以」義亦通。　金正煒曰：按玉篇：以，爲也。史作「謂」。釋詞，謂猶爲也。

〔一二〕鮑彪曰：振，救也。　司馬貞曰：振，救也。言禍及天下，不可救之。

〔一三〕黄丕烈曰：鮑本作「不能爲之謀也」。丕烈案，史記有「之」字、「也」字。　程恩澤曰：案管見前。晏以邑爲氏，今濟南府齊河縣北二十里有晏城，寰宇記謂之晏嬰城，志云：晏嬰采邑也。惟左傳云：與晏子邶殿，其鄙六十，不受。晏子春秋：景公封晏子於都昌（在今萊州府昌邑縣西）。齊乘曰：即城南五里之大營城也），不受。又云：景公爲晏子封邑，使田無宇置臺與無鹽，不受。皇輿表又以高密爲晏子封邑。說各不同。或謂都昌即邶殿。高士奇曰：古者增封，每因其原封而附益之。晏子本封于晏，邶殿疑即在此。都昌之説不可通。顧棟高曰：高密屬萊州，蓋以晏弱滅萊而封之，故晏子爲萊之濰夷人，昌邑與高密接壤，則其增封非無據。晏城之爲晏，或其未封高密時所食邑耳。今按雜家之言，多不足信。左傳「邶殿」，在杜注已無確詁，當從闕疑。惟晏城爲較是。

〔一四〕程恩澤曰：案伊尹四方令，正北匈奴，亦北狄也。風俗通：殷時曰獯粥，改曰匈奴。漢書匈奴傳：其先夏后氏之苗裔，曰淳維。唐虞以上，有山戎、獫狁、葷粥，居於北邊。晉灼曰：堯時曰葷粥，周曰獫狁，秦曰匈奴。胡三省曰：樂彦括地譜：夏桀無道，湯放之鳴條，三年而死。其子獯粥，妻桀之衆妾，避居北野，隨畜移徙。中國謂之匈奴。其言夏后苗裔，或當然也。以今考之，大約其地自唐虞以來，已爲北夷所據。而匈奴之種，則始自夏末，其勢則强自戰國，凡燕趙秦三國，皆與爲邊鄰。

〔一五〕祖耿案：「講」，史記作「購」。注，司馬貞曰：戰國策「購」作「講」，和也。今讀「購」，與「爲燕媾」同。

媾，亦合也。漢史「媾」「講」兩字常雜。今欲北與連和。陳軫傳亦曰「西講於秦」也。

〔一六〕鮑彪曰：言己憂思昏瞀且死，須臾不可待。　祖耿案：「臾」疑衍，須，待也。

〔一七〕鮑彪曰：知禍且至，而猶爲之，自疑命止於此。　祖耿案：史記「因」在「丹」上。

〔一八〕鮑彪曰：沉，猶深。　黄丕烈曰：「其勇」，鮑本作「而慮」。吳補：一本「其智深，其勇沉」，史、姚同。　祖耿案：史記「鞠武曰」下，「燕有田光先生」之前，有「所謂資怨而助禍，豈足道哉」一段六十八字，此章未錄。

〔一九〕黄丕烈曰：鮑衍「曰」字。丕烈案：史記無。

〔二〇〕鮑彪曰：不敢背之。　金正煒曰：史作「導」，「道」與「導」通。

〔二一〕朱起鳳曰：「拂席」，史記刺客列傳作「徶席」。集解徐廣曰，「徶」一作「撥」，一作「捄」。索隱，徶音疋結反。徶猶拂也。案「徶」當作「撇」，「撇」「拂」同義，古通用。

〔二二〕鮑彪曰：不令太子所圖有闕。　吳曾祺曰：無人可謀國事謂之乏。左傳「攝官承乏」，即其義。　祖耿案：「乏」，史記作「圖」。

〔二三〕祖耿案：「軻」，史記作「卿」，下同。注，張守節曰：燕丹子云「田光答曰：竊觀太子客，無可用者。夏扶血勇之人，怒而面赤；宋意脈勇之人，怒而面青；武陽骨勇之人，怒而面白。光所知荆軻，神勇之人，怒而色不變」。

〔二四〕黄丕烈曰：「於」，鮑本無。鮑衍「願」字。丕烈案：史記作「結交於」。

〔二五〕黄丕烈曰：「即」，鮑本作「則」。吳補：一本「即趨出」，姚本「即起」。丕烈案：史記作「即起」。

〔二六〕黄丕烈曰：「曰」上鮑本有「戒」字。丕烈案：史記有。

〔二七〕金正煒曰：按報謂陰有所屬也。漢書外戚傳：少夫幸報我以事，我亦欲報少夫可乎。與此同義。

〔二八〕吳師道曰：正義曰，俛，音俯。按「俛」即「俯」字。漢書晁錯傳「俛仰」、韓信「俛出」、東方朔「俛啄」，顔注：即「俯」。

〔二九〕鮑彪曰：僂，致敬貌。禮，一命而僂。

〔三〇〕鮑彪曰：言不自疎於軻。

〔三一〕黄丕烈曰：「之」，鮑本作「爲」。吳補：一本「之」。丕烈案：史記作「爲」。

〔三二〕祖耿案：鮑本「國」下無「之」字。「約」，史記作「告」。

〔三三〕鮑彪曰：荀悦曰，立氣勢，作威福，結私交，以立强於世者，謂之俠。　祖耿案：「行」下鮑本有「而」字，史記同。

〔三四〕鮑彪曰：言其死非爲泄，欲厲勉軻使死之耳。

〔三五〕黄丕烈曰：「明不言也」四字，鮑本作「致光之言」。吳補：一本此四字作「明不言也」。姚同。史同今本。　祖耿案：史記作「致光之言」。

〔三六〕鮑彪曰：以膝行，不立行，故言「下」。　王念孫曰：鮑説甚謬，「膝行」二字之間，不當有「下」字，此因上文「下」字而誤衍耳。史記刺客傳無「下」字，文選四子講德論注引策文亦無。

〔三七〕祖耿案：「無」，鮑本作「不」，史記作「毋」。　吳昌瑩曰：不言，勿言也。

〔三八〕黄丕烈曰：今本「以」誤「已」。

〔三九〕吳師道曰：索隱云，無父曰孤。時燕王尚在，或記者失辭，或諸侯嫡子亦僭稱孤也。又劉向曰，燕王真（案當作「喜」）之太子。　黄丕烈曰：「不」上鮑本有「而」字。丕烈案：史記有。　祖耿案：鮑本「天」

下有「之」字。

〔四〇〕黃丕烈曰：「饕」，鮑本作「利」。丕烈案：史記作「利」。

〔四一〕吳師道曰：荀子註引策作「牢天下之王」。　祖耿案：荀子王霸篇楊倞注引此文作「秦有貪功之心，非盡天下之地、牢海內之王，其意不厭」。

〔四二〕鮑彪曰：秦十七年，虜王安。

〔四三〕黃丕烈曰：「將」，鮑本無。丕烈案：史記有。　祖耿案：「臨漳鄴」，鮑本作「距漳鄴」，史記同。

〔四四〕黃丕烈曰：「能」，鮑本無。吳補：一本此有「能」字。丕烈案：史記有。

〔四五〕黃丕烈曰：今本「莫」誤「不」。

〔四六〕鮑彪曰：闚，言示之以利，使之見而欲也。　金正煒曰：按方言、廣雅並云：窺，視也。詩鹿鳴箋：視，古示字。莊子應帝王篇釋文引崔注：視，示之也。韓非存韓篇：辯說屬辭飾非詐謀以釣利於秦，而以韓利窺陛下。漢書元帝紀：坐窺道諸侯王以邪。意義並同也。　祖耿案：「窺」，鮑本作「闚」，史記同。注引司馬貞曰：闚，示也。言以利誘之。

〔四七〕祖耿案：「贄」，史記作「勢」。注，司馬貞曰：「貪」絕句。

〔四八〕梁玉繩曰：史記刺客傳：曹沫執匕首刼齊桓公。案刼桓歸地一節，年表、齊、魯世家、管仲、魯連、自序傳皆述之，此傳尤詳。荆軻傳載燕丹語，仍國策並及其事，蓋本公羊也。公羊漢始著竹帛，不足盡信，即如歸汶陽田，在齊頃公時，當魯成二年，乃公羊以爲桓公盟柯，因曹子刼而歸之，其妄可見。況魯未嘗戰敗，失地何用要刼？曹子非操匕首之人，春秋初亦無操匕首之習，前賢謂戰國好事者爲之耳。仲連遺燕將書云：亡地五百里。呂覽貴信云：封以汶南四百里。（管子多後人羼入，而其大匡篇，但云與地以汶爲竟也。）齊策及淮南氾論云：喪地千里。魯地安得如此之廣？汶陽安得如此之大？不辨而知其誣誕矣！（葉夢得春秋考以曹劌、曹沫爲二人，非也。）（史記志疑三十一）

〔四九〕王念孫曰：則，猶若也，言若不可也。

〔五〇〕黄丕烈曰：今本「彼」誤「使」。

〔五一〕黄丕烈曰：「破」，鮑本無。吴補：一本此有「破」字，姚同。丕烈案：史記有「破」無「儐」，此當是策文作「儐」，史記作「破」，因兩存也。　金正煒曰：鮑本不複「諸侯」，無「破」字。按史亦不複「諸侯」，此蓋誤衍。「儐」當爲「儐」字之譌也。齊策：倍約儐秦，勿使爭重。趙策：六國從親以儐秦。又云：大王收率天下以儐秦。「儐」與「擯」同。齊伐宋宋急章：秦挾擯以待破。此「破」字不必爲衍。

〔五二〕鮑彪曰：委棄性命，猶言不知死所。　黄丕烈曰：鮑本無「而」字。丕烈案：史記有。

〔五三〕姚注：曾本無「荆」字。

〔五四〕黄丕烈曰：「事」下鮑本有「也」字。丕烈案：史記有。

〔五五〕黄丕烈曰：鮑本作「太子日造門下」。丕烈案：史記作「太子日造門下」。

〔五六〕黄丕烈曰：「異」上鮑本有「具」字。丕烈案：史記有。

〔五七〕司馬貞曰：燕丹子曰：「軻與太子游東宫池，軻拾瓦投鼃，太子捧金丸進之。又共乘千里馬，軻曰：千里馬肝美。即殺馬進肝。太子與樊將軍置酒於華陽臺，出美人能鼓琴，軻曰：好手也。斷以玉盤盛之。軻曰：太子遇軻甚厚」是也。

〔五八〕鮑彪曰：十九年。　黄丕烈曰：「王」下鮑本有「遷」字。丕烈案：史記無。上韓王安不名，此有者誤。

〔五九〕鮑彪曰：略，經略之。

〔六〇〕黄丕烈曰：鮑衍「夫」字。丕烈案：史記無。　祖耿案：鮑衍「今」字，黄誤。史記「夫樊將軍」。

〔六一〕姚注：曾、錢作「秦王懸金」。

〔六二〕鮑彪曰：後志，涿郡方城縣有督亭，注引此。　吴師道曰：正義云，督亢坡在幽州范陽縣東南，今固安縣南有督亢陌，幽州南界。劉向別錄云，督亢，膏腴之地。蓋欲獻之，故畫圖。　黄生曰：史記荆軻傳：獻燕督亢之地圖。注以爲地名，非也。地圖當盡全燕，豈得僅獻一處？　蓋此時秦已有天下大半，非僅前時割地以講之比，故若爲舉版圖以内附者。「督亢」猶言首尾。人身督脈在尾閭穴，亢爲咽喉，故首尾謂之「督亢」，言盡燕地之所至爲圖也。注謂督亢坡在范陽縣東南；又按水經注有督亢溝、督亢澤；涿志有督亢亭、督亢陌。予謂此皆後人因二字以名其處耳。路史舜紀云：歷陽之耕侵畔，乃往耕焉，田父推畔爭，以督亢授。此「督亢」乃疆界之意。益證史記非地名矣！（義府）　張琦曰：今涿州東南十里有督亢，又有督亢亭。　程恩澤曰：案據劉向別錄所云，則「督亢」止是沃土之名，並非一處。風俗通云：沆，漭也，言平淫淫漭漭無厓際也。沆，澤之無水，斥鹵之謂也（此據水經注所引，與今本小異）。亦只泛言。自徐野謂督亢在方城，而郡國志主之，於是督亢乃有專屬。（索隱引地理志：督亢屬廣陽。今無此文。）水經注：督亢澤苞方城縣，縣故屬廣陽，後隸于涿。徐廣曰：涿有督亢亭。唐會要：涿州新城縣，太和六年置，古督亢地也。括地志：督亢陂逕五十餘里。寰宇記：陂在范陽故城東南，跨連涿州新城之界。別有督亢亭，在州東南十五里，今在涿州東南十里，又保定府新城縣，亦其地。　顧觀光曰：史記集解引徐廣曰：方城縣有督亢亭。正義曰：督亢坡在幽州范陽縣東南十里，今固安縣南有督亢陌，幽州南界。　祖耿案：鮑本「誠」下無「能」字。又案史記注，裴駰曰：徐廣曰，方城縣有督亢亭。駰案劉向別錄曰，督亢，膏腴之地。司馬貞曰：地理志，廣陽國有薊縣。司馬彪郡國志曰：方城有督亢亭。

〔六三〕鮑彪曰：將軍名。

〔六四〕金正煒曰：按管子任法篇：奇術技藝之人，莫敢高言孟行，以過其情，以遇其主矣。注，遇，待也。漢書公孫弘傳：躬率以正，而遇民信也。注，遇謂處待之而已。深，猶甚也，見孟子滕文公上篇「面深墨」注。

〔六五〕祖耿案：文選恨賦李注引作「樊於期仰天太息流涕」。此「將軍」二字當誤，例下文可知。

〔六六〕王引之曰：顧，猶但也。

〔六七〕黄丕烈曰：「爲之」二字鮑本無。吴補：一本「爲之奈何」，姚同。丕烈案：史記有。

〔六八〕祖耿案：鮑本無「荆」字。

〔六九〕祖耿案：鮑本「秦」下有「王」字，史記有。

〔七〇〕姚注：一無「抗」字。曾、錢作「揕抗」。鮑彪曰：揕，刺也，知鴆反。黄丕烈曰：「而」鮑本無，「抗」鮑本無。吴氏補曰：揕，一作「抗」，故他本連有二字，下文同。索隱云，抗，拒也，義非。丕烈案：史記云，「右手揕其胸」。徐廣曰：揕音張鴆切，一作「抗」。索隱曰：抗，苦浪反，言抗拒也，其義非。考小司馬讀誤也。史記字作「揕」，戰國策字作「抌」，故徐廣曰，一作「抌」。「抌」「揕」同字，亦丁鴆反。作「抗」是形近之譌。吴依小司馬讀，並誤。　祖耿案：青照堂叢書次編引春秋後語曰「荆軻謂樊於期曰：願得將軍之首以獻秦王，秦王必喜而見臣，臣左手把其袖，右手碪其胸」。字作「碪」。無「抗」字，與史記同。

〔七一〕王引之曰：豈，猶其也。　金正煒曰：按「豈」字古與「幾」通。孟子告子上篇「幾希」，注作「豈希」。史記黥布傳「幾是乎」，徐廣曰，「幾」一作「豈」。易小畜「月幾望」，虞注，幾，其也。「幾」訓爲「其」，故「豈」亦訓「其」。秦策「子常宣言代我相秦，豈有此乎」，豈亦猶其也。　祖耿案：「恥」，史記作「愧」。

〔七二〕鮑彪曰：腐者，痛之極。　吳師道曰：勇者奮厲，必以左手扼右腕也。切齒，前見。一本「拊心」。　黃丕烈曰：「臣」下鮑本有「之」字，「拊」作「腐」。吳補：一本「拊心」。丕烈案：史記作「腐」，有「之」字。　祖耿案：史記「扼腕」作「搤捥」，「拊」作「腐」。注，裴駰曰：徐廣曰，「捥」一作「捾」。司馬貞曰：搤音烏革反，捥音烏亂反。勇者奮厲，必先以左手扼右腕也。「捥」，古「腕」字。切齒，齒相磨切也。爾雅曰：「治骨曰切。」腐音輔，亦爛也。猶今人事不可忍云「腐爛」然，皆奮怒之意也。

〔七三〕鮑彪曰：刎，斷也。　祖耿案：「刎」，史記作「剄」。

〔七四〕黃丕烈曰：「收」，鮑本無。丕烈案：史記無。

〔七五〕吳師道曰：索隱云，徐，姓；夫人，名。男子也。　祖耿案：「匕」上，鮑本無「之」字。又案史記注，裴駰曰：徐廣曰，「徐」一作「陳」。

〔七六〕鮑彪曰：「淬」，當從火，堅刀刃也；若「淬」則滅火器爾。　吳師道曰：「淬」「焠」通，取內反。說文，徐云，淬，劍燒而入水也。此謂以毒藥染鍔而淬之也。後語注云，以藥水鋻匕首爲淬。鋻，古電反。　金正煒曰：按漢書天文志，火與水合爲淬。晉灼曰，火入水，故曰淬也。吳曰，淬焠通。說文，徐云，淬，劍燒而入水也。正與漢志義同。　祖耿案：「淬」，史記作「焠」。注，司馬貞曰：淬，染也，音悤潰反。謂以毒藥染劍鍔也。

〔七七〕鮑彪曰：沾濡衣之一縷。　祖耿案：鮑說非也，此謂血流如一絲之微耳。

〔七八〕祖耿案：青照堂叢書次編引春秋後語云「燕太子丹豫求天下名利匕首，得趙人徐夫人匕首，取之百金，使工以藥淬之，以試人，血濡縷，無不立死者」。史記略同。注，裴駰曰：言以匕首試人，人血出，足以沾濡絲縷，便立死也。

〔七九〕鮑彪曰：裝，行具也。　祖耿案：「遣」，鮑本作「道」。「爲裝」，史記作「裝爲」。

〔八〇〕黄丕烈曰：今本「二」誤「一」，鮑本作「三」。丕烈案：史記作「三」。　祖耿案：「武」，史記作「舞」。

〔八一〕鮑彪曰：悟，逆也。　黄丕烈曰：「與」，鮑本無。「忤」，鮑本作「悟」。吴氏正曰：「悟」「忤」通，姚作「忤」。說見魏策。朱起鳳曰：「忤」字作「悟」，同音借用也。　祖耿案：鮑改「悟」爲「捂」，史記作「忤」。注司馬貞曰：忤者，逆也，五故反。不敢逆視，言人畏之甚也。

〔八二〕姚注：「未」，曾作「不」。　金正煒曰：而猶，乃也，見禮記檀弓注。莊子秋水篇釋文引司馬注：頃，久也。

〔八三〕黄丕烈曰：「有」，鮑本無。丕烈案：史記無。　祖耿案：「留待」史記作「治行」。

〔八四〕黄丕烈曰：今本「以」作「已」，鮑本作「已」。丕烈案：史記作「已」。

〔八五〕祖耿案：「無」，史記作「有」。　金正煒曰：「有」即「其」字誤衍。

〔八六〕金正煒曰：按此文，如以豎子爲斥太子，而謂使我往而不反，是軻已中餒，安得爲壯士乎？上文「太子遲之，疑其改悔」，有「日已盡矣」之語，此文當作「今日往而不及者豎子也」，於義乃適。猶云今日往而不及於事，是我不成爲丈夫也。下云「今太子遲之，請辭決矣」，其義可見。「反」與「及」二形相似，因以致誤。史記荆軻傳「荆軻怒，叱太子曰：何太子之遣往而不反者，豎子也」。「何」讀爲「荷」，「反」亦「及」之譌也。

〔八七〕黄丕烈曰：「及」，鮑本無。丕烈案：史記有。　祖耿案：史記「反」作「返」。

〔八八〕鮑彪曰：祖，行祭。　吴師道曰：詩毛傳：祖而舍軷，飲酒於其側，曰餞。疏：軷，謂祭道路之神，封土爲山象，伏牲其上，既祭，處者餞之，飲畢，乘車轢之而去。

〔八九〕張守節曰：易州在幽州歸義縣界。

〔九〇〕姚注：曾無「而」字。變徵，一作「濮上」。　鮑彪曰：地形訓云，變徵爲商，蓋悲音。　吳師道曰：應劭云，筑似琴而大，頭安絃，以竹擊之，故名。按劉子云，荆軻如秦，宋意擊筑。文選，高漸離擊筑，荆軻歌，宋如意和之。　黄丕烈曰：案文選所云，出燕丹子耳，與史記及此策文不同。　祖耿案：史記注，張守節曰：徵，知雉反。

〔九一〕金正煒曰：按説文無「涙」字。漢書外戚傳：哭而泣不下。注，泣謂涙也。既云涕泣，不得復云涙，疑「涙」爲「洟」之誤，禮記檀弓：待於廟垂涕洟。疏，自鼻曰洟。

〔九二〕姚注：復，曾作「後」。鮑彪曰：羽聲，其音怒。忼慷，壯士不得志也。　黄丕烈曰：鮑本作「復爲羽聲忼慷」。吳補：一本「慷慨羽聲」，朱子楚辭後語作「羽聲慷慨」。丕烈案：史記「羽聲忼慨」。風俗通載此，亦作「羽聲忼慨」。「忼」即「慷」字，連有者非。

〔九三〕祖耿案：「指」，鮑本作「衝」。

〔九四〕吳師道曰：中庶子，説見前（祖耿案：謂秦策衛鞅亡魏入秦章注）。新序鄒陽書作「蒙恬」，蓋誤。後語蒙類注云，蒙恬弟也。　洪頤煊曰：故秦皇帝任中庶子蒙之言，以信荆軻，而匕首竊發。師古曰：蒙者，庶子名也。今流俗書本蒙下輒加「恬」字，非也。頤煊案：文選鄒陽獄中上書作「蒙嘉」；史記、國策俱云荆軻因中庶子蒙嘉而見秦王。唯燕丹子作「中庶子蒙」，與小顔本同。　程恩澤曰：案風俗通，東蒙主以蒙山爲氏，蒙山在魯城東，故曰東蒙。今在山東蒙陰縣。　祖耿案：文選辨亡論下李注引亦作「中庶子蒙嘉」。

〔九五〕鮑彪曰：「振」「震」同。下同。　黄丕烈曰：「畏慕」二字，鮑本作「怖」。丕烈案：史記作「怖」。　祖耿案：此句史記作「燕王誠振怖大王之威」。

〔九六〕姚注：「拒大王」一作「逆軍吏」。　黃丕烈曰：鮑本作「以逆軍吏」。吳補：一本「以拒大王」。丕烈案：史記作「逆軍吏」。　祖耿案：「興」，史記作「舉」。

〔九七〕祖耿案：鮑本「燕」下無「之」字，史記同。

〔九八〕鮑彪曰：禮，大小行人以九儀掌賓客之禮。　吳師道曰：大事記，相如奉璧入秦，秦王齋五日後，乃設九賓禮於庭。注引正義韋昭云，九賓，則周禮九儀也。劉伯莊云，九賓者，周王之備禮，天子臨軒，九服同會，秦、趙安得九賓？但亦陳設車輅文物爾，不得以周禮九賓義爲釋。愚按漢書「大行設九賓」，恐即秦儀也。　祖耿案：史記注，張守節曰：劉云設文物大備即謂「九賓」，不得以周禮九賓義爲釋。

〔九九〕吳師道曰：關中記云，孝公都咸陽，今渭城是。山南水北曰陽，其地在渭水之北，九嵕諸山之南，故曰咸陽。自始皇至胡亥，皆都此。　程恩澤曰：案始皇本紀，秦每破諸侯，寫放其宮室，作之咸陽北阪上，殿屋複道，周閣相屬。今史書所載有甘泉林光（在雲陽），蘄年橐泉（在鳳翔），羽陽（在寶鷄），棫陽（在扶風），步壽步高（在渭南），望夷（在涇陽），宜春（在咸寧），梁山（在乾州），萯陽（在鄠縣），長楊（在盩厔），阿房（在長安），高泉（在美陽），曲梁（在三原），諸宮皆離房別館，散布他處。其在咸陽者，有曲臺、蘭池、長樂、信宮諸宮，取象天極。當時見燕使者，或在此也。　祖耿案：史記注，張守節曰：三輔黄圖云，秦始兼天下，都咸陽，因北陵營宮殿，則紫宮象帝宮，渭水貫都，以象天漢，橫橋南度，以法牽牛也。

〔一〇〇〕祖耿案：鮑本「期」下有「之」字。

〔一〇一〕祖耿案：「匣」，史記作「柙」。注，司馬貞曰：戶甲反，柙亦函也。

〔一〇二〕鮑彪曰：升高陛也。　黄丕烈曰：「下」鮑本無。丕烈案：史記無。

〔一〇三〕鮑彪曰：顧武陽而笑。　金正煒曰：史記作「奏之秦王」。

〔一〇四〕鮑彪曰：慴，懼也。　祖耿案：史記「北」下有「蓄」字。

〔一〇五〕黄丕烈曰：「使」下鮑本有「得」字。丕烈案：史記有。

〔一〇六〕黄丕烈曰：「曰」鮑本無。丕烈案：史記有，無「起」字。

〔一〇七〕黄丕烈曰：「之」下鮑本有「秦王」二字。丕烈案：史記有。

〔一〇八〕黄丕烈曰：「抗」鮑本無。丕烈案：史記無，見上。

〔一〇九〕黄丕烈曰：「絶袖」鮑本倒。丕烈案：史記作「袖絶」。

〔一一〇〕鮑彪曰：摻，把持也，與「操」同。晉人多然扣（祖耿案：文有誤）。室，劍鞘。　吴師道曰：索隱云，古者帶劍上長，拔之不出室，欲王推之於背，令前短易拔，故云「王負劍」。　金正煒曰：按詩鄭風：摻執子之祛兮。傳，摻，擥也。方言：劍削，自河而北，燕、趙之間謂之室。廣雅釋器：室，劍削也。「削」字或作「鞘」。　祖耿案：史記注，司馬貞曰：室謂鞘也。張守節曰：燕丹子云：「左手椹其胸，秦王曰：今日之事，從子計耳，乞聽琴而死。召姬人鼓琴，琴聲曰：羅縠單衣，可裂而絶；八尺屏風，可超而越；鹿盧之劍，可負而拔。王於是奮袖，超屏風走之。」

〔一一一〕姚注：「怨」，曾作「恐」。鮑彪曰：惶，恐也。　黄丕烈曰：「怨」，鮑本作「惶」。丕烈案：史記作「惶」。金正煒曰：「怨」當作「恐」，形似而譌。鮑本作「惶急」，與史文同。一切經音義引蒼頡篇：惶，恐也。

〔一一二〕姚注：曾本無「劍」字。鮑彪曰：堅，在室牢也。

〔一一三〕黄丕烈曰：「還」，鮑本作「環」，下同。丕烈案：史記作「環」。「環」「還」同字。

〔一四〕鮑彪曰：愕，相遇驚也。

〔一五〕鮑彪曰：「卒」「猝」同，下同。

〔一六〕黃丕烈曰：「尺」下鮑本有「寸之」二字。丕烈案：史記有。金正煒曰：按韓詩外傳：賜不持一尺之兵。此作「尺兵」，義亦自足。

〔一七〕黃丕烈曰：「陳」下鮑本有「於」字。丕烈案：史記有。祖耿案：史記注「郎中」，司馬貞曰，若今宿衛之官。

〔一八〕鮑彪曰：搏，擊也。金正煒曰：史記作「而以手共搏之」，而猶乃也。此本作「乃」，後人據史旁注「而」字，遂誤併入文耳。

〔一九〕鮑彪曰：提，擿也。吳師道曰：且，即于反。提，姪帝反。史，「提文帝」，「提吳太子」，語同此。黃丕烈曰：「提」下鮑本有「荆」字。丕烈案：史記作「提荆軻也」。

〔二〇〕黃丕烈曰：「之」鮑本無。丕烈案：史記無。

〔二一〕司馬貞曰：王劭曰，古者帶劍上長，拔之不出室，欲王推之於背，令前短易拔，故云「王負劍」。又燕丹子稱琴聲曰「鹿盧之劍，可負而拔」是也。

〔二二〕黃丕烈曰：「提」上鮑本有「以」字，下有「擿」字。吳氏補曰：姚本無「擿」字，史無「提」字。二字即上「揕」「抗」並存之類。索隱云，「擿」與「擲」古字同，持益反，亦「提」義。丕烈案：當是史記作「擿」，策文作「提」。論衡作「擿」，出史記。祖耿案：鮑衍「擿」字云，本注字也。然據文選獄中上書自明李注引此句作「乃引其匕首以擿秦王」，與史記相同，是策文本作「擿」字也。竊謂投大物曰「提」，以棋局褆（即提）吳太子，及此章以藥囊提荆軻是也；投小物曰「擿」，曰擲，匕首小物，以擿爲是。

〔一二三〕祖耿案：「中柱」史記作「中桐柱」。注，張守節曰：「燕丹子云，荆軻拔匕首，擲秦王決耳，入銅柱，火出。

〔一二四〕黄丕烈曰：「被」上鮑本復有「軻」字。丕烈案：史記有。

〔一二五〕鮑彪曰：踞坐展兩足如箕。　吴師道曰：既斷左股，何云展兩足？　黄丕烈曰：今本「踞」作「倨」。

〔一二六〕鮑彪曰：復地之契。　祖耿案：史記注，裴駰曰：「漢鹽鐵論曰：『荆軻懷數年之謀而事不就者，尺八匕首不足恃也。秦王操於不意，列斷賁、育者，介七尺之利也。』案見論功第五十二，乃大夫之言也。

〔一二七〕黄丕烈曰：「而」上鮑本有「已」字。丕烈案：史記有。　金正煒曰：史記「而」上有「已」字，此誤脱也。

祖耿案：「目眩」史記作「不怡者」三字。

〔一二八〕鮑彪曰：當坐，罪所當坐。　金正煒曰：當坐者，謂侍王左右之人。國語晉語：「朱也當御」。注，當，值也。漢書梅福傳：故願壹登文石之陛，涉赤墀之塗，當戸牖之法坐，盡平生之愚慮。注，法坐，正坐也，聽朝之處，猶言法宫、法駕也。此蒙上「論功賞」爲文，鮑注以爲「罪所當坐」，非也。

〔一二九〕黄丕烈曰：「提」下鮑本有「荆」字。丕烈案：史記有。

〔一三〇〕祖耿案：「剪」鮑本作「翦」，史記同。

〔一三一〕鮑彪曰：並此二十九年。　程恩澤曰：漢志：廣陽國有薊縣，故燕國召公所封。（此故薊國，非故燕國也。錢坫曰：周武王封帝堯之後於薊，封召公於燕，燕盛并薊，故薊即稱燕。）水經注：以城西北有薊邱而名。元和志：薊城南北九里，東西七里。地理通釋：薊南通齊、趙，勃碣之間一都會也，今在順天府治東，古燕都也。　祖耿案：「薊」，鮑本作「蓟」，史記同，上無「燕」字。

〔一三二〕祖耿案：史記「皆」作「盡」。「遼東」句下，史記云：「秦將李信追擊燕王急，代王嘉乃遺燕王喜書曰：『秦所以尤追燕急者，以太子丹故也。今王誠殺丹獻之秦王，秦王必解，而社稷亦幸得血食。』其後李信追丹，丹匿衍水中，燕王乃使使斬太子丹，欲獻之秦，秦復進兵攻之。後五年，秦卒滅燕，虜燕王喜。」注，司馬貞曰：衍水名，在遼東。

〔一三三〕鮑彪曰：秦二十七年，此（燕喜）三十三年。

〔一三四〕鮑彪曰：刺客傳有。彪謂：太子丹不忍一朝之憤，輕亡其國，其謀悖矣！夫以二夫行刼刺於大國，出於倉卒不意，或幸以中，而欲從容質責，使悉反侵地，取契以歸，此豈持匕首之所可恃？鞠武初謀似矣，太子不用，不能力爭，妾婦之明也。數士之死，燕國之亡，皆武實爲之。荆軻之事，甚似曹劌，其所不可者，劌發憤於一朝，而軻畜謀於積歲。且白衣祖送者係路，其不漏露而先敗，抑已幸矣。軻不足道也！厥後留侯亦袖椎竊發，此其人豈愚哉？蓋積志仇秦，不知所不可，使其不逢漢帝，則亦死以爲期，不能一日而亡秦也。豫子、高漸離、張留侯三人者，皆孝子忠臣至一之行也，唯軻於此，則無處焉。吳師道曰：胡氏謂秦皇狙詐之智，虎狼之威，千騎萬乘之衆，揮椎奮擊既無覺者，大索天下又不能得，良非獨免，并免力士，其智略之妙，固已視呂政如置中兔，何敗獲之憂？鮑以三人並論，愚謂三人報仇之志則同，以智略言之則異，胡說當矣！朱子曰：軻匹夫之勇，其事無足言，然於此可以見秦政之無道，燕丹之淺謀，而天下之勢，已至於此，雖聖賢復生，亦未知其何以安之也。李慈銘曰：史叙荆卿事較國策爲詳。卿與漸離皆具本末。其論曰：『始公孫季功、董生與夏無且游，具知其事，爲余道之如是。』則史記此傳非取之國策。國策本雜掇而成，疑燕策此篇即取之史記而芟其首尾。以國策之體非紀一人之事，故刪去荆卿始事，而徑以「燕太子丹質於秦亡歸」句起耳！史記索隱謂此傳雖約戰國策而亦別記異文，非也。（史公謂世又言荆軻傷秦王，非也。使國策先有明文，何必辨之？）

卷三十二　宋衛

宋

祖耿案：宋，子姓，殷商之後。周成王封微子啓於宋，今河南商邱。傳三十一世至君偃，稱王圖霸，爲齊、楚、魏所滅。詳見史記宋微子世家。

鮑彪曰：沛、梁、楚、山陽、濟陰、東平及東郡之須昌、壽張。

張琦曰：東平、須昌、壽張本魯地，後爲齊、宋之疆，以同爲房心分野，故並次之宋地。自今河南歸德府以東，江蘇之徐州府、安徽宿亳二州，北有山東曹州府之菏澤、曹縣、定陶、單縣、城父、鉅野、濟寧之金鄉、魚臺皆是。宋都商邱，今歸德府也（戰國策釋地）。

程恩澤曰：宋，子姓，周成王封微子於宋，以奉殷祀。今河南歸德府商邱縣其故都也。傳三十一世至君偃稱王圖霸，爲齊、楚、魏所滅（國策地名考）。又曰：正義，徐州西、宋州東、兖州南，並故宋地（同上）。

顧觀光曰：墨子及戰國策並云宋地方五百里。史記宋世家云齊與楚、魏滅宋而三分其地。漢志亦云宋爲齊、楚、魏所滅，參分其地，魏得其梁、陳留，齊得其濟陰、東平，楚得其沛。吳注戰國策云：蘇代説燕曰，齊南攻楚，西困秦，又以餘兵舉五千乘之勁宋；又説秦曰，齊强，輔之以宋，楚、魏必恐，恐必西事秦。使當時齊與楚、魏合，其言豈若是乎！史稱齊既滅宋，南割楚之淮北，西侵三晉。是乘滅宋之强，並奪楚、魏地，而謂與之分宋地，豈其實哉！樂毅謂燕昭王曰：王欲伐齊，莫若結於趙，且又淮北宋地，楚、魏之所欲也。史表，燕破齊之年，書楚、趙取齊淮北，則楚、魏分地當是樂毅破齊後事（七國地理考）。

祖耿案：宋策、衛策姚本合一卷。吳氏目錄，宋、衛凡十四章。鮑本宋、衛、中山合一卷。宋六章　分隸景公、剔成、君偃名下。名號之下，各詳世系、年次。吳氏有說，並錄如下：

鮑彪曰：景公，嗣元公。元年，恭王四年乙酉。　吳補：史年表，景公，名頭曼。漢書古今人表作「兜欒」，汲冢師春作「䜌頭曼」。「兜」、「欒」音讀固相混，若「䜌」，則豈先二名而後一之者邪！黄伯思考辨，祕閣古器有宋公䜌餗鼎，與汲冢合，因知異書有不可廢者，謾記於此。　鮑彪曰：剔成，嗣辟公。元年，烈王七年壬子立。吳正：桓公，大事記引蘇氏云，按索隱、汲冢紀年作桓公辟兵。莊子曰：桓公出，前驅呼辟，蒙人以爲狂。而史記作辟公辟兵，名「辟」謚「辟」，事必不爾，史記蓋誤。　鮑彪曰：君偃，辟公子，剔成君弟，弑立。元年，顯王四十一年癸巳。吳正：按世家，剔成四十一年，弟偃攻襲剔成，剔成敗奔齊，自立爲宋君。故大事記書宋公剔成爲弟偃所攻，出奔齊，偃自立。

一

齊攻宋，宋使臧子索救於荆〔一〕，荆王大説〔二〕，許救甚勸〔三〕。臧子憂而反。其御曰：「索救而得，有憂色，何也？」臧子曰：「宋小而齊大。夫救於小宋而惡於大齊，此王之所憂也〔四〕，而荆王説甚，必以堅我。我堅而齊弊，荆之利也〔五〕。」臧子乃歸。齊王果攻，拔宋五城，而荆王不至〔六〕。

〔一〕程恩澤曰：案元和姓纂，魯孝公子彄，食采於臧，因氏焉（按杜注不言臧是地名，姓氏急就篇亦不載此說，未知林氏所本，其地亦不知所在）。金正煒曰：韓非說林上篇作「宋使臧孫子南求救於荆」，「南求」二字，疑即「索」字誤析爲二。祖耿案：顧觀光附此於愼靚王元年，曰：因宋與楚爲兄弟章言蘇秦，而秦以是年死，故附此。

〔二〕鮑彪曰：荆王，威王。祖耿案：韓非子「荆」下無「王」字。

〔三〕姚注：勸，力也。吴師道曰：勸，力也。祖耿案：韓非子作「許救之甚歡」。

〔四〕王念孫曰：「王」，當作「人」，今作「王」者，戰國策「人」字或作「一生」，因譌而爲「王」。韓子說林篇作「夫救小宋而惡於大齊，此人之所憂也」，是其證。下文「齊王果攻，拔宋五城，而荆王不至」，兩「王」字亦當作「人」，韓子作「齊人拔五城於宋，而荆救不至」，是其證。

〔五〕祖耿案：「弊」，鮑本作「敝」。韓非子「說」下無「甚」字，「利」上有「所」字。

〔六〕鮑彪曰：齊王，宣王。此兩章有蘇秦語，得爲君偃？而君偃弑立怒鄰，宜不能曲折如此，故係之剔成。然則孟子所稱，審亦皆剔成也。吴師道曰：此章時不可考，缺之可也。鮑妄爲傅會，至謂孟子所稱皆剔成。孟子謂戴不勝「子之王」「薛居州居王所」，王非偃而誰？黄丕烈曰：「果」下，鮑本無「攻」字。程恩澤曰：案宋世家，君偃時，「東敗齊，取五城」，疑即齊所取者，但其地不知所在，且孰先孰後俱不可考。鮑本繫之剔成，未知何本。金正煒曰：按「攻」即「拔」之誤衍。兩「王」字並當作「一生」。韓非作「齊人拔五城於宋，而荆救不至」。

二

公輸般爲楚設機將以攻宋〔一〕，墨子聞之，百舍重繭，往見公輸般〔二〕，謂之曰：『吾自宋聞子〔三〕！吾欲藉子殺王〔四〕！』公輸般曰：『吾義固不殺王〔五〕！』墨子曰：『聞公爲雲梯〔六〕，將以攻宋，宋何罪之有〔七〕？義不殺王而攻國！是不殺少而殺衆！敢問攻宋何義也？』公輸般服焉，請見之王〔八〕。墨子見楚王〔九〕，曰：『今有人於此，舍其文軒〔一〇〕，鄰有弊輿而欲竊之〔一一〕；舍其錦繡，鄰有短褐而欲竊之〔一二〕；舍其粱肉，鄰有糟糠而欲竊之〔一三〕；此爲何若人也〔一四〕？』王曰：『必爲有竊疾矣〔一五〕。』墨子曰：『荆之地方五千里，宋方五百里〔一六〕，此猶文軒之與弊輿也。荆有雲夢，犀兕麋鹿盈之；江、漢魚鼈黿鼉爲天下饒〔一七〕；宋所謂無雉兔鮒魚者也〔一八〕！此猶粱肉之與糟糠也！荆有長松文梓楩柟豫樟〔一九〕，宋無長木，此猶錦繡之與短褐也！惡以王吏之攻宋，爲與此同類也〔二〇〕！』王曰：『善哉！請無攻宋〔二一〕。』

〔一〕高注：公輸般，魯班之號也。機械，雲梯之屬也。鮑彪曰：般，魯之巧人。天地疏，機關也，雲梯之屬。吴師道曰：高注，公輸般，魯班之號也。他書或作『班』，古字通。漢書，班師。高注云：機械，雲梯之屬也。索隱云，械者，飛梯、撞車、飛石、車弩之具。　王念孫曰：『機』下當有『械』字，故高注曰：機械，雲梯之屬也。莊三十二年，公羊傳注：曰有攻守之器曰械，機械，機巧之械也。文選勸進今上牋注、辨亡論注引策文並作「機械」。祖耿案：此策二百六十五字，又見墨子公輸第五十，凡五百五十六字。蓋公輸篇爲全文，而此策則刪節者也。般，墨子作「盤」。云「公輸盤爲楚造雲梯之械，成，將以攻宋」。太平御覽云、尸子云，「般爲蒙天之階，階成，將以攻宋」。顧觀光附此於貞定王元年，曰：檀弓，季康子母死，般請以機封。則般與季康子同時。據左傳康子卒在此年，故附此。

〔二〕高注：墨子，墨翟也。百舍，百里一舍也。重繭，累胝也。鮑彪曰：墨子，宋人，名翟。百里一舍。吳師道曰：此據高注，下有「重繭，累胝也」一句。又，莊子「百舍」注，百日止宿也。按繭即趼字。吉典反。增韻，謂足胝起如繭，胝音支。祖耿案：墨子作：墨子聞之，起於齊（案：當作魯），行十日十夜而至於郢，見公輸盤。公輸盤曰：夫子何命焉爲？子墨子曰：北方有侮臣，願藉子殺之。公輸盤不說。子墨子曰：請獻十金，公輸盤曰：「吾義固不殺人。」

〔三〕鮑彪曰：聞其善。

〔四〕吳師道曰：一本三「殺王」並作「殺一生」，云人、一生並而鄰反。集韻云，唐武后字作「一生」，如臣字作「𢘑」，「一生」，即人也。王念孫曰：王，爲一生之譌。當作人。黃丕烈曰：案下文「吾義固不殺王」，墨子公輸篇正作「人」，此句云「北方有侮臣，請藉子殺之」，可證「一生」字是也。金正煒曰：吳氏以「王」爲「一生」之譌，是也。墨子公輸篇正作「吾義固不殺人」。

〔五〕祖耿案：此句之下，墨子云「子墨子起，再拜曰：請說之。吾從北方聞子爲梯將以攻宋，宋何罪之有？荆國有餘於地而不足於民，殺所不足而爭所有餘，不可謂智；宋無罪而攻之，不可謂仁；知而不爭，不可謂忠；爭而不得，不可謂强；義不殺少而殺衆，不可謂知類。公輸盤服。子墨子曰：然胡不已也？公輸盤曰：不可，吾既已言之王矣。子墨子曰：胡不見我於王？公輸盤曰：諾。」凡一百三十字，較策此下四十六字爲詳。

〔六〕高注：梯長而高，上至於雲，故曰雲梯也。鮑彪曰：梯之高上如雲。畢沅曰：張湛列子注云：雲梯可以凌虛。孫詒讓曰：淮南子兵略訓許慎注云，雲梯可依雲而立，所以瞰敵之城中。又，脩務訓高注云，雲梯，攻城具，高長與雲齊，故曰雲梯。史記索隱云，梯者，構木瞰高也。雲者，言其昇高入雲，故曰雲梯。

〔七〕高注：楚欲廣土而起伐宋，宋非有罪也，故曰宋何罪之有乎？

〔八〕鮑彪曰：見翟於王。

〔九〕鮑彪曰：非昭即惠。吳師道曰：當缺。孫詒讓曰：呂氏春秋貴因篇云：「墨子見荊王，錦衣吹笙」，疑即此時事，蓋以救宋之急權爲之也。

〔一〇〕高注：文軒，文錯之車也。鮑彪曰：車有雕飾者。吳師道曰：文錯之車。高注。

〔一一〕祖耿案：「弊」，鮑本作「敝」，下同。墨子作「敝轝」。

〔一二〕姚注「短」，一作「裋」，鮑彪曰：裋褐，竪使之衣。吳師道曰：一本「短褐」。姚本注，「短」一作「裋。」韓文考異云，「裋褐」一作「短」。方云，貨殖傳用「裋」字。董彥遠、洪慶善皆辨古無「短褐」字。按「裋褐」字，賈誼、貢禹、貨殖傳、班彪、劉平、張衡傳凡六見。班彪論漢書作「裋」，文選則用丁管切。是唐儒兩用之。故少陵以「長纓」、「短褐」爲對，而史記孟嘗傳、國策墨子語皆傳寫之訛。今按國策「短」一作「裋」，史「士不得短褐」，司馬貞亦音竪。班彪王命論「短」字，韋昭云當作「裋」，襦也。又淮南子，「巫馬期絻衣短褐」，而高誘無說，未必皆傳寫之訛。柳子厚亦嘗用之，安知韓公之必不然乎？兩存以俟知者。黃丕烈曰：短，鮑本作裋。金正煒曰：按此與「錦繡」爲對文，作「裋」者是也。列子力命篇，與「桊橢」對舉；韓非五蠹篇，與「文繡」對舉；漢書貢禹傳，與「糠豆」對舉；後漢張衡傳，與「黼黻」對舉。其爲駢字，蓋無可疑，不得以杜詩長纓、短褐，轉謂裋爲傳寫之譌。荀子大略篇：衣則竪褐不完。竪，即裋之同音而通借也。

孫詒讓曰：短，裋之借字。短褐，亦作豎褐。短、豎，並裋之同聲假借。

〔一三〕祖耿案：「糟糠」，墨子作「糠糟」。

〔一四〕高注：言名此爲何等人也。

〔一五〕鮑彪曰：疾，猶癖。

〔一六〕祖耿案：墨子「墨」上有「子」字，「宋」下有「之地」二字。

〔一七〕高注：下民也。　程恩澤曰：案水經注，江水東出江關，入南郡界，東流逕江陵縣南，又東，至長沙下雋縣。注於洞庭（胡渭曰：此後世大江經流也。禹導江故迹，當由江陵縣西南二十里之虎渡口，東南流注於澧水，同入洞庭），又東北至江夏沙羡縣西北，沔水從北來注之（以上見江水篇）。又東南過彭蠡澤，又東，至石城縣東北，流過毗陵縣北，爲北江。又（下有東至會稽、餘姚縣之文，甚誤，玆節之）東入於海（以上見沔水篇）。以今地言之，蓋自四川入湖北境，歷巴東、歸州、東湖、宜都、枝江、松滋、江陵、公安、石首、監利等處，東南至湖南岳州府與洞庭會，又東，北經湖北之漢陽縣，漢水合焉。又北折而東，經江夏武昌、黄岡、大冶、蘄水、興國、蘄州、廣濟、黄梅等處，至江西九江府，彭蠡湖自南來注之。又由安徽而江蘇，至海門廳入海。當戰國時，吴、越既滅，皆爲楚地，策文所言，殆專指荆州、武昌一帶，與漢合流處耳。此所云漢，東漢水也（西漢水至四川重慶府便合於江，其流不及楚境）。水經注：沔水出武都沮縣東狼谷中，東過南鄭縣南，又東合旬水（在今鄖陽縣），又東經長利谷南（入湖北界），又東南流逕江夏雲杜縣東，夏水從西來注之。又南，至江夏沙羡縣北，南入于江。以今地言之，蓋由陝西漢中、興安二府，歷經湖北之鄖西、鄖縣、均州、光化、穀城、襄陽、宜城、鍾祥、京山、潛江、天門、沔陽、漢川、漢陽等處，鄖西以下，固皆楚地，漢中之南鄭、興安之郇陽，亦楚北境也。 顧觀光曰：江水自今四川夔州府巫山縣流入楚境，至江南太平府蕪湖縣，而東流合震澤以入海。漢水自今陝西興安州北流入楚境，東南流至大别而入江。其下流則自蕪湖北流，折而東，至通州入海。蕪湖以東，本吳地而入於越，至楚威王敗越，盡取故吳地，至浙江則皆爲楚有矣。楚都鄢郢，在漢南江北，故荀子云「江漢以爲池」。 祖耿案：墨子「盈」作「滿」，「漢」下有「之」字，「饒」作「富」。

〔一八〕鮑彪曰：鮒，魚之小者。 吳師道曰：爾雅翼，鮒，鰿也。今作鯽。

〔一九〕高注：皆大木也。 鮑彪曰：大木，凡五。 吳師道曰：高注，皆大木也。梗、楠、豫章，書注，梗，梓。一本「楠」作「柟」。「章」作「樟」。姚同。「楠」，即「柟」。 黄丕烈曰：「柟」，鮑本作「楠」；「樟」，鮑本作「章」。 祖耿案：「樟」，墨子作「章」。孫詒讓曰：高云皆大木也。畢云說文無「梗」字。玉篇云：鼻縣切。梗木似豫章。陸德明爾雅音義云：鼻縣反，又婢衍反，字指云：梗木似豫章。尸子作「梗」。太平御覽引此亦只作「梗」。案道藏本、季本並作「梗」，吳鈔本作梗。史記司馬相如傳集解引郭璞云，梗，杞也，似梓柟，葉似桑。豫章，大木也。生七年。乃可知也。說文木部：梗爲山粉榆。與梗柟異木。

〔二〇〕黄丕烈曰：今本「惡」作「臣」，乃誤涉鮑也。鮑改「惡」爲「臣」。 吳氏補曰：疑字誤。丕烈案：此「惡」字耳。 金正煒曰：「惡」，與「臣」同。「王吏」，墨子作「三事」，尸子作「王使」，神仙傳作「臣聞大王更議攻宋」。文以「王使」義勝，謂使般也。諸書皆以形似而譌。 祖耿案：「惡」，墨子作「臣」。「王吏」，墨子作「三事」。此句全文，墨子爲「臣以三事攻也，爲與此同類」。孫詒讓曰：畢云，戰國策云「臣以王吏之攻宋」，「王吏」蓋「三叟」之誤。說文云，叟，古文事。尸子作「王使」。太平御覽引作「王之攻宋」。顧云，國策「王吏」與此文「三事」皆有誤。疑當云「臣以王之事攻宋也」。詒讓案：「三事」疑當作「三吏」。逸周書大匡篇云，王乃召冢卿、三老、三吏。孔晁注云，三吏，三卿也。左傳成三年，晉侯使鞏朔獻齊捷於周，王使委於三吏。杜注云，三吏，三公也。神仙傳作「臣聞大王更議攻宋」，則似是「王吏」之譌。

〔三〕鮑彪曰：彪謂翟之說美矣。然此時諸侯固有竊疾，強吞弱，大併小，直患其力不給爾，豈爲若說止攻哉！意者墨守之嚴，輸般服病焉。假此說以縮兵則有之，彼楚國非止足而無有竊疾者也。　吳師道曰：墨子云：公輸般爲雲梯之械成，將以攻宋。墨子聞之，至於郢見，公輸般之攻械盡，墨子之守固有餘。般詘而言曰，「吾知所以距子矣，吾不言。」墨子亦曰，「吾知子之所以距我者，吾不言。」楚王問其故，墨子曰，「公輸子之意，不過欲殺臣，殺臣，宋莫能守。雖然，臣之弟子禽滑釐等三百人已持臣守圉之器，在宋城上而待楚寇矣。雖殺臣，不能絕也。」楚王曰，「善哉，吾請無攻宋城矣。」史云：墨翟，宋之大夫，或云並孔子時，或云在其後。索隱云：按別錄，墨翟書有文子。文子，子夏弟子，問於墨子。如此則墨子在七十子後。愚按，孔子以敬王四十一年卒。景公以元王七年卒，相去十一年。檀弓，季康子母死，般請以機封。則般亦與孔子相及。大事記云，楊、墨之說，肆行於天下，必在春秋後。蓋異端之說，非王教盡廢不能與也。　孫詒讓曰：案墨子止楚攻宋，本書不云何時，鮑彪戰國策注謂當宋景公時，至爲疏謬。惟渚宮舊事載於惠王時墨子獻書之前，最爲近之。蓋公輸子當生於魯昭、定之間，至惠王四十年以後、五十年以前，約六十歲左右，而是時，墨子未及三十，正當壯歲，故百舍重繭而不以爲勞；惠王亦未甚老，故尚能見墨子。以情事揆之，無不符合。　又曰：蘇云，呂氏春秋云，聲王圍宋十月。考墨子時世，與聲王相值，疑公輸爲楚攻宋在是時。案國策宋策鮑彪注，以此事爲在宋景公時，於楚則謂當昭王或惠王，與蘇說不同。今考鮑、蘇二說皆非也。墨子晚年逮見田和，又得聞楚悼王、吳起之亂，其生蓋當在魯哀公之末、悼公之初，則非徒不及見楚昭王，即宋景公末年亦恐未逾弱冠。是鮑說與墨子之年不合。公輸盤，或謂魯昭公子。固未必確，然檀弓載季康子母死時，公輸若方小，而般與斂事，則般必年長於若可知。考康子父桓子卒於哀公三年，其母死或亦在哀公初年，則般當生於昭、定間，自昭公卒年下距楚聲王元年，亦已逾百歲。則蘇說與公輸之年又不合。竊以墨、輸二子年代參合，校之墨子之攻宋，約當在宋昭公、楚惠王時，蓋是時楚雖有代宋之議，而以墨子之言中輟，故史無其事耳。渚宮舊事謂公輸子南游楚，在惠王時，其說蓋可信。

祖耿案：「王曰善哉」之下，墨子公輸篇尚有一大段文字，云：「雖然，公輸盤爲我爲雲梯，必取宋。於是見公輸盤。子墨子解帶爲城，公輸盤九設攻城之機變，子墨子九距之，公輸盤之攻械盡，子墨子之守圉有餘。公輸盤詘而曰：吾知所以距子矣，吾不言。子墨子亦曰：吾知子之所以距我，吾不言。楚王問其故，子墨子曰：公輸子之意不過欲殺臣，殺臣，宋莫能守，乃可攻也。然臣之弟子禽滑釐等三百人，已持臣守圉之器在宋城上，而待楚寇矣。雖殺臣，不能絕也。」凡一百五十八字。然後下接「楚王曰：善哉，吾請無攻宋矣」十一字作結。

三

犀首伐黃〔一〕，過衛，使人謂衛君曰〔二〕：「弊邑之師，過大國之郊，曾無一介之使以存之乎？敢請其罪〔三〕！今黃城將下矣！已，將移兵而造大國之城下〔四〕！』衛君懼，束組三百緄〔五〕，黄金三百鎰，以隨使者。南文子止之〔六〕，曰：『是勝黄城，必不敢來；不勝，亦不敢來〔七〕。是勝黄城，則功大名美，内臨其倫〔八〕。夫在中者惡臨議其事〔九〕，蒙大名，挾成功〔一〇〕，坐御以待中之議〔一一〕，犀首雖愚，必不爲也。是不勝黄城，破心而走〔一二〕，歸恐不免於罪矣。彼安敢攻衛以重其不勝之罪哉？』果勝黄城，帥師而歸，遂不敢過衛〔一三〕。

〔一〕高注：黄，國名也。　鮑彪曰：犀首，魏官也，非公孫衍。　吴師道曰：據左傳，南文子相衛悼公。悼公與智伯並時，則犀首非公孫衍矣。司馬彪謂犀首爲魏官。以此策考之，悼公元年，當貞定王元年，至威烈王二十三年，三晉始爲諸侯時六十餘年，是時已有犀首，非魏官矣。意當其爲姓名或號，説見秦策（祖耿案：指鮑本秦策楚攻魏、張儀謂秦王曰章注）。然則此犀首者，亦三晉之臣歟？舊注，黄，國名。按策言黄不一處，此未詳。　程恩澤曰：案春秋時黄國有二：一爲江、黄、道、柏之黄（在今光州。楚世家正義『秦時黄都，嬴姓，在光州定城縣四十里』，不知何指），楚滅之；一爲沈、姒、蓐、黄之黄（其地無考），晉滅之。皆不及戰國。惟萊子國稱萊黄。史記秦始皇本紀謂之黄腄。漢置黄縣、腄縣。然其滅亦已久，且未謂爲黄國也。疑仍是邑名，如所云『黄濟陽』之類（下云勝黄城，則黄非國也。蓋即所云『墜黄城』者）。　祖耿案：顧觀光附此於貞定王十二年。

〔二〕鮑彪曰：此策以南文子與智伯同時，知爲悼公。　吴師道曰：左傳，出公之入也，奪南氏邑。杜注，子南之子公孫彌牟。彌牟與褚師比等逐公，越皋如等將納公，文子致衆而問曰『彌牟亡有益』云云，遂立悼公，南氏相之。事在哀公二十五年、二十六年。

〔三〕祖耿案：「弊」，鮑本作「敝」。

〔四〕高注：造，詣也。言至衛國之城下。　鮑彪曰：已，言已下黃。　吳曾祺曰：案：「已」字句，言伐黃事畢也。

祖耿案：鮑本「兵」下無「而」字。

〔五〕高注：組，斜文紛綬之屬也。十首爲一緄也。鮑注同。　吳師道曰：組，屢見前。緄，古本反。說文，帶也。詩，緄縢。傳，繩也。皆與此不協。鮑因高注。金正煒曰：按續漢書輿服志說綬制云，凡先合單紡爲一系，四系爲一扶，五扶爲一首。古今注，凡先合單紡爲一絲，四絲爲一扶，五扶爲一首，五首成一文。並無「十首爲緄」之說。疑「緄」當爲「純」，形近而譌。秦策，錦繡千純。高注，純，束也。又，史記蘇秦傳注，純，四端名。張儀傳注，凡絲緜布帛等，一段爲一純。淮南形篇地：純，丈五尺。注，純，量名也。管子輕重甲篇：伊尹以薄之游女，工文繡纂組，一純得粟百鐘於桀之國。穆天子傳：好獻錦組百純。皆稱「組」爲「純」之證。

〔六〕高注：南文子，衛大夫。鮑注同。

〔七〕高注：來，敢移兵來至城也。

〔八〕高注：倫，等。　鮑彪曰：臨，言以功處其上；倫，其輩類。

〔九〕高注：惡其臨己，故將議其事也。　鮑彪曰：在中者，國中之臣。議，謂譖短之。　金正煒曰：以高注求之，「議」上當有「且」字，文義乃完。

〔一〇〕鮑彪曰：蒙，冒處之也。

〔一一〕鮑彪曰：坐御，言不營爲。　金正煒曰：按說文，坐，止也。與留同意。趙策：「樓緩坐魏三月」，謂留魏也。「御」，當爲衛之譌。史記商君傳注引戰國策云「衛庶子也」，今策文作「御庶子」。誤與此同。

〔二〕鮑彪曰：破心，懼罪也。

〔三〕金正煒曰：廣雅釋詁：遂，竟也。

四

梁王伐邯鄲，而徵師於宋〔一〕。宋君使使者請於趙王曰〔二〕：「夫梁兵勁而權重〔三〕，今徵師於弊邑，弊邑不從，則恐危社稷〔四〕；若扶梁伐趙，以害趙國，則寡人不忍也〔五〕！願王之有以命弊邑〔六〕！」趙王曰：「然，夫宋之不足如梁也，寡人知之矣〔七〕。弱趙以强梁，宋必不利也〔八〕。則吾何以告子而可乎〔九〕？」使者曰：「臣請受邊城，徐其攻而留其日〔一〇〕，以待下吏之有城而已〔一一〕。」趙王曰：「善。」宋人因遂舉兵入趙境，而圍一城焉。梁王甚説，曰：「宋人助我攻矣〔一二〕！」趙王亦説〔一三〕，曰：「宋人止於此矣〔一四〕！」故兵退難解，德施於梁，而無怨於趙。故名有所加，而實有所歸〔一五〕。

〔一〕高注：徵，召也。鮑彪曰：梁王，襄王。吴師道曰：惠王。錢穆曰：此魏伐邯鄲之一證，時宋脅於梁咸，舉兵圍趙境一城而不肯深入，及齊救至，宋遂折而入於齊。（考辨二二四頁） 祖耿案：顧觀光隸此於顯王十六年。

〔二〕鮑彪曰：趙王，武靈王。 吳師道曰：成侯。

〔三〕高注：勁，强也。

〔四〕祖耿案：「弊」，鮑本並作「敝」，下同。

〔五〕高注：扶，助也。

〔六〕高注：弊邑，宋也。

〔七〕高注：如，當也。 黄丕烈曰：「足」，鮑本無。吳補：一本「不足如梁」。

〔八〕高注：梁必兼宋，故宋不利之也。

〔九〕鮑彪曰：雖知宋不助梁，然無辭使宋不聽梁。

〔一〇〕高注：「臣」，曾、錢作「恧」。自此卷尾，曾本皆作「恧」。徐，緩。留其日，稽留其日也。

〔一一〕鮑彪曰：攻之不力，使趙無失城。

〔一二〕高注：以宋人困趙一城，故云「助我攻」。

〔一三〕黄丕烈曰：「說」，鮑本無。吳補：一本「趙王亦說曰」。姚同。

〔一四〕高注：以宋使者言徐攻留其日，趙王亦說，言宋人止於此。

〔一五〕鮑彪曰：君偃宜無此善。以在犀首伐黄下，蘇秦論攻宋前，故次之此。 吳師道曰：大事記，周顯王十五年，梁惠十七年，宋公剔成十六年，宋伐趙，圍一城。解題曰，梁惠王伐邯鄲，引策云云。又按史世家，景公六十四年卒。左傳，景公在位四十八年卒。大事記定從左氏，景公卒，當元王七年。鮑以此次之景公，繆甚。

五

謂大尹曰〔一〕：「君日長矣！自知政，則公無事〔二〕！公不如令楚賀君之孝，則君不奪太后之事矣〔三〕！則公常用宋矣〔四〕！」

〔一〕鮑彪曰：大尹，宋卿。　吴師道曰：左傳哀二十六年，宋景公無子，取得與啓畜諸公宫，於是云云，六卿三族降聽政，因大尹以達。杜注，近官有寵者。鮑因「大尹」字，遂傅會爲景公時，蓋無稽之言也。　金正煒曰：按韓非説林下篇有此文，作「白圭謂宋令尹曰」，其非景公時大尹明矣。　錢穆曰：吕氏壅塞篇記宋亡事曰，此戴氏之所以絶也。則宋偃亦戴公後，與不勝同時。不勝豈即宋策之「大尹」乎？（考辨二五九頁）　祖耿案：此章韓非子説林下有五十字，云「白圭謂宋令尹曰，君長自知政，公無事矣。今君少主也而務名，不如令荆賀君之孝也，則君不奪公位而大敬重公，則公常用宋矣。」顧觀光附此於貞定王元年。曰：左傳宋景公卒，大尹奉啓以奔楚，在上一年，策有「令楚賀君之孝」句，故附此。

〔二〕高注：大尹，宋卿也。言宋王年日長大，自能制法布政也，則大尹無復有專政之事也。　鮑彪曰：君，宋君。自知政，言親國事。

〔三〕高注：事，政事也。　鮑彪曰：后時與政。

〔四〕高注：太后，尹母也。與后共爲政。太后不見奪政，則大尹亦不見廢也。故云「常用於宋」也。　鮑彪曰：見用於宋，尹蓋太后之人。吳師道曰：皆無考。吳曾祺曰：案「令楚賀君之孝」，所以諷君宜聽命於太后也。太后不見奪政，則大尹可常用。宋注以太后爲尹母，又云與后共爲政，曲折既多，詞義反晦。

六

宋與楚爲兄弟〔一〕，齊攻宋。楚王言救宋〔二〕。宋因賣楚重以求講於齊，齊不聽〔三〕。蘇秦爲宋謂齊相曰：『不如與之〔四〕，以明宋之賣楚重於齊也〔五〕。楚怒，必絶於宋而事齊〔六〕。齊、楚合，則攻宋易矣〔七〕。』

〔一〕祖耿案：顧觀光附此於愼靚王元年，曰：策言蘇秦，而蘇秦以是年死，故附此。

〔二〕鮑彪曰：楚王，威王。

〔三〕高注：齊伐宋，楚將救宋，宋恃楚之重求和於齊者。鮑彪曰：賣，謂衒鬻之。

〔四〕高注：不如與之和也。鮑彪曰：聽其講。

〔五〕黄丕烈曰：「賣」，鮑本作「資」，鮑改「資」爲「賣」。吳補：一本作「賣」。姚同。

〔六〕鮑彪曰：怒，怒其背己而與齊講。

〔七〕鮑彪曰：蘇秦與剔成、齊宣同時，知非閔時。吳師道曰：此必非景公時。

七

魏太子自將過宋外黃〔一〕，外黃徐子曰〔二〕：『臣有百戰百勝之術，太子能聽臣乎？』太子曰：『願聞之。』客曰：『固願效之〔三〕！今太子自將攻齊，大勝并莒，則富不過有魏，而貴不益爲王〔四〕。若戰不勝，則萬世無魏〔五〕。此臣之百戰百勝之術也！』太子曰：『諾。請必從公之言而還。』客曰：『太子雖欲還不得矣！彼利太子之戰攻而欲滿其意者衆〔六〕，太子雖欲還，恐不得矣！』太子上車請還，其御曰：『將出而還，與北同〔七〕，不如遂行。』遂行〔八〕，與齊人戰而死，卒不得魏〔九〕。

〔一〕高注：魏惠王太子申也，自將攻齊。外黃，今陳留外黃，故宋城也，後徙睢陽也。　程恩澤曰：案左傳，惠公之季年，敗宋師於黃。杜注，外黃縣東有黃城。地理志：陳留郡有外黃縣（郡國志：外黃有葵邱，齊桓公會此城中。又有曲棘里，即宋公佐卒處）。張晏曰：魏郡有內黃，故加『外』。臣瓚曰：外黃有黃溝（在今考城縣西三十六里），故名。元和志，外黃故城，在雍邱縣東（後漢書注、通典並同）六十里。今在開封府杞縣東北六十里。然此亦宋邑耳，非其國都也，舊說似誤。　祖耿案：此篇姚本與宋與楚爲兄弟連篇，鮑本分爲兩篇，移此篇入魏策。顧觀光隸此於顯王二十八年。

〔二〕鮑彪曰：劉向別錄：徐子，外黃人。　程恩澤曰：案地理志：臨淮郡有徐縣。郡國志：屬下邳國。括地志：徐城縣西四十里，有大徐城（杜注，在下邳僮縣東南），即古徐國也。今在泗州故虹縣境。　祖耿案：北堂書鈔一百十八引，不複「外黄」二字。

〔三〕高注：客，徐子也。

〔四〕高注：益，亦過也。　鮑彪曰：爲王之外，無加也。

〔五〕高注：不勝，則太子滅，復何魏之有？故云「萬世無魏」也。　祖耿案：御覽三百八十引作「若不勝，則萬世無魏矣」。

〔六〕高注：彼，謂魏戰士也。欲使太子戰，得其利以盈滿其志意。衆，多也。　鮑彪曰：希賞也。

〔七〕高注：北，退走也。與退走者同罪。

〔八〕黄丕烈曰：今本脱「遂行」二字。

〔九〕高注：齊人敗之馬陵，虜龐涓而殺太子申。故云「卒不得魏」也。　鮑彪曰：原在宋策。魏記三十年有。彪謂此申生伐皋落之例，晉國之覆轍也。里克之諫，惠王非忘之而忍爲之，故孟子以爲不仁。　吳師道曰：以過宋而徐子言之，從舊可。

八

宋康王之時〔一〕，有雀生䳭於城之陬〔二〕，使史占之，曰：『小而生巨，必霸天下〔三〕。』康王大喜。於是滅滕伐薛〔四〕，取淮北之地，乃愈自信，欲霸之亟成〔五〕，故射天笞地，斬社稷而焚滅之，曰：『威服天下鬼神〔六〕。』罵國老諫曰〔七〕，爲無顏之冠以示勇〔八〕，剖傴之背，鍥朝涉之脛〔九〕，而國人大駭〔一〇〕。齊聞而伐之，民散，城不守，王乃逃倪侯之館〔一〕，遂得而死〔二〕。見祥而不爲祥，反爲禍〔三〕。

〔一〕鮑彪曰：按史，君偃在年表、世家、傳並不書謚。　吴師道曰：索隱云，戰國策、吕氏春秋皆以偃謚曰康王。　黄丕烈曰：鮑衍「康」字，下同。吴氏正曰云云。丕烈案，新序亦作「康」。　祖耿案：新序雜事四有此文，云「宋康王時」，無「之」字。　又案：顧觀光隸此於赧王二十九年。　錢穆曰：至周赧王二十九年，齊滅宋，偃凡稱王四十三年，合前十年，爲在位五十三年也。偃之稱王，去魏、齊徐州相王已六年，而尚在秦、韓、燕、趙稱王之先，故頗爲當時所嫉視。國策記其射天笞地，世家書其淫於酒色，並皆謂之「桀宋」，與孟子萬章之言迥別，蓋出於忌嫉之口，非信史也。　又曰：宋王偃，即徐偃王。（考辨二八六頁）　又曰：徐偃王，即宋王偃。戰國時，宋都彭城。（考辨一九五頁）

〔二〕高注：康王，辟公之子、剔成之弟。鷉，王鴟也，羽虫之孽也。陬，隅也。五行傳，「思心之不容，是謂不聖，時則有黄眚」。黄，祥也。　鮑彪曰：集韻：鶀，音欺。今江東呼鵂鶹爲鵋鶀。陬，隅也。　吴師道曰：此與爾雅「鵅，鵋鶀」注同文。鵅音格，鵋音忌，鶀音欺。按史記「好射鶀鴈」，鶀，小鴈也，音期。愚按策文云「小而生巨」，以雀生鴈言可也；云「見祥而不爲祥」，鵂鶹非祥也。黄公紹韻會「鶀」、「鶀」並爲一字，音期者非。新序作「鸇」，所載比策文爲詳。今通鑑作「鶀」。　黄丕烈曰：案新序云，鸇，黑色，食爵，大於爵，害爵也。爲「鸇」明甚。此必本作「鷉」。「鷉」、「鸇」爲同字也。作「鶀」者，形近之譌。　祖耿案：御覽四百六十六引作「有雀生鸇」。

〔三〕高注：史，太史，曰能辨吉凶之妖祥。康王無道，不敢正對，故云「必霸天下」。危行言遜，太史有焉。　鮑彪曰：蓋言遜也。

〔四〕鮑彪曰：隱七年注，滕，在沛國公丘縣（祖耿案：字當有誤）。　吳師道曰：大事記云，杜氏世族譜，滕爲齊滅。觀孟子所載滕定公、文公，則杜説誤，策所記是也。　程恩澤曰：案滕，姬姓，文王子叔繡所封，左傳「滕爲文昭」是也（世本同。）地理志：沛郡公邱縣，故滕國。今兗州府滕縣西十四里，有古滕城（正義及元和志並云在滕縣西南十五里），即其地。惟以爲周懿王子錯叔繡所封，水經注從之，未知何據（此説師古已斥之，説見論語質疑）。至其世數及滅滕之國，説尤錯出。竹書紀年：越滅滕（在威烈王十一年）。漢志：滕封三十一世，爲齊所滅。杜氏釋例、世族譜、水經注並同。春秋正義：滕三十世，爲楚所滅。通志：滕至公邱，爲秦所滅。此云宋滅滕，新序、通鑑及文獻通考並主之，未知孰是。任啓運謂孟子去滕二十一年而滕亡，在赧王十四年。翟灝又云：滕滅於慎靚王三年，俱未可信。　又案：薛本任姓，夏車正奚仲所封，後遷於邳，仲虺居之，以爲湯左相。地理志：魯國有薛縣，今滕縣東南四十三里（顧作西南四十里。洪作東南四十四里。茲從元和志），有薛城，即其地。容齋隨筆：薛自奚仲受封，歷夏、商及周末，傳六十四代，享國千九百餘年，始爲宋偃王所滅。其説蓋本國策。但策止云伐，未云滅；且此時之薛似非任姓。竹書紀年：周顯王二十九年，邳遷於薛。則薛已滅矣。蓋齊先滅薛，後滅邳，卻先取邳地以封田忌，後取薛地以封田嬰（並見史記）。此所伐薛，謂田氏也。後爲齊、魏所滅。　金正煒曰：按世本稱齊景公亡滕，漢地理志、水經注並云齊滅滕，竹書紀年書於越滅滕，春秋正義謂滕三十一世爲楚所滅，春秋釋例又云滕自叔繡以下至公丘三十一世爲秦所滅。今據趙策蘇代所言，秦起中山與滕而趙、宋同命以證，此策自視諸書爲可據。洪容齋曰，薛自奚仲受封，歷夏、商及周末，始爲宋王偃所滅，享國千九百餘年，傳六十四代。

〔五〕高注：亟，速也。　黄丕烈曰：「亟」，鮑本作「速」。丕烈案：鮑本誤，高注其證也。新序亦作「亟」。

〔六〕金正煒曰：案「下」當作「地」，承「射天笞地」而言。新序作「威嚴伏天地鬼神」，可據以訂正。管子形勢篇「天地之配也」，今本「地」誤爲「下」，亦與此同。

〔七〕王念孫曰：鮑改「諫曰」爲「諫臣」。念孫案：「曰」與「臣」形聲俱不相近，若本是「臣」字，無緣誤爲「曰」。考太平御覽人事部引此作「罵國老諫者」。賈子春秋篇、新序雜事篇並作「罵國老之諫者」。則舊本「曰」字者，乃「者」字脱去上半耳。且「諫者」即指國老而言。蓋群臣莫敢諫，唯國老尚有諫者，而康王罵之也。鮑不達而以意改之，斯爲妄矣。　黄丕烈曰：今本「曰」作「臣」，乃誤涉鮑也。鮑改「曰」爲「臣」。吴氏補曰：疑字誤。丕烈案：新序作「罵國老之諫者」，「曰」即「者」壞字耳。　金正煒曰：按淮南俶真篇，「逮至夏桀、殷紂，燔生人，辜諫者」。此策文皆對舉，「諫者」上當有脱字。　新書、新序作「罵國老之諫者」，「之」字疑亦譌誤。

〔八〕鮑彪曰：冠不覆額。　吴師道曰：史，王偃盛血以韋囊，縣而射之，命曰「射天」。淫於酒婦人。群臣諫者輒射之。諸侯皆曰「桀宋」。　金正煒曰：新書、新序並作「爲無頭之棺以示有勇」。　祖耿案：御覽四百六十六、四百九十二，初學記二十六引，並作「無頭之冠」。

〔九〕高注：剖，劈也。　鮑彪曰：鍥，刻。脛，胻也。　金正煒曰：新書、新序，「傴」下有「者」字。廣韻：鍥，斷絶也。吕覽過理篇，截涉者脛而視其髓。截，亦猶鍥也。　祖耿案：御覽四百九十二引作「鍥傴」，下有「者」字。

〔一〇〕高注：駭，亂憂也。

〔一一〕鮑彪曰：倪，其臣也。　吴師道曰：無稽。　程恩澤曰：案「倪」與「郳」同，即小邾也。亦曹姓，邾俠之後。夷父顔有功於周，周封其子友於郳，爲附庸。春秋釋例：東海昌慮縣東北有郳城，今在滕縣東南，齊桓公時進爵爲子，號稱小邾。孔穎達、陸淳並云春秋後六世爲楚所滅。胡三省亦云，泗上十二諸侯有滕、薛、郳等國。則此時郳未亡也。　朱起鳳曰：宋有儀臺。史記魏世家，惠王六年，伐宋，取儀臺。六國表，魏惠王六年，伐宋，取儀臺。呂覽過理云，宋王築爲蘗帝，鴟夷血高懸之，射著甲胄從下，血墜流地，左右皆賀曰：王之賢過湯、武矣。湯、武勝人，今王勝天。高注：宋王，康王也。蘗當作「巘」，帝當作「臺」。蘗與巘其音同，帝與臺字相似，因作「蘗帝」耳。詩云，應姜巘巘。高長貌也。言康王築爲臺，革囊之大者爲鴟夷，盛血於臺上，高懸之以象天，著甲胄自下射之，血流墮地。與之名，言中天神下其血也。案宋有儀臺已久，至宋王偃而敗魏軍，又復築而新之，以矜其功。故史記云魏惠王時，而呂氏高注則作康王也。「巘」字，古通作「犧」，叚「巘」爲「儀」，此猶「黎儀」亦通作「黎獻」矣；「臺」字作「帝」，乃篆文形近而訛。「倪」、「儀」同音通用，「侯」字與「帝」同類，故「蘗帝」又爲「倪侯」也。　祖耿案：「倪侯」，新序作「兒侯」。

〔二二〕吳師道曰：世家云，「殺王偃」。年表云，「死於温」。温，魏地。新序「得」下有「病」字。　黄丕烈曰：丕烈案，新序誤衍也。得，獲也，即世家殺王偃事。　吳曾祺曰：得，謂爲齊所得也。　金正煒曰：按史記宋世家云「殺王偃」，則新序增「病」字非也。公羊昭二十三年傳，「生得曰獲」。呂覽順説篇，「管子得於魯」。漢書高帝紀，「沛公左司馬得殺之」。劉攽曰，得，得而殺之。廣川惠王傳，「奴得辭服」。師古曰，得者，爲吏所捕得。「遂」字疑當作「逐」。説文，逐，追也。「逐」與「逃」文正相應。呂覽壅塞篇，「王自投車上馳而走」，故此云「逐得」也。吳越春秋吳太伯傳「逐高而居」，今本作「遂」。誤與此同。

〔二三〕高注：禍，謂齊湣王與魏、楚共伐宋，殺康王而滅國，三分其地也。　吳師道曰：家語，「昔者殷王帝辛之世，有雀生大鳥於城隅，占之曰，凡以小生大，則國家必正，而名益昌。於是帝辛恃雀之德，不脩國政，亢暴無極，朝臣莫救，外寇乃至，殷國以亡」。又説苑，孔子曰昔者殷王帝辛云云一段，亦同。愚按：宋，殷後也。疑即此一事，而記者不同。　王念孫曰：「見祥而不爲」當作「見祥而爲不可」，謂爲不善也

（呂氏春秋制樂篇曰，見祥而爲不善，則福不至。義與此同）。「可」與「禍」爲韻。今本「爲」「不」二字誤倒，又脱去「可」字。賈子、新序並作「故見祥而爲不可，祥反爲禍」。祖耿案：新序此下著劉向之論一百二十一字。曰：「臣向愚以鴻範傳推之，宋史之占非也。此黑祥傳所謂「黑眚」者也，猶魯之有鸜鵒爲黑祥也。屬於不謀其咎急也。鸇者，黑色，食爵，大於爵，害爵也。攫擊之物，貪叨之類。爵而生鸇者，是宋君且行急暴擊伐貪叨之行，距諫以生大禍，以自害也。故爵生鸇於城陬者，以亡國也。明禍且害國也。康王不悟，遂以滅亡，此其効也」。又案：李慈銘曰：「粵西藤人蘇時學斆元著爻山筆話十四卷，曾辨戰國之宋爲戴氏所篡，據韓非子曰，戴氏奪子氏於宋。又曰，司城子罕取宋。韓非子每論戴氏，必與齊之田氏並言。而呂氏春秋於宋偃之亡，亦曰此戴氏所以絶也。不言子氏而言戴氏，其事甚明。竹書紀年云，宋易城肝廢其璧而自立。璧者宋桓侯也，易城肝殆即司城子罕。予按：易城肝，戰國策作剔成，其名義皆不可解。蘇君此證，既發戴氏篡宋之案，而以易城肝爲司城子罕之譌，亦甚近理。又曰：史記李斯傳曰，司城子罕相宋，身行刑罰，以威行之，期年遂刼其君。與韓非子二柄篇言宋君失其刑而子罕用之故宋君見刼者合。又，鄒陽傳言宋信子罕之計而囚墨翟而國以危。則戰國時宋有子罕之篡，其明證也」。

衛

祖耿案：衛，姬姓。康叔封於朝歌，故殷墟也。在今河南濬縣西南。傳十六世至懿公，爲狄所滅，乃度河而南，戴公廬漕、文公徙楚邱，並在今河南滑縣。成公徙帝邱，戰國時謂之濮陽，即今河南濮陽。至元君徙野王，即今河内。子君角，爲秦二世所廢。凡四十世，九百年。姬姓之國，衛獨後亡。詳見史記衛康叔世家。

鮑彪曰：東郡及魏郡黎陽，河北之野王、朝歌。後文公徙楚丘，黎陽是也。

張琦曰：衛地，自今山東濮州以西，直隸之大名，河南衛輝、懷慶及開封之儀封皆是（戰國策釋地）。

程恩澤曰：衛，姬姓，康叔封於朝歌，故殷墟也。今濬縣西南七十里廢衛縣是。傳十六世至懿公爲狄所滅，乃渡河而南，戴公廬漕，今滑縣東二十里白馬城是。文公徙楚邱，今滑縣東六十里廢衛南縣是。成公徙帝邱，故顓頊都也，戰國時謂之濮陽，今開州西南三十里濮陽城是。至元君徙野王，即今河内縣也。子君角，爲秦二世所廢。凡四十世，九百年，於姬姓獨後亡（國策地名考）。

顧觀光曰：衛自春秋僖三十一年遷於帝邱，今大名府開州也。至戰國時，其地大半入魏。故韓非子飾邪篇云：初魏數年東鄉攻盡陶、衛。又有度篇云：魏安釐王取地河東，攻盡陶、衛之地也。魏策：無忌謂魏王曰，魏得韓以爲縣，則衛、大梁、河外必安矣。鮑注，衛時已附梁，蓋依魏以自存，若附庸然（七國地理考）。

祖耿案：衛策七章，姚本列於宋策之後。不另爲卷。鮑本，宋、衛、中山合爲一卷，衛策凡九章，分隸靈公、悼公、嗣君名下。名號之下，各標世系年次。吴氏有正，並錄如下。

鮑彪曰：靈公，襄公子。元年，景王三十年丁卯。　吴正：說見趙策。　鮑彪曰：悼公，出公弟。元年，定王十四年癸酉。　吴正：杜注，悼公，蒯聵庶弟公子黚，史作「黔」。二字並其淹反。大事記：周貞定王元年，衛悼公元年。解題引古史云，左傳，出公復入，八年，悼公立，事甚詳。史記，出公復入，二十一年卒。黚攻出公子，自立。悼公五年卒。　鮑彪曰：嗣君，平侯子。元年，顯王四十五年丁酉。

九

智伯欲伐衛〔一〕，遺衛君野馬四百，白璧一〔二〕，衛君大悅，群臣皆賀，南文子有憂色〔三〕。衛君曰：『大國大歡，而子有憂色何〔四〕？』文子曰：『無功之賞，無力之禮，不可不察也！野馬四，百璧一，此小國之禮也〔五〕！而大國致之，君其圖之！』衛君以其言告邊境。智伯果起兵而襲衛，至境而反〔六〕，曰：『衛有賢人，先知吾謀也〔七〕。』

〔一〕祖耿案：顧觀光附此於貞定王十二年，曰：大事記云，晉荀瑶襲衛，失其年。國語序「藍臺之宴」云，還自衛。姑載於此。

〔二〕高注：野馬，騊駼也；四百，乘也。璧玉，環也。肉倍好曰璧。鮑彪曰：野馬，騊駼也。黃丕烈曰：「白」，鮑本無。吳補：一本「白璧」。姚同。丕烈案：此當以「野馬四」爲句，「白璧一」爲句。「百」即「白」字誤衍。下文「野馬四，百璧一」，誤同。考其注云，「四百，乘也」，「百」是「一」字誤。説苑有此事，作「智伯欲襲衛，故遺之乘馬，先之一璧」。與此可相證明。吳氏補云，「説苑，吳赤市使智氏及趙簡子以乘璧遺衛事相類」，而不引此，非也。金正煒曰：按「百」、「白」同音通用。鮑本「百璧」即「白璧」。此蓋誤複也。後文「野馬四、百璧一」足證。鮑本不誤。此由後人不辨「百」即爲「白」，而以意補耳。荀子王制篇：司馬知師旅甲兵乘白之數。注，或曰，「白」當爲「百」。「百」之爲「白」，猶「白」之爲「百」也。高注：四百，乘也。當從黃説作「四，一乘也」。周禮夏官序官，圉人乘一人。注，四馬爲乘。儀禮聘禮馬乘注，乘，四馬也，説苑權謀篇作「故遺之乘馬，先之一璧」。可爲此文之證。

〔三〕金正煒曰：按說苑復恩篇，吳赤市使於智伯，假道於衞，甯文子具紵絺三百製以送之。智伯將襲衞，赤市使人告衞，衞人警戒，智伯聞之乃止。南文子，即甯文子，一聲之歧也。　祖耿案：黄式三周季編略作「公孫彌牟有憂色」。注曰，彌牟，衞策作南文子。禮有衞將軍文子篇，即彌牟也，衞公子郢之子。漢武紀注，瓚曰：汲冢古文謂衞將軍文子爲子南彌牟。

〔四〕金正煒曰：「大懽」當爲「交懽」。「交」字殘損，因誤爲「大」。呂覽權勳篇：「大國爲懽，而子逆之不祥」，與此文正相類。交懽，猶爲懽也。

〔五〕黄丕烈曰：「也」，鮑本無。吳補：一本有。姚同。

〔六〕高注：反，還。

〔七〕吳師道曰：說苑吳赤市使智氏及趙簡子以乘璧遺衞事相類。　祖耿案：說苑權謀云「智伯欲襲衞，故遺之乘馬，先之一璧。衞君大悦，酌酒。諸大夫皆喜，南文子獨不喜，有憂色。衞君曰：大國禮寡人，寡人故酌諸大夫酒，諸大夫皆喜，而子獨不喜，有憂色者，何也？南文子曰：無方之禮，無功之賞，禍之先也。我未有往，彼有以來，是以憂也。於是衞君乃修梁津而擬邊城。智伯聞衞兵在境上，乃還」。復恩云「吳赤市使於智氏，假道於衞，甯文子具紵絺三百製，將以送之。大夫豹曰：吳雖大國也。不壞交假之道，則亦敬矣，又何禮焉！甯文子不聽，遂致之。吳赤市至於智氏，既得事，將歸吳，智伯命造舟爲梁。吳赤市曰：吾聞之，天子濟於水，造舟爲梁；諸侯維舟爲梁；大夫方舟。方舟，臣之職也。且敬大甚必有故。使人視之，視則用兵在後矣，將以襲衞。吳赤市曰：衞假吾道而厚贈我，我見難而不告，是與爲謀也。稱疾而留，使人告衞，衞人警戒。智伯聞之乃止」。

十

智伯欲襲衛，乃佯亡其太子〔一〕，使奔衛。南文子曰：「太子顏爲君子也，甚愛而有寵〔二〕，非有大罪而亡，必有故〔三〕！」使人迎之於境，曰：「車過五乘，愼勿納也！」智伯聞之乃止〔四〕。

〔一〕祖耿案：説苑權謀有此章，六十六字，詳於策。「子」下有「顏」字。　又案：此篇姚本與智伯欲伐衛連篇，鮑本分爲兩篇。顧觀光附此於貞定王十二年。

〔二〕高注：顏，智伯太子名也。智伯甚愛顏而寵禄之。　鮑彪曰：顏，太子名。君，謂智伯。

〔三〕高注：不有大罪而亡，來必有他故者也。　祖耿案：「南文子曰」下，説苑作「太子顏之爲其君子也甚愛，非有大罪也而亡之，必有故。然人亡而不受不祥」。此三十字下，乃接下文「使」字。

〔四〕高注：止太子顏也。　鮑彪曰：彪謂南文子衛之賢智人也，慮無遺筭。　吳師道曰：大事記，貞定王十二年，晉荀瑶襲衛。解題曰，失其年。國語序「藍臺之宴」云，還自衛。姑載於此，未必果此年也。戰國策云云，並載此二年。　祖耿案：「曰」上，説苑作「使吏逆之」。「人」作「吏」，「迎」作「逆」，無「於境」二字。

十一

秦攻衛之蒲〔一〕，胡衍謂樗里疾曰：「公之伐蒲，以爲秦乎？以爲魏乎？爲魏則善，爲秦則不賴矣〔二〕！衛所以爲衛者，以有蒲也〔三〕。今蒲入於魏，衛必折於魏〔四〕。魏亡西河之外而弗能復取者，弱也〔五〕。今并衛於魏，魏必强。魏强之日，西河之外必危〔六〕。且秦王亦將觀公之事〔七〕！害秦以善魏，秦王必怨公〔八〕！』樗里疾曰：『柰何？』胡衍曰：『公釋蒲勿攻，臣請爲公入戒蒲守，以德衛君〔九〕。』樗里疾曰：『善。』胡衍因入蒲，謂其守曰：『樗里子知蒲之病也〔一〇〕。其言曰：「吾必取蒲。」今臣能使釋蒲勿攻。』蒲守再拜，因効金三百鎰焉〔一一〕。曰：『秦兵誠去，請厚子於衛君！』胡衍取金於蒲，以自重於衛。樗里子亦得三百金而歸。又以德衛君也〔一二〕。

〔一〕高注：蒲，衛邑也。　鮑彪曰：秦昭四年，取蒲坂。此（衛嗣）二十三年。　吴師道曰：年表、世家，拔魏蒲坂。蒲坂在河東，非衛地。世家，衛嗣君時獨有濮陽。按史，秦昭王元年，樗里子伐蒲。索隱云，樗里疾圍蒲不克。而秦惠王薨。事與此合。正義云，蒲故城在滑州匡城縣北，即子路作宰地。　程恩澤曰：案蒲，今長垣縣，本衛地，其後入魏。觀本策可知。詳見魏策。　祖耿案：此章見史記樗里子列傳，事同而文小異，見後。顧觀光隸此於赧王四年。

〔二〕高注：賴，利也。　鮑彪曰：賴，猶利。

〔三〕張守節曰：蒲，是衛國之鄙衛。

〔四〕高注：衛知必失蒲，必自入於魏以求救也。　鮑彪曰：衛恐秦取蒲，必自入之魏。折，往求援也。　王念孫曰：史記樗里子傳作『今伐蒲入於魏，衛必折而從之』。索隱曰：戰國策云，『今蒲入於秦，衛必折而入於魏」，與此文相反也。據此，則今本作「今蒲入於魏」，乃後人據史記改之，下句作「衛必折於魏」，「折」下又脱去「而入」二字也。其一本作「蒲入於秦」者是也。據高注云：衛知必失蒲，必自入於魏以求救。則正文本作「今蒲入於秦，衛必折而入於魏」明矣。蓋攻蒲者，秦也。故言蒲入於秦，不得言蒲入於魏。史公未達其意而改之，故索隱有相反之語，而後人又據史記以改此策，弗思甚矣。鮑解「蒲入於魏」句云，衛恐秦取蒲，必自入之魏。此不得其解而爲之詞。　黄丕烈曰：吴氏補曰，一本「蒲入於秦」。司馬貞引策云，「今蒲入於秦，衛必折而入於魏」。樗里疾傳有，亦作「入於魏」（祖耿案：此「魏」字，元至正十五年刊本作「秦」）。丕烈案：索隱曰，相反也。今吴校末「魏」字作「秦」，乃誤刊。　金正煒曰：「今蒲入於魏，衛必折於魏」，按司馬貞引策云「今蒲入於秦，衛必折而入於魏」，此蓋誤脱，當據以訂正。説詳王氏雜志。左氏昭十一年傳：楚王問，國有大城，何如？申無宇曰，衛蒲、戚實出獻公。故此云「衛所以爲衛，以有蒲也」。經傳釋詞：今，猶若也。哀二十五年傳：將適蒲。杜注，蒲，近晉邑。故此云必折入魏。

〔五〕高注：西河，魏邑也，秦兼取之。魏弱於秦，故云「不能取」。　鮑彪曰：魏亡西河之外，秦惠六年。　吴師道曰：秦惠八年，魏納河西地。後二年，魏入上郡於秦，而河西濱洛之地盡。　黄丕烈曰：「復」，鮑本無。吴補：一本有。姚同。　祖耿案：史記注西河之外，張守節曰：謂同、華等州。

〔六〕高注：魏得衛而强，必更取西河之外，故云「西河之外必危」。

〔七〕鮑彪曰：秦王，昭王。

〔八〕黄丕烈曰：「善」，鮑本作「害」。鮑改「害」爲「善」。吴補：一本作「善」。姚同。

〔九〕鮑彪曰：戒，告之以釋攻。　金正煒曰：按士冠禮注：戒，告也。漢書酈食其傳：騎士從容言食其所戒者。

〔一〇〕高注：病，困也。

〔一一〕黄丕烈曰：「鎰」，鮑本作「溢」，改爲「鎰」。吳氏補曰：鎰通。　祖耿案：「效」，鮑本作「効」。

〔一二〕吳師道曰：史樗里子傳有。　祖耿案：史記樗里子傳云「昭王元年，樗里子將伐蒲。蒲守恐，請胡衍。胡衍爲蒲謂樗里子曰：公之攻蒲，爲秦乎？爲魏乎？爲魏則善矣，爲秦則不爲賴矣。夫衞之所以爲衞者，以蒲也。今伐蒲入於魏，衞必折而從之。魏亡西河之外而無以取者，兵弱也。今倂衞於魏，魏必强。魏强之日，西河之外必危矣。且秦王將觀公之事。害秦而利魏，王必罪公。樗里子曰：奈何？胡衍曰：公釋蒲勿攻，臣試爲公入言之，以德衞君。樗里子曰：善。胡衍入蒲，謂其守曰：樗里子知蒲之病矣，其言曰：必拔蒲。衍能令釋蒲勿攻。蒲守恐，因再拜曰：願以請。因效金三百斤，曰：秦兵苟退，請必言子於衞君，使子爲南面。故胡衍受金於蒲以自貴於衞。於是遂解蒲而去」。

十二

衞使客事魏，三年不得見〔一〕。衞客患之，乃見梧下先生〔二〕，許之以百金。梧下先生曰：『諾。』乃見魏王〔三〕，曰：『臣聞秦出兵，未知其所之〔四〕。秦、魏交而不脩之日久矣〔五〕！願王博事秦，無有佗計〔六〕！』魏王曰：『諾。』客趨出，至郎門而反〔七〕，曰：『臣恐王事秦之晚〔八〕！』王曰：『何也？』先生曰：『夫人於事己者過急，於事人者過緩〔九〕。今王緩於事己者，安能急於事人〔一〇〕？奚以知之〔一一〕，衞客曰事王三年不得見，臣以是知王緩也〔二〕！』魏王趨見衛客〔三〕。

〔一〕王念孫曰：「衛」下不當有「使」字，「魏」下當有「王」字。今本衍「使」字，脱「王」字，則文不成義。藝文類聚人部、太平御覽人事部引此，並作「衛客事魏王」。金正煒曰：按衛使客事魏者，衛時附魏，因使人居魏，如唐客主韓、楚之事也。秦策：文信侯欲攻趙以廣河間，使剛成君蔡澤事燕三年。魏策：諸侯客聞之，皆使人告其王。則當時固有此習。呂覽期賢篇：衛以十人者按趙之兵。又云：衛可謂知用人矣，游十士而國家得安。即使客事魏之旨。下文『今王緩於事已者，安能急於事人』。「事已者」謂衛，非謂客也。客則當云『仕魏』。且梧下先生所云云，亦非爲客先後之辭也。王念孫據藝文類聚、太平御覽，以爲衍「使」字、脱「王」字，並非。祖耿案：類聚二十五、御覽四百六十，引並作「衛客事王，三年不得見」。又案：顧觀光附此於慎靚王四年，曰：因勸魏事秦。故附此。

〔二〕高注：先生，長者有德者稱。家有大梧樹，因以爲號，若柳下惠。鮑彪曰：蓋以所居爲號。吴師道曰：藝文類聚作「梧丘」。程恩澤曰：案「梧下」疑即「梧地」，然細審策文，應在國中。金正煒曰：按韓策：魏且旦暮亡矣，不能愛其許、鄢陵與梧，割以予秦。「梧下」，猶「華下」之類，魏地名也。高注，「家有大梧樹，因以爲號」，恐非。藝文類聚作「梧丘」。祖耿案：御覽四百六十引作「吾丘」。

〔三〕鮑彪曰：魏王，哀王。吴師道曰：無據。

〔四〕黄丕烈曰：「出」，鮑本作「入」，鮑改「入」爲「出」。吴氏正曰：一本作「人」，「兵」下有「出」字。祖耿案：類聚二十五、御覽四百六十引並無「其」字。

〔五〕高注：温故曰「脩」。

〔六〕黃丕烈曰：鮑改「博」爲「專」。吳氏補曰：字當作「專」。丕烈案：此以「摶」爲「專」，因譌爲「博」也。祖耿案：類聚二十五、御覽四百六十引並作「專」，「無」下並無「有」字。

〔七〕姚注：續「郎門」作「郭門」。　鮑彪曰：客謂梧下。　吳師道曰：姚注：「續作郭門」，按韓非子，「使郎中日聞道於郎門之內」。愚恐「郎」即「廊」。見秦策。　程恩澤曰：案韓非十過篇又云，「有玄鶴二八，道南方來，集於郎門之垝」。注，棟端也。論衡異虛篇作「廊門之危」。紀妖篇又作「郭門之上危」。舊說似可通。　金正煒曰：按韓非十過篇「有玄鶴二八，道南方來，集於郭門之垝」。藝文類聚九十作「集於郭門之扈」。「郭」亦「郎」字之譌。又，內儲說「齊中大夫有夷射者，御飲於王，醉甚而出，倚於郎門」。漢書東方朔傳：今陛下累郎臺，恐其不高也。師古曰，郎，堂下周屋。郎門，蓋宮中之門。作「郭門」者，非也。　祖耿案：類聚二十五、御覽四百六十，並作「郭門」。

〔八〕姚注：客，梧下先生也。出、反，乃說事者而以亦不故爲此事秦也，若偶思念得之，故還而言也。鮑彪曰：佯若不爲衛客，偶思念得之。　祖耿案：類聚二十五。御覽四百六十引「晚」下並有「也」字。

〔九〕鮑彪曰：過，猶多。

〔一〇〕祖耿案：類聚二十五引作「今王於事已者綏」。御覽四百六十同，無「者」字。

〔一一〕鮑彪曰：王問。

〔一二〕鮑彪曰：衛客，梧下稱之。　王念孫曰：衍「曰」字。類聚、御覽皆無「曰」字。　黃丕烈曰：今本「以是」誤「是以」。

〔一三〕鮑彪曰：彪謂，此一時氣俗，無不沒於利者。以先生稱於世，其人不薄矣；而以百金誅人，爲之行狡猾之計，況小子乎？彼哉，彼哉！　吳師道曰：此策時不可考，何得附之嗣君？

十三

衛嗣君病〔一〕，富術謂殷順且曰〔二〕：『子聽吾言也以說君，勿益損也〔三〕！君必善子〔四〕！人生之所行，與死之心異。始君之所行於世者，食高麗也〔五〕；所用者，緤錯、挐薄也〔六〕。群臣盡以爲君輕國而好高麗〔七〕，必無與君言國事者。子謂君〔八〕：「君之所行天下者甚謬〔九〕！緤錯主斷於國，而挐薄輔之，自今以往者，公孫氏必不血食矣〔一〇〕！」』君曰：『善。』與之相印，曰：『我死，子制之！』嗣君死，殷順且以君令相公期〔一一〕。緤錯、挐薄之族皆逐也〔一二〕。

〔一〕高注：嗣君，衛平侯之子也。秦王貶其號爲君也。祖耿案：顧觀光隸此於赧王三十二年。

〔二〕鮑彪曰：皆衛人。吳師道曰：古人以「且」名者，皆子余反。如夏無且、唐且、龍且之類是也。程恩澤曰：案姓氏急就篇：殷氏，商子姓，盤庚遷殷，於是殷商兼稱。武王克紂，子孫分散，以殷爲氏。又殷水在潁川（大溵水在今西華縣。小溵水在今臨潁縣。又陳州府有商水縣），居者亦以爲氏。戰國，衛有殷順且。

〔三〕鮑彪曰：使之一如其教。

〔四〕高注：子，殷順且者也。

〔五〕高注：食，用也。麗，美也。諸所行爲者，務用高美觀目而已，不務用德也。鮑彪曰：凡有養於口體，皆得言食。　吳師道曰：「食高麗」，疑人名。　黃式三曰：「食高麗」，高注（祖耿案：黃誤以吳爲高）以爲人名是也，蓋游説之士耳。　金正煒曰：按淮南説山篇：幸善食之而勿苦。注，食，養也。漢書景帝紀：禁内郡食馬粟。注，「食」讀曰飤。「高麗」未詳，舊注並有疑義。或謂狗馬之屬也，「高」字疑「獢」之脱誤。詩秦風：載獫獥獢。釋文，短喙田犬也。「麗」字疑「驪」之省。左氏莊二十八年傳：女以驪姬。穀梁僖十年傳作「麗姬」。禮記大學注：時辟驪姬之難。釋文，「驪」本作「麗」。是「驪」與「麗」古得通用。爾雅釋畜：騋，牡驪。下文云「群臣盡以爲君輕國而好高麗」，蓋猶懿公之好鶴耳。

〔六〕鮑彪曰：二人名。

〔七〕高注：緤錯、挐薄之二人君所幸，非賢也。長曰不肖，國必危，故群臣盡以君爲輕國也。　金正煒曰：韓非内儲説：衛嗣君重如耳、愛世姬，而恐其皆因其愛重以壅己也，乃貴薄疑以敵如耳，尊魏姬以耦世姬。曰，以是相參也。「緤」、「泄」音近，或即世姬；挐薄，謂如耳、薄疑也。「錯」字未知所指。

〔八〕吳師道曰：「子謂君」以下，今教之以説君也。上言「死則心異」，故言此可以動之。

〔九〕祖耿案：「謬」，鮑本作「繆」。

〔一〇〕高注：公孫氏，謂嗣君也。衛[illegible]之孫，故云公孫氏。　鮑彪曰：衛國姓也。故商君，衛之庶孼公子也，姓公孫氏。　吳師道曰：高注，公孫氏謂嗣君也。商君説見秦策（祖耿案：謂鮑本秦策衛鞅亡魏入秦章注）。　祖耿案：鮑本無「必」字。

〔一一〕高注：公期，嗣君子也。　鮑彪曰：嗣君子。　黃丕烈曰：鮑「公」下補「子」字。

〔一二〕鮑彪曰：彪謂嗣君賢君也，富術稱之貶矣。蓋諫者之言，多務爲深切詭激之辭。使嗣君不賢，安能受其言而委之以二臣乎？　吳師道曰：鮑誤釋胥靡之事，遂以衛君爲賢，其實非也。然能從順且之諫，使制二子，猶愈於迷復者也。縲，先結反；挐，女居反。　黃丕烈曰：「逐」下，鮑本有「之」字。

十四

衛嗣君時，胥靡逃之魏〔一〕，衛贖之百金，不與。乃請以左氏〔二〕。群臣諫曰：「以百金之地，贖一胥靡，無乃不可乎〔三〕？」君曰：「治無小，亂無大〔四〕。教化喻於民，三百之城，足以爲治〔五〕；民無廉恥，雖有十左氏，將何以用之〔六〕！」

〔一〕高注：胥靡，有罪之賢臣也。　鮑彪曰：有罪人，蓋賢者也。　吳師道曰：此本高注，竊以爲不然。有罪而逃，何以知其賢？此慕傅說之事而誤說者也。衛君以金贖之者，恥其失政廢刑爾，觀其言可見。靡，忙皮反。晉灼曰：「胥，相也；靡，隨也」。顏曰：「連繫相隨而服役之，猶今之囚徒」。莊子注：「以鐵鎖相連繫」。　吳曾祺曰：案胥隸是有罪之人罰爲築城之役。注因傅說嘗爲胥靡，故曰賢臣。於文義不合。　金正煒曰：按韓非內儲說列此事於「必罰」，其言曰：「夫治無小而亂無大。法不立而誅不必，雖有十左氏無益也；法立而誅必，雖失十左氏無害也」。足證高注之誤。吳氏以爲衛君恥失政廢刑，是也。　祖耿案：顧觀光附此於赧王三十二年。

〔二〕高注：左氏，衛邑也。　鮑彪曰：衛地缺。請，亦贖也。　程恩澤曰：案韓非外儲說：吳起，衛左氏中人也。注云，左氏，都邑名。蓋即左城。水經注謂之左岡。岡西南去濟陰城五里，與陽晉相近，以左山得名，陶邱之別阜也。在今曹縣西北六十五里。路史：左衛後有左氏，今聞喜，漢之左邑，即曲沃也，非此地。　金正煒曰：韓非外儲說右上篇：吳起，衛左氏中人也。禮記王制：墓地不請。注，請，求也。左氏莊十一年傳：宋人請之。請歸魯囚也。

〔三〕金正煒曰：「以百金之地」，之，猶及也。

〔四〕鮑彪曰：大、小，謂國。

〔五〕吳師道曰：三百，或言家。　金正煒曰：按「百」乃「里」之譌也。孟子公孫丑篇：「三里之城，五里之郭」。墨子非攻篇：「今攻三里之城，七里之郭」。齊策：「安平君以惴惴之即墨，三里之城，七里之郭，敝卒七千，禽其司馬而反千里之齊」。並爲此證。

〔六〕鮑彪曰：彪謂衛君之言及此，足以興起，而不得霸，豈輔之者無其人乎！以群臣之所諫，知不及其君遠矣。然享國四十餘年，不受外兵，則「三百爲治」之言，允蹈之者歟？　吳師道曰：罪人而逃，可謂無政矣。割地以求胥靡，可謂無謀矣。其言雖善，事則戾矣。韓非子有，略同。　祖耿案：韓非子內儲說上七術第三十經必罰二有「嗣公知之，故買胥靡」一語，其下文云：「衛嗣君之時，有胥靡逃之魏，因爲襄王之后治病。衛嗣君聞之，使人請以五十金買之，五反而魏王不予。乃以左氏易之。群臣左右諫曰：夫以一都買一胥靡，可乎？王曰：非子之所知也！夫治無小而亂無大。法不立而誅不必，雖有十左氏無益也；法立而誅必，雖失十左氏無害也。魏王聞之曰：主欲治而不聽之，不祥。因載而往，徒獻之」。凡一百二十七字，較此七十四字所叙爲詳。蓋策文在前，韓非取之而有所增也。

十五

衛人迎新婦〔一〕，婦上車，問『驂馬誰馬也？』御曰：『借之。』新婦謂僕曰：『拊驂，無笞服〔二〕！』車至門，扶〔三〕，教送母『滅竈，將失火〔四〕。』入室，見臼，曰：『徙之牖下，妨往來者。』主人笑之。此三言者，皆要言也〔五〕，然而不免爲笑者，蚤晚之時失也〔六〕。

〔一〕祖耿案：此篇姚本與衛嗣君時胥靡逃之魏連篇，鮑本分爲兩篇。顧觀光附此於顯王十三年，曰：呂氏春秋白圭謂惠子語，與此相類。而惠子與魏惠王同時，故附之於梁王魏嬰觴諸侯於范臺章後。

〔二〕高注：拊，擊也。兩旁曰驂，轅中曰服。擊其驂，則中兩服馬不勞笞也。　鮑彪曰：皆言愛也。拊尤愛之。　吴師道曰：高注云云。鮑以爲借馬，故曰愛之，非是。　吴曾祺曰：拊，循也。訓擊，非。

〔三〕高注：扶，謂下車。　鮑彪曰：人扶婦下。

〔四〕鮑彪曰：毋，送婦者。將還，故戒之。　金正煒曰：按漢書兒寬傳：寬爲人温良有廉，知自將。注，將，衛也。以智自衛護也。釋名釋言語：將，救護之也。此云「將失火」，猶言防失火耳。　黄丕烈曰：「毋」下，鮑本有「曰」字。

〔五〕黄丕烈曰：「要」，鮑本作「至」。

〔六〕高注：雖要指，非新婦所宜言也。以喻忠臣，可以言而不言，失忠；未可以言而言，危身。故云「蚤晚之時失也」。　鮑彪曰：初爲婦，而云然，失之蚤也。　吴師道曰：此策，時不可考。呂氏春秋，白圭與惠子相見，惠子説之以彊。惠子出，白圭告人曰云云。與此相類。　馬驌曰：此或呂氏春秋白圭、惠子相見之語之脱誤也。不然，策於義何取。　黄式三曰：此白圭，疑即孟子書之白圭，名丹者。　祖耿案：呂覽不屈篇云：『白圭新與惠子相見也，惠子説之以彊，白圭無以應。惠子出，白圭告人曰：人有新取婦者，婦至，宜安矜，煙視媚行。豎子操蕉火而鉅，新婦曰「蕉火大鉅」；入於門，門中有歛陷，新婦曰「塞之，將伤人之足」。此非不便之家氏也，然而有大甚者。今惠子之遇我尚新，其說我有大甚者。惠子聞之曰：不然。詩曰「愷悌君子，民之父母」。愷者大也，悌者長也。君子之德長且大者，則爲民父母，父母之教子也豈待久哉！何事比我於新婦乎？詩豈曰「愷悌新婦」哉！誹汙因汙，誹辟因辟，是誹者與所非同也。白圭曰：惠子之遇我尚新，其說我有大甚者。惠子聞而誹之，因自以爲爲之父母。其非有甚於白圭，亦有大甚者」云云。此與「滅竈徙臼」之言相類。似策文先行，而竄以之爲白圭之言也。

卷三十三　中山

鮑彪曰：漢爲中山國，有盧奴、北平、北新城、唐、深澤、苦陘、安國、曲逆、望都、新市。

吳師道曰：索隱云，中山、故鮮虞國，姬姓也。路史，杜佑云，常山靈壽，中山國，有故城，城中有山，故號中山。漢中山王靖始移居盧奴。大事記，威烈王十二年，中山武公初立。又按左傳，昭公十二年，晉荀吳假道於鮮虞滅肥。是冬晉復伐鮮虞。杜預云，鮮虞，白狄別種，在中山新市縣。中山名，始見定公四年。晉合諸侯召陵，謀爲蔡伐楚。荀寅曰，諸侯方貳，中山不服，無損於楚，而失中山，不如辭蔡侯。則是時勢已漸强，能爲晉之輕重矣。史趙世家是年書中山武公初立。意者其國益强，遂建國備諸侯之制，與中夏伉歟。

張琦曰：鮑以漢國說戰國之中山，已失之。漢志中山國尚有新處、毋極、陸成、安險四縣，遺而不數何也？考中山之境，自今直隸保定府之唐縣、完縣，真定府之獲鹿、井陘、平山、靈壽、無極、定州、新樂、行唐、曲陽，兼有冀州之地。通典曰，中山都靈壽（戰國策釋地）。

程恩澤曰：案徐廣以中山武公爲西周桓公之子。桓公者，考王弟而定王子也。樂史云，中山武公，本周之同姓，其後桓公不恤國政，傳五葉爲趙所滅。則中山乃周之支庶，並非白狄別種；且其封在戰國之世，與春秋之鮮虞無涉。時鮮虞亦號中山，而武公所封適居其地，故仍以中山爲號耳。高誘謂中山一名鮮虞，似混。其謂中山即鮮虞者尤非。世本，中山武公居顧，桓公徙靈壽。地理志，常山郡靈壽縣，中山桓公居此。蓋中山初封本在今定州（漢爲盧奴縣，唐、宋爲安喜縣），及爲魏拔，乃徙居正定府之靈壽縣東。（按史記樂毅列傳，樂羊拔中山，魏文侯封以靈壽。則靈壽本樂氏封邑。然下云中山復國，是中山又國於此也。）

顧觀光曰：秦策，中山之地方五百里，趙獨擅之。齊策，中山千乘之國也。史記，魏文侯十七年，伐中山，使子擊守之。下距趙敬侯十年與中山戰於房子，整三十年。不知中山以何年復國？戰國時記載闊略，類若斯矣。漢志，中山國，縣十四。

祖耿案：中山策一卷。姚本最後。吳氏目錄凡十章。鮑本九章，與宋、衛合爲一卷。首標中山二字，其下未列君王名號，又不及世系年次。策文但言中山君、中山王。中山之君，無由辨知誰某。考中山舊名鮮虞，本白狄也。在燕、齊、趙、魏之間。顧祖禹曰：鮮虞，今直隸真定府西北四十里新市城，即鮮虞國都。定四年，晉荀寅曰，中山不服。又，哀三年，齊、衛求援於中山。中山，即鮮虞也。蓋自是改稱中山云。王先謙有鮮虞中山國事表並附疆城圖說。郭嵩燾謂，戰國所以盛衰，中山若隱爲之樞轄。今案：威烈王十二年，中山武公初立，此姬姓之中山也。時春秋時白狄鮮虞之中山，滅已久矣。魏文侯十九年，使樂羊滅此姬姓之中山，使子擊守之，後以封其少子摯。莊子所謂中山公子牟，即其後也。此魏氏所封之中山也。姬姓之中山雖滅於魏，尚不絕祀，後更復國（見史記趙世家及索隱）。復國之中山，據一九七四年冬月，河北平山縣戰國中山王墓出土之中山王鼎及方壺銘文，知中山王嚳以上有文、武、桓、成四世。中山王嚳之子爲𡚁蚉，有𡚁蚉壺一器。史記趙世家云，武靈王十九年，北略中山之地至於房子。秦本紀，昭襄八年，趙破中山，其君亡，竟死齊。秦昭襄八年，趙武靈王二十七年也。趙世家又云，惠文王三年，滅中山，遷其王於膚施。太平寰宇記卷六引作滅中山，遷其君尚於膚施。樂史云，桓公傳五世爲趙所滅。自桓、成、嚳、𡚁蚉至尚，適爲五世。由此知尚爲亡國之君，𡚁蚉即死齊之君。𡚁蚉與尚，決非一人也。

一

魏文侯欲殘中山〔一〕，常莊談謂趙襄子曰〔二〕：「魏并中山，必無趙矣〔三〕！公何不請公子傾以爲正妻〔四〕，因封之中山，是中山復立也〔五〕。」

〔一〕高注：文侯，魏桓子之孫也。殘，滅之也。　鮑彪曰：殘，謂滅也。　祖耿案：孫詒讓墨子閒詁所染篇引蘇説云，中山爲魏之别封，非春秋時之鮮虞也。魏文侯滅中山而封其少子摯，至赧王二十年爲趙武靈王所滅。其君有武公、桓公，見世本。　顧觀光隸此於威烈王元年，曰：事與趙襄子相涉，蓋魏桓、趙襄雖同以是年卒，而魏桓之卒在趙襄前，故文侯與襄子得相及也。欲者，未然之辭，非文侯十七年事。

〔二〕高注：常莊談，襄子臣也。　鮑彪曰：常莊談，趙人。　吴師道曰：按大事記，威烈王元年，趙襄子卒，以兄伯魯之孫獻子浣爲後。襄子之弟桓子逐浣自立。二年，桓子卒，獻子復位。魏桓子卒，子斯立，亦在威烈王元年。十七年，獻子卒，子籍立。是年文侯使樂羊伐中山，克之。此策云「文侯欲殘中山」，必在前，恐是獻子之時，桓子下止年，未可定爲其時也。　黄丕烈曰：鮑改「襄」爲「桓」。丕烈案吴校失此葉，當有正（祖耿案：至正十五年刊本卷十失十一葉，鈔補一葉）。　程恩澤曰：案元和姓纂，衛康叔支孫封常邑，因氏之（唐世系表同，又見路史）。一云，黄帝常先後（按姓氏急就篇云，黄帝使常儀占月。又有常先、常從，老子師之。則常先非黄帝時人。漢藝文志有常從日月星氣二十一卷）。　金正煒曰：按「常莊談謂趙襄子曰」，寰宇記引作「張孟談謂趙襄子」。史記六國年表，趙烈侯籍元年，魏使太子伐中山。則此策「襄子」當爲「烈侯」之誤。鮑改「桓子」亦非。

〔三〕高注：并，兼也。兼有中山，必復以次取趙。

〔四〕高注：公子傾，魏君之女。　鮑彪曰：魏君女。　金正煒曰：按左氏桓三年傳，凡公女嫁於敵國，姊妹則上卿送之，以禮於先君；公子則下卿送之。

〔五〕高注：封之於中山以爲邑，是則中山不殘也。故云中山復立猶存也。　鮑彪曰：魏必不殘其女之封。　梁玉繩曰：案中山復立，不知的在何時。國策述常莊談謂趙桓子中山復立之故，殊不可信。中山滅於魏文侯十七年，當趙烈侯元年，安得在桓子之世。樂毅傳有中山復國之語，亦不知在何時也。經史問答謂中山復立在魏惠王二十八年後，亦非。趙世家書與中山戰於房子，在敬侯十年。即魏武侯十年。明年，趙又伐中山，戰於中人。安得以復立在惠之二十八年後。蓋不可考矣。（史記志疑九）

二

犀首立五王〔一〕，而中山後持〔二〕。齊謂趙、魏曰：『寡人羞與中山並爲王。願與大國伐之，以廢其王〔三〕。』中山聞之大恐，召張登而告之〔四〕，曰：『寡人且王，齊謂趙、魏曰，羞與寡人並爲王，而欲伐寡人。恐亡其國，不在索王〔五〕。非子莫能吾救！』登對曰：『君爲臣多車重幣，臣請見田嬰。』中山之君遣之齊〔六〕，見嬰子，曰：『臣聞君欲廢中山之王，將與趙、魏伐之，過矣！以中山之小而三國伐之，中山雖益廢王，猶且聽也〔七〕！且中山恐必爲趙、魏廢其王而務附焉〔八〕！是君爲趙、魏驅羊也〔九〕，非齊之利也！豈若中山廢其王而事齊哉？』田嬰曰：『奈何？』張登曰：『今君召中山，與之遇而許之王，中山必喜而絶趙、魏。趙、魏怒而攻中山，中山急而爲君難其王〔一〇〕，則中山必恐，爲君廢王事齊〔一一〕。彼患亡其國，是君廢其王而亡其國，賢於爲趙、魏驅羊也〔一二〕。』田嬰曰：『諾。』張丑曰：『不可！臣聞之，同欲者相憎，同憂者相親。今五國相與王也，負海不與焉〔一三〕。此是欲皆在爲王，而憂在負海〔一四〕。今召中山，與之遇而許之王，是奪五國而益負海也〔一五〕！致中山而塞四國，四國寒心，必先與之王而故親之，是君臨中山而失四國也。且張登之爲人也，善以微計薦中山之君久矣〔一六〕！難信以爲利〔一七〕！』田嬰不聽〔一八〕，果召中山君而許之王。張登因謂趙、魏曰：『齊欲伐河東〔一九〕。何以知之？齊羞與中山之爲王甚矣〔二〇〕！今召中山，與之遇而許之王，是欲用其兵也！豈若令大國先與之王，以止其遇哉〔二一〕？』趙、魏許諾，果與中山王而親之〔二二〕，中山果絶齊而從趙、魏〔二三〕。

〔一〕高注：立五國使稱王，齊、趙、魏、燕、中山也。　鮑彪曰：秦、韓、燕、宋、中山也。楚，春秋時王。齊宣、魏惠，顯王三十五年王。趙武靈獨不王。其後秦惠十二年，韓宣惠、燕易王王。明年，秦惠始王。秦惠改元之七年，宋偃始王。故武靈八年書五國相王，即秦七年也。　吳師道曰：大事記，周顯王四十六年，韓、燕、中山皆稱王，趙獨稱君，其後亦稱王。解題，按戰國策，犀首立五王，高氏以爲齊、趙、魏、燕、中山；鮑氏以爲秦、韓、燕、宋、中山。二家之説皆非也。齊、魏王已久，秦之王出於張儀，宋、中山俱小國，使宋是時稱王，齊何爲獨怒中山？况偃之稱王，又在愼靚之三年乎？然則犀首所立五王，其可考者韓、燕、趙、中山，其一則不可考也。趙武靈王初稱君，世家十一年書王召公子職於韓，則是時已稱王矣。七國惟楚僭王遠在春秋之世；其餘六國，魏最先，趙最後。又，顯王三十五年，齊宣王、魏惠王與諸侯會於徐州以相王。解題云，齊、魏之王，以國策考之，蓋在魏拔邯鄲之歲，顯王十六年。而秦紀今年又書齊、魏爲王，未知孰是？然策所載似得其實。蓋魏以邯鄲之勝，齊以桂陵之勝，各僭稱王。若今歲，魏方衰弱，齊亦未有大功，何爲驟稱王乎？今年書「相王」者，齊、魏僭王已久，至是共會諸侯，欲其皆王，以同己之僭也。秦紀所書，或者齊、魏前此稱王於其國，至此名號始通於諸侯乎？又，顯王四十四年，秦初稱王。解題云，張儀之請也。秦紀書魏君稱王，衍一「魏」字。愚按趙世家武靈王十年，五國相王，趙獨否，曰：無其實，敢處其名乎？令國人謂己曰君。十一年，始云「王召公子職」也。然則云五國相王者，謂五國皆稱王，非謂在此年也。鮑誤。 黄式三曰：赧王六年，公孫衍自魏入仕秦，後嘗佩五國之相印，爲約長。又曰：據衍傳編。按顯王四十四年，衍佩齊、燕、趙之相印，此兼楚、魏而言。中山策有犀首立五王篇，難據信。 金正煒曰：按五國僭王，非一時，且亦非犀首所得立，蓋如張儀之請於秦、惠施之請於齊耳。下云「今五國相與王也，負海不與焉。此是欲皆在爲王，而憂在負海」，是齊固不在五國之數。高注之失自見。韓、燕稱王在顯王四十六年，宋偃自立爲王則在愼靚王三年。下章明言「中山與燕、趙爲王」，鮑氏顯不及趙，是鮑注亦未得也。疑此策所謂「五王」，當是秦、趙、韓、燕與中山也。秦之稱王在周顯王四十四年，與韓、燕相距二年，趙世家雖有「五國相王，趙獨否」之文，然策云「中山與燕、趙爲王」，則趙之稱王固與韓、燕同時，不得舉宋而遺趙也。中山稱王，他無可考，以其國小不著，或不久即自貶號耳。祖耿案：顧觀光隸此於顯王四十六年。

〔二〕高注：持中山小，故後立之。鮑彪曰：持，猶疑也。立之而後復疑。吳師道曰：高注，持中山小，故後立。金正煒曰：「後持」疑是「特後」之誤倒。高注「持中山小」亦當是「特」字之譌。廣雅釋詁，特，獨也。儀禮大射儀：特升飲。注，特，猶獨也。鮑氏釋持爲疑，非是。吳曾祺曰：案「持」字疑作「特」，在「後」字上，注中「持」字亦疑作「特」。

〔三〕高注：伐中山，使不得稱王。錢穆曰：齊之欲廢中山之王，猶楚之圍徐州，欲廢齊之王也。與事參謀者爲田嬰、張丑，皆威王臣（觀齊策一）。知事之在威王時（威王之三十五年）。張丑曰「同欲者相憎，同憂者相親。今五國相與王，負海不與焉。此是欲皆在爲王，而憂皆在負海。今召中山而許之王，是奪五國而益負海也。致中山而塞四國，四國寒心。」據此，則齊自不在五王之內。高誘以齊、趙、魏、燕、中山爲五王者，非也。其時楚本稱王，齊亦稱王，魏亦稱王，宋與秦亦稱王，韓亦稱王。而宋、韓外，魏勢最弱。犀首，魏臣也，約結於趙。魏、趙爲主，又聯韓、燕、中山相與稱王，蓋魏欲以此多結與國，以與齊、秦抗衡（梁於親齊、親秦外，又闢此一路，要之爲外强中乾）。其情勢固甚顯。齊則欲割地賂燕、趙以攻中山。以魏爲謀主，韓去中山遠，又其稱王亦與魏相約。故於五國中獨離間燕趙。其後燕趙卒俱輔中山而王之，而五國相王之事遂定。趙武靈獨不稱王而稱君者，實不過一時對其國人爲矯情而邀譽，亦以年少自謙抑；而國際往來，從此皆相王矣。（考辨三〇五頁）

〔四〕高注：張登，中山臣也。

〔五〕鮑彪曰：今所謀者救亡爾，不求爲王。

〔六〕祖耿案：「山」下，鮑本無「之」字。

〔七〕高注：益，大也。猶，尚也。雖大，廢之尚且聽命，不敢貳也。　鮑彪曰：益，猶甚也。言事有甚於此者。　吳曾祺曰：案謂雖禍更加於廢王，猶且聽命。

〔八〕高注：務附，親也。必爲趙、魏不敢稱王，而親附趙、魏以自昵也。　鮑彪曰：附趙、魏也。主廢者齊，故不附之。

〔九〕高注：言君以趙、魏伐中山，中山恐亡，必受命於趙、魏，是君爲趙、魏驅羊而使得食之。

〔一〇〕鮑彪曰：難，則所謂「羞與爲王」。

〔一一〕鮑彪曰：不王中山，齊志也。今爲廢之，所以事齊。

〔一二〕黄丕烈曰：「而亡」，鮑本作「而立」。　金正煒曰：按「亡」字本當爲「竝」。「竝」損爲「立」，復誤爲「亡」。「竝」與「并」通。類篇：竝，并也。燕策：秦并趙，北向迎燕。注：并，合也。此即其義。禮記坊記鄭注：以貪夫人之色，至殺君而立其國。「立」亦「竝」之脫誤，正與此同。

〔一三〕高注：負海，齊也。五國之中，齊不欲與之同王也。　鮑彪曰：負海，齊也，先已王。　吳師道曰：高注「齊不欲與之同王」，則「與」如字。　程恩澤曰：案廣志云，山東自兗州、東昌而外，當大海一面之險者，濟南東北境地；當兩面之險者，青州府北及東南境也；當三面之險者，登、萊二府之東南北皆以海爲境也。漢置渤海、北海二郡，皆在齊境，故曰負海（漢書食貨志，自負海、江、淮而至北邊。五行志亦云，轉輸起負海至北邊。又云，負海之國。是負海實有其地也）。

〔一四〕鮑彪曰：憂齊廢之。　金正煒曰：是，猶之也。見經傳釋詞。或爲「其」字之譌。

〔一五〕鮑彪曰：中山與四國同欲，今與齊遇，是奪彼而益我也。　黄丕烈曰：鮑改「五」爲「四」，云下同。吳補：一本下三處作「四」。姚同。疑此或有誤。

〔一六〕高注：薦，進也。張登善以微計進其君也。　鮑彪曰：薦，進也。　金正煒曰：按呂覽精諭篇「人可與微言乎」。注，微言，陰謀密事也。微計亦猶陰謀。

〔一七〕高注：不可信其言以爲己利也。

〔一八〕高注：不聽張丑之言也。

〔一九〕鮑彪曰：河東，魏地。　程恩澤曰：案胡三省曰，河東地，蓋安邑、大陽、蒲坂、解縣瀕河之地。但此處河東，據策文當兼屬趙、魏，姑錄以俟考。

〔二〇〕黄丕烈曰：鮑改「之」作「並」。　金正煒曰：按「羞與中山爲王」，謂不屑並中山而爲王也。公羊襄二十九年傳：「與季子同母者四」。注，與，並也。下章「中山與燕、趙爲王」，與此「與」字義同。之，猶而也。淮南氾論篇：「使鬼神能玄化，則不待戶牖之行」，御覽引作「而行」。鮑改「之」爲「並」，恐非。　祖耿案：御覽四百六十引作「齊之羞與中山之爲王甚矣」。

〔二一〕金正煒曰：『令』，當爲『介』字之譌也。　左氏僖七年傳：「夫子華既爲太子，而求介於大國以弱其國」。注，介，因也。十六年傳：「敢介大國以求厚焉」。注，介，因也。又或「今」字之誤。詩「摽有梅，迨其今兮」。傳，今，急詞也。史記汲黯傳注：今，猶即今也。　祖耿案：御覽四百六十引作「其遇哉」作「其欲哉」。

〔二二〕祖耿案：御覽四百六十引「山」下有「之」字。

〔二三〕祖耿案：御覽四百六十引「果」作「東」。

三

中山與燕、趙爲王〔一〕，齊閉關不通中山之使，其言曰〔二〕：『我萬乘之國也，中山千乘之國也〔三〕！何侔名於我〔四〕？』欲割平邑以賂燕、趙〔五〕，出兵以攻中山。藍諸君患之〔六〕。張登謂藍諸君曰：『公何患於齊？』藍諸君曰：『齊强萬乘之國，恥與中山侔名，不憚割地以賂燕、趙，出兵以攻中山。燕、趙好位而貪地〔七〕，吾恐其不吾據也〔八〕！大者危國，次者廢王。奈何吾弗患也？』張登曰：『請令燕、趙固輔中山而成其王，事遂定。公欲之乎〔九〕？』藍諸君曰：『此所欲也！』曰：『請以公爲齊王而登試說公。可，乃行之〔一〇〕。』藍諸君曰：『願聞其說。』登曰：『王之所以不憚割地以賂燕、趙，出兵以攻中山者，其實欲廢中山之王也！』王曰：『然。』『然則王之爲費且危！夫割地以賂燕、趙，是强敵也〔一一〕；出兵以攻中山，首難也〔一二〕。王行二者，所求中山未必得。王如用臣之道，地不虧而兵不用，中山可廢也！王必曰：「子之道奈何？」』藍諸君曰：『然則子之道奈何？』張登曰：『王發重使，使告中山君曰：「寡人所以閉關不通使者，爲中山之獨與燕、趙爲王，而寡人不與聞焉〔一三〕，是以隘之〔一四〕。王苟舉趾以見寡人〔一五〕，請亦佐君。」中山恐燕、趙之不己據也，今齊之辭云「即佐王」，中山必遁燕、趙〔一六〕，與王相見〔一七〕。燕、趙聞之，怒絶之〔一八〕，王亦絶之，是中山孤。孤何得無廢？以此説齊王，齊王聽乎？』藍諸君曰：『是則必聽矣！此所以廢之，何在其所存之矣〔一九〕？』張登曰：『此王所以存者也〔二〇〕！齊以是辭來，因言告燕、趙而無往〔二一〕，以積厚於燕、趙〔二二〕。燕、趙必曰：「齊之欲割平邑以賂我者，非欲廢中山之王也！徒欲以離我於中山而己親之也。」雖百平邑，燕、趙必不受也！』藍諸君曰：『善。』遣張登往，果以是辭來，中山因告燕、趙而不往，燕、趙果俱輔中山，而使其王。事遂定〔二三〕。

〔一〕祖耿案：顧觀光隸此於顯王四十六年。

〔二〕祖耿案：類聚六引「其」作「且」。

〔三〕黄丕烈曰：「千」，鮑本作「百」。吴補：一本作「千」。姚同。

〔四〕高注：侔，等。　祖耿案：類聚六引「我」下有「乎」字。

〔五〕高注：平邑，燕邑。　鮑彪曰：屬代郡。　吴師道曰：正義引括地志，平邑故城在魏州昌樂縣東北。見趙世家。　張琦曰：平邑，鮑注「屬代郡」，固非。吴謂「故城在魏州」。按魏州之平邑，在今南樂縣東北七里，趙地也，亦非齊所割。所當闕疑。　程恩澤曰：案平邑有二：地理志，代郡有平邑縣，在今山西大同府陽高縣西南（亦在靈邱縣西北）。此趙之平邑也。史記，趙獻侯十三年，城平邑。即此。括地志，平邑故城，在魏州昌樂縣東北四十里，在今直隸大名府南樂縣東北。此本趙地，而齊取之者也。竹書，晉烈公五年，齊圍平邑。九年，取平邑。即此。此地於漢爲樂昌縣，屬東郡，本與齊不遠，而亦爲燕、趙至齊出入門户，故欲割以賂之，使出兵攻中山。高注以爲燕邑，非是。世豈有割燕邑以賂燕者哉！

〔六〕鮑彪曰：藍諸君，中山相也。　吴師道曰：索隱云，戰國策「望諸」作「藍諸」。愚按燕策「望諸相中山」，恐即此人，與樂毅同號者。索隱指爲毅，則誤矣。　程恩澤曰：案廣韻引戰國策有中大夫藍諸文，未知即此否。其地無考（姓氏急就篇以藍諸爲人姓名，似於「君」字説不去）。

〔七〕高注：「位」，一作「倍」。曾作「位」。　鮑彪曰：倍，謂背約。　黄丕烈曰：「位」，鮑本作「倍」。吴補：一本「好位」，姚同。　金正煒曰：按「好位」、「好倍」並非。疑當作「奸信」，二本並因形似而譌。左氏成十三年傳，奸絶我好。趙策：背信盟之約。「奸信」，謂奸絶信盟也。

〔八〕吴曾祺曰：據，安也。下同。

〔九〕鮑彪曰：固，言輔之堅。

〔一〇〕鮑彪曰：齊王，閔王。

〔一一〕吴曾祺曰：謂使敵强也。

〔一二〕高注：首，始也。　鮑彪曰：首爲攻伐之難。

〔一三〕鮑彪曰：此王、此君皆中山。　吴師道曰：「王發重使」之「王」，指齊王。

〔一四〕鮑彪曰：隘，亦不通也。　吴師道曰：隘，當讀作「阸」。　吴曾祺曰：隘，不通也。

〔一五〕黄丕烈曰：鮑「趾」上補「玉」字。

〔一六〕祖耿案：「必」上，鮑本無「中山」二字。

〔一七〕鮑彪曰：此並齊王。吳師道曰：「王苟舉趾」與「佐王」之「王」，指中山。

〔一八〕高注：絶中山也。黄丕烈曰：「怒」上，鮑本有「必」字。

〔一九〕高注：言以此説齊，齊必從。然適足廢其王耳，何所以存之利！黄丕烈曰：今本「所」下有「以」字，鮑本有。

〔二〇〕鮑彪曰：此王，中山。

〔二一〕鮑彪曰：以齊王言告之，而不往齊。金正煒曰：按「言」當爲「以」字之譌也。古書「以」作「㠯」，因致誤。「言」或即「告」字譌衍。

〔二二〕吳曾祺曰：不往齊，所以爲厚於燕、趙也。

〔二三〕鮑彪曰：彪謂張登臆則屢中，言之必可行者也。雖其用智有捭闔風氣，而文無害，亦狡獪可喜，非君子之所排也。吳師道曰：捭闔狡獪，豈非君子之所排者？因其文之可喜，而謂其術之無害，悖矣！

四

司馬憙使趙，爲己求相中山〔一〕。公孫弘陰知之〔二〕。中山君出，司馬憙御，公孫弘參乘。弘曰〔三〕：『爲人臣，招大國之威，以爲己求相於君，何如？』君曰：『吾食其肉，不以分人！』司馬憙頓首於軾，曰：『臣自知死至矣！』君曰：『何也〔四〕？』『臣抵罪〔五〕。』君曰：『行！吾知之矣〔六〕！』居頃之，趙使來爲司馬憙求相。中山君大疑公孫弘，公孫弘走出〔七〕。

〔一〕高注：憙，中山臣也。使於趙，爲之求相於中山也。　鮑彪曰：司馬喜，中山臣。　吳師道曰：姚本「喜」作「憙」，後同。　黃丕烈曰：「憙」，鮑本作「喜」，後同。丕烈案：「憙」、「喜」同字。　祖耿案：顧觀光附此於顯王四十六年，曰：因中山事附此。

〔二〕高注：知其因趙求爲相也。

〔三〕祖耿案：鮑本「弘」上有「公孫」二字。

〔四〕黃丕烈曰：鮑「也」下補「曰」字。吳氏補曰：恐缺「曰」字。

〔五〕高注：抵，當也。

〔六〕鮑彪曰：行，使之行車。二人雅不相善，弘無故云然，似欲中喜者，故知。　吳曾祺曰：案司馬憙先事自承，故君信其誠，而以公孫弘爲不直也。

〔七〕吳師道曰：太史公自序，司馬氏其在衞者，相中山。徐廣云，名喜。鄒陽書，司馬喜臏於宋而相中山。按戰國策有兩公孫弘：一在齊，爲孟嘗君見秦昭王；一即此人。與漢平津爲三。韓子云，公孫弘斷髮而爲越王騎。又一人也。　朱起鳳曰：司馬憙相中山，策不言臏脚事，不知鄒陽書何所據而云然。　祖耿案：司馬喜與墨者師辨論非攻事，見呂氏春秋應言。又，一九七四年冬，河北平山縣出土中山王鼎中山王方壺及好蚉壺三器，銘文有司馬賙，賙爲中山相邦，爲中山伐燕，得勝。中山王鼎銘云：「有厥忠臣賙，克𢖻克卑」。又云，「老賙親率三軍之衆以征不義之邦，奮桴振鐸，辟啓封疆方數百里，列城數十，克敵大邦」云云。賙與老賙，好蚉壺則云「賢佐司馬賙」，不知喜之與賙，是否一人也？

五

司馬憙三相中山，陰簡難之〔一〕。田簡謂司馬憙曰：「趙使者來，屬耳，獨不可語陰簡之美乎〔二〕？趙必請之，君與之，即公無內難矣。君弗與趙，公因勸君立之以爲正妻，陰簡之德公無所窮矣。」果令趙請〔三〕，君弗與。司馬憙曰：「君弗與趙，趙王必大怒〔四〕，大怒，則君必危矣！然則立以爲妻，固無請人之妻不得而怨人者也〔五〕！」田簡自謂取使〔六〕，可以爲司馬憙，可以爲陰簡，可以令趙勿請也〔七〕。

〔一〕高注：陰簡，中山君美人也。難，惡也。　鮑彪曰：陰簡，姬名也。難，謂忌之。　程恩澤曰：案元和姓纂，周文王第三子管叔鮮之後管夷吾（杜預釋例，以管仲爲穆王後），七代孫修，適楚爲陰大夫，因氏焉。風俗通又云，康氏之後，周有陰不佞，陰里人也。姓氏急就篇，晉瑕呂飴甥食采於陰，曰陰飴甥。戰國策，中山君美人陰簡。楚陰，在光化；周陰，在孟津；晉陰，在霍州（此與左傳晉陰地別）。　金正煒曰：按史記太史公自序，其在衛者相中山。漢書鄒陽傳，昔司馬憙臏脚於宋，卒相中山。皆不謂有「三相」之事。此文「三」字，或是「之」字草書之誤。高注，難，惡也。鮑注，難，忌也。左氏哀十二年傳，而藩其君舍以難之。注，難，困苦也。此云「難之」，謂惡之於君。高注義勝。　祖耿案：顧觀光附此於顯王四十六年。

〔二〕鮑彪曰：霍光傳注，屬，近也。趙使近至宜有報，可因報使言之趙也。　吳師道曰：詩，「耳屬於垣。」史記注，屬，猶注也。言趙使屬耳中山之事。　金正煒曰：按韓非內儲說，司馬憙，中山君之臣也，而善於趙，當以中山之謀微告趙王。此文「屬耳」，猶附耳。附、屬文義相近。史記淮陰侯傳，張良、陳平躡漢王足，因附耳語。淮南説林篇，附耳之言，聞於千里。屬耳、附耳，並謂耳語。

〔三〕黄丕烈曰：今本「請」下有「之」字，乃誤涉鮑也。鮑補「之」字。

〔四〕鮑彪曰：趙王，武靈。

〔五〕金正煒曰：「怨」當爲「怒」之譌，此與上文「趙王必大怒」相應。

〔六〕鮑彪曰：取，請爲使也。吴師道曰：自謂可以取趙使。此書「取」字如此者，多爲與之善而得其心之義。吴曾祺曰：案「使」即上文「趙使」。取，猶用也。金正煒曰：按「使」疑「事」字之譌。古書「事」作「叓」，因以致誤。周策「左尚以此得事」，與此義同。

〔七〕鮑彪曰：簡請使耳，實熹自使。見下。吴師道曰：此章以爲語趙使，下章以爲司馬熹使説趙王，此正記所傳之異。

六

陰姬與江姬争爲后〔一〕，司馬憙謂陰姬公曰〔二〕：『事成，則有土子民〔三〕；不成，則恐無身。欲成之，何不見臣乎〔四〕？』陰姬公稽首曰〔五〕：『誠如君言！事何可豫道者〔六〕！』司馬憙即奏書中山王，曰〔七〕：『臣聞「弱趙强中山」〔八〕。』中山王悦而見之，曰：『願聞「弱趙强中山」之説。』司馬憙曰：『臣願之趙〔九〕，觀其地形險阻，人民貧富，君臣賢不肖，商敵爲資，未可豫陳也〔一〇〕。』中山王遣之，見趙王〔一一〕，曰：『臣聞趙，天下善爲音，佳麗人之所出也〔一二〕。今者臣來，至境，入都邑，觀人民謠俗〔一三〕，容貌顔色，殊無佳麗好美者！以臣所行多矣，周流無所不通〔一四〕，未嘗見人如中山陰姬者也！不知者特以爲神力，言不能及也〔一五〕。其容貌顔色，固已過絶人矣〔一六〕！若乃其眉目准頞權衡犀角偃月〔一七〕，彼乃帝王之后，非諸侯之姬也〔一八〕！』趙王意移，大悦，曰：『吾願請之，何如？』司馬憙曰：『臣竊見其佳麗，口不能無道爾！即欲請之，是非臣所敢議〔一九〕！願王無泄也！』司馬憙辭去，歸報中山王，曰：『趙王非賢王也〔二〇〕！不好道德而好聲色！不好仁義而好勇力！臣聞其乃欲請所謂「陰姬」者。』中山王作色不悦，司馬喜曰〔二一〕：『趙，强國也，其請之必矣！王如不與，即社稷危矣；與之，即爲諸侯笑！』中山王曰：『爲將奈何？』司馬憙曰：『王立爲后，以絶趙王之意。世無請后者，雖欲得請之，鄰國不與也〔二二〕！』中山王遂立以爲后，趙王亦無請言也〔二三〕。

〔一〕祖耿案：顧觀光附此於顯王四十六年。

〔二〕鮑彪曰：姬父也。　吴曾祺曰：案指陰姬之父。古人多謂父爲公。

〔三〕鮑彪曰：言公得封。　黄丕烈曰：「子」，鮑本作「得」。吴補：一本「子民」，姚同。

〔四〕鮑彪曰：怪其不來謀。

〔五〕鮑彪曰：稽首，首至地也。

〔六〕鮑彪曰：言將厚報之，未可先言。

〔七〕黄丕烈曰：「王」，鮑本無，鮑補「王」字。 祖耿案：御覽四百五十引作「即奉書詣中山王，書曰」。

〔八〕金正煒曰：按廣雅釋詁，聞，舒也。説文，聞，識詞也。 吕覽重言篇，謀未發而聞於國，注，聞，知。 祖耿案：御覽四百五十引作「臣聞趙强即中山弱，臣能弱趙而强中山」。

〔九〕祖耿案：御覽四百五十引「願」下有「乞」字。

〔一〇〕鮑彪曰：商，較之。 王念孫曰：「敵」當爲「敲」字之誤也。 敲，即商榷之榷。言當觀其地形險阻，人民貧富，君臣賢不肖，商榷以爲資，未可豫陳其説也。太平御覽人事部引此作「商榷爲資」，是其明證矣。「榷」字古通作「敲」，因譌爲「敵」。 金正煒曰：按漢書趙充國傳，「勤勞而至，虜必商軍進退，稍引去」。注，商，計度也。江充傳，「因變制宜，以敵爲師，事不可豫圖」。正與此文相類。王氏以爲當作「商榷爲資」，恐非。

〔一一〕鮑彪曰：趙王，武靈。

〔一二〕高注：佳，大。麗，美。 祖耿案：御覽四百五十引「音」下有「容」字。文選陸士龍爲顧彦先贈婦李注引，類聚十八引，御覽三百八十、四百五十引，「麗」下並無「人」字。

〔一三〕鮑彪曰：徒歌曰謡。 祖耿案：文選吴都賦劉注引，「民」作「萌」。

〔一四〕黄丕烈曰：「通」，鮑本作「至」。 金正煒曰：按廣雅釋詁：流，行也。「流」、「游」古亦通用。鮑本

「通」作「至」。晉語：道遠難通。注，通，至也。　祖耿案：御覽四百五十引「通」作「至」。

〔一五〕吳師道曰：盡力言之。　王引之曰：鮑改「力」爲「人」。吳以「力言」二字連讀，云「盡力言之」。引之案，鮑之改、吳之釋皆非也。「力」字與上下皆不相屬，當是「也」字之誤。「不知者特以爲神也」絕句，其「言不能及也」五字，乃高注之誤入正文者耳。太平御覽人事部引策文無此五字，是其證明矣。　黃丕烈曰：今本「力」作「人」，乃誤涉鮑也。鮑改「力」爲「人」。吳氏正曰：盡力言之。丕烈案，「神」字句絕。楚策「非知而見之者以爲神」可證。　金正煒曰：「力」本作「人」。「人」字篆文作「八」，與「力」字二形相近，因以致誤。王引之以「力」爲「也」字之譌，黃丕烈以「神」字句絕，並非。　祖耿案：御覽四百五十引作「不知者將以爲神」，下無「言不能及也」五字。

〔一六〕祖耿案：「已」，鮑本作「以」。御覽四百五十引，無「固已」二字。

〔一七〕鮑彪曰：准，鼻。頞，鼻莖。權，輔骨，當作「顴」。衡，眉上。犀角，首骨。偃月，額骨。　吳師道曰：准，鼻頭。頞，頟也。見孟子「蹙頞」注。蔡澤傳「蹙齃」，索隱云，鼻蹙眉。　祖耿案：鮑本「若」下無「乃」字。

〔一八〕祖耿案：御覽三百八十引，無「彼」字。

〔一九〕金正煒曰：即，猶若也。

〔二〇〕祖耿案：御覽三百八十引，「賢王」作「賢主」。

〔二一〕黃丕烈曰：今本「喜」作「憙」，鮑本作「喜」。

〔二二〕高注：禮無請后之義，鄰國必責之而不與。

〔二三〕鮑彪曰：此兩章一事爾，而曲折小差。著書者自以所聞駁異也。然則此書之作，亦至愼矣。　吳師道曰：司馬憙繩陰姬以語趙王，而脅君以行詐取寵，視張儀於鄭袖，其惡尤甚。記者好夸，何愼之有！

祖耿案：御覽四百五十引，「請」下無「言」字。

七

主父欲伐中山〔一〕，使李疵觀之〔二〕。李疵曰：「可伐也！君弗攻，恐後天下！」主父曰：「何以〔三〕？」對曰：「中山之君所傾蓋與車而朝窮閭隘巷之士者七十家〔四〕。」主父曰：「是賢君也！安可伐？」李疵曰：「不然！舉士，則民務名不存本〔五〕；朝賢，則耕者惰而戰士懦〔六〕。若此不亡者，未之有也〔七〕！」

〔一〕高注：主父，趙武靈王也。祖耿案：顧觀光隸此於赧王十年，曰：云主父者，追稱。

〔二〕高注：疵，趙臣也。祖耿案：初學記三十四引作「庛」。

〔三〕金正煒曰：按何以，猶何故也。列子周穆王篇「宋人執而問其以」，言問其故也。韓非外儲說作「主父曰，何故可攻」。

〔四〕鮑彪曰：傾者却不御也，與之同車，皆所尊禮者。君而朝士，亦尊禮也。黃丕烈曰：「車」下，鮑本有「者」字。吳補：一本無。姚同。金正煒曰：按荀子禮論篇注：蓋，車蓋也。去蓋及車，皆以下賢。鮑注「與之同車」，即與下句不相貫注。韓非作「所傾蓋與車以見窮閭隘巷之士以十數」，亦無「者」字。

〔五〕鮑彪曰：本，謂農業。祖耿案：御覽八百二十二引，「存」作「好」。

〔六〕鮑彪曰：皆不強力也。以賢者不耕戰故。

〔七〕鮑彪曰：彪謂李疵小人也，乃欲使人君廢賢而置士。夫賢者在位，將使耕者愈力，戰士愈奮，而誰敢惰懦？且不賢而耕且戰，民之分也，何敢與賢者並。民惟不務名耳，豈有務名而不趨於善者乎？若疵者，小人之無忌憚者也。吴師道曰：韓非子有，末云，擧兵而伐中山，遂滅也。嘗讀商君之言曰，國之所以興者，農戰也。民求官爵不以農戰，而巧言虛道者，其國必削。詩、書、禮、樂、善、脩、仁、廉、辯、慧，國有十者，上無使守戰，敵至必削，下民必貧。此商君所以遺禮義、上首功而富國强兵之術也。武靈胡服騎射，一反先王之教，其桀驁之志，使卒不死而獲逞，有以異於秦乎？李疵者，窺見其所大欲，故以舍士急耕戰之說導之。當時風聲氣習，不約而合，其悖繆固不足辨也。抑其所稱中山之事者，殆未必然。據呂氏春秋，「晉太史屠黍謂周威公曰，天生民而令有別。有別，人之義也，所以異於禽獸麋鹿也，君臣上下之所以立也。中山之俗，以晝爲夜，以夜繼日，男女切倚，固無休息。其主弗之惡。此亡國之風也。居二年，中山果亡。」其亡之故可考矣。使賢俊盛多，尊禮無失，則當時風俗安得至此乎？　祖耿案：韓非子外儲說左上有論李疵視中山一段，文云，「趙主父使李疵視中山可攻不也，還報曰：中山可伐也。君不亟伐，將後齊、燕。主父曰：何故可攻？李疵對曰：其君見好巖穴之士，所傾蓋與車以見窮閭隘巷之士以十數，伉禮下布衣之士以百數矣。君曰：以子言論，是賢君也，安可攻？疵曰：不然。夫好顯巖穴之士而朝之，則戰士怠於行陳；上尊學者，下士居朝，則農夫惰於田。戰士怠於行陳者，則兵弱也；農夫惰於田者，則國貧也。兵弱於敵，國貧於內，而不亡者，未之有也。伐之不亦可乎？主父曰：善。擧兵而伐中山，遂滅也。」凡一百七十九字，較此九十五字者倍加。此又韓襲策文而增飾之徵也。又，寰宇記引策有「中山專行仁義，貴儒學，賤壯士，不教人戰。趙武靈王襲而滅之」之語。此非戰國策之逸文，蓋即依据此策而抄要言之者也。

八

中山君饗都士大夫〔一〕，司馬子期在焉〔二〕。羊羹不遍，司馬子期怒而走於楚，說楚王伐中山〔三〕，中山君亡〔四〕，有二人挈戈而隨其後者〔五〕，中山君顧謂二人〔六〕：『子奚為者也？』二人對曰：『臣有父，嘗餓且死，君下壺飡餌之〔七〕。臣父且死，曰：「中山有事，汝必死之〔八〕！」故來死君也〔九〕！』中山君喟然而仰歎曰〔一〇〕：『與不期衆少，其於當厄〔一一〕；怨不期深淺，其於傷心〔一二〕。吾以一杯羊羹亡國，以一壺飡得士二人〔一三〕！』

〔一〕鮑彪曰：中山君，史不出，不名謚。霍光傳「都士」注，都，試也。此言已試而饗之。　吳師道曰，中山武公。見世家、年表。此策則時不可考。按光傳「都肄郎羽林」，孟康云，都，試也；師古謂總閱試習。此「都邑」之「都」，與彼義不類。　張琦曰：「都士大夫」，言都邑士大夫。　孫詒讓曰：周禮，外饔，掌饗士庶子。此諸侯饗士庶子之事也（周禮正義卷八）。　祖耿案：類聚三十三引，「都」下無「士」字。　馬驌曰：不知何年。　又按：此篇姚本與主父欲伐中山連篇，鮑本分為兩篇。顧觀光附此於顯王四十六年。

〔二〕鮑彪曰：子期，中山人。後為楚昭卿。　吳師道曰：左氏定四年昭王出走，「子期似王」。注，「昭王兄，公子結也」。後為司馬，惠王時白公殺之。說苑屢稱司馬子期，司馬，官名。此自一人，「司馬」則姓也。

〔三〕鮑彪曰：楚王，昭王。　吳師道曰：妄引。　張琦曰：楚無由攻中山，蓋誤。　祖耿案：御覽四百七十九引，「王」作「以」。

〔四〕高注：亡，走也。　鮑彪曰：亡，去國也。　祖耿案：北堂書鈔一百四十四引，作「中山君走亡」；類聚三十三，御覽三百五十一、四百七十九、四百八十六引，並作「亡走」。

〔五〕祖耿案：御覽八百六十一引，「戈」作「矛」。

〔六〕祖耿案：文選爲幽州牧與彭寵書李注引，「人」下有「曰」字。

〔七〕鮑彪曰：下，以與之。飡，小食也。　吳師道曰：一本「壺飡餌之」。姚同，「臣父」字不重出。　黄丕烈曰：「餌之」，鮑本作「臣父」。丕烈案，吳校失此葉（祖耿案：至正十五年本失十一葉，今本鈔補）。　金正煒曰：廣雅釋詁：餌，食也（食讀如飤）。　朱起鳳曰：左傳僖二十五年，昔趙衰以壺飡從徑餒而弗食。案飡即餐之通字。蓋水澆飯曰飧，故字亦從水。　祖耿案：列子説符：東方有人焉，曰爰旌目，將有適也，而餓於道。狐父之盜曰丘，見而下壺餐以餔之。張注，餐，音孫，水澆飯也。又案文選爲幽州牧與彭寵書李注，引作「昔臣之父嘗餓且死，君捨飡以餔臣父」。北堂書鈔一百四十四引作「君下壺飧餌臣父」。類聚三十三，御覽三百五十一、四百七十九、四百八十六、八百五十、八百六十一引，並作「君下壺飡餔臣之父」。

〔八〕鮑彪曰：事，戎事。　祖耿案：鮑本「且死」上，複「臣父」二字。文選爲幽州牧與彭寵書李注引作「中山君有事，汝必赴之」。

〔九〕鮑彪曰：將爲君死。　金正煒曰：按史記吳世家「越使死士挑戰」。集解引鄭衆曰，死士，欲以死報恩者也。　祖耿案：文選爲幽州牧與彭寵書李注引作「是以今來死君之難」。

〔一〇〕祖耿案：類聚三十三，御覽三百五十一、四百七十九引，「喟」並作「慨」，北堂書鈔一百四十四，御覽三百五十一引，「仰」下並有「天」字。北堂書鈔一百四十四引，「歎」作「嗟」。

〔二〕高注：言人之施與，不期多少，當其厄之時而惠及之，必厚德己也。一飡之施，而有二子之報。鮑彪曰：其，指物辭，猶在也。言施與當在厄時。　金正煒曰：其，猶乃也。見經傳釋詞。呂覽期賢篇注，於，猶在也。

〔三〕高注：人之相怨，不在深淺也，苟傷其心則怨重也。羊羹不徧，而有出亡之患也。　鮑彪曰：傷人之心雖淺，怨也。　朱起鳳曰：戰國中山策云：「與不其衆少，其於當戹；怨不其深淺，其於傷心」。又淮南子說林訓：「其滿腸而已」。此數「其」字，並與「期」同。　楊樹達曰：此即俞氏古書疑義舉例所謂上下文異字同義者也。

〔四〕高注：詩云，「無言不讎，無德不報」。此之謂也。　吳師道曰：此章與左傳華元饗士、趙宣子食翳桑餓人事類似，合爲一也。集韻，「飧」亦作「飡」，蘇昆反。熟食曰飧。　洪亮吉曰：左傳宣公二年，「其御羊斟不與」，與此相類。羊斟，非人姓名。淮南繆稱訓云，魯酒薄而邯鄲圍，羊羹不斟而宋國危（曉讀書齋四錄上）。　祖耿案：文選爲幽州牧與彭寵書李注引作，「以一杯羹而亡國，以一飡而獲二死士」。

九

樂羊爲魏將〔一〕，攻中山。其子時在中山，中山君烹之，作羹，致於樂羊，樂羊食之。古今稱之〔二〕，「樂羊食子以自信，明害父以求法〔三〕。」

〔一〕祖耿案：顧觀光隸此於威烈王十八年，曰：與魏策樂羊爲魏將而攻中山章文大同。

〔二〕黃丕烈曰：下「羊」字，鮑本無。鮑「稱之」下補「曰」字。

〔三〕鮑彪曰：此害於父道，而羊爲之，求爲殉國之法也。　吳師道曰：說見趙策。　吳曾祺曰：害於父道而求全於軍法。　金正煒曰：按鮑說非也，韓詩外傳：「楚有士曰申鳴，治園以養父母，孝聞於楚王，召之，辭不往。其父曰：王欲用汝，何謂辭之？申鳴曰：何舍爲子，乃爲臣乎？其父曰：使汝有祿於國，有位於廷，汝樂而我不憂矣。我欲汝之仕也！申鳴曰：諾。遂之朝受命，楚王以爲左司馬。其年遇白公之亂，殺令尹子西、司馬子期。申鳴因以兵之衛。白公謂石乞曰：申鳴天下勇士也，今將兵，爲之奈何？石乞曰：吾聞申鳴孝也。劫其父以兵。使人謂申鳴曰：子與我，則與子楚國；不與我，則殺乃父。申鳴流涕而應之曰：始則父之子，今則君之臣。已不得爲孝子矣，安得不爲忠臣乎？援桴鼓之，遂殺白公。其父亦死焉。王歸，賞之。申鳴曰：受君之祿，避君之難，非忠臣也。正君之法，以殺其父，又非孝子也。行不兩全，名不兩立，悲夫！若此而生，亦何以示天下之士哉！遂自刎而死」。此文「信」下當重「信」字。信明，即申鳴。後人因連上句「信」字，誤以爲複而奪之也。穀梁隱元年傳注：「信」「申」字古今所共用。文選運命篇：里社鳴而聖人出。注：「明」與「鳴」，古字通。申鳴害父，春秋時事；樂羊食子，則在戰國。故曰「古今稱之」，明非一事也。　李慈銘曰：案「信」下脫一「信」字，信明，即楚人申鳴也。事見韓詩外傳卷十。

十

昭王既息民繕兵〔一〕，復欲伐趙〔二〕，武安君曰：「不可！」王曰：「前年國虛民飢，君不量百姓之力，求益軍糧以滅趙〔三〕。今寡人息民以養士，蓄積糧食〔四〕，三軍之俸，有倍於前〔五〕，而曰「不可」，其說何也？』武安君曰：『長平之事〔六〕，秦軍大尅〔七〕，趙軍大破；秦人歡喜，趙人畏懼。秦民之死者厚葬，傷者厚養，勞者相饗〔八〕，飲食餔餽〔九〕，以靡其財〔一〇〕；趙人之死者不得收，傷者不得療〔一一〕，涕泣相哀，勠力同憂〔一二〕，耕田疾作，以生其財。今王發軍，雖倍其前，臣料趙國守備，亦以十倍矣！趙自長平已來，君臣憂懼，早朝晏退〔一三〕，卑辭重幣，四面出嫁，結親燕、魏，連好齊、楚〔一四〕，積慮並心，備秦爲務。其國內實，其交外成。當今之時，趙未可伐也！』王曰：『寡人既以興師矣！』乃使五校大夫王陵將而伐趙〔一五〕。陵戰失利，亡五校〔一六〕。王欲使武安君，武安君稱疾不行。王乃使應侯往見武安君，責之曰：『楚地方五千里，持戟百萬，君前率數萬之衆，入楚，拔鄢、郢，焚其廟，東至竟陵〔一七〕，楚人震恐〔一八〕，東徙而不敢西向〔一九〕。韓、魏相率興兵甚衆，君所將之不能半之〔二〇〕，而與戰之於伊闕〔二一〕，大破二國之軍，流血漂鹵〔二二〕，斬首二十四萬。韓、魏以故至今稱東藩〔二三〕。此君之功，天下莫不聞。今趙卒之死於長平者已十七八〔二四〕，其國虛弱，是以寡人大發軍〔二五〕，人數倍於趙國之衆〔二六〕，顧使君將，必欲滅之矣！君嘗以寡擊衆〔二七〕，取勝如神，況以彊擊弱，以衆擊寡乎〔二八〕！』武安君曰：『是時楚王恃其國大，不恤其政〔二九〕，而群臣相妒以功，諂諛用事〔三〇〕，良臣斥疏〔三一〕，百姓心離，城池不修，既無良臣，又無守備。故起所以得引兵深入，多倍城邑〔三二〕，發梁焚舟以專民以〔三三〕，掠於郊野以足軍食〔三四〕。當此之時，秦中士卒〔三五〕，以軍中爲家，將帥爲父母，不約而親，不謀而信，一心同功，死不旋踵〔三六〕。楚人自戰其地，咸顧其家，各有散心〔三七〕，莫有鬭志，是以能有功也！伊闕之戰，韓孤顧魏〔三八〕，不欲先用其衆；魏恃韓之鋭〔三九〕，欲推以爲鋒〔四〇〕。二軍爭便，之力不同，是以臣得設疑兵以待韓陣〔四一〕，專軍並鋭，觸魏之不意〔四二〕。魏軍既敗，韓軍自潰，乘勝逐北〔四三〕，以是之故能立功。皆計利形勢，自然之理〔四四〕，何神之有哉？今秦破趙軍於長平，不遂以時乘其振懼而滅之，畏而釋之〔四五〕，使得耕稼以益蓄積，養孤長幼以益其衆〔四六〕，繕治兵甲以益其强，增城浚池以益其固。主折節以下其臣〔四七〕，臣推體以下死士〔四八〕。至於平原君之屬〔四九〕，皆令妻妾補縫於行伍之間。臣人一心，上下同力，猶勾踐困於會稽之時也〔五〇〕。以合伐之，趙必固守〔五一〕；挑其軍戰，必不肯出〔五二〕；圍其國都，必不可尅，攻其列城，必未可拔；掠其郊野，必無所得。兵出無功，諸侯生心，外救必至。臣見其害，未覩其利〔五三〕！又病，未能行。』應侯慙而退，以言於王，王曰：『微白起，吾不能滅趙乎！』復益發軍，更使王齕代王陵，伐趙，圍邯鄲八九月，死傷者衆而弗下。趙王出輕銳以寇其後〔五四〕，秦數不利。武安君曰：『不聽臣計，今果何如〔五五〕？』王聞之，怒，因見武安君，彊起之〔五六〕曰：『君雖病，彊爲寡人卧而將之！有功，寡人之願，將加重於君！如君不行，寡人恨君！』武安君頓首曰：『臣知行雖無功，得免於罪；雖不行無罪，不免於誅〔五七〕。然惟願大王覽臣愚計，釋趙養民，以諸侯之變〔五八〕，撫其恐懼，伐其憍慢，誅滅無道，以令諸侯，天下可定。何必以趙爲先乎？此所謂爲一臣屈而勝天下也！大王若不察臣愚計，必欲快心於趙，以致臣罪，此亦所謂勝一臣而爲天下屈者也！夫勝一臣之嚴焉〔五九〕，孰若勝天下之威大耶〔六〇〕？臣聞明主愛其國，忠臣愛其名。破國不可復完，死卒不可復生。臣寧伏受重誅而死，不忍爲辱軍之將〔六一〕。願大王察之！』王不答而去〔六二〕。

〔一〕祖耿案：此章見史記白起列傳。而此章起辭特詳。列傳言白起於長平戰後阬殺趙卒四十萬人，昭王四十八年，秦相應侯聽蘇代之說，言於秦王曰：秦兵勞，請許韓、趙之割地以和，且休士卒。王聽之，割韓垣雍、趙六城以和。正月，皆罷兵。武安君聞之，由是與應侯有隙。此云「休士卒」「皆罷兵」，即此章首所謂「昭王既息民繕兵」也。顧觀光隸此於赧王五十八年，曰：原在中山，鮑氏移入秦策。

〔二〕鮑彪曰：圍邯鄲也。　祖耿案：史記白起列傳：四十八年九月，秦復發兵，使五大夫王陵攻趙邯鄲。是時，武安君病，不任行。此言「復欲伐趙」，即指此時此事。下文武安君、秦王之言及秦王使應侯責武安君等辭，並史記所無。

〔三〕祖耿案：「糧」，鮑本作「粮」，下同。

〔四〕黃丕烈曰：「食」，鮑本作「實」。

〔五〕鮑彪曰：集韻，俸，秩禄也。

〔六〕鮑彪曰：後志，泫氏有長平亭，在上黨郡南山中百二十里。事在此（秦昭）四十七年。　吳師道曰：正義云，長平在澤州高平縣西。

〔七〕鮑彪曰：徐鉉曰，勝此物謂之克；若尅，則殺也。　黃丕烈曰：鮑改「尅」爲「克」。吳氏正曰：「克」、「尅」字通。是也。

〔八〕鮑彪曰：鄉人飲酒也。

〔九〕高注：吳謂食爲餽，祭鬼亦爲餽。古文通用。讀與「饋」同。　鮑彪曰：餔，申時食。吳謂祭鬼曰餽。吳師道曰：以食食之曰餔，餽即餽餉也。祭鬼本高注，非。　金正煒曰：按「餔」當作「酺」。周禮：若國有大故，則令國人祭。注，所令祭者，社及禜酺。趙武靈王滅中山，酺五日。說文：吳人謂祭曰餽。文選祭顏光禄文注引蒼頡，餽，祭也。吳說與「飲食」義複。

〔一〇〕高注：靡，猶濃麗也。若靡依之比。　鮑彪曰：集韻「靡」「縻」通，壞也。　金正煒曰：賈子道術篇：

費弗過適謂之節，反節爲靡。禮記少儀：國家靡敝。疏，靡爲糜，謂財物糜散凋敝。古字通用。

〔一〕鮑彪曰：治也。

〔二〕高注：勠力，勉力也。其字從「力」。　鮑彪曰：勠，并力。

〔三〕祖耿案：「退」，鮑本作「罷」。

〔四〕金正煒曰：按呂覽本味篇，「故黃帝立四面」。注，黃帝使人四面出求賢人，得之立以爲佐，故曰立四面也。孟子告子下篇：「出則無敵國外患者」。注，出，謂國外也。列子天瑞篇，「將嫁於衛」。注引方言，自家而出謂之嫁。故出於國亦謂之嫁也。又，莊子應帝王篇，告我君人者以己出經。釋文引司馬注，出，行也。「嫁」與「媾」義近，「出嫁」猶云「行媾」。史記刺客傳，「北媾於單于」。索隱云，今讀「購」，與「爲燕媾」同。媾亦合也。言欲北與匈奴連合也。「嫁」、「媾」同聲，義得通假。下云「結親」「連好」，並承「出嫁」之義爲文。

〔五〕黃丕烈曰：鮑衍「五」字。丕烈案：此誤甚也，當衍「校」字。秦本紀云，「五大夫陵攻趙邯鄲」。白起傳云，「使五大夫王陵攻趙邯鄲」，是其證矣。五大夫，秦爵。下「亡五校」注云云，今誤截其半，入此句下。

祖耿案：「陵」下，原有注十字，今依黃說移於「亡五校」注文之首。

〔六〕高注：五役（祖耿案：當是「校」字之譌），軍營也。校，音明孝反。蓋亡其營校之部也。　鮑彪曰：集韻，校，木爲欄格也。軍部及養馬用之。故軍尉、馬官以爲號。　黃式三曰：赧王五十七年八月，秦九月。

祖耿案：史記：「四十九年正月，陵攻邯鄲，少利，秦益發兵佐陵。陵兵亡五校」，即此所言「陵戰失利，亡五校」。史記此下言武安君病愈。秦王欲使武安君代陵將。武安君言不可。秦王自命，不行；乃使應侯請之，武安君終辭不肯行，遂稱病。

〔一七〕鮑彪曰：後志，屬江夏。起此（秦昭）二十八年取鄢，二十九年取郢。吳師道曰：竟陵，在郢州長壽縣南。今復州亦其地。焚其廟，即所謂燒夷陵先王之墓也。

〔一八〕鮑彪曰：震，劈靂震動也，故爲恐。

〔一九〕鮑彪曰：徙陳。

〔二〇〕黄丕烈曰：鮑「不」上補「卒」字。吳氏補曰：當有「卒」字。大事記補。金正煒曰：「將之」當爲「將士」，篆文「之」字與「士」相似而誤。鮑補「卒」字，非也。

〔二一〕鮑彪曰：（秦昭）十四年。吳師道曰：「戰之」當是「之戰」。

〔二二〕高注：鹵，大漂也。言殺人多而流血漂浮鹵也。鮑彪曰：「鹵」、「櫓」同，大盾也。吳師道曰：高注，鹵，大溧也。言殺人多而流血漂浮鹵也。

〔二三〕黄丕烈曰：「至今」二字，鮑本無。

〔二四〕高注：言十分死其七、八分也。

〔二五〕鮑彪曰：睢稱王命，故云「寡人」。

〔二六〕黄丕烈曰：「倍」，鮑本作「君」，鮑改「君」爲「倍」。

〔二七〕祖耿案：「嘗」，鮑本作「常」。

〔二八〕祖耿案：「彊」，鮑本作「强」。

〔二九〕鮑彪曰：楚王，頃襄。

〔三〇〕黄丕烈曰：「諂諛」，鮑本作「諛諂」。

〔三一〕鮑彪曰：集韻，斥亦疎。祖耿案：近人何其芳謂斥疏之臣即指屈原，或包括屈原在內。

〔三二〕鮑彪曰：兵深入，城邑在後，故言倍。「倍」、「背」同。　吳師道曰：倍，如字。言深入所過城邑多也。

〔三三〕鮑彪曰：梁，橋也。此皆示以不還，使民專於戰也。「民」下「以」字衍。　黃丕烈曰：今本「以」作「心」，鮑衍「以」字。丕烈案：吳氏補曰，大事記去此作「心」字，今本乃因吳說而誤改也。　金正煒曰：按作「心」者是也。草書「心」作「〻」，與「以」相似而譌。

〔三四〕鮑彪曰：掠，奪取。

〔三五〕金正煒曰：「秦中」當爲「秦軍」，涉下句「軍中」而誤也。

〔三六〕高注：戰亡必死，無還踵者。　鮑彪曰：不反走也。

〔三七〕高注：諸侯自戰其地，爲散地也。

〔三八〕鮑彪曰：時韓僖侯立三年耳，故稱曰孤。　吳師道曰：韓勢孤也。

〔三九〕鮑彪曰：時韓主兵，故韓記言率周、魏攻秦，魏記言佐韓也。

〔四〇〕鮑彪曰：鋒，軍之先。

〔四一〕鮑彪曰：持不決戰也。　黃丕烈曰：今本「待」作「持」，乃誤涉鮑也。鮑改「待」爲「持」。　金正煒曰：按齊策：「故物舍其所長，之其所短」。高注，之，用也。又，之，猶志也。墨子「天志」作「天之」。說文無「志」字，古書多借「之」爲「志」，國語周語：「其何以待之」。注，待，猶備也。作「待」自通，不必改「持」。

〔四二〕金正煒曰：荀子議兵篇「觸之者角摧」，觸謂衝突也。

〔四三〕鮑彪曰：戰敗曰北。

〔四四〕鮑彪曰：謂人謀、地利、軍之形勢。

〔四五〕鮑彪曰：「振」、「震」同。以趙畏服遂釋攻。

〔四六〕吳師道曰：長其幼小者。

〔四七〕鮑彪曰：屈折肢節。

〔四八〕鮑彪曰：推體，猶委質。　吳師道曰：推體，猶委身，謂以身與之也。

〔四九〕黄丕烈曰：「君」，鮑本無。

〔五〇〕高注：越王句踐爲吳所逼，棲於會稽，卒成霸功。

〔五一〕黄丕烈曰：今本「合」作「今」。鮑本作「今」。

〔五二〕鮑彪曰：挑，擢撓也，撓敵求戰。　吳師道曰：漢書，[illegible]挑敵以求戰。左傳謂之「致師」。

〔五三〕祖耿案：「靦」，鮑本作「睹」。

〔五四〕鮑彪曰：趙王，孝成。

〔五五〕黄丕烈曰：「何如」，鮑本作「如何」。丕烈案史記作「今如何矣」。　祖耿案：史記云，「秦王使王齕代陵將，八九月圍邯鄲，不能拔。楚使春申君及魏公子將兵數十萬攻秦軍，秦軍多失亡。武安君言曰：秦不聽臣計，今如何矣」。

〔五六〕祖耿案「彊」，鮑本作「强」，下同。

〔五七〕金正煒曰：按禮記少儀疏，雖，假令也。或本在「不行」下，誤淆於上。

〔五八〕吳師道曰：「以」字下，疑有缺。

〔五九〕鮑彪曰：嚴，猶威。

〔六〇〕高注：言不能爲起屈，欲以勝爲嚴，則不若屈於起之言，而以勝天下爲威之大。

〔六一〕鮑彪曰：軍敗則辱，此所謂愛名。

〔六二〕姚注：子由古史云，戰國策文并收入。鮑彪曰：事在（秦昭）四十八年及五十年。原在中山策之末。彪謂：起之策秦、楚、三晉，可謂明切。然人臣無以有己，故孔子不俟駕行矣。長平之敗屬耳，趙何遽能益强！以起之材智，知己知彼而得算多，不幸至於無功極矣，何破國辱軍之有？三請不行，此自抽杜郵之劍也。吴師道曰：應侯納蘇之説，許韓趙割地以和，由是起與之有隙，不從代趙者，爲此也。大事記謂，起之死，皆睢之力。鮑可謂不探其心者矣。所引孔子不俟駕行，蓋嘗仕有官職而以其官召之，此不類也。祖耿案：此段秦王强起武安君及武安君頓首之言，并史記所無。史記云：「秦王聞之怒，强起武安君，武安君遂稱病篤。應侯請之，不起。於是免武安君爲士伍，遷之陰密。武安君病未能行。居三月，諸侯攻秦軍急，秦軍數卻，使者日至。秦王乃使人遣白起，不得留咸陽中。武安君既行，出咸陽西門十里，至杜郵。秦昭王與應侯群臣議曰：白起之遷，其意尚怏怏不服，有餘言。秦王乃使使者賜之劍自裁。武安君引劍將自剄，曰：我何罪於天而至此哉？良久曰：我固當死，長平之戰，趙卒降者數十萬人，我詐而盡阬之，是足以死。遂自殺。武安君之死也，以秦昭王五十年十一月。死而非其罪，秦人憐之，鄉邑皆祭祀焉。」

戰國策逸文

戰國策有逸文，姚宏兄弟舉之而未盡。辛未歲，余始治是書，求之北堂書鈔、藝文類聚、初學記、太平御覽、史記司馬貞索隱、張守節正義、漢書顏師古注、後漢書李賢注、三國志裴松之注、文選李善注、荀子楊倞注，旁參韓非子、呂氏春秋、淮南子、太史公書、韓詩外傳、新序、説苑、列女傳、風俗通、高士傳，下逮唐宋以還，文集筆記，諸所考校，掇拾爬梳，爲國策校文六卷。其文字軼出今本者，輯爲逸文考一卷，持較姚宏兄弟所舉，多四十餘條。蓋今本戰國策所無，逸言遺語，傳於今而可見者，約略盡之矣。丁丑之夏，逸文考刊於章氏國學講習會之學報，前列不能確知國别者，可知則依次列後。間有考覈，以「案」字發之。板行以來，忽忽三年，删汰增益，時加理董，仍題舊名以行，將以求正於博覽通方之君子。庚辰四月十五日，祖耿記。

一

舉標甚高

右四字，文選游天台山賦、江賦李善注並引。

二

噎而後穿井何及於急

右九字，太平御覽七百四十一引。

三

涸若耶以取銅破堇山而出錫

右十二字，太平御覽六十八、三百四十三，藝文類聚六十並引。案姚寬書後舉此，「堇」作「恧」，疑譌。又越絕書載此，作「赤堇之山破而出錫，若邪之谷涸而出銅，歐冶用以爲純鈎之劍。」又吳越春秋「薛燭善相劍，王取純鈎示之。薛燭曰：臣聞王之初造此劍，赤堇之山破而出錫，若耶之溪涸而出銅，雨師洒道，雷師發鼓，蛟龍捧爐，天帝莊炭，太一下觀。於是歐冶子曰：天地之精，悉其技巧矣。」

四

白頭如新傾蓋如舊

右八字，太平御覽三百六十三引。

案此鄒陽上梁王書中語，見史記鄒陽傳。

五

桀之狗可使吠堯而蹠之客可使刺由

右十五字，史記鄒陽傳鄒陽上梁王書中語。索隱曰：並見戰國策。

案齊策六：刁勃謂田單曰：「跖之狗吠堯，非貴跖而賤堯也，狗固吠非其主也。」語與此異。南齊書崔慧景傳崔偃疏：「桀之犬實可吠堯，跖之客實可刺由。」襲鄒陽文也。

六

聶政刺韓相荊軻刺秦王並白虹貫日

右十五字，太平御覽四引。

案北堂書鈔一百五十一亦引戰國策曰：「唐雎説秦王曰：聶政刺韓傀，白虹貫日。荊軻欲刺秦王，白虹貫日。」考唐雎語在魏策，無後「荊軻」十字。唐雎語竟，秦王謝曰：「韓魏滅亡，而安陵以五十里之地存者，徒以有先生也。」尋魏亡在始皇二十二年，荊軻入秦在始皇二十年。梁玉繩史記志疑稱唐雎壽至一百三十餘。雎固壽考，及見荊軻事。又，史記鄒陽傳：「昔者荊軻慕燕丹之義，白虹貫日。」則書鈔、御覽所引，殆兼取唐雎、鄒陽之語也。

七

安陵丑

右三字，廣韵陵字下引。

案此即姚寬書後所舉廣韵七事之一。寬所見廣韵「丑」作「尹」，今案楚策一、魏策四並著安陵君事，無言「安陵丑」、「安陵尹」者。

八

有羊千者著書顯名

右八字，廣韵羊字下引。

案此即姚寬書後所舉廣韵七事之一。

九

蘇秦曰上下相怨民無所聊

右十一字，文選陳琳爲袁紹檄豫州李善注引。

十

張儀曰儀交臂而事齊楚

右十字，文選喻巴蜀檄李善注引。

十一

廉頗爲人勇鷙而愛士白起視瞻不轉者執志彊也

右二十字，後漢書吴漢傳贊李賢注引。

案此即姚寬書後所舉後漢第八贊一事也。

十二

齊人蒯通知天下權在韓信欲爲奇策而感動之以相人説韓信曰僕嘗受相人之術韓信曰先生相人何如對曰貴賤在於骨法憂喜在於容色成敗在於决斷以此參之萬不失一韓信曰善先生相寡人何如對曰願少間信曰左右去矣通曰相君之面不過封侯又危不安相君之背貴乃不可言韓信曰何謂也蒯通曰天下初發難也俊雄豪桀建號壹呼天下之士雲合霧集魚鱗雜遝熛至風起當此之時憂在亡秦而已今

楚漢分爭使天下無罪之人肝膽塗地父子暴骸骨於中野不可勝數楚人起彭城轉鬬逐北至於滎陽乘利席卷威震天下然兵困於京索之間迫西山而不能進者三年於此矣漢王將數十萬之衆距鞏雒阻山河之險一日數戰無尺寸之功折北不救失滎陽傷成皋遂走宛葉之間此所謂智勇俱困者也夫鋭氣挫於險塞而糧食竭於内府百姓罷極怨望容容無所倚以臣料之其勢非天下之賢聖固不能息天下之禍當今兩主之命縣於足下足下爲漢則漢勝與楚則楚勝臣願披腹心輸肝膽效愚計恐足下不能用也誠能聽臣之計莫若兩利而俱存之叁分天下鼎足而居其勢莫敢先動夫以足下之賢聖有甲兵之衆據彊齊從燕趙出空虛之地而制其後因民之欲西鄉爲百姓請命則天下風走而嚮應矣孰敢不聽割大弱彊以立諸侯諸侯已立天下服聽而歸德於齊案齊之故有膠西之地懷諸侯以德深拱揖讓則天下之君王相率而朝於齊矣蓋聞天與弗取反受其咎時至不行反受其殃願足下孰慮之韓信曰漢王遇我甚厚載我以其車衣我以其衣食我以其食吾聞之乘人之車者載人之患衣人之衣者懷人之憂食人之食者死人之事吾豈可以鄉利倍義乎蒯生曰足下自以爲善漢王欲建萬世之業臣竊以爲誤矣始常山王成安君爲布衣時相與爲刎頸之

交後争張黶陳澤之事二人相怨常山王背項王奉項嬰頭而竄逃歸於漢王漢王借兵而東下殺成安君泜水之南頭足異處卒爲天下笑此二人相與天下至驩也然而卒相禽者何也患生於多欲而人心難測也今足下欲行忠信以交於漢王必不能固於二君之相與也而事多大於張黶陳澤故臣以爲足下必漢王之不危己亦誤矣大夫種范蠡存亡越霸句踐立功成名而身死亡野獸已盡而獵狗亨夫以交友言之則不如張耳之與成安君者也以忠信言之則不過大夫種范蠡之於句踐也此二人者足以觀矣願足下深慮之且臣聞勇略震主者身危而功蓋天下者不賞臣請言大王功略足下涉西河虜魏王禽夏説引兵下井陘誅成安君徇趙脅燕定齊南摧楚人之兵二十萬東殺龍且西鄉以報此所謂功無二於天下而略不世出者也今足下戴震主之威挾不賞之功歸楚楚人不信歸漢漢人震恐足下欲持是安歸乎夫勢在人臣之位而有震主之威名高天下竊爲足下危之韓信謝曰先生且休矣吾將念之後數日蒯通復説曰夫聽者事之候也計者事之機也聽過計失而能久安者鮮矣聽不失一二者不可亂以言計不失本末者不可紛以辭夫隨厮養之役者失萬乘之權守儋石之禄者闕卿相之位故知者决之斷也疑者事之害也審豪氂之小計遺天下之大

數智誠知之決弗敢行者百事之禍也故曰猛虎之猶豫不若蜂蠆之致螫騏驥之蹢躅不如駑馬之安步孟賁之狐疑不如庸夫之必至也雖有舜禹之智吟而不言不如瘖聾之指麾也此言貴能行之夫功者難成而易敗時者難得而易失也時乎時乎不再來願足下詳察之韓信猶豫不忍背漢又自以爲功多漢終不奪我齊遂謝蒯通蒯通說不聽已詳狂爲巫

右千二百三十字，史記淮陰侯傳文。索隱曰：按漢書及戰國策皆有此文。

案漢書藝文志縱橫家有蒯通蒯子五篇。王先謙補註引王應麟曰：本傳，論戰國時說士權變，亦自序其說，凡八十一首，號曰雋永。史記志疑卷三十二引翁孝廉曰：漢書通傳言八十一首號雋永，藝文志無雋永而有蒯子五篇，未知即此八十一首否？史公述戰國時事與策不同者五，豈取於雋永乎？今不可考矣。案劉向所校戰國策書錄云：「其事繼春秋以後，訖楚漢之起。」今本戰國策文止「唐睢不辱使命」，於時爲最後，而不及楚漢之起。明戰國策當有楚漢之起之文，而今逸之。此文殆即蒯子雋永中語，所謂自序其說者。其論戰國時說士權變者，馬國翰謂爲不可復見。余謂馬說非也。論者，論次義，非論說義。當時劉向所錄，必有蒯通之文也。

十三

周王病瘉矣犯請後可而復之

右十二字，見史記索隱。史記周本紀：「周王病甚矣，犯請後可而復之。」索隱曰：按戰國策「甚」作「瘉」。

案此即姚宏所云司馬貞引「馬犯謂周君」也。姚寬書後亦云：「馬犯謂周君，馬犯謂梁王，云王病瘉」，作「瘉」字。案姚寬舉司馬貞索隱五事，「馬犯謂周君」，「馬犯謂梁王」，實一事也，寬誤分爲二事，觀史記可知。今尋史記，其文作：「馬犯謂周君曰：請令梁城周。乃謂梁王曰：周王病若死，則犯必死矣。犯請以九鼎自入於王，王受九鼎而圖犯。梁王曰：善。遂與之卒，言戍周。因謂秦王曰：梁非戍周也，將伐周也。王試出兵境以觀之。秦果出兵。又謂梁王曰：周王病甚矣，犯請後可而復之。今王使卒之周，諸侯皆生心，後舉事且不信。不若令卒爲周城，以匿事端。梁王曰：善。遂使城周。」

十四

呂不韋曰周凡三十七王八百六十七年

右十六字，文選西征賦李善注引。

案此即姚宏所云李善引呂不韋言周三十七王也。姚寬書後述李善注未舉此，誤以屬司馬貞索隱條下。

十五

韓兵入西周西周令成君辯説秦求救

右十五字，史記周本紀集解徐廣注引。

案此即姚寬書後所舉徐廣注史記一事也。史記周本紀：「王赧謂成君楚圍雍氏」。集解徐廣曰：「戰國策曰：韓兵入西周，西周令成君辯說秦求救。當是說此事而脫誤也。」索隱：「如徐此說，自合當改而注結之，不合與楚圍雍氏連注。」鄭樵謂史記「成君」下有缺文。今案徐廣所見戰國策，有「西周令成君辯說秦求救」事，「成君」下之缺文，當即此事。今史記、戰國策並缺此事，獨賴徐廣此言猶知梗概耳。成君，程恩澤疑即史記所云武王封弟叔武於成之后，見國策地名考。

十六

羅尚見秦王曰秦四塞之險利於守不利於戰

右十八字，見姚寬書後舊戰國策文條注。

案舊戰國策不知何本。據寬書後，寬所見共十一本：一，未經曾鞏校定本；二，浙建原小字刊行本；三，括蒼耿氏本；四，孫固本；五，孫覺本；六，錢藻本；七，曾鞏本；八，劉敞本；九，蘇頌本；十，集賢院本；十一，晁以道本。疑此所謂舊戰國策文，出於未經曾鞏校定之本也。

十七

秦王使人至楚王賢之恐其爲楚用以危秦也昭子曰以王之德與王之賢因以遺之楚王必爲有外心去楚矣從其計果如所言

右五十字，太平御覽四百五十引。

十八

有以九九求見齊桓公桓公不納其人曰九九小術而君納之況大於九九者乎於是桓公設庭燎之禮而見之居無幾隰朋自遠而至齊遂以霸

右五十六字，三國志魏志劉廙傳裴松之注引。

案韓詩外傳卷三云：『齊桓公設庭燎爲便人欲造見者。期年而士不至。於是東野有以九九見者，桓公使戲之，曰：九九足以見乎？鄙人曰：臣聞君設庭燎以待士，期年而士不至。夫士之所以不至者，君天下之賢君也，四方之士，皆自以不及君，故不至也。夫九九薄能耳，而君猶禮之，況賢於九九者乎？夫泰山不讓礫石，江海不辭小流，所以成其大也。詩曰：先民有言，詢於芻蕘。博謀也。桓公曰：善。乃固（說苑作因）禮之。期月，四方之士，相導而至矣。』說苑尊賢篇略同。洪頤煊讀書叢錄曰：『梅福傳：臣聞齊桓之時，有以九九見者。師古曰：九九算術，若今九章、五曹之輩。頤煊案：管子輕重戊篇：虙戲造六峜以迎陰陽，作九九之數，以合天道。魏劉徽九章算術序：昔在庖犧氏，作九九之術，以合六爻之變。神仙傳：古人貴九九之好，諳鳴吠之技，皆謂算術。』祖耿案：梅福傳見漢書第三十七卷，傳云：『成帝委任大將軍王鳳，王氏浸盛，災異數見。福上書曰：（前略）臣誠恐身塗野草，尸並卒伍，故上書求見，輒報罷。臣聞齊桓之時，有以九九見者，桓公不逆，欲以致大也。今臣所言，非特九九也，陛下距臣者三矣，此天下士所以不至也。』晉書載記二，陳元達語劉元海，亦引齊桓公納九九之義。又南齊書劉瓛傳與張融、王思遠書：『庶欲從九九之遺蹤』，義指隱退，與諸說異。

十九

檀子

右二字，見史記索隱。史記田敬仲世家：「吾臣有檀子者。」索隱曰：「檀子，齊臣。檀，姓；子，美稱，大夫皆稱子。盼子，田盼也。黔夫及種首，皆臣名。事悉具戰國策也。」

案史記田敬仲世家曰：「二十四年，與魏王會田於郊。魏王問曰：『王亦有寶乎？』威王曰：『無有。』梁王曰：『若寡人國小也，尚有徑寸之珠照車前後各十二乘者十枚，奈何以萬乘之國而無寶乎？』威王曰：『寡人之所以爲寶與王異。吾臣有檀子者，使守南城，則楚人不敢爲寇東取，泗上十二諸侯皆來朝。吾臣有盼子者，使守高唐，則趙人不敢東漁於河。吾吏有黔夫者，使守徐州，則燕人祭北門，趙人祭西門，徙而從者七千餘家。吾臣有種首者，使備盜賊，則道不拾遺。將以照千里，豈特十二乘哉？』梁惠王慚，不懌而去。」韓詩外傳卷十亦載此，文同，惟威王作宣王爲異。

二十

韓魏之君不朝于齊鄒忌爲齊相田忌爲將使田忌伐魏三戰三勝

右二十六字，太平御覽三百二十二引。

案齊策一有鄒忌傾田忌事，無韓、魏之君不朝於齊語。

二十一

魏趙相攻齊將田忌引兵救趙孫臏曰夫解雜亂紛糺者不控捲救鬬者不搏撠批亢擣虛刑格勢禁則自爲解耳今魏趙相攻輕兵鋭卒必竭於外老弱罷於内君不若引兵疾走大梁據其街路衝其方虛彼必釋趙而自收弊於魏也田忌從之直走大梁魏師遂退

右百二字，太平御覽二百八十二引。

二十二

韓魏相攻齊將田忌率兵伐魏魏將龐涓聞之去韓而歸孫臏謂田忌曰彼三晉之士素悍勇而輕齊齊佯爲怯善戰者因其勢而利導之兵法百里而趨利者蹶上將軍五十里走者半至使齊軍入魏地爲十萬竈明日爲五萬竈又明日爲二萬竈龐涓行三日大喜曰我故知齊軍怯入吾地三日士卒亡者過半矣乃棄其步兵與其輕鋭倍日並行逐之孫子度其行暮當至馬陵馬陵道狹而旁多阻隘可伏兵乃斫大樹白而書之曰龐涓死于此樹之下於是令萬弩夾道而伏期曰暮見火舉而俱發龐涓夜

至斫木下見白書乃鑽火燭之讀書未畢齊軍萬弩俱發軍大亂龐涓乃自剄曰遂成豎子之名

右二百三十三字，太平御覽二百九十四引。

案以上二則，並見史記孫臏傳。

二十三

齊孫臏謂齊王曰凡伐國之道攻心爲上務先伏其心今秦之所恃爲心者燕趙也當收燕趙之權今説燕趙之君勿虛言空亂必將以實利以回其心所謂攻其心者也

右六十五字，太平御覽二百八十二引。日本瀧川資言史記會注考證引此，謂此孫臏兵法存乎今者。

二十四

齊威王時有左執法公旗蕃

右十一字，廣韵公字下引。

案此即姚寬書後所舉廣韵七事之一。

二十五

雍門周

右三字，廣韵門字下引。

案此即姚寬書後所舉廣韵七事之一。今齊策四有「雍門養椒」，齊策六有「雍門司馬」，均非此。清康熙間錢塘舉人倪璠注庾信集哀江南賦引戰國策曰：「雍門周曰：曲池又以平」。璠所見戰國策不知何本，然必有所據。文選張孟陽七哀詩李善注引桓子新論曰：「雍門周以琴見孟嘗君，曰：臣竊悲千秋萬歲後，墳墓生荆棘，狐兔穴其中，樵兒牧豎，躑躅而歌其上，行人見之悽愴孟嘗君之尊貴如何成此乎？孟嘗君喟然歎息，淚下承睫。」陸士衡豪士賦序李善注復引桓子新論曰：「雍門周以琴見孟嘗君，孟嘗君曰：先生鼓琴，亦能令文悲乎？對曰：臣竊爲足下有所悲，千秋萬歲後墳墓生荆棘，游童牧豎，躑躅其足，而歌其上曰：孟嘗君之尊貴，亦猶若是乎？於是孟嘗喟然太息，涕承睫而未下。雍門周引琴而鼓之，徐動宮徵，揮角羽，初終而成曲。孟嘗君遂歔欷而就之。」其注引六十六字，後注引一百十一字，蓋並出桓譚新論而均未全引。此文全篇，當如三國志郤正傳裴松之注所引桓譚新論。其文曰：「雍門周以琴見孟嘗君，曰：先生鼓琴亦能令文悲乎？對曰：臣之所能令悲者，先貴而後賤，昔富而今貧，擯壓窮巷，不交四鄰；不若身材高妙，懷質抱真，逢讒罹謗，怨結而不得信；不若交歡而結愛，無怨而生離，遠赴絕國，無相見期；不若幼無父母，壯無妻兒，出以野澤爲鄰，入用堀穴爲家，困于朝夕，無所假貸。若此人者，但聞飛鳥之號，秋風鳴條，則傷心矣。臣一爲之援琴而長太息，未有不悽惻而涕泣者也。今若足下，居則廣廈高堂，連闥洞房，下羅帷，來清風，倡優在前，諂諛侍側，揚激楚，舞鄭妾，流聲以娛耳，練色以淫目。水戲則舫龍舟，建羽旗，鼓釣乎不測之淵。野游則登平原，馳廣囿，强弩下高鳥，勇士格猛獸。置酒娛樂，沈醉忘歸。方此之時，視天地曾不若一指。雖有善鼓琴者未能動足下也。孟嘗君曰：固然。雍門周曰：然臣竊爲足下有所常悲。夫角帝而困秦者，君也。連五國而伐楚者，又君也。天下未嘗無事，不從即衡。從成則楚王，衡成則秦帝。夫以秦楚之强而報弱薛，猶磨蕭斧而伐朝菌也。有識之士，莫不爲足下寒心。天道不常盛，寒暑更進退。千秋萬歲之後，宗廟必不血食。高臺既已傾，曲池又已平。墳墓生荆棘，狐狸穴其中。游兒牧豎，躑躅其足而歌其上，曰：孟嘗君之尊貴，亦猶若是乎？于是孟嘗君喟然太息，涕淚承睫而未下。雍門周引琴而鼓之，徐動宮徵，叩角羽，終而成曲。孟嘗君遂歔欷而就之，曰：先生鼓琴，令文立若亡國之人也。』全文共四百七十九字。首句『孟嘗君』下，當脱『孟嘗君』三字。加此三字，則爲四百八十二字也。此文有『曲池又已平』語，倪璠所見，當即此文。然則此文乃戰國策所有，桓譚引以入己著，居然可知也。又案宋書樂志引司馬法曰：『得意則愷樂愷歌。』雍門周説孟嘗君『鼓吹於不測之淵』，此爲見鼓吹之始。此語不知何據，不測之淵非鼓吹之地，疑爲『鼓釣乎不測之淵』之誤也。前人讀書不精，亦有如此之甚者，殊可笑也。又淮南子卷十繆稱訓曰：『雍門子以哭見孟嘗君涕流沾纓』。俞樾云：『「孟嘗君」下，當更有「孟嘗君」三字，而今脱之。覽冥篇曰：「昔雍門子以哭見於孟嘗君，已而陳辭通意，撫心發聲，孟嘗君爲之增欷歍唈，流涕狼戾，不可止。」彼文再言孟嘗君，故知此亦當同。不然，則涕流沾纓仍屬雍門子而不屬孟嘗君，不見其感人之至矣。』劉文典曰：『俞説是也。論衡感虚篇：「雍門子哭對孟嘗君，孟嘗君爲之於邑。」論衡所引儒者傳書之言，多同淮南，知此文亦必重「孟嘗君」三字矣。』又按文選陸士衡於承明作與士龍詩注引此文作『雍門子以琴見孟嘗君，涕流霑纓。』漢書景十三王傳，『雍門子壹微吟，孟嘗爲之於邑。』蘇林云：『六國時人，名周，善鼓琴，母死，無以葬，見孟嘗君而微吟也。」如淳云：「雍門子以善鼓琴見孟嘗君，先説萬歲之後，高臺既已顛，曲池又已平，墳墓生荆棘，牧豎游其上，孟嘗君亦如是乎？孟嘗君喟然歎息也。」説苑善説篇所説略同。文選注所引「琴」字，似非誤字。繆稱訓乃許注本，疑高本自作「琴」也。案説苑善説篇雍門周作雍門子周。善説篇稱引主父偃之辭，疑此文即在主父偃所著之二十八篇中。

二十六

或謂孟嘗君曰廊廟之榱非一木之枝先王之法非一士之智

右二十四字，太平御覽一百八十八引。又，六百九十四引作「或謂孟嘗君曰：太廟之榱，非一木之枝也；千鎰之裘，非一狐之裘也。」

案此即姚寬書後所舉太平御覽二事之一。

二十七

蘇秦説孟嘗君曰秦四塞之國也

右十三字，文選東都賦李善注引。

案此即姚寬書後所舉李善注文選一事。

二十八

燕昭王以樂毅爲將破齊七十餘城及惠王立與毅有隙齊將田單乃縱反間於燕宣言曰齊王已死城不拔者二耳樂毅畏誅而不敢歸以伐齊爲名實欲連兵南面王齊齊人未附故且緩即墨殘矣燕王以爲然使騎劫代毅燕人士卒離心單又縱反間曰吾懼燕人掘吾城外冢墓戮先人燕軍從之即墨人激怒請戰大敗燕師所亡七十餘城悉復之

右百三十六字，太平御覽二百九十二引。

二十九

燕將騎劫攻齊即墨齊將田單拒守乃宣言曰吾惟懼燕軍之劓所得齊卒置之前行與我戰即墨敗矣燕人聞之如其言城中人見齊降者盡劓皆怒堅守唯恐見得田單又縱反間曰吾懼燕人掘吾城外冢墓戮先人可爲寒心燕軍盡掘壟墓燒死人即墨人從城上遥見皆涕泣其欲出戰怒皆十倍因大敗燕

右百二十字，太平御覽二百八十二引。

三十

燕軍大破齊國齊將田單守即墨知士卒可用乃身操板插與士卒分功妻妾編行伍之間盡散飯食饗士令甲卒皆伏使老弱女子乘城遣約降於燕燕軍皆呼萬歲田單又收人金得千鎰令即墨富豪遺燕將書曰即墨即降願無掠虜吾族家妻妾令安堵燕將大喜許之燕軍由此益懈田單出軍擊大敗之

右百十九字，太平御覽二百八十二引。

三十一

燕師伐齊已下七十餘城圍即墨未下齊將田單乃收城中得千餘牛爲縫繒衣畫以五綵龍文束兵刃於其中角而灌脂束葦於尾燒其端鑿城數十穴夜縱牛壯士五千人隨其後牛尾熱怒而奔燕軍燕軍夜大驚牛尾炬火光明炫燿燕軍視之皆龍文所觸盡死傷五千人因銜枚擊之而城中鼓譟從之老弱者皆擊銅器爲聲聲動天地燕軍大駭敗走而齊七十餘城皆復爲齊

右百四十六字，太平御覽二百八十二引。

案以上四則，並見史記田單傳。

三十二

齊國將亡亦有妖乎其一人曰齊桓公宮中七市

右十九字，初學記二十四引。

案東周策：周文君免工師籍，相呂倉。謂周文君曰：齊桓公宮中七市，女閭七百，國人非之，管仲故爲三歸之家，以掩桓公之（之字依御覽補）非。語與此異。

三十三

楚免淖齒於柱國游騰謂楚王曰秦有上群午者重兵之戰請秦王曰必無與楚戰王曰何也對曰南方火也西方金也金之不勝火亦必矣秦王不聽其戰不勝今午又請秦王必與楚戰南方火西方金也楚正夏中年而免其柱國此所謂内自滅也楚懼復置淖齒

右百二字，太平御覽四百六十引。

案此戰國時陰陽家言之僅存者。文又見渚宮舊事卷三，曰：「淖齒得罪於懷王，游騰爲齒說王曰：秦有上群午者，重邱之戰，謂秦王曰：必無與楚戰。王曰：何也？對曰：南方火也，西方金也。金之不勝火，必矣。秦王不聽，果戰不勝。今午又謂秦王：必與楚戰。今楚夏正而免其柱國，此所謂火自滅也。王懼，因復淖齒。」文與御覽所引微有不同，可以互參。考左傳昭三十一年，「史墨曰：火勝金，故弗克。」陰陽家之由言。來久矣。漢書藝文志陰陽家有鄒子終始五十六篇。文選魏都賦注引七略曰：「鄒子有終始五德，從所不勝，土德後木德繼之，金德次之，火德次之，水德次之。」此文上群午云云，殆祖述其說者也。

三十四

蘇秦爲楚合從元戎以鐵爲矢長八寸一弩十矢俱發

右二十一字，藝文類聚六十引。

案此即姚宏所云歐陽詢引「蘇秦謂元戎以鐵爲矢」也。姚寬書後同。

三十五

楚絶齊齊舉兵攻楚陳軫謂楚王曰不如以地東解於齊而西謀於秦矣

右二十七字，太平御覽四百六十引。

三十六

楚人有好以弱弓微繳加歸鴈之上者頃襄王聞而召問之對曰見鳥六雙王何不以聖人爲弓以勇士爲繳時張而射之此六雙者可得而囊載也

右五十七字，藝文類聚六十引。北堂書鈔一百二十五引「楚」下無「人」字，「對曰」下有「大王之賢所發非直此也」十字，無「見鳥六雙」四字，又無「此六雙者可得而囊載也」十字。太平御覽三百四十七引「有」作「者」，「聞而召問之」作「聞召而問之」，又「見」下無「鳥」字。

案此即姚寬書後所舉北堂書鈔之一事。全文當如史記楚世家所云：「十八年，楚人有好以弱弓微繳加歸鴈之上者，頃襄王聞，召而問之。對曰：「小臣之好射鶀鴈羅鸗，小矢之發也，何足爲大王道也。且稱楚之大，因大王之賢，所弋非直此也。昔者三王以弋道德，五霸以弋戰國。故秦、魏、燕、趙者，鶀鴈也；齊、魯、韓、衛者，青首也；騶、費、郯、邳者，羅鸗也。外其餘則不足射者。見鳥六雙，以王何取？王何不以聖人爲弓，以勇士爲繳，時張而射之，此六雙者，可得而囊載也。其樂非特朝昔之樂也，其獲非特鳧鴈之實也。王朝張弓而射魏之大梁之南，加其右臂而徑屬之於韓，則中國之路絕，而上蔡之郡壞矣；還射圉之東，解魏左肘而外擊定陶，則魏之東外棄而大宋、方與二郡者舉矣；且魏斷二臂，顛越矣，膺擊郯國，大梁可得而有也。王請繳蘭臺，飲馬西河，定魏大梁，此一發之樂也。若王之於弋誠好而不厭，則出寶弓，碆新繳，射噣鳥於東海，還蓋長城以爲防，朝射東莒，夕發浿丘，夜加即墨，顧據午道，則長城之東收而太山之北舉矣。西結境於趙，而北達於燕，三國布翄，則從不待約而可成也。北遊目於燕之遼東，而南登望於越之會稽，此再發之樂也。若夫泗上十二諸侯，左縈而右拂之，可一旦而盡也。今秦破韓以爲長憂，得列城而不敢守也。伐魏而無功，擊趙而顧病，則秦魏之勇力屈矣。楚之故地漢中、析、酈，可得而復有也。王出寶弓，碆新繳，涉鄳塞，而待秦之倦也，山東、河內可得而一也。勞民休衆，南面稱王矣。故曰：秦爲大鳥，負海內而處，東面而立，左臂據趙之西南，右臂傅楚鄢郢，膺擊韓魏，垂頭中國，處既形便，勢有地利，奮翼鼓翄，方三千里，則秦未可得獨招而夜射也。」欲以激怒襄王，故對以此言。襄王因召與語，遂言曰：「夫先王爲秦所欺，而客死於外，怨莫大焉。今以匹夫有怨，尚有報萬乘，白公、子胥是也。今楚之地方五千里，帶甲百萬，猶足以踴躍中野也，而坐受困，臣竊爲大王弗取也。」於是頃襄王遣使於諸侯，復爲從，欲以伐秦。」方苞曰：「此眞戰國之文，而不見楚策中。」日本瀧川資言史記會注考證曰：「按國策姚本鮑本吳本，皆不收此章，但張本有之，蓋依史記補入也。」案瀧川所謂張本，指明張文爥所撰戰國策談棷十卷本。紀昀四庫全書總目提要云：「戰國策談棷十卷，明張文爥撰。文爥字維昇，仁和人。是書全用吳師道補正鮑彪之本，惟增入李斯諫逐客書、楚人以弱弓微繳説頃襄王、中山君饗都士大夫三章，爲吳本所無。」是張文爥談棷本有此文也。今案藝文類聚、北堂書鈔、太平御覽並引此爲戰國策文，是戰國策原有此文而宋以後逸之也。又太平御覽八百三十二引春秋後語云：「楚頃襄王時，人有好以弱弓微繳加歸鴈之上者。王聞之，召而問焉。對曰：外臣之好𠯗騏鴈羅鸗，小矢之發也，何足爲大王道哉！且楚王之大，因大王之賢，所弋非直此也。昔者三王以弋道德，五伯以弋戰國。夫秦、魏、燕、趙，王之騏鴈也；齊、魯、鄭、衛者，青首也；鄒、費、郯、邳者，羅鸗也；其餘不足射也。見鳥六雙，唯王何取？王若以聖人爲弓，勇士爲繳，時張而射之，此六雙者可得而囊載也，其樂非特朝夕之樂也。」文雖未全，亦可互參。

三十七

驥傀而噴鼓鼻也

右七字，玉篇上噴下引。

案此即姚寬書後所舉玉篇一事。「傀」姚寬作「俛」。案「傀」，「俛」之形誤。楚策四：「驥於是俛而噴，仰而鳴，聲達於天。」無「鼓鼻也」三字。玉篇所引，疑誤入高注之文耳。今高注久逸，無此文。

三十八

鳴犢鐸犨

右四字，見漢書劉輔傳。顏師古注：「戰國策說二人姓名云鳴犢鐸犨。」

案史記孔子世家作「竇鳴犢舜華」。世家曰：「孔子既不得用於衛，將西見趙簡子；至於河，而聞竇鳴犢、舜華之死也，臨河而歎曰：「美哉水，洋洋乎！丘之不濟此，命也夫！」子貢趨而進曰：「敢問何謂也？」孔子曰：「竇鳴犢、舜華，晉國之賢大夫也，趙簡子未得志之時，須此兩人而後從政；及其已得志，殺之，乃從政。丘聞之也，刳胎殺夭，則麒麟不至郊；竭澤涸漁，則蛟龍不合陰陽；覆巢傾卵，則鳳凰不翔。何則？君子諱傷其類也。夫鳥獸之於不義也，尚知辟之，而況乎丘哉？」乃還息乎陬鄉，作爲陬操以哀之，而反乎衛。」集解徐廣曰：「或作鳴鐸竇犨，又作竇犨鳴犢舜華也。」索隱引國語云「鳴鐸竇犨」。案漢書古今人表「中上」分列鳴犢、竇犨二名。三國志劉廙傳注引新序云：「趙有擇犨，晉有鐸鳴。」（案今新序無此文）說苑權謀云：「晉有澤鳴犢犨。」並以爲二人，與顏師古注合。唯琴操作「竇鳴犢」，水經河水注五作「鳴犢」。洪邁容齋四筆曰：「鐸犢竇聲相近。」梁玉繩史記志疑曰：「竇其姓，鳴犢其字，而其名曰犨。以爲二人者誤。」漢書人表考又曰：「古人名字相配，犨牛息聲，故字鳴犢。」依洪、梁兩家之言，是「鳴犢即鐸犨」，亦即「竇犨」，顏師古誤以爲二人。世家所謂須此兩人者，乃指「竇犨」與「舜華」而言，非云「鳴犢鐸犨」爲二人也。韓愈將歸操亦云「孔子之趙聞殺鳴犢作」。

三十九

晉有大夫芬質

右六字，廣韻芬字下引。

案張澍輯風俗通姓氏篇引氏族略「質」作「賢」。

四十

晉有亥唐

右四字，廣韻亥字下引。

四十一

趙有大夫㢋賈

右六字，廣韻㢋字下引。

案以上三則，並姚寬書後所舉廣韻七事之一。

四十二

晉大夫芸賢

右五字，見元和姓纂芸字下，云：「風俗通晉大夫芸賢，見戰國策。」

案此即姚寬書後所舉元和姓纂之一事。疑與廣韵所舉之「芬質」爲一，形近而譌耳。岑仲勉元和姓纂四校記卷三第二九八頁云：「芸，風俗通晉大夫芸賢，見戰國策。通志文全同，唯「芸」作「芬」。考廣韵芬字下云：又姓，戰國策晉有大夫芬質。姓解二，辨證亦作「芬質」，「芸賢」是「芬質」之訛，蓋以「芬」冒「芸」也。應改正。急就篇上云芸氏。姓纂晉有芸賢。是知宋元之際，姓纂已有冒文之弊。姓觿二，「芸質」之「質」字固不誤，温校反疑其誤，非也。姓觿芬質、芸賢並存。」

四十三

衛行人燭過免冑橫戈而進

右十一字，文選從軍行李善注引。

案呂氏春秋貴直篇曰：「趙簡子攻衛，附郭，自將兵，及戰，且遠立，又居於犀蔽屏櫓之下，鼓之而士不起。簡子投桴而歎曰：「嗚呼！士之遬弊，一若此乎？」行人燭過免冑橫戈而進曰：「亦有君不能耳！士何弊之有？」簡子艴然作色曰：「寡人之無使，而身自將是衆也，子親謂寡人之無能。有說則可，無說則死。」對曰：「昔吾先君獻公，即位五年，兼國十九，用此士也。惠公即位二年，淫色暴慢，身好玉女，秦人襲我，遜去絳七十，用此士也。文公即位二年，厎之以勇，故三年而士盡果敢。城濮之戰，五敗荊人，圍衛取曹，拔石社，定天子之位，成尊名於天下，用此士也。亦有君不能取，士何弊之有？」簡子乃去犀蔽屏櫓，而立於矢石之所及。一鼓而士畢乘之。簡子曰：「與吾得革車千乘也，不如聞行人燭過之一言。」」又見韓非子難二。

四十四

衣盡出血襄子迴車車輪未周而亡

右十四字，史記刺客傳索隱引。

案此即姚寬書後所舉司馬貞索隱五事之一。索隱云：「此不言衣出血者，太史公恐涉怪妄，故略之耳。」日本瀧川資言史記會注考證曰：「今本國策無此文，後人或以其怪刪之歟？」

四十五

武靈王游大陵夢處女鼓瑟

右十一字，見春秋後語。

案此即姚宏所云春秋後語「武靈王游大陵夢處女鼓瑟」也。姚寬書後亦舉之。史記趙世家云：「王游大陵，他日，王夢見處女鼓琴而歌詩曰：『美人熒熒兮，顏若苕之榮。命乎命乎，曾無我嬴。』異日，王飲酒樂，數言所夢，想見其狀。吳廣聞之，因夫人而内其女娃嬴，孟姚也。孟姚甚有寵於王，是爲惠后。」漢魏六朝百三名家集引楊慎詩話補遺云：「按戰國策，趙武靈西至河，登黄華之上，夢處女鼓琴歌詩，因納吳廣女娃嬴孟姚云云。」案詩話補遺，乃慎戍滇後作，戍所無書可稽，慎惟憑腹笥所憶，而所云如是，知慎所見戰國策有此文也。

四十六

碣石山在常山九門縣

右九字，史記蘇秦傳索隱引。又，後漢書郡國志「常山九門」注云：碣石山，戰國策云在縣界。案即此姚寬書後所舉後漢地理志一事。閻若璩潛邱劄記曰：「按通鑑地理通釋曰：碣石凡有三，騶衍如燕，昭王築碣石宮，身親往師之。此碣石特宮名耳，在幽州薊縣西三十里寧臺之東，非山也。秦築長城所起自碣石，此碣石在高麗界中，當名爲左碣石。其在平州南三十餘里者，即古大河入海處，爲禹貢之碣石，亦曰右碣石。其説可謂精矣。或獻疑曰：後漢書常山國九門縣，劉昭補注曰：碣石山，戰國策云在縣界。史記蘇秦列傳索隱曰：戰國策碣石山在常山九門縣，不又一碣石乎？王氏説尚有未盡。余曰：九門縣自西漢五代猶沿，宋開寶六年，始省入藁城縣。西北二十五里有九門城，四面五百餘里皆平地，求一部婁塊阜，以當所謂碣石之山，亦不可得。故康成云：今驗九門，無此山也。康成戒子書：吾嘗游學往來幽并兗豫之域，蓋亦以目驗知之。王伯厚生長晚宋，足不曾至中原，即以信康成者削國策不數。古人譔著，屹如堅壘，豈易攻與？」是閻氏不信戰國策説九門縣有碣石山也。洪頤煊讀書叢錄曰：「蘇秦列傳：南有碣石雁門之饒。索隱：戰國策碣石在常山九門縣。尚書正義引鄭注，戰國策碣石在九門縣，今驗九門無此山。頤煊案：山海經北山經，碣石之山，繩水出焉，而東流，注於河。山次在雁門虖沲之間，當與九門相近。」是洪氏以山海經爲據，信九門相近有碣石山也。九門縣有無碣石山，兹不具論。司馬貞、劉昭、鄭玄注書，並云戰國策有碣石在九門縣之文。玄爲後漢高密人。劉昭，梁高唐人。司馬貞，唐河內人。三人以玄爲最早，玄據戰國策之文而加以目驗，其重視此文可知。是戰國策必有此文也。日本瀧川資言史記會注考證云：按慶長本索隱無戰國策三字。此或誤脱，不足以證索隱必無戰國策三字也。又顧觀光謂「碣石山在常山九門縣」九字爲高誘注文，疑或非是。高誘與鄭玄並時而較後，若爲高注，玄必不云戰國策碣石在九門縣也。

四十七

本有宮室而居趙武靈王改爲九門

右十四字，史記趙世家正義引。又，太平御覽一百六十一引，作「九門縣本有九室而居，趙武靈王改爲九門縣」。

案此即姚宏所云史記正義「碣石九門本有宮室以居」也。姚合索隱、正義爲一，殆誤。程恩澤曰：「史記正義、索隱、後漢書注並引戰國策「東城九門本有宮室以居，趙武靈王改爲九門。」恩澤案：漢志常山郡有九門縣。趙世家惠文王二十八年「罷城北九門大城」。正義「恒州九門縣城也」。寰宇記「鎭州東三十里有九門縣，今在正定府藁城縣西北二十五里」（劉昭注引國策云：碣石山在縣界，今無）。」見國策地名考卷九。

四十八

平原君躄者

右五字，見春秋後語。

案此即姚寬書後所舉春秋後語二事之一。文當如史記平原君列傳。列傳云：「平原君家樓臨民家，民家有躄者，槃散行汲。平原君美人居樓上，臨見，大笑之。明日，躄者至平原君門，請曰：「臣聞君之喜士，士不遠千里而至者，以君能貴士而賤妾也。臣不幸有罷癃之病，而君之後宮臨而笑臣，臣願得笑臣者頭。」平原君笑應曰：「諾。」躄者去，平原君笑曰：「觀此豎子，乃欲以一笑之故，殺吾美人，不亦甚乎？」終不殺。居歲餘，賓客、門下舍人稍稍引去者過半。平原君怪之，曰：「勝所以待諸君者，未嘗敢失禮，而去者何多也？」門下一人前對曰：「以君之不殺笑躄者，以君爲愛色而賤士，士即去耳！」於是平原君乃斬笑躄者美人頭，自造門進躄者，因謝焉。其後門下乃復稍稍來。」

四十九

秦伐趙趙以趙奢之子代廉頗爲將距秦將王齕於長平秦王聞之乃陰使武安君白起爲上將軍而王齕爲裨將軍令軍中敢有泄武安君者斬馬服子至則出兵擊秦軍秦軍佯敗而走張二奇兵以劫之趙軍逐勝追造秦壁秦壁堅距不得入而秦奇兵二萬五千人絶趙軍又一軍五千騎絶趙壁間趙軍分而爲二糧道絶而秦出輕兵擊之趙戰不利因築壁堅守以待救至秦王聞趙食道絶王自之河内賜民爵各一級發年十五以上悉詣長平遮絶趙救及糧食至九月趙卒不得食四十六日皆内陰相殺食來攻秦壘欲出爲四隊四五復至不能出其時馬與鋭卒自相搏戰秦軍射殺之軍大敗卒二十餘萬人降皆坑之

右二百四十二字，太平御覽二百八十二引。

案此見史記白起傳。

五十

秦師圍趙閼與趙將趙奢救之去趙國都三十里不進秦間來奢善食遣之間以報秦將以爲奢師怯弱而止不行奢即隨而卷甲趨秦師擊破之

右五十六字，太平御覽二百九十二引。

五十一

秦伐韓軍於閼與趙王召問趙奢對曰道遠險狹難救譬猶兩鼠鬬於穴中也將勇者勝王令奢救之軍邯鄲三十里而令軍中曰有軍事諫者死秦軍武安西秦軍鼓譟勒兵武安屋瓦盡震軍中候有一人言急救武安奢立斬之堅壁留二十八日不行復益壘秦間來奢善食遣之間以報秦將大喜曰夫去國三十里而軍不行乃增壘閼與非趙地也趙奢既已遣秦間乃卷甲而行趨之二日一夜至令善射者去閼與五十里而軍壘成秦人聞之悉甲而至奢縱兵擊破之閼與圍解

右百八十六字，太平御覽二百九十三引。

五十二

秦師伐韓圍閼與趙遣將趙奢救之軍士許歷曰秦人不意趙師至此其來氣盛將軍必厚集其陣以待之不然必敗

右四十五字，太平御覽三百三十一引。

五十三

先據北山上者勝後至者敗趙奢即發萬人趍之秦兵後至争山不得上趙奢縱兵擊之大破秦軍遂解閼與之圍

右四十四字，太平御覽三百三十一引。

五十四

秦與趙兵相拒長平趙孝成王使廉頗爲將固壁不戰秦數挑戰廉頗不出秦之間言曰秦之所患獨畏馬服趙奢之子爲將耳趙王信秦之間因以奢子爲將終爲秦將白起所敗

右六十九字，太平御覽二百九十二引。

五十五

秦與趙兵相拒長平趙孝成王使趙奢之子將藺相如曰王以名使括若膠柱而鼓瑟耳此子徒能讀其父奢書傳而不知合變也趙王不聽奢子括少時學兵法言兵事以天下莫能當嘗與其父言兵事奢不能難然不謂之善其母問其故奢曰兵死地也而乃易言之趙若以爲將破軍者必是兒及是其母上書具言不可曰始妾事其父時爲將大王及宮室所賞者盡以與軍吏士大夫受命之日不問家事今此兒爲將東向而朝軍吏無敢仰視之者王所賜金帛歸藏家而日視便利田宅買之王以爲如其父父子異心願王毋遣王曰吾已決矣其母因曰即有如不稱妾得無隨罪乎王許諾遂與秦軍戰死事敗數十萬降秦秦悉坑之

右二百四十六字，太平御覽二百七十二引。

五十六

趙將李牧常居代雁門備匈奴以便宜置吏市租皆輸入於幕府爲士卒費日擊數牛饗士習騎射謹烽火多間諜厚遇戰士爲約曰匈奴即入盜急入收保有敢捕虜者斬匈奴每入烽火謹趣入收保不敢戰如是數歲亦不亡失然匈奴謂牧爲怯趙王讓牧

牧如故王怒使人代將歲餘匈奴每來出戰數不利復遣牧牧至如故約匈奴數來無所得終以爲怯邊士日得賞賜而不用皆願一戰於是乃具選車得千三百乘選騎得萬三千疋百金之士五萬人彀弓弩者十萬人悉勒習戰大縱畜牧人衆滿野匈奴小入佯北不勝以數千人委之單于聞之大喜率衆來入牧多爲奇陣張左右翼擊大破之煞匈奴十餘萬騎單于奔走十餘歲不敢近邊也

右二百五十一字，太平御覽二百九十四引。

案以上七則並見史記廉頗傳。

五十七

綦毋子與公孫龍爭辯

右九字，元和姓纂卷二綦毋條下引。

五十八

蘇秦爲公子增謂秦王曰公孫衍

右十三字，見史記索隱。史記魏世家：「或爲增謂秦王曰公孫喜。」索隱曰：按戰國策作「蘇秦爲公子增謂秦王曰公孫衍」。

五十九

魏以吴起爲將與士卒最下者同衣食卧不設席行不騎乘親贏糧與士卒分勞卒有病疽者吴起爲吮卒母聞而哭之或謂之曰母子卒也而將自吮其疽何哭也母曰非然也往年吴公吮其父父戰不旋踵遂死於敵今又吮此子妾不知其所死處矣是以哭之於是擊秦拔其五城

右百有九字，太平御覽二百八十一引。

案此見史記吴起傳。

六十

魏武侯問吴起曰兵何以勝曰以理爲勝曰不在衆乎起曰法令不明賞罰不信聞鼓不進聞金不止雖有百萬之師何益於用所謂理者居則有禮動則有威進不可當退不可追前却如節左右應麾雖絶成陣雖散成行投之所往天下莫敢當

右九十四字，太平御覽三百二十二引。

案此見僞吴子治兵篇，其文曰：「武侯問曰：兵以何爲勝？起對曰：以治爲勝。又問曰：不在衆乎？對曰：「若法令不明，賞罰不信，金之不止，鼓之不進，雖有百萬，何益於用？所謂治者，居則有禮，動則有威，進不可當，退不可追，前却有節，左右應麾，雖絶成陣，雖散成行。與之安，與之危。其衆可合而不可離，可用而不可疲。投之所往，天下莫當。名曰父子之兵。」

六十一

魏武侯問吴起曰兩軍相當不知其將欲擊何如起曰令賤而勇者將而擊鋭交合而北告而勿罰觀敵進取一來一起其政以理奔北不追見利不取此將有謀若其衆追北其旗幟雜亂自止自行或縱或横貪利務得凡若此類將令不行

右九十二字，太平御覽三百十一引。

案此見僞吴子論將篇。其文曰：「武侯問曰：兩軍相望，不知其將，我欲相之，其術如何？起對曰：令賤而勇者將輕鋭以嘗之，務於北，無務於得。觀敵之來，一坐一起，其政以理。其追北佯爲不及，其見利佯爲不知。如此將者，名爲智將，勿與戰矣。若其衆讙譁，旌旗煩亂，其卒自行自止，或縱或横。其追北恐不及，見利恐不得。此爲愚將，雖衆可獲。」

六十二

魏武侯問吴起曰暴寇卒至掠吾田野取吾牛馬則如之何起曰暴寇之來必精且强善守勿應潛伏路傍暮去必卒車乘重裝驍騎逐擊勢必莫當遇我伏内如雪逢湯也

右六十六字，太平御覽二百九十五引。

案此見僞吳子應變篇。其文曰：「武侯問曰：暴寇卒來，掠吾田野，取吾牛羊，則如之何？起對曰：暴寇之來，必慮其强，善守勿應，彼將暮去，其裝必重，其心必恐。還退務速，必有不屬。追而擊之，其兵可覆。」

六十三

吳子問孫武曰敵人保山據險擅利而處糧食又足挑之則不出乘間則侵掠爲之奈何武曰分兵守要謹備勿懈潛探其情密候其怠以利誘之禁其牧採久無所得自然變改待離其固奪其所愛

右七十六字，太平御覽三百三十一引。

案此僞吳子不著。凡僞吳子，皆武侯問、吳起答，無吳起問、孫武答者。此文殆造僞者所遺，北宋時仍存戰國策也。又案吳子之僞，說見姚鼐讀司馬法、六韜及姚際恒古今僞書考。

六十四

鄭惠王

右三字，見史記韓世家索隱。史記韓世家：「哀侯元年，與趙、魏分晉國。二年，滅鄭，因徙都鄭。」索隱曰：「韓既徙鄭，因改號曰鄭，故戰國策謂韓惠王曰鄭惠王，猶魏徙大梁稱梁王然也。」

案韓策鄭王凡二見，無稱鄭惠王者。

六十五

韓仲子

右三字，見史記韓世家索隱。

案韓策稱嚴仲子。

六十六

韓遂

右二字，見史記韓世家索隱。

案韓策稱嚴遂。

六十七

俠累名傀

右四字，見史記刺客傳索隱。

六十八

秦將急攻韓韓王安使公子韓非西入秦上書説秦王曰唇亡齒寒故曰兵者凶器陛下試聽臣之計則從者困而趙孤天下可蠶食也

右五十二字，太平御覽四百六十引。

六十九

鄭武公欲伐胡先以其子妻胡因問群臣曰吾欲用兵誰可伐者大夫關其思曰胡可伐武公怒而戮之曰胡兄弟之國子言伐之何也胡君聞之以鄭爲親己而不備鄭鄭襲胡取之

右七十字，太平御覽二百九十二引。

案此見韓非子及史記韓非傳。

七十

白圭爲中山將亡六城君欲殺之亡入魏文侯厚遇之還拔中山

右二十五字，史記鄒陽傳集解引張晏語。索隱曰：按事見戰國策及呂氏春秋。

案此即姚寬書後所舉司馬貞索隱五事之一。又見新序雜事三。

七十一

中山大夫藍諸

右六字，廣韵藍字下引。

案此即姚寬書後所舉廣韵七事之一也，今中山策有「藍諸君」，無「大夫」字。

七十二

中山專行仁義貴儒學賤壯士不教人戰趙武靈王襲而滅之中山之地方五百里卒爲趙併

右三十六字，寰宇記引。

以上戰國策逸文七十二條，中二十七條見史記。其的然可知作者之名者，一條出蒯通，四條出鄒陽。於是料度而論之，曰：戰國策者，雜集鈔撮之書，所以資觸發，備鼓吹者也。有魯連、荀況、韓非之文焉，有蘇秦、張儀之文焉，有蒯通、鄒陽、主父偃、邊通之文焉。周綱解紐，七國力政，處士雲興，搖唇鼓舌，而取榮寵。傾側擾攘，至於西京，士之急功名、干利祿者，未有出蘇、張、荀、韓外也。賈生、董相，以儒術崇顯。顧其陳說治道，謀謨當世，曷嘗非說士哉！豈徒賈生、董相，孔子翻十二經以干七十二君，子張學干祿，顏回請適衛，及子貢一出而存魯、亂齊、破吳、彊晉、霸越，孔氏之門，其說士之淵藪哉。蓋自王官失守，學術下移，進取之士，飾智高談，則多識前言往行，以給口辯；亦或造作寓言，引喻取義，以相曉譬。於是孟軻擅好辯之名，荀況著必辨之論，韓非之徒，有說林、內外儲之篇。『林』云『儲』云，固以備口說而資談助也。魯仲連遺燕將書曰：今公行一朝之忿，不顧燕王之無臣，非忠也；殺身亡聊城而威不信於齊，非勇也；功敗名滅，後世無稱焉，非智也；三者世主不臣，說士不載也。然則忠勇智謀之事，魯連時說士均載之，與儒者之守六經，尊古史，何以異哉？友人王君乘六告余，曩在吳中，見惠定宇手批呂氏春秋『備說非三王五帝』句，謂備說爲戰國時書名，知說士之書，盛行於當時。備說云者，說林、內外儲之類矣。漢書主父偃傳：『主父偃，齊人，學長短縱橫術。』服虔曰：『蘇秦法百家書說也。』服氏所謂『百家』，異於近世泛稱諸子，其爲傳蘇秦法之百家也無疑。蘇秦游秦，不遇而歸，發篋陳書，得太公陰秘（『秘』字依北堂書鈔引）之謀。伏而誦之，簡練以爲揣摩。及其華屋抵掌，六印聯翩，黃金白璧，轉轂連騎。其所以眩人目而撼人心者，甚顯赫而甚震動也。於是世之爲縱橫者群宗蘇氏 夫據前人遺謀，揣情摩意，以干世主，說士用力之方也。說士之書，所以競載忠勇智謀者以是。及其波流既廣，枝派分歧，彼此所據以爲談助者，傳寫之間，不能必其無譌舛。於是同爲一事有甲乙殊名者矣，有甲乙兩書並載者矣。劉向校書，中書所以複重錯亂者以是。今觀中書本號六名，國事、事語、國策，名其質也；長書、修書、短長，名其趣也。要皆備說，說、儲之類也。新序之名曰序，說苑之名曰苑，亦此類也。故曰：戰國策者，雜集鈔撮之書也。王士禎不明此意，其說韓策『楚圍雍氏秦宣太后對尚靳』一段曰：『出於婦人之口，入於使者之耳，載之國史之筆，可謂大奇。』焦氏袁熹駁之曰：『宣太后之行，國人知之，異國人皆知之。當時執管之士，因有此事，故作此言，用相調笑。史家增飾之辭，美惡皆有之。後人或泥其一兩言以議當時之是非得失，其不爲咸邱、高叟者幾希。國策非實錄之比，尤不足據。』（見此（木軒雜著）王氏之說固非，焦氏之言亦未盡然。何者？說士談說之資，何來史家之筆，又何來史家增飾之辭哉！

何以知有魯連、荀況、韓非之文耶？曰：漢書藝文志儒家有魯仲連子十四篇，書久不傳。今戰國策載魯仲連之事五：一，齊策三止孟嘗君弗逐舍人；二，齊策六遺燕將書；三，趙策三說平原君不帝秦；四，齊策六論田單攻狄；五，齊策四說孟嘗君未好士。此五事，馬國翰全采其文入輯佚書，是以知其有魯連文也。荀況、韓非之書，今並俱存。然荀況佹詩，僅見於楚策四客說春申君節，而不見於荀子。韓非子之文，見戰國策者三十有六條：一，東周策溫人之周，見說林上；二，秦策一張儀說秦王，即初見秦；三，秦策二甘茂相秦，見外儲說右上；四，秦策四三國攻秦入函谷，見內儲說上；五，秦策四秦昭王謂左右曰，見難三；六，齊策一靖郭君將城薛，見說林下；七，齊策一靖郭君謂齊王，見外儲說右下；八，齊策三齊王夫人死，見外儲說右上；九，楚策一江乙爲魏使於楚，見內儲說上；十，楚策一楚王問於范環，見內儲說下；十一，楚策四魏王遺楚王美人，見內儲說上；十二，楚策四有獻不死之藥者，見說林上；十三，楚策四客說春申君，見姦劫篇；十四，趙策一知伯帥趙韓魏，見十過；十五，趙策一魏文侯借道，見說林上；十六，趙策三衛靈公，見內儲說上；十七、十八，魏策一知伯索地，見說林上、說林下；十九，魏策一樂羊爲魏將，見說林上；二十，魏策一文侯與虞人期，見外儲說左上；二十一，魏策一張儀欲以魏合於秦韓，見內儲說上；二十二，魏策二田需貴於魏王，見說林上；二十三，魏策二龐葱與太子，見內儲說上；二十四，魏策四周肖謂宮他，見說林下；二十五，韓策一成午從趙來，見內儲說下；二十六，韓策一魏之圍邯鄲，見內儲說上；二十七，韓策一申子請仕，見內儲說左上；二十八，韓策一張儀爲秦連橫說韓，見說林上；二十九，韓策二楚令景鯉入韓，見說林下；三十，韓策三魏王爲九里之盟，見說林上；三十一，燕策一燕王噲既立，見外儲說右下；三十二，燕策三張丑爲質於燕，見說林上；三十三，宋衛策齊攻宋宋使臧子，見說林上；三十四，宋衛策謂大尹曰，見說林下；三十五，宋衛策衛嗣君時胥靡，見內儲說上；三十六，中山策主父欲伐中山，見外儲說左上。荀況僞詩不見於荀子而見於戰國策；韓非子之文見於戰國策者多至三十六條。是以知其有荀況、韓非之文也。

何以知有蘇秦、張儀之文耶？曰：漢書藝文志縱橫家有蘇子三十一篇，張子十篇，今並不傳。唐宋以來，或以鬼谷子當蘇子，秦恩復辨之謂非，是也。馬國翰輯蘇子十八條，全采戰國策。葉適習學記言曰：戰國策國別必列蘇、張縱橫，且載代、厲始末，意其宗蘇氏學者所次輯。葉氏之言似矣。古之著書，有手自撰述者矣；有後生纂輯而題其宗師之名者矣。管子、孟子之書，豈必盡是管仲、孟軻自爲者哉？蘇子、張子之文，果出儀、秦之手與否不可知，而其言行俱載戰國策。即非儀、秦所親爲，必其門徒或私淑者流所爲也。是以謂有蘇秦、張儀之文也。

何以謂有蒯通之文耶？曰：漢書藝文志縱橫家有蒯通蒯子五篇。王先謙補注引王應麟曰：『本傳論戰國時說士權變，亦自序其說，凡八十一首，號曰雋永。夫蒯子五篇，與八十一首之雋永，爲一爲二，不可審知。至所謂論戰國說士權變者，謂撰次戰國說士權變之言與事也。論者，論次之謂，非論說之謂。』論次戰國說士權變，則蘇、張、代、厲之事，其爲通之所傳者乎？馬國翰輯蒯子，序謂論戰國說士之文不可復見，馬氏謂論爲論說之義蓋非也。所謂自序其說者，說韓信背漢，說徐公，說曹相國之屬皆是也。其事並見漢書蒯通傳，馬國翰輯以爲蒯子，是也。今說韓信背漢，司馬貞所見戰國策有其文，則戰國策有蒯通之文信矣。

何以謂有鄒陽之文耶？曰：漢書藝文志縱橫家有鄒陽七篇，久佚。馬國翰輯鄒陽書，采漢書本傳諫吳王書，從獄中上梁孝王書，爲梁說王長君三事。今據司馬貞、李昉所引四事，均出上梁王書，知上梁王書戰國策中有其文，以是知戰國策有鄒陽文也。

何以謂有主父偃之文耶？曰漢書藝文志縱横家有主父偃二十八篇。漢書主父偃傳，云：「主父偃，齊人，學長短縱横術。」服虔曰：「蘇秦法百家書説也。」史記樂毅傳，贊曰：「始，齊之蒯通及主父偃讀，樂毅之報燕王書，未嘗不廢書而泣也。」今報燕王書在燕策二。主父偃學長短縱横術，其所著書，必備載説士遺文，二十八篇之有是書無疑。説苑善説篇，引主父偃之辭曰：「人而無辭，安所用之。昔子産修其辭而趙武致其敬，王孫滿明其言而楚莊以慚。蘇秦行其説而六國以安。蒯通陳其説而身得以全。夫辭者乃所以尊君重身安國全性者也。故辭不可不修，而説不可不善。」此必主父偃書中語而劉向采之也。然安見不並著於戰國策乎？

何以謂有邊通之文耶？曰：漢書張通傳曰：「邊通學短長。」顏師古曰：「短長術興於六國時，長短其語隱謬用相激怒也。」張晏曰：「蘇秦、張儀之謀，趣彼爲短，歸此爲長，戰國策名短長術也。」夫邊通學短長，必有書以資揣摩，劉向所見中書名短長者，必與邊通有關，是以知有邊通之文也。

以余所見戰國策之著作蓋如是。

又有論者：藝文志縱横十二家，而齊人蒯通、鄒陽、主父偃、莊安（即嚴安）占其四；漢初，脱輅輓而説劉邦者婁敬，亦齊人，則齊人之學縱横爲説士者多矣。今戰國策三十三卷而齊策占其六。以國別卷數爲言，齊策爲最多。上列逸文七十二條，事涉齊者不下十餘條，孫臏、龐涓、田單事均屬焉。忠勇智謀之事，固説士之所載乎，然亦可見齊人多才，稷下之風，所被遠矣。

抑又有論者：秦火之後，至於漢惠，乃除「挾書」之律，漢文帝時，衆書並出，皆諸子傳説（見劉歆讓太常博士），漢武帝時，書缺簡脱，乃建藏書之策，置寫書之官，諸子傳説皆充祕府（見漢書藝文志。案武帝紀，事在元朔五年）。百年之間，書積如山（見劉歆七略）。然則説士之載，蒯通、主父偃輩所傳者，無不在祕府中矣。及至元封四年，司馬遷爲太史令，紬石室金匱之書（石室金匱者，漢家藏書之所也。見司馬貞索隱），於是論次其文，爲太史公書（見史記自序），即今之史記。其所據以識六國事者，舍親聞於公孫季功、董生輩所口道，則唯依叢殘複重之中書，蒯通、主父偃輩所傳者耳（史記六國事，班固謂采自國策；索隱曰：戰國策劉向撰，固取其後名而書之，非遷時已名戰國策。其説甚是）。葉適習學記言謂司馬遷史記，有取於國語、戰國策，及他先秦書，皆一切用舊文，無竄定。王充論衡超奇篇亦云：司馬子長累積篇第，文以萬數，然而因成紀前，無胸中之造。明史公所纂，皆承襲舊文也。揚雄評左氏曰品藻，評史記曰實錄。實錄云者，據實而照鈔之謂乎？今觀御覽引孫臏、龐涓、田單、趙奢諸事，並云戰國策，而其文均見史記。知戰國説士所載，蒯通、主父偃輩所傳，自有孫臏、龐涓、田單、趙奢諸事，司馬遷采之於前，劉向錄之於後，北宋初年，戰國策尚未殘缺，故李昉得引之也。若云昉引爲誤，則何以一誤再誤，至於二十餘誤耶？昔劉知幾作史通，於外篇糾劉向之誤；洪邁亦云：「劉向序戰國策，言其書錯亂相揉莒，本字多誤脱爲半字，以趙爲肖，以齊爲立，如此類者多。予按今傳於世者大抵不可讀。其韓非子、新序、説苑、韓詩外傳、高士傳、史記索隱、太平御覽、北堂書鈔、藝文類聚諸書所引用者，多今本所無。向博極群書，但擇焉不精，不止於文字脱誤而已。惟太史公史記所采之事九十有三則，明白光艷，悉可稽考，視向爲有間矣。」洪邁之言如是。今觀向之敘目，自謂事繼春秋以後，訖楚漢之起，二百四十五年。然春秋經盡哀公十四年，至秦二世三年楚漢之起，當二百八十五年，而云二百四十五年，其誤一也；云訖楚漢之起而錄蒯通、鄒陽事，其誤二也。劉、洪二家之言，信有徵哉！

張何謂吾得曰何能令公貴於三柱國吾得曰奈何對曰王大主而好小智游說之士率皆欺王請爲公說王曰諸侯之士多圖大王以虛名而無其實吾得出於晉國好廉而善劍不如使其掌客則說士莫欺王者得必殺之何遂言於懷王王從之得果大重柱國

此條一百一字，見余知古渚宮舊事三下，有注云：此條未詳出典，惟國策西周有「楚兵在山南，吾得將爲楚王屬怒於周」云云；高誘注：「吾得，楚將也。吾當爲五，楚五將者也。」亦非此事。疑唐人所見書多此，或國策佚文，後人刪去。

據此，則此一百一字者，或亦國策之佚文也，補錄於此，有待後詳。

戰國策考研録

目　次

一、序跋

二一、瑣記

三、雜語

一、序跋

校戰國策書録

劉向

護左都水使者光祿大夫臣向言〔一〕：所校中戰國策書〔二〕，中書餘卷，錯亂相糅莒；又有國別者八篇，少不足。臣向因國別者略以時次之，分別不以序者以相補，除復重，得三十三篇〔三〕。本字多誤脱爲半字，以「趙」爲「肖」，以「齊」爲「立」，如此類者多〔四〕。中書本號，或曰「國策」，或曰「國事」，或曰「短長」，或曰「事語」，或曰「長書」，或曰「修書」。臣向以爲戰國時游士輔所用之國爲之筴謀，宜爲「戰國策」。其事繼春秋以後，訖楚漢之起，二百四十五年間之事〔五〕，皆定以殺青書，可繕寫。敍曰：周室自文武始興，崇道德，隆禮義，設辟雍泮宮庠序之教，陳禮樂弦歌移風之化，叙人倫，正夫婦，天下莫不曉然，論孝悌之義、惇篤之行，故仁義之道滿乎天下，卒致之刑錯四十餘年。遠方慕義，莫不賓服，雅頌歌詠恩德其上〔六〕。及康昭之後，雖有衰德，其綱紀尚明。及春秋時，已四五百載矣，然其餘業遺烈，流而未滅。五伯之起，尊事周室。五伯之後，時君雖無德，人臣輔其君者，若鄭之子產，晉之叔向，齊之晏嬰，挾君輔政〔七〕，以並立於中國，猶以義相支持，歌詩以相感〔八〕，聘覲以相交，期會以相一〔九〕，盟誓以相救。天子之命，猶有所行；會享之國，猶有所恥。小國得有所依，百姓得有所息。故孔子曰：「能以禮讓爲國乎何有！」周之流化，豈不大哉！及春秋之後，衆賢輔國者既没，而禮義衰矣。孔子雖論詩書，定禮樂，王道粲然分明，以匹夫無勢，化之者七十二人而已，皆天下之俊也。時君莫尚之，是以王道遂用不興。故曰：「非威不立，非勢不行。」仲尼既没之後，田氏取齊，六卿分晉，道德大廢，上下失序。至秦孝公捐禮讓而貴戰爭，棄仁義而用詐譎，苟以取强而已矣。夫篡盜之人，列爲侯王〔一〇〕，詐譎之國，興兵爲强〔一一〕。是以轉相放效〔一二〕，後生師之，遂相吞滅，并大兼小，暴師經歲，流血滿野，父子不相親，兄弟不相安，夫婦離散，莫保其命，湣然道德絶矣。晚世益甚，萬乘之國七，千乘之國五，敵侔爭權，盡爲戰國〔一三〕。貪饕無恥，競進無厭，國異政教，各自制斷，上無天子，下無方伯，力政爭强〔一四〕，勝者爲右，兵革不休，詐僞並起。當此之時，雖有道德，不得施設。有謀之强〔一五〕，負阻而恃固，連與交質，重約結誓以守其國。故孟子孫卿儒術之士棄捐於世，而游說權謀之徒見貴於俗〔一六〕。是以蘇秦張儀公孫衍陳軫代厲之屬，生從横短長之説，左右傾側。蘇秦爲從，張儀爲横。横則秦帝，從則楚王。所在國重，所去國輕。然當此之時，秦國最雄，諸侯方弱〔一七〕，蘇秦結從之時〔一八〕，六國爲一，以儐背秦。秦人恐懼，不敢闚兵於關東〔一九〕，天下不交兵者二十有九年。然秦國勢便形利，權謀之士咸先馳之。蘇秦初欲横，秦弗用，故東合從。及蘇秦死後，張儀連横，諸侯聽之，西向事秦。是故始皇因四塞之固〔二〇〕，據崤函之阻，跨隴蜀之饒，聽衆人之筴，乘六世之烈，以蠶食六國，兼諸侯〔二一〕，并有天下。杖於詐謀之弊〔二二〕，繆於信篤之誠〔二三〕，無道德之教，仁義之化，以綴天下之心；任刑罰以爲治，信小術以爲道；遂燔燒詩書，坑殺儒士；上小堯舜，下邈三王。二世愈甚，惠不下施，情不上達；君臣相疑，骨肉相疎；化道淺薄，綱紀壞敗；民不見義，而懸於不寧。撫天下十四歲，天下大潰，詐僞之弊也。其比王德，豈不遠哉！孔子曰：「道之以政，齊之以刑，民免而無恥；道之以德，齊之以禮，有恥，且格。」夫使天下有所恥，故化可致也。苟以詐僞偷活取容，自上爲之，何以率下？秦之敗也，不亦宜乎？戰國之時，君德淺薄，爲之謀筴者，不得不因勢而爲資，據時而爲故〔二四〕。其謀扶急持傾，爲一切之權，雖不可以臨國教，化兵革，亦救急之勢也〔二五〕。皆高才秀士，度時君之所能行，出奇筴異智，轉危爲安，運亡爲存。亦可喜，皆可觀。護左都水使者光祿大夫臣向所校戰國策書錄。

〔一〕祖耿按：漢書楚元王傳，成帝即位，更生復進用，更名向，以故九卿召拜爲中郎，使領護三輔都水，遷光祿大夫。

〔二〕漢書楚元王傳：上方精於詩書，觀古文，詔向領校中五經祕書。藝文志：成帝時使謁者陳農求遺書於天下，詔光祿大夫劉向校經傳諸子詩賦。每一書已，向輒條其篇目，撮其指意，錄而奏之。師古曰：中者天子之書也，言「中」以別於「外」耳。如淳曰：劉歆七略曰：外則有太常、太史、博士之藏，內則有延閣、廣內、祕室之府。

〔三〕朱起鳳曰：三國志蜀書諸葛亮傳，故蜀丞相諸葛亮故事，輒删除複重，隨類相從，凡爲三十四篇。漢書郊祀志下，其餘四百七十五所不應禮，或復重，請皆罷，奏可。劉向上晏子春秋表，除復重二十二篇，「複」字古每借「復」爲之。

〔四〕「類」，原作「字」。姚注：「字」一本作「類」。今從。

〔五〕春秋經盡哀公十四年，至二世三年楚漢之起，爲二百八十五年。此云二百四十五年，劉向誤也。劉知幾史通外篇云：劉向多誤。信然。　祖耿案：文獻通考引崇文總目曰：繼春秋以後，記楚漢之興，總二百五十年事。又引晁氏曰：其事則上繼春秋，下記楚漢之起，凡二百四五十年之間。

〔六〕原作「以思其德下及」。姚注：劉作「其德下及」，曾作「德下及」，錢作「以思其德下及」，集作「其恩德下及」。鮑注：一作「恩德其上」。無「下」字。今從。

〔七〕金正煒曰：廣雅釋詁：挾，輔也。惟「挾」義從夾，而諸子無與夾輔其君者，疑當作「扶」。俗書「挾」作「挾」，與「扶」相似而誤。說文：扶，佐也，一曰相也。　祖耿案：夾輔語，見左傳僖二十六年。挾輔，即夾輔也，金説非。

〔八〕原作「歌説以相感」。金正煒曰：「説」當爲「詩」。左氏襄十六年傳：「晉侯與諸侯宴於温，使諸大夫舞，曰：歌詩必類。」襄二十七年傳：「請皆賦以卒君貺，武亦以觀七子之志。」昭十六年傳：「二三君子請皆賦，起亦以知鄭志。」賦即歌詩也。漢紀孝惠紀：「詩歌足以感心。」

〔九〕姚注：「期會」，集作「朝會」。

〔一〇〕姚注：「列」，錢、劉同。曾作「例」。

〔一一〕「兵」，原作「立」。姚注：錢、集作「立」，曾作「兵」。今從曾。

〔一二〕「轉」，原作「傳」。姚注：一作「轉」。今從。

〔一三〕「盡」，原作「蓋」。鮑作「盡」，今從。

〔一四〕「政」原作「功」。姚注：曾、集作「巧」，劉作「功」。金正煒曰：「力功」當爲「力政」。「政」誤爲「攻」，「攻」、「功」古通用，因致爲「功」。周書度訓篇：力争則力政，力政則無讓。大戴禮用兵篇：諸侯力政，不朝於天子。周禮小宰注，政字或作政，或作正，或作征；以多言之，宜從征。漢書五行志：天子弱，諸侯力政。師古曰：政，亦征也。言專以武力相征伐。

〔一五〕原作「不得施謀，有設之强」。鮑本「謀」、「設」二字互易，今從。

〔一六〕原作「游悦」，今意改。

〔一七〕姚注：集、曾無「弱」字。

〔一八〕姚注：錢、劉「結」下有「從」字。今從。

〔一九〕原作「關中」。金正煒曰：韓非存韓篇：「因令象武發東郡之卒，閲兵於境上而未名所之。」秦策：

「芻牧薪采，莫敢闚東門。」高注：不敢出於東門。闚兵，謂出兵也。又秦策：「今反閉關而不敢窺兵於山東者，是穰侯爲國謀不忠，而大王之計有所失也。」後漢書李固傳：「秦人不敢窺兵於西河。」文並與此同。集韻：「窺」通作「闚」。則此當作「關東」，音近而誤。秦策：「昔者齊南破荆，中破宋，」韓非「中」作「東」，可爲此證。

〔二〇〕「固」，鮑作「國」。

〔二一〕姚注：一本下有「而」字。

〔二二〕原作「謀詐」。鮑本作「詐謀」，今從。

〔二三〕「繆」原作「終」。黃丕烈曰：「於」今本作「無」，鮑同。案「無」字是也。金正煒曰：「終」疑當作「繆」。漢書于定國傳注：繆，違也。鮑本作「終無」，非。下文「無道德之教，仁義之化，以綴天下之心」，則此句自非「無」字。

〔二四〕金正煒曰：呂覽知度篇：「非晉國之故。」高注：故，法。又國語晉語：「多爲之故，以變其志。」韋注，謂多作計術，以變易其志。漢書吳王濞傳：「使吏劾繫訊治以侵辱之爲故。」師古曰：言專以侵辱諸侯爲事業。此文以「故」字句絶，諸説並通。姚、鮑於「爲」下注「脱字」，而以「故」字屬下句，非也。

〔二五〕金正煒曰：「國教」，即「邦教」，向避高帝諱而改也。漢書高帝紀注，「邦」之字曰「國」者，臣下所避以相代也。周禮地官序官：「使帥其屬，而掌邦教。」此以「臨國教」，「化兵革」，爲對文，鮑本闕「國」字，蓋誤挩也。黃丕烈札記以「教化」斷句，遂失其義。姚云：錢「救」上有「亦」字，亦當據補，文義乃完。後漢書崔駰傳：「范蠡錯執於會稽」，注，執謂謀略也。

戰國策目録序

曾鞏

劉向所定著戰國策三十三篇，崇文總目稱十一篇者闕。臣訪之士大夫家，始盡得其書，正其誤謬，而疑其不可考者，然後戰國策三十三篇復完。叙曰：向叙此書，言周之先，明教化，修法度，所以大治。及其後詐謀用而仁義之路塞，所以大亂。其説既美矣，率以謂此書戰國之謀士〔一〕，度時君之所能行，不得不然，則可謂惑於流俗，而不篤於自信者也。夫孔孟之時，去周之初已數百歲，其舊法已亡，其舊俗已熄，久矣！二子乃獨明先王之道以爲不可改者，豈將强天下之主以後世之所不可爲哉！亦將因其所遇之時、所遭之變，而爲當世之法，使不失乎先王之意而已也〔二〕。二帝三王之治，其變固殊，其法固異，而其爲國家天下之意，本末先後未嘗不同也。二子之道，如是而已！蓋法者，所以適變也，不必盡同；道者，所以立本也，不可不一。此理之不易者也。故二子者守此，豈好爲異論哉！能勿苟而已矣。可謂不惑於流俗，而篤於自信者也。戰國之游士則不然，不知道之可信而樂於説之易合，其設心注意，偷爲一切之計而已。故論詐之便，而諱其敗；言戰之善，而蔽其患。其相率而爲之者，莫不有利焉而不勝其害也，有得焉而不勝其失也！卒至蘇秦、商鞅、孫臏、吳起、李斯之徒，以亡其身；而諸侯及秦用之，亦滅其國。其爲世之大禍明矣！而俗猶莫之悟也。惟先王之道，因時適變，法不同而考之無疵〔三〕，用之無敝，故古之聖賢，未有以此而易彼也。或曰：「邪説之害正也，宜放而絶之，則此書之不泯，不泯其可乎〔四〕？」對曰：「君子之禁邪説也，固將明其説於天下，使當世之人皆知其説之不可從，然後以禁則齊；使後世之人皆知其説之不可爲，然後以戒則明。豈必滅其籍哉？放而絶之，莫善於是！故孟子之書，有爲神農之言者，有爲墨子之言者，皆著而非之。至於此書之作，則上繼春秋，下至秦漢之起，二百四五十年之間，載其行事，固不得而廢也。」此書有高誘注者二十一篇，或曰三十二篇，崇文總目存者八篇，今存者十篇云。編校史館書籍臣曾鞏序。

〔一〕黃丕烈曰：「率」，鮑本作「卒」。

〔二〕黃丕烈曰：「也」，鮑本無。

〔三〕黃丕烈曰：「法」上，鮑本有「爲」字。

〔四〕黃丕烈曰：今本「不泯」二字不重，鮑本不重。

書戰國策後

李格非

戰國策所載，大抵皆從横捭闔、譎誑相輕、傾奪之説也。其事淺陋不足道，然而人讀之，則必鄉其説之工而忘其事之陋者，文辭之勝移之而已。且壽考安樂、富貴尊榮、顯名愛好、便利得意者，天下之所欲也，然激而射之，或將以致人之憂。死亡憂患、貧賤苦辱、棄損亡利失意者，天下之所惡也，然動而竭之，或將以導人之樂。至于以下求小，以高求大，縱之以陽，閉之以陰，無非微妙難知之情，雖辯士抵掌而論之，猶恐不白，今寓之文字，不過一二，言語未必及，而意已隱然見乎其中矣！由是言之，則爲是説者非難，而載是説者〔一〕，爲不易得也。嗚呼！使秦漢而後復有爲是説者，必無能載之者矣！雖然，此豈獨人力哉！蓋自堯舜夏商〔二〕，積制作，以至于周，而文物大備。當其盛時，朝廷宗廟之上，蠻貊窮服之外，其禮樂制度，條施目設，而威儀文章可著之簡册者，至三千數，此聖人文章之實也。及周道衰，寖淫陵遲，幽厲承之，于是大壞；然其文章所從來既遠，故根本雖伐，而氣燄未易遽熄也。于是浮而散之，鍾于談舌，而著於言語。此莊周、屈原、孫武、韓非、商鞅與夫儀、秦之徒，所以雖不深祖吾聖人之道，而所著書文辭，駸駸乎上薄六經，而下絕來世者，豈數人之力也哉！今戰國策宜有善本傳於世，而舛錯不可疾讀，意天之于至寶〔三〕，常不欲使人易得，故余不復竄定，而其完篇，皆以丹圈其上云。

〔一〕黄丕烈曰：「者」，吴引無。

〔二〕黄丕烈曰：「堯舜」，吴引無。

〔三〕黄丕烈曰：「之」上，吴引有「下」字。丕烈案，有者誤衍也。

題戰國策　王覺

戰國策三十三篇，劉向爲之序，世久不傳。治平初〔一〕，始得錢塘顔氏印本讀之，愛其文辭之辯博，而字句脱誤，尤失其真。丁未歲〔二〕，予在京師，因借館閣諸公家藏數本參校之，蓋十正其六七；凡諸本之不載者，雖雜見於史記他書〔三〕，然不敢輒爲改易，仍從其舊，蓋慎之也。當戰國之時，强者務并吞，弱者患不能守，天下方爭於戰勝攻取，馳説之士因得以其説取合時君。其要皆主於利言之，合從連横，變詐百出。然自春秋之後，以迄于秦，二百餘年興亡成敗之迹，粗見於是矣！雖非義理之所存，而辯麗横肆，亦文辭之最，學者所不宜廢也。會有求予本以開板者，因以授之，使廣其傳，庶幾證前本之失云。清源王覺題。

〔一〕祖耿案：治平，宋英宗年號。

〔二〕祖耿案：丁未，治平四年。

〔三〕黄丕烈曰：「雖」，吴引無。

書閣本戰國策後〔一〕　孫朴

臣自元祐元年十二月入館〔二〕，即取曾鞏三次所校定本，及蘇頌、錢藻等不足本，又借劉敞手校書肆字，共五伯五十籤〔三〕，遂爲定本，可以修寫黄本入祕閣。集賢本最脱漏〔四〕，然亦間得一兩字。癸酉歲〔五〕，臣朴校定。

印賣本參考，比鞏所校，補去是正，凡三百五十四字。八年，再用諸本及集賢院新本校，又得一百九十六

右十一月十六日書閣本後　孫元忠

〔一〕黄丕烈曰：今本「閣」誤「閤」，下同。吴引不誤。

〔二〕祖耿案：元祐，宋哲宗年號。

〔三〕黄丕烈曰：今本「伯」作「百」。吴引作「百」。

〔四〕黄丕烈曰：今本「漏」誤「誤」。吴引不誤。

〔五〕祖耿案：癸酉，元祐八年。

記劉原父語〔一〕　孫朴

此書舛誤特多，率一歲再三讀，略以意屬之而已。比劉原父云：「吾老當得定本正之否耶？」

〔一〕黄丕烈曰：今本「原」誤「元」。吴引不誤。

戰國策括蒼刊本序　耿延禧

余至括蒼之明年，歲豐訟簡，頗有文字之暇，於是用諸郡例，鏤書以惠學者。念戰國策未有板本，乃取家舊所藏刊焉。是書訛舛爲多，自曾南豐已云疑其不可考者，今據所藏，且用先輩數家本參定，以俟後之君子而已。昔袁悦之還都，止齎戰國策，曰：「天下要惟此書。」而李權從秦宓借戰國策，宓曰：「戰國從

橫，用之何爲？」蓋學者好惡之不侔如此！夫是非取舍，要當考合乎聖人之道以自擇，要之此先秦古書，其叙事之備，太史公取以著史記，而文辭高古，子長實取法焉。學者不可不家有而日誦之！故余刊書以是爲首云。紹興四年十月魯人耿延禧百順書

右修職郎司理參軍馬陛校勘

右迪功郎兗州學教授趙渙校勘

左朝散郎通判軍州事崔耀卿

龍圖閣直學士左朝奉大夫知軍州事耿延禧

戰國策校序

姚宏

右戰國策，隋經籍志：三十四卷，劉向錄；高誘注，止二十一卷；漢京兆尹延篤論一卷。唐藝文志，劉向所錄已闕二卷，高誘注乃增十一卷，延叔堅之論尚存。今世所傳三十三卷。崇文總目高誘注八篇，今十篇，第一、第五闕。前八卷，後三十二、三十三，通有十篇。武安君事，在中山卷末，不知所謂。叔堅之論，今他書時見一二。舊本有未經曾南豐校定者，舛誤尤不可讀。南豐所校乃今所行，都下建陽刻本，皆祖南豐，互有失得。余頃於會稽得孫元忠所校於其族子愨，殊爲疎略。後再扣之〔一〕，復出一本，有元忠跋，并標出錢、劉諸公手校字，比前本雖加詳，然不能無疑焉。如用「埊」「悪」字，皆武后字，恐唐人傳寫相承如此，諸公校書改用此字，殊所不解。竇苹作唐史釋音，釋武后字，內「埊」字云：「古字，見戰國策。」不知何所據云然！然「埊」乃古「地」字。又「埊字見」亢倉子、鶡冠子，或有自來；至於「悪」字，亦豈出於古歟？幽州僧行均切韻訓詁，以此二字皆古文，豈別有所見耶？孫舊云「五百五十簽」，數字雖過之，然間有謬誤，似非元書也。括

蒼所刊，因舊無甚增損〔二〕。余萃諸本校定離次之，總四百八十餘條。太史公所採九十餘條，其事異者，止五六條。太史公用字〔三〕，每篇間有異者〔四〕，或見於他書，可以是正，悉注於旁。辨「欒水」之爲「濆水」，「案」字之爲語助，與夫不題校人，并題續注者，皆余所益也。正文遺逸，如司馬貞引「馬犯謂周君」，徐廣引「韓兵入西周」，李善引「呂不韋言周三十七王」，歐陽詢引「蘇秦謂元戎以鐵爲矢」，史記正義「竭石九門本有宮室以居」，春秋後語「武靈王游大陵夢處女鼓瑟」之類，略可見者如此，今本所無也。至如「張儀説惠王」乃韓非初見秦，「厲憐王」引詩乃韓嬰外傳，後人不可得而質矣！先秦古書〔五〕，見於世者無幾，而余居窮鄉，無書可檢閱，訪春秋後語，數年方得之，然不爲無補。尚覬博採，老得定本，無劉公之遺恨。紹興丙寅〔六〕中秋，剡川姚宏伯聲父題。

〔一〕黄丕烈曰：今本「扣」誤「叩」。吴引不誤。
〔二〕黄丕烈曰：今本「損」誤「採」。吴引不誤。
〔三〕黄丕烈曰：今本「字」誤「事」。吴引不誤。
〔四〕黄丕烈曰：今本脱「異」字。吴引不誤。
〔五〕黄丕烈曰：吴引無「先」字。丕烈案：無者誤脱也。
〔六〕祖耿案：丙寅，紹興十六年也。

戰國策注序

鮑彪

國策，史家流也。其文辯博，有煥而明，有婉而微，有約而深，太史公之所考本也。自漢稱爲戰國策，雜以「短長」之號，而有蘇張縱橫之説。學者諱之置不論，非也。夫史氏之法，具記一時事辭，善惡必書，初無所決擇。楚曰檮杌，書惡也；魯曰春秋，善惡兼也；司馬史記，班固漢書，有佞幸等列傳。學者豈以是爲不正，一舉而棄之哉？矧此書若張孟談、魯仲連發策之慷慨；諒毅、觸讋納説之從容；養叔之息射，保功莫大焉；越人之投石，謀賢莫尚焉；王斗之愛縠，憂國莫重焉。諸如此類不一，皆有合先王正道，孔、孟之所不能違也，若之何置之？曾鞏之序美矣，而謂禁邪説者，固將明其説於天下，則亦求其故而爲之説，非此書指也。起秦迄今，千四百歲，由學者不習，或衍或脱，或後先失次，故「肖」、「立」半字，時次相糅，劉向已病之矣。舊有高誘注，既疎略無所稽據，注又不全，浸微浸滅，殆於不存。彪於是考史記諸書爲之注，定其章條，正其衍脱，而存其舊，慎之也。地理本之漢志，無則缺；字訓本之説文，無則稱猶。雜出諸書，亦別名之。人姓名多不傳見，欲顯其所説，故繫之一國。亦時有論説，以翊宣教化，可以正一史之謬，備七略之缺。以之論是非，辨得失，而考興亡，亦有補於世。紹興十七年丁卯仲冬二十有一日辛巳冬至縉雲鮑彪序。

劉氏定著三十三篇：東周一，西周一，秦五，齊六，楚四，趙四，魏四，韓三，燕三，宋衛一，中山一。今按西周，正統也，不得後於東周，定爲首卷。

彪校比書，四易稿而後繕寫。己巳〔一〕仲春重校，始知東周策「嚴氏爲賊，陽豎與焉」，爲韓策嚴遂、陽豎也。先哲言校書如塵埃風葉，隨掃隨有，豈不信哉！尚有舛謬，以俟君子。十一日書。

〔一〕祖耿案：己巳，紹興十九年。

戰國策後序　　姚寬

右戰國策，隋經籍志：三十四卷，劉向録；高誘注，止二十卷；漢京兆尹延篤論一卷。唐藝文志，劉向録已闕二卷，高誘注乃增十一卷，延篤論時尚存。今所傳三十三卷。崇文總目高誘注八篇，印本存者有十篇。

武安君事在中山卷末，不詳所謂。延篤論，今亡矣。其未曾經曾南豐校定者，舛誤尤不可讀。其浙、建原小字刊行者，皆南豐所校本也。括蒼耿氏所刊〔一〕，鹵莽尤甚。宣和間，得館中孫固、孫覺、錢藻、曾鞏、劉敞、蘇頌、集賢院共七本〔二〕，晚得晁以道本，並校之，所得十二焉。如用「埊」、「𢘑」字，皆武后字，恐唐人相承如此，諸公校書，改用此字，殊不可解。竇苹作唐書，釋武后用「埊」字云：「古字，字見戰國策」，不知何所據而云然。「埊」乃古「地」字。又「埊」字見亢倉子、鶡冠子，或有自來，至於「𢘑」字，幽州僧行均作切韻訓詁，以此二字云古文，豈別有所見耶？太史公所採九十三事，內不同者五〔三〕。韓非子十五事，說苑六事，新序九事，呂氏春秋一事，韓詩外傳一事，皇甫謐高士傳三事，越絕書記李園一事，甚異。如正文遺逸引戰國策者，司馬貞索隱五事〔四〕，廣韻七事〔五〕，玉篇一事〔六〕，太平御覽二事〔七〕，元和姓纂一事〔八〕，春秋後語二事〔九〕，後漢地理志一事〔一〇〕，後漢第八贊一事〔一一〕，藝文類聚一事〔一二〕，北堂書鈔一事〔一三〕，徐廣注史記一事〔一四〕，張守節正義一事〔一五〕，舊戰國策一事〔一六〕，李善注文選一事〔一七〕，皆今本所無也。至如「張儀說惠王」，乃韓非子初見秦書，「厲憐王」引詩，乃韓詩外傳，既無古書可以考證，第嘆息而已。某以所聞見，以爲集注，補高誘之亡云。上章執徐〔一八〕仲冬朔日會稽姚寬書。

〔一〕黄丕烈曰：紹興四年十月，耿延禧百順刻吴本，附其序，今不列。

〔二〕黄丕烈曰：此有互異，今不可考。

〔三〕黄丕烈曰：以下所列事數，今數之多不合者，未詳姚意何云也。

〔四〕姚寬自注曰：「豫讓擊襄子之衣，衣盡血」；「呂不韋言周凡三十七王」；「白圭爲中山將，亡六城，還拔中山」；「馬犯謂周君」；「馬犯謂梁王云王病愈」（作「癒」字）。

〔五〕姚寬自注曰：「晉有大夫芬質（音撫文切）、芊千者著書顯名」；「安陵丑」；「雍門」；「周中大夫藍諸」；「晉有亥唐」；「趙有大夫庫賈（音肇，訓門也）」；「齊威王時有左執法公旗番。」

〔六〕姚寬自注曰：「驥仰而噴，鼓鼻也。」

〔七〕姚寬自注曰：「涸若耶以取銅，破悉山而出錫」；「廊廟之椽，非一木之枝；先王之法，非一士之智。」

〔八〕姚寬自注曰：引風俗通云，「晉大夫芸賢」。

〔九〕姚寬自注曰：「趙武靈王遊大陵夢處女鼓瑟」；「平原君躄者（注云，躄，攣跛之名）」。

〔一〇〕姚寬自注曰：「東城九門（注云，碣石山在縣界）」。

〔一一〕姚寬自注曰：「廉頗爲人，勇鷙而好士」。

〔一二〕姚寬自注曰：「蘇秦爲楚合從，元戎以鐵爲矢，長八寸，一弩十矢俱發」。

〔一三〕姚寬自注曰：「楚人以弱弓微繳，加歸鴈之上者」。

〔一四〕姚寬自注曰：「韓兵入西周，令成君辨說秦求救」。

〔一五〕姚寬自注曰：「碣石九門本有宮室以居」。

〔一六〕姚寬自注曰：「羅尚見秦王曰，秦四塞之險，利於守，不利於戰」。

〔一七〕姚寬自注曰：「蘇秦說孟嘗君曰，秦四塞之國（高誘注云，四面有山關之固，故曰四塞之國也）」。

〔一八〕祖耿案：上章執徐，宋高宗紹興三十年庚辰也。

會稽郡齋刻鮑注戰國策跋〔一〕

王信

國策舊有高誘注，甚略。吾鄉先生鮑公彪，守習孤學，老而益堅。取班馬二史及諸家書，比輯而爲之注，條其篇目，辨其訛謬，缺則補，衍則削，乖次者悉是正之，時出己意論說，四易稿始成。其用功亦厪，而世罕傳。余得其本，刊之會稽郡齋，使學者知前輩讀書不苟如此。公妙年甲進士第，恥求人知，嘗有『此身甘作老文林』之句，其志操可見。白首始爲郎，即掛冠歸田里，杜門著書，有書解及杜詩注行於世。紹興辛亥，日南至，括蒼王信書。

〔一〕祖耿案：此跋見瞿紹基鐵琴銅劍樓藏書目録，又見王國維兩浙古刊本考。跋云『紹興辛亥』，案紹興爲南宋高宗趙構年號，辛亥爲紹興元年（一一三一）。鮑彪校注戰國策，據其自序，成書於紹興十七年丁卯（一一四七）；後二年，紹興十九年己巳（一一四九），又經重校。不應在此十八年前，會稽郡齋已有刻本。『紹興辛亥』，必有字誤。查南宋光宗趙惇年號爲紹熙。紹熙二年（一一九一），歲次辛亥。今北京圖書館善本書目，有宋本鮑氏國策校注十卷，云宋紹熙二年會稽郡齋刻本。知此『興』字必『熙』字之誤也。葉德輝書林清話云：按『紹興辛亥』爲元年，據彪自序，書成於紹興十七年，安有書未成而有刻板之理？則『紹興』明爲『紹熙』之誤。

戰國策

葉適

古今之士，能以口舌輕重安危人之國者，無甚於戰國！君之求士急而禮之卑，士之得利速挾勢重者，亦無甚於戰國！六國不相振而至於亡，而始皇、李斯遷怒，禽滅其人，燒除其書。蓋天地之大變，更數千年而未復。天下以其禍福之報，歸罪於士大夫！六國土地最大，而其爲國之政，天時、人事、農桑、地力、祠祀、親賓之節，皆無所見，獨其游士以策干其君，辨興亡之效於反掌，使之立致重寶尊位，割先人之地以中其欲者，具之於書。其飾辭成理，有可觀聽。以此知六國之君，劫於游士之說，合天下之兵以剗之，而不暇計其國家。而士之不義無行所以致此極者，亦其流靡使然歟？夫因其流靡之使然而罪之者，爲世俗之論可也，若天下何賴焉？先王知天下者一人之所能有，而非一人之所能爲也，是故以天下而爲天下。夫以天下而爲天下者，隆民之所尊，教民之所賢，用之以時而不使壅，養之有源而不使息，故其要在士。周之盛時，其論士之法詳矣，蓋其比閭族黨鄉遂之民，莫不有學。而京師之學，天子親臨視之，農商工賈之髦異者，皆進之於學，而教之禮、樂、射、御之事。京師有三歲之賓興，而諸侯之君，又皆以貢士爲賢否，會其祭而爲之賞罰。夫士，進得事於天子，退得臣於諸侯；爲善於家者，知其必顯於朝也；修身於私者，知其必用於公也。是故自重難進，而不爲千世之行。故有秀士、進士、俊士、造士之目，有賢聖君子之德，而宣爲大夫、爲公、爲卿之官。故周人之治所以稱爲太平之世者，以其得士之多而爲用者衆也。夫士何嘗負國家哉？其後周衰，而取士之法壞，獨一宣王能修之，未幾犇遁於戎。人主自救不給，不知起天下之士以自輔，而取士之法廢不復講。京師之學先廢，而周人反皆去爲商賈負販之業；諸侯不復貢士，而下國之才絶望於王都，其豪傑皆屈意俛首而爲陪臣，然則周之不振，非諸侯之罪也。雖然，諸侯猶知自用其士，則士猶各自貴於其國。其後諸侯失政，則雖其一國取士之法亦廢矣！天下之士望望焉而無歸，則皆自附於大夫之家，食其斗升之粟，則爲之屏首受戮而不敢悔。若孔子弟子，皆天下之高才異能者也，猶未免去爲家臣，獨公晳哀、季次未嘗仕，而顏淵、閔子騫不及仕，見稱於門人。嗚呼！士之不遇，至此極矣！孰知兼併之禍，吞滅無餘，故家舊俗，亡失世次，則天下之士，蓋有願爲家臣而不得者耶！夫三百餘年之間，天下不復有論士之法，以至於天子、諸侯、大夫，皆不得爲之臣矣；然後及於戰國之時，則士何以自業於世，而不恣睢四出，奮口舌之能，以要其君之位，而自快於一時者哉！孟子謂宋句踐曰：「子好游乎？吾語子游！」然則「游」於戰國者，乃其士之業。游説也，游俠也，游行也，皆以其術游。而椎魯之人釋耒耜，阡陌之人棄質劑，相與並游於世。子不難於詐其父，臣不難於脅其君，士不難於賣其友。黄金横帶，從車粱肉，以偷樂焉而已矣！而尚奚擇哉？故曰其流靡使然也。夫因其流靡之使然，而遂罪之，則禽滅其人而燒除其書，豈獨始皇、李斯有是心歟？噫！後世之士，當其盛滿之際，舉選之道闕，去家捐親而游於天下，其流靡以至於不義者凜凜矣，非惟戰國之時爲然也！而遂從而罪之，則天下何賴焉？然則舉而措之而已矣！

國策校注序

吴師道

先秦之書，惟戰國策最古，文最訛舛，自劉向校定已病之。南豐曾鞏再校，亦疑其不可考者。後漢高誘爲注，宋尚書郎括蒼鮑彪詆其疎略繆妄，乃序次章條，補正脱誤，時出己見論説，其用意甚勤。愚嘗並取而讀之，高氏之疎略，信矣，若繆妄，則鮑氏自謂也。東萊呂子大事記，間取鮑説而序次之，世亦或從之。若其繆誤，雖未嘗顯列，而因此考彼，居然自見，遂益得其詳焉。蓋鮑專以史記爲據，馬遷之作，固采之是書，不同者當互相正，史安得全是哉？事莫大於存古，學莫善於闕疑。夫子作春秋，仍夏五殘文；漢儒校經，未嘗去本字，但云：「某當作某」，「某讀如某」，示謹重也。古書字多假借，音亦相通，鮑直去本文，徑加改字，豈傳疑、存舊之意哉？比事次時，當有明徵，其不可定知者，闕焉可也，豈必强爲傅會乎？又其所引書，止於淮南子、後漢志、説文、集韵，多摭彼書之見聞，不問本字之當否；史注自裴、徐氏外，索隱、正義皆不之引，而通鑑諸書亦莫考。淺陋如是，其致誤固宜。顧乃極詆高氏以陳賈爲孟子書所稱，以伐燕爲齊宣，用是發憤更注；不思宣王伐燕，乃孟子明文，宣閔之年，通鑑謂史失其次也。鮑以赧王爲西周君，而指爲正統，此開卷大誤！不知河南爲西周，洛陽爲東周。韓非子説秦王以爲何人，魏惠王盟臼里以爲他事，以魯連約矢之書爲後人所補，以魏幾、鄢陵爲人名，以公子牟非魏牟，以中山司馬子期爲楚昭王卿，此類甚多，尚安得詆高氏哉？其論説自謂「翊宣教化」，則尤可議。謂張儀之誑齊梁爲將死之言善，周人詐以免難爲君子所恕，張登狡獪非君子所排，蘇代之詘爲不可廢，陳軫爲絶類離群，蔡澤爲明哲保身，聶政爲孝，樂羊爲隱忍，君王后爲賢智婦人，韓幾瑟爲義嗣，衛嗣君爲賢君：皆悖義害正之甚者！其視名物人地之差失，又不足論也。鮑氏之成書，當紹興丁卯。同時剡川姚宏，亦注是書，云得會稽孫朴所校，以閣本標出錢藻、劉敞校字，又見晉孔衍春秋後語，參校補注，是正存疑，具有典則。大事記亦頗引之，而世罕傳，知有鮑氏而已。近時浚儀王應麟，嘗斥鮑失數端；而廬陵劉辰翁，盛有所稱許。以王之博洽，知其未暇悉數；而劉特愛其文采，他固弗之察也。呂子有云：「觀戰國之事，取其大旨，不必字字爲據。」蓋以游士增飾之詞多，矧重以訛舛乎？輒因鮑注，正以姚本，參之諸書，而質之大事記，存其是而正其非，庶幾明事蹟之實，求義理之當焉。或曰：戰國策者，六經之棄也，子深辨而詳究之，何其戾？鮑彪之區區，又不足攻也。夫人患理之不明耳，知至而識融，則異端雜說，皆吾進德之助，而不足以爲病也。曾氏之論是書曰：「君子之禁邪說者，固將明其說於天下，使皆知其不可爲，然後以禁則齊，以戒則明。」愚有取焉爾！是非之在人心，天下之公也。是，雖芻蕘不遺；非，雖大儒必斥。愚何擇於鮑氏哉？特寡學謏聞，謬誤復恐類之，世之君子有正焉，固所願也。泰定二年歲乙丑八月日金華吴師道序。

書曾序後一則

吴師道

國策之書，自劉向第錄，逮南豐曾氏，皆有序論以著其大旨。向謂「戰國謀士，度時君所能行，不得不然」。曾氏譏之，以爲「惑流俗而不篤於自信」。故因之推言先王之道，聖賢之法，而終謂「禁邪說者，固將明其說於天下」。其論正矣！而鮑氏以爲是特求其故而爲之說者，策乃史家者流，善惡兼書，初無抉擇，其善者孔孟之所不能違，若之何置之？鮑之言殆後出者求備耶？夫天下之道，王伯二端而已！伯者，猶知假義以爲名，仗正以爲功。戰國名義蕩然，攻鬭併呑，相詐、相傾，機變之謀，惟恐其不深；捭闔之辭，惟恐其不工；風聲氣習，舉一世而皆然！間有持論立言不戾乎正，殆千百而一二爾！若魯仲連蓋絕出者，然其排難解紛，慷慨激烈，每因事而發，而亦未聞其反正明本，超乎事變之外也，況其下者乎？當是之時，本仁祖義，稱述唐虞三代，卓然不爲世俗之說者，孟子一人而已，求之是書無有也。荀卿亦宗王者，今唯載其絕春申之書，而不及其他。田子方接聞孔氏之徒，其存者僅僅一言。又何略於此而詳於彼邪？史莫大於春秋，春秋善惡兼書，而聖人之心，則欲寓褒貶以示大訓。是書善惡無所是非，而作者又時出所見，不但記載之，爲談季子之金多位高，則沾沾動色；語安陵嬖人之固寵，則以江乙爲善謀。此其最陋者。誇從親之利，以爲秦兵不出函谷十五年，諸侯二十九年不相攻，雖甚失實不顧也。厠雅於鄭，則音不純；置薰於蕕，則氣必奪；善言之少，不足以勝不善之多。君子所以舉而謂之邪說者，蓋通論當時習俗之敝，舉其重而名之也。近代晁子讀書志列於縱横家，亦有見者。且其所列，固有忠臣義士之行不係於言者；而其繼春秋，抵秦漢，載其行事，不得而廢，曾氏固已言之，是豈不知其爲史也哉？竊謂天下之說，有正有邪，其正焉者主于一，而其非正者，君子小人各有得焉。君子之於是書也，考事變，究情僞，則守益以堅，知益以明；小人之於是書也，見其始利而終害，小得而大喪，則悔悟懲創之心生。世之小人多矣，固有未嘗知是書，而其心術、行事無不合者。使其得是書而究之，則將有不爲者矣！然則所謂「明其說於天下，爲放絕之善」者，詎可當乎？

書姚序後兩則

吴師道

（一）

頃歲，予辨正鮑彪戰國策註，讀呂子大事記引剡川姚宏，知其亦註是書。考近時諸家書錄皆不載，則世罕有蓄者。後得於一舊士人家，卷末載李文叔、王覺、孫朴、劉敞語。其自序云，嘗得本於孫朴之子慤〔一〕。朴元祐初在館中，取南豐曾鞏本，參以蘇頌、錢藻、劉敞所傳，併集賢院新本，上標錢、劉校字，而姚又嘗稡諸本定之。每篇有異及他書可正者，悉注於下。因高誘註，間有增續，簡質謹重，深得古人論撰之意，大與鮑氏率意竄改者不同。又云：「訪得春秋後語，不爲無補。」蓋晉孔衍所著者，今尤不可得〔二〕，尚賴此而見其一二，詎可廢耶？考其書成當紹興丙寅，而鮑註出丁卯，實同時。鮑能分次章條，詳述註説，讀者眩於浮文，往往喜稱道之；而姚氏殆絕，無足怪也。宏字令聲，今題伯聲甫，待制舜明廷輝之子，爲删定官，忤秦檜，死大理獄。弟寬令威、憲令則，皆顯於時。其人尤當傳也。余所得本，背紙有寶慶字，已百餘年物，時有碎爛處。既據以校鮑誤，因序其説於此。異時當廣傳寫，使學者猶及見前輩典則，可仰可慕云。至順二年〔三〕癸酉七月吳師道識〔四〕。

〔一〕黄丕烈曰：此誤，當云「族子」也。

〔二〕黄丕烈曰：吳仍引春秋後語數條，見前。此所云，未詳。

〔三〕祖耿案：「至順二年」當作「至順四年」，八千卷樓藏明刻本戰國策正作「四年」。

〔四〕黄丕烈曰：吳氏此跋，可作姚本發明，今附録於後。

（二）

右此序，題姚寬撰，有手寫附於姚註本者。文皆與宏序同，特疏列逸文加詳，考其歲月則在後。乃知姚氏兄弟，皆嘗用意此書。寬所註者，今未之見，不知視宏又何如也。因全録著之左方，以俟博考者。吳師道識〔一〕。

〔一〕黄丕烈曰：兩序大同小異，此即伯聲所撰，而令威曾書之耳，當是有人見其本而寫附也。未詳兩藁孰爲先後。要非令威撰，末題姚寬書，而吴氏遽云『題姚寬撰』，是其誤。又云『乃知姚氏兄弟，皆嘗用意此書』云云，亦不然。假使令威自有注，不容此序中不及伯聲校一字也。所録逸文雖加詳，然不及刻本之謹嚴，往往有非策文而沿他書之誤者，亦有在今策文中而失檢者，或其初藁與！今仍全録，並吴氏跋語而辨之，庶有考焉。

戰國策校注序

陳祖仁

至正初，祖仁始登史館，而東陽吴君正傳，實爲國子博士。吴君之鄉，則有丁文憲、何文定、金文安、許文懿諸先生所著書，君悉取以訓諸生，匡末學。後君歸丁母艱，病卒。祖仁亦嘗聞君校注國策，考覈精甚，而惜未之見也。今季夏，浙西憲掾劉瑛廷脩，隨僉憲伯希顏公來按吴郡。一日，囊君所校策來言曰：『正傳吾故人，今已矣，不可使其書亦已！吾嘗有請於僉憲公，取於其家，且刻梓學宮。君宜序之，幸毋辭！』祖仁竊惟古之君子，其居家也本諸身，其居官也本諸家，其訓人也本諸己，其安時也本諸天，文其餘也，而况於言乎？是故不以言爲上，而後之爲言者，莫能上也。不以計爲高，而後之爲計者，莫能高也。周衰，列國兵爭，始重辭命，然猶出入詩書，援據遺禮，彬彬焉先王流風餘韻存焉！壞爛而莫之存者，莫甚於戰國。當時之君臣，惴惴然惟欲强此以弱彼；而遊談馳騁之士，逆探巧合，强辯深語，以鬭爭諸侯，矜豔妻子。雖其計不可行，言不可踐，苟有欲焉，無不售也；苟有隙焉，無不投也。卒之諸侯不能有其國，大夫不能有其家，而蘇秦之屬，不旋踵勢敗而身僨。由此觀之，非循末沿流，不知其本故耶？是策自劉向校定後，又校於南豐曾鞏。至括蒼鮑彪，病高注疎謬，重定序次，而補闕删衍，差失於專；時有議論，非悉於正。故吴君復據剡川姚宏本，參之諸書，而質之大事記，以成此書。其事覈而義正，誠非鮑比。古書之存者希矣，而諸儒於是書校之若是其精者，以其言則季世之習，而其策則先秦之遺也。予何幸得觀吳君此書於身後，且知其所正者有所本，而又嘉劉掾不以死生異心而卒其志也。故不復辭，而爲之序。至正十五年六月浚儀陳祖仁序。

校戰國策序

王廷相

戰國策者，先秦紀事之書也。歷代儒者，校注尚矣！漢有劉向氏，高誘氏；宋有曾鞏氏，姚宏氏，鮑彪氏；元有吳師道氏。後出者詳，漸加明備矣。要其指歸，堯舜三王之餘戮，而仁義聖智之蔽塞也。何以言之？攝權變以鉤利，蓄狙詐以交外，倖近小以爲得，便苟偷以爲安。其心隱忍，其事欺謾，其術鄙陋委瑣，畔於正軌遠矣！而時君闇劣，懾於禍患，一切傾心聽之，由是兵戈徧於九域，生民塗其肝腦。古昔聖人休靜天下之澤，斬然無存。嗟乎！世變至此極矣！當是之時，秦獨强。秦人出關，六國之人皆動：非兵戈之搆，則要質之講；非應秦之敵，則與國之合。由是觀之，雖有孟子仁義不忍之心，井田常產之政，夫孰暇而聽之？又安能施之邪？故曰堯舜三王之餘戮，而仁義聖智之蔽塞也。雖然，自春秋以遞，二百餘年之跡，使無是書，則湮鬱無聞；仰稽世變之學，亦在所不可廢矣。柏山李子汝賢，按治之暇，出繕本以校注問余。嗟乎，覽墳典者得其義，斯得其實矣！故是書之校，以大義疏暢爲主。辭義人皆可達及姓氏、里域、歲月之不可必知者，悉略之；必俟釋其義而後辭可達者，悉注之；繆誤無所取證與夫不能解者，悉闕以俟之。其曰「注」、曰「鮑注」及一「曰」字無注者，皆鮑注也；其曰「補注」、曰「正注」者，皆吳注也；間有諸注未明備者，竊以己意疏之，比類援義，求暢達焉。李子原本策文，其補字、倒字、衍字，皆從鮑、吳二家定本，削去舊字，便於誦習也。爲卷凡十：西周十九章，東周二十六章，秦六十八章，齊五十九章，楚五十七章，趙六十三章，魏九十章，韓五十九章，燕三十二章，宋六章，衛九章，中山九章。校成之日，大叅俞國昌氏請被之梓以傳。嘉靖改元臘日儀封王廷相子衡序。

刻戰國策序

張一鯤

劉知幾曰：縱横互起，力戰爭雄，秦兼天下，而著戰國策。劉中壘亦云：臣向所校戰國策書，錯亂糅莒。其書出秦無疑，至劉始定爲三十三篇。晉孔衍又引劉與司馬二家聚爲一錄，號春秋後語，世尤其不量力。劉本注於後漢高誘，校於宋曾鞏，再注於南宋鮑彪，又再正於元吴師道。嗟乎，諸子於是書何卷卷也！徐玩其序書之旨，自立畛域，遞相駁刺。曾譏劉曰「惑於流俗不篤自信」，而鮑則曰子固「亦求其故而爲之說，非此書旨也」；且鮑極詆高氏踈略繆妄，而吴又爲曾、高左袒，極詆其淺陋致誤。嗟乎，諸子序是書，又何其齗齗也！鯤竊病焉！嘗刳心而評之，諸凡書非出六經者，亡能絶純而亡訾；顧其純而可觀可多識者在，其訾而不可訓者亦在，如夏璜之潤考，蜀錦之文繡，纇類莫得而掩也，然卒莫得棄也。孔子坊，左語絶，其後二百四十餘年，列國相殘相躏，相襲相劘而爲楚漢，誰爲甄序而信諸遠，雖有陸賈、司馬遷，無所事載筆矣！是史氏之綜軸也。捭闔短長、譎誑相傾奪之說，即不根諸理道，然縱之以陽，閉之以陰，肌豐而力沉，骨勁而氣猛，驟迴於只尺不爲近，而步逸於八極不爲遠，曉變其故詞不爲襲，而甲拆其新意不爲駭。古今設文之士，率曰「先秦」，秦之先，非六國乎？其文之可讀者只是。是文家之郭郛也。山東之主，愚於策士矜激泛濫之説而傾其國，故秦閉關謝客；儀、秦、衍、軫之徒，亦自愚於共説而殺其軀，故蕭、曹輩與宗黄老而塞兑；關中之主，又自愚於其狙詐武健而亡其天下，故漢解網。是主臣之轍鑑也！胡可言棄也？讀是書者，譬夫求魚海溟，伐材山林，至於鱗介之修短、柯條之鉅細，在漁人、匠者審擇之而已！審擇之，則子長文之爲史記，袁悦齋之爲「天下要書」，李文叔名之爲「至寶」；不審擇之，則如曾子固所云禁之，戒之，放絶之而已。嗟乎！楚之檮杌，魯之春秋，一也。申韓之語，不必仁義，而諸葛武侯有味乎其説；七法五輔八觀諸篇，不必純乎王道，而房僕射手注爲之究心。故夫書不必盡出於六經者然後可無棄也。舊本注多不備，而備者又以板刻年久，磨滅脱誤，至不可觀。頃與豫章郭相奎氏、莆陽林朝介氏、吉陽王元甫氏，悉取諸家本，參考讐校至十數過，標張、陸二先生批評於上方，而篇中亦稍裁其冗複，説具校例中，庶乎開卷明析，刻成書其端云爾！萬曆九年辛巳重九日，巴郡後學張一鯤撰。

跋高誘注戰國策

錢謙益

戰國策經鮑彪殽亂，非復高誘原本，而剡川姚宏較正本，博采春秋後語諸書，吳正傳駁正鮑注〔一〕，最後得此本，歎其絶佳，且謂於時蓄之者鮮矣！此本乃伯聲較本〔二〕，又經前輩勘對疑誤，采正傳補注，標舉行間。天啓中，以二十千購之梁溪安氏〔三〕，不啻獲一珍珠船也。無何，又得善本於梁溪高氏，楮墨精好，此本遂次而居乙。每一摩抄，不免以積薪自哂，要之此兩本實爲雙璧，闕一固不可也。崇禎庚午七月曝書於榮木樓，□翁謹識〔四〕。

〔一〕祖耿案：「傳駁」，牧齋有學集（下簡稱集）作「復較」二字。

〔二〕祖耿案：「乃」，集作「仍」字。

〔三〕祖耿案：「以」字，集無。

〔四〕祖耿案：「崇禎」以下十六字，集無。「翁」上闕文，疑作「牧」字。

跋古本戰國策三則

陸貽典

（一）

戰國策世傳鮑彪注者，求吳師道駁正本已屬希有，况古本哉？錢遵王假余此本，係姚宏較刻高誘注，蓋得之於□翁宗伯者〔一〕。不特開卷便有東、西周之異，全本篇次前後，章句煩簡，亦與今本迥不相侔，真奇書也，因命友印錄。此册原本經前輩勘對疑誤，采正傳補注標舉行間，宜並存之，一時未遑也。□翁云〔二〕：「天啓中，得此於梁溪安氏，無何，又得善本於梁溪高氏。」今此本具在，已出尋常百倍，不知高氏本又復何如耳？戊戌孟春六日錄校並識，虞山陸貽典。

（二）

庚寅冬，□翁絳雲樓災〔三〕，其所藏書，俱盡於咸陽之炬，不謂高氏本尚在人間。林宗葉君印錄一本假余，較此頗多是正，而摹寫譌字，猝未深辨，并一一校入，尚擬借原本更一訂定也，戊戌季冬六日校畢記。

（三）

己亥春，從錢氏借高氏原本校前十九卷。孟冬暇日，過毛氏目耕樓，借印錄高氏本，校畢，此書始爲全璧云。敕先〔四〕。

〔一〕祖耿案：「於」下闕字，疑作「牧」字。

〔二〕祖耿案：見上。

〔三〕祖耿案：見上。

〔四〕黄丕烈曰：此跋在今本姚宏題後。案此雅雨堂本之原委也，覽之而與宋槧不同之故憭然矣！

戰國策鈔序

朱鶴齡

嗟乎！吾讀短長之書，然後信子輿氏之以仁義説齊梁，爲深切事情而不可易也。夫戰國之亡以策士，策士之亡戰國，則以利也。王澤既遥，七雄雲擾，力侔勢敵，權譎相高。于是儀、秦、軫、衍、代、厲之徒，競起而投其隙，朝從暮横，陽施陰設。其所命爲策士者，不過市魁盜俠之輩，如鬬狗然，交啗以利而已矣！彼懷駔儈之心，此挾傾危之術，苟售詐謀，雖裂身湛族而不顧其毒。至于干戈相尋，坑殺動以數十萬計。秦政之時，民之僅存者無幾矣！夫鋒莫銛于利，而劍戟爲下；禍莫憯于利，而參夷爲輕。方其抵掌華屋之下，語穽心兵，不過欲以遂其躍馬疾驅、黄金横帶之樂，而豈意其流毒之遠，一至此哉？吾故曰：七國之亡以策士，策士之亡戰國以利也。然則其書何以不廢？曰：是烏可廢也？春秋以後，楚漢以初，二百四十餘年之行事備焉，是史之流也。史家兼載善惡，以明是非。且夫不嘗荼蓼，不知粱肉之足以飫口也；不歷冰霰，不知陽和之足以悦膚也；不深覽言利之害，亦豈信稱先王陳仁義之效，可以行之千萬世而無弊也哉？况乎其文之雄深峭健，龍門史傳多取裁焉！一時人物，如仲連之高蹈，樂毅之篤忠，鄒忌、王斗、觸讋之進説，皆有當于儒者之正誼，烏可以其出于戰國而不道哉？是書雖經南豐校勘，舛誤猶多，鮑彪復紊亂其章次，剡川姚宏，會稡諸家而是正之，最稱善本，惜近世不可復睹。先朝張叔大、陸子淵兩先生嘗爲之評解，芟繁纂要，劃然中綮，其于史漢行文之法，備有發明。吾友茂倫珍祕多年，今爲鋟板而行之，亦兩先生之功臣也已。

（愚菴小集）

戰國策去毒跋　　陸隴其

戰國策一書，大抵皆縱横家言也。其文章之奇，足以悦人耳目；而其機變之巧，足以壞人心術。子弟識見未定而讀之，其不爲之漸染者鮮矣！當時惟孟子一人，卓然於波流之中，直以爲是妾婦之道，而大丈夫之所不爲，蓋其視秦、儀輩，不啻如厚味之中有大毒焉，惟恐學者陷溺其中而不能出也。今之讀戰國策者多，亦曾以孟子之道權衡之乎？余懼其毒之中於人也，故取今文士所共讀者，指示其得失，使學者知其所以異於孟子者，庶幾嚌其味而不中其毒也。夫南豐一序，言其病最詳，故並附焉。又此書原本各繫於其國，讀者輒迷其先後，今一以通鑑編年爲次。

（三魚堂文集）

刻姚本戰國策序　　盧見曾

漢末涿郡高氏誘，少受學於同縣盧侍中子幹，嘗定孟子章句，作孝經、呂氏春秋、淮南諸解，訓詁悉用師法，尤精音讀。其解呂氏春秋淮南二書，有急氣、緩氣、閉口、籠口之法，蓋反切之學，實始於高氏，而孫叔然炎在其後。今刻二書者，盡删其説，爲可惜也。高氏又嘗注戰國策三十三篇，世無其書。前明天啓中，虞山錢宗伯，以二十千購之梁溪安氏，乃南宋剡川姚伯聲校正本；後又得梁溪高氏本，互相契勘，遂稱完善。曩余讀吴文正公東西周辨，謂戰國策編題，首東周，次西周，而今鮑彪本誤以西周爲正統，升之卷首，始知古本戰國策爲鮑氏所亂久矣！及余再泚淮南，屬友人于吴中借高注考之，歎文正之辨，爲不可易。高注古雅，遠勝鮑氏，其中編次，亦與鮑氏迥異。兩漢傳注存者，自毛氏、何氏而外，首推鄭氏。繼鄭氏而博學多識者，唯高氏。蓋其學有師承，非趙臺卿、王叔師之比也。惜孟子章句、孝經解不傳，而此書於絳雲一炬之後，幸而得存，爲刊板行世。好古之士，審擇於高、鮑二家，孰得孰失，必有能辨之者。乾隆丙子德州盧見曾序。

書戰國策後　劉大櫆

嗚呼！教化之衰也，春秋戰國之間，足以覘世變矣！自共和以及嬴秦，陵夷何其甚歟？周平王東徙洛邑，秦遂列爲諸侯，自是王室微，侯伯執政，强凌弱，衆暴寡，征討不稟於王命，王奪鄭人田，鄭人射王中肩，戎伐凡伯，臣弑君，子弑父者有之。然齊晉秦楚爲盟主，假仁義，以尊周室爲名，興師伐國，上軍中軍下軍，步伐有度；列大夫相與應對爲言辭，抑何退讓恭詳，恂恂長者有禮也。雖無道，繩之以禮，猶慴服不敢囂爭。下逮七國，詐謀劇而傾危之士起，合從連横，詭譎不信，要在戰勝攻敵，以相兼并爲能。李悝盡地力，衛鞅富國重法立威，孫臏、吴起之徒以善戰爲齊、楚上將，長平之役白起阬趙卒四十餘萬人，比於春秋，抑又甚焉。當是時，周之禮樂法度猶存未盡泯者。成、康殁而民生不見先王之治數千年，其爲升降，可勝道哉！

（海峯先生文）

書戰國策後兩則　張士元

（一）

左傳文采甚盛，戰國策變而質健，實乃史記權輿，周制將爲漢制之漸也。方望溪謂：國策叙荆軻刺秦王事，是太史公筆，後人取以附入策中，因舉贊語證之。余始頗以爲然，及究觀國策終始，乃知此篇自是戰國文字，史記取之，增入前後二段。贊中言「公孫季功、董生爲余道之如是」者，蓋謂荆軻未嘗傷秦王，及所增益之事也。策文若春申君進李園女弟，機格亦全似史記，末用呂不韋事相影作尾，眞子長慣用法，豫讓爲智伯報讎篇亦然。蓋子長史記實學國策，其格法時相出入，未可以其近似，遂疑國策文爲史筆也。

（二）

戰國策與孟子純駁絶異，然趙策魏牟見趙王，論爲冠之必待工，及客論買馬之必待相馬工，二者風治天下之不用賢，皆與孟子論巨室璞玉相似。魏策惠子爲田需言楊樹易生，亦與孟子論齊王不智相似。豈撰事者仿孟子之辭而爲之歟？抑當時文體固有相近者歟？宋李文叔謂：文章所從來，皆本聖人之制作，周道雖衰，其氣焰未能盡熄，浮而散之，鍾於談舌，而著於言語。誠篤論也。

（嘉樹山房集）

戰國策考

牟庭

戰國策中書本號，或曰「國策」，或曰「國事」，或曰「短長」，或曰「事語」，或曰「長書」，或曰「修書」。自劉向校書，始名爲戰國策；除複重，得三十三篇；是本書不名「戰國策」，又不止三十三篇也。史記田儋列傳曰：「蒯通善爲長短說，論戰國之權變，爲八十一首。」漢書蒯通傳亦曰：「通論戰國時說士權變，亦自序其說，凡八十一首，號曰『雋永』。」史記淮陰侯列傳載蒯通以相人說韓信，而索隱以爲漢書及戰國策皆有此文；是則唐時戰國策尚有蒯通說信之說，唐以後人始删去之也。戰國策而有蒯通之說，疑即通傳所謂「論戰國權變，亦自序其說」者也。其書號曰「雋永」，與中書本號「長書」、「修書」者亦相似，「修」「長」皆「永」之義也。史記名爲「長短說」，亦即中書本號或曰「短長」者是也。以此言之，戰國策即蒯通所作八十一首甚明！

劉向校中書餘卷，錯亂相糅，因除去四十八首，爲三十三篇耳！藝文志縱横家有蒯子五篇，亦通之所作，然非此八十一首之書也。此書以論戰國時事，故繼春秋之後，不入縱横家也。又按劉向校戰國策序錄曰：「其事繼春秋以後，訖楚漢之起，二百四十五年間之事，皆定以殺青書，可繕寫。」然則戰國策有韓信、蒯通之事，證驗分明，蓋無可疑。

（鈔本雪泥書屋雜志卷之二）

記戰國策

凌揚藻

戰國策三十卷，司馬遷史記所本，劉向所校，蓋戰國游士記其策謀者也。後漢高誘注，自東周至中山十二國，凡三十三篇。括蒼鮑彪定爲十卷，以西周正統所在，易爲卷首。其注，凡四易藁乃定。但原書無撰人名氏。吾邑林孝廉佁桐曰：「作書者，隱其名也。隱其名何也？恥之也。古之時人皆以節操爲重。春秋雖亂世而奇節不絶，高爵厚禄，有棄之如遺者。戰國則魯仲連而外，其節操罕得而言矣。古之時人皆以學問爲重。春秋雖兵事，一則曰先王之命，一則曰求諸故府，閎覽博物之君子相望于世。戰國則荀卿而外，其學問罕得而言矣。當重者輕之，當輕者重之，舉世皆然，惟利是務。作者恥其事，故去其名也。然則何必作此書？曰：二百餘年之事不可不記也。具書其事而深藏其名，斯勸戒存焉耳！」按陸清獻公謂：戰國策一書，大抵皆縱横家言。其文章之奇，足以悦人耳目；其機變之巧，足以壞人心術。曾南豐一序，言其病最詳。

（蠡勺編）

重刻剡川姚氏本戰國策并札記序

黄丕烈

曩者顧千里爲予言，曾見宋槧剡川姚氏本戰國策，予心識之。厥後遂得諸鮑綠飲所，楮墨精好，蓋所謂梁溪高氏本也。千里爲予校盧氏雅雨堂刻本一過，取而細讀，始知盧本雖據陸敕先抄校姚氏本所刻，而實失其真，往往反從鮑彪所改及加字并抹除者，未知盧、陸誰爲之也？夫鮑之率意竄改，其謬妄固不待言，乃更援而入諸姚氏本之中，是爲厚誣古人矣！金華吳正傳氏重校此書，其自序有曰：「事莫大於存古，學莫大於闕疑。」知言也哉！後之君子，未能用此爲藥石，可一慨已！今年命工，織悉影橅宋槧而重刊焉。并用家藏至正乙巳吳氏本互勘，爲之札記，凡三卷，詳列異同，推原盧本致误之由，訂其失，兼存吳氏重校語之涉於字句者，亦下己意，以益姚氏之未備。大旨專主師法乎闕疑、存古，不欲苟取文從字順；願貽諸好學深思之士。吳氏校每云「一本」，謂其所見浙、建、括蒼本也。今皆不可復得，故悉載之。宋槧更有所謂梁溪安氏本，今未見，見其影鈔者，在千里之從兄抱冲家。其云：「經前輩勘對疑誤，采正傳補注，標舉行間。」惜乎不并存也。非一刻小小有異。然皆較高氏本爲遜，故不復論。

（又見顧廣圻思適齋集云：「代黄蕘圃」）

影鈔安氏本戰國策跋

顧廣圻

高氏戰國策姚伯聲校，宋槧本有二，皆見蒙叟之跋：一得於梁溪安氏，再得於梁溪高氏。迨後高氏本，曾在長塘鮑丈渌飲以翁處，有嘉慶癸亥翻刻者是也，今歸長洲汪閬原家。安氏本僅見影寫者，向爲小讀書堆所收，今與真本皆不知歸何許矣？此則有堂吳子先世之遺，亦從安氏本影抄，行款筆迹，幾乎無二，展玩再四，恍如宿覯，唯每册有錢楚殷圖記爲少異耳。楚殷最多秘笈，何義門學士手校題跋，每言從之借來。距今百年，流轉就稀，想乾隆間入瑣川者或非一種。而予之寓目，則止此而已。吾願有堂其尚無善保之哉！

（思適齋集）

戰國策札記後序

顧廣圻

黄君蕘圃刻姚伯聲本戰國策及所撰札記既成，屬廣圻爲之序。爰序其後，曰：戰國策傳於世者，莫古於此本矣！然就中舛誤不可讀者，往往有焉。考劉向叙錄云：「皆定以殺青書，可繕寫。」是向書初非不可讀者也。高誘即以向所定著爲之注，下迄唐世，其書具存，故李善、司馬貞等徵引依據，絶無不可讀之云。逮曾南豐氏編校，始云疑其不可知者，而同時題記類稱爲舛誤。蓋自誘注僅存十篇，而宋時遂無善本矣。伯聲續校，總四百八十餘條，其所是正，亦云多矣，但其所萃諸本，既皆祖南豐，又旁採他書，復每簡略，未爲定本，尚不能無劉原父之遺恨耳。厥後吳師道駮正鮑注，用功甚深，發疑正讀，殊有出於伯聲外者矣！今蕘圃之札記，雖主於據姚本訂今本之失，而取吳校以益姚校之未備，所下已意，又足以益二家之未備也。凡於不可讀者，已稍稍通之矣。後世欲讀戰國策，舍此本其何由哉？廣圻於是書，尋繹累年，最後於叙錄所云：「臣向因國別者略以時次之，分別不以序者以相補，除複重，得三十三篇」者，恍然而知戰國策實向一家之學，與韓非太史公諸家牴牾，職此之由，無足異也。因欲放杜征南於左氏春秋之意，撰爲戰國策釋例五篇：一曰「疑年譜」，二曰「土地名」，三曰「名號歸一圖」，四曰「詁訓微」，五曰「大目錄」。私心竊願爲劉氏擁篲清道者也。高注殘闕，艱於證明，粗屬草藁，牽率未竟，他年倘能遍稽載籍，博訪通人，勒爲一編，俾相輔而行，未始非讀此本之助也。諗諸蕘圃，其以爲何如？嘉慶癸亥十一月元和顧廣圻〔一〕

（又見思適齋集）

〔一〕于鬯曰：鬯嘗問張嘯山先生，顧氏此五篇，有其書否？先生不答。

讀戰國策隨筆跋

楊復吉

此損持先生二語折諸之手稿也，書頭紙尾，旁行側注，朱墨參錯，幾無從尋其段落之迹。癸卯長夏，余爲類次鈔撮，倣三傳折諸例，分立標目，疏證於下，凡若干條，因其全闕未可知，故仍蒙以讀戰國策隨筆之初名焉。昔高誘、鮑彪、吴師道，僅訓詁其字義，兹則高論偉辨，旁推交通，瀏覽之餘，令人心胸開拓，固非譚椰、策纂諸書所可比也。七月甲辰望録竣。時霖雨初晴，涼風颯然，蓋入秋四日矣！同邑楊復吉識。

讀國策

王棻

希倪子讀國策既竟，作而歎曰：「世之沈于勢利也，知有己而不知有君親也，相率而爲機械變詐也，蓋至是乎！人心之陷溺也久矣！雖有聖人在位，亦且奈之何哉？雖然，天之愛人也至矣，故天下將亂，必生靖亂之人以擬其後，故世未嘗無人也，爲上者不能知而用之耳！我觀戰國之世，有三人焉：以舉世皆趨利慕勢之徒，而有被服仁義、守先待後、尊王賤霸，如孟子其人者焉；舉世皆朝秦暮楚之輩，而有志篤忠貞、謇直不撓、沈身不去，如屈子其人者焉；舉世皆同流合汚之人，而有高瞻遠矚、特立獨行、一國非之不顧，天下非之不顧，如莊子其人者焉。之三人者，屈子過于忠，莊子過于恝，而其憤時嫉俗之心則同，故屈子詈一世，莊子詈千古，其詞雖過，蓋痛哭言之也。孟子拳拳斯世，歷聘諸邦，合則留，不合則去，可謂君子中庸而具内聖外王之道者矣！然當是時，孟子未嘗用，莊子不求用，屈子用之不終。時君所用者，勢利機械之人耳，欲無戰國也得乎？雖然，不觀國策，亦烏知三子者之道，固皆超乎一世之上；不觀三子，又烏知戰國之世，天未嘗不生靖亂之人也哉！」

（柔橋文鈔）

跋舊刻鮑氏注戰國策

錢泰吉

宋姚宏校高誘戰國策注余所藏有雅雨堂本，及吳門黄蕘圃仿宋本，可互校矣。鮑氏注未見佳刻。己酉初春得此本，紙墨頗佳，卷尾王覺跋後有「吳郡杜詩梓」五字，而其上損數字，當是書賈去其年月，欲爲宋本耳。然誤字不少，鮑氏見之，不免塵埃風葉之歎。欲讀鮑注，當參吳氏師道校注，余僅有坊間合刻本，蕘圃所藏至正乙巳本，拜經樓亦有之，欲假未果，曲阜孔氏刻本亦未得藏，舊書難遇，不必宋元刻也。顧千里爲黄氏策札跋云：欲放杜征南於左氏春秋之意，爲戰國策釋例五篇：一曰「疑年譜」，二曰「土地名」，三曰「名號歸一圖」，四曰「詁訓微」，五曰「大目錄」。儻有成書，亦讀戰國策者不可少也。附識以俟訪求。

（甘泉鄉人稿）

鮑氏戰國策跋

曾釗

道光丙戌八月，借揚州汪孟慈農部所藏至正本吳師道戰國策，校此本，其款式大略皆同。惟汪本卷首有牒文一通及各職名，第二卷以下，每卷於大題後，並著鮑彪、吳師道之名，如卷一之式，又第二卷、四卷、五卷、六卷、八卷、十卷之末，皆著校勘名氏；此本皆無之。汪本每章之次行，則亞一字；此本則皆平格寫之。汪本於吳所補及鮑元作之字，皆以□識之；此本則以墨蓋其上。是其異也。至於此本秦策范雎至章「皆匡君臣之事」句，以墨圍其「臣」字，汪本無之，然則此本又經校者矣。惜將出都，匆匆未暇細校一過也。二十七日識於都中之冰珠堂。

（西城樓集鈔）

戰國策注序

于鬯

戰國策者，經學之終而史學之始也，其書宜無人不讀。今學者固無人不讀戰國策，然而考求之者甚鮮。夫國朝諸儒，其能究古籍遠邁前賢矣，而從事於戰國策者，元和顧氏徒托空言，使其欲放杜征南釋例有成，必大可觀。今則惟推吳黄氏札記恪守家法，然不過嚴字句之異同；高郵王氏雜志，摘條立案發明，恨其太少；金山顧氏，能爲編年；陽湖張氏、歙程氏，專門輿地。類皆具策書之一體者，五人而已矣！若夫林氏戰國紀年、黄氏周季編略、顧氏七國地理考等書，亦爲讀策者之助，而作者不專爲此書發也。自漢高氏至於宋有鮑氏，自宋鮑氏至於元有吳氏，落落三家。吳氏之後，絶無聞有繼起巍然成一家者。至於姚氏，存古之功足多，若其所著，即黄氏師法之所取，亦僅在字句異同，實不足副此書之全量。且吳氏既知姚氏之能存古，鮑氏之竄亂古本，則奚不即補注姚氏之書，顧乃依鮑竄亂之本，而必欲節節爲之辨駁？亦可謂舍其康莊，而爭步於蹊間者矣！要之高注既古而多佚，鮑氏綴補之勤，吳氏考校之密，三家固鼎峙千秋也。鬯不敏，初欲掇鮑、吳兩家之注，入之高注之本，俾古本存而義亦備，且義備然後古本賴以久存，於是采錄之際，不能不旁徵他籍，即不能無意爲取舍進退於其間，遂成戰國策注三十三卷，別補姚氏序錄一卷，作年表一卷，附之高本，存於姚氏，至今又分兩刻。盧氏之刻不及黄氏之善，故一仍黄刻，其誤文不加改，闕文不加補，羨文不加删，錯文不加乙，一切具於注中。誠以家法所在，雖讀者病不便，不顧矣！意擬他日復爲一塾課本，凡應改、應補、應删、應乙者，悉爲雌黄；且易分國而通爲編年，如陸隴其戰國策去毒之例，與此本相輔而行，兢兢乎蹈鮑氏竄亂之轍，未敢也！惟是其書既介經終史始之間，則其人其才，必可以注經，可以注史，然後可以注此書，末學疏淺，鄉居又艱獲佳籍，即經目遺忘亦多，時有不安，輒意改易，顧此失彼，遂相牽動，牴牾紛紜，知不能免，夫惡敢仰承三家之緒哉？後有作者，得此而審決更定之，則幸甚！光緒三十有四，宣統初立之年十有二月十日南匯于鬯香草序。

吾朝無國策注家，而日本却有之。鬯所見關修齡高注補正、橫田維孝正解、平井魯堂講義三家。講義陋不足云，關、橫田兩家雖學淺，而於虛義理所在時有體會，間出武斷，頗可摘取。至於策學之難，首在年紀、地理兩大端，彼固茫乎其未辨也。尚有譚周者，卻主姚氏之本，又有碕明允通考，兩書並未之見。橫田書中有引碕哲夫說，即明允也。鬯又記。

所得舊刻國策，單鮑注殘本，存西周、東周、齊、楚、趙、韓六卷，書首序葉亦失。其趙策「以正殷紂之事」，「殷」字闕筆作「殹」，避宋宣祖諱，而他處「殷」字又不闕筆，蓋元以後翻宋本也，故其闕筆已校補，而偶失一未補耳。亦小有譌，然不譌者多，合之吳本，間有異。此真鮑本，非如黃札記以至正乙巳本爲鮑本，未免差爾！十一日又記。

戰國策補注叙附例言

吴曾祺

戰國策一書，不知何人所作。其文章之美，在乙部中，自左史外，鮮有能及之者。有宋一代，如曾子固、李文叔、孫元忠、劉原父諸人，皆喜是書，而甚苦其難讀，蓋去古久遠，篇簡譌脫，文字漫漶，所從來久矣！余以暇日讎校一過，參考諸本而定所從，間以己意附列於下，得一百餘條，而其不可通者，尚二十餘條，不敢自作聰明，敬附闕如之例，以俟後之君子。己酉春日侯官吳曾祺謹識。

例言

一、此書自劉更生後，南豐曾氏及蘇頌、錢藻、孫朴、劉敞，皆有校定本，其書或傳或不傳。紹興中，潁川姚宏，因孫朴舊本，雜採曾、蘇、錢、劉諸本，並世所行之集賢閣本，遇有異文，悉注其下，可稱善本。其書不大顯於世。國朝嘉慶中，吳縣黃丕烈，始得姚氏宋槧本刊以行世，復自爲札記三卷，附於其後。凡宋人鮑彪、元人吳師道所改定者，悉詳札記中，其考訂頗爲詳慎。今所校定本，即以是本爲主。

一、姚本於凡異文者，注云：「某本作某。」今擇於諸本中，義之最長者，即改而從之。其原本文理已晰，而諸本均有不及者，則刪去「某作某」字。亦有數處兩義俱合，因而兩存之者。蓋編者不敢以考據家自任，祇取其便於學者誦說而已。

一、鮑氏之書，其失在勇於改書；而其識力所及，實足以解散癥結者，固亦有之。今採其說之優者，注於本句之下，云：「鮑本作某」，其不安者不復錄也。其云「一本作某」者，則世俗常行之今本，亦閒取一二，如注云「鮑本作某」之例。蓋姚書以孫本爲主，於別本則注明「某本作某」；余書以姚本爲主，於別本則注明「某本作某」。實一例也。

一、吳氏之書，實合姚、鮑二家，互相參校，而雜引諸書以證之，不失爲一家之言，故亦閒有取焉。

一、黃氏之書，專以姚氏爲主，而閒竊取之鮑、吳者，悉入之札記中。今取其說之可存者，注於各句之下。既已加以採錄，則此札記三卷，可以不刻。

一、此書之注，祇有漢高誘一家。然高注亡失已久，欽定四庫書目提要謂：「惟二卷至四卷，六卷至十卷，爲高誘原注，餘皆姚氏所補注。」今讀姚序，凡注中有加一「續」字者，皆出自姚氏之手，惟姚氏主於參校各本異同，其自作注者，實寥寥不多見，今悉仍而列之，以存其舊。

一、太史公作史記，多原本此書，故可以互證者，所在皆有。然竟有援史記之文而改之者，此法似不可從。其別書所引，如文選注、藝文類聚之屬，今多採之，列入注中。惟意主存舊，故他處所引，詞義雖勝，亦斷不敢改而從之也。

一、漢人讀書，首重叚借之法，蓋古人字少，固有以一字供數字之用，其見於馬、鄭之注經，每云「讀如某」，言以某字爲某字也。今人作注，則云「與某通」「與某同」，亦即此例。即如此書，「否」作「不」，「已」作「以」，「固」作「故」，「能」作「而」，以及「而」通爲「如」，「則」通爲「即」，又如「擯」、「儐」、「賓」之爲一字，「媾」、「搆」、「講」之爲一字，皆在叚借之列。而鮑氏不察此理，往往必改原文而從之，不特竄亂舊文，亦適足以彰其陋而已！今惟隨句分注，使讀者可以一目瞭然。

一、書中如「埊」即「地」字，「恧」即「臣」字，皆唐武氏所造，不應羼入。當是唐代人姑以意易之，今亦不可考矣！且仍之以存其舊。

一、此書之難讀，至不可句讀，自昔通人所論皆然；乃欲妄作解人，殊不曉事。今以鄙見所及，謬爲之說，加一案字，列之注中，凡得一百餘條。庶幾一得之愚，以備餉遺之末。其不能讀者，亦一一標出。亦有舊注已有，而意所不安者，亦加以糾正，附於原注之下。蓋學問之道，與天下爲公，不必以出自古人而悉爲附和也，識者自能諒之。

戰國策補釋序

林思進

漢書藝文志，戰國策三十三篇。班氏著其旨要曰：「記春秋後。」今隋書經籍志，劉向錄三十二卷，高誘注二十一卷。唐志，則高誘注亦增爲三十二卷。更五季之亂，至宋而崇文總目僅存十一篇。曾子固校編史館書籍，訪求佚闕，書乃復完。自宋迄今，行於世者，惟鮑彪、姚宏兩家注本。然其錯繆違失，尚不可勝數，學者病焉！自有清中葉，校讎之學最盛，而高郵王石臞父子，魁然獨開其宗。其後，如俞曲園、孫仲容之倫，皆精思窅冥以追前軌，可謂斐然庶幾者矣！故周秦以來之書，無不可讀，而奥辭賸義，紬繹既久，轉或有諸先輩所未及盡者，則後學亦得從事爲補苴，此吾友仲犖戰國策補釋所由作也。仲犖少年發名南學，筮仕來蜀，晚遭國變，閉門不出，日事著書，所欲成者多，而補釋適先寫定，以予猥有知聞，屬爲弁序。竊謂戰國策之爲書，南豐論之詳矣，蘇秦、商鞅、吳起、李斯以亡其身，諸侯及秦以亡其國，所不可廢者，上繼春秋，下至楚漢，二百四十年間行事而已；而獨以劉子政爲「惑於流俗，不篤自信」，則有過詞焉！子政之言曰：「亦可喜，皆可觀。」正喜其事之可觀耳，非喜其縱橫謀詐也。不然，何以必推極於仁義教化，而斤斤乎文武孔子哉？降及今日，世亂極而舊俗亡，文武孔子其道墜地，比諸戰國，殆尤弗如。無父子之親，泯君臣之分，去夫婦之別，三綱盡廢，而猶然可以篡盜吞滅責之者，未之有也。子政、南豐生右文之代，欲推其治於隆平，而又皆校讎中祕，自擅絕學，故所發如彼。若仲犖者，身丁叔末，牢落非偶，以今之斅退，證古之危亡，其感觸當何如也？顧尚有少幸者，宇內廢除文字之聲雖蜩螗盈耳，而舊籍刊播好事者彌多，聲訓之學愈益昌大，此以見天地正氣之中，勢有不能摧邋陷滅之理。則仲犖是書，方將與高郵諸儒揚其後勁，而爲晚起學者闢此榛塗，未嘗不足以私慰也！至其臨文下義，審諦周挾，不景響依違，亦不支離附會，則真能洞達神恉，善立條科者已！讀者當自得其用心所至，豈尚俟予言哉？甲子重九日華陽林思進。

戰國策補釋綴言

金正煒

一、是编就黄氏重刻剡川姚氏本，及元刻吴氏校注本，於原文之脱誤、舊注之差失，管蠡所及，並爲辨證。其無從索解者，仍以闕疑。

一、是编標舉章名，悉從吴師道所编目錄，即義有未安，亦仍其舊。

一、凡所釋字義，必徵引古説，以爲依據。如鮑注「之齊伐趙」「之」釋爲「趨」，「而此者三」「而」釋爲「若」，并爲援證，以申其義。其常訓易通，即高、鮑無注，亦不增補。

一、高郵王念孫讀書雜志，吴縣黄丕烈國策札記，於策文多所校正。是编於兩家之説考訂精審者，即不復爲異同。或以所説尚有疑義，則臚舉其文，而加以商榷。

一、國策地理，鮑、吴並多違失，陽湖張琦所著戰國策釋地，已多糾正。其有未及，亦就可考者，著之於编。

一、是编惟於字句脱誤，求其可通。若事理之得失，不復參以論斷。自維謭陋，舛繆必多，尚冀博雅君子，進而教之。　仲鼛自識。

〔附〕

敦煌本春秋後國語略出殘卷跋

羅振玉

孔衍春秋後國語略出殘卷，巴黎圖書館藏，前端殘闕，而中間每篇出書題及撰人名。計存趙語第五，韓語第六，魏語第七，楚語第八，凡四篇，後有番書尺許。此書，唐書藝文志史部雜史類、宋史藝文志別史類，均著錄，作十卷。孔衍，字舒元，魯國人，晉明帝時官廣陵太守。見晉書儒林傳。劉知幾史通內篇：「孔衍以戰國策所書未爲盡善，乃引太史公所記，參其異同，删彼二家，聚爲一錄，號爲春秋後語，除二周及宋、衛、中山，其所留者七國而已〔一〕。始自秦孝公，終于楚漢之際，比於春秋，亦盡二百三十餘年行事。始衍撰春秋時國語，復撰後語，勒成二書，各爲十卷，今行於世者，惟後語存焉。案其書序云，雖左氏莫能加，世人皆尤其不量力，不度德。尋衍之此義，自比於邱明者謂國語，非春秋傳也。必方以類聚，豈多嗤乎」云云。予案據諸書所言，則此書紀述七國，總爲十卷，而是殘卷，則僅百四十八行，已有趙、韓、魏、楚四國，紀事簡略，殆已得全書之半，初以爲疑；及以余所藏秦語及巴黎所藏魏語兩殘卷校之，則詳略大異。蓋彼二卷爲衍原書，此則删節之本，唐人所謂「略出」者也。宋初敕撰太平御覽，引後語六十餘事，剡川姚氏亦據以勘正國策。然姚氏自記謂訪之數年方得，則南宋之初，已不易遘。玉海言通鑑外紀引此書，元吳師道國策識語謂後語今不可得，賴姚本得見一二，則是亡佚於宋元之際，故深甯已不得見矣！御覽所引後語，並出注文，章氏隋書經籍志考證謂：「御覽所引未知爲衍本注，抑李昉等所增？」予案姚氏補高誘注戰國策卷一「顏率」下，續注：「率，名也，當如字。或云，力出切，後語注。」又「謀於葉庭之中，」續注引後語作「章華之庭」，注云，「徐廣曰，華容有章華亭。」以是證之，知御覽所引，確是後語原注，非李昉等所增也明矣。又據御覽服章部：「魏太子擊逢田子方於朝歌。」注：「朝歌，紂之所都，今衛州地。」考衛州之名，始於五季，宋世因之，御覽成於太宗朝，已引注文，則作注者殆爲五季人，又可知也。至此書與國策、史記異同，別校錄之，而第考其傳佚與其可貴者於卷尾。癸丑六月望。

〔一〕原注：七國，秦、齊、燕、楚、三晉。

敦煌本春秋後語秦語殘卷跋

羅振玉

春秋後秦語第一殘卷，前後斷損，存字九十五行，予以宣統庚戌，得之燕市，蓋石室藏書，由敦煌解送學部時，爲人所盜鬻者也。初不知爲何書，檢宋本白氏六帖卷四鼎類引後語：「秦師臨周以求九鼎，顯王患之，以告顏率。率曰：請救於齊；遂說齊王曰：秦無道，欲興師求周之鼎，君臣計不若歸齊，即願王圖之。齊王悦，發師救周，秦師罷，齊求鼎。顏率曰：周即獻鼎，不識何塗之所從？王曰：塗於梁。率曰：梁欲求鼎，謀暉臺之下，小海之上，梁必不出也。王曰：從楚；率曰：謀之華亭之上，楚必不出矣！齊王乃止之」云云。今檢此卷，則正在卷末。又國策卷一秦興師臨周章姚宏續注〔一〕引後語校勘同異，與此卷亦合，知此爲春秋後秦語矣！今以校國策，知姚氏所舉，疏漏尚多，而六帖所引，率與此同，今列舉之。國策「周君患之」，此卷作「周顯王患之」，六帖引亦作「顯王患之〔二〕」。「謂齊王曰」，此卷作「謂齊宣王曰」，姚校同。「夫秦之於無道也」，此卷作「秦之無道」，六帖引作「秦無道」，今國策乃衍「於」字。「不若歸之大國」，此卷「大國」作「大王〔三〕」。「使陳臣思將以救周」，此卷「陳臣思」作「田恒〔四〕」。「少海之上」，此卷作「小海」，六帖引同。「謀之於葉庭之中」，此卷「葉庭」作「華庭」，六帖引作「華亭〔五〕」。「所以備者稱此」，此卷「備」作「鈞〔六〕」。傳世國策，以剡川姚氏本爲最善，乃一章之中譌誤已至此，然微此卷亦安所取正乎？孔衍是書，據諸家所述，則紀錄七國，都爲十卷。今所存，雖僅二三殘卷，其分卷大略，尚可考見。往在京師晤伯希和君，出其所得敦煌書目，中有「孟說秦語中第二」，爲予言其書頗似國語。予當時即疑爲孔衍書，而苦無左驗。今考史通言後語「始自秦孝公，終於楚漢之際」。史記秦本紀稱：「武王有力，好戲力士，任鄙、烏獲、孟說，皆至大官。王與孟說舉鼎絶臏，八月武王死，族孟說。」所謂「孟說秦語中第二」者，殆因秦事實較多，分爲三卷。此卷終於武王二年〔七〕，乃秦語上第一。其秦語中首端叙孟說事，遂以首章記卷，古書之例皆然。秦語既有上、中，必有下卷，可知秦語以後，齊、趙、韓、魏、楚、燕，各爲一卷〔八〕，合之秦語三卷，共得九卷，其末卷，當是叙目；否則齊、趙、韓、魏、楚、燕六國中，或尚有一國事實較多，分兩卷耳。此卷書寫不精，殆出於有唐中葉，楮墨闇澹，故久不得售。予一見詫爲瓌寶，以重值得之。卷背記張義潮事實，爰附印於張延綬傳後，而以此卷與「略出本」同印之。癸丑六月十七日。

〔一〕羅振玉自注曰：紹興剡川姚氏本。

〔二〕羅振玉自注曰：姚校於「秦與師臨周」下，注：周顯王。後語此注，應在「周君患之」句「周君」二字下，誤列「臨周」句下也。

〔三〕羅振玉自注曰：姚校未舉。

〔四〕羅振玉自注曰：姚校未舉。

〔五〕羅振玉自注曰：姚校引後語作「章華之庭」，所見本與此異。

〔六〕羅振玉自注曰：姚校未舉。

〔七〕羅振玉自注曰：後有闕損，然多亦不過十數行。

〔八〕羅振玉自注曰：「略出本」，趙語第五，韓語第六，魏語第七，楚語第八，故據以爲次；惟齊、燕二國，不知孰先後耳。

敦煌本春秋後語魏語殘卷跋

羅振玉

春秋後魏語殘卷百二十行，亦巴黎圖書館所藏，首尾均損，不見書題，而以「略出本」證之，知爲春秋後魏語。略出本魏語僅記樂羊爲將、文侯飲酒、西豹門治鄴、襄王爲中天之臺、秦始皇帝與鄢陵君易地，凡五事。此卷雖殘闕，然尚得十事，中間又有闕損：趙惠文王惡范痤章佚後半，吳起去西河章佚前半，而襄王爲中天之臺及秦易鄢陵君地二章，則兩卷均有之；知此卷爲後語原本，確無可疑。且以此卷例之，知略出本所刪節蓋十六七矣！此書絶於人世者垂七八百年，一旦出於窮荒萬里之外，予復得伯希和君之遺珠，俾今日得會合印行，豈非快事？惜秦語中第二，尚不得見，當更求之伯氏。延津之合，期諸異時。展對之餘，已爲神往矣！六月二十日。

近讀英京所藏敦煌書目，有春秋後秦語下，則秦語果分三卷。又有春秋後語注，存楚第八，燕第十。則此書卷第可考者，卷一、二、三爲秦語，五爲趙，六爲韓，七爲魏，八爲楚，十爲燕；所不可知者，卷四及卷九耳，疑四爲齊，九則楚之下卷也。又予定御覽所引後語注非李昉所增，今英京本楚語、燕語有注，又爲鄙説得一證矣！是年十一月又記。

（雪堂校刊群書叙録）

巴黎敦煌殘卷叙録（二九）

王重民

春秋後語　秦語上　五五二三

孔衍春秋後語前三卷爲秦語，余既已證實羅振玉説，復據巴黎二七〇二號卷子，訂正古籍叢殘所印羅卷爲秦語中，非秦語上。後於倫敦又見秦語下（S.713）。今又於巴黎所藏叢殘之中，得兩長卷，並爲秦語上，蓋同卷而斷爲兩截者。於是秦語三卷，重獲於世矣。甲段存百〇六行，記商鞅、蘇秦事；乙段存百〇七行，記陳軫、張儀事。甲段卷端雖殘闕，猶始孝公二十二年，則史通言「後語始自秦孝公」者，斯其明驗矣。

按國策所載商鞅事頗不詳，後語則據史記增入。又後語記張儀事同在一卷，國策則說魏襄王在魏策一，說楚王在楚策一，說韓宣王在韓策一，說齊湣王在齊策一，說趙肅侯在趙策二。以衍書方諸國策，事覈於前，文該於舊，一人之事，載在同卷，兩國之史，例不兼書，翻檢至爲便易。六朝以來，後語較國策爲通行者，蓋以此故。史通謂『孔衍以戰國策所書未爲盡善，乃引太史公所記，參其異同，刪彼二家，集爲一錄』，又其明驗矣！

宋剡川姚氏，曾據後語以刊正國策，遺文逸事，今間存注中。韓策一張儀爲秦連橫說韓王一段，姚氏兩引後語，持以相校，並同敦煌本。然姚氏所校，多有未盡。今更以此章爲例，如：『而厮徒負養在其中矣』，後語『而』下有『已』字，『而已』二字屬上爲句。『爲除守徼障塞』，後語衍『爲』字、『塞』字。『虎摯之士，跿跔科頭』，後語『摯』作『賁』，『跿跔』作『號詢』。『秦馬之良，戎兵之衆』，後語『秦馬』作『乘馬』，『戎兵』作『戎馬』。『徒裎以趨敵』，後語『裎』作『裼』。『右挾生虜』，後語『挾』作『接』。『無以異於墮千鈞之重，集於鳥卵之上』，後語衍上『於』字，衍『集』字。『比周以相飾也』，後語『飾』作『舒』。『而聽須臾之說』，後語『說』作『巧言』。『斷絶韓之上地』，後語『上地』作『上黨』，下同。一章之中，異同已如是之多，惜今敦煌殘本雖出人間，仍未能得其半，爲可惜也。十二月十日。

又按後語原編，若至張儀爲上卷，至秦武王二年爲中卷，至楚漢之際爲下卷，則中卷似太少，下卷似太多。今書缺有間，余尚有疑焉。又二七〇二號卷子，裝裱顛倒之張儀□□侯一條，陳軫對惠王數行，證以此卷，並在上卷，與孟說事非在同卷，蓋此即其所以顛倒之故。又識於此。十二月十三日。

（民國二十六年四月二十一日大公報圖書副刊）

二、瑣記

秦宓斥戰國策　　三國志

李權從宓借戰國策，宓曰：「戰國從横，用之何爲？」權曰：「仲尼、嚴平，會聚衆書，以成春秋、指歸之文，故海以合流爲大，君子以博識爲弘。」宓報曰：「書非史記周圖，仲尼不采；道非虚無自然，嚴平不演。海以受淤，歲一蕩清；君子博識，非禮不視。今戰國反覆，儀、秦之術，殺人自生，亡人自存，經之所疾。故孔子發憤作春秋，大乎居正，復制孝經，廣陳德行。杜漸防萌，預有所抑，是以老氏絶禍於未萌，豈不信邪？成湯大聖，覩野魚而有獵逐之失；定公賢者，見女樂而棄朝事。若此輩類，焉可勝陳。道家法曰：『不見所欲，使心不亂。』是故天地貞觀，日月貞明；其直如矢，君子所履。洪範記災，發於言貌，何戰國之譎權乎哉？」（三國志秦宓傳）

袁悦重戰國策　　晉書　世説

袁悦有口才，能「短長説」，亦有精理。始作謝玄參軍，頗被禮遇。後丁艱，服除還都，唯齎戰國策而已！語人曰：「少年時，讀論語、老子，及看莊、易，此皆是病痛事，當何所益邪？天下要物，正有戰國策。」既下，説司馬孝文王，大見親待，幾亂機軸，俄而見誅。

原注：袁氏譜曰，悦，字元禮，陳郡陽夏人。父朗給事中，仕至驃騎咨議。太元中，悦有寵於會稽王，每

勸專覽朝權，王頗納其言。王恭聞其說，言於孝武，乃託以它罪，殺悅於市中。既而朋黨同異之聲，播於朝野矣！

（世說新語讒險）

袁悅之傳曰：袁悅之，字元禮，陳郡陽夏人也，父朗給事中。悅之能「長短說」，甚有精理。始爲謝玄參軍，爲玄所遇。丁憂去職，服闋還都，止齎戰國策，言「天下要，惟此書」。後甚爲會稽王道子所親愛，每勸道子專覽朝權，道子頗納其說，俄而見誅。

（晉書袁悅之傳）

孔衍作春秋後語

史通

孔衍以戰國策所書未爲盡善，乃引太史公所記，參其異同，删彼二家，聚爲一錄，號爲春秋後語，除二周及宋、衞、中山，其所留者，七國而已。始自秦孝公，終於楚漢之際，比於春秋，亦盡二百三十餘年行事。始衍撰春秋時國語，復撰春秋後語，勒成二書，各爲十卷，今行於世者，惟後語存焉。案其書序云：「雖左氏莫能加，世人皆尤其不量力，不度德」，尋衍之此義，自比於丘明者，當謂國語，非春秋傳也。必方以類聚，豈多嗤乎？

（史通卷一六家）

伊愼通戰國策

新唐書

伊愼，字寡悔，兗州人。通春秋、戰國策、天官五行書。貞元末奉義節度。

（新唐書百十七）

賈似道欲刻姚注戰國策

癸辛雜識

賈師憲選十三朝國史會要諸雜説〔一〕，如曾慥類説例，爲百卷，名悦生堂隨鈔。板成，未及印，其書遂不傳。其所援引，多奇書。其後，又欲開手節十三經注疏、姚注戰國策、注坡詩，皆未及入梓，而國事異矣。

〔一〕祖耿案：師憲，賈似道也。

三、雜語

劉勰語一則

劉勰曰：從横之世，史職猶存，秦并七王，而戰國有策，蓋録而不叙，故即簡爲名也。（文心雕龍）

劉知幾語二則

劉知幾曰：孔子云没，經傳不作。于時文籍，惟有戰國策及太史公書而已。

又曰：暨從横互起，力戰爭雄，秦兼天下，而著戰國策。其篇有東西二周、秦、齊、燕、楚、三晉、宋、衛、中山，合十二國，分爲三十三卷。夫謂之策者，蓋録而不序，故即簡以爲名。或云漢代劉向，以戰國游士爲之策謀，因謂之戰國策。

（史通）

蕭穎士語一則

蕭穎士曰：古者，右史記事，左史記言。孔聖没而微言絶，暴秦興而挾書罪。雖戰國遺策，虛章駮亂於縱横；漢臣著記。新體互約於表志。其道末者其文雜，其才淺者其意煩。

（爲陳正卿進續尚書表）

葉適語一則

葉適曰：戰國策國別必列蘇、張從横，且載代、厲始末，意其宗蘇氏學者所次輯也。又韓、趙、魏皆載智伯求地爲首，而燕終之以高漸離刺始皇，使劉向未校以前已如此，則此書蚤經釐正矣，非殘缺也。

（習學記言卷十八）

陳仁錫語一則

陳仁錫曰：楚、趙、田齊諸世家，多戰國策所遺漏之文，可見今之戰國策非完書。

（日本瀧川龜太郎史記會注考證趙世家篇下）

張照語一則

張照曰：戰國策安得有韓信、蒯通之事？索隱誤。

畢沅語一則

畢沅曰：戰國策高誘注，非真本。唯呂氏春秋及淮南王書注，最爲可信。（呂氏春秋新校正序）

章學誠語二則

章學誠曰：戰國者，縱横之世也。縱横之學，本於古者行人之官。觀春秋之辭命，列國大夫，聘問諸侯，出使專對，蓋欲文其言以達旨而已。至戰國而抵掌揣摩，騰説以取富貴，其辭敷張而揚厲，變其本而加恢奇焉，不可謂非行人辭命之極也。孔子曰：『誦詩三百，授之以政，不達；使于四方，不能專對；雖多，亦奚以爲。』是則比興之旨，諷諭之義，固行人之所肄也。縱横者流，推而衍之，是以能委折而入情，微婉而善諷也。九流之學，承官曲於六典，雖或原于書易春秋，其質多本於禮教，爲其體之有該也。及其出而用世，必兼縱横，所以文其質也。古之文、質合於一，至戰國而各具之。質，當其用也，必兼縱横之辭以文之，周衰文敝之效也。故曰，戰國者，縱横之世也。（文史通義詩教上）

又曰：以劉歆、任宏重複著録之理推之，戰國策一書，當与兵書之權謀条，諸子之縱横家重複互注，乃得盡其條理。（校讎通義卷二）

周中孚語二則

周中孚曰：唐趙蕤，字太賓，梓州郪縣人，一云鹽亭人。李白嘗師事之。開元中，召之不赴。著長短經十卷：總六十三篇。其第十卷，載陰謀家，本闕。今讀畫齋叢書本有九卷：卷一爲文上，凡八篇；卷二爲文中，凡四篇；卷三爲文下，亦四篇；卷四爲霸記上，止一篇；卷五爲霸記中，亦一篇；卷六爲霸記下，亦一篇；卷七爲權議，凡二篇；卷八爲雜說，凡十九篇；卷九爲兵權，凡二十四篇。計之，却得六十四篇。每篇各有標目，並自爲之叙極詳。「短長」爲戰國策之別稱，太賓以縱橫之學術，談儒家之經濟，故命名取諸此；而雜采群言，又絕似呂覽、淮南也。

又曰：據朱虬庵湧幢小品、李厚德戒庵漫筆、張念難雲谷卧錄所記，確知明嘉靖之季，崑山王舜華逢年，僞託漢黃憲〔一〕，造天祿閣外史八卷〔二〕。其書竭力規仿戰國策，實皆荒唐凡鄙之詞，與姚叔詳僞本於陵子同。其書凡一百有二篇，每篇各有標目，爲賓韓文二十一篇，賓魯文十三篇，賓齊文五篇，賓魏文十一篇，賓秦文十四篇，賓晉文十四篇，賓蜀文十四篇，賓楚文十篇。前有嘉靖二年王守溪（鏊）序，及晉謝安、唐田宏、陸贄及翼聖江氏總評〔三〕，後有宋韓洎贊，皆一手所僞撰也。

（鄭堂讀書記卷五十二）

〔一〕周中孚自注曰：黃憲，字叔度，愼陽人，舉孝廉不就，天下號曰「徵君」。

〔二〕周中孚自注曰：天祿閣外史，今見漢魏叢書。

〔三〕周中孚自注曰：翼聖江氏，不著何時人。

譚獻語五則

譚獻曰：姜西溟言「周秦之文，莫衰於左傳，莫盛於國策。」人以爲詭激，吾以爲知言。（復堂日記二）

又曰：治繹史，並校覽國策、國語一過，國語別有說；國策高注非真，畢尚書已言之。剡川姚本，號爲古刻，亦多脱誤；且余讀之不可解者，次第凌雜，非以時繫，亦非事比，未必子政校進之書。舊疑以縱横家言，自漢至唐，無巨儒碩學，編正論列。宋時館閣讎書，子固諸人理董亦未有緒。予謂策紀多設詞，如諸子之寓言，非可以實事求之。君臣年代，棼踳不可究詰，不得已姑以事次，信者列前，疑者附之，雖史公所采，亦有當別白者耳！

又曰：國策多寓言，不必盡求以事實。國策論事多雙照，使左右無間隙，故彼我之懷俱盡。其言兵也，遂与左氏殊軌，有奇而無正。世變也者，天人合者也。（復堂日記五）

又曰：讀國策，取讀書雜志校正訖。姚本異同，兩家各自成書，同時并出，不復迻寫。鮑本更次處亦有義，未必盡非。即姚本恐亦非子政之舊耳。（復堂日記六）

又曰：林春溥戰國紀年六卷，閱畢，跋云：「史記之采國策，通鑑之采史記，多失本真，使情事不具，首尾衡决，年月淆失，勾合参正，有待後賢。林氏好學而未能深思，是編絶勝者，正齊、梁遷就之年，東、西周王公之踳亂，蘇、張傅會之故實，從約先後之殊異，亦可謂犂然矣。而要删舊文，不暇諟審，往往失其曲折，未盡其回復激射，不獨本末凌躐，遂乃文采黯然，非善讀書者也。纂述之旨，在信竹書以會孟子。所見最正，不可没其苦心。」

（復堂日記六）

朱一新語一則

朱一新曰：戰國策今高誘、姚宏注本，雖分三十三卷，實已缺一篇，蓋後人分析以求合三十三篇之數也。

（漢書管見）

胡懷琛語一則

胡懷琛曰：戰國策原爲史類之一書，由今觀之，吾人可云，其書大半是小説。

王國維語一則

王國維曰：古書之以『策』名者，有戰國策。劉向上戰國策書序中：「本號或曰『國策』，或曰『國事』，或曰『短長』，或曰『事語』，或曰『長書』，或曰『修書』。」竊疑周秦游士，甚重此書，以策書之，故名爲『策』。以其札一長一短，故謂之『短長』；比尺籍短書，其簡獨長，故謂之『長書』、『修書』。劉向以『戰國時游士輔所用之國爲之策謀』，定其名曰『戰國策』。以策爲『策謀』之『策』，蓋已非此書命名之本義。

（簡牘檢署考）

章炳麟語一則

章炳麟曰：從横出自行人，「短長」諸策，實多口語。尋理本旨，無過數言，而務爲紛葩，期於造次可聽。溯其流别，實不歌而誦之賦也。秦、代、儀、軫之辭，所以異於子虚、大人者，亦有韵、無韵云爾。（檢論卷五）

四、歷代有關戰國策書目

漢班固漢書

漢班固漢書卷三十藝文志春秋家：

「戰國策三十三篇，記春秋後。」

朱一新漢書管見云：「今高誘、姚宏注本，雖分三十三卷，實已缺一篇。蓋後人分析以求合三十三篇之數也。」

唐長孫無忌隋書

唐長孫無忌隋書卷三十三經籍志史部：

「戰國策三十二卷，劉向錄。」

「戰國策二十一卷，高誘撰注。」

「戰國策論一卷，漢京兆尹延篤撰。」

自秦撥去古文，篇籍遺散，漢初得戰國策，蓋戰國遊士記其策謀，其屬辭比事，不與春秋、史記、漢書相似，蓋率爾而作，非史策之正也。備而存之，謂之雜史。

五代後晉劉昫唐書

五代後晉劉昫唐書卷四十六經籍志乙部史錄雜史：

「戰國策三十二卷，劉向撰。」

「戰國策論一卷，延篤撰。」

「戰國策三十二卷，高誘注。」

祖耿案：劉昫唐書經籍志史錄編年五十五家中，有戰國春秋二十卷，云李槩撰，次於鄧粲晉紀十一卷之後，周祇崇安紀之前。新唐書五十八藝文志乙部史錄編年類四十一家中，無此書。此書亦不見於鄭樵通志、馬端臨文獻通考。高似孫子略卷三歷代春秋條下，首有戰國春秋二十卷，列於趙曄吳越春秋、陸賈楚漢春秋之前。

北宋王堯臣崇文總目

北宋王堯臣崇文總目卷二雜史類上：

「戰國策二十二卷」

繹按：隋志、通志略，並二十一卷；唐志，三十二卷；書錄解題，三十卷；宋志，三十三卷。又兵書類重出，亦同。今本三十三卷。

「戰國策八卷」

原釋云：漢護左都水使者光祿大夫劉向錄，舊號或曰「國策」，或曰「國事」，或曰「短長」，或曰「事語」，或曰「長書」，或曰「修書」。向以戰國時游士輔所用之國，爲之策謀，宜爲「戰國策」。凡十二國，三十三篇。繼春秋以後，記楚漢之興，總二百五十年事。今篇卷亡闕，第二至十、三十一至三十三闕。又有後漢高誘注本二十卷，今闕第一、第五、第十一至二十，止存八卷。（見文獻通考）

繹按：曾子固重校戰國策，叙云：「劉向所定著三十三篇，崇文總目稱十一篇者闕。臣訪之士大夫家，始盡得其書。」又云：「此書有高誘注者二十一篇，或曰三十二篇，崇文總目存者八篇，今存者十篇云。」姚令聲戰國策跋、姚令威後叙，並云：「崇文總目：『高誘注八篇』。」

又按：通考作十三卷，引原釋「第五」下，有「第十二」字，與「止存八卷」句不合，蓋衍文也。今據陝西通志引崇文總目校刪。

祖耿案：繹，清嘉定錢繹也。

北宋歐陽修宋祁新唐書

北宋歐陽修、宋祁新唐書卷五十八藝文志乙部史錄雜史類：

「劉向戰國策三十二卷」

「高誘注戰國策三十二卷」

「延篤戰國策論一卷」

南宋紹興間鄭樵通志

南宋紹興間鄭樵通志卷六十五藝文略三史類雜史：

「戰國策三十四卷，劉向錄。」

「戰國策二十一卷，高誘撰注。」

「戰國策論一卷，漢京兆尹延篤撰。」

南宋紹興間鄭樵通志卷六十七藝文略六縱橫家：

「縱橫集二十卷，李緯撰。採六國至東漢辯說之詞。」

祖耿案：宋史卷二百九藝文志總集類，有李緯縱橫集二十卷。

南宋乾道間晁公武郡齋讀書志

南宋乾道間晁公武郡齋讀書志卷十一縱橫家類：

「戰國策十三卷」〔一〕

右漢劉向校定三十三篇：東、西周各一，秦五，齊六，楚、趙、魏各四，韓、燕各三，宋衞、中山各一〔二〕。舊有五號，向以爲皆戰國時游士策謀，改定今名。其事則上繼春秋，下訖楚漢之起，凡二百四五十年之以其紀諸國事〔五〕，載於史類。予謂其紀事不皆實錄，難盡信，蓋出於學縱橫者所著，當附於此〔六〕。

〔一〕先謙案：袁本二作「三十三卷」。
〔二〕先謙案：舊鈔脫「中山」二字。
〔三〕先謙案：袁本作「凡二百四十五年」。
〔四〕先謙案：「皇」，舊鈔作「宋」。
〔五〕先謙案：「紀」，袁本、舊鈔並作「記」。
〔六〕先謙案：袁本作「當附於縱橫家云」。

祖耿案：先謙，清長沙王先謙也。

南宋淳熙間葉適習學記言序目

南宋淳熙間葉適習學記言序目卷第十八：

「戰國策周〔一〕

戰國策秦〔二〕

戰國策齊〔三〕

戰國策楚趙〔四〕

戰國策韓魏〔五〕」

〔一〕祖耿案：此條下，有文二百八十五字，已見文獻通考引；其下復說三事，此不具錄。

〔二〕祖耿案：此條下說五事，不具録。

〔三〕祖耿案：此條下說八事，不具録。

〔四〕祖耿案：此條下說四事，不具録。

〔五〕祖耿案：此條下說十五事，不具録。

南宋淳熙間陳騤中興館閣書目趙士煒輯考

南宋淳熙間陳騤中興館閣書目趙士煒輯考卷四子部縱橫家：

「戰國策（三十三卷）」

原釋云：「後漢高誘注。」案劉向序云：「戰國策或曰『國事』，或曰『短長』，或曰『事語』，或曰『長書』，或曰『修書』。向以戰國游士輔所用之國，爲之筴謀，宜爲『戰國策』。除複重，得三十三篇。」崇文總目稱「十一篇缺」，編校史館書籍曾鞏，求訪盡得其書，然後三十三篇復備。隋志：向所録者三十四卷〔一〕，誘所注者〔二〕二十一卷〔三〕。按唐志「注誘三十二卷」，書録解題「三十卷」，崇文總目僅存「八篇」，宋志「三十三卷」，又見兵書類。今本三十三卷，入於雜史。

〔一〕煒案：今本隋志作「三十二卷」。

〔二〕煒案：原有「士」字，疑衍，今删。

〔三〕煒案：考索前十六。

南宋紹熙間尤袤遂初堂書目

南宋紹熙間尤袤遂初堂書目雜史類：

「舊杭本戰國策」

「遂初先生手校戰國策」

「姚氏本戰國策」

「鮑氏注戰國策」

「戰國策補注」

南宋寶慶間高似孫史略

南宋寶慶間高似孫史略卷五雜史：

「戰國策三十二卷，劉向錄。」

「戰國策二十一卷，高誘注。」

「戰國策論一卷，漢京兆尹延篤撰。」

祖耿案：南宋寶慶間高似孫子略卷三有戰國策條，說見文獻通考引。

南宋端平間陳振孫直齋書録解題

南宋端平間陳振孫直齋書錄解題卷五雜史類：

「戰國策三十卷。司馬遷史記所本，劉向所校者也，但無撰人名氏。後漢高誘注，自東周至中山十二國，凡三十三篇。鮑氏校定戰國策十卷。尚書郎括蒼鮑彪注，以西周正統所在，易爲卷首。其注凡四易藁乃定。」

宋元間馬端臨文獻通考

宋元間馬端臨文獻通考卷二百十二經籍考縱横家：

「戰國策十三卷」

崇文總目：漢護左都水使者光祿大夫劉向錄。舊號或曰「國策」，或曰「國事」，或曰「短長」，或曰「事語」，或曰「長書」，或曰「修書」。向以戰國時游士輔所用之國，爲之策謀，宜爲「戰國策」。凡十二國，三十三篇，繼春秋以後，記楚漢之興，總二百五十年事。今篇卷亡缺，第二至十、三十一至三十三闕。又有後漢高誘注本二十卷，今缺第一、第五、第十一至二十，止存八卷。

晁氏曰：漢劉向校定三十三篇：東、西周各一，秦五，齊六，楚、趙、魏各四，韓、燕各三，宋衛、中山各一。舊有五號，向以爲皆戰國時游士策謀，改定今名。其事則上繼春秋，下訖楚漢之起，凡二百四五十年之間。崇文總目多缺。至皇朝曾鞏校書，訪之士大夫家，其書始復完。漢高誘注，今止十篇，餘逸。歷代以其記諸國事，載於史類。予謂其紀事不皆實錄，難盡信，蓋出於學縱横者所著，當附于此。

南豐曾氏序曰：向叙此書，言周之先，明教化，修法度，所以大治；其後謀詐用而仁義之道塞，所以大亂。其説既美矣。卒以謂此書，戰國之謀士，度時君之所能行，不得不然，則可謂惑於流俗而不篤於自信者也。夫孔孟之時，去周之初已數百歲，其舊法已亡，舊俗已熄，久矣！二子乃獨明先王之道，以爲不可改者，豈將强天下之主以後世之所不可爲哉？亦將因其所遇之時，所遭之變，而爲當世之法，使不失乎先王之意而已！二帝三王之治，其變固殊，其法固異，而其爲國家天下之意，本末先後未嘗不同也。二子之道，如是而已。蓋法者所以適變也，不必盡同；道者所以立本也，不可不一！此理之不易者也。故二子者守此，豈好爲異論哉？能勿苟而已矣。可謂不惑乎流俗而篤於自信者也！戰國之游士則不然，不知道之可信，而樂於説之易合，其設心注意，偷爲一切之計而已！故論詐之便而諱其敗，言戰之善而蔽其患。其相率而爲之者，莫不有利焉而不勝其害也，有得焉而不勝其失也。卒至蘇秦、商鞅、孫臏、吴起、李斯之徒，以亡其身；而諸侯及秦用之者，亦滅其國。其爲世之大禍明矣，而俗猶莫之悟也。惟先王之道，因時適變，爲法不同而考之無疵，用之無弊，故古之聖賢，未有以此而易彼也。或曰：邪説之害正也，宜放而絶之。則此書之不泯其可乎？對曰：君子之禁邪説也，固將明其説於天下，使當世之人皆知其説之不可從，然後以禁則齊；使後世之人皆知其説之不可爲，然後以戒則明。豈必滅其籍哉？放而絶之，莫善於是！是以孟子之書，有爲神農之言者，有爲墨子之言者，皆著而非之。至於此書之作，則上繼春秋，下至楚漢之起，二百四五十年之間，載其行事，固不得而廢也。此書有高誘注者二十一篇，或曰三十二篇。崇文總目存者八篇，今存者十篇云。

容齋洪氏隨筆曰：劉向叙戰國策，言其書錯亂相揉莒，本字多脱誤爲半字，以趙爲肖，以齊爲立，如此類者多。余按今傳於世者，大抵不可讀，其韓非子、新序、説苑、韓詩外傳、高士傳、史記索隱、太平御覽、北堂書鈔、藝文類聚諸書所引用者，多今本所無。向博極群書，但擇焉不精，不止於文字脱誤而已。惟太史公史記所采之事，九十有三，則明白光艷，悉可稽考，視向爲有間矣。

高氏子略曰：班固稱太史公取戰國策、楚漢春秋、陸賈新語作史記。三書者，一經太史公采擇，後之人遂以爲天下奇書，予惑焉。每讀此書，見其叢脞少倫，同異錯出，事或著於秦、齊，又復見於楚、趙，言辭謀議，如出一人之口，雖劉向校定，卒不可正其淆駁，會其統歸。故是書之汩，有不可得而辯者，况於楚漢春秋，陸賈新語乎？二書紀載，殊無奇耳。然則太史公獨何有取於此？夫載戰國楚漢之事，舍三書他無可考者，太史公所以加之采擇者在此乎？柳子厚嘗謂「左氏國語，其閎深傑異，固世之所耽嗜而不已也，而其說多誣淫，不概於聖。余懼世之學者，惑其文采而不論其是非，作非國語」。昔讀是書，殊以子厚言之或過矣；反覆戰國策而後三嘆非國語之作，其用意切、用功深也！予遂效此，盡取戰國策與史記同異，又與說苑、新序雜見者，各彙正之，名曰戰國策考。

水心葉氏曰：春秋以後，接秦之興，無本書可考，雖有司馬遷史記，然皆雜取諸書及野語流傳會聚之所成也。故戰國一節，不敢使與左傳同，便爲成書，直加據定。而戰國策本遷所憑依，粗有諸國事，讀者以歲月驗其先後，因之以知得失，或庶幾焉。劉向敘此書，上止文武，最後謂詐僞不能比王德。大意雖不差，尚淺而未究，蓋道德禮義學校，自有天地聖人以來共之，非文武之所獨爲也。及聖人不作，積以廢壞，極於亡秦，而詐僞之弊，遂不可復反。向豈謂漢與亦能稍變秦俗乎？且其設權立計，有繫當時利害之大者，學者將以觀事變，固不宜略，然十纔二三耳；其餘纖碎反覆，徒競錐刀之細，市井小人之所羞稱，所謂不足以掛牙頰者也，又烏在乎「亦可喜，皆可觀」哉？夫習於猥陋淺妄之誇說，使與道德禮義相亂，其爲學者心術之巨蠹甚矣，可不畏甚乎？

右縱橫家。

「鮑氏校定戰國策十卷」

陳氏曰：尚書郎括蒼鮑彪注。以西周正統所在，易爲卷首，其注凡四易藁乃定。

祖耿案：上載高、葉二家之文，有脱誤，各據原書校補。

元脱脱宋史

元脱脱宋史卷二百五藝文志子類縱横家：

「高誘注戰國策三十三卷」

「鮑彪注國策十卷」

又卷二百七藝文志兵書類：

「戰國策三十三卷」

明正統間葉盛菉竹堂書目

明正統間葉盛菉竹堂書目卷二子書：

「戰國策十册」

明嘉靖間范欽天一閣書目

明嘉靖間范欽天一閣書目史部雜史類：

「戰國策十卷。刊本。漢護左都水使者光禄大夫劉向定並叙。曾鞏序，紹興丁卯縉雲鮑彪，魯人耿延禧，泰定乙丑金華吴師道，清源王覺，元至正十五年浚儀陳祖仁，李文叔俱有序，剡川姚宏序後。」

明萬曆間陳第世善堂藏書目錄

明萬曆間陳第世善堂藏書目錄上諸子百家類各家傳世名書：

「戰國策十卷，鮑彪校定。」

「國策評苑十卷」

「國策校註三十三卷」

明萬曆間朱睦㮮萬卷堂書目

明萬曆間朱睦㮮萬卷堂書目二雜史：

「戰國策十卷」

明萬曆間錢謙益絳云樓書目

明萬曆間錢謙益絳雲樓書目雜史類：

「戰國策，高誘注三十二卷，後漢人。吳正傳本佳，有吳立夫序，文遠勝鮑彪本。正傳，名師道，立夫族人。至正初，爲國子博士，校注國策，考核甚精，其詳見於自序，時泰定二年也。」

明高儒百川書志

明高儒百川書志七子部縱横家：

「戰國策十卷。漢劉向定著戰國策三十三篇，先秦紀事之書也，載西周、東周、趙、魏、齊、楚、韓、燕、宋、衛、中山十一國事，凡四百九十七章。太史公作史記，嘗據此書。今参諸本，分爲十卷。」

清康熙間陸漻佳趣堂書目

清康熙間陸漻佳趣堂書目：

「元版戰國策十卷，晉昌唐寅校勘藏本，庚申。」

「元版戰國策十卷」

清康熙間徐乾學傳是樓書目

清康熙間徐乾學傳是樓書目子部縱横家：

「明張文爟國策譚棷十卷，十本。」

「明鄭維岳國策旁訓四卷，二本。」

「明錢棅國策泳一卷，一本。」

「明淩濛初國策概四卷，二本。」

清乾隆間紀昀四庫全書總目提要

清乾隆間紀昀四庫全書總目提要卷十一史部七雜史類：

「戰國策注三十三卷，衍聖公孔昭煥家藏本」

舊本題漢高誘注。今考其書，實宋姚宏校本也。文獻通考引崇文總目曰：「戰國策篇卷亡闕，第二至第十、第三十一至第三十三闕。又有後漢高誘注本二十卷，今闕第一、第五、第十一至二十，止存八卷。」曾鞏校定序曰：「此書有高誘注者二十一篇，或曰三十二篇。崇文總目存者八篇，今存者十篇。」此爲毛晉汲古閣影宋鈔本。雖三十三卷皆題曰「高誘注」，而有誘注者，僅二卷至四卷、六卷至十卷，與崇文總目八篇數合。又最末三十二、三十三兩卷，合前八卷，與曾鞏序十篇數合。而其餘二十三卷，則但有考異而無注。其有注者，多冠以「續」字。其偶遺「續」字者，如趙策一「郄疵」注、「雒陽」注，皆引唐林寶元和姓纂；趙策二「甌越」注，引魏孔衍春秋後語；魏策三「芒卯」注，引淮南子注。衍與寶在誘後，而淮南子注，即誘所自作，其非誘注，可無庸置辨。蓋鞏校書之時，官本所少之十二篇，誘書適有其十，惟闕第五、第三十一。意必以誘書足官書，而又於他家書内摭二卷補之。此官書、誘書合爲一本之由。然鞏不言校誘注，則所取惟正文也。迨姚宏重校之時，乃併所存誘注入之。故其自序稱：「不題校人并題續注者，皆余所益。」知爲先載誘注，故以「續」爲別。且凡有誘注復加校正者，並於夾行之中又爲夾行，與無注之卷不同。知校正之時，注已與正文並列矣。卷端曾鞏、李格、王覺、孫朴諸序跋，皆前列標題，各題其字。而宏序獨空一行，列於末，前無標題；序中所言體例，又一一與書合，其爲宏校本無疑。其卷卷題高誘名者，殆傳寫所增，以贋古書耳。書中校正稱曾者，曾鞏本也；稱錢者，錢藻本也；稱劉者，劉敞本也；稱集者，集賢院本也；無姓名者，即宏序所謂不題校人爲所加入者也。其點勘頗爲精密，吴師道作戰國策鮑注補正，亦稱爲善本。是元時猶知注出於宏，不知毛氏宋本，何以全題高誘？考周密癸辛雜識稱「賈似道嘗刊是書」，豈其門客廖瑩中等，皆媟褻下流，昧於檢校，一時誤題，毛氏適從其本影鈔歟？近時揚州所刊，即從此本錄出，而仍題誘名，殊爲沿誤。今於原有注之卷，題高誘注，姚宏校正續注；原注已佚之卷，則惟題姚宏校正續注，而不列誘名，庶幾各存其真。宏字令聲，一曰伯聲，剡川人。嘗爲删定官，以伉直忤秦檜，瘐死大理獄中。蓋亦志節之士，不但其書足重也。

案漢藝文志，戰國策與史記爲一類，歷代史志因之。晁公武讀書志始改入子部縱横家，文獻通考因之。案班固稱司馬遷作史記，據左氏、國語，采世本、戰國策，述楚漢春秋，接其後事，迄於天漢。則戰國策當爲史類，更無疑義。且子之爲名，本以稱人，因以稱其所著，必爲一家之言乃當此目。戰國策乃劉向裒合諸記，併爲一編，作者既非一人，又均不得其主名，所謂子者安指乎？公武改隸子部，是以記事之書爲立言之書，以雜編之書爲一家之書，殊爲未允。今仍歸之史部中。

「鮑氏戰國策注十卷，内府藏本。」

宋鮑彪撰。案黄鶴杜詩補注，郭知達集注九家杜詩，引彪之語皆稱爲鮑文虎説，則其字爲文虎也。縉雲人，官尚書郎。戰國策一書，編自劉向，注自高誘。至宋而誘注殘闕，曾鞏始合諸家之本校之，而於注文無所增損。姚宏始稍補誘注之闕，而校正者多，訓釋者少。彪此注，成於紹興丁卯，其序中一字不及姚本。蓋二人同時，宏又因忤秦檜死，其書尚未盛行於世，故彪未見也。彪書雖首載劉向、曾鞏二序，而其篇次先後，則自以己意改移，非復向、鞏之舊。是書竄亂古本，實自彪始。然向序稱「中書餘卷，錯亂相糅莒〔一〕；又有國別者八篇，少不足；臣向因國別者，略以時次之，分別不以序者以相補，除重複，得三十三篇。」又稱

「中書本號，或曰「國策」，或曰「國事」，或曰「短長」，或曰「事語」，或曰「長書」，或曰「修書」」云云。則向編此書，本裒合諸國之記，删併重複，排比成帙。所謂三十三篇者，實非其本來次第。彪核其事蹟年月而移之，尚與妄改古書者有間。其更定東、西二周，自以爲考據之特筆，元吳師道作補正，極議其誤。考趙與時賓退録曰：「戰國策舊傳高誘注，殘闕疏略，殊不足觀。姚令威寬補注〔二〕，亦未周盡。獨縉雲鮑氏校注爲優，雖間有小疵，殊不害大體。惟東、西二周一節，極其舛謬，深誤學者，反不若二氏之説。」是則南宋人已先言之矣！師道注中所謂補者，即補彪注；所謂正者，亦即正彪注。其精核實勝於彪。然彪注疏通詮解，實亦殫一生之力，故其自記稱四易稿後，始悟周策之嚴氏、陽豎，即韓策之嚴遂、陽堅，而有校書如塵埃、風葉之歎。雖踵事者益密，正不得遽没創始之功矣。

〔一〕昀案：「莒」字未詳，今姑仍原本録之。

〔二〕昀案：補注乃姚寬之兄姚宏所作，此作姚寬，殊誤。謹附訂於此。

「戰國策校注十卷，兵部侍郎紀昀家藏本。」

元吳師道撰。師道，字正傳，蘭谿人。至治元年進士，仕至國子博士致仕。後授禮部郎中。事蹟具元史儒學傳。師道以鮑彪注戰國策，雖云糾高誘之譌漏，然仍多未善，乃取姚宏續注與彪注參校，而雜引諸書考正之。其篇第注文，一仍鮑氏之舊。每條之下，凡增其所闕者，謂之「補」；凡糾其所失者，謂之「正」；各以「補曰」「正曰」別之。復取劉向、曾鞏所校三十三篇四百八十六首舊第爲彪所改竄者，別存於首。蓋既用彪注爲稿本，如更其次第，則端緒益棼，節目皆不相應；如泯其變亂之迹，置之不論，又恐古本遂亡。故附録原次，以存其舊。孔穎達禮記正義，每篇之下，附著別録第幾；林億等新校素問，亦每篇之下，附著全元起本第幾。即其例也。前有師道自序，撮舉彪注之大紕繆者，凡十九條，議論皆極精審。其他隨文駁正，亦具有條理。古來注是書者，固當以師道爲最善矣！舊有曲阜孔氏刊本，頗未是正。此本猶元時舊刻，較孔氏多爲可據云。

四庫全書總目提要卷五十二史部八雜史類存目一

「左逸一卷、短長一卷，兩江總督採進本。」

是書凡左傳逸文三則，戰國策逸文三則，二書各有小引，前稱「嶧陽樵者，獲石篋，得竹簡，漆書古文左傳，讀之，中有小牴牾三。余得而錄之；或謂秦漢人所傳而託也，余不能辨」。後稱「耕於齊野者，地墳得大篆竹策一袠，曰「短長」。劉向叙戰國策，一名「短長」。所謂「短長」者，豈戰國逸策歟？然多載秦及漢初事，意文、景之世，好奇之士僞託以撰。」前題「延陵蔣謹手次」及「子世枋重訂」，又冠以世枋序，稱二帙爲其先人手錄，貯篋中者四十年，未詳作者誰氏，并所序「嶧陽」、「齊野」二説，亦不知何人；惟是紀事用意，筆法遒古，非秦漢以下所能道隻字云云。漆書竹簡，豈能閱二千年而不毁？其僞殊不足辨也。

「戰國策談棷十卷，兩江總督採進本。」

明張文爟撰。文爟，字維昇，仁和人。是書全用吳師道補正鮑彪之本，惟增入李斯諫逐客書、楚人以弱弓微繳説頃襄王、中山君饗都士大夫三章，爲吳本所無。注中國名人名，或間補數言，餘皆采諸家評語，書之簡端，冗雜特甚！所謂「談棷」，即指是也。棷，集韻，蘇后切，與「藪」同。「談棷」即「談藪」，特變易其字，以見異耳。

「七雄策纂八卷，安徽巡撫採進本。」

明穆文熙編。文熙，字敬止，東明人。嘉靖壬戌進士，官吏部員外郎。是編取戰國策之文，加以評語，並集諸家議論，附於上闌，大抵剿襲陳因，無所考證。

「戰國策去毒二卷，江蘇周厚堉家藏本。」

國朝陸隴其編。隴其有古文尚書考，已著錄。此書前有自記，謂戰國策一書，其文章之奇，足以悦人耳目；而其機變之巧，足以壞人心術。如厚味之中有大毒焉。故今舉文士所共讀者，指示其得失，庶幾嚌其味而不中其毒也。故以「去毒」名。其持論甚正，然百家諸子，各自爲書，原不能盡繩以儒理。既以縱横爲術，又安怪其但言縱横？況自漢以來，孔孟之道大明，如戰國策之類，不過史家或考其事蹟，詞人或取其文章，是以至今猶存，原無人奉爲典型，懸以立教；與釋氏之近理亂真，異學之援儒入墨，必須辨別者，截然不同。是固不必懲羹而吹虀也。

清嘉慶間黄丕烈士禮居藏書題跋記二

「高注戰國策三十二卷，影宋梁溪高氏本。」

吴師道云：「剡川姚宏續校注，最後出。予見姚注凡二本：其一冠以目錄劉序，而置曾序於卷末；其一冠以曾序，而劉序次之，云云。」此即所謂冠以曾序之本也。宋槧原出梁溪安氏，陸勑先亦據以鈔校，刻入盧氏雅雨堂，但失其真矣。其冠以目錄劉序本，出梁溪高氏，宋槧之極好者，今在黄蕘圃家，近將重爲刊行，於此有異同。此本世鮮蓄之者，自是戰國策一重公案，後人勿因其一刻再刻，而漫視之也。嘉慶癸亥五月，書此留示阿和、阿道，回數家兄下世，已閲七年，爲之泫然！澗薲居士廣圻記〔一〕。

此册影宋鈔本高注戰國策，東城顧氏藏書，由蔣春臯以歸於小讀書堆者也。抱冲故後，借其遺書，屬伊從弟澗薲核雅雨本，多所正誤，未及還，而余適得桐鄉金氏所藏宋刊本，又爲校勘，又可正影鈔本之誤。

書以最先者爲佳，信不誣矣！且高注宋刻，向有兩本，此本非即從余所得宋本鈔出，故行欵不同，字句間有互異。聊誌數語，以著源流，俟與後之能讀者證之。嘉慶歲在己未二月花朝後一日黃丕烈識〔二〕。

〔一〕祖耿案：此跋記在影宋梁溪高氏本卷首。

〔二〕祖耿案：此跋記在影宋梁溪高氏本卷末。

「高注戰國策三十三卷，影宋梁溪安氏本。」

戰國策高注本，向傳二本：一出於梁溪安氏，一出於梁溪高氏，皆宋刻。高氏本，余已刊行於世矣；安氏本影寫者，出常熟陸勑先家。勑先跋語，皆係親筆，并高氏異同，亦黏籤於上，余甚珍之。以二本不可偏廢，并重昔賢手跡也。復翁炙研書。

清嘉慶間黃丕烈求古居宋本書目

「戰國策三十三卷，六册。」

清嘉慶間周中孚鄭堂讀書記

清嘉慶間周中孚鄭堂讀書記卷十九史部雜史類：

「戰國策三十三卷，讀未見書齋仿宋本。」

漢高誘注，宋姚宏考異〔一〕，四庫全書著錄。漢志作「三十三篇」，注云「記春秋後」。隋志作三十二卷，劉向錄；又二十一卷，注云「高誘撰注」。新、舊唐志于劉向戰國策、高誘注戰國策，俱作三十二卷。宋志作「高誘注三十三卷」，與漢志合，知隋、唐諸志之誤也。然高氏注至宋已闕佚不全，僅二卷至四卷，六卷至十卷，三十二、三十三兩卷，共十卷有注，兼有伯聲考異，其餘二十三卷，但有伯聲之考異而已。然則每卷上題「高誘注」者誤也。是書，凡東周、西周各一卷，秦五卷，齊六卷，楚、趙、魏各四卷，韓、燕各三卷，宋、衛共一卷，中山一卷，俱劉向所定著，故前有向所敍錄。新、舊唐志竟作劉向戰國策，以致讀書志、通考、宋志，俱改入子部縱橫家，作爲一家之書矣。顧第弗深考漢志「記春秋後」四字耳。高氏注最古，惜止十卷。伯聲考異，亦未詳備。黃蕘圃得宋姚氏本而重刻之，特撰札記三卷，附于其後，雖主于据姚本訂今本之失，而能取吴正傳校注以益姚校之未備，所下己意又足以益二家之未備也。前有嘉慶癸亥錢竹汀序，後有重校戰國策序錄，并蕘圃札記序、元和顧澗薲後序。雅雨堂叢書亦得宋刊姚本收入，然校刊不若此本之精詳也。

〔一〕祖耿案：「姚宏考異」下，周氏夾注曰，誘，涿郡人，盧植弟子；建安中，辟司空掾，歷官東郡濮陽令，遷河東監。宏，字伯聲，剡川人；嘗爲删定官，以伉直忤秦檜，瘐死獄中。

「戰國策校注十卷，明刊本。」

元吴師道撰〔一〕，四庫全書著錄。倪氏、錢氏補元志俱載之。正傳以鮑文虎注專取史記爲據，史記注自裴、徐外，索隱、正義皆不之引，而通鑑諸書亦莫考，淺陋如是，乃極詆高氏，輒因鮑注，正以姚本，參之諸書，而質之大事記，以成此書。其事覈而義正，誠非鮑比。其曰「注」者，皆鮑注也。其曰「補」曰「正」者，皆吴注也。間有諸注未明備者，復以己意疏之，比類援義，求暢達焉。其書卷第章次，雖即鮑氏變亂之本，而仍以高本卷第章次，列於目錄，著於篇首，學者得據以有考云。注國策者，高氏闕而不全，鮑氏亂而無序，則惟是注爲最善矣！然是本爲明人所刊，以吴氏所補所正，不無繁複，稍加删削；又策文爲鮑所改，加除抹等字，吴氏舊並存疑，嫌其句讀懸斷，不可疾讀，因參酌諸本，不當錄者悉不錄，間取張、陸策鈔批評〔二〕，分標於各章上方，已大失吴氏之舊。惜未得元明舊刻以校補之也。前載劉子政、曾子固二序，並紹興四年耿括蒼本序〔三〕，紹興丁卯鮑文虎、元泰定乙丑吳正傳、至正十五年陳〔四〕、明嘉靖改元王四序〔五〕，萬曆五年王張陸二先生批評戰國策鈔序〔六〕，并萬曆辛巳張〔七〕序文凡例。

〔一〕祖耿案：「撰」下有小字注：師道，字正傳，蘭谿人。至治元年進士，仕至國子博士致仕，後授禮部郎中。

〔二〕祖耿案：「張」下注有「居正」二字。「陸」下注有「深」字。

〔三〕祖耿案：「耿」下注有「延禧」二字。

〔四〕祖耿案：「陳」下注有「祖仁」二字。

〔五〕祖耿案：「王」下注有「廷相」二字。

〔六〕祖耿案：「王」下注有「篆」字。

〔七〕祖耿案：「張」下注有「一鯤」二字。

「戰國策去毒二卷，三魚堂刊本。」

國朝陸隴其編〔一〕。四庫全書存目。稼書以戰國策一書，大抵皆縱横家言，其文章之奇，足以悦人耳目，而其機變之巧，足以壞人心術。懼其毒之中于人也，故取今文士所共讀者，凡四十一章，指示其得失，庶幾不中其毒也。其編次一以通鑑編年爲次，因纂編年一篇、東西二周考一篇列於前。前又載曾子固序及目錄、自記。在國策選本中，此爲精選第一爾。

〔一〕祖耿案：「陸隴其編」下，有小字注曰：隴其，字稼書，平湖人。清康熙庚戌進士，官至御史，贈内閣學士，謚清獻。

清咸豐間朱學勤結一廬宋元本書目

清咸豐間朱學勤結一廬宋元本書目「元版」，

「戰國策校注十卷，元吳師道撰，六冊。」

清道光間瞿紹基鐵琴銅劍樓藏書目錄

清道光間瞿紹基鐵琴銅劍樓藏書目錄卷九史部雜史類：

「鮑氏國策十卷，宋刊本。」

題縉雲鮑彪校注，前有紹興十七年彪自序，次以曾鞏舊序、劉向進書序，劉序後有記云：「彪校此書，四易稿而後繕寫」云云。卷末又有記云：「庚午晦重校，脫誤猶數十處，此書手所撰次書也而若此，是以知校正之難也。」後有刻板跋云：「國策舊有高誘注，甚略。吾鄉先生鮑公彪，守習孤學，老而益堅，取班馬二史及諸家書，比輯而爲之注，條其篇目，辨其譌謬，缺則補，衍則削，乖次者悉是正之，時出己意論說，四易稿始成。其用功亦廑矣，而世罕傳。余得其本，刊之會稽郡齋，使學者知前輩讀書不苟如此！公妙年甲進士第，耻求人知，嘗有「此身甘作老文林」之句，其志操可見。白首始爲郎，即掛冠歸田里，杜門著書，有書解及杜詩注行於世。紹興辛亥日南至括蒼王信書。」每半葉十一行，行二十字，注字同。書中「慎」字有減筆，孝宗後刻本，非紹興原刻也。明嘉靖龔雷刻本，行款相同，無王信跋，而有李文叔、王覺書後二篇，惟展卷一二葉，即有譌字：韓策「嚴遂陽堅也」，「堅」譌「豎」；「留之十四日」，「十」譌「中」；「客之辭」，「譌辭」「辯」。其全書迷謬可知已！

「鮑氏戰國策注十卷，明刊本。」

題緡雲鮑彪校注，有序。此嘉靖翻宋本。終卷後有附記一條云：「庚午晦重校〔一〕，脱誤猶數十處，此書手所撰次書也而若此，是以知校正之難也。」知當時宋本得鮑氏手稿而刻者。是本卷末有篆書云：「嘉靖戊子後學吴門龔雷校」，下有「明威」二字墨記。舊爲太倉陸氏藏本〔二〕。

〔一〕祖耿案：「晦」上有小字注曰，原闕二字。

〔二〕祖耿案：「藏本」下有小字注曰，卷首有「澗之所藏」朱記。

「戰國策校注十卷，元刊本。」

題緡雲鮑彪校注，東陽吴師道重校。此書合高誘注、姚宏續注，校正鮑注闕失，每條注明「正曰」「補曰」別之，仍不改鮑注原本面目，爲從來注國策之最善本。今世通行有明初刻本，曲阜孔氏本，此則至正二十五年平江路所刊，迺吴氏成書後第一刻本也。剞劂精良，校讎無譌，乃元刻之僅見者。第三、四、五、六卷末，有「至正乙巳前藍山書院山長劉鏞重校勘」一行，第八、九、十卷末，有「平江路儒學正徐昭文校勘」一行，有彪自序、師道自序，及陳祖仁序。其卷首牒文，及劉向、曾鞏序，李文叔、王覺、孫元忠書後，姚寬、耿延禧序已闕。

清道光間楊以增海源閣藏書目

清道光間楊以增海源閣藏書目史部：

「翻宋本戰國策十卷，八册二函。」〔一〕

「高注戰國策三十二卷，四册。」

〔一〕祖耿案：以上一種編入楹書隅録初編。

清末傅增湘雙鑑樓善本書目

清末傅增湘雙鑑樓善本書目二史部：

「戰國策三十三卷，穴硯齋影宋鈔本，十行二十字，汲古閣藏書。」

清末余嘉錫四庫提要辨證

清末余嘉錫四庫提要辨證史部三雜史類：

「鮑氏戰國策注十卷。

宋鮑彪撰。案黄鶴杜詩補注，郭知達集注九家杜詩，引彪之語皆稱爲鮑文虎説，則其字爲文虎也。縉雲人，官尚書郎。此注成於紹興丁卯。」

嘉錫案：提要只言彪官尚書郎，而不知其隸何曹司。考建炎以來繫年要錄卷一百八十四云：「紹興三十年歲次庚辰，左宣教郎尚書司封員外郎鮑彪引年告老，吏部郎官楊樸、虞允文、葉謙亨、胡沂、洪邁，司勳郎官陳俊卿，考功郎官陳棠等言，彪篤學守道，安于靜退，甲科及第，處選調二十年，了無遺佚阨窮之歎。其博物洽聞，可以備議論；清介端慤，可以表搢紳。制曰：可。特授左奉議郎守尚書司封員外郎，賜緋魚袋致仕。」

又考：金石萃編卷一百四十九，有宋人所書四十二章經碑在杭州六和塔。當時朝臣四十二人，人書一章，各具書人銜名，其第三十三人爲左宣教郎守尚書司封員外郎鮑彪。其碑立於紹興己卯，在書成後十二年，即致仕之前一年也。彪之仕履，於此可見。

〔附〕現存戰國策版本表

年代	書名	編注者	刻印者	附註
宋 紹興丙寅	戰國策注	高誘注 姚宏續注		又稱古本戰國策，或梁溪高氏本。
宋 紹興丁卯	戰國策注	鮑彪注		又稱鮑氏戰國策注，或梁溪安氏本。
宋 紹熙辛亥	鮑氏戰國策注	重刻本	會稽郡齋	北京圖書館藏書。
元 至正乙巳	戰國策校注	吳師道校注	吳郡學宮	曲阜孔氏、吳縣黃丕烈曾家藏。
明 嘉靖改元	戰國策	王廷相校注		以吳氏校注本爲基礎，略有增補。
明 萬曆辛巳	戰國策校注	翻刻本		張一鯤在翻刻時，刪去冗複，增加書評，已非吳氏原本。
明 崇禎戊戌	姚氏戰國策注	影鈔本	雅雨堂叢書	盧見曾、陸勅先據梁溪高氏本影鈔。黃丕烈云，多有失誤。

年代	書名	編注者	刻印者	附註
明崇禎	高氏戰國策注	影鈔本	汲古閣叢書	本多舛誤，清紀昀疑毛晉從賈似道欲刻本影鈔。
清嘉慶癸亥	姚氏戰國策注	仿宋本	求古居叢書	黄丕烈得宋本重刻，并札記三卷。
清宣統己酉	戰國策注	于鬯注	未刊	據自序稱，欲繼高誘、鮑彪、吴師道後，成一家言。
民國初	戰國策補注	吴曾祺注	商務印書館	吴在黄氏仿宋本基礎上，以札記爲依據，有所增補。
民國初	戰國策詳註	郭希汾注	上海文明書局	據例言稱，本編以姚氏爲主，間亦有改從鮑、吴者，而亦旁引群書。
一九七八年	戰國策		上海古籍出版社	以姚本爲底本，彙集鮑、吴注文及黄氏札記；後附馬王堆出土帛書戰國策釋文等。

戰國策人名索引

〔説明〕

一、人名下的「姚」指姚本，「鮑」指鮑本。「趙一」、「韓三」爲卷數，「魏惠」、「韓釐」爲國君謚號（鮑本據以分卷）。卷數後的數字爲章數。如山陽君，見於姚本趙一第六章，又見於韓三第十五章。餘類推。

二、本書（戰國策集注彙考）基本上根據姚本，但因「分篇」、「連篇」之故，與姚本章數往往有出入。讀者如根據此索引以查本書，卷數當能相符，章數可能不盡相符。須查每章第一個注，得知有無分篇、連篇等情後，可以推算在本書某卷第幾章。

三畫

子之 姚 齊二①魏三③燕一⑨⑪ 鮑 齊閔⑧魏安釐①燕噲⑤⑥燕昭④

子罕 姚 東周⑨ 鮑 東周惠㉒

子胥 姚 秦一⑫⑬秦五⑧燕二③⑨ 鮑 秦惠文⑧⑨秦始④燕昭⑦⑬燕惠①

子傒 姚 秦五⑤ 鮑 秦孝文①

子象 姚 楚一① 鮑 楚宣①

子義 姚 趙四⑱ 鮑 趙孝成①

子虎 姚 楚一⑲ 鮑 楚威③

子發 姚 楚四④ 鮑 楚頃襄⑥

子糾 姚 齊五③ 鮑 齊襄①

子良 姚 楚二⑧秦五⑧ 鮑 秦始④楚頃襄①

子歘 姚 趙三⑥ 鮑 趙武靈⑫

子奢 姚 楚四⑨ 鮑 楚考烈②

子滿 姚 楚一⑲ 鮑 楚威③

子噲 姚 齊二① 鮑 齊閔⑧

女阿 姚 楚二⑨ 鮑 楚頃襄②

四畫

丹 姚 趙四② 鮑 趙惠文⑤

卞隨 姚 秦五⑧ 鮑 秦始④

巴寧 姚 魏一⑦ 鮑 魏惠①

牛贊 姚 趙二⑦ 鮑 趙武靈⑦

毛嬙 姚 齊四⑥③ 鮑 齊宣⑫齊襄⑥

支期 姚 魏三④ 鮑 魏安釐②

孔子 姚 秦三⑰秦五⑥楚四⑥燕二③ 鮑 秦昭襄㉝秦始①楚懷⑰燕昭⑦

比干 姚 秦三⑰ 鮑 秦昭襄㉝

夫差 姚 秦三⑰秦五①魏一⑨韓三⑤燕二⑨ 鮑 秦武⑮秦昭襄㉝齊閔㉕魏襄③韓釐⑤燕惠①

中期 姚 秦四④秦五② 鮑 秦武⑯秦昭襄㉒

尹澤 姚 趙一②

五畫

⑩　鮑　秦武⑮秦昭襄㉙魏襄③
燕昭④

冉子　姚　楚四⑬　鮑　楚考烈③

右行楚　姚　東周⑫

皮相國　姚　趙一⑭⑮　鮑　趙孝成⑨⑩

代王嘉　姚　燕三⑤　鮑　燕喜③

令尹子文　姚　楚一⑲　鮑　楚威③

外黃徐子　姚　宋衛⑥　鮑　魏惠⑦

北宮之女嬰兒子　姚　齊四⑦　鮑　齊建④

石禮　姚　東周⑧

石行秦　鮑　東周惠㉖

甘茂　姚　東周②秦一⑥⑨秦二③⑥⑧⑨⑩
⑪⑫⑬⑭楚一⑮楚二①楚三⑤趙
一⑬韓一⑬⑭⑱⑲韓二①韓三⑬
鮑　東周惠②秦惠文⑭秦武①③⑥⑧
⑨⑩⑪⑫⑬⑭秦昭襄①楚懷⑪㉓
㉔趙武靈③韓襄③④⑤⑥⑫㉘㉙

甘羅　姚　秦五⑥　鮑　秦始①

市被　姚　燕一⑨　鮑　燕噲⑤

市丘君　姚　韓一⑩　鮑　韓釐②

申子　姚　韓一③④　鮑　韓昭②韓烈③

申生　姚　秦三⑰　鮑　秦昭襄㉝

申縛　姚　秦四⑩齊一①　鮑　秦始③齊宣
⑤

申不害　姚　韓一②③韓三⑤　鮑　韓昭①②
韓釐⑤

申屠狄　姚　秦五⑧　鮑　秦始④

白公　姚　楚一⑩⑲　鮑　楚宣③楚威③

白台　姚　魏二⑰　鮑　魏惠⑤

白圭　姚　魏四⑦⑮　鮑　燕昭⑦

白珪　姚　燕二③　鮑　魏昭⑩⑮

白起　姚　西周⑥秦一③秦三④⑰秦四⑨中
山⑩　鮑　西周赧⑫秦昭襄⑪⑭
㉙㉝

平原君　姚　秦三⑫趙一⑪趙三⑦⑧⑨⑪⑬趙
四⑦⑭韓三⑩中山⑩　鮑　秦昭

六畫

七畫

呂遺　姚　趙三⑲　鮑　趙孝成⑰
呂禮　姚　東周⑧⑫秦三①　鮑　東周惠⑱
⑲⑳秦昭襄④
呂不韋　姚　秦五⑤楚四⑫　鮑　秦孝文①楚
考烈⑦
李子　姚　趙四②　鮑　趙惠文⑤
李向　姚　齊二⑥　鮑　齊宣⑥
李伯　姚　趙三㉓　鮑　趙孝成㉑
李兌　姚　西周②秦三⑨楚四⑨趙一⑧趙三
⑥趙四②③燕一②　鮑　西周赧
⑨秦昭襄⑳楚考烈②趙武靈⑫趙
惠文③⑤⑥燕文①
李牧　姚　秦四⑧趙四⑱　鮑　秦始②趙幽
②
李信　姚　燕三⑤　鮑　燕喜③
李郝　姚　魏四⑫　鮑　魏昭⑫
李疵　姚　中山⑦　鮑　中山⑨
李從　姚　魏一⑬　鮑　魏哀②

李園　姚　楚四⑫　鮑　楚考烈⑦
李讎　姚　秦二③　鮑　秦惠文⑭
邵　姚　秦三⑭楚四⑬　鮑　秦昭襄㉗楚
考烈③
邵公鄖　姚　楚四⑬　鮑　楚考烈③

八畫

果　姚　西周⑨東周⑫　鮑　西周赧③東
周惠⑲
奔　姚　秦三⑨　鮑　秦昭襄⑲
房喜　姚　韓三㉑　鮑　韓釐⑯
芮宋　姚　魏四⑫　鮑　魏昭⑫
泠向　姚　秦一④趙一⑬韓一⑪韓二②⑱韓
三⑰　鮑　秦昭襄⑤楚懷⑤趙武
靈③韓襄⑬㉖㉗㉙
金投　姚　東周⑬　鮑　東周惠㉔㉕
肥義　姚　趙二④　鮑　趙武靈④
知過　姚　趙一②　鮑　趙襄①

九畫

信陵君 姚 趙三⑪趙四⑥魏四㉓㉔ 鮑 趙
孝成⑥魏安釐⑤⑰⑱
春平侯 姚 趙四⑰ 鮑 趙悼襄①
春申君 姚 楚三⑩楚四⑨⑩⑪⑫⑬趙一⑭魏
四②韓一㉒㉓ 鮑 楚考烈①②
③⑤⑥⑦魏安釐⑩⑳㉑
城渾 姚 楚一⑫ 鮑 楚懷⑳
城北徐公 姚 齊一⑫ 鮑 齊威⑥
宣王 姚 楚一③韓一⑤ 鮑 楚頃襄⑥韓
宣惠①
宣太后 姚 韓二① 鮑 韓襄㉘
范子 姚 秦三⑧ 鮑 秦昭襄⑱
范座 姚 趙四⑥
范痤 鮑 魏安釐⑤
范雎 姚 秦三⑨⑪⑯ 鮑 秦昭襄⑲⑳㉔
㉚
范蠡 姚 秦三⑰ 鮑 秦昭襄㉝
范環 姚 楚一⑮ 鮑 楚懷㉓

叚規 姚 韓一① 鮑 韓康①
段規 姚 趙一② 鮑 趙襄①
段產 姚 韓三㉓ 鮑 秦昭襄⑯
段干子 姚 魏三⑤ 鮑 魏安釐③
段干木 姚 齊三⑥ 鮑 齊閔⑰
段干崇 姚 魏三⑤ 鮑 魏安釐③
段干綸 姚 齊一⑥ 鮑 齊威②
段干越人 姚 韓三㉔ 鮑 秦昭襄⑰
昭子 姚 楚一⑥楚三⑦韓二⑤ 鮑 楚宣
⑦楚懷④韓襄⑯
昭王 姚 秦三② 鮑 秦昭襄⑬
昭忌 姚 魏四⑧ 鮑 魏昭⑪
昭衍 姚 秦五④ 鮑 魏哀⑳
昭侯 姚 韓一④ 鮑 韓烈③
昭常 姚 楚二⑧ 鮑 楚頃襄①
昭魚 姚 楚四③魏二⑬ 鮑 楚懷⑮魏哀
⑯
邵過 姚 楚一⑱ 鮑 楚懷⑩

十畫

馬服　姚　秦三⑭⑰齊三⑪趙三①⑧⑯趙四⑦　鮑　秦昭襄㉗㉝齊建③趙惠文⑬⑭趙孝成⑫⑮

涉孟　姚　趙一⑭　鮑　趙孝成⑨

荀息　姚　秦一⑪魏三⑩　鮑　秦惠文⑦魏昭⑦

倪侯　姚　宋衛⑦　鮑　宋偃①

祝弗　姚　東周⑫　鮑　東周惠⑲⑳

起賈　姚　趙四②　鮑　趙惠文⑤

烏獲　姚　秦三⑨韓一⑥燕一⑭燕二③　鮑　秦昭襄⑲韓襄①燕昭⑤⑦

神農　姚　秦一②趙二④　鮑　秦惠文①趙武靈④

栗腹　姚　齊六③燕三③　鮑　齊襄①燕喜①

郢威王　姚　秦四⑩　鮑　秦始③

剛成君　姚　秦三⑰秦五⑥　鮑　秦昭襄㉝秦始①

殷順且　姚　宋衛⑪　鮑　衛嗣④

食高麗　姚　宋衛⑫　鮑　衛嗣④

宮他　姚　西周⑭魏四⑲燕一⑦　鮑　西周赧⑱魏安釐⑯燕昭②

宮之奇　姚　秦一⑪魏三⑩燕二⑨　鮑　秦惠文⑦魏昭⑦燕昭⑬

徐子　姚　齊六⑤　鮑　齊襄③

徐夫人　姚　燕三⑤　鮑　燕喜③

高陵　姚　秦三⑨燕一⑬　鮑　秦昭襄⑳燕昭④

高陽君　姚　趙四⑦　鮑　趙惠文⑬

高漸離　姚　燕三⑤　鮑　燕喜③

桓公　姚　西周③東周⑨燕一④燕二③　鮑　西周赧④東周惠㉒燕易①燕昭⑦

桓臧　姚　楚二④楚三⑤　鮑　楚懷⑪⑲

桓齮　姚　趙四⑱　鮑　趙幽②

唐且　姚　楚三⑩魏四㉒㉓㉗　鮑　楚考烈①魏安釐④⑰魏景閔②

十一畫

⑧魏襄⑤⑥⑨⑩魏哀⑰㉒

張丑　姚　齊一①魏一⑯魏二⑪韓三⑨燕三②中山②　鮑　齊宣⑤魏惠⑧魏哀⑫韓釐⑧燕惠②

張丐　姚　齊一⑦⑭　鮑　齊威④齊宣①

張唐　姚　秦五⑥　鮑　秦始①

張倚　姚　魏三①　鮑　魏昭②

張登　姚　韓三⑲中山②③　鮑　韓釐⑮中山④⑤

張旄　姚　楚二⑥魏四③　鮑　楚懷⑧魏安釐⑪

張翠　姚　韓二①　鮑　韓襄㉘

張儀　姚　秦一③⑤⑥⑦⑧⑨⑩⑪⑫⑬秦二①③秦三③⑪齊一⑰齊二①②③楚一⑮⑰⑱楚二⑤楚三③④⑤⑥⑧趙二③魏一⑩⑭⑮⑯⑰⑱⑲⑳㉑㉒魏二④⑬魏四⑳韓一⑥⑦⑫⑯韓二②韓三⑬燕一⑥　鮑　秦

惠文②⑥⑦⑧⑨⑪⑫⑭秦武①②③④⑥秦昭襄㉔㉜齊閔⑧⑨⑩⑪楚懷②⑥⑦⑧⑨⑩⑪⑫⑬㉓趙武靈②魏襄④⑤⑥⑦⑧⑨⑩魏哀①⑧⑩⑫⑯⑰韓宣惠①④韓襄①②⑤㉙燕昭①

張勲　姚　趙四⑨　鮑　趙孝成㉓

張相國　姚　趙三⑭　鮑　趙孝成⑭

張孟談　姚　秦一⑤趙一②③燕二②　鮑　秦昭襄㉜趙襄①③燕昭⑦⑬

接與　姚　秦三⑨　鮑　秦昭襄⑲

貫珠者　姚　齊六④　鮑　齊襄②

鹿毛壽　姚　燕一⑨　鮑　燕噲⑤

頃襄王　姚　秦四⑨　鮑　秦昭襄⑭

堵師贊　姚　魏一②　鮑　魏文②

陰姬　姚　中山⑥　鮑　中山⑧

陰簡　姚　中山⑤　鮑　中山⑦

華陽　姚　秦三⑨⑩　鮑　秦昭襄⑳㉑

十二畫

項橐　姚　秦五⑥　鮑　秦始①
智伯　姚　秦四④⑨秦五①齊五①趙一①②
③④魏一①魏三⑧燕二②宋衛⑧
鮑　西周赧④秦武⑮秦昭襄⑮㉒㉜齊
閔㉕趙襄①②④魏桓①魏安釐⑥
燕昭⑦衛悼②③
舒祺　姚　趙四⑱　鮑　趙孝成①
復塗偵　姚　趙三⑰　鮑　衛靈①
御展子　姚　東周⑱　鮑　西周赧①
寒泉子　姚　秦一③　鮑　秦惠文②
彭城君　姚　楚一④　鮑　楚宣⑤
棼冒勃蘇　姚　楚一⑲　鮑　楚威③
强·　姚　韓二⑪　鮑　韓襄⑲
强國　姚　趙一⑬　鮑　趙武靈③
順　姚　趙四②燕二②　鮑　趙惠文⑤燕
昭⑦
順子　姚　秦二⑮　鮑　秦昭襄⑫
犀武　姚　魏一㉔　鮑　西周赧⑨⑩⑪⑫魏

昭①
犀首　姚　秦一⑩秦二⑬齊二③趙三⑯魏一
⑬⑳㉓㉕魏二①②④⑤⑥⑧⑨⑬
韓一⑦燕二①宋衛③中山②
鮑　秦惠文⑥秦武⑬齊閔⑪趙孝
成⑮魏襄①②⑤魏哀①②③⑥⑦
⑧⑨⑬⑭⑯韓宣惠①燕昭⑫衛悼
①中山④
富丁　姚　趙三⑤⑥　鮑　趙武靈⑪⑫
富術　姚　宋衛⑫　鮑　衛嗣④
富摯　姚　楚四⑥　鮑　楚懷⑰
黄帝　姚　秦一②趙二④魏二⑦　鮑　秦惠
文①趙武靈④魏昭⑤
黄齊　姚　楚四⑥　鮑　楚懷⑰
黄歇　姚　秦四⑨　鮑　秦昭襄⑭
景陽　姚　燕三①　鮑　楚頃襄⑦
景翠　姚　東周②⑰楚二②　鮑　東周惠②
⑭楚懷㉕

魏哀⑧⑲魏安釐②燕易②燕昭⑦

十三畫

舊　姚　趙三⑱　鮑　趙孝成⑯

閔夭　姚　秦三⑰　鮑　秦昭襄㉝

蜀子　姚　燕二②　鮑　燕昭⑦

達子　姚　齊六①　鮑　齊閔㉖

慎子　姚　楚二⑧　鮑　楚頃襄①

微子　姚　秦三⑰　鮑　秦昭襄㉝

罜子　姚　魏三③　鮑　魏安釐①

靖郭君　姚　齊一③④⑤　鮑　齊閔④⑤⑥

義渠君　姚　秦二④　鮑　秦惠文⑩

楊侹　鮑　韓襄③

楊達　姚　韓一⑬　鮑　秦武⑪

虞商　姚　趙四②　鮑　趙惠文⑤

虞卿　姚　楚四⑬趙三⑦⑩⑪⑫趙四⑤⑩　鮑　楚考烈③趙孝成③④⑥⑪㉕魏安釐⑤

腹子　姚　趙一⑦　鮑　趙惠文②

腹擊　姚　趙一⑦　鮑　趙惠文②

靳尚　姚　楚二⑤⑥　鮑　楚懷⑦⑧

靳黈　姚　趙一⑪　鮑　趙孝成②

新城公　姚　楚一⑫　鮑　楚懷⑳

新城君　姚　魏四⑦韓二⑮韓三㉓㉔　鮑　秦昭襄⑯⑰魏昭⑩韓襄㉓

新垣衍　姚　趙三⑬

堇子　姚　趙一②　鮑　趙襄①

堇慶　姚　魏一⑪　鮑　魏哀⑪

堇之繁菁　姚　齊三⑤　鮑　齊閔⑯

堇閼安于　姚　趙一②　鮑　趙襄①

楚昭王　姚　楚一⑲　鮑　楚威③

楚威王　姚　齊一①楚一⑯⑲韓二②　鮑　齊宣⑤楚威②③韓襄㉙

楚幽王　姚　楚四⑫　鮑　楚考烈⑦

楚靈王　姚　楚一⑲　鮑　楚威③

楚襄王　姚　楚二⑧楚四④　鮑　楚頃襄①⑥

十四畫

齊閔王 姚 齊五①齊六⑦楚四⑨趙三⑬燕一⑫燕二⑤ 鮑 齊閔㉕㉖㉗齊襄②齊建⑤楚考烈②趙孝成⑤燕昭③⑩

齊湣王 姚 秦二⑫趙三⑬

齊桓公 姚 東周⑨秦三⑰秦五⑧齊四⑥齊五⑥齊六③魏二⑰韓三⑤燕三③ 鮑 東周惠㉒秦昭襄㉝秦惠文①秦始④齊宣⑫齊襄①③魏惠⑤韓釐⑤燕喜①

齊襄王 姚 齊六①④⑦ 鮑 齊閔㉖齊襄②齊建⑤

齊貌辨 姚 齊一⑤ 鮑 齊閔⑥

箕子 姚 秦三⑨燕三③ 鮑 秦昭襄⑲燕喜①

輔氏 姚 趙一② 鮑 趙襄①

榮蚠 姚 趙四⑦ 鮑 趙惠文⑬

摎留 姚 韓一⑥ 鮑 韓宣惠①

養由基 姚 西周⑥ 鮑 西周赧⑫

鄢陵君 姚 楚四④ 鮑 楚頃襄⑥

壽陵君 姚 楚四④ 鮑 楚頃襄⑥

蒙嘉 姚 燕三⑤ 鮑 燕喜③

蒙傲 姚 秦三⑮ 鮑 秦昭襄㉘

蒙穀 姚 楚一⑲ 鮑 楚威③

翟子 姚 魏三⑩ 鮑 魏哀㉒

翟章 姚 趙四⑩ 鮑 趙孝成㉔

翟强 姚 楚二①魏三⑩魏四⑭⑳韓一⑭ 鮑 楚懷㉔魏哀⑰㉒魏昭⑭韓襄④

管仲 姚 東周⑨秦三⑨⑰秦五⑧齊六③楚四⑨燕二③ 鮑 東周惠㉒秦昭襄⑳㉝秦始④齊襄①楚考烈②燕昭⑦

管與 姚 秦二② 鮑 秦惠文⑬

管淺 鮑 秦惠文③

管燕 姚 齊四⑨ 鮑 齊宣⑭

管鼻 姚 魏四⑭ 鮑 魏昭⑭

十五畫

十六畫

錡宣　姚　韓二④　鮑　韓襄⑮
穆公　姚　秦五⑧韓三⑤　鮑　秦始④韓釐⑤
噲子　姚　燕一③　鮑　燕文③
幾瑟　姚　韓一⑪韓二⑩⑪⑫⑬⑭⑮⑯⑰⑱⑲　鮑　韓襄⑬⑱⑲⑳㉑㉒㉓㉔㉕㉖
横門君　姚　秦一⑪　鮑　秦惠文⑦
覩師贊　鮑　魏文②
磿夫空　姚　東周⑱
豫子　姚　趙一④　鮑　趙襄④
豫讓　姚　趙一④　鮑　趙襄④
鮑佞　鮑　秦昭襄㉛
鮑接　姚　趙二②
鮑焦　姚　趙三⑬燕一⑭　鮑　趙孝成⑤燕昭⑤
衛鞅　姚　秦一①齊五①　鮑　秦孝①齊閔㉕

衛嗣君　姚　宋衛⑫⑬　鮑　衛嗣③④
衛胡易　姚　趙三④　鮑　趙惠文⑩
衛靈公　姚　趙三⑰　鮑　衛靈①
燕郭　姚　趙四⑬
燕文公　姚　燕一④　鮑　燕文③燕易①
燕文侯　姚　燕一①　鮑　燕文②
燕王喜　姚　燕三③⑤　鮑　燕喜①
燕王噲　姚　燕一⑧⑨⑩　鮑　燕噲⑤⑥
燕昭王　姚　燕一⑨⑫⑬⑭燕二①②⑤⑧⑨　鮑　燕噲⑤⑥燕昭③⑤⑦⑧⑩⑫⑬燕惠①
燕惠王　姚　燕二⑩⑬　鮑　燕惠①
燕太子丹　姚　燕三⑤　鮑　燕喜②
緤錯　姚　宋衛⑫　鮑　衛嗣④

十七畫

營淺　姚　秦四⑤
贅子　姚　齊六⑦　鮑　齊威①

鞠武　姚　燕三⑤　鮑　燕喜③
舉茅　姚　趙四⑮　鮑　趙孝成⑧
應侯　姚　秦三⑩⑫⑬⑭⑮⑰秦五⑥趙一⑪
趙三⑨⑫魏三④中山⑩　鮑　秦
昭襄㉑㉕㉖㉗㉘㉙㉝秦始①趙孝
成②③⑬魏安釐②
薛公　姚　東周⑫⑮西周①秦三①③秦四①
齊二⑥齊三①②楚四⑦趙三⑥趙
四②⑯魏二⑬韓二⑦燕二③
鮑　西周赧⑥東周惠⑫⑲秦武④秦昭
襄④⑨⑩齊宣⑥齊閔⑫⑬齊襄⑤
趙武靈⑧⑫趙惠文⑤魏哀⑯韓襄
⑨燕昭⑦
燭之武　姚　燕二⑨　鮑　燕昭⑬
龍陽君　姚　魏四㉕　鮑　魏安釐⑲
鍾離子　姚　齊四⑦　鮑　齊建④
嬰子　姚　齊一①②魏二⑧⑫中山②　鮑
齊宣⑤齊閔③魏惠⑨魏哀⑬中山
④
彌子瑕　姚　趙三⑰　鮑　衛靈①
臨武君　姚　楚四⑩　鮑　楚考烈⑤
襄子　姚　韓二④　鮑　韓襄⑮
襄安君　姚　趙四③　鮑　趙惠文⑥
韓他　姚　趙四④　鮑　趙惠文⑧
韓向　姚　趙四⑩　鮑　趙孝成㉔
韓臣　鮑　韓襄⑰
韓明　姚　韓一⑯　鮑　韓宣惠④
韓侈　姚　秦二⑨楚三⑨韓三⑫　鮑　秦武
⑨楚懷⑱韓釐⑩
韓朋　姚　韓一⑦　鮑　魏哀①
韓非　姚　秦五⑧　鮑　秦始④
韓咎　姚　韓二⑲　鮑　韓襄㉖韓釐①
韓辰　姚　韓二⑥韓三⑫　鮑　韓釐⑩
韓呡　姚　趙四②④韓三⑫魏二⑦　鮑　趙
惠文⑤⑧魏昭⑤
韓珉　姚　韓三③⑪⑭燕二③　鮑　韓襄⑤

十八畫

十九畫

二十畫

竇屢　姚　魏一㉔　鮑　魏昭①

觸龍　姚　趙四⑱　鮑　趙孝成①

獻則　姚　秦五③　鮑　秦昭襄②

龐涓　姚　齊一⑨　鮑　齊宣②

龐葱　姚　魏二⑯　鮑　魏惠④

嚴氏　姚　東周㉒　鮑　西周安①

嚴遂　姚　韓二㉑　鮑　韓烈①

嚴仲子　姚　韓二㉑　鮑　韓烈①

蘇子　姚　東周④秦二⑫楚二⑨楚三①趙二②魏一⑨燕一②⑨燕二②③④⑤⑫⑭　鮑　東周惠⑤秦昭襄①㉛楚威④楚頃襄②魏襄③燕文①燕噲②⑥燕昭③⑦⑩

蘇代　姚　西周④秦二⑫⑮趙四④魏二③⑬⑭韓一㉔燕一⑧⑨⑪⑬⑭⑮燕二①②④⑤⑥⑬　鮑　西周赧⑤秦昭襄⑫趙惠文⑧魏哀⑦⑯⑲韓襄⑦燕噲①②⑤⑥燕昭④⑤⑥⑦⑨⑩⑪⑫⑭

蘇脩　姚　魏二⑥

蘇涓　姚　齊六⑨　鮑　楚頃襄⑤

蘇秦　姚　東周⑬西周⑧秦一②③齊一⑯齊二⑦齊三①③齊四⑩齊五①楚一⑯⑰楚三②趙一⑧⑨⑫趙二①③魏一⑩⑫韓一⑤韓三③燕一①②④⑤⑧⑨宋衛⑥　鮑　西周赧⑭東周惠⑨秦惠文①②秦昭襄①齊宣⑦齊閔⑫⑭㉓㉔㉕齊建①楚威①②楚懷⑨趙肅①②趙武靈②趙惠文③⑨魏哀⑩魏昭④韓昭④韓釐③燕文①②燕易①②燕噲①⑤⑥燕昭⑫宋景④

蘇厲　姚　東周⑤⑬西周⑥楚二②③魏一⑫燕一⑩燕二①　鮑　西周赧⑫東

二十三畫

二十八畫以上

戰國策地名索引

四畫

④⑤⑥⑦⑧⑨　鮑　秦武⑥齊閔㉕趙烈①趙武靈④⑪趙惠文①⑥⑦⑨⑭魏文②魏安釐①⑩燕噲④燕昭⑦中山①②③④⑤⑥⑦⑧⑨

太行　姚　秦三⑨⑰趙一⑪魏四⑱燕二①　鮑　秦昭襄⑲㉝楚考烈⑥趙孝成②魏安釐⑮燕昭⑫

少海　姚　東周①　鮑　東周惠①

少曲　姚　燕二①　鮑　燕昭⑫

仁平丘　姚　秦四⑩　鮑　秦昭襄⑮

方與　姚　秦四⑨　鮑　秦昭襄⑮

太山　姚　齊一⑨⑯　鮑　齊宣②⑦

天唐　姚　齊一⑨　鮑　齊宣②

亢父　姚　齊一⑯　鮑　齊宣⑦

中牟　姚　齊五①趙四⑤　鮑　齊閔㉕趙惠文⑫

牛闌　姚　楚一②　鮑　楚懷③

午道　姚　趙二①③　鮑　趙肅①趙武靈②

五徑　姚　趙二⑦　鮑　趙武靈⑦

牛狐　姚　趙三④　鮑　趙惠文⑩

女戟　姚　趙四④燕二①　鮑　趙惠文⑧燕昭⑫

文山　姚　魏一⑥⑦　鮑　魏武①

天門　姚　魏一⑥　鮑　魏武①

天谿　姚　魏一⑥　鮑　魏武①

王屋　姚　魏三②　鮑　魏昭③

文臺　姚　魏三⑧　鮑　魏安釐⑥

巴　姚　燕二①　鮑　燕昭⑫

元英　姚　燕二⑩　鮑　燕惠①

比陽　鮑　趙孝成⑩

內沛　姚　魏一㉑㉒　鮑　魏襄⑥

五畫

厹由　姚　西周③　鮑　西周赧④

左氏　姚　宋衛⑬　鮑　衛嗣君③

代　姚　秦一②⑤趙一⑨趙二④趙三⑭燕

六畫

江南　姚　秦一⑤齊一⑩楚一⑫
鮑　秦昭襄㉜齊宣③楚懷⑳
江漢　姚　宋衛②　鮑　宋景①
西河　姚　秦一⑩秦二⑥齊五①魏一⑥韓二
②燕二①宋衛⑩　鮑　秦惠文⑥
秦武⑥齊閔㉕魏武①韓宣惠①韓
襄㉙燕昭⑫衛嗣君①
曲沃　姚　秦二①　鮑　秦惠文⑫
成睪　姚　秦三⑦⑨
夷陵　姚　秦三⑰秦四⑨　鮑　秦昭襄⑭㉝
西陵　姚　秦四⑨　鮑　秦昭襄⑭
西海　姚　秦一⑦
艾陵　姚　秦四⑨秦五①　鮑　秦武⑮秦昭
襄⑮
曲逆　姚　齊二⑥趙一⑨作曲吾　鮑　齊宣
⑥趙惠文⑨作曲吾
伊是　姚　齊三⑪
伊氏　鮑　齊王建③

州西　姚　齊五①　鮑　齊閔㉕
共　姚　齊六⑧魏三⑧　鮑　齊王建⑥魏
安釐⑥
江東　姚　楚一⑮楚四⑫　鮑　楚懷㉓楚考
烈⑦
成皋　姚　楚一⑰趙二①③趙四②④韓一①
⑤⑥⑩　鮑　秦昭襄⑧⑲楚懷⑨
趙肅①趙武靈②趙惠文⑤⑧韓康
①韓昭④韓襄①韓釐②
扞關　姚　楚一⑰趙一⑨　鮑　楚懷⑨趙惠
文⑨
羊唐　姚　趙一⑨　鮑　趙惠文⑨
伊洛　姚　魏一⑥　鮑　魏武①
西戎　姚　魏二⑦秦五⑧　鮑　魏昭⑤
危隘之塞　姚　魏三⑧　鮑　魏安釐⑥
刑丘　姚　魏三⑧
共莫　姚　魏三⑧共寧　鮑　魏安釐⑥
合膊　姚　韓一⑤合伯　鮑　韓昭④作合伯

七畫

汲　姚　魏三⑧　鮑　魏安釐⑥

安陵　姚　魏四㉔㉗魏三⑧　鮑　魏安釐⑥
⑱魏景閔②

均陵　姚　燕二①　鮑　燕昭⑫

伯舉　姚　燕二③　鮑　燕昭⑦

汶皇　姚　燕二⑩　鮑　燕惠①作篁

八畫

宜陽　姚　東周②秦一⑦秦二⑥⑦⑧⑨⑩秦
三⑰秦五①齊一⑰楚一⑫⑰楚三
⑨趙一⑬趙二①韓一⑤⑥⑬⑭⑱
燕二①　鮑　東周惠②秦惠文⑪
秦武⑥⑦⑧⑨⑩⑪⑮秦昭襄
⑲㉝齊閔⑨楚懷⑨⑱⑳趙肅①趙
武靈③韓昭④韓襄①③④⑫燕
昭⑫

長子　姚　東周⑪齊五①　鮑　東周惠㉔齊
閔㉕

宛　姚　西周①⑭魏四⑥韓一⑤
鮑　西周赧⑥⑱魏昭⑨韓昭④

函谷　姚　西周①秦四③齊二②楚一⑰趙二
①③燕二①　鮑　西周赧⑥秦昭
襄③齊閔⑩楚懷⑨趙肅①趙武靈
②燕昭⑫

河南　姚　西周⑩齊三⑪趙一⑨秦三②
鮑　西周赧⑮秦昭襄⑬

肴　姚　秦一②

宛東　姚　燕二①　鮑　燕昭⑫

函　姚　秦一②　鮑　秦惠文①秦昭襄㉛

武安　姚　秦一②⑤秦三⑬　鮑　秦昭襄㉖
㉜

長平　姚　秦一⑤齊二⑦趙三⑧⑩⑫魏四⑩
中山⑩燕三③　鮑　秦昭襄㉙㉜
齊王建①趙孝成②③④⑫魏安釐
⑧燕喜①

河間　姚　秦一⑤秦五⑥⑦齊一⑰趙一⑮趙

東國　姚　齊四⑪楚四⑦西周①秦三⑥
　鮑　西周赧⑥秦昭襄⑦齊閔㉔楚頃襄
③
東垣　姚　燕一①　鮑　燕文②
林中　姚　齊五①燕二❶　鮑　齊閔㉕燕昭
⑫
林軍　姚　魏三⑧　鮑　魏安釐⑥
河北　姚　齊五①趙三③燕一⑧燕二⑩
　鮑　齊閔㉕趙武靈①燕噲①
定陽　姚　齊五①　鮑　齊閔㉕
東閭　姚　齊六①　鮑　齊閔㉖
東地　姚　楚二⑧　鮑　楚頃襄❶
夜　姚　齊六⑤⑥　鮑　齊襄④
武關　姚　齊六⑧⑨楚一⑯⑰趙二❶
　鮑　齊王建⑥楚威②楚懷⑨趙肅①
泗　姚　齊六⑩秦四⑨　鮑　秦昭襄⑮楚
頃襄⑤
泗上　姚　楚一⑫⑰　鮑　楚懷⑨⑳

垂沙　姚　楚三①　鮑　楚威④
垂都　姚　魏三⑧　鮑　魏安釐⑥
長沙　姚　楚四⑦　鮑　楚頃襄③
祁　姚　西周⑥趙三④韓一⑭　鮑　西周
赧⑫趙惠文⑩韓襄④
狐氏　姚　趙一⑬　鮑　趙武靈③
武城　姚　趙一⑯　鮑　趙惠文④
武遂　姚　韓一⑮⑱韓二⑦韓三⑪作武隧
　鮑　韓襄⑧⑪⑫
東武城　姚　趙三⑪　鮑　趙孝成⑥
孟門　姚　魏一⑥　鮑　魏武①
昆陽　姚　魏一⑨魏三⑧　鮑　魏襄③魏安
釐⑥
邵陵　姚　魏一⑨　鮑　魏襄③
邯鄲　姚　秦一⑤秦三⑬⑭⑯秦四⑩秦五
⑤齊一⑥⑰齊三⑪齊五①
楚一⑤⑦趙一⑨趙二①②③
趙三⑧⑩⑪⑬⑱趙四②

九畫

襄㉙
昭關 姚 秦三⑨ 鮑 秦昭襄⑲
苑臺 鮑 魏惠⑤
恆思 姚 秦三⑩ 鮑 秦昭襄㉑
革下 鮑 魏襄⑥
咸陽 姚 秦四③燕三⑤ 鮑 秦昭襄③燕喜③
首垣 姚 秦四⑨韓三⑬ 鮑 秦昭襄⑮韓襄⑤
首陽 姚 燕一⑤ 鮑 燕易②
胡陵 姚 秦四⑨ 鮑 秦昭襄⑮
相 姚 秦四⑨ 鮑 秦昭襄⑮
城濮 姚 秦五⑧韓三⑤ 鮑 秦始皇④韓釐⑤
南梁 姚 齊一⑦ 鮑 齊宣①
即墨 姚 齊一⑰齊六①③④⑤⑥燕一⑫ 鮑 齊閔⑨㉖齊襄①②③④齊王建⑥燕昭③

城陽 姚 齊六⑤楚四④ 鮑 齊襄③楚頃襄⑥
昧 姚 楚一⑮
郇陽 姚 楚一⑯ 鮑 楚威②
重丘 姚 楚二③ 鮑 楚懷㉖
枳 姚 趙一⑨燕二① 鮑 趙惠文⑨燕昭⑫
柱山 姚 趙一⑫ 鮑 趙肅②
姑密 姚 趙四② 鮑 趙惠文⑤
姑衣 姚 魏三⑨ 鮑 魏昭⑥
衍 姚 魏一⑨⑩ 鮑 魏襄③魏哀⑩
范臺 姚 魏二⑰
洛林 姚 魏三② 鮑 魏昭③
垝津 姚 魏三⑧ 鮑 魏安釐⑥
垣雍 姚 魏三⑧魏四⑩ 鮑 魏安釐⑥⑧
消水 姚 韓一⑤ 鮑 韓昭④
封陵 姚 燕二①原作封陸 鮑 燕昭⑫
郱 姚 西周⑭ 鮑 西周赧⑱

十一畫

乘丘　姚　魏一㉑　鮑　魏襄⑥

高陵　姚　魏三⑧　鮑　魏安釐⑥

原　姚　魏四②　鮑　西周赧⑯魏安釐⑩

剛博　姚　魏四⑥　鮑　魏昭⑨

冥山　姚　韓一⑤　鮑　韓昭④

桑林　姚　韓一⑥　鮑　韓襄①

高商　姚　燕二①　鮑　燕昭⑫

狸　姚　燕二⑤④　鮑　燕昭⑦

高陽　姚　趙四□

十一畫

梁　姚　東周①西周⑪秦一⑤趙一⑥　鮑　西周赧⑩⑫東周惠①秦昭襄㉜齊閔⑦魏惠③魏哀⑩㉓魏昭⑪魏安釐②⑥

商　姚　秦一①　鮑　秦孝①

脩武　姚　秦一⑤　鮑　秦昭襄㉜

淇谷　姚　秦一⑤　鮑　秦昭襄㉜

商於　姚　秦二①　鮑　秦惠文⑫

陶　姚　秦三②⑨魏三⑧魏四⑥　鮑　秦昭襄⑬⑳㉑魏昭⑨魏安釐⑥

符離之塞　姚　秦三⑥　鮑　秦昭襄⑦

許　姚　秦四⑨魏一⑨㉑魏三⑧魏四⑥韓一⑭㉓　鮑　秦昭襄⑮魏襄③⑥魏昭⑨魏安釐⑥㉑

逢澤　姚　秦四⑩　鮑　秦始皇③

黃池　姚　秦五①　鮑　秦武⑮

黃棘　姚　秦五①　鮑　秦武⑮

琅邪　姚　齊一⑯　鮑　齊宣⑦

清河　姚　齊一⑯趙二①③　鮑　齊宣⑦趙肅①趙武靈②

梁父　姚　齊三⑩　鮑　齊宣⑧

淮　姚　齊六⑩魏一⑩　鮑　楚頃襄⑤魏襄③

陰　姚　齊四⑪趙四③魏三③中山⑤　鮑

問陽　姚　魏三⑨　鮑　魏昭⑥
常阪　姚　韓一⑤　鮑　韓昭④
梧　姚　韓一㉓　鮑　魏安釐㉑
梗陽　姚　韓三②　鮑　韓襄㉛
宿胥之口　姚　燕二①　鮑　燕昭⑫作宿胥之口
章華南門　鮑　齊閔㉓

十二畫

陽翟　姚　東周⑤韓一⑪　鮑　東周惠⑥韓襄⑬
華下　姚　秦一⑤　鮑　秦昭襄㉜
華　姚　魏三③④⑤　鮑　魏安釐①②
晉陽　姚　秦一⑤秦四④⑨秦五①齊三⑪齊五①趙一①②③趙二④魏一①⑩
　鮑　秦武⑮秦昭襄⑮㉒㉜齊閔㉕齊王建③趙襄①②③趙武靈④魏桓①魏哀⑩
費　姚　秦二⑥　鮑　秦武⑥
殽塞　姚　秦二⑫趙二②燕一⑭　鮑　秦昭襄①燕昭⑤
陽武　姚　秦二⑮　鮑　秦昭襄⑫
菱夫　鮑　秦昭襄⑲
渭陽　姚　秦三⑨　鮑　秦昭襄⑲
渭　姚　秦三⑨　鮑　秦昭襄⑲
陽侯之塞　姚　秦五①　鮑　秦武⑮
朝歌　姚　秦五⑧魏三⑧　鮑　魏安釐⑥
棘津　姚　秦五⑧　鮑　秦始皇④
渤海　姚　齊一⑯趙二①　鮑　齊宣⑦趙肅①
陽晉　姚　齊一⑯韓三③楚一⑰　鮑　齊宣⑦楚懷⑨韓釐③
番吾　姚　齊一⑰趙二①③⑤　鮑　齊閔⑨趙肅①趙武靈②⑤
博關　姚　齊一⑰趙二①　鮑　齊閔⑨趙肅①
華章南門　姚　齊四⑩

十三畫

督亢　姚　燕三⑤　鮑　燕喜③
温　姚　東周⑩西周⑪趙一⑨　鮑　西周赧⑩東周惠㉓趙惠文⑨
薊丘　姚　燕二⑩
薊城　姚　燕三⑤
蜀　姚　秦一⑦秦三⑨　鮑　秦惠文⑪秦昭襄⑲
新城　姚　秦一⑦楚一⑫⑬⑰韓二⑩韓三③　鮑　秦惠文⑪楚懷⑳㉑韓襄⑱韓釐③
陘山　姚　秦二⑮秦四⑤趙四⑯韓一⑤　鮑　秦惠文③秦昭襄⑫趙武靈⑧韓昭④
義渠　姚　秦二④秦三⑨　鮑　秦惠文⑩秦昭襄⑮
涇　姚　秦三⑨　鮑　秦昭襄⑲
陘　姚　秦三⑪韓一⑨　鮑　秦昭襄㉔韓宣惠③
暉臺　姚　東周①　鮑　東周惠①

葵丘　姚　秦三⑰⑱　鮑　秦昭襄㉝
蜀漢　姚　秦三⑰　鮑　秦昭襄㉝
楊越　姚　秦三⑰　鮑　秦昭襄㉝
榆次　姚　秦四⑨　鮑　秦昭襄⑮
榆關　姚　魏四②　鮑　魏安釐⑩
會稽　姚　秦五①燕一⑬中山⑩韓三⑤　鮑　秦武⑮秦昭襄㉙韓釐⑤燕昭④
運　姚　韓三⑨⑧　鮑　韓釐⑧
罣黍　姚　齊三⑩　鮑　齊宣⑧
蕃　鮑　魏哀⑨
睢濊之間　姚　楚一⑤　鮑　楚宣③
雲夢　姚　楚一⑨⑲楚四④趙二①宋衛②　鮑　楚宣⑩楚威③楚頃襄⑥趙肅①宋景①
遂浦　姚　楚一⑲楚四④　鮑　楚威③
黽池　姚　齊一⑰　鮑　齊閔⑨燕昭①
黽塞　姚　楚四④　鮑　楚頃襄⑥
黽隘　鮑　燕昭⑫

十四畫

②楚懷⑩楚頃襄⑥魏襄③魏哀㉓韓桓惠①

酸棗　姚　秦四⑨秦五④魏一⑨⑩　鮑　秦昭襄⑮魏襄③魏哀⑩⑳

蒲衍　姚　秦四⑨　鮑　秦昭襄⑮

蒲　姚　宋衛⑩　鮑　衛嗣君①

鋞　姚　秦四⑨　鮑　秦昭襄⑮

碭　姚　秦四⑨　鮑　秦昭襄⑮

鄢陵　姚　秦四⑨魏一㉑魏四⑥韓一㉓　鮑　秦昭襄⑮魏襄⑥魏哀㉒魏昭⑨魏安釐㉑

淄　姚　齊三③齊六⑥　鮑　齊閔⑭齊襄④

淄鼠　姚　齊三⑪　鮑　齊王建③

菠里　姚　齊六①　鮑　齊閔㉖

蒲反　姚　楚一⑫　鮑　楚懷⑳

蒼梧　姚　楚一⑯　鮑　楚威②

蒿　姚　趙四②　鮑　趙惠文⑤

雒陽　姚　趙一⑦　鮑　趙惠文③

漳河　姚　趙一⑦　鮑　趙惠文③

端氏　姚　趙一⑬　鮑　趙武靈③

漳　姚　趙二①③趙四②魏三⑨燕三⑤　鮑　趙肅①趙武靈②趙惠文⑤魏昭⑥燕喜③

漳滏　姚　趙三⑫⑭魏一⑥作漳釜　魏三⑧　鮑　趙孝成⑭魏武①作釜　魏安釐⑥

熒澤　姚　魏三⑧　鮑　魏安釐⑥

管　姚　魏四⑧㉔　鮑　魏昭⑪魏安釐⑱

碣石　姚　燕一①　鮑　燕文②

漢　姚　燕二①　鮑　燕昭⑫

熒口　姚　燕二①　鮑　燕昭⑫

趙莊　姚　燕二①　鮑　燕昭⑫

鳴條　姚　燕二③　鮑　燕昭⑦

寧邑　鮑　趙孝成⑦魏安釐⑬⑭

寧臺　鮑　燕惠①

十五畫

十六畫

隨陽右壤 姚 秦四⑨ 鮑 秦昭襄⑮
隨 姚 燕二① 鮑 燕昭⑫
樓煩 姚 齊五①趙二④燕一① 鮑 齊閔㉕趙武靈④燕文②
澠 姚 齊六⑥ 鮑 齊襄④
澠池 姚 趙二③燕一⑥ 鮑 趙武靈②
澠隘之塞 姚 韓一㉓ 鮑 魏安釐㉑
衛 姚 魏三⑧ 鮑 魏安釐⑥
濁水 姚 楚一⑲ 鮑 楚威③
濁澤 姚 韓一⑯ 鮑 韓惠宣④
磨山 姚 楚一⑲ 鮑 楚威③
鄳隘 姚 燕二①
遺遺之門 姚 趙二⑦ 鮑 趙武靈⑦
遼東 姚 燕一①燕三⑤ 鮑 燕文②燕喜③
閼與 姚 趙三④魏三⑧ 鮑 趙惠文⑩魏安釐⑥
鄗里 姚 趙三⑬⑳ 鮑 趙孝成⑤⑱

蕩陰 姚 趙三⑬ 鮑 趙惠文⑤
盧 姚 趙四⑦ 鮑 趙惠文⑬
歷室 姚 燕二⑩ 鮑 燕惠①
鄴 姚 魏一③④魏三①⑧燕三⑤ 鮑 魏文③魏昭②魏安釐⑥燕喜③
盧睪 鮑 魏武①
滄北 姚 魏一⑦ 鮑 魏惠①
幾 姚 趙三④ 鮑 趙惠文⑩
輸 姚 韓三⑲⑳ 鮑 魏安釐㉒
冀 姚 燕二① 鮑 燕昭⑫

十七畫

應 姚 西周⑤
營丘 姚 燕一⑤⑭ 鮑 燕易②燕昭⑤
濟陽 姚 秦四⑨ 鮑 秦昭襄⑮燕昭⑫
濮磨 姚 秦四⑨ 鮑 秦昭襄⑮
濮陽 姚 秦五⑤韓二㉑ 鮑 秦孝文①韓烈①

十八畫

十九畫

二十畫以上

帛書别本《戰國策》初探

長沙馬王堆三號漢墓出土的「帛書别本《戰國策》」，其中極大部分是久已失傳的戰國後期的歷史資料。編寫《史記》的司馬遷，整理《戰國策》的劉向，都没有見過。其它部分，雖然有的和《史記》、《戰國策》以及其它著作有關，但也並不完全相同。研究這份材料，可以讓我們知道戰國後期從奴隸社會向封建社會變革時期一羣爲新興地主階級服務的游士們在政治上如何開展游説的活動。首先搞清這份材料的來龍去脉，及其和其它著作的相互關係，可以讓我們知道這份材料在發展過程中的一些具體情況，有助於我們對戰國後期某些史實的正確理解。本文從這份材料裏的一些章節，特别是第二十四章，和其他有關材料的相互核對中，初步認識到這份材料，就是東漢末年服虔所説的《蘇秦法百家書説》之一。它的來源，出於戰國後期學習長短縱横術的游士的的筆録，而爲學習「蘇秦縱横」的人們所傳布。正因爲它來源於游士們的各種筆録，所以和其他同時流傳的各種同樣的材料，存在着很多的差異，必須加以仔細核實，才能解决問題。由於其中極大部份一向不爲世人所知，更有待於我們作深入細緻的研究。本文所述，名爲初探，真的只是初探而已。深入細緻的研究，尚有待於後來。這裏，錯誤一定不少，迫切希望獲得指正。

一、先從司馬遷和這份帛書的關係説起

「帛書別本《戰國策》」三十七章，有「國」字，無「邦」字，漢惠帝劉盈，漢文帝劉恒的諱，都没有避。可知這份材料抄寫的時間，是在西漢早期高惠之間，約當公元前一九四年左右。到公元前一六八年文帝劉恒初元十二年二月，便被埋藏入地，不與世人見面。這份材料被埋藏的時候，後來編寫《史記》的司馬遷，在當時還只是二十三歲的青年，還没有考慮到後來要編寫《史記》，雖然他自己曾經説過：「年二十而南游江淮，上會稽，探禹穴，闚九疑，浮於沅湘……」，又説：「適長沙，觀屈原所自沉。」説明當他二十歲後，曾經一度到過長沙。可是，這份材料，未必曾經看到，即使有機會看到，也不一定會牢記在心。後來在他四十二歲之後，編寫《史記》，關於戰國時期的一部份，有些材料和這「帛書別本《戰國策》」裏的一部份完全相同。特別是「趙世家」觸龍説趙太后一段，幾乎没有什麽大的差異。可見這份材料，雖然被埋藏着，類似這份材料的材料，還流傳着。在民間，在皇家，處處都有。給司馬遷接觸到的，被收入《史記》，給劉向所看到的，被整理彙編而成《戰國策》。必須指出，這樣的材料，不是這份那份千篇一律的。「帛書別本《戰國策》」裏的其它幾章，特別是不見於後來其它古籍的佚文十六章，司馬遷没有見到，便無從採入《史記》，這就是明顯的證據。

二、「蘇秦縱横」與《蘇秦書》、《蘇秦法百家書説》

西漢早期，當漢武帝劉徹還没有罷黜百家獨尊儒術的時候，社會上流行着一門顯學，叫做「蘇

秦縱橫」。漢武帝自己曾經親自訓誡嚴助「毋以蘇秦縱橫」（見《漢書》「嚴助傳」），可見「蘇秦縱橫」在當時是極爲時髦的。「蘇秦縱橫」在當時有沒有什麽文件作爲學習的依據呢？有的。《蘇子》、《蘇秦書》、《蘇秦法百家書説》（見《漢書藝文志》《漢書杜周傳贊》注《漢書主父偃傳》注）這一類文件，傳布相當普遍。這些文件，既有「百家」之多，自然不會像鐵板一塊地相同。有的是帛書，有的是簡書。名目既不一樣，内容多少，次序先後，也不一致。司馬遷在「金匱石室」裏看到的，在「網羅天下放佚舊聞」、「整齊百家雜語」時所涉及的，他所認爲「亦有頗可採者」的「戰國之權變」，所以這些都和「蘇秦縱橫」有關。從「百家雜語」一句中，我們可以體會到這些所謂「百家」，決計不是一種兩種。後來劉向校書，他所説的六種不同書名的「中書」，他概括爲兩句話，一是「復重」，二是「錯亂相糅莒」，可見這些材料，是一大堆雜亂無章的東西。這些東西，從另一方面來看，適足以證明這「百家書説」真的是事出百家，並非出於一人之手；也足以證明從戰國後期直到西漢初年社會上學習「蘇秦縱橫」的人們數量之多。難怪東漢王充要説「短書俗記，竹帛胤文，非儒家所記，衆多非一」（見《論衡骨相篇》）；班固要説：「戰國縱橫，真僞紛争，諸子之言，紛然殽亂」（見《漢書藝文志》）了。

傳布「蘇秦縱橫」的《蘇秦書》、《蘇秦法百家書説》，在漢武帝劉徹罷黜百家獨尊儒術之後，縱然一時表面上趨於沉寂，但書本還存在，還流傳。直到東漢末期漢靈帝劉宏中平末年公元一八九年時九江太守服虔，還看到這類的書，知道在《蘇秦書》裏有「罪敗而復抨擊之」的方法，知道《蘇秦法百家書説》就是「長短縱橫術」，知道主父偃、蒯通、邊通這些人所學習的，就是這一套（見《漢書主父偃傳》注）。可見這些材料，在《史記》、《戰國策》各自成書之後，還是存在着的。

三、「長短縱橫術」的來源和吕不韋韓非的書

作爲「蘇秦縱橫」的「長短縱横術」，記録流傳，來源很早。魯仲連遺燕將書，就有「説士不載」的話。劉向上晏子序，也説：「又有頗不合經術，似非晏子言，疑後世辯士所爲者。」可見在戰國末期，一羣游士、辯士，已經有他們自己的記録本子，分别記載以前和當時動人的議論或故事了。「惠施多方，其書五車。」《吕氏春秋》也有「備説非三王五帝」的話，惠棟指出「備説」是戰國時代一種書名。我們猜測這一種書既以「備説」爲名，當然是積累了許多傳説故事，準備爲進行游説的説士服務，供他們參考採擇，當時莊周就有「飾小説以於縣令」的話（見《莊子·外物篇》），法家韓非也曾經用了大量篇幅寫着「説儲」、「説林」，所有這些「備説」、「小説」、「説儲」、「説林」，都是十分重視「説」字，説明在戰國末期一羣學習「縱横長短之術」的游士辯士，自己都有一套學習的資料。就在莊周、惠施、魯仲連、吕不韋、韓非這時代，就已經有這些書了。《蘇秦書》《蘇秦法百家書説》的起源，大概就在這個時候。

現在看《吕氏春秋》有八條文字見於現存的《戰國策》，《韓非子》有三十六條文字見於現存的《戰國策》。這兩件事，説明當吕不韋、韓非著書的時候，當時被一羣説士、辯士記録下來的材料，已經是頗爲可觀的了。

吕不韋、韓非著書，時間相去不遠。《吕氏春秋·序意》説「唯秦八年，歲在涒灘」，高誘認爲這「八年」是秦始皇即位的第八年，那是在公元前二三九年。韓非著書，在入秦以前。韓非是秦始皇十

三年入秦的，過了一年，韓非也就死了。他入秦這年，當公元前二三三四年，那末，他的著書，是在公元前二三四年之前無疑。可見兩家著書的時間是很接近的。

《吕氏春秋》和《戰國策》有相同的材料八條，這八條材料，不但文字内容相同，而且有些論斷語也相同。這説明當時游士們記録下來的材料，《吕氏春秋》的編寫者把它照樣録入了《吕氏春秋》。這種材料後來又被彙編收入於《戰國策》，可以看出《蘇秦法百家書説》這類材料，在吕不韋賓客著書的時候，已經盛行，所以《吕氏春秋》得以抄了一些，而和後來《戰國策》裏的一些相同。

韓非的書，有三十六條和現存《戰國策》相同，其中特别是《十過》篇裏的一節，和「帛書别本《戰國策》」第二十四章「秦韓戰於蜀潢……」一段相同，又和現存《戰國策·韓一》「秦韓戰於濁澤韓氏急」一章相同，又和《史記·趙世家》宣惠王十六年的一節相同。這四段材料内容基本上相同，而個别詞句，存在着差異。這是一個非常值得注意研究的問題。我們研究的結果，肯定是韓非記下來的材料，被後來「帛書别本《戰國策》的傳抄者收録去了，又給《戰國策》的來源的那個本吸收進去了，到後來又給司馬遷採入了《史記》。這是從這四段材料互相對比的研究中清楚明白地看出來的。

四、四段材料的對比和内容分析

「帛書别本《戰國策》」第二十四章，來源於韓非的《十過》篇而又派生了後來的《史記》和《戰國策》的部分章節，看下列的對比研究，可以證實這一點。

帛書「秦韓戰於蜀潢韓是急」（四四五字）	公中崩胃韓王曰：冶國非可恃也。今秦之心欲代楚，王不若因張義而和於秦，洛之以一名縣，與之南伐楚，此以一爲二之計也	韓王曰善，乃警公中崩，將使西講於秦	楚王聞之，大恐，召陳軫而告之，陳軫曰：夫秦之欲伐王久矣，今或得韓一名縣，具甲，秦韓並兵南鄉楚，此秦之所廟祠而求也，今已得之，楚國必伐
《史記·韓世家》宣惠王「十六年秦敗我修魚，虜得韓將鰒申差於濁澤，韓氏急」（四七五字）	公仲謂韓王曰：與國非可恃也。今秦之欲伐楚久矣，王不如因張儀爲和於秦，賂以一名都具甲，與之南伐楚，此以一爲二之計也	韓王曰善，乃警公仲之行，將西購於秦	楚王聞之大恐，召陳軫告之。陳軫曰：秦之欲伐楚久矣，今又得韓之名都一而具甲，秦韓並兵而伐楚，此秦所禱祀而求也，今已得之矣，楚國必伐矣
《戰國策·韓一》「秦韓戰於濁澤，韓氏急」（四七四字）	公仲明謂韓王曰：與國不可恃，今秦之心欲伐楚，王不如因張儀爲和於秦，賂之以一名都，與之伐楚，此以一易二之計也	韓王曰善，乃儆公仲之行，將西講於秦	楚王聞之，大恐，召陳軫而告之。陳軫曰：秦之欲伐我久矣，今又得韓之名都一而具甲，秦韓並兵南鄉，此秦所以廟祠而求也，今已得之矣，楚國必伐矣
《韓非子·十過》：「奚謂內不量力？昔者秦之攻宜陽，韓氏急」（三二八字）	公仲朋謂韓君曰：與國不可恃也，豈如因張儀爲和於秦哉？因賂以名都而南與伐楚，是患解於秦，而害交於楚也	公曰善，乃警公仲之行，將和秦	楚王聞之懼，召陳軫而告之。曰：韓朋將西和秦，今將奈何？陳軫曰：秦得韓之都一，驅其練甲，秦韓爲一，以南鄉楚，此秦王之所以廟祠而求也，共爲楚害必矣

續 表

王聽臣之爲之，警四竟之内，興師救韓，名戰車盈夏路發信□□亓車，重亓敝，史信王之救已也，韓爲不能聽我，韓之德王也，必不爲逆以來，是□韓不和也，□□至，楚國不大病矣	王聽臣爲之警四境之內，起師言救韓，命戰車滿道路，發信臣，多其車，重其幣，使信王之救己也。縱韓不能聽我，韓必德王也，必不爲鴈行以來，是秦韓不和也，兵雖至，楚不大病也	王聽臣，爲之儆四境之內，選師言救韓。令戰車滿道路，發信臣，多其車，重其幣，使信王之救己也，縱韓爲不能聽我，韓必德王也，必不爲鴈行以來。是秦韓不和，兵雖至，楚國不大病矣	王其趣發信臣，多其車，重其幣，以奉韓曰：不穀之國雖小，卒已悉起，願大國之信意於秦也！因願大國令使者入境視楚之起卒也，韓使人至楚，楚王因發車騎陳之下路，謂韓使者曰：報韓君，言弊邑之兵今將入境矣。使者還報韓君
爲能聽我，絕和於秦，□必大怒，以厚怨韓。韓南□□，必輕秦，輕秦，其應必不敬矣，是我困秦韓之兵免楚國之患也	爲能聽我絕和於秦，秦必大怒，以厚怨韓。韓之南交楚，必輕秦，輕秦，其應秦必不敬，是因秦韓之兵而免楚國之患也	爲能聽我，絕和於秦，秦必大怒，以厚怨於韓，韓得楚救，必輕秦，輕秦，其應秦必不敬，是我困秦韓之兵而免楚國之患也	
楚之若，乃警四竟之內，興師，言救韓，發信臣，多車，厚其敝，使之韓，胃韓王曰：不谷唯小，已悉起之矣，願大國肆意於秦，不谷將以楚□韓	楚王曰善，乃警四境之內，興師言救韓，命戰車滿道路，發信臣，多其車，重其弊，謂韓王曰：不穀國雖小，已悉發之矣，願大國遂肆志於秦，不穀將以楚殉韓	楚王大說，乃儆四境之內，選師言救韓，發信臣，多其車，重其幣，謂韓王曰：弊邑雖小，已悉起之矣，願大國遂肆意於秦，弊邑將以楚殉韓	

續表

□□說，止公中之行。公中曰：不可。夫以實苦我者秦也，以虛名救□者楚也。□楚之虛名，輕絶强秦之適，天下必苡王。且楚韓非兄弟之國也，有非素謀伐秦也。已伐刑，因興師言救韓，此必陳軫之謀也，夫輕絶强秦而强□楚之謀臣，王必悔之	韓王聞之大說，乃止公仲之行。公仲曰：不可。夫以實伐我者秦也，以虛名救我者楚也。王恃楚之虛名，而絶强秦之敵，王必爲天下大笑。且楚韓非兄弟之國也，又非素約而謀伐秦也，已有伐形，因發兵言救韓，此必陳軫之謀也，且王已使人報於秦矣，今不行，是欺秦也，夫輕欺强秦而信楚之謀臣，恐王必悔之	韓王大說，乃止公仲。公仲曰不可。夫以實告我者秦也，以虛名救我者楚也。恃楚之虛名，輕絶强秦之敵，必爲天下笑矣。且楚韓非兄弟之國也，又非素約而謀伐秦矣，秦欲伐楚，楚因以起師言救韓，此必陳軫之謀也，且王以使人報於秦矣，今弗行，是欺秦也，夫輕强秦之禍，而信楚之謀臣，王必悔之矣	韓君大悅，止公仲，公仲曰不可。夫以實告我者秦也，以名救我者楚也，聽楚之虛言而輕誣强秦之實禍，則危國之本也
韓王弗聽，遂絶和於秦，秦因大怒，益師，與韓是戰於岸門。楚救不至，韓是大敗。故韓是之兵非弱也，亓民非愚蒙也，兵爲秦禽，知爲楚笑者，過聽於陳軫，失計韓倗。故曰：「計聽知順逆，唯王可。」	韓王不聽，遂絶於秦，秦因大怒，益甲，伐韓，大戰，楚救不至。韓十九年，大戰我岸門，太子倉質於秦以和。	韓王弗聽，遂絶和於秦。秦果大怒，興師，與韓氏戰於岸門。楚救不至，韓氏大敗。韓氏之兵非削弱也，民非蒙愚也，兵爲秦禽，智爲楚笑，過聽於陳軫，失計於韓明也。	韓君弗聽，公仲怒而歸，十日不朝。宜陽益急。韓君令使者趣卒於楚，冠蓋相望，而卒無至者。宜陽果拔，爲諸侯笑。故曰：「内不量力，外恃諸侯者，則國削之患也。」

這四段材料，內容基本上相同，肯定是同出一源的。從帛書末尾「故韓是之兵非弱也，其民非愚蒙也，兵爲秦禽，知爲楚笑者。過聽於陳軫，失計韓傰。故曰：「計聽知順逆唯王可。」和《韓一》的末尾「韓氏之兵非削弱也，民非蒙愚也，兵爲秦禽，智爲楚笑，過聽於陳軫，失計於韓明也。」兩條文字基本相同，而帛書多「故曰：計聽知順逆唯王可」十字。從這一點着眼來看，我們再看現存的姚本《戰國策·秦二》「楚絶齊齊舉兵伐楚」章末尾，有「計聽知覆逆者，唯王可也。計者，事之本也。聽者，存亡之機。計失而聽過，能有國者寡也。故曰：計有一二者難悖也，聽無失本末者難惑」五十一字。而帛書這一條「故曰計聽知順逆唯王可」這十字，就在《秦二》這一條的開端。由此可知帛書這一條的末尾可能還没有完，也可以接上「計者事之本也……」一節四十一字。反轉來説，如果《韓一》末尾「失計於韓明也」之下，加上「故曰：計聽知覆逆者唯王可也」，一直到下面的「難惑」共計五十一字，也是可以的。另一方面，《秦二》「楚絶齊齊舉兵伐楚」章末尾的五十一字，據王念孫的校勘，認爲是錯簡，應該在這一章之前的末尾，就是在《秦二》「齊助楚攻秦取曲沃」章的末尾「故楚之土壤士兵非削弱，僅以救亡者，計失於陳軫，過聽於張儀」這幾句之後。王念孫的這個看法，我們認爲是有理由的。依照這些情況來看，我們可以清楚地看到一種跡象，這就是同一來源的材料，由於傳布鈔寫的不同，不僅文字上有出入，就是語句上的增加和刪削，也是實際存在着的。這更可以幫助我們理解服虔所説《蘇秦法百家書説》之所以成爲「百家」。埋藏在馬王堆漢墓裏的這部帛書，可以看作是一家；司馬遷、劉向所接觸到的，當然是「百家」裏的其它幾家，看這段帛書末尾，看《韓一》「秦韓戰於濁澤韓氏急」章的末尾，看《秦二》「楚絶齊齊舉兵伐楚」章的末尾，這三個末尾的語句相互纏涉；完全可以使我們知道，在這件故事的同一材料中，就有各不相同的論斷語，至少已有四五種之多。由此可以知道帛書僅僅是「百家書説」的一種，而劉向根據許多種來整理編寫的《戰國策》，正因爲他整理得還不够十分仔細，仍然給我們看到了一些没有整理好的痕跡。這就明顯地透露了一些各種傳布抄寫的各不相同的本子的實在情況了。

在這四段材料裏，特别是有一段見於《韓非子·十過》篇，關於這一點，我們必須加以適當的重視，進行重點的研究。

見於《韓非子·十過》的這一段，内容方面，人物、事件和帛書、《史記》、《戰國策》所説的没有什麽差别，惟一的最大的差别，是一個地名。《十過》篇説的是「秦攻宜陽」，而帛書説的是「戰於蜀潢」，《史記》、《戰國策》説的則是戰於「濁澤」。蜀潢、濁澤，原是一地。有時又寫作「蜀陽」或寫作「蜀城」、「蜀津」，實際上就是濁澤。這在下文，再作交代。這裏先要搞清楚的是「秦攻宜陽」和「戰於蜀潢」「戰於濁澤」等問題。

宜陽，是一個縣名，在我們現在河南省的西部。當初在戰國時代，宜陽是韓國西部的重要地區。秦國向東發展，首先必須取得這個地區。當時有人説：「宜陽，大縣也……名爲縣，其實郡也。」（甘茂對秦武王的話，見《戰國策·秦二》「秦武王謂甘茂曰」章）。有人説：「宜陽城方八里，材士十萬，粟支數年……」（東周君的話，見《戰國策·東周》「秦攻宜陽」章），後來有人説這個宜陽「東、南、北三面峭絶天險，澠池、二殽，皆在境内……」（見吕祖謙《大事記》）。這在當時，實在是韓國西面阻遏秦國，秦國東面控制六國，在軍事上雙方必争的重要地區。秦國向東發展，費了很長的時間，花了很多的力氣，才把宜陽攻下。根據《史記·六國年表》的記載：

「秦惠公九年，伐韓宜陽，取六邑。」（這是韓列侯的九年，當公元前三九一年）

「秦惠文王三年，王冠，拔韓宜陽。」（這是韓昭侯的二十四年當公元前三三五年）

「秦武王三年，與韓會臨晉，擊韓宜陽。」（這是韓襄王的四年，當公元前三〇八年）

「秦武王四年，拔宜陽城，斬首六萬。」（這是韓襄王的五年，當公元前三〇七年）

從公元前三九一年到三〇七年，足足費了八十四年的時間才把宜陽攻下。清代學者顧祖禹説：「秦惠文王三年拔韓宜陽，既而韓復取之。」（見《讀史方輿紀要》卷四十八）錢大昕説：「戰國時大郡連數十城非一時所能盡拔。」（見顧觀光《七國地理考》卷六引）這可見雙方争奪情況的嚴重了。

秦拔宜陽，前後共有兩次。第一次是在公元前三三五年，第二次在公元前三〇七年。修魚之戰，申差被虜，這是公元前三一七年的事。這年，張儀正在秦國當權作相。修魚之戰的以後三年，岸門之戰，這是公元前三一四年，這時張儀仍在秦國。從秦第一次攻拔宜陽之後，過了十年，到公元前三〇七年秦再拔宜陽，這時張儀已經死了兩年多。據《竹書紀年》郝氏校正本，張儀是在公元前三一〇年即魏襄哀王九年五月死去的。《韓非子·十過》這一節首先提到張儀，我們在這裏把張儀的情況搞清楚，是有必要的。

《韓非子·十過》這段材料，開始所説的「韓氏急」，是在「秦之攻宜陽」之後的。這説明下面叙述的這件事，是在「秦之攻宜陽」之後。這件事的結果，則是「宜陽果拔，爲諸侯笑」，這説明這段材料的叙述，不會早於公元前三〇七年。也説明這段材料裏叙述到的這個韓公仲楚陳軫的策謀，是在公元前三〇七年之前的一段時間裏。説得仔細一些，這段時間的上限，應該是在韓宣惠王十六年公元前三一七年修魚之戰之後。這時的張儀正在秦國當權作相。情況完全符合。

秦攻宜陽，引起了韓公仲、楚陳軫的策謀，結果，韓王聽信了楚國的鬼話，拋棄了公仲的計劃以致韓國的重要地區宜陽給秦國占領去了。這在韓國説來，是一件頭等大事。韓非生在韓國，是韓國的「諸公子」，對於這件大事，當然是很關心的。以「存韓」爲心的韓非，在《十過》篇裏，親自寫下了這段材料，作爲「内不量力，外恃諸侯」的失敗教訓，他内心的沉痛，是可以想像的。因此這段材料也是可以取信的。《韓非子》有些文章，不一定是韓非自己的親筆。例如《内外儲説》後面雜引的故事，可能如吴汝綸所説是「韓學之徒所爲」，有一些材料，也可能是「其徒收録平日之稿」。但《十過》一篇，必然是韓非自己寫的。理由是這篇文章，分爲十類，每類之前，標舉綱領，一事之末，又認真地作出了結論，必然出於一人之手，非韓非自己親自下筆不成。但是，這段材料是從「秦攻宜陽」起，到「宜陽果拔」結，和其它三段材料都是從「戰於濁澤」(蜀潢)起，「岸門大敗」結，所説的地點，全然不同。這是什麽原因呢？爲什麽内容方面，人物事件完全没有差别，而事件發展的本末始終，却全不相同呢？

解答這個問題，我們考慮還是要從時間和地點兩方面來着眼。

(一)時間方面

上文説過，秦攻宜陽，到宜陽果拔，費了八十四年的時間，(從公元前三九一—前三〇七年)這是根據《史記·六國年表》的記載，從整個過程來看的。《十過》篇所提到的，可以包括這樣的一段長時間，但也並不排除這一段長時間裏某一階段的短時間。事實擺在那裏，韓公仲、楚陳軫兩方面謀略的實施，不可能時間過短，但也決不會拖延八十四年之久。這就可以決定是在這段長時間中的某一階段，時間決不會拉得過長。《十過》篇裏所説的事件時間過程，是指宜陽問題的全過程，決不等於説韓楚雙方這一個謀略過程，竟其開展了八十四年。

帛書、《史記》、《戰國策》，這三段材料，關於這件事的時間方面，帛書、《戰國策》同樣地只説到「戰於濁澤」以至於「戰於岸門」，没有交代是那一年的事。只有《史記》，明白説清開始是韓宣惠王十六年，結末是韓宣惠王十九年。明確説清韓公仲、楚陳軫這個謀略的實施時間，是由十六年到十九年的三年以内的事。這是《史記·韓世家》裏的記載（韓宣惠王十九年岸門大戰，不見於《六國年表》。而《秦本紀》惠文君後元「十年韓太子蒼來質，伐取韓石章。十一年，敗韓岸門斬首萬，其將犀首走。惠文君後元十一年，正當韓宣惠王十九年，《秦本紀》「敗韓岸門」的記載，是和《韓世家》十九年岸門大戰符合的。但和「太子倉質於秦以和」，《秦本紀》説是惠文君後元十年，即韓宣惠王十八年，「韓世家」説是宣惠王十九年，即惠文君後元十一年，兩處相差一年，這裏是有錯誤的），這個明確的年份數字，只是《史記》有，帛書和《戰國策》都没有。根據這個記載，我們推算一下，秦惠文王後元十一年，即韓宣惠王十九年，這年正當公元前三一四年。這年，秦敗韓師於岸門。我們把這項材料，補進從《六國年表》所看到的材料，那就可以寫作：

公元前三九一年，秦惠公九年，韓列侯九年，秦伐韓宜陽，取六邑。

公元前三三六年，秦惠文王三年，韓昭侯二十四年，秦王冠，拔韓宜陽。

公元前三一七年，秦惠文王後元八年，韓宣惠王十六年，秦敗韓修魚，虜韓將鰒申差於濁澤。

公元前三一四年，秦惠文王後元十一年，韓宣惠王十九年，秦敗韓岸門，斬首萬，韓太子倉質於秦以和。

公元前三〇八年，秦武王三年，韓襄王四年，秦與韓會臨晉、秦擊韓宜陽。

公元前三〇七年，秦武王四年，韓襄王五年。秦拔宜陽城，斬首六萬。

從這一系列的排列中，我們可以看出秦敗韓岸門，是秦拔宜陽這個過程中的一個大戰役。在由韓宣惠王十六年到十九年這三年之內，實在是韓國宜陽存亡的關鍵時刻。岸門一仗大敗之後，過了七年，宜陽就給秦國奪去了。所以，當時韓王的不聽公仲的計劃而相信了楚國的一項詭計實在是上了大當。雖怪韓非要憤憤地説「內不量力，外恃諸侯者，則國削之患也」了。

（二）地點方面

關於地點方面，首先要搞清的，是「蜀潢」和「濁澤」，其次是「岸門」，其三，是這些地區和宜陽的關係。

1.「蜀潢」「濁澤」

「蜀潢」這個名詞，除了這部帛書，別的地方没有見過。《竹書紀年》有「蜀陽」説「烈王七年，我師伐趙，圍蜀陽」。徐文靖解釋道：「蜀陽即濁澤也。伐趙，當是伐韓之訛。」（見程恩澤《國策地名考》卷十三濁澤條引）帛書作「蜀潢」，竹書有「蜀陽」，「潢」、「陽」是叠韵字，在口語和傳抄方面，可能混用。「蜀潢」、「蜀陽」，是指同一地方，就是韓國的「濁澤」。程恩澤説，韓地濁澤：「在今長葛縣西南。郡國志：潁川郡長社縣有蜀城蜀津，即濁澤是也。此韓地，《韓世家》宣惠王十六年，秦敗我修魚，虜得韓將鯁申差於濁澤（《六國表》同），即此。」（見《國策地名考》卷十三）根據這個，知道「濁澤」還有「蜀城」、「蜀津」等名稱，和「蜀潢」、「蜀陽」都用「蜀」字來説，基本上是相同的。可見帛書裏的「蜀潢」，和《史記》、《戰國策》裏這個「濁澤」是同一地方，這就没有問題了。

濁澤這個地方，程恩澤説：「在今長葛縣西。」（見上）張琦説：「在今許州西。」（見《戰國策釋地》

卷下）顧祖禹說：「濁澤，在許州西。水經注：皇陂水出胡城西北。胡城，潁陰之狐人亭也。亦曰狐宗鄉。皇陂，古長社之濁澤。」（見《讀史方輿紀要》卷四十七許州條下）顧觀光也引徐廣、酈道元的話，說：「徐廣曰：長社有濁澤。《水經・潩水注》云：皇陂水出皇臺七爲岡北。皇陂即古長社縣之濁澤也。北對鷄鳴城，即長社縣之濁城也。」（見《七國地理考》卷六）

長社就是長葛，地點在今河南省許昌市北五十里。現在的許昌市，就是張琦所說的許州。「許州西」，就是「長葛縣西南」。程張二說方向正同。濁澤就在這裏。這裏的東北方向，就是當時韓國的都城新鄭。從地理位置來看，這個濁澤是韓國都城西南方面的重要地區。

2．「岸門」

「岸門」這個名詞，由於聲音相近，也寫作「雁門」。戰國時期，北方趙國有「岸門」，實際上就是我們現在山西省代縣的雁門關地方，和這裏的「岸門」不是一處。這裏的「岸門」是指當時南方韓國的地方。鮑彪說：「後志：潁陰有岸亭。」吴師道說：「徐廣云：岸門即岸亭。正義引括地志云：在許州長社縣西北。」（並見《戰國策校注》卷八）顧祖禹說：「岸亭，在許州東北二十八里，亦曰岸門，今名長武亭。括地志：戰國時秦人敗韓於岸門，即此處也。似誤。」（見《讀史方輿紀要》卷四十七許州條下）顧祖禹不信這裏的「岸門」就是「韓是大敗」的地方，但酈道元注《水經》，已經證實這就是秦兵打敗韓國的所在。程恩澤說：「案《郡國志》：潁川郡潁陰縣有岸亭。《水經注》：潩水又東，逕西武亭間，兩城相對，疑是古之岸門，史遷所謂走犀首於岸門者也。《正義》：岸門在許州長社縣西北二十八里（一作十八里）今在西武亭矣。」（見《國策地名考》卷十四岸門條）程恩澤又說：「今許州東北二十八里有岸亭，亦曰岸門。」（見同上）由此可見「許州東北」的「岸門」，確實就是韓人當時大敗惠王十六年到十九年歷時三年的戰役，這也可見這裏是韓國南部的一個重要地區了。在這裏，進行了從韓宣的地方。岸門和濁澤相去不遠，都在許州附近，都是韓國都城的南部地區。

3．「濁澤」「岸門」和「宜陽」的關係

上文説過，宜陽是韓國西面的重要地區。西方的秦國要「下兵三川」，向東方發展，一定先要奪取宜陽。宜陽之所以重要，就因爲在它境内，有澠池二崤這一帶的天險。唐人張守節説：「宜陽在河南府福昌縣東十四里，故韓城是也。此韓之大郡，伐取之，三川路乃通也。」程恩澤告訴我們：「據通典，宜陽即今福昌山。則宜陽本山名，蓋依山以爲固，即因山以名縣也。」（見《國策地名考》卷十四宜陽條後注）程恩澤又説：「《通典》：宜陽，即魏之一合塢城。」（見同上）宜陽山，一合塢，酈道元《水經注》有這名稱。酈道元説：「洛水又東，有昌澗水注之。水出西北宜陽山，而東南流逕宜陽故郡南，……洛水又東，逕一合塢南，城在川北原上，高二十丈，南、北、東三箱，天險峭絶，惟築西面即爲固。一合之名，起於是矣。」（見《水經注》卷十五）

根據這些記載，我們可以想見宜陽這個地區的險要。依照這些記載的位置方向來看，當時韓國的「宜陽」，應該是在我們現在河南省洛陽市的西面，靠近新安、澠池一帶，還不是現在洛陽市西南的宜陽。如果這樣的理解是正確的話，那末，依照我們現在的地圖來看，河南省鄭州市直南經過新鄭、長葛，就可以靠近古代的濁澤、岸門。從鄭州市直西過去，經過洛陽市，就是新安、澠池一帶，這就是古代韓國的西方要地宜陽。宜陽和濁澤、岸門，依據當時韓國的政治重心新鄭的方位來看，宜陽在國都的西北角，濁澤、岸門，則在國都的南方。採用古代軍事學的常用語來説，這是互爲犄角的兩個要地。

秦國向東擴張，第一着棋子，就是要取得宜陽。可是，從公元前三九一年起，直到前三○七年「拔宜陽城」爲止，足足花了八九十年的時間，才達到了目的。在這漫長的一段時間裏，有時秦國已經把宜陽城攻下了。過了一回，又給韓國奪了回去。《通鑑答問》説秦第一次攻下宜陽，是「拔而未取」，顧祖禹也説「秦拔韓宜陽，既而韓復取之。」(説見前)可見這地區是秦韓雙方拉鋸戰的中心。在這八九十年中間，由於秦國得不到這塊肥肉，就在惠文王後元七年公元前三一八年趁着「韓、趙、魏、燕、齊帥匈奴共攻秦」的時候，派了庶長樗裏疾和韓兵大戰於修魚，結果，打敗了韓兵，俘虜了韓將申差。這修魚之戰，實際上就是「韓一」所説「秦韓戰於濁澤」的這一件事(參看《史記·秦本紀》、《韓世家》)。這是韓宣惠王十六年公元前三一七年的事。這之後三年，到宣惠王十九年公元前三一四年，又展開了岸門之戰，又把韓國打得大敗。從此韓國一蹶不振，過了五六年，秦對宜陽發動了猛烈的攻勢，到第七年，韓襄王五年公元前三○七年，宜陽就完全從韓國手裏轉移到秦國手裏去了。

在此之前，蘇秦、張儀都認識到這宜陽地區的重要。蘇秦曾經對趙王説過：「韓弱，則效宜陽，宜陽效則上郡絶。」(見《趙二》「蘇秦從燕之趙」章)張儀曾經對韓王説過：「秦下甲據宜陽，絶韓之上地……則五國分矣。」(見《韓一》「張儀爲秦連横説韓王」章)事實果然如此，秦國取得宜陽之後的第十四年，韓釐王三年公元前二九三年，秦將白起就在宜陽以東的伊闕，把韓兵二十四萬全打垮，連一個將軍喜也被俘虜去了(見《史記·六國年表》)。再過了六十多年，韓國就第一個給秦國滅掉。

宜陽在韓都之西，濁澤(包括修魚)岸門，在韓都之南。岸門一仗垮了之後，宜陽就站不住脚。這就明白告訴我們當時這西方、南方兩個地區之間的相互關係。

攻下宜陽，在秦國來説，主要是秦武王時期定蜀回來的一等大員甘茂的功績。我們今天從《戰國策》、《史記》看甘茂進攻宜陽的一些有關材料，看到當時甘茂對秦武王的話，「今王信數險，行千里，攻之難」，以及「五月而不拔」，「息壤在彼」，「因大悉起兵」等等的記載，可見甘茂攻下宜陽，曾經花了很大的力氣。反過來看，也可以知道當時韓國的守衛宜陽，也是如何地費勁的了。這就給我們知道志在「存韓」的韓非，爲什麽在《十過》篇裏要那樣痛心地責備韓君。

上面所述，我們從時間、地點兩方面，介紹了事關濁澤、岸門和宜陽的一些情況，從而了解到岸門戰役是秦拔宜陽之前的一個關鍵性的戰役，而秦拔宜陽，是岸門戰役之後所形成的必然後果。我們認識到這一點，再來考慮前面提出的爲什麽這四段材料肯定是同一來源，人物、事件，完全没有差别，而事件發生的本末始終却全不相同的道理。

首先，還得從《韓非·十過》篇裏的這段材料説起。

韓非入秦被誅，事在韓王安六年，當秦始皇十四年，公元前二三三年，那時上距宜陽之拔，已經過了七十四年。韓非死後第四年，秦國把韓王安俘虜了去，再下一年，韓國也就滅亡了。韓非下筆寫《十過》篇，肯定是入秦以前的事。當時寫作的目的，無非是警惕韓君，不要「外恃諸侯」而「内不量力」。在這段文字的時間、内容方面，表面上拉得很長，從「昔者秦之攻宜陽」起，到「宜陽果拔」爲止，倘若粗粗地一看，似乎應從秦惠公九年公元前三九一年開始算起，到秦武王四年公元前三〇七年爲止，中間經歷八十多年之久。但是，如果仔細地考察一下，根據文字的内容來看，應該從公仲明、張儀、陳軫這些人計謀劃策以及歷史事實的表演來看，則僅僅是從濁澤之戰到宜陽之拔首尾十年間的事。用帛書、《史記》、《戰國策》三段材料來比，這《十過》篇裏的十年時間，已經延長了六七年，因爲帛書、《史記》、《戰國策》三段材料裏的時間，僅僅是從韓宣惠王十六年公元前三一七年到十九年公元前三一四年前後不過三年之内的事呀！ 前後三年之内的事，結果是岸門大敗，這個大敗，引起了後來的宜陽之拔，韓非正因爲這三年之内的事關係十分重要，所以原始要終地用「昔者」兩字引起了「秦之攻宜陽」一直説到「宜陽果拔」，表現了自己内心的憤恨。這怕就是他要引起韓君警惕的命意所在了。

秦拔宜陽，是甘茂的功績，而韓失宜陽，則是從公仲的手裏失去的。公元前三〇七年秦拔宜陽，當時負責守衛宜陽的就是公仲，《東周》策「秦攻宜陽」章：「……宜陽城方八里，材士十萬，粟支數年，公仲之軍二十萬，……」當時公仲帶領了二十萬大軍保衛宜陽，宜陽的兵力是足够强大的。《楚三》「秦伐宜陽」章：「秦伐宜陽，楚王謂陳軫曰：寡人聞韓侈巧士也……陳軫對曰：……韓侈之知於此困矣……」韓侈就是公仲。鮑彪説：「公仲時守宜陽。」《秦二》「宜陽未得」章：「宜陽未得……甘茂欲息兵，左成謂甘茂曰：公内攻於樗里疾，公孫衍（當作奭）而外與韓侈爲怨……」《秦二》「秦武王謂甘茂曰」章：「……甘茂曰……是王欺魏，而臣受公仲侈之怨也……」公仲侈，就是公仲明，就是公仲，就是韓侈。黄式三説：「朋，一作憑，朋憑聲近。又作侈，朋侈形似。」《秦二》「甘茂攻宜陽」章：「甘茂曰：……今攻宜陽而不拔，公孫衍（當作奭）樗裏疾挫我於内，而公中以韓窮我於外……」注：「公中，韓侈也。」從這些材料來看，當時攻宜陽的是甘茂，守宜陽的是公仲。宜陽是從公仲手裏失去的。

公仲在韓國掌握文武大權，看來時間是很久長的。早在齊宣王、楚懷王發動「五國共擊秦」的時候，公元前三一八年，公仲已經是韓國掌握大權的人了。

「五國共擊秦」，實際上參加的是韓、趙、魏、齊、燕、楚六國（合看《史記·六國年表》、《秦本紀》、《魏世家》、《趙世家》、《楚世家》、《燕世家》）。這件事，是「蘇秦之約，（楚）懷王爲長」（吴師道説，見《戰國策校注》卷四「秦伐魏陳軫合三晉而東」章注。又，《戰國策·楚三》「五國伐秦魏欲和」章：「杜赫謂昭陽曰：凡爲伐秦者，楚也。」《韓一》「五國約而攻秦」章：「魏順南見楚王，曰：王約五國而西伐秦，不能傷秦，天下且以是輕王而重秦……」這些可以看出當時楚國是確實參加伐秦的）。而東方齊國的齊宣王，則是暗中的臺柱。看《楚世家》所説「楚懷王十一年，蘇秦約從，山東六國共攻秦，楚懷王爲從長，至函谷關，秦兵出擊六國，六國兵皆引而歸，齊獨後」，就可以知道一些當時的實際情況。這是周慎靚王三年，秦惠文王後元七年，齊宣王二年，楚懷王十一年，韓宣惠王十五年，趙武靈王八年，魏襄哀王元年，燕王噲三年，當公元前三一八年的事。看「齊獨後」一語，再結合當時的事實，公元前三一八年之後的一年，對韓國來説，就是宣惠王十六年，公元前三一七年，這年，據《史記·六國年表》的記載，有下列幾件大事：

1．「趙與韓魏擊秦」。
2．「秦與韓趙戰，斬首八萬」。
3．「秦攻韓修魚，得韓將軍申差」。
4．「齊敗魏趙觀澤」。

這四件事，是上一年「五國共攻秦」的尾聲，也是「五國共攻秦」的分化。在這一年裏，秦國占了絶對的優勢，打敗了韓趙兩國；其次，就是齊國打敗了魏趙兩國。值得注意的是，在這一年，秦國没有打擊魏國，齊國没有打擊韓國。在這一年，齊、楚、燕三國似乎没有和秦國繼續對抗，而齊國打敗魏趙兩國於觀澤，這就是上一年「六國兵皆引而歸」，爲什麽「齊獨後」的緣故，具體事實就是這樣。

爲什麽這一年秦國没有打擊魏國。《戰國策·楚三》「五國伐秦魏欲和」章告訴我們這時的魏國首先主和，拆了蘇秦「六國合從」的臺。這是一。其次，這時秦國當權的相，是過去曾經做過魏國的相的張儀，和魏國有一定的交情。這是二。有此二因，所以，當時魏國雖然還是和趙、韓一道共擊秦，而秦國却没有用主力來對付魏國。

爲什麽這一年齊國没有打擊韓國。《戰國策·齊二》「韓齊爲與國」章告訴我們，這時齊宣王曾經親口宣布「韓，吾與國也，秦伐之，吾將救之」。這當然是不會打擊韓國的了。不僅這一點可以證明當時韓國和齊國是聯合在一起的，就是在《十過》篇那一段裏也可以取得證明。當時公仲朋就曾經對韓王説：「與國不可恃也，豈如因張儀爲和於秦哉？」這裏所説的「與國」，正是指的齊國。可見當時齊和韓的關係的確是在一定程度上友好的。所以這一年齊國没有打擊韓國。

「五國共攻秦」，實際上是蘇秦策劃「六國合從擯秦」的實現。結果，因爲六國不能團結合作而招致了失敗。當時的形勢，韓、趙、魏離秦近，燕、齊、楚離秦遠。離秦遠的，躲在後方，没有受到多大損失；離秦近的，眼前就吃了大虧。特别是就在秦國門口的韓國，濁澤一戰，中差這一個將軍就被俘虜去了。這就使得韓國内部的當權派公仲朋受到了極大的震動。

由於韓國和秦國在地理上靠得最近，而且秦和韓地形「犬牙相錯如繡」（見《秦三》）加上韓國在邦交上没有一定的主見，所以在當時有「轉國」的稱號（見《戰國策·楚一》「五國約秦以伐齊」章「昭陽謂楚王曰：韓氏，轉國也，好利而惡難。好利，可營也；惡難，可懼也。我厚賂之，以利，其心必營；我悉兵以臨之，其心必懼……」）。「轉國」，是指隨風轉柁、左右搖擺，沒有定見的國家。這可能和當時的當權派公仲朋分不開的。就在公元前三一八年「五國約擊秦」的這一年，楚王派大公事到韓國去勾結公仲朋，離間韓國和齊國的關係（見《戰國策·楚一》「五國約秦以伐齊」章）。就在《韓非子·十過》這一段，看到公仲朋不信任當時的「與國」——齊國，建議韓君拉攏秦相張儀，想通過張儀來和秦國稱和。這是當時「五國共擊秦」本身存在的弱點。當時蘇秦發動「合從」聯合六國擯秦，秦惠文王早就指出了他們的弱點，說：「蘇秦欺寡人，欲以一人之智，反覆東山（即山東）之君，從以欺秦，……諸侯不可一，猶連鷄之不能俱上於棲……」（見《戰國策·秦一》「秦惠王謂寒泉子曰」章）山東六國，矛盾重重，意見不一，根本不能團結起來並力攻秦，這完全是當時的事實。看韓、魏兩國都想向秦靠攏，而作爲「從長」的楚王，到了「兵罷」之後，還在那裏考慮「卜交」。想進「攻市丘以償兵費」（見《戰國策·韓一》「五國約而攻秦、楚王爲從長」章），無怪吴師道輩要批評他們說：「合五國之衆，一籌不盡，逡巡而卻……宜乎秦以折箠笞之」（見《戰國策校注》卷八）了。

在這種形勢之下，韓國站在秦國的門口，舉棋不定，形成了「轉國」。既然和齊是「與國」，又認爲「與國不可恃」想和魏國一樣，「因張儀爲和於秦」。後來又受了楚國的欺騙，而大敗於岸門。接着就是楚圍雍氏（雍氏，韓邑，在韓國東部。楚圍雍氏，前後共有三次，第一次是在岸門之戰的後二年，韓宣惠王二十一年，當公元前三一二年。見《戰國策·韓二》「楚圍雍氏韓令冷向借救於秦」章），秦拔宜陽（公元前三〇七年）。從此韓國再也抬不起頭來，逐漸趨於滅亡。韓非在《十過》篇裏這一節，最後指出「內不量力，外恃諸侯者，則國削之患也」。當韓非下筆寫作的時候，韓國雖然已經削弱但還不到滅亡。他所指出的「內不量力，外恃諸侯」，的確是針對着當時韓國「轉國」的病情，作出了正確的診斷，是一個明智的見解。這一節他提的事實，内容儘管僅僅是濁澤之戰到岸門之戰這段三年内短短時間裏的事，但影響所及，一直到宜陽的被拔，所以説來很是沉痛。這是無怪其然的。我們現在分析當時韓非寫作這一節的情況，大概就是如此。

這段故事，可能是韓非第一個把它落實到書面上來的。他叙述這段故事的目的，主要是在警惕韓君，看他最後幾句論斷語，完全可以知道。

五、四段材料産生的先後

上面，我們從四段材料的對比，又從《韓非·十過》這一節宜陽問題的分析，搞清楚它和濁澤、岸門兩次戰役的關係。下面，我們再從這四段材料的文字内容，研究一下它們之間産生的先後。

1.《十過》篇，字數最少，全段算有三一八字，除去開端六字，結尾十七字外，所有事實的記載，實際上只有三一八字。這和其它三段相比，應該是較早的原始的記載。

第一部份，公仲朋對韓君的話，簡單扼要，没有「今秦之心欲伐楚」那樣明白顯著的語句，没有「以一爲二之計也」那樣的分析批判，而只説「患解於秦而害交於楚」那樣籠統含混的結論。這肯定不像《十過》篇抄襲帛書或《戰國策》，而是後來的帛書或《戰國策》依據《十過》篇而進一步加工琢磨，添製出來的。

第二部分，陳軫對楚王的話，《十過》篇説「秦得韓之都一，驅其練甲，秦韓爲一，以南鄉楚」，這一八字明明白白，交代得十分清楚。而帛書作「今或得韓一名縣，具甲，秦韓並兵南鄉楚」。我們抓住這「具甲」兩字來研究，我們覺得這「具甲」兩字，本身是不够説明問題的，這可能就是「驅其練甲」四字的脱落和錯誤。既脱掉了「驅」和「練」兩個字，又把「其」字誤寫爲「具」字，因此就是「具甲」這個不清楚的詞句。很明顯，這是帛書抄襲《十過》篇，決不是《十過》篇抄襲帛書。

第三部份，陳軫替楚王畫策，以及楚王聽了陳軫的話具體實施的一段記載，《十過》篇在非常簡明扼要的語句裏多出了要求「大國令使者入境視楚之起卒」以及「報韓君」怎樣怎樣的兩個生動的内容，語言鮮明簡賅，不像帛書那樣囉嗦重複。這説明《十過》在前，帛書在後，顯然是帛書抄《十過》，不是《十過》抄帛書。還有一點，《十過》説「因發車騎陳之下路」，帛書把「下路」兩字由於聲音相同的緣故誤寫成爲「夏路」，因此寫成「名戰車盈夏路」這樣不成文理的句子，這又是帛書抄《十過》篇的明證。

第四部份公仲對韓君的話，《十過》篇只有三四句，帛書却多出了一倍，又加上了「此必陳軫之謀」一點，爲《十過》篇所沒有。這也可以證明帛書的話，是後來增加進去的。

第五部份，這是這件故事的結束部份了。《十過》篇有「公仲怒而歸，十日不朝」的事，而帛書不載這件事，却把這件故事的結束，歸結到「戰於岸門……韓是大敗」的一點上，這説明帛書這段材料的創始者是截取了《十過》篇裏這一段的時間，而别有用心地有他自己的意圖。在這一段故事的結束部份，《十過》篇的作者韓非，很明顯，針對韓國當時的弱點，指出「内不量力，外恃諸侯者，則國削之患也」，這是針對宜陽陷落的「國削」事實而提出來的。帛書這段材料的創始者，他的意圖，不像韓非那樣針對韓君，他是要引用這段故事材料，作爲他將來進行游説時用作談助，從而引起他所游説的對方的重視，要求對方聽從他所説的計謀，像楚王那樣聽從陳軫，不要像韓王那樣不信公仲。所以特别强調韓王「過聽於陳軫失計韓倗」(即公仲)的錯誤，而且再加上一句「故曰：計聽知順逆唯王可。」「唯」就是「雖」字，「唯王可」是説雖然是至高無上的王業也是可以取得的。學習《蘇秦法百家書説》的主要目的，是要自己能够面對着游説的對方出謀劃策，同時希望對方能够言聽計從。所以，帛書的創始者這樣改寫，是顯得非常必要的，是完全符合於他們的要求的。由此可見，《十過》篇確是寫在帛書之前，而帛書是抄襲《十過》另外有所增添，這也可以置信的了。

2. 帛書裏的這一章，比《十過》篇的那一段，多一一七字。很明顯，它的出現，要比《十過》篇遲一些。再從文氣來看，語氣舒緩而詳盡，言談娓娓而動聽，這是學習縱横家言的人通過了一番揣摩，然後精心添製出來的表現。例如第一部份公仲對韓王的話，增添了「今秦之心欲伐楚」和「此以一爲二之計也」兩句。第二部份，陳軫對楚王的話，增添了「夫秦之欲伐王久矣」一句，又使用了細心商量的語調，在他展開計謀之初，説「王聽臣之爲之」的一句帽子，然後接着説出自己的策謀。下面又分作兩層，一層是「韓爲不能聽我」，一層是「爲能聽我」。兩個「爲」字，都和「如」字同義，都是代表一種設想——「如果」。他這樣反復考慮，細緻推敲，都是啓發游説之士所必須學習必須掌握的訣竅。這是一着活棋，這是他們所必須掌握的關鍵。類似這種地方，作《十過》篇的韓非，是否須要多化筆墨呢？顯然是不須要的。只有作爲學習「縱横長短之術」的人，這些地方正是他們聳人聽聞的關鍵，所以非增添不可。這樣，就明明白白地透露了帛書這一章脱胎於《十過》那一段的事實依據。

其次，又如「不谷將以楚□(當是「殉」字，看《戰國策》、《史記》可知)韓」。這樣表示意志堅決的話，《十過》篇是沒有的。帛書添上這一句，加强了氣氛，顯然也是爲聳人聽聞服務的。

又如最後一段公仲的話，帛書比《十過》篇多了「此必陳軫之謀也」的一層分析，這也是要突出謀士的重要而加進去的。所有這些，都可以看出在縱横闔闔的氣氛方面，帛書比《十過》篇這一段要濃厚得多，而文氣也顯得曲折紆徐，絲絲入扣。即使有個别字句，存在着差異，這是無關大體的。這也就是從《十過》篇跟踪而成的明證。

3.《戰國策·韓一》這一章，和帛書那一段，字數幾乎相等，内容也完全一致。説明這兩份材料是從一個本子抄録下來的。從個别字句來看，《戰國策·韓一》這一章比帛書要後一些。例如「蜀潢」作「濁澤」，「韓是」作「韓氏」，「冶國」作「與國」，「公仲倗」作「公仲明」，後者比前者要通俗一些，可見《戰國策》這一份要比帛書後一些。特别是帛書「名戰車盈夏路」這一句，《戰國策》作「令戰車滿道路」，非但把從「下路」改成「夏路」的「夏」字糾正了錯誤，而且還把「盈」字改寫爲「滿」字，説明這份埋藏在馬王堆漢墓裏的材料抄寫的時間，遠在惠帝劉盈即位之前，而《戰國策》這份材料的抄寫時間，則已經是在惠帝劉盈即位之後了。

還有，帛書「韓爲不能聽我」，「韓」字前面没有一個「縱」字。《戰國策》這句前面，加了一個「縱」字，作「縱韓爲不能聽我」。前面説過，「韓爲」的「爲」字，字義和「如」字相同。前面没有縱字，這句作爲設想的意思，已經足够明白，没有必要在前面加上一個「縱」字。王念孫看出了這一點，指出「縱字後人所加」。這也是《戰國策》這份材料後於帛書的一個證據。再看這句話的全文，帛書是「韓爲不能聽我，韓之德王也，必不爲逆以來」，意思是説「倘若韓不能聽我的話，韓也會對王抱着好感，一定不會敵對我們帶了兵來打我們」的。這裏的「逆」字，明明是「敵對」的意思。而《戰國策》這份材料的寫作者，不了解這個「逆」字的含義，僅從聲音方面來考慮，把「逆」字等同於「雁」字，因此寫成「雁行以來」。很明顯，這是從聲音方面造成的紛歧。看了這些，這兩份材料的孰先孰後，也可以明白無疑地覺察得到。

再有，帛書的「楚之若」，《戰國策》作「楚王大説」。帛書的「不谷唯小」，《戰國策》作「弊邑雖小」。帛書的「已伐刑，因興師言救韓」，《戰國策》作「秦欲伐楚，楚因以起師言救韓」。所有這些痕跡都可以看出《戰國策》這份材料的寫作者是在依傍了帛書這份材料的原本而進行改寫的。它們之間的先後問題，也可以一目了然。

最後，公仲對韓王的一段話中，「且王以使人報於秦矣，今弗行，是欺秦也。」這裏的「以」字，是作爲「已」字來使用的。這一句話在帛書裏是没有的。《戰國策》這份材料的寫作者爲了要把當時的情況描繪得更生動，更具體，所以添了這一句。情況的確是更生動更具體了，然而後出轉精的痕跡，也是更爲掩蓋不了的了。

關於這份材料結尾的論斷部份，和帛書來比，既是大同，而又有小異，而且在《戰國策》其它章節的末尾，還存在着纏涉的痕跡。我們在這裏，可以看出當時學習「縱横長短之術」的人們，流傳着各種不同的本子，證實服虔所説的《蘇秦法百家書説》之所以成爲「百家」。關於這一點，前後都有説明，這裏不多談了。

4．《史記·韓世家》的一節。這一節，字數和《戰國策》的一章相等，内容也没有什麽差異。但個别詞句，又和帛書一致，不同於《戰國策》。例如：帛書「已伐刑」，《史記》作「已有伐形」，而《戰國策》則作「秦欲伐楚」。又如：帛書「不谷唯小」，《史記》作「不穀國雖小」，而《戰國策》則作「弊邑雖小」。這情況，説明司馬遷所看到的這份材料，有些部份和帛書相同，但從另一方面着眼，又可以證明司馬遷所依據的這份材料是基本上和現存的《戰國策》相同的。别的不必説，只須一看前面列舉的四段材料的對比，完全可以明白這一點。這裏，還有必要再作一些説明。例如：帛書「此必陳軫之謀也」。這句之下，緊接着的是「夫輕絶强秦」云云，而《史記》和《戰國策》在這兩句之間，都有「且王已使人報於秦矣，今不行，是欺秦也」一句，這就完全證明司馬遷所依據的材料，是和現存的《戰國策》的材料，基本上相同的。這就給我們知道司馬遷所依據的這份材料，既和帛書、《戰國策》相同，而又並不完全相同，是在帛書、《戰國策》之外，另有一種或其它的幾種材料。在這裏，至少可以窺見在司馬遷寫作《史記》的時候，社會上流行着的有關戰國年代「長短縱横術」的材料，既有馬王堆被埋藏在地下的一種材料，又有給後來劉向預備好編纂《戰國策》的那些材料，又有給司馬遷所依據的既同帛書又不完全相同，既同現存的《戰國策》也不和現存的《戰國策》完全一致的一種或幾種以上的材料。由此可見「長短縱横術」的所謂《蘇秦法百家書説》真的是衆多的「百家」了。

從「韓爲不能聽我」（帛書），到「縱韓爲不能聽我」（《戰國策》）到「縱韓不能聽我」（《史記》），這個「爲」字「縱」字的存删添改的痕跡來看，這三份材料的先後問題，也可以取得明證。事實是帛書早一些，《戰國策》所依傍的那份材料要後一些，而司馬遷所依據的則是更後。

司馬遷是歷史的編纂工作者，他不像學習「長短縱横術」的人們那樣，要注意有助於游説縱横的故事末尾的一段論斷語。他所重視的，是要把事件的情況，年代的前後，明白地交代給後世看。所以，在他採用這段故事的前後，既説明了時間是韓宣惠王的十六年，又交代了結果是岸門之戰，韓太子倉質於秦以和。這就顯出他是一個歷史編纂工作者，完成了他歷史編纂的任務。至於這個時間和這樣的結果，他在編纂的時候，一定有其它可靠的材料，供給他參考核實。「網羅天下放佚舊聞」，當然他是有其它可靠的依據的。

寫到這裏，我們有充分的理由，可以肯定這四份材料的形成先後：

第一，韓非寫的《十過》篇的一節。

第二，帛書裏的第二十四章。

第三，《戰國策·韓一》的「秦韓戰於濁澤韓氏急」的一章。

第四，司馬遷編寫《史記》裏的《韓世家》宣惠王十六年的那一節。

這樣肯定，大概不至於説是憑主觀而成的想像吧。

通過這四份材料的對照、研究、分析，我們搞清了它們形成的先後次序，這是一個很重要的基本認識。在這個基本認識上，我們可以進一步解答前面提出的問題。爲什麽這四份材料同出一源，人物事件完全没有差别，而叙述事件的本末始終，却有不同。現在的答案很簡單，正因爲這四份材料的開始寫作與後來傳布的人有所不同，他們的目的要求也不一致，所以，對於故事的重點位置，有的放在宜陽果拔的全面問題上，有的放在岸門大敗的局部問題上，而最後的評論判斷，也就有所不同。

戰國縱横之術的《蘇秦書》、《蘇秦法百家書説》有那麽多的「百家」。劉向所看到的「中書」，存在着那麽嚴重的「複重」、「錯亂相糅莒」。我們這裏且不談《史記》和《戰國策》共有的九十三事内容、篇幅、人名、地名存在怎樣的差異，只須看已經給劉向所整理好的《戰國策》内部還存在着複重、錯亂的現象，把它和帛書個别的章節相比，更顯得錯亂的嚴重性。從而可以知道這所謂「百家」，的確是非常複雜而紛歧的。旁的不談，單看《戰國策·燕一》有兩章内容基本相同，而主名和個别語句截然不同，用這兩章和它內容基本相同的「帛書别本《戰國策》」第五章相比，它們之間的差異便顯得非常明白。

「帛書别本《戰國策》」第五章	《戰國策·燕一》「人有惡蘇秦於燕王者」章	《戰國策·燕一》「蘇代謂燕昭王曰」章
臣以信不與仁俱徹，義不與王皆立	（没有類似的這一句）	臣以爲廉不與身俱達，義不與生俱立
楚將不出雕章，秦將不出商閹，齊不出呂遂，燕將不出屋注，晉將不出葥泰行	則齊不益於營丘，足下不踰楚境，不窺於方城之外	則秦不出殽塞，齊不出營丘，楚不出疏章

看！語句的有無，文字的多少，地名的紛歧，主名的或秦或代，差别如此之大，在這一兩章之內，情況已經如此，其它所謂「百家書説」之間的複雜殽亂，也就可以想像得到的了。

過去，我們看到《戰國策·齊一》「鄒忌修八尺有餘」章，有「謂其妻」、「問其妾」、「我孰與城北徐公美」的一件事；《新序》有「田巴先生……問於妾……妾愛臣，諛臣曰佼」的事；《呂氏春秋》也有同樣的事，而主名則爲「列精子高」。認爲這是同一件事，而主名却不一樣，不懂得是什麽道理。又如《趙策》有觸讋説趙太后事，《燕策》也有陳翠説燕太后事，情況相同，而雙方主名各别。又如《齊策》裏的馮諼，《史記》裏的馮驩，明明是一人，而説話的内容並不一致。又如一個公仲，又作公中，或作公仲侈，公仲朋，韓侈、韓朋、韓倗、韓憑，有時又寫作韓明。如此等等，總是存在着疑竇，爲什麽會有這樣的事。這究竟是什麽原因？現在明白了，正因爲學習「長短縱横術」的人有「百家」記録的本子有不同，所以存在着紛歧。清代學者方苞在評點《史記》時告訴我們：「馮驩事見《國策》，而語則異。蓋秦漢間論戰國權變者非一家，史公所録，與今傳《國策》異耳。」這話很對。正因爲「論戰國權變者非一家」，所以存在着這樣的紛歧。爲此之故，我們對於戰國時期的歷史事實，必須進行仔細的核對，才能信以爲真，否則容易産生謬誤，這也不待煩言而解的了。

六、關於論斷語的研究

前面提到的論斷語，這是一個值得重視，必須注意進行研究的問題。學習「蘇秦縱横」，準備進行游説的「説士」，他們下筆記載了一些游説的故事材料，在材料結尾，作出一些結論性的論斷語，這可以給人們知道這段故事材料的要點在什麽地方，畫龍點睛地引起人們的注意。在我們今天研究的人來説，可以由此知道作者的意圖所在，認識他們的傾向。

韓非寫作《十過》篇，指出「内不量力，外恃諸侯者則國削之患也」。他這十五個字的論斷語，是針對當時的韓王而發的。他圍繞了這個目的，把這件故事安放在「秦之攻宜陽」到「宜陽果拔」的一段長過程中來叙述，把這件故事的後果歸結到「國削」這個嚴重問題上來談。作爲志在「存韓」的韓公子韓非來説，他這樣的處理，是非常確當的。「帛書别本《戰國策》」的傳抄者，他是學習「蘇秦縱横」，學習「長短縱横術」的人，他們的目的，不與韓非相同，他們的目的，是要在自已進行游説的時候，希望對方能够言聽計從，採納他們的意見。所以「帛書别本《戰國策》」在這一件事上，他不像韓非那樣把時間拉得很長，而是僅僅把事件局限於濁澤、岸門兩次戰役之間。而自己論斷的着眼點，則在於對方的能够聽話。因此他説：「故韓是之兵非弱也，其民非愚蒙也，兵爲秦禽，知爲楚笑者，過聽於陳軫，失計韓倗。故曰：計聽知順逆，唯王可。」他特别强調希望對方能够不聽别人錯誤的話，要聽像他自己那樣正確的話，不要聽那些像陳軫那樣心存欺騙的話。特别在最後提出「故曰計聽知順逆唯王可」這十字，把「計聽」的兩極，扯得天懸地隔。不聽好話，給人恥笑；聽了好話，可以做王。他這樣地抬高了進行游説者的功能，一方面既是用恐愒來進行威脅；一方面又是用吹捧來進行利誘，這兩方面完全爲進行游説服務的一套計謀，表現得非常明顯。同樣一段材料，在韓非筆下所作出的論斷語是那樣説；在「帛書别本《戰國策》」的傳抄者的筆下所作出的論斷語是這樣説；看！這兩方面的區别，該有多大！

從韓非手裏，轉移到「帛書别本《戰國策》」傳抄者的手裏，變化曾經是這樣。再從「帛書别本《戰國策》」傳抄者的手裏轉移到《戰國策》前身的那些材料的傳授抄寫者的手裏，看，情況又有怎樣的變化呢？

爲了説明問題，前面已經提到的例句，這裏不嫌重複地再來申説一下：

《戰國策·韓一》「秦韓戰於濁澤韓氏急」這一章結尾的幾句論斷語是這樣的：「韓氏之兵非削弱也，民非蒙愚也，兵爲秦禽，智爲楚笑，過聽於陳軫，失計於韓明也。」這和「帛書别本《戰國策》」的論斷語基本上相同，差異的是「帛書别本《戰國策》」末尾多「故曰：計聽知順逆唯王可」十字，而《韓一》這一章的末尾缺少了這十字。關於這一點，是不是《戰國策》就没有這樣的十個字呢？不是的，前面已經説過《戰國策》裏同樣地有這十個字，而且在這十個字之外，字數還有增多，語句還要加長。

看《秦二》「楚絶齊齊舉兵伐楚」章末尾：「計聽知覆逆者唯王可也。計者，事之本也；聽者，存亡之機。計失而聽過，能有國者寡也。故曰：計有一二者難悖也，聽無失本末者難惑。」毫無疑問，「計聽知覆逆者唯王可也」這十字和「故曰計聽知順逆者唯王可」那十字，是同一内容同一來源，沒有什麼區别的。這樣的語句，從它的本身來看，就存在着獨立的價值，不管你把它放在那裏，只要地位適當，沒有什麼不可以。「帛書别本《戰國策》」有這一句，《戰國策·韓一》那一章的末尾，就缺少這一句，而《秦二》這一章，偏偏不僅有了這一句，而且還有了下面一段四十二字的三個長句。這一個具體事實，説明了什麼問題呢？不難看出，這就是學習、傳授、抄寫「長短縱横術」的《蘇秦法百家書説》的人們，他們由於需要，而陸續有所增添的。這是一個明擺着的事實。與此同時，也説明了這些不同的篇章，儘管各有各的内容，各有各的面貌，但在學習「長短縱横術」的具體人們來説，更主要的是要掌握它的精神實質，看它可能産生或引起怎樣的作用。這是學習、傳授、抄寫者的目的所在，情況非常明白。至於《史記》，主要是向人們交代明白歷史事實，目的全不在於游説，所以，司馬遷在《韓世家》這段叙事的結末，沒有一句什麼論斷語，這是完全應該的。

重視論斷語的研究，可以幫助我們解決一些問題，如前所述，就可以知道當時學習、傳抄《蘇秦書》、《蘇秦法百家書説》的人們，由於傳抄有差别，所以本子有不同。明白了解了這一點，那就對於現存的《史記》、《戰國策》裏爲什麼有些人名、地名、國名，有時會存在着各種不同的紛歧，這道理也就容易理解了。

「帛書别本《戰國策》」二十七章，末尾有論斷語的沒有幾章。除了上面所説的第二十四章這一條之外，第二十七章的論斷語是這樣説的：

「若由是觀之，楚國之口雖急乎，亓（其）實未也。故□□應，且曾聞亓（其）音以知亓（其）心。夫頫然見於左耳，蕈皮已計之矣。」

第二十七章這一章的內容，是記魏國邯鄲，趙國派蕈皮求救於楚的事。蕈皮這個人名，除了這一章，旁的古籍沒有提到過。現在的《戰國策》沒有這蕈皮的事。但在《趙三》「或謂建信」章有和建信君同事趙王而被建信君用計排擠的「葺」這個人。姚宏注：「葺，一作萺。」這個人是以足智多謀見長的。《趙三》說：「或謂建信，君之所以事王者色也。葺之所以事王者知也。色老而衰，知老而多。以日多之知，而逐衰惡之色，君必困矣。」建信君聽了這個人的話，在趙王面前說了一些對於這個「葺」的好話，使得趙王「厚任葺以事能（同而）重責之，未期年，而葺亡走」。在《趙三》這一章裏，可以知道這個「葺」在趙國，實在是一個能員。可是，其它事跡，一點也不知道，連這個人的姓名也搞不清楚。《趙一》有兩章提到「皮相國」，一章是「謂皮相國曰……」文中連帶提到的人名是建信君、春申君。另一章是「或謂皮相國曰……」文中連帶提到的人名是文信侯。這兩章裏的「皮相國」，根據策文所說，可以得知這「皮相國」是當時趙國的相，是當時在趙國掌權的人。他是和趙國的建信君、楚國的春申君、秦國的文信侯同時活着的人。這個人，除了被稱爲「皮相國」之外，其它具體的有些什麽事跡，一點也不知道。究竟是什麽姓名，也不知道。我讀了「帛書別本《戰國策》」第二十七章，我很懷疑《戰國策》裏的「葺」和「皮相國」，實際上是一個人，這個人，也就是「帛書別本《戰國策》」第二十七章所説的「蕈皮」。「葺」、「萺」、「蕈」這三個字，實際上是一個字，由於經過多次的傳抄，把字形搞亂了。由於這個人的事，經過多次的傳説，有的説是「蕈」，有的説是「皮」，所以把「蕈皮」這名詞拆開來單獨説了。這個人，是一個能員，是在趙國掌過權的「相國」。這樣的人，受到寵臣建信君的排擠，在過去舊社會裏，特別在戰國時期，是極其自然的事。我這樣的考慮，自己認爲還可以站得住脚。可是，問題來了。「帛書別本《戰國策》」第二十七章裏的蕢皮向楚國求援，這時楚國的當權者是工君奚洫。這個工君奚洫，很有可能就是昭奚恤。蕢皮去向他求援，爲的是魏國邯鄲。依據歷史事實的年代來推算，該是公元前三五四年的事。《趙一》所説的「皮相國」，提到「文信不得志」，提到「文信侯之憂大矣」。文信侯呂不韋於秦莊襄王元年做秦國的相，這是公元前二四九年的事。這年在趙，相當於趙孝成王十七年上距魏國邯鄲，相隔有一百零七年之久。事實絶對不會這樣，一個蕢皮，會活得如此長久，在公元前三五四年左右向楚國昭奚恤乞援，到後來，又會在公元前二四九年左右，知道「文信侯之憂」。所以我這個懷疑，畢竟只好作爲一個懷疑來説，没有證據，可以落實下來。假如自己要尋找藉口的話，或者也可以説，戰國末期一羣游士所記載的話，彼此出入頗大，按事實仔細校對，往往不能完全符合，這樣的例子很多，這件事可能也是如此。話雖這樣，畢竟不能當真。所以，這個問題，只好作爲一個懸案來提出留待以後再作深入的研究了。

論斷語在現存的《戰國策》裏，初步統計，有三十四條之多。其中最特出的一條，不在文章的末尾，而是見於文章的中間。這是在《齊三》「楚王死太子在齊質……」一章的中間。道是：

「蘇秦之事，可以請行，可以令楚王亟入下東國，可以益割於楚，可以忠太子而使楚益入地，可以爲楚王走太子，可以忠太子使之亟者，可以惡蘇秦於薛公，可以爲蘇秦請封於楚，可以使人説薛公以善蘇子，可以使蘇子自解於薛公。」

這段論斷語裏有十個「可以」，説明這是學習「長短縱横術」的人在這裏宣揚他們所學的一套《蘇秦法》的靈活性。指示學習「長短縱横術」的人們，就是要這樣在這些地方掌握訣竅，像下棋那樣處處要下活棋。這段論斷語特别有意地放在文章的中間，不像其它的論斷語僅僅在末尾點上一筆就算。這充分表現着它指示性的强烈。可是，儘管這條論斷語在作者方面看來非常靈活非常重要，然而把歷史事實核對一下，一下子就會發現這件事的虚僞。根據歷史事實，蘇秦的死，早於楚懷王的死有十四五年之久。這一章裏，所説的「蘇秦」決計不是真的蘇秦。鮑彪也説「秦死至是二十年矣，此非代則厲也」。高誘也不信這章所説的「蘇秦」是真的蘇秦，他在這章的末尾的注裏説：「蘇秦巧辭反覆，且在此以上也」。他認爲真的蘇秦的計謀，比這章裏所説的内容，還要巧妙。清代馬驌，直截了當地指出《齊三》這一章的策文，是「策士虚設之辭，不足深辯」。現在我們知道戰國末期説士所載的許多資料，的確有許多是粉飾夸大，弄虚作假的。《齊三》這一章策文，就不一定是真事。但是，它却告訴我們一個具體情況，這就是學習「長短縱横術」的一羣人們，他們如何學習《蘇秦書》、《蘇秦法》，如何宣揚《蘇秦書》、《蘇秦法》，從而給我們知道一些《蘇秦書》、《蘇秦法》是怎麽一回事。毫無疑問，像《齊三》這一章這類的文章，就應該是《蘇秦書》、《蘇秦法》的主要内容了。而其所説的主名「蘇秦」，由於當時他們一向推尊過去的「蘇氏之學」，説不定蘇代、蘇厲的事，也都集中到蘇秦身上去。這條論斷語裏的「蘇子」，既可以代表蘇秦，當然也可以代表蘇代、蘇厲。在學習「長短縱横術」的人們來説，他們主要是學會一套「長短縱横術」，是蘇秦呢，還是蘇代、蘇厲，這在他們是不需要區别得十分清楚的。現在看「帛書别本《戰國策》」裏有幾處明寫着「秦」字或「蘇秦」字，這些，是否可以當真看作是蘇秦了呢？怕也未必。理由是文中所叙述的内容，明擺着是蘇秦死後的事，這那裏可以信以爲真，認爲這是蘇秦的事了呢！

「帛書别本《戰國策》」第十七章「胃起賈曰……」結尾有這樣一句：

「今事來矣，此齊之以爲質之時也，而武安君之棄禍存身之夬（訣）也。」

這一段話，是「胃起賈曰」的人講的，不是學習「長短縱橫術」的人們所作出的論斷。但是，在這裏講這段話的人，都明白指出這是「武安君之棄禍存身之夬（訣）」，指出這一點，説明這是一個訣竅。這是「武安君」遺留下來的訣竅。這個訣竅，在學習「長短縱橫術」的人們看來，當然是非常重要的。這一段話，雖然不是學習「長短縱橫術」的人們所作出的論斷，但是，它的重要性十分明顯，決不下於學習「長短縱橫術」的人們所作出的。因爲它是文中當事人説出來的話，要非局外人所能企及的呀！由此可見，這正證明這「帛書別本《戰國策》」第十七章「胃起賈曰……」的一章，本身就是《蘇秦書》、《蘇秦法》，因爲這「武安君」本身就是蘇秦，而這個訣竅正是蘇秦所遺留下來的呀！　學習「長短縱橫術」的人們，他們信仰蘇秦，效法蘇秦的熱忱，在這裏明白無餘地透露出來了。

通過對論斷語的初步研究，我們認識到學習「長短縱橫術」的人們，他們在記述前輩縱橫之學的故事書説之後，在他們認爲是必要的時候，必然要加上一些論斷語，明白指出它的作用或目的，同時也透露了他們自己的一些見解。這在現存的《戰國策》和新出土的「帛書別本《戰國策》」裏我們都已經接觸到了。

七、爲什麼帛書各章很少標出主名

寫到這裏，是一個突出的曾經引起我們注意而没有得到解決的問題，在這裏必須提出來進行研究，給予解決。這是一個什麼問題呢？　這就是這所謂「帛書別本《戰國策》」裏的二十七章，爲什麼每章的開端，在一個動詞之前，經常没有寫出主名？這個動詞之前，主人究竟是誰的問題。例如：

一、「自趙獻書燕王……」，是誰「自趙獻書燕王」？　不曉得！

二、「使韓山獻書燕王……」是誰「使韓山獻書燕王」？　不曉得！

三、「使盛慶獻書於……」是誰「使盛慶獻書於……」？　不曉得！

四、「自齊獻書於燕王……」是誰「自齊獻書於燕王」？　不曉得！

五、「謂燕王曰……」是誰「謂燕王曰」？　不曉得！

這樣的例子，一直可以連篇累牘的舉下去，幾乎可以説二十七章很少有幾章開端是標出主名的，其它絕大多數開端一概没有主名。查看這「帛書別本《戰國策》」二十七章，其中獻書十章，只有一章具有主名，説是「韓貪」（即韓珉），其它九章都没有主名。説詞十二章，除第十五章「須賈説穰侯」具有「須賈」這主名而外，其它都一概不具主名，而僅僅寫着「胃……」「謂……」，爲什麽主名没有？似乎是在有意地避免，有意地省略了似的。這是什麽原因？爲什麽這樣的没頭没腦？

我曾經把「帛書別本《戰國策》」裏的内容見於今本《戰國策》或《史記》的十一章中的八章，三方面相互校對，發現這八章「帛書別本《戰國策》」没有一章是明白寫出了主名的，而在《史記》和《戰國策》裏，則八章章章有主名：

一、帛「自齊獻書於燕王曰」

《戰國策・燕二》作「蘇代自齊獻書於燕王曰」　説是蘇代。

二、帛「獻書趙王臣聞」

《戰國策・趙一》作「蘇秦爲齊上書説趙王」　説是蘇秦。

《史記·趙世家》作「蘇厲遺趙王書」　説是蘇厲。

三、帛「謂燕王曰」

《戰國策·燕一》作「蘇秦武安君」　説是蘇秦。

《戰國策·燕一》作「蘇代謂燕昭王曰」　説是蘇代。

《史記·蘇秦列傳》作「蘇秦見燕王曰」　説是蘇秦。

四、帛「謂魏王曰」

《戰國策·魏三》作「朱己謂魏王曰」　説是朱己。

《史記·魏世家》作「無忌謂魏王曰」　説是無忌。

五、帛「胃穰侯」

《戰國策·秦三》作「秦客卿造謂穰侯曰」　説是客卿造。

六、帛「胃燕王曰」

《戰國策·燕一》作「蘇代乃遺燕昭王書曰」　説是蘇代。

七、帛「胃春申君曰」

《戰國策·楚四》作「虞卿謂春申君曰」　説是虞卿。

八、帛「齊宋攻魏……謂陳軫曰」

《史記·田完世家》作「蘇代謂田軫曰」　説是蘇代。

《史記》、《戰國策》都有主名，而「帛書別本《戰國策》」一個也没有主名。特別是明明是蘇家兄弟的事，也不明明白白地透露出一個「蘇」字，指出是秦是代是厲。最明顯的是明擺着是信陵君的話，也没有寫下「無忌」這名字。這究竟是什麽道理？

我的初步揣測，認爲這些材料，都是一派縱横家言，特别是主張合縱一派的話，是戰國後期學習蘇氏學者們流傳下來的東西。他們學習的主要目的，是要掌握他們一套游説的本領，重點在於「揣」情「摩」勢，而不在於考核事實。只要能够掌握到「縱横長短之術」的一套本領，那就達到了目的，完成了學習的任務。至於哪是張三，哪是李四，這根本是次要的事，不必予以重視。他們或者認爲那些能言善辯的人，反正都是「縱横長短之術」的蘇氏學派，不管是秦是代是厲，或是其它的甲乙誰某，反正都離不了蘇氏一家之學的範疇，因此，有意地不把主名放在首要的位置上來考慮。「帛書別本《戰國策》」二十七章，所以很少具有主名，理由就在於此。這是我的揣測。我這樣的揣測，如果可以成立的話，也就更加足以證明這「帛書別本《戰國策》」二十七章，本身就是《蘇秦書》、《蘇秦法百家書説》的所謂「百家」之一了。

再從另一方面來看，《史記》、《戰國策》這兩種材料裏有主名的占極大多數。儘管主名是誰是某，有時有些出入，但是，主要的一點總是有主名的。我們如果把《史記》、《戰國策》雙方共有的九十三條材料仔細核對一下，可以發現雙方共有的材料，儘管内容基本上相同，但是，篇幅的長短，段落的先後，文字的異同，出入是很大的。一般説來，《史記》裏的文字，總比《戰國策》要增多些。有時同一件事，《戰國策》裏没有論斷語，而《史記》却仍然存在着、保留着一段論斷語。這些情況説明了什麽呢？它正説明學習、傳抄「長短縱横術」的人們由於不止一家，傳布的本子各不相同，所以造成了一些紛歧。我們如果清楚地覺察到這一點，那末，這樣的紛歧，也就不足爲怪的了。

東漢王充，批評司馬遷、劉向，説：「司馬子長、劉子政之徒，累積篇第，文以萬數，然而因成紀前，無胸中之造。」(見《論衡・超奇篇》)「因成紀前，無胸中之造」指的是他們兩個自己没有憑空寫作，他們的書，完全是照抄老文章。是的，號稱「良史」的司馬遷，是以「實録」見稱的(根據揚雄的評價，見《法言・重黎篇》)，所謂「實録」，就是根據原有的材料把它如實地抄録下來，老老實實地做「滕文公」。「校中戰國策書」的劉向，雖然對於「錯亂」、「糅莒」、「複重」的一大堆材料進行了一番加工整理，只不過是删除了一些重複，按照時間先後略略加以編排而已。至於文字的本身，根本没有什麽變動，總是照抄老文章。司馬遷的年代在前，劉向的年代在後，他們著書各有自己的依據。人們總説《史記》裏的戰國史料，是司馬遷抄《戰國策》的，其實這是一句似是而非的錯話。他所抄的，不是劉向編好的《戰國策》，而是抄的《戰國策》編寫以前的一部份資料。有人看到《史記》和《戰國策》對於主名方面有紛歧，錯誤地以爲司馬遷改《戰國策》，吴師道、梁玉繩輩都存在着這種看法，這實在是不合事實的。《史記》和《戰國策》儘管在主名方面有些出入，總之都是有主名這一點，可以證明「百家書説」裏有的材料是把主名交代得一清二楚的，不像「帛書別本《戰國策》」那樣不具主名，所以司馬遷、劉向得以照抄下來，明標着主名。正因爲根據的本子有不同，所以主名有紛歧。《史記》和《戰國策》有的個別章節，也存在着用「謂」字開端前面不具主名的文字，這又足以證明《史記》《戰國策》和「帛書別本《戰國策》」這些材料它們之間的基本精神是一致的。因爲這些材料根本是學習縱横家言的材料麽，何必一定要點清主名呢。只有《史記》它的性質是歷史事實的紀録，目的在於取信於後世，非根據可靠的資料把主名交代明白不可。所以，《史記》裏的主名，應該給予應有的重視。

八、書名問題

談到這裏，我們可以討論一下這份「帛書别本《戰國策》」的書名問題了。「帛書别本《戰國策》」全書二十七章，一萬七千多字。其中有十一章内容見於現存的《戰國策》和《史記》，文字大體上相同。另外有十六章，則是不見於今本《戰國策》和《史記》，也不見於其它古代書籍，而它的内容，它的性質都是戰國縱横的史料。綜合全書二十七章，歸納起來，有十章是書信，屬於獻書一類。有十二章是游説，屬於説詞一類。有五章是兩人或兩人以上的談話，屬於對話一類。説詞和對話，雖然一個人的講話和幾個人的講話有所不同，總的來説都應該歸入説詞一類。所以，這所謂「帛書别本《戰國策》」的内容實際上只有「書」和「説」兩大項目，恰恰符合於「書説」兩字。依我個人的看法，這所謂「帛書别本《戰國策》」，實際上就是服虔所説的《蘇秦法百家書説》中的一種，它正落實了「百家書説」一句話裏的「書説」兩字。這二十七章，實際上就是《蘇秦法書説》「百家」中的一種。所以，這二十七章不妨就採用服虔所説的原名，稱之爲《蘇秦法書説二十七章》。

九、結論

概括上述各節，歸結一句，「帛書别本《戰國策》二十七章，這份材料，是西漢初期學習「蘇秦縱横」也就是「長短縱横術」的《蘇秦法百家書説》之一，也就是《蘇秦書》之一。這份材料來源於戰國末期學習蘇氏學的一些説士們的記録。這樣的材料，在楚、漢之際，一直到西漢初年「蘇秦縱横」仍在盛行的時候，社會上流傳還相當普遍。有的是簡書，有的是帛書。雖然有各種各樣的名目，但是，性質是相同的。這些材料有的被保存於當時分封的統治者手裏，有的被收藏在皇家書庫，有的則在民間流傳。各種本子，内容並不完全一致。司馬遷看到的，被採入了《史記》，劉向看到的，被整理而爲《戰國策》，而這份材料，則被埋藏於地下，到最近才被發現。由於各種材料來源於學習「長短縱横術」的説士們的筆録，所以各種材料很自然地存在着或多或少的差異。這些差異，必須仔細核實，才能斷定哪些是正確的，哪些是不正確的。例如這份材料裏提到的人名「蘇秦」，這也和其它同樣的有些材料一樣，是學習「蘇秦縱横」者的傳説之詞，不一定是真正的蘇秦。假如没有仔細核實而貿然信以爲真，那就未免疏於考慮了。

一九七六年三月一七日

論《蘇秦書》、《蘇秦法百家書説》

《蘇秦書》、《蘇秦法百家書説》，是東漢服虔所看到的古代書籍。

在《蘇秦書》裏，服虔看到一種「罪敗而復抨擊之」的方法。服虔説：「蘇秦書有此法。」（見《漢書·杜周傳贊》注）

在《蘇秦法百家書説》這一點上，服虔知道這就是所謂「長短縱横術」（見《漢書·主父偃傳》注）。

《蘇秦書》、《蘇秦法百家書説》，是一種書還是兩種書，服虔没有交代清楚。但是，從「蘇秦書有此法」這句來看，可知《蘇秦書》是記載着「蘇秦法」的。從《蘇秦法百家書説》這一個名詞來看，可知《蘇秦法》是記載在這種《蘇秦書》上的。這種「書」，這種「法」，就是服虔所了解的所謂「長短縱横之術」。换句話説，所謂「長短縱横之術」，就是《蘇秦法》，就是載在《蘇秦書》上的東西。

用《蘇秦書》、《蘇秦法百家書説》這名稱寫成的書本没有被流傳下來，而它的部分内容却脱化、散見，被收容在其它的書籍裏，没有全部散失，這是從現存的文籍資料裏可以探索而知的。

古代書籍，不像我們今天那様，有平裝書，有綫裝書，輕巧靈便可以放在手裏悠悠閑閑地隨意翻閲。古代書籍，特别是在服虔那個時代，東漢末年以前一段的漫長的時間裏，所有的書籍，不是用竹片的「簡」「策」書寫，就是用絲織的「素」「帛」書寫，「簡」、「策」笨重，「帛」、「素」累贅。而且只有抄本，没有印本。這個本子和那個本子，由於出自各别的寫手，不能保證完全一致。用「簡」「策」書寫的，用「篇」字來計數；用「帛」「素」書寫的，用「卷」字來計數。還不成其爲像今天我們經常見到的那樣裝訂成册的本子。所以過去有人畫東漢末年關羽像，一人坐在那裏，手裏捏了一册綫裝書，説這是關羽在閲讀《春秋》，這簡直是不懂歷史的笑話。

服虔所看到的《蘇秦書》、《蘇秦法百家書説》，是「簡書」呢？還是「帛書」？有多少「篇」呢？或多少「卷」？服虔也没有向我們交代清楚。我們從「百家書説」這個「百家」兩字來着眼，可以有充分的理由肯定這所謂《蘇秦法百家書説》既有「簡書」，又有「帛書」，而且「卷數」、「篇數」，不一定完全相同，甚至其中記載的内容，也並不是完全一致的。爲什麽不一致呢？理由是因爲學習「長短縱横術」的人們，前後數目很多。記録、傳授、抄寫，不止一家，所以會有多種多樣的紛歧。這裏提到了一個「家」字，我們考慮在這裏把「百家」這個詞語搞清楚，對於正確了解《蘇秦法百家書説》這一點是會有幫助的。

在古代書籍裏首先出現「百家」這個名詞的，大概要推戰國後期莊周書裏的《天下篇》。他在「舊法世傳之史」之外，提出了「百家」這名詞，説：「其數散於天下而設於中國者，百家之學時或稱而道之。」又説：「猶百(世德堂本誤作有)家衆技也，皆有所長，時有所用。」他把「百家」與「衆技」並論，可見「百家」是從一般勞動人民中間冒出來的代表人物，他們的知識和學問，是和當時統治階級傳統的那一套有所區別的。莊周之後不久，范雎説：「百家之説，吾既知之；衆口之辯，吾皆摧之。」（見《史記·范雎列傳》）范雎把「百家」和「衆口」並論，又可以知道「百家」實在是代表一般人民大衆的言論。與此同時而稍後，在荀卿的書裏，又出現了「家言」這個詞。《大略篇》説：「法家言邪學之所以惡儒者也。」荀卿用「邪學」來説明「家言」，實際上就是指莊周。范雎所説的「百家之學」和「百家之説」。這種「百家之學」、「百家之説」，荀卿認爲是「邪學」的，在戰國末期，正是當時風行一時的「顯學」。所以當時在下蔡地方的史舉先生就曾經以「百家之術」傳授給他的同鄉甘茂（見《史記·甘茂列傳》）。直到西漢初期，司馬談論六家要指，還多次提到「百家」，説什麼「雖百家弗能易也」，「雖百家弗能廢也」，「雖百家弗能改也」。司馬遷寫作《史記》也知道「百家言黄帝，其文不雅馴，薦紳先生難言之」（見「五帝本紀贊」）。司馬遷明白告訴我們，「百家」之言，和「薦紳先生」之言，是有「雅馴」不「雅馴」的區别的。這正説明人民的語言和當時統治者的語言從來就不一樣。就在司馬遷寫作《史記》前一些的時候，那時漢景帝劉啓在位，竇太后掌握政權，儒家轅固生反對竇太后的重視黄老。有一次，竇太后召見轅固生「問老子書」，轅固生説：「此家人言耳！」當時太后大怒，勒令轅固生「入圈刺豕」，漢景帝知道轅固生「直言無罪」，給了轅固生一柄利劍，轅固生一劍把豕刺死，自己得以免於傷亡（事見《史記·儒林列傳》）。在這裏，爲了「家人言」一句話，曾經引起了一場劇烈的風波。後來，反動的儒家武安君田蚡做了丞相，「黜黄老刑名百家之學，延文學儒者」。從此「百家之學」遭到了打擊。但是，司馬遷寫作《史記》却並不輕視「家人言」和「百家之學」。他自己説：「拾遺補藝……整齊百家雜語。」（見《太史公自序》）唐代史學家劉知幾，在他所著的《史通》裏，再三提到司馬遷「採訪家人」(見《史通·六家·史記家》),「或採家人」(見《史通·正史篇》),「採彼家人」(見《史通·採撰篇》),可見司馬遷是重視「家人言」的。

什麼叫「家人」?什麼叫「家人言」呢?西漢時代,稱一般平民爲「家人」(見《漢書·武五子傳·汲黯傳》),稱一般從事勞役、生産的奴隸爲「家人子」(見《漢書·東平思王宇傳》、《武五子傳》、《婁敬傳》)。當時竇太后聽到轅固生輕視《老子》説是「家人言」,便勃然大怒。爲什麼她會勃然大怒呢?原來竇太后出身「微賤」,她雖然「以良家子入宫」,但是,她的父親是一個漁民,她的小弟,因爲「家貧,爲人略賣,其家不知其處」,做了人家的奴隸,「爲其主入山作炭」(並見《史記·外戚世家》)。竇太后的出身,在當時實際上和「家人子」不相上下,所以一聽轅固生的話,觸動了自己的心,便勃然大怒起來了。然而漢景帝劉啓却認爲這是真話,認爲《老子》一書,確實是從人民中間歸納出來的名言。在這段故事裏,我們可以了解所謂「百家」、「家人」和「家人言」是什麼一回事,從而進一步也可以了解到所謂「黄老之學」,也是從人民中間街談巷議産生出來的。還可以知道《蘇秦書》、《蘇秦法百家書説》也是和「家人言」有關,是從人民中間産生出來的。

説《蘇秦書》、《蘇秦法百家書説》是「家人言」,是從人民中間産生出來的,這不是無稽之談的憑空捏造,是有充分的事實根據的。這裏不須多舉例子,只提一兩點就可以説明問題。例如從《蘇秦法百家書説》脱胎出來的《戰國策》裏,有「下水種稻」、「張羅得鳥」、「帛工爲冠」、「良商習時」、「虞人期獵」、「涓人市馬」等事。又有「江上處女」、「鄰人之女」、「老妾事主」、「妾棄藥酒」、「周地賤媒」、「宋人名母」,以及「新婦三言」等事。這些事,都是一般人民中間的事。又有一種形象生動而意味深長的喻言,例如「狐假虎威」、「鷸蚌相争」、「土偶桃梗」、「畫蛇添足」、「犬鬼俱罷」、「抱薪救火」、「服牛驂驥」、「三人成虎」等等。這些譬喻，都是從勞動人民的生活中間産生出來的，决計不是「肉食者鄙未能遠謀」的所謂「薦紳先生」所能説得出來。《戰國策》的前身，就是《蘇秦法百家書説》，這是我們已經證明了的。由此可見《蘇秦法百家書説》所説的「百家」是道道地地的「家人言」了。

過去一向有一種錯誤的看法，認爲「左史記言，右史記事」，所有右事左言，大都出於史官之筆，這是完全錯誤的。即以《戰國策》一書而論，自從劉歆《七略》把它列入「六藝略」「春秋」一類之後，後人一向都把它當作史部的書看待。錯誤地認爲其中内容，都和史官有關。其實哪裏是這樣！這裏且舉《秦二》、《韓二》兩段有關秦宣太后的事來談談。

《韓二》有秦宣太后對韓使者尚靳説「妾事先王，先王以其髀加妾之身，妾困弗支也。盡置其身妾之上，而妾弗重也。何也？以其少有利焉」一段話。「秦二」又有「宣太后病」，將死，必以她的所愛魏醜夫殉葬的一段話。這兩段話，從過去封建社會封建思想支配下的一般人們看來，總要認爲這是「不登大雅之堂」的「薦紳先生難言之」的粗話，這就是所謂「其文不雅馴」的實證。爲此之故，清代詩人王士禎批評這件事，説：「出於婦人之口，入於使者之耳，載之國史之筆，可謂大奇！」後來有一個焦袁熹批評王士禎的批評，説：「宣太后之行，國人知之，異國人皆知之，當時執管之士，因有此事，故作此言，用相調笑。史家增飾之辭，美惡皆有之，後人或泥其一兩言以議當時之是非得失，其不爲咸丘、高叟者幾希！國策非實録之比，尤不足據。」（見《此木軒雜著》）王、焦兩家的看法，雖然略有不同，但都把這段話看作是史官之筆。其實，這些材料，哪裏都是史官之筆；爲當時統治階級服務的史官，哪有膽量，敢説這類的話。《戰國策》的前身，本來是《蘇秦法百家書説》，《蘇秦法百家書説》是縱横家言，特别是爲一些合從擯秦的人所傳布，這是出於人民中間的傳言，當時人民大衆知道秦國風俗男女關係比較自由，所以毫無保留地這樣說了。這正可以作爲「家人言」的明證，哪裏是什麽史官之筆呢？

我們弄清了「百家」和「家人言」的問題，回頭再來研究《蘇秦書》、《蘇秦法百家書説》，是有相當的幫助的。

曾經看到《蘇秦書》、《蘇秦法百家書説》的服虔，是東漢末期漢靈帝劉宏中平末年的九江太守。中平末年，相當於公元一八九年。這個年代，已經是在司馬遷編寫《史記》，劉向整理《戰國策》，劉歆撰定《七略》，班固輯録《藝文志》之後了。這個年代，上距蘇秦活動的年代，也已經經過了將近四個世紀。時間雖然相當地長，但是，社會上却還流傳着《蘇秦書》、《蘇秦法百家書説》，可見蘇秦在中國歷史上的確存在着相當大的影響。

是的，蘇秦這名字，是和縱横家分不開。就在西漢初期，在封建統治階級皇帝的正式的文告裏，就出現了「蘇秦縱横」這個名稱（見《漢書·嚴助傳》）。「具以春秋對，毋以蘇秦縱横」，這是漢武帝劉徹嚴厲訓飭嚴助的話。劉徹的意思，是要嚴助一本正經地來答復，不要使用權謀術數來作狡辯，進行搪塞應付。劉徹使用着《春秋》這名詞來代表一本正經，使用「蘇秦縱横」這句話來代表權謀術數，雙方對立而有所側重地表達了自己的意見，從這裏，我們可以窺見「蘇秦縱横」這一套的權謀術數，在西漢初期是如何地流行。可以想見當時一羣熱心向往想要致身政治舞臺的游士們，他們所盡力追求的，就是這一套權謀術數。當時司馬遷曾經贊揚蘇秦，説「其術長於權變」（見《史記·蘇秦列傳贊》）。毫無疑問，蘇秦的權變，被記載於《蘇秦書》、《蘇秦法百家書説》裏，而這《蘇秦書》和《蘇秦法百家書説》就是這一套權謀術數，也就是漢武帝劉徹所説的「蘇秦縱橫」，這是可想而知的了。

司馬遷當了太史令，利用漢家皇朝書庫所藏歷史材料，編寫《史記》，在他逝世之後的六十一年，西漢成帝劉驁河平三年公元前二五年，劉向、劉歆父子「受詔領校秘書」，劉向採取書庫所藏有關戰國時期「高才秀士」「出奇策異智，轉危爲安，運亡爲存」的「謀策」（見劉向《戰國策目録序》，序又説這是「戰國游士輔所用之國，爲之策謀」。這裏包括蘇秦在内，但不限於蘇秦一人），編成了一部《戰國策》，這部《戰國策》，是根據皇朝書庫裏所藏有「篇」有「卷」的簡書或帛書編成的。這部書，因爲「記春秋後」（見《漢書·藝文志》），又「繼春秋以後訖楚漢之起二百四十五年之事」，語見劉向《戰國策目録序》），所以劉歆編寫《七略》把它列入「六藝略」的「春秋」一類，而把另外看到的别一部簡策所寫的題名爲「蘇秦」的《蘇子》三十一篇，列入「諸子略」的「縱横家」，作爲「縱横家」這一派裏的第一部書（並見《漢書·藝文志》）。其實「繼春秋後」這句話，來源於劉向，而爲劉歆、班固所沿用，實際上不是這麽一回事，《戰國策》不是像《春秋》一樣是一部編年的紀事書。《戰國策》、《蘇子》這兩部書的關係怎樣？雖然現在我們還難作出肯定的回答，但是，很有跡象可以説明這兩部書一定有它們的血緣關係。一方面列入經部，一方面列入子部，作爲同是歷史材料來看待，當然是可以的，然而《戰國策》這部書決不能和《春秋》相提並論，則是可以肯定的。

爲什麽劉歆的《七略》有《戰國策》有《蘇子》却没有後來服虔所看到的《蘇秦書》和《蘇秦法百家書説》？解答這個問題，可能是這樣：《蘇秦書》和《蘇秦法百家書説》是共名，不是專名。是服虔所看到的各種有關蘇秦的材料，而不是專指那一種書。《蘇秦書》，顧名思義，當然就是三十一篇的《蘇子》，但也並不排除《蘇子》以外的各種有關蘇秦的資料。《蘇秦法百家書説》，既然號稱其爲「百家」，那就完全可以知道不是一種兩種的本子而是有多種多樣的本子了。服虔知道「長短縱横術」就是「蘇秦法」，這「蘇秦法」離不開《蘇秦書》，而這種《蘇秦書》有各種同而不同的傳抄本，那就泛指這些同而不同的傳抄本叫做《蘇秦法百家書説》，這是完全符合核實際情況的。《蘇秦書》、《蘇秦法百家書説》廣泛流傳於西漢初期的社會上，部分的本子，被保藏於皇家書庫，這是司馬遷、劉向所看到的，還是其它的本子，散布在其它統治階級或士大夫手裏，這就不一定爲司馬遷、劉向以及劉歆等所看到了。所以，劉歆《七略》没有《蘇秦書》、《蘇秦法百家書説》這個名稱，是不足爲奇的。

現在要問，在漢武帝劉徹時期，《蘇秦法百家書説》這種「長短縱横術」，究竟有哪些「百家」？回答這問題，我們準備這樣説：所謂「百家」，是泛指多數而言，並非呆板固定一個不多一個不少，恰恰是一個整數「百家」。東漢王充曾經説過當時社會的文化情況，「短書俗記，竹帛胤文，非儒者所記，衆多非一」（見《論衡·骨相篇》）。這個「衆多非一」，就是所謂「百家」。有的是簡書，有的是帛書，那種不同的情況，我們可以想像得到的。現在根據確實的資料，我們可以知道當時在《蘇秦法百家書説》的範圍以内，具體内容，除了前面所説的《蘇子》之外，應該包括下列四種以上的書：

1. 蒯通的「長短説」、「論戰國説士權變」、「雋永」、「蒯子」。
2. 主父偃的書。
3. 邊通所學的那一套。

4．司馬遷所看到的「百家雜語」。

5．劉向所看到的「國别者八篇」、「國策」、「國事」、「短長」、「事語」、「長書」、「修書」。

等等。現在分别叙述如下：

還在楚漢相争的年代，「善爲長短説」（見《史記·田儋列傳》）的「齊辯士蒯通」（劉邦的話，見《史記·淮陰侯列傳》）曾經寫過八十一首的《雋永》，「論戰國時説士權變」（見《史記·田儋列傳》，《漢書·蒯通傳》）。這裏所説的「論」和《論語》的「論」一樣，都是依次編列的意思。蒯通没有生活在戰國時期説士游説活躍的時代，他的論列「戰國時説士權變」，一定有他依據的本子。這個本子，不會和「其術長於權變」的《蘇秦法百家書説》没有關係。那末，他的書應該就是服虔所説《蘇秦法百家書説》裏「百家」中的一家了。他的「長短説」，他的「戰國時説士權變」，總不會拋棄了蘇秦而不談，這是可以肯定的。可惜的是，這「論戰國説士權變」的八十一首《雋永》，没有被留傳下來，劉歆的《七略》，也不見這部書名。只在「縱横家」一項裏記上了他的《蒯子五篇》。《蒯子》五篇，是否就是《雋永》，我們無從斷言。但是，有一點我們可以知道的，當時司馬遷編寫《史記》，關於戰國時期的史料來源，他自己説除了《秦記》之外，「戰國之權變，亦有頗可採者」。他所叙述的「戰國之權變」，從那裏得來的呢？這不可能説和蒯通所著的「論戰國時説士權變」無關。那末，這一家的材料很有可能被保留在《史記》裏了。所以，《蘇秦法百家書説》，蒯通要算「百家」中的一家，這是没有問題的。

主父偃，雖然不能明白肯定是《蘇秦法百家書説》裏的一家，但他和「百家書説」的關係該是非常密切的。主父偃是齊國臨菑人，「學長短縱横術，晚乃學易、春秋百家之言」，這項記載並見於《史記》、《漢書》，服虔就在這裏指出主父偃所學的「長短縱橫術」，就是《蘇秦法百家書説》，那末，主父偃就是學習《蘇秦法百家書説》的一個，他的關係當然是非常密切的了。劉歆《七略》縱橫家有《主父偃二十八篇》，可惜這部書没有被留傳下來，讓我們知道一些它和「蘇秦法」的關係。

做過齊國濟南相的邊通，「學長短」（見《史記》「酷吏傳」）。「長短」就是「長短縱横術」的簡稱。顔師古説：「長短術興於六國時，長短，其語隱謬，用相激怒。」「隱謬」音同「悠謬」、「杳眇」，不一定是貶義詞。張晏也説：「蘇秦張儀之謀，趣彼爲短，歸此爲長。戰國策名短長術。」再從服虔的話來理解，完全可知他和主父偃一樣和《蘇秦法百家書説》有密切的關係。

蒯通、主父偃、邊通，這三個在東方齊國活動的人物，都是縱横家，都是學習「蘇秦縱横」的代表人物。除了他們三個人之外，學習「蘇秦縱横」的還有，前面提到的給漢武帝劉徹訓飭的嚴助，可能就是其中之一。他們有的出名，有的不出名。有的著書，有的没有著書。可是，他們和《蘇秦法百家書説》都有一定的關係。當他們在開始學習的時候，他們手邊掌握的材料，是否相同，這是一個值得思考的問題。我們認爲：從師弟相傳這個角度來説，所學習的本子，可能相同，但從傳抄各别這一方面來説，也不一定能够整齊畫一地全部相同了。班固序《漢書·藝文志》説：「戰國縱横真僞紛争，諸子之言，紛然殽亂。」我們説，不但「諸子之言，紛然殽亂」，即使同是縱横家一家之言的蘇氏之學，所謂《蘇秦書》、《蘇秦法百家書説》也是「紛然殽亂」的。這可以從一九七三年湖南長沙馬王堆三號漢墓出土的帛書中所謂「帛書别本《戰國策》」和《史記》、《戰國策》三方面共有的材料互相對勘來取得證明。證明王充所説的「短書俗札，竹帛胤文」的「衆多非一」，也證明服虔所看到的《蘇秦法百家書説》的確有各種不同的本子。

西漢皇家書庫的所有書籍，不可能全部包括當時社會上存在着的所有書籍。馬王堆出土的「帛書別本《戰國策》」當時收藏在南方分封的軑侯利蒼家裏，皇家書庫就没有同樣的這一部書，可以證實這一點。司馬遷逝世之後，劉向「領校秘書」，整理《戰國策》時皇家書庫存在着的劉向所説的「中戰國策書」和《蘇秦法百家書説》有關的部分，是有多種多樣的名堂的。

據劉向自己寫的「戰國策目録序」，他説：「所校中戰國策書，中書餘卷，錯亂，相糅莒。又有國別者八篇，少，不足。」又説：「中書本號，或曰國策，或曰國事，或曰短長，或曰事語，或曰長書，或曰修書。」劉向把這些掌握到的材料，加工整理，然後又説：「臣向因國別者略以時次之，分別不以序者以相補，除復重，得三十三篇。……臣向以爲戰國時游士輔所用之國，爲之策謀，宜爲《戰國策》。」

劉向所説的「中」，就是指的皇家書庫。所説的「書」，是泛指書庫裏的書籍。在這裏，必須反復説清的是他所説的「中戰國策書」，是指皇家書庫裏的有關戰國資料的簡書。所説的「中書餘卷」，是指皇家書庫裏的有關戰國資料的一些帛書。必須加以區別的是「策」、「卷」、「篇」三個實物名稱。「策」是寫上字的竹片。「卷」是用縑素寫的一幅幅的帛書。「篇」是指用竹片寫的簡策連綴成「篇」的一大篇簡書。這裏，劉向明白向我們交代，他所看到的實物，有連篇的簡書，有成卷的帛書。這些簡書和帛書，都是記載戰國時期有關的歷史資料。劉向在交代清楚這一點之後，又繼續交代了這些簡書和帛書的名稱。名稱有六種。其中「國策」、「國事」、「事語」，是樸素的質名。「短長」、「長書」、「修書」，是美稱的文名。特別是「短長」這名詞，和《蘇秦法百家書説》即「長短縱横術」的「長短」，是同一名詞。而「修書」的「修」，實際上也就是「長書」的「長」字，由於劉邦的小兒子淮南王劉長的諱，所以把「長」字改稱作「修」字的。無論是「修」是「長」，都和蒯通的含有意義深長的《雋永》，在思想意識上存在着一定的關係。劉向把這些「策書」「餘卷」多方面校勘之後，他第一個感覺是「錯亂」，是「糅莒」「復重」。這是講到簡書和帛書的内容了。他發現簡書和帛書的内容基本上是一致的，但是，有的前後顛倒，有的交互參差，有的彼此重複。這是他第一個感覺。這是一。劉向第二個感覺到的是：簡書方面，特别有八篇依照戰國當時的八個國名來叙述的。可是這些材料，非常簡略，頗有「不足」之感。這是二。於是劉向根據這兩種情況，進行了一番整理工作。他針對這兩種情況，「不足」的，根據其它材料，進行增補。「錯亂」、「糅莒」前後顛倒，交互參差的，根據時間的先後，文章的次序，進行了調整。彼此重複的，把重複的部份，删除掉了。這個工作完成之後就「定著三十三篇」，題上書名，叫做《戰國策》。

從劉向這些交代和整理工作中，我們首先認識到當時西漢皇家書庫收藏着的《蘇秦法百家書説》，由於事出「百家」，「衆多非一」，所以各有各的依據，各種本子，全不一致。不但簡書、帛書，形成不同，而且文名、質名、稱號也是各别的。其次，我們認識到經過劉向這個整理，《蘇秦法百家書説》於是得到一個比較整齊的彙編，從而成爲一部專書。

這樣説來，我們可以斷言，現在的《戰國策》，實際上就是從服虔所説的《蘇秦法百家書説》裏脱胎而出的後身，它的前身，就是《蘇秦法百家書説》，也就是張晏所説的「短長術」，就是服虔所説的「長短縱横術」。

劉向進行一番加工整理，他所掌握的「中戰國策書」及「中書餘卷」的「錯亂」、「糅莒」、「復重」，有没有全部清除了呢？没有，完全没有。我們把現存的姚本《戰國策》仔細查勘一下，發現了下面這些情況：

1.《燕一》，「人有惡蘇秦於燕王者」章，蘇秦對燕王說的話，有「信如尾生，廉如伯夷，孝如曾參」這一番話，又說了一段「藥酒」的故事。《燕一》「蘇代謂燕王曰」章，蘇代對燕昭王說的話，也有「孝如曾參、孝己，信如尾生高，廉如鮑焦、史鰌」這一番話，也說了一段同樣的「藥酒」的故事。

這是同在一策之內，說話者的主名不同，而說話的內容重複着的。

2.《秦一》「田莘之爲陳軫說秦惠王曰」章，末尾「王曰儀之言果信也」一段九九字。《秦一》「陳軫去楚之秦」章末尾「則儀之言果信矣」一段一〇二字。這也是同在一策之內，而文字相同。

3.《秦二》「齊助楚攻秦」章：「軫曰：伐秦，非計也。王不如因而賂之一名都，與之伐齊，是我亡於秦而取償於齊也……」

《韓一》「秦韓戰於濁澤」章：「公仲謂韓王曰……不如因張儀爲和於秦，賂之以一名都，與之伐楚，此以一易二之計也……」

這在不同的兩策，兩個人的主名不同，所伐的對象也不同，而出謀劃策則是完全相同的。非但如此，這兩段的結尾、語句構造，亦是完全一樣的。這不是所謂「復重」是什麼呢？

4.《韓一》，「王曰向也」一章全文九八字。《楚四》，「虞卿謂春申君曰」一章的結尾「魏王曰鄉也子云……」一段九九字。兩段文字全同，這是「復重」没有除去的最明顯的例子。

5.《齊三》「孟嘗君將入秦」章：「土偶人與桃梗相與語」一段九〇字，《趙一》「蘇秦説李兑曰」章：「夜半，土偶與木梗鬥，曰……」一段九〇字。

兩段譬喻的内容完全一致。

6.《齊三》「齊王夫人死」章：「薛公……爲獻七珥，美其一……」

《楚四》「楚王后死」章：「謂昭魚曰……買五雙珥，令其一善而獻之……」

兩件事一齊一楚，而情況相同。

7.《秦三》「謂穰侯曰」章，三五字，爲穰侯説的。

《趙一》「齊攻宋奉陽君不欲」章，六八字，爲奉陽君説的。

《趙四》「齊將攻宋而秦楚禁之」章，公孫衍説奉陽君的末尾二四字。

這三章結尾二十三四字自「宋罪重」以下，完全相同。

8.《趙四》「趙太后新用事」章，觸讋説趙太后。

《燕二》「陳翠合齊燕」章，陳翠説燕太后。

這雖然不是「復重」，但故事情節是類似的，説辭的内容也差不多。

9.《燕一》「燕文公時秦惠王」章：「此皆轉禍而爲福，因敗而爲功者也。」「所謂轉禍爲福，因敗成功者也。」這是蘇秦説齊王歸燕十城的話。

《燕一》「齊伐宋宋急蘇代乃遺燕昭王書」章：「轉禍而爲福因敗而成功者也。」「今王若欲轉禍而爲福因敗而成功乎？」這是蘇代説燕昭王的話。

這又是同在一策之内，雖然人不同，事不同，而説話的内容是相同的例子。

10.《秦二》「齊助楚攻秦」章末尾：「故楚之土壤士民非削弱，僅以救亡者，計失於陳軫，過聽於張儀。」

《韓一》「秦韓戰於濁澤」章末尾：「韓氏之兵非削弱也，民非蒙愚也，兵爲秦禽，智爲楚笑，過聽於陳軫，失計於韓明也。」

兩章結論的意見，完全相似，像是一個模型裏塑造出來的。這裏特別引起了我們的注意。因爲「韓一」這一章「秦韓戰於濁澤」和「帛書別本《戰國策》」第二十四章「秦韓戰於蜀潢」文字内容基本上相同。「秦韓戰於蜀潢」章的最後結論是：「故韓是(氏)之兵非弱也，亓(其)民非愚蒙也，兵爲秦禽，知(智)爲楚芺(笑)者，過聽於陳軫，失計韓倗。故曰：計聽知順逆唯(雖)王可。」這個結論，和《韓一》「秦韓戰於濁澤」章末尾的結論完全一樣。所不同的，就在帛書的末尾有「故曰計聽知順逆唯王可」這十字，而《韓一》策文的末尾沒有這十字。《戰國策》在《韓一》這裏沒有這十字，但在《秦二》「楚絶齊齊發兵伐楚」章的末尾非但有和這十字基本上相同的語句，而且下面還增添了一段四十二字的論斷語。全文是「計聽知覆逆者，唯王可也。計者事之本也，聽者存亡之機。計失而聽過，能有國者寡也。故曰：計有一二者難悖也，聽無失本末者難惑。」我們考慮，《戰國策》和帛書同樣有這十字，而語句的多少，在文章裏出現的位置，雙方有所不同，這説明什麼問題呢？這不是明白告訴我們，「帛書別本《戰國策》和今本《戰國策》是同一來源的，由於傳布抄寫，各有不同，有的增添了一些，有的減少了一些，有的放在這裏説，有的放在那裏説，因此發生了差異，形成現在這樣的情況嗎？由此可見，服虔所説的《蘇秦法百家書説》，確實是存在差異的，這差異，就是劉向所説的「錯亂」、「糅莒」、「復重」，所以造成的根本原因。

上面敘述的十條情況，説明現存的姚本《戰國策》，「錯亂」、「糅莒」、「復重」的痕跡，還有存在。劉向没有把這些痕跡完全消除(現存的姚本，已經不是劉向的原本，説見附記二)。從這個情況來看，可以知道在劉向没有校勘定著之前，皇家書庫裏所保存的那些所謂「中書」有關《蘇秦法百家書説》的材料，是如何的「錯亂」、「糅莒」和「復重」。這也難怪，自從戰國後期，一直到西漢初年這一個世紀多的時間之内，社會上對《蘇秦書》、《蘇秦法》「長短縱横術」的學習，人數「衆多」，傳本「非一」，「紛然殽亂」的現象，是它必然的結果。

説明了劉向校書的情況，回過頭來，我們再探索一下司馬遷的編寫《史記》。司馬遷自己説「整齊百家雜語」，既然説是「百家」當然是「衆多非一」的；既然説是「整齊」，當然是「紛然殽亂」的了。司馬遷編寫《史記》是在劉向校書之前六十多年，劉向整理的一批素材，他是早已知道並看到了的。西漢時期的皇家書庫，司馬遷稱爲「石室金匱」，這「石室金匱」是當時「天下遺聞古事靡不畢集」的所在，也就是「太史令」司馬談、司馬遷「父子相續」「纂其職」的地方。公元前一〇四年漢武帝劉徹太初元年，司馬遷繼任父職做了太史公之後的第五年，那時司馬遷四十二歲了，開始編寫《史記》，特别對於「六國時事」的這段時間，史料依據，十分貧乏。惟一的依據，是「不載日月」的《秦記》，此外，只好依據「戰國之權變」，以及自己多方打聽得來的「天下放佚舊聞」(見《史記·太史公自序》及《報任少卿書》)來「拾遺補藝……整齊百家雜語……」他所説的「戰國之權變」，自然包括了蒯通所著的「論戰國時說士權變」的八十一首《雋永》。這部書，在這個時候，可能是正好被收藏在皇家書庫。他所說的「百家雜語」，自然就是他所說的「網羅天下放佚舊聞」。《秦記》：「論戰國時說士權變」，「放佚舊聞」，「百家雜語」，司馬遷從這些材料中取精用宏地進行了一番排比核對，然後如實紀録，寫成了《史記》裏的戰國年代這一部分，他這一工作的範圍和深度，在實質上是超過了劉向的整理《戰國策》。這個時候，上距公元前一六八年馬王堆三號漢墓「帛書別本《戰國策》」埋葬的時間，已經過了五十四年之久。這部「帛書別本《戰國策》」司馬遷是斷然不曾看到的，然而在他所編寫的「六國時事」裏的一部分，和這「帛書別本《戰國策》」的一部分，基本上是相同的。有人說：「帛書本和《史記》，雖然文句有出入，但內容是基本一致的。」（見《文物》一九七四年第九期第五十頁）這話是完全說對了的。這也可見《史記》這一部份的材料和「帛書別本《戰國策》」是同一來源的。儘管司馬遷不曾看到馬王堆漢墓裏的「帛書別本《戰國策》」，他所接觸到的材料一定有一部分和這「帛書別本《戰國策》」的材料相同。這可以證明當時《蘇秦法百家書說》的傳布，決計不是少數。其次，《史記》記載「六國時事」和後來劉向編定的《戰國策》相比，有九十多條內容相同。據姚宏《戰國策》跋語，他說：「太史公所採九十餘條，其事異者止五六條」，姚寬則謂「太史公所採九十三事，內不同者五。」如此說來，《史記》「六國時事」部分，和《戰國策》和「帛書別本《戰國策》」當然有它們一脉相通的血緣關係了。姚氏兄弟雖然明確指出《史記》和《戰國策》有九十三條相同，只有五六條有些差異。我們今天核對一下，這九十三條，幾乎條條都有不同之處。這可見司馬遷所依據的不完全和劉向所依據的相同。司馬遷所說的「百家雜語」，不完全是在皇家書庫之內。散在「天下」的「放佚舊聞」，他是「採訪家人」廣泛地進行了搜羅的。這又可以證明當時《蘇秦法百家書說》的傳布，的確不在少數。《史記》九十三條不完全和《戰國策》相同，原因就在這裏（詳見拙著《〈史記〉〈戰國策〉九十六事同異考》）。

《史記》和《戰國策》的關係是這樣。我們再把「帛書别本《戰國策》」裏二十七章中和《史記》相同的八章核對一下，更可以證明這份「帛書别本《戰國策》」二十七章，就是《蘇秦法百家書説》中的一種。二十七章，有十章是書信，十七章是説詞，正符合於「百家書説」裏的「書説」兩字。而二十七章中極大多數的篇章的主名，主要的是離不開蘇氏，又完全給我們知道這就是蘇氏之學的縱横家言。那末，這不就是《蘇秦法百家書説》「百家」中的一種還可以説是什麽呢？（詳見拙著《帛書别本〈戰國策〉初探》及《蘇秦法書説二十七章注》）

至於《漢書·藝文志》縱横家裏的《蘇子三十一篇》，班固説是蘇秦的書。既是蘇秦的書，自然就是《蘇秦書》或《蘇秦法百家書説》裏的一種了。這部書没有傳本，從「帛書别本《戰國策》」二十七章大部分不題主名，而這不題主名的主名，主要是蘇氏兄弟的事實來看，所謂《蘇子》一書，也就不一定僅僅專是蘇秦一人。清代學者沈欽韓説：「《蘇子》三十一篇，今見於《史記》、《國策》灼然爲蘇秦者八篇，其短章不與。秦死後，蘇代、蘇厲等並有論説，國策通謂之蘇子，又誤爲蘇秦。此三十一篇，容有代厲並入。」由此可見《蘇子》一書的内容，很有可能是許多學習蘇氏兄弟「縱横短長之術」的人們根據各種傳聞而記述下來的。這樣，那就和「帛書别本《戰國策》」、《戰國策》，以及《史記》裏的有關材料，它們的精神實質，文字動態，決不會有什麽相異之處的了。

附記一

關於「禍福」這個問題，似乎是戰國游士談論話題的突出的要點。蘇秦說齊王歸燕十城時，曾經兩次提到「轉禍而爲福，因敗而爲功」。蘇代說燕昭王，也兩次提到「轉禍而爲福，因敗而成功」。其它，如「韓三」「或謂韓公仲曰」章，有「成固爲福，不成亦爲福」的話。《齊三》「孟嘗君舍人」章，有「轉禍爲功」的話。《楚四》「或謂楚王」章，有「攝禍爲福，裁少爲多，知者官之……」的話，又有「禍與福相貫，生與亡爲鄰，不偏於死，不偏於生，不足以載大名」等話。「帛書別本《戰國策》」也有這類的話。第二十章「胃燕王曰……」說「因過而爲福，轉敗而爲功」。第二十二章「齊宋攻魏……」說「成則爲福，不成則爲福」。可見戰國游士，對於「禍福」兩字極爲重視。這也不始於戰國，早在戰國之前，東方齊國的大政治家管仲，司馬遷贊揚他說：「其爲政也，善因禍而爲福，轉敗而爲功，貴輕重，愼權衡。」（見《史記·管晏列傳》）當時善於「長短縱横之術」的蒯通、主父偃、邊通這批人都和齊國有深切的關係，也没有一個不在這「禍福」兩字上對人說話時大做其文章。由此可見所謂縱横家這一派，他們的伏軾撙銜摇唇鼓舌，主要的無非是爲人解決「禍福」問題。

附記二

現存的姚本《戰國策》，已經不是劉向編定的三十三篇原本了。《漢書·藝文志》：「《戰國策》三十三篇」，到了唐代，《隋書·經籍志》就說有「三十四卷」，不但「篇」「卷」名稱不同，而且又多出了一卷的數目。當時編纂的類書，《初學記》、《北堂書鈔》、《藝文類聚》以及後來的《太平御覽》等，所引《戰國策》文字，有些都不在現存的姚本《戰國策》之內。北宋王欽若等編《崇文總目》，說《戰國策》只有十一篇。曾鞏《重校戰國策序》說：「劉向所定著《戰國策》三十三篇，《崇文總目》稱十一篇者闕，臣訪之士大夫家，始盡得其書，正其誤謬而疑其不可考者，然後《戰國策》三十三篇復完。」這就是現存的姚本《戰國策》。但是，這個本子，在第二十一卷之末，有一條文字，說「集賢院第二十一卷全不同，疑差互」。第三十卷之末，復有一條文字，說「劉原父所傳本，至三十卷而止」。可見各種傳本，已是互不相同。清末朱一新作《漢書管見》，說「今高誘姚宏注本，雖分三十三卷，實已缺一篇，蓋後人分析以求合三十三篇之數也」。可見現存的姚本《戰國策》已經遠遠不是劉向所定的本來面目了。

關於《戰國策》的逸文，姚氏兄弟曾舉二十多條，前些時候，我曾繼續搜羅，輯得七十二條，詳見拙著《戰國策逸文》。

一九七六年三月二五日

漢墓蘇秦法書説存卷二十七章考釋

上篇

一九七三年十二月，長沙馬王堆三號漢墓出土大量帛書。這批帛書，是公元前一六八年西漢文帝劉恒初元十二年二月軑侯利蒼家陪葬的東西。這批帛書，其中有一部份共二十七章一萬七千多字（注①這個數字，根據馬王堆漢墓帛書整理小組的報告，見《文物》一九七五年四期一四頁。一九七四年九期《文物》曉菡同志的《漢墓帛書概述》則説「與《戰國策》有關的佚書一種，共二十八篇一萬一千二百多字」，篇數增多而字數減少）。內容性質，類似現存的《戰國策》。二十七章中，有十一章和現存的《戰國策》、《史記》有關，文字大體相同。其它十六章則是從古到今没有見過的歷史資料。這二十七章，没有標明書名，帛書整理小組的同志爲了便於稱引起見，暫時稱之爲「帛書戰國策」（注②見《文物》一九七五年四期一四頁）。有的同志則稱之爲「帛書别本戰國策」，也有同志「根據書中多記蘇秦、蘇代、蘇厲的言行，認爲可能是早已失傳的《蘇子》三十一篇。」（注③見《文物》一九七四年九期四二頁）

《蘇子》三十一篇，見於《漢書·藝文志》「縱横家」，是縱横家一項中第一部書，班固説是蘇秦的書。這一部書，隋唐以後不見傳本，無法進行考查。有人把它和東漢以後僞造的《鬼谷子》相提並論，這是没有根據的。清代學者沈欽韓説：

「《蘇子》三十一篇，今見於《史記》、《國策》灼然爲蘇秦者八篇，其短章不與。秦死後，蘇代、蘇厲等並有論説，《國策》通謂之蘇子，又誤爲蘇秦。此三十一篇，容有代、厲並入。」

根據這點揣測，《蘇子》一書，可能是後來學習蘇氏兄弟「縱横長短之術」的人們根據各種記録傳聞而保存下來的一些材料，並不是蘇秦自己的著作。沈欽韓所説的「八篇」，可能就是指蘇秦游説六國的話，這是我們現在大家公認決不是蘇秦自己寫作的東西。如所周知，子部的所謂諸子，出於本人自己寫作的本來没有多少。司馬遷説莊周「著書十餘萬言，汪洋自恣以適己」（注④見《史記·老子韓非列傳》）。現在我們知道實在出於莊周自己親筆的，怕只有内篇七篇及外篇、雜篇裏的一小部分。司馬遷説荀卿「序列著數萬言」（注⑤見《史記·孟子荀卿列傳》）。真的出於荀卿自己親筆的，也没有多少。《孟子》這一部書，韓愈就説它「非軻自著，軻既没，其徒萬章、公孫丑相與記軻所言焉耳」（注⑥見《答張籍書》），可見諸子書裏確實出於自己親筆的實在没有多少。三十一篇的《蘇子》情況也有一些類似，未必全是出於蘇氏兄弟之手。

《戰國策》這個名詞，導源於劉向（前七七—前六）。劉向校定《戰國策》，在公元前二五年之後，他雖然説過「所校中戰國策書」，這是指戰國時期流傳下來的繕寫在竹簡上的材料，不是説戰國時期就有《戰國策》這個名稱。劉向没有命名之前，没有《戰國策》這部書，那末早在劉向之前當公元前一六八年埋在長沙馬王堆的這份帛書二十七章自然不能給它戴上「戰國策」的名稱了。

帛書二十七章，它的内容性質有十章是書信，十二章是説詞，五章是兩人或兩人以上的談話。

一個人的說詞，和幾個人的談話，情況有些不同，總的説來，都應該歸入説詞一類。所以，這二十七章，書信十章，説詞十七章，總之離不了書和説兩件事。

在這二十七章一萬七千多字的書和説裏，没有看到西漢開國皇帝漢高祖劉邦的「邦」字，只看到相應於「邦」字的「國」字。對於漢惠帝劉盈、漢文帝劉恒，「盈」與「恒」這兩個字都没有避諱，由此可知這份材料的謄寫，是在西漢初年約當公元前一九四年左右，過了二十六年，到公元前一六八年，便被埋藏入土，直到現在才和我們見面。這份材料，是西漢初年寫下的東西。

這份材料被埋藏的前兩年，那時司馬遷（前一四五—前八六）還是一個年方弱冠的青年，雖然曾經到過長沙，似乎未必有機會到軑侯家裏看到這份材料。即使見到，也未必能够字字牢記在心。當時他還没有考慮到此後二十年，要編寫《史記》，也未必會預先把這份材料鈔謄保管起來留待後用。可是到了他四十二歲之後，在他編寫的《史記》裏，有關戰國年代的一部份材料，居然和這部帛書裏的一部份材料完全相同，特别是「趙世家」裏觸龍説趙太后一段，一字一句，幾乎没有什麽大的差别。這説明這份材料雖然給利蒼家裏埋藏起來，和這份材料類似的其它材料，還是在社會上流傳着，有的被收入儲藏在漢家皇朝的書庫裏，給司馬遷看到了而被採取録入《史記》。司馬遷所掌握到的戰國年代的材料，是否僅僅局限於那些和這份帛書相同的那幾條呢，不是的，他還掌握了其它更多的材料，但是，偏偏現存帛書裏前面提到的其它十六章，司馬遷没有看到，没有被採録入書。這就説明西漢初期社會上流傳下來的有關戰國時代的歷史材料，還是相當豐富的，至少可以斷言不僅只有一種兩種。

這裏暫且不談旁的，先就這份帛書二十七章來看，跡象很是明顯，可以證明這二十七章，決不是來自一種兩種的本本，而是從三種或三種以上的有關戰國游説的故事本子上鈔録得來的。一、從第一章到第十四章，其中除去了第十三章，都是蘇代游説的材料，性質體例相同，内容互有聯係，編排的次序，也比較有條理可尋。把「勺」字當作「趙」字，把「乾」字當作「韓」字，可以證明這十三章是從一個本子上鈔録下來的。二、從第十五章到第十九章，這五章有一個特點，每章之末，都有統計數字，第十九章除了本章的數字「三萬」之外，還有「大凡二千八百七十」的一個總數字。這個總數字恰恰符合於這五章的總字數。可見這五章是從另一個有關戰國游説的本子上鈔來的。三、從第二十到第二十七章，其中二十、二十一、二十二、二十三章，都是蘇氏兄弟游説的材料，却不與第一部份十三章合在一處。「趙」也不寫作「勺」，「韓」也不寫作「乾」。這明明是另外鈔自一個本本。從其中時間先後的次序相當紊亂來看，可以知道來源可能還不止一個本本。這就更加足以證明當時有關戰國時代歷史材料的相當豐富了。

司馬遷逝世之後六十一年，西漢成帝劉驁河平三年，公元前二六年，劉向、劉歆父子「受詔領校秘書」，劉向編定了一部三十三篇的《戰國策》。這部《戰國策》的前身，是儲藏在漢家皇朝書庫裏的一大堆亂七八糟的材料，這些材料，有的寫在竹簡上，有的寫在絹帛上。名稱有六種之多。「國策」、「國事」、「事語」、「短長」、「長書」、「修書」。前三種是從説明方面出發的樸素的質名，後三種是從評價方面出發的美稱的文名。儘管名稱不同，内容却基本相同。當時劉向對這些材料的感覺：一是「錯亂」，前後顛倒；二是「糅莒」，交互參差；三是「復重」，彼此重複。於是他進行了一番加工整理，根據其中有八篇按照當時戰國年代八個國家來分别叙述的一個本子作爲底稿，在這基礎上採取其它材料加以補充，調整，删除重複，重定次序。這樣，那些一大堆亂七八糟的材料給他理出了一個頭緒，把六種不同的材料合並爲一部條理比較整齊的書，這就是《戰國策》。

從這裏，我們可以清楚地看出《戰國策》在沒有經過劉向整理之前，它本來是從各人手裏傳抄得來的各種不同而又同，同而不全同的一些本本。關於這一點，我認爲必須加以相當的注意，嚴密的考慮，這是十分重要的。

爲什麽西漢初期在社會上流傳下來有關戰國時代的歷史材料還是相當豐富？爲什麽在劉向整理《戰國策》的時候，那一大批材料會那樣地亂七八糟，既同而又不同，不同而又相同的呢？

這就需要考慮這些材料究竟是怎樣來的問題。

話須從司馬遷編寫《史記》説起。

司馬遷編寫《史記》，對於春秋之後的「六國時事」，依據的材料，本來是頗爲缺乏的。「六國時事」的「諸侯史記」，因爲它「獨藏周室」統統給秦火燒掉了。唯一的依據是藏在西漢皇朝書庫裏的秦皇朝史官正式的記載《秦記》。但是這本《秦記》，「不載日月，其文略不具」，可以作爲依據，然而材料很不充分。司馬遷没有辦法，只得多方搜羅，找集一些補充。他搜羅到的補充材料有那些呢？

一、「戰國之權變亦有頗可採者」（注⑦見《史記·六國年表序》）。

二、「網羅天下放佚舊聞」（注⑧見《太史公自序》，《報任少卿書》）。

三、「拾遺補藝……整齊百家雜語」（注⑨見《太史公自序》）。

司馬遷明白向我們交代了這三點。這三點，核實起來只有兩點，一是「可採」的「戰國之權變」，二是散在「天下」的「放佚舊聞」，也就是所謂「百家雜語」。關於「戰國之權變」，司馬遷自己曾經説明「删通論戰國之權變爲八十一首」，這就是蒯通寫下的《雋永》。司馬遷又曾經説過：「六國之盛」的情況，道是：「謀詐用兩縱衡短長之説起。」（注⑩見《六國年表序》）我們知道所謂「權變」，所謂「雋永」，就是爲「謀詐用」的「縱衡短長之説」，司馬遷自己明白交代，這是他採録的材料。這是確鑿的事實根據，説明蒯通的書，司馬遷曾經予以採録，除此之外，則是「放佚舊聞」的「百家雜語」了。

「放佚舊聞」「百家雜語」，這句話範圍相當廣泛：究竟有那些「放佚舊聞」的「百家雜語」呢？在司馬遷之後，班固（公元三二—九八）的《漢書·司馬遷傳》説到：

「司馬遷據《左氏》、《國語》，採《世本》、《戰國策》，述《楚漢春秋》，接其後事，訖於大漢……」

班固在《國語》、《世本》和《楚漢春秋》之間，安上了「戰國策」這個名詞，在這上下之間的時間位置，恰恰相當於需要記載「六國時事」的這段時間，而這「戰國策」三字，恰恰相當於「放佚舊聞」「百家雜語」。那末，不問可知這「戰國策」就是司馬遷所説過的「放佚舊聞」、「百家雜語」了。班固生在劉向之後，劉向整理《戰國策》，班固是知道的。司馬遷所採的「戰國策」，不是劉向整理過的《戰國策》，這在班固也會知道的。他絶對不會把這兩種不同的概念不分皂白地混爲一談。可見這裏班固所説的「戰國策」是一個概括的名稱，是指戰國年代遺留下來的簡策，這些簡策在司馬遷看來是「放佚舊聞」「百家雜語」，而班固則沿用了劉向命定的這個名詞説司馬遷採了「戰國策」。後來有人説「戰國策名短長術」，也有人説「戰國策亦名短長書」（注⑪見《史記·田儋傳贊》索隱，及《漢書·張湯傳》顏師古注引張晏）。根據上面所説，情況就很明白。

司馬遷所説的「放佚舊聞」、「百家雜語」和班固所説的《戰國策》有關，當然也和劉向所定的《戰國策》有關。司馬遷不可能從劉向所定的《戰國策》裏採録材料，但是，他從「放佚舊聞」「百家雜語」

裏所援引得來的材料，自然會有和劉向所定的《戰國策》相同的部份。現在看《史記》和《戰國策》有九十六條材料内容相同而文字頗有出入，這就證實了這個問題（注⑫參看拙著「《史記》、《戰國策》九十六事異同考」）。

東漢末年，作《古史考》的蜀人譙周（公元二〇一—二七〇）曾提到司馬遷編寫《史記》，唐代史學家劉知幾（公元六六一—七二一）寫《史通》轉述譙周的話，説：

「譙周以遷書周秦已上或採家人諸子，不專據正經。」（注⑬見《史通·正史篇》）

劉知幾自己也説：

「遷乃鳩集國史，採訪家人。」（注⑭見《史通·六家·史記家》）

他倆都指出司馬遷編寫《史記》有些部份是從「家人」那裏採訪得來的。「家人」這句話，當然就是司馬遷自己所説的「百家雜語」的「百家」兩字裏的「家」字了。

西漢初年，有哪些「家人」、「百家」，保留着戰國時期的一些歷史材料呢？「論戰國之權變」的蒯通，當然就是「百家」之一。其它如列入縱横家的主父偃、邊通，他們所學所説的那一套，當然也在「百家」的範圍之内。除此之外，其他不著名的學習「長短縱横之術」的人們該是不在少數。依據什麼來作這樣的推論呢？先從「家人」和「百家」這兩個名詞概念談起。

什麼叫「家人」？西漢年代稱一般平民爲「家人」（注⑮見《漢書·武五子傳》、《汲黯傳》）。漢景帝劉啓（前一五六—前一四一）在位的時候，轅固生爲了指斥「老子書」是「家人言」受到竇太后的怒視和虐待，可見「家人」在當時並不是什麼漂亮的名稱。「百家」這名詞，最早的出現，大概要算戰國後期莊周書裏的「天下篇」，説「百家之學時盛稱而道之」。他又和「衆技」並稱，説成「百家衆技」。由此可見，所謂「家人」，所謂「百家」都是從一般人民中間湧現出來的杰出的代表。這批人的知識學問和歷來的統治階級傳統的那一套自然有些不同。

從人民中間湧現出來的一些優秀人物，他們在簡帛上留下了一些材料，保留着某些歷史真實。這是戰國後期一直到西漢初年這一段長時間裏社會上廣泛流傳着的一些材料，這些材料是從哪個手裏來的呢？這不可能出於某某一個人之手，這是從一批人手裏陸續積累而來的。從戰國「縱橫長短之術」風行之後，一批「游士」就有一些記録下來的材料，相互傳布。戰國末期，魯仲連遺燕將書曾經説過「説士不載」這句話；後來劉向上晏子序裏，也有「疑後世辯士所爲者」的一句。可見在戰國末期，一羣「游士」「辯士」，有他們自己記録下來的本本。《吕氏春秋》裏有句話，説：「備説非三王五帝。」清代學者惠棟指出「備説」是一書名，是戰國時代的書，我們今天顧名思義，可以知道這就是爲當時從事游説作好準備的書，當時「飾小説以干縣令」的人們曾經把那樣的故事傳説，作爲枕中鴻寶來看待。寫作「説難」的杰出人士韓非也曾經用大量的篇幅編集《説儲》、《説林》等篇來滿足作爲談助的需要。就在這些時候，一羣學習「縱橫長短之術」的人們，他們手裏就都掌握着這一類的學習資料了。

《吕氏春秋》有八條文字見於現存的《戰國策》，《韓非子》有三十六條文字見於現存的《戰國策》。《吕氏春秋·序意篇》説：「唯秦八年，歲在涒灘。」高誘認爲這「八年」是秦始皇即位的第八年，相當於公元前二三九年。《吕氏春秋》、《韓非子》都有和《戰國策》相同的篇幅，而且《韓非子》裏《十過篇》中的一節，既和現存的《戰國策》文字相同，又和這帛書第二十四章相同。這説明在秦始皇初年中原六國快要統一的時候，縱橫之學，還在盛行，所以各種材料相互鈔襲的情況十分顯著。

馬王堆這份材料是在公元前一六八年入土的，這時還在漢文帝劉恒的年代裏。在這之後二十多年中，曾經暴發吴楚七國反抗漢皇朝中央集權的叛亂，當時縱横游説的風氣，還很盛行。到漢武帝劉徹（前一四〇—前八七）登上皇位，雖然號召「罷黜百家」、「獨尊儒術」，「建元元年（前一四〇年）丞相衛綰奏『所舉賢良或治申、商、韓非、蘇秦、張儀之言亂國政請皆罷。』」（見《漢書·武帝紀》）却正在這時候，社會上還盛行着「蘇秦縱横」這一套。劉徹曾經制詔嚴助，「毋以蘇秦縱横」（注⑮見《漢書·嚴助傳》）。這時地方割據勢力還相當强盛，淮南王劉安部下一批人，還存在着相當濃厚的縱横氣息。就在劉徹左右的那些「文學侍從之臣」，也有幾個沾染了這種風氣。可見「蘇秦縱横」從戰國後期直到西漢初年，一直在流行，没有停止過。

學習「蘇秦縱横」的人們，手裏不可缺少的必須要有各種必備的資料。嚴助的好友朱買臣，當他没有得意的時候，在路上行走，一面背着薪柴，一面手拿書本誦讀。他所讀的是什麽呢？「春秋」「楚詞」是他的内行，可是决不排斥「蘇秦縱横」這一類的本本。這只需看朱買臣一貫的作風，及馬王堆三號漢墓裏出土的文物，既有《周易》、《春秋百語》、《老子》、《黄帝四經》，又有這二十七章類似現存的《戰國策》文字就可以想見。

從戰國後期到西漢初年，「蘇秦縱横」既然很是流行，學習這一派的人們手裏所掌握着的本本，這個那個，當然不在少數。這些本本，都不像我們現在所常用的書籍那樣，版本一般相同，它是從鈔録傳授得來的，篇幅的長短，字數的多少，内容的異同，决不是鐵板一塊。公元一八九年，這已是東漢末期漢靈帝劉宏的中平末年了。在這時候，曾在九江做過太守的服虔，曾經看到過《蘇秦書》和《蘇秦法百家書説》。他知道「罪敗而復抨擊之」的這種方法，記載在《蘇秦書》裏，説「蘇秦書有此法」

（注⑯見《漢書・杜周傳》贊注）。他又在「蘇秦法百家書説」這點上知道這就是所謂「長短縱横術」（注⑰見《漢書・主父偃傳》注）。服虔説這句話的時候，上距司馬遷的編寫《史記》已經過了二九三年，離開劉向的整理《戰國策》也已經過了二一四年，但是，社會上還有《蘇秦書》和《蘇秦法百家書説》給服虔看到，可見這些書還是相當地流行。無怪在他之前的王充（公元二七—？）在洛陽書店觀書，要説「短書俗札竹帛胤文」，「衆多非一」了（注⑱見《論衡・骨相篇》）。

服虔所説《蘇秦書》、《蘇秦法百家書説》這兩個名稱，該是泛指的一般名稱，不是專指的一種書的專名。「蘇秦法」的「書説」既然有「百家」之多，那就自然會有各種不同而又同，同而不全同的情況出現。現在我們看到《史記》和《戰國策》之間的關係（注⑲詳見拙著「《史記》、《戰國策》九十六事異同考」），又看到《史記》、《戰國策》和這帛書二十七章之間的關係，完全可以證實這帛書二十七章就是服虔所説的「蘇秦法百家書説」中的「百家」之一，這是從二十七章具體的内容方面可以充分肯定的。

前面説過帛書二十七章的内容，離不了「書」和「説」兩件事，這就符合於服虔所説「蘇秦法百家書説」的「書説」兩字。在這二十七章裏只有第十三章明標着「乾貪獻書於齊」説明主名是韓貪。其它極大多數的「書」「説」没有明白説清是哪一個人。第十七章裏一個説客對秦國的御史起賈進行游説，末尾提到了「武安君棄禍存身之夬也。」這「武安君」，當然是在説那番話之前二十六年已經逝世的蘇秦（注⑳詳見拙著《關於蘇秦問題的研究報告》）。這個説客在蘇秦逝世之後那麼久長的年代裏，還提到他，推尊他，説明蘇秦這偶像在當時一羣游士們的心目中影響是怎樣的深，聲望是怎樣的高！第十四章裏那個「胃齊王曰」的人，説「臣使蘇厲告楚王曰」，明白提到了蘇秦的弟弟蘇厲，却不明白交代這個「胃齊王曰」的人是什麽名字。最最奇怪的是，在這二十七章裏，經過和《戰國策》、《史記》嚴密考核之後，可以確鑿證明主名是蘇代的有十五章之多，而在這些篇章裏却没有一處出現過蘇代這名字。這是什麽道理呢？經過仔細查對，知道這二十七章的時代背景，極大多數是蘇秦在齊宣王九年車裂之後的事，而第三章裏，却有「燕王請毋任蘇秦以事」；第四章裏却有「臣秦藥辭事」；第二十二章裏却有「今者秦立於門」等這些和歷史事實不符的話，説是蘇秦的事。這又是什麽道理呢？

上面説過，這份帛書謄寫的時間是在公元前一九四年左右，埋藏的時間是在公元前一六八年，埋藏之後二十多年到公元前一四〇年劉徹做了皇帝之後，「蘇秦縱横」這一套風氣還很流行，一直到公元後一八九年服虔做九江太守時還看到大量的「蘇秦書」和「蘇秦法百家書説」，可見在這漫長的一段時間裏向蘇秦學習的一批「游士」們還有相當的數量。他們這批「游士」，推尊蘇秦，把不是蘇秦的事也附會在蘇秦身上來吹，留着明顯的痕跡。司馬遷説過：「世言蘇秦多異，異時事有類之者皆附之蘇秦。」（注㉑見《史記·蘇秦列傳》贊）司馬遷明白指出有許多蘇秦死後的事，也給人裝作蘇秦來吹，他已經看到過這些情況。那末，這帛書裏把蘇代的事，有意無意地裝上蘇秦的名字，也就不足爲怪的了。

在帛書裏「武安君棄禍存身之夬」，明白點清了這是「蘇秦法」。把蘇代的事，填上蘇秦的名字，那末蘇代的書説，也就成爲「蘇秦法書説」了。這些「蘇秦法」、「蘇秦法書説」當然也就成爲服虔所説的「蘇秦書」了。學習「長短縱横術」的人們推尊蘇秦，「異時事有類之者皆附之蘇秦」，心想「蘇秦法」，手捧「蘇秦書」，心目中既然有此一尊，自然在他們的書上也没有必要一定要題上主名了。帛書二十七章裏只有站在蘇代反對立場的韓賁題上了名字，而没有一次明説蘇代，原因就在於此。

西漢初期，「蘇秦縱横」還有市場。作爲「蘇秦書」的「蘇秦法百家書説」正在流行。我們看和帛書第五章「謂燕王曰」相同的有關材料共有四段之多。在《戰國策·燕二》就有兩段，一、「人有惡蘇秦於燕王者……」，二、「蘇代謂燕昭王……」。《史記·蘇秦列傳》裏又有「人有毁蘇秦者曰……」的一段。這四段材料，文字或長或短，内容有異有同，足以證明服虔所説的「蘇秦法百家書説」的確有許多不同的本子。這些不同的本子，其中有蘇秦的事，也有蘇代、蘇厲的事，還有其它縱横捭闔的事。戰國年代各種學術流派的交互影響，情況是非常複雜的，同中有異，異中有同。韓非説過：「孔墨之後，儒分爲八，墨離爲三，取舍相反不同而皆自謂真孔墨。」（注㉒見《顯學篇》）《墨子》這一部書，「尚賢」、「尚同」、「兼愛」、「非攻」等都有上、中、下三篇，字句小異而大體相同。涉及「蘇秦縱横」之術的「蘇秦書」「蘇秦法百家書説」的這帛書裏有許多篇幅和《戰國策》、《史記》之所以同而不同，不同而又同的原因，就是因爲這樣。爲什麽帛書這裏没有主名，正因爲這一種書是「蘇秦書」，是「蘇秦法」，是學習「長短縱横」的蘇氏一家之學，這蘇氏一家之學，包括蘇秦、蘇代、蘇厲在内，所以蘇代這主名被省略掉了。

現在看來，帛書和《史記》、《戰國策》這些有關材料，都是學習「蘇秦縱横」的一派縱横家言，特别是主張合縱一派的話。可以斷言，這些材料都是戰國後期學習蘇氏學者們傳抄流傳下來的東西。他們學習的主要目的，不是像司馬遷那樣要編寫《史記》，而是在於掌握他們一套游説的技能，重點在於「揣情摩意」準備應用，而不在於考核事實的真相。只要能够掌握一套「縱横長短之術」的本領，那就達到目的。至於主名是誰，實情怎樣，這是另一問題，在他們看來是次要的事，不必予以重視。他們有的或者認爲那些善於游説的人，反正總是在蘇氏學派範圍之内，總之離不開蘇秦，何必分辨清楚是秦是代是厲呢！因此，他們不把主名放在首要的位置上來考慮，心裏明知是蘇代的事也就不需加上蘇氏的主名了。

有些同志，根據這份材料中某些章節出現了「蘇秦」及類似「蘇秦」的名字「秦」字，認爲這是「原始的蘇秦資料」（注㉓見《文物》一九七五年第二期第三一—三三頁），這是不够正確的。這份材料是西漢初年抄録下來的學習縱横家言的複本，其中正有司馬遷所説「異時事有類之者皆附之蘇秦」的痕跡，哪裏説得上「原始」。有關蘇秦、張儀的年代問題，有荀卿、李斯、賈誼的話可作證明，證明蘇秦的年代，决不在張儀之後。司馬遷説的意思是蘇秦死後有些事和蘇秦的作風相近，都把它附會説是蘇秦的事；决不是説明明是蘇秦的事，「異時」却把它記在蘇代賬上。關於這一點，我在《關於蘇秦問題的考察報告》中曾有詳細的説明，這裏不再重複了。

歸結上面所談，這二十七章帛書，都是學習「蘇秦縱横」的資料，内容和蘇氏兄弟有緊密的關係，它就是服虔所説「蘇秦書」「蘇秦法百家書説」之一。它的書名應該稱作「漢墓蘇秦法書説殘卷二十七章」。只需看這二十七章，一，都是「書説」；二，「武安君棄禍存身之夬」，明白點清了「蘇秦法」；三，有十五章之多明明是蘇代的事，而没有寫上蘇代的主名，可見這十五章主要是蘇氏一家之學。這份材料，雖然來源不是一種，總的説來，是符合於服虔所説的名稱的。有人認爲可能是久已失傳的《蘇子》三十一篇的殘卷，這還有些理由。把它稱作帛書《戰國策》，則是不符合事實的。最近又有人把它稱作《戰國縱横家書》，（注㉔見《文物》一九七七年一期三六頁）避免了蘇氏兄弟問題的糾紛，表面上似乎未爲不可，但名稱的範圍畢竟大了一些，僅僅這二十七章，那裏可以包括戰國年代的全部縱横家呢？與其另立名目，不如沿用服虔的舊説爲是。鄙見如此，不知是否合適。

偉大的革命導師馬克思説：「真理通過論戰而確立，歷史事實從矛盾的陳述中清理出來。」（《馬克思致恩格斯》一九五三年九月二日，馬恩全集二八卷二八六頁）自從這份材料出土之後，經過整理小組的同志和其他各位同志們的努力，期刊上發表了一係列的介紹並説明性的文章，成績相當可觀。我在這些基礎上反復地進行和舊存文件的核對，覺得同志們的努力，都值得重視。但自己還有一些不成熟的看法，願意提出來共同討論，曾經寫了些有關這份材料探討性質的文章。最近又把這二十七章不厭其煩地作了一番考釋工作，寫成這本册子。自己感到水平有限，基礎又差，一孔之見，離開正確的目標，存在着相當大的差距，爲了迫切希望改正錯誤，把這本册子公開發表，懇切要求閱讀這本册子的同志們不吝予以指教。

一九七七年三月二九日

下篇

帛書裏有關蘇氏兄弟的篇章，涉及蘇秦、蘇厲姓名的，僅僅每個人只有一處。明明是蘇厲給趙王的信，也没有寫上蘇厲的名字。其它一十五章，都是蘇代的事，却始終没有提到蘇代兩字。這是什麽原因呢？依據接觸到的材料進行推測，大概從戰國後期一直到西漢初年，蘇秦的名聲超過了他的弟弟，所以有些材料裏蘇代的事往往記上蘇秦的名字。賈誼、劉安也只提蘇秦而不及蘇代。劉徹的制詔，明顯地把蘇秦概括所有的縱横家，説是「蘇秦縱横」。這份帛書，是在西漢初年盛傳蘇秦這種情況下謄寫出來的，所以便把蘇代這名字隱没了，非但明明是蘇代的事没有一句提到蘇代，反而在第一、第三、第四、第八章裏羼入了「秦」字，給人錯誤地認爲這便是蘇秦。這充分證實了司馬遷的話「異時事有類之者皆附之蘇秦」。只有司馬遷和以後的劉向接觸到的一些材料，明白標出蘇代，才把蘇代的事明白記載下來。這份材料極大多數是蘇代的事，而我們沿用舊名，稱它爲「蘇秦法書説殘卷」，人們或許要説似乎不很貼切。我們説如果我們明確知道《漢書·藝文志》裏「縱横家」第一部書是三十一篇的《蘇子》，而這所謂「蘇子」，既是蘇秦的事，也有代、厲之事在内（依沈欽韓説，見序言），像《戰國策》裏所稱的「蘇子」一樣，既是蘇秦，有時也代替蘇代蘇厲，那就可以消除懷疑的了。

蘇代是什麽時候來到燕國，受到燕昭王信任的呢？

《史記·蘇秦列傳》：「蘇秦死，代乃求見燕王，欲襲故事……燕王曰：吾終以子受命於天矣。」説明蘇代和燕昭王的一段關係，是蘇秦死後的事。

燕昭王「厚幣招賢」，築黄金臺，師事郭隗，這是衆所周知的故事。劉向又在《説苑》裏説：

「燕王常置郭隗上坐，南面。居三年，蘇子聞之，從周歸燕……」

這裏説的「蘇子」，不是蘇秦，而是蘇代。蘇秦死在燕昭王初立的時候，蘇秦是看不到燕昭王的，哪裏能够在燕昭王禮賢下士的時候從周地雒陽跑到燕國去呢！單從《説苑》這一點就足够證明蘇代和燕昭王的關係，而蘇秦和燕昭王則是毫無關係的了。

帛書裏蘇氏兄弟的材料，根據考查的結果，按年編排一下，情況該是這樣：

公元前三一二年，蘇代説陳軫，想法阻礙秦韓救魏，使陳軫在楚國的地位鞏固，張儀在秦國的地位動揺。

公元前三一一年。(蘇秦死於齊)。（第二十二章）

公元前三○○年，蘇代爲燕昭王第一次使齊，任燕齊之交。臨行，對燕昭王講了話。（第五章）

公元前二八九年之末，或前二八八年，蘇代自燕第二次至齊，事先派人對齊王説了一番話。（第九章）

公元前二八八年，秋冬之際，齊第二次伐宋，蘇代從齊回燕，對燕昭王説「招霸齊而尊之」，約「大上破秦，其次必長毖之」。勸燕王「取秦」、「伐齊」（《戰國策》、《史記》並説是「蘇代遺燕昭王書」，非是）。（第二十章）

公元前二八七年上半年，蘇代在梁獻書燕昭王。（第七章）

蘇代自梁獻書於燕王，要求燕王不要馬上攻齊，自己請「疾之齊觀之」。（第六章）

公元前二八七年下半年，蘇代説齊王，表明自己保證以燕國事齊，會使齊王取得成功。因此要求齊王要絶對相信燕國，這是當薛公初至魏的時候蘇代説的。（第八章）

蘇代在齊，給齊湣王當面談話，要求齊湣王相信薛公，相信燕王，把攻秦之事做到底。在三月之後，讓齊王見到「王天下之大業」。（第十四章）

八月之後，蘇代對齊湣王講要絶對相信燕國。（第十章）

蘇代自燕到魏到趙，在趙寫信給齊湣王要求信燕不親楚。（第十一章）

蘇代在趙寫信給齊湣王，匯報和奉陽君聯係的情況，要求齊湣王不要怕魏，不要「收秦

返回」。（第十二章）

後期，蘇代在趙，寫信給燕昭王，想離趙去齊，惡齊趙之交。（第一章）

是年，韓夤寫信給齊湣王，勸齊親秦。（第十三章）

公元前二八六年，年初，蘇代在齊，寫信給燕昭王，説「齊勺不惡，國不可得而安，功不可得而成」。（第三章）

蘇代自齊獻書於燕昭王，要求不要派人代他。（第四章）

是年，「秦敗韓師於夏山」，前一些時候，蘇厲獻書給趙惠文王，勸不要助秦攻齊。（第二十一章）

在這之後，關於蘇代的事，還有下列兩件：

公元前二八五年，周赧王三十年，蘇代自齊使人謂燕王急出兵攻齊。齊王使蘇代將，與燕樂毅之軍戰，燕人大勝（見《戰國策·燕二》「蘇代自齊使人謂燕昭王曰」章，及黄式三《周季編略》）。

公元前二八四年，周赧王三十一年，秦召燕王，燕王欲往，蘇代止之（見《戰國策·燕二》「秦召燕王燕王欲往」章，及《史記·蘇秦列傳》，顧觀光《國策編年》編入周赧王三十一年）。

根據現有的歷史材料來看，蘇代活動的最早紀録，大概要算對陳軫的一番話了。這番話是在公元前三一二年説的，恰好是在蘇秦死的前一年。假如蘇秦死的那年還不到四十歲，作爲他弟弟的蘇代也不過三十多歲，那末到他阻止燕昭王入秦的那一年公元前二八四年也不過六十多歲，這也不算什麽。司馬遷説過「代、厲皆以壽死，名顯諸侯」（見《史記·蘇秦列傳》）。蘇厲的年壽，我們不够了解，關於蘇代，則的確是壽長的。近人懷疑「何以及其耄老湣王必使之將，雖敗而不悔」？又説：「在秦昭王、齊湣王、燕昭王、趙惠文王時，蘇秦已死，蘇代已老，或爾不及。」（見《先秦諸子繫年考辨》二七五—二七六頁）現在我們看帛書有關蘇氏兄弟的材料，幾乎全是蘇代對燕昭王、齊湣王等説的話，當時蘇秦已死，完全可以證實，而説「蘇代已老，或爾不及」，則亦似乎未免疏於考證了。司馬遷以「實録」「良史」見稱，當然不會信口開河地妄説：關於蘇代後來的事，也就無所用其懷疑的了。

關於年輩先後問題，荀卿在《臣道》篇裏，先説「齊之蘇秦」後説「秦之張儀」。賈誼在説「六國之士」的時候，首先提出的是「寧越、徐尚、蘇秦、杜赫」，可見蘇秦的年輩在所謂縱横家中確實是最早的。後來爲燕昭王出謀劃策打敗齊湣王的，正是蘇代而決不是蘇秦。荀卿、賈誼的話，是一個有力的根據。

寧越、蘇秦，都是從一般人民中間湧現出來的才士。寧越是「中牟鄙人」，下田種植，「苦耕稼之勞」（見《吕氏春秋》）；蘇秦是「窮巷掘門桑户捲樞之士」，自己説没有「雒陽負郭田二頃」（見《戰國策·秦一》及《史記·蘇秦列傳》）。他們不是封建地主階級，而一生奔走效勞，爲封建地主階級服務，蘇代、蘇厲也是如此。蘇代對燕昭王明説「願羣而之周，負籠操者」（見第五章），可見本是耕田勞作的人。當時封建地主階級是和奴隸主階級對抗的階級，是當時新興的階級，對奴隸主階級來説，它是代表歷史前進的方向的。蘇氏兄弟爲新興的封建地主階級服務，他們附屬於地主階級，脱離不了地主階級自私自利的剥削思想，他們的腦袋裏塞滿了爲地主階級自身利益的打算，看蘇代在燕昭王面前的自我表白，道是「進取之臣」（見第五章），在齊湣王面前的希望是企圖齊湣王「舉霸王之業」而自己做「三公」「以矜於世」（見第十四章），這對於後來有人轉述蘇秦的話：「貧窮則父母不子，富貴則親戚畏懼，人生世上，勢位富貴，盍（讀如「盍」），等於我們今天所説的「阿」）可以忽乎哉。」同是一條路上的貨色。蘇秦有「棄禍存身之央」（見第十七章），蘇代也曾經自嘆「知能免國，未能免身」（見第一章），幾次擔心自己「臣□不利於身」、「不可□救也」（見第二章、第三章），處處以自己個人利益爲重。這種從個人自己干禄求進的思想出發來滿足個人自己的利益的行爲，自從孔孟之後，通過縱横之學的盛行，一直到漢代的對策，唐宋的科舉，明清的八股文取士……雖然方式不同，而形成一般讀書人自私自利的思想則是一致的。對於這一點，我們必須遵照馬列主義毛澤東思想的立場、觀點、方法予以深刻地揭發，嚴格地批判。

一九七七年四月十五日

關於《戰國策》及蘇秦問題與徐中舒先生商榷

一九六四年《歷史研究》第一期，徐中舒先生《論〈戰國策〉的編寫及有關蘇秦諸問題》一文，對歷史事實，頗有未盡符合之處，現在摘録要點，逐一提出意見，與徐先生商榷。

一

「《國策》也應是戰國時代游士必須簡鍊揣摩的典籍」

案徐先生在此文的第一節「《戰國策》的編寫」部分，没有把《戰國策》的來源，真正叙述清楚，没有説明這是戰國後期學習縱横長短之術的游士在學習過程中口傳手録逐漸形成的各種不同的材料，到西漢後期劉向手裏才把它編定下來。由於忽略了這個基本要點，所以發生了一些不應有的誤會。假如《戰國策》已經在戰國時代形成爲典籍，那末怎麽能够免於秦火之戹？戰國時代的游士，數量不是太少，蘇秦是特出的一個。試問蘇秦有没有「簡鍊揣摩」這部典籍《戰國策》呢？蘇秦「簡鍊以爲揣摩」的，是「太公陰符之謀」，他所説的「請别白黑所以異，陰陽而已矣」，就是從「陰符」來的。他也曾引用《周書》，却不曾提到學習《戰國策》。他自身的言論行動，有些存留在《戰國策》裏，如果説他「必須簡鍊揣摩」這部「典籍」，豈非滑天下之大稽！戰國游士口傳手抄當時那些著名的縱横策謀，互相流傳學習，這是事實。然而材料散在各方，没有集中在一處成爲「典籍」。哪裏説得上「必須簡鍊揣摩」這部典籍《戰國策》呢？這是完全不合實際的事。

二

「蘇秦張儀以合從連横説六國，更是系統的誇張的擬作，按其情事，大率與當時歷史條件無一相合」

案「擬作」一定要有它起碼的事實依據，未必全憑子虚烏有可以捏造出來。例如李陵荅蘇武書，至少要有李陵蘇武這兩個人的一段歷史關係，才有可能作爲依據而進行擬作。蘇張合從連横游説六國的話，不是當時真實語録，也不是他們當時自己擬定的講稿，而是後來游士們的鋪張叙述。這在前人已有論述，不必多加説明的了。

三

「蘇秦張儀是戰國時代合從連横説的箭垛式人物」

「蘇秦年輩比張儀晚」「爲什麽孟子和紀年都不稱道蘇秦呢？」

「蘇秦在孟子或紀年成書時代還是一個默默無聞的人」

案蘇秦張儀是戰國時代同時活動的人。蘇秦活動的地點主要在東方燕齊兩國，張儀活動的地點主要在西方秦魏兩國，而蘇秦的年輩比張儀要早一些，這在蘇秦同時而稍後的荀卿書中可以取得證明。《荀子·臣道篇》論「巧敏佞説善取寵乎上」的「態臣」時，先説「齊之蘇秦」，中説「楚之州侯」，後説「秦之張儀」，先後次序如此，如果「蘇秦年輩比張儀晚」，荀卿決不會這樣説的。

「孟子和紀年都不稱道蘇秦」，不能根據這點斷定那時没有蘇秦。單就《孟子》這書來説，《孟子》没有莊周惠施，難道可以根據這點否定莊周惠施在當時的存在嗎？《竹書紀年》比《孟子》更是不同，《竹書紀年》是魏國史官所記的書，他有什麽責任一定要記載「齊之蘇秦」的事呢？請問當時赫赫有名的人是否在《孟子》和《竹書紀年》裏一個不漏地都必須加以記載呢？如其不然，那末怎樣可以斷言「蘇秦在孟子或紀年成書的時代裏還是一個默默無聞的人」了呢？

四

「司馬遷説蘇秦先死而儀振暴其短，也是上了這個虛構的擬作之當」

案旁的可以虛構擬作，死不死的問題是無所謂虛構擬作的。根據徐先生的原文，所謂「虛構擬作」，指的是「蘇秦張儀以合從連横説六國」的幾個文件，在這些文件中，的確存在着「系統的」「誇張的」情况，但決不能根據這一點便否定了蘇秦張儀合從連横的事。《戰國策·秦一》秦惠王謂寒泉子章明白叙述秦惠王聽從寒泉子的話任用客卿張儀，對付蘇秦的合從。荀卿的學生李斯，年輩比張儀稍後一些，他對張儀是十分欽佩的，在他的《諫逐客書》裏，稱道張儀的功績，説「惠王用張儀之計……遂散六國之從，使之西面事秦」，可見在張儀未死之前，東方六國確有合從擯秦的事實。這件事是誰主謀策劃的呢？事實證明，這就是蘇秦。司馬遷説蘇秦「先死，而儀振暴其短以扶其説，成其衡道」。「衡道」之成，是蘇秦死後的事，這是明明白白的。根據李斯司馬遷的話，核對一下《戰國策》，李斯的話和《戰國策》是前後一致的，没有什麽紛歧。在這裏，看不出司馬遷「上了」什麽「虚構擬作之當」。先有蘇秦合六國之從，然後才有張儀「散六國之從」。這是李斯明白告訴我們的。司馬遷的話，一定有他自己所看到的材料依據，這是無法懷疑的。假如没有所謂「虚構擬作」的這幾篇，司馬遷單憑李斯這幾句話，也可以知道先有東方「六國之從」，然後才有「張儀之計散六國之從」。李斯雖然没有明説蘇秦，但蘇秦的影子却活現在這幾句話裏了。

五

「舊史所載蘇秦、張儀以合從連横游説六國就是這個形勢（案指原文所説「長平戰役秦坑趙降卒四十餘萬」）下的産物」

案長平之役，在公元前二六〇年，過了兩年，到前二五八年，秦將王齕圍邯鄲，東方各國，受到極大的威脅。這時魯仲連在趙，有「義不帝秦」之説。但是，合從連横，是否到了這個時候才發生的呢？事實證明，决不是這樣。合從連横，有它本身自己發展的過程。長平戰役之前，東方諸侯早有合從攻秦的事。（1）公元前三一八年，齊宣王二年，楚懷王十一年，當時九國之師，聯合攻秦，楚懷王爲從長，蘇秦在齊，是主要的策劃者。（2）公元前二八七年，齊湣王十四年，燕昭王二十五年，又發動了一次聯合攻秦。這件事的主謀，表面上是趙國的李兌，實際上是蘇秦的弟弟蘇代。這兩件事，都和蘇氏兄弟有關。這是事實。如要説「虛構擬作」的話，也得提前若干年，才與事實合符，決不會在長平戰役之後的一段時間裏。長平戰役是公元前二六〇年的事。這年是秦昭襄王四十七年，趙孝成王六年，魏安釐王十七年，韓桓惠王十三年，楚考烈王三年，齊王建五年，燕武成王十二年。這年九月秦將白起在長平阬殺趙國降卒四十五萬人（見《史記·白起列傳》）。當時列國的情況是，過了一年之後，楚魏兩國共同救趙，趙國得到春申君、信陵君的支援，迫使停留在邯鄲四周的秦兵解圍而去。在邯鄲被圍的時候，趙國糧食緊張，曾經「請粟於齊」，「齊王弗聽」。燕國僻在東北，看不出有什麼動靜。依照這樣的形勢來看，會不會産生「蘇秦、張儀以合從連橫游説六國」的可能呢？真的蘇秦張儀，這時候已經死了整整半個世紀了，依照形勢來看，在這種形勢之下，産生合從擯秦的可能是有的，而且事實證明信陵君、春申君的共同救趙，就是合從擯秦。再過十年，到公元前二四七年，信陵君又一次率領了五國之兵擊敗秦軍於河外（見《史記·六國年表》）。這是秦始皇元年的前一年，算是六國合從擯秦的最後一次。這種形勢之下，産生「蘇秦游説六國」的可能是有的，但已失去了「張儀連橫」的必要性。這是值得注意的。現在我們看「舊史所載蘇秦張儀以合從連橫游説六國」的幾篇文章，完全看不出這幾篇所謂「産物」是和這一段時代背景緊密結合着的。有許多話假如要把它落實到這段時間的各國形勢中來考察，簡直是無的放矢，風馬牛不相及。徐先生説「就是這個形勢下的産物」，我們從實際出發，檢查了這段時間的形勢，對照所謂「形勢下的産物」，實在看不出有這個歷史必然會産生出這樣的文件來！

錢穆《蘇秦考》論戰國史實，説「至於長平之戰，邯鄲之圍，而後秦之氣燄達於燕齊東海之裔，夫而後東方策士乃有合從連衡之紛綸，而造説者乃以上附之蘇秦張儀，考其辭説皆燕昭王、趙惠文王後事，而後世言戰國事者莫之察，謂從横之議果起於蘇張」（見《先秦諸子繫年考辨》二七七頁）。現在看來，蘇秦張儀幾篇游説之辭，決不出於蘇張二人之手。張儀説魏説韓，都有「築帝宫祠春秋」的話。秦之稱帝，在公元前二八八年，上距張儀之死，已歷二十一年，下去長平之戰，還隔二十七年。這些説辭，決不會在秦之稱帝以前，也決不會在長平之戰之後，但當蘇張二人活動的年代，決不是没有合從連横的事。如其不然，那就無法理解李斯諫逐客書中所説的「惠王用張儀之計……遂散六國之從，使之西面事秦，功施到今」這幾句話了。李斯根據他自己所知道的寫下了這幾句，可見當蘇秦張儀活動的年代，合從連横的事，肯定是有的。

六

「蘇秦如死於張儀之前，當時齊國正威脅着三晉燕楚的安全，齊又爲什麽要爲三晉燕楚合從抗秦呢」

案蘇秦死於張儀之前，是有明文可據的。張儀對楚王説過，蘇秦「入齊，齊王受而相之，居二年而覺，齊王大怒，車裂蘇秦於市」（見《史記·張儀列傳》）。梁玉繩據此認爲「其死在易王末年當周顯王四十八年」（見《史記志疑》）是公元前三二一年。錢穆則認爲「當威宣之際」（見《先秦諸子繫年考辨》二六八頁），則是公元前三二〇—三一九年。我們根據《史記·張儀列傳》「張儀既出，未去，聞蘇秦死」，注「《索隱》云：按此時當秦惠王後元十四年」，考定蘇秦的死，是在齊宣王九年，張儀死的前一年，即公元前三一一年。在這之前，蘇秦確曾有過約六國合從攻秦的事。周慎靚王三年（公元前三一八），韓魏燕楚齊趙宋衛中山「九國之師」，曾經發動攻秦（見賈誼《過秦》）。結果，擊秦不勝，師退，「齊獨後」（見《史記·楚世家》）。可見這時齊國的實力，確是強大。齊宣王在當時是一個野心勃勃的東方諸侯，當他初見孟軻，一開口就問「齊桓晉文之事」，接着就暴露自己「將以求其所大欲」，給孟軻當面揭穿他的「大欲」是「欲辟土地朝秦楚莅中國而撫四夷」。當時六國攻秦，正是齊宣王剛即位後的第二年，爲什麼這「正威脅三晉燕楚安全」的野心勃勃的齊國，不可能「爲三晉燕楚合從抗秦」呢？我們從實際出發，看「齊獨後」的這件事，當時齊國可能是重要的主角，而幕後的策劃者則是蘇秦。而在表面上則推舉了楚懷王作爲「從長」。到了擊秦不勝而師退的時候，齊兵居然做了後退的掩護。開轉年來，順便在觀澤地方打敗了趙魏韓三國聯軍。齊宣王這樣不擇手段地趁機破壞了縱約，正説明他的合從攻秦，爲的是滿足自己的野心。這和在戰事結束時「欲攻一邑以償兵費」的楚懷王一般無二，完全出於一己的私心，那裏是「爲三晉燕楚」而進行合從抗秦呢？看來，徐先生的這句話，用來作爲反面的證據是很不差的，從正面來説，則不能説明問題。而且這樣地提出問題，也並不足以説明蘇秦的確不是死於張儀之前！試問，爲什麼「爲三晉燕楚合從抗秦」的齊國，可以用來證實蘇秦是在張儀死了之後才死去的呢？這種提法，是從怎樣的邏輯推論，得出來的結果呢？

七

「《史記·蘇秦傳》説蘇秦被反間以死，天下共笑之，諱學其術……春秋戰國時代事君有二心是見不得人的，所以蘇秦以反間致死是當時人公認爲最羞惡的事，因此蘇秦的事迹就逐漸的被人遺忘了……」「遺忘……成爲箭垜式的人物」「當秦滅六國前夕……合從説者……塑造一個……所想像的人物」

案徐先生這段話的意思，首先承認蘇秦是實有其人的，因爲「被反間以死，天下共笑之，諱學其術」，被人遺忘了，到秦滅六國之前，合從説者感到形勢需要，從「遺忘」中重新裝扮起來，塑造了自己所想像的人物，於是就產生了箭垜式的蘇秦。事實是否真的是這樣呢？

秦滅六國，初并天下，是在秦始皇二十六年虜齊王建，當公元前二二一年。這時上距公元前二八四年齊湣王卒於莒之歲有六十三年之久，假如依照近來一般歷史學者所説蘇秦死於齊湣王後，那末蘇秦死後到秦滅六國前夕，照徐先生所説蘇秦被「遺忘」的時間至少也有六十年之久。事實上蘇秦有没有真的被「遺忘」呢？没有。我們知道蘇秦死於齊宣王九年，即公元前三一一年，是被他的政敵爭寵的齊大夫刺傷因而致死的(見《史記・蘇秦列傳》)。這時下至齊湣王之死，還有二十六七年，在這樣長的時間裏，蘇秦有没有被「遺忘」呢？没有。

《戰國策・燕一》燕王噲阮立章「及蘇秦死而齊宣王復用蘇代」，我們根據「復用」兩字的「復」字，知道齊宣王是任用蘇秦的，蘇秦的死，明明白白的死在齊宣王手裏。「齊宣王復用蘇代」，可見至少在齊國這地區没有把蘇秦「遺忘」掉。蘇代復用於齊宣王之後，《史記》説「蘇代復重於燕，燕使約諸侯如蘇秦時，天下由此宗蘇氏從約，代厲皆以壽死，名顯諸侯」(見《史記・蘇秦列傳》)。蘇秦没有被「遺忘」，蘇氏兄弟這名字，一直在諸侯列國中顯赫。正因爲這樣，在一羣學習從横的游士心目中對蘇秦深爲景仰，蘇秦游説六國的話，便由他們編造而落實到紙面上來，當然免不了有些誇大鋪張。後代有人説「天下奇聞，皆歸方朔，人間異事，盡説蘇秦」，這是傳説演變過程中的一般情况，却也不足爲奇。

其次，徐先生所説的「反間」和「事君有二心」這一點，也還可以研究。「被反間」「蒙惡聲」，司馬遷用來表示對蘇秦的同情和惋惜。爲他立傳，態度十分誠摯，目的就是「毋令獨蒙惡聲焉」。這裏必須特别注意「被」和「蒙」兩字，這説明「反間」這名詞，是蘇秦政敵的造謡中傷，强加給他戴上的帽子，實際上不是這一回事。司馬遷特地「列其行事，次其時序」，替他辯護，就是爲此。至於合從擯秦，這是戰國末期東方各個新興地主階級代表執政的六國共同的願望，不僅蘇秦生前這段時間裏有此需要，死後的一段時間裏這個需要還隨着形勢發展而有所增長。在這樣的情况下，學習從横長短術的游士們，從口頭傳説，到著於竹帛，揣情摩意，相互傳布，各有各的本本。在流傳鈔録的過程中，纏三夾四，增益附會，是勢有必至，理有固然的事。因此，各種本本，發生差異。我們在今天看到《史記》、《戰國策》以及其它材料的各種紛歧，就是在這樣的情况下産生的。蘇秦的形象是否完全由「合從説」者「想像」「塑造」出來的呢？我們説未必如此。假如我們所看到的蘇秦游説六國辭是「秦滅六國前夕合從説者」所「塑造」，那末，我們可以查一查這些説辭符合不符合當時合從説者的需要。當時「合從説者」要「塑造」這樣的游説辭做什麽用呢？這些游説辭不是出於蘇秦本人之手，這是肯定的，這些游説辭是學習縱横長短術的人們的傳説，也是事實。但是，這決不會到「秦滅六國前夕」才有。

八

「蘇代出使於燕原是爲齊出使，所以注《韓非子》者就認爲秦是齊之誤字（見陳奇猷

《韓非子集釋》七七七頁)，但此秦字如可作蘇秦解，也就不必改字了」

案《韓非子・外儲説右下》有這一段：

「蘇代爲秦使燕，見無益子之，則必不得事而還，貢賜又不出，於是見燕王，乃譽齊王。燕王曰：「……今吾任子之，天下未之聞也」。明日張朝而聽子之。」

《戰國策・燕一》「燕王噲既立蘇秦死於齊」章，有這一段：

「及蘇秦死而齊宣王復用蘇代。燕噲三年，與楚三晉攻秦，不勝而還。子之相燕，貴重主斷。蘇代爲齊使於燕，燕王問之，曰：「齊宣王何如？」對曰：「必不霸。」燕王曰：「何也？」對曰：「不信其臣。」蘇代欲以激燕王以厚任子之也，於是燕王大信子之……」

這兩段文字説的是同一件事。徐先生説的那幾句話，既然知道蘇代是爲齊出使（其實是爲齊宣王出使），那末陳奇猷依據燕策指出《韓非子》裏這個「秦」字「是齊之誤字」，很是正確，徐先生爲什麽硬要把這個「秦」字作爲蘇秦來理解，而還要假惺惺地説什麽「如可」不「如可」呢？燕策一這一段，明明記的是蘇秦死後，蘇代「爲齊出使」，明明是蘇秦死後的事，《韓非子》這一段，明明就是燕一這一段，那個「秦」字，明明是「齊」字的錯誤，這一點徐先生明明是知道的，怎樣可以説這個「秦」字就「可作蘇秦解」呢？近來有人把馬王堆漢墓出土的帛書二十七章中的個别「秦」字硬把它作蘇秦來理解，也是同樣的錯誤。

九

「《國策》所載蘇秦事迹《史記》多改爲蘇代」

案《國策》自作蘇秦，《史記》自作蘇代，各有各的來源依據，未必是司馬遷的「改爲」。司馬遷所根據的，本身就是蘇代，他那裏知道後來劉向校録的本子是蘇秦呢？ 試問有什麽根據可以斷定司馬遷原來見到的本子是蘇秦而他硬要改作蘇代的呢？

十

「齊閔王時齊楚的關係是不好的」

案楚懷王六年，齊威王五年，昭陽移兵攻齊，陳軫爲齊説昭陽，引兵而去以德齊。 這年，張儀與楚齊魏會盟於齧桑（前三二三）。 這時齊楚關係是好的。 楚懷王十一年，齊宣王二年，蘇秦約從山東六國共攻秦，楚懷王爲從長（前三一八），這時齊楚的關係當然也是好的（據《史記·楚世家》）。 蘇秦約從攻秦的事，根本不在後來齊閔王時，提「齊閔王時齊楚的關係」，根本和蘇秦無關，齊湣王即位的那年，已經是蘇秦死後的第十一年了。

十一

「《楚策一》張儀爲秦破從連横説楚王……《趙策二》張儀爲秦連横説趙王……都出於反對合從説者之口，他們不是合從説的崇拜者，所以還能透露一些蘇秦致死的真相」

案《戰國策》這二段裏所舉的事實：

1.「走入齊，齊王因受而相之，……車裂蘇秦於市」(《楚一》)。

2.「欲反復齊國而不能，自令車裂於齊之市」(《趙二》)。

在這二段所舉的事實裏，「相齊」，「車裂」，這都是硬性的事實。都在齊宣王的時候。「車裂」，是在齊宣王九年(前三一一)。齊宣王二年(前三一八)蘇秦約六國共攻秦，這時他在齊國正以國相之名聯合爲從約長的楚懷王一伙一道攻秦的。攻秦失敗，齊國最後退兵。後來，「齊大夫多與秦争寵者使人刺蘇秦」(見《史記·蘇秦列傳》)，造成「車裂」的後果。正因爲《戰國策》這兩段出於張儀之口，是「出於反對合從説者之口」，所以其中多少含有一些誣蔑的成分。這些誣蔑的話，就是司馬遷所寫《蘇秦列傳》最後贊語裏所説的「毋令獨蒙惡聲焉」的「惡聲」。很明顯，這當然不完全是蘇秦的真實情況，因此，我們可以斷言，所謂「反間」，所謂「反復齊國」，這些都是誣蔑，是没有事實根據的。我們看蘇秦身死之後，「齊宣王復用蘇代」，後來《淮南子》裏評論蘇秦，説「蘇秦死於口」，「蘇秦善説而亡」，「蘇秦知權謀而不知禍福」，「蘇秦以百誕成一誠」，完全可以相信蘇秦的死是在六國攻秦失敗之後，決不到以後齊湣王亡國的年代。「楚策」「趙策」兩個「車裂」，都是出於張儀之口，那裏會蘇秦死在張儀之後呢！

十二

「蘇秦死後，三晉權變之士争言合從，既驚服其合從反齊成功之大不得不學其術，而表面上又要諱學其術」

案依徐先生說，蘇秦的死，是在公元前二八五年(見後之十七)，是在齊湣王卒於莒的前一年。信如徐先生說，那末請問在前二八五年之後，「三晉權變之士争言合從」的有那些人呢？「三晉權變之士」這一句，本是司馬遷的老話。司馬遷説：「三晉多權變之士，夫言從横強秦者大抵皆三晉之人也。」司馬遷所知道的這些「三晉之人」「三晉多權變之士」「言從横強秦」，他們不是「争言合從」，而是傾向於「強秦」。現在徐先生借用司馬遷的話，却説在前二八五年蘇秦死了之後，「三晉權變之士争言合從」，這就偷梁換柱，根本改變了司馬遷的原意。這裏，又不知道徐先生所説「争言合從」的是哪些人？我們知道，這時趙國的李兑，魏國的信陵君這批人確是當時合從抗秦的典型代表，然而有哪一個可以指爲「不得不學其術而表面上又要諱學其術」的呢？至於「反齊成功之大」，這是什麽人的事呢？《史記》、《戰國策》都有明文可據，這是蘇代的事，決不是蘇秦的事。怎麽可以移花接木地算到蘇秦的賬上去呢？怎樣叫「諱學其術」？爲什麽要「諱學其術」？司馬遷明白告訴我們：「蘇秦被反間以死，天下共笑之，諱學其術。」「被反間」，是别人外加給他的誣蔑，這誣蔑，對蘇秦造成了不良影響，因此有些人不敢公開向蘇秦學習，這就是所謂「諱學其術」了。但是，形勢一直在發展，秦國的威力，不斷加強，山東各國很感到合從拒秦是一條必須進行的道路，由代厲繼承下來的從約，因此大爲流行，而作爲合從創始者的蘇秦，也就大爲人們所尊重。這是事實，從各方面的材料中可以明顯地看到這一點。

十三

「蘇秦事迹因爲學者諱學其術，凡有關蘇秦的記録就將蘇秦之名塗去」「《國策》

中有關蘇秦的記載多改爲蘇代」《國策》和《史記》中所載蘇秦、蘇代之事往往混淆不易分辨」「蘇秦事迹在《國策》中還未被删改干净的在《史記》中就全被塗改爲蘇代或蘇厲」「《國策》中還有改蘇秦爲蘇子或客者」

案蘇秦事迹，既然學者諱學其術，那就應該不要公然著之竹帛的了。爲什麽既是書寫在竹帛之上，却另外再「將蘇秦之名塗去」了呢？難道這「塗去」名字，就足以説明「諱學其術」了嗎？

司馬遷自序：「爲太史令，紬史記石室金匱之書」。「述故事，整齊其世傳」。「述往事，思來者」。又説「秦撥去古文，焚滅詩書，故明堂石室金匱玉版圖籍散亂」，「漢典……百年之間，天下遺聞古事，靡不畢集太史公」。又説「罔羅天下放佚舊聞」，「整齊百家雜語」。司馬遷編寫《史記》，是有他自己所掌握的材料的。他所看到的材料，是否和後來劉向校書所看到的材料全部相同，現在無法證實。但是，根據現在《史記》《國策》不同的情況來看，可以知道他們所看到的是並不一致的（詳見拙著「《史記》《戰國策》九十六事異同考」）。我們現在無法證明司馬遷當時已經看到了劉向所編的「戰國策」，他有意地把「戰國策」裏有關蘇秦的事迹，「塗改爲蘇代或蘇厲」。

請查「將蘇秦之名塗去了」的究竟是那一個？據徐先生説，就是「學者諱學其術」的人們。「諱學其術」，是有時限的。這是在蘇秦死後的一段不長的時間内。這之後，「蘇秦縱横走上了運，一直到西漢初期漢武帝時還有人學「蘇秦從横。在這段長時期裏，那就無所謂「諱學其術」的了。假如蘇秦死了之後，人們「諱學其術」，把「有關蘇秦的記録，就將蘇秦之名塗去」，這就根本不會有「有關蘇秦的記録」流傳下來。假如在「蘇秦從横」極爲流行的時候，再會有人「諱學其術」，把「蘇秦之名塗去」，或者「塗改爲蘇代或蘇厲」，或者「改蘇秦爲蘇子或客者」，那麽，這樣的人也真是愚不可及的了。

這裏請問徐先生，司馬遷、劉向對於蘇秦，是不是存心「諱學其術」的人呢？他們有無「將蘇秦之名塗去」的必要呢？司馬遷編《史記》，改《國策》，事實上根本不可能。劉向整理《戰國策》，依據他自己看到的材料來編寫，哪裏會將他自己原來看到的是「蘇秦」，却要憑空擅改爲「蘇代」或「蘇子或客者」！可見《戰國策》裏的名字，劉向當時有他的依據，也不是自己可以隨便塗改了的。所以，徐先生這一篇「塗改」説，是完全站不住脚的。

在《戰國策》這份材料中，是不是没有「塗改」呢？不，「塗改」是有的。這不見於姚本，而是見於鮑本，出於鮑彪之手。鮑彪塗改，他依據事實的考核來作判斷，有的改得對，有的改得不對。吴師道曾經注意這件事，分別有所取舍。假如因爲鮑彪曾經「塗改」，因而推想司馬遷、劉向甚至當時開始撰寫這些材料時的人也分別有所「塗改」，那就未免過於武斷了。

蘇秦、蘇代的事，在「《國策》和《史記》中……往往混淆不易分辨」，這個情況確實存在。這正足以説明學習長短從横術的人們，對於蘇氏一家之學，只注意從横長短，而並不重視他們的主名。司馬遷説「異時事有類之者皆附之蘇秦」，因此造成混亂。這個混亂，我們如果依據司馬遷所指示的方向，「列其行事，次其時序」，耐心地爬梳一下，不難得到一些澄清而有所解決。否則要未免更多地製造混亂了。

十四

「有關蘇秦記録，雖屢經删改，所改仍不出蘇代、蘇厲或蘇子……最特别的一例，就是改蘇秦爲公孫衍。如《趙策四》齊將攻宋而秦陰禁之章，齊乃令公孫衍説李兑。下文又説臣爲足下使公孫衍説奉陽君。此事屢見《國策》，《趙策一》齊欲攻宋奉陽君不欲章作客謂奉陽君。《趙策四》五國伐秦無功章作蘇代謂齊王曰臣（以）爲足下見奉陽君矣臣謂奉陽君曰。《國策》所載李兑和奉陽君事多與蘇秦有關，所謂客蘇代或公孫衍，都應是由蘇秦塗改而成。公孫衍在魏惠王時首倡五國相王，是最初倡導合從的人。所以在《孟子》書中，就以公孫衍與張儀并稱。這裏改蘇秦爲公孫衍，其原因就在於此」

案「塗改」説不足信，「删改」説亦得考慮。「所改仍不出蘇代蘇厲或蘇子」，這就更需要考慮！爲什麽改來改去，「所改仍不出蘇代蘇厲或蘇子」呢？ 這很明白，説明在一段學習口傳手抄的過程中，那些揣情摩意掌握縱横長短術的人們，一心一意地在蘇氏一家之學裏打圈子，他們的心目中注意的是「蘇秦縱横」，「蘇子」兩字，既可以代表蘇秦，又可以代表三弟兄裏的任何一個，而代、厲原是蘇秦的弟兄，所以説來説去，離不開蘇氏這一家。這正足以證明這個差異是口頭傳説筆底抄録中所發生的紛歧，决不是有意地存心删改。

「最特别的一例」，「改蘇秦爲公孫衍」，這問題必須仔細加以研究。

這裏徐先生所引的幾條策文，是：

《趙策四》「齊將攻宋，而秦楚（一作陰）禁之。齊因欲與趙，趙不聽。齊乃令公孫衍説李兑以攻宋而定封焉。李兑乃謂齊王曰：臣之所以堅三晉以攻秦者，非以爲齊得利秦之毀也，欲以便攻宋也。而宋置太子以爲王，下親其上而守堅，臣是以欲足下之速歸休士民也。今太子走，諸善太子者皆有死心，若復攻之，其國必有亂，而太子在外，此亦舉宋之時也。臣爲足下使公孫衍説奉陽君曰：君之身老矣，封不可不早定也。爲君慮封，莫若於宋，他國莫可。夫秦人貪，韓魏危，燕楚辟，中山之地薄，莫如於陰。失今之時，不可復得也。宋之罪重，齊之怒深，殘亂宋，得大齊，定身封，此百代之一時也……」

《趙策一》「齊攻宋，奉陽君不欲，客謂奉陽君曰：君之春秋高矣，而封地不定，不可不熟圖也。秦之貪，韓魏危，衛楚正，中山之地薄，宋罪重，齊怒深，殘伐亂宋，定身封，德強齊，此百代之一時也。」

《趙策四》「五國伐秦，無功，罷於成皋，趙欲構於秦，楚與魏韓將應之，秦弗欲。蘇代謂齊王曰：臣以爲足下見奉陽君矣。臣謂奉陽君曰：天下散而事秦，秦必據宋，魏冉不妬君之有陰也。秦王貪，魏冉妬，則陰不可得已矣。君無搆，齊必攻宋。齊攻宋，則楚必攻宋，魏必攻宋，燕趙助之，五國據宋，不至一二月，陰必得矣……」

這三段策文，記的是同一時事，同一件事，這時是在周赧王二十八年到二十九年，即公元前二八八年到前二八七年的一段時間裏。事實是齊閔王通過蘇代聯合趙韓魏燕五國共同合從伐秦，在「攻秦之兵始合」的時候，齊閔王就發動攻宋，事先，蘇代替齊閔王奔走説勸趙國的奉陽君李兑，約定把宋國的「陰」（也寫作「陶」，就是定陶）地封給李兑。這三段策文的内容，説的就是這一件事。《趙策四》「齊將攻宋而秦陰禁之，齊因欲與趙，趙不聽，齊乃令公孫衍説李兑以攻宋而定封焉」，這三十三字，是這一章的綱領。在這之後，「李兑乃謂齊王曰」，這句開端兩字「李兑」，是「蘇代」兩字的誤寫，由於「兑」「代」音近，因此致誤。從這裏一直到結束，完全是蘇代替齊閔王策劃的一番話。在這番話裏，

「臣已爲足下使公孫衍説奉陽君曰」(「已」字策文誤寫在「臣」字的前面,應予改正),就是《趙策四》「五國伐秦無功……」章裏的「蘇代謂齊王曰: 臣以(同「已」)爲足下見奉陽君矣……」的一段。文中提到的「公孫衍」,決非前此爲魏所殺的犀首「公孫衍」,是另一個同姓同名的人。吴師道説公孫衍「去李兑合從時已遠,此公孫衍恐非犀首也」。這是很正確的。公孫衍做秦惠王的「大良造」,事在公元前三三三年,到這時前二八七年,已經有半個世紀之久,即使這時這犀首公孫衍還活着,年輩較晚的蘇代,哪裏會役使他説奉陽君呢!

徐先生説「此事屢見《國策》」。(這裏所説「此事」,不知究竟指的那些!)又説:「《國策》所載李兑和奉陽君事多與蘇秦有關」,因此斷定「所謂客蘇代和公孫衍都應是由蘇秦塗改而成」。這裏「應是由」三字下得真好! 簡直可以和「莫須有」三字前後媲美!「由蘇秦塗改而成」,蘇秦又怎樣出來塗改的呢? 如果説本是「蘇秦」兩字,後來被人「塗改」爲「客蘇代和公孫衍」,退一步講,即使真的像徐先生所説那樣,這三段策文裏的「公孫衍」、「客」、「蘇代」三個名字,原來都是「蘇秦」兩字,而爲「諱學其術」的人「塗改」而成這三個名字的,那末,蘇秦在這次「五國伐秦」「齊攻宋」的時候(公元前二八八—前二八七年)已經死了二十二年之久,哪裏會復活起來參加這次活動的呢?

最後一點,徐先生認爲「這裏改蘇秦爲公孫衍」的「原因」是因爲公孫衍「是」最初倡導合從的人」。這更令人莫明其妙,索解無從! 試問,原文如果本是「蘇秦」兩字,一經「塗改」,蘇秦變爲「公孫衍」,這裏的「公孫衍」,即便加上標簽,明説他是「最初倡導合從的人」,即使這樣,也在整篇文件裏發生不出什麽大作用,有些什麽必要非改不可,要這樣地挖空心思呢! 這真是徐先生自己所説的「最特别的一例」了。

十五

「此外還有不應屬於蘇秦的事而誤以爲蘇秦者，如《齊策二》秦攻趙長平，齊楚救之章蘇秦謂齊王曰，《史記·田齊世家》作周子曰」

案這條例子，徐先生舉得好，舉得對。秦攻趙長平，是公元前二六〇年的事，是在蘇秦死後的第三十八年。即使照徐先生認爲蘇秦死於齊閔王死的前一年即公元前二八五年，也已經過了二十三年，這時對齊王講話的人，決計不會是蘇秦。《史記》作「周子」是對的，《齊策二》作「蘇秦」是錯的。問爲什麽《齊策二》竟其寫作「蘇秦」了呢？答案是司馬遷的一句話，「異時事有類之者皆附之蘇秦」。這就明白證實即使有些地方明明寫作「蘇秦」的，實際上也不一定是蘇秦。這是不是蘇秦而誤作蘇秦的證據，却不是本來是蘇秦而把它「塗改」了的證據。這條例子，有力地提醒人們，不要看到材料中「蘇秦」或類似蘇秦名字的「秦」字時，就貿然相信是真的蘇秦，必須仔細核實，從「行事」的「時序」來判斷，才能決定是真是假。

十六

「蘇秦事迹屢被删改，可以説明蘇秦是合從説的箭垛式人物」

案從徐先生所舉的一些例子來看，只可以看出同一事迹而主名有所不同，却看不出「事迹屢被删改」的痕迹。「箭垛式」這一概念，應該是指把各種不相關的事集中附會到某一個人的身上。看徐先生所舉的一些例子，只能看到自己所認爲是蘇秦的事，給人分記在蘇代、蘇厲容或公孫衍的賬上，這明明是把一個人進行分化，而絶不是把各種各不相關的事給集中綜合起來歸納在蘇秦一個人的身上。這又怎麽可以斷定説這是「箭垛式的人物」呢？司馬遷所説「異時事有類之者皆附之蘇秦」，這似乎可以作爲徐先生「箭垛式人物」的依據，然而必須注意司馬遷所説的「異時事」三字，從時間這尺度來作衡量，那些不是蘇秦的事，也就無法「箭垛」到蘇秦身上去了。

十七

「其初爲合從説者諱學其術，所以凡屬蘇秦的説詞在《國策》中往往將蘇秦之名删去，及蘇秦傳説由爲燕合從反齊轉化爲合從對秦時，在年代方面就不能不作一系列的修改，因而就以歷史上徐州相王繼之以公孫衍五國相王爲蘇秦合從的開始，因而蘇秦在歷史上出現之年就由公元前三一六年提早到公元前三三四年，前後相距二十九年（三三四—三一六+一），從而蘇秦的死年也由公元前二八五年提早到公元前三一五年，相距也是二十九年，這和當時合從説者誇張蘇秦合從之後諸侯休天下安二十九年不相攻（見《趙策二》）就不是偶然的符合了」

案齊魏徐州相王，當公元前三三四年；　公孫衍五國相王（五國：　魏、趙、韓、燕、中山）當公元前三二三年，兩次相王，中間相去十年。這相距十年的事，怎樣把它生硬地牽扯起來，并作一談，認爲是「蘇秦合從的開始」呢？兩事相距十年，究竟以哪一年爲「開始」呢？就如徐先生所説，以前三三四年爲開始，「前三一六年提早到前三三四年前後相距二十九年（三三四—三一六+一）」，這也不合。從三一六算到三三四，實足十八年，加上一年，是十九年，哪裏會前後相距二十九年？就如徐先生説「（三三四—三一六+一）」這個算式，要把它説成是等於二十九，那是不可能的！這是一。徐先生又説「由公元前二八五年提早到公元前三一五年，相距也是二十九年」，這也是錯誤的，從三一五逆數到二八五，恰恰是三十年，比二十九年多一年。這是二。徐先生從「二十九年不相攻」這句話煞費苦心地想找事實根據，這樣穿鑿附會，弄虛作假，實在是騙不了人的。關於「二十九年不相攻」這句話，吴師道早有説明，認爲「辯士增飾之詞固多，然不應如此之甚」，因此，他斷言「必有誤字」，這當然不能信以爲真，而勉强爲它尋找根據的。

徐先生説「蘇秦傳説由爲燕合從反齊轉化爲合從對秦」，這種「傳説轉化」論在歷史上明顯的事實根據是什麼？在哪裏？徐先生没有明白交代。我們知道的歷史事實是蘇秦曾經出謀劃策聯合六國抗秦，後來「被反間」「蒙惡聲」而死。蘇秦死後，他的弟弟蘇代，曾經替燕聯齊、趙、韓、魏共同伐秦，暗中替燕策劃，惡化齊、趙之交，勸齊伐宋，從而傾覆齊國。這是蘇代的事，絲毫不與蘇秦有關，因爲這是蘇秦身後的事了。從現有的歷史材料，仔細核對，這件事可以看得十分清楚。蘇秦死了之後，學習蘇秦縱横的人，因爲時間拖得很長，中間口傳手寫，材料發生紛歧，這是事實。但却看不出有什麼「傳説轉化」的情況。

十八

「《趙策一》趙收天下且以伐齊章：　昔者五國之王嘗合横而謀伐趙參(三)分趙國壤地……齊乃西師以禁秦國使秦廢帝素服而聽。蘇秦此時既勸齊釋帝以争取天下諸侯，又力陳伐趙不如伐宋之利」

案這條策文的問題是在於主名是否蘇秦。《趙策》原文是「蘇秦爲齊上書説趙王」。《史記・趙世家》作「蘇厲爲齊遺趙王書」。兩種不同的本子，各有各的依據，決不是司馬遷「塗改」了《戰國策》。姚宏、鮑彪、吴師道、梁玉繩、黄式三等都依據《史記》認爲是蘇厲的書，按照時間進行核算，這決不是蘇秦的事。

十九

「《齊策四》蘇秦自燕之齊章……蘇秦既勸齊王釋帝伐宋」

案這條策文的開端，説「蘇秦自燕之齊，見於華章南門……」黄丕烈説：「鮑改秦爲子。吴師道補曰字誤。丕烈案：《史記》作蘇代自燕來入齊。」顧觀光也説「《史記》湣王三十六年，蘇代自燕來入齊，見於章華東門，齊策作南門，《正義》引《括地志》云：齊城東有閶門武鹿章華之門，則策文誤矣」。現在查《史記・田齊世家》「湣王三十六年，王爲東帝，秦昭王爲西帝，蘇代自燕來入齊，見於章華東門……」那末，這裏所謂「蘇秦」，實際上不是蘇秦而是蘇代無疑。

二十

「《趙策四》齊欲伐宋章：……魏王不說，〔蘇秦〕之齊，謂齊王曰：臣爲足下謂魏王曰……蘇秦利用秦約五國伐趙使秦逐李兑兩事使李兑不敢不聽……」

案這段策文，原作「魏王不説，之齊，謂齊王曰……」鮑本齊下補人字。吴師道説：「大事記魏王不説，齊人謂王云云，愚謂之齊上有缺文，當是人姓名。」金正煒説：「之齊上脱人名，吴正是也。鮑於謂上補人字，無義。」這裏「之齊」兩字之前有脱文，脱去的是人姓名，吴、金的話是對的。但脱去的是「蘇秦」這名字嗎？安知不是蘇代呢？徐先生憑一己的主觀，補上「蘇秦」這名字，是不够虚心的。

二十一

「《趙策一》蘇秦説李兑章：今君殺主父而族之（言有族誅罪），君之立於天下危於累卵，君聽臣計則生，不聽臣計則死。蘇秦此説就是《趙策四》伐秦以救李子之死的説明」

案這章主名「蘇秦」，是一個問題。吳師道說：「蘇秦之死，在慎靚王四年，去主父見殺時遠甚。此策言殺主父事，非秦明矣，其代、厲與？首尾亦與秦策蘇秦章類，抑本言秦事，而勦入後事歟？土偶木梗之喻與齊策止田文說同，彼亦秦死後事而指爲秦，皆不合。太史公所謂異時事有類之者皆附之蘇秦，其此類耶？」

鮑本這一章開端是：

「蘇〔子〕秦〔元作秦，下同。補曰，字誤，下同〕說李兌曰：雒陽乘軒車蘇〔某〕秦……」

鮑改「秦」字作「子」字，又改作「某」字。吳師道也認爲「秦」是誤字。黃丕烈說：「案吳氏補曰字誤，下同，非也。又曰太史公所謂異時事有類之者皆附之蘇秦，其此類邪？是也。策文本如此。」黃丕烈認爲策文確實是「蘇秦」，其實不是蘇秦，是後人的附會。這個看法我們認爲是正確的。那末這裏的「蘇秦說李兌」，決計不是真的蘇秦可知。

策文「今君殺主父而族之」這「族」字，屬於上文「主父」二字之下，這是李兌「殺主父」「族」主父的意思，決不是說李兌自己這方面有什麽「(言有族誅罪)」的意思。徐先生這樣說，我們很不理解這「而族之」三字，究竟屬於那種文法而會造成徐先生這樣的理解。

《趙策四》的「伐秦以救李兌之死」，原文是這樣說的：

「謂齊王曰臣爲足下謂魏王曰：三晉皆有秦患，今之攻秦也，爲趙也。五國伐趙，趙必亡矣。秦逐李兌，李兌必死，今之伐秦，以救李子之死也」。

這裏所說的救李子之死，是在「秦逐李兌，李兌必死的情況下產生的。李兌的這個「死」，和公元前二九六年趙惠文王三年李兌餓死主父於沙丘宫徐先生認爲「言有族誅罪」的根本是兩回事。而且趙策四這段「今之攻秦」「今之伐秦」時間是在公元前二八八年五國攻秦的這個時候，這裏兩個「今」字，指的是公元前二八八年項，上距公元前二九六年今君「殺主父而族之」，時間相去八年之久。怎樣可以扯在一起，把這個「伐秦以救李子之死」，說成就是救李兑的「殺主父而族之」的「有族誅罪」的所謂「死」呢？徐先生的這樣牽扯附會，簡直牛頭不對馬嘴，這是完全不合歷史事實，而且也違反了文法上的邏輯性的。

二十二

「《趙策四》齊將攻宋而秦陰禁之章：齊乃令（公孫衍）〔蘇秦〕說李兑以攻宋而定封焉。蘇秦此說既屬李兑贊同奉陽君更欲得宋地以定身封……」

案這裏原是公孫衍，不是蘇秦，詳情已見前說。奉陽君李兑本是一人，徐先生認作兩人，亦是錯誤。詳見拙著「蘇秦說趙肅侯時之奉陽君非後五國伐秦時之奉陽君李兑說」。

二十三

「《齊策四》蘇秦自燕至齊章」

案徐先生肯定這章是蘇秦，實際上這是蘇代，不是蘇秦，見上。

二十四

「《燕策二》蘇代爲奉陽君説燕於趙以伐齊章：蘇(代)〔秦〕爲奉陽君説燕於(與)趙以伐齊，奉陽君不聽。這裏歷數蘇子教齊絶趙之事，蘇子即蘇秦」

案這裏明是蘇代，徐先生却硬説是蘇秦！

二十五

「《燕策二》蘇(代)〔秦〕自齊使人謂燕昭王曰章：臣聞離齊、趙，齊、趙已孤矣，王何不出兵以攻宋。蘇秦逃燕入齊離間齊趙其事極爲曲折，《燕策》、《趙策》備載其事……」

案上文已有説明，明明都是蘇代的事，而徐先生却硬説是蘇秦！

二十六

最後，討論一下燕、齊「權之戰」的一些問題。徐先生説：「權之戰，是燕齊兩國間的重要戰役。」「權之戰，當魏冉薛公在齊秦兩國用事之時」。「魏冉在秦用事，始於秦昭王時代，即公元前三〇六年以後」。「孟嘗君繼田嬰相齊，在齊閔王元年，閔王二年，孟嘗君相秦，三年復相齊，至七年出走，前後僅此六年，即公元前三〇〇—二九四年」。「奉陽君和李兌在趙用事，也只在趙惠文王四年以後，即公元前二九五年以後」。「齊燕權之戰，當即發生於趙滅中山之時，即公元前二九五年，趙惠文王四年，齊閔王五年，燕昭王二十年」。「《齊策五》蘇秦説齊閔王曰章：昔者齊燕戰於桓之曲燕不勝，十萬之衆盡……權與桓古音同在元部」。「權之戰，是燕昭王二十年事」。「燕昭王以弱燕滅強齊，其成功原因，就是利用蘇秦爲燕間齊，隱忍對待」。「燕昭王以弱燕滅強齊，中間的經過，極爲委婉曲折，非蘇秦伐宋，離趙間齊，是很難成功的」。

案這十段文字，如果不根據客觀的材料進行核對，單憑這些由主觀臆測的文字來看，似乎很有理由。但是，如果把客觀存在的材料端出來，立刻就會發現破綻，存在很多問題。

1．調查一下，權之戰究竟是在什麼時候？現存《戰國策》裏提到燕齊權之戰的有兩條：

《燕策一》：「權之難，燕再戰不勝，趙弗救。噲子謂文公曰：不如以埊請合於齊，趙必救我。若不吾救，不得不事。文公曰善。令郭任以埊請講於齊，趙聞之，遂出兵救燕。」

《齊策二》：「權之難，齊燕戰，秦使魏冉之趙出兵助燕擊齊。薛公使魏處之趙，謂李向曰：君助燕擊齊，齊必急，急不以地和於燕而身與趙戰矣。然則是君自爲燕束兵爲燕取地也。故爲君計者，不如按兵不出，齊必緩，緩必復與燕戰。戰而勝，兵罷弊，趙可取唐曲逆。戰而不勝，命懸於趙。

然則吾中立而割窮齊與疲燕也，兩國之權歸於君矣。」《齊策二》、《燕策一》這兩段文字，本身存在矛盾。《燕策一》有關人名是噲子與文公，《齊策二》有關人名是魏冉與薛公。魏冉與薛公同時活動，不是在燕文公和噲子的時間。徐先生認爲「權之戰當魏冉薛公在齊秦兩國用事之時」，我們查考孟嘗君（薛公）最後一次在齊用事，是在齊湣王三年（前二九八）到齊湣王七年（前二九四）這五年之間，這時魏冉確也在秦用事。這段時間，依燕昭王的年紀來算，當燕昭王的十四年（前二九八）到燕昭王的十八年（前二九四），不到燕昭王的二十年（前二九二）。徐先生又説：「齊燕權之戰當即發生於趙滅中山之時，即公元前二九五年，趙惠文王四年，齊閔王五年，燕昭王二十年」。這段話裏年紀全不對頭，趙惠文王四年是公元前二九五年，不錯；齊湣王五年，則是公元前二九六年，燕昭王二十年則是公元前二九二年。這就錯了。假如真的照徐先生所説那樣，「權之戰是燕昭王二十年事」，那末蘇秦——在公元前三一一年死去了的蘇秦，已經過了十八個年頭，那裏再會出來説「昔者齊燕戰於桓之曲」呢？

2．從地點來説，徐先生認爲「權與桓古音同在元部」，意思是説權之戰就是齊王「蘇秦説閔王」的「昔者齊燕戰於桓之曲」。桓在什麽地方，現在無法知道。鮑彪的注説在「齊魯之間」，就是《家語》裏所説的「桓山」。程恩澤指出這是錯誤的，他認爲《家語》所説的「桓山」，在現在徐州地區，根本不可能是齊燕争戰的地方。他引了《史記．梁孝王世家》裏「桓邑侯」這句話，説「《索隱》曰：《地里志》：桓邑，闕，未知即此否」？究竟不知道在什麽地方。至於權，程恩澤根據《元和志》説：「真定縣北二十里有故權城。今在正定府正定縣北二十里。」顧觀光也引了這《元和志》，但没有確定，説了一句「未知是否」？權和桓雖然古音確是相近，却不能確實指爲是同一地名。徐先生認爲齊王這條策文，確實是蘇秦説齊閔王的話，不知道蘇秦死於齊湣王即位之前好久，根本不會對齊湣王講話的！假使真的像徐先生所説這條策文確是蘇秦説齊湣王的話，那末，「權之戰」即「戰於桓之曲」，已是燕昭王二十年的事，即公元前二九五年的事，那末，這件事之後到齊湣王的死也不過隔七八年之久，何以策文裏的話要把這件事和以前老遠的事如「吴王夫差身死國亡」，「萊莒好謀陳蔡好詐」，「趙氏襲衛」，「齊與韓魏伐秦楚」等同列並稱道是「昔者」呢？何況這章策文，根本不是蘇秦對齊閔王説的話，《戰國策》另有本子在這章開端「蘇秦説齊閔王曰」這句之前根本没有「蘇秦」兩字。近人研究，也根本懷疑這章策文的内容不類蘇秦一貫的作風，哪裏可以相信這真是蘇秦的話呢！

3．燕齊權之戰的時間問題，歷來研究的人比較一致地認爲是在周顯王三十六年，即秦惠文王五年，魏惠王後元二年，韓昭侯三十年，趙肅侯十七年，楚威王七年，齊威王二十五年，燕文公二十九年，當公元前三三三年。這年，是齊魏在「徐州相王」後的一年。在齊國，正是威王在位，田嬰當權。當時楚趙等國不能忍受齊魏兩大國的稱王稱霸，所以楚威王親率大軍進圍徐州，把齊將申縛的軍隊打敗了（見《史記·楚世家》孟嘗君列傳把齊威王誤作齊宣王，今正）。並且趁此機會，「使人逐田嬰」（見《史記·孟嘗君列傳》），正在這年燕文公死了，太子易王初立，齊威（《史記·燕世家》誤作宣，今正）王幸災樂禍，趁燕國新喪，出兵伐燕，占領了燕國的「十城」。後來威王聽了蘇秦的話，把「十城」還給燕國（並見《史記·燕世家》）。《戰國策》《燕一》、《齊一》兩章所説的「權之難」，就是在燕文公晚年將死時齊威王仗着「徐州相王」的餘威發動對燕侵略的戰爭。《燕一》説當時燕國的當事人是文公和噲子，這是事實。《齊二》説當時齊國的當事人是「薛公」，這也是事實。田嬰封薛，實際上在這之後十年，策文的作者用後來的稱呼叙述前一時期的事，這是學習縱横的人的一貫作風。前面説過，

《燕一》、《齊二》兩策本身存在矛盾，假如我們把《齊二》的「薛公」當作孟嘗君來理解，確實有矛盾，倘若依據高誘的話知道這「薛公」是「田嬰也」，那就没有什麽矛盾了。呂祖謙《大事記》説這齊、燕兩策所説的「權之戰」是在秦惠王五年，那正是公元前三三三年，黄式三的《周季編略》、顧觀光的《國策編年》都把這件事編在周顯王三十六年，明確地知道這是公元前三三三年的事。馬驌編《繹史》在蘇秦合從這一卷，開首就是《戰國策》《燕一》、《齊二》這兩章，自注：「此没有魏冉，知爲文公末年。」馬氏也知道這件事是在蘇秦活動的早期，決不是後來的事。凡此種種，都是可靠的説明，值得我們考慮。總之，徐先生説這件事在燕昭王的二十年，這肯定是不對的。

一九七七年三月

關於蘇秦問題的考察報告

蘇秦這個名字，最早見於戰國末期荀卿的《臣道篇》，他以「齊之蘇秦、楚之州侯、秦之張儀」並舉，説他們都是「態臣」。西漢早期，在漢武帝劉徹的「制詔」中，高舉他認爲「一本正經」的《春秋》來抵制「蘇秦縱横」。在這長達一百多年的時期裏，所謂「蘇秦縱横」，成爲一般「説士」的學習目標。關於蘇秦的傳説，存在着很多的紛歧，形成了一些糾纏不清的現象，歷來没有得到澄清。

這份報告，根據現存有關蘇秦問題的材料，排隊摸底，予以徹底清查，看這傳説中的蘇秦，究竟哪些事實是真，哪些情況是假，初步給他清理一下。

這份報告，是在編寫《戰國策集釋》初稿完成之後但還没有寫成定稿之前陸續起草的。爲了使得《戰國策集釋》這部稿子少犯錯誤，比較合於理想，因此對於《戰國策》本身及其許多有關方面存在着的問題，都想一個個地進行研究，加以解答，然後提綱挈領地撮要入書。目的在於力求正確，減少錯誤。爲此之故，過去和現在都不斷地進行着寫一些考證性的文章。這份報告，就是其中之一。

這份報告，分四個部份來談。在這四個部份中，有些問題是互相牽涉着的，有時引用材料，很難避免重複，叙述也就不免過於嚕囌。有關分析問題解決問題各方面，雖然自己以爲盡了一番努力，但爲水平所限，錯誤一定不少。爲此，迫切希望專家賜教，給予指正。

現在就分四個部份來談。

一、有關蘇秦的史料

關於記載蘇秦歷史的資料：

1. 和蘇秦同時或稍後的人們所提到的或對蘇秦進行評論的文字。
2. 蘇秦死後，到西漢初期人們提到的有關蘇秦的文字。
3. 司馬遷《史記》裏的《蘇秦列傳》、《張儀列傳》和《燕世家》、《楚世家》等各篇文字。
4. 劉向《戰國策》裏記載蘇秦的文字。

這四項材料，必須仔細審核，逐一清查。

1. 和蘇秦同時或稍後的人們提到的蘇秦或評論着的蘇秦

蘇秦活着的時候，在齊國，有人毀謗他，説他是「左右賣國反覆之臣」，又有和他「争寵」的「齊大夫」，最後派人對他進行暗殺（見《史記・蘇秦列傳》）。他的政敵張儀，在他死後説他「詐僞反覆」（見《戰國策・魏一》），説他「熒惑諸侯，以是爲非，以非爲是」（見《戰國策・趙二》）。當他正在進行合縱擯秦的時候，秦國的惠文王批評他説「諸侯不可一，猶連鷄之不能俱止於棲」（見《戰國策・秦一》）。這些材料，當然是可以取信的。

其次，我們檢查一下比較接近於蘇秦時代的人們的著作。

荀卿，是齊國稷下學派後期的領袖人物，對於齊威、宣兩朝的政治歷史，應該是非常熟悉的。他在所著的《臣道篇》説：

「……用態臣者亡。態臣用則必死。……齊之蘇秦，楚之州侯，秦之張儀，可謂態臣者也。」

這裏所説的「態臣」，據荀卿自己的説明，是「巧敏佞説，善取寵乎上」。據楊倞的注解，是指「佞媚變詐之人」，「變態佞媚之臣」。荀卿這幾句話必須注意的是蘇秦所仕的國家是齊，蘇秦的年輩次序是在張儀之前。説明在荀卿的記憶中，蘇秦在齊的活動，是比張儀的活動要早一些。這是一。其次，在荀卿的心目中，蘇秦、張儀和楚襄王的「佞臣」（楊倞説）州侯一樣，都是「佞媚變詐之人」。這是二。再其次，是荀卿斷言國家任用這樣的人，必然後果不好。這是三。在這三點中，必須加以研究的是最後的一點。没有好結果，荀卿是用「亡」和「死」兩個字來表達的。「亡」和「死」的概念内容是相同的。但「亡」這個字，既可以指「亡身」，也可以指「亡國」。必須研究的是，這裏的「亡」字，究竟是指「亡身」呢，還是指「亡國」？有人根據《荀子》這一條認爲這裏荀卿所説的「齊之蘇秦」的「亡」和「死」，是指後來齊湣王的亡國身死，這是不合事實的，這是牽强附會。爲什麼這樣説呢？我們看，荀卿這裏所説的「亡」和「死」，是一般的泛指結果不好，不一定是專指殺身亡國的事。「楚之州侯」，没有聽説有殺身亡楚的事，「秦之張儀」，也没有聽説有殺身亡秦的事；那末何以見得蘇秦有殺身亡齊的事，而硬要把它牽扯到後來齊湣王的亡國身死這一件事上去呢？蘇秦在齊國被刺之後的車裂，是確有其事的，但並没有聽説蘇秦車裂之後，齊宣王從此亡國！所以，有人認爲蘇秦活動在齊湣王的時代，結果，使得齊湣王身死國亡，這顯然是不對的。州侯没有殺身亡楚的事。張儀没有殺身亡秦的事。楊倞看到的《荀子》的另一本，「秦之張儀」，寫作「秦之張禄」。張禄就是秦昭王時的范睢。試問從那裏聽到范睢有殺身亡秦的故事呢？所以，從荀卿這幾句話裏，可以證實蘇秦的年輩比張儀略早一些，他在齊國的活動，結果並不好，身死於齊是事實，但決不是説他做了齊王亡國的罪魁禍首。

「齊之蘇秦」，没有好結果，指的是齊宣王二年六國約擊秦，不勝而還，齊獨後，齊人刺蘇秦，蘇秦將死，自己要求齊王車裂這一件事。這一件事，在荀卿來説，是認爲不值得稱道的。

這是從《荀子》書裏得到的啓示。

荀卿的年輩，比蘇秦、張儀略後一些，但没有後多少時，范睢、蔡澤、李斯，和荀卿則是同時代的人。《史記・范睢蔡澤列傳》記蔡澤對范睢説的話：

「蘇秦智伯之智，非不足以解避遠死也，而所以死者，惑於貪利不止也。」

蔡澤這一段話，是用「商君、白公、吴起、大夫種」「四子之禍」來説動范睢的，但在前面特别提到蘇秦，而且和智伯並舉，同樣也批評他們有「足以解避遠死」的「智」謀。可見蘇秦的情況。這些同一時代的人，都很了解的。《史記・李斯列傳》載李斯《諫逐客書》，其中有一段話，説：

「惠王用張儀之計，拔三川之地，西舉巴蜀，北收上郡，南取漢中，包九夷，制鄢郢，東據成皋之險，割膏腴之壤，遂散六國之從，使之西面事秦，功施到今。」

李斯在這幾句話裏，高度贊揚了張儀在秦國的功績，在這幾句話裏可以看到張儀特出的「散六國之從，使之西面事秦」的具體情況，在這幾句話裏雖然没有半點涉及蘇秦，却完全可以看到蘇秦的影子，完全可以知道在張儀從事外交活動的時候，山東六國，的確有合從擯秦的事。近人懷疑「蘇秦連六國從親一事」，説是「蘇秦死後」的「附會」，説「蘇秦未死之前，絶無六國合從之必需，亦絶無六國合從擯秦之可能，又絕無六國合從擯秦之痕迹」（見錢穆《先秦諸子繫年考辨》二六九—二七一頁）。這是並不正確的。李斯上書諫逐客，事在公元前二三七年，上距蘇秦之死（前三一一）不過七十多年，李斯對於張儀當時「散從事秦」的具體情況，豈有不清楚的道理。可見這種懷疑，和由此產生的不正確的論斷，是完全錯誤的。

這是從李斯的作品中得到的一點消息。

歸結前面對於荀卿、范雎、李斯這幾段材料所研究獲得的知識，我們的結論是：蘇秦的活動早於張儀，他所發動的六國合從擯秦，是確有其事的。

這是蘇秦活着的時候與其死後不久戰國末期秦朝初年社會上所流傳的材料，當然是可以取信的。

2．蘇秦死後到西漢初期人們提到的蘇秦

西漢初期，傑出的政論家賈誼，是蘇秦同鄉的後輩，他們都是洛陽人。蘇秦的住宅，在洛陽乘軒里；墳墓在洛陽城東御道北孝義里西北隅。賈誼生於公元前二〇一年。上距蘇秦卒年不過一百一十年。賈誼對於蘇秦，該是相當熟悉的。賈誼在《過秦》一文中說：

「諸侯恐懼，會盟而謀弱秦……於是六國之士，有寧越、徐尚、蘇秦、杜赫之屬爲之謀……常以十倍之地，百萬之衆，叩關而攻秦，秦人開關延敵，九國之師逡巡遁逃而不敢進。」

賈誼這篇文章，鋪張揚厲，有些近於賦體，但是「九國之師」「叩關攻秦」這個事實，「寧越、徐尚、蘇秦、杜赫」這個行輩先後，是不會捏造和顛倒的。根據《戰國策》的紀載，杜赫和景翠、田忌、鄒忌、陳軫、惠施、昭陽、公仲明、甘茂同時，甘茂由秦奔齊，事和杜赫有關（見《戰國策·韓一》），這是在公元前三〇六年，上距蘇秦之死（前三一一年）不過四五年。《戰國策·楚三》記載「五國伐秦」這件事時，説當時的楚國，「交未定於齊秦」。當時爲南方的楚國出謀劃策的是杜赫和昭陽，爲北方的魏國出謀劃策的是惠施，而爲東方的齊國出謀劃策的則是蘇秦。可見杜赫和蘇秦同時而稍後，這是明白無疑的。這可以證明蘇秦的年代決不如近人所説要後到齊湣王的時代。這是一。賈誼這篇《過秦》，既是説到「六國之士」，又曾兩次提到「九國之師」，又明確地説着「韓魏燕楚齊趙宋衛中山之衆」，和「齊楚燕趙韓魏宋衛中山之君」，這就具體地指出了「九國」的稱號。「九國之師」「叩關攻秦」指的就是公元前三一八年的「五國約擊秦不勝而還」這件事。這一件事，説是五國，實際上不止五國，司馬貞「索隱」説：「六國與宋衛中山爲九國，共三國蓋微。當時「叩關攻秦」的事，是山東諸國全部發動的，史籍記載，或有側重，所以有時説是「五國」，有時説是「六國」，而賈誼則根據實際情況説爲「九國之師」。這可以證明蘇秦主謀的合從抗秦，是確有其事的。這是二。

這是從賈誼的文章證實蘇秦的年代，證實蘇秦的合從擯秦。

鄒陽《獄中上梁孝王書》，時間大概在公元前一四〇年前後，書中提到蘇秦的語句，有：

「蘇秦不信於天下而爲燕尾生。」（見《史記·鄒陽傳》，又《新序·雜事三》）

司馬貞「索隱」：「服虔云：蘇秦於齊不出其信，於燕則出尾生之信。韋昭云：尾生守信而死。案言蘇秦於燕獨守信如尾生，故云爲燕之尾生也。」鄒陽説的「蘇秦……爲燕尾生」，指的是什麽事呢？《史記·蘇秦列傳》記載蘇秦説齊王歸燕十城之後，有人在齊王面前毁謗蘇秦，説蘇秦是「左右賣國反覆之臣」，蘇秦怕在齊國得罪，回到燕國，「燕王不復官」。蘇秦對燕王説：

「王不官臣者，人必有以不信傷臣於王者。臣之不信，王之福也。……信如尾生，與女子期於梁下，女子不來，水至不去，抱柱而死。有信如此，王又安能使之步行千裏却齊之強兵哉！」

這裏蘇秦自己承認「不信」，並且認爲自己「不信」是有益於燕王的好事，是「王之福也」。這一段話，也見於《戰國策·燕一》，道是：

「足下不聽臣者，人必有言臣不信，傷臣於王者。臣之不信，是足下之福也。使臣信如尾生……期而不來，抱梁柱而死，信至如此，何肯揚燕秦之威於齊，而取大功乎哉！」

《燕一》又有「蘇代謂燕昭王曰」一章，內容和這一章類似，蘇代説燕昭王也有這樣的一句，説：

「信如尾生高則不過不欺人耳！」

這一件事的主名是蘇秦還是蘇代，是一個問題。吴師道認爲兩章相同，「惟中間一段爲異，記者或有差互，不可考」。現在看來，在鄒陽書裏主名是蘇秦，那末這個「爲燕尾生」的當然是蘇秦了。蘇秦爲燕尾生這件事，指的可能就是蘇秦將死要求齊王車裂以徇於市的這件事。這一件事，在蘇秦來説，既可以表示對齊國的誠意，又可以表示對燕國的信用。對齊國來説，蘇秦不曾爲燕國作亂於齊，對燕國來説，齊人相信蘇秦是確實替燕國作亂於齊的，所以把他車裂了。這一件事，蘇秦處理得很是巧妙。黄式三在他的《周季編略》中曾作批評説：

「蘇秦將死之言，既以報仇，且知身死必有以亂齊進言者，如此，則言者不聽矣。此行譎於生前，復行譎於死後也。」

從他對燕國的信用來説，蘇秦確實是「信如尾生」的了。所以鄒陽説他「信如尾生」。鄒陽書中還有一句涉及蘇秦的話，道是：

「蘇秦相燕，燕人惡之於王，王按劍而怒，食以駃騠。」（《史記·鄒陽傳》，《新序·雜事三》）

裴駰《史記集解》引《漢書音義》説：「駃騠駿馬，生七日而超其母，敬重蘇秦，雖有讒謗而更膳以珍奇之味。」在這件事中我們可以知道蘇秦在燕國時候的貴重，也可以知道當時一般人對蘇秦的嫉妬毀謗，確是非常嚴重的。關於蘇秦蘇代的問題，爲什麼「記者或有差互」？這是當時傳「蘇秦法百家書説」的本子不同，有的把蘇秦的事説成蘇代，有的把蘇代的事説作蘇秦，因此造成「差互」。鄒陽所看到的本子，和《史記》的來源及《戰國策》燕一前一節的内容是一致的，可靠性當然要比較大些。

這是在鄒陽書裏所看到的材料。

公元前一二二年之前，淮南王劉安門下食客所編寫的《淮南子》，有好幾處提到蘇秦。《氾論訓》説：

「蘇秦匹夫徒步之人也，鞀蹻嬴蓋，經營萬乘之主，服諾諸侯，然不自免於車裂之患。」

又説：

「蘇秦知權謀而不知禍福。」

這兩句話，説明蘇秦確有游説諸侯合縱擯秦的事，指的就是六國攻秦這一件。由於他不顧一己的利害，所以「不自免於車裂」。值得注意的是，這些話都是贊揚的話。

《詮言訓》説：

「蘇秦死於口。」

高誘注：「蘇秦好説，爲齊所殺。」《詮言訓》又説：

「蘇秦善説而亡身。」

高誘注：「蘇秦死於齊也。」「亡身」二字，本作「亡國」。王念孫說：「亡國當作亡身，故高注曰蘇秦死於齊也。今本作國者，涉下文治國而誤。」「蘇秦死於口」，「蘇秦善說而亡身」，這兩句話是同一意義的，王念孫的校勘工作是可靠可信的。近人有的没有注意高誘的注王念孫的話，援引「蘇秦善說而亡國」的一句誤文，認爲由於蘇秦善說，結果使得齊湣王亡國。這是錯誤的。假如真是指的齊湣王亡國，那末蘇秦在張儀死的前一年公元前三一一年已經離開人間了，哪裏會到公元前二八四年的齊湣王亡國呢？這是混不到蘇秦賬上去的。

《淮南子·氾論訓》說：

「湣王專用淖齒而死於東廟。」

高誘注：「湣王無道，淖齒殺之，擢其筋懸廟門之梁，三日而死，見《戰國策》。」《氾論訓》又說：

「湣王以大齊亡。」

高誘注：「爲淖齒所殺也。」《淮南子》認爲齊湣王的亡國，原因在於專用淖齒，高誘注也没有涉及到蘇秦的死說在齊湣王的時候，這和蘇秦又有什麽關係呢！

《淮南子·說林訓》說：

「蘇秦步曰何步，趨曰何趨，馳曰何馳。（依俞樾校本）有爲則議，多事固苛。」

高誘注：「蘇秦爲多事之人，故見議見苛也。」《說林訓》又說：

「管子以小辱成大榮，蘇秦以百誕成一誠。」

高誘注：「誠信也。」劉文典說：「《白帖》二十六引作蘇秦以百詐成一信。《御覽》四百三十引作蘇秦以百誕成一信。」蘇秦是「多事之人」，蘇秦以百誕成一信」，把蘇秦和管仲並列，這些都是值得注意的，這裏絲毫没有貶低蘇秦的意思。根據「百誕成一誠」的話來看，可見蘇秦臨死要求車裂這件事，正足以説明他的一生約從擯秦是出於真誠的，是有利於當時燕齊兩國的。

《淮南子·主術訓》又説：

「吴起張儀，智不若孔墨，而争萬乘之君，此其所以車裂支解也。」

張儀没有「車裂支解」的記載，這裏必然是「蘇秦」兩字的誤文。把蘇秦和吴起並論，既可以證實蘇秦的年輩在前，也可以説明蘇秦是值得令人重視的人物。

這些都是從《淮南子》書裏所獲得的智識。

從荀卿、李斯一直到西漢初期所有的材料中，可以明白看到蘇秦確有約齊楚六國合從擯秦的事實，他的死，是在六國擯秦失敗之後，在齊被刺而自己要求車裂以徇，他決不是死在齊湣王亡國殺身的時候。

在司馬遷的《史記》没有編寫之前，上面所舉的這一系列的材料，當然是第一手的材料，可信性是十分堅強的。

現在我們再看蘇秦死後學習「蘇秦從横」的一批人們所傳布的有關蘇秦的材料。

東漢時期，班固的《漢書·藝文志》縱横家有《蘇子》三十一篇。服虔説「長短縱横術」，有「蘇秦書」和「蘇秦法百家書説」。這裏先從服虔説起。

服虔知道有《蘇秦書》、《蘇秦法百家書説》。並且知道這就是「長短縱横術」（見《漢書·主父偃傳》及注）。又知道「罪敗而復抨擊之，蘇秦書有此法」（見《漢書·杜業傳贊》注）。他非但知道，而且是看到這種書的。服虔是東漢靈帝末年（中平六年）的九江太守，他知道這件事是在公元一八九年左右，這已經在司馬遷編寫《史記》、劉向修訂《戰國策》之後了。然而當時社會上還有這種書流傳，而且「書説」有「百家」之多，可見學習「長短縱横術」的人一向傳授未絕。早在西漢初期，著名的蘇氏學派的縱横家有蒯通、主父偃、邊通等人，他們有的著書，有的没有著書，曾經名噪一時。《史記》、《漢書》都提到蒯通，《史記》説：

「蒯通者，善爲長短説，論戰國之權變爲八十一首。」（見《田儋列傳》）

《漢書》説：

「蒯通論戰國時説士權變，亦自序其説，凡八十一首，號曰雋永」（見《蒯通傳》）。

《史記》、《漢書》都説蒯通論戰國權變，戰國權變，和「縱横」、「長短」、「反覆」、「詐謀」、「蘇秦縱横」分不開。這就是服虔所説的「長短縱横術」。「論」這個字，可以理解爲批評議論，也可以理解爲依次編列。蒯通生在楚漢之際的東方齊國，没有生在「戰國時説士游説」活躍的年代，他要論戰國權變，無論是議論得失也好，編列情況也好，總得要有流傳下來的一些本本，作爲寫作的依據，而且這種本本，一定不局限於一種兩種，否則是無從進行的，這就給我們聯想到服虔所説的「蘇秦書」、「蘇秦法百家書説」了。他所著的《雋永》八十一首，可以斷言就是「長短説」，就是「説士權變」，無論如何離不開在齊國活動的「蘇秦縱横」，當然也就是「蘇秦法百家書説」之一。除此之外，其它類似《雋永》所有的材料，該是不在少數的。這些材料裏毫無疑問會存在着許多彼此參互紛歧的問題。

《蘇子》三十一篇，班固記上了「蘇秦」的名字，似乎是蘇秦自已親筆寫下來的，實際上並不是這一回事。因爲這部書在隋唐以後便已失傳，現在没有根據可以進行討論。但是，根據這部書的題名是「蘇子」，和現存的《戰國策》有「蘇子」這名稱相同，《戰國策》裏所説的「蘇子」，有的指蘇秦，有的指蘇代、蘇厲。可見這部《蘇子》也有可能在蘇秦之外包括蘇代蘇厲的事，其中也會發生參互紛歧的問題。

這些材料和司馬遷、劉向的著作，存在些怎樣的關係呢？當然需要研究。

3．司馬遷的書及其對於蘇秦

司馬遷留給我們的一部《史記》，是一部殘缺不全的書，其中有幾篇是後人補寫的，有幾篇是節取前人論著充當篇目的；就是司馬遷的原著，也存在着一些錯誤。班固在《漢書·司馬遷傳》裏説：「甚多疏略，或有牴牾。」但是，博極羣書的劉向、揚雄，都稱贊他「有良史之材……謂之實録」。就是班固也説他「博物洽聞……書亦信矣」（並見《漢書·司馬遷傳》）。爲什麽《史記》「多疏略」「有牴牾」而仍然要贊揚他是「實録」，「有良史之材」，而「書亦信矣」呢？解答這問題，需要檢查一下司馬遷寫作《史記》所依據的史料。

司馬遷繼承他父親任職太史令，當時「天下遺文古事靡不畢集太史公」（見《史記·太史公自序》）。漢皇朝的「國家藏書」（見《太史公自序》索隱）是歸太史令掌管的。司馬遷自己説「爲太史令紬史記石室金匱之書」。藏在皇家書庫裏的書籍，是他寫作《史記》所依據的材料，這是没有問題的。這裏要提出問題展開研究的，是《史記》在春秋之後，記載「六國時事」特别是有蘇秦這段時間的史料來源靠的是什麽？事實證明，「秦既得意，燒天下詩書，諸侯史記尤甚……史記獨藏周室，以故滅」。當時皇家書庫裏是没有六國「諸侯史記」的。這説明這一段時間的史料來源，是一個空白。但有一點，皇家書庫裏有一部《秦記》，這是秦皇朝史官正式的記載，可靠性是非常之强的，可以作爲依據。

可惜的是，這部《秦記》「不載日月，其文略，不具」(見《史記·六國年表序》)，於是司馬遷把《秦記》作爲依據。「因《秦記》，踵春秋之後，起周元王(當公元前四七五年)，表六國時事」(見《史記·六國年表序》)。從無所憑籍的情況中勉強找到了一點史料，然而畢竟貧乏得很，不得不多方搜羅，做一些補充。首先找到的是「戰國之權變亦有頗可采者」(見《史記·六國年表序》)。其次，則是「網羅天下放佚舊聞」(見《太史公自序》、《報任少卿書》)。「拾遺補藝……整齊百家雜語」(見《太史公自序》)。這樣才把春秋之後的「六國時事」的這一段寫了下來。1.《秦記》 2.「戰國之權變」 3.「天下放佚舊聞」、「百家雜語」，所有這些，就是他筆下這段時間的史料來源。

《秦記》，是秦皇朝史官的記載。

「戰國之權變」，是西漢初期蒯通所著的八十一首「論戰國之權變」，這是蒯通根據他所掌握到的戰國後期傳授得來的材料加工而成的。

「天下放佚舊聞」、「百家雜語」，這是些什麼呢？不問可知，「放佚舊聞」和「百家雜語」這兩句話是有密切關係的。「百家雜語」，就是在各處流傳的「放佚舊聞」；而這「放佚舊聞」也正是當時還在流傳的「百家雜語」。這裏的問題是，這些內容，究竟包含着那些東西？有個什麼名堂？

班固《漢書·司馬遷傳》說：

司馬遷據《左氏》《國語》，采《世本》、《戰國策》，述《楚漢春秋》，接其後事，訖於大漢，其言秦漢詳矣。

班固在《國語》、《世本》和《楚漢春秋》之間透露出一個名詞叫「戰國策」，這個名詞的上下之間的時間地位，恰恰相當於「放佚舊聞」、「百家雜語」需要記載「六國時事」的這一段時間。那末，毫無疑問，這

「戰國策」就是司馬遷所說的「放佚舊聞」「百家雜語」了。《戰國策》是司馬遷之後劉向校書所整理出來的一部書名，班固所說司馬遷所據的《戰國策》，當然不是劉向所定的那一部書，那末班固所說究竟指的是什麽呢？我們認爲班固這裏所説的「戰國策」，不是一部書名，而是一個概括的名稱，是指在戰國年代遺留下來的簡策。這些簡策，在司馬遷筆下稱之爲「放佚舊聞」、「百家雜語」，而在班固的心目中則認爲這是「戰國策」書，恰恰把這個名詞混同於劉向所定的三十三篇的書名了。後來有人說「《戰國策》名《短長術》」，或者說「《戰國策》亦名《短長書》」（見前所引《史記·田儋傳贊》索隱，《漢書·張湯傳》顏師古注引張晏），這也不是没有道理的。

唐代劉知幾寫《史通》在《正史》篇裏，照抄班固的話，説：

「遷乃述父遺志，採《左傳》、《國語》，删《世本》、《戰國策》，據楚漢列國時事。」

又說：

「馬遷《史記》採《世本》、《國語》、《戰國策》、《楚漢春秋》。」（見《史通·採撰》篇）

這兩句都是沿襲班固的老話，没有什麽新的内容，但是，除此之外，他又多次提到司馬遷「採訪家人」的話：

「遷乃鳩集國史，採訪家人。」（見《史通·六家·史記家》）

「譙周以遷書周秦已上或採家人諸子，不專據正經。」（見《史通·正史》篇）

「夫子長之撰《史記》也，殷周以往，採彼家人。」（見《史通·採撰》篇）

劉知幾這三句話，明白指出司馬遷寫作《史記》，有些部分是從「家人」那裏採訪得來的，劉知幾生在唐代，從哪裏知道這件事呢？他的根據是東漢末年蜀人譙周（公元二〇一——二七〇）的話。譙周著

《古史考》，對司馬遷的寫作，看來是有些了解的。我們從「家人」這名詞進行考察，可以知道司馬遷的「或採家人」，就是他自己所說的「網羅天下放佚舊聞」，也就是所謂「整齊百家雜語」。其中所包容的具體內容應該並不排除服虔所知道的「蘇秦書」、「蘇秦法百家書說」。

「蘇秦書」、「蘇秦法百家書說」，很有可能就是西漢初期所說的「家人言」之一。西漢時代，稱一般平民爲「家人」（見《漢書・武五子傳》、《汲黯傳》）稱一般服役的奴隸爲「家人子」。（見《漢書・東平思王宇傳》、《武五子傳》、《晏敬傳》）《史記・儒林列傳》記載竇太后的一件故事。當時，

> 「竇太后好老子書，召轅固生，問《老子》書。固曰：此家人言耳！太后怒，曰：安得司空城旦書乎？乃使固入圈刺豕。景帝知太后怒而固直言無罪，乃假固利兵，下圈刺豕，正中其心，一刺，豕應手而倒。」

《老子》書是家人言，漢景帝認爲這是真話。可見「蘇秦書」、「蘇秦法百家書說」也是家人言了。這裏竇太后用「司空城旦書」和「家人言」對比，後來漢武帝用《春秋》和「蘇秦縱橫」對比，充分說明所謂「家人言」就是和「蘇秦縱橫」類似的那些東西。

司馬遷「網羅天下放佚舊聞」、「整齊百家雜語」，對於「家人言」是相當重視的，揚雄《法言・寡見》篇說：

> 「司馬子長有言曰：五經不如老子之約也。」

班固批評司馬遷說：

> 「論大道則先黃老而後六經。」

《老子》「黃老」都是「家人言」，司馬遷這樣重視「家人言」，並採取了「蘇秦書」、「蘇秦法百家書說」，信

以傳信，疑以傳疑，這就成爲「實録」稱作「良史」。後來的王充批評他説：

> 「司馬子長累積篇第，文以萬數，然而因成紀前，無胸中之造。」（見《論衡·超奇》篇）

「因成紀前，無胸中之造」這正是「良史」「實録」最好的注解。惟其如此，司馬遷採取了「戰國説士權變」、「整齊百家雜語」，對於《蘇子》三十一篇，「蘇秦書」、「蘇秦法百家書説」，只要被他接觸到的流傳在民間的那些材料，凡是可以採取的他就採取了。甚至好像造父御周移王見西王母又日馳千裏破徐偃王，也收歸筆下，載入史册，無怪揚雄要説他「多愛不忍，多愛愛奇」了（見《法言·君子》篇）。爲什麽司馬遷的書「有抵捂」，「多疏略」，原因就在於此。然而從保存史料留待後來核實研究這一點來説，功績還是很大的，主要是在學者能够有所區别罷了。

司馬遷《史記》裏關於蘇秦的紀載，主要是《蘇秦列傳》，其次是《張儀列傳》，以及《燕世家》、《楚世家》、《六國年表》等等。值得引起我們注意的是，《秦本紀》没有提到蘇秦，《趙世家》只有蘇厲，也没有提到蘇秦；《魏世家》、《韓世家》、《田齊世家》都只有蘇代，也都没有提到蘇秦。在傳説中，蘇秦對於這些國家都有一定程度的關係，爲什麽《史記》這幾篇都没有提到呢？這是值得我們深思的。

司馬遷筆下的蘇秦，是和張儀連在一起的。《蘇秦列傳》裏有張儀，《張儀列傳》裏也有蘇秦。所作贊語也結合在一起談。關於時間方面，兩篇傳裏記載的没有什麽大出入，基本上是一致的。所有這些，足够説明這兩個歷史人物確是同一時代的活動家。

特别值得注意的是，司馬遷强調蘇秦「先死而儀振暴其短，以扶其説，成其衡道」。關於蘇秦的死，下文有專章叙述，這裏先簡單地提一下。司馬遷在《燕世家》裏説「及蘇秦死而齊宣王復用蘇代」（又見《戰國策·燕一》，詳後）。根據這一點，是司馬遷認爲蘇秦死於齊宣王時。但是，《燕世家》却又明明説「燕噲既立，齊人殺蘇秦」（也見《戰國策·燕一》，文稍異，詳後）。而《蘇秦列傳》也説：

「燕易王卒，燕噲立爲王。其後，齊人多與蘇秦爭寵者，而使人刺蘇秦，不死，殊而走，齊王使人求賊，不得，蘇秦且死，乃謂齊王曰：臣即死，車裂臣以徇於市，曰：蘇秦爲燕作亂於齊，如此，則臣之賊必得矣。於是如其言，而殺蘇秦者果自出，齊王因而誅之。燕聞之，曰：甚矣！齊之爲蘇生報仇也。」

《蘇秦列傳》這一段，《戰國策》裏是没有的。司馬遷把它寫在「齊宣王卒湣王即位」之後，似乎司馬遷又認爲蘇秦死於齊湣王的時候了。究竟這裏的齊王，是否就是齊湣王？司馬遷是否真的認爲蘇秦死於齊湣王的時候呢？這是必須搞清楚的問題。《張儀列傳》：

「張儀既出，未去，聞蘇秦死，乃説楚王曰……蘇秦……齊王受而相之，居二年而覺……車裂蘇秦於市。……懷王卒許張儀與秦親，張儀去楚，……説韓王……韓王聽儀計，張儀歸報，秦惠王封儀五邑，號曰武信君，使張儀東説齊湣王，曰：天下強國無過齊者……」

照此看來，似乎蘇秦的死，司馬遷的確認爲是在齊湣王的時候了。但是，在這裏必須特別提出引起注意的是，根據保存在汲冢的當初魏國的國史「竹書紀年」，知道《史記》對於田齊一家的世系存在着錯誤，齊威、宣、湣三代的年數是大有問題的。所以司馬遷這個説法，不能信以爲真。另外一點，《張儀列傳》這一段張儀説楚王的話，也見於《戰國策·楚一》，其中講到蘇秦的「齊王受而相之，居二年而覺……車裂蘇秦於市」云云，所説的「居二年」，是在張儀嘴裏約略估計而用來進行誣蔑的話，可信的程度極爲低微。關於這一點，鮑彪曾經指出，説：

「按史秦事覺在其死後，儀以此明其以詐死耳！」

鮑彪的意思是説「居二年而覺」這句話，根本就是不可信的。吴師道也説：

「蘇秦爲客所刺，設計以取賊，故車裂而得賤。今儀言如此，蓋借事爲説，破從親也。」（並見《戰國策校注》卷五）

吴師道指出這是張儀「借事爲説」，有他自己的意圖，「居二年而覺」，不是可以作爲事實依據的。那末，這也就不足取信的了。根據《戰國策·齊一》：

「張儀爲秦連横説齊王曰：天下强國無過齊者……」

高誘注指出這個「齊王」是「齊宣王也」。依據高誘所知道的歷史事實來看，當時張儀在齊國游説的對象是齊宣王而不是齊湣王，那末可以確實知道蘇秦的死不是在齊湣王時候而是在齊宣王的時候了。

還有一個證據，上文所引《張儀列傳》「聞蘇秦死乃説楚王曰」一句，據司馬貞《史記索隱》的解釋：

「按此時當秦惠王之後元十四年。」

蘇秦死於秦惠王後元十四年，其時正當周赧王四年。《史記·六國年表》錯誤地寫作齊湣王「十三年」，其實是在齊宣王九年。過了十年，齊湣王才即位。由此可見説蘇秦死於齊湣王時候，是司馬遷的誤計，而他説的「蘇秦死而齊宣王復用蘇代」，從「復用蘇代」的「復」字來考察，蘇秦死於齊宣王時，這才正確。仔細推算，蘇秦死於齊宣王九年，相當於公元前三一一年。蘇秦死的下一年，張儀也就死了。這正符合於司馬遷説蘇秦比張儀「先死」的一句話。

爲什麽《史記·秦本紀》、《趙世家》、《魏世家》、《韓世家》以及《田齊世家》都没有提到蘇秦呢？

這體現了司馬遷寫作態度的審慎。他的意圖可能是在表明他對蘇秦的看法。他似乎認爲蘇秦的活動，主要是爲了北面的燕國（合從的開始，由此説趙肅侯等）南面的楚國（合從的完成，楚懷王爲從長，約六國攻秦），其它都不是主要而是次要的，所以，蘇秦的名字，記入《燕世家》、《楚世家》，其它有關幾國則没有提到他。至於其它各國提到蘇代、蘇厲的事，則是蘇秦死後的情況，和蘇秦没有關係的了。另一方面，蘇秦、張儀游説各國的話，《史記》一律不給録入世家，而只記載入兩人的傳裏，這可能是他認爲這些内容，來自傳聞，可信的程度畢竟差些，所以不把它正式録入世家。這也是他下筆審慎的表現。

司馬遷對於蘇秦是極其重視的，對於《蘇秦列傳》的寫作，也是非常審慎的。他在《蘇秦列傳》的贊語中説：

「蘇秦兄弟三人皆游説諸侯以顯名，其術長於權變，而蘇秦被反間以死，天下共笑之，諱學其術。然世言蘇秦多異，異時事有類之者皆附之蘇秦。夫蘇秦起閭閻，連六國從親，此其智有過人者。吾故列其行事，次其時序，毋令獨蒙惡聲焉。」

《史記》在《商君列傳》之後，就是蘇秦張儀兩篇列傳，這兩篇列傳的篇幅特别長，比《商君列傳》長得多，特别是《蘇秦列傳》更是長些。在《張儀列傳》裏，司馬遷一開始就提到蘇秦，結尾又以儀秦並論作贊，可見他對於這兩人是有足够的了解而且相當重視的。《蘇秦列傳》這贊語，司馬遷評論蘇秦，主要有三點：

1．肯定蘇秦「起閭閻，連六國從親，其智有過人者」。

2．歎傷蘇秦「蒙惡聲」，「被反間以死，天下共笑之，諱學其術」。

3．「異時事有類之者皆附之蘇秦。」

司馬遷認爲蘇秦確是曾經連合六國的。蘇秦的死，是「被反間」，受到敵人的陷害，而且死後還受到「惡聲」。有些事實，不是蘇秦的事，也附會到蘇秦身上去。這三點，司馬遷提得很重要。關於第一點，下文有專章叙述，這裏暫且不談。第二點的主要内容，有兩層，一是「被反間」「蒙惡聲」。二是「笑」和「諱」。

什麽是「被反間」「蒙惡聲」呢？

這裏必須注意的是「被」和「蒙」兩個字，兩個字的意義是相同的，都是被動的受到了的意思。「被反間」「蒙惡聲」是指蘇秦受到了用「反間」兩字的惡毒攻擊，因此破壞了聲譽，司馬遷替蘇秦作傳，對於這一點，是非常同情蘇秦而表示十分惋惜的。雖然司馬遷在兩傳的合贊中説「兩人真傾危之士」，但在蘇秦的贊語中，却特别强調蘇秦的「術」，而稱道他「長於權變」「其智過人」。可見他的評論，重點不在彼而在此。由於司馬遷認識到蘇秦的「長於權變」「其智過人」，所以對他受到反對派的惡毒攻擊，由此破壞了聲譽，表示十分惋惜，因此，他特地「次其時序」「列其行事」，極其審慎地替他寫了一篇長傳，目的是在不要使得蘇秦「獨蒙惡聲」。這樣看來，司馬遷的寫作《蘇秦列傳》，是專門替蘇秦闢謡辯護的，用意十分明顯。

謡從何來？來自反對派。當時蘇秦在齊，齊國之外有反對他的人，齊國之内也有反對他的人。在齊國之内的反對派，是「多與蘇秦争寵者」的「齊大夫」（見《史記·蘇秦列傳》）；在齊國之外的反對派，主要是「振暴其短以扶其説成其衡道」的張儀（見《史記·張儀列傳》贊）。齊大夫的造謡中傷，現在我們知道的是齊威王二十五年當公元前三三三年齊伐燕取十城，蘇秦勸齊威王把所取的十城還給了燕國，當時齊國就有毀蘇秦者曰：「左右賣國反覆之臣也，將作亂。」蘇秦爲此怕得罪於齊，仍然回到燕國去（見《史記·蘇秦列傳》，傳把齊威王寫作齊宣王，這是不對的，説見錢穆：「齊因燕文侯喪伐取十城乃威王非宣王辨」，《先秦諸子繫年考辨》二八〇頁）。這裏説蘇秦「左右」、「反覆」，就是誣蔑、中傷的造謡，就是蘇秦「被反間」、「蒙惡聲」的實在情況。張儀的造謡，在《史記·張儀列傳》裏有明顯的事實根據。張儀在秦惠王後元十四年即公元前三一一年第二次到楚國對楚懷王説：

「蘇秦封武安君，相燕，即陰與燕王謀伐破齊而分其地，乃詳（佯）有罪出走入齊，齊王因受而相之。」

這裏所説的陰謀「詳有罪出走入齊」，既然是「陰謀」，張儀那裏會得知道？事實是「入齊」，又怎樣會知道是「蘇秦詳有罪出走」？張儀這一段話，也見於《戰國策·楚一》，文字相同。這段話出於合縱派蘇秦的反對者橫人張儀之口，很明顯，這就是政敵的誣蔑、造謡。我們再把這件事實仔細審查一下，《史記·蘇秦列傳》説：

「易王母，文侯夫人也，與蘇秦私通，燕王知之而事之加厚。蘇秦恐誅，乃説燕王曰：臣居燕，不能使燕重，而在齊，則燕爲重。燕王曰：唯先生之所爲。於是蘇秦詳爲得罪於燕而亡走齊，齊宣王以爲客卿。」

這一段話不見於《戰國策》，所説的「齊宣王以爲客卿」，據《史記集解》引徐廣的話，知道這是「燕易王之十年時」。燕易王十年，當公元前三二三年，在齊國，是威王的三十五年，所説「齊宣王」，該是「齊威王」的錯誤。這一件事，説蘇秦私通易王母，説易王知之而事之加厚，説蘇秦佯爲得罪而亡走，這些都是捕風捉影之談，也就是張儀對楚懷王所説的「與燕王謀伐破齊而分其地」的添油加醬，正足以説明這就是「被反間」、「蒙惡聲」的實在情況。

再從「反間」一詞來考察，蘇秦做了齊威王的客卿，是不是在搞破齊爲燕的「反間」陰謀呢？查蘇秦在齊前後重要的事，約有三件：

1. 勸齊威王歸還燕國的十城。
2. 齊威王死後，説齊宣王厚葬，高宫室，大苑囿。
3. 齊宣王二年，替齊宣王出謀劃策，組織六國聯軍伐秦。

這三件事，第一件，當然對燕國有利，但對當時的齊國來説，齊威王「以十城取天下」博得「天下」的同情，也不是没有好處的。根據這一點來批評蘇秦「左右賣國反覆」，如果認爲這就是「反間」實在是站不住脚的。第二件，「厚葬以明孝，高宫室，大苑囿以明得意，欲破敝齊而爲燕」，關於這一點，齊宣王是否厚葬齊威王，現在找不到事實根據，無從臆測。在《孟子》的《盡心》篇裏，説「齊宣王欲短喪」，這似乎和「厚葬」相反，但也可以理解正因爲「厚葬」，所以可以「短喪」，這也就並不矛盾了。還有一件故事，可以從側面了解一些齊宣王對他父親齊威王的確是顧到一些所謂「孝」道的。《戰國策·齊三》記載「孟嘗君在薛，荆人攻之」，孟嘗君厚待了新從楚國回來的「齊使」淳于髡，希望他在齊宣王面前爲他説幾句好話，讓齊宣王幫他抗拒楚兵。於是淳于髡在齊宣王面前重點提到了孟嘗君在他的薛地境内，曾經建築「先王」的「清廟」，——齊威王的祠堂。齊宣王一聽這話，立刻表示，説：「唉！我父親的廟在那裏，趕快發兵去救！」由此可見齊宣王「厚葬」他的父親，可能有這事實。至於「高宫室，大苑囿」，齊宣王也確有這事，在《孟子》書裏，有話可證。當時齊宣王即位未久，宫室苑囿是他父親威王遺留下來的，哪有什麼值得指摘的呢？即使蘇秦當時確有其事，這也未必因爲齊國化錢太多，直接就對燕國有利。「明得意」、「欲破齊而爲燕」，這些話，不都是造謡誣蔑，那是什麼呢？而且這些也説不上就是「反間」。第三件事，六國抗秦，從「不勝而還，齊獨後」這點來看，可以知道這次的主動、主謀，是齊國的宣王。齊宣王即位不久，就講求「交鄰國」之道，想幹「齊桓、晉文之事」，問訊「湯放桀，武王伐紂」、「欲闢土地，朝秦楚，莅中國而撫四夷」。這次的舉動，聲勢頗爲浩大，蘇秦參加了這次舉動，組織了聯軍，表面上推薦楚懷王爲從長，實際上齊宣王是主力。這一件事，齊燕兩國共同參加，看不出蘇秦從中進行什麼「反間」，做出破齊爲燕的勾當。所以，在這件事上要找蘇秦「反間」的痕跡，也是没有一點影踪的。與此相反，齊宣王信任蘇秦，一直到蘇秦遇刺之後，還聽用他的計謀，殺死了行刺的凶手，後來又「善待」着蘇秦的兩個弟弟蘇代、蘇厲（並見《史記·蘇秦列傳》），凡此種種，都可以證明蘇秦的所謂「反間」、「惡聲」，都是他的反對派外加給他的，實際上没有這一回事。所以，在司馬遷的筆下，鄭重地加上了一個「被」字，一個「蒙」字，表達了他的深厚惋惜之情，意義是頗爲深長的。

「被反間」、「蒙惡聲」，在當時，蘇秦的聲譽，遭到極大的破壞，情況十分嚴重。内有「争寵」的大夫，外有反對的政敵。而且由於情況的發展，秦國的勢力一天天地向東方各國進展，横人的力量，也日益擴張，當然對於蘇秦也更是不利了。

什麼是「笑」和「諱」呢？

齊宣王二年六國抗秦，結果是「不勝而還」。這是何等泄氣的事呀！蘇秦苦心經營的「合從締交」，結果是一閧而散。這還有什麼不值得作爲敵人笑談的資料嗎？首先是蘇秦敵對方面的秦惠王，《戰國策·秦一》：

「秦惠王謂寒泉子曰：蘇秦欺敝邑（原作「寡人」，依《後漢書·呂布傳》李賢注，《御覽》九一八、《類聚》九一引，改）欲以一人之智反覆山東之君，從以欺秦……夫諸侯之不可一，猶連鷄之不能俱上於棲，亦明矣……」

敵人的嘲笑，接着會有許多跟着附和着的嘲笑，形成一股洪流，勢所必至地令人引以爲戒，結果也只有「諱」之一字了。可是，情況在不斷地發展，過了不久，秦國威脅山東六國的力量越來越大，六國合從擯秦的這一套，又成爲迫切的需要，於是「約諸侯從親如蘇秦時」的情況，又重新出現了。於是「天下由此宗蘇氏之從約」，而蘇秦的故事，終於由「笑」到「諱」，轉而時髦起來，成爲學習的榜樣，而「蘇秦書」、「蘇秦法百家書説」，也就從此風行一時了。

最後一點是「異時事有類之者皆附之蘇秦」。形勢造成的情況，迫使「被反間」「蒙惡聲」以死的蘇秦，重新給人們重視起來。他所策劃的合從擯秦，重新成爲必要的趨勢，於是學習縱横游説的一批活動分子都要從他那裏探求一些訣竅，在蘇秦死後的某些時期中，在一班學習蘇秦的人們口吻中，相互流傳着他的一些故事傳説，有些明明不是蘇秦的事，也附會到蘇秦身上去。司馬遷在「網羅」得來的「放佚舊聞」中，在所「整齊」的「百家雜語」中，以及後來在服虔所知道的「蘇秦書」和「蘇秦法百家書説」中，一定有不在少數的有關蘇秦方面的材料。司馬遷「次其時序」、「列其行事」，一定經過一番細緻的核對審查，從而知道哪些確實是蘇秦的事，哪些確實不是蘇秦的事，因此得到「異時事有類之者皆附之蘇秦」的一句結論，啓示讀者要作出嚴格的區别，不要讓假蘇秦混充着真蘇秦。

假蘇秦混充真蘇秦，材料有的是，我們試把《戰國策》翻一遍，就可以看到一些痕迹。在《戰國策》裏，有把不是蘇秦的事當作蘇秦的；也有把蘇代、蘇厲的事混作蘇秦的。再說《漢書・藝文志》：《蘇子》三十一篇，雖然說是蘇秦的書，其中也儘有可能把蘇代、蘇厲的事也混在裏面。最近長沙馬王堆漢墓出土的帛書二十七章裏有些明明是蘇代的材料，而文中却羼入了「蘇秦」和「臣秦」等字樣來冒充蘇秦。可見司馬遷所說「異時事有類之者皆附之蘇秦」確實是有事實根據的。關於這一部份，後面有專章論述，這裏暫不多說。

4. 劉向的書及其對於蘇秦

劉向校書，在公元前二十五年，上距司馬遷的逝世，已經過了六十一年。漢皇朝的「國家藏書」，當時所謂「石室金匱之書」，是歸太史令掌管的，是歸司馬遷掌管的。這個皇家書庫的開始被重視，是在漢文帝劉恒的年代，也正是長沙馬王堆三號漢墓帛書埋藏的年代。當時漢皇朝徵求到的天下書籍，大部分是「諸子傳說」（見劉歆《移太常博士書》「至孝文皇帝，始使掌故朝錯從伏生受《尚書》……《詩》始萌芽，天下衆書，往往頗出，皆諸子傳說，猶廣立於學官，爲置博士」），這些「諸子傳說」，在司馬遷編寫《史記》的時候，肯定是看到的。到劉向校書，在這些「諸子傳說」中所看到的有關戰國年代的史料，據劉向自已所說的話：

「所校中戰國策書，中書餘卷，錯亂相糅莒。又有國別者八篇。……中書本號，或曰國策，或曰國事，或曰短長，或曰事語，或曰長書，或曰修書。」（見《戰國策序》）

據此，知道當時劉向看到的有關戰國史料部份有三種不同的本子：

1. 「中戰國策書」。

2．「中書餘卷」。

3．「國别者八篇」。

所謂「中戰國策書」，應該是指在書庫裏的戰國年代留傳下來的寫在竹簡上的文字。這是一，這是簡策。所謂「中書餘卷」應該是指在書庫裏的殘餘的成卷的帛書，這是二，這是帛書。所謂「國别者八篇」，應該是指在簡策部份裏有八種連貫起來的竹簡，按照戰國國名編寫的共有八篇。這是三。劉向説了三種，實際上只有兩種，一是簡書，二是帛書。簡書裏有國名的八篇，劉向以此作爲底本，「以時次之，分别不以序者以相補，除復重，得三十三篇」，他以爲這是「戰國時游士輔所用之國爲之筴謀，宜爲戰國策」(並見《戰國策序》)。「戰國策」這名字，是劉向命定的，遠在六十多年之前的司馬遷，是不知道的。在這個新名詞的前身，「中書本號」六個不同的名稱，「國策」、「國事」、「事語」，是樸素地説明這是什麽一回事的質名。「短長」、「長書」、「修書」，是評價性質的含有贊美意味的好名目——文名。這三個好名目，和西漢初期著名的縱横家蒯通、主父偃、邊通他們所擅長的「長短説」「長短縱横術」密切相關。特别是和蒯通八十一首的《雋永》名義相似。劉向不是明白交代的嗎？這些都是「戰國時游士輔所用之國爲之筴謀」的「筴謀」，應該叫做「戰國策」。這六種不同名稱的材料，既然在劉向校書之前收藏在皇家書庫，司馬遷「紬……石室金匱之書」當然是看到的，我們今天不能斷言《史記》的「六國時事」完全依照蒯通的《雋永》但事實可以證明劉向所看到的這六種名目不同的書，一定和《雋永》的性質、内容有密切相關的地方。司馬遷根據這些材料叙述「六國時事」，怕有遺漏，還「網羅天下放佚舊聞」、「整齊百家雜語」，採取了「家人言」。這樣看來，司馬遷過録下來的材料，一定有他自己的依據，一定不會和後來劉向所編定的《戰國策》全同。《史記》、《戰國策》有些地方人名地名發生差異，這是不足爲怪的。他哪裏會如後人所説他依據了後來劉向編定的《戰國策》而改動了他所過録的人名地名了呢！

服虔所知道的「蘇秦書」、「蘇秦法百家書説」，和劉向所接觸到的那些材料關係怎樣，現在無法斷言，但根據《漢書·主父偃傳》「主父偃……學長短縱横術」，服虔認爲這就是「蘇秦書」、「蘇秦法百家書説」這一點來看，我們至少可以斷言這是相類的。至少可以説這「中書本號」的六種本子，是可以包括在服虔所説的「百家書説」範圍之内的。「百家書説」被稱爲「百家」，範圍該是很廣。很有可能包括「中書本號」的這六種，而且還可能包含其它所謂「蘇秦書」「蘇秦法」的，其它本本，這是顯而易見的。

劉向所看到有八種連貫起來的竹簡「國别者八篇」，這些都是竹簡，這就是所謂「策」。「策」和「册」，原是同音同義的字。「策」是一條單獨的孤立的竹片，把這些竹片串連起來，便成一本册子。「册」字的篆文寫成「」形，正描繪着長長短短的竹片編排在一起的樣子。「策」書的竹片，原是有長有短，長的策書，二尺四寸，「尺籍短書」，可能不到八寸長，還有所謂「短書」那就是只有六寸長的「專」，六寸簿也的「專」，寫在這些長短不齊的册子上的，劉向説都是「戰國游士」的「筴謀」，筴謀有長有短，書册也有長有短。張晏説：「趨彼爲短，歸此爲長，戰國策名短長術。」（見《漢書·張湯傳》注）那些中祕所藏雜亂重複的本子，從它的形式來講，可能是一種長短不齊的竹簡，從它的内容來説，就是戰國年代「游士」的「筴謀」，總的説來，就是戰國年代遺留下來的「戰國策書」。蒯通、主父偃、邊通們所學的「長短縱横術」，一定是從這些本子上學起的。這些本子，被收藏在漢皇朝書庫裏的固然有，這就是司馬遷、劉向所看到的一部份。除此之外，必然還有一定數量的遺物，散在民間。民間流傳着的這種本子，可能比皇朝書庫所收藏的還要多些。其中當然包括馬王堆漢墓的帛書，看帛書裏的材料，有些地方司馬遷、劉向都没有見到，可以證明這一點。無論是民間流傳的部份，或是皇朝書庫所收藏的部份，所有這些，都應該就是服虔所説的「蘇秦書」、「蘇秦法百家書説」，都是當時以及過去那些一批「游士」用來作爲揣摩學習的本本。劉向在編寫《戰國策》一書之外，還編寫《新序》、《説苑》。這兩部書定名不同，内容很是相近，都是各種言談的集合，用時間來説，新近編的就叫《新序》，從實際來説，收集的是各種言論，那就稱之爲《説苑》。這些東西決不是劉向自己捏造出來的，一定有他依據的材料。這些材料，就是「蘇秦法」以外的「百家書説」了。

根據現存的《戰國策》來看，文章風格，有些不同，使用名字，也有差異，有時用「荆」有時用「楚」，明明是一個人的名字，有時寫作「昭奚恤」，有時寫作「昭魚」，有時寫作「昭獻」有時又寫作「昭陽」。這類的例子，決不止一個兩個。而且故事内容重複的也有幾處，有時同一故事，而主名則是不同。這些現象，説明了這決不是一個人的手筆，而有它各種不同的來源。這充分證明這是集合起來的「百家書説」。

馬王堆漢墓帛書二十七章，内容有獻書，説詞，以及對話記録。除了書信之外，有的是記言，有的是記言兼記事，有的是記言記事並附議論。這二十七章，没有書名，没有作者或游説者的主名。時間雜亂，内容殘缺。有的個别的幾段顛倒了位置。這可能是由於從竹簡原件移抄，竹簡原件偶有錯簡或脱簡，因此也就把文字的片段位置顛倒過來了。通過對這二十七章帛書的研究，我們知道在西漢初期那些學習「蘇秦縱横」的人們，人手一編地自有他們自己學習的材料。有的爲司馬遷、劉向所見，被録入《史記》或《戰國策》，有的不爲他們所看到，也就無從採録入書。當時被埋藏在墳墓裏的，到今天才給我們知道；没有埋藏在墳墓裏的，自然烟消雲散，更不爲人們所知了。

現存的《戰國策》，是一個殘缺不全的本子，已經失去了劉向編訂時的本來面目。劉向自己説：「其事繼春秋以後訖楚漢之起」（見《戰國策序》）。現存的《戰國策》裏的最後一件事，是《齊策六》「齊王建入朝於秦」的一章，這事在秦始皇二十六年，即公元前二二一年，下距公元前二〇九年的陳勝吳廣領導的農民起義即所謂「楚漢之起」，時間相隔還有十一年之久，這十一年中的事，現存的《戰國策》裏是没有材料的。據《風俗通義》卷一，應劭説：

「謹案《戰國策》、《太史公記》秦孝公據殽函之固，擁雍州之地，君臣戮力，以窺周室……」

這是西漢初期賈誼《過秦》一篇的開端，而應劭説《戰國策》、《太史公記》都有這段文字。《史記·淮陰侯傳》《索隱》，説司馬貞所看到的《戰國策》有蒯通説韓信的一大段。這完全是「楚漢之起」中的一件事。從這兩點來看，劉向的原本，確實是下「訖楚漢之起」，現存的本子，早已不是劉向的原本了。《戰國策》傳到東漢，曾由高誘作注，没有全部注完。現存的高注，也不完全是真的高注。《戰國策》傳到北宋，已經没有善本。北宋士大夫家所藏，曾鞏所訪求到的，有「館閣諸公家藏本」，王覺所看到的，有「集賢院本」。姚宏、姚寬兄弟所傳的本子，在第二十一卷末尾，加上一個注解，説：「集賢院本第二十一卷全不同，疑差互。」這不同的本子，其中有没有民間流傳下來曾被劉向採録而由於書本散缺因此失傳的呢？這也是值得注意的問題。

劉向在《戰國策序》裏叙述了戰國後期的情況，説：

「……游説權謀之徒，見貴於俗。是以蘇秦、張儀、公孫衍、陳軫、代、厲之屬，生從横短長之説，左右傾側。蘇秦爲從，張儀爲横。横則秦帝，從則楚王。所在國重，所去國輕。然當此之時秦國最雄諸侯，方蘇秦結從之時，六國爲一以儐背秦，秦人恐懼，不敢闚兵於關中，天下不交兵者二十有九年。然秦國勢便形利，權謀之士，咸先馳之。蘇秦初欲横，秦弗用，故東合從。及蘇秦死後，張儀連横，諸侯聽之，西向事秦……」

在這一段話裏，劉向突出了蘇秦，和司馬遷用意没有多大差異。雖然「天下不交兵者二十有九年」這句話完全是後來學習「蘇秦從横」者的誇大粉飾之詞，根本不是事實。劉向不加思考地把它採用，是明顯的錯誤。但是人們對於蘇秦的看法，以及當時人們對於蘇秦主張合從抗秦的願望，在這裏也透露出一些來了。

在現存的《戰國策》裏，明白記載蘇秦，直接提到蘇秦的，有三十四條。在這三十四條裏，後人認爲不是蘇秦而是蘇代或蘇厲的，有十三條。《漢書·藝文志》縱横家裏的《蘇子》三十一篇，沈欽韓認爲「今見於《史記》、《國策》灼然知爲蘇秦者八篇，其短章不與」。沈欽韓所説的「八篇」，没有明説是那幾篇。檢查《史記·蘇秦列傳》，有：

1. 説秦惠王七十八字。
2. 説燕文侯三三七字。
3. 説趙肅侯一一五四字。
4. 説韓宣王二七二字。
5. 説魏襄王四六九字。
6. 説齊宣王四五〇字。
7. 説楚威王五七三字。
8. 蘇秦見齊王再拜俯而慶仰而弔二三二字。

9．人有毀蘇秦者曰……蘇秦見燕王曰四八七字。
10．蘇秦恐誅乃説燕王曰五十四字。
11．蘇秦且死乃謂齊王曰七〇字。

這十一條中，一、十、十一三條都不及百字，除此之外，剛好八篇。沈欽韓説的，不知是否就是這八篇。

檢查現存的《戰國策》，明確寫上蘇秦名字的，《東周策》有：
「蘇厲爲周最謂蘇秦曰」章五十七字。

《西周策》有：
「蘇秦謂周君曰」章八十二字。

《秦策一》有：
「蘇秦始將連横説秦惠王」章一〇二二字。
「秦惠王謂寒泉子曰蘇秦欺寡人」章一一九字。

《秦策二》有：
「蘇秦僞謂齊湣王曰甘茂賢人也」章七十九字。（注：「秦一作代。」）

《齊策一》有：
「蘇秦爲趙合從説齊宣王」章三三五字。

《齊策二》有：
「秦攻趙長平齊楚救之……蘇秦謂齊王曰」章一五三字。

《齊策三》有：

「楚王死，太子在齊質，蘇秦謂薛公曰」章九六四字。（此章記叙蘇秦的計謀，中有評論的語句，又有楚封蘇秦爲武貞君的一段，馬驌認爲這章是「策士虚設之辭」。）

「孟嘗君將入秦止者千數而弗聽蘇秦欲止之」章一九七字。

《齊策四》有：

「蘇秦自燕至齊見於章華南門」章，三四〇字。（此章論兩帝及伐宋事，或改秦爲代。）

《齊策五》有：

「蘇秦説齊閔王曰」章二四二六字。（此章似道家言，講究「權藉」，重視「時勢」，認爲「戰攻非所先」，主張「北之堂上，禽將户内，拔城於尊俎之間」，不像蘇秦的話。有的本子開端没有「蘇秦」兩字，有的把「秦」字改作「代」字。）

《楚策一》有：

「蘇秦爲趙合從説楚威王曰」章五九七字。

《楚策三》有：

「蘇秦之楚三日乃得見王」章，九十七字。

《趙策一》有：

「蘇秦説李兑曰……土偶桃梗……今君殺主父而族之……蘇秦得以爲用，西入於秦」四二四字。

「趙收天下且以伐齊蘇秦爲齊上書説趙王曰」章六一一字。（此章末姚注：「此段與《史記》

文多不同，蓋訛謬，當用《史記》全篇觀之。」）

「蘇秦爲趙王使於秦，反，三日不得見」一一〇字。

《趙策二》有：

「蘇秦從燕之趙，始合從，説趙王曰」章一二〇九字。（這章有「奉陽君妬」「今奉陽君捐館舍」，「夫横人者」，「封蘇秦爲武安君」等語。）

《魏策一》有

「蘇子爲趙合從説魏王曰」章四八九字。（這裏作「蘇子」不作「蘇秦」，應注意。）

「蘇秦拘於魏，欲走而之韓」章一四一字。（或改「秦」爲「代」。）

《韓策一》有：

「蘇秦爲楚合從説韓王曰」章四〇三字。

《韓策三》有：

「韓人攻宋，秦王大怒……蘇秦爲韓説秦王曰……」章二三八字。（或改「秦」爲「代」。）

「蘇秦將爲從，北説燕文侯曰」章三六三字。

《燕策一》有：

「奉陽君李兑甚不取於蘇秦」章一八八字。（或改「秦」爲「代」字。）

「燕文公時……齊宣王……武安君蘇秦爲燕説齊王……」三二七字。

「人有惡蘇秦於燕王者」章六〇八字。

「蘇秦死，其弟蘇代欲繼之，乃北見燕王噲曰」章六五五字。

「燕王噲既立，蘇秦死於齊」章，六六〇字。

《宋衛策》有：

「宋與楚爲兄弟……蘇秦爲宋謂齊相曰」章六六字。

《戰國策》裏明著其爲蘇秦的有二十八章，實在不止「八篇」，沈欽韓所説的「八篇」也没有指明究竟是哪幾章。所以，他這句話，也只是一句無從捉摸的空話！撇開沈欽韓的話不談，我們再檢查一下《史記》。《史記》除《蘇秦列傳》前面所舉的十一條之外，涉及蘇秦的事，還有二處。

《燕召公世家》：「文公十九年，齊威王卒。二十八年，蘇秦始來見，説文公，文公予車馬金帛以至趙，趙肅侯用之，因約六國爲從長。秦惠王以其女爲燕太子婦。二十九年，文公卒，太子立，是爲易王。易王初立，齊宣王因燕喪伐我，取十城，蘇秦説齊，使復歸燕十城。十年，燕君爲王，蘇秦與燕文公夫人私通，懼誅，乃説王使齊爲反間，欲以亂齊。易王立十二年卒，子燕噲立。燕噲既立，齊人殺蘇秦。蘇秦之在燕，與其相子之爲婚，而蘇代與子之交。及蘇秦死而齊宣王復用蘇代。」

《楚世家》：「懷王十一年，蘇秦約從山東六國共攻秦，楚懷王爲從長，至函谷關，秦出兵擊六國，六國兵皆引而歸，齊獨後。」

這兩段文字，自己本身存在着矛盾。據《史記·六國年表》，燕王噲元年是周慎靚王元年，楚懷王九年相當於公元前三二〇年。楚懷王十一年是周慎靚王三年，燕王噲三年相當於公元前三一八年。蘇秦不應在前三二〇年被殺，而會在前三一八年「約從山東六國共攻秦」！《史記》這個錯誤是明擺着的！根據《楚世家》「懷王十一年蘇秦約從山東六國共攻秦」，那末楚懷王九年的時候，蘇秦没有爲齊人所殺。根據《楚世家》「蘇秦死而齊宣王復用蘇代」，那末，蘇秦的死，明明是在齊宣王的時候，不是在「燕噲既立」公元前三二〇年的時候了。《史記》原來有一個很大的錯誤，這是司馬遷對於《田齊世家》問題的錯誤。《莊子·胠篋》篇提到田齊自從陳恒弑君之後，説「田成子十二世有齊國」，而《史記》則説田成子（即陳恒）到王建的滅亡，只有十代，没有十二世。由於《史記》在田齊的世家裏缺少了兩代，所以把齊威王齊宣王的年份提到前面去了，因此發生了錯誤。根據《竹書紀年》田齊在威王之前還有悼子及侯剡兩代，恰恰和《莊子》所説的「十二世」相合。這樣，《史記》的錯誤，可以有力地得到糾正。《燕世家》「易王初立，齊宣王因燕喪伐我取十城，蘇秦説齊使復歸燕十城」。這件事也見於《戰國策·燕一》。《燕一》説：「文公卒，易王立，齊宣王因燕喪攻之，取十城。武安君蘇秦爲燕説齊王……齊王大悦，乃歸燕城。」依據《竹書紀年》推算，燕易王初立的這一年，在齊國是齊威王二十六年，前這一年，燕文公卒，齊國「因燕喪攻之」，這時是齊威王，不是齊宣王。在這之後十三年，齊宣王才即位。《史記》和《戰國策》對於「齊宣王」這個問題，都是錯誤了的。《史記·六國年表》「燕文公十九年，齊威王三十六年」，明年，「燕文公二十年，齊宣王辟彊元年」，也是錯誤的，齊威王三十六年，乃是齊威王稱王的一年，並不是他死的一年。《燕世家》説「文公十九年，齊威王卒」，更是錯誤的。「文公二十八年，蘇秦始來見」，這一年，從齊國來説，實在是齊威王的二十四年。齊威王在位，前後實有三十九年之久（參看《先秦諸子繫年考辨》七七四）。所以，蘇秦早期在齊，是在齊威王的時候，後來的死於齊，則是在齊宣王的時候。

蘇秦説齊威王歸燕十城，正是他聯合燕齊的一種措施，符合於他合從的主張。

前面説過，《戰國策》裏明著其爲蘇秦的共有二十八章，如依《蘇子》三十一篇來説，還缺少三篇。現存的《戰國策》是不全的本子，據唐代注《文選》的李善所看到的《戰國策》有關蘇秦的記載，還有：

「蘇秦曰：上下相怨，民無所聊。」（見《文選·袁紹檄豫州》注引）

這一段現存的《戰國策》是没有的。《藝文類聚》的編者歐陽詢所看到的《戰國策》還有：

「蘇秦爲楚合從，元戎以鐵爲矢，長八寸，一弩十矢俱發。」（見《藝文類聚》六十引）

這一段也是現存的《戰國策》所没有的。寫《史記》「索隱」的司馬貞，還看到一段：

「蘇秦爲公子增謂秦王曰公孫衍……」（見《史記·魏世家》索隱引）

這也是現存的《戰國策》所没有的。這三段，加上前面所説的二十八章，恰恰合於《蘇子》三十一篇的數目。不知班固《藝文志》所説蘇秦的《蘇子》，是否就是這些内容，這是值得思索的。

就司馬貞所看到的《魏世家》索隱這一段，現在《史記·魏世家》是這樣説的：

「安釐王「三十年，無忌歸魏，率五國兵攻秦，敗之河外，走蒙驁。魏太子增質於秦，秦怒，欲囚魏太子增。或爲增謂秦王曰：公孫喜固謂魏相曰：請以魏疾擊秦，秦王怒，必囚增。魏王又怒擊秦，秦必傷。今王囚增，是喜之計中也。故不若貴增而合魏以疑之於齊韓。秦乃止增。」

這段文字，司馬貞所看到的《戰國策》「或爲」是「蘇秦爲」，「公孫喜」作「公孫衍」。這段文字裏的主角是蘇秦。我們查考，魏安釐王三十年，就是秦始皇初即位的前一年，相當於公元前二四七年。假如從公元前三三四年燕文公二十八年蘇秦初至燕算起，到此已有八十八年之久，如果蘇秦初至燕時的年歲僅僅是二十歲，到此也已是一百零八歲的老人了，那裏會有此事！由此可見司馬貞所看到的這段記載蘇秦的所謂《戰國策》，決不是蘇秦的事。又可見古代用「蘇秦」這名字來作記載的文字一定不在少數，有的已經失傳，有的現在還被保留着。所有這些，我們必須仔細研究。

總之，從上面的叙述看來，劉向書裏所提到的蘇秦，有些決不是真的蘇秦的事，必須仔細核實，區别對待。過去有人認爲《戰國策》裏有的地方原有蘇秦的名字，後來給「諱學其術」者塗去了的，這也不是事實。

説到這裏，順便附帶談一談關於《戰國策》的作者問題。

《戰國策》作者是誰？這個問題的提出，似乎值得商榷。

劉向明白交代自己依據「中戰國策書、中書餘卷」整理加工之後，「得三十三篇」，「宜爲戰國策」。那末，《戰國策》這名詞，是劉向所定，《戰國策》這部書的内容，是來源於不同的一些保留在漢家皇朝書庫裏的簡書或帛書。這些材料，名目不同，有六種之多，説明本來不是出於一人之手。我們如果要追查這些作者的姓名，無論一時難於捉摸，而且也決計不能歸結到一個人。這些材料，「錯亂」、「糅莒」、「復重」，時間先後也没有一定的次序，這哪裏會來自任何一個人之手！這足以證明《戰國策》的前身，就是戰國末期到西漢初年一羣學習「長短縱横術」的所謂「蘇秦書」、「蘇秦法百家書説」的那些「説士」們的揣摩底本，決不是任何一個人的私家著作。所以，提出「《戰國策》作者」這問題，是值得考慮的。清代乾隆年間山東牟廷相根據《史記·田儋列傳》、《淮陰侯列傳》認爲「《戰國策》即蒯通所作論戰之權變八十一首，劉向除去四十八首爲三十三篇」（見鈔本《雪泥書屋雜志》卷二，金德建著《司馬遷所見書考》三三九頁引）。近時有些學者同意他的看法，並作出補充的論證，這裏不作轉述。總的一句，我們認爲如果《戰國策》真的是蒯通所作，爲什麽劉向所看到的那些材料，會有那樣的「錯亂」、「糅莒」、「復重」，以及次序先後顛倒的情况呢？蒯通「論戰國時説士權變，亦自序其説」，自序其説，附在後面，而前面的主要部份，則是序他人之説，是「戰國時説士權變」，這些説士權變，他不能一個人憑自己捏造，也一定要像劉向那樣的事有所本，這就决計不是出於某一個人之手了。這些問題，都值得思考。所以，這個問題是否應該提，是否可以歸之於蒯通一人，必須予以仔細研究，才能肯定落實，否則是無從作出這樣的結論的。

二、蘇秦合從擯秦的真實情况

蘇秦合從擯秦，究竟是怎樣一回事？

有關這一件事，近數十年曾有數人著論否定。錢穆《蘇秦考》説：

「齊威宣之盛，聲威遠出秦上，故宣王欲求其所大欲，以一天下爲志，而其時蘇秦已死，自蘇秦未死之前，固絶無六國合從擯秦之必需，亦絶無六國合從擯秦之可能，即據今史記各世家年表所記，又絶無六國合從擯秦之痕迹也。」（《先秦諸子繫年考辨》三七〇——二七一頁）

徐中舒《論〈戰國策〉的編寫及有關蘇秦諸問題》説：

「蘇秦張儀是戰國時代合從連横説的箭垜式人物」。

「蘇秦年輩比張儀晚」。

「蘇秦如死於張儀之前，當時齊國正威脅着三晉燕楚的安全，齊又爲什麽要爲三晉燕楚合從抗秦呢？」（《歷史研究》一九六四年第一期）

錢徐二氏都不承認蘇秦有合從擯秦的事。楊寬著《戰國史》，承認了蘇秦有合從擯秦的事，不承認蘇秦曾佩六國相印（見《戰國史》七九頁注七）。

蘇秦合從擯秦究竟有没有這件事呢？我們查看了一下，上文曾經提到李斯、賈誼的話，李斯《諫逐客書》：

「惠王用張儀之計，……遂散六國之從，使之西面事秦」。

秦惠文王的時候，正是齊威王、齊宣王的時候，在張儀未死之前，東方六國，確有合從擯秦的事實，這是不容否定的。證一。

賈誼《過秦》：

「諸侯恐懼，會盟而謀弱秦……合從締交，相與爲一，……約從離横，并韓、魏、燕、楚、齊、趙、宋、衛、中山之衆，於是六國之士，有……蘇秦、杜赫之屬爲之謀……常以十倍之地，百萬之衆，叩關而攻秦……」

賈誼述説這段話，把時間安放在「惠王武王蒙故業因遺册」的一句之下，這個惠王武王的時候，正是齊威王、齊宣王的時候，也正是「蘇秦、杜赫之屬」出謀劃策的時候，説明這個合從擯秦的事實同樣是不容否定的。證二。

司馬遷編寫《史記》之前，有這兩個證明，説明蘇秦合從擯秦，決不是子虛烏有的一句空話。我們再查看一下司馬遷所編寫的《史記·六國年表》：

「周慎靚王三年，秦惠文王後元七年，五國共擊秦，不勝而還。」

「周慎靚王三年，魏哀王元年，擊秦不勝。」

「周慎靚王三年，韓宣惠王十五年，擊秦不勝。」

「周慎靚王三年，趙武靈王八年，擊秦不勝。」

「周慎靚王三年，楚懷王十一年，擊秦不勝。」

「周慎靚王三年，燕王噲三年，擊秦不勝。」

「周慎靚王三年，齊湣王六年，宋自立爲王。」

《秦本紀》：

「秦惠文君後七年，樂池相秦，韓、趙、魏、燕、齊帥匈奴共攻秦，秦使庶長疾與戰修魚，虜其將申差，敗趙公子渴，韓太子奂，斬首八萬二千。」

《魏世家》：

「魏哀王元年，五國共攻秦，不勝而去。」《正義》：「韓、魏、楚、趙、燕也。」

《趙世家》：

「趙武靈王八年，韓擊秦，不勝而去。五國相王，趙獨否。九年，與韓魏共擊秦，秦敗我，斬首八萬級，齊敗我觀澤。」

《楚世家》：

「楚懷王十一年，蘇秦約從，山東六國共攻秦，楚懷王爲從長，至函谷關，秦出兵擊六國，六國兵皆引而歸，齊獨後。」

《燕世家》：

「燕噲三年，與楚三晉攻秦，不勝而還。」

《田敬仲完世家》：

「齊湣王地二十六年，齊與韓魏共攻秦，至函谷軍焉。」《集解》：「徐廣曰：孟嘗君爲相。」

《史記》這幾段材料，説明五國擊秦不勝而還，這一件事是在周慎靚王三年，秦惠文王後元七年，魏哀王元年，韓宣惠王十五年，趙武靈王八年，楚懷王十一年，燕王噲三年。這年正當公元前三一八年。關於這一件事，《六國年表》没有提到齊國，《秦本紀》没有提到楚國，所以《六國年表》只説「五國擊秦，不勝而還」。綜合起來看，這次擊秦，實際上不止五國，實際上有六國，而且有六國以外的匈奴，可能還有宋、衛、中山，合起來便是賈誼所説的「九國之師」。《趙世家》裏看不出趙武靈王八年參加擊秦的事，可是九年就「與韓魏共擊秦」的，它的參加擊秦，比較後些，這其間可能和齊國存在着矛盾的緣故，看後來齊國在觀澤擊敗趙軍一事，可以推知。至於齊國，這時的統治者究竟是什麽人呢？《六國年表》説這年是「齊湣王地六年」，這是不正確的。據《田敬仲完世家》，齊湣王地二十六年，齊與韓魏共攻秦，至函谷軍焉」，徐廣知道這時是「孟嘗君爲相」，很明顯，這是後來的另一件事，不是這一次的事，這一次，「六國年表」没有提到齊國，而《秦本紀》、《楚世家》都有齊國參加，可見齊國是參加這一次的共擊秦的。非但共擊秦，而且從「齊獨後」和明年在觀澤地方擊敗趙軍看來，可以證實齊國在這一次的共擊秦中，它是重要的主角，可能就是主謀。那末，這時齊國的統治者究竟是什麽人呢？這問題首先必須查明。

根據《竹書紀年》，「梁惠成王後元十五年，齊威王薨」（見《史記·孟嘗君列傳》索隱引），這是一個十分重要的證據。齊威王薨，繼承他的齊國統治者是他的兒子齊宣王辟疆、梁惠王後元十五年，當公元前三二〇年，開轉年來，就是齊宣王辟疆元年。六國攻秦的事，恰恰在他即位之後的第二年

（公元前三一八年）。這説明《六國年表》所記載的「齊湣王地六年」這句話應該説是「齊宣王辟疆二年」。這是《史記・六國年表》的錯誤，必須指出訂正。

齊宣王二年和楚、燕、趙、韓、魏六國共同擊秦，可能還發動了宋、衛、中山，合成了「九國之師」，另外還加上北方的匈奴，聲勢是十分浩大的。結果，趙公子渴給秦打敗，韓國的公子奂也給秦國打敗，秦國又在韓國的修魚地區打敗並俘虜了韓將申差。齊國趁此機會結合了宋國的兵力在魏國頓丘地區的觀澤打敗了魏國趙國的軍隊，因此造成了「齊獨後」的形勢。而作爲「匈奴」的義渠，也在李帛地方襲擊了秦軍，把秦軍打敗了。所有這些，都是齊宣王即位之後二三年間的事。

毫無疑問，《秦本紀》是司馬遷依據秦國的史記《秦記》來進行編寫的，所説的「惠文君後七年……韓趙魏燕齊帥匈奴共攻秦」，這裏有齊國，是十分可靠的。這裏雖然没有楚國，但是《六國年表》裏這一年擊秦有楚國，《秦本紀》偶而遺漏，這是不足爲怪的。梁玉繩對《秦本紀》這一條説：

「考《楚世家》云：六國攻秦，楚懷王爲從長。楚爲從長，所書自當不謬。《大事記》據之是也。此紀不及楚，年表及《燕世家》不及齊，《趙世家》但言與韓魏擊秦，《魏世家》及犀首傳俱言五國攻秦，《樂毅傳》不及燕、楚、韓，《齊世家》並略之，皆錯失，不足憑。」（見《史記志疑》卷四）

他又説：

「賈生《過秦論》又稱九國之師（《索隱》曰六國之外更有宋、衛、中山），豈攻秦一役，宋、衛、中山共以兵從如匈奴之從六國歟？是與義渠亦伐秦，若并數之，則爲十一國矣。司馬光《資治通鑑》依年表作五國，非。而高誘《國策》注以齊、宋、韓、魏、趙爲五國尤非。」（見同上）

這些分析，足够證明當秦惠文王後元七年時的確存在着六國合從擯秦的事實。

我們把《史記》記載的材料綜合核對，情況大致就是這樣。參照過去研究這個問題的幾個人得出的結論，也可以取得一致的看法。

吴師道《戰國策補注》説過：

「楚王爲從長，乃懷王十一年蘇秦約楚齊趙韓魏燕伐秦也。秦紀無楚，年表無齊，故以五國稱。楚世家書特詳，諸侯至函關擊秦，不勝而歸……非李兑合從時也。兑伐秦時，當楚頃襄王十二年。」（見鮑本《戰國策》卷六趙「齊欲攻宋秦令起賈」章下注）

吴師道把楚懷王十一年蘇秦合從的伐秦，和事隔三十一年之後的楚頃襄王十二年李兑合從的伐秦兩件事區别得很清楚，這是十分正確的。

黄式三纂録《周季編略》，依據《六國年表》、《秦本紀》、《楚世家》把這件事排在周慎靚王三年之下，説：

「賈子《過秦》云：秦開關延敵，九國之師逡遁而不敢進，蓋指此而言，於六國外加宋、衛、中山，故曰九國……」（見《周季編略》卷七）

黄式三這個編排和依據賈誼《過秦》作了補充説明，也是正確的；所不足的是他在紀年方面，没有依據《竹書紀年》而把齊宣王二年説爲「齊宣王二十五年」，則是錯誤的。

顧觀光《國策編年》記「周慎靚王三年魏哀王元年六國共擊秦，無功而還」。在這條下面，編排《韓策一》「五國約而攻秦，楚王爲從長」一章，「五國伐秦魏欲和」一章，「義渠君之魏」一章。《戰國策》這三章，是公元前三一八年的事。其中「五國約而攻秦楚王爲從長」一章，吴師道曾有説明。他説：

「是役本六國，言五國重王，則楚在外。《史》年表等書五國，故因此稱五國。此明是楚約從時事。《大事記》改五作四，遂以此策附注李兑約五國伐秦之年，亦誤。其曰：合五國之衆，一籌不劃，逡巡而却，乃欲攻一小邑以償費，楚王爲從長，不知諸侯與己之深淺，始欲卜交，宜乎秦以折箠笞之，此言移以論懷王尤爲切中者也。」(見鮑本《戰國策》卷八韓「五國約而攻秦」章注)

吴師道這段分析是很有理由的。這條策文的開端，說：

「五國約而攻秦，楚王爲從長，不能傷秦，兵罷而留於成皋……」

下面接着説的是市丘君方面的人魏順「南見楚王」對楚王説的話，説：

「五國重王，且聽王之言而不攻市丘；不重王且反王之言而攻市丘。」

根據魏順的話，可見當時「楚王爲從長」，是楚王聯合「五國」共同攻秦的，共同攻秦的實際上有六國，對楚王來説，楚國除外，所以只説「五國」。《韓一》這條材料，足以證明周慎靚王三年的事，的確是六國合從擯秦。問題的癥結所在，是當戰國末期，合從擯秦不僅是周慎靚王三年相當於公元前三一八年的這一次，在此之後，到公元前二八七年，還有李兑的趙韓魏燕齊五國伐秦的一件事。過去學習「蘇秦縱横」的人，常常把這兩件事混爲一談，所以發生錯誤。就從這「韓一」一條來説，開端提到的「兵罷而留於成皋」一句，就是把前後兩事混爲一談的實證。「兵罷而留於成皋」，那是後來五國伐秦的事實，決不是前一回六國合從擯秦的事實。這在其它各條策文中可以取得證明。這是必須辨别清楚的(參看下文「附：五國合從伐秦」)。

蘇秦合從擯秦這件事，從李斯、賈誼、司馬遷這些人的著作中可以知道是確有其事的。吴師道、梁玉繩、黄式三等的意見，也可以證實其事。

我們再從當時事實的具體情況來進行考察。

蘇秦在政治上活動的年代，是在齊威王、宣王父子相繼的這個時期。這個時期，「齊威宣之盛」的確是「聲威遠出秦上」（錢穆語見前）的。當時的齊國，新興地主階級的政權，正由於齊威王的勵精圖治而造成「齊最彊於諸侯，自稱爲王以令天下」的局面。蘇秦正是在這個情況下來到齊國的。齊威王死後，年少英俊的齊宣王繼承王位。即位不久，孟軻前來見他，這時齊宣王的口氣，着實不小，一開口就問孟軻「齊桓晉文之事可得聞乎」？接着又透露了他自己的「大欲」，是要「以一服八」，「辟土地朝秦楚，莅中國而撫四夷」。這真是好大的口氣！他們在另一次見面的時候，齊宣王又自我誇張地說「寡人好勇」，那孟軻急忙投其所好地教他不要搞「小勇」而要搞「大勇」，教他要像周武王那樣「一怒而安天下之民」，不要讓「一人橫行於天下」。所有這些，足够說明齊宣王是個十足的好大喜功的野心家。所以孟軻慫恿他要像周武王那樣進行征誅討伐。因此，他在「齊國大治」（並見《史記·田敬仲完世家》）的基礎上，聯合其他各國共同伐秦，這是完全合乎當時的現實的，那裏如錢穆所說的「絕無可能」與「必需」呢？還是徐中舒所說的有一部份可以作爲反證的依據。他說：

「蘇秦如死於張儀之前當時齊國正威脅着三晉、燕、楚的安全，齊又爲什麼要爲三晉、燕、楚合從抗秦呢？」

蘇秦的確「死於張儀之前」，當時的齊國，的確「威脅着三晉、燕、楚的安全」，然而這位齊宣王却正是年少氣盛、好大喜功的大野心家，他要講求「交鄰國」之道，他要問訊「湯放桀、武王伐紂」的故事，他聽到「秦興師臨周而求九鼎」，他採用了顔率的計謀，「發師五萬人使陳臣思（即田忌）將以救周，而秦兵罷」（《東周策》）。他的合從攻秦，明明是爲滿足自己的野心，那裏是「爲三晉、燕、楚」呢？只要看這一次戰役的結果，「六國皆引兵而歸，齊獨後」，而於「獨後」的過程中，在觀澤一仗，接連打敗了趙、魏、韓三國的軍隊，這不是顯而易見的這次的主動是齊國的齊宣王，而在幕後運籌策劃的謀臣則正是那個蘇秦嗎？當時蘇秦在齊出謀劃策，杜赫在楚出謀劃策，而惠施則在魏出謀劃策（見《楚策三》「五國伐秦欲和」章），所以後來的賈誼談到「六國之士」的時候，很自然地把蘇秦杜赫兩個連在一起談了。正因爲蘇秦爲齊宣王出謀劃策，聯合其他五國合從擯秦，最後齊宣王趁機破壞了從約，不擇手段地打擊了趙、魏、韓三國，所以蘇秦的政敵——張儀，可以給予「惡聲」，進行造謠污蔑而秦惠王也就對寒泉子説：

「蘇秦欺敝邑，欲以一人之智，反覆山東之君，從以欺秦，諸侯之不可一，猶連鷄之不能俱上於棲……」

六國之中，燕、楚兩國僻在南北兩方，而楚懷王却抱着一己的私心，表面上貪圖「從長」的美名，在戰斗的前綫，看不出他曾經出了多少力氣，却在戰事結束的時候，「欲攻一小邑以償兵費」，並在五國之中，進行什麽「卜交」，這真如吴師道同意吕祖謙所説的「不知諸侯與己之深淺……宜乎秦以折箠笞之」了。「楚境横天下，懷王信弱王」，無怪後來的蘇軾要這樣地批評他了。

當時的情況是這樣。徐中舒説：「齊國正威脅着三晉、燕、楚的安全，齊又爲什麽要爲三晉、燕、楚合從抗秦呢」？齊宣王的合從抗秦，那裏爲的是「爲三晉、燕、楚」，他的目的，也和楚懷王一樣，無非爲的是自己的私心。所以，徐中舒這句話用來作爲反證是很不錯的，却不足以正面説明問題。

至於講到「必需」與「可能」，這也不是没有事實可作證明的。秦國自從秦孝公、商鞅去世之後，秦惠文王二年（前三三六年）「初行錢」，周天子致賀。隔了一年，惠文王四年，周天子致文武胙（並見《史記·六國年表》），很明顯，秦國的地位、威望高出於東方諸侯之國之上了。可是，與此同時，韓國的宜陽却爲秦所拔（惠文王三年前三三五），接着就是魏國的雕陰爲秦所取（《史記·蘇秦列傳》當惠文王四年前三三四），逼得魏國自動地把陰晉送給了秦國，改名叫做「寧秦」（即華陰，事見《史記·六國年表》，當惠文王六年，前三三二），企圖取得暫時的緩和。事實適得其反，接着不久，就在惠文王八年（前三三〇）逼得魏國又非自動地獻出河西一帶地區給秦國不可，而秦國還是圍攻着魏國的焦、曲沃不放（並見《史記·六國年表》），惠文王九年（前三二九），秦兵渡過黄河，攻取了魏國的汾陰、皮氏，又把焦的地方攻了下來（見《史記·六國年表》）。惠文王十年（前三二八）魏國完全獻出了上郡十五縣包括少梁在内給了秦國（見《史記·六國年表》）。這就是梁惠王在孟軻面前歎息而道的「西喪地於秦」的一系列事實。看那時的情況，秦國「東割膏腴之地，收要害之郡」對東方諸侯的威脅是如此之大。正在這時，山東六國，還是相互攻擊，不斷地發生戰事。就在這種「一人横行於天下」的形勢之下，「諸侯恐懼，會盟而謀弱秦」，於是蘇秦起來「合從締交，相與爲一」。這正是蘇秦識見的卓越，所謂「其智有過人者」，又哪裏可以斷言「絶無可能與必需」呢？

錢穆又認爲景春問孟軻只説「公孫衍、張儀豈不誠大丈夫哉」！没有提到蘇秦，以爲當時蘇秦的聲名業績，還不及張儀，所以不能和張儀同列（見《先秦諸子繫年考辨》二七四頁）。這也不能作爲論據。我們看張儀會齊楚大臣於齧桑，犀首（即公孫衍）約魏、趙、韓、燕、中山五國相王，事並在齊威王三十五年（前三二三），前此數年，公孫衍爲秦大良造（惠文王五年前三三三）張儀也做過秦相（惠文王十年前三二八）。公孫衍、張儀在當時的確是聲名顯赫，的確這時的蘇秦没有像他們那樣的闊綽。可是，正當孟軻在齊的時候，正當齊宣王二年（即前三一八，在前三二三之後的第五年）的時候，「六國共擊秦」的事件發生了，當時孟軻在齊，蘇秦也在齊，景春問話，是問齊國以外的人物，那有什麽必要一定要提到當時在國内出謀劃策的蘇秦呢？景春只問公孫衍、張儀，而没有提到蘇秦。這不可能根據這點就懷疑在公孫衍張儀活動的時候排除蘇秦這個人的活動。正如衆所周知的孟軻和莊周同時，而《孟子》一書没有一字提到莊周一樣，難道也可以根據這點説當時没有莊周這個人在活動着嗎？

總結上文，我們説，蘇秦合從擯秦，肯定是有的，事在公元前三一八年。由三一八年這次六國合從擯秦，秦兵至函谷關出擊六國，上推十五年，恰恰是蘇秦在燕國開始發動合從的時候，這和《史記·蘇秦列傳》所説「秦兵不敢窺函谷關者十五年」相合。後來揚雄《法言·問寯》篇也説蘇張兩個「學乎鬼谷術而習乎縱横言，安中國者各十餘年」，這些話也不是完全没有事實根據的。

〔附〕

五國合從伐秦

司馬遷早就説過：「異時事有類之者皆附之蘇秦。」在蘇秦合從擯秦之後的第三十年，又有一次五國合從伐秦的事。這後一件事，常和前一件事相混。

五國合從伐秦，這時的五國是趙、韓、魏、燕、齊，這時是在周赧王二十八年秦昭襄王二十年，趙惠文王十二年，韓釐王九年，魏昭王九年，燕昭王二十五年，齊湣王十四年，相當於公元前二八七年。這件事的主謀，表面上是李兑，實際上是蘇代，而幕後的操縱者則仍然是齊國。

吴師道説：

「趙李兑約五國以伐秦，《大事記》赧王二十九年，先書趙李兑約五國伐秦，後書齊滅宋。解題云：此大事也，見於策者前後非一章，史遺略不載，策亦不載伐秦之年，然兵端起於秦怨趙

助齊伐宋，故附齊滅宋年。」（見鮑本《戰國策》趙「齊欲攻宋秦令起賈禁之」章下注）

根據《趙策四》「五國伐秦，無功，罷於成皋，趙欲構於秦，楚與韓魏將應之，齊（原作秦）弗欲，蘇代謂齊王曰： 臣已（原作以）爲足下見奉陽君矣……」知道這時蘇代曾游説奉陽君，勸堅持合縱攻秦。根據《燕策二》「蘇代爲奉陽君説燕與（原作於）趙以伐齊，奉陽君不聽，乃入齊惡趙，令齊絶於趙。齊已絶於趙，因之燕，謂昭王曰： 韓爲謂臣曰： 人告奉陽君曰： 使齊不信趙者蘇子也，令（原作今）齊王召蜀子使不伐宋，蘇子也，與齊王謀遁（原作道）取秦以謀趙者蘇子也，令齊守趙之質子以甲者，又蘇子也……」知道這時活動於燕、齊、趙三國之間的是蘇代。根據《趙策四》齊欲攻宋，秦令起賈禁之。齊乃收趙以伐宋。秦王怒，屬怨於趙。李兑約五國以伐秦，無功，留天下之兵於成皋，而陰構於秦，又欲與秦攻魏以解其怨而取封焉。魏王不説。之齊，謂齊王曰……」這段策文，「之齊」和「謂齊王曰」之間，鮑彪本補了一個「人」字。吴師道説：「《大事記》魏王不説，齊人謂王云云，愚謂之齊上有缺文，當是人姓名。」金正煒説：「之齊上脱人名，吴正是也。鮑於謂上補人字，無義。」這裏「之齊」兩字之前有脱文脱去的是人名，吴、金兩家的話是對的。但脱去的人名是那一個呢？他們都没有憑空臆測。徐中舒《論〈戰國策〉的編寫及有關蘇秦諸問題》（《歷史研究》一九六四年第一期）一文裏，在這裏憑自己的主觀補上了「蘇秦」這名字，這顯然是不正確的，從當時的具體情況看來，這裏應該是「蘇代」兩字，全句當是「蘇代之齊，謂齊王曰」。這樣和前面兩條策文完全吻合了。

最近有人説：

「五國攻秦，表面上是李兑所約，暗地裏是齊國在操縱的，其實際組織者是蘇秦。所以，從前二八八年冬天到前二八七年夏季，『攻秦之兵始合』而齊閔王就發動第二次攻宋。之前的幾

個月裏，蘇秦是最繁忙的。」（《文物》一九七五年第八期三五頁，曾鳴：《關於帛書〈戰國策〉中蘇秦書信若干年代問題的商榷》）

這裏兩處的「蘇秦」二字，都應當是「蘇代」兩字。這次五國合從伐秦，參加的主謀是蘇代，不是蘇秦。這時已是蘇秦死後第二十四個年頭的事了，把蘇代的事當作蘇秦，這還是司馬遷的一句老話，「異時事有類之者皆附之蘇秦」，這是不足爲憑的。

三、蘇秦的卒年

關於蘇秦的死，前面開端曾有簡單的叙述，這裏作些必要的補充與考核。蘇秦死在張儀之前，蘇秦的死，張儀是知道的。

司馬遷説：

「張儀之行事，甚於蘇秦，然世惡蘇秦者，以其先死，而儀振暴其短，以扶其説，成其衡道。」（《史記・張儀列傳》贊）

蘇秦比張儀先死，司馬遷説得很明白。「世惡蘇秦」，由於衡人的「振暴其短」，因此有「諱學其術」（見《史記・蘇秦列傳》贊）的事，這也很明白。如果説蘇秦死於齊湣王亡國的時候，那末蘇秦死在張儀死後要有二十六年之久，和司馬遷這些話截然相反了。

蘇秦死於哪一年呢？前面説過，蘇秦死於公元前三一一年，蘇秦死的下一年，張儀也就死了。爲了徹底搞清這問題，這裏先得查一下張儀的卒年。

《史記・張儀列傳》：「張信相魏，一歲，卒於魏也。」《索隱》：「年表，張儀以安信王十年卒。紀年云：安信王九年五月卒。」錢氏《考辨》據郝氏《竹書紀年校正》認爲「張儀之卒，在魏襄王九年」。這是説在魏襄哀王九年，相當於公元前三一〇年。

《史記・張儀列傳》：「……張儀既出，未去，聞蘇秦死，乃説楚王曰……」《索隱》：「按此時當秦惠王之後元十四年。」張儀説楚王的話，是：

「凡天下而以信約從親相堅者，蘇秦，封武安君，相燕，即陰與燕王謀伐破齊而分其地，乃佯有罪，出走入齊，齊王因受而相之，居二年而覺，齊王大怒，車裂蘇秦於市。夫以一詐僞之蘇秦，而欲經營天下，混一諸侯，其不可成亦明矣……」

這段話也見於《戰國策・楚一》，文字稍有不同：

「凡天下所信約從親堅者，蘇秦，封爲武安君，而相燕，即陰與燕王謀破齊共分其地，乃佯有罪，出走入齊，齊王因受而相之。居二年而覺，齊王大怒，車裂蘇秦於市。夫以一詐僞反覆之蘇秦而欲經營天下，混一諸侯，其不可成也亦明矣……」

這段話是横人張儀在楚王面前對從人蘇秦進行誣蔑性的談話，可信的程度是有限的，前面曾經説明。但是，這段話雖然内容要仔細分析，而説這段話的時間則是值得重視的。這段材料，《國策編年》的作者顧觀光把它編於周赧王四年，這年正是魏襄哀王八年，楚懷王十八年齊宣王九年，相當於公元前三一一年，正是張儀死的前一年。

張儀聽到了蘇秦的死信，立即游説楚懷王，可見蘇秦的死，就是在這公元前三一一年，往後一年的五月，張儀也就死了。

根據上述的材料，我們可以斷言蘇秦的卒年，是在公元前三一一年。關於這個問題，歷來存在着各種不同的意見。爲了審慎起見，我們必須仔細核實，然後作出比較可靠的論斷。

（一）周顯王四十八年（前三二一）説

這一説的主張者，前有梁玉繩，後有近人錢穆。他們的根據，則是《史記·蘇秦列傳》裏的徐廣的説明。《史記·蘇秦列傳》的原文是：

「蘇秦佯爲得罪於燕而亡走齊，齊宣王以爲客卿。齊宣王卒，湣王即位，説湣王厚葬以明孝，高宫室大苑囿以明得意，欲破敝齊而爲燕。燕易王卒，燕噲立爲王。其後，齊大夫多與蘇秦争寵者，而使人刺蘇秦……蘇秦且死，乃謂齊王曰：臣即死，車裂臣以徇於市……」

這段文字的《集解》引了兩句徐廣的話：

1．徐廣説：「齊宣王以爲客卿」，是「燕易王之十年時」。

2．徐廣説「燕易王卒」是「易王十二年卒」。

必須注意的是《蘇秦列傳》這段原文「燕噲立爲王」之後，有「其後」兩字，這「其後」兩字的意義，在時間上説是没有限制的。根據徐廣的理解，蘇秦任齊宣王的客卿，是在「燕易王之十年時」，那是在公元前三二三年，「易王十二年卒」那是在公元前三二一年，這年就是周顯王四十八年，也就是列傳所説「燕噲立爲王」的這一年。這一年之「其後」，齊大夫和蘇秦争寵，使人刺蘇秦，那末按照《史記》原文和徐廣的理解，也決不是認爲蘇秦就死在周顯王四十八年這一年。

梁玉繩在《史記志疑》二十九對「蘇秦且死」這句説：

「秦死在齊宣王時，史誤減宣十年以加湣王，故以爲死湣王時爾，考策有云蘇秦死而齊宣王復用蘇代，史公採入《燕世家》，此秦不死湣王時之的據……」

梁氏說蘇秦死在齊宣王時，這是很對的，但是，他又說：

「徐廣謂蘇秦爲齊客卿在燕易王之十年時，而儀傳云居二年秦死，則其死在易王末年，當齊宣王廿二年，周顯王四十八年。」

這裏，梁氏說蘇秦死在齊宣王廿二年，這就不對了。周顯王四十八年，是齊威王的三十七年，當公元前三二一年，這是在齊宣王元年之前二年，根據《竹書紀年》「梁惠成王十五年，齊威王薨」，齊威王是三十八年死去的，那年是周慎靚王元年，當公元前三二〇年。下一年才是齊宣王元年，當公元前三一九年。《戰國策·燕一》「蘇秦死而齊宣王復用蘇代」，從這個「復」字可以知道齊宣王是曾經任用過蘇秦的，蘇秦死了，又任用了他的弟弟蘇代，所以使用了這個「復」字。從這點來看，可以知道蘇秦決非死於周顯王四十八年，即公元前三二一年。當時正是齊威王的三十七年，齊威王還沒有死，齊宣王還沒有立，哪裏有什麼齊宣王的廿二年呢？很明顯，這肯定是梁玉繩的錯誤。

錢穆受了梁玉繩的影響，說：

「蘇秦之死，則值威宣之際。梁氏《志疑》云：徐廣謂蘇秦爲齊客卿正燕易王之十年時。」（按見《秦傳》集解）而《張儀傳》云：居二年秦死，則其死在易王末年，當周顯王四十八年。今據《燕世家》燕噲既立之文，周顯王四十八年正易王卒噲立猶未及改元之歲。明年，周慎靚王元年，燕王噲稱元而齊威王薨。蘇秦之死，早則在前年，齊威王殺之，遲則在後年或威王或宣王不能定。而宣王用蘇代，則正其初立時也……（《先秦諸子繫年考辨》二六八頁）

蘇穆的《先秦諸子繫年通表》第三，也把「蘇秦死或在此年」這句記在周顯王四十八年齊威烈王二十七年即公元前三一一年這一闋，雖然用了疑問的口氣，没有肯定是這一年，但是説「宣王用蘇代正其初立時」反證蘇秦的死在這之前，這還是不够正確的。

蘇秦在齊威王時已被任用，宣王即位之後，又被任用一段時期，這是從時間順序中可以推定的。《史記·蘇秦列傳》説：

「齊宣王卒，湣王即位……蘇秦説湣王厚葬以明孝，高宫室大苑囿以明得意，欲破敝齊而爲燕。」

《史記》這裏所説的「齊宣王」，該是齊威王，所説的「湣王」該是宣王。「明孝」、「明得意」這兩件事，在所傳的文獻中都可以看到一些證據，前文曾經提過。我們再看《孟子·梁惠王》篇，知道齊宣王有明堂，説「人皆謂我毁明堂，毁諸？已乎」？又有雪宫，「齊宣王見孟子於雪宫，曰：賢者亦樂此乎」？又有四十里周圍的苑囿，齊宣王説「寡人之囿方四十里，民猶以爲大」。可見齊宣王的「高宫室，大苑囿」，是確有其事的，不是一句空話。這也可以作爲蘇秦被齊宣王任用的一個旁證。

蘇秦在齊受到威、宣兩朝的任用，他的死，在湣王即位之前十年。《史記》記「蘇秦説湣王」的「湣」字，顯然是司馬遷的錯誤，這是不能取信的。

（二）周慎靚王元年（前三二〇）説

這一説的主張者是清代的馬驌。他在所著《繹史》「年表」周慎靚王定元年一闋裏寫着「燕王噲元年，楚懷王九年，齊宣王十三年，蘇秦刺死？在這「年表」裏他没有注明他這一條的根據。在《繹史》卷一百十八「蘇秦合從」這一卷裏，也没有明白交代蘇秦死在那一年。我們揣測他所以認爲蘇秦死於燕王噲元年，還是根據《史記》「燕噲立爲王」這一句，而没有注意到這句之後，還有「其後」兩字的很長一段時間。他在這份「年表」裏，把「齊宣王辟彊元年」記在周顯王三十七年這一欄裏，這是不對的。他知道《史記·六國年表》把「齊宣王辟彊元年」記在周顯王二十七年這一欄的不對，而不能依據《竹書紀年》把齊宣王的元年定在周慎靚王二年，則依然是不對的。因此，他認爲蘇秦的死是在齊宣王的時候，不是在齊湣王的時候，這是對的。說在齊宣王的十三年，則是不對的了。這和上面所舉梁玉繩、錢穆的主張，雖然只有一年之差，但歸根結蒂都是不正確的。

（三）周慎靚王三年（前三一八）說

這一說的主張者是清代末年《戰國策注》的作者南匯于鬯。他認爲蘇秦死於齊宣王二年。這年，蘇代爲燕說齊，先見淳于髡，蘇厲因燕質子求見齊王。他在所著《戰國策年表》「齊宣王二年」這一欄裏記上了這三件事。我們核對一下，齊宣王二年，相當於公元前三一八年，正是周慎靚王的三年。正在這年，蘇秦合從擯秦，楚懷王爲從長，和燕、齊、趙、韓、魏共同打擊秦軍。《燕一》說：

「燕噲三年，與楚三晉攻秦，不勝而還。」

這「燕噲三年」，就是齊宣王二年。蘇秦在這年，正充當着合從擯秦的幕後主要策劃者。這年之後，從散約解，秦國占了上風，張儀重新做了秦相，蘇秦身在齊國，受到外內雙方的誣蔑攻擊，倒霉則有之，身死還未曾。《戰國策·燕一》「燕王噲既立，蘇秦死於齊」這一章，把蘇秦、蘇代的事混殽在一起，策文本身存在着矛盾，必須加以仔細的分析，才可區別清楚，否則是無從置位的。所以，于鬯「蘇秦死於齊宣王二年」這一說，也是不能成立的。

（四）周慎靚王四年（前三一七）說

這一說的主張者，前有呂祖謙，後有黃式三。《史記志疑》二十九，梁玉繩引呂祖謙的《大事記》說：

「《大事記》據張儀于周慎靚王四年説魏有恃蘇秦之餘謀不可成語，以爲秦死於慎靚四年。」

那末，吕祖謙是認爲蘇秦死於周慎靚王四年，即公元前三一七年齊宣王三年的，黄式三的《周季編略》就作這樣的安排，認爲蘇秦死於這年。認爲《史記·蘇秦列傳》所説的「齊臣多與蘇秦争寵者，使人刺蘇秦，不死」，就在這一年。我們説，這樣説，當然有可能，但是，很明顯和《張儀列傳》所説的事實以及司馬貞《史記索隱》所説的年代不符，在時間上提前了七年之久，未必合於事實。所以這一説也不能信以爲真，也有商量的餘地。

（五）周赧王元年（前三一四）説

這一説的主張者是《國策編年》的作者顧觀光。《戰國策·燕一》「燕王噲既立，蘇秦死於齊」這一章，顧觀光把它編在周赧王元年齊伐燕取之」一項之下，並加説明，道：

「策文稱齊宣王，與《孟子》合，據《竹書》，則在宣王六年。」

齊宣王六年，就是周赧王元年，相當於公元前三一四年，這是在張儀死的前四年。

《戰國策·燕一》「燕王噲既立，蘇秦死於齊」這一章，和《史記·燕世家》「燕噲既立，齊人殺蘇秦」，以及《蘇秦列傳》「燕噲立爲王，其後，齊大夫多與蘇秦争寵者，而使人刺蘇秦……」等材料，是同一來源的。這些材料，都説蘇秦死於燕王噲既立爲王之後。問題是在這「之後」的「後」究竟要「後」到什麽時候？根據前面幾條透露的情況，蘇秦的死，死在張儀之前，死在燕噲既立之後，死在齊宣王的時候，不是死在齊湣王的時候，這是斷乎没有問題的，問題是究竟在齊宣王的那一年？在這裏，顧觀光主張的「宣王六年」説是否可以作爲定論呢？

不！不能作爲定論！根據《史記・楚世家》。楚懷王「十八年，秦使使約復與楚親，分漢中之半以和楚。楚王曰：願得張儀，不願得地。張儀聞之，請之楚……儀因說楚王以叛從約，而與秦合親」。這是張儀第二次到楚國。楚懷王十八年，當公元前三一一年，上文所引《張儀列傳》所說「張儀既出，未去，聞蘇秦死……」一段，正在這個時候。《索隱》所說「按此時當秦惠王之後元十四年」，也正是在這個時候。從這一點，可以知道蘇秦的死確在公元前三一一年。《史記・燕召公世家》、《蘇秦列傳》兩文所說：「燕噲既立，齊人殺蘇秦」，「燕噲立爲王，其後齊大夫……使人刺蘇秦」，時間都指燕王噲既立之後，這個「既」和「其後」在時間上的伸縮性是很大的，「後」，後到什麼時候呢？這是没有限止的。燕噲的死，在齊宣王六年伐燕之役，這時正當公元前三一四年。這個時間，當然也包括在「既」和「其後」之内。蘇秦的死，可能這年（前三一四），可是這年下距張儀第二次到楚說楚懷王叛從親秦的一年公元前三一一年，中間隔開兩個年頭，按照當時列國交通的情況來看，不應該蘇秦在齊國的死信要隔開兩個年頭才能傳到當時在楚國的張儀耳朵。根據這個情況，所以我們斷定蘇秦的死，確在公元前三一一年無疑。

顧觀光這個「周赧王元年（前三一四）說是站不住脚的！

（六）周赧王三十一年（前二八四）說

這是前面已經否定了的舊說，這就是齊湣王卒於莒的一年。

一九七五年《文物》八期第二八頁《關於帛書〈戰國策〉中蘇秦書信若干年代問題的商榷》一文中，作者主張蘇秦的死，在這一年。這年，已經是張儀死（前三一〇）後的第二十六年了，顯然和司馬遷所記不合，這裏不再多說了。

蘇秦死，根據司馬貞《史記索隱》的話，是在「秦惠王後元十四年」公元前三一一年。這時已是燕王噲給齊國打敗身死之後的第三年了。在這之前，有「齊人伐燕」的事。當時是齊宣王六年，燕王噲七年。燕王噲把王位讓給國相子之，自己反而做了子之的臣子。孟軻在齊，認爲「子噲不得與人燕，子之不得受燕於子噲」，於是「勸齊伐燕」。齊宣王派了孟軻的朋友匡章率領「五都之兵」伐燕，「五旬而舉之」，「殺其父兄，繫累其子弟，毀其宗廟，遷其重器」，燕王噲，燕太子國相子之都死了。後來「燕人畔」，孟軻又勸齊宣王「返其旄倪，置其重器，置君而後去之」（事見《孟子》）。這件事，是蘇秦死的前三年發生的，當時蘇秦在齊，還受到齊宣王的任用，和蘇秦争寵的齊大夫，對這個過去來自燕國的蘇秦，自然懷着私心雜念，必欲殺之而後快，於是發生了派人行刺的暗殺事件。蘇秦的車裂，《史記》列傳説得很明白，是他在被刺之後，將死之前，自己安排好的策略，這個策略得到齊宣王的同意而實行。結果，取得了他們預定的成效並非像有人所説「蘇秦的反間活動被齊王發現而遭到車裂的慘劇」。由於他自己安下了策略，有了這一件事實，所以就在他政敵張儀的嘴裏也不能隱瞞這個實際情況，而透露出「自令車裂於齊之市」（見《戰國策·趙策二》及《史記·張儀列傳》）的消息。

司馬遷之後，揚雄撰著《法言》在《孝至》篇裏説：「庳則秦儀鞅斯亦忠嘉矣。」蘇秦的地位排在張儀之前，兩人的比例，如同商鞅前於李斯一樣。班固編寫《漢書》在《古今人表》中區别「古今人」爲九等，而把蘇秦、張儀、齊宣王辟彊並列在第六行。次序則蘇秦在張儀、齊宣王之前。又把蘇代蘇厲並列在第五行，次序則蘇代、蘇厲在犀首公仲朋之後。可見在班固的心目中蘇秦決不比張儀後死，次序排在齊宣王之前，也決不可能死在齊湣王亡國的時候。

東漢王充《論衡》的《骨相》篇説：

「短書俗記，竹帛胤文，非儒者所見，衆多非一……蘇秦骨鼻，爲六國相，張儀仳脇，亦相秦、魏。」

在王充這段話裏，我們知道在他那個時代，還有很多不是「儒者所見」的「短書俗記，竹帛胤文」，其中也涉及到蘇秦張儀的事迹。這裏值得注意的是蘇秦的次序，也排在張儀的前面，如同班固一樣，没有看作蘇秦是比張儀後一些的人。《論衡．案書》篇又説：

「案張儀與蘇秦同時，蘇秦之死，儀因知之。儀知各審，宜從儀言，以定其實，而説不明，兩其文。東海張商，亦作列傳，豈蘇秦，商之所爲邪？何文相違甚也！」

這是王充批評司馬遷，説「太史公兩紀，世人疑惑，不知所從」的一段話。王充在這裏明説張儀知道蘇秦的死，蘇秦年輩略先於張儀這是可以肯定的。王充又指出東海張商也作列傳可能有關蘇秦後死的話，出於張商所作列傳中的蘇秦列傳，後來所傳司馬遷的《史記》可能抄録混進了張商所作的傳文，因此造成「太史公兼紀不别」（和前引並見《案書》篇）的情況，我們知道現存的《史記》是一部殘缺不全的書，其中有些部分是出於後人的補作。在長時間的傳寫轉抄中，難免有其它羼雜進去的成份。我們依照司馬遷自己説過的話來作衡量的標準，當然是不會錯誤的。

總結上文，我們認爲蘇秦之死，是在公元前三一一年，那時是齊宣王九年，楚懷王十八年，秦惠文王後元十四年。司馬貞《史記索隱》「當秦惠王之後元十四年」這句話，是很有力的論證。錢穆的《蘇秦考》説：「蘇秦之死，值齊威宣之際。」又説：「蘇秦之死，早則在前年齊威王殺之，遲則在後年或威王或宣王不能定。」又說：「蘇秦死當威宣之際，豈得下及閔王！」所說「豈得下及閔王」這一句，是完全正確的，其他游移不定的話，通過研究核實，也不是不可以得到證實的。這樣，我們就把它定下來了。

四、把不是蘇秦的事混充蘇秦的例證

前面，我們從司馬遷的話中知道有一些所謂蘇秦的事，是出於後人的附會或誤傳，實際上不是蘇秦的事。這在司馬遷當時已經覺察到了。

由於政敵的造謠誣蔑，蘇秦「被反間」「蒙惡聲」而死，死後，在一段時間裏人們「諱學其術」。可是，歷史的發展，時代的變化，戰國末期六國合從擯秦的需要，越來越迫切。於是蘇秦在死後重新走上了紅運，所謂「蘇秦縱橫」一直時髦到西漢武帝的年代。在這一段長時間中，也有不少假托、誤傳蘇秦的事，流布開了。

現在，我們從《戰國策》、《史記》裏看一看不是蘇秦的事混充蘇秦的例證，看一看假蘇秦混充真蘇秦的痕跡，究竟有哪些。

①《齊二》「秦攻趙長平，齊楚救之，秦計曰：齊楚救趙，親則將退兵，不親則且遂攻之。趙無以食，請粟於齊而齊不聽。蘇秦謂齊王曰：不如聽之以卻秦兵。……則爲國計者過矣。」

這段文字共計有一百五十三字，《史記·田敬仲完世家》也有這一段，開首是：

「王建立，六年，秦攻趙，齊楚救之。秦計曰：齊楚救趙，親則退兵，不親遂攻之。趙無食，請粟於齊，齊不聽。周子曰：不如聽之以退秦兵……」結尾是「……爲國計者過矣。齊王弗聽。秦破趙於長平，四十餘萬，遂圍邯鄲」。共計有一百六十六字。長平戰役是戰國末期的一件大事，其事發生於公元前二六〇年。這段文字的內容，《戰國策》、《史記》完全相同，明明是同一件事。但《戰國策》裏的主名是蘇秦，《史記》裏的主名是周子。司馬貞《索隱》認爲「周子，齊之謀臣，史失名也，《戰國策》以周子爲蘇秦……然此時蘇秦死已久矣」。《索隱》這幾句話，是完全正確的。鮑彪改「蘇秦」字作「蘇子」，吴師道以爲「字誤，史作周子」。黄式三認爲「周子或作蘇子，譌作蘇秦」。我們看《太平御覽》三二五引《春秋後語》，也有這段文字，主名明明是周子，可知司馬遷和《春秋後語》的編者孔衍，都知道這是周子的事，不是蘇秦的事。蘇秦死後到此已有五十多年，那裏可以把它混在蘇秦的賬上呢！

②《齊三》「楚王死，太子在齊質，蘇秦謂薛公曰……」

這段文字，共有九六六字，其中明白指出「蘇秦之事」有十個「可以」，説的是可以這樣，又可以那樣，所説的「楚王死」，指楚懷王死於秦國。楚懷王三十年入秦，其時當公元前二九九年，明年，頃襄王立，其時當公元前二九八年。頃襄王三年，正當公元前二九六年，楚懷王死於秦，這是依據《史記·楚世家》的紀載來推算的。這條策文開首説的「楚王死，太子在齊質」，事實和《史記》完全不合，這時的所謂「太子」（横）已經在回國之後即了王位三年了，而這條策文開首説這時蘇秦在齊和薛公討論這件事，那末，楚懷王在秦國死的時候，太子横是否還在齊國呢？關於這一件事，前人曾經作過研究，鮑彪説：

「按此則懷王死，楚王新立，太子卒不得立，而頃襄非太子也，史不謂然故其書東國之辭亦略。」

吴師道説：

「史稱懷王入秦而頃襄立，策獨以爲懷王死而頃襄立，前後屢見竊以事勢言之，楚人知懷王之必不歸而秦要之以割地，故立王以絶君而喪君有君，所以靖國，頃襄立非懷王死後明矣。史謂當時以詐赴之，策猶仍之爾。特所謂新王及太子不可曉。然以逐節考之，皆有事實，又非飾説也。或者太子未還之時，郢中立新王邪？姑缺所疑。」

梁玉繩説：

「考年表、世家，頃襄王立於懷王未死前三年，而《國策》言立於懷王死後。至所謂頃襄者，《楚策》言太子許齊東地五百里，歸爲王即質齊之太子。《齊策》言楚王新立，太子卒不得位，記載各異。」

他們都指出《史記》和《戰國策》關於這一件事記載的出入、差互。是的，這是一個問題，須得仔細研究。這裏且不作深論，單就蘇秦這問題來看，這事已經是在公元前二九八—二九六年，上距蘇秦的死公元前三一一年，已經有十三四年之久了。鮑彪説：

「蘇秦死至此二十年矣，此非代則厲也。」（見鮑彪《戰國策注》）

鮑彪不知道蘇秦的死還要後一些時間，所以多算了五六年。總之，楚懷王的死，和在齊的楚太子的立不立，蘇秦是不會知道的。這條策文，没有被司馬遷所採取，它應該是「百家雜語」裏的一條，也有可能是收入《蘇秦書》、《蘇秦法百家書説》裏的材料，司馬遷也許見到而被他抛棄了。這裏的「蘇秦」，「鮑彪」以爲不是蘇秦而是「非代則厲」，黃式三《周季編略》卷八上就把這條策文裏的：「蘇秦曰：不然！郢中立王，君因謂其新王曰：與我下東國，吾爲王殺太子，不然，吾將與三國共立之。然則下東國必可得也。」改寫爲：

「蘇代曰：郢中立王，吾因與其新王市曰：予我下東國，吾爲王殺太子，不然，將與諸國共立之。如此，則下東國可得也。」

他們都認爲這裏的蘇秦，實際上是蘇代，這是值得重視的。嚴格地說，《戰國策》這條文字，說這「蘇秦之事」有十個「可以」，在記録的說辭中，又加上了九個「故曰」，從「可以」和「故曰」來看，給我們知道這段文字，實在是學習時討論的底稿，應該就是《蘇秦書》、《蘇秦法百家書說》裏的學習材料，不能作爲真正的歷史事實來作依據。所以，這裏的主名「蘇秦」，應當看作是學習「蘇秦法」的人們所假設、想像的人名，而決不是當時真實的蘇秦。馬驌在他的《繹史》裏録取了這條策文，附加按語說：「此蓋策士虛設之辭，不足深辯。」馬驌這話是很有道理的。其實，早在東漢時代高誘注這條策文，就說：

「蘇秦巧辭反覆，且在此文以上也。」

他使用了一個「且」字，可見高誘也不承認這是蘇秦的事了。

③《齊三》「孟嘗君將入秦，止者千數而弗聽，蘇秦欲止之……」

這條策文計有一九八字，中間說的是「土偶人與桃梗」的一段譬喻。這段譬喻也見《史記·孟嘗君列傳》，計有一〇二字，而主名則是蘇代，不是蘇秦。這條策文，顧觀光《國策編年》附於周赧王十六年齊孟嘗君入秦這一件事之下，說「孟嘗君將入秦，因蘇代之言而止，事當在前」。顧觀光也認爲這是蘇代的事，不是蘇秦的事。我們查考孟嘗君田文入秦作相事在周赧王十六年，公元前二九九年，這時在齊已經是齊湣王的二年了，蘇秦死在齊湣王即位之前十一年，公元前三一一年，這時那裏會有蘇秦勸阻孟嘗君不要入秦的事呢？鮑彪注《戰國策》，改「蘇秦」作「蘇代」，吴師道説：「字誤，宜作代，下同，後語並作代。」可見這件事的主名司馬遷、孔衍、鮑彪、吴師道、顧觀光等都認爲是蘇代而不是蘇秦。但是，根據黄丕烈的考查：

「案《風俗通·祀典》引此文亦作秦，鮑從《史記·孟嘗君列傳》改爲代，未是也。李善注《文選》引蘇秦説孟嘗君曰：秦四塞之國，高誘注云：四面有山關之固，故曰四塞之國也。在此篇，亦其證。《説苑》載作客，當是改也。」

從這裏可以知道應劭、李善所看到的《戰國策》，這裏確是「蘇秦」而《説苑》的編者劉向，却没有寫作「蘇秦」，而用「客」字作爲替代。説明劉向也和司馬遷孔衍等一樣不承認這裏的主名是蘇秦。另一方面，我們查看《後漢書·班固傳》李賢注引《戰國策》也作「蘇秦」，《藝文類聚》八六引《戰國策》這句也作「蘇秦往見之」。由此可見《戰國策》的本子，這裏一向是作「蘇秦」的，而《史記》、《春秋後語》則作「蘇代」，王充的書則用了「客」字。可以知道關於這件事的敘述，有兩個不同的來源。這正説明《蘇秦書》、《蘇秦法百家書説》確有不同的敘述，學習「蘇秦縱横」的人們，很早就把蘇秦的名字來代替蘇代了。

④《趙一》：「蘇秦説李兑曰：雒陽乘軒車蘇秦……」

這條策文，共計四二四字，内容是記述蘇秦「以鬼之言」、「土梗與木梗鬥」説李兑涉及「今君殺主父而族之」一個具體事件，又涉及「李兑送蘇秦明月之珠，和氏之璧，黑貂之裘，黄金百鎰，蘇秦得以爲用西入於秦」的具體事實。關於李兑和公子成殺公子章，田不禮，主父餓死沙丘宫這件事，發生於趙惠文王四年，當公元前二九五年，上距蘇秦的死公元前三一一年，經過了十五年，蘇秦那裏會知道有這件事！鮑彪説「殺（主父）在四年」（見鮑彪《戰國策注》）顧觀光把這條策文附編於「赧王二十年趙弑主父」條下，説「因言殺主父事附此。」其實這條策文，根本是學習「蘇秦法」的人們信口胡謅的話，根本不是事實。吴師道説：

> 「蘇秦之死，在慎靚王四年（案「慎靚王」當作「赧王」，吴説有誤），去主父見殺時遠甚。此策言主父事，非秦明矣，其代厲與？首尾亦與秦策蘇秦章類，抑本言秦事而勦入後事與？土梗木梗之喻，與齊策止田文説同，彼亦秦死後事，而指爲秦，皆不合。太史公所謂「異時事有類之者皆附之蘇秦，其此類邪」？

吴師道指出這就是司馬遷所説的「異時事有類之者皆附之蘇秦」，這是正確的。這也可以證明服虔所説的《蘇秦書》、《蘇秦法百家書説》其中還有很多的傳聞異辭。

這條策文裏提到「和氏之璧」，説是李兑送給蘇秦的，這也不是事實。和氏之璧，是卞和獻給楚文王的，後來趙國得到了楚國的這塊璧，秦昭王企圖利用十五個城市的空名來騙取這塊璧，引起了藺相如「完璧歸趙」這有名的故事。秦昭王元年，已是蘇秦死後的第五年了，在這之前，李兑怎樣會得到這塊璧用來送給蘇秦呢？吴師道也指出這點，説：

> 「趙得楚和氏璧，秦昭王欲以十五城易之，李兑所送必非。」

《戰國策·秦一》「蘇秦始將連横説秦惠王」章，只説「白璧百雙，黄金萬鎰」，這裏竟明確説出「和氏之璧」，這都可以看出那些學習「蘇秦法」的人們陸續作出的誇大之詞。

⑤《趙一》：「趙收天下，且以伐齊，蘇秦爲齊上書説趙王曰……」

這條策文共計六一一字，全文是一篇書信，内容是勸説趙王不要進攻韓國。書信内容，和策文開端的「趙收天下，且以伐齊，蘇秦爲齊上書説趙王」根本不相應。這是一個大問題。爲什麽書信的内容和策文開端介紹的話前後不相應呢？是否這條策文的開端本身就存在着錯誤？查看《史記·趙世家》有這樣的一段：

「惠文王……十六年，秦復與趙數擊齊，齊人患之。蘇厲爲齊遺趙王書曰……於是趙乃輟，謝秦，不擊齊。」

這段文字，共計六〇〇字。時間是在趙惠文王十六年，相當於齊襄王元年，公元前二八三年。内容是趙擊齊，蘇厲爲齊王寫信給趙王。信的内容和《趙一》的這條策文從文字語句方面來説，大體上是相同的，從具體事實方面説，差異那就很大。信中所説趙國攻擊的對象完全不同，《趙策》説的是趙伐韓，《趙世家》説的是趙伐齊。寫信的人，《趙策》説是蘇秦，《趙世家》説是蘇厲。雙方對照，異如下列：

《趙策一》	《趙世家》
「蘇秦爲齊上書説趙王」	「蘇厲爲齊遺趙王書」
「非曾深凌於韓也」	「非素深於齊也」
「秦豈得愛趙而憎韓哉」	「秦非愛趙而憎韓也」
「故以韓爲餌」	「故以齊餤天下」
「今燕盡韓之河南距沙丘而至鉅鹿之界三百里」	「燕盡齊之北地去沙丘鉅鹿斂三百里」

「今從於彊秦國之伐齊，臣恐其禍出於是矣」　「王久伐齊，從彊秦攻韓，其禍必至於此」

「韓乃西師以禁秦國」　「齊信五國之約而殉王之患，西兵以禁彊秦」

「夫韓事趙宜正爲上交今乃抵罪請伐」　「齊之事王宜爲上佼，而今乃抵辠」

「韓危社稷以事王，天下必重王」　「齊抱社稷而厚事王，天下必盡重王義」

兩封信的區別，《趙策》是要求趙王不要攻韓，《趙世家》是要求趙王不要攻齊，區别如此之大。而寫信的主人，一個是蘇秦，一個是蘇厲。這樣，這兩段文字根本不是一回事，彼此差别很大，就不是一般的錯誤了。注意這問題的人，提出了如下的這些意見：

姚宏在所刻《戰國策》這條下注，說：

「此段與《史記》多不同，蓋訛謬，當用《史記》全篇觀之。」

吴師道說：「《史·趙世家》惠文十五年，燕昭王與趙韓魏秦共擊齊，齊敗走，燕獨深入，取臨淄。十六年秦復與趙數擊齊，齊人患之。蘇厲爲齊遺趙王書云云，於是趙乃輟，謝秦，不擊齊。《大事記》：是時齊地皆入燕，獨莒即墨僅存，蘇厲之書，皆不及之，恐非比時事。按策多爲韓言，乃趙將擊韓，而厲爲韓止之者，其間事實皆明爲韓，而首云伐齊爲齊，殊不合，決有誤。而史一切以韓爲齊，抑馬遷之所改歟？然趙伐韓事亦不知在何時，其文及地名亦多舛異，不可強爲之説，鮑專據史文輒改，大不然也。」

梁玉繩說：「案惠文十六年，即齊襄保莒之歲，田單守即墨未下，餘地盡入燕，則當時之齊僅存二城，秦何利而數擊之？秦即欲擊，復何畏而必共趙擊之？秦果欲共趙擊齊，趙又何敢謝之？其謬不辨自明也！《國策》亦稱蘇厲爲齊説趙，而書中俱爲韓言，與篇首相戾，蓋言齊誤耳。乃史公反改韓作齊，書辭亦不同，未知所據。」

黄丕烈説：「吴説是也。策文本皆作韓，或以《史記》齊字亂之。」

朱起鳳説：「蘇秦當作蘇厲。韓字亦當依《史記》作齊。因趙將伐齊，故蘇厲言齊事，若歸功於韓，則膝癢而搔背矣。」

在這些意見裏，首先需要注意的是：1．吴師道的「史一切以韓爲齊，抑馬遷之所改歟？」2．梁玉繩的「言齊誤耳，乃史公反改韓作齊……未知何據」。這兩個問題，實際上是一個問題，是《史記》、《戰國策》的史料來源問題。前面説過，司馬遷寫《史記》有他的依據；劉向編《戰國策》也有他的依據。他們兩個的依據，有些必然是同一來源的，有些也必然不是同一來源。説司馬遷「改」，那就和「實録」不符。正因爲史料來源不全相同，所以會發生差異。這是完全可以理解的。在這裏，我們可以肯定司馬遷決不能自己有意改造歷史，他的「實録」，一定是有所依據的，決不是有心在「改」。《蘇秦書》、《蘇秦法百家書説》既然書有百家，在社會上流傳着，那就必然存在着差異了。

其次，是伐韓還是伐齊的問題。關於這問題，吕祖謙、吴師道、梁玉繩輩都認爲趙惠文王十六年不會有趙擊齊的事，至於趙伐韓，吴師道認爲不知在什麽時候。關於這問題，必需等待具有足够的材料，才能證實肯定，現在還是無法懸測的。

再其次，是蘇秦、蘇厲問題。《戰國策》説的是「蘇秦爲齊上書説趙王」，《史記》説的是「蘇厲爲齊遺書趙王」。我們知道，蘇秦活動的年代，是在齊威王宣王的時候，這時齊國的威力正盛，決不會有趙國聽從秦國出兵伐齊的事，蘇秦無需爲齊上書説趙王，如果依照信的内容説，蘇秦是爲了韓國上書説趙王，那末，在這段時間之内，也看不出趙國和韓國有什麽大的糾紛，和信的内容也不相符合。所以，蘇秦在這裏的名字，的確是可疑的。鮑彪在這裏把「蘇秦」的「秦」字根據《史記》改作「厲」字，雖然遭到吴師道的反對，但也不是毫無認識的事，而且趙惠文王十六年，那是齊湣王卒於莒的下一年，即使有人認爲蘇秦死於齊湣王亡國的時候，這時也不會寫信給趙王的了。總之，「趙策」説的「蘇秦爲齊上書説趙王」，的確不是歷史事實。至於説趙伐韓，蘇厲致書，那就根本不是蘇秦的事，司馬遷説「異時事有類之者皆附之蘇秦」，這也是一個明顯的例證。

⑥《燕一》：「奉陽君李兑甚不取於蘇秦，蘇秦在燕，李兑因爲蘇秦謂奉陽曰……」

這條策文，共計一八八字，内容是李兑爲蘇秦勸奉陽君不要不取蘇秦，要「與蘇秦結交」。這番話中提到的歷史背景，是「弱燕」，是「燕亡國之餘也」。鮑彪把這條策文編在燕文公項下，作爲他所編的《燕策》的第一條。吴師道進行糾正，説「此策非文公時」。所以顧觀光《國策編年》把這條編在「周赧王三十一年樂毅爲燕破齊下七十餘城」之下。但是，根據策文内容，「弱燕」、「燕亡國之餘」，燕，自從公元前三一四年被齊破亡，到昭王二十八年，公元前二八四年樂毅以秦魏韓趙之師入齊臨淄，湣王走莒，這段時間是相當長的，中間隔了近三十年之久，這段話究竟説在什麽時候，實在也難於斷定。在樂毅没有破齊之前，這段漫長的時間裏，從燕國來説，總是「弱燕」，總是「亡國之餘」。所以顧觀光把這條編在周赧王三十一年條下，也是不够正確的。吴師道説：

「奉陽君李兑者，通封邑姓名言之也。蘇秦當作蘇代，因蘇秦稱奉陽君不説之語而訛也。此策有蘇代爲奉陽君説燕於趙以伐齊，奉陽君不聽，乃入齊。即奉陽君不取蘇秦之事也。李兑因爲蘇秦云云，此李兑二字誤羡也。大事記以此章備載於蘇秦説燕與趙合從之下，又據古史謂肅侯時奉陽君公子成實未亡，削去捐館之語，愚嘗辨蘇秦所稱奉陽君必别爲一人，奉陽君實李兑，非公子成也。且此章知決爲蘇代者，其言曰：燕，弱國也，東不如齊，西不如趙。又曰：燕亡國之餘。此言正之噲之役昭王未破齊之時也。文公據全燕之盛，何得若此言哉！史遷謂世言蘇秦事多異，異時事有類者皆附之秦，則此類也。」

吴師道這段話説得很清楚。説這條策文裏的「蘇秦決爲蘇代」，又是一個值得重視的例證。

⑦「宋」：「宋與楚爲兄弟，齊攻宋，楚王言救宋，宋因責楚，重以求講於齊，齊不聽，蘇秦爲宋謂齊相曰……」

這條策文共計六六字，鮑彪把它編在宋景公的後面，宋剔成的前面，他認爲策文裏的「楚王」是威王，並且説：

「蘇秦與剔成齊宣同時，知非閔時。」

這條策文，吴師道認爲「此爲非景公時」。我們知道齊湣王與魏楚伐宋，事在公元前二八六年，那時蘇秦已經離開人世二十五年了，那裏會「爲宋謂齊相曰」云云，這也是「異時事有類之者皆附之秦」的例證。

以上七條，都是在現存的《戰國策》里確實知道不是蘇秦的事。證實「異時事有類者皆附之秦」的斷言是可靠的。

《戰國策》文，還有同在一章同叙一事，而前後主名不同，有時作「蘇秦」，有時作「蘇代」的。例如《秦二》「甘茂亡秦且之齊出關遇蘇子……」這一章裏，關於甘茂所遇到的這個人，最初接連寫着三個「蘇子」，接着下文就説「秦王曰然則奈何？蘇代曰……」，在這裏，上面的「蘇子」，落實其爲「蘇代」

了。但是下文又説「甘茂辭不往，蘇秦僞謂王曰」，在這裏，上面的「蘇代」又一變而爲「蘇秦」了。這是同出一章，而「秦」、「代」兩人混淆不清的。這説明寫這條策文的人，根本不清楚這件事究竟是蘇代還是蘇秦。根據歷史事實，甘茂從秦逃齊，事在秦昭襄王初即位的元年，即公元前三〇八年，上距前三一一年蘇秦的死，已經過了五個年頭，這時那得會有「蘇秦僞謂王曰」？《史記·甘茂列傳》記載這件事，明白寫作「甘茂之亡秦奔齊，逢蘇代」云云，這説明司馬遷在這件事上所根據的材料是蘇代，不是蘇秦。這是正確的。

《戰國策》文，還有在不同的兩處同叙一事而「蘇秦」、「蘇代」主名不同的。例如《魏一》、《燕一》裏的兩條：

《魏一》

「蘇秦拘於魏，欲走而之韓，魏氏閉關而不通齊使。蘇厲爲之謂魏王曰：齊請以宋地封涇陽君而秦不受也，夫秦非不利於有齊而得宋埊也，然其所以不受者，不信齊王與蘇秦也。今秦見齊魏之不合也，如此其甚也，則齊必不欺秦而秦信齊矣。齊秦合而涇陽君有宋地，則非魏之利也。故王不如復東蘇秦，秦必疑齊而不聽也。夫齊秦不合，天下無憂，伐齊成，則埊廣矣。」

《燕一》

「蘇代過魏，魏爲燕執代。齊使人謂魏王曰：齊請以宋封涇陽君，秦不受，秦非不利於有齊而得宋埊也，不信齊王與蘇子也。今齊魏不和如此其甚，則齊不欺秦，秦信齊。齊秦合，涇陽君有宋地，非魏之利也。故王不如東蘇子，秦必疑而不信蘇子矣。齊秦不合，天下無變，伐齊之形成矣。於是出蘇代之宋，宋善待之。」

兩條策文，同叙一事，而主名各不相同，這説明兩條策文傳説來源的不同。司馬遷寫《蘇秦列傳》，記載這事，説「蘇代遇魏，魏爲燕執代……」一百二十二字，全文和《燕一》相同。司馬遷在「整齊百家雜語」的時候，採取了這一條，明白認爲這是蘇代的事；不採取那一條，明白否認這是蘇秦的事。根據歷史事實，齊湣王的伐宋，蘇秦是看不到的，這那裏會是蘇秦的事呢！由此可見，在《戰國策》里，已經有把蘇代的事混作蘇秦的事的例證了。這説明在《蘇秦書》、《蘇秦法百家書説》裏，由於傳説不同，材料和主名都有混淆不清的情況存在。從而也可以知道司馬遷的編寫，一定有他掌握的依據，決不是像一般傳説的「馬遷之所改」。

上文列舉在《戰國策》裏，有誤以不是蘇秦的事當作蘇秦的事實；又有把蘇代、蘇厲的事當作蘇秦的事實。這情況足够清楚的了。

《史記・田敬仲完世家》：

> 齊湣王……「三十六年，王爲東帝，秦昭王爲西帝。蘇代自燕來，入齊，見於章華東門，齊王曰：嘻！善！子來！秦使魏冉致帝，子以爲何如？對曰：……願王孰慮之！於是齊去帝，復爲王，秦亦在帝位」。

這段共三三七字，這段文字，也見於《戰國策・齊四》：

> 「蘇秦自燕之齊，見於華章南門。齊王曰：嘻！子之來也！秦使魏冉致帝，子以爲何如？對曰……願王之孰慮之也。」

共三四〇字，内容全同，只有蘇代和蘇秦兩個主名不同。這條策文，鮑彪把它編在齊閔王項下，並把「蘇秦」的「秦」字改作「子」字，説：「原作秦史作代，是。」又説：「此三十六年。」吴師道認爲「秦」字誤」，時間則是「二十六年」。鮑、吴兩家都認爲這裏的「蘇秦」該是蘇代。顧觀光《國策編年》把這條編在「周赧王三十七年秦稱西帝齊稱東帝已而皆復稱王」條下。我們説周赧王二十七年，已是公元前二八八年了，這時那裏還會有蘇秦！司馬遷所依據的不作「蘇秦」而作「蘇代」，這是不錯的。

《史記·田敬仲完世家》：

> 齊湣王……「三十八年伐宋，秦昭王怒曰：吾愛宋，與愛新城陽晉同。韓聶與吾友也，而攻吾所愛，何也？蘇代爲齊謂秦王曰：……請以此決事。秦王曰諾。」

這段共二三七字，這段文字，也見於《戰國策·韓三》：

> 「韓人攻宋，秦王大怒，曰：吾愛宋，與新城陽晉同也。韓珉與我交，而攻我所甚愛，何也？蘇秦爲韓説秦王曰……請以決事。秦王曰善。」

共二三八字，內容全同，只有「蘇代」和「蘇秦」，「齊」和「韓」，「韓聶」和「韓珉」這三個名詞不同。鮑彪把這條策文編在韓釐王項下，説「韓人攻宋，齊記閔三十八年，書韓爲齊攻，今從史，定爲此（按指韓釐王）十年」。鮑彪並認爲「齊記」有這段文字，而且「韓字並作齊」字。他又把「蘇秦」的「秦」字改作「代」字，説：「原作秦，今從史。」吴師道同意了鮑彪的改説「當作代」，並且指出：

> 「《韓策》云韓珉相齊，蓋韓珉爲齊伐宋也。首句不云韓攻宋，而云韓人，疑人即珉之訛，蘇代爲燕反間，勸齊伐宋，將以敝齊而爲燕，恐秦之敗其事，故游説以止之爾。《史記》恐有所據，當考。」

吴師道認爲《史記》作「蘇代」，是有他的根據的。「韓人攻宋」，就是韓珉爲齊攻宋。這在最近馬王堆出土的帛書里可以得到證明。這時説秦王的不是蘇秦而是蘇代，吴師道這些話是正確的，齊伐宋，已經是蘇秦身後的事，蘇秦那裏會知道呢？金正煒同意吳師道的意見，説「按此爲韓珉相齊時事，吳説是也」。「韓珉」，馬王堆帛書寫作「韓量」，韓量和齊發生關係，正是蘇代活動的時間，其事不會爲蘇秦所知。所有這些，都是「異時事有類者皆附之蘇秦」的證據。

《戰國策》卷十二《齊五》有一篇長達二四二五字的長文，這是《戰國策》裏獨一無二的一篇長文，整個第十二卷全給這一篇占有了。這篇的開端，「蘇秦説齊閔王曰」，一直到底，全是説辭。内容是「用兵」貴「後起」，「約結」務「遠怨」，「聖人説事，必藉於權而移興於時」；「明主察相，欲以伯王爲意，則戰攻非所先」；而「攻戰之道」是要「北之堂上，禽將户内，拔城於尊俎之間，折衝席上」。這是學習黄老之學的一派兵謀家的言論，和蘇秦平日的主張很不相近，鮑彪把「蘇秦」的「秦」字改作「子」字，姚宏刻本在「蘇秦」二字的下面注明「一本無上二字」，吳師道説：

「此策舊爲蘇秦，實誤。前章代誤爲秦，或遂以此爲代，則亦不然。一本無章首二字者是矣。」

姚、鮑、吳三家都不承認這篇説辭是蘇秦的話，吳師道説「或遂以此爲代，則亦不然」。我們查看《文選·非有先生論》李善注引《戰國策》有「蘇代説齊王曰祖仁者王，立義者霸」一條，蘇代這兩句話正在這段策文裏。姚本把「霸」字刻作「伯」字，鮑本和李善所看到的本子完全一樣。根據李善所看到的，可以知道在唐代的《戰國策》鈔本裏，這一章的開端的確有寫作「蘇代説齊閔王曰」的，而吳師道不以爲然。黄式三《周季編略》把這段策文編入周赧王二十九年即公元前二八六年下，開頭改「蘇秦説齊閔王曰」作「客有説齊王者曰」，自注：「策本以爲蘇秦之言，鮑改爲蘇代，吳氏謂蘇代敝齊爲燕，豈能勸齊後戰，則非蘇代之言明矣。吳氏謂此言在滅中山後滅宋前，此士之明，已逆知湣王之必敗矣。」黄式三和吴師道同樣既不承認這條策文是蘇秦，也不承認這條策文是蘇代，而作爲另一個人來對待，特出地改寫爲一個「客」字，這是很有斟酌的。現在我們仔細閲讀這段策文，它的立論精神，很有一些像學習黄老之學的一批兵謀家言，可以斷言這決不是蘇氏兄弟的事。司馬遷所説「異時事有類者皆附於秦」，在這裏又得到了一條證據。爲什麽學習黄老的人們要把這件事託之於蘇氏兄弟呢？這和蘇秦讀書用功得力於「太公陰符之謀」或者有些關係，這在下文另有説明，這裏暫不多談。

《戰國策》裏有些章節但寫「蘇子」兩字，並不明言是秦，是代是厲。如果這「蘇子」兩字寫在前面有主名的「蘇秦」或「蘇代」之後，當然可知所謂「蘇子」是哪一個。但是，有些章節上面没有主名，或者開端就用「蘇子」説起，這就不易瞭解這究竟是哪一個了。即使「蘇子」兩字明明寫在「蘇秦」兩字之後，這「蘇子」明明指的是蘇秦，由於傳説可疑，這「蘇秦」究竟是真是假，還有待於研究。所以，這裏的「蘇子」兩字，也如同它的上文「蘇秦」兩字一樣，不能肯定是真的蘇秦。例如：

> 《魏一》「蘇子爲趙合從説魏王曰：……」

這一章開頭就是「蘇子」，如果單憑這「蘇子」兩字是不能明白這是哪一個的，如果看完下文四七九字的内容，和其它幾章蘇秦游説各國的話對看，可以知道這裏指的就是蘇秦。所以，吴師道明白地指出説「蘇子，秦也」。這是不錯的。但是，接着再考慮一下，這幾篇游説六國的話，是不是真的蘇秦當時是這樣説的了呢？這就發現了有些情況是和當時的事實不符的。這裏還有問題，必須加以研究。

> 《齊三》「楚王死，太子在齊質，蘇秦謂薛公曰：……可以使人説薛公以善蘇子，可以使蘇子自解於薛公……」

這裏的「蘇子」，上面有「蘇秦」兩字領先，當然指的是蘇秦了。但是，按照時間來説，楚懷王死的時候，蘇秦早已不在人間。所以，鮑彪直接把「蘇秦」的「秦」字改作「子」字，説「秦死至是，二十年矣，此非代則厲也」。吳師道也認爲這裏的「秦」字是「字誤」，那末，這裏的「蘇子」就完全落空了。

《燕一》「奉陽君李兑甚不取於蘇秦，蘇秦在燕，……對曰：夫制於燕者蘇子也……」

這裏的「蘇子」，當然也就是上面的「蘇秦」。但是根據這條策文下面所説「燕，弱國也，……燕亡國之餘」，知道説這話的時候是在燕昭王没有破齊之前，而不是燕文公據全燕之盛的時候。所以吳師道肯定這裏所説的「蘇秦」，不是蘇秦而是蘇代。那末，所説的「蘇子」，當然也不是蘇秦而是蘇代了。

以上三條，除第一條所説的「蘇子」，可以説是指蘇秦之外，其餘兩條，雖然前面有「蘇秦」兩字，實際上却决不是蘇秦。

從《戰國策》個别章節的本身來看，可以知道所謂「蘇子」指的就是蘇代的，有下列數條：

《燕一》「蘇代過魏，魏爲燕執代，……不信齊王與蘇子也……」

《燕二》「蘇代爲奉陽君説燕於趙以伐齊……人告奉陽君曰：使齊不信趙者蘇子也……」

「蘇代爲燕説齊……齊王大説蘇子。」

「蘇代自齊使人謂燕昭王曰……王何不令蘇子爲將而應燕乎？……」

這四條，很明確，「蘇子」就是蘇代。

其它策文裏的「蘇子」，通過注家研究，可以知道是什麽人的，有：

《東周策》「東周欲爲稻，西周不下水，東周患之。蘇子謂東周君曰……蘇子兩國之金也！」

鮑彪説這裏的「蘇子」，「非代則厲」。

《秦二》「甘茂亡秦，且之齊，出關，遇蘇子……」

高誘注：「蘇子，蘇代也。」鮑彪說：「代也。代傳侍燕太子質於齊，將適秦。」

《楚二》「女阿謂蘇子曰……蘇子知太子之忽己也。……太子復請善於蘇子。」

這裏的「蘇子」不知是誰。吳師道說：「疑此乃齊策蘇子說薛公章脫簡，首女阿二字又他章錯脫。文說薛公，末見蘇子自解於薛公一節，此爲蘇子自解於太子也。疑亦有差舛。」信如吳說，那末這裏的「蘇子」，決非蘇秦可知。

《楚三》「蘇子謂楚王曰，仁人之於民也，愛之以心，事之以善言……」

這條策文，是《楚三》的第一章，這章之下，緊接着第二章是「蘇秦之楚，三日乃得見乎王」一章，鮑彪把這一章編在楚威王項下。「蘇秦之楚三日乃得見乎王……」之後，說：「此策本次蘇秦之楚之上，知蘇子秦也，然不可先於之楚，故次之此。」吳師道糾正說：「蘇子未知果秦否？序次無據！」那末，這裏的「蘇子」也不能確定是那一個了。

《趙二》「秦攻趙，蘇子爲謂秦王曰……」

這段說辭的內容，提到了齊威、宣、田單、如平、趙奢、鮑接等人。鮑彪說：「以此策爲蘇秦合從時，則所稱趙奢，惠文、孝成將也，蘇秦不當稱之。」那末這裏的「蘇子」顯然不是蘇秦。

《燕二》「奉陽君告朱讙與趙足曰：齊王使公玉丹命說曰：必不反韓珉，今召之矣；必不任蘇子以事，今封而相之……」

這條策文，姚本另作一章，排在「蘇代爲奉陽君說燕於趙以伐齊」章之後，鮑本把這兩章合爲一章，編在燕昭王項下，鮑於「奉陽君告朱讙與趙足曰」句下注：「代稱奉陽之言」，又於下文「奉陽君告朱讙曰」句下注：「亦代稱之。」很明顯，鮑彪認爲這段策文裏子「蘇子」是蘇代。

《燕二》「客謂燕王曰……蘇子曰：請假王十年。燕王説，奉蘇子車五十乘，南使於齊，謂齊王曰……宋王……無道不義，而王不伐，王名終不成……」

這段策文，鮑彪注説：「蘇代曰：王不伐，王名終不成……」這是他認爲這裏的「蘇子」是蘇代。吴師道、黄式三也都以爲這是蘇代。黄把這條編在周赧王二十七年項下。

《燕二》「齊魏争燕……蘇子謂燕相曰……」

這段策文，姚本在「蘇子」下注説：「一作代，曾作子。」鮑彪注本就是「蘇代謂燕相曰」這説明這裏的「蘇子」，有的本子，老實就是「蘇代」兩字。

《説苑·君道篇》：「（郭）隗請爲天下之士開路。於是燕王常置郭隗上坐南面，居三年，蘇子聞之，從周歸燕。鄒衍聞之，從齊歸燕。樂毅聞之，從趙歸燕。屈景聞之，從楚歸燕，四子畢至，果以弱燕并強齊。」（又見《尊賢篇》，略同）燕昭王這件故事，也見《史記·燕世家》但只説樂毅、鄒衍、劇辛而没有蘇子。這裏的「蘇子」，肯定是蘇代，徐中舒硬説是蘇秦，這是不符事實的。

從上面所舉的例子看來，可以知道《戰國策》裏所稱的「蘇子」，絶大多數是指的蘇代。可以明確知道是指蘇秦的，僅僅只有一個，占了最小最小的數字。因此，我們懷疑《漢書·藝文志》「縱横家」開首第一部書《蘇子》三十一篇注家雖然説是蘇秦，其實很有可能是從蘇代傳下來的。當年蘇秦早死，自己不一定有什麽著作傳世，後來學習他的，從蘇代開始，陸續有人傳説他的故事、言論，包括蘇代蘇厲在内，所有的材料，統統名之曰「蘇子」。《漢書·藝文志》「縱横家」第二部書就是《張子》十篇。這《張子》十篇，注家説是張儀的，後來失傳了。我們檢查《戰國策》，其中使用「張子」這兩字叙述的文字，剛好是十章（《秦二》一，《楚一》二，《楚三》一，《魏一》四，《魏三》一，《魏四》一），其它還有使用「張儀」兩字的記載，不算在內。可見那《張子》十篇，可能就是散見在現存《戰國策》裏的十章。由此類推，所謂《蘇子》三十一篇也有可能就是在《戰國策》裏的有關蘇氏兄弟三人的材料，當然也包括使用「蘇子」兩字來叙述的篇幅。這樣，就是說《蘇子》三十一篇並没有亡失，是有着落的了。

關於《蘇子》三十一篇，沈欽韓曾經說過：

> 「今見於《史記》、《國策》，灼然爲蘇秦者八篇，其短章不與。秦死後，蘇代、蘇厲等並有論說，《國策》通謂之蘇子，又誤爲蘇秦，此三十一篇容有代、厲并入。」

沈欽韓這幾句話，撇開這三十一篇里的内容真是蘇秦或者假託蘇秦這一點不談，但就它的情況着落來看，大致是不錯的。錢穆說：

> 「余疑《漢志》蘇子三十一篇，即如今傳《史記》、《國策》所載蘇氏兄弟之辭，當如沈氏之說。」

這幾句也是說對了的。總而言之，這《蘇子三十一篇》應該就是服虔所看到的《蘇秦書》、《蘇秦法百家書說》中的一種内容。戰國末期，東方六國，迫於形勢圖謀合縱抗秦，秦亡之後，緊接着的就是楚漢之爭，在這樣動盪不定的年代里，縱橫捭闔，《蘇秦書》、《蘇秦法百家書說》極其流行。蘇秦雖然早死，他的那一套，却給一般人作爲向往、學習、揣摩的榜樣，有的明明不是他的事，也附會在他身上以資談助，所以，明明是蘇代蘇厲的事也就借用蘇秦的名字把它流傳開了。現在我們看到長沙馬王堆出土的二十七章帛書，其中有十五章之多是蘇代的事，而没有寫明是蘇代，與之相反，却有幾處羼入了「蘇秦」、「臣秦」等字樣，它的原因，就是如此。（參看拙著《漢墓蘇秦法書說殘卷二十七章考釋》）總的一句，還是司馬遷說過的那句老話，「異時事有類之者皆附之蘇秦」。

以上許多述説，目的在於證實有許多不是蘇秦的事，歷來把它混作蘇秦，因此形成了迷惑。在這個存在的事實中，可以幫助我們理解漢武帝劉徹爲什麽在制詔中稱説「蘇秦縱横」，把「縱横」兩字完全從屬於「蘇秦」這名字之下的道理。另一方面，又可以給我們知道學習「長短縱横術」的人們歷來是怎樣地重視蘇秦的了。

有兩個問題，這裏附帶地談一下。㊀是蘇秦的兄弟問題，㊁是蘇秦的學習問題。

㊀《史記·蘇秦列傳》，明白説清「蘇秦之弟曰代，代弟蘇厲，見兄遂，亦皆學」。又説：「蘇代復重於燕，……代厲皆以壽死。」在司馬遷的筆下，蘇秦、蘇代、蘇厲兄弟三人的先後排行，原不存在什麽問題。問題在於「蘇秦列傳」里説蘇秦有「兄弟嫂妹」，嫂呼蘇秦爲「季子」。蘇秦有嫂，當然是有兄。蘇秦是「季子」，那就不會有弟弟。列傳既然説代厲是蘇秦的弟弟，那末兄是什麽人呢？這的確存在着問題。三國年代的蜀人譙周説：「秦兄弟五人，秦最少。兄代，代弟厲及辟、鵠，並爲游説之士。」依譙周的話，蘇秦兄弟五人，代是老大，二是厲，三是辟，四是鵠，最小的才是蘇秦。譙周又説：「典略亦同其説，蓋按蘇氏譜云然。」（並見《蘇秦列傳》集解、索隱）不但譙周這樣説，《戰國策·西周策》「雍氏之役」章「蘇代曰：何患焉」這句之下，東漢年代的高誘注也説：「蘇代，蘇秦兄也。」高、譙二人這樣一説，顯然和司馬遷的紀載全不相合了。這問題究竟怎樣説呢？我們認爲司馬遷寫《蘇秦列傳》，「列其行事，次其時序」，態度是十分認真的。所説「蘇秦兄弟三人皆游説諸侯以顯名」情況是很明白的。我們把歷史事實仔細核對，蘇代的活動，確實都在蘇秦之後，説蘇代是蘇秦的

哥哥，這和事實不相應。司馬遷特別重視行事時間的先後次序，在他的心目中，哪些是蘇秦的事，哪些是蘇代的事，一清二楚，毫不含糊，一定有他的依據，決不會憑空捏造。司馬遷的著作在前，高誘和譙周的著作在後，他們所根據的材料是否確實可靠呢？這實在是問題。所以，我們爲了審慎起見，還是依照司馬遷的舊説，不敢有所更張。蘇秦有嫂，自己是小叔，自然有哥哥，但這哥哥決不是蘇代。自己是「季子」下面不該有弟弟，但這並不排除在他家族的同輩中沒有比他年輕的弟弟。蘇代、蘇厲怕也就是這樣的弟弟吧！在沒有發現其它材料之前，根據歷史事實的「行事」「時序」來談，我們認爲還是依據司馬遷的舊説爲準。

㈡ 學習「長短縱横術」的人們，傳説蘇秦的故事，關於他的用功得力所在，説：「乃夜發書，陳篋數十，得太公陰符之謀，伏而誦之。」太公就是吕尚，與周文王合謀傾商「其事多兵謀與奇計，故後世之言兵及周之陰權，皆宗太公爲本謀」（見《史記·齊太公世家》）。太公是古代兵謀道術之祖，《漢書·藝文志》道家「太公二百三十七篇，謀八十一篇，言七十一篇，兵八十五篇」。武王克商之後，太公封於齊國，所以又是齊國的始祖。蘇秦原是「東周雒陽人，東事師於齊」（見《蘇秦列傳》），齊國在齊桓公（田午）時代，已經立「稷下之宮」（見徐幹《中論·亡國》篇），發展到齊威王時，齊國的稷下先生就以「喜議政事」出名（見《新序》），蘇秦「事師於齊」，和稷下不會沒有關係。太公《陰符》這一篇，現存四百五十二字，分上中下三段，高誘説「陰符中奇異之謀」，就是蘇秦用功的對象（見《戰國策·秦一》注）。現在我們看《陰符》本文，很有一些樸素的唯物辯證對立統一的思想因素，它特別重視「人心機也」和「陰陽相勝之術」。看蘇秦對趙肅侯説的話，「請別白黑所以異，陰陽而已矣」（《戰國策·趙二》作「言所以異，陰陽而已矣」）。可見蘇秦對於《陰符》，的確是深受影響的。蘇秦説魏王，引「《周書》曰：緜緜不絶，縵縵奈何，毫毛不拔，將成斧柯」(見《魏一》及本傳)。這四句，現存於《逸周書·和寤》第三十四。可見蘇秦的確曾經用功讀書。司馬遷説蘇秦「其智有過人者」，蘇秦學於齊，用於齊，最後死於齊，他的那一套和齊國的稷下一批人物，不會没有關係。他的權術詐謀，現在我們能够知道的，没有多少。但是，看他的傾向，和當時已經萌芽的所謂黄老之學，相當有關係。太公、老子、環淵、關尹，這些錯綜複雜的關係，都和齊國和齊國的稷下，在一定程度上有一些綫索。司馬遷説蘇秦「習之於鬼谷先生」。先生這名稱，是齊國稷下學派里的通行稱號。「鬼谷先生」有没有這個人，是一個疑問。樂壹説：「蘇秦欲神祕其道，故假名鬼谷。」可見「鬼谷先生」是烏有子虚之流，而「先生」這名稱，恰恰足以證明蘇秦和稷下的關係。後來秦始皇曾經用「多智」兩字贊揚齊國，這和齊國的稷下學派以及蘇秦的那一套有千絲萬縷的關係的，這裏不作深考了。

五、結束語

綜合前面這些材料里的考察，所得到的結果，明確了下面幾個問題：

1. 蘇秦確有合從擯秦的事實。
2. 蘇秦比張儀先死，蘇秦之死，張儀是知道的。
3. 蘇秦死後三十年，蘇代主謀五國合從伐秦，這和蘇秦無關。

從前面的考察中，我們知道蘇秦和張儀確是同時活動着的人物，蘇秦活動的主要地點在燕齊兩國，特别是在齊國。張儀活動的主要地點在秦魏兩國，特别是秦國。蘇秦死後，有一段時間連横的力量超過了合從的力量，蘇秦遭到了污蔑，「天下共笑之，諱學其術」。雖然如此，但畢竟有人在揣摩學習着。後來形勢發展到了戰國末期，「合從擯秦」的需要，越來越急迫。隨着形勢的變化，「天下由此宗蘇氏之從約」，蘇氏兄弟，名顯諸侯。而由「説士」所「載」的《蘇秦書》、《蘇秦法百家書説》，以及後來留給司馬遷作爲依據的「論戰國説士之權變」等材料，和留給劉向作爲寫定《戰國策》所依據的「中戰國策書」等材料，在社會上被流傳開來。其中有關蘇秦的紀録，有的是真的，有的則是「説士」們所粉飾或假託，不是歷史的真實。在新興地主階級專政的封建社會里，企圖依附於這個階級政權的「説士」們憑藉口舌得官，因此，「蘇秦縱横」到西漢初期還爲一批「説士」所崇奉，《蘇秦書》、《蘇秦法百家書説》到東漢末期，還很流行，還有人親自看到，可見他的影響之大了。

李贄「李氏從書午，墨子批選序：蘇張范蔡之徒……其言利害則曉然分析而可審，但非無用之言，即爲有德之言，即爲聖人之言」。蘇秦這個人物，在我們今天來説還是值得研究的。蘇秦這個歷史人物，我們今天對他應當怎樣給他作出正確的評價？在當時，有哪些是含有一些進步意義的？在後來長期的封建社會中，有哪些由於受到了他的影響而成爲流毒，在我們今天，必須加以肅清！這必須另作專題，加以論述。

馬克思指出「如愛爾維修所説的每一個社會時代都需要自己的偉大人物，如果没有這樣的人物它就要創造出這樣的人物來」（馬克思《一八四八年至一八五〇年法蘭西階級斗争》，《馬恩選集》一卷四五〇頁）。恩格斯也説：「主要人物是一定的階級和傾向的代表，因而也是他們時代的一定思想的代表，他們的動機不是從瑣碎的個人欲望中而正是從他們所處的歷史潮流中得來的。」（《恩格斯致斐拉薩爾（一八五七，五月十八日）》，《馬恩選集》第四卷三四三—三四四頁）「蘇秦縱横」這句話，把「縱橫」兩字集中在蘇秦一個人身上，毫無疑問，這是學習蘇秦「長短縱橫術」者把它逐漸加工而成的。關於這一點可以仔細地加以研究。恩格斯又指出：「即使只是在一個單獨的歷史實例上發展唯物主義的觀點，也是一項要求多年冷静地鑽研的科學工作，因爲很明顯在這裏只説空話是無濟於事的。只有靠大量的批判審查過的，充分地掌握了的歷史資料，才能解決這樣的任務。」（《卡爾馬克思〈政治經濟學批判〉》）（《馬恩選集》第二卷一一八頁）這就須要我們進一步努力工作加以深入細緻的研究了。

一九七六年十二月十二日早晨初稿
一九七七年六月二十九日寫出清稿

《札迻》卷三

瑞安孫詒讓

《戰國策》高誘《注》

黄丕烈景刊宋姚宏校本　明刻鮑彪注本　元刻吴師道《校注》本　黄丕烈姚本《札記》校　王念孫《讀書雜志》校

《西周》

魏王懼，令軍設舍速東。　案：「設舍」與「速東」之義不相貫，疑「設」當作「拔」。拔、設篆文相近而誤。《左氏》僖十五年《傳》云：「晉大夫反首拔舍從之。」杜注云：「拔草舍止。」《周禮・大司馬》：「中夏教茇舍。」鄭注云：「茇舍，草止也。軍有草止之法。」此令軍拔舍速東，即《左傳》「反首拔舍」之義。

《秦一》

夫徒處而致利，安坐而廣地，雖古五帝、三王、五伯、明主、賢君，常欲坐而致之，其勢不能，故以戰續之。高注云：續，猶備其勢也。　案：《説文・糸部》云：續，古文作賡，从庚貝。古與庚通。《月令》鄭注云：庚之言更也。言以戰更之也。高注未允。

今秦出號令而行賞罰，不攻無攻相事也。姚校云：曾作「有功無功」。吳校云：《韓》作「有功無功相事」也。黄校云：不，當作又，形近之譌。鮑本作「不攻耳，無相攻事也」。注云：言秦有不攻耳，無敢與相攻者。案：曾本與《韓非子·初見秦》篇同，是也。有功無功相事，謂秦法上功，使無功之人爲有功者役也。《漢書·高帝紀》顔注引如淳云：事，謂役使也。（《荀子·王制》篇云：兩貴之不能相事，兩賤之不能相使。是相事與相使義近。又《議兵》篇説秦法云：「功賞相長也，五甲首而隸五家。」即有功無功相使之法。）鮑説殊繆。

《秦三》

《詩》曰：木實繁者披其枝，披其枝者傷其心；大其都者危其國，尊其臣者卑其主。鮑云：逸詩。案：《逸周書·周祝》篇云：「葉之美也解其柯，柯之美也離其枝，枝之美也致其本。」與此文相近。古書引書或通稱詩。《策四》引詩云：「大遠武宅不涉。」（《史記·春申君傳》、《新序·善謀》篇同。）即《周書·大武》篇之「遠宅不薄」。是其證也。

《秦四》

齊、魏得地而葆利，而詳事下吏。注云：事，治。（鮑同。）黄云：下，鮑本作不。案：《史記》、《新序》作下，不字譌。吳云：不吏，姚本下吏，是。詳其事以下於吏，慎重之意。案：詳、佯字通，言齊、魏僞爲事秦也。（《史記·吳世家》《索隱》云：詳，猶僞也。）高、吳説竝未得其義。鮑本尤誤。

使陳毛釋劍掫，委南聽罪。鮑云：掫，夜戒，有所擊引。釋二者不自衛，示卑也。案：掫委，義難通。鮑以扞掫爲釋，亦與聽罪、示卑之義無會，殆非也。疑掫當爲撮之譌。《詩·小雅》彼都人士，臺笠緇撮。《毛傳》云：緇撮，緇布冠也。孔《疏》云：緇布冠制小，故言撮。《禮記·襍記》鄭注云：委，武冠卷也。秦人曰委，齊人曰武。此撮委即謂布冠。蓋常禮帶劍冠帛，今以聽罪殺服，故釋劍而布冠，前謂秦王章，説梁惠王布冠而拘於秦，亦兵敗謝罪之服。正自卑損之意。

《秦五》

姚賈曰：太公望齊之逐夫，朝歌之廢屠，子良之逐臣，棘津之讐不庸。注云：釣魚於棘津，魚不食餌。賣庸作，又不能自售也。案：此當作棘津之不讐庸。故高注云：賣庸作，不能自售也。今本「讐不」二字誤到，與注不相應，當乙正。

《齊一》

靖郭君謂齊王曰：五官之計，不可不日聽也而數覽。王曰：説五而厭之。姚云：一本作「王曰：日説五官，吾厭之」。鮑本五作吾。注云：言汝既説我，則不得自厭，故以委之。吴云：也字當在「覽」下。王曰説吾，有缺誤。案：此「而數覽」三字當依吴校在「也」字上。「王曰：説五而厭之」當作「王曰：日聽一官」。姚校別本作「王曰：日説五官」。説即聽之誤「五日而厭之」，一本「五」作「吾」。鮑本同。即「五日」二字之合并而誤者。言王因靖郭君言每日聽一官之計，至五日而王厭倦不復聽也。

是故無其實而喜其名者削，無德而望其福者約，無功而受其祿者辱，禍必握。姚云：《高士傳》作渥。鮑云：言禍辱隨之不捨也。案：握，《高士傳》作渥，義較長。此當讀「無功而受其祿者辱」句，「禍必渥」三字句。削、約、辱，文相對。言其得禍必重也。《易·鼎》九四爻辭云：其形渥。《周禮》鄭注引作「其刑剭」。《潛夫論·三式》篇釋《易》義云：此言三公不勝任，則有渥刑也。《漢書·敘傳》顔注云：剭者厚刑，謂重誅也。音握。握、渥、剭竝聲同字通。

《齊四》

王斗曰：昔先君桓公所好者，九合諸侯，一匡天下，天子受籍，立爲大伯。鮑改「受」爲「授」。注云：籍，土地人民之籍，猶賜履也。吳云：當作「授」，字通借。案：鮑釋此「籍」爲土地人民之籍，非也。籍，當讀爲胙，即指《左傳·僖九年》王使宰孔賜齊侯胙之事。《史記·商君傳》《集解》引《新序》云：秦孝公周室歸籍。《索隱》云：籍，音胙，字合作「胙」，誤爲「籍」耳。今本《史記》「籍」作「藉」。此據元中統本。按《本紀》「周歸文、武胙於孝公」是也。此以「籍」爲「胙」，與《新序》正同。授籍，即歸胙也。籍、藉古音與「胙」同。詳顧炎武《唐韻正》。

《齊五》

中人禱祝，君翳釀，通都小縣置社。鮑云：翳，華蓋也。故有隱義，言釀於中以待飲至。置社，戮不用命者。　案：鮑説迂曲不可從。翳釀，當讀爲「瘞禳」，竝聲近字通。《詩・大雅・鳧鷖》孔《疏》引《爾雅》孫炎注云：瘞者，翳也。既祭，翳藏地中也。《大戴禮記・曾子天圓》篇云：割裂禳瘞。翳釀，猶言禳瘞也。蓋古者國君軍禮有禳四望山川社稷諸地，示皆用瘞薶之禮。故云「君翳釀」，明臣民所不得舉也。置社者，《禮記・祭法》云：大夫以下成羣立社曰置社。然社爲恒祀，非用兵時始置，此於義難通。置，疑當爲「塞」。置，俗或作「寘」，與「塞」形近而誤。《史記・封禪書》云：冬塞禱祠。《索隱》云：「塞」與「賽」同。賽，今報神福也。此云「塞社」，亦謂報社也。

家雜總，身窟穴中，罷於刀金，而士困於土功。鮑云：家雜總，全家併作。身窟穴中，謂地道。黄云：今本「窟」誤「屈」。案此以「窟」爲「掘」字。連下「中」字讀者，非。　案：黄讀「穴」句斷，是也。窟，當如字。身，當爲「穿」。《墨子・備城門篇》「俟亓穿井且通」。穿，今本亦譌作「身」，與此正同。黄讀爲「掘穴」則非。

《齊六》

襄王爲太子徵。齊以（鮑本作「已」，字通。）破燕，田單之立疑，齊國之衆皆以田單爲自立也。鮑云：徵，猶信也。太子初易姓名爲庸，人疑之，至是始有狀可信也。　案：此「徵」當爲「微」，亦形之誤。襄王易姓名爲大史敫家庸，故曰「微」也。鮑注沿誤爲釋，不足據。

《楚一》

請悉楚國之衆也以㢈於齊。鮑本「㢈」作「啚」，改爲「圖」。吴云：字訛，當作「圖」。上有「圖楚」。　案：「啚」當爲「菑」。漢隸「菑」或作「𦿍」，與啚、㢈形近，因而致誤。《考工記》鄭司農注云：泰山平原所樹立物爲「菑」，聲如「胾」。博立梟棊亦爲「菑」。字或作傳，又作事。《釋名·釋言語》云：事，傳也。傳，立也。青、徐人言立曰傳也。《史記·張耳傳》云：蒯通曰：莫敢傳刃公之腹中。《集解》引李奇云：東方人以物插地中皆爲傳。《漢書·蒯通傳》顔注引李奇説「傳」作「事」。此云「以菑於齊」，猶云以傳刃於齊耳。不必據上文改爲「圖」也。

奚恤得事公，公何爲以故與奚恤？　客曰：「非用故也。」鮑云：故，謂設事以探己意。案：故，猶詐也。《大戴禮記·文王官人》篇云：以故取利。《荀子·王制》篇云：幽險詐故。《淮南子·主術訓》云：是以上多故，則下多詐。高注云：故，詐。是其義也。鮑釋「故」爲設事，失之。

四封不侵。鮑本「侵」作「廉」。注云：廉，猶《禮》不廉，言無事故不察治。吴云：廉隅之廉，謂四竟完固，不見廉隅也。　案：廉，當讀爲謙，謂減少也。《禮記·樂記》云：禮主其減。《史記·樂書》「減」作「謙」。鮑、吴説竝迂曲不可從。

《楚四》

襄王流揜於城陽。鮑云：揜，覆也。　案：「揜」與「淹」通，言流徙而淹留於城陽也。《左傳·襄二十六年》云：君淹恤於外。杜注云：淹，久也。即此流揜之義。鮑訓「揜」爲「覆」，非其義。

《趙一》

昔者五國之王，嘗合横而謀伐趙，參分趙國壤地，著之盤盂，屬之讎柞。鮑云：讎柞、酬酢同，言其相屬伐趙於酬酢之間。　案：屬之讎柞，義難通，鮑説穿鑿不足據。以文義推之，疑「讎柞」當讀爲「疇籍」。讎、疇，柞、籍竝聲近叚借字。讎从雔聲，《説文》「雔」部云：「雔讀若疇。」籍古音同胙。詳前。《淮南子·氾論訓》：履天子之籍。高注云：籍或作阼，柞、胙、阼聲類同。古典册篇章或謂之疇。《書·洪範》云：天乃錫禹《洪範》九疇。《漢書·五行志》釋之云「天迺錫禹大法九章」是也。著之盤盂，屬之讎柞，謂五國約誓之言，書之彝器與册籍也。

謂皮相國曰：以趙之弱，而據之建信君涉孟之讎，然者何也？以從爲有功也。鮑云：涉孟，蓋爲横，與建信君異趣，故趙讎之。　案：「讐」亦與「儔」通。《爾雅·釋詁》郭注云：讎，猶儔也。《廣雅·釋詁》云：讎，輩也。涉孟與建信君，蓋皆趙臣，鮑説失之。

秦禍案攘於趙矣。鮑本「攘於」作「環中」。注云：此言秦視趙在其度内，如物在環中。「環中」一作「移於」字可也。吴云：姚本「案攘於趙」，愚以「攘」即「移」字訛，當作「移於」。鮑説未是。黄云：吴説未是。楊倞《荀子注》引作「攘」字。案：上文云「秦禍安移於梁矣」，此吴所據也。然以文義校之，鮑釋雖非，而其本則似不誤。「環」與「還」通。環中趙，言「還中於趙」，與上「移於梁」意同，而文則異。後卷《蘇秦合從説趙王》亦云：秦無韓、魏之隔，禍中於趙矣。

《趙三》

且夫吴干之劍材，難夫毋脊之厚，而鋒不入；無脾之薄，而刃不斷。兼有是兩者，無釣罕鐔蒙須之便，操其刃而刺，則未入而手斷。鮑本「釣」作「鉤」、「罕」作「罕」，改爲「竿」。注云：鉤，劍頭鐶。「竿」與「梓」同。《集韻》：柄也。吴云：一本作「罕」，是「罕」即「罤」字，鐸同，刃鋒也。案：此方論劍把削之物，不當及鋒鍔，吴説非也。鮑改爲「竿」，尤爲專輒。竊疑罕、罕竝當作「票」，即鏢之省。《説文·金部》云：鏢，刀劍削末銅也。《廣韻》「四宵」云：鏢，刀劍鞘下飾也。鏢爲劍削之飾，正與鉤、鐔、蒙、須等同類，故兼舉之。

鄭同北見趙王，趙王曰：子南方之傳士也。姚校云：傳，一作「博」。吴云：姚本作「博士」。與今所傳姚本不合，未詳。鮑本作「博」，注云：博士，辯博之士。案：傳，疑當爲「儒」。隸書「儒」或作「傿」。《墨子·非儒下》篇：儒者迎妻。今本儒亦誤作「傳」，與此正同。與「傳」形近而誤。

《趙四》

故日月暉於外，其賊在於内。姚云：東坡本「日月彫暉於外」。案：《説文・日部》云：暉，光也。今字作「暈」。《韓非子・備内》篇云：「故日月暈圍於外，其賊在内。」與此文同。《吕氏春秋・明理》篇高注云：暈，氣圍繞日周匝，有似軍營相圍守，故曰「暈」也。彫，疑即「周」之借字。

《魏二》

請弛期更日。又云：因弛期而更爲日。鮑云：弛，解也。昔約今解。案：弛，當訓爲「易」。弛期，猶云改易葬期。《韓非子・内儲説上》篇云：「應侯謂秦王曰：上黨之安樂，其處甚劇，臣恐弛而不聽，柰何？王曰：必弛易之矣。」此下文云「因弛期而更爲日」，又云「敬弛期而更擇日」，是弛者易故期，更者更擇新日也。鮑訓「弛」爲「解」，未得其義。

《魏四》

吾已全已，無爲人臣之義矣。姚云：已無，一本作「已之」。鮑本「爲」改「違」。吴云：「無爲人臣」者，不事二君之義。案：一本是也。此縮高言已之義已全也。鮑改「爲」作「違」，非。

《韓一》

五國約而攻秦，楚王爲從長，不能傷秦，兵罷而留於成皋。魏順謂市丘君曰：五國罷，必攻市丘，以償兵費。鮑本改「市丘」爲「沛丘」。注云：《太公世家》注：沛丘爲「貝」，曰「貝丘」，屬清河。明刻此注譌互不可讀。吴本亦同。今案文義校正。吴云：成皋與清河絶遠，恐非。又云：留成皋而將攻市丘，市丘必韓地，不然，則《策》當在楚，不在韓。案：姚本作「市丘」，則爲魏地。《吕氏春秋·應言》篇云：市丘之鼎。高注云：市丘，魏邑也。鮑本作「沛丘」，讀爲「貝丘」，則爲齊地。《左傳·莊八年》：齊侯遊于姑棼，遂田于貝丘。《史記·齊世家》作「沛丘」。杜注云：貝丘，齊地，樂安博昌縣南有地名貝丘。又《昭二十年傳》：齊侯田于沛。注亦謂即貝丘。《水經·淄水注》引京相璠説「貝丘」同，竝鮑所據也。竊謂此五國攻秦，吴師道謂在韓宣惠王十五年時，楚懷王爲從長。鮑彪謂在韓釐王時，非也。吴師道已辯之。齊、韓、趙、魏、燕咸與其事。見《楚世家》。下文魏順謂楚王云：五國重王。明并楚爲六國也。今攻秦無功，而將攻市丘，以償兵費，則市丘必小國之中立不與兵事者。若爲魏、韓、齊三國地，則本在五國之内，何得自攻屬邑以求償乎？揆之事理，必不可通。其去成皋遠近可勿論矣。以彼時事勢及地域推之，疑市丘當爲帝丘。「市」與「帝」形近。《吕覽》「市丘之鼎」，《蔡中郎集·薦邊文禮書》引作「函牛之鼎」，宋本校注云一作「帝丘之鼎」，與此可互證。帝丘君，即衛君也。《漢書·地理志》：東郡濮陽縣故帝丘也。衛成公自楚丘徙此。《史記·衛世家》云：「嗣君五年貶號曰君，獨有濮陽。」「元君十四年秦徙衛野王縣，而并濮陽爲東郡。」此五國攻秦，即在衛嗣君七年，時適貶號而止有濮陽一縣。濮陽，即帝丘也。其地亦正與成皋相近。戰國時多以國都爲稱，若《秦策四》稱趙王爲邯鄲君，《韓策三》稱韓王爲鄭君，是也。若然，衛治濮陽，其稱爲帝丘君，不亦宜乎？《孔叢子·論勢》篇以此爲孔子順説市丘子語，僞託不足憑也。其載於《韓策》者，則以留兵成皋，成皋時爲韓地故也。吴氏乃因此并疑市丘必爲韓地，固矣。

《衛》

束組三百緄。注云：組，斜文紛綬之屬也。十首爲一緄也。鮑同。吴云：緄，古本反。《説文》云：帶也。《詩》「緄縢」《傳》：繩也。皆與此不協。案：此高據漢制爲釋也。《續漢書·輿服志》説綬制云：凡先合單紡爲一系，四系爲一扶，五扶爲一首。又云：自公主封君以上皆帶綬，以采組爲緄帶。《漢志》無十首之名，此可以補之。

《中山》

勞者相饗，飲食餔餽。注云：吴謂食爲餽，祭鬼亦爲餽。鮑同。古文通用，讀與「饋」同。鮑云：餔，申時食。案：餔餽，疑當爲「酺醵」之借字。《列女傳·魯之母師傳》云：妾恐其酺醵醉飽，人情所有也。《太平御覽·人事部》引曹大家注云：酺醵，合聚飲酒也。《齊策》云：完者内酺而華樂。

（張采民校點）

重版後記

《戰國策集注彙考》是先父的舊作，在南京師範大學中文系孫望先生、曹濟平先生等的支持和組織下，得到許多同志的幫助，於一九八四年由江蘇古籍出版社出版發行。關於該書的成稿過程以及手中大量的未刊稿，先父曾於一九八五年十一月十一日作一「補記」夾於書中，今過録於下：「此書屬稿多年，方成全帙，後值病目，校理爲難。幸賴共事諸君鼎力相助，在校領導關懷及中文系大力支持之下，皇甫煃副教授、顧复生同志爲予核對原文，旁及羣書，標點改錯，多所匡正。李靈年同志多方聯繫，奔走爲勞。凡此皆私心銘感，不敢暫忘者也。篋中積稿猶多，皆叢殘考訂之文，未經整理，暇當續爲，書此以待異日。」所説的「積稿」，有一部分六十和七十年代已有清稿。此後先父不斷做補充修訂，直至仙逝。

該書出版之後，獲得學術界和讀書界的好評，於一九八八年三月榮獲「江蘇省第二次哲學社會科學成果榮譽獎」，一九九二年榮獲「全國首屆古籍整理圖書三等獎」等。雖然過了二十多年，鳳凰出版社認爲該書至今仍有很高的學術參考價值，準備重印，先父原來撰寫而未及放入的「前言」，相關的《戰國策》研究論文和資料等，也因此可以補入了。既能完成先父生前希望再版的宿願，又能以更完整的新面貌與讀者見面，作爲子女，我們對鳳凰出版社重印本書，表示萬分感謝！

在重印的過程中，得到南京師範大學古文獻整理與研究所原所長李靈年教授、文學院博士生導師張采民教授和鳳凰出版社王華寶編審等的大力支持與幫助，他們不辭辛苦，幫助編選論文、整理《前言》以及相關資料等，保證了重印的順利進行。

值此重印新書即將面世之際，我們以最誠摯的心情，緬懷國學宗師錢穆（賓四）先生、山東大學歷史系教授王仲犖先生、金石書法學家鄭梨邨先生、南京師大文學院教授孫望先生和皇甫煃先生等。他們雖已駕鶴西去，但他們過去對該書的關注和多方面熱心的幫助，猶在眼前，我們永誌不忘，謹再次表示衷心的感謝！　并向南京師大曹濟平先生、顧复生先生、李靈年先生、張采民先生，原責任編輯繆詠禾先生、現責任編輯王華寶先生，以及參與《戰國策集注彙考》編輯出版工作的各位先生，致以誠摯的謝意！

二〇〇八年春

諸祖耿子女銘記